中国史学要籍丛刊

史記

一

〔汉〕司马迁 撰
〔南朝宋〕裴骃 集解
〔唐〕司马贞 索隐
〔唐〕张守节 正义

上海古籍出版社

图书在版编目(CIP)数据

史记/(汉)司马迁撰;(南朝宋)裴骃集解,(唐)司马贞索隐,(唐)张守节正义.—上海:上海古籍出版社,2016.11(2024.7重印)
(中国史学要籍丛刊)
ISBN 978-7-5325-7598-5

Ⅰ.①史… Ⅱ.①司… ②裴… ③司… ④张… Ⅲ.①中国历史—古代史—纪传体 Ⅳ.①K204.2

中国版本图书馆CIP数据核字(2015)第073569号

中国史学要籍丛刊
史 记
(全四册)
[汉]司马迁 撰
[南朝宋]裴骃 集解
[唐]司马贞 索隐
[唐]张守节 正义
上海古籍出版社出版发行
(上海市闵行区号景路159弄1-5号A座5F 邮政编码201101)
(1)网址:www.guji.com.cn
(2)E-mail:guji1@guji.com.cn
(3)易文网网址:www.ewen.co
江阴市机关印刷服务有限公司印刷
开本890×1240 1/32 印张81.5 插页8 字数2,264,000
2016年11月第1版 2024年7月第7次印刷
印数:8,451—9,050
ISBN 978-7-5325-7598-5
K·2021 定价:148.00元
如有质量问题,请与承印公司联系

前　言

司马迁，字子长，西汉左冯翊夏阳（今陕西韩城县）人，约生于汉景帝中元五年（前145）。父司马谈，历任太史令。司马谈卒后，司马迁继任太史令。他自幼生活在民间，二十岁起游览名山大川，考察文物古迹，广为搜集史料，为他日后撰写《史记》，奠定了良好的基础。司马迁因替投降匈奴的李陵辩护，被当局判处腐刑。出狱后，担任中书令。在此期间，他一直从事《史记》的写作。直至武帝征和二年（前91），才基本完成全书的撰写工作。他的卒年，约在完成《史记》以后的一二年或二三年，已无从查考。

《史记》是世界史学巨著，文学杰作，又是我国的第一部纪传体通史。全书共一百三十篇，其中本纪十二篇，表十篇，书八篇，世家三十篇，列传七十篇。叙事起于传说中的三皇五帝，迄于汉武帝，历时约三千年。据《汉书·司马迁传》：《史记》“十篇缺，有录无书”。又据三国魏张晏注：“迁没之后，亡《景纪》、《武纪》、《礼书》、《乐书》、《兵书》、《汉兴以来将相年表》、《日者传》、《三王世家》、《龟策列传》、《傅靳列传》。元、成之间褚先生（按：即褚少孙，汉博士）补缺作《武帝纪》、《三王世家》、《龟策》、《日者列传》，言辞鄙陋，非迁本意也。”历来学者对此有不同看法。看来张晏的话只能作为参考，不过《史记》中确有后人补缀的文字，这是可想而知的。

《史记》的版本颇多，史文与注文亦各有不同。北京中华书局出版的标点本，以清朝同治年间金陵书局刊行的《史记集解索隐正义合刻本》为底本。这是一个比较完善的本子。还有清朝的武英殿本，也是较为通行的本子。我们此次采用的是现存最早的南宋黄善夫刻本。这一刻本经商务印书馆影印，收入《百衲本二十四史》中，是一个较好的本子。

南宋黄善夫本《史记》在内容编排上与金陵书局本、武英殿本略有不同。如金陵局本和殿本第六十一卷为《伯夷列传》，而黄本则为《老子伯夷列传》；金陵局本和殿本第六十三卷为《老子韩非列传》，而黄本则为《申不害韩非列传》。另外，黄本和殿本收有唐司马贞补的《三皇本纪》，而金陵局本则没有。

黄善夫本《史记》的三家注都排列在正文之下，此次整理标点时，都移到每段正文之后。裴骃《史记集解序》、司马贞《史记索隐序》、《史记索隐后序》、张守节《史记正义序》、《史记正义》，以及司马贞的《补史记序》、《三皇本纪》，原来都列于书前，现在都移至书后。

黄善夫本《史记》三家注较金陵局本、殿本为简，注文前后有重复者均删去不用。

黄善夫本《史记》的正文与他本略有异同，凡有增删，均不出校记，只给应删的字加上圆括号，用较正文小一号字排出；应增的字只加上方括号，以资区别。

三家注中应增删之处颇多，本书采用两种办法处理：一是与正文作同样处理，即加增删符号以资区别；二是据引书径改，不加增删号。对有些注码的地位略作变动，一般是往下移至逗号或句号下面。

无论正文或注文，有些脱误或衍文，此次未便径作改动，留待学者自行斟酌解决。

吸收前人研究成果是古籍整理的一项重要任务。以往国内外学者对《史记》多所研究，尤其在文字校订方面，成果颇丰。本书整理时尽可能地汲取了学术界各方面的研究成果，参校了日人泷川资言、水泽利忠的《史记会注考证附校补》和中华书局出版的《史记》点校本，以及其他有关书籍和资料，谨此表示感谢。

标点符号采取一般用法，按本丛书规定的统一体例进行。对于底本中因刊刻而改动的避讳字则径改，但对作者写作时使用的避讳字则大多未作改动。异体字则参照国家颁发的整理表加以统一。

郭逸　郭曼

1993 年 5 月

目　录

卷一

五帝本纪第一

【集解】凡是徐氏义，称徐姓名以别之。余者悉是骃注解，并集众家义。【索隐】纪者，记也，本其事而记之，故曰本纪。又纪，理也，丝缕有纪，而帝王书称纪者，言为后代纲纪也。【正义】郑玄注《中候敕省图》云："德合五帝坐星者称帝。"又《坤灵图》云："德配天地，在正不在私，曰帝。"案：太史公依《世本》、《大戴礼》，以黄帝、颛顼、帝喾、唐尧、虞舜为五帝。谯周、应劭、宋均皆同。而孔安国《尚书序》、皇甫谧《帝王世纪》、孙氏注《世本》，并以伏羲、神农、黄帝为三皇，少昊、颛顼、高辛、唐、虞为五帝。裴松之《史目》云："天子称本纪，诸侯曰世家。"本者，系其本系，故曰本。纪者，理也，统理众事，系之年月，名之曰纪。第者，次序之目。一者，举数之由：故曰《五帝本纪》第一。又曰《礼》云："动则左史书之，言则右史书之。"《正义》云："左阳，故记动；右阴，故记言。言为《尚书》，事为《春秋》。"案：春秋时置左右史，故云《史记》也。

黄帝者，①少典之子，②姓公孙，名曰轩辕。③生而神灵，弱而能言，④幼而徇齐，⑤长而敦敏，成而聪明。⑥

①【集解】徐广曰："号有熊。"【索隐】案：有土德之瑞，土色黄，故称黄帝，犹神农火德王而称炎帝然也。此以黄帝为五帝之首，盖依《大戴礼·五帝德》。又谯周、宋均亦以为然，而孔安国、皇甫谧《帝王代纪》及孙氏注《系本》并以伏羲、神农、黄帝为三皇，少昊、高阳、高辛、唐、虞为五帝。注"号有

熊”者，以其本是有熊国君之子故也。都轩辕之丘，因以为名，又以为号。又据《左传》，亦号帝鸿氏也。【正义】《舆地志》云：“涿鹿本名彭城，黄帝初都，迁有熊也。”案：黄帝，有熊国君，乃少典国君之次子，号曰有熊氏，又曰缙云氏，又曰帝鸿氏，亦曰帝轩氏。母曰附宝，之祁野，见大电绕北斗枢星，感而怀孕，二十四月而生黄帝于寿丘。寿丘在鲁东门之北，今在兖州曲阜县东北六里。生日角龙颜，有景云之瑞，以土德王，故曰黄帝。封泰山，禅亭亭，在牟阴。　②【集解】谯周曰：“有熊国君，少典之子也。”皇甫谧曰：“有熊，今河南新郑是也。”【索隐】少典者，诸侯国号，非人名也。又案：《国语》云：“少典娶有蟜氏女，而生〔黄帝〕、炎帝。”然则炎帝亦少典之子。炎、黄二帝虽则〔相〕承，《帝王代纪》中间凡隔八帝，五百余年，若以少典是其父名，岂黄帝经五百余年而始代炎帝后为天子乎？何其年之长也。又案：《秦本纪》云：“颛顼氏之裔孙曰女修，吞玄鸟之卵而生大业，大业娶少典氏而生柏翳。”明少典是国号，非人名也。黄帝即少典氏后代之子孙，贾逵亦以《左传》“高阳氏有才子八人”，亦谓其后代子孙而称为子是也。谯周字允南，蜀人，魏散骑常侍征，不拜。此注所引者，是其人所著《古史考》之说也。皇甫谧字士安，晋人，号玄晏先生。今所引者，是其所作《帝王代纪》也。　③【索隐】案：皇甫谧云：“黄帝生于寿丘，长于姬水，因以为姓。居轩辕之丘，因以为名，又以为号。”是本姓公孙，长居姬水，因改姓姬。

④【索隐】弱，谓幼弱时也，盖未合能言之时而黄帝即言，所以为神异也。潘岳有《哀弱子》篇，其子未七旬曰弱。【正义】言神异也。《易》曰“阴阳不测之谓神”，《书》云“人惟万物之灵”，故谓之神灵也。　⑤【集解】徐广曰：“《墨子》曰‘年逾十五，则聪明心虑无不徇通矣’。”骃案：徇，疾。齐，速也。言圣德幼而疾速也。【索隐】斯文未明。今案：徇、齐，皆德也。《书》曰“聪明齐圣”，《左传》曰“子虽齐圣”，齐谓圣德齐肃。又案：《孔子家语》及《大戴礼》并作“叡齐”，一本作“慧齐”。叡、慧，皆智也。太史公采《大戴礼》而为此纪，今彼文无作“徇”者。《史记》旧本亦有作“濬齐”。盖古字假借“徇”为“濬”，濬，深也。义亦并通。《尔雅》“齐”“速”俱训为疾。《尚书大传》曰：“多闻而齐给。”郑注云：“齐，疾也。”今裴氏注云徇亦训疾，未见所出。

或当读"徇"为"迅"，迅于《尔雅》与齐俱训疾，则迅、浚虽异字，而音同也。又《尔雅》曰："宣、徇，遍也。浚，通也。"是"遍"之与"通"义亦相近。言黄帝幼而才智周遍，且辩给也，故《墨子》亦云："年逾五十，则聪明心虑不徇通矣。"俗本作"十五"，非是。案：谓年老逾五十不聪明，何得云"十五"？

⑥【正义】成谓年二十冠，成人也。聪明，闻见明辩也。此以上至"轩辕"，皆《大戴礼》文。

轩辕之时，神农氏世衰。①诸侯相侵伐，暴虐百姓，而神农氏弗能征。于是轩辕乃习用干戈，以征不享，②诸侯咸来宾从。而蚩尤最为暴，莫能伐。③炎帝欲侵陵诸侯，诸侯咸归轩辕。轩辕乃修德振兵：④治五气，⑤艺五种，⑥抚万民，度四方，⑦教熊罴貔貅貙虎，⑧以与炎帝战于阪泉之野。⑨三战然后得其志。⑩蚩尤作乱，不用帝命。⑪于是黄帝乃征师诸侯，与蚩尤战于涿鹿之野，⑫遂禽杀蚩尤。⑬而诸侯咸尊轩辕为天子，(伐)〔代〕神农氏，是为黄帝。天下有不顺者，黄帝从而征之，平者去之，⑭披山通道，⑮未尝宁居。

①【集解】皇甫谧曰："《易》称庖犧氏没，神农氏作，是为炎帝。"班固曰："教民耕农，故号曰神农。"【索隐】世衰，谓神农氏后代子孙道德衰薄，非指炎帝之身，即班固所谓"参(虚)〔卢〕"，皇甫谧所云"帝榆罔"是也。【正义】《帝王世纪》云："神农氏，姜姓也。母曰任姒。有蟜氏女，登为少典妃，游华阳，有神龙首，感生炎帝。人身牛首，长于姜水。有圣德，以火德王，故号炎帝。初都陈，又徙鲁。又曰魁隗氏，又曰连山氏，又曰列山氏。"《括地志》云："厉山在随州随县北百里，山东有石穴。(曰)〔昔〕神农生于厉乡，所谓列山氏也。春秋时为厉国。" ②【索隐】谓用干戈以征诸侯之不朝享者。本或作"亭"，亭训直，以征诸侯之不直者。 ③【集解】应劭曰："蚩

尤，古天子。”瓒曰：“《孔子三朝记》曰‘蚩尤，庶人之贪者’。”【索隐】案：此纪云“诸侯相侵伐，蚩尤最为暴”，则蚩尤非为天子也。又《管子》曰“蚩尤受卢山之金而作五兵”，明非庶人，盖诸侯号也。刘向《别录》云：“孔子见鲁哀公问政，比三朝，退而为此记，故曰《三朝》。凡七篇，并入《大戴记》。”今此文见《用兵篇》也。【正义】《龙鱼河图》云：“黄帝摄政，有蚩尤兄弟八十一人，并兽身人语，铜头铁额，食沙〔石子〕，造立兵仗刀戟大弩，威振天下，诛杀无道。万民欲令黄帝行天子事，黄帝以仁义不能禁止蚩尤，乃仰天而叹。天遣玄女下，授黄帝兵〔信神〕符，〔制〕伏蚩尤。后天下复扰乱，黄帝遂画蚩尤形像以威天下，天下咸谓蚩尤不死，八方皆为殄灭。”《山海经》云：“黄帝令应龙攻蚩尤。蚩尤请风伯、雨师以从，大风雨。黄帝乃下天女曰‘魃’以止雨。雨止，遂杀蚩尤。”孔安国曰“九黎君号蚩尤”是也。 ④【正义】振，整也。 ⑤【集解】王肃曰：“五行之气。”【索隐】谓春甲乙木气，夏丙丁火气之属，是五气也。 ⑥【集解】艺，树也。《诗》云：“艺之荏菽。”《周礼》曰：“谷宜五种。”郑玄曰：“五种，黍、稷、菽、麦、稻也。”【索隐】（艺音蓺）艺，种也，树也。五种即五谷也，音朱用反。此注所引见《诗·大雅·生民》之篇。《尔雅》云“荏菽，戎菽”也，郭璞曰“今之胡豆”，郑氏曰“豆之大者”是也。【正义】艺音鱼曳反。种音肿。 ⑦【集解】王肃曰：“度四方而安抚之。”【正义】度音徒洛反。 ⑧【索隐】《书》云“如虎如貔”，《尔雅》云“貔，白狐”，《礼》曰“前有挚兽，则载貔貅”是也。《尔雅》又曰“貙獌似狸”。此六者猛兽，可以教战。《周礼》有服不氏，掌教扰猛兽。即古服牛乘马，亦其类也。〔正义〕熊音雄。罴音碑。貔音毗。貅音休。貙音丑于反。罴如熊，黄白色。郭璞云：“貔，执夷，虎属也。”案：言教士卒习战，以猛兽之名名之，用威敌也。 ⑨【集解】服虔曰：“阪泉，地名。”皇甫谧曰：“在上谷。”【正义】阪音白板反。《括地志》云：“阪泉，今名黄帝泉，在妫州怀戎县东五十六里。出五里至涿鹿东北，与涿水合。又有涿鹿故城，在妫州东南五十里，本黄帝所都也。《晋太康地里志》云‘涿鹿城东一里有阪泉，上有黄帝祠’。”案：阪泉之野则平野之地也。 ⑩【正义】谓黄帝克炎帝之后。 ⑪【正义】言蚩尤不用黄帝之命也。 ⑫【集解】服虔曰：“涿鹿，山名，在涿郡。"张晏曰:"涿鹿在上谷。"【索隐】或作"濁鹿",古今字异耳。案:《地理志》上谷有涿鹿县,然则服虔云"在涿郡"者,误也。 ⑬【集解】《皇览》曰:"蚩尤冢在东平郡寿张县阚乡城中,高七丈,民常十月祀之。有赤气出,如匹绛帛,民名为蚩尤旗。肩髀冢在山阳郡鉅野县重聚,大小与阚冢等。传言黄帝与蚩尤战于涿鹿之野,黄帝杀之,身体异处,故别葬之。"【索隐】案:皇甫谧云:"黄帝使应龙杀蚩尤于凶黎之谷。"或曰,黄帝斩蚩尤于中冀,因名其地曰"绝辔之野"。"皇览",书名也。记先代冢墓之处,宜皇王之省览,故曰《皇览》。是魏人王象、缪袭等所撰也。 ⑭【正义】平服者即去之。 ⑮【集解】徐广曰:"披,他本亦作'陂'。"字盖当音诐,陂者旁其边之谓也。披语诚合今世,然古今不必同也。【索隐】披音如字,谓披山林草木而行以通道也。徐广音诐,恐稍纡也。

东至于海,登丸山,[①]及岱宗。[②]西至于空桐,[③]登鸡头。[④]南至于江,登熊、湘。[⑤]北逐荤粥,[⑥]合符釜山,[⑦]而邑于涿鹿之阿。[⑧]迁徙往来无常处,以师兵为营卫。[⑨]官名皆以云命,为云师。[⑩]置左右大监,监于万国。[⑪]万国和而鬼神山川封禅与为多焉。[⑫]获宝鼎,迎日推筴。[⑬]举风后、力牧、常先、大鸿[⑭]以治民。顺天地之纪,[⑮]幽明之占,[⑯]死生之说,[⑰]存亡之难。[⑱]时播百谷草木,[⑲]淳化鸟兽虫蛾,[⑳]旁罗日月星辰水波土石金玉,[㉑]劳勤心力耳目,节用水火材物。[㉒]有土德之瑞,故号黄帝。[㉓]黄帝二十五子,其得姓者十四人。[㉔]

①【集解】徐广曰:"丸,一作'凡'。"骃案:《地理志》曰丸山在郎邪朱虚县。【索隐】凡音扶严反。【正义】丸音桓。《括地志》云:"丸山即丹山,在青州临朐县界朱虚故县西北二十里,丹水出焉。"凡音纨。守节〔案〕:《括地志》唯有凡山,盖凡山、丸山是一山耳。诸处字误,或"丸"或"凡"也。《汉

书·郊祀志》云"禅丸山"，颜师古云"在朱虚"，亦与《括地志》相合，明丸山是也。　②【正义】泰山，东岳也。在兖州博城县西北三十里也。　③【集解】应劭曰："山名。"韦昭曰："在陇右。"　④【索隐】山名也。后汉王孟塞鸡头道，在陇西。一曰崆峒山之别名。【正义】《括地志》云："空桐山在肃州福禄县东南六十里。《抱朴子·内篇》云：'黄帝西见中黄子，受九品之方，过空桐，从广成子受自然之经'，即此山。"《括地志》又云："笄头山一名崆峒山，在原州平(阳)〔高〕县西百里，《禹贡》泾水所出。《舆地志》云或即鸡头山也。郦元云盖大陇山异名也。《庄子》云广成子学道崆峒山，黄帝问道于广成子，盖在此。"案：二处崆峒皆云黄帝登之，未详孰是。　⑤【集解】《封禅书》曰："南伐至于召陵，登熊山。"《地理志》曰湘山在长沙益阳县。【正义】《括地志》云："熊耳山在商州〔上〕洛县西十里，齐桓公登之以望江汉也。湘山一名艑山，在岳州巴陵县南十八里也。"　⑥【集解】《匈奴传》曰："唐、虞以上有山戎、猃狁、荤粥，居于北蛮。"【索隐】匈奴别名也。唐虞已上曰山戎，亦曰熏粥，夏曰淳维，殷曰鬼方，周曰猃狁，汉曰匈奴。【正义】荤音薰。粥音育。　⑦【索隐】合诸侯符契圭瑞，而朝之于釜山，犹禹会诸侯于涂山然也。又案：郭子横《洞冥记》称东方朔云"东海大明之墟有釜山，山出瑞云，应王者之符命"，如尧时有赤云之祥之类。盖黄帝黄云之瑞，故曰"合符应于釜山"也。【正义】《括地志》云："釜山在妫州怀戎县北三里，山上有舜庙。"　⑧【正义】广平曰阿。涿鹿，山名，已见上。涿鹿故城在山下，即黄帝所都之邑于山下平地。　⑨【正义】环绕军兵为营以自卫，若辕门即其遗像。　⑩【集解】应劭曰："黄帝受命，有云瑞，故以云纪事也。春官为青云，夏官为缙云，秋官为白云，冬官为黑云，中官为黄云。"张晏曰："黄帝有景云之应，因以名师与官。"　⑪【正义】监，上监去声，下监平声。若周邵分陕也。　⑫【集解】徐广曰："多，一作朋。"【索隐】与音羊汝反。与，犹许也。言万国和同，而鬼神山川封禅祭祀之事，自古以来帝皇之中，推许黄帝以为多。多，犹大也。　⑬【集解】晋灼曰："策，数也，迎数之也。"瓒曰："日月朔望未来而推之，故曰迎日。"【索隐】《封禅书》曰："黄帝得宝鼎神策"，下云"于是推策迎日"，则神策者神蓍也。黄帝得蓍以推筭历数，于是逆知节气日辰之将来，故曰推策迎日也。【正义】筴音策。迎，逆也。黄帝受神筴，〔命〕大挠造甲子，容成造历是也。⑭【集解】郑玄曰："风后，黄帝三公也。"班固曰："力牧，黄帝相也。"【正义】举，任用。四人皆帝臣也。《帝王世纪》云："黄帝梦大风吹天下之尘垢皆去，又梦人执千钧之弩，驱羊万群。帝寤而叹曰：'风为号令，执政者也。垢去土，后在也。天下岂有姓风名后者哉？夫千钧之弩，异力者也。驱羊数万群，能牧民为善者也。天下岂有姓力名牧者也？'于是依二占而求之，得风后于海隅，登以为相。得力牧于大泽，进以为将。黄帝因著《占梦经》十一卷。"《艺文志》云："风后兵法十三篇，图二卷，《孤虚》二十卷，《力牧兵法》十五篇。"郑玄云："风后，黄帝之三公也。"案：黄帝仰天地置列侯众官，以风后配上台，天老配中台，五圣配下台，谓之三公也。《封禅书》云："鬼臾区号大鸿，黄帝大臣也。死葬雍，故鸿冢是。"《艺文志》云"《鬼容区兵法》三篇"也。　⑮【正义】言黄帝顺天地阴阳四时之纪也。　⑯【正义】幽，阴。明，阳也。占，数也。言阴阳五行，黄帝占数而知之。此文见《大戴礼》。　⑰【集解】徐广曰："一云'幽明之数，合死生之说'。"【正义】说，谓仪制也。民之生死。此谓作仪制礼则之说。　⑱【索隐】存亡，犹安危也。《易》曰"危者安其位，亡者保其存"是也。难，犹说也。凡事是非未尽，假以往来之词，则曰难。又上文有"死生之说"，故此云"存亡之难"，所以韩非著书有《说林》、《说难》也。【正义】难音乃惮反。存亡，犹生死也。黄帝之前，未有衣裳屋宇。及黄帝造屋宇，制衣服，营殡葬，万民故免存亡之难。　⑲【集解】王肃曰："时，是也。"【索隐】为一句。【正义】言顺四时之所(置)〔宜〕而布种百谷草木也。　⑳【索隐】为一句。蛾音牛绮反。一作豸。(豸)言淳化广被及之。【正义】蛾音鱼起反。又音豸，豸音直氏反。蚁，蚍蜉也。《尔雅》曰："有足曰虫，无足曰豸。"【集解】徐广曰："波，一作沃。"　㉑【索隐】旁，非一方。罗，广布也。今案：《大戴礼》作"历离"。离，即罗也。言帝德旁罗日月星辰水波，及至土石金玉。谓日月扬光，海水不波，山不藏珍，皆是帝德广被也。【正义】旁罗，犹遍布也。日月，阴阳时节也。星，二十八宿也。辰，日月所会也。水波，澜漪也。言天不异灾，土无别害，水少波浪，山出珍宝。　㉒【正义】节，时节也。水，陂障决泄也。火，山野禁放也。材，木也。物，事也。言黄帝教民，江湖陂泽山林原隰皆收采禁捕以时，用之有节，令得其利也。《大戴礼》云“宰我问于孔子曰：‘予闻荣伊曰黄帝三百年。请问黄帝者人耶？何以至三百年？’孔子曰：‘劳勤心力耳目，节用水火材物，生而民得其利百年，死而民畏其神百年，亡而民用其教百年，故曰三百年也。’”　㉓【索隐】炎帝火，黄帝土代之，即“黄龙地螾见”是也。螾，土精，大五六围，长十余丈。螾音引。【正义】螾音以刃反。　㉔【索隐】旧解破四为三，言得姓十三人耳。今案：“《国语》胥臣云黄帝之子二十五宗，其得姓者十四人，为十二姓：姬、酉、祁、己、滕、葴、任、荀、僖、姞、嬛、依是也。唯青阳与夷鼓同己姓”。又云“青阳与苍林为姬姓”。上则十四人为十二姓，其文甚明。唯姬姓再称青阳与苍林，盖《国语》文误，所以致令前儒共疑。其姬姓青阳当为玄嚣，是帝喾祖本与黄帝同姬姓。其《国语》上文青阳，即是少昊金天氏为己姓者耳。既理在不疑，无烦破四为三。【正义】僖音力其反。姞，其吉反。嬛音在宣反。

黄帝居轩辕之丘，①而娶于西陵之女，②是为嫘祖。③嫘祖为黄帝正妃，④生二子，其后皆有天下。其一曰玄嚣，是为青阳，⑤青阳降居江水。⑥其二曰昌意，降居若水。⑦昌意娶蜀山氏女，曰昌仆，生高阳，高阳有圣德焉。⑧黄帝崩，⑨葬桥山。⑩其孙昌意之子高阳立，是为帝颛顼也。

①【集解】皇甫谧曰：“受国于有熊，居轩辕之丘，故因以为名，又以为号。《山海经》曰‘在穷山之际，西射之南’。”张晏曰：“作轩冕之服，故谓之轩辕。”　②【正义】西陵，国名也。　③【集解】徐广曰：“祖，一作‘俎’。嫘，力追反。”【索隐】一曰雷祖，音力堆反。【正义】一作“傫”。④【索隐】案：黄帝立四妃，象后妃四星。皇甫谧云：“元妃西陵氏女，曰累祖，生昌意。次妃方雷氏女，曰女节，生青阳。次妃彤鱼氏女，生夷鼓，一名

苍林。次妃嫫母，班在三人之下。"案：《国语》夷鼓、苍林是二人。又案：《汉书·古今人表》彤鱼氏生夷鼓，嫫母生苍林，不得如谧所说。 ⑤【正义】太史公乃据《大戴礼》，以累祖生昌意及玄嚣，玄嚣即青阳也。皇甫谧以青阳为少昊，乃方雷氏所生，是其所见异也。【索隐】玄嚣，帝喾之祖。案：皇甫谧及宋衷皆云玄嚣、青阳即少昊也。今此纪下云"玄嚣不得在帝位"，则太史公意青阳非少昊明矣。而此又云"玄嚣是为青阳"，当是误也。谓二人皆黄帝子，并列其名，所以前史因误以玄嚣、青阳为一人耳。宋衷又云："玄嚣、青阳是为少昊，继黄帝立者，而史不叙，盖少昊金德王，非五运之次，故叙五帝不数之也。" ⑥【正义】《括地志》云："安阳故城在豫州新(恩)〔息〕县西南八十里。应劭云古江国也。《地理志》亦云安阳古江国也。" ⑦【索隐】降，下也。言帝子为诸侯，降居江水。江水、若水皆在蜀，即所封国也。《水经》曰"水出旄牛徼外，东南至故关为若水，南过邛都，又东北至朱提县为卢江水"，是蜀有此二水也。 ⑧【正义】《华阳国志》及《十三州志》云："蜀之先肇于人皇之际。黄帝为子昌意娶蜀山氏，后子孙因封焉。帝颛顼高阳氏，黄帝之孙，昌意之子，母曰昌仆，亦谓之女枢。"《河图》云："瑶光如蜺贯月，正白，感女枢于幽房之宫，生颛顼，首戴干戈，有德文也。" ⑨【集解】皇甫谧曰："在位百年而崩，年百一十一岁。"【索隐】案：《大戴礼》："宰我问孔子曰：'荣伊言黄帝三百年，请问黄帝何人也？抑非人也？何以至三百年乎？'对曰：'生而人得其利百年，死而人畏其神百年，亡而人用其教百年。'"则士安之说略可凭矣。【正义】《列仙传》云："轩辕自择亡日与群臣辞。还葬桥山，山崩，棺空，唯有剑舄在棺焉。" ⑩【集解】《皇览》曰："黄帝冢在上郡桥山。"【索隐】《地理志》桥山在上郡(同阳)〔阳周〕县，山有黄帝冢也。【正义】《括地志》云："黄帝陵在宁州罗川县东八十里子午山。《地理志》云上郡阳周县桥山南有黄帝冢。"案：阳周，隋改为(罢)〔罗〕川。《尔雅》云：山锐而高曰桥也。

帝颛顼高阳者，[①]黄帝之孙而昌意之子也。静渊以有谋，疏通而知事，养材以任地，[②]载时[③]以象天，依鬼神以制义，[4]治气[5]以教化，絜诚以祭祀。北至于幽陵，[6]南至于交阯，[7]西至于流沙，[8]东至于蟠木。[9]动静之物，[10]大小之神，[11]日月所照，莫不砥属。[12]帝颛顼生子曰穷蝉。[13]颛顼崩，[14]而玄嚣之孙高辛立，是为帝喾。

①【集解】皇甫谧曰："都帝丘，今东郡濮阳是也。"【索隐】宋衷云："颛顼，名。高阳，有天下号也。"张晏云："高阳者，所兴地名也。" ②【索隐】言能养材物以任地。《大戴礼》作"养财"。 ③【索隐】载，行也。言行四时以象天。《大戴礼》作"履时以象天"。履，亦践而行也。 ④【索隐】鬼神聪明正直，当尽心敬事，因制尊卑之义，故《礼》曰"降于祖庙之谓仁义"是也。【正义】鬼之灵者曰神也。鬼神，谓山川之神也。能兴云致雨，润养万物也，故己依冯之剬义也。剬，古制字。 ⑤【索隐】谓理四时五行之气以教化万人也。 ⑥【正义】幽州也。 ⑦【正义】阯音止，交州也。 ⑧【集解】《地理志》曰：流沙在张掖居延县。【正义】济，渡也。《括地志》云："居延海南，甘州张掖县东北千六十四里是。" ⑨【集解】《海外经》曰："东海中有山焉，名曰度索。上有大桃树，屈蟠三千里。东北有门，名曰鬼门，万鬼所聚也。天帝使神人守之，〔一名神荼，〕一名郁垒，主阅领万鬼。若害人之鬼，以苇索缚之，射以桃弧，投虎食也。" ⑩【正义】动物，谓鸟兽之类。静物，谓草木之类。 ⑪【正义】大，谓五岳、四渎。小，谓丘陵坟衍。 ⑫【集解】王肃曰："砥，平也。四远皆平而来服属。"【索隐】依王肃音止蜀，据《大戴礼》作"砥砺"也。 ⑬【索隐】《系本》作"穷係"。宋衷云："一云穷係，谥也。"【正义】帝舜之高祖也。 ⑭【集解】皇甫谧曰："在位七十八年，年九十八。"《皇览》曰："颛顼冢在东郡濮阳顿丘城门外广阳里中。顿丘者城门，名顿丘道。"【索隐】皇甫谧云："据《左氏》，岁在鹑火而崩，葬东郡。"又《山海经》曰："颛顼葬鲋鱼山之阳，九嫔葬其阴。"

帝喾高辛者,[①]黄帝之曾孙也。高辛父曰蟜极,[②]蟜极父曰玄嚣,玄嚣父曰黄帝。自玄嚣与蟜极皆不得在位,至高辛即帝位。[③]高辛于颛顼为族子。高辛生而神灵,自言其名。[④]普施利物,不于其身。聪以知远,明以察微。顺天之义,知民之急。仁而威,惠而信,修身而天下服。取地之财而节用之,抚教万民而利诲之,历日月而迎送之,[⑤]明鬼神而敬事之。[⑥]其色郁郁,其德嶷嶷。[⑦]其动也时,其服也士。[⑧]帝喾溉执中而遍天下,[⑨]日月所照,风雨所至,莫不从服。[⑩]帝喾娶陈锋氏女,[⑪]生放勳;[⑫]娶娵訾氏女,生挚。[⑬]帝喾崩[⑭]而挚代立。帝挚立,不善(崩),[⑮]而弟放勳立,是为帝尧。

①【集解】张晏曰:"少昊以前,天下之号象其德。颛顼以来,天下之号因其名。高阳、高辛皆所兴之地名。颛顼与喾皆以字为号,上古质故也。"【索隐】宋衷曰:"高辛,地名,因以为号。喾,名也。"皇甫谧云:"帝喾,名夋也。"【正义】《帝王纪》云:"俈母无闻焉。" ②【正义】蟜音居兆反。本作"桥",音同。又巨遥反。帝尧之祖也。 ③【集解】皇甫谧曰:"都亳,今河南偃师是。" ④【正义】《帝王纪》云:"帝俈高辛,姬姓也。其母生见其神异,自言其名曰岌。龆龀有德,年十五而佐颛顼,三十登位,都亳,以人事纪官也。" ⑤【正义】言作历弦、望、晦、朔,日月未至而迎之,过而送之,上"迎日推策"是也。 ⑥【正义】天神曰神,人神曰鬼。又云圣人之精气谓之神,贤人之精气谓之鬼,言明识鬼神而敬事也。 ⑦【索隐】郁郁,犹穆穆也。嶷嶷,德高也。今案:《大戴礼》"郁"作"神","嶷"作"俟"。 ⑧【索隐】举动应天时,衣服服士服,言其公且廉也。 ⑨【集解】徐广曰:"古'既'字作水旁。'遍'字一作'尹'。"【索隐】即《尚书》"允执厥中"是也。【正义】溉音既。言帝俈治民,若水之溉灌,平等而执中正,遍于天下也。 ⑩【正义】以上《大戴》文也。 ⑪【正义】锋音峯。又作"丰"。

《帝王纪》云"帝偕有四妃,卜其子皆有天下。元妃有邰氏女,曰姜嫄,生后稷。次妃有(娥)〔娀〕氏女,曰简狄,生卨。次妃陈丰氏女,曰庆都,生放勋。次妃娵訾氏女,曰常仪,生帝挚"也。 ⑫【正义】放音方往反。勳亦作"勋",音许云反。言尧能放上代之功,故曰放勋。谥尧。姓伊祁氏。《帝王纪》云:"帝尧陶唐氏,祁姓也。母庆都,十四月生尧。" ⑬【索隐】案:皇甫谧云"女名常宜"也。【正义】娵,足须反。訾,紫移反。 ⑭【集解】皇甫谧曰:"在位七十年,年百五岁。"《皇览》曰:"帝喾冢在东郡濮阳顿丘城南台阴野中。" ⑮【索隐】古本作"不著",音张虑反。俗本作"不善"。不善,谓微弱。不著,犹不著明。卫宏云:"挚立九年而唐侯德盛,因禅位焉。"【正义】《帝王纪》云:"帝挚之母于四人中班最在下,而挚于兄弟最长,得登帝位。封异母弟放勋为唐侯。挚在位九年,政微弱,而唐侯德盛,诸侯归之,挚服其义,乃率群臣造唐而致禅。唐侯自知有天命,乃受帝禅。乃封挚于高辛。"今定州唐县也。

帝尧者,[①]放勳。[②]其仁如天,[③]其知如神。[④]就之如日,[⑤]望之如云。[⑥]富而不骄,贵而不舒。[⑦]黄收纯衣,[⑧]彤车乘白马,能明驯德,[⑨]以亲九族。九族既睦,便章百姓。[⑩]百姓昭明,合和万国。

①【集解】《谥法》曰:"翼善传圣曰尧。"【索隐】尧,谥也。放勳,名。帝喾之子,姓伊祁氏。案:皇甫谧云"尧初生时,其母在三阿之南,寄于伊长孺之家,故从母所居为姓也"。【正义】徐广云:"号陶唐。"《帝王纪》云:"尧都平阳,于《诗》为唐国。"徐才宗《国都城记》云:"唐国,帝尧之裔子所封。其北帝夏禹都,汉曰太原郡,在古冀州太行恒山之西。其南有晋水。"《括地志》云:"今晋州所理平阳故城是也。平阳河水一名晋水也。" ②【集解】徐广曰:"号陶唐。"皇甫谧曰:"尧以甲申岁生,甲辰即帝位,甲午征舜,甲寅舜代行天子事,辛巳崩,年百十八,在位九十八年。" ③【索隐】如天之

涵养也。　④【索隐】如神之微妙也。　⑤【索隐】如日之照临，人咸依就之，若葵藿倾心以向日也。　⑥【索隐】如云之覆渥，言德化广大而浸润生人，人咸仰望之，故曰如百谷之仰膏雨也。　⑦【索隐】舒，犹慢也。《大戴礼》作“不豫”。　⑧【集解】徐广曰：“纯，一作‘绞’。”骃案：《太古冠冕图》云“夏名冕曰收”。《礼记》曰“野夫黄冠”。郑玄曰“纯衣，士之祭服”。【索隐】收，冕名。其色黄，故曰黄收，象古质素也。纯，读曰缁。⑨【集解】徐广曰：“驯，古训字。”【索隐】《史记》“驯”字，徐广皆读曰训。训，顺也。言圣德能顺人也。案：《尚书》作“俊德”，孔安国云“能明用俊德之士”，与此文意别也。　⑩【集解】徐广曰：“下云‘便程东作’，然则训平为便也。”骃案：《尚书》并作“平”字。孔安国曰“百姓，百官”。郑玄曰“百姓，群臣之父子兄弟”。【索隐】《古文尚书》作“平”，此文盖读“平”为浦耕反。平既训便，因作“便章”。其今文作“辩章”。古“平”字亦作“便”，音婢缘反。便则训辩，遂为辩章。邹诞生本亦同也。

乃命羲、和，[①]敬顺昊天，[②]数法日月星辰，[③]敬授民时。[④]分命羲仲居郁夷，曰旸谷。[⑤]敬道日出，便程东作。[⑥]日中，星鸟，以殷中春。[⑦]其民析，鸟兽字微。[⑧]申命羲叔居南交。[⑨]便程南讹，敬致。[⑩]日永，星火，以正中夏。[⑪]其民因，鸟兽希革。[⑫]申命和仲居西土，[⑬]曰昧谷。[⑭]敬道日入，便程西成。[⑮]夜中，星虚，以正中秋。[⑯]其民夷易，鸟兽毛毨。[⑰]申命和叔居北方，曰幽都。[⑱]便在伏物。[⑲]日短，星昴，以正中冬。[⑳]其民燠，鸟兽氄毛。[㉑]岁三百六十六日，以闰月正四时。[㉒]信饬[㉓]百官，众功皆兴。

①【集解】孔安国曰：“重黎之后，羲氏、和氏世掌天地之官。”【正义】《吕刑传》云：“重即羲，黎即和，虽别为氏族，而出自重黎也。”案：圣人不独

治，必须贤辅，乃命相天地之官，若《周礼》天官卿、地官卿也。 ②【正义】敬，犹恭勤也。元气昊然广大，故云昊天。《释天》云："春为苍天，夏为昊天，秋为旻天，冬为上天。"而独言昊天者，以尧能敬天，大，故以昊大言之。 ③【正义】历数之法，日之甲乙，月之大小，昏明递中之星，日月所会之辰，定其天数，以为一岁之历。 ④【索隐】《尚书》作"历象日月"，则此言"数法"，是训"历象"二字，谓命羲和以历数之法观察日月星辰之早晚，以敬授人时也。【正义】《尚书考灵耀》云："主春者，张昏中，可以种稷。主夏者，火昏中，可以种黍菽。主秋者，虚昏中，可以种麦。主冬者，昴昏中，可以收敛也。"天子视四星之中，知民缓急，故云敬授民时也。

⑤【集解】《尚书》作"嵎夷"。孔安国曰："东表之地称嵎夷。日出于旸谷。羲仲，治东方之官。"【索隐】《史记》旧本作"汤谷"，今并依《尚书》字。案：《淮南子》曰"日出汤谷，浴于咸池"，则汤谷亦有他证明矣。又下曰"昧谷"，徐广云"一作'柳'"，柳亦日入处地名。太史公博采经记而为此史，广记异闻，不必皆依《尚书》。盖郁夷亦地之别名也。【正义】郁音隅。阳，或作"旸"。《禹贡》青州云："嵎夷既略。"案：嵎夷，青州也。尧命羲仲理东方青州嵎夷之地，日所出处，名曰阳明之谷。羲仲主东方之官，若《周礼》春官〔卿〕。 ⑥【集解】孔安国曰："敬道出日，平均次序东作之事，以务农也。"【索隐】刘伯庄传皆依古史作平秩音。然《尚书大传》曰："辩秩东作"，则是训秩为程，言便课其作程者也。【正义】道音导。便、程，并如字，后同。导，训也。三春主东，故言日出。耕作在春，故言东作。命羲仲恭勤道训万民东作之事，使有程期。 ⑦【集解】孔安国曰："日中，谓春分之日也。鸟，南方朱鸟七宿也。殷，正也。春分之昏，鸟星毕见，以正仲春之气节。转以推孟、季，则可知也。"【正义】下"中"音仲，夏、秋、冬并同。 ⑧【集解】孔安国曰："春事既起，丁庄就功，言其民老壮分析也。"乳化曰字。《尚书》"微"作"尾"字。《说文》云"尾，交接也"。 ⑨【集解】孔安国曰："夏与春交，此治南方之官也。"【索隐】孔注未是。然则冬与秋交，何故下无其文？且东嵎夷，西昧谷，北幽都，三方皆言地，而夏独不言地，乃云与春交，斯不例之甚也。然南方地有名交阯者，或古文略举一字名地，南交则是交

阯不疑也。【正义】羲叔主南方官,若《周礼》夏官卿也。　⑩【集解】孔安国曰:“譌,化也。平序分南方化育之事,敬行其教,以致其功也。”【索隐】譌依字读。春言东作,夏言南譌,皆是耕作营为劝农之事。孔安国强读为“讹”字,虽则训化,解释亦甚纡回也。【正义】譌音于伪反。命羲叔宜恭勤民事。致其种殖,使有程期也。　⑪【集解】孔安国曰:“永,长也,谓夏至之日。火,苍龙之中星,举中则七星见可知也,以正中夏之〔气〕节。”马融、王肃谓日长昼漏六十刻,郑玄曰五十五刻。　⑫【集解】孔安国曰:“因,谓老弱因就在田之丁壮以助农也。夏时鸟兽毛羽希少改易也。革,改也。”　⑬【集解】徐广曰:“一无‘土’字。以为西者,今天水之西县也。”骃案:郑玄曰“西者,陇西之西,今人谓之兑山”。　⑭【集解】徐广曰:“一作‘柳谷’。”骃案:孔安国曰“日入于谷而天下冥,故曰昧谷。此居治西方之官,掌秋天之政也。”【正义】和仲主西方之官,若《周礼》秋官卿也。⑮【集解】孔安国曰:“秋,西方,万物成也。”　⑯【集解】孔安国曰:“春言日,秋言夜,互相备也。虚,玄武之中星。亦言七星皆以秋分日见,以正三秋也。”【索隐】虚,旧依字读,而邹诞生音墟。案:虚星主坟墓,邹氏或得其理。　⑰【集解】孔安国曰:“夷,平也。老壮者在田,与夏平也。毨,理也。毛更生曰毨理。”　⑱【集解】孔安国曰:“北称幽都,谓所聚也。”【索隐】案:《山海经》曰“北海之内有山名幽都”,盖是也。【正义】案:北方幽州,阴聚之地,命和叔居理之。北方之官,若《周礼》冬官卿。　⑲【索隐】使和叔察北方藏伏之物,谓人畜积聚等冬皆藏伏。《尸子》亦曰“北方者,伏方也”。《尚书》作“平在朔易”。今案《大传》云“便在伏物”,太史公据之而书。　⑳【集解】孔安国曰:“日短,冬至之日也。昴,白虎之中星。亦以七星并见,以正冬节也。”马融、王肃谓日短昼漏四十刻。郑玄曰四十五刻,非。　㉑【集解】徐广曰:“氄音茸。”骃案:孔安国曰“民入室处,鸟兽皆生氄毳细毛以自温也”。　㉒【索隐】夫周天三百六十五度四分度之一,是天度数也。而日行迟,一岁一周天。月行疾,一月一周天。日一日行一度,月一日行十三度十九分度之七。至二十九日半强,月行天一匝,又逐及日而与会。一年十二会,是为十二月。每月二十九日过半。年分出小月六，是每岁余六日。又大岁三百六十六日，小岁三百五十五日，举全数云六十六日。其实一岁唯余十一日弱。未满三岁，已成一月，则置闰。若三年不置闰，则正月为二月。九年差三月，则以春为夏。十七年差六月，则四时皆反。以此四时不正，岁不成矣。故《传》曰“归余于终，事则不悖”是也。㉓【集解】徐广曰：“古勑字。”

尧曰：“谁可顺此事？”① 放齐曰：“嗣子丹朱开明。”② 尧曰：“吁，顽凶，不用。”③ 尧又曰：“谁可者？”讙兜曰：“共工旁聚布功，可用。”④ 尧曰：“共工善言，其用僻，似恭漫天，不可。”⑤ 尧又曰：“嗟，四岳，⑥ 汤汤洪水滔天，浩浩怀山襄陵，⑦ 下民其忧，有能使治者？”皆曰鲧可。⑧ 尧曰：“鲧负命毁族，不可。”⑨ 岳曰：“异哉，试不可用而已。”⑩ 尧于是听岳用鲧。九岁，功用不成。⑪

①【正义】言将登用之嗣位也。 ②【集解】孔安国曰：“放齐，臣名。”【正义】放音方往反。郑玄云：“帝尧胤嗣之子，名曰丹朱，开明也。”案：开，解而达也。《帝王纪》云：“尧娶散宜氏女，曰女皇，生丹朱。”《汲冢纪年》云：“后稷放帝子丹朱。”范汪《荆州记》云：“丹水县在丹川，尧子朱之所封也。”《括地志》云：“丹水故城在邓州内乡县西南百三十里。丹(朱)〔水〕故为县。” ③【集解】孔安国曰：“吁，疑怪之辞。”【正义】《左传》云：“口不道忠信之言为嚚，心不则德义之经为顽。”凶，讼也。言丹朱心既顽嚚，又好争讼，不可用之。 ④【集解】孔安国曰：“讙兜，臣名。”郑玄曰：“共工，水官名。”【正义】兜音斗侯反。 ⑤【正义】漫音莫干反。共工善为言语，用意邪僻也。似于恭敬，罪恶漫天，不可用也。 ⑥【集解】郑玄曰：“四岳，四时官，主方岳之事。”【正义】嗟叹鸿水，问四岳谁能理也。孔安国云：“四岳，即上羲和四子也。分掌四岳之诸侯，故称焉。” ⑦【集解】孔安国曰：“怀，包。襄，上也。”【正义】汤音商，今读如字。荡荡，广平之貌。

言水奔突有所涤除，地上之物为水漂流荡荡然。案：怀，藏，包裹之义，故怀为包。《释言》以襄为驾，驾乘牛马皆在上也。言水襄上乘陵，浩浩盛大，势若漫天。　⑧【集解】马融曰："鲧，臣名，禹父。"　⑨【正义】负音佩，依《字通》。负，违也。族，类也。鲧性很戾，违负教命，毁败善类，不可用也。《诗》云"贪人败类"也。　⑩【正义】异音异。孔安国云："异，已。已，退也。言余人尽已，唯鲧可试，无成乃退。"　⑪【正义】《尔雅·释天》云："载，岁也。夏曰祀，周曰年，唐、虞曰载。"李巡云："各自纪事，〔示〕不相袭也。"孙炎云："岁，取岁星行一次也。祀，取四时祭祀一讫也。年，取禾谷一熟也。载，取万物终更始也。载者，年之别名，故以载为年也。"案：功用不成，水害不息，故放退也。至明年得舜，乃殛之羽山，而用其子禹也。

尧曰："嗟，四岳，朕在位七十载，汝能庸命，践朕位？"①岳应曰："鄙德忝帝位。"②尧曰："悉举贵戚及疏远隐匿者。"众皆言于尧曰："有矜在民间，曰虞舜。"③尧曰："然，朕闻之。其何如？"岳曰："盲者子。父顽，母嚚，弟傲，能和以孝，烝烝治，不至奸。"④尧曰："吾其试哉。"⑤于是尧妻之二女，⑥观其德于二女。⑦舜饬下二女于妫汭，⑧如妇礼。尧善之，乃使舜慎和五典，⑨五典能从。乃遍入百官，百官时序。宾于四门，四门穆穆，诸侯远方宾客皆敬。⑩尧使舜入山林川泽，暴风雷雨，舜行不迷。⑪尧以为圣，召舜曰："汝谋事至而言可绩，三年矣。⑫汝登帝位。"舜让于德不怿。⑬正月上日，⑭舜受终于文祖。文祖者，尧大祖也。⑮

①【集解】郑玄曰："言汝诸侯之中有能顺事用天命者，入处我位，统治天子之事者乎？"【正义】孔安国云："尧年十六，以唐侯升为天子，在位七十载，时八十六，老将求代也。"　②【正义】四岳皆云，鄙俚无德，若便行天

子事，是辱帝位。言己等不堪也。　③【集解】孔安国曰："无妻曰矜。"【正义】矜，古顽反。　④【正义】烝，之升反，进也。言父顽，母嚚，弟傲，舜皆和以孝，进之于善，不至于奸恶也。　⑤【正义】欲以二女试舜，观其理家之道也。　⑥【正义】妻音七计反。二女，娥皇、女英也。娥皇无子，女英生商均。舜升天子，娥皇为后，女英为妃。　⑦【正义】视其为德行于二女，以理家而观国也。　⑧【集解】孔安国曰："舜所居妫水之汭。"【索隐】《列女传》云：二女长曰娥皇，次曰女英。《系本》作"女莹"。《大戴礼》作"女匽"。皇甫谧云："妫水在河东虞〔乡〕县历山西。汭，水涯也，犹洛汭、渭汭然也。"【正义】饬音敕。下音胡亚反。汭音芮。舜能整齐二女以义理，下二女之心于妫汭，使行妇道于虞氏也。《括地志》云："妫汭水源出蒲州河东南山。许慎云：'水涯曰汭。'案：《地记》云'河东郡青山东山中有二泉，下南流者妫水，北流者汭水。二水异源，合流出谷，西注河。妫水北曰汭也'。又云'河东县二里故蒲坂城，舜所都也。城中有舜庙，城外有舜宅及二妃坛'。"　⑨【集解】郑玄曰："五典，五教也。盖试以司徒之职。"　⑩【集解】马融曰："四门，四方之门。诸侯群臣朝者，舜宾迎之，皆有美德也。"　⑪【索隐】《尚书》云"纳于大麓"，《谷梁传》云"林属于山曰麓"，是山足曰麓，故此以为入山林不迷。孔氏以麓训录，言令舜大录万几之政，与此不同。　⑫【集解】郑玄曰："三年者，宾四门之后三年也。"　⑬【集解】徐广曰："音亦。《今文尚书》作'不怡'。怡，怿也。"【索隐】古文作"不嗣"，今文作"不怡"。怡，即怿也。谓辞让于德不堪，所以心意不悦怿也。俗本作"泽"，误尔，亦当为"怿"。　⑭【集解】马融曰："上日，朔日也。"【正义】郑玄云："帝王易代，莫不改正。〔尧正建丑〕，舜正建子，此时未改，故依尧正月上日也。"　⑮【集解】郑玄曰："文祖者，五府之大名，犹周之明堂。"【索隐】《尚书帝命验》曰："五府，五帝之庙。苍曰灵府，赤曰文祖，黄曰(祖计)〔神斗〕，白曰显纪，黑曰玄矩。唐、虞谓之五府，夏谓世室，殷谓重屋，周谓明堂，皆祀五帝之所也。"【正义】舜受尧终帝之事于文祖也。《尚书帝命验》云："帝者承天立〔五〕府，以尊天重象也。五府者，黄曰神斗。"注云："唐、虞谓之天府，夏谓之世室，殷谓之重屋，周谓之明堂，皆祀五帝之所也。文祖者，赤帝熛怒之府，名曰文祖。火精光明，文章之祖，故谓之文祖。周曰明堂。神斗者，黄帝含枢纽之府，名曰神斗。斗，主也。土精澄静，四行之主，故谓之神斗。周曰太室。显纪者，白帝招拒之府，名显纪。纪，法也。金精断割万物，故谓之显纪。周曰总章。玄矩者，黑帝〔汁〕光纪之府，名曰玄矩。矩，法也。水精玄昧，能权轻重，故谓之玄矩。周曰玄堂。灵府者，苍帝灵威仰之府，名曰灵府。周曰青阳。"

于是帝尧老，命舜摄行天子之政，以观天命。舜乃在璇玑玉衡，以齐七政。①遂类于上帝，②禋于六宗，③望于山川，④辩于群神。⑤揖五瑞，择吉月日，见四岳诸牧，班瑞。⑥岁二月，东巡狩，至于岱宗，柴，⑦望秩于山川。⑧遂见东方君长，合时月正日，⑨同律度量衡，⑩修五礼，⑪五玉、⑫三帛、⑬二生、⑭一死⑮为挚，⑯如五器，卒乃复。⑰五月，南巡狩。八月，西巡狩。十一月，北巡狩，皆如初。归，至于祖祢庙，⑱用特牛礼。五岁一巡狩，群后四朝。⑲遍告以言，⑳明试以功，车服以庸。㉑肇十有二州，决川。㉒象以典刑，㉓流宥五刑，㉔鞭作官刑，㉕扑作教刑，㉖金作赎刑。㉗眚裁过，赦。㉘怙终㉙贼，刑。㉚钦哉，钦哉，惟刑之静哉。㉛

①【集解】郑玄曰："璇玑、玉衡，浑天仪也。七政，日月五星也。"【正义】《说文》云："璇，赤玉也。"案：舜虽受尧命，犹不自安，更以璇玑玉衡以正天文。玑为运转，衡为横箫，运玑使动于下，以衡望之，是王者正天文器也，观其齐与不齐。今七政齐，则己受禅为是。蔡邕云："玉衡长八尺，孔径一寸，下端望之，以视星宿，并悬玑以象天，而以衡望之，转玑窥衡，以知星宿。玑径八尺，圆周二丈五尺而强也。"郑玄云："运转者为玑，持正者为衡。"《尚书大传》云："政者，齐中也。谓春秋冬夏天文地理人道，所以为政

也，道正而万事顺成，故天道政之大也。”　②【集解】郑玄曰：“礼祭上帝于圜丘。”【正义】《五经异义》云：“非时祭天谓之类，言以事类告也。时舜告摄，非常祭也。”《王制》云：“天子将出，类于上帝。”郑玄云：“昊天上帝谓天皇大帝，北辰之星。”　③【集解】郑玄曰：“六宗：星、辰、司中、司命、风师、雨师也。”骃案：六宗，义众矣。愚谓郑说为长。【正义】《周语》云“精意以享曰禋”也。孙炎云：“禋，洁敬之祭也。”案：星，五纬星也。辰，日月所会十二次也。司中、司命，文昌第五、第四星也。风师，箕星也。雨师，毕星也。孔安国云：“四时寒暑也，日月星也，水旱也。”《礼祭法》云：“埋少牢于大昭，祭时也。禳祈于坎坛，祭寒暑也。王宫，祭日也。夜明，祭月也。幽禜，祭星。雩禜，祭水旱也。”司马彪《续汉书》云：“安帝立六宗，祀于洛阳城西北亥地，礼比大社。魏因之。至晋初，荀顗言新祀，以六宗之神诸家说不同，乃废之也。”　④【正义】望者，遥望而祭山川也。山川，五岳、四渎也。《尔雅》云：“梁山，晋望也。”　⑤【集解】徐广曰：“辩音班。”骃案：郑玄曰“群神若丘陵坟衍。”【正义】辩音遍。谓祭群神也。　⑥【集解】马融曰：“揖，敛也。五瑞，公侯伯子男所执，以为瑞信也。尧将禅舜，使群牧敛之，使舜亲往班之。”【正义】揖音集。《周礼·典瑞》云：“王执镇圭，尺二寸。公执桓圭，九寸。侯执信圭，七寸。伯执躬圭，五寸。子执谷璧，男执蒲璧，皆五寸。言五瑞者，王不在中也。”孔文祥云：“宋末，会稽修禹庙，于庙庭山土中得五等圭璧百余枚，形与《周礼》同，皆短小。此即禹会诸侯于会稽，执以礼山神而埋之。其璧今犹有在也。”　⑦【集解】马融曰：“舜受终后五年之二月。”郑玄曰：“建卯之月也。柴祭东岳者，考绩。柴，燎也。”【正义】案：既班瑞群后即东巡者，守土之诸侯会岱宗之岳，焚柴告至也。王者巡狩，以诸侯自专一国，威福任己，恐其壅遏上命，泽不下流，故巡行问人疾苦也。《风俗通》云：“太，山之尊者，一曰岱宗，始也，长也，万物之始，阴阳交代，故为五岳之长也。”案：二月，仲月也。仲，中也，言得其中也。⑧【正义】乃以秩望祭东方诸侯境内之名山大川也。言秩者，五岳视三公，四渎视诸侯。　⑨【集解】郑玄曰：“协正四时之月数及日名，备有失误。”【正义】既见东方君长，乃合同四时气节，月之大小，日之甲乙，使齐一也。《周礼》："太史掌正岁年以序事，颁正朔于邦国。"则节气晦朔皆天子颁之。犹恐诸侯国异，或不齐同，因巡狩合正之。　⑩【集解】郑玄曰："律，音律。度，丈尺。量，斗斛。衡，斤两也。"【正义】律之十二律，度之丈尺，量之斗斛，衡之斤两，皆使天下相同，无制度长短轻重异也。《汉·律历志》云："《虞书》云'同律度量衡'，所以齐远近，立民信也。"律有十二，阳六为律，阴六为吕。律以统气类物，一曰黄钟，二曰太蔟，三曰姑洗，四曰蕤宾，五曰夷则，六曰无射。吕以旅阳宣气，一曰林钟，二曰南吕，三曰应钟，四曰大吕，五曰夹钟，六曰中吕。度者，分、寸、尺、丈、引也，所以度长短也。本起黄钟之管长，以子谷秬黍中者一黍为一分，十分为一寸，十寸为尺，十尺为丈，十丈为引，而五度审矣。量者，龠、合、升、斗、斛也，所以量多少也。本起黄钟之龠，以子谷秬黍中者千有二百实为一龠，十龠为合，十合为升，十升为斗，十斗为斛，而五量嘉矣。衡权者，铢、两、斤、钧、石也，所以称物轻重也。本起于黄钟之重，一龠容千二百黍，重十二铢，"二十四铢为两，十六两为斤，三十斤为钧，四钧为石，而五权谨矣。衡，平也。权，重也"。

⑪【集解】马融曰："吉、凶、宾、军、嘉也。"【正义】《周礼》"以吉礼事邦国之鬼神祇，以凶礼哀邦国之忧，以宾礼亲邦国，以军礼同邦国，以嘉礼亲万民"也。《尚书·尧典》云"类于上帝"，吉礼也。"如丧考妣"，凶礼也。"群后四朝"，宾礼也。《大禹谟》云"汝徂征"，军礼也。《尧典》云"女于时"，嘉礼也。女音女虑反。　⑫【集解】郑玄曰："即五瑞也。执之曰瑞，陈列曰玉。"

⑬【集解】马融曰："三孤所执也。"郑玄曰："帛，所以荐玉也。必三者，高阳氏后用赤缯，高辛氏后用黑缯，其余诸侯皆用白缯。"【正义】孔安国云："诸侯世子执纁，公之孤执玄，附庸之君执黄也。"案：《三统纪》推伏羲为天统，色尚赤。神农为地统，色尚黑。黄帝为人统，色尚白。少昊，黄帝子，亦尚白。故高阳氏又天统，亦尚赤。尧为人统，故用白。　⑭【正义】羔、雁也。郑玄注《周礼·大宗伯》云："羔，小羊也，取其群不失其类也。雁，取其候时而行也。卿执羔，大夫执雁。"案：羔、雁性驯，可生为贽。　⑮【正义】雉也。马融云："一死雉，士所执也。"案：不可生为贽，故死。雉，取其守介死不失节也。　⑯【集解】马融曰："挚：二生，羔、雁，卿大夫所执；

一死，雉，士所执。"【正义】挚音至。贽，执也。郑玄云："贽之言至，所以自致也。"韦昭云："贽，六贽：〔孤执〕皮帛，卿执羔，大夫执雁，士执雉，庶人执（鹿）〔鹜〕，工商执鸡也。" ⑰【集解】马融曰："五器，上五玉。五玉礼终则还之，三帛已下不还也。"【正义】卒音子律反。复音伏。 ⑱【正义】祢音乃礼反。何休云："生曰父，死曰考，庙曰祢。" ⑲【集解】郑玄曰："巡狩之年，诸侯见于方岳之下。其间四年，四方诸侯分来朝于京师也。" ⑳【正义】言遍告天子治理之言也。 ㉑【正义】孔安国云："功成则赐车服，以表显其能用也。" ㉒【集解】马融曰："禹平水土，置九州。舜以冀州之北广大，分置并州。燕、齐辽远，分燕置幽州，分齐为营州。于是为十二州也。"郑玄曰："更为之定界，浚水害也。" ㉓【集解】马融曰："言咎繇制五常之刑，无犯之者，但有其象，无其人也。"【正义】孔安国云："象，法也。法用常刑，用不越法也。" ㉔【集解】马融曰："流，放。宥，宽也。一曰幼少，二曰老耄，三曰蠢愚。五刑：墨、劓、剕、宫、大辟。"【正义】孔安国云："以流放之法宽五刑也。"郑玄云："三宥：一曰弗识，二曰过失，三曰遗忘也。" ㉕【集解】马融曰："为辨治官事者为刑。" ㉖【集解】郑玄曰："扑，槚楚也。扑为教官为刑者。" ㉗【集解】马融曰："金，黄金也。意善功恶，使出金赎罪，坐不戒慎者。" ㉘【集解】郑玄曰："眚裁，为人作患害者也。过失，虽有害则赦之。" ㉙【集解】徐广曰："一作众。" ㉚【集解】郑玄曰："怙其奸邪，终身以为残贼，则用刑之。" ㉛【集解】徐广曰："今文云'惟刑之谧哉'。《尔雅》曰'谧，静也'。"【索隐】案：古文作"恤哉"，且今文是伏生口诵，恤、谧声近，遂作"谧"也。

讙兜进言共工，[①]尧曰不可，而试之工师，[②]共工果淫辟。[③]四岳举鲧治鸿水，尧以为不可，岳强请试之，试之而无功，故百姓不便。三苗[④]在江淮、荆州[⑤]数为乱。于是舜归而言于帝，请流共工于幽陵，[⑥]以变北狄。[⑦]放讙兜于崇山，[⑧]以变南蛮。迁三苗于三危，[⑨]以变西戎。殛鲧于羽山，[⑩]以变东夷，四罪而天下咸服。

①【正义】讙兜，浑沌也。共工，穷奇也。鲧，梼杌也。三苗，饕餮也。《左传》云“舜臣尧，流四凶，投诸四裔，以御魑魅”也。　②【正义】工师，若今大匠卿也。　③【正义】匹亦反。　④【集解】马融曰：“国名也。”【正义】《左传》云：自古诸侯不用王命，虞有三苗，夏有观扈。孔安国云：“缙云氏之后为诸侯，号饕餮也。”吴起云：“三苗之国，左洞庭而右彭蠡。”案：洞庭，湖名，在岳州巴陵西南一里，南与青草湖连。彭蠡，湖名，在江州浔阳县东南五十二里。以天子在北，故洞庭在西为左，彭蠡在东为右。今江州、鄂州、岳州，三苗之地也。　⑤【正义】淮，读曰汇，音胡罪反，今彭蠡湖也。本属荆州。《尚书》云“南入于江，东汇泽为彭蠡”是也。
⑥【集解】马融曰：“北裔也。”【正义】《尚书》及《大戴礼》皆作“幽州”。《括地志》云：“故龚城在檀州燕乐县界。故老传云舜流共工幽州，居此城。”《神异经》云：“西北荒有人焉，人面，朱鬛，蛇身，人手足，而食五谷禽兽，顽愚，名曰共工。”　⑦【集解】徐广曰：“变，一作燮。”【索隐】变，谓变其形及衣服，同于夷狄也。徐广云作“燮”。燮，和也。【正义】言四凶流四裔，各于四夷放共工等为中国之风俗也。　⑧【集解】马融曰：“南裔也。”【正义】《神异经》云：“南方荒中有人焉，人面鸟喙而有翼，两手足扶翼而行，食海中鱼，为人很恶，不畏风雨〔禽〕兽，犯死乃休，名曰讙兜也。”　⑨【集解】马融曰：“西裔也。”【正义】《括地志》云：“三危山有三峰，故曰三危，俗亦名卑羽山，在沙州敦煌县东南三十里。”《神异经》云：“西荒中有人焉，面目手足皆人形，而胳下有翼不能飞，为人饕餮，淫逸无理，名曰苗民。”又《山海经》云《大荒北经》“黑水之北，有人有翼，名曰苗民”也。　⑩【集解】马融曰：“殛，诛也。羽山，东裔也。”【正义】殛音纪力反。孔安国云：“殛、窜、放、流，皆诛也。”《括地志》云：“羽山在沂州临沂县界。”《神异经》云：“东方有人焉，人形而身多毛，自解水土，知通塞，为人自用，欲为欲息，皆云是鲧也。”

尧立七十年得舜，二十年而老，令舜摄行天子之政，荐之于天。尧辟位凡二十八年而崩。① 百姓悲哀，如丧父母。三年，四方莫举乐，② 以思尧。尧知子丹朱之不肖，③ 不足授天下，于是乃权授舜。④ 授舜则天下得其利而丹朱病。授丹朱则天下病而丹朱得其利。尧曰“终不以天下之病而利一人”，而卒授舜以天下。尧崩，三年之丧毕，舜让避丹朱于南河之南，⑤ 诸侯朝觐者不之丹朱而之舜，狱讼者不之丹朱而之舜，讴歌者不讴歌丹朱而讴歌舜。舜曰“天也夫”，而后之中国践天子位焉，⑥ 是为帝舜。

①【集解】徐广曰：“尧在位凡九十八年。”骃案：《皇览》曰“尧冢在济阴城阳。刘向曰‘尧葬济阴，丘垅(山)〔皆小〕’。《吕氏春秋》曰‘尧葬谷林’”。皇甫谧曰“谷林即城阳。尧都平阳，于《诗》为唐国”。【正义】皇甫谧云：“尧即位九十八年，通舜摄二十八年也，凡年百一十七岁。”孔安国云：“尧寿百一十六岁。”《括地志》云：“尧陵在濮州雷泽县西三里。郭〔缘〕生《述征记》云‘城阳县东有尧冢，亦曰尧陵，有碑’是也”。《括地志》云：“雷泽县本汉城阳县也。” ②【正义】《尚书》“三载，四海遏密八音”是也。 ③【索隐】郑玄云：“肖，似也。不似，言不如(人)〔父〕也。”皇甫谧云：“尧娶散宜氏之女，曰女皇，生丹朱。又有庶子九人，皆不肖也。” ④【索隐】父子继立，常道也。求贤而禅，权道也。权者，反常而合道。【正义】五帝官天下，老则禅贤，故权试舜也。 ⑤【集解】刘熙曰：“南河，九河之最在南者。”【正义】《括地志》云：“故尧城在濮州鄄城县东北十五里。《竹书》云昔尧德衰，为舜所囚也。又有偃朱故城，在县西北十五里。《竹书》云舜囚尧，复偃塞丹朱，使不与父相见也。”案：濮州北临漯，大川也。河在尧都之南，故曰南河，《禹贡》“至于南河”是也。其偃朱城所居，即“舜让避丹朱于南河之南”处也。 ⑥【集解】刘熙曰：“天子之位不可旷年，于是遂反，格于文

祖而当帝位。帝王所都为中，故曰中国。”

虞舜者，[①]名曰重华。[②]重华父曰瞽叟，[③]瞽叟父曰桥牛，[④]桥牛父曰句望，[⑤]句望父曰敬康，敬康父曰穷蝉，穷蝉父曰帝颛顼，颛顼父曰昌意，以至舜七世矣。自从穷蝉以至帝舜，皆微为庶人。舜父瞽叟盲而舜母死，[⑥]瞽叟更娶妻而生象。象傲。瞽叟爱后妻子，常欲杀舜，舜避逃。及有小过，则受罪。顺事父及后母与弟，日以笃谨，匪有懈。

①【集解】《谥法》曰：“仁圣盛明曰舜。”【索隐】虞，国名，在河东大阳县。舜，谥也。皇甫谧云“舜字都君”也。【正义】《括地志》云：“故虞城在陕州河北县东北五十里虞山之上。郦元注《水经》云：幹桥东北有虞城，尧以女嫔于虞之地也。又宋州虞城大襄国所封之邑，杜预云舜后诸侯也。又越州余姚县，顾野王云舜后支庶所封之地。舜姚姓，故云余姚。县西七十里有汉上虞故县。《会稽旧记》云舜上虞人，去虞三十里有姚丘，即舜所生也。周处《风土记》云舜东夷之人，生姚丘。”《括地志》又云：“姚墟在濮州雷泽县东十三里。《孝经援神契》云舜生于姚墟。”案：二所未详也。　②【集解】徐广曰：“皇甫谧云‘舜以尧之二十一年甲子生，三十一年甲午征用，七十九年壬午即真，百岁癸卯崩’。”【正义】《尚书》云：“重华叶于帝。”孔安国云：“华，谓文德也，言其光文重合于尧。”瞽叟姓妫。妻曰握登，见大虹意感而生舜于姚墟，故姓姚。目重瞳子，故曰重华。字都君。龙颜大口，黑色，身长六尺一寸。　③【正义】先后反。孔安国云：“无目曰瞽。舜父有目不能分别好恶，故时人谓之瞽，配字曰‘叟’。叟，无目之称也。”　④【正义】桥又音娇。　⑤【正义】句，古侯反。望音亡。　⑥【索隐】皇甫谧云：“舜母名握登，生舜于姚墟，因姓姚氏也。”

舜，冀州之人也。[①]舜耕历山，[②]渔雷泽，[③]陶河滨，[④]作什器于寿丘,[⑤]就时于负夏。[⑥]舜父瞽叟顽,母嚚,弟象傲,皆欲杀舜。舜顺适不失子道,兄弟孝慈。欲杀,不可得。即求,尝在侧。

①【正义】蒲州河东县本属冀州。《宋永初山川记》云:"蒲坂城中有舜庙,城外有舜宅及二妃坛。"《括地志》云:"妫州有妫水,源出城中。《耆旧传》云即舜厘降二女于妫汭之所。外城中有舜井,城北有历山,山上有舜庙,未详。"案:妫州亦冀州城是也。 ②【集解】郑玄曰:"在河东。"【正义】《括地志》云:"蒲州河东县雷首山,一名中条山,亦名历山,亦名首阳山,亦名蒲山,亦名襄山,亦名甘枣山,亦名猪山,亦名狗头山,亦名薄山,亦名吴山。此山西起雷首山,东至吴坂,凡十一名,随州县分之。历山南有舜井。"又云:"越州余姚县有历山舜井,濮州雷泽县有历山舜井,二所又有姚墟,云生舜处也。及妫州历山舜井,皆云舜所耕处,未详也。" ③【集解】郑玄曰:"雷夏,兖州泽,今属济阴。"【正义】《括地志》云:"雷夏泽在濮州雷泽县郭外西北。《山海经》云雷泽有雷神,龙身人头,鼓其腹则雷也。"
④【集解】皇甫谧曰:"济阴定陶西南陶丘亭是也。"【正义】案:于曹州滨河作瓦器也。《括地志》云:"陶城在蒲州河东县北三十里,即舜所都也。南去历山不远。或耕或陶,所在则可,何必定陶方得为陶?舜之陶也,斯或一焉。" ⑤【集解】皇甫谧曰:"在鲁东门之北。"【索隐】什器,什,数也。盖人家常用之器非一,故以十为数,犹今云"什物"也。寿丘,地名,黄帝生处。【正义】寿音受。颜师古云:"军法,伍人为伍,二伍为什,则共器物,故谓生生之具为什器,亦犹从军及作役者十人为火,共畜调度也。" ⑥【集解】郑玄曰:"负夏,卫地。"【索隐】就时,犹逐时,若言乘时射利也。《尚书大传》曰"贩于顿丘,就时负夏",《孟子》曰"迁于负夏"是也。

舜年二十以孝闻,三十而帝尧问可用者,[①]四岳咸荐虞舜,曰可。于是尧乃以二女妻舜,以观其内;使九男与处,以观其外。舜居妫汭，内行弥谨。尧二女不敢以贵骄事舜亲戚，[2]甚有妇道；尧九男皆益笃。[3]舜耕历山，历山之人皆让畔。[4]渔雷泽，雷泽上人皆让居。陶河滨，河滨器皆不苦窳。[5]一年而所居成聚，[6]二年成邑，三年成都。[7]尧乃赐舜絺衣，[8]与琴，为筑仓廪，予牛羊。瞽叟尚复欲杀之，使舜上涂廪，瞽叟从下纵火焚廪。舜乃以两笠自扞而下，去，得不死。[9]后瞽叟又使舜穿井，舜穿井为匿空旁出。[10]舜既入深，瞽叟与象共下土实井。[11]舜从匿空出，去。瞽叟、象喜，以舜为已死。象曰："本谋者象。"象与其父母分，[12]于是曰："舜妻尧二女，与琴，象取之。牛羊仓廪予父母。"象乃止舜宫居，[13]鼓其琴。舜往见之。象鄂不怿曰："我思舜正郁陶。"舜曰："然，尔其庶矣。"[14]舜复事瞽叟爱弟弥谨。于是尧乃试舜五典百官，皆治。

①【正义】可用，谓可为天子也。　②【正义】二女不敢以帝女骄慢舜之亲戚。亲戚，谓父瞽叟、后母弟象、妹颗手等也。颗音苦果反。

③【正义】笃，惇也。非唯二女恭勤妇道，九男事舜皆益惇厚谨敬也。

④【正义】《韩子》"历山之农相侵略，舜往耕，期年，耕者让畔"也。

⑤【集解】《史记音隐》曰："音游甫反。"骃谓窳，病也。【正义】苦，读如盬，音古。盬，粗也。窳音庾。　⑥【正义】聚，在喻反，谓村落也。

⑦【正义】《周礼》郊野法云"九夫为井，四井为邑，四邑为丘，四丘为甸，四甸为县，四县为都"也。　⑧【正义】絺，勑迟反，细葛布衣也。邹氏音竹几反。　⑨【索隐】言以笠自扞己身，有似鸟张翅而轻下，得不损伤。皇甫谧云"两繖"，繖，笠类。《列女传》云"二女教舜鸟工上廪"是也。【正义】《通史》云："瞽叟使舜涤廪，舜告尧二女，女曰：'时其焚汝，鹊汝衣裳，鸟工往。'舜既登廪，得免去也。"　⑩【集解】刘熙曰："舜以权谋自免，亦大圣

有神人之助也。"【索隐】空音孔。《列女传》所谓"龙工入井"是也。【正义】言舜潜匿穿孔旁,从他井而出也。《通史》云:"舜穿井,又告二女,二女曰:'去汝裳衣,龙工往。'入井,瞽叟与象下土实井,舜从他井出去也。"《括地志》云:"舜井在妫州怀戎县西外城中。其西又有一井,《耆旧传》云并舜井也,舜自中出。《帝王纪》云河东有舜井,未详也。" ⑪【索隐】亦作"填井"。 ⑫【正义】扶问反。 ⑬【正义】宫,即室也。《尔雅》云"室谓之宫"。《礼》云"命士已上,父子异宫"也。 ⑭【索隐】言汝犹当庶几于友悌之情义也。如《孟子》取《尚书》文,又云"惟兹臣庶,女其于予治",盖欲令象共我理臣庶也。

昔高阳氏有才子八人,[①]世得其利,谓之"八恺"。[②]高辛氏有才子八人,[③]世谓之"八元"。[④]此十六族者,世济其美,[⑤]不陨其名。至于尧,尧未能举。舜举八恺,使主后土,[⑥]以揆百事,莫不时序;[⑦]举八元,使布五教于四方,[⑧]父义,母慈,兄友,弟恭,子孝,内平外成。[⑨]

①【集解】名见《左传》。 ②【集解】贾逵曰:"恺,和也。"【索隐】《左传》史克对(季文子)〔鲁宣公〕曰:"昔高阳氏有才子八人,仓舒、隤敳、梼戭、大临、尨降、庭坚、仲容、叔达。" ③【集解】名见《左传》。 ④【集解】贾逵曰:"元,善也。"【索隐】《左传》:"高辛氏有才子八人,伯奋、仲堪、叔献、季仲、伯虎、仲熊、叔豹、季貍。" ⑤【索隐】谓元、恺各有亲族,故称族也。济,成也,言后代成前代也。 ⑥【集解】王肃曰:"君治九土之宜。"杜预曰:"后土地官。"【索隐】禹为司空,司空主土,则禹在八恺之中。【正义】《春秋正义》云:"后,君也。天曰皇天,地曰后土。" ⑦【正义】言禹度九土之宜,无不以时得其次序也。 ⑧【索隐】契为司徒,司徒敷五教,则契在八元之数。 ⑨【正义】杜预云:"内诸夏,外夷狄也。"案:契作五常之教,诸夏太平,夷狄向化也。

昔帝鸿氏有不才子,[①]掩义隐贼,好行凶慝,天下谓之浑沌;[②]少暤氏[③]有不才子,毁信恶忠,崇饰恶言,天下谓之穷奇;[④]颛顼氏有不才子,不可教训,不知话言,天下谓之梼杌:[⑤]此三族世忧之。至于尧,尧未能去。缙云氏[⑥]有不才子,[⑦]贪于饮食,冒于货贿,天下谓之饕餮。天下恶之,比之三凶。[⑧]舜宾于四门,[⑨]乃流四凶族,迁于四裔,[⑩]以御螭魅,[⑪]于是四门辟,言毋凶人也。

①【集解】贾逵曰:"帝鸿,黄帝也。不才子,其苗裔讙兜也。"
②【正义】慝,恶也。一本云"天下之民,谓之浑沌"。浑沌即讙兜也。言掩义事,阴为贼害,而好凶恶,故谓之浑沌也。杜预云:"浑沌,不开通之貌。"《神异经》云:"昆仑西有兽焉,其状如犬,长毛,四足,似罴而无爪,有目而不见,行不开,有两耳而不闻,有人知性,有腹无五藏,有肠直短,食径过。人有德行而往抵角,有凶恶而行依凭之。名浑沌。"又《庄子》云:"南海之帝为儵,〔北海之帝为〕忽,中央之帝为浑沌。儵、忽时相遇于浑沌之地,浑沌待之甚善。儵与忽谋欲报浑沌之德,曰:'人皆有七窍以视听食息,此独无有,尝试凿之。'日凿一窍,七日而浑沌死。"案:言讙兜性似,故号之也。
③【集解】服虔曰:"金天氏帝号。" ④【集解】服虔曰:"谓共工氏也。其行穷而好奇。"【正义】谓共工。言毁败信行,恶其忠直,有恶言语,高粉饰之,故谓之穷奇。案:常行终必穷极,好谄谀奇异于人也。《神异经》云:"西北有兽,其状似虎,有翼能飞,便勦食人,知人言语,闻人斗辄食直者,闻人忠信辄食其鼻,闻人恶逆不善辄杀兽往馈之,名曰穷奇。"案:言共工性似,故号之也。 ⑤【集解】贾逵曰:"梼杌,顽凶无畴匹之貌,谓鲧也。"【正义】梼音道刀反。杌音五骨反。谓鲧也。凶顽不可教训,不从诏令,故谓之梼杌。案:言无畴匹,言自纵恣也。《神异经》云:"西方荒中有兽焉,其状如虎而大,毛长二尺,人面虎足,猪口牙,尾长一丈八尺,搅乱荒中,名梼杌。一名傲很,一名难训。"案:言鲧性似,故号之也。 ⑥【集解】贾逵曰:

"缙云氏，姜姓也，炎帝之苗裔，当黄帝时任缙云之官也。"【正义】今括州缙云县，盖其所封也。〔字〕书云缙，赤缯也。 ⑦【正义】此以上四处皆《左传文》。或本有并文次相类四凶，故书之，恐本错脱耳。谓三苗也。言贪饮食，冒货贿，故谓之饕餮。《神异经》云："西南有人焉，身多毛，头上戴豕，性很恶，好息，积财而不用，善夺人谷物。强者〔夺老弱者〕，畏群而〔击〕单，名饕餮。"言三苗性似，故号之。 ⑧【集解】杜预曰："非帝子孙，故别之以比三凶也。" ⑨【正义】杜预云："辟四门，达四聪，以宾礼众贤也。" ⑩【集解】贾逵曰："四裔之地，去王城四千里。" ⑪【集解】服虔曰："螭魅，人面兽身，四足，好惑人，山林异气所生，以为人害。"【正义】御音鱼吕反。螭音丑知反。魅音媚。案：御魑魅，恐更有邪谄之人，故流放四凶以御之也。故下云"无凶人"也。

舜入于大麓，烈风雷雨不迷，尧乃知舜之足授天下。尧老，使舜摄行天子政，巡狩。舜得举用事二十年，而尧使摄政。摄政八年而尧崩。三年丧毕，让丹朱，天下归舜。而禹、皋陶、契、后稷、伯夷、夔、龙、倕、益、彭祖，[①]自尧时而皆举用，未有分职。[②]于是舜乃至于文祖，谋于四岳，辟四门，明通四方耳目；命十二牧论帝德，行厚德，远佞人，[③]则蛮夷率服。舜谓四岳曰："有能奋庸[④]美尧之事者，使居官相事？"皆曰："伯禹为司空，可美帝功。"舜曰："嗟，然！禹，汝平水土，维是勉哉！"禹拜稽首，让于稷、契与皋陶。舜曰："然，往矣。"[⑤]舜曰："弃，黎民始饥，[⑥]汝后稷播时百谷。"[⑦]舜曰："契，百姓不亲，五品不驯，[⑧]汝为司徒，而敬敷五教，在宽。"[⑨]舜曰："皋陶，蛮夷猾夏，[⑩]寇贼奸轨，[⑪]汝作士，[⑫]五刑有服，[⑬]五服三就；[⑭]五流有度，[⑮]五度三居：[⑯]维明能信。"[⑰]舜曰："谁能驯予工？"[⑱]皆曰垂可。于是以垂为共工。[⑲]舜曰："谁能驯予上下[20]草木鸟兽？"皆曰益可。于是以益为朕虞。[21]益拜稽首，让于诸臣朱虎、熊罴。[22]舜曰："往矣，汝谐。"遂以朱虎、熊罴为佐。[23]舜曰："嗟，四岳，有能典朕三礼？"[24]皆曰伯夷可。舜曰："嗟，伯夷，以汝为秩宗，[25]夙夜维敬，直哉维静洁！"[26]伯夷让夔、龙。舜曰："然。[27]以夔为典乐，教稚子，[28]直而温，[29]宽而栗，[30]刚而毋虐，简而毋傲。[31]诗言意，歌长言，[32]声依永，律和声，[33]八音能谐，毋相夺伦，神人以和。"[34]夔曰："於，予击石拊石，百兽率舞。"[35]舜曰："龙，朕畏忌谗说殄伪，振惊朕众，[36]命汝为纳言，夙夜出入朕命，惟信！"[37]舜曰："嗟，女二十有二人，[38]敬哉，惟时相天事。"[39]三岁一考功，三考绌陟，远近众功咸兴。分北三苗。[40]

①【索隐】彭祖，即陆终氏之第三子，篯铿之后，后为大彭，亦称彭祖。【正义】高姚二音。皋陶字庭坚。英、六二国是其后也。契音薛，殷之祖也。伯夷，齐太公之祖也。夔，巨龟反，乐官也。倕音垂，亦作"垂"，内言之官也。益，伯翳也，即秦、赵之祖。彭祖自尧时举用，历夏、殷封于大彭。
②【正义】分音符问反，如字。分，谓封疆爵土也。　③【正义】舜命十二牧论帝尧之德，又敦之于民，远离邪佞之人。言能如此，则夷狄亦服从也。　④【集解】马融曰："奋，明。庸，功也。"　⑤【集解】郑玄曰："然其举得其人。汝往居此官，不听其所让也。"　⑥【集解】徐广曰："《今文尚书》作'祖饥'。祖，始也。"【索隐】古文作"阻饥"。孔氏以为阻，难也。祖、阻声相近，未知谁得。　⑦【集解】郑玄曰："时，读曰莳。"【正义】稷，农官也。播时，谓顺四时而种百谷。　⑧【集解】郑玄曰："五品：父、母、兄、弟、子也。"王肃曰："五品，五常也。"【正义】驯音训。　⑨【集解】马融曰："五品之教。"　⑩【集解】郑玄曰："猾夏，侵乱中国也。"
⑪【集解】郑玄曰："由内为奸，起外为轨。"【正义】亦作宄。　⑫【集解】

马融曰："狱官之长。"【正义】案：若大理卿也。 ⑬【正义】孔安国云："服，从也，言得轻重之中正也。"案：墨，点凿其额，涅以墨。劓，截鼻也。剕，刖足也。宫，淫刑也，男子割势，妇人幽闭也。大辟，死刑也。 ⑭【集解】马融曰："五刑：墨、劓、剕、宫、大辟。三就，谓大罪陈诸原野，次罪于市朝，同族适甸师氏。既服五刑，当就三处。" ⑮【正义】度音徒洛反。《尚书》作"宅"。孔安国云"五刑之流，各有所居"也。 ⑯【正义】案：谓度其远近，为三等之居也。 ⑰【集解】马融曰："谓在八议，君不忍刑，宥之以远。五等之差亦有三等之居：大罪投四裔、次九州之外、次中国之外。当明其罪，能使信服之。" ⑱【集解】马融曰："谓主百工之官也。" ⑲【集解】马融曰："为司空，共理百工之事。" ⑳【集解】马融曰："上谓原，下谓隰。" ㉑【集解】马融曰："虞，掌山泽之官名。" ㉒【索隐】即高辛氏之子伯虎、仲熊也。【正义】孔安国云："朱虎、熊罴，二臣也。垂、益所让四人，皆在元凯之中也。" ㉓【正义】为益之佐也。 ㉔【集解】马融曰："三礼：天神、地祇、人鬼之礼也。"郑玄曰："天事、地事、人事之礼也。" ㉕【集解】郑玄曰："主次秩尊卑。"【正义】若太常也。《汉书·百官表》云"王莽〔改〕太常曰秩宗"，依古也。孔安国云："秩，序。宗，尊也。主郊庙之官也。" ㉖【正义】静，清也。洁，明也。孔安国云："职典礼，施政教，使正直而清明。" ㉗【正义】孔安国云："然其推贤，不许其让也。" ㉘【集解】郑玄曰："国子也。"案：《尚书》作"胄子"，稺、胄声相近。【正义】稺，胄雉反。孔安国云："胄，长也。谓元子以下，至卿大夫子弟，以歌诗蹈之舞之，教长国子中和祇庸孝友。" ㉙【集解】马融曰："正直而色温和。" ㉚【集解】马融曰："宽大而谨敬战栗也。" ㉛【正义】孔安国云："刚失之虐，简失之傲，教之以防其失也。" ㉜【集解】马融曰："歌，所以长言诗之意也。"【正义】孔安国云："诗言志以蹈其心，歌咏其义以长其言也。" ㉝【集解】郑玄曰："声之曲折又依长言，声中律乃为和也。"【正义】孔安国云："声，五声：宫、商、角、徵、羽也。律，谓六律六吕，十二月之音气也。当依声律和乐也。" ㉞【集解】郑玄曰："祖考来格，群后德让，其一隅也。"【正义】八音：金、石、丝、竹、匏、土、革、木也。孔安国云:“伦,理也。八音能谐,理不错夺,则神人咸和,命夔使勉也。” ㉟【集解】郑玄曰:“百兽,服不氏所养者也。率舞,言音和也。”【正义】於音乌。孔安国云:“石,磬。音之清者。拊亦击也。举清者和,则其余皆从矣。乐感百兽,使相率而舞,则神人和可知也。”案:磬,一片黑石也。不音福尤反。《周礼》云“夏官有服不氏,掌服猛兽,下士一人,徒四人”。郑玄云“服不服之兽也”。 ㊱【集解】徐广曰:“一云‘齐说殄行,振惊众’。”骃案:郑玄曰“所谓色取仁而行违,是惊动我之众臣,使之疑惑”。【正义】伪音危睡反。言畏恶利口谗说之人,兼殄绝奸伪人党,恐其惊动我众,使龙遏绝之,出入其命惟信实也。此“伪”字太史公变《尚书》文也。《尚书》伪字作“行”,音下孟反。言己畏忌有利口谗说之人,殄绝无德行之官也。 ㊲【正义】孔安国云:“纳言,喉舌之官也。听下言纳于上,受上言宣于下,必信也。” ㊳【集解】马融曰:“稷、契、皋陶皆居官久,有成功,但述而美之,无所复勑。禹及垂已下皆初命,凡六人,与上十二牧四岳,凡二十二人。”郑玄曰:“皆格于文祖时所勑命也。” ㊴【正义】相,视也。舜命二十二人各敬行其职,惟在顺时,视天所宜而行事也。 ㊵【集解】郑玄曰:“所窜三苗为西裔诸侯者犹为恶,乃复分析流之。”

此二十二人咸成厥功:皋陶为大理,平,① 民各伏得其实;伯夷主礼,上下咸让;垂主工师,② 百工致功;益主虞,山泽辟;③ 弃主稷,百谷时茂;契主司徒,百姓亲和;龙主宾客,远人至;十二牧行,而九州莫敢辟违;④ 唯禹之功为大,披九山,⑤ 通九泽,决九河,定九州,各以其职来贡,不失厥宜。方五千里,至于荒服。南抚交阯、北发,⑥ 西戎、析枝、渠廋、氐、羌,⑦ 北山戎、发、息慎,⑧ 东长、鸟夷,⑨ 四海之内,⑩ 咸戴帝舜之功。于是禹乃兴《九招》之乐,⑪ 致异物,凤皇来翔。天下明德皆自虞帝始。

①【正义】皋陶作士，正平天下罪恶也。　②【正义】工师，若今大匠卿也。　③【正义】婢亦反，开也。　④【正义】禹九州之民无敢辟违舜十二牧也。　⑤【正义】披音皮义反。谓傍其山边以通。⑥【索隐】一句。　⑦【索隐】一句。　⑧【集解】郑玄曰："息慎，或谓之肃慎，东北夷。"　⑨【索隐】此言帝舜之德皆抚及四方夷人，故先以"抚"字总之。北发当云"北户"，南方有地名北户。又案《汉书》，北发是北方国名，今以北发为南方之国，误也。此文省略，四夷之名错乱。"西戎"上少一"西"字，"山戎"下少一"北"字，"长"字下少一"夷"字。长夷也，鸟夷也，其意宜然。今案：《大戴礼》亦云"长夷"，则长是夷号。又云"鲜支、渠搜"，则鲜支当此析枝也。鲜、析音相近。邹氏、刘氏云"息并音肃"，非也。且夷狄之名，古书不必皆同，今读如字也。【正义】注"鸟"或作"岛"。《括地志》云："百济国西南海中有大岛十五所，皆置邑，有人居，属百济。又倭国西南大海中岛居凡百余小国，在京南万三千五百里。"案：武后改倭国为日本国。⑩【正义】《尔雅》云："九夷、八狄、七戎、六蛮谓之四海。"　⑪【索隐】招音韶，即舜乐《箫韶》。九成，故曰《九招》。

舜年二十以孝闻，年三十尧举之，年五十摄行天子事，年五十八尧崩，年六十一代尧践帝位。[①]践帝位三十九年，南巡狩，崩于苍梧之野，葬于江南九疑，是为零陵。[②]舜之践帝位，载天子旗，往朝父瞽叟，夔夔唯谨，[③]如子道。封弟象为诸侯。[④]舜子商均亦不肖，[⑤]舜乃豫荐禹于天。[⑥]十七年而崩。三年丧毕，禹亦乃让舜子，[⑦]如舜让尧子。诸侯归之，然后禹践天子位。尧子丹朱，舜子商均，皆有疆土，[⑧]以奉先祀。服其服，礼乐如之。以客见天子，[⑨]天子弗臣，示不敢专也。

①【集解】皇甫谧曰："舜所都，或言蒲阪，或言平阳，或言潘。潘，今上

谷也。"【正义】《括地志》云:"平阳,今晋州城是也。潘,今妫州城是也。蒲阪,今蒲州南二里河东县界蒲阪故城是也。" ②【集解】《皇览》曰:"舜冢在零陵营浦县。其山九溪皆相似,故曰九疑。传曰'舜葬苍梧,象为之耕'。《礼记》曰'舜葬苍梧,二妃不从'。《山海经》曰'苍梧山,帝舜葬于阳,丹朱葬于阴'。"皇甫谧曰:"或曰二妃葬衡山。" ③【集解】徐广曰:"和敬貌。" ④【集解】《孟子》曰:"封之有庳。"音鼻。【正义】《帝王纪》云:"舜弟象封于有鼻。"《括地志》云:"鼻亭神在营道县北六十里。故老传云,舜葬九疑,象来至此,后人立祠,名为鼻亭神。《舆地志》云零陵郡应阳县东有山,山有象庙。王隐《晋书》云本泉陵县,北部东五里有鼻墟,象所封也。" ⑤【集解】皇甫谧曰:"娥皇无子,女英生商均。"【正义】谯周云:"以虞封舜子,今宋州虞城县。"《括地志》云:"虞国,舜后所封邑也。或云封舜子均于商,故号商均也。" ⑥【索隐】谓告天使之摄位也。 ⑦【正义】《括地志》云:"禹居洛州阳城者,避商均,非时久居也。" ⑧【集解】谯周曰:"以唐封尧之子,以虞封舜之子。"【索隐】《汉书·律历志》云封尧子朱于丹渊为诸侯。商均封虞,在梁国,今虞城县也。【正义】《括地志》云:"定州唐县,尧后所封。宋州虞城县,舜后所封也。" ⑨【正义】为天子之宾客也。

自黄帝至舜、禹,皆同姓而异其国号,以章明德。①故黄帝为有熊,帝颛顼为高阳,帝喾为高辛,帝尧为陶唐,②帝舜为有虞。③帝禹为夏后而别氏,姓姒氏。契为商,姓子氏。④弃为周,姓姬氏。⑤

①【集解】徐广曰:"《外传》曰'黄帝二十五子,其得姓者十四人'。虞翻云'以德为氏姓'。又虞说以凡有二十五人,其二人同姓姬,又十一人为十一姓,酉、祁、已、滕、葴、任、荀、厘、姞、嬛、衣是也,余十二姓德薄不纪录。" ②【集解】韦昭曰:"陶、唐皆国名,犹汤称殷、商矣。"张晏曰:"尧

为唐侯，国于中山，唐县是也。” ③【集解】皇甫谧曰：“舜嫔于虞，因以为氏，今河东大阳西山上虞城是也。” ④【索隐】《礼纬》曰：“禹母修己吞薏苡而生禹，因姓姒氏。”而契姓子氏者，亦以其母吞乙子而生。⑤【集解】郑玄《驳许慎五经异义》曰：“《春秋左传》‘无骇卒，羽父请谥与族。公问族于众仲，众仲对曰：“天子建德，因生以赐姓，胙之土而命之氏。诸侯以字为氏，因以为族。官有世功，则有官族，邑亦如之。”公命以字为展氏’。以此言之，天子赐姓命氏，诸侯命族。族者，氏之别名也。姓者，所以统系百世，使不别也。氏者，所以别子孙之所出。故《世本》之篇，言姓则在上，言氏则在下也。”

太史公曰：[①]学者多称五帝，尚矣。[②]然《尚书》独载尧以来，而百家言黄帝，其文不雅驯，[③]荐绅先生难言之。[④]孔子所传宰予问《五帝德》及《帝系姓》，[⑤]儒者或不传。[⑥]余尝西至空桐，[⑦]北过涿鹿，[⑧]东渐于海，南浮江淮矣，至长老皆各往往称黄帝、尧、舜之处，风教固殊焉，总之不离古文者近是。[⑨]予观《春秋》、《国语》，其发明《五帝德》、《帝系姓》章矣，[⑩]顾弟弗深考，[⑪]其所表见皆不虚。[⑫]《书》缺有间矣，[⑬]其轶乃时时见于他说。[⑭]非好学深思，心知其意，固难为浅见寡闻道也。余并论次，择其言尤雅者，故著为本纪书首。[⑮]

①【正义】太史公，司马迁自谓也。《自叙传》云“太史公曰先人有言”，又云“太史公曰余闻之董生”，又云“太史公遭李陵之祸”。明太史公，司马迁自号也。迁为太史公官，题赞首也。虞憙云：“古者主天官者皆上公，非独迁。” ②【索隐】尚，上也，言久远也。然“尚矣”文出《大戴礼》。③【正义】驯，训也。谓百家之言皆非典雅之训。 ④【集解】徐广曰：“荐绅，即缙绅也，古字假借。” ⑤【正义】系音奚计反。 ⑥【索隐】

《五帝德》、《帝系姓》皆《大戴礼》及《孔子家语》篇名。以二者皆非正经，故汉时儒者以为非圣人之言，故多不传学也。　⑦【正义】余，太史公自称也。尝，曾也。空桐山在原州平高县西百里，黄帝问道于广成子处。⑧【正义】涿鹿山在妫州东南五十里，山侧有涿鹿城，即黄帝、尧、舜之都也。　⑨【索隐】古文即《帝德》、《帝系》二书也。近是圣人之说。⑩【索隐】太史公言已以《春秋》、《国语》古书博加考验，益以发明《五帝德》等说甚章著也。　⑪【集解】徐广曰："弟，但也。《史记》、《汉书》见此者非一。又左思《蜀都赋》曰'弟如滇池'，而不详者多以为字误。学者安可不博观乎？"【正义】顾，念也。弟，且也。太史公言博考古文，择其言表见之不虚，甚章著矣，思念亦且不须更深考论。　⑫【索隐】言《帝德》、《帝系》所有表见者皆不为虚妄也。　⑬【正义】言《古文尚书》缺失其间多矣，而无说黄帝之语。　⑭【索隐】言古典残缺有年载，故曰"有间"。然帝皇遗事散轶，乃时时旁见于他记说，即《帝德》、《帝系》等说也。故已今采案而备论黄帝已来事耳。　⑮【正义】太史公据古文并诸子百家论次，择其言语典雅者，故著为《五帝本纪》，在《史记》百三十篇书之首。

索隐述赞曰：帝出少典，居于轩丘。既代炎历，遂禽蚩尤。高阳嗣位，静深有谋。小大远近，莫不怀柔。爰洎帝喾，列圣同休。帝挚之弟，其号放勳。就之如日，望之如云。郁夷东作，昧谷西曛。明扬仄陋，玄德升闻。能让天下，贤哉二君。

卷二

夏本纪第二

夏禹,[①]名曰文命。[②]禹之父曰鲧,鲧之父曰帝颛顼,[③]颛顼之父曰昌意,昌意之父曰黄帝。禹者,黄帝之玄孙而帝颛顼之孙也。禹之曾大父昌意及父鲧皆不得在帝位,为人臣。

①【集解】《谥法》曰:"受禅成功曰禹。"【正义】夏者,帝禹封国号也。《帝王纪》云:"禹受封为夏伯,在豫州外方之南,今河南阳翟是也。"

②【索隐】《尚书》云"文命敷于四海",孔安国云"外布文德教命",不云是禹名。太史公皆以放勳、重华、文命为〔尧、舜、禹之〕名,未必为得。孔又云"虞氏,舜名",则尧、舜、禹、汤皆名矣。盖古者帝王之号皆以名,后代因其行,追而为谥。其实禹是名。故张晏云"少昊已前,天下之号象其德;颛顼已来,天下之号因其名"。又按:《系本》"鲧取有辛氏女,谓之女志,是生高密"。宋衷云"高密,禹所封国"。【正义】《帝王纪》云:"父鲧妻脩己,见流星贯昴,梦接意感,又吞神珠薏苡,胸坼而生禹。名文命,字密,身九尺二寸长,本西夷人也。《大戴礼》云'高阳之孙,鲧之子,曰文命'。扬雄《蜀王本纪》云'禹本汶山郡广柔县人也,生于石纽'。"《括地志》云:"茂州汶川县石纽山在县西七十三里。《华阳国志》云'今夷人共营其地,方百里不敢居牧,至今犹不敢放六畜'。"按:广柔,隋改曰汶川。

③【索隐】皇甫谧云:"鲧,帝颛顼之子,字熙。"又《连山易》云"鲧封于崇",故《国语》谓之"崇伯鲧"。《系本》亦以鲧为颛顼子。《汉书·律历志》则云"颛顼五代而生鲧"。按:鲧既仕尧,与舜代系殊悬,舜即颛顼六代孙,则鲧非是颛顼之子。盖班氏之言近得其实。

当帝尧之时，鸿水滔天，[1]浩浩怀山襄陵，下民其忧。尧求能治水者，群臣四岳皆曰鲧可。尧曰："鲧为人负命毁族，不可。"四岳曰："等之未有贤于鲧者，愿帝试之。"于是尧听四岳，用鲧治水。九年而水不息，功用不成。于是帝尧乃求人，更得舜。舜登用，摄行天子之政，巡狩。行视鲧之治水无状，[2]乃殛鲧于羽山以死。[3]天下皆以舜之诛为是。于是舜举鲧子禹，而使续鲧之业。

①【索隐】一作"洪"。鸿，大也。以鸟大曰鸿，小曰雁，故近代文字大义者皆作"鸿"也。　②【索隐】言无功状。　③【正义】殛音纪力反。鲧之羽山，化为黄熊，入于羽渊。熊音乃来反，下三点为三足也。东晳《发蒙纪》云："鳖三足曰熊。"

尧崩，帝舜问四岳曰："有能成美尧之事者使居官？"皆曰："伯禹为司空，可成美尧之功。"舜曰："嗟，然。"命禹："汝平水土，维是勉之！"禹拜稽首，让于契、后稷、皋陶。舜曰："汝其往视尔事矣。"禹为人敏给克勤，其德不违，其仁可亲，其言可信。声为律，[1]身为度，[2]称以出。[3]亹亹穆穆，为纲为纪。

①【索隐】言禹声音应钟律。　②【集解】王肃曰："以身为法度。"【索隐】按：今巫犹称"禹步"。　③【集解】徐广曰："一作'士'。"【索隐】按：《大戴礼》见作"士"。又一解云，上〔文〕声与身为律度，则权衡亦出于其身，故云"称以出"也。

禹乃遂与益、后稷奉帝命，命诸侯百姓兴人徒以傅土，行山表木，[①]定高山大川。[②]禹伤先人父鲧功之不成受诛，乃劳身焦思，居外十三年，过家门不敢入。薄衣食，致孝于鬼神。[③]卑宫室，致费于沟減。[④]陆行乘车，水行乘舡，泥行乘橇，[⑤]山行乘檋。[⑥]左准绳，右规矩，[⑦]载四时，[⑧]以开九州，通九道，陂九泽，度九山。令益予众庶稻，可种卑湿。命后稷予众庶难得之食，食少，调有余相给，以均诸侯。禹乃行相地宜所有以贡，及山川之便利。

①【集解】《尚书》“傅”字作“敷”。马融曰：“敷，分也。”【索隐】《大戴礼》作“傅土”，故此纪依之。傅即付也，谓付功属役之事。谓令人分布理九州之土地也。表木，谓刊木立为表记。《尚书》作“随山刊木”。　②【集解】马融曰：“定其差秩祀礼所视也。”骃案：《尚书大传》曰“高山大川，五岳、四渎之属”。　③【集解】马融曰：“祭祀丰絜。”　④【集解】包氏曰：“方里为井，井间有沟，沟广深四尺。十里为成，成间有減，減广深八尺。”　⑤【集解】徐广曰：“他书或作‘蕝’。”骃案：孟康曰“橇形如箕，擿行泥上”。如淳曰“橇音‘茅蕝’之‘蕝’。谓以板置其泥上以通行路也”。【正义】按：橇形如舡而短小，两头微起，人曲一脚，泥上擿进，用拾泥上之物。今杭州、温州海边有之也。　⑥【集解】徐广曰：“檋，一作‘桥’，音丘遥反。”骃案：如淳曰“檋车，谓以铁如锥头，长半寸，施之履下，以上山不蹉跌也”。又音纪录反。【正义】按：上山，前齿短，后齿长。下山，前齿长，后齿短也。檋音与上同也。　⑦【集解】王肃曰：“左右言常用也。”【索隐】左所运用堪为人之准绳，右所举动必应规矩也。　⑧【集解】王肃曰：“所以行不违四时之宜也。”

禹行自冀州始。冀州，既载[①]壶口，治梁及岐。[②]既修太原，至于岳阳。[3]覃怀致功，[4]至于衡漳。[5]其土白壤。[6]赋上上错，[7]田中中。[8]常、卫既从，大陆既为。[9]鸟夷皮服。[10]夹右碣石，[11]入于海。[12]

①【集解】孔安国曰："尧所都也。先施贡赋役载于书也。"郑玄曰："两河间曰冀州。"【正义】按：理水及贡赋从帝都为始也。黄河自胜州东，直南至华阴，即东至怀州南，又东北至平州碣石山入海也。东河之西，(南)〔西〕河之东，南河之北，皆冀州也。　②【集解】郑玄曰："《地理志》壶口山在河东北屈县之东南，梁山在左冯翊夏阳，岐山在右扶风美阳。"【正义】《括地志》云："壶口山在慈州吉昌县西南五十里冀州境也。梁山在同州韩城县东南十九里，岐山在岐州岐山县东北十里，二山雍州境也。"孔安国曰："从东循山理水而西也。"　③【集解】孔安国曰："太原今为郡名。太岳在太原西南。山南曰阳。"【索隐】岳，太岳，即冀州之镇霍太山也。按：《地理志》霍太山在河东彘县东。凡如此例，不引书者，皆《地理志》文也。【正义】《括地志》云："霍太山在沁州沁原县西七八十里。"　④【集解】孔安国曰："覃怀，近河地名。"郑玄曰："怀县属河内。"【索隐】按：河内有怀县，今验地无名"覃"者，盖"覃怀"二字或当时共为一地之名。　⑤【集解】孔安国曰："漳水横流。"【索隐】案：孔注以衡为横，非。王肃云"衡、漳，二水名"。《地理志》清漳水出上党沾县东北，至阜城县入河。浊漳水出上党长子县东，至邺入清漳也。【正义】《括地志》云："故怀城在怀州武陟县西十一里。衡漳水在瀛州东北百二十五里平舒县界也。"　⑥【集解】孔安国曰："土无块曰壤。"　⑦【集解】孔安国曰："上上，第一。错，杂也，杂出第二之赋。"　⑧【集解】孔安国曰："九州之中为第五。"　⑨【集解】郑玄曰："《地理志》恒水出恒山，卫水在灵寿，大陆泽在钜鹿。"【索隐】此文改恒山、恒水皆作"常"，避汉文帝讳故也。常水出常山上曲阳县，东入滱水。卫水出常山灵寿县，东入虖池。　⑩【集解】郑玄曰："鸟夷，东(北)〔方〕之民(赋)〔搏〕食鸟兽者。"孔安国曰："服其皮，明水害除。"【正义】《括地志》云：

“靺鞨国，古肃慎也，在京东北万里已下，东及北各抵大海。其国南有白山，鸟兽草木皆白。其人处山林间，土气极寒，常为穴居，以深为贵，至接九梯。养豕，食肉，衣其皮，冬以猪膏涂身，厚数分，以御风寒。贵臭秽不絜，作厕于中，圜之而居。多勇力，善射。弓长四尺，如弩，矢用楛，长一尺八寸，青石为镞。葬则交木作椁，杀猪积椁上，富者至数百，贫者数十，以为死人之粮。以土上覆之，以绳系于椁，头出土上，以酒灌酹，绳腐而止，无四时祭祀也。” ⑪【集解】孔安国曰：“碣石，海畔之山也。” ⑫【集解】徐广曰：“海，一作河。”【索隐】《地理志》云“碣石山在北平骊城县西南”。《太康地理志》云“乐浪遂城县有碣石山，长城所起”。又《水经》云“在辽西临渝县南水中”。盖碣石山有二，此云“夹右碣石入于海”，当非北平之碣石。

济、河维沇州，①九河既道，②雷夏既泽，雍、沮会同，③桑土既蚕，于是民得下丘居土。④其土黑坟，⑤草繇木条。⑥田中下，⑦赋贞，作十有三年乃同。⑧其贡漆丝，其篚织文。⑨浮于济、漯，通于河。⑩

①【集解】郑玄曰：“言沇州之界在此两水之间。” ②【集解】马融曰：“九河名徒骇、太史、马颊、覆釜、胡苏、简、絜、鉤盘、鬲津。” ③【集解】郑玄曰：“雍水、沮水相触而合入此泽中。《地理志》曰雷泽在济阴城阳县西北。”【索隐】《尔雅》云“水自河出为雍”也。【正义】《括地志》云：“雷夏泽在濮州雷泽县郭外西北。雍、沮二水在雷泽西北平地也。” ④【集解】孔安国曰：“大水去，民下丘居平土，就桑蚕。” ⑤【集解】孔安国曰：“色黑而坟起。” ⑥【集解】孔安国曰：“繇，茂。条，长也。” ⑦【集解】孔安国曰：“第六。” ⑧【集解】郑玄曰：“贞，正也。治此州正作不休，十三年乃有赋，与八州同，言功难也。其赋下下。” ⑨【集解】孔安国曰：“地宜漆林，又宜桑蚕。织文，锦绮之属，盛之筐篚而贡焉。” ⑩【集解】郑玄曰：“《地理志》云漯水出东郡东武阳。”【索隐】济水出河东垣县王屋山

东，其流至济阴，故应劭云“济水出平原漯阴县东，漯水出东郡东武阳县北，至千乘县而入于海”。

海岱维青州，[①]堣夷既略，[②]潍、淄其道。[③]其土白坟，海滨广潟，[④]厥田斥卤。[⑤]田上下，赋中上。[⑥]厥贡盐絺，海物维错，[⑦]岱畎丝、枲、铅、松、怪石，[⑧]莱夷为牧，[⑨]其篚酓丝。[⑩]浮于汶，通于济。[⑪]

①【集解】郑玄曰：“东自海，西至岱。东岳曰岱山。”【正义】按：舜分青州为营州、辽西及辽东。　②【集解】马融曰：“堣夷，地名。用功少曰略。”【索隐】孔安国云：“东表之地称堣夷。”按：《今文尚书》及《帝命验》并作“禺铁”，在辽西。铁，古“夷”字也。　③【集解】郑玄曰：“《地理志》潍水出琅邪，淄水出泰山莱芜县原山。”【正义】《括地志》云：“密州莒县潍山，潍水所出。淄州淄川县东北七十里原山，淄水所出。俗传云，禹理水功毕，土石黑，数里之中波若漆，故谓之淄水也。”　④【集解】徐广曰：“一作‘泽’，又作‘斥’。”　⑤【集解】郑玄曰：“斥谓地咸卤。”【索隐】卤音鲁。《说文》云：“卤，咸地。东方谓之斥，西方谓之卤。”　⑥【集解】孔安国曰：“田第三，赋第四。”　⑦【集解】孔安国曰：“絺，细葛。错，杂，非一种。”郑玄曰：“海物，海鱼也。鱼种类尤杂。”　⑧【集解】孔安国曰：“畎，谷也。怪异好石似玉者。岱山之谷出此五物，皆贡之。”　⑨【集解】孔安国曰：“莱夷，地名，可以牧放。”【索隐】按：《左传》云莱人劫孔子，孔子称“夷不乱华”，又云“齐侯伐莱”，服虔以为东莱黄县是。今按：《地理志》黄县有莱山，恐即此地之夷。　⑩【集解】孔安国曰：“酓桑蚕丝中为琴瑟弦。”【索隐】《尔雅》云“檿，山桑”，是蚕食檿之丝也。　⑪【集解】郑玄曰：“《地理志》汶水出泰山莱芜县原山，西南入济。”

海岱及淮维徐州，[①]淮、沂其治，蒙、羽其艺。[②]大野既都，[3]东原底平。[4]其土赤埴坟，[5]草木渐包。[6]其田上中，赋中中。[7]贡维土五色，[8]羽畎夏狄，[9]峄阳孤桐，[10]泗滨浮磬，[11]淮夷蠙珠臮鱼，[12]其篚玄纤缟。[13]浮于淮、泗，[14]通于河。

①【集解】孔安国曰："东至海，北至岱，南及淮。" ②【集解】郑玄曰："《地理志》沂水出泰山盖县。蒙、羽，二山名。"孔安国曰："二水已治，二山可以种艺。"【索隐】《水经》云淮水出南阳平氏县胎簪山，东北过桐柏山。沂水出泰山盖县艾山，南过下邳县入泗。蒙山在泰山蒙阴县西南。羽山在东海祝其县南，殛鲧之地。 ③【集解】郑玄曰："大野在山阳鉅野北，名鉅野泽。"孔安国曰："水所停曰都。" ④【集解】郑玄曰："东原，地名。今东平郡即东原。"【索隐】张华《博物志》云："兖州东平郡即《尚书》之东原也。"【正义】广平云原。徐州在东，故曰东原。水去已致平复，言可耕种也。 ⑤【集解】徐广曰："埴，黏土也。" ⑥【集解】孔安国曰："渐，长进。包，丛生也。" ⑦【集解】孔安国曰："田第二，赋第五。" ⑧【集解】郑玄曰："土五色者，所以为大社之封。"【正义】《韩诗外传》云："天子社广五丈，东方青，南方赤，西方白，北方黑，上冒以黄土。将封诸侯，各取方土，苴以白茅，以为社也。"《太康地记》云："城阳姑幕有五色土，封诸侯，锡之茅土，用为社。此土即《禹贡》徐州土也。今属密州莒县也。" ⑨【集解】孔安国曰："夏狄，狄，雉名也。羽中旌旄，羽山之谷有之。" ⑩【集解】孔安国曰："峄山之阳特生桐，中琴瑟。"郑玄曰："《地理志》峄山在下邳。"【正义】《括地志》云："峄山在兖州邹县南二十二里。《邹山记》云'邹山，古之峄山，言络绎相连属也。今犹多桐树'。"按：今独生桐，尚征，一偏似琴瑟。 ⑪【集解】孔安国曰："泗水涯水中见石，可以为磬。"郑玄曰："泗水出济阴乘氏也。"【正义】《括地志》云："泗水至彭城吕梁，出石磬。" ⑫【集解】孔安国曰："淮、夷二水，出蠙珠及美鱼。"郑玄曰："淮夷，淮水之上〔夷〕民也。"【索隐】按：《尚书》云"徂兹淮夷，徐戎并兴"，今徐州言淮夷，则郑解为得。蠙，一作"玭"，并步玄反。臮，古"暨"字。臮，与也。

言夷人所居淮水之处，有此蠙珠与鱼也。又作“滨”。滨，畔也。 ⑬【集解】郑玄曰：“纤，细也。祭服之材尚细。”【正义】玄，黑。纤，细。缟，白缯。以细缯染为黑色。 ⑭【正义】《括地志》云：“泗水源在兖州泗水县东陪尾山。其源有四道，因以为名。”

淮海维扬州，[①]彭蠡既都，阳鸟所居。[②]三江既入，[③]震泽致定。[④]竹箭既布。[⑤]其草惟夭，其木惟乔，[⑥]其土涂泥。[⑦]田下下，赋下上上杂。[⑧]贡金三品，[⑨]瑶、琨、竹箭，[⑩]齿、革、羽、旄，[⑪]岛夷卉服，[⑫]其篚织贝，[⑬]其包橘、柚锡贡。[⑭]均江海，通淮、泗。[⑮]

①【集解】孔安国曰：“北据淮，南距海。” ②【集解】郑玄曰：“《地理志》彭蠡泽在豫章彭泽西。”孔安国曰：“随阳之鸟，鸿雁之属，冬月居此泽也。”【索隐】都，《古文尚书》作“猪”。孔安国云“水所停曰猪”，郑玄云“南方谓都为猪”，则是水聚会之义。【正义】蠡音礼。《括地志》云：“彭蠡湖在江州浔阳县东南五十二里。” ③【索隐】韦昭云：“三江谓松江、钱唐江、浦阳江。”今按：《地理志》有南江、中江、北江，是为三江。其南江从会稽吴县南，东入海。中江从丹阳芜湖县西南，东至会稽阳羡县入海。北江从会稽毗陵县北，东入海。故下文“东为中江”，又“东为北江”，孔安国云“有北有中，南可知也”。 ④【集解】孔安国曰：“震泽，吴南太湖名。言三江已入，致定为震泽。”【索隐】震，一作“振”。《地理志》云会稽吴县“故周泰伯所封国，具区在其西，古文以为震泽”。又《左传》称“笠泽”，亦谓此也。【正义】泽在苏州西南四十五里。三江者，在苏州东南三十里，名三江口。一江西南上七十里至太湖，名曰松江，古笠泽江。一江东南上七十里至白蚬湖，名曰上江，亦曰东江。一江东北下三百余里入海，名曰下江，亦曰娄江：于其分处号曰三江口。顾夷《吴地记》云“松江东北行七十里，得三江口。东北入海为娄江，东南入海为东江，并松江为三江”是也。言理三江入海，非

入震泽也。按：太湖西南湖州诸溪从天目山下，西北宣州诸山有溪，并下太湖。太湖东北流，各至三江口入海。其湖无通彭蠡湖及太湖处，并阻山陆。诸儒及《地志》等解“三江既入”皆非也。《周礼·职方氏》云“扬州薮曰具区，川曰三江”。按：五湖、三江者，韦昭注非也。其源俱不通太湖，引解“三江既入”，失之远矣。五湖者，菱湖、游湖、莫湖、贡湖、胥湖，皆太湖东岸，五湾为五湖，盖古时应别，今并相连。菱湖在莫里山东，周回三十余里，西口阔二里，其口南则莫里山，北则徐侯山，西与莫湖连。莫湖在莫里山西及北，北与胥湖连；胥湖在胥山西，南与莫湖连，各周回五六十里，西连太湖。游湖在北二十里，在长山东，湖西口阔二里，其口东南岸树里山，西北岸长山，湖周回五六十里。贡湖在长山西，其口阔四五里，口东南长山，山南即山阳村，西北连常州无锡县老岸，湖周回一百九十里已上，湖身向东北，长七十余里。两湖西亦连太湖。《河渠书》云“于吴则通渠三江、五湖”。《货殖传》云“夫吴有三江、五湖之利”。又《太史公自叙传》云“登姑苏，望五湖”是也。 ⑤【集解】孔安国曰：“水去布生。” ⑥【集解】少长曰天。乔，高也。 ⑦【集解】马融曰：“渐，洳也。” ⑧【集解】孔安国曰：“田第九，赋第七，杂出第六。” ⑨【集解】孔安国曰：“金、银、铜。”郑玄曰：“铜三色也。” ⑩【集解】孔安国曰：“瑶、琨，皆美玉也。” ⑪【集解】孔安国曰：“象齿、犀皮、鸟羽、旄牛尾也。”【正义】《周礼·考工记》云：“犀甲七属，兕甲六属。”郭云：“犀似水牛，猪头，大腹，庳脚，椭角，好食棘也。亦有一角者。”按：西南夷常贡旄牛尾，为旌旗之饰，《书》、《诗》通谓之旄。故《尚书》云“右秉白旄”，《诗》云“建旐设旄”，皆此牛也。 ⑫【集解】孔安国曰：“南海岛夷草服葛越。”【正义】《括地志》云：“百济国西南渤海中有大岛十五所，皆邑落有人居，属百济。”又倭国，武皇后改曰日本国，在百济南，隔海依岛而居，凡百余小国。此皆扬州之东岛夷也。按：东南之夷草服葛越，焦竹之属，越即苎祁也。 ⑬【集解】孔安国曰：“织，细缯也。贝，水物也。”郑玄曰：“贝，锦名也。《诗》云‘成是贝锦’。凡织者，先染其丝，织之即成矣。” ⑭【集解】孔安国曰：“小曰橘，大曰柚。锡命乃贡，言不常也。”郑玄曰：“有锡则贡之，或时乏则不贡。锡，所以柔金也。”

⑮【集解】郑玄曰："均，读曰沿。沿，顺水行也。"

荆及衡阳维荆州，[①]江、汉朝宗于海。[②]九江甚中，[③]沱、涔已道，[④](云梦土)〔云土、梦〕为治。[⑤]其土涂泥。田下中，赋上下。[⑥]贡羽、旄、齿、革，金三品，杶、榦、栝、柏，[⑦]砺、砥、砮、丹，[⑧]维箘簬、楛，[⑨]三国致贡其名，[⑩]包匭菁茅，[⑪]其篚玄纁玑组，[⑫]九江入赐大龟。[⑬]浮于江、沱、涔、(于)汉，逾于雒，至于南河。

①【集解】孔安国曰："北据荆山，南及衡山之阳。" ②【集解】孔安国曰："二水经此州而入海，有似于朝，百川以海为宗。宗，尊也。"【正义】《括地志》云："江水源出岷州南岷山，南流至益州，即东南流入蜀，至泸州，东流经三硖，过荆州，与汉水合。《孙卿子》云'江水其源可以滥觞'也。"又云："汉水源出梁州金牛县东二十八里嶓冢山。" ③【集解】孔安国曰："江于此州界，分为九道，甚得地势之中。"郑玄曰："《地理志》九江在寻阳南，皆东合为大江。"【索隐】按：《寻阳记》九江者，乌江、蚌江、乌白江、嘉靡江、沙江、畎江、廪江、隄江、箘江。又张须《九江图》所载有三里、五畎、乌土、白蚌。九江之名不同。 ④【集解】孔安国曰："沱，江别名。涔，水名。"郑玄曰："水出江为沱，汉为涔。"【索隐】涔，亦作"潜"。沱出蜀郡郫县西，东入江。潜出汉中安阳县西，北入汉。故《尔雅》云"水自江出为沱，汉出为潜"。【正义】《括地志》云："繁江水受郫江。《禹贡》曰'岷山导江，东别为沱'，源出益州新繁县。潜水一名复水，今名龙门水，源出利州緜谷县东龙门山大石穴下也。" ⑤【集解】孔安国曰："云梦之泽在江南，其中有平土丘，水去可为耕作畎亩之治。"【索隐】梦，一作"瞢"，邹诞生又音蒙。按：云土、梦本二泽名，盖人以二泽相近，或合称云梦耳。知者，据《左传》云(昭王寝)〔楚子济江入〕于云中，又楚子、郑伯田于江南之梦，则是二泽各别也。韦昭曰："云土今为县，属江夏南郡华容。"今按：《地理志》云江夏有云

杜县，是〔其地〕。　⑥【集解】孔安国曰："田第八，赋第三。"　⑦【集解】郑玄曰："四木名。"孔安国曰："干，柘也。柏叶松身曰栝。"　⑧【集解】孔安国曰："砥细于砺，皆磨石也。砮，石中矢镞。丹，朱类也。"　⑨【集解】徐广曰："一作'箭足杆'。杆即楛也，音怙。箭足者，矢镞也。或以箭足训释箘簬乎？"骃案：郑玄曰"箘簬，聆风也"。　⑩【集解】马融曰："言箘簬、楛三国所致贡，其名善也。"　⑪【集解】郑玄曰："匭，缠结也。菁茅，茅有毛刺者，给宗庙缩酒。重之，故包裹又缠结也。"【正义】《括地志》云："辰州卢溪县西南三百五十里有包茅山。《武阳记》云'山际出包茅，有刺而三脊，因名包茅山'。"　⑫【集解】孔安国曰："此州染玄纁色善，故贡之。玑，珠类，生于水中。组，绶类也。"　⑬【集解】孔安国曰："尺二寸曰大龟，出于九江水中。龟不常用，赐命而纳之。"

荆河惟豫州，①伊、雒、瀍、涧既入于河，②荥播既都，③道荷泽，被明都。④其土壤，下土坟垆。⑤田中上，赋杂上中。⑥贡漆、丝、絺、纻，其篚纤絮，⑦锡贡磬错。⑧浮于雒，达于河。

①【集解】孔安国曰："西南至荆山，北距河水。"【正义】《括地志》云："荆山在襄州荆山县西八十里。《韩子》云'卞和得玉璞于楚之荆山'，即此也。"河，洛州北河也。　②【集解】孔安国曰："伊出陆浑山，洛出上洛山，涧出渑池山，瀍出河南北山，四水合流而入河。"【索隐】伊水出弘农卢氏县东，洛水出弘农上洛县冢领山，瀍水出河南穀城县替亭北，涧水出弘农新安县东，皆入于河。【正义】《括地志》云："伊水出虢州卢氏县东峦山，东北流入洛。洛水出商州洛南县冢领山，东流经洛州郭内，又东合伊水。瀍水出洛州新安县东，南流至洛州郭内，南入洛。涧水源出洛州新安县东白石山，东北与穀水合流，经洛州郭内，东流入洛也。"　③【集解】孔安国曰："荥，泽名。波水已成遏都。"【索隐】《古文尚书》作"荥波"，此及今文并云"荥播"。播是水播溢之义，荥是泽名。故《左传》云狄及卫战于荥泽。郑玄

云:“今塞为平地,荥阳人犹谓其处为荥播。” ④【集解】孔安国曰:“荷泽在胡陵。明都,泽名,在河东北,水流泆覆被之。”【索隐】荷泽在济阴定陶县东。明都音孟猪。孟猪泽在梁国睢阳县东北。《尔雅》、《左传》谓之“孟诸”,今文亦为然,唯《周礼》称“望诸”,皆此地之一名。【正义】《括地志》云:“荷泽在曹州济阴县东北九十里定陶城东,今名龙池,亦名九卿陂。” ⑤【集解】孔安国曰:“垆,疏也。”马融曰:“豫州地有三等,下者坟垆也。” ⑥【集解】孔安国曰:“田第四,赋第二,又杂出第一。” ⑦【集解】孔安国曰:“细绵也。” ⑧【集解】孔安国曰:“治玉石曰错,治磬错也。”

华阳黑水惟梁州,①汶、嶓既艺,②沱、涔既道,③蔡、蒙旅平,④和夷底绩。⑤其土青骊。⑥田下上,赋下中三错。⑦贡璆、铁、银、镂、砮、磬,⑧熊、罴、狐、狸、织皮。⑨西倾因桓是来,⑩浮于潜,逾于沔,⑪入于渭,乱于河。⑫

①【集解】孔安国曰:“东据华山之南,西距黑水。”【正义】《括地志》云:“黑水源出梁州城固县西北太山。” ②【集解】郑玄曰:“《地理志》岷山在蜀郡湔氐道,嶓冢山在汉阳西。”【索隐】汶,一作“嶓”,又作“岐”。岐山,《封禅书》一云渎山,在蜀都湔氐道西徼,江水所出。嶓冢山在陇西西县,汉水所出也。【正义】《括地志》云:“岷山在岷州溢乐县南一里,连绵至蜀二千里,皆名岷山。嶓冢山在梁州金牛县东二十八里。”湔音子践反。氐音丁奚反。 ③【集解】孔安国曰:“沱、潜发源此州,入荆州。” ④【集解】孔安国曰:“蔡、蒙,二山名。祭山曰旅。平言治功毕也。”郑玄曰:“地理志蔡、蒙在汉嘉县。”【索隐】此非徐州之蒙,在蜀郡青衣县。青衣后改为汉嘉。蔡山不知所在也。〔蒙,县名。〕【正义】《括地志》云:“蒙山在雅州严道县南十里。” ⑤【集解】马融曰:“和夷,地名也。” ⑥【集解】孔安国曰:“色青黑也。” ⑦【集解】孔安国曰:“田第七,赋第八,杂出第七第九三等。” ⑧【集解】孔安国曰:“璆,玉名。”郑玄曰:“黄金之美者谓之镠。

镂，刚铁，可以刻镂也。” ⑨【集解】孔安国曰：“贡四兽之皮也。织皮，今罽也。” ⑩【集解】马融曰：“治西倾山因桓水是来，言无余道也。”郑玄曰：“《地理志》西倾山在陇西临洮。”【索隐】西倾在陇西临洮县西南。桓水出蜀郡岐山西南，行羌中入〔南〕海也。【正义】《括地志》云：“西倾山今彊台山，在洮州临潭县西南三百三十六里。” ⑪【集解】孔安国曰：“汉上水为沔。”郑玄曰：“或谓汉为沔。” ⑫【集解】孔安国曰：“正绝流曰乱。”

黑水西河惟雍州，① 弱水既西，② 泾属渭汭。③ 漆、沮既从，④ 沣水所同。⑤ 荆、岐已旅，⑥ 终南、敦物至于鸟鼠。⑦ 原隰底绩，至于都野。⑧ 三危既度，⑨ 三苗大序。⑩ 其土黄壤。田上上，赋中下。⑪ 贡璆、琳、琅玕。⑫ 浮于积石，至于龙门西河，⑬ 会于渭汭。⑭ 织皮昆仑、析支、渠搜，西戎即序。⑮

①【集解】孔安国曰：“西距黑水，东据河。龙门之河在冀州西。”【索隐】《地理志》益州滇池有黑水祠。郑玄引《地说》云“三危山，黑水出其南”。《山海经》“黑水出昆仑墟西北隅”也。 ②【集解】孔安国曰：“导之西流，至于合黎。”郑玄曰：“众水皆东，此独西流也。”【索隐】按：《水经》云“弱水出张掖删丹县西北，至酒泉会水县入合黎山腹”。《山海经》云“弱水出昆仑墟西南隅”也。 ③【集解】孔安国曰：“属，逮也。水北曰汭。言治泾水入于渭也。”郑玄曰：“《地理志》泾水出安定泾阳。”【索隐】渭水出首阳县鸟鼠同穴山。《说文》云：“水相入曰汭。”【正义】《括地志》云：“泾水源出原州百泉县西南笄头山泾谷。渭水源出渭州渭原县西七十六里鸟鼠山，今名青雀山。渭有三源，并出鸟鼠山，东流入河。”按：言理泾水及至渭水，又理漆、沮亦从渭流，复理沣水，亦同入渭者也。 ④【正义】《括地志》云：“漆水源出岐州普润县东南岐山漆溪，东入渭。沮水一名石川水，源出雍州富平县，东入栎阳县南。汉高帝于栎阳置万年县。《十三州志》云‘万年县南有泾、渭，北有小河，即沮水也’。《诗》云古公去邠度漆、沮，即此二

水。" ⑤【集解】音丰。【集解】孔安国曰:"漆、沮之水已从入渭。澧水所同,同于渭也。"【索隐】漆、沮二水,漆水出右扶风漆县西,沮水《地理志》无文,而《水经》以濾水出北地直路县,东过冯翊祋祤县入洛。《说文》亦以漆、沮各是一水名。孔安国独以为一,又云是洛水。澧水出右扶风鄠县东南,北过上林苑。【正义】《括地志》云:"雍州鄠县终南山,沣水出焉。"
⑥【集解】孔安国曰:"荆在岐东,非荆州之荆也。"【正义】《括地志》云:"荆山在雍州富平县,今名掘陵原。岐山在岐州岐山县东北十里。"《尚书正义》云:"洪水时祭祀礼废。已旅祭,言理水功毕也。"按:雍州荆山即黄帝及禹铸鼎地也。襄州荆山县西荆山即卞和得玉璞者。 ⑦【集解】孔安国曰:"三山名,言相望也。"郑玄曰:"《地理志》终南、敦物皆在右扶风武功也。"【索隐】按:《左传》中南山,杜预以为终南山。《地理志》云"太一山古文以为终南,(华)〔垂〕山古文以为敦物",皆在扶风武功县东。【正义】《括地志》云:"终南山一名中南山,一名太一山,一名南山,一名橘山,一名楚山,一名(泰)〔秦〕山,一名周南山,一名地(脯)〔肺〕山,在雍州万年县南五十里。" ⑧【集解】郑玄曰:"《地理志》都野在武威,名曰休屠泽。"【正义】原隰,幽州地也。按:原,(平高)〔高平〕地也。隰,低下地也。言从渭州致功,西北至凉州都野、沙州三危山也。《括地志》云:"都野泽在凉州姑臧县东北二百八十里。" ⑨【索隐】郑玄引《河图》及《地说》云"三危山在鸟鼠西南,与岐山相连"。度,刘伯庄音田各反,《尚书》作"宅"。
⑩【集解】孔安国曰:"西裔之山已可居,三苗之族大有次序,禹之功也。"
⑪【集解】孔安国曰:"田第一,赋第六,人功少。" ⑫【集解】孔安国曰:"璆、琳,皆玉名。琅玕,石而似珠者。" ⑬【集解】孔安国曰:"积石山在金城西南,河所经也。龙门山在河东之西界。"【索隐】积石在金城河关县西南。龙门山在左冯翊夏阳县西北。【正义】《括地志》云:"积石山今名小积石,在河州枹罕县西七里。河州在京西一千四百七十二里。龙门山在同州韩城县北五十里。李奇云'禹凿通河水处,广八十步'。《三秦记》云'龙门水悬船而行,两旁有山,水陆不通,龟鱼集龙门下数千,不得上,上则为龙,故云暴鳃点额龙门下'。"按:河在冀州西,故云西河也。禹发源河水小积石

山，浮河东北下，历灵、胜北而南行，至于龙门，皆雍州地也。 ⑭【正义】《水经》云“河水又南至潼关，渭水从西注之”也。 ⑮【集解】孔安国曰：“织皮，毛布。此四国在荒服之外，流沙之内。羌、髳之属皆就次序，美禹之功及戎狄也。”【索隐】郑玄以为衣皮之人居昆仑、析支、渠搜，三山皆在西戎。王肃曰“昆仑在临羌西，析支在河关西，西戎在西域”。王肃以为地名，而不言渠搜。今按：《地理志》金城临羌县有昆仑祠，敦煌广至县有昆仑障，朔方有渠搜县。

道九山，[①]汧及岐至于荆山，[②]逾于河。壶口、雷首[③]至于太岳。[④]砥柱、析城至于王屋。[⑤]太行、常山至于碣石，入于海。[⑥]西倾、朱圉、鸟鼠至于太华。[⑦]熊耳、外方、桐柏至于负尾。[⑧]道嶓冢，至于荆山。[⑨]内方至于大别。[⑩]汶山之阳至衡山，[⑪]过九江，至于敷浅原。[⑫]

①【索隐】汧、壶口、砥柱、太行、西倾、熊耳、嶓冢、内方、岐是九山也。古分为三条，故《地理志》有北条之荆山。马融以汧为北条，西倾为中条。嶓冢为南条。郑玄分四列，汧为阴列，西倾次阴列，嶓冢为阳列，岐山次阳列。 ②【集解】郑玄曰：“《地理志》汧在右扶风也。”【索隐】汧，一作“岍”。按：有汧水，故其字或从“山”或从“水”，犹岐山然也。《地理志》云吴山在汧县西，古文以为汧山。岐山在右扶风美阳县西北，荆山在左冯翊怀德县南也。【正义】《括地志》云：“汧山在陇州汧源县西六十里。其山东邻岐、岫，西接陇冈，汧水出焉。岐山在岐州。” ③【索隐】雷首山在河东蒲阪县东南。 ④【集解】孔安国曰：“三山在冀州；太岳在上党西也。”【索隐】即霍太山也。已见上。【正义】《括地志》云：“壶口在慈州吉昌县西南。雷首山在蒲州河东县。太岳，霍山也，在沁州沁源县。” ⑤【集解】孔安国曰：“此三山在冀州(之)南河之北。”【索隐】析城山在河东濩泽县西南。王屋山在河东垣县东北。《水经》云砥柱山在河东大阳县南河水中也。

【正义】《括地志》云:“底柱山,俗名三门山,在陕州硖石县东北五十里黄河之中。孔安国云‘底柱,山名。河水分流,包山而过,山见水中,若柱然也’。”《括地志》云:“析城山在泽州西南七十里。《注水经》云‘析城山甚高峻,上平坦,有二泉,东浊西清,左右不生草木’。”《括地志》云:“王屋山在怀州王屋县北十里。《古今地名》云‘山方七百里,山高万仞,本冀州之河阳山也’。” ⑥【集解】孔安国曰:“此二山连延,东北接碣石,而入于沧海。”【索隐】太行山在河内山阳县西北。常山、恒山是也,在常山郡上曲阳县西北。【正义】《括地志》云:“太行山在怀州河内县北二十五里,有羊肠阪。恒山在定州恒阳县西北百四十里。道书《福地记》云‘恒山高三千三百丈,上方二十里,有太玄之泉,神草十九种,可度俗’。” ⑦【集解】郑玄曰:“《地理志》曰朱圉在汉阳南。”“太华山在弘农华阴南。”孔安国曰:“鸟鼠山,渭水所出,在陇西之西。”【索隐】圉,一作“圄”。朱圉山在天水冀县南。鸟鼠山在陇西首阳县西南。太华即敦物山。 ⑧【集解】郑玄曰:“《地理志》熊耳在卢氏东。外方在颍川。嵩高山、桐柏山在南阳平氏东南。陪尾在江夏安陆东北,若横尾者。”【索隐】熊耳山在弘农卢氏县东,伊水所出。外方山即颍川嵩高县嵩高山,《古文尚书》亦以为外方山。桐柏山一名大复山,在南阳平氏县东南。陪尾山在江夏安陆县东北,《地理志》谓之横尾山。负音陪也。【正义】《括地志》云:“华山在华州华阴县南八里。熊耳山在虢州卢氏县南五十里。嵩高山亦名太室山,亦名外方山,在洛州阳城县北二十三里也。桐柏山在唐州东南五十里,淮水出焉。横尾山,古陪尾山也,在安州安陆县北六十里。” ⑨【集解】郑玄曰:“《地理志》荆山在南郡临沮。”【正义】《括地志》云:“嶓冢山在梁州。荆山在襄州荆山县西八十里也。”又云:“荆山县本汉临沮县地也。沮水即汉水也。”按:孙叔敖激沮水为云梦泽是也。 ⑩【集解】郑玄曰:“《地理志》内方在竟陵,名立章山。大别在庐江安丰县。”【索隐】内方山在竟陵县东北。大别山在六安国安丰县,今土人谓之甑山。【正义】《括地志》云:“章山在荆州长林县东北六十里。今汉水附章山之东,与经史符会。”按:大别山,今沙洲在山上,汉江经其左,今俗犹云甑山。注云“在安丰”,非汉所经也。 ⑪【索隐】在长沙湘南县东南。《广雅》云:“岣嵝谓之衡山。”【正义】《括地志》云:“岷山在茂州汶川县。衡山在衡州湘潭县西四十一里。” ⑫【集解】徐广曰:“浅,一作灭。”骃案:孔安国曰“敷浅原一名傅阳山,在豫章”。

道九川,①弱水至于合黎,②余波入于流沙。③遭黑水,至于三危,入于南海。④道河积石,⑤至于龙门,南至华阴,⑥东至砥柱,⑦又东至于盟津,⑧东过雒汭,至于大邳,⑨北过降水,至于大陆,⑩北播为九河,同为逆河,入于海。⑪嶓冢道瀁,东流为汉,⑫又东为苍浪之水,⑬过三澨,入于大别,⑭南入于江,东汇泽为彭蠡,⑮东为北江,入于海。⑯汶山道江,东别为沱,又东至于醴,⑰过九江,至于东陵,⑱东迆北会于汇,⑲东为中江,入于海。⑳道沇水,东为济,入于河,泆为荥,㉑东出陶丘北,㉒又东至于荷,㉓又东北会于汶,㉔又东北入于海。道淮自桐柏,㉕东会于泗、沂,东入于海。㉖道渭自鸟鼠同穴,㉗东会于沣,㉘又东北至于泾,㉙东过漆、沮,入于河。㉚道雒自熊耳,㉛东北会于涧、瀍,㉜又东会于伊,㉝东北入于河。㉞

①【索隐】弱、黑、河、瀁、江、沇、淮、渭、洛为九川。 ②【集解】郑玄曰:“《地理志》弱水出张掖。”孔安国曰:“合黎,水名,在流沙东。”【索隐】《水经》云合黎山在酒泉会水县东北。郑玄引《地说》亦以为然。孔安国云水名,当是其山有水,故所记各不同。【正义】《括地志》云:“兰门山,一名合黎,一名穷石山,在甘州删丹县西南七十里。《淮南子》云‘弱水源出穷石山’。”又云:“合黎,一名羌谷水,一名鲜水,一名覆表水,今名副投河,亦名张掖河,南自吐谷浑界流入甘州张掖县。”今按:合黎水出临松县临松山东,而北流历张掖故城下,又北流经张掖县二十三里,又北流经合黎山,折而北

流，经流沙碛之西入居延海，行千五百里。合黎山，张掖县西北二百里也。　③【集解】孔安国曰："弱水余波西溢入流沙。"郑玄曰："《地理志》流沙在居延(西)〔东〕北，名居延泽。《地记》曰'弱水西流入合黎山腹，余波入于流沙，通于南海'。"马融、王肃皆云合黎、流沙是地名。【索隐】《地理志》云"张掖居延县西北有居延泽，古文以为流沙"。《广志》"流沙在玉门关外，有居延泽、居延城"。又《山海经》云"流沙出钟山，西南行昆仑墟入海"。按：是地兼有水，故一云地名，一云水名，马、郑不同，抑有由也。

④【集解】郑玄曰："《地理志》益州滇池有黑水祠，而不记此山水所在。《地记》曰'三危山在鸟鼠之西南'。"孔安国曰："黑水自北而南，经三危过(沙)〔梁〕州，入南海也。"【正义】《括地志》云："黑水源出伊吾县北百二十里，又南流二千里而绝。三危山在沙州燉煌县东南四十里。"按：南海即扬州东大海，岷江下至扬州东入海也。其黑水源在伊州，从伊州东南三千余里至鄯州，鄯州东南四百余里至河州，入黄河。河州有小积石山，即《禹贡》"浮于积石，至于龙门"者。然黄河源从西南下，出大昆仑东北隅，东北流经于阗，入盐泽，即东南潜行入吐谷浑界大积石山，又东北流，至小积石山，又东北流，来处极远。其黑水，当洪水时合从黄河而行，何得入于南海？南海去此甚远，阻隔南山、陇山、岷山之属。当是洪水浩浩处，西戎不深致功，古文故有疏略。　⑤【索隐】《尔雅》云："河出昆仑墟，其色白。"《汉书·西域传》云："河有两源，一出葱岭，一出于阗。于阗河北流，与葱岭河合，东注蒲昌海，一名盐泽。其水停居，冬夏不增减，潜行地中，南出积石为中国河。"是河源发昆仑，禹导河自积石而加功也。　⑥【集解】孔安国曰："至华山北而东行。"【正义】华阴县在华山北，本魏之阴晋县，秦惠文王更名宁秦，汉高帝改曰华阴。　⑦【集解】孔安国曰："砥柱，山名。河水分流，包山而过，山见水中，若柱然也。在西虢之界。"【正义】砥柱山俗名三门山，禹凿此山，三道河水，故曰三门也。　⑧【集解】孔安国曰："在洛北。"【索隐】盟，古"孟"字。孟津在河(阴)〔阳〕。《十三州记》云"河阳县在河上，即孟津"是也。【正义】杜预云："盟，河内郡河阳县南孟津也，在洛阳城北。都道所凑，古今为津，武王度之，近代呼为武济。"《括地志》云："盟津，周武王伐纣，

与八百诸侯会盟津。亦曰孟津,又曰富平津。《水经》云小平津,今云河阳津是也。" ⑨【集解】孔安国曰:"洛汭,洛入河处。山再成曰邳。"【索隐】《尔雅》云"山一成曰邳"。或以为成皋县山是。【正义】李巡云:"山再重曰英,一重曰邳。"《括地志》云:"大邳山,今名黎阳东山,又曰青坛山,在卫州黎阳南七里。张揖云今成皋,非也。" ⑩【集解】郑玄曰:"《地理志》降水在信都(南)。"孔安国曰:"大陆,泽名。"【索隐】《地理志》降水字从"系",出信都国,与虖池、漳河水并流入海。大陆在鉅鹿郡。《尔雅》云"晋有大陆",郭璞以为此泽也。【正义】《括地志》云:"降水源出潞州屯留县西南,东北流,至冀州入海。" ⑪【集解】郑玄曰:"下尾合名曰逆河,言相向迎受也。"【正义】播,布也。河至冀州,分布为九河,下至沧州,更同合为一大河,名曰逆河,而夹右碣石入于渤海也。 ⑫【集解】郑玄曰:"《地理志》瀁水出陇西氐道,至武都为汉,至江夏谓之夏水。"【索隐】《水经》云瀁水出陇西氐道县嶓冢山,东至武都沮县为汉水。《地理志》云至江夏谓之夏水。《山海经》亦以汉出嶓冢山。故孔安国云"泉始出山为瀁水,东南流为沔水,至汉中东流为汉水"。【正义】《括地志》云:"嶓冢山水始出山沮洳,故曰沮水。东南为瀁水,又为沔水。至汉中为汉水,至均州为沧浪水。始欲出大江为夏口,又为沔口。汉江一名沔江也。" ⑬【集解】孔安国曰:"别流也。在荆州。"【索隐】马融、郑玄皆以沧浪为夏水,即汉河之别流也。《渔父歌》曰"沧浪之水清兮,可以濯吾缨",是此水也。【正义】《括地志》云:"均州武当县有沧浪水。庾仲雍《汉水记》云'武当县西四十里汉水中有洲,名沧浪洲'也。《地记》云'水出荆山,东南流为沧浪水'。" ⑭【集解】孔安国曰:"三澨,水名。"郑玄曰:"在江夏竟陵之界。"【索隐】《水经》云"三澨,地名,在南郡(鄀)〔邔〕县北"。孔安国、郑玄以为水名。今竟陵有三参水,俗云是三澨水。参音去声。 ⑮【集解】孔安国曰:"汇,回也。水东回为彭蠡大泽。" ⑯【集解】孔安国曰:"自彭蠡,江分为三道入震泽,遂为北江而入海。" ⑰【集解】孔安国及马融、王肃皆以醴为水名。郑玄曰:"醴,陵名也。大阜曰陵。长沙有醴陵县。"【索隐】按:骚人所歌"濯余佩于醴浦",明醴是水。孔安国、马融解得其实。又虞喜《志林》以醴是江、沅之别流，而醴字作“澧”也。 ⑱【集解】孔安国曰：“东陵，地名。” ⑲【集解】孔安国曰：“迆，溢也。东溢分流都共北会彭蠡。” ⑳【集解】孔安国曰：“有北有中，南可知也。”【正义】《括地志》云：“《禹贡》三江俱会于彭蠡，合为一江，入于海。” ㉑【集解】郑玄曰：“《地理志》沇水出河东垣县东王屋山，东至河内武德入河，泆为荥。”孔安国曰：“济在温西北。荥泽在敖仓东南。”【索隐】《水经》云：“自河东垣县王屋山东流为沇水，至温县西北为济水。”【正义】《括地志》云：“沇水出怀州王屋县北十里王屋山顶，岩下石泉渟不流，其深不测，至县西北二里平地，其源重发，而东南流，为汜水。”《水经》云沇东至温县西北为(沛)〔泲〕水，又南当巩县之北，南入于河。《释名》云：“济者，济也。”下“济”子细反。按：济水入河而南，截度河南岸溢荥泽，在郑州荥泽县西北四里。今无水，成平地。 ㉒【集解】孔安国曰：“陶丘，丘再成者也。”郑玄曰：“《地理志》陶丘在济阴定陶西(北)〔南〕。”【正义】《括地志》云：“陶丘在濮州鄄城西南二十四里。又云在曹州城中。徐才《宗国都〔城〕记》云此城中高丘，即古之陶丘。” ㉓【集解】孔安国曰：“荷泽之水。” ㉔【正义】汶音问。《地理志》云汶水出泰山郡莱芜县原山，西南入(沛)〔泲〕。 ㉕【正义】《地理志》云桐柏山在南阳平氏县东南，淮水所出。按：在唐州东五十余里。 ㉖【集解】孔安国曰：“与泗、沂二水合入海也。” ㉗【集解】孔安国曰：“鸟鼠共为雄雌同穴处，此山遂名曰鸟鼠，渭水出焉。”【正义】《括地志》云：“鸟鼠山，今名青雀山，在渭州渭源县西七十六里。《山海经》云‘鸟鼠同穴之山，渭水出焉’。郭璞注云‘今在陇西首阳县西南。山有鸟鼠同穴。鸟名䳜。鼠名鼵，如人家鼠而短尾。䳜似鵽而小，黄黑色。穴入地三四尺，鼠在内，鸟在外’。”䳜音余。鼵，扶废反。鵽音丁刮反，似雉也。 ㉘【正义】沣音丰。《括地志》云：“雍州鄠县终南山，沣水出焉，北入渭也。” ㉙【正义】《括地志》云：“泾水出原州百泉县西南笄头山泾谷，东南流入渭也。” ㉚【集解】孔安国曰：“漆、沮，二水名，亦曰洛水，出冯翊北。” ㉛【集解】孔安国曰：“在宜阳之西。”【正义】《括地志》云：“洛水出商州洛南县西冢岭山，东北流入河。熊耳山在虢州卢氏县南五十里，洛所经。” ㉜【集解】孔安国曰：“会于河南城南。"【正义】《括地志》云："涧水出洛州新安县东白石山之阴。"《地理志》云瀍水出河南穀城县朁亭北，东南入于洛。 ㉝【集解】孔安国曰："会于洛阳之南。" ㉞【集解】孔安国曰："合于巩之东也。"

于是九州攸同，四奥既居，[①]九山栞旅，[②]九川涤原，[③]九泽既陂，[④]四海会同。六府甚修，[⑤]众土交正，致慎财赋，[⑥]咸则三壤成赋。[⑦]中国赐土姓："祇台德先，不距朕行。"[⑧]

①【集解】孔安国曰："四方之(邑)〔宅〕已可居也。" ②【集解】孔安国曰："九州名山已槎木通道而旅祭也。" ③【集解】孔安国曰："九州之川已涤除无壅塞也。" ④【集解】孔安国曰："九州之泽皆已陂障无决溢也。" ⑤【集解】孔安国曰："六府：金、木、水、火、土、谷。" ⑥【集解】郑玄曰："众土美恶及高下得其正矣。亦致其贡篚，慎奉其财物之税，皆法定制而入之也。" ⑦【集解】郑玄曰："三壤，上、中、下各三等也。" ⑧【集解】郑玄曰："中即九州也。天子建其国，诸侯祚之土，赐之姓，命之氏，其敬悦天子之德既先，又不距违我天子政教所行。"

令天子之国以外五百里甸服：[①]百里赋纳緫，[②]二百里纳铚，[③]三百里纳秸服，[④]四百里粟，五百里米。[⑤]甸服外五百里侯服：[⑥]百里采，[⑦]二百里任国，[⑧]三百里诸侯。[⑨]侯服外五百里绥服：[⑩]三百里揆文教，[⑪]二百里奋武卫。[⑫]绥服外五百里要服：[⑬]三百里夷，[⑭]二百里蔡。[⑮]要服外五百里荒服：[⑯]三百里蛮，[⑰]二百里流。[⑱]

①【集解】孔安国曰："为天子(之)服治田，去王城面五百里内。"
②【集解】孔安国曰："甸内近王城者。禾稿曰緫，供食国之马也。"【索隐】

《说文》云:"緫,聚束草也。" ③【集解】孔安国曰:"所铚刈谓禾穗。"【索隐】《说文》云:"铚,获禾短镰也。" ④【集解】孔安国曰:"秸,稿也。服稿役。"【索隐】《礼·郊特牲》云"蒲越稿秸之美",则秸是稿之类也。⑤【集解】孔安国曰:"所纳精者少,粗者多。" ⑥【集解】孔安国曰:"侯,候也。斥候而服事也。" ⑦【集解】马融曰:"采,事也。各受王事者。" ⑧【集解】孔安国曰:"任王事者。" ⑨【集解】孔安国曰:"三百里同为王者斥候,故合三为一名。" ⑩【集解】孔安国曰:"绥,安也。服王者政教。" ⑪【集解】孔安国曰:"揆,度也。度王者文教而行之,三百里皆同。" ⑫【集解】孔安国曰:"文教之外二百里奋武卫,天子所以安之。" ⑬【集解】孔安国曰:"要束以文教也。" ⑭【集解】孔安国曰:"守平常之教,事王者而已。" ⑮【集解】马融曰:"蔡,法也。受王者刑法而已。" ⑯【集解】马融曰:"政教荒忽,因其故俗而治之。"⑰【集解】马融曰:"蛮,慢也。礼简怠慢,来不距,去不禁。" ⑱【集解】马融曰:"流行无城郭常居。"

东渐于海,西被于流沙,朔、南暨:①声教讫于四海。于是帝锡禹玄圭,以告成功于天下。②天下于是太平治。

①【集解】郑玄曰:"朔,北方也。" ②【正义】帝,尧也。玄,水色。以禹理水功成,故锡玄圭,以表显之。自此已上并《尚书·禹贡》文。

皋陶作士①以理民。帝舜朝,禹、伯夷、皋陶相与语帝前。皋陶述其谋曰:"信其道德,谋明辅和。"禹曰:"然,如何?"皋陶曰:"于,②慎其身修,③思长,④敦序九族,众明高翼,近可远在已。"⑤禹拜美言,曰:"然。"皋陶曰:"於,在知人,在安民。"禹曰:"吁,皆若是,惟帝其难之。⑥知人则智,能官人；能安民则惠，黎民怀之。能知能惠，何忧乎驩兜，何迁乎有苗，何畏乎巧言善色佞人？”[⑦]皋陶曰：“然，於，亦行有九德，亦言其有德。”乃言曰：“始事事，[⑧]宽而栗，[⑨]柔而立，[⑩]愿而共，[⑪]治而敬，扰而毅，[⑫]直而温，简而廉，刚而实，强而义，章其有常，吉哉。[⑬]日宣三德，早夜翊明有家。[⑭]日严振敬六德，亮采有国。[⑮]翕受普施，九德咸事，俊乂在官，[⑯]百吏肃谨。毋教邪淫奇谋。非其人居其官，是谓乱天事。[⑰]天讨有罪，五刑五用哉。[⑱]吾言底可行乎？”禹曰：“汝言致可绩行。”皋陶曰：“余未有知，思赞道哉。”[⑲]

①【正义】士，若大理卿也。　②【正义】音乌，叹美之辞。　③【正义】以为绝句。　④【集解】孔安国曰：“慎修其身，思为长久之道。”　⑤【集解】郑玄曰：“次序九族而亲之，以众贤明作羽翼之臣，此政由近可以及远也。”　⑥【集解】孔安国曰：“言帝尧亦以为难。”　⑦【集解】郑玄曰：“禹为父隐，故言不及鲧。”　⑧【集解】孔安国曰：“言其人有德，必言其所行事，因事以为验。”　⑨【集解】孔安国曰：“性宽弘而能庄栗。”　⑩【集解】孔安国曰：“和柔而能立事。”　⑪【集解】孔安国曰：“悫愿而恭敬。”　⑫【集解】徐广曰：“扰，一作柔。”骃案：孔安国曰“扰，顺也。致果为毅”。　⑬【集解】孔安国曰：“章，明也。吉，善也。”　⑭【集解】孔安国曰：“三德，九德之中有其三也。卿大夫称家，明行之可以为卿大夫。”　⑮【集解】孔安国曰：“严，敬也。行六德以信治政事，可以诸侯也。”马融曰：“亮，信。采，事也。”　⑯【集解】孔安国曰：“翕，合也。能合受三六之德而用之，以布施政教，使九德之人皆用事。谓天子也如此，则俊德理能之士并皆在官也。”　⑰【索隐】此取《尚书·皋陶谟》为文，断绝殊无次序，即班固所谓“疏略抵捂”是也，今亦不能深考。　⑱【集解】孔安国曰：“言用五刑必当。”　⑲【正义】皋陶云我未有所知，

思之审赞于古道耳。谦辞也。已上并《尚书·皋陶谟》文，略其经，不全备也。

帝舜谓禹曰："汝亦昌言。"禹拜曰："於，予何言。予思日孳孳。"皋陶难禹曰："何谓孳孳?"禹曰："鸿水滔天，浩浩怀山襄陵，下民皆服于水。予陆行乘车，水行乘舟，泥行乘橇，山行乘檋，行山栞木。[①]与益予众庶稻鲜食。[②]以决九川致四海，浚畎浍致之川。[③]与稷予众庶难得之食。食少，调有余补不足，徙居。众民乃定，万国为治。"皋陶曰："然，此而美也。"

①【正义】行，寒孟反。栞，口寒反。　②【集解】孔安国曰："鸟兽新杀曰鲜。"【索隐】予音与。上"与"谓"同与"之"与"，下"予"谓"施予"之"予"。此禹言其与益施予众庶之稻粮。　③【集解】郑玄曰："畎浍，田间沟也。"

禹曰："於，帝。慎乃在位，安尔止。[①]辅德，天下大应。清意以昭待上帝命，天其重命用休。"[②]帝曰："吁，臣哉，臣哉！臣作朕股肱耳目。予欲左右有民，汝辅之。[③]余欲观古人之象，日月星辰，作文绣服色，汝明之。予欲闻六律五声八音，来始滑，以出入五言，汝听。[④]予即辟，汝匡拂予。汝无面谀，退而谤予。敬四辅臣。[⑤]诸众谗嬖臣，君[⑥]德诚施皆清矣。"禹曰："然。帝即不时，布同善恶则毋功。"[⑦]

①【集解】郑玄曰："安汝之所止，无妄动，动则扰民。"　②【集解】

郑玄曰："天将重命汝以美应，谓符瑞也。" ③【集解】马融曰："我欲左右助民，汝当翼成我也。" ④【集解】《尚书》"滑"字作"曶"，音忽。郑玄曰："曶者，臣见君所秉，书思对命者也。君亦有焉，以出内政教于五官。"【索隐】《古文尚书》作"在治忽"，今文作"采政忽"，先儒各随字解之。今此云"来始滑"，于义无所通。盖来采字相近，滑忽声相乱，始又与治相似，因误为"来始滑"，今依今文音"采政忽"三字。刘伯庄云"听诸侯能为政及怠忽者"，是也。五言谓仁、义、礼、智、信五德之言，郑玄以为"出纳政教五官"，非也。 ⑤【集解】《尚书大传》曰："古者天子必有四邻，前曰疑，后曰丞，左曰辅，右曰弼。" ⑥【集解】徐广曰："一作吾。"【索隐】诸众谗嬖臣"为一句，"君"字宜属下文。 ⑦【集解】孔安国曰："帝用臣不是，则贤愚并位，优劣共流故也。"

帝曰：[①]"毋若丹朱傲，维慢游是好，毋水行舟，朋淫于家，[②]用绝其世。予不能顺是。"禹曰："予(辛壬)娶涂山，〔辛壬〕癸甲，生启[③]予不子，[④]以故能成水土功。辅成五服，至于五千里，州十二师，外薄四海，[⑤]咸建五长，[⑥]各道有功。苗顽不即功，[⑦]帝其念哉。"帝曰："道吾德，乃女功序之也。"皋陶于是敬禹之德，令民皆则禹。不如言，刑从之。[⑧]舜德大明。

①【正义】此二字及下"禹曰"，《尚书》并无。太史公有四字，帝及禹相答极为次序，当应别见书。 ②【集解】郑玄曰："朋淫，淫门内。" ③【集解】孔安国曰："涂山，国名。辛日娶妻，至于甲四日，复往治水。"【索隐】杜预云"涂山在寿春东北"，皇甫谧云"今九江当涂有禹庙"，则涂山在江南也。《系本》曰"涂山氏女名女娲"，是禹娶涂山氏号女娲也。又按：《尚书》云"娶于涂山，辛壬癸甲，启呱呱而泣，予弗子"。今此云"辛壬娶涂山，癸甲生启"，盖《今文尚书》脱漏，太史公取以为言，亦不稽其本意。岂有辛

壬娶妻，经二日生子？不经之甚。　④【正义】此五字为一句。禹辛日娶，至甲四日，往理水，及生启，不入门，我不得名子，以故能成水土之功。又，一云过门不入，不得有子爱之心。《帝系》云“禹娶涂山氏之子，谓之女娲，是生启”也。　⑤【正义】《尔雅》云：“九夷、八狄、七戎、六蛮，谓之四海。”《释名》云：“海，晦也。”按：夷蛮晦昧无知，故云四海也。　⑥【集解】孔安国曰：“薄，迫。言至海也。”“诸侯五国，立贤者一人为方伯，谓之五长，以相统治。”　⑦【集解】孔安国曰：“三苗顽凶，不得就官，善恶分别。”　⑧【索隐】谓不用命之人，则亦以刑罚而从之。

于是夔行乐，[①]祖考至，群后相让，鸟兽翔舞，《箫韶》九成，凤皇来仪，[②]百兽率舞，百官信谐。帝用此作歌曰：“陟天之命，维时维几。”[③]乃歌曰：“股肱喜哉，元首起哉，百工喜哉。”[④]皋陶拜手稽首扬言曰：“念哉，[⑤]率为兴事，慎乃宪，敬哉。”[⑥]乃更为歌曰：“元首明哉，股肱良哉，庶事康哉。”(舜)又歌曰：“元首丛脞哉，股肱惰哉，万事堕哉。”[⑦]帝拜曰：“然，往钦哉。”于是天下皆宗禹之明度数声乐，[⑧]为山川神主。

①【正义】若今太常卿也。　②【集解】孔安国曰：“《箫韶》，(舞)〔舜〕乐名。备乐九奏而致凤皇也。”　③【集解】孔安国曰：“奉正天命以临民，惟在顺时，惟在慎微。”　④【集解】孔安国曰：“股肱之臣喜乐尽忠，君之治功乃起，百官之业乃广。”　⑤【集解】郑玄曰：“使群臣念帝之戒。”　⑥【集解】孔安国曰：“率臣下为起治之事，当慎汝法度，敬其职。”　⑦【集解】孔安国曰：“丛脞，细碎无大略也。君如此，则臣懈惰，万事堕废也。”　⑧【集解】徐广曰：“《舜本纪》云禹乃兴《九韶》之乐。”

帝舜荐禹于天，为嗣。十七年[①]而帝舜崩。三年丧毕，禹辞辟舜之子商均于阳城。[②]天下诸侯皆去商均而朝禹。禹于是遂即天子位,[③]南面朝天下,国号曰夏后,姓姒氏。[④]

①【集解】刘熙曰:“若此,则舜格于文祖,三年之后,摄禹使得祭祀与?” ②【集解】刘熙曰:“今颍川阳城是也。” ③【集解】皇甫谧曰:“都平阳,或在安邑,或在晋阳。” ④【集解】《礼纬》曰:“祖以吞薏苡生。”

帝禹立而举皋陶荐之,且授政焉而皋陶卒。[①]封皋陶之后于英、六,[②]或在许。[③]而后举益,任之政。

①【正义】《帝王纪》云:“皋陶生于曲阜。曲阜偃地,故帝因之而以赐姓曰偃。尧禅舜,命之作士。舜禅禹,禹即帝位,以咎陶最贤,荐之于天,将有禅之意,未及禅,会皋陶卒。”《括地志》云:“咎繇墓在寿州安丰县南一百三十里故六城东,东都陂内大冢也。” ②【集解】徐广曰:“《史记》皆作英字,而以英布是此苗裔。”【索隐】《地理志》〔六〕安国六县,咎繇后偃姓所封国。英地阙,不知所在,以为黥布是其后也。【正义】英盖蓼也。《括地志》云:“光州固始县,本春秋时蓼国。偃姓,皋陶之后也。《左传》云子燮灭蓼。《太康地志》云蓼国先在南阳故县,今豫州郾县界故胡城是,后徙于此。”《括地志》云:“故六城在寿州安丰县南一百三十二里。《春秋》文五年秋,楚成大心灭之。” ③【集解】《皇览》曰:“皋陶冢在庐江六县。”【索隐】许在颍川。【正义】《括地志》云:“许故城在许州许昌县南三十里,本汉许县,故许国也。”

十年,帝禹东巡狩,至于会稽而崩。[①]以天下授益。三年之丧毕,益让帝禹之子启,而避居箕山之阳。[②]禹子启贤,天下属意焉。及禹崩，虽授益，益之佐禹日浅，天下未洽。故诸侯皆去益而朝启，曰“吾君帝禹之子也”。于是启遂即天子之位，是为夏后帝启。

①【集解】皇甫谧曰：“年百岁也。” ②【集解】《孟子》“阳”字一作“阴”。刘熙曰：“嵩高之北。”【正义】按：阴即阳城也。《括地志》云：“阳城县在箕山北十三里。”又恐“箕”字误，本是“嵩”字，而字相似。其阳城县在嵩山南二十三里，则为嵩山之阳也。

夏后帝启，禹之子，其母涂山氏之女也。

有扈氏不服，[①]启伐之，大战于甘。[②]将战，作《甘誓》，乃召六卿申之。[③]启曰：“嗟，六事之人，[④]予誓告汝：有扈氏威侮五行，怠弃三正，[⑤]天用剿绝其命。[⑥]今予维共行天之罚。[⑦]左不攻于左，右不攻于右，汝不共命。[⑧]御非其马之政，汝不共命。[⑨]用命，赏于祖。[⑩]不用命，僇于社，[⑪]予则帑僇汝。”[⑫]遂灭有扈氏。天下咸朝。

①【集解】《地理志》曰扶风鄠县是扈国。【正义】《括地志》云：“雍州南鄠县本夏之扈国也。《地理志》云鄠县，古扈国，有户亭。《训纂》云户、扈、鄠三字，一也，古今字不同耳。” ②【集解】马融曰：“甘，有扈氏南郊地名。”【索隐】夏启所伐，鄠南有甘亭。 ③【集解】孔安国曰：“天子六军，其将皆命卿也。” ④【集解】孔安国曰：“各有军事，故曰六事。” ⑤【集解】郑玄曰：“五行，四时盛德所行之政也。威侮，暴逆之。三正，天、地、人之正道。” ⑥【集解】孔安国曰：“剿，截也。” ⑦【集解】孔安国曰：“共，奉也。” ⑧【集解】郑玄曰：“左，车左。右，车右。” ⑨【集解】孔安国曰：“御以正马为政也。三者有失，皆不奉我命也。” ⑩【集

解】孔安国曰："天子亲征，必载迁庙之祖主行。有功即赏祖主前，示不专也。" ⑪【集解】孔安国曰："又载社主，谓之社事。奔北，则僇之社主前。社主阴，阴主杀也。" ⑫【集解】孔安国曰："非但止身，辱及女子，言耻累之。"

夏后帝启崩，[①]子帝太康立。帝太康失国，[②]昆弟五人，[③]须于洛汭，作《五子之歌》。[④]

①【集解】徐广曰："皇甫谧曰夏启元年甲辰，十年癸丑崩。" ②【集解】孔安国曰："盘于游田，不恤民事，为羿所逐，不得反国。" ③【索隐】皇甫谧云号五观也。 ④【集解】孔安国曰："太康五弟与其母待太康于洛水之北，怨其不反，故作歌。"

太康崩，弟中康立，是为帝中康。帝中康时，羲、和湎淫，废时乱日。[①]胤往征之，作《胤征》。[②]

①【集解】孔安国曰："羲氏、和氏，掌天地四时之官。太康之后，沈湎于酒，废天时，乱甲乙也。" ②【集解】孔安国曰："胤国之君受王命往征之。"郑玄曰："胤，臣名。"

中康崩，子帝相立。帝相崩，子帝少康立。[①]帝少康崩，子帝予[②]立。帝予崩，子帝槐[③]立。帝槐崩，子帝芒立。[④]帝芒崩，子帝泄立。帝泄崩，子帝不降立。[⑤]帝不降崩，弟帝扃立。帝扃崩，子帝廑立。[⑥]帝廑崩，立帝不降之子孔甲，是为帝孔甲。帝孔甲立，好方鬼神，事淫乱。夏后氏德衰，诸侯畔之。天降龙二，有雌雄，孔甲不能食，[⑦]未得豢龙氏。[⑧]陶唐既衰，其后有刘累，[9]学扰龙[10]于豢龙氏，以事孔甲。孔甲赐之姓曰御龙氏，[11]受豕韦之后。[12]龙一雌死，以食夏后。夏后使求，惧而迁去。[13]

①【索隐】《左传》魏庄子曰："昔有夏之衰也，后羿自鉏迁于穷石，因夏人而代夏政。恃其射也，不修人事，而信用伯明氏之谗子寒浞。浞杀羿，烹之，以食其子，子不忍食，杀于穷门。浞因羿室，生浇及豷。使浇灭斟灌氏及斟寻氏，而相为浇所灭，后缗归于有仍，生少康。有夏之臣靡，自有鬲收二国之烬以灭浞，而立少康。少康灭浇于过，后杼灭豷于戈，有穷遂亡。"然则帝相自被篡杀，中间经羿、浞二氏，盖三数十年。而此纪总不言之，直云帝相崩，子少康立，疏略之甚。【正义】《帝王纪》云："帝羿有穷氏未闻其先何姓。帝喾以上，世掌射正。至喾，赐以彤弓素矢，封之于鉏，为帝司射，历虞、夏。羿学射于吉甫，其臂长，故以善射闻。及夏之衰，自鉏迁于穷石，因夏民以代夏政。帝相徙于商丘，依同姓诸侯斟寻。羿恃其善射，不修民事，淫于田兽，弃其良臣武罗、伯姻、熊髡、龙圉而信寒浞。寒浞，伯明氏之谗子，伯明后以谗弃之，而羿以为己相。寒浞杀羿于桃梧，而烹之以食其子。其子不忍食之，死于穷门。浞遂代夏，立为帝。寒浞袭有穷之号，因羿之室，生奡及豷。奡多力，能陆地行舟。使奡帅师灭斟灌、斟寻，杀夏帝相，封奡于过，封豷于戈。恃其诈力，不恤民事。初，奡之杀帝相也，妃有仍氏女曰后缗，归有仍，生少康。初，夏之遗臣曰靡，事羿，羿死，逃于有鬲氏，收斟、寻二国余烬，杀寒浞，立少康，灭奡于过，后杼灭豷于戈，有穷遂亡也。"按：帝相被篡，历羿、浞二世，四十年，而此纪不说，亦马迁所为疏略也。奡音五告反。豷音许器反。《括地志》云："故(锄)〔鉏〕城在滑州韦城县东十里。《晋地记》云河南有穷谷，盖本有穷氏所迁也。"《括地志》云："商丘，今宋州也。斟灌故城在青州寿光县东五十四里。斟寻故城，今青州北海县是也。故过乡亭在莱州掖县西北二十里，本过国地。故鬲城在洛州密县界。杜预云国名，今平原鬲县也。"戈在宋、郑之间也。寒国在北海平寿县东寒

亭也。伯明其君也。臣瓒云斟寻在河南，盖后迁北海也。《汲冢古文》云太康居斟寻，羿亦居之，桀又居之。《尚书》云："太康失邦，兄弟五人须于洛汭。"此即太康居之，为近洛也。又吴起对魏武侯曰"夏桀之居，左河、济，右太华，伊阙在其南，羊肠在其北"。又《周书·度邑篇》云武王问太公"吾将因有夏之居"，即河南是也。《括地志》云："故(邹)〔鄩〕城在洛州巩县西南五十八里，盖桀所居也。阳翟县又是禹所封，为夏伯。" ②【索隐】音伫。《系本》云季伫作甲者也。《左传》曰杼灭豷于戈。《国语》云杼能帅禹者也。 ③【索隐】音回。《系本》作"帝芬"。 ④【索隐】音亡。邹诞生又音荒也。 ⑤【索隐】《系本》作"帝降"。 ⑥【索隐】音觐。邹诞生又音勤。 ⑦【正义】音寺。 ⑧【集解】贾逵曰："豢，养也。谷食曰豢。" ⑨【集解】服虔曰："后，刘累之为诸侯者，夏后赐之姓。"【正义】《括地志》云："刘累故城在洛州缑氏县南五十五里，乃刘累之故地也。" ⑩【集解】应劭曰："扰音柔。扰，驯也。能顺养得其嗜欲。" ⑪【集解】服虔曰："御亦养。" ⑫【集解】徐广曰："受，一作'更'。骃案：贾逵曰"刘累之后至商不绝，以代豕韦之后。祝融之后封于豕韦，殷武丁灭之，以刘累之后代之"。【索隐】按：《系本》豕韦，防姓。 ⑬【集解】贾逵曰："夏后既飨，而又使求致龙，刘累不能得而惧也。"《传》曰迁于鲁县。

孔甲崩，子帝皋立。帝皋崩，[①]子帝发立。帝发崩，子帝履癸立，是为桀。[②]帝桀之时，[③]自孔甲以来而诸侯多畔夏，桀不务德而武伤百姓，百姓弗堪。乃召汤而囚之夏台，[④]已而释之。汤修德，诸侯皆归汤，汤遂率兵以伐夏桀。桀走鸣条，[⑤]遂放而死。[⑥]桀谓人曰："吾悔不遂杀汤于夏台，使至此。"汤乃践天子位，代夏朝天下。汤封夏之后，[⑦]至周封于杞也。[⑧]

①【集解】《左传》曰：皋墓在郩南陵。 ②【索隐】桀，名也。按：

《系本》帝皋生发及桀。此以发生桀，皇甫谧同也。　③【集解】《谥法》："贼人多杀曰桀。"　④【索隐】狱名。夏曰均台。皇甫谧云"地在阳翟"是也。　⑤【集解】孔安国曰："地在安邑之西。"郑玄曰："南夷地名。"　⑥【集解】徐广曰："从禹至桀十七君，十四世。"骃案："《汲冢纪年》曰有王与无王，用岁四百七十一年矣。"【正义】《括地志》云："庐州巢县有巢湖，即《尚书》'成汤伐桀，放于南巢'者也。《淮南子》云'汤败桀于历山，与末喜同舟浮江，奔南巢之山而死'。《国语》云'满于巢湖'。又云'夏桀伐有施，施人以妹喜女焉'。"女音女虑反。　⑦【正义】《括地志》云："夏亭故城在汝州郏城县东北五十四里，盖夏后所封也。"　⑧【正义】《括地志》云："汴州雍丘县，古杞国城也。周武王封禹后，号东楼公也。"

太史公曰：禹为姒姓，其后分封，用国为姓，故有夏后氏、有扈氏、有男氏、斟寻氏、彤城氏、褒氏、费氏、[①]杞氏、缯氏、辛氏、冥氏、斟(氏)戈氏。孔子正夏时，学者多传《夏小正》云。[②]自虞、夏时，贡赋备矣。或言禹会诸侯江南，计功而崩，因葬焉，命曰会稽。会稽者，会计也。[③]

①【集解】徐广曰："一作斟氏、寻氏。"【索隐】《系本》"男"作"南"，"𬩽"作"鄩"，"费"作"弗"，而不云彤城及褒。按：周有彤伯，盖彤城氏之后。张敖《地理记》云："济南平寿县，其地即古斟寻国。"又下云斟戈氏，按《左传》、《系本》皆云斟灌氏。　②【集解】《礼运》称孔子曰："我欲观夏道，是故之杞，而不足征也，吾得夏时焉。"郑玄曰："得夏四时之书，其存者有《小正》。"【索隐】《小正》，《大戴记》篇名。正、征二音。　③【集解】《皇览》曰："禹冢在山阴县会稽山上。会稽山本名苗山，在县南，去县七里。《越传》曰禹到大越，上苗山，大会计，爵有德，封有功，因而更名苗山曰会稽。因病死，葬，苇棺，穿圹深七尺，上无泻泄，下无邸水，坛高三尺，土阶三等，周方一亩。《吕氏春秋》曰'禹葬会稽，不烦人徒'。《墨子》曰'禹葬会稽，衣

裘三领，桐棺三寸’。《地理志》云山上有禹井、禹祠，相传以为下有群鸟耘田〔者〕也。”【索隐】抵，至也，音丁礼反。苇棺者，以苇为棺。谓蘧蒢而敛，非也。禹虽俭约，岂万乘之主而臣子乃以蘧蒢裹尸乎？《墨子》言“桐棺三寸”，差近人情。【正义】《括地志》云：“禹陵在越州会稽县南十三里。庙在县东南十一里。”

索隐述赞曰：尧遭鸿水，黎人阻饥。禹勤沟洫，手足胼胝。言乘四载，动履四时。娶妻有日，过门不私。九土既理，玄圭锡兹。帝启嗣立，有扈违命。五子作歌，太康失政。羿、浞斯侮，夏室不竞。降于孔甲，扰龙乖性。嗟彼鸣条，其终不令。

卷三

殷本纪第三

殷契，[①]母曰简狄，[②]有娀氏之女，[③]为帝喾次妃。三人行浴，见玄鸟堕其卵，简狄取吞之，因孕生契。[④]契长而佐禹治水有功。帝舜乃命契曰："百姓不亲，五品不训，汝为司徒而敬敷五教，五教在宽。"封于商，[⑤]赐姓子氏。[⑥]契兴于唐、虞、大禹之际，功业著于百姓，百姓以平。

①【索隐】契始封商，其后裔盘庚迁殷，殷在邺南，遂为天下号。契是殷家始祖，故言〔殷〕契。【正义】《括地志》云："相州安阳本盘庚所都，即北(冢)〔蒙〕，殷墟南去朝歌城百四十六里。《竹书纪年》云'盘庚自奄迁于北蒙，曰殷墟，南去邺四十里'，是旧邺城西南三十里有洹水，南岸三里有安阳城，西有城名殷墟，所谓北蒙者也。"今按：洹水在相州北四里，安阳城即相州外城也。　②【索隐】旧本作"易"，易、狄音同。又作"逿"，吐历反。③【集解】《淮南子》曰："有娀在不周之北。"【正义】按：《记》云"桀败于有娀之墟"，有娀当在蒲州也。　④【索隐】谯周云："契生尧代，舜始举之，必非喾子。以其父微，故不著名。其母娀氏女，与宗妇三人浴于川，玄鸟遗卵，简狄吞之，则简狄非帝喾次妃明也。"　⑤【集解】郑玄曰："商国在太华之阳。"皇甫谧曰："今上洛商是也。"【索隐】尧封契于商，即《诗·商颂》云"有娀方将，帝立子生商"是也。【正义】《括地志》云："商州东八十里商洛县，本商邑，古之商国，帝喾之子卨所封也。"　⑥【集解】《礼纬》曰："祖以玄鸟生子也。"【正义】《括地志》云："故子城在渭州华城县东北八十里，盖

子姓之别邑。”

契卒，子昭明立。昭明卒，子相土立。[①]相土卒，子昌若立。昌若卒，子曹圉立。[②]曹圉卒，[③]子冥立。[④]冥卒，子振立。[⑤]振卒，子微立。[⑥]微卒，子报丁立。报丁卒，子报乙立。报乙卒，子报丙立。报丙卒，子主壬立。主壬卒，子主癸立。主癸卒，子天乙立，是为成汤。[⑦]

①【集解】宋衷曰："相土就契封于商。《春秋左氏传》曰'阏伯居商丘，相土因之'。"【索隐】相土佐夏，功著于商，《诗·颂》曰"相土烈烈，海外有截"是也。《左传》曰"昔陶唐氏火正阏伯居商丘，相土因之"，是始封商也。【正义】《括地志》云："宋州宋城县古阏伯之墟，即商丘也，又云羿所封之地。" ②【索隐】《系本》作"粮圉"也。 ③【正义】圉音语，出《系本》。 ④【集解】宋衷曰："冥为司空，勤其官事，死于水中，殷人郊之。"【索隐】《礼记》曰"冥勤其官而水死"，殷人祖契而郊冥也。 ⑤【索隐】《系本》作"核"。 ⑥【索隐】皇甫谧云："微字上甲，其母以甲日生故也。"商家生子，以日为名，盖自微始。谯周以为死称庙主曰"甲"也。
⑦【集解】张晏曰："禹、汤，皆字也。二王去唐、虞之文，从高阳之质，故夏、殷之王皆以名为号。"《谥法》曰："除虐去残曰汤。"【索隐】汤名履，《书》曰"予小子履"是也。又称天乙者，谯周云"夏、殷之礼，生称王，死称庙主，皆以帝名配之。天亦帝也，殷人尊汤，故曰天乙"。从契至汤凡十四代，故《国语》曰"玄王勤商，十四代兴"。玄王，契也。

成汤，自契至汤八迁。[①]汤始居亳，[②]从先王居，[③]作《帝诰》。[④]

①【集解】孔安国曰："十四世凡八徙国都。" ②【集解】皇甫谧曰："梁国穀熟为南亳，即汤都也。"【正义】《括地志》云："宋州穀熟县西南三十五里南亳故城，即南亳，汤都也。宋州北五十里大蒙城为景亳，汤所盟地，因景山为名。河南偃师为西亳，帝喾及汤所都，盘庚亦徙都之。" ③【集解】孔安国曰："契父帝喾都亳，汤自商丘迁焉，故曰'从先王居'。"【正义】按：亳，偃师城也。商丘，宋州也。汤即位，都南亳，后徙西亳也。《括地志》云："亳邑故城在洛州偃师县西十四里，本帝喾之墟，商汤之都也。" ④【索隐】一作"俈"。上云"从先王居"，故作《帝俈》。孔安国以为作诰告先王，言己来居亳也。

汤征诸侯。[1]葛伯不祀，汤始伐之。[2]汤曰："予有言：人视水见形，视民知治不。"伊尹曰："明哉，言能听，道乃进。君国子民，为善者皆在王官。勉哉，勉哉！"汤曰："汝不能敬命，予大罚殛之，无有攸赦。"作《汤征》。

①【集解】孔安国曰："为夏方伯，得专征伐。" ②【集解】《孟子》曰："汤居亳，与葛伯为邻。"《地理志》曰葛今梁国宁陵之葛乡。

伊尹名阿衡。[1]阿衡欲干汤而无由，乃为有莘氏媵臣，[2]负鼎俎，以滋味说汤，致于王道。或曰，伊尹处士，汤使人聘迎之，五反然后肯往从汤，言素王及九主之事。[3]汤举任以国政。伊尹去汤适夏。既丑有夏，复归于亳。入自北门，遇女鸠、女房，作《女鸠》、《女房》。[4]

①【索隐】《孙子兵书》："伊尹名挚。"孔安国亦曰"伊挚"。然解者以阿衡为官名。按：阿，倚也；衡，平也。言依倚而取平。《书》曰"惟嗣王弗惠于

阿衡”，亦曰保衡，皆伊尹之官号，非名也。皇甫谧曰：“伊尹，力牧之后，生于空桑。”又《吕氏春秋》云：“有侁氏女采桑，得婴儿于空桑，母居伊水，命曰伊尹。”尹，正也，谓汤使之正天下。 ②【集解】《列女传》曰：“汤妃有莘氏之女。”【正义】《括地志》云：“古莘国在汴州陈留县东五里，故莘城是也。《陈留风俗传》云陈留外黄有莘昌亭，本宋地，莘氏邑也。”媵，翊剩反。《尔雅》云：“媵，将，送也。” ③【集解】刘向《别录》曰：“九主者，有法君、专君、授君、劳君、等君、寄君、破君、国君、三岁社君，凡九品，图画其形。”【索隐】按：素王者太素上皇，其道质素，故称素王。九主者，三皇、五帝及夏禹也。或曰，九主谓九皇也。然按注刘向所称九主，载之《七录》，名称甚奇，不知所凭据耳。法君，谓用法严急之君，若秦孝公及始皇等也。劳君，谓勤劳天下，若禹、稷等也。等君，等者平也，谓定等威，均禄赏，若高祖封功臣，侯雍齿也。授君，谓人君不能自理，而政归其臣，若燕王哙授子之，禹授益之比也。专君，谓专己独断，不任贤臣，若汉宣之比也。破君，谓轻敌致寇，国灭君死，若楚戊、吴濞等是也。寄君，谓人困于下，主骄于上，离析可待，故孟轲谓之“寄君”也。国君，国当为“固”，字之讹耳。固，谓完城郭，利甲兵，而不修德，若三苗、智伯之类也。三岁社君，谓在襁褓而主社稷，若周成王、汉昭、平等是也。又注本九主，谓法君、劳君、等君、专君、授君、破君、国君，以三岁社君为二，恐非。 ④【集解】孔安国曰：“鸠、房二人，汤之贤臣也。二篇言所以丑夏而还之意也。”

汤出，见野张网四面，祝曰：“自天下四方皆入吾网。”汤曰：“嘻，尽之矣。”乃去其三面，祝曰：“欲左，左。欲右，右。不用命，乃入吾网。”诸侯闻之，曰：“汤德至矣，及禽兽。”

当是时，夏桀为虐政淫荒，而诸侯昆吾氏为乱。[①]汤乃兴师率诸侯，伊尹从汤，汤自把钺以伐昆吾，遂伐桀。汤曰：“格汝众庶，来，汝悉听朕言。匪台小子[②]敢行举乱，有夏多罪，予维闻汝众言，夏氏有罪。予畏上帝，不敢不正。[③]今夏多罪，天命殛之。今汝有众，汝曰‘我君不恤我众，舍我啬事而割政’。[④]汝其曰‘有罪，其奈何’？夏王率止众力，率夺夏国。[⑤]有众率怠不和，[⑥]曰‘是日何时丧？予与汝皆亡’。[⑦]夏德若兹，今朕必往。尔尚及予一人致天之罚，予其大理汝。[⑧]汝毋不信，朕不食言。[⑨]汝不从誓言，予则帑僇汝，无有攸赦。”以告令师，作《汤誓》。于是汤曰“吾甚武”，号曰武王。[⑩]

①【正义】帝喾时陆终之长子，昆吾氏之后也。《世本》云“昆吾者，卫氏”是。　②【集解】马融曰：“台，我也。”　③【集解】孔安国曰：“不敢不正桀之罪而诛之。”　④【集解】孔安国曰：“夺民农功，而为割剥之政。”　⑤【集解】孔安国曰：“桀之君臣相率遏止众力，使不得事农，相率割剥夏之邑居。”　⑥【集解】马融曰：“众民相率怠惰，不和同。”　⑦【集解】《尚书大传》曰：“桀云‘天之有日，犹吾之有民，日有亡哉，日亡吾亦亡矣’。”　⑧【集解】《尚书》“理”字作“赉”。郑玄曰：“赉，赐也。”　⑨【索隐】《左传》云：“食言多矣，能无肥乎？”是谓妄言为食言。　⑩【集解】《诗》云：“武王载旆，有虔秉钺。”《毛传》曰：“武王，汤也。”

桀败于有娀之虚，桀奔于鸣条，[①]夏师败绩。汤遂伐三㚇，俘厥宝玉，[②]义伯、仲伯作《典宝》。[③]汤既胜夏，欲迁其社，不可，[④]作《夏社》。[⑤]伊尹报。[⑥]于是诸侯毕服，汤乃践天子位，平定海内。

①【正义】《括地志》云：“高涯原在蒲州安邑县北三十里南阪口，即古鸣条陌也。鸣条战地，在安邑西。”　②【集解】孔安国曰：“三㚇，国名，桀走保之，今定陶也。俘，取也。”【正义】《括地志》云：“曹州济阴县即古定陶也，东有三鬷亭是也。”　③【集解】孔安国曰：“二臣作《典宝》一篇，言

国之常宝也。” ④【集解】孔安国曰:“欲变置社稷,而后世无及句龙者,故不可而止。” ⑤【集解】孔安国曰:“言夏社不可迁之义。” ⑥【集解】徐广曰:“一云伊尹报政。”

汤归至于泰卷陶,① 中䴇作诰。② 既绌夏命,③ 还亳,作《汤诰》:“维三月,王自至于东郊。告诸侯群后:‘毋不有功于民,勤力乃事。予乃大罚殛汝,毋予怨。’曰:‘古禹、皋陶久劳于外,其有功乎民,民乃有安。东为江,北为济,西为河,南为淮,四渎已修,万民乃有居。后稷降播,农殖百谷。三公咸有功于民,故后有立。④ 昔蚩尤与其大夫作乱百姓,帝乃弗予,⑤ 有状。⑥ 先王言不可不勉。’⑦ 曰:‘不道,毋之在国,⑧ 汝毋我怨。’”以令诸侯。伊尹作《咸有一德》,⑨ 咎单作《明居》。⑩ 汤乃改正朔,易服色,上白,朝会以昼。

①【集解】徐广曰:“一无此陶字。”孔安国曰:“地名。汤自三䴇而还。”【索隐】邹诞生“卷”作“坰”,又作“泂”,则卷当为“泂”,与《尚书》同,非衍字也。其下“陶”字是衍耳。何以知然?解《尚书》者以大坰今定陶是也,旧本或傍记其地名,后人转写遂衍斯字也。【正义】坰,古铭反。 ②【集解】孔安国曰:“仲虺,汤左相奚仲之后。”【索隐】仲虺二音。䴇作“垒”,音如字,《尚书》又作“虺”也。 ③【集解】孔安国曰:“绌其王命。” ④【集解】徐广曰:“一作土。”【索隐】谓禹、皋陶有功于人,建立其后,故云有立。 ⑤【集解】音与。 ⑥【索隐】帝,天也。谓蚩尤作乱,上天乃不佑之,是为弗与。有状,言其罪大而有形状,故黄帝灭之。 ⑦【索隐】先王指黄帝、帝尧、帝舜等言。禹、咎繇以久劳于外,故后有立。及蚩尤作乱,天不佑之,乃致黄帝灭之。皆是先王赏有功,诛有罪,言今汝不可不勉。此汤诫其臣。 ⑧【集解】徐广曰:“之,一作政。”【索隐】不道犹无道也。又诫诸

侯云，汝为不道，我则无令汝之在国。　⑨【集解】王肃曰："言君臣皆有一德。"【索隐】按：《尚书》伊尹作《咸有一德》在太甲时，太史公记之于斯，谓成汤之日，其言又失次序。　⑩【集解】马融曰："咎单，汤司空也。明居民之法也。"

汤崩，[①]太子太丁未立而卒，于是乃立太丁之弟外丙，是为帝外丙。帝外丙即位三年崩，立外丙之弟中壬，[②]是为帝中壬。帝中壬即位四年崩，伊尹乃立太丁之子太甲。[③]太甲，成汤适长孙也，是为帝太甲。帝太甲元年，伊尹作《伊训》，作《肆命》，作《徂后》。[④]

①【集解】《皇览》曰："汤冢在济阴亳县北东郭，去县三里。冢四方，方各十步，高七尺，上平，处平地。汉哀帝建平元年，大司空(御)史〔御〕长卿案行水灾，因行汤冢。刘向曰：'殷汤无葬处。'"皇甫谧曰："即位十七年而践天子位，为天子十三年，年百岁而崩。"【索隐】长卿，诸本多作劫姓。按：《风俗通》有御氏，为汉司空(御)史，其名长卿，明劫非也。亦有劫弥，不得为御史。【正义】《括地志》云："薄城北郭东三里平地有汤冢。按：在蒙，即北薄也。又云洛州偃师县东六里有汤冢，近桐宫，盖此是也。"　②【正义】仲任二音。　③【正义】《尚书·孔子序》云"成汤既没，太甲元年"，不言有外丙、仲壬，而太史公采《世本》，有外丙、仲壬，二书不同，当是信则传信，疑则传疑。　④【集解】郑玄曰："《肆命》者，陈政教所当为也。《徂后》者，言汤之法度也。"

帝太甲既立三年，不明，暴虐，不遵汤法，乱德，于是伊尹放之于桐宫。[①]三年，伊尹摄行政当国，以朝诸侯。帝太甲居桐宫三年，悔过自责，反善，于是伊尹乃迎帝太甲而授之政。帝太甲修德，诸侯咸归殷，百姓以宁。伊尹嘉之，乃作《太甲训》三篇，褒帝太甲，称太宗。

①【集解】孔安国曰："汤葬地。"郑玄曰："地名也，有王离宫焉。"【正义】《晋太康地记》云："尸乡南有亳阪，东有城，太甲所放处也。"按：尸乡在洛州偃师县西南五里也。

太宗崩，子沃丁立。帝沃丁之时，伊尹卒。既葬伊尹于亳，[①]咎单遂训伊尹事，作《沃丁》。

①【集解】《皇览》曰："伊尹冢在济阴己氏平利乡，亳近已氏。"【正义】《括地志》云："伊尹墓在洛州偃师县西北八里。又云宋州楚丘县西北十五里有伊尹墓，恐非也。"《帝王世纪》："伊尹名挚，为汤相，号阿衡，年百岁卒，大雾三日，沃丁以天子礼葬之。"

沃丁崩，弟太庚立，是为帝太庚。帝太庚崩，子帝小甲立。[①]帝小甲崩，弟雍己立，是为帝雍己。殷道衰，诸侯或不至。

①【集解】徐广曰："《世表》云帝小甲，太庚弟也。"

帝雍己崩，弟太戊立，是为帝太戊。帝太戊立伊陟为相。[①]亳有祥桑穀共生于朝，一暮大拱。[②]帝太戊惧，问伊陟。伊陟曰："臣闻妖不胜德，帝之政其有阙与？帝其修德。"太戊从之，而祥桑枯死而去。[③]伊陟赞言于巫咸，[④]巫咸治王家有成，作《咸艾》，[⑤]作《太戊》。帝太戊赞伊陟于庙，言弗臣，伊陟让，作《原命》。[⑥]殷复兴，诸侯归之，故称中宗。

①【集解】孔安国曰："伊陟，伊尹之子。" ②【集解】孔安国曰："祥，妖怪也。二木合生，不恭之罚。"郑玄曰："两手搤之曰拱。"【索隐】此云"一暮大拱"，《尚书大传》作"七日大拱"，与此不同。 ③【索隐】刘伯庄言枯死而消去不见，今以为由帝修德而妖祥遂去。 ④【集解】孔安国曰："赞，告也。巫咸，臣名也。"【正义】按：巫咸及子贤冢皆在苏州常熟县西海虞山上，盖二子本吴人也。 ⑤【集解】马融曰："艾，治也。" ⑥【集解】马融曰："原，臣名也。命原以禹、汤之道我所修也。"

中宗崩，子帝仲丁立。帝仲丁迁于隞。[①]河亶甲居相。[②]祖乙迁于邢。[③]帝仲丁崩，弟外壬立，是为帝外壬。《仲丁》书阙不具。[④]帝外壬崩，弟河亶甲立，是为帝河亶甲。河亶甲时，殷复衰。

①【集解】孔安国曰："地名。"皇甫谧曰："或云河南敖仓是也。"【索隐】隞亦作"嚣"，并音敖字。【正义】《括地志》云："荥阳故城在郑州荥泽县西南十七里，殷时敖地也。" ②【集解】孔安国曰："地名，在河北。"【正义】《括地志》云："故殷城在相州内黄县东南十三里，即河亶甲所筑都之，故名殷城也。" ③【索隐】邢音耿。近代本亦作"耿"。今河东皮氏县有耿乡。【正义】《括地志》云："绛州龙门县东南十二里耿城，故耿国也。" ④【索隐】盖太史公知旧有《仲丁》书，今已遗阙不具也。

河亶甲崩，子帝祖乙立。帝祖乙立，殷复兴。巫贤任职。祖乙崩，子帝祖辛立。帝祖辛崩，弟沃甲立，是为帝沃甲。[1]帝沃甲崩，立沃甲兄祖辛之子祖丁，是为帝祖丁。帝祖丁崩，立弟沃甲之子南庚，是为帝南庚。帝南庚崩，立帝祖丁之子阳甲，是为帝阳甲。帝阳甲之时，殷衰。

①【索隐】《系本》作"开甲"也。

自中丁以来，废嫡而更立诸弟子，弟子或争相代立，比九世乱，于是诸侯莫朝。

帝阳甲崩，弟盘庚立，是为帝盘庚。帝盘庚之时，殷已都河北，盘庚渡河南，复居成汤之故居，乃五迁，无定处。[1]殷民咨胥皆怨，不欲徙。[2]盘庚乃告谕诸侯大臣曰："昔高后成汤与尔之先祖俱定天下，法则可修。舍而弗勉，何以成德！"乃遂涉河南，治亳，[3]行汤之政，然后百姓由宁，殷道复兴。诸侯来朝，以其遵成汤之德也。

①【集解】孔安国曰："自汤至盘庚凡五迁都。"【正义】汤自南亳迁西亳，仲丁迁隞，河亶甲居相，祖乙居耿，盘庚渡河，南居西亳，是五迁也。　②【集解】孔安国曰："胥，相也。民不欲徙，皆咨嗟忧愁，相与怨其上也。"　③【集解】郑玄曰："治于亳之殷地，商家自此徙，而改号曰殷亳。"皇甫谧曰："今偃师是也。"

帝盘庚崩，弟小辛立，是为帝小辛。帝小辛立，殷复衰。百姓思盘庚，乃作《盘庚》三篇。[1]帝小辛崩，弟小乙立，是为帝小乙。

①【索隐】《尚书》"盘庚将治亳殷，民咨胥怨，作《盘庚》"，此以盘庚崩，弟小辛立，百姓思之，乃作《盘庚》，由不见古文也。

帝小乙崩，子帝武丁立。帝武丁即位，思复兴殷，而未得其佐。三年不言，政事决定于冢宰，[①]以观国风。武丁夜梦得圣人，名曰说。以梦所见视群臣百吏，皆非也。于是乃使百工营求之野，得说于傅险中。[②]是时说为胥靡，筑于傅险。[③]见于武丁，武丁曰是也。得而与之语，果圣人，举以为相，殷国大治。故遂以傅险姓之，号曰傅说。

①【集解】郑玄曰："冢宰，天官卿贰王事也。" ②【集解】徐广曰："《尸子》云傅岩在北海之洲。"【索隐】旧本作"险"，亦作"岩"也。【正义】《〔括〕地(理)志》云："傅险即傅说版筑之处，所隐之处窟名圣人窟，在今陕州河北县北七里，即虞国、虢国之界。又有傅说祠。《注水经》云沙涧水北出虞山，东南径傅岩，历傅说隐室前，俗名圣人窟。" ③【集解】孔安国曰："傅氏之岩在虞、虢之界，通道所经，有涧水坏道，常使胥靡刑人筑护此道。说贤而隐，代胥靡筑之，以供食也。"

帝武丁祭成汤，明日，有飞雉登鼎耳而呴，[①]武丁惧。祖己曰：[②]"王勿忧，先修政事。"祖己乃训王曰："唯天监下典厥义，[③]降年有永有不永，非天夭民，中绝其命。民有不若德，不听罪，天既附命正厥德，[④]乃曰其奈何。呜呼！王嗣敬民，罔非天继，常祀毋礼于弃道。"[⑤]武丁修政行德，天下咸欢，殷道复兴。

①【正义】音构。呴，雉鸣也。《诗》云："雉之朝呴。" ②【集解】孔

安国曰："贤臣名。" ③【集解】孔安国曰："言天视下民以义为常也。" ④【集解】孔安国曰："不顺德，言无义也。不服罪，不改修也。天以信命正其德，谓其有永有不永。"【索隐】附，依《尚书》音孚。 ⑤【集解】孔安国曰："王者主民，当敬民事。民事无非天所嗣常也。祭祀有常，不当特丰于近也。"【索隐】祭祀有常，无为丰杀之礼于是以弃常道。

帝武丁崩，子帝祖庚立。祖己嘉武丁之以祥雉为德，立其庙为高宗，遂作《高宗肜日》及《训》。[①]

①【集解】孔安国曰："祭之明日又祭，殷曰肜，周曰绎。"

帝祖庚崩，弟祖甲立，是为帝甲。帝甲淫乱，殷复衰。[①]帝甲崩，子帝廪辛立。[②]帝廪辛崩，弟庚丁立，是为帝庚丁。帝庚丁崩，子帝武乙立。殷复去亳，徙河北。

①【索隐】《国语》云"帝甲乱之，七代而陨"是也。 ②【索隐】《汉书·古今人表》及《帝王代纪》皆作"冯辛"。

帝武乙无道，为偶人，[①]谓之天神。与之博，令人为行。[②]天神不胜，乃僇辱之。为革囊，盛血，仰而射之，命曰"射天"。武乙猎于河、渭之间，暴雷，武乙震死。子帝太丁立。帝太丁崩，子帝乙立。帝乙立，殷益衰。

①【索隐】偶音寓。亦如字。【正义】偶，五苟反。偶，对也。以土木为人，对象于人形也。 ②【正义】为，于伪反。行，胡孟反。

帝乙长子曰微子启,[①]启母贱,不得嗣。[②]少子辛,辛母正后,辛为嗣。帝乙崩,子辛立,是为帝辛,天下谓之纣。[③]

①【索隐】微,国号。爵为子。启,名也。《孔子家语》云"微"或作"魏",读从微音。邹本亦然也。　②【索隐】此以启与纣异母,而郑玄称为同母,依《吕氏春秋》,言母当生启时犹未正立,及生纣时始正为妃,故启大而庶,纣小而嫡。　③【集解】《谥法》曰:"残义损善曰纣。"

帝纣资辨捷疾,闻见甚敏。材力过人,手格猛兽。[①]知足以距谏,言足以饰非。矜人臣以能,高天下以声,以为皆出己之下。好酒淫乐,嬖于妇人。爱妲己,[②]妲己之言是从。于是使师涓作新淫声,北里之舞,靡靡之乐。厚赋税以实鹿台之钱,[③]而盈巨桥之粟。[④]益收狗马奇物,充仞宫室。益广沙丘苑台,[⑤]多取野兽飞鸟置其中。慢于鬼神。大冣乐戏于沙丘,[⑥]以酒为池,[⑦]悬肉为林,[⑧]使男女倮[⑨]相逐其间,为长夜之饮。

①【正义】《帝王世纪》云"纣倒曳九牛,抚梁易柱"也。　②【集解】皇甫谧曰:"有苏氏美女。"【索隐】《国语》有苏氏女,妲字己姓也。
③【集解】如淳曰:"《新序》曰鹿台,其大三里,高千尺。"瓒曰:"鹿台,台名,今在朝歌城中。"【正义】《括地志》云:"鹿台在卫州卫县西南三十二里。"
④【集解】服虔曰:"巨桥,仓名。许慎曰巨鹿水之大桥也,有漕粟也。"【索隐】邹诞生云:"巨,大。桥,器名也。纣厚赋税,故因器而大其名。"
⑤【集解】《尔雅》曰:"迤逦,沙丘也。"《地理志》曰在巨鹿东北七十里。【正义】《括地志》云:"沙丘台在邢州平乡东北二十里。《竹书纪年》云自盘庚徙殷至纣之灭(七百七十三)〔二百五十三年〕,更不徙都,纣时稍大其邑,南距

朝歌,北据邯郸及沙丘,皆为离宫别馆。” ⑥【集解】徐广曰:“冣,一作聚。” ⑦【正义】《括地志》云:“酒池在卫州卫县西二十三里。《太公六韬》云纣为酒池,回船糟丘而牛饮者三千余人为辈。” ⑧【正义】县,户眠反。 ⑨【正义】胡瓦反。

百姓怨望而诸侯有畔者,于是纣乃重刑辟,有炮烙之法。[①]以西伯昌、九侯、[②]鄂侯[③]为三公。九侯有好女,入之纣。九侯女不憙淫,[④]纣怒,杀之,而醢九侯。鄂侯争之强,辨之疾,并脯鄂侯。西伯昌闻之,窃叹。崇侯虎知之,以告纣,纣囚西伯羑里。[⑤]西伯之臣闳夭之徒,求美女奇物善马以献纣,纣乃赦西伯。西伯出而献洛西之地,[⑥]以请除炮烙之刑。纣乃许之,赐弓矢斧钺,使得征伐,为西伯。而用费中为政。[⑦]费中善谀,好利,殷人弗亲。纣又用恶来。[⑧]恶来善毁谗,诸侯以此益疏。

①【集解】《列女传》曰:“膏铜柱,下加之炭,令有罪者行焉,辄堕炭中,妲己笑,名曰炮烙之刑。”【索隐】邹诞生云“烙,一音阁”。又云“见蚁布铜斗,足废而死,于是为铜烙,炊炭其下,使罪人步其上”,与《列女传》少异。 ②【集解】徐广曰:“一作‘鬼侯’。邺县有九侯城。”【索隐】九亦依字读,邹诞生音仇也。【正义】《括地志》云:“相州滏阳县西南五十里有九侯城,亦名鬼侯城,盖殷时九侯城也。” ③【集解】徐广曰:“一作邘,音于。野王县有邘城。” ④【集解】徐广曰:“一云无不憙淫。” ⑤【集解】《地理志》曰河内汤阴有羑里城,西伯所拘处。韦昭曰“音酉”。【正义】牖,一作“羑”,音酉。羑城在相州汤阴县北九里,纣囚西伯城也。《帝王世纪》云:“囚文王,文王之长子曰伯邑考质于殷,为纣御,纣烹为羹,赐文王,曰‘圣人当不食其子羹’。文王食之。纣曰‘谁谓西伯圣者?食其子羹尚不知也’。”

⑥【正义】洛水一名漆沮水，在同州洛西之地，谓洛西之丹、坊等州也。 ⑦【正义】费音扶味反。中音仲。费，姓。仲，名也。 ⑧【索隐】秦之祖蜚廉子。

西伯归，乃阴修德行善，诸侯多叛纣而往归西伯。西伯滋大，纣由是稍失权重。王子比干谏，弗听。商容贤者，百姓爱之，纣废之。及西伯伐饥国，灭之，[①]纣之臣祖伊[②]闻之而咎周，[③]恐，奔告纣曰："天既讫我殷命，假人元龟，[④]无敢知吉，[⑤]非先王不相我后人，[⑥]维王淫虐用自绝，故天弃我，不有安食，不虞知天性，不迪率典。[⑦]今我民罔不欲丧，曰'天曷不降威，大命胡不至'？今王其奈何？"纣曰："我生不有命在天乎！"祖伊反，曰："纣不可谏矣。"西伯既卒，周武王之东伐，至盟津，诸侯叛殷会周者八百。诸侯皆曰："纣可伐矣。"武王曰："尔未知天命。"乃复归。

①【集解】徐广曰："饥，一作阢，又作耆。" ②【集解】孔安国曰："祖己后，贤臣也。" ③【集解】孔安国曰："咎，恶也。" ④【集解】徐广曰："元，一作卜。" ⑤【集解】马融曰："元龟，大龟也，长尺二寸。"孔安国曰："至人以人事观殷，大龟以神灵考之，皆无知吉者。" ⑥【集解】孔安国曰："相，助也。" ⑦【集解】郑玄曰："王暴虐于民，使不得安食，逆乱阴阳，不度天性，傲很明德，不修教法者。"

纣愈淫乱不止，微子数谏不听，乃与太师、少师谋，遂去。比干曰："为人臣者，不得不以死争。"乃强谏纣。纣怒曰："吾闻圣人心有七窍。"剖比干，观其心。[①]箕子惧，乃佯狂为奴，纣又囚之。殷之太师、少师乃持其祭乐器奔周。周武王于是遂率诸侯伐纣。纣亦发兵距之牧野。[2]甲子日，纣兵败。纣走，入登鹿台，[3]衣其宝玉衣，赴火而死。[4]周武王遂斩纣头，悬之〔大〕白旗。杀妲己。释箕子之囚，封比干之墓，表商容之闾。[5]封子武庚禄父，以续殷祀，[6]令修行盘庚之政。殷民大悦。于是周武王为天子。其后世贬帝号，号为王。[7]而封殷后为诸侯，属周。[8]

①【正义】《括地志》云："比干见微子去，箕子狂，乃叹曰：'主过不谏，非忠也。畏死不言，非勇也。过则谏，不用则死，忠之至也。'进谏不去者三日。纣问：'何以自持？'比干曰：'修善行仁，以义自持。'纣怒，曰：'吾闻圣人心有七窍，信诸？'遂杀比干，刳视其心也。" ②【集解】郑玄曰："牧野，纣南郊地名也。"【正义】《括地志》云："今卫州城即殷牧野之地，周武王伐纣筑也。" ③【集解】徐广曰："鹿，一作廪。" ④【正义】《周书》云："纣取天智玉琰五，环身以自焚。" ⑤【索隐】皇甫谧云"商容与殷人观周军之人"，则以为人名。郑玄云："商家乐官，知礼容，所以礼署称容台。" ⑥【集解】谯周曰："殷凡三十一世，六百余年。"《汲冢纪年》曰："汤灭夏以至于受二十九王，用岁四百九十六年也。" ⑦【索隐】按：夏、殷天子亦皆称帝，代以德薄不及五帝，始贬帝号，号之为王，故本纪皆帝，而后总曰"三王"也。 ⑧【正义】即武庚禄父也。

周武王崩，武庚与管叔、蔡叔作乱，成王命周公诛之，而立微子于宋，以续殷后焉。

太史公曰：余以《颂》次契之事，自成汤以来，采于《书》《诗》。契为子姓，其后分封，以国为姓，有殷氏、来氏、宋氏、空桐氏、稚氏、[1]北殷氏、[2]目夷氏。孔子曰，殷路车为善，而色尚白。[3]

①【索隐】按：《系本》子姓无〔稚氏〕。　②【索隐】《系本》作"髦氏"，又有时氏、萧氏、黎氏。然北殷氏盖秦宁公所伐亳王，汤之后也。③【索隐】《论语》孔子曰"乘殷之辂"，《礼记》曰"殷人尚白"，太史公为赞，不取成文，遂作此语，疏也。

索隐述赞曰：简狄吞乙，是为殷祖。玄王启商，伊尹负俎。上开三面，下献九主。旋师泰卷，继相臣扈。迁嚣圮耿，不常厥土。武乙无道，祸因射天。帝辛淫乱，拒谏贼贤。九侯见醢，炮烙兴焉。黄钺斯杖，白旗是悬。哀哉琼室，殷祀用迁。

卷四

周本纪第四

周后稷，[①]名弃。其母有邰氏女，[②]曰姜原。[③]姜原为帝喾元妃。[④]姜原出野，见巨人迹，心忻然悦，欲践之，践之而身动如孕者。居期而生子，以为不祥，弃之隘巷，[⑤]马牛过者皆辟不践；徙置之林中，适会山林多人，迁之；而弃渠中冰上，飞鸟以其翼覆荐之。姜原以为神，遂收养长之。初欲弃之，因名曰弃。[⑥]

①【正义】因太王所居周原，因号曰周。《地理志》云：右扶风美阳县，“岐山在西北。中水乡，周太王所邑”。《括地志》云：“故周城一名美阳城，在雍州武功县西北二十五里，即太王城也。” ②【正义】邰，天来反，亦作“斄”，同。《说文》云：“邰，炎帝之后，姜姓，封邰，周弃外家。” ③【集解】《韩诗章句》曰：“姜，姓。原，字。”或曰姜原，谥号也。 ④【索隐】谯周以为“弃，帝喾之胄，其父亦不著”，与此纪异也。 ⑤【索隐】已下皆《诗·大雅·生民篇》所云“诞寘之隘巷，牛羊腓字之；诞寘之平林，会伐平林；诞寘之寒冰，鸟覆翼之”，是其事也。 ⑥【正义】《古史考》云“弃，帝喾之胄，其父亦不著”，与此文稍异也。

弃为儿时，屹如巨人之志。其游戏，好种树麻、菽，麻、菽美。及为成人，遂好耕农，相地之宜，宜谷者稼穑焉，[①]民皆法则之。帝尧闻之，举弃为农师，天下得其利，有功。帝舜曰："弃，黎民始饥，[2]尔后稷播时百谷。"封弃于邰，[3]号曰后稷，别姓姬氏。[4]后稷之兴，在陶唐、虞、夏之际，皆有令德。

①【正义】种曰稼，敛曰穑。　②【集解】徐广曰："《今文尚书》云祖饥，故此作始饥。祖，始也。"　③【集解】徐广曰："今斄乡在扶风。"【索隐】即《诗·生民》曰"有邰家室"是也。邰即斄，古今字异耳。【正义】《括地志》云："故斄城一名武功城，在雍州武功县西南二十二里，古邰国，后稷所封也。有后稷及姜嫄祠。"毛苌云："邰，姜嫄国也，后稷所生。尧见天因邰而生后稷，故因封于邰也。"　④【集解】《礼纬》曰："祖以履大迹而生。"

后稷卒，[1]子不窋立。[2]不窋末年，夏后氏政衰，去稷不务，[3]不窋以失其官而奔戎狄之间。不窋卒，子鞠立。鞠卒，子公刘立。公刘虽在戎狄之间，复修后稷之业，务耕种，行地宜，自漆、沮度渭，取材用，[4]行者有资，居者有畜积，民赖其庆。百姓怀之，多徙而保归焉。周道之兴自此始，故诗人歌乐思其德。[5]公刘卒，子庆节立，国于豳。[6]

①【集解】《山海经·大荒经》曰："黑水青水之间有广都之野，后稷葬焉。"皇甫谧曰："冢去中国三万里也。"　②【索隐】《帝王世纪》云"后稷纳姞氏，生不窋"，而谯周按《国语》云"世后稷，以服事虞、夏"，言世稷官，是失其代数也。若以不窋亲弃之子，至文王千余岁唯十四代，实亦不合事情。【正义】《括地志》云："不窋故城在庆州弘化县南三里。即不窋在戎狄所居之城也。"《毛诗疏》云："虞及夏、殷共有千二百岁。每世在位皆八十年，乃可充其数耳。命之短长，古今一也，而使十五世君在位皆八十许载，子必将老始生，不近人情之甚。以理而推，实难据信也。"　③【集解】韦昭曰：

“夏太康失国，废稷之官，不复务农。”【索隐】《国语》云“弃稷不务”。此云“去稷”者，是太史公恐“弃”是后稷之名，故变文云“去”也。言夏政衰，不窋去稷官，不复务农者也。 ④【正义】公刘从漆县漆水南渡渭水，至南山取材木为用也。《括地志》云：“豳州新平县即汉漆县也。漆水出岐州普润县东南岐山漆溪，东入渭。” ⑤【索隐】即《诗·大雅篇》“笃公刘”是也。⑥【集解】徐广曰：“新平漆县之东北有豳亭。”【索隐】豳即邠也，古今字异耳。【正义】《括地志》云：“豳州新平县即汉漆县，《诗》豳国，公刘所邑之地也。”

庆节卒，子皇仆立。皇仆卒，子差弗立。差弗卒，子毁隃立。[①]毁隃卒，子公非立。[②]公非卒，子高圉立。[③]高圉卒，子亚圉立。[④]亚圉卒，子公叔祖类立。[⑤]公叔祖类卒，子古公亶父立。古公亶父复修后稷、公刘之业，积德行义，国人皆戴之。薰育戎狄攻之，欲得财物，予之。已复攻，欲得地与民。民皆怒，欲战。古公曰：“有民立君，将以利之。今戎狄所为攻战，以吾地与民。民之在我，与其在彼，何异。民欲以我故战，杀人父子而君之，予不忍为。”乃与私属遂去豳，度漆、沮，[⑥]逾梁山，[⑦]止于岐下。[⑧]豳人举国扶老携弱，尽复归古公于岐下。及他旁国闻古公仁，亦多归之。于是古公乃贬戎狄之俗，而营筑城郭室屋，而邑别居之。[⑨]作五官有司。[⑩]民皆歌乐之，颂其德。[⑪]

①【集解】音逾。《世本》作“榆”。【索隐】《系本》作“伪榆”。②【索隐】《系本》云：“公非辟方。”皇甫谧云：“公非字辟方也。” ③【集解】宋衷曰：“高圉能率稷者也，周人报之。”【索隐】《系本》云：“高圉侯侔。”④【集解】《世本》云：“亚圉云都。”皇甫谧云：“云都，亚圉字。”【索隐】《汉书

古今表》曰:“云都,亚圉弟。”按:如此说,则辟方、侯侔亦皆二人之名,实未能详。　⑤【索隐】《系本》云:“太公组绀诸盩。”《三代世表》称叔类,凡四名。皇甫谧云“公祖一名组绀诸盩,字叔类,号曰太公”也。　⑥【集解】徐广曰:“水在杜阳岐山。杜阳县在扶风。”　⑦【正义】《括地志》云:“梁山在雍州好畤县西北十八里。”郑玄云:“岐山在梁山西南。”然则梁山横长,其东当夏阳,西北临河,其西当岐山东北,自豳适周,当逾之矣。⑧【集解】徐广曰:“山在扶风美阳西北,其南有周原。”〔骃案〕:皇甫谧云“邑于周地,故始改国曰周”。　⑨【集解】徐广曰:“分别而为邑落也。”⑩【集解】《礼记》曰:“天子之五官曰司徒、司马、司空、司士、司寇、典司五众。”郑玄曰:“此殷时制。”　⑪【索隐】即《诗·颂》云“后稷之孙,实维太王,居岐之阳,实始翦商”是也。

古公有长子曰太伯,次曰虞仲。太姜[①]生少子季历,季历娶太任,[②]皆贤妇人,[③]生昌,有圣瑞。[④]古公曰:“我世当有兴者,其在昌乎?”长子太伯、虞仲知古公欲立季历以传昌,乃二人亡如荆蛮,[⑤]文身断发,[⑥]以让季历。

①【正义】《国语注》云:“齐、许、申、吕四国,皆姜姓也,四岳之后,太姜之家。太姜,太王之妃,王季之母。”　②【集解】《列女传》曰:“太姜,有邰氏之女。太任,挚任氏之中女。”【正义】《国语注》云:“挚、畴二国,任姓。奚仲,仲虺之后,太任之家。太任,王季之妃,文王母也。”　③【正义】《列女传》云:“太姜,太王娶以为妃,生太伯、仲雍、王季。太姜有色而贞顺,率导诸子,至于成童,靡有过失。太王谋事必于太姜,迁徙必与。太任,王季娶以为妃。太任之性,端壹诚庄,维德之行。及其有身,目不视恶色,耳不听淫声,口不出傲言,能以胎教子,而生文王。”此皆有贤行也。
④【正义】《尚书帝命验》云:“季秋之月甲子,赤爵衔丹书入于酆,止于昌户。其书云:‘敬胜怠者吉,怠胜敬者灭,义胜欲者从,欲胜义者凶。凡事不

强则枉,不敬则不正。枉者废灭,敬者万世。以仁得之,以仁守之,其量百世。以不仁得之,以仁守之,其量十世。以不仁得之,不仁守之,不及其世。'"此盖圣瑞。 ⑤【正义】太伯奔吴,所居城在苏州北五十里常州无锡县界梅里村,其城及冢见存。而云"亡荆蛮"者,楚灭越,其地属楚,秦灭楚,其地属秦,秦讳"楚",改曰"荆",故通号吴越之地为荆。及北人书史加云"蛮",势之然也。 ⑥【集解】应劭曰:"常在水中,故断其发,文其身,以象龙子,故不见伤害。"

古公卒,季历立,是为公季。公季修古公遗道,笃于行义,诸侯顺之。

公季卒,①子昌立,是为西伯。西伯曰文王,②遵后稷、公刘之业,则古公、公季之法,笃仁,敬老,慈少。礼下贤者,日中不暇食以待士,士以此多归之。伯夷、叔齐在孤竹,③闻西伯善养老,盍往归之。太颠、闳夭、散宜生、鬻子、辛甲大夫之徒皆往归之。④

①【集解】皇甫谧曰:"葬鄠县之南山。" ②【正义】《帝王世纪》云:"文王龙颜虎(眉)〔肩〕,身长十尺,胸有四乳。"《雒书灵准听》云:"苍帝姬昌,日角鸟鼻,高长八尺二寸,圣智慈理也。" ③【集解】应劭曰:"在辽西令支。"【正义】《括地志》云:"孤竹故城在平州卢龙县南十二里,殷时诸侯孤竹国也,姓墨胎氏。" ④【集解】刘向《别录》曰:"鬻子名熊,封于楚。辛甲,故殷之臣,事纣。盖七十五谏而不听,去至周,召公与语,贤之,告文王,文王亲自迎之,以为公卿,封长子。"长子,今上党所治县是也。

崇侯虎谮西伯于殷纣曰:"西伯积善累德,诸侯皆向之,将不利于帝。"帝纣乃囚西伯于羑里。闳夭之徒患之,乃求有莘氏美女，[①]骊戎之文马，[②]有熊九驷，[③]他奇怪物，因殷嬖臣费仲而献之纣。纣大悦，曰："此一物足以释西伯，[④]况其多乎。"乃赦西伯，赐之弓矢斧钺，使西伯得征伐。曰："谮西伯者，崇侯虎也。"西伯乃献洛西之地，以请纣去炮烙之刑。纣许之。

①【正义】《括地志》云："古娎国城在同州河西县南二十里。《世本》云莘国，姒姓，夏禹之后，即散宜生等求有莘美女献纣者。" ②【正义】《括地志》云："骊戎故城在雍州新丰县东南十六里，殷、周时骊戎国城也。"按：骏马赤鬣缟身，目如黄金，文王以献纣也。 ③【正义】《括地志》云："郑州新郑县，本有熊氏之墟也。"按：九驷，三十六匹马也。 ④【索隐】一物，谓娎氏之美女也。以殷纣淫昏好色，故知然。

西伯阴行善，诸侯皆来决平。于是虞、芮之人[①]有狱不能决，乃如周。入界，耕者皆让畔，民俗皆让长。虞、芮之人未见西伯，皆惭，相谓曰："吾所争，周人所耻，何往为，祇取辱耳。"遂还，俱让而去。诸侯闻之，曰"西伯盖受命之君"。

①【集解】《地理志》虞在河东大阳县，芮在冯翊临晋县。【正义】《括地志》云："故虞城在陕州河北县东北五十里虞山之上，古虞国也。故芮城在芮城县西二十里，古芮国也。《晋太康地记》云虞西百四十里有芮城。"《括地志》又云："闲原在河北县西六十五里。《诗》云'虞、芮质厥成'。毛苌云'虞、芮之君相与争田，久而不平，乃相谓曰："西伯仁人，盍往质焉。"乃相与朝周。二国君相谓曰："我等小人，不可履君子之庭。"乃相让所争地以为闲原'。至今尚在。"注引《地理志》芮在临晋者，恐疏。然闲原在河东，复与虞、芮相接，临晋在河西同州，非临晋芮乡明矣。

明年，伐犬戎。[①]明年，伐密须。[②]明年，败耆国。[③]殷之祖伊闻之，惧，以告帝纣。纣曰："不有天命乎？是何能为。"明年，伐邘。[④]明年，伐崇侯虎。[⑤]而作丰邑，[⑥]自岐下而徙都丰。明年，西伯崩，[⑦]太子发立，是为武王。

①【集解】《山海经》曰："有人，人面兽身，名曰犬戎。"【正义】又云："黄帝生苗龙，苗龙生融吾，融吾生并明，并明生白犬。白犬有二，是为犬戎。"《说文》云"赤狄本犬种"，故字从犬。又《后汉书》云"犬戎，槃瓠之后也"，今长沙武林之郡太半是也。又《毛诗疏》云"犬戎昆夷"是也。 ②【集解】应劭曰："密须氏，姞姓之国。"瓒曰："安定阴密县是。"【正义】《括地志》云："阴密故城在泾州鹑觚县西，其东接县城，即古密国。"杜预云姞姓国，在安定阴密县也。 ③【集解】徐广曰："一作阢。"【正义】即黎国也。邹诞生云本或作"黎"。孔安国云黎在上党东北。《括地志》云："故黎城，黎侯国也，在潞州黎城县东北十八里。《尚书》云'西伯既戡黎'是也。" ④【集解】徐广曰："邘城在野王县西北，音于。"【正义】《括地志》云："故邘城在怀州河内县西北二十七里，古邘国城也。《左传》云'邘、晋、应、韩，武王之穆也'。" ⑤【正义】皇甫谧云夏鲧封。虞、夏、商、周皆有崇国，崇国盖在丰、镐之间。《诗》云"既伐于崇，作邑于丰"，是国之地也。 ⑥【集解】徐广曰："丰在京兆鄠县东，有灵台。镐在上林昆明北，有镐池，去丰二十五里。皆在长安南数十里。"【正义】《括地志》云："周丰宫，周文王宫也，在雍州鄠县东三十五里。镐在雍州西南三十二里。" ⑦【集解】徐广曰："文王九十七乃崩。"【正义】《括地志》云："周文王墓在雍州万年县西南二十八里原上也。"

西伯盖即位五十年。其囚羑里，盖益《易》之八卦为六十四卦。[①]诗人道西伯，盖受命之年称王而断虞、芮之讼。[②]后十年而崩，[③]谥为文王。[④]改法度，制正朔矣。追尊古公为太王，公季为王季，[5]盖王瑞自太王兴。[6]

①【正义】《乾凿度》云："垂黄策者羲，益卦演德者文，成命者孔也。"《易正义》云伏羲制卦，文王《卦辞》，周公《爻辞》，孔《十翼》也。按：太史公言"盖"者，乃疑辞也。文王著演《易》之功，作《周纪》方赞其美，不敢专定，重《易》故称"盖"也。　②【正义】二国相让后，诸侯归西伯者四十余国，咸尊西伯为王。盖此年受命之年称王也。《帝王世纪》云："文王即位四十二年，岁在鹑火，文王更为受命之元年，始称王矣。"又《毛诗〔疏〕》云："文王九十七而终，终时受命九年，则受命之元年年八十九也。"　③【正义】十当为九，其说在后。　④【正义】《谥法》："经纬天地曰文。"　⑤【正义】《易纬》云"文王受命，改正朔，布王号于天下"。郑玄信而用之，言文王称王，已改正朔布王号矣。按：天无二日，土无二王，岂殷纣尚存而周称王哉？若文王自称王改正朔，则是功业成矣，武王何复得云大勋未集，欲卒父业也？《礼记·大传》云"牧之野武王成大事而退，追王太王亶父、王季历、文王昌"。据此文乃是追王为王，何得文王自称王改正朔也？　⑥【正义】古公在豳，被戎狄攻战夺民。太王曰"民之在我，与彼何异，杀人父子而君之，予不忍为"。遂远去豳，止于岐下。豳人举国尽归古公。他国闻古公仁，亦多归之。乃贬戎狄之俗，为室屋邑落，而分别居之。季历又生昌，有圣瑞。盖是王瑞自太王时而兴起也。然自"西伯盖即位五十年"以下至"太王兴"，在西伯崩后重述其事，为经传不同，不可全弃，乃略而书之，引次其下，事必可疑，故数言"盖"也。

武王即位，[1]太公望为师，周公旦为辅，召公、毕公之徒左右王，师修文王绪业。

①【正义】《谥法》："克定祸乱曰武。"《春秋元命包》云："武王骈齿，是谓刚强也。"

九年，武王上祭于毕，[①]东观兵，至于盟津。[②]为文王木主，载以车，中军。武王自称太子发，言奉文王以伐，不敢自专。乃告司马、司徒、司空、诸节：[③]“齐栗，信哉。予无知，以先祖有德臣，小子受先功，[④]毕立赏罚，以定其功。”遂兴师。师尚父号曰：[⑤]“总尔众庶，与尔舟楫，后至者斩。”武王渡河，中流，白鱼跃入王舟中，[⑥]武王俯取以祭。既渡，有火自上复于下，至于王屋，流为乌，其色赤，其声魄云。[⑦]是时，诸侯不期而会盟津者八百诸侯，诸侯皆曰：“纣可伐矣。”武王曰：“汝未知天命，未可也。”乃还师归。

①【集解】马融曰：“毕，文王墓地名也。”【索隐】按：文云“上祭于毕”，则毕，天星之名。毕星主兵，故师出而祭毕星也。【正义】上音时掌反。《尚书·武成篇》云：“我文考文王，诞膺天命，以抚方夏，惟九年，大统未集。”《太誓篇序》云：“惟十有一年，武王伐殷。”《太誓篇》云：“惟十有三年春，大会于孟津。”《大戴礼》云：“文王十五而生武王。”则武王少文王十四岁矣。《礼记·文王世子》云：“文王九十七而终，武王九十三而终。”按：文王崩时武王已八十三矣，八十四即位，至九十三崩，武王即位适满十年。言十三年伐纣者，续文王受命年，欲明其卒父业故也。《金縢篇》云：“惟克商二年，王有疾，不豫。”按：文王受命九年而崩，十一年武王服阕，观兵孟津，十三年克纣，十五年有疾，周公请命，王有瘳，后四年而崩，则武王年九十三矣。而太史公云九年王观兵，十一年伐纣，则以为武王即位年数，与《尚书》违，甚疏矣。 ②【集解】徐广曰：“谯周云史记武王十一年东观兵，十三年克纣。” ③【集解】马融曰：“诸受符节有司也。” ④【集解】徐广曰：“一云予小子受先公功。” ⑤【集解】郑玄曰：“号令之军法重者。” ⑥【集解】马融曰：“鱼者，介鳞之物，兵象也。白者，殷家之正色，言殷之兵众与周之象也。”【索隐】此已下至火复王屋为乌，皆见《周书》及《今文泰

誓》。　⑦【集解】马融曰:"王屋,王所居屋。流,行也。魄然,安定意也。"郑玄曰:"《书说》云乌有孝名。武王卒父大业,故乌瑞臻。赤者,周之正色也。"【索隐】按:《今文泰誓》"流为雕"雕,鸷鸟也。马融云"明武王能伐纣",郑玄云"乌是孝乌,言武王能终父业",亦各随文而解也。

居二年,闻纣昏乱暴虐滋甚,杀王子比干,囚箕子。太师疵、少师强抱其乐器而奔周。于是武王遍告诸侯曰:"殷有重罪,不可以不毕伐!"[①]乃遵文王,遂率戎车三百乘,虎贲三千人,[②]甲士四万五千人,以东伐纣。十一年十二月戊午,师毕渡盟津,[③]诸侯咸会。曰:"孳孳无怠!"武王乃作《太誓》,告于众庶:"今殷王纣乃用其妇人之言,自绝于天,毁坏其三正,[④]离逷其王父母弟,[⑤]乃断弃其先祖之乐,乃为淫声,用变乱正声,怡悦妇人。[⑥]故今予发维共行天罚。勉哉夫子,[⑦]不可再,不可三!"

①【集解】徐广曰:"一作灭。"　②【集解】孔安国曰:"虎贲,勇士称也。若虎贲兽,言其猛也。"　③【正义】毕,尽也。尽从河南渡河北。④【集解】马融曰:"动逆天地人也。"【正义】按:三正,三统也。周以建子为天统,殷以建丑为地统,夏以建寅为人统也。　⑤【集解】郑玄曰:"王父母弟,祖父母之族。必言'母弟',举亲者言之也。"　⑥【集解】徐广曰:"怡,一作辞。"　⑦【集解】郑玄曰:"夫子,丈夫之称。"

二月[①]甲子昧爽,[②]武王朝至于商郊牧野,乃誓。[③]武王左杖黄钺,右秉白旄,[④]以麾。曰:"远矣西土之人。"[⑤]武王曰:"嗟,我有国冢君,[⑥]司徒、司马、司空,亚旅、师氏,[⑦]千夫长、百夫长,[⑧]及庸、蜀、羌、髳、微、纑、彭、濮人,[⑨]称尔戈,[⑩]

比尔干，立尔矛，予其誓。”王曰：“古人有言‘牝鸡无晨。牝鸡之晨，惟家之索’。[11]今殷王纣维妇人言是用，自弃其先祖肆祀不答，[12]昏弃其家国，遗其王父母弟不用，乃维四方之多罪逋逃是崇是长，是信是使，[13]俾暴虐于百姓，以奸轨于商国。今予发维共行天之罚。今日之事，不过六步七步，乃止齐焉，[14]夫子勉哉！不过于四伐五伐六伐七伐，乃止齐焉，[15]勉哉夫子！尚桓桓，[16]如虎如罴，如豺如离，[17]于商郊，不御克奔，以役西土，[18]勉哉夫子！尔所不勉，其于尔身有戮。”[19]誓已，诸侯兵会者车四千乘，陈师牧野。

①【集解】徐广曰：“一作正。此建丑之月，殷之正月，周之二月也。” ②【集解】孔安国曰：“昧，冥也；爽，明；早旦也。” ③【集解】孔安国曰：“癸亥夜陈，甲子朝誓之。”【正义】《括地志》云：“卫州城，故老云周武王伐纣至于商郊牧野，乃筑此城。郦元《注水经》云自朝歌南至清水，土地平衍，据皋跨泽，悉牧野也。”《括地志》又云：“纣都朝歌在卫州东北七十三里朝歌故城是也。本妹邑，殷王武丁始都之。《帝王世纪》云帝乙复济河北，徙朝歌，其子纣仍都焉。” ④【集解】孔安国曰：“钺，以黄金饰斧。左手杖钺，示无事于诛。右手把旄，示有事于教令。” ⑤【集解】孔安国曰：“劳苦之。” ⑥【集解】马融曰：“冢，大也。” ⑦【集解】孔安国曰：“亚，次。旅，众大夫也，其位次卿。师氏，大夫官，以兵守门。” ⑧【集解】孔安国曰：“师率，卒率。” ⑨【集解】孔安国曰：“八国皆蛮夷戎狄。羌在西。蜀，叟。髳、微在巴蜀。纑、彭在西北。庸、濮在江、汉之南。”马融曰：“武王所率，将来伐纣也。”【正义】髳音矛。《括地志》云：“房州竹山县及金州，古(卢)〔庸〕国。益州及巴、利等州，皆古蜀国。陇右岷、洮、丛等州以西，羌也。姚府以南，古髳国之地。戎府之南，古微、泸、彭三国之地。濮在楚西南。有髳州、微、濮州、泸府、彭州焉。武王率西南夷诸州伐纣也。”

⑩【集解】孔安国曰:“称,举也。” ⑪【集解】孔安国曰:“索,尽也。喻妇人知外事,雌代雄鸣,则家尽也。” ⑫【集解】郑玄曰:“肆,祭名。答,问也。” ⑬【集解】孔安国曰:“言纣弃其贤臣,而尊长逃亡,罪人信用之也。” ⑭【集解】孔安国曰:“今日战事,不过六步七步,乃止相齐。言当旅进一心也。” ⑮【集解】孔安国曰:“伐谓击刺也。少则四五,多则六七,以为例也。” ⑯【集解】郑玄曰:“威武貌。” ⑰【集解】徐广曰:“此训与‘螭’同。” ⑱【集解】郑玄曰:“御,强御,谓强暴也。克,杀也。不得暴杀纣师之奔走者,当以为周之役也。” ⑲【集解】郑玄曰:“所言且也。”

帝纣闻武王来,亦发兵七十万人距武王。武王使师尚父与百夫致师,[①]以大卒驰帝纣师。[②]纣师虽众,皆无战之心,心欲武王亟入。纣师皆倒兵以战,以开武王。武王驰之,纣兵皆崩畔纣。纣走,反入登于鹿台之上,蒙衣其殊玉,[③]自燔于火而死。武王持大白旗以麾诸侯,诸侯毕拜武王。武王乃揖诸侯,[④]诸侯毕从。武王至商国,[⑤]商国百姓咸待于郊。于是武王使群臣告语商百姓曰:“上天降休。”商人皆再拜稽首,武王亦答拜。[⑥]遂入,至纣死所。武王自射之,三发而后下车,以轻剑击之,[⑦]以黄钺斩纣头,悬大白之旗。已而至纣之嬖妾二女,二女皆经自杀。武王又射三发,击以剑,斩以玄钺,[⑧]悬其头小白之旗。武王已乃出复军。

①【集解】《周礼》:“环人,掌致师。”郑玄曰:“致师者,致其必战之志也。古者将战,先使勇力之士犯敌焉。”《春秋传》曰:“楚许伯御乐伯,摄叔为右,以致晋师。许伯曰:‘吾闻致师者,御靡旌,摩垒而还。’乐伯曰:‘吾闻致师者,左射以菆,代御执辔,御下两马,掉鞅而还。’摄叔曰:‘吾闻致师者,

右人垒，折馘，执俘而还。’皆行其所闻而复。” ②【集解】徐广曰：“帝，一作商。”【正义】大卒，谓戎车三百五十乘，士卒二万六千二百五十人，有虎贲三千人。 ③【正义】衣音于既反。《周书》云：“甲子夕，纣取天智玉琰五，环身以自焚。”注：“天智，玉之善者，缝环其身自厚也。凡焚四千玉也，庶玉则销，天智玉不销，纣身不尽也。” ④【正义】武王率诸侯伐天子，天子已死，诸侯毕贺，故武王揖诸侯，言先拊循其心也。 ⑤【正义】谓至朝歌。 ⑥【索隐】武王虽以臣伐君，颇有惭德，不应答商人之拜，太史公失辞耳。寻上文，诸侯毕拜贺武王，武王尚且报揖，无容遂下拜商人。 ⑦【正义】《周书》作“轻吕击之”。轻吕，剑名也。 ⑧【集解】《司马法》曰：“夏执玄钺。”宋均曰：“玄钺用铁，不磨砺。”

其明日，除道，修社及商纣宫。及期，百夫荷罕旗以先驱。[①]武王弟叔振铎奉陈常车，周公旦把大钺，毕公把小钺，以夹武王。散宜生、太颠、闳夭皆执剑以卫武王。既入，立于社南大卒之左，〔左〕右毕从。毛叔郑奉明水，[②]卫康叔封布兹，[③]召公奭赞采，[④]师尚父牵牲。尹佚筴祝曰：[⑤]“殷之末孙季纣，[⑥]殄废先王明德，侮蔑神祇不祀，昏暴商邑百姓，其章显闻于天皇上帝。”于是武王再拜稽首，曰：“膺更[⑦]大命，革殷，受天明命。”武王又再拜稽首，乃出。

①【集解】蔡邕《独断》曰：“前驱有九旒云罕。”《东京赋》曰：“云罕九旒。”薛综曰：“旒，旗名。” ②【集解】《周礼》曰：“司烜氏以鉴取明水于月。”郑玄曰：“鉴，镜属也。取月之水，欲得阴阳之絜气。陈明水以为玄酒。”【索隐】明，明水也。旧本皆无“水”字，今本有“水”字。若惟云“奉明”，其义未见，不知“奉明”何物也。烜音毁。 ③【集解】徐广曰：“兹者，籍席之名。诸侯病曰‘负兹’。”【索隐】兹，一作“苙”，公明草也。言“兹”，举成

器,言“苙”,见絜草也。 ④【正义】赞,佐也。采,币也。 ⑤【正义】尹佚读筴书祝文以祭社也。 ⑥【正义】《周书》作“末孙受德”。受德,纣字也。 ⑦【集解】监本作“受”。

封商纣子禄父殷之余民。武王为殷初定未集,乃使其弟管叔鲜、蔡叔度相禄父治殷。①已而命召公释箕子之囚。②命毕公释百姓之囚,表商容之闾。命南宫括散鹿台之财,发巨桥之粟,以振贫弱萌隶。命南宫括、史佚展九鼎保玉。③命闳夭封比干之墓。④命宗祝享祠于军。乃罢兵西归。行狩,记政事,作《武成》。⑤封诸侯,班赐宗彝,作《分殷之器物》。⑥武王追思先圣王,乃褒封神农之后于焦,⑦黄帝之后于祝,⑧帝尧之后于蓟,⑨帝舜之后于陈,⑩大禹之后于杞。⑪于是封功臣谋士,而师尚父为首封。封尚父于营丘,曰齐。⑫封弟周公旦于曲阜,曰鲁。⑬封召公奭于燕。⑭,封弟叔鲜于管,⑮弟叔度于蔡。⑯余各以次受封。

①【正义】《地理志》云河内,殷之旧都。周既灭殷,分其畿内为三国,《诗》邶、鄘、卫是。邶以封纣子武庚;鄘,管叔尹之;卫,蔡叔尹之:以监殷民,谓之三监。《帝王世纪》云:“自殷都以东为卫,管叔监之;殷都以西为鄘,蔡叔监之;殷都以北为邶,霍叔监之:是为三监。”按:二说各异,未详也。 ②【集解】徐广曰:“释,一作原。” ③【集解】徐广曰:“保,一作宝。” ④【正义】封,谓益其土及画疆界。《括地志》云:“比干墓在卫州汲县北十里二百五十步。” ⑤【集解】孔安国曰:“武功成也。” ⑥【集解】郑玄云:“宗彝,宗庙樽也。作《分器》,著王之命及受物。” ⑦【集解】《地理志》弘农陕县有焦城,故焦国也。 ⑧【正义】《左传》云:“祝其,实夹谷。”杜预云:“夹谷即祝其也。”服虔云:“东海郡祝其县也。”

⑨【集解】《地理志》燕国有蓟县。 ⑩【正义】《括地志》云："陈州宛丘县在陈城中，即古陈国也。帝舜后遏父为周武王陶正，武王赖其器用，封其子妫满于陈，都宛丘之侧。" ⑪【正义】《括地志》云："汴州雍丘县，古杞国。《地理志》云古杞国理此城。周武王封禹后于杞，号东楼公，二十一代为楚所灭。" ⑫【集解】《尔雅》曰："水出其前而左曰营丘。"郭璞曰："今齐之营丘，淄水过其南及东。"【正义】《水经注》今临菑城中有丘云。青州临淄县古营丘之地，吕望所封齐之都也。营丘在县北百步外城中。《舆地志》云秦立为县，城临淄水故曰临淄也。 ⑬【集解】应劭曰："曲阜在鲁城中，委曲长七八里。"【正义】《帝王世纪》云："炎帝自陈营都于鲁曲阜。黄帝自穷桑登帝位，后徙曲阜。少昊邑于穷桑，以登帝位，都曲阜。颛顼始都穷桑，徙商丘。"穷桑在鲁北，或云穷桑即曲阜也。又为大庭氏之故国，又是商奄之地，皇甫谧云："黄帝生于寿丘，在鲁城东门之北。居轩辕之丘，(于)《山海经》云'此地穷桑之际，西射之南'是也。"《括地志》云："兖州曲阜县外城即周公旦子伯禽所筑占鲁城也。" ⑭【正义】封帝尧之后于蓟，封召公奭于燕，观其文稍似重也。《水经注》云蓟城内西北隅有蓟丘，因取名焉。《括地志》云："燕山在幽州渔阳县东南六十里。《宗国都城记》云周武王封召公奭于燕，地在燕山之野，故国取名焉。"按：周封以五等之爵，蓟、燕二国俱武王立，因燕山、蓟丘为名，其地足自立国。蓟微燕盛，乃并蓟居之，蓟名遂绝焉。今幽州蓟县，古燕国也。 ⑮【正义】《括地志》云："郑州管城县外城，古管国城也，周武王弟叔鲜所封。" ⑯【正义】《括地志》云："豫州北七十里上蔡县，古蔡国，武王封弟叔度于蔡是也。县东十里有蔡冈，因名也。"

武王征九牧之君，登豳之阜，以望商邑。[①]武王至于周，自夜不寐。[②]周公旦即王所，曰："曷为不寐？"王曰："告汝：维天不飨殷，自发未生于今六十年，麋鹿在牧，[③]蜚鸿满野。[④]天不享殷，乃今有成。[⑤]维天建殷，其登名民三百六十夫，不显亦不宾灭，[6]以至今。我未定天保，何暇寐。”王曰：“定天保，依天室，悉求夫恶，贬从殷王受。[7]日夜劳来我西土，[8]我维显服，及德方明。[9]自洛汭延于伊汭，居易毋固，其有夏之居。[10]我南望三涂，北望岳鄙，顾詹有河，[11]粤詹雒、伊，毋远天室。”[12]营周居于雒邑而后去。[13]纵马于华山之阳，[14]放牛于桃林之虚，[15]偃干戈，振兵释旅，[16]示天下不复用也。

①【正义】《括地志》云：“豳州三水县西十里有豳原，周先公刘所都之地也。豳城在此原上，因公为名。”按：盖武王登此城望商邑。　②【正义】周，镐京也。武王伐纣，还至镐京，忧未定天之保安，故自夜不得寐也。③【集解】徐广曰：“此事出《周书》及《随巢子》，云‘夷羊在牧’。牧，郊也。夷羊，怪物也。”　④【索隐】按：高诱曰“蜚鸿，蠛蠓也”。言飞虫蔽田满野，故为灾，非是鸿雁也。《随巢子》作“飞拾”，飞拾，虫也。【正义】蜚音飞，古“飞”字也。于今犹当今。于今六十年，从帝乙十年至伐纣年也。麋鹿在牧，喻谗佞小人在朝位也。飞鸿满野，喻忠贤君子见放弃也。言纣父帝乙立后，殷国益衰，至伐纣六十年间，谄佞小人在于朝位，忠贤君子放迁于野。故《诗》云“鸿雁于飞，肃肃其羽。之子于征，劬劳于野”。毛苌云“之子，侯伯卿士也”。郑玄云“鸿雁知避阴阳寒暑，喻民知去无道就有道”。
⑤【索隐】言上天不歆享殷家，故见灾异，我周今乃有成王业者也。
⑥【集解】徐广曰：“一云‘不顾亦不宾（灭）（成）’，一又云‘不顾亦不恤’也。”【索隐】言天初建殷国，亦登进名贤之人三百六十夫，既无非大贤，未能兴化致理，故殷家不大光昭，亦不即摈灭，以至于今也。亦见《周书》及《随巢子》，颇复脱错。而刘氏音破六为古，其字义亦无所通。徐广云一本作“不顾亦不宾成”，盖是学者以《周书》及《随巢》不同，逐音改易耳。《随巢子》曰“天鬼不顾亦不宾灭”，天鬼即天神也。　⑦【索隐】言今悉求取夫恶人不知天命不顺周家者，成贬责之，与纣同罪，故曰“贬从殷王受”。

⑧【集解】徐广曰:"一云肯来。"【索隐】七字连作一句读。 ⑨【正义】服,事也。武王答周公云,定知天之安保我位,得依天之宫室,退除殷纣之恶,日夜劳民,又安定我之西土。我维明于事,及我之德教施四方明行之,乃可至于寝寐也。自此已上至"〔武王至于周〕,自夜不寐",周公问之,故先书。 ⑩【集解】徐广曰:"夏居河南,初在阳城,后居阳翟。"【索隐】言自洛汭及伊汭,其地平易无险固,是有夏之旧居。【正义】《括地志》云"自禹至太康与唐、虞皆不易都城",然则居阳城为禹避商均时,非都之也。《帝王世纪》云:"禹封夏伯,今河南阳翟是。"《汲冢古文》云:"太康居斟寻,羿亦居之,桀又居之。"《括地志》云:"故鄩城在洛州巩县西南五十八里也。" ⑪【集解】徐广曰:"《周书·度邑》曰'武王问太公曰,吾将因有夏之居也,南望过于三涂,北詹望于有河'。"【索隐】杜预云三涂在陆浑县南。岳,盖河北太行山。鄙,都鄙,谓近岳之邑。《度邑》,《周书》篇名。度音徒各反。【正义】《括地志》云:"太行、恒山连延,东北接碣石,西北接岳山。"言北望太行、恒山之边鄙都邑也。又"晋州霍山一名太岳,在洛西北,恒山在洛东北"。二说皆通。 ⑫【正义】粤者,审慎之辞也。言审慎瞻雒、伊二水之阳,无远离此为天室也。 ⑬【正义】《括地志》云:"故王城一名河南城,本郏鄏,周公新筑,在洛州河南县北九里苑内东北隅。自平王以下十二王皆都此城,至敬王乃迁都成周,至赧王又居王城也。《帝王世纪》云'王城西有郏鄏陌'。《左传》云'成王定鼎于郏鄏'。京相璠《地名》云'郏,山名。鄏,邑名'。" ⑭【正义】华山在华阴县南八里。山南曰阳也。 ⑮【集解】孔安国曰:"桃林在华山东。"【正义】《括地志》云:"桃林在陕州桃林县西。《山海经》云'夸父之山,其北有林焉,名曰桃林,广(圆)〔员〕三百里,中多马,湖水出焉,北流入河也'。" ⑯【集解】《公羊传》曰:"入曰振旅。"

武王已克殷,后二年,问箕子殷所以亡。箕子不忍言殷恶,以存[①]亡国宜告。[②]武王亦丑,故问以天道。

①【集解】徐广曰："一作前。" ②【索隐】六字连一句读。【正义】箕子殷人，不忍言殷恶，以周国之所宜言告武王，为《洪范》九类，武王以类问天道。

武王病。天下未集，群公惧，穆卜，[①]周公乃祓斋，[②]自为质，[③]欲代武王，武王有瘳。后而崩，[④]太子诵代立，是为成王。

①【集解】孔安国曰："穆，敬也。" ②【正义】祓音废，又音拂。斋音札皆反。祓谓除不祥求福也。 ③【正义】音至。周公祓斋，自以贽币告三王，请代武王，武王病乃瘳也。 ④【集解】徐广曰："《封禅书》曰'武王克殷二年，天下未宁而崩'。"皇甫谧曰："武王定位元年岁在乙酉，六年庚寅崩。"骃按：《皇览》曰"文王、武王、周公冢皆在京兆长安镐聚东社中也"。【正义】《括地志》云："武王墓在雍州万年县西南二十八里毕原上也。"

成王少，周初定天下，周公恐诸侯畔周，公乃摄行政当国。管叔、蔡叔群弟疑周公，与武庚作乱，畔周。周公奉成王命，伐诛武庚、管叔，放蔡叔。以微子开代殷后，国于宋。[①]颇收殷余民，以封武王少弟封为卫康叔。[②]晋唐叔得嘉谷，[③]献之成王，成王以归周公于兵所。[④]周公受禾东土，鲁天子之命。[⑤]初，管、蔡畔周，周公讨之，三年而毕定，故初作《大诰》，次作《微子之命》，[⑥]次《归禾》，次《嘉禾》，次《康诰》、《酒诰》、《梓材》，[⑦]其事在《周公》之篇。周公行政七年，成王长，周公反政成王，北面就群臣之位。

①【正义】今宋州也。 ②【正义】《尚书·洛诰》云："我卜瀍水东，

亦惟洛食,以居邶、鄘、卫之众。”又《多士篇序》云:“成周既成,迁殷顽民。”按:是为东周,古洛阳城也。《括地志》云:“洛阳故城在洛州洛阳县东北二十六里,周公所筑,即成周城也。《舆地志》云‘以周地在王城东,故曰东周。敬王避子朝乱,自洛邑东居此。以其迫阨不受王都,故坏翟泉而广之’。”按:武王灭殷国为邶、鄘、卫,三监尹之。武庚作乱,周公灭之,徙三监之民于成周,颇收其余众,以封康叔为卫侯,即今卫州是也。孔安国云“以三监之余民,国康叔为卫侯。周公惩其数叛,故使贤母弟主之”也。 ③【集解】郑玄曰:“二苗同为一穗。” ④【集解】徐广曰:“归,一作馈。” ⑤【集解】徐广曰:“《尚书序》云‘旅天子之命’。” ⑥【集解】孔安国曰:“封命之书。” ⑦【集解】孔安国曰:“告康叔以为政之道,亦如梓人之治材也。”

成王在丰,使召公复营洛邑,如武王之意。周公复卜申视,卒营筑,居九鼎焉。曰:“此天下之中,四方入贡道里均。”作《召诰》、《洛诰》。成王既迁殷遗民,周公以王命告,作《多士》、《无佚》。召公为保,周公为师,东伐淮夷,残奄,[①]迁其君薄姑。[②]成王自奄归,在宗周,[③]作《多方》。[④]既绌殷命,袭淮夷,归在丰,作《周官》。[⑤]兴正礼乐,度制于是改,而民和睦,颂声兴。[⑥]成王既伐东夷,息慎来贺,王赐荣伯作《贿息慎》之命。[⑦]

①【集解】郑玄曰:“奄国在淮夷之北。”【正义】奄音于险反。《括地志》云:“泗(水)〔州〕徐城县北三十里古徐国,即淮夷也。兖州曲阜县奄里,即奄国之地也。” ②【集解】马融曰:“齐地。”【正义】《括地志》云:“薄姑故城在青州博昌县东北六十里。薄姑氏,殷诸侯,封于此,周灭之也。” ③【正义】伐奄归镐京也。 ④【集解】孔安国曰:“告众方天下诸侯。”

⑤【集解】孔安国曰："言周家设官分职用人之法。"《古文尚书序》，《周官》，《书》篇名。　⑥【集解】何休曰："颂声者，太平歌颂之声，帝王之高致也。"　⑦【集解】孔安国曰："贿，赐也。"马融曰："荣伯，周同姓，畿内诸侯，为卿大夫也。"

成王将崩，惧太子钊之不任，[①]乃命召公、毕公率诸侯以相太子而立之。成王既崩，二公率诸侯，以太子钊见于先王庙，申告以文王、武王之所以为王业之不易，务在节俭，毋多欲，以笃信临之，作《顾命》。[②]太子钊遂立，是为康王。康王即位，遍告诸侯，宣告以文、武之业以申之，作《康诰》。故成、康之际，天下安宁，刑错四十余年不用。[③]康王命作策毕公分居里，成周郊，[④]作《毕命》。

①【正义】钊音招，又古尧反。任，而针反。　②【集解】郑玄曰："临终出命，故谓之顾。顾，将去之意也。"　③【集解】应劭曰："错，置也。民不犯法，无所置刑。"　④【集解】孔安国曰："分别民之居里，异其善恶也。成定东周郊境，使有保护也。"

康王卒，子昭王瑕立。昭王之时，王道微缺。昭王南巡狩，不返，卒于江上。[①]其卒不赴告，讳之也。立昭王子满，是为穆王。穆王即位，春秋已五十矣。王道衰微，穆王闵文、武之道缺，乃命伯冏[②]申诫[③]太仆[④]国之政，作《冏命》。[⑤]复宁。

①【正义】《帝王世纪》云："昭王德衰，南征，济于汉，船人恶之，以胶船进王，王御船至中流，胶液船解，王及祭公俱没于水中而崩。其右(卒)〔辛〕

游靡长臂且多力，游振得王，周人讳之。”　②【集解】孔安国曰：“伯冏，臣名也。”　③【集解】徐广曰：“一作部。”　④【集解】应劭曰：“太仆，周穆王所置。盖太御众仆之长，中大夫也。”　⑤【正义】《尚书序》云：“穆王令伯粟为太仆正。”应劭云：“太仆，周穆王所置。盖太御众仆之长，中大夫也。”

穆王将征犬戎，[①]祭公谋父谏曰：[②]“不可。先王耀德不观兵。夫兵戢而时动，动则威，观则玩，玩则无震。[③]是故周文公之颂曰：[④]‘载戢干戈，载櫜弓矢，[⑤]我求懿德，肆于时夏，允王保之。’[⑥]先王之于民也，茂正其德而厚其性，阜其财求而利其器用，明利害之乡，[⑦]以文修之，使之务利而辟害，怀德而畏威，故能保世以滋大。昔我先王世后稷[⑧]以服事虞、夏。及夏之衰也，[⑨]弃稷不务，[⑩]我先王不窋用失其官，而自窜于戎狄之间。不敢怠业，时序其德，遵修其绪，[⑪]修其训典，朝夕恪勤，守以敦笃，奉以忠信。奕世载德，不忝前人。[⑫]至于文王、武王，昭前之光明而加之以慈和，事神保民，无不欣喜。商王帝辛大恶于民，庶民不忍，诉载武王，以致戎于商牧。[⑬]是故先王非务武也，勤恤民隐而除其害也。夫先王之制，邦内甸服，邦外侯服，侯卫宾服，[⑭]夷蛮要服，戎翟荒服。甸服者祭，[⑮]侯服者祀，[⑯]宾服者享，[⑰]要服者贡，[⑱]荒服者王。[⑲]日祭，月祀，时享，岁贡，终王。先王之顺祀也，[⑳]有不祭则修意，[㉑]有不祀则修言，[㉒]有不享则修文，[㉓]有不贡则修名，[㉔]有不王则修德，[㉕]序成而有不至则修刑。[㉖]于是有刑不祭，伐不祀，征不享，让不贡，告不王。于是有刑罚之辟，有攻伐之兵，有征讨之备，有威让之命，有文告之辞。布令陈辞而有不至，则增修于德，无勤民于远。是以近无不听，远无不服。今自大毕、伯士之终也，㉗犬戎氏以其职来王，㉘天子曰㉙'予必以不享征之，且观之兵'，无乃废先王之训，而王几顿乎？㉚吾闻犬戎树敦，㉛率旧德而守终纯，固其有以御我矣。"王遂征之，得四白狼、四白鹿以归。自是荒服者不至。

①【集解】徐广曰："一作畎。" ②【集解】韦昭曰："祭，畿内之国，周公之后，为王卿士。谋父，字也。"【正义】《括地志》云："故祭城在郑州管城县东北十五里，郑大夫祭仲邑也。《释例》云'祭城在河南，上有敖仓，周公后所封也'。" ③【集解】韦昭曰："震，惧也。" ④【集解】韦昭曰："文公，周公旦之谥。" ⑤【集解】唐固曰："櫜，韬也。" ⑥【集解】韦昭曰："言武王常求美德，故陈其功于是夏而歌之。信哉武王能保此时夏之美。乐章大者曰夏。" ⑦【集解】韦昭曰："乡，方也。" ⑧【集解】韦昭曰："谓弃与不窋也。"唐固曰："父子相继曰世。" ⑨【正义】谓太康也。 ⑩【正义】言太康弃废稷官。 ⑪【集解】徐广曰："遵一作选。" ⑫【正义】前人谓后稷也。言不窋亦世载德，不忝后稷。及文王、武王，无不务农事。 ⑬【正义】纣近郊地，名牧野。 ⑭【集解】韦昭曰："此总言之也。侯，侯圻。卫，卫圻也。" ⑮【集解】韦昭曰："供日祭。" ⑯【集解】韦昭曰："供月祀。" ⑰【集解】韦昭曰："供时享。" ⑱【集解】韦昭曰："供岁贡。" ⑲【集解】韦昭曰："王，王事天子也。《诗》曰莫敢不来王。" ⑳【集解】徐广曰："《外传》云先王之训。" ㉑【集解】韦昭曰："先修志意以自责也。畿内近，知王意也。" ㉒【集解】韦昭曰："言号令也。" ㉓【集解】韦昭曰："文，典法也。" ㉔【集解】韦昭曰："名谓尊卑职贡之名号也。" ㉕【集解】韦昭曰："远人不服，则修文德以来之。" ㉖【集解】韦昭曰："序成，谓上五者次序已成，有不至则有刑罚也。" ㉗【集解】徐广曰："犬戎之君。" ㉘【正义】贾逵

云："大毕、伯士，犬戎氏之二君也。白狼、白鹿，犬戎之职贡也。"按：大毕、伯士终后，犬戎氏常以其职来王。　㉙【正义】祭公〔申〕穆王之意，故云"天子曰"。　㉚【正义】几音祈。　㉛【集解】徐广曰："树，一作橄。"骃按：韦昭曰"树，立也。言犬戎立性敦笃也"。

诸侯有不睦者，甫侯言于王，作修刑辟。[①] 王曰："吁，来。有国有土，告汝祥刑。[②] 在今尔安百姓，何择非其人，[③] 何敬非其刑，何居非其宜与？[④] 两造具备，[⑤] 师听五辞。[⑥] 五辞简信，正于五刑。[⑦] 五刑不简，正于五罚。[⑧] 五罚不服，正于五过。[⑨] 五过之疵，官狱内狱，阅实其罪，[⑩] 惟钧其过。[⑪] 五刑之疑有赦，五罚之疑有赦，其审克之。[⑫] 简信有众，惟讯有稽。[⑬] 无简不疑，共严天威。[⑭] 黥辟疑赦，其罚百率，[⑮] 阅实其罪。劓辟疑赦，其罚倍洒，[⑯] 阅实其罪。膑辟疑赦，其罚倍差，[⑰] 阅实其罪。宫辟疑赦，其罚五[⑱]百率，阅实其罪。大辟疑赦，其罚千率，阅实其罪。墨罚之属千，劓罚之属千，膑罚之属五百，宫罚之属三百，大辟之罚其属二百：五刑之属三千。"命曰《甫刑》。

①【集解】郑玄曰："《书说》云周穆王以甫侯为相。"　②【集解】孔安国曰："告汝善用刑之道也。"　③【集解】王肃曰："训以安百姓之道，当何所选择平？非当选择贤人乎？"　④【集解】孔安国曰："当何所敬，非唯五刑乎？当何所居，非唯及世轻重所宜乎？"　⑤【集解】徐广曰："造，一作遭。"　⑥【集解】孔安国曰："两谓囚证。造，至也。两至具备，则众狱官听其人五刑辞。"【正义】《汉书·刑法志》云："五听，一曰辞听，二曰色听，三曰气听，四曰耳听，五曰目听。"《周礼》云"辞不直则言繁，目不直则视眊，耳不直则对答惑，色不直则貌赧，气不直则数喘"也。　⑦【集

解】孔安国曰:"五辞简核,信有罪验,则正之于五刑矣。" ⑧【集解】孔安国曰:"不简核。谓不应五刑,当正五罚,出金赎罪也。" ⑨【集解】孔安国曰:"不服,不应罚也。正于五过,从赦免之。" ⑩【集解】孔安国曰:"使与罚名相当。"【索隐】按:《吕刑》云〔惟官〕,惟反,惟内,惟货,惟来,今此似阙少,或从省文。 ⑪【集解】马融曰:"以此五过出入人罪,与犯法者等。" ⑫【集解】孔安国曰:"刑疑赦从罚,罚疑赦从免,其当清察,能得其理也。" ⑬【集解】孔安国曰:"简核诚信,有合众心,惟察其貌,有所考合,重之至也。"【索隐】讯,依《尚书》音貌也。 ⑭【集解】孔安国曰:"无简核诚信,不听治其狱,当严敬天威,无轻用刑。" ⑮【集解】徐广曰:"率即锾也,音刷。"孔安国曰:"六两曰锾。锾,黄铁也。"【索隐】锾,黄铁。锊亦六两,故马融曰"锊,量名,与《吕刑》锾同"。旧本率亦作选。 ⑯【集解】徐广曰:"一作'蓰'。五倍曰蓰。"孔安国曰:"倍百为二百锾也。"【索隐】洒音戾。蓰音所解反。 ⑰【集解】马融曰:"倍二百为四百锾也。差者,又加四百之三分一,凡五百三十三三分一也。"【正义】倍中之差,二百去三分一,合三百三十三锾二两也。宫刑,其罚五百,膑刑既轻,其数岂加?故知孔、马之说非也。 ⑱【集解】徐广曰:"一作六。"

穆王立五十五年崩,子共王繄扈立。[①]共王游于泾上,密康公从,[②]有三女奔之。其母曰:"必致之王。[③]夫兽三为群,人三为众,女三为粲。王田不取群,[④]公行不下众,[⑤]王御不参一族。[⑥]夫粲,美之物也。众以美物归女,而何德以堪之?王犹不堪,况尔之小丑乎!小丑备物,终必亡。"康公不献,一年,共王灭密。共王崩,子懿王囏立。[⑦]懿王之时,王室遂衰,诗人作刺。[⑧]

①【索隐】《(世)〔系〕本》作"伊扈"。 ②【集解】韦昭曰:"康公,密国之君,姬姓也。"【正义】《括地志》云:"阴密故城在泾州鹑觚县西,东接县

城，故密国也。” ③【集解】《列女传》曰：“康公母，姓隗氏。” ④【正义】曹大家云：“群、众、粲，皆多之名也。田猎得三兽，王不尽收，以其害深也。” ⑤【正义】曹大家云：“公，诸侯也。公之所行与众人共议也。” ⑥【集解】韦昭云：“御，(妻)〔妇〕官也。参，三也。一族，一父子也。故取侄娣以备三，不参一族之女也。” ⑦【索隐】〔世本〕作“坚”。 ⑧【索隐】宋忠曰：“懿王自镐徙都犬丘，一曰废丘，今槐里是也。时王室衰，始作诗也。”

懿王崩，共王弟辟方立，是为孝王。孝王崩，诸侯复立懿王太子燮，是为夷王。①

①【正义】《纪年》云：“三年，致诸侯，(翦)〔烹〕齐哀公(昴)〔于鼎〕。”《帝王世纪》云“十六年崩”也。

夷王崩，子厉王胡立。厉王即位三十年，好利，近荣夷公。大夫芮良夫①谏厉王曰：“王室其将卑乎？夫荣公好专利而不知大难。夫利，百物之所生也，天地之所载也，而有专之，其害多矣。天地百物皆将取焉，何可专也？所怒甚多，而不备大难。以是教王，王其能久乎？夫王人者，将导利而布之上下者也。使神人百物无不得极，②犹日怵惕惧怨之来也。故《颂》曰‘思文后稷，克配彼天，立我蒸民，莫匪尔极’。《大雅》曰‘陈锡载周’。③是不布利而惧难乎，故能载周以至于今。今王学专利，其可乎？匹夫专利，犹谓之盗，王而行之，其归鲜矣。荣公若用，周必败也。”厉王不听，卒以荣公为卿士，用事。

①【正义】芮伯也。　②【集解】韦昭曰:"极,中也。"　③【集解】唐固曰:"言文王布锡施利,以载成周道也。"

王行暴虐侈傲,国人谤王。召公谏曰:[①]"民不堪命矣。"王怒,得卫巫,[②]使监谤者,[③]以告则杀之。其谤鲜矣,诸侯不朝。三十四年,王益严,国人莫敢言,道路以目。[④]厉王喜,告召公曰:"吾能弭谤矣,乃不敢言。"召公曰:"是鄣之也。防民之口,甚于防水。水壅而溃,伤人必多,民亦如之。是故为水者决之使导,为民者宣之使言。故天子听政,使公卿至于列士献诗,[⑤]瞽献(典)〔曲〕,[⑥]史献书,[⑦]师箴,[⑧]瞍赋,[⑨]矇诵,[⑩]百工谏,庶人传语,[⑪]近臣尽规,[⑫]亲戚补察,[⑬]瞽史教诲,[⑭]耆艾修之,[⑮]而后王斟酌焉,是以事行而不悖。民之有口也,犹土之有山川也,财用于是乎出;犹其有原隰衍沃也,[⑯]衣食于是乎生。口之宣言也,善败于是乎兴。行善而备败,所以产财用衣食者也。夫民虑之于心而宣之于口,成而行之。若壅其口,其与能几何?"王不听。于是国莫敢出言,三年,乃相与畔,袭厉王。厉王出奔于彘。[⑰]

①【集解】韦昭曰:"召康公之后穆公虎,为王卿士也。"　②【集解】韦昭曰:"卫国之巫也。"　③【正义】监音口衔反。监,察也。以巫人神灵,有谤毁必察也。　④【集解】韦昭曰:"以目相眄而已。"　⑤【正义】上诗风刺。　⑥【集解】韦昭曰:"(典)〔曲〕,乐曲。"　⑦【正义】史,太史也。上书谏。　⑧【正义】音针。师,乐太师也。上箴戒之文。　⑨【集解】韦昭曰:"无眸子曰瞍。赋公卿列士所献诗也。"　⑩【集解】韦昭曰:"有眸子而无见曰矇。《周礼》矇主弦歌,讽诵箴谏之语也。"　⑪【集解】韦昭曰:"庶人卑贱,见时得失,不得(言)〔达〕,传以语王。"【正

义】传音逐缘反。庶人微贱,见时得失,不得上言,乃在街巷相传语。 ⑫【集解】韦昭曰:“近臣,骖仆之属。” ⑬【正义】言亲戚补王过失,及察是非也。 ⑭【集解】韦昭曰:“瞽,乐太师。史,太史也。” ⑮【集解】韦昭曰:“耆艾,师傅也。修理瞽史之教,以闻于王。” ⑯【集解】唐固曰:“下平曰衍,有溉曰沃。” ⑰【集解】韦昭曰:“彘,晋地,汉为县,属河东,今曰永安。”【正义】《括地志》云:“晋州霍邑县本汉彘县,后改彘曰永安。从鄗奔晋也。”

厉王太子静匿召公之家,国人闻之,乃围之。召公曰:“昔吾骤谏王,王不从,以及此难也。今杀王太子,王其以我为仇而怼怒乎?夫事君者,险而不仇怼,[①]怨而不怒,况事王乎!”乃以其子代王太子,太子竟得脱。

①【集解】韦昭曰:“在危险之中。”

召公、周公二相行政,号曰“共和”。[①]共和十四年,厉王死于彘。太子静长于召公家,二相乃共立之为王,是为宣王。宣王即位,二相辅之,修政,法文、武、成、康之遗风,诸侯复宗周。十二年,鲁武公来朝。

①【索隐】共音如字。若《汲冢纪年》则云“共伯和干王位”。共音恭。共,国。伯,爵。和,其名。干,篡也。言共伯摄王政,故云“干王位”也。【正义】共音巨用反。韦昭云:“彘之乱,公卿相与和而修政事,号曰共和也。”《鲁连子》云:“卫州共城县本周共伯之国也。共伯名和,好行仁义,诸侯贤之。周厉王无道,国人作难,王奔于彘,诸侯奉和以行天子事,号曰‘共和’元年。十四年,厉王死于彘,共伯使诸侯奉王子靖为宣王,而共伯复归国于

卫也。”世家云：“釐侯十三年，周厉王出奔于彘，共和行政焉。二十八年，周宣王立。四十二年，釐侯卒，太子共伯余立为君。共伯弟和袭攻共伯于墓上，共伯入釐侯羡自杀，卫人因葬釐侯旁，谥曰共伯，而立和为卫侯，是为武公。”按此文，共伯不得立，而和立为武公。武公之立在共伯卒后，年岁又不相当，年表亦同，明《纪年》及《鲁连子》非也。

宣王不修籍于千亩，[①]虢文公谏曰：[②]“不可。”[③]王弗听。三十九年，战于千亩，[④]王师败绩于姜氏之戎。[⑤]

①【正义】应劭云：“古者天子耕籍田千亩，为天下先。”瓒曰：“籍，蹈籍也。”按：宣王不修亲耕之礼也。　②【集解】贾逵曰：“文公，文王母弟虢仲之后，为王卿士也。”韦昭曰：“文公，虢叔之后，西虢也。宣王都镐，在畿内也。”【正义】《括地志》云：“虢故城在岐州陈仓县东(南)〔四〕十里。”又云：“千亩原在晋州岳阳县北九十里也。”　③【索隐】《国语》曰：“虢文公谏曰‘夫民之大事在农，上帝之粢盛于是乎出，民之繁庶于是乎生，事之供给于是乎在’。”事具载《国语》。　④【索隐】地名也，在西河介休县。⑤【集解】韦昭曰：“西夷别种，四岳之后也。”

宣王既亡南国之师，乃料民于太原。[①]仲山甫[②]谏曰：“民不可料也。”宣王不听，卒料民。

①【集解】韦昭曰：“败于姜戎时所亡也。南国，江汉之间。料，数也。”唐固曰：“南国，南阳也。”　②【正义】毛苌云：“仲山甫，樊穆仲也。”《括地志》云：“汉樊县城在兖州瑕丘县西南三十五里，古樊国，仲山甫所封也。”

四十六年，宣王崩，[①]子幽王宫湦立。[②]幽王二年，西周三川皆震。[3]伯阳甫曰："周将亡矣。[4]夫天地之气，不失其序；若过其序，民乱之也。[5]阳伏而不能出，阴迫而不能蒸，[6]于是有地震。今三川实震，是阳失其所而填阴也。[7]阳失而在阴，[8]原必塞；原塞，国必亡。夫水土演而民用也。[9]土无所演，民乏财用，不亡何待！昔伊、洛竭而夏亡，[10]河竭而商亡。[11]今周德若二代之季矣，其川原又塞，塞必竭。夫国必依山川，山崩川竭，亡国之征也。川竭必山崩。[12]若国亡不过十年，数之纪也。[13]天之所弃，不过其纪。"是岁也，三川竭，岐山崩。

①【正义】《周春秋》云："宣王杀杜伯而无辜，后三年，宣王会诸侯田于圃，日中，杜伯起于道左，衣朱衣冠，操朱弓矢，射宣王，中心折脊而死。"《国语》云："杜伯射王于鄗。" ②【集解】徐广曰："一作生。" ③【集解】徐广曰："泾、渭、洛也。"骃按：韦昭云"西周镐京地震动，故三川亦动"。【正义】按：泾、渭二水在雍州北。洛水一名漆沮，在雍州东北，南流入渭。此时以王城为东周，镐京为西周。 ④【集解】韦昭曰："伯阳父，周大夫也。"唐固曰："伯阳父，周柱下史老子也。" ⑤【集解】韦昭曰："过，失也。言民不敢斥王者也。" ⑥【集解】韦昭曰："蒸，升也。阳气在下，阴气迫之，使不能升也。" ⑦【集解】韦昭曰："为阴所镇笮也。" ⑧【集解】韦昭曰："在阴下也。" ⑨【集解】韦昭曰："水土气通为演。演犹润也。演则生物，民得用之。" ⑩【集解】韦昭曰："禹都阳城，伊、洛所近也。" ⑪【集解】韦昭曰："商人都卫，河水所经也。" ⑫【集解】韦昭曰："水泉不润，枯朽而崩也。" ⑬【集解】韦昭曰："数起于一，终于十，十则更，故曰纪也。"

三年，幽王嬖爱褒姒。[1]褒姒生子伯服，幽王欲废太子。

太子母申侯女，而为后。后幽王得褒姒，爱之，欲废申后，并去太子宜臼，以褒姒为后，以伯服为太子。周太史伯阳读史记曰：[②]“周亡矣。”昔自夏后氏之衰也，有二神龙止于夏帝庭而言曰：“余，褒之二君。”[③]夏帝卜杀之与去之与止之，莫吉。卜请其漦而藏之，乃吉。[④]于是布币而策告之，[⑤]龙亡而漦在，椟而去之。[⑥]夏亡，传此器殷。殷亡，又传此器周，比三代，莫敢发之。至厉王之末，[⑦]发而观之。漦流于庭，不可除。厉王使妇人裸而譟之，[⑧]漦化为玄鼋，以入王后宫。[⑨]后宫之童妾既龀而遭之，[⑩]既笄而孕，[⑪]无夫而生子，惧而弃之。宣王之时，童女谣曰：“檿弧箕服，实亡周国。”[⑫]于是宣王闻之，有夫妇卖是器者，宣王使执而戮之。逃于道，而见向者后宫童妾所弃妖子[⑬]出于路者，[⑭]闻其夜啼，哀而收之，夫妇遂亡，奔于褒。褒人有罪，请入童妾所弃女子者于王[⑮]以赎罪。弃女子出于褒，是为褒姒。当幽王三年，王之后宫，见而爱之，生子伯服，竟废申后及太子，以褒姒为后，伯服为太子。[⑯]太史伯阳曰：“祸成矣，无可奈何。”

①【索隐】褒，国名，夏同姓，姓姒氏。礼妇人称国及姓。其女是龙漦妖子，为人所收，褒人纳之于王，故曰褒姒。【正义】《括地志》云：“褒国故城在梁州褒城县东二百步，古褒国也。” ②【正义】诸国皆有史以记事，故曰史记。 ③【集解】虞翻曰：“龙自号褒之二先君也。” ④【集解】韦昭曰：“漦，龙所吐沫。沫，龙之精气也。” ⑤【集解】韦昭曰：“以简策之书告龙，而请其漦也。” ⑥【集解】韦昭曰：“椟，匮也。” ⑦【集解】虞翻曰：“末年，王流彘之岁。” ⑧【集解】韦昭曰：“譟，欢呼也。”唐固曰：“群呼曰譟。” ⑨【索隐】亦作“蚖”，音元。玄蚖，蜇蜴也。

⑩【集解】韦昭曰："毁齿曰龀。女七岁而毁齿也。" ⑪【正义】笄音鸡。《礼记》云："女子许嫁而笄。"郑玄云："笄，今簪。" ⑫【集解】韦昭曰："山桑曰檿。弧，弓也。箕，木名。服，矢房也。" ⑬【集解】徐广曰："妖，一作夭。夭，幼少也。" ⑭【正义】夫妇卖檿弧者，宣王欲执戮之，遂逃于路，遇此妖子，哀而收之。 ⑮【正义】《国语》云："周幽王伐有褒，褒人以褒姒女焉，与虢石甫比也。" ⑯【索隐】《左传》所谓"携王奸命"是也。

褒姒不好笑，幽王欲其笑万方，故不笑。幽王为烽燧[①]大鼓，有寇至则举烽火。诸侯悉至，至而无寇，褒姒乃大笑。幽王悦之，为数举烽火。其后不信，诸侯益亦不至。

【正义】峰遂二音。昼日燃烽以望火烟，夜举燧以望火光也。烽，土鲁也。燧，炬火也。皆山上安之，有寇举之。

幽王以虢石父为卿，用事，国人皆怨。石父为人佞巧，[①]善谀好利，王用之。又废申后，去太子也。申侯怒，与缯、[②]西夷犬戎攻幽王。幽王举烽火征兵，兵莫至。遂杀幽王骊山下，[③]虏褒姒，尽取周赂而去。[④]于是诸侯乃即申侯而共立故幽王太子宜臼，是为平王，以奉周祀。

①【集解】徐广曰："佞，一作谄。" ②【索隐】缯，国名，夏同姓。【正义】缯，自陵反。《国语》云"缯，姒姓，夏禹后"。《括地志》云："缯县在沂州承县，古侯国，禹后。" ③【索隐】在新丰县南，故骊戎国也。旧音黎。徐广音力知反。【正义】《括地志》云："骊山在雍州新丰县南十六里。《土地记》云骊山即蓝田山。"按：骊山之阳即蓝田山。 ④【集解】《汲冢纪年》

曰:"自武王灭殷以至幽王,凡二百五十七年也。"【正义】按:《汲冢书》,晋咸和五年汲郡汲县发魏襄王冢,得古书册七十五卷。

平王立,东迁于洛邑,[①]辟戎寇。平王之时,周室衰微,诸侯强并弱,齐、楚、秦、晋始大,政由方伯。[②]

①【正义】即王城也。平王以前号东都,至敬王以后及战国为西周也。②【集解】《周礼》曰:"九命作伯。"郑众云:"长诸侯为方伯。"

四十九年,鲁隐公即位。

五十一年,平王崩,太子泄父[①]早死,立其子林,是为桓王。桓王,平王孙也。

①【正义】音甫。

桓王三年,郑庄公朝,桓王不礼。[①]五年,郑怨,与鲁易许田。许田,天子之用事太山田也。[②]八年,鲁杀隐公,[③]立桓公。十三年,伐郑,[④]郑射伤桓王,桓王去归。[⑤]

①【索隐】在鲁隐公六年。　②【索隐】《左传》郑伯以璧假许田,卒易祊。祊是郑祀太山之田,许是鲁朝京师之汤沐邑,有周公庙,郑以其近,故易取之。此云"许田天子用事太山田",误。【正义】杜预云:"成王营王城,有迁都之志,故赐周公许田,以为鲁国朝宿之邑,后世因而立周公别庙焉。郑桓公友,周宣王之母弟,封郑,有助祭泰山汤沐邑在祊。郑以天子不能复巡狩,故欲以祊易许田,各从本国所近之宜也。恐鲁以周公别庙为疑,故云已废泰山之祀,而欲为鲁祀周公,逊辞以求也。"《括地志》云:"许田在

许州许昌县南四十里，有鲁城，周公庙在城中。祊田在沂州费县东南。”按：宛，郑大夫。 ③【正义】子允令公子翚杀隐公也。 ④【索隐】在鲁桓五年。 ⑤【索隐】《左传》繻葛之役，祝聃射王中肩是也。

二十三年，桓王崩，子庄王佗立。庄王四年，周公黑肩欲杀庄王而立王子克。[1]辛伯告王，[2]王杀周公。[3]王子克奔燕。[4]

①【集解】贾逵曰：“庄王弟子仪也。” ②【集解】贾逵曰：“辛伯，周大夫也。” ③【索隐】《左传》曰：“初，子仪有宠于桓王，桓王属诸周公。辛伯谏曰：‘并后匹嫡，两政耦国，乱之本也。’周公不从，故及于难。”然周公阿先王旨，自取诛夷，辛伯正君臣之义，卒安王业，二卿优劣诚可识也。 ④【正义】杜预云：“南燕，姞姓也。”

十五年，庄王崩，子釐王[1]胡齐立。釐王三年，齐桓公始霸。

①【正义】釐音僖。

五年，釐王崩，子惠王阆立。[1]惠王二年。初，庄王嬖姬姚，[2]生子穨，[3]穨有宠。及惠王即位，夺其大臣园以为囿，[4]故大夫边伯等五人作乱，[5]谋召燕、卫师，[6]伐惠王。惠王奔温，[7]已居郑之栎。[8]立釐王弟穨为王。乐及遍舞，[9]郑、虢君怒。四年，郑与虢君伐杀王穨，[10]复入惠王。惠王十年，赐齐桓公为伯。

①【索隐】《系本》名毋凉。【正义】谥作"毋凉"也。　②【正义】杜预云:"姚姓也。"　③【索隐】庄王子,釐王弟,惠王之叔父也。　④【集解】《左传》曰大臣,蔿国也。　⑤【集解】《左传》曰五人者,蔿国、边伯、詹父、子禽、祝跪也。　⑥【正义】南燕,滑州胙城。卫,澶州卫南也。　⑦【正义】《左传》云苏忿生十二邑,桓王夺苏子十二邑与郑,故苏子同五大夫伐惠王。温,十二邑之一也。杜预云河内温县也。　⑧【集解】服虔曰:"栎,郑大都。"【正义】杜预云:"栎,今河南阳翟县也。"　⑨【集解】贾逵曰:"遍舞,皆舞六代之乐也。"　⑩【正义】贾逵云:"郑厉公突、虢公林父也。"

二十五年,惠王崩,子襄王郑立。襄王母早死,后母曰惠后。[①]惠后生叔带,[②]有宠于惠王,襄王畏之。三年,叔带与戎、翟谋伐襄王,襄王欲诛叔带,叔带奔齐。齐桓公使管仲平戎于周,使隰朋平戎于晋。[③]王以上卿礼管仲。管仲辞曰:"臣贱有司也,有天子之二守国、高在。[④]若节春秋来承王命,何以礼焉。[⑤]陪臣敢辞。"[⑥]王曰:"舅氏,余嘉乃勋,[⑦]毋逆朕命。"管仲卒受下卿之礼而还。[⑧]九年,齐桓公卒。十二年,叔带复归于周。[⑨]

①【集解】《左传》曰:"陈妫归于京师,实惠后也。"【正义】按:陈国,舜后,妫姓也。　②【索隐】惠王子,襄王弟,封于甘,故《左传》称甘昭公。【正义】惠王子,襄王弟,封之于甘。《括地志》云:"故甘城在洛州河南县西南二十五里。《左传》云甘昭公,王子叔带也。《洛阳记》云河南县西南二十五里,甘水出焉,北流入洛。山上有甘城,即甘公菜邑也。"　③【集解】服虔曰:"戎伐周,晋伐戎救周,故和也。"　④【集解】杜预曰:"国子,高子,天子所命为齐守臣,皆上卿也。"　⑤【集解】贾逵曰:"节,时也。"王

肃曰："春秋聘享之节也。" ⑥【集解】服虔曰："陪，重也。诸侯之臣于天子，故曰陪臣。" ⑦【集解】贾逵曰："舅氏，言伯舅之使也。"【正义】武王娶太公女为后，故呼舅氏，远言之。我善汝有平戎之功勋。 ⑧【正义】杜预云："管仲不敢以职自高，卒受本位之礼也。" ⑨【集解】《左传》曰："王召之。"

十三年，郑伐滑，[①]王使游孙、伯服请滑，[②]郑人囚之。郑文公怨惠王之入不与厉公爵，[③]又怨襄王之与卫、滑，[④]故囚伯服。王怒，将以翟伐郑。富辰谏曰：[⑤]"凡我周之东徙，晋、郑焉依。子穨之乱，又郑之由定，今以小怨弃之。"王不听。十五年，王降翟师以伐郑。王德翟人，将以其女为后。富辰谏曰："平、桓、庄、惠皆受郑劳，王弃亲亲翟，不可从。"王不听。十六年，王绌翟后，翟人来诛，杀谭伯。[⑥]富辰曰："吾数谏不从，如是不出，王以我为怼乎？"乃以其属死之。

①【集解】贾逵曰："滑，姬姓之国。"骃按：《左传》曰"滑人叛郑而服于卫"也。【正义】杜预云滑国都费，河南缑氏县，为秦所灭，时属郑、晋，后属周。事在鲁釐公二十年。《括地志》云："缑氏故城本费城也，在洛州缑氏县(南)东二十五里也。" ②【集解】贾逵曰："二子，周大夫。" ③【集解】服虔曰："惠王以后之鞶鉴与郑厉公，而独与虢公玉爵。"【正义】《左传》云："庄公二十一年，王巡虢狩，虢公为王宫于蚌，王与之酒泉，郑伯之享王，王以后之鞶鉴与之。虢公请器，王与之爵。郑伯由是怨王也。"杜预云："后鞶带而以镜为饰也。爵，饮酒器也。蚌，地。酒泉，周邑。" ④【集解】服虔曰："滑，小国，近郑，世世服从，而更违叛，郑师伐之，听命，后自愬于王，王以与卫。" ⑤【集解】服虔曰："富辰，周大夫。" ⑥【集解】唐固曰："谭伯，周大夫原伯、毛伯也。"【索隐】按：《国语》亦云"杀谭伯"，而

《左传》太叔之难，获周公忌父、原伯、毛伯，唐固据《传》文读“谭”为“原”，然《春秋》有谭，何妨此时亦仕王朝，预获被杀？《国语》既云“杀谭伯”，故太史公依之，不从《左传》说也。

初，惠后欲立王子带，故以党开翟人，翟人遂入周。襄王出奔郑，①郑居王于氾。②子带立为王，取襄王所绌翟后与居温。③十七年，襄王告急于晋，晋文公纳王而诛叔带。襄王乃赐晋文公珪鬯弓矢，为伯，以河内地与晋。④二十年，晋文公召襄王，襄王会之河阳、践土，⑤诸侯毕朝，书讳曰“天王狩于河阳”。⑥

①【正义】《公羊传》云：“王者无外，此其言出，何？不能事母也。”
②【集解】杜预曰：“郑南氾在襄城县南。”【正义】氾音凡。《括地志》云：“故氾城在许州襄城县一里。《左传》云‘天王出居于郑，处于氾’是。”
③【正义】《括地志》云：“故温城在怀州温县西三十里，汉、晋为县，本周司寇苏忿生之邑。《左传》云周与郑人苏忿生十二邑，温其一也。《地理志》云温县，故国，己姓，苏忿生所封也。” ④【正义】贾逵云：“晋有功，赏之以地，杨樊、温、原、攒茅之田也。” ⑤【集解】贾逵曰：“河阳，晋之温也。践土，郑地名，在河内。”【正义】《括地志》云：“故王宫在郑州荥泽县西北十五里王宫城中。《左传》云晋文公败楚于城濮，至于衡雍，作王宫于践土也。”按王城，则所作在践土，城内东北隅有践土台，东去衡雍三十余里也。
⑥【集解】《左传》曰：“仲尼曰‘以臣召君，不可以训’，故书曰‘狩’。”

二十四年，晋文公卒。三十一年，秦穆公卒。三十二年，襄王崩，子顷王壬臣立。顷王六年，崩，子匡王班立。匡王六年，崩，弟瑜立，是为定王。

定王元年，楚庄王伐陆浑之戎，[1]次洛，使人问九鼎。王使王孙满应设以辞，[2]楚兵乃去。十年，楚庄王围郑，郑伯降，已而复之。十六年，楚庄王卒。

①【集解】《地理志》陆浑县属弘农郡。【正义】浑音魂。杜预云："允姓之戎居陆浑，在秦、晋西北，二国诱而徙之伊川，遂从戎号，今洛州陆浑县，取其号也。"《后汉书》云陆浑戎自瓜州迁于伊川。《左传》云："初，平王之东迁也，辛有适伊川，见被发而祭于野者，曰'不及百年，此其戎乎？其礼先亡矣'。"按：至僖公二十二年秋，秦、晋迁陆浑之戎于伊川，计至辛有言，适百年也。《括地志》云："故麻城谓之蛮中，在汝州梁县界。《左传》'单浮余围蛮氏'，杜预云'城在河南新城东南，伊洛之戎陆浑蛮氏城也。俗以为麻蛮声相近故耳'。"按：新城，今伊闕县是也。　②【集解】贾逵曰："王孙满，周大夫也。"

二十一年，定王崩，子简王夷立。简王十三年，晋杀其君厉公，迎子周于周，立为悼公。十四年，简王崩，子灵王泄心立。灵王二十四年，齐崔杼弑其君庄公。

二十七年，灵王崩，[1]子景王贵立。[2]景王十八年，后太子圣而早卒。二十年，景王爱子朝，[3]欲立之，[4]会崩，[5]子丐之党与争立，国人立长子猛为王，子朝攻杀猛。猛为悼王。晋人攻子朝而立丐，是为敬王。[6]

①【集解】《皇览》曰："灵王冢在河南城西南柏亭西周山上。盖以灵王生而有髭，而神，故谥灵王。其冢，民祀之不绝。"　②【索隐】名贵。按《国语》景王二十一年铸大钱及无射，单穆公及泠州鸠各设辞以谏。今此不言，亦其疏略耳。　③【集解】贾逵曰："景王之长庶子。"　④【正义】

《左传》云:"子朝用成周之宝珪沈于河,津人得诸河上。"杜预云:"祷河求福也,珪自出水也。"按:河神不敢受故。 ⑤【集解】《皇览》曰:"景王冢在洛阳太仓中。秦封吕不韦洛阳十万户,故大其城并围景王冢也。" ⑥【集解】贾逵曰:"敬王,猛母弟。"

敬王元年,晋人入敬王,子朝自立,敬王不得入,居泽。① 四年,晋率诸侯入敬王于周,子朝为臣,② 诸侯城周。十六年,子朝之徒复作乱,敬王奔于晋。十七年,晋定公遂入敬王于周。

①【集解】贾逵曰:"泽邑,周地也。" ②【集解】《春秋》曰:"子朝奔楚。"《皇览》曰:"子朝冢在南阳西鄂县。今西鄂晁氏自谓子朝后也。"

三十九年,齐田常杀其君简公。四十一年,楚灭陈。孔子卒。四十二年,敬王崩,① 子元王仁立。② 元王八年,崩,子定王介立。③

①【集解】徐广曰:"皇甫谧曰敬王四十四年,元己卯,崩壬戌也。" ②【集解】徐广曰:"《世本》云贞王介也。" ③【集解】徐广曰:"《世本》云元王赤也。"皇甫谧曰:"元王十一年癸未,三晋灭智伯,二十八年崩,三子争立,立应为贞定王。"【索隐】《系本》云元王赤,皇甫谧云贞定王。考据二文,则是元有两名,一名仁,一名赤。如《史记》,则元王为定王父,定王即贞王也;依《系本》,则元王是贞王子。必有一乖误。然此"定"当为"贞",字误耳。岂周家有两定王,代数又非远乎?皇甫谧见此,疑而不决,遂弥缝《史记》、《系本》之错谬,因谓为贞定王,未为得也。

定王十六年，三晋灭智伯，分有其地。二十八年，定王崩，[①]长子去疾立，是为哀王。哀王立三月，弟叔袭杀哀王而自立，是为思王。思王立五月，少弟嵬攻杀思王而自立，是为考王。此三王皆定王之子。考王十五年，崩，[②]子威烈王午立。

①【集解】徐广曰："皇甫谧曰贞定王十年，元癸亥，崩壬申。"
②【集解】徐广曰："皇甫谧曰考哲王元辛丑，崩乙卯。"

考王封其弟于河南，[①]是为桓公，以续周公之官职。桓公卒，子威公代立。威公卒，子惠公代立，乃封其少子于巩[②]以奉王，号东周惠公。[③]

①【正义】《帝王世纪》云："考哲王封弟揭于河南，续周公之官，是为西周桓公。"按：自敬王迁都成周，号东周也。桓公都王城，号西周桓公。
②【集解】徐广曰："惠公之子也。"【正义】巩音拱。郭缘生《述征记》巩县，周地，巩伯邑。史记周显王二年西周惠公封少子班于巩，以奉王室，为东周惠公也。子武公，为秦所灭。　③【索隐】考王封其弟于河南，为桓公。卒，子威公立。卒，子惠公立。长子曰西周公。又封少子于巩，仍袭父号曰东周惠公。于是有东西二周也。按：《系本》"西周桓公名揭，居河南；东周惠公名班，居洛阳"是也。

威烈王二十三年，九鼎震。命韩、魏、赵为诸侯。二十四年，崩，[①]子安王骄立。是岁盗杀楚声王。

①【集解】徐广曰："皇甫谧曰元丙辰，崩己卯。"骃案：宋衷曰"威烈王

葬洛阳城中东北隅”也。

安王立二十六年，崩，[①]子烈王喜立。烈王二年，周太史儋[②]见秦献公曰：[③]“始周与秦国合而别，别五百载复合，[④]合十七岁而霸王者出焉。”[⑤]

①【集解】皇甫谧曰：“安王元庚辰，崩乙巳。” ②【索隐】《老子列传》曰“儋即老子”耳，又曰“非也”，验其年代是别人。【正义】幽王时有伯阳甫。唐固曰：“伯阳甫，老子也。”按：幽王元年至孔子卒三百余年，孔子卒后一百二十九年，儋见秦献公。然老子当孔子时，唐固说非也。 ③【正义】《秦本纪》云献公十一年见，见后十五年，周显王致文武胙于秦孝公，是复合时也。 ④【集解】应劭曰：“周孝王封伯翳之后为侯伯，与周别五百载。至昭王时，西周君臣自归受罪，献其邑三十六城，合也。”韦昭曰：“周封秦为始别，谓秦仲也。五百岁，谓从秦仲至孝公强大，显王致伯，与之亲合也。”【索隐】按：周封非子为附庸，邑之秦，号曰秦嬴，是始合也。及秦襄公始列为诸侯，是别之也。自秦列为诸侯，至昭王五十二年，西周君臣献邑三十六城以入于秦，凡五百一十六年，是合也。云“五百”，举其大数。

⑤【集解】徐广曰：“从此后十七年而秦昭王立。”骃案：韦昭曰“武王、昭王皆伯，至始皇而王天下”。【索隐】霸王，谓始皇也。自周以邑入秦，至始皇初立，政由太后、嫪毐，至九年诛毐，正十七年。【正义】周始与秦国合者，谓周、秦俱黄帝之后，至非子未别封，是合也。而别者，谓非子末年，周封非子为附庸，邑之秦，后二十九君，至秦孝公二年五百载，周显王致文武胙于秦孝公，复与之亲，是复合也。合十七岁而霸王者出，谓从秦孝公三年至十九年周显王致胙于秦孝公，是霸也。孝公子惠王称王，是王者出也。然五百载者，非子生秦侯已下二十八君，至孝公二年，都合四百八十六年，兼非子邑秦之后十四年，则成五百载。

十年，烈王崩，弟扁立，[①]是为显王。显王五年，贺秦献公，献公称伯。九年，致文、武胙于秦孝公。[②]二十五年，秦会诸侯于周。二十六年，周致伯于秦孝公。三十三年，贺秦惠王。三十五年，致文、武胙于秦惠王。四十四年，秦惠王称王。[③]其后诸侯皆为王。[④]

①【正义】扁，边典反。 ②【集解】胙，膰肉也。《左传》曰："王使宰孔赐齐侯胙，曰天子有事于文、武。" ③【正义】《秦本纪》云惠王十三年，与韩、魏、赵并称王。 ④【索隐】谓韩、魏、齐、赵也。

四十八年，显王崩，子慎靓王定立。慎靓王立六年，崩，子赧王延立。[①]王赧时东西周分治。[②]王赧徙都西周。[③]

①【索隐】皇甫谧云名诞。赧非谥，《谥法》无赧。正以微弱，窃铁逃债，赧然惭愧，故号曰赧耳。又按：《尚书中候》以"赧"为"然"，郑玄云"然读曰赧"。王劭按：古音人扇反，今音奴板反。《尔雅》曰面惭曰赧。
②【索隐】西周，河南也。东周，巩也。王赧微弱，西周与东分主政理，各居一都，故曰东西周。按：高诱曰西周王城，今河南。东周成周，故洛阳之地。
③【正义】敬王从王城东徙成周，十世至王赧，从成周西徙王城，西周武公居焉。

西周武公[①]之共太子死，有五庶子，毋嫡立。司马翦[②]谓楚王曰："不如以地资公子咎，为请太子。"左成曰：[③]"不可。周不听，是公之知困而交疏于周也。[④]不如请周君孰欲立，以微告翦，[⑤]翦请令楚(贺)〔资〕之以地。"果立公子咎为太子。

①【集解】徐广曰："惠公之长子。"【索隐】按：《战国策》作东周武公。 ②【正义】蓟音子践反，楚臣也。 ③【正义】楚臣也。 ④【正义】言以地资公子咎请为太子，周若不许，是楚于周交益疏。 ⑤【正义】楚命蓟适周，讽周君欲立谁，以微言告于蓟，蓟令楚(贺)〔资〕之以地，周果立咎为太子也。此以上至"西周武公"，是楚令周立公子咎为太子也。

八年，秦攻宜阳，[①]楚救之。而楚以周为秦故，将伐之。[②]苏代为周说楚王曰："何以周为秦之祸也？[③]言周之为秦甚于楚者，欲令周入秦也，故谓'周秦'也。[④]周知其不可解，必入于秦，此为秦取周之精者也。[⑤]为王计者，周于秦因善之，不于秦亦言善之，以疏之于秦。[⑥]周绝于秦，必入于郢矣。"[⑦]

①【正义】《括地志》云："故韩城一名宜阳城，在洛州福昌县东十四里，即韩宜阳县城也。" ②【索隐】宜阳，韩地，秦攻而楚救之，周为韩出兵，而楚疑周为秦，因加兵伐周。 ③【索隐】苏代为周说楚王，王何以道周为秦，周实不为秦也。今王责周道为秦，周惧楚，必入秦，是为祸也。 ④【索隐】周、秦相近，秦欲并周而外睦于周，故当时诸侯咸谓"周秦"。 ⑤【正义】解音纪买反。代言周若知楚疑亲秦，其计定不可解免，周必亲于秦也。是为秦取周精妙之计。 ⑥【正义】代言为王计者，周亲秦，因而善之。周不亲，亦言善之。楚若善周，周必疏于秦也。 ⑦【正义】郢，楚都也。楚既亲周，秦必绝周亲楚矣。以上至"八年"，苏代说楚合周。

秦借道两周之间，[①]将以伐韩，周恐借之畏于韩，不借畏于秦。史厌[②]谓周君曰：[③]"何不令人谓韩[④]公叔曰'秦之敢绝周而伐韩者，信东周也。公何不与周地，发质使之楚'？[⑤]

秦必疑楚不信周,是韩不伐也。又谓秦曰‘韩强与周地,将以疑周于秦也,周不敢不受’。秦必无辞而令周不受,[6]是受地于韩而听于秦。”[7]

①【正义】上“借”音精夕反,下音子夜反。　②【正义】乌减反,又于点反。　③【索隐】周君,西周武公也。时王赧微弱,不主盟会,寄居西周耳。　④【集解】徐广曰:“一作何。应劭(曰)《氏姓注》云以何姓为韩后。”　⑤【正义】质音竹利反。使音所吏反。质使,令公子及重臣等往楚为质,使秦疑楚,又得不信周也。质平敌不相负也。　⑥【正义】又谓秦曰:“韩强与周地,令秦疑周亲韩,则周不敢不受,秦必无巧辞而令周不敢(不)受韩地也。”　⑦【索隐】此史厌说韩,令与周地,使质于楚,令秦疑楚不信周,得不假道伐韩,而犹听命于秦。

秦召西周君,西周君恶往,故令人谓韩王[1]曰:“秦召西周君,将以使攻王之南阳也,王何不出兵于南阳?周君将以为辞于秦。[2]周君不入秦,秦必不敢逾河而攻南阳矣。”[3]

①【索隐】按:《战国策》云或人为周君谓魏王。　②【索隐】高诱注《战国策》曰:“以魏兵在河南为辞,周君不往朝秦也。”　③【正义】南阳,今怀州也。杜预云在晋山南河北。以上至“秦召西周君”,是西周君说韩令出兵河南谋秦也。

东周与西周战,韩救西周。或为东周说韩王曰:[1]“西周故天子之国,多名器重宝。王案兵毋出,可以德东周,[2]而西周之宝必可以尽矣。”[3]

①【正义】为音于伪反。乃或人为东周说韩王，令按兵无出，则周德韩矣。　②【正义】韩按兵不出伐东周，而东周甚愧韩之恩德也。③【正义】韩出兵助西周，虽不攻东周，西周愧其佐助，宝器必尽归于韩。以上至“东周与西周战”，是或人说韩令无救西周也。

王赧谓成君。楚围雍氏，[①]韩征甲与粟于东周，东周君恐，召苏代而告之。代曰：“君何患于是。臣能使韩毋征甲与粟于周，又能为君得高都。”[②]周君曰：“子苟能，请以国听子。”代见韩相国曰：[③]“楚围雍氏，期三月也，今五月不能拔，是楚病也。[④]今相国乃征甲与粟于周，是告楚病也。”韩相国曰：“善。使者已行矣。”[⑤]代曰：“何不与周高都？”韩相国大怒曰：“吾毋征甲与粟于周亦已多矣，[⑥]何故与周高都也？”代曰：“与周高都，是周折而入于韩也，秦闻之必大怒忿周，即不通周使，是以弊高都得完周也。曷为不与？”相国曰：“善。”果与周高都。[⑦]

①【集解】徐广曰：“阳翟雍氏城也。《战国策》曰‘韩兵入西周，西周令成君辩说秦求救’，当是说此事而脱误也。”【索隐】如徐此说，自合当改而注结之，不合与“楚围雍氏”连注。【正义】雍音于恭反。《括地志》云：“故雍城在洛州阳翟县东北二十五里，故老云黄帝臣雍父作杵臼所封也。”按：其地时属韩也。　②【集解】徐广曰：“今河南新城县高都城也。”【索隐】高诱云：“高都，韩邑，今属上党也。”【正义】《括地志》云：“高都故城一名郜都城，在洛州伊阙县北三十五里。”　③【集解】《汉书·百官表》曰：“相国，秦官。”骃谓韩亦有相国，然则诸国共放秦也。【索隐】相国，公仲侈也。④【正义】谓楚兵弊弱也。　⑤【索隐】已，止也。　⑥【正义】言幸甚也。　⑦【正义】以上至“楚围雍氏”，是苏代为东周说韩，令不征甲而

得高都。

三十四年，苏厉谓周君曰："秦破韩、魏，扑师武，[1]北取赵蔺、离石者，[2]皆白起也。是善用兵，又有天命。今又将兵出塞攻梁，[3]梁破则周危矣。君何不令人说白起乎？曰'楚有养由基者，善射者也。去柳叶百步而射之，百发而百中之。左右观者数千人，皆曰善射。有一夫立其旁，曰"善，可教射矣"。养由基怒，释弓搤剑，曰"客安能教我射乎"？客曰"非吾能教子支左诎右也。[4]夫去柳叶百步而射之，百发而百中之，不以善息，[5]少焉气衰力倦，弓拨矢钩，一发不中者，百发尽息"。[6]今破韩、魏，扑师武，北取赵蔺、离石者，公之功多矣。今又将兵出塞，过两周，倍韩，攻梁，一举不得，前功尽弃。公不如称病而无出'。"[7]

①【集解】徐广曰："扑，一作'仆'。《战国策》曰秦败魏将犀武于伊阙。" ②【集解】《地理志》曰西河郡有蔺、离石二县。【正义】蔺音力刃反。《括地志》云："离石县，今石州所理县也。"蔺近离石，皆赵二邑。③【正义】谓伊阙塞也，在洛州南十九里。伊阙山今名钟山。郦元《注水经》云："两山相对，望之若阙，伊水历其间，故谓之伊阙。"按：今谓之龙门，禹凿以通水也。 ④【索隐】按：《列女传》云"左手如拒，右手如附枝，右手发之，左手不知，此射之道也"。又《越绝书》曰"左手如附泰山，右手如抱婴儿"。 ⑤【索隐】言不以其善而且停息。息，止也。 ⑥【索隐】息犹弃。言并弃前善。 ⑦【正义】以上至"三十四年"，是苏厉为周说白起无伐梁也。

四十二年，秦破华阳约。[1]马犯谓周君曰："请令梁城周。"[②]乃谓梁王曰："周王病若死，则犯必死矣。[③]犯请以九鼎自入于王，王受九鼎而图犯。"[④]梁王曰："善。"遂与之卒，言戍周。[⑤]因谓秦王曰："梁非戍周也，将伐周也。王试出兵境以观之。"[⑥]秦果出兵。又谓梁王曰：[⑦]"周王病甚矣，犯请后可而复之。[⑧]今王使卒之周，诸侯皆生心，后举事且不信。不若令卒为周城，以匿事端。"[⑨]梁王曰："善。"遂使城周。[⑩]

①【集解】徐广曰："一作厄。"【正义】司马彪云："华阳，亭名，在密县。秦昭王三十三年，秦背魏约，使客卿胡伤击魏将芒卯华阳，破之。"《六国年表》云："白起击魏华阳，芒卯走。"《括地志》云："故华阳城在郑州管城县南四十里是。"按：马犯见秦破魏华阳约，惧周危，故谓"请梁城周"也。

②【索隐】华阳，地名。司马彪曰："华阳，亭名，在密县。秦昭王三十三年，秦背魏约，使客卿胡伤击魏将芒卯华阳，破之。"是马犯见秦破魏约，惧周危，故谓周君请梁城周，而设诡计也。　③【正义】马犯，周臣也。乃说梁王曰，秦破魏华阳之军，去周甚近，周王忧惧国破，犹身之重病，若死，则犯必死也。　④【索隐】图，谋也。犯谓梁王，我方入鼎于王，王当谋救援己也。　⑤【正义】戍，守也。周虽未入九鼎于梁，而梁信马犯矫言，遂与之卒，令守周。　⑥【正义】梁兵非戍周也，将渐伐周而取九鼎宝器，王若不信，试出师于境，以观梁王之变也。　⑦【正义】马犯说秦，得秦出兵于境，又重归说梁王也。　⑧【索隐】按：《战国策》"甚"作"愈"。犯请后可而复之者，言王病愈，所图不遂，请得在后有可之时以鼎入梁也。【正义】复音扶富反。复，重也。秦既破华阳军，今又出兵境上，是周国病秦久矣。犯前请卒戍周，诸侯皆心疑梁取周，后可更重请益卒守周乎？

⑨【索隐】梁实图周九鼎，且外遣卒戍周和合。秦举兵欲侵周，梁不救周，是本无善周之事，止是欲周危而取九鼎，故诸侯皆心不信梁矣。故不如匿事端，使卒为周城。【正义】既诸侯生心，不如令卒便为筑城，以隐匿疑伐周之事端，绝诸侯不信之心。梁王遂使城周，解诸侯之疑也。　⑩【正义】

以上至“四十二年”，是马犯说梁王为周筑城也。

四十五年，周君之秦客谓周(最)〔冣〕[①]曰：“公不若誉秦王之孝，因以应为太后养地，[②]秦王必喜，是公有秦交。交善，周君必以为公功。交恶，劝周君入秦者必有罪矣。”[③]秦攻周，而周冣谓秦王曰：“为王计者不攻周。攻周，实不足以利，声畏天下。天下以声畏秦，必东合于齐。兵弊于周，合天下于齐，则秦不王矣。天下欲弊秦，劝王攻周。秦与天下弊，则令不行矣。”[④]

①【索隐】(最)〔冣〕音词喻反，周之公子也。 ②【集解】徐广曰：“《地理志》云应，今颍川父城县应乡是也。”【索隐】《战国策》作“原”。原，周地。太后，秦昭王母宣太后芈氏也。【正义】《括地志》云：“故应城，殷时应国，在(城)父〔城〕。”按：应城此时属周。太后，秦昭王母宣太后芈氏。③【正义】客谓周冣曰，周君与秦交善，是冣之功也。与秦交恶，劝周君入秦者周冣，今必得劝周君之罪也。以上至“四十五年”，是周客说周冣，令周君以应入秦，得交善而归也。 ④【正义】令音力政反。秦欲攻周，周冣说秦曰，周天子之国，虽有重器名宝，土地狭少，不足利秦国。王若攻之，乃有攻天子之声，而令天下以攻天子之声畏秦，使诸侯归于齐，秦兵空弊于周，则秦不王矣。是天下欲弊秦，故劝王攻周，令秦受天下弊，而令教命不行于诸侯矣。以上至“秦攻周”，是周冣说秦也。

五十八年，三晋距秦。周令其相国之秦，以秦之轻也，还其行。[①]客谓相国曰：“秦之轻重未可知也。[②]秦欲知三国之情。公不如急见秦王曰‘请为王听东方之变’，秦王必重公。重公，是秦重周，周以取秦也。齐重，则固有周聚[③]以收齐，是周常不失重国之交也。”秦信周，发兵攻三晋。[4]

①【正义】以秦轻易周相，故相国于是反归周也。 ②【正义】言秦之轻相国重相国，亦未可知。 ③【集解】徐广曰：“一作‘冣’，冣亦古之聚字。”【正义】按：周聚事齐而和于齐、周，故得齐重。今相国又得秦重，是相国收秦，周聚收齐，周常不失大国之交也。 ④【正义】三晋，韩、魏、赵也。以上至“五十八年”，是客说周相国，令报三国之情，得秦重也。

五十九年，秦取韩阳城负黍，[1]西周恐，背秦，与诸侯约从，[2]将天下锐师出伊阙攻秦，[3]令秦无得通阳城。秦昭王怒，使将军摎[4]攻西周。西周君奔秦，[5]顿首受罪，尽献其邑三十六，口三万。[6]秦受其献，归其君于周。

①【集解】徐广曰：“阳城有负黍聚。”【正义】《括地志》云：“阳城，洛州县也。负黍亭在阳城县西南三十五里。故周邑。《左传》云‘郑伐周负黍’是也。”今属韩国也。 ②【集解】文颖曰：“关东为从，关西为横。”孟康曰：“南北为从，东西为横。”瓒曰：“以利合曰从，以威势相胁曰横。”【正义】按：诸说未允。关东地南北长，长为从，六国共居之。关西地东西广，广为横，秦独居之。 ③【正义】西周以秦取韩阳城、负黍，恐惧，倍秦之约，共诸侯连从，领天下锐师，从洛州南出伊阙攻秦军，令不得通阳城。 ④【集解】《汉书·百官表》曰：“前、后、左、右将军，皆周末官也。”【正义】摎音纪虬反。 ⑤【正义】谓西周武公。 ⑥【索隐】秦昭王之五十二年。

周君、王赧卒，[1]周民遂东亡。秦取九鼎宝器，而迁西周公于𢍰狐。[2]后七岁，秦庄襄王灭东（西）周。[3]东西周皆入于秦，周既不祀。[④]

①【集解】宋衷曰："谥曰西周武公。"【索隐】非也。徐以西周武公是惠公之长子，此周君即西周武公也。盖此时武公与王赧皆卒，故连言也。【正义】刘伯庄云："赧是惭耻之甚，轻微危弱，寄住东西，足为惭赧，故号之曰赧。"《帝王世纪》云："名诞。虽居天子之位号，为诸侯之所役逼，与家人无异。名负责于民，无以得归，乃上台避之，故周人名其台曰逃责台。"
②【集解】徐广曰："罿音惮。罿狐聚与阳人聚相近，在洛阳南百五十里梁、新城之间。"【索隐】西周，盖武公之太子文公也。武公卒而立，为秦所迁。而东周亦不知其名号。《战国策》虽有周文君，亦不知灭时定当何主。盖周室衰微，略无纪录，故太史公虽考众书以卒其事，然二国代系甚不分明。【正义】《括地志》云："汝州外古梁城即罿狐聚也。阳人故城即阳人聚也，在汝州梁县西四十里，秦迁东周君地。梁亦古梁城也，在汝州梁县西南十五里。新城，今洛州伊阙县也。"按：罿狐、阳人傍在三城之间。　③【集解】徐广曰："周比亡之时，凡七县，河南、洛阳、谷城、平阴、偃师、巩、缑氏。"【正义】《括地志》云："故谷城在洛州河南县西北十八里苑中。河阴县城本汉平阴县，在洛州洛阳县东北五十里。《十三州志》云在平津大河之南也。魏文帝改曰河阴。"　④【集解】皇甫谧曰："周凡三十七王，八百六十七年。"【索隐】既，尽也。日食尽曰既。言周祚尽灭，无主祭祀。【正义】按：王赧卒后，天下无主三十五年，七雄并争。至秦始皇立，天下一统，十五年，海内咸归于汉矣。

太史公曰：学者皆称周伐纣，居洛邑，综其实不然。武王营之，成王使召公卜居，居九鼎焉，而周复都丰、镐。至犬戎败幽王，周乃东徙于洛邑。所谓"周公葬(我)〔于〕毕"，毕在镐东南杜中。[①]秦灭周。汉兴九十有余载，天子将封泰山，东巡狩至河南，求周苗裔，封其后嘉三十里地，号曰周子南君,[②]比列侯,以奉其先祭祀。[③]

①【集解】徐广曰:"一作社。" ②【集解】瓒曰:"《汲冢古文》谓卫将军文子为子南弥牟,其后有子南劲,朝于魏,后惠成王如卫,命子南为侯。秦并六国,卫最为后,疑嘉是卫后,故氏子南而称君也。"【正义】《括地志》云:"周承休城一名梁雀坞,在汝州梁县东北二十六里。《帝王世纪》云'汉武帝元鼎四年,东巡河洛,思周德,乃封姬嘉三千户,地方三十里,为周子南君,以奉周祀。(元鼎三年嘉弟昭)〔元帝初元五年,嘉孙延年〕进爵为承休侯',在此城也。平帝元始四年,进为郑公。光武建武十三年,封于观,为卫公。"颜师古云:"子南,其封邑之号,为周后,故总言周子南君。"按:自嘉以下皆姓姬氏,著在史传。瓒言子南为氏,恐非。 ③【集解】徐广曰:"自周亡乙巳至元鼎四年戊辰,一百四十四年,汉之九十四年也。汉武元鼎四年封周后也。"

索隐述赞曰:后稷居邰,太王作周。丹开雀录,火降乌流。三分既有,八百不谋。苍兕誓众,白鱼入舟。太师抱乐,箕子拘囚。成康之日,政简刑措。南巡不还,西服莫附。共和之后,王室多故。檿弧兴谣,龙漦作蠹。颓带荏祸,实倾周祚。

卷五

秦本纪第五

秦之先，帝颛顼之苗裔[①]孙曰女修。女修织，玄鸟陨卵，女修吞之，生子大业。[②]大业取少典之子，曰女华。女华生大费，[③]与禹平水土。已成，帝锡玄圭。禹受曰："非予能成，亦大费为辅。"帝舜曰："咨尔费，赞禹功，其赐尔皂游。[④]尔后嗣将大出。"[⑤]乃妻之姚姓之玉女。[⑥]大费拜受，佐舜调驯鸟兽，鸟兽多驯服，是为柏翳。舜赐姓嬴氏。

①【正义】黄帝之孙，号高阳氏。　②【索隐】女脩，颛顼之裔女，吞(乙)〔鳦〕子而生大业。其父不著。而秦、赵以母族而祖颛顼，非生人之义也。按：《左传》郯国，少昊之后，而嬴姓盖其族也，则秦、赵宜祖少昊氏。【正义】《列女传》云："陶子生五岁而佐禹。"曹大家注云："陶子者，皋陶之子伯益也。"按此即知大业是皋陶。　③【索隐】扶味反，一音秘。寻费后以为氏，则扶味反为得。此则秦、赵之祖，嬴姓之先，一名伯翳，《尚书》谓之"伯益"，《系本》、《汉书》谓之"伯益"是也。寻检《史记》上下诸文，伯翳与伯益是一人不疑。而《陈杞系家》即叙伯翳与伯益为二，未知太史公疑而未决邪？抑亦谬误尔？　④【索隐】游音旒。谓赐以皂色旌旆之旒，色与玄(圭)〔玉〕色副，言其大功成也。然其事亦当有所出。　⑤【索隐】出犹生也。言尔后嗣繁昌，将大生出子孙也。故《左传》亦云"晋公子姬出也"。⑥【集解】徐广曰："皇甫谧云赐之玄玉，妻以姚姓之女也。"

大费生子二人：一曰大廉，实鸟俗氏；二曰若木，实费氏。[①]其玄孙曰费昌，子孙或在中国，或在夷狄。[②]费昌当夏桀之时，去夏归商，为汤御，以败桀于鸣条。大廉玄孙曰孟戏、中衍，[③]鸟身人言。[④]帝太戊闻而卜之使御，吉，遂致使御而妻之。自太戊以下，中衍之后，遂世有功，[⑤]以佐殷国，故嬴姓多显，遂为诸侯。

①【索隐】以仲衍鸟身人言，故为鸟俗氏。俗，一作浴。若木以王父字为费氏也。　②【索隐】殷纣时费仲，即昌之后也。　③【索隐】旧解以孟戏、仲衍是一人，今以孟仲分字，当是二人名也。　④【正义】身体是鸟而能人言。又云口及手足似鸟也。　⑤【正义】谓费昌及仲衍。

其玄孙曰中潏，[①]在西戎，保西垂，生蜚廉。蜚廉生恶来。恶来有力，[②]蜚廉善走，父子俱以材力事殷纣。周武王之伐纣，并杀恶来。是时蜚廉为纣石北方，[③]还，无所报，为坛霍太山[④]而报，得石棺，[⑤]铭曰“帝令处父[⑥]不与殷乱，赐尔石棺以华氏”。死，遂葬于霍太山。[⑦]蜚廉复有子曰季胜。[⑧]季胜生孟增。孟增幸于周成王，是为宅皋狼。[⑨]皋狼生衡父，衡父生造父。造父以善御幸于周缪王，得骥、温骊、[⑩]骅骝、[⑪]騄耳之驷，[⑫]西巡狩，乐而忘归。[⑬]徐偃王作乱，[⑭]造父为缪王御，长驱归周，〔一日千里〕以救乱。[⑮]缪王以赵城封造父，[⑯]造父族由此为赵氏。自蜚廉生季胜已下五世至造父，别居赵。赵衰其后也。恶来革者，蜚廉子也，早死。有子曰女防。女防生旁皋，旁皋生太几，太几生大骆，大骆生非子。以造父之宠，皆蒙赵城，姓赵氏。

①【集解】徐广曰："一作滑。"【正义】中音仲。潏音决。宋衷注《世本》云仲滑生飞廉。　②【集解】《晏子春秋》曰："手裂虎兕。"　③【集解】徐广曰："皇甫谧云作石椁于北方。"【索隐】"石"下无字，则不成文，意亦无所见，必是《史记》本脱。皇甫谧尚得其说。徐虽引之，而竟不云是脱何字，专质之甚也。【正义】为，于伪反。刘伯庄云："霍太山，纣都之北也。霍太山在晋州霍邑县。"按：在卫州朝歌之西方也。　④【集解】《地理志》霍太山在河东彘县。　⑤【正义】纣既崩，无所归报，故为坛就霍太山而祭纣，报云作得石椁。　⑥【索隐】蜚廉别号。　⑦【集解】皇甫谧云："去彘县十五里有冢，常祠之。"【索隐】言处父至忠，国灭君死而不忘臣节，故天赐石棺，以光华其族。事盖非实，谯周深所不信。　⑧【正义】音升。　⑨【正义】《地理志》云西河郡皋狼县也。按：孟增居皋狼而生衡父。　⑩【集解】徐广曰："温，一作盗。"骃案：郭璞云"为马细颈。骊，黑色"。【索隐】温音盗。徐广亦作盗。邹诞生本作駣，音陶。刘氏《音义》云"盗骊，(窃)〔騧骊〕也。(窃)〔騧〕，浅(青)〔黄〕色"。八骏既因色为名，(窃)〔騧〕骊为得之也。　⑪【集解】郭璞曰："色如华而赤。今名马骠赤者为枣骝。骝，马赤也。"　⑫【集解】郭璞曰："《纪年》云'北唐之君来见以一骊马，是生騄耳'。八骏皆因其毛色以为名号。"骃案：《穆天子传》穆王有八骏之乘，此纪不具者也。【索隐】按：《穆王传》曰赤骥、盗骊、白义、渠黄、骅骝、騟騟、騄耳、山子。【正义】騄音录。　⑬【集解】郭璞曰："《纪年》云穆王十七年，西征于昆仑丘，见西王母。"【正义】《括地志》云："昆仑山在肃州酒泉县南八十里。《十六国春秋》云前凉张骏酒泉守马岌上言，酒泉南山即昆仑之丘也，周穆王见西王母，乐而忘归，即谓此山。有石室王母堂，珠玑镂饰，焕若神宫。"按：肃州在京西北二千九百六十里，即小昆仑也，非河源出处者。　⑭【集解】《地理志》曰临淮有徐县，云故徐国。《尸子》曰："徐偃王有筋而无骨。"骃谓号偃由此。【正义】《括地志》云："大徐城在泗州徐城县北三十里，古徐国也。《博物志》云徐君宫人有娠而生卵，以为不祥，弃于水滨洲。孤独母有犬鹄苍，衔所弃卵以归，覆暖之，乃成小儿。生时正偃，故以为名。宫人闻之，更取养之。及长，袭为徐君。后鹄苍临死，生角

而九尾，化为黄龙也。鹄苍或名后苍。”《括地志》又云：“徐城在越州鄮县东南入海二百里。夏侯《志》云翁洲上有徐偃王城。传云昔周穆王巡狩，诸侯共尊偃王，穆王闻之，令造父御，乘騄褭之马，日行千里，自还讨之。或云命楚王帅师伐之，偃王乃于此处立城以终。” ⑮【正义】《古史考》云：“徐偃王与楚文王同时，去周穆王远矣。且王者行有周卫，岂得救乱而独长驱日行千里乎？”并言此事非实。按：年表穆王元年去楚文王元年三百一十八年矣。 ⑯【集解】徐广曰：“赵城在河东永安县。”【正义】《括地志》云：“赵城，今晋州赵城县是。本彘县地，后改曰永安，即造父之邑也。”

非子居犬丘，[①]好马及畜，[②]善养息之。犬丘人言之周孝王，孝王召使主马于汧、渭之间，[③]马大蕃息。孝王欲以为大骆嫡嗣。申侯之女为大骆妻，生子成为嫡。申侯乃言孝王曰：“昔我先郦山之女，[④]为戎胥轩妻，[⑤]生中潏，以亲故归周，保西垂，西垂以其故和睦。今我复与大骆妻，生嫡子成。申、骆重婚，西戎皆服，所以为王。[⑥]王其图之。”于是孝王曰：“昔伯翳为舜主畜，畜多息，故有土，赐姓嬴。今其后世亦为朕息马，朕其分土为附庸。”邑之秦，[⑦]使复续嬴氏祀，号曰秦嬴。亦不废申侯之女子为骆嫡者，以和西戎。

①【集解】徐广曰：“今槐里也。”【正义】《括地志》云：“犬丘故城一名槐里，亦曰废丘，在雍州始平县东南十里。《地理志》云扶风槐里县，周曰犬丘，懿王都之，秦更名废丘，高祖三年更名槐里也。” ②【正义】好，火到反。畜，许救反。 ③【正义】汧音牵。言于二水之间，在陇州以东。 ④【正义】申侯之先，娶于郦山。 ⑤【正义】胥轩，仲衍曾孙也。 ⑥【正义】重，直龙反。言申、骆重婚，西戎皆从，所以得为王。王即孝王。 ⑦【集解】徐广曰：“今天水陇西县秦亭也。”【正义】《括地志》云：“秦州清水

县本名秦，嬴姓邑。《十三州志》云秦亭，秦谷是也。周太史儋云'始周与秦国合而别'，故天子邑之秦。"

秦嬴生秦侯。秦侯立十年，卒。生公伯。公伯立三年，卒。生秦仲。秦仲立三年，周厉王无道，诸侯或叛之。西戎反王室，灭犬丘大骆之族。周宣王即位，[①]乃以秦仲为大夫，诛西戎。西戎杀秦仲。秦仲立二十三年，死于戎。[②]有子五人，其长者曰庄公。周宣王乃召庄公昆弟五人，与兵七千人，使伐西戎，破之。于是复予秦仲后，及其先大骆地犬丘并有之，为西垂大夫。[③]

①【集解】徐广曰："秦仲之十八年也。" ②【集解】《毛诗序》曰："秦仲始大，有车马礼乐侍御之好也。" ③【正义】《注水经》云："秦庄公伐西戎，破之，周宣王与大骆犬丘之地，为西垂大夫。"《括地志》云："秦州上邽县西南九十里，汉陇西西县是也。"

庄公居其故西犬丘，生子三人，其长男世父。世父曰："戎杀我大父仲，我非杀戎王则不敢入邑。"遂将击戎，让其弟襄公。襄公为太子。庄公立四十四年，卒，太子襄公代立。襄公元年，以女弟缪嬴为丰王妻。襄公二年，[①]戎围犬丘，(世父)世父击之，为戎人所虏。岁余，复归世父。七年春，周幽王用褒姒废太子，立褒姒子为嫡，数欺诸侯，诸侯叛之。西戎犬戎与申侯伐周，杀幽王郦山下。而秦襄公将兵救周，战甚力，有功。周避犬戎难，东徙雒邑，[②]襄公以兵送周平王。平王封襄公为诸侯，赐之岐以西之地。曰"戎无道，侵夺我岐、丰之地，秦能攻逐戎，即有其地。”与誓，封爵之。襄公于是始国，与诸侯通使聘享之礼，乃用骝驹、[③]黄牛、羝羊各三，祠上帝西畤。[④]十二年，伐戎而至岐，卒。生文公。

①【正义】《括地志》云：“故汧城在陇州汧源县东南三里。《帝王世纪》云秦襄公二年徙都汧，即此城。” ②【正义】周平王徙居王城，即《雒诰》云“我卜涧水东，瀍水西”者也。 ③【集解】徐广曰：“赤马黑髦曰骝。” ④【集解】徐广曰：“年表云立西畤，祠白帝。”【索隐】襄公始列为诸侯，自以居西(畤)，西(畤)，县名，故作西畤，祠白帝。畤，止也，言神灵之所依止也。亦音市，谓为坛以祭天也。

文公元年，居西垂宫。[①]三年，文公以兵七百人东猎。四年，至汧、渭之会，曰：“昔周邑我先秦嬴于此，后卒获为诸侯。”乃卜居之，占曰吉，[②]即营邑之。十年，初为鄜畤，[③]用三牢。十三年，初有史以纪事，民多化者。十六年，文公以兵伐戎，戎败走。于是文公遂收周余民有之，地至岐，岐以东献之周。十九年，得陈宝。[④]二十年，法初有三族之罪。[⑤]二十七年，伐南山大梓，丰大特。[⑥]四十八年，文公太子卒，赐谥为竫公。[⑦]竫公之长子为太子，是文公孙也。五十年，文公卒，葬西山。[⑧]竫公子立，是为宁公。[⑨]

①【正义】即上西县是也。 ②【正义】《括地志》云：“郿县故城在岐州郿县东北十五里。毛苌云郿，地名也。秦文公东猎汧、渭之会，卜居之，乃营邑焉，即此城也。” ③【集解】徐广曰：“鄜县属冯翊。”【索隐】音敷，亦县名。于鄜地作畤，故曰鄜畤。故《封禅书》曰“秦文公梦黄蛇自天下

属地，其口止于鄜衍”，史敦以为神，故立畤也。【正义】《括地志》云：“三畤原在岐州雍县南二十里。《封禅书》云秦文公作鄜畤，襄公作西畤，灵公作吴阳上畤，并此原上，因名也。” ④【索隐】按：《汉书·郊祀志》云“文公获若石云，于陈仓北阪城祠之，其神来，若雄雉，其声殷殷云，野鸡夜鸣，以一牢祠之，号曰陈宝”。又臣瓒云“陈仓县有宝夫人祠，岁与叶君神会，祭于此者也”。苏林云“质如石，似肝”。云，语辞。【正义】《括地志》云：“宝鸡(神)〔祠〕在岐州陈仓县东二十里故陈仓城中。《晋太康地志》云‘秦文公时，陈仓人猎得兽，若彘，不知名，牵以献之。逢二童子，童子曰：“此名为(媦)〔媪〕，常在地中，食死人脑。”即欲杀之，拍捶其首。(媦)〔媪〕亦语曰：“二童子名陈宝，得雄者王，得雌者霸。”陈仓人乃逐二童子，化为雉，雌上陈仓北阪，为石，秦祠之’。《搜神记》云其雄者飞至南阳，其后光武起于南阳，皆如其言也。” ⑤【集解】张晏曰：“父母、兄弟、妻子也。”如淳曰：“父族、母族、妻族也。” ⑥【集解】徐广曰：“今武都故道有怒特祠，图大牛，上生树本，有牛从木中出，后见于丰水之中。”【正义】《括地志》云：“大梓树在岐州陈仓县南十里仓山上。《录异传》云‘秦文公时，雍南山有大梓树，文公伐之，辄有大风雨，树生合不断。时有一人病，夜往山中，闻有鬼语树神曰：“秦若使人被发，以朱丝绕树伐汝，汝得不困耶？”树神无言。明日，病人语闻，公如其言伐树，断，中有一青牛出，走入丰水中。其后牛出丰水中，使骑击之，不胜。有骑堕地复上，发解，牛畏之，入不出，故置髦头。汉、魏、晋因之。武都郡立怒特祠，是大梓牛神也’。”按：今俗画青牛障是。
⑦【集解】徐广曰：“文公之四十四年，鲁隐之元年。” ⑧【集解】徐广曰：“皇甫谧云葬于西山，在今陇西之西县。” ⑨【集解】徐广曰：“一作曼。”

宁公二年，公徙居平阳。① 遣兵伐荡社。② 三年，与亳战，亳王奔戎，遂灭荡社。③ 四年，鲁公子翚④ 弑其君隐公。十二年，伐荡氏，取之。宁公生十岁立，立十二年卒，葬西山。⑤ 生子三人，长男武公为太子。武公弟德公，同母鲁姬子。[6]生出子。宁公卒，大庶长弗忌、威垒、[7]三父废太子而立出子为君。出子六年，三父等复共令人贼杀出子。出子生五岁立，立六年卒。三父等乃复立故太子武公。

①【集解】徐广曰："郿之平阳亭。"【正义】《帝王世纪》云秦宁公都平阳。按：岐山县有阳平乡，乡内有平阳聚。《括地志》云："平阳故城在岐州岐山县西四十六里，秦宁公徙都之处。" ②【集解】徐广曰："荡音汤。社，一作杜。"【索隐】西戎之君号曰亳王，盖成汤之胤。其邑曰荡社。徐广云一作"汤杜"，言汤邑在杜县之界，故曰汤杜也。【正义】《括地志》云："雍州三原县有汤陵。又有汤台，在始平县西北八里。"按：其国盖在三原、始平之界矣。 ③【集解】皇甫谧云："亳王号汤，西夷之国也。" ④【正义】音晖，即羽父也。 ⑤【正义】《括地志》云："秦宁公墓在岐州陈仓县西北三十七里秦陵山。《帝王世纪》云秦宁公葬西山大麓，故号秦陵山也。"按：文公亦葬西山，盖秦陵山也。 ⑥【正义】德公母号鲁姬子。 ⑦【正义】音力追反。

武公元年，伐彭戏氏，[1]至于华山下，[2]居平阳封宫。[3]三年，诛三父等而夷三族，以其杀出子也。郑高渠眯杀其君昭公。[4]十年，伐邽、冀戎，初县之。[5]十一年，初县杜、郑。[6]灭小虢。[7]

①【正义】戏音许宜反，戎号也。盖同州彭衙故城是也。 ②【正义】即华岳之下也。 ③【正义】宫名，在岐州平阳城内也。 ④【索隐】《春秋》鲁桓公十七年《左传》作"高渠弥"也。 ⑤【集解】《地理志》陇西有上邽县。应劭曰："即邽戎邑也。"冀县属天水郡。 ⑥【集解】

《地理志》京兆有郑县、杜县也。【正义】《括地志》云:“下杜故城在雍州长安县东南九里,古杜伯国。华州郑县也。《毛诗谱》云郑国者,周畿内之地。宣王封其弟于咸林之地,是为郑桓公。”按:秦得皆县之。 ⑦【集解】班固曰西虢在雍州。【正义】虢音古伯反。《括地志》云:“故虢城在岐州陈仓县东四十里。次西十余里又有城,亦名虢城。《舆地志》云此虢文王母弟虢叔所封,是曰西虢。”按:此虢灭时,陕州之虢犹谓之小虢。又云,小虢,羌之别种。

十三年,齐人管至父、连称等杀其君襄公而立公孙无知。晋灭霍、魏、耿。[①]齐雍廪[②]杀无知、管至父等而立齐桓公。齐、晋为强国。

①【索隐】《春秋》鲁闵公元年《左传》云“晋灭耿,灭魏,灭霍”。又《传》曰:“赐毕万魏,赐赵夙耿。”杜预注曰:“平阳皮氏县东南有耿乡,永安县东北有霍太山。三国皆姬姓。”【正义】《括地志》云:“霍,晋州霍邑县,又春秋时霍伯国。韦昭云霍,姬姓也。”《括地志》云:“故耿城今名耿仓城,在绛州龙门县东南十二里,故耿国也。《都城记》云耿,嬴姓国也。” ②【正义】雍,于宫反。廪,力甚反。是雍林邑人姓名也。

十九年,晋曲沃始为晋侯。[①]齐桓公伯于鄄。[②]

①【索隐】晋穆侯少子成师居曲沃,号曲沃桓叔,至武公称灭晋侯缗,始为晋君也。 ②【正义】伯音霸。

二十年,武公卒,葬雍平阳。初以人从死,从死者六十六人。有子一人,名曰白。白不立,封平阳。[①]立其弟德公。

①【正义】即雍平阳也。平阳时属雍,并在岐州。解在上也。

德公元年,初居雍城[①]大郑宫。[②]以牺三百牢祠鄜畤。卜居雍。后子孙饮马于河。[③]梁伯、芮伯来朝。[④]二年,初伏,[⑤]以狗御蛊。[⑥]德公生三十三岁而立,立二年卒。生子三人:长子宣公,中子成公,少子穆公。长子宣公立。

①【集解】徐广曰:“今县在扶风。” ②【正义】《括地志》云:“岐州雍县南七里故雍城,秦德公大郑宫城也。” ③【正义】卜居雍之后,国益广大,后代子孙得东饮马于龙门之河。 ④【索隐】梁,嬴姓。芮,姬姓。梁国在冯翊夏阳。芮国在冯翊临晋。【正义】《括地志》云:“南芮乡故城在同州朝邑县南三十里,又有北芮城,皆古芮伯国。郑玄云周同姓之国,在畿内,为王卿士者。《左传》云桓公三年,芮伯万之母芮姜恶芮伯之多宠人,故逐之,出居魏。”今按:〔陕〕州芮城县界有芮国城,盖是殷末虞、芮争田之芮国是也。 ⑤【集解】孟康曰:“六月伏日初也。周时无,至此乃有之。”【正义】六月三伏之节起秦德公为之,故云初伏。伏者,隐伏避盛暑也。《历忌释》云:“伏者何?以金气伏藏之日也。四时代谢,皆以相生:立春,木代水,水生木,立夏,火代木,木生火;立冬,水代金,金生水;立秋,以金代火,故至庚日必伏。庚者金,故曰伏也。” ⑥【集解】徐广曰:“年表云初作伏,祠社,磔狗邑四门也。”【正义】蛊者,热毒恶气为伤害人,故磔狗以御之。年表云“初作伏,祠社,磔狗邑四门”。按:磔,禳也。狗,阳畜也。以狗张磔于郭四门,禳却热毒气也。《左传》云皿虫为蛊。顾野王云谷久积变为飞蛊也。

宣公元年,卫、燕伐周,[①]出惠王,立王子穨。三年,郑伯、虢叔[②]杀子穨而入惠王。四年,作密畤[③]与晋战河阳,胜之。十二年,宣公卒。生子九人,莫立,立其弟成公。

①【正义】卫惠公都即今卫州也。燕，南燕也。周，天王也。《括地志》云："滑州故城古南燕国。应劭云南燕，姞姓之国，黄帝之后。" ②【正义】《括地志》云："洛州汜水县，古东虢国，亦郑之制邑，汉之城皋，即周穆王虎牢城。《左传》云宫之奇曰'虢仲虢叔，王季之穆也'。" ③【正义】《括地志》云："汉有五畤，在岐州雍县南，则鄜畤、吴阳上畤、下畤、密畤、北畤。秦文公梦黄蛇自天而下，属地，其口止于鄜衍，作畤，郊祭白帝，曰鄜畤。秦宣公作密畤于渭南，祭青帝。秦灵公作吴阳上畤，祭黄帝；作下畤，(亦祠黄帝)〔祠炎帝〕。汉高帝曰'天有五帝，今四，何也？待我而具五'。遂立黑帝，曰北畤是也。"

成公元年，梁伯、[①]芮伯来朝。齐桓公伐山戎，次于孤竹。[②]成公立四年卒。子七人，莫立，立其弟缪公。[③]

①【正义】《括地志》云："同州韩城县南二十二里少梁故城，古少梁国。《都城记》云梁伯国，嬴姓之后，与秦同祖。秦穆公二十二年灭之。" ②【正义】《括地志》云："孤竹故城在平州卢龙县十二里，殷时诸侯竹国也。" ③【索隐】秦自宣公已上皆史失其名。今按《系本》、《古史考》，得缪公名任好。

缪公任好元年，自将伐茅津，[①]胜之。四年，迎妇于晋，晋太子申生姊也。其岁，齐桓公伐楚，至邵陵。

①【正义】刘伯庄云："戎号也。"《括地志》云："茅津及茅城在陕州河北县西二十里。《注水经》云茅亭，茅戎号。"

五年，晋献公灭虞、虢，虏虞君与其大夫百里傒，以璧马赂于虞故也。既虏百里傒，以为秦缪公夫人媵于秦。百里傒亡秦走宛，[①]楚鄙人执之。缪公闻百里傒贤，欲重赎之，恐楚人不与，乃使人谓楚曰："吾媵臣百里傒在焉，请以五羖羊皮赎之。"楚人遂许与之。当是时，百里傒年已七十余。缪公释其囚，与语国事。谢曰："臣亡国之臣，何足问。"缪公曰："虞君不用子，故亡，非子罪也。"固问，语三日，缪公大悦，授之国政，号曰五羖大夫。百里傒让曰："臣不及臣友蹇叔，蹇叔贤而世莫知。臣常游困于齐而乞食銍人，[②]蹇叔收臣。臣因而欲事齐君无知，蹇叔止臣，臣得脱齐难，遂之周。周王子穨好牛，臣以养牛干之。及穨欲用臣，蹇叔止臣，臣去，得不诛。事虞君，蹇叔止臣。臣知虞君不用臣，臣诚私利禄爵，且留。再用其言，得脱，一不用，及虞君难，是以知其贤。"于是缪公使人厚币迎蹇叔，以为上大夫。

①【集解】《地理志》南阳有宛县。【正义】宛，于元反，今邓州县。
②【集解】徐广曰："銍，一作铚。"【正义】铚音珍栗反。铚，地名，在沛县。

秋，缪公自将伐晋，战于河曲。[①]晋骊姬作乱，太子申生死新城，[②]重耳、夷吾出奔。[③]

①【集解】徐广曰："一作西。"骃按：《公羊传》曰"河千里而一曲也"。服虔曰"河曲，晋地"。杜预曰"河曲在蒲阪南"。【正义】按：河曲在华阴县界也。　②【正义】韦昭云："曲沃新为太子城。"《括地志》云："绛州曲沃县有曲沃故城，土人以为晋曲沃新城。"　③【正义】重耳奔翟，夷吾奔少梁也。

九年，齐桓公会诸侯于葵丘。①

①【正义】《括地志》云："葵丘在曹州考城县东南一里一百五十步郭内，即桓公会处。又青州临淄县有葵丘，即传连称、管至父所戍处。"

晋献公卒。立骊姬子奚齐，其臣里克杀奚齐。荀息立卓子，①克又杀卓子及荀息。夷吾使人请秦，求入晋。于是缪公许之，使百里傒将兵送夷吾。夷吾谓曰："诚得立，请割晋之河西八城②与秦。"及至，已立，而使丕郑谢秦，背约不与河西城而杀里克。丕郑闻之，恐，因与缪公谋曰："晋人不欲夷吾，实欲重耳。今背秦约而杀里克，皆吕甥、郤芮之计也。愿君以利急召吕、郤，吕、郤至，则更入重耳便。"缪公许之，使人与丕郑归，召吕、郤。吕、郤等疑丕郑有间，乃言夷吾杀丕郑。丕郑子丕豹奔秦，说缪公曰："晋君无道，百姓不亲，可伐也。"缪公曰："百姓苟不便，何故能诛其大臣？能诛其大臣，此其调也。"③不听，而阴用豹。

①【集解】徐广曰："一作倬。"　②【正义】谓同、华等州地。
③【正义】调音徒聊反。言能诛大臣丕郑，云是夷吾于百姓调和也。刘伯庄音徒吊反。按：调，选也。邪臣诛，忠臣用，是夷吾能调选。两通也。

十二年，齐管仲、隰朋死。晋旱，来请粟。丕豹说缪公勿与，因其饥而伐之。缪公问公孙支，①支曰："饥穰更事耳，不可不与。"问百里傒，傒曰："夷吾得罪于君，其百姓何罪？"于是用百里傒、公孙支言，卒与之粟。以船漕车转，自雍相望至绛。[②]

①【集解】服虔曰："秦大夫公孙子桑。" ②【集解】贾逵曰："雍，秦国都。绛，晋国都也。"

十四年，秦饥，请粟于晋。晋君谋之群臣。虢射曰：[①]"因其饥伐之，可有大功。"晋君从之。十五年，兴兵将攻秦。缪公发兵，使丕豹将，自往击之。九月壬戌，与晋惠公夷吾合战于韩地。[②]晋君弃其军，与秦争利，还而马鸷。[③]缪公与麾下驰追之，不能得晋君，反为晋军所围。晋击缪公，缪公伤。于是岐下食善马者三百人驰冒晋军，晋军解围，遂脱缪公而反生得晋君。初，缪公亡善马，岐下野人共得而食之者三百余人，[④]吏逐得，欲法之。缪公曰："君子不以畜产害人。吾闻食善马肉不饮酒，伤人。"乃皆赐酒而赦之。三百人者闻秦击晋，皆求从，从而见缪公窘，亦皆推锋争死，以报食马之德。于是缪公虏晋君以归，令于国，"齐宿，吾将以晋君祠上帝"。周天子闻之，曰"晋我同姓"，为请晋君。夷吾姊亦为缪公夫人，夫人闻之，乃衰绖跣，曰："妾兄弟不能相救，以辱君命。"缪公曰："我得晋君以为功，今天子为请，夫人是忧。"乃与晋君盟，许归之，更舍上舍，而馈之七牢。[⑤]十一月，归晋君夷吾，夷吾献其河西地，使太子圉为质于秦。秦妻子圉以宗女。是时秦地东至河。[⑥]

①【正义】射音石也。 ②【正义】《左传》云僖公十五年，秦、晋战于韩原，秦获晋侯以归。《括地志》云："韩原在同州韩城县西南十八里。

《十六国春秋》云魏颗梦父结草抗秦将杜回，亦在韩原。” ③【正义】蛰音致，又敕利反。《国语》云：“晋师溃，戎马还泞而止。”韦昭云：“泞，深泥也。” ④【正义】《括地志》云：“野人坞在岐州雍县东北二十里。”按：野人盗马食处，因名焉。 ⑤【集解】贾逵曰：“诸侯雍饩七牢。牛一羊一豕一为一牢也。” ⑥【正义】晋河西八城入秦，秦东境至河，即龙门河也。

十八年，齐桓公卒。二十年，秦灭梁、芮。[①]

①【正义】梁、芮国皆在同州。秦得其地，故灭二国之君。

二十二年，晋公子圉闻晋君病，曰：“梁，我母家也，[①]而秦灭之。我兄弟多，即君百岁后，秦必留我，而晋轻，亦更立他子。”子圉乃亡归晋。二十三年，晋惠公卒，子圉立为君。秦怨圉亡去，乃迎晋公子重耳于楚，而妻以故子圉妻。重耳初谢，后乃受。缪公益礼厚遇之。二十四年春，秦使人告晋大臣，欲入重耳。晋许之，于是使人送重耳。二月，重耳立为晋君，是为文公。文公使人杀子圉。子圉是为怀公。其秋，周襄王弟带以翟伐王，王出居郑。[②]二十五年，周王使人告难于晋、秦。秦缪公将兵助晋文公入襄王，杀王弟带。二十八年，晋文公败楚于城濮。[③]三十年，缪公助晋文公围郑。[④]郑使人言缪公曰：“亡郑厚晋，于晋而得矣，而秦未有利。晋之强，秦之忧也。”缪公乃罢兵归。晋亦罢。三十二年冬，晋文公卒。

①【正义】子圉母，梁伯之女也。　②【正义】王居于氾邑也。　③【正义】卫地也，今濮州。　④【正义】《左传》云僖公三十年，晋侯、秦伯围郑。杜预云："文公过郑，郑不礼之。"

郑人有卖郑于秦曰："我主其城门，郑可袭也。"缪公问蹇叔、百里傒，对曰："径数国千里而袭人，希有得利者。且人卖郑，庸知我国人不有以我情告郑者乎？不可。"缪公曰："子不知也，吾已决矣。"遂发兵，使百里傒子孟明视，蹇叔子西乞术及白乙丙将兵。行日，百里傒、蹇叔二人哭之。缪公闻，怒曰："孤发兵而子沮哭吾军，何也？"① 二老曰："臣非敢沮君军。军行，臣② 子与往，③ 臣老，迟还恐不相见，故哭耳。"二老退，谓其子曰："汝军即败，必于殽阨矣。"④ 三十三年春，秦兵遂东，更晋地，过周北门。周王孙满曰："秦师无礼，⑤ 不败何待。"兵至滑，⑥ 郑贩卖贾人⑦ 弦高，⑧ 持十二牛将卖之周，见秦兵，恐死虏，因献其牛，曰："闻大国将诛郑，郑君谨修守御备，使臣以牛十二劳军士。"秦三将军相谓曰："将袭郑，郑今已觉之，往无及已。"灭滑。滑，晋之边邑也。

①【正义】沮，自吕反。沮，毁也。《左传》云蹇叔哭之曰："孟子，吾见师之出，不见其入也。"　②【集解】监本作吾。　③【正义】与音预。　④【正义】殽音胡交反。阨音厄。《春秋》云鲁僖公三十三年，晋人及姜戎败秦师于殽。《括地志》云："三殽山又名嵚岑山，在洛州永宁县西北二十里，即古之殽道也。"　⑤【正义】《左传》云："秦师过周北门，左右免胄而下，超乘者三百乘。王孙满尚幼，观之，言于王曰：'秦师轻而无礼，必败。'"杜预云："王城北门也。谓过天子门不卷甲束兵。超乘，示勇也。"　⑥【正义】为八反。《括地志》云："缑氏故城在洛州缑氏县东二十五里，滑

伯国也。韦昭云,姬姓小国也。” ⑦【正义】卖,麦卦反。贾音古。《左传》作“商人”也。 ⑧【集解】人姓名。

当是时,晋文公丧尚未葬。太子襄公怒曰:“秦侮我孤,因丧破我滑。”遂墨衰绖,发兵遮秦兵于殽,击之,大破秦军,无一人得脱者,虏秦三将以归。文公夫人,秦女也,[①]为秦三囚将请曰:“缪公之怨此三人入于骨髓,愿令此三人归,令我君得自快烹之。”晋君许之,归秦三将。三将至,缪公素服郊迎,向三人哭曰:“孤以不用百里傒、蹇叔言以辱三子,三子何罪乎?子其悉心雪耻,毋怠。”遂复三人官秩如故,愈益厚之。

①【集解】服虔曰:“缪公女。”

三十四年,楚太子商臣弑其父成王代立。

缪公于是复使孟明视等将兵伐晋,战于彭衙。[①]秦不利,引兵归。

①【集解】杜预曰:“冯翊郃阳县西北有衙城。”【正义】《括地志》云:“彭衙故城在同州白水县东北六十里。”

戎王使由余[①]于秦。由余,其先晋人也,亡入戎,能晋言。闻缪公贤,故使由余观秦。秦缪公示以宫室、积聚。由余曰:“使鬼为之,则劳神矣。使人为之,亦苦民矣。”缪公怪之,问曰:“中国以诗书礼乐法度为政,然尚时乱,今戎夷无此，何以为治，不亦难乎？”由余笑曰：“此乃中国所以乱也。夫自上圣黄帝作为礼乐法度，身以先之，仅以小治。及其后世，日以骄淫。阻法度之威，以责督于下，下罢极[②]则以仁义怨望于上，上下交争怨而相篡弑，至于灭宗，皆以此类也。夫戎夷不然，上含淳德以遇其下，下怀忠信以事其上，一国之政犹一身之治，不知所以治，此真圣人之治也。”于是缪公退而问内史廖曰：[③]“孤闻邻国有圣人，敌国之忧也。今由余贤，寡人之害，将奈之何？”内史廖曰：“戎王处辟匿，未闻中国之声。君试遗其女乐，以夺其志。[④]为由余请，以疏其间。留而莫遣，以失其期。戎王怪之，必疑由余。君臣有间，乃可虏也。且戎王好乐，必怠于政。”缪公曰：“善。”因与由余曲席而坐，[⑤]传器而食，问其地形与其兵势尽察，而后令内史廖以女乐二八遗戎王。戎王受而悦之，终年不还。于是秦乃归由余。由余数谏不听，缪公又数使人间要由余，由余遂去降秦。缪公以客礼礼之，问伐戎之形。

①【正义】戎人姓名。　②【正义】罢音皮。　③【集解】《汉书·百官表》曰：“内史，周官也。”　④【集解】徐广曰：“夺，一作徇。”　⑤【正义】按：床在穆公左右，相连而坐，谓之曲席也。

三十六年，缪公复益厚孟明等，使将兵伐晋，渡河焚船，大败晋人，取王官及鄗，[①]以报殽之役。晋人皆城守不敢出。于是缪公乃自茅津[②]渡河，[③]封殽中尸，[④]为发丧，哭之三日。乃誓于军曰：“嗟士卒，听无哗。余誓告汝。古之人谋，黄发番番，[⑤]则无所过。”以申思不用蹇叔、百里傒之谋，故作此誓，令后世以记余过。君子闻之，皆为垂涕，曰："嗟乎！秦缪公之与人周也，[6]卒得孟明之庆。"

①【集解】徐广曰："《左传》作郊。"骃案：服虔曰"皆晋地，不能有"。【正义】鄗音郊。《左传》作郊。杜预云："书取，言易也。"《括地志》云："王官故城在同州澄城县西北九十里。又云南郊故城在县北十七里。又有北郊故城，又有西郊古城。《左传》云文公三年，秦伯伐晋，济河焚舟，取王官及郊也。"《括地志》云："蒲州猗氏县南二里又有王官故城，亦秦伯取者。"上文云"秦地东至河"，盖猗氏王官是也。 ②【集解】徐广曰："在大阳。"【正义】《括地志》云："茅津在陕州河北县、大阳县也。" ③【正义】自茅津南渡河也。 ④【集解】贾逵曰："封识之。"【正义】《左传》云："秦伯伐晋，济河焚舟，晋人不出，遂自茅津济，封殽尸而还。"杜预云："封，埋藏也。" ⑤【正义】音婆。字当作皤。皤，白头貌。言发白而更黄，故云黄发番番，(以申思)谓蹇叔、百里奚也。 ⑥【集解】服虔曰："周，备也。"

三十七年，秦用由余谋伐戎王，益国十二，开地千里，[1]遂霸西戎。天子使召公过贺缪公以金鼓。三十九年，缪公卒，葬雍。[2]从死者百七十七人，秦之良臣子舆氏三人[3]名曰奄息、仲行、鍼虎，亦在从死之中。[4]秦人哀之，为作歌《黄鸟》之诗。君子曰："秦缪公广地益国，东服强晋，西霸戎夷，然不为诸侯盟主，亦宜哉。死而弃民，收其良臣而从死。且先王崩，尚犹遗德垂法，况夺之善人良臣百姓所哀者乎？是以知秦不能复东征也。"(穆)〔缪〕公子四十人，其太子罃代立，是为康公。

①【正义】韩安国云"秦穆公都地方三百里，并国十四，辟地千里"，陇

西、北地郡是也。　②【集解】《皇览》曰:“秦缪公冢在槖泉宫祈年观下。”【正义】《庙记》云:“槖泉宫,秦孝公造。祈年观,德公起。盖在雍州城内。”《括地志》云:“秦穆公冢在岐州雍县东南二里。”　③【正义】毛苌云:“良,善也,三善臣也。”《左传》云:“子车氏之三子。”杜预云:“子车,秦大夫也。”　④【正义】行音胡郎反。鍼音其廉反。应劭云:“秦穆公与群臣饮酒酣,公曰‘生共此乐,死共此哀’。于是奄息、仲行、鍼虎许诺。及公薨,皆从死。《黄鸟》诗所为作也。”杜预云:“以人葬为殉也。”《括地志》云:“三良冢在岐州雍县一里故城内。”

康公元年。往岁缪公之卒,晋襄公亦卒。襄公之弟名雍,秦出也,[①]在秦。晋赵盾欲立之,使随会[②]来迎雍,秦以兵送至令狐。[③]晋立襄公子而反击秦师,秦师败,随会来奔。二年,秦伐晋,取武城,[④]报令狐之役。四年,晋伐秦,取少梁。[⑤]六年,秦伐晋,取羁马。[⑥]战于河曲,大败晋军。晋人患随会在秦为乱,乃使魏雠馀[⑦]详反,[⑧]合谋会,诈而得会,会遂归晋。康公立十二年卒,子共公立。[⑨]

①【正义】雍母秦女,故言秦出也。　②【正义】韦昭云:“晋正卿,士艻之孙、成伯之子季武子也。食采于随、范,故曰随会,或曰范会。季,范子字也。”　③【集解】杜预曰:“在河东。”【正义】令音零。《括地志》云:“令狐故城在蒲州猗氏县界十五里也。”　④【正义】《括地志》云:“故武城一名武平城,在华州郑县东北十三里也。”　⑤【正义】前入秦,后归晋,今秦又取之。　⑥【集解】服虔曰:“晋邑也。”　⑦【集解】服虔曰:“晋之魏邑大夫。”【正义】雠音受。又作犨,音同。　⑧【正义】详音羊。　⑨【索隐】名貑。十代至灵公,又并失名。

共公二年，晋赵穿弑其君灵公。三年，楚庄王强，北兵至雒，问周鼎。共公立五年卒，子桓公立。

桓公三年，晋败我一将。十年，楚庄王服郑，北败晋兵于河上。当是之时，楚霸，为会盟合诸侯。二十四年，晋厉公初立，与秦桓公夹河而盟。归而秦背盟，与翟合谋击晋。二十六年，晋率诸侯伐秦，秦军败走，追至泾而还。桓公立二十七年卒，子景公立。[①]

①【集解】徐广曰："《世本》云景公名后伯车也。"【索隐】景公已下，名又错乱，《始皇本纪》作（哀）〔僖〕公。

景公四年，晋栾书弑其君厉公。十五年，救郑，败晋兵于栎。[①]是时晋悼公为盟主。十八年，晋悼公强，数会诸侯，率以伐秦，败秦军。秦军走，晋兵追之，遂渡泾，至棫林而还。[②]二十七年，景公如晋，与平公盟，已而背之。三十六年，楚公子围弑其君而自立，是为灵王。景公母弟后子鍼[③]有宠，景公母弟富，或谮之，恐诛，乃奔晋，车重千乘。晋平公曰："后子富如此，何以自亡？"对曰："秦公无道，畏诛，欲待其后世乃归。"三十九年，楚灵王强，会诸侯于申，[④]为盟主，杀齐庆封。景公立四十年卒，子哀公立。[⑤]后子复来归秦。

①【集解】杜预曰："晋地也。"【正义】栎音历。《括地志》云："洛州阳翟县，古栎邑也。" ②【集解】徐广曰："棫音域。"骃案：杜预曰"秦地也"。③【正义】音钳。 ④【正义】在邓州南阳县〔北〕三十里。 ⑤【索隐】《始皇本纪》作"毕公"。

哀公八年，楚公子弃疾弑灵王而自立，是为平王。十一年，楚平王来求秦女为太子建妻。至国，女好而自娶之。十五年，楚平王欲诛建，建亡。[①]伍子胥奔吴。晋公室卑而六卿强，欲内相攻，是以久秦、晋不相攻。三十一年，吴王阖闾与伍子胥伐楚，楚王亡奔随，吴遂入郢。楚大夫申包胥来告急，[②]七日不食，日夜哭泣。[③]于是秦乃发五百乘救楚，[④]败吴师。吴师归，楚昭王乃得复入郢。哀公立三十六年卒。太子夷公，夷公早死，不得立，立夷公子，是为惠公。

①【正义】太子建亡之郑，郑杀之。　②【正义】包胥姓公孙，封于申，故号申包胥。《左传》云："申包胥如秦乞师，曰：'吴为封豕长蛇，以荐食上国，虐始于楚。寡君失守社稷，越在草莽，使下臣告急曰，夷德无厌，若邻于君，疆埸之患也。逮吴之未定，君其取分焉。若楚之遂亡，君之土也。若以君灵抚之，世以事君。'"　③【正义】《左传》云："申包胥对秦伯曰'寡君越在草莽，未获所伏，下臣何敢即安'。立依于庭墙而哭，日夜不绝声，勺饮不入口，七日。秦哀公为赋《无衣》，九顿首而坐。秦师乃出。"　④【正义】《左传》鲁定公五年，秦子蒲、子虎帅车五百乘以救楚，败吴师于军祥。

惠公元年，孔子行鲁相事。五年，晋卿中行、范氏反晋，晋使智氏、赵简子攻之，范、中行氏亡奔齐。惠公立十年卒，子悼公立。

悼公二年，齐臣田乞弑其君孺子，立其兄阳生，〔是〕为悼公。六年，吴败齐师。齐人弑悼公，立其子简公。九年，晋定公与吴王夫差盟，争长于黄池，卒先吴。[①]吴强，陵中国。十二年，齐田常弑简公，立其弟平公，常相之。十三年，楚灭陈。秦悼公立十四年卒，子厉共公立。孔子以悼公十二年卒。

①【集解】徐广曰："《外传》云吴王先歃。"

厉共公二年，蜀人来赂。十六年，堑河旁。以兵二万伐大荔，取其王城。[①]二十一年，初县频阳。[②]晋取武成。二十四年，晋乱，杀智伯，分其国与赵、韩、魏。二十五年，智开与邑人来奔。[③]三十三年，伐义渠，虏其王。[④]三十四年，日食。厉共公卒，子躁公立。

①【集解】徐广曰："今之临晋也。临晋有王城。"【正义】荔音戾。《括地志》云："同州东三十里朝邑县东三十步故王城。大荔近王城邑。"
②【集解】《地理志》冯翊有频阳县。【正义】《括地志》云："频阳故城在雍州同官县界，古频阳县城也。" ③【集解】徐广曰："一本二十六年城南郑也。"【正义】开，智伯子。伯被赵襄子等灭其国，其子与从属来奔秦。
④【集解】应劭曰："义渠，北地也。"【正义】《括地志》云："宁、庆二州，春秋及战国时为义渠戎国之地也。"

躁公二年，南郑反。[①]十三年，义渠来伐，至渭南。十四年，躁公卒，立其弟怀公。[②]

①【正义】南郑，今梁州所理县也。春秋及战国时，其地属于楚也。
②【索隐】厉共公子也。生昭太子，未立而卒。太子之子，是为灵公。

怀公四年，庶长鼂[①]与大臣围怀公，怀公自杀。怀公太子曰昭子，早死，大臣乃立太子昭子之子，是为灵公。[②]灵公，怀公孙也。

①【正义】长，丁丈反。鼂，竹遥反。鼂，人名也。刘伯庄音潮。②【索隐】生献公也。

灵公六年，晋城少梁，秦击之。十三年，城籍姑。[①]灵公卒，子献公不得立，[②]立灵公季父悼子，是为简公。简公，昭子之弟而怀公子也。[③]

①【正义】《括地志》云："籍姑故城在同州韩城县北三十五里。" ②【索隐】〔献公〕名师隰。 ③【索隐】简公，怀公弟，灵公季父也。《始皇本纪》云灵公生简公，误也。又《纪年》云简公九年卒，次敬公立，十二年卒，乃立惠公。【正义】刘伯庄云简公是昭子之弟，怀公之子，厉公之孙。今(史)《〔秦〕记》谓简公是(厉)〔灵〕公子者抄写之误。

简公六年，令吏初带剑。[①]堑洛。城重泉。[②]十六年卒，[③]子惠公立。

①【正义】春秋官吏各得带剑。 ②【集解】《地理志》重泉县属冯翊。【正义】重，直龙反。《括地志》云："重泉故城在同州蒲城县东南四十五里也。" ③【集解】徐广曰："表云十五年也。"

惠公十二年，子出子生。十三年，伐蜀，取南郑。惠公卒，出子立。

出子二年，庶长改迎灵公之子献公于河西而立之。[①]杀出子及其母，沈之渊旁。秦以往者数易君，君臣乖乱，故晋复强，夺秦河西地。②

①【正义】西者，秦州西县，秦之旧地，时献公在西县，故迎立之。
②【正义】夺前所上八城也。

献公元年，① 止从死。二年，城栎阳。② 四年正月庚寅，孝公生。十一年，周太史儋见献公曰："周故与秦国合而别，别五百岁复合，合(七)十七岁而霸王出。"十六年，桃冬花。十八年，雨金栎阳。③ 二十一年，与晋战于石门，④ 斩首六万，天子贺以黼黻。⑤ 二十三年，与魏、晋战少梁，虏其将公孙痤。⑥ 二十四年，献公卒，⑦ 子孝公立，⑧ 年已二十一岁矣。

①【集解】徐广曰："丁酉。" ②【集解】徐广曰："徙都之，今万年是也。"【正义】《括地志》云："栎阳故城一名万年城，在雍州东北百二十里。(栎阳)汉七年，分栎阳城内为万年县，隋文帝开皇三年，迁都于龙首川，今京城也。改万年为大兴县。至唐武德元年，又改曰万年，置在州东七里。" ③【正义】言雨金于秦国都，明金瑞见也。 ④【正义】《括地志》云："尧门山俗名石门，在雍州三原县西北三十三里。上有路，其状若门。故老云尧凿山为门，因名之。武德年中于此山南置石门县，贞观年中改为云阳县。" ⑤【集解】《周礼》曰："白与黑谓之黼，黑与青谓之黻。" ⑥【正义】在戈反。 ⑦【集解】徐广曰："表云二十三年。" ⑧【索隐】名渠梁。

孝公元年，① 河山以东强国六，与齐威、楚宣、魏惠、燕悼、韩哀、赵成侯并。淮、泗之间② 小国十余。楚、魏与秦接界。[③]魏筑长城，自郑滨洛以北，有上郡。楚自汉中，南有巴、黔中。周室微，诸侯力政，争相并。秦僻在雍州，不与中国诸侯之会盟，夷翟遇之。孝公于是布惠，振孤寡，招战士，明功赏。下令国中曰："昔我(穆)〔缪〕公自岐、雍之间，修德行武，东平晋乱，以河为界，[④]西霸戎翟，广地千里，天子致伯，诸侯毕贺，为后世开业，甚光美。会往者厉、躁、简公、出子之不宁，国家内忧，未遑外事，三晋攻夺我先君河西地，诸侯卑秦，丑莫大焉。献公即位，镇抚边境，徙治栎阳，且欲东伐，复(穆)〔缪〕公之故地，修(穆)〔缪〕公之政令。寡人思念先君之意，常痛于心。宾客群臣有能出奇计强秦者，吾且尊官，与之分土。"于是乃出兵东围陕城，西斩戎之獂王。[⑤]

①【集解】徐广曰："庚申也。" ②【正义】并，白浪反。谓淮、泗二水。 ③【正义】楚北及魏西与秦相接，北自梁州汉中郡，南有巴、渝，过江南有黔中、巫郡也。魏西界与秦相接，南自华州郑县，西北过渭水，滨洛水东岸，向北有上郡鄜州之地，皆筑长城以界秦境。洛即漆沮水也。 ④【正义】即龙门河也。 ⑤【集解】《地理志》天水有獂道县。应劭曰："獂，戎邑，音桓。"

卫鞅闻是令下，西入秦，因景监[①]求见孝公。

①【正义】监，甲暂反，阉人也。

二年，天子致胙。

三年，卫鞅说孝公变法修刑，内务耕稼，外劝战死之赏罚，孝公善之。甘龙、杜挚等弗然，相与争之。卒用鞅法，百姓苦之。居三年，百姓便之。乃拜鞅为左庶长。其事在《商君》语中。

七年，与魏惠王会杜平。[①] 八年，与魏战元里，[②] 有功。十年，卫鞅为大良造，将兵围魏安邑，降之。[③] 十二年，作为咸阳，[④] 筑冀阙，[⑤] 秦徙都之。并诸小乡聚，[⑥] 集为大县，县一令，[⑦] 四十一县。为田开阡陌。[⑧] 东地渡洛。十四年，初为赋。[⑨] 十九年，天子致伯。[⑩] 二十年，诸侯毕贺。秦使公子少官率师会诸侯逢泽，[⑪] 朝天子。

①【正义】在同州澄城县界也。 ②【正义】祁城在同州澄城县界。 ③【集解】《地理志》曰河东有安邑县。【正义】《括地志》云："安邑故城在绛州夏县东北十五里，本夏之都。" ④【正义】《括地志》云："咸阳故城亦名渭城，在雍州咸阳县东十五里，京城北四十五里，即秦孝公徙都之者。今咸阳县，古之杜邮，白起死处。" ⑤【正义】刘伯庄云："冀犹记事，阙即象魏也。" ⑥【正义】万二千五百家为乡。聚犹村落之类也。 ⑦【集解】《汉书·百官表》曰："县令长皆秦官。万户以上为令，秩千石至六百石；减万户为长，秩五百石至三百石。皆有丞尉。" ⑧【索隐】《风俗通》曰："南北曰阡，东西曰陌。河东以东西为阡，南北为陌。" ⑨【集解】徐广曰："制贡赋之法也。"【索隐】谯周云："初为军赋也。" ⑩【正义】伯音霸，又如字。孝公十九年，天子始封爵为霸，即太史儋云"合(七)十七岁而霸王出"之年，故天子致伯。桓谭《新论》云："夫上古称三皇、五帝，而次有三王、五伯，此天下君之冠首也。故言三皇以道理，而五帝用德化；三王由仁义，五伯以权智。其说之曰，无制令刑罚谓之皇；有制令而无刑罚谓之帝；赏善诛恶，诸侯朝事谓之王；兴兵约盟，以信义矫世谓之伯。" ⑪【集解】徐广曰："开封东北有逢泽。"【正义】《括地志》云："逢泽亦名逢

池，在汴州浚仪县东南十四里。”

二十一年，齐败魏马陵。[①]

①【正义】虞喜《志林》云：“濮州甄城县东北六十余里有马陵，涧谷深峻，可以置伏。”按：庞涓败即此也。

二十二年，卫鞅击魏，虏魏公子卬。封鞅为列侯，号商君。[①]

①【正义】商州商洛县在州东八十九里，鞅所封也。契所封地。

二十四年，与晋战雁门，[①]虏其将魏错。[②]

①【索隐】《纪年》云与魏战岸门，此云“雁门”，恐声误也。又下云“败韩岸门”，盖一地也。寻秦与韩、魏战，不当远至雁门也。【正义】《括地志》云：“岸门在许州长社县西北二十八里，今名西武亭。”　②【正义】七故反。

孝公卒，子惠文君立。[①]是岁，诛卫鞅。鞅之初为秦施法，[②]法不行，太子犯禁。鞅曰：“法之不行，自于贵戚。君必欲行法，先于太子。太子不可黥，黥其傅师。”于是法大用，秦人治。及孝公卒，太子立，宗室多怨鞅，鞅亡，因以为反，而卒车裂以徇秦国。[③]

①【索隐】名驷。　②【正义】为，于伪反。　③【集解】《汉书曰》："商君为法于秦，战斩一首赐爵一级，欲为官者五十石。其爵名，一为公士，二上造，三簪褭，四不更，五大夫，六官大夫，七公大夫，八公乘，九五大夫，十左庶长，十一右庶长，十二左更，十三中更，十四右更，十五少上造，十六大上造，十七驷车庶长，十八大庶长，十九关内侯，二十彻侯。"

惠文君元年，楚、韩、赵、蜀人来朝。二年，天子贺。三年，王冠。[①]四年，天子致文武胙。齐、魏为王。[②]

①【正义】冠音馆。《礼记》云年二十行冠礼也。　②【索隐】齐威王、魏惠王。

五年，阴晋人犀首[①]为大良造。六年，魏纳阴晋，阴晋更名宁秦。[②]七年，公子卬与魏战，虏其将龙贾，斩首八万。八年，魏纳河西地。九年，渡河，取汾阴、皮氏。[③]与魏王会应。[④]围焦，降之。[⑤]十年，张仪相秦。魏纳上郡十五县。[⑥]十一年，县义渠。[⑦]归魏焦、曲沃。[⑧]义渠君为臣。更名少梁曰夏阳。十二年，初腊。[⑨]十三年四月戊午，魏君为王，韩亦为王。[⑩]使张仪伐取陕，出其人与魏。

①【集解】犀首，官名。姓公孙，名衍。【索隐】官名，若虎牙之类。姓公孙，名衍，魏人也。【正义】犀音西。《地理志》云华阴县，故阴晋，秦惠王五年，更名宁秦，高祖八年更名华阴。　②【集解】徐广曰："今之华阴也。"　③【集解】《地理志》二县属河东。【正义】渡河东取之。《括地志》云："汾阴故城俗名殷汤城，在蒲州汾阴县北也。皮氏在绛州龙门县西一里八十步，即古皮氏城也。"　④【正义】应，乙陵反。《括地志》云："故应城

因应山为名，古之应国，在汝州鲁山县东三十里。《左传》云‘邘、晋、应、韩，武之穆也’。” ⑤【正义】《括地志》云：“焦城在陕州城内东北百步，因焦水为名。周同姓所封，《左传》云虞、虢、焦、滑、霍、阳、韩、魏皆姬姓也。”杜预云八国皆为晋所灭。按：武王克商，封神农之后于焦，而后封姬姓也。⑥【正义】今鄜、绥等州也。魏前纳阴晋，次纳同、丹二州，今纳上郡，而尽河西滨洛之地矣。 ⑦【正义】《地理志》云北地郡义渠道，秦县也。《括地志》云：“宁、原、庆三州，秦北地郡，战国及春秋时为义渠戎国之地，周先公刘、不窋居之，古西戎也。” ⑧【正义】《括地志》云：“曲沃在陕州〔陕〕县西南三十二里，因曲沃水为名。”按：焦、曲沃二城相近，本魏地，适属秦，今还魏，故言归也。 ⑨【正义】腊，卢盍反，十二月腊日也。秦惠文王始效中国为之，故云初腊。猎禽兽以岁终祭先祖，因立此日也。《风俗通》云：“《礼传》云‘夏曰嘉平，殷曰清祀，周曰蜡，汉改曰腊’。《礼》曰‘天子大蜡八，伊耆氏始为蜡’。蜡者，索也。岁十二月合聚万物而索飨之。”⑩【正义】魏襄王、韩宣惠王也。

十四年，更为元年。二年，张仪与齐、楚大臣会啮桑。三年，韩、魏太子来朝。张仪相魏。五年，王游至北河。①七年，乐池②相秦。韩、赵、魏、燕、齐帅匈奴共攻秦。秦使庶长疾与战修鱼，虏其将申差，③败赵公子渴、韩太子奂，斩首八万二千。八年，张仪复相秦。九年，司马错伐蜀，灭之。④伐取赵中都、西阳。⑤十年，韩太子苍来质。伐取韩石章。⑥伐败赵将泥。⑦伐取义渠二十五城。十一年，樗里疾攻魏焦，降之。败韩岸门，斩首万，其将犀首走。公子通封于蜀。⑧燕君让其臣子之。十二年，王与梁王会临晋。庶长疾攻赵，虏赵将庄。张仪相楚。十三年，庶长章击楚于丹阳，虏其将屈匄，斩首八万；又攻楚汉中，取地六百里，置汉中郡。楚围雍氏，秦使庶长疾助韩而东攻齐，到满[9]助魏攻燕。十四年，伐楚，取召陵。丹、犁臣，蜀[10]相壮[11]杀蜀侯来降。

①【集解】徐广曰："戎地，在河上。"【正义】按：王游观北河，至灵、夏州之黄河也。　②【正义】乐音岳。池，徒何反。裴氏音池也。　③【正义】修鱼，韩邑也。年表云秦败我修鱼，得韩将军申差。　④【索隐】蜀西南夷旧有君长，故昌意娶蜀山氏女也。其后有杜宇，自立为王，号曰望帝。《蜀王本纪》曰："张仪伐蜀，蜀王开战不胜，为仪所灭也。"　⑤【集解】《地理志》太原有中都县。【正义】《括地志》云："中都故县在汾州平遥县西十二里，即西都也。西阳即中阳也，在汾州隰城县东十里。《地理志》云西都、中阳属西河郡。"此云"伐取赵中都西阳"。《赵世家》云"秦即取我西都及中阳"。年表云"秦惠文王后元九年，取赵中都、西阳、安邑。赵武灵王十年，秦取中都安阳"。本纪、世家、年表其县名异，年岁实同，所伐唯一处，故具录之，以示后学。　⑥【正义】韩地名也。　⑦【集解】徐广曰："将，一作庄。"【正义】赵将名也。　⑧【集解】徐广曰："是岁王赧元年。"【索隐】《华阳国志》曰："赧王元年，秦惠王封子通国为蜀侯，以陈庄为相。"徐广所云，亦据《国志》而言之。　⑨【正义】满，或作蒲。秦将姓名也。　⑩【正义】二戎号也，臣伏于蜀。蜀相杀蜀侯，并丹、犁二国降秦。在蜀西南姚府管内，本西南夷，战国时蜀、滇国，唐初置犁州、丹州也。　⑪【集解】徐广曰："一作状。"

惠王卒，子武王立。[1]韩、魏、齐、楚、越[2]皆宾从。

①【索隐】名荡。　②【集解】徐广曰："一作赵。"

武王元年，与魏惠王会临晋。[1]诛蜀相壮。张仪、魏章皆东出之魏。伐义渠、丹、犁。二年，初置丞相，[2]樗里疾、甘茂为左右丞相。张仪死于魏。三年，与韩襄王会临晋外。[3]南公揭卒，樗里疾相韩。武王谓甘茂曰："寡人欲容车通三川，窥周室，死不恨矣。"其秋，使甘茂、庶长封伐宜阳。[4]四年，拔宜阳，斩首六万。涉河，城武遂。[5]魏太子来朝。武王有力好戏，力士任鄙、乌获、孟说皆至大官。王与孟说举鼎，绝膑。[6]八月，武王死。[7]族孟说。武王取魏女为后，无子。立异母弟，是为昭襄王。[8]昭襄母楚人，姓芈氏，号宣太后。武王死时，昭襄王为质于燕，燕人送归，得立。

①【集解】徐广曰："表云哀王。"【正义】按：魏惠王卒已二十五年矣。　②【集解】应劭曰："丞者，承也。相，助也。"　③【正义】外谓临晋城外。外字一作水。　④【正义】在河南府福昌县东十四里，故韩城是也。此韩之大郡，伐取之，三川路乃通也。　⑤【集解】徐广曰："韩邑也。"【正义】按：此邑本属韩，近平阳。《韩世家》云"贞子居平阳，九世至哀侯，徙郑"。《楚世家》云"而韩犹服事秦者，以先王墓在平阳"。而秦之武遂去之七十里，故知近平阳。　⑥【集解】徐广曰："一作脉。"【正义】膑音频忍反。绝，断也。膑，胫骨也。　⑦【集解】《皇览》曰："秦武王冢在扶风安陵县西北，毕陌中大冢是也。人以为周文王冢，非也。周文王冢在杜中。"【正义】《括地志》云："秦悼武王陵在雍州咸阳县西北十五里也。"　⑧【索隐】名则，一名稷。武王弟。

昭襄王元年，严君疾为相。[1]甘茂出之魏。二年，彗星见。[2]庶长壮与大臣、诸侯、公子为逆，皆诛，及惠文后皆不得良死。[3]悼武王后出归魏。三年，王冠。与楚王会黄棘，[4]与楚上庸。[5]四年，取蒲阪。[6]彗星见。五年，魏王来朝应亭，[7]复与魏蒲阪。六年，蜀侯煇反，[8]司马错定蜀。庶长奂伐楚，斩首二万。泾阳君[9]质于齐。日食，昼晦。七年，拔新城。[10]樗里子卒。八年，使将军芈戎攻楚，取新市。[11]齐使章子，魏使公孙喜，韩使暴鸢[12]共攻楚方城，取唐眛。赵破中山，其君亡，竟死齐。魏公子劲、韩公子长为诸侯。[13]九年，孟尝君薛文来相秦。奂攻楚，取八城，杀其将景快。十年，楚怀王入朝秦，秦留之。薛文以金受免。[14]楼缓为丞相。十一年，齐、韩、魏、赵、宋、中山五国共攻秦，[15]至盐氏而还。[16]秦与韩、魏河北及封陵以和。[17]彗星见。楚怀王走之赵，赵不受，还之秦，即死，归葬。十二年，楼缓免，穰侯[18]魏冄为相。予楚粟五万石。

①【正义】盖封蜀郡严道县，因号严君。疾，名也。　②【正义】彗，似岁反，又先到反。　③【集解】徐广曰："迎妇于楚者。"　④【正义】棘，纪力反。盖在房、襄二州也。　⑤【集解】《地理志》汉中有上庸县。【正义】《括地志》云："上庸，今房州竹(邑)〔山〕县及金州是也。"　⑥【正义】《括地志》云："蒲阪故城在蒲州河东县南二里，即尧、舜所都也。"　⑦【集解】徐广曰："《魏世家》云会临晋。"【正义】应音乙陵反。　⑧【索隐】煇音晖。《华阳国志》曰："秦封王子煇为蜀侯。蜀侯祭，归胙于王，后母疾之，加毒以进，王大怒，使司马错赐煇剑。"此煇不同也。　⑨【索隐】名市。　⑩【正义】《楚世家》云："怀王二十九年，秦复伐楚，大破楚军，楚军死二万，杀我将军景缺。"年表云："秦败我襄城，杀景缺。"《括地志》云："许州襄城县即古新城县也。"按世家、年表，则"新"字误作"襄"字。　⑪【集解】《晋地记》曰："江夏有新市县。"　⑫【索隐】〔暴鸢〕，韩将姓名。　⑬【索隐】别封之邑，比之诸侯，犹商君、赵长安君然。　⑭【正义】金受，秦丞相姓名。免，夺其丞相。　⑮【正义】盖中山此时属赵，故云五国也。　⑯【集解】徐广曰："盐，一作监。"【正义】《括地志》云："盐

故城一名司盐城，在蒲州安邑县。"按：掌盐池之官，因称氏。　⑰【正义】年表云："秦与魏封陵，与韩武遂以和。"按：河外陕、虢、曲沃等地。封陵在古蒲阪县西南河曲之中。武遂，近平阳地也。　⑱【正义】《括地志》云："穰，邓州所理县，即古穰侯国。"

十三年，向寿伐韩，取武始。①左更白起攻新城。②五大夫礼出亡奔魏。任鄙为汉中守。③十四年，左更白起攻韩、魏于伊阙，④斩首二十四万，虏公孙喜，拔五城。十五年，大良造白起攻魏，取垣，⑤复予之。攻楚，取宛。十六年，左更错取轵及邓。⑥冄免。封公子市宛，公子悝邓，⑦魏冄陶，为诸侯。十七年，城阳君⑧入朝，及东周君来朝。秦以垣为蒲阪、皮氏。⑨王之宜阳。十八年，错攻垣、⑩河雍，决桥取之。⑪十九年，王为西帝，齐为东帝，皆复去之。吕礼来自归。齐破宋，宋王在魏，死温。任鄙卒。二十年，⑫王之汉中，又之上郡、北河。二十一年，⑬错攻魏河内。魏献安邑，秦出其人，募徙河东赐爵，赦罪人，迁之。泾阳君封宛。二十二年，蒙武伐齐。河东为九县。与楚王会宛。与赵王会中阳。⑭二十三年，尉斯离⑮与三晋、燕伐齐，破之济西。王与魏王会宜阳，与韩王会新城。二十四年，与楚王会鄢，⑯又会穰。秦取魏安城，⑰至大梁，燕、赵救之，秦军去。魏冄免相。二十五年，拔赵二城。与韩王会新城，与魏王会新明邑。二十六年，赦罪人，迁之穰。侯冄复相。二十七年，错攻楚。赦罪人，迁之南阳。⑱白起攻赵，取代光狼城。⑲又使司马错发陇西，因蜀攻楚黔中，⑳拔之。二十八年，大良造白起攻楚，取鄢、邓，㉑赦罪人，迁之。二十九年，大良造白起攻楚，取郢为南郡，[22]楚王走。周君来。王与楚王会襄陵。[23]白起为武安君。[24]三十年，蜀守若伐楚，取巫郡，[25]及江南为黔中郡。[26]三十一年，白起伐魏，取两城。楚人反我江南。[27]三十二年，相穰侯攻魏，至大梁，破暴鸢，斩首四万，鸢走，魏入三县请和。三十三年，客卿胡(伤)〔阳〕攻魏卷、[28]蔡阳、长社，取之。[29]击芒卯华阳，破之，[30]斩首十五万。魏入南阳以和。[31]三十四年，秦与魏、韩上庸地为一郡，南阳免臣迁居之。三十五年，佐韩、魏、楚伐燕。初置南阳郡。[32]三十六年，客卿灶攻齐，取刚、寿[33]，予穰侯。三十八年，中更胡(伤)〔阳〕攻赵阏与，[34]不能取。四十年，悼太子死魏，归葬芷阳。[35]四十一年夏，攻魏，取邢丘、怀。[36]四十二年，安国君为太子。十月，宣太后薨，[37]葬芷阳郦山。[38]九月，穰侯出之陶。四十三年，武安君白起攻韩，拔九城，斩首五万。四十四年，攻韩南(郡)〔阳〕，取之。四十五年，五大夫贲[39]攻韩，取十城。叶阳〔君〕[40]悝出之国，未至而死。四十七年，秦攻韩上党，上党降赵，秦因攻赵，赵发兵击秦，相距。秦使武安君白起击，大破赵于长平，四十余万尽杀之。四十八年十月，韩献垣雍。[41]秦军分为三军。武安君归。王龁将，伐赵武安、皮牢，拔之。司马梗北定太原，尽有韩上党。正月，兵罢，复守上党。其十月，五大夫陵攻赵邯郸。四十九年正月，益发卒佐陵。陵战不善，免，王龁代将。其十月，将军张唐攻魏，为蔡尉[42]捐弗守，还斩之。五十年十月，武安君白起有罪，为士伍，迁阴密。[43]张唐攻郑，拔之。十二月，益发卒军汾城旁。[44]武安君白起有罪，死。龁攻邯郸，不拔，去，还奔汾军二月余。攻晋军，斩首六千，晋、

楚流死河二万人。㊺攻汾城，即从唐拔宁㊻新中，㊼宁新中更名安阳。㊽初作河桥。㊾

①【集解】《地理志》魏郡有武始县。【正义】《括地志》云："武始故城在洺州武始县西南十里。" ②【正义】《白起传》云："白起为左庶长，将而击韩之新城。"《括地志》云："洛州伊阙县本是汉新城县，隋文帝改为伊阙，在洛州南七十里。" ③【集解】《汉书·百官表》曰："郡守，秦官。" ④【正义】《括地志》云："伊阙在洛州南十九里。《注水经》云'昔大禹疏龙门以通水，两山相对，望之若阙，伊水历其间，故谓之伊阙'。"按：今洛南犹谓之龙门也。 ⑤【正义】垣音袁。前秦取蒲阪，复以蒲阪与魏，魏以为垣。今又取魏垣，复与之，后秦以为蒲阪、皮氏。 ⑥【集解】《地理志》河内有轵县，南阳有邓县。【正义】《括地志》云："故轵城在怀州济源县东南十三里，故邓城在怀州河阳县西三十一里，并六国时魏邑也。"按：二城相连，故云及也。 ⑦【索隐】悝号高陵君，初封于彭，昭襄王弟也。 ⑧【正义】《括地志》云："濮州雷泽县本汉郕阳县，古郕伯姬姓之国，周武王封弟季载于郕，其后迁城之阳也。" ⑨【索隐】"为"当为"易"，盖字讹也。【正义】蒲阪，今河东县也。皮氏故城在绛州龙门县西一里八十步。 ⑩【正义】盖蒲阪、皮氏又归魏，魏复以为垣，今重攻取之也。 ⑪【集解】徐广曰："《汲冢纪年》云魏哀王二十四年，改宜阳曰河雍，改向曰高平。向在轵之西。" ⑫【集解】徐广曰："秦地有父马生驹。" ⑬【集解】徐广曰："有牡马生牛而死。" ⑭【集解】《地理志》西河有中阳县。 ⑮【索隐】尉，秦官。斯离，其姓名。【正义】尉，都尉。斯离，名也。 ⑯【正义】鄢，于建反，又音偃。《括地志》云："故偃城在襄州安养县北三里，古郾子之国也。" ⑰【集解】《地理志》云汝南有安城县。【正义】《括地志》云："安城在豫州汝阳县东南十七里。" ⑱【正义】南阳及上迁之穰，皆今邓州也。 ⑲【正义】《括地志》云："光狼故城在今泽州高平县西二十里。" ⑳【正义】今黔府也。 ㉑【正义】鄢、邓二城并在襄州。 ㉒【正义】《括地志》云："郢城在荆州江陵县东北六里，楚平王筑

都之地也。” ㉓【集解】《地理志》河东有襄陵县。【正义】《括地志》云:“襄陵在晋州临汾县东南三十五里。阚骃《十三州志》云襄陵,晋大夫犨邑也。” ㉔【正义】言能抚养军士,战必克,得百姓安集,故号武安。故城在(潞)〔洺〕州武安县西南五十里。七国时赵邑,即赵奢救阏与处也。 ㉕【正义】《华阳国志》张若为蜀中郡守。《括地志》云:“巫郡在夔州东百里。” ㉖【正义】《括地志》云:“黔中故城在辰州沅陵县西二十里。江南,今黔府亦其地也。” ㉗【正义】黔中郡反归楚。 ㉘【集解】《地理志》河南有卷县。【正义】卷音丘袁反。《括地志》云:“故卷城在郑州原武县西北七里,即衡雍也。” ㉙【集解】《地理志》颍川有长社县。【正义】《括地志》云:“蔡阳,今豫州上蔡水之阳,古城在豫州北七十里。长社故城在许州长社县西一里。皆魏邑也。” ㉚【集解】司马彪曰:“华阳,亭名,在密县。”【索隐】芒卯,魏将。谯周云孟卯也。【正义】《括地志》云:“故华城在郑州管城县南三十里。《国语》云史伯对郑桓公,虢、郐十邑,华其一也。华阳即此城也。”按:是时韩、赵聚兵于华阳攻秦,即此矣。 ㉛【集解】徐广曰:“河内修武,古曰南阳,秦始皇更名河内,属魏地。荆州之南阳郡,本属韩地。”【正义】《括地志》云:“怀获嘉县即古之南阳。杜预云在晋州山南河北,故曰南阳。秦破芒卯军,斩首十五万,魏入南阳以和。” ㉜【正义】今邓州也。前已属秦,秦置南阳郡,在汉水之北。《释名》云:“在中国之南而居阳地,故以为名焉。”张衡《南都赋》云:“陪京之南,居汉之阳。” ㉝【正义】《括地志》云:“故刚城在兖州龚丘县界。寿,郓州之县。” ㉞【集解】孟康曰:“音焉与,邑名,在上党涅县西。”【正义】阏,于达反。与音预。阏与聚城一名乌苏城,在潞州铜鞮县西北二十里,赵奢破秦军处。又仪州和顺县即古阏与城,亦云赵奢破秦军处。然仪州与潞州相近,二所未详。又阏与山在(潞)〔洺〕州武安县西南五十里,赵奢拒秦军于阏与,即山北也。按:阏与山在武安故城西南,又近武安故城,盖仪州是所封故地。 ㉟【集解】徐广曰:“今霸陵。”【正义】《括地志》云:“芷阳在雍州蓝田县西六里。《三秦记》云〔白〕鹿原东有霸川之西阪,故芷阳也。” ㊱【集解】徐广曰:“邢丘在平皋。”骃案:《韩诗外传》武王伐纣,到于邢丘,勒兵于宁，更名邢丘曰怀，宁曰修武。【正义】《括地志》云："平皋故城本邢丘邑，汉置平皋县，在怀州武德县东南二十里。故怀城，周之怀邑，在怀州武陟县西十一里。" ㊲【集解】徐广曰："芈氏。" ㊳【正义】郦，力知反，在雍州新丰县南十四里也。 ㊴【正义】音奔。五大夫，官。疑贲，名也。 ㊵【集解】一云华阳。【正义】叶，书涉反。 ㊶【集解】司马彪曰："河南卷县有垣雍城。" ㊷【正义】为，于伪反。蔡，姓。尉，名。㊸【集解】如淳曰："尝有爵而以罪夺爵，皆称士伍。"【正义】《括地志》云："阴密故城在泾州鹑觚县西，即古密须国也。" ㊹【正义】《括地志》云："临汾故城在绛州正平县东北二十五里，即古临汾县城也。"按：汾城即此城是也。 ㊺【集解】徐广曰："楚，一作走。"【正义】按：此时无楚军，"走"字是也。 ㊻【集解】徐广曰："一作曼。此赵邑也。" ㊼【正义】唐，今晋州平阳，尧都也。《括地志》云："宁新中，七国时魏邑，秦昭襄王拔魏宁新中，更名安阳城，即今相州外城是也。" ㊽【集解】徐广曰："魏郡有安阳县。"【正义】今相州外城古安阳城。 ㊾【正义】此桥在同州临晋县东，渡河至蒲州，今蒲津桥也。

五十一年，将军摎攻韩，取阳城、负黍，[①]斩首四万。攻赵，取二十余县，首虏九万。西周君[②]背秦，与诸侯约从，将天下锐兵出伊阙攻秦，令秦毋得通阳城。于是秦使将军摎攻西周。西周君走来自归，顿首受罪，尽献其邑三十六城，口三万。秦王受献，归其君于周。五十二年，周民东亡，其器九鼎入秦。[③]周初亡。

①【正义】今河南府县也。负黍亭在阳城县西南三十五里，本周邑，亦时属韩也。 ②【正义】武公。 ③【正义】器谓宝器也。禹贡金九牧，铸鼎于荆山下，各象九州之物，故言九鼎。历殷至周赧王十九年，秦昭王取九鼎，其一飞入泗水，余八入于秦中。

五十三年，天下来宾。魏后，秦使摎伐魏，取吴城。①韩王入朝，魏委国听令。五十四年，王郊见上帝于雍。五十六年秋，昭襄王卒，子孝文王立。②尊唐八子为唐太后，③而合其葬于先王。④韩王衰绖入吊祠，诸侯皆使其将相来吊祠，视丧事。

①【集解】徐广曰："在大阳。"【正义】《括地志》云："虞城故城在陕州河北县东北五十里虞山之上，亦名吴山，周武王封弟虞仲于周之北故夏墟吴城，即此城也。" ②【索隐】名柱，五十三而立，立一年卒，葬寿陵。子庄襄王。 ③【集解】徐广曰："八子者，妾媵之号，姓唐。"【正义】孝文王之母也。先死，故尊之。晋灼云："除皇后，自昭仪以下，秩至百石，凡十四等。"《汉书·外戚传》云："八子视千石，比中更。" ④【正义】以其母唐太后与昭王合葬。

孝文王元年，赦罪人，修先王功臣，褒厚亲戚，弛苑囿。孝文王除丧，十月己亥即位，三日辛丑卒，子庄襄王立。①

①【索隐】名子楚。三十二而立，立四年卒，葬阳陵。子始皇帝。

庄襄王元年，大赦罪人，修先王功臣，施德厚骨肉而布惠于民。东周君与诸侯谋秦，秦使相国吕不韦诛之，尽入其国。秦不绝其祀，以阳人地①赐周君，奉其祭祀。使蒙骜伐韩，韩献成皋、巩。②秦界至大梁，初置三川郡。③二年，使蒙骜攻赵，定太原。三年，蒙骜攻魏高都、汲，④拔之。攻赵榆次、新城、狼孟，⑤取三十七城。⑥四月日食。（四年）王龁攻上党。[7]初置太原郡。[8]魏将无忌率五国兵击秦,[9]秦却于河外。[10]蒙骜败,解而去。五月丙午,庄襄王卒,子政立,是为秦始皇帝。[11]

①【集解】《地理志》河南梁县有阳人聚。 ②【正义】《括地志》云:“洛州汜水县古(之)〔东〕虢国,亦郑之制邑,又名虎牢,汉之成皋。”巩,恭勇反,今洛州巩县。尔时秦灭东周,韩亦得其地,又献于秦。 ③【集解】韦昭曰:“有河、洛、伊,故曰三川。”骃案:《地理志》汉高祖更曰河南郡。 ④【集解】徐广曰:“一作波。波县亦在河内。”【正义】汲音急。《括地志》云:“高都故城今泽州是。汲故城在卫州所理汲县西南二十五里。孟康云汉波县,今郗城是也。”《括地志》云:“故郗城在怀州河内县西三十二里。《左传》云苏忿生十二邑,郗其一也。” ⑤【正义】《括地志》云:“榆次,并州县,即古榆次地也。新城一名小平城,在朔州善阳县西南四十七里。狼孟故城在并州阳曲县东北二十六里。” ⑥【正义】案:取三十七城,并、代、朔三州之地矣。 ⑦【正义】上党又反秦,故攻之。 ⑧【正义】上党以北皆太原地,即上三十七城也。 ⑨【正义】信陵君也。率燕、赵、韩、楚、魏之兵击秦也。 ⑩【正义】蒙骜被五国兵败,遂解而却至于河外。河外,陕、华二州也。 ⑪【索隐】十三而立,立三十七年崩,葬郦山。

秦王政立二十六年,初并天下为三十六郡,号为始皇帝。始皇帝五十一年而崩,子胡亥立,是为二世皇帝。[1]三年,诸侯并起叛秦,赵高杀二世,立子婴。子婴立月余,诸侯诛之,遂灭秦。其语在《始皇本纪》中。

①【索隐】十二年立。纪云二十一。立三年,葬宜春。秦自襄公至二

世，凡六百一十七岁。此实本纪而注别举之，以非本文耳。

太史公曰：秦之先为嬴姓。其后分封，以国为姓，有徐氏、郯氏、莒氏、终黎氏、[1]运奄氏、菟裘氏、将梁氏、黄氏、江氏、修鱼氏、白冥氏、蜚廉氏、秦氏。然秦以其先造父封赵城，为赵氏。

①【集解】徐广曰："《世本》作钟离。"应劭曰："《氏姓注》云有姓终黎者是。"

索隐述赞曰：柏翳佐舜，皂斿是旌。蜚廉事纣，石椁斯营。造父善驭，封之赵城。非子息马，厥号秦嬴。礼乐射御，西垂有声。襄公救周，始命列国。金祠白帝，龙祚水德。祥应陈宝，妖除丰特。里奚致霸，卫鞅任刻。厥后吞并，卒成凶慝。

卷六

秦始皇本纪第六

秦始皇帝者，秦庄襄王子也。[①]庄襄王为秦质子于赵，[②]见吕不韦姬，悦而取之，[③]生始皇。以秦昭王四十八年正月生于邯郸。及生，名为政，姓赵氏。[④]年十三岁，庄襄王死，政代立为秦王。当是之时，秦地已并巴、蜀、汉中，越宛有郢，置南郡矣。北收上郡以东，有河东、太原、上党郡。东至荥阳，灭二周，置三川郡。吕不韦为相，封十万户，号曰文信侯。招致宾客游士，欲以并天下。李斯为舍人。[⑤]蒙骜、王齮、[⑥]麃公等为将军。[⑦]王年少，初即位，委国事大臣。

①【索隐】庄襄王者，孝文王之中子，昭襄王之孙也，名子楚。按：《战国策》本名子异，后为华阳夫人嗣，夫人楚人，因改名子楚也。　②【正义】质音致。国强欲待弱之来相事，故遣子及贵臣为质，如上音。国弱惧其侵伐，令子及贵臣往为质，音直实反。又二国敌亦为交质，音致。《左传》云周、郑交质，王子狐为质于郑，郑公子忽为质于周是也。　③【索隐】按：《不韦传》云不韦，阳翟大贾也。其姬邯郸豪家女，善歌舞，有娠而献于子楚。　④【集解】徐广曰："一作'正'。"宋忠云："以正月旦生，故名正。"【索隐】《系本》作政，又生于赵，故曰赵政。一曰秦与赵同祖，以赵城为荣，故姓赵氏。【正义】正音政，"周正建子"之"正"也。始皇以正月旦生于赵，因为政，后以始皇讳，故音征。　⑤【集解】文颖曰："主厩内小吏官名。

或云侍从宾客谓之舍人也。” ⑥【集解】徐广曰:“一作龁。”【索隐】蒙骜,齐人,蒙武之父,蒙恬之祖。王齮即王龁,昭王四十九年代大夫陵伐赵者。【正义】齮,鱼绮反。刘伯庄云音绮。后同。 ⑦【集解】应邵曰:“麃,秦邑。”【索隐】麃公盖麃邑公,史失其姓名。【正义】麃,彼苗反,盖秦之县邑。大夫称公,若楚制。

晋阳反,元年,将军蒙骜击定之。二年,麃公将卒攻卷,[①]斩首三万。三年,蒙骜攻韩,取十三城。王齮死。十月,将军蒙骜攻魏氏畼、有诡。[②]岁大饥。四年,拔畼、有诡。三月,军罢。秦质子归自赵,赵太子出归国。十月庚寅,蝗虫从东方来,蔽天。天下疫。百姓内粟千石,拜爵一级。五年,将军骜攻魏,定酸枣、[③]燕、虚、长平、[④]雍丘、山阳城,[⑤]皆拔之,取二十城。初置东郡。冬雷。六年,韩、魏、赵、卫、楚共击秦,取寿陵。[⑥]秦出兵,五国兵罢。拔卫,迫东郡,其君角率其支属徙居野王,阻其山以保魏之河内。七年,彗星先出东方,见北方,五月见西方。[⑦]将军骜死。以攻龙、孤、庆都,[⑧]还兵攻汲。彗星复见[⑨]西方十六日。夏太后死。[⑩]八年,王弟长安君成蟜[⑪]将军击赵,反,[⑫]死屯留,[⑬]军吏皆斩死,迁其民于临洮。[⑭]将军壁死,[⑮]卒屯留、蒲鶮反,戮其尸。[⑯]河鱼大上,[⑰]轻车重马东就食。[⑱]

①【正义】将,子匠反。卒,子必反。卷,丘员反。 ②【集解】徐广曰:“畼音场。”【索隐】音畅,魏之邑名。 ③【集解】《地理志》陈留有酸枣县。【正义】《括地志》云:“酸枣故城在滑州酸枣县北十五里古酸枣县南。” ④【集解】徐广曰:“一作千。”骃案:《地理志》汝南有长平县也。【索隐】二邑名。《春秋》桓十二年“会于虚”,又《战国策》曰“拔燕酸枣、虚、

桃人"，桃人亦魏邑，虚地今阙，盖与诸县相近。按：今东郡燕县东三十里有故桃城，则亦非远。【正义】燕，乌田反。《括地志》云："南燕城，古燕国也，滑州胙城县是也。姚虚在濮州雷泽县东十三里。《孝经援神契》云帝舜生于姚墟，即东郡也。长平故城在陈州宛丘县西六十六里。" ⑤【集解】《地理志》陈留有雍丘县，河内有山阳县。【正义】雍，于用反，汴州县。⑥【正义】徐广云："在常山。"按：本赵邑也。 ⑦【正义】彗音似岁反。见，并音行练反。《孝经内记》云："彗出北斗，兵大起。彗在三台，臣害君。彗在太微，君害臣。彗在天狱，诸侯作乱。所指其处大恶。彗在日旁，子欲杀父。" ⑧【集解】徐广曰："庆，一作鹿。"【正义】《括地志》云："定州恆阳县西南四十里有白龙水，又有挟龙山。又定州唐县东北五十四里有孤山，盖都山也。《帝王纪》云望尧母庆都所居。张晏云尧山在北，尧母庆都山在南，相去五十里，北登尧山，南望庆都山也。《注水经》云'望都故城东有山，不连陵，名之曰孤'。孤都声相近，疑即都山，孤山及望都故城三处相近。" ⑨【正义】复，扶富反。见，行见反。 ⑩【索隐】庄襄王所生母。【正义】子楚母也。 ⑪【正义】蟜音纪兆反。成蟜者，长安君名也，号为长安君。 ⑫【正义】将，如字。将犹领也。又子匠反。 ⑬【正义】《括地志》云："屯留故城在潞州长子县东北三十里，汉屯留，留吁国也。"⑭【正义】临洮水，故名临洮。洮州在陇右，去京千五百五十一里。言屯留之民被成蟜略众共反，故迁之于临洮郡。 ⑮【正义】壁，边觅反。言成蟜自杀壁垒之内。 ⑯【集解】徐广曰："鹝，一作鶮。屯留，蒲鶮，皆地名也。壁于此地时，士卒死者皆戮其尸。"【索隐】临洮在陇西。高诱云屯留，上党之县名。谓成蟜为将军而反，秦兵击之，而蟜壁于屯留而死。屯留、蒲鹝二邑之反卒虽死，犹皆戮其尸。鹝，古鹤字。【正义】卒，子忽反。鹝音高，注同。蒲，鹝，皆地名。 ⑰【索隐】谓河水溢，鱼大上平地，亦言遭水害也。即《汉书·五行志》刘向所谓"豕虫之孽"。明年，嫪毐诛。鱼，阴类，小人象。【正义】始皇八年，黄河之鱼西上入渭。渭，渭水也。《汉书·五行志》云"鱼者阴类，臣民之象也。"十七年，灭韩。二十六年，尽并天下。自灭韩至并天下，盖十年矣。《周本纪》云"十年，数之纪也。天下之所弃，不过其纪”。明关东后属秦，其象类先见也。 ⑱【集解】徐广曰："一无此重字。"【索隐】言河鱼大上，秦人皆轻车重马，并就食于东。言往河旁食鱼也。一云河鱼大上为灾，人遂东就食，皆轻车重马而去。

嫪毐①封为长信侯。予之山阳地，②令毐居之。③宫室车马衣服苑囿驰猎恣毐。事无小大皆决于毐。又以河西④太原郡更为毐国。九年，彗星见，或竟天。攻魏垣、蒲阳。⑤四月，上宿雍。⑥己酉，王冠，带剑。⑦长信侯毐作乱而觉，矫王御玺⑧及太后玺以发县卒⑨及卫卒、官骑、戎翟君公、舍人，将欲攻蕲年宫为乱。⑩王知之，令相国昌平君、昌文君发卒攻毐。⑪战咸阳，⑫斩首数百，皆拜爵，及宦者皆在战中，亦拜爵一级。毐等败走。即令国中：有生得毐，赐钱百万；杀之，五十万。尽得毐等。卫尉竭、⑬内史肆、佐弋竭、⑭中大夫令齐等⑮二十人皆枭首。⑯车裂以徇，灭其宗。⑰及其舍人，轻者为鬼薪。⑱及夺爵迁蜀四千余家，家房陵。⑲四月寒冻，有死者。⑳杨端和攻衍氏。㉑彗星见西方，又见北方，从斗以南八十日。十年，㉒相国吕不韦坐嫪毐免。桓齮为将军。齐、赵来置酒。齐人茅焦说秦王曰："秦方以天下为事，而大王有迁母太后之名，恐诸侯闻之，由此背秦也。"秦王乃迎太后于雍而入咸阳，㉓复居甘泉宫。㉔

①【正义】上躬虬反，下酷改反。 ②【正义】予音与。《括地志》云："山阳故城在怀州修武县西北太行山东南。" ③【索隐】嫪，姓。毐，字。按：《汉书》嫪氏出邯郸。王劭云"贾侍中说秦始皇母予嫪毐淫坐诛，故世人骂淫曰'嫪毐'也"。 ④【集解】徐广曰："河，一作汾。" ⑤【正

义】垣,作"垣"。垣音袁。《括地志》云:"故垣城,汉县治,本魏王垣也,在绛州垣县西北二十里。蒲邑故城在隰州县北四十五里。在蒲水之北,故言蒲阳。即晋公子重耳所居邑也。" ⑥【集解】蔡邕曰:"上者,尊位所在也。"骃云:司马迁记事,当言"帝"则依违但言"上",不敢媟言,尊尊之意也。 ⑦【集解】徐广曰:"年二十二。"【正义】冠音灌。《礼记》云年二十而冠。按:年二十一也。 ⑧【集解】蔡邕曰:"御者,进也。凡衣服加于身,饮食入于口,妃妾接于寝,皆曰御。御之亲爱者曰幸。玺者,印信也。天子玺白玉螭虎钮。古者尊卑共之。《月令》曰'固封玺',《左传》曰'季武子玺书追而与之',此诸侯大夫印称玺也。"卫宏曰:"秦以前,民皆以金玉为印,龙虎钮,唯其所好。秦以来,天子独以印称玺,又独以玉,群臣莫敢用。"【正义】崔浩云:"李斯磨和璧作之,汉诸帝世传服之,谓'传国玺'。"韦曜《吴书》云玺方四寸,上句交五龙,文曰"受命于天既寿永昌"。《汉书》云文曰"昊天之命皇帝寿昌"。按:二文不同。《汉书·元后传》云王莽令王舜逼太后取玺,王太后怒,投地,其角小缺。《吴志》云孙坚入洛,埽除汉陵庙,军于甄官井得玺,后归魏。晋怀帝永嘉五年六月,帝蒙尘平阳,玺入前赵刘聪。至东晋成帝咸和四年,石勒灭前赵,得玺。穆帝永和八年,石勒为慕容俊灭,濮阳太守戴施入邺,得玺,使何融送晋。传宋,宋传南齐,南齐传梁。梁传至天正二年,侯景破梁,至广陵,北齐将辛术定广陵,得玺,送北齐。至周建德六年正月,平北齐,玺入周。周传隋,隋传唐也。 ⑨【正义】子忽反,下同 ⑩【集解】《地理志》蕲年宫在雍。【正义】蕲,巨衣反。《括地志》云:"蕲年宫在岐州城西故城内。" ⑪【索隐】昌平君,楚之公子,立以为相,后徙于郢,项燕立勾荆王,史失其名。昌文君亦不知也。

⑫【正义】《括地志》云:"咸阳故城亦名渭城,在雍州北五里,今咸阳县东十五里,秦孝公已下并都此城。始皇铸金人十二于咸阳,即此也。" ⑬【集解】《汉书·百官表》曰:"卫尉,秦官。" ⑭【集解】《汉书·百官表》曰:"秦时少府有佐弋,汉武帝改为佽飞,掌弋射者。"【正义】弋音翊。

⑮【正义】令,力政反。中大夫令,秦官也。齐,名也。 ⑯【集解】县首于木上曰枭。【正义】枭,古尧反。悬首于木上曰枭。 ⑰【正义】《说

苑》云："秦始皇太后不谨，幸郎嫪毐，始皇取毐四支车裂之，取两弟扑杀之，取太后迁之咸阳宫。下令曰：'以太后事谏者，戮而杀之，蒺藜其脊。'谏而死者二十七人。茅焦乃上说曰：'齐客茅焦，愿以太后事谏。'皇帝曰：'走告，若不见阙下积死人耶？'使者问焦。焦曰：'陛下车裂假父，有嫉妒之心；囊扑两弟，有不慈之名；迁母咸阳，有不孝之行；蒺藜谏上，有桀纣之治。天下闻之，尽瓦解，无向秦者。'王乃自迎太后归咸阳，立茅焦为傅，又爵之上卿。"《括地志》云："茅焦，沧州人也。" ⑱【集解】应劭曰："取薪给宗庙为鬼薪也。"如淳曰："《律说》鬼薪作三岁。"【正义】言毐舍人罪重者已刑戮，轻者罚徒役三岁。 ⑲【正义】《括地志》云："房陵即今房州房陵县，古楚汉中郡地也，是巴蜀之境。《地理志》云房陵县属汉中郡，在益州部，接东南一千三百一十里也。" ⑳【正义】四月建巳之月，孟夏寒冻，民有死者，以秦法酷急，则天应之而史书之。故《尚书·洪范》云"急常寒若"，孔注云"君行急则常寒顺之"。 ㉑【索隐】端和，秦将。衍氏，魏邑。【正义】衍，羊善反。在郑州。 ㉒【集解】徐广曰："甲子。" ㉓【集解】《说苑》曰："始皇帝立茅焦为傅，又爵之上卿。太后大喜，曰'天下亢直，使败复成，安秦社稷，使妾母子复相见者，茅君之力也'。" ㉔【集解】徐广曰："表云咸阳南宫也。"

大索，逐客。李斯上书说，乃止逐客令。李斯因说秦王，请先取韩以恐他国，于是使斯下韩。韩王患之，与韩非谋弱秦。大梁人尉缭来，说秦王曰："以秦之强，诸侯譬如郡县之君，臣但恐诸侯合从，翕而出不意，此乃智伯、夫差、湣王之所以亡也。愿大王毋爱财物，赂其豪臣，以乱其谋，不过亡三十万金，则诸侯可尽。"秦王从其计，见尉缭亢礼，衣服食饮与缭同。缭曰："秦王为人，蜂准，[①]长目，挚鸟膺，[②]豺声，少恩而虎狼心，居约易出人下，[③]得志亦轻食人。[④]我布衣，然见我常身自下我。诚使秦王得志于天下，天下皆为虏矣。不可与久游。”乃亡去。秦王觉，固止，以为秦国尉，[⑤]卒用其计策。而李斯用事。

①【集解】徐广曰：“蜂，一作隆。”【正义】蜂，孚逢反。准，章允反。蜂，虿也，高鼻也。文颖曰：“准，鼻也。” ②【正义】鸷鸟，鹘。膺突向前，其性悍勇。 ③【正义】易，以豉反。言始皇居俭约之时易以谦卑。 ④【正义】言始皇得天下之志，亦轻易而啖食于人。 ⑤【正义】若汉太尉、大将军之比也。

十一年，王翦、桓齮、杨端和攻邺，取九城。王翦攻阏与、橑杨，[①]皆并为一军。翦将十八日，军归斗食以下，[②]什推二人从军。[③]取邺安阳，桓齮将。十二年，文信侯不韦死，窃葬。[④]其舍人临者，晋人也逐出之。[⑤]秦人六百石以上夺爵，迁。[⑥]五百石以下不临，迁，勿夺爵。[⑦]自今以来，操国事不道如嫪毐、不韦者籍其门，[⑧]视此。秋，复嫪毐舍人迁蜀者。当是之时，天下大旱，六月至八月乃雨。

①【集解】徐广曰：“橑音老，在并州。”【正义】《汉表》在清河。《十三州志》云：“橑阳，上党西北百八十里也。” ②【集解】《汉书·百官表》曰：“百石以下，有斗食，佐史之秩。”【正义】一曰得斗粟为料。 ③【索隐】言王翦为将，诸军中皆归斗食以下无功佐史，什中唯推择二人令从军耳。 ④【索隐】按：不韦饮鸩死，其宾客数千人窃共葬于洛阳北芒山。 ⑤【正义】临，力禁反，临哭也。若是三晋之人，逐出令归也。 ⑥【正义】上音时掌反。若是秦人哭临者，夺其官爵，迁移于房陵。 ⑦【正义】若是秦人不哭临不韦者，不夺官爵，亦迁移于房陵。 ⑧【集解】徐广曰：“门一作文。”【索隐】谓籍没其一门皆为徒隶，后并视此为常故也。

【正义】籍录其子孙,禁不得仕宦。

十三年,桓齮攻赵平阳,[①]杀赵将扈辄,[②]斩首十万。王之河南。正月,彗星见东方。十月,桓齮攻赵。十四年,攻赵军于平阳,取宜安,[③]破之,杀其将军。桓齮定平阳、武城。[④]韩非使秦,秦用李斯谋,留非,非死云阳。[⑤]韩王请为臣。

①【正义】《括地志》云:"平阳故城在相州临漳县西二十五里。"又云:"平阳,战国时属韩,后属赵。" ②【正义】扈音户。辄,张猎反,赵之将军。 ③【正义】《括地志》云:"宜安故城在常山稿城县西南二十五里也。" ④【正义】即贝州武城县外城是也。七国时赵邑。 ⑤【正义】《括地志》云:"云阳城在雍州云阳县西八十里,秦始皇甘泉宫在焉。"

十五年,大兴兵,一军至邺,一军至太原,取狼孟。[①]地动。十六年九月,发卒受地韩南阳,假守[②]腾。初令男子书年。魏献地于秦。秦置丽邑。[③]十七年,内史腾攻韩,得韩王安,尽纳其地,[④]以其地为郡,命曰颍川。地动。华阳太后卒。民大饥。

①【集解】《地理志》太原有狼孟县。 ②【正义】假,格雅反。守音狩。 ③【正义】丽,力知反。《括地志》云:"雍州新丰县,本周时骊戎邑。《左传》云晋献公伐骊戎,杜注云在京兆新丰县,其后秦灭之以为邑。" ④【正义】韩王安之九年,秦尽灭之。

十八年,[①]大兴兵攻赵,王翦将上地,[②]下井陉,[③]端和将河内，羌瘣[4]伐赵，端和围邯郸城。十九年，王翦、羌瘣尽定取赵地东阳，得赵王。[5]引兵欲攻燕，屯中山。秦王之邯郸，诸尝与王生赵时母家有仇怨，皆阬之。秦王还，从太原、上郡归。始皇帝母太后崩。赵公子嘉率其宗数百人之代，自立为代王，东与燕合兵，军上谷。大饥。

①【集解】徐广曰："巴郡出大人，长二十五丈六尺。" ②【正义】上郡上县，今绥州等是也。 ③【集解】服虔曰："山名，在常山。今为县。音刑。" ④【正义】胡罪反。 ⑤【索隐】赵王迁也。【正义】赵幽缪王迁八年，秦取赵地至平阳。平阳在贝州历亭县界。迁王于房陵。

二十年，燕太子丹患秦兵至国，恐，使荆轲刺秦王。秦王觉之，体解[1]轲以徇，而使王翦、辛胜攻燕。燕、代发兵击秦军，秦军破燕易水之西。二十一年，王贲[2]攻(蓟)〔荆〕。乃益发卒诣王翦军，遂破燕太子军，取燕蓟城，得太子丹之首。燕王东收辽东而王之。[3]王翦谢病老归。新郑反。昌平君徙于郢。大雨雪，[4]深二尺五寸。

①【正义】纪买反。 ②【正义】音奔。 ③【正义】王，于放反。 ④【正义】雨，于遇反。

二十二年，王贲攻魏，引河沟灌大梁，大梁城坏，其王请降，[1]尽取其地。二十三年，秦王复召王翦，强起之，使将击荆。[2]取陈以南至平舆，[3]虏荆王。[4]秦王游至郢陈。荆将项燕立昌平君为荆王，反秦于淮南。[5]二十四年，王翦、蒙武攻荆，破荆军，昌平君死，项燕遂自杀。

①【索隐】魏王假也。 ②【正义】秦号楚为荆者，以庄襄王名子楚，讳之，故言荆也。 ③【集解】《地理志》汝南有平舆县。【正义】舆音余。平舆，豫州县也。 ④【索隐】荆王负刍也。楚称荆者，以避庄襄王讳，故称荆。 ⑤【集解】徐广曰："淮，一作'江'。"【正义】昌平也。楚淮北之地尽入于秦。

二十五年，大兴兵，使王贲将，攻燕辽东，得燕王喜。[①]还攻代，虏代王嘉。王翦遂定荆江南地。[②]降越君，[③]置会稽郡。五月，天下大酺。[④]

①【正义】燕王喜之五十三年，燕亡。 ②【正义】言王翦遂平定楚及江南地，降越君，置为会稽郡。 ③【正义】降，闲江反。楚威王已灭〔越〕，其余自称君长，今降秦。 ④【集解】服虔曰："酺音蒲。"文颖曰："酺，《周礼》族师掌春秋祭酺，为人物灾害之神。"苏林曰："陈留俗，三月上巳水上饮食为酺。"【正义】天下欢乐大饮酒也。秦既平韩、赵、魏、燕、楚五国，故天下大酺也。

二十六年，齐王建与其相后胜[①]发兵守其西界，不通秦。秦使将军王贲从燕南攻齐，得齐王建。[②]

①【正义】音升，齐相姓名。 ②【索隐】六国皆灭也。十七年得韩王安，十九年得赵王迁，二十二年魏王假降，二十三年虏荆王负刍，二十五年得燕王喜，二十六年得齐王建。【正义】齐王建之三十四年，齐国亡。

秦初并天下，令丞相、御史曰：[①]“异日韩王纳地效玺，[②]请为藩臣，已而背约，与赵、魏合从畔秦，故兴兵诛之，虏其王。寡人以为善，庶几息兵革。赵王使其相李牧来约盟，故归其质子。[③]已而背盟，反我太原，故兴兵诛之，得其王。赵公子嘉乃自立为代王，故举兵击灭之。魏王始约服入秦，已而与韩、赵谋袭秦，秦兵吏诛，遂破之。荆王献青阳以西，[④]已而畔约，击我南郡，故发兵诛，得其王，遂定其荆地。燕王昏乱，其太子丹乃阴令荆轲为贼，兵吏诛，灭其国。齐王用后胜计，绝秦使，欲为乱，兵吏诛，虏其王，平齐地。寡人以眇眇之身，兴兵诛暴乱，赖宗庙之灵，六王咸伏其辜，天下大定。今名号不更，无以称成功，传后世。其议帝号。”丞相绾、御史大夫劫、[⑤]廷尉斯等[⑥]皆曰：“昔者五帝地方千里，其外侯服夷服，诸侯或朝或否，天子不能制。今陛下[⑦]兴义兵，诛残贼，平定天下，海内为郡县，[⑧]法令由一统，自上古以来未尝有，五帝所不及。臣等谨与博士议曰：[⑨]‘古有天皇，有地皇，有泰皇，[⑩]泰皇最贵。’臣等昧死上尊号，王为‘泰皇’。命为‘制’，令为‘诏’，[⑪]天子自称曰‘朕’。”[⑫]王曰：“去‘泰’，[⑬]著‘皇’，采上古‘帝’位号，号曰‘皇帝’。他如议。”制曰：“可。”[⑭]追尊庄襄王为太上皇。[⑮]制曰：“朕闻太古有号毋谥，中古有号，死而以行为谥。如此，则子议父，臣议君也，甚无谓，朕弗取焉。自今已来，除谥法。[⑯]朕为始皇帝。后世以计数，[⑰]二世三世至于万世，传之无穷。”

①【正义】令，力政反。乃今之敕令、敕书。　②【正义】效犹至见。　③【正义】质音致。　④【集解】《汉书·邹阳传》曰：“越水长沙，还舟青

阳。"张晏曰："青阳，地名。"苏林曰："青阳，长沙县是也。" ⑤【集解】《汉书·百官表》曰："御史大夫，秦官。"应劭曰："侍御史之率，故称大夫也。"【索隐】绾姓王。劫姓冯。 ⑥【集解】《汉书·百官表》曰："廷尉，秦官。"应劭曰："听狱必质诸朝廷，与众共之，兵狱同制，故称廷尉。" ⑦【集解】蔡邕曰："陛，阶也，所由升堂也。天子必有近臣立于陛侧，以戒不虞。谓之'陛下'者，群臣与天子言，不敢指斥，故呼在陛下者与之言，因卑达尊之意也。上书亦如之。" ⑧【正义】郡，人所群聚也。 ⑨【集解】《汉书·百官表》曰："博士，秦官，掌通古今。" ⑩【索隐】按：天皇、地皇之下即云泰皇，当人皇也。而《封禅书》云"昔者太帝使素女鼓瑟而悲"，盖三皇已前称泰皇。一云泰皇，太昊也。 ⑪【集解】蔡邕曰："制书，帝者制度之命也，其文曰'制'。诏，诏书。诏，告也。"【正义】令音力政反。制诏三代无文，秦始有之。 ⑫【集解】蔡邕曰："朕，我也。古者上下共称之，贵贱不嫌，则可以同号之义也。皋陶与舜言'朕言惠，可底行'。屈原曰'朕皇考'。至秦，然后天子独以为称。汉因而不改。" ⑬【正义】去音丘吕反。 ⑭【集解】蔡邕曰："群臣有所奏，请尚书令奏之，下有司曰'制'，天子答之曰'可'。" ⑮【集解】汉高祖尊父曰太上皇，亦放此也。 ⑯【集解】《谥法》，周公所作。 ⑰【正义】色主反。

始皇推终始五德之传，[①]以为周得火德，秦代周德，从所不胜。[②]方今水德之始，[③]改年始，朝贺皆自十月朔。[④]衣服旄旌节旗[⑤]皆上黑。[⑥]数以六为纪，符、法冠皆六寸，而舆六尺，六尺为步，乘六马。[⑦]更名河曰德水，以为水德之始。刚毅戾深，事皆决于法，刻削毋仁恩和义，然后合五德之数。[⑧]于是急法，久者不赦。

①【集解】郑玄曰："音亭传。"【索隐】音张恋反。传，次也。谓五行之德始终相次也。《汉书·郊祀志》曰："齐人邹子之徒论著终始五德之运，始

皇采用。”　②【正义】胜，申证反。秦以周为火德。能灭火者水也，故称从其所不胜于秦。　③【索隐】《封禅书》曰秦文公获黑龙，以为水瑞，秦始皇帝因自谓为水德也。　④【正义】周以建子之月为正，秦以建亥之月为正，故其年始用十月而朝贺。　⑤【正义】旌音精。旄音毛。旗音其。《周礼》云：“析羽为旌，熊虎为旗。”旄节者，编毛为之，以象竹节，《汉书》云“苏武执节在匈奴牧羊，节毛尽落”是也。韦昭云：“节者，山国用人节，泽国用龙节，皆以金为之。道路以旌节，门关用符节，都鄙用管节，皆用竹为之。”　⑥【正义】以水德属北方，故上黑。　⑦【集解】张晏曰：“水，北方，黑，终数六，故以六寸为符，六尺为步。”瓒曰：“水数六，故以六为名。”谯周曰：“步以人足为数，非独秦制然。”【索隐】《管子》、《司马法》皆云六尺为步。谯周以为步以人足，非独秦制。又按：《礼记・王制》曰“古者八尺为步”，今以周尺六尺四寸为步，步之尺数亦不同。　⑧【索隐】水主阴，阴刑杀，故急法刻削，以合五德之数。

丞相绾等言：“诸侯初破，燕、齐、荆地远，不为[①]置王，毋以填之。请立诸子，唯上幸许。”始皇下其议于群臣，群臣皆以为便。廷尉李斯议曰：“周文武所封子弟同姓甚众，然后属疏远，相攻击如仇雠，诸侯更相诛伐，周天子弗能禁止。今海内赖陛下神灵一统，皆为郡县，诸子功臣以公赋税重赏赐之，甚足易制。天下无异意，[②]则安宁之术也。置诸侯不便。”始皇曰：“天下共苦战斗不休，以有侯王。赖宗庙，天下初定，又复立国，是树兵也，而求其宁息，岂不难哉。廷尉议是。”

①【正义】于伪反。　②【正义】易音以职反。

分天下以为三十六郡，[①]郡置守、尉、监。[②]更名民曰“黔首”。[③]大酺。收天下兵，[④]聚之咸阳，销以为钟鐻，[⑤]金人十二，重各千石，[⑥]置廷宫中。一法度衡石丈尺。车同轨。书同文字。地东至海暨朝鲜，[⑦]西至临洮、羌中，[⑧]南至北向户，[⑨]北据河为塞，并阴山至辽东。[⑩]徙天下豪富于咸阳十二万户。诸庙及章台、上林皆在渭南。秦每破诸侯，写放其宫室，作之咸阳北阪上，[⑪]南临渭，自雍门[⑫]以东至泾、渭，殿屋复道周阁相属。[⑬]所得诸侯美人钟鼓，以充入之。[⑭]

①【集解】三十六郡者，三川、河东、南阳、南郡、九江、鄣郡、会稽、颍川、砀郡、泗水、薛郡、东郡、琅邪、齐郡、上谷、渔阳、右北平、辽西、辽东、代郡、巨鹿、邯郸、上党、太原、云中、九原、雁门、上郡、陇西、北地、汉中、巴郡、蜀郡、黔中、长沙凡三十五，与内史为三十六郡。【正义】《风俗通》云：“周制天子方千里，分为百县，县有四郡，故《左传》云上大夫受县，下大夫受郡。秦始皇初置三十六郡以监县也。” ②【集解】《汉书·百官表》曰：“秦郡守掌治其郡，有丞。尉掌佐守典武职甲卒。监御史掌监郡。” ③【集解】应劭曰：“黔亦黎黑也。” ④【集解】应劭曰：“古者以铜为兵。” ⑤【集解】徐广曰：“音巨。” ⑥【正义】《汉书·五行志》云：“二十六年，有大人长五丈，足履六尺，皆夷狄服，凡十二人，见于临洮，故销兵器，铸而象之。”谢承《后汉书》云：“铜人，翁仲其名也。”《三辅旧事》云：“聚天下兵器，铸铜人十二，各重二十四万斤。汉世在长乐宫门。”《魏志·董卓传》云：“椎破铜人十及钟鐻，以铸小钱。”《关中记》云：“董卓坏铜人，余二枚，徙清门里。魏明帝欲将诣洛，载到霸城，重不可致。后石季龙徙之邺，苻坚又徙入长安而销之。”《英雄记》云：“昔大人见临洮而铜人铸，至董卓而铜人毁也。” ⑦【正义】暨，其记反。朝音潮。鲜音仙。海谓渤海南至扬、苏、台等州之东海也。暨，及也。东北朝鲜国。《括地志》云：“高骊治平壤城，本汉乐浪郡王险城，即古朝鲜也。” ⑧【正义】洮，吐高反。《括地志》

云:“临洮郡即今洮州,亦古西羌之地,在京西千五百五十一里羌中。从临洮西南芳州扶松府以西,并古诸羌地也。” ⑨【集解】《吴都赋》曰:“开北户以向日。”刘逵曰:“日南之北户,犹日北之南户也。” ⑩【集解】《地理志》西河有阴山县。【正义】塞,先代反。并,白浪反。谓灵、夏、胜等州之北黄河。阴山在朔州北塞外。从河傍阴山,东至辽东,筑长城为北界。⑪【集解】徐广曰:“在长安西北,汉武时别名渭城。”【正义】今咸阳县北阪上。 ⑫【集解】徐广曰:“在高陵县。”【正义】今岐州雍县东。⑬【正义】复音福。属,之欲反。《庙记》云:“北至九嵕、甘泉,南至长杨、五柞,东至河,西至汧、渭之交,东西八百里,离宫别馆相望属也。木衣绨绣,土被朱紫,宫人不徙。穷年忘归,犹不能遍也。” ⑭【正义】《三辅旧事》云:“始皇表河以为秦东门,表汧以为秦西门,表中外殿观百四十五,后宫列女万余人,气上冲于天。”

二十七年,始皇巡陇西①、北地,②出鸡头山,③过回中。④焉作信宫渭南,已更命信宫为极庙,象天极。⑤自极庙道通郦山,作甘泉前殿。筑甬道,⑥自成阳属之。是岁,赐爵一级。治驰道。⑦

①【正义】陇西,今陇右。 ②【正义】北地,今宁州也。 ③【正义】《括地志》云:“鸡头山在成州上禄县东北二十里,在京西南九百六十里。郦元云盖大陇山异名也。《后汉书·隗嚣传》云‘王莽塞鸡头’,即此也。”按:原州平高县西百里亦有笄头山,在京西北八百里,黄帝鸡山之所。④【集解】应劭曰:“回中在安定高平。”孟康曰:“回中在北地。”【正义】《括地志》云:“回中宫在岐州雍县西四十里。”言始皇欲西巡陇西之北,从咸阳向西北出宁州,西南行至成州,出鸡头山,东还,过岐州回中宫。 ⑤【索隐】为宫庙象天极,故曰极庙。《天官书》曰“中宫曰天极”是也。⑥【集解】应劭曰:“筑垣墙如街巷。”【正义】筑音竹。甬音勇。应劭云:“渭

于驰道外筑墙，天子于中行，外人不见。” ⑦【集解】应劭曰：“驰道，天子道也，道若今之中道然。”《汉书·贾山传》曰：“秦为驰道于天下，东穷燕、齐，南极吴、楚，江湖之上，滨海之观毕至。道广五十步，三丈而树，厚筑其外，隐以金椎，树以青松。”

二十八年，始皇东行郡县，上邹峄山，[①]立石，与鲁诸儒生议，刻石颂秦德，议封禅[②]望祭山川之事。乃遂上泰山，[③]立石，封，祠祀。[④]下，风雨暴至，休于树下，因封其树为五大夫。[⑤]禅梁父。[⑥]刻所立石，其辞曰：[⑦]

①【集解】韦昭曰：“邹，鲁县，山在其北。”【正义】上，时掌反。邹，侧留反。峄音亦。《国系》云：“邾峄山亦名邹山，在兖州邹县南三十二里。鲁穆公改‘邾’作‘邹’，其山遂从‘邑’变。山北去黄河三百余里。” ②【正义】《晋太康地记》云：“为坛于太山以祭天，示增高也。为墠于梁父以祭地，示增广也。祭尚玄酒而俎鱼。墠皆广长十二丈。坛高三尺，阶三等。而树石太山之上，高三丈一尺，广三尺，秦之刻石云。” ③【正义】泰山一曰岱宗，东岳也，在兖州博城县西北三十里。《山海经》云：“泰山，其上多玉，其下多石。”郭璞云：“从泰山下至山头，百四十八里三百步。”道书《福地记》云：“泰山高四千九百丈二尺，周回二千里，多芝草玉石，长津甘泉，仙人室。又有地狱六，曰鬼神之府，从西上，下有洞天，周回三千里，鬼神考谪之府。” ④【集解】服虔曰：“增天之高，归功于天。”张晏曰：“天高不可及，于泰山上立封禅而祭之，冀近神灵也。”瓒曰：“积土为封。谓负土于泰山上，为坛而祭之。” ⑤【正义】封，一作复，音福。 ⑥【集解】服虔曰：“禅，阐广土地也。”瓒曰：“古者圣王封泰山，禅亭亭或梁父，皆泰山下小山。除地为墠，祭于梁父。后改墠曰禅。”【正义】父音甫。在兖州泗水县北八十里。 ⑦【索隐】其词每三句为韵，凡十二韵。下之罘、碣石、会稽三铭皆然。

皇帝临位，作制明法，臣下修饬。[①]二十有六年，初并天下，罔不宾服。亲巡远方黎民，登兹泰山，周览东极。从臣思迹，[②]本原事业，祗诵功德。[③]治道运行，诸产得宜，皆有法式。大义休明，垂于后世，顺承勿革。皇帝躬圣，既平天下，不懈于治。夙兴夜寐，建设长利，[④]专隆教诲。训经宣达，远近毕理，咸承圣志。贵贱分明，男女礼顺，慎遵职事。昭隔内外，[⑤]靡不清净，施于后嗣。化及无穷，遵奉遗诏，永承重戒。

①【正义】饬音勅。　②【正义】从，财用反。　③【正义】祗音脂。　④【正义】长，直良反。　⑤【集解】徐广曰："隔，一作融。"

于是乃并勃海以东，[①]过黄、腄，[②]穷成山，登之罘，[③]立石颂秦德焉而去。

①【正义】并，白浪反。勃作渤，蒲忽反。　②【集解】《地理志》东莱有黄县、腄县。【正义】腄，逐瑞反。字或作陲。《括地志》云："黄县故城在莱州黄县东南二十五里，古莱子国也。牟平县城在黄县南百三十里。《十三州志》云牟平县古腄县也。"　③【集解】《地理志》之罘山在腄县。【正义】罘音浮。《括地志》云："在莱州文登县东北百八十里。成山在文登县西北百九十里。"穷犹登极也。《封禅书》云："八神，五曰阳主，祠之罘；七曰日主，祠成山，成山斗入海。"又云："之罘山在海中。文登县，古腄县也。"

南登琅邪，[①]大乐之，留三月。乃徙黔首三万户琅邪台下，[②]复十二岁。[③]作琅邪台，[④]立石刻，颂秦德，明得意。曰：[⑤]

①【集解】今兖州东沂州、密州，即古琅邪也。 ②【集解】《地理志》越王句践尝治琅邪县，起台馆。【索隐】《山海经》琅邪台在渤海间。盖海畔有山，形如台，在琅邪，故曰琅邪台。【正义】《括地志》云："密州诸城县东南百七十里有琅邪台，越王句践观台也。台西北十里有琅邪故城。《吴越春秋》云：'越王句践二十五年，徙都琅邪，立观台以望东海，遂号令秦、晋、齐、楚，以尊辅周室，歃血盟。'即句践起台处。"《括地志》云："琅邪山在密州诸城县东南百四十里。始皇立层台于山上，谓之琅邪台，孤立众山之上。秦王乐之，留三月，立石山上，颂秦德也。" ③【正义】复音福。复三万户徙台下者。 ④【正义】今琅邪台。 ⑤【索隐】二句为韵。

维二十六年，皇帝作始。端平法度，万物之纪。以明人事，合同父子。圣智仁义，显白道理。东抚东土，以省卒士。[①]事已大毕，乃临于海。皇帝之功，勤劳本事。上农除末，黔首是富。普天之下，抟心揖志。[②]器械一量，[③]同书文字。日月所照，舟舆所载。皆终其命，莫不得意。应时动事，是维皇帝。匡饬异俗，陵水经地。[④]忧恤黔首，朝夕不懈。除疑定法，咸知所辟。[⑤]方伯分职，诸治经易。[⑥]举错必当，莫不如画。[⑦]皇帝之明，临察四方。尊卑贵贱，不逾次行。[⑧]奸邪不容，皆务贞良。细大尽力，莫敢怠荒。远迩辟隐，[⑨]专务肃庄。端直敦忠，事业有常。皇帝之德，存定四极。诛乱除害，兴利致福。节事以时，诸产繁殖。黔首安宁，不用兵革。[⑩]六亲相保，终无寇贼。欢欣奉教，尽知法式。六合之内，皇帝之土。西涉流沙，[⑪]南尽北户。东有东海，北过大夏。[⑫]人迹所至，无不臣者。功盖五帝，泽及牛马。莫不受德，各安其宇。

①【正义】省，山井反。卒，子忽反。　②【索隐】抟，古专字。《左传》云："如琴瑟之抟壹。"揖音集。　③【正义】内成曰器，甲胄兜鍪之属。外成曰械，戈矛弓戟之属。壹量者，同度量也。　④【正义】陵作"凌"，犹历也。经，界也。　⑤【正义】音避。　⑥【正义】易音以豉反。言方伯分职治，所理常在平易。　⑦【正义】画音户卦反。谓政理齐整，分明若画，无邪恶。　⑧【正义】音胡郎反。　⑨【正义】辟，匹亦反。　⑩【正义】协韵音棘。　⑪【正义】解见《夏纪》。　⑫【索隐】协韵音户。下"无不臣者"音渚。"泽及牛马"音姥。【正义】杜预云："大夏，太原晋阳县。"按：在今并州，"迁实沈于大夏，主参"，即此也。

维秦王兼有天下，立名为皇帝，乃抚东土，至于琅邪。列侯[1]武城侯王离、列侯通武侯王贲、伦侯[2]建成侯赵亥、伦侯昌武侯成、伦侯武信侯冯毋择、丞相隗林、[3]丞相王绾、卿李斯、卿王戊、五大夫赵婴、五大夫杨樛[4]从，与[5]议于海上。[6]曰："古之帝者，地不过千里，[7]诸侯各守其封域，或朝或否，相侵暴乱，残伐不止，犹刻金石，以自为纪。古之五帝三王，知教不同，法度不明，假威鬼神，[8]以欺远方，实不称名，[9]故不久长。其身未殁，诸侯背叛，法令不行。今皇帝并一海内，以为郡县，天下和平。昭明宗庙，体道行德，尊号大成。群臣相与诵皇帝功德，刻于金石，以为表经。"

①【集解】张晏曰："列侯者，见序列。"　②【索隐】爵卑于列侯，无封邑者。伦，类也，亦列侯之类。　③【索隐】隗姓，林名。有本作"状"者，非。颜之推云："隋开皇初，京师穿地得铸秤权，有铭，云始皇时量器，丞相隗状、王绾二人列名，其作'状'貌之字，时令校写，亲所按验。"王劭亦云

然。斯远古之证也。【正义】隗音五罪反。 ④【正义】音居虬反。 ⑤【正义】上才用反。下音预。言王离以下十人从始皇,咸与始皇议功德于海上,立石于琅邪台下,十人名字并刻颂。 ⑥【正义】此颂前后序两句为韵,此三句为韵。 ⑦【正义】过音戈。千里谓王畿。 ⑧【正义】言五帝、三王假借鬼神之威,以欺服远方之民,若苌弘之比也。 ⑨【正义】称,尺证反。

既已,齐人徐市等上书,言海中有三神山,名曰蓬莱、方丈、瀛洲,[①]仙人居之。请得斋戒,与童男女求之。于是遣徐市发童男女数千人,入海求仙人。[②]

①【正义】《汉书·郊祀志》云:"此三神山者,其传在渤海中,去人不远,盖曾有至者,诸仙人及不死之药皆在焉。其物禽兽尽白,而黄金白银为宫阙。未至,望之如云。及至,三神山乃居水下。临之,患且至,风辄引船而去,终莫能至云。世主莫不甘心焉。" ②【正义】《括地志》云:"亶洲在东海中,秦始皇使徐福将童男女入海求仙人,止在此洲,共数万家,至今洲上人有至会稽市易者。吴人《外国图》云亶洲去琅邪万里。"

始皇还,过彭城,[①]斋戒祷祠,欲出周鼎泗水,使千人没水求之,弗得。乃西南渡淮水,之衡山、[②]南郡。[③]浮江,至湘山祠,[④]逢大风,几不得渡。上问博士曰:"湘君何神?"博士对曰:"闻之,尧女,舜之妻,而葬此。"[⑤]于是始皇大怒,使刑徒三千人皆伐湘山树,赭其山。[⑥]上自南郡由武关归。[⑦]

①【正义】彭城,徐州所理县也。州东外城,古之彭国也。《搜神记》云陆终弟三子曰篯铿,封于彭,为商伯。《外传》云殷末,灭彭祖氏。

②【正义】《括地志》云:“衡山,一名岣嵝山,在衡州湘潭县西四十一里。”岣音苟。嵝音楼。 ③【正义】今荆州也。言欲向衡山,即西北过南郡,入武关至咸阳。 ④【正义】《括地志》云:“黄陵庙在岳州湘阴县北五十七里,舜二妃之神。二妃冢在湘阴北一百六十里青草山上。盛弘之《荆州记》云青草湖南有青草山,湖因山名焉。《列女传》云舜陟方,死于苍梧。二妃死于江、湘之间,因葬焉。”按:湘山者,乃青草山。山近湘水,庙在山南,故言湘山祠。 ⑤【索隐】《列女传》亦以湘君为尧女。按:《楚词·九歌》有湘君、湘夫人。夫人是尧女,则湘君当是舜。今此文以湘君为尧女,是总而言之。 ⑥【正义】赭音者。 ⑦【集解】应劭曰:“武关,秦南关,通南阳。”文颖曰:“武关在析西百七十里弘农界。”【正义】《括地志》云:“故武关在商州商洛县东九十里,春秋时少习也。杜预云少习,商县武关也。”

二十九年,始皇东游。至阳武博狼沙中,[1]为盗所惊。求弗得,乃令天下大索十日。

①【集解】《地理志》河南阳武县有博狼沙。【正义】狼音浪。

登之罘,刻石。其辞曰:[1]

①【索隐】三句为韵。

维二十九年,时在中春,[1]阳和方起。皇帝东游,巡登之罘,临照于海。从臣嘉观,[2]原念休烈,追诵本始。大圣作治,建定法度,显著纲纪。外教诸侯,光施文惠,明以义理。六国回辟,[3]贪戾无厌,[4]虐杀不已。皇帝哀众,遂发讨师,奋扬武德。义诛信行,威燀旁达,[5]莫不宾服。烹灭强暴，振救黔首，周定四极。普施明法，经纬天下，永为仪则。大矣哉。宇县之中，[⑥]承顺圣意。[⑦]群臣诵功，请刻于石，表垂于常式。

①【正义】中音仲。古者帝王巡狩，常以中月。　②【正义】从，才用反。观音瑄。　③【正义】必亦反。　④【正义】于廉反。　⑤【集解】徐广曰："烊，充善反。"　⑥【集解】宇，宇宙。县，赤县。　⑦【索隐】协韵音忆。

其东观曰：

维二十九年，皇帝春游，览省远方。逮于海隅，遂登之罘，昭临朝阳。观望广丽，从臣咸念，原道至明。圣法初兴，清理疆内，外诛暴强。武威旁畅，振动四极，禽灭六王。阐并天下，甾害绝息，永偃戎兵。皇帝明德，经理宇内，视听不怠。[①]作立大义，昭设备器，咸有章旗。职臣遵分，各知所行，事无嫌疑。黔首改化，远迩同度，临古绝尤。常职既定，后嗣循业，长承圣治。群臣嘉德，祗诵圣烈，请刻之罘。

①【索隐】怠，协旗、疑韵，音铜綦反。故《国语》范蠡曰"得时不怠，时不再来"，亦以怠与(台)〔来〕为韵。

旋，遂之琅邪，道上党入。[①]

①【索隐】道犹从也。

三十年，无事。三十一年[①]十二月，更名腊曰“嘉平”。[②]赐黔首里六石米，二羊。始皇为微行咸阳，[③]与武士四人俱，夜出逢盗兰池，[④]见窘，武士击杀盗，关中大索二十日。米石千六百。

①【集解】徐广曰：“使黔首自实田也。” ②【集解】《太原真人茅盈内纪》曰：“始皇三十一年九月庚子，盈曾祖父濛，乃于华山之中，乘云驾龙，白日升天。先是其邑谣歌曰‘神仙得者茅初成，驾龙上升入泰清，时下玄洲戏赤城，继世而往在我盈，帝若学之腊嘉平’。始皇闻谣歌而问其故，父老具对此仙人之谣歌，劝帝求长生之术。于是始皇欣然，乃有寻仙之志，因改腊曰嘉平。”【索隐】《广雅》曰：“夏曰清祀，殷曰嘉平，周曰大蜡，亦曰腊，秦更曰嘉平。”盖应歌谣之词而改从殷号也。道书茅濛字初成，今此云“茅濛初成”者为神仙之道，其意失也。盖由裴氏所引不明，或后人增益“濛”字，遂令七言之词有衍尔。 ③【集解】张晏曰：“若微贱之所为，故曰微行也。” ④【集解】《地理志》渭城县有兰池宫。【正义】《括地志》云：“兰池陂即古之兰池，在咸阳县界。《秦记》云‘始皇都长安，引渭水为池，筑为蓬、瀛，刻石为鲸，长二百丈’。逢盗之处也。”

三十二年，始皇之碣石，使燕人卢生求羡门、[①]高誓。[②]刻碣石门。[③]坏城郭，决通隄防。其辞曰：[④]

①【集解】韦昭曰：“古仙人。” ②【正义】亦古仙人。 ③【集解】徐广曰：“一作盟。” ④【正义】此一颂三句为韵。

遂兴师旅，诛戮无道，为逆灭息。武殄暴逆，文复无罪，[①]庶心咸服。惠论功劳，赏及牛马，恩肥土域。皇帝奋威，德并诸侯，初一泰平。堕坏城郭，[②]决通川防，夷去险阻。地势既定，黎庶无繇，[③]天下咸抚。男乐其畴，女修其业，事各有序。惠被诸产，久并来田，[④]莫不安所。群臣诵烈，请刻此石，垂著仪矩。

①【集解】徐广曰："复，一作优。"【正义】复音福。言秦以武力能殄息暴逆，以文训道令无罪失，故复除之。 ②【正义】堕音许规反。坏音怪。堕，毁也。坏，坼也。言始皇毁坼关东诸侯旧城郭也。夫自颓曰坏，音户怪反。 ③【正义】音遥。 ④【集解】徐广曰："久，一作分。"

因使韩终、侯公、石生求仙人不死之药。始皇巡北边，从上郡入。燕人卢生使[①]入海还，以鬼神事，因奏录图书，曰"亡秦者胡也"。[②]始皇乃使将军蒙恬发兵三十万人北击胡，略取河南地。[③]

①【正义】音所吏反。 ②【集解】郑玄曰："胡，胡亥，秦二世名也。秦见图书，不知此为人名，反备北胡。" ③【正义】今灵、夏、胜等州，秦略取之。

三十三年，发诸尝逋亡人、赘婿、[①]贾人略取陆梁地，[②]为桂林、[③]象郡、[④]南海，[⑤]以谪遣戍。[⑥]西北斥逐匈奴。自榆中[⑦]并河以东，[⑧]属之阴山，[⑨]以为(三)〔四〕十四县，城河上为塞。又使蒙恬渡河取高阙、[⑩](陶)〔阳〕山、北假中，[⑪]筑亭障以逐戎人。徙谪，实之初县。[⑫]禁不得祠。明星出西方。[⑬]三十四年，适治狱吏不直者，筑长城及南越地。[⑭]

①【集解】瓒曰："赘，谓居穷有子，使就其妇家为赘婿。" ②【索隐】谓南方之人，其性陆梁，故曰陆梁。【正义】岭南之人多处山陆，其性强梁，故曰陆梁。 ③【集解】韦昭曰："今郁林是也。" ④【集解】韦昭曰："今日南。" ⑤【正义】即广州南海县。 ⑥【集解】徐广曰："五十万人守五岭。"【正义】谪音直革反。戍，守也。《广州记》云："五岭者，大庾、始安、临贺、揭杨、桂阳。"《舆地志》云："一曰台岭，亦名塞上，今名大庾；二曰骑田；三曰都庞；四曰萌诸；五曰越岭。" ⑦【集解】徐广曰："在金城。" ⑧【集解】服虔曰："并音傍。傍，依也。" ⑨【集解】徐广曰："在五原北。"【正义】属，之欲反。按：五原，今胜州也。 ⑩【正义】高阙，山名，在五原北。两山相对若阙，甚高，故言高阙。 ⑪【集解】晋灼曰："《王莽传》云'五原北假，膏壤殖谷'。北假，地名也。"【索隐】高阙，山名；北假，地名。近五原。【正义】郦元注《水经》云："黄河径河目县故城西，县在北假中。"北假，地名。按：河目县属胜州，今名河北。《汉书·地理志》云属五原郡。 ⑫【索隐】徙有罪而谪之，以实初县，即上"自榆中属阴山，以为三十四县"是也。故汉七科谪亦因于秦。 ⑬【集解】徐广曰："皇甫谧云彗星见。" ⑭【正义】谓戍五岭，是南方越地。

始皇置酒咸阳宫，博士七十人前为寿。仆射[①]周青臣进颂曰："他时秦地不过千里，赖陛下神灵明圣，平定海内，放逐蛮夷，日月所照，莫不宾服。以诸侯为郡县，人人自安乐，无战争之患，传之万世。自上古不及陛下威德。"始皇悦。博士齐人淳于越进曰："臣闻殷、周之王千余岁，封子弟功臣，自为枝辅。今陛下有海内，而子弟为匹夫，卒有田常、六卿之臣，无辅拂，[②]何以相救哉？事不师古而能长久者，非所闻也。今青臣又面谀以重陛下之过，非忠臣。”始皇下其议。丞相李斯曰：“五帝不相复，三代不相袭，各以治，非其相反，时变异也。今陛下创大业，建万世之功，固非愚儒所知。且越言乃三代之事，何足法也？异时诸侯并争，厚招游学。今天下已定，法令出一，百姓当家则力农工，士则学习法令辟禁。[③]今诸生不师今而学古，以非当世，惑乱黔首。丞相臣斯昧死言：古者天下散乱，莫之能一，是以诸侯并作，语皆道古以害今，饰虚言以乱实，人善其所私学，[④]以非上之所建立。今皇帝并有天下，别黑白而定一尊。私学而相与非法教，人闻令下，则各以其学议之，入则心非，出则巷议，夸主[⑤]以为名，异取以为高，率群下以造谤。如此弗禁，则主势降乎上，党与成乎下。禁之便。臣请史官非秦记皆烧之。非博士官所职，天下敢有藏《诗》、《书》、百家语者，悉诣守、尉杂烧之。有敢偶语《诗》、《书》者弃市。[⑥]以古非今者族。吏见知不举者与同罪。令下三十日不烧，黥为城旦。[⑦]所不去者，医药卜筮种树之书。若欲有学法令，[⑧]以吏为师。”制曰：“可。”

①【集解】《汉书·百官表》曰：“仆射，秦官。古者重武，官有主射以督课之。”应劭曰：“仆，主也。”【正义】射音夜。　②【正义】蒲笔反。　③【正义】令，力性反。辟音避。　④【集解】徐广曰：“私，一作知。”　⑤【正义】夸，口瓜反。　⑥【集解】应劭曰：“禁民聚语，畏其谤己。”【正义】偶，对也。　⑦【集解】如淳曰：“《律说》‘论决为髡钳，输边筑长城，昼日伺寇虏，夜暮筑长城’。城旦，四岁刑。”　⑧【集解】徐广

曰:“一无法令二字。”

三十五年,除道,道九原[①]抵云阳,[②]堑山堙谷,直通之。于是始皇以为咸阳人多,先王之宫廷小,吾闻周文王都丰,武王都镐,丰、镐之间,帝王之都也。乃营作朝宫渭南上林苑中。先作前殿阿房,[③]东西五百步,南北五十丈,上可以坐万人,下可以建五丈旗。[④]周驰为阁道,自殿下直抵南山。表南山之颠以为阙。为复道,自阿房渡渭,属之咸阳,以象天极阁道绝汉抵营室也。[⑤]阿房宫未成;成,欲更择令名名之。作宫阿房,故天下谓之阿房宫。隐宫[⑥]徒刑者七十余万人,乃分作阿房宫,或作丽山。发北山石椁,乃写蜀、荆地材皆至。关中计宫三百,关外四百余。于是立石东海上朐界中,以为秦东门。因徙三万家丽邑,[⑦]五万家云阳,皆复不事十岁。

①【集解】《地理志》五原郡有九原县。　②【集解】徐广曰:“表云道九原,通甘泉。”　③【正义】房,白郎反。《括地志》云:“秦阿房宫亦曰阿城,在雍州长安县西北一十四里。”按:宫在上林苑中,雍州郭城西南面,即阿房宫城东面也。颜师古云“阿,近也。以其去咸阳近,且号阿房”。④【索隐】此以其形名宫也,言其宫四阿旁广也,故云下可建五丈之旗也。阿房,后为宫名。【正义】《三辅旧事》云:“阿房宫东西三里,南北五百步,庭中可受万人。又铸铜人十二于宫前。阿房宫以慈石为门,阿房宫之北阙门也。”　⑤【索隐】谓为复道,渡渭属咸阳,象天文阁道绝汉抵营室也。《天官书》曰“天极紫宫后十七星绝汉抵营室,曰阁道”。　⑥【正义】余刑见于市朝。宫刑,一百日隐于荫室养之乃可,故曰隐宫,下蚕室是。⑦【正义】丽音离。

卢生说始皇曰："臣等求芝奇药仙者常弗遇，类物有害之者。方中，人主时为微行以辟恶鬼，恶鬼辟，真人至。人主所居而人臣知之，则害于神。真人者，入水不濡，入火不爇，[①]陵云气，与天地久长。今上治天下，未能恬倓。愿上所居宫毋令人知，然后不死之药殆可得也。"于是始皇曰："吾慕真人，自谓'真人'，不称'朕'。"乃令咸阳之旁二百里内宫观二百七十复道甬道相连，帷帐钟鼓美人充之，各案署不移徙。行所幸，有言其处者，罪死。始皇帝幸梁山宫，[②]从山上见丞相车骑众，弗善也。中人或告丞相，丞相后损车骑。始皇怒曰："此中人泄吾语。"案问莫服。当是时，诏捕诸时在旁者，皆杀之。自是后莫知行之所在。听事，群臣受决事，悉于咸阳宫。

①【正义】而说反。　②【集解】徐广曰："在好畤。"【正义】《括地志》云："俗名望宫山，在雍州好畤县西十二里，北去梁山九里。《秦始皇(起)〔纪〕》'从山上见丞相车骑众，弗善'，即此山也。"

侯生、[①]卢生相与谋曰："始皇为人，天性刚戾自用，起诸侯，并天下，意得欲从，以为自古莫及己。专任狱吏，狱吏得亲幸。博士虽七十人，特备员弗用。丞相诸大臣皆受成事，倚辨于上。上乐以刑杀为威，[②]天下畏罪持禄，莫敢尽忠。上不闻过而日骄，下慑伏谩欺以取容。秦法，不得兼方，[③]不验，辄死。然候星气者至三百人，皆良士，畏忌讳谀，不敢端言其过。天下之事无小大皆决于上，上至以衡石量书，[④]日夜有呈，不中呈[⑤]不得休息。贪于权势至如此，未可为求仙药。”于是乃亡去。始皇闻亡，乃大怒曰：“吾前收天下书不中用者尽去之。悉召文学方术士甚众，欲以兴太平，方士欲练以求奇药。[6]今闻韩众[7]去不报，徐市等费以巨万计，终不得药，徒奸利相告日闻。[8]卢生等吾尊赐之甚厚，今乃诽谤我，以重吾不德也。诸生在咸阳者，吾使人廉问，或为訞言以乱黔首。”于是使御史悉案问诸生，诸生传相告引，乃自除。犯禁者四百六十余人，皆坑之咸阳，使天下知之，以惩后。益发谪徙边。[9]始皇长子扶苏谏曰：“天下初定，远方黔首未集，诸生皆诵法孔子，今上皆重法绳之，臣恐天下不安。唯上察之。”始皇怒，使扶苏北监蒙恬于上郡。[10]

①【集解】《说苑》曰：“韩客侯生也。” ②【正义】乐，五孝反。③【集解】徐广曰：“一云并力。”【正义】言秦施法不得兼方者，令民之有方伎不得兼两齐，试不验，辄赐死。言法酷。 ④【集解】石百二十斤。【正义】衡，秤衡也。言表笺奏请，秤取一石，日夜有程期，不满不休息。⑤【正义】中，竹仲反。 ⑥【集解】徐广曰：“一云欲以练求。”⑦【正义】音终。 ⑧【集解】徐广曰：“一作间。” ⑨【集解】徐广曰：“《表》云徙于北河、榆中，耐徙三处。拜爵一级。” ⑩【正义】《括地志》云：“上郡故城在绥州上县东南五十里，秦之上郡城也。”

三十六年，荧惑守心。有坠星下东郡，至地为石。[1]黔首或刻其石，曰“始皇帝死而地分”。始皇闻之，遣御史逐问，莫服，尽取石旁居人诛之，因燔销其石。始皇不乐，使博士为《仙真人诗》，及行所游天下，传令[2]乐人歌弦之。秋，使者从关东夜过华阴平舒道，[3]有人持璧遮使者曰：“为吾遗滈池君。"[④]因言曰："今年祖龙死。"[⑤]使者问其故，因忽不见，置其璧去。使者奉璧具以闻。始皇默然良久，曰："山鬼固不过知一岁事也。"退言曰："祖龙者，人之先也。"使御府视璧，乃二十八年行渡江所沈璧也。于是始皇卜之，卦得游徙吉。迁北河榆中三万家。[⑥]拜爵一级。

①【集解】徐广曰："表云石昼陨。" ②【正义】传，逐恋反。令，力呈反。 ③【正义】《括地志》云："平舒故城在华州华阴县西北六里。《水经注》云'渭水又东经平舒北，城枕渭滨，半破沦水，南面通衢。昔秦之将亡也，江神送璧于华阴平舒道，即其处也'。" ④【集解】服虔曰："水神也。"张晏曰："武王居镐，镐池君则武王也。武王伐商，故神云始皇荒淫若纣矣，今亦可伐也。"孟康曰："长安西南有滈池。"【索隐】按：服虔云水神，是也。江神以璧遗滈池之神，告始皇之将终也。且秦水德王，故其君将亡，水神先自相告也。【正义】遗，庾季反。滈，湖老反。《括地志》云："滈水源出雍州长安县西北滈池。郦元注《水经》云'滈水承滈池，北流入渭'。今按：滈池水流入来通渠，盖郦元误矣。"张晏云："武王居滈，滈池君则武王也。伐商，故神云始皇荒淫若纣矣，今武王可伐矣。" ⑤【集解】苏林曰："祖，始也。龙，人君象。谓始皇也。"服虔曰："龙，人之先象也，言王亦人之先也。"应劭曰："祖，人之先。龙，君之象。" ⑥【正义】谓北河胜州也。榆中即今胜州榆林县也。言徙三万家以应卜卦游徙吉也。

三十七年十月癸丑，始皇出游。左丞相斯从，右丞相去疾守。少子胡亥爱慕请从，上许之。十一月，行至云梦，望祀虞舜于九疑山。[①]浮江下，观籍柯，渡海渚。[②]过丹阳，[③]至钱唐。[④]临浙江，[⑤]水波恶，乃西百二十里从狭中渡。[⑥]上会稽，祭大禹，[⑦]望于南海，而立石刻[⑧]颂秦德。其文曰：[⑨]

①【正义】《括地志》云："九疑山在永州唐兴县东南一百里。《皇览·冢墓记》云舜冢在零陵郡营浦县九疑山。"言始皇至云梦，望祭虞舜于九疑山也。　②【正义】《括地志》云："舒州同安县东。"按：舒州在江中，疑"海"字误，即此州也。　③【正义】《括地志》云："丹阳郡故在润州江宁县东南五里，秦兼并天下，以为鄣郡也。"　④【正义】钱唐，今杭州县。⑤【集解】晋灼曰：江水至会稽山阴为浙江。音折。　⑥【集解】徐广曰："盖在余杭也。顾夷曰'余杭者，秦始皇至会稽经此，立为县'。"⑦【正义】上音上掌反。越州会稽山上有夏禹穴及庙。　⑧【索隐】三句为韵，凡二十四韵。　⑨【正义】此二颂三句为韵。其碑见在会稽山上。其文及书皆李斯，其字四寸，画如小指，圆镌。今文字整顿，是小篆字。

皇帝休烈，平一宇内，德惠修长。[①]三十有七年，亲巡天下，周览远方。遂登会稽，宣省习俗，黔首斋庄。群臣诵功，本原事迹，追首高明。[②]秦圣临国，始定刑名，显陈旧章。[③]初平法式，审别职任，以立恒常。六王专背，贪戾慠猛，率众自强。[④]暴虐恣行，[⑤]负力而骄，数动甲兵。[⑥]阴通间使，[⑦]以事合从，[⑧]行为辟方。[⑨]内饰诈谋，[⑩]外来侵边，遂起祸殃。义威诛之，殄熄[⑪]暴悖，[⑫]乱贼灭亡。圣德广密，六合之中，被泽无疆。皇帝并宇，兼听万事，远近毕清。运理群物，考验事实，各载其名。贵贱并通，善否陈前，靡有隐情。饰省宣义，[⑬]有子而嫁，[⑭]背死不贞。防隔内外，禁止淫泆，男女絜诚。夫为寄豭，[⑮]杀之无罪，男秉义程。妻为逃嫁，[⑯]子不得母，[⑰]咸化廉清。大治濯俗，天下承风，蒙被休经。皆遵度轨，和安敦勉，莫不顺令。[⑱]黔首修絜，人乐同则，[⑲]嘉保太平。后敬奉法，常治无极，舆舟不倾。从臣诵烈，[⑳]请刻此石，光垂休铭。

①【索隐】修亦长也，重文耳。王劭按张徽所录会稽南山《秦始皇碑文》，“修”作“攸”。 ②【索隐】今检《会稽刻石》文“首”字作“道”，雅符人情也。 ③【正义】作“彰”，音章。碑文作“画璋”也。 ④【正义】碑文作“率众邦强”。 ⑤【正义】寒彭反。 ⑥【正义】数音朔。 ⑦【正义】间，纪苋反，又如字。使，所吏反。 ⑧【正义】合音阁。从，子容反。 ⑨【正义】行，下孟反。辟，匹亦反。 ⑩【索隐】刻石文作“谋诈”。 ⑪【集解】徐广曰：“音息。” ⑫【正义】殄，田典反。暴，白报反。悖音背。 ⑬【集解】徐广曰：“省，一作非。”【正义】饰音式。省，山景反。饰谓文饰也。省，过也。 ⑭【正义】谓夫死有子，弃之而嫁。 ⑮【索隐】豭，牡豬也。言夫淫他室，若寄豭之豬也。豭音加。 ⑯【正义】谓弃夫而逃嫁于人。 ⑰【正义】言妻弃夫逃嫁，子乃失母。 ⑱【正义】力呈反。 ⑲【正义】乐音岳。 ⑳【正义】从音才用反。烈，美也。所随巡从诸臣，咸诵美，请刻此石。

还过吴，从江乘渡。[①]并海上，北至琅邪。方士徐市等入海求神药，数岁不得，费多，恐谴，乃诈曰：“蓬莱药可得，然常为大鲛鱼所苦，[②]故不得至，愿请善射与俱，见则以连弩射之。”始皇梦与海神战，如人状。问占梦，博士曰：“水神不可见，以大鱼蛟龙为候。今上祷祠备谨，而有此恶神，当除去，而善神可致。”乃令入海者赍捕巨鱼具，而自以连弩候大鱼出射之。自琅邪北至荣成山，[③]弗见。至之罘，见巨鱼，射杀一鱼。遂并海西。

①【集解】《地理志》丹阳有江乘县。【正义】乘音时升反。江乘故县在

润州句容县北六十里，本秦旧县也。渡谓济渡也。 ②【正义】鲛音交。苦音苦故反。 ③【正义】即成山也，在莱州。

至平原津而病。[①]始皇恶言死，群臣莫敢言死事。上病益甚，乃为玺书赐公子扶苏曰："与丧会咸阳而葬。"书已封，在中车府令赵高[②]行符玺事所，未授使者。七月丙寅，始皇崩于沙丘平台。[③]丞相斯为上崩在外，[④]恐诸公子及天下有变，乃秘之，不发丧。棺载辒凉车中，[⑤]故幸宦者参乘，所至上食。百官奏事如故，宦者辄从辒凉车中可其奏事。独子胡亥、赵高及所幸宦者五六人知上死。赵高故尝教胡亥书及狱律令法事，胡亥私幸之。高乃与公子胡亥、丞相斯阴谋破去始皇所封书[⑥]赐公子扶苏者，而更诈为丞相斯受始皇遗诏沙丘，立子胡亥为太子。更为书赐公子扶苏、蒙恬，数以罪，[⑦](其)赐死。语具在《李斯传》中。行，遂从井陉[⑧]抵九原。[⑨]会暑，上辒车臭，乃诏从官令车载一石鲍鱼，[⑩]以乱其臭。

①【集解】徐广曰："渡河而西。"【正义】今德州平原县南六十里有张公故城，城东有水津焉，后名张公渡，恐此平原郡古津也。《汉书》公孙弘平津侯，亦近此。盖平津即此津，始皇渡此津而疾。 ②【集解】伏俨曰："主乘舆路车。" ③【集解】徐广曰："年五十。沙丘去长安二千余里。赵有沙丘宫，在巨鹿，武灵王之死处。"【正义】《括地志》云："沙丘台在邢州平乡县东北二十里。又云平乡县东北四十里。"按：始皇崩在沙丘之宫，平台之中。邢州去京一千六百五十里。 ④【正义】为，于伪反。 ⑤【正义】棺音馆。又古患反。 ⑥【正义】去，丘吕反。 ⑦【正义】数音色具反。 ⑧【集解】徐广曰："在常山。" ⑨【正义】抵，丁礼反。

抵,至也。从沙丘至胜州三千里。 ⑩【正义】鲍,白卯反。

行从直道至咸阳,发丧。太子胡亥袭位,为二世皇帝。九月,葬始皇郦山。始皇初即位,穿治郦山,及并天下,天下徒送诣七十余万人,穿三泉,下铜[①]而致椁,宫观百官奇器珍怪徙臧满之。[②]令匠作机弩矢,有所穿近者辄射之。以水银为百川江河大海,机相灌输,[③]上具天文,下具地理。以人鱼膏为烛,[④]度不灭者久之。[⑤]二世曰:"先帝后宫非有子者,出焉不宜。"皆令从死,死者甚众。葬既已下,或言工匠为机,臧皆知之,臧重即泄。大事毕,已臧,闭中羡,[⑥]下外羡门,尽闭工匠臧者,无复出者。树草木以象山。[⑦]

①【集解】徐广曰:"一作锢。锢,铸塞。"【正义】颜师古云:"三重之泉,言至水也。" ②【正义】言冢内作宫观及百官位次,奇器珍怪徙满冢中。臧,才浪反。 ③【正义】灌音馆。输音戍。 ④【集解】徐广曰:"人鱼似鲇,四脚。"【正义】《广志》云:"鲵鱼声如小儿啼,有四足,形如鳢,可以治牛,出伊水。"《异物志》云:"人鱼似人形,长尺余。不堪食。皮利于鲛鱼,锯材木入。项上有小穿,气从中出。秦始皇冢中以人鱼膏为烛,即此鱼也。出东海中,今台州有之。"按:今帝王用漆灯冢中,则火不灭。 ⑤【正义】度音田洛反。 ⑥【正义】音延,下同。谓冢中神道。 ⑦【集解】《皇览》曰:"坟高五十余丈,周回五里余。"【正义】《关中记》云:"始皇陵在骊山。泉本北流,障使东西流。有土无石,取大石于渭(山)〔南〕诸山。"《括地志》云:"秦始皇陵在雍州新丰县西南十里。"

二世皇帝元年,年二十一。[①]赵高为郎中令,[②]任用事。二世下诏,增始皇寝庙牺牲及山川百祀之礼。令群臣议尊始皇庙。群臣皆顿首言曰:“古者天子七庙,诸侯五,大夫三,虽万世世不轶毁。[③]今始皇为极庙,四海之内皆献贡职,增牺牲,礼咸备,毋以加。先王庙或在西雍,[④]或在咸阳。天子仪当独奉酌祠始皇庙。自襄公已下轶毁。所置凡七庙。群臣以礼进祠,以尊始皇庙为帝者祖庙。皇帝复自称‘朕’。”

①【集解】徐广曰:“《表》云十月戊寅,大赦罪人。” ②【集解】《汉书·百官表》曰:“秦官,掌宫殿门户。” ③【正义】轶,徒结反。④【正义】于用反。西雍在咸阳西,今岐州雍县故城是也。又一云西雍,雍西县也。

二世与赵高谋曰:“朕年少,初即位,黔首未集附。先帝巡行郡县,以示强,威服海内。今晏然不巡行,即见弱,毋以臣畜天下。”春,二世东行郡县,李斯从。到碣石,并海,南至会稽,而尽刻始皇所立刻石,石旁著[①]大臣从者名,以章先帝成功盛德焉:

①【正义】丁略反。

皇帝曰:“金石刻尽始皇帝所为也。今袭号而金石刻辞不称[①]始皇帝,其于久远也[②]如后嗣为之者,不称成功盛德。”丞相臣斯、臣去疾、[③]御史大夫臣德昧死言:“臣请具刻诏书刻石,因明白矣。臣昧死请。”制曰:“可。”

遂至辽东而还。

①【正义】尺证反。　　②【正义】二世言始灭六国，威振古今，自五帝三王未及。既已袭位，而见金石尽刻其颂，不称始皇成功盛德甚远矣。③【集解】徐广曰："姓冯。"【正义】去，丘吕反。

于是二世乃遵用赵高，申法令。乃阴与赵高谋曰："大臣不服，官吏尚强，及诸公子必与我争，为之奈何？"高曰："臣固愿言而未敢也。先帝之大臣，皆天下累世名贵人也，积功劳世以相传久矣。今高素小贱，陛下幸称举，令在上位，管中事。大臣鞅鞅，特以貌从臣，其心实不服。今上出，不因此时案郡县守尉有罪者诛之，上以振威天下，下以除去上生平所不可者。今时不师文而决于武力，愿陛下遂从时毋疑，即群臣不及谋。明主收举余民，贱者贵之，贫者富之，远者近之，则上下集而国安矣。"二世曰："善。"乃行诛大臣及诸公子，以罪过连逮少近官三郎，[①]无得立者，而六公子戮死于杜。公子将闾昆弟三人囚于内宫，议其罪独后。二世使使令将闾曰："公子不臣，罪当死，吏致法焉。"将闾曰："阙廷之礼，吾未尝敢不从宾赞也。廊庙之位，吾未尝敢失节也。受命应对，吾未尝敢失辞也。何谓不臣？愿闻罪而死。"使者曰："臣不得与谋，奉书从事。"将闾乃仰天大呼天者三，曰："天乎，吾无罪！"昆弟三人皆流涕拔剑自杀。宗室振恐。群臣谏者以为诽谤，大吏持禄取容，黔首振恐。

①【索隐】逮训及也。谓连及俱被捕，故云连逮。少，小也。近，近侍之臣。三郎谓中郎、外郎、散郎。【正义】《汉书·百官表》云有议郎、中郎、散郎，又有左右三将，谓郎中、车郎、户郎。

四月，二世还至咸阳，曰："先帝为咸阳朝廷小，故营阿房宫。为室堂未就，会上崩，罢其作者，复土[①]郦山。郦山事大毕，今释阿房宫弗就，则是章先帝举事过也。"复作阿房宫。外抚四夷，如始皇计。尽征其材士[②]五万人为屯卫咸阳，令教射狗马禽兽。当食者多，[③]度不足，下调[④]郡县转输菽粟刍藁，皆令自赍粮食，咸阳三百里内不得食其谷。用法益刻深。

①【正义】谓出土为陵，既成，还复其土，故言复土。　②【正义】谓材官蹶张之士。　③【正义】谓材士及狗马。　④【正义】度，田洛反。下，行嫁反。调，田吊反。谓下令调敛也。

七月，戍卒陈胜[①]等反故荆地，为"张楚"。[②]胜自立为楚王，居陈，遣诸将徇地。山东郡县少年苦秦吏，皆杀其守尉令丞反，以应陈涉，相立为侯王，合从西向，名为伐秦，不可胜数也。谒者[③]使东方来，以反者闻二世。二世怒，下吏。后使者至，上问，对曰："群盗，郡守尉方逐捕，今尽得，不足忧。"上悦。武臣自立为赵王，魏咎为魏王，田儋[④]为齐王。沛公起沛。项梁举兵会稽郡。

①【正义】音升。　②【集解】李奇曰："张大楚国也。"　③【集解】《汉书·百官表》曰："谒者，秦官，掌宾赞受事。"　④【集解】服虔曰："音负担。"

二年冬，陈涉所遣周章等将西至戏，[①]兵数十万。二世大惊，与群臣谋曰："奈何？"少府章邯曰：[②]"盗已至，众强，今发近县不及矣。郦山徒多，请赦之，授兵以击之。"二世乃大赦天下，使章邯将，击破周章军而走，遂杀章曹阳。[③]二世益遣长史司马欣、董翳佐章邯击盗，杀陈胜城父，[④]破项梁定陶，[⑤]灭魏咎临济。[⑥]楚地盗名将已死，章邯乃北渡河，击赵王歇等于巨鹿。[⑦]

①【集解】应劭曰："戏，弘农湖西界。"孟康曰："水名，今戏亭是也。"苏林曰："邑名，在新丰东南三十里。"【正义】戏音许宜反。《括地志》云："戏水源出雍州新丰县西南骊山。《水经注》云戏水出骊山冯公谷，东北流。今新丰县东北十一里戏水当官道，即其处。" ②【集解】《汉书·百官表》曰："少府，秦官。"应劭曰："掌山泽陂池之税，名曰禁钱，以给私养，自别为藏。少者小也，故称少府。"【正义】邯，胡甘反。 ③【集解】晋灼曰："亭名，在弘农东十三里。魏武帝改曰好阳。"【正义】《括地志》云："曹阳故亭一名好阳亭，在陕州桃林县东南十四里，即章邯杀周文处。" ④【正义】父音甫。《括地志》云："城父，亳州所理县。" ⑤【正义】今曹州定陶县。 ⑥【正义】今齐州县。 ⑦【正义】《括地志》云："邢州平乡县城，本巨鹿，〔王〕离围赵王歇即此城。"

赵高说二世曰："先帝临制天下久，故群臣不敢为非，进邪说。今陛下富于春秋，初即位，奈何与公卿廷决事？事即有误，示群臣短也。天子称朕，固不闻声。"[①]于是二世常居禁中，[②]与高决诸事。其后公卿希得朝见，盗贼益多，而关中卒发东击盗者毋已。右丞相去疾、左丞相斯、将军冯劫进谏曰："关东群盗并起，秦发兵诛击，所杀亡甚众，然犹不止。盗多，皆以戍漕转作事苦，赋税大也。请且止阿房宫作者，减省[③]四边戍转。”二世曰：“吾闻之韩子曰：‘尧、舜采椽不刮，[④]茅茨不翦，饭土塯，[⑤]啜土形，[⑥]虽监门之养，[⑦]不觳于此。[⑧]禹凿龙门，通大夏，[⑨]决河亭水，[⑩]放之海，身自持筑臿，[⑪]胫毋毛，臣虏之劳不烈于此矣。’[⑫]凡所为贵有天下者，得肆意极欲，主重[⑬]明法，下不敢为非，以制御海内矣。夫虞、夏之主，贵为天子，亲处穷苦之实，以徇百姓，尚何于法？朕尊万乘，毋其实，吾欲造千乘之驾，万乘之属，充吾号名。且先帝起诸侯，兼天下，天下已定，外攘四夷以安边境，[⑭]作宫室以章得意，而君观先帝功业有绪。今朕即位二年之间，群盗并起，君不能禁，又欲罢先帝之所为，是上毋以报先帝，次不为朕尽忠力，[⑮]何以在位？”下去疾、斯、劫吏，案责他罪。去疾、劫曰：“将相不辱。”自杀。斯卒囚，[⑯]就五刑。

①【索隐】言天子常处禁中，臣下属望，才有兆朕，〔闻其声〕耳，不见其形也。　②【集解】蔡邕曰：“禁中者，门户有禁，非侍御者不得入，故曰禁中。”　③【正义】上色反。　④【索隐】采，木名。刮音括。　⑤【集解】徐广曰：“吕静曰饭器谓之簋。”【索隐】如字，一音镂。一作簋。　⑥【集解】如淳曰：“土形，饭器之属，瓦器也。”【索隐】饭器，以瓦为之。　⑦【正义】以让反。　⑧【索隐】谓监门之卒。养即卒也，有厮养卒。觳音学，谓尽也。又占学反。【正义】又苦角反。《尔雅》云：“觳，尽也。”言尧、舜采椽不刮，茅茨不翦，饭土塯，啜土形，虽监守门之人，供养亦不尽此之疏陋也。　⑨【正义】《括地志》云：“大夏，今并州晋阳及汾、绛等州是。昔高辛氏子实沈居之，西近河。”言禹凿龙门，河水道，得大通，并州之地不壅溢也。　⑩【正义】亭，平也。又云“决亭壅之水”。
⑪【正义】臿音初洽反。筑，墙杵也。臿，锹也。《尔雅》云：“锹谓之臿。”
⑫【正义】烈，美也。言臣虏之劳，犹不美于此矣。又烈，酷也。禹凿龙门，

通大夏，道决黄河洪水放之海，身持锹杵，使膝胫无毛，贱臣奴虏之勤劳，不酷烈于此辛苦矣。 ⑬【正义】直拱反。 ⑭【正义】音竟。 ⑮【正义】为，于伪反。 ⑯【正义】卒，子律反。囚，在由反。谓禁锢也。

三年，章邯等将其卒围巨鹿，楚上将军项羽将楚卒往救巨鹿。冬，赵高为丞相，竟案李斯杀之。夏，章邯等战数却，二世使人让邯，邯恐，使长史欣请事。赵高弗见，又弗信。欣恐，亡去。高使人捕追不及。欣见邯曰："赵高用事于中，将军有功亦诛，无功亦诛。"项羽急击秦军，虏王离，邯等遂以兵降诸侯。八月己亥，[①]赵高欲为乱，恐群臣不听，乃先设验，持鹿献于二世，曰："马也。"二世笑曰："丞相误邪？谓鹿为马。"问左右，左右或默，或言马以阿顺赵高。或言鹿(者)，高因阴中诸言鹿者以法。后群臣皆畏高。

①【集解】徐广曰："一作卯。"

高前数言"关东盗毋能为也"，及项羽虏秦将王离等巨鹿下而前，章邯等军数却，上书请益助，燕、赵、齐、楚、韩、魏皆立为王，自关以东，大氐[①]尽畔秦吏应诸侯，诸侯咸率其众西乡。沛公将数万人已屠武关，使人私于高，高恐二世怒，诛及其身，乃谢病不朝见。二世梦白虎啮其左骖马，杀之，心不乐，怪问占梦。卜曰："泾水为祟。"[②]二世乃斋于望夷宫，[③]欲祠泾，沈四白马。使使责让高以盗贼事。高惧，乃阴与其婿咸阳令阎乐、其弟赵成谋曰："上不听谏，今事急，欲归祸于吾宗。吾欲易置上，更立公子婴。子婴仁俭，百姓皆载其言。”使郎中令为内应，[④]诈为有大贼，令乐召吏发卒，追劫乐母置高舍。遣乐将吏卒千余人至望夷宫殿门，缚卫令仆射，曰：“贼入此，何不止？”卫令曰：“周庐设卒甚谨，[⑤]安得贼敢入宫？”乐遂斩卫令，直将吏入，行射，郎宦者大惊，或走或格，格者辄死，死者数十人。郎中令与乐俱入，射上幄坐帏。二世怒，召左右，左右皆惶扰不斗。旁有宦者一人，侍不敢去。二世入内，谓曰：“公何不早告我？乃至于此！”宦者曰：“臣不敢言，故得全。使臣早言，皆已诛，安得至今？”阎乐前即二世数曰：“足下骄恣，[⑥]诛杀无道，天下共畔足下，足下其自为计。”二世曰：“丞相可得见否？”乐曰：“不可。”二世曰：“吾愿得一郡为王。”弗许。又曰：“愿为万户侯。”弗许。曰：“愿与妻子为黔首，比诸公子。”阎乐曰：“臣受命于丞相，为天下诛足下，足下虽多言，臣不敢报。”麾其兵进。二世自杀。

①【正义】丁礼反。氐犹略。　②【正义】虽遂反。　③【集解】张晏曰：“望夷宫在长陵西北长平观道东故亭处是也。临泾水作之，以望北夷。”【正义】《括地志》云：“秦望夷宫在雍州咸阳县东南八里。张晏云临泾水作之，望北夷。”　④【集解】徐广曰：“一云郎中令赵成。”　⑤【集解】《西京赋》曰：“徼道外周，千庐内傅。”薛综曰：“士傅宫外，内为庐舍，昼则巡行非常，夜则警备不虞。”　⑥【集解】蔡邕曰：“群臣士庶相与言，曰殿下、阁下、足下、侍者、执事，皆谦类。”

阎乐归报赵高，赵高乃悉召诸大臣公子，告以诛二世之状。曰："秦故王国，始皇君天下，故称帝。今六国复自立，秦地益小，乃以空名为帝，不可。宜为王如故，便。"立二世之兄子公子婴为秦王。以黔首葬二世杜南宜春苑中。令子婴斋，当庙见，受王玺。斋五日，子婴与其子二人谋曰："丞相高杀二世望夷宫，恐群臣诛之，乃佯以义立我。我闻赵高乃与楚约，灭秦宗室而王关中。今使我斋见庙，此欲因庙中杀我。我称病不行，丞相必自来，来则杀之。"高使人请子婴数辈，子婴不行，高果自往，曰："宗庙重事，王奈何不行？"子婴遂刺杀高于斋宫，三族高家以徇咸阳。子婴为秦王四十六日，楚将沛公破秦军入武关，遂至霸上，①使人约降子婴。子婴即系颈以组，白马素车，②奉天子玺符，降轵道旁。③沛公遂入咸阳，封宫室府库，还军霸上。居月余，诸侯兵至，项籍为从长，④杀子婴及秦诸公子宗族。遂屠咸阳，烧其宫室，虏其子女，收其珍宝货财，诸侯共分之。灭秦之后，各分其地为三，名曰雍王、塞王、翟王，号曰三秦。项羽为西楚霸王，主命分天下王诸侯，秦竟灭矣。后五年，天下定于汉。

①【集解】应劭曰："霸水上地名，在长安东三十里。古名滋水，秦穆公更名霸水。" ②【集解】应劭曰："组者，天子黻也。系颈者，言欲自杀也。素车白马，丧人之服也。" ③【集解】徐广曰："在霸陵。"骃案：苏林曰"亭名，在长安东十三里"。 ④【索隐】谓合关东为从长也。

太史公曰：秦之先伯翳，尝有勋于唐、虞之际，受土赐姓。及殷、夏之间微散。至周之衰，秦兴，邑于西垂。自缪公以来，稍蚕食诸侯，竟成始皇。始皇自以为功过五帝，地广三王，而羞与之侔。善哉乎贾生推言之也。曰：

秦并兼诸侯山东三十余郡，缮津关，据险塞，修甲兵而守之。然陈涉以戍卒散乱之众数百，奋臂大呼，不用弓戟之兵，锄櫌白梃，[①]望屋而食，[②]横行天下。[③]秦人阻险不守，关梁不阖，长戟不刺，强弩不射。楚师深入，战于鸿门，曾无藩篱之艰。于是山东大扰，诸侯并起，豪俊相立。[④]秦使章邯将而东征，章邯因以三军之众要市于外，[⑤]以谋其上。群臣之不信，可见于此矣。子婴立，遂不寤。借使子婴有庸主之材，仅得中佐，山东虽乱，秦之地可全而有，宗庙之祀未当绝也。

①【集解】徐广曰："櫌，田器，音忧。"【索隐】徐以櫌为田器，非也。孟康以櫌为锄柄，盖得其近也。　②【索隐】言其兵蚕食天下，不裹粮而行。　③【索隐】谓轻前敌，不部伍旅进也。舞阳侯曰"横行匈奴中"也。　④【集解】《鹖冠子》曰"德万人者谓之俊，德千人者谓之豪，德百人者谓之英。"【索隐】谓武臣、田儋、魏豹之属。　⑤【索隐】此评失也。章邯之降，由赵高用事，不信任军将，一则恐诛，二则楚兵既盛，王离见虏，遂以兵降耳。非三军要市于外以求封明矣。

秦地被山带河以为固，四塞之国也。自缪公以来，至于秦王，二十余君，常为诸侯雄，岂世世贤哉？其势居然也。且天下尝同心并力而攻秦矣。当此之世，贤智并列，良将行其师，贤相通其谋，然困于阻险而不能进，秦乃延入战而为之开关，百万之徒逃北而遂坏，岂勇力智慧不足哉？形不利，势不便也。秦小邑并大城，[1]守险塞而军，高垒毋战，闭关据阨，荷戟而守之。诸侯起于匹夫，以利合，非有素王之行也。其交未亲，其下未附，名为亡秦，其实利之也。彼见秦阻之难犯也，必退师。安土息民，[2]以待其敝，收弱扶罢，以令大国之君，不患不得意于海内。贵为天子，富有天下，而身为禽者，其救败非也。

①【集解】徐广曰："大，一作小。" ②【索隐】《贾谊书》"安"作"案"。

秦王足己不问，遂过而不变。二世受之，因而不改，暴虐以重祸。子婴孤立无亲，危弱无辅。三主惑而终身不悟，亡，不亦宜乎？当此时也，世非无深虑知化之士也，然所以不敢尽忠拂过者，秦俗多忌讳之禁，忠言未卒于口而身为戮没矣。故使天下之士，倾耳而听，重足而立，拑口而不言。是以三主失道，忠臣不敢谏，智士不敢谋，天下已乱，奸不上闻，岂不哀哉！先王知雍蔽之伤国也，故置公卿大夫士，以饰法设刑，而天下治。其强也，禁暴诛乱而天下服。其弱也，五伯征而诸侯从。其削也，内守外附而社稷存。故秦之盛也，繁法严刑而天下振；及其衰也，百姓怨望而海内畔矣。故周五序[1]得其道，而千余岁不绝。秦本末并失，故不长久。由此观之，安危之统相去远矣。野谚曰"前事之不忘，后事之师也"。是以君子为国，观之上古，验之当世，参以人事，察盛衰之理，审权势之宜，去就有序，变化有时，故旷日长久而社稷安矣。

①【索隐】《贾谊书》"五"作"王"。

秦孝公据殽、函之固，拥雍州之地，君臣固守而窥周室，有席卷天下，[①]包举宇内，囊括四海之意，[②]并吞八荒之心。当是时，商君佐之，[③]内立法度，务耕织，修守战之备，外连衡而斗诸侯，[④]于是秦人拱手而取西河之外。

①【索隐】按：《春秋纬》曰诸侯冰散席卷也。　②【集解】张晏曰："括，结囊也。言其能包含天下。"索隐注同。　③【索隐】商君，卫公孙鞅，仕秦为左庶长，遂为秦制法，孝公致霸，封之于商，号商君。　④【索隐】《战国策》曰："苏秦亦为秦连衡。"高诱曰："合关东从通之秦，故曰连衡也。"

孝公既没，惠王、武王蒙故业，因遗册，南兼汉中，西举巴、蜀，东割膏腴之地，收要害之郡。诸侯恐惧，会盟而谋弱秦，不爱珍器重宝肥美之地，以致天下之士，合从缔交，[①]相与为一。当是时，齐有孟尝，赵有平原，楚有春申，魏有信陵。此四君者，皆明知而忠信，宽厚而爱人，尊贤重士，约从离衡，[②]并韩、魏、燕、楚、齐、赵、宋、卫、中山之众。于是六国之士[③]有宁越、徐尚、苏秦、杜赫之属为之谋，[④]齐明、周最、陈轸、昭滑、楼缓、翟景、苏厉、乐毅之徒通其意，[5]吴起、孙膑、带佗、兒良、王廖、田忌、廉颇、赵奢之朋制其兵。[6]常以十倍之地，百万之众，叩关而攻秦。秦人开关延敌，九国之师逡巡遁逃而不敢进。秦无亡矢遗镞之费，而天下诸侯已困矣。于是从散约解，争割地而奉秦。秦有余力而制其敝，追亡逐北，伏尸百万，流血漂卤。[7]因利乘便，宰割天下，分裂河山，强国请服，弱国入朝。延及孝文王、庄襄王，享国日浅，国家无事。

①【集解】《汉书音义》曰："缔，结也。" ②【索隐】言孟尝等四君皆为其国共相约结为从，以离散秦之横。 ③【索隐】六国者，韩、魏、赵、燕、齐、楚是也。与秦为七雄，又六国与宋、卫、中山为九国。其三国盖微，又前亡。 ④【集解】徐广曰："越，一作经。或自别有此人，不必宁越也。"【索隐】宁越，赵人，贾谊作"宁越"。徐尚，未详。苏秦，东周洛阳人。《吕氏春秋》"杜赫以安天下说周昭文君"，高诱曰"杜赫，周人也"。 ⑤【索隐】《战国策》齐明，东周臣，后仕秦、楚及韩。周最，周之公子，亦仕秦。陈轸，夏人，亦仕秦。昭滑，楚人。楼缓，魏文侯之弟，所谓楼子也。苏厉，秦之弟，仕齐。乐毅本齐臣，入燕，燕昭王以客礼待之，以为亚卿。翟景，未详也。 ⑥【索隐】吴起，卫人，事魏文侯为将。孙膑，孙武之后也。《吕氏春秋》曰"王廖贵先，兒良贵后"，二人皆天下之豪士。田忌，齐将也。廉颇、赵奢皆赵之将也。 ⑦【集解】徐广曰："卤，楯也。"

及至秦王，续六世之余烈，[1]振长策而御宇内，吞二周而亡诸侯，履至尊而制六合，执棰拊[2]以鞭笞天下，威振四海。南取百越之地，[3]以为桂林、象郡，百越之君俛首系颈，委命下吏。乃使蒙恬北筑长城而守藩篱，却匈奴七百余里，胡人不敢南下而牧马，士不敢弯弓而报怨。于是废先王之道，焚百家之言，以愚黔首。堕名城，[④]杀豪俊，收天下之兵聚之咸阳，销锋铸鐻，以为金人十二，以弱黔首之民。然后斩华为城，[⑤]因河为津，据亿丈之城，临不测之溪以为固。良将劲弩守要害之处，信臣精卒陈利兵而谁何，[⑥]天下以定。秦王之心，自以为关中之固，金城千里，[⑦]子孙帝王万世之业也。

①【集解】张晏曰："孝公、惠文王、武王、昭王、孝文王、庄襄王。"②【集解】徐广曰："拊，拍也，音府。一作槁朴。"【索隐】贾本论作"槁朴"。　③【集解】韦昭曰："越有百邑。"　④【集解】应劭曰："坏坚城，恐人复阻以害己也。"　⑤【集解】徐广曰："斩，一作践。"骃案：服虔曰"断华山为城"。【索隐】斩，亦作践，亦出贾本论。又崔浩云："践，登也。"⑥【集解】如淳曰："何犹问也。"【索隐】崔浩云："何或为'呵'。"《汉旧仪》："宿卫郎官分五夜谁呵，呵夜行者谁也。"何呵字同。　⑦【索隐】金城，言其实且坚也。《韩子》曰"虽有金城汤池"，《汉书》张良亦曰"关中所谓金城千里，天府之国"。

秦王既没，余威振于殊俗。陈涉，瓮牖绳枢之子，[①]甿隶之人，[②]而迁徙之徒，才能不及中人，非有仲尼、墨翟之贤，陶朱、猗顿之富，蹑足行伍之间，而倔起什伯之中，[③]率罢散之卒，将数百之众，而转攻秦。斩木为兵，揭竿为旗，天下云集响应，赢粮而景从，山东豪俊遂并起而亡秦族矣。

①【集解】服虔曰："以绳系户枢也。"孟康曰："瓦瓮为窗也。"

②【集解】如淳曰："甿，古氓字。氓，民也。"　③【集解】《汉书音义》曰："首出十长百长之中。"如淳曰："时皆辟屈在十百之中。"

且夫天下非小弱也，雍州之地，殽、函之固自若也。[①]陈涉之位，非尊于齐、楚、燕、赵、韩、魏、宋、卫、中山之君。锄櫌棘矜，[②]非铦于句戟长铩也。[③]适戍之众，非抗于九国之师。深谋远虑，行军用兵之道，非及乡时之士也。然而成败异变，功业相反也。试使山东之国与陈涉度长絜大，[④]比权量力，则不可同年而语矣。然秦以区区之地，千乘之权，招八州而朝同列，百有余年矣。然后以六合为家，殽、函为宫，一夫作难而七庙堕，身死人手，为天下笑者，何也？仁义不施而攻守之势异也。

①【集解】韦昭曰："殽谓二殽。函，函谷关也。"　②【集解】服虔曰："以锄柄及棘作矛槿也。"如淳曰："櫌，椎块椎也。"　③【集解】徐广曰："铦，一作'铦'。"骃案：如淳曰"长刃矛也。"又曰"钩戟似矛，刃下有铁，横方上钩曲也。"铩音所拜反。　④【集解】《汉书音义》曰："絜束之絜。"

秦并海内，兼诸侯，南面称帝，[①]以养四海，天下之士斐然乡风，若是者何也？曰：近古之无王者久矣。周室卑微，五霸既殁，令不行于天下，是以诸侯力政，强侵弱，众暴寡，兵革不休，士民罢敝。今秦南面而王天下，是上有天子也。既元元之民冀得安其性命，莫不虚心而仰上，当此之时，守威定功，安危之本在于此矣。

①【集解】徐广曰："一本有此篇，无前者'秦孝公'已下，而又以'秦并兼诸侯山东三十余郡'继此末也。"【索隐】按：贾谊《过秦论》以"孝公"已下为上篇，"秦兼并诸侯山东三十余郡"为下篇。邹诞生云"太史公删贾谊《过秦》篇著此论，富其义而省其辞。褚先生增续既已混殽，而世俗小智不唯删省之旨，合写本论于此，故不同也。今颇亦不可分别"。

秦王怀贪鄙之心，行自奋之智，不信功臣，不亲士民，废王道，立私权，禁文书而酷刑法，先诈力而后仁义，以暴虐为天下始。夫并兼者高诈力，安定者贵顺权，此言取与守不同术也。秦离战国而王天下，其道不易，其政不改，是其所以取之守之者〔无〕异也。孤独而有之，故其亡可立而待。借使秦王计上世之事，并殷、周之迹，以制御其政，后虽有淫骄之主而未有倾危之患也。故三王之建天下，名号显美，功业长久。

今秦二世立，天下莫不引领而观其政。夫寒者利裋褐[①]而饥者甘糟糠，天下之嗷嗷，新主之资也。此言劳民之易为仁也。乡使二世有庸主之行，而任忠贤，臣主一心而忧海内之患，缟素而正先帝之过，裂地分民以封功臣之后，建国立君以礼天下，虚囹圄而免刑戮，除去收帑汙秽之罪，使各反其乡里，发仓廪，散财币，以振孤独穷困之士，轻赋少事，以佐百姓之急，约法省刑以持其后，使天下之人皆得自新，更节修行，各慎其身，塞万民之望，而以威德与天下，天下集矣。即四海之内，皆欢然各自安乐其处，唯恐有变，虽有狡猾之民，无离上之心，则不轨之臣无以饰其智，而暴乱之奸止矣。二世不行此术，而重之以无道，坏宗庙与民，[②]更始作阿房宫，繁刑严诛，吏治刻深，赏罚不当，赋敛无度，天下多事，吏弗能纪，百姓困穷而主弗收恤。然后奸伪并起，而上下相遁，蒙罪者众，刑戮相望于道，而天下苦之。自君卿以下至于众庶，人怀自危之心，亲处穷苦之实，咸不安其位，故易动也。是以陈涉不用汤武之贤，不借公侯之尊，奋臂于大泽而天下响应者，其民危也。故先王见始终之变，知存亡之机，是以牧民之道，务在安之而已。天下虽有逆行之臣，必无响应之助矣。故曰“安民可与行义，而危民易与为非”，此之谓也。贵为天子，富有天下，身不免于戮杀者，正倾非也。是二世之过也。

①【集解】徐广曰：“一作短，小襦也，音竖。”【索隐】赵岐曰：“褐以毛毳织之，若马衣。或以褐编衣也。”裋，一音竖。盖谓褐布竖裁，为劳役之衣，短而且狭，故谓之短褐，亦曰竖褐。　②【集解】徐广曰：“一无此上五字。”

襄公立，享国十二年。初为西畤。葬西垂。[①]生文公。

①【索隐】此已下重序列秦之先君立年及葬处，皆当据《秦纪》为说，与正史小有不同，今取异说重列于后。襄公，秦仲孙，庄公子，救周，周始命为诸侯。初为西畤，祠白帝。立十三年，葬西土。

文公立，居西垂宫。五十年死，葬西垂。[①]生静公。

①【索隐】作鄜畤，又作陈宝祠。

静公不享国而死。生宪公。

宪公享国十二年，居西新邑。死，葬衙。[①]生武公、德公、出子。

①【集解】《地理志》云冯翊有衙县。【索隐】宪公灭荡社，居新邑，葬衙，本纪宪公徙居平阳，葬西山。

出子享国六年，居西陵。[①]庶长弗忌、威累、参父三人，率贼贼出子鄙衍，葬衙。武公立。

①【索隐】一云居西陂，葬衙。本纪不云。

武公享国二十年。居平阳封宫。[①]葬宣阳聚东南。[②]三庶长伏其罪。德公立。

①【集解】徐广曰："一云居平封宫。" ②【索隐】纪云葬平阳，初以人从死。

德公享国二年。居雍大郑宫。生宣公、成公、缪公。葬阳。初伏，以御蛊。[①]

①【索隐】二年初伏。本纪此已下居葬绝不言也。

宣公享国十二年。居阳宫。葬阳。[1]初志闰月。

①【索隐】四年，作密畤。

成公享国四年，居雍之[1]宫。葬阳。齐伐山戎、孤竹。

①【集解】徐广曰："之，一作走。"

缪公享国三十九年。天子致霸。葬雍。缪公学著人。[1]生康公。

①【索隐】著音宁，又音贮，著即宁也。门屏之间曰宁，谓学于宁门之人。故《诗》云"俟我于著乎而"是也。

康公享国十二年。居雍高寝。葬竘社。生共公。

共公享国五年，居雍高寝。葬康公南。生桓公。

桓公享国二十七年。居雍太寝。葬义里丘北。生景公。[1]

①【索隐】一作"僖公"。《系本》云名后伯车。

景公享国四十年。居雍高寝，葬丘里南。[1]生毕公。[2]

①【正义】丘，一作二也。　②【集解】徐广曰："《春秋》作哀公。"

毕公享国三十六年。[1]葬车里北。生夷公。

①【正义】一作“三十七年”。

夷公不享国。死，葬左宫。生惠公。[1]

①【正义】十年，葬车里。元年，孔子行鲁相事。

惠公享国十年。葬车里(康景)。生悼公。

悼公享国十五年。[1]葬僖公西。城雍。生刺[2]龚公[3]。

①【正义】(雍)本纪作“十四年”。 ②【正义】一作利。 ③【索隐】一作“厉共公”。

刺龚公享国三十四年。葬入里。[1]生躁公、[2]怀公。[3]其十年，彗星见。

①【集解】徐广曰:“一作人。” ②【索隐】又作趮公。【正义】十四年，居受寝，葬悼公南也。 ③【正义】四年，葬栎圉氏。

躁公享国十四年。居受寝。葬悼公南。其元年，慧星见。[1]

①【集解】徐广曰:“年表云星昼见。”

怀公从晋来。享国四年。葬栎圉氏。生灵公。诸臣围怀公，怀公自杀。

肃灵公，昭子子也。[①]居泾阳。享国十年。葬悼公西。生简公。

①【集解】徐广曰："怀公生昭子，昭子生灵公。"【索隐】《纪年》及《系本》无"肃"字。立十年，表同，纪十二年。

简公从晋来。享国十五年。葬僖公西。[①]生惠公。其七年，百姓初带剑。

①【索隐】按：本纪简公名悼子，即刺龚公之子，怀公弟也。且纪及《系本》皆以为然，今此文云"灵公"，谬也。立十六年，葬僖公西。

惠公享国十三年。葬陵圉。[①]生出公。

①【索隐】王劭按《纪年》云"简公后次敬公，敬公立十三年，乃至惠公"，辞即难凭，时参异说。

出公享国二年。[①]出公自杀，葬雍。

①【索隐】《系本》谓"少主"。

献公享国二十三年。[①]葬嚣圉。生孝公。

①【集解】徐广曰："灵公子。"【索隐】《系本》称"元献公"。立二十二

年，表同，纪二十四年。

孝公享国二十四年。[1]葬弟圉。生惠文王。其十三年，始都咸阳。[2]

①【索隐】本纪十二年。　②【正义】本纪云“十二年作咸阳，筑冀阙”，是十三年始都之。

惠文王享国二十七年。[1]葬公陵。[2]生悼武王。

①【索隐】十九而立。　②【正义】《括地志》云：“秦惠文王陵在雍州咸阳县西北一十四里。”

悼武王享国四年，葬永陵。[1]

①【集解】徐广曰：“皇甫谧曰葬毕，今按陵西毕陌。”【索隐】《系本》作“武烈王”。十九而立，立三年。本纪四年。【正义】《括地志》云：“秦悼武王陵在雍州咸阳县西十里，俗名周武王陵，非也。”

昭襄王享国五十六年。葬茝阳。[1]生孝文王。

①【索隐】十九年而立，葬芷陵也。【正义】《括地志》云：“秦庄襄王陵在雍州新丰县西南三十五里，俗亦谓为子楚。始皇陵在北，故亦谓为见子陵。”

孝文王享国一年。葬寿陵。生庄襄王。

庄襄王享国三年。葬茝阳。生始皇帝。吕不韦相。

献公立七年,初行为市。十年,为户籍相伍。

孝公立十六年。时桃李冬华。

惠文王生十九年而立。立二年,初行钱。有新生婴儿曰“秦且王”。

悼武王生十九年而立。立三年,渭水赤三日。

昭襄王生十九年而立。立四年,初为田开阡陌。

孝文王生五十三年而立。

庄襄王生三十二年而立。立二年,取太原地。庄襄王元年,大赦,修先王功臣,施德厚骨肉,布惠于民。东周与诸侯谋秦,秦使相国不韦诛之,尽入其国。秦不绝其祀,以阳人地赐周君,奉其祭祀。

始皇享国三十七年。葬郦邑。[1]生二世皇帝。始皇生十三年而立。

①【正义】郦,力知反。

二世皇帝享国三年。葬宜春。[1]赵高为丞相安武侯。二世生十二年而立。[2]

①【正义】《括地志》云:“秦故胡亥陵在雍州万年县南三十四里。”上文“葬以黔首”也。　②【集解】徐广曰:“本纪云二十一。”

右秦襄公至二世,六百一十岁。[1]

①【正义】《秦本纪》自襄公至二世，五百七十六年矣。年表自襄公至二世，五百六十一年。三说并不同，未知孰是。

孝明皇帝十七年[①]十月十五日乙丑，曰：[②]

①【正义】班固《典引》云后汉明帝永平十七年，诏问班固："太史迁赞语中宁有非邪？"班固上表陈秦过失及贾谊言答之。　②【索隐】此已下是汉孝明帝访班固评贾、马赞中论秦二世亡天下之得失，后人因取其说附之此末。

周历已移，[①]仁不代母。秦直其位，[②]吕政残虐。然以诸侯十三，[③]并兼天下，极情纵欲，养育宗亲。三十七年，兵无所不加，制作政令，施于后王。[④]盖得圣人之威，河神授图，[⑤]据狼、狐，蹈参、伐，佐政驱除，[⑥]距之[⑦]称始皇。

①【正义】周初卜世三十，卜年七百，以五序得其道，故王至三十七，岁至八百六十七。历数既过，秦并天下，是周历已移也。　②【索隐】周历已移，周亡也。仁不代母，谓周得木德，木生火，周为汉母也。言历运之道，仁恩之情，子不代母而王，谓火不代木，言汉不合即代周也。秦值其闰位，得在木火之间也。此论者之辞也。【正义】始皇以为周火德，秦代周从所不胜，为水德之始也。按：周木德也，秦水德也。五行之运，水生木，木生火，火生土，土生金，金生水。所生者为母，出者为子。帝王之次，子代母。秦称水是母代子，故言若有德之君相代，不母承其子。直音值。言秦并天下称帝，是秦德值帝王之位。　③【集解】始皇初为秦王，年十三也。【索隐】吕政者，始皇名政，是吕不韦幸姬有娠，献庄襄王而生始皇，故云吕政。　④【正义】谓置郡县，坏井田，开阡陌，不立侯王，始为伏腊；又置丞相、太尉、御史大夫、奉常、郎中令、仆射、廷尉、典客、宗正、少府、中尉、将

作、詹事、水衡都尉、监、守、县令、丞等，皆施于后王，至于隋、唐矣。⑤【正义】盖者，疑辞也。言始皇之威，能吞并天下称帝，疑得圣人之威灵，河神之图录。　⑥【正义】狼音郎。狼，狐，主弓矢星。《天官书》云参伐主斩艾事。言秦据蹈狼、狐、参、伐之气，驱灭天下。　⑦【正义】上音巨。之，至也。

始皇既殁，胡亥极愚，郦山未毕，复作阿房，以遂前策。云“凡所为贵有天下者，肆意极欲，大臣至欲罢先君所为”。诛斯、去疾，任用赵高。痛哉言乎，人头畜鸣。①不威不伐恶，②不笃不虚亡，③距之不得留，残虐以促期，虽居形便之国，犹不得存。

①【正义】畜，许又反。言胡亥人身有头面，口能言语，不辨好恶，若六畜之鸣。　②【正义】此五字为一句也。　③【正义】言胡亥借帝王之威器，残酷暴虐滋己恶，恶既深笃，以至灭亡，岂其虚哉。

子婴度次得嗣，冠①玉冠，佩华绂，②车黄屋，③从④百司，谒七庙。小人乘非位，莫不怳忽失守，偷安日日，独能长念却虑，父子作权，近取于户牖之间，竟诛猾臣，为⑤君讨贼。高死之后，宾婚未得尽相劳，餐未及下咽，酒未及濡唇，楚兵已屠关中，真人翔霸上，素车婴组，奉其符玺，以归帝者。郑伯茅旌鸾刀，严王退舍。⑥河决不可复壅，鱼烂不可复全。⑦贾谊、司马迁曰：“向使婴有庸主之才，仅得中佐，山东虽乱，秦之地可全而有，宗庙之祀未当绝也。”秦之积衰，天下土崩瓦解，⑧虽有周旦之材，无所复陈其巧，而以责一日之孤，⑨

误哉！俗传秦始皇起罪恶，胡亥极，得其理矣。复责小子，[10]云秦地可全，所谓不通时变者也。纪季以《酅》，《春秋》不名。[11]吾读《秦纪》，至于子婴车裂赵高，未尝不健其决，怜其志。婴死生之义备矣。[12]

①【正义】冠音绾。　②【正义】音拂。　③【集解】蔡邕曰："黄屋者，盖以黄为里。"　④【正义】才用反。　⑤【正义】于伪反。　⑥【集解】《公羊传》曰："楚庄王伐郑，郑伯肉袒，左执茅旌，右执鸾刀，以逆庄王，庄王退舍七里。"何休曰："茅旌，鸾刀，祭祀宗庙所用也。执宗庙器者，示以宗庙血食自归。"【正义】旌音精。严音庄。　⑦【索隐】宋均曰："言如鱼之烂，从内而出。"　⑧【正义】言秦国败坏，若屋宇崩穨，众瓦解散也。　⑨【正义】日音驲。一日之孤谓之婴。　⑩【正义】亦谓子婴。　⑪【集解】《春秋》曰："纪季以酅入于齐。"《公羊传》曰："何以不名？贤之也。谓设五庙以存姑姊妹也。"【正义】酅音户圭反。《括地志》云："安平城在青州临淄县东十九里，古纪之酅邑。《帝王纪》云周之纪国，姜姓也。纪侯谮齐哀公于周懿王，王烹之。《外传》曰纪侯入为周士。《竹书》云齐襄公灭纪、郱、鄑、郚。"又《括地志》云："都城在青州临朐县东三十里。鄑城在北海县东北七十里。郚城在密州安丘县界。"郱音骈。鄑音訾。按：秦始皇起罪恶，胡亥极，得其理。国既崩绝，箕子、比干尚不能存殷，庸主子婴焉能救秦之败？以贾谊、史迁不通时变，不如纪季之深识也。季，纪侯少弟，不书名，故曰纪季。　⑫【集解】徐广曰："班固《典引》曰'永平十七年，诏问臣固，太史迁赞语中宁有非邪？臣对，贾谊言子婴得中佐，秦未绝也。此言非是，臣素知之耳'。"

索隐述赞曰：六国陵替，二周沦亡。并一天下，号为始皇。阿房云构，金狄成行。南游勒石，东瞰浮梁。滈池见遗，沙丘告丧。二世矫制，赵高是与。诈因指鹿，灾生噬虎。子婴见推，恩报君父。下乏中佐，上乃庸主。欲振颓纲，云谁克补。

卷七

项羽本纪第七

【索隐】项羽倔起，争雄一朝，假号西楚，竟未践天子之位而身首别离。斯亦不可称本纪，宜降为世家。

项籍者，下相人也，[①]字羽。[②]初起时，年二十四。其季父项梁，[③]梁父即楚将项燕，[④]为秦将王翦所戮者也。[⑤]项氏世世为楚将，封于项，[⑥]故姓项氏。

①【集解】《地理志》临淮有下相县。【索隐】县名，属临淮。案：应劭云“相，水名，出沛国。沛国有相县，其水下流，又因置县，故名下相也。”【正义】《括地志》云：“相故城在泗州宿豫县西北七十里，秦县。”项，胡讲反。籍，秦昔反。　②【索隐】按：下《序传》籍字子羽也。　③【索隐】按：崔浩云“伯、仲、叔、季，兄弟之次，故叔云叔父，季云季父”。　④【正义】燕，乌贤反。　⑤【集解】《始皇本纪》云：“项燕自杀。”【索隐】此云为王翦所杀，与《楚汉春秋》同，而《始皇本纪》云项燕自杀。不同者，盖燕为王翦所围逼而自杀，故不同耳。　⑥【索隐】《地理志》项城县，属汝南。【正义】《括地志》云：“今陈州项城县城即古项子国。”

项籍少时，学书不成，去学剑，又不成。项梁怒之。籍曰：“书足以记名姓而已。剑一人敌，不足学，学万人敌。”于是项梁乃教籍兵法，籍大喜，略知其意，又不肯竟学。项梁尝有栎阳逮，[①]乃请蕲[②]狱掾曹咎书，抵栎阳狱掾司马欣，以故，事得已。[③]项梁杀人，与籍避仇于吴中。吴中贤士大夫皆出项梁下。每吴中有大繇役及丧，项梁常为主办，阴以兵法部勒宾客及子弟，以是知其能。秦始皇帝游会稽，渡浙江，[④]梁与籍俱观。籍曰："彼可取而代也。"梁掩其口，曰："毋妄言，族矣！"梁以此奇籍。籍长八尺余，力能扛鼎，[⑤]才气过人，虽吴中子弟皆已惮籍矣。

①【索隐】按：逮训及。谓有罪相连及，为栎阳县所逮录也。故汉（史）〔世〕每制狱皆有逮捕也。【正义】栎音药。逮音代。　②【集解】苏林曰："蕲音机，县，属沛国。"　③【集解】应劭曰："项梁曾坐事传系栎阳狱，从蕲狱掾曹咎取书与司马欣。抵，归。已，止也。"韦昭曰："抵，至也。谓梁尝被栎阳县逮捕，梁乃请蕲狱掾曹咎书至栎阳狱掾司马欣，事故得止息也。"【索隐】按：服虔云"抵，归也"。刘伯庄云"抵，相凭托也"。④【索隐】韦昭云："浙江在今钱塘。"浙音"折"。晋灼音逝，非也。盖其流曲折，《庄子》所谓"淛河"，即其水也。淛折声相近也。　⑤【集解】韦昭曰："扛，举也。"【索隐】《说文》云："横关对举也。"音江。

秦二世元年七月，陈涉等起大泽中。[①]其九月，会稽守[②]通谓梁曰：[③]"江西皆反，此亦天亡秦之时也。吾闻先即制人，后则为人所制。[④]吾欲发兵，使公及桓楚将。"[⑤]是时桓楚亡在泽中。梁曰："桓楚亡，人莫知其处，独籍知之耳。"梁乃出，诫籍持剑居外待。梁复入，与守坐，曰："请召籍，使受命召桓楚。"守曰："诺。"梁召籍入。须臾，梁眴籍曰："可行矣！"于是籍遂拔剑斩守头。项梁持守头，佩其印绶。门下大惊，扰乱，籍所击杀数十百人。[⑥]一府中皆慑伏，[⑦]莫敢起。梁乃召故所知豪吏，谕以所为起大事，遂举吴中兵。使人收下县，得精兵八千人。梁部署吴中豪杰为校尉、候、司马。有一人不得用，自言于梁。梁曰："前时某丧使公主某事，不能办，以此不任用公。"众乃皆伏。于是梁为会稽守，籍为裨将，徇下县。[⑧]

①【索隐】徐氏云在沛郡蕲县。　②【集解】徐广曰："尔时未言太守。"【正义】守音狩。《汉书》云景帝中二年七月，更郡守为太守。　③【集解】《楚汉春秋》曰："会稽假守殷通。"【正义】按：言"假"者，兼摄之也。　④【索隐】按：谓先举兵能制得人，后则为人所制。故荀卿子曰"制人之与为人制也，其相去远矣"。　⑤【正义】张晏云："项羽杀宋义时，桓楚为羽使怀王。"　⑥【索隐】此不定数也。自百已下或至八十九十，故云数十百。　⑦【索隐】《说文》云："詟，失气也。"音之涉反。　⑧【集解】李奇曰："徇，略也。"如淳曰：'徇音抚徇之徇。徇其人民。"

广陵人召平于是为陈王徇广陵，[①]未能下。[②]闻陈王败走，秦兵又且至，乃渡江矫陈王命，[③]拜梁为楚王上柱国。[④]曰："江东已定，急引兵西击秦。"项梁乃以八千人渡江而西。闻陈婴已下东阳，[⑤]使使欲与连和俱西。陈婴者，故东阳令史，[⑥]居县中，素信谨，称为长者。东阳少年杀其令，相聚数千人，欲置长，无适用，乃请陈婴。婴谢不能，遂强立婴为长，县中从者得二万人。少年欲立婴便为王，异军苍头特起。[⑦]陈婴母谓婴曰："自我为汝家妇，未尝闻汝先古之有贵者。今暴得大名，不祥。不如有所属，事成犹得封侯，事败易以亡，非世所指名也。”[8]婴乃不敢为王。谓其军吏曰：“项氏世世将家，有名于楚。今欲举大事，将非其人不可。我倚名族，亡秦必矣。”于是众从其言，以兵属项梁。项梁渡淮，黥布、蒲将军[9]亦以兵属焉。凡六七万人，军下邳。[10]

①【正义】扬州。　②【正义】胡嫁反。以兵威服之曰下。　③【正义】矫，纪兆反。召平从广陵渡京口江至吴，诈陈王命拜梁。　④【集解】徐广曰：“二世之二年正月也。”骃案：应劭曰“上柱国，上卿官，若今相国也”。　⑤【集解】晋灼曰：“东阳县本属临淮郡，汉明帝分属下邳，后复分属广陵。”【索隐】下音如字。按：以兵威伏之曰下，胡嫁反。彼自归伏曰下，如字读。他皆仿此。东阳，县名，属广陵也。【正义】《括地志》：“东阳故城在楚州盱眙县东七十里，秦东阳县城也，在淮水南。”　⑥【集解】晋灼曰：“《汉仪注》云令吏曰令史，丞吏曰丞史。”【正义】《楚汉春秋》云东阳狱史陈婴。　⑦【集解】应劭曰：“苍头特起，言与众异也。苍头，谓士卒皂巾，若赤眉、青领，以相别也。”如淳曰：“魏君兵卒之号也。《战国策》魏有苍头二十万。”【索隐】晋灼曰：“殊异其军为苍头，谓著青帽。”如淳云：“特起犹言新起也。”按：为苍头军特起，欲立陈婴为王，婴母不许婴称王，言天下方乱，未知瞻乌所止。　⑧【集解】张晏曰：“陈婴母，潘旌人，墓在潘旌。”【索隐】按：潘旌是邑聚之名，后为县，属临淮。　⑨【集解】服虔曰：“英布起于蒲地，因以为号。”如淳曰：“言当阳君、蒲将军皆属项羽，此自更有蒲将军。”【索隐】按：布姓英，咎繇之后，后以罪被黥，故改姓黥以应相者之言。韦昭云“蒲，姓也”，是英布与蒲将军二人共以兵属项梁也。故服虔以为“英布起蒲”，非也。按：黥布初起于江湖之间。　⑩【正义】被悲反。下邳，泗水县也。应劭云：“邳在薛，徙此，故曰下邳。”按：有上邳，故曰下邳。

当是时，秦嘉[1]已立景驹为楚王，[2]军彭城东，[3]欲距项梁。项梁谓军吏曰："陈王先首事，战不利，未闻所在。今秦嘉背陈王而立景驹，逆无道。"乃进兵击秦嘉。秦嘉军败走，追之至胡陵。[④]嘉还战一日，嘉死，军降。景驹走死梁地。项梁已并秦嘉军，军胡陵，将引军而西。章邯军至栗，[⑤]项梁使别将朱鸡石、余樊君与战。余樊君死。朱鸡石军败，亡走胡陵。项梁乃引兵入薛，[⑥]诛鸡石。项梁前使项羽别攻襄城，[⑦]襄城坚守不下。已拔，皆阬之。还报项梁。项梁闻陈王定死，召诸别将会薛计事。此时沛公亦起沛往焉。

①【集解】《陈涉世家》曰："秦嘉，广陵人。" ②【集解】文颖曰："景驹楚族，景氏，驹名。" ③【正义】《括地志》云："徐州彭城县，古彭祖国也。"言秦嘉军于此城之东。 ④【集解】邓展曰："今胡陆，属山阳。汉章帝改曰胡陵。" ⑤【集解】徐广曰："县名，在沛。" ⑥【正义】《括地志》云："故薛城古薛侯国也，在徐州滕县界，黄帝之所封。《左传》曰定公元年薛宰云'薛之祖奚仲居薛，为夏车正'，后为孟尝君田文封邑也。" ⑦【正义】许州襄城县。

居鄛人范增，[①]年七十，素居家，好奇计，往说项梁曰："陈胜败固当。[②]夫秦灭六国，楚最无罪。自怀王入秦不反，楚人怜之至今，故楚南公曰[③]'楚虽三户，亡秦必楚'也。[④]今陈胜首事，不立楚后而自立，其势不长。今君起江东，楚蜂(起)〔午〕之将[⑤]皆争附君者，以君世世楚将，为能复立楚之后也。"[⑥]于是项梁然其言，乃求楚怀王孙心民间，为人牧羊，立以为楚怀王，[⑦]从民所望也。[⑧]陈婴为楚上柱国，封五县，与怀王都盱眙。[⑨]项梁自号为武信君。

①【索隐】晋灼音"劓绝"之"劓"。《地理志》居鄛县在庐江郡,音巢,是故巢国,夏桀所奔。荀悦《汉纪》云:"范增,阜陵人也。" ②【正义】顾著作云:"固宜当应败也。"当音如字。 ③【集解】徐广曰:"楚人也,善言阴阳。"骃案:文颖曰"南方老人也"。【索隐】徐广云:"楚人善言阴阳者,见天文志也。"【正义】虞喜《志林》云:"南公者,道士,识废兴之数,知亡秦者必于楚。"《汉书·艺文志》云南公十三篇,六国时人,在阴阳家流。 ④【集解】瓒曰:"楚人怨秦,虽三户犹足以亡秦也。"【索隐】臣瓒与苏林解同。韦昭以为三户,楚三大姓昭、屈、景也。二说皆非也。按:《左氏》"以畀楚师于三户",杜预注云"今丹水县北三户亭",则是地名不疑。【正义】按:服虔云"三户,漳水津也"。孟康云"津峡名也,在邺西三十里"。《括地志》云"浊漳水又东经葛公亭北,经三户峡,为三户津,在相州滏阳县界"。然则南公辨阴阳,识废兴之数,知秦亡必于三户,故出此言。后项羽果度三户津破章邯军,降章邯,秦遂亡。是南公之善谶。 ⑤【集解】如淳曰:"蜂(起)〔午〕犹言蜂(午)〔起〕也。众蜂飞起,交横若午,言其多也。"【索隐】凡物交横为午,言蜂之起交横屯聚也。故《刘向传》注云"蜂午,杂沓也"。又郑玄曰"一纵一横为午"。 ⑥【正义】为,于伪反。 ⑦【集解】徐广曰:"此时二世之二年六月。" ⑧【集解】应劭曰:"以祖谥为号者,顺民望。" ⑨【集解】郑氏曰:"音煦怡。"【正义】盱,况于反。眙,以之反。盱眙,今楚州,临淮水,怀王都之。

居数月,引兵攻亢父,[①]与齐田荣、司马龙且[②]军救东阿,[③]大破秦军于东阿。田荣即引兵归,逐其王假。假亡走楚。假相田角亡走赵。角弟田间故齐将,居赵不敢归。田荣立田儋子市为齐王。项梁已破东阿下军,遂追秦军。数使使趣[④]齐兵,欲与俱西。田荣曰:"楚杀田假,赵杀田角、田间,乃发兵。"项梁曰:"田假为与国之王,[⑤]穷来从我,不忍杀之。"赵亦不杀田角、田间以市于齐。[⑥]齐遂不肯发兵助楚。

项梁使沛公及项羽别攻城阳,[7]屠之。西破秦军濮阳东,[8]秦兵收入濮阳。沛公、项羽乃攻定陶。[9]定陶未下,去,西略地至雝丘,[10]大破秦军,斩李由。[11]还攻外黄,[12]外黄未下。

①【正义】亢音刚,又苦浪反。父音甫。《括地志》云:"亢父故城在兖州任城县南五十一里。" ②【正义】子余反。 ③【正义】《括地志》云:"东阿故城在济州东阿县西南二十五里,汉东阿县城,秦时齐之阿也。" ④【正义】下"使"色吏反。趣音促。 ⑤【集解】如淳曰:"相与交善为与国,党与也。"【索隐】按:高诱注《战国策》云"与国,同祸福之国也"。 ⑥【集解】张晏曰:"若市买相贸易以利也。梁救荣难,犹不用命。梁念杀假等,荣未必多出兵,不如依《春秋》寄公待以礼也,又可以贸易他利,以除己害,遂背德可辅假以伐齐,故曰市贸易也。"晋灼曰:"假,故齐王建之弟,欲令楚杀之,以为己利,而楚保全不杀,以买其计,故曰市也。"【索隐】韦昭云"市利于齐也",故刘氏亦云"市犹要也"。留田假而不杀,欲以要胁田荣也。 ⑦【正义】《括地志》云:"濮州雷泽县,本汉城阳,在州东九十一里。《地理志》云城阳属济阴郡,古郕伯国,姬姓之国。《史记》周武王封季弟载于郕,其后迁于城之阳,故曰城阳。" ⑧【正义】《括地志》云:"濮阳县在濮州西八十六里濮县也,古昊之国。"按:攻城阳,屠之,西破秦军濮阳县也。东即此县东。 ⑨【正义】定陶,曹州城也。从濮阳南攻定陶。 ⑩【正义】雝丘,今汴州县也。《地理志》云"古杞国,武王封禹后于杞,号东楼公,二十一世简公,为楚所灭",即此城也。 ⑪【集解】应劭曰:"由,李斯子也。" ⑫【正义】《括地志》云:"故周城即外黄之地,在雍丘县东。"张晏曰:"魏郡有内黄县,故加'外'也。"臣瓒曰:"县有黄沟,故名。"

项梁起东阿,西,(北)〔比〕至定陶,再破秦军,项羽等又斩李由,益轻秦,有骄色。宋义乃谏项梁曰:"战胜而将骄卒惰者败。今卒少惰矣,秦兵日益,臣为君畏之。"项梁弗听。

乃使宋义使于齐。道遇齐使者高陵君显，[①]曰：“公将见武信君乎？”曰：“然。”曰：“臣论武信君军必败。公徐行即免死，疾行则及祸。”秦果悉起兵益章邯，击楚军，大破之定陶，项梁死。沛公、项羽去外黄攻陈留，陈留坚守不能下。沛公、项羽相与谋曰：“今项梁军破，士卒恐。”乃与吕臣军俱引兵而东。吕臣军彭城东，项羽军彭城西，沛公军砀。[②]

①【集解】张晏曰：“显，名也。高陵，县名。”【索隐】晋灼云“高陵属琅邪”。　②【集解】应劭曰：“砀，属梁国。”苏林曰：“砀音唐。”【正义】《括地志》云：“宋州砀山县，本汉砀县也，在宋州东百五十里。”

章邯已破项梁军，则以为楚地兵不足忧，乃渡河击赵，大破之。当此时，赵歇为王，陈余为将，张耳为相，皆走入巨鹿城。章邯令王离、涉间围巨鹿，[①]章邯军其南，筑甬道而输之粟。[②]陈余为将，将卒数万人而军巨鹿之北，此所谓河北之军也。

①【集解】张晏曰：“涉，姓；间，名。秦将也。”　②【集解】应劭曰：“恐敌抄辎重，故筑墙垣如街巷也。”

楚兵已破于定陶，怀王恐，从盱台之彭城，并项羽、吕臣军自将之。以吕臣为司徒，以其父吕青为令尹。[①]以沛公为砀郡长，[②]封为武安侯，将砀郡兵。

①【集解】应劭曰：“天子曰师尹，诸侯曰令尹，时去六国尚近，故置令

尹。”瓒曰：“诸侯之卿，唯楚称令尹。时立楚之后，故置官司皆如楚旧。”
②【集解】苏林曰：“长如郡守也。”

初，宋义所遇齐使者高陵君显在楚军，见楚王曰：“宋义论武信君之军必败，居数日，军果败。兵未战而先见败征，此可谓知兵矣。”王召宋义与计事而大说之，因置以为上将军；项羽为鲁公，为次将，范增为末将，救赵。诸别将皆属宋义，号为卿[①]子冠军。[②]行至安阳，留四十六日不进。[③]项羽曰：“吾闻秦军围赵王巨鹿，疾引兵渡河，楚击其外，赵应其内，破秦军必矣。”宋义曰：“不然。夫搏牛之虻不可以破虮虱。[④]今秦攻赵，战胜则兵罢，我承其敝；不胜，则我引兵鼓行而西，必举秦矣。故不如先斗秦、赵。夫被坚执锐，义不如公；坐而运策，公不如义。”因下令军中曰：“猛如虎，很如羊，[⑤]贪如狼，强不可使者，皆斩之。”乃遣其子宋襄相齐，身送之至无盐，[⑥]饮酒高会。[⑦]天寒大雨，士卒冻饥。项羽曰：“将戮力而攻秦，久留不行。今岁饥民贫，士卒食芋菽，[⑧]军无见粮，[⑨]乃饮酒高会，不引兵渡河因赵食，与赵并力攻秦，乃曰‘承其敝’。夫以秦之强，攻新造之赵，其势必举赵。赵举而秦强，何敝之承。且国兵新破，王坐不安席，埽境内而专属于将军，国家安危，在此一举。今不恤士卒而徇其私，[⑩]非社稷之臣。”项羽晨朝上将军宋义，即其帐中斩宋义头，出令军中曰：“宋义与齐谋反楚，楚王阴令羽诛之。”当是时，诸将皆慑服，莫敢枝梧。[⑪]皆曰：“首立楚者，将军家也。今将军诛乱。”乃相与共立羽为假上将军。[⑫]使人追宋义子，及之齐，杀之。使桓楚报命于怀王。怀王因使项羽为上将军，[⑬]当阳君、蒲将军皆属项羽。

①【集解】徐广曰:“一作庆。” ②【集解】文颖曰:“卿子,时人相褒尊之辞,犹言公子也。上将,故言冠军。”张晏曰:“若霍去病功冠三军,因封为冠军侯,至今为县名。” ③【索隐】按:《傅宽传》云“从攻安阳、扛里”,则安阳与扛里俱在河南。颜师古以为今相州安阳县。按:此兵犹未渡河,不应即至相州安阳。今检《后魏书·地形志》,云“已氏有安阳城,隋改已氏为楚丘”,今宋州楚丘西北四十里有安阳故城是也。【正义】《括地志》云:“安阳县,相州所理县。七国时魏宁新中邑,秦昭王拔魏宁新中,更名安阳。”《张耳传》云章邯军巨鹿南,筑甬道属河,饷王离。项羽数绝邯甬道,王离军乏食。项羽悉引兵渡河,遂破章邯,围巨鹿下。又云渡河湛船,持三日粮。按:从滑州白马津赍三日粮不至邢州,明此渡河,相州漳河也。宋义遣其子襄相齐,送之至无盐,即今郓州之东宿城是也。若依颜监说,在相州安阳,宋义送子不可弃军渡河,南向齐,西南入鲁界,饮酒高会,非入齐之路。义虽知送子曲,由宋州安阳理顺,然向巨鹿甚远,不能数绝章邯甬道及持三日粮至也。均之二理,安阳送子至无盐为长。济河绝甬道,持三日粮,宁有迟留?史家多不委曲说之也。 ④【集解】如淳曰:“用力多而不可以破虮虱,犹言欲以大力伐秦而不可以救赵也。”【索隐】张晏云:“搏音博。”韦昭云“虻大在外,虱小在内”。故颜师古言“以手击牛之背,可以杀其上虻,而不能破其内虱,喻方欲灭秦,不可与章邯即战也”。邹氏搏音附。今按:言虻之搏牛,本不拟破其上之虮虱,以言志在大不在小也。 ⑤【正义】很,何恳反。 ⑥【索隐】按:《地理志》东平郡之县,在今郓州之东也。 ⑦【集解】韦昭曰:“皆召尊爵,故云高。”【索隐】服虔云:“大会也。” ⑧【集解】徐广曰:“芋,一作半。半,五升器也。”骃案:瓒曰“士卒食蔬菜,以菽杂半之”。【索隐】芋,蹲鸱也。菽,豆也。臣瓒义亦通。《汉书》作“半菽”。应劭曰:“半,量器名,容半升也。” ⑨【正义】胡练反。颜监云:“无见在之粮。” ⑩【索隐】谓使其子相齐,是徇其私情。崔浩云:“徇,营也。” ⑪【集解】如淳曰:“梧音悟。枝梧犹枝捍也。”瓒曰:“小柱为

枝，邪柱为梧，今屋梧邪柱是也。"【正义】枝音之移反。梧音悟。⑫【正义】未得怀王命也。假，摄也。　⑬【集解】徐广曰："二世三年十一月。"

项羽已杀卿子冠军，威震楚国，名闻诸侯。乃遣当阳君、蒲将军将卒二万渡河，[①]救巨鹿。战少利，陈余复请兵。项羽乃悉引兵渡河，皆沈船，破釜甑，烧庐舍，持三日粮，以示士卒必死，无一还心。于是至则围王离，与秦军遇，九战，绝其甬道，大破之，杀苏角，[②]虏王离。涉间不降楚，自烧杀。当是时，楚兵冠诸侯。诸侯军救巨鹿下者十余壁，莫敢纵兵。及楚击秦，诸将皆从壁上观。楚战士无不一以当十，楚兵呼声动天，诸侯军无不人人惴恐。[③]于是已破秦军，项羽召见诸侯将，入辕门，[④]无不膝行而前，莫敢仰视。项羽由是始为诸侯上将军，诸侯皆属焉。

①【正义】漳水。　②【集解】文颖曰："秦将也。"　③【集解】《汉书音义》曰："惴音章瑞反。"　④【集解】张晏曰："军行以车为陈，辕相向为门，故曰辕门。"

章邯军棘原，[①]项羽军漳南，[②]相持未战。秦军数却，二世使人让章邯。章邯恐，使长史欣请事。至咸阳，留司马门[③]三日，赵高不见，有不信之心。长史欣恐，还走其军，[④]不敢出故道，赵高果使人追之，不及。欣至军，报曰："赵高用事于中，下无可为者。今战能胜，高必疾妒吾功；战不能胜，不免于死。愿将军孰计之。"陈余亦遗章邯书曰："白起为秦将，南征鄢郢，北阬马服，[5]攻城略地，不可胜计，而竟赐死。蒙恬为秦将，北逐戎人，开榆中地数千里，[6]竟斩阳周。[7]何者？功多，秦不能尽封，因以法诛之。今将军为秦将三岁矣，所亡失以十万数，而诸侯并起滋益多。彼赵高素谀日久，今事急，亦恐二世诛之，故欲以法诛将军以塞责，使人更代将军以脱其祸。夫将军居外久，多内却，有功亦诛，无功亦诛。且天之亡秦，无愚智皆知之。今将军内不能直谏，外为亡国将，孤特独立而欲常存，岂不哀哉！将军何不还兵与诸侯为从，[8]约共攻秦，分王其地，南面称孤；此孰与身伏鈇质，[9]妻子为僇乎？”章邯狐疑，阴使候始成[10]使项羽，欲约。约未成，项羽使蒲将军日夜引兵度三户，[11]军漳南，与秦战，再破之。项羽悉引兵击秦军汙水上，[12]大破之。

①【集解】张晏曰：“在漳南。”晋灼曰：“地名，在巨鹿南。”　②【正义】《括地志》云：“浊漳水一名漳水，今俗名柳河，在邢州平乡县南。《注水经》云漳水一名大漳水，兼有漫水之目也。”　③【集解】凡言司马门者，宫垣之内，兵卫所在，四面皆有司马，主武事。总言之，外门为司马门也。【索隐】按：天子门有兵阑，曰司马门也。　④【正义】走音奏。⑤【索隐】韦昭云：“赵奢子括也，代号马服。”崔浩云：“马服，赵官名，言服武事。”　⑥【索隐】服虔云：“金城县所治。”苏林曰：“在上郡。”崔浩云：“蒙恬树榆为塞也。”　⑦【集解】孟康曰：“县属上郡。”【正义】《括地志》云：“宁州罗川县在州东南七十里，汉阳周县。”　⑧【索隐】此诸侯谓关东诸侯也。何以知然？文颖曰：“关东为从，关西为横。”高诱曰：“关东地形从长，苏秦相六国，号为合从。关西地形横长，张仪相秦，坏关东从，使与秦合，号曰连横。”　⑨【索隐】《公羊传》云：“加之鈇质。”何休云：“要斩之罪。”崔浩云：“质，斩人椹也。”又郭注《三苍》云：“质，莝椹也。”　⑩【集

解】张晏曰："候，军候。"【索隐】候，军候，官名。始成，其名。 ⑪【集解】服虔曰："漳水津也。"张晏曰："三户，地名，在梁淇西南。"孟康曰："津峡名也，在邺西三十里。"【索隐】《水经注》云"漳水东经三户峡，为三户津"也。淇当为"湛"。案：《晋八王故事》云"王浚伐邺，前至梁湛"。孟康云"在邺西三十里"。又阚骃《十三州志》云"邺北五十里梁期故县也"，字有不同。
⑫【集解】徐广曰："在邺西。"【索隐】汙音于。《郡国志》邺县有汙城。郦元云"汙水出武安山东南，经汙城北入漳"。【正义】《括地志》云："汙水源出怀州河内县北大行山。"又云："故邘城在河内县西北二十七里，古邘国地也。《左传》云'邘、晋、应、韩，武之穆也'。"

章邯使人见项羽，欲约。项羽召军吏谋曰："粮少，欲听其约。"军吏皆曰："善。"项羽乃与期洹水南殷虚上。[①]已盟，章邯见项羽而流涕，为言赵高。项羽乃立章邯为雍王，置楚军中。使长史欣为上将军，将秦军为前行。[②]

①【集解】徐广曰："二世三年七月也。"骃案：应劭曰"洹水在汤阴界。殷墟，故殷都也"。瓒曰"洹水在今安阳县北，去朝歌殷都一百五十里。然则此殷虚非朝歌也。《汲冢古文》曰'盘庚迁于此'，《汲冢》曰'殷虚南去邺三十里'。是旧殷虚，然则朝歌非盘庚所迁者"。【索隐】按：《释例》云"洹水出汲郡林虑县，东北至长乐入清水"是也。《汲冢古文》云"盘庚自奄迁于北(冢)〔蒙〕，曰殷虚，南去邺州三十里"，是殷虚南旧地名号北(冢)〔蒙〕也。
②【正义】胡郎反。

到新安。[①]诸侯吏卒异时故繇使屯戍过秦中，秦中吏卒遇之多无状，及秦军降诸侯，诸侯吏卒乘胜多奴虏使之，轻折辱秦吏卒。秦吏卒多窃言曰："章将军等诈吾属降诸侯，今能入关破秦，大善；即不能，诸侯虏吾属而东，秦必尽诛吾父母妻子。”诸将微闻其计，以告项羽。项羽乃召黥布、蒲将军计曰：“秦吏卒尚众，其心不服，至关中不听，事必危，不如击杀之，而独与章邯、长史欣、都尉翳入秦。”于是楚军夜击阬秦卒二十余万人新安城南。[②]

①【正义】《括地志》云：“新安故城在洛州渑池县东一十三里，汉新安县城也。即阬秦卒处。” ②【集解】徐广曰：“汉元年十一月。”

行略定秦地。函谷关[①]有兵守关，不得入。又闻沛公已破咸阳，项羽大怒，使当阳君等击关。项羽遂入，至于戏西。沛公军霸上，未得与项羽相见。沛公左司马曹无伤使人言于项羽曰：“沛公欲王关中，使子婴为相，珍宝尽有之。”项羽大怒，曰：“旦日飨士卒，为击破沛公军！”当是时，项羽兵四十万，在新丰鸿门，[②]沛公兵十万，在霸上。范增说项羽曰：“沛公居山东时，贪于财货，好美姬。今入关，财物无所取，妇女无所幸，此其志不在小。吾令人望其气，皆为龙虎，成五采，此天子气也。急击勿失。”

①【集解】文颖曰：“时关在弘农县衡山岭，今移在河南谷城县。”【索隐】颜师古云：“今桃林县南有洪溜涧水，即古之函关。”按：山形如函，故称函关。【正义】《括地志》云：“函谷关在陕州桃林县西南十二里，秦函谷关也。《图记》云西去长安四百余里，路在谷中，故以为名。” ②【集解】孟康曰：“在新丰东十七里，旧大道北下阪口名也。”

楚左尹项伯者，项羽季父也，[①]素善留侯张良。张良是时从沛公，项伯乃夜驰之沛公军，私见张良，具告以事，欲呼张良与俱去。曰："毋从俱死也。"张良曰："臣为韩王送沛公，[②]沛公今事有急，亡去不义，不可不语。"良乃入，具告沛公。沛公大惊，曰："为之奈何？"张良曰："谁为大王为此计者？"曰："鲰生[③]说我曰'距关，毋内诸侯，秦地可尽王也'。故听之。"良曰："料大王士卒足以当项王乎？"沛公默然，曰："固不如也，且为之奈何？"张良曰："请往谓项伯，言沛公不敢背项王也。"沛公曰："君安与项伯有故？"张良曰："秦时与臣游，项伯杀人，臣活之。今事有急，故幸来告良。"沛公曰："孰与君少长？"良曰："长于臣。"沛公曰："君为我呼入，吾得兄事之。"张良出，要项伯。项伯即入见沛公。沛公奉卮酒为寿，约为婚姻，曰："吾入关，秋豪不敢有所近，籍吏民，封府库，而待将军。所以遣将守关者，备他盗之出入与非常也。日夜望将军至，岂敢反乎！愿伯具言臣之不敢背德也。"项伯许诺。谓沛公曰："旦日不可不早自来谢项王。"沛公曰："诺。"于是项伯复夜去，至军中，具以沛公言报项王。因言曰："沛公不先破关中，公岂敢入乎？今人有大功而击之，不义也，不如因善遇之。"项王许诺。

①【索隐】名缠，字伯，后封射阳侯。　②【正义】为，于伪反。③【集解】徐广曰："鲰音士垢反，鱼名。"骃案：服虔曰"鲰音浅。鲰，小人貌也"。瓒曰"《楚汉春秋》鲰，姓也"。

沛公旦日从百余骑来见项王，至鸿门，谢曰："臣与将军戮力而攻秦，将军战河北，臣战河南，然不自意能先入关破秦，得复见将军于此。今者有小人之言，令将军与臣有郤。”项王曰：“此沛公左司马曹无伤言之；不然，籍何以至此。”项王即日因留沛公与饮。项王、项伯东向坐，亚父南向坐。亚父者，范增也。[①]沛公北向坐，张良西向侍。范增数目项王，举所佩玉玦以示之者三，项王默然不应。范增起，出召项庄，[②]谓曰：“君王为人不忍，若入前为寿，寿毕，请以剑舞，因击沛公于坐，杀之。不者，若属皆且为所虏。”庄则入为寿。寿毕，曰：“君王与沛公饮，军中无以为乐，请以剑舞。”项王曰：“诺。”项庄拔剑起舞，项伯亦拔剑起舞，常以身翼蔽沛公，庄不得击。于是张良至军门，见樊哙。樊哙曰：“今日之事何如？”良曰：“甚急。今者项庄拔剑舞，其意常在沛公也。”哙曰：“此迫矣，臣请入，与之同命。”哙即带剑拥盾入军门。[③]交戟之卫士欲止不内，樊哙侧其盾以撞，[④]卫士仆地，哙遂入，披帷西向立，瞋目视项王，[⑤]头发上指，目眦尽裂。[⑥]项王按剑而跽[⑦]曰：“客何为者？”张良曰：“沛公之参乘樊哙者也。”项王曰：“壮士，赐之卮酒。”则与斗卮酒。哙拜谢，起，立而饮之。项王曰：“赐之彘肩。”则与一(生)〔全〕彘肩。樊哙覆其盾于地，加彘肩上，拔剑切而啖之。[⑧]项王曰：“壮士，能复饮乎？”樊哙曰：“臣死且不避，卮酒安足辞！夫秦王有虎狼之心，杀人如不能举，刑人如不恐胜，天下皆叛之。怀王与诸将约曰‘先破秦入咸阳者王之’。今沛公先破秦入咸阳，豪毛不敢有所近，封闭宫室，还军霸上，以待大王来。故遣将守关者，备他盗出入与非常也。劳苦而功高如此，未有封侯之赏，而听细说，欲诛有功之人。此亡秦之续耳，窃为大王不取也。”项王未有以应，曰：“坐。”樊哙从良坐。坐须臾，沛公起如厕，因招樊哙出。

①【集解】如淳曰：“亚，次也。尊敬之次父，犹管仲为仲父。” ②【正义】项羽从弟。 ③【正义】拥，纡拱反。盾，食允反。 ④【正义】直江反。 ⑤【正义】瞋，昌真反。 ⑥【正义】眥，自赐反。 ⑦【索隐】其纪反，谓长跪。 ⑧【索隐】啖，徒览反。凡以食喂人则去声，自食则上声。

沛公已出，项王使都尉[①]陈平召沛公。沛公曰：“今者出，未辞也，为之奈何？”樊哙曰：“大行不顾细谨，大礼不辞小让。如今人方为刀俎，我为鱼肉，何辞为！”于是遂去。乃令张良留谢。良问曰：“大王来何操？”曰：“我持白璧一双，欲献项王，玉斗一双，欲与亚父，会其怒，不敢献。公为我献之。”张良曰：“谨诺。”当是时，项王军在鸿门下，沛公军在霸上，相去四十里。沛公则置车骑，脱身独骑，与樊哙、夏侯婴、靳彊、纪信等[②]四人持剑盾步走，从郦山下，道芷阳间行。沛公谓张良曰：“从此道至吾军，不过二十里耳。度我至军中，公乃入。”沛公已去，间至军中，张良入谢，曰：“沛公不胜桮杓，不能辞。谨使臣良奉白璧一双，再拜献大王足下；玉斗一双，再拜奉大将军足下。”项王曰：“沛公安在？”良曰：“闻大王有意督过之，脱身独去，已至军矣。”[③]项王则受璧，置之坐上。亚父受玉斗，置之地，拔剑撞而破之，曰：“唉！[④]竖子不足与谋。夺项王天下者，必沛公也，吾属今为之虏矣。”沛公至军，立诛杀曹无伤。

①【集解】徐广曰：“一本无都字。” ②【索隐】《汉书》作“纪通”。通，纪成之子。 ③【集解】如淳曰：“脱身逃还其军。” ④【集解】徐广曰：“唉，乌来反。”【索隐】音虚其反。皆叹恨发声之辞。

居数日，项羽引兵西屠咸阳，杀秦降王子婴，烧秦宫室，火三月不灭；收其货宝妇女而东。人或说项王曰：“关中阻山河，四塞，[1]地肥饶，可都以霸。”项王见秦宫室皆以烧残破，又心怀思欲东归，曰：“富贵不归故乡，如衣绣夜行，谁知之者！”说者曰：“人言楚人沐猴而冠耳，果然。”[2]项王闻之，烹说者。[3]

①【集解】徐广曰：“东函谷，南武关，西散关，北萧关。” ②【集解】张晏曰：“沐猴，猕猴也。”【索隐】言猕猴不任久著冠带，以喻楚人性躁暴。果然，言果如人言也。 ③【集解】《楚汉春秋》、《杨子法言》云说者是蔡生，《汉书》云是韩生。

项王使人致命怀王。怀王曰：“如约”。乃尊怀王为义帝。项王欲自王，先王诸将相。谓曰：“天下初发难时，[1]假立诸侯后以伐秦。然身被坚执锐首事，暴露于野[2]三年，灭秦定天下者，皆将相诸君与籍之力也。义帝虽无功，故当分其地而王之。”诸将皆曰：“善。”乃分天下，立诸将为侯王。项王、范增疑沛公之有天下，业已讲解，[3]又恶负约，恐诸侯叛之，乃阴谋曰：“巴、蜀道险，秦之迁人皆居蜀。”乃曰：“巴、蜀亦关中地也。"故立沛公为汉王,[4]王巴、蜀、汉中,都南郑。[5]而三分关中,王秦降将以距塞汉王。项王乃立章邯为雍王,王咸阳以西,都废丘。[6]长史欣者,故为栎阳狱掾,尝有德于项梁;都尉董翳者,本劝章邯降楚。故立司马欣为塞王,[7]王咸阳以东至河,都栎阳;[8]立董翳为翟王,王上郡,都高奴。[9]徙魏王豹为西魏王,王河东,都平阳。瑕丘[10]申阳者,[11]张耳嬖臣也,先下河南(郡),迎楚河上,故立申阳为河南王,都雒阳。[12]韩王成因故都,都阳翟。[13]赵将司马卬定河内,数有功,故立卬为殷王,王河内,都朝歌。徙赵王歇为代王。赵相张耳素贤,又从入关,故立耳为常山王,王赵地,都襄国。[14]当阳君黥布为楚将,常冠军,故立布为九江王,都六。[15]鄱君[16]吴芮率百越佐诸侯,[17]又从入关,故立芮为衡山王,都邾。[18]义帝柱国共敖[19]将兵击南郡,功多,因立敖为临江王,[20]都江陵。[21]徙燕王韩广为辽东王。[22]燕将臧荼从楚救赵,因从入关,故立荼为燕王,都蓟。徙齐王田市为胶东王。[23]齐将田都从共救赵,因从入关,故立都为齐王,都临菑。[24]故秦所灭齐王建孙田安,项羽方渡河救赵,田安下济北数城,引其兵降项羽,故立安为济北王,都博阳。[25]田荣者,数负项梁,又不肯将兵从楚击秦,以故不封。成安君[26]陈余弃将印去,不从入关,然素闻其贤,有功于赵,闻其在南皮,[27]故因环封三县。[28]番君将梅鋗[29]功多,故封十万户侯。项王自立为西楚霸王,[30]王九郡,都彭城。[31]

①【集解】服虔曰:"兵初起时。"【正义】难,乃惮反。　②【正义】暴,蒲北反。　③【集解】苏林曰:"讲,和也。"【索隐】服虔云:"解,折伏

也。"《说文》云:"讲,和解也。"《汉书》作"媾解"。苏林云:"媾,和也。"是"讲"之与"媾"俱训和也。业,事也。言虽有疑心,然事已和解也。　④【集解】徐广曰:"以正月立。"　⑤【正义】《括地志》云:"南梁州所理县也。"　⑥【索隐】孟康曰:"县名。今槐里是也。"韦昭曰:"周时名(太)〔犬〕丘,懿王所都,秦欲废之,故曰废丘。"【正义】《括地志》云:"(太)〔犬〕丘故城一名废丘,故城在雍州始平县东南十里。《地理志》云汉高二年,引水灌废丘,章邯自杀,更废丘曰槐里。"　⑦【集解】韦昭曰:"在长安东,名桃林塞。"　⑧【集解】苏林曰:"栎音药。"【正义】《括地志》云:"栎阳故城一名万年城,在雍州栎阳东北二十五里。秦献公之城栎阳,即此也。"　⑨【集解】文颖曰:"上郡,秦所置,项羽以董翳为翟王,更名为翟。"【索隐】按:今鄜州有高奴城。【正义】《括地志》云:"延州州城即汉高奴县。"　⑩【集解】徐广曰:"一云瑕丘公也。"　⑪【集解】服虔曰:"瑕丘县属山阳。申,姓。阳,名。"文颖曰:"姓瑕丘,字申阳。"瓒曰:"瑕丘公申阳是。瑕丘,县名。"　⑫【正义】《括地志》云:"洛阳故城在洛州洛阳县东北二十六里,周公所筑,即成周城也。《舆地志》云成周之地,秦庄襄王以为洛阳县,三川守理之。后汉都洛阳,改为'雒'。汉以火德,忌水,故去洛旁'水'而加'隹'。魏于行次为土,土,水之忌也,水得土而流,土得水而柔,故除'隹'而加'水'。"　⑬【正义】《括地志》云:"阳翟,洛州县也。《左传》云郑伯突入于栎。杜预云栎,郑别都,今河南阳翟县是也。《地理志》云阳翟县是,属颍川郡,夏禹之国。"　⑭【正义】《括地志》云:"邢州城本汉襄国县,秦置三十六郡,于此置信都县,属巨鹿郡,项羽改曰襄国,立张耳为常山王,理信都。《地理志》云故邢侯国也。《帝王世纪》云邢侯为纣三公,以忠谏被诛。《史记》云周武王封周公旦之子为邢侯。《左传》云'凡、蒋、邢、茅,周公之胤也'。"　⑮【正义】《括地志》云:"故六城在寿州安丰县南百三十二里,本六国,偃姓,皋繇之后所封也。黥布亦皋繇之后,居六也。"　⑯【正义】番君。番音婆。　⑰【集解】韦昭曰:"鄱音蒲河反。初,吴芮为鄱令,故号曰鄱君。今鄱阳县是也。"　⑱【集解】文颖曰:"邾音朱,县名,属江夏。"【正义】《说文》云音诛。《括地志》云:"故邾城在黄州黄冈县东南二十里,本春秋时邾国。邾子，曹姓。侠居。至鲁隐公徙蕲。"音机。　⑲【正义】共音恭。　⑳【集解】《汉书音义》曰："本南郡，改为临江国。"　㉑【正义】江陵，荆州县。《史记》江陵，故郢都也。　㉒【集解】徐广曰："都无终。"　㉓【集解】徐广曰："都即墨。"【正义】《括地志》云："即墨故城在莱州胶水县南六十里。古齐地，本汉旧县。"胶音交。在胶水之东。　㉔【索隐】按：《高纪》及《田儋传》云"临济"，此言"临菑"，误。【正义】菑，侧其反。《括地志》云："青州临菑县也。即古临菑地也。一名齐城，古营丘之地，所封齐之都也。少昊时有爽鸠氏，虞、夏时有季崱，殷时有逢伯陵，殷末有薄姑氏，为诸侯，国此地。后太公封，方五百里。"　㉕【正义】在济北。　㉖【正义】《地理志》云成安县在颍川郡，属豫州。　㉗【正义】《括地志》云："故南皮城在沧州南皮县北四里，本汉皮县城，即陈余所封也。"　㉘【集解】《汉书音义》曰："绕南皮三县以封之。"　㉙【集解】韦昭曰："呼玄反。"　㉚【正义】《货殖传》云淮以北，沛、陈、汝南、南郡为西楚也。彭城以东，东海、吴、广陵为东楚也。衡山、九江、江南、豫章、长沙为南楚。孟康云："旧名江陵为南楚，吴为东楚，彭城为西楚。"　㉛【集解】孟康曰："旧名江陵为南楚，吴为东楚，彭城为西楚。"【正义】彭城，徐州县。

汉之元年四月，诸侯罢戏下，各就国。[①]项王出之国，使人徙义帝，曰："古之帝者地方千里，必居上游。"[②]乃使使徙义帝长沙郴县。[③]趣义帝行，其群臣稍稍背叛之，乃阴令衡山、临江王击杀之江中。[④]韩王成无军功，项王不使之国，与俱至彭城，废以为侯，已又杀之。臧荼之国，因逐韩广之辽东，广弗听，荼击杀广无终，并王其地。

①【索隐】戏音羲，水名也。言"下"者，如许下、洛下然也。按：上文云项羽入至戏西鸿门，沛公还军霸上，是羽初停军于戏水之下。今言"诸侯罢戏下"，是各受封邑号令讫，自戏下各就国。何须假借文字，以为旌麾之下

乎?颜师古、刘伯庄之说皆非。　②【集解】文颖曰:"居水之上流也。游,或作'流'。"　③【集解】如淳曰:"郴音綝。"　④【集解】文颖曰:"郴县有义帝冢,岁时常祠不绝。"

田荣闻项羽徙齐王市胶东,而立齐将田都为齐王,乃大怒,不肯遣齐王之胶东,因以齐反,迎击田都。田都走楚。齐王市畏项王,乃亡之胶东就国。田荣怒,追击杀之即墨。荣因自立为齐王,而西击杀济北王田安,并王三齐。[①]荣与彭越将军印,令反梁地。陈余阴使张同、夏说说齐王田荣曰:"项羽为天下宰,不平。今尽王故王于丑地,而王其群臣诸将善地,逐其故主,赵王乃北居代,余以为不可。闻大王起兵,且不听不义,愿大王资余兵,请以击常山,以复赵王,请以国为扞蔽。"齐王许之,因遣兵之赵。陈余悉发三县兵,与齐并力击常山,大破之。张耳走归汉。陈余迎故赵王歇于代,反之赵。赵王因立陈余为代王。

①【集解】《汉书音义》曰:"齐与济北、胶东。"【正义】《三齐记》云:"右即墨,中临淄,左平陆,谓之三齐。"

是时,汉还定三秦。项羽闻汉王皆已并关中,且东,齐、赵叛之,大怒,乃以故吴令郑昌为韩王,以距汉;令萧公角等[①]击彭越。彭越败萧公角等。汉使张良徇韩,乃遗项王书曰:"汉王失职,欲得关中,如约即止,不敢东。"又以齐、梁反书遗项王曰:"齐欲与赵并灭楚。"楚以此故无西意,而北击齐。征兵九江王布。布称疾不往,使将将数千人行。项王由此怨布也。汉之二年冬，项羽遂北至城阳，田荣亦将兵会战。田荣不胜，走至平原，平原民杀之。遂北烧夷齐城郭室屋，皆阬田荣降卒，系虏其老弱妇女。徇齐至北海，多所残灭。齐人相聚而叛之。于是田荣弟田横收齐亡卒得数万人，反城阳。项王因留，连战未能下。

①【集解】苏林曰："官号也。或曰萧令也。时令皆称公。"

春，汉王部[①]五诸侯兵，[②]凡五十六万人，东伐楚。项王闻之，即令诸将击齐，而自以精兵三万人南从鲁出胡陵。[③]四月，汉皆已入彭城，收其货宝美人，日置酒高会。项王乃西从萧，晨击汉军[④]而东，至彭城，日中，大破汉军。[⑤]汉军皆走，相随入穀、泗水，[⑥]杀汉卒十余万人。汉卒皆南走山，[⑦]楚又追击至灵壁东[⑧]睢水上。[⑨]汉军却，为楚所挤，[⑩]多杀，汉卒十余万人皆入睢水，睢水为之不流。[⑪]围汉王三帀。于是大风从西北而起，折木发屋，扬沙石，窈冥昼晦，[⑫]逢迎楚军。楚军大乱，坏散，而汉王乃得与数十骑遁去。欲过沛，收家室而西。楚亦使人追之沛，取汉王家。家皆亡，不与汉王相见。汉王道逢得孝惠、鲁元，[⑬]乃载行。楚骑追汉王，汉王急，推堕孝惠、鲁元车下，滕公常下收载之，如是者三。曰："虽急不可以驱，奈何弃之？"于是遂得脱。求太公、吕后不相遇。审食其[⑭]从太公、吕后间行，[⑮]求汉王，反遇楚军。楚军遂与归，报项王，项王常置军中。

①【集解】徐广曰："一作劫。"【索隐】按：《汉书》见作"劫"字。

②【集解】徐广曰:"塞、翟、魏、殷、河南。"骃案:应劭曰"雍、翟、塞、殷、韩也。"韦昭曰"塞、翟、殷、韩、魏,雍时已败也。"【索隐】按:徐广、韦昭皆数翟、塞及殷、韩等;颜师古不数三秦,谓常山、河南、韩、魏、殷;顾胤意略同,乃以陈余兵为五,未知孰是。鄙意按:韩王郑昌拒汉,汉使韩信击破之,则是韩兵不下而已破散也,韩不在此数。五诸侯者,塞、翟、河南、魏、殷也。【正义】师古云:"诸家之说皆非。张良遗羽书曰'汉欲得关中,如约即止,不敢复东',谓出关之东也。今羽闻汉东之时,汉固已得三秦矣。五诸侯者,谓常山、河南、韩、魏、殷也。此年十月,常山王张耳降,河南王申阳降,韩王郑昌降,魏王豹降,虏殷王卬,皆汉东之后,故知谓此为五诸侯。时虽未得常山之地,《功臣年表》云'张耳弃国,与大臣归汉',则当亦有士卒尔。时雍王犹在废丘被围,即非五诸侯之数也。寻此纪文,昭然可晓。前贤注释,并失指趣。"《高纪》及《汉书》皆言"劫五诸侯兵"。凡兵初降,士卒未有自指麾,故须劫略而行。又云"发关中兵,收三河士"。发谓差点拨发也,收谓劫略收敛也。韦昭云河南、河东、河内。申阳都雒阳,韩王成都阳翟,皆河南也。魏豹都平阳,河东也。司马卬都朝歌,张耳都襄国,河内也。此三河士则五诸侯兵也。更著雍、塞、翟,则成八诸侯矣。重明颜公之说是。故《韩信传》云"汉二年出关,收魏河南,韩、殷王皆降"是。　③【正义】《括地志》云:"(徐州)鲁,兖州曲阜县也。《地理志》云胡陵在山阳县属也。"

④【正义】《括地志》云:"徐州萧县,古萧叔之国,春秋时为宋附庸。《帝王世纪》云周封子姓之别为附庸也。"　⑤【集解】张晏曰:"一日之中也。或曰旦击之,至日中大破。"　⑥【集解】瓒曰:"二水皆在沛郡彭城。"

⑦【正义】走音奏。　⑧【集解】徐广曰:"在彭城。"【索隐】孟康曰:"故小县,在彭城南。"【正义】《括地志》云:"灵壁故城在徐州符离县西北九十里。"　⑨【集解】徐广曰:"睢水于彭城入泗水。"【正义】睢音虽。《括地志》云:"睢水首受浚仪县莨荡水,东经取虑,入泗,过郡四,行千二百六十里。"　⑩【集解】服虔曰:"挤音'济民'之'济'。"瓒曰:"排挤也。"

⑪【正义】为,于伪反。　⑫【集解】徐广曰:"窈亦作窅字。"　⑬【集解】服虔曰:"元,长也。食邑于鲁。"韦昭曰:"元,谥也。"　⑭【集解】瓒

曰:“其音基。”【索隐】食音异。按:郦、审、赵三人同名,其音合并同,以六国时卫有司马食其,并慕其名。　⑮【集解】如淳曰:“间出,间步,微行,皆同义也。”

是时吕后兄周吕侯[1]为汉将兵居下邑,[2]汉王间往从之,稍稍收其士卒。至荥阳,诸败军皆会,萧何亦发关中老弱未傅悉诣荥阳,[3]复大振。楚起于彭城,常乘胜逐北,与汉战荥阳南京、索间,汉败楚,[4]楚以故不能过荥阳而西。

①【集解】徐广曰:“名泽。”【正义】苏林云:“以姓名侯也。”晋灼云:“《外戚表》周吕令武侯泽也。吕,县名。封于吕,以为国。”颜师古云:“周吕,封名。令武,其谥也。苏云‘以姓名侯’,非也。”　②【集解】徐广曰:“在梁。”【正义】《括地志》云:“宋州砀山县本下邑县也,在宋州东一百五十里。”按:今下邑在宋州东一百一十里。　③【集解】服虔曰:“傅音附。”孟康曰:“古者二十而傅,三年耕有一年储,故二十三年而后役之。”如淳曰:“律年二十三傅之畴官,各从其父畴内学之。高不满六尺二寸以下为罢癃。《汉仪注》‘民年二十三为正,一岁为卫士,一岁为材官骑士,习射御骑驰战阵’。又曰‘年五十六衰老,乃得免为庶民,就田里’。今老弱未尝傅者皆发之。未二十三为弱,过五十六为老。《食货志》曰‘月为更卒,已复为正,一岁屯戍,一岁力役,三十倍于古者’。”【索隐】按:姚氏云“古者更卒不过一月,践更五月而休。”又颜云“五当为‘三’,言一岁之中三月居更,三日戍边,总九十三日。古者役人岁不过三日,此所谓‘一岁力役三十倍于古’也”。斯说得之。　④【集解】应劭曰:“京,县名,属河南,有索亭。”晋灼曰:“索音栅。”【正义】《括地志》云:“京县城在郑州荥阳县东南二十里。郑之京邑也。《晋太康地志》云郑太叔段所居邑。荥阳县即大索城。杜预云成皋东有大索城,又有小索故城,在荥阳县北四里。京相璠《地名》云京县有大索亭、小索亭,大小氏兄弟居之,故有小大之号。”按:楚与汉战荥阳南京、索

间,即此三城耳。

项王之救彭城,追汉王至荥阳,田横亦得收齐,立田荣子广为齐王。汉王之败彭城,诸侯皆复与楚而背汉。汉军荥阳,筑甬道属之河,以取敖仓粟。[①]汉之三年,项王数侵夺汉甬道,汉王食乏,恐,请和,割荥阳以西为汉。

①【集解】瓒曰:“敖,地名,在荥阳西北山,临河有大仓。”【正义】《括地志》云:“敖仓在郑州荥阳县西十五里,县门之东北临汴水,南带三皇山,秦时置仓于敖山,名敖仓云。”

项王欲听之。历阳[①]侯范增曰:“汉易与耳,今释弗取,后必悔之。”项王乃与范增急围荥阳。汉王患之,乃用陈平计间项王。项王使者来,为太牢具,举欲进之。见使者,佯惊愕曰:“吾以为亚父使者,乃反项王使者。”更持去,以恶食食[②]项王使者。使者归报项王,项王乃疑范增与汉有私,稍夺之权。范增大怒,曰:“天下事大定矣,君王自为之。愿赐骸骨归卒伍。”项王许之。行未至彭城,疽发背而死。[③]

①【正义】《括地志》云:“和州历阳县,本汉旧县也。《淮南子》云‘历阳之都,一夕而为湖’。汉帝时,历阳沦为历湖。”　②【正义】上如字,下音寺。　③【集解】《皇览》曰:“亚父冢在庐江居巢县郭东。居巢廷中有亚父井,吏民皆祭亚父于居巢廷上。长吏初视事,皆祭然后从政。后更造祠于郭东,至今祠之。”【正义】疽,七余反。崔浩云:“疽,附骨痈也。”《括地志》云:“髑髅山在庐州巢县东北五里。昔范增居北山之阳,后佐项羽。”

汉将纪信说汉王曰："事已急矣，请为王诳楚为王，王可以间出。"于是汉王夜出女子荥阳东门被甲二千人，楚兵四面击之。纪信乘黄屋车，[①]傅左纛，[②]曰："城中食尽，汉王降。"楚军皆呼万岁。汉王亦与数十骑从城西门出，走成皋。[③]项王见纪信，问："汉王安在？"信曰："汉王已出矣。"项王烧杀纪信。

①【正义】李斐云："天子车以黄缯为盖里。" ②【集解】李斐曰："纛，毛羽幢也。在乘舆车衡左方上注之。"蔡邕曰："以犛牛尾为之，如斗，或在騑头，或在衡上也。" ③【正义】《括地志》云："成皋故县在洛州汜水县西南二里。"

汉王使御史大夫周苛、枞公、[①]魏豹守荥阳。周苛、枞公谋曰："反国之王，难与守城。"乃共杀魏豹。楚下荥阳城，生得周苛。项王谓周苛曰："为我将，我以公为上将军，封三万户。"周苛骂曰："若不趣降汉，汉今虏若，若非汉敌也。"项王怒，烹周苛，并杀枞公。

①【集解】枞音七容反。

汉王之出荥阳，南走宛、叶，得九江王布，行收兵，复入保成皋。汉之四年，项王进兵围成皋。汉王逃，[①]独与滕公出成皋北门，[②]渡河走修武，从张耳、韩信军。诸将稍稍得出成皋，从汉王。楚遂拔成皋，欲西。汉使兵距之巩，令其不得西。

①【集解】晋灼曰:“独出意。”【索隐】音徒凋反。《汉书》作“跳”字。 ②【集解】徐广曰:“北门名玉门。”

是时,彭越渡河击楚东阿,杀楚将军薛公。项王乃自东击彭越。汉王得淮阴侯兵,欲渡河南。郑忠说汉王,乃止壁河内。使刘贾将兵佐彭越,烧楚积聚。[①]项王东击破之,走彭越。汉王则引兵渡河,复取成皋,军广武,就敖仓食。项王已定东海来,西,与汉俱临广武而军,[②]相守数月。

①【正义】积音积赐反。 ②【集解】孟康曰:“于荥阳筑两城相对为广武,在敖仓西三皇山上。”【正义】《括地志》云:“东广武、西广武在郑州荥阳县西二十里。戴延之《西征记》云三皇山上有二城,东曰东广武,西曰西广武,各在一山头,相去百步。汴水从广涧中东南流,今涸无水。城各有三面,在敖仓西。郭缘生《述征记》云一涧横绝上过,名曰广武。相对皆立城堑,遂号东西广武。”

当此时,彭越数反梁地,绝楚粮食,项王患之。为高俎,置太公其上,[①]告汉王曰:“今不急下,吾烹太公。”汉王曰:“吾与项羽俱北面受命怀王,曰‘约为兄弟’,吾翁即若翁,必欲烹而翁,则幸分我一杯羹。”项王怒,欲杀之。项伯曰:“天下事未可知,且为天下者不顾家,虽杀之无益,只益祸耳。”项王从之。

①【集解】如淳曰:“高俎,几之上。”李奇曰:“军中巢橹方面,人谓之俎也。”【索隐】俎亦机之类,故夏侯湛《新论》为“机”,机犹俎也。比太公于牲肉,故置之俎上。姚察按:《左氏》“楚子登巢车以望晋军”,杜预谓“车上橹

也”，故李氏云“军中巢橹”，又引时人亦谓此为俎也。【正义】《括地志》云：“东广武城有高坛，即是项羽坐太公俎上者，今名项羽堆，亦呼为太公亭。”颜师古云：“俎者，所以荐肉，示欲烹之，故置俎上。”

楚、汉久相持未决，丁壮苦军旅，老弱罢转漕。项王谓汉王曰：“天下匈匈数岁者，徒以吾两人耳，愿与汉王挑战[①]决雌雄，毋徒苦天下之民父子为也。”汉王笑谢曰：“吾宁斗智，不能斗力。”项王令壮士出挑战。汉有善骑射者楼烦，[②]楚挑战三合，楼烦辄射杀之。项王大怒，乃自被甲持戟挑战。楼烦欲射之，项王瞋目叱之，楼烦目不敢视，手不敢发，遂走还入壁，不敢复出。汉王使人间问之，乃项王也。汉王大惊。于是项王乃即汉王相与临广武间而语。汉王数之，项王怒，欲一战。汉王不听，项王伏弩射中汉王。汉王伤，走入成皋。

①【集解】李奇曰：“挑身独战，不复须众也。挑音荼了反。”瓒曰：“挑战，擿娆敌求战，古谓之致师。” ②【集解】应劭曰：“楼烦胡也，今楼烦县。”

项王闻淮阴侯已举河北，破齐、赵，且欲击楚，乃使龙且[①]往击之。淮阴侯与战，骑将灌婴击之，大破楚军，杀龙且。韩信因自立为齐王。项王闻龙且军破，则恐，使盱台人武涉往说淮阴侯。淮阴侯弗听。是时，彭越复反，下梁地，绝楚粮。项王乃谓海春侯大司马曹咎等曰：“谨守成皋，则汉欲挑战，慎勿与战，毋令得东而已。我十五日必诛彭越，定梁地，复从将军。"乃东，行击陈留、[2]外黄。

①【集解】韦昭曰："音子间反。"　　②【正义】《括地志》云："陈留，汴州县也。在州东五十里，本汉陈留郡及陈留县之地。"孟康云："留，郑邑也。后为陈所并，故曰陈留。"臣瓒又按：宋有留，彭城留是也。此留属陈，故曰陈留。

外黄不下。数日，已降，项王怒，悉令男子年十五已上诣城东，欲阬之。外黄令舍人儿年十三，[1]往说项王曰："彭越强劫[2]外黄，外黄恐，故且降，待大王。大王至，又皆阬之，百姓岂有归心？从此以东，梁地十余城皆恐，莫肯下矣。"项王然其言，乃赦外黄当阬者。东至睢阳，[3]闻之皆争下项王。

①【集解】苏林曰："令之舍人儿也。"瓒曰："称儿者，以其幼弱，故系其父，《春秋传》曰'仍叔之子'是也。"　　②【正义】强，其两反。　　③【正义】《括地志》云："宋州外城本汉睢阳县也。《地理志》云睢阳县，故宋国也。"

汉果数挑楚军战，楚军不出。使人辱之，五六日，大司马怒，渡兵汜水。[1]士卒半渡，汉击之，大破楚军，尽得楚国货赂。大司马咎、长史翳、塞王欣皆自刭汜水上。[2]大司马咎者，故蕲狱掾，长史欣亦故栎阳狱吏，两人尝有德于项梁，是以项王信任之。当是时，项王在睢阳，闻海春侯军败，则引兵还。汉军方围钟离眛[3]于荥阳东，项王至，汉军畏楚，尽走险阻。

①【集解】张晏曰:"汜水在济阴界。"如淳曰:"汜音祀。《左传》曰'鄙在郑地汜'。"瓒曰:"高祖攻曹咎成皋,渡汜水而战,今成皋城东汜水是也。"【索隐】按:今此水见名汜水,音似。张晏云在济阴,亦未全失。按:古济水当此截河而南,又东流,溢为荥泽。然水南曰阴,此亦在济之阴,非彼济阴郡耳。臣瓒之说是。【正义】《括地志》云:"汜水源出洛州汜水县东南三十二里方山。《山海经》云'浮戏之山,汜水出焉'。" ②【集解】郑氏曰:"刭音经鼎反。以刀割颈为刭。" ③【集解】《汉书音义》曰:"昧音末。"

是时,汉兵盛食多,项王兵罢食绝。汉遣陆贾说项王,请太公,项王弗听。汉王复使侯公往说项王,项王乃与汉约,中分天下,割鸿沟以西者为汉,[1]鸿沟而东者为楚。项王许之,即归汉王父母妻子。军皆呼万岁。汉王乃封侯公为平国君。[2]匿弗肯复见。曰:"此天下辩士,所居倾国,故号为平国君。"项王已约,乃引兵解而东归。

①【集解】文颖曰:"于荥阳下引河东南为鸿沟,以通宋、郑、陈、蔡、曹、卫,与济、汝、淮、泗会于楚,即今官渡水也。"【正义】应劭云:"在荥阳东二十里。"张华云:"大梁城在浚仪县北,县西北渠水东经此城南,又北屈分为二渠。其一渠东南流,始皇凿引河水以灌大梁,谓之鸿沟,楚、汉会此处也。其一渠东经阳武县南,为官渡水。"按:张华此说是。 ②【正义】《楚汉春秋》云:"上欲封之,乃肯见。曰'此天下之辩士,所居倾国,故号曰平国君'。"按:说归太公、吕后,能和平邦国。

汉欲西归,张良、陈平说曰:"汉有天下太半,[1]而诸侯皆附之。楚兵罢食尽,此天亡楚之时也,不如因其机而遂取之。今释弗击,此所谓'养虎自遗患'也。"[2]汉王听之。汉五年，汉王乃追项王至阳夏[3]南。止军，与淮阴侯韩信、建成侯彭越期会而击楚军。至固陵，[4]而信、越之兵不会。楚击汉军，大破之。汉王复入壁，深堑而自守。谓张子房曰："诸侯不从约，为之奈何？"对曰："楚兵且破，信、越未有分地，[5]其不至固宜。君王能与共分天下，今可立致也。即不能，事未可知也。君王能自陈以东傅海，[6]尽与韩信；睢阳以北至穀城，[7]以与彭越：使各自为战，[8]则楚易败也。"汉王曰："善。"于是乃发使者告韩信、彭越曰："并力击楚。楚破，自陈以东傅海与齐王，睢阳以北至穀城与彭相国。"使者至，韩信、彭越皆报曰："请今进兵。"韩信乃从齐往，刘贾军从寿春并行，屠城父，[9]至垓下。[10]大司马周殷叛楚，以舒屠六，[11]举九江兵，[12]随刘贾、彭越皆会垓下，诣项王。

①【集解】韦昭曰："凡数三分有二为太半，一为少半。" ②【正义】遗，唯季反。 ③【集解】如淳曰："夏音贾。"【正义】《括地志》云："陈州太康县，本汉阳夏县也。《续汉书·郡国志》云阳夏县属陈国。"按：太康县城夏后太康所筑，隋改阳夏为太康。 ④【集解】徐广曰："在阳夏。"骃案：晋灼曰"即固始也"。【正义】《括地志》云："固陵，县名也。在陈州宛丘县西北四十二里。" ⑤【集解】李奇曰："信、越等未有益地之分也。"韦昭曰："信等虽名为王，未有所画经界。" ⑥【正义】傅音附，著也。陈即陈州，古陈国都也。自陈著海，并齐旧地，尽与齐王韩信也。 ⑦【正义】《括地志》云："谷城故在济州东阿县东二十六里。"睢阳，宋州也。自宋州以北至济州谷城际黄河，尽与相国彭越。 ⑧【正义】为，于伪反。
⑨【集解】如淳曰："并行，并击之。"【正义】父音甫。寿州寿春县也。城父，亳州县也。屠谓多刑杀也。刘贾入围寿州，引兵过淮北，屠杀亳州、城父，而东北至垓下。 ⑩【集解】徐广曰："在沛之洨县。洨，下交切。"骃案：

应劭曰“垓音该”。李奇曰“沛洨县聚邑名也”。【索隐】张揖《三苍注》云：“垓，堤名，在沛郡。”【正义】按：垓下是高冈绝岩，今犹高三四丈，其聚邑及堤在垓之侧，因取名焉。今在亳州真源县东十里，与老君庙相接。洨音户交反。 ⑪【集解】如淳曰：“以舒之众屠破六县。”【正义】《括地志》云：“舒，今庐江之故舒城是也。故六城在寿州安丰南百三十二里，偃姓，咎繇之后。”按：周殷叛楚，兼举九江郡之兵，随刘贾而至垓下。 ⑫【正义】九江郡寿州也。楚考烈王二十二年，自陈徙寿春，号云郢。至王负刍为秦将王翦、蒙武所灭，于此置九江郡。应劭云：“自庐江寻阳分为九江。”

项王军壁垓下，兵少食尽，汉军及诸侯兵围之数重。夜闻汉军四面皆楚歌，[①]项王乃大惊曰：“汉皆已得楚乎？是何楚人之多也！”项王则夜起，饮帐中。有美人名虞，[②]常幸从；骏马名骓，[③]常骑之。于是项王乃悲歌忼慨，自为诗曰：“力拔山兮气盖世，时不利兮骓不逝。骓不逝兮可奈何，虞兮虞兮奈若何！”歌数阕，美人和之。[④]项王泣数行下，[⑤]左右皆泣，莫能仰视。

①【集解】应劭曰：“楚歌者，谓《鸡鸣歌》也。汉已略得其地，故楚歌者多鸡鸣时歌也。”【正义】颜师古云：“楚人之歌也，犹言‘吴讴’、‘越吟’。若鸡鸣为歌之名，于理则可，不得云‘鸡鸣时’也。高祖戚夫人楚舞，自为楚歌，岂亦鸡鸣时乎？”按：颜说是也。 ②【集解】徐广曰：“一云姓虞氏。”【正义】《括地志》云：“虞姬墓在濠州定远县东六十里。长老传云项羽美人冢也。” ③【正义】音佳。顾野王云青白色也。《释畜》云：“苍白杂毛，骓也。” ④【正义】和音胡卧反。《楚汉春秋》云：“歌曰‘汉兵已略地，四方楚歌声。大王意气尽，贱妾何聊生’。” ⑤【正义】数，色庾反。行，户郎反。

于是项王乃上马骑，[①]麾下[②]壮士骑从者八百余人，直夜溃围南出，驰走。平明，汉军乃觉之，令骑将灌婴以五千骑追之。项王渡淮，骑能属者[③]百余人耳。项王至阴陵，[④]迷失道，问一田父，田父绐曰“左”。[⑤]左，乃陷大泽中。以故汉追及之。项王乃复引兵而东，至东城，[⑥]乃有二十八骑。汉骑追者数千人。项王自度不得脱。谓其骑曰：“吾起兵至今八岁矣，身七十余战，所当者破，所击者服，未尝败北，遂霸有天下。然今卒困于此，[⑦]此天之亡我，非战之罪也。今日固决死，愿为诸君快战，必三胜之，为诸君溃围，斩将，刈旗，令诸君知天亡我，非战之罪也。”乃分其骑以为四队，四向。汉军围之数重。项王谓其骑曰：“吾为公取彼一将。”令四面骑驰下，期山东为三处。[⑧]于是项王大呼[⑨]驰下，汉军皆披靡，[⑩]遂斩汉一将。是时，赤泉侯为骑将，追项王，项王瞋目而叱之，赤泉侯人马俱惊，辟易数里，[⑪]与其骑会为三处。汉军不知项王所在，乃分军为三，复围之。项王乃驰，复斩汉一都尉，杀数十百人，复聚其骑，亡其两骑耳。乃谓其骑曰：“何如？”骑皆伏曰：“如大王言。”

①【正义】其倚反。凡单乘曰骑。后同。　②【正义】麾亦作戏，同呼危反。　③【正义】属音烛。　④【集解】徐广曰：“在淮南。”【正义】《括地志》云：“阴陵县故城在濠州定远县西北六十里。《地理志》云阴陵县属九江郡。”　⑤【集解】文颖曰：“绐，欺也。欺令左去。”　⑥【集解】《汉书音义》曰：“县名，属临淮。”【正义】《括地志》云：“东城县故城在濠州定远县东南五十里。《地理志》云东城县属九江郡。”　⑦【正义】卒，子律反。　⑧【正义】期遇山东，分为三处，汉军不知项羽处。《括地

志》云："九头山在滁州全椒县西北九十六里。《江表传》云项羽败至乌江，汉兵追羽至此，一日九战，因名。" ⑨【正义】火故反。 ⑩【正义】上披彼反。靡，言精体低垂。 ⑪【正义】言人马俱惊，开张易旧处，乃至数里。

于是项王乃欲东渡乌江。[①]乌江亭长杖船待，[②]谓项王曰："江东虽小，地方千里，众数十万人，亦足王也。愿大王急渡。今独臣有船，汉军至，无以渡。"项王笑曰："天之亡我，我何渡为！且籍与江东子弟八千人渡江而西，今无一人还，纵江东父兄怜而王我，我何面目见之？纵彼不言，籍独不愧于心乎？"乃谓亭长曰："吾知公长者。吾骑[③]此马五岁，所当无敌，尝一日行千里，不忍杀之，以赐公。"乃令骑皆下马步行，持短兵接战。独籍所杀汉军数百人。项王身亦被十余创。顾见汉骑司马吕马童，曰："若非吾故人乎？"马童面之，[④]指王翳曰：[⑤]"此项王也。"项王乃曰："吾闻汉购我头千金，[⑥]邑万户，吾为汝德。"[⑦]乃自刎而死。王翳取其头，余骑相蹂践争项王，相杀者数十人。最其后，郎中骑杨喜，骑司马吕马童，郎中吕胜、杨武各得其一体。五人共会其体，皆是。故分其地为五：封吕马童为中水侯，[⑧]封王翳为杜衍侯，[⑨]封杨喜为赤泉侯，[⑩]封杨武为吴防侯，[⑪]封吕胜为涅阳侯。[⑫]

①【集解】瓒曰："在牛渚。"【索隐】按：晋初属临淮。【正义】《括地志》云："乌江亭即和州乌江县是也。晋初为县。《注水经》云江水又北，左得黄律口，《汉书》所谓乌江亭长檥船以待项羽，即此也。" ②【集解】徐广

曰:“杈音仪。一音俄。”骃案:应劭曰“杈,正也。”孟康曰“杈音蚁,附也,附船著岸也”。如淳曰“南方人谓整船向岸曰杈”。【索隐】杈字,诸家各以意解尔。邹诞生作“漾船”,以尚反。刘氏亦有此音。 ③【正义】音奇。④【集解】张晏曰:“以故人故,难视斫之,故背之。”如淳曰:“面,不正视也。” ⑤【集解】如淳曰:“指示王翳。” ⑥【正义】汉以一斤金为一金,当一万钱也。 ⑦【集解】徐广曰:“亦可是‘功德’之‘德’。”【正义】为,于伪反。言吕马童与项羽先是故人,旧有恩德于羽,一云德行也。⑧【索隐】按《晋书地道记》,其中水县属河间。【正义】《地理志》云中水县属涿郡。应劭云:“在易、滱二水之中,故曰中水。” ⑨【索隐】按《地理志》,县在南阳。按:表作“王翥”也。【正义】《括地志》云:“杜衍侯故县在邓州南阳县西八里。” ⑩【索隐】南阳有丹水县,疑赤泉后改。按:《汉书》表及《后汉》作“憙”,音火志反。 ⑪【索隐】《地理志》县名,属汝南,故房子国。【正义】吴防,豫州县。《括地志》云:“吴房县本汉旧县。孟康云吴王阖庐弟夫概奔楚,楚封于此,为堂谿氏,本房子国,以封吴,故曰吴房。”⑫【集解】徐广曰:“五人后卒,皆谥壮侯。”【索隐】《地理志》南阳县名。【正义】涅,年结反。《括地志》云:“涅阳故城在邓州穰县东北六十里,本汉旧县也。应劭云在涅水之阳。”

项王已死,[①]楚地皆降汉,独鲁不下。汉乃引天下兵欲屠之,为其守礼义,为主死节,乃持项王头视鲁,鲁父兄乃降。始,楚怀王初封项籍为鲁公,及其死,鲁最后下,故以鲁公礼葬项王谷城。[②]汉王为发哀,泣之而去。诸项氏枝属,汉王皆不诛。乃封项伯为射阳侯。[③]桃侯、[④]平皋侯、[⑤]玄武侯[⑥]皆项氏,赐姓刘。

①【集解】徐广曰:“汉五年之十二月也。项王以始皇十五年己巳岁生,死时年三十一。” ②【集解】《皇览》曰:“项羽冢在东郡穀城,东去县

十五里。"【正义】《括地志》云:"项羽墓在济州东阿县东二十七里,穀城西三里。《述征记》项羽墓在谷城西北三里半许,毁坏,有碣石'项王之墓'。" ③【正义】射音食夜反。《括地志》云:"楚州山阳,本汉射阳县。《吴地志》云在射水之阳,故曰射阳。" ④【集解】徐广曰:"名襄。其子舍为丞相。"【正义】《括地志》云:"故城在滑州胙城县东四十里。《汉书》云高祖十二年封刘襄为桃侯也。" ⑤【集解】徐广曰:"名佗。"【正义】《括地志》云:"平皋故城在怀州武德县东二十里,汉平皋县。"按:佗音徒何反。
⑥【集解】徐广曰:"《诸侯表》中不见。"

太史公曰:吾闻之周生曰[①]"舜目盖重瞳子",[②]又闻项羽亦重瞳子。羽岂其苗裔邪?何兴之暴也。夫秦失其政,陈涉首难,豪杰蜂起,相与并争,不可胜数。然羽非有尺寸,乘执起陇亩之中,三年,遂将五诸侯灭秦,[③]分裂天下,而封王侯,政由羽出,号为"霸王",位虽不终,近古以来未尝有也。及羽背关怀楚,[④]放逐义帝而自立,怨王侯叛己,难矣。自矜功伐,奋其私智而不师古,谓霸王之业,欲以力征经营天下,五年卒亡其国,[⑤]身死东城。尚不觉寤而不自责,过矣。乃引"天亡我,非用兵之罪也",岂不谬哉。

①【集解】文颖曰:"周时贤者。"【正义】孔文祥云:"周生,汉时儒者,姓周也。"按:太史公云"吾闻之周生",则是汉人,与太史公耳目相接明矣。
②【集解】《尸子》曰:"舜两眸子,是谓重瞳。" ③【集解】此时山东六国,而齐、赵、韩、魏、燕五国并起,从伐秦,故云五诸侯。 ④【正义】颜师古云:"背关,背约不王高祖于关中。怀楚,谓思东归而都彭城。"
⑤【正义】卒音子律反。五年,谓高帝元年至五年,杀项羽东城。

索隐述赞曰：亡秦鹿走，伪楚狐鸣。云郁沛(父)〔谷〕，剑挺吴城。勋开鲁甸，势合砀兵。卿子无罪，亚父推诚。始救赵歇，终诛子婴。违约王汉，背关怀楚。常迁上游，臣迫故主。灵壁大振，成皋久拒。战非无功，天实不与。嗟彼盖代，卒为凶竖。

卷八

高祖本纪第八

高祖,[①]沛丰邑中阳里人,姓刘氏,[②]字季。[③]父曰太公,[④]母曰刘媪。[⑤]其先,刘媪尝息大泽之陂,梦与神遇。是时雷电晦冥,太公往视,则见蛟龙于其上。[⑥]已而有身,遂产高祖。

①【集解】《汉书音义》曰:"讳邦。"张晏曰:"礼谥法无'高',以为功最高而为汉帝之太祖,故特起名焉。" ②【集解】李斐曰:"沛,小沛也。刘氏随魏徙大梁,移在丰,居中阳里。"孟康曰:"后沛为郡,丰为县。"【索隐】按:高祖,刘累之后,别食邑于范,士会之裔,留秦不反,更为刘氏。刘氏随魏徙大梁,后居丰,今言"姓刘氏"者是。《左传》"天子建德,因生以赐姓,胙之土,命之氏。诸侯以字为谥,因以为族"。说者以为天子赐姓命氏,诸侯命族,族者氏之别名也。然则因生赐姓,若舜生姚墟,以为姚姓,封之于虞,即号有虞氏是也。若其后子孙更不得赐姓,即遂以虞为姓,云"姓虞氏"。今此云"姓刘氏",亦其义也。故姓者,所以统系百代,使不别也。氏者,所以别子孙之所出。又《系本》篇言姓则在上,言氏则在下,故《五帝本纪》云"禹姓姒氏,契姓子氏,弃姓姬氏"是也。按:汉改泗水为沛郡,治相城,故注以沛为小沛也。 ③【索隐】按:《汉书》"名邦,字季",此单云字,亦又可疑。按:汉高祖长兄名伯,次名仲,不见别名,则季亦是名也。故项岱云:"高祖小字季,即位易名邦,后因讳邦不讳季,所以季布犹称姓。" ④【索隐】皇甫谧云:"名执嘉。"王符云:"太上皇名煓。"与湍同音。【正义】《春秋握成图》云:"刘媪梦赤鸟如龙,戏己,生执嘉。" ⑤【集解】文颖曰:"幽

州及汉中皆谓老妪为媪。”孟康曰：“长老尊称也。左师谓太后曰‘媪爱燕后贤长安君’。《礼乐志》‘地神曰媪’。媪，母别名也，音乌老反。”【索隐】韦昭云：“媪，妇人长老之称。”皇甫谧云：“媪盖姓王氏。”又据《春秋握成图》以为执嘉妻含始，游洛池，生刘季。《诗含神雾》亦云。姓字皆非正史所出，盖无可取。今近有人云“母温氏”。贞时打得班固泗水亭长古石碑文，其字分明作温字，云“母温氏”。贞与贾膺复、徐彦伯、魏奉古等执对反覆，沈叹古人未闻，聊记异见，于何取实也。孟康注“地神曰媪”者，《礼乐志》云“后土富媪”，张晏云“坤为母，故称媪”也。【正义】《帝王世纪》云：“汉昭灵后含始游洛池，有宝鸡衔赤珠出炫日，后吞之，生高祖。”《诗含神雾》亦云。含始即昭灵后也。《陈留风俗传》云：“沛公起兵野战，丧皇妣于黄乡，天下平定，使使者以梓宫招幽魂，于是丹蛇在水自洒，(濯)〔跃〕入梓宫，其浴处有遗发，谥曰昭灵夫人。”《汉仪注》云：“高帝母起兵时死小黄城，后于小黄立陵庙。”《括地志》云：“小黄故城在汴州陈留县东北三十三里。”颜师古云：“皇甫谧等妄引谶记，好奇骋博，强为高祖父母名字，皆非正史所说，盖无取焉。宁有刘媪本姓实存，史迁肯不详载？即理而言，断可知矣。” ⑥【索隐】按：《诗含神雾》云“赤龙感女媪，刘季兴”。又《广雅》云“有鳞曰蛟龙”。

高祖为人，隆准而龙颜，①美须髯，左股有七十二黑子。②仁而爱人，喜施，③意豁如也。④常有大度，不事家人生产作业。及壮，试为吏，⑤为泗水亭长，⑥廷中吏无所不狎侮。好酒及色。常从王媪、武负贳酒，⑦醉卧，武负、王媪见其上常有龙，怪之。高祖每酤留饮，酒雠数倍。⑧及见怪，岁竟，此两家常折券弃责。⑨

①【集解】服虔曰：“准音拙。”应劭曰：“隆，高也。准，频权准也。颜，额颡也，齐人谓之颡，汝南、淮、泗之间曰颜。”文颖曰：“准，鼻也。”【索隐】始皇蜂目长准，盖鼻高起。文颖说是。高祖感龙而生，故其颜貌似龙，长颈而

高鼻。 ②【正义】《河图》云："帝刘季口角戴胜，斗胸，龟背，龙股，长七尺八寸。"《合诚图》云："赤帝体为朱鸟，其表龙颜，多黑子。"按：左，阳也。七十二黑子者，赤帝七十二日之数也。木火土金水各居一方，一岁三百六十日，四方分之，各得九十日，土居中央，并索四季，各十八日，俱成七十二日，故高祖七十二黑子者，应火德七十二日之征也。有一本"七十日"者，非也。许北人呼为"黡子"，吴、楚谓之志。志，记也。 ③【正义】喜，许记反。施，尸豉反。 ④【集解】服虔曰："豁，达也。" ⑤【集解】应劭曰："试补吏。" ⑥【正义】秦法，十里一亭，十亭一乡。亭长，主亭之吏。高祖为泗水亭长也。《国语》有"寓室"，即今之亭也。亭长，盖今里长也。民有讼诤，吏留平辨，得成其政。《括地志》云："泗水亭在徐州沛县东一百步，有高祖庙也。" ⑦【集解】韦昭曰："贳，赊也。"【索隐】邹诞生贳音世，与《字林》声韵并同。又音时夜反。《广雅》云："贳，赊也。"《说文》云："贳，贷也。"临淮有贳阳县。《汉书・功臣表》"贳阳侯刘缠"，而此纪作"射阳"，则"贳"亦"射"也。 ⑧【集解】如淳曰："雠亦售。"【索隐】乐彦云借"雠"为"售"，盖古字少，假借耳。今亦依字读。盖高祖大度，既贳饮，且雠其数倍价也。 ⑨【索隐】《周礼・小司寇》云："听称责以傅别。"郑司农云："傅别，券书也。"康成云："傅别，谓大手书于札中而别之也。"然则古用简札书，故可折。至岁终总弃不责也。

高祖常繇咸阳，[①]纵观，观秦皇帝，[②]喟然太息曰："嗟乎！大丈夫当如此也。"

①【集解】应劭曰："徭役也。"【索隐】韦昭云："秦所都，武帝更名渭城。"应劭云："今长安也。"按：《关中记》云"孝公都咸阳，今渭城是，在渭北。始皇都咸阳，今城南大城是也"。名咸阳者，山南曰阳，水北亦曰阳，其地在渭水之北，又在九嵏诸山之南，故曰咸阳。 ②【正义】包恺云："上音馆，下音官。恣意，故纵观也。"

单父人吕公[①]善沛令，避仇从之客，因家沛焉。沛中豪杰吏闻令有重客，皆往贺。萧何为主吏，[②]主进，[③]令诸大夫曰：[④]“进不满千钱，坐之堂下。”高祖为亭长，素易诸吏，乃绐为谒曰：[⑤]“贺钱万。”实不持一钱。谒入，吕公大惊，起，迎之门。吕公者，好相人，见高祖状貌，因重敬之，引入坐。萧何曰：“刘季固多大言，少成事。”高祖因狎侮诸客，遂坐上坐，[⑥]无所诎。[⑦]酒阑，[⑧]吕公因目固留高祖。[⑨]高祖竟酒，后。吕公曰：“臣少好相人，[⑩]相人多矣，无如季相，愿季自爱。臣有息女，[⑪]愿为季箕帚妾。”酒罢，吕媪怒吕公曰：“公始常欲奇此女，与贵人。沛令善公，求之不与，何自妄许与刘季？”吕公曰：此“非儿女子所知也。”卒与刘季。吕公女，乃吕后也，生孝惠帝、鲁元公主。[⑫]

①【集解】《汉书音义》曰：“单音善。父音斧。”【索隐】韦昭云：“单父，县名，属山阳。”崔浩云：“史失其名，但举姓而言公。”又按：《汉书旧仪》云“吕公，汝南新蔡人”。又《相经》云“魏人吕公，名文，字叔平”也。

②【集解】孟康曰：“主吏，功曹也。” ③【集解】文颖曰：“主赋敛礼进，为之帅。”【索隐】郑氏云：“主赋敛礼钱也。”颜师古曰：“进者，会礼之财。字本作賮，声转为进。‘宣帝数负进’，义与此同。” ④【正义】大夫，客之贵者总称之。 ⑤【集解】应劭曰：“绐，欺也。音殆。”【索隐】韦昭云：“绐，诈也。”刘氏云：“绐，欺负也。”何休云：“绐，疑也。”谓高祖素狎易诸吏，乃诈为谒。谒谓以札书姓名，若今之通刺，而兼载钱谷也。 ⑥【正义】上在果反。下在卧反。 ⑦【正义】音丘忽反。 ⑧【集解】文颖曰：“阑言希也。谓饮酒者半罢半在，谓之阑。” ⑨【正义】不敢对众显言，故目动而留之。 ⑩【集解】张晏曰：“古人相与语多自称臣，自卑下之道，若今人相与语皆自称仆。” ⑪【正义】息，生也。谓所生之女也。

⑫【集解】服虔曰："元，长也。食邑于鲁。"韦昭曰："元，谥也。"【正义】汉制，帝女曰公主，仪比诸侯；姊妹曰长公主，仪比诸侯王；姑曰大长公主，仪比诸侯王。

高祖为亭长时，常告归之田。[①]吕后与两子居田中耨，有一老父过，请饮，吕后因铺之。[②]老父相吕后曰："夫人天下贵人。"令相两子，见孝惠，曰："夫人所以贵者，乃此男也。"相鲁元，亦皆贵。老父已去，高祖适从旁舍来，吕后具言客有过，相我子母皆大贵。高祖问，曰："未远。"乃追及，问老父。老父曰："向者夫人婴儿皆似君，君相贵不可言。"高祖乃谢曰："诚如父言，不敢忘德。"及高祖贵，遂不知老父处。

①【集解】服虔曰："告音如嗥呼之嗥。"李斐曰："休谒之名也。吉曰告，凶曰宁。"孟康曰："古者名吏休假曰告。告又音嚳。汉律，吏二千石有予告、赐告。予告者，在官有功最，法所当得者也。赐告者，病满三月当免，天子优赐，复其告，使得带印绂，将官属，归家治疾也。"【索隐】韦昭云："告，请归乞假也。音告语之告。故《战国策》曰'商君告归'，延笃以为告归，今之归宁也。"刘伯庄、颜师古并音古笃反，非号嚳两音也。按：《东观汉记·田邑传》云"邑年三十，历卿大夫，号归罢，厌事，少所嗜欲"。寻号与嗥同，古者当有此语，故服氏云"如号呼之号"，音豪。今以服虔虽据田邑"号归"，亦恐未得。然此告字当音诰，诰号声相近，故后"告归""号归"遂变耳。
②【正义】必捕反，以食饲人也。父本请饮，吕后因饲之。《国语》云："国中童子无不铺。"

高祖为亭长，乃以竹皮为冠，令求盗之薛治之，[①]时时冠之，[②]及贵常冠，所谓"刘氏冠"[③]乃是也。

①【集解】应劭曰："以竹始生皮作冠，今鹊尾冠是也。求盗者，旧时亭有两卒，其一为亭父，掌开闭埽除，一为求盗，掌逐捕盗贼。薛，鲁国县也。有作冠师，故往治之。"【索隐】应劭云："一名长冠。侧竹皮裹以纵前，高七寸，广三寸，如板。"又蔡邕《独断》云："长冠，楚制也。高祖以竹皮为之，谓之刘氏冠。"司马彪《舆服志》亦以"刘氏冠"为鹊尾冠也。应劭云："旧亭卒名弩父，陈、楚谓之亭父，或云亭部，淮、泗谓之求盗也。" ②【正义】音馆，下同。 ③【正义】音官。颜师古云："后号为刘氏冠。其后诏曰'爵非公乘以上不得冠刘氏冠'，即此也。"

高祖以亭长为县送徒郦山，徒多道亡。自度比至皆亡之，[①]到丰西泽中，止饮，夜乃解纵所送徒。曰："公等皆去，吾亦从此逝矣。"徒中壮士愿从者十余人。高祖被酒，[②]夜径[③]泽中，令一人行前。[④]行前者还报曰："前有大蛇当径，[⑤]愿还。"高祖醉，曰："壮士行，何畏。"乃前，拔剑击斩蛇。[⑥]蛇遂分为两，[⑦]径开。行数里，醉，因卧。后人来至蛇所，有一老妪夜哭。人问何哭，妪曰："人杀吾子，故哭之。"人曰："妪子何为见杀？"妪曰："吾子，白帝子也，化为蛇，当道，今为赤帝子斩之，[⑧]故哭。"人乃以妪为不诚，欲笞之，[⑨]妪因忽不见。后人至，高祖觉。[⑩]后人告高祖，高祖乃心独喜，自负。[⑪]诸从者日益畏之。

①【正义】度，田洛反。比，必寐反。 ②【正义】被，加也。 ③【索隐】旧音经。按：《广雅》云"径，斜过也"。《字林》云"径，小道也，音古定反"。言酒后放徒，夜径行泽中，不敢由正路，且从小径。 ④【正义】行音下孟反。 ⑤【索隐】音径。郑玄曰："步道曰径。" ⑥【索隐】《汉旧仪》云"斩蛇剑长七尺"。又高祖云"吾以布衣提三尺剑取天下"。

二文不同者,崔豹《古今注》"当高祖为亭长,理应提三尺剑耳。及贵,当别得七尺宝剑",故《旧仪》因言之。【正义】按:"其蛇大,理须别求是剑斩之。三尺剑者,常佩之剑。"《括地志》云:"斩蛇沟源出徐州丰县中平地,故老云高祖斩蛇处,至县西十五里入泡水也。" ⑦【索隐】谓斩蛇分为两段。⑧【集解】应劭曰:"秦襄公自以居西戎,主少昊之神,作西畤,祠白帝。至献公时栎阳雨金,以为瑞,又作畦畤,祠白帝。少昊,金德也。赤帝尧后,谓汉也。杀之者,明汉当灭秦也。秦自谓水,汉初自谓土,皆失之。至光武乃改定。"【索隐】按:《太康地理志》云"畤在栎阳故城内。其畤如畦,故曰畦畤"。畦音户圭反。应注云"秦自谓水"者,按秦文公获黑龙,命河为德水是也。又按:《春秋合诚图》云"水神哭,子褒败"。宋均以为高祖斩白蛇而神母哭,则此母水精也。此皆谬说。又注云"至光武乃改"者,谓改汉为火德,秦为金德,与雨金及赤帝子之理合也。 ⑨【集解】徐广曰:"一作苦。"【索隐】《说文》云:"笞,击也。"《汉书》作苦,谓欲困苦辱之。 ⑩【索隐】包恺、刘伯庄音古孝反。 ⑪【集解】应劭曰:"负,恃也。"【索隐】晋灼云:"自恃斩蛇事。"

秦始皇帝常曰:"东南有天子气。"于是因东游以厌之。①高祖即自疑,亡匿,隐于芒、砀山泽岩石之间。②吕后与人俱求,常得之。高祖怪问之,吕后曰:"季所居上常有云气,③故从往,常得季。"高祖心喜。沛中子弟或闻之,多欲附者矣。

①【索隐】厌音一涉反,又一冉反。《广雅》云:"厌,镇也。" ②【集解】徐广曰:"芒,今临淮县也。砀县在梁。"骃案:应劭曰"二县之界有山泽之固,故隐于其间也"。【正义】《括地志》云:"宋州砀山县在州东一百五十里,本汉砀县也。砀山在县东。" ③【正义】京房《易(兆)〔飞〕候》云:"何以知贤人隐?(颜)师(古)曰:'四方常有大云,五色具而不雨,其下有贤人隐矣。'"故吕后望云气而得之。

秦二世元年[①]秋，陈胜等起蕲，[②]至陈而王，号为“张楚”。诸郡县皆多杀其长吏以应陈涉。沛令恐，欲以沛应涉。掾、主吏萧何、曹参[③]乃曰：“君为秦吏，今欲背之，率沛子弟，恐不听。愿君召诸亡在外者，可得数百人，因劫众，[④]众不敢不听。”乃令樊哙召刘季。刘季之众已数十百人矣。[⑤]

①【集解】徐广曰：“高祖时年四十八。”【索隐】应劭云：“始皇欲以一至万，示不相袭。始者一，故至子称二世。”崔浩云：“二世，始皇子胡亥。”又按：《善文》称隐士云“赵高为二世杀十七兄而立今王”，则二世是第十八子也。　②【索隐】蕲，县名，属沛。音机，又音旂。　③【索隐】按：《汉书》萧、曹传，参为狱掾，何为主吏。　④【索隐】《说文》云“以力胁之”也。　⑤【索隐】《汉书》作“数百人”。刘伯庄云“言数十人或至百人”，则是百人已下也。

于是樊哙从刘季来。沛令后悔，恐其有变，乃闭城。城守，欲诛萧、曹。萧、曹恐，逾城保刘季。[①]刘季乃书帛射城上，谓沛父老曰：“天下苦秦久矣。今父老虽为沛令守，诸侯并起，今屠沛。[②]沛今共诛令，择子弟可立者立之，以应诸侯，则家室完。不然，父子俱屠，无为也。”父老乃率子弟共杀沛令，开城门迎刘季，欲以为沛令。刘季曰：“天下方扰，诸侯并起，今置将不善，壹败涂地。[③]吾非敢自爱，恐能薄，[④]不能完父兄子弟。此大事，愿更相推择可者。”萧、曹等皆文吏，自爱，恐事不就，后秦种族其家，尽让刘季。诸父老皆曰：“平生所闻刘季诸珍怪，当贵，且卜筮之，莫如刘季最吉。”于是刘季数让。众莫敢为，乃立季为沛公。[⑤]祠黄帝，祭蚩尤于沛庭，[6]而衅鼓，[7]旗帜皆赤。[8]由所杀蛇白帝子，杀者赤帝子，故上赤。于是少年豪吏如萧、曹、樊哙等皆为收沛子弟二三千人，攻胡陵、[9]方与，[10]还守丰。

①【集解】韦昭曰："以为保障。" ②【索隐】按：范晔云"克城多所诛杀，故云屠也"。 ③【索隐】言一朝破败，使肝脑涂地。 ④【正义】能，才能也。高祖谦言材能薄劣，不能完全其众。能者，兽，形色似熊，足似鹿。为物坚中而强力，人之有贤才者，皆谓之能也。 ⑤【集解】徐广曰："九月也。"骃案：《汉书音义》曰"旧楚僭称王，其县宰为公。陈涉为楚王，沛公起应涉，故从楚制称曰公"。 ⑥【集解】应劭曰："《左传》曰黄帝战于阪泉，以定天下。蚩尤好五兵，故祠祭之求福祥也。"瓒曰："管仲云'割卢山交而出水，金从之出，蚩尤受之以作剑戟'。"【索隐】按：《管子》云"葛卢之山，发而出金"，今注引"发"作"交"及"割"，皆误也。 ⑦【集解】应劭曰："衅，祭也。杀牲以血涂鼓曰衅。"瓒曰："案《礼记》及《大戴礼》有衅庙之礼，皆无祭事。"【索隐】《说文》云："衅，血祭也。"《司马法》曰："血于鼙鼓者，神戎器也。"颜师古曰："凡杀牲以血祭者，皆名为衅。"臣瓒以为"皆无祭事"，非也。又古人新成钟鼎，亦必衅之。应劭云："衅呼为衅。"马融注《周礼》灼龟之兆云："谓其象似玉、瓦、原之衅墉，是用名之。"此说皆非。墉音火稼反。 ⑧【索隐】墨翟云："帜，帛长丈五，广半幅。"《字诂》云："帜，标也。"《字林》云："熊旗五斿，谓与士卒为期于其下，故曰旗也。"帜，或作"识"，或作"志"。稽康音试。萧该音炽。 ⑨【索隐】邓展曰："县名，属山阳，章帝改曰胡陆。" ⑩【集解】郑德曰："音房豫，属山阳郡。"【索隐】郑玄曰"属山阳"也。

秦二世二年，陈涉之将周章[1]军西至戏[2]而还。[3]燕、赵、齐、魏皆自立为王。[4]项氏起吴。秦泗川监平[5]将兵围丰，二日，出与战，破之。命雍齿守丰，引兵之薛。泗川守壮[6]败于薛,走至戚,[7]沛公左司马得泗川守壮,杀之。[8]沛公还军亢父,[9]至方与,(周市来攻方与)未战。陈王使魏人周市略地。周市使人谓雍齿曰:"丰,故梁徙也。[10]今魏地已定者数十城。齿今下魏,魏以齿为侯守丰。不下,且屠丰。"雍齿雅不欲属沛公,[11]及魏招之,即反为魏守丰。沛公引兵攻丰,不能取。沛公病,还之沛。沛公怨雍齿与丰子弟叛之,闻东阳宁君、秦嘉[12]立景驹为假王,在留,[13]乃往从之,欲请兵以攻丰。是时秦将章邯从陈,别将司马(尼)〔邑〕[14]将兵北定楚地,屠相,至砀。[15]东阳宁君、沛公引兵西,与战萧西,[16]不利。还,收兵聚留,引兵攻砀,三日乃取砀。因收砀兵,得五六千人。攻下邑,[17]拔之。[18]还军丰。闻项梁在薛,[19]从骑百余往见之。[20]项梁益沛公卒五千人,五大夫将十人。[21]沛公还,引兵攻丰。[22]

①【索隐】应劭云:"章字文,陈人。" ②【索隐】文颖云:"在新丰东二十里戏亭北。"孟康云:"水名也。"又《述征记》云:"戏水自骊山冯公谷北流,历戏亭,东入渭。"按:今其水东惟有戏驿存。 ③【索隐】为章邯所破而还。邯音酣。 ④【索隐】按:《汉书·高纪》,二世二年八月,武臣自立为赵王,田儋自立为齐王,韩广自立为燕王,魏咎自立为魏王。
⑤【集解】文颖曰:"泗川,今沛郡也,高祖更名沛。秦时御史监郡,若今刺史。平,名也。"【索隐】如淳云:"秦并天下为三十六郡,置守、尉、监,故此有'监平',下有'守壮',则平、壮皆名也。" ⑥【集解】如淳曰:"壮,名也。"
⑦【集解】如淳曰:"戚音将毒反。"【索隐】晋灼云:"东海县也。"郑德、包恺并如字读。李登音千笠反。【正义】《括地志》云:"沂州临沂县有汉戚县故城。《地理志》云临沂县属东海郡。" ⑧【索隐】颜师古云"得,司马之名",非也。按:后云"左司马曹无伤",自此已下更不见替易处,盖是左司马

无伤得泗川守壮而杀之耳。 ⑨【集解】郑德曰:“亢音人相亢答,父音甫。属任城郡。”【索隐】旧音刚。刘伯庄、包恺并同音苦浪反。【正义】音刚,又苦浪反。《括地志》云:“亢父,县也,沛公屯军于此也。” ⑩【集解】文颖曰:“梁惠王孙假为秦所灭,转东徙于丰,故曰‘丰,梁徙’。” ⑪【集解】服虔曰:“雅,故也。”苏林曰:“雅,素也。” ⑫【集解】文颖曰:“秦嘉,东阳郡人也,为宁县君。”瓒曰:“《陈胜传》曰‘广陵人秦嘉’,然则嘉非东阳人也。秦嘉初起兵于郯,号曰大司马,又不为宁县君。东阳宁君自一人,秦嘉又自一人。”【索隐】按:下文直云“东阳宁君”,又别言“秦嘉”,明臣瓒之说为得。颜师古以宁是姓,君者,时人号曰君耳。 ⑬【索隐】韦昭云:“今彭城留县也。”【正义】《括地志》云:“留城在徐州沛县东南五十里,即张良所封处。” ⑭【集解】如淳曰:“从陈涉将也。涉在陈,其将相别在他许,皆称陈。尸,章邯司马。”【索隐】谓章邯从陈别将,将兵向他处,而遣司马尸将领兵士,北定楚地,故如淳云“尸,章邯司马”也。孔文祥亦曰“邯别遣尸屠相”。又一说云“从谓追逐之,言章邯讨逐陈别将,而司马尸别将兵北定楚”,亦通。 ⑮【索隐】韦昭云:“相,沛县。”应劭曰:“砀属梁国。”苏林音唐,又音宕。【正义】《括地志》云:“故相城在徐州符离县西北九十里。砀在宋州东一百五十里。” ⑯【索隐】韦昭云:“萧,沛之县名,谓在萧县之西也。” ⑰【索隐】韦昭云:“县名,属梁国。” ⑱【索隐】按:范晔云“得城为拔”是也。 ⑲【正义】今徐州滕县,故薛城也。 ⑳【集解】徐广曰:“三月。” ㉑【集解】苏林曰:“五大夫,第九爵也。以五大夫为将,凡十人也。” ㉒【集解】徐广曰:“表云‘拔之,雍齿奔魏’。”

从项梁月余,项羽已拔襄城[①]还。项梁尽召别将居薛。闻陈王定死,因立楚后怀王孙心为楚王,治盱台。[②]项梁号武信君。居数月,北攻亢父,救东阿,[③]破秦军。齐军归,楚独追北,[④]使沛公、项羽别攻城阳,[⑤]屠之。军濮阳之东,[⑥]与秦军战,破之。

①【索隐】韦昭云:"颖川县。"【正义】襄城,许州县。　②【索隐】韦昭云:"临淮县。音吁夷。"【正义】楚县也。　③【索隐】韦昭云:"东郡之县名。"【正义】济州县也。　④【集解】服虔曰:"师败曰北。"　⑤【索隐】按《地理志》属济阴。　⑥【正义】濮阳故城在濮州西八十六里,本汉濮阳县。

秦军复振,[①]守濮阳,环水。[②]楚军去而攻定陶,[③]定陶未下。沛公与项羽西略地至雍丘之下,[④]与秦军战,大破之,斩李由。还攻外黄,[⑤]外黄未下。

①【集解】李奇曰:"振,整也。"如淳曰"振,起也。收败卒自振迅而复起也。"　②【集解】文颖曰:"决水以自环守为固也。"张晏曰:"依河水以自环绕作垒。"【正义】按:二说皆通。其濮阳县北临黄河,言秦军北阻黄河,南凿沟引黄河水环绕作壁垒为固,楚军乃去。　③【索隐】按:《地理志》济阴之县也。　④【索隐】韦昭云:"故杞国,今陈留之县。"⑤【索隐】韦昭云:"上陈留县。"【正义】在雍丘东。

项梁再破秦军,有骄色。宋义[①]谏,不听。秦益章邯兵,夜衔枚击项梁,[②]大破之定陶,项梁死。沛公与项羽方攻陈留,闻项梁死,引兵与吕将军俱东。吕臣军彭城东,项羽军彭城西,沛公军砀。

①【索隐】荀悦《汉纪》云"故楚令尹宋义",当别有所出。　②【集解】《周礼》有衔枚氏。郑玄曰"衔枚,止言语嚣欢也。枚状如箸,横衔之,缅结于项者。"缅音获。

章邯已破项梁军，则以为楚地兵不足忧，乃渡河，北击赵，大破之。当是之时，赵歇[①]为王，秦将王离围之巨鹿城，此所谓河北之军也。

①【索隐】苏林音如字。郑德音“遏绝”之“遏”。徐广音乌辖反。今依字读。

秦二世三年，楚怀王见项梁军破，恐，徙盱台都彭城，并吕臣、项羽军自将之。以沛公为砀郡长，[①]封为武安侯，将砀郡兵。封项羽为长安侯，号为鲁公。吕臣为司徒，其父吕青为令尹。[②]

①【正义】《括地志》云：“宋州本秦砀郡。”苏林云：“长如郡守。”韦昭云：“秦名曰守，是时改曰长。” ②【索隐】按表，青封信阳侯。【正义】应劭云：“天子曰师尹，诸侯曰令尹。时去六国近，故置令尹。”臣瓒曰：“诸侯之卿，唯楚称令尹，其余国不称。时立楚之后，故置官司皆如楚旧也。”

赵数请救，怀王乃以宋义为上将军，项羽为次将，范增为末将，北救赵。令沛公西略地入关。与诸将约，先入定关中者王之。[①]

①【索隐】韦昭云：“函谷、武关也。”又《三辅旧事》云：“西以散关为界，东以函谷为界，二关之中谓之关中。”

当是时，秦兵强，常乘胜逐北，诸将莫利先入关。独项羽怨秦破项梁军，奋，[①]愿与沛公西入关。怀王诸老将皆曰："项羽为人僄悍猾贼。[②]项羽尝攻襄城，襄城无遗类，[③]皆坑之，诸所过无不残灭。且楚数进取，[④]前陈王、[⑤]项梁皆败。不如更遣长者扶义而西，[⑥]告谕秦父兄。秦父兄苦其主久矣，今诚得长者往，毋侵暴，宜可下。今项羽僄悍，今[⑦]不可遣。独沛公素宽大长者，可遣。"卒不许项羽，而遣沛公西略地，收陈王、项梁散卒。乃道砀[⑧]至成阳，与杠里[⑨]秦军夹壁，破(魏)〔秦〕二军。楚军出兵击王离，大破之。[⑩]

①【索隐】韦昭云："愤激也。"　②【索隐】《说文》云："僄，疾也；悍，勇也。"《方言》云："僄，轻也。"刘音匹妙反。猾贼，《汉书》作"祸贼"也。　③【集解】徐广曰："遗，一作'噍'。噍，食也，音在妙反。"骃案：如淳曰"类无复有活而噍食者也。青州俗言无孑遗为无噍类"。　④【集解】如淳曰："楚谓陈涉也。数进取，多所攻取。"　⑤【集解】《汉书音义》曰："陈涉也。"　⑥【正义】遣长者扶持仁义而西，告谕秦长少，令降下也。　⑦【集解】徐广曰："一无此字。"　⑧【集解】《汉书音义》曰："道由砀也。"　⑨【集解】《汉书音义》曰："二县名。"【索隐】成阳在济阴，韦昭云"在颖川"，非也。服虔云："杠里，县名。"如淳云："秦军所别屯地名。"　⑩【集解】徐广曰："表云三年十月，攻破东郡尉及王离军于成武南。"

沛公引兵西，遇彭越昌邑，[①]因与俱攻秦军，战不利。还至栗，[②]遇刚武侯，[③]夺其军，可四千余人，并之。与魏将皇欣、魏申徒武蒲之军[④]并攻昌邑，昌邑未拔。西过高阳。[⑤]郦食其[⑥](谓)〔为〕监门，曰："诸将过此者多，吾视沛公大人长者。"乃求见说沛公。沛公方踞床，使两女子洗足。郦生不拜，长揖，曰："足下必欲诛无道秦，不宜踞见长者。"于是沛公起，摄衣谢之，延上坐。食其说沛公袭陈留，[7]得秦积粟。乃以郦食其为广野君，[8]郦商为将，将陈留兵，与偕攻开封，[9]开封未拔。西与秦将杨熊战白马，[10]又战曲遇[11]东，大破之。杨熊走之荥阳，[12]二世使使者斩以徇。[13]南攻颍阳，屠之。因张良遂略韩地轘辕。[14]

①【正义】《地理志》云昌邑县属山阳。《括地志》云："在曹州成武县东北三十二里，有梁丘故城是也。" ②【索隐】韦昭云："县名，属沛。" ③【集解】应劭曰："楚怀王将也。"《汉书音义》曰："《功臣表》云棘蒲刚侯陈武。武，一姓柴。'刚武侯'宜为'刚侯武'，魏将也。"瓒曰："《功臣表》柴武以将军起薛，别救东阿，至霸上，入汉中，非怀王将也，又非魏将也，例未称谥。"【正义】颜师古云："史失其名姓，唯识其爵号，不知谁也，不当改为'刚侯武'。应氏以为怀王将，又云魏将，无据矣。"表六年三月封。孟、颜二人说是。 ④【正义】并魏将也。欣字或作䜣，音许斤反。蒲，《汉书》作满，并通也。 ⑤【集解】文颖曰："聚邑名也，属陈留圉县。"瓒曰："《陈留传》曰在雍丘西南。" ⑥【集解】郑德曰："音历异基。" ⑦【集解】《汉书音义》曰："《春秋传》曰轻行无钟鼓曰袭。" ⑧【索隐】韦昭云："在山阳。" ⑨【索隐】韦昭云："河南县。" ⑩【索隐】韦昭云："东郡县。"【正义】《括地志》云："白马故城在滑州卫南县西南二十四里。戴延之《西征记》云白马城，故卫之漕邑。" ⑪【索隐】徐广云"在中牟"。韦昭云"志不载"。司马彪《郡国志》中牟有曲遇聚也。 ⑫【索隐】韦昭云："故卫地，河南县也。" ⑬【集解】徐广曰："四月。" ⑭【集解】文颖曰："河南新郑南至颍川南北，皆韩地也。以良累世相韩，故因之。"瓒曰："轘辕，险道名，在缑氏东南。"【索隐】按：《十三州志》云河南缑氏县，以山为名。一云轘辕为九十二曲，是险道也。

当是时，赵别将司马卬方欲渡河入关，沛公乃北攻平阴，[①]绝河津。南，战雒阳东，军不利，还至阳城，[②]收军中马骑，与南阳守齮[③]战犨东，[④]破之。略南阳郡，南阳守齮走，保城守宛。[⑤]沛公引兵过而西。张良谏曰："沛公虽欲急入关，秦兵尚众，距险。今不下宛，宛从后击，强秦在前，此危道也。"于是沛公乃夜引兵从他道还，更旗帜，黎明，[⑥]围宛城三匝。[⑦]南阳守欲自刭，其舍人陈恢曰："死未晚也。"乃逾城见沛公，曰："臣闻足下约，先入咸阳者王之。今足下留守宛。宛，大郡之都也，连城数十，人民众，积蓄多，吏人自以为降必死，故皆坚守乘城。[⑧]今足下尽日止，攻，士死伤者必多。引兵去宛，宛必随足下后。足下前则失咸阳之约，后又有强宛之患。为足下计，莫若约降，封其守，因使止守，引其甲卒与之西。诸城未下者，闻声争开门而待，足下通行无所累。"沛公曰："善。"[⑨]乃以宛守为殷侯，[⑩]封陈恢千户。引兵西，无不下者。至丹水，[⑪]高武侯鳃、[⑫]襄侯王陵降西陵。[⑬]还攻胡阳，[⑭]遇番君别将梅销，与皆，降析、郦。[⑮]遣魏人宁昌使秦，使者未来。是时章邯已以军降项羽于赵矣。

①【集解】《地理志》河南有平阴县，今河阴是也。　②【正义】今洛州，夏禹所都。　③【索隐】音杈。许慎以为侧啮也。　④【集解】《地理志》南阳有犨县。　⑤【正义】守音狩。宛，于元反。《括地志》云："南阳县故城在宛大城之南隅，其西南有二面，皆故宛城。"　⑥【索隐】音犁。黎犹比也，谓比至天明也。《汉书》作"迟"，音值。值，待也，谓待天明，皆言早意也。　⑦【索隐】按：《楚汉春秋》曰"上南攻宛，匿旌旗，人衔枚，马束舌，鸡未鸣，围宛城三匝"。　⑧【索隐】李奇曰："乘，守也。"韦昭曰："乘，登也。"　⑨【集解】徐广曰："七月也。"　⑩【索隐】韦昭

曰："在河内。" ⑪【索隐】韦昭曰："在河内。"【正义】《括地志》云："故丹城在邓州内乡县西南百三十里，南去丹水二百步。《汲冢纪年》云后稷放帝子丹朱于丹水是也。《舆地志》云秦为丹水县也。《地理志》云丹水县属弘农郡。《抱朴子》云'丹水出丹鱼，先夏至十日，夜伺之，鱼浮水侧，光照如火，网而取之，割其血以涂足，可以步行水上，长居川中不溺'。" ⑫【集解】苏林曰："鳃音'鱼鳃'之'鳃'。"晋灼曰："《功臣表》戚鳃也。" ⑬【集解】韦昭曰："汉封王陵为安国侯，初起兵时在南阳，南阳有穰县，疑'襄'当为'穰'，而无'禾'，字省耳。今'邵公'或作'召'字，此类多矣。"瓒曰："时韩成封穰侯，江夏有襄，是陵所封。"【索隐】按：王陵封安国侯，是定天下为丞相时封耳。此言襄侯，当如臣瓒解，盖初封江夏之襄也。 ⑭【集解】一云陵。【索隐】韦昭曰："南阳县。" ⑮【集解】如淳曰："持益反。"【索隐】邹诞生音锡。郦音历，苏林、如淳音掷。析属弘农，郦属南阳，出《地理志》。而《左传》云析一名白羽。颜师古云"析，今内乡县。郦，今菊潭县"。

初，项羽与宋义北救赵，及项羽杀宋义，代为上将军，诸将鲸布皆属，破秦将王离军，降章邯，诸侯皆附。及赵高已杀二世，使人来，欲约分王关中。沛公以为诈，乃用张良计，使郦生、陆贾往说秦将，啖以利，因袭攻武关，[①]破之。又与秦军战于蓝田南，益张疑兵旗帜，诸所过毋得掠卤，[②]秦人憙，秦军解，因大破之。又战其北，大破之。乘胜，遂破之。

①【索隐】《左传》云楚司马起(营所)〔丰析〕以临上雒，谓晋人曰"将通于少习"，杜预以为商县武关也。又《太康地理志》武关当冠军县西，峣关在武关之西。 ②【集解】应劭曰："卤与虏同。"

汉元年十月，[①]沛公兵遂先诸侯至霸上。[②]秦王子婴素车白马，系颈以组，封皇帝玺符节，[3]降轵道旁。[4]诸将或言诛秦王。[5]沛公曰："始怀王遣我，固以能宽容。且人已服降，又杀之，不祥。"乃以秦王属吏，[6]遂西入咸阳。欲止宫休舍，[7]樊哙、张良谏，乃封秦重宝财物府库，还军霸上。召诸县父老豪杰曰："父老苦秦苛法久矣，诽谤[8]者族，偶语者弃市。[9]吾与诸侯约，先入关者王之，吾当王关中。与父老约，法三章耳：[10]杀人者死，伤人及盗抵罪。[11]余悉除去秦法。诸吏人皆案堵如故。[12]凡吾所以来，为父老除害，非有所侵暴，无恐。且吾所以还军霸上，待诸侯至而定约束耳。"乃使人与秦吏行县乡邑，告谕之。秦人大喜，争持牛羊酒食献飨军士。沛公又让不受，曰："仓粟多，非乏，不欲费人。"人又益喜，唯恐沛公不为秦王。

①【集解】如淳曰："《张苍传》云以高祖十月至霸上，故因秦以十月为岁首。"【正义】沛公乙未年十月至霸上。项羽封十八诸侯，沛公封汉王，后刘、项五年战斗，汉遂灭楚，天下归汉，故却书初至霸上之月。　②【正义】故霸陵在雍州万年县东北二十五里。汉霸陵，文帝之陵邑也，东南去霸陵十里。《地理志》云："霸陵故芷阳，文帝更名。"《三秦记》云："霸城，秦穆公筑为宫，因名霸城。汉于此置霸陵。"《庙记》云："霸城，汉文帝筑。沛公入关，遂至霸上，即此也。"　③【索隐】韦昭云："天子印称玺，又独以玉。符，发兵符也。节，使者所拥也。"《说文》云："符，信也。汉制以竹，长六寸，分而相合。"《释名》云："节为号令赏罚之节也。又节毛上下相重，取象竹节。"又《汉官仪》云："子婴上始皇玺，因服御之，代代传受，号曰'汉传国玺'也。"【正义】按：天子有六玺，皇帝行玺、皇帝之玺、皇帝信玺、天子行玺、天子之玺、天子信玺。皇帝信玺凡事皆用之，玺令施行；天子信玺以迁拜封王侯；天子之玺以发兵。皆以武都紫泥封，青囊白素里，两端无缝。《三秦记》

云紫泥水在今成州。《舆地志》云汉封诏玺用紫泥,则此水之泥也。
④【索隐】枳音只。《汉宫殿疏》云枳道亭东去霸城观四里,观东去霸水百步。苏林云在长安东十三里也。【正义】轵音纸。《括地志》云:“轵道在雍州万年县东北十六里苑中。” ⑤【索隐】《楚汉春秋》曰:“樊哙请杀之。” ⑥【正义】属,之欲反。属,付也。 ⑦【正义】休,息也。言欲居止宫殿中而息也。 ⑧【索隐】刘伯庄、乐彦同音方未反。 ⑨【集解】应劭曰:“秦禁民聚语。偶,对也。”瓒曰:“《始皇本纪》曰‘偶语经书者弃市’。”【索隐】按:《礼云》“刑人于市,与众弃之”,故今律谓绞刑为“弃市”是也。
⑩【索隐】杀人,伤人及盗。 ⑪【集解】应劭曰:“抵,至也,又当也。除秦酷政,但至于罪也。”李斐曰:“伤人有曲直,盗臧有多少,罪名不可豫定,故凡言抵罪,未知抵何罪也。”张晏曰:“秦法,一人犯罪,举家及邻伍坐之,今但当其身坐,合于《康诰》‘父子兄弟罪不相及’也。”【索隐】韦昭云:“抵,当也。谓使各当其罪。”今按:秦法有三族之刑,汉但约法三章耳,杀人者死,伤人及盗者使之抵罪,余并不论其辜,以言省刑也。则抵训为至,杀人以外,唯伤人及盗使至罪名耳。 ⑫【集解】应劭曰:“案,案次第。堵,墙堵也。”

或说沛公①曰:“秦富十倍天下,地形强。今闻章邯降项羽,项羽乃号为雍王,王关中。今则来,沛公恐不得有此。可急使兵守函谷关,②无内诸侯军,稍征关中兵以自益,距之。”沛公然其计,从之。十一月中,项羽果率诸侯兵西,欲入关,关门闭。闻沛公已定关中,大怒,使鲸布等攻破函谷关。十二月中,遂至戏。③沛公左司马曹无伤闻项王怒,欲攻沛公,使人言项羽曰:“沛公欲王关中,令子婴为相,珍宝尽有之。”欲以求封。④亚父劝项羽击沛公。⑤方飨士,旦日合战。是时项羽兵四十万,号百万。沛公兵十万,号二十万,力不敌。会项伯欲活张良,夜往见良,因以文谕项羽,[⑥]项羽乃止。沛公从百余骑,驱之鸿门,[⑦]见谢项羽。项羽曰:“此沛公左司马曹无伤言之。不然,籍何以至此。”沛公以樊哙、张良故,得解归。归,立诛曹无伤。

①【索隐】按:《楚汉春秋》云解先生云“遣守函谷,无内项王”,而《张良系家》云“鲰生说我”,则鲰生是小生,即解生。　②【正义】颜师古曰:“今桃林南有洪溜涧,古函谷也。其水北流入河,西岸犹有旧关余迹。”《西征记》云:“道形如函也。其水山原壁立数十仞,谷中容一车。”　③【正义】许宜反。　④【正义】曹无伤欲就项羽求封。　⑤【索隐】范增也。项羽得范增,号曰亚父,言尊之亚于父。犹管仲,齐谓仲父。父并音甫也。　⑥【正义】《项羽本纪》云项伯曰“沛公不先破关中,公岂敢入乎?今人有大功,击之不义”。此以文谕之。　⑦【索隐】按:姚察云在新丰古城东,未至戏水,道南有断原、南北洞门是也。

项羽遂西,屠烧咸阳秦宫室,所过无不残破。秦人大失望,然恐,不敢不服耳。

项羽使人还报怀王。怀王曰:“如约。”项羽怨怀王不肯令与沛公俱西入关,而北救赵,后天下约。[①]乃曰:“怀王者,吾家项梁所立耳,非有功伐,何以得主约。本定天下,诸将及籍也。”乃佯尊怀王为义帝,实不用其命。

①【正义】怀王初约先入咸阳者王之,令羽北救赵,故失约在后也。

正月,[①]项羽自立为西楚霸王,王梁、楚地九郡,都彭城。负约,更立沛公为汉王,[②]王巴、蜀、汉中,[③]都南郑。三分关中，立秦三将：章邯为雍王，[4]都废丘；司马欣为塞王，[5]都栎阳；[6]董翳为翟王，[7]都高奴。楚将瑕丘申阳为河南王，[8]都洛阳。赵将司马卬为殷王，[9]都朝歌。赵王歇徙王代。赵相张耳为常山王，都襄国。当阳[10]君鲸布为九江王，都六。[11]怀王柱国共敖为临江王，[12]都江陵。番君吴芮为衡山王，都邾。[13]燕将臧荼为燕王，都蓟。故燕王韩广徙王辽东。广不听，臧荼攻杀之无终。封成安君陈余河间三县，居南皮。封梅销十万户。

①【正义】崔浩云："史官以正月纪四时，故书正月也。"荀悦云："先春后正月也。"颜师古云："凡此诸月号，皆太初正历之后记事者追改之，非当时本称也。以十月为岁首，即以十月为正月。今此正月，当时谓之四月也。他皆放此。" ②【正义】梁州本汉中郡，以汉水为名。 ③【集解】徐广曰："三十二县。" ④【正义】以岐州雍县为名。 ⑤【正义】塞，先代反。韦昭云："在长安东，名桃林塞。"按：桃林塞今华州潼关也。颜师古云"取河、华之固为阨塞耳，非桃林"。 ⑥【索隐】因葬太上皇，改名曰万年。 ⑦【正义】文颖云："本上郡，秦所置，项羽以董翳为王，更名曰翟也。" ⑧【正义】在黄河之南，故曰河南，即今河南府。 ⑨【正义】以商帝盘庚国殷中之地，改商为殷，在相州安阳县，即北蒙殷墟，南去朝歌百三十六里，故号殷王，都朝歌。 ⑩【索隐】韦昭云："南郡县名。" ⑪【索隐】《地理志》云六县属六安国。 ⑫【正义】孟康云"本南郡，改为临江国"是也。 ⑬【索隐】《太康地理志》云："楚灭邾，迁其人于江南，因名县。"

四月，兵罢戏下，[1]诸侯各就国。汉王之国，项王使卒三万人从，楚与诸侯之慕从者数万人，从杜南[2]入蚀中。[3]去辄烧绝栈道，[4]以备诸侯盗兵袭之，亦示项羽无东意。至南郑，诸将及士卒多道亡归，士卒皆歌思东归。韩信说汉王曰：[5]"项羽王诸将之有功者，而王独居南郑，是迁也。[6]军吏士卒皆山东之人也，日夜跂而望归，[7]及其锋而用之，可以有大功。天下已定，人皆自宁，不可复用。不如决策东向，争权天下。"

①【正义】戏音麾。许慎注《淮南子》云："戏，大旗也。" ②【正义】韦昭云："杜，今陵邑。"《括地志》云："杜陵故城在雍州万年县东南十五里。汉杜陵县，宣帝陵邑也，北去宣帝陵五里。《庙记》云故杜伯国。" ③【集解】李奇曰："蚀音力，在杜南。"如淳曰："蚀，入汉中道川谷名。"【索隐】孟康音食。王劭按：《说文》作"镒"，器名也。地形似器，故名之。 ④【索隐】按系家，是用张良计也。栈道，阁道也。音士谏反。包恺音士版反。崔浩云："险绝之处，傍凿山岩，而施版梁为阁。" ⑤【集解】徐广曰："韩王信，非淮阴侯信也。" ⑥【集解】韦昭曰："若有罪见迁徙。" ⑦【正义】跂音丘赐反。《说文》云："跂，举踵也。"司马彪云："跂，望也。"

项羽出关，使人徙义帝。曰："古之帝者地方千里，必居上游。"[1]乃使使徙义帝长沙郴县，趣义帝行，[2]群臣稍背叛之，乃阴令衡山王、临江王击之，杀义帝江南。项羽怨田荣，立齐将田都为齐王。田荣怒，因自立为齐王，杀田都而反楚，予彭越将军印，令反梁地。楚令萧公角击彭越，彭越大破之。陈馀怨项羽之弗王己也，令夏说说[3]田荣，请兵击张耳。齐予陈馀兵，击破常山王张耳，张耳亡归汉。迎赵王歇于代，复立为赵王。赵王因立陈馀为代王。项羽大怒，北击齐。

①【正义】音流。 ②【正义】趣音促。 ③【正义】上音悦，下音税。

八月，汉王用韩信之计，从故道[①]还，袭雍王章邯。邯迎击汉陈仓，[②]雍兵败，还走，止战好畤，[③]又复败，走废丘。汉王遂定雍地。东至咸阳，引兵围雍王废丘，[④]而遣诸将略定陇西、北地、上郡。令将军薛欧、[⑤]王吸[⑥]出武关，因王陵兵南阳，[⑦]以迎太公、吕后于沛。楚闻之，发兵距之阳夏，[⑧]不得前。令故吴令郑昌为韩王，距汉兵。

①【集解】《地理志》武都有故道县。 ②【正义】今岐州县也。 ③【集解】孟康曰："畤音止，神灵之所在也，县名，属右扶风。" ④【索隐】按荀悦《汉纪》，令樊哙围之。 ⑤【集解】音恶后反。【索隐】按表，欧以舍人从，为将军，封广平侯也。 ⑥【索隐】按表，吸以中涓从，为将军，封清阳侯。 ⑦【集解】如淳曰："王陵亦聚党数千人，居南阳。"【正义】《括地志》云："王陵故城在商州上洛阳南三十一里。《荆州记》云昔汉高祖入秦，王陵起兵丹水以应之。此城王陵所筑，因名也。" ⑧【索隐】韦昭云："县名，属淮阳，后属陈。夏音更雅反。"

二年，汉王东略地，塞王欣、翟王翳、河南王申阳皆降。韩王昌不听，使韩信击破之。于是置陇西、北地、上郡、渭南、[①]河上、[②]中地郡，[③]关外置河南郡。[④]更立韩太尉信为韩王。诸将以万人若以一郡降者，封五户。缮治河上塞。[⑤]诸故秦苑囿园池，皆令人得田之。正月，虏雍王弟章平。大赦罪人。汉王之出关至陕，抚关外父老，还，张耳来见，汉王厚遇之。

①【集解】徐广曰："后曰京兆。" ②【集解】徐广曰："冯翊。" ③【集解】徐广曰："扶风。" ④【集解】徐广曰："十月，汉王至陕。" ⑤【集解】晋灼曰："《晁错传》秦时北攻胡，筑河上塞。"

二月，令除秦社稷，更立汉社稷。

三月，汉王从临晋渡，魏王豹将兵从。下河内，虏殷王，置河内郡。南渡平阴津，至洛阳。新城[①]三老董公遮说汉王[②]以义帝死故。汉王闻之，袒而大哭。[③]遂为义帝发丧，临三日。发使者告诸侯曰："天下共立义帝，北面事之。今项羽放杀义帝于江南，大逆无道。寡人亲为发丧，诸侯皆缟素。悉发关内兵，收三河士[④]南浮江、汉以下，[⑤]愿从诸侯王击楚之杀义帝者。"

①【正义】《括地志》云："洛州伊阙县在州南七十里，本汉新城也。隋文帝改新城为伊阙，取伊阙山为名也。" ②【正义】《百官表》云："十里一亭，亭有长。十亭一乡，乡有三老，三老掌教化。"皆秦制也。又乐产云："横道自言曰遮。"《楚汉春秋》云："董公八十二，遂封为成侯。" ③【集解】如淳曰："袒亦如礼袒踊。" ④【集解】韦昭曰："河南、河东、河内。" ⑤【正义】南收三河士，发关内兵，从雍州入子午道，至汉中，历汉水而下，从是东行，至徐州，击楚。

是时项王北击齐，田荣与战城阳。田荣败，走平原，[①]平原民杀之。齐皆降楚。楚因焚烧其城郭，系虏其子女。齐人叛之。田荣弟横立荣子广为齐王，齐王反楚城阳。项羽虽闻汉东，既已连齐兵，欲遂破之而击汉。汉王以故得劫五诸侯兵，遂入彭城。项羽闻之，乃引兵去齐，从鲁[②]出胡陵,[3]至萧,[4]与汉大战彭城灵壁东[5]睢水上,大破汉军,多杀士卒,睢水为之不流。乃取汉王父母妻子于沛,置之军中以为质。当是时,诸侯见楚强汉败,还皆去汉复为楚。塞王欣亡入楚。

①【正义】德州平原县是。 ②【正义】兖州曲阜也。 ③【正义】《地理志》云胡陵在山阳郡。 ④【正义】徐州萧县。 ⑤【正义】在徐州符离县西北九十里。

吕后兄周吕侯为汉将兵,居下邑。[1]汉王从之,稍收士卒,军砀。汉王乃西过梁地,至虞。[2]使谒者随何之九江王布所,曰:"公能令布举兵叛楚,项羽必留击之。得留数月,吾取天下必矣。"随何往说九江王布,布果背楚。楚使龙且往击之。

①【集解】徐广曰:"在梁。" ②【集解】徐广曰:"在梁。"

汉王之败彭城而西,行使人求家室,家室亦亡,不相得。败后乃独得孝惠,六月,立为太子,大赦罪人。令太子守栎阳,诸侯子在关中者皆集栎阳为卫。引水灌废丘,废丘降,章邯自杀。更名废丘为槐里。于是令祠官祀天地四方上帝山川,以时祀之。兴关内卒乘塞。[1]是时九江王布与龙且战,不胜,与随何间行归汉。汉王稍收士卒,与诸将及关中卒益出,是以兵大振荥阳,破楚京、索间。

①【集解】李奇曰："乘，守也。"

三年，魏王豹谒归视亲疾，至即绝河津，反为楚。汉王使郦生说豹，豹不听。汉王遣将军韩信击，大破之，虏豹。遂定魏地，置三郡，曰河东、[①]太原、[②]上党。[③]汉王乃令张耳与韩信遂东下井陉击赵，斩陈馀、赵王歇。其明年，立张耳为赵王。

①【正义】今蒲州也。　②【正义】今并州。　③【正义】今潞州。

汉王军荥阳南，筑甬道[①]属之河，以取敖仓。[②]与项羽相距岁余。项羽数侵夺汉甬道，汉军乏食，遂围汉王。汉王请和，割荥阳以西者为汉。项王不听。汉王患之，乃用陈平之计，予陈平金四万斤，以间疏楚君臣。于是项羽乃疑亚父。亚父是时劝项羽遂下荥阳，及其见疑，乃怒，辞老，愿赐骸骨归卒伍，未至彭城而死。

①【正义】甬音勇。韦昭云："起土筑墙，中间为道。"应劭云："恐敌抄辎重，故筑垣墙如街巷。"　②【正义】孟康云："敖，地名，在荥阳西北，山上临河有大仓。"《太康地理志》云："秦建敖仓于成皋。"

汉军绝食，乃夜出女子东门二千余人，被甲，楚因四面击之。将军纪信乃乘王驾，诈为汉王，诳楚，楚皆呼万岁，之城东观，以故汉王得与数十骑出西门遁。令御史大夫周苛、魏豹、枞公守荥阳。诸将卒不能从者，尽在城中。周苛、枞公相谓曰："反国之王，难与守城。"因杀魏豹。[①]

①【集解】徐广曰："案《月表》，三年七月，王出荥阳。八月，杀魏豹。而又云四年三月，周苛死。四月，魏豹死。二者不同。项羽杀纪信、周苛、枞公，皆是三年中。"

汉王之出荥阳入关，收兵欲复东。袁生说汉王曰："汉与楚相距荥阳数岁，汉常困。愿君王出武关，项羽必引兵南走，王深壁，令荥阳、成皋间且得休。使韩信等辑河北赵地，连燕齐，君王乃复走荥阳，未晚也。如此，则楚所备者多，力分，汉得休，复与之战，破楚必矣。"汉王从其计，出军宛、叶间，[①]与黥布行收兵。

①【正义】宛，于元反。叶，式涉反。宛，邓州县也。叶，汝州县。《水经注》云："本楚惠王封诸梁子兼，号曰叶城，即子高之故邑也。"

项羽闻汉王在宛，果引兵南。汉王坚壁不与战。是时彭越渡睢水，与项声、薛公战下邳，彭越大破楚军。项羽乃引兵东击彭越。汉王亦引兵北军成皋。项羽已破走彭越，闻汉王复军成皋，乃复引兵西，拔荥阳，诛周苛、枞公，而虏韩王信，遂围成皋。

汉王跳，[①]独与滕公[②]共车出成皋玉门，[③]北渡河，驰宿修武。自称使者，晨驰入张耳、韩信壁，而夺之军。乃使张耳北益收兵赵地，使韩信东击齐。汉王得韩信军，则复振，引兵临河，南飨军小修武南，[④]欲复战。郎中郑忠乃说止汉王，使高垒深堑，勿与战。汉王听其计，使卢绾、[⑤]刘贾将卒二万人，骑数百，渡白马津[⑥]入楚地，与彭越复击破楚军燕郭西，[⑦]遂复下梁地十余城。

①【集解】徐广曰："音逃。"【索隐】如淳曰："跳，走也。"晋灼按：《刘泽传》"跳驱至长安"。《说文》音徒调反。《通俗文》云"超通为跳"。 ②【索隐】夏侯婴为滕令，故曰滕公也。 ③【集解】徐广曰："《项羽纪》云北门名玉门。" ④【集解】晋灼曰："在大修武城东。" ⑤【集解】苏林曰："绾音以绳绾结物之'绾'。" ⑥【索隐】即黎阳津也。南界东郡白马县。 ⑦【索隐】故南燕国也。在东郡，秦以为县。

淮阴已受命东，未渡平原。汉王使郦生往说齐王田广，广叛楚，与汉和，共击项羽。韩信用蒯通计，遂袭破齐。齐王烹郦生，东走高密。项羽闻韩信已举河北兵破齐、赵，且欲击楚，则使龙且、周兰[①]往击之。韩信与战，骑将灌婴击，大破楚军，杀龙且。齐王广奔彭越。当此时，彭越将兵居梁地，往来苦楚兵，绝其粮食。

①【集解】徐广曰："一作简。"

四年，项羽乃谓海春侯大司马曹咎曰："谨守成皋，若汉挑战，[①]慎勿与战，无令得东而已。我十五日必定梁地，复从将军。"乃行击陈留、外黄、睢阳，下之。汉果数挑楚军，楚军不出，使人辱之五六日，大司马怒，度兵汜水。[②]士卒半渡，汉击之，大破楚军，尽得楚国金玉货赂。大司马咎、长史欣皆自刭汜水上。项羽至睢阳，闻海春侯破，乃引兵还。汉军方围钟离眛于荥阳东，项羽至，尽走险阻。

①【正义】挑，田吊反。下同。 ②【正义】汜音祀，在成皋故城东。

韩信已破齐，使人言曰："齐边楚，[1]权轻，不为假王，恐不能安齐。"汉王欲攻之。留侯曰："不如因而立之，使自为守。"乃遣张良操印绶立韩信为齐王。[2]

①【集解】文颖曰："边，近也。" ②【集解】徐广曰："三月。"

项羽闻龙且军破，则恐，使盱台人武涉往说韩信。韩信不听。

楚、汉久相持未决，丁壮苦军旅，老弱罢转饷。汉王、项羽相与临广武之间而语。项羽欲与汉王独身挑战。汉王数项羽曰："始与项羽俱受命怀王，曰先入定关中者王之，项羽负约，[1]王我于蜀、汉，罪一。项羽矫杀卿子冠军而自尊，罪二。[2]项羽已救赵，当还报，而擅劫诸侯兵入关，罪三。怀王约入秦无暴掠，项羽烧秦宫室，掘始皇帝冢，私收其财物，罪四。又强杀秦降王子婴，罪五。诈坑秦子弟新安二十万，王其将，罪六。项羽皆王诸将善地，[3]而徙逐故主，[4]令臣下争叛逆，罪七。项羽出逐义帝彭城，自都之，夺韩王地，并王梁、楚，多自予，罪八。项羽使人阴弑义帝江南，罪九。夫为人臣而弑其主，杀已降，为政不平，主约不信，天下所不容，大逆无道，罪十也。吾以义兵从诸侯诛残贼，使刑余罪人击杀项羽，何苦乃与公挑战。”项羽大怒，伏弩射中汉王。汉王伤胸，乃扪足[5]曰：“虏中吾指。”汉王病创卧，张良强请汉王起行劳军，以安士卒，毋令楚乘胜于汉。汉王出行军，[6]病甚，[7]因驰入成皋。病愈，西入关，至栎阳，存问父老，置酒，枭故塞王欣头栎阳市。[8]留四日，复如军，军广武。关中兵益出。

①【索隐】负音佩也。　②【集解】徐广曰：“卿，一作庆。”【索隐】韦昭云：“宋义之号。”如淳曰：“卿者，大夫之尊；子者，子男之爵；冠军，人之首也。尊宋义，故加此号。”　③【索隐】谓章邯等。　④【索隐】谓田市、赵歇、韩广之属也。　⑤【索隐】扪，摸也。中胸而扪足者，盖以矢初中痛闷，不知所在故尔。或云中胸而扪足，权以安士卒之心也。　⑥【正义】行，寒孟反。　⑦【索隐】按：《三辅故事》曰“楚、汉相距于京、索间六年，身被大创十二，矢石通中过者有四”。言汉王病创也。　⑧【索隐】枭，县首于木也。欣自刭于汜水上，令枭之于栎阳者，以旧都，故枭以示之也。

当此时，彭越将兵居梁地，往来苦楚兵，绝其粮食。田横往从之。项羽数击彭越等，齐王信又进击楚。项羽恐，乃与汉王约，中分天下，割鸿沟而西者为汉，鸿沟而东者为楚。[1]项王归汉王父母妻子。军中皆呼万岁，乃归而别去。

①【索隐】应劭云：“在荥阳东南三十里，盖引河东南入淮、泗也。”张华云：“一渠东南流，经浚仪，是始皇所凿，引河灌大梁，谓之鸿沟。一渠东经阳武南，为官渡水。”《北征记》云中牟台下临汴水，是为官渡水也。

项羽解而东归。汉王欲引而西归，用留侯、陈平计，乃进兵追项羽，至阳夏南止军，与齐王信、建成侯彭越期会而击楚军。至固陵，不会。楚击汉军，大破之。汉王复入壁，深堑而守之。用张良计，于是韩信、彭越皆往。及刘贾入楚地，围寿春，[①]汉王败固陵，[②]乃使使者召大司马周殷举九江兵而迎(之)[③]武王，行屠城父，[④]随(何)刘贾、齐、梁诸侯皆大会垓下。[⑤]立武王布为淮南王。

①【正义】今寿州。 ②【集解】晋灼曰："即固始。" ③【集解】徐广曰："周殷以兵随刘贾。" ④【正义】父音甫，今亳州县。 ⑤【集解】徐广曰："七月。"

五年，高祖与诸侯兵共击楚军，与项羽决胜垓下。淮阴侯将三十万自当之，孔将军居左，费将军居右，皇帝在后，绛侯、柴将军在皇帝后。项羽之卒可十万。淮阴先合，不利，却。孔将军、费将军纵，[①]楚兵不利，淮阴侯复乘之，[②]大败垓下。项羽卒闻汉军之楚歌，[③]以为汉尽得楚地，项羽乃败而走，是以兵大败。使骑将灌婴追杀项羽东城，[④]斩首八万，遂略定楚地。鲁为楚坚守不下。汉王引诸侯兵北，示鲁父老项羽头，鲁乃降。遂以鲁公号葬项羽穀城。还至定陶，驰入齐王壁，夺其军。

①【正义】二人韩信将也。纵兵击项羽也。以"纵"字为绝句。孔将军，蓼侯孔熙。费将军，费侯陈贺也。 ②【正义】复，扶富反。乘犹登也，进也。 ③【索隐】应劭云："今《鸡鸣歌》也。"颜游秦云："楚歌犹吴

讴也。"按：高祖令戚夫人楚舞，自为楚歌，是楚人之歌声也。 ④【集解】徐广曰："十二月。"

正月，诸侯及将相相与共请尊汉王为皇帝。汉王曰："吾闻帝贤者有也，空言虚语，非所守也，吾不敢当帝位。"群臣皆曰："大王起微细，诛暴逆，平定四海，有功者辄裂地而封为王侯。大王不尊号，皆疑不信。臣等以死守之。"汉王三让，不得已，曰："诸君必以为便，便国家。"甲午，[①]乃即皇帝位氾水之阳。[②]

①【集解】徐广曰："二月甲午。" ②【集解】蔡邕曰："上古天子称皇，其次称帝，其次称王。秦承三王之末，为汉驱除，自以德兼三皇、五帝，故并以为号。汉高祖受命，功德宜之，因而不改。"【正义】氾音敷剑反。《括地志》云："高祖即位坛在曹州济阴县界。张晏曰'氾水在济阴界，取其氾爱弘大而润下'。"

皇帝曰义帝无后。齐王韩信习楚风俗，徙为楚王，都下邳。[①]立建成侯彭越为梁王，都定陶。[②]故韩王信为韩王，都阳翟。[③]徙衡山王吴芮为长沙王，都临湘。[④]番君之将梅铜有功，从入武关，故德番君。淮南王布、燕王臧荼、赵王敖皆如故。

①【正义】音被悲反，泗州下邳县是，楚王韩信之都。 ②【正义】曹州济阴县城是，梁王彭越之都。 ③【正义】洛州阳翟县是，韩王信之都。 ④【正义】《括地志》云："潭州长沙县，本汉临湘县，长沙王吴芮都之。芮墓在长沙县北四里。"

天下大定。高祖都洛阳,诸侯皆臣属。故临江王驩[1]为项羽,叛汉。令卢绾、刘贾围之,不下。数月而降,杀之洛阳。

①【集解】徐广曰:"一作'尉'。"

五月,兵皆罢归家。诸侯子在关中者复之十二岁,其归者复之六岁,食之[1]一岁。

①【正义】食音寺。

高祖置酒雒阳南宫。[1]高祖曰:"列侯诸将无敢隐朕,皆言其情。吾所以有天下者何?项氏之所以失天下者何?"高起、王陵对曰[2]:"陛下慢而侮人,项羽仁而爱人。然陛下使人攻城略地,所降下者因以予之,与天下同利也。项羽妒贤嫉能,有功者害之,贤者疑之,战胜而不予人功,得地而不予人利,此所以失天下也。"高祖曰:"公知其一,未知其二。夫运筹策帷帐之中,决胜于千里之外,吾不如子房。镇国家,抚百姓,给馈饷,不绝粮道,吾不如萧何。连百万之军,战必胜,攻必取,吾不如韩信。此三者,皆人杰也,吾能用之,此吾所以取天下也。项羽有一范增而不能用,此其所以为我擒也。"

①【正义】《括地志》云:"南宫在雒州雒阳县东北二十六里洛阳故城中。《舆地志》云秦时已有南北宫。" ②【集解】孟康曰:"姓高,名起。"

瓒曰:"《汉帝年纪》高帝时有信平侯臣陵、都武侯臣起。《魏相丙吉奏事》高帝时奏事有将军臣陵、臣起。"

高祖欲长都洛阳,齐人刘敬说,及留侯劝上入都关中,高祖是日驾,入都关中。六月,大赦天下。

十月,燕王臧荼反,攻下代地。高祖自将击之,得燕王臧荼。即立太尉卢绾为燕王。使丞相哙将兵攻代。其秋,利幾反,[①]高祖自将兵击之,利幾走。利幾者,项氏之将。项氏败,利幾为陈公,不随项羽,亡降高祖,高祖侯之颍川。高祖至洛阳,举通侯籍召之,[②]而利幾恐,故反。

①【正义】幾音机。姓名也。项羽之将,为陈县令,降汉。高帝征诸侯,利幾恐,故反。　②【集解】如淳曰:"得在通侯之籍。"

六年,高祖五日一朝太公,如家人父子礼。太公家令说太公曰:"天无二日,土无二王。今高祖虽子,人主也。太公虽父,人臣也。奈何令人主拜人臣。如此,则威重不行。"后高祖朝,太公拥篲,[①]迎门却行。高祖大惊,下扶太公。太公曰:"帝,人主也,奈何以我乱天下法。"于是高祖乃尊太公为太上皇。[②]心善家令言,[③]赐金五百斤。

①【集解】李奇曰:"为恭也,如今卒持帚者也。"　②【集解】蔡邕曰:"不言帝,非天子也。"【索隐】按:《本纪》秦始皇追尊庄襄王为太上皇,已有故事矣。盖太上者,无上也。皇者德大于帝,欲尊其父,故号曰太上皇也。　③【索隐】颜氏按:荀悦云"故虽天子必有尊也,无父犹设三老,况

其存乎？家令之言过矣”。晋刘宝云“善其发悟己心，因得尊崇父号也”。

十二月，人有上变事告楚王信谋反，上问左右，左右争欲击之。用陈平计，乃伪游云梦，[①]会诸侯于陈，楚王信迎，即因执之。是日，大赦天下。田肯[②]贺，因说高祖曰："陛下得韩信，又治秦中。[③]秦，形胜之国，[④]带河山之险，悬隔千里，持戟百万，秦得百二焉。[⑤]地势便利，其以下兵于诸侯，譬犹居高屋之上建瓴水也。[⑥]夫齐，东有琅邪、即墨之饶，南有泰山之固，西有浊河之限，[⑦]北有勃海之利，[⑧]地方二千里，持戟百万，悬隔千里之外，[⑨]齐得十二焉。[⑩]故此东西秦也。非亲子弟，莫可使王齐矣。"高祖曰："善。"赐黄金五百斤。

①【集解】韦昭曰："在南郡华容县。"　②【索隐】《汉纪》及《汉书》作"宵"，刘显云相传作"肯"也。　③【集解】如淳曰："时山东人谓关中为秦中。"　④【集解】张晏曰："秦地带山河，得形势之胜便者。"【索隐】韦昭云："地形险固，故能胜人也。"　⑤【集解】应劭曰："河山之险，与诸侯相悬隔，地绝千里，所以能禽诸侯者，得天下之利百二也。"李斐曰："河山之险，由地势高，顺流而下易，故天下于秦悬隔千里，持戟百万，秦得百二焉。"苏林曰："得百中之二焉。秦地险固，二万人足当诸侯百万人也。"【索隐】服虔云："谓函谷关去长安千里为县隔。"按：文以河山险固形胜，其势如隔千里也。虞喜云："百二者，得百之二。言诸侯持戟百万，秦地险固，一倍于天下，故云得百二焉，言倍之也，盖言秦兵当二百万也。'齐得十二'亦如之，故为东西秦，言势相敌，但立文相避，故云十二。言馀诸侯十万，齐地形胜亦倍于他国，当二十万人也。"　⑥【集解】如淳曰："瓴，盛水瓶也。居高屋之上而幡瓴水，言其向下之势易也。建音蹇。"晋灼曰："许慎曰瓴，甓似瓶者。"　⑦【集解】晋灼曰："齐西有平原。河水东北过高唐，高唐

即平原也。孟津号黄河故曰浊河。” ⑧【索隐】崔浩云：“勃，旁跌也。旁跌出者，横在济北，故《齐都赋》云海旁出为勃，名曰勃海郡。” ⑨【索隐】以言齐境阔不啻千里，故云“千里之外”。 ⑩【集解】应劭曰：“齐得十之二，故齐湣王称东帝。后复归之，卒为秦所灭者，利钝之势异也。”李斐曰：“齐有山河之限，地方二千里，是与天下县隔也。设有持戟百万之众，齐得十中之二焉。百万十分之二，亦二十万也，但文相避耳。故言东西秦，其势亦敌也。”苏林曰：“十二，得十中之二，二十万人当百万。言齐虽固，不如秦二万乃当百万。”

后十余日，封韩信为淮阴侯，分其地为二国。高祖曰将军刘贾数有功，以为荆王，[①]王淮东。弟交为楚王，王淮西。子肥为齐王，王七十余城，民能齐言者皆属齐。[②]乃论功，与诸列侯剖符行封。徙韩王信太原。[③]

①【索隐】乃王吴地，在淮东也。姚察按：虞喜云“总言吴，别言荆者，以山命国也。今西南有荆山，在阳羡界。贾封吴地而号荆王，指取此义”。《太康地理志》阳羡县本名荆溪。 ②【集解】《汉书音义》曰：“此言时民流移，故使齐言者还齐也。”【正义】按：言齐国形胜次于秦中，故封子肥七十余城，近齐城邑，能齐言者咸割属齐。亲子，故大其都也。孟说恐非。 ③【索隐】信初都阳翟也。

七年，匈奴攻韩王信马邑，[①]信因与同谋反太原。白土[②]曼丘臣、王黄立故赵将赵利为王以反，高祖自往击之。会天寒，士卒堕指者什二三，遂至平城。[③]匈奴围我平城，七日而后罢去。令樊哙止，定代地。立兄刘仲为代王。

①【正义】《搜神记》云:“昔秦人筑城于武周塞以备胡,城将成而崩者数矣。有马驰走,周旋反覆,父老异之,因依以筑城,乃不崩,遂名马邑。”《括地志》云:“朔州城,汉雁门,即马邑县城也。攻韩信于马邑,即此城。” ②【集解】徐广曰:“在上郡。” ③【正义】《括地志》云:“朔州定襄县,本汉平城县。县东北三十里有白登山,山上有台,名曰白登台。《汉书·匈奴传》云(蹋)〔冒〕顿围高帝于白登七日,即此也。服虔云‘白登,台名,去平城七里’。李穆叔《赵记》云‘平城东七里有土山,高百余尺,方十余里’。亦谓此也。”

二月,高祖自平城过赵、洛阳,至长安。长乐宫成,丞相已下徙治长安。①

①【索隐】按:《汉仪注》高祖六年,更名咸阳曰长安。《三辅旧事》扶风渭城,本咸阳地,高帝为新城,七年属长安也。

八年,高祖东击韩王信余反寇于东垣。①

①【集解】《地理志》:东垣,高帝更名曰真定。

萧丞相营作未央宫,①立东阙、北阙、②前殿、武库、太仓。高祖还,见宫阙壮甚,怒,谓萧何曰:“天下匈匈,苦战数岁,成败未可知,是何治宫室过度也?”萧何曰:“天下方未定,故可因遂就宫室。且夫天子以四海为家,非壮丽无以重威,且无令后世有以加也。”高祖乃悦。

①【正义】《括地志》云:“未央宫在雍州长安县西北十里长安故城中。”

颜师古云："未央殿虽南向，而当上书奏事谒见之徒皆诣北阙，公车司马亦在北焉。是则以北阙为正门，而又有东门、东阙，至于西南两面，无门阙矣。萧何初立未央宫，以厌胜之术理宜然乎？"按：北阙为正者，盖象秦作前殿，渡渭水属之咸阳，以象天极阁道绝汉抵营室。　②【集解】《关中记》曰："东有苍龙阙，北有玄武阙。玄武所谓北阙。"【索隐】东阙名苍龙，北阙名玄武，无西南二阙者，盖萧何以厌胜之法故不立也。《说文》云"阙，门观也"。高三十丈。秦家旧处皆在渭北，而立东阙北阙，盖取其便。

高祖之东垣，过柏人，[①]赵相贯高等谋弑高祖，高祖心动，因不留。代王刘仲弃国亡，自归洛阳，废以为合阳侯。[②]

①【正义】《括地志》云："柏人故城在邢州柏人县西北十二里。汉柏人属赵国。"　②【正义】《括地志》云："郃阳故城在同州河西县三里。魏文侯十七年，攻秦至郑而还筑，在郃水之阳也。"

九年，赵相贯高等事发觉，夷三族。废赵王敖为宣平侯。是岁，徙贵族楚昭、屈、景、怀、齐田氏关中。

未央宫成。高祖大朝诸侯群臣，置酒未央前殿。高祖奉玉卮，[①]起为太上皇寿，曰："始大人常以臣无赖，[②]不能治产业，不如仲力。今某之业所就孰与仲多？"殿上群臣皆呼万岁，大笑为乐。

①【集解】应劭曰："乡饮酒礼器也，受四升。"　②【集解】晋灼曰："许慎曰'赖，利也'。无利入于家也。或曰江、淮之间谓小儿多诈狡猾为无赖。"

十年十月，淮南王黥布、梁王彭越、燕王卢绾、荆王刘贾、楚王刘交、齐王刘肥、长沙王吴芮皆来朝长乐宫。[①]春夏无事。

①【正义】《括地志》云："秦栎阳故宫在雍州栎阳县北三十五里，秦献公所造。《三辅黄图》云高祖都长安，未有宫室，居栎阳宫也。"

七月，太上皇崩栎阳宫。楚王、梁王皆来送葬。[①]赦栎阳囚。更命郦邑曰新丰。[②]

①【集解】《汉书》云："葬万年。" ②【正义】丽邑，丽音力知反。《括地志》云："新丰故城在雍州新丰县西南四里，汉新丰宫也。太上皇时凄怆不乐，高祖窃因左右问故，答以平生所好皆屠贩少年，酤酒卖饼，斗鸡蹴踘，以此为欢，今皆无此，故不乐。高祖乃作新丰，徙诸故人实之。太上皇乃悦。"按：前于丽邑筑城寺，徙其民实之，未改其名，太上皇崩后，命曰新丰。

八月，赵相国陈豨[①]反代地。上曰："豨尝为吾使，甚有信。代地吾所急也，故封豨为列侯，[②]以相国守代，今乃与王黄等劫掠代地。代地吏民非有罪也，其赦代吏民。"九月，上自东往击之。至邯郸，上喜曰："豨不南据邯郸而阻漳水，吾知其无能为也。"闻豨将皆故贾人也，上曰："吾知所以与之。"乃多以金啖豨将，豨将多降者。

①【集解】邓展曰："东海人名猪曰豨。" ②【集解】徐广曰："豨攻定臧荼有功，封阳夏侯。"

十一年，高祖在邯郸诛豨等未毕，豨将侯敞将万余人游行，王黄军曲逆，[①]张春渡河[②]击聊城。[③]汉使将军郭蒙与齐将击，大破之。太尉周勃[④]道太原入，[⑤]定代地。至马邑，马邑不下，即攻残之。

①【集解】文颖曰："今中山蒲阴是。" ②【正义】陈豨将也。又刘伯庄云"彼时聊城在黄河之东，王莽时干，今浊河西北也"。今在博州西北。《深丘道里记》云"王莽，元城人，居近河侧，祖父坟墓为水所冲，引河入深川，此王莽河因枯也"。 ③【集解】徐广曰："在平原。"【正义】《括地志》云："故聊城在博州聊城县西二十里。春秋时齐之西界。聊，摄也。战国时亦为齐地。秦、汉皆为东郡之聊城也。" ④【集解】《汉书·百官表》曰："太尉，秦官。"应劭曰："自上安下曰尉，武官悉以为称。" ⑤【集解】韦昭曰："道，犹从。"

豨将赵利守东垣，高祖攻之不下。月余，卒骂高祖，高祖怒。城降，令出骂者斩之，不骂者原之。于是乃分赵山北，立子恒以为代王，都晋阳。[①]

①【集解】如淳曰："《文纪》言都中都。又文帝过太原，复晋阳、中都二岁，似迁都于中都也。"

春，淮阴侯韩信谋反关中，夷三族。夏，梁王彭越谋反，废迁蜀。复欲反，遂夷三族。立子恢为梁王，子友为淮阳王。秋七月，淮南王黥布反，东并荆王刘贾地，北渡淮，楚王交走入薛。高祖自往击之。立子长为淮南王。

十二年，十月，高祖已击布军会甀，[①]布走，令别将追之。

①【集解】徐广曰："在蕲县西。"骃案：《汉书音义》曰"会音侩保，邑名。甀音直伪反"。【索隐】《汉书》作"缶"，音保，非也。

高祖还归，过沛，留。置酒沛宫，[①]悉召故人父老子弟纵酒，发沛中儿得百二十人，教之歌。酒酣，[②]高祖击筑，[③]自为歌诗曰："大风起兮云飞扬，威加海内兮归故乡，安得猛士兮守四方。"令儿皆和习之。高祖乃起舞，慷慨伤怀，泣数行下。谓沛父兄曰："游子悲故乡。吾虽都关中，万岁后吾魂魄犹乐思沛。且朕自沛公以诛暴逆，遂有天下，其以沛[④]为朕汤沐邑，复其民，世世无有所与。"沛父兄诸母故人日乐饮极欢，道旧故为笑乐。十余日，高祖欲去，沛父兄固请留高祖。高祖曰："吾人众多，父兄不能给。"乃去。沛中空县皆之邑西献。[⑤]高祖复留止，张[⑥]饮三日。沛父兄皆顿首曰："沛幸得复，丰未复，唯陛下哀怜之。"高祖曰："丰吾所生长，极不忘耳，吾特为其以雍齿故反我为魏。"沛父兄固请，乃并复丰，比沛。于是拜沛侯刘濞[⑦]为吴王。

①【正义】《括地志》云："沛宫故地在徐州沛县东南二十里一步。" ②【集解】应劭曰："不醒不醉曰酣。一曰酣，洽也。" ③【集解】韦昭曰："筑，古乐，有弦，击之不鼓。"【正义】音竹。应劭云："状似瑟而大，头安弦，以竹击之，故名曰筑。"颜师古云："今筑形似瑟而小，细项。" ④【集解】《风俗通义》曰："《汉书注》，沛人语初发声皆言'其'。其者，楚言也。高祖始登帝位，教令言'其'，后以为常耳。" ⑤【集解】如淳曰："献牛酒。"

⑥【集解】张晏曰:“张,帷帐。”【正义】音张亮反。　⑦【集解】服虔曰:“濞音帔。”

汉将别击布军洮水南北,[①]皆大破之,追得斩布鄱阳。樊哙别将兵定代,斩陈豨当城。[②]

①【集解】徐广曰:“洮音道,在江、淮间。”　②【索隐】代之县名也。【正义】《括地志》云:“当城在朔州定襄县界。《土地十三州记》云‘当城在高柳东八十里。县当常山,故曰当城’。”

十一月,高祖自布军至长安。十二月,高祖曰:“秦始皇帝、楚隐王[①]陈涉、魏安釐王、[②]齐缗王、[③]赵悼襄王[④]皆绝无后,予守冢各十家,秦皇帝二十家,魏公子无忌五家。”赦代地吏民为陈豨、赵利所劫掠者,皆赦之。陈豨降将言豨反时,燕王卢绾使人之豨所,与阴谋。上使辟阳侯迎绾,[⑤]绾称病。辟阳侯归,具言绾反有端矣。二月,使樊哙、周勃将兵击燕王绾。赦燕吏民与反者。立皇子建为燕王。

①【索隐】系家作幽王,名择,负刍之兄。　②【索隐】史阙名。昭王之子,王假之祖也。　③【索隐】名地,宣王子,王建祖。　④【索隐】名偃,孝成王丹之子,幽王迁之父也。　⑤【正义】审食其也。《括地志》云:“辟阳故城在冀州信都县西三十五里,汉旧县。”

高祖击布时,为流矢所中,行道病。病甚,吕后迎良医。医入见,高祖问医。医曰:“病可治。”于是高祖嫚骂之曰:“吾以布衣持三尺剑取天下,此非天命乎?命乃在天,虽扁鹊何益！”遂不使治病，赐金五十斤罢之。已而吕后问：“陛下百岁后，萧相国即死，令谁代之？”上曰：“曹参可。”问其次，上曰：“王陵可。然陵少戆，陈平可以助之。陈平智有余，然难以独任。周勃重厚少文，然安刘氏者必勃也，可令为太尉。”吕后复问其次，上曰：“此后亦非而所知也。”

卢绾与数千骑居塞下候伺，幸上病愈自入谢。

四月甲辰，高祖崩长乐宫。[①]四日不发丧。吕后与审食其谋曰：“诸将与帝为编户民，今北面为臣，此常怏怏，今乃事少主，非尽族是，天下不安。”人或闻之，语郦将军。[②]郦将军往见审食其，曰：“吾闻帝已崩，四日不发丧，欲诛诸将。诚如此，天下危矣。陈平、灌婴将十万守荥阳，樊哙、周勃将二十万定燕、代，此闻帝崩，诸将皆诛，必连兵还乡以攻关中。大臣内叛，诸侯外反，亡可翘足而待也。”审食其入言之，乃以丁未发丧，大赦天下。

①【集解】皇甫谧曰：“高祖以秦昭王五十一年生，至汉十二年，年六十(三)〔二〕。”　②【集解】《汉书》曰郦商。

卢绾闻高祖崩，遂亡入匈奴。

丙寅，葬。[①]己巳，立太子，[②]至太上皇庙。[③]群臣皆曰：“高祖起微细，拨乱世反之正，平定天下，为汉太祖，功最高。”上尊号为高皇帝。太子袭号为皇帝，孝惠帝也。令郡国诸侯各立高祖庙，以岁时祠。

①【集解】徐广曰五月。　②【正义】丙寅葬，后四日至己巳，即立

太子为帝。有本脱“已”字者，妄引《汉书》云“已下”者，非。　③【正义】《三辅黄图》云：“太上皇庙在长安城香室南，冯翊府北。”《括地志》云：“汉太上皇庙在雍州长安县西北长安故城中酒池之北，高帝庙北。高帝庙亦在故城中也。”

及孝惠五年，思高祖之悲乐沛，以沛宫为高祖原庙。[①]高祖所教歌儿百二十人，皆令为吹乐，后有缺，辄补之。

①【解集】徐广曰：“《光武纪》云：‘上幸丰，祠高祖于原庙’。”骃案：谓“原”者，再也。先既已立庙，今又再立，故谓之原庙。

高帝八男：长庶齐悼惠王肥；次孝惠，吕后子；次戚夫人子赵隐王如意；次代王恒，已立为孝文帝，薄太后子；次梁王恢，吕太后时徙为赵共王；次淮阳王友，吕太后时徙为赵幽王；次淮南厉王长；次燕王建。

太史公曰：夏之政忠。忠之敝，小人以野，[①]故殷人承之以敬。敬之敝，小人以鬼，[②]故周人承之以文。文之敝，小人以僿，[③]故救僿莫若以忠。[④]三王之道若循环，终而复始。周、秦之间，可谓文敝矣。秦政不改，反酷刑法，岂不缪乎？故汉兴，承敝易变，使人不倦，得天统矣。朝以十月。车服黄屋左纛。葬长陵。[⑤]

①【集解】郑玄曰：“忠，质厚也。野，少礼节也。”　②【集解】郑玄云：“多威仪，如事鬼神。”　③【集解】徐广曰：“一作薄。”骃案：《史记音

隐》曰“僿音西志反”。郑玄曰“文，尊卑之差也。薄，苟习文法，无悃诚也”。【索隐】郑音先代反，邹本作薄，音扶各反，本一作僿，而徐广云一作薄，是本互不同也。然此语本出子思子，见今《礼·表记》，作薄，故郑玄注云“文，尊卑之差也。薄，苟习文法，不悃诚也”。斐又引《音隐》云“僿音先志反”，僿塞声相近故也。盖僿犹薄之义也。　④【集解】郑玄曰：“复反始。”⑤【集解】皇甫谧曰：“长陵山东西广百二十步，高十三丈，在渭水北，去长安城三十五里。”【正义】《括地志》云：“长陵在雍州咸阳县东三十里。”

索隐述赞曰：高祖初起，始自徒中。言从泗上，即号沛公。啸命豪杰，奋发材雄。彤云郁砀，素灵告丰。龙变星聚，蛇分径空。项氏主命，负约弃功。王我巴蜀，实愤于衷。三秦即北，五兵遂东。汜水即位，咸阳筑宫。威加四海，还歌《大风》。

卷九

吕后本纪第九

【索隐】吕太后本以女主临朝，自孝惠崩后立少帝而称制，正合附惠纪而论之，不然或别为吕后本纪，岂得全没孝惠而独称吕后本纪，合依班氏分为二纪焉。

吕太后者，①高祖微时妃也，②生孝惠帝、③女鲁元太后。及高祖为汉王，得定陶戚姬，④爱幸，生赵隐王如意。孝惠为人仁弱，高祖以为不类我，常欲废太子，立戚姬子如意，如意类我。戚姬幸，常从上之关东，日夜啼泣，欲立其子代太子。吕后年长，常留守，希见上，益疏。如意立为赵王后，几代⑤太子者数矣，赖大臣⑥争之，及留侯策，⑦太子得毋废。

①【集解】徐广曰："吕后父吕公，汉元年为临泗侯，四年卒，高后元年追谥曰吕宣王。" ②【集解】《汉书音义》曰："讳雉。"【索隐】字娥姁也。③【集解】《汉书音义》曰："讳盈。" ④【集解】如淳曰："姬音怡，众妾之总称也。《汉官仪》曰'姬妾数百'。"苏林曰："清河国有妃里，而题门作'姬'。"瓒曰："《汉秩禄令》及《茂陵书》姬，内官也，秩比二千石，位次倢伃下，在七子、八子之上。"【索隐】如淳音怡，非也。《茂陵书》曰"姬是内官"是矣。然官号及妇人通称姬者，姬，周之姓，所以《左传》称伯姬、叔姬，以言天子之宗女，贵于他姓，故遂以姬为妇人美号。故《诗》曰"虽有姬姜，不弃憔悴"是也。 ⑤【索隐】几音其纪反，又音祈。 ⑥【索隐】张良、叔孙

通等。 ⑦【索隐】令太子卑词安车,以迎四皓也。

吕后为人刚毅,佐高祖定天下,所诛大臣多吕后力。吕后兄二人,皆为将。长兄周吕侯[①]死事,封其子吕台[②]为郦侯,[③]子产为交侯。[④]次兄吕释之为建成侯。[⑤]

①【集解】徐广曰:“名泽,高祖八年卒,谥令武侯,追谥曰悼武王。” ②【索隐】郑、邹台并音怡,苏林音胎。 ③【集解】徐广曰:“郦,一作鄜。” ④【集解】徐广曰:“台弟也。” ⑤【集解】徐广曰:“惠帝二年卒,谥康王。”

高祖十二年四月甲辰,崩长乐宫,太子袭号为帝。是时高祖八子:长男肥,孝惠兄也,异母,[①]肥为齐王;余皆孝惠弟,戚姬子如意为赵王,薄夫人子恒为代王,诸姬子子恢为梁王,子友为淮阳王,子长为淮南王,子建为燕王。高祖弟交为楚王,兄子濞为吴王。非刘氏功臣番君吴芮子臣为长沙王。

①【索隐】母曰曹姬。

吕后最怨戚夫人及其子赵王,乃令永巷[①]囚戚夫人,而召赵王。使者三反,赵相建平侯周昌谓使者曰:“高帝属臣赵王,赵王年少。窃闻太后怨戚夫人,欲召赵王并诛之,臣不敢遣王。王且亦病,不能奉诏。”吕后大怒,乃使人召赵相。赵相征至长安,乃使人复召赵王。王来,未到。孝惠帝慈仁，知太后怒，自迎赵王霸上，与入宫，自挟与赵王起居饮食。太后欲杀之，不得间。孝惠元年十二月，帝晨出射。赵王少，不能早起。太后闻其独居，使人持鸩饮之。[②]犁明，[③]孝惠还，赵王已死。于是乃徙淮阳王友为赵王。夏，诏赐郦侯父追谥为令武侯。[④]太后遂断戚夫人手足，去眼，辉耳，饮喑药，使居厕中，命曰“人彘”。居数日，乃召孝惠帝观人彘。孝惠见，问，乃知其戚夫人，乃大哭，因病，岁余不能起。使人请太后曰：“此非人所为。臣为太后子，终不能治天下。”孝惠以此日饮为淫乐，不听政，故有病也。

①【集解】如淳曰：“《列女传》云周宣王姜后脱簪珥待罪永巷，后改为掖庭。”【索隐】永巷，别宫名，有长巷，故名之也。按：韦昭云以为在掖门内，故谓之掖庭也。　②【集解】应劭曰：“鸩鸟食蝮，以其羽画酒中，饮之立死。”　③【集解】徐广曰：“犁，犹比也。诸言犁明者，将明之时。”　④【索隐】令音龄。

二年，楚元王、齐悼惠王皆来朝。十月，孝惠与齐王燕饮太后前，孝惠以为齐王兄，置上坐，如家人之礼。太后怒，乃令酌两卮鸩，置前，令齐王起为寿。齐王起，孝惠亦起，取卮欲俱为寿。太后乃恐，自起泛[①]孝惠卮。齐王怪之，因不敢饮，佯醉去。问，知其鸩，齐王恐，自以为不得脱长安，忧。齐内史士[②]说王曰：“太后独有孝惠与鲁元公主。[③]今王有七十余城，而公主乃食数城。王诚以一郡上太后，为公主汤沐邑，太后必喜，王必无忧。”于是齐王乃上城阳之郡，尊公主为王太后。[④]吕后喜，许之。乃置酒齐邸，[⑤]乐饮，罢，归齐王。三年,方筑长安城,四年就半,五年六年城就。[6]诸侯来会。十月朝贺。

①【索隐】音捧泛也。 ②【集解】徐广曰:“一作出。” ③【集解】如淳曰:“《公羊传》曰‘天子嫁女于诸侯,必使诸侯同姓者主之’,故谓之公主。《百官表》列侯所食曰国,皇后、公主所食曰邑,诸侯王女曰公主。”苏林曰:“公,五等尊爵也。《春秋》听臣子以称君父,妇人称主,有‘主孟啖我’之比,故云公主。”瓒曰:“天子之女虽食汤沐之邑,不君其民。”【索隐】啖音徒滥反。按:主是谓里克妻,即优施之语,事见《国语》。孟者,且也,言且啖我物,我教汝妇事夫之道。此即妇人称主之意耳。比音必二反。 ④【集解】如淳曰:“张敖子偃为鲁王,故公主得为太后。” ⑤【正义】汉法,诸侯各起邸第于京师。 ⑥【索隐】按:《汉宫阙疏》“四年筑东面,五年筑北面”。《汉旧仪》“城方六十三里,经纬各十二里”。《三辅旧事》云“城形似北斗”也。

七年秋八月戊寅,孝惠帝崩。[1]发丧,太后哭,泣不下。留侯子张辟疆为侍中,[2]年十五,谓丞相曰:“太后独有孝惠,今崩,哭不悲,君知其解乎?”[3]丞相曰:“何解?”辟彊曰:“帝毋壮子,[4]太后畏君等。君今请拜吕台、吕产、吕禄为将,将兵居南北军,及诸吕皆入宫,居中用事,如此则太后心安,君等幸得脱祸矣。”丞相乃如辟彊计。太后悦,其哭乃哀。吕氏权由此起。乃大赦天下。九月辛丑,葬。[5]太子即位为帝,谒高庙。元年,号令一出太后。

①【集解】皇甫谧曰:“帝以秦始皇三十七年生,崩时年二十三。” ②【集解】应劭曰:“入侍天子,故曰侍中。” ③【正义】解,纪卖反。言

哭解惰，有所思也。又音户卖反。解，节解也。又纪买反，谓解说也。 ④【正义】毋音无。　⑤【集解】《汉书》云："葬安陵。"《皇览》曰："山高三十二丈，广袤百二十步，居地六十亩。"皇甫谧曰："去长陵十里，在长安北三十五里。"

太后称制，议欲立诸吕为王，问右丞相王陵。王陵曰："高帝刑白马盟曰'非刘氏而王，天下共击之'。今王吕氏，非约也。"太后不悦。问左丞相陈平、绛侯周勃。勃等对曰："高帝定天下，王子弟，今太后称制，王昆弟诸吕，无所不可。"太后喜。罢朝，王陵让陈平、绛侯曰："始与高帝啑血盟，[1]诸君不在邪？今高帝崩，太后女主，欲王吕氏，诸君从欲阿意背约，何面目见高帝地下？"陈平、绛侯曰："于今面折廷争，臣不如君。夫全社稷，定刘氏之后，君亦不如臣。"王陵无以应之。十一月，太后欲废王陵，乃拜为帝太傅，[2]夺之相权。王陵遂病免归。乃以左丞相平为右丞相，以辟阳侯[3]审食其为左丞相。左丞相不治事，令监宫中，如郎中令。食其故得幸太后，常用事，公卿皆因而决事。乃追尊郦侯父为悼武王，欲以王诸吕为渐。

①【索隐】啑，邹音使接反。又云或作唼，又音丁牒反。　②【集解】应劭曰："古官。傅者，覆也。"瓒曰："《大戴礼》云傅之德义。"　③【索隐】按：韦昭云信都之县名。

四月，太后欲侯诸吕，乃先封高祖之功臣郎中令无择[1]为博城侯。[2]鲁元公主薨，赐谥为鲁元太后。子偃为鲁王。

鲁王父，宣平侯张敖也。封齐悼惠王子章为朱虚侯，[3]以吕禄女妻之。齐丞相寿为平定侯。[4]少府延为梧侯。[5]乃封吕种为沛侯，[6]吕平为扶柳侯，[7]张买为南宫侯。[8]

①【集解】徐广曰："姓冯。" ②【正义】《括地志》云："兖州博城，本汉博城县城。" ③【索隐】虚音墟，琅邪县也。【正义】《括地志》云："朱虚故城在青州临朐县东六十里，汉朱虚也。《十三州志》云丹朱游故虚，故云朱虚也。"虚，犹丘也，朱，犹丹也。 ④【集解】徐广曰："姓齐。" ⑤【集解】徐广曰："姓阳成也。延以军匠起，作宫筑城也。" ⑥【集解】徐广曰："释之之子也。"【正义】《括地志》云："徐州沛县古城也。" ⑦【集解】徐广曰："吕后姊子也。母字长姁。"【正义】《括地志》云："扶柳故城在冀州信都县西三十里，汉扶柳县也。有泽，泽中多柳，故曰扶柳。" ⑧【集解】徐广曰："其父越人，为高祖骑将。"

太后欲王吕氏，先立孝惠后宫子彊为淮阳王，[1]子不疑为常山王，[2]子山为襄城侯，[3]子朝为轵侯，[4]子武为壶关侯。太后风大臣，大臣请立郦侯吕台为吕王，[5]太后许之。建成康侯释之卒，嗣子有罪，废，立其弟吕禄[6]为胡陵侯，[7]续康侯后。二年，常山王薨，以其弟襄城侯山为常山王，更名义。十一月，吕王台薨，谥为肃王，太子嘉代立为王。三年，无事。[8]四年，封吕嬃为临光侯，吕他为俞侯，[9]吕更始为赘其侯，[10]吕忿为吕城侯，[11]及诸侯丞相五人。[12]

①【集解】韦昭曰："今陈留郡。" ②【正义】《括地志》云："常山故城在恒州真定县南八里，本汉东垣邑也。" ③【索隐】按：下文更名义，又改名弘农。《汉书》襄城侯唯云名弘，盖史省文耳。按志，襄城属颍川也。

④【索隐】按：韦昭云河内有轵县，音纸。【正义】《括地志》云："故轵城在怀州济源县东南十三里，七国时魏邑。" ⑤【正义】初吕台为吕王，后吕产王梁，更名梁曰吕。 ⑥【集解】徐广曰："释之少子。" ⑦【正义】胡陵，县名，属山阳，章帝改曰胡陆。 ⑧【集解】《汉书》云："秋，星昼见。" ⑨【索隐】他音陁。俞音输。【正义】《括地志》云："故鄃城在德州平原县西南三十里，本汉鄃县，吕他邑也。" ⑩【集解】徐广曰："表云吕后昆弟子淮阳丞相吕胜为赘其侯。"【索隐】按表赘其在临淮。 ⑪【正义】《括地志》云："故吕城在鄧州南阳县西三十里，吕尚先祖封。" ⑫【集解】徐广曰："中邑侯朱通、山都侯王恬开、松兹侯徐厉、滕侯吕更始、醴陵侯越。"

宣平侯女为孝惠皇后时，无子，佯为有身，取美人子名之，[①]杀其母，立所名子为太子。孝惠崩，太子立为帝。帝壮，或闻其母死，非真皇后子，乃出言曰："后安能杀吾母而名我？我未壮，壮即为变。"太后闻而患之，恐其为乱，乃幽之永巷中，言帝病甚，左右莫得见。太后曰："凡有天下治为万民命[②]者，盖之如天，容之如地，上有欢心以安百姓，百姓欣然以事其上，欢欣交通而天下治。今皇帝病久不已，乃失惑惛乱，不能继嗣奉宗庙祭祀，不可属天下，其代之。"群臣皆顿首言："皇太后为天下齐民计所以安宗庙社稷甚深，群臣顿首奉诏。"帝废位，太后幽杀之。五月丙辰，立常山王义为帝，更名曰弘。不称元年者，以太后称天下事也。以轵侯朝为常山王。置太尉官，绛侯勃为太尉。五年八月，淮阳王薨，以弟壶关侯武为淮阳王。六年十月，太后曰吕王嘉居处骄恣，废之，以肃王台弟吕产为吕王。夏，赦天下。封齐悼惠王子兴居为东牟侯。[③]

①【正义】刘伯庄云："诸美人元幸吕氏，怀身而入宫生子。" ②【集解】徐广曰："一无此字。" ③【索隐】韦昭云："东莱县。"

七年正月，太后召赵王友。友以诸吕女为后，弗爱，爱他姬，诸吕女妒，怒去，谗之于太后，诬以罪过，曰"吕氏安得王！太后百岁后，吾必击之。"太后怒，以故召赵王。赵王至，置邸不见，令卫围守之，弗与食。其群臣或窃馈，辄捕论之。赵王饿，乃歌曰："诸吕用事兮刘氏危，迫胁王侯兮强授我妃。我妃既妒兮诬我以恶，谗女乱国兮上曾不寤。我无忠臣兮何故弃国？自决中野兮苍天举直。[①]于嗟不可悔兮宁早自财。为王而饿死兮谁者怜之。吕氏绝理兮托天报仇。"丁丑，赵王幽死，以民礼葬之长安民冢次。

①【集解】徐广曰："举，一作与。"

己丑，日食，书晦。太后恶之，心不乐，乃谓左右曰："此为我也。"

二月，徙梁王恢为赵王。吕王产徙为梁王，梁王不之国，为帝太傅。立皇子平昌侯太为吕王。更名梁曰吕，吕曰济川。太后女弟吕媭[①]有女为营陵侯刘泽妻，泽为大将军。太后王诸吕，恐即崩后刘将军为害，乃以刘泽为琅邪王，以慰其心。

①【索隐】韦昭云："樊哙妻，封林光侯。"

梁王恢之徙王赵，心怀不乐。太后以吕产女为赵王后。王后从官皆诸吕，擅权，微伺赵王，赵王不得自恣。王有所爱姬，王后使人鸩杀之。王乃为歌诗四章，令乐人歌之。王悲，六月即自杀。太后闻之，以为王用妇人弃宗庙礼，废其嗣。

宣平侯张敖卒，以子偃为鲁王，敖赐谥为鲁元王。

秋，太后使使告代王，欲徙王赵。代王谢，愿守代边。

太傅产、丞相平等言，武信侯吕禄[①]上侯，位次第一，[②]请立为赵王。太后许之，追尊禄父康侯为赵昭王。九月，燕灵王建薨，有美人子，太后使人杀之，无后，国除。八年十月，立吕肃王子东平侯吕通为燕王，封通弟吕庄为东平侯。

①【集解】徐广曰："吕后兄子也。前封胡陵侯，盖号曰武信。"②【集解】如淳曰："功大者位在上，《功臣侯表》有第一第二之次也。"

三月中，吕后祓，[①]还过轵道，见物如苍犬，据[②]高后掖，忽弗复见。卜之，云赵王如意为祟。高后遂病掖伤。

①【正义】祓，芳弗反，又音废。后同。　②【集解】徐广曰："音戟。"

高后为外孙鲁元王偃年少，早失父母，孤弱，乃封张敖前姬两子，侈为新都侯，寿为乐昌侯，[①]以辅鲁元王偃。及封中大谒者张释为建陵侯，[②]吕荣为祝兹侯。[③]诸中宦者令丞皆为关内侯，食邑五百户。[④]

①【集解】徐广曰："食细阳之池阳乡。" ②【集解】徐广曰："一云张释卿。"骃案：如淳曰"《百官表》'谒者掌宾赞受事'，灌婴为中谒者。后常以奄人为之，诸官加'中'者多奄人也。" ③【集解】徐广曰："吕后昆弟子。" ④【集解】如淳曰："列侯出关就国，关内侯但爵其身，有加异者，与关内之邑，食其租税也。《风俗通义》曰'秦时六国未平，将帅皆家关中，故称关内侯'。"

七月中，高后病甚，乃令赵王吕禄为上将军，军北军；吕王产居南军。吕太后诫产、禄曰："高帝已定天下，与大臣约，曰'非刘氏王者，天下共击之'。今吕氏王，大臣弗平。我即崩，帝年少，大臣恐为变。必据兵卫宫，慎毋送丧，毋为人所制。"辛巳，高后崩，遗诏赐诸侯王各千金，[1]将相列侯郎吏皆以秩赐金。大赦天下。以吕王产为相国，以吕禄女为帝后。高后已葬，[2]以左丞相审食其为帝太傅。

①【集解】蔡邕曰："皇子封为王者，其实古诸侯也。加号称王，故谓之诸侯王。王子弟封为侯者，谓之诸侯。" ②【集解】皇甫谧曰："合葬长陵。"《皇览》曰："高帝、吕后，山各一所也。"

朱虚侯刘章有气力，东牟侯兴居其弟也，皆齐哀王弟，居长安。当是时，诸吕用事擅权，欲为乱，畏高帝故大臣绛、灌等，未敢发。朱虚侯妇，吕禄女，险知其谋。恐见诛，乃阴令人告其兄齐王，欲令发兵西，诛诸吕而立。朱虚侯欲从中与大臣为应。齐王欲发兵，其相弗听。八月丙午，齐王欲使人诛相，相召平乃反，举兵欲围王，王因杀其相，遂发兵东，诈夺琅邪王兵，并将之而西。语在《齐王》语中。

齐王乃遗诸侯王书曰："高帝平定天下，王诸子弟，悼惠王王齐。悼惠王薨，孝惠帝使留侯良立臣为齐王。孝惠崩，高后用事，春秋高，听诸吕，擅废帝更立，又比杀三赵王，[①]灭梁、赵、燕以王诸吕，分齐为四。忠臣进谏，上惑乱弗听。今高后崩，而帝春秋富，未能治天下，固恃大臣诸侯。而诸吕又擅自尊官，聚兵严威，劫列侯忠臣，矫制以令天下，宗庙所以危。寡人率兵入诛不当为王者。"汉闻之，相国吕产等乃遣颍阴侯灌婴将兵击之。灌婴至荥阳，乃谋曰："诸吕权兵关中，欲危刘氏而自立。今我破齐还报，此益吕氏之资也。"乃留屯荥阳，使使谕齐王及诸侯，与连和，以待吕氏变，共诛之。齐王闻之，乃还兵西界待约。

①【索隐】比音如字。比，犹频也。赵隐王如意，赵幽王友，赵王恢，是三赵王也。

吕禄、吕产欲发乱关中，内惮绛侯、朱虚等，外畏齐、楚兵，又恐灌婴畔之，欲待灌婴兵与齐合而发，犹豫未决。[①]当是时，济川王太、淮阳王武、常山王朝名为少帝弟，及鲁元王吕后外孙，皆年少未之国，居长安。赵王禄、梁王产各将兵居南北军，皆吕氏之人。列侯群臣莫自坚其命。

①【索隐】犹，邹音以兽反。与音预，又作豫。崔浩云"犹，蝯类也。卬鼻，长尾，性多疑"。又《说文》云"犹，兽名，多疑"，故比之也。按：狐性亦多疑，度冰而听水声，故云"狐疑"也。今解者又引《老子》"与兮若冬涉川，犹兮若畏四邻"，故以为"犹与"是常语。且按狐听冰，而此云"若冬涉川"，则

与是狐类不疑。“犹兮若畏四邻”，则犹定是兽，自不保同类，故云“畏四邻”也。

太尉绛侯勃不得入军中主兵。曲周侯郦商老病，其子寄与吕禄善。绛侯乃与丞相陈平谋，使人劫郦商，令其子寄往绐说吕禄曰：“高帝与吕后共定天下，刘氏所立九王，[①]吕氏所立三王，[②]皆大臣之议，事已布告诸侯，诸侯皆以为宜。今太后崩，帝少，而足下佩赵王印，不急之国守藩，乃为上将，将兵留此，为大臣诸侯所疑。足下何不归将印，以兵属太尉？请梁王归相国印，与大臣盟而之国，齐兵必罢，大臣得安，足下高枕而王千里，此万世之利也。”吕禄信然其计，欲归将印，以兵属太尉。使人报吕产及诸吕老人，或以为便，或曰不便，计犹豫未有所决。吕禄信郦寄，时与出游猎。过其姑吕媭，媭大怒，曰：“若为将而弃军，吕氏今无处矣。”[③]乃悉出珠玉宝器散堂下，曰：“毋为他人守也。”

①【索隐】吴，楚，齐，淮南，琅邪，代，常山王朝，淮阳王武，济川王太，是九也。　②【索隐】梁王产、赵王禄、燕王通也。　③【索隐】颜师古以为言见诛灭，无处所也。

左丞相食其免。

八月庚申旦，平阳侯窋行御史大夫事，见相国产计事。郎中令贾寿使从齐来，因数产曰：“王不早之国，今虽欲行，尚可得邪？”具以灌婴与齐、楚合从，欲诛诸吕告产，乃趣产急入宫。平阳侯颇闻其语，乃驰告丞相、太尉。太尉欲入北军，不得入。襄平侯通尚符节，[①]乃令持节矫内太尉北军。太尉复令郦寄与典客刘揭[②]先说吕禄曰："帝使太尉守北军，欲足下之国，急归将印辞去，不然，祸且起。"吕禄以为郦兄[③]不欺己，遂解印属典客，而以兵授太尉。太尉将之入军门，行令军中曰："为吕氏右禮，为刘氏左禮。"军中皆左禮为刘氏。太尉行至，将军吕禄亦已解上将印去，太尉遂将北军。

①【集解】徐广曰："姓纪。"张晏曰："纪信子也。尚，主也。今符节令。"【索隐】张晏云："纪信子。"又晋灼云："信被楚烧死，不见有后。按《功臣表》襄平侯纪通，父成以将军定三秦，死事，子侯。"则通非信子，张说谬误。　②【集解】《汉书·百官表》曰："典客，秦官也，掌诸侯、归义蛮夷也。"　③【集解】徐广曰："音况，字也。名寄。"

然尚有南军。平阳侯闻之，以吕产谋告丞相平，丞相平乃召朱虚侯佐太尉。太尉令朱虚侯监军门。令平阳侯告卫尉："毋入相国产殿门。"吕产不知吕禄已去北军，乃入未央宫，欲为乱，殿门弗得入，徘徊往来。平阳侯恐弗胜，驰语太尉。太尉尚恐不胜诸吕，未敢讼言诛之，[①]乃遣朱虚侯谓曰："急入宫卫帝。"朱虚侯请卒，太尉予卒千余人。入未央宫门，遂见产廷中。日餔时，遂击产。产走。天风大起，以故其从官乱，莫敢斗。逐产，杀之郎中府吏厕中。[②]

①【集解】徐广曰："讼，一作公。"骃按：韦昭曰"讼，犹公也。"【索隐】按：韦昭以讼为公，徐广亦云然，盖公为得。然公言犹明言也。又解者云

讼，诵说也。　②【集解】如淳曰："《百官表》郎中令掌宫殿门户，故其府在宫中，后转为光禄勳也。"

朱虚侯已杀产，帝命谒者持节劳朱虚侯。朱虚侯欲夺节信，谒者不肯，朱虚侯则从与载，因节信驰走，斩长乐卫尉吕更始。还，驰入北军，报太尉。太尉起，拜贺朱虚侯曰："所患独吕产，今已诛，天下定矣。"遂遣人分部悉捕诸吕男女，无少长皆斩之。辛酉，捕斩吕禄，而笞杀吕媭。使人诛燕王吕通，而废鲁王偃。壬戌，以帝太傅食其复为左丞相。戊辰，徙济川王王梁，立赵幽王子遂为赵王。遣朱虚侯章以诛诸吕氏事告齐王，令罢兵。灌婴兵亦罢荥阳而归。

诸大臣相与阴谋曰："少帝及梁、淮阳、常山王，皆非真孝惠子也。吕后以计诈名他人子，杀其母，养后宫，令孝惠子之，立以为后，及诸王，以强吕氏。今皆已夷灭诸吕，而置所立，即长用事，吾属无类矣。不如视诸王最贤者立之。"或言"齐悼惠王高帝长子，今其嫡子为齐王，推本言之，高帝嫡长孙，可立也。"大臣皆曰："吕氏以外家恶而几危宗庙，乱功臣。今齐王母家驷，驷钧，恶人也，即立齐王，则复为吕氏。"欲立淮南王，以为少，母家又恶。乃曰："代王方今高帝见子，最长，仁孝宽厚。太后家薄氏谨良。且立长故顺，以仁孝闻于天下，便。"乃相与共阴使人召代王。代王使人辞谢。再反，然后乘六乘传。[①]后九月[②]晦日己酉，至长安，舍代邸。大臣皆往谒，奉天子玺上代王，共尊立为天子。代王数让，群臣固请,然后听。

①【集解】张晏曰:"备汉朝有变,欲驰还也。或曰传车六乘。" ②【集解】文颖曰:"即闰九月也。时律历废,不知闰,谓之'后九月'也。以十月为岁首,至九月则岁终,后九月则闰月。"

东牟侯兴居曰:"诛吕氏吾无功,请得除宫。"乃与太仆汝阴侯滕公入宫,前谓少帝曰:"足下非刘氏,不当立。"乃顾麾左右执戟者掊兵罢去。[1]有数人不肯去兵,宦者令张泽谕告,亦去兵。滕公乃召乘舆车载少帝出。[2]少帝曰:"欲将我安之乎?"滕公曰:"出就舍。"舍少府。乃奉天子法驾,[3]迎代王于邸。报曰:"宫谨除。"代王即夕入未央宫。有谒者十人持戟卫端门,曰:"天子在也,足下何为者而入?"代王乃谓太尉。太尉往谕,谒者十人皆掊兵而去。代王遂入而听政。夜,有司分部诛灭梁、淮阳、常山王及少帝于邸。

①【集解】徐广曰:"掊音仆。" ②【集解】蔡邕曰:"律曰'敢盗乘舆服御物'。天子至尊,不敢渫渎言之,故托于乘舆也。乘犹载也,舆犹车也。天子以天下为家,不以京师宫室为常处,则当乘车舆以行天下,故群臣托乘舆以言之也,故或谓之'车驾'。" ③【集解】蔡邕曰:"天子有大驾、小驾、法驾。法驾上所乘,曰金根车,驾六马,有五时副车,皆驾四马,侍中参乘,属车三十六乘。"

代王立为天子。二十三年崩,谥为孝文皇帝。

太史公曰:孝惠皇帝、高后之时,黎民得离战国之苦,君臣俱欲休息乎无为，故惠帝垂拱，高后女主称制，政不出房户，天下晏然。刑罚罕用，罪人是希。民务稼穑，衣食滋殖。

索隐述赞曰：高祖犹微，吕氏作妃。及正轩掖，尚私食其。志怀安忍，性挟猜疑。置鸩齐悼，残彘戚姬。孝惠崩殒，其哭不悲。诸吕用事，天下示私。大臣葅醢，支孽芟夷。祸盈斯验，苍狗为菑。

卷十

孝文本纪第十

孝文皇帝，①高祖中子也。高祖十一年春，已破陈豨军，定代地，立为代王，都中都。②太后薄氏子。即位十七年，高后八年七月，高后崩。九月，诸吕吕产等欲为乱，以危刘氏，大臣共诛之，谋召立代王，事在《吕后》语中。

①【集解】《汉书音义》曰："讳恒。" ②【正义】《括地志》云："中都故城在汾州平遥县西南十二里，秦属太原郡也。"

丞相陈平、太尉周勃等使人迎代王。代王问左右郎中令张武等。张武等议曰："汉大臣皆故高帝时大将，习兵，多谋诈，此其属意非止此也，特畏高帝、吕太后威耳。今已诛诸吕，新啑血①京师，②此以迎大王为名，实不可信。愿大王称疾毋往，以观其变。"中尉宋昌进曰：③"群臣之议皆非也。夫秦失其政，诸侯豪杰并起，人人自以为得之者以万数，然卒践天子之位者，刘氏也，天下绝望，一矣。高帝封王子弟，地犬牙相制，④此所谓盘石之宗也，⑤天下服其强，二矣。汉兴，除秦苛政，约法令，施德惠，人人自安，难动摇，三矣。夫以吕太后之严，立诸吕为三王，擅权专制，然而太尉以一节入北军,[⑥]一呼士皆左袒,为刘氏,叛诸吕,卒以灭之。此乃天授,非人力也。今大臣虽欲为变,百姓弗为使,其党宁能专一邪?方今内有朱虚、东牟之亲,外畏吴、楚、淮南、琅邪、齐、代之强。方今高帝子独淮南王与大王,大王又长,贤圣仁孝,闻于天下,故大臣因天下之心而欲迎立大王,大王勿疑也。"代王报太后计之,犹与未定。卜之龟,卦兆得大横。[⑦]占曰:"大横庚庚,余为天王,夏启以光。"[⑧]代王曰:"寡人固已为王矣,又何王?"卜人曰:"所谓天王者乃天子。"于是代王乃遣太后弟薄昭往见绛侯,绛侯等具为昭言所以迎立王意。薄昭还报曰:"信矣,毋可疑者。"代王乃笑谓宋昌曰:"果如公言。"乃命宋昌参乘,张武等六人乘传诣长安。至高陵休止,[⑨]而使宋昌先驰之长安观变。

①【索隐】啑,《汉书》作喋,音跕,丁牒反。《汉书·陈汤杜业》皆言喋血,无盟歃事。《广雅》云"蹀,履也",谓履涉之。 ②【集解】《公羊传》曰:"京,大。师,众也。天子之居,必以众大之辞言也。" ③【索隐】《东观汉记·宋杨传》宋义后有宋昌。又《会稽典录》昌,宋义孙也。 ④【索隐】言封子弟境土交接,若犬之牙不正相当而相衔入也。 ⑤【索隐】言其固如盘石。此语见《太公六韬》。 ⑥【索隐】即纪通所矫帝之节。 ⑦【集解】应劭曰:"以荆灼龟,文正横。" ⑧【集解】服虔曰:"庚庚,横貌也。"李奇曰:"庚庚,其繇文也。"张晏曰:"横(行)〔谓〕无思不服。庚,更也。言去诸侯而即帝位也。先是五帝官天下,老则禅贤,至启始传父爵,乃能光治先君之基业。文帝亦袭父迹,言似夏启者也。"【索隐】荀悦云:"大横,龟兆横理也。"按:庚庚,犹"更更",言以诸侯更帝位也。荀悦云"繇,抽也,所以抽出吉凶之情也"。杜预云"繇,兆辞也,音胄"。按:《汉书》盖宽饶云"五帝官天下,三王家天下,官以传贤人,家以传子孙"。官,犹公也,谓不

私也。　⑨【正义】《括地志》云："高陵故城在雍州高陵县西南一里，本名横桥，架渭水上。《三辅旧事》云秦于渭南有兴乐宫，渭北有咸阳宫。秦昭王欲通二宫之间，造横桥，长三百八十步，桥北(京)〔垒〕石水中，旧有忖留神象。此神曾与鲁班语，班令其出，留曰'我貌丑，卿善图物容，不出'。班于是拱手与语曰'出头见我'。留乃出首。班以脚画地，忖留觉之，便没水。故置其像于水上，唯有腰以上。魏太祖马见而惊，命移下之。"

昌至渭桥，[①]丞相以下皆迎。宋昌还报。代王驰至渭桥，群臣拜谒称臣。代王下车拜。太尉勃进曰："愿请间言。"[②]宋昌曰："所言公，公言之。所言私，王者不受私。"太尉乃跪上天子玺符。代王谢曰："至代邸而议之。"[③]遂驰入代邸。群臣从至。丞相陈平、太尉周勃、大将军陈武、御史大夫张苍、宗正刘郢、[④]朱虚侯刘章、东牟侯刘兴居、典客刘揭皆再拜言曰："子弘等皆非孝惠帝子，不(审)〔当〕奉宗庙。臣谨请(与)阴安侯[⑤]列侯顷王后[⑥]与琅邪王、宗室、大臣、列侯、吏二千石议曰：'大王高帝长子，宜为高帝嗣。'愿大王即天子位。"代王曰："奉高帝宗庙，重事也。寡人不佞，不足以称宗庙。愿请楚王计宜者，[⑦]寡人不敢当。"群臣皆伏固请。代王西向让者三，南向让者再。[⑧]丞相平等皆曰："臣伏计之，大王奉高帝宗庙最宜称，虽天下诸侯万民以为宜。臣等为宗庙社稷计，不敢忽。愿大王幸听臣等。臣谨奉天子玺符再拜上。"代王曰："宗室将相王列侯以为莫宜寡人，寡人不敢辞。"遂即天子位。

①【集解】苏林曰："在长安北三里。"【索隐】《三辅故事》："咸阳宫在渭

北，兴乐宫在渭南，秦昭王通两宫之间，作渭桥，长三百八十步。”又《关中记》云石柱以北属扶风，石柱以南属京兆也。 ②【索隐】包恺音闲，言欲向空间处语。颜师古云：“间，容也，犹言中间。请容暇之顷，当有所陈，不欲即公论也。” ③【索隐】《说文》：“邸，属国舍。” ④【集解】《汉书·百官表》曰：“宗正，秦官。”应劭曰：“周成王时，彤伯入为宗正。” ⑤【集解】苏林曰：“高帝兄伯妻羹颉侯信母，丘嫂也。” ⑥【集解】徐广曰：“代顷王刘仲之妻。”骃按：苏林曰“仲子濞为吴王，故追谥为顷王”也。如淳曰“顷王后封阴安侯，时吕婴为林光侯，萧何夫人亦为酂侯”。又《宗室表》此时无阴安，知其为顷王后也。【索隐】按：苏林、徐广、韦昭以为二人封号，而乐彦引如淳，以顷王后别封阴安侯，与《汉祠令》相会。今以阴安是别人封爵，非也。顷王后是代王后，文帝之伯母。代王降为郃阳侯，故云“列侯顷王后”。韦昭曰“阴安属魏郡”也。 ⑦【集解】苏林曰：“楚王名交，高帝弟。”【索隐】楚王交，高帝弟，最尊。言更请楚王计宜者，故下云“皆为宜”也。 ⑧【集解】如淳曰：“让群臣也。或曰宾主位东西面，君臣位南北面，故西向坐，三让不受，群臣犹称宜，乃更回坐，示变即君位之渐也。”

群臣以礼次侍。乃使太仆婴与东牟侯兴居清宫，①奉天子法驾，②迎于代邸。皇帝即日夕入未央宫。乃夜拜宋昌为卫将军，镇抚南北军。以张武为郎中令，行殿中。还坐前殿。于是夜下诏书曰：“间者诸吕用事擅权，谋为大逆，欲以危刘氏宗庙，赖将相列侯宗室大臣诛之，皆伏其辜。朕初即位，其赦天下，赐民爵一级，女子百户牛酒，③酺五日。”④

①【集解】应劭曰：“旧典，天子行幸所至，必遣静宫令先案行清静殿中，以虞非常。”【索隐】按：《汉仪》云“皇帝起居，索室清宫而后行”。
②【索隐】《汉官仪》云：“天子卤簿有大驾、法驾。大驾公卿奉引，大将军参乘，属车八十一乘。法驾公卿不在卤簿中，惟京兆尹、执金吾、长安令奉引，

侍中参乘，属车三十六乘也。”　③【集解】苏林曰：“男赐爵，女子赐牛酒。”【索隐】按：《封禅书》云“百户牛一头，酒十石”。乐彦云“妇人无夫或无子不沾爵，故赐之也”。　④【集解】文颖曰：“汉律三人已上无故群饮，罚金四两。今诏横赐得令会聚饮食五日。”【索隐】《说文》云“酺，王者布德，大饮酒也”。出钱为醵，出食为酺。又按：赵武灵王灭中山，酺五日，是其所起远也。

孝文皇帝元年十月庚戌，徙立故琅邪王泽为燕王。

辛亥，皇帝即阼，[1]谒高庙。右丞相平徙为左丞相，[2]太尉勃为右丞相，大将军灌婴为太尉。诸吕所夺齐、楚故地，皆复与之。

①【正义】主人阶也。　②【正义】此时尚右。

壬子，遣车骑将军薄昭迎皇太后于代。皇帝曰：“吕产自置为相国，吕禄为上将军，擅矫遣灌将军婴将兵击齐，欲代刘氏，婴留荥阳弗击，与诸侯合谋以诛吕氏。吕产欲为不善，丞相陈平与太尉周勃谋夺吕产等军。朱虚侯刘章首先捕吕产等。太尉身率襄平侯通持节承诏入北军。典客刘揭身夺赵王吕禄印。益封太尉勃万户，赐金五千斤。丞相陈平、灌将军婴邑各三千户，金二千斤。朱虚侯刘章、襄平侯通、东牟侯刘兴居邑各二千户，金千斤。[1]封典客揭为阳信侯，[2]赐金千斤。”

①【集解】徐广曰：“十一月辛丑。”　②【索隐】韦昭云勃海县。【正

义】《括地志》云:“阳信故城在沧州无棣县东南三十里,汉阳信县。”

十二月,上曰:“法者,治之正也,所以禁暴而率善人也。今犯法已论,而使毋罪之父母妻子同产坐之,及为收帑,朕甚不取。其议之。”有司皆曰:“民不能自治,故为法以禁之。相坐坐收,所以累其心,使重犯法,所从来远矣。如故便。”上曰:“朕闻法正则民悫,罪当则民从。且夫牧民而导之善者,吏也。其既不能导,又以不正之法罪之,是反害于民为暴者也。何以禁之? 朕未见其便,其孰计之。”有司皆曰:“陛下加大惠,德甚盛,非臣等所及也。请奉诏书,除收帑诸相坐律令。”①

①【集解】应劭曰:“帑,子也。秦法一人有罪,并坐其家室。今除此律。”

正月,有司言曰:“早建太子,所以尊宗庙。请立太子。”上曰:“朕既不德,上帝神明未歆享,天下人民未有嗛志。①今纵不能博求天下贤圣有德之人而禅天下焉,而曰豫建太子,是重吾不德也。谓天下何?② 其安之。”③ 有司曰:“豫建太子,所以重宗庙社稷,不忘天下也。”上曰:“楚王,季父也,春秋高,阅天下之义理多矣,④明于国家之大体。吴王于朕,兄也,惠仁以好德。淮南王,弟也,秉德以陪朕。⑤岂为不豫哉。诸侯王宗室昆弟有功臣,多贤及有德义者,若举有德以陪朕之不能终,是社稷之灵,天下之福也。今不选举焉,而曰必子,人其以朕为忘贤有德者而专于子,非所以忧天下也。朕甚不取也。"有司皆固请曰:"古者殷、周有国,治安皆千余岁,古之有天下者莫长焉,用此道也。[6]立嗣必子,所从来远矣。高帝亲率士大夫,始平天下,建诸侯,为帝者太祖。诸侯王及列侯始受国者皆亦为其国祖。子孙继嗣,世世弗绝,天下之大义也,故高帝设之以抚海内。今释宜建而更选于诸侯及宗室,非高帝之志也。更议不宜。[7]子某最长,纯厚慈仁,请建以为太子。"上乃许之。因赐天下民当代父后者爵各一级。[8]封将军薄昭为轵侯。[9]

①【索隐】按:嗛者,(不)满之意也。未有嗛志,言天下皆志不满也。《汉书》作"慊志",安也。 ②【索隐】言何以谓于天下也。 ③【索隐】其,发声也。安者,徐也。言徐徐且待也。 ④【集解】如淳曰:"阅,犹言多所更历也。" ⑤【集解】文颖曰:"陪,辅也。" ⑥【索隐】言古之有天下者,无长于立子,故云"莫长焉"。用此道者,用殷、周立子之道,故安治千有余岁也。 ⑦【索隐】言不宜更别议也。 ⑧【集解】韦昭曰:"文帝以立子为后,不欲独飨其福,故赐天下为父后者爵。" ⑨【集解】徐广曰:"正月乙巳也。"

三月,有司请立皇后。薄太后曰:"诸侯皆同姓,立太子母为皇后。"[1]皇后姓窦氏。上为立后故,赐天下鳏寡孤独穷困,及年八十已上、孤儿九岁已下布帛米肉各有数。上从代来,初即位,施德惠天下,填抚诸侯四夷皆洽欢,乃循从代来功臣。上曰:"方大臣之诛诸吕迎朕,朕狐疑,皆止朕,唯中尉宋昌劝朕,朕以得保奉宗庙。已尊昌为卫将军,其封昌为壮武侯。[2]诸从朕六人,官皆至九卿。"[3]

①【索隐】谓帝之子为诸侯王，皆同姓。姓，生也。言皆同母生，故立太子母也。 ②【集解】徐广曰："四月辛亥封，封三十四年，景帝中四年夺侯，国除。"【索隐】韦昭云胶东县。【正义】《括地志》云："壮武故城在莱州即墨县西六十里，古莱夷国，有汉壮武县故城。" ③【正义】汉置九卿，一曰太常，二曰光禄，三曰卫尉，四曰太仆，五曰廷尉，六曰大鸿胪，七曰宗正，八曰大司农，九曰少府，是为九卿也。

上曰："列侯从高帝入蜀、汉中者六十八人皆益封各三百户，故吏二千石以上从高帝颍川守尊等十人食邑六百户，淮阳守申徒嘉等十人五百户，卫尉定等十人四百户。封淮南王舅父赵兼为周阳侯，①齐王舅父驷钧为清郭侯。"②秋，封故常山丞相蔡兼为樊侯。③

①【正义】《括地志》云："周阳故城在绛州闻喜县东二十九里。" ②【集解】如淳曰："邑名，六国时齐有清郭君。清音静。"【索隐】按表，驷钧封邬侯。不同者，盖后徙封于邬。邬属鉅鹿郡。 ③【索隐】韦昭云："樊，东平之县。"【正义】《括地志》云："汉樊县城在兖州瑕丘西南二十五里。《地理志》云樊县古樊国，仲山甫所封。"

人或说右丞相曰："君本诛诸吕，迎代王，今又矜其功，受上赏，处尊位，祸且及身。"右丞相勃乃谢病免罢，左丞相平专为丞相。①

①【集解】徐广曰："八月中。"

二年十月，丞相平卒，复以绛侯勃为丞相。上曰："朕闻古者诸侯建国千余(岁),各守其地,以时入贡,民不劳苦,上下欢欣,靡有遗德。今列侯多居长安,邑远,吏卒给输费苦,而列侯亦无由教驯其民。[①]其令列侯之国,为吏及诏所止者,遣太子。"[②]

①【正义】驯,古训字。　　②【集解】张晏曰:"为吏,谓以卿大夫为兼官者。诏所止,特以恩爱见留者。"

十一月晦,日有食之。[①]十二月望,日又食。[②]上曰:"朕闻之,天生蒸民,为之置君以养治之。人主不德,布政不均,则天示之以菑,以诫不治。乃十一月晦,日有食之,适见于天,菑孰大焉。朕获保宗庙,以微眇之身托于兆民君王之上,天下治乱,在朕一人,唯二三执政犹吾股肱也。朕下不能理育群生,上以累三光之明,其不德大矣。令至,其悉思朕之过失,及知见思之所不及,白以告朕。及举贤良方正能直言极谏者,以匡朕之不逮。因各饬其任职,务省繇费以便民。朕既不能远德,故憪然念外人之有非,[③]是以设备未息。今纵不能罢边屯戍,而又饬兵厚卫,其罢卫将军军。太仆见马遗财足,[④]余皆以给传置。"[⑤]

①【正义】按:《说文》云日蚀则朔,月蚀则望。而云晦日食之,恐历错误。　　②【集解】徐广曰:"此云望日又食。按:《汉书》及《五行志》无此日食文也。一本作'月食',然史书不纪月食。"　　③【集解】《汉书音义》曰:"憪然,犹介然也。非,奸非也。"【索隐】苏林云"憪,寝视不安之貌",盖近其意。余说皆疏。憪音下板反。　　④【索隐】遗,犹留也。财,古字与

才同。言太仆见在之马，今留才足充事而已也。　⑤【索隐】按：《广雅》云“置，驿也”。《续汉书》云“驿马三十里一置”。故乐彦亦云传置一也。言乘传者以传次受名，乘置者以马取匹。传音丁恋反。如淳云“律，四马高足为传置，四马中足为驰置，下足为乘置，一马二马为轺置，如置急者乘一马曰乘也”。

正月，上曰：“农，天下之本，其开籍田，[①]朕亲率耕，以给宗庙粢盛。”[②]

①【集解】应劭曰：“古者天子耕籍田千亩，为天下先。籍者，帝王典籍之常。”韦昭曰：“籍，借也。借民力以治之，以奉宗庙，且以劝率天下，使务农也。”瓒曰：“景帝诏曰‘朕亲耕，后亲桑，为天下先’。本以躬亲为义，不得以假借为称也。籍，蹈籍也。”　②【集解】应劭曰：“黍稷曰粢，在器中曰盛。”

三月，有司请立皇子为诸侯王。上曰：“赵幽王幽死，朕甚怜之，已立其长子遂为赵王。遂弟辟彊及齐悼惠王子朱虚侯章、东牟侯兴居有功，可王。”乃立赵幽王少子辟彊为河间王，以齐剧郡立朱虚侯为城阳王，立东牟侯为济北王，皇子武为代王，子参为太原王，子揖为梁王。

上曰：“古之治天下，朝有进善之旌，[①]诽谤之木，[②]所以通治道而来谏者。今法有诽谤妖言之罪，是使众臣不敢尽情，而上无由闻过失也。将何以来远方之贤良？其除之。民或祝诅上以相约结而后相谩，[③]吏以为大逆，其有他言，而吏又以为诽谤。此细民之愚无知，抵死，朕甚不取。自今以来，有犯此者勿听治。”

①【集解】应劭曰："旌，幡也。尧设之五达之道，令民进善也。"如淳曰："欲有进善者，立于旌下言之。" ②【集解】服虔曰："尧作之，桥梁交午柱头。"应劭曰："桥梁边板，所以书政治之愆失也。至秦去之，今乃复施也。"【索隐】按：《尸子》云"尧立诽谤之木"。诽音非，亦音沸。韦昭云"虑政有阙失，使书于木，此尧时然也，后代因以为饰。今宫外桥梁头四植木是也"。郑玄注《礼》云"一纵一横为午，谓以木贯表柱四出，即今之华表"。崔浩以为木贯表柱四出名"桓"，陈楚俗桓声近和，又云"和表"，则"华"与"和"又相讹耳。 ③【集解】《汉书音义》曰："民相结共祝诅上也。谩者，而后谩而止之，不毕祝诅也。"【索隐】韦昭云："谩，相抵谰也。"《说文》云："谩，欺也。"谓初相约共行祝，后相欺诳，中道而止之也。

九月，初与郡国守相为铜虎符、竹使符。[①]

①【集解】应劭曰："铜虎符第一至第五，国家当发兵，遣使者至郡合符，符合乃听受之。竹使符皆以竹箭五枚，长五寸，镌刻篆书，第一至第五。"张晏曰："符以代古之珪璋，从简易也。"【索隐】《汉旧仪》铜虎符发兵，长六寸。竹使符出入征发。《说文》云分符而合之。小颜云"右留京师，左与之"。《古今注》云"铜虎符银错书之"。张晏云"铜取其同心也"。

三年十月丁酉晦，日有食之。十一月，上曰："前日(计)〔诏〕遣列侯之国，或辞未行。丞相朕之所重，其为朕率列侯之国。"绛侯勃免丞相就国，以太尉颍阴侯婴为丞相。罢太尉官，属丞相。四月，城阳王章薨。淮南王长与从者魏敬杀辟阳侯审食其。

五月，匈奴入北地，居河南为寇。帝初幸甘泉。[①]六月，帝曰："汉与匈奴约为昆弟，毋使害边境，所以输遗匈奴甚厚。今右贤王离其国，将众居河南降地，非常故，往来近塞，捕杀吏卒，驱保塞蛮夷，令不得居其故，陵轹边吏，入盗，甚敖无道，非约也。其发边吏骑八万五千诣高奴，遣丞相颍阴侯灌婴击匈奴。”匈奴去，发中尉②材官属卫将军军长安。

①【集解】蔡邕曰：“天子车驾所至，民臣以为侥幸，故曰幸。至见令长三老官属，亲临轩，作乐，赐食帛越巾刀佩带，民爵有级数，或赐田租之半，故因是谓之幸。”【索隐】应劭云：“宫名，在云阳。一名林光。”臣瓒云：“甘泉，山名。林光，秦离宫名。”又顾氏按：邢承宗《西征赋注》云“甘泉，水名”。今按：盖因地有甘泉以名山，则山水皆通也。　②【集解】《汉书·百官表》曰：“中尉，秦官。”

辛卯，帝自甘泉之高奴，因幸太原，见故群臣，皆赐之。举功行赏，诸民里赐牛酒。复晋阳①中都民三岁。留游太原十余日。

①【正义】故城在汾州平遥县西南十三里。

济北王兴居闻帝之代，欲往击胡，乃反，发兵欲袭荥阳。于是诏罢丞相兵，遣棘蒲侯陈武为大将军，将十万往击之。祁侯贺①为将军，军荥阳。七月辛亥，帝自太原至长安。乃诏有司曰：“济北王背德反上，诖误吏民，为大逆。济北吏民兵未至先自定，及以军地邑降者，皆赦之，复官爵。与王兴居去来，亦赦之。”②八月，破济北军，虏其王。赦济北诸吏民与王反者。

①【集解】徐广曰："姓缯，以文帝十一年卒，谥曰敬。"【索隐】《汉书音义》祁音迟。贺姓缯。缯，古国，夏同姓也。【正义】《括地志》云："并州祁县城，晋大夫祁奚之邑。"　②【集解】徐广曰："乍去乍来也。"骃案：张晏曰"虽始与兴居反，今降，赦之"。

六年，有司言淮南王长废先帝法，不听天子诏，居处毋度，出入拟于天子，擅为法令，与棘蒲侯太子奇谋反，遣人使闽越及匈奴，发其兵，欲以危宗庙社稷。群臣议，皆曰"长当弃市"。帝不忍致法于王，赦其罪，废勿王。群臣请处王蜀严道、邛都，[①]帝许之。长未到处所，行病死，上怜之。后十六年，追尊淮南王长谥为厉王，立其子三人为淮南王、[②]衡山王、[③]庐江王。[④]

①【集解】徐广曰："《汉书》或作邮字，或直云邛僰。邛都乃本是西南夷，尔时未通，严道有邛僰山。"【正义】邛，其恭反。《括地志》云："严道今为县，即邛州所理县也。县有蛮夷曰道，故曰严道。邛都县本邛都国，汉为县，今嶲州也。《西南夷传》云'滇池以北君长以十数，邛都最大'是也。"按：群臣请处淮南王长蜀之严道，不尔，更远邛都西有邛僰山也。邛僰山在雅州荣经县界。荣经，武德年间置，本秦严道地。《华阳国志》云："邛筰山故邛人、筰人界也。山岩峭峻，曲回九折乃至上，下有凝冰。"按即王尊登者也。今从九折西南行至嶲州，山多雨少晴，俗呼名为漏天。　②【索隐】名安，阜陵侯也。　③【索隐】名勃，安阳侯也。　④【索隐】名赐，周阳侯也。

十三年夏，上曰："盖闻天道祸自怨起而福繇德兴。百官之非，宜由朕躬。今秘祝之官移过于下，[①]以彰吾之不德，朕甚不取。其除之。”

①【集解】应劭曰：“祕祝之官移过于下，国家讳之，故曰祕。”

五月，齐太仓令淳于公[①]有罪当刑，诏狱逮徙系长安。太仓公无男，有女五人。太仓公将行会逮，骂其女曰：“生子不生男，有缓急非有益也。”其少女缇萦[②]自伤泣，乃随其父至长安，上书曰：“妾父为吏，齐中皆称其廉平，今坐法当刑。妾伤夫死者不可复生，刑者不可复属，虽复欲改过自新，其道无由也。妾愿没入为官婢，赎父刑罪，使得自新。”书奏天子，天子怜悲其意，乃下诏曰：“盖闻有虞氏之时，画衣冠异章服以为僇，[③]而民不犯。何则？至治也。今法有肉刑三，[④]而奸不止，其咎安在？非乃朕德薄而教不明欤？吾甚自愧。故夫驯道不纯而愚民陷焉。《诗》曰‘恺悌君子，民之父母’。今人有过，教未施而刑加焉，或欲改行为善而道毋由也。朕甚怜之。夫刑至断支体，刻肌肤，终身不息，何其楚痛而不德也，岂称为民父母之意哉！其除肉刑。”

①【索隐】名意，为齐太仓令，故谓之仓公也。　②【索隐】缇音啼。邹氏音体也。　③【正义】《晋书·刑法志》云：“三皇设言而民不违，五帝画衣冠而民知禁。犯黥者皁其巾，犯劓者丹其服，犯膑者墨其体，犯宫者杂其屦，大辟之罪，殊刑之极，布其衣裾而无领缘，投之于市，举众弃之。”④【集解】李奇曰：“约法三章无肉刑，文帝则有肉刑。”孟康曰：“黥劓二，左右趾合一，凡三。”【索隐】韦昭云：“断趾、黥、劓之属。”崔浩《汉律序》云：“文帝除肉刑而宫不易。”张斐注云：“以淫乱人族序，故不易之也。”

上曰："农，天下之本，务莫大焉。今勤身从事而有租税之赋，是为本末者毋以异，[1]其于劝农之道未备。其除田之租税。"

①【集解】李奇曰："本，农也。末，贾也。言农与贾俱出租无异也，故除田租。"

十四年冬，匈奴谋入边为寇，攻朝那塞，杀北地都尉卬。[1]上乃遣三将军军陇西、北地、上郡，中尉周舍为卫将军，郎中令张武为车骑将军，军渭北，车千乘，骑卒十万。帝亲自劳军，勒兵申教令，赐军吏卒。帝欲自将击匈奴，群臣谏，皆不听。皇太后固要帝，[2]帝乃止。于是以东阳侯张相如为大将军，成侯赤[3]为内史，栾布为将军，击匈奴。匈奴遁走。

①【集解】徐广曰："姓孙。封其子单为缾侯。匈奴所杀。" ②【集解】如淳曰："必不得自征也。" ③【集解】徐广曰："姓董也。"

春，上曰："朕获执牺牲珪币以事上帝宗庙，十四年于今，历日(县)〔绵〕长，以不敏不明而久抚临天下，朕甚自愧。其广增诸祀墠场珪币。昔先王远施不求其报，望祀不祈其福，右贤左戚，[1]先民后己，至明之极也。今吾闻祠官祝釐，[2]皆归福朕躬，不为百姓，朕甚愧之。夫以朕不德，而躬享独美其福，百姓不与焉，是重吾不德。其令祠官致敬，毋有所祈。"

①【集解】韦昭曰："右，犹高，左，犹下也。"【索隐】刘德云："先贤后亲也。" ②【集解】如淳曰："釐，福也。《贾谊传》'受釐坐宣室'。"【索隐】音禧，福也。

是时北平侯张苍为丞相，方明律历。鲁人公孙臣上书陈终始传五德事，[①]言方今土德时，土德应黄龙见，当改正朔服色制度。天子下其事与丞相议。丞相推以为今水德，始明正十月上黑事，以为其言非是，请罢之。

①【索隐】五行之德，帝王相承传易，终而复始，故云"终始传五德之事"。传音转也。

十五年，黄龙见成纪，[①]天子乃复召鲁公孙臣，以为博士，申明土德事。于是上乃下诏曰："有异物之神见于成纪，无害于民，岁以有年。朕亲郊祀上帝诸神。礼官议，毋讳以劳朕。"[②]有司礼官皆曰："古者天子夏躬亲礼祀上帝于郊，故曰郊。"于是天子始幸雍，郊见五帝，以孟夏四月答礼焉。赵人新垣平以望气见，因说上设立渭阳五庙。[③]欲出周鼎，当有玉英见。[④]

①【集解】韦昭曰："成纪县属天水。" ②【集解】《汉书音义》曰："言无所讳，勿以朕为劳。" ③【集解】韦昭曰："在渭城。" ④【集解】《瑞应图》云："玉英，五常并修则见。"

十六年，上亲郊见渭阳五帝庙，亦以夏答礼而尚赤。

十七年，得玉杯，[①]刻曰“人主延寿”。于是天子始更为元年，[②]令天下大酺。其岁，新垣平事觉，夷三族。

①【集解】应劭曰：“新垣平诈令人献之。” ②【索隐】按：“《秦本纪》惠文王十四年更为元年。又《汲冢竹书》魏惠王亦有后元，当取法于此。又按：《封禅书》以新垣平候日再中，故改元也。

后二年，上曰：“朕既不明，不能远德，是以使方外之国或不宁息。夫四荒之外不安其生，[①]封畿之内勤劳不处，二者之咎，皆自于朕之德薄而不能远达也。间者累年，匈奴并暴边境，多杀吏民，边臣兵吏又不能谕吾内志，以重吾不德也。夫久结难连兵，中外之国将何以自宁？今朕夙兴夜寐，勤劳天下，忧苦万民，为之怛惕不安，未尝一日忘于心，故遣使者冠盖相望，结轶[②]于道，[③]以谕朕意于单于。今单于反古之道，计社稷之安，便万民之利，亲与朕俱弃细过，偕之大道，结兄弟之义，以全天下元元之民。[④]和亲已定，始于今年。”

①【索隐】顾胤按：《尔雅》孤竹、北户、西王母、日下谓之四荒也。 ②【集解】音辙。 ③【集解】韦昭曰：“使车往还，故辙如结也。相如曰‘结轨还辙’。”【索隐】邹氏轶音逸，《汉书》作“辙”。顾氏按：司马彪云“结谓车辙回旋错结之也”。 ④【索隐】《战国策》云：“制海内，子元元，非兵不可。”高诱注云：“元元，善也。”又按：姚察云“古者谓人云善，言善人也。因善为元，故云黎元。其言元元者，非一人也”。顾野王又云“元元犹喁喁，可怜爱貌”。未安其说，聊记异也。

后六年冬，匈奴三万人入上郡，三万人入云中。以中大夫令勉[①]为车骑将军，军飞狐。[②]故楚相苏意为将军，军句注。[③]将军张武屯北地；河内守周亚夫为将军，居细柳。[④]宗正刘礼为将军，居霸上。祝兹侯[⑤]军棘门，[⑥]以备胡。数月，胡人去，亦罢。

①【集解】徐广曰："卫尉改名也。"骃案：《汉书·百官表》景帝初改卫尉为中大夫令，非此年也。【索隐】中大夫令是官号，勉其名。后此官改为光禄勳。虞世南以此称中大夫令，是史家追书耳。颜游秦以令是姓，勉是名，为中大夫。据《风俗通》，令姓令尹子文之后。 ②【集解】如淳曰："在代郡。"苏林曰："在上党。" ③【集解】应劭曰："山险名也，在雁门阴馆。"【索隐】句，伏俨音俱，包恺音钩。 ④【集解】徐广曰："在长安西。"骃按：如淳曰"《长安图》细柳仓在渭北，近石徼"。张揖曰"在昆明池南，今有柳市是也"。【索隐】按："《三辅故事》细柳在直城门外阿房宫西北维。"又《匈奴传》云"长安西细柳"，则如淳云在渭北，非也。 ⑤【集解】徐广曰："表作松兹侯，姓徐，名悍。" ⑥【集解】徐广曰："在渭北。"骃案：孟康曰"在长安北，秦时宫门也。"如淳曰"《三辅黄图》棘门在横门外"。

天下旱，蝗。帝加惠，令诸侯毋入贡，弛山泽，[①]减诸服御狗马，损郎吏员，发仓庾以振贫民，[②]民得卖爵。[③]

①【集解】韦昭曰："弛，废也。废其常禁以利民。" ②【集解】应劭曰："水漕仓曰庾。"胡公曰："在邑曰仓，在野曰庾。"【索隐】郭璞注《三苍》云："庾，仓无屋也。"胡公名广，后汉太尉，作《汉官解诂》也。 ③【索隐】崔浩云："富人欲爵，贫人欲钱，故听买卖。"

孝文帝从代来，即位二十三年，宫室苑囿狗马服御无所增益，有不便，辄弛以利民。尝欲作露台，[①]召匠计之，直百金。上曰："百金中民十家之产，吾奉先帝宫室，常恐羞之，何以台为！"上常衣绨衣，[②]所幸慎夫人，令衣不得曳地，帏帐不得文绣，以示敦朴，为天下先。治霸陵皆以瓦器，不得以金银铜锡为饰，不治坟，欲为省，毋烦民。南越王尉佗自立为武帝，然上召贵尉佗兄弟，以德报之，佗遂去帝称臣。与匈奴和亲，匈奴背约入盗，然令边备守，不发兵深入，恶烦苦百姓。吴王诈病不朝，就赐几杖。群臣如袁盎等称说虽切，常假借用之。[③]群臣如张武等受赂遗金钱，觉，上乃发御府金钱赐之，以愧其心，弗下吏。专务以德化民，是以海内殷富，兴于礼义。

①【集解】徐广曰："露，一作'灵'。"【索隐】顾氏按：新丰南骊山上犹有台之旧址也。　②【集解】如淳曰："賈谊云'身衣皁绨'。"　③【集解】苏林曰："假音休假。借音以物借人。"

后七年六月己亥，帝崩于未央宫。[①]遗诏曰："朕闻盖天下万物之萌生，靡不有死。死者天地之理，物之自然者，奚可甚哀。当今之时，世咸嘉生而恶死，厚葬以破业，重服以伤生，吾甚不取。且朕既不德，无以佐百姓。今崩，又使重服久临，以离寒暑之数，哀人之父子，伤长幼之志，损其饮食，绝鬼神之祭祀，以重吾不德也，谓天下何。朕获保宗庙，以眇眇之身托于天下君王之上，二十有余年矣。赖天地之灵，社稷之福，方内安宁，[②]靡有兵革。[③]朕既不敏，常畏过行，以羞先帝之遗德。维年之久长，惧于不终。今乃幸以天年，得复供养于高庙，朕之不明与。[4]嘉之，其奚哀悲之有。其令天下吏民，令到出临三日，皆释服。毋禁取妇嫁女祠祀饮酒食肉者。自当给丧事服临者，皆无践。[5]绖带无过三寸，毋布车及兵器，[6]毋发民男女哭临宫殿。宫殿中当临者，皆以旦夕各十五举声，礼毕罢。非旦夕临时，禁毋得擅哭。已下，[7]服大红十五日，小红十四日，纤七日，释服。[8]佗不在令中者，皆以此令比率从事。布告天下，使明知朕意。霸陵山川因其故，[9]毋有所改。归夫人以下至少使。"[10]令中尉亚夫为车骑将军，属国悍[11]为将屯将军，[12]郎中令武为复土将军，[13]发近县见卒万六千人，发内史卒万五千人，[14]藏郭穿复土属将军武。

①【集解】徐广曰："年四十七。" ②【集解】瓒曰："方，四方也。内，中也。犹云中外也。" ③【集解】徐广曰："一云'方内安，兵革息'。" ④【集解】如淳曰："与，发声也。得卒天年已善矣。" ⑤【集解】服虔曰："践，翦也。谓无斩衰也。"孟康曰："践，跣也。"晋灼曰："《汉语》作'跣'。跣，徒跣也。"【索隐】《汉语》是书名，荀爽所作。 ⑥【集解】应劭曰："无以布衣车及兵器也。"服虔曰："不施轻车介士也。" ⑦【索隐】谓柩已下于圹。 ⑧【集解】服虔曰："当言大功、小功布也。纤，细布衣也。"应劭曰："红者，中祥大祥以红为领缘也。纤者，禫也。凡三十六日而释服。"【索隐】刘德云："红亦功也。男功非一，故以'工力'为字。而女工唯在于丝，故以'系工'为字。三十六日，以日易月故也。" ⑨【集解】应劭曰："因山为藏，不复起坟，山下川流不遏绝也。就其水名以为陵号。"【索隐】霸是水名。水径于山，亦曰霸山，即芷阳地也。 ⑩【集解】应劭曰："夫人以下有美人、良人、八子、七子、长使、少使，凡七辈，皆遣归家，重绝人类也。"

⑪【集解】徐广曰："姓徐。"骃按：《汉书·百官表》"典属国，秦官，掌蛮夷降者"。 ⑫【集解】李奇曰："冯奉世为右将军，以将屯将军为名，此监主诸屯也。" ⑬【集解】如淳曰："主穿圹填瘗事者。"【索隐】复音伏。谓穿圹出土，下棺已而填之，即以为坟，故云复土。复，反还也。又音福。
⑭【索隐】按：《百官表》云内史掌理京师之官。景帝更名京兆尹。

乙巳，[①]群臣皆顿首上尊号曰孝文皇帝。

①【集解】《汉书》云："乙巳葬霸陵。"皇甫谧曰："霸陵去长安七十里。"

太子即位于高庙。丁未，袭号曰皇帝。

孝景皇帝元年十月，制诏御史："盖闻古者祖有功而宗有德，[①]制礼乐各有由。闻歌者，所以发德也。舞者，所以明功也。高庙酎，[②]奏《武德》、《文始》、《五行》之舞。[③]孝惠庙酎，奏《文始》、《五行》之舞。孝文皇帝临天下，通关梁，不异远方。[④]除诽谤，去肉刑，赏赐长老，收恤孤独，以育群生。减嗜欲，不受献，[⑤]不私其利也。罪人不帑，[⑥]不诛无罪。除(肉)〔宫〕刑，出美人，重绝人之世。朕既不敏，不能识。此皆上古之所不及，而孝文皇帝亲行之。德厚侔天地，[⑦]利泽施四海，靡不获福焉。明象乎日月，而庙乐不称，朕甚惧焉。其为孝文皇帝庙为《昭德》之舞，[⑧]以明休德。然后祖宗之功德著于竹帛，施于万世，永永无穷，朕甚嘉之。其与丞相、列侯、中二千石、礼官具为礼仪奏。"丞相臣嘉等言："陛下永思孝道，立《昭德》之舞以明孝文皇帝之盛德，皆臣嘉等愚所不及。臣谨议：世功莫大于高皇帝，德莫盛于孝文皇帝，高皇庙宜为帝者太祖之庙，孝文皇帝庙宜为帝者太宗之庙。天子宜世世献祖宗之庙。郡国诸侯宜各为孝文皇帝立太宗之庙。诸侯王列侯使者侍祠天子，岁献祖宗之庙。[9]请著之竹帛，宣布天下。”制曰：“可。”

①【集解】应劭曰：“始取天下者为祖，高帝称高祖是也。始治天下者为宗，文帝称太宗是也。” ②【集解】张晏曰：“正月旦作酒，八月成，名曰酎。酎之言纯也。至武帝时，因八月尝酎会诸侯庙中，出金助祭，所谓‘酎金’也。” ③【集解】孟康曰：“《武德》，高祖所作也。《文始》，舜舞也。《五行》，周舞也。《武德》者，其舞人执干戚。《文始舞》执羽籥。《五行舞》冠冕，衣服法五行色。见《礼乐志》。”【索隐】应劭云：“《礼乐志》《文始舞》本舜《韶舞》，高祖更名《文始》，示不相袭。《五行舞》本周《武舞》，秦始皇更名《五行舞》。按：今言‘奏《武德》、《文始》、《五行》之舞’者，其乐总象武王乐，言高祖以武定天下也。即示不相袭，其作乐之始，先奏《文始》，以羽籥衣文绣居先；次即奏《五行》，《五行》即《武舞》，执干戚而衣有五行之色也。” ④【集解】张晏曰：“孝文十二年，除关，不用传，令远近若一。” ⑤【集解】徐广曰：“减，一作滅。” ⑥【集解】苏林曰：“刑不及妻子。” ⑦【集解】李奇曰：“侔，齐等。” ⑧【集解】文颖曰：“景帝采高祖《武德舞》作《昭德舞》，舞之于文帝庙，见《礼乐志》。” ⑨【集解】张晏曰：“王及列侯岁时遣使诣京师，侍祠助祭也。”如淳曰：“若光武庙在章陵，南阳太守称使者往祭是也。不使侯王祭者，诸侯不得祖天子也。凡临祭祀宗庙，皆为侍祭。”

太史公曰：孔子言“必世然后仁。[1]善人之治国百年，亦可以胜残去杀”。[2]诚哉是言。汉兴，至孝文四十有余载，德至盛也。廪廪乡改正服封禅矣，谦让未成于今。呜呼，岂不仁哉！

①【集解】孔安国曰："三十年曰世。如有受命王者，必三十年仁政乃成。" ②【集解】王肃曰："胜残暴之人，使不为恶。去杀，不用杀也。"

索隐述赞曰：孝文在代，兆遇大横。宋昌建册，绛侯奉迎。南面而让，天下归诚。务农先籍，布德偃兵。除帑削谤，政简刑清。绨衣率俗，露台不营。法宽张武，狱恤缇萦。霸陵如故，千年颂声。

卷十一

孝景本纪第十一

孝景皇帝者，[①]孝文之中子也。母窦太后。孝文在代时，前后有三男，及窦太后得幸，前后死，及三子更死，故孝景得立。

①【集解】《汉书音义》曰："讳启。"【正义】《谥法》曰："繇义而济曰景。"

元年四月乙卯，赦天下。乙巳，赐民爵一级。五月，除田半租。为孝文立太宗庙。令群臣无朝贺。匈奴入代，与约和亲。

二年春，封故相国萧何孙係为武陵侯。[①]男子二十而得傅。[②]四月壬午，孝文太后崩。[③]广川、长沙王皆之国。[④]丞相申屠嘉卒。八月，以御史大夫开封侯陶青为丞相。彗星出东北。秋，衡山雨雹，[⑤]大者五寸，深者二尺。荧惑逆行，守北辰。月出北辰间。岁星逆行天廷中。置南陵及内史祋祤为县。[⑥]

①【集解】（徐广曰：《汉书》亦作係。邹诞生本作傒，音奚。又按：《汉书·功臣

表》及《萧何传》皆云孙嘉，疑其人有二名。)【索隐】《汉书》亦作係，邹诞生本作傒。又按：《汉书·功臣表》及《萧何传》皆云封何孙嘉，疑其人有二名也。②【索隐】音附。荀悦云："傅，正卒也。"小颜云旧法二十三而傅，今改也。③【索隐】薄太后也。葬芷阳西，曰少陵也。　④【索隐】广川王彭祖、长沙王发皆景帝子，遣就国。　⑤【正义】雨，于付反。　⑥【集解】徐广曰："《地理志》云文帝七年置。"骃按：《地理志》、《百官表》南陵县文帝置也。分内史为左右，及祋祤为县，皆景帝二年，不得皆如徐所云。【索隐】邹诞生祋音都会反，又音丁活反。祤音羽，又音诩。

三年正月乙巳，赦天下。长星出西方。天火[①]燔雒阳东宫大殿城室。[②]吴王濞、[③]楚王戊、[④]赵王遂、[⑤]胶西王卬、[⑥]济南王辟光、[⑦]菑川王贤、[⑧]胶东王雄渠[⑨]反，发兵西向。天子为诛晁错，遣袁盎谕告，不止，遂西围梁。[⑩]上乃遣大将军窦婴、太尉周亚夫将兵诛之。六月乙亥，赦亡军及楚元王子蓺等[⑪]与谋反者。封大将军窦婴为魏其侯。[⑫]立楚元王子平陆侯刘礼[⑬]为楚王。立皇子端为胶西王，子胜为中山王。徙济北王志[⑭]为菑川王，淮阳王馀[⑮]为鲁王，[⑯]汝南王非[⑰]为江都王。[⑱]齐王将庐、[⑲]燕王嘉[⑳]皆薨。[㉑]

①【集解】徐广曰："《汉志》无。"　②【集解】徐广曰："雒，一作淮。"【索隐】雒阳《汉书》作"淮阳"。灾，故徙王于鲁也。　③【正义】音匹备反。高祖兄仲子，故汉高祖十二年封，三十三年反。年表云都吴，其实在江都也。　④【正义】高祖弟楚王交孙，嗣二十一年反，都彭城。⑤【正义】高祖孙，幽王友子，嗣二十六年反，都邯郸。　⑥【正义】卬，五郎反。高祖孙，齐悼惠王子，故平昌侯，十年反，都密州高密县。⑦【正义】辟音壁。高祖孙，齐悼惠王子，故(初)〔扐〕侯，立十一年反。《括

地志》云:“济南故城在淄川长山县西北三十里。” ⑧【正义】高祖孙,齐悼惠王子,故武城侯,立十一年反,都剧。《括地志》云:“菑州县也。故剧城在青州寿光县南三十一里,故纪国。” ⑨【正义】高祖孙,齐悼惠王子,故白石侯,立十一年反,都即墨。《括地志》云:“即墨故城在密州胶水县东南六十里,即胶东国。” ⑩【正义】梁孝王都睢阳,今宋州。 ⑪【正义】蓺,鱼曳反。字亦作“藝”,音同。 ⑫【正义】《地理志》云魏其属琅邪。 ⑬【索隐】韦昭云:“平陆,西河县。礼即向之从曾祖王父也。”【正义】应劭云:“平陆,西河县。” ⑭【正义】济,子礼反。济北国今济州卢县,即济北王所都。 ⑮【正义】淮阳国今陈州。 ⑯【正义】今兖州曲阜县。 ⑰【正义】汝南国今豫州。 ⑱【正义】江都国今扬州也。吴王濞所都,反,诛,景帝改为江都国,封皇子非也。 ⑲【索隐】悼惠王之孙,齐王襄之子。庐,《汉书》作“闾”。【正义】齐国,青州临淄也。将庐,齐悼惠王之孙,襄王之子,年表云。 ⑳【索隐】刘泽之子。 ㉑【集解】徐广曰:“表云五年薨。”

四年夏,立太子。立皇子彻为胶东王。六月甲戌,赦天下。后九月,更以(弋)〔易〕阳为阳陵。① 复置津关,用传出入。② 冬,以赵国为邯郸郡。③

①【正义】《括地志》云:“汉景帝陵也,在雍州咸阳县东三十里。”按:豫作寿陵也。 ②【集解】应劭曰:“文帝十二年,除关,无用传,至此复置传,以七国新反,备非常也。”张晏曰:“传,信也,若今过所也。”如淳曰:“传音‘檄传’之‘传’,两行书缯帛,分持其一,出入关,合之乃得过,谓之传。”【索隐】传音丁恋反。 ③【集解】《地理志》赵国景帝以为邯郸郡。

五年三月,作阳陵、① 渭桥。五月,募徙阳陵,予钱二十万。江都大暴风从西方来,坏城十二丈。丁卯,封长公主子蟜为隆虑侯。[2]徙广川王为赵王。

①【索隐】景帝豫作寿陵也。按:《赵系家》赵肃侯十五年起寿陵,后代遂因之也。 ②【索隐】音林闾。避殇帝讳改之。

六年春,封中尉(赵)绾为建陵侯,[1]江都丞相嘉[2]为建平侯,陇西太守浑邪为平曲侯,[3]赵丞相嘉[4]为江陵侯,故将军布为鄃侯。梁、楚二王皆薨。后九月,伐驰道树,殖兰池。[5]

①【正义】《括地志》云:"建陵故县在沂州承县界。" ②【集解】徐广曰:"姓程。" ③【正义】《括地志》云:"平曲县故城在瀛州文安县北七十里。" ④【集解】徐广曰:"姓苏。" ⑤【集解】徐广曰:"殖,一作填。"【正义】按:驰道,天子道,秦始皇作之,三丈而树。

七年冬,废栗太子为临江王。[1]十(二)〔一〕月晦,日有食之。春,免徒隶作阳陵者。丞相青免。二月乙巳,以太尉条侯[2]周亚夫为丞相。四月乙巳,立胶东王太后为皇后。[3]丁巳,立胶东王为太子。名彻。

①【正义】临江,忠州县。虽王临江而都江陵。 ②【正义】条,田彫反。字亦作"蓨",音同。 ③【索隐】按系家,太后槐里人,父仲。兄信,封盖侯。后故金氏妻女弟姁儿也。

中元年,封故御史大夫周苛[1]孙平[2]为绳侯,故御史大夫周昌(子)〔孙〕左车为安阳侯。四月乙巳,赦天下,赐爵一级。除禁锢。地动。衡山、原都雨雹,大者尺八寸。

①【索隐】周昌之兄。 ②【集解】徐广曰:“一作应。”

中二年二月,匈奴入燕,遂不和亲。三月,召临江王来,即死中尉府中。夏,立皇子越为广川王,子寄为胶东王。封四侯。[①]九月甲戌,日食。

①【集解】文颖曰:“楚相张尚,太傅赵夷吾,赵相建德,内史王悍。此四人各谏其王,无使反,不听,皆杀之,故封其子。”【索隐】韦昭云:“张尚子当居,赵夷吾子周,建德子横,王悍子弃。”

中三年冬,罢诸侯御史中丞。春,匈奴王二人率其徒来降,皆封为列侯。[①]立皇子方乘为清河王。三月,彗星出西北。丞相周亚夫(死)〔免〕,以御史大夫桃侯刘舍为丞相。四月,地动。九月戊戌晦,日食。军东都门外。[②]

①【正义】《汉书》表云中三年,安陵侯子军、桓侯赐、遒侯陆彊、容城侯徐卢、易侯仆黚、范阳侯代、翕侯邯郸七人,以匈奴王降,皆封为列侯。按:纪言二人者是匈奴二王为首降。 ②【集解】按:《三辅黄图》东出北头第一门曰宣平门,外曰东都门。

中四年三月,置德阳宫。[①]大蝗。秋,赦徒作阳陵者。

①【集解】瓒曰:“是景帝庙也,帝自作之,讳不言庙,故言宫。《西京故事》云景帝庙为德阳宫。”

中五年夏,立皇子舜为常山王。封十侯。[①]六月丁巳,赦天下，赐爵一级。天下大潦。更命诸侯丞相曰相。秋，地动。

①【正义】《惠景间年表》云亚谷侯虑他之、隆卢侯陈蟜、乘氏侯刘买、桓邑侯刘明、盖侯王信。按：其五人是中元五年封，余检不获。中元三年，匈奴王二人降，封为列侯。《惠景间表》云匈奴王降为侯者有七人，疑其五人是十侯之数。

中六年二月己卯，行幸雍，郊见五帝。三月，雨雹。四月，梁孝王、[①]城阳共王、[②]汝南王皆薨。立梁孝王子明为济川王，[③]子彭离为济东王，[④]子定为山阳王，[⑤]子不识为济阴王。[⑥]梁分为五。封四侯。更命廷尉为大理，将作少府为将作大匠，主爵中尉为都尉，[⑦]长信詹事[⑧]为长信少府，[⑨]将行为大长秋，[⑩]大行为行人，[⑪]奉常为太常，[⑫]典客为大行，[⑬]治粟内史为大农。[⑭]以大内为二千石，[⑮]置左右内官，属大内。[⑯]七月辛亥，日食。八月，匈奴入上郡。

①【正义】都睢阳，今宋州。　②【正义】城阳，今濮州雷泽县，古城阳也。共音恭。《谥法》"严敬故事曰恭"。　③【正义】表云分梁置也。④【正义】表云分梁置也。　⑤【正义】《地理志》云景帝中六年别为山阳国，属兖州。　⑥【正义】《地理志》云景帝中六年别为济阴国，属兖州。按：今曹州是也。　⑦【集解】《汉书·百官表》曰："主爵中尉，秦官，掌列侯。"　⑧【集解】《汉书·百官表》曰："詹事，秦官，掌皇后太子家。"应劭曰："詹，省也，给也。"瓒曰："《茂陵书》詹事秩二千石。"　⑨【集解】张晏曰："以太后所居宫为名。长信宫则曰长信少府，长乐宫则曰长乐少府。"　⑩【集解】《汉书·百官表》曰："将行，秦官。"应劭曰："长秋，皇

后卿。” ⑪【集解】服虔曰:“天子死未有谥,称大行。”晋灼曰:“礼有大行、小行,主谥官,故以此名之。”如淳曰:“不反之辞也。”瓒曰:“大行是官名,掌九仪之制,以宾诸侯。”【索隐】按:郑玄曰“命者五,谓公、侯、伯、子、男,爵者四,孤、卿、大夫、士,是九也。” ⑫【集解】《汉书·百官表》曰:“奉常,秦官,掌宗庙礼仪。” ⑬【索隐】韦昭云:“大行,官名,秦时云典客,景帝初改云大行,后更名大鸿胪,武帝因而不改,故《汉书·景纪》有大鸿胪。《百官表》又云武帝改名大鸿胪。鸿,声也。胪,附皮。以言其掌四夷宾客,若皮胪之在外附于身也。复有大行令,故诸侯薨,大鸿胪奏谥,列侯薨,则大行奏诔。”按:此大行令即鸿胪之属官也。 ⑭【集解】《汉书·百官表》曰:“治粟内史,秦官,掌谷货也。” ⑮【集解】韦昭曰:“大内,京师府藏。” ⑯【索隐】主天子之私财物曰少内。少内即属大内也。

后元年冬,更命中大夫令为卫尉。[①] 三月丁酉,赦天下,赐爵一级,中二千石、诸侯相爵右庶长。四月,大酺。五月丙戌,[②] 地动,其早食时复动。上庸地动二十二日,坏城垣。七月乙巳,日食。丞相刘舍免。八月壬辰,以御史大夫绾[③]为丞相,封为建陵侯。

①【正义】《汉书·百官表》云:“卫尉,秦官,掌宫闱门卫屯兵。景帝初,更命中大夫令,后元年,复为卫尉。” ②【集解】徐广曰:“丙,一作甲。” ③【索隐】姓卫。

后二年正月,地一日三动。郅将军击匈奴。[①] 酺五日。令内史郡不得食马粟,没入县官。令徒隶衣七缨布。[②] 止马舂。[③] 为岁不登,禁天下食不造。岁省列侯遣之国。[④] 三月,匈奴入雁门。十月,租长陵田。大旱。衡山国、河东、云中郡[5]民疫。

①【正义】郅，真栗反。《郅都传》云匈奴刻木为郅都而射，不中。②【正义】衣，于既反。缨，祖工反。缨，八十缕也，与布相似。七升布用五百六十缕。　③【索隐】止人为马舂粟，为岁不登故也。　④【集解】晋灼曰："《文纪》遣列侯之国，今又省之。"　⑤【正义】衡山国，今衡州。河东，今蒲州。云中郡，今胜州。

后三年十月，日月皆(食)赤五日。十二月晦，雷。[1]日如紫。五星逆行守太微。月贯天庭中。[2]正月甲寅，皇太子冠。甲子，孝景皇帝崩。[3]遗诏赐诸侯王以下至民为父后爵一级，天下户百钱。出宫人归其家，复无所与。太子即位，是为孝武皇帝。[4]三月，封皇太后弟蚡[5]为武安侯，弟胜为周阳侯。置阳陵。

①【集解】徐广曰："一作雷字，又作图字，实所未详。"　②【索隐】天庭即龙星右角也。按：《石氏星传》曰"龙在左角曰天田，右角曰天廷。"③【集解】皇甫谧曰："帝以孝惠七年生，年四十八。"　④【集解】《汉书》云："二月癸酉，帝葬阳陵。"皇甫谧曰："阳陵山方百二十步，高十四丈，去长安四十五里。"　⑤【集解】苏林曰："蚡音鼢。"【索隐】蚡音扶粉反。按：《外戚世家》皇太后母臧氏初嫔王氏，生子信而寡，更嫁长陵田氏，生蚡及胜也。

太史公曰：汉兴，孝文施大德，天下怀安。至孝景，不复忧异姓，而晁错刻削诸侯，遂使七国俱起，合从而西向，以诸侯太盛，而错为之不以渐也。及主父偃言之，而诸侯以弱，卒以安。[1]安危之机，岂不以谋哉。

①【索隐】主父偃上言，今天子下推恩之令，令诸侯各得分邑其子弟，于是遂弱，卒以安也。

索隐述赞曰：景帝即位，因修静默。勉人于农，率下以德。制度斯创，礼法可则。一朝吴、楚，乍起凶慝。提局成衅，拒轮致惑。晁错虽诛，梁城未克。条侯出将，追奔逐北。坐见枭剭，立翦牟贼。如何太尉，后卒下狱。惜哉明君，斯功不录。

卷十二

孝武本纪第十二

【集解】《太史公自序》曰"作《今上本纪》",又其述事皆云"今上","今天子",或有言"孝武帝"者,悉后人所定也。张晏曰:"《武纪》,褚先生补作也。褚先生名少孙,汉博士也。"【索隐】按:褚先生补《史记》,合集武帝事以编年,今止取《封禅书》补之,信其才之薄也。又张晏云"褚先生颍川人,仕元、成间。"韦稜云"《褚颉家传》褚少孙,梁相褚大弟之孙,宣帝时为博士,寓居于沛,事大儒王式,号为'先生',续《太史公书》。"阮孝绪亦以为然。

孝武皇帝者,①孝景中子也。②母曰王太后。孝景四年,以皇子为胶东王。孝景七年,栗太子废为临江王,以胶东王为太子。孝景十六年崩,太子即位,为孝武皇帝。③孝武皇帝初即位,尤敬鬼神之祀。

①【集解】《汉书音义》曰:"讳彻。"【正义】《谥法》云:"克定祸乱曰武。" ②【索隐】按:《景十三王传》广川王已上皆是武帝兄,自河间王德以至广川,凡有八人,则武帝第九也。 ③【集解】张晏曰:"武帝以景帝元年生,七岁为太子,为太子十岁而景帝崩,时年十六矣。"

元年,汉兴已六十余岁矣,①天下乂安,②荐绅③之属皆望天子封禅改正度也。而上向儒术,招贤良,赵绾、王臧等以文学为公卿,欲议古立明堂城南,[4]以朝诸侯。草巡狩封禅改历服色事未就。会窦太后治黄、老言,不好儒术,使人微得赵绾等奸利事,[5]召案绾、臧,绾、臧自杀,[6]诸所兴为者皆废。

①【集解】徐广曰:"六十七年,岁在辛丑。" ②【正义】乂音鱼废反。 ③【索隐】荐音搢。搢,挺也。言挺笏于绅带之间,事出《礼·内则》。今作"荐"者,古字假借耳。《汉书》作"缙绅",臣瓒云"缙,赤白色",非也。 ④【索隐】城南,长安城南门外也。《关中记》云明堂在长安城门外,杜门之西。 ⑤【集解】徐广曰:"纤微伺察之。" ⑥【正义】《汉书》孝武帝二年,御史大夫赵绾坐请无奏事太皇太后,及郎中令王臧皆下狱,自杀。应劭云:"王臧儒者,欲立明堂、辟雍,太后素好黄、老术,非薄《五经》,因故绝奏事太后,太后怒,故令杀。"

后六年,窦太后崩。其明年,上征文学之士公孙弘等。

明年,上初至雍,郊见五畤。[1]后常三岁一郊。是时上求神君,[2]舍之上林中蹏氏观。[3]神君者,长陵女子,以子死悲哀,故见神于先后宛若。[4]宛若祠之其室,民多往祠。平原君[5]往祠,其后子孙以尊显。及武帝即位,则厚礼置祠之内中,闻其言,不见其人云。

①【正义】畤音止。《括地志》云:"汉五帝畤在岐州雍县南。孟康云畤者神灵之所止。"案:五畤者鄜畤、密畤、吴阳畤、北畤。先是文公作鄜畤,祭白帝,秦宣公作密畤,祭青帝;秦灵公作吴阳上畤、下畤,祭赤帝、黄帝;汉高祖作北畤,祭黑帝,是五畤也。 ②【正义】《汉武帝故事》云:"起柏梁台以处神君,长陵女子也。先是嫁为人妻,生一男,数岁死,女子悼痛之,岁中

亦死，而灵，宛若祠之，遂闻言宛若为生，民人多往请福，说家人小事有验。平原君亦事之，至后子孙尊贵。及上即位，太后延于宫中祭之，闻其言，不见其人。至是神君求出局，营柏梁台舍之。初，霍去病微时，自祷神君，及见其形，自修饰，欲与去病交接，去病不肯，谓神君曰：'吾以神君精絜，故斋戒祈福，今欲淫，此非也。'自绝不复往。神君惭之，乃去也。" ③【集解】徐广曰："蹏音蹄。"【索隐】邹诞生音斯，又音蹄，观名也。 ④【集解】孟康曰："产乳而死。兄弟妻相谓'先后'。宛若，字。"【索隐】邹诞生音先后并去声，即今妯娌也。孟康以兄弟妻相谓也。韦昭云先谓姒，后谓娣也。宛音冤。 ⑤【集解】徐广曰："武帝外祖母也。"骃案：蔡邕曰"异姓妇人以恩泽封者曰君，仪比长公主。"【索隐】案：徐云武帝外祖母，则是臧儿也。

是时而李少君亦以祠灶、[①]谷道、[②]却老方见上，上尊之。少君者，故深泽侯[③]人，以主方。[④]匿其年及所生长，常自谓七十，能使物，[⑤]却老。其游以方遍诸侯。无妻子。人闻其能使物及不死，更馈遗之，常余金钱帛衣食。人皆以为不治产业而饶给，又不知其何所人，愈信，争事之。少君资好方，善为巧发奇中。[⑥]尝从武安侯[⑦]饮，坐中有年九十余老人，少君乃言与其大父游射处，老人为儿时从其大父行，识其处，一坐尽惊。少君见上，上有故铜器，问少君。少君曰："此器齐桓公十年陈于柏寝。"[⑧]已而案其刻，果齐桓公器。一宫尽骇，以少君为神，数百岁人也。

①【索隐】如淳云："祠灶可以致福。"案：礼灶者，老妇之祭，盛于盆，尊于瓶。《说文》、《周礼》以灶祠祝融。《淮南子》炎帝作火官，死为灶神。司马彪注《庄子》云髻，灶神也，如美女，衣赤。李弘范音诘也。 ②【集解】李奇曰："食谷道引。或曰辟谷不食之道。" ③【集解】徐广曰："姓赵，

景帝时绝封。” ④【集解】徐广曰:“进纳于天子而主方。一云侯人主方。”骃案:如淳曰“侯家人主方药者也”。 ⑤【集解】如淳曰:“物,鬼物也。”瓒曰:“物,药物也。” ⑥【集解】如淳曰:“时时发言有所中也。” ⑦【索隐】服虔云:“田蚡也。”韦昭云:“武安属魏郡。” ⑧【集解】服虔曰:“地名,有台也。”瓒曰:“《晏子书》柏寝,台名也。”【正义】《括地志》云:“柏寝台在青州千乘县东北二十一里。《韩子》云景公与晏子游于少海,登柏寝之台而望其国。公曰:‘美哉堂乎,后代孰将有此?’晏子云:‘其田氏乎?’公曰:‘寡人有国而田氏家,奈何?’对曰:‘夺之,则近贤远不肖,治其烦乱,轻其刑罚,振穷乏,恤孤寡,行恩惠,崇节俭,虽十田氏其如堂何!’即此也。”

少君言于上曰:“祠灶则致物,致物而丹沙可化为黄金,黄金成以为饮食器则益寿,益寿而海中蓬莱仙者可见,见之以封禅则不死,黄帝是也。臣尝游海上,见安期生,[①]食巨枣,大如瓜。安期生仙者,通蓬莱中,合则见人,不合则隐。”于是天子始亲祠灶,而遣方士入海求蓬莱安期生之属,而事化丹沙诸药齐为黄金矣。[②]

①【索隐】服虔曰:“古之真人。”【正义】《列仙传》云:“安期生,琅邪阜乡亭人也。卖药海边。秦始皇请语三夜,赐金数千万,出,于阜乡亭,皆置去,留书,以赤玉舄一量为报,曰‘后千岁求我于蓬莱山下’。” ②【索隐】齐音剂。

居久之,李少君病死。[①]天子以为化去不死也,而使黄锤、[②]史宽舒[③]受其方。求蓬莱安期生莫能得,而海上燕、齐怪迂之方士多相效,更言神事矣。

①【正义】《汉书起居》云:"李少君将去,武帝梦与共登嵩高山,半道,有使乘龙时从云中云'太一请少君',帝谓左右'将舍我去矣'。数月而少君病死。又发棺看,唯衣冠在也。" ②【集解】韦昭曰:"人姓名。"【正义】音直伪反。 ③【集解】《汉书音义》曰:"二人皆方士。"【正义】姓史,名宽舒。

亳人薄诱忌[①]奏祠泰一方,曰:"天神贵者泰一,[②]泰一佐曰五帝。[③]古者天子以春秋祭泰一东南郊,用太牢具,七日,[④]为坛开八通之鬼道。"于是天子令太祝立其祠长安东南郊,常奉祠如忌方。其后人有上书,言"古者天子三年一用太牢具祠神三一:天一、地一、泰一。"天子许之,令太祝领祠之忌泰一坛上,如其方。后人复有上书,言"古者天子常以春秋解祠,祠黄帝用一枭破镜,[⑤]冥羊[⑥]用羊,祠马行[⑦]用一青牡马,泰一、皋山山君、地长[⑧]用牛,武夷君[⑨]用乾鱼,阴阳使者[⑩]以一牛。"令祠官领之如其方,而祠于忌泰一坛旁。其后,天子苑有白鹿,以其皮为币[⑪],以发瑞应,造白金焉。[⑫]

①【集解】徐广曰:"一云亳人谬忌也。"【索隐】亳,山阳县名。姓谬,名忌,居亳,故下称薄忌。此文则衍"薄"字,而"谬"又误作"诱"矣。
② 案:《乐汁微图》云"紫微宫北极天一太一。"宋均以为天一、太一,北极之别名。《春秋纬》"紫宫,天皇曜魄宝之所理也。" ③【正义】五帝,五天帝也。《国语》云"苍帝灵威仰,赤帝赤熛怒,白帝白招矩,黑帝叶光纪,黄帝含枢纽。"《尚书帝命验》云"苍帝名灵威仰,赤帝名文祖,黄帝名神斗,白帝名显纪,黑帝名玄矩"。佐者,谓配祭也。 ④【集解】徐广曰:"一云日一太牢具,十日。" ⑤【集解】孟康曰:"枭,鸟名,食母。破镜,兽名,食父。黄帝欲绝其类,使百物祠皆用之。破镜如貙而虎眼。或云直用破镜。"

如淳曰："汉使东郡送枭，五月五日为枭羹以赐百官。以恶鸟，故食之。" ⑥【集解】服虔曰："神名也。" ⑦【正义】神名也。 ⑧【正义】丁丈反。三并神名。 ⑨【正义】神名。 ⑩【集解】《汉书音义》曰："阴阳之神也。" ⑪【索隐】案：《食货志》皮币以白鹿皮方尺，缘以缋，以荐璧，得以黄金一斤代之。又汉律皮币率鹿皮方尺，直黄金一斤。 ⑫【正义】白金三品，武帝所铸也。如淳曰："杂铸银锡为白金也。"《平准书》云："造银锡为白金。以为天用莫如龙，地用莫如马，人用莫如龟，故曰白金三品。其一曰重八两，圆之，其文龙，名曰白选，直三千；二曰重差小，方之，其文马，直五百；三曰复小，隋之，其文龟，直三百。"《钱谱》云："白金第一，其形圆如钱，肉好圆，文为一龙。白银第二，其形方小长，肉好亦小长，好上下文为二马。白银第三，其形似龟，肉好小，是文为龟甲也。"

其明年，郊雍，获一角兽，若麃然。[①]有司曰："陛下肃祗郊祀，上帝报享，赐一角兽，盖麟云。"[②]于是以荐五畤，畤加一牛以燎。[③]赐诸侯白金，以风符应合于天地。[④]于是济北王以为天子且封禅，乃上书献泰山及其旁邑。天子受之，更以他县偿之。常山王有罪，迁，天子封其弟子真定，以续先王祀，而以常山为郡。然后五岳皆在天子之郡。

①【集解】韦昭曰："楚人谓麞为麃。"【索隐】麃音步交反。韦昭曰"体若麕而一角，《春秋》所谓'有麕而角'是也。楚人谓麞为麃"。又《周书·王会》云麃者若鹿。《尔雅》云麞，大鹿也，牛尾一角。郭璞云汉武获一角兽若麃，谓之麟是也。 ②【正义】《汉书·终军传》云"从上雍，获白麟"。一角戴肉，设武备而不为害，所以为仁。 ③【正义】力召反，焚也。 ④【集解】晋灼曰："符瑞也。"瓒曰："风示诸侯以此符瑞之应。"

其明年，齐人少翁[①]以鬼神方见上。上有所幸王夫人,[②]夫人卒,少翁以方术盖夜致王夫人及灶鬼之貌云,天子自帷中望见焉。于是乃拜少翁为文成将军,赏赐甚多,以客礼礼之。文成言曰:"上即欲与神通,宫室被服不象神,神物不至。"乃作画云气车,及各以胜日[③]驾车辟恶鬼。又作甘泉宫,中为台室,画天、地、泰一诸神,而置祭具以致天神。居岁余,其方益衰,神不至。乃为帛书以饭牛,[④]佯弗知也,言此牛腹中有奇。杀而视之,得书,书言甚怪,天子疑之。有识其手书,问之人,果(为)〔伪〕书。于是诛文成将军[⑤]而隐之。其后则又作柏梁、[⑥]铜柱、承露仙人掌[⑦]之属矣。

①【正义】《汉武故事》云少翁年二百岁,色如童子。　②【集解】徐广曰:"齐怀王闳之母也。"骃案:桓谭《新论》云武帝有所爱幸姬王夫人,窈窕好容,质性嫚佞。【正义】《汉书》作"李夫人"。　③【集解】《汉书音义》曰:"如火胜金,用丙与丁日,不用庚辛。"　④【正义】饭,房晚反。书绢帛上为怪言语,以饲牛。　⑤【正义】《汉武故事》云:"文成诛月余,有使者藉货关东还,逢之于漕亭,还见言之,上乃疑,发其棺,无所见,唯有竹筒一枚,捕验间无踪迹也。"　⑥【索隐】服虔云:"用梁百头。"按:今字皆作"柏"。《三辅故事》云"台高二十丈,用香柏为殿,香闻十里"。　⑦【集解】苏林曰:"仙人以手掌擎盘承甘露也。"【索隐】《三辅故事》曰"建章宫承露盘高三十丈,大七围,以铜为之。上有仙人掌承露,和玉屑饮之"。故《张衡赋》曰"立修茎之仙掌,承云表之清露"是也。

文成死明年,天子病鼎湖[①]甚,巫医无所不致,(至)不愈。游水发根[②]乃言曰:"上郡有巫,病而鬼下之。"上召置祠之甘泉。及病,使人问神君。[③]神君言曰:"天子毋忧病。病少愈,强与我会甘泉。"于是病愈,遂幸甘泉,病良已。[④]大赦天下,置寿宫神君。[⑤]神君最贵者(大夫)〔太一〕,其佐曰大禁、司命之属,皆从之。非可得见,闻其音,与人言等。时去时来,来则风肃然也。居室帷中。时昼言,然常以夜。天子祓,然后入。[⑥]因巫为主人,关饮食。所欲者言行下。[⑦]又置寿宫、北宫,[⑧]张羽旗,设供具,以礼神君。神君所言,上使人受书其言,命之曰"(书)〔画〕法"。[⑨]其所语,世俗之所知也,毋绝殊者,而天子独喜。其事秘,世莫知也。

①【集解】晋灼曰:"在湖县。"韦昭曰:"地名,近宜春。"【索隐】案:鼎湖,县名,属京兆,后属弘农。昔黄帝采首阳山铜铸鼎于湖,曰鼎湖,即今之湖城县也。韦昭以为近宜春,亦甚疏也。　②【集解】服虔曰:"游水,县名。发根,人名姓。"晋灼曰:"《地理志》游水,水名,在临淮淮浦也。"【索隐】颜师古以游水姓,发根名。盖或因水为姓。服虔亦曰发根,人姓字。或曰发树根者也。　③【集解】韦昭曰:"即病巫之神。"　④【集解】孟康曰:"良已,盖已愈也。"　⑤【集解】服虔曰:"立此便宫也。"瓒曰:"宫,奉神之宫也。《楚辞》曰'蹇将澹兮寿宫'。"　⑥【集解】《汉书音义》曰:"祟絜,自祓除然后入。"　⑦【集解】李奇曰:"神所欲言,上辄为下之。"　⑧【正义】《括地志》云:"寿宫、北宫皆在雍州长安县西北三十里长安故城中。《汉书》云武帝寿宫以处神君。"　⑨【集解】《汉书音义》曰:"或云策画之法也。"【正义】画音获。案:画一之法。

其后三年,有司言元宜以天瑞命,不宜以一二数。[①]一元曰建元,二元以长星曰元光,三元以郊得一角兽曰元狩云。[②]

①【集解】苏林曰:"得黄龙凤皇诸瑞,以名年。"【正义】孝景以前即位,以一二数年至其终。武帝即位,初有年号,改元以建元为始。　②【集

解】徐广曰："案诸纪元光后有元朔，元朔后得元狩。"

其明年冬，天子郊雍，议曰："今上帝朕亲郊，而后土毋祀，则礼不答也。"有司与太史公、[①]祠官宽舒等议："天地牲角茧栗。今陛下亲祀后土，后土宜于泽中圜丘为五坛，坛一黄犊太牢具，已祠尽瘗，而从祠衣上黄。"于是天子遂东，始立后土祠汾阴脽上，[②]如宽舒等议。上亲望拜，如上帝礼。礼毕，天子遂至荥阳而还。过洛阳，下诏曰："三代邈绝，远矣难存。其以三十里地封周后为周子南君，以奉先王祀焉。"是岁，天子始巡郡县，侵寻于泰山矣。[③]

①【集解】韦昭曰："说者以谈为太史公，失之矣。《史记》称迁为太史公者。是外孙杨恽所称。"【索隐】姚察按：迁传亦以谈为太史公，非恽所加。又按：虞喜《志林》云"古者主天官皆上公，自周至汉，其职转卑，然朝会坐位犹居公上，尊天之道，其官属仍以旧名，尊而称公，公名当起于此"。故如淳云"太史公位在丞相上，天下郡国计书先上太史公，副上丞相"，其义是也。而桓谭《新论》以为太史公造书，书成示东方朔，朔为平定，因署其下。太史公者，皆朔所加之者也。杨恽继此而称耳。　②【集解】徐广曰："元鼎四年时也。"骃案：苏林曰："脽音谁"。如淳曰"河之东岸特堆堀，长四五里，广二里余，高十余丈。汾阴县在脽之上，后土祠在县西。汾在脽之北，西流与河合也"。【索隐】《汉旧仪》作"葵丘"者，盖河东人呼"谁"与"葵"同故耳。　③【索隐】侵寻即浸淫也。故晋灼云"遂往之意也"。小颜云"浸淫渐染之义"。盖寻淫声相近，假借用耳。师古叔父游秦亦解《汉书》，故称师古为"小颜"也。

其春，乐成侯[①]上书言栾大。栾大，胶东宫人，[②]故尝与文成将军同师，已而为胶东王尚方。而乐成侯姊为康王后，[③]毋子。康王死，他姬子立为王。而康后有淫行，与王不相中(得)，相危以法。康后闻文成已死，而欲自媚于上，乃遣栾大因乐成侯求见言方。天子既诛文成，后悔恨其早死，惜其方不尽，及见栾大，大悦。大为人长美，言多方略，而敢为大言，处之不疑。大言曰："臣尝往来海中，见安期、羡门[④]之属。顾以为臣贱，不信臣。又以为康王诸侯耳，不足予方。臣数言康王，康王又不用臣。臣之师曰：'黄金可成，而河决可塞，不死之药可得，仙人可致也。'臣恐效文成，则方士皆掩口，恶敢言方哉。"上曰："文成食马肝死耳。子诚能修其方，我何爱乎！"大曰："臣师非有求人，人者求之。陛下必欲致之，则贵其使者，令有亲属，以客礼待之，勿卑，使各佩其信印，乃可使通言于神人。神人尚肯邪不邪。致尊其使，然后可致也。"于是上使先验小方，斗旗，[⑤]旗自相触击。

①【集解】徐广曰："姓丁，名义。后与栾大俱诛也。"【索隐】韦昭云："河闲县。"按：《郊祀志》乐成侯登，而徐广据表姓丁名义，未详。
②【集解】服虔曰："王家人。" ③【集解】孟康曰："胶东王后也。"
④【索隐】韦昭云："仙人。"应劭云："名子乔。" ⑤【正义】音其。文本或作"棋"。《说文》云"棋，博棋也。"高诱注《淮南子》云："取鸡血与针磨捣之，以和磁石，用涂棋头曝干之，置局上，即相拒不止也。"

是时上方忧河决，而黄金不就。[①]乃拜大为五利将军。居月余，得四金印，佩天士将军、地士将军、大通将军、天道将军印。制诏御史："昔禹疏九江，决四渎。间者河溢皋陆，堤繇不息。[2]朕临天下二十有八年，天若遗朕士而大通焉。[3]《乾》称'飞龙'，'鸿渐于般'，[4]意庶几与焉。其以二千户封地士将军大为乐通侯。"[5]赐列侯甲第，[6]僮千人。乘舆斥车马[7]帷帐器物以充其家。又以卫长公主妻之，[8]赍金万斤，更名其邑曰当利公主。[9]天子亲如五利之第。使者存问所给，连属于道。自大主[10]将相以下，皆置酒其家，献遗之。于是天子又刻玉印曰"天道将军"，使使衣羽衣，夜立白茅上，五利将军亦衣羽衣，立白茅上受印，以示弗臣也。而佩"天道"者，且为天子道天神也。于是五利常夜祠其家，欲以下神。神未至而百鬼集矣，然颇能使之。其后治装行，东入海，求其师云。大见数月，佩六印，贵振天下，而海上燕、齐之间，莫不扼捥[11]而自言有禁方，能神仙矣。

①【正义】炼丹砂铅锡为黄金不就。　②【正义】颜师古云："皋，水旁地也。广平曰陆。言水大泛溢，自皋及陆，而筑作堤，徭役甚多，不暇休息。"　③【集解】韦昭曰："言栾大能通天意，故封乐通。"【索隐】乐通在临淮高平县。　④【集解】《汉书音义》曰"般，水涯堆也。渐，进也。"武帝云得栾大如鸿进于般，一举千里，得道若飞龙在天。　⑤【集解】韦昭曰："乐通，临淮高平也。"　⑥【集解】《汉书音义》曰："有甲乙第次，故曰第。"　⑦【集解】《汉书音义》曰："或云斥不用也。"韦昭曰："尝在服御。"【索隐】孟康云"斥不用之车马"是也。　⑧【集解】孟康曰："卫太子妹。"如淳曰："卫太子姊也。"蔡邕曰："帝女曰公主，仪比诸侯。姊妹曰长公主，仪比诸侯王。"骃案：此帝女也，而云长公主，未详。　⑨【集解】《地理志》云东莱有当利县。　⑩【集解】徐广曰："武帝姑也。"骃案：韦昭曰"窦太后之女也。"　⑪【集解】服虔曰："满手曰扼。"瓒曰："扼，执持也。"

其夏六月中，汾阴巫锦[①]为民祠魏脽后土营旁，[②]见地如钩状，掊视[③]得鼎。鼎大异于众鼎，文镂毋款识，[④]怪之，言吏。吏告河东太守胜，胜以闻。天子使使验问巫锦得鼎无奸诈，乃以礼祠，迎鼎至甘泉，从行，上荐之。[⑤]至中山，[⑥]晏温，[⑦]有黄云盖焉。有麃过，上自射之，因以祭云。[⑧]至长安，公卿大夫皆议请尊宝鼎。天子曰："间者河溢，岁数不登，故巡祭后土，祈为百姓育谷。今年丰庑未有报，鼎曷为出哉?"有司皆曰："闻昔大帝兴神鼎一，[⑨]一者一统，天地万物所系终也。黄帝作宝鼎三，象天地人也。禹收九牧之金，铸九鼎，皆尝鬺烹[⑩]上帝鬼神。[⑪]遭圣则兴，[⑫]迁于夏、商。周德衰，宋之社亡，[⑬]鼎乃沦伏而不见。《颂》云'自堂徂基，[⑭]自羊徂牛；[⑮]鼐鼎及鼒，[⑯]不虞不骜，[⑰]胡考之休'。今鼎至甘泉，光润龙变，承休无疆。合兹中山，有黄白云降[⑱]盖，若兽为符，[⑲]路弓乘矢，[⑳]集获坛下，报祠大飨。[㉑]惟受命而帝者心知其意[㉒]而合德焉。鼎宜见于祖祢，藏于帝廷，以合明应。"制曰："可。"

①【集解】应劭曰："锦，巫名。" ②【集解】应劭曰："魏，故魏国也。脽，若丘之类。" ③【索隐】《说文》："掊，抱也。"音步沟切。 ④【集解】韦昭曰："款，刻也。"【索隐】识，犹表识也。 ⑤【集解】如淳曰："以鼎从行，上至甘泉，将荐之于天地。" ⑥【集解】徐广曰："《河渠书》凿泾水自中山西。"【索隐】此山在冯翊谷口县西，近九嵕山，土人呼为中山。《河渠书》韩使水工郑国说秦凿泾水自中山西，即此山也。 ⑦【集解】如淳曰："三辅谓日出清济为晏。晏而温也。"【索隐】许慎注《淮南子》云："晏，无云也。" ⑧【集解】徐广曰："上言从行荐之，或曰祭鼎(乎)〔也〕。"

⑨【索隐】颜师古以大帝即太昊伏牺氏,以文在黄帝之前故也。 ⑩【集解】徐广曰:"烹,煮也。鬺音觞。皆尝以烹牲牢而祭祀也。"【索隐】言鼎以烹牲而飨尝也。"鬺"字又作"觞"字,音殇。《汉书·郊祀志》云鼎空足曰鬲,以象三德。鬲音历。谓足中不实者名之也。 ⑪【集解】服虔曰:"以祭祀上帝。或曰尝烹酌也。" ⑫【正义】遭,逢也。鼎虽沦泗水,逢圣兴起,故出汾阴,西至甘泉也。 ⑬【正义】社主民也。社以石为之。宋社即亳社也。周武王伐纣,乃立亳社,以为监戒,复上栈下,不使通天地阴阳之气。周礼衰,国将危亡,故宋之社为亡殷复也。 ⑭【正义】此以下至"胡考之休"是《周颂·丝衣》之诗。自堂,从内往外。基门内塾也。郑玄云:"门侧之堂谓之塾。绎礼轻,使士升堂,视壶濯及笾豆,之属,降往于塾。牲自羊徂牛,告充已,乃举鼎告絜,礼之次也。" ⑮【正义】自堂往塾,先视羊,后及牛也。毛苌云:"先小后大也。" ⑯【集解】韦昭曰:"《尔雅》曰鼎绝大谓之鼐,圜奄上谓之鼒。" ⑰【索隐】毛传云:"虞,哗也。"姚氏案:何承天云"虞"当为"吴",音洪霸反。又《说文》以"吴,一曰大言也"。此作"虞"者,与吴声相近,故假借也。或者本文借此"虞"为欢娱字故也。 ⑱【集解】韦昭曰:"与中山所见黄云之气合也。" ⑲【集解】服虔曰:"云若兽,在车盖也。"晋灼曰:"盖,辞也。或云符谓瑞应也。" ⑳【集解】韦昭曰:"路,大也。四矢为乘。" ㉑【集解】徐广曰:"一云大报享祠也。" ㉒【集解】服虔曰:"高祖受命知之也,宜见鼎于其庙。"

入海求蓬莱者,[①]言蓬莱不远,而不能至者,殆不见其气。上乃遣望气佐候其气云。

①【正义】蓬莱、方丈、瀛洲,勃海中三神山也。

其秋,上幸雍,[①]且郊。或曰"五帝,泰一之佐也,宜立泰一而上亲郊之"。上疑未定。齐人公孙卿曰:"今年得宝鼎,其冬辛巳朔旦冬至，与黄帝时等。”卿有札书曰：“黄帝得宝鼎宛(侯)〔朐〕，问于鬼臾区。[②]区对曰：‘(黄)帝得宝鼎神策，是岁己酉朔旦冬至，得天之纪，终而复始。’于是黄帝迎日推策，后率二十岁[③]得朔旦冬至，凡二十推，三百八十年，黄帝仙登于天。”卿因所忠欲奏之。所忠视其书不经，疑其妄书，谢曰：“宝鼎事已决矣，尚何以为！”卿因嬖人奏之。上大悦，召问卿。对曰：“受此书申功，[④]申功已死。”上曰：“申功何人也？”卿曰：“申功，齐人也。与安期生通，受黄帝言，无书，独有此鼎书。曰‘汉兴复当黄帝之时。汉之圣者在高祖之孙且曾孙也。宝鼎出而与神通，封禅。封禅七十二王，[⑤]唯黄帝得上泰山封’。申功曰：‘汉主亦当上封，上封则能仙登天矣。黄帝时万诸侯，而神灵之封居七千。[⑥]天下名山八，而三在蛮夷，五在中国。中国华山、首山、太室、泰山、东莱，此五山黄帝之所常游，与神会。黄帝且战且学仙。患百姓非其道，乃断斩非鬼神者。百余岁然后得与神通。黄帝郊雍上帝，宿三月。鬼臾区号大鸿，死葬雍，故鸿冢是也。[⑦]其后黄帝接万灵明廷。明廷者，甘泉也。所谓寒[⑧]门者，谷口也。[⑨]黄帝采首山铜，铸鼎于荆山下。[⑩]鼎既成，有龙垂胡髯[⑪]下迎黄帝。黄帝上骑，群臣后宫从上龙七(千)〔十〕余人，龙乃上去。余小臣不得上，乃悉持龙髯，龙髯拔，堕[⑫]黄帝之弓。百姓仰望黄帝既上天，乃抱其弓与龙胡髯号，[⑬]故后世因名其处曰鼎湖，[⑭]其弓曰乌号。’”于是天子曰：“嗟乎，吾诚得如黄帝，吾视去妻子如脱躧耳。”乃拜卿为郎，东使候神于太室。

①【索隐】以雍地形高，故云上。　②【集解】《汉书音义》曰："区，黄帝时人。"【索隐】郑氏云："黄帝佐也。"李奇曰："黄帝时诸侯。本作'申区'者，非；《艺文志》作'鬼容区'者也。"　③【正义】率音律，又音类，又所律反，三音并通。后皆放此也。　④【集解】《封禅书》功字作公。⑤【正义】《河图》云："王者封太山，禅梁父，易姓登崇，有七十二君也。"⑥【集解】应劭曰："黄帝时诸侯会封禅者七千人。"李奇曰："说仙道得封者七千国。"张晏曰："神灵之封谓山川之守。"　⑦【集解】苏林曰："今雍有鸿冢。"　⑧【集解】徐广曰："一作塞。"　⑨【集解】《汉书音义》曰："黄帝仙于塞门也。"【索隐】服虔云："黄帝所仙之处也。"小颜云："谷，中山之谷口，汉时为县，今呼为冶谷，去甘泉八十里。盛夏凛然，故曰寒门谷口也。"　⑩【集解】晋灼曰："《地理志》首山属河东蒲阪，荆山在冯翊怀德县。"　⑪【索隐】颜师古云："胡谓颔下垂肉也；髯，其毛也。故童谣曰'何当为君鼓龙胡'是也。"　⑫【正义】徒果反。　⑬【正义】户高反，下同。　⑭【正义】《括地志》云："湖水原出虢州湖城县南三十五里夸父山，北流入河，即鼎湖也。"

上遂郊雍，至陇西，西登空桐，[①]幸甘泉。令祠官宽舒等具泰一祠坛，坛放薄忌泰一坛，坛三垓。[②]五帝坛环居其下，各如其方，黄帝西南，除八通鬼道。[③]泰一所用，如雍一畤物，而加醴枣脯之属，杀一牦牛以为俎豆牢具。而五帝独有俎豆[④]醴进。[⑤]其下四方地，为餟食[⑥]群神从者及北斗云。已祠，胙余皆燎之。其牛色白，鹿居其中，彘在鹿中，水而洎之。[⑦]祭日以牛，祭月以羊彘特。[⑧]泰一祝宰则衣紫及绣。五帝各如其色，日赤，月白。

①【正义】空桐山在原州平高县西一百里。　②【集解】徐广曰：

“垓，次也。”骃案：李奇曰“垓，重也。三重坛也。”【索隐】邹氏云一作“陔”，言坛阶三重。 ③【集解】服虔曰：“坤位在未，黄帝从土位。” ④【集解】韦昭曰：“无牦牛醴之属。” ⑤【索隐】颜师古云：“具俎豆酒醴而进之。一曰进谓杂物之具，所以加礼也。” ⑥【索隐】餟音竹芮反。谓联续而祭之。《汉志》作腏，古字通。《说文》云：“餟，祭酹。”【正义】刘伯庄云：“谓绕坛设诸神祭座相连缀也。” ⑦【集解】徐广曰：“洎音居器反，肉汁也。”骃案：晋灼曰“此说合牲物燎之也。”【正义】刘伯庄云：“以大羹和祭食燎之。”案：以鹿内牛中，以彘内鹿中。水，玄酒也。 ⑧【索隐】特，一牲也。言若牛若羊若彘，止一特也。

十一月辛巳朔旦冬至，昧爽，天子始郊拜泰一。朝朝日，夕夕月，①则揖，而见泰一如雍礼。其赞飨曰：“天始以宝鼎神策授皇帝，朔而又朔，终而复始，皇帝敬拜见焉。”而衣上黄。其祠列火满坛，坛旁烹炊具。有司云“祠上有光焉”。公卿言“皇帝始郊见泰一云阳，②有司奉瑄玉③嘉牲荐飨。④是夜有美光，及昼，黄气上属天”。太史公、祠官宽舒等曰：“神灵之休，祐福兆祥，宜因此地光域⑤立泰畤坛以明应。令太祝领，(祀)〔秋〕及腊间祠。三岁天子一郊见。”

①【集解】应劭曰：“天子春朝日，秋夕月，拜日东门之外，朝日以朝，夕月以夕。”瓒曰：“汉仪郊泰一畤，皇帝平旦出竹宫，东向揖日，其夕西向揖月。便用郊日，不用春秋也。” ②【正义】《括地志》云：“汉云阳宫在雍州云阳县北八十一里。有通天台，即黄帝以来祭天圜丘之处。武帝以五月避暑，八月乃还也。” ③【集解】孟康曰：“璧大六寸谓之瑄。”【索隐】瑄音宣。 ④【正义】《汉旧仪》云：“祭天养牛五岁至二千斤。” ⑤【集解】徐广曰：“地，一作夜。”

其秋，为伐南越，告祷泰一，以牡[①]荆画幡[②]日月北斗登龙，以象天一三星，为泰一锋，[③]名曰“灵旗”。[④]为兵祷，[⑤]则太史奉以指所伐国。[⑥]而五利将军使不敢入海，之泰山祠。上使人微随验，实无所见。五利妄言见其师，其方尽，多不仇。上乃诛五利。[⑦]

①【集解】徐广曰：“一作牝。” ②【集解】如淳曰：“荆之无子者，皆以絜齐之道也。”晋灼曰：“牡荆，节间不相当者。”韦昭曰：“以牡荆为柄者也。” ③【集解】徐广曰：“《天官书》曰天极星明者，泰一常居也。斗口三星曰天一。”骃案：晋灼曰“画一星在后，三星在前为太一锋也”。④【正义】李奇云：“画旗树泰一坛上，名灵旗，画日月北斗登龙等。”⑤【正义】为，于伪反。 ⑥【正义】韦昭云：“牡，刚也。荆，强。”按：用牡荆指伐国，取其刚为称，故画此旗指之。 ⑦【正义】《汉武故事》云：“东方朔言栾大无状，上发怒，乃斩之。”

其冬，公孙卿候神河南，见仙人迹缑氏城上，有物若雉，往来城上。天子亲幸缑氏城视迹。问卿：“得毋效文成、五利乎？”卿曰：“仙者非有求人主，人主求之。其道非少宽假，神不来。言神事，事如迂诞，[①]积以岁乃可致。”于是郡国各除道，缮治宫观名山神祠所，以望幸矣。

①【正义】迂音于。诞音但。迂，远也。诞，大也。

其年，既灭南越，上有嬖臣李延年以好音见。上善之，下公卿议，曰：“民间祠尚有鼓舞之乐，今郊祠而无乐，岂称乎？”公卿曰：“古者祀天地皆有乐，而神祇可得而礼。”或曰：

"泰帝使素女[1]鼓五十弦瑟,悲,帝禁不止,故破其瑟为二十五弦。"于是塞南越,祷祠泰一、后土,始用乐舞,益召歌儿,作二十五弦[2]及箜篌瑟[3]自此起。

①【索隐】亦谓太昊也。【正义】泰帝谓太昊伏羲氏。 ②【集解】徐广曰:"瑟也。" ③【集解】徐广曰:"应劭云武帝令乐人侯调始造箜篌。"

其来年冬,上议曰:"古者先振兵泽旅,[1]然后封禅。"乃遂北巡朔方,勒兵十余万,还祭黄帝冢桥山,泽兵须如。[2]上曰:"吾闻黄帝不死,今有冢,何也?"或对曰:"黄帝已仙上天,群臣葬其衣冠。"既至甘泉,为且[3]用事泰山,[4]先类祠泰一。

①【集解】徐广曰:"古'释'字作'泽'。" ②【集解】李奇曰:"地名也。" ③【正义】为,于伪反。将为封禅也。 ④【正义】道书《福地记》云:"泰山高四千九百丈二尺,周回二千里。"

自得宝鼎,上与公卿诸生议封禅。[1]封禅用希旷绝,莫知其仪礼,而群儒采封禅《尚书》、《周官》、《王制》之望祀射牛[2]事。齐人丁公年九十余,曰:"封者,合不死之名也。秦皇帝不得上封。陛下必欲上,稍上即无风雨,遂上封矣。"上于是乃令诸儒习射牛,草封禅仪。[3]数年,至且行。天子既闻公孙卿及方士之言,黄帝以上封禅,皆致怪物与神通,欲仿黄帝以尝接神仙人蓬莱士,高世比德于九皇,[4]而颇采儒术以文之。群儒既以不能辩明封禅事，又牵拘于《诗》、《书》古文而不敢骋。上为封祠器示群儒，群儒或曰“不与古同”，徐偃又曰“太常诸生行礼不如鲁善”，周霸属图封事，[⑤]于是上绌偃、霸，尽罢诸儒弗用。

①【正义】《白虎通》云：“王者易姓而起，天下太平，功成封禅，以告太平。禅梁父之趾，广厚也。刻石纪号，著己之功绩。天以高为尊，地以厚为德，故增泰山之高以报天，禅梁父之趾以报地。封者，附广之；禅者，将以功相传授之。” ②【集解】苏林曰：“当祭庙，射其牲以除不祥。”瓒曰：“射牛，示亲杀也。”【索隐】天子射牛，示亲祭也。事见《国语》。 ③【索隐】仪见应劭《汉官仪》也。 ④【集解】张晏曰：“三皇之前有人皇，九首。”韦昭曰：“上古人皇者九人也。” ⑤【集解】服虔曰：“属，会也。会诸儒图封事。”

三月，遂东幸缑氏，礼登中岳[①]太室。[②]从官在山下闻若有言“万岁”云。[③]问上，上不言。问下，下不言。于是以三百户封太室奉祠，命曰崇高邑。[④]东上泰山，山之草木叶未生，乃令人上石立之泰山颠。

①【集解】文颖曰：“崧高山也，在颍川阳城县。” ②【集解】韦昭曰：“崧高山有太室、少室之山，山有石室，故以名之。” ③【正义】《汉仪注》云：“有称万岁，可十万人声。” ④【正义】颜师古云：“以崇奉嵩高山，故谓之崇高也。”

上遂东巡海上，行礼祠八神。[①]齐人之上疏言神怪奇方者以万数，然无验者。乃益发船，令言海中神山者数千人求蓬莱神人。公孙卿持节常先行候名山，至东莱，言夜见一人，长数丈，就之则不见，见其迹甚大，类禽兽云。群臣有言见一老父牵狗，言“吾欲见巨公”，[②]已忽不见。上既见大迹，未信，及群臣有言老父，则大以为仙人也。宿留海上，与方士传车及间使求仙人以千数。

①【集解】文颖曰：“武帝登泰山，祭太一，并祭名山于泰坛，西南开除八通鬼道，故言八神也。一曰八方之神。”【索隐】韦昭云“八神谓天、地、阴、阳、日、月、星辰主、四时主之属。”今案《郊祀志》，一曰天主，祠天齐；二曰地主，祠太山、梁父；三曰兵主，祠蚩尤；四曰阴主，祠三山；五曰阳主，祠之罘；六曰月主，祠东莱山；七曰日主，祠盛山；八曰四时主，祠琅邪。 ②【索隐】《汉书音义》曰：“巨公谓武帝。”

四月，还至奉高。上念诸儒及方士言封禅人人殊，不经，难施行。天子至梁父，礼祠地主。乙卯，令侍中儒者皮弁荐绅，射牛行事。封泰山下东方，如郊祠泰一之礼。封广丈二尺，高九尺，其下则有玉牒书，书秘。礼毕，天子独与侍中奉车子侯[①]上泰山，亦有封。其事皆禁。明日，下阴道。丙辰，禅泰山下址东北肃然山，如祭后土礼。天子皆亲拜见，衣上黄而尽用乐焉。江、淮间一茅三脊[②]为神藉。五色土益杂封。纵远方奇兽飞禽及白雉诸物，颇以加祠。兕旄牛犀象之属弗用。皆至泰山然后去。封禅祠，其夜若有光，昼有白云起封中。

①【集解】《汉书·百官表》曰：“奉车都尉掌乘舆车，武帝初置。”韦昭

曰:“子侯,霍去病之子也。” ②【集解】孟康曰“所谓灵茅也。”

天子从封禅还,坐明堂,[①]群臣更上寿。于是制诏御史:“朕以眇眇之身承至尊,兢兢焉惧弗任。维德菲薄,不明于礼乐。修祀泰一,若有象景光,屑如有望,[②]依依震于怪物,欲止不敢,遂登封泰山,至于梁父,而后禅肃然。[③]自新,嘉与士大夫更始,赐民百户牛一酒十石,加年八十孤寡布帛二匹。复博、奉高、蛇丘、[④]历城,毋出今年租税。其赦天下,如乙卯赦令。行所过毋有复作。事在二年前,皆勿听治。”又下诏曰:“古者天子五载一巡狩,用事泰山,诸侯有朝宿地。其令诸侯各治邸泰山下。”[⑤]

①【集解】《汉书音义》曰:“天子初封泰山,山东北址古时有明堂处,则此所坐者。明年秋,乃作明堂。” ②【集解】瓒曰:“闻呼万岁者三。” ③【集解】服虔曰:“肃然,山名,在梁父。” ④【集解】郑玄曰:“蛇音移。” ⑤【正义】诸侯各于太山朝宿地起第,准拟天子用事太山而居止。

天子既已封禅泰山,无风雨菑,而方士更言蓬莱诸神山若将可得,于是上欣然庶几遇之,乃复东至海上望,冀遇蓬莱焉。奉车子侯暴病,一日死。上乃遂去,并海上,北至碣石,巡自辽西,历北边至九原。五月,返至甘泉。[①]有司言宝鼎出为元鼎,以今年为元封元年。其秋,有星茀于东井。[②]后十余日,有星茀于三能。[③]望气王朔言:“候独见其星出如瓠,[④]食顷复入焉。”有司言曰:“陛下建汉家封禅,天其报德星云。”

①【集解】《汉书音义》曰："周万八千里也。" ②【集解】韦昭曰："秦分野也。后卫太子兵乱。茀音佩。" ③【集解】韦昭曰："三能，三公。后连坐诛之。" ④【索隐】《郊祀志》云"填星出如瓠"，故颜师古以德星即镇星也。今按：此纪唯言德星，则德星，岁星也。岁星所在有福，故曰德星。

其来年冬，郊雍五帝，还，拜祝祠泰一。赞飨曰："德星昭衍，厥维休祥。寿星仍出，[1]渊耀光明。信星昭见，[2]皇帝敬拜泰[3](况)〔祝〕之飨。"

①【索隐】寿星，南极老人星也，见则天下理安，故言之也。 ②【索隐】信星，镇星也。信属土，土曰镇星，则《汉志》为德星也。 ③【集解】徐广曰："一无此字。"

其春，公孙卿言见神人东莱山，若云"见天子"。天子于是幸缑氏城，拜卿为中大夫。遂至东莱，宿留之数日，毋所见，见大人迹。复遣方士求神怪采芝药以千数。是岁旱。于是天子既出毋名，乃祷万里沙，[1]过祠泰山。[2]还至瓠子，[3]自临塞决河，[4]留二日，沈祠而去。[5]使二卿将卒塞决河，河徙二渠，复禹之故迹焉。

①【集解】应劭曰："万里沙，神祠也，在东莱曲城。"孟康曰："沙径三百余里。" ②【集解】邓展曰："泰山自东复有小泰山。"瓒曰："即今之泰山。" ③【集解】服虔曰："瓠子，堤名。"苏林曰："在甄城以南，濮阳以北，广百步，深五丈所。"瓒曰："所决河名。"【索隐】注同。 ④【索隐】按：《河渠书》武帝自临塞决河，将军已下皆负薪填之。 ⑤【索隐】按：

沈白马祭河决，于是作《瓠子歌》，见《河渠书》。

是时既灭南越，越人勇之[①]乃言"越人俗信鬼，而其祠皆见鬼，数有效。昔东瓯王敬鬼，寿至百六十岁。后世谩怠，故衰秏"。乃令越巫立越祝祠，安台无坛，亦祠天神上帝百鬼，而以鸡卜。[②]上信之，越祠鸡卜始用焉。

①【集解】韦昭曰："越地人名也。"　②【集解】《汉书音义》曰："持鸡骨卜，如鼠卜。"【正义】鸡卜法用鸡一，狗一，生，祝愿讫，即杀鸡狗煮熟，又祭，独取鸡两眼，骨上自有孔裂，似人物形则吉，不足则凶。今岭南犹此法也。

公孙卿曰："仙人可见，而上往常遽，以故不见。今陛下可为观，如缑氏城，[①]置脯枣，神人宜可致。且仙人好楼居。"于是上令长安则作蜚廉桂观，[②]甘泉则作益延寿观，使卿持节设具而候神人。乃作通天台，[③]置祠具其下，将招来神仙之属。于是甘泉更置前殿，始广诸宫室。[④]夏，有芝生殿防内中。[⑤]天子为塞河，兴通天台，若有光云，[⑥]乃下诏曰："甘泉防生芝九茎，[⑦]赦天下，毋有复作。"

①【集解】韦昭曰："如，犹比也。"　②【集解】应劭曰："飞廉神禽，能致风气。"晋灼曰："身如鹿，头如雀，有角而蛇尾，文如豹文也。"　③【集解】徐广曰："在甘泉。"【索隐】《汉书》作通天台于甘泉宫。案：《汉书旧仪》台高三十丈，去长安二百里，望见长安城。　④【索隐】姚氏案："杨雄云甘泉本因秦离宫，既奢泰，武帝增通天台、迎风宫，近则有洪崖、储胥，远则石关、封峦、鳷鹊、露寒、棠梨等观，又有高华、温德观、曾成宫、白

虎、走狗、天梯、瑶台、仙人、弩法、相思观。” ⑤【集解】徐广曰：“元封二年也。”【索隐】案：生芝九茎，作《芝房歌》。 ⑥【集解】李奇曰：“为此作事而有光应。”瓒曰：“作通天台也。” ⑦【集解】应劭曰：“芝，芝草也，其叶相连。”如淳曰：“《瑞应图》云王者敬事耆老，不失旧故，则芝草生。”

其明年，伐朝鲜。夏，旱。公孙卿曰：“黄帝时封则天旱，乾封[①]三年。”上乃下诏曰：“天旱，意乾封乎？其令天下尊祠灵星焉。”[②]

①【集解】苏林曰：“天旱欲使封土干燥。”如淳曰：“但祭不立尸为干封。”【正义】乾音干。苏林云：“天旱欲使封土干燥也。”颜师古云：“三岁不雨，暴所封之土令干。”郑氏云：“但祭不立尸为干封。” ②【正义】灵星即龙星也。张晏云：“龙星左角曰天田，则农祥也，见而祭之。”

其明年，上郊雍，通回中道，巡之。[①]春，至鸣泽，[②]从西河归。其明年冬，上巡南郡，[③]至江陵而东。登礼潜之天柱山，号曰南岳。[④]浮江，自寻阳出枞阳，[⑤]过彭蠡，祀其名山川。北至琅邪，并海上。四月中，至奉高修封焉。

①【集解】徐广曰：“在扶风汧县。” ②【集解】服虔曰：“鸣泽，泽名也，在涿郡遒县北界。” ③【集解】徐广曰：“元封五年。” ④【集解】应劭曰：“潜县属庐江。南岳，霍山也。”文颖曰：“天柱山在潜县南，有祠。” ⑤【集解】《地理志》庐江有枞阳县。

初，天子封泰山，泰山东北址古时有明堂处，处险不敞。上欲治明堂奉高旁，未晓其制度。济南人公玊带[①]上黄帝时明堂图。明堂图中有一殿，四面无壁，以茅盖，通水，圜宫垣，为复道，上有楼，从西南入，命曰昆仑，[②]天子从之入，以拜祠上帝焉。于是上令奉高作明堂汶上，[③]如带图。及五年修封，则祠泰一、五帝于明堂上坐，令高皇帝祠坐对之。祠后土于下房，以二十太牢。天子从昆仑道入，始拜明堂如郊礼。礼毕，燎堂下。而上又上泰山，有秘祠其颠。而泰山下祠五帝，各如其方，黄帝并赤帝，而有司侍祠焉。泰山上举火，下悉应之。

①【索隐】玊，或作肃。公玊，姓；带，名。姚氏按：《风俗通》齐滑王臣有公玊丹，其后也，音语录反。《三辅决录》云杜陵有玊氏，音肃。《说文》以为从王，音"畜牧"之"畜"。今读公玊与《决录》音同。然二姓单复有异，单姓者音肃，后汉司徒玊况是其后也。　②【索隐】玊带明堂图中为复道，有楼从西南入，名其道曰昆仑。言其似昆仑山之五城十二楼，故名之也。③【集解】徐广曰："在元封二年秋。"

其后二岁，十一月甲子朔旦冬至，推历者以本统。天子亲至泰山，以十一月甲子朔旦冬至日祠上帝明堂，[①](每)〔毋〕修封禅。其赞飨曰："天增授皇帝泰元神策，周而复始。[②]皇帝敬拜泰一。"东至海上，考入海及方士求神者，莫验，然益遣，冀遇之。

①【集解】徐广曰："常五年一修耳。今适二年，故但祀明堂。"②【索隐】案：荐飨之辞言天授皇帝泰元神策，周而复始。又案：上黄帝得宝鼎神策，则太古上皇创历之号，故此云太元神策，周而复始也。

十一月乙西，[①]柏梁灾。十二月甲午朔，上亲禅高里，[②]祠后土。临渤海，将以望祠蓬莱之属，冀至殊庭焉。[③]

①【集解】徐广曰："二十二日也。" ②【集解】伏俨曰："山名，在泰山下。" ③【集解】《汉书音义》曰："蓬莱庭。"【索隐】冀，《汉书》作"几"。几，近也；冀，望也，亦通。服虔曰："蓬莱中仙人。殊庭者，异也。言入仙人异域也。"

上还，以柏梁灾故，朝受计甘泉。[①]公孙卿曰："黄帝就青灵台，十二日烧，[②]黄帝乃治明庭。明庭，甘泉也。"方士多言古帝王有都甘泉者。其后天子又朝诸侯甘泉，甘泉作诸侯邸。勇之乃曰："越俗有火灾，复起屋必以大，用胜服之。"于是作建章宫，[③]度为千门万户。前殿度高未央。其东则凤阙，高二十余丈。[④]其西则唐中，[⑤]数十里虎圈。[⑥]其北治大池，渐台[⑦]高二十余丈，名曰泰液[⑧]池，中有蓬莱、方丈、瀛洲、壶梁、象海中神山龟鱼之属。[⑨]其南有玉堂、[⑩]璧门、大鸟之属。乃立神明台、[⑪]井干楼，[⑫]度五十余丈，辇道相属焉。

①【正义】顾胤云："柏梁被烧，故受记献之物于甘泉也。"颜师古曰："受郡国计簿也。" ②【集解】徐广曰："日，一作月。" ③【正义】《括地志》曰："建章宫在雍州长安县西二十里长安故城西。" ④【索隐】《三辅黄图》云"武帝营建章，起凤阙，高三十五丈。"《关中记》"一名别风阙，言别四方之风"。《西京赋》曰"阊阖之内，别风嶕峣"是也。《三辅故事》云"北有圜阙，高二十丈，上有铜凤皇，故曰凤阙也。" ⑤【索隐】如淳云："《诗》云'中唐有甓'。郑玄曰'唐，堂庭也'。《尔雅》以庙中路谓之唐。《西京赋》曰'前开唐中，弥望广象'是也。" ⑥【正义】圈，其远反。《括地

志》云:“虎圈今在长安城中西偏也。” ⑦【正义】颜师古云:“渐,浸也。台在池中,为水所浸,故曰渐台。”按:王莽死此台也。 ⑧【正义】臣瓒云:“泰液言象阴阳津液以作池也。” ⑨【索隐】《三辅故事》云:“殿北海池北岸有石鱼,长二丈,广五尺,西岸有石龟二枚,各长六尺。” ⑩【索隐】《汉武故事》“玉堂基与未央前殿等,去地十二丈”。 ⑪【索隐】《汉宫阙疏》云:“台高五十丈,上有九宫,常置九天道士百人。” ⑫【索隐】《关中记》“宫北有井干台,高五十丈,积木为楼。”言筑累万木,转相交架,如井干。司马彪注《庄子》云“井干,井阑也。”又崔撰云“井以四边为干,犹筑墙之有桢干”。又诸本多作“干”,一本作“榦”。音〔韩〕。《说文》云“干,井桥”。

夏,汉改历,以正月为岁首,而色上黄,官名[①]更印章以五字,[②]因为太初元年。是岁,西伐大宛。蝗大起。丁夫人、[③]雒阳虞初等以方祠诅匈奴、大宛焉。

①【集解】徐广曰:“一无名字。” ②【集解】张晏曰:“汉据土德,土数五,故用五为印文也。若丞相曰‘丞相之印章’,诸卿及守相印文不足五字者,以‘之’足也。” ③【集解】韦昭曰:“丁,姓。夫人,名也。”

其明年,有司言雍五畤无牢熟具,芬芳不备。乃命祠官进畤犊牢具,五色食所胜,[①]而以木耦马[②]代驹焉。独五帝用驹,行亲郊用驹。及诸名山川用驹者,悉以木耦马代。行过,乃用驹。他礼如故。

①【集解】孟康曰:“若火胜金,则祠赤帝以白牡。” ②【索隐】木耦马。一音偶。孟云“寓寄龙形于木”。又姚氏云“寓,叚也。以言叚木龙马

一驷，非寄生龙马形于木也”。

其明年，东巡海上，考神仙之属，未有验者。方士有言“黄帝时为五城十二楼，[1]以候神人于执期，[2]命曰迎年”。[3]上许作之如方，〔名曰〕明年。上亲礼祠上帝，衣上黄焉。

①【集解】应劭曰：“昆仑玄圃五城十二楼，此仙人之所常居也。” ②【集解】《汉书音义》曰：“执期，地名也。” ③【正义】颜师古云：“迎年，若言祈年。”

公王带曰：“黄帝时虽封泰山，然风后、封巨、[1]岐伯[2]令黄帝封东泰山、[3]禅凡山，[4]合符，然后不死焉。”天子既令设祠具，至东泰山，东泰山卑小，不称其声，乃令祠官礼之，而不封禅焉。其后令带奉祠候神物。夏，遂还泰山，修五年之礼如前，而加禅祠石闾。石闾者，在泰山下址南方，方士多言此仙人之闾也，故上亲禅焉。

①【集解】应劭曰：“封巨，黄帝师。” ②【正义】张揖云：“岐伯，黄帝太医。” ③【集解】徐广曰：“在琅邪朱虚县，汶水所出。” ④【集解】徐广曰：“凡山亦在朱虚。”

其后五年，复至泰山修封，[1]还过祭常山。

①【集解】徐广曰：“天汉三年。李陵以天汉二年败也。”

今天子所兴祠，泰一、后土，三年亲郊祠，建汉家封禅，五年一修封。薄忌泰一及三一、冥羊、马行、赤星，五，宽舒之祠官[①]以岁时致礼。凡六祠，[②]皆太祝领之。至如八神诸神，明年、凡山他名祠，行过则祀，去则已。方士所兴祠，各自主，其人终则已，祠官弗主。他祠皆如其故。今上封禅，其后十二岁而还，遍于五岳、四渎矣。而方士之候祠神人，入海求蓬莱，终无有验。而公孙卿之候神者，犹以大人迹为解，无其效。天子益怠厌方士之怪迂语矣，然终羁縻弗绝，冀遇其真。自此之后，方士言祠神者弥众，然其效可睹矣。[③]

①【集解】李奇曰："祀名也。"【索隐】赤星即上灵星祠也。灵星，龙左角，其色赤，故曰赤星。五者，太一也，三一也，冥羊也，马行也，赤星也。凡五，并令祠官宽舒领之。　②【索隐】五者之外有正太一后土祠，故云六也。　③【集解】徐广曰："犹今人云'其事已可知矣'，皆不信之耳。又数本皆无'可'字。"

太史公曰：余从巡祭天地诸神名山川而封禅焉。入寿宫侍祠神语，究观方士祠官之言，于是退而论次自古以来用事于鬼神者，具见其表里。后有君子，得以览焉。至若俎豆珪币之详，献酬之礼，则有司存焉。

索隐述赞曰：孝武纂极，四海承平。志尚奢丽，尤敬神明。坛开八道，接通五城。朝亲五利，夕拜文成。祭非祀典，巡乖卜征。登嵩勒岱，望景传声。迎年祀日，改历定正。疲耗中土，事彼边兵。日不暇给，人无聊生。俯观嬴政，几欲齐衡。

卷十三

三代世表第一

【索隐】应劭云："表者，录其事而见之。"案：《礼》有《表记》，而郑玄云"表，明也"。谓事微而不著，须表明也，故言表。【正义】言代者，以五帝久古，传记少见，夏、殷以来，乃有《尚书》略有年月，比于五帝事迹易明，故举三代为首表。表者，明也。明言事仪。

太史公曰：五帝、三代之记，[①]尚矣。[②]自殷以前诸侯不可得而谱，[③]周以来乃颇可著。孔子因史文次《春秋》，纪元年，正时日月，盖其详哉。至于序《尚书》则略，无年月。或颇有，然多阙，不可录。故疑则传疑，盖其慎也。

①【索隐】案：此表依《帝系》及《系本》。其实叙五帝、三代，而篇唯名《三代系表》者，以三代代系长远，宜以名篇。且三代皆出自五帝，故叙三代要从五帝而起首也。　②【索隐】刘氏云："尚，犹久古也。'尚矣'之文元出《大戴礼》，彼文云'黄帝尚矣'。"　③【正义】谱，布也，列其事也。

余读谍[①]记，黄帝以来皆有年数。稽其历谱谍终始五德之传，[②]古文咸不同，乖异。夫子之弗论次其年月，岂虚哉。于是以《五帝系谍》、《尚书》[③]集世纪黄帝以来讫共和为《世表》。

帝王世国号	颛顼属	俈　属	尧　属	舜　属	夏　属	殷　属	周　属
黄帝号有熊。	黄帝生昌意。	黄帝生玄嚣。	黄帝生玄嚣。	黄帝生昌意。	黄帝生昌意。	黄帝生玄嚣。	黄帝生玄嚣。
帝颛顼，黄帝孙。起黄帝，至颛顼三世，〔号高阳。〕	昌意生颛顼。为高阳氏。	玄嚣生蟜极。	玄嚣生蟜极。	昌意生颛顼。颛顼生穷蝉。【索隐】《系本》作“穷系。”宋衷云：“一云穷系，谥也。”	昌意生颛顼。	玄嚣生蟜极。蟜极生高辛。	玄嚣生蟜极。蟜极生高辛。
帝俈，黄帝曾孙。起黄帝，至帝俈四世。号高辛。		蟜极生高辛，为帝俈。【索隐】黄帝曾孙。	蟜极生高辛。高辛生放勋。	穷蝉生敬康。敬康生句望。		高辛生卨。	高辛生后稷，为周祖。
帝尧。起黄帝，至俈子五世。号唐。			放勋为尧。	句望生蟜牛。蟜牛生瞽叟。		卨为殷祖。	后稷生不窋。
帝舜，黄帝玄孙之玄孙，号虞。				瞽叟生重华，是为帝舜。	颛顼生鲧。鲧生文命。【索隐】案：《汉书·律历志》颛顼五代而生鲧，此及《帝系》皆云颛顼生鲧，是古史阙其代系也。	卨生昭明。	不窋生鞠。

续表

帝王世国号	颛顼属	俈属	尧属	舜属	夏属	殷属	周属
帝禹，黄帝耳孙，号夏。					文命，是为禹。	昭明生相土。	鞠生公刘。
帝启，伐有扈，作《甘誓》。						相土生昌若。	公刘生庆节。
帝太康						昌若生曹圉。曹圉生冥。	庆节生皇仆。皇仆生差弗。
帝仲康，太康弟。						冥生振。	差弗生毁渝。毁渝生公非。
帝相						振生微。微生报丁。	公非生高圉。高圉生亚圉。
帝少康						报丁生报乙。报乙生报丙。	亚圉生公祖类。
帝予【索隐】音直吕反，亦作“宁”。【正义】相为过浇所灭，后缗归有仍，生少康。其子予复禹绩。						报丙生主壬。主壬生主癸。	公祖类生太王亶父。

续　表

帝王世国号	颛顼属	俈　属	尧　属	舜　属	夏　属	殷　属	周　属
帝槐【索隐】音回，一音怀。《系本》作“芬”。						主癸生天乙，是为殷汤。从汤至黄帝十七世。	亶父生季历。季历生文王昌。益《易卦》。
帝芒【索隐】音亡，一作“荒。”							文王昌生武王发。
帝泄【索隐】音薛。							
帝不降							
帝扃【索隐】古荧切。不降弟。							
帝廑【索隐】其靳反，又音勤。							
帝孔甲，不降子。好鬼神，淫乱不好德，二龙去。							

续表

帝王世国号	颛顼属	俈属	尧属	舜属	夏属	殷属	周属
帝皋【索隐】宋衷云:“墓在崤南陵。”							
帝发【索隐】帝皋子也。《系本》云:“帝皋生发及履癸。履癸一名桀。”							
帝履癸,是为桀。从禹至桀十七世。从黄帝至桀二十世。							
殷汤代夏氏。从黄帝至汤十七世。							
帝外丙,汤太子。太丁早卒,故立次弟外丙。帝仲壬,外丙弟。							

续　表

帝王世国号	颛顼属	俈　属	尧　属	舜　属	夏　属	殷　属	周　属
帝太甲，故太子太丁子。淫，伊尹放之桐宫。三年，悔过自责，伊尹乃迎之复位。							
帝沃丁。伊尹卒。							
帝太康，沃丁弟。							
帝小甲，太庚弟。【索隐】案：《殷本纪》及《系本》皆云小甲，太庚子。殷道衰，诸侯或不至。							
帝雍己，小甲弟。							
帝太戊，雍己弟。以桑谷生，称中宗。							

续表

帝王世国号	颛顼属	俈属	尧属	舜属	夏属	殷属	周属
帝中丁俗本作仲丁。							
帝外壬，中丁弟。							
帝河亶甲，外壬弟。							
帝祖乙							
帝祖辛							
帝沃甲，【索隐】《系本》云开甲。祖辛弟。							
帝祖丁，祖辛子。							
帝南庚，沃甲子。							
帝阳甲，祖丁子。							

续 表

帝王世国号	颛顼属	俈 属	尧 属	舜 属	夏 属	殷 属	周 属
帝盘庚，阳甲弟。徙河南。							
帝小辛，盘庚弟。							
帝小乙，小辛帝。							
帝武丁。雉升鼎耳雊。得傅说。称高宗。							
帝祖庚							
帝甲，祖庚弟。淫。【集解】徐广曰："一云'淫德，殷衰。'"							
帝廪辛【索隐】或作"冯辛。"《系本》作"祖辛"，误也。案：上祖乙已生祖辛，故知非也。							

续表

帝王世国号	颛顼属	俈属	尧属	舜属	夏属	殷属	周属
帝庚丁，廪辛弟。殷徙河北。							
帝武乙。慢神震死。							
帝太丁							
帝乙。殷益衰。							
帝辛，是为纣。弑。从汤至纣二十九世。从黄帝至纣四十六世。							
周武王代殷。从黄帝至武王十九世。							

帝王世国号											
成王诵【索隐】或作“庸”，非。	鲁周公旦，武王弟。初封。	齐太公尚，文王、武王师。初封。	晋唐叔虞，武王子。初封。	秦恶来，助纣。父飞廉，有力。初封。	楚熊绎。绎父鬻熊，事文王。初封。	宋微子启，纣庶兄。初封。	卫康叔，武王弟。初封。	陈胡公满，舜之后。初封。	蔡叔度，武王弟。初封。	曹叔振铎，武王弟。初封。	燕召公奭，周同姓。初封。

续表

帝王世国号	颛顼属		佶属		尧属		舜属		夏属		殷属	周属
康王钊【索隐】古尧反，又音昭。刑错四十余年。	鲁公伯禽	丁公吕伋	晋侯燮	女防	熊乂	微仲，启弟	康伯【索隐】康叔子，王孙牟父也。	申公	蔡仲			九世至惠侯。
昭王瑕【索隐】音遐。宋衷云：“昭王南伐楚，辛由靡为右，涉汉中流而陨，由靡承王，遂卒不复。周乃侯其后于西翟也。”南巡不返。不赴，讳之。	考公 邹氏又作点音。	乙公	武侯	旁皋	熊黮【索隐】吐感反，又徒感反，又杜减反。	宋公	孝伯	相公	蔡伯	太伯	
穆王满。作《甫刑》。荒服不至。	炀公，考公弟。	癸公	成侯	大几	熊胜	丁公	嗣伯	孝公	宫侯	仲君	
恭王伊扈	幽公	哀公	厉侯	大骆	熊炀	湣公，丁公弟。	疌伯【索隐】音捷。	慎公	厉侯	宫伯	

续表

帝王世国号	颛顼属		俈属		尧属		舜属		夏属		殷属	周属
懿王坚。周道衰,诗人作刺。	魏公【索隐】《系本》作“微公”,名弗其。	胡公	靖侯	非子	熊渠	炀公,湣公弟。	靖伯	幽公	武侯	孝伯		
孝王方,懿王弟。	厉公	献公弑胡公。		秦侯	熊无康	厉公	贞伯	厘公		夷伯		
夷王燮,懿王子。	献公,厉公弟。	武公		公伯	熊鸷红	釐公	顷侯					
厉王胡。以恶闻(遇)〔过〕乱,出奔,遂死于彘。	真公			秦仲	熊延,红弟。		釐侯					
共和,【索隐】二伯行政。	武公,真公弟。				熊勇							

①【索隐】音牒。牒者，纪系谥之书也。下云"稽诸历谍"，谓历代之谱也。　②【索隐】音转。谓帝王更王，以金木水火土之五德传次相承，终而复始，故云终始五德之传也。　③【索隐】案：《大戴礼》有《五帝德》及《帝系》篇，盖太史公取此二篇之谍及《尚书》，集而纪黄帝以来为系表也。厉王奔彘，周、召二公共相王室，故曰共和。皇甫谧云"共伯和干王位"，则以共国、伯爵，和其名也。干王位，言篡也。与史迁之说不同，盖异说耳。

张夫子问褚先生曰：[①]"《诗》言契、后稷皆无父而生。今案诸传记咸言有父，父皆黄帝子也，[②]得无与《诗》谬乎？"

①【索隐】褚先生名少孙，元、成间为博士。张夫子，未详。　②【索隐】案：上契及后稷皆帝喾子，此云"黄帝子"者，谓是黄帝之子孙耳。案：喾是黄帝曾孙，而契、弃是玄孙也。

褚先生曰："不然。《诗》言契生于卵，后稷人迹者，欲见其有天命精诚之意耳。鬼神不能自成，须人而生，奈何无父而生乎！一言有父，一言无父，信以传信，疑以传疑，故两言之。尧知契、稷皆贤人，天之所生，故封之契七十里，后十余世至汤，王天下。尧知后稷子孙之后王也，故益封之百里，其后世且千岁，至文王而有天下。《诗传》曰：'汤之先为契，无父而生。契母与姊妹浴于玄丘水，有燕衔卵堕之，契母得，故含之，误吞之，即生契。[①]契生而贤，尧立为司徒，姓之曰子氏。子者兹；兹，益大也。诗人美而颂之曰"殷社[②]芒芒，天命玄鸟，降而生商"。商者质，殷号也。文王之先为后稷，后稷亦无父而生。后稷母为姜嫄，[③]出见大人迹而履践之，知于身，则生后稷。姜嫄以为无父，贱而弃之道中，牛羊避不践也。抱之山中，[4]山者养之，又捐之大泽，鸟覆席食之。姜嫄怪之，于是知其天子，乃取长之。尧知其贤才，立以为大农，姓之曰姬氏。姬者，本也。诗人美而颂之曰“厥初生民”，深修益成，而道后稷之始也。’孔子曰：‘昔者尧命契为子氏，为有汤也。命后稷为姬氏，为有文王也。大王命季历，明天瑞也。太伯之吴，遂生源也。’[5]天命难言，非圣人莫能见。舜、禹、契、后稷皆黄帝子孙也。黄帝策天命而治天下，德泽深后世，故其子孙皆复立为天子，是天之报有德也。人不知，以为泛从布衣匹夫起耳。夫布衣匹夫安能无故而起王天下乎？其有天命然。”

①【索隐】有娀氏女曰简狄，浴于玄丘水，出《诗纬》。《殷本纪》云玄鸟翔水遗卵，娀简狄取而吞之。　②【集解】《诗》云“土”。　③【索隐】有邰氏之女也。韦昭云“姜，姓。嫄，字也”。　④【集解】抱，普茅反。【索隐】抱，又如字。　⑤【索隐】言太伯之让季历居吴不反者，欲使传文王、武王拨乱反正，成周道，遂天下生生之源本也。

“黄帝后世何王天下之久远邪？”

曰：“《传》云天下之君王为万夫之黔首请赎民之命者帝，有福万世。黄帝是也。五政明则修礼义，因天时举兵征伐而利者王，有福千世。蜀王，黄帝后世也，[1]至今在汉西南五千里，常来朝降，输献于汉，非以其先之有德，泽流后世邪？行道德岂可以忽乎哉！人君王者举而观之。汉大将军霍子孟名光者，亦黄帝后世也。[②]此可为博闻远见者言，固难为浅闻者说也。何以言之?古诸侯以国为姓。霍者，国名也。武王封弟叔处于霍，后世晋献公灭霍公，后世为庶民，往来居平阳。平阳在河东，河东晋地，分为魏国。以《诗》言之，亦可为周世。周起后稷，后稷无父而生。以三代世传言之，后稷有父名高辛。高辛，黄帝曾孙。《黄帝终始传》曰：[③]'汉兴百有余年，有人不短不长，出(自)〔白〕燕之乡，[④]持天下之政，时有婴儿主，[⑤]却行车。'[⑥]霍将军者，本居平阳(自)〔白〕燕。臣为郎时，与方士考功[⑦]会旗亭下，[⑧]为臣言。岂不伟哉!"[⑨]

①【索隐】案：《系本》蜀无姓，相承云黄帝后世子孙也。且黄帝二十五子，分封赐姓，或于蛮夷，盖当然也。《蜀王本纪》云朱提有男子杜宇从天而下，自称望帝，亦蜀王也。则杜姓出唐杜氏，盖陆终氏之胤，亦黄帝之后也。【正义】谱记普云蜀之先肇于人皇之际。黄帝与子昌意娶蜀山氏女，生帝俈，立，封其支庶于蜀，历虞、夏、商。周衰，先称王者蚕丛，国破，子孙居姚、嶲等处。　②【索隐】案：《系本》云霍国，真姓后。周武王封其弟叔处于霍。是姬姓亦黄帝后也。　③【索隐】盖谓五行谶纬之说，若今之童谣言。　④【正义】一作"白彘"。案：霍光，平阳人。平阳今晋州霍邑，本秦时霍伯国，汉为彘县，后汉改彘曰永安，隋又改为霍邑。遍检记传，无"白燕"之名，疑"白彘"是乡之名。　⑤【索隐】谓昭帝也。　⑥【索隐】言霍光持政擅权，逼帝令如却行车，使不前也。　⑦【正义】谓年老为方士最功也。　⑧【集解】《西京赋》曰："旗亭五里。"薛综曰："旗亭，市楼也。立旗于上，故取名焉。"　⑨【索隐】褚先生盖腐儒也。设主客，引《诗传》，云契、弃无父，及据《帝系》皆帝喾之子，是也。而末引蜀王、霍光，

竟欲证何事？而言之不经，芜秽正史，辄云“岂不伟哉”，一何诬也。

索隐述赞曰：高辛之胤，大启祯祥。修己吞薏，石纽兴王。天命玄鸟，简狄生商。姜嫄履迹，祚流岐昌。俱膺历运，互有兴亡。风余周、召，刑措成、康。出彘之后，诸侯日强。

卷十四

十二诸侯年表第二

【索隐】篇言十二，实叙十三者，贱夷狄不数吴，又霸在后故也。不数吴而叙之者，阖闾霸盟上国故也。

太史公读《春秋历谱谍》，[①]至周厉王，未尝不废书而叹也。曰：呜呼，师挚见之矣！[②]纣为象箸[③]而箕子唏。[④]周道缺，诗人本之衽席，《关雎》作。仁义陵迟，《鹿鸣》刺焉。及至厉王，以恶闻其过，[⑤]公卿惧诛而祸作，厉王遂奔于彘，[⑥]乱自京师始，而共和行政焉。是后或力政，强乘弱，兴师不请天子。然挟王室之义，[⑦]以讨伐为会盟主，政由五伯，[⑧]诸侯恣行，[⑨]淫侈不轨，贼臣篡子滋起矣。齐、晋、秦、楚其在成周微甚，封或百里或五十里。晋阻三河，齐负东海，楚介江、淮，[⑩]秦因雍州之固，四海迭兴，更为伯主，文、武所褒大封，皆威而服焉。是以孔子明王道，干七十余君，莫能用，故西观周室，论史记旧闻，兴于鲁而次《春秋》，上记隐，下至哀之获麟，约其辞文，去其烦重，[⑪]以制义法，王道备，人事浃。七十子之徒口受其传指，[⑫]为有所刺讥褒讳挹损之文辞不可以书见也。鲁君子左丘明惧弟子人人异端，各安其意，失其真，故因孔子史记具论其语，成《左氏春秋》。铎椒为楚威王傅，为王不能尽观《春秋》，采取成败，卒四十章，为《铎氏微》。[13]赵孝成王时，其相虞卿上采《春秋》，下观近势，亦著八篇，为《虞氏春秋》。[14]吕不韦者，秦庄襄王相，亦上观尚古，删拾《春秋》，集六国时事，以为八览、六论、十二纪，为《吕氏春秋》。及如荀卿、孟子、公孙固、韩非[15]之徒，各往往捃摭《春秋》之文以著书，不可胜纪。汉相张苍历谱五德，[16]上大夫董仲舒推《春秋》义，颇著文焉。[17]

①【索隐】案：刘杳云"《三代系表》旁行邪上，并效《周谱》。谱起周代。《艺文志》有《古帝王谱》。又自古为《春秋》学者，有年历、谱谍之说，故杜元凯作《春秋长历》及《公子谱》。盖因于旧说，故太史公得读焉"也。

②【集解】郑玄曰："师挚，太师之名。周道衰微，郑、卫之音作，正乐废而失节，鲁太师挚识《关雎》之声，首理其乱也。" ③【索隐】邹氏及刘氏皆音直虑反，即筯也。今案：箕子云"为象箸者必为玉杯"，则箸者是樽也，音治略反。 ④【索隐】唏，呜叹声，音许既反。又音希，希亦声余，故记曰"夫子曰嘻其甚也"，亦音饩。 ⑤【索隐】恶，乌故反。过，古卧反。故《国语》云"厉王止谤，道路以目"是也。 ⑥【索隐】彘，地名，在河东，后为永安县也。 ⑦【索隐】挟音协。 ⑧【索隐】伯音霸。五伯者，齐桓公、晋文公、秦穆公、宋襄公、楚庄王也。 ⑨【索隐】行音下孟反。

⑩【索隐】介音界，言楚以江、淮为界。一云介者夹也。 ⑪【索隐】去，羌吕反。重，逐龙反。言约史记修《春秋》，去其重复之文也。 ⑫【索隐】传音逐宣反。 ⑬【索隐】铎椒所撰。名《铎氏微》者，《春秋》有微婉之词故也。 ⑭【正义】案：其文八篇，《艺文志》云十五篇，虞卿撰。

⑮【索隐】荀况、孟轲、韩非皆著书，自称"子"。宋有公孙固，无所述。此固，齐人韩固，传《诗》者也。 ⑯【索隐】案：张苍著《终始五德传》也。

⑰【索隐】作《春秋繁露》是。

太史公曰：儒者断其义，驰说者骋其辞，不务综其终始。历人取其年月，数家[①]隆于神运，[②]谱谍独记世谥，其辞略，欲一观[③]诸要难。[④]于是谱十二诸侯，自共和讫孔子，表见《春秋》、《国语》学者所讥盛衰大指著于篇，为成学治古文者[⑤]要删焉。[⑥]

①【索隐】数音疏具反，谓阴阳术数之家也。　②【集解】徐广曰："一作'通'也。"　③【索隐】观音官。　④【索隐】难音奴丹反。　⑤【集解】徐广曰："一云'治国闻者'也。"　⑥【索隐】言表见《春秋》、《国语》，本为成学之人攻文之士以欲览其要，故删为此篇焉。

索隐述赞曰：太史表次，抑有条理。起自共和，终于孔子。十二诸侯，各编年纪。兴亡继及，盛衰臧否。恶不揜过，善必扬美。绝笔获麟，义取同耻。

	周	鲁	齐	晋	秦	楚	宋	卫	陈	蔡	曹	郑	燕	吴
庚申	共和元年【集解】共和元年，以宣王少，大臣共和行政。徐广曰："自共和元年，岁在庚申，讫敬王43年，凡365年。共和在春秋前119年。"【索隐】宣王少，周、召二公共相王室，故曰共和。宣王，厉王之子也。	真公濞【索隐】《系本》作"慎公摯。"邹诞本作"慎公嗥"，真公，伯禽之玄孙。15年，一云14年	武公寿【索隐】太公五代孙，献公子也。宋衷曰："武公10年，宣王大臣共行政，故号曰共和。14年，宣王即位。"10年	靖侯宜臼【索隐】唐叔五代孙，厉侯之子也。宋衷曰："唐叔已下五代无年纪。"18年	秦仲【索隐】非子曾孙，公伯之子。宣王命为大夫，诛西戎也。4年	熊勇【索隐】楚，芈姓，粥熊之后，因氏熊。熊勇，熊延之子，熊绎九代孙。7年	釐公【索隐】微仲六代孙，厉公之子。18年	釐侯【索隐】唐叔七代孙，顷侯之子。顷侯赂周，始命为侯。14年	幽公宁【索隐】胡公五代孙也。14年	武侯【索隐】蔡仲五代孙也。23年	夷伯【索隐】名喜，振铎六代孙也。24年		惠侯【索隐】召公奭九世孙也。24年	

续　表

	周	鲁	齐	晋	秦	楚	宋	卫	陈	蔡	曹	郑	燕	吴
	2 厉王子居召公宫,是为宣王。	16	11	晋釐侯司徒元年	5	8	19	15	15	24	25		25	
	3	17	12	2	6	9	20	16	16	25	26		26	
	4	18	13	3	7	10	21	17	17	26	27		27	
甲子	5	19	14	4	8	楚熊严元年	22	18	18	蔡夷侯元年	28		28	
	6	20	15	5	9	2	23	19	19	2	29		29	
	7	21	16	6	10	3	24	20	20	3	30		30	
	8	22	17	7	11	4	25	21	21	4	曹幽伯强元年		31	
	9	23	18	8	12	5	26	22	22	5	2		32	
	10	24	19	9	13	6	27	23	23	6	3		33	
	11	25	20	10	14	7	28	24	陈釐公孝元年	7	4		34	

续 表

	周	鲁	齐	晋	秦	楚	宋	卫	陈	蔡	曹	郑	燕	吴
	12	26	21	11	15	8	宋惠公覸元年【索隐】覸音闲。又音下板反。	25	2	8	5		35	
	13	27	22	12	16	9	2	26	3	9	6		36	
	14 宣王即位，共和罢。【索隐】二相还政，宣王称元年也。	28	23	13	17	10	3	27	4	10	7		37	
甲戌	宣王元年	29	24	14	18	楚熊霜元年	4	28	5	11	8		38	
	2	30	25	15	19	2	5	29	6	12	9		燕釐侯庄【索隐】徐广云一无“庄”字。	

续 表

	周	鲁	齐	晋	秦	楚	宋	卫	陈	蔡	曹	郑	燕	吴
													案：燕失年纪及君名，此言“庄”者，衍字也。 元年	
	3	鲁武公敖元年	26	16	20	3	6	30	7	13	曹戴伯鲜元年		2	
	4	2	齐厉公无忌元年	17	21	4	7	31	8	14	2		3	
	5	3	2	18	22	5	8	32	9	15	3		4	
	6	4	3	晋献公籍元年	23	6	9	33	10	16	4		5	
	7	5	4	2	秦庄公其【索隐】其，名也。案：秦之	楚熊徇元年	10	34	11	17	5		6	

续表

	周	鲁	齐	晋	秦	楚	宋	卫	陈	蔡	曹	郑	燕	吴
					先公并不记名，恐其非名。元年									
	8	6	5	3	2	2	11	35	12	18	6		7	
	9	7	6	4	3	3	12	36	13	19	7		8	
	10	8	7	5	4	4	13	37	14	20	8		9	
甲申	11	9	8	6	5	5	14	38	15	21	9		10	
	12	10	9	7	6	6	15	39	16	22	10		11	
	13	鲁懿公戏元年	齐文公赤元年	8	7	7	16	40	17	23	11		12	
	14	2	2	9	8	8	17	41	18	24	12		13	
	15	3	3	10	9	9	18	42	19	25	13		14	
	16	4	4	11	10	10	19	卫武公和元年	20	26	14		15	

续 表

	周	鲁	齐	晋	秦	楚	宋	卫	陈	蔡	曹	郑	燕	吴
	17	5	5	穆侯弗生【索隐】案：系家名费生，或作“溃生。”《系本》名弗生，则生是穆公之名。费、溃、弗不同尔。元年	11	11	20	2	21	27	15		16	
	18	6	6	2	12	12	21	3	22	28	16		17	
	19	7	7	3	13	13	22	4	23	蔡螯侯所事元年	17		18	
	20	8	8	4 取齐女为夫人。	14	14	23	5	24	2	18		19	
甲午	21	9	9	5	15	15	24	6	25	3	19		20	

续表

	周	鲁	齐	晋	秦	楚	宋	卫	陈	蔡	曹	郑	燕	吴
	22	鲁孝公称元年伯御立为君,称为诸公子云。伯御,武公孙。	10	6	16	16	25	7	26	4	20	郑桓公友【索隐】宣王二十二年封之郑,立三十六年,与幽王俱死犬戎。元年始封。周宣王母弟。	21	
	23	2	11	7 以伐条生太子仇。	17	17	26	8	27	5	21	2	22	
	24	3	12	8	18	18	27	9	28	6	22	3	23	
	25	4	齐成公说【索隐】系家"说"作"脱"。元年	9	19	19	28	10	29	7	23	4	24	

续　表

	周	鲁	齐	晋	秦	楚	宋	卫	陈	蔡	曹	郑	燕	吴
	26	5	2	10 以千亩战。生仇弟成师。二子名反,君子讥之。后乱。	20	20	29	11	30	8	24	5	25	
	27	6	3	11	21	21	30	12	31	9	25	6	26	
	28	7	4	12	22	22	31 宋惠公薨。	13	32	10	26	7	27	
	29	8	5	13	23	楚熊鄂元年	宋戴公立。元年	14	33	11	27	8	28	
	30	9	6	14	24	2	2	15	34	12	28	9	29	
甲辰	31	10	7	15	25	3	3	16	35	13	29	10	30	
	32	11 周宣王诛伯御,立其弟称,是为孝公。	8	16	26	4	4	17	36	14	30	11	31	

续表

	周	鲁	齐	晋	秦	楚	宋	卫	陈	蔡	曹	郑	燕	吴
	33	12	9	17	27	5	5	18	陈武公灵元年	15	曹惠（公）伯雉【索隐】“雉”一作“兕。”元年	12	32	
	34	13	齐庄公赎元年	18	28	6	6	19	2	16	2	13	33	
	35	14	2	19	29	7	7	20	3	17	3	14	34	
	36	15	3	20	30	8	8	21	4	18	4	15	35	
	37	16	4	21	31	9	9	22	5	19	5	16	36	
	38	17	5	22	32	楚若敖【索隐】熊仪也，号若敖也。元年	10	23	6	20	6	17	燕顷侯元年	
	39	18	6	23	33	2	11	24	7	21	7	18	2	
	40	19	7	24	34	3	12	25	8	22	8	19	3	

续 表

	周	鲁	齐	晋	秦	楚	宋	卫	陈	蔡	曹	郑	燕	吴
甲寅	41	20	8	25	35	4	13	26	9	23	9	20	4	
	42	21	9	26	36	5	14	27	10	24	10	21	5	
	43	22	10	27 穆侯卒,弟殇叔自立,太子仇出奔。	37	6	15	28	11	25	11	22	6	
	44	23	11	晋殇叔元年	38	7	16	29	12	26	12	23	7	
	45	24	12	2	39	8	17	30	13	27	13	24	8	
	46	25	13	3	40	9	18	31	14	28	14	25	9	
	幽王元年	26	14	4 仇攻杀殇叔,立为文侯。	41	10	19	32	15	29	15	26	10	
	2 三川震。	27	15	晋文侯仇元年	42	11	20	33	陈夷公说元年	30	16	27	11	
	3 王取褒姒。	28	16	2	43	12	21	34	2	31	17	28	12	

续表

	周	鲁	齐	晋	秦	楚	宋	卫	陈	蔡	曹	郑	燕	吴
	4	29	17	3	44	13	22	35	3	32	18	29	13	
甲子	5	30	18	4	秦襄公元年	14	23	36	陈平公燮元年	33	19	30	14	
	6	31	19	5	2	15	24	37	2	34	20	31	15	
	7	32	20	6	3	16	25	38	3	35	21	32	16	
	8	33	21	7	4	17	26	39	4	36	22	33	17	
	9	34	22	8	5	18	27	40	5	37	23	34	18	
	10	35	23	9	6	19	28	41	6	38	24	35	19	
	11 幽王为犬戎所杀。	36	24	10	7 始列为诸侯。	20	29	42	7	39	25	36 以幽王故，为犬戎所杀。	20	
	平王元年东徙雒邑。	37	25	11	8 初立西畤，祠白帝。	21	30	43	8	40	26	郑武公【索隐】名滑突。“滑”，一作“掘”，并音胡忽反。元年	21	

续 表

	周	鲁	齐	晋	秦	楚	宋	卫	陈	蔡	曹	郑	燕	吴
	2	38	26	12	9	22	31	44	9	41	27	2	22	
	3	鲁惠公弗湦【索隐】系家作“弗湟”,《系本》作“弗皇”。元年	27	13	10	23	32	45	10	42	28	3	23	
甲戌	4	2	28	14	11	24	33	46	11	43	29	4	24	
	5	3	29	15	12 伐戎至岐而死。	25	34	47	12	44	30	5	燕哀侯元年	
	6	4	30	16	秦文公元年	26	宋武公司空元年	48	13	45	31	6	2	
	7	5	31	17	2	27	2	49	14	46	32	7	燕郑侯元年	
	8	6	32	18	3	楚霄敖【索隐】案:系家	3	50	15	47	33	8	2	

续表

	周	鲁	齐	晋	秦	楚	宋	卫	陈	蔡	曹	郑	燕	吴
						若敖子熊坎立，是为霄敖。此作“甯敖”，恐是“霄”字讹变为“甯”也。刘伯庄但随字而音，更不分析。元年								
	9	7	33	19	4	2	4	51	16	48	34	9	3	
	10	8	34	20	5	3	5	52	17	蔡共侯兴元年	35	10 娶申侯女武姜。	4	
	11	9	35	21	6	4	6	53	18	2	36	11	5	
	12	10	36	22	7	5	7	54	19	蔡戴侯元年	曹穆公元年	12	6	
	13	11	37	23	8	6	8	55	20	2	2	13	7	

续表

	周	鲁	齐	晋	秦	楚	宋	卫	陈	蔡	曹	郑	燕	吴
甲申	14	12	38	24	9	楚蚡冒【索隐】邹氏云“蚡”一作“粉”，音偾。冒音亡报反，又音默。元年	9	卫庄公杨元年	21	3	3	14 生庄公寤生。	8	
	15	13	39	25	10 作鄜畤。	2	10	2	22	4	曹桓公终生元年	15	9	
	16	14	40	26	11	3	11	3	23	5	2	16	10	
	17	15	41	27	12	4	12	4	陈文公圉元年生桓公鲍、厉公他。他母蔡女。	6	3	17 生大叔段。	11	
	18	16	42	28	13	5	13	5	2	7	4	18	12	
	19	17	43	29	14	6	14	6	3	8	5	19	13	

续表

	周	鲁	齐	晋	秦	楚	宋	卫	陈	蔡	曹	郑	燕	吴
	20	18	44	30	15	7	15	7	4	9	6	20	14	
	21	19	45	31	16	8	16	8	5	10	7	21	15	
	22	20	46	32	17	9	17	9	6	蔡宣侯楷论元年	8	22	16	
	23	21	47	33	18 生鲁桓公母。	10	18	10	7	2	9	23	17	
甲午	24	22	48	34	19 作祠陈宝。	11	宋宣公力元年	11	8	3	10	24	18	
	25	23	49	35	20	12	2	12	9	4	11	25	19	
	26	24	50	晋昭侯元年封其季(弟)〔父〕成师于曲沃,曲沃大于国,君子	21	13	3	13	10 文公卒。	5	12	26	20	

续表

	周	鲁	齐	晋	秦	楚	宋	卫	陈	蔡	曹	郑	燕	吴
			讥曰:“晋人乱自曲沃始矣。”											
	27	25	51	2	22	14	4	14	陈桓公元年	6	13	27	21	
	28	26	52	3	23	15	5	15	2	7	14	母欲立段,公不听。郑庄公寤生元年祭仲生。	22	
	29	27	53	4	24	16	6	16	3	8	15	2	23	
	30	28	54	5	25	17	7	17 爱妾子州吁,州吁好兵。	4	9	16	3	24	
	31	29	55	6	26	武王立。	8	18	5	10	17	4	25	
	32	30	56	潘父杀昭侯,纳成师,不	27	6	9	19	6	11	18	5	26	

续表

	周	鲁	齐	晋	秦	楚	宋	卫	陈	蔡	曹	郑	燕	吴
				克。昭侯子立,是为孝侯。【索隐】昭侯,文侯仇之子。系家云晋大臣潘父杀昭侯,迎曲沃桓叔,晋人攻之,立昭侯子平,是为孝侯。										
	33	31	57	2	28	3	10	20	7	12	19	6	27	
甲辰	34	32	58	3	29	4	11	21	8	13	20	7	28	
	35	33	59	4	30	5	12	22	9	14	21	8	29	
	36	34	60	5	31	6	13	23 夫人无子,桓公立。	10	15	22	9	30	

续 表

	周	鲁	齐	晋	秦	楚	宋	卫	陈	蔡	曹	郑	燕	吴
	37	35	61	6	32	7	14	卫桓公完元年	11	16	23	10	31	
	38	36	62	7	33	8	15	2 弟州吁骄，桓黜之，出奔。	12	17	24	11	32	
	39	37	63	8	34	9	16	3	13	18	25	12	33	
	40	38	64	9 曲沃桓叔成师卒，子代立，为庄伯。	35	10	17	4	14	19	26	13	34	
	41	39	齐釐公禄父元年	10	36	11	18	5	15	20	27	14	35	
	42	40	2 同母弟夷仲年生公孙毋知也。	11	37	12	19 公卒，命立弟和，为穆公。	6	16	21	28	15	36	

续表

	周	鲁	齐	晋	秦	楚	宋	卫	陈	蔡	曹	郑	燕	吴
	43	41	3	12	38	13	宋穆公和元年	7	17	22	29	16	燕穆侯元年	
甲寅	44	42	4	13	39	14	2	8	18	23	30	17	2	
	45	43	5	14	40	15	3	9	19	24	31	18	3	
	46	44	6	15	41	16	4	10	20	25	32	19	4	
	47	45	7	16 曲沃庄伯杀孝侯，晋人立孝侯子郤为鄂侯。	42	17	5	11	21	26	33	20	5	
	48	46	8	晋鄂侯郤元年曲沃强于晋。【索隐】有本“郤”作“都”者，	43	18	6	12	22	27	34	21	6	

续 表

	周	鲁	齐	晋	秦	楚	宋	卫	陈	蔡	曹	郑	燕	吴
				误也。鄂，邑；郤，其名。										
	49	鲁隐公息姑【索隐】系家名息，《系本》名息姑也。元年【集解】徐广曰："春秋隐元年，岁在己未。"母声子。	9	2	44	19	7	13	23	28	35	22 段作乱，奔。	7	
	50	2	10	3	45	20	8	14	24	29	36	23 公悔，思母不见，穿地相见。	8	

续表

	周	鲁	齐	晋	秦	楚	宋	卫	陈	蔡	曹	郑	燕	吴
	51	3 二月，日蚀。	11	4	46	21	9 公属孔父立殇公。冯奔郑。	15	25	30	37	24 侵周，取禾。	9	
	桓王元年	4	12	5	47	22	宋殇公与夷元年	16 州吁弑公自立。	26 卫石碏来告，故执州吁。	31	38	25	10	
	2 使虢公伐晋之曲沃。	5 公观鱼于棠，君子讥之。	13	6 鄂侯卒。曲沃庄伯复攻晋。立鄂侯子光为哀侯。	48	23	2 郑伐我。我伐郑。	卫宣公晋元年共立之。讨州吁。	27	32	39	26	11	
甲子	3	6 郑人来渝平。	14	晋哀侯光元年	49	24	3	2	28	33	40	27 始朝王，王不礼。	12	
	4	7	15	2 庄伯卒，子称立，为武公。	50	25	4	3	29	34	41	28	13	

续表

	周	鲁	齐	晋	秦	楚	宋	卫	陈	蔡	曹	郑	燕	吴
	5	8 易许田,君子讥之。	16	3	秦宁公元年	26	5	4	30	35	42	29 与鲁璧,易许田。	14	
	6	9 三月,大雨雹。	17	4	2	27	6	5	31	蔡桓侯封人元年	43	30	15	
	7	10	18	5	3	28	7 诸侯败我。我师与卫人伐郑。	6	32	2	44	31	16	
	8	11 大夫翚请杀桓公,求为相,公不听,即杀公。	19	6	4	29	8	7	33	3	45	32	17	
	9	鲁桓公允【索隐】"允"一作"兀",	20	7	5	30	9	8	34	4	46	33 以璧加鲁,易许田。	18	

续表

	周	鲁	齐	晋	秦	楚	宋	卫	陈	蔡	曹	郑	燕	吴
		五忽反。徐广云一作“轨”。元年母宋武公女,生手文为鲁夫人。												
	10	2 宋赂以鼎,入于太庙,君子讥之。	21	8	6	31	华督见孔父妻好,悦之。华督杀孔父,及杀殇公。宋公冯元年华督为相。	9	35	5	47	34	燕宣侯元年	
	11	3 翚迎女,齐侯送女,君子讥之。	22	晋小子元年	7	32	2	10	36	6	48	35	2	

续表

	周	鲁	齐	晋	秦	楚	宋	卫	陈	蔡	曹	郑	燕	吴
	12	4	23	2	8	33	3	11	37	7	49	36	3	
甲戌	13 伐郑。	5	24	3	9	34	4	12	38 弟他【索隐】音徒何反。陈大夫五父，后立为厉公。杀太子免代立，国乱，再赴。	8	50	37 伐周，伤王。	4	
	14	6	25 山戎伐我。	曲沃武公杀小子。周伐曲沃，立晋哀侯弟湣【索隐】音旻。为晋侯。晋侯湣元年	10	35 侵随，随为善政，得止。	5	13	陈厉公他元年	9	51	38 太子忽救齐，齐将妻之。	5	

续表

	周	鲁	齐	晋	秦	楚	宋	卫	陈	蔡	曹	郑	燕	吴
	15	7	26	2	11	36	6	14	2 生敬仲完。周史卜完后世王齐。	10	52	39	6	
	16	8	27	3	12	37 伐随，弗拔，但盟，罢兵。	7	15	3	11	53	40	7	
	17	9	28	4	秦出(公)〔子〕元年	38	8	16	4	12	54	41	8	
	18	10	29	5	2	39	9	17	5	13	55	42	9	
	19	11	30	6	3	40	10 执祭仲。	18 太子伋弟寿争死。	6	14	曹庄公射姑元年	43	10	
	20	12	31	7	4	41	11	19	7 公淫蔡，蔡杀公。	15	2	郑厉公突元年	11	

续 表

	周	鲁	齐	晋	秦	楚	宋	卫	陈	蔡	曹	郑	燕	吴
	21	13	32 鳌公令毋知秩服如太子。	8	5	42	12	卫惠公朔元年	陈庄公林元年桓公子。	16	3	2	12	
	22	14	33	9	6 三父杀出公,立其兄武公。	43	13	2	2	17	4	3 诸侯伐我,报宋故。	13	
甲申	23	15 天王求车,非礼。	齐襄公诸儿元年 贬毋知秩服,毋知怨。	10	秦武公元年 伐彭,至华山。	44	14	3 朔奔齐,立黔牟。	3	18	5	4 祭仲立忽,公出居栎。	燕桓(公)〔侯〕元年	
	庄王元年 生子穨。	16 公会(晋)〔曹〕,谋伐郑。	2	11	2	45	15	卫黔牟元年	4	19	6	郑昭公忽元年 忽母邓女,祭仲取之。	2	

续表

	周	鲁	齐	晋	秦	楚	宋	卫	陈	蔡	曹	郑	燕	吴
	2 有（兄）弟〔克。〕	17 日食，不书日，官失之。	3	12	3	46	16	2	5	20	7	2 渠弥杀昭公。	3	
	3	18 公与夫人如齐，齐侯通焉，使彭生杀公于车上。	4 杀鲁桓公，诛彭生。	13	4	47	17	3	6	蔡哀侯献舞元年	8	郑子亹元年 齐杀子亹，昭公弟。	4	
	4 周公欲杀王而立子克，王诛周公，克奔燕。	鲁庄公同元年	5	14	5	48	18	4	7	2	9	郑子婴元年 子亹之弟。	5	
	5	2	6	15	6	49	19	5	陈宣公杵臼元年 杵臼，庄公弟。	3	10	2	6	

续　表

	周	鲁	齐	晋	秦	楚	宋	卫	陈	蔡	曹	郑	燕	吴
	6	3	7	16	7	50	宋滑公捷元年	6	2	4	11	3	7	
	7	4	8 伐纪，去其都邑。	17	8	51 王伐随，告夫人心动，王卒军中。	2	7	3	5	12	4	燕庄公元年	
	8	5 与齐伐卫，纳惠公。	9	18	9	楚文王赀元年始都郢。	3	8	4	6	13	5	2	
	9	6	10	19	10	2 伐申，过邓，邓甥曰楚可取，邓侯不许。	4	9	5	7	14	6	3	
甲午	10	7 星陨如雨，与雨偕。	11	20	11	3	5	10 齐立惠公，黔牟奔周。	6	8	15	7	4	

续表

	周	鲁	齐	晋	秦	楚	宋	卫	陈	蔡	曹	郑	燕	吴
	11	8 子纠来奔,与管仲俱避毋知乱。	12 毋知杀君自立。	21	12	4	6	卫惠公朔复入。14年	7	9	16	8	5	
	12	9 鲁欲与纠入,后小白,齐距鲁,使生致管仲。	齐桓公小白元年 春,齐杀毋知。	22	13	5	7	15	8	10	17	9	6	
	13	10 齐伐我,为纠故。	2	23	14	6 息夫人,陈女,过蔡,蔡不礼,恶之,楚伐蔡,获哀侯以归。	8	16	9	11 楚虏我侯。	18	10	7	
	14	11 臧文仲吊宋水。	3	24	15	7	9 宋大水,公自罪。	17	10	12	19	11	8	

续 表

	周	鲁	齐	晋	秦	楚	宋	卫	陈	蔡	曹	郑	燕	吴
							鲁使臧文仲来吊。							
	15	12	4	25	16	8	10 万杀君，仇牧有义。	18	11	13	20	12	9	
	釐王元年	13 曹沫劫桓公。反所亡地。	5 与鲁人会柯。	26	17	9	宋桓公御说元年 庄公子。	19	12	14	21	13	10	
	2	14	6	27	18	10	2	20	13	15	22	14	11	
	3	15	7 始霸，会诸侯于鄄。	28 曲沃武公灭晋侯湣，以宝献周，周命武公为晋君，并其地。	19	11	3	21	14	16	23	郑厉公元年 厉公亡后十七岁复入。	12	

续表

	周	鲁	齐	晋	秦	楚	宋	卫	陈	蔡	曹	郑	燕	吴
	4	16	8	晋武公称并晋，已立三十八年，不更元，因其元年。	20 葬雍，初以人从死。	12 伐邓，灭之。	4	22	15	17	24	2 诸侯伐我。	13	
甲辰	5	17	9	39 武公卒，子诡诸立，为献公。	秦德公元年 武公弟。	13	5	23	16	18	25	3	14	
	惠王元年 取陈后。	18	10	晋献公诡诸元年	2 初作伏，祠社，磔狗邑四门。	楚堵敖囏【集解】徐广曰：“一作动”。【索隐】囏音艰。系家作“庄敖”，刘音壮，	6	24	17	19	26	4	15	

续 表

	周	鲁	齐	晋	秦	楚	宋	卫	陈	蔡	曹	郑	燕	吴
						此作“堵敖”。刘氏云亦作“杜”。堵、杜声相近，与系家乖，未详其由也。元年								
	2 燕、卫伐王，王奔温，立子穨。	19	11	2	秦宣公元年	2	7 取卫女。文公弟。	25	18	20	27	5	16 伐王，王奔温，立子穨。	
	3	20	12	3	2	3	8	26	19	蔡穆侯肸元年	28	6	17 郑执我仲父。	
	4 诛穨，入惠王。	21	13	4	3	4	9	27	20	2	29	7 救周乱，入王。	18	

续表

	周	鲁	齐	晋	秦	楚	宋	卫	陈	蔡	曹	郑	燕	吴
	5	22	14 陈完自陈来奔，田常始此也。【正义】齐桓公十四年，陈宣公二十一年，周惠王之五年。	5 伐骊戎，得姬。	4 作密畤。	5 弟恽杀堵敖自立。	10	28	21 厉公子完奔齐。	3	30	郑文公捷元年	19	
	6	23 公如齐观社。	15	6	5	楚成王恽元年	11	29	22	4	31	2	20	
	7	24	16	7	6	2	12	30	23	5	曹釐公夷元年	3	21	
	8	25	17	8 尽杀故晋侯群公子。	7	3	13	31	24	6	2	4	22	

续表

	周	鲁	齐	晋	秦	楚	宋	卫	陈	蔡	曹	郑	燕	吴
	9	26	18	9 始城绛都。	8	4	14	卫懿公赤元年	25	7	3	5	23	
甲寅	10 赐齐侯命。	27	19	10	9	5	15	2	26	8	4	6	24	
	11	28	20	11	10	6	16	3	27	9	5	7	25	
	12	29	21	12 太子申生居曲沃，重耳居蒲城，夷吾居屈。骊姬故。	11	7	17	4	28	10	6	8	26	
	13	30	22	13	12	8	18	5	29	11	7	9	27	
	14	31	23 伐山戎，为燕也。	14	秦成公元年	9	19	6	30	12	8	10	28	

续表

	周	鲁	齐	晋	秦	楚	宋	卫	陈	蔡	曹	郑	燕	吴
	15	32 庄公弟叔牙鸩死。子般。季友奔陈,立湣公。	24	15	2	10	20	7	31	13	9	11	29	
	16	鲁湣公开元年	25	16(伐)〔灭〕魏、(取)〔耿〕、霍。始封赵夙耿,毕万魏,始此。	3	11	21	8	32	14	曹昭公元年	12	30	
	17	2 庆父杀湣公。季友自陈立申,为釐公。杀庆父。	26	17 申生将军,君子知其废。	4	12	22	翟伐我。公好鹤,士不战,灭我国。国怨,惠公乱,灭其后,更立黔牟弟。 卫戴公元年	33	15	2	13	31	

续 表

	周	鲁	齐	晋	秦	楚	宋	卫	陈	蔡	曹	郑	燕	吴
	18	鲁釐公申元年哀姜丧自齐至。	27 杀女弟鲁庄公夫人,淫故。	18	秦穆公任好元年	13	23	卫文公燬元年戴公弟也。	34	16	3	14	32	
	19	2	28 为卫筑楚丘。救戎狄伐。	19 荀息以币假道于虞以伐虢,灭下阳。	2	14	24	2 齐桓公率诸侯为我城楚丘。	35	17	4	15	33	
甲子	20	3	29 与蔡姬共舟,荡公,公怒,归蔡姬。	20	3	15	25	3	36	18 以女故,齐伐我。	5	16	燕襄公元年	
	21	4	30 率诸侯伐蔡,蔡溃,遂伐楚,责包茅贡。	21 申生以骊姬谗自杀。重耳奔蒲,夷吾奔屈。	4 迎妇于晋。	16 齐伐我,至陉,使屈完盟。	26	4	37	19	6	17	2	

续表

	周	鲁	齐	晋	秦	楚	宋	卫	陈	蔡	曹	郑	燕	吴
	22	5	31	22 灭虞、虢。重耳奔狄。	5	17	27	5	38	20	7	18	3	
	23	6	32 率诸侯伐郑。	23 夷吾奔梁。	6	18 伐许，许公肉袒谢，楚从之。	28	6	39	21	8	19	4	
	24	7	33	24	7	19	29	7	40	22	9	20	5	
	25 襄王立，畏太叔。【集解】徐广曰："皇甫谧云二十四年惠王崩。"	8	34	25 伐翟，以重耳故。	8	20	30 公疾，太子兹父让兄目夷贤，公不听。	8	41	23	曹共公元年	21	6	
	襄王元年诸侯立王。	9 齐率我伐晋乱，至高梁还。	35 夏，会诸侯于葵丘。天子使宰	26 公卒，立奚齐，里克杀之。及卓子。	9 夷吾使郤芮赂，求入。	21	31 公薨，未葬，齐蔡会葵丘。	9	42	24	2	22	7	

续表

	周	鲁	齐	晋	秦	楚	宋	卫	陈	蔡	曹	郑	燕	吴
			孔赐胙，命无拜。	立夷吾。										
	2	10	36 使隰朋立晋惠公。	晋惠公夷吾元年 诛里克，倍秦约。	10 丕郑子豹亡来。	22	宋襄公兹父元年 目夷相。	10	43	25	3	23	8	
	3 戎伐我，太叔带召之。欲诛叔带，叔带奔齐。	11	37	2	11 救王伐戎，戎去。	23 伐黄。	2	11	44	26	4	24 有妾梦天与之兰，生穆公兰。	9	
	4	12	38 使管仲平戎于周，欲以上卿礼，让，受下卿。	3	12	24	3	12	45	27	5	25	10	

续表

	周	鲁	齐	晋	秦	楚	宋	卫	陈	蔡	曹	郑	燕	吴
甲戌	5	13	39 使仲孙请王，言叔带，王怒。	4 饥，请粟，秦与我。	13 丕豹欲无与，公不听，输晋粟，起雍至绛。	25	4	13	陈穆公款元年	28	6	26	11	
	6	14	40	5 秦饥，请粟，晋倍之。	14	26 灭六、英。	5	14	2	29	7	27	12	
	7	15 五月，日有食之。不书，史官失之。	41	6 秦虏惠公，复立之。	15 以盗食善马士得破晋。	27	6	15	3	蔡庄侯甲午元年	8	28	13	
	8	16	42 王以戎寇告齐，齐征诸侯戍周。	7 重耳闻管仲死，去翟之齐。	16 为河东置官司。	28	7 陨五石。六鹢退飞，过我都。	16	4	2	9	29	14	
	9	17	43	8	17	29	8	17	5	3	10	30	15	

续 表

	周	鲁	齐	晋	秦	楚	宋	卫	陈	蔡	曹	郑	燕	吴
	10	18	齐孝公昭元年	9	18	30	9	18	6	4	11	31	16	
	11	19	2	10	19 灭梁。梁好城，【索隐】上去声。不居，民罢，【索隐】音皮。相惊，故亡。	31	10	19	7	5	12	32	17	
	12	20	3	11	20	32	11	20	8	6	13	33	18	
	13	21	4	12	21	33 执宋襄公，复归之。	12 召楚盟。	21	9	7	14	34	19	
	14 叔带复归于周。	22	5 归王弟带。	13 太子圉质【索隐】晋惠	22	34	13 泓之战，楚败公。【索隐】	22	10	8	15	35 君如楚，宋伐我。	20	

续表

	周	鲁	齐	晋	秦	楚	宋	卫	陈	蔡	曹	郑	燕	吴
				公夷吾之子也。圉音御。质音致，又如字。秦亡归。			《穀梁传》战于泓水之上。系家云十三年宋师大败，公伤股。							
甲申	15	23	6 伐宋，以其不同盟。	14 圉立，为怀公。	23 迎重耳于楚，厚礼之，妻之女。重耳愿归。	35 重耳过，厚礼之。	14 公疾死泓战。	23 重耳从齐过，无礼。	11	9	16 重耳过，无礼，僖负羁私善。	36 重耳过，无礼，叔詹谏。	21	
	16 王奔氾。【索隐】氾音凡，又音似。氾，郑地也。	24	7	晋文公元年诛子圉。魏武子为魏大夫，赵衰为原大夫。咎犯曰：“求霸莫如内王。”	24 以兵送重耳。	36	宋成公王臣元年	24	12	10	17	37	22	

续　表

	周	鲁	齐	晋	秦	楚	宋	卫	陈	蔡	曹	郑	燕	吴
	17 晋纳王。	25	8	2	25 欲内王，军河上。	37	2	25	13	11	18	38	23	
	18	26	9	3 宋服。	26	38	3 倍楚亲晋。	卫成公郑元年	14	12	19	39	24	
	19	27	10 孝公薨，弟潘因卫公子开方杀孝公子，立潘。	4 救宋，报曹、卫耻。	27	39 使子玉伐宋。	4 楚伐我，我告急于晋。	2	15	13	20	40	25	
	20 王狩河阳。	28 公如践土会朝。	齐昭公潘元年会晋败楚，朝周王。	5 侵曹伐卫，取五鹿，执曹伯。诸侯败楚而朝河阳，周命赐公土地。	28 会晋伐楚朝周。	40 晋败子玉于城濮。	5 晋救我，楚兵去。	3 晋伐我，取五鹿。公出奔，立公子瑕。会晋朝，复归（晋）〔卫〕。	16 会晋伐楚，朝周王。	14 会晋伐楚，朝周王。	21 晋伐我，执公，复归之。	41	26	

续表

	周	鲁	齐	晋	秦	楚	宋	卫	陈	蔡	曹	郑	燕	吴
	21	29	2	6	29	41	6	4 晋以卫与宋。	陈共公朔元年	15	22	42	27	
	22	30	3	7 听周归卫成公。与秦围郑。	30 围郑，有言即去。	42	7	5 周入成公，复卫。	2	16	23	43 秦、晋围我，以晋故。	28	
	23	31	4	8	31	43	8	6	3	17	24	44	29	
	24	32	5	9 文公薨。	32 将袭郑，蹇叔曰不可。	44	9	7	4	18	25	45 文公薨。	30	
甲午	25	33 僖公薨。	6 狄侵我。	晋襄公驩元年破秦于殽。	33 袭郑，晋败我殽。	45	10	8	5	19	26	郑穆公兰元年秦袭我，弦高诈之。	31	
	26	鲁文公兴元年	7	2 伐卫，卫伐我。	34 败殽将亡归，公复其官。	46 王欲杀太子立职，太子	11	9 晋伐我，我伐晋。	6	20	27	2	32	

续表

	周	鲁	齐	晋	秦	楚	宋	卫	陈	蔡	曹	郑	燕	吴
						恐,与傅潘崇杀王。王欲食熊蹯死,不听。自立为王。								
	27	2	8	3 秦报我殽,败于汪。	35 伐晋报殽,败我于汪。	楚穆王商臣元年 以其太子宅赐崇,为相。	12	10	7	21	28	3	33	
	28	3 公如晋。	9	4 秦伐我,取王官,我不出。	36 以孟明等伐晋,晋不敢出。	2 晋伐我。	13	11	8	22	29	4	34	
	29	4	10	5 伐秦,围邧、【索隐】阮音。新城。	37 晋伐我,围邧、新城。	3 灭江。	14	12 公如晋。	9	23	30	5	35	

续 表

	周	鲁	齐	晋	秦	楚	宋	卫	陈	蔡	曹	郑	燕	吴
	30	5	11	6 赵成子、栾贞子、霍伯、臼季皆卒。【索隐】赵成子名衰。栾贞子名枝。霍伯，先且居也，封之霍。臼季，胥臣也。四大夫皆此年卒。	38	4 灭六、蓼。	15	13	10	24	31	6	36	
	31	6	12	7 公卒。赵盾为太子少，欲更立君，恐诛，遂立	39 缪公薨。葬殉以人，从死者百七十人，君子讥之，	5	16	14	11	25	32	7	37	

续 表

	周	鲁	齐	晋	秦	楚	宋	卫	陈	蔡	曹	郑	燕	吴
				太子为灵公。	故不言卒。									
	32	7	13	晋灵公夷皋元年 赵盾专政。	秦康公䓨【索隐】音乙耕反。元年	6	17 公孙固杀成公。	15	12	26	33	8	38	
	33 襄王崩。	8 王使卫来求金以葬，非礼。	14	2 秦伐我，取武城，报令狐之战。	2	7	宋昭公杵臼元年 襄公之子。【集解】徐广曰："一云成公少子。"【索隐】徐广说是也。	16	13	27	34	9	39	
	顷王元年	9	15	3 率诸侯救郑。	3	8 伐郑，以其服晋。	2	17	14	28	35	10 楚伐我。	40	

续表

	周	鲁	齐	晋	秦	楚	宋	卫	陈	蔡	曹	郑	燕	吴
甲辰	2	10	16	4 伐秦,拔少梁。秦取我北徵。【索隐】音澄,盖今之澄城也。	4 晋伐我,取少梁。我伐晋,取北徵。	9	3	18	15	29	曹文公寿元年	11	燕桓公元年	
	3	11 败长翟于鹹而归,得长翟。	17	5	5	10	4 败长翟长丘。	19	16	30	2	12	2	
	4	12	18	6 秦取我羁马。与秦战河曲,秦师遁。	6 伐晋,取羁马。怒,与我大战河曲。	11	5	20	17	31	3	13	3	
	5	13	19	7 得随会。	7 晋诈得随会。	12	6	21	18	32	4	14	4	

续 表

	周	鲁	齐	晋	秦	楚	宋	卫	陈	蔡	曹	郑	燕	吴
	6 顷王崩。公卿争政，故不赴。	14 彗星入北斗，周史曰：“七年，宋、齐、晋君死。”	20 昭公卒。弟商人杀太子自立，是为懿公。	8 赵盾以车八百乘纳捷菑，平王室。	8	楚庄王侣元年	7	22	陈灵公平国元年	33	5	15	5	
	匡王元年	15 六月辛丑，日蚀，齐伐我。	齐懿公商人元年	9 我入蔡。	9	2	8	23	2	34 晋伐我。庄侯薨。	6 齐入我郛。	16	6	
	2	16	2 不得民心。	10	10	3 灭庸。	9 襄夫人使卫伯杀昭公。弟鲍立。	24	3	蔡文侯申元年	7	17	7	
	3	17 齐伐我。	3 伐鲁。	11 率诸侯平宋。	11	4	宋文公鲍元年昭公弟。晋率诸侯平我。	25	4	2	8	18	8	

续表

	周	鲁	齐	晋	秦	楚	宋	卫	陈	蔡	曹	郑	燕	吴
	4	18 襄仲杀嫡，立庶子为宣公。	4 公刖邴歜父而夺阎职妻，二人共杀公，立桓公子惠公。	12	12	5	2	26	5	3	9	19	9	
	5	鲁宣公倭元年 鲁立宣公，不正，公室卑。	齐惠公元年 取鲁济西之田。	13 赵盾救陈、宋，伐郑。	秦共公和元年	6 伐宋、陈，以倍我服晋故。	3 楚、郑伐我，以我倍楚故也。	27	6	4	10	20 与楚侵陈，遂侵宋。晋使赵盾伐我，以倍晋故。	10	
甲寅	6 匡王崩。	2	2 王子成父败长翟。	14 赵穿杀灵公，赵盾使穿迎公子黑臀于周，立之。赵氏赐公族。	2	7	4 华元以羊羹陷郑。	28	7	5	11	21 与宋师战，获华元。	11	

续表

	周	鲁	齐	晋	秦	楚	宋	卫	陈	蔡	曹	郑	燕	吴
	定王元年	3	3	晋成公黑臀元年 伐郑。	3	8 伐陆浑，至雒，问鼎轻重。	5 赎华元，亡归。围曹。	29	8	6	12 宋围我。	22 华元亡归。	12	
	2	4	4	2	4	9 若敖氏为乱，灭之。伐郑。	6	30	9	7	13	郑灵公夷元年公子归生以鼋故杀灵公。	13	
	3	5	5	3 中行桓子荀林父救郑，伐陈。	5	10	7	31	10 楚伐郑，与我平。晋中行桓子距楚，救郑，伐我。	8	14	郑襄公坚元年灵公庶弟。楚伐我，晋来救。	14	
	4	6	6	4 与卫侵陈。	秦桓公元年	11	8	32 与晋侵陈。	11 晋、卫侵我。	9	15	2	15	

续表

	周	鲁	齐	晋	秦	楚	宋	卫	陈	蔡	曹	郑	燕	吴
	5	7	7	5	2	12	9	33	12	10	16	3	16	
	6	8 七月，日蚀。	8	6 与鲁伐秦，获秦谍，杀之绛市，六日而苏。	3 晋伐我，获谍。	13 伐陈，灭舒蓼。	10	34	13 楚伐我。	11	17	4	燕宣公元年	
	7	9	9	7 使桓子伐楚。以诸侯师伐陈救郑。成公薨。	4	14 伐郑，晋郤缺救郑，败我。	11	35	14	12	18	5 楚伐我，晋来救，败楚师。	2	
	8	10 四月，日蚀。	10 公卒。崔杼有宠，高、国逐之，奔卫。	晋景公据元年与宋伐郑。	5	15	12	卫穆公遬元年齐（高国）〔崔杼〕来奔。	15 夏徵舒以其母辱，杀灵公。	13	19	6 晋、宋、楚伐我。	3	

续　表

	周	鲁	齐	晋	秦	楚	宋	卫	陈	蔡	曹	郑	燕	吴
	9	11	齐顷公无野元年	2	6	16 率诸侯诛陈夏徵舒，立陈灵公子午。	13	2	陈成公午元年灵公太子。	14	20	7	4	
甲子	10	12	2	3 救郑，为楚所败河上。	7	17 围郑，郑伯肉袒谢，释之。	14 伐陈。	3	2	15	21	8 楚围我，我卑辞以解。	5	
	11	13	3	4	8	18	15	4	3	16	22	9	6	
	12	14	4	5 伐郑。	9	19 围宋，为杀使者。	16 杀楚使者，楚围我。	5	4	17	23 文公薨。	10 晋伐我。	7	
	13	15 初税亩。	5	6 救宋，执解扬，有使节。秦伐我。	10	20 围宋。五月，华元告子反以诚，楚罢。	17 华元告楚，楚去。	6	5	18	曹宣公庐元年	11 佐楚伐宋，执解扬。	8	

续表

	周	鲁	齐	晋	秦	楚	宋	卫	陈	蔡	曹	郑	燕	吴
	14	16	6	7 随会灭赤翟。	11	21	18	7	6	19	2	12	9	
	15	17 日蚀。	7 晋使郤克来齐，妇人笑之，克怒，归去。	8 使郤克使齐，妇人笑之，克怒归。	12	22	19	8	7	20 文侯薨。	3	13	10	
	16	18 宣公薨。	8 晋伐败我。	9 伐齐，质子彊，兵罢。	13	23 庄王薨。	20	9	8	蔡景侯固元年	4	14	11	
	17	鲁成公黑肱元年 春，齐取我隆。	9	10	14	楚共王审元年	21	10	9	2	5	15	12	
	18	2 与晋伐齐，齐归我汶阳，窃与楚盟。	10 晋郤克败公于鞍，虏逢丑父。	11 与鲁、曹败齐。	15	2 秋，申公巫臣窃徽舒母奔晋，以为邢大	22	11 穆公薨。与诸侯败齐，反侵地。楚伐我。	10	3	6	16	13	

续表

	周	鲁	齐	晋	秦	楚	宋	卫	陈	蔡	曹	郑	燕	吴
						夫。冬，伐卫、鲁，救齐。								
	19	3 会晋、宋、卫、曹伐郑。	11 顷公如晋，欲王晋，晋不敢受。	12 始置六卿。率诸侯伐郑。	16	3	宋共公瑕元年	卫定公臧元年	11	4	7 伐郑。	17 晋率诸侯伐我。	14	
甲戌	20	4 公如晋，晋不敬，公欲倍晋合于楚。	12	13 鲁公来，不敬。	17	4 子反救郑。	2	2	12	5	8	18 晋栾书取我汜。襄公薨。	15	
	21	5	13	14 梁山崩。伯宗隐其人而用其言。	18	5 伐郑，倍我故也。郑悼公来讼。	3	3	13	6	9	郑悼公费元年公如楚讼。	燕昭公元年	
	简王元年	6	14	15 使栾书救郑，遂侵蔡。	19	6	4	4	14	7 晋侵我。	10	2 悼公薨。楚伐我，晋使栾书来救。	2	吴寿梦元年

续表

	周	鲁	齐	晋	秦	楚	宋	卫	陈	蔡	曹	郑	燕	吴
	2	7	15	16 以巫臣始通于吴而谋楚。	20	7 伐郑。	5	5	15	8	11	郑成公睔【索隐】古困反。元年悼公弟也。楚伐我。	3	2 巫臣来，谋伐楚。
	3	8	16	17 复赵武田邑。侵蔡。	21	8	6	6	16	9 晋伐我。	12	2	4	3
	4	9	17 顷公薨。	18 执郑成公,伐郑。秦伐我。	22 伐晋。	9 救郑。冬,与晋成。	7	7	17	10	13	3 与楚盟。公如晋,执公伐我。	5	4
	5	10 公如晋送葬,讳之。	齐灵公环元年	19	23	10	8	8	18	11	14	4 晋率诸侯伐我。	6	5
	6	11	2	晋厉公寿曼元年	24 与晋侯夹河盟,归,倍盟。	11	9	9	19	12	15	5	7	6

续　表

	周	鲁	齐	晋	秦	楚	宋	卫	陈	蔡	曹	郑	燕	吴
	7	12	3	2	25	12	10	10	20	13	16	6	8	7
	8	13 会晋伐秦。	4 伐秦。	3 伐秦至泾，败之，获其将成差。	26 晋率诸侯伐我。	13	11 晋率我伐秦。	11	21	14	17 晋率我伐秦。	7〔晋率我〕伐秦。	9	8
甲申	9	14	5	4	27	14	12	12 定公薨。	22	15	曹成公负刍元年	8	10	9
	10	15 始与吴通，会钟离。	6	5 三郤谗伯宗，杀之，伯宗好直谏。	秦景公元年	15 许畏郑，请徙叶。	13 （宋）华元奔晋，复还。	卫献公衎元年	23	16	2 晋执我公以归。	9	11	10 与鲁会钟离。
	11	16 宣伯告晋，欲杀季文子，文子得以义脱。	7	6 败楚鄢陵。	2	16 救郑，不利。子反醉，军败，杀子反归。	宋平公成元年	2	24	17	3	10 倍晋盟楚，晋伐我，楚来救。	12	11
	12	17	8	7	3	17	2	3	25	18	4	11	13 昭公薨。	12

续表

	周	鲁	齐	晋	秦	楚	宋	卫	陈	蔡	曹	郑	燕	吴
	13	18 成公薨。	9	8 栾书、中行偃杀厉公,立襄公〔曾〕孙,为悼公。	4	18 为鱼石伐宋彭城。	3 楚伐彭城,封鱼石。	4	26	19	5	12 与楚伐宋。	燕武公元年	13
	14 简王崩。	鲁襄公午元年 围宋彭城。	10 (我不救郑)晋伐我,使太子光质于晋。	晋悼公元年 围宋彭城。	5	19 侵宋,救郑。	4 楚侵我,取犬丘。晋诛鱼石,归我彭城。	5 围宋彭城。	27	20	6	13 晋伐败我,兵次洧上,楚来救。	2	14
	灵王元年 生有髭。	2 会晋城虎牢。	11	2 率诸侯伐郑,城虎牢。	6	20	5	6	28	21	7	14 成公薨。晋率诸侯伐我。	3	15
	2	3	12 (伐吴)	3 魏绛辱杨干。	7	21 使子重伐吴,至衡山。使何忌侵陈。	6	7	29 倍楚盟,楚侵我。	22	8	郑釐公恽元年	4	16 楚伐我。

续 表

	周	鲁	齐	晋	秦	楚	宋	卫	陈	蔡	曹	郑	燕	吴
	3	4 公如晋。	13	4 魏绛说和戎、狄，狄朝晋。	8	22 伐陈。	7	8	30 楚伐我。成公薨。	23	9	2	5	17
	4	5 季文子卒。	14	5	9	23 伐陈。	8	9	陈哀公弱元年	24	10	3	6	18
甲午	5	6	15	6	10	24	9	10	2	25	11	4	7	19
	6	7	16	7	11	25 围陈。	10	11	3 楚围我，为公亡归。	26	12	5 子驷使贼夜杀釐公，诈以病卒赴诸侯。	8	20
	7	8 公如晋。	17	8	12	26 伐郑。	11	12	4	27 郑侵我。	13	郑简公(喜)〔嘉〕元年 釐公子。	9	21

续 表

	周	鲁	齐	晋	秦	楚	宋	卫	陈	蔡	曹	郑	燕	吴
	8	9 与晋伐郑,会河上,问公年十二,可冠,冠于卫。	18 与晋伐郑。	9 率齐、鲁、宋、卫、曹伐郑。秦伐我。	13 伐晋,楚为我援。	27 伐郑,师于武城,为秦。	12 晋率我伐郑。	13 晋率我伐郑。师曹鞭公幸妾。	5	28	14 晋率我伐郑。	2 诛子驷。晋率诸侯伐我,我与盟。楚怒,伐我。	10	22
	9 王叔奔晋。	10 楚、郑侵我西鄙。	19 令太子光、高厚会诸侯钟离。	10 率诸侯伐郑。荀䓨伐秦。	14 晋伐我。	28 使子囊救郑。	13 郑伐我,卫来救。	14 救宋。	6	29	15	3 晋率诸侯伐我,楚来救。子孔作乱,子产攻之。	11	23
	10	11 三桓分为三军,各将军。	20	11 率诸侯伐郑,秦败我栎。公曰"吾用魏绛九合诸侯"。	15 我使庶长鲍伐晋救郑,败之栎。	29 (郑晋伐我)〔与郑伐宋〕。	14 楚、郑伐我。	15(救)[伐]郑。(败晋师栎)	7	30	16	4 与楚伐宋,晋率诸侯伐我,秦来救。	12	24
	11	12 公如晋。	21	12	16	30	15	16	8	31	17	5	13	25 寿梦卒。

续 表

	周	鲁	齐	晋	秦	楚	宋	卫	陈	蔡	曹	郑	燕	吴
	12	13	22	13	17	31 吴伐我，败之。共王薨。	16	17	9	32	18	6	14	吴诸樊元年 楚败我。
	13	14 日蚀。	23 卫献公来奔。	14 率诸侯大夫伐秦，败棫林。（索隐）棫音域。	18 晋诸侯大夫伐我，败棫林。	楚康王昭【索隐】楚康王略。系家名招。元年 共王太子出奔吴。	17	18 孙文子攻公，公奔齐，立定公弟狄。	10	33	19	7	15	2 季子让位。楚伐我。
	14	15 日蚀。齐伐我。	24 伐鲁。	15 悼公薨。晋平公	19	2	18	卫殇公狄元年 定公弟。	11	34	20	8	16	3
甲辰	15	16 齐伐我。地震。齐复伐我北鄙。	25 伐鲁。	彪元年 (伐)〔我〕败楚于湛坂。【索隐】地名也。湛音视林反。	20	3 晋伐我，败湛坂。	19	2	12	35	21	9	17	4

续表

	周	鲁	齐	晋	秦	楚	宋	卫	陈	蔡	曹	郑	燕	吴
	16	17 齐伐我北鄙。	26 伐鲁。	2	21	4	20 伐陈。	3 伐曹。	13 宋伐我。	36	22 （伐卫）〔卫伐我。〕	10	18	5
	17	18 与晋伐齐。	27 晋围临淄。晏婴，大破之。	3 率鲁、宋、郑、卫围齐，大破之。	22	5 伐郑。	21 晋率我伐齐。	4	14	37	23 成公薨。	11 晋率我围齐。楚伐我。	19 武公薨。	6
	18	19	28 废光，立子牙为太子。光与崔杼杀牙自立。晋、卫伐我。	4 与卫伐齐。	23	6	22	5 晋率我伐齐。	15	38	曹武公胜元年	12 子产为卿。	燕文公元年	7
	19	20 日蚀。	齐庄公元年	5	24	7	23	6	16	39	2	13	2	8
	20	21 公如晋。日再蚀。	2	6 鲁襄公来。杀羊舌虎。	25	8	24	7	17	40	3	14	3	9

续 表

	周	鲁	齐	晋	秦	楚	宋	卫	陈	蔡	曹	郑	燕	吴
	21	22 孔子生。	3 晋栾逞【索隐】音盈，晋大夫。来奔，晏婴曰：“不如归之。”	7 栾逞奔齐。	26	9	25	8	18	41	4	15	4	10
	22	23	4 欲遣栾逞入曲沃伐晋，取朝歌。	8	27	10	26	9 齐伐我。	19	42	5	16	5	11
	23	24 侵齐。日再蚀。	5 畏晋通楚，晏子谋。	9	28	11 与齐通。率陈、蔡伐郑救齐。	27	10	20 楚率我伐郑。	43 楚率我伐郑。	6	17 （子产曰）范宣子为政。我请伐陈。	6	12
	24	25 齐伐我北鄙，以报孝伯之师。	6 晋伐我，报朝歌。崔杼以庄公通	10 伐齐至高唐，报太行之役。	29 公如晋，盟不结。	12 吴伐我，以报舟师之役，射杀吴	28	11	21 郑伐我。	44	7	18 伐陈，入陈。	燕懿公元年	13 诸樊伐楚，迫巢门，伤射以

续表

	周	鲁	齐	晋	秦	楚	宋	卫	陈	蔡	曹	郑	燕	吴
			其妻，杀之，立其弟，为景公。			王。								薨。
甲寅	25	26	齐景公杵臼元年 如晋，请归卫献公。	11 诛卫殇公，复入献公。	30	13 率陈、蔡伐郑。	29	12 〔齐、晋杀殇公，复内献公。〕	22 楚率我伐郑。	45	8	19 楚率陈、蔡伐我。	2	吴馀祭元年
	26	27 日蚀。	2 庆封欲专，诛崔氏，杼自杀。	12	31	14	30	卫献公衎后元年	23	46	9	20	3	2
	27	28 公如楚。葬康王。	3 冬，鲍、高、栾氏谋庆封，发兵攻庆封，庆封奔吴。	13	32	15 康王薨。	31	2	24	47	10	21	4 懿公薨。	3 齐庆封来奔。

续 表

	周	鲁	齐	晋	秦	楚	宋	卫	陈	蔡	曹	郑	燕	吴
	景王元年	29 吴季札来观周乐，尽知乐所为。	4 吴季札来使，与晏婴欢。	14 吴季札来，曰："晋政卒归韩、魏、赵。"	33	楚熊郏敖元年	32	3	25	48	11	22 吴季札谓子产曰："政将归子，子以礼，幸脱于戹矣。"	燕惠公元年 齐高止来奔。	4 守门阍杀馀祭。季札使诸侯。
	2	30	5	15	34	2	33	卫襄公恶元年	26	49 为太子取楚女，公通焉，太子杀公自立。	12	23 诸公子争宠相杀，〔又欲杀〕子产，子成止之。	2	5
	3	31 襄公薨。	6	16	35	3 王季父围为令尹。	34	2	27	蔡灵侯班元年	13	24	3	6
	4	鲁昭公稠元年 昭公年十九，有童心。	7	17 秦后子来奔。	36 公弟后子奔晋，车千乘。	4 令尹围杀郏敖，自立为灵王。	35	3	28	2	14	25	4	7

续表

	周	鲁	齐	晋	秦	楚	宋	卫	陈	蔡	曹	郑	燕	吴
	5	2 公如晋，至河，晋谢还之。	8 （齐）田无宇送女。	18 齐田无宇来送女。	37	楚灵王围元年共王子，肘玉。	36	4	29	3	15	26	5	8
	6	3	9 晏婴使晋，见叔向，曰：“齐政归田氏。”叔向曰：“晋公室卑。”	19	38	2	37	5	30	4	16	27 夏，如晋。冬，如楚。	6 公欲杀公卿立幸臣，公卿诛幸臣，公恐，出奔齐。	9
	7	4 称病不会楚。	10	20	39	3 夏，合诸侯宋地，盟。伐吴朱方，诛庆封。冬，报我，取五城。	38	6 称病不会楚。	31	5	17 称病不会楚。	28 子产曰：“三国不会。”	7	10 楚诛庆封。

续　表

	周	鲁	齐	晋	秦	楚	宋	卫	陈	蔡	曹	郑	燕	吴
甲子	8	5	11	21 秦后子归秦。	40 公卒。后子自晋归。	4 率诸侯伐吴。	39	7	32	6	18	29	8	11 楚率诸侯伐我。
	9	6	12 公如晋，请伐燕，入其君。	22 齐景公来，请伐燕，入其君。	秦哀公元年	5 伐吴，次乾谿。	40	8	33	7	19	30	9 齐伐我。	12 楚伐我，次乾谿。
	10	7 季武子卒。日蚀。	13 入燕君。	23 入燕君。	2	6 执芋尹亡人入章华。	41	9 夫人姜氏无子。	34	8	20	31	燕悼公元年 惠公归至卒。	13
	11	8 公如楚，楚留之。贺章华台。	14	24	3	7 就章华台，内亡人实之。灭陈。	42	卫灵公元年	35 弟招作乱，哀公自杀。	9	21	32	2	14
	12	9	15	25	4	8 弟弃疾将兵定陈。	43	2	陈惠公吴元年 哀公孙也。楚来定我。	10	22	33	3	15

续表

	周	鲁	齐	晋	秦	楚	宋	卫	陈	蔡	曹	郑	燕	吴
	13	10 (四月日蚀)	16	26 春，有星出婺女。(十)〔七〕月，公薨。	5	9	44 平公薨。	3	2	11	23	34	4	16
	14	11	17	晋昭公夷元年	6	10 醉杀蔡侯，使弃疾围之。弃疾居之，为蔡侯。	宋元公佐元年	4	3	12 灵侯如楚，楚杀之，使弃疾居之，为蔡侯。	24	35	5	17
	15	12 朝晋至河，晋谢之归。	18 公如晋。	2	7	11 王伐徐以恐吴，次乾谿。民罢于役，怨王。	2	5 公如晋，朝嗣君。	4	蔡侯庐元年 景侯子。	25	36 公如晋。	6	吴馀昧元年。
	16	13	19	3	8	12 弃疾作乱自立，灵王自杀。复陈、蔡。	3	6	5 楚平王复陈，立惠公。	2 楚平王复我，立景侯子庐。【集解】徐广	26	郑定公宁元年	7	2

续　表

	周	鲁	齐	晋	秦	楚	宋	卫	陈	蔡	曹	郑	燕	吴
										曰："一本景侯子虚。"				
	17	14	20	4	9	楚平王居元年共王子，抱玉。	4	7	6	3	27	2	燕共公元年	3
甲戌	18 后太子卒。	15 日蚀。公如晋，晋留之葬，公耻之。	21	5	10	2 王为太子取秦女，好，自取之。	5	8	7	4	曹平公须元年	3	2	4
	19	16	22	6 公卒。六卿强，公室卑矣。	11	3	6	9	8	5	2	4	3	吴僚元年
	20	17 五月朔，日蚀。彗星见辰。	23	晋顷公去疾元年	12	4 与吴战。	7	10	9	6	3	5 火，欲禳之，子产曰："不如修德。"	4	2 与楚战。

续表

	周	鲁	齐	晋	秦	楚	宋	卫	陈	蔡	曹	郑	燕	吴
	21	18	24	2	13	5	8 火。	11 火。	10 火。	7	4 平公薨。	6 火。	5 共公薨。	3
	22	19 地震。	25	3	14	6	9	12	11	8	曹悼公午元年	7	燕平公元年	4
	23	20 齐景公与晏子狩，入鲁问礼。	26 猎鲁界，因入鲁。	4	15	7 诛伍奢、尚，太子建奔宋，伍胥奔吴。	10 公毋信。诈杀〔诸〕公子。楚太子建来奔，见乱。之郑。	13	12	9 平公薨。灵公孙东国杀平侯子而自立。	2	8 楚太子建从宋来奔。	2	5 伍员来奔。
	24	21 公如晋至河，晋谢之，归。日蚀。	27	5	16	8 蔡侯来奔。	11	14	13	蔡悼侯东国元年 奔楚。	3	9	3	6
	25	22 日蚀。	28	6 周室乱，公平乱，立敬王。	17	9	12	15	14	2	4	10	4	7

续　表

	周	鲁	齐	晋	秦	楚	宋	卫	陈	蔡	曹	郑	燕	吴
	敬王元年	23 地震。	29	7	18	10 吴伐败我。	13	16	15 吴败我兵，取胡、沈。	3	5	11 楚建作乱，杀之。	5	8 公子光败楚。
	2	24 鸜鹆来巢。	30	8	19	11 吴卑梁人争桑，伐取我钟离。	14	17	16	蔡昭侯申元年 悼侯弟。	6	12 公如晋，请内王。	6	9
甲申	3	25 公欲诛季氏，三桓氏攻公，公出居郓。【索隐】音运。	31	9	20	12	15	18	17	2	7	13	7	10
	4	26 齐取我郓以处公。	32 彗星见。晏子曰："田氏有德于齐，可畏。"	10 知栎、赵鞅内王于王城。	21	13 欲立子西，子西不肯。秦女子立，为昭王。	宋景公头曼【索隐】音万。元年	19	18	3	8	14	8	11

续表

	周	鲁	齐	晋	秦	楚	宋	卫	陈	蔡	曹	郑	燕	吴
	5	27	33	11	22	楚昭王珍元年诛无忌以说众。	2	20	19	4	9	15	9	12 公子光使专诸杀僚,自立。
	6	28 公如晋,求入,晋弗听,处之乾侯。	34	12 六卿诛公族,分其邑。各使其子为大夫。	23	2	3	21	20	5	曹襄公元年【集解】徐广曰:“一作声。”	16	10	吴阖闾元年
	7	29 公自乾侯如郓。齐侯曰“主君”,公耻之,复之乾侯。	35	13	24	3	4	22	21	6	2	郑献公虿元年	11	2
	8	30	36	14 顷公薨。	25	4 吴三公子来奔,封以扞吴。	5	23	22	7	3	2	12	3 三公子奔楚。

续 表

	周	鲁	齐	晋	秦	楚	宋	卫	陈	蔡	曹	郑	燕	吴
	9	31 日蚀。	37	晋定公午元年	26	5 吴伐我六、潜。	6	24	23	8	4	3	13	4 伐楚六、潜。
	10 晋使诸侯为我筑城。	32 公卒乾侯。	38	2 率诸侯为周筑城。	27	6	7	25	24	9	5 平公弟通杀襄公自立。	4	14	5
	11	鲁定公宋元年 昭公丧自乾侯至。	39	3	28	7 囊瓦【索隐】囊瓦，楚大夫子常也。子囊之孙。伐吴，败我豫章。蔡侯来朝。	8	26	25	10 朝楚，以裘故留。	曹隐公元年	5	15	6 楚伐我，迎击，败之，取楚之居巢。
	12	2	40	4	29	8	9	27	26	11	2	6	16	7
甲午	13	3	41	5	30	9 蔡昭侯留三岁，得裘，故归。	10	28	27	12 与子常裘，得归，如晋，请伐楚。	3	7	17	8

续表

	周	鲁	齐	晋	秦	楚	宋	卫	陈	蔡	曹	郑	燕	吴
	14 与晋率诸侯侵楚。	4	42	6 周与我率诸侯侵楚。	31 楚包胥请救。	10 吴、蔡伐我,入郢,昭王亡。伍子胥鞭平王墓。	11	29 与蔡争长。	28	13 与卫争长。楚侵我,吴与我伐楚,〔入〕郢。	4	8	18	9 与蔡伐楚,入郢。
	15	5 阳虎执季桓子,与盟,释之。日蚀。	43	7	32	11 秦救至,吴去,昭王复入。	12	30	陈怀公柳元年	14	曹靖公路元年	9	19	10
	16 王子朝之徒作乱故,王奔晋。	6	44	8	33	12 吴伐我番,楚恐,徙鄀。【索隐】都鄀,音若。	13	31	2	15	2	10 鲁侵我。	燕简公元年	11 伐楚取番。
	17 刘子迎王,晋入王。	7 齐伐我。	45 侵卫。伐鲁。	9 入周敬王。	34	13	14	32 齐侵我。	3	16	3	11	2	12

续 表

	周	鲁	齐	晋	秦	楚	宋	卫	陈	蔡	曹	郑	燕	吴
	18	8 阳虎欲伐三桓，三桓攻阳虎，虎奔阳关。	46 鲁伐我。我伐鲁。	10 伐卫。	35	14 子西为民泣，民亦泣，蔡昭侯恐。	15	33 晋、鲁侵伐我。	4 公如吴，吴留之，因死吴。	17	4 靖公薨。	12	3	13 陈怀公来，留之，死于吴。
	19	9 伐阳虎，虎奔齐。	47 囚阳虎，虎奔晋。	11 阳虎来奔。	36 哀公薨。	15	16 阳虎来奔。	34	陈湣公越元年	18	曹伯阳元年	13 献公薨。	4	14
	20	10 公会齐侯于夹谷。【索隐】司马彪《郡国志》在祝其县西南。孔子相。齐归我地。	48	12	秦惠公元年 彗星见。	16	17	35	2	19	2	郑声公胜元年 郑益弱。	5	15
	21	11	49	13	2 生躁公、怀公、简公。	17	18	36	3	20	3 国人有梦众君子立社	2	6	16

续表

	周	鲁	齐	晋	秦	楚	宋	卫	陈	蔡	曹	郑	燕	吴
											宫,谋亡曹,振铎请待公孙彊,许之。			
	22	12 齐来归女乐,季桓子受之,孔子行。	50 遗鲁女乐。	14	3	18	19	37 伐曹。	4	21	4 卫伐我。	3	7	17
甲辰	23	13	51	15 赵鞅伐范、中行。	4	19	20	38 孔子来,禄之如鲁。	5	22	5	4	8	18
	24	14	52	16	5	20	21	39 太子蒯聩出奔。	6 孔子来。	23	6 公孙彊好射,献雁,君使为司城,梦者子行。	5 子产卒。	9	19 伐越,败我,伤阖闾指,以死。

续 表

	周	鲁	齐	晋	秦	楚	宋	卫	陈	蔡	曹	郑	燕	吴
	25	15 定公薨。日蚀。	53	17	6	21 灭胡。以吴败，我倍之。	22 郑伐我。	40	7	24	7	6 伐宋。	10	吴王夫差元年
	26	鲁哀公将元年	54 伐晋。	18 赵鞅围范、中行朝歌。齐、卫伐我。	7	22 率诸侯围蔡。	23	41 伐晋。	8 吴伐我。	25 楚伐我，以吴怨故。	8	7	11	2 伐越。
	27	2	55 输范、中行氏粟。	19 赵鞅围范、中行，郑来救，我败之。	8	23	24	42 灵公薨。蒯聩子辄立。晋纳太子蒯聩于戚。	9	26 畏楚，私召吴人，乞迁于州来，州来近吴。	9	8 救范、中行氏，与赵鞅战于铁，败我师。	12	3
	28	3 地震。	56	20	9	24	25 孔子过宋，桓魋恶之。	卫出公辄元年	10	27	10 宋伐我。	9	燕献公元年	4
	29	4	57 乞救范氏。	21 赵鞅拔邯郸、柏人，有之。	10 惠公薨。	25	26	2	11	28 大夫共诛昭侯。	11	10	2	5

续表

	周	鲁	齐	晋	秦	楚	宋	卫	陈	蔡	曹	郑	燕	吴
	30	5	58 景公薨。立嬖姬子为太子。	22 赵鞅败范、中行，中行奔齐。伐卫。	秦悼公元年	26	27	3 晋伐我，救范氏故。	12	蔡成侯朔元年	12	11	3	6
	31	6	齐晏孺子元年田乞诈立阳生，杀孺子。	23	2	27 救陈，王死城父。	28 伐曹。	4	13 吴伐我，楚来救。	2	13 宋伐我。	12	4	7 伐陈。
	32	7 公会吴王于缯。吴征百牢，季康子使子贡谢之。	齐悼公阳生元年	24 侵卫。	3	楚惠王章元年	29 侵郑，围曹。	5 晋侵我。	14	3	14 宋围我，郑救我。	13	5	8 鲁会我缯。
甲寅	33	8 吴为邾伐我，至城下，盟而去。齐取我三邑。	2 伐鲁，取三邑。	25	4	2 子西召建子胜于吴，为白公。	30 曹倍我，我灭之。	6	15	4	15 宋灭曹，虏伯阳。	14	6	9 伐鲁。

续表

	周	鲁	齐	晋	秦	楚	宋	卫	陈	蔡	曹	郑	燕	吴
	34	9	3	26	5	3 伐陈，陈与吴故。	31 郑围我，败之于雍丘。	7	16 倍楚，与吴成。	5		15 围宋，败我师雍丘，伐我。	7	10
	35	10 与吴伐齐。	4 吴、鲁伐我。(齐)鲍子杀悼公，齐人立其子壬为简公。	27 使赵鞅伐齐。	6	4 伐陈。	32 伐郑。	8 孔子自陈来。	17	6		16	8	11 与鲁伐齐救陈。诛五员。
	36	11 齐伐我。冉有言，故迎孔子，孔子归。	齐简公元年 鲁与吴败我。	28	7	5	33	9 孔子归鲁。	18	7		17	9	12 与鲁败齐。
	37	12 与吴会橐皋。【索隐】橐音托。皋音高。	2	29	8	6 白公胜数请子西伐郑，以父怨故。	34	10 公如晋，与吴会橐皋。	19	8		18 宋伐我。	10	13 与鲁会橐皋。

续表

	周	鲁	齐	晋	秦	楚	宋	卫	陈	蔡	曹	郑	燕	吴
		县名，在寿春。用田赋。												
	38	13 与吴会黄池。	3	30 与吴会黄池，争长。	9	7 伐陈。	35 郑败我师。	11	20	9		19 败宋师。	11	14 与晋会黄池。
	39	14 西狩获麟。卫出公来奔。	4 田常杀简公，立其弟骜，【索隐】五高反，平公也。为平公，常相之，专国权。	31	10	8	36	12 父蒯聩入，辄出亡。	21	10		20	12	15
	40	15 子服景伯使齐，子贡为介，齐归我侵地。	齐平公骜元年 景公(子)〔孙〕也。齐自是称田氏。	32	11	9	37 荧惑守心，子韦曰："善。"	卫庄公蒯聩元年	22	11		21	13	16

续 表

	周	鲁	齐	晋	秦	楚	宋	卫	陈	蔡	曹	郑	燕	吴
	41	16 孔子卒。	2	33	12	10 白公胜杀令尹子西攻惠王。葉公攻白公，白公自杀。惠王复国。	38	2	23 楚灭陈，杀湣公。	12		22	14	17
	42	17	3	34	13	11	39	3 庄公辱戎州人，戎州人与赵简子攻庄公，出奔。		13		23	15	18 越败我。
甲子	43 敬王崩。【集解】徐广曰："岁在甲子。"	18 二十七卒。	4 二十五卒。	35 三十七卒。	14 卒，子厉〔共〕公立。	12 五十七卒。	40 六十四卒。	卫君起元年 石傅逐起【索隐】石傅逐君起。傅音圃，亦作尃，音敷。出，辄复入。		14 十九卒。		24 三十八卒。	16 二十八卒。	19 二十三卒。【索隐】二十三年灭。

卷十五

六国年表第三

【索隐】六国，乃魏、韩、赵、楚、燕、齐，并秦凡七国，号曰“七雄”。

太史公读《秦记》，[①]至犬戎败幽王，周东徙洛邑，秦襄公始封为诸侯，作西畤用事上帝，僭端见矣。《礼》曰：“天子祭天地，诸侯祭其域内名山大川。”今秦杂戎、翟之俗，先暴戾，后仁义，位在藩臣而胪于郊祀，[②]君子惧焉。及文公逾陇，攘夷狄，尊陈宝，营岐、雍之间，而穆公修政，东竟至河，则与齐桓、晋文中国侯伯侔矣。是后陪臣执政，大夫世禄，六卿擅晋权，征伐会盟，威重于诸侯。及田常杀简公而相齐国，诸侯晏然弗讨，海内争于战功矣。三国终之卒分晋，田和亦灭齐而有之，六国之盛自此始。务在强兵并敌，谋诈用而从衡短长之说起。矫称蜂出，誓盟不信，虽置质剖符犹不能约束也。秦始小国僻远，诸夏宾之，比于戎、翟，至献公之后常雄诸侯。论秦之德义不如鲁、卫之暴戾者，量秦之兵不如三晋之强也，然卒并天下，非必险固便形势利也，盖若天所助焉。

①【索隐】即秦国之史记也，故下云“秦烧《诗》、《书》，诸侯史记尤甚。独有《秦记》，又不载日月”是也。　②【索隐】案：胪字训陈也，出《尔雅》文。以言秦是诸侯而陈天子郊祀，实僭也，犹季氏旅于泰山然。【正义】〔胪作〕“臚”，音旅，祭名。又旅，陈也。

或曰“东方，物所始生；西方，物之成孰”。夫作事者必于东南，收功实者常于西北。故禹兴于西羌，[1]汤起于亳，[2]周之王也以丰、镐伐殷，秦之帝用雍州兴，汉之兴自蜀、汉。

①【集解】皇甫谧曰：“孟子称禹生石纽，西夷人也。传曰‘禹生自西羌’是也。”【正义】禹生于茂州汶川县，本冄駹国，皆西羌。　②【集解】徐广曰：“京兆杜县有亳亭。”

秦既得意，烧天下《诗》、《书》，诸侯史记尤甚，为其有所刺讥也。《诗》、《书》所以复见者，多藏人家，而史记独藏周室，以故灭。惜哉，惜哉！独有《秦记》，又不载日月，其文略不具。然战国之权变亦有可颇采者，何必上古。秦取天下多暴，然世异变，成功大。[1]传曰“法后王”，何也？以其近己而俗变相类，议卑而易行也。[2]学者牵于所闻，见秦在帝位日浅，不察其终始，因举而笑之，[3]不敢道，此与以耳食无异。[4]悲夫。

①【索隐】以言人君制法，当随时代之异而变易其政，则其成功大。若居今行古，犹胶柱而调瑟也。　②【正义】易，以豉反。后王，近代之王。法与己连接世俗之变及相类也，故议卑浅而易识行耳。　③【索隐】举犹皆也。　④【索隐】案：言俗学浅识，举而笑秦，此犹耳食不能知味也。

余于是因《秦记》，踵《春秋》之后，起周元王，[1]表六国时事，讫二世，凡二百七十年，著诸所闻兴坏之端。后有君子，以览观焉。

①【索隐】案：此表起周元王元年，《春秋》讫元王八年。

周	秦	魏	韩	赵	楚	燕	齐
周元王元年【集解】徐广曰：“乙丑。”皇甫谧曰：“元年癸酉，二十八年庚子崩。”【索隐】元王名仁，《系本》名赤，敬王子。八年崩，子定王介立。	秦厉共公元年【索隐】悼公子。三十四年卒，子躁公立。	魏献子卫出公辄后元年【索隐】二十一年，季父黔逐出公而自立为悼公。	韩宣子	赵简子【索隐】案：系家简子名鞅，文子武之孙，景叔成之子。42 【索隐】案：简子以顷公九年在位，顷公十四年卒而定公立，定公明年三十七年卒，是四十二为简子在位之年。又至出公十七年卒，在位六十年也。	楚惠王章十三年【集解】徐广曰：“亦鲁哀公十九年。”【索隐】五十七年卒。吴伐我。	燕献公十七年【索隐】二十八年卒。	齐平公骜五年【索隐】二十九年卒。
2	2 蜀人来赂。	晋定公卒。【索隐】《系本》定公名午。		43	14 越围吴，吴怨。	18	6
3	3	晋出公错元年。【索隐】《系本》名凿。		44	15	19	7 越人始来。
4	4			45	16 越灭吴。	20	8

续　表

周	秦	魏	韩	赵	楚	燕	齐
5	5 楚人来赂。			46	17 蔡景侯卒。【索隐】案："景"字误，合作"成侯。"徐广不辨，即言"或作'成'。"案：景侯即成侯之高祖父。	21	9 晋知伯瑶来伐我。
6	6 义渠来赂。(繇)〔緜〕诸乞援。【集解】《音义》曰："援一作爰。"			47	18 蔡声侯元年。【索隐】名产，成侯之子。	22	10
7	7 彗星见。	卫(庄)〔出〕公饮，大夫不解(履)〔袜〕，公怒，即攻公，公奔宋。		48	19 王子英奔秦。	23	11
8	8			49	20	24	12

续表

周	秦	魏	韩	赵	楚	燕	齐
定王元年【集解】徐广曰："癸酉，《左传》尽此。"皇甫谧曰："贞定王元年癸亥，十年壬申崩。"【索隐】名介。二十八年崩。	9			50	21	25	13
2	10 庶长将兵拔魏城。【集解】《音义》"拔一作捕。"彗星见。			51	22 鲁哀公卒。【索隐】《系本》名蒋。	26	14
3	11			52	23 鲁悼公元年。三桓胜，鲁如小侯。【索隐】鲁悼公，《系本》名宁。	27	15
4	12			53	24	28	16

续 表

周	秦	魏	韩	赵	楚	燕	齐
5	13		知伯伐郑，驷桓子如齐求救。	54 知伯谓简子，欲废太子襄子，襄子怨知伯。	25	燕孝公元年	17 救郑，晋师去。中行文子谓田常：“乃今知所以亡。”
6	14		郑声公卒【索隐】声公名胜，献公子也。三十七年卒，子哀公易立。八年郑杀哀公，弟丑立为共公。	55	26	2	18
7	15		郑哀公元年。	56	27	3	19
8	16 堑阿旁。伐大荔。补庞戏城。			57	28	4	20
9	17			58	29	5	21
10	18			59	30	6	22
11	19			60	31	7	23

续表

周	秦	魏	韩	赵	楚	燕	齐
12	20 公将师与緜诸战。			襄子【索隐】名无恤。后四年，与韩、魏败智伯晋阳，分其地，始有三晋也。元年未除服，登夏屋，诱代王，以金斗杀代王。封伯鲁子周为代成君。	32 蔡声侯卒。	8	24
13	21	晋哀公忌元年。【正义】表云晋出公错十八年，晋哀公忌二年，晋懿公骄立十七年而卒。《世本》云昭公生桓子雎，雎生忌，忌生懿公骄。世家云晋出公十七年，晋哀公骄十八年，而无懿公。案：出公道死，智伯乃立		2	33 蔡元侯元年。	9	25

续表

周	秦	魏	韩	赵	楚	燕	齐
		昭公曾孙骄为晋君，是为哀公。哀公大父雍，晋昭公少子，号戴子，生忌。忌善智伯，早死，故智伯欲并晋，未敢，乃立忌子骄为君。据三处不同，未知孰是。					
14	22	卫悼公黔元年。		3	34	10	齐宣公就匜元年【集解】本作“积”。【索隐】积，平公子，立五十一年，子康公贷立。
15	23			4 与智伯分范、中行地。	35	11	2
16	24	魏桓子败智伯于晋阳。【索隐】桓子名驹。	韩康子败智伯于晋阳。【索隐】康子名虎。	5 襄子败智伯晋阳，与魏、韩三分其地。	36	12	3

续表

周	秦	魏	韩	赵	楚	燕	齐
17	25 晋大夫智开率其邑来奔。			6	37	13	4
18	26 左庶长城南郑。			7	38	14	5 宋景公卒。【集解】徐广曰："案《左传》景公死至此九十九年。"【索隐】案：系家景公，元公子，名头曼，已见《十二诸侯表》。徐广说谬。景公立六十四年卒，公子特杀太子自立，号昭公，与前昭公杵臼相去略九十年，知徐误。
19	27	卫敬公元年。		8	39 蔡侯齐元年。	15	6 宋昭公元年。

续 表

周	秦	魏	韩	赵	楚	燕	齐
20	28 越人来迎女。			9	40	燕成公元年	7
21	29 晋大夫智宽率其邑人来奔。			10	41	2	8
22	30			11	42 楚灭蔡。	3	9
23	31			12	43	4	10
24	32			13	44 灭杞。杞，夏之后。	5	11
25	33 伐义渠，虏其王。			14	45	6	12
26	34 日蚀，昼晦。星见。			15	46	7	13
27	秦躁公元年			16	47	8	14
28	2 南郑反。			17	48	9	15

续 表

周	秦	魏	韩	赵	楚	燕	齐
考王元年【集解】徐广曰:“辛丑。”	3			18	49	10	16
2	4			19	50	11	17
3	5			20	51	12	18
4	6	晋幽公柳元年。服韩、魏。		21	52	13	19
5	7			22	53	14	20
6	8 六月，雨雪。日、月蚀。			23	54	15	21
7	9			24	55	16	22
8	10			25	56	燕湣公元年	23
9	11			26	57	2	24
10	12	卫昭公元年。		27	楚简王仲元年灭莒。	3	25
11	13 义渠伐秦，侵至渭阳。			28	2	4	26

续 表

周	秦	魏	韩	赵	楚	燕	齐
12	14			29	3 鲁悼公卒。	5	27
13	秦怀公元年生灵公。			30	4 鲁元公元年。	6	28
14	2			31	5	7	29
15	3			32	6	8	30
威烈王元年【集解】徐广曰:“丙辰。”【索隐】名午,考王子。	4 庶长晁杀怀公。太子早死,大臣立太子之子,为灵公。	卫悼公亹元年。		33 襄子卒。	7	9	31
2	秦灵公元年生献公。	魏文侯斯元年【索隐】生武侯击。	韩武子元年【索隐】生景侯虔。	赵桓子元年【索隐】桓子嘉,襄子弟也。元年卒,明年国人共立襄子子献侯浣。	8	10	32
3	2	2	2 郑幽公元年。韩杀之。	赵献侯元年	9	11	33
4	3 作上、下畤。	3	3 郑立幽公子,为缥公,元年。	2	10	12	34

续表

周	秦	魏	韩	赵	楚	燕	齐
5	4	4	4	3	11	13	35
6	5	5 魏诛晋幽公，立其弟止。	5	4	12	14	36
7	6	6 晋烈公止元年。魏城少梁。	6	5	13	15	37
8	7 与魏战少梁。	7	7	6	14	16	38
9	8 城堑河濒。初以君主妻河。【索隐】谓初以此年取他女为君主，君主犹公主也。妻河，谓嫁之河伯，故魏俗犹为河伯取妇，盖其遗风。殊异其事，故云“初”。	8 复城少梁。	8	7	15	17	39

续 表

周	秦	魏	韩	赵	楚	燕	齐
10	9	9	9	8	16	18	40
11	10 补庞，城籍姑。灵公卒，立其季父悼子，是为简公。【索隐】案：庞及籍姑皆城邑之名。补者，修也，谓修庞而城籍姑也。	10	10	9	17	19	41
12	秦简公元年	11 卫慎公元年。	11	10 中山武公初立。【集解】徐广曰："周定王之孙，西周桓公之子。"	18	20	42
13	2 与晋战，败郑下。	12	12	11	19	21	43 伐晋，毁黄城，围阳狐。
14	3	13 公子击围繁庞，出其民。	13	12	20	22	44 伐鲁、莒及安阳。

续表

周	秦	魏	韩	赵	楚	燕	齐
15	4	14	14	13 城平邑。	21	23	45 伐鲁，取都。【集解】徐广曰："世家云取一城。"
16	5 日蚀。	15	15	14	22	24	46
17	6 初令吏带剑。	16 伐秦，筑临晋、元里。	16	15	23	25	47
18	7 堑洛，城重泉。初租禾。	17 击（宋）〔守〕中山。伐秦至郑，还筑洛阴、合阳。【集解】徐广曰："一云击宋中山，置合阳。世家云攻秦，至郑而还，筑雒阴、合阳。"	韩景侯虔元年伐郑，取雍丘。郑城京。	赵烈侯籍元年魏使太子伐中山。	24 简王卒。	26	48 取鲁郕。
19	8	18 文侯受经子夏。过段干木之闾常式。	2 郑败韩于负黍。	2	楚声王当元年鲁穆公元年。	27	49 与郑会于西城。伐卫，取毌丘。

续表

周	秦	魏	韩	赵	楚	燕	齐
20	9	19	3	3	2	28	50
21	10	20 卜相，李克、翟璜争。	4	4	3	29	51 田会以廪丘反。
22	11	21	5	5	4	30	齐康公贷元年
23 九鼎震。	12	22 初为侯。	6 初为侯。	6 初为侯。	5 魏、韩、赵始列为诸侯。	31	2 宋悼公元年。
24	13	23	7	7 烈侯好音，欲赐歌者田，徐越侍以仁义，乃止。	6 盗杀声王。	燕釐公元年	3
安王元年【集解】徐广曰：“庚辰。”	14 伐魏，至阳狐。	24 秦伐我，至阳狐。	8	8	楚悼王类元年	2	4
2	15	25 太子罃生。	9 郑围阳翟。	9	2 三晋来伐我，至(桑)〔乘〕丘。	3	5
3 王子定奔晋。	秦惠公元年【索隐】简公子，史无名。	26 虢山崩，壅河。	韩烈侯元年【索隐】名取。《系本》作“武侯”也。	赵武公元年	3 归榆关于郑。	4	6

续表

周	秦	魏	韩	赵	楚	燕	齐
4	2	27	2 郑杀其相驷子阳。	2	4 败郑师，围郑。郑人杀子阳。	5	7
5	3 日蚀。	28	3 （郑人杀君）三月，盗杀韩相侠累。【集解】徐广曰："一作法其。"	3	5	6	8
6	4	29	4 郑相子阳之徒杀其君繻公。	4	6	7	9
7	5 伐（繇）〔緜〕诸。	30	5 郑康公元年。	5	7	8	10 宋休公元年。
8	6	31	6 救鲁。郑负黍反。	6	8	9	11 伐鲁，取最。
9	7	32 伐郑，城酸枣。	7	7	9 伐韩，取负黍。	10	12
10	8	33 晋孝公倾元年。	8	8	10	11	13

续　表

周	秦	魏	韩	赵	楚	燕	齐
11	9 伐韩宜阳，取六邑。	34	9 秦伐宜阳，取六邑。	9	11	12	14
12	10 与晋战武城。县陕。	35 齐伐取襄陵。	10	10	12	13	15 鲁败我平陆。
13	11 太子生。	36 秦侵阴晋。	11	11	13	14	16 与晋、卫会浊泽。
14	12	37	12	12	14	15	17
15	13 蜀取我南郑。	38	13	13	15	16	18
16	秦出公元年【索隐】惠公子。	魏武侯【索隐】名击。元年 袭邯郸，败焉。	韩文侯元年	赵敬侯元年 武公子朝作乱，奔魏。	16	17	19 田常曾孙田和始列为诸侯。迁康公海上，食一城。【索隐】和，田常曾孙，二年，亦号太公。

续表

周	秦	魏	韩	赵	楚	燕	齐
17	2 庶长改迎灵公太子，立为献公。诛出公。	2 城安邑、王垣。	2 伐郑，取阳城。伐宋，到彭城，执宋君。	2	17	18	20 伐鲁，破之。田和卒。
18	秦献公元年【索隐】名师隰，灵公太子。	3	3	3	18	19	21 田和子桓公午立。
19	2 城栎阳。	4	4	4 魏败我兔台。【索隐】兔，土故反。亦作菟。	19	20	22
20	3 日蚀，昼晦。	5	5	5	20	21	23
21	4 孝公生。	6	6	6	21	22	24
22	5	7 伐齐，至桑丘。	7 伐齐，至桑丘。郑败晋。	7 伐齐，至桑丘。	楚肃王臧元年	23	25 伐燕，取桑丘。
23	6 初县蒲、蓝田、善明氏。	8	8	8 袭卫，不克。	2	24	26 康公卒，田氏遂并齐而有之。太公望之后绝祀。

续 表

周	秦	魏	韩	赵	楚	燕	齐
24	7	9 翟败我浍。伐齐，至灵丘。	9 伐齐，至灵丘。	9 伐齐，至灵丘。	3	25	齐威王因（齐）元年 自田常至威王，威王始以齐强天下。
25	8	10 晋静公俱酒元年。	10	10	4 蜀伐我兹方。	26	2
26	9	11 魏、韩、赵、灭晋，绝无后。	韩哀侯元年 分晋国。	11 分晋国。	5 鲁共公元年。	27	3 三晋灭其君。
烈王元年【集解】徐广曰："丙午。"	10 日蚀。	12	2 灭郑。康公二十年灭，无后。	12	6	28	4
2	11 县栎阳。	13	3	赵成侯元年	7	29	5
3	12	14	4	2	8	30 败齐林孤。	6 鲁伐入阳关。晋伐到鲄陵。【索隐】刘氏鲄音属沇反，又音专。

续表

周	秦	魏	韩	赵	楚	燕	齐
4	13	15 卫声公元年。败赵北蔺。	5	3 伐卫，取都鄙七十三。魏败我蔺。	9	燕桓公元年	7 宋辟公元年。【索隐】辟音壁。辟公名辟兵，生剔成。案：宋后微弱，君薨未必有谥，辟兵其名也，犹剔成然也。
5	14	16 伐楚，取鲁阳。	6 韩严杀其君。	4	10 魏取我鲁阳。	2	8
6 【集解】徐广曰："齐威王朝周。"	15	惠王元年	庄侯元年【索隐】系家作"懿侯"，《系本》无名。	5 伐齐于甄。魏败我怀。	11	3	9 赵伐我甄。
7	16 民大疫。日蚀。	2 败韩马陵。	2 魏败我马陵。	6 败魏涿泽，围惠王。	楚宣王良夫元年	4	10 宋剔成元年。
显王元年【集解】徐广曰："癸丑。"	17 栎阳雨金，四月至八月。	3 齐伐我观。	3	7 侵齐，至长城。	2	5	11 伐魏，取观。赵侵我长城。

续 表

周	秦	魏	韩	赵	楚	燕	齐
2	18	4	4	8	3	6	12
3	19 败韩、魏洛阴。	5 与韩会宅阳。城武都。	5	9	4	7	13
4	21	6 伐宋，取仪台。	6	10	5	8	14
5 贺秦。	21 章蟜【集解】徐广曰："一云车骑。"与晋战石门，【集解】徐广曰："一作阿。"斩首六万，天子贺。	7	7	11	6	9	15
6	22	8	8	12	7	10	16
7	23 与魏战少梁，虏其太子。	9 与秦战少梁，虏我太子。	9 魏败我于浍。大雨一月。	13 魏败我于浍。	8	11	17
8	秦孝公元年 彗星见西方。	10 取赵皮牢。卫成侯元年。	10	14	9	燕文公元年	18

续 表

周	秦	魏	韩	赵	楚	燕	齐
9 致胙于秦。【集解】徐广曰:“《纪年》东周惠公杰薨。”	2 天子致胙。	11	11	15	10	2	19
10	3	12 星昼堕,有声。	12	16	11	3	20
11	4	13	韩昭侯元年秦败我西山。	17	12	4	21 邹忌以鼓琴见威王。
12	5	14 与赵会鄗。	2 宋取我黄池。魏取我朱。	18 赵孟如齐。	13 君尹黑迎女秦。	5	22 封邹忌为成侯。
13	6	15 鲁、卫、宋、郑侯来。【集解】徐广曰:“《纪年》一曰‘鲁共侯来朝。邯郸成侯会燕成侯平安邑。’”	3	19 与燕会(河)〔阿〕。与齐、宋会平陆。	14	6	23 与赵会平陆。

续 表

周	秦	魏	韩	赵	楚	燕	齐
14	7 与魏王会杜平。	16 与秦孝公会杜平。侵宋黄池，宋复取之。	4	20	15	7	24 与魏会田于郊。
15	8 与魏战元里，斩首七千，取少梁。	17 与秦战元里，秦取我少梁。	5	21 魏围我邯郸。	16	8	25
16	9	18 邯郸降。齐败我桂陵。	6 伐东周，取陵观、廪丘。	22 魏拔邯郸。	17	9	26 败魏桂陵。
17	10 卫公孙鞅为大良造，伐安邑，降之。	19 诸侯围我襄陵。筑长城，塞固阳。	7	23	18 鲁康公元年。	10	27
18	11 城商塞。卫鞅围固阳，降之。	20 归赵邯郸。	8 申不害相。	24 魏归邯郸，与魏盟漳水上。	19	11	28
19	12 初(取)〔聚〕小邑为三十一县，令。为田开阡陌。	21 与秦遇彤。【索隐】彤，地名，赐商君，死彤地，刘氏云"阡陌道"，非也。	9	25	20	12	29

续 表

周	秦	魏	韩	赵	楚	燕	齐
20	13 初为县，有秩史。	22	10 韩姬弑其君悼公。【索隐】姬，一作玘，同音怡，韩之大夫姓名。案：韩无悼公，未详。	赵肃侯元年【索隐】名语。	21	13	30
21	14 初为赋。	23	11 昭侯如秦。	2	22	14	31
22	15	24	12	3 公子范袭邯郸，不胜，死。	23	15	32
23	16	25	13	4	24	16	33 杀其大夫牟辛。
24	17	26	14	5	25	17	34
25 诸侯会。	18	27 丹封名会。丹，魏大臣。	15	6	26	18	35 田忌袭齐，不胜。
26 致伯秦。	19 城武城。从东方(壮)〔牡〕丘来归。天子致伯。	28	16	7	27 鲁景公偃元年。	19	36

续 表

周	秦	魏	韩	赵	楚	燕	齐
27	20 诸侯毕贺。会诸侯于泽。【集解】徐广曰："《纪年》作逢泽。"朝天子。	29 中山君为相。	17	8	28	20	齐宣王辟彊元年
28	21 马生人。	30 齐虏我太子申，杀将军庞涓。	18	9	29	21	2 败魏马陵。田忌、田婴、田肦将，孙子为师。【集解】徐广曰："《楚世家》云田肦者，齐之将，而《齐世家》不说田肦，或者尔时三人皆出征。"
29	22 封大良造商鞅。	31 秦商君伐我，虏我公子卬。	19	10	30	22	3 与赵会，伐魏。
30	23 与晋战岸门。	32 公子赫为太子。	20	11	楚威王熊商元年	23	4

续表

周	秦	魏	韩	赵	楚	燕	齐
31	24 （秦）大荔围合阳。孝公薨。商君反，死彤地。	33 卫鞅亡归我，我恐，弗内。	21	12	2	24	5
32	秦惠文王元年 楚、韩、赵、蜀人来。	34	22 申不害卒。	13	3	25	6
33 贺秦。	2 天子贺。行钱。宋太丘社亡。	35 孟子来，王问利国，对曰："君不可言利。"	23	14	4	26	7 与魏会平阿南。
34	3 王冠。拔韩宜阳。	36	24 秦拔我宜阳。	15	5	27	8 与魏会于甄。
35	4 天子致文、武胙。魏夫人来。	魏襄王元年 与诸侯会徐州，以相王。	25 旱。作高门，屈宜臼曰："昭侯不出此门。"	16	6	28 苏秦说燕。	9 与魏会徐州，诸侯相王。
36	5 徐晋人犀首为大良造。	2 秦败我彫阴。	26 高门成，昭侯卒，不出此门。	17	7 围齐于徐州。	29	10 楚围我徐州。

续 表

周	秦	魏	韩	赵	楚	燕	齐
37	6 魏以阴晋为和，命曰宁秦。【集解】徐广曰："今之华阴。"	3 伐赵。卫平侯元年。	韩宣惠王元年	18 齐、魏伐我，我决河水浸之。	8	燕易王元年	11 与魏伐赵。
38	7 义渠内乱，庶长操将兵定之。	4	2	19	9	2	12
39	8 魏入（少梁）河西地于秦。	5 与秦河西地少梁。秦围我焦、曲沃。	3	20	10	3	13
40	9 度河，取汾阴、皮氏。围焦，降之。与魏会应。	6 与秦会应。秦取汾阴、皮氏。	4	21	11 魏败我陉山。	4	14
41	10 张仪相。公子桑围蒲阳，降之。魏纳上郡。	7 入上郡于秦。	5	22	楚怀王槐元年	5	15 宋君偃元年。

续表

周	秦	魏	韩	赵	楚	燕	齐
42	11 义渠君为臣。归魏焦、曲沃。	8 秦归我焦、曲沃。	6	23	2	6	16
42	12 初腊。会龙门。	9	7	24	3	7	17
44	13 四月戊午，君为王。	10	8 魏败我韩举。	赵武灵王元年 魏败我赵护。	4	8	18
45	初更元年 相张仪将兵取陕。	11 卫嗣君元年。	9	2 城鄗。	5	9	19
46	2 相张仪与齐楚会齧桑。	12	10 君为王。	3	6 败魏襄陵。	10 君为王。	齐湣王地元年
47	3 张仪免相，相魏。	13 秦取曲沃。平周女化为丈夫。	11	4 与韩会区鼠。	7	11	2
48	4	14	12	5 取韩女为夫人。	8	12	3 封田婴于薛。

续　表

周	秦	魏	韩	赵	楚	燕	齐
慎靓王元年【集解】徐广曰："辛丑。"	5 王北游戎地，至河上。	15	13	6	9	燕王哙元年	4 迎妇于秦。
2	6	16	14 秦来击我，取鄢。	7	10 城广陵。	2	5
3	7 五国共击秦，不胜而还。	魏哀王元年 击秦不胜。	15 击秦不胜。	8 击秦不胜。	11 击秦不胜。	3 击秦不胜。	6
4	8 与韩、赵战，斩首八万。张仪复相。	2 齐败我观泽。	16 秦败我脩鱼，得(韩)将军申差。	9 与韩、魏击秦。齐败我观泽。	12	4	7 败魏、赵观泽。
5	9 击蜀，灭之。取赵中都、西阳。(安邑)	3	17	10 秦取我中都、西阳。(安邑)	13	5 君让其臣子之国，顾为臣。	8
6	10	4	18	11 秦败我将军英。	14	6	9

续表

周	秦	魏	韩	赵	楚	燕	齐
周赧王元年【集解】徐广曰："丁未。"【索隐】赧音泥简反。宋衷曰："赧，谥也。"皇甫谧云名诞也。	11 侵义渠，得二十五城。	5 秦拔我曲沃，归其人。走犀首岸门。	19	12 【集解】徐广曰："《纪年》云立燕公子职。"	15 鲁平公元年。	7 君哙及太子相子之皆死。	10
2	12 樗里子击蔺阳，虏赵将。公子繇通封蜀。【索隐】繇音由。秦之公子。	6 秦来立公子政为太子。与秦王会临晋。	20	13 秦拔我蔺，虏将赵庄。	16 张仪来相。	8	11
3	13 庶长章击楚，斩首八万。	7 击齐，虏声子于濮。与秦击燕。	21(秦)〔我〕助(我)〔秦〕攻楚，围景座。	14	17 秦败我将屈匄。【索隐】匄音盖。楚大夫。	9 燕人共立公子平。	12
4	14 蜀相杀蜀侯。	8 围卫。	韩襄王元年	15	18	燕昭王元年	13
5	秦武王元年诛蜀相壮。张仪、魏章皆(死于)〔出之〕魏。	9 与秦会临晋。	2	16 吴广入女，生子何，立为惠王后。	19	2	14

续　表

周	秦	魏	韩	赵	楚	燕	齐
6	2 初置丞相，樗里子、甘茂为丞相。	10 张仪死。	3	17	20	3	15
7	3	11 与秦会应。【集解】徐广曰："在颍川(大)〔父〕城。"	4 与秦会临晋。秦击我宜阳。	18	21	4	16
8	4 拔宜阳城，斩首六万。涉河，城武遂。	12 太子往朝秦。	5 秦拔我宜阳，斩首六万。	19 初胡服。	22	5	17
9	秦昭〔襄〕王元年	13 秦击皮氏，未拔而解。	6 秦复与我武遂。	20	23	6	18
10	2 彗星见。桑君为乱，诛。	14 秦武王后来归。	7	21	24 秦来迎妇。	7	19
11	3	15	8	22	25 与秦王会黄棘，秦复归我上庸。	8	20

续表

周	秦	魏	韩	赵	楚	燕	齐
12	4 彗星见。	16 秦拔我蒲坂、晋阳、封陵。	9 秦取武遂。	23	26 太子质秦。	9	21
13	5	17 与秦会临晋,复〔归〕我蒲坂。	10 太子婴与秦王会临晋,因至咸阳而归。	24	27	10	22
14	6 蜀反,司马错往诛蜀守辉,定蜀。日蚀,昼晦。伐楚。	18 与秦击楚。	11 秦取我穰。与秦击楚。	25 赵攻中山,惠后卒。	28 秦、韩、魏、齐败我将军唐眛于重丘。	11	23 与秦击楚,公子将,大有功。
15	7 樗里疾卒。击楚,斩首三万。魏冄为相。	19	12	26	29 秦取我襄城,杀景缺。	12	24 秦使泾阳君来为质。
16	8 楚王来,因留之。	20 与齐王会于韩。	13 齐、魏王来。立咎为太子。	27	30 王入秦。秦取我八城。	13	25 泾阳君复归秦。薛文入相秦。
17	9	21 与齐、韩共击秦于函谷。河渭绝一日。	14 与齐、魏共击秦。	赵惠文王元年以公子胜为相,封平原君。	楚顷襄王元年秦取我十六城。	14	26 与魏、韩共击秦。孟尝君归相齐。

续　表

周	秦	魏	韩	赵	楚	燕	齐
18	10 楚怀王亡之赵，赵弗内。	22	15	2 楚怀王亡来，弗内。	2	15	27
19	11 彗星见。复与魏封陵。	23	16（与齐魏击秦）秦与我武遂和。	3	3 怀王卒于秦，来归葬。	16	28
20	12 楼缓免。穰侯魏冄为丞相。	魏昭王元年 秦尉错来击我襄城。	韩釐王咎元年	4 围杀主父。与齐、燕共灭中山。	4 鲁文（侯）〔公〕元年。【集解】徐广曰：“一作湣。”	17	29 佐赵灭中山。
21	13 任鄙为汉中守。	2 与秦战，（解）〔我〕不利。	2	5	5	18	30 田甲劫王，相薛文走。
22	14 白起击伊阙，斩首二十四万。	3 佐韩击秦，秦败我兵伊阙。	3 秦败我伊阙，〔斩首〕二十四万，虏将喜。	6	6	19	31
23	15 魏冄免相。	4	4	7	7 迎妇秦。	20	32
24	16	5	5 秦拔我宛城。	8	8	21	33

续表

周	秦	魏	韩	赵	楚	燕	齐
25	17 魏入河东四百里。	6 芒卯以诈见重。	6 与秦武遂地方二百里。	9	9	22	34
26	18 客卿错击魏，至轵，取城大小六十一。	7 秦击我。取城大小六十一。	7	10	10	23	35
27	19 十月为帝，十二月复为王。任鄙卒。	8	8	11 秦拔我桂阳。【集解】徐广曰："一作梗。"	11	24	36 为东帝二月，复为王。
28	20	9 秦拔我新垣、曲阳之城。	9	12	12	25	37
29	21 魏纳安邑及河内。	10 宋王死我温。	10 秦败我兵夏山。	13	13	26	38 齐灭宋。
30	22 蒙武击齐。	11	11	14 与秦会中阳。	14 与秦会宛。	27	39 秦拔我列城九。
31	23 尉斯离与韩、魏、燕、赵共击齐，破之。	12 与秦击齐济西。与秦王会西周。	12 与秦击齐济西。与秦王会西周。	15 取齐昔阳。	15 取齐淮北。	28 与秦、三晋击齐，燕独入至临菑，取其宝器。	40 五国共击湣王，王走莒。

续 表

周	秦	魏	韩	赵	楚	燕	齐
32	24	13 秦拔我安城，兵至大梁而还。	13	16	16 与秦王会穰。	29	齐襄王法章元年
33	25	14 大水。卫怀君元年。	14 与秦会两周间。	17 秦拔我两城。	17	30	2
34	26 魏冄复为丞相。	15	15	18 秦拔我石城。	18	31	3
35	27 击赵，斩首三万。地动，坏城。	16	16	19 秦败我军，斩首三万。	19 秦击我，与秦汉北及上庸地。	32	4
36	28	17	17	20 与秦会黾池，蔺相如从。	20 秦拔隅，西陵。	33	5 杀燕骑劫。
37	29 白起击楚，拔郢，更东至竟陵，以为南郡。	18	18	21	21 秦拔我郢，烧夷陵，王亡走陈。	燕惠王元年	6
38	30 白起封为武安君。	19	19	22	22 秦拔我巫、黔中。	2	7

续表

周	秦	魏	韩	赵	楚	燕	齐
39	31	魏安釐王元年秦拔我两城。封弟公子无忌为信陵君。	20	23	23 秦所拔我江旁反秦。	3	8
40	32	2 秦拔我两城，军大梁下，韩来救，与秦温以和。	21 暴鸢救魏，为秦所败，走开封。	24	24	4	9
41	33	3 秦拔我四城，斩首四万。	22	25	25	5	10
42	34 白起击魏华阳军，芒卯走，得三晋将，斩首十五万。	4 与秦南阳以和。	23	26	26	6	11
43	35	5 击燕。	韩桓惠王元年	27	27 击燕。鲁顷公元年。	7	12
44	36	6	2	28 蔺相如攻齐，至平邑。	28	燕武成王元年	13

续 表

周	秦	魏	韩	赵	楚	燕	齐
45	37	7	3 秦击我阏与城，不拔。	29 秦(拔我)〔攻韩〕阏与。赵奢将击秦，大败之，赐号曰马服。	29	2	14 秦、楚击我刚寿。
46	38	8	4	30	30	3	15
47	39	9 秦拔我怀城。	5	31	31	4	16
48	40 太子质于魏者死，归葬芷阳。	10	6	32	32	5	17
49	41	11 秦拔我廪丘。【集解】徐广曰："或作邢丘。"	7	33	33	6	18
50	42 宣太后薨。安国君为太子。	12	8	赵孝成王元年 秦拔我三城。平原君相。	34	7 齐田单拔中阳。	19
51	43	13	9 秦拔我〔陉〕。城汾旁。	2	35	8	齐王建元年

续表

周	秦	魏	韩	赵	楚	燕	齐
52	44 (秦)攻韩,取南阳。【集解】徐广曰:"一作郡。"	14	10 秦击我太行。	3	36	9	2
53	45 (秦)攻韩,取十城。	15	11	4	楚考烈王元年 秦取我州。黄歇为相。	10	3
54	46 王之南郑。	16	12	5 使廉颇拒秦于长平。	2	11	4
55	47 白起(杀)〔破〕赵长平,杀卒四十五万。	17	13	6 使赵括代廉颇将。白起破括四十五万。	3	12	5
56	48	18	14	7	4	13	6
57	49	19	15	8	5	14	7
58	50 王龁、郑安平围邯郸,及龁还军,拔新中。	20 公子无忌救邯郸,秦兵解去。	16	9 秦围我邯郸,楚、魏救我。	6 春申君救赵。	燕孝王元年	8

续 表

周	秦	魏	韩	赵	楚	燕	齐
59 【集解】徐广曰："乙巳。"赧王卒。	51	21 韩、魏、楚救赵新中，秦兵罢。	17	10	7 救赵新中。	2	9
	52 【集解】徐广曰："丙午。"取西周。（王）王稽弃市。	22	18	11	8 取鲁，鲁君封于莒。	3	10
	53	23	19	12	9	燕王喜元年	11
	54	24	20	13	10 徙于巨阳。	2	12
	55	25 卫元君元年。	21	14	11	3	13
	56	26	22	15 平原君卒。	12 柱国景伯死。	4 代赵，赵破我军，杀栗腹。【索隐】人姓字，燕相。	14

续表

周	秦	魏	韩	赵	楚	燕	齐
	秦孝文王元年【集解】徐广曰："辛亥。文王后曰华阳后，生庄襄王子楚，母曰夏太后。"	27	23	16	13	5	15
	秦庄襄王楚元年【集解】徐广曰："壬子。"蒙骜取成皋、荥阳。初置三川郡。吕不韦相。取东周。	28	24 秦拔我成皋、荥阳。	17	14 楚灭鲁，顷公迁（下邑）〔卞〕，为家人，绝祀。	6	16
	2 蒙骜击赵榆次、新城、狼孟，得三十七城。日蚀。	29	25	18	15 春申君徙封于吴。	7	17
	3 王齮击上党。【集解】徐广曰："齮，一作龁。"初置太原郡。魏公子无忌率五国却我军河外，蒙骜解去。	30 无忌率五国兵败秦军河外。	26 秦拔我上党。	19	16	8	18

续表

周	秦	魏	韩	赵	楚	燕	齐
	始皇帝元年【集解】徐广曰：“乙卯。”击取晋阳，作郑国渠。	31	27	20 秦拔我晋阳。	17	9	19
	2	32	28	21	18	10	20
	3 蒙骜击韩，取十二城。王齮死。	33	29 秦拔我十二城。	赵悼襄王偃元年	19	11	21
	4 七月，蝗蔽天下。百姓纳粟千石，拜爵一级。	34 信陵君死。	30	2 太子从质秦归。	20	12 赵拔我武遂、方城。	22
	5 蒙骜取魏酸枣二十城。初置东郡。	魏景湣王元年 秦拔我二十城。	31	3 赵相、魏相会(鲁)柯，盟。	21	13 剧辛死于赵。	23
	6 五国共击秦。	2 秦拔我朝歌。卫从濮阳徙野王。	32	4	22 王东徙寿春，命曰郢。	14	24

续 表

周	秦	魏	韩	赵	楚	燕	齐
	7 彗星见北方西方。夏太后薨。蒙骜死。	3 秦拔我汲。	33	5	23	15	25
	8 嫪毐封长信侯。	4	34	6	24	16	26
	9 彗星见，竟天。嫪毐为乱，迁其舍人于蜀。彗星复见。	5	韩王安元年	7	25 李园杀春申君。	17	27
	10 相国吕不韦免。齐、赵来，置酒。太后入咸阳。大索。	6	2	8 入秦，置酒。	楚幽王悼元年	18	28 入秦，置酒。
	11 吕不韦之河南。王翦击邺、阏与，取九城。	7	3	9 秦拔我阏与、邺，取九城。	2	19	29

续　表

周	秦	魏	韩	赵	楚	燕	齐
	12 发四郡兵助魏击楚。吕不韦卒。复嫪毐舍人迁蜀者。	8 秦助我击楚。	4	赵王迁元年	3 秦、魏击我。【集解】徐广曰："幽愍元年。"	20	30
	13 桓齮击平阳，杀赵扈辄，斩首十万，因东击赵。王之河南。彗星见。	9	5	2 秦拔我平阳，败扈辄，【索隐】扈辄，人姓氏，赵将，汉别有扈辄也。斩首十万。	4	21	31
	14 桓齮定平阳、武城、宜安。韩使非来，我杀非。韩王请为臣。	10	6	3 秦拔我宜安。	5	22	32
	15 兴军至邺。军至太原。取狼孟。	11	7	4 秦拔我狼孟、鄱吾，【索隐】鄱音婆，又音盘，县名，在常山。军邺。	6	23 太子丹质于秦，亡来归。	33

续 表

周	秦	魏	韩	赵	楚	燕	齐
	16 置丽邑。发卒受韩南阳。	12 献城秦。	8 秦来受地。	5 地大动。	7	24	34
	17 内史(胜)〔腾〕击得韩王安,尽取其地,置颍川郡。华阳太后薨。	13	9 秦虏王安,秦灭韩。	6	8	25	35
	18	14 卫君角元年。		7	9	26	36
	19 王翦拔赵,虏王迁(之)邯郸。帝太后薨。	15		8 秦王翦虏王迁邯郸。公子嘉自立为代王。	10 幽王卒,弟郝立,为哀王。三月,负刍杀哀王。	27	37
	20 燕太子使荆轲刺王,觉之。王翦将击燕。	魏王假元年		代王嘉元年	楚王负刍元年负刍,哀王庶兄。	28 太子丹使荆轲刺秦王,秦伐我。	38
	21	2		2	2 秦大破我,取十城。	29 秦拔我蓟,得太子丹。王徙辽东。	39

续 表

周	秦	魏	韩	赵	楚	燕	齐
	22 王贲击魏，得其王假，尽取其地。	3 秦虏王假。		3	3	30	40
	23 王翦、蒙武击破楚军，杀其将项燕。			4	4 秦破我将项燕。	31	41
	24 王翦、蒙武破楚，虏其王负刍。			5	5 秦虏王负刍。秦灭楚。	32	42
	25 王贲击燕，虏王喜。又击得代王嘉。五月，天下大酺。			6 秦将王贲虏王嘉，秦灭赵。		33 秦虏王喜，拔辽东，秦灭燕。	43
	26 王贲击齐，虏王建。初并天下，立为皇帝。						44 秦虏王建。秦灭齐。

续 表

周	秦	魏	韩	赵	楚	燕	齐
27 更命河为“德水”。为金人十二。命民曰“黔首”。同天下书。分为三十六郡。							
28 为阿房宫。之衡山。治驰道。帝之琅邪，道南郡人。为太极庙。赐户三十，爵一级。							
29 郡县大索十日。帝之琅邪，道上党人。							
30							
31 更命腊曰“嘉平”。赐黔首里六石米二羊，以嘉平。大索二十日。							
32 帝之碣石，道上郡人。							
33 遣诸逋亡及贾人赘壻略取陆梁，为桂林、南海、象郡，以适戍。西北取戎为（四）〔三〕十四县。【集解】徐广曰：“一云四十四县是也。又云二十四县。”筑长城河上，蒙恬将三十万。							
34 适治狱不直者筑长城。（及）〔取〕南方越地。覆狱故失。							
35 为直道，道九原，通甘泉。							
36 徙民于北河、榆中，耐徙三处，【集解】徐广曰：“一作家。”拜爵一级。石昼下东郡，有文言“地分”。							
37 十月，帝之会稽、琅邪，还至沙丘崩。子胡亥立，为二世皇帝。杀蒙恬。道九原人。复行钱。							
二世元年十月戊寅，大赦罪人。十一月，为兔园。十二月，就阿房宫。其九月，郡县皆反。楚兵至戏，章邯击却之。出卫君角为庶人。							
2 将军章邯、长史司马欣、都尉董翳追楚兵至河。诛丞相斯、去疾，将军冯劫。							
3 赵高反，二世自杀，高立二世兄子婴。子婴立，刺杀高，夷三族。诸侯入秦，婴降，为项羽所杀。寻诛羽，天下属汉。							

索隐述赞曰：春秋之后，王室益卑。楚强南服，秦霸西垂。三卿分晋，八代与妫。递主盟会，互为雄雌。二周前灭，六国后隳。壮哉嬴氏，吞并若斯。

卷十六

秦楚之际月表第四

【索隐】张晏云："时天下未定，参错变易，不可以年记，故列其月。"今案：秦、楚之际，扰攘僭篡，运数又促，故以月纪事而名表也。

太史公读秦、楚之际，曰：初作难，发于陈涉。虐戾灭秦，自项氏。拨乱诛暴，平定海内，卒践帝祚，成于汉家。五年之间，号令三嬗，[①]自生民以来，未始有受命若斯之亟[②]也。

①【集解】音善。【索隐】古禅字，音市战反。三嬗，谓陈涉、项氏、汉高祖也。　②【索隐】音己力反。亟训急也。

昔虞、夏之兴，积善累功数十年，德洽百姓，摄行政事，考之于天，[①]然后在位。汤、武之王，乃由契、后稷修仁行义十余世，不期而会孟津八百诸侯，犹以为未可，其后乃放弑。[②]秦起襄公，章于文、缪，献、孝之后，稍以蚕食六国，百有余载，至始皇乃能并冠带之伦。以德若彼，[③]用力如此，[④]盖一统若斯之难也。

①【集解】韦昭曰："谓舜受禅，在璇玑玉衡以齐七政。"　②【索隐】

谓汤放桀，武王讨纣也。　③【索隐】即契、后稷及秦襄公、文公、穆公也。　④【索隐】谓汤、武及始皇也。

秦既称帝，患兵革不休，以有诸侯也。于是无尺土之封，堕坏名城，销锋镝，[①]锄豪桀，维万世[②]之安。然王迹之兴，起于闾巷，合从讨伐，轶于三代，向秦之禁，适足以资贤者[③]为驱除难耳。故愤发其所为天下雄，[④]安在无土不王。[⑤]此乃传之所谓大圣乎？[⑥]岂非天哉，岂非天哉！非大圣孰能当此受命而帝者乎？

①【集解】徐广曰："一作鍉。"【索隐】镝音的。注鍉字亦音的。案：秦销锋镝，作金人十二，以弱天下之兵也。　②【索隐】维训度，谓计度令万代安也。　③【索隐】乡音向，许亮反。谓秦前时之禁兵及不封树诸侯，适足以资后之贤者，即高帝也。言为之驱除患难也。　④【索隐】指汉高祖。　⑤【集解】《白虎通》曰："圣人无土不王，使舜不遭尧，当如夫子老于阙里也。"　⑥【索隐】高祖起布衣，卒传之天位，实所谓大圣。

索隐述赞曰：秦失其鹿，群雄竞逐。狐鸣楚祠，龙兴沛谷。武臣自王，魏豹必复。田儋据齐，英布居六。项王主命，义帝见戮。以月系年，道悠运速。汹汹天下，瞻乌谁屋？真人霸上，卒享天禄。

秦	楚	项	赵	齐	汉	燕	魏	韩
二世元年【集解】徐广曰:“壬辰。”【正义】七月,陈涉起陈。八月,武臣起赵。九月,项梁起吴,田儋起齐,沛公初起,韩广起燕。十二月,魏咎起魏,陈王立之。二年六月,韩成起韩,项梁立之也。								
七月	楚隐王陈涉起兵入秦。【索隐】涉起凡六月,当二世元年十二月也。							

续　表

秦	楚	项	赵	齐	汉	燕	魏	韩
八月	2 葛婴为涉徇九江，立襄彊为楚王。【索隐】涉之二月也。		武臣始至邯郸，自立为赵王，始。【索隐】凡四月，为李良所杀，当二世元年八月也。					
九月 楚兵至戏。	3 周文兵至戏，败。而(陈)〔葛〕婴闻涉王，即杀彊。	项梁号武信君。【索隐】二世元年九月立，至二年九月，章邯杀梁于定陶。	2	齐王田儋始。儋，狄人。诸田宗彊。从弟荣，荣弟横。【索隐】至二世二年六月，章邯杀儋。	沛公初起。【索隐】凡十四月，怀王封沛公为武安侯，将砀郡兵。	韩广为赵略地至蓟，自立为燕王始。【索隐】项羽后分燕为二。臧荼为燕王，广为辽东王。后韩信杀广。	魏王咎始。咎在陈，不得归国。【集解】徐广曰："魏咎、曹咎字皆作咎，音白。"【索隐】至二世二年六月，咎自杀。	
二年十月	4 诛葛婴。	2	3	2 儋之起，杀狄令自王。	2 击胡陵、方与，破秦监军。	2	2	

续表

秦	楚	项	赵	齐	汉	燕	魏	韩
十一月	5 周文死。	3	4 李良杀武臣，张耳、陈馀走。	3	3 杀泗水守。【集解】徐广曰：“泗水属东海。”拔薛西。周市东略地丰、沛间。	3	3 齐、赵共立周市，市不肯，曰“必立魏咎”云。	
十二月	6 陈涉死。	4		4	4 雍齿叛沛公，以丰降魏。沛公还攻丰，不能下。	4	4 咎自陈归，立。	
端月【索隐】二世二年正月也。秦讳正，谓之端。	楚王景驹始，秦嘉立之。【索隐】八月，项梁杀之。	5 涉将召平矫拜项梁为楚柱国，急西击秦。	赵王歇始，张耳、陈余立之。【索隐】项羽立为代王。后汉灭歇，立张耳。	5 让景驹以擅自王不请我。	5 沛公闻景驹王在留，往从，与击秦军砀西。【集解】徐广曰：“一作‘萧’。”	5	5 章邯已破涉，围咎临济。	
二月	2 嘉为上将军。	6 梁渡江，陈婴、黥布皆属。	2	6 景驹使公孙庆让齐，诛庆。	6 攻下砀，收得兵六千，与故凡九千人。	6	6	
三月	3	7	3	7	7 攻拔下邑，遂击丰，丰不拔。闻项梁兵众，往请击丰。	7	7	

续 表

秦	楚	项	赵	齐	汉	燕	魏	韩
四月	4	8 梁击杀景驹、秦嘉，遂入薛，兵十余万众。	4	8	8 沛公如薛见项梁，梁益沛公卒五千，击丰，拔之。雍齿奔魏。	8	8 临济急，周市如齐、楚请救。	
五月		9	5	9	9	9	9	
六月【索隐】二世二年六月也。	楚怀王始，都盱台，故怀王孙，梁立之。【索隐】故怀王之孙名心也。项梁之起，诸侯尊为义帝，项羽徙而杀之。	10 梁求楚怀王孙，得之民间，立为楚王。	6	10 儋救临济，章邯杀田儋。荣走东阿。	10 沛公如薛，共立楚怀王。	10	10 咎自杀，临济降秦。	韩王成始。【索隐】项羽更王之，不使就封，数月杀之，立郑昌为韩王，降汉。汉封韩信为王。
七月	2 陈婴为柱国。	11 天大雨，三月不见星。	7	齐立田假为王，秦急围东阿。	11 沛公与项羽北救东阿，破秦军濮阳，东屠城阳。	11	咎弟豹走东阿。	2

续表

秦	楚	项	赵	齐	汉	燕	魏	韩
八月	3	12 救东阿，破秦军，乘胜至定陶，项梁有骄色。	8	楚救荣，得解归，逐田假，立儋子市为齐王，始。	12 沛公与项羽西略地，斩三川守李由于雍丘。	12		3
九月	4 徙都彭城。	13 章邯破杀项梁于定陶，项羽恐，还军彭城。	9	2 田假走楚，楚趋齐救赵。田荣以假故，不肯。	13 沛公闻项梁死，还军，从怀王，军于砀。	13	魏豹自立为魏王，都平阳，始。	4
后九月【集解】徐广曰："应闰建酉。"	5 拜宋义为上将军。	怀王封项羽于鲁，为次将，属宋义，北救赵。	10 秦军围歇钜鹿，陈馀出（救）〔收〕兵。	3 齐救假，乃出兵。项羽怒田荣。	14 怀王封沛公为武安侯，将砀郡兵西，约先至咸阳王之。	14	2	5
三年十月	6	2	11 章邯破邯郸，徙其民于河内。	4 齐将田都叛荣，往助项羽救赵。	15 攻破东郡尉及王离军于成武南。	15 使将臧荼救赵。	3	6 从项羽略入关。
十一月	7 拜籍上将军。	3 羽矫杀宋义，将其兵渡河救鉅鹿。	12	5	16	16	4	7

续 表

秦	楚	项	赵	齐	汉	燕	魏	韩
十二月	8	4 大破秦军鉅鹿下，诸侯将皆属项羽。	13 楚救至，秦围解。	6 故齐王建孙田安下济北，从项羽救赵。	17 （救赵）至栗得皇䜣、武蒲军。与秦军战，破之。	17	5 豹救赵。	8
端月	9	5 虏秦将王离。	14 张耳怒陈馀，弃将印去。	7 项羽、田荣分齐为二国。	18	18	6	9
二月	10	6 攻破章邯，章邯军却。	15	8	19 得彭越军昌邑，袭陈留。用郦食其策，军得积粟。	19	7	10
三月	11	7	16	9	20 攻开封，破秦将杨熊，熊走荥阳，秦斩熊以徇。	20	8	11
四月	12	8 楚急攻章邯，章邯恐，使长史欣归秦请兵，赵高让之。	17	10	21 攻颍阳，略韩地，北绝河津。	21	9	12

续表

秦	楚	项	赵	齐	汉	燕	魏	韩
五月	二年一月	9 赵高欲诛欣,欣恐,亡走,告章邯谋叛秦。	18	11	22	22	10	13
六月	2	10 章邯与楚约降,未定,项羽许而击之。	19	12	23 攻南阳守齮,破之阳城郭东。【集解】徐广曰:“阳城在南阳。”	23	11	14
七月	3	11 项羽与章邯期殷虚,章邯等已降,与盟,以邯为雍王。	20	13	24 降下南阳,封其守齮。	24	12	15 申阳下河南,降楚。
八月 赵高杀二世。	4	12 以秦降都尉翳、长史欣为上将,将秦降军。	21 赵王歇留国。陈馀亡居南皮。	14	25 攻武关,破之。	25	13	16

续表

秦	楚	项	赵	齐	汉	燕	魏	韩
九月子婴为王。	5	13	22	15	26 攻下峣及蓝田。以留侯策,不战皆降。	26	14	17
十月【集解】徐广曰:"岁在乙未。"【索隐】高祖至霸上,称元年。徐广云岁在乙未。	6	14 项羽将诸侯兵四十余万,行略地,西至于河南。	23 张耳从楚西入秦。	16	27 汉元年,秦王子婴降。沛公入破咸阳,平秦,还军霸上,待诸侯约。	27	15 从项羽略地,遂入关。	18
十一月	7	15 羽诈坑杀秦降卒二十万人于新安。	24	17	28 沛公出令三章,秦民大悦。	28	16	19
十二月	8 分楚为四。【索隐】西楚、衡山、临江、九江也。	16 至关中,诛秦王子婴,屠烧咸阳。分天下,立诸侯。	25 分赵为代国。	18 项羽怨荣,(杀之)分齐为三国。【索隐】临淄、济北、胶东。	29 与项羽有郄,见之戏下,讲解。羽倍约,分关中为四国。【索隐】汉、雍、塞、翟。	29 臧荼从入,分燕为二国。【索隐】燕、辽东也。	17 分魏为殷国。	20 分韩为河南国。

续表

秦	楚		项		赵		齐			汉				燕		魏		韩	
9 义帝元年诸侯尊怀王为义帝。	17 项籍自立为西楚霸王。	分为衡山	分为临江。	分为九江。	26 更名为常山。	分为代。	19 更名为临菑。	分为济北。	分为胶东。	正月分关中为汉。【索隐】高祖及十八诸侯受封之月，《汉书·异姓王表》云一月，应劭云："诸侯王始受封之月，十八王同时称一月。以非正元，故云一月。高	分关中为雍。	分关中为塞。	分关中为翟。	30 燕	分为辽东。	18 更为西魏。	分为殷。	21 韩	分为河南。

续表

秦	楚		项		赵		齐			汉				燕		魏		韩	
										祖十月至霸上改元，至此月汉四月也。”									
2 徙都江南郴。	西楚主伯，项籍始，为天下主命，立十八王。	王吴芮始，故番君。	王共敖始，故楚柱国。	王英布始，故楚将。	王张耳始，故楚将。【索隐】故赵相。	27 王赵歇始，故赵王。	王田都始，故齐将。	王田安始，故齐将。	20 王田市始，故齐王。	二月 汉王始，故沛公。	王章邯始，故秦将。	王司马欣始，故秦将。【索隐】故秦长史。	王董翳始，故秦将。【索隐】故秦都尉。	王臧荼始，故燕将。	31 王韩广始，故燕王。	19 王魏豹始，故魏王。	王司马卬始，故赵将。	22 王韩成始，故韩将。【索隐】故韩王。	王申阳始，故楚将。
3	2 都彭城。	2 都邾。	2 都江陵。	2 都六。	2 都襄国。	28 都代。	2 都临菑。	2 都博阳。	21 都即墨。	三月 都南郑。	2 都废丘。	2 都栎阳。	2 都高奴。	2 都蓟。	32 都无终。	20 都平阳【索隐】豹从汉又叛，韩信虏之。汉四年，周苛杀豹也。	2 都朝歌。	23 都阳翟。【索隐】姚氏云:“韩成是项梁所立，不与十七	2 都洛阳。

续表

韩		魏		燕		汉				齐			赵		项		楚		秦
	国封。此云十八王，并项羽所命，不细区别”又《高纪》云项羽与成至彭城，废为侯，又杀之。是不令就国，当以阳翟为都而不之其所封国也。																		

续 表

秦	楚		项		赵		齐			汉				燕		魏		韩	
4	3 诸侯罢戏下兵，皆之国。	3	3	3	3	29 【索隐】赵歇前为赵王已二十六月，今徙王代之二月，故云二十九月。其胶东王市之前为齐王十九月，韩广、魏豹、韩成五人并先为王已经多月，故因旧月而数。	3	3	22	四月	3	3	3	3	33	21	3	24	3

续表

秦	楚		项		赵		齐			汉				燕		魏		韩	
5	4	4	4	4	4	30	4 田荣击都，都降楚。	4	23	五月	4	4	4	4	34	22	4	25	4
6	5	5	5	5	5	31	齐王田荣始，故齐相。	5	24 田荣击杀市。	六月	5	5	5	5	35	23	5	26	5
7	6	6	6	6	6	32	2	6 田荣击杀安。	属齐。	七月	6	6	6	6	36	24	6	27 项羽诛成。	6
8	7	7	7	7	7	33	3	属齐。		八月	7 邯守废丘，汉围之。	7 欣降汉，国除。	7 翳降汉，国除。	7	37 臧荼击广无终，灭之。	25	7	韩王郑昌始，项羽立之。	7
9	8	8	8	8	8	34	4			九月	8	属汉，为渭南、河上郡。	属汉，为上郡。	8	属燕。	26	8	2	8

续 表

秦	楚		项		赵		齐			汉				燕		魏		韩	
10 项羽灭义帝。【索隐】羽使九江王布杀之。汉王为举哀。	9	9	9	9	9 耳降汉。	35 歇复王赵。	5			十月王至陕。【集解】徐广曰：“弘农陕县。”	9			9		27	9	3	9
	10	10	10	10		36	6			十一月	10 汉拔我陇西。			10		28	10	韩王信始，汉立之。	属汉，为河南郡。
	11	11	11	11	歇以陈馀为代王,(号)〔故〕成安君。	37	7			十二月	11			11		29	11	2	
	12	12	12	12	2	38	8 项籍击荣，走平原，平原民杀之。			正月	12 汉拔我北地。			12		30	12	3	

续表

秦	楚		项		赵		齐			汉				燕		魏		韩	
	二年一月	二年一月	13	二年一月	3	39	项籍立故齐王田假为齐王。			二月	二年一月			二年一月		31	13	4	
	2	2	14	2	4	40	2 田荣弟横反城阳，击假，走楚，楚杀假。			三月 王击殷。	2			2		32 降汉。（为废王）	14 降汉，卬废。	5	
	3 项羽以兵三万破汉兵五十六万。	3	15	3	5	41	齐王田广始。广，荣子，横立之。			四月 王伐楚至彭城，坏走。	3			3		33 从汉伐楚。	为河内郡，属汉。	6 从汉伐楚。	
	4	4	16	4	6	42	2			五月 王走荥阳。	4			4		34 豹归，叛汉。		7	

续 表

秦	楚		项		赵		齐			汉				燕		魏		韩	
	5	5	17	5	7	43	3			六月王入关，立太子。复如荥阳。	5 汉杀邯废丘。			5		35		8	
	6	6	18	6	8	44	4			七月	属汉，为陇西、北地、中地郡。			6		36		9	
	7	7	19	7	9	45	5			八月				7		37		10	
	8	8	20	8	10	46	6			九月				8		38 汉将信虏豹。		11	
	9	9	21	9	11	47	7			后九月【集解】徐广曰：“应闰建巳。”				9		属汉，为河东、上党郡。		12	

续表

秦	楚		项		赵		齐			汉				燕		魏		韩	
	10	10	22	10	12 汉将韩信斩陈馀。	48 汉灭歇。立张耳。	8			三年十月				10				二年一月	
	11	11	23	11	属汉，为太原郡。	属汉，为郡。	9			十一月				11				2	
	12	12	24	12 布身降汉，地属项籍。			10			十二月				12				3	
	三年一月	三年一月	25				11			正月				三年一月				4	
	2	2	26				12			二月				2				5	
	3	3	27				13			三月				3				6	
	4	4	28				14			四月 楚围王荥阳。				4				7	

续表

秦	楚		项		赵		齐			汉				燕		魏		韩	
	5	5	29				15			五月				5				8	
	6	6	30				16			六月				6				9	
	7	7	31 王敖薨。				17			七月 王出荥阳。【集解】徐广曰：“《项羽》、《高纪》七月出荥阳。”				7				10	
	8	8	临江王驩始，敖子。				18			八月 周苛、枞公杀魏豹。				8				11	
	9	9	2				19			九月				9				12	
	10	10	3				20			四年十月				10				三年一月	

续表

秦	楚		项		赵		齐			汉				燕		魏		韩	
	11 汉将韩信破杀龙且。	11	4		赵王张耳始，汉立之。		21 汉将韩信击杀广。			十一月				11				2	
	12	12	5		2		属汉，为郡。			十二月				12				3	
	四年一月	四年一月	6		3					正月				四年一月				4	
	2	2	7		4		齐王韩信始，汉立之。			二月 立信王齐。				2				5	
	3 汉御史周苛入楚，死。	3	8		5		2			三月 周苛入楚。				3				6	
	4	4	9		6		3			四月 王出荥阳。豹死。				4				7	

续表

秦	楚		项		赵		齐			汉				燕		魏		韩	
										【集解】徐广曰："《项羽纪》曰王出成皋。"									
	5	5	10		7		4			五月				5				8	
	6	6	11		8		5			六月				6				9	
	7	7	12	淮南王英布始，汉立之。	9		6			七月立布为淮南王。				7				10	
	8	8	13	2	10		7			八月				8				11	
	9	9	14	3	11		8			九月太公、吕后归自楚。				9				12	
	10	10	15	4	12		9			五年十月				10				四年一月	

续 表

秦	楚		项		赵		齐			汉				燕		魏		韩	
	11	11	16	5	二年一月		10			十一月				11				2	
	12 诛籍。	12	17 汉虏驩。	6	2		11			十二月				12				3	
	齐王韩信徙楚王。	13 徙王长沙。	属汉，为南郡。	7 淮南国	3 赵国		12 徙王楚，属汉，为四郡。			正月杀项籍，天下平，诸侯臣属汉。				五年一月 燕国		复置梁国。		4 韩王信徙王代，都马邑。	分临江为长沙国。
	2	属淮南国。		8	4					二月甲午，王更号，即皇帝位于定陶。				2		梁王彭越始。		5	衡山王吴芮为长沙王【索隐】改封也。
	3			9	5					三月				3		2		6	2
	4			10	6					四月				4		3		7	3
	5			11	7					五月				5		4		8	4

续表

秦	楚		项		赵		齐			汉				燕		魏		韩	
	6			12	8					六月 帝入关。				6		5		9	5
	7			二年一月	9 耳薨，谥景王。					七月				7		6		10	6 薨，谥文王。
	8			2	赵王张敖(立)〔始〕，耳子。					八月 帝自将诛燕。				8		7		11	长沙成王臣始，芮子。
	9 王得故项羽将钟离眛，斩之以闻。			3	2					九月				9 反汉，虏荼。【索隐】《汉书》作四年九月，误也。		8		12	2
	10			4	3					后九月 【集解】徐广曰：“应闰建寅。”				燕王卢绾始，汉太尉。		9		五年一月	3

卷十七

汉兴以来诸侯年表第五

【索隐】应劭云:“虽名为王,其实如古之诸侯。”

太史公曰:殷以前尚矣。周封五等:公、侯、伯、子、男。然封伯禽、康叔于鲁、卫,地各四百里,亲亲之义,褒有德也。太公于齐,兼五侯地,尊勤劳也。武王、成、康所封数百,而同姓五十五,[①]地上不过百里,下三十里,以辅卫王室。管、蔡、康叔、曹、郑,或过或损。厉、幽之后,王室缺,侯伯强国兴焉,天子微,弗能正。非德不纯,形势弱也。[②]

①【索隐】案:《汉书》封国八百,同姓五十余。顾氏据《左传》魏子谓成鲔云“武王克商,光有天下,兄弟之国十有五人,姬姓之国四十人”是也。

②【索隐】纯,善也,亦云纯一。言周王非德不纯一,形势弱也。

汉兴,序二等。[①]高祖末年,非刘氏而王者,若无功上所不置[②]而侯者,天下共诛之。高祖子弟同姓为王者九国,[③]唯独长沙异姓,而功臣侯者百有余人。自雁门、太原以东至辽阳,[④]为燕、代国。常山以南,大行左转,度河、济,阿、甄以东薄海,为齐、赵国。自陈以西,南至九疑,东带江、淮、穀、泗,[⑤]薄会稽,为梁、楚、(吴)淮南、长沙国,皆外接于胡、越。

而内地北距山以东尽诸侯地，大者或五六郡，连城数十，置百官宫观，僭于天子。汉独有三河、东郡、颍川、南阳，自江陵以西至蜀，北自云中至陇西，与内史⑥凡十五郡，而公主列侯颇食邑其中。何者？天下初定，骨肉同姓少，故广强庶孽，以镇抚四海，用承卫天子也。

①【集解】韦昭曰："汉封功臣，大者王，小者侯也。" ②【集解】徐广曰："一云'非有功上所置'。" ③【集解】徐广曰："齐、楚、荆、淮南、燕、赵、梁、代、淮阳。"【索隐】徐氏九国不数吴，盖以荆绝乃封吴故也。仍以淮阳为九。今案：下文所列有十国者，以长沙异姓，故言九国也。④【集解】韦昭曰："辽东辽阳县。" ⑤【集解】徐广曰："縠水在沛。" ⑥【正义】京兆也。

汉定百年之间，亲属益疏，诸侯或骄奢，忕邪臣①计谋为淫乱，大者叛逆，小者不轨于法，以危其命，殒身亡国。天子观于上古，然后加惠，使诸侯得推恩分子弟②国邑，故齐分为七，③赵分为六，④梁分为五，⑤淮南分三，⑥及天子支庶子为王，五子支庶为侯，百有余焉。吴、楚时，前后诸侯或以適削地，⑦是以燕、代无北边郡，吴、淮南、长沙无南边郡，⑧齐、赵、梁、楚支郡名山陂海咸纳于汉。诸侯稍微，大国不过十余城，小侯不过数十里，上足以奉贡职，下足以供养祭祀，以蕃辅京师。而汉郡八九十，形错诸侯间，犬牙相临，⑨秉其阸塞地利，强本干弱枝叶之势，尊卑明而万事各得其所矣。

①【索隐】忕音誓。忕训习。言习于邪臣之谋计，故《尔雅》云"忕犹

狃”也。狃亦训习。 ②【索隐】案：武帝用主父偃言而下推恩之令也。 ③【集解】徐广曰：“城阳、济北、济南、菑川、胶西、胶东，是分为七。” ④【集解】徐广曰：“河间、广川、中山、常山、清河。” ⑤【集解】徐广曰：“济阴、济川、济东、山阳也。” ⑥【集解】徐广曰：“庐江、衡山。” ⑦【索隐】適音宅。或作“过”。 ⑧【集解】如淳曰：“长沙之南更置郡，燕、代以北更置缘边郡，其所有饶利兵马器械，三国皆失之也。”【正义】景帝时，汉境北至燕、代，燕、代之北未列为郡。吴、长沙之国，南至岭南；岭南、越未平，亦无南边郡。 ⑨【索隐】错音七各反。错谓交错。相衔如犬牙，故云犬牙相制，言犬牙参差也。

臣迁谨记高祖以来至太初诸侯，谱其下益损之时，令后世得览。形势虽强，要之以仁义为本。

徐广曰：孝武太始二年，广陵、中山、真定王来朝。孝宣本始元年，赵来朝。二年，广川来朝。四年，清河来朝。孝宣地节元年，梁来朝。二年，河间来朝。三年，济北来朝，济北分平原、太山二郡。

索隐述赞曰：汉有天下，爰览兴亡。始誓河、岳，言峻宠章。淮阴就楚，彭越封梁。荆、燕懿戚，齐、赵棣棠。犬牙相制，麟趾有光。降及文、景，代有英王。鲁恭、梁孝，济北、城阳。仁贤足纪，忠烈斯彰。

高祖元年	楚			齐							荆	淮南	燕	赵						梁				淮阳	代	长沙
	【索隐】高祖五年，封韩信。六年，王弟交也。			【索隐】四年，封韩信。六年，封子肥。							【索隐】六年，封刘贾。十一年，贾为英布所杀。其年立吴国，封兄子濞也。	【索隐】四年，封英布。十一年反，诛，立子长。	【索隐】五年，封卢绾。十一年，亡入匈奴。十二年，立子建也。	【索隐】四年，封张耳。其年薨。明年，子敖立。八年，废为宣平侯。九年，立子如意。						【索隐】五年，封彭越。十一年反，诛。十二年立，子恢。				【索隐】十一年，封子友。后二年，为郡。高后元年，复为国，封惠帝子疆。	【索隐】二年，封韩王信。五年，降匈奴。十一年，立子恒。	【索隐】五年，吴芮薨。六年，子成王臣立为长沙王。
2	都彭城。			都临菑。							都吴。	都寿春。	都蓟。	都邯郸。						都淮阳。				都陈。	十一月，初王韩信元年。都马邑。	

续表

	楚			齐								淮南	燕	赵						梁					代	长沙
																									【集解】徐广曰：本纪及表高祖起五年始徙信。故韩王孙。	
3																									2	
4				初王信元年。故相国。								十月乙丑，初王（武王）英布元年。		初王张耳元年。薨。											3	
5	齐王信徙为楚王元			2 徙楚。								2	〔后〕九月壬子，初王	王敖元年。敖，耳子。						初王彭越元年。					4 降匈奴，国除为	二月乙未，初王文王

续表

	楚			齐							荆	淮南	燕	赵						梁					代	长沙
	年。反，废。												卢绾元年。												郡。	吴芮元年。薨。
6	正月丙午，初王交元年。交，高祖弟也。			正月甲子，初王悼惠王肥元年。肥，高祖子。							正月丙午，初王刘贾元年。	3	2	2						2						成王臣元年。
7	2			2							2	4	3	3						3						2
8	3			3							3	5	4	4 废。						4						3
9	4 来朝。			4 来朝。							4	6 来朝。	5	初王隐王如意元年。如意，高祖子。						5 来朝。						4

续　表

	楚			齐							荆	淮南	燕	赵						梁				淮阳	代	长沙
10	5 来朝。			5 来朝。							5 来朝。	7 来朝。反,诛。	6 来朝。	2						6 来朝。反,诛。					复置代,都中都。	5 来朝。
11	6			6							6 为英布所杀,国除为郡。	十二月庚午,厉王长元年。长,高祖子。	7【集解】徐广曰:“一云十月亡入于匈奴。”	3						二月丙午,初王恢元年。恢,高祖子。				三月丙寅,初王友元年。友,高祖了。(徙赵)	正月丙子,初王元年。	6
12	7			7							更为吴国。十月辛丑,初王濞元年。濞,高祖兄仲子,故沛侯。	2	(三)〔二〕月甲午,初王灵王建元年。建,高祖子。	4 死。						2				2	2	7

续 表

孝惠元年	楚	鲁		齐							吴	淮南	燕	赵					常山	梁			吕	淮阳	代	长沙
	8			8							2	3	2	淮阳王徙于赵，名友，元年。是为幽王。						3				为郡。	3	8
2	9 来朝。			9 来朝。							3	4	3	2						4					4	哀王回元年。
3	10			10							4	5	4	3						5					5	2
4	11 来朝。			11 来朝。							5	6 来朝。	5	4 来朝。						6					6	3
5	12			12							6 来朝。	7	6 来朝。	5						7					7	4
6	13			13 薨。							7	8	7	6						8					8	5
7	14 来朝。	初置鲁国。		哀王襄元年。							8 来朝。	9 来朝。	8 来朝。	7 来朝。					初置常山国。	9 来朝。			初置吕国。	复置淮阳国。	9	6

续表

高后	楚	鲁		齐							吴	淮南	燕	赵					常山	梁			吕	淮阳	代	长沙
元年	15	四月(元)〔初〕王张偃元年。偃,高后外孙,故赵王敖子。		2							9	10	9	8					四月辛卯,哀王不疑元年。薨。	10			四月辛卯,吕王台元年。薨。	四月辛卯,初王怀王强元年。强,惠帝子。	10	7
2	16	2		3							10	11	10	9					七月癸巳,初王义元年。(皇子)哀王弟。义,孝惠子,故襄城侯,〔后〕立为帝。	11			十一月癸亥,王吕嘉元年。嘉,肃王子。	2	11	恭王右元年。

续 表

	楚	鲁		齐							吴	淮南	燕	赵					常山	梁			吕	淮阳	代	长沙
3	17	3		4 来朝。							11	12	11	10					2	12			2	3	12	2 来朝。
4	18	4		5							12	13	12	11					五月丙辰，初王朝元年。朝，惠帝子故，轵侯。【索隐】轵音章是反。轵县在河内。后文帝以舅封薄昭。	13			3	4	13	3

续表

	楚	鲁		齐				琅琊			吴	淮南	燕	赵					常山	梁			吕	淮阳	代	长沙
5	19	5		6							13	14 来朝。	13	12					2	14			4	5 无嗣。	14	4
6	20	6		7				初置琅邪国。			14	15	14	13					3	15			嘉废。七月丙辰,吕产元年。产,肃王弟,故洨侯。【索隐】洨音交。洨水所出,县名,在沛。	初王武元年。武,孝惠帝子,故壶关侯。	15	5
7	21	7		8				王泽元年。故营陵侯。【索隐】			15	16	15 绝。	(14 楚吕产徙梁元年)					4	(16 徙王赵,自杀。王吕			吕产徙王梁。(七)〔二〕	2	16	6

续 表

	楚	鲁		齐				琅琊			吴	淮南	燕	赵					常山	梁			吕	淮阳	代	长沙
								营陵，县名，属北海。												产元年。）			月丁巳，王太元年。惠帝子。			
8	22	8		9				2			16	17	十月辛丑，初王吕通元年。肃王子，故东平侯。九月诛，国除。【索隐】东平，县，属梁国。	初王吕禄元年。吕后兄子，胡陵侯。诛，国除。【索隐】胡陵，县名，属山阳。					5 非子，诛，国除为郡。	2 有罪，诛为郡。			2	3 武诛，国除。	17	7

续表

孝文	楚	鲁		齐	城阳	济北		琅琊			吴	淮南	燕	赵	河间				太原	梁				淮阳	代	长沙
(前)元年	23	9 废为侯。		10 薨。	初置城阳郡。	初置济北。		3 徙燕。			17	18	十月庚戌,琅邪王泽徙燕元年。是为敬王。	十月庚戌,赵王遂元年。幽王子。	分为河间,都乐成。				初置太原,都晋阳。	复置梁国。				18 为文帝。	8	
2	夷王郢元年。			文王则元年。	二月乙卯,景王章元年。章,悼惠王子,故朱虚侯。【索隐】朱虚,县名,属琅琊。	二月乙卯,王兴居元年。兴居,悼惠王子,故东牟侯。【索隐】东牟县名,属东莱。		国除为郡。			18	19	2 薨。	2	二月乙卯,初王文王辟强元年。辟强,赵幽王子。【索隐】辟音壁。				二月乙卯,初王参元年。参,文帝子。	二月乙卯,初王怀王胜元年。胜,文帝子。					二月乙卯,初王武元年。武,文帝子。	9

续 表

	楚			齐	城阳	济北					吴	淮南	燕	赵	河间				太原	梁				淮阳	代	长沙
3	2			2	2	为郡。					19 来朝。	20 来朝。	康王嘉元年。	3	2				2	2				复置淮阳国。	2 徙淮阳。	靖王著元年。
4	3			3	共王喜元年。						20	21	2	4	3				3 更为代王。	3				代王武徙淮阳3年。	3 太原王参更号为代王三年,实居太原,是为孝王。	2
5	4 薨。			4	2						21	22	3	5	4					4				4	4	6
6	王戊元年。			5	3						22	23 王无道,迁蜀,死雍,为郡。	4	6	5					5				5	5	4

续表

	楚			齐	城阳						吴	淮南	燕	赵	河间					梁				淮阳	代	长沙
7	2			6	4						23		5	7 来朝。	6					6 来朝。				6 来朝。	6 来朝。	5
8	3			7 来朝。	5						24		6 来朝。	8	7 来朝。					7				7	7	6
9	4			8	6 来朝。						25		7	9	8					8				8 来朝。	8	7
10	5			9	7						26		8	10	9					9				9	9	8 来朝。
11	6			10	8 徙淮南。为郡,属齐。						27		9	11	10					10 来朝。薨,无后。				10 来朝。徙梁。为郡。	10 来朝。	9
12	7			11 来朝。							28	城阳王喜徙淮南元年	10	12 来朝。	11 来朝。					11 淮阳王武徙梁年,是为孝王。					11	10

续　表

	楚		衡山	齐	城阳	济北	济南	菑川	胶西	胶东	吴	淮南	燕	赵	河间			庐江		梁					代	长沙
13	8 来朝。			12							29	2	11	13	12					12					12	11
14	9			13							30	3	12 来朝。	14	13 薨。					13					13	12
15	10		初置衡山。	14 薨。无后。	复置城阳国。	复置济北国。	分为济南国。	分为菑川，都剧。	分为胶西，都宛。【集解】徐广曰："乐安有宛县。"	分为胶东，都即墨。	31	4 徙城阳。	13 来朝。	15	哀王福元年。薨，无后，国除为郡。			初置庐江国。		14 来朝。					14	13
16	11		四月丙寅，王勃元年。淮南厉王子，故安阳侯。	四月丙寅，孝王将闾元年。齐悼惠王子，故阳虚侯。	淮南王喜徙城阳13年。	四月丙寅，初王志元年。齐悼惠王子，故安都侯。	四月丙寅，初王辟光元年。齐悼惠王子，故扐侯。	四月丙寅，初王贤元年。齐悼惠王子，故武城侯。	四月丙寅，初王卬元年。齐悼惠王子，故平昌侯。	四月丙寅，初王雄渠元年。齐悼惠王子，故白石侯。	32	四月丙寅，王安元年。淮南厉王子，故阜陵侯。	14	16				四月丙寅，王赐元年。淮南厉王子，故阳周侯。		15					15	14

续表

孝文(后)元年	楚		衡山	齐	城阳	济北	济南	菑川	胶西	胶东	吴	淮南	燕	赵				庐江		梁					代	长沙
	12		2	2	14	2	2	2	2	2	33	2	15	17				2		16					16	15
2	13		3	3	15	3	3	3	3	3	34	3	16	18				3		17					17 薨。	16
3	14		4	4 来朝。	16	4 来朝。	4 来朝。	4	4	4	35	4	17	19				4		18 来朝。					恭王登元年。	17
4	15		5	5	17	5 来朝。	5	5	5	5	36	5	18 来朝。	20 来朝。				5		19					2	18
5	16 来朝。		6	6	18 来朝。	6	6 来朝。	6	6 来朝。	6	37	6	19	21				6		20					3	19
6	17		7	7	19	7	7	7	7	7	38	7 来朝。	20	22				7		21 来朝。					4	20 来朝。
7	18		8	8	20	8	8	8	8	8	39	8	21	23				8		22					5	21 来朝。薨，无后，国除。

续 表

孝景	楚	鲁	衡山	齐	城阳	济北	济南	菑川	胶西	胶东	吴	淮南	燕	赵	河间	广川	中山	庐江		梁		临江	汝南	淮阳	代	长沙
(前)元年	19		9	9	21	9	9	9	9	9	40	9	22	24	复置河间国。	初置广川，都信都。		9		23		初置临江，都江（都）〔陵〕。	初置汝南国。	（初）〔复〕置淮阳国。	6	复置长沙国。
2	20来朝。	分楚复置鲁国。	10	10	22	10来朝。	10	10	10	10	41	10	23	25来朝。	三月甲寅，初王献王德元年。景帝子。	三月甲寅，王彭祖元年。景帝子。	初置中山，都卢奴。	10		24来朝。		三月甲寅，初王阏于元年。景帝子。【索隐】阏音遏。	三月甲寅，初王非元年。景帝子。	三月甲寅，初王馀元年。景帝子。	7	三月甲寅，定王发元年。景帝子。
3	21反，诛。	六月乙亥，淮阳王徙鲁元年。是为恭王。	11	11	23	11徙菑川。	11反，诛。为郡。	11反，诛。济北王志徙菑川十一年。是为懿王。	11反，诛。六月乙亥，于王端元年。景帝子。	11反，诛。	42反，诛。	11	24	26反，诛。为郡。	2来朝	2来朝。	六月乙亥，靖王胜元年。景帝子。	11		25来朝。		2	2	徙鲁为郡。	8	2

续表

	楚	鲁	衡山	齐	城阳	济北		菑川	胶西	胶东	江都	淮南	燕		河间	广川	中山	庐江		梁		临江	汝南		代	长沙
									【索隐】《谥法》能优其德曰于。																	
4 四月己巳立太子	文王礼元年。元王子，故平陆侯。	2 来朝。	12 徙济北。庐江王赐徙衡山（王）元年。	懿王寿元年	24	衡山王勃徙济北12年。是为贞王。		12	2	四月己巳，初王元年。是为孝武帝。	初置江都。六月乙亥，汝南王非为江都王元年。是为易王。【索隐】《谥法》好更故旧为易。	12	25		3	3	2	12 徙衡山，国除为郡。		26		3 薨，无后，国除为郡。	3 徙江都。		9	3

续 表

	楚	鲁	衡山	齐	城阳	济北		菑川	胶西	胶东	江都	淮南	燕	赵	河间	广川	中山			梁		临江			代	长沙
5	2	3	2	2 来朝。	25	13 薨。		13	3	2	2	13 来朝。	26 薨。	广川王彭祖徙赵四年。是为敬肃王。	4	4 徙赵，国除为信都郡。	3			27					10	4
6	3 来朝。薨。	4	3	3	26	武王胡元年。		14	4	3	3	14	王定国元年	5	5		4			28		复置临江国。			11	5 来朝。
7 十一月乙丑太子废。	安王道元年。	5	4	4	27	2		15	5	4 四月丁巳，为太子。	4	15	2	6	6		5 来朝。			29 来朝。		十一月乙丑，初王闵王荣元年。景帝太子，废。			12	6 来朝。
孝景（中）元年	2 来朝。	6 来朝。	5	5	28	3		16 来朝。	6 来朝。	复置胶东国。	5	16	3	7	7	复置广川国。	6			30		2			13	7

续表

	楚	鲁	衡山	齐	城阳	济北		菑川	胶西	胶东	江都	淮南	燕	赵	河间	广川	中山	清河		梁		临江			代	长沙
2	3	7	6	6	29 来朝。	4		17 来朝。	7	四月乙巳，初王康王寄元年。景帝子。	6	17	4	8 来朝。	8 来朝。	四月乙巳，惠王越元年。景帝子。	7	初置清河，都（济）〔清〕阳。		31 来朝。		3			14	8
3	4	8	7 来朝。	7	30	5		18	8	2	7	18	5 来朝。	9	9	2	8	三月丁巳，哀王乘元年。景帝子。		32		4 坐侵壖庙垣为宫，自杀。国除为南郡。【索隐】壖音儒缘反。垣垣，庙境外之墟。壖。边也。			15 来朝。	9

续 表

	楚	鲁	衡山	齐	城阳	济北		菑川	胶西	胶东	江都	淮南	燕	赵	河间	广川	中山	清河	常山	梁	济川	济东	山阳	济阴	代	长沙
4	5	9	8	8	31	6		19	9	3	8	19 来朝。	6	10	10	3	9 来朝。	2	复置常山国。	33					16	10 来朝。
5	6 来朝。	10	9	9	32	7		20	10	4 来朝。	9	20	7	11	11	4	10	3	（三）〔四〕月丁巳，初王宪王舜元年。孝景子。	34	分为济川国。	分为济东国。	分为山阳国。	分为济阴国。	17	11 来朝。
6	7	11	10	10	33 薨。	8		21	11	5	10	21	8	12	12	5	11	4	2	35 来朝。薨。	五月丙戌，初王明元年。梁孝王子。	五月丙戌，初王彭离元年。梁孝王子。	五月丙戌，初王定元年。梁孝王子。	五月丙戌，初王不识元年。梁孝王子。	18	12

续 表

	楚	鲁	衡山	齐	城阳	济北		菑川	胶西	胶东	江都	淮南	燕	赵	河间	广川	中山	清河	常山	梁	济川	济东	山阳	济阴	代	长沙
孝景(后)元年	8	12	11	11	顷王延元年【索隐】顷音倾。城阳王子。	9		22 来朝。	12	6	11	22	9 来朝。	13 来朝。	13 来朝。	6	12	5	3	恭王买元年。孝王子。	2	2	2	2 薨,无后,国除。	19	13
2	9	13	12	12 来朝。	2	10 来朝。		23	13	7	12	23	10 来朝。	14	14	7	13	6	4	2	3	3	3		20	14
3	10	14	13	13	3	11		24	14	8 来朝。	13	24	11	15	15	8	14	7	5	3	4	4	4		21	15
孝武建元元年	11	15	14	14	4	12		25	15	9	14	25	12	16	16	9	15	8	6	4	5	5	5		22	16
2	12 来朝。	16 来朝。	15	15	5	13		26	16	10	15	26 来朝。	13	17	17	10	16	9 来朝。	7	5	6	6	6		23	17
3	13	17	16	16	6	14		27	17	11	16	27	14	18	18	11	17 来朝。	10	8	6	7 明杀中傅。废迁	7	7		24 来朝。	18 来朝。

续 表

	楚	鲁	衡山	齐	城阳	济北		菑川	胶西	胶东	江都	淮南	燕	赵	河间	广川	中山	清河	常山	梁	济川	济东	山阳		代	长沙
																					房陵。【集解】徐广曰:“一作‘太傅’。”					
4	14	18	17	17	7	15		28	18	12	17 来朝。	28	15	19	19	12	18	11	9 来朝。	7 薨。	为郡。	8	8		25	19
5	15	19	18	18	8	16		29	19	13	18	29	16	20	20	缪王元年【集解】徐广曰:“齐立四十五年,以征和元年乙丑有罪病死,谥曰缪。”	19	12 薨,无后,国除为郡。	10	平王襄元年。		9	9 薨,无后,国除为郡。		26	20

续表

	楚	鲁	衡山	齐	城阳	济北		菑川	胶西	胶东	江都	淮南	燕	赵	河间	广川	中山		常山	梁		济东			代	长沙
																【索隐】广川惠王子。《谥法》名与实乖曰缪。										
6	16	20	19	19	9	17		30	20 来朝。	14	19	30	17	21 来朝。	21	2	20		11	2		10			27	21
孝武元光元年	17	21	20	20	10 来朝。	18		31	21	15 来朝。	20	31	18 来朝。	22	22	3	21		12	3		11			28	22
2	18 来朝。	22	21	21	11	19		32	22	16	21	32	19	23	23	4	22 来朝。		13	4		12			29	23 来朝。
3	19 来朝。	23	22	22 卒。	12	20		33	23	17	22	33	20	24	24	5	23 来朝。		14	5		13			王义元年。	24 来朝。
4	20	24	23	厉王次昌元年。	13	21		34	24	18	23	34	21	25	25	6	24		15	6		14 来朝。			2	25
5	21	25	24	2	14 来朝。	22		35 薨。	25	19	24	35	22	26	26 来朝。	7	25		16	7		15			3	26

续表

	楚	鲁	衡山	齐	城阳	济北		菑川	胶西	胶东	江都	淮南	燕	赵	河间	广川	中山		常山	梁		济东			代	长沙
6	22 薨。	26 薨。	25	3	15	23		靖王建元年。	26	20	25	36	23	27 来朝。	恭王不害元年。	8	26		17	8		16			4	27
孝武元朔元年	襄王注元年。	安王光元年。	26	4	16	24 来朝。		2	27	21	26	37	24 坐禽兽行自杀。国除为郡。	28	2	9	27		18	9		17			5	康王庸元年。
2	2	2	27	5 薨,无后国除为郡。	17	25		3	28 来朝。	22	王建元年。	38		29	3	10	28		19	10 来朝。		18			6	2
3	3	3	28		18	26		4	29	23	2	39		30	4 薨。	11	29 来朝。		20	11		19			7	3
4	4 来朝。	4	29		19	27		5	30	24	3	40		31	刚王堪元年。	12	30		21	12		20 来朝。			8	4

续表

	楚	鲁	衡山	齐	城阳	济北		菑川	胶西	胶东	江都	淮南		赵	河间	广川	中山		常山	梁		济东			代	长沙
5	5	5	30		20	28		6	31	25 来朝。	4	41 安有罪，削国二县。		32	2	13	31		22 来朝。	13		21			9	5
6	6	6	31		21 来朝。	29		7	32	26	5	42		33	3	14 来朝。	32		23	14		22			10	6
孝武元狩元年	7	7	32 反，自杀，国除。		22	30		8	33	27	6	43 反，自杀。		34 来朝。	4	15	33		24	15		23			11	7
	楚	鲁			城阳	济北		菑川	胶西	胶东	江都	六安		赵	河间	广川	中山		常山	梁		济东			代	长沙
2	8	8 来朝。			23	31		9	34	28	7 反，自杀，国除为广陵郡。	置六安国，以故陈为都。七月丙子。		35	5	16	34		25	16		24			12 来朝。	8 来朝。

续 表

	楚	鲁		齐	城阳	济北		菑川	胶西	胶东	江都	六安	燕	赵	河间	广川	中山		常山	梁		济东			代	长沙
												【集解】徐广曰：“一云壬子。”初王恭王庆元年。胶东王子。														
3	9	9			24	32 来朝。		10	35	哀王贤元年。		2		36	6	17	35 来朝。		26	17		25			13	9
4	10 来朝。	10			25	33		11	36	2		3		37	7	18	36		27	18		26 来朝。			14	10
5	11	11		复置齐国。	26 来朝。薨。	34		12 来朝。	37	3	更为广陵国。	4	复置燕国。	38	8	19	37		28	19		27			15	11

续 表

	楚	鲁		齐	城阳	济北		菑川	胶西	胶东	广陵	六安	燕	赵	河间	广川	中山		常山	梁		济东			代	长沙
6	12	12		四月乙巳，初王怀王闳元年。武帝子。	敬王义元年	35		13	38	4	四月乙巳，初王胥元年。武帝子。	5	四月乙巳，初王刺王旦元年。武帝子。【索隐】《谥法》暴慢无亲曰刺。	39	9 来朝。	20	38		29 来朝。	20		28			16	12
孝武元鼎元年	13	13		2	2	36		14	39	5	2	6	2	40	10	21 来朝。	39		30	21		29 剽攻杀人，迁上庸，国为大河郡。			17	13

续 表

	楚	鲁	泗水	齐	城阳	济北		菑川	胶西	胶东	广陵	六安	燕	赵	河间	广川	中山	清河	常山	梁					代	长沙
2	14薨。	14来朝。		3	3	37		15	40	6	3	7	3	41	11	22	40		31	22					18来朝。	14
3	节王纯元年	15	初置泗水，都郯。【集解】徐广曰："泗水属东海。"	4	4	38		16	41	7	4	8	4	42	12薨。	23	41来朝。	复置清河国。	32薨，子为王。	23					19徙清河。为太原郡。	15来朝。
4	2	16	思王商元年【集解】徐广曰："一云勤王商元年。"商，常山宪王子。	5	5	39		17	42	8	5	9	5	43	顷王授元年。	24	42薨。	20代王义徙清河年。是为刚王。	更为真定国。顷王平元年。常山宪王子。	24						16

续表

	楚	鲁	泗水	齐	城阳	济北		菑川	胶西	胶东	广陵	六安	燕	赵	河间	广川	中山	清河	真定	梁						长沙
5	3	17	2	6	6	40		18	43	9	6	10	6	44	2	25 来朝。	哀王昌元年。即年薨。	21	2	25						17
6	4	18	3	7	7	41 来朝。		19	44	10	7	11 来朝。	7	45	3	26	康王昆侈元年【索隐】按：萧该云《谥法》好乐怠政曰康。《汉书》作“穅。”昆侈名。	22	3	26						18

续　表

	楚	鲁	泗水	齐	城阳	济北		菑川	胶西	胶东	广陵	六安	燕	赵	河间	广川	中山	清河	真定	梁						长沙
孝武元封元年	5	19	4	8 薨,无后,国除为郡。	8 来朝。	42		20	45	11	8	12	8	46	4	27	2	23	4 来朝。	27						19
2	6	20	5		9 薨。	43		顷王遗元年【索隐】济南王辟光之（子）〔孙〕。	46	12	9	13	9	47	5	28	3	24	5	28						20
3	7	21 来朝。	6		慧王武元年。	44		2	47 薨,无后,国除。	13	10	14	10	48	6	29	4	25 来朝。	6	29						21
4	8	22	7		2	45		3		14	11	15	11	49	7	30	5	26	7	30						22
5	9	23 朝泰山。	8		3	46 朝泰山。		4		戴王通平元年。	12	16	12	50	8	31	6	27	8	31						23

续表

	楚	鲁	泗水		城阳	济北		菑川		胶东	广陵	六安	燕	赵	河间	广川	中山	清河	真定	梁						长沙
6	10	24	9		4	47		5		2	13	17	13	51	9	32	7	28	9 来朝。	32						24
孝武太初元年	11	25	10 薨。		5	48		6		3	14	18 来朝。	14	52	10	33	8	29	10	33						25
2	12	26	哀王安世元年。即戴王贺元年。安世子。【索隐】贺，广川惠王子。		6	49		7		4	15	19	15	53	11	34	9 来朝。	30	11	34						26
3	13	27	2		7 (薨)	50		8		5	16	20	16	54	12	35	10	31	12	35						27
4	14	28	3		(荒王贺元年)	51		9		6	17	21	17	55	13	36	11	32	13	36 来朝。						28 来朝。

史記

二

〔汉〕司马迁 撰
〔南朝宋〕裴骃 集解
〔唐〕司马贞 索隐
〔唐〕张守节 正义

中国史学要籍丛刊

上海古籍出版社

卷十八

高祖功臣侯者年表第六

【正义】高祖初定天下，表明有功之臣而侯之，若萧、曹等。

太史公曰：古者人臣功有五品，以德立宗庙定社稷曰勋，以言曰劳，用力曰功，明其等曰伐，积日曰阅。封爵之誓曰："使河如带，泰山（如）〔若〕厉。国以永宁，爰及苗裔。"始未尝不欲固其根本，而枝叶稍陵夷衰微也。

余读高祖侯功臣，察其首封，所以失之者，曰：异哉所闻。《书》曰"协和万国"，迁于夏、商，或数千岁。盖周封八百，幽、厉之后，见于《春秋》。《尚书》有唐、虞之侯伯，历三代千有余载，自全以蕃卫天子，岂非笃于仁义，奉上法哉？汉兴，功臣受封者百有余人。①天下初定，故大城名都散亡，户口可得而数者十二三，②是以大侯不过万家，小者五六百户。后数世，民咸归乡里，户益息，萧、曹、绛、灌之属或至四万，小侯自倍，③富厚如之。子孙骄溢，忘其先，淫嬖。至太初百年之间，见侯五，④余皆坐法陨命亡国，秏矣。罔亦少密焉，然皆身无兢兢于当世之禁云。

①【索隐】案：下文高祖功臣百三十七人，兼外戚及王子，凡一百四十

三人。②【索隐】言十分才二、三在耳。③【索隐】倍其初封时户数也。④【正义】谓平阳侯曹宗、曲周侯郦终根、阳阿侯齐仁、戴侯秘蒙、谷陵侯冯偃也。

居今之世，志古之道，所以自镜也，[①]未必尽同。帝王者各殊礼而异务，要以成功为统纪，岂可绲乎？观所以得尊宠及所以废辱，亦当世得失之林也，[②]何必旧闻？于是谨其终始，表其文，颇有所不尽本末；著其明，疑者阙之。后有君子，欲推而列之，得以览焉。

①【索隐】言居今之代，志识古之道，得以自镜当代之存亡也。②【索隐】言观今人臣所以得尊宠者必由忠厚，被废辱者亦由骄淫，是言见在兴废亦当代得失之林也。

索隐述赞曰：圣贤影响，风云潜契。高祖膺箓，功臣命世。起沛入秦，凭谋仗计。纪勋书爵，河盟山誓。萧、曹轻重，绛、灌权势。咸就封国，或萌罪戾。仁贤者祀，昏虐者替。永监前修，良惭固蒂。

国名	侯功	高祖十二	孝惠七	高后八	孝文二十三	孝景十六	建元至元封六年三十六，太初元年尽后元二年十八。	侯第
【正义】此国名匡左行一道，咸是诸侯所封国名也。								【索隐】姚氏曰："萧何第一，曹参二，张敖三，周勃四，樊哙五，郦商六，奚涓七，夏侯婴八，灌婴九，傅宽十，靳歙十一，王陵十二，陈武十三，王吸十四，薛欧十五，周昌十六，丁复十七，蛊逢十八。《史记》与《汉表》同。而《楚汉春秋》则不同者，陆贾记事在高祖、惠帝时。《汉书》是后定功臣等列，及陈平受吕后命而定，或已改邑号，故人名亦别。且高祖初定唯十八侯，吕后令陈平终竟以下列

续表

国名	侯功	高祖十二	孝惠七	高后八	孝文二十三	孝景十六	建元至元封六年三十六，太初元年尽后元二年十八。	侯第
								侯第录，凡一百四十三人也。”
平阳 【索隐】案：《汉书地理志》平阳县属河东。	以中涓 【集解】如淳曰："谒主通书，谓出纳君命。石奋为谒中涓，受陈平谒是也。《春秋传》曰涓人畴，《汉仪》注，天子有中涓如黄门，皆中官也。"从起沛，至霸上，侯。以将军入汉，以左丞相出征齐、魏，以右丞相为平阳侯，万六百户。	7 六年十二月甲申，懿侯曹参元年。 【索隐】懿，谥也。	5 其二年为相国。 2 六年十月，靖侯窋元年。	8	19 4 后四年，简侯奇元年。	3 13 四年，夷侯时 【索隐】夷侯畤。音止，又音市。案：《曹参系家》作"时"，今表或作"畤"。案《汉书·卫青传》平阳侯曹寿尚阳信公主，即此人，当是字讹。元年。	10 16 元光五年，恭侯襄元年。元鼎元年，今侯宗元年。	2 【集解】《汉书音义》曰："曹参位第二而表在首，以前后故。" 【索隐】《汉书音义》曰："曹参位第二而表在首，萧何位第一而表在十三者，以封先后故也。又案：封参在六年十二月，封何在六年正月，高祖十月因秦改元，故十二月在正月前也。"《汉表》具记位次，而亦依封前后录也。

续表

国名	侯功	高祖十二	孝惠七	高后八	孝文二十三	孝景十六	建元至元封六年三十六，太初元年尽后元二年十八。	侯第
信武 【索隐】案：《地理志》无信武县，当是后废故也。	以中涓从起宛、朐，入汉，以骑都尉定三秦，击项羽，别定江陵，侯，五千三百户。以车骑将军攻黥布、陈豨。	7 六年十二月甲申，肃侯靳歙元年。 【索隐】靳，姓也，音纪觐反；歙音摄，又音吸。	7	5 3 六年，夷侯亭元年。	18 后三年，侯亭坐事国人过律，夺侯，国除。			11
清阳 【索隐】《汉表》"清河"。《地理志》清阳县属清河郡。	以中涓从起丰，至霸上，为骑郎将，入汉，以将军击项羽功，侯，三千一百户。	7 六年十二月甲申，定侯王吸元年。 【索隐】《楚汉春秋》作"清阳侯王隆。"	7	8	7 元年，哀侯彊元年。 【索隐】彊，其良反。 16 八年，孝侯伉元年。 【索隐】伉，若浪反。	4 12 五年，哀侯不害元年。	7 元光二年，侯不害薨，无后，国除。	14
汝阴 【索隐】汝阴县属汝南。凡县	以令史从降沛，为太仆，常奉车，为滕公，竟定天下，入汉中，全孝	7 六年十二月甲申，文侯夏侯婴元年。	7	8	8 7 九年，夷侯灶元年。	16	7 元光二年，侯颇元年。 19	8

续表

国名	侯功	高祖十二	孝惠七	高后八	孝文二十三	孝景十六	建元至元封六年三十六，太初元年尽后元二年十八。	侯第
名皆据《地理志》，不言者，从省文。	惠、鲁元，侯，六千九百户。常为太仆。				8 十六年，恭侯赐元年。		元鼎二年，侯颇坐尚公主，与父御婢奸罪自杀，国除。	
阳陵 【索隐】阳陵县属冯翊。《楚汉春秋》作“阴陵。”	以舍人从起横阳，至霸上，为（魏）〔骑〕将，入汉，定三秦，属淮阴，定齐，为齐丞相，侯，二千六百户。	7 六年十二月甲申，景侯傅宽元年。	5 2 六年，（随）顷侯靖元年。	8	14 9 十五年，恭侯则元年。	3 13 前四年，侯偃元年。	18 元狩元年，偃坐与淮南王谋反，国除。	10
广严 【索隐】《晋书地道记》，广县在东莞。严，谥也。下又云“壮，”班、马二史并误也。	以中涓从起沛，至霸上，为连敖，入汉，以骑将定燕、赵，得将军，侯，二千二百户。	7 六年十二月甲申，壮侯召欧元年。 【索隐】欧，乌后反。	7	8	19 二年，戴侯胜元年。 13 十一年，恭侯嘉元年。至后七年嘉薨，无后，国除。			28

续 表

国名	侯功	高祖十二	孝惠七	高后八	孝文二十三	孝景十六	建元至元封六年三十六,太初元年尽后元二年十八。	侯第
广平 【索隐】县名,属临淮。	以舍人从起丰,至霸上,为郎中,入汉,以将军击项羽、钟离眜功,侯,四千五百户。	7 六年十二月甲申,敬侯薛欧元年。	7	8 元年,靖侯山元年。	18 5 后三年,侯泽元年。	8 中二年,有罪,绝。 5 平棘中五年,复封节侯泽元年	15 其十年,为丞相。 3 元朔四年,侯穰元年。元狩元年,穰受淮南王财物,称臣,在赦前,诏问谩罪,国除。	15
博阳 【索隐】博阳县在汝南。	以舍人从起砀,以刺客将,入汉,以都尉击项羽荥阳,绝甬道,击杀追卒功,侯。	7 六年十二月甲申,壮侯陈濞元年。 【索隐】《楚汉春秋》名渍。	7	8	18 5 后三年,侯始元年。	4 前五年,侯始有罪,国除。 2 塞中五年,复封始。 【索隐】塞在桃林之西。后元年,始有罪,国除。		19

续表

国名	侯功	高祖十二	孝惠七	高后八	孝文二十三	孝景十六	建元至元封六年三十六，太初元年尽后元二年十八。	侯第
曲逆 【索隐】县名，属中山，章帝改曰蒲阴。	以故楚都尉，汉王二年初从修武，为都尉，迁为护军中尉；出六奇计，定天下，侯五千户。	7 六年十二月甲申，献侯陈平元年。	7 其五年，为左丞相。	8 其元年，徙为右丞相；后专为丞相，相孝文二年。	2 2 三年，恭侯买元年。 19 五年，简侯悝元年。	4 12 五年，侯何元年。	10 元光五年，侯何坐略人妻，弃市，国除。	47
堂邑 【索隐】县名，属临淮。	以自定东阳，为将，属项梁，为楚柱国。四岁，项羽死，属汉，定豫章、浙江都浙自立为王壮息，侯，千八百户。复相楚元王十一年。	7 六年十二月甲申，安侯陈婴元年。	7	4 4 五年，恭侯禄元年。	2 21 三年，夷侯午元年。	16	11 元光六年，季须元年。 13 元鼎元年，侯须坐母长公主卒，未除服奸，兄弟争财，当死，自杀，国除。	86
周吕 【索隐】应劭云："周吕，国也。"案："周"及	以吕后兄初起以客从，入汉为侯。还定三秦，将兵先入砀。汉王之解彭城，往从之，	3 六年正月丙戌，令武侯吕泽元年。 【索隐】令武，	7					

续 表

国名	侯功	高祖十二	孝惠七	高后八	孝文二十三	孝景十六	建元至元封六年三十六，太初元年尽后元二年十八。	侯第
“吕”皆国名。济阴有吕都县。	复发兵佐高祖定天下，功侯。	谥也。一云“令，邑；武，谥也。”又改封令，令，县名，在荥阳，出《晋地道记》。 4 九年，子台封郦侯元年。【索隐】郦音历。一作“鄜”，音敷，皆县名。						
建成 【索隐】县名，属沛郡。	以吕后兄初起以客从，击三秦。汉王入汉，而释之还丰、沛，奉卫吕宣王、太上皇。天下已平，封释之为建成侯。【索隐】吕宣王，	7 六年正月丙戌，康侯释之元年。	2 5 三年，侯则元年。有罪。	胡陵 7 元年，五月丙寅，封则弟大中大夫吕禄元年。 (八)〔七〕年，禄为赵王，				

续 表

国　名	侯　功	高祖十二	孝惠七	高后八	孝文二十三	孝景十六	建元至元封六年三十六，太初元年尽后元二年十八。	侯　第
	吕公谥也。			国除。追尊康侯为昭王。禄以赵王谋为不善，大臣诛禄，遂灭吕。				
留 【索隐】韦昭云："留，今在彭城。"	以厩将从起下邳，以韩申徒下韩国，言上张旗志，秦王恐，降，解上与项羽之郄，为汉王请汉中地，常计谋平天下，侯，万户。	7 六年正月丙午，文成侯张良。元年。	7	2 6 三年，不疑元年。	4 五年，侯不疑坐与门大夫谋杀故楚内史，当死，赎为城旦，国除。			62
射阳 【索隐】县名，属临淮。射，一作"贳"。	兵初起，与诸侯共击秦，为楚左令尹，汉王与项羽有郄于鸿门，项伯缠解难，以破羽缠尝有功，封射阳侯。	7 六年正月丙午，侯项缠元年。赐姓刘氏。 【索隐】项伯也。	2 三年，侯缠卒。嗣子睢有罪，国除。					

续　表

国　名	侯　功	高祖十二	孝惠七	高后八	孝文二十三	孝景十六	建元至元封六年三十六，太初元年尽后元二年十八。	侯　第
酂 【索隐】酂音赞，县名，在沛。刘氏云“以何子禄嗣，无后，国除。吕后封何夫人于南阳酂”，恐非也。	以客初起从入汉，为丞相，备守蜀及关中，给军食，佐上定诸侯，为法令，立宗庙，侯，八千户。	7 六年正月丙午，文终侯萧何元年。元年，为丞相；九年，为相国。	2 5 三年，哀侯禄元年。	1 7 二年，懿侯同元年。同禄弟。	筑阳 19 元年，同有罪，封何小子延元年。【索隐】筑音逐，县名。 1 后四年，炀侯遗元年。 3 后五年，侯则元年。	1 有罪。武阳 7 前二年，封炀侯弟幽侯嘉元年。 8 中二年，侯胜元年。	10 元朔二年，侯胜坐不敬，绝。 酂 3 元狩三年，封何〔曾〕孙恭侯庆元年。 3 元狩六年，侯寿成元年。 10 元封四年寿成为太常牺牲不如令，国除。	1
曲周 【索隐】县名，属广平。坚绍封。	以将军从起岐，攻长社以南，别定汉中及蜀，定三秦，击项羽，侯，四千八百户。	7 六年正月丙午，景侯郦商元年。	7	8	23 元年，侯寄元年。	9 有罪。 缪 7 中三年，封商他子靖侯坚元年。	9 元光四年，康侯遂元年。 5 元朔三年，侯宗元年。 11	6

续表

国名	侯功	高祖十二	孝惠七	高后八	孝文二十三	孝景十六	建元至元封六年三十六，太初元年尽后元二年十八。	侯第
							元鼎二年，侯终根元年。 28 后元二年，侯终根坐咒诅诛，国除。	
绛 【索隐】县名，属河东。	以中涓从起沛，至霸上，为侯。定三秦，食邑，为将军。入汉，定陇西，击项羽，守峣关，定泗水、东海。八千一百户。	7 六年正月丙午，武侯周勃元年。	7	8 其四年为太尉。	11 元年，为右丞相，三年，免。复为丞相。 6 十二年，侯胜之元年。 条 6 后二年，封勃子亚夫元年。	13 其三年，为太尉； 七 〔年〕，为丞相。有罪，国除。 平曲 3 后元年，封勃子恭侯坚元年。	16 元朔五年，侯建德元年。 12 元鼎五年，侯建德坐酎金，国除。	4
舞阳 【索隐】县名，属颍川。	以舍人起沛，从至霸上，为侯。入汉，定三秦，为将军，击项籍，再	7 六年正月丙午，武侯樊哙元年。其七	6 1 七年，侯伉元年。吕须子。	8 坐吕氏诛，族。	23 元年，封樊哙子荒侯市人元年。	6 七年，侯它广元年。 6		5

续表

国名	侯功	高祖十二	孝惠七	高后八	孝文二十三	孝景十六	建元至元封六年三十六，太初元年尽后元二年十八。	侯第
	益封。从破燕，执韩信，侯，五千户。	年，为将军、相国三月。				中 （五）〔六〕年，侯它广非荒侯市人子，国除。		
颍阴 【索隐】县名，属颍川。	以中涓从起砀，至霸上，为昌文君。入汉，定三秦，食邑。以车骑将军属淮阴，定齐、淮南及下邑，杀项籍，侯，五千户。	7 六年正月丙午，懿侯灌婴元年。	7	8	4 其一，为太尉；三，为丞相。 19 五年，平侯何元年。	9 7 中三年，侯彊元年。	6 有罪，绝。 9 元光二年，封婴孙贤为临汝侯。侯贤元年。 元朔五年，侯贤行赇罪，国除。	9
汾阴 【索隐】县名，属河东。	初起以职志击破秦，入汉，出关，以内史坚守敖仓，以御史大夫定诸侯，比清阳侯，二千八百户。【索隐】如淳云："职志，官名，主幡旗。"	7 六年正月丙午，悼侯周昌元年。	3 建平 4 四年，哀侯开方元年。	8	4 前五年，侯意元年。 13 有罪，绝。	安阳 8 中二年，封昌孙左车。	建元元年，有罪，国除。	16

续 表

国 名	侯 功	高祖十二	孝惠七	高后八	孝文二十三	孝景十六	建元至元封六年三十六，太初元年尽后元二年十八。	侯 第
梁邹 【索隐】县名，属济南。	兵初起，以谒者从击破秦，入汉，以将军击定诸侯功，比博阳侯，二千八百户。	7 六年正月丙午，孝侯武儒元年。 【索隐】《汉表》儒作“虎”。	4 3 五年，侯最元年。 【索隐】最音辞取反。	8	23	16	6 元光元年，顷侯婴齐元年。 3 元光四年，侯山柎元年。 【索隐】柎音夫。 20 元鼎五年，侯山柎坐酎金，国除。	20
成 【索隐】县名，属涿郡。	兵初起，以舍人从击秦，为都尉。入汉，定三秦。出关，以将军定诸侯功，比厌次侯，二千八百户。	7 六年正月丙午，敬侯董渫元年。 【索隐】渫音息列反。	7 元年，康侯赤元年。	8	23	6 有罪，绝。 节氏 5 中五年，复封康侯赤元年。 【索隐】节氏，县名。	3 建元四年，恭侯(霸)〔罢〕军元年。 5 元光三年，侯朝元年。 12 元狩三年，侯朝为济南太守，与成阳王	25

续 表

国 名	侯 功	高祖十二	孝惠七	高后八	孝文二十三	孝景十六	建元至元封六年三十六，太初元年尽后元二年十八。	侯 第
						女通，不敬，国除。		
蓼 【索隐】县名，属六安。	以执盾前元年从起砀，以左司马入汉，为将军，三以都尉击项羽，属韩信，功侯。 【索隐】即汉五年围羽垓下，淮阴侯将四十万自当之，孔将军居左，费将军居右是以也。费将军即下费侯陈贺也。	7 六年正月丙午，侯孔藂元年。 【索隐】姚氏案：《孔子家语》云"子武生子鱼及子文，文生冣，字子产。"《说文》"冣"为"积聚"字，此作"藂"，不同。	7	8	8 15 九年，侯臧元年。	16	14 元朔三年，侯臧坐为太常，南陵桥坏，衣冠车不得度，国除。 【索隐】案孔藂云"臧历位九卿，为御史大夫，辞曰：'臣经学，乞为太常典礼。臣家业与安国，纲纪古训。'武帝难违其意，遂拜太常典礼，赐如三公。臧子琳位至诸侯，琳子璜失侯爵。"此云臧国除，当是后更封其子也。	

续表

国名	侯功	高祖十二	孝惠七	高后八	孝文二十三	孝景十六	建元至元封六年三十六，太初元年尽后元二年十八。	侯第
费 【索隐】费音祕，一音扶未反。县名，属东海。	以舍人前元年从起砀，以左司马入汉，用都尉属韩信，击项羽有功，为将军，定会稽、浙江、湖阳，侯。	7 六年正月丙午，圉侯陈贺元年。 【集解】徐广曰："圉，或作'幽'。"	7	8	23 元年，共侯常元年。	1 二年，侯偃元年。中二年，有罪，绝。 8 中六年，封贺子侯最元年。 巢 4 后三年，最薨，无后，国除。		
阳夏 【索隐】县名，属淮阴。	以特将将卒五百人，前元年从起宛、朐，至霸上，为侯。以游击将军别定代，已破臧荼，封豨为阳夏侯。【索隐】豨音虚纪反。	5 六年，正月丙午，侯陈豨元年。 十年，八月，豨以赵相国将兵守代。汉使召豨，豨反，以其兵与王黄等略代，自立						

续表

国名	侯功	高祖十二	孝惠七	高后八	孝文二十三	孝景十六	建元至元封六年三十六，太初元年尽后元二年十八。	侯第
		为（燕）〔王〕。汉杀豨灵丘。						
隆虑 【索隐】县名，属河内。音林闾。隆，避殇帝讳故改之。	以卒从起砀，以连敖【索隐】徐广以连敖为典客官也。入汉，以长铍都尉【索隐】案：以长铍为官名。《说文》云“铍者，剑刀装也。”铍音敷皮反。《汉表》作“铤”，音丕。击项羽，有功，侯。	7 六年正月丁未，哀侯周灶元年。 【索隐】哀，《汉表》作“克”也。	7	8	17 6 后二年，侯通元年。	7 中元年，侯通有罪，国除。		34
阳都 【索隐】《汉志》阙，《晋书地道记》属琅邪。	以赵将从起邺，至霸上，为楼烦将，入汉，定三秦，别降翟王，属悼武王，杀龙且彭城，为大司马。破羽军叶，拜为	7 六年正月戊申，敬侯丁复元年。 【索隐】复音伏。	7	5 3 六年，趮侯甯元年。	9 14 十年，侯安成元年。	1 二年，侯安成有罪，国除。		17

续表

国名	侯功	高祖十二	孝惠七	高后八	孝文二十三	孝景十六	建元至元封六年三十六，太初元年尽后元二年十八。	侯第
	将军，忠臣，侯，七千八百户。							
新阳【索隐】《汉表》作“阳信。”县名，属汝南。	以汉五年用左令尹初从，功比堂邑侯，千户。	7 六年正月壬子，胡侯吕清元年。	3 4 四年，顷侯（世）〔臣〕元年。	8	6 2 七年，怀侯义元年。 15 九年，惠侯它元年。	4 5 7 中三年，侯谭元年。	28 元鼎五年，侯谭坐酎金，国除。	81
东武【索隐】县名，属琅邪郡。	以户卫【集解】徐广曰：“一云‘从’。”起薛，属悼武王，破秦军杠里，杨熊军曲遇，入汉为越【集解】徐广曰：“一作‘城’。”将军，定三秦，以都尉坚守敖仓，为将军，破籍军，功侯，二千户。	7 六年正月戊午，贞侯郭蒙元年。	7	5 3 六年，侯它元年。	23	5 六年，侯它弃市，国除。		41

续表

国名	侯功	高祖十二	孝惠七	高后八	孝文二十三	孝景十六	建元至元封六年三十六，太初元年尽后元二年十八。	侯第
汁方 【集解】如淳曰："汁音什。邡音方。" 【索隐】什邡。县名，属广汉。音十方。汁，又如字。	以赵将前三年从定诸侯，侯，二千五百户，功比平定侯。齿故沛豪，有力，与上有郄，故晚从。	7 六年三月戊子，肃侯雍齿元年。	2 5 三年，荒侯巨元年。	8	23	2 10 三年，侯野元年。 4 中六年，终侯桓元年。	28 元鼎五年，终侯桓坐酎金，国除。	57
棘蒲	以将军前元年率将二千五百人起薛，别救东阿，至霸上，二岁十月入汉，击齐历下军田既，功侯。	7 六年三月丙申，刚侯陈武元年。	7	8	16 后元年，侯武薨。嗣子奇反，不得置后，国除。			13
都昌	以舍人前元年从起沛，以骑队(卒)〔率〕先降翟王，虏章邯，功侯。	7 六年三月庚子，庄侯朱轸元年。	7	8 元年，刚侯率元年。	7 16 八年，夷侯诎元年。	2 元年，恭侯偃元年。 5 三年，侯辟彊		23

续表

国名	侯功	高祖十二	孝惠七	高后八	孝文二十三	孝景十六	建元至元封六年三十六，太初元年尽后元二年十八。	侯第
						元年。 中元年，辟彊薨，无后，国除。		
武彊	以舍人从至霸上，以骑将入汉。还击项羽，属丞相宁，功侯，用将军击黥布，侯。	7 六年三月庚子，庄侯庄不识元年。	7	6 2 七年，简侯婴元年。	17 6 后二年，侯青翟元年。	16	25 元鼎二年，侯青翟坐为丞相与长史朱买臣等逮御史大夫汤不直，国除。	33
贳 【索隐】县名，属巨鹿。贳音世一音时夜反。	以越户将从破秦，入汉，定三秦，以都尉击项羽，千六百户，功比台侯。	2 六年三月庚子，齐侯吕元年。【集解】徐广曰："吕，一作'台'。" 【索隐】《谥法》："执心克庄曰齐。" 5 八年，恭侯方山元年。	7	8	2 元年，炀侯赤元年。 12 十二年，康侯遗元年。	16	16 元朔五年，侯倩【索隐】倩音七净反。元年。 8 元鼎元年，侯倩坐杀人弃市，国除。	36

续表

国名	侯功	高祖十二	孝惠七	高后八	孝文二十三	孝景十六	建元至元封六年三十六,太初元年尽后元二年十八。	侯第
海阳 【索隐】海阳,亦南越县。《地理志》阙。	以越队将从破秦,入汉定三秦,以都尉击项羽,侯,千八百户。	7 六年三月庚子,齐信侯摇毋馀 【索隐】案:毋馀,东越之族也。元年。	2 5 三年,哀侯昭襄元年。	4 4 五年,康侯建元年。	23	3 四年,哀侯省元年。 10 中六年,侯省薨,无后,国除。		37
南安 【索隐】县名,属犍为。建安亦有此县。	以河南将军汉王三年降晋阳,以亚将破臧荼,侯,九百户。【索隐】亚将,《汉表》作"连将"。	7 六年三月庚子,庄侯宣虎元年。	7	8	8 11 九年,共侯戎元年。 4 后四年,侯千秋元年。	7 中元年,千秋坐伤人免。		63
肥如 【索隐】县名,属辽西。	以魏太仆三年初从,以车骑都尉破龙且及彭城,侯,千户。	7 六年三月庚子,敬侯蔡寅元年。	7	8	2 14 三年,庄侯成元年。 7 后元年,侯奴元年。	元年,侯奴薨,无后,国除。		66

续表

国名	侯功	高祖十二	孝惠七	高后八	孝文二十三	孝景十六	建元至元封六年三十六，太初元年尽后元二年十八。	侯第
曲城 【索隐】《汉志》阙，表在涿郡。	以曲城户将卒三十七人初从起砀，至霸上，为执珪，为二队将，属悼武王，入汉，定三秦，以都尉破项羽军陈下，功侯，四千户。为将军，击燕、代，拔之。	7 六年三月庚子，圉侯蛊逢元年。 【索隐】曲《楚汉春秋》云"夜侯虫达"，盖改封也。夜县属东莱。又《谥法》："威德强武曰圉。"子恭侯捷封垣，故位次曰"夜侯垣"，亦误。	7	8	8 元年，侯捷元年。有罪，绝。 5 后三年，复封恭侯捷元年。	13 有罪，绝。 垣 5 中五年，复封恭侯捷元年。	1 建元二年，侯皋柔元年。 25 元鼎三年，侯皋柔坐为汝南太守知民不用赤侧钱为赋，【索隐】案：时用赤侧钱，而汝南不以为赋。国除。	18
河阳 【索隐】县名，属河内。	以卒前元年起砀从，以二队将入汉，击项羽，身得郎将处，功侯。以丞相定齐地。	7 六年三月庚子，庄侯陈涓元年。	7	8	3 元年，侯信元年。 四年，侯信坐不偿人责过六月，夺侯，国除。			29

续表

国名	侯功	高祖十二	孝惠七	高后八	孝文二十三	孝景十六	建元至元封六年三十六，太初元年尽后元二年十八。	侯第
淮阴 【索隐】县名，属临淮。	兵初起，以卒从项梁，梁死属项羽为郎中，至咸阳，亡从入汉，为连敖典客，萧何言为大将军，别定魏、齐，为王，徙楚，坐擅发兵，废为淮阴侯。【索隐】典客，《汉表》作“粟客”，盖字误。传作“治粟都尉”，或先为连敖典客也。	5 六年四月，侯韩信元年。 十一年，信谋反关中，吕后诛信，夷三族，国除。						
芒 【索隐】县名，属沛	以门尉前元年初起砀，至霸上，为武定君，入汉，还定三秦，以都尉击项羽，侯。	3 六年，侯昭元年。【集解】徐广曰：“昭，一作‘起’，《汉书》年表云芒侯耏跖。”				11 张 孝景三年，昭以故芒侯将兵从太尉亚夫击吴楚有功，复侯。	17 元朔六年，侯申坐尚南宫公主【索隐】南宫公主，景帝女。初，南宫侯张坐尚之，有罪，后	

续表

国名	侯功	高祖十二	孝惠七	高后八	孝文二十三	孝景十六	建元至元封六年三十六,太初元年尽后元二年十八。	侯第
		【索隐】彨踞音而只二音;彨,又音人才反。《字林》以多须发曰彨。彨,姓也,《左传》宋有彨班。 九年,侯昭有罪,国除。				3 后元年三月,侯申元年。	张侯彨申尚之。不敬,国除。	
故市 【索隐】县名,属河南。	以执盾初起,入汉,为河上守,迁为假相,击项羽,侯,千户,功比平定侯。	3 六年四月癸未,侯阎泽赤元年。 4 九年,夷侯毋害元年。	7	8	19 4 后四年,戴侯续元年。	4 12 孝景五年,侯穀嗣。	28 元鼎五年,侯穀坐酎金,国除。	55
柳丘 【索隐】县名,属渤海。	以连敖从起薛,以二队将入汉,定三秦,以都尉破项籍军,为将军,侯,千户。	7 六年六月丁亥,齐侯戎赐元年。	7	4 4 五年,定侯安国元年。	23	3 四年,敬侯嘉成元年。 10 后元年,侯角		26

续 表

国名	侯功	高祖十二	孝惠七	高后八	孝文二十三	孝景十六	建元至元封六年三十六，太初元年尽后元二年十八。	侯第
						嗣，有罪，国除。		
魏其 【索隐】县名，属琅邪。	以舍人从沛，以郎中入汉，为周信侯，定三秦，迁为郎中骑将，破籍东城，侯，千户。	7 六年六月丁亥，庄侯周定元年。	7	4 4 五年，侯间元年。	23	2 前三年，侯间反，国除。		44
祁 【索隐】县名，属太原。	以执盾汉王三年初起从晋阳，以连敖击项籍，汉王败走，贺方将军击楚，追骑以故不得进。汉王顾谓贺：(祁)“子留彭城，(军)〔用〕执圭东击羽，急绝其近壁。”侯，千四百户。【集解】徐广曰：“战	7 六年六月丁亥，穀侯缯贺元年 【索隐】《谥法》：“行见中外曰谷。”	7	8	11 12 十二年，顷侯湖元年。	5 11 六年，侯它元年。	8 元光二年，侯它坐从射擅罢，不敬，国除。【集解】徐广曰：“射，一作‘酎’。”	51

续表

国名	侯功	高祖十二	孝惠七	高后八	孝文二十三	孝景十六	建元至元封六年三十六，太初元年尽后元二年十八。	侯第
	彭城，为尉败斩将。”又云：“汉王顾叹贺祁，战彭城斩将。”							
平 【索隐】县名，属河南。	兵初起，以舍人从击秦，以郎中入汉，以将军定诸侯，守洛阳，功侯，比费侯贺，千三百户。	6 六年六月丁亥，悼侯沛嘉元年。 1 十二年，靖侯奴元年。	7	8	15 8 十六年，侯执元年。	11 中五年，侯执有罪，国除。		32
鲁 【索隐】县名，属鲁国。	以舍人从起沛，至咸阳为郎中，入汉，以将军从定诸侯，侯，四千八百户，功比舞阳侯。死事，母代侯。 【集解】徐广曰：“《汉书》云鲁侯涓，涓死无子，封	7 六年中，母侯疵元年。	7	4 五年，母侯疵薨，无后，国除。				7

续 表

国名	侯功	高祖十二	孝惠七	高后八	孝文二十三	孝景十六	建元至元封六年三十六,太初元年尽后元二年十八。	侯第
	母疵。” 【索隐】涓无子,封(中)母侯疵。							
故城 【索隐】《汉表》作“城父”,属沛郡。	兵初起,以谒者从,入汉,以将军击诸侯,以右丞相备守淮阳功,比厌次侯,二千户。	7 六年中,庄侯尹恢元年。	2 5 三年,侯开方元年。	2 三年,侯方夺侯,为关内侯。				26
任 【索隐】县名,属广平。	以骑都尉汉五年从起东垣,击燕、代,属雍齿,有功,侯。为车骑将军。	7 六年,侯张越元年。	7	2 三年,侯越坐匿死罪,免为庶人,国除。				
棘丘 【索隐】《汉志》棘丘地阙。	以执盾队史前元年从起砀,破秦,以治粟内史入汉,以上郡守击定西魏地,功侯。	7 六年,侯襄 【索隐】襄,名也。史失姓及谥。 元年。	7	4 四年,侯襄夺侯,为士伍,国除。				

续表

国名	侯功	高祖十二	孝惠七	高后八	孝文二十三	孝景十六	建元至元封六年三十六，太初元年尽后元二年十八。	侯第
阿陵 【索隐】县名，属涿郡。	以连敖前元年从起单父，以塞疏入汉。还定三秦，属悼武王，以都尉击籍，功侯。【集解】徐广曰："一云'塞路'，一云'以众入汉中。'"【索隐】案："塞路"字误为"疏"。小颜云"主遮塞要路也。"	7 六年七月庚寅，顷侯郭亭元年。		8	2 21 三年，惠侯欧元年。	18 前二年，侯胜客元年。有罪，绝。 南 4 中六年，靖侯延居元年。	11 元光六年，侯则元年。 17 元鼎四年，侯则坐酎金，国除。	27
昌武 【索隐】《汉志》昌武阙。	初起以舍人从，以郎中入汉，定三秦，以郎中将击诸侯，侯，九百八十户，比魏其侯。	7 六年七月庚寅，靖信侯单宁元年。【索隐】单宁音善佞。	5 2 六年，夷侯如意元年。	8	23	10 6 中四年，康侯贾成元年。	10 元光五年，侯得元年。 4 元朔元年，侯得坐伤人二旬内死，弃市，国除。	45

续 表

国名	侯功	高祖十二	孝惠七	高后八	孝文二十三	孝景十六	建元至元封六年三十六，太初元年尽后元二年十八。	侯第
高苑 【索隐】高宛，县名，属千乘。	初起以舍人从，入汉，定三秦，以中尉破籍，侯，千六百户，比斥丘侯。	7 六年七月戊戌，制侯丙倩元年。 【索隐】倩音七净反。	7 元年，简侯得元年。	8	15 8 十六年，孝侯武元年。	16	2 建元元年，侯信元年。建元三年，侯信坐出入属车间，夺侯，国除。	41
宣曲 【索隐】《汉志》阙。	以卒从起留，以骑将入汉，定三秦，破籍军荥阳，为郎骑〔将〕，破钟离昧军固陵，侯，六百七十户。	7 六年七月戊戌，齐侯丁义元年。	7	8	10 13 十一年，侯通元年。	4 有罪，除。发娄中五年，复封侯通元年。中六年，侯通有罪，国除。		43
绛阳 【索隐】《汉志》阙，《汉表》作"终陵"也。	以越将从起留，入汉，定三秦，击臧荼，侯，七百四十户。从攻马邑及布。	7 六年七月戊戌，齐侯华无害元年。	7	8	3 16 四年，恭侯勃齐元年。 4 后四年，侯禄元年。	3 （前）四年，侯禄坐出界，有罪，国除。		46

续 表

国 名	侯 功	高祖十二	孝惠七	高后八	孝文二十三	孝景十六	建元至元封六年三十六，太初元年尽后元二年十八。	侯 第
东茅 【索隐】《汉志》阙。	以舍人从〔起〕砀，至霸上，以二队入汉，定三秦，以都尉击项羽，破臧荼，侯。捕韩信，为将军，益邑千户。	7 六年八月丙辰，敬侯刘钊元年。	7	8	2 三年，侯吉元年。 13 十六年，侯吉夺爵，国除。			48
斥丘 【索隐】县名，属魏郡。	以舍人从起丰，以左司马入汉，以亚将攻籍，克敌，为东郡都尉，击破籍武城，〔侯〕，为汉中尉，击布，为斥丘侯，【集解】徐广曰："一云'城武'。"千户。	7 六年八月丙辰，懿侯唐厉元年。	7	8	8 13 九年，恭侯晁元年。 2 后六年，侯贤元年。	16	25 元鼎二年，侯尊元年。 3 元鼎五年，侯尊坐酎金，国除。	40
台 【索隐】案：临淄郡有台乡县。	以舍人从起砀，用队率入汉，以都尉击籍，籍死，转击临江，属将	7 六年八月甲子，定侯戴野元年。	7	8	3 20 四年，侯才元年。	2 三年，侯才反，国除。		35

续 表

国 名	侯 功	高祖十二	孝惠七	高后八	孝文二十三	孝景十六	建元至元封六年三十六,太初元年尽后元二年十八。	侯 第
	军贾,功侯。以将军击燕。							
安国 【索隐】县名,属中山。	以客从起丰,以廄将别定东郡、南阳,从至霸上。入汉,守丰。上东,因从战不利,奉孝惠、鲁元出(淮)〔睢〕水中,及坚守丰,(于)〔封〕雍侯,五千户。	7 六年八月甲子武侯王陵元年。定侯安国。	7 其六年,为右丞相。	7 1 八年,哀侯忌元年。	23 元年,终侯游元年。 【集解】徐广曰:"游,一作'昭'。"	16	20 建元元年三月,安侯辟方元年。 8 元狩三年,侯定三年。元鼎五年,侯定坐酎金,国除。	12
乐成 【索隐】《汉志》阙。	以中涓骑从起砀中,为骑将,入汉,定三秦,侯。以都尉击籍,属灌婴,杀龙且,更为乐成侯,千户。	7 六年八月甲子,节侯丁礼元年。	7	8	4 18 五年,夷侯马从元年。 1 后七年,武侯客元年。	16	25 元鼎二年,侯义元年。 3 元鼎五年,侯义坐言五利侯不道,弃市,国除。	42

续表

国名	侯功	高祖十二	孝惠七	高后八	孝文二十三	孝景十六	建元至元封六年三十六，太初元年尽后元二年十八。	侯第
辟阳 【索隐】县名，属信都。	以舍人初起，侍吕后、孝惠沛三岁十月，吕后入楚，食其从一岁，侯。	7 六年八月甲子，幽侯审食其元年。	7	8	3 20 四年，侯平元年。	2 三年，平坐反，国除。		59
安平 【索隐】县名，属涿郡。	以谒者汉王三年初从，定诸侯，有功(秋)〔秩〕，举萧何，功侯，二千户。	7 六年八月甲子，敬侯谔千秋元年。	2 5 孝惠三年，简侯嘉元年。	7 1 八年，顷侯应元年。	13 10 十四年，炀侯寄元年。	15 1 后三年，侯但元年。	18 元狩元年，坐与淮南王女陵通，遗淮南书称臣尽力，弃市，国除。	61
蒯成 【索隐】《汉志》阙，《晋书·地道记》属北地。案：緤封池阳，后定封蒯成。音苦坏反。小	以舍人从起沛，至霸上，侯。入汉，定三秦，食邑池阳。击项羽军荥阳，绝甬道，从出，度平阴，遇淮阴侯军襄国。楚、汉约分鸿沟，以緤为信，战不利，不敢离上，	7 六年八月甲子，尊侯周緤元年。 十二年十月乙未，定蒯成。	7	8	5 緤薨，子昌代。有罪，绝，国除。	郸 1 中元年，封緤子康侯应元年。【索隐】郸音多。 8 中二年，侯中居元年。【索隐】中音仲。	26 元鼎三年，居坐为太常有罪，国除。	21

续表

国名	侯功	高祖十二	孝惠七	高后八	孝文二十三	孝景十六	建元至元封六年三十六，太初元年尽后元二年十八。	侯第
颜音普肯反。	侯，三千三百户。							
北平 【索隐】县名，属中山。	以客从起阳武，至霸上，为常山守，得陈馀，为代相，徙赵相，侯。为计相四岁，淮南相十四岁。千三百户。	7 六年八月丁丑，文侯张仓元年。	7	8	23 其四为丞相。五岁罢。	5 8 六年，康侯奉元年。 3 后元年，侯预元年。	4 建元五年，侯预坐临诸侯丧后，不敬，国除。	65
高胡 【索隐】《汉志》阙。	以卒从起杠里，入汉，以都尉击籍，以都尉定燕，侯千户。	7 六年中，侯陈夫乞元年。	7	8	4 五年，殇侯程嗣。薨，无后，国除。			82
厌次 【索隐】《汉志》阙；《晋书·地道记》属平原，后乃属乐陵国也。	以慎将前元年从起留，入汉，以都尉守广武，功侯。	7 六年中，侯元顷元年。【集解】徐广曰："《汉书》作'爰类'。"	7	8	5 元年，侯贺元年。 六年，侯贺谋反，国除。			24

续表

国名	侯功	高祖十二	孝惠七	高后八	孝文二十三	孝景十六	建元至元封六年三十六，太初元年尽后元二年十八。	侯第
平皋 【索隐】县名，属河内。	项它，汉六年以砀郡长初从，赐姓为刘氏；功比戴侯彭祖，五百八十户。	6 七年十月癸亥，炀侯刘它元年。	4 3 五年，恭侯远元年。	8	23	16 元年，节侯光元年。	28 建元元年，侯胜元年。 元鼎五年，侯胜坐酎金，国除。	121
复阳 【索隐】县名，属南阳。复音伏。应劭云："在桐柏山下，复水之阳也。"	以卒从起薛，以将军入汉，以右司马击项籍，侯，千户。	6 七年十月甲子，刚侯陈胥元年	7	8	10 13 十一年，恭侯嘉元年。	5 11 六年，康侯拾元年。	12 元朔元年，侯彊元年。 7 元狩二年，坐父拾非嘉子，国除。	49
阳河 【索隐】县名，属上党。	以中谒者从入汉，以郎中骑从定诸侯，侯，五百户，功比高胡侯。	3 七年十月甲子，齐哀侯元年。【索隐】《汉表》云"寿侯其石"。 3 十年，侯安国	7	8	23	10 6 中四年，侯午元年。中绝。	27 元鼎四年，恭侯章元年。【索隐】埤音卑。 埤山 3 元封元年，侯仁元年。	83

续表

国名	侯功	高祖十二	孝惠七	高后八	孝文二十三	孝景十六	建元至元封六年三十六，太初元年尽后元二年十八。	侯第
		元年。					20 征和三年十月，仁与母坐祝诅，大逆无道，国除。	
朝阳【索隐】县名，属南阳。	以舍人从起薛，以连敖入汉，以都尉击项羽，后攻韩王信，侯，千户。	6 七年三月(丙)〔壬〕寅，齐侯华寄元年。	7	8 元年，文侯要元年。	13 10 十四年，侯当元年。	16	13 元朔二年，侯当坐教人上书枉法罪，国除。	69
棘阳【索隐】棘音纪力反，县名，属南阳。	以卒从起胡陵，入汉，以郎将迎左丞相军以击(诸侯)〔项籍〕，侯，千户。	6 七年七月丙(辰)〔申〕，庄侯【索隐】壮侯。杜得臣元年。	7	8	5 18 六年，质侯但元年。	16	9 元光四年，怀侯武元年。 7 元朔五年，侯武薨，无后，国除。	81
涅阳【索隐】县名，属南阳。	以骑士汉王二年从出关，以郎将击斩项羽，侯，千	6 七年中，庄侯【索隐】壮侯。	7	8	4 五年，庄侯子成实非子，不			104

续表

国名	侯功	高祖十二	孝惠七	高后八	孝文二十三	孝景十六	建元至元封六年三十六，太初元年尽后元二年十八。	侯第
	五百户，比杜衍侯。	案：五侯斩项籍，皆谥“壮”。《汉表》以为“庄”，皆避讳改作“严”，误也。吕胜元年。			当为侯，国除。			
平棘【索隐】县名，属常山。	以客从起亢父，斩章邯所署蜀守，用燕相侯，千户。	6 七年中，懿侯执元年。【集解】徐广曰：“《汉表》作‘林挚’。”	7	7 1 八年，侯辟彊元年。	5 六年，侯辟彊有罪，〔为〕鬼薪，国除。			64
羹颉	以高祖兄子从军，击反韩王信，为郎中将。信母尝有罪高祖微时，太上怜之，故封为羹颉侯。	6 七年中，侯刘信元年。	7	元年，信有罪，削爵一级，为关内侯。				

续 表

国 名	侯 功	高祖十二	孝惠七	高后八	孝文二十三	孝景十六	建元至元封六年三十六，太初元年尽后元二年十八。	侯 第
深泽 【索隐】县名，属中山。	以赵将汉王三年降，属淮阴侯，定赵、齐、楚，以击平城，侯，七百户。	5 八年十月癸丑，齐侯赵将夜元年。【索隐】《汉表》作“将夕”。	7	1 夺，绝。三年复封，一年绝。	4 十四年，复封将夜元年。 6 后二年，戴侯头元年。	2 7 三年，侯循元年。 更 5 中五年，封头子夷侯胡元年。	16 元朔五年，夷侯胡薨，无后，国除。	98
柏至 【索隐】《汉志》阙。	以骈怜从起昌邑，以说卫入汉，以中尉击籍，侯，千户。【集解】《汉表》师古曰：“二马曰骈怜，谓骈两骑为军翼也。说，读曰税。说卫谓军行止舍主为卫也。”【索隐】姚氏怜邻声相近，骈邻犹比邻也。	6 七年(七)〔十〕月戊辰，靖侯许温元年。【索隐】《汉表》作“许盎”。	7	1 二年，有罪，绝。 6 三年，复封温如故。	14 元年，简侯禄元年。 9 十五年，哀侯昌元年。	16	7 元光二年，共侯(如安)〔安如〕元年。 13 元狩三年，侯福元年。 5 元鼎二年，侯福有罪，国除。	58

续表

国名	侯功	高祖十二	孝惠七	高后八	孝文二十三	孝景十六	建元至元封六年三十六，太初元年尽后元二年十八。	侯第
中水 【索隐】县名，属涿郡。应劭云：“易、滱二水之中。”	以郎中骑将汉王元年从起好畤，以司马击龙且，(后)〔复〕共斩项羽，侯，千五百户。	6 七年正月己酉，庄侯。吕马童元年。	7	8	9 3 十年，夷侯假元年。 11 十三年，共侯青肩元年。	16	5 建元六年，靖侯德元年。 1 元光元年，侯宜成元年。 23 元鼎五年，宜成坐酎金，国除。	101
杜衍 【索隐】县名，属南阳。	以郎中骑汉王三年从起下邳，属淮阴，从灌婴共斩项羽，侯，千七百户。	6 七年正月己酉，庄侯王翳元年。【索隐】《汉表》作“王翥”。	7	5 3 六年，共侯福元年。	4 7 五年，侯市臣元年。 12 十二年，侯翕元年。	12 有罪，绝。 3 后元年，复封翳子彊侯郢人元年。【集解】徐广曰：“彊，一作‘景’。”	9 元光四年，侯定国元年。 12 元狩四年，侯定国有罪，国除。	102
赤泉 【索隐】《汉志》阙。	以郎中骑汉王二年从起杜，属淮阴，后从灌婴共斩项羽，侯，千九	6 七年正月己酉，庄侯杨喜元年。	7	元年，夺，绝。 7 二年，复封。	11 12 十二年，定侯殷元年。	3 四年，侯无害元年。 6	7 元光二年，侯无害有罪，国除。	103

续表

国名	侯功	高祖十二	孝惠七	高后八	孝文二十三	孝景十六	建元至元封六年三十六，太初元年尽后元二年十八。	侯第
	百户。					有罪，绝。临汝 5 中五年，复封侯无害元年。		
栒 【索隐】县名，属扶风，音荀，故周文王封其子之邑。河东亦有郇城。	以燕将军汉王四年从曹咎军，为燕相，告燕王荼反，侯，以燕相国定卢奴，千九百户。	5 八年十月丙辰，顷侯温疥元年。	7	8	5 17 六年，文侯仁元年。 1 后七年，侯河元年。	10 中四年，侯河有罪，国除。		91
武原 【索隐】《汉志》阙。	汉七年，以梁将军初从击韩信、陈豨、黥布功，侯，二千八百户，功比高陵。	5 八年十二月丁未，靖侯卫胠元年。【索隐】《汉表》胠作“胠”，音胁，音怯。	3 4 四年，共侯寄元年。	8	23	3 四年，侯不害元年。 13 后二年，不害坐葬过律，国除。		93

续表

国名	侯功	高祖十二	孝惠七	高后八	孝文二十三	孝景十六	建元至元封六年三十六，太初元年尽后元二年十八。	侯第
磨 【索隐】磨，《汉表》阙，表作“历”。历县在信都。刘氏依字读，言天下地名多，既无定证，且依字是不决之词，地之与邑并无“磨”，误也。	以赵卫将军汉王三年从起卢奴，击项羽敖仓下，为将军，攻臧荼有功，侯，千户。	5 八年七月癸酉，简侯程黑元年。	7	2 6 三年，孝侯釐元年。	16 7 后元年，侯灶元年。	7 中元年，灶有罪，国除。		92
槁 【索隐】《汉志》槁县属山阳也。	高帝七年，为将军，从击代陈豨有功，侯，六百户。	5 八年十二月丁未，祗侯陈错元年。【索隐】《汉表》作“锴”，音楷。	2 5 三年，怀侯婴元年。	8	6 14 七年，共侯应元年。 3 后五年，侯安	16	12 不得，千秋父。【集解】徐广曰：“千秋父以元朔元年立。” 7	124

续 表

国 名	侯 功	高祖十二	孝惠七	高后八	孝文二十三	孝景十六	建元至元封六年三十六，太初元年尽后元二年十八。	侯 第
		《三仓》云："九江人名铁曰'锴'。"			元年。		元狩二年，侯千秋元年。 9 元鼎五年，侯千秋坐酎金，国除。	
宋子 【索隐】《汉志》宋子县属巨鹿。	以汉三年以赵羽林将初从，击定诸侯，功比磨侯，五百四十户。	4 八年十二月丁卯，惠侯许瘛元年。【集解】瘛音充志反。【索隐】音尺制反。郭璞音胡计反。亦作"瘛"，《字林》音巨月反。 1 十二年，共侯不疑元年。	7	8	9 14 十年，侯九元年。	8 中二年，侯九坐买塞外禁物罪，国除。		99

续表

国名	侯功	高祖十二	孝惠七	高后八	孝文二十三	孝景十六	建元至元封六年三十六，太初元年尽后元二年十八。	侯第
猗氏【索隐】县名，属河东。	以舍人从起丰，入汉，以都尉击项羽，侯，二千四百户。	5 八年三月丙戌，敬侯陈遬元年。【索隐】遬音速。	6 1 七年，靖侯交元年。	8	23	2 三年，顷侯差元年。薨，无后，国除。		50
清【索隐】县名，属东郡。	以弩将初起，从入汉，以都尉击项羽、代，侯，比彭侯，千户。	5 八年三月丙戌，简侯空中元年。【集解】徐广曰："空，一作室。"【索隐】室中，姓，见《风俗通》。	7 元年，顷侯圣元年。	8	7 16 八年，康侯鲋元年。	16	20 元狩三年，恭侯石元年。 7 元鼎四年，侯生元年。 1 元鼎五年，生坐酎金，国除。	71
彊【索隐】《汉志》强阙。	以客吏初起，从入汉，以都尉击项羽、代，侯，比彭侯，千户。	3 八年三月丙戌，简侯留胜元年。 2 十一年，戴侯章元年。	7	8	12 十三年，侯服元年。 2 十五年，侯服有罪，国除。			72

续 表

国名	侯功	高祖十二	孝惠七	高后八	孝文二十三	孝景十六	建元至元封六年三十六，太初元年尽后元二年十八。	侯第
彭 【索隐】《汉表》属东海郡。	以卒从起薛，以弩将入汉，以都尉击项羽、代，侯，千户。	5 八年三月丙戌，简侯秦同元年。	7	8	2 21 三年，戴侯执元年。	2 三年，侯武元年。 11 后元年，侯武有罪，国除。		70
吴房 【索隐】县名，属汝南。	以郎中骑将汉王元年从〔起〕下邽、击阳夏，以都尉斩项羽，有功，侯，七百户。	5 八年三月辛(巳)〔卯〕，庄侯杨武元年。	7	8	12 11 十三年，侯去疾元年。	14 后元年，去疾有罪，国除。		94
宁 【索隐】《汉表》宁阳属济南。	以舍人从起砀，入汉，以都尉击臧荼功，侯，千户。	5 八年四月辛(卯)〔酉〕，庄侯魏选元年。	7	8	15 8 十六年，恭侯连元年。	3 元年，侯指元年。 四年，侯指坐出国界，有罪，国除。		78
昌 【索隐】县名，属琅邪。	以齐将汉王四年从淮阴侯起无盐，定齐，击籍及韩王信于代，侯，	5 八年六月戊申。圉侯卢卿元年。【索隐】	7	8	14 9 十五年，侯通元年。	2 三年，侯通反，国除。		109

续表

国名	侯功	高祖十二	孝惠七	高后八	孝文二十三	孝景十六	建元至元封六年三十六，太初元年尽后元二年十八。	侯第
	千户。	《汉表》姓“旅”，旅即“卢”，古“旅弓”字。						
共 【索隐】县名，属河内。	以齐将汉王四年从淮阴侯起临淄，击籍及韩王信于平城，有功，侯，千二百户。	5 八年六月壬子，庄侯卢罢师元年。	7	8	6 七年，惠侯党元年。 8 十五年，怀侯商元年。 5 后四年，侯商薨，无后，国除。			114
阏氏 【索隐】县名，属安定。	以代太尉汉王三年降，为雁门守，以特将平代反寇，侯，千户。【索隐】《汉表》太尉作“大与”。大与，爵名，音余。	4 八年六月壬子，节侯冯解敢元年。 1 十二年，恭侯它元年。薨，无后，绝。			14 二年，封恭侯遗腹子文侯遗元年。 8 十六年，恭侯胜之元年。	5 11 前六年，侯平元年。	28 元鼎五年，侯平坐酎金，国除。	100

续 表

国名	侯功	高祖十二	孝惠七	高后八	孝文二十三	孝景十六	建元至元封六年三十六，太初元年尽后元二年十八。	侯第
安丘 【索隐】安丘，县名，属北海也。	以卒从起方与，属魏豹，二岁五月，以执铍入汉，以司马击籍，以将军定代，侯，三千户。	5 八年七月癸酉，懿侯张说【索隐】音悦。元年。	7	8	12 11 十三年，恭侯奴元年。	2 1 三年，敬侯执元年。 13 四年，康侯䜣元年。	18 元狩元年，侯指元年。 9 元鼎四年，侯指坐入上林谋盗鹿，国除。	67
合阳 【索隐】合阳属冯翊。	高祖兄。兵初起，侍太公守丰，天下已平，以六年正月立仲为代王。高祖八年，匈奴攻代，王弃国亡，废为合阳侯。	5 八年九月丙子，侯刘仲元年。【集解】徐广曰："一名'嘉'。"	2 仲子濞，为吴王。以子吴王故，尊仲谥为代顷侯。					
襄平 【索隐】县名，属临淮。	兵初起，纪成以将军从击破秦，入汉，定三秦，功(定平)〔比平定〕侯。战好畤，死事。子通袭成功，侯。	5 八年〔后〕九月丙午，侯纪通元年。	7	8	23	9 7 中三年，康侯相夫元年。	12 元朔元年，侯夷吾元年。 19 元封元年，夷吾薨，无后，国除。	

续表

国名	侯功	高祖十二	孝惠七	高后八	孝文二十三	孝景十六	建元至元封六年三十六，太初元年尽后元二年十八。	侯第
龙 【索隐】庐江有龙舒县，盖其地也。	以卒从，汉王元年起霸上，以谒者击籍，斩曹咎，侯，千户。	5 八年后九月己未，敬侯陈署元年。	7	6 2 七年，侯坚元年。	16 后元年，侯坚夺侯，国除。			84
繁 【索隐】《地理志》魏郡有繁阳。恐别有繁县，志阙。	以赵骑将从，汉三年，从击诸侯，侯，比吴房侯，千五百户。	4 九年十一月壬寅，庄侯彊瞻元年。【索隐】《汉表》作“平严侯张瞻”。	4 3 五年，康侯昫独元年。【集解】一云“侯惇”。	8	23	3 6 四年，侯寄元年。 7 中三年，侯安国元年。	18 元狩元年，安国为人所杀，国除。	95
陆梁 【索隐】陆量。如淳据《始皇纪》所谓“陆量地”。案今在江南也。	诏以为列侯，自置吏，受令长沙王。	3 九年三月丙辰，侯须毋元年。【索隐】《汉表》作“须无”。 1 十二年，共侯桑元年。	7	8	18 5 后三年，康侯庆忌元年。	16 元年，侯冄元年。	28 元鼎五年，侯冄坐酎金，国除。	137

续 表

国 名	侯 功	高祖十二	孝惠七	高后八	孝文二十三	孝景十六	建元至元封六年三十六，太初元年尽后元二年十八。	侯 第
高京【集解】徐广曰：“一作‘景’。”	周苛起兵，以内史人从，击破秦，为御史大夫，入汉，围取诸侯，坚守荥阳，功比辟阳。苛以御史大夫死事。子成为后，袭侯。	4 九年四月（丙）〔戊〕寅，侯周成元年。	7	8	20 后五年，坐谋反，系死，国除，绝。	绳 中元年，封成孙应元年。侯平嗣，不得元。	元狩四年，平坐为太常不缮治园陵，不敬，国除。	60
离【索隐】《汉志》阙。	失此侯始所起及所绝。【索隐】案：《楚汉春秋》亦阙。《汉表》成帝时光禄大夫滑堪日旁占验，曰“邓弱以长沙将兵侯”，是所起也。	九年四月戊寅，邓弱元年。						
义陵【集解】徐广曰：“一作‘义阳’。”	以长沙柱国侯，千五百户。	4 九年九月丙子，侯吴程元年。	3 4 四年，侯种元年。	6 七年，侯种薨，无后，国除。皆失谥。				134

续表

国名	侯功	高祖十二	孝惠七	高后八	孝文二十三	孝景十六	建元至元封六年三十六，太初元年尽后元二年十八。	侯第
【索隐】义阳，在汝南。								
宣平 【索隐】《楚汉春秋》“南宫侯张耳”，此作宣平侯敖。敖，耳子。陈平录第时，耳已薨故也。	兵初起，张耳诛秦，为相，合诸侯兵巨鹿，破秦定赵，为常山王。陈馀反，袭耳，弃国，与大臣归汉，汉定赵，为王。卒，子敖嗣。其臣贯高不善，废为侯。	4 九年四月，武侯张敖元年。	7	6 信平薨，子偃为鲁王，国除。【集解】徐广曰：“改封信平。”	15 元年，以故鲁王为南宫侯。 8 十六年，哀侯欧元年。	9 7 中三年，侯生元年。	7 罪，绝。 睢阳 18 元光三年，封偃孙侯广元年。 13 元鼎二年，侯昌元年。太初三年，侯昌为太常，乏祠，国除。【索隐】《汉表》师古曰：“祠事有阙乏也。”	3
东阳 【索隐】县名，属临淮。	高祖六年，为中大夫，以河间守击陈豨力战功，侯，千三百户。	2 十一年十二月癸巳，武侯张相如元年。	7	8	15 5 十六年，共侯殷元年。 3	3 13 四年，哀侯彊元年。	建元元年，侯彊薨，无后，国除。	118

续 表

国 名	侯 功	高祖十二	孝惠七	高后八	孝文二十三	孝景十六	建元至元封六年三十六,太初元年尽后元二年十八。	侯 第
					后五年,戴侯安国元年。			
开封 【索隐】县名,属河南。	以右司马汉王五年初从,以中尉击燕,定代,侯,比共侯,二千户。	1 十一年十二月丙辰,闵侯陶舍元年。 1 十二年,夷侯青元年。	7	8	23	9 景帝时,为丞相。 7 中三年,节侯偃元年。	10 元光五年,侯睢元年。 18 元鼎五年,侯睢坐酎金,国除。	115
沛 【索隐】县名,属沛郡。	高祖兄合阳侯刘仲子,侯。	1 十一年十二月癸巳,侯刘濞元年。 十二年十月辛丑,侯濞为吴王,国除。						
慎阳 【索隐】慎阳,属汝南。如淳曰:"音震。"阚骃	为淮阴舍人,告淮阴侯信反,侯,二千户。	2 十一年十二月甲寅,侯栾说元年。【索隐】《汉表》作	7	8	22	12 4 中六年,靖侯愿之元年。	22 建元元年,侯买之元年。元狩五年,侯买之坐铸白金弃市,国	131

续表

国名	侯功	高祖十二	孝惠七	高后八	孝文二十三	孝景十六	建元至元封六年三十六,太初元年尽后元二年十八。	侯第
云:“合作‘滇阳’,永平五年,失印更刻,遂误以‘水’为‘心。’《续汉书》作‘滇阳’也。”		“乐说”。					除。	
禾成 【索隐】《汉志》阙。	以卒汉(二)〔五〕年初从,以郎中击代,斩陈豨,侯,千九百户。	2 十一年正月己未,孝侯公孙耳元年。【索隐】《汉表》“耳”作“昔”。	7	8	4 五年,怀侯渐元年。 9 十四年,侯渐薨,无后,国除。			117
堂阳 【索隐】县名,属巨鹿。	以中涓从起沛,以郎入汉,以将军击籍,为惠侯。坐守荥阳降楚免,后复来,以郎击籍,为	2 十一年正月己未,哀侯孙赤元年。	7	8 元年,侯德元年。	23	12 中六年,侯德有罪,国除。		77

续 表

国 名	侯 功	高祖十二	孝惠七	高后八	孝文二十三	孝景十六	建元至元封六年三十六，太初元年尽后元二年十八。	侯 第
	上党守，击豨，侯，八百户。							
祝阿 【索隐】县名，属平原。	以客从起齧桑，以上队将入汉，以将军定魏太原，破井陉，属淮阴侯，以缻度军击籍及攻豨，侯，八百户。	2 十一年正月己未，孝侯高邑元年。	7	8	4 五年，侯成元年。 14 后三年，侯成坐事国人过律，国除。			74
长脩 【索隐】县名，属河东。	以汉二年用御史初从出关，以内史击诸侯，功比须昌侯，以廷尉死事，千九百户。	2 十一年正月丙辰，平侯杜恬元年。【集解】一云"杜恪。"【索隐】案位次曰"信平侯"。	2 5 三年，怀侯中元年。	8	4 19 五年，侯喜元年。	8 罪绝。 5 阳平中五年，复封；侯相夫元年。	33 元封四年，侯相夫坐为太常与乐令无可当郑舞人擅繇不如令，阑出函谷关，国除。	108
江邑 【索隐】《汉志》阙。	以汉五年为御史，用奇计徙御史大夫周昌为赵	2 十一年正月辛未，侯赵尧	7	元年，侯尧有罪，国除。				

续表

国名	侯功	高祖十二	孝惠七	高后八	孝文二十三	孝景十六	建元至元封六年三十六，太初元年尽后元二年十八。	侯第
	相而(伐)〔代之，从击〕陈豨，功侯，六百户。	元年。						
营陵 【索隐】县名，属北海。	以〔汉〕三年为郎中，击项羽，以将军击陈豨，得王黄，为侯。与高祖疏属刘氏，世为卫尉。万二千户。	2 十一年，侯刘泽元年。	7	5 六年，侯泽为琅邪王，国除。				88
土军 【索隐】包恺云："《地理志》，西河有土军县。"	高祖六年为中地守，以廷尉击陈豨，侯，千二百户。就国，后为燕相。	2 十一年二月丁亥，武侯宣义元年。【索隐】案位次曰"信居侯"也。	5 2 六年，孝侯莫如元年。	8	23	2 14 三年，康侯平元年。	5 建元六年，侯生元年。 8 元朔二年，生坐与人妻奸罪，国除。	112
广阿 【索隐】县名，属巨鹿。	以客从起沛，为御史，守丰二岁，击籍，为上党守，陈豨反，坚守，	2 十一年二月丁亥，懿侯任敖元年。	7	8	2 1 三年，夷侯竟元年。	16	4 建元五年，侯越元年。 21	89

续 表

国 名	侯 功	高祖十二	孝惠七	高后八	孝文二十三	孝景十六	建元至元封六年三十六，太初元年尽后元二年十八。	侯 第
	侯，千八百户。后迁御史大夫。				20 四年，敬侯但元年。		元鼎二年，侯越坐为太常庙酒酸，不敬，国除。	
须昌 【索隐】县名，属东郡。	以谒者汉王元年初起汉中，雍军塞陈，谒上，上计欲还，衍言从他道，道通，后为河间守，陈豨反，诛都尉相如，功侯，千四百户。	2 十一年二月己酉，贞侯赵衍元年。	7	8	15 4 十六年，戴侯福元年。 4 后四年，侯不害元年。	4 五年，侯不害有罪，国除。		107
临辕	初起从为郎，以都尉守蕲城，以中尉侯，五百户。	2 十一年二月乙酉，坚侯戚鳃元年。	4 3 五年，夷侯触龙元年。	8	23	3 13 四年，共侯忠元年。	3 建元四年，侯贤元年。 25 元鼎五年，侯贤坐酎金，国除。	116

续表

国名	侯功	高祖十二	孝惠七	高后八	孝文二十三	孝景十六	建元至元封六年三十六，太初元年尽后元二年十八。	侯第
汲 【索隐】《汉表》作“伋”。伋与汲并县名，属河内。	高祖六年为太仆，击代豨，有功，侯，千二百户。为赵太傅。	2 十一年二月己巳，终侯公上不害元年。【索隐】公上，姓。不害，名也。	1 6 二年，夷侯武元年。	8	13 10 十四年，康侯通元年。	16	1 9 建元二年，侯广德元年。元光五年，广德坐妻精大逆罪，颇连广德，弃市，国除。	123
宁陵 【索隐】县名，属陈留。	以舍人从陈留，以郎入汉，破曹咎成皋，为上解随马，〔以〕都尉击陈豨，功侯，千户。	2 十一年二月辛亥，夷侯吕臣元年。	7	8	10 13 十一年，戴侯射元年。	3 四年，惠侯始元年。 1 五年，侯始薨，无后，国除。		73
汾阳 【索隐】县名，属太原。	以郎中骑千人前二年从起阳夏，击项羽，以中尉破钟离昧，功侯。	2 十一年二月辛亥，侯靳彊元年。	7	2 6 三年，共侯解元年。	23	4 12 五年，康侯胡元年。绝。	江邹 19 元鼎五年，侯石元年。太始四	96

续表

国名	侯功	高祖十二	孝惠七	高后八	孝文二十三	孝景十六	建元至元封六年三十六，太初元年尽后元二年十八。	侯第
							年五月丁卯，侯石坐为太常，行太仆事，治啬夫可年，益纵年，国除。	
戴 【索隐】戴，地名，音再。应劭云："章帝改曰考城，在故留县。"	以卒从起沛，以卒开沛城门，为太公仆。以中〔厩〕令击豨，侯，千二百户。	2 十一年三月癸酉，敬侯彭祖元年。【索隐】戴敬侯秋彭祖，《汉表》作"秘"，音辔；又韦昭音符蔑反。今检《史记》诸本并作"秋"。今见有姓秋氏。	7	2 6 三年，共侯悼元年。	7 16 八年，夷侯安国元年。	16	16 元朔五年，侯安期元年。 12 元鼎五年，侯蒙元年。 25 后元元年五月甲戌，坐祝诅，无道，国除。	126
衍 【索隐】《汉志》阙。	以汉二年为燕令，以都尉下楚九城，坚守燕，侯，九百户。	2 十一年七月乙巳，简侯翟盱【索隐】况于	7	3 2 四年，祗侯山元年。	23	16	2 建元三年，侯不疑元年。 10	130

续 表

国名	侯功	高祖十二	孝惠七	高后八	孝文二十三	孝景十六	建元至元封六年三十六，太初元年尽后元二年十八。	侯第
		反。元年。		3 六年，节侯嘉元年。			元朔元年，不疑坐挟诏书论罪，国除。	
平州 【索隐】《汉志》阙。《晋书地道记》属巴郡。	汉王四年，以燕相从击籍，还击荼，以故二千石将为列侯，千户。	2 十一年八月甲辰，共侯昭涉掉尾元年。【索隐】昭涉，姓。掉尾，名。	7	8	1 3 二年，戴侯福元年。 4 五年，怀侯它人元年。 15 九年，孝侯马童元年。	14 2 后二年，侯昧元年。	33 元狩五年，侯昧坐行驰道中更呵驰去罪，国除。	111
中牟 【索隐】县名，属河南。	以卒从起沛，入汉以郎中击布，功侯，二千三百户。始高祖微时，有急，给高祖一马，故得侯。	1 十二年十月乙未，共侯单父圣元年。【索隐】《汉表》作"单父左车"。	7	8	7 5 八年，敬侯缯元年。 11 十三年，戴侯终根元年。	16	10 元光五年，侯舜元年。 18 元鼎五年，侯舜坐酎金，国除。	125

续 表

国 名	侯 功	高祖十二	孝惠七	高后八	孝文二十三	孝景十六	建元至元封六年三十六，太初元年尽后元二年十八。	侯 第
邛 【集解】《汉书音义》曰："音巨己反。" 【索隐】邛，县名，属南郡。周成《杂字解诂》云："邛音跽。"	以故群盗长〔为〕临江将，已而为汉击临江王及诸侯，破布，功侯，千户。	十二年十月戊戌，庄侯黄极忠元年。	7	8	11 9 十二年，庆侯荣盛元年。 3 后五年，共侯明元年。	16	16 元朔五年，侯遂元年。 8 元鼎元年，遂坐卖宅县官故贵，国除。	113
博阳 【索隐】县名，属彭城。	以卒从起丰，以队卒入汉，击籍成皋，有功，为将军，布反，定吴郡，侯，千四百户。	1 十二年十(一)月辛丑，节侯周聚元年。	7	8	8 15 九年，侯遬元年。	11 中五年，侯遬夺爵一级，国除。		53
阳义 【集解】徐广曰："一作'羡'。"	以荆令尹汉王五年初从，击钟离眛及陈公利几，破之，徙为汉大	1 十二月十月壬寅，定侯灵常元年。	7	6 2 七年，共侯贺元年。	6 七年，哀侯胜元年。 6			119

续表

国名	侯功	高祖十二	孝惠七	高后八	孝文二十三	孝景十六	建元至元封六年三十六，太初元年尽后元二年十八。	侯第
【索隐】《汉表》"义"作"美"也。阳美，县属丹阳。	夫，(坐)〔从〕至陈，取韩信，还为中尉，从击布，功侯，二千户。				十二年，侯胜薨，无后，国除。			
下相 【索隐】县名，属临淮。	以客从起沛，(周侯)〔用兵〕从击破齐田解军，以楚丞相坚守彭城，距布军，功侯，二千户。	1 十二年十月(乙)〔己〕酉，庄侯冷耳元年。	7	8	2 21 三年侯慎元年。	2 三年三月，侯慎反，国除。		85
德 【索隐】《汉志》阙。表在济南。	以代顷王子侯。顷王，吴王濞父也；广，濞之弟也。	1 十二年十一月庚辰，哀侯刘广元年。	7	2 6 三年，顷侯通元年。	23	5 11 六年，侯龁元年。	27 元鼎四年，侯何元年。 1 元鼎五年，侯何坐酎金，国除。	127
高陵 【索隐】高陵，县，志属琅邪也。	以骑司马汉王元年从起废丘，以都尉破田横、龙且，追籍至东城，	1 十二年十(一)〔二〕月丁亥，圉侯王周元	7	2 6 三年，惠侯并弓元年。	12 11 十三年，侯行元年。	2 (二)〔三〕年，反，国除。		92

续 表

国 名	侯 功	高祖十二	孝惠七	高后八	孝文二十三	孝景十六	建元至元封六年三十六，太初元年尽后元二年十八。	侯 第
	以将军击布，九百户。	年。【索隐】《汉表》作“王虞人”。						
期思 【索隐】县名，属汝南。	淮南王布中大夫，有郄，上书告布反，侯，二千户。布尽杀其宗族。	1 十二年十二月癸卯，康侯贲赫元年。【索隐】贲，姓。音肥，又如字。	7	8	13 十四年，赫薨，无后，国除。			132
谷陵	以卒从，前二年起柘，击籍，定代，为将军，功侯。	1 十二年正月乙丑，定侯冯谿元年。	7	8	6 17 七年，共侯熊元年。	2 2 三年，隐侯卬元年。 12 五年，献侯解元年。	3 建元四年，侯偃元年。	105
戚 【索隐】《汉志》阙。《晋地道记》属东海。	以都尉汉二年初起栎阳，攻废丘，破之，因击项籍，别属(丞)韩信破齐军，攻臧荼，迁	1 十二年十二月癸卯，圉侯季必元年。 【索隐】案：	7	8	3 20 四年，齐侯班元年。	16	2 建元三年，侯信成元年。 20	90

续 表

国名	侯功	高祖十二	孝惠七	高后八	孝文二十三	孝景十六	建元至元封六年三十六，太初元年尽后元二年十八。	侯第
	为将军，击信，侯，(合)千户。	《灌婴传》，重泉人。作“李”，误也。					元狩五年，侯信成坐为太常，纵丞相侵神道壖，不敬，国除。	
壮 【集解】徐广曰：“一作‘庄’。”【索隐】《汉表》作“严”。避明帝讳。	以楚将汉王三年降，起临济，以郎中击籍、陈豨，功侯，六百户。	1 十二年正月乙丑，敬侯许倩元年。【索隐】壮敬侯许猜。猜音偲。	7	8	23	1 15 (三)〔二〕年，共侯恢元年。	1 建元二年，殇侯则元年。 9 元光五年，侯广宗元年。 15 元鼎元年，侯广宗坐酎金，国除。	112
成阳 【索隐】县名，属汝南。	以魏郎汉王二年从起阳武，击籍，属魏豹，豹反，属相国彭越，以太原尉定代，侯，六百户。	1 十二年正月乙酉，定侯意元年。	7	8	10 13 十一年，侯信元年。	16	建元元年，侯信罪鬼薪，国除。	110

续表

国名	侯功	高祖十二	孝惠七	高后八	孝文二十三	孝景十六	建元至元封六年三十六，太初元年尽后元二年十八。	侯第
桃 【索隐】县名，属信都。	以客从汉王二年从起定陶，以大谒者击布，侯，千户。为淮阴守。项氏亲也，赐姓。	1 十二年（二）〔三〕月丁巳，安侯刘襄元年。	7	1 夺，绝。 7 二年，复封襄。	9 14 十年，哀侯舍元年。	16 景帝时，为丞相。	13 建元元年，厉侯申元年。 15 元朔二年，侯自为元年。元鼎五年，侯自为坐酎金，国除。	135
高梁	食其，兵起以客从击破秦，以列侯入汉，还定诸侯，常使约和诸侯列卒兵聚，侯，功比平侯嘉；以死事，子疥袭食其功侯，九百户。	1 十二年三月丙寅，共侯郦疥元年。	7	8	23	16	8 元光三年，侯勃元年。 10 元狩元年，坐诈诏衡山王取金，当死，病死，国除。	66
纪(信)	以中涓从起丰，以骑将入汉，以将军击籍，后攻卢绾，侯，七百户。	1 十二年六月壬辰，匡侯陈仓元年。	7	2 6 三年，夷侯开元年。	17 6 后二年，(六月)侯阳元年。	2 三年，阳反，国除。		80

续表

国名	侯功	高祖十二	孝惠七	高后八	孝文二十三	孝景十六	建元至元封六年三十六，太初元年尽后元二年十八。	侯第
甘泉 【集解】徐广曰："一作'景'。"【索隐】案：志甘泉阙，疑甘泉是甘水。《汉表》作"景侯"。	以车司马汉王元年初从起高陵，属刘贾，以都尉从军，侯。	1 十二年六月壬辰，侯王竟【索隐】《汉表》作王竞。元年。	6 1 七年，戴侯莫摇元年。	8	10 13 十一年侯嫖【索隐】匹妙反。《汉书》作"嬽"，火孕反。《说文》："嬽，悦也。"元年。	9 十年，侯嫖有罪，国除。		106
煮枣 【索隐】徐广云："在宛句。"	以越连敖从起丰，别以郎将入汉，击诸侯，以都尉侯，九百户。	1 十二年六月壬辰，靖侯赤【索隐】煮枣端侯棘朱。《汉表》作"端侯革朱"，革音棘，亦作"朿"，误也。棘，姓，盖子成之后。元年。	7	8	1 22 二年，赤子康侯武元年。	8 中二年，侯昌元年。 2 中四年，有罪，国除。		75

续表

国　名	侯　功	高祖十二	孝惠七	高后八	孝文二十三	孝景十六	建元至元封六年三十六，太初元年尽后元二年十八。	侯　第
张 【索隐】县名，属广平。	以中涓骑从起丰，以郎将入汉，从击诸侯，七百户。	1 十二年六月壬辰，节侯毛泽元年。【索隐】毛泽之，亦作“释之”也。	7	8	10 2 十一年，夷侯庆元年。 11 十三年，侯舜元年。	12 中六年，侯舜有罪，国除。		79
鄢陵 【索隐】县名，属颍川。	以卒从起丰，入汉，以都尉击籍、荼，侯，七百户。	1 十二年中，庄侯朱濞元年。	7	3 5 四年，恭侯庆元年。	6 七年，恭侯庆薨，无后，国除。			52
菌 【集解】徐广曰：“一作‘卤’。”【索隐】《汉志》阙。菌音求陨反。徐作“卤”，音鲁。又作“齿”。	以中涓前元年从起单父，不入关，以击籍、布、燕王绾，得南阳，侯，二千七百户。	1 十二年，(六月)庄侯张平元年。	7	4 五年，侯胜元年。	3 四年，侯胜有罪，国除。			48

卷十九

惠景间侯者年表第七

太史公读列封至便侯，[①]曰：有以也夫。长沙王者，著令甲，称其忠焉。[②]昔高祖定天下，功臣非同姓疆土而王者八国。[③]至孝惠时，唯独长沙全，禅五世，以无嗣绝，[④]竟无过，为藩守职，信矣。故其泽流枝庶，毋功而侯者数人。[⑤]及孝惠讫孝景间五十载，追修高祖时遗功臣，及从代来，吴、楚之劳，诸侯子弟若肺腑，[⑥]外国归义，封者九十有馀。咸表始终，当世仁义成功之著者也。[⑦]

①【索隐】便音鞭，县名。吴浅所封。　②【集解】邓展曰："汉约，非刘氏不王。如芮王，故著令使特王。或曰以芮至忠，故著令也。"瓒曰："汉以芮忠，故特王之。以非制，故特著令。"　③【索隐】谓齐王韩信、韩王韩信、燕王卢绾、梁王彭越、赵王张耳、淮南王英布、临江王共敖、长沙王吴芮也。　④【集解】徐广曰："孝文后七年，靖王薨，无嗣。"【索隐】禅者，传也。案：《诸侯王表》，芮国至五世而绝也。　⑤【索隐】案：此表芮子浅封便侯，传至玄孙。又封成王臣之子为沅陵侯，亦至曾孙。⑥【索隐】肺音柿，腑音附。柿，木札也。附，木皮也。以喻人主疏末之亲，如木札出于木，树皮附于树也。《诗》云"如涂涂附"，《注》云"附，木皮"是也。　⑦【集解】异姓国八王者，吴芮、英布、张耳、臧荼、韩王信、彭越、卢绾、韩信也。

国名	侯功	孝惠七	高后八	孝文二十三	孝景十六	建元至元封六年三十六	太初已后
便 【索隐】《汉志》县名，属桂阳。梗音鞭。	长沙王子，侯，二千户。	7 元年九月，顷侯吴浅元年。	8	22 1 后七年，恭侯信元年。	5 11 前六年，侯广志元年。	28 元鼎五年，侯千秋坐酎金，国除。	
轪 【集解】音大。【索隐】县名，在江夏也。	长沙相，侯，七百户。	6 二年四月庚子，侯利仓元年。【索隐】《汉书》作“轪侯朱仓”，故长沙相。	2 6 三年，侯豨元年。	15 8 十六年，侯彭祖元年。	16	30 元封元年，侯秩为东海太守，行过不请，擅发卒兵为卫，当斩，会赦，国除。	
平都 【索隐】县名，属东海。	以齐将，高祖三年降，定齐，侯，千户。	3 五年六月乙亥，孝侯刘到元年。	8	2 21 三年，侯成元年。	14 后二年，侯成有罪，国除。		
右孝惠时三							
扶柳 【索隐】县名，属信都。	高后姊长姁子，侯。		7 元年四月庚寅，侯吕平元年。 八年，侯平坐吕氏事诛，国除。				
郊 【索隐】一作“洨”，县名，属沛郡。	吕后兄悼武王身佐高祖定天下，吕氏佐高祖治天下，天下大安，封武王少子产为郊		5 元年四月辛卯，侯吕产元年。 六年七月壬辰，产为吕王，国除。				

续表

国名	侯功	孝惠七	高后八	孝文二十三	孝景十六	建元至元封六年三十六	太初已后
	侯。		八年九月，产以吕王为汉相，谋为不善。大臣诛产，遂灭诸吕。				
南宫 【索隐】县名，属信都。	以父越人为高祖骑将，从军，以大中大夫侯。		7 元年四月丙寅，侯张买元年。 八年，侯买坐吕氏事诛，国除。				
梧 【索隐】县名，属彭城。	以军匠从起郏，入汉，后为少府，作长乐、未央宫，筑长安城，先就，功侯，五百户。		6 元年四月乙酉，齐侯阳成延元年。 2 七年，敬侯去疾元年。	23	9 7 中三年，靖侯偃元年。	8 元光三年，侯戎奴元年。 14 元狩五年，侯戎奴坐谋杀季父弃市，国除。	
平定 【索隐】《汉志》阙。或乡名。	以卒从高祖起留，以家车吏入汉，以枭骑都尉击项籍，得楼烦将功，用齐丞相侯。一云项涓。		8 元年四月乙酉，敬侯齐受元年。	1 4 二年，齐侯市人元年。 18 六年，恭侯应元年。	16	7 元光二年，康侯延居元年。 18 元鼎二年，侯昌元年。 2	

续 表

国名	侯功	孝惠七	高后八	孝文二十三	孝景十六	建元至元封六年三十六	太初已后
						元鼎四年，侯昌有罪，国除。	
博成	以悼武王郎中，兵初起，从高祖起丰，攻雍丘，击项籍，力战，奉卫悼武王出荥阳，功侯。		3 元年四月乙酉，敬侯冯无择元年。 4 四年，侯代元年。八年，侯代坐吕氏事诛，国除。				
沛 【索隐】县名，属沛郡。	吕后兄康侯少子，侯，奉吕宣王寝园。		7 元年四月乙酉，侯吕种元年。 1 为不其侯。 八年，侯种坐吕氏事诛，国除。				
襄成 【索隐】县名，属颍川。	孝惠子，侯。		1 元年四月辛卯，侯义元年。 二年，侯义为常出王，国除。				

续 表

国 名	侯 功	孝惠七	高后八	孝文 二十三	孝景 十六	建元至元封 六年三十六	太初已后
轵 【索隐】县名，属河内。	孝惠子，侯。		3 元年四月辛卯，侯朝元年。 四年，侯朝为常山王，国除。				
壶关	孝惠子，侯		4 元年四月辛卯，侯武元年。 五年，侯武为淮阳王，国除。				
沅陵 【索隐】县，近长沙，《汉志》属武陵。	长沙嗣成王子，侯。		8 元年十一月壬申，顷侯吴阳元年。	17 6 后二年，顷侯福元年。	11 4 中五年，哀侯周元年。 后三年，侯周薨，无后，国除。		
上邳	楚元王子，侯。		7 二年五月丙申，侯刘郢客元年。	1 二年，侯郢客为楚王，国除。			
朱虚 【索隐】县名，属琅邪。	齐悼惠王子，侯。	7 二年五月丙申，侯刘章元年。	1 二年，侯章为城阳王，国除。				

续 表

国 名	侯 功	孝惠七	高后八	孝文二十三	孝景十六	建元至元封六年三十六	太初已后
昌平 【索隐】县名，属上谷。	孝惠子，侯。		3 四年二月癸未，侯太元年。 七年，太为吕王，国除。				
赘其 【索隐】县名，属临淮。	吕后昆弟子，用淮阳丞相侯。		4 四年四月丙申，侯吕胜元年。 八年，侯胜坐吕氏事诛，国除。				
中邑	以执矛从高祖入汉，以中尉破曹咎，用吕相侯，六百户。		5 四年四月丙申，（真）〔贞〕侯朱通元年。	17 6 后二年，侯悼元年。	15 后三年，侯悼有罪，国除。		
乐平	以队卒从高祖起沛，属皇訢，以郎击陈馀，用卫尉侯，六百户。		2 四年四月丙申，简侯卫无择元年。 3 六年，恭侯胜元年。	23	15 1 后三年，侯侈元年。	5 建元六年，侯侈坐以买田宅不法，又请求吏罪，国除。	

续　表

国　名	侯　功	孝惠七	高后八	孝文二十三	孝景十六	建元至元封六年三十六	太初已后
山都	高祖五年为郎中柱下令，以卫将军击陈豨，用梁相侯。		5 四年四月丙申，贞侯王恬开元年。	3 20 四年，惠侯中黄元年。	3 13 四年，敬侯触龙元年。	22 元狩五年，侯当元年。 8 元封元年，侯当坐与奴阑入上林苑，国除。	
松兹 【集解】徐广曰："松，一作祝。"【索隐】县名，属庐江。	兵初起，以舍人从起沛，以郎(吏)〔中〕入汉，还，得雍王邯家属功，用常山丞相侯。		5 四年四月丙申，夷侯徐厉元年。	6 17 七年，康侯悼元年。	12 4 中六年，侯偃元年。	5 建元六年，侯偃有罪，国除。	
成陶 【集解】徐广曰："一作阴。"【索隐】《汉志》阙。	以卒从高祖起单父，为吕氏舍人，度吕(氏)〔后〕淮之功，用河南守侯，五百户。		5 四年四月丙申，夷侯周信元年。	11 十二年，孝侯勃元年。 3 十五年，侯勃有罪，国除。			
俞 【集解】如淳曰："音输。"【索隐】县名，属清河。	以连敖从高祖破秦，入汉，以都尉定诸侯，功比朝阳侯。婴死，子		4 四年四月丙申，侯吕它元年。 【索隐】它音驼。				

续表

国名	侯功	孝惠七	高后八	孝文 二十三	孝景 十六	建元至元封 六年三十六	太初已后
	它袭功,用太中大夫侯。		八年,侯它坐吕氏事诛,国除。				
滕 【索隐】刘氏云作“胜,”恐误。今案:滕县属沛郡。	以舍人、郎中,十二岁,以都尉屯田霸上,用楚相侯。		4 四年四月丙申,侯吕更始元年。 八年,侯更始坐吕氏事诛,国除。				
醴陵 【索隐】县名,今在长沙。	以卒从,汉王二年初起栎阳,以卒吏击项籍,为河内都尉,〔用〕长沙相侯,六百户。		5 四年四月丙申,侯赵元年。	3 四年,侯越有罪,国除。			
吕成	吕后昆弟子,侯。		4 四年四月丙申,侯吕忿元年。 八年,侯忿坐吕氏事诛,国除。				
东牟 【索隐】县名,属东莱。	齐悼惠王子,侯。		3 六年四月丁酉,侯刘兴居元年。	1 二年,侯兴居为济北王,国除。			

续表

国名	侯功	孝惠七	高后八	孝文二十三	孝景十六	建元至元封六年三十六	太初已后
锤 【集解】一作“巨。”【索隐】县名,属东莱。	吕肃王子,侯。		2 六年四月丁酉,侯吕通元年。 八年,侯通为燕王,坐吕氏事,国除。				
信都 【索隐】县名,属信都。	以张敖、鲁元太后子侯。		1 八年四月丁酉,侯张侈 【索隐】敖子,以鲁元公主封。元年。	元年,侯侈有罪,国除。			
乐昌	以张敖、鲁元太后子侯。		1 八年四月丁酉,侯张受元年。	元年,侯受有罪,国除。			
祝兹 【索隐】《汉书》作“琅邪”。	吕后昆弟子,侯。		八年四月丁酉,侯吕荣元年。坐吕氏事诛。国除。				
建陵 【索隐】《汉表》在“东海”。	以大谒者侯,宦者,多奇计。		八年四月丁酉,侯张泽元年。 【索隐】一名释。 九月,夺侯,国除。				

续 表

国名	侯功	孝惠七	高后八	孝文二十三	孝景十六	建元至元封六年三十六	太初已后
东平 【集解】徐广曰："一作康。"【索隐】县名，在东平。	以燕王吕通弟侯。		八年五月丙辰，侯吕庄元年。坐吕氏事诛，国除。				
右高后时三十一							
阳信 【索隐】表在新野，志属勃海，恐有二县。	高祖十二年为郎。以典客夺赵王吕禄印，关殿门拒吕产等人，共尊立孝文，侯，二千户。			14 元年三月辛丑，侯刘揭元年。 9 十五年，侯中意元年。	5 六年，侯中意有罪，国除。		
轵 【索隐】县名，属河内也。	高祖十年为郎，从军，十七岁为太中大夫，迎孝文代，用车骑将军迎太后，侯，万户。薄太后弟。			10 元年四月乙巳，侯薄昭元年。 13 十一年，易侯戎奴元年。	16	1 建元二年，侯梁元年。	
壮武 【索隐】县名，属胶东。	以家吏从高祖起山东，以都尉从(之)〔守〕荥阳，食邑。以代中尉劝代王入，骖乘			23 元年四月辛亥，侯宋昌元年。	11 中四年，侯昌夺侯，国除。		

续 表

国名	侯功	孝惠七	高后八	孝文二十三	孝景十六	建元至元封六年三十六	太初已后
	至代邸，王卒为帝，功侯，千四百户。						
清都 【集解】徐广曰："一作鄡，音苦尧反。"【索隐】《汉表》作郚侯。郚，太原县。	以齐哀王舅父侯。 【索隐】舅父即舅，犹姨曰姨母然也。			5 元年四月辛未，侯驷钧元年。 前六年，钧有罪，国除。			
周阳 【索隐】县名，属上郡。	以淮南厉王舅父侯。			5 元年四月辛未，侯赵兼元年。 前六年，兼有罪，国除。			
樊 【索隐】县名，属东平。	以睢阳令〔从〕高祖初起从阿，以韩家子还定北地，用常山相侯，千二百户。			14 元年六月丙寅，侯蔡兼元年。 9 十五年，康侯客元年。 【集解】徐广曰："客，一作'容'。"	9 7 中三年，恭侯平元年。	13 元朔二年，侯辟方元年。 14 元鼎四年，侯辟方有罪，国除。	

续 表

国 名	侯 功	孝惠七	高后八	孝文二十三	孝景十六	建元至元封六年三十六	太初已后
管 【索隐】管，古国，今为县，属荥阳。	齐悼惠王子，侯。			2 四年五月甲寅，恭侯刘罢军元年。 【索隐】共侯刘罢军。 18 六年，侯戎奴元年。	2 三年，侯戎奴反，国除。		
瓜丘 【索隐】斥丘。县，在魏郡。	齐悼惠王子。			11 四年五月甲寅，侯刘宁国元年。 9 十五年，侯偃元年。	2 三年，侯偃反，国除。		
营 【索隐】表在济南。	齐悼惠王子，侯。			10 四年五月甲寅，平侯刘信都元年。 10 十四年，侯广元年。	2 三年，侯广反，国除。		

续 表

国 名	侯 功	孝惠七	高后八	孝文 二十三	孝景 十六	建元至元封 六年三十六	太初已后
杨虚	齐悼惠王子,侯。			12 四年五月甲寅,恭侯刘将庐元年。 【索隐】《汉书》作"将闾。"十六年,侯将庐为齐王,有罪,国除。			
朸 【集解】音力。【索隐】扐。县名,属平原。音力。	齐悼惠王子,侯。			12 四年五月甲寅,侯刘辟光元年。十六年,侯辟光为济南王,国除。			
安都	齐悼惠王子,侯。			12 四年五月甲寅,侯刘志元年。 十六年,侯志为济北王,国除。			
平昌 【索隐】县名,属平原。	齐悼惠王子,侯。			12 四年五月甲寅,侯刘卬元年。 十六年,侯卬为胶西王,国除。			

续表

国名	侯功	孝惠七	高后八	孝文二十三	孝景十六	建元至元封六年三十六	太初已后
武城 【索隐】《汉志》阙。凡阙者，或乡名，或寻废，故志不载。	齐悼惠王子，侯。			12 四年五月甲寅，侯刘贤元年。 十六年，侯贤为菑川王，国除。			
白石 【索隐】县名，属金城。	齐悼惠王子，侯。			12 四年五月甲寅，侯刘雄渠元年。 十六年，侯雄渠为胶东王，国除。			
波陵 【索隐】《汉志》作“泺，”音泒。	以阳陵君侯。			5 七年三月甲寅，康侯魏驷元年。 十二年，康侯魏驷薨，无后，国除。			
南郎 【集解】徐广曰：“一作朝。”【索隐】韦昭音贞，一音程。李彤云：“河南有郎亭。”音赪。	以信平君侯。			1 七年三月丙寅，侯起元年。 【索隐】起，名也，史失其姓。 孝文时坐后父故夺爵级，关内侯。			

续表

国名	侯功	孝惠七	高后八	孝文二十三	孝景十六	建元至元封六年三十六	太初已后
阜陵 【索隐】县名，属九江。	以淮南厉王子侯。			8 八年五月丙午，侯刘安元年。 十六年，安为淮南王，国除。			
安阳 【索隐】县名，属冯翊。	以淮南厉王子侯。			8 八年五月丙午，侯勃元年。 十六年，侯勃为衡山王，国除。			
阳周	以淮南厉王子侯。			8 八年五月丙午，侯刘赐元年。 十六年，侯赐为庐江王，国除。			
东城 【索隐】县名，属九江。	以淮南厉王子侯。			7 八年五月丙午，哀侯刘良元年。 十五年，侯良薨，无后，国除。			

续 表

国　名	侯　功	孝惠七	高后八	孝文二十三	孝景十六	建元至元封六年三十六	太初已后
犁 【索隐】县名，属东郡。	以齐相召平子侯，千四百一十户。			11 十年四月癸丑，顷侯召奴元年。 3 后五年，侯泽元年。	16	16 元朔五年，侯延元年。 19 元封六年，侯延坐不出持马，斩，国除。	
缾 【索隐】县名，属琅邪。缾音瓶。	以北地都尉孙卬，匈奴入北地，力战死事，子侯。			10 十四年三月丁巳，侯孙单元年。	2 前三年，侯单谋反，国除。		
弓高 【索隐】《汉表》在营陵。	以匈奴相国降，故韩王信孽子，侯，千二百三十七户。			8 十六年六月丙子，庄侯韩颓当元年。	16 前元年，侯则元年。	16 元朔五年，侯则薨，无后，国除。	
襄成 【索隐】志属颍川。	以匈奴相国降侯，故韩王信太子之子，侯，千四百三十二户。			7 十六年六月丙子，哀侯韩婴元年。 1 后七年，侯泽之元年。	16	15 元朔四年，侯泽之坐诈病不从，不敬，国除。	

续表

国名	侯功	孝惠七	高后八	孝文二十三	孝景十六	建元至元封六年三十六	太初已后
故安 【索隐】县名，属涿郡。	孝文元年，举淮阳守从高祖入汉功侯，食邑五百户；用丞相侯，一千七百一十二户。			5 后三年四月丁巳，节侯申屠嘉元年。	2 14 前三年，恭侯蔑元年。	19 元狩二年，清安侯臾元年。 5 元鼎元年，臾坐为九江太守有罪，国除。	
章武 【索隐】县名，属勃海。	以孝文后弟侯，万一千八百六十九户。			1 后七年六月乙卯，景侯窦广国元年。	6 10 前七年，恭侯完元年。	8 元光三年，侯常坐元年。 10 元狩元年，侯常坐谋杀人未杀罪，国除。	
南皮 【索隐】县名，属勃海。	以孝文后兄窦长君子侯，六千四百六十户。			1 后七年六月乙卯，侯窦彭祖元年。	16	5 建元六年，夷侯良元年。 5 元光五年，侯桑林元年。 18 元鼎五年，侯桑林坐酎金罪，国除。	

续 表

国 名	侯 功	孝惠七	高后八	孝文二十三	孝景十六	建元至元封六年三十六	太初已后
右孝文时二十九							
平陆 【索隐】县名，属西河。又有东平陆，在东平。	楚元王子，侯，三千二百六十七户。				2 元年四月乙巳，【集解】一云“乙卯。”侯刘礼元年。 三年，侯礼为楚王，国除。		
休	楚元王子，侯。				2 元年四月乙巳，侯富元年。 三年，侯富以兄子戊为楚王反，富与家属至长安北阙自归，不能相教，上印绶。诏复王。后以平陆侯为楚王，更封富为红侯。		
沈犹 【索隐】《汉表》在高苑。	楚元王子，侯，千三百八十户。				16 元年四月乙巳，夷侯刘秽元年。	4 建元五年，侯受元年。	

续表

国名	侯功	孝惠七	高后八	孝文二十三	孝景十六	建元至元封六年三十六	太初已后
						18 元狩五年,侯受坐故为宗正听谒不具宗室,不敬,国除。	
红	楚元王子,侯,千七百五十户。				4 三年四月乙巳,庄侯富元年。 【索隐】红雅侯刘富,一云礼侯也,楚元王子。案王传,休侯富免后封红侯,此则并列,误也。《汉表》一书而已。 1 前七年,悼侯澄元年。 9 中元年,敬侯发元年。 【集解】发,一作"嘉"。	15 元朔四年,侯章元年。 1 元朔五年,侯章薨,无后,国除。	

续 表

国 名	侯 功	孝惠七	高后八	孝文二十三	孝景十六	建元至元封六年三十六	太初已后
宛朐 【索隐】县名，属济阴。	楚元王子，侯。				2 元年四月乙巳，侯刘埶元年。 【索隐】萧该埶音艺。 三年，侯埶反，国除。		
魏其 【索隐】县名，属琅邪。	以大将军屯荥阳，扞吴、楚七国，侯，三千三百五十户。				14 三年六月乙巳，侯窦婴元年。	9 建元元年为丞相，二岁免。 元光四年，侯婴坐争灌夫事上书称为先帝诏，矫制害，弃市，国除。	
棘乐	楚元王子，侯，户千二百一十三。				14 三年八月壬子，敬侯刘调元年。	1 建元二年，恭侯应元年。 11 元朔元年，侯庆元年。 16 元鼎五年，侯庆坐酎金，国除。	

续 表

国 名	侯 功	孝惠七	高后八	孝文二十三	孝景十六	建元至元封六年三十六	太初已后
俞 【索隐】俞音输，县名，属清河。	以将军吴、楚反时击齐有功。布故彭越舍人，越反时布使齐，还已枭越，布祭哭之，当亨，出忠言，高祖赦之。黥布反，布为都尉，侯，户千八百。				6 六年四月丁卯，侯栾布元年。 中五年，侯布薨。	10 元狩六年，侯贲坐为太常庙牺牲不如令，有罪，国除。【集解】一云元朔二年，侯贲元年。	
建陵	以将军击吴、楚功，用中尉侯，户一千三百一十。				11 六年四月丁卯，敬侯卫绾元年。	10 元光五年，侯信元年。 18 元鼎五年，侯信坐酎金，国除。	
建平 【索隐】县名，属沛郡。	以将军击吴、楚功，用江都相侯，户三千一百五十。				11 六年四月丁卯，哀侯程嘉元年。	7 元光二年，节侯横元年。 1 元光三年，侯回元年。	

续 表

国　名	侯　功	孝惠七	高后八	孝文二十三	孝景十六	建元至元封六年三十六	太初已后
						1 元光四年，侯回薨，无后，国除。	
平曲 【索隐】《汉表》在高城。	以将军击吴、楚功，用陇西太守侯，户三千二百二十。				5 六月四月己巳，侯公孙昆【索隐】《汉书》作“浑”。邪元年。 中四年，侯昆邪有罪，国除。太仆贺父。		
江阳 【索隐】县，在东海。	以将军击吴、楚功，用赵相侯，户二千五百四十一。				4 六年四月壬申，康侯苏嘉元年。【集解】徐广曰：“苏，一作‘籍’。”【索隐】《汉表》作“苏息”。 7 中三年，懿侯卢元年。【集解】徐广曰：“一作‘哀侯’。”	2 建元三年，侯明元年。 16 元朔六年，侯雕元年。 11 元鼎五年，侯雕坐酎金，国除。	

续　表

国　名	侯　功	孝惠七	高后八	孝文二十三	孝景十六	建元至元封六年三十六	太初已后
遽【索隐】《汉表》，乡名，在常山。	以赵相建德，王遂反，建德不听，死事，子侯，户千九百七十。				6 中二年四月乙巳，侯横【索隐】史失其姓。元年。 后二年，侯横有罪，国除。		
新市【索隐】县名，属巨鹿。	以赵内史王慎，王遂反，慎不听，死事，子侯，户一千十四。				5 中二年四月乙巳，侯王康元年。 3 后元年，殇侯始昌元年。	9 元光四年，殇侯始昌为人所杀，国除。	
商陵【索隐】《汉表》在临淮。	以楚太傅赵夷吾，王戊反，不听，死事，子侯，千四十五户。				8 中二年四月乙巳，侯赵周元年。	29 元鼎五年，侯周坐为丞相知列侯酎金轻，下廷尉，自杀，国除。	
山阳	以楚相张尚，王戊反，尚不听，死事，子侯，户千一百一十四。				8 中二年四月乙巳，侯张当居元年。	16 元朔五年，侯当居坐为太常程博士弟子故不以实	

续 表

国名	侯功	孝惠七	高后八	孝文二十三	孝景十六	建元至元封六年三十六	太初已后
						罪,国除。 【集解】徐广曰:“程,一作泽。”	
安陵	以匈奴王降侯,户一千五百一十七。				7 中三年十一月庚子,侯子军元年。	5 建元六年,侯子军薨,无后,国除。	
垣 【索隐】县名,属河东。	以匈奴王降侯。				3 中三年十二月丁丑,侯赐元年。 六年,赐死,不得及嗣。		
遒 【索隐】县名,属涿郡。音兹鸠反。	以匈奴王降侯,户五千五百六十九。				中三年十二月丁丑,侯隆彊元年。 不得隆彊嗣。		后元年四月甲辰,侯则坐使巫齐少君祠祝诅,大逆无道,国除。 【集解】徐广

续　表

国　名	侯　功	孝惠七	高后八	孝文 二十三	孝景 十六	建元至元封 六年三十六	太初已后
							曰:“《汉书》云武后二年。”
容成 【索隐】县名,属涿郡。	以匈奴王降侯,七百户。				7 中三年十二月丁丑,侯唯徐卢元年。	14 建元元年,康侯绰元年。 22 元朔三年,侯光元年。	18 后二年,三月壬辰,侯光坐祠祝诅,国除。
易 【索隐】县名,属涿郡。	以匈奴王降侯。				6 中三年十二月丁丑,侯仆黥元年。后二年,侯仆黥薨,无嗣。		
范阳 【索隐】县名,属涿郡。	以匈奴王降侯,户千一百九十七。				7 中三年十二月丁丑,端侯代元年。	7 元光二年,怀侯德元年。 2 元光四年,侯德薨,无后,国除。	

续　表

国　名	侯　功	孝惠七	高后八	孝文二十三	孝景十六	建元至元封六年三十六	太初已后
翕 【索隐】《汉表》在内黄。	以匈奴王降侯。				7 中三年十二月丁丑，侯邯郸元年。	9 元光四年，侯邯郸坐行来不请长信，不敬，国除。	
亚谷 【索隐】一作"恶父，"《汉表》在河内。	以匈奴东胡王降，故燕王卢绾子侯，千五百户。				2 中五年四月丁巳，简侯它父元年。 3 后元年，安侯种元年。	11 建元元年，康侯偏元年。 25 元光六年，侯贺元年。	15 征和二年七月辛巳，侯贺坐太子事，国除。
隆虑 【索隐】音林闾。县名，属河内。	以长公主嫖子侯，户四千一百二十六。				5 中五年五月丁丑，侯蟜元年。【集解】徐广曰："案本纪乃前五年，非中五年。"	24 元鼎元年，侯蟜坐母长公主薨未除服，奸，禽兽行，当死，自杀，国除。	
乘氏 【索隐】县名，属济阴。	以梁孝王子侯。				中五年五月丁卯，侯买元年。 中六年，侯买嗣为梁王，国除。		

续表

国名	侯功	孝惠七	高后八	孝文二十三	孝景十六	建元至元封六年三十六	太初已后
桓邑	以梁孝王子侯。				1 中五年五月丁卯,侯明元年。 中六年,为济川王,国除。		
盖 【索隐】《汉表》在勃海。	以孝景后兄侯,户二千八百九十。				5 中五年五月甲戌,靖侯王信元年。	20 元狩三年,侯偃元年。 8 元鼎五年,侯偃坐酎金,国除。	
塞	以御史大夫前将军兵击吴、楚功侯,户千四十六。				3 后元年八月,侯直不疑元年。	3 建元四年,侯相如元年。 12 元朔四年,侯坚元年。 13 元鼎五年,坚坐酎金,国除。	

续　表

国　名	侯　功	孝惠七	高后八	孝文二十三	孝景十六	建元至元封六年三十六	太初已后
武安 【索隐】县名，属魏郡。	以孝景后同母弟侯，户八千二百一十四。				1 后三年三月，侯田蚡元年。	9 元光四年，侯梧元年。 5 元朔三年，侯梧坐衣襜褕入宫廷中，不敬，国除。	
周阳 【索隐】县名，属上郡。	以孝景后同母弟侯，户六千二十六。				1 后三年三月，懿侯田胜元年。	11 元光六年，侯彭祖元年。 8 元狩二年，侯彭祖坐当归与章侯宅不与罪，国除。	
右孝景时三十(一)							

索隐述赞曰：惠、景之际，天下已平。诸吕构祸，吴、楚连兵。条侯出讨，壮武奉迎。薄、窦恩泽，张、赵忠贞。本枝分荫，肺腑归诚。新市死事，建陵勋荣。咸开青社，俱受丹旌。旋窥甲令，吴便有声。

卷二十

建元以来侯者年表第八

【索隐】七十二国，太史公旧。余四十五国，褚先生补也。

太史公曰：匈奴绝和亲，攻当路塞。闽越擅伐，东瓯请降。二夷交侵，当盛汉之隆，以此知功臣受封侔于祖考矣。何者？自《诗》、《书》称三代"戎、狄是膺，荆、荼是征"，[①]齐桓越燕伐山戎，武灵王以区区赵服单于，秦缪用百里霸西戎，吴、楚之君以诸侯役百越。况乃以中国一统，明天子在上，兼文武，席卷四海，内辑亿万之众，岂以晏然不为边境征伐哉。自是后，遂出师北讨强胡，南诛劲越，将卒以次封矣。

①【集解】《毛诗传》曰："膺，当也。"郑玄曰："征，艾。"【索隐】荼音舒。征音澄。

后进好事儒者褚先生曰：太史公记事尽于孝武之事，故复修记孝昭以来功臣侯者，编于左方，令后好事者得览观成败长短绝世之适，得以自戒焉。当世之君子，行权合变，度时施宜，希世用事，以建功有土封侯，立名当世，岂不盛哉。观其持满守成之道，皆不谦让，骄蹇争权，喜扬声誉，知

国名	侯功	元光	元朔	元狩	元鼎	元封	太初已后
翕 【索隐】音吸。案:《汉表》在内黄也。	匈奴相降,侯。元朔二年,属车骑将军,击匈奴有功,益封。	3 四年七月壬午,侯赵信元年。	5 六年,侯信为前将军击匈奴,遇单于兵,败,信降匈奴,国除。				
持装 【索隐】《汉表》作"辕",在南阳也。	匈奴都尉降,侯。	六年后九月丙寅,侯乐元年。	6	6	元年,侯乐死,无后,国除。		
亲阳 【索隐】《汉表》在舞(阳)〔阴〕也。	匈奴相降,侯。		3 二年十月癸巳,侯月氏元年。 五年,侯月氏坐亡斩,国除。				
若阳 【索隐】表在平氏也。	匈奴相降,侯。		3 二年十月癸巳,侯猛元年。 五年,侯猛坐亡斩,国除。				
长平 【索隐】《地理志》县名,在汝南。	以元朔二年再以车骑将军击匈奴,取朔方、河南功侯。元朔五年,以大将军击匈奴,破右贤王,益封三千户。		5 二年三月丙辰,烈侯卫青元年。 【集解】徐广曰:"青以元封五年薨。"	6	6	6	太初元年,今侯伉元年。

续表

国名	侯功	元光	元朔	元狩	元鼎	元封	太初已后
平陵 【索隐】表在武当。	以都尉从车骑将军青击匈奴功侯。以元朔五年，用游击将军从大将军，益封。		5 二年三月丙辰，侯苏建元年。	6	6 六年，侯建为右将军，与翕侯信俱败，独身脱来归，当斩，赎，国除。		
岸头 【索隐】表在皮氏。	以都尉从车骑将军青击匈奴功侯。元朔六年，从大将军，益封。		5 二年六月壬辰，侯张次公元年。	元年，次公坐与淮南王女奸，及受财物罪，国除。			
平津	以丞相诏所褒侯。		4 (三)〔五〕年十一月乙丑，献侯公孙弘元年。	2　4 三年，侯庆元年。	6	3 四年，侯庆坐为山阳太守有罪，国除。	
涉安	以匈奴单于太子降侯。		1 三年四月丙子，侯于单 【索隐】音丹。 元年。五月，卒，无后，国除。				
昌武 【索隐】表在武阳。	以匈奴王降侯。以昌武侯从骠骑将军击左贤王功，益封。		3 四年(七)〔十〕月庚申，坚侯赵安稽元年。	6	6	1　5 二年，侯充国元年。	太初元年，侯充国薨，亡后，国除。

续表

国名	侯功	元光	元朔	元狩	元鼎	元封	太初已后
襄城 【索隐】《汉表》作“襄武侯乘龙”，不同也。案：韩婴亦封襄城侯，《地理志》襄城在颍川，襄武在陇西。	以匈奴相国降侯。		3 四年(七)〔十〕月庚申，侯无龙元年。 【集解】一云“乘龙”。	6	6	6	1 太初二年，无龙从浞野侯战死。 2 三年，侯病已元年。
南奅 【集解】徐广曰：“匹孝反。”【索隐】徐广曰：“匹孝反。”	以骑将军从大将军青击匈奴得王功侯。太初二年，以丞相封为葛绎侯。		2 五年四月丁未，侯公孙贺元年。	6	4 五年，贺坐酎金，国除，绝，(十)〔七〕岁。		13 太初二年三年丁卯，封葛绎侯。征和二年，贺子敬声有罪，国除。
合骑 【索隐】表在高城也。	以护军都尉三从大将军击匈奴，至右贤王庭，得王功侯。元朔六年益封。		2 五年四月丁未，侯公孙敖元年。	1 二年，侯敖将兵击匈奴，与骠骑将军期，后，畏懦，当斩，赎为庶人，国除。			

续 表

国名	侯功	元光	元朔	元狩	元鼎	元封	太初已后
乐安 【索隐】表在昌，《地理志》昌县在琅邪。	以轻车将军再从大将军青击匈奴得王功侯。		2 五年四月丁未，侯李蔡元年。	4 五年，侯蔡以丞相侵盗孝景园神道壖地罪，自杀，国除。			
龙頟 【索隐】《地理志》县名，属平原。刘氏音额。崔浩音洛，又云“今河间有龙额村，与弓高相近。”	以都尉从大将军青击匈奴得王功侯。元鼎六年，以横海将军击东越功，为案道侯。【索隐】《汉表》以龙额、案道为二人封，非也。韦昭云案道属齐。		2 五年四月丁未，侯韩说元年。	6	4 五年，侯说坐酎金，国绝。二岁复侯。	6 元年五月丁卯，案道侯说元年。	13 征和二年，子长代，有罪，绝。子曾复封为龙頟侯。
随成 【索隐】表在千乘。	以校尉三从大将军青击匈奴，攻农吾，先登石累，【索隐】累音垒，险阻地名。《汉表》作“畾”，音门。得王功侯。		2 五年四月乙卯，侯赵不虞元年。	3 三年，侯不虞坐为定襄都尉，匈奴败太守，以闻非实，（坐）谩，【索隐】谓上闻天子状不实，为谩，而国除。谩音木干反。国除。			

续表

国名	侯功	元光	元朔	元狩	元鼎	元封	太初已后
从平 【索隐】表在乐昌邑。	以校尉三从大将军青击匈奴,至右贤王庭,数为雁行上石山先登功侯。		2 五年四月乙卯,公孙戎奴元年。	1 二年,侯戎奴坐为上郡太守发兵击匈奴,不以闻,谩,国除。			
涉轵 【索隐】《汉表》轵在西安,无"涉"字。《地理志》西安在齐郡。涉轵犹从骠然,皆当时意也,故上文有涉安侯。	以校尉三从大将军击匈奴,至右贤王庭,得王,虏阏氏功侯。		2 五年四月丁未,侯李朔元年。	元年,侯朔有罪,国除。			
宜春 【索隐】志县名,属汝南。豫章亦有之。	以父大将军青破右贤王功侯。		2 五年四月丁未,侯卫伉元年。	6	元年,侯伉坐矫制不害,国除。		
阴安 【索隐】志县名,属魏。	以父大将军青破右贤王功侯。		2 五年四月丁未,侯卫不疑元年。	6	4 五年,侯不疑坐酎金,国除。		
发干 【索隐】志县名,属东郡。	以父大将军青破右贤王功侯。		2 五年四月丁未,侯卫登元年。	6	4 五年,侯登坐酎金,国除。		

续 表

国名	侯功	元光	元朔	元狩	元鼎	元封	太初已后
博望 【索隐】志县名，属南阳。	以校尉从大将军六年击匈奴，知水道，及前使绝域大夏功侯。		1 六年三月甲辰，侯张骞元年。	1 二年，侯骞坐以将军击匈奴畏懦，当斩，赎，国除。			
冠军 【索隐】县名，属南阳。	以嫖姚校尉再从大将军，六年从大将军击匈奴，斩相国功侯。元狩二年，以骠骑将军击匈奴，至祁连，益封。迎浑邪王，益封。击左右贤王，益封。		1 六年四月壬申，景桓侯霍去病元年。	6	6 元年，哀侯嬗元年。	元年，哀侯嬗薨，无后，国除。 【集解】徐广曰："嬗字子侯，为武帝奉车，登封泰山，暴病死。"	
众利 【索隐】众利，表在(阳城)〔城阳〕姑莫，后以封伊即轩也。	以上谷太守四从大将军，六年击匈奴，首虏千级以上功侯。		1 六年五月壬辰，侯郝贤【索隐】郝音呼恶反，又音释。元年。	1 二年，侯贤坐为上谷太守入戍卒财物上计谩罪，国除。			
潦 【索隐】表在舞阳。	以匈奴赵王降，侯。			1 元年七月壬午，悼侯赵王煖訾【索隐】煖音况远反。訾，即移反。			

续表

国名	侯功	元光	元朔	元狩	元鼎	元封	太初已后
				元年。二年，煖訾死，无后，国除。			
宜冠 【索隐】冠音官。表在昌也。	以校尉从骠骑将军二年再出击匈奴功侯。故匈奴归义。			2 二年正月乙亥，侯高不识元年。四年，不识击匈奴，战军功增首不以实，当斩，赎罪，国除。			
煇渠 【索隐】乡名。案：表在鲁阳。煇，上下并音徽。	以校尉从骠骑将军二年再出击匈奴，得王功侯。以校尉从骠骑将军二年虏五王功，益封。故匈奴归义。			5 二年二月乙丑，忠侯仆多【索隐】《汉表》作"仆朋。"此云"仆多，"与《卫青传》同。元年。	3　3 四年，侯电元年。	6	4
从骠 【索隐】以从骠骑得封，故曰从骠。后封浞野侯。	以司马再从骠骑将军数深入匈奴，得两王子骑将功侯。以匈河将军元封三年击楼兰功，复侯。			5 二年五月丁丑，侯赵破奴元年。	4 五年，侯破奴坐酎金，国除。	4 浞野三年，侯破奴元年。	1 二年，侯破奴以浚稽将军击匈奴，失军，为虏所得，国除。

续　表

国　名	侯　功	元　光	元　朔	元　狩	元　鼎	元　封	太初已后
下麾 【索隐】表在猗氏。麾音抚。	以匈奴王降侯。			5 二年六月乙亥，侯呼毒尼元年。	4　2 五年，炀侯伊即轩元年。	6	4
漯阴 【索隐】表在平原。	以匈奴浑邪王将众十万降侯，万户。			4 二年七月壬午，定侯浑邪元年。	6 元年。魏侯苏元年。【索隐】魏，谥。苏，名。《谥法》“克捷行军曰魏”也。	5 五年，魏侯苏薨，无后，国除。	
煇渠 【索隐】韦昭云：“仆多所封则作‘煇渠，’应庀所封则作‘浑渠’。二者皆乡名，在鲁阳。今并作‘辉’，误也。”案：《汉表》及传亦作“辉，”孔文祥云“同是元狩中封，则一邑分封二人也。”其义为得。	以匈奴王降侯。			4 三年七月壬午，悼侯扁訾元年。【索隐】《汉表》作“悼侯应庀。”庀读必二反。扁，必显反。訾，子移反。	1 二年，侯扁訾死，无后，国除。		

续表

国名	侯功	元光	元朔	元狩	元鼎	元封	太初已后
河綦【索隐】表在济南郡。	以匈奴右王与浑邪降侯。			4 三年七月壬午，康侯乌犁元年。【索隐】《汉书》作“禽犁”。	2 4 三年，余利鞮元年。	6	4
常乐【索隐】表在济南。	以匈奴大当户与浑邪降侯。			4 三年七月壬午，肥侯稠雕【索隐】《汉书·卫青传》作“彫离。”元年。	6	6	2 太初三年，今侯广汉元年。
符离【索隐】县名，属沛郡。	以右北平太守从骠骑将军四年击右王，将重会期，【索隐】将重，将字上属。重者，再也。会期，言再赴期。将，去声。重，平声。首虏二千七百人功侯。			3 四年六月丁卯，侯路博德元年。	6	6	太初元年，侯路博德有罪，国除。

续 表

国名	侯功	元光	元朔	元狩	元鼎	元封	太初已后
壮 【索隐】表在东平。	以匈奴归义(匈奴)因淳王从骠骑将军四年击左王,以少破多,捕虏二千一百人功侯。			3 四年六月丁卯,侯复陆支元年。	2 4 三年,今侯偃元年。	6	4
众利	以匈奴归义楼剸王【索隐】剸音专。从骠骑将军四年击右王,手自剑合功侯。【索隐】手自剑,谓手刺其王而合战,得封。			3 四年六月丁卯,质侯伊即轩【索隐】轩,居言反。元年。	6	5 1 六年,今侯当时元年。	4
湘成 【索隐】表在阳城。	以匈奴符离王降侯。			3 四年六月丁卯,侯敞屠洛元年。	4 五年,侯敞屠洛坐酎金,国除。		
义阳 【索隐】表在平氏。	以北地都尉从骠骑将军四年击左王,得王功侯。			3 四年六月丁卯,侯卫山元年。	6	6	4

续表

国名	侯功	元光	元朔	元狩	元鼎	元封	太初已后
散 【索隐】表在阳城。	以匈奴都尉降侯。			3 四年六月丁卯，侯董荼吾【索隐】刘氏荼音大姑反，盖误耳。今以其人名余吾。余吾，匈奴水名也。元年。	6	6	2 2 太初三年，今侯安汉元年。
臧马 【索隐】表在朱虚。	以匈奴王降侯。			1 四年六月丁卯，康侯延年元年。 五年，侯延年死，不得置后，国除。			
周子南君 【索隐】表在长社。	以周后绍封。				3 四年十一月丁卯，侯姬嘉元年。	3 3 四年，君买元年。	4
乐通 【索隐】韦昭云，“在临淮高平。”	以方术侯。				1 四年四月乙巳，侯五利将军栾大元年。 五年，侯大有罪，斩，国除。		

续　表

国　名	侯　功	元　光	元　朔	元　狩	元　鼎	元　封	太初已后
瞭 【索隐】音辽。表在舞阳。	以匈奴归义王降侯。				1 四年六月丙午，侯次公元年。 五年，侯次公坐酎金，国除。		
术阳 【索隐】表在下邳。	以南越王兄越高昌侯。				1 四年，侯建德元年。 五年，侯建德有罪，国除。		
龙亢 【索隐】晋灼云“龙，阙。”《左传》“齐侯围龙，”龙，鲁邑。萧该云“广德所封土是龙，有‘亢’者误也。”	以校尉摎（世）乐击南越，死事，子侯。【索隐】摎，居虬反。				2 五年三月壬午，侯广德元年。	6 六年，侯广德有罪诛，国除。	
成安 【索隐】表在郏，志在陈留。	以校尉韩千秋击南越死事，子侯。				2 五年三月壬子，侯延年元年。	6 六年，侯延年有罪，国除。	

续表

国名	侯功	元光	元朔	元狩	元鼎	元封	太初已后
昆 【索隐】表在巨鹿。	以属国大且渠击匈奴功侯。				2 五年五月戊戌，(昆)侯渠复累【索隐】乐彦累，力委反。颜师古音力追反。元年。	6	4
骐 【索隐】志属河东，表在北屈。	以属国骑击匈奴，捕单于兄功侯。				2 五年(五)〔六〕月壬子。侯驹幾元年。【集解】一云“骑幾。”	6	4
梁期 【索隐】志属魏郡。	以属国都尉五年间出击匈奴，得复累绨缦等功侯。				2 五年七月辛巳，侯任破胡元年。	6	4
牧丘 【索隐】表在平原。	以丞相及先人万石积德谨行侯。				2 五年九月丁丑，恪侯石庆元年。	6	2 2 三年，侯德万年。

续 表

国名	侯功	元光	元朔	元狩	元鼎	元封	太初已后
瞭 【索隐】表在下邳。	以南越将降侯。				1 六年三月乙酉，侯毕取元年。 【索隐】初以封次公，又封毕取。	6	4
将梁	以楼船将军击南越，椎锋却敌侯。				1 六年三月乙酉，侯杨仆元年。	3 四年，侯仆有罪，国除。	
安道 【索隐】表在南阳。	以南越揭阳令闻汉兵至自定降侯。				1 六年三月乙酉，侯揭阳令〔史〕定元年。	6	4
随桃 【索隐】表在南阳。	以南越苍梧王闻汉兵至降侯。				1 六年四月癸亥，侯赵光元年。	6	4
湘成 【索隐】表在堵阳。	以南越桂林监闻汉兵破番禺，谕瓯骆兵四十余万降侯。				1 六年五月壬申，侯监居翁【索隐】监，官也。居，姓。翁，字。元年。	6	4

续表

国名	侯功	元光	元朔	元狩	元鼎	元封	太初已后
海常 【索隐】表在琅邪。	以伏波司马捕得南越王建德功侯。				1 六年七月乙酉，庄侯苏弘元年。	6	太初元年，侯弘死，无后，国除。
北石 【索隐】《汉表》作“外石”，在济南。	以故东越衍侯佐繇王斩馀善功侯。					6 元年正月壬午，侯吴阳元年。	3 太初四年，今侯首元年。
下郦 【索隐】《汉表》作“鄌”。	以故瓯骆左将斩西于王功侯。					6 元年四月丁酉，侯左将黄同元年。 【索隐】《西南夷传》“瓯骆将左黄同，”则“左”是姓，恐误。《汉表》云“将黄同，”则“左将”是官不疑。	4
缭嫈 【索隐】缭音“缭绕”之“缭。”嫈，案《字林》音乙耕反。《西南夷传》音聊嫈。	以故校尉从横海将军说击东越功侯。					1 元年五月（乙）〔己〕卯，侯刘福元年。 二年，侯福有罪，国除。	

续 表

国 名	侯 功	元 光	元 朔	元 狩	元 鼎	元 封	太初已后
蘩儿 【索隐】韦昭云："在吴、越界，今为乡也。"	以军卒斩东越徇北将军功侯。					6 元年闰月癸卯，庄侯辕终古元年。【集解】徐广曰："闰四月也。"	太初元年，终古死，无后，国除。
开陵 【索隐】表在临淮。	以故东越建成侯与繇王共斩东越王馀善功侯。					6 元年闰月癸卯，侯建成元年。	
临蔡 【索隐】表在河内。	以故南越郎闻汉军破番禺，为伏波得南越相吕嘉功侯。					6 元年闰月癸卯，侯孙都元年。	
东成 【索隐】表在九江。	以故东越繇王斩东越王馀善功侯，万户。					6 元年闰月癸卯，侯居服元年。	
元锡 【索隐】表在会稽。	以东越将军汉兵至弃军降侯。					6 元年，侯多军元年。	
涉都 【索隐】表在南阳。	以父弃故南海守，汉兵至以城邑降，子侯。					6 元年中，侯嘉元年。	2 太初二年，侯嘉薨，无后，国除。

续表

国名	侯功	元光	元朔	元狩	元鼎	元封	太初已后
平州 【索隐】表在梁父。	以朝鲜将汉兵至降侯。					1 三年四月丁卯,侯唊元年。【集解】如淳曰:"唊音颊。" 四年,侯唊薨,无后,国除。	
荻苴 【索隐】音狄蛆。表在勃海。	以朝鲜相汉兵至围之降侯。					4 三年四月,侯朝鲜相韩阴元年。	
澅清 【索隐】表在齐。澅音获,水名,在齐。又音乎卦反。	以朝鲜尼溪相使人杀其王右渠来降侯。					4 三年六月丙辰,侯朝鲜尼溪相(侯)参元年。	
騠兹 【索隐】騠音啼。表在琅邪。	以小月氏若苴王【索隐】苴,子余反。将众降侯。					3 四年十一月丁卯侯稽谷姑【索隐】稽滑姑。元年。	太初元年,侯稽谷姑薨,无后,国除。
浩	以故中郎将将兵捕得车师王功侯。					1 四年正月甲申,侯王恢元年。 四年四月,侯恢坐使酒泉矫制	

续 表

国 名	侯 功	元 光	元 朔	元 狩	元 鼎	元 封	太初已后
						害，当死，赎，国除。封凡三月。	
瓠諔 【集解】徐广曰："在河东。瓠音胡。諔，之涉反。" 【索隐】县名。案：表在河东，志亦同。即狐字。	以小月氏王将众千骑降侯。					2 四年正月乙酉，侯扜者【索隐】扜音乌，亦音汙。元年。 1 六年，侯胜元年。	4
幾 【索隐】音机。表在河东。	以朝鲜王子汉兵围朝鲜降侯。					2 四年三月癸未，侯张路【索隐】韦昭云："路，姑洛反。"归义元年。 六年，侯张路使朝鲜，谋反，死，国除。	
涅阳 【索隐】表在齐，志属南阳。	以朝鲜相路人，汉兵至，首先降，道死，其子侯。					3 四年三月壬寅，康侯子最元年。	2 太初二年，侯最死，无后，国除。

续表

国名	侯功	元光	元朔	元狩	元鼎	元封	太初已后
右太史公本表							
当塗 【索隐】表在九江。	魏不害，以圉守尉捕淮阳反者公孙勇等侯。						
蒲 【索隐】表在琅邪。	苏昌，以圉尉史捕淮阳反者公孙勇等侯。						
潦阳 【索隐】潦音辽。表在清河。	江德，以园厩啬夫共捕淮阳反者公孙勇等侯。						
富民 【索隐】表在蕲。	田千秋，家在长陵。以故高庙寝郎上书谏孝武曰："子弄父兵，罪当笞。父子之怒，自古有之。蚩尤畔父，黄帝涉江。"上书至意，拜为大鸿胪。征和四年为丞相，封三千户，至昭帝时病死，子顺代立，为虎牙将军，击匈奴，不至质，诛死，国除。【集解】《汉书音义》曰："质，所期处也。"						
右孝武封国名							

进不知退，终以杀身灭国。以三得之，[①]及身失之，不能传功于后世，令恩德流子孙，岂不悲哉。夫龙雒侯曾为前将军，世俗顺善，厚重谨信，不与政事，退让爱人。其先起于晋六卿之世。有土君国以来，为王侯，子孙相承不绝，历年经世，以至于今，凡百余岁，岂可与功臣及身失之者同日而语之哉？悲夫，后世其诫之。

①【集解】以三得之者，即上所谓"行权合变，度时施宜，希世用事"也。

博陆	霍光，家在平阳。以兄骠骑将军故贵。前事武帝，觉捕得侍中谋反者马何罗等功侯，三千户。【集解】文颖曰："博，广。陆，平。取其嘉名，无此县也。食邑北海河东。"瓒曰："渔阳有博陆城也。"中辅幼主昭帝，为大将军。谨信，用事擅治，尊为大司马，益封邑万户。后事宣帝。历事三主，天下信乡之，益封二万户。子禹代立，谋反，族灭，国除。
秺 【集解】《汉书音义》曰："音妒。在济阴成武，今有亭矣。"	金翁叔名日磾，以匈奴休屠王太子从浑邪王将众五万，降汉归义，侍中，事武帝，觉捕侍中谋反者马何罗等功侯，三千户。中事昭帝，谨厚，益封三千户。子弘代立，为奉车都尉，事宣帝。
安阳 【索隐】表在荡阴，志属汝南。	上官桀。家在陇西。以善骑射从军。稍贵，事武帝，为左将军。觉捕斩侍中谋反者马何罗弟重合侯通功侯，三千户。中事昭帝，与大将军霍光争权。因以谋反，族灭，国除。
桑乐 【索隐】表在千乘。	上官安。以父桀为将军，故贵。侍中，事昭帝。安女为昭帝夫人，立为皇后故侯，三千户。骄蹇，与大将军霍光争权，因以父子谋反，族灭，国除。
富平 【索隐】志属平原。	张安世，家在杜陵。以故御史大夫张汤子武帝时给事尚书，为尚书令。事昭帝，谨厚习事，为光禄勋右将军。辅政十三年，无适过，侯，三千户。及事宣帝，代霍光为大司马，用事，益封万六千户。子延寿代立，为太仆，侍中。
义阳 【索隐】表在平氏。	傅介子，家在北地。以从军为郎，为平乐监。昭帝时，刺杀外国王，天子下诏书曰："平乐监傅介子使外国，杀楼兰王，以直报怨，不烦师，有功，其以邑千三百户封介子为义阳侯。"子厉代立，争财相告，有罪，国除。

续表

商利 【索隐】表在徐郡。	王山，齐人也。故为丞相史，会骑将军上官安谋反，山说安与俱入丞相，斩安。山以军功为侯，三千户。上书愿治民，为代太守。为人所上书言，系狱当死，会赦，出为庶人，国除。
建平 【索隐】表在济阳。	杜延年，以故御史大夫杜周子给事大将军幕府，发觉谋反者骑将军上官安等罪，封为侯，邑二千七百户，拜为太仆。元年，出为西河太守。五凤三年，入为御史大夫。
弋阳 【索隐】志属汝南。	任宫，以故上林尉捕格谋反者左将军上官桀，杀之便门，封为侯，二千户。后为太常，及行卫尉事。节俭谨信，以寿终，传于子孙。
宜城 【索隐】表在济阴。	燕仓，以故大将军幕府军吏发谋反者骑将军上官安罪有功，封侯，邑二千户。为汝南太守，有能名。
宜春 【索隐】志属汝南。	王䜣，家在齐。本小吏佐史，稍迁至右辅都尉。武帝数幸扶风郡，䜣共置办，拜为右扶风。至孝昭时，代桑弘羊为御史大夫。元凤三年，代田千秋为丞相，封二千户。立二年，为人所上书言暴，自杀，不殊。子代立，为属国都尉。
安平 【索隐】表在汝南，志属涿郡。	杨敞，家在华阴。故给事大将军幕府，稍迁至大司农，为御史大夫。元凤六年，代王䜣为丞相，封二千户。立二年，病死。子贲代立，十三年病死。子翁君代立，为典属国。三岁，以季父惲故出恶言，系狱当死，得免，为庶人，国除。
右孝昭时所封国名	
阳平 【索隐】志属东郡。	蔡义，家在温。故师受《韩诗》，为博士，给事大将军幕府，为杜城门候。入侍中，授昭帝《韩诗》，为御史大夫。是时年八十，衰老，常两人扶持乃能行。然公卿大臣议，以为为人主师，当以为相，以元平元年代杨敞为丞相，封二千户。病死，绝无后，国除。
扶阳 【索隐】志属沛郡，表在萧。	韦贤，家在鲁。通《诗》、《礼》、《尚书》，为博士，授鲁大儒，入侍中，为昭帝师，迁为光禄大夫，大鸿胪，长信少府。以为人主师，本始三年代蔡义为丞相，封扶阳侯，千八百户。为丞相五岁，多恩，不习吏事，免相就第，病死。子玄成代立，为太常。坐祠庙骑，夺爵，为关内侯。
平陵 【索隐】表在武当。	范明友，家在陇西。以家世习外国事使护西羌。事昭帝，拜为度辽将军，击乌桓功侯，二千户。取霍光女为妻。地节四年，与诸霍子禹等谋反，族灭，国除。

续 表

营平 【索隐】表在济南。	赵充国,以陇西骑士从军得官,侍中,事武帝。数将兵击匈奴有功,为护军都尉,侍中,事昭帝。昭帝崩,议立宣帝,决疑定策,以安宗庙功侯,封二千五百户。
阳成 【索隐】表在济阴,非也。且济阴有城阳县耳,而颍川汝南又各有阳城县,"城"字从"土,"在"阳"之下,今此似误,不可分别也。	田延年,以军吏事昭帝。发觉上官桀谋反事,后留迟不得封,为大司农。本造废昌邑王议立宣帝,决疑定策,以安宗庙功侯,二千七百户。逢昭帝崩,方上事并急,因以盗都内钱三千万。【集解】《汉书·百官表》曰:"司农属官有都内。"发觉,自杀,国除。
平丘 【索隐】志属陈留,表在肥城。	王迁,家在卫。【索隐】一作"衙,"音牙。《地理志》衙县在冯翊。为尚书郎,习刀笔之文。侍中,事昭帝。帝崩,立宣帝,决疑定策,以安宗庙功侯,二千户。为光禄大夫,秩中二千石。坐受诸侯王金钱财,漏泄中事,诛死,国除。
乐成 【索隐】表在平氏,志属南阳。	霍山。山者,大将军光兄子也。光未死时上书曰:"臣兄骠骑将军去病从军有功,病死,赐谥景桓侯,绝无后,臣光愿以所封东武阳邑三千五百户分与山。"天子许之,拜山为侯。后坐谋反,族灭,国除。
冠军 【索隐】志属南阳。	霍云,以大将军兄骠骑将军适孙为侯。地节三年,天子下诏书曰:"骠骑将军去病击匈奴有功,封为冠军侯。薨卒,子侯代立,病死无后。《春秋》之义,善善及子孙,其以邑三千户封云为冠军侯。"后坐谋反,族灭,国除。
平恩 【索隐】志属魏郡。	许广汉,家昌邑。坐事下蚕室,独有一女,嫁之。宣帝未立时,素与广汉出入相通,卜相者言当大贵,以故广汉施恩甚厚。地节三年,封为侯,邑三千户。病死无后,国除。
昌水 【索隐】表在于陵。	田广明,故郎,为司马,稍迁至南郡都尉、淮阳太守、鸿胪、左冯翊。昭帝崩,议废昌邑王,立宣帝,决疑定策,以安宗庙。本始三年,封为侯,邑二千三百户。为御史大夫。后为祁连将军,击匈奴,军不至质,当死,自杀,国除。
高平 【索隐】志属临淮。	魏相,家在济阴。少学《易》,为府卒史,以贤良举为茂陵令,迁河南太守。坐贼杀不辜,系狱,当死,会赦,免为庶人。有诏守茂陵令,为杨州刺史,入为谏议大夫,复为河南太守,迁为大司农、御史大夫。地节三年,谮毁韦贤,代为丞相,封千五百户。病死,长子宾代立,坐祠庙失侯。
博望 【索隐】志属南阳。	许中翁,【集解】名舜。以平恩侯许广汉弟封为侯,邑二千户。亦故有私恩,为长乐卫尉。死,子延年代立。

续 表

乐平	许翁孙，以平恩侯许广汉少弟故为侯，封二千户。拜为强弩将军，击破西羌，还，更拜为大司马、光禄勋。亦故有私恩，故得封。嗜酒好色，以早病死。子汤代立。
将陵	史子回，【集解】名曾。以宣帝大母家封为侯，二千六百户，与平台侯昆弟行也。子回妻宜君，故成王孙，嫉妒，绞杀侍婢四十余人，盗断妇人初产子臂膝以为媚道。为人所上书言，论弃市。子回以外家故，不失侯。
平台 【索隐】志属常山。	史子叔，【集解】名玄。以宣帝大母家封为侯，二千五百户。卫太子时，史氏内一女于太子，嫁一女鲁王，今见鲁王亦史氏外孙也。外家有亲，以故贵，数得赏赐。
乐陵 【索隐】志属临淮。平原亦有乐陵。	史子长，【集解】名高。以宣帝大母家贵，侍中，重厚忠信。以发觉霍氏谋反事，封三千五百户。
博成 【索隐】表在临淮。	张章，父故颍川人，为长安亭长。失官，之北阙上书，寄宿霍氏第舍，卧马枥间，夜闻养马奴相与语，言诸霍氏子孙欲谋反状，因上书告反，为侯，封三千户。
都成 【索隐】志属颍川。	金安上，先故匈奴。以发觉故大将军霍光子禹等谋反事有功，封侯，二千八百户。安上者，奉车都尉秺侯从群子。行谨善，退让以自持，欲传功德于子孙。
平通 【索隐】表在博阳。	杨恽，家在华阴，故丞相杨敞少子，任为郎。好士，自喜知人，居众人中常与人颜色，以故高昌侯董忠引与屏语，言霍氏谋反状，共发觉告反侯，二千户，为光禄勋。到五凤四年，作为妖言，大逆罪腰斩，国除。
高昌 【索隐】志属千乘。	董忠，父故颍川阳翟人，以习书诣长安。忠有材力，能骑射，用短兵，给事期门。【集解】《汉书·东方朔传》曰："武帝微行，出与侍中常侍武骑及待诏陇西北地良家子能骑射者期诸殿门，故有'期门'之号。"与张章相习知，章告语忠霍禹谋反状，忠以语常侍骑郎杨恽，共发觉告反，侯，二千户。今为枭骑都尉，侍中。坐祠宗庙乘小车，夺百户。
爰戚	赵成，【索隐】《汉表》作"赵长平"。用发觉楚国事侯，二千三百户。地节元年，楚王与广陵王谋反，成发觉反状，天子推恩广德义，下诏书曰"无治广陵王"，广陵王不变更。后复坐祝诅灭国，自杀，国除。今帝复立子为广陵王。
酂	地节三年，天子下诏书曰："朕闻汉之兴，相国萧何功第一，今绝亡后，朕甚怜之，其以邑三千户封萧何玄孙建世为酂侯。"

续 表

平昌	王长君,【集解】名无故。家在赵国,常山广望邑人也。卫太子时,嫁太子家,为太子男史皇孙为配,生子男,绝不闻声问,行且四十余岁,至今元康元年中,诏征,立以为侯,封五千户。宣帝舅父也。
乐昌 【索隐】表在汝南。	王稚君,【集解】名武。家在赵国,常山广望邑人也。以宣帝舅父外家封为侯,邑五千户。平昌侯王长君弟也。
邛成 【索隐】表在济阴。	王奉光,家在房陵。以女立为宣帝皇后,故封千五百户。言奉光初生时,夜见光其上,传闻者以为当贵云。后果以女故为侯。
安远 【索隐】表在慎。	郑吉,家在会稽。以卒伍起从军为郎,使护将弛刑士田渠梨。会匈奴单于死,国乱,相攻,日逐王将众来降汉,先使语吉,吉将吏卒数百人往迎之。众颇有欲还者,斩杀其渠率,遂与俱入汉。以军功侯,二千户。
博阳 【索隐】表在南顿。	邴吉,家在鲁。本以治狱为御史属,给事大将军幕府。常施旧恩宣帝,迁为御史大夫,封侯,二千户。神爵二年,代魏相为丞相。立五岁,病死。子翁孟代立,为将军,侍中。甘露元年,坐祠宗庙不乘大车而骑至庙门,有罪,夺爵,为关内侯。
建成 【索隐】表在沛。	黄霸,家在阳夏,以役使徙云阳。以廉吏为河内守丞,迁为廷尉监,行丞相长史事。坐见知夏侯胜非诏书大不敬罪,久系狱三岁,从胜学《尚书》。会赦,以贤良举为扬州刺史,颍川太守。善化,男女异路,耕者让畔,赐黄金百斤,秩中二千石。居颍川,入为太子太傅,迁御史大夫。五凤三年,代邴吉为丞相。封千八百户。
西平 【索隐】表在临淮。	于定国,家在东海。本以治狱给事为廷尉史,稍迁御史中丞。上书谏昌邑王,迁为光禄大夫,为廷尉。乃师受《春秋》变道行化,谨厚爱人。迁为御史大夫,代黄霸为丞相。
右孝宣时所封	
阳平 【索隐】表在东郡。	王稚君,【集解】名杰。【索隐】《汉表》名禁。家在魏郡。故丞相史。女为太子妃。太子立为帝,女为皇后,故侯,千二百户。初元以来,方盛贵用事,游宦求官于京师者多得其力,未闻其有知略广宣于国家也。

索隐述赞曰:孝武之代,天下多虞。南讨瓯越,北击单于。长平鞠旅,冠军前驱。术阳衔璧,临蔡破禺。博陆上宰,平津巨儒。金章且佩,紫绶行纡。昭帝已后,勋宠不殊。惜哉绝笔,褚氏补诸。

卷二十一

建元已来王子侯者年表第九

制诏御史:“诸侯王或欲推私恩分子弟邑者,令各条上,朕且临定其号名。”

太史公曰:盛哉,天子之德。一人有庆,天下赖之。

索隐述赞曰:汉氏之初,矫枉过正。欲大本枝,先封同姓。建元已后,藩翰克盛。主父上言,推恩下令。长沙、济北,中山、赵敬。分邑广封,振振在咏。捍城御侮,烨烨辉映。百足不僵,一人有庆。

国名	王子号	元光	元朔	元狩	元鼎	元封	太初
兹	河间献王子。	2 五年正月壬子，侯刘明元年。	2 三年，侯明坐谋反杀人，弃市，国除。 【集解】徐广曰："一作'掠杀人，弃市。'"				
安成 【索隐】表在豫章。	长沙定王子。	1 六年七月乙巳，思侯刘苍元年。	6	6	6 元年，今侯自当元年。	6	4
宜春	长沙定王子。	1 六年七月乙巳，侯刘成元年。	6	6	4 五年，侯成坐酎金，国除。		
句容 【索隐】表在会稽。	长沙定王子。	1 六年七月乙巳，哀侯刘党元年。	元年，哀侯党薨，无后，国除。				
句陵 【集解】徐广曰："一作容陵。"	长沙定王子。	1 六年七月乙巳，侯刘福元年。	6	6	4 五年，侯福坐酎金，国除。		
杏山	楚安王子。	1 六年后九月壬戌，侯刘成元年。	6	6	4 五年，侯成坐酎金，国除。		

续表

国名	王子号	元光	元朔	元狩	元鼎	元封	太初
浮丘 【索隐】表在沛。	楚安王子。	1 六年后九月壬戌，侯刘不审元年。	6	4 2 五年，侯霸元年。	4 五年，侯霸坐酎金，国除。		
广戚	鲁共王子。		6 元年十(一)月丁酉，节侯刘择元年。 【集解】徐广曰："择，一作将。"	6 元年，侯始元年。	4 五年，侯始坐酎金，国除。		
丹杨 【索隐】表在芜湖。	江都易王子。		6 元年十二月甲辰，哀侯敢元年。	元狩元年，侯敢薨，无后，国除。			
盱台	江都易王子。		6 元年十二月甲辰，侯刘象之元年。 【索隐】表作"蒙之"。	6	4 五年，侯象之坐酎金，国除。		
湖孰 【索隐】表在丹阳。	江都易王子。		6 元年正月丁(亥)〔卯〕，顷侯刘胥元年。 【索隐】表名"胥行"。	6	4 2 五年，今侯圣元年。	6	4

续　表

国　名	王子号	元　光	元　朔	元　狩	元　鼎	元　封	太　初
秩阳 【索隐】表作“秣陵。”	江都易王子。		6 元年正月丁卯，终侯刘涟元年。【索隐】表名缠。	6	3 四年，终侯涟薨，无后，国除。		
睢陵 【索隐】表作“淮陵。”	江都易王子。		6 元年正月丁卯，侯刘定国元年。	6	4 五年，侯定国坐酎金，国除。		
龙丘 【索隐】表在琅邪。	江都易王子。		5 二年五月乙巳，侯刘代元年。	6	4 五年，侯代坐酎金，国除。		
张梁	江都易王子。		5 二年五月乙巳，哀侯刘仁元年。	6	2　4 三年，今侯顺元年。	6	4
剧	菑川懿王子。		5 二年五月乙巳，原侯刘错元年。	6	1　5 二年，孝侯广昌元年。	6	4
壤	菑川懿王子。		5 二年五月乙巳，夷侯刘高遂。元年。	6	6 元年，今侯延元年。	6	4

续表

国名	王子号	元光	元朔	元狩	元鼎	元封	太初
平望	菑川懿王子。		5 二年五月乙巳，夷侯刘赏元年。	2 4 三年，今侯楚人元年。	6	6	4
临原 【索隐】表作“临众。”	菑川懿王子。		5 二年五月乙巳，敬侯刘始昌元年。	6	6	6	4
葛魁 【集解】徐广曰：“葛，一作莒。”【索隐】表、志阙，或乡名。	菑川懿王子。		5 二年五月乙巳，节侯刘宽元年。	3 3 四年，(今)侯戚元年。	2 三年，侯戚坐杀人，弃市，国除。		
益都	菑川懿王子。		5 二年五月乙巳，侯刘胡元年。	6	6	6	4
平酌 【索隐】《汉表》作“平的”，志属北海。	菑川懿王子。		5 二年五月乙巳，戴侯刘彊元年。	6	6 元年，思侯中时元年。	6	4
剧魁 【索隐】志属北海。	菑川懿王子。		5 二年五月乙巳，夷侯刘墨元年。	6	6	3 3 元年，侯昭元年。四年，侯德元年。	4

续表

国名	王子号	元光	元朔	元狩	元鼎	元封	太初
寿梁 【索隐】表在寿乐。	菑川懿王子。		5 二年五月乙巳，侯刘守元年。	6	4 五年，侯守坐酎金，国除。		
平度 【索隐】志属东莱。	菑川懿王子。		5 二年五月乙巳，侯刘衍元年。	6	6	6	4
宜成 【索隐】表在平原。	菑川懿王子。		5 二年五月乙巳，康侯(彷)〔偃〕元年。	6	6 元年，侯福元年。	6	元年，侯福坐杀弟，弃市，国除。
临朐 【索隐】表在东海。	菑川懿王子。		5 二年王月乙巳，哀侯刘奴元年。	6	6	6	4
雷 【索隐】表在东海。	城阳共王子。		5 二年五月甲戌，侯刘稀元年。	6	5 五年，侯稀坐酎金，国除。		
东莞 【索隐】志属琅邪。	城阳共王子。		3 二年五月甲戌，侯刘吉元年。 五年，侯吉有痼疾，不朝，废，国除。				

续 表

国 名	王子号	元 光	元 朔	元 狩	元 鼎	元 封	太 初
辟 【索隐】表在东海。	城阳共王子。		3 2 二年五月甲戌,节侯刘壮元年。五年,侯朋元年。	6	4 五年,侯朋坐酎金,国除。		
尉文 【索隐】表在南郡。	赵敬肃王子。		5 二年六月甲午,节侯刘丙元年。	6 元年,侯犊元年。	4 五年,侯犊坐酎金,国除。		
封斯 【索隐】志属常山。	赵敬肃王子。		5 二年六月甲午,共侯刘胡阳元年。	6	6	6	2 2 三年,今侯如意元年。
榆丘	越敬肃王子。		5 二年六月甲午,侯刘寿福元年。	6	4 五年,侯寿福坐酎金,国除。		
襄嚵 【索隐】韦昭云:"广平县。"嚵音仕咸反,又仕俭反。	赵敬肃王子。		5 二年六月甲午,侯刘建元年。	6	4 五年,侯建坐酎金,国除。		
邯会 【索隐】志属魏郡。	赵敬肃王子。		5 二年六月甲午,侯刘仁元年。	6	6	6	4
朝 【索隐】凡侯不言郡县,皆表、志阙。	赵敬肃王子。		5 二年六月甲午,侯刘义元年。	6	2 4 三年,今侯禄元年。	6	4

续 表

国 名	王子号	元 光	元 朔	元 狩	元 鼎	元 封	太 初
东城 【索隐】志属九江。	赵敬肃王子。		5 二年六月甲午，侯刘遗元年。	6	元年，侯遗有罪，国除。		
阴城	赵敬肃王子。		5 二年六月甲午，侯刘苍元年。	6	6	元年，侯苍有罪，国除。	
广望 【索隐】志属涿郡。	中山靖王子。		5 二年六月甲午，侯刘安中元年。	6	6	6	4
将梁 【索隐】表在涿郡。	中山靖王子。		5 二年六月甲午，侯刘朝平元年。	6	4 五年，侯朝平坐酎金，国除。		
新馆 【索隐】表在涿郡。	中山靖王子。		5 二年六月甲午，侯刘未央元年。	6	4 五年，侯未央坐酎金，国除。		
新处 【索隐】表在涿郡。	中山靖王子。		5 二年六月甲午，侯刘嘉元年。	6	4 五年，侯嘉坐酎金，国除。		
陉城 【索隐】表在涿郡，志属中山。	中山靖王子。		5 二年六月甲午，侯刘贞元年。	6	4 五年，侯贞坐酎金，国除。		

续表

国名	王子号	元光	元朔	元狩	元鼎	元封	太初
蒲领 【索隐】表在东海。	广川惠王子。		4 三年十月癸酉，侯刘嘉元年。				
西熊	广川惠王子。		4 三年十月癸酉，侯刘明元年。				
枣彊 【索隐】志属清河。	广川惠王子。		4 三年十月癸酉，侯刘晏元年。				
毕梁 【索隐】表在魏郡。	广川惠王子。		4 三年十月癸酉，侯刘婴元年。	6	6	3 四年，侯婴有罪，国除。	
房光 【索隐】表在魏郡。	河间献王子。		4 三年十月癸酉，侯刘殷元年。	6	元年，侯殷有罪，国除。		
距阳	河间献王子。		4 三年十月癸酉，侯刘匄元年。	4　2 五年，侯渡元年。	4 五年，侯渡有罪，国除。		
蒌(安) 【索隐】蒌音力俱反。《汉表》"蒌节侯，"无"安"字。节，谥也。	河间献王子。		4 三年十月癸酉，侯刘邈元年。	6	6	6 元年，今侯婴元年。	4

续表

国名	王子号	元光	元朔	元狩	元鼎	元封	太初
阿武	河间献王子。		4 三年十月癸酉，滑侯刘豫元年。	6	6	6	2　2 三年，今侯宽元年。
参户 【索隐】志属勃海。	河间献王子。		4 三年十月癸酉，侯刘勉元年。	6	6	6	4
州乡 【索隐】志属涿郡。	河间献王子。		4 三年十月癸酉，节侯刘禁元年。	6	6	5　1 六年，今侯惠元年。	4
成平 【索隐】表在南皮。	河间献王子。		4 三年十月癸酉，侯刘礼元年。	2 三年，侯礼有罪，国除。			
广 【索隐】表在勃海。	河间献王子。		4 三年十月癸酉，侯刘顺元年。	6	4 五年，侯顺坐酎金，国除。		
盖胥 【索隐】《汉志》在太山，表在魏郡。	河间献王子。		4 三年十月癸酉，侯刘让元年。	6	4 五年，侯让坐酎金，国除。		
陪安 【索隐】表在魏郡。	济北贞王子。		4 三年十月癸酉，康侯刘不害元年。	6	1　2 二年，哀侯秦客元年。 三年，侯秦客薨，无后，国除。		

续表

国名	王子号	元光	元朔	元狩	元鼎	元封	太初
荣简 【集解】徐广曰："一作营简。"【索隐】《汉表》作"营关，"在茌平。	济北贞王子。		4 三年十月癸酉，侯刘骞元年。	2 三年，侯骞有罪，国除。			
周坚	济北贞王子。		4 三年十月癸酉，侯刘何元年。	4　2 五年，侯当时元年。	4 五年，侯当时坐酎金，国除。		
安阳 【索隐】表在平原。	济北贞王子。		4 三年十月癸酉，侯刘桀元年。	6	6	6	4
五樔 【索隐】表在泰山。	济北贞王子。		4 三年十月癸酉，侯刘臒丘元年。【索隐】旧作臒，音劬，刘氏音乌霍反。	6	4 五年，侯臒丘坐酎金，国除。		
富	济北贞王子。		4 三年十月癸酉，侯刘袭元年。	6	6	6	4

续表

国 名	王子号	元 光	元 朔	元 狩	元 鼎	元 封	太 初
陪 【索隐】倍。表在平原。	济北贞王子。		4 三年十月癸酉，缪侯刘明元年。	6	2 2 三年，侯邑元年。五年，侯邑坐酎金，国除。		
从 【集解】徐广曰："一作散。"【索隐】从音缫。《汉表》作"蕺，"在平原。今平原无蕺县，此例非一，盖乡名也。	济北贞王子。		4 三年十月癸酉，侯刘信元年。	6	4 五年，侯信坐酎金，国除。		
平 【索隐】志属河南。	济北贞王子。		4 三年十月癸酉，侯刘遂元年。	元年，侯遂有罪，国除。			
羽 【索隐】志属平原。	济北贞王子。		4 三年十月癸酉，侯刘成元年。	6	6	6	4
胡母 【索隐】表在泰山。	济北贞王子。【索隐】自陪安侯不害已下十一人是济北贞王		4 三年十月癸酉，侯刘楚元年。	6	4 五年，侯楚坐酎金，国除。		

续表

国名	王子号	元光	元朔	元狩	元鼎	元封	太初
	子，而《汉表》自安阳侯已下是济北式，王子，同是元朔三年十月封，恐因此误也。						
离石 【索隐】表在上党，志属西河。	代共王子。		4 三年正月壬戌，侯刘绾元年。	6	6	6	4
邵 【索隐】表在山阳。	代共王子。		4 三年正月壬戌，侯刘慎元年。	6	6	6	4
利昌 【索隐】志属齐郡。	代共王子。		4 三年正月壬戌，侯刘嘉元年。	6	6	6	4
蔺 【索隐】志属西河。	代共王子。		三年正月壬戌，侯刘憙元年。				
临河 【索隐】志属朔方。	代共王子。		三年正月壬戌，侯刘贤元年。				

续 表

国 名	王子号	元 光	元 朔	元 狩	元 鼎	元 封	太 初
隰成 【索隐】志属西河。	代共王子。		三年正月壬戌，侯刘忠元年。				
土军 【索隐】志属西河。	代共王子。		三年正月壬戌，侯刘郢客元年。		侯郢客坐与人妻奸，弃市。		
皋狼 【索隐】表在临淮。	代共王子。		三年正月壬戌，侯刘迁元年。				
千章 【集解】徐广曰："一作斥。"【索隐】千章，表在平原。	代共王子。		三年正月壬戌，侯刘遇元年。				
博阳 【索隐】志属汝南。	齐孝王子。		4 三年三月乙卯，康侯刘就元年。	6	2 2 三年，侯终吉元年。 五年，侯终吉坐酎金，国除。		
宁阳 【索隐】表在济南。	鲁共王子。		4 三年三月乙卯，节侯刘恢元年。	6	6	6	4

续表

国名	王子号	元光	元朔	元狩	元鼎	元封	太初
瑕丘 【索隐】志属山阳。	鲁共王子。		4 三年三月乙卯，节侯刘贞元年。	6	6	6	4
公丘 【索隐】志属沛郡。	鲁共王子。		4 三年三月乙卯，夷侯刘顺元年。	6	6	6	4
郁狼 【索隐】韦昭云："属鲁。"志不载。狼音卢党反，又音郎。	鲁共王子。		4 三年三月乙卯，侯刘骑元年。	6	4 五年，侯骑坐酎金，国除。		
西昌	鲁共王子。		4 三年三月乙卯，侯刘敬元年。	6	4 五年，侯敬坐酎金，国除。		
陉城 【索隐】《汉表》作"陆地"为得。靖王子贞已封陉，二人不应重封。	中山靖王子。		4 三年三月癸酉，侯刘义元年。	6	4 五年，侯义坐酎金，国除。		
邯平 【索隐】表在广平。	赵敬肃王子。【索隐】以异年封，故别见于此。		4 三年四月庚辰，侯刘顺元年。	6	4 五年，侯顺坐酎金，国除。		

续表

国名	王子号	元光	元朔	元狩	元鼎	元封	太初
武始 【索隐】表在魏。	赵敬肃王子。 【索隐】后立为赵王。		4 三年四月庚辰，侯刘昌元年。	6	6	6	4
象氏 【索隐】韦昭云：“在巨鹿。”	赵敬肃王子。		4 三年四月庚辰，节侯刘贺元年。	6	6	2 4 三年，思侯安德元年。	4
易 【索隐】一作鄗。志属涿，郡，表在鄗。			4 三年四月庚辰，安侯刘平元年。	6	6	4 2 五年，今侯种元年。	4
洛陵 【索隐】表作“路陵”，在南阳。	长沙定王子。		3 四年三月乙丑，侯刘章元年。	1 二年，侯章有罪，国除。			
攸舆 【索隐】案：今长沙有攸县，本名攸舆。《汉表》在南阳。	长沙定王子。		3 四年三月乙丑，侯刘则元年。	6	6	6	元年，侯则篡死罪，弃市，国除。
茶陵 【索隐】表在桂阳，志属长沙。	长沙定王子。		3 四年三月乙丑，侯刘欣元年。	6	1 5 二年，哀侯阳元年。	6	元年，侯阳薨，无后，国除。

续表

国名	王子号	元光	元朔	元狩	元鼎	元封	太初
建成 【索隐】表在豫章。	长沙定王子。		3 四年二月乙丑，侯刘拾元年。	5 六年，侯拾坐不朝，不敬，国除。			
安众 【索隐】志属南阳。	长沙定王子。		3 四年三月乙丑，康侯刘丹元年。	6	6	5 1 六年，今侯山拊元年。 【索隐】拊音趺。	4
叶 【索隐】叶音摄。县名，属南阳。	长沙定王子。		3 四年三月乙丑，康侯刘嘉元年。	6	4 五年，侯嘉坐酎金，国除。		
利乡	城阳共王子。		3 四年三月乙丑，康侯刘婴元年。	2 三年，侯婴有罪，国除。			
有利 【索隐】表在东海。	城阳共王子。		3 四年三月乙丑，侯刘钉元年。	元年，侯钉坐遗淮南书称臣，弃市，国除。			
东平 【索隐】表在东海。	城阳共王子。		3 四年三月乙丑，侯刘庆元年。	2 三年，侯庆坐与姊妹奸，有罪，国除。			
运平 【索隐】表在东海。	城阳共王子。		3 四年三月乙丑，侯刘䜣元年。	6	4 五年，侯䜣坐酎金，国除。		

续表

国名	王子号	元光	元朔	元狩	元鼎	元封	太初
山州	城阳共王子。		3 四年三月乙丑，侯刘齿元年。	6	4 五年，侯齿坐酎金，国除。		
海常 【索隐】表在琅邪。	城阳共王子。		3 四年三月乙丑，侯刘福元年。	6	4 五年，侯福坐酎金，国除。		
钧丘 【索隐】《汉表》作“驺丘。”	城阳共王子。		3 四年三月乙丑，侯刘宪元年。	3　3 四年，今侯执德元年。	6	6	4
南城	城阳共王子。		3 四年三月乙丑，侯刘贞元年。	6	6	6	4
广陵 【集解】徐广曰：“一作阳。”	城阳共王子。		3 四年三月乙丑，常侯刘表元年。	4　2 五年，侯成元年。	4 五年，侯成坐酎金，国除。		
庄原 【索隐】《汉表》作“杜原。”	城阳共王子。		3 四年三月乙丑，侯刘皋元年。	6	4 五年，侯皋坐酎金，国除。		
临乐 【索隐】韦昭云：“县名，属勃海。”	中山靖王子。		3 四年四月甲午，敦侯刘光元年。 【索隐】《谥法》：“善行不怠曰敦。”	6	6	5　1 六年，今侯建元年。	4

续表

国名	王子号	元光	元朔	元狩	元鼎	元封	太初
东野	中山靖王子。		3 四年四月甲午，侯刘章元年。	6	6	6	4
高平 【索隐】表在平原。	中山靖王子。		3 四年四月甲午，侯刘嘉元年。	6	4 五年，侯嘉坐酎金，国除。		
广川	中山靖王子。		3 四年四月甲午，侯刘颇元年。	6	4 五年，侯颇坐酎金，国除。		
千钟 【集解】徐广曰："一作重。"【索隐】《汉表》作"重侯担，"在平原。《地理志》有重丘也。	河间献王子。		3 四年四月甲午，侯刘摇元年。【集解】一云"刘阴。"	1 二年，侯阴不使人为秋请，有罪，国除。			
披阳 【索隐】萧该披音皮，刘氏音皮彼反。志属千乘也。	齐孝王子。		3 四年四月乙卯，敬侯刘燕元年。	6	4 2 五年，今侯隅元年。	6	4

续 表

国名	王子号	元光	元朔	元狩	元鼎	元封	太初
定 【索隐】定，地名。	齐孝王子。		3 四年四月乙卯，敬侯刘越元年。【索隐】《汉表》作敫侯。敫，谥也。《说文》云："敫读如跃。"	6	3 3 四年，今侯德元年。	6	4
稻 【索隐】志属琅邪。	齐孝王子。		3 四年四月乙卯，夷侯刘定元年。	6	2 4 三年，今侯都阳元年。	6	4
山 【索隐】表在勃海。	齐孝王子。		3 四年四月乙卯，侯刘国元年。	6	6	6	4
繁安	齐孝王子。		3 四年四月乙卯，侯刘忠元年。	6	6	6	3 1 四年，今侯寿元年。
柳	齐孝王子。		3 四年四月乙卯，康侯刘阳元年。	6	3 3 四年，侯罢师元年。	4 2 五年，今侯自为元年。	4
云 【索隐】志属琅邪。	齐孝王子。		3 四年四月乙卯，夷侯刘信元年。	6	5 1 六年，今侯岁发元年。	6	4

续表

国名	王子号	元光	元朔	元狩	元鼎	元封	太初
牟平 【集解】徐广曰："一作羊。"【索隐】志属东莱。	齐孝王子。		3 四年四月乙卯，共侯刘渫元年。【索隐】渫音薛。	2 4 三年，今侯奴元年。	6	6	4
柴 【索隐】志属泰山。	齐孝王子。		3 四年四月乙卯，原侯刘代元年。	6	6	6	4
柏阳 【索隐】《汉表》作畅，在中山。	赵敬肃王子。		2 五年十一月辛酉，侯刘终古元年。	6	6	6	4
鄗 【索隐】《汉表》作鄗，音霍。志属常山郡。	赵敬肃王子。		2 五年十一月辛酉，侯刘延年元年。	6	4 五年，侯延年坐酎金，国除。		
桑丘 【索隐】表在深泽。	中山靖王子。		2 五年十一月辛酉，节侯刘洋元年。【索隐】《汉表》名将夜。	6	3 3 四年，今侯德元年。	6	4

续表

国名	王子号	元光	元朔	元狩	元鼎	元封	太初
高丘	中山靖王子。		2 五年三月癸酉，哀侯刘破胡元年。	6	元年，侯破胡薨，无后，国除。		
柳宿 【索隐】表在涿郡。	中山靖王子。		2 五年三月癸酉，夷侯刘盖元年。	2 4 三年，侯苏元年。	4 五年，侯苏坐酎金，国除。		
戎丘	中山靖王子。		2 五年三月癸酉，侯刘让元年。	6	4 五年，侯让坐酎金，国除。		
樊舆	中山靖王子。		2 五年三月癸酉，节侯刘条元年。	6	6	6	4
曲成 【索隐】表在涿郡。	中山靖王子。		2 五年三月癸酉，侯刘万岁元年。	6	4 五年，侯万岁坐酎金，国除。		
安郭 【索隐】表在涿郡。	中山靖王子。		2 五年三月癸酉，侯刘博元年。	6	6	6	4

续表

国名	王子号	元光	元朔	元狩	元鼎	元封	太初
安险 【索隐】志属中山。	中山靖王子。	2 五年三月癸酉，侯刘应元年。	6	4 五年，侯应坐酎金，国除。			
安遥 【索隐】表作安道。	中山靖王子。		2 五年三月癸酉，侯刘恢元年。	6	4 五年，侯恢坐酎金，国除。		
夫夷	长沙定王子。		2 五年三月癸酉，敬侯刘义元年。	6	4　6 五年，今侯禹元年。	6	4
舂陵 【索隐】志属南阳。	长沙定王子。		2 五年六月壬子，侯刘买元年。	6	6	6	4
都梁 【索隐】志属零陵。	长沙定王子。		2 五年六月壬子，敬侯刘遂元年。	6	6 元年，今侯系元年。	6	4
洮阳 【索隐】志属零陵。洮音滔，又音道。	长沙定王子。		2 五年六月壬子，靖侯刘狗彘元年。【索隐】《汉表》名将燕。	5 六年，侯狗彘薨，无后，国除。			

续 表

国 名	王子号	元 光	元 朔	元 狩	元 鼎	元 封	太 初
泉陵 【索隐】志属零陵。	长沙定王子。		2 五年六月壬子，节侯刘贤元年。	6	6	6	4
终弋 【索隐】表在汝南。	衡山王赐子。		1 六年四月丁丑，侯刘广置元年。	6	4 五年，侯广置坐酎金，国除。		
麦 【索隐】表在琅邪。	城阳顷王子。			6 元年四月戊寅，侯刘昌元年。	4 五年，侯昌坐酎金，国除。		
鉅合 【索隐】表在平原。	城阳顷王子。			6 元年四月戊寅，侯刘发元年。	4 五年，侯发坐酎金，国除。		
昌 【索隐】志属琅邪。	城阳顷王子。			6 元年四月戊寅，侯刘差元年。 【索隐】昌侯羌。	4 五年，侯差坐酎金，国除。		
蕢 【索隐】或作费侯，音秘，又扶谓反。表在琅邪。	城阳顷王子。			6 元年四月戊寅，侯刘方元年。	4 五年，侯方坐酎金，国除。		

续表

国名	王子号	元光	元朔	元狩	元鼎	元封	太初
雩殷 【索隐】志属琅邪。表作虖葭，音呼、加。	城阳顷王子。			6 元年四月戊寅，康侯刘泽元年。	6		
石洛 【索隐】表在琅邪。	城阳顷王子。			6 元年四月戊寅，侯刘敬元年。	6	6	4
扶浔 【索隐】《汉表》作挟术，在琅邪。浔音浸。	城阳顷王子。			6 元年四月戊寅，侯刘昆吾元年。	6	6	4
挍 【索隐】音效。志阙。说者或以为琅邪被县，恐非。	城阳顷王子。			6 元年四月戊寅，侯刘霸元年。 【索隐】《汉表》名云。城阳顷王子十九人，《汉表》二十人，有挟僖侯霸，疑此表脱。	6	6	4
朸 【索隐】音勒。朸县属平原。	城阳顷王子。			6 元年四月戊寅，侯刘让元年。	6	6	4

续 表

国名	王子号	元光	元朔	元狩	元鼎	元封	太初
父城 【集解】徐广曰："一作六城。"【索隐】志在辽西，表在东海。	城阳顷王子。			6 元年四月戊寅，侯刘光元年。	4 五年，侯光坐酎金，国除。		
庸 【索隐】表在琅邪。	城阳顷王子。			6 元年四月戊寅，侯刘谭元年。 【索隐】《汉表》名馀。	6	6	4
翟 【索隐】表在东海。	城阳顷王子。			6 元年四月戊寅，侯刘寿元年。	4 五年，侯寿坐酎金，国除。		
鱣 【索隐】表在襄贲。贲音肥。襄贲，县名。	城阳顷王子。			6 元年四月戊寅，侯刘应元年。	4 五年，侯应坐酎金，国除。		
彭 【索隐】表在东海。	城阳顷王子。			6 元年四月戊寅，侯刘偃元年。 【索隐】彭侯疆。	4 五年，侯偃坐酎金，国除。		

续表

国名	王子号	元光	元朔	元狩	元鼎	元封	太初
瓡 【集解】徐广曰:“一作报。”【索隐】县名,志属北海,颜师古曰“即瓡字。”	城阳顷王子。			6 元年四月戊寅,侯刘息元年。	6	6	4
虚水 【索隐】虚音墟。志属琅邪。	城阳顷王子。			6 元年四月戊寅,侯刘禹元年。	6	6	4
东淮 【索隐】表在东海。	城阳顷王子。			6 元年四月戊寅,侯刘类元年。	4 五年,侯类坐酎金,国除。		
栒 【索隐】栒音荀。表在东海。案志,栒在扶风,与“栒”别也。	城阳顷王子。			6 元年四月戊寅,侯刘买元年。	4 五年,侯买坐酎金,国除。		
涓 【索隐】表作淯,在东海。按:淯水在南阳,南阳有淯阳县,疑表非也。	城阳顷王子。			6 元年四月戊寅,侯刘不疑元年。	4 五年,侯不疑坐酎金,国除。		

续 表

国 名	王子号	元 光	元 朔	元 狩	元 鼎	元 封	太 初
陆 【索隐】表在寿光。	菑川靖王子。			6 元年四月戊寅，侯刘何元年。	6	6	4
广饶 【索隐】志属齐郡。	菑川靖王子。			6 元年十月辛卯，康侯刘国元年。	6	6	4
缾 【索隐】缾音萍。韦昭云：“古缾邑。音蒲经反。”志属琅邪也。	菑川靖王子。			6 元年十月辛卯，侯刘成元年。	6	6	4
俞闾	菑川靖王子。			6 元年十月辛卯，侯刘不害元年。	6	6	4
甘井 【索隐】表在巨鹿。	广川穆王子。			6 元年十月乙酉，侯刘元元年。	6	6	4
襄陵 【索隐】表在巨鹿，志属河东。	广川穆王子。			6 元年十月乙酉，侯刘圣元年。	6	6	4

续表

国名	王子号	元光	元朔	元狩	元鼎	元封	太初
皋虞 【索隐】志属琅邪。	胶东康王子。				3　3 元年五月丙午，侯刘建元年。 四年，今侯处元年。	6	4
魏其 【索隐】志属琅邪。	胶东康王子。				6 元年五月丙午，畅侯刘昌元年。	6	4
祝兹 【索隐】案志，松兹在庐江，亦作“祝兹。”表在琅邪。刘氏云：“诸侯封名，《史》、《汉》表多有不同，不敢辄改。”今亦略检表、志同异，以备多识也。	胶东康王子。				4 元年五月丙午，侯刘延元年。 五年，延坐弃印绶出国，不敬，国除。		

卷二十二

汉兴以来将相名臣年表第十

索隐述赞曰：高祖初起，啸命群雄。天下未定，王我汉中。三杰既得，六奇献功。章邯已破，萧何筑宫。周勃厚重，朱虚至忠。陈平作相，条侯总戎。丙、魏立志，汤、尧饰躬。天汉之后，表述非功。

	大事记 【索隐】谓诛伐、封建、薨、叛。	相位 【索隐】置立丞相、太尉、三公。	将位 【索隐】命将兴师。	御史大夫位 【索隐】亚相。
高皇帝元年	春，沛公为汉王，之南郑。秋，还定雍。	1 丞相萧何守汉中。		御史大夫周苛守荥阳。
2	春，定塞、翟、魏、河南、韩、殷国。夏，伐项籍，至彭城。立太子。还据荥阳。	2 守关中。	1 太尉长安侯卢绾。	
3	魏豹反。使韩信别定魏，伐赵。楚围我荥阳。	3	2	
4	使韩信别定齐及燕，太公自楚归，与楚界洪渠。	4	3 周苛守荥阳，死。	御史大夫汾阴侯周昌。 【索隐】汾阴，县，属河东。
5	冬，破楚垓下，【索隐】垓音陔，隄名，在洨县。杀项籍。春，王践皇帝位定陶。【索隐】在济阴沇水之阳。 入都关中。【索隐】咸阳也。东函谷，南峣武，西散关，北萧关。在四关之中，故曰关中。用刘敬、张良之计故也。	5 罢太尉官。	4 后九月，绾为燕王。	
6	尊太公为太上皇。刘仲为代王。立大市。要命咸阳曰长安。【索隐】案：上卢绾已封长安侯者，盖当时别有长安号。	6 封为酂侯。张苍为计相。【索隐】计相，主天下书计及计吏。		

续 表

	大事记 【索隐】谓诛伐、封建、薨、叛。	相 位 【索隐】置立丞相、太尉、三公。	将 位 【索隐】命将兴师。	御史大夫位 【索隐】亚相。
7	长乐宫成，自栎阳徙长安。伐匈奴，匈奴围我平城。	7		
8	击韩信反虏于赵城。贯高作乱，明年觉，诛之。匈奴攻代王，代王弃国亡，废为郃阳侯。【索隐】郃音合。在冯翊，刘仲封。	8		
9	未央宫成，置酒前殿，太上皇辇上坐，帝奉玉卮上寿，曰："始常以臣不如仲力，今臣功孰与仲多？"太上皇笑，殿上称万岁。徙齐田，楚昭、屈、景于关中。	9 迁为相国。		御史大夫昌为赵丞相。
10	太上皇崩。陈豨反代地。	10		御史大夫江邑侯赵尧。
11	诛淮阴、彭越。黥布反。	11	周勃为太尉。攻代。后官省。	
12	冬，击布。还过沛。夏，上崩，(置)〔葬〕长陵。	12		
孝惠元年	赵隐王如意死。始作长安城西北方。除诸侯丞相为相。	13		

续表

	大事记 【索隐】谓诛伐、封建、薨、叛。	相位 【索隐】置立丞相、太尉、三公。	将位 【索隐】命将兴师。	御史大夫位 【索隐】亚相。
2	楚元王、齐悼惠王来朝。 七月辛未，何薨。	14 七月癸巳，齐相平阳侯曹参为相国。		
3	初作长安城。蜀湔氐反， 【索隐】湔音煎，氐音柢。蜀郡县名。 击之。	2		
4	三月甲子，赦，无所复作。	3		
5	为高祖立庙于沛城成，置歌儿一百二十人。 八月乙丑，参卒。	4		
6	七月，齐悼惠王薨。立太仓、西市。（八月赦齐）	1 十月（乙）〔己〕，巳，安国侯王陵为右丞相。（十月己巳）曲逆侯陈平为左丞相。	尧抵罪。	广阿侯任敖为御史大夫。 【集解】徐广曰："《汉书》在高后元年。"
7	上崩。大臣用张辟彊计，吕氏权重，以吕台为吕王。立少帝。（己卯）〔九月辛巳〕，葬安陵。	2		
高后元年	王孝惠诸子。置孝悌力田。	3 十一月甲子，徙平为左丞相。辟阳侯审食其为左丞相。		

续 表

	大事记 【索隐】谓诛伐、封建、薨、叛。	相 位 【索隐】置立丞相、太尉、三公。	将 位 【索隐】命将兴师。	御史大夫位 【索隐】亚相。
2	十二月，吕王台薨，子嘉代立为吕王。行八铢钱。	4 2 平。 食其。		平阳侯曹窋为御史大夫。【集解】一本在六年。【索隐】窋，竹律反。
3		5 3		
4	废少帝，更立常山王弘为帝。	6 4 置太尉官。	1 绛侯周勃为太尉。	
5	八月，淮阳王薨，以其弟壶关侯武为淮阳王。令戍卒岁更。	7 5	2	
6	以吕产为吕王。四月丁酉，赦天下。昼昏。	8 6	3	
7	赵王幽死，以吕禄为赵王。梁王徙赵，自杀。	9 7	4	
8	七月，高后崩。九月，诛诸吕。后九月，代王至，践皇帝位。后九月，食其免相。	10 8 七月辛巳，为帝太傅。九月(丙)〔壬〕戌，复为丞相。	5 隆虑侯灶【集解】徐广曰："姓周。"为将军，击南越。	御史大夫苍。
孝文元年	除收孥相坐律。立太子。赐民爵。	11 十一月辛巳，平徙为左丞相。太尉绛侯周勃为右丞相。	6 勃为相，颍阴侯灌婴为太尉。	
2	除诽谤律。皇子武为代王，参为太原王，(胜)〔揖〕为梁王。十月，丞相平薨。	1 十一月乙亥，绛侯勃复为丞相。	1	

续 表

	大事记 【索隐】谓诛伐、封建、薨、叛。	相 位 【索隐】置立丞相、太尉、三公。	将 位 【索隐】命将兴师。	御史大夫位 【索隐】亚相。
3	徙代王武为淮阳王。上幸太原。济北王反。匈奴大入上郡。以地尽与太原,太原更号代。 十一月壬子,勃免相,之国。	1 十二月乙亥,太尉颍阴侯灌婴为丞相。 罢太尉官。	2 棘蒲侯陈武为大将军,击济北。昌侯卢卿、共侯卢罢师、宁侯遬、深泽侯将夜【集解】徐广曰:"遬姓魏,将夜姓赵。"皆为将军,属武祁侯贺,将兵屯荥阳。	
4	十二月(乙)〔己〕巳,婴卒。	1 正月甲午,御史大夫北平侯张苍为丞相。	安丘侯张说为将军,击胡,出代。	关中侯申屠嘉为御史大夫。
5	除钱律,民得铸钱。	2		
6	废淮南王,迁严道,道死雍。 【索隐】严道在蜀郡,雍在扶风。	3		
7	四月丙子,初置南陵。	4		
8	太仆汝阴侯滕公卒。 【索隐】夏侯婴为滕令,故曰滕公。	5		
9	温室钟自鸣。以芷阳乡为霸陵。 【索隐】芷音止,又音昌改反。《地理志》有芷阳县。霸陵,今霸水名。	6		御史大夫敬。

续　表

	大事记 【索隐】谓诛伐、封建、薨、叛。	相　位 【索隐】置立丞相、太尉、三公。	将　位 【索隐】命将兴师。	御史大夫位 【索隐】亚相。
10	诸侯王皆至长安。	7		
11	上幸代。地动。	8		
12	河决东郡金隄。徙淮阳王为梁王。	9		
13	除肉刑及田租税律、戍卒令。	10		
14	匈奴大入萧关，发兵击之，及屯长安旁。	11	成侯董赤、内史栾布、昌侯卢卿、隆虑侯灶、宁侯遬皆为将军，东阳侯张相如为大将军，皆击匈奴。中尉周舍、郎中令张武皆为将军，屯长安旁。	
15	黄龙见成纪。上始郊见雍五帝。	12		
16	上始〔郊〕见渭阳五帝。	13		
后元年	新垣平诈言方士，觉，诛之。	14		
2	匈奴和亲。地动。 八月戊辰，苍免相。	15 八月庚午，御史大夫申屠嘉为丞相，封故安侯。		御史大夫青。
3	置谷口邑。	2		

续 表

	大事记 【索隐】谓诛伐、封建、薨、叛。	相　位 【索隐】置立丞相、太尉、三公。	将　位 【索隐】命将兴师。	御史大夫位 【索隐】亚相。
4		3		
5	上幸雍。	4		
6	匈奴三万人入上郡，二万人入云中。	5	以中大夫令免为车骑将军，军飞狐；故楚相苏意为将军，军句注；【索隐】句如字。又音钩。将军张武屯北地；河内守周亚夫为将军，军细柳；宗正刘礼军霸上；祝兹侯徐厉军棘门：以备胡。数月，胡去，亦罢。	
7	六月己亥，孝文皇帝崩。（其年）丁未，太子立。民出临三日，葬霸陵。	6	中尉亚夫为车骑将军，郎中令张武为复土将军，【索隐】复音伏。属国捍【索隐】户千反，亦作"悍。"徐广曰："姓徐，一名厉，即祝兹侯。"为将屯将军。詹事戎奴为车骑将军，侍太后。	
孝景元年	立孝文皇帝庙，郡国为太宗庙。	7 置司徒官。		
2	立皇子德为河间王，(闳)〔阏〕为临江王，馀为淮阳王，非为汝	8 开封侯陶青为丞相。		御史大夫错。

续 表

	大事记 【索隐】谓诛伐、封建、薨、叛。	相 位 【索隐】置立丞相、太尉、三公。	将 位 【索隐】命将兴师。	御史大夫位 【索隐】亚相。
	南王，彭祖为广川王，发为长沙王。四月中，孝文太后崩。 嘉卒。			
3	吴楚七国反，发兵击，皆破之。皇子端为胶西王，胜为中山王。	2 置太尉官。	中尉条侯周亚夫【索隐】条一作修。渤海有修市县。为太尉，击吴楚。曲周侯郦寄为(大)将军，击赵。窦婴为大将军，屯荥阳。栾布为(大)将军，击齐。	
4	立太子。	3	2 太尉亚夫。	御史大夫蚡。
5	置阳陵邑。 丞相北平侯张苍卒。	4	3	
6	徙广川王彭祖为赵王。	5	4	御史大夫阳陵侯岑迈。
7	废太子荣为临江王。四月丁巳，胶东王立为太子。 青罢相。	六月乙巳，太尉条侯亚夫为丞相。 罢太尉官。	5 迁为丞相。	御史大夫舍。
中元年		2		
2	皇子越为广川王，寄为胶东王。	3		

续表

	大事记 【索隐】谓诛伐、封建、薨、叛。	相　位 【索隐】置立丞相、太尉、三公。	将　位 【索隐】命将兴师。	御史大夫位 【索隐】亚相。
3	皇子乘为清河王。 亚夫免相。	4 御史大夫桃侯刘舍为丞相。		御史大夫绾。
4	临江王征自杀，葬蓝田，燕数万为衔土置冢上。	2		
5	皇子舜为常山王。	3		
6	梁孝王武薨。分梁为五国，王诸子：子买为梁王，明为济川王，彭离为济东王，定为山阳王，不识为济阴王。	4		
后元年	五月，地动。七月乙巳，日蚀。舍免相。	5 八月壬辰，御史大夫建陵侯卫绾为丞相。		御史大夫不疑。
2		2	迈卒。 六月丁丑，御史大夫岑。	
3	正月甲子，孝景〔皇帝〕崩。二月丙子，太子立。	3		
孝武建		4		
元元年 【索隐】年之有号，始自武帝，自建元至后元共十一号。	绾免相。	魏其侯窦婴为丞相。 置太尉。	武安侯田蚡为太尉。	御史大夫抵。【集解】《汉表》云牛抵。

续 表

	大事记 【索隐】谓诛伐、封建、薨、叛。	相 位 【索隐】置立丞相、太尉、三公。	将 位 【索隐】命将兴师。	御史大夫位 【索隐】亚相。
2	置茂陵。 婴免相。	二月乙未，太常柏至侯许昌为丞相。 蚡免太尉。 罢太尉官。		御史大夫赵绾。【索隐】代卫绾者。
3	东瓯王广武侯望率其众四万馀人来降，处庐江郡。	2		
4		3		御史大夫青翟。【索隐】姓庄。
5	行三分钱。【集解】徐广曰："《汉书》云半两。四分曰两。"	4		
6	正月，闽越王反。孝景太后崩。【集解】徐广曰："景帝母窦氏。" 昌免相。	5 六月癸巳，武安侯田蚡为丞相。	青翟为太子太傅。	御史大夫安国。
元光元年		2		
2	帝初之雍，郊见五畤。	3	夏，御史大夫韩安国为护军将军，卫尉李广为骁骑将军，太仆公孙贺为轻车将军，大行王恢为将屯将军，太中大夫李息为材官将军，篡单于马邑，不合，诛恢。	

续表

	大事记 【索隐】谓诛伐、封建、薨、叛。	相位 【索隐】置立丞相、太尉、三公。	将位 【索隐】命将兴师。	御史大夫位 【索隐】亚相。
3	五月丙子，(决河)〔河决〕于瓠子。	4		
4	十二月丁亥，地动。 蚡卒。	5 平棘侯薛泽为丞相。		御史大夫欧。
5	十月，族灌夫家，弃魏其侯市。	2		
6	南夷始置邮亭。	3	太中大夫卫青为车骑将军，出上谷；卫尉李广为骁骑将军，出雁门；大中大夫公孙敖为骑将军，出代；太仆公孙贺为轻车将军，出云中：皆击匈奴。	
元朔元年	卫夫人立为皇后。	4	车骑将军青出雁门，击匈奴。卫尉韩安国为将屯将军，军代，明年，屯渔阳卒。	
2		5	春，车骑将军卫青出云中，至高阙，取河南地。	
3	匈奴(败)〔杀〕代太守友。【集解】徐广曰："太守姓共，名友。"	6		御史大夫弘。
4	匈奴入定襄、代、上郡。	7		

续　表

	大事记 【索隐】谓诛伐、封建、薨、叛。	相　位 【索隐】置立丞相、太尉、三公。	将　位 【索隐】命将兴师。	御史大夫位 【索隐】亚相。
5	匈奴(败)〔杀〕代都尉朱英。泽免相。	8 十一月乙丑，御史大夫公孙弘为丞相，封平津侯。	春，长平侯卫青为大将军，击右贤。卫尉苏建为游击将军，属青。左内史李沮【索隐】音子如反。为强弩将军，太仆贺为车骑将军，代相李蔡为轻车将军，岸头侯张次公为将军，大行息为将军：皆属大将军，击匈奴。	
6		2	大将军青再出定襄击胡。合骑侯公孙敖为中将军，太仆贺为左将军，郎中令李广为后将军。翕侯赵信为前将军，败降匈奴。卫尉苏建为右将军，败，身脱。左内史沮为强弩将军。皆属青。	
元狩元年	十月中，淮南王安、衡山王赐谋反，皆自杀，国除。	3		御史大夫蔡。
2	匈奴入雁门、代郡。江都王建反。胶东王子庆立为六安王。弘卒。	4 御史大夫乐安侯李蔡为丞相。	冠军侯霍去病为骠骑将军，击胡，至祁连。合骑侯敖为将军，出北地。博望侯张骞、郎中令李广为将军，出右北平。	御史大夫汤。
3	匈奴入右北平、定襄。	2		

续表

	大事记 【索隐】谓诛伐、封建、薨、叛。	相　位 【索隐】置立丞相、太尉、三公。	将　位 【索隐】命将兴师。	御史大夫位 【索隐】亚相。
4		3	大将军青出定襄，郎中令李广为前将军，太仆公孙贺为左将军，主爵赵食其为右将军，平阳侯曹襄为后将军，击单于。	
5	蔡坐侵园堧，【索隐】堧而恋反。壖垣，外垣短墙也。自杀。	4 太子少傅武彊侯庄青翟为丞相。		
6	四月乙巳，皇子闳为齐王，旦为燕王，胥为广陵王。	2		
元鼎元年		3		
2	青翟有罪，自杀。	4 太子太傅高陵侯赵周为丞相。	汤有罪，自杀。	御史大夫庆。
3		2		
4	立常山宪王子平为真定王，商为泗水王。六月中，河东汾阴得宝鼎。	3		
5	三月中，南越相嘉反，杀其王及汉使者。 八月，周坐酎金，自杀。	4 九月辛巳，御史大夫石庆为丞相，封牧丘侯。	卫尉路博德为伏波将军，出桂阳；主爵杨仆为楼船将军，出豫章：皆破南越。	

续　表

	大事记 【索隐】谓诛伐、封建、薨、叛。	相　位 【索隐】置立丞相、太尉、三公。	将　位 【索隐】命将兴师。	御史大夫位 【索隐】亚相。
6	十二月，东越反。	2	故龙额侯韩说为横海将军，出会稽；楼船将军杨仆出豫章；中尉王温舒出会稽：皆破东越。	
元封元年		3		御史大夫宽。【索隐】儿宽。
2		4	秋，楼船将军杨仆、左将军荀彘出辽东，击朝鲜。	
3		5		
4		6		
5		7		
6		8		
太初元年	改历，以正月为岁首。 【索隐】始用夏正也。	9		
2	正月戊(申)〔寅〕，庆卒。	10 三月丁卯，太仆公孙贺为丞相，封葛绎侯。		
3		2		御史大夫延广。

续表

	大事记 【索隐】谓诛伐、封建、薨、叛。	相位 【索隐】置立丞相、太尉、三公。	将位 【索隐】命将兴师。	御史大夫位 【索隐】亚相。
4		3		
天汉元年		4		御史大夫卿。 【索隐】王卿。
2		5		
3		6		御史大夫周。 【索隐】杜周。
4		7	春，贰师将军李广利出朔方，至余吾水上；游击将军韩说出五原；因杅【索隐】音于。因杅地名。将军公孙敖：皆击匈奴。	
太始元年 【集解】班固云："司马迁记事讫于天汉，"自此已后，后人所续。 【索隐】即褚先生所补也。后史所记，又无异呼，故今不讨论也。		8		

续 表

	大事记 【索隐】谓诛伐、封建、薨、叛。	相 位 【索隐】置立丞相、太尉、三公。	将 位 【索隐】命将兴师。	御史大夫位 【索隐】亚相。
2		9		
3		10		御史大夫胜之。
4		11		
征和元年	冬，贺坐为蛊死。	12		
2	七月壬午，太子发兵，杀游击将军说、使者江充。	三月丁巳，涿郡太守刘屈氂为丞相，封彭城侯。		御史大夫成。
3	六月，刘屈氂因蛊斩。	2	春，贰师将军李广利出朔方，以兵降胡。重合侯莽通出酒泉，御史大夫商丘成出河西，击匈奴。	
4		六月丁巳，大鸿胪田千秋为丞相，封富民侯。		
后元元年		2		
2		3	二月己巳，光禄大夫霍光为大将军，博陆侯；都尉金日磾为车骑将军，秺侯；太仆安阳侯上官桀为大将军。	
孝昭始元元年		4 九月，日磾卒。		

续表

	大事记 【索隐】谓诛伐、封建、薨、叛。	相位 【索隐】置立丞相、太尉、三公。	将位 【索隐】命将兴师。	御史大夫位 【索隐】亚相。
2		5		
3		6		
4		7	三月癸酉，卫尉王莽为左将军，骑都尉上官安为车骑将军。	
5		8		
6		9		
元凤元年		10	九月庚午，光禄勋张安世为右将军。	御史大夫䜣。
2		11		
3		12	十二月庚寅，中郎将范明友为度辽将军，击乌丸。	
4	三月甲戌，千秋卒。	三月乙丑，御史大夫王䜣为丞相，封富春侯。		御史大夫杨敞。
5	十二月庚戌，䜣卒。	2		
6		十一月乙丑，御史大夫杨敞为丞相，封安平侯。	九月庚寅，卫尉平陵侯范明友为度辽将军，击乌丸。	

续　表

	大事记 【索隐】谓诛伐、封建、薨、叛。	相　位 【索隐】置立丞相、太尉、三公。	将　位 【索隐】命将兴师。	御史大夫位 【索隐】亚相。
元平元年	敞卒。	九月戊戌，御史大夫蔡义为丞相，封阳平侯。	四月甲申，光禄大夫龙额侯韩曾为前将军。五月丁酉，水衡都尉赵充国为后将军，右将军张安世为车骑将军。	御史大夫昌水侯田广明。
孝宣本始元年		2		
2		3	七月庚寅，御史大夫田广明为祁连将军，龙额侯韩曾为后将军，营平侯赵充国为蒲类将军，度辽将军平陵侯范明友为云中太守，富民侯田顺为虎牙将军：皆击匈奴。	
3	三月戊子，皇后崩。 六月乙丑，义薨。	六月甲辰，长信少府韦贤为丞相，封扶阳侯。 田广明、田顺击胡还，皆自杀。充国夺将军印。		御史大夫魏相。
4	十月乙卯，立霍后。	2		
地节元年		3		
2		4 三月庚午，将军光卒。	二月丁卯，侍中、中郎将霍禹为右将军。	

续表

	大事记 【索隐】谓诛伐、封建、薨、叛。	相位 【索隐】置立丞相、太尉、三公。	将位 【索隐】命将兴师。	御史大夫位 【索隐】亚相。
3	立太子。 五月甲申，贤老，赐金百斤。	六月壬辰，御史大夫魏相为丞相，封高平侯。	七月，安世为大司马、卫将军。禹为大司马。	御史大夫邴吉。
4		2 七月壬寅，禹腰斩。		
元康元年		3		
2		4		
3		5		
4		6 八月丙寅，安世卒。		
神爵元年	上郊甘泉太畤、汾阴后土。	7	四月，乐成侯许延寿为强弩将军。后将军充国击羌。酒泉太守辛武贤为破羌将军。韩曾为大司马、车骑将军。	
2	上郊雍五畤。祋祤出宝璧玉器。	8		
3	三月，相卒。	四月戊戌，御只大夫邴吉为丞相，封博阳侯。		御史大夫望之。

续 表

	大事记 【索隐】谓诛伐、封建、薨、叛。	相 位 【索隐】置立丞相、太尉、三公。	将 位 【索隐】命将兴师。	御史大夫位 【索隐】亚相。
4		2		
五凤元年		3		
2		4 五月己丑,曾卒。	五月,延寿为大司马、车骑将军。	御史大夫霸。
3	正月,吉卒。	三月壬申,御史大夫黄霸为丞相,封建成侯。		御史大夫延年。
4		2		
甘露元年		3 三月丁未,延寿卒。		
2	赦殊死,赐高年及鳏寡孤独帛,女子牛酒。	4		御史大夫定国。
3	三月己丑,霸薨。	七月丁巳,御史大夫于定国为丞相,封西平侯。		太仆陈万年为御史大夫。
4		2		
黄龙元年		3	乐陵侯史子长为大司马、车骑将军。太子太傅萧望之为前将军。	

续 表

	大事记 【索隐】谓诛伐、封建、薨、叛。	相 位 【索隐】置立丞相、太尉、三公。	将 位 【索隐】命将兴师。	御史大夫位 【索隐】亚相。
孝元初元元年		4		
2		5		
3		6	十二月，执金吾冯奉世为右将军。	
4		7		
5		8	二月丁巳，平恩侯许嘉为左将军。	中少府贡禹为御史大夫。 十二月丁未，长信少府薛广德为御史大夫。
永光元年	十月戊寅，定国免。	9 七月，子长免，就第。	九月，卫尉平昌侯王接为大司马、车骑将军。 二月，广德免。	七月，太子太傅韦玄成为御史大夫。
2	三月壬戌朔，日蚀。	二月丁酉，御史大夫韦玄成为丞相，封扶阳侯。丞相贤子。	七月，太常任千秋为奋武将军，击西羌；云中太守韩次君为建威将军，击羌。后不行。	二月丁酉，右扶风郑弘为御史大夫。
3		2	右将军平恩侯许嘉为车骑将军，侍中、光禄大夫乐昌侯王商为右将军，右将军冯奉世为左将军。	

续 表

	大事记 【索隐】谓诛伐、封建、薨、叛。	相 位 【索隐】置立丞相、太尉、三公。	将 位 【索隐】命将兴师。	御史大夫位 【索隐】亚相。
4		3		
5		4		
建昭元年		5		
2		6	弘免。	光禄勋匡衡为御史大夫。
3	六月甲辰，玄成薨。	七月癸亥，御史大夫匡衡为丞相，封乐安侯。		卫尉繁延寿为御史大夫。
4		2		
5		3		
竟宁元年		4	六月己未，卫尉杨平侯王凤为大司马、大将军。 延寿卒。	三月丙寅，太子少傅张谭为御史大夫。
孝成建始元年		5		
2		6		
3	十二月丁丑，衡免。	7 八月癸丑，遣光禄勋诏嘉上印绶免，赐金二百斤。	十月，右将军乐昌侯王商为光禄大夫、右将军，执金吾弋阳侯任千秋为右将军。 谭免。	廷尉尹忠为御史大夫。

续 表

	大事记 【索隐】谓诛伐、封建、薨、叛。	相 位 【索隐】置立丞相、太尉、三公。	将 位 【索隐】命将兴师。	御史大夫位 【索隐】亚相。
4		三月甲申,右将军乐昌侯王商为右丞相。	任千秋为左将军,长乐卫尉史丹为右将军。 十月己亥,尹忠自刺杀。	少府张忠为御史大夫。
河平元年		2		
2		3		
3		4	十月辛卯,史丹为左将军,太仆平安侯王章为右将军。	
4	四月壬寅,丞相商免。	六月丙午,诸吏散骑光禄大夫张禹为丞相。		
阳朔元年		2		
2		3	张忠卒。	六月,太仆王音为御史大夫。
3			九月甲子,御史大夫王音为车骑将军。	十月乙卯,光禄勋于永为御史大夫。
4		七月乙丑,右将军光禄勋平安侯王章卒。	闰月壬戌,永卒。	
鸿嘉元年	三月,禹卒。	四月庚辰,薛宣为丞相。		

卷二十三

礼书第一

【索隐】书者，五经六籍总名也。此之八书，记国家大体。班氏谓之志，志，亦记也。【正义】天地位，日月明，四时序，阴阳和，风雨节，群品滋茂，万物宰制，君臣朝仪尊卑贵贱有序，咸谓之礼。五经六籍，咸谓之书。故《曲礼》云"道德仁义非礼不成，教训正俗非礼不备，分争辩讼非礼不决"云云。

太史公曰：洋洋①美德乎。宰制万物，役使群众，岂人力也哉？②余至大行礼官，③观三代损益，乃知缘人情而制礼，依人性而作仪，其所由来尚矣。

①【索隐】音羊。洋洋，美盛貌。邹诞生音翔，非也。　②【正义】言天地宰制万物，役使群品，顺四时而动，咸有成功，岂藉人力营为哉，是美善盛大众多之德也。故孔子曰"四时行焉，百物生焉"。　③【索隐】大行，秦官，主礼仪。汉景帝改曰大鸿胪。鸿胪者，掌九宾之仪也。

人道经纬万端，规矩无所不贯，诱进以仁义，束缚以刑罚，故德厚者位尊，禄重者宠荣，所以总一海内而整齐万民也。人体安驾乘，①为之金舆错衡以繁其饰。②目好五色，为之黼黻文章以表其能。耳乐钟磬，为之调谐八音以荡其心。

口甘五味，为之庶羞酸咸以致其美。[3]情好珍善，为之琢磨圭璧以通其意。故大路越席，[4]皮弁布裳，[5]朱弦洞越，[6]大羹玄酒，[7]所以防其淫侈，救其雕敝。[8]是以君臣朝廷尊卑贵贱之序，下及黎庶车舆衣服宫室饮食嫁娶丧祭之分，事有宜适，物有节文。仲尼曰："禘自既灌而往者，吾不欲观之矣。"[9]

①【正义】时证反。　②【集解】《周礼》王之五路有金路。郑玄曰："以金饰诸末。"【索隐】错镂衡扼为文饰也。《诗》曰"约軝错衡"，《毛传》云"错衡，文衡也。"【正义】为，于伪反。错作"鏓，七公反。　③【集解】《周礼》曰："羞用百有二十品。"郑玄曰："羞出于牲及禽兽，以备其滋味，谓之庶羞。"郑众曰："羞者，进也。"　④【集解】服虔曰："大路，祀天车也。越席，结括草以为席也。"王肃曰："不缘也。"【正义】按：括草，蒲草。越，户括反。　⑤【集解】《周礼》曰："王视朝则皮弁之服。"郑玄曰："皮弁之服，十五升白布衣，积素为裳也。"【正义】以鹿子皮为弁也。按：襞积素布而为裳也。　⑥【集解】郑玄曰："朱弦，练朱丝弦也。越，瑟底孔。"　⑦【集解】郑玄曰："大羹，肉湆不调以盐菜也。玄酒，水也。"　⑧【索隐】彫谓雕饰也。言雕饰是奢侈之弊也。　⑨【集解】孔安国曰："禘祫之礼，为序昭穆也，故毁庙之主及群庙之主皆合食于太祖。灌者，酌郁鬯，灌于太祖，以降神也。既灌之后，列尊卑，序昭穆。而鲁逆祀，跻僖公，乱昭穆，故不欲观之。"

周衰，礼废乐坏，大小相逾，管仲之家，兼备三归。[1]循法守正者见侮于世，奢溢僭差者谓之显荣。自子夏，门人之高弟也，[2]犹云"出见纷华盛丽而悦，入闻夫子之道而乐，二者心战，未能自决"，而况中庸以下，渐渍于失教，被服于成俗乎？孔子曰“必也正名”，于卫所居不合。[3]仲尼没后，受业之徒沈湮而不举，或适齐、楚，或入河海，[4]岂不痛哉。

①【集解】包氏曰：“三归，娶三姓女也。妇人谓嫁曰归。” ②【索隐】言子夏是孔子门人之中高弟者，谓才优而品第高也，故《论语》四科有“文学子游、子夏”也。 ③【集解】《论语》曰：“子路曰‘卫君待子而为政，子将奚先’？子曰‘必也正名乎’。”马融曰：“正百事之名。” ④【正义】《论语》云大师挚适齐，亚饭干适楚，鼓方叔入于河，少师阳、击磬襄入于海。鲁哀公时，礼坏乐崩，人皆去也。

至秦有天下，悉纳六国礼仪，采择其善，虽不合圣制，其尊君抑臣，朝廷济济，依古以来。[1]至于高祖，光有四海，叔孙通颇有所增益减损，大抵皆袭秦故。[2]自天子称号[3]下至佐僚及宫室官名，少所变改。孝文即位，有司议欲定仪礼，孝文好道家之学，以为繁礼饰貌，无益于治，躬化谓何耳，[4]故罢去之。孝景时，御史大夫晁错明于世务刑名，数干谏孝景曰：“诸侯藩辅，臣子一例，古今之制也。今大国专治异政，不禀京师，恐不可传后。”孝景用其计，而六国畔逆，[5]以错首名，天子诛错以解难。[6]事在《袁盎》语中。是后官者养交安禄而已，莫敢复议。

①【正义】秦采择六国礼仪，尊君抑臣，朝廷济济，依古以来典法行之。 ②【集解】应劭曰：“抵，至也。”瓒曰：“抵，归也。”【索隐】按：大抵犹大略也。臣瓒以抵训为归，则是大略大归，其义皆通于一。 ③【正义】称，尺证反。 ④【正义】《孝文本纪》云上身衣弋绨，所幸慎夫人令衣不曳地，帏帐不得文绣，治霸陵皆以瓦器。是躬化节俭，谓何嫌耳，不须繁礼饰

貌也。 ⑤【正义】吴、楚、赵、菑川、济南、胶西为六国也。齐孝王狐疑城守，三国兵围齐，齐使路中大夫告天子，故不言七国也。 ⑥【正义】上纪买反，下乃惮反。

今上即位，招致儒术之士，令共定仪，十余年不就。或言古者太平，万民和喜，瑞应辨至，[1]乃采风俗，定制作。上闻之，制诏御史曰："盖受命而王，各有所由兴，殊路而同归，谓因民而作，追俗为制也。议者咸称太古，百姓何望？汉亦一家之事，典法不传，谓子孙何？化隆者闳博，治浅者褊狭，可不勉与。"乃以太初之元改正朔，[2]易服色，封太山，定宗庙百官之仪，以为典常，垂之于后云。

①【正义】辨音遍。 ②【集解】应劭曰："初用夏正，以正月为岁首，改年为太初。"

礼由人起。人生有欲，欲而不得则不能无忿，忿而无度量则争，[1]争则乱。先王恶其乱，故制礼义以养人之欲，给人之求，使欲不穷于物，物不屈于欲，[2]二者相待而长，是礼之所起也。故礼者养也。稻粱五味，所以养口也。椒兰芬茝，[3]所以养鼻也。钟鼓管弦，所以养耳也。刻镂文章，所以养目也。疏房床笫几席，所以养体也。[4]故礼者养也。

①【正义】音诤。 ②【正义】屈，群物反。 ③【索隐】音止，又昌改反。 ④【集解】服虔曰："箦谓之笫。"【索隐】疏谓窗也。【正义】疏谓窗也。笫，侧里反。

君子既得其养，又好其辨也。所谓辨者，贵贱有等，长少有差，贫富轻重皆有称也。故天子大路越席，所以养体也。[①]侧载臭茝，所以养鼻也。[②]前有错衡，所以养目也。[③]和鸾之声，[④]步中《武象》，骤中《韶濩》，所以养耳也。[⑤]龙旂九斿，所以养信也。[⑥]寝兕[⑦]持虎，[⑧]鲛韅[⑨]弥龙，[⑩]所以养威也。故大路之马，必信至教顺，然后乘之，所以养安也。孰知夫（士）出死要节之所以养生也，[⑪]孰知夫轻费用之所以养财也，[⑫]孰知夫恭敬辞让之所以养安也，[⑬]孰知夫礼义文理之所以养情也。[⑭]

①【正义】谓蒲草为席，既絜且柔，絜可以祀神，柔可以养体也。②【索隐】刘氏云："侧，特也。臭，香也。茝，香草也。言天子行，特得以香草自随也，其余则否。"臭为香者，《山海经》云"臭如蘼芜"，《易》曰"其臭如兰"，是臭为草之香也。今以侧为边侧，载者置也，言天子之侧常置芳香于左右。　③【集解】《诗》云："约軝错衡。"《毛传》云："错衡，文衡也。"④【集解】郑玄曰："和，鸾，皆铃也，所以为车行节也。《韩诗内传》曰鸾在衡，和在轼前，升车则马动，马动则鸾鸣，鸾鸣则和应。"服虔曰："鸾在镳，和在衡。《续汉书·舆服志》曰鸾雀（立）〔在〕衡也。"【正义】皇侃云："鸾，以金为鸾，悬铃其中，于衡上，以为迟疾之节，所以正威仪行舒疾也。"　⑤【集解】郑玄曰："《武》，武王乐也。《象》，《武舞》也。《韶》，舜乐也。《濩》，汤乐也。"【正义】步犹缓。缓车则和鸾之音中于《武象》，骤车中于《韶濩》也。⑥【集解】《周礼》曰："交龙为旂。"【正义】斿音旒。　⑦【索隐】按：以兕牛皮为席。【正义】兕音似。《尔雅》云兕似牛。　⑧【索隐】持虎者，以猛兽皮文饰倚较及伏轼，故云持虎。刘氏云"画之于旍竿及楯仗等"，以今所见为说也。　⑨【集解】徐广曰："鲛鱼皮可以饰服器，音交。韅者，当马腋之革，音呼见反。"【索隐】以鲛鱼皮饰韅。韅，马腹带也。

⑩【集解】徐广曰："乘舆车金薄璆龙为舆倚较，文虎伏轼，龙首衔轭。"【索隐】弥亦音弭，谓金饰衡枙为龙。此皆王者服御崇饰，所以示威武，故云"所以养威"也。此文皆出《大戴礼》，盖是荀卿所说。刘氏云："薄犹饰也。璆然，龙貌。璆音虬。"　⑪【索隐】言人谁知夫志士推诚守死，要立名节，仍是养生安身之本，故下云"人苟生之为见，若者必死"，是解上意，言人苟以贪生之为见，不能见危致命，若者必死。若犹如也，言执心为见，如此者必刑戮及身，故云"必死"。下文皆放此也。【正义】夫音扶。要音腰。孰知犹审知也。出死犹处死也。审知志士推诚处死，要立名节，若曹沫、茅焦，所以养生命也。　⑫【正义】费音芳味反。轻犹薄。言审知尠薄费用则能畜聚，所以养财货也。　⑬【正义】言审知恭敬辞让所以养体安身。⑭【正义】言审知礼义文章道理所以养其情性。此四科，是儒者有礼义，故两得之也。

人苟生之为见，若者必死。[①] 苟利之为见，若者必害。[②] 怠惰之为安，若者必危。[③] 情胜之为安，若者必灭。[④] 故圣人一之于礼义，则两得之矣。一之于情性，则两失之矣。故儒者将使人两得之者也，墨者将使人两失之者也。[⑤] 是儒、墨之分。[⑥]

①【正义】苟，且。若，如此也。言平凡好生之人，且见操节之士，以礼义处死，养得其生有效，如此者必死也。　②【正义】言平凡好利之人，且见利义之士，以轻省费用，养得其财有效，如此者必害身也。　③【正义】惰，徒卧反。言平凡怠惰之人，且见有礼之士，以恭敬礼让，养得安乐有效，如此者必危亡也。　④【索隐】覆解上"礼义文理之所以养情也"。【正义】胜音叔证反。言平凡好胜之人，且见利义之士，礼义文理，养得其情性有效，如此者必灭亡也。此四科，是墨者无礼义，故两失之也。⑤【索隐】墨者不尚礼义而任俭啬，无仁恩，故使人两失之。《易》曰"悦以

使人，人忘其死”是也。　⑥【正义】分，扶问反。分犹等也。若儒等者是治辨之极，强固之本，威行之道，功名之总，则天下归之矣。

治辨之极也，强固之本也，[①]威行之道也，[②]功名之总也。[③]王公由之，[④]所以一天下，臣诸侯也。弗由之，所以捐社稷也。故坚革利兵不足以为胜，[⑤]高城深池不足以为固，严令繁刑不足以为威。由其道则行，不由其道则废。楚人鲛革犀兕，所以为甲，坚如金石。宛之巨铁[⑥]施，钻如蜂虿，[⑦]轻利剽遬，[⑧]卒如熛风。[⑨]然而兵殆于垂涉，唐昧死焉。[⑩]庄蹻起，楚分而为四[⑪]参。是岂无坚革利兵哉？[⑫]其所以统之者非其道故也。汝、颍以为险，[⑬]江、汉以为池，[⑭]阻之以邓林，[⑮]缘之以方城。[⑯]然而秦师至鄢郢，举若振槁。[⑰]是岂无固塞险阻哉？其所以统之者非其道故也。纣剖比干，囚箕子，为炮烙，刑杀无辜，时臣下懔然，莫必其命。[⑱]然而周师至，而令不行乎下，不能用其民。是岂令不严，刑不陵哉？其所以统之者非其道故也。

①【索隐】自此已下，皆是儒分之功也。【正义】固，坚固也。言国以礼义，四方钦仰，无有攻伐，故为强而且坚固之本也。　②【正义】以礼义导天下，天下伏而归之，故为威行之道也。　③【正义】以礼义率天下，天下咸遵之，故为功名之总。总，合也，聚也。　④【正义】言由礼义也。⑤【索隐】覆上“功名之总也”。　⑥【集解】徐广曰：“大刚曰巨。”【正义】宛城，今邓州南阳县城是。音于元反。巨，刚铁也。　⑦【索隐】钻谓矛刃及矢镞也。　⑧【正义】上匹妙反，下音速。剽遬，疾也。⑨【正义】卒，村忽反。熛，必遥反。熛风，疾也。　⑩【集解】许慎曰：“垂涉，地名也。”　⑪【索隐】蹻音其略反，楚将之名。言其起兵乱后楚

遂分为四。按《汉志》，滇王，庄蹻之后也。【正义】以“起”字为绝句。或曰楚庄王苗裔也。按：《括地志》云“师州、黎州在京西南五千六百七十里。战国楚威王时，庄蹻王滇，则为滇国之地”。楚昭王徙都鄀，(庄蹻王滇)楚襄王徙都陈，楚考烈王徙都寿春，咸被秦逼，乃四分也。然昭王虽在庄蹻之前，故荀卿兼言之也。　⑫【索隐】参者，验也。言验是，楚岂无利兵哉。【正义】参，七含反。言蹻、楚国岂无坚甲利兵哉，为其不由礼义，故众分也。⑬【正义】《括地志》云：“汝水源出汝州鲁山县西伏牛山，亦名猛山。汝水至豫州郾城县名溃水。《尔雅》云‘河有濉，汝有溃’，亦汝之别名。颍水源出洛州嵩高县东南三十五里阳乾山，俗名颍山。《地理志》高陵山，汝出，东南至新蔡县入淮；阳乾山颍水出，东至下蔡入淮也。”　⑭【正义】江即岷江，从蜀入，楚在荆州南。汉江从汉中东南入江。四水为楚之险固也。⑮【集解】《山海经》曰：“夸父与日逐走，日入，渴，欲得饮，饮于渭河。不足，北饮大泽。未至，道渴而死。弃其杖，化为邓林。”骃谓邓林后遂为林名。【索隐】按：裴氏引《山海经》，以为夸父弃杖为邓林，其言北饮大泽，盖非在中国也。刘氏以为今襄州南凤林山是古邓祁侯之国，在楚之北境，故云阻以邓林也。　⑯【正义】《括地志》云：“方城，房州竹山县东南四十一里。其山顶上平，四面险峻，山南有城，长十余里，名为方城，即此山也。”⑰【索隐】振，动也，击也。槁，干叶也。【正义】鄢音郾。《括地志》云：“故城在襄州安养县北三里，古郾子之国，邓之南鄙也。又率道县南九里有故郾城，汉惠帝改曰宜城也。郢城，荆州江陵县东北六里，即吴公子光伐楚，楚平王恐，城郢者也。又楚武王始都郢，纪南故城是也，在江陵北十五里也。”　⑱【索隐】言无人必保其性命。

古者之兵，戈矛弓矢而已，然而敌国不待试而诎。[①]城郭不集，沟池不掘，[②]固塞不树，机变不张，然而国晏然不畏外而固者，无他故焉，明道而均分之，[③]时使而诚爱之，则下应之如景响。有不由命者，然后俟之以刑，则民知罪矣。[④]故刑一人而天下服。罪人不尤其上，知罪之在己也。是故刑罚省而威行如流，无他故焉，由其道故也。故由其道则行，不由其道则废。古者帝尧之治天下也，盖杀一人刑二人而天下治。《传》曰“威厉而不试，刑措而不用。”

①【集解】徐广曰：“试，一作诚也。”【正义】诎，丘勿反。试，用也。 ②【正义】求勿反，又求厥反。 ③【正义】分，扶问反。言明儒、墨之分，使礼义均等，则下应之如影响耳。 ④【正义】事君以礼义，民有不由礼义者，然后待之以刑，则民知罪伏刑矣。

天地者，生之本也。先祖者，类之本也。[①]君师者，治之本也。无天地恶生？[②]无先祖恶出？无君师恶治？三者偏亡，[③]则无安人。故礼，上事天，下事地，尊先祖而隆君师，是礼之三本也。

①【正义】类，种类也。 ②【正义】恶音乌。 ③【索隐】邹氏偏音遍。【正义】偏，匹然反。

故王者天太祖，[①]诸侯不敢怀，[②]大夫士有常宗，[③]所以辨贵贱。贵贱治，得之本也。郊畴乎天子，[④]社至乎诸侯，[⑤]函[⑥]及士大夫，所以辨尊者事尊，卑者事卑，宜巨者巨，宜小者小。故有天下者事七世，有一国者事五世，有五乘之地者事三世，[⑦]有三乘之地者事二世，[⑧]有特牲而食者不得立宗庙，[⑨]所以辨积厚者流泽广，积薄者流泽狭也。

①【集解】《毛诗叙》曰："文武之功起于后稷，故推以配天焉。" ②【索隐】怀，思也。言诸侯不敢思以太祖配天而食也。又一解，王之子孙为诸侯，不思祀其父祖，故《礼》云"诸侯不敢祖天子"，盖与此同意。 ③【集解】《礼记》曰："别子为祖，继别为宗。百世不迁者，谓别子之后也。" ④【索隐】畴，类也。天子类得郊天，余并不合祭，今《大戴礼》作"郊止乎天子"当是也。止或作"畴"，因误耳。 ⑤【索隐】言天子已下至诸侯得立社。 ⑥【集解】音含。【索隐】含谓包容。诸侯已下至士大夫得祭社，故《礼》云"大夫成群立社曰置社"，亦曰里社也。邹诞生音啖徒滥反，意义亦通，但不见古文，各以意为说耳。今按：《大戴礼》作"导及士大夫"，导亦通也。今此为"啖"者，当以导与蹈同，后"足"字失"止"，唯有"口"存，故使解者得以穿凿而用也。 ⑦【集解】郑玄曰："古者方十里，其中六十四井出兵车一乘，此兵法之赋。" ⑧【集解】《穀梁传》曰："天子至于士皆有庙，天子七，诸侯五，大夫三，士二。始封之者必为其太祖。" ⑨【集解】《礼记》曰："庶人祭于寝。"

大飨上玄尊，俎上腥鱼，[①]先大羹，贵食饮之本也。大飨上玄尊而用薄酒，食先黍稷而饭稻粱，祭哜先大羹[②]而饱庶羞，贵本而亲用也。贵本之谓文，亲用之谓理，两者合而成文，以归太一，是谓大隆。[③]故尊之上玄尊也，[④]俎之上腥鱼也，豆之上大羹，一也。[⑤]利爵弗啐也，[⑥]成事俎弗尝也，[⑦]三侑之弗食也，[⑧]大昏之未废齐也，[⑨]大庙之未内尸也，始绝之未小敛，一也。[⑩]大路之素帱也，[⑪]郊之麻絻，[⑫]丧服之先散麻，一也。[⑬]三年哭之不反也，[⑭]《清庙》之歌[⑮]一倡而三叹，[⑯]悬一钟尚拊膈，[⑰]朱弦而通越，一也。[⑱]

①【集解】郑玄曰："大飨，祫祭先王，以腥鱼为俎实，不臑孰之也。"

②【集解】郑玄曰："哜，至齿。" ③【索隐】贵本亲用，两者合而成文，以归太一。太一者，天地之本也。得礼之文理，是合于太一也。隆者，盛也，高也。得礼文理，归于太一，是礼之盛者也。 ④【正义】皇侃云："玄酒，水也。上古未有酒，而始之祭但酌水用之，至晚世虽有酒，存古礼，尚用水代酒也。" ⑤【索隐】尊之上玄尊，俎之上腥鱼，豆之上大羹，三者如一，皆是本，故云一也。 ⑥【集解】郑玄曰："啐，入口也。"【索隐】按：《仪礼》祭毕献，祝西面告成，是为利爵。祭初未行无算爵，故不啐入口也。 ⑦【索隐】成事卒哭之祭，故《记》曰"卒哭曰成事"。既是卒哭之祭，始从吉祭，故受胙爵而不尝俎也。 ⑧【索隐】礼，祭必立侑以劝尸食，至三饭而后止。每饭有侑一人，故有三侑。既是劝尸，故不相食也。 ⑨【索隐】废齐，谓昏礼父亲醮子而迎之前，故《曲礼》云"斋戒以告鬼神"，是昏礼有齐也。 ⑩【索隐】此五者皆礼之初始，质而未备，亦是贵本之义，故云一也。 ⑪【集解】《礼记》曰："乘素车，贵其质也。"郑玄曰："素车，殷辂也。"【索隐】帱音稠。谓车盖以素帷，亦质也。 ⑫【集解】《周礼》曰："王祀昊天上帝，服大裘而冕。"《论语》曰："麻冕，礼也。"孔安国曰："冕，缁布冠。古者绩麻三十升布以为之。"【正义】绕音免。亦作冕。 ⑬【集解】《仪礼·士丧礼》曰："始死，主人散带，垂之三尺。"《礼记》曰："大功已上散带也。"【索隐】大路已下，三事相似如一，故云一也。散麻取其质无文饰，亦贵本也。 ⑭【集解】《礼记》曰："斩衰之哭，若往而不反。" ⑮【集解】郑玄曰："《清庙》谓作乐歌《清庙》。" ⑯【集解】郑玄曰："倡，发歌句者。三叹，三人从叹。" ⑰【集解】徐广曰："一作搏膈。"【索隐】隔，悬钟格。拊音抚。〔拊〕隔，不击其钟而拊其格，不取其声，亦质也。邹氏隔音膊，盖依《大戴礼》也。而郑《礼注》云搏，拊柷敔也。 ⑱【索隐】大瑟而练朱其弦，又通其下孔，使声浊且迟，上质而贵本，不取其声文。自"三年"已下四事，皆不取其声也。

凡礼始乎脱，[①]成乎文，[②]终乎税。[③]故至备，情文俱尽。[④]其次，情文代胜。[⑤]其下，复情以归太一。[⑥]天地以合，日月以明，四时以序，星辰以行，江河以流，万物以昌，好恶以节，喜怒以当。以为下则顺，以为上则明。⑦

①【索隐】脱犹疏略也。始，初也。言礼之初尚疏略也。　②【索隐】言礼成就有文饰。　③【集解】徐广曰："一作悦。"【索隐】音悦。言礼终卒和悦人情也。《大戴礼》作"终于隆"，隆谓盛也。　④【集解】徐广曰："古情字或假借作'请'，诸子中多有此比。"【正义】言情文俱尽，乃是礼之至备也。　⑤【索隐】音升，又尸证反。或文胜情，或情胜文，是情文更代相胜也。《大戴礼》作"迭兴"也。　⑥【索隐】言其次情文俱失，归心浑沌天地之初，复礼之本，是归太一也。　⑦【正义】自"天地"以下八事，大礼之备，情文俱尽，故用为下则顺，用为上则明也。

太史公曰：至矣哉。①立隆以为极，而天下莫之能益损也。本末相顺，②终始相应，③至文有以辨，④至察有以悦。⑤天下从之者治，不从者乱。从之者安，不从者危。小人不能则也。⑥

①【索隐】已下亦是太史公取荀卿《礼论》之意，极言礼之损益，以结《礼书》之论也。　②【索隐】谓礼之盛，文理合以归太一，至礼之杀，复情以归太一。隆杀皆归太一者，是本末相顺也。　③【索隐】礼始于脱略，终于税，税亦杀也，杀与脱略，是始终相应也。【正义】应，乙陵反，当也。④【索隐】言礼之至文，能辨尊卑贵贱，故云有以辨也。　⑤【索隐】言礼之至察，有以明隆杀损益，委曲情文，足以悦人心，故云有以悦也。
⑥【正义】小人犹庶人也。则，法也。言天下士以上至于帝王，能从礼者则治安，不能从礼者则危乱，庶人据于事，不能法礼也。

礼之貌诚[①]深矣，坚白同异之察，入焉而弱。[②]其貌诚大矣，擅作典制褊陋之说，入焉而望。[③]其貌诚高矣，暴慢恣睢，[④]轻俗以为高之属，入焉而队。[⑤]故绳诚陈，[⑥]则不可欺以曲直。衡诚悬，[⑦]则不可欺以轻重。规矩诚错，[⑧]则不可欺以方员。君子审礼，则不可欺以诈伪。[⑨]故绳者，直之至也。衡者，平之至也。规矩者，方员之至也。礼者，人道之极也。然而不法礼者不足礼，谓之无方之民。[⑩]法礼足礼，谓之有方之士。礼之中，能思索，[⑪]谓之能虑。能虑勿易，[⑫]谓之能固。能虑能固，加好之焉，圣矣。[⑬]天者，高之极也。地者，下之极也。日月者，明之极也。无穷者，广大之极也。圣人者，道之极也。[⑭]

①【索隐】有本作"悬诚"者，非也。　②【正义】言礼之貌信深厚矣，虽有邹子坚白同异之辩明察，入于礼义之中，自然懦弱败坏(之礼)也。　③【索隐】言擅作典制及褊陋之说。入焉，谓入礼则自嗛望知其失。【正义】言礼之貌信广大矣，虽有擅作典制褊陋之说，文辞入于礼义之中，自然成淫俗褊陋之言。　④【索隐】恣睢犹毁訾也。　⑤【索隐】言訾毁礼者自取队灭也。【正义】言礼之貌信尊高矣，虽有暴慢恣睢轻俗以为高之属，入于礼义之中，自然成坠落暴慢轻俗之人。　⑥【集解】郑玄曰："诚犹审也。陈，设也，谓弹画也。"　⑦【集解】郑玄曰："衡，称也。县谓锤也。"【正义】悬音玄。　⑧【索隐】错，置也。规，车也。矩，曲尺也。【正义】错，七故反。　⑨【正义】诈伪谓坚白同异，擅作典制，暴戾恣睢自高也。故陈绳，曲直定；悬衡，轻重分；错规矩，方员□；审礼，诈伪自消灭矣。⑩【集解】郑玄曰："方，犹道也。"　⑪【索隐】索，求也。　⑫【正义】易谓轻易也。　⑬【正义】好，火到反。言人以得礼之中，又能思审索求其礼，谓之能思虑；又不轻易其礼，谓之能坚固。能虑，能固其礼，更加好

之,乃圣人矣。 ⑭【正义】道谓礼义也。言人有礼义,则为圣人,比于天地日月,广大之极也。

以财物为用,以贵贱为文,以多少为异,以隆杀为要。[①]文貌繁,情欲省,礼之隆也。文貌省,情欲繁,礼之杀也。文貌情欲相为内外表里,并行而杂,礼之中流也。[②]君子上致其隆,下尽其杀,而中处其中。[③]步骤驰骋广骛不外,[④]是以君子之性守宫庭也。[⑤]人域是域,士君子也。[⑥]外是,民也。[⑦]于是中焉,房皇周浃,曲直得其次序,圣人也。[⑧]故厚者,礼之积也。大者,礼之广也。[⑨]高者,礼之隆也。明者,礼之尽也。[⑩]

①【索隐】隆,犹厚也。杀,犹薄也。 ②【正义】言文饰情用,表里外内,合于儒、墨,是得礼情之中,而流行不息也。 ③【正义】中,谓情文也。 ④【正义】骛音务。言君子之人,上存文饰,下务减省,而合情文,处得其中,纵有战阵杀戮邪恶,则不弃于礼义矣。三皇步,五帝骤,三王驰,五伯骛也。 ⑤【索隐】言其性守正不慢远行,如常守宫庭也。【正义】宫庭,听朝处。喻君子心内常守礼义,若宫庭焉。 ⑥【索隐】域,居也。言君子之行,非人居弗居也。【正义】处平凡人域之中,能知礼义之域限,即为士及君子也。 ⑦【索隐】外,谓人域之外,非人所居之地。以喻礼义之外,别为它行,即是小人,故云外是人也。 ⑧【索隐】房音旁。旁皇犹徘徊也。周浃犹周帀。言徘徊周浃,委曲得礼之序,动不失中,则是圣人之行也。 ⑨【索隐】言君子圣人有厚大之德,则为礼之所积益弘广也,故曰"甘受和,白受采,忠信之人可以学礼,苟无忠信之人,则礼不虚道。"然此文皆荀卿《礼论》之所载者也。 ⑩【正义】言君子内守其礼,德厚大积广,至于高尊明礼,则是礼之终竟也。此书是褚先生取荀卿《礼

论》兼为之。

索隐述赞曰：礼因人心，非从天下。合诚饰貌，救弊兴雅。以制黎甿，以事宗社。情文可重，丰杀难假。仲尼坐树，孙通蕝野。圣人作教，罔不由者。

卷二十四

乐书第二

【正义】天有日月星辰，地有山陵河海，岁有万物成熟，国有圣贤宫观周域官僚，人有言语衣服体貌端修，咸谓之乐。《乐书》者，犹《乐记》也，郑玄云以其记乐之义也。此于《别录》属《乐记》，盖十一篇合为一篇。十一篇者，有《乐本》，有《乐论》，有《乐施》，有《乐言》，有《乐礼》，有《乐情》，有《乐化》，有《乐象》，有《宾牟贾》，有《师乙》，有《魏文侯》。今虽合之，亦略有分焉。刘向校书，得《乐书》二十三篇，著于《别录》。今《乐记》惟有十一篇，其名犹存也。

太史公曰：余每读《虞书》，至于君臣相敕，维是几安，而股肱不良，万事堕坏，未尝不流涕也。成王作颂，推己惩艾，[①]悲彼家难，[②]可不谓战战恐惧，善守善终哉？[③]君子不为约则修德，[④]满则弃礼。佚能思初，安能惟始，沐浴膏泽而歌咏勤苦，非大德谁能如斯。《传》曰："治定功成，礼乐乃兴。"海内人道益深，其德益至，所乐者益异。满而不损则溢，盈而不持则倾。凡作乐者，所以节乐。[⑤]君子以谦退为礼，以损减为乐，乐其如此也。以为州异国殊，情习不同，故博采风俗，协比声律，[⑥]以补短移化，助流政教。天子躬于明堂临观，而万民咸荡涤邪秽，斟酌饱满，以饰厥性。故云《雅》、《颂》之音理而民正，嘄噭[⑦]之声兴而士奋，郑、卫之曲动而心淫。及其调和谐合，鸟兽尽感，而况怀五常，含好恶，自然之势也。

①【正义】音刈。 ②【正义】乃惮反。家难，谓文王囚羑里，武王伐纣。 ③【正义】言成王作颂，悲文王战战恐惧，推己戒励为治，是善守善终也。 ④【正义】为，于伪反。 ⑤【正义】音洛。言不乐至荒淫也。 ⑥【正义】比音鼻。 ⑦【索隐】噭姑尧反，又音叫。嗷音击。

治道亏缺而郑音兴起，封君世辟，[①]名显邻州，争以相高。自仲尼不能与齐优遂容于鲁，[②]虽退正乐以诱世，作五章以刺时，[③]犹莫之化。陵迟以至六国，流沔沈佚，遂往不返，卒于丧身灭宗，并国于秦。

①【索隐】辟亦君也。【正义】辟，并亦反。 ②【索隐】齐人归女乐而孔子行，言不能遂容于鲁而去也。或作"逐客"，误耳。 ③【索隐】按：《家语》云孔子嗤季桓子作歌引《诗》曰"彼妇之口，可以出走。彼妇之谒，可以死败。优哉游哉，聊以卒岁"。此是五章之刺也。

秦二世尤以为娱。丞相李斯进谏曰："放弃《诗》、《书》，极意声色，祖伊所以惧也。[①]轻积细过，恣心长夜，纣所以亡也。"赵高曰："五帝、三王乐各殊名，示不相袭。上自朝廷，下至人民，得以接欢喜，合殷勤，非此和说不通，解泽不流，[②]亦各一世之化，度时之乐，何必华山之騄耳而后行远乎？"二世然之。

①【正义】祖伊谏殷纣，纣不听。孔安国云祖己后贤臣也。 ②【正义】说音悦。解音蟹。言非此乐和适，亦悦乐之不通，散恩泽之事不流，各一世之化也。谏二世，故名之也。

高祖过沛诗《三侯之章》，[①]令小儿歌之。高祖崩，令沛得以四时歌儛宗庙。孝惠、孝文、孝景无所增更，于乐府习常肄旧而已。[②]

①【索隐】按：过沛诗即《大风歌》也。其辞曰"大风起兮云飞扬，威加海内兮归故乡，安得猛士兮守四方"是也。侯，语辞也。《诗》曰"侯其祎而"者是也。兮亦语辞也。沛诗有三"兮"，故云三侯也。②【正义】肄音异。

至今上即位，作十九章，[①]令侍中李延年次序其声，拜为协律都尉。通一经之士不能独知其辞，皆集会《五经》家，相与共讲习读之，乃能通知其意，多尔雅之文。

①【索隐】按：《礼乐志·安世房中乐》有十九章。

汉家常以正月上辛祠太一甘泉，以昏时夜祠，到明而终。常有流星经于祠坛上。使僮男僮女七十人俱歌。春歌《青阳》，夏歌《朱明》，[①]秋歌《西暤》，[②]冬歌《玄冥》。[③]世多有，故不论。[④]

①【集解】瓒曰："《尔雅》云春曰青阳，夏曰朱明。" ②【集解】韦昭曰："西方少暤也。" ③【正义】《礼记·月令》云玄冥，水官也。④【索隐】言四时歌多有其词，故此不论载。今见《汉书·礼乐志》。

又尝得神马渥洼水中，[①]复次以为《太一之歌》。歌曲曰："太一贡兮天马下，[②]霑赤汗兮沫流赭。[③]骋容与兮跇万里，[④]今安匹兮龙为友。"后伐大宛得千里马，马名蒲梢，[⑤]次作以为歌。歌诗曰："天马来兮从西极，经万里兮归有德。承灵威兮降外国，涉流沙兮四夷服。"中尉汲黯进曰："凡王者作乐，上以承祖宗，下以化兆民。今陛下得马，诗以为歌，协于宗庙，先帝百姓岂能知其音邪。"上默然不悦。丞相公孙弘曰："黯诽谤圣制，当族。"

①【集解】李斐曰："南阳新野有暴利长，当武帝时遭刑，屯田燉煌界。人数于此水旁见群野马中有奇异者，与凡马异，来饮此水旁。利长先为土人持勒靽于水旁，后马玩习，久之代土人持勒靽，收得其马，献之。欲神异此马，云从水中出。"苏林曰："洼音'窐曲'之'窐'也。"【索隐】洼音乌花反。苏林音"窐曲"之"窐"，窐即窊也。　②【索隐】按：《礼乐志》"贡"作"况"，况与贡意亦通。【正义】太一，北极大星也。　③【集解】应劭曰："大宛马汗血霑濡也，流沫如赭。"　④【集解】孟康曰："跇音逝。"如淳曰："跇谓超逾也。"【索隐】邹诞生云跇，一作"世"，音跇。　⑤【集解】应劭曰："大宛旧有天马种，蹋石汗血，汁从前肩膊出如血，号一日千里。"【索隐】梢音史交反。又作"骚"，亦同音。

凡音之起，由人心生也。[①]人心之动，物使之然也。[②]感于物而动，故形于声。[③]声相应，故生变。[④]变成方，谓之音。[⑤]比音而乐之，及干戚羽旄，谓之乐也。[⑥]乐者，音之所由生也，[⑦]其本在人心感于物也。[⑧]是故其哀心感者，其声噍以杀。[⑨]其乐心感者，其声啴以缓。[⑩]其喜心感者，其声发以散。[⑪]其怒心感者，其声粗以厉。[⑫]其敬心感者，其声直以廉。[13]其爱心感者，其声和以柔。[14]六者非性也，[15]感于物而后动，[16]是故先王慎所以感之。[17]故礼以导其志，乐以和其声，政以壹其行，[18]刑以防其奸。礼乐刑政，其极一也，[19]所以同民心而出治道也。[20]

①【正义】皇侃云："此章有三品，故名为《乐本》，备言音声所起，故名《乐本》。夫乐之起，其事有二：一是人心感乐，乐声从心而生；一是乐感人心，心随乐声而变也。" ②【正义】物者，外境也。外有善恶来触于心，则应触而动，故云物使之然也。 ③【集解】郑玄曰："宫商角征羽杂比曰音，单出曰声，形犹见也。"王肃曰："物，事也。谓哀乐喜怒和敬之事感人而动，见于声。" ④【集解】郑玄曰："乐之器，弹其宫则众宫应，然而不足乐，是以变之使杂也。"【正义】崔灵恩云："缘五声各自相应，不足为乐，故变使杂，令声音谐和也。" ⑤【集解】郑玄曰："方犹文章。"【正义】皇侃云："单声不足，故变杂五声，使交错成文，乃谓为音也。" ⑥【集解】郑玄曰："干，楯也。戚，斧也：《武舞》所执也。羽，翟羽也；旄，旄牛尾：《文舞》所执也。"【正义】比音鼻，次也。音，五音也。言五音虽杂，犹未足为乐，复须次比器之音及《文》、《武》所执之物，共相谐会，乃是由音得名。为乐《武》阴《文》阳，故所执有轻重异。 ⑦【正义】合音乃成乐，是乐由音而生，诸乐生起之所由也。 ⑧【正义】本，犹初也。物，外境也。(言)将欲明乐随心见，故更陈此句也。 ⑨【集解】郑玄曰："噍，踧也。"【索隐】焦音如字。邹诞生作"噍"，音将妙反。【正义】杀，所介反。噍，踧急也。若外境痛苦，则其心哀戚，哀戚在心，故乐声踧急而杀也。此下六者，皆人君见前境来感己而制乐音，随心见之也。 ⑩【集解】郑玄曰："啴，宽绰之貌。"【正义】啴，宽也。若外境可美，则其心欢乐，欢乐在心，故乐声必随而宽缓也。 ⑪【集解】郑玄曰："发，扬也。"【正义】若外境会意，其心喜悦，悦喜在心，故乐声发扬也。 ⑫【正义】若外境乖失，故己心怒恚，怒在心，心随怒而发扬，故无辍硋，则乐声粗强而严厉也。 ⑬【正义】廉，

隅也。若外境尊高，故已心悚敬，悚敬在内，则乐声直而有廉角也。⑭【正义】柔，软也。若外境怜慕，故已心爱惜，爱惜在内，则乐和柔也。⑮【正义】性本静寂，无此六事。六事之生，由应感见而动，故云非性。⑯【集解】郑玄曰："言人声在所见，非有常。" ⑰【正义】六事随见而动，非关本性，先王圣人在上，制正礼以防之，故先王慎所以感之者也。⑱【正义】胡孟反。 ⑲【集解】郑玄曰："极，至也。"【正义】四事，防慎所感之由也。用〔正〕礼教导其志，用(世)〔正〕乐谐和其声，用法律齐其行，用刑辟防其凶〔奸〕，民不复流僻，徒感防之，使同其一(敬)〔致〕，不为非也。极，至也。 ⑳【集解】郑玄曰："此其所谓至也。"【正义】上四事功成，民同其心，俱不邪僻，故治道出也。民心所触，有前六者不同，故圣人用后四者制之。

凡音者，生人心者也。①情动于中，故形于声，②声成文谓之音。③是故治世之音安以乐，其正和；④乱世之音怨以怒，其正乖。⑤亡国之音哀以思，其民困。⑥声音之道，与正通矣。⑦宫为君，⑧商为臣，⑨角为民，⑩征为事，⑪羽为物。⑫五者不乱，则无惉懘之音矣。⑬宫乱则荒，其君骄。⑭商乱则搥，其臣坏。⑮角乱则忧，其民怨。⑯征乱则哀，其事勤。⑰羽乱则危，其财匮。⑱五者皆乱，迭相陵，谓之慢。⑲如此则国之灭亡无日矣。⑳郑、卫之音，乱世之音也，比于慢矣。㉑桑间濮上之音，㉒亡国之音也，其政散，其民流，诬上行私而不可止。㉓

①【正义】此《乐本章》第二段，明乐感人心也。人心即君人心也。乐音善恶由君上心之所好，故云生于人心者也。 ②【正义】情，君之情也。中犹心也。心既感物而动，故形见于声也。 ③【正义】谓之音，清浊虽异，各见于外，成于文彩，并谓之音也。 ④【正义】乐音洛。言平

理之世，其乐音安静而欢乐也。正政同也。 ⑤【集解】徐广曰："一作'烦'。"【正义】乱世之音，民心怨怒，乐声亦怨，由其政乖僻故。 ⑥【正义】思音四。亡国，谓将欲灭亡之国，乐音悲哀而愁思。亡国之时，民之心哀思，其乐音亦哀思，由其民困苦故也。 ⑦【集解】郑玄曰："言八音和否随政也。"【正义】政和则声音安乐，政乖则声音怨怒，是声音之道与政通矣。 ⑧【集解】王肃曰："居中总四方。"【索隐】宫弦最大，用八十一丝，声重而尊，故为君。【正义】宫属土，居中央，总四方，君之象也。 ⑨【集解】王肃曰："秋义断。"【索隐】商是金，金为决断，臣事也。弦用七十二丝，次宫，如臣次君也。 ⑩【集解】王肃曰："春物并生，各以区别，民之象也。"【索隐】弦用六十四丝，声居宫羽之中，比君为劣，比物为优，故云清浊中，人之象也。【正义】角属木，以其清浊中，民之象。 ⑪【集解】王肃曰："夏物盛，故事多。"【索隐】征属夏，夏时生长，万物皆成形体，事亦有体，故配事。弦用五十四丝。【正义】征属火，以其征清，事之象也。 ⑫【集解】王肃曰："冬物聚。"【索隐】羽为水，最清，物之象。故为物，弦用四十八丝。 ⑬【集解】郑玄曰："怗懘，獘败不和之貌也。"【索隐】又本作"惉懘"。【正义】惉，獘也。懘，败也。君、臣、民、事、物五者各得其用，不相坏乱，则五音之响无獘败也。 ⑭【集解】郑玄曰："荒，犹散。"【正义】宫乱，则其声放散，由其君骄溢故也。 ⑮【集解】徐广曰："搥，今《礼》作'陂'也。"【索隐】搥，音都回反。陂，音诐。【正义】商音乱，其声攲邪不正，由其臣不理于官，〔官〕坏故也。 ⑯【正义】角音乱，其声忧愁，由政虐民怨故也。 ⑰【正义】征音乱，其声哀苦，由繇役不休，其民事勤劳也。 ⑱【正义】羽音乱，其声倾危，由君赋重，(于)其民贫乏故也。 ⑲【正义】迭，互也。陵，越也。五声并不和，则君臣上下互相陵越，所以谓之为慢也。 ⑳【集解】郑玄曰："君、臣、民、事、物也，其道乱，则其音应而乱也。"【索隐】无日犹言无复一日也。以言君臣陵慢如此，则国之灭亡朝夕可待，无复一日也。 ㉑【集解】郑玄曰："比，犹同。"【正义】郑音好滥淫志，卫音促速烦志，并是乱世音，虽乱而未灭亡，故比慢也。比，必以反。 ㉒【集解】郑玄曰："濮水之上，地有桑间，在濮阳南。"【正义】昔殷纣使师延作长夜靡靡之乐，以致亡国。武王伐纣，此乐师师延将乐器投濮水而死。后晋国乐师师涓夜过此水，闻水中作此乐，因听而写之。既得还国，为晋平公奏之。师旷抚之曰：“此亡国之音也，得此必于桑间濮上乎？纣之所由亡也。” ㉓【正义】若用此濮上之音，其政必离散而民人流徙逃亡，缘臣诬上，各行私情，国即灭亡而不可禁止也。

凡音者，生于人心者也。[1]乐者，通于伦理者也。[2]是故知声而不知音者，禽兽是也。知音而不知乐者，众庶是也。唯君子为能知乐。[3]是故审声以知音，[4]审音以知乐，[5]审乐以知政，[6]而治道备矣。[7]是故不知声者不可与言音，不知音者不可与言乐。知乐则几于礼矣。[8]礼乐皆得，谓之有德。德者得也。[9]是故乐之隆，非极音也。[10]食飨之礼，非极味也。[11]清庙之瑟，[12]朱弦而疏越，[13]一倡而三叹，有遗音者矣。[14]大飨之礼，[15]尚玄酒[16]而俎腥鱼，[17]大羹不和，[18]有遗味者矣。[19]是故先王之制礼乐也，非以极口腹耳目之欲也，将以教民平好恶而反人道之正也。[20]

①【正义】此《乐本章》第三段也。前第一段明人心感乐，第二段明乐感人心，此段圣人制正乐以应之。此段自有二重：自“凡音”至“反人道”为一重，却应第二段乐感人心也；又自“人(心)生而静”至“王道备矣”为一重，却应第一段人心感乐也。 ②【集解】郑玄曰：“伦，犹类也。理，分也。”【正义】音初生自君心，形而成乐，乐成则能通于百姓，使各尽其类分，故曰通伦理者也。 ③【集解】郑玄曰：“禽兽知此为声耳，不知其宫商之变。八音并作，克谐，曰乐。” ④【正义】声为音本，若欲知音，当须审定其声，然后音可知。 ⑤【正义】音为乐本，前审定其音，然后可知乐也。⑥【正义】乐为政本，前审定其乐，然后政可知也。 ⑦【正义】前审定

其本，后识其末，则为治之道乃可备也。 ⑧【集解】郑玄曰："几，近也。"【正义】礼谓治国之礼，包万事。万事备具，始是礼极。今知乐者但正君、臣、民、事、物五者之情，于礼未极，故云几于礼也。 ⑨【集解】郑玄曰："听乐而知政之得失，则能正君、臣、民、事、物之礼。"【正义】若听乐而知礼，则是礼乐皆得；二者备具，则是有德之君也。又言有德之人是能得礼乐之情，故云德者得也。 ⑩【集解】郑玄曰："隆犹盛也。极犹穷也。"【正义】大乐之盛，本在移风易俗，非穷钟鼓之音，故云非极音也。故《论语》"乐云乐云，钟鼓云乎哉"是也。 ⑪【正义】食音嗣。食享谓宗庙祭也。大礼之盛，本在安上治民，非崇玉帛至味，故云非极味也。故《论语》"礼云礼云，玉帛云乎哉"是也。 ⑫【集解】郑玄曰："清庙谓作乐歌《清庙》。"王肃曰："于清庙中所鼓之瑟。" ⑬【集解】郑玄曰："越，瑟底孔，画疏之使声迟。" ⑭【集解】郑玄曰："遗，犹余也。"王肃曰："未尽音之极。"【正义】倡音唱。一唱谓一人始唱歌，三叹谓三人赞叹也。乐歌此先王之道，不极音声，故但以熟弦广孔，少唱寡和。此音有德，传于无穷，是有余音不已。一云所重在德，本不在音，是有遗余音，念之不忘也。 ⑮【正义】大享即食享也。变"食"言"大"，崇其名故也。不尚重味，故食言大也。此言礼盛不(作)〔在〕至味之事。 ⑯【正义】祫祭之礼，则列玄尊在上，五齐在下也。 ⑰【正义】凡俎有肴生腊，(是俎)腥鱼者，生鱼也，俎虽有三牲而兼载生鱼也。 ⑱【正义】和，胡卧反。大羹，肉汁也。祫祭有肉汁为羹，无盐菜之芼和也。 ⑲【正义】遗亦余也。此(著)〔皆〕质素之食。礼，人主诚设之道不极滋味，故尚明水而腥鱼。此礼可重，流芳竹帛，传之无已，有余味。一云礼本在德，不在甘味，故用水鱼而遗味也。 ⑳【集解】郑玄曰："教之使知好恶。"【正义】好，火到反。恶，一故反。平，均也。言先王制礼作乐，本是教训浇民，平于好恶之理，故去恶归善，不为口腹耳目之欲，令反归人之正道也。

人生而静，天之性也。[①]感于物而动，性之颂也。[②]物至知知，然后好恶形焉。[③]好恶无节于内，知诱于外，不能反己，天理灭矣。[④]夫物之感人无穷，而人之好恶无节，则是物至而人化物也。[⑤]人化物也者，灭天理而穷人欲者也。[⑥]于是有悖逆诈伪之心，有淫佚作乱之事。是故强者胁弱，众者暴寡，知者诈愚，勇者苦怯，疾病不养，老幼孤寡不得其所，此大乱之道也。是故先王制礼乐，人为之节：[⑦]衰麻哭泣，[⑧]所以节丧纪也；钟鼓干戚，所以和安乐也；婚姻冠笄，所以别男女也；[⑨]射乡食飨，所以正交接也。[⑩]礼节民心，乐和民声，政以行之，刑以防之。礼乐刑政四达而不悖，则王道备矣。

①【正义】此第三段第二重也。人初生未有情欲，其(情欲)至静禀于自然，是天之性也。　②【集解】徐广曰："颂音容。今《礼》作'欲'。"【正义】其心虽静，感于外情，因物而动，是性之贪欲也。　③【集解】王肃曰："事至，能以智知之，然后情之好恶见。"【正义】上"知"音智。

④【集解】王肃曰："内无定节，智为物所诱于外，情从之动，而失其天性。"【正义】言好恶不自节量于心，唯知情欲诱之于外，不能反还己躬之善，则天性灭绝矣。　⑤【集解】郑玄曰："随物变化。"【正义】夫物不一，故言无穷也。若人心嗜欲无度，随好恶不能节之，则与之而化，故云人化物。

⑥【集解】郑玄曰："言无所不为。"【正义】心随物化，则灭天性而恣人心之欲也。　⑦【集解】郑玄曰："为作法度以遏其欲也。"王肃曰："以人为之节，言得其中也。"　⑧【正义】此以下并是陈礼节人之事也。制五服哭泣，所以纪丧事之节，而不使背死忘生也。事死者难，故以哀哭为前也。

⑨【集解】郑玄曰："男二十而冠，女许嫁而笄。"【正义】冠音贯。笄音鸡。

⑩【集解】郑玄曰："射乡，大射乡饮酒。"

乐者为同，礼者为异。[①]同则相亲，异则相敬。乐胜则流，[②]礼胜则离。[③]合情饰貌者，礼乐之事也。[④]礼义立，则贵贱等矣。[5]乐文同，则上下和矣。[6]好恶著，则贤不肖别矣。[7]刑禁暴，爵举贤，则政均矣。[8]仁以爱之，义以正之，如此则民治行矣。[9]

①【集解】郑玄曰："同，谓协好恶也，异谓别贵贱。"【正义】此第二章名为《乐论》。其中有四段，此章论礼乐同异也。夫乐使率土合和，是为同也。礼使父子殊别，是为异也。　②【集解】王肃曰："流遁不能自还。"　③【集解】王肃曰："离析而不亲。"【正义】胜，式证反。胜犹过也。礼乐虽有同异，而又相须也。若乐过和同而无礼，则流慢，无复尊卑之敬。若礼过殊隔无乐，则亲属离析，无复骨肉之爱也。　④【集解】郑玄曰："欲其并行彬彬然。"【正义】乐和内，是合情也；礼检迹，是饰貌也。　⑤【集解】郑玄曰："等阶级。"　⑥【正义】文，谓声成文也。若作乐文采谐同，则上下并和，是乐和民声也。　⑦【正义】好恶并去声，又并如字。著，张虑反。若法律分明，善恶章著，则贤愚斯别，政化行矣。　⑧【正义】王者(为)用刑(则)〔以〕禁制暴慢，疏爵以举赏贤良，则政治均平，是刑以防之矣。既是禁暴而又言举贤者，示刑最为重，不宜独行，必须赏罚兼明也。然礼乐之用非政不行，明须四事连行也。　⑨【正义】言礼乐刑政既均，又须仁以爱民，义以正民，如此则民顺理正行矣。

乐由中出，[1]礼自外作。[2]乐由中出，故静。[3]礼自外作，故文。[4]大乐必易，[5]大礼必简。[6]乐至则无怨，礼至则不争。[7]揖让而治天下者，礼乐之谓也。暴民不作，诸侯宾服，兵革不试，[8]五刑不用，百姓无患，天子不怒，如此则乐达矣。合父子之亲，[9]明长幼之序，[10]以敬四海之内。[11]天子如此，则礼行矣。[12]

①【集解】郑玄曰:“和在心。”【正义】此《乐论》第二段,谓乐功也。出犹生也。为人在中,和有未足,故生此乐也。　②【集解】郑玄曰:“敬在貌。”【正义】作犹起也。为人在外,敬有未足,故起此礼也。　③【正义】乐和心,在内,故云静。　④【集解】郑玄曰:“文,犹动。”【正义】礼肃人貌,貌在外,故云动。　⑤【正义】易,以豉反。朱弦疏越是也。⑥【集解】郑玄曰:“易简,若于清庙大飨然。”【正义】玄酒腥鱼是也。⑦【集解】郑玄曰:“至,犹达也,行也。”【正义】乐行主和,和达则民无复怨怒也。礼行主谦,谦达则民不争竞也。　⑧【集解】郑玄曰:“宾,协也。试,用也。”　⑨【正义】前云“礼至不争”,故致天下尊卑之序也。礼使父慈子孝,是合父子之亲也,即父事三老也。　⑩【正义】长坐幼立,是明长幼之序,即兄事五更是也。　⑪【正义】《孝经》云:“教以孝,所以敬天下之为人父;教以弟,所以敬天下之为人兄;教以臣,所以敬天下之为君。”即是敬四海之内也。　⑫【正义】言天子能躬行礼,则臣下必用礼,如此则礼行矣。“合父子”以下,悉自天子自身行之也。

大乐与天地同和,[①]大礼与天地同节。[②]和,故百物不失。[③]节,故祀天祭地。[④]明则有礼乐,[⑤]幽则有鬼神,[⑥]如此则四海之内合敬同爱矣。[⑦]礼者,殊事合敬者也。[⑧]乐者,异文合爱者也。[⑨]礼乐之情同,故明王以相沿也。[⑩]故事与时并,[⑪]名与功偕。[⑫]故钟鼓管磬羽籥干戚,乐之器也。[⑬]诎信俯仰级兆舒疾,[⑭]乐之文也。[⑮]簠簋俎豆制度文章,礼之器也。升降上下周旋裼袭,礼之文也。故知礼乐之情者能作,[⑯]识礼乐之文者能述。[⑰]作者之谓圣,[⑱]述者之谓明。[⑲]明圣者,述作之谓也。

①【正义】此《乐论》第三段,论礼与乐唯圣能识也。言天地以气氤氲,

合生万物。大乐之理,顺阴阳律吕生养万物,是大乐与天地同和也。

②【集解】郑玄曰:“言顺天地之气与其数也。”【正义】言天有日月,地有山川,高卑殊形,生用各别。大礼辩尊卑贵贱等差异别,是大礼与天地同节。

③【集解】郑玄曰:“不失其性。”【正义】乐与天地同和,能生成万物。

④【集解】郑玄曰:“成物有功报焉。”【正义】礼与天地同节,有尊卑上下,报生成万物之功。 ⑤【集解】郑玄曰:“教人者也。”【正义】明犹外也。言圣王能使乐与天地同和,礼与天地同节,又能显明其礼乐以教人也。

⑥【集解】郑玄曰:“助天地成物者也。《易》曰知鬼神之情状。然则圣人精气谓之神,贤智之精气谓之鬼也。”【正义】幽,内也。言圣王又能内敬鬼神,助天地生成万物。 ⑦【正义】言行礼同节,故四海合敬矣。乐同和,故四海同爱矣。 ⑧【正义】尊卑贵贱之别,是殊事也。施之同以庄敬,是合敬也。 ⑨【正义】宫商错而成文,随事而制变,是异文;同以劝爱,是合爱也。 ⑩【集解】郑玄曰:“沿犹因述也。殷因于夏,周因于殷。”【正义】乐情主和,礼情主敬,致化是同。以其致化情同,故明王相因述也。

⑪【集解】郑玄曰:“举事在其时也。”王肃曰:“有其时,然后得立其事。”【正义】言圣王所为之事与所当之时并行也。若尧、舜揖让之事与淳和之时并行,汤、武干戈之事与浇薄之时并行。此句明礼也。 ⑫【集解】郑玄曰:“为名在(于)其功也。偕犹俱也。”王肃曰:“有功,然后得受其名。”【正义】名谓乐名也。偕,俱也。功者,揖让干戈之功也。圣王制乐之名,与所建之功俱作也。若尧、舜乐名《咸池》、《大韶》,汤、武乐名《大濩》、《大武》也。

⑬【正义】此陈乐事也。钟鼓之属是乐之器,有形质,故为事也。

⑭【集解】徐广曰:“级,今《礼》作‘缀’。”骃案:郑玄曰“兆其外营域”。【索隐】缀舞者,酂列也。又按:下文“其舞行及远”,“及短”,《礼》皆作“缀”,盖是字之残缺讹变耳,故此为“级”而下又为“及”也。然并依字读,义亦虽通,恐违古记耳。 ⑮【正义】文饰之事也。 ⑯【正义】既能穷本(知末)知变,又能著诚去伪,所以能述作,故谓之圣也。 ⑰【集解】郑玄曰:“述谓训其义。”【正义】谓上文“屈伸俯仰”,“升降上下”也。 ⑱【正义】尧、舜、禹、汤之属是也。 ⑲【正义】游、夏之属是也。

乐者，天地之和也。礼者，天地之序也。[①]和，故百物皆化。序，故群物皆别。[②]乐由天作，礼以地制。[③]过制则乱，过作则暴。[④]明于天地，然后能兴礼乐也。[⑤]论伦无患，乐之情也。[⑥]欣喜欢爱，乐之(容)〔官〕也。[⑦]中正无邪，礼之质也。[⑧]庄敬恭顺，礼之制也。[⑨]若夫礼乐之施于金石，越于声音，用于宗庙社稷，事于山川鬼神，则此所以与民同也。[⑩]

①【正义】此《乐论》第四段也。谓礼乐之情也。乐法天地之气，故云天地之和；礼法天地之形，故云天地之序。礼乐从天地而来，王者必明于天地，然后能兴起礼乐也。　②【集解】郑玄曰："化，犹生也。别谓形体异。"　③【集解】郑玄曰："言法天地。"【正义】天用和气化物，物从气化，是由天作也。地有高下区分以生万物，礼有品节殊文，是由地制也。　④【集解】郑玄曰："过，犹误也。暴，失《文》、《武》意也。"　⑤【正义】礼乐既不可误，故须明天地者乃可制作也。　⑥【集解】王肃曰："言能合道论，中伦理而无患也。"【正义】既云唯圣人识礼乐之情，此以下更说其情状不同也。伦，类也。贺瑒云："乐使物得类序而无害，是乐之情也。"　⑦【正义】(容)〔官〕，犹事也。贺瑒云："八音克谐使物欣喜，此乐之事迹也。"　⑧【集解】郑玄曰："质，犹本。"【正义】明礼情也。质，本也。礼以(心内)〔内心〕中正，无有邪僻，是礼之本。　⑨【正义】明礼情之事也。谓容貌庄敬，谦恭谨慎，是礼之节制也。　⑩【集解】王肃曰："自天子至民人，皆贵礼之敬，乐之和，以事鬼神先祖也。"【正义】言四者施用祭祀，随世而异，则前王所不专，故又云则此所以与民同，言随世也。

王者功成作乐，治定制礼。[①]其功大者其乐备，其治辨者其礼具。[②]干戚之舞，非备乐也。[③]亨孰而祀，非达礼也。[④]五帝殊时，不相沿乐。三王异世，不相袭礼。[⑤]乐极则忧，礼粗则偏矣。[⑥]及夫敦乐而无忧,[⑦]礼备而不偏者,其唯大圣乎?天高地下,万物散殊,而礼制行也。[⑧]流而不息,合同而化,而乐兴也。[⑨]春作夏长,仁也。秋敛冬藏,义也。仁近于乐,义近于礼。[⑩]乐者敦和,率神而从天。[⑪]礼者辨宜,居鬼而从地。[⑫]故圣人作乐以应天,作礼以配地。礼乐明备,天地官矣。[⑬]

①【集解】郑玄曰:"功成治定同时耳,功主于王业,治主于教民。"【正义】此第三章名《乐礼章》,言明王为治,制礼作乐,故名《乐礼章》。其中有三段:一明礼乐齐,其用必对;二明礼乐法天地之事;三明天地应礼乐也。②【集解】徐广曰:"辨,一作别。"骃案:郑玄曰"辨,徧也。"【正义】辨,皮勉反,又边练反。夫礼乐必由功治,〔功治〕有小大,故礼乐应之而广狭也。若上世民淳易化,故王者功治广徧,是以礼乐备也。而殷、周民浇难化,故王者功治褊狭,则礼乐亦不具。　③【集解】郑玄曰:"乐以文德为备,若《咸池》也。"【正义】证乐不备也。干戚,(周)《武〔舞〕》也。乐以文德为备,故用朱丝疏越,干戚之舞,故非备乐也。　④【集解】郑玄曰:"达,犹具也。至敬不飨味而贵气臭。"【正义】解礼不具也。谓腥俎玄尊,表诚象古而已,不在芬芯孰味。是乃浇世为之,非达礼也。　⑤【集解】郑玄曰:"言其有损益。"【正义】庾蔚之云:"乐兴于五帝,礼成于三王。乐兴王者之功,礼随世之质文。"崔灵恩云:"五帝淳浇不同,故不得相沿为乐;三王文质之不等,故不得相袭为礼。"　⑥【集解】郑玄曰:"乐,人之所好也,害在淫侉;礼,人之所勤,害在倦略。"　⑦【集解】郑玄曰:"敦,厚也。"　⑧【集解】郑玄曰:"礼为异。"【正义】天高于上,地卑于下,万物布散殊别于其中,而大圣制礼,别异尊卑,是众大而行,故云礼制行矣。礼以节制为义,故云礼制。　⑨【集解】郑玄曰:"乐为同。"【正义】天地二气,流行不息,合同氛氲,化生万物。而大圣作乐,合同人心,是以象天地而起,故云乐兴也。⑩【集解】郑玄曰:"言乐法阳而生,礼法阴而成。"【正义】近,其靳反。春夏生长万物,故为仁爱。乐主陶和万性,故仁近于乐也。秋则杀敛,冬则蛰

藏，并是义主断割。礼为节限，故义近于礼也。　⑪【集解】郑玄曰："敦和，乐贵同。"【正义】此释仁近乐之义。言乐之为体，敦厚和同，因循圣人之神气而从顺于天。⑫【集解】郑玄曰："别宜，礼尚异也。"孙炎曰："居鬼，品处人鬼之志。"【正义】此解义近礼之由。居鬼犹循神也。鬼谓先贤也。礼之为体，尊卑殊别，各有其宜，因居先贤鬼气而从顺于地，分别礼分。⑬【集解】郑玄曰："各得其事也。"王肃曰："各得其位也。"

天尊地卑，君臣定矣。①高卑已陈，贵贱位矣。②动静有常，大小殊矣。③方以类聚，物以群分，则性命不同矣。④在天成象，在地成形，⑤如此则体者天地之别也。⑥地气上脐，⑦天气下降，⑧阴阳相摩，⑨天地相荡，⑩鼓之以雷霆，⑪奋之以风雨，⑫动之以四时，⑬煖之以日月，⑭而百(物)化兴焉，⑮如此则乐者天地之和也。⑯

①【正义】此《乐礼章》第二段也，明礼乐法天地事也。言君尊于上，臣卑于下，是象天地定矣。　②【集解】郑玄曰："高卑，谓山泽也。位矣，尊卑之位象山泽。"　③【集解】郑玄曰："动静，阴阳用事也。小大，万物也。大者常存，小者随阴阳出入。"　④【集解】郑玄曰："方，谓行虫。物，谓殖生者。性之言生也。命，生之长短。"【正义】性，生也。万物各有嗜好谓之性。命者，长短夭寿也。所祖之物既禀大小之殊，故性命夭寿不同也。　⑤【集解】郑玄曰："象，光耀。形，体貌。"【正义】言日月星辰之光耀，草木鸟兽之体貌也。　⑥【正义】结礼之别也。此天地明圣，制礼殊别，是天地之分别也，亦别辨宜居鬼而从地也。　⑦【集解】郑玄曰："脐，升也。"　⑧【正义】明礼乐法天地气也。天地二气之升降合而生物，故乐以气法地，弦歌声气升降相合，以教民也。然气从下升，(此)〔在〕乐象气，故从地始也。形以上尊，(故)礼象形，〔故〕从天始也。　⑨【正义】二气切摩而万物生发，作乐亦令声气切摩，使民心生敬也。　⑩【集解】

郑玄曰:“荡,动也。”【正义】天地八节荡动也。天地化物,八节更相感动,作乐亦令八音相感动也。 ⑪【正义】万物虽以气生,而物未发,故雷霆以鼓动之,如乐用钟鼓以发节也。大雷曰霆。 ⑫【集解】郑玄曰:“奋,迅也。”【正义】万物皆以风雨奋迅而出,如乐用儛奋迅以象之,使发人情也。⑬【正义】万物生长,随四时而动,如乐各逐心内所须而奏之。 ⑭【正义】煖音喧远反。万物之生,必须日月煖照,如乐有蕴藉,使人宣昭也。蕴藉者,歌不直言而长言嗟叹之属也。 ⑮【集解】郑玄曰:“百物化生。”

⑯【正义】结乐之和也。如此则圣人作乐,法天地和同,是乐者天地之和也,亦是敦和率神而从天也。

化不时则不生,①男女无别则乱登,②此天地之情也。③及夫礼乐之极乎天而蟠乎地,④行乎阴阳而通乎鬼神,⑤穷高极远而测深厚,⑥乐著太始⑦而礼居成物。⑧著不息者天也,著不动者地也。⑨一动一静者,天地之间也。⑩故圣人曰“礼云乐云”。⑪

①【正义】此《乐礼章》第三段,明天地应于礼乐也。前圣人既作礼乐,此明天地应乐也。若人主行化失时,天地应以恶气毁物,故云化不时则不生也。 ②【集解】郑玄曰:“登,成也。乐失则害物,礼失则乱人。”【正义】此明天地应礼也。登,成也。若人君行礼,男女无别,则天地应而错乱成之也。 ③【正义】结随礼乐得失而应之,是天地之情也。然乐是气化,故云害物。礼是形教,故言乱人也。 ④【集解】郑玄曰:“极,至也。蟠犹委也。” ⑤【正义】言阴阳和,四时顺,以应礼乐,礼乐与鬼神并助天地而成化也。 ⑥【集解】郑玄曰:“高远,三辰也。深厚,山川也。言礼乐之道,上至于天,下委于地,则其间无所不之矣。” ⑦【集解】王肃曰:“著,明也。明太始,谓法天也。” ⑧【集解】成物谓地也。居亦谓法也。【索隐】乐能明太始,是法天也;地能成万物,故礼所以法地也。【正义】

著，犹处也。天为万物之始，故曰太始。天苍而气化，乐亦气化，故云处太始也。成物，地也，体盘薄长成万物也。在地成形，礼亦形教，故云居成也。地卑，故曰居。天高，故曰著也。 ⑨【集解】郑玄曰："著，犹明白也。息谓休止也。"【索隐】〔著〕运生不息者，天之功也，故《易乾卦》云"天行健，君子以自强不息"。著养万物不动者，地之德也，故《易坤卦》云"安贞吉"是也。【正义】此美礼乐配天地也。著亦处也。言乐气化，处运生不息者，配天也。礼制尊卑定位，成养万物，处不移动者，配地也。 ⑩【集解】郑玄曰："间谓百物也。"【正义】此美礼乐若分则配天地，若合则与百物齐一也。（静动而生）百物禀天动地静而生，故呼百物为天地之间也。 ⑪【集解】郑玄曰："言礼乐之法天地也。"【正义】引圣证此章也。言圣人云，明此一章是礼乐法天地也，故言圣人曰"礼云乐云"。乐动礼静，其并用事，如天地间物有动静也。

昔者舜作五弦之琴，以歌《南风》。[①]夔始作乐，以赏诸侯。[②]故天子之为乐也，以赏诸侯之有德者也。德盛而教尊，五谷时孰，然后赏之以乐。[③]故其治民劳者，其舞行级远。[④]其治民佚者，其舞行级短。[⑤]故观其舞而知其德，[⑥]闻其谥而知其行。[⑦]《大章》，章之也。[⑧]《咸池》，备也。[⑨]《韶》，继也。[⑩]《夏》，大也。[⑪]殷、周之乐尽也。[⑫]

①【集解】郑玄曰："《南风》，长养之风也，言父母之长养己也。其辞未闻也。"王肃曰："《南风》，育养民之诗也。其辞曰'南风之薰兮，可以解吾民之愠兮'。"【索隐】此诗之辞出《尸子》及《家语》。【正义】此第四章名《乐施》，明礼乐前备后施布天下也。中有三段：一明施乐以赐诸侯也；二明施乐须节，既赐之，所以宜节也；三明礼乐所施，各有本意本德。《世本》"神农作琴"，今云舜作者，非谓舜始造也，改用五弦琴，特歌《南风》诗，始自舜也。五弦者，无文武二弦，唯宫商角征羽之五弦也。《南风》是孝子之诗也。南

风养万物而孝子歌之，言得父母生长，如万物得南风也。舜有孝行，故以五弦之琴歌《南风》诗，以教理天下之孝也。 ②【集解】郑玄曰："夔欲舜与天下之君共此乐。" ③【正义】陈其合赏也。若诸侯孝德明盛，教化尊严，年谷丰稔，故天子赏乐也，天下因而法之也。 ④【正义】行音胡郎反。级音子卫反。本，或作"缀"，音同。此明虽得乐赐，而随功德优劣(也)〔为〕舞位行列也。缀谓缵列也。若诸侯治民劳苦，由君德薄，王赏之以乐，则舞人少，不满，将去缵疏远也。 ⑤【集解】王肃曰："远以象民行之劳，近以象民行之逸。"【正义】佚音逸。言若诸侯治民暇逸，由君德盛，王赏舞人多，则满，将去缵促近也。庾蔚之云："此为虞、夏礼也。虞犹淳，故可随功赐乐；殷、周渐浇，易生忿怨，不宜犹有优劣，是以同制。诸侯六佾，故与《周礼》不同也。" ⑥【正义】观其儛位人多少，去缀近远，即知其君德薄厚也。 ⑦【集解】郑玄曰："谥者行之迹。"【正义】行音胡孟反。制死谥随君德，故闻死谥则知生行。此一句比拟其舞也。 ⑧【集解】郑玄曰："尧乐名。言尧德章明。"【正义】既生时舞则知德，死则闻谥验行，故更引死后闻乐则知行事解之也。《大章》，尧乐也。章，明也。民乐尧德大明，故名乐曰《大章》，后人闻《大章》则知尧生时德大明。上章是尧德之明，下章是后明于尧德。《白虎通》云"《大章》，大明天地之道。" ⑨【集解】郑玄曰："黄帝所作乐名，尧增脩而用之。咸，皆也。池之言施也，言德之无不施也。"王肃曰："包容浸润行化皆然，故曰备也。"⑩【集解】郑玄曰："舜乐名。言能继尧之德。" ⑪【集解】郑玄曰："禹乐名。言禹能大尧、舜之德。" ⑫【集解】郑玄曰："言尽人事也。《周礼》曰'殷曰《大濩》，周曰《大武》'。"

天地之道，寒暑不时则疾，[①] 风雨不节则饥。[②] 教者，民之寒暑也，[③] 教不时则伤世。[④] 事者，民之风雨也，事不节则无功。[⑤] 然则先王之为乐也，以法治也，[⑥] 善则行象德矣。[⑦] 夫豢豕为酒，[⑧] 非以为祸也。[⑨] 而狱讼益烦，则酒之流生祸也。[⑩]

是故先王因为酒礼，一献之礼，宾主百拜，⑪终日饮酒而不得醉焉，此先王之所以备酒祸也。故酒食者，所以合欢也。⑫

①【正义】此则《乐施章》第二段，明施乐须节也。既必须节，故引譬例。寒暑，天地之气也。若寒暑不时，则民多疾疫也。 ②【正义】风雨，天事也。风雨有声形，故为事也。若飘洒凄厉，不有时节，则谷损民饥也。 ③【集解】郑玄曰："教谓乐也。" ④【正义】寒暑不时，既为民疾苦。乐教不时，则伤世俗之化也。 ⑤【正义】风雨不节，则民饥馑。礼事不节，则治无功也。 ⑥【集解】王肃曰："作乐所以法其治行也。" ⑦【集解】王肃曰："君行善，即臣下之行皆象君之德。"【正义】此广乐所以须节已。言先王为乐必以法治，治善则臣下之行皆象君之德也。 ⑧【集解】郑玄曰："以谷食犬豕曰豢。为，作也。" ⑨【正义】此言礼须节也。豢，养也。言前王豢犬豕及作酒之事，本以为礼祀神祇，设宾客，和亲族，礼贤能，而实非为民作祸灾也。 ⑩【集解】郑玄曰："小人饮之善酗，以致狱讼。"【正义】此礼事也。言民得豢酒，无复节限，卒至沈酗斗争杀伤，而刑狱益生烦多，则是酒之流害生其祸也。 ⑪【集解】郑玄曰："一献，士饮酒之礼。百拜，以喻多也。" ⑫【正义】此结节功也。既防酒祸，故饮不醉争，以特合欢适也。

乐者，所以象德也。①礼者，所以闭淫也。②是故先王有大事，必有礼以哀之。③有大福，必有礼以乐之。④哀乐之分，皆以礼终。⑤

①【正义】此《乐施章》第三段，明礼乐之所施各有本意，在于象德也。此言乐意也，言乐之所施于人，本有和爱之德。 ②【正义】此言礼意也。言礼之所施于人，(大)〔本〕止邪淫过失也。 ③【集解】郑玄曰："大事谓死丧。"【正义】民有丧则先王制衰麻哭泣之礼以节之，使其各遂哀情，

是礼以哀之也。　④【正义】乐音洛。大福，祭祀者庆也。民庆必歌舞饮食，庶羞之礼使不过，而各遂欢乐，是有以乐之也。　⑤【正义】分，扶问反。结二事。哀乐虽反，皆用礼节，各终其分，故云皆以礼终。

乐也者，施也。礼也者，报也。[①] 乐，乐其所自生。[②] 而礼，反其所自始。[③] 乐章德，[④] 礼报情反始也。[⑤] 所谓大路者，天子之舆也。[⑥] 龙旂九旒，天子之旌也。[⑦] 青黑缘者，天子之葆龟也。[⑧] 从之以牛羊之群，则所以赠诸侯也。[⑨]

①【集解】郑玄曰："言乐出而不反，而礼有往来。"【正义】施，式豉反。此第六段，《乐象法章》第五段，不以次第而乱升在此段，明礼乐用别也。庾蔚之云："乐者，所以宣畅四气，导达情性，功及物而不知其所报，即是出而不反，所以谓施也。礼者，所以通彼之意，故有往必有来，所以谓报也。"　②【集解】郑玄曰："自由也。"【正义】此广施也。乐名所起，由民下之心所乐生，非有所报也。　③【正义】此广报也。反犹报也。礼生无名，但是事耳，随时得质文之事而报之。　④【正义】闻名知德，若《大章》是也。　⑤【集解】孙炎曰："作乐者缘民所乐于己之德，若舜之民乐其绍尧，(也)周之民乐其伐纣，而作《韶》、《武》也。制礼者本己所由得民心，殷尚质，周尚文是也。"【正义】礼报人情而制，随质文之始也。　⑥【正义】此以下广言礼以报为体之事。舆，车也。大路，天子之车也。诸侯朝天子，修其职贡，若有动劳者，天子赐之大路也。　⑦【正义】庾蔚之云："龙旂九旒，上公之旌。"　⑧【集解】《公羊传》曰："龟青缘。"何休曰："缘，甲髯也。千岁之龟青髯，明乎吉凶也。"【索隐】葆与"宝"同，《史记》多作此字。髯音耳占反。【正义】缘，以绢反。⑨【集解】郑玄曰："赠诸侯，谓来朝将去，送之以礼也。"【正义】合结上诸事，皆是天子送诸侯礼也。言五等诸侯朝毕反去，天子赠之大路龙旂宝龟，又送之以牛羊之群也。

乐也者，情之不可变者也。[①]礼也者，理之不可易者也。[②]乐统同，[③]礼别异，[④]礼乐之说贯乎人情矣。[⑤]穷本知变，乐之情也。[⑥]著诚去伪，礼之经也。[⑦]礼乐顺天地之诚，[⑧]达神明之德，[⑨]降兴上下之神，[⑩]而凝是精粗之体，领父子君臣之节。[⑪]

①【正义】此第七章明乐之情，与之符达鬼神，合而不可变也。中有三段，一明礼乐情达鬼神也，二证礼乐达鬼神之事，三明识礼乐之本可尊也。前第六章明象。象必见情，故以乐主情。乐变则情变，故云情之不可变也。②【集解】郑玄曰："理，犹事也。"【正义】礼主事礼别也，故云事之不可易者也。　③【正义】解情不变也。统，领也。同，和合之情者也。④【集解】郑玄曰："统同，同和合也。辨异，异尊卑之位。"【正义】解事不可易也。礼别于尊卑之事也。　⑤【正义】贯，犹通也。言人情莫过于同异，而礼乐能统同辨异，故其说理能通人情。　⑥【正义】庾蔚之云："乐能通和性分，使各不失其所，是穷自然之本也。使人不失其所守，是知变通之情也。"　⑦【正义】著，竹虑反。去，丘吕反。著，明也。经，常也。著明诚信，违去诈伪，是礼之常行也。　⑧【正义】见，胡练反。合明礼乐也。礼出于地，尊卑有序，是见地之情也。乐出于天，远近和合，是见天之情也。　⑨【正义】达，通也。礼乐不失，则天降甘露，地出醴泉，是通于神明之德也。　⑩【集解】郑玄曰："降，下也。兴犹出也。"【正义】乐六变，天神下。八变，地祇出。是兴降上下之神。　⑪【集解】郑玄曰："凝，犹成也。精粗谓万物大小也。领，犹理治也。"

是故大人举礼乐，则天地将为昭焉。[①]天地欣合，阴阳相得，[②]煦妪覆育万物，[③]然后草木茂，区萌达，[④]羽翮奋，角觡生，[⑤]蛰虫昭苏，[⑥]羽者妪伏，毛者孕鬻，[⑦]胎生者不殰而卵生者不殈，[8]则乐之道归焉耳。[9]

①【正义】为，于伪反。昭音照。此《乐情章》第二段，明礼乐能通达鬼神之事。前既云能通鬼神，此明其事也。大人圣人与天地合德，故举礼乐为教，而天地从之大明也。 ②【正义】欣，喜也。合犹蒸也。礼乐化行，故天气下，地气蒸合，阴阳交会，故相得也。论体谓之天地，论气谓之阴阳也。 ③【集解】郑玄曰："气曰煦，体曰妪。" ④【集解】郑玄曰："屈生曰区。"【正义】区音勾。草木据其成体之茂，区萌据其新牙，故曰达。达犹出也。曲出曰区，菽豆之属；直出曰萌，稻稷之属也。 ⑤【集解】郑玄曰："无觬曰觡。"【索隐】牛羊有觬曰角，麋鹿无觬曰觡。【正义】觡，加客反。羽翮，鸟也。角觡，兽也。鸟兽得天地覆育煦妪，故飞者则奋翅翮，走者则生角觡也。 ⑥【集解】郑玄曰："昭，晓也。凡蛰虫以发出为晓，更息曰苏。"【正义】蛰虫得阴阳煦妪，故皆出地上，如夜得晓，如死更有气也。 ⑦【集解】郑玄曰："孕，任也。鬻，生也。"【正义】伏，房富反。羽，鸟也。毛，兽也。二气既交，万物生乳，故鸟生卵妪伏之，兽怀孕而生育之也。 ⑧【集解】郑玄曰："内败曰殰。殈犹裂也。"【正义】殰音读。殈音呼觅反。胎生，兽也。卵生，鸟也。怀任在内而死曰殰，卵坼不成子曰殈。今和气不殰殈也。 ⑨【集解】孙炎曰："乐和阴阳，故归此也。"【正义】庾蔚之云："一论天地二气，万物各得其所，乃归于乐耳。"

乐者，非谓黄钟大吕弦歌干扬也，[1]乐之末节也，[2]故童者舞之。[3]布筵席，陈樽俎，列笾豆，以升降为礼者，[4]礼之末节也，[5]故有司掌之。[6]乐师辩乎声诗，故北面而弦。[7]宗祝辩乎宗庙之礼，故后尸。[8]商祝辩乎丧礼，[9]故后主人。[10]是故德成而上，[11]艺成而下。[12]行成而先，[13]事成而后。[14]是故先王有上有下，有先有后，然后可以有制于天下也。[15]

①【集解】郑玄曰："扬，钺也。"【索隐】郑玄曰："干，楯也。扬，钺也。"则扬与锡同。皇侃以扬为举，恐非也。【正义】此《乐情章》第三段，明识礼乐本者为尊，识末者为卑，黄钟大吕之属，故云非谓也。扬，举也，谓举楯以舞也。　②【正义】黄钟已下，是乐之末节也。　③【正义】末事易之，不足贵重，故使童子小儿儛奏之也。　④【正义】此亦明末也。用礼之本在著诚去伪，安上理民，不在铺筵席樽俎，升降为礼之事也。⑤【正义】布筵以下，是礼之末节也。　⑥【集解】郑玄曰："言礼乐之本由人君也。礼本著诚去伪，乐本穷本知变。"【正义】有司，典礼小官也。末节事易解，不为可重，故小官掌其事也。　⑦【集解】王肃曰："但能别声诗，不知其义，故北面而弦。"郑玄曰："弦谓鼓琴瑟。"【正义】此更引事证乐师晓乐者辩别声诗。声谓歌也。言乐师虽能别歌诗，并是末事，故北面，言坐处卑也。　⑧【集解】郑玄曰："后尸，居后赞礼仪也。此言知本者尊，知末者卑。"【正义】此礼事也。宗祝，太祝，即有司之属也。虽能分别正宗庙之礼，然佐于尸而非为敬之主，为卑，故在尸后也。　⑨【集解】郑玄曰："商祝，祝习商礼者，商人教以敬于接神。"　⑩【正义】商祝者，殷商之神祝，习商家神礼以相佐丧事，故云辩丧礼。其虽掌丧事而非发丧之主，故在主人后，言立处贱也。　⑪【正义】上，谓堂上也。德成谓人君礼乐德成则为君，故居堂上，南面，尊之也。　⑫【正义】下，堂下也。艺成谓乐师伎艺虽成，唯识礼乐之末，故在堂下，北面，卑之也。　⑬【正义】行，胡孟反。先犹前也，尸及丧主也。行成谓尸尊而人孝，故为行成。⑭【集解】郑玄曰："德，三德也。行，三行也。艺，才伎也。先谓位在上也，后谓位在下也。"【正义】事为劣，故为在宗、商二祝也，识尸及主人后也。⑮【集解】郑玄曰："言尊卑备，乃可制作以为治。"【正义】故先王使上下前后尊卑分，乃可制礼作乐，以班于天下也。如周公六年乃为礼也。

乐者，圣人之所乐也，[①]而可以善民心。其感人深，其风移俗易，故先王著其教焉。[②]

①【正义】此《乐施章》第三段后也，误在此。"闭淫"之后，又用此章广为象其德，故云圣人之所以观德也。 ②【集解】郑玄曰："谓立司乐以下，使教国子也。"

夫人有血气心知之性，[1]而无哀乐喜怒之常，[2]应感起物而动，[3]然后心术形焉。[4]是故志微焦衰之音作，[5]而民思忧。[6]啴缓慢易繁文简节之音作，[7]而民康乐。[8]粗厉猛起奋末广贲之音作，[9]而民刚毅。[10]廉直经正[11]庄诚之音作，而民肃敬。[12]宽裕肉好[13]顺成和动之音作，而民慈爱。[14]流辟邪散狄成涤滥之音作，[15]而民淫乱。[16]

①【正义】此第五章名《乐言》，明乐归趣之事。中有三段：一言人心随王之乐也，二明前王制正乐化民也，三言邪乐不可化民也。前既以施人，人必应之，言其归趣也。此言人心随王之乐也。夫人不生则已，既已生，必有血气心知之性也。 ②【正义】性合五常之行，有喜怒哀乐之分，但其发无常，时随外境所触，故亦无常也。 ③【正义】解所有四事之由也。缘外物来感心，心触感来，起动应之，故有上四事也。 ④【集解】郑玄曰："言在所以感之也。术，所由也。形犹见也。" ⑤【集解】郑玄曰："志微，意细也。吴公子札曰'其细已甚'。" ⑥【正义】杀音所界反，又色例反。思音先利反。此以下皆言心乐感而应见外事也。若人君丛脞，情志细劣，其乐音噍戚杀急，不舒缓也。音既局促，故民应之而忧也。 ⑦【集解】郑玄曰："简节少易也。" ⑧【正义】啴，昌单反。易，以豉反。乐音洛。啴，绰也。缓，和也。慢，疏也。繁，文多也。康，和。乐，安也。言人君道德绰和疏易，则乐音多文采与节奏简略，而下民所以安。 ⑨【集解】王肃曰："粗厉，亢厉。猛起，发扬。奋末，浸疾。广贲，广大也。" ⑩【正义】粗音麄。贲，房粉反，又音坟。粗，略也。厉，严也。猛，刚。起，动也。末，支体也。广，大也。贲，气充也。言人君若性麄严刚动而四支奋跃，则

乐充大，民应之，所以刚毅也。 ⑪【集解】孙炎曰："经，法也。"【索隐】今礼本作"劲"。 ⑫【正义】经音劲。言人君廉直劲而刚正，则乐音矜严而诚信，民应之，所以肃敬也。 ⑬【集解】王肃曰："肉好，言音之洪美。" ⑭【正义】肉，仁救反。好，火到反。肉，肥也，谓音如肉之肥。言人君宽容肥好，则乐音顺成而和动，民应之，所以慈爱也。 ⑮【集解】王肃曰："狄成，言成而似夷狄之音也。涤，放荡。滥，僭差也。" ⑯【正义】辟，匹亦反。邪音斜。狄音惕。狄，涤，皆往来疾速也。往来速而成，故云狄成。往来疾而僭滥，故云涤滥也。言君上流淫纵僻，回邪放散，则乐音有往来速疾僭差之响，故民应之而淫乱也。心本无此六事，由随乐而起也。

是故先王本之情性，①稽之度数，制之礼义，②合生气之和，道五常之行，③使之阳而不散，阴而不密，④刚气不怒，柔气不慑，⑤四畅交于中而发作于外，⑥皆安其位而不相夺也。⑦然后立之学等，⑧广其节奏，省其文采，⑨以绳德厚也。⑩类小大之称，⑪比终始之序，⑫以象事行，⑬使亲疏贵贱长幼男女之理皆形见于乐，⑭故曰"乐观其深矣"。⑮

①【正义】此《乐言章》第二段也。前言民随乐变，此言先王制正乐化民也。言圣人制乐，必本人之性情也。 ②【正义】稽，考也。制乐又考天地度数为之，如律吕应十二月，八音应八风之属也。 ③【集解】郑玄曰："生气，阴阳也。五常，五行也。"【正义】道音导。行，胡孟反。合，应也。④【集解】郑玄曰："密之言闭也。"【正义】阳谓禀阳气多人也。阳气舒散，人禀阳多则奢。阴阳闭密，人禀阴多则缜密。今以乐通二者之性，皆使中和，故阳者不散，阴者不密也。 ⑤【集解】郑玄曰："慑，犹恐惧也。"【正义】慑，之涉反，惧也。性刚者好怒，柔者好惧。今以乐和，使各得其所，不至怒惧也。 ⑥【正义】四，阴、阳、刚、柔也。畅，通也。交，互也。中，心也。今以乐调和四事，通畅交互于中心，而行用举动发于外，不至散密怒

慑者也。 ⑦【正义】此结乐为本情性之事也。闭阳开阴,抑刚引柔,悉使中庸,故天下安其位,无复相侵夺之也。 ⑧【集解】郑玄曰:"等,差也。各用其材之差学之也。"【正义】前用乐陶情和畅,然后乃以乐语乐舞二事教之,民各随己性才等差而学之,以备分也。 ⑨【集解】郑玄曰:"广,增习之也。省犹审(习之)也。文采谓节奏合也。" ⑩【集解】郑玄曰:"绳,犹度也。"王肃曰:"绳,法也。法其德厚也。" ⑪【集解】孙炎曰:"作乐器大小称十二律。"【索隐】类,今《礼》作"律"。 ⑫【集解】郑玄曰:"始于宫,终于羽。" ⑬【集解】郑玄曰:"宫为君,商为臣。" ⑭【正义】此结本人之情,以下缘本而教亲疏。以下之理悉章著乐功,使闻者皆知而见辑睦情也。 ⑮【正义】此引古语证观感人之深矣。

土敝则草木不长,水烦则鱼鳖不大,[①]气衰则生物不育,[②]世乱则礼废而乐淫。[③]是故其声哀而不庄,乐而不安,[④]慢易以犯节,[⑤]流湎以忘本。[⑥]广则容奸,[⑦]狭则思欲,[⑧]感涤荡之气而灭平和之德,[⑨]是以君子贱之也。[⑩]

①【正义】此《乐言章》第三段,言邪乐不可化民。将言邪乐之由,故此前以天地为譬,此以地为譬也。敝犹劳熟,烦犹数搅动也。土过劳熟,水过挠动,则草木鱼鳖不长大也。 ②【正义】此以天譬也。气者,天时气也。气若衰微,则生物不复成遂也。 ③【正义】此合譬也。世谓时世。乱,其礼不备,乐不节,故流淫过度。水土劳敝,则草木鱼鳖不长大,如时世浊乱之礼乐,不可为化矣。 ④【正义】乐音洛。此证乐淫之事也。淫乐则声哀而无庄,故虽奏以自乐,必致倾危,非自安之道,故云乐而不安。若《关雎》"乐而不淫,哀而不伤",则是有庄敬而安者也。 ⑤【正义】易,以豉反。言无庄敬〔也〕。慢易(也)无节奏,故云犯节也,即是哀而不庄也。 ⑥【正义】湎音沔。靡靡无穷,失于终止,故言忘本,即乐而不安之义也。 ⑦【正义】言淫慝礼乐,声无节也。广,声缓也。容,含也。

其声缓者，则含容奸伪也。　⑧【集解】王肃曰："其音广大，则容奸伪。其狭者，则使人思利欲也。"【正义】狭，声急也。其声急者，则思欲攻之也。⑨【正义】感，动也。言此恶乐能动善人涤荡之善气，使失其所，而灭善人平和之德也。　⑩【正义】君子用乐调和，是故贱于动灭平和之气也。

凡奸声感人而逆气应之，[1]逆气成象[2]而淫乐兴焉。[3]正声感人而顺气应之，顺气成象而和乐兴焉。[4]倡和有应，[5]回邪曲直各归其分，[6]而万物之理以类相动也。[7]

①【正义】此第六章名《乐象》也。本第八，失次也。明人君作乐，则天地必法象应之。中有五段：一明淫乐正乐俱能成象；二明君子所从正乐；三明正邪皆有本，非可假伪；四证第三段有本不伪之由；五明礼乐之用。前有证，故明其用别也。今此明淫正二乐俱能成象，故先言淫乐为习应人事也。言君奏奸声之乐以感动人民，则天地应之而生逆乱之气也。　②【集解】郑玄曰："成象谓人乐习之也。"　③【正义】兴，生也。若逆气流行于世而民又习之为法，故云成象。既习乱为法，故民之乐声生于淫佚也。④【正义】言顺气流行，民习成法，故乐声亦生于和也。　⑤【正义】倡音昌尚反。和，胡卧反。君唱之，天地和之，民应之，故云唱和有应也。⑥【正义】分，房问反。此是有应也。回邪，不正也。曲，折也。直，不邪也。言相应和，表直影正，表曲影邪，各归其分也。　⑦【正义】奸声致慝，正响招顺，是以天下万物之理，各随君善恶，以类而相动也。

是故君子反情以和其志，[1]比类以成其行。[2]奸声乱色不留聪明，淫乐废礼不接于心术，惰慢邪辟之气不设于身体，[3]使耳目鼻口心知百体皆由顺正，以行其义。[4]然后发以声音，文以琴瑟，[5]动以干戚，饰以羽旄，从以箫管，[6]奋至德之光，动四气之和，以著万物之理。[7]是故清明象天，广大象地，终始象四时，周旋象风雨。[8]五色成文而不乱，八风从律而不奸，百度得数而有常。[9]小大相成，[10]终始相生，[11]倡和清浊，代相为经。[12]故乐行而伦清，[13]耳目聪明，[14]血气和平，[15]移风易俗，天下皆宁。[16]故曰"乐者乐也"。[17]君子乐得其道，[18]小人乐得其欲。[19]以道制欲，则乐而不乱。[20]以欲忘道，则惑而不乐。[21]是故君子反情以和其志，[22]广乐以成其教，[23]乐行而民向方，[24]可以观德矣。[25]

①【集解】郑玄曰："反，犹本也。"【正义】此《乐象章》第二段也，明君子从正乐也。君子，人君也。反，犹本也。民下所习既从于君，故君宜本情，不使流宕，以自安和其志也。　②【正义】行，胡孟反。万物之理以类相动，故君子比于正类以成己行也。　③【正义】此以下皆反情性之类事也。术，道也。既本情和志，又比类成行，故奸声乱色不留视听，淫乐秽礼不与心道相接，惰慢邪僻不设置己身也。声色是事，故云聪明，而气无形，故于身为设也。　④【正义】百体谓身体百节。既不行奸乱已下诸事，故能使诸行并由顺正以行其德，美化其天下也。不留聪明于奸声乱色，故耳目得顺正也。不用心术接淫慝礼乐，故心知得顺正也。不设身于邪僻，故百体得顺正也。不言鼻口者，嗜不一也，亦因戒臭味顺正也。　⑤【正义】其身已正，故然后乃可制乐为化，故用歌之音声内发己之德，用琴瑟之响外发己之行。歌者在上，此是堂上之乐，故前明之也。　⑥【正义】又用干戚羽旄箫管，从而播之。丝竹在下，此是堂下之乐，故后明之也。⑦【集解】孙炎曰："奋，发也。至德之光，天地之道也。四气之和，四时之化也。著犹诚也。"　⑧【集解】王肃曰："清明广大，终始周旋，皆乐之节奏容仪发动也。"【正义】历解乐所以能通天地。言歌声清明，是象天气也。广大谓钟鼓有形质，是象地形也。谓奏歌周而复始，如四时循环也，若乐六变九变是也。谓舞人回旋，如风雨从天而下。　⑨【集解】郑玄曰："五

色,五行也。八风从律,应节至也。百度,百刻也。言日月昼夜不失正也。”王肃曰:“至乐之极,能使然耳。” ⑩【正义】大小谓月晦小大相通以成岁也。贺瑒云:“十二月律互为宫羽而相成也。” ⑪【正义】岁月终而更始也。贺瑒云:“五行宫商,迭相为终始也。” ⑫【集解】郑玄曰:“清谓蕤宾至应钟也。浊谓黄钟至仲吕也。”【正义】代,更也。经,常也。日月半岁阴阳更相为常也,即还相为宫也。 ⑬【集解】郑玄曰:“伦谓人道也。”【正义】谓上正乐之行也,谓下事张本也,即乐行之事也。由正乐既行,故人伦之道清也。 ⑭【正义】不视听奸乱,故视听聪明。 ⑮【正义】口鼻心知百体皆由从正,故血气和平。 ⑯【正义】既皆由从正以行其义,故风移俗革,天下阴阳皆安宁。移是移徙之名,易是改易之称也。文王之国自有文王之风,桀、纣之邦亦有桀、纣之风。桀、纣之后,文王之风被于纣民,易前之恶俗,从今之善俗。上行谓之风,下习谓之俗。 ⑰【正义】引旧语乐名,广证前事也。前事邪正之乐虽异,并是其人所乐,故名曰乐也。 ⑱【正义】虽其人所乐而名为乐,而人心不同,故所乐有异(有异)而名通,故皆名乐。君子,尧、舜也。道谓仁义,故制乐亦仁义也。 ⑲【正义】小人,桀、纣也。人欲,邪淫也。 ⑳【正义】若君子在上,小人在下,君子乐用仁义以制小人之欲,则天下安乐而不敢为乱也。 ㉑【集解】郑玄曰:“道谓仁义也,欲谓邪淫也。”【正义】若小人在上,君子在下,则小人肆纵其欲,忘正道,而天下从化,皆为乱惑,不得安乐。 ㉒【正义】若以道制欲则是君子,以欲忘道则为小人,故君子之人本情修性以和其志,不使逐欲忘道,反情以至其行也。 ㉓【正义】内本情和志而外又广于乐,以成其教,然后发以声音,以著万物之理也。 ㉔【集解】郑玄曰:“方,犹道也。”【正义】君上内和志行,乐教流行,故民皆向君子之道,即仁义制欲者,故乐行而伦清,以至天下安宁也。 ㉕【正义】结乐使人知上之事,故观知其德也。

德者,性之端也。① 乐者,德之华也。② 金石丝竹,乐之器也。③ 诗,言其志也。④ 歌,咏其声也。⑤ 舞,动其容也,⑥ 三者本乎心，然后乐气从之。[7]是故情深而文明，[8]气盛而化神，[9]和顺积中而英华发外，唯乐不可以为伪。[10]

①【正义】此《乐象章》第三段，明邪正有本，皆不可伪也。德，得理也。性之端，本也。言人禀生皆以得理为本也。 ②【正义】得理于内，乐为外，故云德华也。 ③【正义】历解饰所须也。乐为德华，若莫之能用，故须金石之器也。 ④【正义】前金石为器，须用诗述申其志，志在心，不术不畅，故用诗述之也。 ⑤【正义】若直述其志，则无酝借之美，故又长言歌咏，使声音之美可得而闻之也。 ⑥【正义】若直咏歌未畅，故又举手蹈足以动其形容也。 ⑦【正义】三者，志、声、容也。乐气，诗、歌、舞也。君子前有三德为本乎心，后乃诗歌舞可观，故云然后乐气从之也。 ⑧【正义】德为性本，故曰情深也。乐为德华，故云文明。
⑨【正义】歌、舞、蹈，乐气从之，故云气盛。天下咸宁，故曰化神也。
⑩【集解】郑玄曰："三者，本志也，声也，容也。言无此本于内，则不能为乐耳。"【正义】内外符合而无有虚假，不可以为伪也。

乐者，心之动也。[1]声者，乐之象也。[2]文采节奏，声之饰也。[3]君子动其本，[4]乐其象，[5]然后治其饰。[6]是故先鼓以警戒，[7]三步以见方，[8]再始以著往，[9]复乱以饬归，[10]奋疾而不拔，(也)[11]极幽而不隐。[12]独乐其志，不厌其道。[13]备举其道，不私其欲。[14]是以情见而义立，[15]乐终而德尊。[16]君子以好善，小人以息过，[17]故曰"生民之道，乐为大焉"。[18]

①【正义】此《乐象章》第四段也，明证前第三段乐本之事。缘有前境可乐，而心动应之，故云乐者心之动也。 ②【正义】象，法也。乐舞无声则不彰，故声为乐之法也。 ③【正义】若直有声而无法度，故须文采

节奏，声之仪饰也。　④【正义】本，德也。心之动必应德也。⑤【正义】德行必应法也。　⑥【正义】饰，文采节奏也。前动心有德，次行乐有法，然后乃理其文饰也。　⑦【集解】郑玄曰："将奏乐，先击鼓以警戒众也。"【正义】此引武王伐纣之事，证前有德后有饰也。武王圣人，是前有德也；而用此节奏，是后有饰也。先鼓者，为武王伐纣，未战之前，鸣皮鼓以警戒，使军众逆备也。今作《武乐》者，未奏之前鸣皮鼓以敕人使豫备具也，是明志后有事也。　⑧【集解】郑玄曰："将舞必先三举足，以见其舞之渐也。"王肃曰："舞《武乐》三步为一节者，以见伐道也。"【正义】见，胡练反。三步，足三步也。见方谓方战也。武王伐纣，未战之前，兵士乐奋其勇，出军阵前三步，示勇气方将战也，今作乐象之。缵列毕而儛者将欲儛，先举足三顿为步，以表方将儛之势也。　⑨【集解】郑玄曰："《武》舞再更始，以明伐纣时再往也。"【正义】著，竹虑反。再始谓两过为始也。著，明也。文王受命十一年，而武王除丧，军至孟津观兵，曰"纣未可伐也"，乃还师，是一始也。至十三年，更兴师伐之，是再始也。今舞《武》者，前成列将欲舞而不儛，是一始也。去复更来，是二过始，明象武王再往，故云再始著往也。　⑩【集解】郑玄曰："谓鸣铙而退，明以整归也。"【正义】复者，伏也。饬音敕。复乱者，纣凶乱而安复之。饬归者，武王伐纣胜，鸣金铙整武而归也。以去奏皮鼓，归奏金铙者，皮，文也，金，武也，初示文德，使纣自改之则不伐；纣既不改，因而用兵，用兵既竟，故鸣金铙而归，示用已竟也。今奏《武儛》，初皮鼓警众，末鸣铙以归，象伐纣已竟也。铙，镫铎也。⑪【集解】王肃曰："舞虽奋疾而不失节，若树木得疾风而不拔。"【正义】谓舞形也。奋，迅。疾，速也。拔，倾侧也。伐纣时士卒欢喜，奋迅急速，以尚威势，猛而不倾侧也。今《武舞》亦奋迅急而速，不倾倒象。　⑫【集解】郑玄曰："极幽，谓歌也。"【正义】皆谓文采节奏也。　⑬【集解】王肃曰："乐能使仁人独乐其志，不厌倦其道也。"【正义】言武王诸将，人各忻悦，象武王有德，天下之志并无厌(干戈)〔仁义〕君臣之道。　⑭【正义】缘人人不厌，故作乐者事事法之。欲备举武王之道耳，非为私情之所欲也。⑮【正义】不厌武王之道，其情既见，则不私其欲，义亦立也。　⑯【正义】为乐之理既终，是象德之事，其德亦尊显也。 ⑰【正义】乐理周足，象德可尊，以此教世，何往而不可，君子闻之则好善，小人闻之则改过也。 ⑱【正义】此引旧语，结乐道之为大。

君子曰，礼乐不可以斯须去身。[①]致乐以治心，[②]则易直子谅之心油然生矣。[③]易直子谅之心生则乐，乐则安，安则久，久则天，天则神。天则不言而信，神则不怒而威。[④]致乐，以治心者也。[⑤]致礼，以治躬者也。[⑥]治躬则庄敬，庄敬则严威。[⑦]心中斯须不和不乐，而鄙诈之心入之矣。[⑧]外貌斯须不庄不敬，而慢易之心入之矣。[⑨]故乐也者，动于内者也。礼也者，动于外者也。乐极和，礼极顺。内和而外顺，则民瞻其颜色而弗与争也，望其容貌而民不生易慢焉。德煇动乎内而民莫不承听，理发乎外而民莫不承顺，[⑩]故曰"知礼乐之道，举而错之天下无难矣"。[⑪]

①【正义】此第十章名为《乐化章》第十，以化民，故次《宾牟贾》成第十也。其章中皆言乐陶化为善也。凡四段：一明人生礼乐恒与己俱也；二明礼乐不可偏用，各有一失也；三明圣人制礼作乐之由也；四明圣人制礼作乐，天下服从。此初段，人生礼乐恒与己俱也。恒故能化，化故在前也，引君子之言以张本也。斯须，俄顷也。失之者死，故俄顷不可去身者也。 ②【集解】郑玄曰："致，犹深审也。乐由中出，故治心也。" ③【集解】王肃曰："易，平易。直，正直。子谅，爱信也。"郑玄曰："油，新生好貌。" ④【集解】郑玄曰："若善心生则寡于利欲，寡于利欲则乐矣。志明行成，不言而见信，如天也；不怒而见畏，如神也。" ⑤【正义】结所由也。有威信，由于深审乐以结心之故。 ⑥【正义】前明乐治心，今明礼检迹。若深审于礼以治身，则庄敬也。郑玄云"礼自外作，故治身也"。 ⑦【集

解】郑玄曰:“礼自外作,故治身也。”【正义】既身庄敬俨然,人望而畏之,是威严也。治内难见,发明乐句多;治外易观,发明礼句少,而又结也。⑧【集解】郑玄曰:“谓利欲生也。” ⑨【集解】郑玄曰:“易,轻易也。” ⑩【集解】郑玄曰:“德煇,颜色润泽也。理,容貌进止也。”孙炎曰:“德煇,明惠也。理,言行也。” ⑪【正义】错,七故反。引旧证民莫不承听,莫不承顺也。圣王有能详审极致礼乐之道,举而措之于天下,天下悉从,无难为之事也。

乐也者,动于内者也。礼也者,动于外者也。[①]故礼主其谦,[②]乐主其盈。[③]礼谦而进,以进为文。[④]乐盈而反,以反为文。[⑤]礼谦而不进,则销。乐盈而不反,则放。[⑥]故礼有报[⑦]而乐有反。[⑧]礼得其报则乐,乐得其反则安。礼之报,乐之反,其义一也。[⑨]

①【正义】此《乐化章》第二段也。明礼乐不可偏用,各有一失,既方明所失,故前更言其所发外内不同也。动亦感触。 ②【集解】郑玄曰:“人所倦也。”王肃曰:“自谦损也。” ③【集解】郑玄曰:“人所欢也。”王肃曰:“充气志也。” ④【集解】郑玄曰:“进者,谓自勉强也。文,犹美也,善也。”王肃曰:“礼自减损,所以进德修业也。” ⑤【集解】郑玄曰:“反谓自抑止也。”王肃曰:“乐充气志而反本也。” ⑥【集解】郑玄曰:“放淫于声乐,不能止也。” ⑦【集解】孙炎曰:“报,谓礼尚往来,以劝进之。”王肃曰:“礼自减损,而以进为报也。” ⑧【集解】孙炎曰:“反,谓曲终还更始。” ⑨【集解】郑玄曰:“俱起立于中,不销不放。”

夫乐者乐也,人情之所不能免也。[①]乐必发诸声音,形于动静,人道也。[②]声音动静,性术之变,尽于此矣。[③]故人不能无乐，乐不能无形。[4]形而不为道，不能无乱。先王恶其乱，故制《雅》、《颂》之声以道之，使其声足以乐而不流，使其文足以绝而不息，[5]使其曲直繁省廉肉节奏，[6]足以感动人之善心而已矣，不使放心邪气得接焉，是先王立乐之方也。[7]是故乐在宗庙之中，君臣上下同听之，则莫不和敬。在族长乡里之中，长幼同听之，则莫不和顺。在闺门之内，父子兄弟同听之，则莫不和亲。故乐者，审一以定和，比物以饰节，节奏合以成文，[8]所以合和父子君臣，附亲万民也，是先王立乐之方也。故听其《雅》、《颂》之声，志意得广焉。[9]执其干戚，习其俯仰诎信，容貌得庄焉。行其缀兆，[10]要其节奏，[11]行列得正焉，进退得齐焉。故乐者天地之齐，中和之纪，[12]人情之所不能免也。

①【正义】此《乐化章》第三段也。明圣人所以制乐，由人乐于歌舞，故圣人制乐以和乐之，故云乐者乐也。但欢乐是人所贪，贪不能自止，故云人情也。　②【集解】郑玄曰："人道，人之所为也。"　③【集解】郑玄曰："不可过。"　④【集解】郑玄曰："形，声音动静也。"　⑤【集解】郑玄曰："文，篇辞也。息，销也。"　⑥【集解】郑玄曰："曲直，歌之曲折。繁省廉肉，声之洪杀也。"　⑦【集解】郑玄曰："方，道也。"　⑧【集解】郑玄曰："审一，审其人声也。比物谓杂金革土匏之属以成文，五声八音克谐，相应和也。"　⑨【正义】前云先王制之声音，形于动静，故此证其事也。此是发于声音也。民听正声，得益盛德之美，志意得广大也。⑩【集解】郑玄曰："缀，表也，所以表行列也。"　⑪【集解】郑玄曰："要，犹会也。"　⑫【集解】郑玄曰："纪，总要之名。"

夫乐者，先王之所以饰喜也。[1]军旅铁钺者，先王之所以饰怒也。故先王之喜怒皆得其齐矣。喜则天下和之，怒则暴乱者畏之。先王之道礼乐可谓盛矣。

①【正义】此《乐化章》第四段也。明乐唯圣人在上者制作，天下乃从服也。若内有喜，则外歌舞以饰之，故云先王以乐饰喜也。

魏文侯问于子夏曰：[①]“吾端冕而听古乐[②]则唯恐卧，听郑、卫之音则不知倦。敢问古乐之如彼，何也？新乐之如此，何也？”

①【正义】此章第八，明文侯问也。文侯故晋大夫毕万之后，见子夏而问于乐也。　②【集解】郑玄曰：“端，玄衣也。古乐，先王之正乐。”【正义】此文侯问事也。端冕谓玄冕。凡冕服，其制正幅袂二尺二寸，故称端也。著玄冕衣与玄端同色，故曰端冕听古乐也。此当是庙中听乐。玄冕，祭服也。

子夏答曰：“今夫古乐，进旅而退旅，[①]和正以广，[②]弦匏笙簧合守拊鼓，[③]始奏以文，止乱以武，[④]治乱以相，讯疾以雅。[⑤]君子于是语，于是道古，修身及家，平均天下，此古乐之发也。今夫新乐，进俯退俯，[⑥]奸声以淫，溺而不止，[⑦]及优侏儒，[⑧]獶杂子女，不知父子。[⑨]乐终不可以语，不可以道古，此新乐之发也。[⑩]今君之所问者乐也，所好者音也。[⑪]夫乐之与音，相近而不同。”[⑫]

①【集解】郑玄曰：“旅，犹俱也。俱进俱退，言其齐一也。”【正义】子夏

之答凡有三，初则举古礼，次新乐以酬问意，又因更别说以诱引文侯，欲使更问也。此是答述古乐之情，旅，众也。 ②【集解】郑玄曰："无奸声也。" ③【集解】郑玄曰："合，皆也。言众皆待击鼓乃作也。拊者，以韦为表，装之以糠也。"【正义】拊音敷武反。拊，一名相。亦奏古笙乐也。弦，琴也。匏，瓠属也，四十六簧。笙十九至十三簧也。簧，施于匏笙之管端者也。合，会也。守，待也。拊者，皮为之，以糠实如革囊也，用手抚之鼓也。言奏弦匏笙簧之时，若欲令堂上作乐则抚拊，堂上乐工闻抚拊乃弦歌也。若欲令堂下作乐则击鼓，堂下乐工闻鼓乃吹管播乐也。言弦匏笙簧皆待拊为节，故言会守拊鼓也。 ④【集解】郑玄曰："文，谓鼓，武，谓金也。" ⑤【集解】孙炎曰："整其乱行，节之以相。赴敌迅疾，趋之以雅。"郑玄曰："相即拊也，亦以节乐。雅亦乐器名，状如漆筒，中有椎。" ⑥【集解】郑玄曰："俯，犹曲也。言不齐一也。"【正义】此第二述杂乐也。俯，曲也。新乐行列不齐，进退曲也。 ⑦【集解】王肃曰："奸声淫，使人溺而不能自止。" ⑧【集解】王肃曰："俳优短人也。" ⑨【集解】郑玄曰："獿，猕猴也。言舞者如猕猴戏，乱男女尊卑也。" ⑩【正义】此结新乐答也。⑪【正义】此第三段，诱引文侯更问前故说此句，言文侯所问乃是乐，而好铿枪之音，非律吕克谐之正乐也。 ⑫【集解】郑玄曰："铿枪之类皆为音，应律乃为乐。"

文侯曰："敢问如何？"①

①【集解】郑玄曰："欲知音乐异意。"

子夏答曰："夫古者天地顺而四时当，①民有德而五谷昌，疾疢不作而无祆祥，此之谓大当。②然后圣人作为父子君臣以为之纪纲，纪纲既正，天下大定。天下大定，然后正六律，和五声，弦歌《诗·颂》，此之谓德音，德音之谓乐。《诗》

曰：'莫其德音，其德克明，克明克类，克长克君。王此大邦，克顺克俾。[3]俾于文王，其德靡悔。既受帝祉，施于孙子。'此之谓也。[4]今君之所好者，其溺音与？"[5]

①【正义】当，丁浪反。此答古乐之由也。天地从，四时当，圣人在上故也。　②【集解】郑玄曰："当，谓不失其所也。"　③【集解】郑玄曰："德正应和曰莫。照临四方曰明。勤施无私曰类。教诲不倦曰长。庆赏刑威曰君。慈和遍服曰顺。俾当为'比'，择善而从之曰比。"　④【集解】郑玄曰："施，延也。言文王之德皆能如此，故受天福，延及后世。"　⑤【集解】郑玄曰："言无文王之德，则所好非乐。"

文侯曰："敢问溺音者何从出也？"

子夏答曰："郑音好滥淫志，[1]宋音燕女溺志，[2]卫音趣数烦志，[3]齐音骜辟骄志，四者皆淫于色而害于德，是以祭祀不用也。[4]《诗》曰'肃雍和鸣，先祖是听'，夫肃肃，敬也。雍雍，和也。夫敬以和，何事不行？[5]为人君者，谨其所好恶而已矣。君好之则臣为之，上行之则民从之。《诗》曰'诱民孔易'，此之谓也。[6]然后圣人作为鞉鼓椌楬埙篪，[7]此六者，德音之音也。[8]然后钟磬竽瑟以和之，干戚旄狄以舞之。此所以祭先王之庙也，所以献酬酳酢也，所以官序贵贱各得其宜也，[9]此所以示后世有尊卑长幼序也。钟声铿，铿以立号，[10]号以立横，[11]横以立武。君子听钟声则思武臣。石声硁，[12]硁以立别，[13]别以致死。君子听磬声则思死封疆之臣。丝声哀，哀以立廉，[14]廉以立志。君子听琴瑟之声则思志义之臣。竹声滥，[15]滥以立会，会以聚众。君子听竽笙箫管之声则思畜聚之臣。鼓鼙之声欢，欢以立动，动以进众。君子听鼓鼙之声则思将帅之臣。[16]君子之听音，非听其铿枪而已也，彼亦有所合之也。”[17]

①【集解】郑玄曰：“滥，滥窃奸声也。”【正义】子夏历述四国之所由以答文侯也。　②【集解】王肃曰：“燕，欢悦。”　③【集解】孙炎曰：“趣数，音促速而数变也。”郑玄曰：“烦，劳也。”　④【集解】郑玄曰：“言四国出此溺音。”　⑤【集解】郑玄曰：“古者乐敬且和，故无事而不用，溺音无所施。”　⑥【集解】郑玄曰：“诱，进也。孔，甚也。言民从君之所好恶，进之于善无难也。”　⑦【集解】郑玄曰：“控楬谓柷敔。”【索隐】埙，以土为之，大如鹅子，形似锤，吹之为声。篪，以竹为之，六孔，一孔上出名翘，横吹之，今之横笛是也。《诗》云“伯氏吹埙，仲氏吹篪”是也。　⑧【集解】郑玄曰：“六者为本，以其声质。”　⑨【集解】郑玄曰：“官序贵贱，谓尊卑乐器列数有差。”　⑩【集解】郑玄曰：“号令，所以警众也。”王肃曰：“钟声高，故以之立号也。”　⑪【集解】郑玄曰：“横，充也。谓气作充满。”　⑫【集解】王肃曰：“声果劲。”　⑬【集解】郑玄曰：“谓分明于节义。”　⑭【集解】郑玄曰：“廉，廉隅。”　⑮【集解】王肃曰：“滥，会诸音。”　⑯【集解】郑玄曰：“闻讙嚣则人意动作也。”　⑰【集解】郑玄曰：“以声合己志。”

宾牟贾侍坐于孔子，[1]孔子与之言，及乐，曰：“夫《武》之备戒之已久，何也？”[2]

①【正义】此第九章。名《宾牟贾问》者，盖孔子之问本为牟贾而设，故云《牟贾问》也。　②【集解】郑玄曰：“《武》谓，周舞也。备戒，击鼓警众也。”【正义】此孔子问牟贾及乐之事，凡问有五，此其一也。备戒者，谓将欲作乐前鸣鼓警戒，使乐人各备容仪。言初欲奏乐时既已备戒，使有节奏，故

令武儛者备戒已久。疑其迟久,故问之也。

答曰:“病不得其众也。”[①]

①【集解】郑玄曰:“病,犹忧也。以不得众心为忧,忧其难。”【正义】牟贾答也。亦有五,而二答是,三答非。今答是也。言武王伐纣时忧不得众心,故前鸣鼓戒众,久之乃出战也。故令舞者久久乃出,象武王忧不得众心故也。

“永叹之,淫液之,何也?”[①]

①【集解】郑玄曰:“永叹,淫液,歌迟之也。”【正义】此第二问也。

答曰:“恐不逮事也。”[①]

①【集解】郑玄曰:“逮,及也。事,伐事也。”【正义】此答亦是也。言众士望武王欲伐速,恒恐不及伐事之机,故有永叹淫液之声。

“发扬蹈厉之已早,何也?”[①]

①【集解】王肃曰:“厉,疾也。备戒虽久,至其发作又疾也。”【正义】第三问也。发,初也。扬,举袂也。蹈,顿足蹋地。厉,颜色勃然如战色也。问乐舞何意发初扬袂,又蹈顿足蹋地,勃然作色,何忽如此(何)也。

答曰:“及时事也。”[①]

①【集解】郑玄曰："时至，武事当施也。"王肃曰："欲令之事各及时。"【正义】此答非也。牟贾意言发扬蹈厉象武王一人意欲及时之事，故早为此也。郑亦随贾意注之也。

"《武》坐致右宪左，何也？"①

①【集解】王肃曰："右膝至地，左膝去地也。"【正义】宪音轩。第四问也。坐，跪也。致，至也。轩，起也。问舞人何忽有时而跪也。

答曰："非武坐也。"①

①【集解】郑玄曰："言武之事无坐也。"【正义】此答亦非也。牟贾言武奋之士不应有坐也。

"声淫及《商》，何也？"①

①【集解】王肃曰："声深淫贪商。"【正义】第五问也。

答曰："非《武》音也。"①

①【集解】王肃曰："言武王不获已为天下除残，非贪商也。"【正义】此答又非也。

子曰："若非《武》音，则何音也？"①

①【正义】孔子评其答《武》音不贪，但不知其实解理，空言其非，反问也。

答曰："有司失其传也。[①]如非有司失其传，则武王之志荒矣。"[②]

①【集解】郑玄曰："有司典乐者。传犹说也。"【正义】传，直缘反。贾答言武王非有贪，是有司传之谬妄，故有此矣。　②【集解】郑玄曰："荒，老耄也。言典乐者失其说，时人妄说也。"【正义】贾又云假令非传者谬妄，则是武王末年，年志荒耄之时，故有贪商之声也。

子曰："唯丘之闻诸苌弘，亦若吾子之言是也。"[①]

①【集解】郑玄曰："苌弘，周大夫。"【索隐】按：《大戴礼》云孔子适周，访礼于老聃；学乐于苌弘是也。【正义】苌音直良反。吾子，牟贾也。言我闻苌弘所言，亦如贾今所言之也。

宾牟贾起，免席而请曰：[①]"夫《武》之备戒之已久，则既闻命矣。[②]敢问迟之迟而又久，何也？"[③]

①【正义】免，犹避也。前所答(四)〔五〕事，(五)〔四〕不被叩问，今疑不知前答之是非，故起所疑而问也。　②【集解】孙炎曰："闻命谓言是。"　③【集解】郑玄曰："迟之迟，谓久立于缀。"

子曰："居，吾语汝。[①]夫乐者，象成者也。[②]总干而山立，[③]武王之事也。[④]发扬蹈厉，太公之志也。[⑤]武乱皆坐，周、召之治也。[⑥]且夫《武》，始而北出，[⑦]再成而灭商，[⑧]三成而南，[⑨]四成而南国是疆，[⑩]五成而分陕，周公左，召公右，[⑪]六成复缀，以崇天子，[⑫]夹振之而四伐，盛(振)威于中国也。[⑬]分夹而进,[14]事早济也。[15]久立于缀,以待诸侯之至也。[16]且夫汝独未闻牧野之语乎?[17]武王克殷反商,[18]未及下车,[19]而封黄帝之后于蓟,封帝尧之后于祝,[20]封帝舜之后于陈。[21]下车而封夏后氏之后于杞,[22]封殷之后于宋,封王子比干之墓,[23]释箕子之囚,使之行商容而复其位。[24]庶民弛政,庶士倍禄。[25]济河而西,[26]马散华山之阳[27]而弗复乘。牛散桃林之野[28]而不复服。[29]车甲弢[30]而藏之府库而弗复用。倒载干戈,苞之以虎皮。[31]将率之士,使为诸侯,名之曰'建櫜',[32]然后天下知武王之不复用兵也。散军而郊射,[33]左射《貍首》,右射《驺虞》,[34]而贯革之射息也。[35]裨冕搢笏,[36]而虎贲之士税剑也。祀乎明堂,[37]而民知孝。朝覲,然后诸侯知所以臣。耕藉,[38]然后诸侯知所以敬,五者天下之大教也。食三老五更于太学,[39]天子袒而割牲,执酱而馈,执爵而酳,冕而总干,[40]所以教诸侯之悌也。若此,则周道四达,礼乐交通,则夫《武》之迟久,不亦宜乎?"[41]

①【集解】郑玄曰:"居,犹安坐也。" ②【集解】王肃曰:"象成功而为乐。" ③【集解】王肃曰:"总持干楯,山立不动。" ④【正义】此下明应象成之事也,答所以迟也。象武王伐纣,持楯立,以待诸侯至,故云武王之事也。 ⑤【集解】王肃曰:"志在鹰扬也。"【正义】答迟久已竟,而牟贾前答发扬蹈厉以为象武王欲及时事,非也。言此是太公志耳。太公相武王伐纣,志愿武王之速得,自奋其威勇以助也。 ⑥【集解】王肃曰:"武乱,武之治也。皆坐,以象安民无事也。"【正义】贾前答武坐,非也,因又为之说,言当伐纣时,士卒行伍有乱者,周召二公以治正之,使其跪敬致右轩左,以待处分,故今八佾象斗时之乱,挨相正之,则俱跪,跪乃更起以作行列,象周、召之事耳,非《武舞》有坐之也。 ⑦【集解】郑玄曰:"始奏,象

观兵盟津时也。"【正义】说五事既竟，而迟久之意未周，故更广其象成之事。非答前五事，故云"且夫"也。始而北出者，谓奏乐象武王观兵孟津之时也。王居镐在南，纣居朝歌在河北，故儛者南来，持楯向北，尚象之也。

⑧【集解】郑玄曰："成，犹奏也。再奏，象克殷时。"【正义】再成谓儛者再来奏时也。儛者初始前，一向北而不儛，象武王前观孟津，不伐而反也。至再往而向北，遂奏成击刺。　⑨【集解】王肃曰："诛纣已而南。"【正义】儛者第三奏，往而转向南，象武王胜纣，向南还镐之时也。　⑩【集解】王肃曰："有南国以为疆界。"【正义】儛者第四奏，象周太平时，南方荆蛮并来归服，为周之疆界。　⑪【集解】王肃曰："分陕东西而治。"【正义】儛者至第五奏，而东西中分之，为左右二部，象周太平后，周公、召公分职为左右二伯之时。　⑫【集解】郑玄曰："六奏，象兵还振旅也。复缀，反位止也。"王肃曰："以象尊崇天子。"　⑬【集解】王肃曰："振威武也。四伐者，伐四方与纣同恶者。一击一刺为一伐也。"【正义】夹音古合反。夹振，谓武王与大将(军)夹军而奋铎振动士卒也。言当奏《武》乐时，亦两人执铎夹之，为节之象也。凡四伐到一止，当伐纣时，士卒皆四伐一止也，故《牧誓》云"今日之事不过四伐五伐"是也。故作《武》乐儛者，亦以干戈伐之象也。　⑭【集解】徐广曰："一作迟。"　⑮【集解】王肃曰："分部而并进者，欲事早成。"　⑯【集解】郑玄曰："象武王伐纣待诸侯也。"

⑰【集解】郑玄曰："欲语以作《武》乐之意。"【正义】今卫州所理汲县，即牧野之地也。更欲语牟贾奏《武》乐迟久之意，其语即下所陈是也。

⑱【集解】郑玄曰："反，当为及，谓至纣都也。"　⑲【正义】车，戎车也。军法，一车三人乘之，步卒七十二。《牧誓》云"戎车三百两"，则二万二千五百人也。　⑳【正义】《地理志》云平原郡祝阿县也。蓟音计，幽州县是也。　㉑【正义】陈州宛丘县故陈城是也。　㉒【正义】汴州雍丘县，故杞国。　㉓【集解】郑玄曰："积土为封。封比干之墓，崇贤也。"

㉔【集解】徐广曰："《周本纪》曰命召公释箕子之囚，又曰表商容之闾。"

㉕【集解】郑玄曰："弛政，去纣时苛役。倍禄，复其纣时薄者。"　㉖【正义】济，渡也。河，黄河也。武王伐纣事毕，从怀州河阳县南渡河至洛州，从

洛城而西归镐京也。 ㉗【集解】郑玄曰:"散,犹放。" ㉘【集解】徐广曰:"在弘农县,今曰桃丘。" ㉙【正义】示无复用。服亦乘也。桃林在华山之旁,此二处并是牛马放生地,初伐就此取之,今事竟归之前处,故《尚书·武成篇序》云"武王伐殷,往伐归兽"是也。 ㉚【集解】徐广曰:"音韬。" ㉛【集解】郑玄曰:"包干戈以虎皮,明能以武服兵也。" ㉜【集解】王肃曰:"所以能櫜弓矢而不用者,将率之士力也,故建以为诸侯,谓之建櫜也。" ㉝【集解】郑玄曰:"郊射,为射宫于郊也。"王肃曰:"郊有学宫,可以习礼也。" ㉞【集解】郑玄曰:"左,东学。右,西学也。《貍首》、《驺虞》,所歌为节也。" ㉟【集解】郑玄曰:"贯革,射穿甲革也。" ㊱【集解】郑玄曰:"裨冕,衣裨衣而冠冕也。裨衣,衮之属也。搢,插也。" ㊲【集解】郑玄曰:"文王之庙为明堂。" ㊳【集解】郑玄曰:"耕藉,藉田也。" ㊴【集解】郑玄曰:"老更,互言之耳,皆老人更知三德五事者也。周名太学曰东胶。" ㊵【集解】郑玄曰:"冕而总干,在舞位。" ㊶【集解】郑玄曰:"言《武》迟久,为重礼乐也。"

子贡见师乙而问焉,[①]曰:"赐闻声歌各有宜也,[②]如赐者宜何歌也?"

①【集解】郑玄曰:"师,乐官也。乙,名也。" ②【集解】郑玄曰:"气顺性。"

师乙曰:"乙,贱工也,[①]何足以问所宜。请诵其所闻,而吾子自执焉。[②]宽而静,柔而正者宜歌《颂》。广大而静,疏达而信者宜歌《大雅》。恭俭而好礼者宜歌《小雅》。正直清廉而谦者宜歌《风》。肆直而慈爱者宜歌《商》。[③]温良而能断者宜歌《齐》。夫歌者,直己而陈德。[④]动己而天地应焉,四时和焉，星辰理焉，万物育焉。[5]故《商》者，五帝之遗声也，商人志之，故谓之《商》。《齐》者，三代之遗声也，齐人志之，故谓之《齐》。明乎《商》之诗者，临事而屡断。[6]明乎《齐》之诗者，见利而让也。[7]临事而屡断，勇也。见利而让，义也。有勇有义，非歌孰能保此？故歌者，上如抗，下如队，曲如折，止如槀木，居中矩，句中钩，累累乎殷如贯珠。[8]故歌之为言也，长言之也。[9]悦之，故言之。言之不足，故长言之。长言之不足，故嗟叹之。嗟叹之不足，故不知手之舞之足之蹈之。"[10]《子贡问乐》。[11]

①【集解】郑玄曰："乐人称工也。" ②【集解】郑玄曰："执，犹处也。" ③【集解】郑玄曰："肆，正也。" ④【集解】郑玄曰："各因其德歌所宜。" ⑤【集解】郑玄曰："育，生也。" ⑥【集解】郑玄曰："以其肆直。" ⑦【集解】郑玄曰："以其温良而能断也。" ⑧【集解】郑玄曰："言歌声之著，动人心之审，而有此事。" ⑨【集解】郑玄曰："长言，引其声。" ⑩【集解】郑玄曰："手舞足蹈，欢之至。" ⑪【正义】结此前事，悉是答子贡问之事。其《乐记》者，公孙尼子次撰也。为《乐记》通天地，贯人情，辩政治，故细解之。以前刘向《别录》篇次与郑《目录》同，而《乐记》篇次又不依郑《目》。今此文篇次颠倒者，以褚先生升降，故今乱也。今逐旧次第随段记之，使后略知也。以后文出褚意耳。

凡音由于人心，天之与人有以相通，如景之象形，响之应声。故为善者天报之以福，为恶者天与之以殃，其自然者也。故舜弹五弦之琴，歌《南风》之诗而天下治。纣为朝歌北鄙之音，身死国亡。舜之道何弘也？纣之道何隘也？夫《南风》之诗者生长之音也，舜乐好之，乐与天地同意，得万国之欢心，故天下治也。夫朝歌者不时也，北者败也，鄙者陋也，纣乐好之，与万国殊心，诸侯不附，百姓不亲，天下畔之，故身死国亡。

而卫灵公之时[①]，将之晋，至于濮水之上舍。[②]夜半时闻鼓琴声，问左右，皆对曰“不闻”。乃召师涓曰：“吾闻鼓琴音，问左右，皆不闻。其状似鬼神，为我听而写之。”师涓曰：“诺。”因端坐援琴，听而写之。明日，曰：“臣得之矣，然未习也，请宿习之。”灵公曰：“可。”因复宿。明日，报曰：“习矣。”即去之晋，见晋平公。平公置酒于施惠之台。[③]酒酣，灵公曰：“今者来，闻新声，请奏之。”平公曰：“可。”即令师涓坐师旷旁，援琴鼓之。未终，师旷抚而止之曰：“此亡国之声也，不可听。”平公曰：“何道出？”师旷曰：“师延所作也。与纣为靡靡之乐，武王伐纣，师延东走，自投濮水之中，故闻此声必于濮水之上，先闻此声者国削。”平公曰：“寡人所好者音也，愿遂闻之。”师涓鼓而终之。

①【正义】时卫都楚丘。楚〔丘〕故城在宋州楚丘县北三十里，卫之楚丘邑也。　②【正义】《括地志》云：“在曹州离狐县界，即师延投处也。”③【正义】一本“庆祁之堂”。《左传》云“虒祁之宫”。杜预云：“虒祁，地名也，在绛州西四十里，临汾水也。”

平公曰：“音无此最悲乎？”师旷曰：“有。”平公曰：“可得闻乎？”师旷曰：“君德义薄，不可以听之。”平公曰：“寡人所好者音也，愿闻之。”师旷不得已，援琴而鼓之。一奏之，有玄鹤二八集乎廊门。再奏之，延颈而鸣，舒翼而舞。

平公大喜，起而为师旷寿。反坐，问曰："音无此最悲乎?"师旷曰："有。昔者黄帝以大合鬼神，今君德义薄，不足以听之，听之将败。"平公曰："寡人老矣，所好者音也，愿遂闻之。"师旷不得已，援琴而鼓之。一奏之，有白云从西北起；再奏之，大风至而雨随之，飞廊瓦，左右皆奔走。平公恐惧，伏于廊屋之间。晋国大旱，赤地三年。

听者或吉或凶。夫乐不可妄兴也。

太史公曰：夫上古明王举乐者，非以娱心自乐，快意恣欲，将欲为治也。正教者皆始于音，音正而行正。故音乐者，所以动荡血脉，通流精神而和正心也。故宫动脾而和正圣，商动肺而和正义，角动肝而和正仁，征动心而和正礼，羽动肾而和正智。故乐所以内辅正心而外异贵贱也。上以事宗庙，下以变化黎庶也。琴长八尺一寸，正度也。弦大者为宫，而居中央，君也。商张右傍，其余大小相次，不失其次序，则君臣之位正矣。故闻宫音，使人温舒而广大。闻商音，使人方正而好义。闻角音，使人恻隐而爱人。闻徵音，使人乐善而好施。闻羽音，使人整齐而好礼。夫礼由外入，乐自内出。故君子不可须臾离礼，须臾离礼则暴慢之行穷外；不可须臾离乐，须臾离乐则奸邪之行穷内。故乐音者，君子之所养义也。夫古者，天子诸侯听钟磬未尝离于庭，卿大夫听琴瑟之音未尝离于前，所以养行义而防淫佚也。夫淫佚生于无礼，故圣王使人耳闻《雅》、《颂》之音，目视威仪之礼，足行恭敬之容，口言仁义之道。故君子终日言而邪辟无由入也。

索隐述赞曰：乐之所兴，在乎防欲。陶心畅志，舞手蹈足。舜曰《箫韶》，融称属续。审音知政，观风变俗。端如贯珠，清同叩玉。洋洋盈耳，《咸》、《英》余曲。

卷二十五

律书第三

王者制事立法，物度轨则，壹禀于六律，[1]六律为万事根本焉。[2]其于兵械尤所重，[3]故云“望敌知吉凶，[4]闻声效胜负”，[5]百王不易之道也。

①【索隐】按：律有十二。阳六为律：黄钟、太蔟、姑洗、蕤宾、夷则、无射。阴六为吕：大吕、夹钟、中吕、林钟、南吕、应钟是也。名曰律者，《释名》曰：“律，述也，所以述阳气也。”《律历志》云：“吕，旅，助阳气也。”案：古律用竹，又用玉，汉末以铜为之。吕亦称闲，故有六律、六闲之说。元闲大吕，二闲夹钟是也。汉京房知五音六律之数，十二律之变至六十，犹八卦之变为六十四卦也。故中吕上生执始，执始下生去灭，上下相生，终于南吕，而六十律毕。　②【索隐】《律历志》云“夫推历生律，制器规圜矩方，权重衡平，准绳嘉量，探赜索隐，钩深致远，莫不用焉”，是万事之根本也。③【索隐】按：《易》称“师出以律”，是于兵械尤重也。【正义】内成曰器，外成曰械。械谓弓、矢、殳、矛、戈、戟。刘伯庄云：“吹律审声，听乐知政，师旷审歌，知晋、楚之强弱，故云兵家尤所重。”　④【正义】凡两军相敌，上皆有云气及日晕。《天官书》云：“晕等，力钧；厚长大，有胜；薄短小，无胜。”故望云气知胜负强弱。引旧语乃曰“故云”。　⑤【正义】《周礼》云“太师执同律以听军声而诏其吉凶”，《左传》云师旷知南风之不竞，即其类。

武王伐纣，吹律听声，[1]推孟春以至于季冬，杀气相并，[2]而音尚宫。[3]同声相从，物之自然，何足怪哉。

①【索隐】其事当有所出，今则未详。 ②【正义】人君暴虐酷急，即常寒应。寒生北方，乃杀气也。武王伐纣，吹律从春至冬，杀气相并，律亦应之，故《洪范》咎征云“急常寒若”是也。 ③【正义】《兵书》云：“夫战，太师吹律，合商则战胜，军事张强；角则军扰多变，失士心；宫则军和，士卒同心；征则将急数怒，军士劳；羽则兵弱少威焉。”

兵者，圣人所以讨强暴，平乱世，夷险阻，救危殆。自含(血)〔齿〕戴角之兽见犯则校，而况于人怀好恶喜怒之气？喜则爱心生，怒则毒螫加，[1]情性之理也。

①【正义】螫音释。

昔黄帝有涿鹿之战，以定火灾。[1]颛顼有共工之陈，以平水害。[2]成汤有南巢之伐，以殄夏乱。[3]递兴递废，胜者用事，所受于天也。

自是之后，名士迭兴，晋用咎犯，[4]而齐用王子，[5]吴用孙武，申明军约，赏罚必信，卒伯诸侯，兼列邦土，虽不及三代之诰誓，然身宠君尊，当世显扬，可不谓荣焉？岂与世儒暗于大较，[6]不权轻重，猥云德化，不当用兵，大至君辱失守，[7]小乃侵犯削弱，遂执不移等哉。故教笞不可废于家，刑罚不可捐于国，诛伐不可偃于天下，用之有巧拙，行之有逆顺耳。

①【集解】文颖曰："神农子孙暴虐，黄帝伐之，故以定火灾。" ②【集解】文颖曰："共工，主水官也。少昊氏衰，秉政作虐，故颛顼伐之。本主水官，因为水行也。" ③【正义】南巢，今庐州巢县是也。《淮南子》云："汤伐桀，放之历山，与末喜同舟浮江，奔南巢之山而死。"按：巢即山名，古巢伯之国。云南巢者，在中国之南也。 ④【正义】狐偃也，咎季也，又云胥臣也。 ⑤【索隐】徐广云："王子成父。" ⑥【索隐】大较，大法也。淳于髡曰"车不较则不胜其任"是也。较音角。 ⑦【索隐】徐广云："如宋襄公是也。"

夏桀、殷纣手搏豺狼，足追四马，勇非微也。百战克胜，诸侯慑服，权非轻也。秦二世宿军无用之地，[1]连兵于边陲，力非弱也。结怨匈奴，絓祸于越，[2]势非寡也。及其威尽势极，闾巷之人为敌国。咎生穷武之不知足，甘得之心不息也。

①【索隐】谓常拥兵于郊野之外也。【正义】谓三十万备北(阙)〔边〕，五十万守五岭也。云连兵于边陲，即是宿军无用之地也。 ②【正义】絓，胡卦反。顾野王云："絓者，所碍。"

高祖有天下，三边外畔。大国之王虽称蕃辅，臣节未尽。会高祖厌苦军事，亦有萧、张之谋，故偃武一休息，羁縻不备。

历至孝文即位，将军陈武等议曰："南越、朝鲜[1]自全秦时内属为臣子，后且拥兵阻阸，选蠕观望。[2]高祖时天下新定，人民小安，未可复兴兵。今陛下仁惠抚百姓，恩泽加海内，宜及士民乐用，征讨逆党，以一封疆。"孝文曰："朕能任衣冠，[3]念不到此。会吕氏之乱，功臣宗室共不羞耻，误居正位，常战战栗栗，恐事之不终。且兵凶器，虽克所愿，动亦秏病，谓百姓远方何？又先帝知劳民不可烦，故不以为意。朕岂自谓能？今匈奴内侵，军吏无功，边民父子荷兵日久，[4]朕常为动心伤痛，无日忘之。今未能销距，愿且坚边设候，结和通使，休宁北陲，为功多矣。且无议军。"故百姓无内外之繇，得息肩于田亩，天下殷富，粟至十余钱，鸣鸡吠狗，烟火万里，可谓和乐者乎！

①【正义】潮仙二音。高骊平壤城本汉乐浪郡王险城，即古朝鲜地，时朝鲜王满据之也。 ②【集解】陀音尼卖反。选音思兖反。蠕音而兖反。【索隐】蠕音软。选蠕谓动身欲有进取之状也。 ③【正义】朕音而禁反。 ④【正义】荷音何我反。

太史公曰："文帝时，会天下新去汤火，[1]人民乐业，因其欲然，能不扰乱，故百姓遂安。自年六七十翁亦未尝至市井，游敖嬉戏如小儿状。孔子所称有德君子者邪！"[2]

①【索隐】谓秦乱，楚、汉交兵之时，如遗坠汤火，即《书》云"民坠涂炭"是也。 ②【索隐】《论语》曰"善人为邦百年，亦可以胜残去杀"也。

《书》曰"七正"，二十八舍。[1]律历，天所以通五行八正之气，[2]天所以成孰万物也。舍者，日月所舍。舍者，舒气也。

①【索隐】七正，日、月、五星。七者可以正天时。又孔安国曰"七正，

日月五星各异政”也。二十八舍，即二十八宿，〔七正〕之所舍也。舍，止也。宿，次也。言日月五星运行，或舍于二十八次之分也。　②【索隐】八，谓八节之气，以应八方之风。

不周风居西北，主杀生。东壁居不周风东，主辟生气[①]而东之。至于营室。[②]营室者，主营胎[③]阳气而产之。东至于危。危，垝也。[④]言阳气之(危)垝，故曰危。十月也，律中应钟。[⑤]应钟者，阳气之应，不用事也。其于十二子为亥。亥者，该也。[⑥]言阳气藏于下，故该也。

①【索隐】辟音闢。　②【索隐】定星也。定中而可以作室，故曰营室也。【正义】《天官书》云“营室为清庙，曰离宫、阁道”，是有宫室象。此言“主营胎阳气而产之”，二说不同。　③【集解】徐广曰：“一作‘含’。”④【索隐】垝音鬼毁反。　⑤【正义】应，乙证反。《白虎通》云：“应者，应也，言万物应阳而动下藏也。”汉初依秦以十月为岁首，故起应钟。⑥【索隐】按：《律历志》云“该阂于亥”。【正义】孟康云：“阂，藏塞也。阴杂阳气藏塞，为万物作种也。”

广莫风居北方。广莫者，言阳气在下，阴莫阳广大也，故曰广莫。东至于虚。虚者，能实能虚，言阳气冬则宛藏于虚，[①]日冬至则一阴下藏，一阳上舒，故曰虚。东至于须女。[②]言万物变动其所，阴阳气未相离，尚相(如)胥〔如〕也，故曰须女。十一月也，律中黄钟。[③]黄钟者，阳气踵黄泉而出也。其于十二子为子。子者，滋也；滋者，言万物滋于下也。其于十母为壬癸。壬之为言任也，言阳气任养万物于下也。癸之为言揆也，言万物可揆度，故曰癸。东至牵牛。牵牛者，言阳气牵引万物出之也。牛者，冒也，言地虽冻，能冒而生也。牛者，耕植种万物也。东至于建星。建星者，建诸生也。十二月也，律中大吕。大吕者。其于十二子为丑。[4]

①【正义】宛音蕴。　②【索隐】婺女名也。　③【正义】《白虎通》云："黄中和之气，言阳气于黄泉之下动养万物也。"　④【集解】徐广曰："此中阙不说大吕及丑也。"【正义】案：此下阙文。或一本云"丑者，纽也。言阳气在上未降，万物厄纽未敢出也"。

条风居东北，主出万物。条之言条治万物而出之，故曰条风。南至于箕。箕者，言万物根棋，[1]故曰箕。正月也，律中泰蔟。[2]泰蔟者，言万物蔟生也，故曰泰蔟。其于十二子为寅。寅言万物始生螾然[3]也，故曰寅。南至于尾，言万物始生如尾也。南至于心，言万物始生有华心[4]也。南至于房。房者，言万物门户也，至于门则出矣。

①【集解】徐广曰："一作横也。"　②【正义】蔟音千豆反。《白虎通》云："泰者，大也。蔟者，凑也。言万物始大凑地而出之也。"　③【索隐】音引，又音以慎反。　④【集解】徐广曰："一作茎。"

明庶风居东方。明庶者，明众物尽出也。二月也，律中夹钟。[1]夹钟者，言阴阳相夹厕也。其于十二子为卯。卯之为言茂也，言万物茂也。其于十母为甲乙。甲者，言万物剖符[2]甲[3]而出也。乙者，言万物生轧轧也。南至于氐。[4]氐者，言万物皆至也。南至于亢。亢者，言万物亢见也。南至于角。角者，言万物皆有枝格如角也。三月也，律中姑洗。[5]姑洗者，言万物洗生。其于十二子为辰。辰者，言万物之蜄[6]也。

①【正义】《白虎通》云："夹，孚甲也。言万物孚甲，种类分也。" ②【集解】音孚。 ③【索隐】符甲，犹孚甲也。 ④【正义】氐音丁礼反。 ⑤【正义】姑音沽。洗音先典反。《白虎通》云："沽者，故也。洗者，鲜也。言万物去故就新，莫不鲜明也。" ⑥【集解】音之慎反。【索隐】蜄音振。或作"娠"，同音。《律历志》云"振羡于辰"。

清明风居东南维，主风吹万物而西之。〔至于〕轸。轸者，言万物益大而轸轸然。西至于翼。翼者，言万物皆有羽翼也。四月也，律中中吕。[1]中吕者，言万物尽旅而西行也。其于十二子为巳。巳者，言阳气之已尽也。西至于七星。七星者，阳数成于七，故曰七星。西至于张。张者，言万物皆张也。西至于注。[2]注者，言万物之始衰，阳气下注，故曰注。五月也，律中蕤宾。[3]蕤宾者，言阴气幼少，故曰蕤；痿阳不用事，故曰宾。

①【正义】中音仲。《白虎通》云"言阳气将极中充大也"，故复申言之也。 ②【索隐】音丁救反。注，咮也。《天官书》云"柳为鸟咮"，则注，柳星也。 ③【正义】蕤音仁佳反。《白虎通》云："蕤者，下也。宾者，敬也。言阳气上极，阴气始宾敬之也。"

景风居南方。景者，言阳气道竟，故曰景风。其于十二子为午。午者，阴阳交，故曰午。[1]其于十母为丙丁。丙者，言阳道著明，故曰丙；丁者，言万物之丁壮也，故曰丁。西至于弧。弧者，言万物之吴落[2]且就死也。西至于狼。狼者，言万物可度量，断万物，故曰狼。

①【索隐】《律历志》云“咢布于午”。 ②【集解】徐广曰：“吴，一作柔。”

凉风居西南维，主地。地者，沈夺万物气也。[1]六月也，律中林钟。[2]林钟者，言万物就死气林林然。其于十二子为未。未者，言万物皆成，有滋味也。[3]北至于罚。罚者，言万物气夺可伐也。北至于参。[4]参言万物可参也，故曰参。七月也，律中夷则。[5]夷则，言阴[6]气之贼[7]万物也。其于十二子为申。申者，言阴用事，申贼万物，[8]故曰申。北至于浊。[9]浊者，触也，言万物皆触死也，故曰浊。北至于留。[10]留者，言阳气之稽留也，故曰留。八月也，律中南吕。[11]南吕者，言阳气之旅入藏也。其于十二子为酉。酉者，万物之老也，[12]故曰酉。

①【正义】沈，一作洗。 ②【正义】《白虎通》云：“林者，众也。言万物成熟，种类多也。” ③【索隐】《律历志》云“味薆于未”，其意殊也。 ④【正义】音所林反。 ⑤【正义】《白虎通》云：“夷，伤也。则，法也。言万物始伤，被刑法也。” ⑥【集解】徐广曰：“一作阳。” ⑦【集解】徐广曰：“一作则。” ⑧【集解】徐广曰：“贼，一作则。”【索隐】《律历志》“物坚于申”也。 ⑨【索隐】按：《尔雅》“浊，谓之毕”。 ⑩【索隐】留即卯，《毛传》亦以留为卯。 ⑪【正义】《白虎通》云：“南，任也。言阳气尚任包，大生荠麦也。” ⑫【索隐】《律历志》“留孰于酉”也。

阊阖风居西方。阊者，倡也。阖者，藏也。言阳气道万物，阖黄泉也。其于十母为庚辛。庚者，言阴气庚万物，故曰庚。辛者，言万物之辛生，故曰辛。北至于胃。胃者，言阳气就藏，皆胃胃也。北至于娄。娄者，呼万物且内之也。北至于奎。[①]奎者，主毒螫杀万物也，奎而藏之。九月也，律中无射。[②]无射者，阴气盛用事，阳气无余也，故曰无射。其于十二子为戌。戌者，言万物尽灭，故曰戌。[③]

①【集解】徐广曰："一作圭。"【索隐】按：《天官书》"奎为沟渎，娄为聚众，胃为天仓"，今此说并异，及六律十母，又与《汉书》不同，各是异家之说也。　②【正义】音亦。《白虎通》云："射，终也。言万物随阳而终，当复随阴而起，无有终已。"此说六吕十干十二支与《汉书》不同。　③【索隐】《律历志》"毕入于戌"也。

律数：

九九八十一以为宫。三分去一，五十四以为徵。三分益一，七十二以为商。三分去一，四十八以为羽。三分益一，六十四以为角。

黄钟长八寸七分一，宫。[①]大吕长七寸五分三分(一)〔二〕。[②]太蔟长七寸(七)〔十〕分二，角。夹钟长六寸(一)〔七〕分三分一。姑洗长六寸(七)〔十〕分四，羽。[③]仲吕长五寸九分三分二，徵。蕤宾长五寸六分三分(一)〔二〕。林钟长五寸(七)〔十〕分四，角。[④]夷则长五寸(四分)三分二，商。南吕长四寸(七)〔十〕分八，徵。无射长四寸四分三分二。应钟长四寸二分三分二，羽。

①【索隐】黄钟长八寸十分一宫。案：上文云"律九九八十一以为宫"，故云长八寸十分一宫。《汉书》云黄钟长九寸者，九分之寸也。刘歆、郑玄等皆以为长九寸即十分之寸，不依此法也。云宫者，黄钟为律之首，宫为五音之长，十一月以黄钟为宫，则声得其正。旧本多作"七分"，盖误也。②【索隐】谓十一月以黄钟为宫，五行相次，土生金，故以大吕为商者，大吕所以助阳宣化也。 ③【索隐】亦以金生水故也。 ④【索隐】水生木，故为角。不用蕤宾者，以阴气起，阳不用事，故去之也。

生钟分：[①]

①【索隐】此算术生钟律之法也。【正义】分音扶问反。

子一分。[①]丑三分二。[②]寅九分八。[③]卯二十七分十六。[④]辰八十一分六十四。巳二百四十三分一百二十八。午七百二十九分五百一十二。未二千一百八十七分一千二十四。申六千五百六十一分四千九十六。酉一万九千六百八十三分八千一百九十二。戌五万九千四十九分三万二千七百六十八。亥十七万七千一百四十七分六万五千五百三十六。

①【索隐】自此已下十一辰，皆以三乘之，为黄钟积实之数也。②【索隐】案：子律黄钟长九寸，林钟丑衡长六寸，以九比六，三分少一，故云丑三分二。即是黄钟三分去一，下生林钟之数也。 ③【索隐】十二律以黄钟为主，黄钟长九寸，太族长八寸，围八分，寅九分八，即是林钟三分益一，上生太蔟之义也。【正义】孟康云："元气始起于子。未分之时，天地人混合为一，故子数独一。"《汉书·律历志》云："太极元气，函三为一，行于十二辰，始动于子，参之于丑，得三；又参于寅，得九；又参之于卯，得二十

七；又参之于辰，得八十一；又参之于巳，得二百四十三；又参之于午，得七百二十九；又参之于未，得二千一百八十七；又参之于申，得六千五百六十一；又参之于酉，得万九千六百八十三；又参之于戌，得五万九千四十九；又参之于亥，得十七万七千一百四十七。此阴阳合德，气种于子，化生万物者也。”然丑三分二，寅九分八者，并是分之余数，而《汉书》不说也。

④【索隐】此以丑三乘寅，寅三乘卯，得二十七。南吕为卯，衡长五寸三分寸之一，以三约二十七得九，即黄钟之本数。又以三约十六得五，余三分之一即南吕之长，故云卯二十七分十六，亦是太蔟三分去一，下生南吕之义。巳下八辰并准此。然云丑三分二，寅九分八者，皆分之余数也。

生黄钟术曰：以下生者，①倍其实，三其法。②以上生者，四其实，三其法。③上九，商八，羽毛，角六，宫五，徵九。④置一而九三之以为法。⑤实如法，得长一寸。⑥凡得九寸，命曰“黄钟之宫”。故曰音始于宫，穷于角；⑦数始于一，终于十，成于三；气始于冬至，周而复生。

①【索隐】生钟术曰以下生者。案：蔡邕曰“阳生阴为下生，阴生阳为上生。子午巳东为上生，巳西为下生”。又《律历志》云“阴阳相生自黄钟始，黄钟(生)〔至〕太蔟，左旋八八为五”。从子至未得八，下生林钟是也。又自未至寅亦得八，上生太蔟。然上下相生，皆以此为率也。　②【索隐】谓黄钟下生林钟，黄钟长九寸，倍其实者，二九十八，三其法者，以三为法。约之得六，为林钟之长也。　③【索隐】四其实者，谓林钟上生太蔟，林钟长六寸，以四乘六得二十四，以三约之得八，即为太蔟之长也。　④【索隐】此五声之数亦上生三分益一，下生三分去一。宫下生徵，徵益一上生商；商下生羽，羽益一上生角。然此文似数错，未暇研核也。　⑤【索隐】《汉书·律历志》曰：“太极元气，函三为一，行之于十二辰，始动于子，参之于丑得三，又参之于寅得九。”是谓因而九三之也。韦昭曰：“置一而九，

以三乘之是也。”乐产云：“一气生于子，至丑而三，是一三也。又自丑至寅为九，皆以三乘之，是九三之也。　⑥【索隐】实如法得一。实谓以子一乘丑三，至亥得十七万七千一百四十七为实数。如法谓以上万九千六百八十三之法除实得九，为黄钟之长。言“得一”者，算术设法辞也。“得”下有“长”，“一”〔下有〕“寸”者。皆衍字也。韦昭云得九寸之一也。姚氏谓得一即黄钟之子数。　⑦【索隐】即如上文宫下生徵，徵上生商，商下生羽，羽上生角，是其穷也。

神生于无，①形成于有，②形然后数，形而成声，③故曰神使气，气就形。形理如类有可类。或未形而未类，或同形而同类，类而可班，类而可识。圣人知天地识之别，故从有以至未有，④以得细若气，微若声。⑤然圣人因神而存之，⑥虽妙必效情，核其华道者明矣。⑦非(其)〔有〕圣心以乘聪明，孰能存天地之神而成形之情哉？神者，物受之而不能知(及)其去来，⑧故圣人畏而欲存之。唯欲存之，神之亦存。⑨其欲存之者，故莫贵焉。⑩

①【正义】无形为太易气，天地未形之时，言神本在太虚之中而无形也。　②【正义】天地既分，二仪已质，万物之形成于天地之间，神在其中。　③【正义】数，谓天数也，声谓宫、商、角、徵、羽也。言天数既形，则能成其五声也。　④【正义】从有谓万物形质也，未有谓天地未形也。⑤【正义】气，谓太易之气，声谓五声之声也。　⑥【正义】言圣人因神理其形体，寻迹至于太易之气，故云因神而存之，上云从有以至未有是也。⑦【正义】妙，谓微妙之性也。效，犹见也。核，研核也。华道，神妙之道也。言人虽有微妙之性，必须程督己之情理，然后研核神妙之道，乃能究其形体，辨其成声，故谓明矣。故下云“非有圣心以乘聪明，孰能存天地之神

而成形之情哉”是也。　⑧【正义】言万物受神妙之气，不能知觉，及神去来，亦不能识其往复也。　⑨【正义】言圣人畏神妙之理难识，而欲常存之；唯欲常存之，故其神亦存也。　⑩【正义】言平凡之人欲得精神存者，故亦莫如贵神之妙焉。

太史公曰：(故)〔在〕旋玑玉衡以齐七政，即天地二十八宿。[①]十母，[②]十二子，[③]钟律调自上古。建律运历造日度，可据而度也。[④]合符节，通道德，即从斯之谓也。

①【正义】宿音息袖反，又音肃。谓东方角、亢、氐、房、心、尾、箕，南方井、鬼、柳、星、张、翼、轸，西方奎、娄、胃、昴、毕、觜、参，北方斗、牛、女、虚、危、室、壁，凡二十八宿一百二十八宿星也。　②【正义】十干：甲、乙、丙、丁、戊、己、庚、辛、壬、癸。　③【正义】十二支：子、丑、寅、卯、辰、巳、午、未、申、酉、戌、亥。　④【正义】度音田洛反。

索隐述赞曰：自昔轩后，爰命伶纶。雄雌是听，厚薄伊均。以调气候，以轨星辰。军容取节，乐器斯因。自微知著，测化穷神。大哉虚受，含养生人。

卷二十六

历书第四

昔自在古，历建正作于孟春。[①]于时冰泮发蛰，百草奋兴，秭鴂先滜。[②]物乃岁具，生于东，次顺四时，卒于冬分。[③]时鸡三号，卒明。[④]抚十二月〔月〕节，卒于丑。[⑤]日月成，故明也。明者孟也，幽者幼也，幽明者雌雄也。雌雄代兴，而顺至正之统也。日归于西，起明于东。月归于东，起明于西。正不率天，又不由人，[⑥]则凡事易坏而难成矣。

①【索隐】按：古历者，谓黄帝《调历》以前有《上元太初历》等，皆以建寅为正，谓之孟春也。及颛顼、夏禹亦以建寅为正。唯黄帝及殷、周、鲁并建子为正。而秦正建亥，汉初因之。至武帝元封七年始改用《太初历》，仍以周正建子为十一月朔旦冬至，改元太初焉。今按：此文至于"十二月节"，皆出《大戴礼》虞史伯夷之辞也。　②【集解】徐广曰："秭音姊，鴂音规。子鴂鸟也，一名鷤鴂。"【索隐】秭鴂先滜，谓子鴂鸟春气发动，则先出野泽而鸣也。又按：《大戴礼》作"瑞雉"，无释，未测其旨，当是字体各有讹变耳。鷤音弟，鴂音桂。《楚词》云"虑鷤鴂之先鸣，使夫百草为之不芳"，解者以鷤鴂为杜鹃也。　③【索隐】卒，子律反。分，如字。卒，尽也。言建历起孟春，尽季冬，则一岁事具也。冬尽之后，分为来春，故云冬分也。
④【集解】徐广曰："卒，一作'平'，又云卒，斯也。"【索隐】三号，三鸣也。言夜至鸡三鸣则天晓，乃始为正月一日，言异岁也。徐广云卒，一作"平"，又作"斯"，于文皆便。　⑤【正义】抚，犹循也。自平明寅至鸡鸣丑，凡十

二辰，辰尽丑又至明朝寅，使一日一夜，故曰幽明。　⑥【索隐】正不率天，亦不由人。此文出《大戴礼》，是孔子称周太史之词。

王者易姓受命，必慎始初，改正朔，易服色，推本天元，顺承厥意。[①]

①【索隐】言王者易姓而兴，必当推本天之元气行运所在，以定正朔，以承天意，故云承顺厥意也。

太史公曰：神农以前尚矣。盖黄帝考定星历，[①]建立五行，起消息，[②]正闰余，[③]于是有天地神祇物类之官，[④]是谓五官。各司其序，不相乱也。民是以能有信，神是以能有明德。民神异业，敬而不渎，故神降之嘉生，[⑤]民以物享，[⑥]灾祸不生，所求不匮。

①【索隐】按：《系本》及《律历志》黄帝使羲和占日，常仪占月，臾区占星气，伶伦造律吕，大桡作甲子，隶首作算数，容成综此六术而著《调历》也。　②【正义】皇侃云："干者阳，生为息；坤者阴，死为消也。"　③【集解】《汉书音义》曰："以岁之余为闰，故曰闰余。"【正义】邓平、落下闳云"一月之日，二十九日八十一分日之四十三"。按：计其余分成闰，故云正闰余也。每一岁三百六十六日余六日，小月六日，是一岁余十二日，大计三十三月则一闰之耳。　④【正义】应劭云："黄帝受命有云瑞，故以云纪官。春官为青云，夏官为缙云，秋官为白云，冬官为黑云，中官为黄云。"按：黄帝置五官，各以物类名其职掌也。　⑤【集解】应劭曰："嘉谷也。"　⑥【正义】刘伯庄云："物，事也。人皆顺事而享福也。"

少皞氏之衰也，九黎乱德，[①]民神杂扰，不可放物，[②]祸菑荐至，[③]莫尽其气。颛顼受之，乃命南正重司天以属神，命火正黎司地以属民，[④]使复旧常，无相侵渎。

①【集解】《汉书音义》曰："少皞时诸侯作乱者。" ②【索隐】放音昉，依也。 ③【索隐】上音在见反，古"荐"字，假借用耳。荐，集也。 ④【集解】应劭曰："黎，阴官也。火数二；二，地数也：故火正司地以属万民。"【索隐】按：《左传》重为句芒，木正；黎为祝融，火正。此言"南"者，刘氏以为"南"字误，非也。盖重黎二人元是木火之官，兼司天地职，而天是阳，南是阳位，故木亦是阳，所以木正为南正也；而火是地正，亦称北正者，火数二，二地数，地阴，主北方，故火正亦称北正：为此故也。臣瓒以为古文"火"字似"北"，未为深得也。

其后三苗服九黎之德，[①]故二官咸废所职，而闰余乖次，[②]孟陬殄灭，[③]摄提无纪，历数失序。[④]尧复遂重黎之后，不忘旧者，使复典之，而立羲和之官。明时正度，则阴阳调，风雨节，茂气至，民无夭疫。年耆禅舜，申戒文祖，[⑤]云"天之历数在尔躬"。[⑥]舜亦以命禹。[⑦]由是观之，王者所重也。

①【正义】孔安国云："三苗，缙云氏之后诸侯也。"按：服，从也。言九黎之君在少皞之世作乱，今三苗之君从九黎乱德，故南北二官皆废，使历数失序。 ②【集解】《汉书音义》曰："次，十二次也。史推历失闰，则斗建与月名错。" ③【集解】《汉书音义》曰："正月为孟陬。闰余乖错，不与正岁相值，谓之殄灭。"【索隐】按：正月为陬。陬音邹，又作侯反。《楚词》云"摄提贞乎孟陬"。言历数乖误，乃使孟陬殄灭，不得其正也。 ④【集解】《汉书音义》曰："摄提，星名，随斗杓所指建十二月。若历误，春三月当

指辰而指巳，是谓失序。"【索隐】摄提失方。按：《天官书》云"摄提三星，若鼎足句之，直斗杓所指，以建时节，故曰摄提格"。格，至也。言摄提随月建至，故云格也。　⑤【集解】徐广曰："戒，一作敕。"【正义】言于文祖之庙以申戒舜也。　⑥【集解】何晏曰："历数，谓列次也。"　⑦【集解】孔安国曰："舜亦以尧命己之辞命禹也。"

夏正以正月，殷正以十二月，周正以十一月。盖三王之正若循环，穷则反本。天下有道，则不失纪序。无道，则正朔不行于诸侯。

幽、厉之后，周室微，陪臣执政，史不记时，君不告朔，①故畴人子弟分散，②或在诸夏，或在夷狄，是以其禨祥废而不统。③周襄王二十六年闰三月，而《春秋》非之。先王之正时也，履端于始，④举正于中，⑤归邪⑥于终。⑦履端于始，序则不愆。举正于中，民则不惑。归邪于终，事则不悖。

①【集解】郑玄曰："礼，人君每月告朔于庙，有祭，谓之朝享。"　②【集解】如淳曰："家业世世相传为畴。律，年二十三傅之畴官，各从其父学。"【索隐】韦昭云："畴，类也。"孟康云："同类之人明历者也。"乐彦云："畴昔知星人。"　③【集解】如淳曰："《吕氏春秋》'荆人鬼而越人禨'，今之巫祝祷祠淫祀之比也。"晋灼曰："禨音'珠玑'之'玑'。"　④【集解】韦昭曰："谓正历必先称端始也，若十一月朔旦冬至也。"　⑤【集解】韦昭曰："气在望中，则时日昏明皆正也。"　⑥【集解】音余。　⑦【集解】韦昭曰："邪，余分也。终，闰月也。中气在晦则后月闰，在望是其正中也。"

其后战国并争，在于强国禽敌，救急解纷而已，岂遑念斯哉！是时独有邹衍，明于五德之传，①而散消息之分，以显诸侯。而亦因秦灭六国，兵戎极烦，又升至尊之日浅，未暇遑也。而亦颇推五胜，[②]而自以为获水德之瑞，更名河曰“德水”，而正[③]以十月，色上黑。然历度闰余，未能睹其真也。

①【正义】传音竹恋反。五德，五行也。　②【集解】《汉书音义》曰：“五行相胜，秦以周为火，用水胜之也。”　③【正义】音征。以秦始皇名讳之，故改也。

汉兴，高祖曰“北畤待我而起”，亦自以为获水德之瑞。虽明习历及张苍等，咸以为然。是时天下初定，方纲纪大基，高后女主，皆未遑，故袭秦正朔服色。

至孝文时，鲁人公孙臣以终始五德上书，言“汉得土德，宜更元，改正朔，易服色。当有瑞，瑞黄龙见”。事下丞相张苍，张苍亦学律历，以为非是，罢之。其后黄龙见成纪，张苍自黜，所欲论著不成。而新垣平以望气见，颇言正历服色事，贵幸，后作乱，故孝文帝废不复问。

至今上即位，招致方士唐都，分其天部；[①]而巴落下闳运算转历，[②]然后日辰之度与夏正同。乃改元，更官号，封泰山。因诏御史曰：“乃者，有司言星度之未定也，广延宣问，以理星度，未能詹也。[③]盖闻昔者黄帝合而不死，名察度验，定清浊，起五部，建气物分数。[④]然盖尚矣。书缺乐弛，朕甚闵焉。朕唯未能循明也，绸绩日分，[⑤]率应水德之胜。[⑥]今日顺夏至，[⑦]黄钟为宫，林钟为征，太蔟为商，南吕为羽，姑洗为角。自是以后，气复正，羽声复清，名复正变，以至子日当冬至，则阴阳离合之道行焉。十一月甲子朔旦冬至已詹，其更以七年为太初元年。[8]年名'焉逢摄提格',[9]月名'毕聚',日得甲子,夜半朔旦冬至。"[10]

①【集解】《汉书音义》曰:"谓分部二十八宿为距度。" ②【集解】徐广曰:"陈术云征士巴郡落下闳也。"【索隐】姚氏案:《益部耆旧传》云"闳字长公,明晓天文,隐于落下,武帝征待诏太史,于地中转浑天,改《颛顼历》作《太初历》,拜侍中不受"。 ③【集解】徐广曰:"詹,一作'售'也。"【索隐】按:《汉书》作"雠",故徐广云一作"售",售即雠也。韦昭云"雠,比校也。"郑德云"相应为雠"也。 ④【集解】应劭曰:"言黄帝造历得仙,名节会,察寒暑,致启闭分至,定清浊,起五部。五部,金、木、水、火、土也。建气物分数,皆叙历之意也。"孟康曰:"合,作也。黄帝作历,历终复始无穷已,故曰不死。清浊,律声之清浊也。五部,五行也。天有四时,分为五行也。气,二十四气;物,万物也。分,历数之分也。"瓒曰:"黄帝圣德,与虚合契,升龙登仙于天,故曰合而不死。题名宿度,候察进退,谓三辰之度,吉凶之验也。"【索隐】臣瓒解为得。案:《汉书》作"名察发敛",韦昭云"发,气发;敛,气敛"。又《续汉书》以为道之发敛,景之长短,则发敛是日行道去极盈缩也。 ⑤【索隐】绸音宙,又如字。绸绩者,女工绸缉之意,以言造历算运者犹若女工缉而织之也。 ⑥【集解】徐广曰:"盖以为应土德,土胜水。" ⑦【索隐】按:夏至,谓夏至、冬至。 ⑧【索隐】按:改元封七年为太初元年。然汉始以建亥为年首,今改以建寅,故以七年为元年。韦昭云"汉兴至此百二岁"。案:《律历志》云"乃以前历上元太初四千六百一十七岁,至元封七年,复得阏逢摄提之岁,中冬十一月甲子朔旦冬至"。 ⑨【集解】徐广曰:"岁阴在寅,左行;岁星在丑,右行。"【索隐】按:《尔雅》云"岁在甲曰焉逢,寅曰摄提格",则此甲寅之年十一月甲子朔旦夜半冬至也。然此篇末亦云"寅名摄提格",则是甲寅不疑也。又据二年名单阏,三年名执徐等,年次分明,而《汉志》以为其年在丙子,当是班固用《三统》,与《太初历》不同,故与太史公说有异。而《尔雅》近代之作,所记年名又皆不同也。左行右行,按苏林云"岁与星行所在之次"。 ⑩【集解】文颖曰:

“律居阴而治阳，历居阳而治阴，更相治，闲不容期忽。五家文悖异，推太初之元也。”【索隐】聚音娵。案：虞喜云“天元之始，于十一月甲子夜半朔旦冬至，日月若连珠，俱起牵牛之初。岁，雄在阏逢，雌在摄提格。月，雄在毕，雌在訾，訾则娵訾之宿。日，雄在甲，雌则在子。此则甲寅之元，天道之首”。

历术甲子篇[①]

①【索隐】以十一月朔旦冬至得甲子，甲子是阳气支干之首，故以甲子命历术为篇首，非谓此年岁在甲子也。

太初元年，岁名“焉逢[①]摄提格”，[②]月名“毕聚”，[③]日得甲子，[④]夜半朔旦冬至。[⑤]

①【索隐】甲，岁雄也。《汉书》作“阏逢”，亦音焉，与此音同。②【索隐】寅，岁阴也。此依《尔雅》甲寅之岁，若据《汉志》，以为丙子之年。③【索隐】谓月值毕及陬訾也。毕，月雄也。聚，月雌也。 ④【索隐】谓十一月冬至朔旦得甲子也。 ⑤【索隐】以建子为正，故以夜半为朔；其至与朔同日，故云夜半朔旦冬至。若建寅为正者，则以平旦为朔也。

正北[①]

①【索隐】谓蔀首十一月甲子朔旦时加子为冬至，故云“正北”也。然每岁行周天全度外余有四分之一，以十二辰分之，冬至常居四仲，故子年在子，丑年在卯，寅年在午，卯年在酉。至后十九年章首在酉，故云“正西”。其“正南”、“正东”，并准此也。【正义】黄钟管，子时气应称正北，顺行四(时)

仲，所至为正月一日，是岁之始，尽一章。十九年黄钟管，应在酉则称“正西”。他皆倣此。

十二①

①【索隐】岁有十二月，有闰则云十三月。

无大余，无小余。①

①【索隐】其岁甲子朔旦，日月合于牵牛之初，余分皆尽，故无大小余也。【正义】无大小余者，以出闰月之岁有三百五十四日三百四十八分，除五甲三百日，余有五十四日三百四十八分，缘未满六十日，故置为来年大小余。亦为太初元年日得甲子朔旦冬至，前年无奇日分，故无大小余也。

无大余，无小余。①

①【索隐】上大小余朔之大小余，此谓冬至大小余。冬至亦与朔同日，并无余分，至与朔法异，故重列之。

焉逢摄提格太初元年。①

①【索隐】如《汉志》太初元年岁在丙子，据此，则甲寅岁也。《尔雅·释天》云岁阳者，甲、乙、丙、丁、戊、己、庚、辛、壬、癸十干是也。岁阴者，子、丑、寅、卯、辰、巳、午、未、申、酉、戌、亥十二支是也。岁阳在甲云焉逢，谓岁干也。岁阴在寅云摄提格，谓岁支也。【正义】焉音於乾反，后同。

十二

大余五十四,[1]小余三百四十八。[2]

①【索隐】岁十二月,六大六小,合三百五十四日,以六除之,五六三十,除三百日,余五十四日,故下云“大余者日也。”【正义】月朔旦甲子日法也。 ②【索隐】《太初历》法,一月之日,二十九日九百四十分日之四百九十九,每两月合成五十九日,余五十八分。今十二月合余六个五十八,得此数,故〔下〕云“小余者月也”。【正义】未满日之分数也。其分每满九百四十则成一日,即归上,成五十五日矣。大余五十四者,每岁除小月六日,则成三百五十四日,除五甲三百日,犹余五十四日,为未满六十日,故称“大余五十四”也。小余三百四十八者,其大数五十四之外更余分三百四十八,故称“小余三百四十八”也。此大小余是月朔甲子日法,以出闰月之数,一岁则有三百五十四日三百四十八分,每六十日除之,余为未满六十日,故有大小余也。此是太初元年奇日奇分也。

大余五,[1]小余八。[2]

①【索隐】周天三百六十五度四分度之一,日行一度,去岁十一月朔在牵牛初为冬至,今岁十一月十二日又至牵牛初为一周,以六甲除之,六六三十六,除三百六十余五,故云大余五也。【正义】冬至甲子日法也。

②【索隐】即四分之一,小余满三十二从大余一,四八三十二,故云小余八。明年又加八得十六,故下云小余十六。次明年又加八得二十四,故下云小余二十四。又明年加八得三十二为满,故下云无小余。此并依《太初》法行之也。【正义】未满日之分数也。其分每满三十二则成一日,即归上成六日矣。大余五者,每岁三百六十五日,除六甲三百六十日,犹余五日,故称大余五(日)也。小余八者,每岁三百六十五日四分日之一,则一日三十二分,是一岁三百六十五日八分,故称小余八也。此大小余是冬至甲子日法,未

出闰月之数，每六十日除之，为未满六十日，故有大小余也。此是太初元年奇日奇分也。

端蒙单阏二年。[①]

①【集解】徐广曰："单阏，一作'亶安'。"【索隐】端蒙，乙也。《尔雅》作"旃蒙"。单阏，卯也，丹遏二音，又音蝉焉。二年，岁在乙卯也。【正义】单音丹，又音时连反。阏音乌葛反，又于连反。

闰十三

大余四十八，小余六百九十六。

大余十，小余十六。

游兆执徐三年。[①]

①【索隐】游兆，景也，《尔雅》作"柔兆"。执徐，辰也。三年。【正义】三年，丙辰岁也。

十二

大余十二，小余六百三。

大余十五，小余二十四。

强梧大荒落四年。[①]

①【索隐】强梧，丁也。大荒落，巳也。【正义】梧音语。四年，丁巳岁也。

十二

大余七，小余十一。

大余二十一，无小余。

徒维敦牂天汉元年。[①]

①【索隐】徒维，戊也。敦牂，午也。【正义】牂音作郎反。天汉元年，戊午岁也。

闰十三

大余一，小余三百五十九。

大余二十六，小余八。

祝犁协洽二年。[①]

①【索隐】祝犁，己也，《尔雅》作“著雍”。协洽，未也。二年。【正义】二年，己未岁也。

十二

大余二十五，小余二百六十六。

大余三十一，小余十六。

商横涒滩三年。[①]

①【索隐】商横，庚也，《尔雅》作“上章”。涒滩，申也。本作赤奋石，非也。《天官书》及《尔雅》申为汭汉，丑为赤奋若。今自太初已来计岁次与《天官书》不同者有四，盖后历术改故也。【正义】涒音吐魂反。滩音吐丹反。又作“涒汉”，字音与上同。三年，庚申岁也。

十二

大余十九，小余六百一十四。

大余三十六，小余二十四。

昭阳作鄂四年。①

①【索隐】昭阳，辛也，《尔雅》作“重光”。作鄂，酉也。【正义】四年，辛酉岁也。

闰十三

大余十四，小余二十二。

大余四十二，无小余。

横艾淹茂太始元年。①

①【索隐】横艾，壬也，《尔雅》作“玄黓”。淹茂，戌也。【正义】太始元年，壬戌岁也。

十二

大余三十七，小余八百六十九。

大余四十七，小余八。

尚章大渊献二年。①

①【索隐】尚章，癸也，《尔雅》作“昭阳”。大渊献，亥也。一本作困敦，非也。《天官书》子为困敦，与《尔雅》同。【正义】二年，癸亥岁也。

闰十三

大余三十二，小余二百七十七。

大余五十二，小余一十六。

焉逢困敦三年。[①]

①【索隐】焉逢，甲也。困敦子也。一本作大渊献，非也。《天官书》亥为大渊献，与《尔雅》同。【正义】敦音顿。三年，甲子岁也。

十二

大余五十六，小余一百八十四。

大余五十七，小余二十四。

端蒙赤奋若四年。[①]

①【索隐】端蒙，乙也。赤奋若，丑也。一本作涒滩，非也。《天官书》申为涒滩，与《尔雅》同。四年。已后自太始、征和已下讫篇末，其年次甲乙皆准此。并褚先生所续也。【正义】四年，乙丑岁也。

十二

大余五十，小余五百三十二。

大余三，无小余。

游兆[①]摄提格征和元年。[②]

①【集解】徐广曰："作游桃。"　②【正义】李巡注《尔雅》云："万物承阳而起，故曰摄提格。格，起也。"孔文祥云："以岁在寅正月出东方，为众星之纪，以摄提宿，故曰摄提；以其为岁月之首，起于孟陬，故云格。〔格〕，正也。"

闰十三

大余四十四，小余八百八十。

大余八，小余八。

强梧单阏二年。[①]

①【正义】李巡云："言阳气推万物而起，故曰单阏。"单，尽。阏，止也。

十二

大余八，小余七百八十七。

大余十三，小余十六。

徒维执徐三年。[①]

①【正义】李巡云："伏蛰之物皆敷舒而出，故云执徐也。"

十二

大余三，小余一百九十五。

大余十八，小余二十四。

祝犁大芒落四年。[①]

①【集解】芒，一作荒。【正义】姚察云："言万物皆炽盛而大出，霍然落之，故云荒落也。"

闰十三

大余五十七，小余五百四十三。

大余二十四，无小余。

商横敦牂后元元年。[1]

①【正义】〔孙炎注〕《尔雅》云："敦，盛也。牂，壮也。言万物盛壮也。"

十二

大余二十一，小余四百五十。

大余二十九，小余八。

昭阳汁洽二年。[1]

①【集解】汁，一作协。【正义】李巡云："言阴阳化生，万物和合，故曰协洽也。"

闰十三

大余十五，小余七百九十八。

大余三十四，小余十六。

横艾涒滩始元元年。[1]

①【集解】涒滩，一作芮汉。【正义】孙炎注《尔雅》云："涒滩，万物吐秀倾垂之貌也。"

正西

十二

大余三十九，小余七百五。

大余三十九，小余二十四。

尚章作噩二年。[1]

①【集解】噩，一作鄂。【正义】李巡云："作鄂，万物皆落枝起之貌也。"

十二

大余三十四，小余一百一十三。

大余四十五，无小余。

焉逢淹茂三年。[1]

①【集解】淹，一作阉。【正义】李巡云："言万物皆蔽冒，故曰阉茂。(阉)，蔽〔也〕。(茂)，冒也。"

闰十三

大余二十八，小余四百六十一。

大余五十，小余八。

端蒙困敦四年。[1]

①【正义】孙炎云："困敦，混沌也。言万物初萌，混沌于黄泉之下也。

十二

大余五十二，小余三百六十八。

大余五十五，小余十六。

游兆困敦五年。

十二

大余四十六，小余七百一十六。

无大余，小余二十四。

强梧赤奋若六年。[1]

①【正义】李巡云:“阳气奋迅万物而起,无不若其性,故曰赤奋若。赤,阳色。奋,迅也。若,顺也。”

闰十三

大余四十一,小余一百二十四。

大余六,无小余。

徒维摄提格元凤元年。

十二

大余五,小余三十一。

大余十一,小余八。

祝犂单阏二年。

十二

大余五十九,小余三百七十九。

大余十六,小余十六。

商横执徐三年。

闰十三

大余五十三,小余七百二十七。

大余二十一,小余二十四。

昭阳大荒落四年。

十二

大余十七,小余六百三十四。

大余二十七,无小余。

横艾敦牂五年。

闰十三

大余十二,小余四十二。

大余三十二，小余八。

尚章汁洽六年。

十二

大余三十五，小余八百八十九。

大余三十七，小余十六。

焉逢涒滩元平元年。

十二

大余三十，小余二百九十七。

大余四十二，小余二十四。

端蒙作噩本始元年。

闰十三

大余二十四，小余六百四十五。

大余四十八，无小余。

游兆阉茂二年。

十二

大余四十八，小余五百五十二。

大余五十三，小余八。

强梧大渊献三年。①

①【正义】孙炎云："渊献，深也。献万物于天，深于藏盖也。"

十二

大余四十二，小余九百。

大余五十八，小余十六。

徒维困敦四年。

闰十三

大余三十七，小余三百八。

大余三，小余二十四。

祝犁赤奋若地节元年。

十二

大余一，小余二百一十五。

大余九，无小余。

商横摄提格二年。

闰十三

大余五十五，小余五百六十三。

大余十四，小余八。

昭阳单阏三年。

正南

十二

大余十九，小余四百七十。

大余十九，小余十六。

横艾执徐四年。

十二

大余十三，小余八百一十八。

大余二十四，小余二十四。

尚章大荒落元康元年。

闰十三

大余八，小余二百二十六。

大余三十，无小余。

焉逢敦牂二年。

十二

大余三十二，小余一百三十三。

大余三十五，小余八。

端蒙协洽三年。

十二

大余二十六，小余四百八十一。

大余四十，小余十六。

游兆涒滩四年。

闰十三

大余二十，小余八百二十九。

大余四十五，小余二十四。

强梧作噩神雀元年。

十二

大余四十四，小余七百三十六。

大余五十一，无小余。

徒维淹茂二年。

十二

大余三十九，小余一百四十四。

大余五十六，小余八。

祝犁大渊献三年。

闰十三

大余三十三，小余四百九十二。

大余一，小余十六。

商横困敦四年。

十二

大余五十七，小余三百九十九。

大余六，小余二十四。

昭阳赤奋若五凤元年。

闰十三

大余五十一，小余七百四十七。

大余十二，无小余。

横艾摄提格二年。

十二

大余十五，小余六百五十四。

大余十七，小余八。

尚章单阏三年。

十二

大余十，小余六十二。

大余二十二，小余十六。

焉逢执徐四年。

闰十三

大余四，小余四百一十。

大余二十七，小余二十四。

端蒙大荒落甘露元年。

十二

大余二十八，小余三百一十七。

大余三十三，无小余。

游兆敦牂二年。

十二

大余二十二,小余六百六十五。

大余三十八,小余八。

强梧协洽三年。

闰十三

大余十七,小余七十三。

大余四十三,小余十六。

徒维涒滩四年。

十二

大余四十,小余九百二十。

大余四十八,小余二十四。

祝犁作噩黄龙元年。

闰十三

大余三十五,小余三百二十八。

大余五十四,无小余。

商横淹茂初元元年。

正东

十二

大余五十九,小余二百三十五。

大余五十九,小余八。

昭阳大渊献二年。

十二

大余五十三,小余五百八十三。

大余四，小余十六。

横艾困敦三年。

闰十三

大余四十七，小余九百三十一。

大余九，小余二十四。

尚章赤奋若四年。

十二

大余十一，小余八百三十八。

大余十五，无小余。

焉逢摄提格五年。

十二

大余六，小余二百四十六。

大余二十，小余八。

端蒙单阏永光元年。

闰十三

无大余，小余五百九十四。

大余二十五，小余十六。

游兆执徐二年。

十二

大余二十四，小余五百一。

大余三十，小余二十四。

强梧大荒落三年。

十二

大余十八，小余八百四十九。

大余三十六，无小余。

徒维敦牂四年。

闰十三

大余十三，小余二百五十七。

大余四十一，小余八。

祝犁协洽五年。

十二

大余三十七，小余一百六十四。

大余四十六，小余十六。

商横涒滩建昭元年。

闰十三

大余三十一，小余五百一十二。

大余五十一，小余二十四。

昭阳作噩二年。

十二

大余五十五，小余四百一十九。

大余五十七，无小余。

横艾阉茂三年。

十二

大余四十九，小余七百六十七。

大余二，小余八。

尚章大渊献四年。

闰十三

大余四十四，小余一百七十五。

大余七，小余十六。

焉逢困敦五年。

十二

大余八，小余八十二。

大余十二，小余二十四。

端蒙赤奋若竟宁元年。

十二

大余二，小余四百三十。

大余十八，无小余。

游兆摄提格建始元年。

闰十三

大余五十六，小余七百七十八。

大余二十三，小余八。

强梧单阏二年。

十二

大余二十，小余六百八十五。

大余二十八，小余十六。

徒维执徐三年。

闰十三

大余十五，小余九十三。

大余三十三，小余二十四。

祝犁大荒落四年。

右《历书》：大余者，日也。小余者，月也。端(旃)蒙者，年名也。支：丑名赤奋若，寅名摄提格。干：丙名游兆。正北，冬至加子时。正西，加酉时。正南，加午时。正东，加卯时。[①]

①【正义】准前解，小余是日之余分也。自“右《历书》”已下，小余又非是，年名复不周备，恐褚先生没后人所加。

索隐述赞曰：历数之兴，其来尚矣。重黎是司，容成斯纪。推步天象，消息母子。五胜轮环，三正互起。孟陬贞岁，畴人顺轨。敬授之方，履端为美。

卷二十七

天官书第五

【索隐】案：天文有五官。官者，星官也。星座有尊卑，若人之官曹列位，故曰天官。【正义】张衡云："文曜丽乎天，其动者有七，日月五星是也。日者，阳精之宗；月者，阴精之宗；五星，五行之精。众星列布，体生于地，精成于天，列居错峙，各有所属，在野象物，在朝象官，在人象事。其以神著有五列焉，是有三十五名。一居中央，谓之北斗。四布于方各七，为二十八舍。日月运行，历示吉凶也。"

中宫① 天极星，② 其一明者，太一常居也。③ 旁三星三公，④ 或曰子属。后句四星，⑤ 末大星正妃，⑥ 余三星后宫之属也。环之匡卫十二星，藩臣。皆曰紫宫。⑦

①【索隐】姚氏案：《春秋元命包》云"官之为言宣也，宣气立精为神桓"。又《文耀钩》曰"中宫大帝，其精北极星。含元出气，流精生一也"。②【索隐】案：《尔雅》"北极谓之北辰"。又《春秋合诚图》云"北辰，其星五，在紫微中"。杨泉《物理论》云"北极，天之中，阳气之北极也。极南为太阳，极北为太阴。日、月、五星行太阴则无光，行太阳则能照，故为昏明寒暑之限极也"。 ③【索隐】案：《春秋合诚图》云"紫微，大帝室，太一之精也"。【正义】泰一，天帝之别名也。刘伯庄云："泰一，天神之最尊贵者也。"④【正义】三公三星在北斗杓东，又三公三星在北斗魁西，并为太尉、司徒、司空之象，主变出阴阳，主佐机务。占以徙为不吉，居常则安，金、火守之并

为咎也。　⑤【索隐】句音鉤。句，曲也。　⑥【索隐】案：《援神契》云“辰极横，后妃四星从，端大妃光明”。又案：《星经》以后句四星名为四辅，其句陈六星为六宫，亦主六军，与此不同也。　⑦【索隐】案：《元命包》曰“紫之言此也，宫之言中也，言天神运动，阴阳开闭，皆在此中也”。宋均又以为十二军，中外位各定，总谓之紫宫也。

前列直[①]斗口三星，随北端兑，[②]若见若不，曰阴德，[③]或曰天一。[④]紫宫左三星曰天枪，右五星曰天棓，[⑤]后六星绝汉抵营室，曰阁道。[⑥]

①【索隐】直，刘氏云如字，直，当也。又音值也。　②【索隐】隋斗端兑。隋音他果反。刘氏云“斗，一作‘北’”。案：《汉书·天文志》作“北”。端作“耑”。兑作“锐”。锐谓星形尖锐也。　③【索隐】案：《文耀钩》曰“阴德为天下纲”。宋均以为阴行德者，道常也。【正义】《星经》云：“阴德二星在紫微宫内，尚书西，主施德惠者，故赞阴德遗惠，周急赈抚。占以不明为宜；明，新君践极也。”又云：“阴德星，中宫女主之象。星动摇，衅起宫掖，贵嫔内妾恶之。”　④【正义】天一一星，疆閶阖外，天帝之神，主战斗，知人吉凶。明而有光，则阴阳和，万物成，人主吉；不然，反是。太一一星次天一南，亦天帝之神，主使十六神，知风雨、水旱、兵革、饥馑、疾疫。占以不明及移为灾也。《星经》云：“天一、太一二星主王者即位，令诸立赤子而传国位者。星不欲微；微则废立不当其次，宗庙不享食矣。”　⑤【集解】苏林曰：“音榔杙之榔。”【索隐】枪音七庚反。棓音皮，韦昭音剖。又《诗纬》曰：“枪三星，棓五星，在斗杓左右，主枪人棓人。”石氏《星赞》云“枪棓八星，备非常之变”也。【正义】棓，庞掌反。天棓五星在女床东北，天子先驱，所以御兵也。占：星不具，国兵起也。　⑥【索隐】绝，度也。抵，属也。又案：《乐汁图》云“阁道，北斗辅”。石氏云“阁道六星，神所乘也”。【正义】汉，天河也。直度曰绝。抵，至也。营室七星，天子之宫，亦为玄宫，亦为清

庙，主上公，亦天子离宫别馆也。王者道被草木，营室历九象而可观。阁道六星在王良北，飞阁之道，天子欲游别宫之道。占：一星不见则辇路不通，动摇则宫掖之内起兵也。

北斗七星，[①]所谓"旋、玑、玉衡[②]以齐七政"。[③]杓携龙角，[④]衡殷南斗，[⑤]魁枕参首。[⑥]用昏建者杓。[⑦]杓，自华以西南。[⑧]夜半建者衡。[⑨]衡，殷中州河、济之间。[⑩]平旦建者魁。魁，海岱以东北也。[⑪]斗为帝车，运于中央，[⑫]临制四乡。分阴阳，建四时，均五行，移节度，定诸纪，皆系于斗。

①【索隐】案：《春秋运斗枢》云"斗，第一天枢，第二旋，第三玑，第四权，第五衡，第六开阳，第七摇光。第一至第四为魁，第五至第七为标，合而为斗"。《文耀钩》云"斗者，天之喉舌。玉衡属杓，魁为琁玑"。徐整《长历》云"北斗七星，星间相去九千里。其二阴星不见者，相去八千里也"。
②【索隐】案：《尚书》旋作璿。马融云"璿，美玉也。机，浑天仪，可转旋，故曰机。衡，其中横筩。以璿为机，以玉为衡，盖贵天象也"。郑玄注《大传》云"浑仪中筩为旋机，外规为玉衡"也。 ③【索隐】案：《尚书大传》云"七政，谓春、秋、冬、夏、天文、地理、人道，所以为政也。人道政而万事顺成"。又马融注《尚书》云"七政者，北斗七星，各有所主：第一曰主日，法天；第二曰主月，法地；第三曰命火，谓荧惑也；第四曰煞土，谓填星也；第五曰伐水，谓辰星也；第六曰危木，谓岁星也；第七曰剽金，谓太白也。日、月、五星各异，故曰七政也"。 ④【集解】孟康曰："杓，北斗杓也。龙角，东方宿也。携，连也。"【正义】案：角星为天关，其间天门，其内天庭，黄道所经，七耀所行。左角为理，主刑，其南为太阳道；右角为将，主兵，其北为太阴道也。盖天之三门，故其星明大则天下太平，贤人在位；不然，反是也。
⑤【集解】晋灼曰："衡，斗之中央。殷，中也。"【索隐】宋均云"殷，当也"。
⑥【正义】枕，之禁反。衡，斗衡也。魁，斗第一星也。言北方斗，斗衡直当

北之魁，枕于参星之首；北斗之杓连于龙角。南斗六星为天庙，丞相、大宰之位，主荐贤良，授爵禄，又主兵，一曰天机。南二星，魁、天梁；中央一星，天相；北二星，天府庭也。占：斗星盛明，王道和平，爵禄行；不然，反是。参主斩刈，又为天狱，主杀罚。其中三星横列者，三将军，东北曰左肩，主左将；西北曰右肩，主右将；东南曰左足，主后将；西南曰右足，主偏将；故轩辕氏占参应七将也。中央三小星曰伐，天之都尉也，主戎狄之国。不欲明；若明与参等，大臣谋乱，兵起，夷狄内战。七将皆明，主天下兵振；芒角张，王道缺；参失色，军散败；参芒角动摇，边候有急；参左足入玉井中，及金、火守，皆为起兵。　⑦【索隐】《说文》云"杓，斗柄"。音匹遥反，即招摇。　⑧【集解】孟康曰："《传》曰'斗第七星法太白主，杓，斗之尾也'。尾为阴，又其用昏，昏阴位，在西方，故主西南。"【正义】杓，东北第七星也。华，华山也。言北斗昏建用斗杓，星指寅也。杓，华山西南之地也。　⑨【集解】徐广曰："第五星。"孟康曰："假令杓昏建寅，衡夜半亦建寅。"　⑩【正义】衡，北斗衡也。言北斗夜半建用斗衡指寅。殷，当也。斗衡黄河、济水之间地也。　⑪【集解】孟康曰："《传》曰'斗第一星法于日，主齐也'。魁，斗之首；首，阳也，又其用在明阳与明德，在东方，故主东北齐分。"【正义】言北斗旦建用斗魁指寅也。海岱，代郡也。言魁星主海岱之东北地也。随三时所指，有前三建也。　⑫【索隐】姚氏案：宋均云"言是大帝乘车巡狩，故无所不纪也"。

斗魁戴匡六星①曰文昌宫：②一曰上将、二曰次将、三曰贵相、四曰司命、五曰司中、六曰司禄。③在斗魁中，贵人之牢。④魁下六星，两两相比者，名曰三能。⑤三能色齐，君臣和。不齐，为乖戾。辅星⑥明近，⑦辅臣亲强；斥小，疏弱。⑧

①【集解】晋灼曰："似匡，故曰戴匡也。"　②【索隐】《文耀钩》曰"文昌宫为天府"。《孝经援神契》云"文者精所聚，昌者扬天纪"。辅拂并

居，以成天象，故曰文昌。 ③【索隐】《春秋元命包》曰："上将建威武，次将正左右，贵相理文绪，司禄赏功进士，司命主老幼，司灾主灾咎也。" ④【集解】孟康曰："《传》曰'天理四星在斗魁中。贵人牢名曰天理'。"【索隐】《乐汁图》云"天理理贵人牢"。宋均曰"以理牢狱"也。【正义】占：明，及其中有星，此贵人下狱也。 ⑤【集解】苏林曰："能音台。"【索隐】案：《汉书》东方朔"愿陈泰阶六符"。孟康曰"泰阶，三台也。台星凡六星。六符，六星之符验也"。应劭引《黄帝泰阶六符经》曰"泰阶者，天子之三阶：上阶，上星为男主，下星为女主；中阶，上星为诸侯三公，下星为卿大夫；下阶，上星为士，下星为庶人。三阶平，则阴阳和，风雨时；不平，则稼穑不成，冬雷夏霜，天行暴令，好兴甲兵。修宫榭，广苑囿，则上阶为之坼也"。 ⑥【集解】孟康曰："在北斗第六星旁。" ⑦【正义】大臣之象也。占：欲其小而明；若大而明，则臣夺君政；小而不明，则臣不任职；明大与斗合，国兵暴起；暗而远斗，臣不死则夺；若近臣专赏，排贤用佞，则辅生角；近臣擅国符印，将谋社稷，则辅生翼；不然，则死也。 ⑧【集解】苏林曰："斥，远也。"

杓端有两星：一内为矛，招摇；① 一外为盾，天锋。② 有句圜十五星，③ 属杓，④ 曰贱人之牢。⑤ 其牢中星实则囚多，虚则开出。

①【集解】孟康曰："近北斗者招摇，招摇为天矛。"晋灼曰："更河三星，天矛、锋、招摇，一星耳。"【索隐】案：《诗记历枢》云"更河中招摇为胡兵"。宋均云"招摇星在更河内"。又《乐汁图》云"更河天矛"，宋均以为更河名天矛，则更河是星名也。 ②【集解】晋灼曰："外，远北斗也。在招摇南，一名玄戈。"【正义】《星经》云："梗河星为戟剑之星，若星不见或进退不定，锋镝乱起，将为边境之患也。" ③【索隐】句音钩。圜音员。其形如连环，即贯索星也。 ④【正义】属音烛。 ⑤【索隐】案：《诗记历枢》

云"贱人牢,一曰天狱"。又《乐汁图》云"连营,贱人牢"。宋均以为连营,贯索也。【正义】贯索九星在七公前,一曰连累,主法律,禁暴强,故为贱人牢也。牢口一星为门,欲其开也。占:星悉见,则狱事繁;不见,则刑务简;动摇,则斧钺用;中虚,则改元;口开,则有赦;人主忧,若闭口,及星入牢中,有自系死者。常夜候之,一星不见,有小喜;二星不见,则赐禄;三星不见,则人主德令且赦。远十七日,近十六日。若有客星出,视其小大:大,有大赦;小,亦如之也。

天一、枪、棓、矛、盾动摇,角大,兵起。①

①【集解】李奇曰:"角,芒角。"

东宫苍龙,①房、心。②心为明堂,③大星天王,前后星子属。④不欲直,直则天王失计。房为府,曰天驷。⑤其阴,右骖。⑥旁有两星曰衿。⑦北一星曰舝。⑧东北曲十二星曰旗。⑨旗中四星曰天市;⑩中六星曰市楼。市中星众者实,其虚则秏。⑪房南众星曰骑官。

①【索隐】案:《文耀钩》云"东宫苍帝,其精为龙"也。　②【索隐】案:《尔雅》云"大辰,房、心、尾也"。李巡曰"大辰,苍龙宿,体最明也"。
③【索隐】《春秋说题辞》云:"房、心为明堂,天王布政之宫。"《尚书运期授》曰:"房,四表之道。"宋均云:"四星间有三道,日、月、五星所从出入也。"
④【索隐】《鸿范五行传》曰:"心之大星,天王也。前星,太子;后星,庶子。"
⑤【索隐】房为天府,曰天驷。《尔雅》云:"天驷,房。"《诗记历枢》云:"房为天马,主车驾。"宋均云:"房既近心,为明堂,又别为天府及天驷也。"
⑥【正义】房星,君之位,亦主左骖,亦主良马,故为驷。王者恒祠之,是马

祖也。 ⑦【索隐】音其炎反。《元命包》云:“钩、衿两星,以闲防,神府闿舒,为主钩距,以备非常也。”【正义】占:明而近房,天下同心。钩、钤、房、心之间有客星出及疏拆者,皆地动之祥也。 ⑧【集解】徐广曰:“音辖。”【正义】《说文》云:“舝,车轴耑键也,两相穿背也。”《星经》云:“键闭一星,在房东北,掌管籥也。”占:不居其所,则津梁不通,宫门不禁;居,则反是也。 ⑨【正义】两旗者,左旗九星,在河鼓左也;右旗九星,在河鼓右也。皆天之鼓旗,所以为旌表。占:欲其明大光润,将军吉;不然,为兵忧;及不居其所,则津梁不通;动摇,则兵起也。 ⑩【正义】天市二十三星,在房、心东北,主国市聚交易之所,一曰天旗。明则市吏急,商人无利;忽然不明,反是。市中星众则岁实,稀则岁虚。荧惑犯,戮不忠之臣。彗星出,当徙市易都。客星入,兵大起;出之,有贵丧也。 ⑪【正义】秏,贫无也。

左角,李。右角,将。[①]大角者,天王帝廷。[②]其两旁各有三星,鼎足句之,曰摄提。[③]摄提者,直斗杓所指,以建时节,故曰“摄提格”。亢为疏庙,[④]主疾。其南北两大星,曰南门。[⑤]氐为天根,[⑥]主疫。[⑦]

①【索隐】李,即理,理,法官也。故《元命包》云“左角理,物以起;右角将,帅而动”。又石氏云“左角为天田,右角为天门”也。 ②【索隐】案:《援神契》云“大角为坐候”。宋均云“坐,帝坐也”。【正义】大角一星,在两摄提间,人君之象也。占:其明盛黄润,则天下大同也。 ③【集解】晋灼曰:“如鼎之句曲。”【索隐】案:《元命包》云“摄提之为言提携也。言能提斗携角以接于下也”。【正义】摄提六星,夹大角,大臣之象,恒直斗杓所指,纪八节,察万事者也。占:色温温不明而大者,人君恐;客星入之,圣人受制也。 ④【索隐】《元命包》曰“亢四星为庙廷”。又《文耀钩》“为疏庙”,宋均以为疏,外也;庙,或为朝也。【正义】听政之所也。其占:明大,则辅

臣忠,天下宁;不然,则反是也。 ⑤【正义】南门二星,在库楼南,天之外门。占:明则氐、羌贡;暗则诸夷叛;客星守之,外兵且至也。 ⑥【索隐】《尔雅》云"天根,氐也"。孙炎以为角、亢下系于氐,若木之有根也。【正义】《星经》云:"氐四星为路寝,听朝所居。其占:明大,则臣下奉度。"《合诚图》云:"氐为宿宫也。" ⑦【索隐】宋均云:"疫,病也。三月榆荚落,故主疾疫也。然此时物虽生,而日宿在奎,行毒气,故有疫也。"【正义】氐、房、心三宿为火,于辰在卯,宋之分野。

尾为九子,[①]曰君臣。斥绝,不和。箕为敖客,[②]曰口舌。[③]

①【索隐】宋均云:"属后宫场,故得兼子。子必九者,取尾有九星也。"《元命包》云:"尾九星,箕四星,为后宫之场也。"【正义】尾,箕。尾为析木之津,于辰在寅,燕之分野。尾九星为后宫,亦为九子。星近心第一星为后,次三星妃,次三星嫔,末二星妾。占:均明,大小相承,则后宫叙而多子;不然,则不;金、火守之,后官兵起;若明暗不常,妃嫡乖乱,妾媵失序。
②【索隐】宋均云:"敖,调弄也。箕以簸扬,调弄象也。箕又受物,有去去来来,客之象也。"【正义】敖音傲。箕主八风,亦后妃之府也。移徙入河,国人相食;金、火入守,天下乱;月宿其野,为风起。 ③【索隐】《诗》云"维南有箕,载翕其舌"。又《诗纬》云"箕为天口,主出气"。是箕有舌,象谗言。故《诗》曰"哆兮侈兮,成是南箕",谓有敖客行谒请之也。

火犯守角,[①]则有战。房、心,王者恶之也。[②]

①【索隐】案:韦昭曰"火,荧惑也"。 ②【正义】荧惑犯守箕、尾,氐星自生芒角,则有战阵之事。若荧惑守房、心,及房、心自生芒角,则王者恶之也。

南宫朱鸟,[①] 权、衡。[②] 衡,太微,三光之廷。[③] 匡卫十二星,藩臣:[④] 西,将;东,相;南四星,执法;中,端门;门左右,掖门。门内六星,诸侯。[⑤] 其内五星,五帝坐。[⑥] 后聚一十五星,蔚然,[⑦] 曰郎位。[⑧] 傍一大星,将位也。[⑨] 月、五星顺入,轨道,[⑩] 司其出,所守,天子所诛也。[⑪] 其逆入,若不轨道,以所犯命之。中坐,成形,[⑫] 皆群下从谋也。[⑬] 金、火尤甚。[⑭] 廷藩西有隋星五,[⑮] 曰少微,士大夫。[⑯] 权,轩辕。轩辕,黄龙体。[⑰] 前大星,女主象;旁小星,御者后宫属。月、五星守犯者,如衡占。[⑱]

①【正义】柳八星为朱鸟味,天之厨宰,主尚食,和滋味。　②【集解】孟康曰:"轩辕为权,太微为衡。"【索隐】案:《文耀钩》云"南宫赤帝,其精为朱鸟"。【正义】权四星在轩辕尾西,主烽火,备警急。占以明为安静;不明,则警急;动摇芒角亦如之。衡,太微之庭也。　③【索隐】宋均曰:"太微,天帝南宫也。三光,日、月、五星也。"　④【索隐】十二星,蕃臣。《春秋合诚图》曰:"太微主法式,陈星十二,以备武急也。"【正义】太微宫垣十星,在翼、轸地,天子之宫庭,五帝之坐,十二诸侯之府也。其外藩,九卿也。南藩中二星间为端门。次东第一星为左执法,廷尉之象。第二星为上相。第三星为次相。第四星为次将。第五星为上将。端门西第一星为右执法,御史大夫之象也。第二星为上将。第三星为次将。第四星为次相。第五星为上相。其东垣北左执法、上相两星间名曰左掖门;上相两星间名曰东华门。上相、次相、上将、次将间名曰太阳门。其西垣右执法,上将间名曰右掖门。上将间名曰西华门。次将、次相间名曰中华门。次相两星间名曰太阴门。各依其名,是其职也。占与紫宫垣同也。　⑤【正义】内五诸侯五星,列在帝庭。其星并欲光明润泽;若枯燥,则各于其处受其灾变,大至诛戮,小至流亡;若动摇,则擅命以干主者。审其分以占之,则无惑

也。又云诸侯五星在东井北河，主刺举，戒不虞。又曰理阴阳，察得失。一曰帝师，二曰帝友，三曰三公，四曰博士，五曰太史。此五者，为天子定疑议也。占：明大润泽，大小齐等，则国之福；不然，则上下相猜，忠臣不用。⑥【索隐】《诗含神雾》云五精星坐，其东苍帝坐，神名灵威仰，精为青龙之类是也。【正义】黄帝坐一星，在太微宫中，含枢纽之神。四星夹黄帝坐：苍帝东方灵威仰之神；赤帝南方赤熛怒之神；白帝西方白昭矩之神；黑帝北方叶光纪之神。五帝并设，神灵集谋者也。占：五座明而光，则天子得天地之心；不然，则失位；金、火来守，入太微，若顺入轨道，司其出之所守，则为天子所诛也；其逆入若不轨道，以所犯名之，中坐成形。　⑦【集解】徐广曰："一云哀乌。"　⑧【索隐】徐广云："一云哀乌。"案：《汉书》作"哀乌"，则"哀乌"、"蔚然"皆星之貌状。其星昭然，所以象郎位也。【正义】郎位十五星，在太微中帝坐东北。周之元士，汉之光禄、中散、谏议，此三署郎中，是今之尚书郎。占：欲其大小均耀，光润有常，吉也。　⑨【索隐】案：宋均云为群郎之将帅是也。【正义】将，子象反。郎将一星，在郎位东北，所以为武备，今之左右中郎将。占：大而明，角，将恣不可当也。⑩【索隐】韦昭云："谓循轨道不邪逆也。顺入，从西入之也。"【正义】谓月、五星顺入轨道，入太微庭也。　⑪【索隐】宋均云："司察日、月、五星所守列宿，若请官属不去十日者，于是天子命使诛讨之也。"　⑫【集解】晋灼曰："中坐，犯帝坐也。成形，祸福之形见也。"【索隐】宋均云："逆入，从东入；不轨道，不由康衢而入者也。以其所犯命之者，亦谓随所犯之位，天子命诛其人也。"　⑬【正义】命，名也。谓月、五星逆入，不依轨道，司察其所犯太微中帝坐，帝坐必成其刑戮，皆是群下相从而谋上也。　⑭【索隐】案：火主销物而金为兵，故尤急。然则木、水、土为小变也。【正义】若金、火逆入，不轨道，犯帝坐，尤甚于月及水、土、木也。　⑮【集解】隋音他果反。【索隐】宋均云"南北为隋"。隋谓垂下也。　⑯【索隐】《春秋合诚图》云"少微，处士位"。又《天官占》云"少微一名处土星"也。【正义】廷，太微廷；藩，卫也。少微四星，在太微西，南北列：第一星，处士也；第二星，议士也；第三星，博士也；第四星，大夫也。占以明大黄润，则贤士举；不明，反是；月、五星犯守，处士忧，宰相易也。　⑰【集解】孟康曰：“形如腾龙。”【索隐】《援神契》曰“轩辕十二星，后宫所居”。石氏《星赞》以轩辕龙体，主后妃也。【正义】轩辕十七星，在七星北，黄龙之体，主雷雨之神，后宫之象也。阴阳交感，激为雷电，和为雨，怒为风，乱为雾，凝为霜，散为露，聚为云气，立为虹蜺，离为背璚，分为抱珥。二十四变，皆轩辕主之。其大星，女主也。次北一星，夫人也。次北一星，妃也。其次诸星皆次妃之属。女主南一小星，女御也。左一星，少民，后宗也。右一星，大民，太后宗也。占：欲其小黄而明，吉；大明，则为后宫争竞；移徙，则国人流进；东西角大张而振，后族败；水、火、金守轩辕，女主恶也。　⑱【索隐】宋均云：“责在后党嬉，谗贼兴，招此祥。”案：亦当天子命诛也。

东井为水事。[①]其西曲星曰钺。[②]钺北，北河。南，南河。[③]两河、天阙间为关梁。[④]舆鬼，鬼祠事。中白者为质。[⑤]火守南北河，兵起，谷不登。故德成衡，观成潢，[⑥]伤成钺，[⑦]祸成井，[⑧]诛成质。[⑨]

①【索隐】《元命包》云：“东井八星，主水衡也。”　②【正义】东井八星，钺一星，舆鬼四星，一星为质，为鹑首，于辰在未，皆秦之分野。一大星，黄道之所经，为天之亭候，主水衡事，法令所取平也。王者用法平，则井星明而端列。钺一星附井之前，主伺奢淫而斩之。占：不欲其明；明与井齐，或摇动，则天子用钺于大臣；月宿井，有风雨之变也。　③【正义】南河三星，北河三星，分夹东井南北，置而为戒。南河南戒，一曰阳门，亦曰越门；北河北戒，一曰阴门，亦为胡门。两戒间，三光之常道也。占以南星不见则南道不通，北亦如之；动摇及火守，中国兵起也。又云动则胡、越为变，或连近臣以结之。　④【索隐】宋均云：“两河六星，知逆邪。言关梁之限，知邪伪也。”【正义】阙丘二星在南河南，天子之双阙，诸侯之两观，亦象魏县书之府。金、火守之，主兵战阙下也。　⑤【集解】晋灼曰：“舆鬼五

星，其中白者为质。”【正义】舆鬼四星，主祠事，天目也，主视明察奸谋。东北星主积马，东南星主积兵，西南星主积布帛，西北星主积金玉，随其变占之。中一星为积尸，一名质，主丧死祠祀。占：鬼星明大，谷成；不明，百姓散。质欲其没不明；明则兵起，大臣诛，下人死之。　⑥【集解】晋灼曰：“日、月、五星不轨道也。衡，太微廷也。观，占也。潢，五帝车舍。”⑦【集解】晋灼曰：“贼伤之占，先成形于钺。”【索隐】案：德成衡，衡则能平物，故有德公平者，先成形于衡。观成潢，为帝车舍，言王者游观，亦先成形于潢也。伤成钺者，伤，败也，言王者败德，亦先成形于钺，以言有败乱则有钺诛之。然案《文耀钩》则云“德成潢，败成钺”，其意异也。又此下文“祸成井，诛成质”，皆是东井下义。总列于此也。　⑧【集解】晋灼曰：“东井主水事，火入一星居其旁，天子且以火败，故曰祸也。”　⑨【集解】晋灼曰：“荧惑入舆鬼、天质，占曰大臣有诛。”

柳为鸟注，主木草。[①]七星，颈，为员官，主急事。[②]张，素，为厨，主觞客。[③]翼为羽翮，主远客。[④]

①【索隐】案：《汉书·天文志》“注”作“喙”。《尔雅》云“鸟喙谓之柳”。孙炎云“喙，朱鸟之口，柳其星聚也”。以注为柳星，故主草木。【正义】喙，丁救反，一作“注”。柳八星，星七星，张六星，为鹑火，于辰在午，皆周之分野。柳为朱鸟咮，天之厨宰，主尚食，和滋味。占以顺明为吉；金、火守之，国兵大起。　②【索隐】案：宋均云“颈，朱鸟颈也。员官，喉也。物在喉咙，终不久留，故主急事也”。【正义】七星为颈，一名天都，主衣裳文绣，主急事。以明为吉，暗为凶；金、火守之，国兵大起。　③【索隐】素，嗉也。《尔雅》云“鸟张嗉”。郭璞云“嗉，鸟受食之处也”。【正义】张六星，六为嗉，主天厨食饮赏赉觞客。占以明为吉，暗为凶。金、火守之，国兵大起。
④【正义】翼二十二星，轸四星，长沙一星，辖二星，合轸七星皆为鹑尾，于辰在巳，楚之分野。翼二十二星为天乐府，又主夷狄，亦主远客。占：明大，

礼乐兴，四夷服；徙，则天子举兵以罚乱者。

轸为车，主风。[1]其旁有一小星，曰长沙，[2]星星不欲明；明与四星等，若五星入轸中，兵大起。[3]轸南众星曰天库楼；[4]库有五车。车星角若益众，及不具，无处车马。

①【索隐】宋均云："轸四星居中，又有二星为左右辖，车之象也。轸与巽同位，为风，车动行疾似之也。"【正义】轸四星，主冢宰辅臣，又主车骑，亦主风。占：明大，则车骑用；太白守之，天下学校散，文儒失业，兵戈大兴；荧惑守之，南方有不用命之国，当发兵伐之；辰星守之，徐、泗有戮之者。②【正义】长沙一星在轸中，主寿命。占：明，主长寿，子孙昌也。③【索隐】宋均云："五星主行使。使动，兵车亦动也。" ④【正义】天库一星，主太白，秦也，在五车中。

西宫[1]咸池，[2]曰天五潢。五潢，五帝车舍。[3]火入，旱；金，兵；水，水。[4]中有三柱。柱不具，兵起。

①【索隐】《文耀钩》云："西宫白帝，其精白虎。" ②【正义】咸池三星，在五车中，天潢南，鱼鸟之所托也。金犯守之，兵起；火守之，有灾也。③【索隐】案：《元命包》云"咸池主五谷，其星五者各有所职。咸池，言谷生于水，含秀含实，主秋垂，故一名'五帝车舍'，以车载谷而贩也"。【正义】五车五星，三柱九星，在毕东北，天子五兵车舍也。西北大星曰天库，主太白，秦也。次东北曰天狱，主辰，燕，赵也。次东曰天仓，主岁，卫、鲁也。次东南曰司空，主镇，楚也。次西南曰卿，主荧惑，魏也。占：五车均明，柱皆见，则仓库实；不见，其国绝食，兵见起。五车、三柱有变，各以其国占之。三柱入出一月，米贵三倍，期二年；出三月，贵十倍，期三年；柱出不与天仓相近，军出，米贵，转粟千里；柱倒出，尤甚。火入，天下旱。金入，兵。水入，水

也。　④【索隐】谓火、金、水入五潢，则各致此灾也。案：宋均云“不言木、土者，木、土德星，于此不为害故也”。

奎曰封豕，为沟渎。[①]娄为聚众。[②]胃为天仓。[③]其南众星曰廥积。[④]

①【正义】奎，苦圭反，十六星。娄三星为降娄，于辰在戌，鲁之分野。奎，天之府库，一曰天豕，亦曰封豕，主沟渎。西南大星，所谓天豕目。占以明为吉。星不欲团圆，团圆则兵起。暗则臣干命之咎。亦不欲开阖无常，当有白衣称命于山谷者。五星犯奎，人主爽德，权臣擅命，不可禁者。王者宗祀不洁，则奎动摇。若焰焰有光，则近臣谋上之应，亦庶人饥馑之厄。太白守奎，胡、貊之忧，可以伐之。荧惑星守之，则有水之忧，连以三年。填星、岁星守之，中国之利，外国不利，可以兴师动众，斩断无道。　②【正义】娄三星为苑，牧养牺牲以共祭祀，亦曰聚众。占：动摇，则众兵聚；金、火守之，国死兵起也。　③【正义】胃三星，昴七星，毕八星，为大梁，于辰在酉，赵之分野。胃主仓廪，五谷之府也。占：明则天下和平，五谷丰稔；不然，反是也。　④【集解】如淳曰：“刍藁积为廥也。”【正义】刍藁六星，在天苑西，主积藁草者。不见，则牛马暴死；火守，灾起也。

昴曰髦头，[①]胡星也，为白衣会。毕曰罕车，[②]为边兵，主弋猎。其大星旁小星为附耳。[③]附耳摇动，有谗乱臣在侧。昴、毕间为天街。[④]其阴，阴国。阳，阳国。[⑤]

①【正义】昴七星为髦头，胡星，亦为狱事。明，天下狱讼平；暗为刑罚滥。六星明与大星等，大水且至，其兵大起；摇动若跳跃者，胡兵大起；一星不见，皆兵之忧也。　②【索隐】《尔雅》云“浊，谓之毕”。孙炎以为掩兔之毕或呼为浊，因名星云。【正义】毕八星，曰罕车，为边兵，主弋猎。其大

星曰天高，一曰边将，主四夷之尉也。星明大，天下安，远夷入贡；失色，边乱。毕动，兵起；月宿则多雨。毛苌云“毕所以掩兔也”。 ③【正义】附耳一星，属毕大星之下，次天高东南隅，主为人主听得失，伺僭过。星明，则中国微，边寇警；移动，则谗佞行；入毕，国起兵。 ④【索隐】《元命包》云：“毕为天阶。”《尔雅》云：“大梁，昴。”孙炎云：“昴、毕之间，日、月、五星出入要道，若津梁也。”【正义】天街二星，在毕、昴间，主国界也。街南为华夏之国，街北为夷狄之国。土、金守，胡兵入也。 ⑤【集解】孟康曰：“阴，西南，象坤维，河山已北国；阳，河山已南国。”

参为白虎。[①]三星直者，是为衡石。[②]下有三星，兑，曰罚，[③]为斩艾事。其外四星，左右肩股也。小三星隅置，曰觜觿，为虎首，主葆旅事。[④]其南有四星，曰天厕。[⑤]厕下一星，曰天矢。[⑥]矢黄则吉；青、白、黑，凶。其西有句曲[⑦]九星，三处罗：一曰天旗，[⑧]二曰天苑，[⑨]三曰九游。[⑩]其东有大星曰狼。[⑪]狼角变色，多盗贼。下有四星曰弧，[⑫]直狼。狼比地有大星，[⑬]曰南极老人。[⑭]老人见，治安；不见，兵起。常以秋分时候之于南郊。

①【正义】觜三星，参三星，外四星为实沈，于辰在申，魏之分野，为白虎形也。参，色林反，下同。 ②【集解】孟康曰：“参三星者，白虎宿中，东西直，似称衡。” ③【集解】孟康曰：“在参间。上小下大，故曰锐。”晋灼曰：“三星少斜列，无锐形。”【正义】罚，亦作“伐”。《春秋运斗枢》云“参伐事主斩艾”也。 ④【集解】如淳曰：“关中俗谓桑榆孽生为葆。”晋灼曰：“葆，菜也。禾野生曰旅，今之饥民采旅也。”【索隐】姚氏案：“宋均云葆，守也。旅犹军旅也。言佐参伐以斩艾除凶也。”【正义】觜，子思反。觿，胡规反。葆音保。觜觿为虎首，主收敛葆旅事也。葆旅，野生之可食者。占：

金、水来守，国易正，灾起也。　⑤【正义】天厕四星，在屏东，主溷也。占：色黄，吉；青与白，皆凶；不见，则人寝疾。　⑥【正义】天矢一星，在厕南。占与天厕同也。　⑦【正义】句音钩。　⑧【正义】参旗九星，在参西，天旗也，指麾远近以从命者。王者斩伐当理，则天旗曲直顺理；不然，则兵动于外，可以忧之。若明而稀，则边寇动；不然，则不。　⑨【正义】天苑十六星，如环状，在毕南，天子养禽兽所。稀暗，则多死也。⑩【集解】徐广曰："音流。"【正义】九游九星，在玉井西南，天子之兵旗，所以导军进退，亦领州列邦。并不欲摇动，摇动则九州分散，人民失业，信命一不通，于中国忧。以金、火守之，乱起也。　⑪【正义】狼一星，参东南。狼为野将，主侵掠。占：非其处，则人相食；色黄白而明，吉；赤、角、兵起；金、木、火守，亦如之。　⑫【正义】弧九星，在狼东南，天之弓也。以伐叛怀远，又主备贼盗之知奸邪者。弧矢向狼动移，多盗；明大变色，亦如之。矢不直狼，又多盗；引满，则天下尽兵也。　⑬【集解】晋灼曰："比地，近地也。"　⑭【正义】老人一星，在弧南，一曰南极，为人主占寿命延长之应。常以秋分之曙见于景，春分之夕见于丁。见，国长命，故谓之寿昌，天下安宁；不见，人主忧也。

附耳入毕中，兵起。

北宫玄武，[1]虚、危。[2]危为盖屋；[3]虚为哭泣之事。[4]

①【索隐】《文耀钩》云："北宫黑帝，其精玄武。"【正义】南斗六星，牵牛六星，并北宫玄武之宿。　②【索隐】《尔雅》云"玄枵，虚也"。又云"北陆，虚也"。解者以陆为道。孙炎曰"陆，中也；北方之宿中也"。【正义】虚二星，危三星，为玄枵，于辰在子，齐之分野。虚主死丧哭泣事，又为邑居庙堂祭祀祷祝之事；亦天之冢宰，主平理天下，覆藏万物。占：动，则有死丧哭泣之应；火守，则天子将兵；水守，则人饥馑；金守，臣下兵起。危为宗庙祀

事，主天市架屋。占：动，则有土功；火守，天下兵；水守，下谋上也。　③【索隐】宋均云："危上一星高，旁两星隋下，似乎盖屋也。"【正义】盖屋二星，在危南，主天子所居宫室之官也。占：金、火守入，国兵起；孛、彗尤甚。危为架屋，盖屋自有星，恐文误也。　④【索隐】姚氏案《荆州占》，以为其宿二星，南星主哭泣。虚中六星，不欲明，明则有大丧也。

其南有众星，曰羽林天军。[1]军西为垒，[2]或曰钺。旁有一大星为北落。北落若微亡，军星动角益希，及五星犯北落，[3]入军，军起。火、金、水尤甚。火，军忧。水，〔水〕患。木、土，军吉。[4]危东六星，两两相比，曰司空。[5]

①【正义】羽林四十五星，三三而聚，散在垒壁南，天军也。亦天宿卫之兵革出。不见，则天下乱；金、火、水入，军起也。　②【正义】垒壁陈十二星，横列在营室南，天军之垣垒。占：五星入，皆兵起，将军死也。　③【正义】北落师门一星，在羽林西南。天军之门也。长安城北落门，以象此也。主非常，以候兵。占：明，则军安；微弱，则兵起；金、火守，有兵，为虏犯塞；土、木则吉。　④【集解】《汉书音义》曰："木星、土星入北落，则吉也。"　⑤【正义】比音鼻。比，近也。危东两两相比者，是司命等星也。司空唯一星耳，又不在危东，恐"命"字误为"空"也。司命二星，在虚北，主丧送；司禄二星，在司命北，主官司；危二星，在司禄北，主危亡；司非二星，在危北，主愆过：皆寘司之职。占：大，为君忧；常则吉也。

营室[1]为清庙，曰离宫、阁道。[2]汉中四星，曰天驷。[3]旁一星，曰王良。[4]王良策马，[5]车骑满野。旁有八星，绝汉，曰天潢。[6]天潢旁，江星。[7]江星动，人涉水。

①【索隐】《元命包》云："营室十星，埏陶精类，始立纪纲，包物为室。"又《尔雅》云："营室谓之定。"郭璞云："定，正也。天下作宫室，皆以营室中为正也。" ②【索隐】案：《荆州占》云"阁道，王良旗也，有六星"。③【索隐】案：《元命包》云"汉中四星曰骑，一曰天驷也"。 ④【索隐】《春秋合诚图》云："王良主天马也。"【正义】王良五星，在奎北河中，天子奉御官也。其动策马，则兵骑满野；客星守之，津桥不通；金、火守入，皆兵之忧。 ⑤【正义】策一星，在王良前，主天子仆也。占以动摇移在王良前，或居马后，别为策马，策马而兵动也。案：豫章周腾字叔达，南昌人，为侍御史。桓帝当南郊，平明应出，腾仰观，曰："夫王者象星，今宫中星及策马星悉不动，上明日必不出。"至四更，皇太子卒，遂止也。 ⑥【索隐】《元命包》曰："潢主河渠，所以度神，通四方。"宋均云："天潢，天津也。津，凑也，故主计度也。" ⑦【正义】天江四星，在尾北，主太阴也。不欲明；明而动，水暴出；其星明大，水不禁也。

杵、臼四星在危南。[①]匏瓜，[②]有青黑星守之，鱼盐贵。

①【正义】杵、臼三星在丈人星旁，主军粮。占：正下直臼，吉；与臼不相当，军粮绝也。臼星在南，主舂。其占：覆则岁大饥，仰则大熟也。②【索隐】案：《荆州占》云"匏瓜，一名天鸡，在河鼓东。匏瓜明，岁则大熟也"。【正义】匏音白包反。匏瓜五星在离珠北，天子果园。占：明大光润，岁熟。不，则包果之实不登。客守，鱼盐贵也。

南斗[①]为庙，其北建星。[②]建星者，旗也。牵牛为牺牲。[③]其北河鼓。[④]河鼓大星，上将。左右，左右将。[⑤]婺女，[⑥]其北织女。[⑦]织女，天女孙也。[⑧]

①【正义】南斗六星，在南也。 ②【正义】建六星，在斗北，临黄

道，天之都关也。斗、建之间，七耀之道，亦主旗辂。占：动摇，则人劳；不然，则不；月晕，蛟龙见，牛马疫；月、五星犯守，大臣相谋为，关梁不通及大水也。　③【正义】牵牛为牺牲，亦为关梁。其北二星，一曰即路，一曰聚火。又上一星，主道路；次二星，主关梁；次三星，主南越。占：明大，关梁通；不明，不通，天下牛疫死；移入汉中，天下乃乱。　④【索隐】《尔雅》云："河鼓谓之牵牛。"孙炎曰："河鼓之旗十二星，在牵牛北，或名河鼓为牵牛也。"　⑤【正义】河鼓三星，在牵牛北，主军鼓。盖天子三将军，中央大星大将军，其南左星左将军，其北右星右将军，所以备关梁而拒难也。占：明大光润，将军吉；动摇差戾，乱兵起；直，将有功；曲，则将失计也。自昔传牵牛织女七月七日相见，此星也。　⑥【索隐】务女。(尔)《〔广〕雅》云"须女谓之务女"是也。一作"婺"。【正义】须女四星，亦婺女，天少府也。南斗、牵牛、须女皆为星纪，于辰在丑，越之分野，而斗牛为吴之分野也。须女，贱妾之称，妇职之卑者，主布帛裁制嫁娶。占：水守之，万物不成；火守，布帛贵，人多死；土守，有女丧；金守，兵起也。　⑦【正义】织女三星，在河北天纪东，天女也，主果蓏丝帛珍宝。占：王者至孝于神明，则三星俱明；不然，则暗而微，天下女工废；明，则理；大星怒而角，布帛涌贵；不见，则兵起。《晋书·天文志》云："晋太史令陈卓总甘、石、巫、咸三家所著星图，大凡二百八十三官，一千四百六十四星，以为定纪。今略其昭昭者，以备天官云。"　⑧【集解】徐广曰："孙，一作'名'。"【索隐】案：《荆州占》云"织女，一名天女，天子女也"。

察日、月之行[①]以揆岁星顺逆。[②]曰东方木，主春，日甲乙。义失者，罚出岁星。岁星赢缩，[③]以其舍命国。[④]所在国不可伐，可以罚人。其趋舍[⑤]而前曰赢，退舍曰缩。赢，其国有兵不复。缩，其国有忧，将亡，[⑥]国倾败。其所在，五星皆从而聚[⑦]于一舍，其下之国可以义致天下。

①【正义】晋灼云："太岁在四仲，则岁行三宿；太岁在四孟四季，则岁行二宿。二八十六，三四十二，而行二十八宿，十二岁而周天。" ②【索隐】姚氏案：《天官占》云"岁星，一曰应星，一曰经星，一曰纪星"。《物理论》云"岁行一次，谓之岁星，则十二岁而星一周天也"。【正义】《天官〔占〕》云："岁星者，东方木之精，苍帝之象也。其色明而内黄，天下安宁。夫岁星欲春不动，动则农废。岁星盈缩，所在之国不可伐，可以罚人；失次，则民多病；见，则喜。其所居国，人生有福，不可以摇动。人主怒，无光，仁道失。岁星顺行，仁德加也。岁星农官，主五谷。"《天文志》云："春日，甲乙；四时，春也。五常，仁；五事，貌也。人主仁亏，貌失，逆时令，伤木气，则罚见岁星。" ③【索隐】案：《天文志》曰"凡五星早出为赢，赢为客；晚出为缩，缩为主人。五星赢缩，必有天应见杓也"。 ④【正义】舍，所止宿也。命，名也。 ⑤【索隐】趋音聚，谓促。 ⑥【正义】将音子匠反。 ⑦【索隐】案：汉高帝元年，五星皆聚于东井是也。《天文志》云，其年岁星在东井，故四星从而聚也。

以摄提格岁：[①]岁阴左行在寅，岁星右转居丑。正月，与斗、牵牛晨出东方，名曰监德。[②]色苍苍有光。其失次，有应见柳。岁早，水；晚，旱。

①【索隐】太岁在寅，岁星正月晨出东方。案：《尔雅》"岁在寅为摄提格"。李巡云"言万物承阳起，故曰摄提格。格，起也"。 ②【索隐】岁星正月晨见东方之名。已下出石氏《星经》文，乃云"星在斗牵牛，失次应见于杓"也。《汉书·天文志》则载甘氏及《太初星历》，所在之宿不同也。

岁星出，东行十二度，百日而止，反逆行。逆行八度，百日复东行。岁行三十度十六分度之七，率日行十二分度之一，十二岁而周天。出常东方，以晨；入于西方，用昏。

单阏岁：[①]岁阴在卯，星居子。以二月与婺女、虚、危晨出，曰降入。[②]大有光。其失次，有应见张。(名曰降入)其岁大水。

①【索隐】在卯也。岁星二月晨出东方。《尔雅》云“卯为单阏”。李巡云：“阳气推万物而起，故曰单阏。单，尽也。阏，止也。” ②【索隐】即岁星二月晨见东方之名。其余并准此。

执徐岁：[①]岁阴在辰，星居亥。以三月(居)与营室、东壁晨出，曰青章。青青甚章。其失次，有应见轸。(曰青章)岁早，旱。晚，水。

①【索隐】《尔雅》“辰为执徐”。李巡云：“伏蛰之物皆敦舒而出，故曰执徐。执，蛰。徐，舒也。”

大荒骆岁：[①]岁阴在巳，星居戌。以四月与奎、娄(胃昴)晨出，曰跰踵。[②]熊熊赤色，有光。其失次，有应见亢。

①【索隐】《尔雅》云“在巳为大荒骆”。姚氏云：“言万物皆炽盛而大出，霍然落落，故曰荒骆也。” ②【集解】徐广曰：“一曰路嶂。”【索隐】《天文志》作“路嶂”。《字诂》云嶂，今作“踵”也。【正义】跰，白边反。踵，之勇反。

敦牂岁：[①]岁阴在午，星居酉。以五月与胃、昴、毕晨出，曰开明。[②]炎炎有光。[③]偃兵；唯利公王，不利治兵。其失次，有应见房。岁早，旱；晚，水。

①【索隐】《尔雅》云“在午为敦牂”。孙炎云“敦，盛也。牂，壮也。言万物盛壮”。韦昭云“敦音顿”。　②【集解】徐广曰：“一曰天津。”【索隐】《天文志》作“启明”。　③【正义】炎，盐验反。

叶洽岁：[①]岁阴在未，星居申。以六月与觜觿、[②]参晨出，曰长列。昭昭有光。利行兵。其失次，有应见箕。

①【索隐】《尔雅》云“在未为叶洽”。李巡云：“阳气欲化万物，故曰协洽。协，和也。洽，合也。”　②【正义】觜，子斯反。觿，胡规反。

涒滩岁：[①]岁阴在申，星居未。以七月与东井、舆鬼出，曰大音。昭昭白。其失次，有应见牵牛。

①【索隐】《尔雅》云“在申为涒滩”。李巡曰：“涒滩，物吐秀倾垂之貌也。”涒音他昆反，滩音他丹反。

作鄂岁：[①]岁阴在酉，星居午。以八月与柳、七星、张晨出，曰(为)长王。作作有芒。国其昌，熟谷。其失次，有应见危。(曰大章)有旱而昌，有女丧，民疾。

①【索隐】《尔雅》“在酉为作鄂”。李巡云“作咢，皆物芒枝起之貌”。咢音愕。今案：下文云“作鄂有芒”，则李巡解亦近得。《天文志》云“作詻”，音五格反，与《史记》及《尔雅》并异也。

阉茂岁：[①]岁阴在戌，星居巳。以九月与翼、轸晨出，曰天睢。[②]白色大明。其失次，有应见东壁。岁水，女丧。

①【索隐】《尔雅》云“在戌曰阉茂”。孙炎云“万物皆蔽冒,故曰阉茂。阉,蔽。茂,冒也”。《天文志》作“掩茂”。 ②【索隐】刘氏音吁唯反也。

大渊献岁:[①]岁阴在亥,星居辰。以十月与角、亢晨出,曰大章。[②]苍苍然,星若跃而阴出旦,是谓“正平”。起师旅,其率必武;其国有德,将有四海。其失次,有应见娄。

①【索隐】《尔雅》云“在亥为大渊献”。孙炎云:“渊,深也。大献万物于深,谓盖藏之于外耳。” ②【集解】徐广曰:“一曰‘(大星)〔天皇〕’。”【索隐】案:《天文志》亦作“(大星)〔天皇〕”也。

困敦岁:[①]岁阴在子,星居卯。以十一月与氐、房、心晨出,曰天泉。玄色甚明。江池其昌,不利起兵。其失次,有应(在)〔见〕昴。

①【索隐】《尔雅》“在子为困敦”。孙炎云:“困敦,混沌也。言万物初萌,混沌于黄泉之下也。”

赤奋若岁:[①]岁阴在丑,星居寅。以十二月与尾、箕晨出,曰天晧。[②]黫然[③]黑色甚明。其失次,有应见参。

①【索隐】《尔雅》“在丑为赤奋若”。李巡云:“言阳气奋迅。若,顺也。” ②【索隐】音昊。《汉志》作“昊”。 ③【索隐】黫音乌闲反。

当居不居,居之又左右摇,未当去去之,与他星会,其国凶。所居久,国有德厚。其角动,乍小乍大,若色数变,人主有忧。

其失次舍以下，进而东北，三月生天棓，[①]长四尺，[②]末兑。进而东南，三月生彗星，[③]长二丈，类彗星。退而西北，三月生天欃，[④]长四丈，末兑。退而西南，三月生天枪，[⑤]长数丈，两头兑。谨视其所见之国，不可举事用兵。其出如浮如沈，其国有土功。如沈如浮，其野亡。色赤而有角，其所居国昌。迎[⑥]角而战者，不胜。星色赤黄而沈，所居野大穰。[⑦]色青白而赤灰，所居野有忧。岁星入月，其野有逐相。与太白斗，[⑧]其野有破军。

①【正义】棓音蒲讲反。岁星之精散而为天枪、天棓、天冲、天猾、国皇、天欃，及登天、荆真，若天猿、天垣、苍彗，皆以广凶灾也。天棓者，一名觉星，本类星而末锐，长四丈，出东北方、西方。其出，则天下兵争也。

②【索隐】案《天文志》，此皆甘氏《星经》文，而志又兼载石氏，此皆不取。石氏名申夫，甘氏名德。　③【正义】天彗者，一名埽星，本类星，末类彗，小者数寸长，长或竟天，而体无光，假日之光，故夕见则东指，晨见则西指，若日南北，皆随日光而指。光芒所及为灾变，见则兵起；除旧布新，彗所指之处弱也。　④【集解】韦昭曰："欃音参差之参。"【正义】欃，楚咸反。天欃者，在西南，长四丈，锐。京房云"天欃为兵，赤地千里，枯骨籍籍"。《天文志》云天枪主兵乱也。　⑤【正义】枪，楚行反。天枪者，长数丈，两头锐，出西南方。其见，不过三月，必有破国乱君伏死其辜。《天文志》云"孝文时，天枪夕出西南，占曰为兵丧乱，其六年十一月，匈奴入上郡、云中，汉起兵以卫京师"也。　⑥【集解】徐广曰："一作御。"　⑦【正义】穰，人羊反，丰熟也。　⑧【集解】韦昭曰："星相击为斗。"

岁星一曰摄提，曰重华，曰应星，曰纪星。营室为清庙，岁星庙也。

察刚气[①]以处荧惑。[②]曰南方火，主夏，日丙、丁。礼失，罚出荧惑，荧惑失行是也。出则有兵，入则兵散。以其舍命国。(荧惑)荧惑为勃乱，残贼、疾、丧、饥、兵。[③]反道二舍以上，居之，三月有殃，五月受兵，七月半亡地，九月太半亡地。因与俱出入，国绝祀。居之，殃还至，虽大当小；[④]久而至，当小反大。[⑤]其南为丈夫〔丧〕，北为女子丧。[⑥]若角动绕环之，及乍前乍后，左右，殃益大。与他星斗，[⑦]光相逮，为害；不相逮，不害。五星皆从而聚于一舍，[⑧]其下国可以礼致天下。

①【集解】徐广曰："刚，一作罚。"【索隐】案：姚氏引《广雅》"荧惑谓之执法"。《天官占》云"荧惑方伯象，司察妖孽"。则此文"察罚气"为是。②【索隐】《春秋纬文耀钩》云："赤帝熛怒之神，为荧惑焉，位在南方，礼失则罚出。"晋灼云："常以十月入太微，受制而出行列宿，司无道，出入无常。"③【集解】徐广曰："以下云'荧惑为理，外则理兵，内则理政'。"【正义】《天官占》云："荧惑为执法之星，其行无常，以其舍命国：为残贼，为疾，为丧，为饥，为兵。环绕句己，芒角动摇，乍前乍后，其殃逾甚。荧惑主死丧，大鸿胪之象。主甲兵，大司马之义。伺骄奢乱孽，执法官也。其精为风伯，惑童儿歌谣嬉戏也。" ④【索隐】案：还音旋。旋，疾也。若荧惑反道居其舍，所致殃祸速至，则虽大反小。 ⑤【索隐】案：久，谓行迟也。如此，祸小反大，言久腊毒也。 ⑥【索隐】案：宋均云"荧惑守舆鬼南，为丈夫受其咎；北，则女子受其凶也"。 ⑦【正义】凡五星斗，皆为战斗。兵不在外，则为内乱。斗谓光芒相及。 ⑧【正义】三星若合，是谓惊立绝行，其国外内有兵与丧，人民饥乏，改立侯王。四星若合，是为大阳，其国兵丧

暴起，君子忧，小人流。五星若合，是谓易行，有德者受庆，掩有四方，无德者受殃，乃以灭亡也。

法，出东行十六舍而止。逆行二舍。六旬，复东行，自所止数十舍，十月而入西方。伏[①]行五月，出东方。其出西方曰“反明”，主命者恶之。东行急，一日行一度半。

①【集解】晋灼曰：“伏不见。”

其行东、西、南、北疾也。兵各聚其下；用战，顺之胜，逆之败。荧惑从太白，军忧。离之，军却。出太白阴，有分军。行其阳，有偏将战。当其行，太白逮之，破军杀将。[①]其入守犯太微、[②]轩辕、营室，主命恶之。心为明堂，荧惑庙也。谨候此。

①【索隐】宋均云：“太白宿，主军来冲拒也。” ②【集解】孟康曰：“犯，七寸已内光芒相及也。”韦昭曰：“自下触之曰犯，居其宿曰守。”

历斗之会以定填星之位。[①]曰中央土，主季夏，日戊、己，黄帝，主德，女主象也。岁填一宿，其所居国吉。未当居而居，若已去而复还，还居之，其国得土，不乃得女。若当居而不居，既已居之，又西东去，其国失土，不乃失女，不可举事用兵。其居久，其国福厚；易，福薄。[②]

①【索隐】晋灼曰：“常以甲辰之元始建斗，岁镇一宿，二十八岁而周

天。”《广雅》曰：“镇星，一名地侯。”《文耀钩》云：“镇，黄帝含枢纽之精，其体旋玑，中宿之分也。” ②【集解】徐广曰：“易，犹轻速也。”

其一名曰地侯，主岁。岁行十(二)〔三〕度百十二分度之五，日行二十八分度之一，二十八岁周天。其所居，五星皆从而聚于一舍，其下之国，可〔以〕重致天下。[①]礼、德、义、杀、刑尽失，而填星乃为之动摇。

①【正义】重音逐陇反。言五星皆从填星，其下之国倚重而致天下，以填主土故也。

赢，为王不宁。其缩，有军不复。填星，其色黄，九芒，音曰黄钟宫。其失次上二三宿曰赢，有主命不成，不乃大水。失次下二三宿曰缩，有后戚，其岁不复，不乃天裂若地动。

斗为文太室，填星庙，天子之星也。

木星与土合，为内乱，饥，[①]主勿用战，败。水则变谋而更事。火为旱。金为白衣会若水。金在南〔曰〕牝牡，[②]年谷熟。金在北，岁偏无。火与水合为焠，[③]与金合为铄，为丧，皆不可举事，用兵大败。土为忧，主孽卿；[④]大饥，战败，为北军，[⑤]军困，举事大败。土与水合，穰而拥阏，[⑥]有覆军，[⑦]其国不可举事。出，亡地。入，得地。金为疾，为内兵，亡地。三星若合，其宿地国外内有兵与丧，改立公王。四星合，兵丧并起，君子忧，小人流。五星合，是为易行，有德，受庆，改立大人,掩有四方,子孙蕃昌。无德,受殃若亡。五星皆大,其事亦大。皆小,事亦小。

①【正义】《星经》云:"凡五星,木与土合为内乱,饥;与水合为变谋,更事;与火合为旱;与金合为白衣会也。" ②【索隐】晋灼曰:"岁,阳也,太白,阴也,故曰牝牡也。"【正义】《星经》云:"金在南,木在北,名曰牝牡,年谷大熟,金在北,木在南,其年或有或无。" ③【集解】晋灼曰:"火入水,故曰焠。"【索隐】案:谓火与水俱从填星合也。【正义】焠,恩内反。《星经》云:"凡五星,火与水合为焠,用兵举事大败;与金合为铄,为丧,不可举事,用兵从军为忧;离之,军却;与土合为忧,主孽卿;与木合,饥,战败也。" ④【索隐】案:《文耀钩》云"水土合则成炉冶,炉冶成则火兴,火兴则土之子焠,金成消烁,消烁则土无子辅父,无子辅父则益妖孽,故子忧"。 ⑤【正义】为北,军北也。凡军败曰北。 ⑥【正义】拥,于拱反。阏,乌葛反。 ⑦【集解】徐广曰:"或云木、火、土三星若合,是谓惊立绝行。"

早出者为赢,赢者为客。晚出者为缩,缩者为主人。必有天应见于杓星。同舍为合。相陵为斗,[①]七寸以内必之矣。[②]

①【集解】孟康曰:"陵,相冒占过也。"韦昭曰:"突掩为陵。" ②【索隐】案,韦昭云必有祸也。

五星色白圜,为丧旱。赤圜,则中不平,为兵。青圜,为忧水。黑圜,为疾,多死。黄圜,则吉。赤角犯我城,黄角地之争,白角哭泣之声,青角有兵忧,黑角则水。意,[①]行穷兵之所终。五星同色,天下偃兵,百姓宁昌。春风秋雨,冬寒夏暑，动摇常以此。

①【集解】徐广曰："一作志。"

填星出百二十日而逆西行，西行百二十日反东行。见三百三十日而入，入三十日复出东方。太岁在甲寅，镇星在东壁，故在营室。

察日行以处位[①]太白。[②]曰西方，秋，(司兵月行及天矢)[③]日庚、辛，主杀。杀失者，罚出太白。太白失行，以其舍命国。其出行十八舍二百四十日而入。入东方，伏行十一舍百三十日。其入西方，伏行三舍十六日而出。当出不出，当入不入，是谓失舍，不有破军，必有国君之篡。

①【索隐】案：太白晨出东方曰启明，故察日行以处太白之位也。
②【索隐】《韩诗》云"太白晨出东方为启明，昏见西方为长庚"。又孙炎注《尔雅》，以为晨出东方高三丈，命曰启明；昏见西方高三舍，命曰太白。【正义】晋灼云："常以正月甲寅与荧惑晨出东方，二百四十日而入，入四十日又出西方，二百四十日而入，入三十五日而复出东方。出以寅、戌，入以丑、未。"《天官占》云："太白者，西方金之精，白帝之子，上公、大将军之象也。一名殷星，一名大正，一名荧星，一名官星，一名梁星，一名灭星，一名大器，一名大衰，一名大爽。径一百里。"《天文志》云："其日庚辛。四时，秋也。五常，义也。五事，言也。人主义亏言失，逆时令，伤金气，罚见太白：春见东方，以晨；秋见西方，以夕。" ③【正义】太白五芒出，早为月蚀，晚为天矢及彗。其精散为天杵、天柎、伏灵、大败、司奸、天狗、贼星、天残、卒起星，是古历星；若竹彗、墙星、猿星、白藿，皆以示变也。

其纪上元，[1]以摄提格之岁，与营室晨出东方，至角而入。与营室夕出西方，至角而入。与角晨出，入毕。与角夕出，入毕。与毕晨出，入箕。与毕夕出，入箕。与箕晨出，入柳。与箕夕出，入柳。与柳晨出，入营室。与柳夕出，入营室。凡出入东西各五，为八岁，二百二十日，[2]复与营室晨出东方。其大率，岁一周天。其始出东方，行迟，率日半度，一百二十日，必逆行一二舍；上极而反，东行，行日一度半，一百二十日入。其庳，近日，曰明星，柔。高，远日，曰大嚣，[3]刚。其始出西〔方〕，行疾，率日一度半，百二十日；上极而行迟，日半度，百二十日，旦入，必逆行一二舍而入。其庳，近日，曰大白，柔。高，远日，曰大相，刚。出以辰、戌，入以丑、未。

①【索隐】案：《上元》是古历之名，言用上元纪历法，则摄提岁而太白与营室晨出东方，至角而入；与营室夕出西方，至角而入。凡出入东西各五，为八岁二百三十日，复与营室晨出东方。大率岁一周天也。【正义】其纪上元，是星古历初起上元之法也。　②【集解】徐广曰："一云三十二日。"　③【正义】徐广曰："一作变。"

当出不出，未当入而入，天下偃兵，兵在外，入。未当出而出，当入而不入，〔天〕下起兵，有破国。其当期出也，其国昌。其出东为东，入东为北方；出西为西，入西为南方。所居久，其乡利。(疾)〔易〕，[1]其乡凶。

①【集解】苏林曰："疾过也。"

出西(逆行)至东，正西国吉。出东至西，正东国吉。其出不经天；经天，天下革政。[①]

①【索隐】孟康曰："谓出东入西，出西入东也。太白阴星，出东当伏东，出西当伏西，过午为经天。"又晋灼曰："日，阳也，日出则星没。太白昼见午上为经天。"

小以角动，兵起。始出大，后小，兵弱。出小，后大，兵强。出高，用兵深吉，浅凶。庳，浅吉，深凶。日方南金居其南，日方北金居其北，曰赢，[①]侯王不宁，用兵进吉退凶。日方南金居其北，日方北金居其南，曰缩，侯王有忧，用兵退吉进凶。用兵象太白：太白行疾，疾行；迟，迟行。角，敢战。动摇躁，躁。圜以静，静。顺角所指，吉。反之，皆凶。出则出兵，入则入兵。赤角，有战。白角，有丧。黑圜角，忧，有水事。青圜小角，忧，有木事。黄圜和角，有土事，有年。[②]其已出三日而复，有微入，入三日乃复盛出，是谓耎，[③]其下国有军败将北。其已入三日又复微出，出三日而复盛入，其下国有忧；师有粮食兵革，遗人用之；[④]卒虽众，将为人虏。其出西失行，外国败；其出东失行，中国败。其色大圜黄滜，[⑤]可为好事；其圜大赤，兵盛不战。

①【正义】郑玄云："方，犹向也。谓昼漏半而置土圭表阴阳，审其南北也。影短于土圭谓之日南，是地于日为近南也；长于土圭谓之日出，是地于日为近北也。凡日影于地，千里而差一寸。"《周礼》云："日南则影短多暑，日北则影长多寒。"孟康云："金，谓太白也。影，日中之影也。"　②【正

义】太白星圆,天下和平。若芒角,有土事。有年谓丰熟也。 ③【集解】晋灼曰:"耎,退之不进。"【索隐】耎音奴乱反。 ④【正义】遗,唯季反。 ⑤【集解】音泽。

太白白,比狼。[①]赤,比心。黄,比参左肩。苍,比参右肩。黑,比奎大星。[②]五星皆从太白而聚乎一舍,其下之国可以兵从天下。居实,有得也。居虚,无得也。[③]行胜色,[④]色胜位,有位胜无位,有色胜无色,行得尽胜之。[⑤]出而留桑榆间,[⑥]疾其下国。[⑦]上而疾,未尽其日,过参天,[⑧]疾其对国。[⑨]上复下,下复上,有反将。其入月,将僇。金、木星合,光,其下战不合,兵虽起而不斗;合相毁,野有破军。出西方,昏而出阴,阴兵强。暮食出,小弱。夜半出,中弱。鸡鸣出,大弱,是谓阴陷于阳。其在东方,乘明而出阳,阳兵之强,鸡鸣出,小弱。夜半出,中弱。昏出,大弱,是谓阳陷于阴。太白伏也,以出兵,兵有殃。其出卯南,南胜北方。出卯北,北胜南方。正在卯,东国利。出酉北,北胜南方。出酉南,南胜北方。正在酉,西国胜。

①【正义】比,卑耳反,下同。比,类也。 ②【正义】《晋书·天支志》云:"凡五星有色,大小不同,各依其行而应时节。色变有类:凡青,比参左肩;赤,比心大星;黄,比参右肩;白,比狼星;黑,比奎大星。不失本色而应其四时者,吉;色害其行,凶也。" ③【索隐】按:实谓星所合居之宿;虚谓赢缩也。 ④【集解】晋灼曰:"太白行得度者,胜色也。"【正义】胜音升剩反,下同。 ⑤【集解】晋灼曰:"行应天度,唯有色得位;行尽胜之,行重而色位轻。"《星经》"得"字作"德"。【正义】《晋书·天文志》云:"凡五星所出所直之辰,其国为得位者,岁星以德,荧惑为礼,镇星有福,太白兵

强,辰阴阳和。所直之辰,顺其色而角者胜,其色害者败;居实有得,居虚无得也。色胜位,行胜色,行得尽胜之。" ⑥【集解】晋灼曰:"行迟而下也。正出,举目平正,出桑榆上者余二千里。" ⑦【正义】疾,《汉书》作病也。 ⑧【集解】晋灼曰:"三分天过其一,此在戌酉之间。" ⑨【集解】孟康曰:"谓出东入西,出西入东。"

其与列星相犯,小战。五星,大战。其相犯,太白出其南,南国败。出其北,北国败。行疾,武。不行,文。色白五芒,出早为月蚀,晚为天(矢)〔夭〕及彗星,将发其国。出东为德,举事左之迎之,吉。出西为刑,举事右之背之,吉。反之皆凶。太白光见景,战胜。昼见而经天,是谓争明,强国弱,小国强,女主昌。

亢为疏庙,太白庙也。太白,大臣也,其号上公。其他名殷星、太正、营星、观星、宫星、明星、大衰、大泽、终星、大相、天浩、序星、月纬。大司马位谨候此。

察日辰之会,[①]以治辰星之位。[②]曰北方水,太阴之精,主冬,日壬、癸。刑失者,罚出辰星,[③]以其宿命国。

①【正义】晋灼云:"常以二月春分见奎、娄,五月夏至见东井,八月秋分见角、亢,十一月冬至见牵牛。出以辰、戌,入以丑、未,二旬而入。晨候之东方,夕候之西方也。" ②【索隐】即"正四时及星辰之会"是也。案:皇甫谧曰"辰星,一名毚星,或曰钩星"。《元命包》曰"北方辰星水,生物布其纪,故辰星理四时"。宋均曰"辰星正四时之位,得与北辰同名也"。
③【正义】《天官占》云:"辰星,北水之精,黑帝之子,宰相之祥也。一名细极,一名钩星,一名爨星,一名伺祠。径一百里。亦偏将、廷尉象也。"《天文

志》云:“其日壬、癸。四时,冬也。五常,智也。五事,听也。人主智亏德失,逆时令,伤水气,则罚见辰星也。”

是正四时:仲春春分,夕出郊奎、娄、胃东五舍,为齐;仲夏夏至,夕出郊东井、舆鬼、柳东七舍,为楚;仲秋秋分,夕出郊角、亢、氐、房东四舍,为汉;仲冬冬至,晨出郊东方,与尾、箕、斗、牵牛俱西,为中国。其出入常以辰、戌、丑、未。

其早,为月蚀。[①]晚,为彗星[②]及天夭。其时宜效不效为失,[③]追兵在外不战。一时不出,其时不和。四时不出,天下大饥。其当效而出也,色白为旱,黄为五谷熟,赤为兵,黑为水。出东方,大而白,有兵于外,解。常在东方,其赤,中国胜。其西而赤,外国利。无兵于外而赤,兵起。其与太白俱出东方,皆赤而角,外国大败,中国胜;其与太白俱出西方,皆赤而角,外国利。五星分天之中,积于东方,中国利。积于西方,外国用〔兵〕者利。五星皆从辰星而聚于一舍,其所舍之国可以法致天下。辰星不出,太白为客。其出,太白为主。出而与太白不相从,野虽有军,不战。出东方,太白出西方。若出西方,太白出东方,为格,[④]野虽有兵不战。失其时而出,为当寒反温,当温反寒。当出不出,是谓击卒,兵大起。其入太白中而上出,破军杀将,客军胜。下出,客亡地。辰星来抵太白,太白不去,将死。正旗上出,[⑤]破军杀将,客胜。下出,客亡地。视旗所指,以命破军。其绕环太白,若与斗,大战,客胜。兔过太白,[⑥]间可椷剑[⑦]小战,客胜。兔居太白前,军罢。出太白左,小战。摩太白,有数万人战,主人吏死。出太白右,去三尺,军急约战。青角,兵忧。黑角,水。赤行穷兵之所终。

①【集解】孟康曰："辰星、月相凌不见者，则所蚀也。"【索隐】案：宋均云"辰星与月同精，月为大臣，先期而出，是躁也。失则当诛，故月蚀见祥"。②【集解】张晏曰："彗，所以除旧布新。"【索隐】案：宋均云"辰星，阴也，彗亦阴，阴谋未成，故晚出也"。　③【正义】效，见也。言宜见不见，为失罚之也。　④【索隐】谓辰星出西方。辰，水也。太白出东方。太白，金也。水生〔于〕金，母子不相从，故(上)〔主〕有军不战。今母子各出一方，故为格。格谓不和同，故野虽有兵不战然也。　⑤【索隐】正旗出。案：旗盖太白芒角，似旌旗。【正义】旗，星名，有九星。言辰星上则破军杀将，客胜也。　⑥【索隐】兔过太白。案：《广雅》云"辰星谓之兔星"，则辰星之别名兔，或作"毚"也。【正义】《汉书》云"辰星过太白，间可椷剑"，明《广雅》是也。　⑦【集解】苏林曰："椷音函。函，容也。其间可容一剑。"【索隐】案：苏所说，则函字本有咸音，故字从咸。

兔七命：曰小正、辰星、天欃、安周星、细爽、能星、钩星。[①]其色黄而小，出而易处，天下之文变而不善矣。兔五色，青圜忧，白圜丧，赤圜中不平，黑圜吉。赤角犯我城，黄角地之争，白角号泣之声。

①【索隐】谓兔星凡有七名。命者，名也。小正，一也。辰星，二也。天兔，三也。安周星，四也。细爽，五也。能星，六也。钩星，七也。

其出东方，行四舍四十八日，其数二十日，而反入于东方。其出西方，行四舍四十八日，其数二十日，而反入于西方。其一候之营室、角、毕、箕、柳。出房、心间，地动。

辰星之色：春，青黄；夏，赤白；秋，青白，而岁熟；冬，黄而不明。即变其色，其时不昌。春不见，大风，秋则不实。夏不见，有六十日之旱，月蚀。秋不见，有兵，春则不生。冬不见，阴雨六十日，有流邑，夏则不长。

角、亢、氐，兖州。房、心，豫州。尾、箕，幽州。斗，江、湖。牵牛，婺女，杨州。虚、危，青州。营室至东壁，并州。奎、娄、胃，徐州。昴、毕，冀州。觜觿、参，益州。[①]东井、舆鬼，雍州。柳、七星、张，三河。翼、轸，荆州。

①【正义】《括地志》云："汉武帝置十三州，改梁州为益州广汉。广汉，今益州咎县是也。分今河内、上党、云中。"然案《星经》，益州，魏地，毕、觜、参之分，今河内、上党、云中是。未详也。

七星为员官，辰星庙，蛮夷星也。

两军相当，日晕。[①]晕等，力钧。厚长大，有胜。薄短小，无胜。重抱大破无。抱为和，背〔为〕不和，为分离相去。直为自立，立侯王。(指晕)〔破军〕(若曰)杀将。负且戴，有喜。围在中，中胜。在外，外胜。青外赤中，以和相去。赤外青中，以恶相去。气晕先至而后去，居军胜。先至先去，前利后病。后至后去，前病后利。后至先去，前后皆病，居军不胜。见而去，其发疾，虽胜无功。见半日以上，功大。白虹屈短，[②]上下兑，有者下大流血。日晕制胜，近期三十日，远期六十日。

①【集解】如淳曰:“晕读曰运。” ②【集解】李奇曰:“屈,或为尾也。”韦昭曰:“短而直。”

其食,食所不利。复生,生所利。而食益尽,为主位。以其直及日所宿,加以日时,用命其国也。

月行中道,[①]安宁和平。阴间,多水,阴事。外北三尺,阴星。[②]北三尺,太阴,大水,兵。阳间,骄恣。阳星,多暴狱。太阳,大旱丧也。[③]角、天门,十月为四月,十一月为五月,[④]十二月为六月,水发,近三尺,远五尺。犯四辅,辅臣诛。[⑤]行南北河,以阴阳言,旱水兵丧。[⑥]

①【索隐】案:中道,房星之中间也。房有四星,若人之房三间有四表然,故曰房。南为阳间,北为阴间,则中道房星之中间也。故房是日、月、五星之行道,然黄道亦经房、心。若月行得中道,故阴阳和平;若行阴间,多阴事;阳间,则人主骄恣;若历阴星、阳星之南北太阴、太阳之道,即有大水若兵,及大旱若丧也。 ②【索隐】案:谓阴间外北三尺曰阴星,又北三尺曰太阴道,则下阳星及太阳亦在阳间之南各三尺也。 ③【索隐】太阴,太阳,皆道也。月行近之,故有水旱兵丧也。 ④【索隐】谓月行入角与天门,若十月犯之,当为来年四月成灾;十一月,则主五月也。 ⑤【索隐】案:谓月犯房星也。四辅,房四星也。房以辅心,故曰四辅。 ⑥【正义】南河三星,北河三星,若月行北河以阴,则水、兵;南河以阳,则旱、丧也。

月蚀岁星,[①]其宿地,饥若亡。荧惑也乱,填星也下犯上,太白也强国以战败,辰星也女乱。(食)〔蚀〕大角,[②]主命者恶之。心，则为内贼乱也。列星，其宿地忧。[③]

①【正义】孟康云："凡星入月，见月中，为星蚀月。月掩星，星灭，为月蚀星也。" ②【集解】徐广曰："一云食于大角。"【正义】大角一星，在两摄提间，人君之象也。 ③【索隐】谓月蚀列星二十八宿，当其分地有忧。忧谓兵及丧也。

月食始日，五月者六，六月者五，五月复六，六月者一，而五月者五，凡百一十三月而复始。[①]故月蚀，常也。日蚀，为不臧也。甲、乙，四海之外，日月不占。[②]丙、丁，江、淮、海岱也。戊、己，中州、河、济也。庚、辛，华山以西。壬、癸，恒山以北。日蚀，国君。月蚀，将相当之。

①【索隐】始日，谓食始起之日也。依此文计，唯有一百二十一月，与元数甚为悬校，既无《太初历术》，不可得而推定。今以《汉志三统历》法计，则六月者七，五月者一，又六月者一，五月者一，凡一百三十五月而复始耳。或术家各异，或传写错谬，故此不同，无以明知也。 ②【集解】晋灼曰："海外远，甲乙日时不以占候。"

国皇星，[①]大而赤，[②]状类南极。[③]所出，其下起兵，兵强；其冲不利。

①【正义】国皇星者，大而赤，类南极老人，去地三丈，如炬火。见则内外有兵丧之难。 ②【集解】孟康曰："岁星之精散所为也。五星之精散为六十四变，记不尽。" ③【集解】徐广曰："老人星也。"

昭明星，[①]大而白，无角，乍上乍下。[②]所出国，起兵，多变。

①【索隐】案：《春秋合诚图》云“赤帝之精，象如太白，七芒”。《释名》为笔星，气有一枝，末锐似笔，亦曰笔星也。　②【集解】孟康曰：“形如三足机，机上有九彗上向，荧惑之精。”

五残星，[①]出正东东方之野。其星状类辰星，去地可六丈。

①【索隐】孟康云：“星表有青气如晕，有毛，填星之精也。”【正义】五残，一名五锋，出正东东方之分野。状类辰星，去地可六七丈。见则五分毁败之征，大臣诛亡之象。

大[①]贼星，[②]出正南南方之野。星去地可六丈，大而赤，数动，有光。

①【集解】徐广曰：“大，一作六。”　②【集解】孟康曰：“形如彗，九尺，太白之精。”【正义】大贼星者，一名六贼，出正南，南方之野。星去地可六丈，大而赤，数动有光，出则祸合天下。

司危星，[①]出正西西方之野。星去地可六丈，大而白，类太白。

①【集解】孟康曰：“星大而有尾，两角，荧惑之精也。”【正义】司危者，出正西西方分野也。大如太白，去地可六丈，见则天子以不义失国而豪杰起。

狱汉星，[①]出正北北方之野。星去地可六丈，大而赤，数动，察之中青。此四野星所出，出非其方，其下有兵，冲不利。

①【集解】孟康曰："青中赤表，下有二彗纵横，亦填星之精。"《汉书·天文志》狱汉一名咸汉。

四填星，所出四隅，去地可四丈。

地维咸光，亦出四隅，去地可三丈，若月始出。所见，下有乱；乱者亡，有德者昌。

烛星，状如太白，[①]其出也不行。见则灭。所烛者，城邑乱。

①【集解】孟康曰："星上有三彗上出，亦填星之精。"

如星非星，如云非云，命曰归邪。[①]归邪出，必有归国者。

①【集解】李奇曰："邪音蛇。"孟康曰："星有两赤彗上向，上有盖状如气，下连星。"

星者，金之散气，〔其〕本曰火。[①]星众，国吉；少则凶。

①【集解】孟康曰："星，石也。"

汉者，亦金之散气，[①]其本曰水。汉，星多，多水，少则旱，[②]其大经也。

①【索隐】案：水生〔于〕金，散气即水气。《河图括地象》曰“河精为天汉”也。　②【集解】孟康曰：“汉，河汉也。水生于金。多，少，谓汉中星。”

天鼓，有音如雷非雷，音在地而下及地。其所往者，兵发其下。

天狗，状如大奔星，[①]有声，其下止地，类狗。所堕及(炎火)，望之如火光炎炎[②]冲天。其下圜如数顷田处，上兑者则有黄色，千里破军杀将。

①【集解】孟康曰：“星有尾，旁有短彗，下有如狗形者，亦太白之精。”　②【索隐】炎音艳。

格泽星[①]者，如炎火之状。黄白，起地而上。下大，上兑。其见也，不种而获。不有土功，必有大害。

①【索隐】一音鹤铎，又音格宅。格，胡客反。

蚩尤之旗，[①]类彗而后曲，象旗。见则王者征伐四方。

①【集解】孟康曰：“荧惑之精也。”晋灼曰：“《吕氏春秋》曰其色黄上白下。”

旬始，出于北斗旁，[①]状如雄鸡。其怒，青黑，象伏鳖。[②]

①【集解】徐广曰："蚩尤也。旬，一作营。"　②【集解】李奇曰："怒当音帑。"晋灼曰："帑，雌也。或曰怒则色青。"

枉矢，类大流星，蛇行而仓黑，望之如有毛羽然。

长庚，如一匹布著天。[①]此星见，兵起。

①【正义】著音直略反。

星坠至地，则石也。[①]河、济之间，时有坠星。

①【正义】《春秋》云"星陨如雨"是也。今吴郡西乡见有落星石，其石天下多有也。

天精而见景星。[①]景星者，德星也。其状无常，常出于有道之国。

①【集解】孟康曰："精，明也。有赤方气与青方气相连，赤方中有两黄星，青方中一黄星，凡三星合为景星。"【索隐】韦昭云"精，谓清朗"。《汉书》作"甠"，亦作"暒"。郭璞注《三苍》云"暒，雨止无云也"。【正义】景星状如半月，生于晦朔，助月为明。见则人君有德，明圣之庆也。

凡望云气，[①]仰而望之，三四百里。平望，在桑榆上，〔千〕余二千里；登高而望之，下属地者三千里。云气有兽居上者，胜。[②]

①【正义】《春秋元命包》云："阴阳聚为云气也。"《释名》云："雲犹云，众盛也。气犹饩然也。有声即无形也。" ②【正义】胜音升剩反。云雨气相敌也。《兵书》云："云或如雄鸡临城，有城必降。"

自华以南，气下黑上赤。嵩高、三河之郊，气正赤。恒山之北，气下黑上青。勃、碣、海、岱之间，气皆黑。江、淮之间，气皆白。

徒气白。土功气黄。车气乍高乍下，往往而聚。骑气卑而布。卒气抟。[①]前卑而后高者，疾。前方而后高者，兑。后兑而卑者，却。其气平者其行徐。前高而后卑者，不止而反。气相遇者，[②]卑胜高，兑胜方。气来卑而循车通者，[③]不过三四日，去之五六里见。气来高七八尺者，不过五六日，去之十余里见。气来高丈余二丈者，不过三四十日，去之五六十里见。

①【集解】如淳曰："抟，专也。或曰抟，徒端反。" ②【索隐】遇音偶。《汉书》作"禺"。 ③【集解】车通，车辙也。避汉武讳，故曰通。

稍云精白者，其将悍，其士怯。其大根而前绝远者，当战。青白，其前低者，战胜。其前赤而仰者，战不胜。阵云如立垣。杼云类杼。[①]轴云抟两端兑。杓云[②]如绳者，居前亘天，其半半天。其蛪[③]者类阙旗故。钩云句曲。[④]诸此云见，以五色合占。而泽抟密，[⑤]其见动人，乃有占；兵必起，合斗其直。

①【索隐】姚氏案："《兵书》云'营上云气如织，勿与战也'。" ②【索隐】杓，刘氏音时酌反。《说文》音丁了反。许慎注《淮南》云"杓，引也"。 ③【索隐】五结反。亦作"蜺"，音同。 ④【正义】句音古侯反。 ⑤【正义】崔豹《古今注》云："黄帝与蚩尤战于涿鹿之野，常有五色云气，金枝玉叶，止于帝上，有花蘤之象，故因作华盖也。"京房《易(兆)〔飞〕候》云："视四方常有大云，五色具，其下贤人隐也。青云润泽蔽日在西北，为举贤良也。"

王朔所候，决于日旁。日旁云气，人主象。[①]皆如其形以占。

①【正义】《洛书》云："有云象人，青衣无手，在日西，天子之气。"

故北夷之气如群畜穹闾，[①]南夷之气类舟船幡旗。大水处，败军场，破国之虚，下有积钱，[②]金宝之上，皆有气，不可不察。海旁蜃气象楼台；广野气成宫阙然。云气各象其山川人民所聚积。[③]

①【索隐】邹云一作"弓闾"。《天文志》作"弓"字，音穹。盖谓以毡为闾，崇穹然。又宋均云"穹，兽名"，亦异说也。 ②【集解】徐广曰："古作泉字。" ③【正义】《淮南子》云："土地各以类生人，是故山气多勇，泽气多喑，风气多聋，林气多躄，木气多伛，石气多力，险阻气多寿，谷气多痺，丘气多狂，庙气多仁，陵气多贪，轻土多利足，重土多迟，清水音小，浊水音大，湍水人重，中土多圣人。皆象其气，皆应其类也。"

故候息秏者，入国邑，视封疆田畴之正治，[①]城郭室屋门户之润泽,次至车服畜产精华。实息者,吉。虚秏者,凶。

①【集解】如淳曰:“蔡邕云麻田曰畤。”

若烟非烟,若云非云,郁郁纷纷,萧索轮囷,是谓卿云。[①]卿云(见),喜气也。若雾[②]非雾,衣冠而不濡,见则其域被甲而趋。

①【正义】卿音庆。 ②【索隐】音如字,一音蒙,又亡遘反。《尔雅》云“天气下地不应曰雾”,言蒙昧不明之意也。

(天)〔夫〕雷电、虾虹、辟历、夜明者,阳气之动者也,春夏则发,秋冬则藏,故候者无不司之。

天开县物,[①]地动坼绝。[②]山崩及徙,川塞溪垘。[③]水澹(泽竭)地长,〔泽竭〕见象。城郭门闾,闺臬(枯槁)槁枯。宫庙邸第,人民所次。谣俗车服,观民饮食。五谷草木,观其所属。仓府厩库,四通之路。六畜禽兽,所产去就。鱼鳖鸟鼠,观其所处。鬼哭若呼,其人逢俉。化言,[④]诚然。

①【集解】孟康曰:“谓天裂而见物象,天开示县象。” ②【正义】《赵世家》幽缪王迁五年,“代地动,自乐徐以西,北至平阴,台屋墙垣太半坏,地坼东西百三十步”。 ③【集解】徐广曰:“土雍曰垘,音服。”骃案:孟康曰“溪,谷也。垘,崩也”。苏林曰“伏,流也”。 ④【集解】俉,迎也。伯庄曰:“音五故反。”【索隐】逢俉,谓相逢而惊也。亦作“迕”,音同。“化”当为“讹”字之误耳。

凡候岁美恶,谨候岁始。岁始或冬至日,产气始萌。腊明日,人众卒岁,一会饮食,发阳气,故曰初岁。正月旦,王者岁首。立春日,四时之(卒)始也。[①]四始者,候之日。[②]

①【索隐】谓立春日是去年四时之终卒,今年之始也。　②【正义】谓正月旦岁之始,时之始,日之始,月之始,故云“四始”。言以四时之日候岁吉凶也。

而汉魏鲜[①]集腊明正月旦决八风。风从南方来,大旱。西南,小旱。西方,有兵。西北,戎菽为,[②]小雨,[③]趣兵。[④]北方,为中岁。东北,为上岁。[⑤]东方,大水。东南,民有疾疫,岁恶。故八风各与其冲对,课多者为胜。多胜少,久胜亟,疾胜徐。旦至食,为麦。食至日昳,为稷。昳至铺,为黍。铺至下铺,为菽。下铺至日入,为麻。欲终日(有雨)有云,有风,有日。[⑥]日当其时者,深而多实;无云有风日,当其时,浅而多实。有云风,无日,当其时,深而少实;有日,无云,不风,当其时者稼有败。如食顷,小败。熟五斗米顷,大败。则风复起,有云,其稼复起。各以其时用云色占种(其)所宜。其雨雪若寒,岁恶。

①【集解】孟康曰:“人姓名,作占候者。”　②【集解】孟康曰:“戎菽,胡豆也。为,成也。”【索隐】戎叔为。韦昭云“戎叔,大豆也。为,成也”。又郭璞注《尔雅》亦云“戎叔,胡豆”。孟康同也。　③【集解】徐广曰:“一无此上两字。”　④【索隐】趣音促。谓风从西北来,则戎叔成。而又有小雨,则国兵趣起也。　⑤【集解】韦昭曰:“岁大穰。”　⑥【正义】

正月旦,欲其终一日有风有日,则一岁之中五谷丰熟,无灾害也。

是日光明,听都邑人民之声。声宫,则岁善,吉。商,则有兵。征,旱。羽,水。角,岁恶。

或从正月旦比数雨。① 率日食一升,至七升而极。② 过之,不占。数至十二日,日直其月,占水旱。③ 为其环(城)〔域〕千里内占,则(其)为天下候,竟正月。④ 月所离列宿,⑤ 日、风、云,占其国。然必察太岁所在。在金,穰。水,毁。木,饥。火,旱。此其大经也。

①【索隐】比音鼻律反。数音疏矩反。谓以次数日以候一岁之雨,以知丰穰也。 ②【集解】孟康曰:"正月一日雨,民有一升之食;二日雨,民有二升之食;如此至七日。" ③【集解】孟康曰:"月一日雨,正月水。" ④【集解】孟康曰:"月三十日周天,历二十八宿,然后可占天下。"【正义】案:月列宿,日、风、云有变,占其国,并太岁所在,则知其岁丰稔、水旱、饥馑也。 ⑤【索隐】韦昭云"离,历也"。

正月上甲,风从东方,宜蚕。风从西方,若旦黄云,恶。

冬至短极,县土炭,① 炭动,鹿解角,兰根出,泉水跃,略以知日至,要决晷景。岁星所在,五谷逢昌。其对为冲,岁乃有殃。②

①【集解】孟康曰:"先冬至三日,县土炭于衡两端,轻重适均,冬至日阳气至则炭重,夏至日阴气至则土重。"晋灼曰:"蔡邕《律历记》'候钟律权土炭,冬至阳气应黄钟通,土炭轻而衡仰,夏至阴气应蕤宾通,土炭重而衡低。进退先后,五日之中'。" ②【正义】言晷景岁星行不失次,则无灾

异，五谷逢其昌盛；若晷景岁星行而失舍有所冲，则岁乃有殃祸灾变也。

太史公曰：自初生民以来，世主曷尝不历日月星辰？及至五家、[①]三代，昭而明之，[②]内冠带，外夷狄，分中国为十有二州，仰则观象于天，俯则法类于地。天则有日月，地则有阴阳。天有五星，地有五行。天则有列宿，地则有州域。三光者，阴阳之精，气本在地，而圣人统理之。

①【索隐】案：谓五纪：岁、月、日、星辰、历数，各有一家颛学习之，故曰“五家”也。　②【正义】五家：黄帝、高阳、高辛、唐虞、尧舜也。三代：夏、殷、周也。言生民以来，何曾不历日、月、星辰，及至五帝、三王，亦于绍继而明天数阴阳也。

幽、厉以往，尚矣。所见天变，皆国殊窟穴，家占物怪，以合时应，其文图籍禨祥不法。[①]是以孔子论六经，纪异而说不书。至天道命，不传。传其人，不待告。[②]告非其人，虽言不著。[③]

①【正义】禨音机。顾野王云“禨祥，吉凶之先见也”。案：自古以来所见天变，国皆异具，所说不同，及家占物怪，用合时应者书，其文并图籍，凶吉并不可法则。故孔子论六经，记异事而说其所应，不书变见之踪也。②【正义】待，须也。言天道性命，忽有志事，可传授之则传，其大指微妙，自在天性，不须深告语也。　③【正义】著，作虑反。著，明也。言天道性命，告非其人，虽为言说，不得著明微妙，晓其意也。

昔之传天数者，高辛之前，重、黎。[①]于唐、虞，羲、和。[②]

有夏，昆吾。[③]殷商，巫咸。[④]周室，史佚、苌弘。[⑤]于宋，子韦。郑则裨灶。[⑥]在齐，甘公。[⑦]楚，唐眛。[⑧]赵，尹皋。魏，石申。[⑨]

①【正义】《左传》云蔡墨曰“少昊氏之子曰黎，为火正，号祝融”，即火行之官，知天数。　②【正义】羲氏，和氏，掌天地四时之官也。　③【正义】昆吾，陆终之子。虞翻云“昆吾名樊，为己姓，封昆吾”。《世本》云昆吾卫者也。　④【正义】巫咸，殷贤臣也，本吴人，冢在苏州常熟海隅山上。子贤，亦在此也。　⑤【正义】史佚，周武王时太史尹佚也。苌弘，周灵王时大夫也。　⑥【正义】裨灶，郑大夫也。　⑦【集解】徐广曰：“或曰甘公名德也，本是鲁人。”【正义】《七录》云楚人，战国时作《天文星占》八卷。　⑧【正义】莫葛反。　⑨【正义】《七录》云石申，魏人，战国时作《天文》八卷也。

夫天运，三十岁一小变，百年中变，五百载大变。三大变一纪，三纪而大备，此其大数也。为国者必贵三五。[①]上下各千岁，然后天人之际续备。

①【索隐】三五，谓三十岁一小变，五百岁一大变。

太史公推古天变，未有可考于今者。盖略以春秋二百四十二年之间，[①]日蚀三十六，[②]彗星三见，[③]宋襄公时星陨如雨。[④]天子微，诸侯力政，[⑤]五伯代兴，[⑥]更为主命。自是之后，众暴寡，大并小。秦、楚、吴、越，夷狄也，为强伯。[⑦]田氏篡齐，[⑧]三家分晋，[⑨]并为战国。争于攻取，兵革更起，城邑数屠，因以饥馑疾疫焦苦，臣主共忧患，其察禨祥候星气尤急。近世十二诸侯七国相王，[⑩]言从衡者继踵，而皋、唐、甘、石因时务论其书传，故其占验淩杂米盐。[11]

①【正义】谓从隐公元年至哀公十四年获麟也。隐公十一年，桓公十八年，庄公三十二年，闵公二年，僖公三十三年，文公十八年，宣公十八年，成公十八年，襄公三十一年，昭公三十二年，定公十五年，哀公十四年：凡二百四十二年也。　②【正义】谓隐公三年二月乙巳。桓公三年七月壬辰朔，十七年十月朔。庄公十八年三月朔，二十五年六月辛未朔，二十六年十二月癸亥朔，三十年九月庚午朔。僖公五年九月戊申朔，十二年三月庚午朔，十五年五月朔。文公元年二月癸亥朔，十五年六月辛卯朔。宣公八年七月庚子朔，十年四月丙辰朔，十七年六月癸卯朔。成公十六年六月丙辰朔，十七年七月丁巳朔。襄公十四年二月乙未朔，十五年八月丁巳朔，二十年十月丙辰朔，二十一年九月庚戌朔，十月庚辰朔，二十三年二月癸酉朔，二十四年七月甲子朔，八月癸巳朔，二十七年十二月乙亥朔。昭公七年四月甲辰朔，十五年六月丁巳朔，十七年六月甲戌朔，二十一年七月壬午朔，二十二年十二月癸酉朔，二十四年五月乙未朔，三十年十二月辛亥朔。定公五年三月辛亥朔，十二年十一月丙寅朔，十五年八月庚辰朔，凡蚀三十六也。　③【正义】谓文公十四年七月有星入于北斗，昭公十七年冬有星孛于大辰，哀公十三年有星孛于东方。　④【正义】谓僖公十六年正月戊申朔，陨石于宋五也。　⑤【集解】徐广曰："一作征。"　⑥【正义】赵岐注《孟子》云齐桓、晋文、秦穆、宋襄、楚庄也。　⑦【正义】秦祖非子初邑于秦，地在西戎。楚子鬻熊始封丹阳，荆蛮。吴太伯居吴，周章因封吴，号句吴。越祖少康之子初封于越，以守禹祀，地称东越。皆戎夷之地，故言夷狄也。后秦穆、楚庄、吴阖闾、越句践皆得封为伯也。　⑧【正义】周安王二十三年，齐康公卒，田和并齐而立为齐侯。　⑨【正义】周安王二十六年，魏武侯、韩文侯、赵敬侯共灭晋静而三分其地。　⑩【正义】王，于放反。谓汉孝景帝三年，吴王濞、楚王戊、赵王遂、济南王辟光、淄川王贤、胶东王雄渠也。　⑪【正义】淩杂，交乱也。米盐，细碎也。言皋、唐、甘、石等因时务论其书传中灾异所记录者，故其占验交乱细碎。其语在

《汉书·五行志》中也。

二十八舍主十二州,[①]斗秉兼之,所从来久矣。[②]秦之疆也,候在太白,占于狼、弧。[③]吴、楚之疆,候在荧惑,占于鸟衡。[④]燕、齐之疆,候在辰星,占于虚、危。[⑤]宋、郑之疆,候在岁星,占于房、心。[⑥]晋之疆,亦候在辰星,占于参罚。[⑦]

①【正义】二十八舍,谓东方角、亢、氐、房、心、尾、箕。北方斗、牛、女、虚、危、室、壁。西方奎、娄、胃、昴、毕、觜、参。南方井、鬼、柳、星、张、翼、轸。《星经》云:"角、亢,郑之分野,兖州。氐、房、心,宋之分野,豫州。尾、箕,燕之分野,幽州。南斗、牵牛,吴、越之分野,扬州。须女、虚,齐之分野,青州。危、室、壁,卫之分野,并州。奎、娄,鲁之分野,徐州。胃、昴,赵之分野,冀州。毕、觜、参,魏之分野,益州。东井、舆鬼,秦之分野,雍州。柳、星、张,周之分野,三河。翼、轸,楚之分野,荆州也。" ②【正义】言北斗所建秉十二辰,兼十二州,二十八宿,自古所用,从来久远矣。 ③【正义】太白、狼、弧,皆西方之星,故秦占候也。 ④【正义】荧惑、鸟衡,皆南方之星,故吴、楚之占候也。鸟衡,柳星也。一本作"注张"也。 ⑤【正义】辰星、虚、危,皆北方之星,故燕、齐占候也。 ⑥【正义】岁星、房、心,皆东方之星,故宋、郑占候也。 ⑦【正义】辰星、参、罚,皆北方、西方之星,故晋占候也。

及秦并吞三晋、燕、代,自河山以南者中国。[①]中国于四海内则在东南,为阳。[②]阳则日、岁星、荧惑、填星。[③]占于街南,毕主之。[④]其西北则胡、貉、月氏诸衣旃裘引弓之民,为阴。[⑤]阴则月、太白、辰星。[⑥]占于街北,昴主之。[⑦]故中国山川东北流,其维,首在陇、蜀,尾没于勃、碣。[⑧]是以秦、晋好用兵，[9]复占太白，太白主中国。而胡、貉数侵掠，[10]独占辰星，辰星出入躁疾，常主夷狄，其大经也。此更为客主人。[11]荧惑为孛，外则理兵，内则理政。故曰“虽有明天子，必视荧惑所在”。[12]诸侯更强，时菑异记，无可录者。

①【正义】河，黄河也。山，华山也。从华山及黄河以南为中国也。②【正义】《尔雅》云“九夷，八狄，七戎，六蛮，谓之四海之内”。中国，从河山东南为阳也。　③【正义】日，人质反。填音镇。日，阳也。岁星属东方，荧惑属南方，填星属中央，皆在南及东，为阳也。　④【正义】天街二星，主毕、昴，主国界也。街南为华夏之国，街北为夷狄之国，则毕星主阳。⑤【正义】貉音陌。氏音支。从河山西北及秦、晋为阴也。　⑥【正义】月，阴也。太白属西方，辰星属北方，皆在北及西，为阴也。　⑦【正义】天街星北为夷狄之国，则昴星主之，阴也。　⑧【正义】言中国山及川东北流行，若南山首在昆仑葱岭，东北行，连陇山至南山、华山，渡河东北尽碣石山。黄河首起昆仑山；渭水、岷江发源出陇山：皆东北东入渤海也。
⑨【集解】韦昭曰：“秦、晋西南维之北为阴，犹与胡、貉引弓之民同，故好用兵。”　⑩【正义】主，犹领也，入也。《星经》云“太白在北，月在南，中国败；太白在南，月在北，中国不败也”。是胡、貉数侵掠之也。　⑪【正义】更，格行反，下同。《星经》云：“辰星不出，太白为客；辰星出，太白为主人。辰星、太白不相从，虽有军不战。辰星出东方，太白出西方，若辰星出西方，太白出东方，为‘格野’，虽有兵不战；合宿乃战。辰星入太白中五日，及入而上出，破军杀将，客胜；不出，客亡地。视旗所指。”　⑫【索隐】必视荧惑之所在。此据《春秋纬·文耀钩》，故言“故曰”。

秦始皇之时，十五年彗星四见，久者八十日，长或竟天。其后秦遂以兵灭六王，并中国，外攘四夷，死人如乱麻，因以张楚并起，三十年之间[1]兵相骀借，[2]不可胜数。自蚩尤以来，未尝若斯也。

①【正义】谓从秦始皇十六年起兵灭韩，至汉高祖五年灭项羽，则三十六年矣。　②【集解】苏林曰："骀音台，登蹑也。"

项羽救巨鹿，枉矢西流，山东遂合从诸侯，西坑秦人，诛屠咸阳。

汉之兴，五星聚于东井。平城之围，[1]月晕参、毕七重。[2]诸吕作乱，日蚀，昼晦。吴、楚七国叛逆，彗星数丈，天狗过梁野。及兵起，遂伏尸流血其下。元光、元狩，蚩尤之旗再见，长则半天。其后京师师四出，[3]诛夷狄者数十年，而伐胡尤甚。越之亡，荧惑守斗。[4]朝鲜之拔，星茀[5]于河戍。[6]兵征大宛，星茀招摇。[7]此其荦荦[8]大者。若至委曲小变，不可胜道。由是观之，未有不先形见而应随之者也。

①【索隐】汉高祖之七年。　②【索隐】案：《天文志》"其占者毕、昴间天街也。街北，胡也。街南，中国也。昴为匈奴；参为赵；毕为边兵。是岁高祖自将兵击匈奴，至平城，为冒顿所围，七日乃解"。则天象有若符契。七重，主七日也。　③【正义】元光元年，太中大夫卫青等伐匈奴；元狩二年，冠军侯霍去病等击胡；元鼎五年，卫尉路博德等破南越；及韩说破东越，并破西南夷，开十余郡；元年，楼船将军杨仆击朝鲜也。　④【正义】南斗为吴、越之分野。　⑤【索隐】音佩，即孛星也。　⑥【索隐】案：《天文志》"武帝元封之中，星孛于河戍，其占曰'南戍为越门，北戍为胡门'。其后汉兵击拔朝鲜，以为乐浪、玄菟郡。朝鲜在海中，越之象，居北方，胡之域也"。其河戍即南河、北河也。　⑦【正义】招摇一星，次北斗杓端，主胡兵也。占：角变，则兵革大行。　⑧【索隐】力角反。荦荦，事之分明也。

夫自汉之为天数者，星则唐都，气则王朔，占岁则魏鲜。故甘、石历五星法，唯独荧惑有反逆行；逆行所守，及他星逆行，日月薄蚀，[①]皆以为占。

①【集解】孟康曰："日月无光曰薄。京房《易传》曰'日赤黄为薄'。或曰不交而蚀曰薄。"韦昭曰："气往迫之为薄，亏毁为蚀。"

余观史记，考行事，百年之中，五星无出而不反逆行，反逆行，尝盛大而变色。日月薄蚀，行南北有时，此其大度也。故紫宫、[①]房心、[②]权衡、[③]咸池、[④]虚危[⑤]列宿部星，[⑥]此天之五官坐位也，为经，不移徙，大小有差，阔狭有常。[⑦]水、火、金、木、填星，[⑧]此五星者，天之五佐，[⑨]为(经)纬，见伏有时，[⑩]所过行赢缩有度。

①【正义】中宫也。　②【正义】东宫也。　③【正义】南宫也。　④【正义】西宫也。　⑤【正义】北宫也。　⑥【正义】五官列宿部内之星也。　⑦【集解】孟康曰："阔狭，若三台星相去远近。"　⑧【集解】徐广曰："木、火、土三星若合，是谓惊位绝行。"　⑨【正义】言水、火、金、木、土五星佐天行德也。　⑩【正义】五星行南北为经，东西为纬也。

日变修德，月变省刑，星变结和。凡天变，过度乃占。国君强大，有德者昌。弱小，饰诈者亡。太上修德，其次修政，其次修救，其次修禳，正下无之。夫常星之变希见，而三光之占亟用。日月晕适，[①]云风，此天之客气，其发见亦有大运。然其与政事俯仰，最近(大)〔天〕人之符。此五者，天之感动。为天数者，必通三五。[②]终始古今，深观时变，察其精粗，则天官备矣。

①【集解】徐广曰："适者，灾变咎征也。"李斐曰："适，见灾于天。刘向以为日、月蚀及星逆行，非太平之常。自周衰以来，人事多乱，故天文应之遂变耳。"骃案：孟康曰"晕，日旁气也。适，日之将食，先有黑气之变"。
②【索隐】案：三，谓三辰，五，谓五星也。

苍帝行德，天门为之开。[①]赤帝行德，天牢为之空。[②]黄帝行德，天夭为之起。[③]风从西北来，必以庚、辛。一秋中，五至，大赦。三至，小赦。白帝行德，以正月二十日、二十一日，月晕围，常大赦载，谓有太阳也。一曰[④]白帝行德，毕、昴为之围。围三暮，德乃成。[⑤]不三暮，及围不合，德不成。二曰以辰围，不出其旬。黑帝行德，天关为之动。[⑥]天行德，天子更立年。[⑦]不德，风雨破石。三能、三衡者，天廷也。[⑧]客星出天廷，有奇令。

①【索隐】案：谓王者行春令，布德泽，被天下，则上应灵威仰之帝，而天门为之开，以发德化也。天门，即左右角间也。【正义】为，于伪反，下同。苍帝，东方灵威仰之帝也。春，万物开发，东作起，则天发其德化，天门为之开也。　　②【索隐】谓王者行德，以应火精之帝。谓举大礼，封诸侯之地，则是赤帝行德。夏阳，主舒散，故天牢为之空，则人主当赦宥罪者也。【正义】赤帝，南方赤熛怒之帝也。夏万物茂盛，功作大兴，则天施德惠，天牢为之空虚也。天牢六星，在北斗魁下，不对中台，主秉禁暴，亦贵人之牢也。　　③【正义】黄帝，中央含枢纽之帝。季夏万物盛大，则当大赦，含养群品也。　　④【索隐】一曰、二曰，案谓星家之异说，太史公兼记之耳。

⑤【正义】白帝，西方白招矩之帝也。秋万物咸成，则晕围毕、昴三暮，帝德乃成也。　⑥【正义】黑帝，北方叶光纪之帝也。冬万物闭藏，为之动，为之开闭也。天关一星，在五车南，毕西北，为天门，日、月、五星所道，主边事，亦为限隔内外，障绝往来，禁道之作违者。占：芒，角，有兵起；五星守之，主贵人多死也。　⑦【索隐】案：天，谓北极，紫微宫也。言王者当天心，则北辰有光耀，是行德也。北辰有光耀，则天子更立年也。　⑧【索隐】上云"南宫朱鸟，权衡，衡，太微，三光之廷"，则三衡者即太微也。其谓之三者，为日、月、五星也。然斗第六第五星亦名衡，又参三星亦名衡，然并不为天廷也。【正义】《晋书·天文志》云："三台，主开德宣符也，所以和阴阳而理万物也。三衡者，北斗魁四星为璇玑，杓三星为玉衡，人君之象，号令主也。又太微，天子宫庭也。太微为衡，衡主平也，为天庭理，法平辞理也。"案：言三台、三衡者，皆天帝之庭，号令舒散平理也，故言三台、三衡。言若有客星出三台、三衡之廷，必有奇异教令也。

索隐述赞曰：在天成象，有同影响。观文察变，其来自往。天官既书，太史攸掌。云物必记，星辰可仰。盈缩匪僭，应验无爽。至哉玄监，云谁欲调。

卷二十八

封禅书第六

【正义】此泰山上筑土为坛以祭天，报天之功，故曰封。此泰山下小山上除地，报地之功，故曰禅。言禅者，神之也。《白虎通》云："或曰封者，金泥银绳，或曰石泥金绳，封之印玺也。"《五经通义》云："易姓而王，致太平，必封泰山，禅梁父，(荷)〔何〕？天命以为王，使理群生，告太平于天，报群神之功。"

自古受命帝王，曷尝不封禅？盖有无其应而用事者矣，未有睹符瑞见而不臻乎泰山者也。虽受命而功不至，至梁父矣而德不洽，洽矣而日有不暇给，是以即事用希。《传》曰："三年不为礼，礼必废。三年不为乐，乐必坏。"每世之隆，则封禅答焉，及衰而息。厥旷远者千有余载，近者数百载，故其仪阙然堙灭，其详不可得而记闻云。

《尚书》曰：舜在璇玑玉衡，以齐七政。遂类于上帝，禋于六宗，望山川，遍群神。辑五瑞，择吉月日，见四岳诸牧，还瑞。[①]岁二月，东巡狩，至于岱宗。岱宗，泰山也。[②]柴，望秩于山川。遂觐东后。东后者，诸侯也。合时月正日，同律度量衡，修五礼，五玉三帛二生一死贽。五月，巡狩至南岳。南岳，衡山也。[③]八月，巡狩至西岳。西岳，华山也。[④]十一月，巡狩至北岳。北岳，恒山也。[5]皆如岱宗之礼。中岳，嵩高也。[6]五载一巡狩。

①【集解】徐广曰："还，一作班。"　②【正义】《括地志》云："泰山，一曰岱宗，东岳也，在兖州博城县西北三十里。《周礼》云兖州镇曰岱宗。"　③【正义】《括地志》云："衡山，一名岣嵝山，在衡州湘潭县西四十里。"　④【正义】《括地志》云："华山在华州华阴县南八里，古文以为敦物。《周礼》云豫州镇曰华山。"　⑤【正义】《括地志》云："恒山在定州恒阳县西北百四十里。《周礼》云并州镇曰恒山。"　⑥【索隐】独不言"至"者，盖以天子所都也。【正义】《括地志》云："嵩山，亦名曰太室，亦名曰外方也。在洛州阳城县西北二十三里。"

禹遵之。后十四世，至帝孔甲，淫德好神，神渎，二龙去之。[1]其后三世，汤伐桀，欲迁夏社，不可，作《夏社》。后八世，至帝太戊，有桑谷生于廷，一暮大拱，惧。伊陟曰：[2]"妖不胜德。"太戊修德，桑谷死。伊陟赞巫咸，巫咸之兴自此始。[3]后十四世，帝武丁得傅说为相，殷复兴焉，称高宗。有雉[4]登鼎耳雊，武丁惧。祖己曰："修德。"武丁从之，位以永宁。后五世，帝武乙慢神而震死。[5]后三世，帝纣淫乱，武王伐之。由此观之，始未尝不肃祗，后稍怠慢也。

①【索隐】如淳按：《国语》"二龙漦于夏庭"是也。　②【集解】徐广曰："陟，古作敕。"　③【索隐】案《尚书》，巫咸殷臣名，伊陟赞告巫咸。今此云"巫咸之兴自此始"，则以巫咸为巫觋。然《楚辞》亦以巫咸主神。盖太史公以巫咸是殷臣，以巫接神事，太戊使禳桑谷之灾，所以伊陟赞巫咸，故云巫咸之兴自此始也。　④【集解】徐广曰："一作鳪，音娇。"

⑤【索隐】谓武乙射天，后猎于河渭而震死也。

《周官》曰：冬日至，祀天于南郊，迎长日之至。夏日至，祭地祇。皆用乐舞，而神乃可得而礼也。天子祭天下名山大川，五岳视三公，四渎视诸侯，诸侯祭其疆内名山大川。四渎者，江、河、淮、济也。天子曰明堂、辟雍，[①]诸侯曰泮宫。[②]

①【集解】韦昭曰："水外四周圆如辟雍，盖以节观者也。" ②【集解】张晏曰："制度半于天子之辟雍。"【索隐】按：服虔云"天子水帀，为辟雍。诸侯水不帀，至半，为泮宫"。《礼统》又云"半有水，半有宫"是也。

周公既相成王，郊祀后稷以配天，[①]宗祀文王于明堂以配上帝。[②]自禹兴而修社祀，后稷稼穑，故有稷祠，郊社所从来尚矣。

①【集解】王肃曰："配天，于南郊祀之。" ②【集解】郑玄曰："上帝者，天之别名也。神无二主，故异其处，避后稷也。"

自周克殷后十四世，世益衰，礼乐废，诸侯恣行，而幽王为犬戎所败，[①]周东徙洛邑。秦襄公攻戎救周，始列为诸侯。[②]秦襄公既侯，居西垂，[③]自以为主少皞之神，作西畤，祠白帝，其牲用骝驹[④]黄牛羝羊各一云。[⑤]其后十六年，秦文公东猎汧、渭之间，卜居之而吉。[⑥]文公梦黄蛇自天下属地，其口止于鄜衍。[⑦]文公问史敦，敦曰："此上帝之征，君其祠之。"

于是作鄜畤，用三牲郊祭白帝焉。

①【集解】徐广曰："犬，一作畎。" ②【正义】秦襄公，周平王元年封也。 ③【正义】汉陇西郡西县也。今在秦州上邽县西南九十里也。 ④【索隐】赤马黑鬣曰骝也。 ⑤【索隐】《诗传》云："羝，牡羊。" ⑥【索隐】按：《地理志》汧水出汧县西北入渭。皇甫谧云"文公徙都汧"者也。【正义】《括地志》云："郿县故城在岐州郿县东北十五里，即此城也。" ⑦【集解】李奇曰："鄜音孚。山阪曰衍。"【索隐】鄜，地名，后为县，属冯翊。衍者，郑众注《周礼》云"下平曰衍"；又李奇《三辅记》云"三辅谓山阪间为衍"也。

自未作鄜畤也，而雍旁故有吴阳武畤，[①]雍东有好畤，皆废无祠。或曰："自古以雍州积高，神明之隩，故立畤郊上帝，诸神祠皆聚云。盖黄帝时尝用事，虽晚周亦郊焉。"其语不经见，缙绅者[②]不道。

①【集解】李奇曰："于旁有吴阳地。" ②【集解】李奇曰："缙，插也，插笏于绅。绅，大带。"【索隐】姚氏云"缙，当作'搢'"。郑众注《周礼》云"缙读为'荐'，谓荐之于绅带之间"。今按：郑意以缙为荐，则荐亦是进，进而置于绅带之间，故《史记》亦多作"荐"字也。

作鄜畤后九年，文公获若石云，[①]于陈仓北阪城祠之。[②]其神或岁不至，或岁数来，来也常以夜，光辉若流星，从东南来集于祠城，则若雄鸡，其声殷云，野鸡夜雊。[③]以一牢祠，命曰陈宝。[④]

①【集解】苏林曰:"质如石也。"服虔曰:"在北,或曰在陈仓北。"【索隐】云,语辞也。 ②【正义】《三秦记》云:"太白山西有陈仓山,山有石鸡,与山鸡不别。赵高烧山,山鸡飞去,而石鸡不去,晨鸣山头,声闻三里。或言是玉鸡。"《括地志》云:"陈仓山在今岐州陈仓县南。"又云:"宝鸡神祠在汉陈仓县故城中,今陈仓县东。石鸡在陈仓山上。"祠在陈仓城,故言获若石于陈仓北阪城祠之。 ③【集解】如淳曰:"野鸡,雉也。吕后名雉,故曰野鸡。"瓒曰:"殷,声也。云,足句之词。" ④【集解】瓒曰:"陈仓县有宝夫人祠,或一岁二岁与叶君合。叶君神来时,天为之殷殷雷鸣,雉为之雊也。在长安正西五百里。"韦昭曰:"在陈仓县。宝而祠之,故曰陈宝。"【索隐】案:《列异传》云"陈仓人得异物以献之,道遇二童子,云:'此名为娟,在地下食死人脑。'娟乃言云:'彼二童子名陈宝,得雄者王,得雌者霸。'乃逐童子,化为雉。秦穆公大猎,果获其雌,为立祠。祭,有光,雷电之声。雄止南阳,有赤光长十余丈,来入陈仓祠中"。所以代俗谓之宝夫人祠,抑有由也。叶,县名,在南阳。叶君即雄雉之神,故时与宝夫人神合也。

作鄜畤后七十八年,秦德公既立,卜居雍,"后子孙饮马于河",遂都雍。雍之诸祠自此兴。用三百牢于鄜畤。[①]作伏祠。[②]磔狗邑四门,以御蛊灾。[③]

①【索隐】案《秦本纪》,德公元年以牺三百祠鄜畤。今案:"百"当为"白",秦君西祀少昊时牲尚白。秦,诸侯也,虽奢侈,祭郊本特牲,不可用三百牢以祭天,盖字误耳。 ②【索隐】案:服虔云"周时无伏,磔犬以御灾,秦始作之"。《汉旧仪》云"伏者,万鬼行日,故闭不干求也",故《东观汉记》"和帝初令伏闭昼日"是也。又《历忌释》曰"伏者何?金气伏藏之名。四时代谢,皆以相生。而春木代水,水生木也。夏火代木,木生火也。冬水代金,金生水也。至秋,则以金代火,金畏于火,故至庚日必伏。庚者,金日也"。 ③【索隐】案:《左传》云"皿虫为蛊",枭磔之鬼亦为蛊。故《月

令》云“大傩，旁磔”，注云“磔，禳也。厉鬼为蛊，将出害人，旁磔于四方之门”。故此亦磔狗邑四门也。《风俗通》云“杀犬磔禳也”。

德公立二年卒。其后(六)〔四〕年，秦宣公作密畤于渭南，祭青帝。其后十四年，秦缪公立，病卧五日不寤；寤，乃言梦见上帝，上帝命缪公平晋乱。史书而记，藏之府。而后世皆曰秦缪公上天。

秦缪公即位九年，齐桓公既霸，会诸侯于葵丘，[①]而欲封禅。管仲曰：[②]“古者封泰山禅梁父者[③]七十二家，[④]而夷吾所记者十有二焉。昔无怀氏[⑤]封泰山，禅云云。[⑥]虙羲封泰山，禅云云。神农封泰山，禅云云。炎帝[⑦]封泰山，禅云云。黄帝封泰山，禅亭亭。[⑧]颛顼封泰山，禅云云。帝俈封泰山，禅云云。尧封泰山，禅云云。舜封泰山，禅云云。禹封泰山，禅会稽。[⑨]汤封泰山，禅云云。周成王封泰山，禅社首，[⑩]皆受命然后得封禅。”桓公曰：“寡人北伐山戎，[⑪]过孤竹。[⑫]西伐大夏，涉流沙，束马悬车，上卑耳之山。[⑬]南伐至召陵，[⑭]登熊耳山[⑮]以望江、汉。兵车之会三，[⑯]而乘车之会六，[⑰]九合诸侯，一匡天下，诸侯莫违我。昔三代受命，亦何以异乎？”于是管仲睹桓公不可穷以辞，因设之以事，曰：“古之封禅，鄗上之黍，北里之禾，[⑱]所以为盛。江、淮之间，一茅三脊，[⑲]所以为藉也。东海致比目之鱼，[⑳]西海致比翼之鸟，[㉑]然后物有不召而自至者十有五焉。今凤凰、麒麟不来，嘉谷不生，而蓬蒿藜莠茂，鸱枭数至，而欲封禅，毋乃不可乎？”于是桓公乃止。是岁，秦缪公内晋君夷吾。其后三置晋国之君，[㉒]平其乱，缪公立三十九年而卒。

①【正义】《括地志》云："葵丘在曹州考城县东南一里五十步郭内，即桓公所会处也。" ②【索隐】案：今《管子书》其《封禅篇》亡。 ③【正义】《括地志》云："梁父山在兖州泗水县北八十里。" ④【正义】《韩诗外传》云："孔子升泰山，观易姓而王可得而数者七十余人，不得而数者万数也。"案：管仲所记自无怀氏以下十二家，其六十家无纪录也。 ⑤【集解】服虔曰："古之王者，在伏羲前，见《庄子》。" ⑥【集解】李奇曰："云云山在梁父东。"【索隐】晋灼云："山在蒙阴县故城东北，下有云云亭也。"【正义】《括地志》云："云云山在兖州博城县西南三十里也。" ⑦【索隐】邓展云"神农后子孙亦称炎帝而登封者"，《律历志》"黄帝与炎帝战于阪泉"，岂黄帝与神农身战乎？皇甫谧云炎帝传位八代也。 ⑧【集解】徐广曰："在巨平。"骃案：服虔曰"亭亭山在牟阴"。【索隐】应劭云"在巨平北十余里"。服虔云"在牟阴"，非也。【正义】《括地志》云："亭亭山在兖州博城县西南三十里也。" ⑨【索隐】晋灼云"本名茅山"。《吴越春秋》云"禹巡天下，登茅山，群臣乃大会计，更名茅山为会稽"。亦曰苗山也。【正义】《括地志》云："会稽山一名衡山，在越州会稽县东南一十二里也。" ⑩【集解】应劭曰："山名，在博县。"晋灼曰："在巨平南十三里。" ⑪【索隐】服虔云："盖今鲜卑是。" ⑫【正义】《括地志》云："孤竹故城在平州卢龙县南一十里，殷时孤竹国也。" ⑬【集解】韦昭曰："将上山，缠束其马，悬钩其车也。卑耳即《齐语》所谓'辟耳'。"【索隐】案：山名，在河东大阳。卑读如字也。《齐语》，即《春秋外传》《国语》之书也。辟音僻。贾逵云"山险也"。 ⑭【正义】召音邵。《括地志》云："召陵故城在豫州郊城县东四十五里也。" ⑮【索隐】登熊耳。案：《荆州记》耒阳、益阳二县东北有熊耳山，东西各一峰，如熊耳状，因以为名。齐桓公、太史公并登之。或示弘农熊耳，下云"望江汉"，知非也。 ⑯【索隐】案《左传》，三，谓鲁庄十三年会北杏，平宋乱；僖四年侵蔡，遂伐楚；六年伐郑，围新城是也。 ⑰【索隐】据《左氏传》云，谓庄十四年会于鄄，十五年又会鄄，十六年盟于幽，僖五年会于首止，八年盟于洮，九年会葵丘也。 ⑱【集解】应劭曰："鄗上，山也。鄗音矅。"苏林曰："鄗上、北里皆地名。"【索隐】韦昭云："设以

不可得之物。”鄗音霍。应劭云：“光武改高邑曰鄗。”姚氏云：“鄗县属常山。”一云鄗上，山名。 ⑲【集解】孟康曰：“所谓灵茅也。” ⑳【集解】韦昭曰：“各有一目，不比不行，其名曰鲽。”【索隐】鲽音答。郭璞云：“如牛脾，身薄，细鳞，紫黑色，只一眼，两片合乃得行，今江东呼为王余，亦曰版鱼。” ㉑【集解】韦昭曰：“各有一翼，不比不飞，其名曰鹣鹣。”【索隐】案：《山海经》云“崇吾之山有鸟，状如凫，一翼一目，相得乃飞，名云蛮”。郭璞注《尔雅》亦作“鹣鹣”。 ㉒【索隐】三置晋君。案：谓惠公、怀公、文公也。

其后百有余年，而孔子论述六艺，传略言易姓而王，封泰山禅乎梁父者七十余王矣，其俎豆之礼不章，盖难言之。或问禘之说，孔子曰：“不知。知禘之说，其于天下也视其掌。”[1]诗云纣在位，文王受命，政不及泰山。武王克殷二年，天下未宁而崩。爰周德之洽维成王，成王之封禅则近之矣。及后陪臣执政，季氏旅于泰山，仲尼讥之。[2]

①【集解】孔安国曰：“为鲁讳也。”包氏曰：“孔子谓或人言知禘之说者，于天下之事如指视以掌中之物，言其易了。” ②【集解】马融曰：“旅，祭名。礼，诸侯祭山川在封内者。陪臣祭泰山，非礼也。”

是时苌弘以方事周灵王，诸侯莫朝周，周力少，苌弘乃明鬼神事，设射《貍首》。《貍首》者，诸侯之不来者。[1]依物怪欲以致诸侯。诸侯不从，而晋人执杀苌弘。[2]周人之言方怪者自苌弘。

①【集解】徐广曰：“貍，一名不来。” ②【集解】《皇览》曰：“苌弘冢

在河南洛阳东北山上。”

其后百余年，秦灵公作吴阳上畤，[1]祭黄帝；[2]作下畤，祭炎帝。

①【索隐】吴阳，地名，盖在岳之南。又上云“雍旁有故吴阳武畤”，今盖因武畤又作上、下畤以祭黄帝、炎帝。　②【集解】徐广曰：“凡距作密畤二百五十年。”

后四十八年，周太史儋[1]见秦献公曰：“秦始与周合，合而离，五百岁当复合，[2]合十七年而霸王出焉。”[3]栎阳雨金，秦献公自以为得金瑞，故作畦畤栎阳而祀白帝。[4]

①【索隐】音丁甘反。孟康云即老子也。韦昭案年表，儋在孔子后百余年，非老聃也。　②【索隐】案：大颜历评诸家，而云周平王封襄公为诸侯，至昭王五十二年西周君献邑，凡五百一十六年为合，此言五百年，举全数也。　③【索隐】合十七年伯王出。自昭王灭周之后至始皇元年诛嫪毐，正一十七年。孟康云：“谓周封秦为别，秦并周为合。此襄公为霸，始皇为王也。”【正义】王，于放反。秦、周俱黄帝之后，至非子末别封，是合也。合而离者，谓非子末年，周封非子为附庸，邑之秦，是离也。五百岁当复合者，谓从非子邑秦后二十九君，至秦孝公二年五百岁，周显王致文、武胙于秦孝公，复与之亲，是复合也。十七年霸王出焉者，谓从秦孝公三年至十九年，周显王致伯于秦孝公，是霸出也；至惠王称王，王者出焉。然五百岁者，非子生秦侯已下二十八君，至孝公二年，合四百八十六年，兼非子邑秦之后十四年，则五百岁矣。诸家解皆非也。　④【集解】晋灼曰：“《汉注》在陇西西县人先祠山下，形如种韭畦，畦各一土封。”【索隐】《汉旧仪》云：“祭人先于陇西西县人先山，山上皆有土人，山下有畤，埒如菜畦，畤中各有一

土封，故云畤。”《三苍》云：“畤，埒也。”

其后百二十岁而秦灭周，[①]周之九鼎入于秦。或曰宋太丘社亡，[②]而鼎没于泗水彭城下。

①【集解】徐广曰：“去太史儋言时百二十年。” ②【集解】《尔雅》曰：“右陵太丘。”【索隐】应劭云：“亡，沦入地也。”案：亡，社主亡也。《尔雅》云“右陵太丘”。郭璞云“宋有太丘”。以社名此地也。

其后百一十五年而秦并天下。

秦始皇既并天下而帝，或曰：“黄帝得土德，黄龙地螾见。[①]夏得木德，青龙止于郊，草木畅茂。殷得金德，银自山溢。[②]周得火德，有赤乌之符。[③]今秦变周，水德之时。昔秦文公出猎，获黑龙，此其水德之瑞。”于是秦更命河曰“德水”，以冬十月为年首，色上黑，度以六为名，[④]音上大吕，事统上法。[⑤]

①【集解】应劭曰：“螾，丘蚓也。黄帝土德，故地见其神。蚓大五六围，长十余丈。”韦昭曰：“黄者地色，螾亦地物，故以为瑞。”【索隐】出《吕氏春秋》。螾音引。 ②【集解】苏林曰：“流出也。” ③【索隐】《中候》及《吕氏春秋》皆云“有火自天止于王屋，流为赤乌，五至，以谷俱来”。
④【正义】张晏云：“水，北方，黑。水终数六，故以方六寸为符，六尺为步。”
⑤【集解】服虔曰：“政尚法令也。”瓒曰：“水阴，阴主刑杀，故尚法。”

即帝位三年，东巡郡县，祠驺峄山，[①]颂秦功业。于是征从齐、鲁之儒生博士七十人,至乎泰山下。诸儒生或议曰:“古者封禅为蒲车,[②]恶伤山之土石草木;埽地而祭,席用菹秸,[③]言其易遵也。”始皇闻此议各乖异,难施用,由此绌儒生。而遂除车道,上自泰山阳至巅,立石颂秦始皇帝德,明其得封也。从阴道下,禅于梁父。其礼颇采太祝之祀雍上帝所用,而封藏皆秘之,世不得而记也。

①【索隐】驺县之峄山。驺县本邾国,鲁穆公改作“邹”。《从征记》北岩有秦始皇所勒铭。　②【索隐】谓蒲裹车轮,恶伤草木。　③【集解】应劭曰:“秸,禾稿也。去其皮以为席。”如淳曰:“菹读曰租。秸读曰戛。”晋灼曰:“菹,藉也。”【索隐】《周礼》“祭祀供茅菹”。《说文》云:“菹,茅藉也。秸,禾稿去其皮,祭天以此。”

始皇之上泰山,中阪遇暴风雨,休于大树下。诸儒生既绌,不得与用于封事之礼,闻始皇遇风雨,则讥之。

于是始皇遂东游海上,行礼祠名山大川及八神,求仙人羡门之属。八神将自古而有之,或曰太公以来作之。齐所以为齐,以天齐也。[①]其祀绝莫知起时。八神:一曰天主,祠天齐。天齐渊[②]水,居临菑南郊山下者。[③]二曰地主,祠泰山梁父。盖天好阴,祠之必于高山之下,小山之上,命曰“畤”。[④]地贵阳,祭之必于泽中圜丘云。三曰兵主,祠蚩尤。蚩尤在东平陆监乡,[⑤]齐之西境也。四曰阴主,祠三山。[⑥]五曰阳主,祠之罘。[⑦]六曰月主,祠之莱山。[⑧]皆在齐北,并勃海。七曰日主,祠成山。成山斗入海,[⑨]最居齐东北隅,以迎日出云。八曰四时主,祠琅邪。[⑩]琅邪在齐东方,盖岁之所始。皆言用一牢具祠，而巫祝所损益，珪币杂异焉。

①【集解】苏林曰："当天中央齐。" ②【索隐】顾氏案：解道彪《齐记》云"临菑城南有天齐泉，五泉并出，有异于常，言如天之腹齐也"。③【索隐】下下者。小颜云："下下谓最下也。" ④【集解】徐广曰："一云'之下(上)畤命曰畤'。"【索隐】此之"一云"，与《汉书·郊祀志》文同也。⑤【集解】徐广曰："属东平郡。"【索隐】监音阚。《皇览》云："蚩尤冢在东平郡寿张县阚乡城中。" ⑥【索隐】小颜以为下所谓三神山。顾氏案：《地理志》东莱曲成有参山，即此三山也，非海中之三神山也。 ⑦【正义】《括地志》云："之罘山在莱州文登县西北九十里。" ⑧【集解】韦昭曰："在东莱长广县。" ⑨【集解】韦昭曰："成山在东莱不夜，斗入海。不夜，古县名。"【索隐】案：解道彪《齐记》云"不夜城盖古有日夜出见于境，故莱子立城以不夜为名"。斗入海，谓斗绝曲入海也。 ⑩【索隐】案：《山海经》云"琅邪台在勃海间"。案：是山形如台。《地理志》琅邪县有四时祠也。

自齐威、宣[①]之时，驺子之徒[②]论著终始五德之运，[③]及秦帝而齐人奏之，故始皇采用之。而宋毋忌、[④]正伯侨、[⑤]充尚、[⑥]羡门高[⑦]最后皆燕人，[⑧]为方仙道，[⑨]形解销化，[⑩]依于鬼神之事。驺衍以阴阳主运[⑪]显于诸侯，而燕、齐海上之方士传其术不能通，然则怪迂阿谀苟合之徒自此兴，不可胜数也。

①【索隐】谓威王、宣王也。 ②【集解】韦昭曰："名衍。" ③【集解】如淳曰："今其书有《五德终始》。五德各以所胜为行。秦谓周为火德，灭火者水，故自谓之水德。" ④【索隐】案：乐彦引《老子戒经》云

“月中仙人宋无忌”。白泽图云“火之精曰宋无忌”。盖其人火仙也。⑤【索隐】乐彦案：马相如云“正伯侨，古仙人”。顾氏案：裴秀《冀州记》云“缑山仙人庙者，昔有王乔，犍为武阳人，为柏人令，于此得仙，非王子乔也”。　⑥【索隐】无别所见。　⑦【索隐】案：秦始皇使卢生求羡门子高是也。　⑧【索隐】案：最后，犹言甚后也。服虔说止有四人，是也。小颜云自宋无忌至最后凡五人，刘伯庄亦同此说，恐未详。　⑨【集解】韦昭曰：“皆慕古人名效神仙者。”　⑩【集解】服虔曰：“尸解也。”张晏曰：“人老而解去，故骨如变化也。今山中有龙骨，世人谓之龙解骨化去也。”　⑪【集解】如淳曰：“今其书有《主运》。五行相次转用事，随方面为服。”【索隐】案：《主运》是《邹子书》篇名也。

自威、宣、燕昭使人入海求蓬莱、方丈、瀛洲。此三神山者，其傅在勃海中，[①]去人不远；患且至，则船风引而去。盖尝有至者，诸仙人及不死之药皆在焉。其物禽兽尽白，而黄金银为宫阙。未至，望之如云；及到，三神山反居水下。临之，风辄引去，终莫能至云。世主莫不甘心焉。[②]及至秦始皇并天下，至海上，则方士言之不可胜数。始皇自以为至海上而恐不及矣，使人乃赍童男女入海求之。船交海中，皆以风为解，[③]曰未能至，望见之焉。其明年，始皇复游海上，至琅邪，过恒山，从上党归。后三年，游碣石，考入海方士，[④]从上郡归。后五年，始皇南至湘山，遂登会稽，并海上，冀遇海中三神山之奇药。不得，还至沙丘崩。[⑤]

①【集解】服虔曰：“傅音附。或曰其传书云尔。”瓒曰：“世人相传之。”②【索隐】谓心甘羡也。　③【索隐】顾野王云：“皆自解说，遇风不至也。”　④【集解】服虔曰：“疑诈，故考之。”瓒曰：“考校其虚实也。”

⑤【正义】《括地志》云："沙丘台在邢州平乡东北三十里。"

二世元年，东巡碣石，并海南，历泰山，至会稽，皆礼祠之，而刻勒始皇所立石书旁，以章始皇之功德。[①]其秋，诸侯畔秦。三年而二世弑死。

①【索隐】小颜云："今诸山皆有始皇所刻石及胡亥重刻，其文具存也。"

始皇封禅之后十二岁，秦亡。诸儒生疾秦焚《诗》《书》，诛僇文学，百姓怨其法，天下畔之，皆讹曰："始皇上泰山，为暴风雨所击，不得封禅。"此岂所谓无其德而用事者邪？[①]

①【索隐】即《封禅书》序云"盖有无其应而用事者矣"。此当有所本，太史公再引以为说也。

昔三代之(君)〔居〕皆在河、洛之间，[①]故嵩高为中岳，而四岳各如其方，四渎咸在山东。至秦称帝，都咸阳，则五岳、四渎皆并在东方。自五帝以至秦，轶兴轶衰，名山大川或在诸侯，或在天子，其礼损益世殊，不可胜记。及秦并天下，令祠官所常奉天地名山大川鬼神可得而序也。

①【正义】《世本》云："夏禹都阳城，避商均也。又都平阳，或在安邑，或在晋阳。"《帝王世纪》云："殷汤都亳，在梁，又都偃师，至盘庚徙河北，又徙偃师也。周文、武都酆、鄗，至平王徙都河南。"案：三代之居皆在河、洛之

间也。

于是自殽以东，[①]名山五，大川祠二。曰太室。太室，嵩高也。恒山，泰山，会稽，湘山。[②]水曰济，曰淮。[③]春以脯酒为岁[④]祠，因泮冻，[⑤]秋涸冻，[⑥]冬塞[⑦]祷祠。其牲用牛犊各一，牢具硅币各异。

①【索隐】案：殽，即崤山。杜预云"崤在弘农渑池县西南"，即今之崤山是也。亦音豪。　②【索隐】湘山。《地理志》在长沙。　③【索隐】案：《风俗通》云"济庙在临邑，淮庙在平氏也"。　④【索隐】为，于伪反。

⑤【集解】服虔曰："解冻。"　⑥【索隐】案：《字林》"涸，竭也，下各反"。小颜云"涸，读与'冱'同。冱，凝也，下故反。春则解，秋则凝"。

⑦【索隐】先代反，与"赛"同。赛，今报神福也。

自华以西，名山七，名川四。曰华山，[①]薄山。薄山者，襄山也。[②]岳山，[③]岐山，[④]吴岳，[⑤]鸿冢，[⑥]渎山。渎山，蜀之汶山。[⑦]水曰河，祠临晋。[⑧]沔，祠汉中。[⑨]湫渊，祠朝那。[⑩]江水，祠蜀。[⑪]亦春秋泮涸祷塞，如东方名山川；而牲牛犊牢具珪币各异。而四大冢[⑫]鸿、岐、吴、岳，皆有尝禾。[⑬]

①【正义】《括地志》云："华山在华州华阴县南八里，古文以为敦物也。注云'华、岳本一山，当河水过而行，河神巨灵手荡脚蹋，开而为两，今脚迹在东首阳下，手掌在华山，今呼为仙掌，河流于二山之间也。《开山图》云巨灵胡者，偏得神仙之道，能造山川，出江河也'。"　②【集解】徐广曰："蒲阪县有襄山，或字误也。"【索隐】应劭云"襄山在潼关北十余里"。《穆天子传》云"自河首襄山"。郦元〔注〕《水经》云"薄山统目与襄山不殊，在今芮城

北，与中条山相连”。是薄、襄一山也。【正义】薄音白落反。衰音色眉反。《括地志》云：“薄山亦名衰山，一名寸棘山，一名渠山，一名雷首山，一名独头山，一名首阳山，一名吴山，一名条山，在陕州芮县城北十里。”此山西起雷山，东至吴阪，凡十名，以州县分之，多在蒲州。今史文云“自华以西”，未详也。 ③【集解】徐广曰：“武功县有大壶山，又有岳山。” ④【索隐】《地理志》在美阳县西北也。 ⑤【集解】徐广曰：“在汧也。”【索隐】徐说非也。案：《地理志》汧有垂山，无岳山也。 ⑥【索隐】黄帝臣大鸿葬雍，鸿冢盖因大鸿葬为名也。 ⑦【索隐】《地理志》蜀郡湔氐道，湣山在西。郭璞注云“山在汶阳郡广阳县，一名渎山也”。 ⑧【索隐】韦昭云：“冯翊县。”《地理志》临晋有河水祠。【正义】即同州冯翊县，本汉临晋县，故大荔，秦获之更名。《括地志》云“大河祠在同州朝邑县南三十里。《山海经》云‘冰夷，人面，乘两龙也’。《太公金匮》云‘冯修也’。《龙鱼河图》云‘河伯姓吕，名公子，夫人姓冯名夷。河伯，字也。华阴潼乡堤首人水死，化为河伯’。应劭云‘夷，冯夷，乃水仙也’。” ⑨【索隐】《水经》云“沔水出武都沮县”，注云“东南注汉。谓汉水”，故祠之汉中。乐彦云“汉女，汉神也”。 ⑩【集解】苏林曰：“湫渊在安定朝䣕县，方四十里，停不流，冬夏不增减，不生草木。音将蓼反。”【索隐】湫音子小反，又子由反，即龙之所处也。【正义】《括地志》云：“朝那湫祠在原州平高县东南二十里。湫谷水源出宁州安定县。” ⑪【索隐】案：《风俗通》云“江出嶓山，嶓山庙在江都”。《地理志》江都有江水祠。盖汉初祠之于源，后祠之于委也。又《广雅》云“江神谓之奇相”。《江记》云“帝女也，卒为江神”。《华阳国志》云“蜀守李冰于彭门阙立江神祠三所”。《汉旧仪》云“祭四渎用三正牲，沈圭，有车马绀盖也”。【正义】《括地志》云：“江渎祠在益州成都县南八里。秦并天下，江水祠蜀。” ⑫【索隐】案：谓四山为大冢也。又《尔雅》云“山顶曰冢”，盖亦因鸿冢而为号也。 ⑬【集解】孟康曰：“以新谷祭。”

陈宝节来祠。[①]其河加有尝醪。此皆在雍州之域，近天子之都，故加车一乘，骝驹四。

①【集解】服虔曰:"陈宝神应节来也。"

霸、产、[①]长水、[②]沣、[③]涝、[④]泾、渭皆非大川,以近咸阳,尽得比山川祠,而无诸加。[⑤]

①【正义】《括地志》云:"灞水,古滋水也,亦名蓝谷水,即秦岭水之下流,在雍州蓝田县。浐水即荆溪狗枷之下流也,在雍州万年县。" ②【索隐】案:《百官表》有长水校尉。沈约《宋书》云"营近长水,因以为名"。《水经》云"长水出白鹿原",今之荆水溪是也。 ③【索隐】《十三州记》:"沣水出鄠县南。"【正义】《括地志》云:"沣水源在雍州长安县西南山沣谷。" ④【集解】徐广曰:"音劳。"骃案:《汉书音义》"水名,在鄠县界"。 ⑤【集解】韦昭曰:"无车骝之属。"

汧、洛[①]二渊,[②]鸣泽、[③]蒲山、岳嶓山之属,[④]为小山川,亦皆岁祷塞泮涸祠,礼不必同。

①【正义】《括地志》云:"汧水源出陇州汧源县西南汧山,东入渭。洛水源出庆州洛源县白于山,南流入渭。"又云:"洛水,商州洛南县西冢岭山,东北流入河。"案:有二洛水,未知祠何者。 ②【正义】《地理志》云二川源在庆州华池县西子午岭东,二川合,因名也。 ③【索隐】案:服虔云"鸣泽,泽名,在涿郡遒县也"。【正义】《括地志》云:"鸣泽在幽州范阳县西十五里。"案:遒县在易州涞水县北一里,故遒城是也。泽在遒南。 ④【集解】徐广曰:"嶓音先许反。"

而雍有日、月、参、辰、[①]南北斗、荧惑、太白、岁星、填星、〔辰星〕、二十八宿、风伯、雨师、四海、九臣、十四臣[②]诸布、[③]

诸严、诸逑[4]之属，百有余庙。西亦有数十祠。[5]于湖[6]有周天子祠。于下邽有天神。沣、滈有昭明、[7]天子辟池。[8]于(社)〔杜〕、亳[9]有三社主之祠、寿星祠；[10]而雍菅庙亦有杜主。[11]杜主，故周之右将军，[12]其在秦中，最小鬼之神者。[13]各以岁时奉祠。

①【索隐】案：《汉旧仪》云"祭参、辰星于池阳谷口，夹道左右为坛也"。雍地名。　②【集解】晋灼曰："自此以下星至天渊、玉女，凡二十六，小神不说。"【索隐】九臣，十四臣，并不见其名数所出，故昔贤不论之也。③【索隐】案：《尔雅》"祭星曰布"，或诸布是祭星之处。　④【索隐】逑亦未详，《汉书》作"遂"。　⑤【索隐】西，即陇西之西县，秦之旧都，故有祠焉。　⑥【索隐】《地理志》湖县属京兆，有周天子祠二所。　⑦【索隐】案：乐彦引《河图》云"荧惑星散为昭明"。　⑧【索隐】乐彦云未闻。顾氏以为璧池即滴池，所谓"华阴平舒道逢使者，持璧以遗滈池君"，故曰璧池。今谓天子辟池，即周天子辟雍之地。故周文王都酆，武王都滈，既立灵台，则亦有辟雍耳。张衡亦以辟池为雍。　⑨【集解】韦昭曰："亳音薄，汤所都。"瓒曰："济阴薄县是。"【索隐】徐广云："京兆杜县有亳亭，则'社'字误，合作'于杜、亳'。且据文列于下皆是地邑，则杜是县。"案：秦宁公与亳王战，亳王奔戎，遂灭汤社。皇甫谧亦云"周桓王时自有亳王号汤，非殷也"。而臣瓒以亳为成汤之邑，故云在济阴，非也。案：谓杜、亳二邑有三社主之祠也。　⑩【索隐】寿星，盖南极老人星也，见则天下理安，故祠之以祈福寿。【正义】角、亢在辰为寿星。三月之时，万物始生建，于春气布养，各尽其性，不罹灾夭，故寿。　⑪【集解】李奇曰："菅，茅也。"⑫【索隐】案：《地理志》杜陵，故杜伯国，有杜主祠四。《墨子》云"周宣王杀杜伯不以罪，后宣王田于圃，见杜伯执弓矢射，宣王伏弢而死，故祠之也"。【正义】《括地志》云："杜祠，雍州长安县西南二十五里。"　⑬【索隐】谓其鬼虽小，而有神灵。

唯雍四畤[①]上帝为尊，其光景动人民唯陈宝。故雍四畤，春以为岁祷，因泮冻，秋涸冻，冬塞祠，五月尝驹，及四仲之月(祠若)月祠，〔若〕陈宝节来一祠。春夏用骍，秋冬用骝。畤驹四匹，木禺龙[②]栾车[③]一驷，木禺车马一驷，各如其帝色。黄犊羔各四，珪币各有数，皆生瘗埋，无俎豆之具。[④]三年一郊。秦以冬十月为岁首，故常以十月上宿郊见，[⑤]通权火，[⑥]拜于咸阳之旁，而衣上白，其用如经祠云。[⑦]西畤、畦畤，祠如其故，上不亲往。

①【索隐】雍有五畤而言四者，顾氏以为兼下文"上帝"为五，非也。案：四畤，据秦旧而言也。秦襄公始列为诸侯而作西畤，文公卜居汧、渭之间而作鄜畤，皆非雍也。至秦德公卜居雍而后宣公作密畤，祠青帝；灵公作上畤。祠黄帝，下畤祠炎帝，献公作畦畤，祠白帝。是为四，并高祖增黑帝而五也。【正义】《括地志》云："鄜畤、吴阳上下畤是。言秦用四畤祠上帝，青、黄、赤、白最尊贵之也。" ②【集解】《汉书音义》曰："禺，寄也，寄生龙形于木也。"【索隐】禺，一音寓，寄也。寄龙形于木，寓(鸟)马亦然。一音偶，亦谓偶其形于木也。 ③【索隐】谓车有铃，铃乃有栾和之节，故取名也。 ④【正义】豆以木为之，受四升，高尺二寸，漆其中。大夫以上赤云气画，诸侯加象饰口足，天子以玉饰之也。 ⑤【集解】李奇曰："宿，犹斋戒也。" ⑥【集解】张晏曰："权火，烽火也，状若井絜皋矣。其法类称，故谓之权。欲令光明远照通祀所也。汉祠五畤于雍，五里一烽火。"如淳曰："权，举也。"【索隐】权，如字，解如张晏。一音爟，《周礼》有司爟。爟，火官，非也。 ⑦【集解】服虔曰："经，常也。"

诸此祠皆太祝常主，以岁时奉祠之。至如他名山川诸鬼及八神之属，上过则祠，去则已。郡县远方神祠者，民各自奉祠，不领于天子之祝官。祝官有秘祝，即有灾祥，辄祝祠移过于下。[①]

①【正义】谓有灾祥，辄令祝官祠祭，移其咎恶于众官及百姓也。

汉兴，高祖之微时，尝杀大蛇。有物曰："蛇，白帝子也，而杀者赤帝子。"高祖初起，祷丰枌榆社。[①]徇沛，为沛公，则祠蚩尤，衅鼓旗。遂以十月至灞上，与诸侯平咸阳，立为汉王。因以十月为年首，而色上赤。

①【集解】张晏曰："枌，白榆也。社在丰东北十五里。或曰枌榆，乡名，高祖里社也。"

二年，东击项籍而还入关，问："故秦时上帝祠何帝也？"对曰："四帝，有白、青、黄、赤帝之祠。"高祖曰："吾闻天有五帝，而有四，何也？"莫知其说。于是高祖曰："吾知之矣，乃待我而具五也。"乃立黑帝祠，命曰北畤。有司进祠，上不亲往。悉召故秦祝官，复置太祝、太宰，如其故仪礼。因令县为公社。[①]下诏曰："吾甚重祠而敬祭。今上帝之祭及山川诸神当祠者，各以其时礼祠之如故。"[②]

①【集解】李奇曰："犹官社。" ②【集解】徐广曰："《高祖本纪》曰'二年六月，令祠官祀天地四方上帝山川，以时祀也'。"

后四岁，天下已定，诏御史，令丰谨治枌榆社，常以四时春以羊彘祠之。令祝官立蚩尤之祠于长安。长安置祠祝官、女巫。其梁巫，祠天、地、天社、天水、房中、堂上[①]之属。晋巫，祠五帝、东君、云中〔君〕、[②]司命、巫社、巫祠、族人、先炊之属。[③]秦巫，祠社主、[④]巫保、族累[⑤]之属。荆巫，祠堂下、巫先、[⑥]司命、[⑦]施糜[⑧]之属。九天巫，祠九天，[⑨]皆以岁时祠宫中。其河巫祠河于临晋，而南山巫祠南山秦中。秦中者，二世皇帝。[⑩]各有时(月)〔日〕。

①【索隐】案：《礼乐志》有《安世房中歌》，皆谓祭时室中堂上歌先祖功德也。　②【索隐】《广雅》曰："东君，日也。"王逸注《楚词》"云中，云也"。东君、云中亦见《归藏易》也。　③【正义】先炊，古炊母神也。　④【索隐】社主，即上文三社主也。　⑤【索隐】二神名。累，力追反。　⑥【集解】应劭曰："先人所在之国，及有灵施化民人，又贵，悉置祠巫祝，博求神灵之意。"文颖曰："巫，掌神之位次者也。范氏世仕于晋，故祠祝有晋巫。范会支庶留秦为刘氏，故有秦巫。刘氏随魏都大梁，故有梁巫。后徙丰，丰属荆，故有荆巫。"【索隐】巫先谓古巫之先有灵者，盖巫咸之类也。　⑦【索隐】案：《周礼》"以槱燎祠司命"。郑众云"司命，文昌四星也"。　⑧【索隐】郑氏云："主施糜粥之神。"　⑨【索隐】案：《孝武本纪》云"立九天庙于甘泉"。《三辅故事》云"胡巫事九天于神明台"。《淮南子》云"中央曰钧天，东方曰苍天，东北旻天，北方玄天，西北幽天，西方皓天，西南朱天，南方炎天，东南阳天"也。【正义】《太玄经》云一中天，二羡天，三徒天，四罚更天，五晬天，六郭天，七咸天，八治天，九成天也。　⑩【集解】张晏曰："子产云匹夫匹妇强死者，魂魄能依人为厉也。"

其后二岁，或曰周兴而邑邰，立后稷之祠，至今血食天下。[①]于是高祖制诏御史："其令郡国县立灵星祠，[②]常以岁时祠以牛。”

①【正义】颜师古云:“祭有牲牢,故言血食遍于天下。” ②【集解】张晏曰:“龙星左角曰天田,则农祥也,晨见而祭。”【正义】《汉旧仪》云:“五年,修复周家旧祠,祀后稷于东南,为民祈农报厥功。夏则龙星见而始雩。龙星左角为天田,右角为天庭。天田为司马,教人种百谷为稷。灵者,神也。辰之神为灵星,故以壬辰日祠灵星于东南,金胜为土相也。”《庙记》云:“灵星祠在长安城东十里。”

高祖十年春,有司请令县常以春(三)〔二〕月及(时)腊祠社稷以羊豕,民里社各自财以祠。制曰:“可。”

其后十八年,孝文帝即位。即位十三年,下诏曰:“今秘祝移过于下,朕甚不取。自今除之。”始名山大川在诸侯,诸侯祝各自奉祠,天子官不领。及齐、淮南国废,[①]令太祝尽以岁时致礼如故。

①【正义】齐有泰山,淮南有天柱山,二山初天子祝官不领,遂废其祀,令诸侯奉祠。今令太祝尽以岁时致礼,如秦故仪。

是岁,制曰:“朕即位十三年于今,赖宗庙之灵,社稷之福,方内艾安,民人靡疾。间者比年登,朕之不德,何以飨此?皆上帝诸神之赐也。盖闻古者飨其德必报其功,欲有增诸神祠。有司议增雍五畤路车各一乘,驾被具。[①]西畤畦畤禺车各一乘,禺马四匹,驾被具。其河、湫、汉水[②]加玉各二。[③]及诸祠,各增广坛场,珪币俎豆以差加之。而祝釐者归福于朕，百姓不与焉。自今祝致敬，毋有所祈。”

①【正义】颜师古云：“驾车被马之饰皆具。” ②【正义】河、湫，黄河及湫泉。 ③【正义】言二水祭时各加玉璧二枚。

鲁人公孙臣上书曰：“始秦得水德，今汉受之，推终始传，则汉当土德，土德之应黄龙见。宜改正朔，易服色，色上黄。”是时丞相张苍好律历，以为汉乃水德之始，故河决金堤，[①]其符也。[②]年始冬十月，色外黑内赤，[③]与德相应。如公孙臣言，非也。罢之。后三岁，黄龙见成纪。[④]文帝乃召公孙臣，拜为博士，与诸生草改历服色事。其夏，下诏曰：“异物之神见于成纪，无害于民，岁以有年。朕祈郊上帝诸神，礼官议，无讳以劳朕。”有司皆曰：“古者天子夏亲郊，祀上帝于郊，故曰郊。”于是夏四月，文帝始郊见雍五畤，祠衣皆上赤。

①【集解】《汉书音义》曰：“在东郡界。” ②【索隐】谓河决乃水德之符应也。 ③【集解】服虔曰：“十月阴气在外，故外黑；阳气尚伏在地，故内赤。” ④【集解】徐广曰：“在文帝十五年春。”【正义】案：成纪今秦州县也。

其明年，赵人新垣平以望气见上，言“长安东北有神气，成五采，若人冠绕焉。或曰东北神明之舍，西方神明之墓也。[①]天瑞下，宜立祠上帝，以合符应”。于是作渭阳五帝庙，同宇，[②]帝一殿，面各五门，各如其帝色。祠所用及仪亦如雍五畤。

①【集解】张晏曰:“神明,日也。日出东北,舍谓阳谷;日没于西,墓谓濛谷也。” ②【集解】韦昭曰:“宇,谓上同下异,《礼》所谓‘复庙重屋’也。”瓒曰:“一营宇之中立五庙。”【正义】《括地志》云:“渭阳五帝庙在雍州咸阳县东三十里。《宫殿疏》云‘五帝庙一宇五殿也’。”按:一宇之内而设五帝,各依其方帝别为一殿,而门各如帝色也。

夏四月,文帝亲拜霸、渭之会,①以郊见渭阳五帝。五帝庙南临渭,北穿蒲池沟水,②权火举而祠,若光辉然属天焉。于是贵平上大夫,赐累千金。而使博士诸生刺《六经》中作《王制》,③谋议巡狩封禅事。

①【集解】如淳曰:“二水之会。”【正义】渭阳五庙在二水之合北岸。 ②【正义】颜师古云“蒲池,为池而种蒲也。蒲字或作‘满’,言其水满”,恐颜说非。按:《括地志》云“渭北咸阳县有兰池,始皇逢盗兰池者也”。言穿沟引渭水入兰池也。疑“兰”字误作“蒲”,重更错失。 ③【索隐】小颜云“刺谓采取之也”。刘向《七录》云文帝所造书有《本制》、《兵制》、《服制》篇。刺音七赐反。

文帝出长(安)门,①若见五人于道北,遂因其直北立五帝坛,②祠以五牢具。

①【集解】徐广曰:“在霸陵。”骃按:如淳曰“亭名”。【索隐】徐云“在霸陵”也。【正义】《括地志》云:“久长门故亭在雍州万年县东北苑中,后馆陶公主长门园,武帝以长门名宫,即此。” ②【集解】孟康曰:“直,值也。值其立处以作坛。”

其明年，新垣平使人持玉杯，上书阙下献之。平言上曰："阙下有宝玉气来者。"已视之，果有献玉杯者，刻曰"人主延寿"。平又言"臣候日再中"。[1]居顷之，日却复中。于是始更以十七年为元年，令天下大酺。

①【索隐】晋灼云："《淮南子》云'鲁阳公与韩构，战酣日暮，援戈麾之，日为却三舍'。岂其然乎？"

平言曰："周鼎亡在泗水中，今河溢通泗，臣望东北汾阴直有金宝气，意周鼎其出乎？兆见不迎则不至。"于是上使使治庙汾阴南，临河，欲祠出周鼎。[1]

①【集解】徐广曰："后三十七年，鼎出汾阴。"

人有上书，告新垣平所言气神事皆诈也。下平吏治，诛夷新垣平。自是之后，文帝怠于改正朔服色神明之事，而渭阳、长门五帝使祠官领，以时致礼，不往焉。

明年，匈奴数入边，兴兵守御。后岁少不登。

数年而孝景即位。十六年，祠官各以岁时祠如故，无有所兴，至今天子。[1]

①【集解】自此后武帝事，褚先生取为《武帝本纪》，注解已在第十二卷，今直载徐义。

今天子初即位，尤敬鬼神之祀。

元年，汉兴已六十余岁矣，天下艾安，搢绅之属皆望天子封禅改正度也，而上乡儒术，招贤良，赵绾、王臧等以文学为公卿，欲议古立明堂城南，以朝诸侯。草巡狩封禅改历服色事未就。会窦太后治黄、老言，不好儒术，使人微伺得赵绾等奸利事，召案绾、臧，绾、臧自杀，诸所兴为皆废。

后六年，窦太后崩。其明年，征文学之士公孙弘等。

明年，今上初至雍，郊见五畤。后常三岁一郊。[①]是时上求神君，舍之上林中蹏氏观。神君者，长陵女子，以子死，见神于先后宛若。宛若祠之其室，民多往祠。平原君往祠，其后子孙以尊显。及今上即位，则厚礼置祠之内中。闻其言，不见其人云。

①【索隐】案：《汉旧仪》云“元年祭天，二年祭地，三年祭五畤。三岁一遍，皇帝自行也”。

是时李少君亦以祠灶、谷道、却老方见上，上尊之。少君者，故深泽侯[①]舍人，主方。匿其年及其生长，常自谓七十，能使物，却老。其游以方遍诸侯。无妻子。人闻其能使物及不死，更馈遗之，常余金钱衣食。人皆以为不治生业而饶给，又不知其何所人，愈信，争事之。少君资好方，善为巧发奇中。尝从武安侯[②]饮，坐中有九十余老人，少君乃言与其大父游射处，老人为儿时从其大父，识其处，一坐尽惊。少君见上，上有故铜器，问少君。少君曰：“此器齐桓公十年陈于柏寝。”[③]已而案其刻，果齐桓公器。一宫尽骇，以为少君神，数百岁人也。

①【索隐】案表，深泽侯赵将夕，孙夷侯胡绍封。 ②【索隐】案：是田蚡也。 ③【索隐】案：《韩子》云“齐景公与晏子游于少海，登柏寝之台而望其国”。

少君言上曰：“祠灶则致物，致物而丹沙可化为黄金，黄金成以为饮食器则益寿，益寿而海中蓬莱仙者乃可见，见之以封禅则不死，黄帝是也。臣尝游海上，见安期生，安期生食巨枣，[①]大如瓜。安期生仙者，通蓬莱中，合则见人，不合则隐。”于是天子始亲祠灶，遣方士入海求蓬莱安期生之属，而事化丹沙诸药齐为黄金矣。

①【索隐】案：包恺云“巨，或作臣”。

居久之，李少君病死。天子以为化去不死，而使黄锤[①]史宽舒受其方。求蓬莱安期生莫能得，而海上燕、齐怪迂之方士多更来言神事矣。

①【集解】徐广曰：“锤音才恚反。锤县、黄县皆在东莱。”

亳人谬忌奏祠太一方，曰：“天神贵者太一，[①]太一佐曰五帝。古者天子以春秋祭太一东南郊，用太牢，七日，为坛开八通之鬼道。”[②]于是天子令太祝立其祠长安东南郊，常奉祠如忌方。其后人有上书，言“古者天子三年壹用太牢祠神三一：天一、地一、太一”。天子许之，令太祝领祠之于忌太一坛上，如其方。后人复有上书，言“古者天子常以春解祠，[3]祠黄帝用一枭破镜。冥羊用羊；祠马行用一青牡马。太一、泽山君地长[4]用牛。武夷君用乾鱼。[5]阴阳使者以一牛”。令祠官领之如其方，而祠于忌太一坛旁。

①【索隐】《乐汁征图》曰：“天宫，紫微。北极，天一、太一。”宋均云：“天一、太一，北极神之别名。”《春秋佐助期》曰：“紫宫，天皇曜魄宝之所理也。”石氏云：“天一、太一各一星，在紫宫门外，立承事天皇大帝。”
②【索隐】开八通鬼道。案：司马彪《续汉书·祭祀志》云“坛有八陛，通道以为门”。又《三辅黄图》云“上帝坛八觚，神道八通，广三十步”。
③【索隐】谓祠祭以解殃咎，求福祥也。　④【集解】徐广曰：“泽，一作皋。”【索隐】此则人上书言古天子祭太一。太一，天神也。泽山，本纪作“皋山”。皋山君地长，谓祭地于皋山。同用太牢，故云“用牛”。盖是异代之法也。　⑤【索隐】顾氏案：《地理志》云建安有武夷山，溪有仙人葬处，即《汉书》所谓武夷君。是时既用越巫勇之，疑即此神。今案：其祀用乾鱼，不飨牲牢，或如顾说也。

其后，天子苑有白鹿，以其皮为币，以发瑞应，造白金[1]焉。

①【索隐】案：乐彦云“谓龙、马、龟”。

其明年，郊雍，[1]获一角兽，若麃然。有司曰：“陛下肃祗郊祀，上帝报享，锡一角兽，盖麟云。”于是以荐五畤，畤加一牛以燎。锡诸侯白金，风符应合于天也。于是济北王以为天子且封禅，乃上书献太山及其旁邑，天子以他县偿之。常山王有罪，迁，天子封其弟于真定，以续先王祀，[②]而以常山为郡，然后五岳皆在天子之(邦)〔郡〕。

①【集解】徐广曰："武帝立已十九年。" ②【集解】徐广曰："元鼎四年时。"

其明年，齐人少翁以鬼神方见上。上有所幸王夫人，[①]夫人卒，少翁以方盖夜致王夫人及灶鬼之貌云，天子自帷中望见焉。于是乃拜少翁为文成将军，赏赐甚多，以客礼礼之。文成言曰："上即欲与神通，宫室被服非象神，神物不至。"乃作画云气车，及各以胜日[②]驾车辟恶鬼。又作甘泉宫，中为台室，画天、地、太一诸鬼神，而置祭具以致天神。居岁余，其方益衰，神不至。乃为帛书以饭牛，佯不知，言曰此牛腹中有奇。杀视得书，书言甚怪。天子识其手书，问其人，果是伪书，于是诛文成将军，隐之。其后则又作柏梁、铜柱、[③]承露仙人掌之属矣。

①【集解】徐广曰："《外戚传》曰赵之王夫人幸，有子，封为齐王。"
②【索隐】案：乐彦云"谓画青车以甲乙，画赤车丙丁，画玄车壬癸，画白车庚辛，画黄车戊己。将有水事则乘黄车，故下云'驾车辟恶鬼'是也"。
③【集解】徐广曰："元鼎二年时。"

文成死明年，天子病鼎湖[①]甚，巫医无所不致，不愈。游水发根言上郡有巫，病而鬼神下之。上召置祠之甘泉。及病，使人问神君。神君言曰："天子无忧病。病少愈，强与我会甘泉。"于是病愈，遂起，幸甘泉，病良已。大赦，置寿宫神君。寿宫神君最贵者太一，其佐曰大禁、司命之属，皆从之。非可得见，闻其言，言与人音等。时去时来，来则风肃然。居室帷中。时昼言，然常以夜。天子祓，然后入。因巫为主人，关饮食。所以言，行下。又置寿宫、北宫，张羽旗，设供具，以礼神君。神君所言，上使人受书其言，命之曰"画法"。其所语，世俗之所知也，无绝殊者，而天子心独喜。其事秘，世莫知也。

①【索隐】案：《三辅黄图》"鼎湖，宫名，在蓝田"。韦昭云"地名，近宜春"。案：湖本属京兆，后分属弘农，恐非鼎湖之处也。

其后三年，有司言元宜以天瑞命，不宜以一二数。一元曰"建"，二元以长星曰"光"，三元以郊得一角兽曰"狩"云。

其明年冬，天子郊雍，议曰："今上帝朕亲郊，而后土无祀，则礼不答也。"有司与太史公、祠官宽舒议："天地牲角茧栗。今陛下亲祠后土，后土宜于泽中圜丘为五坛，坛一黄犊太牢具，已祠尽瘗，而从祠衣上黄。"于是天子遂东，始立后土[①]祠汾阴脽丘，如宽舒等议。上亲望拜，如上帝礼。礼毕，天子遂至荥阳而还。过洛阳，下诏曰："三代邈绝，远矣难存。其以三十里地封周后为周子南君，以奉其先祀焉。"是岁，天子始巡郡县，侵寻于泰山矣。

①【集解】徐广曰："元鼎四年。"

其春，乐成侯上书言栾大。栾大，胶东宫人，故尝与文成将军同师，已而为胶东王尚方。而乐成侯姊为康王后，[①]无子。康王死，他姬子立为王。[②]而康后有淫行，与王不相中，[③]相危以法。康后闻文成已死，而欲自媚于上，乃遣栾大因乐成侯求见言方。天子既诛文成，后悔其早死，惜其方不尽，及见栾大，大悦。大为人长美，言多方略，而敢为大言，处之不疑。大言曰："臣常往来海中，见安期、羡门之属。顾以臣为贱，不信臣。又以为康王诸侯耳，不足与方。臣数言康王，康王又不用臣。臣之师曰：'黄金可成，而河决可塞，不死之药可得，仙人可致也。'然臣恐效文成，则方士皆奄口，恶敢言方哉。"上曰："文成食马肝死耳。[④]子诚能修其方，我何爱乎！"[⑤]大曰："臣师非有求人，人者求之。陛下必欲致之，则贵其使者，令有亲属，以客礼待之，勿卑，使各佩其信印，乃可使通言于神人。神人尚肯邪不邪。致尊其使，然后可致也。"于是上使验小方，斗棋，棋自相触击。[⑥]

①【索隐】康王名寄也。　②【集解】徐广曰："以元狩二年薨。"　③【索隐】案：《三苍》云"中，得也"。　④【索隐】案：《论衡》云"气热而毒盛，故食走马肝杀人"。《儒林传》云"食肉无食马肝"是也。　⑤【索隐】上语栾大，言子诚能修文成方，我更何所爱惜乎！谓不悋金宝及禄位也。　⑥【索隐】顾氏案：《万毕术》云"取鸡血杂磨针铁杵，和磁石棋头，置局上，即自相抵击也"。

是时上方忧河决，而黄金不就，乃拜大为五利将军。居月余，得四印，①佩天士将军、地士将军、大通将军印。制诏御史："昔禹疏九江，决四渎。间者河溢皋陆，堤繇不息。朕临天下二十有八年，②天若遗朕士而大通焉。《乾》称'飞龙''鸿渐于般'，朕意庶几与焉。其以二千户封地士将军大为乐通侯。"赐列侯甲第，僮千人。乘舆斥车马帷幄器物以充其家。又以卫长公主妻之，③赍金万斤，更命其邑曰当利公主。④天子亲如五利之第。使者存问供给，相属于道。自大主⑤将相以下，皆置酒其家，献遗之。于是天子又刻玉印曰"天道将军"，使使衣羽衣，夜立白茅上，五利将军亦衣羽衣，夜立白茅上受印，以示不臣也。而佩"天道"者，且为天子道天神也。于是五利常夜祠其家，欲以下神。神未至而百鬼集矣，然颇能使之。其后装治行，东入海，求其师云。大见数月，佩六印，⑥贵震天下，而海上燕、齐之间，莫不搤捥而自言有禁方，能神仙矣。

①【索隐】谓五利将军、天士将军、地士将军、大通将军为四也。
②【集解】徐广曰："元鼎四年也。"　③【索隐】案：卫子夫之子曰卫太子，女曰卫长公主。是卫后长女，故曰长公主，非如帝姊曰长公主之例。
④【索隐】案：《地理志》东莱有当利县。　⑤【集解】徐广曰："武帝姑。"
⑥【索隐】更加乐通侯及天道将军印，为六印。

其夏六月中，汾阴巫锦为民祠魏脽后土营旁，见地如钩状，掊视得鼎。鼎大异于众鼎，文镂无款识，怪之，言吏。吏告河东太守胜，胜以闻。天子使使验问巫得鼎无奸诈，乃以礼祠，迎鼎至甘泉，从行，上荐之。至中山，[①]曣𥁕，有黄云盖焉。有麃过，上自射之，因以祭云。[②]至长安，公卿大夫皆议请尊宝鼎。天子曰："间者河溢，岁数不登，故巡祭后土，祈为百姓育谷。今岁丰庑未报，鼎曷为出哉?"有句皆曰："闻昔泰帝[③]兴神鼎一，一者壹统，天地万物所系终也。黄帝作宝鼎三，象天地人。禹收九牧之金，铸九鼎。皆尝亨鬺[④]上帝鬼神。遭圣则兴，鼎迁于夏、商。周德衰，宋之社亡，鼎乃沦没，伏而不见。《颂》云'自堂徂基，自羊徂牛；鼐鼎及鼒，不吴不骜，胡考之休'。今鼎至甘泉，光润龙变，承休无疆。合兹中山，[⑤]有黄白云降盖，若兽为符，路弓乘矢，集获坛下，报祠大享。[⑥]唯受命而帝者心知其意而合德焉。鼎宜见于祖祢，藏于帝廷，以合明应。"制曰："可。"

①【集解】徐广曰："《河渠书》曰凿泾水自中山西。" ②【集解】徐广曰："上言'从行，上荐之'，或者祭鼎也。" ③【索隐】案：孔文祥云"泰帝，太昊也"。 ④【集解】徐广曰："亨，煮也。鬺音殇。皆尝以亨牲牢而祭祀。" ⑤【集解】徐广曰："关中亦复有中山也，非鲁中山。" ⑥【集解】徐广曰："一云大报祠享。"

入海求蓬莱者，言蓬莱不远，而不能至者，殆不见其气。上乃遣望气佐候其气云。

其秋，上幸雍，且郊。或曰"五帝，太一之佐也，宜立太一而上亲郊之"。上疑未定。齐人公孙卿曰："今年得宝鼎，其冬辛巳朔旦冬至，与黄帝时等。"卿有札书曰："黄帝得宝鼎宛朐，问于鬼臾区。鬼臾区对曰：'(黄)帝得宝鼎神策，是岁己酉朔旦冬至，得天之纪，终而复始。’于是黄帝迎日推策，后率二十岁复朔旦冬至，凡二十推，三百八十年，黄帝仙登于天。”卿因所忠欲奏之。所忠视其书不经，疑其妄书，谢曰：“宝鼎事已决矣，尚何以为。”卿因嬖人奏之。上大悦，乃召问卿。对曰：“受此书申公，申公已死。”上曰：“申公何人也？”卿曰：“申公，齐人。与安期生通，受黄帝言，无书，独有此鼎书。曰‘汉兴复当黄帝之时’。曰‘汉之圣者在高祖之孙且曾孙也。宝鼎出而与神通，封禅。封禅七十二王，唯黄帝得上泰山封’。申公曰：‘汉主亦当上封，上封则能仙登天矣。黄帝时万诸侯，而神灵之封居七千。[①]天下名山八，而三在蛮夷，五在中国。中国华山、首山、太室、泰山、东莱，此五山黄帝之所常游，与神会。黄帝且战且学仙。患百姓非其道者，乃断斩非鬼神者。[②]百余岁然后得与神通。黄帝郊雍上帝，宿三月。鬼臾区号大鸿，死葬雍，故鸿冢是也。其后黄帝接万灵明廷。明廷者，甘泉也。所谓寒[③]门者，谷口也。黄帝采首山铜，铸鼎于荆山下。鼎既成，有龙垂胡髯[④]下迎黄帝。黄帝上骑，群臣后宫从上者七十余人，龙乃上去。余小臣不得上，乃悉持龙髯，龙髯拔，堕，堕黄帝之弓。百姓仰望黄帝既上天，乃抱其弓与胡髯号，故后世因名其处曰鼎湖，其弓曰乌号。’”于是天子曰：“嗟乎，吾诚得如黄帝，吾视去妻子如脱躧耳。”乃拜卿为郎，东使候神于太室。

①【索隐】韦昭云：“黄帝时万国，其以修神灵得封者七千国，或为七十国。”乐彦云：“以舜为神明之后，封妫满于陈之类是也。”顾氏案：《国语》仲尼云“山川之守，足以纪纲天下者，其守为神。汪芒氏之君，守封禺之山

也”。 ②【索隐】谓有非毁鬼神之人，乃断理而诛斩之。 ③【集解】徐广曰：“一作‘塞’。” ④【索隐】《说文》曰：“胡，牛垂颔也。”《释名》云“胡，在咽下垂”者，即所谓咙胡也。

上遂郊雍，至陇西，西登崆峒，幸甘泉。令祠官宽舒等具太一祠坛，祠坛放薄忌太一坛，坛三垓。[1]五帝坛环居其下，各如其方，黄帝西南，除八通鬼道。太一，其所用如雍一畤物，而加醴枣脯之属，杀一狸牛以为俎豆牢具。而五帝独有俎豆醴进。其下四方地，为醊食群神从者及北斗云。已祠，胙余皆燎之。其牛色白，鹿居其中，彘在鹿中，水而洎之。[2]祭日以牛，祭月以羊彘特。[3]太一祝宰则衣紫及绣。五帝各如其色，日赤，月白。

①【集解】徐广曰：“垓，阶次也。” ②【集解】徐广曰：“洎，一作酒。灌水于釜中曰洎，音冀。” ③【索隐】案：乐彦云“祭日以太牢，月以少牢。特，不用牝也”。小颜云“牛羊若彘止一牲，故云特也”。

十一月辛巳朔旦冬至昧爽，天子始郊拜太一。朝朝日，夕夕月，则揖，而见太一如雍郊礼。其赞飨曰：[1]“天始以宝鼎神策授皇帝，朔而又朔，终而复始，皇帝敬拜见焉。”而衣上黄。其祠列火满坛，坛旁亨炊具。有司云“祠上有光焉”。公卿言“皇帝始郊见太一云阳，有司奉瑄玉嘉牲荐飨。是夜有美光，及昼，黄气上属天”。太史公、祠官宽舒等曰：“神灵之休，祐福兆祥，宜因此地光域立太畤坛以明应。令太祝领，秋及腊间祠。三岁天子一郊见。”

①【索隐】案：颜氏云"飨，祀祠也"。《汉旧仪》云"赞飨一人，秩六百石"也。

其秋，为伐南越，告祷太一。以牡荆画幡日月北斗登龙，以象太一三星，为太一锋，[①]命曰"灵旗"。为兵祷，则太史奉以指所伐国。而五利将军使不敢入海，之泰山祠。上使人随验，实毋所见。五利妄言见其师，其方尽，多不仇。[②]上乃诛五利。

①【集解】徐广曰："《天官书》曰天极星明者，太一常居也。斗口三星曰天一。" ②【索隐】案：郑德云"相应为仇，谓其言语不相应，无验也"。

其冬，公孙卿候神河南，言见仙人迹缑氏城上，有物如雉，往来城上。天子亲幸缑氏城视迹。问卿："得毋效文成、五利乎？"卿曰："仙者非有求人主，人主者求之。其道非少宽假，神不来。言神事，事如迂诞，积以岁乃可致也。"于是郡国各除道，缮治宫观名山神祠所，以望幸(也)〔矣〕。

其春，既灭南越，上有嬖臣李延年以好音见。上善之，下公卿议，曰："民间祠尚有鼓舞乐，今郊祀而无乐，岂称乎？"公卿曰："古者祠天地皆有乐，而神祇可得而礼。"或曰："太帝使素女鼓五十弦瑟，悲，帝禁不止，故破其瑟为二十五弦。"于是塞南越，祷祠太一、后土，始用乐舞，益召歌儿，作二十五弦[①]及空侯[②]琴瑟自此起。

①【集解】徐广曰："瑟。" ②【集解】徐广曰："应劭云武帝令乐人

侯调始造此器。”

其来年冬，上议曰：“古者先振兵释旅，[①]然后封禅。”乃遂北巡朔方，勒兵十余万，还祭黄帝冢桥山，释兵须如。[②]上曰：“吾闻黄帝不死，今有冢，何也？”或对曰：“黄帝已仙上天，群臣葬其衣冠。”既至甘泉，为且用事泰山，先类祠太一。

①【集解】徐广曰：“古释字作泽。” ②【集解】徐广曰：“须，一作凉。”

自得宝鼎，上与公卿诸生议封禅。封禅用希旷绝，莫知其仪礼，而群儒采封禅《尚书》、《周官》、《王制》之望祀射牛事。齐人丁公年九十余，曰：“封禅者，合不死之名也。秦皇帝不得上封。陛下必欲上，稍上即无风雨，遂上封矣。”上于是乃令诸儒习射牛，草封禅仪。数年，至且行。天子既闻公孙卿及方士之言，黄帝以上封禅，皆致怪物与神通，欲放黄帝以上接神仙人蓬莱士，高世比德于九皇，而颇采儒术以文之。群儒既已不能辨明封禅事，又牵拘于《诗》、《书》古文而不能骋。上为封禅祠器示群儒，群儒或曰“不与古同”，徐偃又曰“太常诸生行礼不如鲁善”，周霸属图封禅事，于是上绌偃、霸，而尽罢诸儒不用。

三月，遂东幸缑氏，礼登中岳太室。从官在山下闻若有言“万岁”云。问上，上不言。问下，下不言。于是以三百户封太室奉祠，命曰崇高邑。东上泰山，泰山之草木叶未生，乃令人上石立之泰山巅。

上遂东巡海上，行礼祠八神。齐人之上疏言神怪奇方者以万数，然无验者。乃益发船，令言海中神山者数千人求蓬莱神人。公孙卿持节常先行候名山，至东莱，言夜见大人，长数丈，就之则不见，见其迹甚大，类禽兽云。群臣有言见一老父牵狗，言"吾欲见巨公"，已忽不见。上即见大迹，未信，及群臣有言老父，则大以为仙人也。宿留海上，予方士传车及间使求仙人以千数。

四月，还至奉高。上念诸儒及方士言封禅人人殊，不经，难施行。天子至梁父，礼祠地主。乙卯，令侍中儒者皮弁荐绅，射牛行事。封泰山下东方，如郊祠太一之礼。封广丈二尺，高九尺，其下则有玉牒书，书秘。礼毕，天子独与侍中奉车子侯上泰山，亦有封。其事皆禁。明日，下阴道。丙辰，禅泰山下址东北肃然山，如祭后土礼，天子皆亲拜见，衣上黄而尽用乐焉。江、淮间一茅三脊为神藉。五色土益杂封。纵远方奇兽飞禽及白雉诸物，颇以加礼。兕牛犀象之属不用。皆至泰山祭后土。封禅祠。其夜若有光，昼有白云起封中。

天子从禅还，坐明堂，群臣更上寿。于是制诏御史："朕以眇眇之身承至尊，兢兢焉惧不任。维德菲薄，不明于礼乐。修祠太一，若有象景光，屑如有望，震于怪物，欲止不敢，遂登封太山，至于梁父，而后禅肃然。自新，嘉与士大夫更始，赐民百户牛一酒十石，加年八十孤寡布帛二匹。复博、奉高、蛇丘、历城，无出今年租税。其大赦天下，如乙卯赦令。行所过毋有复作。事在二年前，皆勿听治。"又下诏曰："古者天子五载一巡狩，用事泰山，诸侯有朝宿地。其令诸侯各治邸泰山下。"

天子既已封泰山，无风雨灾，而方士更言蓬莱诸神若将可得，于是上欣然庶几遇之，乃复东至海上望，冀遇蓬莱焉。奉车子侯暴病，一日死。[①]上乃遂去，并海上，北至碣石，巡自辽西，历北边至九原。五月，反至甘泉。有司言宝鼎出为元鼎，以今年为元封元年。

①【索隐】《新论》云："武帝出玺印石，财有朕兆，子侯则没印，帝畏恶，故杀之。"《风俗通》亦云然。顾胤按：《武帝集》帝与子侯家语云"道士皆言子侯得仙，不足悲"。此说是也。

其秋，有星茀于东井。后十余日，有星茀于三能。望气王朔言："候独见填星[①]出如瓜，食顷复入焉。"有司皆曰："陛下建汉家封禅，天其报德星云。"

①【索隐】乐彦、包恺并作"旗星"。旗星即德星也。《符瑞图》云"旗星之极，芒艳如旗"。本亦作"旗"也。

其来年冬，郊雍五帝。还，拜祝祠太一。赞飨曰："德星昭衍，厥维休祥。寿星仍出，渊耀光明。信星昭见，皇帝敬拜太祝之享。"

其春，公孙卿言见神人东莱山，若云"欲见天子"。天子于是幸缑氏城，拜卿为中大夫。遂至东莱，宿留之数日，无所见，见大人迹云。复遣方士求神怪采芝药以千数。是岁旱。于是天子既出无名，乃祷万里沙，过祠泰山。还至瓠子，自临塞决河，留二日，沈祠而去。使二卿将卒塞决河，徙二渠，复禹之故迹焉。

是时既灭两越，越人勇之乃言："越人俗鬼，而其祠皆见鬼，数有效。昔东瓯王敬鬼，寿百六十岁。后世怠慢，故衰耗。"乃令越巫立越祝祠，安台无坛，亦祠天神上帝百鬼，而以鸡卜。上信之，越祠鸡卜始用。

公孙卿曰："仙人可见，而上往常遽，以故不见。今陛下可为观，如缑城，[①]置脯枣，神人宜可致也。且仙人好楼居。"于是上令长安则作蜚廉桂观，甘泉则作益延寿观，[②]使卿持节设具而候神人。乃作通天茎台，[③]置祠具其下，将招来仙神人之属。于是甘泉更置前殿，始广诸宫室。夏，有芝生殿房内中。[④]天子为塞河，兴通天台，若见有光云，乃下诏："甘泉房中生芝九茎，赦天下，毋有复作。"

①【集解】徐广曰："一云如缑氏城。" ②【索隐】小颜以为作益寿、延寿二馆。案：《汉武故事》云"作延寿观，高三十丈"。 ③【集解】徐广曰："在甘泉。"【索隐】案：《汉书》并无茎字，疑衍也。 ④【集解】徐广曰："元封二年。"

其明年，伐朝鲜。夏，旱。公孙卿曰："黄帝时封则天旱，乾封三年。"上乃下诏曰："天旱，意乾封乎？其令天下尊祠灵星焉。"

其明年，上郊雍，通回中道，巡之。春，至鸣泽，从西河归。

其明年冬，上巡南郡，[①]至江陵而东。登礼灊之天柱山，号曰南岳。浮江，自寻阳出枞阳，过彭蠡，礼其名山川。北至琅邪，并海上。四月中，至奉高修封焉。

①【集解】徐广曰："元封五年。"

初，天子封泰山，泰山东北址古时有明堂处，处险不敞。上欲治明堂奉高旁，未晓其制度。济南人公王带上黄帝时明堂图。明堂图中有一殿，四面无壁，以茅盖，通水，圜宫垣为复道，上有楼，从西南入，命曰昆仑，天子从之入，以拜祠上帝焉。于是上令奉高作明堂汶上，[①]如带图。及五年修封，则祠太一、五帝于明堂上坐，令高皇帝祠坐对之。祠后土于下房，以二十太牢。天子从昆仑道入，始拜明堂如郊礼。礼毕，燎堂下。而上又上泰山，自有秘祠其巅。而泰山下祠五帝，各如其方，黄帝并赤帝，而有司侍祠焉。山上举火，下悉应之。

①【集解】徐广曰："在元封二年秋。"

其后二岁，十一月甲子朔旦冬至，推历者以本统。天子亲至泰山，以十一月甲子朔旦冬至日祠上帝明堂，毋修封禅。[①]其赞飨曰："天增授皇帝太元神策，周而复始。皇帝敬拜太一。"东至海上，考入海及方士求神者，莫验，然益遣，冀遇之。

①【集解】徐广曰："常五年一修耳，今适二年，故但祠于明堂。"

十一月乙酉，柏梁灾。十二月甲午朔，上亲禅高里，祠后土。临勃海，将以望祀蓬莱之属，冀至殊廷焉。

上还，以柏梁灾故，朝受计甘泉。公孙卿曰："黄帝就青灵台，十二日烧，黄帝乃治明廷。明廷，甘泉也。"方士多言古帝王有都甘泉者。其后天子又朝诸侯甘泉，甘泉作诸侯邸。勇之乃曰："越俗有火灾，复起屋必以大，用胜服之。"于是作建章宫，度为千门万户。前殿度高未央。其东则凤阙，高二十余丈。其西则唐中，数十里虎圈。其北治大池，渐台高二十余丈，命曰太液池，中有蓬莱、方丈、瀛州、壶梁，象海中神山龟鱼之属。其南有玉堂、璧门、大鸟之属。乃立神明台、井干楼，度五十丈，辇道相属焉。

夏，汉改历，以正月为岁首，而色上黄，官名更印章以五字，为太初元年。是岁，西伐大宛。蝗大起。丁夫人、洛阳虞初等以方祠诅匈奴、大宛焉。

其明年，有司上言雍五畤无牢熟具，芬芳不备。乃令祠官进畤犊牢具，色食所胜，而以木禺马代驹焉。独五月尝驹，行亲郊用驹。及诸名山川用驹者，悉以木禺马代。行过，乃用驹。他礼如故。

其明年，东巡海上，考神仙之属，未有验者。方士有言"黄帝时为五城十二楼，以候神人于执期，命曰迎年"。上许作之如方，命曰明年。上亲礼祠上帝焉。

公王带曰："黄帝时虽封泰山，然风后、封巨、岐伯令黄帝封东泰山，禅凡山，[①]合符，然后不死焉。”天子既令设祠具，至东泰山，〔东〕泰山卑小，不称其声，乃令祠官礼之，而不封禅焉。其后令带奉祠候神物。夏，遂还泰山，修五年之礼如前，而加以禅祠石闾。石闾者，在泰山下址南方，方士多言此仙人之闾也，故上亲禅焉。

①【集解】徐广曰："一作丸。"

其后五年，复至泰山修封。[①]还过祭恒山。

①【集解】徐广曰："天汉三年。"

今天子所兴祠，太一、后土，三年亲郊祠，建汉家封禅，五年一修封。薄忌太一及三一、冥羊、马行、赤星，五，宽舒之祠官[①]以岁时致礼。凡六祠，皆太祝领之。至如八神诸神，明年、凡山他名祠，行过则祠，行去则已。方士所兴祠，各自主，其人终则已，祠官不主。他祠皆如其故。今上封禅，其后十二岁而还，遍于五岳、四渎矣。而方士之候祠神人，入海求蓬莱，终无有验。而公孙卿之候神者，犹以大人之迹为解，无有效。天子益怠厌方士之怪迂语矣，然羁縻不绝，冀遇其真。自此之后，方士言神祠者弥众，然其效可睹矣。

①【索隐】案：《郊祀志》云"祠官宽舒议祠后土为五坛"，故谓之"五宽舒祠官"也。

太史公曰：余从巡祭天地诸神名山川而封禅焉。入寿宫侍祠神语，究观方士祠官之意，于是退而论次自古以来用事于鬼神者，具见其表里。后有君子，得以览焉。若至俎豆珪币之详，献酬之礼，则有司存。

索隐述赞曰：《礼》载“升中”，《书》称“肆类”。古今盛典，皇王能事。登封报天，降禅除地。飞英腾实，金泥石记。汉承遗绪，斯道不坠。仙闾、肃然，扬休勒志。

卷二十九

河渠书第七

《夏书》曰：禹抑洪水十三年，过家不入门。[①]陆行载车，水行载舟，泥行蹈毳，山行即桥。[②]以别九州，随山浚川，任土作贡。通九道，陂九泽，[③]度九山。[④]然河灾衍溢，害中国也尤甚。唯是为务。故道河自积石历龙门，[⑤]南到华阴，[⑥]东下砥柱，[⑦]及孟津、[⑧]洛汭，至于大邳。[⑨]于是禹以为河所从来者高，水湍悍，[⑩]难以行平地，数为败，乃厮二渠以引其河。[⑪]北载之高地，过降水，[⑫]至于大陆，[⑬]播为九河，[⑭]同为逆河，入于勃海。[⑮]九川既疏，九泽既洒，诸夏艾安，功施于三代。

①【索隐】抑音忆。抑者，遏也。洪水滔天，故禹遏之，不令害人也。《汉书·沟洫志》作堙。堙，抑，皆塞也。　②【集解】徐广曰："桥，近遥反。一作檋。檋，直辕车也，音己足反。《尸子》曰'山行乘樏'。音力追反。又曰'行涂以楯，行险以撮，行沙以轨'。又曰'乘风车'。音去乔反。"【索隐】毳字亦作橇，同音昌芮反。注以撮，子芮反，又子绝反，与蕝音同。③【正义】颜师古云："通九州之道，及障遏其泽也。"　④【正义】度，田洛反。《释名》云"山者，产也"。治水以志九州山泽所生物产，言于地所宜，商而度之，以制贡赋也。　⑤【正义】在同州韩城县北五十里，为凿广八十步。　⑥【正义】华阴县也。魏之阴晋，秦惠文王更名宁秦，汉高帝改曰华阴也。　⑦【正义】底柱山俗名三门山，在硖石县东北五十里，在河

之中也。 ⑧【正义】在洛州河阳县南门外也。 ⑨【正义】孔安国云："山再成曰邳。"按：在卫州黎阳县南七里是也。 ⑩【集解】韦昭曰："湍，疾。悍，强也。" ⑪【集解】《汉书音义》曰："厮，分也。二渠，其一出贝丘西南二折者也，其一则漯川。"【索隐】厮，《汉书》作"釃"，《史记》旧本亦作"洒"，字从水。按：韦昭云"疏决为釃"，字音疏跬反。厮，即分其流泄其怒是也。又按：二渠，其一即漯川，其二王莽时遂空也。 ⑫【正义】降水源出潞州屯留县西南方山东北。 ⑬【正义】大陆泽在邢州及赵州界，一名广河泽，一名巨鹿泽也。 ⑭【正义】言过降水及大陆水之口，至冀州分为九河。 ⑮【集解】瓒曰："《禹贡》云'夹石碣石入于海'，然则河口之入海乃在碣石也。武帝元光二年，河徙东郡，更注勃海。禹之时不注勃海也。"

自是之后，荥阳下引河东南为鸿沟，[①]以通宋、郑、陈、蔡、曹、卫，与济、汝、淮、泗会。于楚，西方则通渠汉水、云梦之野，东方则通(鸿)沟江、淮之间。于吴，则通渠三江、五湖。[②]于齐，则通灾、济之间。于蜀，蜀守冰[③]凿离碓，[④]辟沫水之害，[⑤]穿二江成都之中。[⑥]此渠皆可行舟，有余则用溉浸，百姓飨其利。至于所过，往往引其水益用溉田畴之渠，以万亿计，然莫足数也。

①【索隐】楚、汉中分之界，文颖云即今官渡水也。盖为二渠：一南经阳武，为官渡水；一东经大梁城，即鸿沟，今之汴河是也。 ②【集解】韦昭曰："五湖，湖名耳，实一湖，今太湖是也，在吴西南。"【索隐】三江，按《地理志》北江从会稽毗陵县北东入海，中江从丹阳芜湖县东北至会稽阳羡县东入海，南江从会稽吴县南东入海，故《禹贡》有北江、中江也。五湖者，郭璞《江赋》云具区、洮滆，彭蠡、青草、洞庭是也。又云太湖周五百里，故曰五湖。 ③【集解】《汉书》曰："冰姓李。" ④【集解】晋灼曰："古堆字

也。” ⑤【索隐】辟音避。沫音末。按:《说文》云“沫水出蜀西南徼外,与青衣合,东南入江”也。 ⑥【正义】《括地志》云:“大江一名汶江,一名管桥水,一名清江,亦名水江,西南自温江县界流来。”又云:“郫江一名成都江,一名市桥江,亦名中日江,亦曰内江,西北自新繁县界流来。二江并在益州成都县界。任豫《益州记》云‘二江者,郫江、流江也’。《风俗通》云‘秦昭王使李冰为蜀守,开成都县两江,溉田万顷。神须取女二人以为妇,冰自以女与神为婚,径至祠劝神酒,酒杯澹澹,因厉声责之,因忽不见。良久,有两苍牛斗于江岸,有间,辄还,流汗谓官属曰:“吾斗疲极,不当相助耶?南向腰中正白者,我绶也。”主簿刺杀北面者,江神遂死’。《华阳国志》云‘蜀时濯锦流江中,则鲜明也’。”

西门豹引漳水溉邺,[①]以富魏之河内。

①【正义】《括地志》云:“漳水一名浊漳水,源出潞州长子县西力黄山。《地理志》云浊漳水在长子鹿谷山,东至邺,入清漳。”按:力黄、鹿谷二山,北鹿也。邺,相州之县也。

而韩闻秦之好兴事,欲罢之,毋令东伐,[①]乃使水工郑国[②]间说秦,令凿泾水自中山西邸瓠口为渠,[③]并北山东注洛[④]三百余里,欲以溉田。中作而觉,秦欲杀郑国。郑国曰:“始臣为间,然渠成亦秦之利也。”[⑤]秦以为然,卒使就渠。渠就,用注填阏之水,溉泽卤之地四万余顷,[⑥]收皆亩一钟。于是关中为沃野,无凶年,秦以富强,卒并诸侯,因命曰郑国渠。

①【集解】如淳曰:“欲罢劳之,息秦伐韩之计。” ②【集解】书昭

曰："郑国能治水，故曰水工。" ③【索隐】小颜云"中音仲，即今九嵏山之东仲山是也。邸，至也"。瓠口即谷口，乃《郊祀志》所谓"寒门谷口"是也。与池阳相近，故曰"田于何所，池阳谷口"也。【正义】《括地志》云："中山一名仲山，在雍州云阳县西十五里。又云焦获薮，亦名瓠，在泾阳北城外也。"邸，至也。至渠首起云阳县西南二十五里，今枯也。 ④【集解】徐广曰："出冯翊怀德县。" ⑤【索隐】《沟洫志》郑国云"臣为韩延数岁之命，为秦建万代之功"是也。 ⑥【索隐】溉音古代反。泽，一作舄，音昔，又并音尺。本或作斥，则如字读之。

汉三十九年，孝文时河决酸枣，东溃金堤，[①]于是东郡大兴卒塞之。

①【正义】《括地志》云："金堤一名千里堤，在白马县东五里。"

其后四十有余年，今天子元光之中，而河决于瓠子，东南注巨野，[①]通于淮、泗。于是天子使汲黯、郑当时兴人徒塞之，辄复坏。是时武安侯田蚡为丞相，其奉邑食鄃。[②]鄃居河北，河决而南则鄃无水灾，邑收多。蚡言于上曰："江河之决皆天事，未易以人力为强塞，塞之未必应天。"而望气用数者亦以为然。于是天子久之不事复塞也。

①【正义】《括地志》云："郓州巨野县东北大泽是。" ②【索隐】音输。韦昭云"清河县也"。【正义】贝州县也。

是时郑当时为大农，言曰："异时关东漕粟从渭中上，度六月而罢，而漕水道九百余里，时有难处。引渭穿渠起长安，并南山下，至河三百余里，径，易漕，度可令三月罢。而渠下民田万余顷，又可得以溉田，此损漕省卒，而益肥关中之地，得谷。”天子以为然，令齐人水工徐伯表，[①]悉发卒[②]数万人穿漕渠，三岁而通。通，以漕，大便利。其后漕稍多，而渠下之民颇得以溉田矣。

①【索隐】旧说，徐伯表水工姓名也。小颜以为表者，巡行穿渠之处而表记之，若今竖标，表不是名也。 ②【集解】徐广曰："一云悉众。"

其后河东守番系[①]言："漕从山东西，[②]岁百余万石，更砥柱之限，败亡甚多，而亦烦费。穿渠引汾[③]溉皮氏、汾阴下，[④]引河溉汾阴，蒲坂下，度可得五千顷。五千顷故尽河壖弃地，[⑤]民茭牧其中耳，[⑥]今溉田之，度可得谷二百万石以上。谷从渭上，与关中无异，而砥柱之东可无复漕。”天子以为然，发卒数万人作渠田。数岁，河移徙，渠不利，则田者不能偿种。久之，河东渠田废，予越人，令少府以为稍入。[⑦]

①【索隐】上音婆，又音潘。按：《诗·小雅》云“番维司徒”，番，氏也。下音系也。 ②【索隐】按：谓从山东运漕而西入关也。 ③【正义】《括地志》云："汾水源出岚州静乐县北百三十里管涔山北，东南流，入并州，即西南流，入至绛州、蒲州入河也。" ④【正义】《括地志》云："皮氏故城在绛州龙门县西百三十步。自秦、汉、魏、晋，皮氏县皆治此。汾阴故城俗名殷汤城，在蒲汾阴县北九里，汉汾阴县是也。" ⑤【集解】韦昭曰："壖音而缘反。谓缘河边地也。"【索隐】又音人兖反。 ⑥【索隐】茭，乾草也。谓人收茭及牧畜于中也。 ⑦【集解】如淳曰："时越人有徙者，以田与之，其租税入少府。"【索隐】其田既薄，越人徙居者习水利，故与之，而

稍少其税，入之于少府。

其后人有上书欲通褒斜道[①]及漕事，下御史大夫张汤。汤问其事，因言："抵蜀从故道，[②]故道多阪，回远。今穿褒斜道，少阪，近四百里；而褒水通沔，斜水通渭，皆可以行船漕。漕从南阳[③]上沔入褒，褒之绝水至斜，间百余里，以车转，从斜下下渭。如此，汉中之谷可致，山东从沔无限，[④]便于砥柱之漕。且褒斜材木竹箭之饶，拟于巴、蜀。"天子以为然，拜汤子卬为汉中守，发数万人作褒斜道五百余里。道果便近，而水湍石，[⑤]不可漕。

①【集解】韦昭曰："褒中县也。斜，谷名，音邪。"瓒曰："褒，斜，二水名。"【正义】《括地志》云："褒谷在梁州褒城县北五十里。斜水源出褒城县西北九十八里衙岭山，与褒水同源而派流，《汉书·沟洫志》云'褒水通沔，斜水通渭，皆以行船'是也。"按：褒城即褒中县也。　②【正义】《括地志》云："凤州两当县，本汉故道县也，在州西五十里。"　③【正义】南阳县即今邓州。　④【正义】无限，言多也。山东，谓河南之东，山南之东及江南、淮南，皆经砥柱（主）〔上〕运，今并从沔，便于三门之漕也。　⑤【集解】徐广曰："湍，一本作溲。"

其后庄熊罴言："临晋[①]民愿穿洛以溉重泉[②]以东万余顷故卤地。诚得水，可令亩十石。"于是为发卒万余人穿渠，自征[③]引洛水至商颜山下。[④]岸善崩，[⑤]乃凿井，深者四十余丈。往往为井，井下相通行水。水颓以绝商颜，[⑥]东至山岭十余里间。井渠之生自此始。穿渠得龙骨，[⑦]故名曰龙首渠。作之十余岁，渠颇通，犹未得其饶。

①【正义】《括地志》云:“同州本临晋城也。一名大荔城,亦曰冯翊城。” ②【正义】洛,漆沮水也。《括地志》云:“重泉故城在同州蒲城县东南四十五里,在同州西北亦四十五里。” ③【集解】应劭曰:“征在冯翊。”【索隐】音惩,县名也。小颜云即今之澄城也。 ④【集解】服虔曰:“颜音崖。或曰商颜,山名也。”【索隐】颜音崖,又如字。商颜,山名也。 ⑤【集解】如淳曰:“洛水岸。”【正义】言商原之崖岸,土性疏,故善崩毁也。 ⑥【集解】瓒曰:“下流曰颓。” ⑦【正义】《括地志》云:“伏龙祠在同州冯翊县西北四十里。故老云汉时自征穿渠引洛,得龙骨,其后立祠,因以伏龙为名。今祠颇有灵验也。”

自河决瓠子后二十余岁,岁因以数不登,而梁、楚之地尤甚。天子既封禅巡祭山川,其明年,旱,乾封少雨。天子乃使汲仁、郭昌发卒数万人塞瓠子决。于是天子已用事万里沙,[①]则还自临决河,沈白马玉璧于河,令群臣从官自将军已下皆负薪置决河。是时东郡烧草,以故薪柴少,而下淇园之竹[②]以为楗。[③]

①【正义】《括地志》云:“万里沙在华州郑县东北二十里也。” ②【集解】晋灼曰:“卫之苑也。多竹篠。” ③【集解】如淳曰:“树竹塞水决之口,稍稍布插接树之,水稍弱,补令密,谓之楗。以草塞其里,乃以土填之。有石,以石为之。音建。”【索隐】楗音其免反。楗者,树于水中,稍下竹及土石也。

天子既临河决,悼功之不成,乃作歌曰:“瓠子决兮将奈何?皓皓旰旰兮闾殚为河!①殚为河兮地不得宁,功无已时兮吾山平。[②]吾山平兮巨野溢,[③]鱼沸郁兮柏冬日。[④]延道弛兮离常流,[5]蛟龙骋兮方远游。归旧川兮神哉沛,[6]不封禅兮安知外。为我谓河伯兮何不仁,泛滥不止兮愁吾人。啮桑浮兮淮、泗满,[7]久不反兮水维缓。"一曰:"河汤汤兮激潺湲,北渡污兮浚流难。搴长茭兮沈美玉,[8]河伯许兮薪不属。[9]薪不属兮卫人罪,烧萧条兮噫乎何以御水。颓林竹兮楗石灾,[10]宣房塞兮万福来。"于是卒塞瓠子,筑宫其上,名曰宣房宫。而道河北行二渠,复禹旧迹,而梁、楚之地复宁,无水灾。

①【集解】如淳曰:"殚,尽也。"骃谓州闾尽为河。　②【集解】徐广曰:"东郡东阿有鱼山,或者是乎?"骃按:如淳曰"恐水渐山使平也"。韦昭曰"凿山以填河也"。　③【集解】如淳曰:"瓠子决,灌巨野泽使溢也。"　④【集解】徐广曰:"柏,犹迫也。冬日行天边,若与水相连矣。"骃按:《汉书音义》曰"巨野满溢,则众鱼沸郁而滋长也。迫冬日乃止"。　⑤【集解】徐广曰:"延,一作正。"骃按:晋灼曰"言河道皆弛坏也"。【索隐】言河之决,由其源道延长弛溢,故使其道皆离常流。　⑥【集解】瓒曰:"水还旧道,则群害消除,神祐滂沛。"　⑦【集解】张晏曰:"啮桑,地名也。"如淳曰:"邑名,为水所浮漂。"　⑧【集解】如淳曰:"搴,取也。茭,草也,音郊。一曰茭,竿也。取长竿树之,用著石间,以塞决河。"瓒曰:"竹苇絙谓之茭,下所以引致土石者也。"【索隐】搴音己免反。茭音交,竹苇絙也。一作"茷",音废,邹氏又音绋也。　⑨【集解】如淳曰:"旱烧,故薪不足。"　⑩【集解】如淳曰:"河决,楗不能禁,故言灾。"韦昭曰:"楗,柱也。木立死曰灾。"

自是之后,用事者争言水利。朔方、西河、河西、酒泉皆引河及川谷以溉田。而关中辅渠、灵轵[1]引堵水。[2]汝南、九江引淮。东海引巨定；[3]泰山下引汶水，皆穿渠为溉田，各万余顷。佗小渠披山通道者，不可胜言。然其著者在宣房。

①【集解】如淳曰："《地理志》盩厔有灵轵渠。"【索隐】按：《沟洫志》儿宽为左内史，奏请穿六辅渠。小颜云"今尚谓之辅渠，亦曰六渠也"。②【集解】徐广曰："一作诸川。" ③【集解】瓒曰："巨定，泽名。"

太史公曰：余南登庐山，观禹疏九江，遂至于会稽太湟，[1]上姑苏，望五湖。东窥洛汭、大邳，迎河，行淮、泗、济、漯洛渠。西瞻蜀之岷山及离碓。北自龙门至于朔方。曰：甚哉，水之为利害也。余从负薪塞宣房，悲《瓠子》之诗而作《河渠书》。[2]

①【集解】徐广曰："一作湿。" ②【集解】徐广曰："《沟洫志》行田二百亩，分赋田与一夫二百亩，以田恶，故更岁耕之。"

索隐述赞曰：水之利害，自古而然。禹疏沟洫，随山浚川。爰洎后世，非无圣贤。鸿沟既划，龙骨斯穿。填阏攸垦，黎蒸有年。宣房在咏，梁、楚获全。

卷三十

平准书第八

【集解】《汉书·百官表》曰大司农属官有平准令。【索隐】大司农属官有平准令丞者，以均天下郡国转贩，贵则卖之，贱则买之，贵贱相权输，归于京都，故命曰“平准”。

汉兴，接秦之弊，丈夫从军旅，老弱转粮饷，作业剧而财匮，自天子不能具钧驷，[①]而将相或乘牛车，齐民无藏盖。[②]于是为秦钱重难用，[③]更令民铸钱，[④]一黄金一斤，[⑤]约法省禁。而不轨逐利之民，蓄积余业以稽市物，物踊腾粜，[⑥]米至石万钱，马一匹则百金。[⑦]

①【索隐】天子驾驷马，其色宜齐同。今言国家贫，天子不能具钧色之驷马。《汉书》作“醇驷”，“醇”与“纯”同，纯一色也。或作“骍”，非也。②【集解】如淳曰：“齐等无有贵贱，故谓之齐民。若今言‘平民’矣。”晋灼曰：“中国被教之民也。”苏林曰：“无物可盖藏也。” ③【索隐】顾氏按：《古今注》云“秦钱半两，径一寸二分，重十二铢”。 ④【集解】《汉书·食货志》曰：“铸榆荚钱。”【索隐】《食货志》云“铸荚钱”。按：《古今注》云榆荚钱重三铢，《钱谱》云文为“汉兴”也。 ⑤【索隐】按：如淳云“时以钱为货，黄金一斤直万钱”，非也。又臣瓒下注云“秦以一溢为一金，汉以一斤为一金”，是其义也。 ⑥【集解】李奇曰：“稽，贮滞也。”如淳曰：“稽，考也。考校市物价，贵贱有时。”晋灼曰：“踊，甚也。言计市物贱而豫益稸之

也。物贵而出卖，故使物甚腾也。《汉书》‘粜’字作‘跃’。”【索隐】李奇云“稽，贮滞”。韦昭云“稽，留待也”。稽字当如李、韦二释。晋灼及马融训稽为计及考，于义为疏。如淳云“踊腾犹低昂也。低昂者，乍贱乍贵也。”今按：《汉书》“粜”字作“跃”者，谓物踊贵而价起，有如物之腾跃而起也。然粜者出卖之名，故《食货志》云“大熟则上粜三而舍一”是也。 ⑦【集解】瓒曰：“秦以一溢为一金，汉以一斤为一金。”

天下已平，高祖乃令贾人不得衣丝乘车，重租税以困辱之。孝惠、高后时，为天下初定，复弛商贾之律，然市井之子孙亦不得仕宦为吏。量吏禄，度官用，以赋于民。而山川园池市井①租税之入，自天子以至于封君汤沐邑，皆各为私奉养焉，不领于天下之经费。②漕转山东粟，以给中都官，③岁不过数十万石。

①【正义】古人未有市，(及井)若朝聚井汲水，便将货物于井边货卖，故言市井也。 ②【索隐】按：经训常。言封君已下皆以汤沐邑为私奉养，故不领入天子之常税，为一年之费也。 ③【索隐】按：中都，犹都内也，皆天子之仓府。以给中都官者，即今太仓以畜官储是也。

至孝文时，荚钱益多，轻，①乃更铸四铢钱，其文为“半两”，令民纵得自铸钱。故吴，诸侯也，以即山铸钱，②富埒天子，③其后卒以叛逆。邓通，大夫也，以铸钱财过王者。故吴，邓氏钱布天下，而铸钱之禁生焉。

①【集解】如淳曰：“如榆荚也。” ②【索隐】按：即训就。就山铸钱，故下文云“铜山”是也。一解，即山，山名也。 ③【集解】徐广曰：

“埒者，际畔。言邻接相次也。”骃按：孟康曰“富与天子等而微减也。或曰埒，等也。”

匈奴数侵盗北边，屯戍者多，边粟不足给食当食者。于是募民能输及转粟于边者拜爵，爵得至大庶长。①

①【索隐】按：《汉书·食货志》云文帝用晁错言，“令人入粟边六百石，爵上造；稍增至四千石，为五大夫；万二千石，为大庶长；各以多少为差”。

孝景时，上郡以西旱，亦复修卖爵令，而贱其价以招民；及徒复作，得输粟县官以除罪。益造苑马以广用，①而宫室列观舆马益增修矣。

①【索隐】谓增益苑囿，造厩而养马以广用，则马是军国之用也。

至今上即位数岁，汉兴七十余年之间，国家无事，非遇水旱之灾，民则人给家足，都鄙廪庾皆满，而府库余货财。京师之钱累巨万，①贯朽而不可校。②太仓之粟陈陈相因，充溢露积于外，至腐败不可食。众庶街巷有马，阡陌之间成群，而乘字牝者傧而不得聚会。③守闾阎者食粱肉，为吏者长子孙，④居官者以为姓号。⑤故人人自爱而重犯法，先行义而后绌耻辱焉。当此之时，网疏而民富，役财骄溢，或至兼并豪党之徒，以武断于乡曲。⑥宗室有土公卿大夫以下，争于奢侈，室庐舆服僭于上，无限度。物盛而衰，固其变也。

①【集解】韦昭曰："巨万，今万万。" ②【集解】如淳曰："校，数也。" ③【集解】《汉书音义》曰："皆乘父马，有牝马间其间则相踶齿，故斥不得出会同。" ④【集解】如淳曰："时无事，吏不数转，至于子孙长大而不转职任。" ⑤【集解】如淳曰："仓氏、庾氏是也。"【索隐】案：如淳注出《食货志》。 ⑥【索隐】谓乡曲豪富无官位，而以威势主断曲直，故曰武断也。

自是之后，严助、朱买臣等招来东瓯，[①]事两越，[②]江、淮之间萧然烦费矣。唐蒙、司马相如开路西南夷，凿山通道千余里，以广巴、蜀，巴、蜀之民罢焉。彭吴[③]贾灭朝鲜，[④]置沧海之郡，则燕、齐之间靡然发动。及王恢设谋马邑，匈奴绝和亲，侵扰北边，兵连而不解，天下苦其劳，而干戈日滋。行者赍，居者送，中外骚扰而相奉，百姓抏獘[⑤]以巧法，财赂衰耗而不赡。入物者补官，出货者除罪，选举陵迟，廉耻相冒，武力进用，法严令具。兴利之臣自此始也。[⑥]

①【正义】乌侯反。今台州永宁是也。 ②【正义】南越及闽越。南越，今广州南海也。闽越，今建州建安也。 ③【索隐】人姓名。 ④【索隐】彭吴始开其道而灭之也。 ⑤【索隐】按：《三苍》音五官反。邹氏又五乱反。按：抏者，耗也，消耗之名。言百姓贫獘，故行巧抵之法也。 ⑥【集解】韦昭曰："桑弘羊、孔仅之属。"

其后汉将岁以数万骑出击胡，及车骑将军卫青取匈奴河南地，[①]筑朔方。[②]当是时，汉通西南夷道，作者数万人，千里负担馈粮，率十余钟致一石，[③]散币于邛、僰[④]以集之。数岁道不通，蛮夷因以数攻，吏发兵诛之。[⑤]悉巴、蜀租赋不足以更之，[6]乃募豪民田南夷，入粟县官，而内受钱于都内。[7]东至沧海之郡，人徒之费拟于南夷。又兴十万余人筑卫朔方，转漕[8]甚辽远，自山东咸被其劳，费数十百巨万，府库益虚。乃募民能入奴婢得以终身复，为郎增秩，及入羊为郎，始于此。

①【正义】谓灵、夏三州地，取在元朔二年。　②【正义】今夏州也。《括地志》云："夏州，秦上郡，汉分置朔方郡，魏不改，隋置夏州也。"　③【集解】《汉书音义》曰："钟六石四斗。"　④【索隐】应劭云："临邛属蜀，僰属犍为。"　⑤【索隐】谓发军兴以诛之也。　⑥【集解】韦昭曰："更，续也。或曰更，偿也。"　⑦【集解】服虔曰："入谷于外县，受钱于内府也。"　⑧【索隐】按：《说文》云"漕，水转谷也"。一云车运曰转，水运曰漕也。

其后四年，[1]而汉遣大将将六将军，军十余万，击右贤王，获首虏万五千级。明年，大将军将六将军仍再出击胡，得首虏万九千级。捕斩首虏之士受赐黄金二十余万斤，虏数万人皆得厚赏，衣食仰给县官；而汉军之士马死者十余万，兵甲之财转漕之费不与焉。于是大农陈[2]藏钱经耗，赋税既竭，犹不足以奉战士。有司言："天子曰'朕闻五帝之教不相复而治，禹、汤之法不同道而王，所由殊路，而建德一也。北边未安，朕甚悼之。日者，大将军攻匈奴，斩首虏万九千级，留蹛无所食。[3]议令民得买爵及赎禁锢免减罪'。请置赏官，命曰武功爵。[4]级十七万，凡直三十余万金。[5]诸买武功爵官首者试补吏，先除。[6]千夫如五大夫。[7]其有罪又减二等。爵得至乐卿，[8]以显军功。"军功多用越等，大者封侯卿大夫，小者郎吏。吏道杂而多端，则官职耗废。

①【集解】徐广曰："元朔五年也。" ②【集解】韦昭曰："陈，久也。" ③【索隐】留蹛无所食。蹛音迭，谓贮也。韦昭音滞，谓积也。又按：《古今字诂》"墆"今"滞"字，则墆与滞同。按：谓富人贮滞积谷，则贫者无所食也。 ④【集解】瓒曰："《茂陵中书》有武功爵：一级曰造士，二级曰闲舆卫，三级曰良士，四级曰元戎士，五级曰官首，六级曰秉铎，七级曰千夫，八级曰乐卿，九级曰执戎，十级曰左庶长，十一级曰军卫。此武帝所制以宠军功。" ⑤【索隐】大颜云"一金，万钱也。计十一级，级十七万，合百八十七万金"。自此云"三十余万金"，其数必有误者。顾氏按：〔或〕解云初一级十七万，自此已上每级加二万，至十一级，合成三十七万也。 ⑥【索隐】官首，武功爵第五也，位稍高，故得试为吏，先除用也。 ⑦【索隐】千夫，武功爵第七；五大夫，二十爵第九也。言千夫爵秩比于五大夫二十爵第九，故杨仆以千夫为吏是也。 ⑧【集解】徐广曰："爵名也。"骃案：《汉书音义》曰"十爵左庶长以上至十八爵为大庶长也，名乐卿。乐卿者，朝位从九卿，加'乐'者，别正卿。又十九爵为乐公，食公卿禄而无职也"。【索隐】按：此言武功置爵惟得至于乐卿也。臣瓒所引《茂陵书》，盖后人记其爵失次耳。今注称十爵至十八庶长为乐卿，十九至二十为乐公，乃以旧二十爵释武功爵，盖亦臆说，非也。大颜亦以为然。

自公孙弘以《春秋》之义绳臣下取汉相，张汤用峻文决理为廷尉，于是见知之法生，[1]而废格沮诽[2]穷治之狱用矣。其明年，淮南、衡山、江都王谋反迹见，而公卿寻端治之，竟其党与，而坐死者数万人，长吏益惨急而法令明察。

①【集解】张晏曰："吏见知不举劾为故纵。" ②【集解】如淳曰：

“废格天子文法，使不行也。诽谓非上所行，若颜异反唇之比也。”【索隐】格音阁。沮音才绪反。诽音非。按：谓废格天子之命而不行，及沮败诽谤之者，皆被穷治，故云废格沮诽之狱用矣。

当是之时，招尊方正贤良文学之士，或至公卿大夫。公孙弘以汉相，布被，食不重味，为天下先。然无益于俗，稍骛于功利矣。

其明年，骠骑仍再出击胡，获首四万。其秋，浑邪王率数万之众来降，于是汉发车二万乘迎之。既至，受赏，赐及有功之士。是岁费凡百余巨万。

初，先是往十余岁河决观，[①]梁、楚之地固已数困，而缘河之郡堤塞河，辄决坏，费不可胜计。其后番系欲省厎柱之漕，穿汾、河渠以为溉田，作者数万人。郑当时为渭漕渠回远，凿直渠自长安至华阴，作者数万人。朔方亦穿渠，作者数万人，各历二三期，功未就，费亦各巨万十数。

①【集解】徐广曰：“观，县名也。属东郡，光武改曰卫，公国。”

天子为伐胡，盛养马，马之来食长安者数万匹，卒牵掌者关中不足，乃调旁近郡。而胡降者皆衣食县官，县官不给，天子乃损膳，解乘舆驷，出御府禁藏以赡之。

其明年，山东被水灾，民多饥乏。于是天子遣使者虚郡国仓廥[①]以振贫民。犹不足，又募豪富人相贷假。尚不能相救，乃徙贫民于关以西，及充朔方以南新秦中，[②]七十余万口,衣食皆仰给县官。数岁,假予产业,使者分部护之,冠盖相望。其费以亿计,不可胜数。

①【集解】徐广曰:"音脍。" ②【集解】服虔曰:"地名,在北方千里。"如淳曰:"长安已北,朔方已南。"瓒曰:"秦逐匈奴以收河南地,徙民以实之,谓之新秦。今以地空,故复徙民以实之。"

于是县官大空,而富商大贾或蹛财役贫,①转毂百数,②废居③居邑,④封君皆低首仰给。⑤冶铸煮盐,财或累万金,而不佐国家之急,黎民重困。于是天子与公卿议,更钱造币以赡用,而摧浮淫并兼之徒。是时禁苑有白鹿而少府多银锡。自孝文更造四铢钱,至是岁四十余年,从建元以来,用少,县官往往即多铜山而铸钱,民亦间盗铸钱,不可胜数。钱益多而轻,⑥物益少而贵。⑦有司言曰:"古者皮币,诸侯以聘享。金有三等,黄金为上,白金为中,赤金为下。⑧今半两钱法重四铢,⑨而奸或盗摩钱里取鋊,⑩钱益轻薄而物贵,则远方用币烦费不省。"乃以白鹿皮方尺,缘以藻缋,⑪为皮币,直四十万。王侯宗室朝觐聘享,必以皮币荐璧,然后得行。

①【集解】《汉书音义》曰:"蹛,停也。一曰贮也。"【索隐】萧该按:《字林》云"贮,尘也,音伫"。此谓居积停滞尘久也。或作"贮",子贡发贮鬻财是也。 ②【集解】李奇曰:"车也。" ③【集解】徐广曰:"废居者,贮畜之名也。有所废,有所畜,言其乘时射利也。"【索隐】刘氏云:"废,出卖。居,停蓄也。"是出卖于居者为废,故徐氏云"有所废,有所畜"是也。 ④【集解】骃按:服虔曰"居谷于邑也"。如淳曰"居贱物于邑中,以待贵也"。【索隐】服虔云"居谷于邑中"是也。 ⑤【集解】晋灼曰:"低音抵

距。”服虔曰:“仰给于商贾。”【索隐】按:服虔云“仰给于商贾”,是也。而刘伯庄以为“封君及大商皆低首营私以自给,不佐天子”,非也。　⑥【集解】如淳曰:“磨钱取鋊故也。”瓒曰:“铸钱者多,故钱轻。轻亦贱也。”⑦【集解】如淳曰:“但铸作钱,不作余物。”　⑧【集解】《汉书音义》曰:“白金,银也。赤金,丹阳铜也。”【索隐】《说文》云:“铜,赤金也。”注云“丹阳铜”者,《神异经》云西方金山有丹阳铜也。　⑨【集解】韦昭曰:“文为半两,实重四铢。”　⑩【集解】徐广曰:“音容。”吕静曰:“冶器法谓之鋊。”⑪【集解】徐广曰:“藻,一作紫也。”

又造银锡为白金。①以为天用莫如龙,②地用莫如马,③人用莫如龟,④故白金三品:其一曰重八两,圜之,其文龙,⑤名曰“白选”,⑥直三千;⑦二曰重差小,方之,⑧其文马,⑨直五百;三曰复小,撱之,⑩其文龟,⑪直三百。令县官销半两钱,更铸三铢钱,文如其重。盗铸诸金钱罪皆死,而吏民之盗铸白金者不可胜数。

①【集解】如淳曰:“杂铸银锡为白金也。”　②【索隐】《易》云行天莫如龙也。　③【索隐】《易》云行地莫如马也。　④【索隐】《礼》曰“诸侯以龟为宝”也。　⑤【索隐】顾氏案:《钱谱》“其文为龙,隐起,肉好皆圜,文又作云霞之象”。　⑥【索隐】名白选。苏林曰:“选音选择之选。”包恺及刘氏音息恋反。《尚书大传》云:“夏后氏不杀不刑,死罪罚二千馔。”马融云:“馔,六两。”《汉书》作撰,音同。　⑦【索隐】晋灼按:《黄图》直三千二百。　⑧【索隐】谓以八两差为三品,此重六两,下小隋重四两也。云“以重差小”者,谓半两为重,故差小重六两,而其形方也。⑨【索隐】《钱谱》:“肉好皆方,隐起马形。肉好之下又是连珠文也。”⑩【索隐】复小隋之。汤果反。《尔雅》注“隋者,狭长也”。谓长而方,去四角也。　⑪【索隐】《钱谱》:“肉圆好方,为隐起龟甲文。”

于是以东郭咸阳、[1]孔仅为大农丞，领盐铁事。桑弘羊以计算用事，侍中。咸阳，齐之大煮盐，孔仅，南阳大冶，皆致生累千金，故郑当时进言之。弘羊，洛阳贾人子，以心计，年十三侍中。故三人言利事析秋毫矣。[2]

①【索隐】东郭，姓。咸阳，名也。按：《风俗通》东郭牙，齐大夫，咸阳其后也。　②【索隐】按：言百物毫芒至秋皆美细。今言弘羊等三人言利事纤悉，能分析其秋毫也。

法既益严，吏多废免。兵革数动，民多买复及五大夫，征发之士益鲜。于是除千夫五大夫为吏，不欲者出马；故吏皆(通)适令伐棘上林，[1]作昆明池。[2]

①【集解】韦昭曰："欲令出马，无马者令伐棘。"【索隐】谓故吏先免者，皆适令伐棘上林，不谓无马者。韦说非也。　②【索隐】按：《黄图》云"昆明池周四十里，以习水战"。又荀悦云"昆明子居滇河中，故习水战以伐之也"。

其明年，大将军、骠骑大出击胡，[1]得首虏八九万级，赏赐五十万金，汉军马死者十余万匹，转漕车甲之费不与焉。是时财匮，战士颇不得禄矣。

①【集解】徐广曰："元狩四年也。"

有司言三铢钱轻，易奸诈，乃更请诸郡国铸五铢钱，周郭其下，令不可磨取鋊焉。

大农上盐铁丞孔仅、咸阳言："山海，天地之藏也，皆宜属少府，[①]陛下不私，以属大农佐赋。愿募民自给费，因官器作煮盐，官与牢盆。[②]浮食奇民[③]欲擅管[④]山海之货，以致富羡，[⑤]役利细民。其沮事之议，[⑥]不可胜听。敢私铸铁器煮盐者，钛左趾，[⑦]没入其器物。郡不出铁者，置小铁官，[⑧]便属在所县。"使孔仅、东郭咸阳乘传举行天下盐铁，作官府，除故盐铁家富者为吏。吏道益杂，不选，而多贾人矣。

①【索隐】韦昭云："天子私所给赐经用也。公用属大司农也。" ②【集解】如淳曰："牢，廪食也。古者名廪为牢也。盆者，煮盐之盆也。"【索隐】按：苏林云"牢，价直也。今代人言'雇手牢盆'"。晋灼云苏说是。乐彦云"牢乃盆名"，其说异。 ③【索隐】奇，包恺音羁。诸侯也，非农工之俦，故言奇也。 ④【集解】张晏曰："若人执仓库之管籥。或曰管，固。"【索隐】擅筦。音管。上音善。 ⑤【索隐】弋战反。羡，饶也，与"衍"同义。 ⑥【索隐】沮，止也。仅等言山海之藏宜属大衣，奇人欲擅利，必有沮止之议，此不可听许也。 ⑦【集解】《史记音隐》曰："钛音徒计反。"韦昭曰："钛，以铁为之，著左趾以代刖也。"【索隐】按：《三苍》云"钛，踏脚钳也"。《字林》徒计反。张斐《汉晋律序》云"状如跟衣，著(足)〔左〕足下，重六斤，以代膑，至魏武改以代刖也"。 ⑧【集解】邓展曰："铸故铁。"

商贾以币之变，多积货逐利。于是公卿言："郡国颇被灾害，贫民无产业者，募徙广饶之地。陛下损膳省用，出禁钱以振元元，宽贷赋，而民不齐出于南亩，[①]商贾滋众。贫者畜积无有，皆仰县官。异时[②]算轺车[③]贾人缗钱[④]皆有差，请算如故。诸贾人末作贳贷卖买，居邑稽诸物，⑤及商以取利者，虽无市籍，各以其物自占，⑥率缗钱二千而一算。⑦诸作有租及铸，⑧率缗钱四千一算。非吏比者三老、北边骑士，⑨轺车以一算；商贾人轺车二算；⑩船五丈以上一算。匿不自占，占不悉，⑪戍边一岁，没入缗钱。有能告者，以其半畀之。贾人有市籍者，及其家属，皆无得籍名田，以便农。⑫敢犯令，没入田僮。”⑬

①【集解】李奇曰："齐，皆也。" ②【索隐】异时，犹昔时也。 ③【索隐】《说文》云："轺，小车也。"《傅子》云："汉代贱乘轺，今则贵之。"言算轺车者，有轺车使出税一算二算也。 ④【集解】李斐曰："缗，丝也，以贯钱也。一贯千钱，出二十算也。《诗》云'维丝伊缗'。"如淳曰："胡公名钱为缗者，《诗》云'氓之蚩蚩，抱布贸丝'，故谓之缗也。"【索隐】缗音旻。 ⑤【索隐】稽者，停也，留也，即上文所谓"废居居邑"也。 ⑥【索隐】按：郭璞云"占，自隐度也"。谓各自隐度其财物多少，为文簿送之官也。若不尽，皆没入于官。音之赡反。 ⑦【集解】瓒曰："此缗钱为是储缗钱也，故随其用所施，施于利重者其算亦多。" ⑧【集解】如淳曰："以手力所作而卖之。" ⑨【集解】如淳曰："非吏而得与吏比者，官谓三老、北边骑士也。楼船令边郡选富者为车骑士。" ⑩【集解】如淳曰："商贾有轺车，使出二算，重其赋也。" ⑪【索隐】悉，尽也，具也。若通家财不周悉尽者，罚戍边一岁。 ⑫【索隐】谓贾人有市籍，不许以名占田也。 ⑬【索隐】若贾人更占田，则没其田及僮仆，皆入之于官也。

天子乃思卜式之言，召拜式为中郎，爵左庶长，赐田十顷，布告天下，使明知之。

初，卜式者，河南人也，以田畜为事。亲死，式有少弟，弟壮，式脱身出分，独取畜羊百余，田宅财物尽予弟。式入山牧十余岁，羊致千余头，买田宅。而其弟尽破其业，式辄复分予弟者数矣。是时汉方数使将击匈奴，卜式上书，愿输家之半县官助边。天子使使问式："欲官乎？"式曰："臣少牧，不习仕宦，不愿也。"使问曰："家岂有冤，欲言事乎？"式曰："臣生与人无分争。式邑人贫者贷之，不善者教顺之，所居人皆从式，式何故见冤于人。无所欲言也。"使者曰："苟如此，子何欲而然？"式曰："天子诛匈奴，愚以为贤者宜死节于边，有财者宜输委，如此而匈奴可灭也。"使者具其言入以闻。天子以语丞相弘。弘曰："此非人情。不轨之臣，不可以为化而乱法，愿陛下勿许。"于是上久不报式，数岁，乃罢式。式归，复田牧。岁余，会军数出，浑邪王等降，县官费众，仓府空。其明年，贫民大徙，皆仰给县官，无以尽赡。卜式持钱二十万予河南守，以给徙民。河南上富人助贫人者籍，天子见卜式名，识之，曰："是固前而欲输其家半助边。"乃赐式外繇四百人。①式又尽复予县官。是时富豪皆争匿财，唯式尤欲输之助费。天子于是以式终长者，故尊显以风百姓。

①【集解】《汉书音义》曰："外繇，谓戍边也。一人出三百钱，谓之过更。式岁得十二万钱也。一说，在繇役之外得复除四百人。"

初，式不愿为郎。上曰："吾有羊上林中，欲令子牧之。"式乃拜为郎，布衣屩而牧羊。①岁余，羊肥息。上过见其羊，善之。式曰："非独羊也，治民亦独是也。以时起居；恶者辄斥去，毋令败群。”上以式为奇，拜为缑氏令试之，缑氏便之。迁为成皋令，将漕最。上以为式朴忠，拜为齐王太傅。

①【集解】韦昭曰：“屩，草扉。”

而孔仅之使天下铸作器，三年中拜为大农，列于九卿。[①]而桑弘羊为大农丞，筦诸会计事，稍稍置均输以通货物矣。[②]

①【集解】徐广曰：“元鼎二年，时丙寅岁也。” ②【集解】孟康曰：“谓诸当所输于官者，皆令输其土地所饶，平其所在时价，官更于他处卖之，输者既便而官有利。《汉书·百官表》大司农属官有均输令。”

始令吏得入谷补官，郎至六百石。

自造白金五铢钱后五岁，赦吏民之坐盗铸金钱死者数十万人，其不发觉相杀者，不可胜计，赦自出者百余万人。然不能半自出，天下大抵无虑皆铸金钱矣。[①]犯者众，吏不能尽诛取，于是遣博士褚大、徐偃等分曹循行郡国，[②]举兼并之徒守相为(吏)〔利〕者。而御史大夫张汤方隆贵用事，减宣、杜周等为中丞，义纵、尹齐、王温舒等用惨急刻深为九卿，而直指夏兰之属始出矣。

①【索隐】抵音氐。抵，归也。刘氏云“大抵犹大略也”。案：大抵无虑者，谓言大略归于铸钱，更无他事从虑。 ②【集解】服虔曰：“分曹职案行。”

而大农颜异诛。[1]初,异为济南亭长,以廉直稍迁至九卿。上与张汤既造白鹿皮币,问异。异曰:“今王侯朝贺以苍璧,直数千,而其皮荐反四十万,本末不相称。”天子不悦。张汤又与异有郤,及有人告异以它议,事下张汤治异。异与客语,客语初令下有不便者,[2]异不应,微反唇。汤奏当异九卿见令不便,不入言而腹诽,论死。自是之后,有腹诽之法(以此)〔比〕,而公卿大夫多谄谀取容矣。

①【集解】徐广曰:“元狩四年,时壬戌岁也。” ②【集解】李奇曰:“异与客语,道诏令初下,有不便处也。”

天子既下缗钱令而尊卜式,百姓终莫分财佐县官,于是(杨可)告缗钱纵矣。

郡国多奸铸钱,[1]钱多轻,而公卿请令京师铸钟官赤侧,[2]一当五,赋官用非赤侧不得行。[3]白金稍贱,民不宝用,县官以令禁之,无益。岁余,白金终废不行。

①【索隐】谓多奸巧,杂以铅锡也。 ②【集解】如淳曰:“以赤铜为其郭也。今钱见有赤侧者,不知作法云何。”【索隐】钟官掌铸赤侧之钱。韦昭云“侧,边也”。 ③【集解】《汉书音义》曰:“俗所谓紫绀钱也”。

是岁也,张汤死[1]而民不思。[2]

①【集解】徐广曰:“元鼎三年。” ②【索隐】乐彦云:“诸所废兴,附上困下,皆自汤,故人不思之也。”

其后二岁，赤侧钱贱，民巧法用之，不便，又废。于是悉禁郡国无铸钱，专令上林三官铸。[1]钱既多，而令天下非三官钱不得行，诸郡国所前铸钱皆废销之，输其铜三官。而民之铸钱益少，计其费不能相当，唯真工大奸乃盗为之。

①【集解】《汉书·百官表》："水衡都尉，武帝元鼎二年初置，掌上林苑，属官有上林均输、钟官、辨铜令。"然则上林三官，其是此三令乎？

卜式相齐，而杨可告缗遍天下，[1]中家以上大抵皆遇告。杜周治之，狱少反者。[2]乃分遣御史廷尉正监分曹往，[3]即治郡国缗钱，得民财物以亿计，奴婢以千万数，田大县数百顷，小县百余顷，宅亦如之。于是商贾中家以上大率破，民偷甘食好衣，不事畜藏之产业，而县官有盐铁缗钱之故，用益饶矣。

①【集解】瓒曰："商贾居积及伎巧之家，非桑农所生出，谓之缗。《茂陵中书》有缗田奴婢是也。"【索隐】姓杨，名可。如淳云："告缗者，令杨可告占缗之不尽者也。" ②【集解】如淳曰："治匿缗之罪，其狱少有反者。"【索隐】反音番。反谓反使从轻也。案：刘德为京兆尹，每行县，多所平反是也。 ③【索隐】如淳云："曹，辈也。谓分曹辈而出为使也。"

益广关，置左右辅。[1]

①【集解】徐广曰："元鼎三年，丁卯岁，徙函谷关于新安东界。"

初，大农筦盐铁官布多，[1]置水衡，欲以主盐铁。及杨可告缗钱，上林财物众，乃令水衡主上林。上林既充满，益广。是时越欲与汉用船战逐，[2]乃大修昆明池，列观环之。治楼船，高十余丈，旗帜加其上，甚壮。[3]于是天子感之，乃作柏梁台，高数十丈。宫室之修，由此日丽。

①【索隐】布，谓泉布。　　②【集解】韦昭曰："战斗驰逐也。"③【索隐】盖始穿昆明池，欲与滇王战，今乃更大修之，将与南越吕嘉战逐，故作楼船，于是杨仆有将军之号。又下云"因南方楼船卒二十余万击南越"也。昆明池有豫章馆。豫章，地名，以言将出军于豫章也。

乃分缗钱诸官，而水衡、少府、大农、太仆各置农官，往往即郡县比没入田[1]田之。其没入奴婢，分诸苑养狗马禽兽，及与诸官。诸官益杂置多，[2]徒奴婢众，而下河漕度四百万石，[3]及官自籴乃足。[4]

①【索隐】比昔所没入之田也。　　②【集解】如淳曰："水衡、少府、太仆、司农皆有农官，是为多。"　　③【索隐】乐彦云："度，犹运也。"④【索隐】按：谓天子所给廪食者多，故官自籴乃足也。

所忠[1]言："世家子弟[2]富人或斗鸡走狗马，弋猎博戏，乱齐民。"[3]乃征诸犯令，相引数千人，命曰"株送徒"。入财者得补郎，郎选衰矣。[4]

①【索隐】人姓名。服虔云"掌故官，取书于司马相如者，《封禅书》公

孙卿因所忠言宝鼎是也”。唯姚察独以为“所患”,非也。 ②【集解】如淳曰:“世世有禄秩家。” ③【索隐】晋灼云:“中国被教整齐之人也。” ④【集解】应劭曰:“株,根本也。送,引也。”如淳曰:“株,根蔕也。诸坐博戏事决为徒者,能入钱得补郎也。或曰,先至者为根。”【索隐】李奇云:“先至者为魁株。”应劭云:“株,根本也。送,当作选。选,引也。”应、李二音是。先至之人令之相引,似若得其株本,则枝叶自穷,故曰“株送徒”。又文颖曰:“凡斗鸡胜者为株。”《传》云:“阳沟之鸡,三岁为株。”今则斗鸡走马者用之。因其斗鸡本胜时名,故云株送徒者也。

是时山东被河灾,及岁不登数年,人或相食,方一二千里。天子怜之,诏曰:“江南火耕水耨,[①]令饥民得流就食江、淮间,欲留,留处。”遣使冠盖相属于道,护之,下巴、蜀粟以振之。

①【集解】应劭曰:“烧草,下水种稻,草与稻并生,高七八寸,因悉芟去,复下水灌之,草死,独稻长,所谓火耕水耨也。”

其明年,天子始巡郡国。东度河,河东守不意行至,不辨,自杀。行西逾陇,陇西守以行往卒,[①]天子从官不得食,陇西守自杀。于是上北出萧关,从数万骑,猎新秦中,以勒边兵而归。新秦中或千里无亭徼,[②]于是诛北地太守以下,而令民得畜牧边县,[③]官假马母,三岁而归,及息什一,以除告缗,用充仞新秦中。[④]

①【集解】《汉书音义》曰:“逾,度也。卒,仓卒也。” ②【集解】如淳曰:“徼,亦卒求盗之属也。”晋灼曰:“徼,塞也。”瓒曰:“既无亭候,又不徼

循,无卫边之备也。” ③【集解】《汉书音义》曰:“令民得畜牧于边县也。”瓒曰:“先是,新秦中千里无民,畏寇不敢畜牧,令设亭侥,故民得畜牧也。” ④【集解】李奇曰:“边有官马,今令民能畜官母马者,满三岁归之也。及有蕃息,与当出缗算者,皆复令居新秦中,又充仞之也。谓与民母马,令得为马种;令十母马还官一驹,此为息什一也。”瓒曰:“前以边用不足,故设告缗之令,设亭侥,边民无警,皆得田牧。新秦中已充,故除告缗,不复取于民也。”

既得宝鼎,立后土、太一祠,[①]公卿议封禅事,而天下郡国皆豫治道桥,缮故宫,及当驰道县,县治官储,设供具,而望以待幸。

①【集解】徐广曰:“元鼎四年立后土,五年立泰畤。”

其明年,南越反,西羌侵边为桀。于是天子为山东不赡,赦天下〔囚〕,因南方楼船卒二十余万人击南越,数万人发三河以西骑击西羌,又数万人度河筑令居。[①]初置张掖、酒泉郡,[②]而上郡、朔方、西河、河西开田官,斥塞卒[③]六十万人戍田之。中国缮道馈粮,远者三千,近者千余里,皆仰给大农。边兵不足,乃发武库工官兵器以赡之。车骑马乏绝,县官钱少,买马难得,乃著令,令封君以下至三百石以上吏,以差出牝马天下亭,亭有畜牸马,岁课息。

①【索隐】令音零,姚氏音连。韦昭云:“金城县。” ②【集解】徐广曰:“元鼎六年。” ③【集解】如淳曰:“塞候斥卒。”

齐相卜式上书曰："臣闻主忧臣辱。南越反，臣愿父子与齐习船者往死之。"天子下诏曰："卜式虽躬耕牧，不以为利，有余辄助县官之用。今天下不幸有急，而式奋愿父子死之，虽未战，可谓义形于内。赐爵关内侯，金六十斤，田十顷。"布告天下，天下莫应。列侯以百数，[1]皆莫求从军击羌、越。至酎，少府省金，[2]而列侯坐酎金失侯者百余人。[3]乃拜式为御史大夫。[4]

①【索隐】刘氏言其多以百而数，故坐酎金失侯者一百六人。②【集解】如淳曰："省视诸侯金有轻有重也。或曰，至尝酎饮宗庙时，少府视其金多少也。" ③【集解】如淳曰："《汉仪注》王子为侯，侯岁以户口酎黄金于汉庙，皇帝临受献金以助祭。大祀日饮酎，饮酎受金。金少不如斤两，色恶，王削县，侯免国。" ④【集解】徐广曰："元鼎六年。"

式既在位，见郡国多不便县官作盐铁，铁器苦恶，[1]贾贵，或强令民卖买之。而船有算，商者少，物贵，乃因孔仅言船算事。上由是不悦卜式。

①【集解】瓒曰："谓作铁器，民患苦其不好。"【索隐】器苦恶。苦音(苦)楛(反)，言苦其器恶而买卖也。言器苦窳不好。凡病之器云苦。窳音庾，语见本纪。苦如字读亦通也。

汉连兵三岁，诛羌，灭南越，番禺以西至蜀南者置初郡十七，[1]且以其故俗治，毋赋税。南阳、汉中以往郡，各以地比给初郡[2]吏卒奉[3]食币物，传车马被具。而初郡时时小反，杀吏，汉发南方吏卒往诛之，闲岁万余人，费皆仰给大农，大农以均输调盐铁助赋，故能赡之。然兵所过县，为以訾给毋乏而已，不敢言擅赋法矣。④

①【集解】徐广曰："南越为九郡。"骃案：晋灼曰"元鼎六年，定越地，以为南海、苍梧、郁林、合浦、交趾、九真、日南、珠崖、儋耳郡；定西南夷，以为武都、牂柯、越嶲、洗犁、汶山郡；及《地理志》、《西南夷传》所置犍为、零陵、益州郡，凡十七也"。　②【索隐】比音鼻。谓南阳、汉中已往之郡，各以其地比近给初郡。初郡，即西南夷初所置之郡。　③【索隐】扶用反，包氏同。　④【集解】徐广曰："擅，一作经。经，常也。惟取用足耳，不暇顾经常法则也。"

其明年，元封元年，卜式贬秩为太子太傅。而桑弘羊为治粟都尉，领大农，尽代仅筦天下盐铁。弘羊以诸官各自市，相与争，物故腾跃，而天下赋输或不偿其僦费，①乃请置大农部丞数十人，分部主郡国，各往往县置均输盐铁官，令远方各以其物贵时商贾所转贩者为赋，而相灌输。置平准于京师，都受天下委输。召工官治车诸器，皆仰给大农。大农之诸官尽笼天下之货物，贵即卖之，贱则买之。如此，富商大贾无所牟大利，②则反本，而万物不得腾踊。故抑天下物，名曰"平准"。天子以为然，许之。于是天子北至朔方，东到太山，巡海上，并北边以归。所过赏赐，用帛百余万匹，钱金以巨万计，皆取足大农。

①【索隐】不偿其僦。服虔云："雇载云僦，言所输物不足偿其雇载之

费也。僦音子就反。” ②【集解】如淳曰:“牟,取也。”

弘羊又请令吏得入粟补官,及罪人赎罪。令民能入粟甘泉各有差,以复终身,不告缗。他郡各输急处,[①]而诸农各致粟,山东漕益岁六百万石。一岁之中,太仓、甘泉仓满。边余谷诸物均输帛五百万匹。民不益赋而天下用饶。于是弘羊赐爵左庶长,黄金再百斤焉。

①【索隐】谓他郡能入粟,输所在急要之处也。

是岁小旱,上令官求雨。卜式言曰:“县官当食租衣税而已,今弘羊令吏坐市列肆,[①]贩物求利。亨弘羊,天乃雨。”

①【索隐】坐市列。谓吏坐市肆行列之中。

太史公曰:农工商交易之路通,而龟贝金钱刀布之币兴焉。所从来久远,自高辛氏之前尚矣,靡得而记云。故《书》道唐、虞之际,《诗》述殷、周之世,安宁则长庠序,先本绌末,以礼义防于利。事变多故而亦反是。是以物盛则衰,时极而转,[①]一质一文,终始之变也。《禹贡》九州,各因其土地所宜,人民所多少而纳职焉。汤、武承弊易变,使民不倦,各兢兢所以为治,而稍陵迟衰微。齐桓公用管仲之谋,通轻重之权,[②]徼山海之业,以朝诸侯,用区区之齐显成霸名。魏用李克,尽地力,为强君。自是之后,天下争于战国,贵诈力而贱仁义,先富有而后推让。故庶人之富者或累巨万,而贫者或不厌糟糠。有国强者或并群小以臣诸侯，而弱国或绝祀而灭世。以至于秦，卒并海内。虞、夏之币，金为三品，[③]或黄，或白，或赤，或钱，或布，[④]或刀，[⑤]或龟贝。[⑥]及至秦，中一国之币为(三)〔二〕等：黄金以溢名，[⑦]为上币；铜钱识曰半两，重如其文，为下币。而珠玉、龟贝、银锡之属为器饰宝藏，不为币。然各随时而轻重无常。于是外攘夷狄，内兴功业，海内之士力耕不足粮饷，女子纺绩不足衣服。古者尝竭天下之资财以奉其上，犹自以为不足也。无异故云，事势之流，相激使然，曷足怪焉。

①【集解】徐广曰："时，一作衰。"　②【集解】管子有轻重之法。　③【索隐】即下"或黄，或赤、白"。黄，黄金也。白，白银也。赤，赤铜也：并见《食货志》。　④【集解】如淳曰："布于民间也。"　⑤【集解】如淳曰："名钱为刀者，以其利于民也。"　⑥【索隐】按：钱本名泉，言货之流如泉也，故周有泉府之官。及景王乃铸大钱。布者，言货流布，故《周礼》有二夫之布。《食货志》货布首长八分，足支八分。刀者，钱也。《食货志》有契刀、错刀，形如刀，长二千。以其形如刀，故曰刀，以其利于人也。又古者货贝宝龟，《食货志》有十寸，直五朋五贝，皆用为货，其各有多少，元龟直十贝，故直二千一百六十，已下各有差也。　⑦【集解】孟康曰："二十两为溢。"

索隐述赞曰：平准之立，通货天下。既入县官，或振华夏。其名刀布，其文龙马。增算告缗，裒多益寡。弘羊心计，卜式长者。都内充殷，取赡郊野。

卷三十一

吴太伯世家第一

【索隐】系家者，记诸侯本系也，言其下及子孙常有国。故孟子曰“陈仲子，齐之系家”。又董仲舒曰“王者封诸侯，非官之也，得以代为家也”。

吴太伯，[①]太伯弟仲雍，[②]皆周太王之子，而王季历之兄也。季历贤，而有圣子昌，太王欲立季历以及昌，于是太伯、仲雍二人乃奔荆蛮，文身断发，示不可用，[③]以避季历。季历果立，是为王季，而昌为文王。太伯之奔荆蛮，自号句吴。[④]荆蛮义之，从而归之千余家，立为吴太伯。

①【集解】韦昭曰：“后武王追封为吴伯，故曰吴太伯。”【索隐】《国语》曰“黄池之会，晋定公使谓吴王夫差曰‘夫命圭有命，固曰吴伯，不曰吴王’”，是吴本伯爵也。范宁解《论语》曰“太者，善大之称。伯者，长也。周太王之元子故曰太伯”。称仲雍、季历，皆以字配名，则伯亦是字，又是爵，但其名史籍先阙耳。【正义】吴，国号也。太伯居梅里，在常州无锡县东南六十里。至十九世孙寿梦居之，号句吴。寿梦卒，诸樊南徙吴。至二十一代孙光，使子胥筑阖闾城都之，今苏州也。 ②【索隐】伯、仲、季是兄弟次第之字。若表德之字，意义与名相符，则《系本》曰“吴孰哉居蕃离”，宋衷曰“孰哉，仲雍字。蕃离，今吴之余暨也”。解者云雍是孰食，故曰雍字孰哉也。 ③【集解】应劭曰：“常在水中，故断其发，文其身，以象龙子，故不见伤害。”【正义】江熙云：“太伯少弟季历生文王昌，有圣德，太伯知其必有

天下，故欲传国于季历。以太王病，托采药于吴越，不反。太王薨而季历立，一让也。季历薨而文王立，二让也。文王薨而武王立，遂有天下，三让也。又释云：太王病，托采药，生不事之以礼，一让也。太王薨而不反，使季历主丧，不葬之以礼，二让也。断发文身，示不可用，使历主祭祀，不祭之以礼，三让也。" ④【集解】宋衷曰："句吴，太伯始所居地名。"【索隐】荆者，楚之旧号，以州而言之曰荆。蛮者，闽也，南夷之名；蛮亦称越。此言自号句吴，吴名起于太伯，明以前未有吴号。地在楚、越之界，故称荆蛮。颜师古注《汉书》，以吴言"句"者，夷语之发声，犹言"于越"耳。此言"号句吴"，当如颜解。而注引宋衷以为地名者，《系本·居篇》曰"孰哉居蕃离，孰姑徙句吴"，宋氏见《史记》有"太伯自号句吴"之文，遂弥缝解彼云是太伯始所居地名。裴氏引之，恐非其义。蕃离既有其地，句吴何总不知真实？吴人不闻别有城邑曾名句吴，则《系本》之文或难依信。《吴地记》曰："泰伯居梅里，在阖闾城北五十里许。"

太伯卒，[①]无子，弟仲雍立，是为吴仲雍。仲雍卒，[②]子季简立。季简卒，子叔达立。叔达卒，子周章立。是时周武王克殷，求太伯、仲雍之后，得周章。周章已君吴，因而封之。乃封周章弟虞仲于周之北故夏虚，[③]是为虞仲，[④]列为诸侯。

①【集解】《皇览》曰："太伯冢在吴县北梅里聚，去城十里。" ②【索隐】《吴地记》曰："仲雍冢在吴郡常孰县西海虞山上，与言偃冢并列。" ③【集解】徐广曰："在河东大阳县。" ④【索隐】夏都安邑，虞仲都大阳之虞城，在安邑南，故曰夏虚。《左传》曰"太伯、虞仲，太王之昭"，则虞仲是太王之子必也。又《论语》称"虞仲、夷逸隐居放言"，是仲雍称虞仲。今周章之弟亦称虞仲者，盖周章之弟字仲，始封于虞，故曰虞仲。则仲雍本字仲，而为虞之始祖，故后代亦称虞仲，所以祖与孙同号也。

周章卒，子熊遂立。熊遂卒，子柯相立。[①]柯相卒，子强鸠夷立。强鸠夷卒，子余桥疑吾立。[②]余桥疑吾卒，子柯卢立。柯卢卒，子周繇立。[③]周繇卒，子屈羽立。[④]屈羽卒，子夷吾立。夷吾卒，子禽处立。禽处卒，子转立。[⑤]转卒，子颇高立。[⑥]颇高卒，子句卑立。[⑦]是时晋献公灭周北虞公，以开晋伐虢也。[⑧]句卑卒，子去齐立。去齐卒，子寿梦立。[⑨]寿梦立而吴始益大，称王。

①【正义】柯音歌。相音相匠反。　②【正义】桥音跻骄反。　③【正义】繇音遥，又音由。　④【正义】屈，居勿反。　⑤【索隐】谯周《古史考》云“柯转”。　⑥【索隐】《古史考》作“颇梦”。　⑦【索隐】《古史考》云“毕轸”。　⑧【索隐】《春秋经》僖公五年“冬，晋人执虞公”。《左氏》二年《传》曰“晋荀息请以屈产之乘与垂棘之璧假道伐虢，宫之奇谏，不听。虞公许之，且请先伐之，遂伐虢，灭下阳”。五年《传》曰“晋侯复假道伐虢，宫之奇谏，不听。以其族行，曰‘虞不腊矣’。八月甲午，晋侯围上阳。冬十有二月，灭虢。师还，遂袭虞灭之”也。　⑨【正义】梦，莫公反。

自太伯作吴，五世而武王克殷，封其后为二：其一虞，在中国；其一吴，在夷蛮。十二世而晋灭中国之虞。中国之虞灭二世，而夷蛮之吴兴。[①]大凡从太伯至寿梦十九世。[②]

①【正义】中国之虞灭后二世，合七十一年，至寿梦而兴大，称王。　②【索隐】寿梦是仲雍十(八)〔九〕代孙也。

王寿梦二年，[①]楚之亡大夫申公巫臣怨楚将子反而奔晋，自晋使吴，教吴用兵乘车，令其子为吴行人，[②]吴于是始通于中国。吴伐楚。十六年，楚共王伐吴，至衡山。③

①【索隐】自寿梦已下始有其年，《春秋》唯记卒年。计寿梦二年当成公七年也。　②【集解】服虔曰："行人，掌国宾客之礼籍，以待四方之使，宾大客，受小客之币辞。"【索隐】《左传》鲁成二年曰"巫臣使齐，及郑，使介反币，而以夏姬行，遂奔晋"。七年《传》曰"子重、子反杀巫臣之族而分其室，巫臣遗二子书曰'余必使尔罢于奔命以死'。巫臣使于吴，吴子寿梦悦之，乃通吴于晋，教吴乘车，教之战阵，教之叛楚，寘其子狐庸焉，使为行人。吴始伐楚，伐巢，伐徐。马陵之会，吴入州来，子重、子反于是乎一岁七奔命"是。　③【集解】杜预曰："吴兴乌程县南也。"【索隐】《春秋经》襄三年"楚公子婴齐帅师伏吴"，《左传》曰"楚子重伐吴，为简之师，克鸠兹，至于衡山"也。

二十五年，王寿梦卒。①寿梦有子四人：长曰诸樊；②次曰余祭；次曰余昧；③次曰季札。④季札贤，而寿梦欲立之，季札让不可，于是乃立长子诸樊，摄行事当国。

①【索隐】襄十二年《经》曰"秋九月，吴子乘卒"。《左传》曰寿梦。计从成六年至此，正二十五年。《系本》曰"吴孰姑徙句吴"。宋衷曰"孰姑，寿梦也"。代谓祝梦乘诸也。寿孰音相近，姑之言诸也，《毛诗传》读"姑"为"诸"，知孰姑、寿梦是一人，又名乘也。　②【索隐】《春秋经》书"吴子遏"，《左传》称"诸樊"，盖遏是其名，诸樊是其号。《公羊传》"遏"作"谒"。③【索隐】《左传》曰"阍戕戴吴"。杜预曰"戴吴，余祭也"。又襄二十八年《左传》，齐庆封奔吴，句余与之朱方。杜预曰"句余，吴子夷末也"。计余祭以襄二十九年卒，则二十八年赐庆封邑，不得是夷末。且句余、余祭或谓是一人，夷末惟《史记》、《公羊》作"余昧"，《左氏》及《谷梁》并为"余祭"。夷末、句余音字各异，不得为一，或杜氏误耳。【正义】祭，侧界反。昧，莫葛反。

④【索隐】《公羊传》曰:“谒也,余祭也,夷末也,与季子同母者四人。季子弱而才,兄弟皆爱之,同欲以为君,兄弟递相为君,而致国乎季子。故谒也死,余祭也立;余祭也死,夷末也立;夷末也死,则国宜之季子,季子使而亡焉。僚者长庶也,即之。阖闾曰:‘将从先君之命与,则国宜之季子也;如不从君之命,则宜立者我也。僚恶得为君乎?’于是使专诸刺僚。”《史记》寿梦四子,亦约《公羊》文,但以僚为余眛子为异耳。《左氏》其文不明,服虔用《公羊》,杜预依《史记》及《吴越春秋》。下注徐广引《系本》曰“夷眛及僚,夷眛生光”,检《系本》今无此语。然按《左》狐庸对赵文子,谓“夷末甚德而度,其天所启也,必此君之子孙实终之”。若以僚为末子,不应此言。又光言“我王嗣”,则光是夷眛子,且明是庶子。

王诸樊元年,[①]诸樊已除丧,让位季札。季札谢曰:“曹宣公之卒也,诸侯与曹人不义曹君,[②]将立子臧,子臧去之,以成曹君,[③]君子曰[④]‘能守节矣’。君义嗣,[⑤]谁敢干君。有国,非吾节也。札虽不材,愿附于子臧之义。”吴人固立季札,季札弃其室而耕,乃舍之。[⑥]秋,吴伐楚,楚败我师。四年,晋平公初立。[⑦]

①【集解】《世本》曰“诸樊徙吴”也。 ②【集解】服虔曰:“宣公,曹伯卢也,以鲁成公十三年会晋侯伐秦,卒于师。曹君,公子负刍也。负刍在国,闻宣公卒,杀太子而自立,故曰不义之也。” ③【集解】服虔曰:“子臧,负刍庶兄。”【索隐】成十三年《左传》曰:“曹宣公卒于师。曹人使公子负刍守,使公子欣时逆丧。秋,负刍杀其太子而自立。”杜预曰:“皆宣公庶子也。负刍,成公也。欣时,子臧也。”十五年《传》曰:“会于戚,讨曹成公也,执而归诸京师。诸侯将见子臧于王而立之。子臧曰:‘前志有之,曰圣达节,杜预曰:圣人应天命,不拘常礼也。次守节,杜预曰:谓贤者也。下失节。杜预曰:愚者,妄动也。为君,非吾节也。虽不能圣,敢失守乎?’遂逃

奔宋。” ④【索隐】君子者，左丘明所为史评仲尼之词，指仲尼为君子也。 ⑤【集解】王肃曰：“义，宜也。嫡子嗣国，得礼之宜。”杜预曰：“诸樊嫡子，故曰义嗣。” ⑥【正义】舍音捨。 ⑦【索隐】《左传》襄十六年春“葬晋悼公，平公即位”是也。

十三年，王诸樊卒。①有命授弟余祭，欲传以次，必致国于季札而止，以称先王寿梦之意，且嘉季札之义，兄弟皆欲致国，令以渐至焉。季札封于延陵，②故号曰延陵季子。

①【索隐】《春秋经》襄二十五年：“十有二月，吴子遏伐楚，门于巢，卒。”《左传》曰：“吴子诸樊伐楚，以报舟师之役，门于巢。巢牛臣曰：‘吴王勇而轻，若启之，将亲门，我获射之，必殪。是君也死，疆其少安。’从之。吴子门焉，牛臣隐于短墙以射之，卒。” ②【索隐】襄三十一年《左传》赵文子问于屈狐庸曰“延州来季子其果立乎”，杜预曰“延州来，季札邑也”。昭二十七年《左传》曰“吴子使延州来季子聘于上国”，杜预曰“季子本封延陵，后复封州来，故曰延州来”。成七年《左传》曰“吴入州来”，杜预曰“州来，楚邑，淮南下蔡县是”。昭十三年《传》“吴伐州来”，二十三年《传》“吴灭州来”。则州来本为楚邑，吴光伐灭，遂以封季子也。《地理志》云会稽毗陵县，季札所居。《太康地理志》曰“故延陵邑，季札所居，栗头有季札祠”。《地理志》沛郡下蔡县云，古州来国，为楚所灭，后吴取之，至夫差，迁昭侯于此。《公羊传》曰“季子去之延陵，终身不入吴国”，何休曰“不入吴朝廷也”。此云“封于延陵”，谓因而赐之以菜邑。而杜预《春秋释例土地名》则云“延州来，阙”，不知何故而为此言也。

王余祭三年，齐相庆封有罪，自齐来奔吴。吴予庆封朱方之县，①以为奉邑，以女妻之，富于在齐。

①【集解】《吴地记》曰："朱方，秦改曰丹徒。"

四年，吴使季札聘于鲁，[①]请观周乐。[②]为歌《周南》、《召南》，[③]曰："美哉，始基之矣，[④]犹未也。[⑤]然勤而不怨。"[⑥]歌《邶》、《鄘》、《卫》，[⑦]曰："美哉，渊乎，忧而不困者也。[⑧]吾闻卫康叔、武公之德如是，是其《卫风》乎？"[⑨]歌《王》，[⑩]曰："美哉，思而不惧，其周之东乎？"[⑪]歌《郑》，[⑫]曰："其细已甚，民不堪也，是其先亡乎？"[⑬]歌《齐》，曰："美哉，泱泱乎大风也哉。[⑭]表东海者，其太公乎？[⑮]国未可量也。"[⑯]歌《豳》，曰："美哉，荡荡乎，乐而不淫，[⑰]其周公之东乎？"[⑱]歌《秦》，曰："此之谓夏声。夫能夏则大，大之至也，其周之旧乎？"[⑲]歌《魏》，曰："美哉，沨沨乎，[⑳]大而婉，[㉑]俭而易行，以德辅此，则盟主也。"[㉒]歌《唐》，曰："思深哉，其有陶唐氏之遗风乎？不然，何忧之远也？[㉓]非令德之后，谁能若是！"歌《陈》，曰："国无主，其能久乎？"[㉔]自《郐》以下，无讥焉。[㉕]歌《小雅》，[㉖]曰："美哉，思而不贰，[㉗]怨而不言，[㉘]其周德之衰乎？[㉙]犹有先王之遗民也。"[㉚]歌《大雅》，[㉛]曰："广哉，熙熙乎，[㉜]曲而有直体，[㉝]其文王之德乎？"歌《颂》，[㉞]曰："至矣哉，[㉟]直而不倨，[㊱]曲而不诎，[㊲]近而不偪，[㊳]远而不携，[㊴]迁而不淫，[㊵]复而不厌，[㊶]哀而不愁，[㊷]乐而不荒，[㊸]用而不匮，[㊹]广而不宣，[㊺]施而不费，[㊻]取而不贪，[㊼]处而不底，[㊽]行而不流。[㊾]五声和，八风平，[㊿]节有度，守有序，[51]盛德之所同也。"[52]见舞《象箾》、《南籥》者，[53]曰："美哉，犹有憾。"[54]见舞《大武》，[55]曰："美哉，周之盛也其若此乎？"见舞《韶护》者[56]曰："圣人之弘也，[57]犹有惭德，圣人之难也！"[58]见舞《大夏》，[59]曰："美哉，勤而不德！[60]非禹其谁能及之?”见舞《招箾》,[61]曰:“德至矣哉,大矣,[62]如天之无不焘也,[63]如地之无不载也,虽甚盛德,无以加矣。观止矣,若有他乐,吾不敢观。”[64]

①【集解】在《春秋》鲁襄公二十九年。　②【集解】服虔曰:“周乐,鲁所受四代之乐也。”杜预曰:“鲁以周公故,有天子礼乐。”　③【集解】杜预曰:“此皆各依其本国歌所常用声曲。”　④【集解】王肃曰:“言始造王基也。”　⑤【集解】贾逵曰:“言未有《雅》、《颂》之成功也。”杜预曰:“犹有商纣,未尽善也。”　⑥【集解】杜预曰:“未能安乐,然其音不怨怒。”　⑦【集解】杜预曰:“武王伐纣,分其地为三监。三监叛,周公灭之,并三监之地,更封康叔,故三国尽被康叔之化。”　⑧【集解】贾逵曰:“渊,深也。”杜预曰:“亡国之音哀以思,其民困。卫康叔、武公德化深远,虽遭宣公淫乱,懿公灭亡,民犹秉义,不至于困。”　⑨【集解】贾逵曰:“康叔遭管叔、蔡叔之难,武公罹幽王、褒姒之忧,故曰康叔、武公之德如是。”杜预曰:“康叔,武公,皆卫之令德君也。听声以为别,故有疑言。”　⑩【集解】服虔曰:“王室当在《雅》,衰微而列在《风》,故国人犹尊之,故称《王》,犹《春秋》之王人也。”杜预曰:“《王》,《黍离》也。”　⑪【集解】服虔曰:“平王东迁雒邑。”杜预曰:“宗周殒灭,故忧思。犹有先王之遗风,故不惧也。”【正义】思音肆。　⑫【集解】贾逵曰:“《郑风》,东郑是。”　⑬【集解】服虔曰:“其风细弱已甚,摄于大国之间,无远虑持久之风,故曰民不堪,将先亡也。”　⑭【集解】服虔曰:“泱泱,舒缓深远,有大和之意。其诗风刺,辞约而义微,体疏而不切,故曰大风。”【索隐】泱,于良反。泱泱犹汪汪洋洋,美盛貌也。杜预曰“弘大之声”也。　⑮【集解】王肃曰:“言为东海之表式。”　⑯【集解】服虔曰:“国之兴衰,世数长短,未可量也。”杜预曰:“言其或将复兴。”　⑰【集解】贾逵曰:“荡然无忧,自乐而不荒淫也。”　⑱【集解】杜预曰:“周公遭管蔡之变,东征,为成王陈后稷先公不敢荒淫,以成王业,故言其周公东乎。”　⑲【集解】杜预曰:“秦仲始有车

马礼乐，去戎狄之音而有诸夏之声，故谓之夏声。及襄公佐周平王东迁而受其故地，故曰周之旧也。” ⑳【索隐】沨音冯，又音泛。杜预曰：“中庸之声。” ㉑【索隐】杜预曰：“婉，约也。大而约，则俭节易行。” ㉒【集解】徐广曰：“盟，一作明。”骃案：贾逵曰“其志大，直而有曲体，归中和中庸之德，难成而实易行。故曰以德辅此，则盟主也”。杜预曰：“惜其国小而无明君”。【索隐】注引徐广曰“盟，一作明”。按：《左传》亦作明，此以听声知政，言其明听耳，非盟会也。 ㉓【集解】杜预曰：“晋本唐国，故有尧之遗风。忧深思远，情发于声也。” ㉔【集解】杜预曰：“淫声放荡，无所畏忌，故曰国无主。” ㉕【集解】服虔曰：“《郐》以下，及《曹风》也。其国小，无所刺讥。” ㉖【集解】杜预曰：“《小雅》，小正，亦乐歌之章。” ㉗【集解】杜预曰：“思文武之德，无贰叛之心也。” ㉘【集解】王肃曰：“非不能言，畏罪咎也。” ㉙【集解】杜预曰：“衰，小也。” ㉚【集解】杜预曰：“谓有殷王余俗，故未大衰。” ㉛【集解】杜预曰：“《大雅》，陈文王之德，以正天下。” ㉜【集解】杜预曰：“熙熙，和乐声。” ㉝【集解】杜预曰：“论其声。” ㉞【集解】杜预曰：“颂者，以其成功告于神明。” ㉟【集解】贾逵曰：“言道备至也。” ㊱【集解】杜预曰：“倨，傲也。” ㊲【集解】杜预曰：“诎，挠也。” ㊳【集解】杜预曰：“谦，退也。” ㊴【集解】杜预曰：“携，贰也。” ㊵【集解】服虔曰：“迁，徙也。文王徙酆，武王居鄗。”杜预曰：“淫，过荡也。” ㊶【集解】杜预曰：“常日新也。” ㊷【集解】杜预曰：“知命也。” ㊸【集解】杜预曰：“节之以礼也。” ㊹【集解】杜预曰：“德弘大。” ㊺【集解】杜预曰：“不自显也。” ㊻【集解】杜预曰：“因民所利而利之。” ㊼【集解】杜预曰：“义然后取。” ㊽【集解】杜预曰：“守之以道。” ㊾【集解】杜预曰：“制之以义。” ㊿【集解】杜预曰：“宫、商、角、徵、羽谓之五声。八方之气谓之八风。” 51【集解】杜预曰：“八音克谐，节有度也。无相夺伦，守有序也。” 52【集解】杜预曰：“《颂》有殷、鲁，故曰盛德之所同。” 53【集解】贾逵曰：“《象》，文王之乐武象也。《箾》，舞曲也。《南籥》，以籥舞也。”【索隐】箾音朔，又素交反。 54【集解】服虔曰：“憾，恨也。恨不及己以伐纣而致太平也。"【索隐】"憾"或者"感",字省耳,亦读为憾,又音胡暗反。 ㊺【集解】贾逵曰:"《大武》,周公所作武王乐也。" ㊻【集解】贾逵曰:"《韶护》,殷成汤乐《大护》也。" ㊼【集解】贾逵曰:"弘,大也。" ㊽【集解】服虔曰:"惭于始伐而无圣佐,故曰圣人之难也。" ㊾【集解】贾逵曰:"夏禹之乐《大夏》也。" ㊿【集解】服虔曰:"禹勤其身以治水土也。" 61【集解】服虔曰:"有虞氏之乐《大韶》也。"【索隐】"韶""箾"二字体变耳。 62【集解】服虔曰:"至,帝王之道极于《韶》也,尽美尽善也。" 63【集解】贾逵曰:"焘,覆也。" 64【集解】服虔曰:"周用六代之乐,尧曰《咸池》,黄帝曰《云门》。鲁受四代,下周二等,故不舞其二。季札知之,故曰有他乐吾不敢请。"

去鲁,遂使齐。说晏平仲曰:"子速纳邑与政。[①]无邑无政,乃免于难。齐国之政将有所归。未得所归,难未息也。"故晏子因陈桓子以纳政与邑,是以免于栾、高之难。[②]

①【集解】服虔曰:"入邑与政职于公,不与国家之事。" ②【正义】难,乃惮反。在鲁昭公八年。栾施、高强二氏作难,陈桓子和之乃解也。

去齐,使于郑。见子产,如旧交。谓子产曰:"郑之执政侈,难将至矣,政必及子。子为政,慎以礼。[①]不然,郑国将败。"去郑,适卫。说蘧瑗、史狗、史鳅、公子荆、公叔发、公子朝曰:"卫多君子,未有患也。"

①【集解】服虔曰:"礼,所以经国家,利社稷也。"

自卫如晋,将舍于宿,[①]闻钟声,[②]曰:"异哉,吾闻之,辩而不德，必加于戮。[3]夫子获罪于君以在此，[4]惧犹不足，而又可以畔乎？[5]夫子之在此，犹燕之巢于幕也。[6]君在殡而可以乐乎？”[7]遂去之。文子闻之，终身不听琴瑟。[8]

①【集解】《左传》曰：“将宿于戚。”【索隐】按：太史公欲自为一家，事虽出《左氏》，文则随义而换。既以“舍”字替“宿”，遂误下“宿”字替于“戚”。戚既是邑名，理应不易。今宜读宿为“戚”。戚，卫邑，孙文子旧所食地。②【集解】服虔曰：“孙文子鼓钟作乐也。” ③【集解】服虔曰：“辩，若斗辩也。夫以辩争，不以德居之，必加于刑戮也。” ④【集解】贾逵曰：“夫子，孙文子也。获罪，出献公，以戚畔也。” ⑤【索隐】《左传》曰“而又何乐”。此“畔”字宜读曰“乐”。乐谓所闻钟声也，畔非其义也。 ⑥【集解】王肃曰：“言至危也。” ⑦【集解】贾逵曰：“卫君献公棺在殡未葬。”⑧【集解】服虔曰：“闻义而改也。琴瑟不听，况于钟鼓乎？”

适晋，说赵文子、[1]韩宣子、[2]魏献子[3]曰：“晋国其萃于三家乎！”[4]将去，谓叔向曰：“吾子勉之。君侈而多良，大夫皆富，政将在三家。[5]吾子直，[6]必思自免于难。”

①【索隐】名武。 ②【索隐】名起。【正义】《世本》云名秦。③【索隐】名钟舒也。 ④【集解】服虔曰：“言晋国之祚将集于三家。”⑤【集解】杜预曰：“富必厚施，故政在三家也。” ⑥【集解】服虔曰：“直，不能曲挠以从众。”

季札之初使，北过徐君。徐君好季札剑，口弗敢言。季札心知之，为使上国，未献。还至徐，徐君已死，于是乃解其宝剑，系之徐君冢树而去。[1]从者曰：“徐君已死，尚谁予乎？”

季子曰："不然。始吾心已许之，岂以死背吾心哉。"

①【正义】《括地志》云："徐君庙在泗州徐城县西南一里，即延陵季子挂剑之徐君也。"

七年，楚公子围弑其王夹敖而代立，是为灵王。[1]十年，楚灵王会诸侯而以伐吴之朱方，以诛齐庆封。吴亦攻楚，取三邑而去。[2]十一年，楚伐吴，至雩娄。[3]十二年，楚复来伐，次于乾溪，[4]楚师败走。

①【索隐】《春秋经》襄二十五年，吴子遏卒。二十九年，阍杀吴子余祭。昭十五年，吴子夷未卒。是余祭在位四年，余眛在位十七年。系家倒错二王之年，此七年正是余眛之三年。昭元年《经》曰"冬十有一月，楚子麇卒"。《左传》曰"楚公子围将聘于郑，未出竟，闻王有疾而还。入问王疾，缢而杀之，孙卿曰：以冠缨绞之。遂杀其子幕及平夏。葬王于郏，谓之郏敖"。　②【集解】《左传》曰："吴伐楚，入棘、栎、麻，以报朱方之役。"【索隐】杜预注彼云"皆楚东鄙邑也。谯国酂县东北有棘亭，汝阴新蔡县东北有栎亭"。按：解者以麻即襄城县故麻城是也。　③【集解】服虔曰："雩娄，楚之东邑。"【索隐】昭五年《左传》曰"楚子使沈尹射待命于巢，薳启强待命于雩娄"。今直言至雩娄，略耳。　④【集解】杜预曰："乾溪在谯国城父县南，楚东境。"

十七年，王余祭卒，[1]弟余眛立。王余眛二年，楚公子弃疾弑其君灵王代立焉。[2]

①【索隐】《春秋》襄二十九年《经》曰"阍杀吴子余祭"。《左传》曰"吴

人伐越，获俘焉，以为阍，使守舟。吴子余祭观舟，阍以刀杀之”。《公羊传》曰“近刑人则轻死之道”是也。合在季札聘鲁之前，倒错于此。 ②【索隐】据《春秋》，即昧之十五年也。昭十三年《经》曰“夏四月，楚公子比自晋归于楚，弑其君虔于乾溪，楚公子弃疾杀公子比”。《左传》具载，以词繁不录。公子比，弃疾，皆灵王弟也。比即子干也。灵王，公子围也，即位后易名为虔。弃疾即位后易名熊居，是为平王。《史记》以平王遂有楚国，故曰“弃疾弑君”；《春秋》以子干已为王，故曰“比弑其君”，彼此各有意义也。

四年，王余昧卒，欲授弟季札。季札让，逃去。于是吴人曰：“先王有命，兄卒弟代立，必致季子。季子今逃位，则王余昧后立。今卒，其子当代。”乃立王余昧之子僚为王。[1]

①【集解】《吴越春秋》曰“王僚，夷昧子”，与《史记》同。【索隐】此文以为余昧子，《公羊传》以为寿梦庶子也。

王僚二年，[1]公子光伐楚，[2]败而亡王舟。光惧，袭楚，复得王舟而还。[3]

①【索隐】计僚元年当昭十六年。比二年，公子光亡王舟，事在昭十七年《左传》。 ②【集解】徐广曰：“《世本》云夷昧生光。” ③【集解】《左传》曰舟名“余皇”。

五年，楚之亡臣伍子胥来奔，公子光客之。[1]公子光者，王诸樊之子也。[2]常以为“吾父兄弟四人，当传至季子。季子即不受国，光父先立。即不传季子，光当立”。阴纳贤士，欲以袭王僚。

①【索隐】《左传》昭二十年曰:“伍员如吴,言伐楚之利于州于。杜预曰:州于,吴子僚也。公子光曰:‘是宗为戮,而欲反其仇,不可从也。’员曰:‘彼将有他志,余姑为之求士,而鄙以待之。’乃见鱄设诸焉,而耕于鄙。”是谓客礼以接待也。　②【索隐】此文以为诸樊子,《系本》以为夷眛子。

八年,吴使公子光伐楚,败楚师,迎楚故太子建母于居巢以归。因北伐,败陈、蔡之师。九年,公子光伐楚,拔居巢、钟离。[①]初,楚边邑卑梁氏之处女与吴边邑之女争桑,[②]二女家怒相灭,两国边邑长闻之,怒而相攻,灭吴之边邑。吴王怒,故遂伐楚,取两都而去。[③]

①【集解】服虔曰:“钟离,州来西邑也。”【索隐】昭二十四年《经》曰:“冬,吴灭巢。”《左传》曰:“楚子为舟师以略吴疆。沈尹戌曰:‘此行也,楚必亡邑。不抚民而劳之,吴不动而速之。’吴人踵楚,边人不备,遂灭巢及钟离乃还也。”《地理志》居巢属庐江,钟离属九江。应劭曰“钟离子之国也”。
②【索隐】《左传》无其事。　③【正义】两都即钟离、居巢。

伍子胥之初奔吴,说吴王僚以伐楚之利。公子光曰:“胥之父兄为僇于楚,欲自报其仇耳。未见其利。”于是伍员知光有他志,[①]乃求勇士专诸,[②]见之光。光喜,乃客伍子胥。子胥退而耕于野,以待专诸之事。[③]

①【集解】服虔曰:“欲取国。”　②【集解】贾逵曰:“吴勇士。”【索隐】专或作“剸”。《左传》作“鱄设诸”。《刺客传》曰“诸,堂邑人也”。【正义】《吴越春秋》云:“专诸,丰邑人。伍子胥初亡楚如吴时,遇之于途,专诸方与人斗,甚不可当,其妻呼,还。子胥怪而问其状。专诸曰:‘夫屈一人之

下，必申万人之上。'胥因而相之，雄貌，深目，侈口，熊背，知其勇士。"
③【索隐】依《左传》即上五年"公子光客之"是也。事合记于五年，不应略彼而更具于此也。

十二年冬，楚平王卒。[1] 十三年春，吴欲因楚丧而伐之，[2]使公子盖余、烛庸[3] 以兵围楚之六、灊。[4] 使季札于晋，以观诸侯之变。[5]楚发兵绝吴兵后，吴兵不得还。于是吴公子光曰："此时不可失也。"[6]告专诸曰："不索何获。[7]我真王嗣，当立，吾欲求之。季子虽至，不吾废也。"[8]专诸曰："王僚可杀也。母老子弱，[9]而两公子将兵攻楚，楚绝其路。方今吴外困于楚，而内空无骨鲠之臣，是无奈我何。"光曰："我身，子之身也。"[10] 四月丙子，[11]光伏甲士于窟室，[12]而谒王僚饮。[13]王僚使兵陈于道，自王宫至光之家，门阶户席，皆王僚之亲也，人夹持铍。[14]公子光佯为[15]足疾，入于窟室，[16]使专诸置匕首[17]于炙鱼之中以进食。[18]手匕首刺王僚，铍交于匈，[19]遂弑王僚。公子光竟代立为王，是为吴王阖庐。阖庐乃以专诸子为卿。

①【索隐】昭二十六年《春秋经》书"楚子居卒"是也。按《十二诸侯年表》及《左传》，合在僚十一年。　②【索隐】据表及《左氏传》止合有十二年，事并见昭二十七年《左传》。　③【集解】贾逵曰："二公子皆吴王僚之弟。"【索隐】《春秋》作"掩余"，《史记》并作"盖余"，义同而字异。或者谓太史公被腐刑，不欲言"掩"也。贾逵及杜预及《刺客传》皆云"二公子，王僚母弟"。而昭二十三年《左传》曰"光帅右，掩余帅左"，杜注彼则云"掩余，吴王寿梦子"。又《系族谱》亦云"二公子并寿梦子"。若依《公羊》，僚为寿梦子，则与《系族谱》合也。　④【集解】杜预曰："灊在庐江六县西南。"

⑤【集解】服虔曰："察强弱。" ⑥【集解】贾逵曰："时，言可杀王时也。" ⑦【集解】服虔曰："不索当何时得也。" ⑧【集解】王肃曰："聘晋还至也。" ⑨【集解】服虔曰："母老子弱，专诸托其母子于光也。"王肃曰："专诸言王母老子弱也。"【索隐】依王肃解，与《史记》同，于理无失。服虔、杜预见《左传》下文云"我，尔身也，以其子为卿"，遂强解"是无若我何"犹言"我无若是何"，语不近情，过为迂回，非也。 ⑩【集解】服虔曰："言我身犹尔身也。" ⑪【索隐】《春秋经》唯言"夏四月"，《左传》亦无"丙子"，当别有按据，不知出何书也。 ⑫【集解】杜预曰："掘地为室也。" ⑬【索隐】谒，请也。本或作"请"也。 ⑭【集解】音披。【索隐】音披。刘逵注《吴都赋》"铍，两刃小刀"。 ⑮【索隐】上音阳，下如字。《左传》曰"光伪足疾"，详即伪也。或读此"为"字音"伪"，非也。岂详伪重言邪？ ⑯【集解】杜预曰："恐难作，王党杀己，素避之也。" ⑰【索隐】刘氏曰："匕首，短剑也。"按：《盐铁论》以为长尺八寸。《通俗文》云"其头类匕，故曰匕首也"。短刃可袖者。 ⑱【集解】服虔曰："全鱼炙也。" ⑲【集解】贾逵曰："交专诸匈也。"

季子至，曰："苟先君无废祀，民人无废主，社稷有奉，乃吾君也。吾敢谁怨乎？哀死事生，以待天命。①非我生乱，立者从之，先人之道也。"②复命，哭僚墓，③复位而待。④吴公子烛庸、盖余二人将兵遇围于楚者，闻公子光弑王僚自立，乃以其兵降楚，楚封之于舒。⑤

①【集解】服虔曰："待其天命之终也。" ②【集解】杜预曰："吴自诸樊以下，兄弟相传而不立适，是乱由先人起也。季子自知力不能讨光，故云。" ③【集解】服虔曰："复命于僚，哭其墓也。"【正义】复音伏，下同。 ④【集解】杜预曰："复本位，待光命。" ⑤【索隐】《左传》昭二十七年曰"掩余奔徐，烛庸奔钟吾"。三十年《经》曰"吴灭徐，徐子奔楚"。《左传》曰

“吴子使徐人执掩余，使钟吾人执烛庸。二公子奔楚，楚子大封而定其徙”。无封舒之事，当是“舒”“徐”字乱，又且疏略也。

王阖庐元年，举伍子胥为行人而与谋国事。楚诛伯州犁，其孙伯嚭亡奔吴，[1]吴以为大夫。

①【集解】徐广曰：“伯嚭，州犁孙也。《史记》与《吴越春秋》同。嚭音披美反。”

三年，吴王阖庐与子胥、伯嚭将兵伐楚，拔舒，杀吴亡将二公子。光谋欲入郢，将军孙武曰：“民劳，未可，待之。”[1]四年，伐楚，取六与灊。五年，伐越，败之。六年，楚使子常囊瓦伐吴。[2]迎而击之，大败楚军于豫章，取楚之居巢而还。[3]

①【索隐】《左传》此年有子胥对耳，无孙武事也。　②【正义】《左传》云“楚囊瓦为令尹”，杜预云“子囊之孙子常”。　③【索隐】《左传》定二年，当为阖庐七年。

九年，吴王阖庐谓伍子胥、孙武曰：“始子之言郢未可入，今果如何？”[1]二子对曰：“楚将子常贪，而唐、蔡皆怨之。王必欲大伐，必得唐、蔡乃可。”阖庐从之，悉兴师，与唐、蔡西伐楚，至于汉水。楚亦发兵拒吴，夹水陈。[2]吴王阖庐弟夫概[3]欲战，阖庐弗许。夫概曰：“王已属臣兵，兵以利为上，尚何待焉？”遂以其部五千人袭冒楚，楚兵大败，走。于是吴王遂纵兵追之。比至郢，[4]五战，楚五败。楚昭王亡出郢，奔郧。[⑤]郧公弟欲弑昭王，[⑥]昭王与郧公奔随。[⑦]而吴兵遂入郢。子胥、伯嚭鞭平王之尸[⑧]以报父仇。

①【索隐】言今欲果敢伐楚可否也。　②【正义】音阵。　③【正义】音古代反。　④【索隐】定四年"战于柏举，吴入郢"是也。　⑤【集解】服虔曰："郧，楚县。"　⑥【正义】《左传》云郧公辛之弟怀也。　⑦【集解】服虔曰："随，楚与国也。"　⑧【索隐】《左氏》无此事。

十年春，越闻吴王之在郢，国空，乃伐吴。吴使别兵击越。楚告急秦，秦遣兵救楚击吴，吴师败。阖庐弟夫概见秦、越交败吴，吴王留楚不去，夫概亡归吴而自立为吴王。阖庐闻之，乃引兵归，攻夫概。夫概败奔楚。楚昭王乃得以九月复入郢，而封夫概于堂谿，为堂谿氏。[①]十一年，吴王使太子夫差伐楚；取番。楚恐而去郢徙鄀。[②]

①【集解】司马彪曰："汝南吴房有堂溪亭。"【索隐】【正义】《括地志》云："豫州吴房县在州西北九十里。应劭云'吴王阖闾弟夫概奔楚，封之于堂溪氏。本房子国，以封吴，故曰吴房'。"　②【集解】服虔曰："鄀，楚邑。"【索隐】定六年《左传》"四月己丑，吴太子终纍败楚舟师"。杜预曰"阖庐子，夫差兄"。此以为夫差，当谓名异而一人耳。《左传》又曰"获潘子臣、小惟子及大夫七人，楚于是乎迁郢于鄀"。此言番，番音潘，楚邑名，子臣即其邑之大夫也。

十五年，孔子相鲁。[①]

①【索隐】定十年《左传》曰"夏，公会齐侯于祝其，实夹谷，孔丘相。犁

弥言于齐侯曰‘孔丘知礼而无勇’”是也。杜预以为“相会仪也”，而史迁《孔子系家》云“摄行相事”。案：《左氏》“孔丘以公退，曰‘士兵之’，又使兹无还揖对”，是摄国相也。

十九年夏，吴伐越，越王句践迎击之槜李。[①]越使死士挑战，[②]三行造吴师，呼，自刭。[③]吴师观之，越因伐吴，败之姑苏，[④]伤吴王阖庐指，军却七里。吴王病伤而死。[⑤]阖庐使立太子夫差，谓曰："尔而忘句践杀汝父乎？"对曰：[⑥]"不敢。"三年，乃报越。

①【集解】贾逵曰："槜李，越地。"杜预曰："吴郡嘉兴县南有槜李城也。"槜音醉。　②【集解】徐广曰："死，一作亶，《越世家》亦然，或者以为人名氏乎？"骃案：贾逵曰"死士，死罪人也"。郑众曰"死士，欲以死报恩者也"。杜预曰"敢死之士也"。【正义】挑音田鸟反。　③【集解】《左传》曰："使罪人三行，属剑于颈。"【正义】行，胡郎反。造，干到反。呼，火故反。刭，坚鼎反。　④【集解】《越绝书》曰："阖庐起姑苏台，三年聚材，五年乃成，高见三百里。"【索隐】姑苏，台名，在吴县西三十里。《左传》定十四年曰"越子大败之，灵姑浮以戈击阖庐，阖庐伤将指，还，卒于陉，去槜李七里"。杜预以为槜李在嘉兴县南。灵姑浮，越大夫也。　⑤【集解】《越绝书》曰："阖庐冢在吴县昌门外，名曰虎丘。下池广六十步，水深一丈五尺，桐棺三重，澒池六尺，玉凫之流扁诸之剑三千，方员之口三千，槃郢、鱼肠之剑在焉。卒十余万人治之，取土临湖。葬之三日，白虎居其上，故号曰虎丘。"【索隐】澒，胡贡反。以水银为池。　⑥【索隐】此以为阖庐谓夫差，夫差对阖庐。若《左氏传》，则云"对曰"者，夫差对所使之人也。

王夫差元年，[①]以大夫伯嚭为太宰。[②]习战射，常以报越为志。二年，吴王悉精兵以伐越，败之夫椒，[③]报姑苏也。越王句践乃以甲兵五千人栖于会稽，[④]使大夫种[⑤]因吴太宰嚭而行成，[⑥]请委国为臣妾。吴王将许之，伍子胥谏曰："昔有过氏[⑦]杀斟灌以伐斟寻，[⑧]灭夏后帝相。[⑨]帝相之妃后缗方娠，[⑩]逃于有仍[⑪]而生少康。[⑫]少康为有仍牧正。[⑬]有过又欲杀少康，少康奔有虞。[⑭]有虞思夏德，于是妻之以二女而邑之于纶，[⑮]有田一成，有众一旅。[⑯]后遂收夏众，抚其官职。[⑰]使人诱之，[⑱]遂灭有过氏，复禹之绩，祀夏配天，[⑲]不失旧物。[⑳]今吴不如有过之强，而句践大于少康。今不因此而灭之，又将宽之，不亦难乎。且句践为人能辛苦，今不灭，后必悔之。"吴王不听，听太宰嚭，卒许越平，与盟而罢兵去。

①【集解】《越绝书》曰："太伯到夫差二十六代且千岁。"【索隐】《史记》太伯至寿梦十九代，诸樊已下六王，唯二十五代。　②【索隐】案：《左传》定四年伯嚭为太宰，当阖庐九年，非夫差代也。　③【集解】贾逵曰："夫椒，越地。"杜预曰："太湖中椒山也。"【索隐】贾逵云越地，盖近得之。然其地阙，不知所在。杜预以为太湖中椒山，非战所。夫椒与椒山不得为一。且夫差以报越为志，又伐越，当至越地，何乃不离吴境，近在太湖中？又案：《越语》云"败五湖也"。　④【集解】贾逵曰："会稽，山名。"【索隐】鸟所止宿曰栖。越为吴败，依托于山林，故以鸟栖为喻。《左传》作"保"，《国语》作"栖"。　⑤【索隐】大夫，官也；种，名也。《吴越春秋》以为种姓文。而刘氏云"姓大夫"，非也。　⑥【集解】服虔曰："行成，求成也。"【正义】《国语》云："越饰美女八人纳太宰嚭，曰：'子苟然，放越之罪。'"　⑦【集解】贾逵曰："过，国名也。"【索隐】过音戈。寒浞之子浇所封国也，猗姓国。《晋地道记》曰："东莱掖县有过乡，北有过城，古过国也。"　⑧【集解】斟灌，斟寻，夏同姓也。夏后相依斟灌而国，故曰杀夏后相也。【索隐】斟灌、斟寻夏同姓，贾氏据《系本》而知也。案：《地理志》北海寿光县，应劭曰"古

斟灌亭是也”。平寿县，复云“古北斟寻，禹后，今斟城是也”。然“斟”与“斟”同。 ⑨【集解】服虔曰：“夏后相，启之孙。” ⑩【集解】贾逵曰：“缗，有仍之姓也。”杜预曰：“娠，怀身也。” ⑪【集解】贾逵曰：“有仍，国名，后缗之家。” ⑫【集解】服虔曰：“后缗遗腹子。” ⑬【集解】王肃曰：“牧正，牧官之长也。” ⑭【集解】贾逵曰：“有虞，帝舜之后。”杜预曰：“梁国虞县。” ⑮【集解】贾逵曰：“纶，虞邑。” ⑯【集解】贾逵曰：“方十里为成。五百人为旅。” ⑰【集解】服虔曰：“因此基业，稍收取夏遗民余众，抚修夏之故官宪典。” ⑱【索隐】《左传》云：“使女艾谍浇，遂灭过、戈。”杜预曰：“谍，候也。” ⑲【集解】服虔曰：“以鲧配天也。” ⑳【集解】贾逵曰：“物，职也。”杜预曰：“物，事也。”

七年，吴王夫差闻齐景公死而大臣争宠，新君弱，乃兴师北伐齐。子胥谏曰：“越王句践食不重味，衣不重采，吊死问疾，且欲有所用其众。此人不死，必为吴患。今越在腹心疾而王不先，而务齐，不亦谬乎。”吴王不听，遂北伐齐，败齐师于艾陵。[①]至缯，[②]召鲁哀公而征百牢。[③]季康子使子贡以周礼说太宰嚭，乃得止。因留略地于齐、鲁之南。九年，为驺伐鲁，[④]至，与鲁盟乃去。十年，因伐齐而归。十一年，复北伐齐。

①【集解】杜预曰：“艾陵，齐地。”【索隐】七年，鲁哀公之六年也。《左传》此年无伐齐事，哀十一年有败齐师于艾陵。 ②【集解】杜预曰：“琅邪缯县。” ③【集解】贾逵曰：“周礼，王合诸侯享礼十有二牢，上公九牢，侯伯七牢，子男五牢。”【索隐】事在哀七年。是年当夫差八年，不应上连七年。案：《左传》曰“子服景伯对，不听，乃与之”，非谓季康子使子贡说，得不用百牢。太宰嚭自别召康子，乃使子贡辞之耳。 ④【索隐】《左传》

“驺”作“郰”，声相近自乱耳。杜预注《左传》亦曰“郰，今鲁国驺县是也”。驺”宜音郰。

越王句践率其众以朝吴，厚献遗之，吴王喜。唯子胥惧，曰：“是弃吴也。”[①]谏曰：“越在腹心，今得志于齐，犹石田，无所用。[②]且《盘庚之诰》有颠越勿遗，[③]商之以兴。”[④]吴王不听，使子胥于齐，子胥属其子于齐鲍氏，[⑤]还报吴王。吴王闻之，大怒，赐子胥属镂[⑥]之剑以死。将死，曰：“树吾墓上以梓，[⑦]令可为器。抉吾眼置之吴东门，[⑧]以观越之灭吴也。”

①【索隐】《左氏》作“豢吴”。豢，养也。　②【集解】王肃曰：“石田不可耕。”　③【集解】服虔曰：“颠，陨也；越，坠也。颠越无道，则割绝无遗也。”【索隐】《左传》曰：“其颠越不共，则劓殄无遗育，无俾易种于兹邑，是商所以兴也，今君易之。”此则艾陵战时也。　④【集解】徐广曰：“一本作‘《盘庚之诰》有颠之越之，商之以兴’。《子胥传》‘《诰》曰有颠越商之兴’。”　⑤【集解】服虔曰：“鲍氏，齐大夫。”【索隐】《左传》直曰“使于齐”，杜预曰“私使人至齐属其子”。案：《左传》又曰“反役，王闻之”，明非子胥自使也。　⑥【集解】服虔曰：“属镂，剑名。赐使自刎。”【索隐】剑名，见《越绝书》。【正义】属音烛。镂音力于反。　⑦【索隐】《左传》云：“树吾墓槚，槚可材也，吴其亡乎！”梓槚相类，因变文也。　⑧【索隐】抉，乌穴反。此《国语》文，彼以“抉”为“辟”。又云“以手抉之。王愠曰：‘孤不使大夫得有见。’乃盛以鸱夷，投之江也”。【正义】《吴俗传》云“子胥亡后，越从松江北开渠至横山东北，筑城伐吴。子胥乃与越军梦，令从东南入破吴。越王即移向三江口岸立坛，杀白马祭子胥，杯动酒尽，越乃开渠。子胥作涛，荡罗城东，开入灭吴。至今犹号曰示浦，门曰鲭鲟”。是从东门入灭吴也。

齐鲍氏弑齐悼公。[1]吴王闻之,哭于军门外三日,[2]乃从海上攻齐。[3]齐人败吴,吴王乃引兵归。

①【索隐】公名阳生。《左传》哀十年曰“吴伐齐南鄙,齐人杀悼公”,不言鲍氏。又鲍牧以哀八年为悼公所杀,今言鲍氏,盖其宗党尔。且此伐在艾陵战之前年,今记于后,亦为颠倒错乱也。 ②【集解】服虔曰:“诸侯相临之礼。” ③【集解】徐广曰:“上,一作中。”

十三年,吴召鲁、卫之君会于橐皋。[1]

①【集解】服虔曰:“橐皋,地名也。”杜预曰:“在淮南逡遒县东南。”【索隐】哀十二年《左传》曰:“公会吴于橐皋。卫侯会吴于郧。”此并言会卫橐皋者,案《左传》“吴徵会于卫。初,卫杀吴行人,惧,谋于子羽。子羽曰‘不如止也’。子木曰‘往也’”。卫侯本不欲赴会,故鲁以夏会卫,及秋乃会。太史公以其本名于橐皋,故不言郧。郧,发阳也,广陵县东南有发繇口。橐音他各反。逡遒,上七巡反,下酒尤反。

十四年春,吴王北会诸侯于黄池,[1]欲霸中国以全周室。六月(戊)〔丙〕子,越王句践伐吴。乙酉,越五千人与吴战。丙戌,虏吴太子友。丁亥,入吴。吴人告败于王夫差,夫差恶其闻也。[2]或泄其语,吴王怒,斩七人于幕下。[3]七月辛丑,吴王与晋定公争长。吴王曰:“于周室我为长。”[4]晋定公曰:“于姬姓我为伯。”[5]赵鞅怒,将伐吴,乃长晋定公。[6]吴王已盟,与晋别,欲伐宋。太宰嚭曰:“可胜而不能居也。”乃引兵归国。国亡太子,内空,王居外久,士皆罢敝,于是乃使厚币以与越平。

①【集解】杜预曰:“陈留封丘县南有黄亭,近济水。” ②【集解】贾逵曰:“恶其闻诸侯。” ③【集解】服虔曰:“以绝口。” ④【集解】杜预曰:“吴为太伯后,故为长。” ⑤【集解】杜预曰:“为侯伯。” ⑥【集解】徐广曰:“黄池之盟,吴先歃,晋次之,与《外传》同。”骃案:贾逵曰“《外传》曰‘吴先歃,晋亚之’。先叙晋,晋有信,又所以外吴”。【索隐】此依《左传》文。案:《左传》“赵鞅呼司马寅曰:‘建鼓整列,二臣死之,长幼必可知也。’是赵鞅怒。司马寅请姑视之,反曰:‘肉食者无墨,今吴王有墨,国其胜乎’,杜预曰:墨,气色下也,国为敌所胜。又曰:‘太子死乎?且夷德轻,不忍久,请少待之。’乃先晋人”,是也。徐、贾所云据《国语》,不与《左传》合,非也。《左氏》鲁襄公代晋、楚为会,先书晋,晋有信耳。《外传》即《国语》也,书有二名也。外吴者,吴夷,贱之,不许同中国,故言外也。

十五年,齐田常杀简公。

十八年,越益强。越王句践率兵(使)〔复〕伐败吴师于笠泽。楚灭陈。

二十年,越王句践复伐吴。[①]二十一年,遂围吴。二十三年十一月丁卯,越败吴。越王句践欲迁吴王夫差于甬东,[②]予百家居之。吴王曰:“孤老矣,不能事君王也。吾悔不用子胥之言,自令陷此。”遂自刭死。[③]越王灭吴,诛太宰嚭,以为不忠,而归。

①【索隐】哀十九年《左传》曰:“越人侵楚,以误吴也。”杜预曰:“误吴,使不为备也。”无伐吴事也。 ②【集解】贾逵曰:“甬东,越东鄙,甬江东也。”韦昭曰:“句章,东海口外州也。”【索隐】《国语》曰甬句东,越地,会稽句章县东海中州也。案:今鄮县即是其处。 ③【集解】《越绝书》曰:“夫

差冢在犹亭西卑犹位，越王使干戈人一壖土以葬之。近太湖，去县五十七里。”【索隐】《左传》“乃缢，越人以归”也。犹亭，亭名。“卑犹位”三字共为地名，《吴地记》曰“徐枕山，一名卑犹山”是也。壖音路禾反，小竹笼，以盛土也。

太史公曰：孔子言“太伯可谓至德矣，三以天下让，民无得而称焉”。[①]余读《春秋》古文，乃知中国之虞与荆蛮句吴兄弟也。延陵季子之仁心，慕义无穷，见微而知清浊。呜呼，又何其闳览博物君子也。[②]

①【集解】王肃曰：“太伯弟季历贤，又生圣子昌，昌必有天下，故太伯以天下三让于王季。其让隐，故无得而称言之者，所以为至德也。”

②【集解】《皇览》曰：“延陵季子冢在毗陵县暨阳乡，至今吏民皆祀事。”

索隐述赞曰：太伯作吴，高让雄图。周章受国，别封于虞。寿梦初霸，始用兵车。三子递立，延陵不居。光既篡位，是称阖闾。王僚见杀，贼由专诸。夫差轻越，取败姑苏。甬东之耻，空惭伍胥。

卷三十二

齐太公世家第二

【正义】《括地志》云："天齐池在青州临淄县东南十五里。《封禅书》云'齐之所以为齐者，以天齐也'。"

太公望吕尚者，东海上人。[①]其先祖尝为四岳，佐禹平水土甚有功。虞、夏之际封于吕，[②]或封于申，[③]姓姜氏。夏、商之时，申、吕或封枝庶子孙，或为庶人，尚其后苗裔也。本姓姜氏，从其封姓，故曰吕尚。

①【集解】《吕氏春秋》曰："东夷之土。"【索隐】谯周曰："姓姜，名牙。炎帝之裔，伯夷之后，掌四岳有功，封之于吕，子孙从其封姓，尚其后也。"按：后文王得之渭滨，云"吾先君太公望子久矣"，故号太公望。盖牙是字，尚是其名，后武王号为师尚父，则尚父官名。　②【集解】徐广曰："吕在南阳宛县西。"　③【索隐】《地理志》申在南阳宛县，申伯之国。吕亦在宛县之西也。

吕尚盖尝穷困，年老矣，[①]以渔钓奸周西伯。[②]西伯将出猎，卜之，曰"所获非龙非彲，[③]非虎非罴，所获霸王之辅"。于是周西伯猎，果遇太公于渭之阳，与语大悦，曰："自吾先君太公曰'当有圣人适周，周以兴'。子真是邪？吾太公望子久矣。”故号之曰“太公望”，载与俱归，立为师。

①【索隐】谯周曰：“吕望尝屠牛于朝歌，卖饮于孟津。” ②【正义】奸音干。《括地志》云：“兹泉水源出岐州岐山县西南凡谷。《吕氏春秋》云‘太公钓于兹泉，遇文王’。郦元云‘磻磎中有泉，谓之兹泉。泉水潭积，自成渊渚，即太公钓处，今人谓之凡谷。石壁深高，幽篁邃密，林泽秀阻，人迹罕及。东南隅有石室，盖太公所居也。水次有磻石可钓处，即太公垂钓之所。其投竿跪饵，两膝遗迹犹存，是有磻磎之称也。其水清泠神异，北流十二里注于渭’。《说苑》云‘吕望年七十钓于渭渚，三日三夜鱼无食者，望即忿，脱其衣冠。上有农人者，古之异人，谓望曰：“子姑复钓，必细其纶，芳其饵，徐徐而投，无令鱼骇。”望如其言，初下得鲋，次得鲤。刺鱼腹得书，书文曰“吕望封于齐”。望知其异’。” ③【集解】徐广曰：“勑知反。”【索隐】徐广音勑知反，余本亦作“螭”字。

或曰，太公博闻，尝事纣。纣无道，去之。游说诸侯，无所遇，而卒西归周西伯。或曰，吕尚处士，隐海滨。周西伯拘羑里，散宜生、闳夭素知而招吕尚。吕尚亦曰“吾闻西伯贤，又善养老，盍往焉”。三人者为西伯求美女奇物，献之于纣，以赎西伯。西伯得以出，反国。言吕尚所以事周虽异，然要之为文、武师。

周西伯昌之脱羑里归，与吕尚阴谋修德以倾商政，其事多兵权与奇计，[①] 故后世之言兵及周之阴权皆宗太公为本谋。周西伯政平，及断虞、芮之讼，而诗人称西伯受命曰文王。伐崇、密须、[②]犬夷，大作丰邑。天下三分，其二归周者，太公之谋计居多。

①【正义】《六韬》云："武王问太公曰：'律之音声，可以知三军之消息乎？'太公曰：'深哉王之问也！夫律管十二，其要有五：宫、商、角、徵、羽，此其正声也，万代不易。五行之神，道之常也，可以知敌。金、木、水、火、土，各以其胜攻之。其法，以天清静无阴云风雨，夜半遣轻骑往，至敌人之垒九百步，偏持律管横耳大呼惊之，有声应管，其来甚微。角管声应，当以白虎；徵管声应，当以玄武；商管声应，当以句陈；五管尽不应，无有商声，当以青龙：此五行之府，佐胜之徵，(阴)〔成〕败之机也。'" ②【索隐】按：《郡国志》在东郡廪丘县北，今曰顾城。密须，姞姓，在河南密县东，故密城是也。与安定姬姓密国各不同。

文王崩，武王即位。九年，欲修文王业，东伐以观诸侯集否。师行，师尚父[①]左杖黄钺，右把白旄以誓，曰："苍兕苍兕，[②]总尔众庶，与尔舟楫，后至者斩！"遂至盟津。诸侯不期而会者八百诸侯。诸侯皆曰："纣可伐也。"武王曰："未可。"还师，与太公作此《太誓》。

①【集解】刘向《别录》曰："师之，尚之，父之，故曰师尚父。父亦男子之美号也。" ②【索隐】本或作"苍雉"。按：马融曰"苍兕，主舟楫官名"。又王充曰"苍兕者，水兽，九头"。今誓众，令急济，故言苍兕以惧之。然此文上下并《今文泰誓》也。

居二年，纣杀王子比干，囚箕子。武王将伐纣，卜，龟兆不吉，风雨暴至。群公尽惧，唯太公强之劝武王，武王于是遂行。十一年[①]正月甲子，誓于牧野，伐商纣。纣师败绩。纣反走，登鹿台，遂追斩纣。明日，武王立于社，群公奉明水，[②]卫康叔封布采席，[③]师尚父牵牲，史佚策祝，以告神讨纣之罪。散鹿台之钱，发巨桥之粟，以振贫民。封比干墓，释箕子囚。迁九鼎，修周政，与天下更始。师尚父谋居多。

①【集解】徐广曰："一作三年。" ②【索隐】《周本纪》毛叔郑奉明水也。 ③【索隐】《周本纪》卫康叔封布兹。兹是席，故此亦云采席也。

于是武王已平商而王天下，封师尚父于齐营丘。[①]东就国，道宿行迟。逆旅之人曰："吾闻时难得而易失。客寝甚安，殆非就国者也。"太公闻之，夜衣而行，犁明至国。[②]莱侯来伐，与之争营丘。营丘边莱。莱人，夷也，会纣之乱而周初定，未能集远方，是以与太公争国。

①【正义】《括地志》云："营丘在青州临淄北百步外城中。" ②【索隐】犁音里奚反。犁，犹比也。一云犁犹迟也。

太公至国，修政，因其俗，简其礼，通商工之业，便鱼盐之利，而人民多归齐，齐为大国。及周成王少时，管、蔡作乱，淮夷[①]畔周，乃使召康公[②]命太公曰："东至海，西至河，南至穆陵，北至无棣，[③]五侯九伯，实得征之。"[④]齐由此得征伐，为大国。都营丘。

①【正义】孔安国云："淮浦之夷，徐州之戎。" ②【集解】服虔曰召公奭。 ③【集解】服虔曰："是皆太公始受封土地疆境所至也。"【索隐】旧说穆陵在会稽，非也。按：今淮南有故穆陵门，是楚之境。无棣在辽西孤竹。服虔以为太公受封境界所至，不然也，盖言其征伐所至之域也。

④【集解】杜预曰："五等诸侯，九州之伯，皆得征讨其罪也。"

盖太公之卒百有余年，[1]子丁公吕伋[2]立。丁公卒，子乙公得立。乙公卒，子癸公慈母[3]立。癸公卒，子哀公不辰[4]立。

①【集解】《礼记》曰："太公封于营丘，比及五世，皆反葬于周。"郑玄曰："太公受封，留为太师，死葬于周。五世之后乃葬齐。"《皇览》曰："吕尚冢在临菑县城南，去县十里。" ②【集解】徐广曰："一作及。"【正义】《谥法》述义不克曰丁。 ③【索隐】《系本》作"脴公慈母"。谯周亦曰"祭公慈母"也。 ④【索隐】《系本》作"不臣"。谯周亦作"不辰"。宋衷曰："哀公荒淫田游，国史作《还诗》以刺之也。"

哀公时，纪侯谮之周，周烹哀公[1]而立其弟静，是为胡公。[2]胡公徙都薄姑，[3]而当周夷王之时。

①【集解】徐广曰周夷王。 ②【正义】《谥法》弥年寿考曰胡。 ③【正义】《括地志》云："薄姑城在青州博昌县东北六十里。"

哀公之同母少弟山怨胡公，乃与其党率营丘人袭攻杀胡公而自立，[1]是为献公。献公元年，尽逐胡公子，因徙薄姑都，治临菑。

①【索隐】宋衷曰："其党周马繻人将胡公于贝水杀之，而山自立也。"

九年，献公卒，子武公寿立。武公九年，周厉王出奔，居彘。[1]十年，王室乱，大臣行政，号曰“共和”。二十四年，周宣王初立。

①【正义】直厉反。《括地志》云：“晋州霍邑县也。”郑玄云：“霍山在彘，本秦时霍伯国。”

二十六年，武公卒，子厉公无忌立。厉公暴虐，故胡公子复入齐。齐人欲立之，乃与攻杀厉公。胡公子亦战死。齐人乃立厉公子赤为君，是为文公，而诛杀厉公者七十人。

文公十二年卒，子成公脱[1]立。成公九年卒，子庄公购立。

①【索隐】《系本》及谯周皆作“说”。

庄公二十四年，犬戎杀幽王，周东徙雒。秦始列为诸侯。五十六年，晋弑其君昭侯。六十四年，庄公卒，子釐公禄甫立。

釐公九年，鲁隐公初立。十九年，鲁桓公弑其兄隐公而自立为君。

二十五年，北戎伐齐。郑使太子忽来救齐，齐欲妻之。忽曰：“郑小齐大，非我敌。”遂辞之。

三十二年，釐公同母弟夷仲年死。其子曰公孙无知，釐公爱之，令其秩服奉养比太子。

三十三年，釐公卒，太子诸儿立，是为襄公。

襄公元年，始为太子时，尝与无知斗，及立，绌无知秩服，无知怨。

四年，鲁桓公与夫人如齐。齐襄公故尝私通鲁夫人。鲁夫人者，襄公女弟也，自釐公时嫁为鲁桓公妇，及桓公来而襄公复通焉。鲁桓公知之，怒夫人，夫人以告齐襄公。齐襄公与鲁君饮，醉之，使力士彭生抱上鲁君车，因拉杀鲁桓公，[①]桓公下车则死矣。鲁人以为让，[②]而齐襄公杀彭生以谢鲁。

①【集解】《公羊传》曰："搚干而杀之。"何休曰："搚，折声也。"【正义】拉音力合反。　②【索隐】让，犹责也。

八年，伐纪，纪迁去其邑。[①]

①【集解】徐广曰："年表云去其都邑。"【索隐】按：《春秋》庄四年"纪侯大去其国"，《左传》云"违齐难"也。

十二年，初，襄公使连称、管至父戍葵丘，[①]瓜时而往，及瓜而代。[②]往戍一岁，卒瓜时而公弗为发代。或为请代，公弗许。故此二人怒，因公孙无知谋作乱。连称有从妹在公宫，无宠，[③]使之间襄公，[④]曰"事成以汝为无知夫人"。冬十二月，襄公游姑棼，[⑤]遂猎沛丘。[⑥]见彘，从者曰"彭生"。[⑦]公怒，射之，彘人立而啼。公惧，坠车伤足，失屦。反而鞭主屦者茀[⑧]三百。茀出宫。而无知、连称、管至父等闻公伤，乃遂率其众袭宫。逢主屦茀，茀曰："且无入惊宫，惊宫未易入也。"

无知弗信，茀示之创，[9]乃信之。待宫外，令茀先入。茀先入，即匿襄公户间。良久，无知等恐，遂入宫。茀反与宫中及公之幸臣攻无知等，不胜，皆死。无知入宫，求公不得。或见人足于户间，发视，乃襄公，遂弑之，而无知自立为齐君。

①【集解】贾逵曰："连称、管至父皆齐大夫。"杜预曰："临淄县西有地名葵丘。"【索隐】又桓三十五年会诸侯于葵丘，当鲁僖公九年，杜预曰"陈留外黄县东有葵丘。"不同者，盖葵丘有两处，杜意以戍葵丘当不远出齐境，故引临淄县西之葵丘。若三十五年会诸侯于葵丘，杜氏又以不合在本国，故引外黄东葵丘为注，所以不同尔。 ②【集解】服虔曰："瓜时，七月。及瓜谓后年瓜时。" ③【集解】服虔曰："为妾在宫也。" ④【集解】王肃曰："候公之间隙。" ⑤【集解】贾逵曰："齐地也。"【正义】音扶云反。⑥【集解】杜预曰："乐安博昌县南有地名贝丘。"【正义】《左传》云"齐襄公田于贝丘，坠车伤足"，即此也。 ⑦【集解】服虔曰："公见彘，从者乃见彭生，鬼改形为豕也。" ⑧【正义】非佛反，下同。茀，主履者也。⑨【正义】音疮。

桓公元年春，齐君无知游于雍林。[1]雍林人尝有怨无知，及其往游，雍林人袭杀无知，告齐大夫曰："无知弑襄公自立，臣谨行诛。唯大夫更立公子之当立者，唯命是听。"

①【集解】贾逵曰："渠丘大夫也。"【索隐】亦有本作"雍廪"。《左传》云"雍廪杀无知"，杜预曰"雍廪，齐大夫"。此云"游雍林，雍林人尝有怨无知，遂袭杀之"，盖以雍林为邑名，其地有人杀无知。贾言"渠丘大夫"者，渠丘邑名，雍林为渠丘大夫也。

初，襄公之醉杀鲁桓公，通其夫人，杀诛数不当，淫于妇人，数欺大臣，群弟恐祸及，故次弟纠奔鲁。其母鲁女也。管仲、召忽傅之。次弟小白奔莒，鲍叔傅之。小白母，卫女也，有宠于釐公。小白自少好善大夫高傒。[①]及雍林人杀无知，议立君，高、国先阴召小白于莒。鲁闻无知死，亦发兵送公子纠，而使管仲别将兵遮莒道，射中小白带钩。小白佯死，管仲使人驰报鲁。鲁送纠者行益迟，(伐鲁)〔六日〕至齐，则小白已入，高傒立之，是为桓公。

①【集解】贾逵曰："齐正卿高敬仲也。"【正义】傒音奚。

桓公之中钩，佯死以误管仲，已而载温车中驰行，亦有高、国内应，故得先入立，发兵距鲁。秋，与鲁战于乾时，[①]鲁兵败走，齐兵掩绝鲁归道。齐遗鲁书曰："子纠兄弟，弗忍诛，请鲁自杀之。召忽、管仲仇也，请得而甘心醢之。不然，将围鲁。"鲁人患之，遂杀子纠于笙渎。[②]召忽自杀，管仲请囚。桓公之立，发兵攻鲁，心欲杀管仲。鲍叔牙曰："臣幸得从君，君竟以立。君之尊，臣无以增君。君将治齐，即高傒与叔牙足也。君且欲霸王，非管夷吾不可。夷吾所居国国重，不可失也。"于是桓公从之。乃佯为召管仲欲甘心，实欲用之。管仲知之，故请往。鲍叔牙迎受管仲，及堂阜而脱桎梏，[③]斋祓而见桓公。桓公厚礼以为大夫，任政。

①【集解】杜预曰："乾时，齐地也。时水在乐安界，岐流，旱则涸竭，故曰乾时。"　②【集解】贾逵曰："鲁地句渎也。"【索隐】按：邹诞生本作

“莩渎”，莩笙声相近。笙如字，渎音豆。《论语》作“沟渎”，盖后代声转而字异，故诸文不同也。　③【集解】贾逵曰：“堂阜，鲁北境。”杜预曰：“堂阜，齐地。东莞蒙阴县西北有夷吾亭，或曰鲍叔解夷吾缚于此，因以为名也。”

桓公既得管仲，与鲍叔、隰朋、[①]高傒修齐国政，连五家之兵，[②]设轻重鱼盐之利，[③]以赡贫穷，禄贤能，齐人皆说。

①【集解】徐广曰：“或作崩也。”　②【集解】《国语》曰：“管子制国五家为轨，十轨为里，四里为连，十连为乡，以为军令。”　③【索隐】按：《管子》有理人《轻重》之法七篇。轻重谓钱也。又有捕鱼、煮盐法。

二年，伐灭郯，[①]郯子奔莒。初，桓公亡时，过郯，郯无礼，故伐之。

①【集解】徐广曰：“一作谭。”【索隐】据《春秋》，鲁庄十年“齐师灭谭”是也。杜预曰“谭国在济南平陵县西南”。然此郯乃东海郯县，盖亦不当作“谭”字也。

五年，伐鲁，鲁将师败。鲁庄公请献遂邑以平，[①]桓公许，与鲁会柯而盟。[②]鲁将盟，曹沫以匕首劫桓公于坛上，[③]曰：“反鲁之侵地。”桓公许之。已而曹沫去匕首，北面就臣位。桓公后悔，欲无与鲁地而杀曹沫。管仲曰：“夫劫许之而倍信杀之，[④]愈一小快耳，而弃信于诸侯，失天下之援，不可。”于是遂与曹沫三败所亡地于鲁。诸侯闻之，皆信齐而欲附焉。七年，诸侯会桓公于甄，[⑤]而桓公于是始霸焉。

①【集解】杜预曰："遂在济北蛇丘县东北。" ②【集解】杜预曰："此柯今济北东阿，齐之阿邑，犹祝柯今为祝阿。" ③【集解】何休曰："土基三尺，阶三等，曰坛。会必有坛者，为升降揖让，称先君以相接也。" ④【集解】徐广曰："一云已许之而背信杀劫也。" ⑤【集解】杜预曰："甄，卫地，今东郡甄城也。"

十四年，陈厉公子完，[①]号敬仲，来奔齐。齐桓公欲以为卿，让；于是以为工正。[②]田成子常之祖也。

①【正义】音桓。 ②【集解】贾逵曰："掌百工。"

二十三年，山戎伐燕，[①]燕告急于齐。齐桓公救燕，遂伐山戎，至于孤竹而还。燕庄公遂送桓公入齐境。桓公曰："非天子，诸侯相送不出境，吾不可以无礼于燕。"于是分沟割燕君所至与燕，命燕君复修召公之政，纳贡于周，如成、康之时。诸侯闻之，皆从齐。

①【集解】服虔曰："山戎，北狄，盖今鲜卑也。"何休曰："山戎者，戎中之别名也。"

二十七年，鲁湣公母曰哀姜，桓公女弟也。哀姜淫于鲁公子庆父，庆父弑湣公，哀姜欲立庆父，鲁人更立釐公。[①]桓公召哀姜，杀之。

①【集解】徐广曰："《史记》僖字皆作釐。"

二十八年，卫文公有狄乱，告急于齐。齐率诸侯城楚丘[①]而立卫君。

①【集解】贾逵曰："卫地也。"【索隐】杜预曰："不言城卫，卫未迁。"楚丘在济阴城武县南，即今之卫南县。

二十九年，桓公与夫人蔡姬戏船中。蔡姬习水，荡公，[①]公惧，止之，不止，出船，怒，归蔡姬，弗绝。蔡亦怒，嫁其女。桓公闻而怒，兴师往伐。

①【集解】贾逵曰："荡，摇也。"

三十年春，齐桓公率诸侯伐蔡，蔡溃。[①]遂伐楚。楚成王兴师问曰："何故涉吾地？"管仲对曰："昔召康公命我先君太公曰：'五侯九伯，若实征之，以夹辅周室。'[②]赐我先君履，[③]东至海，西至河，南至穆陵，北至无棣。楚贡包茅不入，王祭不具，[④]是以来责。昭王南征不复，是以来问。"[⑤]楚王曰："贡之不入，有之，寡人罪也，敢不共乎！昭王之出不复，君其问之水滨。"[⑥]齐师进次于陉。[⑦]夏，楚王使屈完将兵扞齐，齐师退次召陵。[⑧]桓公矜屈完以其众。屈完曰："君以道则可。若不，则楚方城以为城，[⑨]江、汉以为沟，君安能进乎？"乃与屈完盟而去。过陈，陈袁涛涂诈齐，令出东方，觉。秋，齐伐陈。[⑩]是岁，晋杀太子申生。

①【集解】服虔曰："民逃其上曰溃也。" ②【集解】《左传》曰："周

公、太公股肱周室，夹辅成王也。” ③【集解】杜预曰：“所践履之界。” ④【集解】贾逵曰：“包茅，菁茅包匭之也，以供祭祀。”杜预曰：“《尚书》‘包匭菁茅’，茅之为异未审。” ⑤【集解】服虔曰：“周昭王南巡狩，涉汉未济，船解而溺昭王，王室讳之，不以赴，诸侯不知其故，故桓公以为辞责问楚也。”【索隐】宋衷云：“昭王南伐楚，辛由靡为右，涉汉中流而陨，由靡逐王，遂卒不复，周乃侯其后于西翟。” ⑥【集解】杜预曰：“昭王时汉非楚境，故不受罪。” ⑦【集解】杜预曰：“陉，楚地，颍川召陵县南有陉亭。”《左传》曰：“凡师一宿为舍，再宿为信，过信为次。” ⑧【集解】杜预曰：“召陵，颍川县。” ⑨【集解】服虔曰：“方城山在汉南。”韦昭曰：“方城，楚北之阸塞。”杜预曰“方城山在南阳叶县南”是也。【索隐】按：《地理志》叶县南有长城，号曰方城，则杜预、韦昭说为得，而服氏云在汉南，未知有何依据。 ⑩【集解】《左传》曰：“讨不忠也。”

三十五年夏，会诸侯于葵丘。①周襄王使宰孔赐桓公文武胙、彤弓矢、大路，②命无拜。桓公欲许之，管仲曰“不可”，乃下拜受赐。③秋，复会诸侯于葵丘，益有骄色。周使宰孔会。诸侯颇有叛者。④晋侯病，后，遇宰孔。宰孔曰：“齐侯骄矣，弟无行。”从之。是岁，晋献公卒，里克杀奚齐、卓子，⑤秦穆公以夫人入公子夷吾为晋君。桓公于是讨晋乱，至高梁，⑥使隰朋立晋君，还。

①【集解】杜预曰：“陈留外黄县东有葵丘也。” ②【集解】贾逵曰：“大路，诸侯朝服之车，谓之金路。” ③【集解】韦昭曰：“下堂拜赐也。” ④【集解】《公羊传》曰：“葵丘之会，桓公震而矜之，叛者九国。” ⑤【集解】徐广曰：“《史记》卓多作悼。”【正义】卓，丑角反。 ⑥【集解】服虔曰：“晋地也。”杜预曰：“在平阳县西南。”

是时周室微，唯齐、楚、秦、晋为强。晋初与会，[①]献公死，国内乱。秦穆公辟远，不与中国会盟。楚成王初收荆蛮有之，夷狄自置。唯独齐为中国会盟，而桓公能宣其德，故诸侯宾会。于是桓公称曰："寡人南伐至召陵，望熊山。北伐山戎、离枝、孤竹。[②]西伐大夏，涉流沙。[③]束马悬车登太行，至卑耳山[④]而还。诸侯莫违寡人。寡人兵车之会三，[⑤]乘车之会六，[⑥]九合诸侯，一匡天下。[⑦]昔三代受命，有何以异于此乎？吾欲封泰山，禅梁父。"管仲固谏，不听；乃说桓公以远方珍怪物至乃得封，桓公乃止。

①【正义】与音预，下同。　②【集解】《地理志》曰令支县有孤竹城，疑离枝即令支也，令离声相近。应劭曰："令音铃。"铃离声亦相近。《管子》亦作"离"字。【索隐】离枝音零支，又音令祇，又如字。离枝，孤竹，皆古国名。秦以离枝为县，故《地理志》辽西令支县有孤竹城。《尔雅》曰"孤竹、北户、西王母、日下谓之四荒"也。　③【正义】大夏，并州晋阳是也。　④【正义】卑音壁。刘伯庄及韦昭并如字。　⑤【正义】《左传》云鲁庄十三年，会北杏以平宋乱；僖四年，侵蔡，遂伐楚；六年，伐郑，围新城也。　⑥【正义】《左传》云鲁庄十四年，会于鄄；十五年，又会鄄；十六年，同盟于幽；僖五年，会首止；八年，盟于洮；九年，会葵丘是也。　⑦【正义】匡，正也。一匡天下，谓定襄王为太子之位也。

三十八年，周襄王弟带与戎、翟合谋伐周，齐使管仲平戎于周。周欲以上卿礼管仲，管仲顿首曰："臣陪臣，安敢！"三让，乃受下卿礼以见。三十九年，周襄王弟带来奔齐。齐使仲孙请王，为带谢。襄王怒，弗听。

四十一年，秦穆公虏晋惠公，复归之。是岁，管仲、隰朋皆卒。[1]管仲病,桓公问曰:“群臣谁可相者?”管仲曰:“知臣莫如君。”公曰:“易牙如何?”[2]对曰:“杀子以适君,非人情,不可。”公曰:“开方如何?”对曰:“背亲以适君,非人情,难近。”[3]公曰:“竖刀如何?”[4]对曰:“自宫以适君,非人情,难亲。”管仲死,而桓公不用管仲言,卒近用三子,三子专权。

①【正义】《括地志》云:“管仲冢在青州临淄县南二十一里牛山上,与桓公冢连。隰朋墓在青州临淄县东北七里也。” ②【正义】即雍巫也。贾逵云:“雍巫,雍人名巫,易牙也。” ③【集解】管仲曰:“卫公子开方去其千乘之太子而臣事君也。” ④【正义】刀,鸟条反。颜师古云:“竖刀、易牙皆齐桓公臣。管仲有病,桓公往问之,曰:‘将何以教寡人?’管仲曰:‘愿君远易牙、竖刀。’公曰:‘易牙烹其子以快寡人,尚可疑邪?’对曰:‘人之情非不爱其子也,其子之忍,又将何爱于君!’公曰:‘竖刀自宫以近寡人,犹尚疑邪?’对曰:‘人之情非不爱其身也,其身之忍,又将何有于君!’公曰:‘诺。’管仲遂尽逐之,而公食不甘心不怡者三年。公曰:‘仲父不已过乎?’于是皆即召反。明年,公有病,易牙、竖刀相与作乱,塞宫门,筑高墙,不通人。有一妇人踰垣入至公所。公曰:‘我欲食。’妇人曰:‘吾无所得。’公曰:‘我欲饮。’妇人曰:‘吾无所得。’公曰:‘何故?’曰:‘易牙、竖刀相与作乱,塞宫门,筑高墙,不通人,故无所得。’公慨然叹,涕出,曰:‘嗟乎,圣人所见岂不远哉!若死者有知,我将何面目见仲父乎?’蒙衣袂而死乎寿宫。虫流于户,盖以杨门之扇,二月不葬也。”

四十二年,戎伐周,周告急于齐,齐令诸侯各发卒戍周。是岁,晋公子重耳来,桓公妻之。

四十三年。初,齐桓公之夫人三:曰王姬、徐姬、[1]蔡姬，皆无子。桓公好内，[②]多内宠，如夫人者六人，长卫姬生无诡，[③]少卫姬生惠公元，郑姬生孝公昭，葛嬴生昭公潘，密姬生懿公商人，宋华子[④]生公子雍。桓公与管仲属孝公于宋襄公，以为太子。雍巫[⑤]有宠于卫共姬，因宦者竖刀以厚献于桓公，亦有宠，桓公许之立无诡。[⑥]管仲卒，五公子皆求立。冬十月乙亥，齐桓公卒。易牙入，与竖刀因内宠杀群吏，[⑦]而立公子无诡为君。太子昭奔宋。

①【索隐】按：《系本》徐，嬴姓。礼，妇人称国及姓，今此言“徐姬”者，然姬是众妾之总称，故《汉禄秩令》云“姬妾数百”。妇人亦总称姬，姬亦未必尽是姓也。　②【集解】服虔曰：“内，妇官也。”　③【索隐】《左传》作“无亏”也。　④【集解】贾逵曰：“宋华氏之女，子姓。”　⑤【集解】贾逵曰：“雍巫，雍人，名巫，易牙字。”【索隐】贾逵以雍巫为易牙，未知何据。按：《管子》有棠巫，恐与雍巫是一人也。　⑥【集解】杜预曰：“易牙既有宠于公，为长卫姬请立。”　⑦【集解】服虔曰：“内宠如夫人者六人。群吏，诸大夫也。”杜预曰：“内宠，内官之有权宠者。”

桓公病，五公子各树党争立。及桓公卒，遂相攻，以故宫中空，莫敢棺。[①]桓公尸在床上六十七日，尸虫出于户。十二月乙亥，无诡立，乃棺赴。辛巳夜，敛殡。[②]

①【正义】音古患反。　②【集解】徐广曰：“敛，一作临也。”

桓公十有余子，要其后立者五人：无诡立三月死，无谥；次孝公；次昭公；次懿公；次惠公。孝公元年三月，宋襄公率诸侯兵送齐太子昭而伐齐。齐人恐，杀其君无诡。齐人将立太子昭，四公子之徒攻太子，太子走宋，宋遂与齐人四公子战。五月，宋败齐四公子师而立太子昭，是为齐孝公。宋以桓公与管仲属之太子，故来征之。以乱故，八月乃葬齐桓公。[①]

①【集解】《皇览》曰："桓公冢在临菑城南七里所菑水南。"【正义】《括地志》云："齐桓公墓在临菑县南二十一里牛山上，亦名鼎足山，一名牛首堈，一所二坟。晋永嘉末，人发之，初得版，次得水银池，有气不得入，经数日，乃牵犬入中，得金蚕数十薄，珠襦、玉匣、缯彩、军器不可胜数。又以人殉葬，骸骨狼藉也。"

六年春，齐伐宋，以其不同盟于齐也。[①]夏，宋襄公卒。七年，晋文公立。

①【集解】服虔曰："鲁僖公十九年，诸侯盟于齐，以无忘桓公之德。宋襄公欲行霸道，不与盟，故伐之。"

十年，孝公卒，孝公弟潘因卫公子开方杀孝公子而立潘，是为昭公。昭公，桓公子也，其母曰葛嬴。

昭公元年，晋文公败楚与城濮，[①]而会诸侯践土，朝周，天子使晋称伯。[②]六年，翟侵齐。晋文公卒。秦兵败于殽。十二年，秦穆公卒。

①【正义】贾逵云："卫地也。"　②【正义】音霸。

十九年五月，昭公卒，子舍立为齐君。舍之母无宠于昭公，国人莫畏。昭公之弟商人以桓公死争立而不得，阴交贤士，附爱百姓，百姓说。及昭公卒，子舍立，孤弱，即与众十月即墓上弑齐君舍，而商人自立，是为懿公。懿公，桓公子也，其母曰密姬。

懿公四年春，初，懿公为公子时，与丙戎①之父猎，争获不胜，及即位，断丙戎父足，②而使丙戎仆。③庸职之妻好，④公内之宫，使庸职骖乘。五月，懿公游于申池，⑤二人浴，戏。职曰："断足子！"戎曰："夺妻者！"二人俱病此言，乃怨。谋与公游竹中，二人弑懿公车上，弃竹中而亡去。

①【索隐】《左传》"丙"作"邴"，邴歜也。　②【正义】《左传》云"乃掘而刖之"，杜预云"断其尸足也"。　③【集解】贾逵曰："仆，御也。"　④【索隐】《左传》作"阎职，"此言"庸职"。不同者，《传》所云"阎"，姓；"职"，名也。此言"庸职"，庸非姓，盖谓受顾织之妻，史意不同，字则异耳。【正义】《国语》及《左传》作"阎职"。　⑤【集解】杜预曰："齐南城西门名申门。齐城无池，唯此门左右有池，疑此是也。"左思《齐都赋》注曰："申池，海滨齐薮也。"

懿公之立，骄，民不附。齐人废其子而迎公子元于卫，立之，是为惠公。惠公，桓公子也。其母卫女，曰少卫姬，避齐乱，故在卫。

惠公二年，长翟来，①王子城父攻杀之，②埋之于北门。晋赵穿弑其君灵公。

①【集解】《谷梁传》曰："身横九亩，断其首而载之，眉见于轼。"
②【集解】贾逵曰："王子城父，齐大夫。"

十年，惠公卒，子顷公无野立。[①]初，崔杼有宠于惠公，惠公卒，高、国畏其逼也，逐之，崔杼奔卫。

①【正义】顷音倾。

顷公元年，楚庄王强，伐陈；二年，围郑，郑伯降，已复国郑伯。

六年春，晋使郤克于齐，齐使夫人帷中而观之。郤克上，夫人笑之。郤克曰："不是报，不复涉河！"归，请伐齐，晋侯弗许。齐使至晋，郤克执齐使者四人河内，杀之。八年，晋伐齐，齐以公子强质晋，晋兵去。十年春，齐伐鲁、卫。鲁、卫大夫如晋请师，皆因郤克。[①]晋使郤克以车八百乘[②]为中军将，士燮将上军，栾书将下军，以救鲁、卫，伐齐。六月壬申，与齐侯兵合靡笄下。[③]癸酉，陈于鞍。[④]逄丑父[⑤]为齐顷公右。顷公曰："驰之，破晋军会食。"射伤郤克，流血至履。克欲还入壁，其御曰："我始入，再伤，不敢言疾，恐惧士卒，愿子忍之。"遂复战。战，齐急，丑父恐齐侯得，乃易处，顷公为右，车絓于木而止。[⑥]晋小将韩厥伏齐侯车前，曰"寡君使臣救鲁、卫"，戏之。丑父使顷公下取饮，[⑦]因得亡，脱去，入其军。晋郤克欲杀丑父。丑父曰："代君死而见僇，后人臣无忠其君者矣。"克舍之，丑父遂得亡归齐。于是晋军追齐至马陵。[⑧]齐侯请以宝器谢，[⑨]不听；必得笑克者萧桐叔子，[⑩]

令齐东亩。[11]对曰："叔子，齐君母。齐君母亦犹晋君母，子安置之？且子以义伐而以暴为后，其可乎？"于是乃许，令反鲁、卫之侵地。[12]

①【索隐】成二年《左传》鲁臧宣叔、卫孙桓子如晋，皆主于郤克是。 ②【集解】贾逵曰："八百乘，六万人。" ③【集解】徐广曰："靡，一作摩。"贾逵曰："靡笄，山名也。"【索隐】靡，如字。靡笄，山名，在济南，与代地磨笄山不同。 ④【集解】服虔曰："鞍，齐地名也。" ⑤【集解】贾逵曰："齐大夫。" ⑥【正义】绖，胡卦反。止也，有所碍也。 ⑦【正义】《左传》云"及华泉，骖絓于木而止。丑父使公下，如华泉取饮。郑周父御佐车，宛茷为右，载齐侯获免"也。 ⑧【集解】徐广曰："一作陉。"骃案：贾逵曰"马陉，齐地也"。 ⑨【集解】《左传》曰："赂以纪甗、玉磬也。" ⑩【集解】杜预曰："桐叔，萧君之字，齐侯外祖父。子，女也。难斥言其母，故远言之。"贾逵曰："萧，附庸，子姓。" ⑪【集解】服虔曰："欲令齐陇亩东行。"【索隐】垄亩东行，则晋车马东向齐行易也。 ⑫【正义】《左传》云晋师及齐国，使齐人归我汶阳之田也。

十一年，晋初置六卿，赏鞍之功。齐顷公朝晋，欲尊王晋景公，[1]晋景公不敢受，乃归。归而顷公弛苑囿，薄赋敛，振孤问疾，虚积聚以救民，民亦大悦。厚礼诸侯。竟顷公卒，百姓附，诸侯不犯。

①【索隐】王劭按：张衡曰"礼，诸侯朝天子执玉，既授而反之。若诸侯自相朝，则不授玉"。齐顷公战败朝晋而授玉，是欲尊晋侯为王，太史公采其言而书之。此文不云"授玉"，王氏之说复何所依，聊记异耳。

十七年，顷公卒，[①]子灵公环立。

①【集解】《皇览》曰："顷公冢近吕尚冢。"

灵公九年，晋栾书弑其君厉公。十年，晋悼公伐齐，齐令公子光质晋。十九年，立子光为太子，高厚傅之，令会诸侯盟于钟离。[①]二十七年，晋使中行献子伐齐。[②]齐师败，灵公走入临菑。晏婴止灵公，灵公弗从。曰："君亦无勇矣！"晋兵遂围临菑，临菑城守不敢出，晋焚郭中而去。

①【正义】《括地志》云："钟离故城在沂州承县界。"　②【索隐】荀偃祖林父代为中行，后改姓为中行氏。献子名偃。

二十八年，初，灵公取鲁女，生子光，以为太子。仲姬，戎姬。戎姬嬖，仲姬生子牙，属之戎姬。戎姬请以为太子，公许之。仲姬曰："不可。光之立，列于诸侯矣，[①]今无故废之，君必悔之。"公曰："在我耳。"遂东太子光，[②]使高厚傅牙为太子。灵公疾，崔杼迎故太子光而立之，是为庄公。庄公杀戎姬。五月壬辰，灵公卒，庄公即位，执太子牙于句窦之丘，杀之。八月，崔杼杀高厚。晋闻齐乱，伐齐，至高唐。[③]

①【集解】服虔曰："数从诸侯征伐盟会。"　②【集解】贾逵曰："徙之东垂也。"　③【集解】杜预曰："高唐在祝阿县西北。"

庄公三年，晋大夫栾盈[①]奔齐，庄公厚客待之。晏婴、田文子谏，公弗听。四年，齐庄公使栾盈间入晋曲沃[②]为内应，以兵随之，上太行，入孟门。[③]栾盈败，齐兵还，取朝歌。[④]

①【集解】徐广曰："《史记》多作逞。" ②【集解】贾逵曰："栾盈之邑。" ③【集解】贾逵曰："孟门、太行皆晋山隘也。"【索隐】孟门山在朝歌东北。太行山在河内温县西。 ④【集解】贾逵曰："晋邑。"

六年，初，棠公妻好，[①]棠公死，崔杼取之。庄公通之，数如崔氏，以崔杼之冠赐人。侍者曰："不可。"崔杼怒，因其伐晋，欲与晋合谋袭齐而不得间。庄公尝笞宦者贾举，贾举复侍，为崔杼间公[②]以报怨。五月，莒子朝齐，齐以甲戌飨之。崔杼称病不视事。乙亥，公问崔杼病，遂从崔杼妻。崔杼妻入室，与崔杼自闭户不出，公拥柱而歌。[③]宦者贾举遮公从官而入，闭门，崔杼之徒持兵从中起。公登台而请解，不许；请盟，不许；请自杀于庙，不许。皆曰："君之臣杼疾病，不能听命。[④]近于公宫。[⑤]陪臣争趣有淫者，[⑥]不知二命。"[⑦]公逾墙，射中公股，公反坠，遂弑之。晏婴立崔杼门外，[⑧]曰："君为社稷死则死之，为社稷亡则亡之。[⑨]若为己死己亡，非其私暱，谁敢任之！"[⑩]门开而入，枕公尸而哭，三踊而出。人谓崔杼："必杀之。"崔杼曰："民之望也，舍之得民。"[⑪]

①【集解】贾逵曰："棠公，齐棠邑大夫。" ②【集解】服虔曰："伺公间隙。"【正义】间音闲，又如字。 ③【集解】服虔曰："公以为姜氏不知己在外，故歌以命之也。一曰公自知见欺，恐不得出，故歌以自悔。" ④【集解】服虔曰："言不能亲听公命。" ⑤【集解】服虔曰："崔杼之宫

近公宫，淫者或诈称公。”　⑥【集解】徐广曰：“争，一作‘扞’。”【索隐】《左传》作“扞趣”。此为“争趣”者，是太史公变《左氏》之文。言陪臣但争趣投有淫者耳，更不知他命也。　⑦【集解】杜预曰：“言得淫人，受崔子命讨之，不知他命也。”　⑧【集解】贾逵曰：“闻难而来。”　⑨【集解】服虔曰：“谓以公义为社稷死亡也。如是者，臣亦随之死亡。”　⑩【集解】服虔曰：“言君自以己之私欲取死亡之祸，则私近之臣所当任也。”杜预曰：“私暱，所亲爱也。非所亲爱，无为当其祸也。”　⑪【集解】服虔曰：“置之，所以得人心。”

丁丑，崔杼立庄公异母弟杵臼，[①]是为景公。景公母，鲁叔孙宣伯女也。景公立，以崔杼为右相，庆封为左相。二相恐乱起，乃与国人盟曰：“不与崔、庆者死！”晏子仰天曰：“婴所不获，唯忠于君，利社稷者是从！”不肯盟。庆封欲杀晏子，崔杼曰：“忠臣也，舍之。”齐太史书曰“崔杼弑庄公”，崔杼杀之。其弟复书，崔杼复杀之。少弟复书，崔杼乃舍之。

①【集解】徐广曰：“《史记》多作箸臼。”

景公元年，初，崔杼生子成及彊，其母死，取东郭女，生明。东郭女使其前夫子无咎与其弟偃[①]相崔氏。成有罪，[②]二相急治之，立明为太子。成请老于崔(杼)，崔杼许之，二相弗听，曰：“崔，宗邑，不可。”[③]成、彊怒，告庆封。[④]庆封与崔杼有郤，欲其败也。成、彊杀无咎、偃于崔杼家，家皆奔亡。崔杼怒，无人，使一宦者御，见庆封。庆封曰：“请为子诛之。”使崔杼仇卢蒲嫳[⑤]攻崔氏，杀成、彊，尽灭崔氏，崔杼妇自杀。崔杼归，亦自杀。庆封为相国，专权。

①【正义】杜预云："东郭偃，东郭姜之弟也。" ②【正义】《左传》云成有疾而废之。杜预云有恶疾也。 ③【集解】杜预曰："济南东朝阳县西北有崔氏城也。" ④【正义】《左传》云成彊告庆封曰："夫子身亦子所知也，唯无咎与偃是从，父兄莫能进矣。恐害夫子，敢以告。"庆封曰："苟利夫子，必去之，难吾助汝。"乃杀东郭偃、棠无咎于崔氏朝也。其妻及崔杼皆缢死，崔明奔鲁。 ⑤【集解】贾逵曰："嬖，齐大夫庆封之属。"

三年十月，庆封出猎。初，庆封已杀崔杼，益骄，嗜酒好猎，不听政令。庆舍用政，[①]已有内郤。田文子谓桓子曰："乱将作。"田、鲍、高、栾氏相与谋庆氏。庆舍发甲围庆封宫，四家徒共击破之。庆封还，不得入，奔鲁。齐人让鲁，封奔吴。吴与之朱方，聚其族而居之，富于在齐。其秋，齐人徙葬庄公，僇崔杼尸于市以悦众。

①【集解】服虔曰："舍，庆封之子也。生传其职政与子。"

九年，景公使晏婴之晋，与叔向私语曰："齐政卒归田氏。田氏虽无大德，以公权私，有德于民，民爱之。"十二年，景公如晋，见平公，欲与伐燕。十八年，公复如晋，见昭公。二十六年，猎鲁郊，因入鲁，与晏婴俱问鲁礼。三十一年，鲁昭公辟季氏难，奔齐。齐欲以千社封之，[①]子家止昭公，昭公乃请齐伐鲁，取郓[②]以居昭公。

①【集解】贾逵曰："二十五家为一社。千社，二万五千家也。"
②【正义】郓，郓城也。

三十二年，彗星见。景公坐柏寝，叹曰："堂堂！谁有此乎？"[①]群臣皆泣，晏子笑，公怒。晏子曰："臣笑群臣谀甚。"景公曰："彗星出东北，当齐分野，寡人以为忧。"晏子曰："君高台深池，赋敛如弗得，刑罚恐弗胜，茀星[②]将出，彗星[③]何惧乎？"公曰："可禳否？"晏子曰："使神可祝而来，[④]亦可禳而去也。百姓苦怨以万数，而君令一人禳之，安能胜众口乎？"是时景公好治宫室，聚狗马，奢侈，厚赋重刑，故晏子以此谏之。

①【集解】服虔曰："景公自恐德薄不能久享齐国，故曰'谁有此'也。" ②【正义】茀音佩。谓客星侵近边侧欲相害。 ③【正义】彗，息岁反。若帚形，见，其境有乱也。 ④【正义】祝音章受反。

四十二年，吴王阖闾伐楚，入郢。

四十七年，鲁阳虎攻其君，不胜，奔齐，请齐伐鲁。鲍子谏景公，乃囚阳虎。阳虎得亡，奔晋。

四十八年，与鲁定公好会夹谷。[①]犁钼[②]曰："孔丘知礼而怯，请令莱人为乐，[③]因执鲁君，可得志。"景公害孔丘相鲁，惧其霸，故从犁钼之计。方会，进莱乐，孔子历阶上，使有司执莱人斩之，以礼让景公。景公惭，乃归鲁侵地以谢，而罢去。是岁，晏婴卒。

①【集解】服虔曰："东海祝其县是也。" ②【索隐】钼音即余反。即犁弥也。 ③【集解】杜预曰："莱人，齐所灭莱夷。"

五十五年，范、中行反其君于晋，晋攻之急，来请粟。田乞欲为乱，树党于逆臣，说景公曰："范、中行数有德于齐，不可不救。"乃使乞救而输之粟。

五十八年夏，景公夫人燕姬适子死。景公宠妾芮姬生子荼，[①]荼少，其母贱，无行，诸大夫恐其为嗣，乃言愿择诸子长贤者为太子。景公老，恶言嗣事，又爱荼母，欲立之，惮发之口，乃谓诸大夫曰："为乐耳，国何患无君乎？"秋，景公病，命国惠子、高昭子[②]立少子荼为太子，逐群公子，迁之莱。[③]景公卒，[④]太子荼立，是为晏孺子。冬，未葬，而群公子畏诛，皆出亡。荼诸异母兄公子寿、[⑤]驹、黔[⑥]奔卫[⑦]公子驵、[⑧]阳生奔鲁。[⑨]莱人歌之曰："景公死乎弗与埋，三军事乎弗与谋，[⑩]师乎师乎，胡党之乎？"[⑪]

①【索隐】《左传》曰"鬻姒之子荼嬖"，则荼母姓姒。此作"芮姬"，不同也。谯周依《左氏》作"鬻姒"，邹诞生本作"芮姁"。姁音五句反。
②【集解】杜预曰："惠子，国夏也。昭子，高张也。" ③【集解】服虔曰："莱，齐东鄙邑。" ④【集解】《皇览》曰："景公冢与桓公冢同处。"
⑤【索隐】一作"嘉"。 ⑥【正义】三公子。 ⑦【集解】徐广曰："一云'寿、黔奔卫'。"【索隐】三人奔卫。 ⑧【索隐】《左传》作"钼"。
⑨【索隐】《左氏》作公子钼二人奔鲁。 ⑩【集解】服虔曰："莱人见五公子远迁鄙邑，不得与景公葬埋之事及国三军之谋，故愍而歌。"杜预曰："称谥，盖葬后而为此歌，哀群公子失所也。" ⑪【集解】服虔曰："师，众也。党，所也。言公子徒众何所适也。"

晏孺子元年春，田乞伪事高、国者，每朝，乞骖乘，言曰：

"子得君，大夫皆自危，欲谋作乱。"又谓诸大夫曰："高昭子可畏，及未发，先之。"大夫从之。六月，田乞、鲍牧乃与大夫以兵入公宫，攻高昭子。昭子闻之，与国惠子救公。公师败，田乞之徒追之，国惠子奔莒，遂反杀高昭子。晏圉奔鲁。[①]八月，齐秉意兹。[②]田乞败二相，乃使人之鲁召公子阳生。阳生至齐，私匿田乞家。十月戊子，田乞请诸大夫曰："常之母有鱼菽之祭，[③]幸来会饮。"会饮，田乞盛阳生橐中，置坐中央，发橐出阳生，曰："此乃齐君矣。"大夫皆伏谒。将与大夫盟而立之，鲍牧醉，乞诬大夫曰："吾与鲍牧谋共立阳生。"鲍牧怒曰："子忘景公之命乎？"诸大夫相视欲悔，阳生前，顿首曰："可则立之，否则已。"鲍牧恐祸起，乃复曰："皆景公子也，何为不可！"乃与盟，立阳生，是为悼公。悼公入宫，使人迁晏孺子于骀，[④]杀之幕下，而逐孺子母芮子。芮子故贱而孺子少，故无权，国人轻之。

①【集解】贾逵曰："圉，晏婴之子。"　②【集解】徐广曰："《左传》八月，齐邴意兹奔鲁。"　③【集解】何休曰："齐俗，妇人首祭事。言鱼豆者，示薄陋无所有也。"　④【集解】贾逵曰："齐邑。"

悼公元年，齐伐鲁，取讙、阐。[①]初，阳生亡在鲁，季康子以其妹妻之。及归即位，使迎之。季姬与季鲂侯通，[②]言其情，鲁弗敢与，故齐伐鲁，竟迎季姬。季姬嬖，齐复归鲁侵地。

①【集解】杜预曰："阐在东平刚县北。"【索隐】二邑名。讙在今博城县西南。　②【集解】杜预曰："鲂侯，康子叔父也。"

鲍子与悼公有郤，不善。四年，吴、鲁伐齐南方。鲍子弑悼公，赴于吴。吴王夫差哭于军门外三日，将从海入讨齐。齐人败之，吴师乃去。晋赵鞅伐齐，至赖而去。[①]齐人共立悼公子壬，是为简公。[②]

①【集解】服虔曰："赖，齐邑。"　②【集解】徐广曰："年表云简公壬者，景公之子也。"

简公四年春，初，简公与父阳生俱在鲁也，阚止有宠焉。[①]及即位，使为政。田成子惮之，骤顾于朝。[②]御鞅[③]言简公曰："田、阚不可并也，君其择焉。"[④]弗听。子我夕，[⑤]田逆杀人，逢之，[⑥]遂捕以入。[⑦]田氏方睦，[⑧]使囚病而遗守囚者酒，[⑨]醉而杀守者，得亡。子我盟诸田于陈宗。[⑩]初，田豹欲为子我臣，[⑪]使公孙言豹，[⑫]豹有丧而止。后卒以为臣，[⑬]幸于子我。子我谓曰："吾尽逐田氏而立女，可乎？"对曰："我远田氏矣。[⑭]且其违者不过数人，[⑮]何尽逐焉！"遂告田氏。子行曰："彼得君，弗先，必祸子。"[⑯]子行舍于公宫。[⑰]

①【集解】贾逵曰："阚止，子我也。"【索隐】监，《左传》作"阚"，音苦滥反。阚在东平须昌县东南也。　②【集解】杜预曰："心不安，故数顾也。"　③【集解】贾逵曰："鞅，齐大夫也。"【索隐】鞅，名也，为仆御之官，故曰御鞅，亦田氏之族。按：《系本》陈桓子无宇产子亹，亹产子献，献产鞅也。　④【集解】杜预曰："择用一人也。"　⑤【集解】服虔曰："夕省事。"　⑥【集解】服虔曰："子我将往夕省事于君，而逢逆之杀人也。"杜预曰："逆，子行。陈氏宗。"　⑦【集解】杜预曰："执逆入至于朝也。"⑧【集解】服虔曰："陈常方欲谋有齐国，故和其宗族。"　⑨【集解】服虔

曰："使陈逆诈病而遗也。" ⑩【集解】服虔曰："子我见陈逆得生出，而恐为陈氏所怨，故与盟而请和也。陈宗，宗长之家。" ⑪【集解】贾逵曰："豹，陈氏族也。" ⑫【集解】贾逵曰："公孙，齐大夫也。"杜预曰："言，介达之意。" ⑬【集解】杜预曰："终丧也。" ⑭【集解】服虔曰："言我与陈氏宗疏远也。" ⑮【集解】服虔曰："违者，不从子我者。" ⑯【集解】服虔曰："彼谓阚止也。子谓陈常也。" ⑰【集解】服虔曰："止于公宫，为陈氏作内间也。"

夏五月壬申，成子兄弟四乘如公。[①]子我在幄，[②]出迎之，遂入，闭门。[③]宦者御之，[④]子行杀宦者。[⑤]公与妇人饮酒于檀台，[⑥]成子迁诸寝。[⑦]公执戈将击之，[⑧]太史子余[⑨]曰："非不利也，将除害也。"[⑩]成子出舍于库，[⑪]闻公犹怒，将出，[⑫]曰："何所无君！"子行拔剑曰："需，事之贼也。[⑬]谁非田宗？[⑭]所不杀子者有如田宗。"[⑮]乃止。子我归，属徒[⑯]攻闱与大门，[⑰]皆弗胜，乃出。田氏追之。丰丘人执子我以告，[⑱]杀之郭关。[⑲]成子将杀大陆子方，[⑳]田逆请而免之。以公命取车于道，[㉑]出雍门。[㉒]田豹与之车，弗受，曰："逆为余请，豹与余车，余有私焉。事子我而有私于其仇，何以见鲁、卫之士？"[㉓]

①【集解】服虔曰："成子兄弟八人，二人共一乘，故曰四乘。"【索隐】按《系本》，陈僖子乞产成子常、简子齿、宣子其夷、穆子安、廪丘子(尚)毉兹、芒子盈、惠子得，凡七人。杜预又取昭子庄以充八人之数。按《系本》，昭子是桓子之子，成子之叔父，又不名庄，强相证会，言四乘有八人耳。今按：《田完系家》云田常兄弟四人如公宫，与此事同。今此唯称四乘，不云人数，知四乘谓兄弟四人乘车而入，非二人共车也。然其昆弟三人不见者，盖时或不在，不同入公宫，不可强以四乘为八人，添叔父为兄弟之数。服、杜殊

失也。 ②【集解】杜预曰："幄，帐也，听政之处也。" ③【集解】服虔曰："成子兄弟见子我出，遂突入，反闭门，子我不得复入。" ④【集解】服虔曰："阉竖以兵御陈氏。" ⑤【集解】服虔曰："舍于公宫，故得杀之。" ⑥【集解】服虔曰："当陈氏入时，饮酒于此台。" ⑦【集解】服虔曰："欲徙公令居寝也。" ⑧【集解】杜预曰："疑其作乱也。" ⑨【集解】服虔曰："齐大夫。" ⑩【集解】杜预曰："言将为公除害也。" ⑪【集解】杜预曰："以公怒故也。" ⑫【集解】服虔曰："出奔也。" ⑬【集解】杜预曰："言需疑则害事。" ⑭【集解】杜预曰："言陈氏宗族众多。" ⑮【集解】杜预曰："言子若欲出，我必杀子，明如陈宗。" ⑯【集解】服虔曰："会徒众。" ⑰【集解】宫中之门曰闱。大门，公门也。 ⑱【集解】贾逵曰："丰丘，陈氏邑也。" ⑲【集解】服虔曰："齐关名。" ⑳【集解】服虔曰："子方，子我党，大夫东郭贾也。" ㉑【集解】杜预曰："子方取道中行人车。" ㉒【集解】杜预曰："齐城门。" ㉓【集解】服虔曰："子方将欲奔鲁、卫也。"《左传》曰："东郭贾奔卫。"

庚辰，田常执简公于徐州。[①]公曰："余早从御鞅言，不及此。"甲午，田常弑简公于徐州。田常乃立简公弟骜，[②]是为平公。平公即位，田常相之，专齐之政，割齐安平以东为田氏封邑。[③]

①【集解】《春秋》作"舒州"。贾逵曰："陈氏邑也。"【索隐】徐音舒，其字从人。《左氏》作"舒"，舒，陈氏邑。《说文》作"郐"，郐在薛县。 ②【索隐】《系本》及谯周皆作"敬"，盖误也。 ③【集解】徐广曰："年表云平公之时，齐自是称田氏。"【索隐】安平，齐邑。按：《地理志》涿郡有安平县也。

平公八年，越灭吴。二十五年卒，子宣公积立。

宣公五十一年卒，子康公贷立。田会反廪丘。[1]

①【索隐】田会，齐大夫。廪，邑名，东郡有廪丘县也。

康公二年，韩、魏、赵始列为诸侯。十九年，田常曾孙田和始为诸侯，迁康公海滨。

二十六年，康公卒，吕氏遂绝其祀。田氏卒有齐国，为齐威王，强于天下。

太史公曰：吾适齐，自泰山属之琅邪，北被于海，膏壤二千里，其民阔达多匿知，其天性也。以太公之圣，建国本，桓公之盛，修善政，以为诸侯会盟，称伯，不亦宜乎？洋洋哉，固大国之风也。

索隐述赞曰：太公佐周，实秉阴谋。既表东海，乃居营丘。小白致霸，九合诸侯。及溺内宠，衅钟虫流。庄公失德，崔杼作仇。陈氏专政，厚货轻收。悼、简遘祸，田、阚非俦。沨沨余烈，一变何由？

卷三十三

鲁周公世家第三

周公旦者，周武王弟也。① 自文王在时，旦为子孝，② 笃仁，异于群子。及武王即位，旦常辅翼武王，用事居多。武王九年，东伐至盟津，周公辅行。十一年，伐纣，至牧野，③ 周公佐武王，作《牧誓》。破殷，入商宫。已杀纣，周公把大钺，召公把小钺，以夹武王，衅社，告纣之罪于天，及殷民。释箕子之囚。封纣子武庚禄父，使管叔、蔡叔傅之，以续殷祀。遍封功臣同姓戚者。封周公旦于少昊之虚曲阜，④ 是为鲁公。周公不就封，留佐武王。

①【集解】谯周曰："以太王所居周地为其采邑，故谓周公。"【索隐】周，地名，在岐山之阳，本太王所居，后以为周公之菜邑，故曰周公。即今之扶风雍东北故周城是也。谥曰周文公，见《国语》。　②【索隐】邹诞本"孝"作"敬"。　③【正义】卫州即牧野之地，东北去朝歌七十三里。　④【正义】《括地志》云："兖州曲阜县外城即鲁公伯禽所筑也。"

武王克殷二年，天下未集，武王有疾，不豫，群臣惧，太公、召公乃缪卜。① 周公曰："未可以戚我先王。"② 周公于是乃自以为质，设三坛，周公北面立，戴璧秉圭，③ 告于太王、王季、文王。④ 史策祝曰：⑤"惟尔元孙王发，勤劳阻疾。⑥ 若尔三王是有负子之责于天，以旦代王发之身。[⑦]旦巧能，多材多艺，能事鬼神。[⑧]乃王发不如旦多材多艺，不能事鬼神。乃命于帝庭，敷佑四方，[⑨]用能定汝子孙于下地，四方之民罔不敬畏。[⑩]无坠天之降葆命，我先王亦永有所依归。[⑪]今我其即命于元龟，[⑫]尔之许我，我以其璧与圭归，以俟尔命。[⑬]尔不许我，我乃屏璧与圭。"[⑭]周公已令史策告太王、王季、文王，欲代武王发，于是乃即三王而卜。卜人皆曰吉，发书视之，信吉。[⑮]周公喜，开籥，乃见书遇吉。[⑯]周公入贺武王曰："王其无害。旦新受命三王，维长终是图。[⑰]兹道能念予一人。"[⑱]周公藏其策金縢匮中，[⑲]诫守者勿敢言。明日，武王有瘳。

①【集解】徐广曰："古书穆字多作缪。" ②【集解】孔安国曰："戚，近也。未可以死近先王也。"郑玄曰："二公欲就文王庙卜。戚，忧也。未可忧怖我先王也。" ③【集解】孔安国曰："璧以礼神，圭以为贽。" ④【集解】孔安国曰："告谓祝辞。" ⑤【集解】孔安国曰："史为策书祝词也。"郑玄曰："策，周公所作，谓简书也。祝者读此简书，以告三王。" ⑥【集解】徐广曰："阻，一作淹。" ⑦【集解】孔安国曰："大子之责，谓疾不可救也。不可救于天，则当以旦代之。死生有命，不可请代，圣人叙臣子之心以垂世教。"【索隐】《尚书》"负"为"丕"，今此为"负"者，谓三王负于上天之责，故我当代之。郑玄曰"丕"读曰"负"。 ⑧【集解】孔安国曰："言可以代武王之意。" ⑨【集解】马融曰："武王受命于天帝之庭，布其道以佑助四方。" ⑩【集解】孔安国曰："言武王用受命帝庭之故，能定先人子孙于天下，四方之民无不敬畏也。" ⑪【集解】孔安国曰："言不救，则坠天宝命也；救之，则先王长有所依归矣。"郑玄曰："降，下也。宝，犹神也。有所依归，为宗庙之主也。"【正义】坠，直类反。 ⑫【集解】孔安国曰："就受三王之命于元龟，卜知吉凶者也。"马融曰："元龟，大龟也。"

⑬【集解】孔安国曰："许谓疾瘳。待命，当以事神也。"马融曰："待汝命。武王当愈，我当死也。" ⑭【集解】孔安国曰："不许，不愈也。屏，藏。言不得事神。" ⑮【集解】孔安国曰："占兆书也。" ⑯【集解】王肃曰："籥，藏占兆书管也。" ⑰【集解】孔安国曰："我新受三王命，武王维长终是谋周之道。" ⑱【集解】马融曰："一人，天子也。"郑玄曰："兹，此也。" ⑲【集解】孔安国曰："藏之于匮，缄之以金，不欲人开也。"

其后武王既崩，成王少，在强葆之中。[①]周公恐天下闻武王崩而畔，周公乃践阼代成王摄行政当国。管叔及其群弟流言于国曰："周公将不利于成王。"[②]周公乃告太公望、召公奭曰："我之所以弗辟[③]而摄行政者，恐天下畔周，无以告我先王太王、王季、文王。三王之忧劳天下久矣，于今而后成。武王早终，成王少，将以成周，我所以为之若此。"于是卒相成王，而使其子伯禽代就封于鲁。周公戒伯禽曰："我文王之子，武王之弟，成王之叔父，我于天下亦不贱矣。然我一沐三捉发，一饭三吐哺，起以待士，犹恐失天下之贤人。子之鲁，慎无以国骄人。"

①【索隐】强葆即"襁褓"，古字少，假借用之。【正义】强阔八寸，长八尺，用约小儿于背而负行。葆，小儿被也。 ②【集解】孔安国曰："放言于国，以诬周公，以惑成王也。" ③【正义】音避。

管、蔡、武庚等果率淮夷而反。周公乃奉成王命，兴师东伐，作《大诰》。遂诛管叔，杀武庚，放蔡叔。收殷余民，以封康叔于卫，封微子于宋，以奉殷祀。宁淮夷东土，二年而毕定。诸侯咸服宗周。

天降祉福，唐叔得禾，异母同颖，[①]献之成王，成王命唐叔以馈周公于东土，作《餽禾》。周公既受命禾，嘉天子命，[②]作《嘉禾》。东土以集，周公归报成王，乃为诗贻王，命之曰《鸱鸮》。[③]王亦未敢训周公。[④]

①【集解】徐广曰："一作穗。颖即穗也。"【索隐】《尚书》曰"异亩"，此"母"义并通。邹诞本同。　②【集解】徐广曰："嘉，一作鲁，今《书序》作'旅'也。"【索隐】"鲁"字误。《史记》嘉天子命，于文亦得，何须作"嘉旅"？③【集解】《毛诗序》曰："成王未知周公之志，公乃为诗以遗王，名之曰《鸱鸮》。"《毛传》曰："鸱鸮，鸋鴂也。"　④【集解】徐广曰："训，一作诮。"【索隐】按：《尚书》作"诮"。诮，让也。此作"训"，字误耳，义无所通。徐氏合定其本，何须云一作"诮"也。

成王七年二月乙未，王朝步自周，至丰，[①]使太保召公先之雒相土。[②]其三月，周公往营成周雒邑，[③]卜居焉，曰吉，遂国之。

①【集解】马融曰："周，镐京也。丰，文王庙所在。朝者，举事上朝，将即土中易都，大事，故告文王、武王庙。"郑玄曰："步，行也，堂下谓之步。丰、镐异邑，而言步者，告武王庙即行，出庙入庙，不以为远，为父恭也。"【索隐】丰，文王所作邑。后武王都镐，于丰立文王庙。按：丰在鄠县东，临丰水，东去镐二十五里也。　②【集解】郑玄曰："相，视也。"　③【集解】《公羊传》曰："成周者何？东周也。"何休曰："名为成周者，周道始成，王所都也。"

成王长，能听政。于是周公乃还政于成王，成王临朝。

周公之代成王治，南面背依以朝诸侯。[1]及七年后，还政成王，北面就臣位，匔匔如畏然。[2]

①【集解】《礼记》曰："周公朝诸侯于明堂之位，天子负斧依，南向而立。"郑玄曰："周公摄王位，以明堂之礼仪朝诸侯也。不于宗庙，避王也。天子，周公也。负之言背也。斧依，为斧文屏风于户牖之间，周公于前立也。"　②【集解】徐广曰："匔匔，谨敬貌也。见《三苍》，音穷穷。一本作'夔夔'也。"

初，成王少时，病，周公乃自揃其蚤沈之河，以祝于神曰："王少未有识，奸神命者乃旦也。"亦藏其策于府。成王病有瘳。及成王用事，人或谮周公，周公奔楚。[1]成王发府，见周公祷书，乃泣，反周公。

①【索隐】经典无文，其事或别有所出。而谯周云"秦既燔书，时人欲言金縢之事，失其本末，乃云'成王少时病，周公祷河欲代王死，藏祝策于府。成王用事，人谗周公，周公奔楚。成王发府见策，乃迎周公'"，又与《蒙恬传》同，事或然也。

周公归，恐成王壮，治有所淫佚，乃作《多士》，作《毋逸》。《毋逸》称："为人父母，为业至长久，子孙骄奢忘之，以亡其家，为人子可不慎乎。故昔在殷王中宗，严恭敬畏天命，自度[1]治民，震惧不敢荒宁，[2]故中宗飨国七十五年。其在高宗，[3]久劳于外，为与小人，[4]作其即位，乃有亮闇，三年不言，[5]言乃讙，[6]不敢荒宁，密靖殷国，[7]至于小大无怨，[8]故高宗飨国五十五年。[9]其在祖甲，[10]不义惟王，久为小人[11]于外，知小人之依，能保施小民，不侮鳏寡，[⑫]故祖甲飨国三十三年。”[⑬]《多士》称曰：“自汤至于帝乙，无不率祀明德，帝无不配天者。[⑭]在今后嗣王纣，诞淫厥佚，不顾天及民之从也。[⑮]其民皆可诛。”(周多士)“文王日中昃不暇食，飨国五十年。”作此以诫成王。

①【集解】孔安国曰：“用法度也。” ②【集解】马融曰：“知民之劳苦，不敢荒废自安也。” ③【正义】武丁也。 ④【集解】孔安国曰：“父小乙使之久居人间，劳是稼穑，与小人出入同事也。”马融曰：“武丁为太子时，其父小乙使行役，有所劳役于外，与小人从事，知小人艰难劳苦也。”郑玄曰：“为父小乙将师役于外也。” ⑤【集解】孔安国曰：“武丁起其即王位，则小乙死，乃有信嘿，三年不言，言孝行著也。”郑玄曰：“楣谓之梁，闇谓庐也。” ⑥【集解】郑玄曰：“讙，喜悦也。言乃喜悦，则臣民望其言久矣。” ⑦【集解】马融曰：“密，安也。” ⑧【集解】孔安国曰：“小大之政，民无怨者，言无非也。” ⑨【集解】《尚书》云五十九年。 ⑩【集解】孔安国、王肃曰：“祖甲，汤孙太甲也。”马融、郑玄曰：“祖甲，武丁子帝甲也。”【索隐】按：《纪年》太甲唯得十二年，此云祖甲享国三十三年，知祖甲是帝甲明矣。 ⑪【集解】孔安国曰：“为王不义，久为小人之行，伊尹放之桐宫。”马融曰：“祖甲有兄祖庚，而祖甲贤，武丁欲立之，祖甲以王废长立少不义，逃亡民间，故曰‘不义惟王，久为小人’也。武丁死，祖庚立。祖庚死，祖甲立。” ⑫【集解】孔安国曰：“小人之所依，依仁政也，故能安顺于众民，不敢侮慢惸独也。” ⑬【集解】王肃曰：“先中宗后祖甲，先盛德后有过也。” ⑭【集解】孔安国曰：“无敢失天道者，故无不配天也。” ⑮【集解】徐广曰：“一作‘敬之’也。”骃案：马融曰“纣大淫乐其逸，无所能顾念于天施显道于民而敬之也”。

成王在丰，天下已安，周之官政未次序，于是周公作《周官》，官别其宜。作《立政》，[①]以便百姓。百姓悦。

①【集解】孔安国曰："周公既致政成王，恐其怠忽，故以君臣立政为戒也。"

周公在丰，病，将没，曰："必葬我成周，[①]以明吾不敢离成王。"周公既卒，成王亦让，葬周公于毕，[②]从文王，以明予小子不敢臣周公也。

①【集解】徐广曰："《卫世家》云管叔欲袭成周，然则或说《尚书》者不以成周为洛阳乎？《诸侯年表叙》曰'齐、晋、楚、秦，其在成周，微之甚也'。"
②【正义】《括地志》云："周公墓在雍州咸阳北十三里毕原上。"

周公卒后，秋未获，暴风雷(雨)，禾尽偃，大木尽拔。周国大恐。成王与大夫朝服以开金縢书，[①]王乃得周公所自以为功代武王之说。[②]二公及王乃问史百执事，[③]史百执事曰："信有，昔周公命我勿敢言。"成王执书以泣，[④]曰："自今后其无缪卜乎！[⑤]昔周公勤劳王家，惟予幼人弗及知。今天动威以彰周公之德，惟朕小子其迎，我国家礼亦宜之。"[⑥]王出郊，天乃雨，反风，禾尽起。[⑦]二公命国人，凡大木所偃，尽起而筑之。[⑧]岁则大熟。于是成王乃命鲁得郊[⑨]祭文王。[⑩]鲁有天子礼乐者，以褒周公之德也。

①【索隐】据《尚书》，武王崩后有此雷风之异。今此言周公卒后更有暴风之变，始开金縢之书，当不然也。盖由史迁不见《古文尚书》，故谬尔。

②【集解】徐广曰："一作简。"骃案：孔安国曰"所藏请命策书本也"。③【集解】孔安国曰："二公倡王启之，故先见书也。史百执事皆从周公请命者。"郑玄曰："问者，问审然否也。" ④【集解】郑玄曰："泣者，伤周公忠孝如是而无知之者。" ⑤【集解】孔安国曰："本欲敬卜吉凶，今天意可知，故止。" ⑥【集解】王肃曰："亦宜褒有德也。"【正义】孔安国云："周公以成王未寤，故留东未还。成王改过自新，遣使者逆之，亦国家礼有德之宜也。"王、孔二说非也。按：言成王以开金縢之书，知天风雷以彰周公之德，故成王亦设郊天之礼以迎，我国家先祖配食之礼亦当宜之，故成王出郊，天乃雨反风也。 ⑦【集解】孔安国曰："郊，以玉币谢天也。天即反风起禾，明郊之是也。"马融曰："反风，风还反也。" ⑧【集解】徐广曰："筑，拾也。"骃案：马融曰"禾为木所偃者，起其木，拾其下禾，乃无所失亡也"。 ⑨【集解】《礼记》曰："鲁君祀帝于郊，配以后稷，天子之礼。"⑩【集解】《礼记》曰："诸侯不得祖天子。"郑玄曰："鲁以周公之故，立文王之庙也。"

周公卒，子伯禽固已前受封，是为鲁公。[1]鲁公伯禽之初受封之鲁，三年而后报政周公。周公曰："何迟也？"伯禽曰："变其俗，革其礼，丧三年然后除之，故迟。"太公亦封于齐，五月而报政周公。周公曰："何疾也？"曰："吾简其君臣礼，从其俗为也。"及后闻伯禽报政迟，乃叹曰："呜呼，鲁后世其北面事齐矣！夫政不简不易，民不有近；平易近民，民必归之。"[2]

①【索隐】周公元子就封于鲁，次子留相王室，代为周公。其余食小国者六人，凡、蒋、邢、茅、胙、祭也。 ②【集解】徐广曰："一本云'政不简不行，不行不乐，不乐则不平易；平易近民，民必归之'。又一本云'夫民不简不易；有近乎简易，民必归之'。"【索隐】言为政简易者，民必附近之。近

谓亲近也。

伯禽即位之后,有管、蔡等反也,淮夷、徐戎亦并兴反。[①]于是伯禽率师伐之于肸,作《肸誓》,[②]曰:"陈尔甲胄,无敢不善。无敢伤牿。[③]马牛其风,臣妾逋逃,[④]勿敢越逐,敬[⑤]复之。[⑥]无敢寇攘,逾墙垣。[⑦]鲁人三郊三隧,[⑧]峙尔刍茭、糗粮、桢榦,[⑨]无敢不逮。我甲戌筑而征徐戎,[⑩]无敢不及,有大刑。"[⑪]作此《肸誓》,遂平徐戎,定鲁。

①【集解】孔安国曰:"淮浦之夷,徐州之戎,并起为寇。" ②【集解】徐广曰:"肸,一作鲜,一作狝。"骃案:《尚书》作"粊"。孔安国曰"鲁东郊之地名也"。【索隐】《尚书》作"费誓"。今《尚书大传》作"鲜誓",《鲜誓》即《肸誓》,古今字异,义亦变也。鲜,狝也。言于肸地誓众,因行狝田之礼,以取鲜兽而祭,故字或作"鲜",或作"狝"。费,地名,即鲁卿季氏之费邑地也。③【正义】古毒反,牿,牛马牢也。令臣无伤其牢,恐牛马逸。 ④【集解】郑玄曰:"风,走逸。臣妾,厮役之属也。" ⑤【集解】徐广曰:"一作振。" ⑥【集解】孔安国曰:"勿敢弃越垒伍而求逐也。众人有得佚马牛,逃臣妾,皆敬还。" ⑦【集解】郑玄曰:"寇,劫取也。因其失亡曰攘。" ⑧【集解】王肃曰:"邑外曰郊,郊外曰隧。不言四者,东郊留守,故言三也。" ⑨【集解】孔安国曰:"皆当储峙汝粮,使足食。多积刍茭,供军牛马。"马融曰:"桢、榦皆筑具,桢在前,榦在两旁。"【正义】糗,去九反。桢音贞。 ⑩【集解】孔安国曰:"甲戌日当筑攻敌垒距堙之属。"
⑪【集解】马融曰:"大刑,死刑。"

鲁公伯禽卒,[①]子考公酋立。[②]考公四年卒,立弟熙,[③]是谓炀公。炀公筑茅阙门。[④]六年卒,子幽公宰立。[⑤]幽公十四年，幽公弟溃杀幽公而自立，是为魏公。[⑥]魏公五十年卒，子厉公擢立。[⑦]厉公三十七年卒，鲁人立其弟具，是为献公。献公三十二年卒，[⑧]子真公濞立。[⑨]

①【集解】徐广曰："皇甫谧云伯禽以成王元年封，四十六年，康王十六年卒。" ②【索隐】《系本》作"就"，邹诞本作"遒"。 ③【索隐】一作"怡"。 ④【集解】徐广曰："一作第，又作夷。《世本》曰'炀公徙鲁'，宋忠曰'今鲁国'。" ⑤【索隐】《系本》名圉。 ⑥【集解】徐广曰："《世本》作微公。"【索隐】《系本》"溃"作"弗"，音沸。"魏"作"微"。且古书多用魏字作微，则太史公意亦不殊也。 ⑦【索隐】《系本》作"翟"，音持角反。 ⑧【集解】徐广曰："刘歆云五十年。皇甫谧云三十六年。" ⑨【索隐】真音慎，本亦多作"慎公"。按：卫亦有真侯，可通也。濞，《系本》作"挚"，或作"鼻"，音匹位反。邹诞本作"慎公嚊"也。

真公十四年，周厉王无道，出奔彘，共和行政。二十九年，周宣王即位。

三十年，真公卒，弟敖立，是为武公。

武公九年春，武公与长子括，少子戏，[①]西朝周宣王。宣王爱戏，欲立戏为鲁太子。周之樊仲山父谏宣王曰："废长立少，不顺。不顺，必犯王命。犯王命，必诛之，故出令不可不顺也。令之不行，政之不立。[②]行而不顺，民将弃上。[③]夫下事上，少事长，所以为顺。今天子建诸侯，立其少，是教民逆也。[④]若鲁从之，诸侯效之，王命将有所壅。[⑤]若弗从而诛之，是自诛王命也。[⑥]诛之亦失，不诛亦失，[⑦]王其图之。"宣王弗听，卒立戏为鲁太子。夏，武公归而卒，[⑧]戏立，是为懿公。

①【正义】许义反，又音许宜反，后同。 ②【集解】韦昭曰："令不行则政不立。" ③【集解】韦昭曰："使长事少，故民将弃上。" ④【集解】唐固曰："言不教之顺而教之逆。" ⑤【集解】韦昭曰："言先王立长之命将壅塞不行也。" ⑥【集解】韦昭曰："先王之命立长，今鲁亦立长，若诛之，是自诛王命。" ⑦【集解】韦昭曰："诛之，诛王命。不诛，则王命废。" ⑧【集解】徐广曰："刘歆云立二年。"

懿公九年，懿公兄括之子伯御[①]与鲁人攻弑懿公，而立伯御为君。伯御即位十一年，周宣王伐鲁，杀其君伯御，而问鲁公子能道顺诸侯者，[②]以为鲁后。樊穆仲曰：[③]"鲁懿公弟称，[④]肃恭明神，敬事耆老；赋事行刑，必问于遗训而咨于固实；[⑤]不干所问，不犯所(知)〔咨〕。"宣王曰："然，能训治其民矣。"乃立称于夷宫，[⑥]是为孝公。自是后，诸侯多畔王命。

①【正义】御，我嫁反，下同。 ②【集解】徐广曰："顺，一作训。"【正义】道音导。顺音训。 ③【集解】韦昭曰："穆仲，仲山父之谥也。犹鲁叔孙穆子谓之穆叔也。" ④【正义】尺证反。 ⑤【集解】徐广曰："固，一作故。"韦昭曰："故实，故事之是者。" ⑥【集解】韦昭曰："夷宫者，宣王祖父夷王之庙。古者爵命必于祖庙。"

孝公二十五年，诸侯畔周，犬戎杀幽王。秦始列为诸侯。

二十七年，孝公卒，子弗湟立，[①]是为惠公。

①【集解】徐广曰："表云弗生也。"【索隐】《系本》作"弗皇"。年表作"弗生"。

惠公三十年,晋人弑其君昭侯。四十五年,晋人又弑其君孝侯。

四十六年,惠公卒,长庶子息[①]摄当国,行君事,是为隐公。初,惠公嫡夫人无子,[②]公贱妾声子生子息。息长,为娶于宋。宋女至而好,惠公夺而自妻之。[③]生子允。[④]登宋女为夫人,以允为太子。及惠公卒,为允少故,鲁人共令息摄政,不言即位。

①【索隐】隐公名息。《系本》名息姑。 ②【正义】嫡音的。 ③【索隐】《左传》宋武公生仲子,仲子手中有"为鲁夫人"文,故归鲁,生桓公。今此云惠公夺息妇而自妻。又《经》、《传》不言惠公无道,《左传》文见分明,不知太史公何据而为此说。谯周亦深不信然。 ④【集解】徐广曰:"一作轨。"

隐公五年,观渔于棠。[①]八年,与郑易天子之太山之邑祊及许田,君子讥之。[②]

①【集解】贾逵曰:"棠,鲁地。陈渔而观之。"杜预曰:"高平方与县北有武棠亭,鲁侯观渔台也。" ②【集解】《穀梁传》曰:"祊者,郑伯之所受命于天子而祭泰山之邑也。许田乃鲁之朝宿之邑。天子在上,诸侯不得以地相与。"

十一年冬,公子挥谄谓隐公曰:"百姓便君,君其遂立。吾请为君杀子允,君以我为相。"[①]隐公曰:"有先君命。吾为允少,故摄代。今允长矣,吾方营菟裘之地而老焉,[②]以授子允政。"挥惧子允闻而反诛之,乃反谮隐公于子允曰:"隐公欲遂立，去子，子其图之。请为子杀隐公。”子允许诺。十一月，隐公祭钟巫，[③]齐于社圃，[④]馆于苏氏。[⑤]挥使人弑隐公于苏氏，而立子允为君，是为桓公。

①【集解】《左传》曰：“羽父请杀桓公，将以求太宰也。” ②【集解】服虔曰：“菟裘，鲁邑也。营菟裘以作宫室，欲居之以终老也。”杜预曰：“菟裘在泰山梁父县南。” ③【集解】贾逵曰：“钟巫，祭名也。” ④【集解】杜预曰：“社圃，园名。” ⑤【集解】服虔曰：“馆，舍也。苏氏，鲁大夫。”

桓公元年，郑以璧易天子之许田。[①]二年，以宋之赂鼎入于太庙，君子讥之。[②]

①【集解】麋信曰：“郑以祊不足当许田，故复加璧。” ②【集解】《穀梁传》曰：“桓公内杀其君，外成人之乱，受赂而退，以事其祖，非礼也。”《公羊传》曰：“周公庙曰太庙。”

三年，使挥迎妇于齐为夫人。六年，夫人生子，与桓公同日，故名曰同。同长，为太子。

十六年，会于曹，伐郑，入厉公。

十八年春，公将有行，[①]遂与夫人如齐。申繻谏止，[②]公不听，遂如齐。齐襄公通桓公夫人。公怒夫人，夫人以告齐侯。夏四月丙子，齐襄公飨公，[③]公醉，使公子彭生抱鲁桓公，因命彭生折其胁，公死于车。鲁人告于齐曰：“寡君畏君之威，不敢宁居，来修好礼。礼成而不反，无所归咎，请得彭生以除丑于诸侯。”齐人杀彭生以悦鲁。立太子同，是为庄公。庄公母夫人因留齐，不敢归鲁。

①【集解】杜预曰：“始议行事也。” ②【集解】贾逵曰：“申繻，鲁大夫。” ③【集解】服虔曰：“为公设享谦之礼。”

庄公五年冬，伐卫，内卫惠公。

八年，齐公子纠来奔。九年，鲁欲内子纠于齐，后桓公，桓公发兵击鲁，鲁急，杀子纠。召忽死。齐告鲁生致管仲。鲁人施伯曰：[①]“齐欲得管仲，非杀之也，将用之，用之则为鲁患。不如杀，以其尸[②]与之。”庄公不听，遂囚管仲与齐。齐人相管仲。

①【正义】《世本》云：“施伯，鲁惠公孙。” ②【索隐】亦作“死”字。

十三年，鲁庄公与曹沫会齐桓公于柯，曹沫劫齐桓公，求鲁侵地，已盟而释桓公。桓公欲背约，管仲谏，卒归鲁侵地。十五年，齐桓公始霸。二十三年，庄公如齐观社。[①]

①【集解】韦昭曰：“齐因祀社，蒐军实以示军容，公往观之。”

三十二年，初，庄公筑台临党氏，[①]见孟女，[②]悦而爱之，许立为夫人，割臂以盟。[③]孟女生子斑。斑长，悦梁氏女，[④]往观。圉人荦自墙外与梁氏女戏。[⑤]斑怒，鞭荦。庄公闻之，曰：“荦有力焉，遂杀之，是未可鞭而置也。”斑未得杀。会庄公有疾。庄公有三弟，长曰庆父，次曰叔牙，次曰季友。庄公取齐女为夫人曰哀姜。哀姜无子。哀姜娣[6]曰叔姜，生子开。庄公无嫡嗣，爱孟女，欲立其子斑。庄公病，而问嗣于弟叔牙。叔牙曰："一继一及，鲁之常也。[7]庆父在，可为嗣，君何忧？"庄公患叔牙欲立庆父，退而问季友。季友曰："请以死立斑也。"庄公曰："曩者叔牙欲立庆父，奈何？"季友以庄公命命牙待于鍼巫氏，[8]使鍼季劫饮叔牙以鸩，[9]曰："饮此则有后奉祀；不然，死且无后。"牙遂饮鸩而死，鲁立其子为叔孙氏。[10]八月癸亥，庄公卒，季友竟立子斑为君，如庄公命。侍丧，舍于党氏。[11]

①【集解】贾逵曰："党氏，鲁大夫，任姓。" ②【集解】贾逵曰："党氏之女。"【索隐】即《左传》云孟任。党氏二女。孟，长也；任，字也，非姓耳。 ③【集解】服虔曰："割其臂以与公盟。" ④【集解】杜预曰："梁氏，鲁大夫也。" ⑤【集解】服虔曰："圉人，掌养马者，荦其名也。"【正义】荦，力角反。 ⑥【正义】田戾反。 ⑦【集解】何休曰："父死子继，兄死弟及。" ⑧【集解】杜预曰："鍼巫氏，鲁大夫也。" ⑨【集解】服虔曰："鸩鸟，一曰运日鸟。" ⑩【集解】杜预曰："不以罪诛，故得立后，世继其禄也。" ⑪【正义】未至公宫，止于舅氏。

先时庆父与哀姜私通，欲立哀姜娣子开。及庄公卒而季友立斑，十月己未，庆父使圉人荦杀鲁公子斑于党氏。季友奔陈。[1]庆父竟立庄公子开，是为湣公。[2]

①【集解】服虔曰："季友内知庆父之情，力不能诛，故避其难出奔。" ②【索隐】《系本》名启，今此作"开"，避汉景帝讳耳。《春秋》作"闵公"也。

湣公二年，庆父与哀姜通益甚。哀姜与庆父谋杀湣公而立庆父。庆父使卜齮袭杀湣公于武闱。[①]季友闻之，自陈与湣公弟申如邾，请鲁求内之。鲁人欲诛庆父。庆父恐，奔莒。于是季友奉子申入，立之，是为釐公。[②]釐公亦庄公少子。哀姜恐，奔邾。季友以赂如莒求庆父，庆父归，使人杀庆父，庆父请奔，弗听，乃使大夫奚斯行哭而往。庆父闻奚斯音，乃自杀。齐桓公闻哀姜与庆父乱以危鲁，乃召之邾而杀之，以其尸归，戮之鲁。鲁釐公请而葬之。

①【集解】贾逵曰："卜齮，鲁大夫也。宫中之门谓之闱。"【正义】齮，鱼绮反。闱音韦。　②【索隐】湣公弟名申，成季相之，鲁国以理，于是鲁人为僖公作《鲁颂》。

季友母陈女，故亡在陈，陈故佐送季友及子申。季友之将生也，父鲁桓公使人卜之，曰："男也，其名曰'友'，间于两社，为公室辅。[①]季友亡，则鲁不昌。"及生，有文在掌曰"友"，遂以名之，号为成季。其后为季氏，庆父后为孟氏也。

①【集解】贾逵曰："两社，周社、亳社也。两社之间，朝廷执政之臣所在。"

釐公元年，以汶阳鄪封季友。[①]季友为相。

①【集解】贾逵曰："汶阳、鄪，鲁二邑。"杜预曰："汶阳，汶水北地也。汶水出泰山莱芜县。"【索隐】"鄪"或作"费"，同音秘。按：费在汶水之北，

则汶阳非邑。贾言二邑，非也。《地理志》东海费县，班固云“鲁季氏邑”。盖《尚书·费誓》即其地。

九年，晋里克杀其君奚齐、卓子。[①]齐桓公率釐公讨晋乱，至高梁[②]而还，立晋惠公。十七年，齐桓公卒。二十四年，晋文公即位。

①【集解】徐广曰：“卓，一作悼。” ②【索隐】晋地，在平阳县西北。

三十三年，釐公卒，子兴立，是为文公。

文公元年，楚太子商臣弑其父成王，代立。三年，文公朝晋襄公。

十一年十月甲午，鲁败翟于鹹，[①]获长翟乔如，富父终甥舂其喉，以戈杀之，[②]埋其首于子驹之门，[③]以命宣伯。[④]

①【集解】服虔曰：“鲁地也。” ②【集解】服虔曰：“富父终甥，鲁大夫也。舂犹衝。” ③【集解】贾逵曰：“子驹，鲁郭门名。” ④【集解】服虔曰：“宣伯，叔孙得臣子乔如也。得臣获乔如以名其子，使后世旌识其功。”

初，宋武公之世，鄋瞒伐宋，[①]司徒皇父帅师御之，以败翟于长丘，[②]获长翟缘斯。[③]晋之灭路，[④]获乔如弟棼如。齐惠公二年，鄋瞒伐齐，齐王子城父获其弟荣如，埋其首于北门。[⑤]卫人获其季弟简如。[⑥]鄋瞒由是遂亡。[⑦]

①【集解】服虔曰："武公，周平王时，在春秋前二十五年。鄋瞒，长翟国名。"【正义】鄋作"廋"音，所刘反。瞒，莫寒反。 ②【集解】杜预曰："宋地名。" ③【集解】贾逵曰："乔如之祖。" ④【集解】在鲁宣公十五年。 ⑤【集解】按年表，齐惠公二年，鲁宣公之二年。 ⑥【集解】服虔曰："获与乔如同时。" ⑦【集解】杜预曰："长翟之种绝。"

十五年，季文子使于晋。

十八年二月，文公卒。文公有二妃：长妃齐女为哀姜，[①]生子恶及视；次妃敬嬴，嬖爱，生子俀。[②]俀私事襄仲，[③]襄仲欲立之，叔仲曰不可。[④]襄仲请齐惠公，惠公新立，欲亲鲁，许之。冬十月，襄仲杀子恶及视而立俀，是为宣公。哀姜归齐，哭而过市，曰："天乎！襄仲为不道，杀嫡[⑤]立庶！"市人皆哭，鲁人谓之"哀姜"。鲁由此公室卑，三桓强。[⑥]

①【索隐】此"哀"非谥，盖以哭而过市，国人哀之，谓之"哀姜"，故生称"哀"，与上桓夫人别也。 ②【集解】徐广曰："一作倭。"【索隐】音人唯反。 ③【集解】服虔曰："襄仲，公子遂。" ④【集解】服虔曰："叔仲惠伯。" ⑤【正义】音的。 ⑥【集解】服虔曰："三桓，鲁桓公之族仲孙、叔孙、季孙。"

宣公俀十二年，楚庄王强，围郑。郑伯降，复国之。

十八年，宣公卒，子成公黑肱立，[①]是为成公。季文子曰："使我杀嫡立庶失大援者，襄仲。"[②]襄仲立宣公，公孙归父有宠。[③]宣公欲去三桓，与晋谋伐三桓。会宣公卒，季文子怨之，归父奔齐。

①【集解】徐广曰："肱，一作股。" ②【集解】服虔曰："援，助也。仲杀嫡立庶，国政无常，邻国非之，是失大援助也。"杜预曰："襄仲立宣公，南通于楚既不固，又不能坚事齐、晋，故云失大援。" ③【集解】服虔曰："归父，襄仲之子。"

成公二年春，齐伐取我隆。[1]夏，公与晋郤克败齐顷公于鞍，齐复归我侵地。四年，成公如晋，晋景公不敬鲁。鲁欲背晋合于楚，或谏，乃不。十年，成公如晋。晋景公卒，因留成公送葬，鲁讳之。[2]十五年，始与吴王寿梦会钟离。[3]

①【集解】《左传》作"龙"。杜预曰："鲁邑，在泰山博县西南。" ②【索隐】《经》不书其葬，唯言"公如晋"，是讳之。 ③【正义】《括地志》云："钟离国故城在濠州钟离县东五里。"

十六年，宣伯告晋，[1]欲诛季文子。文子有义，晋人弗许。

①【集解】服虔曰："宣伯，叔孙乔如。"

十八年，成公卒，子午立，是为襄公。是时襄公三岁也。

襄公元年，晋立悼公。往年冬，晋栾书弑其君厉公。四年，襄公朝晋。

五年，季文子卒。家无衣帛之妾，厩无食粟之马，府无金玉，以相三君。[1]君子曰："季文子廉忠矣。"

①【索隐】宣公,成公,襄公。

九年,与晋伐郑。晋悼公冠襄公于卫,[①]季武子从,相行礼。

①【集解】《左传》曰:“冠于成公之庙,假钟磬焉,礼也。”

十一年,三桓氏分为三军。[①]

①【集解】韦昭曰:“周礼,天子六军,诸侯大国三军。鲁,伯禽之封,旧有三军,其后削弱,二军而已。季武子欲专公室,故益中军,以为三军,三家各征其一。”【索隐】征谓起徒役也。武子为三军,故一卿主一军之征赋。

十二年,朝晋。十六年,晋平公即位。二十一年,朝晋平公。

二十二年,孔丘生。[①]

①【正义】生在周灵王二十一年,鲁襄二十二年,晋平七年,吴诸樊十年。

二十五年,齐崔杼弑其君庄公,立其弟景公。

二十九年,吴延陵季子使鲁,问周乐,尽知其意,鲁人敬焉。

三十一年六月,襄公卒。其九月,太子卒。[①]鲁人立齐归之子裯为君,[②]是为昭公。

①【集解】《左传》曰："毁也。"【索隐】《左传》云胡女敬归之子子野立，三月卒。　②【集解】徐广曰："裯，一作袑。"服虔曰："胡，归姓之国也。齐，谥也。"【索隐】《系本》作"稠"。徐广作"袑"，音绍也。

昭公年十九，犹有童心。[①]穆叔不欲立，[②]曰："太子死，有母弟可立，不，即立长。[③]年钧择贤，义钧则卜之。[④]今裯非嫡嗣，且又居丧意不在戚而有喜色，若果立，必为季氏忧。"季武子弗听，卒立之。比及葬，三易衰。[⑤]君子曰："是不终也。"

①【集解】服虔曰："言无成人之志，而有童子之心。"　②【索隐】鲁大夫叔孙豹也，宣伯乔如之弟。　③【集解】服虔曰："无母弟，则立庶子之长。"　④【集解】杜预曰："先人事，后卜筮。义钧谓贤等。"　⑤【集解】杜预曰："言其嬉戏无度。"

昭公三年，朝晋至河，晋平公谢还之，鲁耻焉。四年，楚灵王会诸侯于申，昭公称病不往。七年，季武子卒。八年，楚灵王就章华台，召昭公。昭公往贺，[①]赐昭公宝器。已而悔，复诈取之。[②]十二年，朝晋至河，晋平公谢还之。十三年，楚公子弃疾弑其君灵王，代立。十五年，朝晋，晋留之葬晋昭公，鲁耻之。二十年，齐景公与晏子狩竟，因入鲁问礼。[③]二十一年，朝晋至河，晋谢还之。

①【集解】《春秋》云："七年三月，公如楚。"　②【集解】《左传》曰："好以大屈。"服虔曰："大屈，宝金，可以为剑。一曰大屈，弓名。《鲁连书》曰'楚子享鲁侯于章华，与之大曲之弓，既而悔之'。大屈，殆所谓大曲之

弓。”　③【索隐】《齐系家》亦然。《左传》无其事。

二十五年春，鸜鹆来巢。[1]师己曰：“文成之世童谣曰[2]‘鸜鹆来巢，公在乾侯。鸜鹆入处，公在外野’。”

①【集解】《周礼》曰：“鸜鹆不逾济。”《公羊传》曰：“非中国之禽也，宜穴而巢。”《穀梁传》曰：“来者，来中国也。”　②【集解】贾逵曰：“师己，鲁大夫也。文成，鲁文公、成公。”

季氏与郈氏[1]斗鸡，[2]季氏芥鸡羽，[3]郈氏金距。[4]季平子怒而侵郈氏，[5]郈昭伯亦怒平子。[6]臧昭伯之弟会[7]伪谗臧氏，匿季氏，臧昭伯囚季氏人。季平子怒，囚臧氏老。[8]臧、郈氏以难告昭公。昭公九月戊戌伐季氏，遂入。平子登台请曰：“君以谗不察臣罪，诛之，请迁沂上。”[9]弗许。请囚于鄪，[10]弗许。请以五乘亡，[11]弗许。子家驹[12]曰：“君其许之。政自季氏久矣，为徒者众，众将合谋。”弗听。郈氏曰：“必杀之。”叔孙氏之臣戾[13]谓其众曰：“无季氏与有，孰利？”皆曰：“无季氏是无叔孙氏。”戾曰：“然，救季氏！”遂败公师。孟懿子[14]闻叔孙氏胜，亦杀郈昭伯。郈昭伯为公使，故孟氏得之。三家共伐公，公遂奔。己亥，公至于齐。齐景公曰：“请致千社待君。”子家曰：“弃周公之业而臣于齐，可乎？”乃止。子家曰：“齐景公无信，不如早之晋。”弗从。叔孙见公还，见平子，平子顿首。初欲迎昭公，孟孙、季孙后悔，乃止。

①【集解】徐广曰：“郈，一本作厚。《世本》亦然。”　②【集解】杜预

曰："季平子、郈昭伯二家相近，故斗鸡。" ③【集解】服虔曰："擣芥子播其鸡羽，可以坌郈氏鸡目。"杜预曰："或云以胶沙播之为介鸡。" ④【集解】服虔曰："以金锴距。" ⑤【集解】服虔曰："怒其不下己也，侵郈氏之宫地以自益。" ⑥【索隐】按《系本》，昭伯名恶，鲁孝公之后，称厚氏也。⑦【集解】贾逵曰："昭伯，臧孙赐也。"【索隐】《系本》臧会，臧顷伯也，宣叔许之孙，与昭伯赐为从父昆弟也。 ⑧【集解】服虔曰："老，臧氏家之大臣。" ⑨【集解】杜预曰："鲁城南自有沂水，平子欲出城待罪也。大沂水出盖县，南入泗水。" ⑩【集解】服虔曰："鄪，季氏邑。" ⑪【集解】服虔曰："言五乘，自省约以出。" ⑫【索隐】鲁大夫仲孙氏之族，名驹，谥懿伯也。 ⑬【集解】《左传》曰郈庡。 ⑭【集解】贾逵曰："懿子，仲孙何忌。"

二十六年春，齐伐鲁，取郓[①]而居昭公焉。夏，齐景公将内公，令无受鲁赂。申丰、汝贾[②]许齐臣高龁、子将[③]粟五千庾。[④]子将言于齐侯曰："群臣不能事鲁君，有异焉。[⑤]宋元公为鲁如晋，求内之，道卒。[⑥]叔孙昭子[⑦]求内其君，无病而死。不知天弃鲁乎？抑鲁君有罪于鬼神也？愿君且待。"齐景公从之。

①【集解】贾逵曰："鲁邑。" ②【集解】贾逵曰："申丰、汝贾，鲁大夫。" ③【索隐】一本"子将"上有"货"字。子将即梁丘据也。龁音纥，子将家臣也。《左传》"子将"作"子犹"。 ④【集解】贾逵曰："十六斗为庾。五千庾，八万斗。" ⑤【集解】服虔曰："异，犹怪也。" ⑥【集解】《春秋》曰："宋公佐卒于曲棘。" ⑦【索隐】名婼，即穆叔子。

二十八年，昭公如晋，求入。季平子私于晋六卿，六卿受季氏赂，谏晋君，晋君乃止，居昭公乾侯。[①]二十九年，昭公如郓。齐景公使人赐昭公书，自谓“主君”。[②]昭公耻之，怒而去乾侯。三十一年，晋欲内昭公，召季平子。平子布衣跣行，[③]因六卿谢罪。六卿为言曰：“晋欲内昭公，众不从。”晋人止。三十二年，昭公卒于乾侯。鲁人共立昭公弟宋为君，是为定公。

①【集解】杜预曰：“乾侯在魏郡斥丘县，晋竟内邑。” ②【集解】服虔曰：“大夫称主。比公于大夫，故称‘主君’。” ③【集解】王肃曰：“示忧戚。”

定公立，赵简子问史墨[①]曰：“季氏亡乎？”史墨对曰：“不亡。季友有大功于鲁，受鄪为上卿，至于文子、武子，世增其业。鲁文公卒，东门遂[②]杀嫡立庶，鲁君于是失国政。政在季氏，于今四君矣。民不知君，何以得国！是以为君慎器与名，不可以假人。”[③]

①【集解】服虔曰：“史墨，晋史蔡墨。” ②【集解】服虔曰：“东门遂，襄仲也。居东门，故称东门遂。”【索隐】《系本》作“述”，邹诞本作“秫”。又《系本》遂产子家归父及昭子子婴也。 ③【集解】杜预曰：“器，车服。名，爵号。”

定公五年，季平子卒。阳虎私怒，囚季桓子，与盟，乃舍之。七年，齐伐我，取郓，以为鲁阳虎邑以从政。八年，阳虎欲尽杀三桓嫡，而更立其所善庶子以代之。载季桓子将杀之，桓子诈而得脱。三桓共攻阳虎，阳虎居阳关。[①]九年，鲁伐阳虎，阳虎奔齐，已而奔晋赵氏。[②]

①【集解】服虔曰："阳关，鲁邑。" ②【正义】《左传》云仲尼曰："赵氏其世有乱乎？"杜预云："受乱人故。"

十年，定公与齐景公会于夹谷，孔子行相事。齐欲袭鲁君，孔子以礼历阶，诛齐淫乐，齐侯惧，乃止，归鲁侵地而谢过。十二年，使仲由毁三桓城，[①]收其甲兵。孟氏不肯堕城，[②]伐之，不克而止。季桓子受齐女乐，孔子去。[③]

①【集解】服虔曰："仲由，子路。" ②【集解】杜预曰："堕，毁。" ③【集解】孔安国曰："桓子使定公受齐女乐，君臣相与观之，废朝礼三日。"

十五年，定公卒，子将立，是为哀公。[①]

①【索隐】《系本》"将"作"蒋"也。

哀公五年，齐景公卒。六年，齐田乞弑其君孺子。

七年，吴王夫差强，伐齐，至缯，征百牢于鲁。季康子使子贡说吴王及太宰嚭，以礼诎之。吴王曰："我文身，不足责礼。"乃止。

八年，吴为邹伐鲁，至城下，盟而去。齐伐我，取三邑。十年，伐齐南边。十一年，齐伐鲁。季氏用冉有有功，思孔子，孔子自卫归鲁。

十四年，齐田常弑其君简公于徐州。孔子请伐之，哀公不听。十五年，使子服景伯、子贡为介，适齐，齐归我侵地。田常初相，欲亲诸侯。

十六年，孔子卒。

二十二年，越王句践灭吴王夫差。

二十七年春，季康子卒。夏，哀公患三桓，将欲因诸侯以劫之，三桓亦患公作难，故君臣多间。[1]公游于陵阪，[2]遇孟武伯于衢，[3]曰："请问余及死乎？"[4]对曰："不知也。"公欲以越伐三桓。八月，哀公如陉氏。[5]三桓攻公，公奔于卫，去如邹，遂如越。国人迎哀公复归，卒于有山氏。[6]子宁立，是为悼公。

①【集解】贾逵曰："间，隙也。" ②【集解】服虔曰："陵阪，地名。" ③【索隐】一本作"卫"，非也。《左传》"于孟氏之衢"。 ④【集解】杜预曰："问己可得以寿死不？" ⑤【集解】杜预曰："陉氏即有山氏。" ⑥【集解】徐广曰："皇甫谧云哀公元甲辰，终庚午。"

悼公之时，三桓胜，鲁如小侯，卑于三桓之家。

十三年，三晋灭智伯，分其地有之。

三十七年，悼公卒，[1]子嘉立，是为元公。元公二十一年卒，[2]子显立，[3]是为穆公。穆公三十三年卒，[4]子奋立，是为共公。共公二十二年卒，[5]子屯立，[6]是为康公。康公九年卒，[7]子匽立，[8]是为景公。景公二十九年卒，[9]子叔立，[10]是为平公。是时六国皆称王。

①【集解】徐广曰："一本云悼公即位三十年，乃于秦惠王卒，楚怀王死年合。又自悼公以下尽与刘歆《历谱》合，而反违年表，未详何故。皇甫谧云悼公四十年，元辛未，终庚戌。" ②【集解】徐广曰："皇甫谧云元辛亥，终辛未。" ③【索隐】《系本》"显"作"不衍"。 ④【集解】徐广曰："皇甫谧云元壬申，终甲辰。" ⑤【集解】徐广曰："皇甫谧云元乙巳，终丙寅。" ⑥【索隐】屯音竹伦反。 ⑦【集解】徐广曰："皇甫谧云元丁卯，终乙亥。" ⑧【索隐】匽音偃。 ⑨【集解】徐广曰："皇甫谧云元丙子，终甲辰。" ⑩【索隐】《系本》"叔"作"旅"。

平公十二年，秦惠王卒。二十(二)年，平公卒，[①]子贾立，是为文公。[②]文公(七)〔元〕年，楚怀王死于秦。二十三年，文公卒，[③]子仇立，是为顷公。

①【集解】徐广曰："皇甫谧云元乙巳，终甲子。" ②【索隐】《系本》作"湣公"。邹诞本亦同，仍云"系家或作'文公'"。 ③【集解】徐广曰："皇甫谧云元乙丑，终丁亥。"

顷公二年，秦拔楚之郢，[①]楚顷王东徙于陈。十九年，楚伐我，取徐州。[②]二十四年，楚考烈王伐灭鲁。顷公亡，迁于下邑，[③]为家人，鲁绝祀。顷公卒于柯。[④]

①【集解】徐广曰："年表云文公十八年，秦拔郢，楚走陈。" ②【集解】徐广曰："徐州在鲁东，今薛县。"【索隐】按：《说文》"郐，邾之下邑，在鲁东"。又《郡国志》曰"鲁国薛县，六国时曰徐州"。又《纪年》云"梁惠王三十一年，下邳迁于薛，故名曰徐州"。则"徐"与"郐"并音舒也。 ③【集解】徐广曰："下，一作卞。"【索隐】下邑谓国外之小邑。或有本作"卞邑"，然鲁

有卞邑，与此不同。　④【集解】徐广曰："皇甫谧云元戊子，终辛亥。"【索隐】按：《春秋》"齐伐鲁柯而盟"，杜预云"柯，齐邑，今济北东阿也"。

鲁起周公至顷公，凡三十四世。

太史公曰：余闻孔子称曰"甚矣鲁道之衰也！洙、泗之间龂龂如也"。[①]观庆父及叔牙闵公之际，何其乱也？隐、桓之事，襄仲杀嫡立庶，三家北面为臣，亲攻昭公，昭公以奔。至其揖让之礼则从矣，而行事何其戾也？

①【集解】徐广曰："《汉书·地理志》云'鲁滨洙、泗之间，其民涉渡，幼者扶老者而代其任。俗既薄，长者不自安，与幼者相让，故曰龂龂如也'。龂，鱼斤反，东州语也。盖幼者患苦长者，长者忿愧自守，故龂龂争辞，所以为道衰也。"【索隐】读如《论语》"訚訚如也"。言鲁道虽微，而洙、泗之间尚訚訚如也。郑诞生亦音银。又作"断断"，如《尚书》读，则断断是专一之义。徐广又引《地理志》音五艰反，云龂龂是斗争之貌。故繁钦《遂行赋》云"涉洙、泗而饮马兮，耻少长之龂龂"是也。今按：下文云"至于揖让之礼则从矣"，鲁尚有揖让之风，如《论语》音訚为得之也。

索隐述赞曰：武王既没，成王幼孤。周公摄政，负扆据图。及还臣列，北面躬如。元子封鲁，少昊之墟。夹辅王室，系职不渝。降及孝公，穆仲致誉。隐能让国，《春秋》之初。丘明执简，褒贬备书。

卷三十四

燕召公世家第四

召公奭与周同姓，姓姬氏。[①]周武王之灭纣，封召公于北燕。[②]

①【集解】谯周曰："周之支族，食邑于召，谓之召公。"【索隐】召者，畿内菜地。奭始食于召，故曰召公。或说者以为文王受命，取岐周故墟周、召地分爵二公，故诗有《周》、《召》二《南》，言皆在岐山之阳，故言南也。后武王封之北燕，在今幽州蓟县故城是也。亦以元子就封，而次子留周室代为召公。至宣王时，召穆公虎其后也。　②【集解】《世本》曰："居北燕。"宋忠曰："有南燕，故云北燕。"

其在成王时，召公为三公：自陕以西，召公主之。自陕以东，周公主之。[①]成王既幼，周公摄政，当国践祚，召公疑之，作《君奭》。[②]《君奭》不说周公。[③]周公乃称"汤时有伊尹，假于皇天。[④]在太戊时，则有若伊陟、臣扈，假于上帝，巫咸治王家。[⑤]在祖乙时，则有若巫贤。[⑥]在武丁时，则有若甘般。[⑦]率维兹有陈，保乂有殷"。[⑧]于是召公乃说。

①【集解】何休曰："陕者，盖今弘农陕县是也。"　②【集解】孔安国曰："尊之曰君，陈古以告之，故以名篇。"　③【集解】马融曰："召公以周

公既摄政致太平，功配文、武，不宜复列在臣位，故不说，以为周公苟贪宠也。” ④【集解】孔安国曰：“伊挚佐汤，功至大天，谓致太平也。”郑玄曰：“皇天，北极天帝也。” ⑤【集解】孔安国曰：“伊陟、臣扈率伊尹之职，使其君不陨祖业，故至天之功不陨。巫咸治王家，言其不及二臣。”马融曰：“道至于上帝，谓奉天时也。”郑玄曰：“上帝，太微中其所统也。” ⑥【集解】孔安国曰：“时贤臣有如此巫贤也。贤，咸子。巫，氏也。” ⑦【集解】孔安国曰：“高宗即位，甘般佐之。后有傅说。” ⑧【集解】徐广曰：“一无此九字。”骃案：王肃曰“循此数臣，有陈列之功，安治有殷也”。

召公之治西方，甚得兆民和。召公巡行乡邑，有棠树，[①]决狱政事其下，自侯伯至庶人各得其所，无失职者。召公卒，而民人思召公之政，怀棠树不敢伐，哥咏之，作《甘棠》之诗。

①【正义】今之棠梨树也。《括地志》云：“召伯庙在洛州寿安县西北五里。召伯听讼甘棠之下，周人思之，不伐其树，后人怀其德，因立庙，有棠在九曲城东阜上。”

自召公已下九世至惠侯。[①]燕惠侯当周厉王奔彘，共和之时。

①【索隐】并国史先失也。又自惠侯已下皆无名，亦不言属，惟昭王父子有名，盖在战国时旁见他说耳。燕四十二代有二惠侯，二釐侯，二宣侯，三桓侯，二文侯，盖国史微失本谥，故重耳。

惠侯卒，子釐侯立。[①]是岁，周宣王初即位。釐侯二十一年，郑桓公初封于郑。三十六年，釐侯卒，子顷侯立。

①【正义】釐音僖。

顷侯二十年，周幽王淫乱，为犬戎所弑。秦始列为诸侯。

二十四年，顷侯卒，子哀侯立。哀侯二年卒，子郑侯立。[1]郑侯三十六年卒，子缪侯立。缪侯七年，而鲁隐公元年也。十八年卒，子宣侯立。[2]宣侯十三年卒，子桓侯立。[3]桓侯七年卒，[4]子庄公立。

①【索隐】按：《谥法》无郑，郑或是名。 ②【索隐】谯周曰："《系本》谓燕自宣侯已上皆父子相传无及，故系家桓侯已下并不言属，以其难明故也。"按：今《系本》无燕代系，宋忠依《太史公书》以补其阙，寻徐广作音尚引《系本》，盖近代始散佚耳。 ③【集解】徐广曰："《古史考》曰世家自宣侯已下不说其属，以其难明故也。" ④【集解】《世本》曰："桓侯徙临易。"宋忠曰："今河间易县是也。"

庄公十二年，齐桓公始霸。十六年，与宋、卫共伐周惠王，惠王出奔温，立惠王弟穨为周王。[1]十七年，郑执燕仲父而内惠王于周。二十七年，山戎来侵我，齐桓公救燕，遂北伐山戎而还。燕君送齐桓公出境，桓公因割燕所至地予燕，[2]使燕共贡天子，如成周时职；使燕复修召公之法。三十三年卒，子襄公立。

①【集解】谯周曰:"按《春秋传》,燕与子穨逐周惠王者,乃南燕姞姓也。世家以为北燕,失之。"【索隐】谯周云据《左氏》燕与卫伐周惠王乃是南燕姞姓,而系家以为北燕伯,故著《史考》云"此燕是姞姓"。今检《左氏》庄十九年"卫师、燕师伐周",二十年《传》云"执燕仲父",三十年"齐伐山戎",《传》曰"谋山戎,以其病燕故也"。据《传》文及此记,元是北燕不疑。杜君妄说仲父是南燕伯,为伐周故。且燕、卫俱是姬姓,故有伐周纳王之事。若是姞燕与卫伐周,则郑何以独伐燕而不伐卫乎? ②【正义】予音与。《括地志》云:"燕留故城在沧州长芦县东北十七里,即齐桓公分沟割燕君所至地与燕,因筑此城,故名燕留。"

襄公二十六年,晋文公为践土之会,称伯。三十一年,秦师败于殽。三十七年,秦穆公卒。四十年,襄公卒,桓公立。桓公十六年卒,[①]宣公立。宣公十五年卒,昭公立。昭公十三年卒,武公立。是岁晋灭三郤大夫。

①【索隐】谯周云系家襄伯生宣伯,无桓公。今检《史记》,并有"桓公立十六年",又宋忠据此史补系家亦有桓公,是允南所见本异,则是燕有三桓公也。

武公十九年卒,文公立。文公六年卒,懿公立。懿公元年,齐崔杼弑其君庄公。四年卒,子惠公立。

惠公元年,齐高止来奔。六年,惠公多宠姬,公欲去诸大夫而立宠姬宋,大夫共诛姬宋,[①]惠公惧,奔齐。四年,齐高偃如晋,请共伐燕,入其君。晋平公许,与齐伐燕,入惠公。惠公至燕而死。[②]燕立悼公。

①【索隐】宋，其名也，或作“宗”。刘氏云“其父兄为执政，故诸大夫共灭之”。 ②【索隐】《春秋》昭三年“北燕伯款奔齐”，至六年，又云“齐伐北燕”，一与此文合。《左传》无纳款之文，而云“将纳简公，晏子曰‘燕君不入矣’，齐遂受赂而还”。事与此乖，而又以款为简公。简公去惠公已五代，则与《春秋经传》不相协，未可强言也。

悼公七年卒，共公立。共公五年卒，平公立。晋公室卑，六卿始强大。平公十八年，吴王阖闾破楚入郢。十七年卒，简公立。简公十二年卒，献公立。[①]晋赵鞅围范、中行于朝歌。献公十二年，齐田常弑其君简公。十四年，孔子卒。二十八年，献公卒，孝公立。

①【索隐】王劭按《纪年》，简公后次孝公无献公。然《纪年》之书多是伪谬，聊记异耳。

孝公十二年，韩、魏、赵灭知伯，分其地，[①]三晋强。

①【索隐】按《纪年》，智伯灭在成公二年也。

十五年，孝公卒，成公立。成公十六年卒，[①]湣公立。湣公三十一年卒，釐公立。[②]是岁，三晋列为诸侯。[③]

①【索隐】按《纪年》，成公名载。 ②【索隐】年表作“厘侯庄”。徐广云一无“庄”字。按：燕失年纪及其君名，表言“庄”者，衍字也。
③【索隐】按《纪年》作“文公二十四年卒，简公立，十三年而三晋命邑为诸侯”，与此不同。

釐公三十年，伐败齐于林营。[①]釐公卒，[②]桓公立。桓公十一年卒，文公立。[③]是岁，秦献公卒。秦益强。

①【索隐】林营，地名。一云林，地名，于林地立营，故曰林营也。　②【索隐】《纪年》作"简公四十五年卒"，妄也。按：上简公生献公，则此当是釐，但《纪年》又误耳。　③【索隐】《系本》已上文公为闵公，则"湣"与"闵"同，而上懿公之父谥文公。

文公十九年，齐威王卒。二十八年，苏秦始来见，说文公。文公予车马金帛以至赵，赵肃侯用之。因约六国，为从长。[①]秦惠王以其女为燕太子妇。

①【正义】从，足从反。长，丁丈反。

二十九年，文公卒，太子立，是为易王。

易王初立，齐宣王因燕丧伐我，取十城。苏秦说齐，使复归燕十城。十年，燕君为王。[①]苏秦与燕文公夫人私通，惧诛，乃说王使齐为反间，欲以乱齐。[②]易王立十二年卒，子燕哙立。

①【索隐】君即易王也。言君初以十年即称王也。上言易王者，易，谥也，后追书谥耳。　②【集解】《孙子兵法》曰："反间者，因敌间而用之者也。凡军之所欲击，城之所欲攻，人之所欲杀，必先知其守将、左右谒者、门者、舍人之姓名，令吾间必索敌间之来间我者，因而利导舍之，故反间可得用也。"【正义】使音所吏反。间音纪苋反。

燕哙既立，齐人杀苏秦。苏秦之在燕，与其相子之为婚，而苏代与子之交。及苏秦死，而齐宣王复用苏代。燕哙三年，与楚、三晋攻秦，不胜而还。子之相燕，贵重，主断。苏代为齐使于燕，[①]燕王问曰："齐王奚如？"对曰："必不霸。"燕王曰："何也？"对曰："不信其臣。"苏代欲以激燕王以尊子之也。于是燕王大信子之。子之因遗苏代百金，[②]而听其所使。

①【索隐】按：《战国策》曰"子之用苏代侍质子于齐，齐使代报燕"是也。　②【正义】瓒云："秦以一溢为一金。"孟康云："二十四两曰溢。"

鹿毛寿[①]谓燕王："不如以国让相子之。人之谓尧贤者，以其让天下于许由，许由不受，有让天下之名而实不失天下。今王以国让于子之，子之必不敢受，是王与尧同行也。"燕王因属国于子之，子之大重。[②]或曰："禹荐益，已[③]而以启人为吏。[④]及老，而以启人为不足任乎天下，传之于益。已而启与交党攻益，夺之。天下谓禹名传天下于益，已而实令启自取之。今王言属国于子之，而吏无非太子人者，[⑤]是名属子之而实太子用事也。"王因收印自三百石吏已上而效之子之。[⑥]子之南面行王事，而哙老不听政，顾为臣，[⑦]国事皆决于子之。

①【集解】徐广曰："一作厝毛。"又曰："甘陵县本名厝。"【索隐】《春秋后语》亦作"厝毛寿"，又《韩子》作"潘寿"。　②【索隐】大重谓尊贵也。③【索隐】按：以"已"配"益"，则"益已"是伯益，而《经》、《传》无其文，未知

所由。或曰已，语终辞。　④【索隐】人犹臣也。谓以启臣为益吏。　⑤【索隐】此“人”亦训臣也。　⑥【索隐】郑玄云：“效，呈也。以印呈与子之。”　⑦【索隐】顾犹反也。言哙反为子之臣也。有本作“愿”者，非。

三年，国大乱，百姓恫恐。[①]将军市被[②]与太子平谋，将攻子之。诸将谓齐湣王曰：“因而赴之，破燕必矣。”齐王因令人谓燕太子平曰：“寡人闻太子之义，将废私而立公，饬君臣之义，[③]明父子之位。寡人之国小，不足以为先后。[④]虽然，则唯太子所以令之。”太子因要党聚众，将军市被围公宫，攻子之，不克。将军市被及百姓反攻太子平，将军市被死，以徇。因构难数月，死者数万，众人恫恐，百姓离志。孟轲谓齐王曰：“今伐燕，此文、武之时，不可失也。”[⑤]王因令章子[⑥]将五都之兵，[⑦]以因北地之众以伐燕。[⑧]士卒不战，城门不闭，燕君哙死，齐大胜。燕子之亡[⑨]二年，而燕人共立太子平，是为燕昭王。[⑩]

①【索隐】恫犹痛也。民皆恐惧。　②【正义】人姓名。　③【正义】饬音敕。　④【正义】先后并去声。　⑤【索隐】谓如武王成文王之业伐纣之时，然此语与《孟子》不同也。　⑥【集解】章子，齐人，见《孟子》。　⑦【索隐】五都即齐也。按：临淄是五都之一。　⑧【索隐】北地即齐之北边也。　⑨【集解】徐广曰：“年表云君哙及太子相子之皆死。”骃案：《汲冢纪年》曰“齐人禽子之而醢其身也”。　⑩【集解】徐广曰：“哙立七年而死，其九年燕人共立太子平。”【索隐】按：上文太子平谋攻子之，而年表又云君哙及太子相子之皆死，《纪年》又云子之杀公子平，今此文云“立太子平，是为燕昭王”，则年表、《纪年》为谬也。而《赵系家》云武灵王闻燕乱，召公子职于韩，立以为燕王，使乐池送之，裴骃亦以此系家无赵

送公子职之事，当是遥立职而送之，事竟不就，则昭王名平，非职明矣。进退参详，是年表既误，而《纪年》因之而妄说耳。

燕昭王于破燕之后即位，卑身厚币以招贤者。谓郭隗曰："齐因孤之国乱而袭破燕，孤极知燕小力少，不足以报。然诚得贤士以共国，以雪先王之耻，孤之愿也。先生视可者，得身事之。"郭隗曰："王必欲致士，先从隗始。况贤于隗者，岂远千里哉！"于是昭王为隗改筑宫而师事之。乐毅自魏往，邹衍自齐往，剧辛自赵往，士争趋燕。燕王吊死问孤，与百姓同甘苦。

二十八年，燕国殷富，士卒乐轶轻战，于是遂以乐毅为上将军，与秦、楚、三晋合谋以伐齐。齐兵败，湣王出亡于外。燕兵独追北，入至临淄，尽取齐宝，烧其宫室宗庙。齐城之不下者，独唯聊、莒、即墨，[①]其余皆属燕，六岁。

①【索隐】按：余篇及《战国策》并无"聊"字。

昭王三十三年卒，子惠王立。

惠王为太子时，与乐毅有隙；及即位，疑毅，使骑劫代将。乐毅亡走赵。齐田单以即墨击败燕军，骑劫死，燕兵引归，齐悉复得其故城。湣王死于莒，乃立其子为襄王。

惠王七年卒。[①]韩、魏、楚共伐燕。燕武成王立。

①【索隐】按《赵系家》惠文王二十八年，燕相成安君公孙操弑其王，乐资以为即惠王也。徐广按年表，是年燕武成王元年，武成即惠王子，则惠王

为成安君弑明矣。此不言者，燕远，讳不告，或太史公之说疏也。

武成王七年，齐田单伐我，拔中阳。十三年，秦败赵于长平四十余万。十四年，武成王卒，子孝王立。

孝王元年，秦围邯郸者解去。三年卒，子今王喜立。[①]

①【索隐】今王犹今上也。有作“令”者，非也，按《谥法》无令也。

今王喜四年，秦昭王卒。燕王命相栗腹约欢赵，以五百金为赵王酒。还报燕王曰：“赵王壮者皆死长平，其孤未壮，可伐也。”王召昌国君乐间问之。对曰：“赵四战之国，[①]其民习兵，不可伐。”王曰：“吾以五而伐一。”[②]对曰：“不可。”燕王怒，群臣皆以为可。卒起二军，车二千乘，栗腹将而攻鄗，[③]卿秦攻代。[④]唯独大夫将渠[⑤]谓燕王曰：“与人通关约交，以五百金饮人之王，使者报而反攻之，不祥，兵无成功。”燕王不听，自将偏军随之。将渠引燕王绶止之曰：“王必无自往，往无成功。”王蹴之以足。将渠泣曰：“臣非以自为，为王也！”燕军至宋子，[⑥]赵使廉颇将，击破栗腹于鄗。〔乐乘〕破卿秦(乐乘)于代。乐间奔赵。廉颇逐之五百余里，围其国。燕人请和，赵人不许，必令将渠处和。燕相将渠以处和。[⑦]赵听将渠，解燕围。

①【正义】赵东邻燕，西接秦境，南错韩、魏，北连胡、貊，故言“四战”。②【索隐】谓以五人而伐一人。　③【集解】徐广曰：“在常山，今曰高邑。”【索隐】邹氏音火各反，一音昊。　④【正义】今代州也。《战国策》

云“廉颇以二十万遇栗腹于鄗，乐乘以五万遇庆秦于代，燕人大败”，与此不同也。 ⑤【索隐】人名姓也。一云上“卿秦”及此“将渠”皆卿，将，官。秦，渠，名也。国史变文而书，遂失姓也。《战国策》云“爰秦”，爰是姓也，卿是其官耳。 ⑥【集解】徐广曰：“属巨鹿。” ⑦【集解】以将渠为相。【索隐】谓欲令将渠处之使和也。

六年，秦灭东(西)周，置三川郡。七年，秦拔赵榆次三十七城，秦置太原郡。九年，秦王政初即位。十年，赵使廉颇将攻繁阳，[①]拔之。赵孝成王卒，悼襄王立。使乐乘代廉颇，廉颇不听，攻乐乘，乐乘走，廉颇奔大梁。十二年，赵使李牧攻燕，拔武遂、[②]方城。[③]剧辛故居赵，与庞煖善，[④]已而亡走燕。燕见赵数困于秦，而廉颇去，令庞煖将也，欲因赵弊攻之。问剧辛，辛曰：“庞煖易与耳。”燕使剧辛将击赵，赵使庞煖击之，取燕军二万，杀剧辛。秦拔魏二十城，置东郡。十九年，秦拔赵之邺[⑤]九城。赵悼襄王卒。二十三年，太子丹质于秦，亡归燕。二十五年，秦虏灭韩王安，置颍川郡。二十七年，秦虏赵王迁，灭赵。赵公子嘉自立为代王。

①【集解】徐广曰：“属魏郡。” ②【集解】徐广曰：“属河间。” ③【集解】徐广曰：“属涿，有督亢亭。” ④【索隐】煖音况远反。 ⑤【正义】即相州邺县也。

燕见秦且灭六国，秦兵临易水，[①]祸且至燕。太子丹阴养壮士二十人，使荆轲献督亢地图于秦，[②]因袭刺秦王。秦王觉，杀轲，使将军王翦击燕。二十九年，秦攻拔我蓟，燕王亡，徙居辽东，斩丹以献秦。三十年，秦灭魏。

①【集解】徐广曰："出涿郡故安也。" ②【索隐】徐广云："涿有督亢亭。"《地理志》属广阳。然督亢之田在燕东，甚良沃，欲献秦，故画其图而献焉。

三十三年，秦拔辽东，虏燕王喜，卒灭燕。是岁，秦将王贲[1]亦虏代王嘉。

①【正义】贲音奔，王翦子。

太史公曰：召公奭可谓仁矣！甘棠且思之，况其人乎？燕(北)〔外〕迫蛮貉，内措齐、晋，[1]崎岖强国之间，最为弱小，几灭者数矣。然社稷血食者八九百岁，于姬姓独后亡，岂非召公之烈邪。

①【索隐】措，交杂也。又作"错"，刘氏云争陌反。

索隐述赞曰：召伯作相，分陕而治。人惠其德，甘棠是思。庄送霸主，惠罗宠姬。文公从赵，苏秦骋辞。易王初立，齐宣我欺。燕哙无道，禅位子之。昭王待士，思报临菑。督亢不就，卒见芟夷。

卷三十五

管蔡世家第五

管叔鲜、[①]蔡叔度者，周文王子而武王弟也。武王同母兄弟十人。母曰太姒，[②]文王正妃也。其长子曰伯邑考，次曰武王发，次曰管叔鲜，次曰周公旦，次曰蔡叔度，次曰曹叔振铎，次曰成叔武，[③]次曰霍叔处，[④]次曰康叔封，次曰冄季载。[⑤]冄季载最少。同母昆弟十人，[⑥]唯发、旦贤，左右辅文王，[⑦]故文王舍伯邑考而以发为太子。及文王崩而发立，是为武王。伯邑考既已前卒矣。

①【正义】音仙。《括地志》云："郑州管城县，今州外城即管国城也，是叔鲜所封国也。" ②【正义】《国语》云："杞、缯二国，姒姓，夏禹之后，太姒之家。太姒，文王之妃，武王之母。"《列女传》云："太姒者，武王之母，禹后姒氏之女也。在郃之阳，在渭之涘。仁而明道，文王嘉之，亲迎于渭，造舟为梁。及入，太姒思媚太姜、太任，旦夕勤劳，以进妇道。太姒号曰文母。文王理外，文母治内。太姒生十男，教诲自少及长，未尝见邪僻之事，言常以正道持之也。" ③【正义】《括地志》云："在濮州雷泽县东南九十一里，汉郕阳县。古郕伯，姬姓之国，其后迁于成之阳。" ④【正义】处，昌汝反。《括地志》云："晋州霍邑县本汉彘县也。郑玄注《周礼》云霍山在彘，本春秋时霍伯国地。" ⑤【正义】冄音奴甘反。或作"邯"，音同。冄，国名也。季载，人名也。伯邑考最长，所以加"伯"。诸中子咸言"叔"，以载最少，故言季载。 ⑥【集解】徐广曰："文王之子为侯者十有六国。"

⑦【正义】左右并去声。

武王已克殷纣，平天下，封功臣昆弟。于是封叔鲜于管，[①]封叔度于蔡，[②]二人相纣子武庚禄父，治殷遗民。封叔旦于鲁而相周，为周公。封叔振铎于曹，封叔武于成，[③]封叔处于霍。[④]康叔封、冄季载皆少，未得封。

①【集解】杜预曰："管在荥阳京县东北。"　②【集解】《世本》曰："居上蔡。"　③【索隐】按：《春秋》隐五年"卫师入郕"。杜预曰"东平刚父县有郕乡"。《后汉·郡国志》以为成本国。又《地理志》廪丘县南有成故城。应劭云"武王封弟季载于成"，是古之成邑，应仲远误云季载封耳。④【索隐】《春秋》闵元年晋灭霍。《地理志》河东彘县，霍太山在东北，是霍叔之所封。

武王既崩，成王少，周公旦专王室。管叔、蔡叔疑周公之为不利于成王，乃挟武庚以作乱。周公旦承成王命伐诛武庚，杀管叔，而放蔡叔，迁之，与车十乘，徒七十人从。而分殷余民为二：其一封微子启于宋，以续殷祀；其一封康叔为卫君，是为卫康叔。封季载于冄。冄季、康叔皆有驯行，[①]于是周公举康叔为周司寇，冄季为周司空，[②]以佐成王治，皆有令名于天下。

①【索隐】如字，音巡。驯，善也。　②【索隐】事见《左传》定四年。

蔡叔度既迁而死。其子曰胡，胡乃改行，率德驯善。周公闻之，而举胡以为鲁卿士，[①]鲁国治。于是周公言于成王，复封胡于蔡，[②]以奉蔡叔之祀，是为蔡仲。余五叔皆就国，[③]无为天子吏者。

①【索隐】按：《尚书》云蔡仲克庸祗德，周公以为卿士，叔卒，乃命诸王，封之蔡，元无仕鲁之文。又伯禽居鲁乃是七年致政之后，此言乃说居摄政之初，未知史迁何凭而有斯言也。　②【集解】宋忠曰："胡徙居新蔡。"　③【索隐】管叔、蔡叔、成叔、曹叔、霍叔。

蔡仲卒，子蔡伯荒立。蔡伯荒卒，子宫侯立。宫侯卒，子厉侯立。厉侯卒，子武侯立。武侯之时，周厉王失国，奔彘，共和行政，诸侯多叛周。

武侯卒，子夷侯立。夷侯十一年，周宣王即位。二十八年，夷侯卒，子釐侯所事立。

釐侯三十九年，周幽王为犬戎所杀，周室卑而东徙。秦始得列为诸侯。[①]

①【正义】周幽王为犬戎所杀，平王东徙洛邑，秦襄公以兵救，因送平王至洛，故平王封襄公。

四十八年，釐侯卒，子共侯兴立。共侯二年卒，子戴侯立。戴侯十年卒，子宣侯措父立。

宣侯二十八年，鲁隐公初立。三十五年，宣侯卒，子桓侯封人立。桓侯三年，鲁弑其君隐公。二十年，桓侯卒，弟哀侯献舞立。

哀侯十一年，初，哀侯娶陈，息侯亦娶陈。[①]息夫人将归，过蔡，蔡侯不敬。息侯怒，请楚文王："来伐我，我求救于蔡，蔡必来，楚因击之，可以有功。"楚文王从之，虏蔡哀侯以归。哀侯留九岁，死于楚。凡立二十年卒。蔡人立其子肸，是为缪侯。

①【集解】杜预曰："息国，汝南新息县。"

缪侯以其女弟为齐桓公夫人。十八年，齐桓公与蔡女戏船中，夫人荡舟，桓公止之，不止，公怒，归蔡女而不绝也。蔡侯怒，嫁其弟。[①]齐桓公怒，伐蔡；蔡溃，遂虏缪侯，南至楚邵陵。已而诸侯为蔡谢齐，齐侯归蔡侯。二十九年，缪侯卒，子庄侯甲午立。

①【索隐】弟，女弟，即荡舟之姬。

庄侯三年，齐桓公卒。十四年，晋文公败楚于城濮。二十年，楚太子商臣弑其父成王代立。二十五年，秦穆公卒。三十三年，楚庄王即位。三十四年，庄侯卒，子文侯申立。

文侯十四年，楚庄王伐陈，杀夏徵舒。十五年，楚围郑，郑降楚，楚复醳之。[①]二十年，文侯卒，子景侯固立。

①【正义】醳音释。

景侯元年，楚庄王卒。(二)〔四〕十九年，景侯为太子般娶妇于楚，而景侯通焉。太子弑景侯而自立，是为灵侯。

灵侯二年，楚公子围弑其王郏敖而自立，为灵王。[①]九年，陈司徒招[②]弑其君哀公。楚使公子弃疾灭陈而有之。十二年，楚灵王以灵侯弑其父，诱蔡灵侯于申，[③]伏甲饮之，醉而杀之，刑其士卒七十人。令公子弃疾围蔡。十一月，灭蔡，使弃疾为蔡公。[④]

①【正义】郏，纪洽反。敖，五高反。 ②【索隐】或作"苕"，又作"昭"，并音时遥反。 ③【正义】故申城在邓州。 ④【正义】蔡之大夫也。

楚灭蔡三岁，楚公子弃疾弑其君灵王代立，为平王。平王乃求蔡景侯少子庐，立之，是为平侯。[①]是年，楚亦复立陈。楚平王初立，欲亲诸侯，故复立陈、蔡后。[②]

①【集解】宋忠曰："平侯徙下蔡。"【索隐】今《系本》无者，近脱耳。 ②【集解】《世本》曰："平侯者，灵侯般之孙，太子友之子。"

平侯九年卒，灵侯般之孙东国攻平侯子而自立，是为悼侯。悼侯父曰隐太子友。隐太子友者，灵侯之太子，平侯立而杀隐太子，故平侯卒而隐太子之子东国攻平侯子而代立，是为悼侯。悼侯三年卒，弟昭侯申立。

昭侯十年，朝楚昭王，持美裘二，献其一于昭王而自衣其一。楚相子常欲之，不与。子常谗蔡侯，留之楚三年。蔡侯知之，乃献其裘于子常；子常受之，乃言归蔡侯。蔡侯归而之晋，请与晋伐楚。

十三年春，与卫灵公会邵陵。蔡侯私于周苌弘以求长于卫；[①]卫使史鰌言康叔之功德，乃长卫。夏，为晋灭沈，[②]楚怒，攻蔡。蔡昭侯使其子为质于吴，[③]以共伐楚。冬，与吴王阖闾遂破楚入郢。蔡怨子常，子常恐，奔郑。十四年，吴去而楚昭王复国。十六年，楚令尹为其民泣以谋蔡，蔡昭侯惧。二十六年，孔子如蔡。楚昭王伐蔡，蔡恐，告急于吴。吴为蔡远，约迁以自近，易以相救；昭侯私许，不与大夫计。吴人来救蔡，因迁蔡于州来。[④]二十八年，昭侯将朝于吴，大夫恐其复迁，乃令贼利杀昭侯；[⑤]已而诛贼利以解过，而立昭侯子朔，是为成侯。[⑥]

①【集解】服虔曰："载书使蔡在卫上。" ②【集解】杜预曰："汝南平舆县北有沈亭。" ③【正义】质音致。 ④【索隐】州来在淮南下蔡县。 ⑤【索隐】案：利，贼名也。 ⑥【集解】徐广曰："或作'景'。"

成侯四年，宋灭曹。十年，齐田常弑其君简公。十三年，楚灭陈。十九年，成侯卒，子声侯产立。声侯十五年卒，子元侯立。元侯六年卒，子侯齐立。侯齐四年，楚惠王灭蔡，蔡侯齐亡，蔡遂绝祀。后陈灭三十三年。[①]

①【索隐】鲁哀十七年楚灭陈，其楚灭蔡绝其祀，又在灭陈之后三十三年，即在春秋后二十三年。

伯邑考，其后不知所封。武王发，其后为周，有本纪言。管叔鲜作乱诛死，无后。周公旦，其后为鲁，有世家言。蔡叔度，其后为蔡，有世家言。曹叔振铎，其后为曹，有世家言。成叔武，其后世无所见。霍叔处，其后晋献公时灭霍。康叔封，其后为卫，有世家言。冄季载，其后世无所见。

太史公曰：管、蔡作乱，无足载者。然周武王崩，成王少，天下既疑，赖同母之弟成叔、冄季之属十人为辅拂，是以诸侯卒宗周，故附之世家言。

曹叔振铎者，[①]周武王弟也。武王已克殷纣，封叔振铎于曹。[②]

①【索隐】按：上文"叔振铎，其后为曹，有系家言"，则曹亦合题系家，今附《管蔡》之末而不出题者，盖以曹微小而少事迹，因附《管蔡》之末，不别题篇尔。且又管叔虽无后，仍是蔡、曹之兄，故题管、蔡而略曹也。

②【集解】宋忠曰："济阴定陶县。"

叔振铎卒，子太伯脾立。太伯卒，子仲君平立。仲君平卒，子宫伯侯立。宫伯侯卒，子孝伯云立。孝伯云卒，子夷伯喜立。

夷伯二十三年，周厉王奔于彘。

三十年卒，弟幽伯强立。幽伯九年，弟苏杀幽伯代立，是为戴伯。戴伯元年，周宣王已立三岁。三十年，戴伯卒，子惠伯兕立。[①]

①【集解】孙检曰:“兕音徐子反。曹惠伯或名雉,或名弟,或复名弟兕也。”【索隐】按:年表作“惠公伯雉”,注引孙检,未详何代,或云齐人,亦恐其人不注《史记》。今以王俭《七志》、阮孝绪《七录》并无,又不知是裴骃所录否?

惠伯二十五年,周幽王为犬戎所杀,因东徙,益卑,诸侯畔之。秦始列为诸侯。

三十六年,惠伯卒,子石甫立,其弟武杀之代立,是为缪公。缪公三年卒,子桓公终生立。[①]

①【集解】孙检云:“一作终湦。湦音生。”

桓公三十五年,鲁隐公立。四十五年,鲁弑其君隐公。四十六年,宋华父督弑其君殇公,及孔父。五十五年,桓公卒,子庄公夕姑[①]立。

①【索隐】夕音亦。即射姑也,同音亦。

庄公二十三年,齐桓公始霸。

三十一年,庄公卒,子釐公夷立。釐公九年卒,子昭公班立。昭公六年,齐桓公败蔡,遂至楚召陵。九年,昭公卒,子共公襄立。

共公十六年,初,晋公子重耳其亡过曹,曹君无礼,欲观其骈胁。[①]釐负羁[②]谏,不听,私善于重耳。二十一年,晋文公重耳伐曹,虏共公以归,令军毋入釐负羁之宗族闾。或说晋文公曰："昔齐桓公会诸侯，复异姓；今君囚曹君，灭同姓，何以令于诸侯？"晋乃复归共公。

①【集解】韦昭曰："骿者，并干也。"【正义】骿，白边反。胁，许业反。
②【正义】釐音僖，曹大夫。

二十五年，晋文公卒。三十五年，共公卒，子文公寿立。文公二十三年卒，子宣公彊立。[1]宣公十七年卒，弟成公负刍立。

①【索隐】按《左传》，宣公名庐。

成公三年，晋厉公伐曹，虏成公以归，已复释之。[1]五年，晋栾书、中行偃使程滑弑其君厉公。二十三年，成公卒，子武公胜立。武公二十六年，楚公子弃疾弑其君灵王代立。二十七年，武公卒，子平公(顷)〔须〕立。平公四年卒，子悼公午立。是岁，宋、卫、陈、郑皆火。

①【索隐】按：《左传》成十五年，晋厉公执负刍，归于京师。晋立宣公弟子臧，子臧曰"圣达节，次守节，下失节。为君非吾节也"。遂逃奔宋。曹人请于晋。晋人谓子臧"反国，吾归而君"。子臧反，晋于是归负刍。

悼公八年，宋景公立。九年，悼公朝于宋，宋囚之；曹立其弟野，是为声公。悼公死于宋，归葬。

声公五年，平公弟通弑声公代立，是为隐公。[1]隐公四年，声公弟露弑隐公代立，是为靖公。靖公四年卒，子伯阳立。

①【索隐】按：谯周云《春秋》无其事。今检《系本》及《春秋》，悼伯卒，弟露立，谥靖公，实无声公、隐公，盖是彼文自疏也。

伯阳三年，国人有梦众君子立于社宫，[①]谋欲亡曹；曹叔振铎止之，请待公孙强，许之。旦，求之曹，无此人。梦者戒其子曰："我亡，尔闻公孙强为政，必去曹，无离曹祸。"[②]及伯阳即位，好田弋之事。六年，曹野人公孙强亦好田弋，获白雁而献之，且言田弋之说，因访政事。伯阳大悦之，有宠，使为司城以听政。梦者之子乃亡去。

①【集解】贾逵曰："社宫，社也。"郑众曰："社宫，中有室屋者。"

②【索隐】离即罹。罹，被也。

公孙强言霸说于曹伯。十四年，曹伯从之，乃背晋干宋。[①]宋景公伐之，晋人不救。十五年，宋灭曹，执曹伯阳及公孙强以归而杀之。曹遂绝其祀。

①【集解】贾逵曰："以小加大。"【索隐】干谓犯也。言曹因弃晋而犯宋，遂致灭也。裴氏引贾逵注云"以小加大"者，加，陵也，小即曹也，大谓晋及宋也。

太史公曰：[①]余寻曹共公之不用僖负羁，乃乘轩者三百人，[②]知唯德之不建。及振铎之梦，岂不欲引曹之祀者哉？如公孙强不修厥政，叔铎之祀忽诸。[③]

①【索隐】检诸本或无此论。　②【正义】《晋世家》云："晋师入曹，数之以其不用僖负羁言，而美女乘轩三百人也。"　③【正义】至如公孙彊不修霸道之政，而伯阳之子立，叔铎犹尚飨祭祀，岂合忽绝之哉。

索隐述赞曰：武王之弟，管、蔡及霍。周公居相，流言是作。《狼跋》致艰，《鸱鸮》讨恶。胡能改行，克复其爵。献舞执楚，遇息礼薄。穆侯虏齐，荡舟乖谑。曹共轻晋，负羁先觉。伯阳梦社，祚倾振铎。

卷三十六

陈杞世家第六

陈胡公满者，虞帝舜之后也。昔舜为庶人时，尧妻之二女，居于妫汭，其后因为氏姓，姓妫氏。舜已崩，传禹天下，而舜子商均为封国。[①]夏后之时，或失或续。[②]至于周武王克殷纣，乃复求舜后，[③]得妫满，封之于陈，[④]以奉帝舜祀，是为胡公。

①【索隐】按：商均所封虞，即今之梁国虞城是也。　②【索隐】按：夏代犹封虞思、虞遂是也。　③【索隐】遏父为周陶正。遏父，遂之后。陶正，官名。生满。　④【索隐】《左传》曰："武王以元女太姬配虞胡公而封之陈，以备三恪。"

胡公卒，子申公犀侯立。申公卒，弟相公皋羊立。相公卒，立申公子突，是为孝公。孝公卒，子慎公圉戎立。慎公当周厉王时。慎公卒，子幽公宁立。

幽公十二年，周厉王奔于彘。

二十三年，幽公卒，子釐公孝立。釐公六年，周宣王即位。三十六年，釐公卒，子武公灵立。武公十五年卒，子夷公说立。是岁，周幽王即位。夷公三年卒，弟平公燮立。[①]平公七年，周幽王为犬戎所杀，周东徙。秦始列为诸侯。

①【正义】燮，先牒反。

二十三年，平公卒，子文公圉立。文公元年，取蔡女，生子佗。[1]十年，文公卒，长子桓公鲍立。

①【正义】徒何反。

桓公二十三年，鲁隐公初立。二十六年，卫杀其君州吁。三十三年，鲁弑其君隐公。

三十八年正月甲戌己丑，桓公鲍卒。[1]桓公弟佗，其母蔡女，故蔡人为佗杀五父及桓公太子免而立佗，[2]是为厉公。桓公病而乱作，国人分散，故再赴。[3]

①【索隐】陈乱，故再赴其日。【正义】甲戌、己丑凡十六日。②【集解】谯周曰："《春秋传》谓佗即五父，世家与传违。"【索隐】谯周曰"《春秋传》谓他即五父，与此违"者，此以他为厉公，太子免弟跃为利公，而《左传》以厉公名跃。他立未逾年，无谥，故"蔡人杀陈他"。又庄二十二年《传》云"陈厉公，蔡出也，故蔡人杀五父而立之"。则他与五父俱为蔡人所杀，其事不异，是一人明矣。《史记》既以他为厉公，遂以跃为利公。寻厉利声相近，遂误以他为厉公，五父为别人，是太史公错耳。班固又以厉公跃为桓公弟，又误。 ③【集解】徐广曰："班氏云厉公跃者，桓公之弟也。"

厉公二年，生子敬仲完。周太史过陈，陈厉公使以《周易》筮之，卦得《观》之《否》。[1]"是为观国之光，利用宾于王。[2]此其代陈有国乎？不在此，其在异国？[3]非此其身，在其子孙。[4]若在异国，必姜姓。[5]姜姓，太岳之后。[6]物莫能两大，陈衰，此其昌乎？”[⑦]

①【集解】贾逵曰：“坤下《巽》上《观》，《坤》下《乾》上《否》，《观》爻在六四，变而之《否》。”　②【集解】杜预曰：“此《周易·观卦》六四爻辞也。《易》之为书，六爻皆有变象，又有互体，圣人随其义而论之。”　③【正义】六四变，内卦为中国，外卦为异国。　④【正义】内卦为身，外卦为子孙。变在外，故知在子孙也。　⑤【正义】六四变，此爻是辛未，《观》上体《巽》，未为羊，《巽》为女，女乘羊，故为姜。姜，齐姓，故知在齐。　⑥【集解】杜预曰：“姜姓之先为尧四岳。”　⑦【正义】周敬王四十一年，楚惠王杀陈湣公。齐简公，周敬王三十九年被田常杀之。

厉公取蔡女，蔡女与蔡人乱，厉公数如蔡淫。七年，厉公所杀桓公太子免之三弟，长曰跃，中曰林，少曰杵臼，共令蔡人诱厉公以好女，与蔡人共杀厉公[①]而立跃，是为利公。利公者，桓公子也。利公立五月卒，立中弟林，是为庄公。庄公七年卒，少弟杵臼立，是为宣公。

①【集解】《公羊传》曰：“淫于蔡，蔡人杀之。”

宣公三年，楚武王卒，楚始强。十七年，周惠王娶陈女为后。二十一年，宣公后有嬖姬生子款，欲立之，乃杀其太子御寇。御寇素爱厉公子完，完惧祸及己，乃奔齐。齐桓公欲使陈完为卿，完曰：“羁旅之臣，[①]幸得免负檐，君子惠也，不敢当高位。”桓公使为工正。[②]齐懿仲欲妻陈敬仲，卜之，占曰：“是谓凤皇于飞，和鸣锵锵。[③]有妫之后，将育于姜。[④]五世其昌，并于正卿。[⑤]八世之后，莫之与京。”[⑥]

①【集解】贾逵曰:“羁,寄;旅,客也。” ②【正义】《周礼》云冬官为考工,主作器械。 ③【集解】杜预曰:“雄曰凤,雌曰皇。雄雌俱飞,相和而鸣,锵锵然也。犹敬仲夫妻有声誉。” ④【集解】杜预曰:“妫,陈姓。姜,齐姓。” ⑤【集解】服虔曰:“言完后五世与卿并列。” ⑥【集解】贾逵曰:“京,大也。”【正义】按:陈敬仲八代孙,田常之子襄子磐也。而杜以常为八代者,以桓子无宇生武子开,与釐子乞皆相继事齐,故以常为八代。

三十七年,齐桓公伐蔡,蔡败。南侵楚,至召陵,还过陈。陈大夫辕涛涂恶其过陈,诈齐令出东道。东道恶,桓公怒,执陈辕涛涂。是岁,晋献公杀其太子申生。四十五年,宣公卒,子款立,是为穆公。穆公五年,齐桓公卒。十六年,晋文公败楚师于城濮。是岁,穆公卒,子共公朔立。共公六年,楚太子商臣弑其父成王代立,是为穆王。十一年,秦穆公卒。十八年,共公卒,子灵公平国立。灵公元年,[①]楚庄王即位。六年,楚伐陈。十年,陈及楚平。

①【正义】《谥法》云“乱而不损曰灵”。

十四年,灵公与其大夫孔宁、仪行父皆通于夏姬,[①]衷其衣以戏于朝。[②]泄冶谏曰:“君臣淫乱,民何效焉?”灵公以告二子,二子请杀泄冶,公弗禁,遂杀泄冶。[③]十五年,灵公与二子饮于夏氏。公戏二子曰:“徵舒似汝。”二子曰:“亦似公。”[④]徵舒怒。灵公罢酒出,徵舒伏弩厩门射杀灵公。[⑤]孔宁、仪行父皆奔楚,灵公太子午奔晋。徵舒自立为陈侯。徵舒，故陈大夫也。夏姬，御叔之妻，舒，之母也。

①【正义】《列女传》云："陈女夏姬者，陈大夫夏徵舒之母，御叔之妻也，三为王后，七为夫人，公侯争之，莫不迷惑失意。"杜预云："夏姬，郑穆公女，陈大夫御叔之妻。"《左传》云："杀御叔，弑灵侯，戮夏南，出孔、仪，丧陈国。" ②【集解】《左传》曰："衷其衵服。"《谷梁传》曰："或衣其衣，或中其襦。" ③【集解】《春秋》曰："陈杀其大夫泄治。" ④【集解】杜预曰："灵公即位十五年，徵舒已为卿，年大，无嫌是公子也。盖以夏姬淫放，故谓其子多似以为戏也。" ⑤【集解】《左传》曰："公出自其厩。"

成公元年冬，楚庄王为夏徵舒杀灵公，率诸侯伐陈。谓陈曰："无惊，吾诛徵舒而已。"已诛徵舒，因县陈而有之，群臣毕贺。申叔时使于齐来还，独不贺。[①]庄王问其故，对曰："鄙语有之，牵牛径人田，田主夺之牛。径则有罪矣，夺之牛，不亦甚乎？今王以徵舒为贼弑君，故征兵诸侯，以义伐之，已而取之，以利其地，则后何以令于天下。是以不贺。"庄王曰："善。"乃迎陈灵公太子午于晋而立之，复君陈如故，是为成公。孔子读史记至楚复陈，曰："贤哉楚庄王！轻千乘之国而重一言。"[②]

①【集解】贾逵曰："叔时，楚大夫。" ②【索隐】谓申叔时之语。【正义】《家语》云："孔子读史记至楚复陈，喟然曰：'贤哉楚庄王！轻千乘之国而重一言之信。非申叔时之忠，弗能建其义；非楚庄王之贤，不能受其训也。'"

(二十)八年，楚庄王卒。二十九年，陈背楚盟。三十年，楚共王伐陈。是岁，成公卒，子哀公弱立。楚以陈丧，罢兵去。哀公三年，楚围陈，复释之。二十八年，楚公子围弑其君郏敖自立，为灵王。

三十四年，初，哀公娶郑，长姬生悼太子师，少姬生偃。[①]二嬖妾，长妾生留，少妾生胜。留有宠哀公，哀公属之其弟司徒招。哀公病，三月，招杀悼太子，立留为太子。哀公怒，欲诛招，招发兵围守哀公，哀公自经杀。[②]招卒立留为陈君。四月，陈使使赴楚。楚灵王闻陈乱，乃杀陈使者，[③]使公子弃疾发兵伐陈，陈君留奔郑。九月，楚围陈。十一月，灭陈。使弃疾为陈公。

①【索隐】按：昭八年《经》云"陈侯之弟招杀陈世子偃师"。《左传》"陈哀公元妃郑姬生悼太子偃师"。今此云两姬，又分偃师为二人，亦恐此非。　②【集解】徐广曰："三十五年时。"　③【索隐】即司徒招也。又一名"苕"。

招之杀悼太子也，太子之子名吴，出奔晋。晋平公问太史赵曰："陈遂亡乎？"对曰："陈，颛顼之族。[①]陈氏得政于齐，乃卒亡。[②]自幕至于瞽瞍，无违命。[③]舜重之以明德。至于遂，[④]世世守之。及胡公，周赐之姓，[⑤]使祀虞帝。且盛德之后，必百世祀。虞之世未也，其在齐乎？"

①【集解】服虔曰："陈祖虞舜，舜出颛顼，故为颛顼之族。"　②【集解】贾逵曰："物莫能两盛。"　③【集解】贾逵曰："幕，舜后虞思也。至于瞽瞍，无闻违天命以废绝者。"郑众曰："幕，舜之先也。"骃案《国语》，贾义为

长。【索隐】按：贾逵以幕为虞思，非也。《左传》言自幕至瞽瞍，知幕在瞽瞍之前，必非虞思明矣。　④【集解】杜预曰："遂，舜后。盖殷之兴，存舜之后而封遂，言舜德乃至于遂也。"【索隐】重音持用反。按：杜预以为舜有明德，乃至遂有国，义亦然也。且文云"自幕至瞽瞍，无违命，舜重之以明德"，是言舜有明德为天子也。乃云殷封遂，代守之，亦舜德也。宋忠云"虞思之后，箕伯、直柄中衰，殷汤封遂于陈以为舜后是也"。　⑤【集解】杜预曰："胡公满，遂之后也。事周武王，赐姓曰妫，封之陈。"

楚灵王灭陈五岁，楚公子弃疾弑灵王代立，是为平王。平王初立，欲得和诸侯，乃求故陈悼太子师之子吴，立为陈侯，是为惠公。惠公立，探续哀公卒时年而为元，空籍五岁矣。[①]

①【索隐】惠公探取哀公死楚，陈灭之后年为元年，故今空籍五岁矣。一云籍，借也，谓借失国之后年为五年。

(七)〔十〕年，陈火。十五年，吴王僚使公子光伐陈，取胡、沈而去。[①]二十八年，吴王阖闾与子胥败楚入郢。是年，惠公卒，子怀公柳立。

①【索隐】《系本》云"胡，归姓。沈，姬姓"。沈国在汝南平舆，胡亦在汝南。

怀公元年，吴破楚，在郢，召陈侯。陈侯欲往，大夫曰："吴新得意；楚王虽亡，与陈有故，不可背。"怀公乃以疾谢吴。四年，吴复召怀公。怀公恐，如吴。吴怒其前不往，留之，因卒吴。陈乃立怀公之子越，是为湣公。[1]

①【索隐】按《左传》，湣公名周，是史官记不同。

湣公六年，孔子适陈。吴王夫差伐陈，取三邑而去。十三年，吴复来伐陈，陈告急楚，楚昭王来救，军于城父，吴师去。是年，楚昭王卒于城父。时孔子在陈。[1]十五年，宋灭曹。十六年，吴王夫差伐齐，败之艾陵，使人召陈侯。陈侯恐，如吴。楚伐陈。二十一年，齐田常弑其君简公。二十三年，楚之白公胜杀令尹子西、子綦，袭惠王。叶公攻败白公，白公自杀。二十四年，楚惠王复国，以兵北伐，杀陈湣公，遂灭陈而有之。是岁，孔子卒。

①【索隐】按：孔子以鲁定公十四年适陈，当陈湣公之六年，上文说是。此十三年，孔子仍在陈，凡经八年，何其久也？

杞东楼公者，夏后禹之后苗裔也。[1]殷时或封或绝。周武王克殷纣，求禹之后，得东楼公，封之于杞，[2]以奉夏后氏祀。

①【索隐】杞，国名也，东楼公号谥也。不名者，史先失耳。宋忠曰“杞，今陈留雍丘县”。故《地理志》云雍丘县，故杞国，周武王封禹后为东楼公是也。盖周封杞而居雍丘，至春秋时杞已迁东国，故《左氏》隐四年《传》云“莒人伐杞，取牟娄”。牟娄，曹东邑也。僖十四年《传》云“杞迁缘陵”。《地理志》北海有营陵，淳于公之县。臣瓒云“即春秋缘陵，淳于公所都之

邑”。又州，国名，杞后改国曰州而称淳于公，故《春秋》桓五年《经》云“州公如曹”，《传》曰“淳于公如曹”是也。然杞后代又称子者，以微小又僻居东夷，故襄二十九年《经》称“杞子来盟”，《传》曰“书曰子，贱之”是也。
②【集解】宋忠曰：“杞，今陈留雍丘县也。”

东楼公生西楼公，西楼公生题公，题公生谋[①]娶公。[②]谋娶公当周厉王时。谋娶公生武公。武公立四十七年卒，子靖公立。靖公二十三年卒，子共公立。共公八年卒，子德公立。[③]德公十八年卒，弟桓公姑容立。[④]桓公十七年卒，子孝公匄[⑤]立。孝公十七年卒，弟文公益姑立。文公十四年卒，弟平公鬱[⑥]立。平公十八年卒，子悼公成立。悼公十二年卒，子隐公乞立。七月，隐公弟遂弑隐公自立，是为釐公。釐公十九年卒，子湣公维立。湣公十五年，楚惠王灭陈。十六年，湣公弟阏路弑湣公代立，是为哀公。[⑦]哀公立十年卒，湣公子敕立，[⑧]是为出公。出公十二年卒，子简公春立。立一年，楚惠王之四十四年，灭杞。杞后陈亡三十四年。

①【集解】徐广曰：“谋，一作‘谟’。” ②【索隐】娶音子臾反。
③【集解】徐广曰：“《世本》曰惠公。”【索隐】《系本》及谯周并作“惠公”，又云惠公生成公及桓公，是此系家脱成公一代，故云“弟桓公姑容立”，非也。且成公又见《春秋经传》，故《左传》庄二十五年云杞成公娶鲁女，有婚姻之好。至僖二十二年卒，始赴而书，《左传》云成公也，未同盟，故不书名。是杞有成公，必当如谯周所说也。 ④【集解】徐广曰：“《世本》曰惠公立十八年，生成公及桓公；成公立十八年；桓公立十七年。” ⑤【索隐】音盖。匄，名。 ⑥【索隐】一作“郁釐”，谯周云名郁来，盖“鬱”“郁”“釐”“来”并声相近，遂不同耳。 ⑦【索隐】阏音遏。哀公杀兄湣公而立，谥

哀。谯周云谥懿也。 ⑧【集解】徐广曰:“敕,一作遬。”

杞小微,其事不足称述。

舜之后,周武王封之陈,至楚惠王灭之,有世家言。禹之后,周武王封之杞,楚惠王灭之,有世家言。契之后为殷,殷有本纪言。殷破,周封其后于宋,齐湣王灭之,有世家言。后稷之后为周,秦昭王灭之,有本纪言。皋陶之后,或封英、六,①楚穆王灭之,无谱。伯夷之后,至周武王复封于齐,曰太公望,陈氏灭之,有世家言。伯翳之后,至周平王时封为秦,项羽灭之,有本纪言。②垂、益、夔、龙,其后不知所封,不见也。右十一人者,皆唐、虞之际名有功德臣也;其五人之后皆至帝王,③余乃为显诸侯。滕、薛、驺,夏、殷、周之间封也,小,不足齿列,弗论也。④

①【索隐】本或作蓼、六,皆通。然蓼、六皆咎繇之后也。据《系本》,二国皆偃姓,故《春秋》文五年《左传》云楚人灭六,臧文仲闻六与蓼灭,曰“皋陶、庭坚不祀忽诸”。杜预曰“蓼与六皆咎繇后”。《地理志》云六,故国,皋陶后,偃姓,为楚所灭。又僖十七年“齐人徐人伐英氏”。杜预又曰“英、六皆皋陶后,国名”。是有英、蓼,实未能详。或者英后改号曰蓼也。
②【索隐】秦祖伯翳,解者以翳益,则一人,今言十一人,叙伯翳而又别言垂、益,则是二人也。且按《舜本纪》叙十人,无翳而有彭祖,彭祖亦坟典不载,未知太史公意如何,恐多是误。然据《秦本纪》叙翳之功,云“佐舜驯调鸟兽”,与《舜典》“命益作虞,若予上下草木鸟兽”文同,则为一人必矣,今未详其所以。 ③【索隐】舜、禹身为帝王,其稷、契及翳则后代皆为帝王也。 ④【索隐】滕不知本封,盖轩辕氏子有滕姓,是其祖也。后周封文

王子错叔绣于滕，故宋忠云"今沛国公丘是滕国也。"薛，奚仲之后，任姓，盖夏、殷所封，故《春秋》有滕侯、薛侯。邾，曹姓之国，陆终氏之子会人之后。邾国，今鲁国驺县是也。然三国微小，春秋时亦预会盟，盖史缺无可叙列也。

周武王时，侯伯尚千余人。及幽、厉之后，诸侯力攻相并。江、黄、①胡、沈之属，不可胜数，故弗采著于传(上)〔云〕。

①【索隐】按《系本》，江、黄二国并嬴姓。又《地理志》江国在汝南安阳县。

太史公曰：舜之德可谓至矣。禅位于夏，而后世血食者历三代。及楚灭陈，而田常得政于齐，卒为建国，百世不绝，苗裔兹兹，有土者不乏焉。至禹，于周则杞，微甚，不足数也。楚惠王灭杞，其后越王句践兴。

索隐述赞曰：盛德之祀，必及百世。舜、禹余烈，陈、杞是继。妫满受封，东楼纂系。阏路篡逆，夏姬淫嬖。二国衰微，或兴或替。前并后虏，皆亡楚惠。句践勃兴，田和吞噬。蝉联血食，岂其苗裔？

卷三十七

卫康叔世家第七

卫康叔[1]名封，周武王同母少弟也。其次尚有冉季，冉季最少。

①【索隐】康，畿内国名。宋忠曰："康叔从康徙封卫，卫即殷墟定昌之地。畿内之康，不知所在。"

武王已克殷纣，复以殷余民封纣子武庚禄父，比诸侯，以奉其先祀勿绝。为武庚未集，[1]恐其有贼心，武王乃令其弟管叔、蔡叔傅相武庚禄父，以和其民。武王既崩，成王少。周公旦代成王治，当国。管叔、蔡叔疑周公，乃与武庚禄父作乱，欲攻成周。[2]周公旦以成王命兴师伐殷，杀武庚禄父、管叔，放蔡叔，以武庚殷余民封康叔为卫君，居河、淇间故商墟。[3]

①【索隐】集，犹和也。　②【索隐】成周，洛阳。其时周公相成王，营洛邑，犹居西周镐京。管、蔡欲构难，先攻成周，于是周公东居洛邑，伐管、蔡。　③【索隐】宋忠曰："今定昌也。"

周公旦惧康叔齿少，乃申告康叔曰："必求殷之贤人君子长者，问其先殷所以兴，所以亡，而务爱民。”告以纣所以亡者以淫于酒，酒之失，妇人是用，故纣之乱自此始。为《梓材》，[①]示君子可法则。故谓之《康诰》、《酒诰》、《梓材》以命之。康叔之国，既以此命，能和集其民，民大悦。

①【正义】若梓人为材，君子观为法则也。梓，匠人也。

成王长，用事，举康叔为周司寇，赐卫宝祭器，[①]以章有德。

①【集解】《左传》曰：“分康叔以大路、大旂、少帛、綪茷、旃旌、大吕。”贾逵曰：“大路，全路也。少帛，杂帛也。綪茷，大赤也。通帛为旃，析羽为旌。大吕，钟名。”郑众曰：“綪茷，旆名也。”

康叔卒，子康伯代立。[①]康伯卒，子考伯立。考伯卒，子嗣伯立。嗣伯卒，子疌[②]伯立。[③]疌伯卒，子靖伯立。靖伯卒，子贞伯立。[④]贞伯卒，子顷侯立。

①【索隐】《系本》康伯名髡。宋忠曰：“即王孙牟也，事周康王为大夫。”按：《左传》所称王孙牟父是也。牟髡声相近，故不同耳。谯周《古史考》无康伯，而云子牟伯立，盖以不宜父子俱谥康，故因其名云牟伯也。
②【集解】《史记音隐》曰：“音捷。”　③【索隐】《系本》作“挚伯”。
④【索隐】《系本》作“箕伯”。

顷侯厚赂周夷王，夷王命卫为侯。[①]顷侯立十二年卒，子釐侯立。

①【索隐】按：《康诰》称命尔侯于东土，又云“孟侯，朕其弟，小子封”，则康叔初封已为侯也。比子康伯即称伯者，谓方伯之伯耳，非至子即降爵为伯也。故孔安国曰“孟，长也。五侯之长，谓方伯”。方伯，州牧也，故五代孙祖恒为方伯耳。至顷侯德衰，不监诸侯，乃从本爵而称侯，非是至子即削爵，及顷侯赂夷王而称侯也。

釐侯十三年，周厉王出奔于彘，共和行政焉。二十八年，周宣王立。

四十二年，釐侯卒，太子共伯余立为君。共伯弟和有宠于釐侯，多予之赂；和以其赂赂士，以袭攻共伯于墓上，共伯入釐侯羡[①]自杀。卫人因葬之釐侯旁，谥曰共伯，而立和为卫侯，是为武公。[②]

①【索隐】音延。延，墓道。又音以战反。恭伯名馀也。　②【索隐】和杀恭伯代立，此说盖非也。按：季札美康叔、武公之德。又《国语》称武公年九十五矣，犹箴诫于国，恭恪于朝，倚几有诵，作抑自儆，谓之叡圣。又《诗》著卫世子恭伯早卒，不云被杀。若武公杀兄而立，岂可以为训而形之于国史乎？盖太史公采杂说而为此记耳。

武公即位，修康叔之政，百姓和集。四十二年，犬戎杀周幽王，武公将兵往佐周平戎，甚有功，周平王命武公为公。五十五年，卒，子庄公扬立。

庄公五年，取齐女为夫人，好而无子。又取陈女为夫人，生子，早死。陈女女弟亦幸于庄公，而生子完。[①]完母死，庄公令夫人齐女子之，[②]立为太子。庄公有宠妾，生子州吁。十八年，州吁长，好兵，庄公使将。石碏谏庄公曰：[③]“庶子好兵，使将，乱自此起。”不听。二十三年，庄公卒，太子完立，是为桓公。

①【索隐】女弟，戴妫也。子桓公完为州吁所杀，戴妫归陈，《诗·燕燕于飞》之篇是。　②【索隐】子之，谓养之为子也。齐女即庄姜也。《诗·硕人篇》闵之是也。　③【集解】贾逵曰：“石碏，卫上卿。”

桓公二年，弟州吁骄奢，桓公绌之，州吁出奔。十三年，郑伯弟段攻其兄，不胜，亡，而州吁求与之友。十六年，州吁收聚卫亡人以袭杀桓公，州吁自立为卫君。为郑伯弟段欲伐郑，请宋、陈、蔡与俱，三国皆许州吁。州吁新立，好兵，弑桓公，卫人皆不爱。石碏乃因桓公母家于陈，佯为善州吁。至郑郊，石碏与陈侯共谋，使右宰醜进食，因杀州吁于濮，[①]而迎桓公弟晋于邢而立之，[②]是为宣公。

①【集解】服虔曰：“右宰醜，卫大夫。濮，陈地。”【索隐】贾逵曰：“濮，陈地。”按：濮水首受河，又受汴，汴亦受河，东北至离狐分为二，俱东北至巨野入济。则濮在曹、卫之间，贾言陈地，非也。若据《地理志》陈留封丘县濮水受泲，当言陈留水也。　②【集解】贾逵曰：“邢，周公之胤，姬姓国。”

宣公七年，鲁弑其君隐公。九年，宋督弑其君殇公，及孔父。十年，晋曲沃庄伯弑其君哀侯。

十八年，初，宣公爱夫人夷姜，夷姜生子伋，以为太子，而令右公子傅之。右公子为太子取齐女，未入室，而宣公见所欲为太子妇者好，悦而自取之，更为太子取他女。宣公得齐女，生子寿、子朔，令左公子傅之。[①]太子伋母死，宣公正夫人与朔共谗恶太子伋。宣公自以其夺太子妻也，心恶太子，欲废之。及闻其恶，大怒，乃使太子伋于齐而令盗遮界上杀之，[②]与太子白旄，而告界盗见持白旄者杀之。且行，子朔之兄寿，太子异母弟也，知朔之恶太子而君欲杀之，乃谓太子曰："界盗见太子白旄，即杀太子，太子可毋行。"太子曰："逆父命求生，不可。"遂行。寿见太子不止，乃盗其白旄而先驰至界。界盗见其验，即杀之。寿已死，而太子伋又至，谓盗曰："所当杀乃我也。"盗并杀太子伋，以报宣公。宣公乃以子朔为太子。十九年，宣公卒，太子朔立，是为惠公。

①【集解】杜预曰："左右媵之子，因以为号。" ②【正义】《左传》云卫宣公使太子伋之齐，"使盗待诸莘，将杀之"。杜预云"莘，卫地"。

左右公子不平朔之立也，惠公四年，左右公子怨惠公之谗杀前太子伋而代立，乃作乱，攻惠公，立太子伋之弟黔牟为君，惠公奔齐。

卫君黔牟立八年，齐襄公率诸侯奉王命共伐卫，纳卫惠公，诛左右公子。卫君黔牟奔于周，惠公复立。惠公立三年出亡，亡八年复入，与前通年凡十三年矣。

二十五年，惠公怨周之容舍黔牟，与燕伐周。周惠王奔温，卫、燕立惠王弟穨为王。二十九年，郑复纳惠王。三十一年，惠公卒，子懿公赤立。懿公即位，好鹤，[①]淫乐奢侈。九年，翟伐卫，卫懿公欲发兵，兵或畔。大臣言曰："君好鹤，鹤可令击翟。"翟于是遂入，杀懿公。

①【正义】《括地志》云:“故鹤城在滑州匡城县西南十五里。《左传》云‘卫懿公好鹤,〔鹤〕有乘轩者。狄伐卫,公欲战,国人受甲者皆曰“使鹤,鹤实有禄位,余焉能战”!’俗传懿公养鹤于此城,因名也。”

懿公之立也,百姓大臣皆不服。自懿公父惠公朔之谗杀太子伋代立至于懿公,常欲败之,卒灭惠公之后而更立黔牟之弟昭伯顽之子申为君,是为戴公。

戴公申元年卒。齐桓公以卫数乱,乃率诸侯伐翟,为卫筑楚丘,[①]立戴公弟燬为卫君,[②]是为文公。文公以乱故奔齐,齐人入之。

①【正义】《括地志》云:“城武县有楚丘亭。” ②【集解】《贾谊书》曰:“卫侯朝于周,周行人问其名,答曰卫侯辟疆,周行人还之,曰启疆辟疆,天子之号,诸侯弗得用。卫侯更其名曰燬,然后受之。”【正义】燬音毁。

初,翟杀懿公也,卫人怜之,思复立宣公前死太子伋之后,伋子又死,而代伋死者子寿又无子。太子伋同母弟二人:其一曰黔牟,黔牟尝代惠公为君,八年复去;其二曰昭伯。昭伯、黔牟皆已前死,故立昭伯子申为戴公。戴公卒,复立其弟燬为文公。

文公初立,轻赋平罪,[①]身自劳,与百姓同苦,以收卫民。

①【索隐】轻赋税,平断刑也。平,或作“卒”。卒谓士卒也。罪字连下读,盖亦一家之义耳。

十六年，晋公子重耳过，无礼。十七年，齐桓公卒。二十五年，文公卒，子成公郑立。

成公三年，晋欲假道于卫救宋，成公不许。晋更从南河度，[①]救宋。征师于卫，卫大夫欲许，成公不肯。大夫元咺攻成公，成公出奔。[②]晋文公重耳伐卫，分其地予宋，讨前过无礼及不救宋患也。卫成公遂出奔陈。[③]二岁，如周求入，与晋文公会。晋使人鸩卫成公，成公私于周主鸩，令薄，得不死。[④]已而周为请晋文公，卒入之卫，而诛元咺，卫君瑕出奔。[⑤]七年，晋文公卒。十二年，成公朝晋襄公。十四年，秦穆公卒。二十六年，齐邴歜弑其君懿公。[⑥]三十五年，成公卒，[⑦]子穆公遬立。[⑧]

①【集解】服虔曰："南河，济南之东南流河也。"杜预曰："从汲郡南度，出卫南。" ②【索隐】奔楚。【正义】咺，况远反。 ③【索隐】按：《左传》"卫侯闻楚师败，惧，出奔楚，遂适陈"是。 ④【索隐】按：私谓赂之也。 ⑤【索隐】是元咺所立者，成公入而杀之，故僖三十年《经》云"卫杀其大夫元咺及公子瑕"。此言"奔"，非也。 ⑥【索隐】邴歜与《左氏》同，而《齐系家》作"邴戎"者，盖邴歜掌御戎车，故号邴戎。邴音丙。歜亦作"鄐"。 ⑦【集解】《世本》曰："成公徙濮阳。"宋忠曰："濮阳，帝丘，地名。" ⑧【正义】遬音速。

穆公二年，楚庄王伐陈，杀夏徵舒。三年，楚庄王围郑，郑降，复释之。十一年，孙良夫救鲁伐齐，复得侵地。穆公卒，子定公臧立。定公十二年卒，子献公衎立。

献公十三年，公令师曹教宫妾鼓琴，[①]妾不善，曹笞之。妾以幸恶曹于公，公亦笞曹三百。十八年，献公戒孙文子、甯惠子食，皆往。日旰不召，[②]而去射鸿于囿。二子从之，[③]公不释射服与之言。[④]二子怒，如宿。[⑤]孙文子子数侍公饮，[⑥]使师曹歌《巧言》之卒章。[⑦]师曹又怒公之尝笞三百，乃歌之，欲以怒孙文子，报卫献公。文子语蘧伯玉，伯玉曰："臣不知也。"[⑧]遂攻出献公。献公奔齐，齐置卫献公于聚邑。孙文子、甯惠子共立定公弟秋[⑨]为卫君，是为殇公。

①【集解】贾逵曰："师曹，乐人。" ②【集解】服虔曰："孙文子，林父也。甯惠子，甯殖也。敕戒二子，欲共晏食，皆服朝衣待命。旰，晏也。" ③【集解】服虔曰："从公于囿。" ④【集解】《左传》曰："不释皮冠。" ⑤【集解】服虔曰："孙文子邑也。"【索隐】《左传》作"戚"，此亦音戚也。 ⑥【集解】《左传》曰文子子即孙蒯也。 ⑦【集解】杜预曰："《巧言》，《诗・小雅》也。其卒章曰：'彼何人斯？居河之麋。无拳无勇，职为乱阶。'公欲以譬文子居河上而为乱。" ⑧【集解】贾逵曰："伯玉，卫大夫。" ⑨【集解】徐广曰："班氏云献公弟焱。"

殇公秋立，封孙文子林父于宿。十二年，甯喜与孙林父争宠相恶，殇公使甯喜攻孙林父。林父奔晋，复求入故卫献公。献公在齐，齐景公闻之，与卫献公如晋求入。晋为伐卫，诱与盟。卫殇公会晋平公，平公执殇公与甯喜而复入卫献公。献公亡在外十二年而入。献公后元年，诛甯喜。

三年，吴延陵季子使过卫，见蘧伯玉、史鳝，曰："卫多君子，其国无故。"过宿，孙林父为击磬，曰："不乐，音大悲，使卫乱乃此矣。”是年，献公卒，子襄公恶立。

襄公六年，楚灵王会诸侯，襄公称病不往。九年，襄公卒。初，襄公有贱妾，幸之，有身，梦有人谓曰：“我康叔也，令若子必有卫，名而子曰‘元’。”妾怪之，问孔成子。[①]成子曰：“康叔者，卫祖也。”及生子，男也，以告襄公。襄公曰：“天所置也。”名之曰元。襄公夫人无子，于是乃立元为嗣，是为灵公。

①【集解】服虔曰：“卫卿孔烝钼。”

灵公五年，朝晋昭公。六年，楚公子弃疾弑灵王自立，为平王。十一年，火。

三十八年，孔子来，禄之如鲁。后有隙，孔子去。后复来。

三十九年，太子蒯聩与灵公夫人南子有恶，[①]欲杀南子。蒯聩与其徒戏阳遬谋，朝，使杀夫人。[②]戏阳后悔，不果。蒯聩数目之，夫人觉之，惧，呼曰：[③]“太子欲杀我！”灵公怒，太子蒯聩奔宋，已而之晋赵氏。

①【集解】贾逵曰：“南子，宋女。” ②【集解】贾逵曰：“戏阳遬，太子家臣。”【正义】戏音羲。 ③【正义】呼，火故反。

四十二年春，灵公游于郊，令子郢仆。[①]郢，灵公少子也，字子南。灵公怨太子出奔，谓郢曰："我将立若为后。"郢对曰："郢不足以辱社稷，君更图之。"[2]夏，灵公卒，夫人命子郢为太子，曰："此灵公命也。"郢曰："亡人太子蒯聩之子辄在也，不敢当。"于是卫乃以辄为君，是为出公。

①【集解】贾逵曰："仆，御也。" ②【集解】服虔曰："郢自谓已无德，不足立，以污辱社稷。"

六月乙酉，赵简子欲入蒯聩，乃令阳虎诈命卫十余人衰绖归，[1]简子送蒯聩。卫人闻之，发兵击蒯聩。蒯聩不得入，入宿而保，卫人亦罢兵。

①【集解】服虔曰："衰绖，为若从卫来迎太子也。"

出公辄四年，齐田乞弑其君孺子。八年，齐鲍子弑其君悼公。

孔子自陈入卫。九年，孔文子问兵于仲尼，仲尼不对。其后鲁迎仲尼，仲尼反鲁。

十二年，初，孔圉文子取太子蒯聩之姊，生悝。孔氏之竖浑良夫美好，孔文子卒，良夫通于悝母。太子在宿，悝母使良夫于太子。太子与良夫言曰："苟能入我国，报子以乘轩，免子三死，毋所与。"[1]与之盟，许以悝母为妻。闰月，良夫与太子入，舍孔氏之外圃。[2]昏，二人蒙衣而乘，[3]宦者罗御，如孔氏。孔氏之老栾甯问之，[4]称姻妾以告。[5]遂入，适伯姬氏。[6]既食，悝母杖戈而先，[7]太子与五人介，舆猳从之。[⑧]伯姬劫悝于厕，强盟之，遂劫以登台。[⑨]栾甯将饮酒，炙未熟，闻乱，使告仲由。[⑩]召护驾乘车，[⑪]行爵食炙，[⑫]奉出公辄奔鲁。[⑬]

①【集解】杜预曰："轩，大夫车也。三死，死罪三。"【正义】杜预云：三罪，紫衣、袒裘、带剑也。紫衣，君服也。热，故偏袒，不敬也。卫侯求令名者与之食焉，太子请使良夫，良夫紫衣狐裘，不释剑而食，太子使牵退，数之罪而杀之。　②【集解】服虔曰："圃，园。"　③【集解】服虔曰："二人谓良夫、太子。蒙衣，为妇人之服，以巾蒙其头而共乘也。"　④【集解】服虔曰："家臣称老。问其姓名。"　⑤【集解】贾逵曰："婚姻家妾也。"　⑥【集解】服虔曰："入孔氏家，适伯姬所居。"　⑦【集解】服虔曰："先至孔悝所。"　⑧【集解】贾逵曰："介，被甲也。舆猳豚，欲以盟。"　⑨【集解】服虔曰："于卫台上召卫群臣。"　⑩【集解】服虔曰："季路为孔氏邑宰，故告之。"　⑪【集解】服虔曰："召护，卫大夫。驾乘车，不驾兵车也，言无距父之意。"　⑫【集解】服虔曰："栾甯使召季路，乃行爵食炙。"　⑬【集解】服虔曰："召护奉卫侯。"

仲由将入，遇子羔将出，[①]曰："门已闭矣。"子路曰："吾姑至矣。"[②]子羔曰："不及，莫践其难。"[③]子路曰："食焉不辟其难。"[④]子羔遂出。子路入，及门，公孙敢阖门，曰："毋入为也！"[⑤]子路曰："是公孙也？求利而逃其难。由不然，利其禄，必救其患。"有使者出，子路乃得入。曰："太子焉用孔悝？虽杀之，必或继之。"[⑥]且曰："太子无勇。若燔台，必舍孔叔。"太子闻之，惧，下石乞、盂黡敌子路，[⑦]以戈击之，割缨。子路曰："君子死，冠不免。"[⑧]结缨而死。[⑨]孔子闻卫乱，曰："嗟乎！柴也其来乎？由也其死矣。"孔悝竟立太子蒯聩，是为庄公。

①【集解】贾逵曰："子羔，卫大夫高柴，孔子弟子也。将出，奔。" ②【集解】杜预曰："且欲至门。" ③【集解】贾逵曰："言家臣忧不及国，不得践履其难。"郑众曰："是时辄已出，不及事，不当践其难。子羔言不及，以为季路欲死国也。" ④【集解】服虔曰："言食悝之禄，欲救悝之难，此明其不死国也。" ⑤【集解】服虔曰："公孙敢，卫大夫。言辄已出，无为复入。" ⑥【集解】王肃曰："必有继续其后攻太子。" ⑦【集解】服虔曰："二子，蒯聩之臣。敌，当也。"【正义】燔音烦。舍音捨。黡音乙减反。 ⑧【集解】服虔曰："不使冠在地。" ⑨【正义】缨，冠缕也。

庄公蒯聩者，出公父也，居外，怨大夫莫迎立。元年即位，欲尽诛大臣，曰："寡人居外久矣，子亦尝闻之乎？"群臣欲作乱，乃止。

二年，鲁孔丘卒。

三年，庄公上城，见戎州。[①]曰："戎虏何为是？"戎州病之。十月，戎州告赵简子，简子围卫。十一月，庄公出奔，[②]卫人立公子斑师为卫君。[③]齐伐卫，虏斑师，更立公子起为卫君。[④]

①【集解】贾逵曰："戎州，戎人之邑。"【索隐】《左传》曰"戎州人攻之"是也。隐二年"公会戎于潜"，杜预云"陈留济阳县东南有戎城"。济阳与卫相近，故庄公登台望见戎州。又七年云"戎伐凡伯于楚丘"，是戎与卫相近也。 ②【索隐】按：《左传》，庄公本由晋赵氏纳之，立而背晋，晋伐卫，卫人出庄公，立公子般师。晋师退，庄公复入，般师出奔。初，公登城见戎州己氏之妻发美，髡之以为夫人髢。又欲翦戎州，兼逐石圃，故石圃攻庄

公。庄公惧，逾北墙折股，入己氏，己氏杀之。今系家不言庄公复入及死己氏，直云出奔，亦其疏也。又《左传》云卫复立般师，齐伐卫，立公子起，执般师。明年，卫石圃逐其君起，起奔齐，出公辄复归。是《左氏》详而系家略也。 ③【集解】《左传》曰："斑师，襄公之孙。" ④【集解】服虔曰："起，灵公子。"

卫君起元年，卫石曼尃逐其君起，[1]起奔齐。卫出公辄自齐复归立。初，出公立十二年亡，亡在外四年复入。出公后元年，赏从亡者。立二十一年卒，[2]出公季父黔攻出公子而自立，是为悼公。

①【索隐】《左传》作"石圃"，此作"尃"，音圃。《谷梁》作"曼姑"。尃或音姑。诸本多无"曼"字。 ②【索隐】按：出公初立十二年，亡在外四年，复入九年卒，是立二十一年。自即位至卒，凡经二十五年而卒于越。

悼公五年卒，[1]子敬公弗立。[2]敬公十九年卒，子昭公纠立。[3]是时三晋强，卫如小侯，属之。[4]

①【索隐】按：《纪年》云"四年卒于越"。《系本》名虔。 ②【集解】《世本》云敬公费也。 ③【索隐】《系本》云敬公生桡公舟，非也。 ④【正义】属赵也。

昭公六年，公子亹[1]弑之代立，是为怀公。怀公十一年，公子穨弑怀公而代立，是为慎公。慎公父，公子适；[2]适父，敬公也。慎公四十二年卒，子声公训立。[3]声公十一年卒，子成侯遬[4]立。

①【正义】音尾。　②【索隐】音的。按:《系本》"适"作"虔"。虔,悼公也。　③【索隐】训亦作"驯",同休运反。《系本》作"圣公驰"。④【索隐】音速。《系本》作"不逝"。按:上穆公已名遬,不可成侯更名,则《系本》是。

成侯十一年,公孙鞅入秦。[①]十六年,卫更贬号曰侯。

①【索隐】按:《秦本纪》云孝公元年鞅入秦,又按年表,成侯与秦孝公同年,然则"十一年"当为"元年",字误耳。

二十九年,成侯卒,子平侯立。平侯八年卒,子嗣君立。[①]

①【索隐】按:乐资据《纪年》,以嗣君即孝襄侯也。

嗣君五年,更贬号曰君,独有濮阳。

四十二年卒,子怀君立。怀君三十一年,朝魏,魏囚杀怀君。魏更立嗣君弟,是为元君。元君为魏婿,故魏立之。[①]元君十四年,秦拔魏东地,秦初置东郡,[②]更徙卫野王县,而并濮阳为东郡。二十五年,元君卒,子君角立。[③]

①【集解】徐广曰:"班氏云元君者,怀君之弟。"　②【索隐】魏都大梁,濮阳、黎阳并是魏之东地,故立郡名东郡也。　③【集解】年表云,元君十一年秦置东郡,十二年徙野王,二十三年卒。与此不同,徐注备矣。

君角九年,秦并天下,立为始皇帝。二十一年,二世废君角为庶人，卫绝祀。

太史公曰：余读世家言，至于宣公之太子以妇见诛，弟寿争死以相让，此与晋太子申生不敢明骊姬之过同，俱恶伤父之志。然卒死亡，何其悲也！或父子相杀，兄弟相灭，亦独何哉？

索隐述赞曰：司寇受封，《梓材》有作。成锡厥器，夷加其爵。暨武能修，从文始约。《诗》美归燕，《传》矜石碏。皮冠射鸿，乘轩使鹤。宣纵淫嬖，衅生伋、朔。蒯聩得罪，出公行恶。卫祚日衰，失于君角。

卷三十八

宋微子世家第八

微子开者,①殷帝乙之首子而纣之庶兄也。②纣既立,不明,淫乱于政,微子数谏,纣不听。及祖伊以周西伯昌之修德,灭阢,③阢国惧祸至,以告纣。纣曰:“我生不有命在天乎?是何能为!”于是微子度纣终不可谏,欲死之,及去,未能自决,乃问于太师、少师④曰:“殷不有治政,不治四方。⑤我祖遂陈于上,⑥纣沈湎于酒,妇人是用,乱败汤德于下。⑦殷既小大好草窃奸宄,⑧卿士师师非度,⑨皆有罪辜,乃无维获,⑩小民乃并兴,相为敌仇。⑪今殷其典丧。若涉水无津涯。⑫殷遂丧,越至于今。”⑬曰:“太师,少师,⑭我其发出往?⑮吾家保于丧?⑯今汝无故告⑰予,颠跻,如之何其?”⑱太师若曰:“王子,天笃下菑亡殷国,⑲乃毋畏畏,不用老长。⑳今殷民乃陋淫神祇之祀。㉑今诚得治国,国治身死不恨。为死,终不得治,不如去。”遂亡。

①【集解】孔安国曰:“微,畿内国名。子,爵也。为纣卿士。”【索隐】按:《尚书·微子之命篇》云命微子启代殷后,今此名开者,避汉景帝讳也。②【索隐】按:《尚书》亦以为殷王元子而是纣之兄。按:《吕氏春秋》云生微子时母犹为妾,及为妃而生纣。故微子为纣同母庶兄。　③【集解】徐广曰:“阢音耆。”【索隐】耆即黎也。邹诞本云“鼋音黎”。孔安国云“黎在

上党东北，即今之黎亭”。 ④【集解】孔安国曰：“太师，三公，箕子也。少师，孤卿，比干也。” ⑤【集解】孔安国曰：“言殷不有治政四方之事，将必亡也。” ⑥【集解】马融曰：“我祖，汤也。”孔安国曰：“言汤遂其功，陈力于上世也。” ⑦【集解】马融曰：“下，下世也。” ⑧【集解】孔安国曰：“草野盗窃，又为奸宄于外内。” ⑨【集解】马融曰：“非但小人学为奸宄，卿士已下转相师效，为非法度。” ⑩【集解】郑玄曰：“获，得也。群臣皆有是罪，其爵禄又无常得之者。言屡相攻夺。” ⑪【集解】孔安国曰：“卿士既乱，而小民各起，共为敌仇。言不和同。” ⑫【集解】徐广曰：“一作‘陟水无舟航’，言危也。”骃谓典，国典也。【索隐】《尚书》“典”作“沦”，篆字变易，其义亦殊。丧音息浪反。 ⑬【集解】马融曰：“越，于也。于是至矣，于今到矣。” ⑭【集解】马融曰：“重呼告之。” ⑮【集解】郑玄曰：“发，起也。纣祸败如此，我其起作出往也。”【索隐】往，《尚书》作“狂”，盖亦《今文尚书》意异耳。 ⑯【集解】徐广曰：“一云‘于是家保’。”骃案：马融曰“卿大夫称家”。 ⑰【集解】王肃曰：“无意告我也，是微子求教诲也。” ⑱【集解】马融曰：“跻，犹坠也。恐颠坠于非义，当如之何也。”郑玄曰：“其，语助也。齐、鲁之间声如‘姬’。《记》曰‘何居’。” ⑲【集解】孔安国曰：“微子，帝乙子，故曰‘王子’。天生纣为乱，是下菑也。”郑玄曰：“少师不答，志在必死。”【正义】菑音灾。 ⑳【集解】孔安国曰：“上不畏天菑，下不畏贤人，违戾耇老之长，不用其教。” ㉑【集解】徐广曰：“一云‘今殷民侵神牺’，又一云‘陋淫侵神祇’。”骃案：马融曰“天曰神，地曰祇”。【索隐】陋淫，《尚书》作“攘窃”。刘氏云“陋淫，犹轻秽也”。

箕子者，[①]纣亲戚也。[②]纣始为象箸，[③]箕子叹曰：“彼为象箸，必为玉杯；为杯，则必思远方珍怪之物而御之矣。舆马宫室之渐自此始，不可振也。”纣为淫泆，箕子谏，不听。人或曰：“可以去矣。”箕子曰：“为人臣谏不听而去，是彰君之恶而自悦于民，吾不忍为也。”乃被发佯狂而为奴。遂隐而鼓琴以自悲，故传之曰《箕子操》。[④]

①【集解】马融曰："箕，国名也。子，爵也。" ②【索隐】司马彪曰"箕子名胥余"。马融、王肃以箕子为纣之诸父。服虔、杜预以为纣之庶兄。杜预云"梁国蒙县有箕子冢"。 ③【索隐】箸音持略反。按：下云"为象箸必为玉杯"，杯箸事相近，《周礼》六尊有牺、象、著、壶、泰、山。著尊者，著地无足是也。刘氏音直虑反，则杯箸亦食用之物，并通为器。 ④【集解】《风俗通义》曰："其道闭塞忧愁而作者，命其曲曰操。操者，言遇菑遭害，困厄穷迫，虽怨恨失意，犹守礼义，不惧不慑，乐道而不改其操也。"

王子比干者，亦纣之亲戚也。见箕子谏不听而为奴，则曰："君有过而不以死争，则百姓何辜。"乃直言谏纣。纣怒曰："吾闻圣人之心有七窍，信有诸乎？"乃遂杀王子比干，刳视其心。微子曰："父子有骨肉，而臣主以义属。故父有过，子三谏不听，则随而号之；人臣三谏不听，则其义可以去矣。"于是太师、少师乃劝微子去，遂行。[①]

①【集解】时比干已死，而云少师者似误。

周武王伐纣克殷，微子乃持其祭器造于军门，肉袒面缚，[①]左牵羊，右把茅，膝行而前以告。于是武王乃释微子，复其位如故。

①【索隐】肉袒者，袒而露肉也。面缚者，缚手于背而面向前也。刘氏云"面即背也"，义稍迂。

武王封纣子武庚禄父以续殷祀,使管叔、蔡叔傅相之。

武王既克殷,访问箕子。

武王曰:"於乎,维天阴定下民,相和其居,[①]我不知其常伦所序。"[②]

①【集解】孔安国曰:"天不言而默定下民,助合其居,使有常生之资也。" ②【集解】孔安国曰:"言我不知天所以定民之常道理次序,问何由。"

箕子对曰:"在昔鲧堙鸿水,汨陈其五行,[①]帝乃震怒,不从鸿范九等,常伦所斁。[②]鲧则殛死,禹乃嗣兴。[③]天乃锡禹鸿范九等,常伦所序。[④]

①【集解】孔安国曰:"堙,塞。汨,乱也。治水失道,是乱陈五行。" ②【集解】徐广曰:"一作释。"骃案:郑玄曰"帝,天也。天以鲧如是,乃震动其威怒,不与天道大法九类,言王所问所由败也"。 ③【集解】郑玄曰:"《春秋传》曰'舜之诛也殛鲧,其举也兴禹'。" ④【集解】孔安国曰:"天与禹,洛出书也。神龟负文而出,列于背,有数至于九,禹遂因而第之,以成九类。"

"初一曰五行,二曰五事,三曰八政,四曰五纪,五曰皇极,六曰三德,七曰稽疑,八曰庶征,九曰向用五福,畏用六极。[①]

①【集解】马融曰:"言天所以畏惧人用六极。"

“五行：一曰水，二曰火，三曰木，四曰金，五曰土。[①]水曰润下，火曰炎上，[②]木曰曲直，[③]金曰从革，[④]土曰稼穑。[⑤]润下作咸，[⑥]炎上作苦，[⑦]曲直作酸，[⑧]从革作辛，[⑨]稼穑作甘。[⑩]

①【集解】郑玄曰:“此数本诸阴阳所生之次也。” ②【集解】孔安国曰:“言其自然之常性也。” ③【集解】孔安国曰:“木可揉使曲直也。” ④【集解】马融曰:“金之性从人而更，可销铄。” ⑤【集解】王肃曰:“种之曰稼，敛之曰穑。” ⑥【集解】孔安国曰:“水卤所生。” ⑦【集解】孔安国曰:“焦气之味。” ⑧【集解】孔安国曰:“木实之性。” ⑨【集解】孔安国曰:“金气之味。” ⑩【集解】孔安国曰:“甘味生于百谷。五行以下，箕子所陈。”

“五事：一曰貌，二曰言，三曰视，四曰听，五曰思。貌曰恭，言曰从，[①]视曰明，听曰聪，思曰睿。[②]恭作肃，从作治，[③]明作智，聪作谋，[④]睿作圣。[⑤]

①【集解】马融曰:“发言当使可从。” ②【集解】马融曰:“睿，通也。” ③【集解】马融曰:“出令而从，所以为治也。” ④【集解】孔安国曰:“所谋必成审也。”马融曰:“上聪则下进其谋。” ⑤【集解】孔安国曰:“于事无不通，谓之圣。”

“八政：一曰食，二曰货，三曰祀，四曰司空，[①]五曰司徒，[②]六曰司寇，[③]七曰宾，[④]八曰师。[⑤]

①【集解】马融曰:“司空，掌营城郭，主空土以居民。” ②【集解】孔安国曰:“主徒众，教以礼义。” ③【集解】马融曰:“主诛寇害。”

④【集解】郑玄曰："掌诸侯朝觐之官。" ⑤【集解】郑玄曰："掌军旅之官。"

"五纪：一曰岁，二曰月，三曰日，四曰星辰，[1]五曰历数。[2]

①【集解】马融曰："星，二十八宿。辰，日月之所会也。"郑玄曰："星，五星也。" ②【集解】孔安国曰："历数，节气之度。以为历数，敬授民时。"

"皇极：皇建其有极，[1]敛时五福，用傅锡其庶民，[2]维时其庶民于汝极，[3]锡汝保极。[4]凡厥庶民，毋有淫朋，人毋有比德，维皇作极。[5]凡厥庶民，有猷有为有守，汝则念之。[6]不协于极，不离于咎，皇则受之。[7]而安而色，曰予所好德，汝则锡之福。[8]时人斯其维皇之极。[9]毋侮鳏寡而畏高明。[10]人之有能有为，使羞其行，而国其昌。[11]凡厥正人，既富方谷。[12]汝不能使有好于而家，时人斯其辜。[13]于其毋好，汝虽锡之福，其作汝用咎。[14]毋偏毋颇，遵王之义。[15]毋有作好，遵王之道。[16]毋有作恶，遵王之路。毋偏毋党，王道荡荡。[17]毋党毋偏，王道平平。[18]毋反毋侧，王道正直。[19]会其有极，[20]归其有极。[21]曰王极之傅言，[22]是夷是训，于帝其顺。[23]凡厥庶民，极之傅言，[24]是顺是行，[25]以近天子之光。[26]曰天子作民父母，以为天下王。[27]

①【集解】孔安国曰："太中之道，大立其有中，谓行九畴之义。"

②【集解】马融曰:“当敛是五福之道,用布与众民。” ③【集解】马融曰:“以其能敛是五福,故众民于汝取中正以归心也。” ④【集解】郑玄曰:“又赐汝以守中之道。” ⑤【集解】孔安国曰:“民有善则无淫过朋党之恶,比周之德,惟天下皆大为中正也。” ⑥【集解】马融曰:“凡其众民有谋有为,有所执守,当思念其行有所趣舍也。” ⑦【集解】孔安国曰:“凡民之行虽不合于中,而不罹于咎恶,皆可进用大法受之。” ⑧【集解】孔安国曰:“汝当安汝颜色,以谦下人。人曰我所好者德也,汝则与之爵禄。” ⑨【集解】孔安国曰:“不合于中之人,汝与之福,则是人此其惟大之中,言可勉进也。” ⑩【集解】马融曰:“高明显宠者,不枉法畏之。” ⑪【集解】王肃曰:“使进其行,任之以政,则国为之昌。” ⑫【集解】孔安国曰:“正直之人,既当爵禄富之,又当以善道接之。” ⑬【集解】孔安国曰:“不能使正人有好于国家,则是人斯其诈取罪而去也。” ⑭【集解】郑玄曰:“无好于汝家之人,虽锡之以爵禄,其动作为汝用恶。谓为天子结怨于民。” ⑮【集解】孔安国曰:“偏,不平;颇,不正。言当循先王正义以治民。” ⑯【集解】马融曰:“好,私好也。” ⑰【集解】孔安国曰:“言开辟也。”郑玄曰:“党,朋党。” ⑱【集解】孔安国曰:“言辨治也。” ⑲【集解】马融曰:“反,反道也。侧,倾侧也。” ⑳【集解】郑玄曰:“谓君也当会聚有中之人以为臣也。” ㉑【集解】郑玄曰:“谓臣也当就有中之君而事之。” ㉒【集解】马融曰:“王者当尽极行之,使臣下布陈其言。” ㉓【集解】马融曰:“是大中而常行之,用是教训天下,于天为顺也。” ㉔【集解】马融曰:“亦尽极敷陈其言于上也。” ㉕【集解】王肃曰:“民纳言于上而得中者,则顺而行之。” ㉖【集解】王肃曰:“近犹益也。顺行民言,所以益天子之光。” ㉗【集解】王肃曰:“政教务中,民善是用,所以为民父母,而为天下所归往。”

“三德:一曰正直,[①]二曰刚克,三曰柔克。[②]平康正直,[③]强不友刚克,[④]内友柔克,[⑤]沈渐刚克,[⑥]高明柔克。[⑦]维辟作福，维辟作威，维辟玉食。[8]臣无有作福作威玉食。臣有作福作威玉食，其害于而家，凶于而国，人用侧颇辟，民用僭忒。[9]

①【集解】郑玄曰："中平之人。" ②【集解】郑玄曰："克，能也。刚而能柔，柔而能刚，宽猛相济，以成治立功。" ③【集解】孔安国曰："世平(康)〔安〕，用正直治之。" ④【集解】孔安国曰："友，顺也。世强御不顺，以刚能治之。" ⑤【集解】孔安国曰："世和顺，以柔能治之也。"【索隐】内，当为"燮"。燮，和也。 ⑥【集解】马融曰："沈，阴也。潜，伏也。阴伏之谋，谓贼臣乱子非一朝一夕之渐，君亲无将，将而诛。"【索隐】《尚书》作"沈潜"，此作"渐"字，其义当依马注。 ⑦【集解】马融曰："高明君子，亦以德怀也。" ⑧【集解】马融曰："辟，君也。玉食，美食。不言王者，关诸侯也。"郑玄曰："作福，专爵赏也。作威，专刑罚也。玉食，备珍美也。" ⑨【集解】孔安国曰："在位不端平，则下民僭差。"

"稽疑：择建立卜筮人。[1]乃命卜筮，曰雨，曰济，曰涕，[2]曰雾，[3]曰克，曰贞，曰悔，凡七。卜五，占之用二，衍贰。[4]立时人为卜筮，[5]三人占则从二人之言。[6]汝则有大疑，谋及汝心，谋及卿士，谋及庶人，谋及卜筮。[7]汝则从，龟从，筮从，卿士从，庶民从，是之谓大同，[8]而身其康强，而子孙其逢吉。[9]汝则从，龟从，筮从，卿士逆，庶民逆，吉。卿士从，龟从，筮从，汝则逆，庶民逆，吉。庶民从，龟从，筮从，汝则逆，卿士逆，吉。[10]汝则从，龟从，筮逆，卿士逆，庶民逆，作内吉，作外凶。[11]龟筮共违于人，用静吉，用作凶。[12]

①【集解】孔安国曰："龟曰卜，蓍曰筮。考正疑事，当选择知卜筮人而建立之。" ②【集解】《尚书》作"圛"。【索隐】涕音亦，《尚书》作"圛"。

孔安国云“气骆驿亦连续”。今此文作“涕”，是涕泣亦相连之状也。③【集解】徐广曰：“一曰洟，曰被。”【索隐】雾音蒙，然“蒙”与“雾”亦通。徐广所见本“涕”作“洟”，“蒙”作“被”，义通而字变耳。　④【集解】郑玄曰：“卜五占之用，谓雨、济、圛、雾、克也。二衍贡，谓贞、悔也。将立卜筮人，乃先命名兆卦而分别之。兆卦之名凡七，龟用五，《易》用二。审此道者，乃立之也。雨者，兆之体，气如雨然也。济者，如雨止之云气在上者也。圛者，色泽而光明也。雾者，气不释，郁冥冥也。克者，如祲气之色相犯也。内卦曰贞，贞，正也。外卦曰悔，悔之言晦也，晦犹终也。卦象多变，故言‘衍贡’也。”　⑤【集解】郑玄曰：“立是能分别兆卦之名者，以为卜筮人。”　⑥【集解】郑玄曰：“从其多者。蓍龟之道幽微难明，慎之深。”⑦【集解】孔安国曰：“先尽谋虑，然后卜筮以决之。”　⑧【集解】孔安国曰：“大同于吉。”　⑨【集解】孔安国曰：“动不违众，故后世遇吉也。”⑩【集解】郑玄曰：“此三者皆从多，故为吉。”　⑪【集解】郑玄曰：“此逆者多，以故举事于境内则吉，境外则凶。”　⑫【集解】孔安国曰：“安以守常则吉，动则凶。”郑玄曰：“龟筮皆与人谋相违，人虽三从，犹不可以举事。”

“庶徵：曰雨，曰阳，曰奥，曰寒，曰风，曰时。[①]五者来备，各以其序，庶草繁庑。[②]一极备，凶。一极亡，凶。[③]曰休徵：[④]曰肃，时雨若。[⑤]曰治，时旸若，[⑥]曰知，时奥若。[⑦]曰谋，时寒若。[⑧]曰圣，时风若。[⑨]曰咎徵：[⑩]曰狂，常雨若。[⑪]曰僭，常旸若。[⑫]曰舒，常奥若。[⑬]曰急，常寒若。[⑭]曰雾，常风若。[⑮]王眚维岁，[⑯]卿士维月，[⑰]师尹维日。[⑱]岁月日时毋易，[⑲]百谷用成，治用明，[⑳]畯民用章，家用平康。[㉑]日月岁时既易，百谷用不成，治用昏不明，畯民用微，家用不宁。庶民维星，[㉒]星有好风，星有好雨。[㉓]日月之行，有冬有夏。[㉔]月之从星，则以风雨。[㉕]

①【集解】孔安国曰:“雨以润物,阳以干物,暖以长物,寒以成物,风以动物。五者各以时,所以为众验。” ②【集解】孔安国曰:“言五者备至,各以次序,则众草木繁庑滋丰也。” ③【集解】孔安国曰:“一者备极过甚则凶,一者极无不至亦凶,谓其不时失叙之谓也。” ④【集解】孔安国曰:“叙美行之验。” ⑤【集解】孔安国曰:“君行敬,则时雨顺之。” ⑥【集解】孔安国曰:“君政治,则时旸顺之。” ⑦【集解】孔安国曰:“君昭哲,则时暖顺之。” ⑧【集解】孔安国曰:“君能谋,则时寒顺之。” ⑨【集解】孔安国曰:“君能通理,则时风顺之。” ⑩【集解】孔安国曰:“叙恶行之验也。” ⑪【集解】孔安国曰:“君行狂妄,则常雨顺之。” ⑫【集解】孔安国曰:“君行僭差,则常旸顺之。” ⑬【集解】孔安国曰:“君臣逸豫,则常暖顺之。”【索隐】舒,依字读。按:下有“曰急”也。 ⑭【集解】孔安国曰:“君行急,则常寒顺之。” ⑮【集解】孔安国曰:“君行雾暗,则常风顺之。” ⑯【集解】马融曰:“言王者所眚职,如岁兼四时也。” ⑰【集解】孔安国曰:“卿士各有所掌,如月之有别。” ⑱【集解】孔安国曰:“众正官之吏分治其职,如日之有岁月也。” ⑲【集解】孔安国曰:“各顺常。” ⑳【集解】孔安国曰:“岁月无易,则百谷成;君臣无易,则正治明。” ㉑【集解】孔安国曰:“贤臣显用,国家平宁。” ㉒【集解】孔安国曰:“星,民象,故众民惟若星也。” ㉓【集解】马融曰:“箕星好风,毕星好雨。” ㉔【集解】孔安国曰:“日月之行,冬夏各有常度。” ㉕【集解】孔安国曰:“月经于箕则多风,离于毕则多雨。政教失常,以从民欲,亦所以乱。”

“五福:一曰寿,二曰富,三曰康宁,[①]四曰攸好德,[②]五曰考终命。[③]六极:一曰凶短折,[④]二曰疾,三曰忧,四曰贫,五曰恶,[⑤]六曰弱。”[⑥]

①【集解】郑玄曰:“康宁,平安。” ②【集解】孔安国曰:“所好者

德，福之道。” ③【集解】孔安国曰：“各成其短长之命以自终，不横夭。” ④【集解】郑玄曰：“未龀曰凶，未冠曰短，未婚曰折。”【索隐】未龀，未毁齿也。音楚恡反。 ⑤【集解】孔安国曰：“恶，丑陋也。” ⑥【集解】郑玄曰：“愚懦不壮毅曰弱。”

于是武王乃封箕子于朝鲜[1]而不臣也。

①【索隐】音潮仙。地因水为名也。

其后箕子朝周，过故殷虚，感宫室毁坏，生禾黍，箕子伤之，欲哭则不可，欲泣为其近妇人，[1]乃作《麦秀之诗》以歌咏之。其诗曰：“麦秀渐渐兮，禾黍油油。[2]彼狡僮兮，不与我好兮！”所谓狡童者，纣也。殷民闻之，皆为流涕。[3]

①【索隐】妇人之性多涕泣。 ②【索隐】渐渐，麦芒之状，音子廉反，又依字读。油油者，禾黍之苗光悦貌。 ③【集解】杜预曰：“梁国蒙县有箕子冢。”

武王崩，成王少，周公旦代行政当国。管、蔡疑之，乃与武庚作乱，欲袭成王、周公。[1]周公既承成王命诛武庚，杀管叔，放蔡叔，乃命微子开代殷后，奉其先祀，作《微子之命》以申之，国于宋。[2]微子故能仁贤，乃代武庚，故殷之余民甚戴爱之。

①【集解】徐广曰：“一云欲袭成周。” ②【集解】《世本》曰：“宋更曰睢阳。”

微子开卒，立其弟衍，是为微仲。[1]微仲卒，子宋公稽立。[2]宋公稽卒，子丁公申立。丁公申卒，子湣公共立。湣公共卒，弟炀公熙立。炀公即位，湣公子鲋祀弑炀公而自立，[3]曰“我当立”，是为厉公。厉公卒，子釐公举立。

①【集解】《礼记》曰：“微子舍其孙腯而立衍也。”郑玄曰：“微子嫡子死，立其弟衍，殷礼也。”【索隐】按：《家语》微子弟仲思名衍，一名泄，嗣微子为宋公。虽迁爵易位，而班级不过其故，故以旧官为称。故二微虽为宋公，犹称微，至于稽乃称宋公也。 ②【索隐】谯周云：“未谥，故名之。” ③【集解】徐广曰：“鲋，一作鲂。”【索隐】谯周亦作“鲂祀”，据《左氏》，即湣公庶子也。弑炀公，欲立太子弗父何，何让不受。

釐公十七年，周厉王出奔彘。

二十八年，釐公卒，子惠公覸立。[1]惠公四年，周宣王即位。三十年，惠公卒，子哀公立。哀公元年卒，子戴公立。

①【集解】吕忱曰：“覸音古苋反。”

戴公二十九年，周幽王为犬戎所杀，秦始列为诸侯。

三十四年，戴公卒，子武公司空立。武公生女为鲁惠公夫人，生鲁桓公。十八年，武公卒，子宣公力立。

宣公有太子与夷。十九年，宣公病，让其弟和，曰：“父死子继，兄死弟及，天下通义也。我其立和。”和亦三让而受之。宣公卒，弟和立，是为穆公。

穆公九年，病，召大司马孔父谓曰："先君宣公舍太子与夷而立我，我不敢忘。我死，必立与夷也。"孔父曰："群臣皆愿立公子冯。"穆公曰："毋立冯，吾不可以负宣公。"于是穆公使冯出居于郑。八月庚辰，穆公卒，兄宣公子与夷立，是为殇公。君子闻之，曰："宋宣公可谓知人矣，立其弟以成义，然卒其子复享之。"

殇公元年，卫公子州吁弑其君完自立，欲得诸侯，使告于宋曰："冯在郑，必为乱，可与我伐之。"宋许之，与伐郑，至东门而还。二年，郑伐宋，以报东门之役。其后诸侯数来侵伐。

九年，大司马孔父嘉妻好，出，道遇太宰华督，[①]督悦，目而观之。[②]督利孔父妻，乃使人宣言国中曰："殇公即位十年耳，而十一战，[③]民苦不堪，皆孔父为之，我且杀孔父以宁民。"是岁，鲁弑其君隐公。十年，华督攻杀孔父，取其妻。殇公怒，遂弑殇公，而迎穆公子冯于郑而立之，是为庄公。

①【集解】服虔曰："戴公之孙。" ②【集解】服虔曰："目者，极视精不转也。" ③【集解】贾逵曰："一战，伐郑，围其东门。二战，取其禾。三战，取邾田。四战，邾、郑伐宋，入其郛。五战，伐郑围长葛。六战，郑以王命伐宋。七战，鲁败宋师于菅。八战，宋、卫入郑。九战，伐戴。十战，郑入宋。十一战，郑伯以虢师大败宋。"

庄公元年，华督为相。九年，执郑之祭仲，要以立突为郑君。祭仲许，竟立突。十九年，庄公卒，子湣公捷立。

湣公七年，齐桓公即位。九年，宋水，鲁使臧文仲往吊水。[①]湣公自罪曰：“寡人以不能事鬼神，政不修，故水。”臧文仲善此言。此言乃公子子鱼教湣公也。

①【集解】贾逵曰：“问凶曰吊。”

十年夏，宋伐鲁，战于乘丘，[①]鲁生虏宋南宫万。[②]宋人请万，万归宋。十一年秋，湣公与南宫万猎，因博争行，湣公怒，辱之，曰：“始吾敬若。今若，鲁虏也。”万有力，病此言，遂以局杀湣公于蒙泽。[③]大夫仇牧闻之，以兵造公门。万搏牧，牧齿著门阖死。[④]因杀太宰华督，乃更立公子游为君。诸公子奔萧，公子禦说奔亳。[⑤]万弟南宫牛将兵围亳。冬，萧及宋之诸公子共击杀南宫牛，弑宋新君游而立湣公弟禦说，是为桓公。宋万奔陈。宋人请以赂陈。陈人使妇人饮之醇酒，[⑥]以革裹之，归宋。[⑦]宋人醢万也。[⑧]

①【集解】徐广曰：“乘，一作媵。”骃案：杜预曰“乘丘，鲁地。” ②【集解】贾逵曰：“南宫，氏；万，名。宋卿。” ③【集解】贾逵曰：“蒙泽，宋泽名也。”杜预曰：“宋地，梁国有蒙县。” ④【集解】何休曰：“阖，门扇。” ⑤【集解】服虔曰：“萧、亳，宋邑也。”杜预曰：“今沛国有萧县，蒙县西北有亳城也。” ⑥【集解】服虔曰：“宋万多力，勇不可执，故先使妇人诱而饮之酒，醉而缚之。” ⑦【集解】《左传》曰：“以犀革裹之。” ⑧【集解】服虔曰：“醢，肉酱。”

桓公二年，诸侯伐宋，至郊而去。三年，齐桓公始霸。

二十三年，迎卫公子燬于齐，立之，是为卫文公。文公女弟为桓公夫人。秦穆公即位。三十年，桓公病，太子兹甫让其庶兄目夷为嗣。桓公义太子意，竟不听。三十一年春，桓公卒，太子兹甫立，是为襄公。以其庶兄目夷为相。未葬，而齐桓公会诸侯于葵丘，襄公往会。

襄公七年，宋地霣星如雨，与雨偕下；[①]六鹢退飞，[②]风疾也。[③]

①【集解】《左传》曰："陨石于宋五，陨星也。"【索隐】按：僖十六年《左传》"霣石于宋五，霣星也。六鹢退飞，过宋都"。是当宋襄公之时。访内史叔兴曰"吉凶焉在"？对曰"君将得诸侯而不终"也。然庄七年《传》又云"恒星不见，夜中星霣如雨，与雨偕也"。且与雨偕下，自在别年，不与霣石退鹢之事同。此史以霣石为霣星，遂连恒星不见之时与雨偕为文，故与《左传》小不同也。 ②【集解】《公羊传》曰："视之则六，察之则鷁，徐察之则退飞。" ③【集解】贾逵曰："风起于远，至宋都高而疾，故鹢逢风却退。"

八年，齐桓公卒，宋欲为盟会。十二年春，宋襄公为鹿上之盟，[①]以求诸侯于楚，楚人许之。公子目夷谏曰："小国争盟，祸也。"不听。秋，诸侯会宋公盟于盂。[②]目夷曰："祸其在此乎？君欲已甚，何以堪之。"于是楚执宋襄公以伐宋。冬，会于亳，以释宋公。子鱼曰："祸犹未也。"十三年夏，宋伐郑。子鱼曰："祸在此矣。"秋，楚伐宋以救郑。襄公将战，子鱼谏曰："天之弃商久矣，不可。"冬，十一月，襄公与楚成王战于泓。[③]楚人未济，目夷曰："彼众我寡，及其未济击之。"公不听。已济未陈，又曰："可击。"公曰："待其已陈。"陈成，宋人击之。宋师大败，襄公伤股。国人皆怨公。公曰："君子不困人于阸，不鼓不成列。"[4]子鱼曰："兵以胜为功，何常言与。[5]必如公言，即奴事之耳，又何战为？"

①【集解】杜预曰："鹿上，宋地。汝阴有原鹿县。"【索隐】按：汝阴原鹿其地在楚，僖二十一年"宋人、楚人、齐人盟于鹿上"是也。然襄公始求诸侯于楚，楚才许之，计未合至女阴鹿上。今济阴乘氏县北有鹿城，盖此地也。　②【集解】杜预曰："盂，宋地。"　③【集解】《穀梁传》曰："战于泓水之上。"　④【集解】何休曰："军法，以鼓战，以金止，不鼓不战也。不成列，未成陈。"　⑤【集解】徐广曰："一云尚何言与。"

楚成王已救郑，郑享之，去而取郑二姬以归。[1]叔瞻曰："成王无礼，[2]其不没乎？为礼卒于无别，有以知其不遂霸也。"是年，晋公子重耳过宋，襄公以伤于楚，欲得晋援，厚礼重耳以马二十乘。[3]

①【索隐】谓郑夫人芈氏、姜氏之女。既是郑女，故云"二姬"。　②【正义】谓取郑二姬也。　③【集解】服虔曰："八十匹。"

十四年夏，襄公病伤于泓而竟卒，[1]子成公王臣立。

①【索隐】按：《春秋》战于泓在僖二十三年，重耳过宋及襄公卒在二十四年。今此文以重耳过与伤泓共岁，故云"是年"。又重耳过与宋襄公卒共是一岁，则不合更云"十四年"。是进退俱不合于《左氏》，盖太史公之疏耳。

成公元年，晋文公即位。三年，倍楚盟亲晋，以有德于文公也。四年,楚成王伐宋,宋告急于晋。五年,晋文公救宋,楚兵去。九年,晋文公卒。十一年,楚太子商臣弑其父成王代立。十六年,秦穆公卒。十七年,成公卒。[1]成公弟禦杀太子及大司马公孙固[2]而自立为君。宋人共杀君禦而立成公少子杵臼,[3]是为昭公。

①【正义】年表云公孙固杀成公。　②【正义】《世本》云:"宋庄公孙名固,为大司马。"　③【正义】年表云宋昭元年。杵臼,襄公之子。徐广曰:"一云成公少子。"

昭公四年,宋败长翟缘斯于长丘。[1]七年,楚庄王即位。

①【集解】《鲁世家》云宋武公之世,获缘斯于长丘。今云此时,未详。【索隐】《春秋》文公十一年,鲁败翟于鹹,获长狄缘斯于长丘,《齐系家》惠公二年,长翟来,王子城父攻杀之,此并取《左传》之说,载于诸国系家,今考其年岁亦颇相协。而《鲁系家》云武公,此云昭公,盖此"昭"当为"武",然前代虽已有武公,此杵臼当亦谥武也。若将不然,岂下五系公子特为君,又合谥昭乎?

九年,昭公无道,国人不附。昭公弟鲍革[1]贤而下士。先,襄公夫人欲通于公子鲍,不可,[2]乃助之施于国,[3]因大夫华元为右师。[4]昭公出猎,夫人王姬使卫伯攻杀昭公杵臼。弟鲍革立,是为文公。

①【集解】徐广曰:"一无革字。"　②【集解】服虔曰:"襄公夫人,周襄王之姊王姬也。不可,鲍不肯也。"　③【正义】施,贰是反。襄夫人助

公子鲍布施恩惠于国人也。 ④【正义】公子鲍因华元请，得为右师。华元，戴公五代孙，华督之曾孙也。

文公元年，晋率诸侯伐宋，责以弑君。闻文公定立，乃去。二年，昭公子因文公母弟须与武、缪、戴、庄、桓之族为乱，文公尽诛之，出武、缪之族。[①]

①【集解】贾逵曰："出，逐也。"

四年春，(郑)〔楚〕命(楚)〔郑〕伐宋。宋使华元将，郑败宋，囚华元。华元之将战，杀羊以食士，其御羊羹不及，[①]故怨，驰入郑军，故宋师败，得囚华元。宋以兵车百乘文马四百匹[②]赎华元。未尽入，华元亡归宋。

①【集解】《左传》曰御羊斟也。 ②【集解】贾逵曰："文，貍文也。"王肃曰："文马，画马也。"【正义】按：文马者，装饰其马。四百匹，用牵车百乘，遗郑赎华元也。又云文马赤鬣缟身，目如黄金。

十四年，楚庄王围郑。郑伯降楚，楚复释之。十六年，楚使过宋，宋有前仇，执楚使。九月，楚庄王围宋。十七年，楚以围宋五月不解，宋城中急，无食，华元乃夜私见楚将子反。子反告庄王。王问："城中何如？"曰："析骨而炊，[①]易子而食。"庄王曰："诚哉言！我军亦有二日粮。"以信故，遂罢兵去。

①【集解】何休曰："析破人骨也。"

二十二年，文公卒，子共公瑕立。始厚葬。君子讥华元不臣矣。

共公九年，华元善楚将子重，又善晋将栾书，两盟晋、楚。十三年，共公卒。华元为右师，鱼石为左师。司马唐山攻杀太子肥，欲杀华元，华元奔晋，鱼石止之，至河乃还，[①]诛唐山。乃立共公少子成，是为平公。[②]

①【集解】《皇览》曰："华元冢在陈留小黄县城北。" ②【集解】《左传》曰鱼石奔楚。

平公三年，楚共王拔宋之彭城，以封宋左师鱼石。四年，诸侯共诛鱼石，而归彭城于宋。三十五年，楚公子围弑其君自立，为灵王。四十四年，平公卒，子元公佐立。

元公三年，楚公子弃疾弑灵王，自立为平王。八年，宋火。十年，元公毋信，诈杀诸公子，大夫华、向氏作乱。楚平王太子建来奔，见诸华氏相攻乱，建去如郑。十五年，元公为鲁昭公避季氏居外，为之求入鲁，行道卒，子景公头曼[①]立。

①【索隐】音万。

景公十六年，鲁阳虎来奔，已复去。二十五年，孔子过宋，宋司马桓魋恶之，欲杀孔子，孔子微服去。三十年，曹背宋,又背晋,宋伐曹,晋不救,遂灭曹有之。[1]三十六年,齐田常弑简公。

①【正义】宋景公灭曹在鲁哀公八年,周敬王三十三年也。

三十七年,楚惠王灭陈。荧惑守心。心,宋之分野也。景公忧之。司星子韦曰:“可移于相。”景公曰:“相,吾之股肱。”曰:“可移于民。”景公曰:“君者待民。”曰:“可移于岁。”景公曰:“岁饥民困,吾谁为君!”子韦曰:“天高听卑。君有君人之言三,荧惑宜有动。”于是候之,果徙三度。

六十四年,景公卒。宋公子特攻杀太子而自立,是为昭公。[1]昭公者,元公之曾庶孙也。昭公父公孙纠,纠父公子褍秦,[2]褍秦即元公少子也。景公杀昭公父纠,[3]故昭公怨杀太子而自立。

①【索隐】特,一作得。按《左传》,景公无子,取元公庶曾孙公孙周之子得及启畜于公宫。及景公卒,先立启,后立得,是为昭公。与此全乖,未知太史公据何而为此说。 ②【集解】徐广曰:“褍音端。” ③【索隐】《左传》名周。

昭公四十七年卒,子悼公购由立。[1]悼公八年卒,[2]子休公田立。休公田二十三年卒,子辟公辟兵立。[3]辟公三年卒,子剔成立。[4]剔成四十一年,剔成弟偃攻袭剔成,剔成败奔齐,偃自立为宋君。

①【集解】年表云四十九年。【索隐】购音古候反。　②【索隐】按《纪年》为十八年。　③【集解】徐广曰："一云辟公兵。"【索隐】按：《纪年》作"桓侯璧兵"，则璧兵谥桓也。又《庄子》云"桓侯行，未出城门，其前驱呼辟，蒙人止之，后为狂也"。司马彪云"呼辟，使人避道。蒙人以桓侯名辟，而前驱呼'辟'，故为狂也"。　④【集解】年表云剔成君也。【索隐】王劭按：《纪年》云宋易城盱废其君辟而自立。

君偃十一年，自立为王。[①]东败齐，取五城。南败楚，取地三百里。西败魏军，乃与齐、魏为敌国。盛血以韦囊，县而射之，命曰"射天"。淫于酒、妇人。群臣谏者辄射之。于是诸侯皆曰"桀宋"。[②]"宋其复为纣所为，不可不诛"。告齐伐宋。王偃立四十七年，齐湣王与魏、楚伐宋，杀王偃，遂灭宋而三分其地。[③]

①【索隐】《战国策》、《吕氏春秋》皆以偃谥曰康王也。　②【索隐】《晋太康地记》言其似桀也。　③【集解】年表云偃立四十三年。

太史公曰：孔子称"微子去之，箕子为之奴，比干谏而死，殷有三仁焉"。[①]《春秋》讥宋之乱自宣公废太子而立弟，[②]国以不宁者十世。[③]襄公之时，修行仁义，欲为盟主。其大夫正考父美之，故追道契、汤、高宗，殷所以兴，作《商颂》。[④]襄公既败于泓，而君子或以为多，[⑤]伤中国阙礼义，褒之也，[⑥]宋襄之有礼让也。

①【集解】何晏曰："仁者爱人。三人行异而同称仁者，何也？以其俱在忧乱宁民也。"夏侯玄曰："微子，仁之穷也。箕子、比干，智之穷也。故或

尽材而止，或尽心而留，皆其极也。致极，斯君子之事矣。是以三仁不同，而其归一揆也。” ②【集解】《公羊传》曰：“君子大居正。宋之祸宣公为之也。” ③【索隐】按：《春秋公羊》有此说，《左氏》则无讥焉。④【集解】《韩诗·商颂章句》亦美襄公。【索隐】今按：《毛诗·商颂序》云正考父于周之太师“得《商颂》十二篇，以《那》为首”。《国语》亦同此说。今五篇存，皆是商家祭祀乐章，非考父追作也。又考父佐戴、武、宣则在襄公前且百许岁，安得述而美之？斯谬说耳。 ⑤【集解】《公羊传》曰：“君子大其不鼓不成列，临大事而不忘大礼，有君而无臣，以为虽文王之战亦不过此也。” ⑥【索隐】襄公临大事不忘大礼，而君子或以为多，且伤中国之乱，阙礼义之举，遂不嘉宋襄之盛德，故太史公褒而述之，故云褒之也。

索隐述赞曰：殷有三仁，微、箕纣亲。一囚一去，不顾其身。《颂》美有客，《书》称作宾。卒传冢嗣，或叙彝伦。微仲之后，世载忠勤。穆亦能让，实为知人。伤泓之役，有君无臣。偃号“桀宋”，天之弃殷。

卷三十九

晋世家第九

唐叔虞者，[①]周武王子而成王弟。初，武王与叔虞母会时，[②]梦天谓武王曰："余命汝生子，名虞，余与之唐。"及生子，文在其手曰"虞"，故遂因命之曰虞。

①【索隐】按：唐叔以梦及手文而名曰虞，至成王诛唐之后，因戏削桐而封之。叔，字也，故曰唐叔虞。而唐有晋水，至子燮改其国号曰晋侯。然晋初对于唐，故称晋唐叔虞也。且唐本尧后，封在夏墟，而都于鄂。鄂，今在大夏是也。及成王灭唐之后，乃分徙之于许、郢之间，故《春秋》有唐成公是也，即今之唐州者也。　②【集解】《左传》曰："邑姜方娠太叔。"服虔曰："邑姜，武王后，齐太公女也。"

武王崩，成王立，唐有乱，[①]周公诛灭唐。成王与叔虞戏，削桐叶为珪以与叔虞，曰："以此封若。"史佚因请择日立叔虞。成王曰："吾与之戏耳。"史佚曰："天子无戏言。言则史书之，礼成之，乐歌之。"于是遂封叔虞于唐。唐在河、汾之东，方百里，故曰唐叔虞。[②]姓姬氏，字子于。

①【正义】《括地志》云："故唐城在绛州翼城县西二十里，即尧裔子所封。《春秋》云夏孔甲时，有尧苗裔刘累者，以豢龙事孔甲，夏后嘉之，赐氏

御龙，以更豕韦之后。龙一雌死，潜醢之以食夏后；既而使求之，惧而迁于鲁县。夏后(召孟)〔盖〕别封刘累之孙于大夏之墟为侯。至周成王时，唐人作乱，成王灭之，而封大叔，更迁唐人子孙于杜，谓之杜伯，即范匄所云'在周为唐杜氏'。按：鲁县汝州鲁山县是。今随州枣阳县东南一百五十里上唐乡故城即〔是〕。后子孙徙于唐。" ②【集解】《世本》曰："居鄂"。宋衷曰："鄂地今在大夏。"【正义】《括地志》云："故鄂城在慈州昌宁县东二里。"按：与绛州夏县相近。禹都安邑，故城在县东北十五里，故云"在大夏"也。然封于河、汾二水之东，方百里，正合在晋州平阳县，不合在鄂，未详。

唐叔子燮，是为晋侯。[①]晋侯子宁族，[②]是为武侯。武侯之子服人，是为成侯。成侯子福，[③]是为厉侯。厉侯之子宜臼，是为靖侯。靖侯已来，年纪可推。自唐叔至靖侯五世，无其年数。

①【正义】燮，先牒反。《括地志》云："故唐城在并州晋阳县北二里。《城记》云尧筑也。〔徐才〕《宗国都城记》云'唐叔虞之子燮父徙居晋水傍。今并理故唐城。唐者，即燮父所徙之处，其城南半入州城，中削为坊，城墙北半见在'。《毛诗谱》云'叔虞子燮父以尧墟南有晋水，改曰晋侯'。" ②【索隐】《系本》作"曼期"，谯周作"曼旗"也。 ③【索隐】《系本》作"辐"。

靖侯十七年，周厉王迷惑暴虐，国人作乱，厉王出奔于彘，大臣行政，故曰"共和"。[①]

①【正义】厉王奔彘，周、召和其百姓行政，号曰"共和"。

十八年，靖侯卒，子釐侯司徒立。釐侯十四年，周宣王初立。十八年，釐侯卒，子献侯籍[1]立。献侯十一年卒，子穆侯费王[2]立。

①【索隐】《系本》及谯周皆作“苏”。　②【索隐】邹诞本作“弗生”，或作“溃王”，并音秘。

穆侯四年，取齐女姜氏为夫人。七年，伐条。[1]生太子仇。十年，伐千亩，[2]有功。生少子，名曰成师。[3]晋人师服曰：[4]“异哉，君之命子也。太子曰仇，仇者雠也。少子曰成师，成师大号，成之者也。名，自命也；物，自定也。今适庶名反逆，此后晋其能毋乱乎？”

①【集解】杜预曰：“条，晋地。”　②【集解】杜预曰：“西河介休县南有地名千亩。”　③【集解】杜预曰：“意取能成其众也。”　④【集解】贾逵曰：“晋大夫。”

二十七年，穆侯卒，弟殇叔自立，太子仇出奔。殇叔三年，周宣王崩。四年，穆侯太子仇率其徒袭殇叔而立，是为文侯。

文侯十年，周幽王无道，犬戎杀幽王，周东徙。而秦襄公始列为诸侯。

三十五年，文侯仇卒，子昭侯伯立。

昭侯元年，封文侯弟成师于曲沃。[1]曲沃邑大于翼。翼，晋君都邑也。[2]成师封曲沃，号为桓叔。靖侯庶孙栾宾[3]相桓叔。桓叔是时年五十八矣，好德，晋国之众皆附焉。君子曰："晋之乱其在曲沃矣。末大于本而得民心，不乱何待。"

①【索隐】河东之县名，汉武帝改曰闻喜也。 ②【索隐】翼本晋都，自孝侯已下一号翼侯，平阳绛邑县东翼城是也。 ③【正义】《世本》云栾叔宾父也。

七年，晋大臣潘父弑其君昭侯而迎曲沃桓叔。桓叔欲入晋，晋人发兵攻桓叔。桓叔败，还归曲沃。晋人共立昭侯子平为君，是为孝侯。诛潘父。

孝侯八年，曲沃桓叔卒，子鱓[1]代桓叔，是为曲沃庄伯。孝侯十五年，曲沃庄伯弑其君晋孝侯于翼。晋人攻曲沃庄伯，庄伯复入曲沃。晋人复立孝侯子郄[2]为君，是为鄂侯。

①【索隐】音时战反。又音善，又音阤。 ②【索隐】《系本》作"郄"，而他本亦有作"都"。【正义】音丘戟反。

鄂侯二年，鲁隐公初立。鄂侯六年卒。曲沃庄伯闻晋鄂侯卒，乃兴兵伐晋。周平王使虢公将兵伐曲沃庄伯，庄伯走保曲沃。晋人共立鄂侯子光，是为哀侯。哀侯二年曲沃庄伯卒，子称代庄伯立，[1]是为曲沃武公。哀侯六年，鲁弑其君隐公。哀侯八年，晋侵陉廷。[2]陉廷与曲沃武公谋，九年，伐晋于汾旁，[3]虏哀侯。晋人乃立哀侯子小子为君，是为小子侯。[4]

①【正义】称，尺证反。　②【集解】贾逵曰："翼南鄙邑名。"③【正义】白郎反。汾水之旁。　④【集解】《礼记》曰："天子未除丧曰余小子，生名之，死亦名之。"郑玄曰："晋有小子侯，是取之天子也。"

小子元年，曲沃武公使韩万杀所虏晋哀侯。[1]曲沃益强，晋无如之何。

①【集解】贾逵曰："韩万，曲沃桓叔之子，庄伯弟。"

晋小子之四年，曲沃武公诱召晋小子杀之。周桓王使虢仲[1]伐曲沃武公，武公入于曲沃，乃立晋哀侯弟缗为晋侯。

①【正义】马融云："周武王克商，封文王异母弟虢仲于夏阳。"

晋侯缗四年，宋执郑祭仲而立突为郑君。晋侯十九年，齐人管至父弑其君襄公。晋侯二十八年，齐桓公始霸。曲沃武公伐晋侯缗，灭之，尽以其宝器赂献于周釐王。釐王命曲沃武公为晋君，列为诸侯，于是尽并晋地而有之。

曲沃武公已即位三十七年矣，更号曰晋武公。晋武公始都晋国，前即位曲沃，通年三十八年。

武公称者，先晋穆侯曾孙也，[1]曲沃桓叔孙也。桓叔者，始封曲沃。武公，庄伯子也。自桓叔初封曲沃以至武公灭晋也，凡六十七岁，而卒代晋为诸侯。武公代晋二岁，卒。与曲沃通年，即位凡三十九年而卒。子献公诡诸立。

①【索隐】晋有两穆侯，言先，以别后。

献公元年，周惠王弟穨攻惠王，惠王出奔，居郑之栎邑。[①]

①【索隐】栎，郑邑，今河南阳翟是也。故郑之十邑有栎有华。

五年，伐骊戎，得骊姬、[①]骊姬弟，俱爱幸之。

①【集解】韦昭曰："西戎之别在骊山也。"

八年，士蔿说公[①]曰："故晋之群公子多，不诛，乱且起。"乃使尽杀诸公子，而城聚都之，[②]命曰绛，始都绛。[③]九年，晋群公子既亡奔虢，虢以其故再伐晋，弗克。十年，晋欲伐虢，士蔿曰："且待其乱。"

①【集解】贾逵曰："士蔿，晋大夫。" ②【集解】贾逵曰："聚，晋邑。" ③【索隐】《春秋》庄二十六年《传》"士蔿城绛"是也。杜预曰"今平阳绛邑县"。应劭曰"绛水出西南"也。

十二年，骊姬生奚齐。献公有意废太子，乃曰："曲沃吾先祖宗庙所在，而蒲边秦，屈边翟，[①]不使诸子居之，我惧焉。"于是使太子申生居曲沃，公子重耳居蒲，公子夷吾居屈。献公与骊姬子奚齐居绛。晋国以此知太子不立也。太子申生，其母齐桓公女也，曰齐姜，早死。申生同母女弟为秦穆公夫人。重耳母，翟之狐氏女也。夷吾母，重耳母女弟也。献公子八人，而太子申生、重耳、夷吾皆有贤行。及得骊姬，乃远此三子。

①【集解】韦昭曰："蒲，今蒲阪；屈，北屈：皆在河东。"杜预曰："蒲，今平阳蒲子县是也。"

十六年，晋献公作二军。[①]公将上军，太子申生将下军，赵夙御戎，毕万为右，伐灭霍，灭魏，灭耿。[②]还，为太子城曲沃，赐赵夙耿，赐毕万魏，以为大夫。士蒍曰："太子不得立矣。分之都城，[③]而位以卿，[④]先为之极，[⑤]又安得立！不如逃之，无使罪至。为吴太伯，不亦可乎，[⑥]犹有令名。"[⑦]太子不从。卜偃曰：[⑧]"毕万之后必大。万，盈数也；魏，大名也。[⑨]以是始赏，天开之矣。[⑩]天子曰兆民，诸侯曰万民，今命之大，以从盈数，其必有众。"[⑪]初，毕万卜仕于晋国，遇《屯》之《比》。[⑫]辛廖占之曰：[⑬]"吉。屯固比入，吉孰大焉。[⑭]其后必蕃昌。"

①【集解】《左传》曰王使虢公命曲沃伯以一军，为晋侯。今始为二军。②【集解】服虔曰："三国皆姬姓，魏在晋之蒲阪河东也。"杜预曰："平阳皮氏县东南有耿乡，永安县东北有霍太山也。"【索隐】按：永安县西南汾水西有霍城，古霍国；有霍水，出霍太山。《地理志》河东河北县，古魏国。《地记》亦以为然。服虔云在蒲阪，非也。《地记》又曰皮氏县汾水南耿城，是故耿国也。　③【集解】服虔曰："邑有先君之主曰都。"　④【集解】贾逵曰："谓将下军也。"　⑤【集解】服虔曰："言其禄位极尽于此也。"⑥【集解】王肃曰："太伯知天命在王季，奔吴不反。"　⑦【集解】王肃

曰："虽去犹可有令名，何与其坐而及祸也。" ⑧【集解】贾逵曰："卜偃，晋掌卜大夫郭偃。" ⑨【集解】服虔曰："数从一至万为满。魏喻巍，巍，高大也。" ⑩【集解】服虔曰："以魏赏毕万，是为天开其福。" ⑪【集解】杜预曰："以魏从万，有众多之象。" ⑫【集解】贾逵曰："《震》下《坎》上《屯》，《坤》下《坎》上《比》。《屯》初九变之《比》。" ⑬【集解】贾逵曰："辛廖，晋大夫。" ⑭【集解】杜预曰："屯，险难也，所以为坚固。比，亲密，所以得人。"

十七年，晋侯使太子申生伐东山。[1]里克谏献公曰：[2]"太子奉冢祀社稷之粢盛，以朝夕视君膳者也，[3]故曰冢子。君行则守，有守则从，[4]从曰怃军，[5]守曰监国，古之制也。夫率师，专行谋也。[6]誓军旅，[7]君与国政之所图也，[8]非太子之事也。师在制命而已，[9]禀命则不威，专命则不孝，故君之嗣适不可以帅师。君失其官，[10]率师不威，将安用之？"[11]公曰："寡人有子，未知其太子谁立。"里克不对而退，见太子。太子曰："吾其废乎？"里克曰："太子勉之。教以军旅，[12]不共是惧，何故废乎？且子惧不孝，毋惧不得立。[13]修己而不责人，则免于难。"太子帅师，公衣之偏衣，[14]佩之金玦。[15]里克谢病，不从太子。太子遂伐东山。

①【集解】贾逵曰："东山，赤狄别种。" ②【集解】贾逵曰："里克，晋卿里季也。" ③【集解】服虔曰："厨膳饮食。" ④【集解】服虔曰："有代太子守则从之。" ⑤【集解】服虔曰："助君抚循军士。" ⑥【集解】杜预曰："率师者必专谋军事。" ⑦【集解】杜预曰："宣号令。" ⑧【集解】贾逵曰："国政，正卿也。" ⑨【集解】杜预曰："命，将军所制。" ⑩【集解】杜预曰："太子统师，是失其官也。" ⑪【集解】杜预

曰:“专命则不孝,是为师必不威也。” ⑫【集解】贾逵曰:“将下军。” ⑬【集解】服虔曰:“不得立己也。” ⑭【集解】服虔曰:“偏裻之衣,偏异色,驳不纯,裻在中,左右异,故曰偏衣。”杜预曰:“偏衣左右异色,其半似公服。”韦昭曰:“偏,半也。分身之半以授太子。”【正义】上“衣”去声,下“衣”如字。 ⑮【集解】服虔曰:“以金为玦也。”韦昭曰:“金玦,兵要也。”【正义】玦音决。

十九年,献公曰:“始吾先君庄伯、武公之诛晋乱,而虢常助晋伐我,[①]又匿晋亡公子,果为乱。弗诛,后遗子孙忧。”乃使荀息以屈产之乘[②]假道于虞。虞假道,遂伐虢,[③]取其下阳以归。[④]

①【正义】言虢助晋伐曲沃也。 ②【集解】何休曰:“屈产,出名马之地。乘,备驷也。” ③【集解】贾逵曰:“虞在晋南,虢在虞南。” ④【集解】服虔曰:“下阳,虢邑也,在大阳东北三十里。《穀梁传》曰下阳,虞、虢之塞邑。”

献公私谓骊姬曰:“吾欲废太子,以奚齐代之。”骊姬泣曰:“太子之立,诸侯皆已知之,而数将兵,百姓附之,奈何以贱妾之故废适立庶?君必行之,妾自杀也。”骊姬佯誉太子,而阴令人谮恶太子,而欲立其子。

二十一年,骊姬谓太子曰:“君梦见齐姜,太子速祭曲沃,[①]归釐于君。”太子于是祭其母齐姜于曲沃,上其荐胙于献公。献公时出猎,置胙于宫中。骊姬使人置毒药胙中。居二日,[②]献公从猎来还,宰人上胙献公,献公欲飨之。骊姬从旁止之,曰:“胙所从来远,宜试之。”祭地,地坟。[③]与犬,犬死。与小臣，[④]小臣死。骊姬泣曰："太子何忍也！其父而欲弑代之，况他人乎？且君老矣，旦暮之人，曾不能待而欲弑之。"谓献公曰："太子所以然者，不过以妾及奚齐之故。妾愿子母辟之他国，若早自杀，毋徒使母子为太子所鱼肉也。始君欲废之，妾犹恨之。至于今，妾殊自失于此。"[⑤]太子闻之，奔新城。[⑥]献公怒，乃诛其傅杜原款。或谓太子曰："为此药者乃骊姬也，太子何不自辞明之？"太子曰："吾君老矣，非骊姬，寝不安，食不甘。即辞之，君且怒之。不可。"或谓太子曰："可奔他国。"太子曰："被此恶名以出，人谁内我？我自杀耳。"十二月戊申，申生自杀于新城。[⑦]

①【集解】服虔曰："齐姜庙所在。" ②【索隐】《左传》云"六日"，不同。 ③【集解】韦昭曰："将饮先祭，示有先也。坟，起也。" ④【集解】韦昭曰："小臣，官名，掌阴事，今阉士也。" ⑤【索隐】太子之行如此，妾前见君欲废而恨之，今乃自以恨为失也。 ⑥【集解】韦昭曰："新城，曲沃也，新为太子城。" ⑦【索隐】《国语》云："申生乃雉经于新城庙。"

此时重耳、夷吾来朝。人或告骊姬曰："二公子怨骊姬谮杀太子。"骊姬恐，因谮二公子："申生之药胙，二公子知之。"二子闻之，恐，重耳走蒲，夷吾走屈，保其城，自备守。初，献公使士蒍为[①]二公子筑蒲、屈城，弗就。夷吾以告公，公怒士蒍。士蒍谢曰："边城少寇，安用之？"退而歌曰："狐裘蒙茸，一国三公，吾谁适从！"[②]卒就城。及申生死，二子亦归保其城。

①【正义】芳，为诡反。为，於伪反。　②【集解】服虔曰："蒙茸以言乱貌。三公言君与二公子。将敌，故不知所从。"

二十二年，献公怒二子不辞而去，果有谋矣，乃使兵伐蒲。蒲人之宦者勃鞮[①]命重耳促自杀。重耳逾垣，宦者追斩其衣袪。[②]重耳遂奔翟。使人伐屈，屈城守，不可下。

①【正义】勃，白没反。鞮，都提反。韦昭云："伯楚，寺人披之字也，于文公时为勃鞮也。"　②【集解】服虔曰："袪，袂也。"

是岁也，晋复假道于虞以伐虢。虞之大夫宫之奇谏虞君曰："晋不可假道也，是且灭虞。"虞君曰："晋我同姓，不宜伐我。"宫之奇曰："太伯、虞仲，太王之子也，太伯亡去，是以不嗣。虢仲、虢叔，王季之子也，为文王卿士，其记勋在王室，藏于盟府。[①]将虢是灭，何爱于虞？且虞之亲能亲于桓、庄之族乎？桓、庄之族何罪，尽灭之。虞之与虢，唇之与齿，唇亡则齿寒。"虞公不听，遂许晋。宫之奇以其族去虞。其冬，晋灭虢，虢公醜奔周。[②]还，袭灭虞，虏虞公及其大夫井伯百里奚[③]以媵秦穆姬，[④]而修虞祀。[⑤]荀息牵曩所遗虞屈产之乘马奉之献公，献公笑曰："马则吾马，齿亦老矣。"[⑥]

①【集解】杜预曰："盟府，司盟之官也。"　②【集解】《皇览》曰："虢公冢在河内温县郭东，济水南大冢是也。其城南有虢公台。"　③【正义】《南雍州记》云："百里奚宋井伯，宛人也。"　④【集解】杜预曰："穆姬，献公女。送女曰媵，以屈辱之。"　⑤【集解】服虔曰："虞所祭祀，命祀也。"

⑥【集解】《公羊传》曰："盖戏之也。"何休曰："以马齿戏喻荀息之年老也。"

二十三年，献公遂发贾华等伐屈，[①]屈溃。[②]夷吾将奔翟。冀芮曰[③]："不可，重耳已在矣，今往，晋必移兵伐翟，翟畏晋，祸且及。不如走梁，梁近于秦，秦强，吾君百岁后可以求入焉。"遂奔梁。二十五年，晋伐翟，翟以重耳故，亦击晋于齧桑，[④]晋兵解而去。

①【集解】贾逵曰："贾华，晋右行大夫。" ②【正义】民逃其上曰溃。 ③【集解】韦昭曰："冀芮，晋大夫。" ④【集解】《左传》作"采桑"，服虔曰"翟地"。【索隐】裴氏云《左传》作"采桑"。按：今平阳曲南七十里河水有采桑津，是晋境。服虔云翟地，亦颇相近。然字作"齧桑"，齧桑卫地，恐非也。

当此时，晋强，西有河西，与秦接境，北边翟，东至河内。[①]

①【索隐】河内，河曲也。内音汭。

骊姬弟生悼子。[①]

①【索隐】《左传》作"卓子"，音耻角反。弟，女弟也。

二十六年夏，齐桓公大会诸侯于葵丘。[①]晋献公病，行后，未至，逢周之宰孔。宰孔曰："齐桓公益骄，不务德而务远略，诸侯弗平。君弟毋会，[②]毋如晋何。”献公亦病，复还归。病甚，乃谓荀息曰：“吾以奚齐为后，年少，诸大臣不服，恐乱起，子能立之乎？”荀息曰：“能。”献公曰：“何以为验？”对曰：“使死者复生，[③]生者不惭，[④]为之验。”于是遂属奚齐于荀息。荀息为相，主国政。秋九月，献公卒。里克、邳郑欲内重耳，以三公子之徒作乱，[⑤]谓荀息曰：“三怨将起，秦、晋辅之，子将何如？”荀息曰：“吾不可负先君言。”十月，里克杀奚齐于丧次，献公未葬也。荀息将死之，或曰不如立奚齐弟悼子而傅之，荀息立悼子而葬献公。十一月，里克弑悼子于朝，[⑥]荀息死之。君子曰：“《诗》所谓‘白珪之玷，犹可磨也，斯言之玷，不可为也’，[⑦]其荀息之谓乎。不负其言。”初，献公将伐骊戎，卜曰“齿牙为祸”。[⑧]及破骊戎，获骊姬，爱之，竟以乱晋。

①【正义】在曹州考城县东南一里。　②【索隐】弟，但也。　③【索隐】谓荀息受公命而立奚齐，虽复身死，不背生时之命，是死者复生也。　④【索隐】言生者见荀息不背君命而死，不为之羞惭也。　⑤【集解】贾逵曰：“邳郑，晋大夫。三公子，申生、重耳、夷吾也。”　⑥【集解】《列女传》曰：“鞭杀骊姬于市。”　⑦【集解】杜预曰：“《诗·大雅》，言此言之玷难治甚于白珪。”　⑧【集解】韦昭曰：“齿牙，谓兆端左右衅坼有似齿牙，中有纵画，以象谗言之为害也。”

里克等已杀奚齐、悼子，使人迎公子重耳于翟，[①]欲立之。重耳谢曰：“负父之命[②]出奔，父死不得修人子之礼侍丧，重耳何敢入。大夫其更立他子。”还报里克，里克使迎夷吾于梁。夷吾欲往，吕省、[3]郤芮[4]曰："内犹有公子可立者而外求，难信。计非之秦，辅强国之威以入，恐危。"乃使郤芮厚赂秦，约曰："即得入，请以晋河西之地与秦。"及遗里克书曰："诚得立，请遂封子于汾阳之邑。"[5]秦缪公乃发兵送夷吾于晋。齐桓公闻晋内乱，亦率诸侯如晋。秦兵与夷吾亦至晋，齐乃使隰朋会秦俱入夷吾，立为晋君，是为惠公。齐桓公至晋之高梁而还归。

①【正义】《国语》云："里克及邳郑使屠岸夷告公子重耳于翟曰：'国乱民扰，得国在乱，治民在扰，子盍入乎？'" ②【正义】负音佩。 ③【正义】省音眚。杜预曰："姓瑕吕，名饴甥，字子金。" ④【正义】郄成子，即冀芮。 ⑤【集解】贾逵曰："汾，水名。汾阳，晋地也。"【索隐】按：《国语》"命里克汾阳之田百万，命邳郑以负蔡之田七十万"。今此不言，亦其疏略也。

惠公夷吾元年，使邳郑谢秦曰："始夷吾以河西地许君，今幸得入立。大臣曰：'地者先君之地，君亡在外，何以得擅许秦者？'寡人争之弗能得，故谢秦。"亦不与里克汾阳邑，而夺之权。四月，周襄王使周公忌父[1]会齐、秦大夫共礼晋惠公。惠公以重耳在外，畏里克为变，赐里克死。谓曰："微里子寡人不得立。虽然，子亦杀二君一大夫，[2]为子君者不亦难乎？"里克对曰："不有所废，君何以兴？欲诛之，其无辞乎？乃言为此！臣闻命矣。"遂伏剑而死。于是邳郑使谢秦未还，故不及难。

①【集解】贾逵曰："周卿士。" ②【集解】服虔曰："奚齐、悼子、荀息也。"

晋君改葬恭太子申生。[①]秋，狐突之下国，[②]遇申生，申生与载而告之[③]曰："夷吾无礼，余得请于帝，[④]将以晋与秦，秦将祀余。"狐突对曰："臣闻神不食非其宗，君其祀毋乃绝乎？君其图之。"申生曰："诺，吾将复请帝。后十日，[⑤]新城西偏将有巫者见我焉。"[⑥]许之，遂不见。[⑦]及期而往，复见，申生告之曰："帝许罚有罪矣，弊于韩。"[⑧]儿乃谣曰："恭太子更葬矣，[⑨]后十四年，晋亦不昌，昌乃在兄。"

①【集解】韦昭曰："献公时申生葬不如礼，故改葬之。" ②【集解】服虔曰："晋所灭国以为下邑。一曰曲沃有宗庙，故谓之国；在绛下，故曰下国也。" ③【集解】杜预曰："忽如梦而相见。狐突本为申生御，故复使登车。" ④【集解】服虔曰："帝，天帝。请罚有罪。" ⑤【集解】《左传》曰："七日。" ⑥【集解】杜预曰："将因巫以见。" ⑦【集解】杜预曰："狐突许其言，申生之象亦没。" ⑧【集解】贾逵曰："弊，败也。韩，晋韩原。" ⑨【索隐】更，作也。更丧谓改丧。

邳郑使秦，闻里克诛，乃说秦缪公曰："吕省、[①]郤称、冀芮实为不从。[②]若重赂与谋，出晋君，入重耳，事必就。"秦缪公许之，使人与归报晋，厚赂三子。三子曰："币厚言甘，此必邳郑卖我于秦。"遂杀邳郑及里克、邳郑之党七舆大夫。[③]邳郑子豹奔秦，言伐晋，缪公弗听。

①【索隐】《左传》作"吕甥"。 ②【集解】杜预曰："三子，晋大夫。

不从，不与秦赂也。”　③【集解】韦昭曰：“七舆，申生下军之众大夫也。”杜预曰：“侯伯七命，副车七乘。”

惠公之立，背秦地及里克，诛七舆大夫，国人不附。二年，周使召公过①礼晋惠公，惠公礼倨，②召公讥之。

①【集解】韦昭曰：“召武公，为王卿士。”　②【索隐】谓受玉惰也。事见僖十一年。

四年，晋饥，乞籴于秦。缪公问百里奚，①百里奚曰：“天菑流行，国家代有，救菑恤邻，国之道也。与之。”邳郑子豹曰：“伐之。”缪公曰：“其君是恶，其民何罪！”卒与粟，自雍属绛。

①【集解】服虔曰：“秦大夫。”

五年，秦饥，请籴于晋。晋君谋之，庆郑曰：①“以秦得立，已而背其地约。晋饥而秦贷我，今秦饥请籴，与之何疑？而谋之。”虢射曰：②“往年天以晋赐秦，秦弗知取而贷我。今天以秦赐晋，晋其可以逆天乎？遂伐之。”惠公用虢射谋，不与秦粟，而发兵且伐秦。秦大怒，亦发兵伐晋。

①【集解】杜预曰：“庆郑，晋大夫。”　②【集解】服虔曰：“虢射，惠公舅。”

六年春，秦缪公将兵伐晋。晋惠公谓庆郑曰："秦师深矣，[①]奈何？"郑曰："秦内君，君背其赂。晋饥秦输粟，秦饥而晋背之，乃欲因其饥伐之，其深不亦宜乎！"晋卜御右，庆郑皆吉。公曰："郑不孙。"[②]乃更令步阳御戎，家仆徒为右，[③]进兵。九月壬戌，秦缪公、晋惠公合战韩原。[④]惠公马鸷不行，[⑤]秦兵至，公窘，召庆郑为御。郑曰："不用卜，败不亦当乎。"遂去。更令梁繇靡御，[⑥]虢射为右，辂秦缪公。[⑦]缪公壮士冒败晋军，晋军败，遂失秦缪公，反获晋公以归。秦将以祀上帝。晋君姊为缪公夫人，衰绖涕泣。公曰："得晋侯将以为乐，今乃如此。且吾闻箕子见唐叔之初封，曰'其后必当大矣'，晋庸可灭乎！"乃与晋侯盟王城[⑧]而许之归。晋侯亦使吕省等报国人曰："孤虽得归，毋面目见社稷，卜日立子圉。"晋人闻之，皆哭。秦缪公问吕省："晋国和乎？"对曰："不和。小人惧失君亡亲，[⑨]不惮立子圉，曰'必报仇，宁事戎、狄'。[⑩]其君子则爱君而知罪，以待秦命，曰'必报德'。有此二故，不和。"于是秦缪公更舍晋惠公，馈之七牢。[⑪]十一月，归晋侯。晋侯至国，诛庆郑，修政教。谋曰："重耳在外，诸侯多利内之。"欲使人杀重耳于狄。重耳闻之，如齐。

①【集解】韦昭曰："深，入境。一曰深犹重。" ②【集解】服虔曰："孙，顺。" ③【集解】服虔曰："二子，晋大夫也。" ④【索隐】在冯翊夏阳北二十里，今之韩城县是。 ⑤【索隐】鸷音竹二反。谓马重而陷之于泥。 ⑥【正义】韦昭云："梁由靡，大夫也。" ⑦【集解】服虔曰："辂，迎也。"【索隐】辂音五稼反。邹诞音五额反。 ⑧【集解】杜预曰："冯翊临晋县东有王城。" ⑨【正义】君，惠公也。亲，父母也。言惧

失君国乱,恐亡父母,不惮立子圉也。 ⑩【正义】小人言立子圉为君之后,必报秦。终不事秦,宁事戎、狄耳。 ⑪【正义】馈音匮。一牛一羊一豕为一牢。

八年,使太子圉质秦。[①]初,惠公亡在梁,梁伯以其女妻之,生一男一女。梁伯卜之,男为人臣,女为人妾,故名男为圉,女为妾。[②]

①【正义】质音致。 ②【集解】服虔曰:"圉人掌养马臣之贱者。不聘曰妾。"

十年,秦灭梁。梁伯好土功,治城沟,[①]民力罢,[②]怨,其众数相惊,曰"秦寇至",民恐惑,秦竟灭之。

①【集解】贾逵曰:"沟,堑也。" ②【正义】罢音皮。

十三年,晋惠公病,内有数子。太子圉曰:"吾母家在梁,梁今秦灭之,我外轻于秦而内无援于国。君即不起,病大夫轻,更立他公子。"乃谋与其妻俱亡归。秦女曰:"子一国太子,辱在此。秦使婢子侍,[①]以固子之心。子亡矣,我不从子,亦不敢言。"子圉遂亡归晋。十四年九月,惠公卒,太子圉立,是为怀公。

①【集解】服虔曰:"《曲礼》曰'世妇以下自称婢子'。婢子,妇人之卑称。"

子圉之亡，秦怨之，乃求公子重耳，欲内之。子圉之立，畏秦之伐也，乃令国中诸从重耳亡者与期，期尽不到者尽灭其家。狐突之子毛及偃从重耳在秦，弗肯召。怀公怒，囚狐突。突曰："臣子事重耳有年数矣，今召之，是教之反君也，何以教之？"怀公卒杀狐突。秦缪公乃发兵送内重耳，使人告栾、郤之党①为内应，杀怀公于高梁，入重耳。重耳立，是为文公。

①【正义】栾枝、郄縠之属。

晋文公重耳，晋献公之子也。自少好士，年十七，有贤士五人：曰赵衰、狐偃咎犯（文公舅也）、贾佗、先轸、魏武子。自献公为太子时，重耳固已成人矣。献公即位，重耳年二十一。献公十三年，以骊姬故，重耳备蒲城守秦。献公二十一年，献公杀太子申生，骊姬谗之，恐，不辞献公而守蒲城。献公二十二年，献公使宦者履鞮①趣杀重耳。重耳逾垣，宦者逐斩其衣袪。重耳遂奔狄。狄，其母国也。是时重耳年四十三。从此五士，其余不名者数十人，至狄。

①【索隐】即《左传》之勃鞮，亦曰寺人披也。

狄伐咎如，①得二女：以长女妻重耳，生伯鯈、②叔刘；以少女妻赵衰，生盾。③居狄五岁而晋献公卒，里克已杀奚齐、悼子，乃使人迎，欲立重耳。重耳畏杀，因固谢，不敢入。已而晋更迎其弟夷吾立之，是为惠公。惠公七年，畏重耳，乃使宦者履鞮与壮士欲杀重耳。重耳闻之，乃谋赵衰等曰："始吾奔狄，非以为可用兴，[④]以近易通，故且休足。休足久矣，固愿徙之大国。夫齐桓公好善，志在霸王，收恤诸侯。今闻管仲、隰朋死，此亦欲得贤佐，盍往乎？"于是遂行。重耳谓其妻曰："待我二十五年不来，乃嫁。"其妻笑曰："犁二十五年，[⑤]吾冢上柏大矣。[⑥]虽然，妾待子。"重耳居狄凡十二年而去。

①【集解】贾逵曰："赤狄之别，隗姓。"【索隐】咎音高。邹诞本作"囷如"，又云或作"囚"。　②【正义】直留反。　③【索隐】《左传》云伐廧咎如，获其二女，以叔隗妻赵衰，生盾；公子取季隗，生伯儵、叔刘。则叔隗长而季隗少，乃不同也。　④【索隐】兴，起也。非翟可用兴起，故奔之也。　⑤【索隐】犁犹比也。　⑥【正义】杜预云："言将死入木也，不复成嫁也。"

过卫，卫文公不礼。去，过五鹿，[①]饥而从野人乞食，野人盛土器中进之。重耳怒。赵衰曰："土者，有土也，君其拜受之。"

①【集解】贾逵曰："卫地。"杜预曰："今卫县西北有地名五鹿，阳平元城县东亦有五鹿。"

至齐，齐桓公厚礼，而以宗女妻之，有马二十乘，重耳安之。重耳至齐二岁而桓公卒，会竖刀等为内乱，齐孝公之立，诸侯兵数至。留齐凡五岁。重耳爱齐女，毋去心。赵衰、咎犯乃于桑下谋行。齐女侍者在桑上闻之，以告其主。其主乃杀侍者，[1]劝重耳趣行。重耳曰："人生安乐，孰知其他。必死于此，[2]不能去。"齐女曰："子一国公子，穷而来此，数士者以子为命。子不疾反国，报劳臣，而怀女德，窃为子羞之。且不求，何时得功?"乃与赵衰等谋，醉重耳，载以行。行远而觉，重耳大怒，引戈欲杀咎犯。咎犯曰："杀臣成子，偃之愿也。"重耳曰："事不成，我食舅氏之肉。"咎犯曰："事不成，犯肉腥臊，何足食！"乃止，遂行。

①【集解】服虔曰："惧孝公怒，故杀之以灭口。" ②【集解】徐广曰："一云'人生一世，必死于此'。"

过曹，曹共公不礼，欲观重耳骈胁。曹大夫釐负羁曰："晋公子贤，又同姓，穷来过我，奈何不礼！"共公不从其谋。负羁乃私遗重耳食，置璧其下。重耳受其食，还其璧。

去，过宋。宋襄公新困兵于楚，伤于泓，闻重耳贤，乃以国礼礼于重耳。[1]宋司马公孙固善于咎犯，曰："宋小国新困，不足以求入，更之大国。"乃去。

①【索隐】以国君之礼礼之也。

过郑，郑文公弗礼。郑叔瞻谏其君曰："晋公子贤，而其从者皆国相，且又同姓。郑之出自厉王，而晋之出自武王。"郑君曰："诸侯亡公子过此者众，安可尽礼！"叔瞻曰："君不礼，不如杀之，且后为国患。"郑君不听。

重耳去之楚，楚成王以適诸侯礼待之，[①]重耳谢不敢当。赵衰曰："子亡在外十余年，小国轻子，况大国乎？今楚大国而固遇子，子其毋让，此天开子也。"遂以客礼见之。成王厚遇重耳，重耳甚卑。成王曰："子即反国，何以报寡人？"重耳曰："羽毛齿角玉帛，君王所余，未知所以报。"王曰："虽然，何以报不穀？"重耳曰："即不得已，与君王以兵车会平原广泽，请辟王三舍。"[②]楚将子玉怒曰："王遇晋公子至厚，今重耳言不孙，请杀之。"成王曰："晋公子贤而困于外久，从者皆国器，此天所置，庸可杀乎？且言何以易之！"[③]居楚数月，而晋太子圉亡秦，秦怨之；闻重耳在楚，乃召之。成王曰："楚远，更数国乃至晋。秦、晋接境，秦君贤，子其勉行。"厚送重耳。

①【索隐】適音敌。　②【集解】贾逵曰："《司马法》'从遁不过三舍'。三舍，九十里也。"　③【索隐】子玉请杀重耳，楚成王不许，言人出言不可轻易之。

重耳至秦，缪公以宗女五人妻重耳，故子圉妻与往。重耳不欲受，司空季子[①]曰："其国且伐，况其故妻乎！且受以结秦亲而求入，子乃拘小礼，忘大丑乎。"遂受。缪公大欢，与重耳饮。赵衰歌《黍苗》诗。[②]缪公曰："知子欲急反国矣。"赵衰与重耳下，再拜曰："孤臣之仰君，如百谷之望时雨。"是时晋惠公十四年秋。惠公以九月卒，子圉立。十一月，葬惠公。十二月，晋国大夫栾、郤等闻重耳在秦，皆阴来劝重耳、赵衰等反国，为内应甚众。于是秦缪公乃发兵与重耳归晋。

晋闻秦兵来，亦发兵拒之。然皆阴知公子重耳入也。唯惠公之故贵臣吕、郤之属[3]不欲立重耳。重耳出亡凡十九岁而得入，时年六十二矣，晋人多附焉。

①【集解】服虔曰："胥臣臼季也。" ②【集解】韦昭曰："《诗》云'芃芃黍苗，阴雨膏之'。" ③【正义】吕甥，郤芮也。

文公元年春，秦送重耳至河。咎犯曰："臣从君周旋天下，过亦多矣。臣犹知之，况于君乎？请从此去矣。"重耳曰："若反国，所不与子犯共者，河伯视之。"[1]乃投璧河中，以与子犯盟。是时介子推从，在船中，乃笑曰："天实开公子，而子犯以为己功而要市于君，固足羞也。吾不忍与同位。"乃自隐。渡河，秦兵围令狐，晋军于庐柳。[2]二月辛丑，咎犯与秦、晋大夫盟于郇。[3]壬寅，重耳入于晋师。丙午，入于曲沃。丁未，朝于武宫，[4]即位为晋君，是为文公。群臣皆往。怀公圉奔高梁。戊申，使人杀怀公。

①【索隐】视，犹见也。 ②【集解】韦昭曰："庐柳，晋地也。" ③【集解】杜预曰："解县西北有郇城。"【索隐】音荀，即文王之子所封。又音环。 ④【集解】贾逵曰："文公之祖武公庙也。"

怀公故大臣吕省、郤芮本不附文公，文公立，恐诛，乃欲与其徒谋烧公宫，杀文公。文公不知。始尝欲杀文公宦者履鞮知其谋，欲以告文公，解前罪，求见文公。文公不见，使人让曰："蒲城之事，汝斩予袪。其后我从狄君猎，汝为惠公来求杀我。惠公与汝期三日至,而汝一日至,何速也?汝其念之。"宦者曰:"臣刀锯之余,不敢以二心事君倍主,故得罪于君。君已反国,其毋蒲、翟乎?且管仲射钩,桓公以霸。今刑余之人以事告而君不见,祸又且及矣。"于是见之,遂以吕、郤等告文公。文公欲召吕、郤,吕、郤等党多,文公恐初入国,国人卖己,乃为微行,会秦缪公于王城,[①]国人莫知。三月己丑,吕、郤等果反,焚公宫,不得文公。文公之卫徒与战,吕、郤等引兵欲奔,秦缪公诱吕、郤等,杀之河上,晋国复而文公得归。夏,迎夫人于秦,秦所与文公妻者卒为夫人。秦送三千人为卫,以备晋乱。

①【索隐】杜预云:"冯翊临晋县东有故王城,今名武乡城。"

文公修政,施惠百姓。赏从亡者及功臣,大者封邑,小者尊爵。未尽行赏,周襄王以弟带难出居郑地,来告急晋。晋初定,欲发兵,恐他乱起,是以赏从亡,未至隐者介子推。推亦不言禄,禄亦不及。推曰:"献公子九人,唯君在矣。惠、怀无亲,外内弃之;天未绝晋,必将有主,主晋祀者,非君而谁?天实开之,二三子以为己力,不亦诬乎?窃人之财,犹曰是盗,况贪天之功以为己力乎?下冒其罪,上赏其奸,上下相蒙,[①]难与处矣。"其母曰:"盍亦求之,以死谁怼?"推曰:"尤而效之,罪有甚焉。且出怨言,不食其禄。"母曰:"亦使知之,若何?"对曰:"言,身之文也;身欲隐,安用文之?文之,是求显也。"其母曰:"能如此乎?与汝偕隐。"至死不复见。

①【集解】服虔曰："蒙，欺也。"

介子推从者怜之，乃悬书宫门曰："龙欲上天，五蛇为辅。[①]龙已升云，四蛇各入其宇，一蛇独怨，终不见处所。"文公出，见其书，曰："此介子推也。吾方忧王室，未图其功。"使人召之，则亡。遂求所在，闻其入緜上山中，[②]于是文公环緜上山中而封之，以为介推田，[③]号曰介山，"以记吾过，且旌善人"。[④]

①【索隐】龙喻重耳。五蛇即五臣，狐偃、赵衰、魏武子、司空季子及子推也。旧云五臣有先轸、颠颉，今恐二人非其数。 ②【集解】贾逵曰："緜上，晋地。"杜预曰："西河介休县南有地名緜上。" ③【集解】徐广曰："一作国。" ④【集解】贾逵曰："旌，表也。"

从亡贱臣壶叔曰："君三行赏，赏不及臣，敢请罪。"文公报曰："夫导我以仁义，防我以德惠，此受上赏。辅我以行，卒以成立，此受次赏。矢石之难，汗马之劳，此复受次赏。若以力事我而无补吾缺者，此〔复〕受次赏。三赏之后，故且及子。"晋人闻之，皆说。

二年春，秦军河上，[①]将入王。赵衰曰："求霸莫如入王尊周。周、晋同姓，晋不先入王，后秦入之，毋以令于天下。方今尊王，晋之资也。"三月甲辰，晋乃发兵至阳樊，[②]围温，入襄王于周。四月，杀王弟带。周襄王赐晋河内阳樊之地。

①【索隐】晋地。 ②【集解】服虔曰："阳樊，周地。阳，邑名也，樊仲山之所居，故曰阳樊。"

四年，楚成王及诸侯围宋，宋公孙固如晋告急。先轸曰："报施定霸，于今在矣。"[①]狐偃曰："楚新得曹而初婚于卫，若伐曹、卫，楚必救之，则宋免矣。"于是晋作三军。[②]赵衰举郤縠将中军，郤臻佐之；使狐偃将上军，狐毛佐之，命赵衰为卿；栾枝将下军，[③]先轸佐之；荀林父御戎，魏犨为右：[④]往伐。冬十二月，晋兵先下山东，而以原封赵衰。[⑤]

①【集解】杜预曰："报宋赠马之施。" ②【集解】王肃曰："始复成国之礼，半周军也。" ③【集解】贾逵曰："栾枝，栾宾之孙。" ④【正义】犨，昌由反，又音受。 ⑤【集解】杜预曰："河内沁水县西北有原城。"

五年春，晋文公欲伐曹，假道于卫，卫人弗许。还自河南度，侵曹，伐卫。正月，取五鹿。二月，晋侯、齐侯盟于敛盂。[①]卫侯请盟晋，晋人不许。卫侯欲与楚，国人不欲，故出其君以说晋。卫侯居襄牛，[②]公子买守卫。楚救卫，不卒。[③]晋侯围曹。三月丙午，晋师入曹，数之以其不用釐负羁言，而用美女乘轩者三百人也。令军毋入僖负羁宗家以报德。楚围宋，宋复告急晋。文公欲救则攻楚，为楚尝有德，不欲伐也。欲释宋，宋又尝有德于晋：患之。[④]先轸曰："执曹伯，分曹、卫地以与宋，楚急曹、卫，其势宜释宋。"[⑤]于是文公从之，而楚成王乃引兵归。

①【集解】杜预曰:“卫地也。” ②【集解】服虔曰:“卫地也。” ③【集解】徐广曰:“一作胜。” ④【索隐】晋若攻楚,则伤楚子送其入秦之德;又欲释宋不救,乃亏宋公赠马之惠。进退有难,是以患之。 ⑤【索隐】楚初得曹,又新婚于卫,今晋执曹伯而分曹、卫之地与宋,则楚急曹、卫,其势宜释宋。

楚将子玉曰:“王遇晋至厚,今知楚急曹、卫而故伐之,是轻王。”王曰:“晋侯亡在外十九年,困日久矣,果得反国,险阨尽知之,能用其民,天之所开,不可当。”子玉请曰:“非敢必有功,愿以间执谗慝之口也。”[①]楚王怒,少与之兵。于是子玉使宛春告晋:[②]“请复卫侯而封曹,臣亦释宋。”咎犯曰:“子玉无礼矣,君取一,臣取二,勿许。”[③]先轸曰:“定人之谓礼。楚一言定三国,子一言而亡之,我则毋礼。不许楚,是弃宋也。不如私许曹、卫以诱之,执宛春以怒楚,[④]既战而后图之。”[⑤]晋侯乃囚宛春于卫,且私许复曹、卫。曹、卫告绝于楚。楚得臣怒,[⑥]击晋师,晋师退。军吏曰:“为何退?”文公曰:“昔在楚,约退三舍,可背乎!”楚师欲去,得臣不肯。四月戊辰,宋公、[⑦]齐将、[⑧]秦将[⑨]与晋侯次城濮。[⑩]己巳,与楚兵合战,楚兵败,得臣收余兵去。甲午,晋师还至衡雍,[⑪]作王宫于践土。[⑫]

①【集解】服虔曰:“子玉非敢求有大功,但欲执蒍贾谗慝之口,谓子玉过三百乘不能入也。”杜预曰:“执,犹塞也。” ②【集解】贾逵曰:“宛春,楚大夫。” ③【集解】韦昭曰:“君,文公也。臣,子玉也。一谓释宋围,二谓复曹、卫。” ④【集解】韦昭曰:“怒楚,令必战。” ⑤【集解】杜预曰:“须胜负决乃定计。” ⑥【集解】得臣即子玉。 ⑦【索隐】成

公王臣。 ⑧【索隐】国归父。 ⑨【索隐】小子慭也。 ⑩【集解】贾逵曰:“卫地也。” ⑪【集解】杜预曰:“衡雍,郑地,今荥阳卷县也。” ⑫【集解】服虔曰:“既败楚师,襄王自往临践土,赐命晋侯,晋侯闻而为之作宫。”【索隐】杜预云践土,郑地。然据此文,晋师还至衡雍,衡雍在河南也。故刘氏云践土在河南。下文践土在河北,今元城县西有践土驿,义或然也。

初,郑助楚,楚败,惧,使人请盟晋侯。晋侯与郑伯盟。

五月丁未,献楚俘于周,①驷介百乘,徒兵千。②天子使王子虎命晋侯为伯,③赐大辂,彤弓矢百,玈弓矢千,④秬鬯一卣,珪瓒,⑤虎贲三百人。⑥晋侯三辞,然后稽首受之。⑦周作《晋文侯命》:“王若曰:父义和,⑧丕显文、武,能慎明德,⑨昭登于上,布闻在下,⑩维时上帝集厥命于文、武。⑪恤朕身,继予一人永其在位。”⑫于是晋文公称伯。癸亥,王子虎盟诸侯于王庭。⑬

①【正义】俘音孚,囚也。 ②【集解】服虔曰:“驷介,驷马被甲也。徒兵,步卒也。” ③【集解】贾逵曰:“王子虎,周大夫。” ④【集解】贾逵曰:“大辂,金辂。彤弓,赤;玈弓,黑也。诸侯赐弓矢,然后征伐。”【正义】彤,徒冬反。玈音庐。 ⑤【集解】贾逵曰:“秬,黑黍;鬯,香酒也。所以降神。卣,器名。诸侯赐珪瓒,然后为鬯。” ⑥【集解】贾逵曰:“天子卒曰虎贲。” ⑦【集解】贾逵曰:“稽首首至地。” ⑧【集解】孔安国曰:“同姓,故称曰父。”马融曰:“王顺曰,父能以义和我诸侯。”【索隐】按:《尚书·文侯之命》是平王命晋文侯仇之语,今此文乃襄王命文公重耳之事,代数悬隔,勋策全乖。太史公虽复弥缝《左氏》,而系家颇亦时有疏谬。裴氏《集解》亦引孔、马之注,而都不言时代乖角,何习迷而同醉也?然计平

王至襄王为七代，仇至重耳为十一代而十三侯。又平王元年至鲁僖二十八年，当襄二十年，为一百三十余岁矣，学者颇合讨论之。而刘伯庄以为盖天子命晋同此一辞，尤为非也。　⑨【集解】孔安国曰："文王、武王能详慎显用明德。"　⑩【集解】马融曰："昭，明也。上谓天，下谓人。"　⑪【集解】孔安国曰："惟以是故集成其王命，德流子孙。"　⑫【集解】孔安国曰："当忧念我身，则我一人长安王位。"　⑬【集解】服虔曰："王庭，践土也。"【索隐】服氏知王庭是践土者，据二十八年五月"公会晋侯，盟于践土"，又此上文"四月甲午，作王宫于践土"。王庭即王宫也。

晋焚楚军，火数日不息，文公叹。左右曰："胜楚而君犹忧，何？"文公曰："吾闻能战胜安者唯圣人，是以惧。且子玉犹在，庸可喜乎！"子玉之败而归，楚成王怒其不用其言，贪与晋战，让责子玉，子玉自杀。晋文公曰："我击其外，楚诛其内，内外相应。"于是乃喜。

六月，晋人复入卫侯。壬午，晋侯度河北归国。行赏，狐偃为首。或曰："城濮之事，先轸之谋。"文公曰："城濮之事，偃说我毋失信。先轸曰'军事胜为右'，吾用之以胜。然此一时之说，偃言万世之功，奈何以一时之利而加万世功乎？是以先之。"

冬，晋侯会诸侯于温，欲率之朝周。力未能，恐其有畔者，乃使人言周襄王狩于河阳。壬申，遂率诸侯朝王于践土。①孔子读史记至文公，曰"诸侯无召王"。"王狩河阳"者，《春秋》讳之也。

①【索隐】按：《左氏传》"五月，盟于践土；冬，会诸侯于温，天王狩于河阳；壬申，公朝于王所"。此文亦说冬朝于王，当合于河阳温地，不合取五月

践土之文也。

丁丑，诸侯围许。曹伯臣或说晋侯曰："齐桓公合诸侯而国异姓，今君为会而灭同姓。曹，叔振铎之后；晋，唐叔之后。合诸侯而灭兄弟，非礼。"晋侯说，复曹伯。

于是晋始作三行。[①]荀林父将中行，先縠将右行，[②]先蔑将左行。[③]

①【集解】服虔曰："辟天子六军，故谓之三行。" ②【索隐】《左传》屠击将右行，与此异。 ③【集解】杜预曰："三行无佐，疑大夫帅也。"【索隐】据《左传》，荀林父并是卿，而云"大夫帅"者，非也。不置佐者，当避天子也。或新置三行，官未备耳。

七年，晋文公、秦缪公共围郑，以其无礼于文公亡过时，及城濮时郑助楚也。围郑，欲得叔瞻。叔瞻闻之，自杀。郑持叔瞻告晋。晋曰："必得郑君而甘心焉。"郑恐，乃间令使[①]谓秦缪公曰："亡郑厚晋，于晋得矣，而秦未为利。君何不解郑，得为东道交？"[②]秦伯说，罢兵。晋亦罢兵。

①【索隐】使谓烛之武也。 ②【索隐】交，犹好也。诸本及《左传》皆作"主"。

九年冬，晋文公卒，子襄公欢立。是岁郑伯亦卒。

郑人或卖其国于秦，[①]秦缪公发兵往袭郑。十二月，秦兵过我郊。襄公元年春，秦师过周，无礼，王孙满讥之。兵至滑，郑贾人弦高将市于周，遇之，以十二牛劳秦师。秦师惊而还，灭滑而去。

①【正义】《左传》云秦、晋伐郑，烛之武说秦，师罢。令杞子、逢孙、杨孙三大夫戍郑。杞子自郑使告于秦曰："郑人使我掌其北门之管，若潜师以来，国可得也。"

晋先轸曰："秦伯不用蹇叔，反其众心，此可击。"栾枝曰："未报先君施于秦，击之，不可。"先轸曰："秦侮吾孤，伐吾同姓，何德之报？"遂击之。襄公墨衰绖。[①]四月，败秦师于殽，虏秦三将孟明视、西乞秫、白乙丙以归。遂墨以葬文公。[②]文公夫人秦女，谓襄公曰："秦欲得其三将戮之。"公许，遣之。先轸闻之，谓襄公曰："患生矣。"轸乃追秦将。秦将渡河，已在船中，顿首谢，卒不反。

①【集解】贾逵曰："墨，变凶。"杜预曰："以凶服从戎，故墨之。"
②【集解】服虔曰："非礼也。"杜预曰："记礼所由变也。"

后三年，秦果使孟明伐晋，报殽之败，取晋汪以归。[①]四年，秦缪公大兴兵伐我，度河，取王官，[②]封殽尸而去。晋恐，不敢出，遂城守。五年，晋伐秦，取新城，[③]报王官役也。

①【索隐】按：《左传》文二年，秦孟明视伐晋，报殽之役，无取晋、汪之事。又其年冬，晋先且居等伐秦，取汪、彭衙而还。则汪是秦邑，止可晋伐秦取之，岂得秦伐晋而取汪也？或者晋先取之秦，今伐晋而收汪，是汪从晋

来，故云取晋、汪而归也。彭衙在郃阳北，汪不知所在。 ②【正义】《括地志》云："王官故城在同州澄城县西北六十里。"《左传》文公三年，秦伐晋，取王官，即此。先言度河，史文颠倒耳。 ③【集解】服虔曰："秦邑，新所作城也。"

六年，赵衰成子、栾贞子、咎季子犯、霍伯皆卒。[1]赵盾代赵衰执政。

①【集解】贾逵曰："栾贞子，栾枝也。霍伯，先且居也。"

七年八月，襄公卒。太子夷皋少。晋人以难故，[1]欲立长君。赵盾曰："立襄公弟雍。好善而长，先君爱之。且近于秦，秦故好也。立善则固，事长则顺，奉爱则孝，结旧好则安。"贾季曰："不如其弟乐。辰嬴嬖于二君，[2]立其子，民必安之。"赵盾曰："辰嬴贱，班在九人下，[3]其子何震之有。[4]且为二君嬖，淫也。为先君子，[5]不能求大而出在小国，僻也。母淫子僻，无威。[6]陈小而远，无援，将何可乎。"使士会如秦迎公子雍。贾季亦使人召公子乐于陈。赵盾废贾季，以其杀阳处父。[7]十月，葬襄公。十一月，贾季奔翟。是岁，秦缪公亦卒。

①【集解】服虔曰："晋国数有患难。" ②【集解】服虔曰："辰嬴，怀嬴也。二君，怀公、文公。" ③【集解】服虔曰："班，次也。" ④【集解】贾逵曰："震，威也。" ⑤【正义】乐，文公子也。 ⑥【正义】僻，匹亦反。言乐僻隐在陈，而远无援也。 ⑦【集解】案：《左传》，此时贾他为太师，阳处父为太傅。

灵公元年四月，秦康公曰："昔文公之入也无卫，故有吕、郤之患。"乃多与公子雍卫。太子母缪嬴日夜抱太子以号泣于朝，曰："先君何罪？其嗣亦何罪？舍嫡而外求君，将安置此？"[①]出朝，则抱以适赵盾所，顿首曰："先君奉此子而属之子，曰'此子材，吾受其赐；不材，吾怨子'。[②]今君卒，言犹在耳，[③]而弃之，若何？"赵盾与诸大夫皆患缪嬴，且畏诛，乃背所迎而立太子夷皋，是为灵公。发兵以距秦送公子雍者。赵盾为将，往击秦，败之令狐。先蔑、随会亡奔秦。秋，齐、宋、卫、郑、曹、许君皆会赵盾，盟于扈，[④]以灵公初立故也。

①【集解】服虔曰："此，太子" ②【集解】王肃曰："怨其教导不至。" ③【集解】杜预曰："在宣子之耳。" ④【集解】杜预曰："郑地。荥阳卷县西北有扈亭。"

四年，伐秦，取少梁。秦亦取晋之郩。[①]六年，秦康公伐晋，取羁马。晋侯怒，使赵盾、赵穿、郤缺击秦，大战河曲，赵穿最有功。七年，晋六卿患随会之在秦，常为晋乱，乃佯令魏寿馀反晋降秦。秦使随会之魏，因执会以归晋。

①【集解】徐广曰："年表云北徵也。"【索隐】然按《左传》，文十年春，晋人伐秦，取少梁。夏，秦伯伐晋，取北徵，北征即年表之徵。今云郩者，字误也。徵音惩，亦冯翊之县名。

八年，周顷王崩，公卿争权，故不赴。[①]晋使赵盾以车八百乘平周乱而立匡王。[②]是年，楚庄王初即位。十二年，齐人弑其君懿公。

①【索隐】按：《春秋》鲁文十二年“顷王崩，周公阅与王孙苏争政，故不赴”是也。　②【索隐】文十四年《传》又云“晋赵盾以诸侯之师八百乘纳捷菑于邾，不克，乃还”。而“周公阅与王孙苏讼于晋，赵宣子平王室而复之”。则以车八百乘，自是宣子纳邾捷菑，不关王室之事，但文相连耳，恐此误。

十四年，灵公壮，侈，厚敛以彫墙。[①]从台上弹人，观其避丸也。宰夫胹熊蹯不熟，[②]灵公怒，杀宰夫，使妇人持其尸出弃之，过朝。赵盾、随会前数谏，不听。已又见死人手，二人前谏。随会先谏，不听。灵公患之，使鉏麑刺赵盾。[③]盾闺门开，居处节，鉏麑退，叹曰：“杀忠臣，弃君命，罪一也。”遂触树而死。[④]

①【集解】贾逵曰：“彫，画也。”　②【集解】服虔曰：“蹯，熊掌，其肉难熟。”【正义】胹音而。蹯音樊。　③【集解】贾逵曰：“鉏麑，晋力士。”【正义】鉏音锄。麑音迷。　④【集解】杜预曰：“赵盾庭树也。”

初，盾常田首山，[①]见桑下有饿人。饿人，亓眯明也。[②]盾与之食，食其半。问其故，曰：“宦三年，[③]未知母之存不，愿遗母。”盾义之，益与之饭肉。已而为晋宰夫，赵盾弗复知也。九月，晋灵公饮赵盾酒，伏甲将攻盾。公宰亓眯明知之，恐盾醉不能起，而进曰：“君赐臣，觞三行[④]可以罢。”欲以去赵盾，令先，毋及难。盾既去，灵公伏士未会，先纵[⑤]啮狗名敖。[⑥]明为盾搏杀狗。盾曰："弃人用狗，虽猛何为。"然不知明之为阴德也。已而灵公纵伏士出逐赵盾，示眯明反击灵公之伏士，伏士不能进，而竟脱盾。盾问其故，曰："我桑下饿人。"问其名，弗告。[⑦]明亦因亡去。

①【集解】徐广曰："蒲阪县有雷首山。" ②【索隐】邹诞云示眯为祁弥也，即《左传》之提弥明也。提音市移反，刘氏亦音祁为时移反，则祁提二字同音也。而此《史记》作"示"者，示即《周礼》古本"地神曰祇"，皆作"示"字。"邹"为"祁"者，盖由祇提音相近，字遂变为"祁"也。眯音米移反。以"眯"为"弥"，亦音相近耳。又《左氏》宣公二年桑下饿人是灵辄也。其示眯明，是嗾獒者也，其人斗而死。今合二人为一人，非也。 ③【集解】服虔曰："宦官学士也。" ④【索隐】如字。 ⑤【索隐】纵，足用反。又本作"嗾"，又作"蹴"，同素后反。 ⑥【集解】何休曰："犬四尺曰敖。" ⑦【集解】服虔曰："不望报。"

盾遂奔，未出晋境。乙丑，盾昆弟将军赵穿袭杀灵公于桃园[①]而迎赵盾。赵盾素贵，得民和。灵公少，侈，民不附，故为弑易。[②]盾复位。晋太史董狐书曰"赵盾弑其君"，以视于朝。盾曰："弑者赵穿，我无罪。"太史曰："子为正卿，而亡不出境，反不诛国乱，非子而谁？"孔子闻之，曰："董狐，古之良史也，书法不隐。[③]宣子，良大夫也，为法受恶。[④]惜也，出疆乃免。"[⑤]

①【集解】虞翻曰："园名也。" ②【索隐】以豉反。 ③【集解】杜预曰："不隐盾之罪。" ④【集解】服虔曰："闻义则服。"杜预曰："善其

为法受屈也。"【正义】为，于伪反。 ⑤【集解】杜预曰："越境则君臣之义绝，可以不讨贼也。"

赵盾使赵穿迎襄公弟黑臀于周而立之，是为成公。

成公者，文公少子，其母周女也。壬申，朝于武宫。

成公元年，赐赵氏为公族。[1]伐郑，郑背晋故也。三年，郑伯初立，附晋而弃楚。楚怒，伐郑，晋往救之。

①【集解】服虔曰："公族大夫也。"

六年，伐秦，虏秦将赤。[1]

①【索隐】赤即斥，谓斥候之人也。按：宣八年《左传》"晋伐秦，获秦谍，杀诸绛市"。盖彼谍即此赤也。晋成公六年为鲁宣八年，正同，故知然也。

七年，成公与楚庄王争强，会诸侯于扈。陈畏楚，不会。晋使中行桓子[1]伐陈，因救郑，与楚战，败楚师。是年，成公卒，子景公據立。

①【索隐】荀林父也。

景公元年春，陈大夫夏徵舒弑其君灵公。二年，楚庄王伐陈，诛徵舒。

三年，楚庄王围郑，郑告急晋。晋使荀林父将中军，随会将上军，赵朔将下军，郤克、栾书、先縠、韩厥、巩朔佐之。六月，至河。闻楚已服郑，郑伯肉袒与盟而去，荀林父欲还。先縠曰："凡来救郑，不至不可，将率离心。"卒度河。楚已服郑，欲饮马于河为名而去。楚与晋军大战。郑新附楚，畏之，反助楚攻晋。晋军败，走河，争度，船中人指甚众。楚虏我将智䓨。归而林父曰："臣为督将，军败当诛，请死。"景公欲许之。随会曰："昔文公之与楚战城濮，成王归杀子玉，而文公乃喜。今楚已败我师，又诛其将，是助楚杀仇也。"乃止。

四年，先縠以首计而败晋军河上，恐诛，乃奔翟，与翟谋伐晋。晋觉，乃族縠。縠，先轸子也。

五年，伐郑，为助楚故也。是时楚庄王强，以挫晋兵河上也。

六年，楚伐宋，宋来告急晋，晋欲救之，伯宗谋曰：[①]"楚，天方开之，不可当。"乃使解扬绐为救宋。[②]郑人执与楚，楚厚赐，使反其言，令宋急下。解扬绐许之，卒致晋君言。楚欲杀之，或谏，乃归解扬。

①【集解】贾逵曰："伯宗，晋大夫。" ②【集解】服虔曰："解扬，晋大夫。"

七年，晋使随会灭赤狄。

八年，使郤克于齐。齐顷公母从楼上观而笑之。所以然者，郤克偻，而鲁使蹇，卫使眇，故齐亦令人如之以导客。郤克怒，归至河上，曰："不报齐者，河伯视之！"至国，请君，欲伐齐。景公问知其故，曰："子之怨，安足以烦国！"弗听。魏文子请老休，辟郤克，克执政。

九年，楚庄王卒。晋伐齐，齐使太子彊为质于晋，晋兵罢。

十一年春，齐伐鲁，取隆。[1]鲁告急卫，卫与鲁皆因郤克告急于晋。晋乃使郤克、栾书、韩厥以兵车八百乘与鲁、卫共伐齐。夏，与顷公战于鞌，伤困顷公。顷公乃与其右易位，下取饮，以得脱去。齐师败走，晋追北至齐。顷公献宝器以求平，不听。郤克曰："必得萧桐姪子[2]为质。"齐使曰："萧桐姪子，顷公母；顷公母犹晋君母，奈何必得之？不义，请复战。"晋乃许与平而去。

①【索隐】刘氏云"隆即龙也，鲁北有龙山"。又此年当鲁成二年，《经》书"齐侯伐我北鄙"，《传》曰"围龙"。又邹诞及别本作"俱"字，俱当作"郓"。文十二年"季孙行父帅师城诸及郓"，注曰"俱即郓也，字变耳"。《地理志》云在东莞县东。　②【索隐】《左传》作"叔子"。

楚申公巫臣盗夏姬以奔晋，晋以巫臣为邢大夫。[1]

①【集解】贾逵曰："邢，晋邑。"

十二年冬，齐顷公如晋，欲上尊晋景公为王，景公让不敢。晋始作六(卿)〔军〕，[1]韩厥、巩朔、赵穿、荀骓、[2]赵括、赵旃皆为卿。智罃自楚归。

①【集解】贾逵曰："初作六军，僭王也。" ②【索隐】音佳。谥文子也。

十三年，鲁成公朝晋，晋弗敬，鲁怒去，倍晋。晋伐郑，取汜。

十四年，梁山崩。[①]问伯宗，伯宗以为不足怪也。[②]

①【集解】《公羊传》曰："梁山，河上山。"杜预曰："在冯翊夏阳县北也。" ②【集解】徐广曰："年表云伯宗隐其人，用其言。"

十六年，楚将子反怨巫臣，灭其族。巫臣怒，遗子反书曰："必令子罢于奔命！"乃请使吴，令其子为吴行人，教吴乘车用兵。吴晋始通，约伐楚。

十七年，诛赵同、赵括，族灭之。韩厥曰："赵衰、赵盾之功岂可忘乎？奈何绝祀！"乃复令赵庶子武为赵后，复与之邑。

十九年夏，景公病，立其太子寿曼为君，是为厉公。后月余，景公卒。

厉公元年，初立，欲和诸侯，与秦桓公夹河而盟。归而秦倍盟，与翟谋伐晋。三年，使吕相让秦，[①]因与诸侯伐秦。至泾，败秦于麻隧，虏其将成差。

①【集解】贾逵曰："吕相，晋大夫。"

五年，三郤谗伯宗，杀之。[①]伯宗以好直谏得此祸，国人以是不附厉公。

①【集解】贾逵曰："三郤，郤锜、郤犨、郤至也。"

六年春，郑背晋与楚盟，晋怒。栾书曰："不可以当吾世而失诸侯。"乃发兵。厉公自将，五月度河。闻楚兵来救，范文子请公欲还。郤至曰："发兵诛逆，见强辟之，无以令诸侯。"遂与战。癸巳，射中楚共王目，楚兵败于鄢陵。[①]子反收余兵，拊循欲复战，晋患之。共王召子反，其侍者竖阳榖进酒，子反醉，不能见。王怒，让子反，子反死。王遂引兵归。晋由此威诸侯，欲以令天下求霸。

①【集解】徐广曰："鄢，一作焉。"服虔曰："鄢陵，郑之东南地也。"【索隐】鄢音偃，又於连反。

厉公多外嬖姬，归，欲尽去群大夫而立诸姬兄弟。宠姬兄曰胥童，尝与郤至有怨，及栾书又怨郤至不用其计而遂败楚，[①]乃使人间谢楚。楚来诈厉公曰："鄢陵之战，实至召楚，欲作乱，内子周立之。会与国不具，是以事不成。"厉公告栾书。栾书曰："其殆有矣。愿公试使人之周[②]微考之。"果使郤至于周。栾书又使公子周见郤至，郤至不知见卖也。厉公验之，信然，遂怨郤至，欲杀之。八年，厉公猎，与姬饮，郤至杀豕奉进，宦者夺之。[③]郤至射杀宦者。公怒，曰："季子欺予！"[④]将诛三郤，未发也。郤锜欲攻公，曰："我虽死，公亦病矣。”郤至曰：“信不反君，智不害民，勇不作乱。失此三者，谁与我？我死耳！”十二月壬午，公令胥童以兵八百人袭攻杀三郤。胥童因以劫栾书、中行偃于朝，曰：“不杀二子，患必及公。”公曰：“一旦杀三卿，寡人不忍益也。”对曰：“人将忍君。”[5]公弗听，谢栾书等以诛郤氏罪：“大夫复位。”二子顿首曰：“幸甚幸甚！”公使胥童为卿。闰月乙卯，厉公游匠骊氏，[6]栾书、中行偃以其党袭捕厉公，囚之，杀胥童，而使人迎公子周[7]于周而立之，是为悼公。

①【集解】《左传》曰：“栾书欲待楚师退而击之，郤至云‘楚有六间，不可失也’。” ②【集解】虞翻曰：“周京师。” ③【索隐】宦者孟张也。④【集解】杜预曰：“公反以为郤至夺豕也。” ⑤【集解】杜预曰：“人，谓书、偃。” ⑥【集解】贾逵曰：“匠骊氏，晋外嬖大夫在翼者。” ⑦【集解】徐广曰：“一作‘纠’。”

悼公元年正月庚申，栾书、中行偃弑厉公，葬之[1]以一乘车。[2]厉公囚六日死，死十日庚午，智罃迎公子周来，至绛，刑鸡与大夫盟而立之，是为悼公。辛巳，朝武宫。二月乙酉，即位。

①【集解】《左传》曰：“葬之于翼东门之外也。” ②【集解】杜预曰：“言不以君礼葬也。诸侯葬车七乘。”

悼公周者，其大父捷，晋襄公少子也，不得立，号为桓叔，桓叔最爱。桓叔生惠伯谈，谈生悼公周。周之立，年十四矣。悼公曰："大父、父皆不得立而辟难于周，客死焉。寡人自以疏远，毋几为君。[①]今大夫不忘文、襄之意而惠立桓叔之后，赖宗庙大夫之灵，得奉晋祀，岂敢不战战乎？大夫其亦佐寡人！"于是逐不臣者七人，修旧功，施德惠，收文公入时功臣后。秋，伐郑。郑师败，遂至陈。

①【索隐】几音冀，谓望也。

三年，晋会诸侯。[①]悼公问群臣可用者，祁傒举解狐。解狐，傒之仇。复问，举其子祁午。君子曰："祁傒可谓不党矣！外举不隐仇，内举不隐子。"方会诸侯，悼公弟杨干乱行，[②]魏绛戮其仆。[③]悼公怒，或谏公，公卒贤绛，任之政，使和戎，戎大亲附。十一年，悼公曰："自吾用魏绛，九合诸侯，[④]和戎、翟，魏子之力也。"赐之乐，三让乃受之。冬，秦取我栎。[⑤]

①【索隐】于鸡泽也。 ②【集解】贾逵曰："行，陈也。" ③【集解】贾逵曰："仆，御也。" ④【集解】服虔曰："九合：一谓会于戚，二会城棣救陈，三会于鄬，四会于邢丘，五同盟于戏，六会于柤，七戍郑虎牢，八同盟于亳城北，九会于萧鱼。" ⑤【索隐】音历。《释例》云在河北，地阙。

十四年，晋使六卿率诸侯伐秦，度泾，大败秦军，至棫林而去。十五年，悼公问治国于师旷。师旷曰："惟仁义为本。"冬，悼公卒，子平公彪立。

平公元年，伐齐，齐灵公与战靡下，[1]齐师败走。晏婴曰："君亦毋勇，何不止战？"遂去。晋追，遂围临菑，尽烧屠其郭中。东至胶，南至沂，齐皆城守，晋乃引兵归。

①【集解】徐广曰："靡，一作历。"【索隐】刘氏靡音眉绮反，即靡笄也。

六年，鲁襄公朝晋。晋栾逞有罪，奔齐。八年，齐庄公微遣栾逞于曲沃，以兵随之。齐兵上太行，栾逞从曲沃中反，袭入绛。绛不戒，平公欲自杀，范献子止公，以其徒击逞，逞败走曲沃。曲沃攻逞，逞死，遂灭栾氏宗。逞者，栾书孙也。[1]其入绛，与魏氏谋。齐庄公闻逞败，乃还，取晋之朝歌去，以报临菑之役也。

①【集解】《左传》"逞"作"盈"。

十年，齐崔杼弑其君庄公。晋因齐乱，伐败齐于高唐去，报太行之役也。十四年，吴延陵季子来使，与赵文子、韩宣子、魏献子语，曰："晋国之政，卒归此三家矣。"十九年，齐使晏婴如晋，与叔向语。叔向曰："晋，季世也。公厚赋为台池而不恤政，政在私门，其可久乎！"晏子然之。二十二年，伐燕。二十六年，平公卒，子昭公夷立。

昭公六年卒。六卿强，[1]公室卑。子顷公去疾立。

①【索隐】韩、赵、魏、范，中行及智氏为六卿。后韩、赵、魏为三卿，而

分晋政，故曰三晋。

顷公六年，周景王崩，王子争立。晋六卿平王室乱，立敬王。九年，鲁季氏逐其君昭公，昭公居乾侯。十一年，卫、宋使使请晋纳鲁君。季平子私赂范献子，献子受之，乃谓晋君曰："季氏无罪。"不果入鲁君。十二年，晋之宗家祁傒孙，叔向子，相恶于君。六卿欲弱公室，乃遂以法尽灭其族，而分其邑为十县，各令其子为大夫。晋益弱，六卿皆大。十四年，顷公卒，子定公午立。

定公十一年，鲁阳虎奔晋，赵鞅简子舍之。十二年，孔子相鲁。十五年，赵鞅使邯郸大夫午，不信，欲杀午，午与中行寅、[①]范吉射[②]亲攻赵鞅，鞅走保晋阳。定公围晋阳。荀栎、韩不信、魏侈与范、中行为仇，乃移兵伐范、中行。范、中行反，晋君击之，败范、中行。范、中行走朝歌，保之。韩、魏为赵鞅谢晋君，乃赦赵鞅，复位。二十二年，晋败范、中行氏，二子奔齐。

①【索隐】寅，荀偃之孙也。 ②【索隐】音亦。范献子，士鞅之子。

三十年，定公与吴王夫差会黄池，争长，赵鞅时从，卒长吴。[①]

①【集解】徐广曰："《吴世家》说黄池之盟云'赵鞅怒，将战，吴乃长晋定公'。《左氏传》云'乃先晋人'，《外传》云'吴公先歃，晋公次之'。"

三十一年，齐田常弑其君简公，而立简公弟骜为平公。三十三年，孔子卒。三十七年，定公卒，子出公凿立。

出公十七年，[①]知伯与赵、韩、魏共分范、中行地以为邑。出公怒，告齐、鲁，欲以伐四卿。[②]四卿恐，遂反攻出公。出公奔齐，道死。故知伯乃立昭公曾孙骄为晋君，是为哀公。[③]

①【集解】徐广曰："年表云出公立十八年。或云二十年。" ②【索隐】时赵、魏、韩共灭范氏及中行氏，而分其地，犹有智氏与三晋，故曰"四卿"也。 ③【索隐】按：《赵系家》云骄是为懿公。又年表云出公十八年，次哀公忌二年，次懿公骄十七年。《纪年》又云出公二十三年奔楚，乃立昭公之孙，是为敬公。《系本》亦云昭公生桓子雍，雍生忌，忌生懿公骄。然《晋》、《赵系家》及年表各各不同，何况《纪年》之说也！

哀公大父雍，晋昭公少子也，号为戴子。[①]戴子生忌。忌善知伯，早死，故知伯欲尽并晋，未敢，乃立忌子骄为君。当是时，晋国政皆决知伯，晋哀公不得有所制。知伯遂有范、中行地，最强。

①【集解】徐广曰："《世本》作相子雍，注云戴子。"

哀公四年，赵襄子、韩康子、魏桓子共杀知伯，尽并其地。[①]

①【索隐】如《纪年》之说，此乃出公二十二年事。

十八年，哀公卒，子幽公柳立。幽公之时，晋畏，反朝韩、赵、魏之君。[①]独有绛、曲沃，余皆入三晋。

①【索隐】畏，惧也。为衰弱故，反朝韩、赵、魏也。宋忠引此注《系本》，而“畏”字为“衰”。

十五年，魏文侯初立。[①]十八年，幽公淫妇人，夜窃出邑中，盗杀幽公。[②]魏文侯以兵诛晋乱，立幽公子止，是为烈公。[③]

①【索隐】按《纪年》，魏文侯初立在敬公十八年。 ②【索隐】《纪年》云夫人秦嬴贼公于高寝之上。 ③【索隐】《系本》云幽公生烈公止。又年表云魏诛幽公，立其弟止。

烈公十九年，周威烈王赐赵、韩、魏皆命为诸侯。

二十七年，烈公卒，子孝公颀立。[①]孝公九年，魏武侯初立，袭邯郸，不胜而去。十七年，孝公卒，[②]子静公俱酒立。[③]是岁，齐威王元年也。

①【索隐】《系本》云孝公倾。《纪年》以孝公为桓公，故《韩子》有“晋桓侯。” ②【索隐】《纪年》云桓公二十年赵成侯、韩共侯迁桓公于屯留。已后更无晋事。 ③【索隐】《系本》云静公俱。

静公二年，魏武侯、韩哀侯、赵敬侯灭晋后而三分其地。[①]静公迁为家人，晋绝不祀。

①【索隐】按：《纪年》魏武侯以桓公十九年卒，韩哀侯、赵敬侯并以桓公十五年卒。又《赵系家》烈侯十六年与韩分晋，封晋君端氏，其后十年，肃侯徙晋君于屯留。不同也。

太史公曰：晋文公，古所谓明君也，亡居外十九年，至困约，及即位而行赏，尚忘介子推，况骄主乎？灵公既弑，其后成、景致严，至厉大刻，大夫惧诛，祸作。悼公以后日衰，六卿专权。故君道之御其臣下，固不易哉。

索隐述赞曰：天命叔虞，卒封于唐。桐珪既削，河、汾是荒。文侯虽嗣，曲沃日强。未知本末，祚倾桓、庄。献公昏惑，太子罹殃。重耳致霸，朝周河阳。灵既丧德，厉亦无防。四卿侵侮，晋祚遽亡。

卷四十

楚世家第十

楚之先祖出自帝颛顼高阳。高阳者，黄帝之孙，昌意之子也。高阳生称，[①]称生卷章，卷章生重黎。[②]重黎为帝喾高辛居火正，[③]甚有功，能光融天下，帝喾命曰祝融。[④]共工氏作乱，帝喾使重黎诛之而不尽。帝乃以庚寅日诛重黎，而以其弟吴回为重黎后，复居火正，为祝融。

①【正义】尺证反。　②【集解】徐广曰："《世本》云老童生重黎及吴回。"谯周曰："老童即卷章。"【索隐】重氏、黎氏二官代司天地，重为木正，黎为火正。案：《左氏传》少昊氏之子曰重，颛顼氏之子曰黎。今以重黎为一人，仍是颛顼之子孙者，刘氏云"少昊氏之后曰重，颛顼氏之后曰重黎，对彼重则单称黎，若自言当家则称重黎。故楚及司马氏皆重黎之后，非关少昊之重"。愚谓此解为当。　③【索隐】此重黎为火正，彼少昊氏之后重自为木正，知此重黎即彼之黎也。　④【集解】虞翻曰："祝，大。融，明也。"韦昭曰："祝，始也。"

吴回生陆终。陆终生子六人，坼剖而产焉。[①]其长一曰昆吾，[②]二曰参胡，[③]三曰彭祖，[④]四曰会人，[⑤]五曰曹姓，[⑥]六曰季连，芈姓，楚其后也。[⑦]昆吾氏，夏之时尝为侯伯，桀之时汤灭之。彭祖氏，殷之时尝为侯伯，殷之末世灭彭祖氏。季连生附沮，[8]附沮生穴熊。其后中微，或在中国，或在蛮夷，弗能纪其世。

①【集解】干宝曰："先儒学士多疑此事。谯允南通才达学，精核数理者也，作《古史考》，以为作者妄记，废而不论。余亦尤其生之异也。然按六子之世，子孙有国，升降六代，数千年间，迭至霸王，天将兴之，必有尤物乎？若夫前志所传，修己背坼而生禹，简狄胸剖而生契，历代久远，莫足相证。近魏黄初五年，汝南屈雍妻王氏生男儿从右胳下水腹上出，而平和自若，数月创合，母子无恙，斯盖近事之信也。以今况古，固知注记者之不妄也。天地云为，阴阳变化，安可守之一端，概以常理乎？《诗》云'不坼不副，无灾无害'。原诗人之旨，明古之妇人尝有坼副而产者矣。又有因产而遇灾害者，故美其无害也。"【索隐】《系本》云："陆终娶鬼方氏妹，曰女嬇。" ②【集解】虞翻曰："昆吾名樊，为己姓，封昆吾。"《世本》曰："昆吾者，卫是也。"【索隐】《系本》云："其一曰樊，是为昆吾。"宋忠曰："昆吾，国名，己姓所出。"《左传》曰："卫侯梦见披发登昆吾之观。"按：今濮阳城中有昆吾台是。【正义】《括地志》云："濮阳县，古昆吾国也。昆吾故城在县西三十里，台在县西百步，即昆吾墟也。" ③【集解】《世本》曰："参胡者，韩是也。"【索隐】《系本》云："二曰惠连，是为参胡。"宋忠曰："参胡，国名，斟姓，无后。" ④【集解】虞翻曰："名翦，为彭姓，封于大彭。"《世本》曰："彭祖者，彭城是也。"【索隐】《系本》云："三曰篯铿，是为彭祖。彭祖者，彭城是。"虞翻所云是也。【正义】《括地志》云："彭城，古彭祖国也。《外传》云殷末灭彭祖国也。虞翻云名翦。《神仙传》云彭祖讳铿，帝颛顼之玄孙，至殷末年已七百六十七岁而不衰老，遂往流沙之西，非寿终也。" ⑤【集解】《世本》曰："会人者，郑是也。"【索隐】《系本》云："四曰求言，是为郐人。"宋忠曰："求言，名也。妘姓所出，郐国也。"【正义】《括地志》云："故郐城在郑州新郑县东北二十二里。《毛诗谱》云'昔高辛之土，祝融之墟，历唐至周，重黎之后妘姓处其地，是为郐国，为郑武公所灭也'。" ⑥【集解】《世本》曰："曹姓者，邾是也。"【索隐】《系本》云："五曰安，是为曹姓。"宋忠曰："安，名也。

曹姓者，诸曹所出。”【正义】《括地志》云：“故邾国在黄州黄冈县东南百二十一里，《史记》云邾子，曹姓也。” ⑦【索隐】《系本》云：“六曰季连，是为芈姓。季连者，楚是。”宋忠曰：“季连，名也。芈姓所出，楚之先。”芈音弥是反。芈，羊声也。 ⑧【集解】孙检曰：“一作祖。”【索隐】沮音才叙反。

周文王之时，季连之苗裔曰鬻熊。鬻熊子事文王，早卒。其子曰熊丽。熊丽生熊狂，熊狂生熊绎。

熊绎当周成王之时，举文、武勤劳之后嗣，而封熊绎于楚蛮，封以子男之田，姓芈氏，居丹阳。①楚子熊绎与鲁公伯禽、卫康叔子牟、晋侯燮、齐太公子吕伋俱事成王。

①【集解】徐广曰：“在南郡枝江县。”【正义】颖容(云)《传例》云：“楚居丹阳，今枝江县故城是也。”《括地志》云：“归州巴东县东南四里归故城，楚子熊绎之始国也。又熊绎墓在归州秭归县。《舆地志》云秭归县东有丹阳城，周回八里，熊绎始封也。”

熊绎生熊艾，熊艾生熊黮，①熊黮生熊胜。熊胜以弟熊杨②为后。熊杨生熊渠。

①【索隐】一作“䵣”，音土感反。黮音但，与“亶”同字，亦作“亶”。
②【索隐】邹诞本作“熊钖”。一作“炀”。

熊渠生子三人。当周夷王之时，王室微，诸侯或不朝，相伐。熊渠甚得江、汉间民和，乃兴兵伐庸、①杨粤，②至于鄂。③熊渠曰：“我蛮夷也，不与中国之号谥。”乃立其长子康为句亶王，④中子红为鄂王，⑤少子执疵为越章王，⑥皆在江上楚蛮之地。及周厉王之时，暴虐，熊渠畏其伐楚，亦去其王。

①【集解】杜预曰："庸，今上庸县。"【正义】《括地志》云："房州竹山县，本汉上庸县，古之庸国。昔周武王伐纣，庸蛮在焉。" ②【索隐】有本作"杨雩"，音吁，地名也。今音越。谯周亦作"杨越"。 ③【正义】五各反。刘伯庄云："地名，在楚之西，后徙楚，今东鄂州是也。"《括地志》云："邓州向城县南二十里西鄂故城是楚西鄂。" ④【集解】张莹曰："今江陵也。"【索隐】《系本》"康"作"庸"，"亶"作"袒"。《地理志》云江陵，南郡之县也。楚文王自丹阳徙都之。 ⑤【集解】《九州记》曰："鄂，今武昌。"【索隐】有本作"亵红"二字，音挚红，从下文熊挚红读也。《古史考》及邹氏、刘氏等音无亵红，恐非也。【正义】《括地志》云："武昌县，鄂王旧都。今鄂王神即熊渠子之神也。" ⑥【索隐】《系本》无执字，越作"就"。

后为熊毋康，[①]毋康早死。熊渠卒，子熊挚红立。[②]挚红卒，其弟弑而代立，曰熊延。[③]熊延生熊勇。

①【集解】徐广曰："即渠之长子。" ②【索隐】如此史意即上鄂王红也。谯周以为"熊渠卒，子熊翔立；卒，长子挚有疾，少子熊延立"。此云"挚红卒，其弟杀而自立，曰熊延"。欲会此代系，则翔亦毋康之弟，元嗣熊渠者。毋康既早亡，挚红立而被延杀，故《史考》言"挚有疾"，而此言"弑"也。【正义】即上鄂王红也。 ③【正义】谯周言"挚有疾"，此言"弑"，未详。宋均注《乐纬》云："熊渠嫡嗣曰熊挚，有恶疾，不得为后，别居于夔，为楚附庸，后王命曰夔子也。"

熊勇六年，而周人作乱，攻厉王，厉王出奔彘。熊勇十年，卒，弟熊严为后。

熊严十年，卒。有子四人，长子伯霜，中子仲雪，次子叔堪，[①]少子季徇。[②]熊严卒，长子伯霜代立，是为熊霜。

①【索隐】一作“湛”。 ②【索隐】旬俊反。

熊霜元年，周宣王初立。熊霜六年，卒，三弟争立。仲雪死；叔堪亡，避难于濮。[①]而少弟季徇立，是为熊徇。能徇十六年，郑桓公初封于郑。二十二年，熊徇卒，子熊咢[②]立。熊咢九年，卒，子熊仪立，是为若敖。

①【集解】杜预曰：“建宁郡南有濮夷。”【正义】按：建宁，晋郡，在蜀南，与蛮相近。刘伯庄云：“濮在楚西南。”孔安国云：“庸、濮在汉之南。”按：成公元年“楚地千里”，孔说是也。 ②【索隐】噩音鄂，亦作“咢”。

若敖二十年，周幽王为犬戎所弑，周东徙，而秦襄公始列为诸侯。

二十七年，若敖卒，子熊坎[①]立，是为霄敖。霄敖六年，卒，子熊眴立，[②]是为蚡冒。[③]蚡冒十三年，晋始乱，以曲沃之故。蚡冒十七年，卒。蚡冒弟熊通弑蚡冒子而代立，是为楚武王。

①【索隐】苦感反。一作“菌”，又作“钦”。 ②【集解】徐广曰：“眴音舜。”【索隐】徐音舜。按：《玉篇》在口部，顾氏云“楚之先，即蚡冒也”。刘音舜，其近代本即有字从目者。刘舜音，非。 ③【索隐】古本“蚡”作“羒”，音愤。冒音亡北反，或亡报反。

武王十七年，晋之曲沃庄伯弑主国晋孝侯。十九年，郑伯弟段作乱。二十一年，郑侵天子之田。二十三年，卫弑其君桓公。二十九年，鲁弑其君隐公。三十一年，宋太宰华督弑其君殇公。

三十五年，楚伐随。[①]随曰："我无罪。"楚曰："我蛮夷也。今诸侯皆为叛相侵，或相杀。我有敝甲，欲以观中国之政，请王室尊吾号。"随人为之周，请尊楚，王室不听，还报楚。三十七年，楚熊通怒曰："吾先鬻熊，文王之师也，早终。成王举我先公，乃以子男田令居楚，蛮夷皆率服，而王不加位，我自尊耳。"乃自立，为武王，与随人盟而去。于是始开濮地而有之。

①【集解】贾逵曰："随，姬姓也。"杜预曰："随国今义阳随县。"【正义】《括地志》云："随州外城古随国地。"《世本》云："楚武王墓在豫州新息。随，姬姓也。武王卒师中而兵罢。"《括地志》云"上蔡县东北五十里"。

五十一年，周召随侯，数以立楚为王。楚怒，以随背己，伐随。武王卒师中而兵罢。[①]子文王熊赀立，始都郢。[②]

①【集解】《皇览》曰："楚武王冢在汝南郡鲖阳县葛陂乡城东北，民谓之楚王岑。汉永平中，葛陵城北祝里社下于土中得铜鼎，而名曰'楚武王'，由是知楚武王之冢。民传言，秦、项、赤眉之时欲发之，辄颓坏填压，不得发也。"【正义】有本注"葛陂乡"作"葛陵乡"者，误也。《地理志》云新蔡县西北六十里有葛陂乡，即费长房投竹成龙之陂，因为乡名也。　②【正义】《括地志》云："纪南故城在荆州江陵县北五十里。杜预云国都于郢，今南郡江陵县北纪南城是也。"《括地志》云："又至平王，更城郢，在江陵县东北六

里，故郢城是也。”

文王二年，伐申过邓，[①]邓人曰“楚王易取”，邓侯不许也。[②]六年，伐蔡，[③]虏蔡哀侯以归，已而释之。楚强，陵江、汉间小国，小国皆畏之。十一年，齐桓公始霸，楚亦始大。

①【正义】《括地志》云：“故申城在邓州南阳县北三十里。《晋太康地志》云周宣王舅所封。故邓城在襄州安养县北二十里。春秋之邓国，庄十六年楚文王灭之。” ②【集解】服虔云：“邓，曼姓。” ③【正义】豫州上蔡县在州北七十里，古蔡国也。县外城，蔡国城也。

十二年，伐邓，灭之。十三年，卒，子熊囏立，[①]是为杜敖。[②]杜敖五年，欲杀其弟熊恽，[③]恽奔随，与随袭弑杜敖代立，是为成王。

①【集解】《史记音隐》云：“囏，古艰字。” ②【索隐】杜作壮，侧状反。 ③【索隐】恽音纡粉反。《左传》作“頵”，纡贫反。

成王恽元年，初即位，布德施惠，结旧好于诸侯。使人献天子，天子赐胙，曰：“镇尔南方夷、越之乱，无侵中国。”于是楚地千里。

十六年，齐桓公以兵侵楚，至陉山。[①]楚成王使将军屈完[②]以兵御之，与桓公盟。桓公数以周之赋不入王室，楚许之，乃去。

①【正义】杜预云："陉，楚地。颍川召陵县南有陉亭。"《括地志》云："陉山在郑州西南一百一十里，即此山也。" ②【正义】屈，曲勿反。完音桓，楚族也。

十八年，成王以兵北伐许，[①]许君肉袒谢，乃释之。二十二年，伐黄。[②]二十六年，灭英。[③]

①【集解】《地理志》曰颍川许昌县，故许国也。 ②【索隐】汝南弋阳县，故黄国。【正义】《括地志》云："黄国故城，汉弋阳县也。秦时黄都，嬴姓，在光州定城县四十里也。" ③【集解】徐广曰："年表及他本皆作'英'，一本作'黄'。"【正义】英国在淮南，盖蓼国也，不知改名时也。

三十三年，宋襄公欲为盟会，召楚。楚王怒曰："召我，我将好往袭辱之。"遂行，至盂，[①]遂执辱宋公，已而归之。三十四年，郑文公南朝楚。楚成王北伐宋，败之泓，射伤宋襄公，襄公遂病创死。

①【正义】音于，宋地也。

三十五年，晋公子重耳过楚，成王以诸侯客礼飨，而厚送之于秦。

三十九年，鲁僖公来请兵以伐齐，楚使申侯将兵伐齐，取穀，[①]置齐桓公子雍焉。齐桓公七子皆奔楚，楚尽以为上大夫。灭夔，夔不祀祝融、鬻熊故也。[②]

①【集解】杜预曰："济北穀城县。"【正义】《括地志》云："穀在济州东阿县东二十六里。" ②【集解】服虔曰："夔，楚熊渠之孙，熊挚之后。夔在巫山之阳，秭归乡是也。"【索隐】谯周作"灭归"，归即夔之地名归乡也。

夏，伐宋，宋告急于晋，晋救宋，成王罢归。将军子玉请战，成王曰："重耳亡居外久，卒得反国，天之所开，不可当。"子玉固请，乃与之少师而去。晋果败子玉于城濮。成王怒，诛子玉。

四十六年，初，成王将以商臣为太子，语令尹子上。子上曰："君之齿未也，[①]而又多内宠，绌乃乱也。楚国之举常在少者。[②]且商臣蜂目而豺声，忍人也，[③]不可立也。"王不听，立之。后又欲立子职[④]而绌太子商臣。商臣闻而未审也，告其傅潘崇曰："何以得其实？"崇曰："飨王之宠姬[⑤]江芈[⑥]而勿敬也。"商臣从之。江芈怒曰："宜乎王之欲杀若而立职也。"商臣告潘崇曰："信矣。"崇曰："能事之乎？"[⑦]曰："不能。""能亡去乎？"曰："不能。""能行大事乎？"[⑧]曰："能。"冬十月，商臣以宫卫兵围成王。成王请食熊蹯而死，[⑨]不听。丁未，成王自绞杀。商臣代立，是为穆王。

①【集解】杜预曰："齿，年也。言尚少。" ②【集解】贾逵曰："举，立也。" ③【集解】服虔曰："言忍为不义。" ④【集解】贾逵曰："职，商臣庶弟也。" ⑤【集解】姬，当作"妹"。 ⑥【正义】芈，亡尔反。 ⑦【集解】服虔曰："若立职，子能事之？" ⑧【集解】服虔曰："谓弑君。" ⑨【集解】杜预曰："熊掌难熟，冀久将有外救之也。"

穆王立，以其太子宫予潘崇，使为太师，掌国事。穆王三年，灭江。[①]四年，灭六、蓼。六、蓼，皋陶之后。[②]八年，伐陈。十二年，卒。子庄王侣立。

①【集解】杜预曰："江国在汝南安阳县。" ②【集解】杜预曰："六国，今庐江六县。蓼国，今安丰蓼县。"

庄王即位三年，不出号令，日夜为乐，令国中曰："有敢谏者死无赦！"伍举入谏。庄王左抱郑姬，右抱越女，坐钟鼓之间。伍举曰："愿有进。"隐曰：[①]"有鸟在于阜，三年不飞不鸣，是何鸟也？"庄王曰："三年不飞，飞将冲天。三年不鸣，鸣将惊人。举退矣，吾知之矣。"居数月，淫益甚。大夫苏从乃入谏。王曰："若不闻令乎？"对曰："杀身以明君，臣之愿也。"于是乃罢淫乐，听政，所诛者数百人，所进者数百人，任伍举、苏从以政，国人大说。是岁灭庸。[②]六年，伐宋，获五百乘。

①【集解】隐谓隐藏其意。 ②【正义】今房州竹山县是也。

八年，伐陆浑戎，[①]遂至洛，观兵于周郊。[②]周定王使王孙满劳楚王。[③]楚王问鼎小大轻重，[④]对曰："在德不在鼎。"庄王曰："子无阻九鼎。楚国折钩之喙，[⑤]足以为九鼎。"王孙满曰："呜呼，君王其忘之乎？昔虞、夏之盛，远方皆至，贡金九牧，[⑥]铸鼎象物，[⑦]百物而为之备，使民知神奸。[⑧]桀有乱德，鼎迁于殷，载祀六百。[⑨]殷纣暴虐，鼎迁于周。德之休明，虽小必重。[⑩]其奸回昏乱，虽大必轻。[⑪]昔成王定鼎于郏鄏，[⑫]卜世三十，卜年七百，天所命也。周德虽衰，天命未改。鼎之轻重，未可问也。”楚王乃归。

①【集解】服虔曰：“陆浑戎在洛西南。”【正义】允姓之戎徙居陆浑。②【集解】服虔曰：“观兵，陈兵示周也。” ③【集解】服虔曰：“以郊劳礼迎之也。” ④【集解】杜预曰：“示欲偪周取天下。” ⑤【正义】喙，许卫反。凡戟有钩。喙，钩口之尖也。言楚国戟之钩口尖有折者，足以为鼎，言鼎之易得也。 ⑥【集解】服虔曰：“使九州之牧贡金。” ⑦【集解】贾逵曰：“象所图物著之于鼎。” ⑧【集解】杜预曰：“图鬼神百物之形，使民逆备之也。” ⑨【集解】贾逵曰：“载，辞也。祀，年也。商曰祀。”王肃曰：“载祀者，犹言年也。” ⑩【集解】杜预曰：“不可迁。” ⑪【集解】杜预曰：“言可移。” ⑫【集解】杜预曰：“郏鄏今河南也，河南县西有郏鄏陌。武王迁之，成王定之。”【索隐】按《周书》，郏，雒北山名，音甲。鄏谓田厚鄏，故以名焉。

九年，相若敖氏。[①]人或谗之王，恐诛，反攻王，王击灭若敖氏之族。十三年，灭舒。[②]

①【集解】《左传》曰子越椒。 ②【集解】杜预曰：“庐江六县东有舒城也。”

十六年，伐陈，杀夏徵舒。徵舒弑其君，故诛之也。已破陈，即县之。群臣皆贺，申叔时使齐来，不贺。王问，对曰：“鄙语曰，牵牛径人田，田主取其牛。径者则不直矣，取之牛不亦甚乎？且王以陈之乱而率诸侯伐之，以义伐之而贪其县，亦何以复令于天下！”庄王乃复国陈后。

十七年春，楚庄王围郑，三月克之。入自皇门，[1]郑伯肉袒牵羊以逆，[2]曰：“孤不天，不能事君，君用怀怒，以及敝邑，孤之罪也。敢不惟命是听。宾之南海，若以臣妾赐诸侯，亦惟命是听。若君不忘厉、宣、桓、武，[3]不绝其社稷，使改事君，孤之愿也，非所敢望也。敢布腹心。”楚群臣曰：“王勿许。”庄王曰：“其君能下人，必能信用其民，庸可绝乎！”庄王自手旗，左右麾军，引兵去三十里而舍，[4]遂许之平。潘尪入盟，子良出质。[5]夏六月，晋救郑，与楚战，大败晋师河上，遂至衡雍而归。

①【集解】贾逵曰：“郑城门。”何休曰：“郭门也。” ②【集解】贾逵曰：“肉袒牵羊，示服为臣隶也。” ③【集解】杜预曰：“周厉王、宣王，郑之所自出也。郑桓公、武公，始封之贤君也。” ④【集解】杜预曰：“退一舍而礼郑。” ⑤【集解】潘尪，楚大夫。子良，郑伯弟。

二十年，围宋，以杀楚使也。[1]围宋五月，城中食尽，易子而食，析骨而炊。宋华元出告以情。庄王曰：“君子哉！”遂罢兵去。

①【索隐】《左传》宣十四年“楚子使申舟聘于齐，曰：‘无假道于宋。’华元曰：‘过我而不假道，鄙我也，鄙我，亡也；杀其使者必伐我，伐我亦亡也：亡一也。’乃杀之。楚子闻之，投袂而起。九月，围宋”是也。

二十三年，庄王卒，子共王审立。

共王十六年，晋伐郑。郑告急，共王救郑。与晋兵战鄢陵，晋败楚，射中共王目。共王召将军子反。子反嗜酒，从者竖阳谷进酒，醉。王怒，射杀子反，遂罢兵归。

三十一年，共王卒，子康王招立。康王立十五年卒，子员[①]立，是为郏敖。

①【索隐】音云。《左传》作“麇”。

康王宠弟公子围、[①]子比、子皙、弃疾。郏敖三年，以其季父康王弟公子围为令尹，主兵事。四年，围使郑，道闻王疾而还。十二月己酉，围入问王疾，绞而弑之，[②]遂杀其子莫及平夏。使使赴于郑。伍举问曰：“谁为后？”[③]对曰：“寡大夫围。”伍举更曰：“共王之子围为长。”[④]子比奔晋，而围立，是为灵王。

①【集解】徐广曰：“《史记》多作回。” ②【集解】荀卿曰：“以冠缨绞之。”《左传》曰：“葬王于郏，谓之郏敖。” ③【集解】服虔曰：“问来赴者。” ④【集解】杜预曰：“伍举更赴辞，使从礼告终称嗣，不以篡弑赴诸侯。”

灵王三年六月，楚使使告晋，欲会诸侯。诸侯皆会楚于申。伍举曰：“昔夏启有钧台之飨，[①]商汤有景亳之命，周武王有盟津之誓，成王有岐阳之搜，[②]康王有丰宫之朝，[③]穆王有涂山之会，齐桓有召陵之师，晋文有践土之盟，君其何用？”灵王曰：“用桓公。”[④]时郑子产在焉。于是晋、宋、鲁、卫不往。灵王已盟，有骄色。伍举曰：“桀为有仍之会，有缗叛之。[⑤]纣为黎山之会，东夷叛之。[⑥]幽王为太室之盟，戎、翟叛之。[⑦]君其慎终。”

①【集解】杜预曰：“河南阳翟县南有钧台坡。” ②【集解】贾逵曰：“岐山之阳。” ③【集解】服虔曰：“丰宫，成王庙所在也。”杜预曰：“丰在始平鄠县东，有灵台，康王于是朝诸侯。” ④【集解】杜预曰：“用会召陵之礼也。” ⑤【集解】贾逵曰：“仍、缗，国名也。” ⑥【集解】服虔曰：“黎，东夷国名也，子姓。” ⑦【集解】杜预曰：“太室，中岳也。”

七月，楚以诸侯兵伐吴，围朱方。八月，克之，囚庆封，灭其族。以封徇，曰：“无效齐庆封弑其君而弱其孤，以盟诸大夫。”[①]封反曰：“莫如楚共王庶子围弑其君兄之子员而代之立。”[②]于是灵王使(弃)疾杀之。

①【集解】杜预曰：“齐崔杼弑其君，庆封其党，故以弑君之罪责之也。”②【集解】《穀梁传》曰：“军人粲然皆笑。”

七年，就章华台，[①]下令内亡人实之。

①【集解】杜预曰：“南郡华容县有台，在城内。”

八年，使公子弃疾将兵灭陈。十年，召蔡侯，醉而杀之。使弃疾定蔡，因为陈蔡公。

十一年，伐徐以恐吴。[①]灵王次于乾溪以待之。王曰：

“齐、晋、鲁、卫，其封皆受宝器，我独不。今吾使使周求鼎以为分，其予我乎？”[2]析父[3]对曰：“其予君王哉！昔我先王熊绎辟在荆山，荜露蓝蒌[4]以处草莽，跋涉山林[5]以事天子，唯是桃弧棘矢以共王事。[6]齐，王舅也；[7]晋及鲁、卫，王母弟也：楚是以无分而彼皆有。周今与四国服事君王，将惟命是从，岂敢爱鼎？”灵王曰：“昔我皇祖伯父昆吾旧许是宅，[8]今郑人贪其田，不我予，今我求之，其予我乎？”对曰：“周不爱鼎，郑安敢爱田？”灵王曰：“昔诸侯远我而畏晋，今吾大城陈、蔡、不羹，[9]赋皆千乘，诸侯畏我乎？”对曰：“畏哉！”灵王喜曰：“析父善言古事焉。”[10]

①【集解】《左传》曰使荡侯等围徐。 ②【集解】服虔曰：“有功德，受分器。” ③【集解】贾逵曰：“析父，楚大夫。”【索隐】据《左氏》此是右尹子革之词，史盖误也。 ④【集解】徐广曰：“荜，一作暴。”骃案：服虔曰“荜露，柴车素木辂也。蓝蒌，言衣敝坏，其蒌蓝蓝然也”。 ⑤【集解】服虔曰：“草行曰跋，水行曰涉。” ⑥【集解】服虔曰：“桃弧棘矢所以御其灾，言楚地山林无所出也。” ⑦【集解】服虔曰：“齐吕伋，成王之舅。” ⑧【集解】服虔曰：“陆终氏六子，长曰昆吾，少曰季连。季连，楚之祖，故谓昆吾为伯父也。昆吾曾居许地，故曰旧许是宅。” ⑨【集解】韦昭曰：“二国，楚别都也。颍川定陵有东不羹，襄城有西不羹。”【正义】《括地志》云：“不羹故城在许州襄城县东三十里。《地理志》云此乃西不羹者也。” ⑩【正义】《左传》昭十二年，析父谓子革曰：“吾子楚国之望也，今与王言如响，国其若之何？”杜预曰：“讥其顺王心如响应声也。”按：此对王言是子革之辞，太史公云析父，误也。析父时为王仆，见子革对，故叹也。

十二年春，楚灵王乐乾溪，不能去也。国人苦役。初，灵王会兵于申，僇越大夫常寿过，[①]杀蔡大夫观起。[②]起子从亡在吴，[③]乃劝吴王伐楚，为间越大夫常寿过而作乱，为吴间。使矫公子弃疾命召公子比于晋，至蔡，与吴、越兵欲袭蔡。令公子比见弃疾，与盟于邓。[④]遂入杀灵王太子禄，立子比为王，公子子皙为令尹，弃疾为司马。先除王宫，观从从师于乾溪，令楚众曰："国有王矣。先归，复爵邑田室。后者迁之。"楚众皆溃，去灵王而归。

①【索隐】僇，辱也。　②【索隐】观音官。观，姓。起，名。　③【索隐】从音才松反。　④【集解】杜预曰："颍川邵陵县西有邓城。"【正义】《括地志》云："故邓城在豫州郾城县东三十五里。"按：在古召陵县西十里也。

灵王闻太子禄之死也，自投车下，而曰："人之爱子亦如是乎？"侍者曰："甚是。"王曰："余杀人之子多矣，能无及此乎？"右尹曰：[①]"请待于郊以听国人。"[②]王曰："众怒不可犯。"曰："且入大县而乞师于诸侯。"王曰："皆叛矣。"又曰："且奔诸侯以听大国之虑。"王曰："大福不再，只取辱耳。"于是王乘舟将欲入鄢。[③]右尹度王不用其计，惧俱死，亦去王亡。

①【集解】《左传》曰右尹子革。　②【集解】服虔曰："听国人欲为谁。"　③【集解】服虔曰："鄢，楚别都也。"杜预曰："襄阳宜城县。"【正义】音偃。《括地志》云："故鄢城在襄州安养县北三里，在襄州北五里，南去荆州二百五十里。"按：王自夏口从汉水上入鄢也。《左传》云"王沿夏将欲

入鄢”是也。《括地志》云:“鄢水源出襄州义清县西界托仗山。《水经》云蛮水即鄢水是也。”

灵王于是独傍偟山中,野人莫敢入王。王行遇其故铜人,[①]谓曰:“为我求食,我已不食三日矣。”铜人曰:“新王下法,有敢饷王从王者,罪及三族,且又无所得食。”王因枕其股而卧。铜人又以土自代,逃去。王觉而弗见,遂饥弗能起。芋尹申无宇之子申亥曰:“吾父再犯王命,[②]王弗诛,恩孰大焉。”乃求王,遇王饥于釐泽,奉之以归。夏五月癸丑,王死申亥家,[③]申亥以二女从死,并葬之。

①【集解】韦昭曰:“今之中涓也。” ②【集解】服虔曰:“断王旌,执人于章华之宫。” ③【正义】《左传》云“夏五月癸亥,王缢于芋尹申亥”是也。

是时楚国虽已立比为王,畏灵王复来,又不闻灵王死,故观从谓初王比曰:“不杀弃疾,虽得国犹受祸。”王曰:“余不忍。”从曰:“人将忍王。”王不听,乃去。弃疾归。国人每夜惊,曰:“灵王入矣!”乙卯夜,弃疾使船人从江上走呼曰:“灵王至矣!”国人愈惊。又使曼成然告初王比及令尹子皙曰:“王至矣!国人将杀君,司马将至矣![①]君早自图,无取辱焉。众怒如水火,不可救也。”初王及子皙遂自杀。丙辰,弃疾即位为王,改名熊居,是为平王。

①【集解】杜预曰:“司马谓弃疾。”

平王以诈弑两王而自立，恐国人及诸侯叛之，乃施惠百姓。复陈、蔡之地而立其后如故，归郑之侵地。存恤国中，修政教。吴以楚乱故，获五率以归。[①]平王谓观从："恣尔所欲。"欲为卜尹，王许之。[②]

①【集解】服虔曰："五率，荡侯、潘子、司马督、嚣尹午、陵尹喜。"
②【集解】贾逵曰："卜尹，卜师，大夫官。"

初，共王有宠子五人，无嫡立，乃望祭群神，请神决之，使主社稷，而阴与巴姬[①]埋璧于室内，[②]召五公子斋而入。康王跨之，[③]灵王肘加之，子比、子晳皆远之。平王幼，抱其上而拜，压纽。故康王以长立，至其子失之；围为灵王，及身而弑；子比为王十余日，子晳不得立，又俱诛。四子皆绝无后。唯独弃疾后立，为平王，竟续楚祀，如其神符。

①【集解】贾逵曰："共王妾。"　②【正义】《左传》云："埋璧于太室之庭。"杜预曰："太室，祖庙也。"　③【集解】服虔曰："两足各跨璧一边。"杜预曰："过其上。"

初，子比自晋归，韩宣子问叔向曰："子比其济乎？"对曰："不就。"宣子曰："同恶相求，如市贾焉，[①]何为不就？"对曰："无与同好，谁与同恶？[②]取国有五难：有宠无人，一也；[③]有人无主，二也；[④]有主无谋，三也；[⑤]有谋而无民，四也；[⑥]有民而无德，五也。[⑦]子比在晋十三年矣，晋、楚之从不闻通者，可谓无人矣；[⑧]族尽亲叛，可谓无主矣；[⑨]无衅而动，可谓无谋矣;[10]为羁终世,可谓无民矣;[11]亡无爱征,可谓无德矣。[12]王虐而不忌,[13]子比涉五难以弑君,谁能济之!有楚国者,其弃疾乎?君陈、蔡,方城外属焉。[14]苛慝不作,盗贼伏隐,私欲不违,[15]民无怨心。先神命之,国民信之。芈姓有乱,必季实立,楚之常也。子比之官,则右尹也。数其贵宠,则庶子也。以神所命,则又远之。民无怀焉,将何以立?"宣子曰:"齐桓、晋文不亦是乎?"[16]对曰:"齐桓,卫姬之子也,有宠于釐公。有鲍叔牙、宾须无、隰朋以为辅,有莒、卫以为外主,[17]有高、国以为内主。[18]从善如流,[19]施惠不倦。有国,不亦宜乎?昔我文公,狐季姬之子也,有宠于献公。好学不倦。生十七年,有士五人,有先大夫子餘、子犯以为腹心,[20]有魏犨、贾佗以为股肱,有齐、宋、秦、楚以为外主,[21]有栾、郤、狐、先以为内主。[22]亡十九年,守志弥笃。惠、怀弃民,[23]民从而与之。[24]故文公有国,不亦宜乎?子比无施于民,无援于外,去晋,晋不送;归楚,楚不迎。何以有国!"子比果不终焉,卒立者弃疾,[25]如叔向言也。

①【集解】服虔曰:"谓国人共恶灵王者,如市贾之人求利也。" ②【集解】服虔曰:"言无党于内,当与谁共同好恶。" ③【集解】杜预曰:"宠须贤人而固。" ④【集解】杜预曰:"虽有贤人,当须内主为应。" ⑤【集解】杜预曰:"谋,策谋也。" ⑥【集解】杜预曰:"民,众也。" ⑦【集解】杜预曰:"四者既备,当以德成之。" ⑧【集解】杜预曰:"晋、楚之士从子比游,皆非达人。" ⑨【集解】杜预曰:"无亲族在楚。" ⑩【集解】服虔曰:"言灵王尚在,而妄动取国,故谓无谋。" ⑪【集解】杜预曰:"终身羁客在于晋,是无民。" ⑫【集解】杜预曰:"楚人无爱念

者。” ⑬【集解】杜预曰：“灵王暴虐，无所畏忌，将自亡。” ⑭【正义】方城山在许州叶县西十八里也。 ⑮【集解】服虔曰：“不以私欲违民心。” ⑯【集解】服虔曰：“皆庶子而出奔。” ⑰【集解】贾逵曰：“齐桓出奔莒，自莒先入，卫人助之。” ⑱【集解】服虔曰：“国子、高子，皆齐之正卿。” ⑲【集解】服虔曰：“言其疾。” ⑳【集解】贾逵曰：“子餘，赵衰。” ㉑【集解】贾逵曰：“齐以女妻之，宋赠之马，楚享以九献，秦送内之。” ㉒【集解】贾逵曰：“四姓，晋大夫。”【正义】杜预云：“谓栾枝、郤縠、狐突、先轸也。” ㉓【集解】服虔曰：“皆弃民不恤。” ㉔【正义】以惠、怀弃民，故民相从而归心于文公。 ㉕【正义】《左传》云：“获神，一也；有民，二也；令德，三也；宠贵，四也；居常，五也。有五利以去五难，谁能害之！”杜预云：“获神，当璧拜也；有民，民信也；令德，无苛慝也；宠贵，妃子也；居常，弃疾季也。”

平王二年，使费无忌[①]如秦为太子建取妇。[②]妇好，来，未至，无忌先归，说平王曰：“秦女好，可自娶，为太子更求。”平王听之，卒自娶秦女，生熊珍。更为太子娶。是时伍奢为太子太傅，无忌为少傅。无忌无宠于太子，常谗恶太子建。建时年十五矣，其母蔡女也，无宠于王，王稍益疏外建也。

①【集解】服虔曰：“楚大夫。”【索隐】《左传》作“无极”，极忌声相近。 ②【正义】《左传》云：“楚子之在蔡也，郹阳之女奔之，生太子建。”杜预云：“郹，蔡邑也。”郹，古觅反。

六年，使太子建居城父，守边。[①]无忌又日夜谗太子建于王曰：“自无忌入秦女，太子怨，亦不能无望于王，王少自备焉。且太子居城父，擅兵，外交诸侯，且欲入矣。”平王召其傅伍奢责之。伍奢知无忌谗，乃曰："王奈何以小臣疏骨肉？"无忌曰："今不制，后悔也。"于是王遂囚伍奢。(而召其二子而告以免父死)乃令司马奋扬召太子建，欲诛之。太子闻之，亡奔宋。

①【集解】服虔曰："城父，楚北境邑。"杜预曰："襄城城父县。"【正义】父音甫。《括地志》云："城父故城在许州叶县东北四十五里，即杜预云襄城城父县也。又许州襄城县东四十里亦有父城故城一所，服虔云'城父，楚北境'，乃是父城之名，非建所守。杜预云(言)成父，又误也。《传》及郦元《水经注》云'楚大城城父，使太子建居之'，即《十三州》志云太子建所居城父，谓今亳州城父县也。"按：今亳州见有城父县，是建所守者也。《地理志》云颍川有父城县，沛郡有城父县，此二名别耳。

无忌曰："伍奢有二子，不杀者为楚国患。盍以免其父召之，必至。"于是王使使谓奢："能致二子则生，不能将死。"奢曰："尚至，胥不至。"王曰："何也？"奢曰："尚之为人，廉，死节，慈孝而仁，闻召而免父，必至，不顾其死。胥之为人，智而好谋，勇而矜功，知来必死，必不来。然为楚国忧者必此子。"于是王使人召之，曰："来，吾免尔父。"伍尚谓伍胥曰："闻父免而莫奔，不孝也；父戮莫报，无谋也；度能任事，知也。子其行矣，我其归死。"伍尚遂归。伍胥弯弓属矢，出见使者，曰："父有罪，何以召其子为？"将射，使者还走，遂出奔吴。伍奢闻之，曰："胥亡，楚国危哉。"楚人遂杀伍奢及尚。

十年，楚太子建母在居巢，[①]开吴。吴使公子光伐楚，遂败陈、蔡，取太子建母而去。楚恐，城郢。[②]初，吴之边邑卑梁[③]与楚边邑钟离小童争桑，两家交怒相攻，灭卑梁人。卑梁大夫怒，发邑兵攻钟离。楚王闻之怒，发国兵灭卑梁。吴王闻之大怒，亦发兵，使公子光因建母家攻楚，遂灭钟离、居巢。楚乃恐而城郢。[④]

①【正义】庐州巢县是也。　②【正义】在江陵县东北六里，已解于前。按：《传》城郢在昭公二十三年，下重言城郢。杜预云“楚用子囊遗言以筑郢城矣，今畏吴，复修以自固也。”　③【正义】卑梁邑近钟离也。④【索隐】去年已城郢，今又重言。据《左氏》昭二十三年城郢，二十四年无重城郢之文，是《史记》误也。

十三年，平王卒。将军子常曰：“太子珍少，且其母乃前太子建所当娶也。”欲立令尹子西。子西，平王之庶弟也，有义。子西曰：“国有常法，更立则乱，言之则致诛。”乃立太子珍，是为昭王。

昭王元年，楚众不说费无忌，以其谗亡太子建，杀伍奢子父与郤宛。宛之宗姓伯氏子嚭及子胥皆奔吴，吴兵数侵楚，楚人怨无忌甚。楚令尹子常[①]诛无忌以说众，众乃喜。

①【正义】名瓦。《左传》云囊瓦伐吴。

四年，吴三公子[①]奔楚，楚封之以扞吴。五年，吴伐取楚之六、潜。[②]七年，楚使子常伐吴，吴大败楚于豫章。[③]

①【索隐】昭三十年，二公子奔楚，公子掩余奔徐，公子烛庸奔钟离。此言三公子，非也。　②【正义】故六城在寿州安丰县南百三十二里，偃姓，皋陶之后所封也。潜城，楚之潜邑，在霍山县东二百步。　③【正义】今洪州也。

十年冬，吴王阖闾、伍子胥、伯嚭与唐、蔡俱伐楚，楚大败，吴兵遂入郢，辱平王之墓，以伍子胥故也。吴兵之来，楚使子常以兵迎之，夹汉水阵。吴伐败子常，子常亡奔郑。楚兵走，吴乘胜逐之，五战及郢。己卯，昭王出奔。庚辰，吴人入郢。[①]

①【集解】《春秋》云十一月庚辰。

昭王亡也至云梦。云梦不知其王也，射伤王。王走郧。[①]郧公之弟怀曰："平王杀吾父，[②]今我杀其子，不亦可乎？"郧公止之，然恐其弑昭王，乃与王出奔随。[③]吴王闻昭王往，即进击随，谓随人曰："周之子孙封于江、汉之间者，楚尽灭之。"欲杀昭王。王从臣子綦乃深匿王，自以为王，谓随人曰："以我予吴。"随人卜予吴，不吉，乃谢吴王曰："昭王亡，不在随。"吴请入自索之，随不听，吴亦罢去。

①【正义】走音奏。郧音云。《括地志》云："安州安陆县城，本春秋时郧国城也。"　②【集解】服虔曰："父曼成然。"【正义】成然立平王，贪求无厌，平王杀之。　③【正义】《括地志》云："随州城外古随国城。随，姬姓也。"又云："楚昭王城在随州县北七里。《左传》云吴师入郢，王奔随，随人处之公宫之北，即此城是也。"

昭王之出郢也，使申鲍胥[①]请救于秦。秦以车五百乘救楚，楚亦收余散兵，与秦击吴。十一年六月，败吴于稷。[②]会吴王弟夫概见吴王兵伤败，乃亡归，自立为王。阖闾闻之，引兵去楚，归击夫概。夫概败，奔楚，楚封之堂溪，[③]号为堂溪氏。

①【集解】服虔曰："楚大夫王孙包胥。"　②【集解】贾逵曰："楚地也。"　③【正义】(地理)《括地志》云："堂溪故城在豫州郾城县西八十有五里也。"

楚昭王灭唐。[①]九月，归入郢。十二年，吴复伐楚，取番。[②]楚恐，去郢，北徙都鄀。[③]

①【集解】杜预曰："义阳安昌县东南上唐乡。"【正义】《括地志》云："上唐乡故城在随州枣阳县东南百五十里，古之唐国也。《世本》云唐，姬姓之国。"　②【正义】片寒反，又音婆。《括地志》云："饶州鄱阳县，春秋时为楚东境，秦为番县，属九江郡，汉为鄱阳县也。"　③【正义】音若。《括地志》云："楚昭王故城在襄州乐乡县东北三十二里，在故都城东五里，即楚国故昭王徙都鄀城也。"

十六年，孔子相鲁。二十年，楚灭顿，[①]灭胡。[②]二十一年，吴王阖闾伐越。越王句践射伤吴王，遂死。吴由此怨越而不西伐楚。

①【集解】《地理志》曰："汝南南顿县，故顿子国。"【正义】《括地志》云："陈州南顿县，故顿子国。应劭云古顿子国，姬姓也，逼于陈，后南徙，故曰

南顿也。” ②【集解】杜预曰:“汝南县西北胡城。”【正义】《括地志》云:“故胡城在豫州郾城县界。”

二十七年春,吴伐陈,楚昭王救之,军城父。十月,昭王病于军中,有赤云如鸟,夹日而飞。[①]昭王问周太史,太史曰:“是害于楚王,然可移于将相。”将相闻是言,乃请自以身祷于神。昭王曰:“将相,孤之股肱也,今移祸,庸去是身乎。”弗听。卜而河为祟,大夫请祷河。昭王曰:“自吾先王受封,望不过江、汉,[②]而河非所获罪也。”止不许。孔子在陈,闻是言,曰:“楚昭王通大道矣。其不失国,宜哉!”

①【集解】杜预曰:“云在楚上,惟楚见之。” ②【集解】服虔曰:“谓所受王命,祀其国中山川为望。”【正义】按:江,荆州南大江也,汉,江也,二水楚境内也。河,黄河,非楚境也。

昭王病甚,乃召诸公子大夫曰:“孤不佞,再辱楚国之师,今乃得以天寿终,孤之幸也。”让其弟公子申为王,不可。又让次弟公子结,亦不可。乃又让次弟公子间,五让,乃后许为王。将战,庚寅,昭王卒于军中。子间曰:“王病甚,舍其子让群臣,臣所以许王,以广王意也。今君王卒,臣岂敢忘君王之意乎!”乃与子西、子綦谋,伏师闭[①]涂,迎越女之子章立之,[②]是为惠王。然后罢兵归,葬昭王。

①【集解】徐广曰:“一作壁。” ②【集解】服虔曰:“闭涂,不通外使也。越女,昭王之妾。”【索隐】闭涂即攒涂也,故下云惠王后即罢兵归葬。

服虔说非。【正义】《左传》云“谋潜师闭涂。”按：潜师，密发往迎也；闭涂，防断外寇也。为昭王薨于军，嗣子未定，恐有邻国及诸公子之变，故伏师闭涂，迎越女之子章立为惠王也。

惠王二年，子西召故平王太子建之子胜于吴，以为巢大夫，号曰白公。[①]白公好兵而下士，欲报仇。六年，白公请兵令尹子西伐郑。初，白公父建亡在郑，郑杀之，白公亡走吴，子西复召之，故以此怨郑，欲伐之。子西许而未为发兵。八年，晋伐郑，郑告急楚，楚使子西救郑，受赂而去。白公胜怒，乃遂与勇力死士石乞等袭杀令尹子西、子綦于朝，因劫惠王，置之高府，[②]欲弑之。惠王从者屈固负王亡走昭王夫人宫。[③]白公自立为王。月余，会叶公来救楚，楚惠王之徒与共攻白公，杀之。惠王乃复位。是岁也，[④]灭陈而县之。

①【集解】徐广曰：“《伍子胥传》曰使胜守楚之边邑鄢。”骃案：服虔曰“白，邑名。楚邑大夫皆称公”。杜预曰“汝阴褒信县西南有白亭”。【正义】巢，今庐州居巢县也。《括地志》云：“白亭在豫州褒信东南三十二里。褒信本汉鄎县之地，后汉分鄎置褒信县，在今褒信县东七十七里。” ②【集解】贾逵曰：“高府，府名也。”杜预曰：“楚别府。” ③【集解】服虔曰：“昭王夫人，惠王母，越女也。” ④【集解】徐广曰：“惠王之十年。”

十三年，吴王夫差强，陵齐、晋，来伐楚。十六年，越灭吴。[①]四十二年，楚灭蔡。[②]四十四年，楚灭杞。[③]与秦平。是时越已灭吴而不能正江、淮北。[④]楚东侵，广地至泗上。

①【正义】表云越灭吴在元王四年。 ②【正义】周定王二十二年。

③【正义】周定王二十四年。　④【正义】正，长也。江、淮北谓广陵县，徐、泗等州是也。

五十七年，惠王卒，子简王中立。[1]

①【正义】中音仲。

简王元年，北伐灭莒。[1]八年，魏文侯、韩武子、赵桓子始列为诸侯。

①【正义】《括地志》云："密州莒县，故国也。"言"北伐"者，莒在徐、泗之北。

二十四年，简王卒，子声王当立。[1]声王六年，盗杀声王，子悼王熊疑立。悼王二年，三晋来伐楚，至乘丘而还。[2]四年，楚伐周。郑杀子阳。九年，伐韩，取负黍。十一年，三晋伐楚，败我大梁、榆关。[3]楚厚赂秦，与之平。二十一年，悼王卒，子肃王臧立。

①【正义】《谥法》云"不生其国曰声"也。　②【集解】徐广曰："年表三年归榆关于郑。"【正义】年表云：三晋公子伐我，至乘丘，误也，已解在年表中。(地理志)〔《括地志》〕云"乘丘故城在兖州瑕丘县西北三十五里"是也。　③【索隐】此榆关当在大梁之西。

肃王四年，蜀伐楚，取兹方。[1]于是楚为扞关以距之。[2]十年，魏取我鲁阳。[3]十一年，肃王卒，无子，立其弟熊良夫，是为宣王。

①【正义】《古今地名》云："荆州松滋县古鸠兹地，即楚兹方是也。" ②【集解】李熊说公孙述曰："东守巴郡，距扞关之口。"【索隐】按：《郡国志》巴郡鱼复县有扞关。 ③【集解】《地理志》云南阳有鲁阳县。【正义】《括地志》云："汝州鲁山本汉鲁阳县也。古鲁县以古鲁山为名也。"

宣王六年，周天子贺秦献公。秦始复强，而三晋益大，魏惠王、齐威王尤强。三十年，秦封卫鞅于商，南侵楚。是年，宣王卒，子威王熊商立。

威王六年，周显王致文、武胙于秦惠王。七年，齐孟尝君父田婴欺楚，楚威王伐齐，败之于徐州，[①]而令齐必逐田婴。田婴恐，张丑伪谓楚王曰："王所以战胜于徐州者，田盼子不用也。[②]盼子者，有功于国，而百姓为之用。婴子弗善而用申纪。申纪者，大臣不附，百姓不为用，故王胜之也。今王逐婴子，婴子逐，盼子必用矣。复搏其士卒以与王遇，[③]必不便于王矣。"楚王因弗逐也。十一年，威王卒，子怀王熊槐立。魏闻楚丧，伐楚，取我陉山。[④]

①【集解】徐广曰："时楚已灭越而伐齐也。齐说越，令攻楚，故云齐欺楚。" ②【索隐】盼子，婴之同族。 ③【索隐】搏音膊，亦有作"附"读。《战国策》作"整"。 ④【正义】《括地志》云："陉山在郑州新郑县西南三十里。"

怀王元年，张仪始相秦惠王。四年，秦惠王初称王。六年,楚使柱国昭阳将兵而攻魏,破之于襄陵,[①]得八邑。[②]又移兵而攻齐,[③]齐王患之。陈轸适为秦使齐,齐王曰:"为之奈何?"陈轸曰:"王勿忧,请令罢之。"即往见昭阳军中,曰:"愿闻楚国之法,破军杀将者何以贵之?"昭阳曰:"其官为上柱国,封上爵执珪。"陈轸曰:"其有贵于此者乎?"昭阳曰:"令尹。"陈轸曰:"今君已为令尹矣,此国冠之上。[④]臣请得譬之。人有遗其舍人一卮酒者,舍人相谓曰:'数人饮此,不足以遍,请遂画地为蛇,蛇先成者独饮之。'一人曰:'吾蛇先成。'举酒而起,曰:'吾能为之足。'及其为之足而后成。人夺之酒而饮之,曰:'蛇固无足,今为之足,是非蛇也。'今君相楚而攻魏,破军杀将,功莫大焉,冠之上不可以加矣。今又移兵而攻齐,攻齐胜之,官爵不加于此;攻之不胜,身死爵夺,有毁于楚:此为蛇为足之说也。不若引兵而去以德齐,此持满之术也。"昭阳曰:"善。"引兵而去。

①【索隐】县名,在河东。 ②【索隐】古本作"八邑",今亦作"八城"。 ③【集解】徐广曰:"怀王六年,昭阳移和而攻齐。军门曰和。" ④【索隐】冠音官。令尹乃尹中最尊,故以国为言,犹如卿子冠军然。

燕、韩君初称王。秦使张仪与楚、齐、魏相会,盟齧桑。[①]

①【正义】徐广曰:"在梁与彭城之间。"

十一年,苏秦约从山东六国共攻秦,楚怀王为从长。至函谷关,秦出兵击六国,六国兵皆引而归,齐独后。十二年,齐湣王伐败赵、魏军，秦亦伐败韩，与齐争长。

十六年，秦欲伐齐，而楚与齐从亲，秦惠王患之，乃宣言张仪免相，使张仪南见楚王，谓楚王曰："敝邑之王所甚悦者无先大王，虽仪之所甚愿为门阑之厮者亦无先大王。敝邑之王所甚憎者无先齐王，虽仪之所甚憎者亦无先齐王。而大王和之，[①]是以敝邑之王不得事王，而令仪亦不得为门阑之厮也。王为仪闭关而绝齐，今使使者从仪西取故秦所分楚商於之地方六百里，[②]如是则齐弱矣。是北弱齐，西德于秦，私商于以为富，此一计而三利俱至也。"怀王大悦，乃置相玺于张仪，日与置酒，宣言"吾复得吾商於之地"。群臣皆贺，而陈轸独吊。怀王曰："何故？"陈轸对曰："秦之所为重王者，以王之有齐也。今地未可得而齐交先绝，是楚孤也。夫秦又何重孤国哉，必轻楚矣。且先出地而后绝齐，则秦计不为。先绝齐而后责地，则必见欺于张仪。见欺于张仪，则王必怨之。怨之，是西起秦患，北绝齐交。西起秦患，北绝齐交，则两国之兵必至。[③]臣故吊。"楚王弗听，因使一将军西受封地。

①【索隐】和谓楚与齐相和亲。　②【集解】商於之地在今顺阳郡南乡、丹水二县，有商城在於中，故谓之商於。【索隐】案：《地理志》丹水及商属弘农，今言顺阳者，是魏、晋始分置顺阳郡，商城、丹水俱隶之。③【索隐】两国，谓韩、魏。

张仪至秦，佯醉坠车。称病不出三月，地不可得。楚王曰："仪以吾绝齐为尚薄邪？"乃使勇士宋遗北辱齐王。齐王大怒，折楚符而合于秦。秦、齐交合，张仪乃起朝，谓楚将军曰："子何不受地？从某至某，广袤六里。"楚将军曰："臣之所以见命者六百里，不闻六里。"即以归报怀王。怀王大怒，兴师将伐秦。陈轸又曰："伐秦非计也。不如因赂之一名都，与之伐齐，是我亡于秦，[①]取偿于齐也，吾国尚可全。今王已绝于齐而责欺于秦，是吾合秦、齐之交而来天下之兵也，国必大伤矣。"楚王不听，遂绝和于秦，发兵西攻秦。秦亦发兵击之。

①【索隐】谓失商於之地。

十七年春，与秦战丹阳，[①]秦大败我军，斩甲士八万，虏我大将军屈匄、裨将军逢侯丑等七十余人，遂取汉中之郡。楚怀王大怒，乃悉国兵复袭秦，战于蓝田，[②]大败楚军。韩、魏闻楚之困，乃南袭楚，至于邓。楚闻，乃引兵归。

①【索隐】此丹阳在汉中。　②【正义】蓝田在雍州东南八十里，从蓝田关入蓝田县。

十八年，秦使使约复与楚亲，分汉中之半以和楚。楚王曰："愿得张仪，不愿得地。"张仪闻之，请之楚。秦王曰："楚且甘心于子，奈何？"张仪曰："臣善其左右靳尚，靳尚又能得事于楚王幸姬郑袖，袖所言无不从者。且仪以前使负楚以商於之约，今秦、楚大战，有恶，臣非面自谢楚不解。且大王在，楚不宜敢取仪。诚杀仪以便国，臣之愿也。"仪遂使楚。

至，怀王不见，因而囚张仪，欲杀之。仪私于靳尚，靳尚为请怀王曰："拘张仪，秦王必怒。天下见楚无秦，必轻王矣。"又谓夫人郑袖曰："秦王甚爱张仪，而王欲杀之，今将以上庸之地六县赂楚，以美人聘楚王，以宫中善歌者为之媵。楚王重地，秦女必贵，而夫人必斥矣。夫人不若言而出之。"郑袖卒言张仪于王而出之。仪出，怀王因善遇仪，仪因说楚王以叛从约而与秦合亲，约婚姻。张仪已去，屈原使从齐来，谏王曰："何不诛张仪？"怀王悔，使人追仪，弗及。是岁，秦惠王卒。

二十年，[①]齐湣王欲为从长，恶楚之与秦合，乃使使遗楚王书曰："寡人患楚之不察于尊名也。今秦惠王死，武王立，张仪走魏，樗里疾、公孙衍用，而楚事秦。夫樗里疾善乎韩，而公孙衍善乎魏。楚必事秦，韩、魏恐，必因二人求合于秦，则燕、赵亦宜事秦。四国争事秦，则楚为郡县矣。王何不与寡人并力收韩、魏、燕、赵，与为从而尊周室，以案兵息民，令于天下？莫敢不乐听，则王名成矣。王率诸侯并伐，破秦必矣。王取武关、蜀、汉之地，[②]私吴、越之富而擅江海之利，韩、魏割上党，西薄函谷，则楚之强百万也。且王欺于张仪，亡地汉中，兵锉蓝田，天下莫不代王怀怒。今乃欲先事秦。愿大王孰计之。"

①【索隐】曰："俗本或作二十六年。下文始言二十四年，又更有二十六年，则此。云二十六年，衍字也，当是二十年事。又徐广推校二十年取武遂，二十三年归武遂，则此必二十年、二十一年之事乎？"　②【正义】武关在商州东一百八十里商洛县界。蜀，巴蜀。汉中，郡也。

楚王业已欲和于秦，见齐王书，犹豫不决，下其议群臣。群臣或言和秦，或曰听齐。昭雎[①]曰："王虽东取地于越，不足以刷耻；必且取地于秦，而后足以刷耻于诸侯。王不如深善齐、韩以重樗里疾，如是则王得韩、齐之重以求地矣。秦破韩宜阳，[②]而韩犹复事秦者，以先王墓在平阳，[③]而秦之武遂去之七十里，[④]以故尤畏秦。不然，秦攻三川，[⑤]赵攻上党，楚攻河外，韩必亡。楚之救韩，不能使韩不亡，然存韩者楚也。韩已得武遂于秦，以河山为塞，[⑥]所报德莫如楚厚，臣以为其事王必疾。齐之所信于韩者，以韩公子眛为齐相也。[⑦]韩已得武遂于秦，王甚善之，使之以齐、韩重樗里疾，疾得齐、韩之重，其主弗敢弃疾也。今又益之以楚之重，樗里子必言秦，复与楚之侵地矣。"于是怀王许之，竟不合秦，而合齐以善韩。[⑧]

①【索隐】雎音七余反。　②【索隐】弘农之县，在渑池西南。　③【索隐】非尧都也。　④【索隐】亦非河间之县，则韩之平阳，秦之武遂，并当在宜阳左右。　⑤【正义】曰洛州也。　⑥【正义】河，蒲州西黄河也。山，韩西境也。　⑦【正义】眛，莫葛反，后同。　⑧【集解】徐广曰："怀王之二十二年，秦拔宜阳，取武遂，二十三年，秦复归韩武遂，然则已非二十年事矣。"

二十四年，背齐而合秦。秦昭王初立，乃厚赂于楚。楚往迎妇。二十五年，怀王入与秦昭王盟，约于黄棘。秦复与楚上庸。二十六年，齐、韩、魏为楚负其从亲而合于秦，三国共伐楚。楚使太子入质于秦而请救。秦乃遣客卿通将兵救楚，三国引兵去。

二十七年，秦大夫有私与楚太子斗，楚太子杀之而亡归。二十八年，秦乃与齐、韩、魏共攻楚，杀楚将唐眛，取我重丘而去。二十九年，秦复攻楚，大破楚，楚军死者二万，杀我将军景缺。怀王恐，乃使太子为质于齐以求平。三十年，秦复伐楚，取八城。秦昭王遗楚王书曰："始寡人与王约为弟兄，盟于黄棘，太子为质，至欢也。太子陵杀寡人之重臣，不谢而亡去，寡人诚不胜怒，使兵侵君王之边。今闻君王乃令太子质于齐以求平。寡人与楚接境壤界，故为婚姻，[①]所从相亲久矣。而今秦、楚不欢，则无以令诸侯。寡人愿与君王会武关，面相约，结盟而去，寡人之愿也。敢以闻下执事。"楚怀王见秦王书，患之。欲往，恐见欺；无往，恐秦怒。昭雎曰："王毋行，而发兵自守耳。秦虎狼，不可信，有并诸侯之心。"怀王子子兰劝王行，曰："奈何绝秦之欢心！"于是往会秦昭王。昭王诈令一将军伏兵武关，号为秦王。楚王至，则闭武关，遂与西至咸阳，[②]朝章台，如蕃臣，不与亢礼。楚怀王大怒，悔不用昭子言。秦因留楚王，要以割巫、黔中之郡。楚王欲盟，秦欲先得地。楚王怒曰："秦诈我而又强要我以地！"不复许秦。秦因留之。楚大臣患之，乃相与谋曰："吾王在秦不得还，要以割地，而太子为质于齐，齐、秦合谋，则楚无国矣。"乃欲立怀王子在国者。昭雎曰："王与太子俱困于诸侯，而今又背王命而立其庶子，不宜。"乃诈赴于齐，齐湣王谓其相曰："不若留太子以求楚之淮北。"相曰："不可，郢中立王，是吾抱空质而行不义于天下也。"或曰：

“不然。郢中立王，因与其新王市曰‘予我下东国，吾为王杀太子，不然，将与三国共立之’，然则东国必可得矣。”齐王卒用其相计而归楚太子。太子横至，立为王，是为顷襄王。乃告于秦曰：“赖社稷神灵，国有王矣。”

①【正义】婿之父为姻，妇之父为婚，妇之父母婿之父母相谓为婚姻，两婿相谓为娅。 ②【索隐】右扶风渭城县，故咸阳城也，在水北山南，故曰咸阳。咸，皆也。

顷襄王横元年，秦要怀王不可得地，楚立王以应秦，秦昭王怒，发兵出武关攻楚，大败楚军，斩首五万，取析十五城而去。[①]二年，楚怀王亡逃归，秦觉之，遮楚道，怀王恐，乃从间道走赵以求归。赵主父[②]在代，其子惠王初立，行王事，恐，不敢入楚王。楚王欲走魏，秦追至，遂与秦使复之秦。怀王遂发病。顷襄王三年，怀王卒于秦。秦归其丧于楚。楚人皆怜之，如悲亲戚。诸侯由是不直秦。秦、楚绝。

①【集解】徐广曰：“年表云取十六城，既取析，又并取左右十五城也。”骃按：《地理志》弘农有析县。【正义】《括地志》云：“邓州内乡县城本楚析邑，一名丑，汉置析县，因析水为名也。” ②【索隐】主字亦作“王”。

六年，秦使白起伐韩于伊阙，[①]大胜，斩首二十四万。秦乃遗楚王书曰：“楚背秦，秦且率诸侯伐楚，争一旦之命。愿王之饬士卒，得一乐战。”楚顷襄王患之，乃谋复与秦平。七年，楚迎妇于秦，秦、楚复平。

①【正义】《括地志》云:“伊阙山在洛州南十九里也。”

十一年,齐、秦各自称为帝。月余,复归帝为王。

十四年,楚顷襄王与秦昭王好会于宛,结和亲。十五年,楚王与秦、三晋、燕共伐齐,取淮北。十六年,与秦昭王好会于鄢。其秋,复与秦王会穰。

十八年,楚人有好以弱弓微缴加归雁之上者,顷襄王闻,召而问之。对曰:“小臣之好射鶀雁,①罗鸗,②小矢之发也,何足为大王道也。且称楚之大,因大王之贤,所弋非直此也。昔者三王以弋道德,五霸以弋战国。故秦、魏、燕、赵者,鶀雁也。齐、鲁、韩、卫者,青首也。③驺、费、④郯、邳者,罗鸗也。外其余则不足射者。见鸟六双,⑤以王何取?王何不以圣人为弓,以勇士为缴,时张而射之?此六双者,可得而囊载也。其乐非特朝夕之乐也,⑥其获非特凫雁之实也。王朝张弓而射魏之大梁之南,加其右臂而径属之于韩,则中国之路绝而上蔡之郡坏矣。还⑦射⑧圉之东,⑨解魏左肘而外击定陶,⑩则魏之东外弃而大宋、方与二郡者举矣。⑪且魏断二臂,颠越矣。膺击郯国,大梁可得而有也。王绢缴兰台,⑫饮马西河,定魏大梁,此一发之乐也。若王之于弋诚好而不厌,则出宝弓,碆新缴,⑬射噣鸟于东海,还盖长城以为防,⑭朝射东莒,⑮夕发浿丘,⑯夜加即墨,顾据午道,⑰则长城之东收而太山之北举矣。⑱西结境于赵⑲而北达于燕,⑳三国布翅,㉑则从不待约而可成也。北游目于燕之辽东而南登望于越之会稽,此再发之乐也。若夫泗上十二诸侯,左萦而右拂之,可一旦而尽也。今秦破韩以为长忧,得列城而不敢守也；伐魏而无功，击赵而顾病，[22]则秦、魏之勇力屈矣，楚之故地汉中、析、郦可得而复有也。王出宝弓，碆新缴，涉鄳塞，[23]而待秦之倦也，山东、河内[24]可得而一也。劳民休众，南面称王矣。故曰秦为大鸟，负海内而处，东面而立，左臂据赵之西南，右臂傅楚鄢郢，膺击韩、魏，[25]垂头中国，[26]处既形便，势有地利，奋翼鼓翄，方三千里，则秦未可得独招而夜射也。"欲以激怒襄王，故对以此言。襄王因召与语，遂言曰："夫先王为秦所欺而客死于外，怨莫大焉。今以匹夫有怨，尚有报万乘，白公、子胥是也。今楚之地方五千里，带甲百万，犹足以踊跃中野也，而坐受困，臣窃为大王弗取也。"于是顷襄王遣使于诸侯，复为从，欲以伐秦。秦闻之，发兵来伐楚。

①【索隐】鶀音其，小雁也。　②【集解】徐广曰："吕静曰鸗，野鸟也。音龙。"【索隐】吕静音聋，邹诞鸗音卢动反，刘氏音龙。是小鸟名。　③【索隐】小凫，有青首者。　④【索隐】邹秘二音。　⑤【索隐】以喻下文秦、赵等十二国，故云"六双"。　⑥【索隐】夕犹昔也。　⑦【索隐】音患，谓绕也。　⑧【索隐】音石。　⑨【正义】圉音语。城在汴州雍丘县东。　⑩【索隐】解音纪买反。　⑪【正义】言王朝张弓射魏大梁、汴州之南，即加大梁之右臂；连韩、郑，则河北中国之路向东南断绝，则韩上蔡之郡自破坏矣。复绕射雍丘圉城之东，便解散魏左肘宋州，而外击曹定陶，及魏东之外解弃，则宋、方与两郡并举。　⑫【集解】徐广曰："缉，萦也，音争。兰，一作简。"【正义】郑玄云："缉，屈也，江、沔之间谓之萦，收绳索缉也。"按：缴，丝绳，系弋射鸟也。若膺击郑，围大梁已了，乃收弋缴于兰台。兰台，桓山之别名也。　⑬【集解】徐广曰："以石傅弋缴曰碆。碆音波。"【索隐】碆作"磻"，音播。傅音附。　⑭【集解】

徐广曰:“噣,一作独。还音宦。盖,一作益。益县在乐安,盖县在泰山。济北卢县有长城,东至海也。”【索隐】噣音昼,谓大鸟之有钩喙者,以比齐也。还音患,谓绕也。盖者,覆也。言射者环绕盖覆,使无飞走之路,因以长城为防也。徐以盖为益县,非也。长城当在济南。【正义】《太山郡记》云:“太山西北有长城,缘河径太山千余里,至琅邪台入海。”《齐记》云:“齐宣王乘山岭之上筑长城,东至海,西至济州千余里,以备楚。”《括地志》云:“长城西北起济州平阴县,缘河历太山北冈上,经济州淄川,即西南兖州博城县北,东至密州琅邪台入海。《蓟代记》云齐有长城巨防,足以为塞也。”

⑮【正义】《括地志》云:“密州莒县,故莒子国。《地理志》云周武王封少昊之后嬴姓于莒,始都计斤,春秋时徙居莒也。” ⑯【集解】徐广曰:“在清河。”【正义】《括地志》云:“浿丘,丘名也,在青州临淄县西北二十五里也。” ⑰【索隐】顾,反也。午道当在齐西界。一从一横为午道,亦未详其处。【正义】刘伯庄云“齐西界”。按:盖在博州之西境也。 ⑱【正义】言从济州长城东至海,太山之北,黄河之南,尽举收于楚。 ⑲【正义】言得齐地约结于赵,为境界,定从约也。 ⑳【索隐】北,一作“杜”。杜者,宽大之名。言齐、晋既伏,收燕不难也。【正义】北达,言四通无所滞碍。言燕无山河之限也。 ㉑【集解】徐广曰:“音翅。一作属。”【索隐】三国,齐、赵、燕也。翄,式豉反。 ㉒【索隐】顾,犹反也。 ㉓【集解】徐广曰:“或以为冥,今江夏。一作黾。”【正义】《括地志》云:“故鄍城在陕州河北县东十里,虞邑也。杜预云河东大阳有鄍城是也。”徐言江夏,亦误也。 ㉔【正义】谓华山之东,怀州河内之郡。 ㉕【索隐】谓韩、魏当秦之前,故云“膺击”。俗本作“鹰”,非。 ㉖【索隐】垂头犹申颈也。言欲吞山东。

楚欲与齐、韩连和伐秦,因欲图周。周王赧使武公[①]谓楚相昭子曰:“三国以兵割周郊地以便输,而南器以尊楚,臣以为不然。夫弑共主,臣世君,[②]大国不亲;以众胁寡,小国不附。大国不亲,小国不附,不可以致名实。名实不得,不足以伤民。夫有图周之声，非所以为号也。”昭子曰：“乃图周则无之。虽然，周何故不可图也？”对曰：“军不五不攻，城不十不围。夫一周为二十晋，[③]公之所知也。韩尝以二十万之众辱于晋之城下，锐士死，中士伤，而晋不拔。公之无百韩以图周，此天下之所知也。夫怨结于两周以塞驺鲁之心，[④]交绝于齐，[⑤]声失天下，其为事危矣。夫危两周以厚三川，[⑥]方城之外必为韩弱矣。[⑦]何以知其然也？西周之地，绝长补短，不过百里。名为天下共主，裂其地不足以肥国，得其众不足以劲兵。虽无，攻之，名为弑君。然而好事之君，喜攻之臣，发号用兵，未尝不以周为终始。是何也？见祭器在焉，欲器之至而忘弑君之乱。今韩以器之在楚，臣恐天下以器雠楚也。臣请譬之。夫虎肉臊，其兵利身，[⑧]人犹攻之也。若使泽中之麋蒙虎之皮，人之攻之必万于虎矣。[⑨]裂楚之地，足以肥国。诎楚之名，足以尊主。今子将以欲诛残天下之共主，居三代之传器，[⑩]吞三翮六翼，[⑪]以高世主，非贪而何？《周书》曰‘欲起无先’，故器南则兵至矣。”于是楚计辍不行。

①【集解】徐广曰：“定王之曾孙，而西周惠公之子。” ②【索隐】共主，世君，俱是周自谓也。共主，言周为天下共所宗主也；世君，言周室代代君于天下。 ③【正义】言周王之国，其地虽小，诸侯尊之，故敌二十晋也。 ④【索隐】驺鲁有礼义之国，今楚欲结怨两周而夺九鼎，是塞邹鲁之心。 ⑤【正义】楚本与齐、韩和伐秦，因欲图周；齐不与图周，故齐交绝于楚。 ⑥【正义】三川，两周之地，韩多有之，言厚韩也。 ⑦【正义】方城之外，许州叶县东北也。言楚取两周，则韩强，必弱楚方城之外也。

⑧【索隐】谓虎以爪牙为兵，而自利于防身也。 ⑨【索隐】攻易而利大也。【正义】野泽之麋蒙衣虎皮，人之攻取必万倍于虎也。譬楚伐周收祭器，其犹麋蒙虎皮矣。 ⑩【索隐】谓九鼎也。 ⑪【索隐】翮，亦作“鬲瓦”，同音历。三翮六翼，亦谓九鼎也。空足曰翮。六翼即六耳，翼近耳旁，事具《小尔雅》。

十九年，秦伐楚，楚军败，割上庸、汉北地予秦。[①]二十年，秦将白起拔我西陵。[②]二十一年，秦将白起遂拔我郢，烧先王墓夷陵。[③]楚襄王兵散，遂不复战，东北保于陈城。二十二年，秦复拔我巫、黔中郡。

①【正义】谓割房、金、均三州及汉水之北与秦。 ②【集解】徐广曰：“属江夏。”【正义】《括地志》云：“西陵故城在黄州黄山西二里。”③【集解】徐广曰：“年表云拔郢，烧夷陵。”【索隐】夷陵，陵名，后为县，属南郡。【正义】《括地志》云：“峡州夷陵县是也。在荆州西。应劭云夷山在西北。”

二十三年，襄王乃收东地兵，得十余万，复西取秦所拔我江旁十五邑以为郡，距秦。二十七年，使三万人助三晋伐燕。复与秦平，而入太子为质于秦。楚使左徒侍太子于秦。三十六年，顷襄王病，太子亡归。秋，顷襄王卒，太子熊元[①]代立，是为考烈王。考烈王以左徒为令尹，封以吴，号春申君。

①【索隐】《系本》作“完”。

考烈王元年，纳州于秦以平。[①]是时楚益弱。六年，秦围邯郸，赵告急楚，楚遣将军景阳救赵。七年，至新中。[②]秦兵去。[③]十二年，秦昭王卒，楚王使春申君吊祠于秦。十六年，秦庄襄王卒，秦王赵政立。二十二年，与诸侯共伐秦，不利而去。楚东徙都寿春，[④]命曰郢。

①【集解】徐广曰："南郡有州陵县。" ②【索隐】按：赵地无名新中者，"中"字误。巨鹿有新市，"中"当为"市"。【正义】新中，相州安阳县也。七国时魏宁新中邑，秦庄襄王拔之，更名安阳也。 ③【集解】徐广曰："年表云六年春申君救赵，十年徙于巨阳。" ④【正义】寿春在南寿州，寿春县是也。

二十五年，考烈王卒，子幽王悍立。李园杀春申君。幽王三年，秦、魏伐楚。秦相吕不韦卒。九年，秦灭韩。十年，幽王卒，同母弟犹代立，是为哀王。哀王立二月余，哀王庶兄负刍之徒袭杀哀王而立负刍为王。是岁，秦虏赵王迁。

王负刍元年，燕太子丹使荆轲刺秦王。二年，秦使将军伐楚，大破楚军，亡十余城。三年，秦灭魏。四年，秦将王翦破我军于蕲，[①]而杀将军项燕。五年，秦将王翦、蒙武遂破楚国，虏楚王负刍，灭楚名为(楚)郡云。[②]

①【索隐】机祈二音。 ②【集解】孙检曰："秦虏楚王负刍，灭去楚名，以楚地为三郡。"【索隐】裴注频引孙检，不知其人本末，盖齐人也。

太史公曰：楚灵王方会诸侯于申，诛齐庆封，作章华台，求周九鼎之时，志小天下。及饿死于申亥之家，为天下笑。操行之不得，悲夫！势之于人也，可不慎与？弃疾以乱立，嬖淫秦女，甚乎哉，几[①]再亡国。

①【索隐】音祈。

索隐述赞曰：鬻熊之嗣，周封于楚。僻在荆蛮，荜路蓝缕。及通而霸，僭号曰武。文既伐申，成亦赦许。子围篡嫡，商臣杀父。天祸未悔，凭奸自怙。昭困奔亡，怀迫囚虏。顷襄、考烈，祚衰南土。

卷四十一

越王句践世家第十一

越王句践，其先禹之苗裔，[①]而夏后帝少康之庶子也。封于会稽，以奉守禹之祀。文身断发，披草莱而邑焉。后二十余世，至于允常。[②]允常之时，与吴王阖庐战而相怨伐。允常卒，子句践立，是为越王。

①【正义】《吴越春秋》云："禹周行天下，还归大越，登茅山以朝四方群臣，封有功，爵有德，崩而葬焉。至少康，恐禹迹宗庙祭祀之绝，乃封其庶子于越，号曰无余。"贺循《会稽记》云："少康，其少子号曰於越，越国之称始此。"《越绝记》云："无余都，会稽山南故越城是也。" ②【正义】《舆地志》云："越侯传国三十余叶，历殷至周敬王时，有越侯夫谭，子曰允常，拓土始大，称王，《春秋》贬为子，号为於越。"杜注云："於，语发声也。"

元年，吴王阖庐闻允常死，乃兴师伐越。越王句践使死士挑战，三行，至吴陈，呼而自刭。吴师观之，越因袭击吴师，吴师败于槜李，[①]射伤吴王阖庐。阖庐且死，告其子夫差曰："必毋忘越。"

①【集解】杜预曰："吴郡嘉兴县南有槜李城。"【索隐】事在《左传》鲁定公十四年。

三年，句践闻吴王夫差日夜勒兵，且以报越，越欲先吴未发往伐之。范蠡谏曰："不可。臣闻兵者凶器也，战者逆德也，争者事之末也。阴谋逆德，好用凶器，试身于所末，上帝禁之，行者不利。"越王曰："吾已决之矣。"遂兴师。吴王闻之，悉发精兵击越，败之夫椒。[①]越王乃以余兵五千人保栖于会稽。[②]吴王追而围之。

①【集解】杜预曰："夫椒在吴郡吴县，太湖中椒山是也。"【索隐】夫音符。椒音焦，本又作"湫"，音酒小反。贾逵云地名。《国语》云败之五湖，则杜预云在椒山为非。事具哀公元年。 ②【集解】杜预曰："上会稽山也。"【索隐】邹诞云："保山曰栖，犹鸟栖于木以避害也，故《六韬》曰'军处山之高者则曰栖'。"

越王谓范蠡曰：[①]"以不听子故至于此，为之奈何？"蠡对曰："持满者与天，[②]定倾者与人，[③]节事者以地。[④]卑辞厚礼以遗之，不许，而身与之市。"[⑤]句践曰："诺。"乃令大夫种行成于吴，[⑥]膝行顿首曰："君王亡臣句践使陪臣种敢告下执事，句践请为臣，妻为妾。"吴王将许之。子胥言于吴王曰："天以越赐吴，勿许也。"种还，以报句践。句践欲杀妻子，燔宝器，触战以死。种止句践曰："夫吴太宰嚭贪，可诱以利，请间行[⑦]言之。"于是句践乃以美女宝器令种间献吴太宰嚭。[⑧]嚭受，乃见大夫种于吴王。种顿首言曰："愿大王赦句践之罪，尽入其宝器。不幸不赦，句践将尽杀其妻子，燔其宝器，悉五千人触战，必有当也。"[⑨]嚭因说吴王曰："越以服为臣，若将赦之，此国之利也。"吴王将许之。子胥进谏曰：

“今不灭越，后必悔之。句践贤君，种、蠡良臣，若反国，将为乱。”吴王弗听，卒赦越，罢兵而归。

①【正义】《会稽典录》云：“范蠡字少伯，越之上将军也。本是楚宛三户人，佯狂倜傥负俗。文种为宛令，遣吏谒奉。吏还曰：‘范蠡本国狂人，生有此病。’种笑曰：‘吾闻士有贤俊之姿，必有佯狂之讥，内怀独见之明，外有不知之毁，此固非二三子之所知也。’驾车而往，蠡避之。后知种之必来谒，谓兄嫂曰：‘今日有客，愿假衣冠。’有顷种至，抵掌而谈，旁人观者耸听之矣。” ②【集解】韦昭曰：“与天，法天也。天道盈而不溢。”【索隐】与天，天与也。言持满不溢，与天同道，故天与之。 ③【集解】虞翻曰：“人道尚谦卑以自牧。”【索隐】人主有定倾之功，故人与之也。 ④【集解】韦昭曰：“时不至，不可强生；事不究，不可强成。”【索隐】《国语》“以”作“与”，此作“以”，亦与义也。言地能财成万物，人主宜节用以法地，故地与之。韦昭等解恐非。 ⑤【集解】韦昭曰：“市，利也。谓委管籥属国家，以身随之。”【正义】卑作言辞，厚遗珍宝。不许平，越王身往事之，如市贾货易以利。此是定倾危之计。 ⑥【索隐】大夫，官。种，名也。一曰大夫姓，犹司马、司徒之比，盖非也。成者，平也，求和于吴也。【正义】《吴越春秋》云：“大夫种姓文名种，字子禽。荆平王时为宛令，之三户之里，范蠡从犬窦蹲而吠之，从吏恐文种惭，令人引衣而鄣之。文种曰：‘无鄣也。吾闻犬之所吠者人，今吾到此，有圣人之气，行而求之，来至于此。且人身而犬吠者，谓我是人也。’乃下车拜，蠡不为礼。” ⑦【索隐】间音纪闲反，间行犹微行。 ⑧【索隐】《国语》云：“越饰美女二人，使大夫种遗太宰嚭。” ⑨【索隐】言悉五千人触战，或有能当吴兵者，故《国语》作“耦”，耦亦相当对之名。又下云“无乃伤君王之所爱乎”，是有当则相伤也。

句践之困会稽也，喟然叹曰：“吾终于此乎？”种曰：“汤系夏台，文王囚羑里，晋重耳奔翟，齐小白奔莒，其卒王霸。

由是观之，何遽不为福乎？"吴既赦越，越王句践反国，乃苦身焦思，置胆于坐，坐卧即仰胆，饮食亦尝胆也。曰："女忘会稽之耻邪？"身自耕作，夫人自织，食不加肉，衣不重采，折节下贤人，厚遇宾客，振贫吊死，[①]与百姓同其劳。欲使范蠡治国政，蠡对曰："兵甲之事，种不如蠡；镇抚国家，亲附百姓，蠡不如种。"于是举国政属大夫种，而使范蠡与大夫柘稽[②]行成，为质于吴。二岁而吴归蠡。

①【集解】徐广曰："吊，一作葬。"　②【索隐】越大夫也。《国语》作"诸稽郢。"

句践自会稽归七年，拊循其士民，欲用以报吴。大夫逢同[①]谏曰："国新流亡，今乃复殷给，缮饰备利，吴必惧，惧则难必至。且鸷鸟之击也，必匿其形。今夫吴兵加齐、晋，怨深于楚、越，名高天下，实害周室，德少而功多，必淫自矜。为越计，莫若结齐，亲楚，附晋，以厚吴。吴之志广，必轻战。是我连其权，三国伐之，越承其弊，可克也。"句践曰："善。"

①【索隐】逢，姓。同，名。故楚有逢伯者是。

居二年，吴王将伐齐。子胥谏曰："未可。臣闻句践食不重味，与百姓同苦乐。此人不死，必为国患。吴有越，腹心之疾，齐与吴，疥瘲[①]也。愿王释齐先越。"吴王弗听，遂伐齐，败之艾陵，[②]虏齐高、国[③]以归。让子胥。子胥曰："王毋喜！"王怒，子胥欲自杀，王闻而止之。越大夫种曰："臣观吴王政骄矣，请试尝之贷粟，以卜其事。”请贷，吴王欲与，子胥谏勿与，王遂与之，越乃私喜。子胥言曰：“王不听谏，后三年吴其墟乎！”太宰嚭闻之，乃数与子胥争越议，因谗子胥曰：“伍员貌忠而实忍人，其父兄不顾，安能顾王？王前欲伐齐，员强谏，已而有功，用是反怨王。王不备伍员，员必为乱。”与逢同共谋，谗之王。王始不从，乃使子胥于齐，闻其托子于鲍氏，王乃大怒，曰：“伍员果欺寡人！”役反，使人赐子胥属镂剑以自杀。子胥大笑曰：“我令而父霸，[4]我又立若，[5]若初欲分吴国半予我，我不受，已，今若反以谗诛我。嗟乎，嗟乎，一人固不能独立！”报使者曰：“必取吾眼置吴东门，以观越兵入也！”[6]于是吴任嚭政。

①【索隐】疥癣音介匙。 ②【索隐】在鲁哀十一年。 ③【索隐】国惠子、高昭子。 ④【索隐】而，汝也。父，阖庐也。 ⑤【索隐】若亦汝也。 ⑥【索隐】《国语》云吴王愠曰“孤不使大夫得见”，乃盛以鸱夷，投之于江也。

居三年，句践召范蠡曰：“吴已杀子胥，导谀者众，可乎？”对曰：“未可。”至明年春，吴王北会诸侯于黄池，[1]吴国精兵从王，惟独老弱与太子留守。[2]句践复问范蠡，蠡曰“可矣”。乃发习流二千人，[3]教士四万人，[4]君子六千人，[5]诸御千人，[6]伐吴。吴师败，遂杀吴太子。吴告急于王，王方会诸侯于黄池，惧天下闻之，乃秘之。吴王已盟黄池，乃使人厚礼以请成越。越自度亦未能灭吴，乃与吴平。

①【索隐】在哀十三年。 ②【索隐】据《左氏传》，太子名友。 ③【索隐】《虞书》云“流宥五刑”。按：流放之罪人，使之习战，任为卒伍，故有二千人。【正义】谓先惯习流利战阵死者二千人也。 ④【索隐】谓常所教练之兵也。故孔子曰“以不教民战，是谓弃之”是也。 ⑤【集解】韦昭曰：“君子，王所亲近有志行者，犹吴所谓贤良，齐所谓士也。”虞翻曰：“言君养之如子。”【索隐】君子谓君所子养有恩惠者。又按：《左氏》“楚沈尹戌帅都君子以济师”，杜预曰“都君子谓都邑之士有复除者”。《国语》“王以私卒君子六千人”。 ⑥【索隐】诸御谓诸理事之官在军有职掌者。

其后四年，越复伐吴。吴士民罢弊，轻锐尽死于齐、晋。而越大破吴，因而留围之三年，吴师败，越遂复栖吴王于姑苏之山。吴王使公孙雄①肉袒膝行而前，请成越王曰：“孤臣夫差敢布腹心，异日尝得罪于会稽，夫差不敢逆命，得与君王成以归。今君王举玉趾而诛孤臣，孤臣惟命是听，意者亦欲如会稽之赦孤臣之罪乎？”句践不忍，欲许之。范蠡曰：“会稽之事，天以越赐吴，吴不取。今天以吴赐越，越其可逆天乎？且夫君王早朝晏罢，非为吴邪？谋之二十二年，一旦而弃之，可乎？且夫天与弗取，反受其咎。‘伐柯者其则不远’，君忘会稽之戹乎？”句践曰：“吾欲听子言，吾不忍其使者。”范蠡乃鼓进兵，曰：“王已属政于执事，②使者去，不者且得罪。”③吴使者泣而去。句践怜之，乃使人谓吴王曰：“吾置王甬东，君百家。”④吴王谢曰：“吾老矣，不能事君王。”遂自杀。乃蔽其面，⑤曰：“吾无面以见子胥也！”越王乃葬吴王而诛太宰嚭。

①【集解】虞翻曰："吴大夫。" ②【集解】虞翻曰："执事，蠡自谓也。" ③【集解】虞翻曰："我为子得罪。"【索隐】虞翻注盖依《国语》之文，今望此文，谓使者宜速去，不且得罪于越，义亦通。 ④【集解】杜预曰："甬东，会稽句章县东海中洲也。"【索隐】《国语》云"与之夫妇三百"是也。 ⑤【正义】今之面衣是其遗象也。《越绝》云："吴王曰'闻命矣！以三寸帛幎吾两目。使死者有知，吾惭见伍子胥、公孙圣；以为无知，吾耻生者'。越王则解绶以幎其目，遂伏剑而死。"幎音觅。顾野王云大巾覆也。

句践已平吴，乃以兵北渡淮，与齐、晋诸侯会于徐州，致贡于周。周元王使人赐句践胙，命为伯。句践已去，渡淮南，以淮上地与楚，[①]归吴所侵宋地于宋，与鲁泗东方百里。当是时，越兵横行于江、淮东，诸侯毕贺，号称霸王。[②]

①【集解】《楚世家》曰："越灭吴而不能正江、淮北。楚东侵广地至泗上。" ②【索隐】越在蛮夷，少康之后，地远国小，春秋之初未通上国，国史既微，略无世系，故《纪年》称为"于粤子"。据此文，句践平吴之后，周元王始命为伯，后遂僭而称王也。

范蠡遂去，自齐遗大夫种书曰："飞鸟尽，良弓藏。狡兔死，走狗烹。[①]越王为人长颈鸟喙，可与共患难，不可与共乐。子何不去？"种见书，称病不朝。人或谗种且作乱，越王乃赐种剑曰："子教寡人伐吴七术，[②]寡人用其三而败吴，其四在子，子为我从先王试之。"种遂自杀。

①【集解】徐广曰："狡，一作郊。" ②【正义】《越绝》云："九术：一曰尊天事鬼；二曰重财币以遗其君；三曰贵籴粟槀以空其邦；四曰遗之好美

以荧其志；五曰遗之巧匠，使起宫室高台，以尽其财，以疲其力；六曰贵其谀臣，使之易伐；七曰强其谏臣，使之自杀；八曰邦家富而备器利；九曰坚甲利兵以承其弊。"

句践卒，[①]子王鼫与立。[②]王鼫与卒，子王不寿立。王不寿卒，[③]子王翁立。王翁卒，[④]子王翳立。王翳卒，子王之侯立。[⑤]王之侯卒，子王无彊立。[⑥]

①【索隐】《纪年》云："晋出公十年十一月，于粤子句践卒，是为菼执。"

②【索隐】鼫音石。与音余。按：《纪年》云"于粤子句践卒，是菼执。次鹿郢立，六年卒"。乐资云"越语谓鹿郢为鼫与也"。 ③【索隐】《纪年》云："不寿立十年见杀，是为盲姑。次朱句立。" ④【索隐】《纪年》于粤子朱句三十四年灭滕，三十五年灭郯，三十七年朱句卒。 ⑤【索隐】《纪年》云："翳三十三年迁于吴，三十六年七月太子诸咎弑其君翳，十月粤杀诸咎。粤滑，吴人立子错枝为君。明年，大夫寺区定粤乱，立无余之。十二年，寺区弟忠弑其君莽安，次无颛立。无颛八年薨，是为菼蠋卯。"故庄子云"越人三弑其君，子搜患之，逃乎丹穴不肯出，越人薰之以艾，乘以王舆"。乐资云"号曰无颛"。盖无颛后乃次无彊也，则王之侯即无余之也。

⑥【索隐】盖无颛之弟也。音其良反。

王无强时，越兴师北伐齐，西伐楚，与中国争强。当楚威王之时，越北伐齐，齐威王使人说越王曰："越不伐楚，大不王，小不伯。图越之所为不伐楚者，为不得晋也。韩、魏固不攻楚。韩之攻楚，覆其军，杀其将，则叶、阳翟危。[①]魏亦覆其军，杀其将，则陈、上蔡不安。[②]故二晋之事越也，[③]不至于覆军杀将，马汗之力不效。[④]所重于得晋者何也？"[⑤]越王曰："所求于晋者，不至顿刃接兵，而况于攻城围邑乎？[⑥]愿魏以聚大梁之下，愿齐之试兵南阳[⑦]莒地，以聚常、郯之境，[⑧]则方城之外不南，[⑨]淮、泗之间不东，商、於、析、郦、[⑩]宗胡之地，[⑪]夏路以左，[⑫]不足以备秦，江南、泗上不足以待越矣。[⑬]则齐、秦、韩、魏得志于楚也，是二晋不战而分地，不耕而穫之，不此之为，而顿刃于河山之间以为齐、秦用，所待者如此其失计，奈何其以此王也。"齐使者曰："幸也越之不亡也。吾不贵其用智之如目，见豪毛而不见其睫也。今王知晋之失计，而不自知越之过，是目论也。[⑭]王所待于晋者，非有马汗之力也，又非可与合军连和也，将待之以分楚众也。今楚众已分，何待于晋？"越王曰："奈何？"曰："楚三大夫张九军，北围曲沃、於中，[⑮]以至无假之关者[⑯]三千七百里，[⑰]景翠之军北聚鲁、齐、南阳，分有大此者乎？[⑱]且王之所求者，斗晋、楚也；晋、楚不斗，越兵不起，是知二五而不知十也。此时不攻楚，臣以是知越大不王，小不伯。复雠、庞、[⑲]长沙，[⑳]楚之粟也。竟泽陵，楚之材也。越窥兵通无假之关，[㉑]此四邑者不上贡事于郢矣。[㉒]臣闻之，图王不王，其敝可以伯。然而不伯者，王道失也。故愿大王之转攻楚也。"

①【正义】叶，式涉反，今许州叶县。阳翟，河南阳翟县也。二邑此时属韩，与楚犬牙交境，韩若伐楚，恐二邑为楚所危。　②【正义】陈，今陈州也。上蔡，今豫州上蔡县也。二邑此时属魏，与楚犬牙交境，魏若伐楚，恐二国为楚所危也。　③【正义】言韩、魏与楚邻，今令越合于二晋而伐楚。　④【集解】徐广曰："效，犹见也。"　⑤【正义】从"不至"已下此是齐使者重难越王。　⑥【正义】顿刃，筑营垒也。接兵，战也。越王言

韩、魏之事越，犹不至顿刃接兵，而况更有攻城围邑，韩、魏始服乎？言畏秦、齐而故事越也。　⑦【索隐】此南阳在齐之南界，莒之西。　⑧【索隐】常，邑名，盖田文所封邑。郯，故郯国。二邑皆齐之南地。　⑨【正义】方城山在许州叶县西南十八里。外谓许州、豫州等。言魏兵在大梁之下，楚方城之兵不得南伐越也。　⑩【索隐】四邑并属南阳，楚之西南也。【正义】郦音掷。《括地志》云："商洛县则古商国城也。《荆州图副》云'邓州内乡县东七里於村，即於中地也'。"《括地志》又云："邓州内乡县楚邑也。故郦县在邓州新城县西北三十里。"按：商、於、析、郦在商、邓二州界，县邑也。　⑪【集解】徐广曰："胡国，今之汝阴。"【索隐】宗胡，邑名。胡姓之宗，因以名邑。杜预云"汝阴县北有故胡城"是。　⑫【集解】徐广曰："盖谓江夏之夏。"【索隐】徐氏以为江夏，非也。刘氏云"楚适诸夏，路出方城，人向北行，以西为左，故云夏路以左"，其意为得也。【正义】《括地志》云："故长城在邓州内乡县东七十五里，南入穰县，北连翼望山，无土之处累石为固。楚襄王控霸南土，争强中国，多筑列城于北方，以适华夏，号为方城。"按：此说刘氏为得，云邑徒众少，不足备秦峣、武二关之道也。　⑬【正义】江南，洪、饶等州，春秋时为楚东境也。泗上、徐州，春秋时楚北境也。二境并与越邻，言不足当伐越。　⑭【索隐】言越王知晋之失，不自觉越之过，犹人眼能见毫毛而自不见其睫，故谓之"目论"也。　⑮【集解】徐广曰："一作'北面曲沃'。"【正义】《括地志》云："曲沃故城在陕县西三十二里。於中在邓州内乡县东七里。"尔时曲沃属魏，於中属秦，二地相近，故楚围之。　⑯【集解】徐广曰："无，一作西。"　⑰【正义】按：无假之关当在江南长沙之西北也。言从曲沃、於中西至汉中、巴、巫、黔中千余里，皆备秦、晋也。　⑱【正义】鲁，兖州也。齐，密州莒县邑南至泗上也。南阳，邓州也，时属韩也。言楚又备此三国也，分散有大此者乎？　⑲【集解】徐广曰："一作宠。"　⑳【索隐】刘氏云"复者发语之声"，非也。言发语声者，文势然也，则是脱"况"字耳。仇当作"犨"，犨，邑名，字讹耳。则犨、庞、长沙是三邑也。下云"竟泽陵"，当为"竟陵泽"。言竟陵之山泽出材木，故楚有七泽，盖其一也。合上文为四邑也。【正义】复，扶富反。

㉑【集解】徐广曰:“无,一作西。” ㉒【正义】言今越北欲斗晋、楚,南复仇敌楚之四邑,庞、长沙、竟陵泽也。庞、长沙出粟之地,竟陵泽出材木之地,此邑近长沙潭、衡之境,越若窥兵西通无假之关,则四邑不得北上贡于楚之郢都矣。战国时永、郴、衡、潭、岳、鄂、江、洪、饶并是东南境,属楚也。袁、吉、虔、抚、歙、宣并越西境,属越也。

于是越遂释齐而伐楚。楚威王兴兵而伐之,大败越,杀王无强,尽取故吴地至浙江,北破齐于徐州。[①]而越以此散,诸族子争立,或为王,或为君,滨于江南海上,[②]服朝于楚。

①【集解】徐广曰:“周显王之四十六年。”【索隐】按:《纪年》粤子无颛薨后十年,楚伐徐州,无楚败越杀无强之语,是无强为无颛之后,《纪年》不得录也。 ②【正义】今台州临海县是也。

后七世,至闽君摇,佐诸侯平秦。汉高帝复以摇为越王,以奉越后。东越、闽君,皆其后也。

范蠡[①]事越王句践,既苦身勠力,与句践深谋二十余年,竟灭吴,报会稽之耻,北渡兵于淮以临齐、晋,号令中国,以尊周室,句践以霸,而范蠡称上将军。还反国,范蠡以为大名之下,难以久居,且句践为人可与同患,难与处安,为书辞句践曰:“臣闻主忧臣劳,主辱臣死。昔者君王辱于会稽,所以不死,为此事也。今既以雪耻,臣请从会稽之诛。”句践曰:“孤将与子分国而有之。不然,将加诛于子。”范蠡曰:“君行令,臣行意。”乃装其轻宝珠玉,自与其私徒属乘舟浮海以行，终不反。于是句践表会稽山以为范蠡奉邑。[②]

①【集解】《太史公素王妙论》曰："蠡本南阳人。"《列仙传》云："蠡，徐人。"【正义】《吴越春秋》云："蠡字少伯，乃楚宛三户人也。"《越绝》云："在越为范蠡，在齐为鸱夷子皮，在陶为朱公。"又云："居楚曰范伯。谓大夫种曰：'三王则三皇之苗裔也，五伯乃五帝之末世也。天运历纪，千岁一至，黄帝之元，执辰破巳，霸王之气，见于地户。伍子胥以是挟弓矢干吴王。'于是要大夫种入吴。此时冯同相与共戒之：'伍子胥在，自余不能关其词。'蠡曰：'吴、越之邦同风共俗，地户之位非吴则越。彼为彼，我为我。'乃入越，越王常与言，尽日方去。" ②【索隐】《国语》云："乃环会稽三百里以为范蠡之地"。奉音扶用反。

范蠡浮海出齐，变姓名，自谓鸱夷子皮，[①]耕于海畔，苦身戮力，父子治产。居无几何，致产数千万。齐人闻其贤，以为相。范蠡喟然叹曰："居家则致千金，居官则至卿相，此布衣之极也。久受尊名，不祥。"乃归相印，尽散其财，以分与知友乡党，而怀其重宝，间行以去，止于陶，[②]以为此天下之中，交易有无之路通，为生可以致富矣。于是自谓陶朱公。复约要父子耕畜，废居，候时转物，逐什一之利。居无何，则致资累巨万。[③]天下称陶朱公。

①【索隐】范蠡自谓也。盖以吴王杀子胥而盛以鸱夷，今蠡自以有罪，故为号也。韦昭曰"鸱夷，革囊也"。或曰生牛皮也。 ②【集解】徐广曰："今之济阴定陶。"【正义】《括地志》云："陶山在济州平阴县东三十五里。"止此山之阳也，今山南五里犹有朱公冢。 ③【集解】徐广曰："万万也。"

朱公居陶，生少子。少子及壮，而朱公中男杀人，囚于楚。朱公曰："杀人而死，职也。然吾闻千金之子不死于市。"告其少子往视之。乃装黄金千溢，置褐器中，载以一牛车。且遣其少子，朱公长男固请欲行，朱公不听。长男曰："家有长子曰家督，今弟有罪，大人不遣，乃遣少弟，是吾不肖。"欲自杀。其母为言曰："今遣少子，未必能生中子也，而先空亡长男，奈何？"朱公不得已而遣长子，为一封书遗故所善庄生。①曰："至则进千金于庄生所，听其所为，慎无与争事。"长男既行，亦自私赍数百金。

①【索隐】据其时代，非庄周也。然验其行事，非子休而谁能信任于楚王乎？【正义】年表云周元王四年越灭吴，范蠡遂去齐，归定陶，后遗庄生金。庄周与魏惠王、(周元王)〔齐宣王〕同时，从周元王四年至齐宣王元年一百三十年，此庄生非庄子。

至楚，庄生家负郭，披藜藋到门，居甚贫。然长男发书进千金，如其父言。庄生曰："可疾去矣，慎毋留。即弟出，勿问所以然。"长男既去，不过庄生而私留，以其私赍献遗楚国贵人用事者。庄生虽居穷阎，然以廉直闻于国，自楚王以下皆师尊之。及朱公进金，非有意受也，欲以成事后复归之以为信耳。故金至，谓其妇曰："此朱公之金。有如病不宿诫，后复归，勿动。"而朱公长男不知其意，以为殊无短长也。

庄生闲时入见楚王，言"某星宿某，此则害于楚"。楚王素信庄生，曰："今为奈何？"庄生曰："独以德为可以除之。"楚王曰："生休矣，寡人将行之。"王乃使使者封三钱之府。①

楚贵人惊告朱公长男曰:“王且赦。”曰“何以也?”曰:“每王且赦,常封三钱之府。昨暮王使使封之。”[②]朱公长男以为赦,弟固当出也,重千金虚弃庄生,无所为也,乃复见庄生。庄生惊曰:“若不去邪?”长男曰:“固未也。初为事弟,弟今议自赦,故辞生去。”庄生知其意欲复得其金,曰:“若自入室取金。”长男即自入室取金持去,独自欢幸。

①【集解】《国语》曰:“周景王时将铸大钱。”贾逵说云:“虞、夏、商、周金币三等,或赤,或白,或黄。黄为上币,铜铁为下币。”韦昭曰:“钱者,金币之名,所以贸买物,通财用也。”单穆公云:“古者有母权子,子权母而行,然则三品之来,古而然矣。”骃谓楚之三钱,贾韦之说近之。　②【集解】或曰“王且赦,常封三钱之府”者,钱币至重,虑人或逆知有赦,盗窃之,所以封钱府,备盗窃也。汉灵帝时,河内张成能候风角,知将有赦,教子杀人,捕得七日赦出,此其类也。

庄生羞为儿子所卖,乃入见楚王曰:“臣前言某星事,王言欲以修德报之。今臣出,道路皆言陶之富人朱公之子杀人囚楚,其家多持金钱赂王左右,故王非能恤楚国而赦,乃以朱公子故也。”楚王大怒曰:“寡人虽不德耳,奈何以朱公之子故而施惠乎!”令论杀朱公子,明日遂下赦令。朱公长男竟持其弟丧归。至,其母及邑人尽哀之,唯朱公独笑,曰:“吾固知必杀其弟也!彼非不爱其弟,顾有所不能忍者也。是少与我俱,见苦,为生难,故重弃财。至如少弟者,生而见我富,乘坚驱良逐狡兔,[①]岂知财所从来,故轻弃之,非所惜吝。前日吾所为欲遣少子,固为其能弃财故也。而长者不能，故卒以杀其弟，事之理也，无足悲者。吾日夜固以望其丧之来也。”

①【集解】徐广曰：“狡，一作郊。”

故范蠡三徙，成名于天下，非苟去而已，所止必成名。卒老死于陶，故世传曰陶朱公。[①]

①【集解】张华曰：“陶朱公冢在南郡华容县西，树碑云是越之范蠡也。”【正义】盛弘之《荆州记》云：“荆州华容县西有陶朱公冢，树碑云是越范蠡。范蠡本宛三户人，与文种俱入越，吴亡后，自适齐而终。陶朱公登仙，未闻葬此所由。”《括地志》云陶朱公冢也。又云：“济州平阴县东三十里陶山南五里有陶公冢。并止于陶山之阳。”按：葬处有二，未详其处。

太史公曰：禹之功大矣，渐九川，[①]定九州，至于今诸夏艾安。及苗裔句践，苦身焦思，终灭强吴，北观兵中国，以尊周室，号称霸王。[②]句践可不谓贤哉。盖有禹之遗烈焉。范蠡三迁皆有荣名，名垂后世。臣主若此，欲毋显得乎。

①【集解】徐广曰：“渐者亦引进通导之意也，字或宜然。” ②【集解】徐广曰：“一作主。”

索隐述赞曰：越祖少康，至于允常。其子始霸，与吴争强。檇李之役，阖闾见伤。会稽之耻，句践欲当。种诱以利，蠡悉其良。折节下士，致胆思尝。卒复仇寇，送殄吴疆。后不量力，灭于无彊。

卷四十二

郑世家第十二

郑桓公友者，周厉王少子而宣王庶弟也。[①]宣王立二十二年，友初封于郑。[②]封三十三岁，百姓皆便爱之。幽王以为司徒。[③]和集周民，周民皆说，河、雒之间，人便思之。为司徒一岁，幽王以褒后故，王室治多邪，诸侯或畔之。于是桓公问太史伯[④]曰："王室多故，予安逃死乎？"太史伯对曰："独雒之东土，河、济之南可居。"公曰："何以？"对曰："地近虢、郐，[⑤]虢、郐之君贪而好利，[⑥]百姓不附。今公为司徒，民皆爱公，公诚请居之，虢、郐之君见公方用事，轻分公地。公诚居之，虢、郐之民皆公之民也。"公曰："吾欲南之江上，何如？"对曰："昔祝融为高辛氏火正，其功大矣，而其于周未有兴者，楚其后也。周衰，楚必兴。兴，非郑之利也。"公曰："吾欲居西方，何如？"[⑦]对曰："其民贪而好利，难久居。"公曰："周衰，何国兴者？"对曰："齐、秦、晋、楚乎？夫齐，姜姓，伯夷之后也，伯夷佐尧典礼。秦，嬴姓，伯翳之后也，伯翳佐舜怀柔百物。及楚之先，皆尝有功于天下。而周武王克纣后，成王封叔虞于唐，[⑧]其地阻险，以此有德与周衰并，亦必兴矣。"桓公曰："善。"于是卒言王，东徙其民雒东，而虢、郐果献十邑，[⑨]竟国之。[⑩]

①【集解】徐广曰:“年表云母弟。” ②【索隐】郑,县名,属京兆。秦武公十一年“初县杜、郑”是也。又《系本》云“桓公居棫林,徙拾”。宋忠云“棫林与拾皆旧地名”,是封桓公乃名为郑耳。至秦之县郑,盖是郑武公东徙新郑之后,其旧郑乃是故都,故秦始改为县也。出《地理志》。③【集解】韦昭曰:“幽王八年为司徒。”【索隐】韦昭据《国语》以为说耳。④【集解】虞翻曰:“周太史。” ⑤【集解】徐广曰:“虢在成皋,郐在密县。”骃案:虞翻曰“虢,姬姓,东虢也。郐,妘姓”。【正义】《括地志》云:“洛州汜水县,古东虢叔之国,东虢君也。”又云:“故郐城在郑州新郑县东北三十二里。” ⑥【索隐】《郑语》云“虢叔恃势,郐仲恃险,皆有骄侈,又加之以贪冒”是也。虢叔,文王弟。郐,妘姓之国也。 ⑦【索隐】《国语》曰:“公曰‘谢西之九州何如’。”韦昭云“谢,申伯之国。谢西有九州。二千五百家为州”。其说盖异此。 ⑧【集解】徐广曰:“《晋世家》曰唐叔虞,姓姬氏,字子于。”【索隐】唐者,古国,尧之后,其君曰叔虞。何以知然者?据此系家下文云“唐人之季代曰唐叔虞。当武王邑姜方动大叔,梦天命而子曰虞,与之唐。及生有文在手曰‘虞’,遂以名之。及成王灭唐而国太叔,故因以称唐叔虞”。杜预亦曰“取唐君之名”是也。 ⑨【集解】虞翻曰:“十邑谓虢、郐、鄢、蔽、补、丹、依、畴、历、莘也。”【索隐】《国语》云:“太史伯曰‘若克二邑,鄢、蔽、补、丹、依、畴、历、莘君之土也’。”虞翻注皆依《国语》为说。 ⑩【集解】韦昭曰:“后武公竟取十邑地而居之,今河南新郑也。”

二岁,犬戎杀幽王于骊山下,并杀桓公。郑人共立其子掘突,①是为武公。②

①【正义】上求勿反,下户骨反。 ②【索隐】谯周云“名突滑”,皆非也。盖古史失其名,太史公循旧失而妄记之耳。何以知其然者?按下文其孙昭公名忽,厉公名突,岂有孙与祖同名乎?当是旧史杂记昭厉忽突之名,遂误以掘突为武公之字耳。

武公十年，娶申侯女[①]为夫人，曰武姜。生太子寤生，生之难，及生，夫人弗爱。后生少子叔段，段生易，夫人爱之。[②]二十七年，武公疾。夫人请公，欲立段为太子，公弗听。是岁，武公卒，寤生立，是为庄公。

①【正义】《括地志》云："故申城在邓州南阳县北三十里。《左传》云郑武公取于申也。"　②【集解】徐广曰："年表云十四年生寤生，十七年生太叔段。"

庄公元年，封弟段于京，[①]号太叔。祭仲曰："京大于国，非所以封庶也。"庄公曰："武姜欲之，我弗敢夺也。"段至京，缮治甲兵，与其母武姜谋袭郑。二十二年，段果袭郑，武姜为内应。庄公发兵伐段，段走。伐京，京人畔段，段出走鄢。[②]鄢溃，段出奔共。[③]于是庄公迁其母武姜于城颍，[④]誓言曰："不至黄泉，[⑤]毋相见也。"居岁余，已悔思母。颍谷之考叔[⑥]有献于公，公赐食。考叔曰："臣有母，请君食赐臣母。"庄公曰："我甚思母，恶负盟，奈何？"考叔曰："穿地至黄泉，则相见矣。"于是遂从之，见母。

①【集解】贾逵曰："京，郑都邑。"杜预曰："今荥阳京县。"　②【正义】邬音乌古反。今新郑县南邬头有村，多万家。旧作"鄢"，音偃。杜预云："鄢，今鄢陵也。"　③【集解】贾逵曰："共，国名也。"杜预曰："今汲郡共县也。"【正义】按：今卫州共城县是也。"　④【集解】贾逵曰："郑地。"【正义】疑许州临颍县是也。　⑤【集解】服虔曰："天玄地黄，泉在地中，故言黄泉。"　⑥【集解】贾逵曰："颍谷，郑地。"【正义】《括地志》云："颍水源出洛州嵩高县东南三十里阳乾山，今俗名颍山泉。源出山之东谷。其

侧有古人居处，俗名为颍墟，故老云是颍考叔故居，即郦元注《水经》所谓颍谷也。"

二十四年，宋缪公卒，公子冯奔郑。郑侵周地，取禾。[1]二十五年，卫州吁弑其君桓公自立，与宋伐郑，以冯故也。二十七年，始朝周桓王。桓王怒其取禾，弗礼也。[2]二十九年，庄公怒周弗礼，与鲁易祊、许田。[3]三十三年，宋杀孔父。三十七年，庄公不朝周，周桓王率陈、蔡、虢、卫伐郑。庄公与祭仲、[4]高渠弥[5]发兵自救，王师大败。祝聸[6]射中王臂。祝聸请从之，郑伯止之，曰："犯长且难之，况敢陵天子乎？"乃止。夜令祭仲问王疾。

①【索隐】隐二年《左传》"郑武公、庄公为平王卿士。王贰于虢，及王崩，周人将畀虢公政。夏四月，郑祭足帅师取温之麦，秋又取成周之禾"是。　②【索隐】杜预曰："桓王即位，周、郑交恶，至是始朝，故言始也。"《左传》又曰："周桓公言于王曰'我周之东迁，晋、郑焉依。善郑以劝来者，犹惧不蔇，况不礼焉，郑不来矣'。"　③【索隐】许田，近许之田，鲁朝宿之邑。祊者，郑所受助祭太山之汤沐邑。郑以天子不能巡守，故以祊易许田，各从其近。　④【索隐】《左传》称祭仲足，盖祭是邑，其人名仲字仲足，故《传》云祭封人仲足是也。此繻葛之战在鲁桓公五年。　⑤【索隐】"弥"，一作"眯"，并音迷。　⑥【索隐】《左传》作"祝聃"。

三十八年，北戎伐齐，齐使求救，郑遣太子忽将兵救齐。齐釐公欲妻之，忽谢曰："我小国，非齐敌也。"时祭仲与俱，劝使取之，曰："君多内宠，[1]太子无大援将不立，三公子皆君也。"所谓三公子者，太子忽，其弟突，次弟子亹也。[2]

①【集解】服虔曰："言庶子有宠者多。" ②【索隐】此文则数太子忽及突、子亹为三，而杜预云不数太子，以子突，子亹、子仪为三，盖得之。

四十三年，郑庄公卒。初，祭仲甚有宠于庄公，庄公使为卿；公使娶邓女，生太子忽，故祭仲立之，是为昭公。庄公又娶宋雍氏女，[1]生厉公突。雍氏有宠于宋。[2]宋庄公闻祭仲之立忽，乃使人诱召祭仲而执之，曰："不立突，将死。"亦执突以求赂焉。祭仲许宋，与宋盟。以突归，立之。昭公忽闻祭仲以宋要立其弟突，九月(辛)〔丁〕亥，忽出奔卫。己亥，突至郑，立，是为厉公。

①【集解】贾逵曰："雍氏，黄帝之孙，姞姓之后，为宋大夫。" ②【集解】服虔曰："为宋正卿，故曰有宠。"

厉公四年，祭仲专国政。厉公患之，阴使其婿雍纠欲杀祭仲。[1]纠妻，祭仲女也，知之，谓其母曰："父与夫孰亲？"母曰："父一而已，人尽夫也。"[2]女乃告祭仲，祭仲反杀雍纠，戮之于市。厉公无奈祭仲何，怒纠曰："谋及妇人，死固宜哉！"夏，厉公出居边邑栎。[3]祭仲迎昭公忽，六月乙亥，复入郑，即位。秋，郑厉公突因栎人杀其大夫单伯，[4]遂居之。诸侯闻厉公出奔，伐郑，弗克而去。宋颇予厉公兵，自守于栎，郑以故亦不伐栎。

①【集解】贾逵曰："雍纠，郑大夫。" ②【集解】杜预曰："妇人在室则天父，出则天夫。女以为疑，故母以所生为本解之。" ③【集解】宋忠

曰:“今颍川阳翟县。”【索隐】按:栎音历,即郑初得十邑之历也。
④【集解】杜预曰:“郑守栎大夫也。”【索隐】依《左传》作“檀伯”。事在桓十五年。此文误为“单伯”者,盖亦有所因也。按鲁庄公十四年,厉公自栎侵郑,事与周单伯会齐师伐宋相连,故误耳。

昭公二年,自昭公为太子时,父庄公欲以高渠弥为卿,太子忽恶之,庄公弗听,卒用渠弥为卿。及昭公即位,惧其杀己,冬十月辛卯,渠弥与昭公出猎,射杀昭公于野。祭仲与渠弥不敢入厉公,乃更立昭公弟子亹为君,是为子亹也,无谥号。

子亹元年七月,齐襄公会诸侯于首止,①郑子亹往会,高渠弥相,从,祭仲称疾不行。所以然者,子亹自齐襄公为公子之时,尝会斗,相仇,及会诸侯,祭仲请子亹无行。子亹曰:“齐强,而厉公居栎,即不往,是率诸侯伐我,内厉公。我不如往,往何遽必辱,且又何至是。”卒行。于是祭仲恐齐并杀之,故称疾。子亹至,不谢齐侯,齐侯怒,遂伏甲而杀子亹。高渠弥亡归,②归与祭仲谋,召子亹弟公子婴于陈而立之,是为郑子。③是岁,齐襄公使彭生醉拉杀鲁桓公。

①【集解】服虔曰:“首止,近郑之地。”杜预曰:“首止,卫地。陈留襄邑县东南有首乡。” ②【索隐】《左氏》云轘高渠弥。 ③【索隐】《左传》以郑子名子仪,此云婴,盖别有所见。

郑子八年,齐人管至父等作乱,弑其君襄公。十二年,宋人长万弑其君滑公。郑祭仲死。十四年,故郑亡厉公突在栎者使人诱劫郑大夫甫假，[①]要以求入。假曰："舍我，我为君杀郑子而入君。"厉公与盟，乃舍之。六月甲子，假杀郑子及其二子而迎厉公突，突自栎复入即位。初，内蛇与外蛇斗于郑南门中，内蛇死。居六年，厉公果复入。入而让其伯父原[②]曰："我亡国外居，伯父无意入我，亦甚矣。"原曰："事君无二心，人臣之职也。原知罪矣。"遂自杀。厉公于是谓甫假曰："子之事君有二心矣。"遂诛之。假曰："重德不报，诚然哉！"

①【索隐】《左传》作"傅瑕"。此本多假借，亦依字读。　②【索隐】《左传》谓之原繁。

厉公突后元年，齐桓公始霸。五年，燕、卫与周惠王弟穨伐王，[①]王出奔温，立弟穨为王。六年，惠王告急郑，厉公发兵击周王子穨，弗胜，于是与周惠王归，王居于栎。七年春，郑厉公与虢叔袭杀王子穨而入惠王于周。秋，厉公卒，子文公踕[②]立。厉公初立四岁，亡居栎，居栎十七岁，复入，立七岁，与亡凡二十八年。

①【索隐】惠王，庄王孙，僖王子。子穨，庄王之妾王姚所生。事在庄十九年。　②【索隐】音在接反。《系本》云文公徙郑。宋忠云即新郑也。

文公十七年，齐桓公以兵破蔡，遂伐楚，至召陵。二十四年，文公之贱妾曰燕姑，[①]梦天与之兰，[②]曰："余为伯儵。

余，尔祖也。[3]以是为而子，[4]兰有国香。”以梦告文公，文公幸之，而予之草兰为符。遂生子，名曰兰。

①【集解】贾逵曰：“姞，南燕姓。” ②【集解】贾逵曰：“香草也。” ③【集解】贾逵曰：“伯儵，南燕祖。” ④【集解】王肃曰：“以是兰也为汝子之名。”

三十六年，晋公子重耳过，文公弗礼。文公弟叔詹曰：“重耳贤，且又同姓，穷而过君，不可无礼。”文公曰：“诸侯亡公子过者多矣，安能尽礼之！”詹曰：“君如弗礼，遂杀之；弗杀，使即反国，为郑忧矣。”文公弗听。三十七年春，晋公子重耳反国，立，是为文公。秋，郑入滑，滑听命，已而反与卫，于是郑伐滑。[1]周襄王使伯犕[2]请滑。郑文公怨惠王之亡在栎，而文公父厉公入之，而惠王不赐厉公爵禄，[3]又怨襄王之与卫、滑，故不听襄王请而囚伯犕。王怒，与翟人伐郑，弗克。冬，翟攻伐襄王，襄王出奔郑，郑文公居王于氾。三十八年，晋文公入襄王成周。

①【索隐】僖二十四年《左传》“郑公子士泄、堵俞弥帅师伐滑”。②【索隐】音服。《左传》“王使伯服、游孙伯如郑请滑”。杜预云“二子周大夫”。知伯犕即伯服也。 ③【索隐】此言爵禄，与《左氏》说异。《左传》云“郑伯享王，王以后之鞶鉴与之。虢公请器，王予之爵”。则爵酒器，非爵禄也。故曰与《左氏》说异。

四十一年，助楚击晋。自晋文公之过无礼，故背晋助楚。四十三年，晋文公与秦穆公共围郑，讨其助楚攻晋者，及文公过时之无礼也。初，郑文公有三夫人，宠子五人，皆以罪早死。公怒，溉[①]逐群公子。子兰奔晋，从晋文公围郑。时兰事晋文公甚谨，爱幸之，乃私于晋，以求入郑为太子。晋于是欲得叔詹为僇。郑文公恐，不敢谓叔詹言。詹闻，言于郑君曰："臣谓君，君不听臣，晋卒为患。然晋所以围郑，以詹，詹死而赦郑国，詹之愿也。"乃自杀。郑人以詹尸与晋。晋文公曰："必欲一见郑君，辱之而去。"郑人患之，乃使人私于秦曰："破郑益晋，非秦之利也。"秦兵罢。晋文公欲入兰为太子，以告郑。郑大夫石癸曰："吾闻姞姓乃后稷之元妃，[②]其后当有兴者。子兰母，其后也。且夫人子尽已死，余庶子无如兰贤。今围急，晋以为请，利孰大焉。"遂许晋，与盟，而卒立子兰为太子，晋兵乃罢去。

①【集解】徐广曰："一作瑕。"【索隐】音旣。《左传》作"瑕"。
②【集解】杜预曰："姞姓之女，为后稷妃。"

四十五年，文公卒，子兰立，是为缪公。

缪公元年春，秦缪公使三将将兵欲袭郑，至滑，逢郑贾人弦高诈以十二牛劳军，故秦兵不至而还，晋败之于崤。初，往年郑文公之卒也，郑司城缯贺以郑情卖之，秦兵故来。三年，郑发兵从晋伐秦，败秦兵于汪。

往年[①]楚太子商臣弑其父成王代立。二十一年，与宋华元伐郑。华元杀羊食士，不与其御羊斟，怒以驰郑，郑囚华元。宋赎华元，元亦亡去。晋使赵穿以兵伐郑。二十二年，郑缪公卒，子夷立，是为灵公。

①【集解】徐广曰："缪公之二年。"

灵公元年春，楚献鼋于灵公。子家、子公将朝灵公，[①]子公之食指动，[②]谓子家曰："佗日指动，必食异物。"及入，见灵公进鼋羹，子公笑曰："果然。"灵公问其笑故，具告灵公。灵公召之，独弗予羹。子公怒，染其指，[③]尝之而出。公怒，欲杀子公。子公与子家谋先。夏，弑灵公。郑人欲立灵公弟去疾，去疾让曰："必以贤，则去疾不肖；必以顺，则公子坚长。"坚者，灵公庶弟，[④]去疾之兄也。于是乃立子坚，是为襄公。

①【集解】贾逵曰："二子郑卿也。"　②【集解】服虔曰："第二指。"　③【集解】《左传》曰："染指于鼎。"　④【集解】徐广曰："年表云灵公庶兄。"

襄公立，将尽去缪氏。缪氏者，杀灵公，子公之族家也。去疾曰："必去缪氏，我将去之。"乃止。皆以为大夫。

襄公元年，楚怒郑受宋赂纵华元，伐郑。郑背楚，与晋亲。五年，楚复伐郑，晋来救之。六年，子家卒，国人复逐其族，以其弑灵公也。

七年，郑与晋盟鄢陵。八年，楚庄王以郑与晋盟，来伐，围郑三月，郑以城降楚。楚王入自皇门，郑襄公肉袒掔羊以迎，曰："孤不能事边邑，使君王怀怒以及弊邑，孤之罪也。敢不惟命是听。君王迁之江南，及以赐诸侯，亦惟命是听。若君王不忘厉、宣王，桓、武公，哀不忍绝其社稷，锡不毛之地，[①]使复得改事君王，孤之愿也，然非所敢望也。敢布腹心，惟命是听。"庄王为却三十里而后舍。楚群臣曰："自郢至此，士大夫亦久劳矣，今得国舍之，何如？"庄王曰："所为伐，伐不服也。今已服，尚何求乎？"卒去。晋闻楚之伐郑，发兵救郑。其来持两端，故迟，比至河，楚兵已去。晋将率或欲渡，或欲还，卒渡河。庄王闻，还击晋。郑反助楚，大破晋军于河上。十年，晋来伐郑，以其反晋而亲楚也。

①【集解】何休曰："硗埆不生五谷曰不毛。谦不敢求肥饶。"

十一年，楚庄王伐宋，宋告急于晋。晋景公欲发兵救宋，伯宗谏晋君曰："天方开楚，未可伐也。"乃求壮士得霍人解扬，字子虎，诓楚，令宋毋降。过郑，郑与楚亲，乃执解扬而献楚。楚王厚赐与约，使反其言，令宋趣降，三要乃许。于是楚登解扬楼车，[①]令呼宋。遂负楚约而致其晋君命曰："晋方悉国兵以救宋，宋虽急，慎毋降楚，晋兵今至矣！"楚庄王大怒，将杀之。解扬曰："君能制命为义，臣能承命为信。受吾君命以出，有死无陨。"[②]庄王曰："若之许我，已而背之，其信安在？"解扬曰："所以许王，欲以成吾君命也。"将死，顾谓楚军曰："为人臣无忘尽忠得死者！"楚王诸弟皆谏王赦之，于是赦解扬使归。晋爵之为上卿。

①【集解】服虔曰："楼车所以窥望敌军，兵法所谓'云梯'也。"杜预曰："楼车，车上望橹也。"　②【集解】服虔曰："陨，坠也。"

十八年，襄公卒，子悼公沸[1]立。

①【索隐】刘音秘。邹本一作"沸"，一作"弗"。《左传》作"费"，音扶味反。

悼公元年，鄦公[1]恶郑于楚，悼公使弟睔[2]于楚自讼。讼不直，楚囚睔。于是郑悼公来与晋平，遂亲。睔私于楚子反，子反言归睔于郑。

①【集解】徐广曰："鄦音许。许公，灵公也。"　②【索隐】公逊反。

二年，楚伐郑，晋兵来救。是岁，悼公卒，立其弟睔，是为成公。

成公三年，楚共王曰"郑成公孤有德焉"，使人来与盟。成公私与盟。秋，成公朝晋，晋曰"郑私平于楚"，执之。使栾书伐郑。四年春，郑患晋围，公子如乃立成公庶兄繻[1]为君。其四月，晋闻郑立君，乃归成公。郑人闻成公归，亦杀君繻。迎成公。晋兵去。

①【索隐】音须。邹氏云："一作繻。"

十年，背晋盟，盟于楚。晋厉公怒，发兵伐郑。楚共王救郑。晋、楚战鄢陵，楚兵败，晋射伤楚共王目，俱罢而去。十三年，晋悼公伐郑，兵于洧上。[①]郑城守，晋亦去。

①【集解】服虔曰："洧，水名。"【正义】《括地志》云："洧水在郑州新郑县北三里，古新郑城南。《韩诗外传》云'郑俗，二月桃花水出时，会于溱、洧水上，以自祓除'。"按：在古城城南，与溱水合。

十四年，成公卒，子恽[①]立。是为釐公。

①【索隐】纡粉反。《左传》作"髡顽"。

釐公五年，郑相子驷朝釐公，釐公不礼。子驷怒，使厨人药杀釐公，[①]赴诸侯曰"釐公暴病卒"。立釐公子嘉，嘉时年五岁，是为简公。

①【集解】徐广曰："年表云子驷使贼夜弑僖公。"

简公元年，诸公子谋欲诛相子驷，子驷觉之，反尽诛诸公子。二年，晋伐郑，郑与盟，晋去。冬，又与楚盟。子驷畏诛，故两亲晋、楚。三年，相子驷欲自立为君，公子子孔使尉止杀相子驷而代之。子孔又欲自立。子产曰："子驷为不可，诛之，今又效之，是乱无时息也。"于是子孔从之而相郑简公。四年，晋怒郑与楚盟，伐郑，郑与盟。楚共王救郑，败晋兵。简公欲与晋平，楚又囚郑使者。十二年，简公怒相子孔专国权，诛之，而以子产为卿。十九年，简公如晋请卫君还,而封子产以六邑。[1]子产让,受其三邑。二十二年,吴使延陵季子于郑,见子产如旧交,谓子产曰:“郑之执政者侈,难将至,政将及子。子为政,必以礼。不然,郑将败。”子产厚遇季子。二十三年,诸公子争宠相杀,又欲杀子产。公子或谏曰:“子产仁人,郑所以存者子产也,勿杀!”乃止。

①【集解】服虔曰:“四井为邑。”

二十五年,郑使子产于晋,问平公疾。平公曰:“卜而曰实沈、台骀为祟,史官莫知,敢问?”对曰:“高辛氏有二子,长曰阏伯,季曰实沈,居旷林,[1]不相能也,日操干戈以相征伐。后帝弗臧,[2]迁阏伯于商丘,主辰,[3]商人是因,故辰为商星。[4]迁实沈于大夏,主参,[5]唐人是因,服事夏、商,[6]其季世曰唐叔虞。[7]当武王邑姜方娠大叔,梦帝谓己:[8]‘余命而子曰虞,[9]乃与之唐,属之参而蕃育其子孙。’及生有文在其掌曰‘虞’,遂以命之。及成王灭唐而国大叔焉。故参为晋星。[10]由是观之,则实沈,参神也。昔金天氏有裔子曰昧,为玄冥师,[11]生允格、台骀。[12]台骀能业其官,[13]宣汾、洮,[14]障大泽,[15]以处太原。[16]帝用嘉之,国之汾川。[17]沈、姒、蓐、黄实守其祀。[18]今晋主汾川而灭之。[19]由是观之,则台骀,汾、洮神也。然是二者不害君身。山川之神,则水旱之菑禜之;[20]日月星辰之神,则雪霜风雨不时禜之;若君疾,饮食哀乐女色所生也。”平公及叔向曰:“善,博物君子也!”厚为之礼于子产。

①【集解】贾逵曰:"旷,大也" ②【集解】贾逵曰:"后帝,尧也。臧,善也。" ③【集解】贾逵曰:"商丘在漳南。"杜预曰:"商丘,宋地。"服虔曰:"辰,大火,主祀也。" ④【集解】服虔曰:"商人,契之先,汤之始祖相土封阏伯之故地,因其故国而代之。" ⑤【集解】服虔曰:"大夏在汾、浍之间,主祀参星。"杜预曰:"大夏,今晋阳县。" ⑥【集解】贾逵曰:"唐人谓陶唐氏之胤刘累事夏孔甲,封于大夏,因实沈之国,子孙服事夏、商也。"【正义】《括地志》云:"故唐城在绛州翼城县西二十里。徐才《宗国都城记》云'唐国,帝尧之裔子所封。《春秋》云"夏孔甲时有尧苗胄刘累者,以豢龙事孔甲,夏后嘉之,赐曰御龙氏,以更豕韦之后。龙一雌死,潜醢之以食夏后。既而使求之,惧而迁于鲁县"。夏后盖别封刘累之后于夏之墟,为唐侯。至周成王时,唐人作乱,成王灭之而封太叔,迁唐人子孙于杜,谓之杜伯,范氏所云在周为唐杜氏也'。《地记》云'唐氏在大夏之墟,属河东安县。今在绛城西北一百里有唐城者,以为唐旧国'。"然则叔虞之封即此地也。 ⑦【集解】杜预曰:"唐人之季世,其君曰叔虞。" ⑧【集解】贾逵曰:"帝,天也。己,武王也。" ⑨【集解】杜预曰:"取唐君之名。" ⑩【集解】贾逵曰:"晋主祀参,参为晋星。" ⑪【集解】服虔曰:"金天,少皞也。玄冥,水官也。师,长也。昧为水官之长。" ⑫【集解】服虔曰:"允格、台骀,兄弟也。" ⑬【集解】服虔曰:"修昧之职。" ⑭【集解】贾逵曰:"宣犹通也。汾、洮,二水名。" ⑮【集解】服虔曰:"陂障其水也。" ⑯【集解】服虔曰:"太原,汾水名。"杜预曰:"太原,晋阳也,台骀之所居也。" ⑰【集解】服虔曰:"帝颛顼也。" ⑱【集解】贾逵曰:"四国台骀之后也。" ⑲【集解】贾逵曰:"灭四国。" ⑳【集解】服虔曰:"禜为营,攒用币也。若有水旱,则禜祭山川之神以祈福也。"

二十七年夏,郑简公朝晋。冬,畏楚灵王之强,又朝楚,子产从。二十八年,郑君病,使子产会诸侯,与楚灵王盟于申,诛齐庆封。

三十六年，简公卒，子定公宁立。秋，定公朝晋昭公。

定公元年，楚公子弃疾弑其君灵王而自立，为平王。欲行德诸侯，归灵王所侵郑地于郑。

四年，晋昭公卒，其六卿强，公室卑。子产谓韩宣子曰："为政必以德，毋忘所以立。"六年，郑火，公欲禳之。子产曰："不如修德。"八年，楚太子建来奔。十年，太子建与晋谋袭郑。郑杀建，建子胜奔吴。十一年，定公如晋。晋与郑谋，诛周乱臣，入敬王于周。①

①【索隐】王避弟子朝之乱出居狄泉，在昭二十三年。至二十六年，晋、郑入之。《经》曰"天王入于成周"是也。

十三年，定公卒，子献公虿立。献公十三年卒，子声公胜立。当是时，晋六卿强，侵夺郑，郑遂弱。

声公五年，郑相子产卒，①郑人皆哭泣，悲之如亡亲戚。子产者，郑成公少子也。为人仁爱人，事君忠厚。孔子尝过郑，与子产如兄弟云。及闻子产死，孔子为泣曰："古之遗爱也！"②

①【正义】《括地志》云："子产墓在新郑县西南三十五里。郦元注《水经》云'子产墓在溟水上，累石为方坟，坟东北向郑城，杜预云言不忘本也'。"　②【集解】贾逵曰："爱，惠也。"杜预曰："子产见爱，有古人遗风也。"

八年，晋范、中行氏反晋，告急于郑，郑救之。晋伐郑，败郑军于铁。[①]

①【集解】杜预曰："戚城南铁丘。"【正义】《括地志》云："铁丘在滑州卫南县东南十五里。"

十四年，宋景公灭曹。二十年，齐田常弑其君简公，而常相于齐。二十二年，楚惠王灭陈。孔子卒。

三十六年，晋知伯伐郑，取九邑。

三十七年，声公卒，子哀公易立。[①]哀公八年，郑人弑哀公而立声公弟丑，是为共公。共公三年，三晋灭知伯。三十〔一〕年，共公卒，子幽公已立。幽公元年，韩武子伐郑，杀幽公。郑人立幽公弟骀，是为繻公。[②]

①【集解】年表云三十八年。　②【集解】年表云郑立幽公子骀繻。或作"缭"。

繻公十五年，韩景侯伐郑，取雍丘。郑城京。十六年，郑伐韩，败韩兵于负黍。[①]二十年，韩、赵、魏列为诸侯。二十三年，郑国韩之阳翟。

①【集解】徐广曰："在阳城。"【正义】《括地志》云："负黍亭在洛州阳城县西南三十五里，故周邑也。"

二十五年，郑君杀其相子阳。二十七年，子阳之党共弑繻公骀而立幽公弟乙为君，是为郑君。[①]

①【集解】徐广云："一本云'立幽公弟乙阳为君，是为康公'。《六国年表》云立幽公子骀，又以郑君阳为郑康公乙。班固云'郑康公乙为韩所灭'。"

郑君乙立二年，郑负黍反，复归韩。十一年，韩伐郑，取阳城。二十一年，韩哀侯灭郑，并其国。

太史公曰：语有之，"以权利合者，权利尽而交疏"，甫瑕是也。甫瑕虽以劫杀郑子内厉公，厉公终背而杀之，此与晋之里克何异？守节如荀息，身死而不能存奚齐。变所从来，亦多故矣！

索隐述赞曰：厉王之子，得封于郑。代职司徒，《缁衣》在咏。虢、郐献邑，祭祝专命。庄既犯王，厉亦奔命。居栎克入，梦兰毓庆。伯服生囚，叔瞻尸聘。釐、简之后，公室不竞。负黍虽还，韩哀日盛。

卷四十三

赵世家第十三

赵氏之先，与秦共祖。至中衍，[①]为帝大戊御。其后世蜚廉有子二人，而命其一子曰恶来，事纣，为周所杀，其后为秦。恶来弟曰季胜，其后为赵。

①【正义】中音仲。

季胜生孟增。孟增幸于周成王，是为宅皋狼。[①]皋狼生衡父，衡父生造父。造父幸于周缪王。造父取骥之乘匹，[②]与桃林[③]盗骊、骅骝、绿耳，献之缪王。缪王使造父御，西巡狩，见西王母，[④]乐之忘归。而徐偃王反，[⑤]缪王日驰千里马，攻徐偃王，[⑥]大破之。乃赐造父以赵城，[⑦]由此为赵氏。

①【集解】徐广曰："或云皋狼地名，在西河。"【索隐】按：如此说，是名孟增号宅皋狼。而徐广云"或曰皋狼地名，在西河"。按《地理志》，皋狼是西河郡之县名，盖孟增幸于周成王，成王居之于皋狼，故云皋狼。

②【索隐】言造父取八骏，品其色，齐其力，使驯调也。并四曰乘，并两曰匹。【正义】乘，食证反。并四曰乘，两曰匹。取八骏品其力，使均驯。

③【正义】《括地志》云："桃林在陕州桃林县，西至潼关，皆为桃林塞地。《山海经》云夸父之山，北有林焉，名曰桃林，广阔三百里，中多马，造父于此

得骅骝、騄耳之乘献周穆王也。” ④【索隐】《穆天子传》曰“穆王与西王母觞于瑶池之上，作歌”，是乐而忘归也。谯周不信此事，而云“余常闻之，代俗以东西阴阳所出入，宗其神，谓之王父母。或曰地名，在西域，有何见乎”。 ⑤【正义】《括地志》云：“大徐城在泗州徐城县北三十里，古之徐国也。《博物志》云‘徐君宫人娠，生卵，以为不祥，弃于水滨。孤独母有犬名鹄仓，衔所弃卵以归，覆暖之，遂成小儿，生偃王。故宫人闻之，更收养之。及长，袭为徐君。后鹄仓临死生角而九尾，实黄龙也。鹄仓或名后仓也’。” ⑥【索隐】谯周曰：“徐偃王与楚文王同时，去周穆王远矣。且王者行有周卫，岂闻乱而独长驱日行千里乎？”并言此事非实也。 ⑦【正义】晋州赵城县即造父邑也。

自造父已下六世至奄父，曰公仲，周宣王时伐戎，为御。及千亩战，[①]奄父脱宣王。奄父生叔带。叔带之时，周幽王无道，去周如晋，事晋文侯，始建赵氏于晋国。

①【正义】《括地志》云：“千亩原在晋州岳阳县北九十里也。”

自叔带以下，赵宗益兴，五世而(生)〔至〕赵夙。

赵夙，晋献公之十六年伐霍、魏、耿，而赵夙为将伐霍。霍公求奔齐。[①]晋大旱，卜之，曰“霍太山为祟”。使赵夙召霍君于齐，复之，以奉霍太山之祀，晋复穰。晋献公赐赵夙耿。[②]

①【集解】徐广曰：“求，一作来。” ②【索隐】杜预曰：“耿，今河东皮氏县耿乡。”

夙生共孟，当鲁闵公之元年也。共孟生赵衰，字子馀。[①]

①【索隐】《系本》云公明生共孟及赵夙，夙生成季衰，衰生宣孟盾。《左传》云衰，赵夙弟。而此系家云共孟生衰，谯周亦以此为误。

赵衰卜事晋献公及诸公子，莫吉。卜事公子重耳，吉，即事重耳。重耳以骊姬之乱亡奔翟，赵衰从。翟伐廧咎如，得二女，翟以其少女妻重耳，长女妻赵衰而生盾。初，重耳在晋时，赵衰妻亦生赵同、赵括、赵婴齐。赵衰从重耳出亡，凡十九年，得反国。重耳为晋文公，赵衰为原大夫，居原，[①]任国政。文公所以反国及霸，多赵衰计策。语在晋事中。

①【索隐】《系本》云："成季徙原。"宋忠云："今雁门原平县也。"【正义】《括地志》云："原平故城，汉原平县也，在代州崞县南三十五里。"崞音郭。按：宋忠说非也。《括地志》云："故原城在怀州济原县西北二里。《左传》云襄王以原赐晋文公，原不服，文公伐原以示信，原降，以赵衰为原大夫，即此也。原本周畿内邑也。"

赵衰既反晋，晋之妻固要迎翟妻，而以其子盾为嫡嗣，晋妻三子皆下事之。晋襄公之六年，而赵衰卒，谥为成季。

赵盾代成季任国政二年而晋襄公卒，太子夷皋年少。盾为国多难，欲立襄公弟雍。雍时在秦，使使迎之。太子母[①]日夜啼泣，顿首谓赵盾曰："先君何罪，释其嫡子而更求君？"赵盾患之，恐其宗与大夫袭诛之，乃遂立太子，是为灵公，发兵距所迎襄公弟于秦者。灵公既立，赵盾益专国政。

①【索隐】穆嬴也。

灵公立十四年，益骄。赵盾骤谏，灵公弗听。及食熊蹯，胹不熟，杀宰人，持其尸出，赵盾见之。灵公由此惧，欲杀盾。盾素仁爱人，尝所食桑下饿人反扞救盾，盾以得亡。未出境，而赵穿弑灵公而立襄公弟黑臀，是为成公。赵盾复反，任国政。君子讥盾"为正卿，亡不出境，反不讨贼"，故太史书曰"赵盾弑其君"。晋景公①时而赵盾卒，谥为宣孟，子朔嗣。

①【索隐】成公之子，名據。

赵朔，晋景公之三年，朔为晋将下军救郑，与楚庄王战河上。朔娶晋成公姊为夫人。

晋景公之三年，大夫屠岸贾欲诛赵氏。①初，赵盾在时，梦见叔带持要而哭，甚悲；已而笑，拊手且歌。盾卜之，兆绝而后好。赵史援占之，曰："此梦甚恶，非君之身，乃君之子，然亦君之咎。至孙，赵将世益衰。"屠岸贾者，始有宠于灵公，及至于景公而贾为司寇，将作难，乃治灵公之贼以致赵盾，遍告诸将曰："盾虽不知，犹为贼首。以臣弑君，子孙在朝，何以惩罪？请诛之。"韩厥曰："灵公遇贼，赵盾在外，吾先君以为无罪，故不诛。今诸君将诛其后，是非先君之意而今妄诛。妄诛谓之乱。臣有大事而君不闻，是无君也。"屠岸贾不听。韩厥告赵朔趣亡。朔不肯，曰："子必不绝赵祀，朔死不恨。"韩厥许诺，称疾不出。贾不请而擅与诸将攻赵氏于下宫，杀赵朔、赵同、赵括、赵婴齐，皆灭其族。

①【集解】徐广曰："按年表，救郑及诛灭，皆景公三年。"

赵朔妻成公姊，有遗腹，走公宫匿。赵朔客曰公孙杵臼，杵臼谓朔友人程婴曰："胡不死？"程婴曰："朔之妇有遗腹，若幸而男，吾奉之。即女也，吾徐死耳。"居无何，而朔妇免身，生男。屠岸贾闻之，索于宫中。夫人置儿绔中，祝曰："赵宗灭乎，若号；即不灭，若无声。"及索，儿竟无声。已脱，程婴谓公孙杵臼曰："今一索不得，后必且复索之，奈何？"公孙杵臼曰："立孤与死孰难？"程婴曰："死易，立孤难耳。"公孙杵臼曰："赵氏先君遇子厚，子强为其难者，吾为其易者，请先死。"乃二人谋取他人婴儿负之，衣以文葆，[①] 匿山中。程婴出，谬谓诸将军曰："婴不肖，不能立赵孤。谁能与我千金，吾告赵氏孤处。"诸将皆喜，许之，发师随程婴攻公孙杵臼。杵臼谬曰："小人哉程婴。昔下宫之难不能死，与我谋匿赵氏孤儿，今又卖我。纵不能立，而忍卖之乎！"抱儿呼曰："天乎天乎！赵氏孤儿何罪？请活之，独杀杵臼可也。"诸将不许，遂杀杵臼与孤儿。诸将以为赵氏孤儿良已死，皆喜。然赵氏真孤乃反在，程婴卒与俱匿山中。

①【集解】徐广曰："小儿被曰葆。"

居十五年，晋景公疾，卜之，大业之后不遂者为祟。景公问韩厥，厥知赵孤在，乃曰："大业之后在晋绝祀者，其赵氏乎？夫自中衍者皆嬴姓也。中衍人面鸟噣，降佐殷帝大戊，及周天子，皆有明德。下及幽、厉无道，而叔带去周适晋，事先君文侯，至于成公，世有立功，未尝绝祀。今吾君独灭赵宗，国人哀之，故见龟策。唯君图之。”景公问：“赵尚有后子孙乎？”韩厥具以实告。于是景公乃与韩厥谋立赵孤儿，召而匿之宫中。诸将入问疾，景公因韩厥之众以胁诸将而见赵孤。赵孤名曰武。诸将不得已，乃曰：“昔下宫之难，屠岸贾为之，矫以君命，并命群臣。非然，孰敢作难！微君之疾，群臣固且请立赵后。今君有命，群臣之愿也。”于是召赵武、程婴遍拜诸将，遂反与程婴、赵武攻屠岸贾，灭其族。复与赵武田邑如故。①

①【集解】徐广曰：“推次，晋复与赵武田邑，是景公之十七年也。而乃是《春秋》成公八年《经》书‘晋杀其大夫赵同、赵括’，《左传》于此说立赵武事者，注云‘终说之耳，非此年也’。”

及赵武冠，为成人，程婴乃辞诸大夫，谓赵武曰：“昔下宫之难，皆能死。我非不能死，我思立赵氏之后。今赵武既立，为成人，复故位，我将下报赵宣孟与公孙杵臼。”赵武啼泣顿首固请，曰：“武愿苦筋骨以报子至死，而子忍去我死乎！”程婴曰：“不可。彼以我为能成事，故先我死；今我不报，是以我事为不成。”遂自杀。赵武服齐衰三年，为之祭邑，春秋祠之，世世勿绝。①

①【集解】《新序》曰：“程婴、公孙杵臼可谓信友厚士矣。婴之自杀下

报，亦过矣。"【正义】今河东赵氏祠先人，犹别舒一座祭二士矣。

赵氏复位十一年，而晋厉公杀其大夫三郤。栾书畏及，乃遂弑其君厉公，更立襄公曾孙周，[①]是为悼公。晋由此大夫稍强。

①【集解】徐广曰："年表云襄公孙也。"【索隐】《晋系家》襄公少子，名周。

赵武续赵宗二十七年，晋平公立。平公十二年，而赵武为正卿。十三年，吴延陵季子使于晋，曰："晋国之政卒归于赵武子、韩宣子、魏献子之后矣。"赵武死，谥为文子。

文子生景叔。[①]景叔之时，齐景公使晏婴于晋，[②]晏婴与晋叔向语。婴曰："齐之政后卒归田氏。"叔向亦曰："晋国之政将归六卿。六卿侈矣，而吾君不能恤也。"

①【索隐】《系本》云："景叔名成。"　②【集解】徐广曰："平公之十九年。"

赵景叔卒，生赵鞅，是为简子。

赵简子在位，晋顷公之九年，简子将合诸侯戍于周。其明年，入周敬王于周，辟弟子朝之故也。

晋顷公之十二年，六卿以法诛公族祁氏、羊舌氏，分其邑为十县，六卿各令其族为之大夫。晋公室由此益弱。后十三年，鲁贼臣阳虎来奔，赵简子受赂，厚遇之。

赵简子疾，五日不知人，大夫皆惧。医扁鹊视之，出，董安于问。[1]扁鹊曰："血脉治也，而何怪！在昔秦缪公尝如此，七日而寤。寤之日，告公孙支与子舆[2]曰：'我之帝所甚乐。吾所以久者，适有学也。帝告我："晋国将大乱，五世不安。其后将霸，未老而死。霸者之子且令而国男女无别。"'公孙支书而藏之，[3]秦谶于是出矣。献公之乱，文公之霸，而襄公败秦师于殽而归纵淫，此子之所闻。今主君之疾与之同，不出三日疾必间，间必有言也。"

①【集解】韦昭曰："安于，简子家臣。" ②【索隐】二子，秦大夫公孙支、子桑。 ③【索隐】藏，一作籍。籍，录也。谓当时即记录书之于籍也。

居二日半，简子寤。语大夫曰："我之帝所甚乐，与百神游于钧天，广乐九奏万舞，不类三代之乐，其声动人心。有一熊欲来援我，帝命我射之，中熊，熊死。又有一罴来，我又射之，中罴，罴死。帝甚喜，赐我二笥，皆有副。吾见儿在帝侧，帝属我一翟犬，曰：'及而子之壮也，以赐之。'帝告我：'晋国且世衰，七世而亡，[1]嬴姓将大败周人于范魁之西，[2]而亦不能有也。今余思虞舜之勋，适余将以其胄女孟姚配而七世之孙。'"[3]董安于受言而书藏之。以扁鹊言告简子，简子赐扁鹊田四万亩。

①【正义】谓晋定公、出公、哀公、幽公、烈公、孝公、静公为七世。静公二年，为三晋所灭。据此及年表，简子疾在定公十一年。 ②【索隐】范

魁，地名，不知所在，盖赵地也。【正义】嬴，赵姓也。周人谓卫也。晋亡之后，赵成侯三年伐卫，取都鄙七十三是也。贾逵云“小阜曰魁”也。
③【索隐】即娃嬴，吴广之女。姚，姓。孟，字也。七代孙，武灵王也。

他日，简子出，有人当道，辟之不去，从者怒，将刃之。当道者曰：“吾欲有谒于主君。”从者以闻。简子召之，曰：“嘻，吾有所见子晰也。”[①]当道者曰：“屏左右，愿有谒。”简子屏人。当道者曰：“主君之疾，臣在帝侧。”简子曰：“然，有之。子之见我，我何为？”当道者曰：“帝令主君射熊与罴，皆死。”简子曰：“是，且何也？”当道者曰：“晋国且有大难，主君首之。帝令主君灭二卿，夫熊与罴皆其祖也。”[②]简子曰：“帝赐我二笥皆有副，何也？”[③]当道者曰：“主君之子将克二国于翟，皆子姓也。”[④]简子曰：“吾见儿在帝侧，帝属我一翟犬，曰‘及而子之长以赐之’。夫儿何谓以赐翟犬？”当道者曰：“儿，主君之子也。翟犬者，代之先也。主君之子且必有代。及主君之后嗣，且有革政而胡服，[⑤]并二国于翟。”[⑥]简子问其姓而延之以官。当道者曰：“臣野人，致帝命耳。”遂不见。简子书藏之府。

①【索隐】简子见当道者，乃寤曰：“嘻，是吾前梦所见，知其名曰子晰者。”　②【正义】范氏、中行氏之祖也。　③【正义】副谓皆子姓也。
④【正义】谓代及智氏也。　⑤【正义】今时服也，废除裘裳也。
⑥【正义】武灵王略中山地至宁葭，西略胡地至楼烦、榆中是也。

异日，姑布子卿[①]见简子，简子遍召诸子相之。子卿曰：

"无为将军者。"简子曰:"赵氏其灭乎?"子卿曰:"吾尝见一子于路,殆君之子也。"简子召子毋恤。毋恤至,则子卿起曰:"此真将军矣!"简子曰:"此其母贱,翟婢也,奚道贵哉?"子卿曰:"天所授,虽贱必贵。"自是之后,简子尽召诸子与语,毋恤最贤。简子乃告诸子曰:"吾藏宝符于常山上,先得者赏。"诸子驰之常山上,求,无所得。毋恤还,曰:"已得符矣。"简子曰:"奏之。"毋恤曰:"从常山上临代,代可取也。"[②]简子于是知毋恤果贤,乃废太子伯鲁,而以毋恤为太子。

①【集解】司马彪曰:"姑布,姓。子卿,字。" ②【正义】《地道记》云:"恒山在上曲阳县西北百四十里。北行四百五十里得恒山岌,号飞狐口,北则代郡也。"

后二年,晋定公之十四年,范、中行作乱。明年春,简子谓邯郸大夫午曰:"归我卫士五百家,吾将置之晋阳。"[①]午许诺,归而其父兄不听,[②]背言。赵鞅捕午,囚之晋阳。乃告邯郸人曰:"我私有诛午也,诸君欲谁立?"[③]遂杀午。赵稷、涉宾以邯郸反。[④]晋君使籍秦[⑤]围邯郸。荀寅、范吉射[⑥]与午善,[⑦]不肯助秦而谋作乱,董安于知之。十月,范、中行氏[⑧]伐赵鞅,鞅奔晋阳,晋人围之。范吉射、荀寅仇人魏襄等谋逐荀寅,以梁婴父代之;[⑨]逐吉射,以范皋绎代之。[⑩]荀栎[⑪]言于晋侯曰:"君命大臣,始乱者死。今三臣始乱[⑫]而独逐鞅,用刑不均,请皆逐之。"十一月,荀栎、韩不佞、[⑬]魏哆[⑭]奉公命以伐范、中行氏,不克。范、中行氏反伐公,公击之,范、中行败走。丁未,二子[⑮]奔朝歌。韩、魏以赵氏为请。[⑯]十二月辛未,赵鞅入绛,盟于公宫。其明年,知伯文子谓赵鞅曰:“范、中行虽信为乱,安于发之,是安于与谋也。晋国有法,始乱者死。夫二子已伏罪而安于独在。”赵鞅患之。安于曰:“臣死,赵氏定,晋国宁,吾死晚矣。”遂自杀。赵氏以告知伯,然后赵氏宁。

①【集解】服虔曰:“往年赵鞅围卫,卫人恐惧,故贡五百家,鞅置之邯郸,又欲更徙于晋阳。” ②【集解】服虔曰:“午之诸父兄及邯郸中长老。” ③【集解】杜预曰:“午,赵鞅同族,别封邯郸,故使邯郸人更立午宗亲也。” ④【集解】服虔曰:“稷,午子。” ⑤【集解】《左传》曰籍秦此时为上军司马。【索隐】据《系本》,晋大夫籍游之孙,籍谈之子。⑥【索隐】范氏,晋大夫隰叔之子,士芳之后。芳生成伯缺,缺生武子会,会生文叔燮,燮生宣叔匄,匄生献子鞅,鞅生吉射也。 ⑦【集解】《左传》曰:“午,荀寅之甥。荀寅,范吉射之姻。” ⑧【索隐】《系本》云:“晋大夫逝遨生桓伯林父,林父生宣伯庚宿,庚宿生献伯偃,偃生穆伯吴,吴生寅。本姓荀,自荀偃将中军,晋改中军曰中行,因氏焉。元与智伯同祖逝遨,故智氏亦称荀。”【正义】按:会食邑于范,因为范氏。又中行寅本姓荀,自荀偃将中军为中行,因号中行氏。元与智氏同承袭逝遨,姓荀氏。 ⑨【集解】贾逵曰:“梁婴父,晋大夫也。” ⑩【集解】服虔曰:“范氏之侧室子。”⑪【集解】服虔曰:“荀栎,智文子。”【索隐】《系本》云:“逝遨生庄子首,首生武子萤,萤生庄子朔,朔生悼子盈,盈生文子栎,栎生宣子申,申生智伯瑶。”⑫【集解】贾逵曰:“范、中行、赵也。” ⑬【索隐】不佞,韩简子。⑭【索隐】魏简子。《系本》名取。 ⑮【索隐】范吉射、荀寅也。⑯【集解】服虔曰:“以其罪轻于荀、范也。”【正义】按:赵鞅被范、中行伐,乃奔晋阳,以其罪轻,故韩、魏为请晋君而得入绛。

孔子闻赵简子不请晋君而执邯郸午,保晋阳,故书《春秋》曰“赵鞅以晋阳畔”。

赵简子有臣曰周舍，好直谏。周舍死，简子每听朝，常不悦，大夫请罪。简子曰：“大夫无罪。吾闻千羊之皮不如一狐之腋。诸大夫朝，徒闻唯唯，不闻周舍之鄂鄂，是以忧也。”[①]简子由此能附赵邑而怀晋人。

①【集解】《韩诗外传》曰：“周舍立于门下三日三夜，简子使问之曰：‘子欲见寡人何事？’对曰：‘愿为鄂鄂之臣，墨笔操牍，从君之过，而日有所记，月有所成，岁有所效也。’”

晋定公十八年，赵简子围范、中行于朝歌，中行文子[①]奔邯郸。明年，卫灵公卒。简子与阳虎送卫太子蒯聩于卫，卫不纳，居戚。[②]

①【索隐】荀寅也。　　②【正义】《括地志》云：“故戚城在相州澶水县东三十里。杜预云‘戚，卫邑，在顿丘〔卫〕县西有戚城’是也。”

晋定公二十一年，简子拔邯郸，中行文子奔柏人。简子又围柏人，中行文子、范昭子[①]遂奔齐。赵竟有邯郸、柏人。范、中行余邑入于晋。赵名晋卿，实专晋权，奉邑侔于诸侯。

①【索隐】范吉射也。

晋定公三十年，定公与吴王夫差争长于黄池，赵简子从晋定公，卒长吴。定公三十七年卒，而简子除三年之丧，期而已。是岁，越王勾践灭吴。

晋出公十一年，知伯伐郑。赵简子疾，使太子毋恤将而围郑。知伯醉，以酒灌击毋恤。毋恤群臣请死之。毋恤曰："君所以置毋恤，为能忍诟。"然亦愠知伯。知伯归，因谓简子，使废毋恤，简子不听。毋恤由此怨知伯。

晋出公十七年，简子卒，[1]太子毋恤代立，是为襄子。

①【集解】张华曰："赵简子冢在临水界，二冢并，上气成楼阁。"

赵襄子元年，越围吴。[1]襄子降丧食，使楚隆问吴王。[2]

①【正义】年表及(赵)《〔越〕世家》、(云)《左传》越灭吴在简子三十五年，已在襄子元年前十五年矣，何得更有越围吴之事？从此以下至"问吴王"是三十年事，文脱误在此耳。　②【正义】《左传》云哀公二十年，简子死，襄子嗣立，以越围吴故，降父之祭馔，而使楚隆慰问王，为哀公十三年，简子在黄池之役，与吴王质言曰"好恶同之"，故减祭馔及问吴王也。而《赵世家》及《六国年表》云此年晋定公卒，简子除三年之丧，服期而已。按：简子死及使吴年月皆误，与《左传》文不同。

襄子姊前为代王夫人。简子既葬，未除服，北登夏屋，[1]请代王。使厨人操铜枓[2]以食代王及从者，行斟，阴令宰人各[3]以枓击杀代王及从官，遂兴兵平代地。其姊闻之，泣而呼天，摩笄自杀。代人怜之，所死地名之为摩笄之山。[4]遂以代封伯鲁子周为代成君。伯鲁者，襄子兄，故太子。太子早死，故封其子。

①【集解】徐广曰:“山在广武。”【正义】《括地志》云:“夏屋山一名贾屋山,今名贾母山,在代州雁门县东北三十五里。夏屋与句注山相接,盖北方之险,亦天下之阻路,所以分别内外也。” ②【正义】音斗。其形方,有柄,取斟水器。《说文》云勺也。 ③【集解】徐广曰:“一作雒。” ④【正义】笄,今簪也。《括地志》云:“摩笄山一名磨笄山,亦名为〔鸣鸡〕山,在蔚州飞狐县东北百五十里。《魏土地记》云‘代郡东南二十五里有马头山。赵襄子既杀代王,使人迎其妇。代王夫人曰:“以弟慢夫,非仁也;以夫怨弟,非义也。”磨笄自刺而死。使者遂亦自杀’。”

襄子立四年,知伯与赵、韩、魏尽分其范、中行故地。晋出公怒,告齐、鲁,欲以伐四卿。四卿恐,遂共攻出公。出公奔齐,道死。知伯乃立昭公曾孙骄,是为晋懿公。[①] 知伯益骄。请地韩、魏,韩、魏与之。请地赵,赵不与,以其围郑之辱。知伯怒,遂率韩、魏攻赵。赵襄子惧,乃奔保晋阳。

①【索隐】或作“哀公”。其大父名雍,即昭公少子,号戴子也。

原过从,后,至于王泽,[①] 见三人,自带以上可见,自带以下不可见。与原过竹二节,莫通。曰:“为我以是遗赵毋恤。”原过既至,以告襄子。襄子斋三日,亲自剖竹,有朱书曰:“赵毋恤,余霍泰山[②] 山阳侯天使也。三月丙戌,余将使汝反灭知氏。汝亦立我百邑,余将赐汝林胡之地。至于后世,且有伉王,赤黑,龙面而鸟噣,鬓麋髭頾,大膺大胸,修下而冯,左衽界乘,[③] 奄有河宗,[④] 至于休溷诸貉,[⑤] 南伐晋别,[⑥] 北灭黑姑。”[⑦] 襄子再拜,受三神之令。

①【正义】《括地志》云："王泽在绛州正平县南七里也。" ②【集解】徐广曰："在河东永安县。" ③【集解】徐广曰："修，或作随。界，一作介。" ④【正义】《穆天子传》云："河宗之子孙(则)〔鄘〕柏絮。"按：盖在龙门河之上流，岚、胜二州之地也。 ⑤【正义】音陌。自河宗、休溷诸貉，乃戎狄之地也。 ⑥【正义】赵南伐晋之别邑，谓韩、魏之邑也。 ⑦【正义】亦戎国。

三国攻晋阳，岁余，引汾水灌其城，城不浸者三版。[①]城中悬釜而炊，易子而食。群臣皆有外心，礼益慢，唯高共[②]不敢失礼。襄子惧，乃夜使相张孟同[③]私于韩、魏。韩、魏与合谋，以三月丙戌，三国反灭知氏，共分其地。于是襄子行赏，高共为上。张孟同曰："晋阳之难，唯共无功。"襄子曰："方晋阳急，群臣皆懈，惟共不敢失人臣礼，是以先之。"于是赵北有代，南并知氏，强于韩、魏。遂祠三神于百邑，使原过主霍泰山祠祀。[④]

①【正义】何休云："八尺曰版。" ②【集解】徐广曰："一作赫。" ③【索隐】按：《战国策》作"张孟谈"。谈者，史迁之父名，迁例改为"同"。 ④【正义】《括地志》云："三神祠今名原过祠，今在霍山侧也。"

其后娶空同氏，[①]生五子。襄子为伯鲁之不立也，不肯立子，且必欲传位与伯鲁子代成君。成君先死，乃取代成君子浣立为太子。[②]襄子立三十三年卒，浣立，是为献侯。献侯少即位，治中牟。[③]

①【正义】《括地志》云："崆峒山在肃州福禄县东南六十里，古西戎地。

又原州平高县西百里亦有崆峒山，即黄帝问广成子道处。”俱是西戎地，未知孰是。 ②【索隐】代成君名周，伯鲁之子。《系本》云代成君子起即襄子之子，不云伯鲁，非也。 ③【集解】《地理志》曰河南中牟县，赵献侯自耿徙此。瓒曰：“中牟在春秋之时是郑之疆内也，及三卿分晋，则在魏之邦土也。赵界自漳水以北，不及此。《春秋传》曰‘卫侯如晋过中牟’，按中牟非卫适晋之次也。《汲郡古文》曰‘齐师伐赵东鄙，围中牟’，此中牟不在赵之东也。按中牟当漯水之北。”【索隐】此赵中牟在河北，非郑之中牟。【正义】按：五鹿在魏州元城县东十二里，邺即相州荡阴县西五十八里，有牟山，盖中牟邑在此山侧也。

襄子弟桓子[①]逐献侯，自立于代，一年卒。国人曰桓子立非襄子意，乃共杀其子而复迎立献侯。

①【索隐】《系本》云襄子子桓子，与此不同。

十年，中山武公初立。[①]十三年，城平邑。[②]十五年，献侯卒，子烈侯籍立。

①【集解】徐广曰：“西周桓公之子。桓公者，孝王弟而定王子。”【索隐】按：中山，古鲜虞国，姬姓也。《系本》云中山武公居顾，桓公徙灵寿，为赵武灵王所灭，不言谁之子孙。徐广云西周桓公之子，亦无所据，盖未能得其实耳。 ②【集解】《地理志》曰代郡有平邑县。

烈侯元年，魏文侯伐中山，使太子击守之。六年，魏、韩、赵皆相立为诸侯，追尊献子为献侯。

烈侯好音，谓相国公仲连曰：“寡人有爱，可以贵之乎？”

公仲曰："富之可，贵之则否。"烈侯曰："然。夫郑歌者枪、石二人，[1]吾赐之田，人万亩。"公仲曰："诺。"不与。居一月，烈侯从代来，问歌者田。公仲曰："求，未有可者。"有顷，烈侯复问。公仲终不与，乃称疾不朝。番吾君[2]自代来，谓公仲曰："君实好善，而未知所持。今公仲相赵，于今四年，亦有进士乎？"公仲曰："未也。"番吾君曰："牛畜、荀欣、徐越皆可。"公仲乃进三人。及朝，烈侯复问："歌者田何如？"公仲曰："方使择其善者。"牛畜侍烈侯以仁义，约以王道，烈侯逌然。[3]明日，荀欣侍以选练举贤，任官使能。明日，徐越侍以节财俭用，察度功德。所与无不充，君说。烈侯使使谓相国曰："歌者之田且止。"官牛畜为师，荀欣为中尉，徐越为内史，[4]赐相国衣二袭。[5]

①【索隐】枪，七羊反。枪与石二人名。　②【集解】徐广曰："番音盘。常山有番吾县。"【正义】《括地志》云："番吾故城在恒州房山县东二十里。"番蒲古今音异耳。　③【正义】逌音由，古字与"攸"同。言牛畜以仁义约以王道，故止歌者田。攸攸，气行貌，宽缓也。　④【正义】《汉书·百官公卿表》云："(少府)内史，周官，秦因之，掌治京师。"　⑤【集解】单复具为一袭。

九年，烈侯卒，弟武公立。[1]武公十三年卒，赵复立烈侯太子章，是为敬侯。是岁，魏文侯卒。

①【索隐】谯周云："《系本》及说《赵语》者并无其事，盖别有所据。"

敬侯元年，武公子朝作乱，不克，出奔魏。赵始都邯郸。二年，败齐于灵丘。[①]三年，救魏于廪丘，大败齐人。四年，魏败我兔台。筑刚平[②]以侵卫。五年，齐、魏为卫攻赵，取我刚平。六年，借兵于楚伐魏，取棘蒲。[③]八年，拔魏黄城。[④]九年，伐齐。齐伐燕，赵救燕。十年，与中山战于房子。[⑤]

①【集解】《地理志》曰代郡有灵丘县。　②【正义】兔台、刚平并在河北。　③【正义】今赵州平棘县，古棘蒲邑。　④【集解】杜预曰："陈留外黄县东有黄城。"【正义】《括地志》云："故黄城在魏州冠氏县南十里，因黄沟为名。"按：陈留外黄城非随所别也。　⑤【正义】赵州房子县是。

十一年，魏、韩、赵共灭晋，分其地。伐中山，又战于中人。[①]十二年，敬侯卒，子成侯种立。

①【集解】徐广曰："中山唐县有中人亭。"【正义】《括地志》云："中山故城一名中人亭，在定州唐县东北四十一里，春秋时鲜虞国之中人邑也。"

成侯元年，公子胜与成侯争立，为乱。二年六月，雨雪。三年，太戊午[①]为相。伐卫，取乡邑七十三。魏败我蔺。[②]四年，与秦战高安，[③]败之。五年，伐齐于鄄。[④]魏败我怀。攻郑，败之，以与韩，韩与我长子。[⑤]六年，中山筑长城。伐魏，败涿泽，[⑥]围魏惠王。七年，侵齐，至长城。[⑦]与韩攻周。八年，与韩分周以为两。[⑧]九年，与齐战阿下。[⑨]十年，攻卫，取甄。十一年，秦攻魏，赵救之石阿。[⑩]十二年，秦攻魏少梁，[⑪]

赵救之。十三年，秦献公使庶长国伐魏少梁，虏其太子、痤。魏败我浍，取皮牢。[12]成侯与韩昭侯遇上党。十四年，与韩攻秦。十五年，助魏攻齐。

①【集解】徐广曰："戊，一作成。" ②【正义】《地理志》云属西河郡也。 ③【正义】盖在河东。 ④【正义】濮州鄄城县是也。 ⑤【集解】《地理志》曰上党有长子县。 ⑥【正义】涿音浊。徐广云长杜有浊泽，非也。《括地志》云："浊水源出蒲州解县东北平地。"尔时魏都安邑，韩、赵伐魏，岂河南至长杜也？解县浊水近于魏都，当是也。 ⑦【正义】齐长城西头在济州平阴县。《太山记》云："太山西北有长城，缘河经太山千余里，琅邪入海。"《括地志》云："所侵处在密州南三十里。" ⑧【集解】徐广曰："显王二年。《周纪》无此。"【正义】《括地志》云："《史记》周显二年，西周惠公封少子子班于巩，为东周。其子武公为秦所灭。郭缘生《述征记》云巩县本周巩伯邑。" ⑨【集解】徐广曰："战，一作会也。"【正义】阿，东阿也，今济州东阿县也。 ⑩【正义】盖在石、隰等州界也。 ⑪【正义】少梁故城在同州韩城县南二十二里，古少梁国也。 ⑫【集解】徐广曰："魏年表曰取赵皮牢。"【正义】《括地志》云："浍水县在绛州翼城县东南二十五里。"按：皮牢当在浍之侧。

十六年，与韩、魏分晋，封晋君以端氏。[1]

①【集解】徐广曰："在平阳。"【正义】端氏，泽州县也。

十七年，成侯与魏惠王遇葛孽。[1]十九年，与齐、宋会平陆，[2]与燕会阿。[3]二十年，魏献荣椽，因以为檀台。[4]二十一年，魏围我邯郸。二十二年，魏惠王拔我邯郸，齐亦败魏于桂陵。[5]二十四年，魏归我邯郸，与魏盟漳水上。秦攻我蔺。二十五年，成侯卒。公子緤[6]与太子肃侯[7]争立，緤败，亡奔韩。

①【集解】徐广曰："在马丘。年表曰十八年赵孟如齐。"　②【正义】兖州县也。平陆城(与)即古厥国。　③【正义】《括地志》云："故葛城一名依城，又名西阿城，在瀛州高阳县西北五十里。以徐、(兖)〔滱〕二水并过其西，又徂经其北。曲曰阿，以齐有东阿，故曰西阿城。《地理志》云瀛州属河间，赵分也。"按：燕会赵即此地。　④【集解】徐广曰："襄国县有檀台。"【索隐】刘氏云"荣椽盖地名，其中有一高处，可以为台"，非也。按：荣椽是良材，可为椽，斫饰有光荣，所以魏献之，故赵因用之以为檀台。【正义】郑玄云："荣，屋翼也。"《说文》云："椽，榱也。屋梠之两头起者为荣也。"《括地志》云："檀台在洺州临洺县北二里。"　⑤【正义】《括地志》云："故桂城在曹州乘氏县东北二十一里，故老云此即桂陵也。"　⑥【集解】音薛。　⑦【索隐】《系本》云名语。

肃侯元年，夺晋君端氏，徙处屯留。[1]二年，与魏惠王遇于阴晋。[2]三年，公子范袭邯郸，不胜而死。四年，朝天子。六年，攻齐，拔高唐。七年，公子刻攻魏首垣。[3]十一年，秦孝公使商君伐魏，虏其将公子卬。赵伐魏。十二年，秦孝公卒，商君死。十五年，起寿陵。[4]魏惠王卒。

①【正义】《括地志》云："屯留故城在潞州长子县东北三十里，本汉屯留县城也。"　②【正义】《地理志》云华阴县，魏之阴晋，秦惠文王更名宁秦，高帝更名华阴。今属华州。　③【正义】盖在河北也。　④【正义】徐广云："在常山。"

十六年，肃侯游大陵，[①]出于鹿门，[②]大戊午扣马[③]曰："耕事方急，一日不作，百日不食。"肃侯下车谢。

①【集解】徐广曰："太原有大陵县，亦曰陆。"【正义】《括地志》云："大陵城在并州文水县北十三里，汉大陵县城。" ②【正义】并州盂县西有白鹿泓，源出白鹿山南渚，盖鹿门在北山水之侧也。 ③【集解】吕忱曰："扣，牵马。"

十七年，围魏黄，不克。[①]筑长城。[②]

①【集解】《地理志》曰山阳有黄县。【正义】黄城在魏州，前拔之，却为魏，今赵围之矣。 ②【正义】刘伯庄云"盖从云中以北至代"。按：赵长城从蔚州北西至岚州北，尽赵界。又疑此长城在(潭)〔漳〕水之北，赵南界。

十八年，齐、魏伐我，我决河水灌之，兵去。二十二年，张仪相秦。赵疵与秦战，败，秦杀疵河西，取我蔺、离石。二十三年，韩举[①]与齐、魏战，死于桑丘。[②]

①【集解】徐广曰："韩将。" ②【集解】《地理志》云泰山有桑丘县。【正义】《括地志》云："桑丘城在易州遂城县界。"或云在泰山，非也。此时齐伐燕桑丘，三晋皆来救之，不得在泰山(有)〔之〕桑丘县，此说甚误也。

二十四年，肃侯卒。秦、楚、燕、齐、魏出锐师各万人来会葬。子武灵王立。[①]

①【索隐】名雍。

武灵王元年,[1]阳文君赵豹相。梁襄王与太子嗣,韩宣王与太子仓来朝信宫。[2]武灵王少,未能听政,博闻师三人,左右司过三人。及听政,先问先王贵臣肥义,加其秩;国三老年八十,月致其礼。

①【集解】徐广曰:“年表云魏败我赵护。” ②【正义】在洺州临洺县也。

三年,城鄗。四年,与韩会于区鼠。[1]五年,娶韩女为夫人。

①【正义】盖在河北。

八年,韩击秦,不胜而去。五国相王,赵独否,曰:“无其实,敢处其名乎。”令国人谓己曰“君”。

九年,与韩、魏共击秦,秦败我,斩首八万级。齐败我观泽。[1]十年,秦取我中都及西阳。[2]齐破燕。燕相子之为君,君反为臣。十一年,王召公子职于韩,立以为燕王,[3]使乐池送之。[4]十三年,秦拔我蔺,虏将军赵庄。[5]楚、魏王来,过邯郸。十四年,赵何攻魏。

①【正义】《括地志》云:“观泽故城在魏州顿丘县东十八里也。” ②【集解】徐广曰:“年表云‘秦取中都、西阳、安邑。十一年,秦败我将军英’。太原有中都县,西河有中阳县。” ③【集解】徐广曰:“《纪年》亦云尔。” ④【集解】按《燕世家》,子之死后,燕人共立太子平,是为燕昭王,

无赵送公子职为燕王之事，当是赵闻燕乱，遥立职为燕王，虽使乐池送之，竟不能就。【索隐】《燕系家》无其事，盖是疏也。今此云“使乐池送之”，必是凭旧史为说。且《纪年》之书，其说又同，则裴骃之解得其旨矣。

⑤【正义】本一作“芘”，音匹婢反。

十六年，秦惠王卒。王游大陵。他日，王梦见处女鼓琴而歌诗曰：“美人荧荧兮，颜若苕之荣。[①]命乎命乎，曾无我赢。”[②]异日，王饮酒乐，数言所梦，想见其状。吴广闻之，因夫人而内其女娃嬴。[③]孟姚也。[④]孟姚甚有宠于王，是为惠后。

①【集解】綦毋邃曰：“陵苕之草其华紫。”【正义】苕音条。《毛诗疏》云：“苕，饶也。幽州谓之翘饶，蔓似豈豆而细，叶似蒺藜而青，其华细绿色，可生食，味如小豆藿也。”又《本草经》云：“陵苕生下湿水中，七八月生，华紫，草可以染帛，煮沐头，发即黑也。” ②【集解】綦毋邃曰：“言有命禄，生遇其时，人莫知己贵盛盈满也。”【正义】按：命，名也。嬴，姓嬴也。言世众名其美好，曾无我好嬴也。重言“名乎”者，以谈说众也。 ③【集解】《方言》曰：“娃，美也。吴有馆娃之宫。” ④【集解】徐广曰：“《古史考》云内其女曰娃。”【索隐】孟姚，吴广女也。广，舜之后，故上文云“余思虞舜之勋，故命其胄女孟姚以配而七代之孙”是已。然舜后封虞，在河东大阳山西上虞城是，亦曰吴城。虞吴音相近，故舜后亦姓吴，非独太伯、虞仲之裔。

十七年，王出九门，[①]为野台，[②]以望齐、中山之境。

①【集解】徐广曰：“在常山。”【正义】本战国时赵邑。《战国策》云：“本有宫室而居，赵武灵王改为九门。” ②【集解】徐广曰：“野，一作望。”

【正义】《括地志》云:“野台一名义台,在定州新乐县西南六十三里。”

十八年,秦武王与孟说举龙文赤鼎,绝膑[1]而死。赵王使代相赵固迎公子稷于燕,送归,立为秦王,是为昭王。

①【集解】徐广曰:“一作绝瞑。音亡丁反。”

十九年春正月,大朝信宫。召肥义与议天下,五日而毕。王北略中山之地,至于房子,[1]遂之代,北至无穷,西至河,登黄华之上。[2]召楼缓谋曰:“我先王因世之变,以长南藩之地,属阻漳、滏之险,立长城,又取蔺、郭狼,败林人[3]于荏,而功未遂。今中山在我腹心,北有燕,[4]东有胡,[5]西有林胡、楼烦、秦、韩之边,[6]而无强兵之救,是亡社稷,奈何?夫有高世之名,必有遗俗之累。吾欲胡服。”楼缓曰:“善。”群臣皆不欲。

①【正义】赵州县也。 ②【正义】黄华盖西河侧之山名也。 ③【正义】即林胡也。 ④【正义】《地理志》云赵分晋,北有信都、中山,又得涿郡之高阳、鄚州乡;东有清河、河间,又得渤海郡东平舒等七县。在河以北,故言“北有燕”。 ⑤【正义】赵东有瀛州之东北。营州之境即东胡、乌丸之地。服虔云:“东胡,乌丸之先,后为鲜卑也。” ⑥【正义】林胡、楼烦即岚、胜之北也。岚、胜以南石州、离石、蔺等,七国时赵边邑也。秦隔河也。晋、洺、潞、泽等州皆七国时韩地,为并赵西境也。

于是肥义侍,王曰:“简、襄主之烈,计胡、翟之利。为人臣者,宠有孝弟长幼顺明之节,通有补民益主之业,[1]此两者臣之分也。今吾欲继襄主之迹，开于胡、翟之乡，而卒世不见也。[②]为敌弱，[③]用力少而功多，可以毋尽百姓之劳，而序往古之勋。[④]夫有高世之功者，负遗俗之累。[⑤]有独智之虑者，任骜民之怨。[⑥]今吾将胡服骑射以教百姓，而世必议寡人，奈何？”肥义曰：“臣闻疑事无功，疑行无名。王既定负遗俗之虑，殆无顾天下之议矣。夫论至德者不和于俗，成大功者不谋于众。昔者舜舞有苗，禹袒裸国，非以养欲而乐志也，务以论德而约功也。愚者暗成事，智者睹未形，则王何疑焉。”王曰：“吾不疑胡服也，吾恐天下笑我也。狂夫之乐，智者哀焉。愚者所笑，贤者察焉。世有顺我者，胡服之功未可知也。虽驱世以笑我，胡地中山吾必有之。”于是遂胡服矣。

①【正义】宠，贵宠也。通，达理也。凡为人臣，有孝弟长幼顺明之节制者，得贵宠也；有补民益主之功业者，为达理也。　②【正义】卒，子律反，尽也。言尽世间不见补民益主之忠臣也。　③【正义】我为胡服，敌人必困弱也。　④【正义】序，重也。往古谓赵简子、襄子也。　⑤【正义】负，留也。言古周公、孔子留衣冠礼义之俗，今变为胡服，是负留风俗之谴累也。　⑥【正义】言世有独计智之思虑者，必任隐逸敖慢之民怨望也。

使王緤告公子成曰：“寡人胡服，将以朝也，亦欲叔服之。家听于亲而国听于君，古今之公行也。子不反亲，臣不逆君，兄弟之通义也。[①]今寡人作教易服而叔不服，吾恐天下议之也。制国有常，利民为本。从政有经，令行为上。明德先论于贱，而行政先信于贵。今胡服之意，非以养欲而乐志也。事有所止而功有所出，[②]事成功立，然后善也。今寡人恐叔之逆从政之经，以辅叔之议。且寡人闻之，事利国者行无邪，因贵戚者名不累，故愿慕公叔之义，以成胡服之功。使緤谒之叔，[③]请服焉。”公子成再拜稽首曰：“臣固闻王之胡服也。臣不佞，寝疾，未能趋走以滋进也。王命之，臣敢对，因竭其愚忠。曰：臣闻中国者，盖聪明徇智之所居也，[④]万物财用之所聚也，贤圣之所教也，仁义之所施也，《诗》、《书》礼乐之所用也，异敏技能之所试也，远方之所观赴也，蛮夷之所义行也。今王舍此而袭远方之服，变古之教，易古之道，逆人之心，而佛学者，离中国，故臣愿王图之也。”使者以报。王曰：“吾固闻叔之疾也，我将自往请之。”

①【集解】徐广曰：“兄弟，一作元夷。元，始也。夷，平也。” ②【正义】郑玄云：“止，至也。为人君止于仁，为人臣止于敬，为人子止于孝，为人父止于慈，与国人交止于信。”按：出，犹成也。 ③【索隐】绝句。④【集解】徐广曰：“《五帝本纪》云幼而徇齐。”

王遂往之公子成家，因自请之，曰：“夫服者，所以便用也。礼者，所以便事也。圣人观乡而顺宜，因事而制礼，所以利其民而厚其国也。夫翦发文身，错臂左衽，[①]瓯越之民也。[②]黑齿雕题，[③]却冠秫绌，[④]大吴之国也。故礼服莫同，其便一也。乡异而用变，事异而礼易。是以圣人果可以利其国，不一其用。果可以便其事，不同其礼。儒者一师而俗异，中国同礼而教离，况于山谷之便乎？故去就之变，智者不能一。远近之服，贤圣不能同。穷乡多异，曲学多辩。不知而不疑，异于己而不非者，公焉而众求尽善也。今叔之所言者俗也，吾所言者所以制俗也。吾国东有河、薄洛之水，[5]与齐、中山同之，[6]无舟楫之用。自常山以至代、上党，[7]东有燕、东胡之境，而西有楼烦、秦、韩之边，今无骑射之备。故寡人无舟楫之用，夹水居之民，将何以守河、薄洛之水。变服骑射，以备燕、三胡、[8]秦、韩之边。且昔者简主不塞晋阳以及上党，而襄主并戎取代以攘诸胡，此愚智所明也。先时中山负齐之强兵，侵暴吾地，系累[9]吾民，引水围鄗，微社稷之神灵，则鄗几于不守也。先王丑之，而怨未能报也。今骑射之备，近可以便上党之形，而远可以报中山之怨。而叔顺中国之俗以逆简、襄之意，恶变服之名以忘鄗事之丑，非寡人之所望也。"公子成再拜稽首曰："臣愚，不达于王之义，敢道世俗之闻，臣之罪也。今王将继简、襄之意以顺先王之志，臣敢不听命乎！"再拜稽首。乃赐胡服。明日，服而朝。于是始出胡服令也。

①【索隐】错臂亦文身，谓以丹青错画其臂。孔衍作"右臂左衽"，谓右袒其臂也。　②【索隐】刘氏云："今珠崖、儋耳谓之瓯人，是有瓯越。"【正义】按：属南越，故言瓯越也。《舆地志》云"交阯，周时为骆越，秦时曰西瓯，文身断发避龙"。则西瓯骆又在番吾之西。南越及瓯骆皆芈姓也。《世本》云"越，芈姓也，与楚同祖"是也。　③【集解】刘逵曰："以草染齿，用白作黑。"郑玄曰："雕文谓刻其肌，以青丹涅之。"　④【集解】徐广曰："《战国策》作'秫缝'，绌亦缝紩之别名也。秫者，綦针也。古字多假借，故作'秫绌'耳。此盖言其女功针缕之粗拙也。又一本作'鲑冠黎緤'也。"

⑤【集解】徐广曰:"安平经县西有漳水,津名薄洛津。"【正义】按:安平县属定州也。 ⑥【正义】尔时齐与中山相亲,中山、赵共薄洛水,故言"与齐、中山同之",须有舟楫之备。 ⑦【集解】徐广曰:"一云'自常山以下,代、上党以东'。" ⑧【索隐】林胡,楼烦,东胡,是三胡也。 ⑨【正义】上音计,下力追反。

赵文、赵造、周袑、[①]赵俊皆谏止王毋胡服,如故法便。王曰:"先王不同俗,何古之法?帝王不相袭,何礼之循?虙戏、神农教而不诛,黄帝、尧、舜诛而不怒。及至三王,随时制法,因事制礼。法度制令各顺其宜,衣服器械各便其用。故礼也不必一道,而便国不必古。圣人之兴也不相袭而王,夏、殷之衰也不易礼而灭。然则反古未可非,而循礼未足多也。且服奇者志淫,则是邹、鲁无奇行也。[②]俗辟者民易,则是吴、越无秀士也。[③]且圣人利身谓之服,便事谓之礼。夫进退之节,衣服之制者,所以齐常民也,非所以论贤者也。故齐民与俗流,贤者与变俱。故谚曰'以书御者不尽马之情,以古制今者不达事之变'。循法之功不足以高世,法古之学不足以制今。子不及也。"遂胡服招骑射。

①【集解】徐广曰:"《战国策》作绍。袑音绍。" ②【索隐】按:邹、鲁好长缨,是奇服,非其志皆淫僻也,而有孔门颜、冉之属,岂是无奇行哉。③【索隐】言方俗僻处山谷,而人皆改易不通大化,则是吴、越无秀士,何得有延州来及大夫种之属哉。

二十年,王略中山地,至宁葭。[①]西略胡地,至榆中。[②]林胡王献马。归,使楼缓之秦,仇液之韩,王贲之楚,富丁之魏，赵爵之齐。代相赵固主胡，致其兵。

①【索隐】一作“蔓葭”，县名，在中山。　②【正义】胜州北河北岸也。

二十一年，攻中山。赵袑为右军，许钧为左军，公子章为中军，王并将之。牛翦将车骑，赵希并将胡、代。赵与之陉，①合军曲阳，②攻取丹丘、③华阳、④鸱之塞。⑤王军取鄗、石邑、⑥封龙、⑦东垣。中山献四邑和，王许之，罢兵。二十三年，攻中山。二十五年，惠后卒。⑧使周袑胡服傅王子何。二十六年，复攻中山，攘地北至燕、代，西至云中、九原。

①【集解】徐广曰：“一作陆，又作陉。或宜言‘赵与之陉’。陉者山绝之名。常山有井陉，中山有苦陉，上党有阏与。”【正义】与音与。陉音荆。陉，陉山也，在并州陉县东南十八里。然赵希并将代、赵之兵，与诸军向井陉之侧，共出定州上曲阳县，合军攻取丹丘、华阳、鸱上之关。　②【集解】徐广曰：“上曲阳在常山，下曲阳在巨鹿。”【正义】《括地志》云：“上曲阳故城在定州曲阳县西五里。”按：合军曲阳，即上曲阳也，以在常山郡也。③【正义】盖邢州丹丘县也。　④【正义】《括地志》云：“北岳有五别名，一曰兰台府，二曰列女宫，三曰华阳台，四曰紫台，五曰太一宫。”按：北岳恒山在定州恒阳县北百四十里。　⑤【正义】上昌之反，下先代反。徐广曰“鸱，一作鸿”，鸿上故关今名汝城，在定州唐县东北六十里，本晋鸿上关城也。又有鸿上水，源出唐县北葛洪山，接北岳恒山，与鸿上塞皆在定州。然一本作“鸣”字，误也。　⑥【集解】徐广曰：“在常山。”【正义】《括地志》云：“石邑故城在恒州鹿泉县南三十五里，六国时旧邑。”　⑦【正义】《括地志》云：“封龙山一名飞龙山，在恒州鹿泉县南四十五里。邑因山为

名。” ⑧【索隐】按：谓武灵王之前后，太子章之母，惠文王之嫡母也。惠后卒后，吴娃始当正室，至孝成二年称“惠文后卒”是也。而下文又云“吴娃死后，娃子何宠衰，怜故太子，欲两王之”亦误也。

二十七年五月戊申，大朝于东宫，传国，立王子何以为王。王庙见礼毕，出临朝。大夫悉为臣，肥义为相国，并傅王。是为惠文王。惠文王，惠后吴娃子也。武灵王自号为主父。

主父欲令子主治国，而身胡服将士大夫西北略胡地，而欲从云中、九原直南袭秦，于是诈自为使者入秦。秦昭王不知，已而怪其状甚伟，非人臣之度，使人逐之，而主父驰已脱关矣。审问之，乃主父也。秦人大惊。主父所以入秦者，欲自略地形，因观秦王之为人也。

惠文王[①]二年，主父行新地，遂出代，西遇楼烦王于西河而致其兵。

①【集解】徐广曰：“元年，以公子胜为相，封平原。”

三年，灭中山，迁其王于肤施。[①]起灵寿，[②]北地方从，代道大通。还归，行赏，大赦，置酒酺五日，封长子章为代安阳君。[③]章素侈，心不服其弟所立。主父又使田不礼相章也。

①【集解】徐广曰：“在上郡。”【正义】今延州肤施县也。 ②【集解】徐广曰：“在常山。” ③【正义】《括地志》云：“东安阳故城在朔州定襄县界。《地志》云东安阳县属代郡。”

李兑谓肥义曰："公子章强壮而志骄，党众而欲大，殆有私乎？田不礼之为人也，忍杀而骄。二人相得，必有谋阴贼起，一出身侥幸。夫小人有欲，轻虑浅谋，徒见其利而不顾其害，同类相推，俱入祸门。以吾观之，必不久矣。子任重而势大，乱之所始，祸之所集也，子必先患。仁者爱万物而智者备祸于未形，不仁不智，何以为国？子奚不称疾毋出，传政于公子成？毋为怨府，毋为祸梯。"肥义曰："不可。昔者主父以王属义也，曰：'毋变而度，毋异而虑，坚守一心，以殁而世。'义再拜受命而籍之。今畏不礼之难而忘吾籍，变孰大焉。进受严命，退而不全，负孰甚焉。变负之臣，不容于刑。谚曰'死者复生，生者不愧'。[①]吾言已在前矣，吾欲全吾言，安得全吾身。且夫贞臣也难至而节见，忠臣也累至而行明。子则有赐而忠我矣，虽然，吾有语在前者也，终不敢失。"李兑曰："诺，子勉之矣。吾见子已今年耳。"涕泣而出。李兑数见公子成，以备田不礼之事。

①【正义】肥义报李兑云：必尽〔力〕傅何为王，不可惧章及田不礼而生异心。使死者复更变生，并见在生者（并见）傅王无变，令我不愧之，若荀息也。

异日肥义谓信期[①]曰："公子与田不礼甚可忧也。其于义也声善而实恶，此为人也不子不臣。吾闻之也，奸臣在朝，国之残也；谗臣在中，主之蠹也。此人贪而欲大，内得主而外为暴。矫令为慢，以擅一旦之命，不难为也，祸且逮国。今吾忧之，夜而忘寐，饥而忘食。盗贼出入不可不备。自今以来，若有召王者必见吾面，我将先以身当之，无故而王乃入。”信期曰：“善哉，吾得闻此也。”

①【索隐】即下文高信也。【正义】上音申也。

四年，朝群臣，安阳君亦来朝。主父令王听朝，而自从旁观窥群臣宗室之礼。见其长子章傫然也，反北面为臣，诎于其弟，心怜之，于是乃欲分赵而王章于代，计未决而辍。

主父及王游沙丘，异宫，[①]公子章即以其徒与田不礼作乱，诈以主父令召王。肥义先入，杀之。高信即与王战。公子成与李兑自国至，乃起四邑之兵入距难，杀公子章及田不礼，灭其党贼而定王室。公子成为相，号安平君，李兑为司寇。公子章之败，往走主父，主父开之，[②]成、兑因围主父宫。公子章死，公子成、李兑谋曰：“以章故围主父，即解兵，吾属夷矣。”乃遂围主父。令宫中人“后出者夷”，宫中人悉出。主父欲出不得，又不得食，探爵鷇而食之，[③]三月余而饿死沙丘宫。[④]主父定死，乃发丧赴诸侯。

①【正义】在邢州平乡县东北二十里也。　②【索隐】开谓开门而纳之。俗本亦作“闻”字者，非也。谯周及孔衍皆作“闭之”，闭谓藏之也。【正义】谓不责其反叛之罪，容其入宫藏也。　③【集解】綦毋邃曰：“鷇，爵子也。”【索隐】生受哺者谓之鷇。　④【集解】应劭曰：“武灵王葬代郡灵丘县。”【正义】《括地志》云：“赵武灵王墓在蔚州灵丘县东三十里。”应说是也。

是时王少，成、兑专政，畏诛，故围主父。主父初以长子章为太子，后得吴娃，爱之，为不出者数岁，生子何，乃废太子章而立何为王。吴娃死，爱弛，怜故太子，欲两王之，犹豫未决，故乱起，以至父子俱死，为天下笑，岂不痛乎！①

①【集解】徐广曰："或无此十四字。"

（主父死惠文王立立）五年，与燕鄚、易。①八年，城南行唐。②九年，赵梁将，与齐合军攻韩，至鲁关下。③及十年，秦自置为西帝。十一年，董叔与魏氏伐宋，得河阳于魏。秦取梗阳。④十二年，赵梁将攻齐。十三年，韩徐为将，攻齐。公主死。⑤十四年，相国乐毅将赵、秦、韩、魏、燕攻齐，⑥取灵丘。⑦与秦会中阳。⑧十五年，燕昭王来见。赵与韩、魏、秦共击齐，齐王败走，燕独深入，取临菑。

①【集解】徐广曰："皆属涿郡。鄚音莫。"　②【集解】徐广曰："在常山。"【正义】行，寒庚反。《括地志》云："行唐县属冀州。"为南行唐筑城。③【正义】刘伯庄云："盖在南阳鲁阳关。"按：汝州鲁山县，古縠阳县。④【集解】杜预曰："太原晋阳县南梗阳城也。"【索隐】《地理志》云太原榆次有梗阳乡。与杜预所据小别也。【正义】《括地志》云："梗阳故城在并州清源县南百二十步，分晋阳县置，本汉榆次县地，春秋晋大夫祁氏邑也。"⑤【索隐】盖吴娃女，惠文王之姊。　⑥【索隐】按年表及韩、魏等系家，五国攻齐在明年，然此下文十五年重击齐，是此文为得，盖此年同伐齐耳。⑦【正义】蔚(丘)〔州〕县也。　⑧【正义】《括地志》云："中阳故县在汾州隰城县南十里，汉中阳县也。"

十六年，秦复与赵数击齐，齐人患之。苏厉为齐遗赵王书曰：

臣闻古之贤君，其德行非布于海内也，教顺非洽于民人也，祭祀时享非数常于鬼神也。甘露降，时雨至，年谷丰孰，民不疾疫，众人善之，然而贤主图之。

今足下之贤行功力，非数加于秦也。怨毒积怒，非素深于齐也。秦、赵与国，以强征兵于韩，秦诚爱赵乎？其实憎齐乎？物之甚者，贤主察之。秦非爱赵而憎齐也，欲亡韩而吞二周，故以齐饺天下。恐事之不合，故出兵以劫魏、赵。恐天下畏己也，故出质以为信。恐天下亟反也，故征兵于韩以威之。声以德与国，[①]实而伐空韩，臣以秦计为必出于此。夫物固有势异而患同者，楚久伐而中山亡，今齐久伐而韩必亡。破齐，王与六国分其利也。亡韩，秦独擅之。收二周，西取祭器，秦独私之。赋田计功，王之获利孰与秦多？

①【索隐】与国，赵也。秦、赵今为与国，秦征兵于韩，帅之共赵伐齐，以威声和赵，是以德与国也。

说士之计曰："韩亡三川，[①]魏亡晋国，[②]市朝未变而祸已及矣。"燕尽齐之北地，去沙丘、巨鹿敛三百里，[③]韩之上党去邯郸百里，燕、秦谋王之河山，间三百里而通矣。秦之上郡[④]近挺关，至于榆中者千五百里，秦以三郡攻王之上党，[⑤]羊肠之西，[⑥]句注之南，[⑦]非王有已。逾句注，斩常山而守之，三百里而通于燕，代马胡犬不东下，[8]昆山之玉不出，此三宝者亦非王有已。王久伐齐，从强秦攻韩，其祸必至于此。愿王孰虑之。

①【正义】河南之地，两川之间。　②【正义】河北之地，安邑、河内。　③【正义】沙丘，邢州也。巨鹿，冀州也。齐北界，贝州也。敛，减也。言破齐灭韩之后，燕之南界，秦之东界，相去减三百里，赵国在中间也。④【正义】鄜、延等州也。　⑤【正义】秦上党郡今泽、潞、仪、沁等四州之地，兼相州之半，韩总有之。至七国时，赵得仪、沁二州之地，韩犹有潞州及泽州之半，半属赵、魏。沁州在羊肠坂之西，仪、并、代三州在句注山之南。秦以三郡攻赵之泽、潞，则句注之南赵无地。然秦始皇置上党郡，此言之者，太史公却引前书也。他皆仿此。　⑥【正义】太行山坂道名，南属怀州，北属泽州。　⑦【正义】句注山在代州西北也。　⑧【正义】言秦逾句注山，斩常山而守之，西北代马胡犬不东入赵，沙州昆山之玉亦不出至赵矣。郭璞云："胡地野犬似狐而小。"

且齐之所以伐者，以事王也。[1]天下属行，[2]以谋王也。燕、秦之约成而兵出有日矣。五国三分王之地，[3]齐背五国之约而殉王之患，[4]西兵以禁强秦，秦废帝请服，[5]反高平、根柔于魏，[6]反巠分、[7]先俞于赵。[8]齐之事王，宜为上佼，[9]而今乃抵罪，[10]臣恐天下后事王者之不敢自必也。愿王孰计之也。

①【正义】以赵王为事也，而秦必伐之也。　②【正义】上音烛，下胡郎反。言秦欲令齐称帝，与约五国共灭赵，三分赵地。　③【正义】谓秦、齐、韩、魏、燕三分赵之地也。　④【正义】齐王以身从赵王之患也。⑤【正义】言秦、齐相约，欲更重称帝，故言"废帝"也。　⑥【集解】徐广

曰："《纪年》云魏哀王四年改阳曰河雍，向曰高平。根柔，一作棇柔，一作平柔。"【正义】返，还也。《括地志》云："高平故城在怀州河阳县西四十里。《纪年》云魏哀王改向曰高平也。"根柔未详。两邑，魏地也。　⑦【集解】徐广曰："一作王公。巠音胡鼎反"。【正义】巠音邢。分字误，当作"山"字耳。《括地志》云："句注山一名西陉山，在代州雁门县西北四十里。"⑧【集解】徐广曰："《尔雅》曰西俞，雁门是。"【正义】俞音戍。《郭注》云："西隃即雁门山也。"按：西先声相近，盖陉山、西隃二山之地并在代州雁门县，皆赵地也。　⑨【索隐】佼，犹行也。　⑩【正义】谓共秦伐齐也。

今王毋与天下攻齐，天下必以王为义。齐抱社稷而厚事王，天下必尽重王义。王以天下善秦，秦暴，王以天下禁之，是一世之名宠制于王也。

于是赵乃辍，谢秦不击齐。

王与燕王遇。廉颇将，攻齐昔阳，[①]取之。[②]

①【正义】《括地志》云："昔阳故城一名阳城，在并州乐平县东。《春秋释地名》云'昔阳，肥国所都也。乐平城沾县东〔有〕昔阳城。肥国，白狄别种也。乐平县城，汉沾县城也'。"　②【集解】杜预曰："乐平沾县有昔阳城。"

十七年，乐毅将赵师攻魏伯阳。[①]而秦怨赵不与己击齐，伐赵，拔我两城。十八年，秦拔我石城。[②]王再之卫东阳，决河水，[③]伐魏氏。大潦，漳水出。魏冄来相赵。十九年，秦(败)〔取〕我二城。赵与魏伯阳。赵奢将，攻齐麦丘，取之。

①【正义】《括地志》云："伯阳故城一名邯会城，在相州邺县西五十五

里，七国时魏邑，汉邯会城。” ②【集解】《地理志》云右北平有石城县。【正义】《括地志》云：“石城在相州林虑县西南九十里。”疑相州石城是。③【正义】《括地志》云：“东阳故城在贝州历亭县界。”按：东阳先属卫，今属赵。河历员州南，东北流，过河南岸即魏地也。故言王再之卫东阳伐魏氏也。

二十年，廉颇将，攻齐。王与秦昭王遇西河外。①

①【集解】徐广曰：“年表云与秦会渑池。”

二十一年，赵徙漳水武平西。①二十二年，大疫。置公子丹为太子。

①【正义】《括地志》云：“武平亭今名渭城，在瀛州文安县北七十二里。”按：二十七年又徙漳水武平南。

二十三年，楼昌将，攻魏幾，①不能取。十二月，廉颇将，攻幾，取之。二十四年，廉颇将，攻魏房子，②拔之，因城而还。又攻安阳，取之。二十五年，燕周③将，攻昌城、④高唐，取之。与魏共击秦。秦将白起破我华阳，⑤得一将军。二十六年，取东胡欧代地。⑥

①【正义】音祈。《传》云伐齐幾，几拔之。又《战国策》云秦败阏与，及攻魏幾。按：幾邑或属齐，或属魏，当在相、潞之间也。 ②【集解】徐广曰：“属常山。” ③【索隐】赵人，为赵将。 ④【集解】徐广曰：“属齐郡。”【正义】《括地志》云：“故昌城在淄州淄川县东北四十里也。”

⑤【正义】《括地志》云："故华阳城在郑州管城县南四十里。司马彪云华阳亭在今洛州密县。"是时魏、韩、赵聚兵于华阳，西攻秦。 ⑥【正义】今营州也。【索隐】东胡叛赵，驱略代地人众以叛，故取之也。

二十七年，徙漳水武平南。封赵豹为平阳君。[①]河水出，大潦。

①【集解】《战国策》曰赵豹，平阳君，惠文王母弟。

二十八年，蔺相如伐齐，至平邑。[①]罢城北九门大城。[②]燕将成安君公孙操弑其王。[③]二十九年，秦、韩相攻，而围阏与。[④]赵使赵奢将，击秦，大破秦军阏与下，赐号为马服君。[⑤]

①【正义】《括地志》云："平邑故城在魏州昌乐县东北四十里也。" ②【正义】恒州九门县城。 ③【集解】徐广曰："年表云是燕武成王元年。"【索隐】按：乐资云其王即惠王。 ④【正义】上于连反，下音预。《括地志》云："阏与，聚落，今名乌苏城，在潞州铜鞮县西北二十里。又仪州和顺县城，亦云韩阏与邑。二所未详。又有阏与山在洺州武安县西五十里，盖是也。" ⑤【正义】因马服山为号也，虞喜《志林》云"马，兵之首也。号曰马服者，言能服马也"。《括地志》云："马服山，邯郸县西北十里也。"

三十三年，惠文王卒，太子丹立，是为孝成王。

孝成王元年，[①]秦伐我，拔三城。赵王新立，太后用事，秦急攻之。赵氏求救于齐，齐曰："必以长安君[②]为质，兵乃出。"太后不肯，大臣强谏。太后明谓左右曰："复言长安君为质者,老妇必唾其面。”左师触龙言愿见太后,太后盛气而胥之。[③]入,徐趋而坐,自谢曰:“老臣病足,曾不能疾走,不得见久矣。窃自恕,而恐太后体之有所苦也,故愿望见太后。”太后曰:“老妇恃辇而行耳。”[④]曰:“食得毋衰乎?”曰:“恃粥耳。”曰:“老臣间者殊不欲食,乃强步,日三四里,少益嗜食,和于身也。”太后曰:“老妇不能。”太后不和之色少解。左师公曰:“老臣贱息舒祺最少,不肖,而臣衰,窃怜爱之,愿得补黑衣之缺以卫王宫,昧死以闻。”太后曰:“敬诺。年几何矣?”对曰:“十五岁矣。虽少,愿及未填沟壑而托之。”太后曰:“丈夫亦爱怜少子乎?”对曰:“甚于妇人。”太后笑曰:“妇人异甚。”对曰:“老臣窃以为媪之爱燕后贤于长安君。”太后曰:“君过矣,不若长安君之甚。”左师公曰:“父母爱子,则为之计深远。媪之送燕后也,持其踵,为之泣,念其远也,亦哀之矣。已行,非不思也,祭祀则祝之曰‘必勿使反’,岂非计长久,为子孙相继为王也哉?”太后曰:“然。”左师公曰:“今三世以前,至于赵主之子孙为侯者,其继有在者乎?”曰:“无有。”曰:“微独赵,诸侯有在者乎?”曰:“老妇不闻也。”曰:“此其近者祸及其身,远者及其子孙。岂人主之子侯则不善哉?位尊而无功,奉厚而无劳,而挟重器多也。今媪尊长安君之位,而封之以膏腴之地,多与之重器,而不及今令有功于国,一旦山陵崩,长安君何以自托于赵?老臣以媪为长安君之计短也,故以为爱之不若燕后。”太后曰:“诺,恣君之所使之。”于是为长安君约车百乘,质于齐,齐兵乃出。

①【集解】徐广曰："平原君相也。"　②【索隐】孔衍云："惠文后之少子也。赵亦有长安，今其地阙。"【正义】长安君者，以长安善，故名也。③【集解】胥犹须也。《谷梁传》曰："胥其出也。"　④【索隐】按：束皙云"赵惠文王子何者，吴广之甥，娃嬴之子也"。如系家计之，则武灵王十六年梦吴娃而纳之，至二十七年王薨，及惠文王三十二年卒，孝成王元年遣长安君质于齐，若娃年二十入王宫，至此亦年六十左侧，亦可称老。而束广微言太后才三十有奇者，误也。

子义闻之，[1]曰："人主之子，骨肉之亲也，犹不能持无功之尊，无劳之奉，而守金玉之重也，而况于予乎？"

①【索隐】子义，赵之贤人。

齐安平君[1]田单将赵师而攻燕中阳，[2]拔之。又攻韩注人，[3]拔之。二年，惠文后卒。田单为相。

①【正义】《括地志》云："安平城在青州临淄县东十九里，古纪之酅邑也。"　②【集解】徐广曰："一作'人'。"【正义】燕无中阳。《括地志》云："中山故城一名中人亭，在定州唐县东北四十一里，尔时属燕国也。"③【正义】邑名也。《括地志》云"注城在汝州梁县西十五里"，盖是其地也。

四年，王梦衣偏裻之衣，[1]乘飞龙上天，不至而坠，见金玉之积如山。明日，王召筮史敢占之，曰："梦衣偏裻之衣者，残也。乘飞龙上天不至而坠者，有气而无实也。见金玉之积如山者，忧也。"

①【正义】杜预云："偏，左右异色。裻在中，左右异，故曰偏。"按：裻，衣背缝也。

后三日，韩氏上党守冯亭使者至，曰："韩不能守上党，入之于秦。其吏民皆安为赵，不欲为秦。有城市邑十七，愿再拜入之赵，财王所以赐吏民。"王大喜，召平阳君豹告之曰："冯亭入城市邑十七，受之何如？"对曰："圣人甚祸无故之利。"王曰："人怀吾德，何谓无故乎？"对曰："夫秦蚕食韩氏地，中绝不令相通，固自以为坐而受上党之地也。韩氏所以不入于秦者，欲嫁其祸于赵也。秦服其劳而赵受其利，虽强大不能得之于小弱，小弱顾能得之于强大乎？岂可谓非无故之利哉！且夫秦以牛田之[①]水通粮[②]蚕食，上乘倍战者，[③]裂上国之地，[④]其政行，不可与为难，必勿受也。"王曰："今发百万之军而攻，逾年历岁未得一城也。今以城市邑十七币吾国，[⑤]此大利也。"

①【集解】徐广曰："一无此字。"【正义】秦蚕食韩氏，国中断不通。夫牛耕田种谷，至秋则收之，成熟之义也。言秦伐韩上党，胜有日矣，若牛田之必冀收获矣。　②【正义】秦从渭水漕粮东入河、洛，军击韩上党也。③【正义】乘，承证反。蚕食桑叶，渐进必尽也。《司马法》云："百亩为夫，夫三为屋，屋三为井，井十为通，通十为成。成出革车一乘，七十二人也。"上乘，天下第一也。倍战，力攻也。韩国四战之地，军士惯习，倍于余国。④【正义】上国，秦地也。言韩上党之地以列为秦国之地，其政已行，赵不可与秦作难，必莫受冯亭十七邑也。　⑤【正义】冯亭将十七邑入赵，若币帛之见遗，此大利也。

赵豹出，王召平原君与赵禹而告之。对曰："发百万之军而攻，逾岁未得一城，今坐受城市邑十七，此大利，不可失也。"王曰："善。"乃令赵胜受地，告冯亭曰："敝国使者臣胜，敝国君使胜致命，以万户都三封太守，[①]千户都三封县令，皆世世为侯，吏民皆益爵三级，吏民能相安，皆赐之六金。"冯亭垂涕不见使者，曰："吾不处三不义也：为主守地，不能死固，不义一矣；入之秦，不听主令，不义二矣；卖主地而食之，不义三矣。"赵遂发兵取上党。[②]廉颇将军军长平。[③]

①【正义】尔时未合言太守，至汉景帝始加太守，此言"太"，衍字也。②【集解】《汉书·冯奉世传》曰："赵封亭为华陵君，与赵将括距秦，战死于长平，宗族由是分散，或在赵。在赵者，为官师将，官师将子为代相。及秦灭六国，而冯亭之后冯无择、冯去疾、冯劫皆为秦将相焉。汉兴，冯唐即代相之子也。"《上党记》云："冯亭冢在壶关城西五里。" ③【正义】《括地志》云："长平故城在泽州高平县西二十一里，即白起败括于长平处。"

七(年)〔月〕，廉颇免而赵括代将。秦人围赵括，赵括以军降，卒四十余万皆坑之。王悔不听赵豹之计，故有长平之祸焉。王还，不听秦，秦围邯郸。[①]武垣令[②]傅豹、王容，苏射率燕众反燕地。[③]赵以灵丘[④]封楚相春申君。

①【集解】徐广曰："在九年。" ②【集解】徐广曰："河间有武垣县，本属涿郡。"【正义】《括地志》云："武垣故城今瀛州城是也。" ③【正义】武垣此时属赵，与燕接境，故云率燕众反燕地也。 ④【正义】《括地志》云："灵丘，蔚州理县也。"

八年，平原君如楚请救。还，楚来救，及魏公子无忌亦来救，[①]秦围邯郸乃解。

①【正义】《魏公子传》云“赵王以鄗为公子汤沐邑”。年表云“九年公子无忌救邯郸”。围在九年，其文错误。

十年，燕攻昌壮，[①]五月拔之。赵将乐乘、庆舍攻秦信梁军，破之。[②]太子死。[③]而秦攻西周，拔之。徒父祺[④]出。[⑤]十一年，城元氏，[⑥]县上原。武阳君郑安平死，[⑦]收其地。十二年，邯郸廥烧。[⑧]十四年，平原君赵胜死。[⑨]

①【集解】徐广曰：“一作社。”【正义】壮字误，当作“城”。《括地志》云：“昌城故城在冀州信都县西北五里。”此时属赵，故攻之也。　②【集解】徐广曰：“年表云新中军也。”【索隐】信梁，秦将也。【正义】信梁盖王龁号也。《秦本纪》云“昭襄王五十年王龁从唐拔宁新中，宁新中更名安阳”，今相州理县也。年表云“韩、魏、楚救赵新中军，秦兵罢”是也。　③【集解】徐广曰：“是年周赧王卒，或者‘太子’云‘天子’乎？”【索隐】赵之太子也，史失名。　④【索隐】赵大夫，名祺。　⑤【正义】赵见秦拔西周，故令徒父祺将兵出境也。　⑥【集解】《地理志》常山有元氏县。【正义】元氏，赵州县也。　⑦【集解】徐广曰：“故秦将降赵也。”　⑧【集解】徐广曰：“廥，厩之名，音脍也。”【索隐】廥，积蒭稿之处，为火所烧也。　⑨【索隐】按年表在十五年也。

十五年，以尉文封相国廉颇为信平君。[①]燕王令丞相栗腹约欢，以五百金为赵王酒，还归，报燕王曰：“赵氏壮者皆死长平，其孤未壮，可伐也。”王召昌国君乐间而问之。对曰："赵，四战之国也，其民习兵，伐之不可。"王曰："吾以众伐寡，二而伐一，可乎？"对曰："不可。"王曰："吾即以五而伐一，可乎？"对曰："不可。"燕王大怒。群臣皆以为可。燕卒起二军，车二千乘，栗腹将而攻鄗，卿秦将而攻代。[②]廉颇为赵将，破杀栗腹，虏卿秦、乐间。[③]

①【索隐】尉文盖地名。或曰，尉，官。文，名。谓以尉文所食之地以封廉颇也。古文质略，文省耳。【正义】尉文盖蔚州地也。信平，廉颇号也，言笃信而平和也。　②【索隐】二人皆燕将姓名。　③【正义】三人皆燕将(姓)也。

十六年，廉颇围燕。以乐乘为武襄君。[①]十七年，假相大将武襄君攻燕，围其国。十八年，延陵钧[②]率师从相国信平君助魏攻燕。秦拔我榆次三十七城。[③]十九年，赵与燕易土：[④]以龙兑、[⑤]汾门、[⑥]临乐[⑦]与燕；燕以葛、武阳、[⑧]平舒[⑨]与赵。

①【正义】襄，举也，上也。言乐乘功最高也。　②【集解】徐广曰："代郡有延陵县。"　③【集解】徐广曰："在太原。"　④【索隐】音亦。谓与燕换易县也。　⑤【正义】《括地志》云："北新城故城在易州遂城县西南二十里。按：遂城县西南二十五里有龙山，邢子励《赵记》云'龙山有四麓，各有一穴，大如车轮，春风出东，秋风出西，夏风出南，冬风出北，不相夺伦'。按盖谓龙兑也。"　⑥【集解】徐广曰："在北新城。"【正义】《括地志》云："易州永乐县有徐水，出广昌岭，三源奇发，同泻一涧，流至北平县东南，历石门中，俗谓之龙门，水经其间，奔激南出，触石成井。"盖汾字误也，遂城及永乐、〔固安〕、新城县地也。　⑦【集解】徐广曰："方城有临乡。"

【正义】《括地志》云："临乡故城在幽州固安南十七里也。" ⑧【集解】徐广曰："葛城在高阳。"【正义】《括地志》云："故葛城又名西河城，在瀛州高阳县西北五十里。" ⑨【集解】徐广曰："平舒在代郡。"【正义】《括地志》云："平舒故城在蔚州灵丘县北九十三里也。"

二十年，秦王政初立。秦拔我晋阳。二十一年，孝成王卒。廉颇将，攻繁阳，[①]取之。使乐乘代之，廉颇攻乐乘，乐乘走，廉颇亡入魏。子偃立，是为悼襄王。

①【集解】徐广曰："在顿丘。"【正义】《括地志》云："繁阳故城在相州内黄县东北二十七里。应劭云'繁水之北，故曰繁阳也'。"

悼襄王元年，大备[①]魏。欲通平邑、中牟之道，不成。[②]

①【集解】徐广曰："一作修。"【正义】谓行大备之礼也。 ②【正义】平邑在魏州昌乐县东北三十里。相州汤阴县西五十八里有牟山。按：中牟山之侧，时二邑皆属魏，欲渡黄河作道相通，遂不成也。

二年，李牧将，攻燕，拔武遂、方城。[①]秦召春平君，因而留之。泄钧[②]为之谓文信侯曰："春平君者，赵王甚爱之而郎中妒之，故相与谋曰'春平君入秦，秦必留之'，故相与谋而内之秦也。今君留之，是绝赵而郎中之计中也。君不如遣春平君而留平都。[③]春平君者言行信于王，王必厚割赵而赎平都。"文信侯曰："善。"因遣之。[④]城韩皋。

①【集解】徐广曰："武遂属安平。"【正义】《括地志》云："易州遂城，战

国时武遂城也。方城故在幽州固安县南十七里。"时二邑属燕,赵使李牧拔之也。 ②【正义】人姓名也。 ③【正义】(舆地理志)〔《括地志》〕云:"平都县在今新兴郡,与阳周县相近也。" ④【集解】徐广曰:"年表云太子从质秦归。"【正义】按:太子即春平君也。

三年,庞煖将,攻燕,禽其将剧辛。四年,庞煖将赵、楚、魏、燕之锐师,攻秦蕞,[①]不拔;移攻齐,取饶安。[②]五年,傅抵[③]将,居平邑;庆舍将东阳[④]河外师,守河梁。[⑤]六年,封长安君以饶。[⑥]魏与赵邺。

①【集解】徐广曰:"在新丰。" ②【集解】徐广曰:"在渤海。又云饶属北海,安属平原。"【正义】饶安,沧州县也,七国时属齐,战国时属赵。 ③【正义】上音付,下音邸。赵将姓名。 ④【正义】属贝州,在河北岸也。 ⑤【正义】河外,河南岸魏州地也。河梁,桥也。 ⑥【正义】即饶阳也。瀛州饶阳县东二十里饶阳故城,汉县也,明长安君是号也。

九年,赵攻燕,取貍、阳城。[①]兵未罢,秦攻邺,拔之。[②]悼襄王卒,子幽缪王迁立。

①【正义】按:燕无貍阳,疑"貍"字误,当作"渔阳",故城在檀州密云县南十八里,燕渔阳郡城也。按赵东界至瀛州,则檀州在北,赵攻燕取渔阳城也。 ②【集解】徐广曰:"今饶阳在河间。又年表曰拔阏与、邺九城。"

幽缪王迁元年,[①]城柏人。二年,秦攻武城,[②]扈辄率师救之,军败,死焉。

①【集解】徐广曰："又云'滑王'。《世本》云孝成王丹生悼襄王偃，偃生今王迁。年表及《史考》赵迁皆无谥。"【索隐】徐广云王迁无谥，今惟此独称幽缪王者，盖秦灭赵之后，人臣窃追谥之，太史公或别有所见而记之也。②【集解】徐广曰："年表云秦拔我平阳。"

三年，秦攻赤丽、宜安，[①]李牧率师与战肥下，[②]却之。封牧为武安君。四年，秦攻番吾，[③]李牧与之战，却之。

①【正义】《括地志》云："宜安故城在恒州稿城县西南二十里也。"②【正义】《括地志》云："肥累故城在恒州稿城县西七里，春秋时肥子国，白狄别种也。"　③【正义】上音婆，又音盘，又作"蒲"。《括地志》云："蒲吾城在恒州房山县东二十里也。"

五年，代地大动，自乐徐以西，[①]北至平阴，[②]台屋墙垣太半坏，地拆东西百三十步。[③]六年，大饥，民讹言曰："赵为号，秦为笑。以为不信，视地之生毛。"

①【集解】徐广曰："徐，一作除。"　②【正义】乐徐在晋州，平阴在汾也。　③【正义】其拆沟见在，亦在晋、汾二州之界也。

七年，秦人攻赵，赵大将李牧、将军司马尚将，击之。李牧诛，司马尚免，赵怱及齐将颜聚代之。赵怱军破，颜聚亡去。以王迁降。[①]

①【集解】《淮南子》云："赵王迁流于房陵，思故乡，作为山水之讴，闻之者莫不流涕。"【正义】《括地志》云："赵王迁墓在房州房陵县西九里也。"

八年十月，邯郸为秦。

太史公曰：吾闻冯王孙曰："赵王迁，其母倡也，[1]嬖于悼襄王。悼襄王废適子嘉而立迁。迁素无行，信谗，故诛其良将李牧，用郭开。"岂不缪哉。秦既虏迁，赵之亡大夫共立嘉为王，王代六岁，秦进兵破嘉，遂灭赵以为郡。

①【集解】徐广曰："《列女传》曰邯郸之倡。"

索隐述赞曰：赵氏之世，与秦同祖。周穆平徐，乃封造父。带始事晋，夙初有土。岸贾矫诛，韩厥立武。宝符临代，卒居伯鲁。简梦翟犬，灵歌处女。胡服虽强，建立非所。颇、牧不用，王迁囚虏。

中国史学要籍丛刊

史記

三

〔汉〕司马迁 撰

〔南朝宋〕裴骃 集解

〔唐〕司马贞 索隐

〔唐〕张守节 正义

上海古籍出版社

卷四十四

魏世家第十四

魏之先，毕公高之后也。毕公高与周同姓。①武王之伐纣，而高封于毕，②于是为毕姓。其后绝封，为庶人，或在中国，或在夷狄。其苗裔曰毕万，事晋献公。

①【索隐】《左传》富辰说文王之子十六国有毕、原、丰、郇，言毕公是文王之子。此云与周同姓，似不用《左氏》之说。马融亦云毕、毛，文王庶子。②【集解】杜预曰："毕在长安县西北。"【正义】《括地志》云："毕原在雍州万年县西南二十八里。"

献公之十六年，赵夙为御，毕万为右，以伐霍、耿、魏，灭之。以耿封赵夙，以魏封毕万，①为大夫。卜偃曰：②"毕万之后必大矣。万，满数也。魏，大名也。以是始赏，天开之矣。天子曰兆民，诸侯曰万民。今命之大，以从满数，其必有众。"初，毕万卜事晋，遇《屯》之《比》。辛廖占之，曰："吉。屯固比入，吉孰大焉，其必蕃昌。"

①【正义】魏城在陕州芮城县北五里。郑玄《诗谱》云："魏，姬姓之国，武王伐纣而封焉。" ②【索隐】晋掌卜大夫郭偃也。

毕万封十一年，晋献公卒，四子争更立，晋乱。而毕万之世弥大，从其国名为魏氏。生武子。[①]魏武子以魏诸子事晋公子重耳。晋献公之二十一年，武子从重耳出亡。十九年反，重耳立为晋文公，而令魏武子袭魏氏之后封，列为大夫，治于魏。生悼子。

①【索隐】《左传》武子名犨。《系本》云“毕万生芒季，芒季生武仲州”。州与犨声相近，字异耳，代亦不同。

魏悼子徙治霍。[①]生魏绛。[②]

①【索隐】《系本》云“武仲生庄子绛”，无悼子。又《系本·居篇》曰“魏武子居魏，悼子徙霍”。宋忠曰“霍，今河东彘县也”。则是有悼子，《系本》卿大夫代自脱耳。然魏，今河北魏县是也。【正义】晋州霍邑县，汉彘县也，后汉改曰永安，隋改曰霍邑，本春秋时霍伯国也。　②【索隐】谥昭子。《系本》云“庄子”，文错也。《居篇》又曰“昭子徙安邑”，亦与此文同也。

魏绛事晋悼公。悼公三年，会诸侯。悼公弟杨干乱行，魏绛僇辱杨干。[①]悼公怒曰：“合诸侯以为荣，今辱吾弟。”将诛魏绛。或说悼公，悼公止。卒任魏绛政，使和戎、翟，戎、翟亲附。悼公之十一年，曰：“自吾用魏绛，八年之中，九合诸侯，戎、翟和，子之力也。”赐之乐，三让，然后受之。徙治安邑。[②]魏绛卒，谥为昭子。[③]生魏嬴。嬴生魏献子。[④]

①【索隐】《左传》曰僇杨干之仆。　②【正义】安邑在绛州夏县安

邑故城是。　③【集解】徐广曰:“《世本》曰庄子。”　④【索隐】《系本》云“献子名荼。荼,庄子之子”。无魏嬴。

献子事晋昭公。昭公卒而六卿强,公室卑。

晋顷公之十二年,韩宣子老,魏献子为国政。晋宗室祁氏、羊舌氏相恶,六卿诛之,尽取其邑为十县,六卿各令其子为之大夫。献子与赵简子、[①]中行文子、[②]范献子[③]并为晋卿。

①【索隐】赵鞅。　②【索隐】荀寅。　③【索隐】范吉射。

其后十四岁而孔子相鲁。后四岁,赵简子以晋阳之乱也,而与韩、魏共攻范、中行氏。魏献子生魏侈。[①]魏侈与赵鞅共攻范、中行氏。

①【索隐】侈,他本亦作“哆”,盖“哆”字误,而代数错也。按《系本》“献子生简子取,取生襄子多”,而《左传》云“魏曼多”是也。则侈是襄子,中间少简子一代。

魏侈之孙曰魏桓子,[①]与韩康子、[②]赵襄子[③]共伐灭知伯,[④]分其地。

①【索隐】《系本》云:“襄子生桓子驹。”　②【索隐】名虔。　③【索隐】名无恤。　④【索隐】智伯,智瑶也,本姓荀,亦曰荀瑶。【正义】知音智。《括地志》云:“故智城在蒲州虞乡县西北四十里。《古今地名》云解县有智城,盖谓此也。”

桓子之孙曰文侯都。[①]魏文侯元年，秦灵公之元年也。与韩武子、赵桓子、[②]周威王同时。

①【集解】徐广曰："《世本》曰斯也。"【索隐】《系本》云"桓子生文侯斯"，其传云"孺子𦈡是魏驹之子"，与此系代亦不同也。　②【索隐】《系本》"武子名启章，康子子。桓子名嘉，襄子之子"。

六年，城少梁。十三年，使子击围繁、庞，出其民。十六年，伐秦，筑临晋元里。

十七年，伐中山，使子击守之，赵仓唐傅之。子击逢文侯之师田子方于朝歌，引车避，下谒。田子方不为礼。子击因问曰："富贵者骄人乎？且贫贱者骄人乎？"子方曰："亦贫贱者骄人耳。夫诸侯而骄人则失其国，大夫而骄人则失其家。贫贱者，行不合，言不用，则去之楚、越，若脱蹝然，奈何其同之哉！"子击不怿而去。西攻秦，至郑而还，筑雒阴、合阳。[①]

①【正义】雒，漆沮水也，城在水南。郃阳，郃水之北，《括地志》云："郃阳故城在同州河西县南三里。雒阴在同州西也。"

二十二年，魏、赵、韩列为诸侯。

二十四年，秦伐我，至阳狐。[①]

①【正义】《括地志》云："阳狐郭在魏州元城县东北三十里也。"

二十五年，子击生子罃。[①]

①【索隐】乙耕反。击，武侯也。罃，惠王也。

文侯受子夏经艺，客段干木，过其闾，未尝不轼也。[①]秦尝欲伐魏，或曰："魏君贤人是礼，国人称仁，上下和合，未可图也。"文侯由此得誉于诸侯。

①【正义】过，光卧反。文侯轼干木闾也。皇甫谧《高士传》云："木，晋人也，守道不仕。魏文侯欲见，造其门，干木逾墙避之。文侯以客礼待之，出过其闾而轼。其仆曰：'君何轼?'曰：'段干木贤者也，不趣势利，怀君子之道，隐处穷巷，声驰千里，吾安得勿轼！干木先乎德，寡人先乎势；干木富乎义，寡人富乎财。势不若德贵，财不若义高。'又请为相，不肯。后卑己固请见，与语，文侯立倦不敢息。"《淮南子》云："段干木，晋之大驵，而为文侯师。"《吕氏春秋》云："魏文侯见段干木，立倦而不敢息。及见翟璜，踞于堂而与之言。翟璜不悦。文侯曰：'段干木，官之则不肯，禄之则不受。今汝欲官则相至，欲禄则上卿至，既受吾赏，又责吾礼，无乃难乎?'"

任西门豹守邺，而河内[①]称治。

①【索隐】按：大河在邺东，故名邺为河内。【正义】古帝王之都多在河东、河北，故呼河北为河内，河南为河外。又云河从龙门南至华阴，东至卫州，折东北入海，曲绕冀州，故言河内云也。

魏文侯谓李克曰："先生尝教寡人曰'家贫则思良妻，国乱则思良相'。今所置非成则璜，[①]二子何如?"李克对曰：

"臣闻之，卑不谋尊，疏不谋戚。臣在阙门之外，不敢当命。"文侯曰："先生临事勿让。"李克曰："君不察故也。居视其所亲，富视其所与，达视其所举，穷视其所不为，贫视其所不取，五者足以定之矣，何待克哉！"文侯曰："先生就舍，寡人之相定矣。"李克趋而出，过翟璜之家。翟璜曰："今者闻君召先生而卜相，果谁为之？"李克曰："魏成子为相矣。"翟璜忿然作色曰："以耳目之所睹记，臣何负于魏成子？西河之守，臣之所进也。君内以邺为忧，臣进西门豹。君谋欲伐中山，臣进乐羊。中山以拔，无使守之，臣进先生。君之子无傅，臣进屈侯鲋。臣何以负于魏成子！"李克曰："且子之言克于子之君者，岂将比周以求大官哉？君问而置相'非成则璜，二子何如'？克对曰：'君不察故也。居视其所亲，富视其所与，达视其所举，穷视其所不为，贫视其所不取，五者足以定之矣，何待克哉。'是以知魏成子之为相也。且子安得与魏成子比乎？魏成子以食禄千钟，什九在外，什一在内，是以东得卜子夏、田子方、段干木。此三人者，君皆师之。子之所进五人者，君皆臣之。子恶得与魏成子比也？"翟璜逡巡再拜曰："璜，鄙人也，失对，愿卒为弟子。"

①【集解】徐广曰："文侯弟名成。"

二十六年，虢山崩，壅河。①

①【集解】徐广曰在陕。骃案：《地理志》曰弘农陕县故虢国。北虢在大阳，东虢在荥阳。【正义】《括地志》云："虢山在陕州陕县西二里，临黄河。

今临河有冈阜,似是積山之余也。”

三十二年,伐郑。城酸枣。败秦于注。[①]三十五年,齐伐取我襄陵。[②]三十六年,秦侵我阴晋。[③]

①【集解】司马彪曰:“河南梁县有注城也。”【正义】《括地志》云:“注城在汝州梁县西十五里。注,或作‘铸’也。” ②【集解】徐广曰:“今在南平阳县也。” ③【集解】徐广曰:“今之华阴。”【索隐】按:年表作“齐侵阴晋”。《秦本纪》云“惠王六年,魏纳阴晋,更名曰宁秦”。徐氏云“今之华阴也”。

三十八年,伐秦,败我武下,得其将识。[①]是岁,文侯卒,[②]子击立,是为武侯。

①【索隐】识,将名也。武下,魏地。【正义】《括地志》云:“故武城一名武平城,在华州郑县东十三里。” ②【索隐】《纪年》云五十年卒。

魏武侯元年,赵敬侯初立,[①]公子朔为乱,不胜,奔魏,与魏袭邯郸,魏败而去。

①【索隐】按:《纪年》魏武侯之元年当赵烈侯之十四年,不同也。又《系本》敬侯名章。

二年,城安邑、王垣。[①]七年,伐齐,至桑丘。[②]九年,翟败我于浍。[③]使吴起伐齐,至灵丘。[④]齐威王初立。[⑤]

①【集解】徐广曰："垣县有王屋山也。"【索隐】按：《纪年》十四年城洛阳及安邑、王垣。徐广云"垣县有王屋山，故曰王垣"。【正义】《括地志》云："故城汉垣县，本魏王垣也，在绛州垣县西北二十里也。" ②【正义】年表云"齐伐燕，取桑丘"，故魏救燕伐齐，至桑丘也。《括地志》云："桑丘故城俗名敬城，在易州遂城县界也。" ③【索隐】古外反。于浍，于浍水之侧。【正义】《括地志》云："浍高山又云浍山，在绛州翼城县东北二十五里，浍水出此山也。" ④【正义】灵丘，蔚州县也。时属齐，故三晋伐之也。⑤【索隐】按《纪年》，齐幽公之十八年而威王立。

十一年，与韩、赵三分晋地，灭其后。十三年，秦献公县栎阳。十五年，败赵北蔺。[①]

①【正义】在石州，赵之西北。属赵，故云赵北蔺也。

十六年，伐楚，取鲁阳。[①]武侯卒，[②]子罃立，是为惠王。

①【正义】今汝州鲁山县也。 ②【索隐】按《纪年》，武侯二十六年卒。

惠王元年，初，武侯卒也，子罃与公中缓[①]争为太子。公孙颀[②]自宋入赵，自赵入韩，谓韩懿侯[③]曰："魏罃与公中缓争为太子，[④]君亦闻之乎？今魏罃得王错，[⑤]挟上党，固半国也。因而除之，[⑥]破魏必矣，不可失也。"懿侯说，乃与赵成侯[⑦]合军并兵以伐魏，战于浊泽，[⑧]魏氏大败，魏君围。赵谓韩曰："除魏君，立公中缓，割地而退，我且利。"韩曰："不可。杀魏君，人必曰暴；割地而退，人必曰贪。不如两分之。魏分为两，不强于宋、卫，则我终无魏之患矣。”赵不听。韩不说，以其少卒夜去。惠王之所以身不死，国不分者，二家谋不和也。若从一家之谋，则魏必分矣。故曰“君终无嫡子，其国可破也”。⑨

①【正义】中音仲。　②【索隐】音祈。　③【索隐】哀侯之子。　④【索隐】按：《纪年》“武侯元年封公子缓。赵侯种、韩懿侯伐我，取蔡，而惠王伐赵，围浊阳。七年，公子缓如邯郸以作难”，是说此事矣。　⑤【集解】徐广曰：“《汲冢纪年》惠王二年，魏大夫王错出奔韩也。”　⑥【集解】徐广曰：“除，一作‘倍’。”【正义】按：除，除魏䓨及王错也。　⑦【索隐】《系本》云：“成侯名种。”　⑧【集解】徐广曰：“长社有浊泽。”　⑨【索隐】此盖古人之言及俗说，故云“故曰”。

二年，魏败韩于马陵，败赵于怀。三年，齐败我观。①五年，与韩会宅阳。②城武堵。为秦所败。③六年，伐取宋仪台。④九年，伐败韩于浍。与秦战少梁，虏我将公孙痤，⑤取庞。秦献公卒，子孝公立。

①【集解】徐广曰：“《齐世家》云献观以和齐。年表曰伐魏取观。今之卫县也。”【索隐】《田完系家》云：“败魏于浊津而围惠王，惠王请献观以和解。”【正义】观音馆。魏州观城县，古之观国。《国语注》：“观国，夏启子太康第五弟之所封也，夏衰，灭之矣。”　②【正义】《括地志》云：“宅阳故城一名北宅，在郑州荥阳县东南十七里也。”　③【集解】徐广曰：“《秦年表》曰败韩、魏洛阴。”　④【集解】徐广曰：“一作义台。”【索隐】按：年表作“义台”，然义台见《庄子》，司马彪亦曰台名，郭象云义台，灵台。　⑤【集解】徐广曰：“年表云虏我太子也。”

十年，伐取赵皮牢。彗星见。十二年，星昼坠，有声。

十四年，与赵会鄗。十五年，鲁、卫、宋、郑君来朝。[①]十六年，与秦孝公会(社)〔杜〕平。侵宋黄池，宋复取之。

①【索隐】按：《纪年》鲁恭侯、宋桓侯、卫成侯、郑釐侯来朝，皆在十四年，是也。郑釐侯者，韩昭侯也。韩哀侯灭郑而徙都之，改号曰郑。

十七年，与秦战元里，秦取我少梁。围赵邯郸。十八年，拔邯郸。赵请救于齐，齐使田忌、孙膑救赵，败魏桂陵。十九年，诸侯围我襄陵。筑长城，塞固阳。[①]

①【正义】塞，先代反。《括地志》云："棝阳县，汉旧县也，在银州银城县界。"按：魏筑长城，自郑滨洛，北达银州，至胜州固阳县为塞也。固阳有连山，东至黄河，西南至夏、会等州。棝音固矣。

二十年，归赵邯郸，与盟漳水上。[①]二十一年，与秦会彤。赵成侯卒。[②]二十八年，齐威王卒。中山君相魏。[③]

①【正义】邯郸，洺州县也。漳，水名。漳水源出洺州武安县三门山也。　②【集解】徐广曰："年表云二十七年，丹封名会。丹，魏大臣也。"　③【索隐】按：魏文侯灭中山，其子击守之，后寻复国，至是始令相魏。其中山后又为赵所灭。

三十年，魏伐赵，[①]赵告急齐。齐宣王用孙子计，救赵击魏。魏遂大兴师，使庞涓将，而令太子申为上将军。过外黄，外黄徐子[②]谓太子曰："臣有百战百胜之术。"太子曰："可得闻乎?”客曰:“固愿效之。”曰:“太子自将攻齐,大胜并莒,[3]则富不过有魏,贵不益为王。若战不胜齐,则万世无魏矣。此臣之百战百胜之术也。”太子曰:“诺,请必从公之言而还矣。”客曰:“太子虽欲还,不得矣。彼劝太子战攻,欲啜汁者众。[4]太子虽欲还,恐不得矣。”太子因欲还,其御曰:“将出而还,与北同。”太子果与齐人战,败于马陵。[5]齐虏魏太子申,杀将军涓,军遂大破。

①【正义】《孙膑传》云“魏与赵攻韩,韩告急齐”,此文误耳。魏伐赵,赵请救齐,齐使孙膑救赵,败魏桂陵,乃在十八年也。　②【集解】刘向《别录》曰:“徐子,外黄人也。”外黄时属宋。【正义】《括地志》云:“故围城有南北二城,在汴州雍丘县界,本属外黄,即太子申见徐子之地也。”　③【正义】莒,密州县也,在齐东南。言从西破齐,并至莒地,则齐土尽矣。　④【正义】啜,穿悦反。汁,之入反。冀功勋者众也。　⑤【集解】徐广曰:“在元城。”【索隐】按:《纪年》二十八年,与齐田肦战于马陵;上二年,魏败韩马陵;十八年,赵又败魏桂陵。桂陵与马陵异处。【正义】虞喜《志林》云:“马陵在濮州鄄城县东北六十里,有陵,涧谷深峻,可以置伏。”按:庞涓败即此也。徐说马陵在魏州元城县东南一里,庞涓败非此地也。《田完世家》云“宣王二年,魏伐赵,赵与韩亲,共击魏,赵不利,战于南梁。韩氏请于齐,齐使田忌、田婴将,孙子为师,救韩、赵,以击魏,大破之马陵”。按:南梁在汝州。又此传云“太子为上将军,过外黄”。又《孙膑传》云“魏与赵攻韩,韩告急齐,齐使田忌将而往,直走大梁。魏将庞涓闻之,去韩而归,齐军已过而西矣”。按:孙子减灶退军,三日行至马陵,遂杀庞涓,虏魏太子申,大破魏军,当如虞喜之说,从汴州外黄退至濮州东北六十里是也。然赵、韩共击魏,战困于南梁,韩急,请救于齐,齐师走大梁,败魏马陵,岂合更渡河北,至魏州元城哉?徐说定非也。

三十一年，秦、赵、齐共伐我，[①]秦将商君诈我将军公子卬而袭夺其军，破之。秦用商君，东地至河，而齐、赵数破我，安邑近秦，于是徙治大梁。[②]以公子赫为太子。

①【索隐】按：《纪年》"二十九年五月，齐田肦伐我东鄙。九月，秦卫鞅伐我西鄙。十月，邯郸伐我北鄙。王攻卫鞅，我师败绩"是也。然言二十九年，不同。　②【集解】徐广曰："今浚仪。"骃案：《汲冢纪年》曰"梁惠成王九年四月甲寅，徙都大梁"也。【索隐】《纪年》以为惠王九年，盖误也。【正义】《陈留风俗传》云"魏之都也，毕万十叶徙大梁"。按：今汴州浚仪也。

三十三年，秦孝公卒，商君亡秦归魏，魏怒，不入。三十五年，与齐宣王会平阿南。[①]

①【集解】《地理志》沛郡有平阿县也。

惠王数被于军旅，卑礼厚币以招贤者。邹衍、淳于髡、孟轲皆至梁。梁惠王曰："寡人不佞，兵三折于外，太子虏，上将死，国以空虚，以羞先君宗庙社稷，寡人甚丑之。叟不远千里，[①]辱幸至弊邑之廷，将何以利吾国？"孟轲曰："君不可以言利若是。夫君欲利则大夫欲利，大夫欲利则庶人欲利，上下争利，国则危矣。为人君，仁义而已矣，何以利为！"

①【集解】刘熙曰："叟，长老之称，依皓首之言。"

三十六年，复与齐王会甄。是岁，惠王卒，[①] 子襄王立。[②]

①【索隐】按《纪年》，惠成王三十六年改元称一年，未卒也。
②【索隐】《系本》襄王名嗣。

襄王元年，与诸侯会徐州，[①] 相王也。追尊父惠王为王。[②]

①【集解】徐广曰："今薛县。"　②【集解】徐广曰："二年，伐赵。"

五年，秦败我龙贾军四万五千于雕阴，[①] 围我焦、曲沃。[②] 予秦河西之地。[③]

①【集解】徐广曰："在上郡。"【正义】《括地志》云："彫阴故县在鄜州洛交县北三十里，彫阴故城是也。"　②【正义】《括地志》云："故焦城在陕县东北百步古虢城中东北隅，周同姓也。曲沃有城，在陕县西南三十二里。按：今有曲沃店也。"　③【正义】自华州北至同州，并魏河北之地，尽入秦也。

六年，与秦会应。[①] 秦取我汾阴、皮氏、焦。[②] 魏伐楚，败之陉山。[③] 七年，魏尽入上郡于秦。[④] 秦降我蒲阳。[⑤] 八年，秦归我焦、曲沃。

①【集解】徐广曰："颍川父城有应乡也。"【正义】应，乙陵反。《括地志》云："故应城，故应乡也，在汝州鲁山县东三十里。"　②【正义】《括地

志》云："汾阴故城在蒲州汾阴县北九里。皮氏故城在绛州龙门县西一百八十步也。" ③【集解】徐广曰："在密县。"【正义】《括地志》云："陉山在郑州新郑县西南三十里。" ④【正义】《括地志》云："上郡故城在绥州上县东南五十里，秦、魏之上郡地也。"按：丹、鄜、延、绥等州，北至固阳，并上郡地。魏筑长城界秦，自华州郑县已北，滨洛至庆州洛源县白于山，即东北至胜州固阳县，东至河西上郡之地，尽入于秦。 ⑤【正义】在隰州，隰川县蒲邑故城是也。

十二年，楚败我襄陵。诸侯执政与秦相张仪会齧桑。[①]十三年，张仪相魏。魏有女子化为丈夫。秦取我曲沃、平周。[②]十六年，襄王卒，子哀王立。[③]张仪复归秦。

①【集解】徐广曰："在梁与彭城之间。" ②【正义】绛州桐乡县，晋曲沃邑。《十三州志》云："古平周县在汾州介休县西五十里也。" ③【集解】荀勖曰："和峤云'《纪年》起自黄帝，终于魏之今王'。今王者，魏惠成王子。案《太史公书》惠成王但言惠王，惠王子曰襄王，襄王子曰哀王。惠王三十六年卒，襄王立十六年卒，并惠、襄为五十二年。今案古文，惠成王立三十六年，改元称一年，改元后十七年卒。《太史公书》为误分惠、成之世，以为二王之年数也。《世本》惠王生襄王而无哀王，然则今王者魏襄王也。"【索隐】按：《系本》襄王生昭王，无哀王，盖脱一代耳。而《纪年》说惠成王三十六年，又称后元一十七年卒。今此文分惠王之历以为二王之年，又有哀王，凡二十三年，纪事甚明，盖无足疑。而孔衍叙《魏语》亦有哀王。盖《纪年》之作失哀王之代，故分襄王之年为惠王后元，即以襄王之年包哀王之代耳。

哀王元年，五国共攻秦，[①]不胜而去。

①【正义】韩、魏、楚、赵、燕也。

二年，齐败我观津。[①]五年，秦使樗里子[②]伐取我曲沃，走犀首[③]岸门。[④]六年，秦(求)〔来〕立公子政[⑤]为太子。与秦会临晋。七年，攻齐。[⑥]与秦伐燕

①【正义】《括地志》云："观津城在冀州枣阳县东南二十五里。"本赵邑，今属魏也。　②【索隐】秦昭王弟疾居樗里，因号焉。　③【索隐】犀首，官名，即公孙衍。　④【集解】徐广曰："颍阴有岸亭。"【索隐】刘氏云"河东皮氏县有岸头亭"也。【正义】《括地志》云："岸门在许州长社县西北十八里，今名西武亭。"　⑤【索隐】魏公子也。　⑥【集解】徐广曰："年表云击齐，虏赘子于濮也。"

八年，伐卫，拔列城二。[①]卫君患之。如耳[②]见卫君曰："请罢魏兵，免成陵君可乎？"卫君曰："先生果能，孤请世世以卫事先生。"如耳见成陵君曰："昔者魏伐赵，断羊肠，拔阏与，[③]约斩赵，赵分而为二，所以不亡者，魏为从主也。今卫已迫亡，将西请事于秦。与其以秦醳卫，不如以魏醳卫，[④]卫之德魏必终无穷。"成陵君曰："诺。"如耳见魏王曰："臣有谒于卫。卫故周室之别也，其称小国，多宝器。今国迫于难而宝器不出者，其心以为攻卫醳卫不以王为主，故宝器虽出必不入于王也。臣窃料之，先言醳卫者必受卫者也。"如耳出，成陵君入，以其言见魏王。魏王听其说，罢其兵，免成陵君，终身不见。

①【索隐】《纪年》云："八年，翟章伐卫。" ②【正义】魏大夫姓名也。 ③【集解】徐广曰："在上党。"【正义】阏，于连反。与音预。羊肠阪道在太行山上，南口怀州，北口潞州。阏与故城在潞州及仪州。若断羊肠，拔阏与，北连恒州，则赵国东西断而为二也。 ④【正义】酢音释。

九年，与秦王会临晋。张仪、魏章[1]皆归于魏。魏相田需死，楚害张仪、犀首、薛公。[2]楚相昭鱼[3]谓苏代曰："田需死，吾恐张仪、犀首、薛公有一人相魏者也。"代曰："然相者欲谁而君便之？"昭鱼曰："吾欲太子之自相也。"[4]代曰："请为君北，必相之。"昭鱼曰："奈何？"对曰："君其为梁王，代请说君。"昭鱼曰："奈何？"对曰："代也从楚来，昭鱼甚忧，曰：'田需死，吾恐张仪、犀首、薛公有一人相魏者也。'代曰：'梁王，长主也，必不相张仪。张仪相，必右秦而左魏。犀首相，必右韩而左魏。薛公相，必右齐而左魏。梁王，长主也，必不便也。'王曰：'然则寡人孰相？'代曰：'莫若太子之自相。太子之自相，是三人者皆以太子为非常相也，皆将务以其国事魏，欲得丞相玺也。以魏之强，而三万乘之国辅之，魏必安矣。故曰莫若太子之自相也。'"遂北见梁王，以此告之。太子果相魏。

①【索隐】章为魏将，后又相秦。 ②【索隐】田文也。 ③【索隐】昭奚恤也。 ④【索隐】太子即襄王也。

十年，张仪死。十一年，与秦武王会应。十二年，太子朝于秦。秦来伐我皮氏，未拔而解。十四年，秦来归武王后。十六年，秦拔我蒲反、阳晋、封陵。[①]十七年，与秦会临晋。秦予我蒲反。十八年，与秦伐楚。[②]二十一年，与齐、韩共败秦军函谷。[③]二十三年，秦复予我河外及封陵为和。哀王卒，[④]子昭王立。[⑤]

①【索隐】《纪年》作“晋阳、封谷”。【正义】阳晋当作“晋阳”也，史文误。《括地志》云：“晋阳故城今名晋城，在蒲州虞乡县西三十五里。”表云“魏哀王十六年秦拔我杜阳、晋阳”，即此城也。封陵亦在蒲州。按阳晋故城在曹州，解在《苏秦传》也。　②【集解】徐广曰：“二十年，与齐王会于韩。”　③【集解】徐广曰：“河、渭绝一日。”　④【索隐】按：《汲冢纪年》终于哀王二十年，昭王三年丧毕，始称元年耳。　⑤【索隐】《系本》昭王名遬。

昭王元年，秦拔我襄城，二年，与秦战，我不利。三年，佐韩攻秦，秦将白起败我军伊阙二十四万。六年，予秦河东地方四百里。芒卯以诈重。[①]七年，秦拔我城大小六十一。八年，秦昭王为西帝，齐湣王为东帝，月余，皆复称王归帝。九年，秦拔我新垣、曲阳之城。[②]十年，齐灭宋，宋王死我温。十二年，与秦、赵、韩、燕共伐齐，败之济西，湣王出亡。燕独入临菑。与秦王会西周。[③]

①【索隐】谓卯以智诈见重于魏。　②【正义】(年表及)《括地志》云：“曲阳故城在怀州济源县西十里。”新垣近曲阳，未详端的所之处也。　③【正义】即王城也，今河南郡城也。

十三年，秦拔我安城。[①]兵到大梁，去。[②]十八年，秦拔郢，楚王徙陈。十九年，昭王卒，子安釐王立。[③]

①【正义】《括地志》云："安城故城，豫州汝陵县东南七十一里。" ②【集解】徐广曰："十四年大水。" ③【索隐】《系本》安僖王名圉。

安釐王元年，秦拔我两城。二年，又拔我二城，军大梁下，韩来救，予秦温以和。三年，秦拔我四城，斩首四万。四年，秦破我及韩、赵，杀十五万人，走我将芒卯。魏将段干子请予秦南阳[①]以和。苏代谓魏王曰："欲玺者段干子也，欲地者秦也。今王使欲地者制玺，使欲玺者制地，魏氏地不尽则不知已。且夫以地事秦，譬犹抱薪救火，薪不尽，火不灭。"王曰："是则然也。虽然，事始已行，不可更矣。"对曰："王独不见夫博之所以贵枭者，便则食，不便则止矣。今王曰'事始已行，不可更'，是何王之用智不如用枭也？"[②]九年，秦拔我怀。十年，秦太子外质于魏死。十一年，秦拔我郪丘。[③]

①【集解】徐广曰："在修武。" ②【正义】博头有刻为枭鸟形者，掷得枭者合食其子，若不便则为馀行也。 ③【集解】徐广曰："郪丘，一作廪丘，又作邢丘。郪丘今为宋公县。"【索隐】郪，七丝反，又音妻。【正义】郪，七私反，又音妻。《地理志》云汝南郡新郪县。应劭曰："秦伐魏，取郪丘，汉兴为新郪，章帝封殷后，更名宋也。"

秦昭王谓左右曰："今时韩、魏与始孰强？"对曰："不如始强。"王曰："今时如耳、魏齐与孟尝、芒卯孰贤？"对曰："不如。"王曰："以孟尝、芒卯之贤，率强韩、魏以攻秦，犹无奈寡人何也。今以无能之如耳、魏齐而率弱韩、魏以伐秦，其无奈寡人何亦明矣。”左右皆曰：“甚然。”中旗冯琴[①]而对曰：“王之料天下过矣。当晋六卿之时，知氏最强，灭范、中行，又率韩、魏之兵以围赵襄子于晋阳，决晋水以灌晋阳之城，[②]不湛者三版。知伯行水，魏桓子御，韩康子为参乘。知伯曰：‘吾始不知水之可以亡人之国也，乃今知之。’汾水可以灌安邑，[③]绛水可以灌平阳。[④]魏桓子肘韩康子，韩康子履魏桓子，肘足接于车上，而知氏地分，身死国亡，为天下笑。今秦兵虽强，不能过知氏，韩、魏虽弱，尚贤其在晋阳之下也。此方其用肘足之时也，愿王之勿易也！”[⑤]于是秦王恐。

①【索隐】按：《战国策》作“推琴”者，《春秋后语》作“伏琴”，而《韩子》作“推瑟”，《说苑》作“伏瑟”，文各不同。　②【正义】《括地志》云：“晋水源出并州晋阳县西悬瓮山。《山海经》云悬瓮之山，晋水出焉，东南流注汾水。昔赵襄子保晋阳，智氏防山以水灌之，不没者三版。其渎乘高西注入晋阳城，以周溉灌，东南出城注于汾阳也。”　③【正义】安邑在绛州夏县，本魏都。汾水东北历安邑西南入河也。　④【正义】平阳，晋州，本韩都也。《括地志》云：“绛水一名白水，今名弗泉，源出绛山。飞泉奋涌，扬波北注，县流积壑二十许丈，望之极为奇观矣。”按：引此灌平阳城也。
⑤【索隐】易音以豉反。

齐、楚相约而攻魏，魏使人求救于秦，冠盖相望也，而秦救不至。魏人有唐雎[①]者，年九十余矣，谓魏王曰：“老臣请西说秦王，令兵先臣出。”魏王再拜，遂约车而遣之。唐雎到，入见秦王。秦王曰：“丈人芒然乃远至此，甚苦矣。夫魏之来求救数矣，寡人知魏之急已。”唐雎对曰：“大王已知魏之急而救不发者，臣窃以为用策之臣无任矣。夫魏，一万乘之国也，然所以西面而事秦，称东藩，受冠带，祠春秋者，以秦之强足以为与也。[2]今齐、楚之兵已合于魏郊矣，而秦救不发，亦将赖其未急也。使之大急，彼且割地而约从，王尚何救焉？必待其急而救之，是失一东藩之魏而强二敌之齐、楚，则王何利焉？”于是秦昭王遽为发兵救魏。魏氏复定。

①【索隐】七余反。　②【索隐】与谓许与为亲而结和也。

赵使人谓魏王曰：“为我杀范痤，吾请献七十里之地。”魏王曰：“诺。”使吏捕之，围而未杀。痤因上屋骑危，[1]谓使者曰：“与其以死痤市，不如以生痤市。有如痤死，赵不予王地，则王将奈何？故不若与先定割地，然后杀痤。”魏王曰：“善。”痤因上书信陵君曰：“痤，故魏之免相也，赵以地杀痤而魏王听之，有如强秦亦将袭赵之欲，则君且奈何？”信陵君言于王而出之。

①【集解】危，栋上也。【索隐】上音奇。危，栋上也。《礼》云“中屋履危”。盖升屋以避兵。

魏王以秦救之故，欲亲秦而伐韩，以求故地。无忌谓魏王曰：

秦与戎翟同俗，有虎狼之心，贪戾好利无信，不识礼义德行。苟有利焉，不顾亲戚兄弟，若禽兽耳，此天下之所识也，非有所施厚积德也。故太后母也，而以忧死。穰侯舅也，功莫大焉，而竟逐之。两弟无罪，而再夺之国。此于亲戚若此，而况于仇雠之国乎？今王与秦共伐韩而益近秦患，臣甚惑之。而王不识则不明，群臣莫以闻则不忠。

今韩氏以一女子奉一弱主，内有大乱，外交强秦、魏之兵，王以为不亡乎？韩亡，秦有郑地，与大梁邺，① 王以为安乎？王欲得故地，今负强秦之亲，王以为利乎？

①【索隐】《战国策》"邺"作"邻"。俗本或作"鄴"，非。

秦非无事之国也，韩亡之后必将更事，更事必就易与利，就易与利必不伐楚与赵矣。是何也？夫越山逾河，绝韩上党而攻强赵，是复阏与之事，① 秦必不为也。若道河内，背邺、朝歌，绝漳滏水，与赵兵决于邯郸之郊，是知伯之祸也，秦又不敢。伐楚，道涉谷，② 行三千里③ 而攻冥陒之塞，④ 所行甚远，所攻甚难，⑤ 秦又不为也。若道河外，背大梁，⑥ 右(蔡左)〔上蔡〕、召陵，⑦ 与楚兵决于陈郊，秦又不敢。故曰秦必不伐楚与赵矣，又不攻卫与齐矣。⑧

①【索隐】复音扶富反。谓前年秦、韩相攻阏与，而赵奢破秦军也。

②【索隐】道，犹行也。涉谷是往楚之险路。从秦向楚有两道，涉谷是西道，河内是东道。　③【正义】刘伯庄云："秦兵向楚有两道，涉谷是西道，河外是东道。从褒斜入梁州，即东南至申州攻石城山，险陒之塞也。"

④【集解】孙检曰："楚之险塞也。"徐广曰："或以为今江夏鄳县。"【正义】冥音盲。《括地志》云："石城山在申州钟山县东南二十一里。魏攻冥陒即此，山上有故石城。《注水经》云'或言在鄳'，指此山也。《吕氏春秋》云'九塞'，此其一也。" ⑤【索隐】攻，亦作"致"。《战国策》见作"致军"，言致军粮难也。 ⑥【正义】从河外出函谷关，历同州南至郑州，东向陈州，则背大梁也。 ⑦【集解】徐广曰："一无左字。"【正义】上蔡县在豫州北七十里，邵陵故城亦在豫州郾城县东四十五里，并在陈州西。从汴州南行向陈州之西郊，则上蔡、邵陵正南面，向东皆身之右，定无"左"字也。 ⑧【正义】卫、齐皆在韩、赵、魏之东，故秦不伐也。

夫韩亡之后，兵出之日，非魏无攻已。秦固有怀、茅、[①]邢丘，[②]城[③]垝津[④]以临河内，河内共、汲[⑤]必危；有郑地，[⑥]得垣雍，[⑦]决荧泽水灌大梁，大梁必亡。王之使者出过而恶安陵氏于秦，[⑧]秦之欲诛之久矣。秦叶阳、昆阳与舞阳邻，[⑨]听使[⑩]者之恶之，随安陵氏而亡之，[⑪]绕舞阳之北，以东临许，南国必危，[⑫]国无害(已)〔乎〕?

①【集解】徐广曰："在修武轵县，有茅亭。"【正义】茅，卯包反。怀州武陟县西十一里故怀城，本周邑，后属晋。《左传》云周与郑人苏忿生十二邑，其一曰攒茅。《括地志》云"在怀州获嘉县东北二十五里"也。获嘉，古修武也。 ②【集解】徐广曰："在平皋。"【正义】《括地志》云："平皋故城在怀州武德县东南二十里，本邢丘邑也，以其在河之皋地也。" ③【索隐】按：《战国策》云邢丘、安城，此少"安"字耳。 ④【索隐】在河北。垝音九毁反。【正义】垝音诡。字误，当作"延"。《括地志》云："延津故俗字名临津，故城在卫州清淇县西南二十六里。杜预云'汲郡城南有延津'是也。" ⑤【集解】徐广曰："汲县属河内。"【索隐】汲，亦作"波"。波及汲皆县名，俱属河内。 ⑥【集解】徐广曰："成皋、荥阳亦属郑。" ⑦【集解】徐广

曰："垣雍城在卷县，卷县属魏也。卷县又有长城，经阳武到密者也。"【正义】雍，于用反。《括地志》云："故城在郑州原武县西北七里。"《释例》："地名卷县，理或垣城也。"言韩亡之后，秦有郑地，得垣雍城，从荧泽决沟历雍灌大梁是也。 ⑧【集解】徐广曰："召陵有安陵乡，征羌有安陵亭也。"【正义】《括地志》云："隅陵县西北十五里。李奇云六国时为安陵也。"言魏王使者出向秦云，共伐韩以成过失，而更恶安陵氏于秦，今伐之，重非也。⑨【正义】《括地志》云："叶阳今许州叶县也。昆阳故城在许州叶县北二十五里。舞阳故城在叶县东十里。"此时叶阳、昆阳属秦，舞阳属魏也。⑩【索隐】听平声，使去声。 ⑪【正义】随，犹听也。无忌说言使者恶安陵氏，亦听秦亡安陵氏。然绕舞阳之北以东临许，许必危矣。秦有许地，魏国可无害。 ⑫【正义】南国，今许州许昌县南西四十里许昌故城是也。此时属韩，在魏之南，故言南国。《括地志》云："周时为许国，武王伐纣所封。《地理志》云颍川许县古许国，姜姓，四岳之后，文叔所封，二十四君，为楚所灭。"三卿背晋，其地属韩。

夫憎韩不爱安陵氏可也，夫不患秦之不爱南国非也。异日者，秦在河西晋，国去梁千里，[①]有河山以阑之，有周、韩以间之。从林乡军[②]以至于今，秦七攻魏，五入囿中，[③]边城尽拔，文台堕，[④]垂都焚，[⑤]林木伐，麋鹿尽，而国继以围。又长驱梁北，东至陶、卫之郊，[⑥]北至平监。[⑦]所亡于秦者，山南山北，[⑧]河外河内，[⑨]大县数十，[⑩]名都数百。[⑪]秦乃在河西晋，去梁千里，而祸若是矣。又况于使秦无韩，有郑地，无河山而阑之，无周、韩而间之，去大梁百里，祸必由此矣。

①【集解】徐广曰："魏国之界千里。又云河南梁县有注城。"【正义】河

西，同州也。晋国都绛州，魏都安邑，皆在河东，去大梁有千里也。 ②【集解】徐广曰："林乡在宛县。"【索隐】刘氏云"林，地名，盖春秋时郑地之棐林，在大梁之西北"。徐广云在宛县。非也。【正义】《括地志》云："宛陵故城在郑州新郑县东北三十八里，本郑旧县也。"按刘、徐二说，是其地也。 ③【集解】徐广曰："一作城也。"【索隐】囿即圃田。圃田，郑薮，属魏。而《战国策》作"国中"。【正义】《括地志》云："圃田泽在郑州管城县东三里。《周礼》云豫州薮曰圃田也。" ④【索隐】文台，台名。《列士传》曰"隐陵君施酒文台"也。【正义】堕，许规反。《括地志》云："文台在曹州冤句县西北六十五里也。" ⑤【集解】徐广曰："一云'魏山都焚'。句阳有垂亭。"【索隐】垂，地名。有庙曰都。并魏邑名。 ⑥【正义】陶，曹州定陶也。卫即宋州楚丘县，卫文公都之，秦兵历取其郊也。 ⑦【集解】徐广曰："平城属河南。平，或作'乎'字。《史记》齐阚止作'监'字。阚在东平须昌县。" ⑧【正义】山，华山也。华山之东南，七国时邓州属韩，汝州属魏。华山之北，同、华、银、绥并魏地也。 ⑨【正义】河外谓华州以东至虢、陕，河内谓蒲州以东至怀、卫也。 ⑩【集解】徐广曰："一作百。" ⑪【集解】徐广曰："一作十。"

异日者，从之不成也，[①]楚、魏疑而韩不可得也。今韩受兵三年，秦桡之以讲，[②]识亡不听，[③]投质于赵，请为天下雁行顿刃，楚、赵必集兵，皆识秦之欲无穷也，非尽亡天下之国而臣海内，必不休矣。是故臣愿以从事王，[④]王速受楚、赵之约，(赵)〔而〕挟韩之质[⑤]以存韩，而求故地，韩必效之。[⑥]此士民不劳而故地得，其功多于与秦共伐韩，而又与强秦邻之祸也。

①【索隐】从音足松反。 ②【索隐】桡音尼孝反。谓韩被秦之兵，桡扰已经三年，云欲讲说与韩和。 ③【索隐】识，犹知也。故《战国策》

云“韩知亡犹不听”也。 ④【索隐】从音足松反。从事,言合从事王也。《战国策》亦然。 ⑤【索隐】言韩以质子入赵,则赵挟韩质而亲韩也。⑥【索隐】效,犹致也,谓致故地于赵也。【正义】无忌令魏王速受楚、赵之从。赵、楚挟持韩之质以存韩,而魏以求地,韩必效之,胜于与秦伐韩又与秦邻之祸殃也。

夫存韩安魏而利天下,此亦王之天时已。通韩上党于共、甯,[①]使道安成,[②]出入赋之,是魏重质韩以其上党也。今有其赋,足以富国。韩必德魏爱魏重魏畏魏,韩必不敢反魏,是韩则魏之县也。魏得韩以为县卫,大梁、河外必安矣。今不存韩,二周、安陵必危,楚、赵大破,卫、齐甚畏,天下西向而驰秦入朝而为臣不久矣。

①【集解】徐广曰:“朝歌有甯乡。”【正义】共,卫州共城县。甯,怀州修武县,本殷之甯邑。《韩诗外传》云“武王伐纣,勒兵于甯,故曰修武”。今魏开通共甯之道,使韩上党得直路而行也。 ②【正义】《括地志》云:“故安城在郑州原武县东南二十里。”时属魏也。

二十年,秦围邯郸,信陵君无忌矫夺将军晋鄙兵以救赵,[①]赵得全。无忌因留赵。二十六年,秦昭王卒。

①【正义】《括地志》云:“魏德故城一名晋鄙城,在卫县西北五十里,即公子无忌矫夺晋鄙兵,故名魏德城也。”

三十年,无忌归魏,率五国兵攻秦,败之河外,走蒙骜。

魏太子增质于秦，秦怒，欲囚魏太子增。或为增谓秦王[①]曰："公孙喜[②]固谓魏相曰'请以魏疾击秦，秦王怒，必囚增。魏王又怒，击秦，秦必伤'。今王囚增，是喜之计中也。故不若贵增而合魏，以疑之于齐、韩。"秦乃止增。

①【索隐】按：《战国策》作"苏秦为公子增谓秦王"。 ②【索隐】《战国策》作"公孙衍"。

三十一年，秦王政初立。

三十四年，安釐王卒，太子增立，是为景湣王。[①]信陵君无忌卒。

①【索隐】《系本》云："安釐王生景湣王午。"

景湣王元年，秦拔我二十城，以为秦东郡。二年，秦拔我朝歌。卫徙野王。[①]三年，秦拔我汲。五年，秦拔我垣、蒲阳、衍。[②]十五年，景湣王卒，子王假立。

①【集解】徐广曰："卫从濮阳徙野王。" ②【集解】徐广曰："十二年献城秦。"【正义】《括地志》云："故垣地本魏王垣也，在绛州垣县西北二十里。蒲邑故城在隰州隰川县南四十五里。"在蒲水之北，故曰蒲阳。衍，地名，在郑州。

王假元年，燕太子丹使荆轲刺秦王，秦王觉之。[①]

①【集解】徐广曰："二年，新郑反。"

三年，秦灌大梁，虏王假，[①]遂灭魏以为郡县。

①【集解】《烈女传》曰："秦杀假。"

太史公曰：吾适故大梁之墟，墟中人曰："秦之破梁，引河沟而灌大梁，三月城坏，王请降，遂灭魏。"说者皆曰魏以不用信陵君故，国削弱至于亡，余以为不然。天方令秦平海内，其业未成，魏虽得阿衡之佐，曷益乎？[①]

①【索隐】按：谯周曰"以予所闻，所谓天之亡者，有贤而不用也，如用之，何有亡哉？使纣用三仁，周不能王，况秦虎狼乎"？

索隐述赞曰毕公之苗，因国为姓。大名始赏，盈数自正。胤裔繁昌，世载忠正。杨干就戮，智氏奔命。文始建侯，武实强盛。大梁东徙，长安北偵。卯既无功，印亦外聘。王假削弱，虏于秦政。

卷四十五

韩世家第十五

韩之先与周同姓，[①]姓姬氏。其后苗裔事晋，得封于韩原，[②]曰韩武子。武子后三世[③]有韩厥，从封姓为韩氏。

①【索隐】按：《左氏传》云“邘、晋、应、韩，武之穆”，是武王之子，按《诗》称“韩侯出祖”，是有韩而先灭。今据此文，云“其后裔事晋，封于韩原，曰韩武子”，则武子本是韩侯之后，晋又封之于韩原，即今之冯翊韩城是也。然按《系本》及《左传》旧说，皆谓韩万是曲沃桓叔之子，即是晋之支庶。又《国语》叔向谓韩宣子能修武子之德，起再拜谢曰“自桓叔已下，嘉吾子之赐”，亦言桓叔是韩之祖也。今以韩侯之后别有桓叔，非关曲沃之桓叔，如此则与太史公之意亦有违耳。　②【正义】《括地志》云：“韩原在同州韩城县西南八里。又韩城在县南十八里，故古韩国也。《古今地名》云韩武子食菜于韩原故城也。”　③【索隐】《系本》云：“万生赇伯，赇伯生定伯简，简生舆，舆生献子厥。”

韩厥，晋景公之三年，晋司寇屠岸贾将作乱，诛灵公之贼赵盾。赵盾已死矣，欲诛其子赵朔。韩厥止贾，贾不听。厥告赵朔令亡。朔曰：“子必能不绝赵祀，死不恨矣。”韩厥许之。及贾诛赵氏，厥称疾不出。程婴、公孙杵臼之藏赵孤赵武也，厥知之。

景公十一年，厥与郤克将兵八百乘伐齐，败齐顷公于鞍，[①]获逄丑父。于是晋作六卿，而韩厥在一卿之位，号为献子。

①【正义】音安。《括地志》云："故鞍城今俗名马鞍城，在济州平阴县十里。"

晋景公十七年，病，卜，大业之不遂者为祟。韩厥称赵成季之功，今后无祀，以感景公。景公问曰："尚有世乎？"厥于是言赵武，而复与故赵氏田邑，续赵氏祀。

晋悼公之(十)〔七〕年，韩献子老。献子卒，子宣子代。宣子徙居州。[①]

①【索隐】宣子名起。州，今在河内是也。【正义】《括地志》云："怀州武德县本周司寇苏忿生之州邑也。"

晋平公十四年，吴季札使晋，曰："晋国之政卒归于韩、魏、赵矣。"晋顷公十二年，韩宣子与赵、魏共分祁氏、羊舌氏十县。晋定公十五年，宣子与赵简子侵伐范、中行氏。宣子卒，子贞子代立。贞子徙居平阳。[①]

①【索隐】《系本》作"平子"，名须，宣子子也。又云"景子居平阳"。平阳在山西。宋忠曰"今河东平阳县"。【正义】平阳，晋州城是。

贞子卒，子简子代。[①]简子卒，子庄子代。庄子卒，子康子[②]代。康子与赵襄子、魏桓子共败知伯，分其地，地益大，大于诸侯。

①【集解】徐广曰："《史记》多无简子、庄子，而云贞子生康子。班氏亦同。"【索隐】按：《系本》有简子，名不信。庄子，名庚。《赵系家》亦有简子，名不佞。 ②【索隐】名虎。

康子卒，子武子[①]代。武子二年，伐郑，杀其君幽公。十六年，武子卒，子景侯立。[②]

①【索隐】名启章。 ②【索隐】《纪年》及《系本》皆作"景子"，名处。

景侯虔元年，伐郑，取雍丘。二年，郑败我负黍。

六年，与赵、魏俱得列为诸侯。九年，郑围我阳翟。景侯卒，子列侯取立。[①]

①【索隐】《系本》作"武侯"。

列侯三年，聂政杀韩相侠累。[①]九年，秦伐我宜阳，取六邑。十三年，列侯卒，子文侯立。[②]是岁魏文侯卒。

①【集解】徐广曰："六年救鲁也。"【索隐】《战国策》作"杀韩傀"，高诱曰"韩傀，侠侯累也"。 ②【索隐】按：《纪年》无文侯，《系本》无列侯。

文侯二年，伐郑，取阳城。伐宋，到彭城，执宋君。七年，伐齐，至桑丘。郑反晋。九年，伐齐，至灵丘。[①]十年，文侯卒，子哀侯立。

①【正义】灵丘，蔚州县也，此时属燕也。

哀侯元年，与赵、魏分晋国。二年，灭郑，因徙都郑。[①]

①【索隐】按：纪年魏武侯二十一年，韩灭郑，哀侯入于郑。二十二年，晋桓公邑哀侯于郑。是韩既徙都，因改号曰郑，故《战国策》谓韩惠王曰郑惠王，犹魏徙大梁称梁王然也。

六年，韩严弑其君哀侯，而子懿侯立。[①]

①【索隐】按：年表懿侯作"庄侯"。又《纪年》云"晋桓公邑哀侯于郑，韩山坚贼其君哀侯而立韩若山"。若山即懿侯也，则韩严为韩山坚也。而《战国策》又有韩仲子，名遂，又恐是韩严也。

懿侯二年，魏败我马陵。[①]五年，与魏惠王会宅阳。[②]九年，魏败我浍。[③]十二年，懿侯卒，子昭侯立。

①【正义】在魏州元城县东南一里。　②【正义】在郑州也。
③【集解】徐广曰："大雨三月也。"【正义】浍，古外反，在陵州浍水之上也。

昭侯元年，秦败我西山。二年，宋取我黄池。[①]魏取朱。六年，伐东周，[②]取陵观、邢丘。

①【集解】徐广曰:“在平丘。” ②【正义】河南巩县。

八年,申不害相韩,修术行道,国内以治,诸侯不来侵伐。

十年,韩姬弑其君悼公。[①] 十一年,昭侯如秦。二十二年,申不害死。二十四年,秦来拔我宜阳。

①【索隐】《纪年》“姬”亦作“玘”,并音羊之反。姬是韩大夫,而王邵亦云不知悼公何君也。

二十五年,旱,作高门。屈宜臼[①] 曰:“昭侯不出此门。何也?不时。吾所谓时者,非时日也,人固有利不利时。昭侯尝利矣,不作高门。往年秦拔宜阳,今年旱,昭侯不以此时恤民之急,而顾益奢,此谓‘时绌举赢’。”[②] 二十六年,高门成,昭侯卒,[③] 果不出此门。子宣惠王立。

①【集解】许慎曰:“屈宜臼,楚大夫,在魏也。” ②【集解】徐广曰:“时衰耗而作奢侈。” ③【索隐】按:《纪年》“郑昭侯武薨,次威侯立。威侯七年,与邯郸围襄陵。五月,梁惠王会威侯于巫沙。十月,郑宣王朝梁”,不见威侯之卒。下败韩举在威侯八年,而此系家即以为宣惠王之年。又上有杀悼公,悼公又不知是谁之谥。则韩微小,国史失代系,故此文及《系本》不同,今亦不可考也。

宣惠王五年,张仪相秦。八年,魏败我将韩举。[①] 十一年,君号为王。与赵会区鼠。十四年,秦伐败我鄢。[②]

①【索隐】按：此则举是韩将不疑，而《纪年》云韩举，赵将，盖举本赵将，后入韩。又《纪年》云其败当韩威王八年，是不同也。　②【集解】徐广曰："颍川鄢陵县。音于乾反。"【正义】今许州鄢陵县西北十五里有鄢陵故城是也。

十六年，秦败我脩鱼，[①]虏得韩将鳗、申差于浊泽。[②]韩氏急，公仲[③]谓韩王曰："与国非可恃也。今秦之欲伐楚久矣，王不如因张仪为和于秦，赂以一名都，具甲，与之南伐楚，此以一易二之计也。"[④]韩王曰："善。"乃警公仲之行，[⑤]将西购于秦。[⑥]楚王闻之大恐，召陈轸告之。陈轸曰："秦之欲伐楚久矣，今又得韩之名都一而具甲，秦、韩并兵而伐楚，此秦所祷祀而求也。今已得之矣，楚国必伐矣。王听臣为之警四境之内，起师言救韩，命战车满道路，发信臣，多其车，重其币，使信王之救已也。纵韩不能听我，韩必德王也，[⑦]必不为雁行以来，[⑧]是秦、韩不和也，兵虽至，楚不大病也。为能听我绝和于秦，秦必大怒，以厚怨韩。韩之南交楚，必轻秦；轻秦，其应秦必不敬：是因秦、韩之兵而免楚国之患也。"楚王曰："善。"乃警四境之内，兴师言救韩。命战车满道路，发信臣，多其车，重其币。谓韩王曰："不穀国虽小，已悉发之矣。愿大国遂肆志于秦，不穀将以楚殉韩。"[⑨]韩王闻之大悦，乃止公仲之行。[⑩]公仲曰："不可。夫以实伐我者秦也，以虚名救我者楚也。王恃楚之虚名，而轻绝强秦之敌，王必为天下大笑。且楚、韩非兄弟之国也，又非素约而谋伐秦也。已有伐形，因发兵言救韩，此必陈轸之谋也。且王已使人报于秦矣，今不行，是欺秦也。夫轻欺强秦而信楚之谋臣，恐王必悔之。”韩王不听，遂绝于秦。秦因大怒，益甲伐韩，大战，楚救不至韩。十九年，大破我岸门。[11]太子仓质于秦以和。

①【索隐】地名。 ②【集解】徐广曰：“一云鲠、申差。长社有浊泽。”【索隐】鲠、申差，二将。鲠音瘦，亦作“鲠”。【正义】按：浊泽者盖误，当作“观泽”。年表云“秦惠文王更元八年，与韩战，斩首八万。韩宣惠王十六年，秦败我修鱼，得将军申差。魏哀王二年，齐败我观泽。赵武灵王九年，与韩、魏击秦。齐湣王七年，败魏、赵观泽”，浊泽定误矣。徐广又云“浊泽在长社”，不晓错误之甚。《括地志》云“观泽在魏州顿丘县东十八里”。 ③【索隐】韩相国，名侈。 ④【索隐】一，谓名都也。二，谓使不伐韩而又与之伐楚也。 ⑤【索隐】警，戒也。《战国策》作“儆” ⑥【索隐】《战国策》作“讲”。讲亦谋议，与购求意通。 ⑦【索隐】言韩王信楚之救，虽不能听待楚救至，折入于秦，犹德于楚也。 ⑧【索隐】言韩以楚必救己，已虽随秦来战，犹德于王，故不为雁行而来，言不同心旅进也。 ⑨【索隐】殉，从死也。言以死助韩。 ⑩【索隐】止不令西之秦。 ⑪【集解】徐广曰：“颍阴有岸亭。”【正义】《括地志》云：“岸门在许州长社县西北十八里，今名西武亭矣。”

二十一年，[1]与秦共攻楚，[2]败楚将屈丐，斩首八万于丹阳。[3]是岁，宣惠王卒，太子仓立，是为襄王。[4]

①【集解】徐广曰：“周王赧之三年也。” ②【集解】徐广曰：“围景痤也。” ③【索隐】故楚都，在今均州。【正义】《左传〔释〕例》云：“楚居丹阳，今枝江县故城是也。” ④【集解】徐广曰：“一云周赧王六年，韩襄哀王三年，张仪死。赧王九年，襄哀王六年，秦昭王立。”

襄王四年，与秦武王会临晋。其秋，秦使甘茂攻我宜阳。五年，秦拔我宜阳，[①]斩首六万。秦武王卒。六年，秦复与我武遂。九年，秦复取我武遂。十年，太子婴朝秦而归。[②]十一年，秦伐我，取穰。[③]与秦伐楚，败楚将唐眜。

①【正义】《括地志》云："故韩城一名宜阳城，在洛州福昌县东十四里，韩宜阳城也。" ②【集解】徐广曰："与秦会临晋，因至咸阳而还。" ③【正义】穰，人羊反，邓州县也。郭仲产《南雍州记》云："楚之别邑。秦初侵楚，封公子悝为穰侯。后属韩，秦昭王取之也。"

十二年，太子婴死。公子咎、公子虮虱争为太子。时虮虱质于楚。苏代谓韩咎曰："虮虱亡在楚，楚王欲纳之甚。今楚兵十余万在方城之外，[①]公何不令楚王筑万室之都雍氏之旁，[②]韩必起兵以救之，公必将矣。公因以韩、楚之兵奉虮虱而纳之，其听公必矣，必以楚、韩封公也。"韩咎从其计。

①【索隐】方城，楚之北境。之外，北境之北也。【正义】《括地志》云："方城山在许州叶县西南十八里。《左传》云楚大夫屈完对齐侯曰'楚国方城以为城'，杜注云'方城山在南阳叶县南'。" ②【集解】徐广曰："在阳翟。"【正义】《括地志》云："故雍氏城在洛州阳翟县二十五里。故老云黄帝臣雍父作杵臼也。"

楚围雍氏，[①]韩求救于秦。秦未为发，使公孙眜入韩。公仲曰："子以秦为且救韩乎？"对曰："秦王之言曰'请道南郑、蓝田，[②]出兵于楚以待公'，殆不合矣。"[③]公仲曰："子以为果乎。"对曰："秦王必祖张仪之故智。[④]楚威王攻梁也，张仪谓秦王曰：'与楚攻魏，魏折而入于楚，韩固其与国也，是秦孤也。不如出兵以到之，[5]魏、楚大战，秦取西河之外以归。'今其状阳言与韩，其实阴善楚。公待秦而到，必轻与楚战。楚阴得秦之不用也，必易与公相支也。[6]公战而胜楚，遂与公乘楚，施三川而归。[7]公战不胜楚，楚塞三川守之，[8]公不能救也。窃为公患之。司马庚[9]三反于郢，甘茂与昭鱼[10]遇于商於，其言收玺，[11]实类有约也。"公仲恐，曰："然则奈何？"曰："公必先韩而后秦，先身而后张仪。[12]公不如亟以国合于齐、楚，齐、楚必委国于公。公之所恶者张仪也，[13]其实犹不无秦也。"于是楚解雍氏围。[14]

①【集解】徐广曰："《秦本纪》惠王后元十三年，周赧王三年，楚怀王十七年，齐湣王十二年，皆云'楚围雍氏'。《纪年》于此亦说'楚景翠围雍氏。韩宣王卒，秦助韩共败楚屈丐'。又云'齐、宋围煮枣'。皆与《史记》年表及《田完世家》符同。然则此卷所云'襄王十二年，韩咎从其计'以上，是楚后围雍氏，赧王之十五年事也。又说'楚围雍氏'以下，是楚前围雍氏，赧王之三年事。" ②【正义】南郑，梁州县。蓝田，雍州县。秦王言或出雍州西南至郑，或出雍州东南历蓝田出峣关，俱绕楚北境以待韩使而东救雍氏。如此迟缓，近不合于楚矣。 ③【索隐】殆不合于南郑。 ④【集解】徐广曰："祖者，宗之习之谓也。故智，犹前时谋计也。" ⑤【索隐】到，欺也，犹俗云"张到"。然《战国策》作"劲"，劲，强也。 ⑥【索隐】言楚阴知秦，不为公用，亦必易为公相支拒也。 ⑦【正义】施，犹设也。三川，周天子都也。言韩战胜楚，则秦与韩驾御于楚，即于天子之都，张设救韩之功，行霸王之迹，加威诸侯，乃归咸阳是也。 ⑧【正义】楚乃塞南河四关守之，韩不能救三川。 ⑨【集解】徐广曰："一作唐。" ⑩【集解】徐广曰："楚相国。"【索隐】《战国策》谓之昭獻。 ⑪【索隐】刘氏云

“诈言昭鱼来秦，欲得秦官之印玺”。收即取之义也。　⑫【正义】先以身存韩之计，而后知张仪为秦到魏之计，不如急以国合于齐、楚。　⑬【正义】恶，乌故反。公孙昧言公仲所恶者张仪到魏之计，虽以国合于齐、楚，其实犹不轻欺无秦也。　⑭【集解】徐广曰：“《甘茂传》云‘楚怀王以兵围韩雍氏，韩使公仲告急于秦，秦昭王新立，不肯救。甘茂为韩言之，乃下师于殽以救韩也’。又云‘周赧王十五年，韩襄王十二年，秦击楚，斩首二万，败楚襄城，杀景缺’。《周本纪》赧王八年之后云‘楚围雍氏’，此当韩襄王十二年，魏哀王十九年。《纪年》于此亦说‘楚入雍氏，楚人败’。然尔时张仪已死十年矣。”【正义】自此已上十二年，并是楚后围雍氏，赧王之十五年一段事也。前注徐广云“‘楚围雍氏’之下，是楚前围雍氏，赧王三年事”，徐说非也。徐见下文云“先身而后张仪”及“公之所恶者张仪也”，言张仪尚存，楚又两度围雍氏，故生此前后之见，甚误也。然是公孙昧却述张仪时事，说韩相公仲耳。

苏代又谓秦太后弟芈戎[①]曰：“公叔伯婴恐秦、楚之纳虮虱也，[②]公何不为韩求质子于楚？[③]楚王听入质子于韩，[④]则公叔伯婴知秦、楚之不以虮虱为事，必以韩合于秦、楚。秦、楚挟韩以窘魏，魏氏不敢合于齐，是齐孤也。公又为秦求质子于楚，[⑤]楚不听，怨结于韩。韩挟齐、魏以围楚，楚必重公。[⑥]公挟秦、楚之重以积德于韩，公叔伯婴必以国待公。”于是虮虱竟不得归韩。[⑦]韩立咎为太子。齐、魏王来。[⑧]

①【集解】徐广曰：“号新城君。”【索隐】芈，姓。戎，名。秦宣太后弟，号新城君。　②【索隐】按《战国策》，公叔伯婴与虮虱及公子咎并是襄王子。然伯婴即太子婴，婴前死，故咎与虮虱又争立。此取《战国策》说，伯

婴未立之前亦与虮虱争立，故事重而文倒也。 ③【索隐】令韩求楚，更以别人为质，以替虮虱也。【正义】为，于伪反。后同。 ④【正义】质子，虮虱。苏代令芈戎为韩求虮虱入于韩，楚不听。公叔伯婴知秦、楚不以虮虱为事，必以韩合于秦、楚。"楚王听入质子于韩"当云"楚王不听入质子于韩"，承前脱"不"字耳。次下云"知秦、楚不以虮虱为事"，重明脱"不"字。【索隐】质子，虮虱也。 ⑤【索隐】令芈戎教秦，于楚索韩所送质子，令入之于秦也。 ⑥【正义】言韩合齐、魏以围楚，楚必尊重芈戎以求秦救矣。 ⑦【正义】自此已前苏代数计皆不成，故韩竟立咎为太子也。 ⑧【正义】苏代为韩立计，故得齐、魏王来。

十四年，与齐、魏王共击秦，至函谷而军焉。十六年，秦与我河外及武遂。襄王卒，太子咎立，是为釐王。

釐王三年，使公孙喜率周、魏攻秦。秦败我二十四万，虏喜伊阙。五年，秦拔我宛。[1]六年，与秦武遂地二百里。[2]十年，秦败我师于夏山。十二年，与秦昭王会西周而佐秦攻齐。齐败，湣王出亡。十四年，与秦会两周间。二十一年，使暴鸢[3]救魏，为秦所败，鸢走开封。

①【正义】宛，于元反。宛，邓州县也，时属韩也。 ②【正义】此武遂及上武遂皆宜阳近地。 ③【正义】音捐。韩将姓名。

二十三年，赵、魏攻我华阳。[1]韩告急于秦，秦不救。韩相国谓陈筮[2]曰："事急，愿公虽病，为一宿之行。"陈筮见穰侯。穰侯曰："事急乎？故使公来。"陈筮曰："未急也。"穰侯怒曰："是可以为公之主使乎？夫冠盖相望，告敝邑甚急，公来言未急，何也？"陈筮曰："彼韩急则将变而佗从，以未急，故复来耳。”穰侯曰：“公无见王，请今发兵救韩。”八日而至，败赵、魏于华阳之下。是岁，釐王卒，子桓惠王立。

①【正义】司马彪云：“华阳，山名，在密县。”郑州管城县南四十里。②【集解】徐广曰：“一作筌。”【索隐】《战国策》作“田荼”。

桓惠王元年，伐燕。九年，秦拔我陉，城汾旁。[①]十年，秦击我于太行，[②]我上党郡守以上党郡降赵。十四年，秦拔赵上党，[③]杀马服子卒四十余万于长平。十七年，秦拔我阳城，负黍。[④]二十二年，秦昭王卒。二十四年，秦拔我城皋、荥阳。二十六年，秦悉拔我上党。二十九年，秦拔我十三城。

①【正义】陉音刑。秦拔陉城于汾水之旁。陉故城在绛州曲沃县西北二十里汾水之旁也。　②【正义】太行山在怀州河内县北二十五里也。③【正义】韩上党也。从太行山西北泽、潞等州是也。　④【集解】徐广曰：“负黍在阳城。”【正义】《古今地名》云：“负黍在洛州阳城西三十七里也。”

三十四年，桓惠王卒，子王安立。

王安五年，秦攻韩，韩急，使韩非使秦，秦留非，因杀之。九年，秦虏王安，尽入其地，为颍川郡。韩遂亡[①]

①【正义】亡在秦始皇帝十七年。

太史公曰：韩厥之感晋景公，绍赵孤之子武，以成程婴、公孙杵臼之义，此天下之阴德也。韩氏之功，于晋未睹其大者也。然与赵、魏终为诸侯十余世，宜乎哉。

索隐述赞曰：韩氏之先，实宗周武。事微国小，《春秋》无语。后裔事晋，韩原是处。赵孤克立，智伯可取。既徙平阳，又侵负黍。景赵俱侯，惠(文)〔又〕僭主。秦败脩鱼，魏会区鼠。韩非虽使，不禁狼虎。

卷四十六

田敬仲完世家第十六

陈完者，陈厉公他[①]之子也。完生，周太史过陈，陈厉公使卜完，卦得《观》之《否》："是为观国之光，利用宾于王。此其代陈有国乎？不在此而在异国乎？非此其身也，在其子孙。若在异国，必姜姓。姜姓，四岳之后。[②]物莫能两大，陈衰，此其昌乎？"[③]

①【索隐】他音徒何反。此系家以他为厉公，而《左传》厉公名跃，《陈系家》又有利公跃，利即厉也，是厉公名跃，非名他也。盖他是厉公之兄，立未逾年，无谥。今此云"厉公他"，非也。他一名五父，故《经》云"蔡人杀陈他"，《传》又云"蔡人杀五父"是也。　②【正义】杜预云："姜姓之先，为尧四岳也。"　③【正义】陈湣公，周敬王四十一年为楚惠王所灭。齐简公，周敬王三十九年被田常所杀。

厉公者，陈文公少子也，其母蔡女。文公卒，厉公兄鲍立，是为桓公。桓公与他异母。及桓公病，蔡人为他杀桓公鲍及太子免而立他，为厉公。厉公既立，娶蔡女。蔡女淫于蔡人，数归，厉公亦数如蔡。桓公之少子林怨厉公杀其父与兄，乃令蔡人诱厉公而杀之。林自立，是为庄公。故陈完不得立，为陈大夫。厉公之杀，以淫出国，故《春秋》曰"蔡人杀陈他”，罪之也。

庄公卒，立弟杵臼，是为宣公。宣公〔二〕十一年，杀其太子御寇。御寇与完相爱，恐祸及己，完故奔齐。齐桓公欲使为卿，辞曰：“羁旅之臣幸得免负檐，君之惠也，不敢当高位。”桓公使为工正。[①]齐懿仲欲妻完，卜之，占曰：“是谓凤凰于飞，和鸣锵锵。有妫之后，将育于姜。五世其昌，并于正卿。八世之后，莫之与京。”卒妻完。完之奔齐，齐桓公立十四年矣。

①【正义】工巧之长，若将作大匠。

完卒，谥为敬仲。仲生穉孟夷。[①]敬仲之如齐，以陈字为田氏。[②]

①【索隐】《系本》作“夷孟思”。盖穉是名，孟夷字也。 ②【集解】徐广曰：“应劭云始食菜地于田，由是改姓田氏。”【索隐】据史此文，敬仲奔齐，以陈田二字声相近，遂以为田氏。【正义】案：敬仲既奔齐，不欲称本国故号，故改陈字为田氏。

田穉孟夷生湣孟庄，[①]田湣孟庄生文子须無。田文子事齐庄公。

①【集解】徐广曰：“一作芷。”【索隐】《系本》作“闵孟克”。芷，昌改反。

晋之大夫栾逞[①]作乱于晋，来奔齐，齐庄公厚客之。晏婴与田文子谏，庄公弗听。

①【索隐】音盈。《史记》多作"逞"字。

文子卒，生桓子無宇。田桓子無宇有力，事齐庄公，甚有宠。

無宇卒，生武子开与釐子乞。[①]田釐子乞事齐景公为大夫，其收赋税于民以小斗受之，其(粟)〔禀〕予民以大斗，行阴德于民，而景公弗禁。由此田氏得齐众心，宗族益强，民思田氏。晏子数谏景公，景公弗听。已而使于晋，与叔向私语曰："齐国之政其卒归于田氏矣。"

①【正义】釐音僖。

晏婴卒后，范、中行氏反晋。晋攻之急，范、中行请粟于齐。田乞欲为乱，树党于诸侯，乃说景公曰："范、中行数有德于齐，齐不可不救。"齐使田乞救之而输之粟。

景公太子死，后有宠姬曰芮子，[①]生子荼。[②]景公病，命其相国惠子[③]与高昭子[④]以子荼为太子。景公卒，两相高、国立荼，是为晏孺子。而田乞不悦，欲立景公他子阳生。阳生素与乞欢。晏孺子之立也，阳生奔鲁。田乞伪事高昭子、国惠子者，每朝代参乘，言曰："始诸大夫不欲立孺子。孺子既立，君相之，大夫皆自危，谋作乱。"又绐大夫曰："高昭子可畏也，及未发先之。"诸大夫从之。田乞、鲍牧与大夫以兵入公室，攻高昭子。昭子闻之，与国惠子救公。公师败。田乞之众追国惠子，惠子奔莒，遂返杀高昭子。晏(孺子)〔圉〕奔鲁。

①【集解】徐广曰："一作粥子。"　②【索隐】音舒。又如字。③【索隐】名夏。　④【索隐】名张。

田乞使人之鲁，迎阳生。阳生至齐，匿田乞家。请诸大夫曰："常之母有鱼菽之祭，幸而来会饮。"会饮田氏。田乞盛阳生橐中，[①]置坐中央。发橐，出阳生，曰："此乃齐君矣。"大夫皆伏谒。将盟立之，田乞诬曰："吾与鲍牧谋共立阳生也。"鲍牧怒曰："大夫忘景公之命乎？"诸大夫欲悔，阳生乃顿首曰："可则立之，不可则已。"鲍牧恐祸及己，乃复曰："皆景公之子，何为不可！"遂立阳生于田乞之家，是为悼公。乃使人迁晏孺子于骀，[②]而杀孺子荼。悼公既立，田乞为相，专齐政。

①【索隐】橐音托。橐中谓皮橐之中。　②【正义】音臺，又音台。贾逵云："齐地也。"

四年，田乞卒，子常代立，是为田成子。

鲍牧与齐悼公有隙，弑悼公。齐人共立其子壬，是为简公。田常成子与监止[①]俱为左右相，相简公。田常心害监止，监止幸于简公，权弗能去。于是田常复修釐子之政，以大斗出贷，以小斗收。齐人歌之曰："妪乎采芑，归乎田成子。"[②]齐大夫朝，御鞅[③]谏简公曰："田、监不可并也，君其择焉。”君弗听。

①【集解】监,一作阚。【索隐】上音如字,又音苦滥反。监,姓也。名止。　②【索隐】言妪之采芑菜皆归入于田成子,以刺齐国之政将归陈氏也。　③【索隐】御,官也。鞅,名也。亦田氏之族。

子我者,监止之宗人也,[①]常与田氏有隙。田氏疏族田豹事子我有宠。子我曰:“吾欲尽灭田氏嫡,以豹代田氏宗。”豹曰:“臣于田氏疏矣。”不听。已而豹谓田氏曰:“子我将诛田氏,田氏弗先,祸及矣。”子我舍公宫,田常兄弟四人乘如公宫,欲杀子我。子我闭门。简公与妇人饮檀台,[②]将欲击田常。太史子馀曰:“田常非敢为乱,将除害。”简公乃止。田常出,闻简公怒,恐诛,将出亡。田子行曰:“需,事之贼也。”[③]田常于是击子我。子我率其徒攻田氏,不胜,出亡。田氏之徒追杀子我及监止。

①【索隐】案:《齐世家》云“子我夕”,贾逵云“即监止也”。寻其文意,当是监止。今云“宗人”,盖太史误也。　②【正义】在青州临淄县东北一里。　③【索隐】需音须。需者,疑也。疑必致难,故云事之贼也。

简公出奔,田氏之徒追执简公于徐州。[①]简公曰:“早从御鞅之言,不及此难。”田氏之徒恐简公复立而诛己,遂杀简公。简公立四年而杀。于是田常立简公弟骜,是为平公。平公即位,田常为相。

①【索隐】徐音舒。徐州，齐邑，薛县是也，非九州之徐。【正义】齐之西北界上地名，在勃海郡东平县也。

田常既杀简公，惧诸侯共诛己，乃尽归鲁、卫侵地，西约晋、韩、魏、赵氏，南通吴、越之使，修功行赏，亲于百姓，以故齐复定。田常言于齐平公曰："德施人之所欲，君其行之。刑罚人之所恶，臣请行之。"行之五年，齐国之政皆归田常。田常于是尽诛鲍、晏、监止及公族之强者，而割齐自安平以东[①]至琅邪，自为封邑。[②]封邑大于平公之所食。

①【集解】徐广曰："安平在北海。"【索隐】案：司马彪《郡国志》"北海东安平，六国时曰安平"，徐广说是。【正义】《括地志》云："安平城在青州临淄县东十九里，古纪国之酅邑。"青州即北海郡也。　②【正义】琅邪，沂州也。从安平已东，莱、登、沂、密等州皆自为田常封邑也。

田常乃选齐国中女子长七尺以上为后宫，后宫以百数，而使宾客舍人出入后宫者不禁。及田常卒，有七十余男。[①]

①【索隐】案：鲍昱云"陈成子有数十妇，生男百余人"，与此亦异。然谯允南案《春秋》，陈恒为人，虽志大负杀君之名，至于行事亦修整，故能自保，固非苟为禽兽之行。夫成事在德，虽有奸子七十，只以长乱，事岂然哉？言其非实也。

田常卒，子襄子盘[①]代立，相齐。常谥为成子。

①【集解】徐广曰："盘，一作塈。"【索隐】音许既反。《系本》作"班"。

田襄子既相齐宣公，三晋杀知伯，[①]分其地。襄子使其兄弟宗人尽为齐都邑大夫，与三晋通使，且以有齐国。

①【集解】徐广曰："宣公之三年时也。"

襄子卒，子庄子白[①]立。田庄子相齐宣公。宣公四十三年，伐晋，毁黄城，围阳狐。[②]明年，伐鲁、葛及安陵。[③]明年，取鲁之一城。

①【索隐】《系本》名伯。　②【正义】《括地志》云："故黄城在魏州冠氏县南十里。阳狐郭在魏州元城县东北三十二里也。"　③【正义】《括地志》云："故鲁城在许昌县南四十里，本鲁朝宿邑。长葛故城在许州长葛县北十三里，郑之葛邑也。鄢陵故城在许州鄢陵县西北十五里。李奇云六国时为安陵也。"

庄子卒，子太公和立。[①]田太公相齐宣公。宣公四十八年，取鲁之郕。[②]明年，宣公与郑人会西城。伐卫，取毌丘。[③]宣公五十一年卒，田会自廪丘反。[④]

①【索隐】案：《纪年》"齐宣公十五年，田庄子卒。明年，立田悼子。悼子卒，乃次立田和"。是庄子后有悼子。盖立年无几，所以作《系本》及记史者不得录也。而庄周及鬼谷子亦云"田成子杀齐君，十二代而有齐国"。今据《系本》、系家，自成子至王建之灭，唯只十代；若如《纪年》，则悼子及侯剡即有十二代，乃与庄子、鬼谷说同，明《纪年》亦非妄说也。　②【正义】音城。《括地志》云："故郕城在兖州泗水县西北五十里。《说文》云'郕，鲁孟氏邑'是也。"　③【索隐】毌音贯，古国名，卫之邑。今作"毌"者，字残

缺耳。【正义】《括地志》云："故贯城即古贯国，今名蒙泽城，在曹州济阴县南五十六里也。" ④【索隐】《纪年》"宣公五十一年，公孙会以廪丘叛于赵。十二月，宣公薨"。于周正为明年二月。

宣公卒，子康公贷立。①贷立十四年，淫于酒、妇人，不听政。太公乃迁康公于海上，食一城，以奉其先祀。明年，鲁败齐平陆。②

①【集解】徐广曰："十一年，伐鲁，取最。"【索隐】贷音土代反。最音祖外反。 ②【集解】徐广曰东平平陆。【正义】兖州县也。

三年，太公与魏文侯会浊泽，①求为诸侯。魏文侯乃使使言周天子及诸侯，请立齐相田和为诸侯。周天子许之。康公之十九年，田和立为齐侯，列于周室，纪元年。

①【集解】徐广曰："康公之十六年。"【索隐】徐广云"康公十六年"，盖依年表为说，而不省此上文"贷立十四年"，又云"明年会平陆"，"又三年会浊泽"，则是十八年，表及此注并误也。

齐侯太公和立二年，和卒，①子桓公午立。②桓公午五年，秦、魏攻韩，韩求救于齐。齐桓公召大臣而谋③曰："早救之孰与晚救之？"驺忌曰："不若勿救。"段干朋④曰："不救，则韩且折而入于魏，不若救之。"田臣思⑤曰："过矣君之谋也。秦、魏攻韩，楚、赵必救之，是天以燕予齐也。"桓公曰："善。"乃阴告韩使者而遣之。韩自以为得齐之救，因与秦、魏战。

楚、赵闻之，果起兵而救之。齐因起兵袭燕国，取桑丘。[⑥]

①【集解】徐广曰："伐鲁，破之。"　②【索隐】《纪年》"齐康公五年，田侯午生。二十二年，田侯剡立。后十年，齐田午弑其君及孺子喜而为公"。《春秋后传》亦云"田午弑田侯及其孺子喜而兼齐，是为桓侯"。与此系家不同也。　③【索隐】谓驺忌、段干朋。如《战国策》威王二十六年邯郸之役有此谋臣耳。又南梁之难在宣王二年，有驺子、田忌、孙膑之谋。《战国策》又有张田。其辞前后交互，是记史者所取各异，故不同耳。④【索隐】段干，姓。朋，名也。《战国策》作"段干纶"。　⑤【索隐】《战国策》作"田期思"，《纪年》谓之徐州子期，盖即田忌也。　⑥【正义】《括地志》云："桑丘故城俗名敬城，在易州遂城县。"尔时齐伐燕桑丘，魏、赵来救之。《魏、赵世家》并云"伐齐至桑丘"，皆是易州。

六年，救卫。桓公卒，[①]子威王因齐立。是岁，故齐康公卒，绝无后，奉邑皆入田氏。

①【索隐】案《纪年》，梁惠王十二年当齐桓公十八年，后威王始见，则桓公十九年而卒，与此不同。

齐威王元年，三晋因齐丧来伐我灵丘。[①]三年，三晋灭晋后而分其地。六年，鲁伐我，入阳关。[②]晋伐我，至博陵。[③]七年，卫伐我，取薛陵。九年，赵伐我，取甄。[④]

①【正义】灵丘，河东蔚州县。案：灵丘此时属齐，三晋因丧伐之。《韩、魏、赵世家》云"伐齐至灵丘"，皆是蔚州。　②【集解】徐广曰："在钜平。"【正义】《括地志》云："鲁阳关故城在兖州博城县南二十九里，西临汶

水也。” ③【正义】在济州西界也。 ④【正义】音绢。即濮州甄城县也。

威王初即位以来,不治,委政卿大夫,九年之间,诸侯并伐,国人不治。于是威王召即墨大夫而语之曰:“自子之居即墨也,[①]毁言日至。然吾使人视即墨,田野辟,民人给,官无留事,东方以宁。是子不事吾左右以求誉也。”封之万家。召阿大夫语曰:“自子之守阿,誉言日闻。然使使视阿,田野不辟,民贫苦。昔日赵攻甄,子弗能救。卫取薛陵,子弗知。是子以币厚吾左右以求誉也。”是日,烹阿大夫,及左右尝誉者皆并烹之。遂起兵西击赵、卫,败魏于浊泽而围惠王。惠王请献观以和解,赵人归我长城。于是齐国震惧,人人不敢饰非,务尽其诚。齐国大治。诸侯闻之,莫敢致兵于齐二十余年。

①【正义】莱州胶水县南六十里即墨故城是也。

驺忌子以鼓琴见威王,威王悦而舍之右室。须臾,王鼓琴,驺忌子推户入曰:“善哉鼓琴!”王勃然不悦,去琴按剑曰:“夫子见容未察,何以知其善也?”驺忌子曰:“夫大弦浊以春温者,君也。小弦廉折以清者,相也。[①]攫[②]之深,醳[③]之愉者,[④]政令也。钧谐以鸣,大小相益,回邪而不相害者,四时也。吾是以知其善也。”王曰:“善语音。”驺忌子曰:“何独语音,夫治国家而弭人民皆在其中。”王又勃然不悦曰:“若夫语五音之纪,信未有如夫子者也。若夫治国家而弭人民,又何为乎丝桐之间?”驺忌子曰:“夫大弦浊以春温者,君也。小弦廉折以清者,相也。攫之深而舍之愉者,政令也。钧谐以鸣,大小相益,回邪而不相害者,四时也。夫复而不乱者,所以治昌也。连而径者,所以存亡也。故曰琴音调而天下治。夫治国家而弭人民者,无若乎五音者。”王曰:“善。”

①【集解】《琴操》曰:“大弦者,君也,宽和而温。小弦者,臣也,清廉而不乱。”【索隐】案:《春秋后语》“温”字作“春”,春气温,义亦相通也。蔡邕曰:“凡弦以缓急为清浊。琴,紧其弦则清,缦其弦则浊。”清浊者言琴之声也。　②【集解】徐广曰:“以爪持弦也。攫音己足反。”　③【集解】徐广曰:“一作舒。”　④【索隐】醳音释,与下文舍字并同。愉音舒也。

驺忌子见三月而受相印。淳于髡见之曰:“善说哉!髡有愚志,愿陈诸前。”驺忌子曰:“谨受教。”淳于髡曰:“得全全昌,[①]失全全亡。”驺忌子曰:“谨受令,请谨毋离前。”[②]淳于髡曰:“狶膏棘轴,所以为滑也,然而不能运方穿。”[③]驺忌子曰:“谨受令,请谨事左右。”淳于髡曰:“弓胶昔干,[④]所以为合也,然而不能傅合疏罅。”[⑤]驺忌子曰:“谨受令,请谨自附于万民。”淳于髡曰:“狐裘虽敝,不可补以黄狗之皮。”驺忌子曰:“谨受令,请谨择君子,毋杂小人其间。”淳于髡曰:“大车不较,[⑥]不能载其常任。琴瑟不较,不能成其五音。”驺忌子曰:“谨受令,请谨修法律而督奸吏。”淳于髡说毕,趋出,至门,而面其仆曰:“是人者,吾语之微言五,其应我若响之应声,是人必封不久矣。”[⑦]居期年,封以下邳,号曰成侯。

①【索隐】案：得全，谓人臣事君之礼全具无失，故云得全也。全昌者，谓若无失则身名获昌，故云全昌也。 ②【索隐】谓佩服此言，常无离君。故曰谨无离前。 ③【索隐】豨膏，猪脂也。棘轴，以棘木为车轴，至滑而坚也。然而穿孔若方，则不能运转，言逆理反经也。故下忌曰“请谨事左右”，言每事须顺从。 ④【集解】徐广曰：“一作乾。”【索隐】音孤捍反。昔，久旧也。干，弓干也。《考工记》作“栝干”，则栝昔音相近。言作弓之法，以胶被昔干而纳诸檠中，则是以势令合耳。 ⑤【索隐】傅音附。罅音五嫁反。以言胶干可以势暂合，而久亦不能常傅合于疏罅隙缝。以言人臣自宜弥缝得所，岂待拘以礼制法式哉。故下云“请自附于万人”是也。 ⑥【索隐】较者，校量也。言有常制，若大车不较，则车不能载常任。琴瑟不较，则琴不能成五音也。 ⑦【集解】《新序》曰：“齐稷下先生喜议政事。驺忌既为齐相，稷下先生淳于髡之属七十二人皆轻驺忌，以为设以微辞，驺忌必不能及，乃相与俱往见驺忌。淳于髡之徒礼倨，驺忌之礼卑。淳于髡等称辞，驺忌知之如应响，淳于髡等辞诎而去，驺忌之礼倨，淳于髡之礼卑。故所以尚干将、莫邪者，贵其立断也。所以尚骐骥者，为其立至也。必且历日旷久，则系氂能挈石，驽马亦能致远。是以聪明捷敏，人之美材也。”

威王二十三年，与赵王会平陆。二十四年，与魏王会田于郊。魏王问曰：“王亦有宝乎？”威王曰：“无有。”[①]梁王曰：“若寡人国小也，尚有径寸之珠照车前后各十二乘者十枚，奈何以万乘之国而无宝乎？”威王曰：“寡人之所以为宝与王异。吾臣有檀子者，[②]使守南城，则楚人不敢为寇东取，泗上十二诸侯[③]皆来朝。吾臣有肦子者，使守高唐，则赵人不敢东渔于河。吾吏有黔夫者，使守徐州，则燕人祭北门，赵人祭西门，[④]徙而从者七千余家。吾臣有种首者，使备盗贼，则道不拾遗。将以照千里，岂特十二乘哉！”梁惠王惭，不怿而去。

①【索隐】案：韩婴《诗外传》以为齐宣王，其说不同，所以异也。②【索隐】檀子，齐臣。檀，姓。子，美称，大夫皆称子。盼子，田盼也。黔夫及种首皆臣名。事悉具《战国策》也。　③【索隐】郏、莒、宋、鲁之比。④【集解】贾逵曰："齐之北门西门也。言燕、赵之人畏见侵伐，故祭以求福。"

二十六年，魏惠王围邯郸，赵求救于齐。齐威王召大臣而谋曰："救赵孰与勿救？"驺忌子曰："不如勿救。"段干朋曰："不救则不义，且不利。"威王曰："何也？"对曰："夫魏氏并邯郸，其于齐何利哉？且夫救赵而军其郊，是赵不伐而魏全也。故不如南攻襄陵[1]以弊魏，邯郸拔而乘魏之弊。"威王从其计。

①【正义】襄陵故城在兖州邹县也。

其后成侯驺忌与田忌不善，公孙阅[1]谓成侯忌曰："公何不谋伐魏，田忌必将。战胜有功，则公之谋中也。战不胜，非前死则后北，而命在公矣。"于是成侯言威王，使田忌南攻襄陵。十月，邯郸拔，齐因起兵击魏，大败之桂陵。[2]于是齐最强于诸侯，自称为王，以令天下。

①【索隐】《战国策》作"公孙闬"。　②【索隐】在威王二十六年。【正义】在曹州乘氏县东北二十一里。

三十三年，杀其大夫牟辛。[1]

①【集解】徐广曰："一作夫人。"【索隐】牟辛，大夫姓字也。徐广与年表并作"夫人"。王劭案《纪年》云"齐桓公十一年杀其君母。宣王八年杀王后"。然则夫人之字，或如《纪年》之说。

三十五年，公孙阅又谓成侯忌曰："公何不令人操十金卜于市，曰'我田忌之人也。吾三战而三胜，声威天下。欲为大事，亦吉乎不吉乎'？"卜者出，因令人捕为之卜者，验其辞于王之所。田忌闻之，因遂率其徒袭攻临淄，求成侯，不胜而奔。[1]

①【索隐】案：《战国策》田忌前败魏于马陵，因被构，不得入齐，非是居齐历十年乃出奔也。是时齐都临淄，且《孟尝列传》云"田忌袭齐之边邑"，其言为得，即与系家不同也。

三十六年，威王卒，子宣王辟彊立。

宣王元年，秦用商鞅。周致伯于秦孝公。

二年，魏伐赵。赵与韩亲，共击魏。赵不利，战于南梁。[1]宣王召田忌复故位。韩氏请救于齐。宣王召大臣而谋曰："早救孰与晚救？"驺忌子曰："不如勿救。"田忌曰："弗救，则韩且折而入于魏，不如早救之。"[2]孙子[3]曰："夫韩、魏之兵未弊而救之，是吾代韩受魏之兵，顾反听命于韩也。且魏有破国之志，韩见亡，必东面而诉于齐矣。吾因深结韩之亲而晚承魏之弊，则可重利而得尊名也。"宣王曰："善。"乃阴告韩之使者而遣之。韩因恃齐，五战不胜，而东委国于齐。齐因起兵，使田忌、田婴将，[4]孙子为（帅）〔师〕，救韩、赵以击魏，大败之马陵，[5]杀其将庞涓，虏魏太子申。其后三晋之王皆因田婴朝齐王于博望，[6]盟而去。[7]

①【索隐】《晋太康地记》曰："战国谓梁为南梁者，别之于大梁、少梁也。"【正义】《括地志》云："故梁在汝州西南二百步。《晋太康地记》云'战国时谓南梁者，别之于大梁、少梁也'。古蛮子邑也。" ②【索隐】案：《纪年》威王十四年，田肦伐梁，战马陵。《战国策》南梁之难，有张田对曰"早救之"。此云邹忌者，王劭云"此时驺忌死已四年，又齐威时未称王，故《战国策》谓之田侯。今此以田侯为宣王，又横称驺忌，皆谬矣"。 ③【索隐】孙膑也。 ④【集解】徐广曰："婴，一作肦。" ⑤【索隐】在宣王二年。 ⑥【正义】《括地志》云："博望故城在邓州向城县东南四十五里。" ⑦【集解】徐广曰："表曰三年，与赵会博望伐魏。"

七年，与魏王会平阿南。[1]明年，复会甄。魏惠王卒。[2]明年，与魏襄王会徐州，诸侯相王也。十年，楚围我徐州。十一年，与魏伐赵，赵决河水灌齐、魏，兵罢。十八年，秦惠王称王。

①【正义】沛郡平阿县也。 ②【索隐】案《纪年》，梁惠王乃是齐湣王为东帝，秦昭王为西帝时。此时梁惠王改元称一年，未卒也。而系家以其后即为魏襄王之年，又以此文当齐宣王时，实所不能详考。

宣王喜文学游说之士，自如驺衍、淳于髡、[1]田骈、[2]接予、[3]慎到、[4]环渊[5]之徒七十六人，皆赐列第，为上大夫，不治而议论。是以齐稷下学士复盛,且数百千人。[6]

①【正义】赘聓,齐之稷下先生也。　②【正义】白眠反。《艺文志》云田骈,齐人,游稷下,号天口骈,作《田子》二十五篇也。　③【正义】齐人。《艺文志》云《接予》二篇,在道家流。　④【正义】赵人,战国时处士。《艺文志》作《慎子》四十二篇也。　⑤【正义】楚人。《孟子传》云环渊著书上下篇也。　⑥【集解】刘向《别录》曰:"齐有稷门,城门也。谈说之士期会于稷下也。"【索隐】《齐地记》曰"齐城西门侧,系水左右有讲室,趾往往存焉"。盖因侧系水出,故曰稷门,古侧稷音相近耳。又虞喜曰"齐有稷山,立馆其下以待游士",亦异说也。《春秋传》曰"莒子如齐,盟于稷门"是也。

十九年,宣王卒,子湣王地[1]立。

①【索隐】《系本》名遂。

湣王元年,秦使张仪与诸侯执政会于齧桑。三年,封田婴于薛。四年,迎妇于秦。七年,与宋攻魏,败之观泽。

十二年,攻魏。楚围雍氏,[1]秦败屈丐。苏代谓田轸曰:"臣愿有谒于公,其为事甚完,使楚利公,成为福,不成亦为福。今者臣立于门,客有言曰魏王谓韩冯、[2]张仪曰:'煮枣将拔,[3]齐兵又进,子来救寡人则可矣;不救寡人,寡人弗能拔。'[4]此特转辞也。秦、韩之兵毋东,旬余,则魏氏转韩从秦,秦逐张仪,[5]交臂而事齐、楚,此公之事成也。"田轸曰:"奈何使无东?"对曰:"韩冯之救魏之辞,必不谓韩王曰'冯以为魏',必曰'冯将以秦、韩之兵东却齐、宋,冯因抟[6]三国之兵，乘屈丐之弊，⑦南割于楚，故地必尽得之矣’。张仪救魏之辞，必不谓秦王曰‘仪以为魏’，必曰‘仪且以秦、韩之兵东距齐、宋，仪将抟三国之兵，乘屈丐之弊，南割于楚，名存亡国，实伐三川⑧而归，此王业也’。公令楚王⑨与韩氏地，使秦制和，谓秦王曰‘请与韩地，而王以施三川，⑩韩氏之兵不用而得地于楚’。韩冯之东兵之辞且谓秦何？曰‘秦兵不用而得三川，伐楚、韩以窘魏，魏氏不敢东，是孤齐也’。张仪之东兵之辞且谓何？曰‘秦、韩欲地而兵有案，声威发于魏，魏氏之欲不失齐、楚者有资矣’。魏氏转秦、韩争事齐、楚，楚王欲而无与地，⑪公令秦、韩之兵不用而得地，有一大德也。⑫秦、韩之王劫于韩冯、张仪而东兵以徇服魏，公常执左券⑬以责于秦、韩，此其善于公而恶张子多资矣。”⑭

①【集解】徐广曰：“在阳翟，属韩。” ②【集解】徐广曰：“韩之公仲侈也。” ③【集解】徐广曰：“在济阴宛朐。” ④【索隐】能，犹胜也。言不胜其拔，故听齐拔之耳。 ⑤【索隐】逐，谓随逐也。 ⑥【集解】徐广曰：“音专。专，犹并合制领之谓也。”【索隐】抟音团，团谓握领也。徐作“专”，亦通。 ⑦【正义】屈丐，楚将，为秦所败，今更欲乘之。 ⑧【索隐】韩也。 ⑨【索隐】公谓陈轸。 ⑩【正义】施，张设也。言秦王于天子都张设迫胁也。 ⑪【集解】徐广曰：“楚王欲得魏来事己，而不欲与韩地也。” ⑫【正义】苏代谓陈轸，今秦、韩之兵不战伐而得地，陈轸于秦、韩岂不有大恩德。 ⑬【索隐】券，要也。左，不正也。言我以右执其左而责之。 ⑭【正义】左券下，右券上也。苏代说陈轸以上券令秦、韩不用兵得地，而以券责秦、韩却韩冯、张仪以徇服魏，故秦、韩善陈轸而恶张仪多取矣。

十三年，秦惠王卒。二十三年，与秦击败楚于重丘。[①]二十四年，秦使泾阳君质于齐。二十五年，归泾阳君于秦。孟尝君薛文入秦，即相秦。文亡去。二十六年，[②]齐与韩、魏共攻秦，至函谷军焉。二十八年，秦与韩河外以和，兵罢。二十九年，赵杀其主父。齐佐赵灭中山。[③]

①【集解】徐广曰："表曰与秦击楚，使公子将，大有功。" ②【集解】徐广曰："孟尝君为相。" ③【集解】徐广曰："三十年，田甲劫王，相薛文走。"

三十六年，王为东帝，秦昭王为西帝。苏代自燕来，入齐，见于章华东门。[①]齐王曰："嘻，善，子来。秦使魏冄致帝，子以为何如？"对曰："王之问臣也卒，而患之所从来微，愿王受之而勿备称也。秦称之，天下安之，王乃称之，无后也。且让争帝名，无伤也。秦称之，天下恶之，王因勿称，以收天下，此大资也。且天下立两帝，王以天下为尊齐乎？尊秦乎？"王曰："尊秦。"曰："释帝，天下爱齐乎？爱秦乎？"王曰："爱齐而憎秦。"曰："两帝立约伐赵，孰与伐桀宋之利？"[②]王曰："伐桀宋利。"对曰："夫约钧，然与秦为帝而天下独尊秦而轻齐，释帝则天下爱齐而憎秦，伐赵不如伐桀宋之利，故愿王明释帝以收天下，倍约宾秦，无争重，而王以其间举宋。夫有宋，卫之阳地危。[③]有济西，赵之阿东国危。[④]有淮北，楚之东国危。[⑤]有陶、平陆，梁门不开。[⑥]释帝而贷之以伐桀宋之事，国重而名尊，燕、楚所以形服，天下莫敢不听，此汤、武之举也。敬秦以为名，而后使天下憎之，此所谓以卑为尊者也。愿王孰虑之。”于是齐去帝复为王，秦亦去帝位。

①【集解】左思《齐都赋》注曰：“齐小城北门也。”而此言东门，不知为是一门非邪？【正义】《括地志》云：“齐城章华之东有闾门、武鹿门也。” ②【集解】《宋世家》云：“宋王偃，诸侯皆曰桀宋也。” ③【集解】阳地，濮阳之地。【正义】案：卫此时河南独有濮阳也。 ④【正义】阿，东阿也。尔时属赵，故云东国危。 ⑤【正义】淮北，徐、泗也。东国谓下相、僮、取虑也。 ⑥【正义】陶，定陶，今曹州也。平陆，兖州县也，县在大梁东界。

三十八年，伐宋。秦昭王怒曰：“吾爱宋与爱新城、阳晋同。[①]韩聂与吾友也，而攻吾所爱，何也？”苏代为齐谓秦王曰：“韩聂之攻宋，所以为王也。齐强，辅之以宋，楚、魏必恐，恐必西事秦，是王不烦一兵，不伤一士，无事而割安邑也，[②]此韩聂之所祷于王也。”秦王曰：“吾患齐之难知。一从一衡，其说何也？”对曰：“天下国令齐可知乎？齐以攻宋，其知事秦以万乘之国自辅，不西事秦则宋治不安。[③]中国白头游敖之士皆积智欲离齐、秦之交，伏式结轶[④]西驰者，未有一人言善齐者也，伏式结轶东驰者，未有一人言善秦者也。何则？皆不欲齐、秦之合也。何晋、楚之智而齐、秦之愚也！晋、楚合必议齐、秦，齐、秦合必图晋、楚，请以此决事。”秦王曰：“诺。”于是齐遂伐宋，宋王出亡，死于温。[⑤]齐南割楚之淮北，西侵三晋，欲以并周室，为天子。泗上诸侯邹、鲁之君皆称臣，诸侯恐惧。

①【正义】《括地志》云:“新城故城在宋州宋城县界。阳晋故城在曹州乘氏县西北三十七里。” ②【正义】年表云秦昭王二十一年,魏纳安邑及河内。 ③【索隐】《战国策》作“宋地不安”。 ④【索隐】轶音姪。轶者,车辙也,言车辙往还如结也。《战国策》作“结靷”。 ⑤【正义】怀州有温城。

三十九年,秦来伐,拔我列城九。四十年,燕、秦、楚、三晋合谋,各出锐师以伐,败我济西。[①]王解而却。燕将乐毅遂入临淄,尽取齐之宝藏器。湣王出亡,之卫。卫君辟宫舍之,称臣而共具。湣王不逊,卫人侵之。湣王去,走邹、鲁,有骄色,邹、鲁君弗纳,遂走莒。楚使淖齿[②]将兵救齐,因相齐湣王。淖齿遂杀湣王而与燕共分齐之侵地卤器。[③]

①【集解】徐广曰:“案其余诸传无楚伐齐事。年表云楚取淮北。” ②【索隐】淖音女教反。 ③【正义】卤掠齐宝器也。

湣王之遇杀,其子法章变名姓为莒太史敫[①]家佣。太史敫女奇法章状貌,以为非恒人,怜而常窃衣食之,而与私通焉。淖齿既以去莒,莒中人及齐亡臣相聚求湣王子,欲立之。法章惧其诛己也,久之,乃敢自言“我湣王子也”。于是莒人共立法章,是为襄王。以保莒城而布告齐国中:“王已立在莒矣。”

①【集解】徐广曰:“音跃,一音皎。”

襄王既立，立太史氏女为王后，是为君王后，生子建。太史敫曰："女不取媒因自嫁，非吾种也，污吾世。"终身不睹君王后。君王后贤，不以不睹故失人子之礼。

襄王在莒五年，田单以即墨攻破燕军，迎襄王于莒，入临菑。齐故地尽复属齐。齐封田单为安平君。①

①【正义】安平城在青州临淄县东十九里，古纪之酅邑也。

十四年，秦击我刚寿。十九年，襄王卒，子建立。

王建立六年，秦攻赵，齐、楚救之。秦计曰："齐、楚救赵，亲则退兵，不亲遂攻之。"赵无食，请粟于齐，齐不听。周子①曰："不如听之以退秦兵，不听则秦兵不却，是秦之计中而齐、楚之计过也。且赵之于齐、楚，扞蔽也，②犹齿之有唇也，唇亡则齿寒。今日亡赵，明日患及齐、楚。且救赵之务，宜若奉漏瓮沃焦釜也。夫救赵，高义也；却秦兵，显名也。义救亡国，威却强秦之兵，不务为此而务爱粟，为国计者过矣。"齐王弗听。秦破赵于长平四十余万，遂围邯郸。

①【索隐】盖齐之谋臣，史失名也。《战国策》以"周子"为"苏秦"，而"楚"字皆作"燕"，然此时苏秦死已久矣。　②【正义】此时秦伐赵上党欲克，无意伐齐、楚，故言赵之于齐、楚为扞蔽也。

十六年，秦灭周。君王后卒。二十三年，秦置东郡。二十八年，王入朝秦，秦王政置酒咸阳。三十五年，秦灭韩。

三十七年，秦灭赵。三十八年，燕使荆轲刺秦王，秦王觉，杀轲。明年，秦破燕，燕王亡走辽东。明年，秦灭魏，秦兵次于历下。四十二年，秦灭楚。明年，虏代王嘉，灭燕王喜。

四十四年，秦兵击齐。齐王听相后胜计，不战，以兵降秦。秦虏王建，迁之共。[①]遂灭齐为郡。天下壹并于秦，秦王政立号为皇帝。始，君王后贤，事秦谨，与诸侯信，齐亦东边海上，秦日夜攻三晋、燕、楚，五国各自救于秦，以故王建立四十余年不受兵。君王后死，后胜相齐，多受秦间金，多使宾客入秦，秦又多予金，客皆为反间，劝王去从朝秦，不修攻战之备，不助五国攻秦，秦以故得灭五国。五国已亡，秦兵卒入临淄，民莫敢格者。王建遂降，迁于共。故齐人怨王建不早与诸侯合从攻秦，听奸臣宾客以亡其国，歌之曰："松耶柏耶？住建共者客耶？"[②]疾建用客之不详也。[③]

①【集解】《地理志》河内有共县。【正义】今卫州共城县也。
②【集解】徐广曰："《战国策》云秦处建于共松柏间也。"【索隐】耶音邪。谓是建客邪，客说建住言遂乃失策，今建迁共。共，今在河内也。 ③【索隐】谓不详审用客，不知其善否也。

太史公曰：盖孔子晚而喜《易》。《易》之为术，幽明远矣，非通人达才孰能注意焉！故周太史之卦田敬仲完，占至十世之后；及完奔齐，懿仲卜之亦云。田乞及常所以比犯二君，[①]专齐国之政，非必事势之渐然也，盖若遵厌兆祥云。

①【索隐】比如字，又频律反。二君即悼公、简公也。僖子废晏孺子，

鲍牧以乞故杀悼公，而成子又杀简公，故云田氏比犯二君也。

索隐述赞曰：田完避难，奔于大姜。始辞羁旅，终然凤皇。物莫两盛，代五其昌。二君比犯，三晋争强。和始擅命，威遂称王。济急燕、赵，弟列康、庄。秦假东帝，莒立法章。王建失国，松柏苍苍。

卷四十七

孔子世家第十七

【索隐】教化之主，吾之师也。为帝王之仪表，示人伦之准的，自子思以下，代有哲人，继世象贤，诚可仰同列国。前史既定，吾无间然。又孔子非有诸侯之位，而亦称系家者，以是圣人为教化之主，又代有贤哲，故亦称系家焉。【正义】孔子无侯伯之位，而称世家者，太史公以孔子布衣传十余世，学者宗之，自天子王侯，中国言《六艺》者宗于夫子，可谓至圣，故为世家。

孔子生鲁昌平乡陬邑。①其先宋人也，曰孔防叔。②防叔生伯夏，伯夏生叔梁纥。③纥与颜氏女野合而生孔子，④祷于尼丘得孔子。鲁襄公二十二年而孔子生。⑤生而首上圩顶，⑥故因名曰丘云。字仲尼，姓孔氏。

①【集解】徐广曰："陬音驺。孔安国曰'陬，孔子父叔梁纥所治邑'。"【索隐】陬是邑名，昌平，乡号。孔子居鲁之邹邑昌平乡之阙里也。【正义】《括地志》云："故邹城在兖州泗水县东南六十里。昌平山在泗水县南六十里。孔子生昌平乡，盖乡取山为名。故阙里在泗水县南五十里。《舆地志》云邹城西界阙里有尼丘山。"按：今尼丘山在兖州邹城，阙里即此也。《括地志》云："兖州曲阜县鲁城西南三里有阙里，中有孔子宅，宅中有庙。伍缉之《从征记》云阙里背邾面泗，即此也。"按：夫子生在邹，长徙曲阜，仍号阙里。
②【索隐】《家语》："孔子，宋微子之后。宋襄公生弗父何，以让弟厉公。弗

父何生宋父周，周生世子胜，胜生正考父，考父生孔父嘉，五世亲尽，别为公族，姓孔氏。孔父生子木金父，金父生圣夷。圣夷生防叔，畏华氏之逼而奔鲁，故孔氏为鲁人也。” ③【正义】《括地志》云：“叔梁纥庙亦名尼丘山祠，在兖州泗水县五十里尼丘山东趾。《地理志》云鲁县有尼丘山，有叔梁纥庙。” ④【索隐】《家语》云“梁纥娶鲁之施氏，生九女。其妾生孟皮，孟皮病足，乃求婚于颜氏，征在从父命为婚”。其文甚明。今此云“野合”者，盖谓梁纥老而征在少，非当壮室初笄之礼，故云野合，谓不合礼仪。故《论语》云“野哉由也”，又“先进于礼乐，野人也”，皆言野者是不合礼耳。【正义】男八月生齿，八岁毁齿，二八十六阳道通，八八六十四阳道绝。女七月生齿，七岁毁齿，二七十四阴道通，七七四十九阴道绝。婚姻过此者，皆为野合。故《家语》云“梁纥娶鲁施氏女，生九女，乃求婚于颜氏，颜氏有三女，小女征在”。据此，婚过六十四矣。 ⑤【索隐】《公羊传》“襄公二十一年十有一月庚子，孔子生”。今以为二十二年，盖以周正十一月属明年，故误也。后序孔子卒，云七十二岁，每少一岁也。 ⑥【索隐】圩音乌。顶音鼎。圩顶言顶上窳也，故孔子顶如反宇。反宇者，若屋宇之反，中低而四傍高也。【正义】《括地志》云：“女陵山在曲阜县南二十八里。干宝《三日纪》云‘征在生孔子空桑之地，今名空窦，在鲁南山之空窦中。无水，当祭时洒扫以告，辄有清泉自石门出，足以周用，祭讫泉枯。今俗名女陵山’。”

丘生而叔梁纥死，[①] 葬于防山。[②] 防山在鲁东，由是孔子疑其父墓处，母讳之也。[③] 孔子为儿嬉戏，常陈俎豆，[④] 设礼容。孔子母死，乃殡五父之衢，[⑤] 盖其慎也。[⑥] 聊人[⑦] 輓父之母诲孔子父墓，然后往合葬于防焉。

①【索隐】《家语》云生三岁而梁纥死。 ②【正义】《括地志》云：“防山在兖州曲阜县东二十五里。《礼记》云孔子母合葬于防也。” ③【索隐】谓孔子少孤，不的知父坟处，非谓不知其茔地。征在笄年适于梁

纥，无几而老死，是少寡，盖以为嫌，不从送葬，故不知坟处，遂不告耳，非讳之也。 ④【正义】俎豆以木为之，受四升，高尺二寸。大夫以上赤云气，诸侯加象饰足，天子玉饰也。 ⑤【正义】《括地志》云："五父衢在兖州曲阜县西南二里，鲁城内衢道也。" ⑥【集解】徐广曰："鲁县有阙里，孔子所居也。又有五父之衢也。"【索隐】谓孔子不知父墓，乃且殡其母于五父之衢，是其谨慎也。【正义】慎谓以绋引棺就殡所也。 ⑦【正义】上音邹。

孔子要绖，[①]季氏飨士，孔子与往。[②]阳虎绌曰："季氏飨士，非敢飨子也。"孔子由是退。

①【索隐】《家语》"孔子之母丧，既练而见"，不非之也。今此谓孔子实要绖与飨，为阳虎所绌，亦近诬矣。一作"要经"。要经，犹带经也，故刘氏云嗜学之意是也。 ②【正义】与音预。季氏为馔饮鲁文学之士，孔子与迎而往，阳虎以孔子少，故折之也。

孔子年十七，鲁大夫孟釐子病且死，[①]诫其嗣懿子曰："孔丘，圣人之后，[②]灭于宋。[③]其祖弗父何始有宋而嗣让厉公。[④]及正考父佐戴、武、宣公，[⑤]三命兹益恭，故鼎铭云：[⑥]'一命而偻，再命而伛，三命而俯，[⑦]循墙而走，[⑧]亦莫敢余侮。[⑨]饘于是，粥于是，以餬余口。'[⑩]其恭如是。吾闻圣人之后，虽不当世，必有达者。[⑪]今孔丘年少好礼，其达者欤？吾即没，若必师之。"及釐子卒，懿子与鲁人南宫敬叔[⑫]往学礼焉。是岁，季武子卒，平子代立。

①【索隐】昭公七年《左传》云"孟僖子病不能相礼，乃讲学之，及其将

死，召大夫”云云。按：谓病者，不能礼为病，非疾困之谓也。至二十四年僖子卒，贾逵云“仲尼时年三十五矣”。是此文误也。 ②【集解】服虔曰：“圣人谓商汤。” ③【集解】杜预曰：“孔子六世祖孔父嘉为宋华督所杀，其子奔鲁也。” ④【集解】杜预曰：“弗父何，孔父嘉之高祖，宋愍公之长子，厉公之兄也。何嫡嗣，当立，以让厉公也。” ⑤【集解】服虔曰：“正考父，弗父何之曾孙。” ⑥【集解】杜预曰：“三命，上卿也。考父庙之鼎。” ⑦【集解】服虔曰：“偻、伛、俯，皆恭敬之貌也。” ⑧【集解】杜预曰：“言不敢安行。” ⑨【集解】杜预曰：“其恭如是，人亦不敢侮慢。” ⑩【集解】杜预曰：“于是鼎中为饘粥。饘粥，餬属。言至俭也。” ⑪【集解】王肃曰：“谓若弗父何，殷汤之后，而不继世为宋君也。”杜预曰：“圣人之后，有明德而不当大位，谓正考父。” ⑫【索隐】《左传》及《系本》，敬叔与懿子皆孟僖子之子，不应更言“鲁人”，亦太史公之疏耳。

孔子贫且贱。及长，尝为季氏史，[①]料量平，尝为司职吏而畜蕃息，由是为司空。已而去鲁，斥乎齐，逐乎宋、卫，困于陈、蔡之间，于是反鲁。孔子长九尺有六寸，人皆谓之“长人”而异之。鲁复善待，由是反鲁。

①【索隐】有本作“委吏”。按：赵岐曰“委吏，主委积仓库之吏”。

鲁南宫敬叔言鲁君曰：“请与孔子适周。”[①]鲁君与之一乘车，两马，一竖子俱，适周问礼，盖见老子云。辞去，而老子送之曰：“吾闻富贵者送人以财，[②]仁人者送人以言。吾不能富贵，窃仁人之号，[③]送子以言，曰：‘聪明深察而近于死者，好议人者也。博辩广大危其身者，发人之恶者也。为人子者毋以有己，[④]为人臣者毋以有己。’”[⑤]孔子自周反于鲁，弟子稍益进焉。

①【索隐】《庄子》云“孔子年五十一，南见老耼”。盖系家亦依此为说而不究其旨，遂俱误也。何者？孔子适周，岂访礼之时即在十七耶？且孔子见老耼，云“甚矣道之难行也”，此非十七之人语也，乃既仕之后言耳。②【索隐】《庄周》“财”作“轩”。 ③【集解】王肃曰：“谦言窃仁者之名。” ④【集解】王肃曰：“身父母之有。”【索隐】《家语》作“无以有己为人子者。” ⑤【索隐】《家语》作“无以恶己为人臣者”。王肃云：“言听则仕，不用则去，保身全行，臣之节也。”

是时也，晋平公淫，六卿擅权，东伐诸侯。楚灵王兵强，陵轹中国。齐大而近于鲁。鲁小弱，附于楚则晋怒，附于晋则楚来伐，不备于齐，齐师侵鲁。

鲁昭公之二十年，而孔子盖年三十矣。齐景公与晏婴来适鲁，景公问孔子曰：“昔秦穆公国小处辟，其霸何也？”对曰：“秦，国虽小，其志大。处虽辟，行中正。身举五羖，[①]爵之大夫，起累绁之中，[②]与语三日，授之以政。以此取之，虽王可也，其霸小矣。”景公悦。

①【正义】百里奚也。 ②【索隐】《家语》无此一句。孟子以为“不然”之言也。

孔子年三十五，而季平子与郈昭伯以斗鸡故[①]得罪鲁昭公，昭公率师击平子，平子与孟氏、叔孙氏三家共攻昭公，昭公师败，奔于齐，齐处昭公乾侯。[②]其后顷之，鲁乱。孔子适齐，为高昭子家臣，欲以通乎景公。与齐太师语乐，闻《韶》

音，学之，三月不知肉味，[③]齐人称之。

①【正义】郈音后。《括地志》云："斗鸡台二所，相去十五步，在兖州曲阜县东南三里鲁城中。《左传》昭二十五年，季氏与郈昭伯斗鸡，季氏芥鸡翼，郈氏为金距之处。" ②【正义】相州成安县东南三十里斥丘故城，本春秋时乾侯之邑。 ③【集解】周氏曰："孔子在齐，闻习《韶》乐之盛美，故忘于肉味也。"【索隐】按《论语》，子语鲁太师乐，非齐太师也。又"子在齐闻《韶》，三月不知肉味"，无"学之"文。今此合《论语》齐、鲁两文而为此言，恐失事实。

景公问政孔子，孔子曰："君君，臣臣，父父，子子。"[①]景公曰："善哉！信如君不君，臣不臣，父不父，子不子，虽有粟，吾岂得而食诸。"[②]他日又复问政于孔子，孔子曰："政在节财。"景公说，将欲以尼溪田封孔子。[③]晏婴进曰："夫儒者滑稽而不可轨法。倨傲自顺，不可以为下。崇丧遂哀，破产厚葬，不可以为俗。游说乞贷，不可以为国。自大贤之息，周室既衰，礼乐缺有间。[④]今孔子盛容饰，繁登降之礼，趋详之节，累世不能殚其学，当年不能究其礼。君欲用之以移齐俗，非所以先细民也。"后，景公敬见孔子，不问其礼。异日，景公止孔子曰："奉子以季氏，[⑤]吾不能。"以季、孟之间待之。[⑥]齐大夫欲害孔子，孔子闻之。景公曰："吾老矣，弗能用也。"孔子遂行，反乎鲁。

①【集解】孔安国曰："当此之时，陈恒制齐，君不君，臣不臣，故以此对也。" ②【集解】孔安国曰："言将危也。陈氏果灭齐。" ③【索隐】此说出《晏子》及《墨子》，其文微异。 ④【索隐】息者，生也。言上古大

贤生则有礼乐，至周室微而始缺有间也。　⑤【索隐】刘氏奉音扶用反，非也。今奉音如字，谓奉待孔子如鲁季氏之职，故下文云“以季、孟之间待之”也。　⑥【集解】孔安国曰：“鲁三卿，季氏为上卿，最贵；孟氏为下卿，不用事。言待之以二者之间也。”

孔子年四十二，鲁昭公卒于乾侯，定公立。定公立五年，夏，季平子卒，桓子嗣立。季桓子穿井得土缶，中若羊，[①]问仲尼云“得狗”。[②]仲尼曰：“以丘所闻，羊也。丘闻之，木石之怪夔、罔阆，[③]水之怪龙、罔象，[④]土之怪坟羊。”[⑤]

①【集解】韦昭曰：“羊，生羊也，故谓之怪也。”【索隐】《家语》云“桓子穿井于费，得物如土缶，其中有羊焉”是也。　②【集解】韦昭曰：“获羊而言狗者，以孔子博物，测之。”　③【集解】韦昭曰：“木石谓山也。或云夔，一足，越人谓之山缫也。或言独足。魍魉，山精，好学人声而迷惑人也。”【索隐】夔音逵。阆音两。《家语》作“魍魉”。缫音骚。然山缫独一足是山神名，故谓之夔。夔，一足兽，状如人也。　④【集解】韦昭曰：“龙，神兽也，非常见，故曰怪。或云‘罔象食人，一名沐肿’。”【索隐】沐肿音木踵。　⑤【集解】唐固曰：“坟羊，雌雄未成者也。”

吴伐越，堕会稽，[①]得骨节专车。[②]吴使使问仲尼：“骨何者最大？”仲尼曰：“禹致群神于会稽山，[③]防风氏后至，禹杀而戮之，[④]其节专车，此为大矣。”吴客曰：“谁为神？”仲尼曰：“山川之神足以纲纪天下，其守为神，[⑤]社稷为公侯，[⑥]皆属于王者。”客曰：“防风何守？”仲尼曰：“汪罔氏之君守封、禺之山，[⑦]为釐姓。[⑧]在虞、夏、商为汪罔，于周为长翟，今谓之大人。”[⑨]客曰：“人长几何？”仲尼曰：“僬侥氏[⑩]三尺，短之至也。长者不过十之,数之极也。"[11]于是吴客曰:"善哉圣人!"

①【集解】王肃曰:"堕,毁也。"【索隐】隳會稽。会稽,山名,越之所都。隳,毁也。吴伐越在鲁哀元年。　②【集解】韦昭曰:"骨一节,其长专车。专,擅也。"　③【集解】韦昭曰:"群神谓主山川之君为群神之主,故谓之神也。"　④【集解】韦昭曰:"防风氏违命后至,故禹杀之。陈尸为戮。"　⑤【集解】王肃曰:"守山川之祀者为神,谓诸侯也。"韦昭曰:"足以纲纪天下,谓名山大川能兴云致雨以利天下也。"　⑥【集解】王肃曰:"但守社稷无山川之祀者,直为公侯而已。"　⑦【集解】韦昭曰:"封,封山;禺,禺山:在吴郡永安县。"骃案:晋太康元年改永安为武康县,今属吴兴郡。　⑧【索隐】釐音僖。《家语》云姓漆,盖误。《系本》无漆姓。⑨【集解】王肃曰:"周之初及当孔子之时,其名异也。"　⑩【集解】韦昭曰:"僬侥,西南蛮之别名也。"【正义】按:《括地志》"在大秦国(北)〔南〕也"。⑪【集解】王肃曰:"十之,谓三丈也,数极于此也。"

桓子嬖臣曰仲梁怀,与阳虎有隙。阳虎欲逐怀,公山不狃[1]止之。其秋,怀益骄,阳虎执怀。桓子怒,阳虎因囚桓子,与盟而醳之。[2]阳虎由此益轻季氏。季氏亦僭于公室,陪臣执国政,是以鲁自大夫以下皆僭离于正道。故孔子不仕,退而修诗书礼乐,弟子弥众,至自远方,莫不受业焉。

①【集解】孔安国曰:"不狃为季氏宰。"【索隐】狃音女久反。邹氏云一作"蹂"。《论语》作"弗扰"。　②【正义】醳音释。

定公八年,公山不狃不得意于季氏,因阳虎为乱,欲废三桓之嫡,更立其庶孽阳虎素所善者,遂执季桓子。桓子诈之，得脱。定公九年，阳虎不胜，奔于齐。是时孔子年五十。

公山不狃以费畔季氏，使人召孔子。孔子循道弥久，温温无所试，莫能己用，曰："盖周文、武起丰、镐而王，今费虽小，傥庶几乎。"[1]欲往。子路不悦，止孔子。孔子曰："夫召我者岂徒哉？如用我，其为东周乎。"[2]然亦卒不行。

①【索隐】检《家语》及孔氏之书，并无此言，故桓谭亦以为诬也。

②【集解】何晏曰："兴周道于东方，故曰东周也。"

其后定公以孔子为中都宰，一年，四方皆则之。[1]由中都宰为司空，由司空为大司寇。

①【索隐】《家语》作"西方"。王肃云："鲁国近东，故西方诸侯皆取法则焉。"

定公十年春，及齐平。[1]夏，齐大夫黎鉏言于景公曰："鲁用孔丘，其势危齐。"乃使使告鲁为好会，会于夹谷。[2]鲁定公且以乘车好往。孔子摄相事，曰："臣闻有文事者必有武备，有武事者必有文备。古者诸侯出疆，必具官以从。请具左右司马。"定公曰："诺。"具左右司马。会齐侯夹谷，为坛位，土阶三等，以会遇之礼相见，[3]揖让而登。献酬之礼毕，齐有司趋而进曰："请奏四方之乐。"景公曰："诺。"于是旍旄羽被矛戟剑拨鼓噪而至。[4]孔子趋而进，历阶[5]而登，不尽一等，举袂而言曰："吾两君为好会，夷狄之乐何为于此。请命有司。"有司却之，不去，则左右视晏子与景公。景公心怍，麾而去之。有顷，齐有司趋而进曰："请奏宫中之乐。"景公曰："诺。"优倡侏儒为戏而前。孔子趋而进，历阶而登，不尽一等，曰："匹夫而营惑[6]诸侯者罪当诛！请命有司。"有司加法焉，手足异处。景公惧而动，知义不若，归而大恐，告其群臣曰："鲁以君子之道辅其君，而子独以夷狄之道教寡人，使得罪于鲁君，为之奈何？"有司进对曰："君子有过则谢以质，小人有过则谢以文。君若悼之，则谢以质。"于是齐侯乃归所侵鲁之郓、汶阳、龟阴之田以谢过。[7]

①【索隐】及，与也。平，成也。谓与齐和好，故云平。　②【集解】徐广曰："司马彪云今在祝其县也。"　③【集解】王肃曰："会遇之礼，礼之简略也。"　④【索隐】《家语》作"莱人以兵鼓噪劫定公"。祓音弗，谓舞者所执，故《周礼》乐有《祓舞》。拨音伐，谓大楯也。　⑤【索隐】谓历阶级也。故王肃云"历阶，登阶不聚足"。　⑥【索隐】谓经营而惑乱也。《家语》作"荧侮"。　⑦【集解】服虔曰："三田，汶阳田也。龟，山名。阴之田，得其田不得其山也。"杜预曰："太山博县北有龟山。"【索隐】《左传》"郓、讙及龟阴之田"，则三田皆在汶阳也。【正义】郓，今郓州郓城县，在兖州龚丘县东北五十四里。故谢城在龚丘县东七十里。齐归侵鲁龟阴之田以谢鲁，鲁筑城于此，以旌孔子之功，因名谢城。

定公十三年夏，孔子言于定公曰："臣无藏甲，大夫毋百雉之城。"[1]使仲由为季氏宰，将堕三都。[2]于是叔孙氏先堕郈。[3]季氏将堕费，公山不狃、叔孙辄率费人袭鲁。公与三子入于季氏之宫，[4]登武子之台。费人攻之，弗克，入及公侧。[5]孔子命申句须、乐颀下伐之，[6]费人北。国人追之，败诸姑蔑。[7]二子奔齐，遂堕费。将堕成，[8]公敛处父[9]谓孟孙曰："堕成，齐人必至于北门。且成，孟氏之保鄣，无成是无孟氏也。我将弗堕。"十二月，公围成，弗克。

①【集解】王肃曰："高丈长丈曰堵，三堵曰雉。" ②【集解】服虔曰："三都，三家之邑也。" ③【集解】杜预曰："东平无盐县东南郈乡亭。"【正义】《括地志》云："郈亭在郓州宿城县东三十二里。" ④【集解】服虔曰："三子，季孙、孟孙、叔孙也。" ⑤【集解】服虔曰："人有入及公之台侧。" ⑥【集解】服虔曰："申句须、乐颀，鲁大夫。" ⑦【集解】杜预曰："鲁国卞县南有姑蔑城。"【正义】《括地志》云："姑蔑故城在兖州泗水县东四十五里。"按：泗水县本汉卞县地。 ⑧【集解】杜预曰："泰山鉅平县东南有成城也。"【正义】《括地志》云："故郕城在兖州泗水县西北五十里。" ⑨【集解】服虔曰："成宰也。"

定公十四年，孔子年五十六，由大司寇行摄相事，有喜色。门人曰："闻君子祸至不惧，福至不喜。"孔子曰："有是言也。不曰'乐其以贵下人'乎？"于是诛鲁大夫乱政者少正卯。与闻国政三月，粥羔豚者弗饰贾，男女行者别于涂，涂不拾遗；四方之客至乎邑者不求有司，[1]皆予之以归。[2]

①【集解】王肃曰："有司常供其职，客求而有在也。" ②【索隐】《家语》作"皆如归"。

齐人闻而惧，曰："孔子为政必霸，霸则吾地近焉，我之为先并矣。盍致地焉？"黎鉏曰："请先尝沮之。沮之而不可则致地，庸迟乎！"于是选齐国中女子好者八十人，皆衣文衣而舞《康乐》，[1]文马三十驷，遗鲁君。陈女乐文马于鲁城南高门外。季桓子微服往观再三，将受，乃语鲁君为周道游，[②]往观终日，怠于政事。子路曰："夫子可以行矣。"孔子曰："鲁今且郊，如致膰乎大夫，[③]则吾犹可以止。"桓子卒受齐女乐，三日不听政。郊，又不致膰俎于大夫。孔子遂行，宿乎屯。[④]而师已送，曰："夫子则非罪。"孔子曰："吾歌可夫？"歌曰："彼妇之口，可以出走。彼妇之谒，可以死败。[⑤]盖优哉游哉，维以卒岁。"[⑥]师已反，桓子曰："孔子亦何言？"师已以实告。桓子喟然叹曰："夫子罪我以群婢故也夫！"

①【索隐】《家语》作"容玑"。王肃云："舞曲名也。" ②【索隐】谓请鲁君为周偏道路游行，因出观齐之女乐。 ③【集解】王肃曰："膰，祭肉。" ④【集解】屯在鲁之南也。【索隐】地名。 ⑤【集解】王肃曰："言妇人之口请谒，足以忧使人死败，故可以出走也。" ⑥【集解】王肃曰："言仕不遇也，故且优游以终岁。"

孔子遂适卫，主于子路妻兄颜浊邹家。[①]卫灵公问孔子："居鲁得禄几何？"对曰："奉粟六万。"卫人亦致粟六万。[②]居顷之，或谮孔子于卫灵公。灵公使公孙余假一出一入。[③]孔子恐获罪焉，居十月，去卫。

①【索隐】《孟子》曰"孔子于卫主颜雠由，弥子之妻与子路之妻，兄弟也"。今此云浊邹是子路之妻兄，所说不同。 ②【索隐】若六万石似太多，当是六万斗，亦与汉之秩禄不同。【正义】六万小斗，计当今二千石也。周之斗升斤两皆用小也。 ③【索隐】谓以兵仗出入，以胁夫子也。

将适陈，过匡，[①]颜刻为仆，以其策指之曰："昔吾入此，由彼缺也。”[②]匡人闻之,以为鲁之阳虎。阳虎尝暴匡人,匡人于是遂止孔子。[③]孔子状类阳虎,拘焉五日。颜渊后,[④]子曰:“吾以汝为死矣。”颜渊曰:“子在,回何敢死。”[⑤]匡人拘孔子益急,弟子惧。孔子曰:“文王既没,文不在兹乎?[⑥]天之将丧斯文也,后死者不得与于斯文也。[⑦]天之未丧斯文也,匡人其如予何!”[⑧]孔子使从者为宁武子臣于卫,然后得去。[⑨]

①【正义】故匡城在滑州匡城县西南十里。 ②【索隐】谓昔所被攻缺破之处也。【正义】《琴操》云:“孔子到匡郭外,颜渊举策指匡穿垣曰:‘往与阳货正从此入。’匡人闻其言,告君曰:‘往者阳货今复来。’乃率众围孔子数日,乃和琴而歌,音曲甚哀,有暴风击军士僵仆,于是匡人有知孔子圣人,自解也。” ③【索隐】匡,宋邑也。《家语》云匡人简子以甲士围夫子。 ④【集解】孔安国曰:“言与孔子相失,故在后也。” ⑤【集解】包氏曰:“言夫子在,己无所致死也。” ⑥【集解】孔安国曰:“兹,此也。言文王虽已没,其文见在此。此,自谓其身也。” ⑦【集解】孔安国曰:“文王既没,故孔子自谓后死也。言天将丧此文者,本不当使我知之;今使我知之,未欲丧之也。” ⑧【集解】马融曰:“如予何犹言‘奈我何’也。天未丧此文,则我当传之,匡人欲奈我何!言不能违天以害己。” ⑨【索隐】《家语》“子路弹剑而歌,孔子和之,曲三终,匡人解围而去”。今此取《论语》“文王既没”之文,及从者臣宁武子然后得去。盖夫子再厄匡人,或设辞以解围,或弹剑而释难。今此合《论语》、《家语》之文以为一事,故彼此文交互耳。

去即过蒲。[①]月余,反乎卫,主蘧伯玉家。灵公夫人有南子者,使人谓孔子曰:“四方之君子不辱欲与寡君为兄弟者,必见寡小君。寡小君愿见。”孔子辞谢,不得已而见之。夫人在絺帷中。孔子入门，北面稽首。夫人自帷中再拜，环珮玉声璆然。[②]孔子曰："吾向为弗见，见之礼答焉。"[③]子路不悦。孔子矢之曰："予所不者，天厌之！天厌之！"[④]居卫月余，灵公与夫人同车，宦者雍渠参乘，出，使孔子为次乘，招摇市过之。[⑤]孔子曰："吾未见好德如好色者也。"[⑥]于是丑之，去卫，过曹。是岁，鲁定公卒。

①【集解】徐广曰："长垣县有匡城、蒲乡。"【正义】《括地志》："故蒲城在滑州匡城县北十五里。匡城本汉长垣县。" ②【正义】璆音虬。③【索隐】上"见"如字。下"见"音贤遍反，去声。言我不为相见之礼现而答之。 ④【集解】栾肇曰："见南子者，时不获已，犹文王之拘羑里也。天厌之者，言我之否屈乃天命所厌也。"蔡谟曰："矢，陈也。夫子为子路陈天命也。" ⑤【集解】徐广曰："招摇，翱翔也。"【索隐】《家语》作"游过市"。 ⑥【集解】何晏曰："疾时薄于德，厚于色，故发此言也。"李充曰："使好德如好色，则弃邪而反正矣。"

孔子去曹适宋，[①]与弟子习礼大树下。宋司马桓魋欲杀孔子，拔其树。孔子去。弟子曰："可以速矣。"孔子曰："天生德于予，桓魋其如予何！"[②]

①【集解】徐广曰："年表定公十三年，孔子至卫。十四年，至陈。哀公三年，孔子过宋。" ②【集解】包氏曰："天生德者，谓授以圣性，德合天地，吉无不利，故曰其如予何。"

孔子适郑，与弟子相失。孔子独立郭东门。郑人或谓子贡曰：[①]"东门有人，其颡似尧，[②]其项类皋陶，其肩类子产，然自要以下不及禹三寸，累累若丧家之狗。”③子贡以实告孔子。孔子欣然笑曰：“形状，末也。而谓似丧家之狗，然哉！然哉！”

①【索隐】《家语》姑布子卿谓子贡曰。　②【索隐】《家语》云“河目而隆颡，其颡似尧”。　③【集解】王肃曰：“丧家之狗。主人哀荒，不见饮食，故累然而不得意。孔子生于乱世，道不得行，故累然不得志之貌也。《韩诗外传》曰‘丧家之狗，既敛而椁，有席而祭，顾望无人’也。”

孔子遂至陈，主于司城贞子家。岁余，吴王夫差伐陈，取三邑而去。赵鞅伐朝歌。楚围蔡，蔡迁于吴。吴败越王句践会稽。

有隼集于陈廷而死，楛矢贯之，石砮，矢长尺有咫。①陈湣公使使问仲尼。②仲尼曰：“隼来远矣，此肃慎之矢也。③昔武王克商，通道九夷百蛮，④使各以其方贿来贡，⑤使无忘职业。于是肃慎贡楛矢石砮，长尺有咫。先王欲昭其令德，以肃慎矢分大姬，⑥配虞胡公而封诸陈。分同姓以珍玉，展亲；⑦分异姓以远方职，使无忘服。⑧故分陈以肃慎矢。”试求之故府，⑨果得之。

①【集解】韦昭曰：“隼，鸷鸟，今之鹗也。楛，木名。砮，镞也，以石为之。八寸曰咫。楛矢贯之，坠而死。”【正义】隼音笋。《毛诗义疏》：“鹞，齐人谓之击征，或谓之题肩，或曰省雁，春化为布谷。此属数种皆为隼。”

②【索隐】《家语》、《国语》皆作“陈惠公”，非也。按：惠公以鲁昭元年立，定四年卒。又按系家，湣公（十）六年孔子适陈，十三年亦在陈，则此湣公为是。

③【正义】《肃慎国记》云：“肃慎，其地在夫余国东北，（河）〔可〕六十日行。

其弓四尺，强劲弩射四百步，今之靺鞨国方有此矢。” ④【集解】王肃曰：“九夷，东方夷有九种也。百蛮，夷狄之百种。” ⑤【集解】王肃曰：“各以其方面所有之财贿而来贡。” ⑥【集解】韦昭曰：“大姬，武王元女也。” ⑦【集解】韦昭曰：“展，重也。玉谓若夏后氏之璜。” ⑧【集解】王肃曰：“使无忘服从于王也。” ⑨【集解】韦昭曰：“故府，旧府也。”

孔子居陈三岁，会晋、楚争强，更伐陈，及吴侵陈，陈常被寇。孔子曰：“归与归与。吾党之小子狂简，进取不忘其初。”于是孔子去陈。过蒲，会公叔氏以蒲畔，蒲人止孔子。弟子有公良孺者，以私车五乘从孔子。其为人长，贤，有勇力，谓曰：“吾昔从夫子遇难于匡，今又遇难于此，命也已。吾与夫子再罹难，宁斗而死。”斗甚疾。蒲人惧，[①]谓孔子曰：“苟毋适卫，吾出子。”与之盟，出孔子东门。孔子遂适卫。子贡曰：“盟可负邪？”孔子曰：“要盟也，神不听。”

①【索隐】《家语》云“我宁斗死，挺剑而合众，将与之战，蒲人惧”是也。

卫灵公闻孔子来，喜，郊迎。问曰：“蒲可伐乎？”对曰：“可。”灵公曰：“吾大夫以为不可。今蒲，卫之所以待晋、楚也，[①]以卫伐之，无乃不可乎？”孔子曰：“其男子有死之志，[②]妇人有保西河之志。[③]吾所伐者不过四五人。”[④]灵公曰：“善。”然不伐蒲。

①【正义】卫在濮州，蒲在滑州，在卫西也。韩、魏及楚从西向东伐，先在蒲，后及卫。 ②【集解】王肃曰：“公叔氏欲以蒲适他国，而男子欲死

之，不乐适他。” ③【集解】王肃曰：“妇人恐惧，欲保西河，无战意也。”【索隐】此西河在卫地，非魏之西河也。 ④【集解】王肃曰：“本与公叔同畔者。”

灵公老，怠于政，不用孔子。孔子喟然叹曰：“苟有用我者，期月而已，三年有成。”[①]孔子行。

①【集解】孔安国曰：“言诚有用我于政事者，期年而可以行其政教，必三年乃有成也。”

佛肸为中牟宰。[①]赵简子攻范、中行，伐中牟。佛肸畔，使人召孔子。孔子欲往。子路曰：“由闻诸夫子，‘其身亲为不善者，君子不入也’。[②]今佛肸亲以中牟畔，子欲往，如之何？”孔子曰：“有是言也。不曰坚乎，磨而不磷；不曰白乎，涅而不淄。[③]我岂匏瓜也哉，焉能系而不食？”[④]

①【集解】孔安国曰：“晋大夫赵简子之邑宰。”【索隐】此河北之中牟，盖在汉阳西。 ②【集解】孔安国曰：“不入其国。” ③【集解】孔安国曰：“磷，薄也。涅，可以染皂者也。言至坚者磨之而不薄，至白者染之于涅中而不黑，君子虽在浊乱，不能污也。” ④【集解】何晏曰：“言匏瓜得系一处者，不食故也。吾自食物当东西南北，不得如不食之物系滞一处。”

孔子击磬。有荷蒉而过门者，曰：“有心哉，击磬乎！[①]硁硁乎，莫己知也夫而已矣！”[②]

①【集解】何晏曰：“蒉，草器也。有心谓契契然也。” ②【集解】何

晏曰:"此硁硁,信己而已,言亦无益也。"

孔子学鼓琴师襄子,[①] 十日不进。师襄子曰:"可以益矣。"孔子曰:"丘已习其曲矣,未得其数也。"有间,曰:"已习其数,可以益矣。"孔子曰:"丘未得其志也。"有间,曰:"已习其志,可以益矣。"孔子曰:"丘未得其为人也。"有间,(曰)有所穆然深思焉,有所怡然高望而远志焉。曰:"丘得其为人,黯然而黑,[②] 几然而长,[③] 眼如望羊,[④] 如王四国,非文王其谁能为此也!"师襄子辟席再拜,曰:"师盖云《文王操》也。"

①【索隐】《家语》师襄子曰"吾虽以击磬为官,然能于琴"。盖师襄子鲁人,《论语》谓之"击磬襄"是也。 ②【集解】王肃曰:"黯,黑貌。" ③【集解】徐广曰:"《诗》云'颀而长兮'。"【索隐】"几"与注"颀",并音祈,《家语》无此四字。 ④【集解】王肃曰:"望羊,望羊视也。"

孔子既不得用于卫,将西见赵简子。至于河而闻窦鸣犊、舜华[①]之死也,临河而叹曰:"美哉水,洋洋乎!丘之不济此,命也夫!"子贡趋而进曰:"敢问何谓也?"孔子曰:"窦鸣犊、舜华,晋国之贤大夫也。赵简子未得志之时,须此两人而后从政。及其已得志,杀之乃从政。丘闻之也,刳胎杀夭则麒麟不至郊,竭泽涸渔则蛟龙不合阴阳,[②] 覆巢毁卵则凤凰不翔。何则?君子讳伤其类也。夫鸟兽之于不义也尚知辟之,而况乎丘哉!"乃还息乎陬乡,作为《陬操》[③] 以哀之。而反乎卫,入主蘧伯玉家。

①【集解】徐广曰:“或作‘鸣铎窦犨’,又作‘窦犨鸣犊、舜华也’。”【索隐】《家语》云“闻赵简子杀窦犨鸣犊及舜华”,《国语》云“鸣铎窦犨”,则窦犨字鸣犊,声转字异,或作“鸣铎”。庆华当作“舜华”,诸说皆同。 ②【索隐】有角曰蛟龙。龙能兴云致雨,调和阴阳之气。 ③【集解】王肃曰:“《陬操》,琴曲名也。”【索隐】此陬乡非鲁之陬邑。《家语》云作“槃操”也。

他日,灵公问兵陈。[①]孔子曰:“俎豆之事则尝闻之,军旅之事未之学也。”[②]明日,与孔子语,见飞雁,仰视之,色不在孔子。孔子遂行,[③]复如陈。

①【集解】孔安国曰:“军陈行列之法。” ②【集解】郑玄曰:“万二千人为军,五百人为旅。军旅末事,本未立不可教以末也。” ③【索隐】此鲁哀二年也。

夏,卫灵公卒,立孙辄,是为卫出公。六月,赵鞅内太子蒯聩于戚。阳虎使太子绕,八人衰绖,伪自卫迎者,哭而入,遂居焉。冬,蔡迁于州来。是岁鲁哀公三年,而孔子年六十矣。齐助卫围戚,以卫太子蒯聩在故也。

夏,鲁桓釐庙燔,南宫敬叔救火。孔子在陈,闻之,曰:“灾必于桓釐庙乎?”[①]已而果然。

①【集解】服虔曰:“桓釐当毁,而鲁事非礼之庙,故孔子闻有火灾,知其加桓僖也。”

秋,季桓子病,辇而见鲁城,喟然叹曰:“昔此国几兴矣,以吾获罪于孔子,故不兴也。”顾谓其嗣康子曰:“我即死,若必相鲁。相鲁，必召仲尼。”后数日，桓子卒，康子代立。已葬，欲召仲尼。公之鱼曰：“昔吾先君用之不终，终为诸侯笑。今又用之，不能终，是再为诸侯笑。”康子曰：“则谁召而可？”曰：“必召冉求。”于是使使召冉求。冉求将行，孔子曰：“鲁人召求，非小用之，将大用之也。”是日，孔子曰：“归乎归乎！[1]吾党之小子狂简，斐然成章，吾不知所以裁之。”[2]子赣知孔子思归，送冉求，因诫曰“即用，以孔子为招”云。

①【索隐】此系家再有“归与”之辞者，前辞出《孟子》，此辞见《论语》，盖止是一称“归与”，二书各记之，今前后再引，亦失之也。　②【集解】孔安国曰：“简，大也。孔子在陈思归欲去，曰：‘吾党之小子狂者进取于大道，妄穿凿以成章，不知所以裁制，当归以裁耳。’”

冉求既去，明年，孔子自陈迁于蔡。蔡昭公将如吴，吴召之也。前昭公欺其臣迁州来，后将往，大夫惧复迁，公孙翩射杀昭公。[1]楚侵蔡。秋，齐景公卒。[2]

①【集解】徐广曰：“哀公四年也。”　②【集解】徐广曰：“哀公五年也。”

明年，孔子自蔡如叶。叶公问政，孔子曰：“政在来远附迩。”他日，叶公问孔子于子路，子路不对。[1]孔子闻之，曰：“由，尔何不对曰‘其为人也，学道不倦，诲人不厌，发愤忘食，乐以忘忧，不知老之将至’云尔。”

①【集解】孔安国曰:“叶公名诸梁,楚大夫,食菜于叶,僭称公。不对,未知所以对也。”

去叶,反于蔡。长沮、桀溺耦而耕,孔子以为隐者,使子路问津焉。[①]长沮曰:“彼执舆者为谁?”子路曰:“为孔丘。”曰:“是鲁孔丘与?”曰:“然。”曰:“是知津矣。”[②]桀溺谓子路曰:“子为谁?”曰:“为仲由。”曰:“子,孔丘之徒与?”曰:“然。”桀溺曰:“悠悠者天下皆是也,而谁以易之?[③]且与其从辟人之士,岂若从辟世之士哉!”[④]耰而不辍。[⑤]子路以告孔子,孔子怃然[⑥]曰:“鸟兽不可与同群。[⑦]天下有道,丘不与易也。”[⑧]

①【集解】郑玄曰:“耜广五寸,二耜为耦。津,济渡处也。”【正义】《括地志》云:“黄城山俗名菜山,在许州叶县西南二十五里。《圣贤冢墓记》云黄城山即长沮、桀溺所耕处。下有东流,则子路问津处也。” ②【集解】马融曰:“言数周流,自知津处。” ③【集解】孔安国曰:“悠悠者,周流之貌也。言当今天下治乱同,空舍此适彼,故曰‘谁以易之’。” ④【集解】何晏曰:“士有辟人之法,有辟世之法。长沮、桀溺谓孔子为士,从辟人之法者也;己之为士,则从辟世之法也。” ⑤【集解】郑玄曰:“耰,覆种也。辍,止也。覆种不止,不以津告也。” ⑥【集解】何晏曰:“为其不达己意而非己。” ⑦【集解】孔安国曰:“隐于山林是同群。” ⑧【集解】何晏曰:“凡天下有道者,丘皆不与易也,己大而人小故也。”

他日,子路行,遇荷蓧丈人,[①]曰:“子见夫子乎?”丈人曰:“四体不勤,五谷不分,孰为夫子!”[②]植其杖而芸。[③]子路以告,孔子曰:“隐者也。”复往,则亡。[④]

①【集解】包氏曰："丈人，老者。蓧，草器名也。" ②【集解】包氏曰："丈人曰不勤劳四体，分植五谷，谁为夫子而索也。" ③【集解】孔安国曰："植，倚也。除草曰芸。" ④【集解】孔安国曰："子路反至其家，丈人出行不在。"

孔子迁于蔡三岁，吴伐陈。楚救陈，[①]军于城父。闻孔子在陈、蔡之间，楚使人聘孔子。孔子将往拜礼，陈、蔡大夫谋曰："孔子贤者，所刺讥皆中诸侯之疾。今者久留陈、蔡之间，诸大夫所设行皆非仲尼之意。今楚，大国也，来聘孔子。孔子用于楚，则陈、蔡用事大夫危矣。"于是乃相与发徒役围孔子于野。不得行，绝粮。从者病，莫能兴。[②]孔子讲诵弦歌不衰。子路愠见曰："君子亦有穷乎？"孔子曰："君子固穷，小人穷斯滥矣。"[③]

①【集解】徐广曰："哀公四年也。" ②【集解】孔安国曰："兴，起也。" ③【集解】何晏曰："滥，溢也。君子固亦有穷时，但不如小人穷则滥溢为非。"

子贡色作。孔子曰："赐，尔以予为多学而识之者与？"曰："然。[①]非与？"[②]孔子曰："非也。予一以贯之。"[③]

①【集解】孔安国曰："然谓多学而识之。" ②【集解】孔安国曰："问今不然耶。" ③【集解】何晏曰："善有元，事有会，天下殊涂而同归，百虑而一致。知其元则众善举也，故不待学，以一知之。"

孔子知弟子有愠心，乃召子路而问曰："《诗》云'匪兕匪虎，率彼旷野’。[①]吾道非邪？吾何为于此？”子路曰：“意者吾未仁邪？人之不我信也。[②]意者吾未知邪？人之不我行也。”[③]孔子曰：“有是乎！由，譬使仁者而必信，安有伯夷、叔齐？[④]使智者而必行，安有王子比干？”[⑤]

①【集解】王肃曰：“率，循也。言非兕虎而循旷野也。” ②【集解】王肃曰：“言人不信吾，岂以未仁故乎？” ③【集解】王肃曰：“言人不使通行而困穷者，岂以吾未智乎？” ④【正义】言仁者必使四方信之，安有伯夷、叔齐饿死乎？ ⑤【正义】言智者必使处事通行，安有王子比干剖心哉？

子路出，子贡入见。孔子曰：“赐，《诗》云‘匪兕匪虎，率彼旷野’。吾道非邪？吾何为于此？”子贡曰：“夫子之道至大也，故天下莫能容夫子。夫子盖少贬焉？”孔子曰：“赐，良农能稼而不能为穑，[①]良工能巧而不能为顺。[②]君子能修其道，纲而纪之，统而理之，而不能为容。今尔不修尔道而求为容。赐，而志不远矣！”

①【集解】王肃曰：“种之为稼，敛之为穑。言良农能善种之，未必能敛获之。” ②【集解】王肃曰：“言良工能巧而已，不能每顺人之意。”

子贡出，颜回入见。孔子曰：“回，《诗》云‘匪兕匪虎，率彼旷野’。吾道非邪？吾何为于此？”颜回曰：“夫子之道至大，故天下莫能容。虽然，夫子推而行之，不容何病，不容然后见君子。夫道之不修也，是吾丑也。夫道既已大修而不用，是有国者之丑也。不容何病，不容然后见君子。”孔子欣然而笑曰：“有是哉颜氏之子！使尔多财，吾为尔宰。”[①]

①【集解】王肃曰：“宰，主财者也。为汝主财，言志之同也。”

于是使子贡至楚。楚昭王兴师迎孔子，然后得免。

昭王将以书社地七百里[①]封孔子。楚令尹子西曰：“王之使使诸侯有如子贡者乎？曰无有。王之辅相有如颜回者乎？曰无有。王之将率有如子路者乎？曰无有。王之官尹有如宰予者乎？曰无有。且楚之祖封于周，号为子男五十里。今孔丘述三、(王)〔五〕之法，明周、召之业，王若用之，则楚安得世世堂堂方数千里乎？夫文王在丰，武王在镐，百里之君卒王天下。今孔丘得据土壤，贤弟子为佐，非楚之福也。”昭王乃止。其秋，楚昭王卒于城父。

①【集解】服虔曰：“书，籍也。”【索隐】古者二十五家为里，里则各立社，则书社者，书其社之人名于籍。盖以七百里书社之人封孔子也，故下冉求云“虽累千社而夫子不利”是也。

楚狂接舆歌而过孔子，[①]曰：“凤兮凤兮，何德之衰！[②]往者不可谏兮，[③]来者犹可追也！[④]已而已而，[⑤]今之从政者殆而！”孔子下，欲与之言。[⑥]趋而去，弗得与之言。于是孔子自楚反乎卫。是岁也，孔子年六十三，而鲁哀公六年也。

①【集解】孔安国曰：“接舆，楚人也。佯狂而来歌，欲以感切孔子也。”

②【集解】孔安国曰："比孔子于凤鸟，待圣君乃见。非孔子周行求合，故曰'衰'也。" ③【集解】孔安国曰："已往所行，不可复谏止也。" ④【集解】孔安国曰："自今已来，可追自止，避乱隐居。" ⑤【集解】孔安国曰："言'已而'者，言世乱已甚，不可复治也。再言之者，伤之深也。" ⑥【集解】包氏曰："下，下车也。"

其明年，吴与鲁会缯，征百牢。[①]太宰嚭召季康子。康子使子贡往，然后得已。

①【索隐】此哀七年时也。百牢，牢具一百也。周礼上公九牢，侯伯七牢，子男五牢。今吴征百牢，夷不识礼故也。子贡对以周礼，而后吴亡是征也。【正义】《括地志》云："故鄫城在沂州承县。《地理志》云缯县属东海郡也。"

孔子曰："鲁、卫之政，兄弟也。"[①]是时，卫君辄父不得立，在外，诸侯数以为让。而孔子弟子多仕于卫，卫君欲得孔子为政。子路曰："卫君待子而为政，子将奚先？"[②]孔子曰："必也正名乎！"[③]子路曰："有是哉，子之迂也！[④]何其正也？"孔子曰："野哉由也！[⑤]夫名不正则言不顺，言不顺则事不成，事不成则礼乐不兴，礼乐不兴则刑罚不中，[⑥]刑罚不中则民无所错手足矣。夫君子为之必可名，言之必可行。[⑦]君子于其言，无所苟而已矣。"

①【集解】包氏曰："周公、康叔既为兄弟，康叔睦于周公，其国之政亦如兄弟也。" ②【集解】包氏曰："问往将何所先行。" ③【集解】马融曰："正百事之名也。" ④【集解】包氏曰："迂，犹远也。言孔子之言

远于事也。” ⑤【集解】孔安国曰：“野，不达也。” ⑥【集解】孔安国曰：“礼以安上，乐以移风。二者不行，则有淫刑滥罚也。” ⑦【集解】王肃曰：“所名之事，必可得明言。所言之事，必可得遵行者。”

其明年，冉有为季氏将师，与齐战于郎，克之。[1]季康子曰：“子之于军旅，学之乎？性之乎？”冉有曰：“学之于孔子。”季康子曰：“孔子何如人哉？”对曰：“用之有名。播之百姓，质诸鬼神而无憾。求之至于此道，虽累千社，[2]夫子不利也。”康子曰：“我欲召之，可乎？”对曰：“欲召之，则毋以小人固之，则可矣。”而卫孔文子[3]将攻太叔，[4]问策于仲尼。仲尼辞不知，退而命载而行，曰：“鸟能择木，木岂能择鸟乎！”[5]文子固止。会季康子逐公华、公宾、公林，以币迎孔子，孔子归鲁。孔子之去鲁凡十四岁而反乎鲁。[6]

①【集解】徐广曰：“此哀公十一年也，去吴会缯已四年矣。年表哀公十年，孔子自卫至陈也。”【索隐】徐说去会四年，是也。按：《左传》及此文，孔子是时在卫归鲁，不见有在陈之文，在陈当哀公之初，盖年表误尔。【正义】《括地志》云：“郎亭在徐州滕县西五十三里。” ②【索隐】二十五家为社，千社即二万五千家。 ③【集解】服虔曰：“文子，卫卿也。” ④【集解】《左传》曰太叔名疾。 ⑤【集解】服虔曰：“鸟喻己，木以喻所之之国。” ⑥【索隐】前文孔子以定公十四年去鲁，计至此十三年。《鲁系家》云定公十二年孔子去鲁，则首尾计十五年矣。

鲁哀公问政，对曰：“政在选臣。”季康子问政，曰：“举直错诸枉，[1]则枉者直。”康子患盗，孔子曰：“苟子之不欲，虽赏之不窃。”[2]然鲁终不能用孔子，孔子亦不求仕。

①【集解】包氏曰:“错,置也。举正直之人用之,废置邪枉之人。”【索隐】《论语》“季康子问政,子曰‘政者,正也’”。又“哀公问曰‘何为则人服’?子曰‘举直错诸枉则人服’”。今此初论康子问政,未合以孔子答哀公使人服,盖太史公撮略《论语》为文而失事实。 ②【集解】孔安国曰:“欲,情欲也。言民化于上,不从其所令,从其所好也。”

孔子之时,周室微而礼乐废,《诗》、《书》缺。追迹三代之礼,序《书传》,上纪唐、虞之际,下至秦缪,编次其事。曰:“夏礼吾能言之,杞不足征也。殷礼吾能言之,宋不足征也。[①]足,则吾能征之矣。”观殷、夏所损益,曰:“后虽百世可知也,[②]以一文一质。周监二代,郁郁乎文哉。吾从周。”[③]故《书传》、《礼记》自孔氏。

①【集解】包氏曰:“征,成也。杞、宋二国,夏、殷之后也。夏、殷之礼吾能说之,杞、宋之君不足以成也。” ②【集解】何晏曰:“物类相召,势数相生,其变有常,故可预知者也。” ③【集解】孔安国曰:“监,视也。言周文章备于二代,当从之也。”

孔子语鲁太师:“乐其可知也。始作翕如,[①]纵之纯如,[②]皦如,[③]绎如也,以成。”[④]“吾自卫反鲁,然后乐正,《雅》、《颂》各得其所。”[⑤]

①【集解】何晏曰:“太师,乐官名也。五音始奏,翕如盛也。” ②【集解】何晏曰:“言五音既发放纵尽,其声纯和谐也。” ③【集解】何晏曰:“言其音节明。” ④【集解】何晏曰:“纵之以纯如,皦如,绎如,言乐始于翕如而成于三者也。” ⑤【集解】郑玄曰:“反鲁,鲁哀公十一年

冬。是时道衰乐废,孔子来还,乃正之,故《雅》、《颂》各得其所。"

古者《诗》三千余篇,及至孔子,去其重,[①]取可施于礼义,上采契、后稷,中述殷、周之盛,至幽、厉之缺,始于衽席,故曰"《关雎》之乱以为《风》始,[②]《鹿鸣》为《小雅》始,[③]《文王》为《大雅》始,[④]《清庙》为《颂》始"。[⑤]三百五篇孔子皆弦歌之,以求合《韶》、《武》、《雅》、《颂》之音。礼乐自此可得而述,以备王道,成六艺。

①【正义】去,丘吕反。重,逐龙反。 ②【正义】乱,理也。《诗小序》云:"《关雎》,后妃之德也,风之始也,所以风天下而正夫妇也。"毛苌云:"关关,和声。雎鸠,王雎也,鸟挚而有别。后妃悦乐君子之德,无不和谐,又不淫色,慎固幽深,若雎鸠之有别,然后可以风化天下。夫妇有别则父子亲,父子亲则君臣敬,君臣敬则朝廷正,朝廷正则王化成也。"按:王雎,金口鹗也。 ③【正义】《小序》云:"《鹿鸣》,宴群臣嘉宾也。既饮食之,又实币帛筐篚以将其厚意,然后忠臣嘉宾得尽其心矣。"毛苌云:"鹿得苹,呦呦鸣而相呼,恳诚发乎中,以兴嘉乐宾客,当有恳诚相招呼以成礼也。" ④【正义】《小序》云:"《文王》,文王受命作周。"郑玄云:"文王初为西伯,有功于民,其德著见于天,故天命之以为王,使君天下。" ⑤【正义】《小序》云:"《清庙》,祀文王也。周公既成雒邑,朝诸侯,率以祀文王焉。"毛苌云:"《清庙》者,祭有清明之德者之宫也。谓祭文王,天德清明,文王象焉,故祭之而歌此诗也。"

孔子晚而喜《易》,序[①]《彖》、[②]《系》、[③]《象》、[④]《说卦》、[⑤]《文言》。[⑥]读《易》,韦编三绝。曰:"假我数年,若是,我于《易》则彬彬矣。"

①【正义】序,《易·序卦》也。夫子作《十翼》,谓《上彖》、《下彖》、《上象》、《下象》、《上系》、《下系》、《文言》、《序卦》、《说卦》、《杂卦》也。《易正义》曰:“文王既繇六十四卦分为上下篇,先后之次,其理不易。孔子就上下二经,各序其相次之义。” ②【正义】吐乱反。《上彖》,卦下辞。《下彖》,爻卦下辞。《易正义》曰:“夫子所作,统论一卦之义,或说其卦德,或说其卦义,或说其卦名。庄氏云‘彖,断也,言断定一卦之义’也。” ③【正义】如字,又音系。《易正义》云:“《系辞》者,圣人系属此辞于爻卦之下。分为上下篇者,以简编重大,是以分之。”又言“《系辞》者,取纲系之义”也。④【正义】《上象》,卦辞。《下象》,爻辞。《易正义》云:“万物之体自然,各有形象,圣人设卦以写万物之象,今夫子释此卦之象也。” ⑤【正义】《易正义》云:“《说卦》者,陈说八卦德业变化法象所为也。” ⑥【正义】《易正义》云:“夫子赞明《易》道,申说义理,释《乾》、《坤》二卦经文之言,故称《文言》。”又:“杂卦者,六十四卦以为义,于序卦之外,别言圣人之兴,因时而作,随其事宜,不必相因袭,当有损益。”又云:“杂揉众卦,错综其义,或以同相类,或以异相明。”按:史不出《杂卦》,故附之。

孔子以诗书礼乐教,弟子盖三千焉,身通六艺者七十有二人。如颜浊邹之徒,①颇受业者甚众。

①【正义】浊音卓。邹音聚。颜浊邹,非七十二人数也。

孔子以四教:文、行、忠、信。①绝四:毋意、②毋必、③毋固、④毋我。⑤所慎:齐、战、疾。⑥子罕言利与命与仁。⑦不愤不启,举一隅不以三隅反,则弗复也。⑧

①【集解】何晏曰:“四者有形质,可举以教。” ②【集解】何晏曰:“以道为度,故不任意也。” ③【集解】何晏曰:“用之则行,舍之则藏,故

无专必。” ④【集解】何晏曰：“无可无不可，故无固行也。” ⑤【集解】何晏曰：“述古而不自作，处群萃而不自异，唯道是从，故不有其身。” ⑥【集解】何晏曰：“此三者人所不能慎，而夫子慎也。” ⑦【集解】何晏曰：“罕者，希也。利者，义之和也。命者，天之命也。仁者，行之盛也。寡能及之，故希言之。” ⑧【集解】郑玄曰：“孔子与人言，必待其人心愤愤，口悱悱，乃后启发为说之，如此则识思之深也。说则举一端以语之，其人不思其类，则不重教也。”

其于乡党，恂恂[①]似不能言者。其于宗庙朝廷，辩辩[②]言，唯谨尔。[③]朝，与上大夫言，訚訚如也；[④]与下大夫言，侃侃如也。[⑤]

①【集解】王肃曰：“恂恂，温恭貌也。”【索隐】有本作“逡逡”，音七旬反。 ②【索隐】《论语》作“便便”。 ③【集解】郑玄曰：“唯辩而谨敬也。” ④【集解】孔安国曰：“中正之貌也。” ⑤【集解】孔安国曰：“和乐貌。”

入公门，鞠躬如也。趋进，翼如也。[①]君召使傧，[②]色勃如也。[③]君命召，不俟驾行矣。[④]

①【集解】孔安国曰：“言端好也。” ②【集解】郑玄曰：“有宾客，使迎之也。” ③【集解】孔安国曰：“必变色。” ④【集解】郑玄曰：“急趋君命也，既行出而车驾随之。”

鱼馁，[①]肉败，割不正，不食。席不正，不坐。食于有丧者之侧，未尝饱也。

①【集解】孔安国曰："鱼败曰馁也。"

是日哭，则不歌。见齐衰、瞽者，[①]虽童子必变。

①【集解】包氏曰："瞽，盲。"

"三人行，必得我师。"[①]"德之不修，学之不讲，闻义不能徙，不善不能改，是吾忧也。"[②]使人歌，善，则使复之，然后和之。[③]

①【集解】何晏曰："言我三人行，本无贤愚，择善而从之，不善而改之，无常师。" ②【集解】孔安国曰："夫子常以此四者为忧也。" ③【集解】何晏曰："乐其善，故使重歌而自和也。"

子不语：怪、力、乱、神。[①]

①【集解】王肃曰："怪，怪异也。力谓若奡荡舟，乌获举千钧之属也。乱谓臣弑君，子弑父也。神谓鬼神之事。或无益于教化，或所不忍言也。"李充曰："力不由理，斯怪力也。神不由正，斯乱神也。怪力，乱神，有与于邪，无益于教，故不言也。"

子贡曰："夫子之文章，可得闻也。[①]夫子言天道与性命，弗可得闻也已。"[②]颜渊喟然叹曰："仰之弥高，钻之弥坚。[③]瞻之在前，忽焉在后。[④]夫子循循然善诱人，[⑤]博我以文，约我以礼，欲罢不能。既竭我才，如有所立，卓尔。虽欲从之，蔑由也已。"[⑥]达巷党人(童子)曰："大哉孔子，博学而无所成名。”[⑦]子闻之曰：“我何执？执御乎？执射乎？我执御矣。”[⑧]牢曰：“子云‘不试，故艺’。”[⑨]

①【集解】何晏曰：“章，明。文，彩。形质著见，可以耳目循也。” ②【集解】何晏曰：“性者，人之所受以生也。天道者，元亨日新之道。深微，故不可得而闻之。” ③【集解】何晏曰：“言不可穷尽。” ④【集解】何晏曰：“言忽恍不可为形象。” ⑤【集解】何晏曰：“循循，次序貌也。诱，进也。言夫子正以此道进劝人学有次序也。” ⑥【集解】孔安国曰：“言夫子既以文章开博我，又以礼节节约我，使我欲罢不能。已竭吾才矣，其有所立，则卓然不可及。言己虽蒙夫子之善诱，犹不能及夫子所立也。” ⑦【集解】郑玄曰：“达巷者，党名。五百家为党。此党之人美孔子博学道艺，不成一名而已。” ⑧【集解】郑玄曰：“闻人美之，承以谦也。吾执御者，欲明六艺之卑。” ⑨【集解】郑玄曰：“牢者，弟子子牢也。试，用也。言孔子自云我不见用故多伎艺也。”

鲁哀公十四年春，狩大野。[①]叔孙氏车子鉏商获兽，[②]以为不祥。仲尼视之，曰：“麟也。”取之。[③]曰：“河不出图，雒不出书，吾已矣夫！”[④]颜渊死，孔子曰：“天丧予！”[⑤]及西狩见麟，曰：“吾道穷矣。”[⑥]喟然叹曰：“莫知我夫！”子贡曰：“何为莫知子？”[⑦]子曰：“不怨天，不尤人，[⑧]下学而上达，[⑨]知我者其天乎！”[⑩]

①【集解】服虔曰：“大野，薮名，鲁田圃之常处，盖今鉅野是也。”【正义】《括地志》云：“获麟堆在郓州鉅野县东十二里。《春秋》哀十四年《经》云‘西狩获麟’。《国都城记》云‘鉅野故城东十里泽中有土台，广轮四五十步，俗云获麟堆，去鲁城可三百余里’。” ②【集解】服虔曰：“车子，微者也；

鉏商，名也。"【索隐】《春秋传》及《家语》并云"车子鉏商"，而服虔以"子"为姓，非也。今以车子为主车车士，微者之人也。人微故略其姓，则"子"非姓也。 ③【集解】服虔曰："麟非时所常见，故怪之，以为不祥也。仲尼名之曰'麟'，然后鲁人乃取之也。明麟为仲尼至也。" ④【集解】孔安国曰："圣人受命，则河出图，今无此瑞。吾已矣夫者，〔伤〕不得见〔也〕。河图，八卦是也。" ⑤【集解】何休曰："予，我也。天生颜渊为夫子辅佐，死者是天将亡夫子之证者也。" ⑥【集解】何休曰："麟者，太平之兽，圣人之类也。时得而死，此天亦告夫子将殁之证，故云尔。" ⑦【集解】何晏曰："子贡怪夫子言何为莫知己，故问之。" ⑧【集解】马融曰："孔子不用于世，而不怨天不知己，亦不尤人。" ⑨【集解】孔安国曰："下学人事，上达天命。" ⑩【集解】何晏曰："圣人与天地合其德，故曰唯天知己。"

"不降其志，不辱其身，伯夷、叔齐乎！"[①]谓"柳下惠、少连降志辱身矣"。谓"虞仲、夷逸隐居放言，[②]行中清，废中权"。[③]"我则异于是，无可无不可。"[④]

①【集解】郑玄曰："言其直己之心，不入庸君之朝。" ②【集解】包氏曰："放，置也。置不复言世务也。" ③【集解】马融曰："清，纯絜也。遭世乱，自废弃以免患，合于权也。" ④【集解】马融曰："亦不必进，亦不必退，唯义所在。"

子曰："弗乎弗乎，君子病没世而名不称焉。吾道不行矣，吾何以自见于后世哉？"乃因史记作《春秋》，上至隐公，下讫哀公十四年，十二公。据鲁，亲周，[①]故殷，运之三代。[②]约其文辞而指博。故吴、楚之君自称王，而《春秋》贬之曰

“子”。践土之会实召周天子，而《春秋》讳之曰“天王狩于河阳”：推此类以绳当世。贬损之义，后有王者举而开之。《春秋》之义行，则天下乱臣贼子惧焉。

①【索隐】言夫子修《春秋》，以鲁为主，故云据鲁。时周虽微，而亲周王者，以见天下之有宗主也。 ②【正义】殷，中也。又中运夏、殷、周之事也。

孔子在位听讼，文辞有可与人共者，弗独有也。至于为《春秋》，笔则笔，削则削，子夏之徒不能赞一辞。弟子受《春秋》，孔子曰：“后世知丘者以《春秋》，而罪丘者亦以《春秋》。”[①]

①【集解】刘熙曰：“知者，行尧、舜之道者也。罪者，在王公之位，见贬绝者。”

明岁，子路死于卫。孔子病，子贡请见。孔子方负杖逍遥于门，曰：“赐，汝来何其晚也？”孔子因叹，歌曰：“太山坏乎！[①]梁柱摧乎！哲人萎乎！”[②]因以涕下。谓子贡曰：“天下无道久矣，莫能宗予。[③]夏人殡于东阶，周人于西阶，殷人两柱间。昨暮予梦坐奠两柱之间，予始殷人也。”后七日卒。[④]

①【集解】郑玄曰：“太山，众山所仰。” ②【集解】王肃曰：“萎，顿也。” ③【集解】王肃曰：“伤道之不行也。” ④【集解】郑玄曰：“明圣人知命也。”【正义】《括地志》云：“汉封夫子十二代孙忠为褒成侯。生光，

为丞相,封侯。平帝封孔霸孙莽二千户为褒成侯。后汉封十七代孙志为褒成侯。魏封二十二代孙羡为崇圣侯。晋封二十三代孙震为奉圣亭侯。后魏封二十七代孙为崇圣大夫。孝文帝又封三十一代孙珍为崇圣侯,高齐改封珍为恭圣侯,周武帝改封邹国公。隋文帝仍旧封邹国公,炀帝改为绍圣侯。皇唐给复二千户,封孔子裔孙孔德伦为褒圣侯也。"

孔子年七十三,以鲁哀公十六年四月己丑卒。①

①【索隐】若孔子以鲁襄二十一年生,至哀十六年为七十三。若襄二十二年生,则孔子年七十二。《经》、《传》生年不定,致使孔子寿数不明。

哀公诔之曰:"旻天不吊,不憖遗一老,①俾屏余一人以在位,茕茕余在疚。②呜呼哀哉!尼父,毋自律!"③子贡曰:"君其不没于鲁乎!夫子之言曰:'礼失则昏,名失则愆。失志为昏,失所为愆。'④生不能用,死而诔之,非礼也。称'余一人',非名也。"⑤

①【集解】王肃曰:"吊,善也。憖,且也。一老谓孔子也。" ②【集解】王肃曰:"疚,病也。" ③【集解】王肃曰:"父,丈夫之显称也。律,法也。言毋以自为法也。" ④【索隐】失礼为昏,失所为僁。《左传》及《家语》皆云"失志为昏,失礼为僁",与此不同也。 ⑤【集解】服虔曰:"天子自谓'一人',非诸侯所当名也。"

孔子葬鲁城北泗上,①弟子皆服三年。三年心丧毕,相诀而去,②则哭,各复尽哀。或复留。唯子赣庐于冢上,③凡六年,然后去。弟子及鲁人往从冢而家者百有余室,因命曰孔里。鲁世世相传以岁时奉祠孔子冢，而诸儒亦讲礼乡饮大射于孔子冢。孔子冢大一顷。故所居堂、弟子内，后世因庙，藏孔子衣冠琴车书，[④]至于汉二百余年不绝。高皇帝过鲁，以太牢祠焉。诸侯卿相至，常先谒然后从政。

①【集解】《皇览》曰："孔子冢去城一里。冢茔百亩，冢南北广十步，东西十三步，高一丈二尺。冢前以瓴甓为祠坛，方六尺，与地平。本无祠堂。冢茔中树以百数，皆异种，鲁人世世无能名其树者。民传言'孔子弟子异国人，各持其方树来种之'。其树柞、枌、雒离、女贞、五味、毚檀之树。孔子茔中不生荆棘及刺人草。"【索隐】雒离，各离二音，又音落藜。藜是草名也。女贞，一作安贵，香名，出西域。五味，药草也。毚音谗。毚檀，檀树之别种。　②【索隐】诀音决。诀，别也。　③【索隐】按：《家语》无"上"字。且《礼》云"适墓不登陇"，岂合庐于冢上乎？盖"上"者，亦是边侧之义。④【索隐】谓孔子所居之堂，其弟子之中，孔子没后，后代因庙，藏夫子平生衣冠琴书于寿堂中。

孔子生鲤，字伯鱼。[①]伯鱼年五十，先孔子死。[②]

①【索隐】按：《家语》孔子年十九，娶于宋之上官氏之女，一岁而生伯鱼。伯鱼之生，鲁昭公使人遗之鲤鱼。夫子荣君之赐，因以名其子为鲤也。②【集解】《皇览》曰："伯鱼冢在孔子冢东，与孔子并，大小相望也。"

伯鱼生伋，字子思，年六十二。尝困于宋。子思作《中庸》。[①]

①【集解】《皇览》曰："子思冢在孔子冢南，大小相望。"

子思生白，字子上，年四十七。子上生求，字子家，年四十五。子家生箕，字子京，年四十六。子京生穿，字子高，年五十一。子高生子慎，年五十七，尝为魏相。

子慎生鲋，年五十七，为陈王涉博士，死于陈下。

鲋弟子襄，年五十七。尝为孝惠皇帝博士，迁为长沙太守。长九尺六寸。

子襄生忠，年五十七。忠生武，武生延年及安国。安国为今皇帝博士，至临淮太守，早卒。安国生卬，卬生驩。

太史公曰：《诗》有之："高山仰止，景行行止。"虽不能至，然心向往之。余读孔氏书，想见其为人。适鲁，观仲尼庙堂车服礼器，诸生以时习礼其家，余祗回留之不能去云。① 天下君王至于贤人众矣，当时则荣，没则已焉。孔子布衣，传十余世，学者宗之。自天子王侯，中国言《六艺》者折中于夫子，② 可谓至圣矣。

①【索隐】祗，敬也。言祗敬迟回不能去之。有本亦作"低回"，义亦通。　②【索隐】《离骚》云"明五帝以折中"。王师叔云"折中，正也"。宋均云"折，断也。中，当也"。按：言欲折断其物而用之，与度相中当也。

索隐述赞曰：孔子之先，胄于商国。弗父能让，正考铭勒。防叔来奔，郰人掎立。尼丘诞圣，阙里生德。七十升堂，四方取则。卯诛两观，摄相夹谷。叹凤遽衰，泣麟何促。九流仰镜，万古钦躅。

卷四十八

陈涉世家第十八

【索隐】按：胜立数月而死，无后，亦称"系家"者，以其所遣王侯将相竟灭秦，为首事故也。然时因扰攘，起自匹夫，假托妖祥，一朝称楚，历年不永，勋业蔑如，继之齐、鲁，曾何等级，可降为列传。

陈胜者，阳城人也，①字涉。吴广者，阳夏人也，②字叔。陈涉少时，尝与人佣耕，③辍耕之垄上，怅恨久之，曰："苟富贵，无相忘。"庸者笑而应曰："若为庸耕，何富贵也？"陈涉太息曰："嗟乎，燕雀安知鸿鹄之志哉！"④

①【索隐】韦昭云属颍川，《地理志》云属汝南。不同者，按郡县之名随代分割。盖阳城旧属汝南，（史迁云）今为汝阴，后又分隶颍川，韦昭据以为说，故其不同。他皆放此。【正义】即河南阳城县也。　②【索隐】夏音贾。韦昭云："淮阳县，后属陈。"【正义】《括地志》云："陈州太康县，本汉阳夏县也。"　③【索隐】《广雅》云："佣，役也。"按：谓役力而受雇直也。　④【索隐】《尸子》云"鸿鹄之鷇，羽翼未合，而有四海之心"是也。按：鸿鹄是一鸟，若凤皇然，非谓鸿雁与黄鹄也。鹄音户酷反。

二世元年七月，发闾左①适戍渔阳，②九百人屯大泽乡。③陈胜、吴广皆次当行，为屯长。会天大雨，道不通，度已失期。失期，法皆斩。陈胜、吴广乃谋曰："今亡亦死，举大计亦死，等死，死国可乎？"[4]陈胜曰："天下苦秦久矣。吾闻二世少子也，[5]不当立，当立者乃公子扶苏。扶苏以数谏故，上使外将兵。今或闻无罪，二世杀之。百姓多闻其贤，未知其死也。[6]项燕为楚将，数有功，爱士卒，楚人怜之。或以为死，或以为亡。今诚以吾众诈自称公子扶苏、项燕，为天下唱，[7]宜多应者。"吴广以为然。乃行卜。[8]卜者知其指意，曰："足下事皆成，有功。然足下卜之鬼乎！"[9]陈胜、吴广喜，念鬼，[10]曰："此教我先威众耳。"乃丹书帛曰"陈胜王"，置人所罾鱼腹中。[11]卒买鱼烹食，得鱼腹中书，固以怪之矣。又间令[12]吴广之次所旁丛祠中，[13]夜篝火，[14]狐鸣呼曰"大楚兴，陈胜王"。卒皆夜惊恐。旦日，卒中往往语，皆指目陈胜。

①【索隐】闾左谓居闾里之左也。秦时复除者居闾左。今力役凡在闾左者尽发之也。又云，凡居以富强为右，贫弱为左。秦役戍多，富者役尽，兼取贫弱者而发之者也。　②【索隐】适音直革反，又音磔。故《汉书》有七科适。戍者，屯兵而守也。《地理志》渔阳县名，在渔阳郡也。【正义】《括地志》云："渔阳故城在檀州密云县南十八里，在渔水之阳也。"
③【集解】徐广曰："在沛郡蕲县。"　④【索隐】谓欲经营图国，假使不成而败，犹愈为戍卒而死也。　⑤【索隐】姚氏按：隐士遗章邯书云"李斯为二世废十七兄而立今王"，则二世是始皇第十八子也。　⑥【索隐】如淳云"扶苏自杀，故人不知其死"。或以为不知何坐而死，故天下冤二世杀之，或说为非。今宜依文而解，直是扶苏为二世所杀，而百姓未知，故欲诈自称之也。　⑦【索隐】《汉书》作"倡"，倡谓先也。《说文》云："倡，首也。"　⑧【索隐】行者，先也。一云行，往也。　⑨【集解】苏林曰："狐鸣祠中则是也。"瓒曰："假托鬼神以威众也，故胜、广曰'此教我威众

也’。”【索隐】裴注引苏林、臣瓒义亦当矣。而李奇又云“卜者戒曰‘所卜事虽成，当死为鬼’，恶指斥言之，而胜失其旨，反依鬼神起怪”，盖亦得本旨也。　⑩【索隐】念者，思也。谓思念欲假鬼神事耳。　⑪【集解】《汉书音义》曰：“罾音曾。”文颖曰：“罾，鱼网也。”　⑫【索隐】服虔云“间音‘中间’之‘间’。”郑氏云“间谓窃令人行也”。孔文祥又云“窃伺间隙，不欲令众知之也”。　⑬【集解】张晏曰：“戍人所止处也。丛，鬼所凭焉。”【索隐】次，师所次舍处也。《墨子》云“建国必择木之修茂者以为丛位”。高诱注《战国策》云“丛祠，神祠也。丛，树也”。　⑭【集解】徐广曰：“或作带也。篝者，笼也，音沟。”【索隐】篝音沟。《汉书》作“搆”。郭璞云：“篝，笼也。”

吴广素爱人，士卒多为用者。将尉[①]醉，广故数言欲亡，忿恚尉，令辱之，以激怒其众。尉果笞广。尉剑挺，[②]广起，夺而杀尉。陈胜佐之，并杀两尉。召令徒属曰：“公等遇雨，皆已失期，失期当斩。藉弟令毋斩，[③]而戍死者固十六七。且壮士不死即已，死即举大名耳，[④]王侯将相宁有种乎！”徒属皆曰：“敬受命。”乃诈称公子扶苏、项燕，从民欲也。袒右，称大楚。为坛而盟，祭以尉首。陈胜自立为将军，吴广为都尉。攻大泽乡，收而攻蕲。[⑤]蕲下，[⑥]乃令符离[⑦]人葛婴将兵徇[⑧]蕲以东。攻铚、酂、苦、柘、谯皆下之。[⑨]行收兵。比至陈，[⑩]车六七百乘，骑千余，卒数万人。攻陈，[⑪]陈守令皆不在，[⑫]独守丞与战谯门中。[⑬]弗胜，守丞死，乃入据陈。数日，号令召三老、豪杰与皆来会计事。三老、豪杰皆曰：“将军身被坚执锐，伐无道，诛暴秦，复立楚国之社稷，功宜为王。”陈涉乃立为王，号为张楚。[⑭]

①【索隐】官也。《汉旧仪》"大县二人,其尉将屯九百人",故云将尉也。　②【集解】徐广曰:"挺,犹脱也。"【索隐】按:夺即脱也。《说文》云"挺,拔也"。案:谓尉拔剑而广因夺之,故得杀尉。　③【集解】服虔曰:"藉,假也。弟,次第也。"应劭曰:"藉,吏士名藉也。今失期当斩,就使藉第幸得不斩,戍死者固十六七。此激怒其众也。"苏林曰:"第,且也。"【索隐】第,一音"次第"之"第"。小颜云"弟,但也";刘氏云"藉音子夜反";应劭读如字,各以意言,苏说为近也。　④【索隐】大名,谓大名称也。　⑤【索隐】音机,又音祈,县名,属沛郡。　⑥【索隐】下,降也。谓以兵临蕲而即降也。　⑦【索隐】韦昭云:"属沛郡。"　⑧【索隐】李奇云:"徇,略也。音辞峻反。"　⑨【集解】徐广曰:"苦、柘属陈,余皆在沛也。"　⑩【索隐】《地理志》陈县属淮阳。　⑪【正义】今陈州城也。本楚襄王筑,古陈国城也。　⑫【索隐】张晏云"郡守及令皆不在",非也。按:《地理志》云秦三十六郡并无陈郡,则陈止是县。言守令,则守非官也,与下守丞同也,则"皆"字是衍字。　⑬【索隐】盖谓陈县之城门,一名丽谯,故曰谯门中,非上谯县之门也。谯县守已下讫故也。　⑭【索隐】按:李奇云"欲张大楚国,故称张楚也"。

当此时,诸郡县苦秦吏者,皆刑其长吏,杀之以应陈涉。乃以吴叔为假王,监诸将以西击荥阳。令陈人武臣、张耳、陈馀徇赵地,令汝阴人邓宗徇九江郡。当此时,楚兵数千人为聚者,不可胜数。

葛婴至东城,[①]立襄彊为楚王。婴后闻陈王已立,因杀襄彊,还报。至陈,陈王诛杀葛婴。陈王令魏人周市北徇魏地。吴广围荥阳。李由为三川守,[②]守荥阳,吴叔弗能下。陈王征国之豪杰与计,以上蔡人房君蔡赐为上柱国。[③]

①【索隐】东城，县名。《地理志》属九江。【正义】《括地志》云："东城故城在濠州定远县东南五十里也。" ②【索隐】三川，今洛阳也。地有伊、洛、河，故曰三川。秦曰三川，汉曰河南郡。李由，李斯子也。 ③【集解】《汉书音义》曰："房君，官号也，姓蔡，名赐。"瓒曰："房邑君也。"【索隐】房，邑也。爵之于房，号曰房君，蔡赐其姓名。晋灼按《张耳传》，言"相国房君"者，盖误耳。涉始号楚，因楚有柱国之官，故以官蔡赐。盖其时草创，亦未置相国之官也。【正义】豫州吴房县，本房子国，是所封也。

周文，陈之贤人也，①尝为项燕军视日，②事春申君，自言习兵，陈王与之将军印，西击秦。行收兵至关，车千乘，卒数十万，至戏，③军焉。秦令少府章邯免郦山徒、人奴产子，④悉发以击楚大军，尽败之。周文败，走出关，止次曹阳⑤二三月。章邯追败之，复走次渑池⑥十余日。章邯击，大破之。周文自刭，⑦军遂不战。

①【集解】文颖曰："即周章。" ②【集解】如淳曰："视日时吉凶举动之占也。司马季主为日者。" ③【正义】即京东戏亭也。 ④【集解】服虔曰："家人之产奴也。"【索隐】小颜云"犹今言家产奴也"。 ⑤【索隐】晋灼云："亭名也，在弘农东十三里。"小颜云"曹水之阳也。其水出陕县西南岘头山，北流入河。魏武帝改为好阳"也。【正义】《括地志》云："曹阳故亭亦名好阳亭，在陕州桃林县东南十四里。崔浩云'曹阳，阬名，自南出，北通于河'。按：魏武帝改曰好阳也。" ⑥【正义】渑池，河南府县是也。 ⑦【集解】徐广曰："十一月也。"【索隐】《越系家》"句践使罪人三行，属剑于颈，曰'不敢逃刑'，乃自刭"。郭璞注《三苍》，以为刭，刺也。

武臣到邯郸，自立为赵王，陈馀为大将军，张耳、召骚为左右丞相。陈王怒，捕击武臣等家室，欲诛之。柱国曰："秦未亡而诛赵王将相家属，此生一秦也。不如因而立之。"陈王乃遣使者贺赵，而徙系武臣等家属宫中，而封耳子张敖为成都君，[①]趣[②]赵兵亟入关。[③]赵王将相相与谋曰："王王赵，非楚意也。楚已诛秦，必加兵于赵。计莫如毋西兵，使使北徇燕地以自广也。赵南据大河，北有燕、代，楚虽胜秦，不敢制赵。若楚不胜秦，必重赵。赵乘秦之弊，可以得志于天下。"赵王以为然，因不西兵，而遣故上谷卒史韩广将兵北徇燕地。

①【正义】成都，蜀郡县，涉遥封之。　②【索隐】趣音促。谓催促也。　③【索隐】亟音棘。亟，急也。

燕故贵人豪杰谓韩广曰："楚已立王，赵又已立王。燕虽小，亦万乘之国也，愿将军立为燕王。"韩广曰："广母在赵，不可。"燕人曰："赵方西忧秦，南忧楚，其力不能禁我。且以楚之强，不敢害赵王将相之家，赵独安敢害将军之家。"韩广以为然，乃自立为燕王。居数月，赵奉燕王母及家属归之燕。

当此之时，诸将之徇地者，不可胜数。周市北徇地至狄，[①]狄人田儋杀狄令，自立为齐王，以齐反，击周市。市军散，还至魏地，欲立魏后故宁陵[②]君咎为魏王。[③]时咎在陈王所，不得之魏。魏地已定，欲相与立周市为魏王，周市不肯。使者五反，陈王乃立宁陵君咎为魏王，遣之国。周市卒为相。

①【集解】徐广曰:“今之临济。” ②【索隐】晋灼云“今在梁国也”。按:今梁国有宁陵县是也,字转异耳。【正义】《括地志》云:“宋州宁陵县城,古宁陵城也。” ③【集解】应劭曰:“魏之诸公子,名咎。欲立六国后以树党。”

将军田臧等相与谋曰:“周章军已破矣,秦兵旦暮至,我围荥阳城弗能下,秦军至,必大败。不如少遣兵,①足以守荥阳,悉精兵迎秦军。今假王骄,不知兵权,不可与计,非诛之,事恐败。”因相与矫王令以诛吴叔,献其首于陈王。陈王使使赐田臧楚令尹印,使为上将。田臧乃使诸将李归等守荥阳城,自以精兵西迎秦军于敖仓。与战,田臧死,军破。章邯进兵击李归等荥阳下,破之,李归等死。

①【索隐】“遣”作“遗”。遗谓留馀也。

阳城人邓说①将兵居郯,②章邯别将击破之,邓说军散走陈。铚人伍徐③将兵居许,④章邯击破之,伍徐军皆散走陈。陈王诛邓说。

①【索隐】《地理志》阳城县属颍川。说音悦,凡人名皆音悦。 ②【索隐】音谈。小颜云“东海之县名”,非也。按:章邯军此时未至东海,此郯别是地名。或恐“郯”当作“郏”,郏是郏鄏之地,或见下有东海郯县,故误也。【正义】属海州,疑“郯”当作“郏”,音纪洽反。郏即春秋时郏地,楚郏敖葬之,今汝州郏城县是。邓悦是阳城人,阳城河南府县,与郏城县相近,又走陈,盖“郏”字误作“郯”耳。 ③【集解】徐广曰:“一作逢。”【索隐】《地理志》铚,县名,属沛。《汉书》作“伍逢”。 ④【正义】《括地志》云:

“许州许昌县，本汉许县。《地理志》云许县故国，姜姓，四岳之后，大叔所封，二十四君，为楚所灭，汉以为县。魏文帝即位，改许曰许昌也。”

陈王初立时，陵[①]人秦嘉、铚人董绁、符离人朱鸡石、取虑[②]人郑布、徐人丁疾等皆特起，将兵围东海[③]守庆于郯。陈王闻，乃使武平君畔为将军，[④]监郯下军。秦嘉不受命，嘉自立为大司马，恶属武平君。告军吏曰：“武平君年少，不知兵事，勿听！”因矫以王命杀武平君畔。

①【集解】《地理志》泗水国有陵县也。　②【索隐】《地理志》县名，属临淮。音秋闾二音。取，又音子臾反。　③【正义】今海州也。　④【集解】张晏曰：“畔，名也。”

章邯已破伍徐，击陈，柱国房君死。章邯又进兵击陈西张贺军。陈王出监战，军破，张贺死。

腊月，[①]陈王之汝阴，还至下城父，[②]其御庄贾杀以降秦。陈胜葬砀，[③]谥曰隐王。

①【集解】张晏曰：“秦之腊月，夏之九月。”瓒曰：“建丑之月也。”【索隐】颜游秦云：“按《史记》表‘二世二年十月诛葛婴，十一月周文死，十二月陈涉死’是也。”宗懔《荆楚记》云：“腊节在十二月，故因是谓之腊月也。”②【索隐】按：旧以陈王从汝阴还至城父县，因降之，故云“还至下城父”。又顾氏按《郡国志》，山乘县有下城父聚，在城父县东，下读如字。其说为得之。　③【正义】音唐。今宋州砀山县是。

陈王故涓人将军吕臣[①]为仓头军，[②]起新阳，[③]攻陈下之，杀庄贾，复以陈为楚。④

①【集解】应劭曰："涓人，如谒者。将军姓吕名臣也。"晋灼曰："《吕氏春秋》'荆柱国庄伯令谒者驾，令涓人取冠'。"【索隐】涓音公玄反。服虔云："给涓通也，如今谒者。" ②【索隐】韦昭云："军皆著青帽。"故曰仓头。③【集解】徐广曰："在汝南也。"【正义】《括地志》云："新阳故城在豫州真阳县西南四十二里，汉新阳县城。应劭云在新水之阳也。" ④【索隐】为，如字读。谓又以陈地为楚国。

初，陈王至陈，令铚人宋留将兵定南阳，入武关。留已徇南阳，闻陈王死，南阳复为秦。宋留不能入武关，乃东至新蔡，遇秦军，宋留以军降秦。秦传留至咸阳，车裂留以徇。

秦嘉等闻陈王军破出走，乃立景驹为楚王，①引兵之方与，②欲击秦军定陶下。③使公孙庆使齐王，欲与并力俱进。齐王曰："闻陈王战败，不知其死生，楚安得不请而立王！"公孙庆曰："齐不请楚而立王，楚何故请齐而立王。且楚首事，当令于天下。"田儋诛杀公孙庆。

①【集解】徐广曰："正月，嘉为上将军。" ②【正义】房预二音。方与，兖州县也。 ③【正义】今曹州也。

秦左右校①复攻陈，下之。吕将军走，收兵复聚。鄱盗②当阳君黥布之兵相收，复击秦左右校，破之青波，③复以陈为楚。会项梁立怀王孙心为楚王。

①【索隐】按：即左右校尉军也。 ②【集解】鄱音婆。英布居江中为群盗，陈胜之起，布归番君吴芮，故谓之“鄱盗”者也。 ③【集解】《汉书音义》曰：“地名也。”

陈胜王凡六月。已为王，王陈。其故人尝与庸耕者闻之，之陈，扣宫门曰：“吾欲见涉。”宫门令欲缚之。自辩数，[①]乃置，不肯为通。陈王出，遮道而呼涉。陈王闻之，乃召见，载与俱归。入宫，见殿屋帷帐，客曰：“伙颐！涉之为王[②]沈沈者。”[③]楚人谓多为伙，故天下传之，伙涉为王，由陈涉始。客出入愈益发舒，言陈王故情。或说陈王曰：“客愚无知，颛妄言，轻威。”陈王斩之。诸陈王故人皆自引去，由是无亲陈王者。[④]陈王以朱房为中正，胡武为司过，主司群臣。诸将徇地，至，令之不是者，系而罪之，以苛察为忠。其所不善者，弗下吏，辄自治之。[⑤]陈王信用之。诸将以其故不亲附。此其所以败也。

①【集解】晋灼曰：“数音‘朋友数，斯疏矣’。”【索隐】一音疏主反。谓自辩说，数与涉有故旧事验也。又音朔。数谓自辩往数与涉有故。 ②【索隐】服虔云：“楚人谓多为伙。”按：又言“颐”者，助声之辞也。渭涉为王，宫殿帷帐庶物伙多，惊而伟之，故称伙颐也。 ③【集解】应劭曰：“沈沈，宫室深邃之貌也。沈音长含反。”【索隐】而刘伯庄以“沈沈”犹“谈谈”，谓故人呼为“沈沈”者，犹俗云“淡淡汉”是。 ④【索隐】顾氏引《孔丛子》云：“陈胜为王，妻之父兄往焉。胜以众宾待之。妻父怒云：‘怙强而傲长者，不能久焉。’不辞而去。”是其事类也。 ⑤【索隐】谓朱房、胡武等以素所不善者，即自验问，不往下吏也。

陈胜虽已死，其所置遣侯王将相竟亡秦，由涉首事也。高祖时为陈涉置守冢三十家砀，至今血食。

褚先生曰：[①]地形险阻，所以为固也。兵革刑法，所以为治也。犹未足恃也。夫先王以仁义为本，而以固塞文法为枝叶，岂不然哉！吾闻贾生之称曰：

①【集解】徐广曰："一作太史公。"骃案：《班固奏事》云"太史迁取贾谊《过秦》上下篇以为《秦始皇本纪》、《陈涉世家》下赞文"，然则言"褚先生"者，非也。【索隐】徐广与裴骃据所见别本及《班彪奏事》，皆云合作"太史公"。今据此是褚先生述《史记》，加此赞首"地形险阻"数句，然后始称贾生之言，因即改太史公之目，而自题己位号也。已下义并已见始皇之本纪。

"秦孝公据殽、函之固，[①]拥雍州之地，君臣固守，以窥周室。有席卷天下，包举宇内，囊括四海之意，并吞八荒之心。当是时也，商君佐之，内立法度，务耕织，修守战之备；外连衡而斗诸侯。于是秦人拱手而取西河之外。

①【集解】韦昭曰："殽谓二殽。函，函谷关也。"

"孝公既没，惠文王、武王、昭王蒙故业，因遗策，南取汉中，西举巴蜀，东割膏腴之地，收要害之郡。诸侯恐惧，会盟而谋弱秦。不爱珍器重宝肥饶之地，以致天下之士，合从缔交，相与为一。当此之时，齐有孟尝，赵有平原，楚有春申，魏有信陵。此四君者，皆明知而忠信，宽厚而爱人，尊贤而重士。约从连衡，兼韩、魏、燕、赵、宋、卫、中山之众。于是六国之士有甯越、徐尚、苏秦、杜赫之属为之谋，齐明、周冣、[①]陈轸、邵滑、[②]楼缓、翟景、苏厉、乐毅之徒通其意，吴起、孙膑、带他、儿良、王廖、田忌、廉颇、赵奢之伦制其兵。尝以什倍之地，百万之师，仰关而攻秦。[③]秦人开关而延敌，九国之师[④]遁逃而不敢进。秦无亡矢遗镞之费，而天下固已困矣。于是从散约败，争割地而赂秦。秦有余力而制其弊，追亡逐北，伏尸百万，流血漂橹，[⑤]因利乘便，宰割天下，分裂山河，强国请服，弱国入朝。

①【正义】音聚。 ②【正义】邵，作“昭”。 ③【索隐】仰字亦作“卬”，并音仰。谓秦地形高，故并仰向关门而攻秦。有作“叩”字，非也。 ④【索隐】九国者，谓六国之外，更有宋、卫、中山。 ⑤【索隐】《说文》云：“橹，大楯也。”

“施及孝文王、庄襄王，享国之日浅，国家无事。

“及至始皇，奋六世之余烈，振长策而御宇内，吞二周而亡诸侯，履至尊而制六合，执敲朴[①]以鞭笞天下，威振四海。南取百越之地，以为桂林、象郡，百越之君俯首系颈，委命下吏。乃使蒙恬北筑长城而守藩篱，却匈奴七百余里，胡人不敢南下而牧马，士亦不敢贯弓[②]而报怨。于是废先王之道，燔百家之言，以愚黔首。堕名城，杀豪俊，收天下之兵聚之咸阳，销锋鍉，[③]铸以为金人十二，[④]以弱天下之民。然后践华为城，因河为池，据亿丈之城，临不测之溪以为固。良将劲弩，守要害之处，信臣精卒，陈利兵而谁何。[⑤]天下已定，始皇之心，自以为关中之固，金城千里，子孙帝王万世之业也。

①【索隐】臣瓒云："短曰鼭，长曰朴。" ②【索隐】贯音乌还反，又如字。贯谓上弦也。 ③【集解】徐广曰："一作镝。" ④【索隐】各重千石，坐高二丈，号曰"翁仲"。 ⑤【索隐】犹今巡更问何谁也。

"始皇既没，余威振于殊俗。然而陈涉瓮牖绳枢之子，甿隶之人，[①]而迁徙之徒也。材能不及中人，非有仲尼、墨翟之贤，陶朱、猗顿之富也。蹑足行伍之间，俯仰仟百之中[②]，率罢散之卒，将数百之众，转而攻秦。斩木为兵，揭竿为旗，天下云会响应，赢粮而景从，山东豪俊遂并起而亡秦族矣。

①【集解】徐广曰："田民曰甿。音亡更反。" ②【索隐】仟百谓千人百人之长也，音千百。《汉书》作"阡陌"，如淳云"时皆僻屈在阡陌之中"。陌音貊。

"且天下非小弱也。雍州之地，殽、函之固自若也。陈涉之位，非尊于齐、楚、燕、赵、韩、魏、宋、卫、中山之君也；锄耰棘矜，[①]非铦于句戟长铩也。谪戍之众，非俦于九国之师也。深谋远虑，行军用兵之道，非及乡时之士也。[②]然而成败异变，功业相反也。尝试使山东之国与陈涉度长絜大，[3]比权量力，则不可同年而语矣。然而秦以区区之地，致万乘之权，抑八州而朝同列，[4]百有余年矣。然后以六合为家，殽、函为宫。一夫作难而七庙堕，身死人手，为天下笑者，何也？仁义不施，[5]而攻守之势异也。”

①【索隐】锄耰谓锄木也。《论语》曰“耰而不辍”是也。棘，戟也。矜，戟柄也，音勤。　②【索隐】乡音香亮反。乡时犹往时也。盖谓孟尝、信陵、苏秦、陈轸之比也。　③【索隐】絜音下结反。谓如结束知其大小也。　④【索隐】谓秦强而抑八州使朝己也。《汉书》作“招八州”，亦通也。　⑤【索隐】式豉反。言秦虎狼之国，其仁义不施及于天下，故亡也。

索隐述赞曰：天下匈匈，海内乏主，掎鹿争捷，瞻乌爰处。陈胜首事，厥号张楚。鬼怪是凭，鸿鹄自许。葛婴东下，周文西拒。始亲朱房，又任胡武。伙颐见杀，腹心不与。庄贾何人，反噬城父。

卷四十九

外戚世家第十九

【索隐】外戚，纪后妃也，后族亦代有封爵故也。《汉书》则编之列传之中。王隐则谓之为纪，而在列传之首。

自古受命帝王及继体守文之君，[①]非独内德茂也，盖亦有外戚之助焉。[②]夏之兴也以涂山，[③]而桀之放也以末喜。[④]殷之兴也以有娀，[⑤]纣之杀也嬖妲己。[⑥]周之兴也以姜原[⑦]及大任，[⑧]而幽王之禽也淫于褒姒。[⑨]故《易》基《乾坤》，《诗》始《关雎》，《书》美釐降，《春秋》讥不亲迎。[⑩]夫妇之际，人道之大伦也。礼之用，唯婚姻为兢兢。夫乐调而四时和，阴阳之变，万物之统也。[⑪]可不慎与？人能弘道，无如命何。甚哉，妃匹之爱，[⑫]君不能得之于臣，[⑬]父不能得之于子，况卑下乎！既欢合矣，或不能成子姓。[⑭]能成子姓矣，或不能要其终，[⑮]岂非命也哉？孔子罕称命，盖难言之也。非通幽明之变，恶能[⑯]识乎性命哉？

①【索隐】按：继体谓非创业之主，而是嫡子继先帝之正体而立者也。守文犹守法也，谓非受命创制之君，但守先帝法度为之主耳。　②【索隐】按：谓非独君德于内茂盛，而亦有贤后妃外戚之亲以助教化。③【索隐】韦昭云："涂山，国名，禹所娶，在今九江。"应劭云："九江当涂有

禹墟。《大戴》云'禹娶涂山氏之女，谓之侨，侨生启'。" ④【索隐】《国语》桀伐有施，有施人以末喜女焉"，韦昭云"有施，喜姓之国。末喜，其女也"。 ⑤【索隐】有娀，国名。其女简狄，吞卵而生契。故《诗》云"天命玄鸟，降而生商"是也。 ⑥【索隐】《国语》"殷辛伐有苏氏，有苏氏以妲己女焉"。按：有苏，国也。己，姓也。妲，字也。包恺云"妲音丁达反"。 ⑦【索隐】《系本》云："帝喾上妃有邰氏之女，曰姜原。"郑玄笺《诗》云："姜姓，嫄名，履大人迹而生后稷。" ⑧【索隐】按：大任，文王之母，故《诗》云"挚仲氏任"，《毛(诗)〔传〕》云"挚国任姓之中女也"。 ⑨【索隐】《国语》曰："幽王伐有褒，有褒人以褒姒女焉。"按：褒是国名，姒是其姓，即龙漦之子，褒人育而以女于幽王也。然此文自"夏之兴"至"褒姒"皆是史苏词，见《国语》及《列女传》。 ⑩【索隐】按：《公羊》"纪裂繻来逆女，何以书？讥也，讥不亲迎也"。 ⑪【索隐】以言若乐声调，能令四时和，而阴阳变，则能生万物，是阴阳即夫妇也。夫妇道和而能化生万物。万物，人为之本，故云"万物之统"。 ⑫【索隐】妃音配，又如字。 ⑬【索隐】以言夫妇亲爱之情，虽君父之尊而不夺臣子所好爱，使移其本意，是不能得也。故曰"匹夫不可夺志"也。 ⑭【索隐】按：郑玄注《礼记》云"姓者，生也。子姓，谓众孙也"。按即赵飞燕等是也。 ⑮【索隐】按：谓有始不能要其终也。以言虽有子姓而意不能要终，如栗姬、卫后等皆是也。 ⑯【索隐】恶音乌。犹于何也。

太史公曰：秦以前尚略矣，其详靡得而记焉。汉兴，吕娥姁[①]为高祖正后，男为太子。及晚节色衰爱弛，而戚夫人有宠，[②]其子如意几代太子者数矣。及高祖崩，吕后夷戚氏，诛赵王，而高祖后宫唯独无宠疏远者得无恙。[③]

①【集解】徐广曰："姁音况羽反。吕后姊字长姁也。"【索隐】吕后字，音况羽反。按：《汉书》吕后名雉，字娥姁。 ②【索隐】《汉书》云得定陶

戚姬。　　③【索隐】《尔雅》云“恙，忧也”。一说，古者野居露宿，恙，噬人虫也，故人相恤云“得无恙乎”。

吕后长女为宣平侯张敖妻，敖女为孝惠皇后。[①]吕太后以重亲故，欲其生子万方，终无子，诈取后宫人子为子。及孝惠帝崩，天下初定未久，继嗣不明。于是贵外家，王诸吕以为辅，而以吕禄女为少帝后，欲连固根本牢甚，然无益也。

①【索隐】按：皇甫谧云名嫣。

高后崩，合葬长陵。[①]禄、产等惧诛，谋作乱。大臣征之，天诱其统，[②]卒灭吕氏。唯独置孝惠皇后居北宫。[③]迎立代王，是为孝文帝，奉汉宗庙。此岂非天邪？非天命孰能当之？

①【集解】《关中记》曰：“高祖陵在西，吕后陵在东。汉帝后同茔，则为合葬，不合陵也。诸陵皆如此。”　　②【集解】徐广曰：“一作衷。”　　③【索隐】按：宫在未央北，故曰北宫。【正义】《括地志》云：“北宫在雍州长安县西北十三里，与桂宫相近，在长安故城中。”

薄太后，父吴人，姓薄氏，秦时与故魏王宗家女魏媪通，[①]生薄姬，而薄父死山阴，因葬焉。[②]

①【索隐】媪音乌老反。然媪是妇人之老者通号，故赵太后自称媪，及王媪、刘媪之属是也。　　②【索隐】顾氏按《冢墓记》，在会稽县，县西北樴山上今犹有兆域。樴音庄洽反。【正义】《括地志》云：“樴山在越州会稽

县西北三里，一名稷山。”㰚音庄洽反。

及诸侯畔秦，魏豹立为魏王，而魏媪内其女于魏宫。媪之许负所相，相薄姬，云当生天子。是时项羽方与汉王相距荥阳，天下未有所定。豹初与汉击楚，及闻许负言，心独喜，因背汉而畔，中立，更与楚连和。汉使曹参等击虏魏王豹，以其国为郡，而薄姬输织室。豹已死，汉王入织室，见薄姬有色，诏内后宫，岁余不得幸。始姬少时，与管夫人、赵子儿相爱，约曰："先贵无相忘。"已而管夫人赵子儿先幸汉王。汉王坐河南宫成皋台，[①]此两美人相与笑薄姬初时约。汉王闻之，问其故，两人具以实告汉王。汉王心惨然，怜薄姬，是日召而幸之。薄姬曰："昨暮夜妾梦苍龙据吾腹。"高帝曰："此贵征也，吾为女遂成之。"一幸生男，是为代王。其后薄姬希见高祖。

①【索隐】按：是河南宫之成皋台，《汉书》作"成皋灵台"。《西征记》云"武牢城内有高祖殿，西南有武库"也。【正义】《括地志》云："洛州汜水县，古东虢州，故郑之制邑，汉之成皋县也。"

高祖崩，诸御幸姬戚夫人之属，吕太后怒，皆幽之，不得出宫。而薄姬以希见故，得出，从子之代，为代王太后。太后弟薄昭从如代。

代王立十七年，高后崩。大臣议立后，疾外家吕氏强，皆称薄氏仁善，故迎代王，立为孝文皇帝，而太后改号曰皇太后，弟薄昭封为轵侯。[①]

①【索隐】按《地理志》，轵县在河内，恐地远非其封也。按：长安东有轵道亭，或当是所封也。

薄太后母亦前死，葬栎阳北。于是乃追尊薄父为灵文侯，会稽郡置园邑三百家，长丞已下吏奉守冢，寝庙上食祠如法。而栎阳北亦置灵文侯夫人园，如灵文侯园仪。薄太后以为母家魏王后，早失父母，其奉薄太后诸魏有力者，于是召复魏氏，(及尊)赏赐各以亲疏受之。薄氏侯者凡一人。

薄太后后文帝二年，以孝景帝前二年崩，葬南陵。[①]以吕后会葬长陵，故特自起陵，近孝文皇帝霸陵。[②]

①【索隐】按：《庙记》云"在霸陵南十里，故谓之南陵"。按：今在长安东浐水东东原上，名曰少阴。在霸陵西南，故曰"东望吾子，西望吾夫"是也。【正义】《括地志》云："南陵故县在雍州万年县东南二十四里。汉南陵县，本薄太后陵邑。陵在东北，去县六里。"　②【集解】徐广曰："霸陵县有轵道亭。"

窦太后，[①]赵之清河观津人也。[②]吕太后时，窦姬以良家子入宫侍太后。太后出宫人以赐诸王，各五人，窦姬与在行中。窦姬家在清河，欲如赵近家，请其主遣宦者吏：[③]"必置我籍赵之伍中。"宦者忘之，误置其籍代伍中。籍奏，诏可，当行。窦姬涕泣，怨其宦者，不欲往，相强，乃肯行。至代，代王独幸窦姬，生女嫖，[④]后生两男。而代王王后生四男。先代王未入立为帝而王后卒。及代王立为帝，而王后所生四男更病死。孝文帝立数月，公卿请立太子，而窦姬长男最长，立为太子。立窦姬为皇后，女嫖为长公主。其明年，立少子武为代王，已而又徙梁，是为梁孝王。

①【索隐】按：皇甫谧云名猗房。 ②【正义】在冀州枣强县东北二十五里。 ③【正义】谓宦者为吏，主发遣宫人也。 ④【索隐】音匹消反。

窦皇后亲早卒，葬观津。[①]于是薄太后乃诏有司，追尊窦后父为安成侯，母曰安成夫人。令清河置园邑二百家，长丞奉守，比灵文园法。

①【索隐】按：挚虞注《决录》云“窦太后父少遭秦乱，隐身渔钓，坠泉而死。景帝立，太后遣使者填父所坠渊，起大坟于观津城南，人间号曰窦氏青山也”。

窦皇后兄窦长君，[①]弟曰窦广国，字少君。[②]少君年四五岁时，家贫，为人所略卖，其家不知其处。传十余家，至宜阳，为其主入山作炭，(寒)〔暮〕卧岸下百余人，岸崩，尽压杀卧者，少君独得脱，不死。自卜数日当为侯，从其家之长安。[③]闻窦皇后新立，家在观津，姓窦氏。广国去时虽小，识其县名及姓，又常与其姊采桑堕，用为符信，上书自陈。窦皇后言之于文帝，召见，问之，具言其故，果是。又复问他何以为验？对曰：“姊去我西时，与我决于传舍中，[④]丐沐沐我，[⑤]请食饭我，乃去。”于是窦后持之而泣，泣涕交横下。侍御左右皆伏地泣，助皇后悲哀。乃厚赐田宅金钱，封公昆弟，家于长安。[6]

①【索隐】按：《决录》云建字长君。　②【正义】《括地志》云："窦少君墓在冀州武邑县东南二十七里。"　③【索隐】谓从逐其宜阳之主人家，而皆往长安为居也。　④【索隐】决者，别也。传音转。传舍谓邮亭传置之舍。盖窦后初入宫时，别其弟于传舍之中也。　⑤【索隐】丐音盖。丐者，乞也。沐，米潘也。谓后乞潘为弟沐也。　⑥【索隐】按：公亦祖也，谓皇后同祖之昆弟，如窦婴即皇后从昆弟子之比，亦得家于长安。故刘氏云"公昆弟谓广国等"。

绛侯、灌将军等曰："吾属不死，命乃且县此两人。两人所出微，不可不为择师傅宾客，又复效吕氏大事也。"于是乃选长者士之有节行者与居。窦长君、少君由此为退让君子，不敢以尊贵骄人。

窦皇后病，失明。文帝幸邯郸慎夫人、尹姬，皆毋子。孝文帝崩，孝景帝立，乃封广国为章武侯。[1]长君前死，封其子彭祖为南皮侯。[2]吴、楚反时，窦太后从昆弟子窦婴，任侠自喜，将兵，以军功为魏其侯。[3]窦氏凡三人为侯。

①【索隐】《地理志》县名，属勃海。【正义】《括地志》云："沧州鲁城县。"　②【索隐】《地理志》县名，属勃海。【正义】《括地志》云："故南皮城在沧州南皮县北四里，汉南皮县也。"　③【索隐】《地理志》县名，属琅邪。

窦太后好黄帝、老子言，帝及太子诸窦不得不读《黄帝》、《老子》，尊其术。

窦太后后孝景帝六岁(建元六年)崩,[①]合葬霸陵。遗诏尽以东宫金钱财物赐长公主嫖。

①【索隐】是当武帝建元六年,此文是也。而《汉书》作“元光”,误。

王太后,[①]槐里人,[②]母曰臧儿。臧儿者,故燕王臧荼孙也。臧儿嫁为槐里王仲妻,生男曰信,与两女。[③]而仲死,臧儿更嫁长陵田氏,生男蚡、胜。臧儿长女嫁为金王孙妇,生一女矣,而臧儿卜筮之,曰两女皆当贵。因欲奇两女,[④]乃夺金氏。金氏怒,不肯予决,乃内之太子宫。太子幸爱之,生三女一男。男方在身时,王美人梦日入其怀。以告太子,太子曰:“此贵征也。”未生而孝文帝崩,孝景帝即位,王夫人生男。[⑤]

①【索隐】按:皇甫谧云名娡。音志。 ②【索隐】按:《地理志》右扶风槐里,本名废丘。【正义】《括地志》云:“犬丘故城一名槐里,亦曰废丘,城在雍州始平县东南十里也。” ③【索隐】即后及儿姁也。 ④【索隐】奇者,异之也。《汉书》作“倚”。倚,依也。 ⑤【索隐】即武帝也。《汉武故事》云“帝以乙酉年七月七日生于猗兰殿”。

先是臧儿又入其少女儿姁,[①]儿姁生四男。[②]

①【索隐】况羽反。 ②【索隐】谓广川王越、胶东王寄、清河王乘、常山王舜也。

景帝为太子时，薄太后以薄氏女为妃。及景帝立，立妃曰薄皇后。皇后毋子，毋宠。薄太后崩，废薄皇后。

景帝长男荣，其母栗姬。栗姬，齐人也。立荣为太子。长公主嫖有女，欲予为妃。栗姬妒，而景帝诸美人皆因长公主见景帝，得贵幸，皆过栗姬，[①]栗姬日怨怒，谢长公主，不许。长公主欲予王夫人，王夫人许之。长公主怒，而日谗栗姬短于景帝曰："栗姬与诸贵夫人幸姬会，常使侍者祝唾其背，挟邪媚道。"景帝以故望之。[②]

①【索隐】过音戈。谓逾之。　②【索隐】望犹责望，谓恨之也。

景帝尝体不安，心不乐，属诸子为王者于栗姬，曰："百岁后，善视之。"栗姬怒，不肯应，言不逊。景帝恚，心嗛之而未发也。[①]

①【索隐】嗛音衔。《汉书》作衔。衔犹恨也。

长公主日誉王夫人男之美，景帝亦贤之，又有曩者所梦日符，计未有所定。王夫人知帝望栗姬，因怒未解，阴使人趣大臣立栗姬为皇后。大行奏事毕，[①]曰："'子以母贵，母以子贵'，[②]今太子母无号，宜立为皇后。"景帝怒曰："是而所宜言邪！"遂案诛大行，而废太子为临江王。栗姬愈恚恨，不得见，以忧死。卒立王夫人为皇后，其男为太子，封皇后兄信为盖侯。[③]

①【索隐】大行，礼官。行音衡。 ②【索隐】此皆《公羊传》之文也。 ③【索隐】《地理志》县名，属太山。

景帝崩，太子袭号为皇帝。尊皇太后母臧儿为平原君。[①]封田蚡为武安侯，[②]胜为周阳侯。[③]

①【正义】德州县也。 ②【索隐】《地理志》县名，属魏郡。【正义】《括地志》云："武安故城在洺州武安县西南七里，六国时赵邑，汉武安县城也。" ③【索隐】《地理志》县名，属上郡。【正义】《括地志》云："周阳故城在绛州闻喜县东二十九里也。"

景帝十三男，一男为帝，十二男皆为王。而儿姁早卒，其四子皆为王。王太后长女号曰平阳公主，[①]次为南宫公主，[②]次为林虑公主。[③]

①【正义】《括地志》云："平阳故城即晋州城西面，今平阳故城东面也。《城记》云尧筑也。" ②【正义】南宫，冀州县也。 ③【索隐】县名，属河内。本名隆虑，避殇帝讳，改名林虑。虑音庐。【正义】林虑，相州县也。

盖侯信好酒。田蚡、胜贪，巧于文辞。王仲早死，葬槐里，追尊为共侯，置园邑二百家。及平原君卒，从田氏葬长陵，置园比共侯园。而王太后后孝景帝十六岁，以元朔四年崩，合葬阳陵。[①]王太后家凡三人为侯。

①【正义】《括地志》云："阳陵在雍州咸阳县东四十里。"

卫皇后字子夫，生微矣。盖其家号曰卫氏，[①]出平阳侯邑。[②]子夫为平阳主讴者。武帝初即位，数岁无子。平阳主求诸良家子女十余人，饰置家。武帝祓[③]霸上还，因过平阳主。主见所侍美人，上弗悦。既饮，讴者进，上望见，独悦卫子夫。是日，武帝起更衣，子夫侍尚衣轩中，得幸。[④]上还坐，欢甚，赐平阳主金千斤。主因奏子夫奉送入宫。子夫上车，平阳主拊其背曰："行矣，强饭，勉之。即贵，无相忘。"入宫岁余，竟不复幸。武帝择宫人不中用者，斥出归之。卫子夫得见，涕泣请出。上怜之，复幸，遂有身，尊宠日隆。召其兄卫长君、弟青为侍中。而子夫后大幸，有宠，凡生三女[⑤]一男。男名据。[⑥]

①【正义】《卫青传》云："父郑季为吏，给事平阳侯家，与侯妾卫媪通，生青，故冒卫氏。"　②【集解】徐广曰："平阳侯曹寿尚平阳公主。"　③【集解】徐广曰："三月上巳，临水祓除谓之禊。《吕后本纪》亦云'三月祓还过轵道'。盖与游字相似，故或定之也。"【索隐】小颜祓音废，今亦音拂，谓祓禊之，游水自洁，故云祓除也。　④【正义】尚，主也。于主衣车中得幸也。　⑤【索隐】按：谓诸邑、石邑及卫长公主后封当利公主也。　⑥【索隐】即戾太子。

初，上为太子时，娶长公主女为妃。立为帝，妃立为皇后，姓陈氏，[①]无子。上之得为嗣，大长公主有力焉，[②]以故陈皇后骄贵。闻卫子夫大幸，恚，几死者数矣。上愈怒。陈皇后挟妇人媚道，其事颇觉，于是废陈皇后，[③]而立卫子夫为皇后。

①【索隐】《汉武故事》云“后名阿娇”，即长公主嫖女也。曾祖父婴，堂邑侯，传至父午，尚长公主，生后也。　②【集解】徐广曰：“即景帝姊嫖也。”　③【索隐】按：《汉书》云“女子楚服等坐为皇后咒诅，大逆无道，相连诛者三百人”，乃废后居长门宫。故司马相如赋云“陈皇后别在长门宫，怨闷悲思，奉黄金百斤为相如取酒，乃为作颂以奏，皇后复亲幸”。作颂信有之也，复亲幸之恐非实也。

陈皇后母大长公主，景帝姊也，数让武帝姊平阳公主曰：“帝非我不得立，已而弃捐吾女，壹何不自喜而背本乎！”平阳公主曰：“用无子故废耳。”陈皇后求子，与医钱凡九千万，然竟无子。

卫子夫已立为皇后，先是卫长君死，乃以卫青为将军，击胡有功，封为长平侯。[①]青三子在襁褓中，皆封为列侯。及卫皇后所谓姊卫少儿，少儿生子霍去病，以军功封冠军侯，[②]号骠骑将军。青号大将军。立卫皇后子据为太子。卫氏枝属以军功起家，五人为侯。

①【索隐】《地理志》县名，属汝南。　②【索隐】《地理志》冠军属河阳。

及卫后色衰，赵之王夫人幸，有子，为齐王。[①]

①【索隐】名闳。

王夫人早卒。而中山李夫人有宠，有男一人，为昌邑王。[①]

①【索隐】名膊。【正义】名贺。

李夫人早卒，[①]其兄李延年以音幸，号协律。协律者，故倡也。兄弟皆坐奸，族。是时其长兄广利为贰师将军，伐大宛，不及诛，还，而上既夷李氏，后怜其家，乃封为海西侯。[②]

①【索隐】李延年之女弟。《汉书》云“帝悼之，李少翁致其形，帝为作赋”。　②【正义】汉武帝令李广利征大宛，国近西海，故号海西侯也。

他姬子二人为燕王、广陵王。[①]其母无宠，以忧死。

①【索隐】《汉书》云李姬生广陵王胥、燕王旦也。

及李夫人卒，则有尹婕妤之属，更有宠。然皆以倡见，非王侯有土之女士，不可以配人主也。

褚先生曰：[①]臣为郎时，问习汉家故事者钟离生。曰：王太后在民间时所生(子)〔一〕女者，[②]父为金王孙。王孙已死，景帝崩后，武帝已立，王太后独在。而韩王孙名嫣素得幸武帝，承间白言太后有女在长陵也。武帝曰：“何不早言！”乃使使往先视之，在其家。武帝乃自往迎取之。跸道，先驱旄骑出横城门，[③]乘舆驰至长陵。当小市西入里，里门闭，暴开门，乘舆直入此里，通至金氏门外止，使武骑围其宅，为其亡走，身自往取不得也。即使左右群臣入呼求之。家人惊恐，女亡匿内中床下。扶持出门，令拜谒。武帝下车泣曰：“嚄，[④]大姊，何藏之深也！”诏副车载之，回车驰还，而直入长乐宫。行诏门著引籍，[5]通到谒太后。太后曰：“帝倦矣，何从来？”帝曰：“今者至长陵得臣姊，与俱来。”顾曰：“谒太后！”太后曰：“女某邪？”曰：“是也。”太后为下泣，女亦伏地泣。武帝奉酒前为寿，奉钱千万，奴婢三百人，公田百顷，甲第，以赐姊。太后谢曰：“为帝费焉。”于是召平阳主、南宫主、林虑主三人俱来谒见姊，因号曰修成君。有子男一人，女一人。男号为修成子仲，[6]女为诸侯王王后。[7]此二子非刘氏，以故太后怜之。修成子仲骄恣，陵折吏民，皆患苦之。

①【正义】疑此元、成之间褚少孙续之也。 ②【集解】徐广曰：“名俗。”【正义】按：后封修成君者。 ③【集解】如淳曰：“横音光。《三辅黄图》云北面西头门。”【正义】《括地志》云：“渭桥本名横桥，架渭水上，在雍州咸阳县东南二十二里。”按：此桥对门也。 ④【索隐】乌百反。盖惊之辞耳。【正义】嚄，啧，失声惊愕貌也。 ⑤【正义】武帝道上诏令通名状于门使，引入至太后所。 ⑥【索隐】金氏甥，修成君之子也。而名仲者，又与大外祖王氏同字，恐非也。 ⑦【集解】徐广曰：“嫁为淮南王安太子妃也。”

卫子夫立为皇后，后弟卫青字仲卿，以大将军封为长平侯。四子，长子伉为侯世子，侯世子常侍中，贵幸。其三弟皆封为侯，各千三百户，一曰阴安侯，[1]二曰发干侯，[2]三曰宜春侯，[3]贵震天下。天下歌之曰：“生男无喜，生女无怒，独不见卫子夫霸天下！”

①【索隐】名不疑。《地理志》县名，属魏郡。【正义】《括地志》云："阴安故城在魏州顿丘县北六十里也。" ②【索隐】名登。《地理志》县名，属东郡。【正义】《括地志》云："发干故城在博州堂邑县西南二十三里。" ③【索隐】名伉。《地理志》宜春，县名，属汝南。【正义】《括地志》云："宜春故城在豫州汝阳县西六十七里。"

是时平阳主寡居，当用列侯尚主。主与左右议长安中列侯可为夫者，皆言大将军可。主笑曰："此出吾家，常使令骑从我出入耳，奈何用为夫乎？"左右侍御者曰："今大将军姊为皇后，三子为侯，富贵振动天下，主何以易之乎？"于是主乃许之。言之皇后，令白之武帝，乃诏卫将军尚平阳公主焉。

褚先生曰：丈夫龙变。《传》曰："蛇化为龙，不变其文。家化为国，不变其姓。"丈夫当时富贵，百恶灭除，光耀荣华，贫贱之时何足累之哉！

武帝时，幸夫人尹婕妤。[①]邢夫人号娙娥，[②]众人谓之"娙何"。娙何秩比中二千石，[③]容华秩比二千石，[④]婕妤秩比列侯。常从婕妤迁为皇后。

①【索隐】韦昭云"婕，承。妤，助也"。一云"美好也"。《声类》云幸也，字亦从女。《汉书仪》云"皇后为婕妤下舆，礼比丞相也"。 ②【索隐】服虔云："娙音近妍"。徐广音五耕反。邹诞生音茎。《字林》音五经反。《说文》云"娙，长也，好也"。许慎云"秦、晋之间谓好为娙"。又《方言》曰"美貌谓之娥"。《汉旧仪》云"娙娥秩比将军、御史大夫"。 ③【索隐】按：崔浩云"中，犹满也。汉制九卿已上秩一岁满二千斛"。又《汉官仪》云"中二千石俸月百八十斛"。 ④【索隐】按：二千石是郡守之秩。《汉官仪》

云“其俸月百二十斛”。又有真二千石者，如淳云“诸侯王相在郡守上，秩真二千石”。《汉律》真二千石俸月二万。按是二万斗也，则二万斗亦是二千石也。崔浩云“列卿已上秩石皆正二千石”。按此则是真二千石也。其云中二千石，亦不满二千，盖千八九百耳。此崔氏之说，今兼引而解之。

尹夫人与邢夫人同时并幸，有诏不得相见。尹夫人自请武帝，愿望见邢夫人，帝许之。即令他夫人饰，从御者数十人，为邢夫人来前。尹夫人前见之，曰：“此非邢夫人身也。”帝曰：“何以言之？”对曰：“视其身貌形状，不足以当人主矣。”于是帝乃诏使邢夫人衣故衣，独身来前。尹夫人望见之，曰：“此真是也。”于是乃低头俯而泣，自痛其不如也。谚曰：“美女入室，恶女之仇。”

褚先生曰：浴不必江海，要之去垢。马不必骐骥，要之善走。士不必贤世，要之知道。女不必贵种，要之贞好。《传》曰：“女无美恶，入室见妒。士无贤不肖，入朝见嫉。”美女者，恶女之仇。岂不然哉。

钩弋夫人①姓赵氏，②河间人也。得幸武帝，生子一人，昭帝是也。武帝年七十，乃生昭帝。昭帝立时，年五岁耳。③

①【索隐】《汉书》云“武帝过河间，望气者言此有奇女，天子亟使使召之。女两手皆拳，上自披之，手即伸。由是得幸，号曰拳夫人。后居钩弋宫，号曰钩弋夫人”。《列仙传》云：“发手得一玉钩，故号焉。”《黄图》云“钩弋宫在城外”。《汉武故事》云“宫在直城门南”。《庙记》云“宫有千门万户，不可记名也”。【正义】《括地志》云：“钩弋宫在长安城中，门名尧母门也。” ②【索隐】按《汉书》，昭帝即位，追尊太后父赵父为顺成侯。 ③【集解】

徐广曰:"武帝崩年正七十,昭帝年八岁耳。"【索隐】此褚先生之记。《汉书》云"元始三年,昭帝生",误也。按:元始当为太始也。

卫太子废后,未复立太子。而燕王旦上书,愿归国入宿卫。武帝怒,立斩其使者于北阙。

上居甘泉宫,召画工图画周公负成王也。于是左右群臣知武帝意欲立少子也。后数日,帝谴责钩弋夫人。夫人脱簪珥叩头。帝曰:"引持去,送掖庭狱!"夫人还顾,帝曰:"趣行,汝不得活!"夫人死云阳宫。[①]时暴风扬尘,百姓感伤。使者夜持棺往葬之,[②]封识其处。

①【索隐】按:《三辅故事》云"葬甘泉宫南。后昭帝起云陵,邑三千户"。《汉武故事》云"既殡,香闻十里,上疑非常人,发棺视之,无尸,衣履存焉"。【正义】《括地志》云:"云阳宫,秦之甘泉宫,在雍州云阳县西北八十里。秦始皇作甘泉宫,去长安三百里,黄帝以来祭圜丘处也。" ②【正义】《括地志》云:"云阳陵,汉钩弋夫人陵也,在云阳县西北五十八里。孝武帝钩弋赵婕好,昭帝之母,齐人,姓赵。少好清静,六年卧病,右手卷,饮食少。望气者云'东北有贵人',推而得之。召到,姿色甚佳。武帝持其手伸之,得玉钩。后生昭帝。武帝末年杀夫人,殡之而尸香一日。昭帝更葬之,棺但存丝履也。《宫记》云'武帝思之,为起通灵台于甘泉,常有一青鸟集台上往来,至宣帝时乃止'。"

其后帝闲居,问左右曰:"人言云何?"左右对曰:"人言且立其子,何去其母乎?"帝曰:"然。是非儿曹愚人所知也。往古国家所以乱也,由主少母壮也。女主独居骄蹇,淫乱自恣,莫能禁也。汝不闻吕后邪?"故诸为武帝生子者，无男女，其母无不谴死，岂可谓非贤圣哉。昭然远见，为后世计虑，固非浅闻愚儒之所及也。谥为“武”，岂虚哉。

索隐述赞曰：《礼》贵夫妇，《易》叙《乾》《坤》。配阳成化，比月居尊。河洲降淑，天曜垂轩。德著任、姒，庆流娀、嫄。逮我炎历，斯道克存。吕权大宝，窦善玄言。自兹已降，立嬖以恩。内无常主，后嗣不繁。

卷五十

楚元王世家第二十

楚元王刘交者,[①]高祖之同母[②]少弟也,字游。

①【正义】年表云都彭城。　②【集解】徐广曰:"一作'父'。"【索隐】按:《汉书》作"同父"。言同父者,以明异母也。

高祖兄弟四人,长兄伯,伯早卒。始高祖微时,尝辟事,时时与宾客过巨嫂食。[①]嫂厌叔,叔与客来,嫂佯为羹尽,栎釜,[②]宾客以故去。已而视釜中尚有羹,高祖由此怨其嫂。及高祖为帝,封昆弟,而伯子独不得封。太上皇以为言,高祖曰:"某非忘封之也,为其母不长者耳。"于是乃封其子信为羹颉侯。[③]而王次兄仲于代。[④]

①【集解】徐广曰:"《汉书》云丘嫂也。"【索隐】应劭云"丘,姓也"。孟康云"丘,空也。兄亡,空有嫂也"。今此作"巨",巨,大也,谓长嫂也。刘氏云"巨,一作丘"也。　②【索隐】栎音历。谓以杓历釜旁,使为声。《汉书》作"轑",音劳。　③【集解】徐广曰:"羹颉侯以高祖七年封,封十三年,高后元年,有罪,削爵一级,为关内侯。"【索隐】羹颉,爵号耳,非县邑名,以其栎釜故也。【正义】《括地志》云:"羹颉山在妫州怀戎县东南十五里。"按:高祖取其山名为侯号者,怨故也。　④【集解】徐广曰:"次兄名喜,

字仲，以六年立为代王，其年罢。卒谥顷王。有子曰濞。”

高祖六年，已禽楚王韩信于陈，乃以弟交为楚王，都彭城。[①]即位二十三年卒，子夷王郢立。[②]夷王四年卒，子王戊立。

①【索隐】《汉书》云楚王王薛郡、东海、彭城三十六县也。　②【索隐】《汉书》名郢客也。

王戊立二十年，冬，坐为薄太后服私奸，[①]削东海郡。春，戊与吴王合谋反，其相张尚、太傅赵夷吾谏，不听。戊则杀尚、夷吾，起兵与吴西攻梁，破棘壁。[②]至昌邑南，[③]与汉将周亚夫战。汉绝吴、楚粮道，士卒饥，吴王走，楚王戊自杀，军遂降汉。

①【索隐】《汉书》云“私奸服舍中”。姚察云“奸于服舍，非必宫中”。又按：《集注》服虔云“私奸中人”。盖以罪重，故至削郡也。　②【正义】《括地志》云：“大棘故城在宋州宁陵县西七十里，即梁棘壁。”　③【正义】《括地志》云“有梁丘故城在曹州成武县东北三十二里”也。

汉已平吴、楚，孝景帝欲以德侯子续吴，[①]以元王子礼续楚。窦太后曰：“吴王，老人也，宜为宗室顺善。今乃首率七国，纷乱天下，奈何续其后！”不许吴，许立楚后。是时礼为汉宗正。乃拜礼为楚王，奉元王宗庙，是为楚文王。

①【集解】徐广曰："德侯名广，吴王濞之弟也。其父曰仲。"

文王立三年卒，子安王道立。安王二十二年卒，子襄王(经)〔注〕立。襄王立十四年卒，子王纯代立。王纯立，地节二年，中人上书告楚王谋反，王自杀，国除，入汉为彭城郡。[①]

①【集解】徐广曰："纯立十七年卒，谥节王。子延寿立，十九年死。"【索隐】按：太史公唯记王纯为国人告反，国除。盖延寿后更封，至十九年又谋反诛死，故不同也。【正义】《汉书》云王纯嗣十六年，子延寿嗣，与赵何齐谋反，延寿自杀，立三十二年国除。与此不同。地节是宣帝年号，去天汉四年二十九年，仍隔昭帝世。言到地节二年以下者，盖褚先生误也。

赵王刘遂者，[①]其父高祖中子，名友，谥曰"幽"。幽王以忧死，故为"幽"。高后王吕禄于赵，一岁而高后崩。大臣诛诸吕吕禄等，乃立幽王子遂为赵王。

①【正义】年表云都邯郸。

孝文帝即位二年，立遂弟辟彊，[①]取赵之河间郡为河间王，[②](以)〔是〕为文王。立十三年卒，子哀王福立。一年卒，无子，绝后，国除，入于汉。

①【索隐】音壁强，又音辟疆。　②【正义】河间，今瀛州也。

遂既王赵二十六年，孝景帝时坐晁错以适削赵王常山之郡。吴、楚反。赵王遂与合谋起兵。其相建德、[1]内史王悍谏，不听。遂烧杀建德、王悍，发兵屯其西界，欲待吴与俱西。北使匈奴，与连和攻汉。汉使曲周侯郦寄击之、赵王遂还，城守邯郸，相距七月。吴、楚败于梁，不能西。匈奴闻之，亦止，不肯入汉边。栾布自破齐还，乃并兵引水灌赵城。赵城坏，赵王自杀，邯郸遂降。[2]赵幽王绝后。

①【索隐】建德，其相名，史先失姓也。　②【正义】邯郸，洺州县也。

太史公曰：国之将兴，必有祯祥，君子用而小人退。国之将亡，贤人隐，乱臣贵。使楚王戊毋刑申公，[1]遵其言，赵任防与先生，[2]岂有篡杀之谋，为天下僇哉。贤人乎，贤人乎！非质有其内，恶能用之哉？甚矣，“安危在出令，存亡在所任”，诚哉是言也。

①【索隐】《汉书》申公名培，王戊胥靡之。　②【集解】《赵尧传》曰：“赵人防与公也。”【索隐】此及《汉书》虽不见赵不用防与公，盖当时犹知事迹，或别有所见，故太史公明引以结其赞。

索隐述赞曰：汉封同姓，楚有令名。既灭韩信，王于彭城。穆生置醴，韦孟作程。王戊弃德，与吴连兵。太后命礼，为楚罪轻。文、襄继立，世挺才英。如何赵遂，代殒厥声。兴亡之兆，所任宜明。

卷五十一

荆燕世家第二十一

荆王刘贾〔者〕，[①]诸刘(者)，不知其何属[②]初起时。汉王元年，还定三秦，刘贾为将军，定塞地，[③]从东击项籍。

①【正义】年表云都吴也。 ②【集解】《汉书》贾，高帝从父兄。【索隐】按：注引《汉书》，云贾，高祖从父兄，则班固或别有所见也。
③【索隐】即桃林之塞。

汉四年，汉王之败成皋，北渡河，得张耳、韩信军，军修武，深沟高垒，使刘贾将二万人，骑数百，渡白马津入楚地，[①]烧其积聚，以破其业，无以给项王军食。已而楚兵击刘贾，贾辄壁不肯与战，而与彭越相保。

①【正义】《括地志》云："黎阳，一名白马津，在滑州白马县北三十里。"按：贾从此津南过入楚地也。

汉五年，汉王追项籍至固陵，[①]使刘贾南渡淮围寿春。[②]还至，使人间招楚大司马周殷。周殷反楚，佐刘贾举九江，迎武王黥布兵，皆会垓下，共击项籍。汉王因使刘贾将九江兵，与太尉卢绾西南击临江王共尉。[③]共尉已死，以临江为南郡。[④]

①【集解】徐广曰："在阳夏。"【正义】《括地志》云："固陵，陵名。在陈州宛丘县西北四十二里。" ②【正义】今寿州寿春县是也。 ③【索隐】共敖之子。 ④【正义】今荆州也。

汉六年春，会诸侯于陈，[①]废楚王信，囚之，分其地为二国。当是时也，高祖子幼，昆弟少，又不贤，欲王同姓以镇天下，乃诏曰："将军刘贾有功，及择子弟可以为王者。"群臣皆曰："立刘贾为荆王，王淮东五十二城；[②]高祖弟交为楚王，王淮西三十六城。"[③]因立子肥为齐王。始王昆弟刘氏也。

①【正义】今陈州也。 ②【索隐】按：表云刘贾都吴。又《汉书》以东阳郡封贾。东阳即临淮，故云淮东也。【正义】《括地志》云西北四十里，盖此县是也。 ③【正义】淮以西徐、泗、濠等州也。

高祖十一年秋，淮南王黥布反，东击荆。荆王贾与战，不胜，走富陵，[①]为布军所杀。高祖自击破布。十二年，立沛侯刘濞为吴王，王故荆地。

①【索隐】《地理志》县名，属临淮。【正义】《括地志》云："富陵故城在楚州盱眙县东北六十里。"

燕王刘泽者，诸刘远属也。[①]高帝三年，泽为郎中。高帝十一年，泽以将军击陈豨，得王黄，为营陵侯。[②]

①【集解】《汉书》曰:"泽,高祖从祖昆弟。"【索隐】《楚汉春秋》田子春说张卿云"刘泽,宗家也"。按言"宗家",似疏远矣。然则班固言"从祖昆弟",当别有所见。　②【索隐】《地理志》县名,在北海。【正义】《括地志》云:"营陵故城在青州北海县南三十里。"

高后时,齐人田生[1]游乏资,以画干营陵侯泽。[2]泽大悦之,用金二百斤为田生寿。田生已得金,即归齐。二年,泽使人谓田生曰:"弗与矣。"[3]田生如长安,不见泽,而假大宅,令其子求事吕后所幸大谒者张子卿。[4]居数月,田生子请张卿临,亲修具。张卿许往。田生盛帷帐共具,譬如列侯。张卿惊。酒酣,乃屏人说张卿曰:"臣观诸侯王邸第百余,皆高祖一切功臣。[5]今吕氏雅故本推毂高帝就天下,[6]功至大,又亲戚太后之重。太后春秋长,诸吕弱,太后欲立吕产为(吕)王,王代。太后又重发之,[7]恐大臣不听。今卿最幸,大臣所敬,何不风大臣以闻太后,太后必喜。诸吕已王,万户侯亦卿之有。[8]太后心欲之,而卿为内臣,不急发,恐祸及身矣。"张卿大然之,乃风大臣语太后。太后朝,因问大臣。大臣请立吕产为吕王。太后赐张卿千斤金,张卿以其半与田生。田生弗受,因说之曰:"吕产王也,诸大臣未大服。今营陵侯泽,诸刘,为大将军,独此尚觖望。[9]今卿言太后,列十余县王之,彼得王,喜去,诸吕王益固矣。"张卿入言,太后然之。乃以营陵侯刘泽为琅邪王。琅邪王乃与田生之国。田生劝泽急行,毋留。出关,太后果使人追止之,已出,即还。

①【集解】晋灼曰:"《楚汉春秋》田子春。"　②【集解】服虔曰:"以

计画干之也。"文颖曰:"以工画得宠也。"【索隐】两家义并通也。 ③【集解】孟康曰:"与,党与。言不复与我为与也。"文颖曰:"不得与汝相知。" ④【集解】徐广曰:"名泽。"骃案:如淳曰阉人也。 ⑤【索隐】按:此一切犹一例,同时也,非如他一切训权时也。 ⑥【集解】如淳曰:"吕公知高祖相贵,以女妻之,推毂使为长者。"瓒曰:"谓诸吕共推毂高祖征伐成帝业。雅,正意也。"【索隐】按:雅训素也。谓吕氏素心奉推高祖取天下,若人推毂欲前进涂然也。推音昌谁反。 ⑦【集解】文颖曰:"欲发之,恐大臣不听。"邓展曰:"重难发事。" ⑧【正义】《高后纪》云封张卿为建陵侯。 ⑨【索隐】觖音决,又音窥睡反。

及太后崩,琅邪王泽乃曰:"帝少,诸吕用事,刘氏孤弱。"乃引兵与齐王合谋西,[①]欲诛诸吕。至梁,闻汉遣灌将军屯荥阳,泽还兵备西界,遂跳驱至长安。[②]代王亦从代至。诸将相与琅邪王共立代王为天子。天子乃徙泽为燕王,乃复以琅邪予齐,复故地。[③]

①【集解】《汉书音义》曰:"泽至齐,为齐王所劫,不得去。乃说王,求诣京师,齐具车送之。不为本与齐合谋也。"【索隐】按:《汉书·齐王传》云使祝午劫琅邪王至齐,因留琅邪王不得反国。泽乃说求入关,齐乃送之。与此文不同者,刘氏以为燕、齐两史各言其主立功之迹,太史公闻疑传疑,遂各记之,则所谓实录。 ②【集解】《汉书音义》曰:"跳驱,驰至长安也。"【索隐】跳,他彫反,脱独去也。又音条,谓疾去也。 ③【集解】李奇曰:"本齐地,分以王泽,今复与齐也。"

泽王燕二年,薨,谥为敬王。传子嘉,为康王。

至孙定国,与父康王姬奸,生子男一人。夺弟妻为姬。

与子女三人奸。定国有所欲诛杀臣肥如令郢人,[①]郢人等告定国,定国使谒者以他法劾捕格杀郢人以灭口。至元朔元年,郢人昆弟复上书具言定国阴事,以此发觉。诏下公卿,皆议曰:"定国禽兽行,乱人伦,逆天,当诛。"上许之。定国自杀,国除为郡。

①【集解】如淳曰:"定国自欲有所杀馀臣,肥如令郢人以告之。"【索隐】按:如淳意以肥如亦臣名,令郢人以告定国也。小颜以为定国欲有所诛杀馀臣,而肥如令郢人乃告定国也。按《地理志》,肥如在辽西也。

太史公曰:荆王王也,由汉初定,天下未集,故刘贾虽属疏,然以策为王,填江、淮之间。刘泽之王,权激吕氏,[①]然刘泽卒南面称孤者三世。事发相重,[②]岂不为伟乎。[③]

①【索隐】按:谓田子春欲王刘泽,先使张卿说封吕产,乃恐以大臣觖望,泽卒得王,故为权激诸吕也。　②【集解】晋灼曰:"泽以金与田生以事张卿,张卿言之吕后,而刘泽得王,故曰'事发相重'。或曰事起于相重也。"【索隐】按:谓先发吕氏令重,我亦得其功,是事发相重也。　③【索隐】伟者盛也,盖盛其能激发也。

索隐述赞曰:刘贾初从,首定三秦。既渡白马,遂围寿春。始迎黥布,绝间周殷。赏功胙土,与楚为邻。营陵始爵,勋由击陈。田生游说,受赐千斤。权激诸吕,事发荣身。徙封传嗣,亡于郢人。

卷五十二

齐悼惠王世家第二十二

齐悼惠王①刘肥者，高祖长庶男也。其母外妇也，曰曹氏。高祖六年，立肥为齐王，食七十城，诸民能齐言者皆予齐王。②

①【正义】年表云都临淄。　②【索隐】谓其语音及名物异于楚、魏。一云此时人多流亡，故使齐言者皆还齐王。

齐王，孝惠帝兄也。孝惠帝二年，齐王入朝。惠帝与齐王燕饮，亢礼如家人。①吕太后怒，且诛齐王。齐王惧不得脱，乃用其内史勋计，献城阳郡，②以为鲁元公主汤沐邑。吕太后喜，乃得辞就国。

①【索隐】谓齐王是兄，不为君臣礼，而乃亢敌如家人兄弟之礼，故太后怒。　②【正义】《括地志》云："濮州雷泽县，本汉城阳县。"按：后为郡也。

悼惠王即位十三年，以惠帝六年卒。子襄立，是为哀王。

哀王元年，孝惠帝崩，吕太后称制，天下事皆决于高后。

二年，高后立其兄子郦侯[①]吕台[②]为吕王，割齐之济南郡[③]为吕王奉邑。

①【集解】徐广曰："郦，一作鄜。"【索隐】二字皆音乎。鄜，县名，在冯翊。郦县在南阳。【正义】按：音呈益反。《括地志》云"故郦城在邓州新城县西北四十里"，盖此县是也。 ②【索隐】音胎。吕后兄子也。 ③【正义】《括地志》云："济南故城在淄州长山县西北二十五里。"

哀王三年，其弟章入宿卫于汉，吕太后封为朱虚侯，[①]以吕禄女妻之。后四年，封章弟兴居为东牟侯，[②]皆宿卫长安中。

①【索隐】《地理志》县名，属琅邪。 ②【索隐】《地理志》县名，属东莱。

哀王八年，高后割齐琅邪郡[①]立营陵侯刘泽为琅邪王。其明年，赵王友入朝，幽死于邸。三赵王皆废。高后立诸吕为三王，[②]擅权用事。

①【正义】今沂州也。 ②【集解】徐广曰："燕、赵、梁。"

朱虚侯年二十，有气力，忿刘氏不得职。尝入侍高后燕饮，高后令朱虚侯刘章为酒吏。章自请曰："臣，将种也，请得以军法行酒。"高后曰："可。"酒酣，章进饮歌舞。已而曰："请为太后言耕田歌。"高后儿子畜之，笑曰："顾而父知田耳。若生而为王子，[①]安知田乎？”章曰：“臣知之。”太后曰：“试为我言田。”章曰：“深耕穊种，立苗欲疏；非其种者，锄而去之。”吕后默然。顷之，诸吕有一人醉，亡酒，章追，拔剑斩之而还，报曰：“有亡酒一人，臣谨行法斩之。”太后左右皆大惊。业已许其军法，无以罪也。因罢。自是之后，诸吕惮朱虚侯，虽大臣皆依朱虚侯，刘氏为益强。

①【索隐】顾，犹念也。而及若皆训汝。

其明年，高后崩。赵王吕禄为上将军，吕王产为相国，皆居长安中，聚兵以威大臣，欲为乱。朱虚侯章以吕禄女为妇，知其谋，乃使人阴出告其兄齐王，欲令发兵西，朱虚侯、东牟侯为内应，以诛诸吕，因立齐王为帝。

齐王既闻此计，乃与其舅父驷钧、[①]郎中令祝午、中尉魏勃阴谋发兵。齐相召平[②]闻之，乃发卒卫王宫。魏勃绐召平曰：“王欲发兵，非有汉虎符验也。而相君围王，固善。勃请为君将兵卫卫王。”召平信之，乃使魏勃将兵围王宫。勃既将兵，使围相府。召平曰：“嗟乎！道家之言‘当断不断，反受其乱’，乃是也。”遂自杀。于是齐王以驷钧为相，魏勃为将军，祝午为内史，悉发国中兵。使祝午东诈琅邪王曰：“吕氏作乱，齐王发兵欲西诛之。齐王自以儿子，年少，不习兵革之事，愿举国委大王。大王自高帝将也，习战事。齐王不敢离兵，[③]使臣请大王幸之临菑见齐王计事，并将齐兵以西平关中之乱。”琅邪王信之，以为然，(西)〔乃〕驰见齐王。齐王与魏勃等因留琅邪王，而使祝午尽发琅邪国而并将其兵。

①【索隐】按：舅谓舅父，犹姨称姨母。　②【索隐】按：广陵人召平与东陵侯召平及此召平皆似别人也。《功臣表》平子奴以父功封黎侯也。

③【索隐】按：服虔云"不敢离其兵而到琅邪"。

琅邪王刘泽既见欺，不得反国，乃说齐王曰："齐悼惠王高皇帝长子，推本言之，而大王高皇帝适长孙也，当立。今诸大臣狐疑未有所定，而泽于刘氏最为长年，大臣固待泽决计。今大王留臣无为也，不如使我入关计事。"齐王以为然，乃益具车送琅邪王。

琅邪王既行，齐遂举兵西攻吕国之济南。于是齐哀王遗诸侯王书曰："高帝平定天下，王诸子弟，悼惠王于齐。悼惠王薨，惠帝使留侯张良立臣为齐王。惠帝崩，高后用事，春秋高，听诸吕擅废高帝所立，又杀三赵王，[①]灭梁、燕、赵[②]以王诸吕，分齐国为四。[③]忠臣进谏，上惑乱不听。今高后崩，皇帝春秋富，[④]未能治天下，固恃大臣诸(将)〔侯〕。今诸吕又擅自尊官，聚兵严威，劫列侯忠臣，矫制以令天下，宗庙所以危。今寡人率兵入诛不当为王者。"

①【正义】隐王如意、幽王友，梁王恢徙王赵，并高祖子也。　②【正义】梁王恢、燕王建，梁王恢徙赵，分灭无后也。　③【索隐】谓济南、琅邪、城阳并齐为四也。【正义】琅邪郡封刘泽，济南郡以为吕王奉邑，城阳为鲁元公主汤沐邑也。　④【索隐】按：小颜云"言年幼也，比之于财，方未匮竭，故谓之富"也。

汉闻齐发兵而西，相国吕产乃遣大将军灌婴东击之。

灌婴至荥阳，乃谋曰："诸吕将兵居关中，欲危刘氏而自立。我今破齐还报，是益吕氏资也。"乃留兵屯荥阳，使使喻齐王及诸侯，与连和，以待吕氏之变而共诛之。齐王闻之，乃西取其故济南郡，亦屯兵于齐西界以待约。吕禄、吕产欲作乱关中，朱虚侯与太尉勃、丞相平等诛之。朱虚侯首先斩吕产，于是太尉勃等乃得尽诛诸吕。而琅邪王亦从齐至长安。

大臣议欲立齐王，而琅邪王及大臣曰："齐王母家驷钧，恶戾，虎而冠者也。[①]方以吕氏故几乱天下，今又立齐王，是欲复为吕氏也。代王母家薄氏，君子长者；且代王又亲高帝子，于今见在，且最为长。以子则顺，以善人则大臣安。"于是大臣乃谋迎立代王，而遣朱虚侯以诛吕氏事告齐王，令罢兵。

①【集解】张晏曰："言钧恶戾，如虎而箸冠。"

灌婴在荥阳，闻魏勃本教齐王反，既诛吕氏，罢齐兵，使使召责问魏勃。勃曰："失火之家，岂暇先言大人而后救火乎！"[①]因退立，股战而栗，恐不能言者，终无他语。灌将军熟视笑曰："人谓魏勃勇，妄庸人耳，[②]何能为乎！"乃罢魏勃。[③]魏勃父以善鼓琴见秦皇帝。及魏勃少时，欲求见齐相曹参，家贫无以自通，乃常独早夜扫齐相舍人门外。相舍人怪之，以为物，[④]而伺之，得勃。勃曰："愿见相君，无因，故为子扫，欲以求见。"于是舍人见勃曹参，因以为舍人。一为参御，言事，参以为贤，言之齐悼惠王。悼惠王召见，则拜为内史。始，悼惠王得自置二千石。及悼惠王卒而哀王立，勃用事，重于齐相。

①【索隐】此盖旧俗之言，谓救火之急，不暇先启家长也。亦犹国家有难，不暇待诏命也。　②【索隐】按：妄庸言凡妄庸劣之人。　③【索隐】罢谓不罪而放遣之。　④【索隐】姚氏云："物，怪物。"

王既罢兵归，而代王来立，是为孝文帝。

孝文帝元年，尽以高后时所割齐之城阳、琅邪、济南郡复与齐，而徙琅邪王王燕，益封朱虚侯、东牟侯各二千户。

是岁，齐哀王卒，太子(侧)〔则〕立，是为文王。

齐文王元年，汉以齐之城阳郡立朱虚侯为城阳王，以齐济北郡[①]立东牟侯为济北王。

①【正义】今济州，济北王所都。

二年，济北王反，汉诛杀之，地入于汉。后二年，孝文帝尽封齐悼惠王子罢军[①]等七人皆为列侯。

①【正义】罢音不。

齐文王立十四年卒，无子，国除，地入于汉。

后一岁，孝文帝以所封悼惠王子分齐为王，齐孝王将闾以悼惠王子杨虚侯为齐王。故齐别郡尽以王悼惠王子：子志为济北王，子辟光为济南王，子贤为菑川王，子卬为胶西王，子雄渠为胶东王，与城阳、齐凡七王。[①]

①【索隐】谓将闾为齐王，志为济北王，卬胶西王，辟光济南王，贤菑川王，章城阳王，雄渠为胶东王。

齐孝王十一年，吴王濞、楚王戊反，兴兵西，告诸侯曰“将诛汉贼臣晁错以安宗庙”。胶西、胶东、菑川、济南皆擅发兵应吴、楚。欲与齐，齐孝王狐疑，城守不听，三国兵共围齐。[1]齐王使路中大夫[2]告于天子。天子复令路中大夫还告齐王：“善坚守，吾兵今破吴、楚矣。”路中大夫至，三国兵围临菑数重，无从入。三国将劫与路中大夫盟，曰：“若反言汉已破矣，齐趣下三国，不且见屠。”路中大夫既许之，至城下，望见齐王，曰：“汉已发兵百万，使太尉周亚夫击破吴、楚，方引兵救齐，齐必坚守无下！”三国将诛路中大夫。

①【集解】张晏曰：“胶西、菑川、济南也。” ②【集解】张晏曰：“姓路，为中大夫。”【索隐】史失名，故言姓及官。顾氏按《路氏谱》中大夫名卬也。卬，五刚反。

齐初围急，阴与三国通谋，约未定，会闻路中大夫从汉来，喜，及其大臣乃复劝王毋下三国。居无何，汉将栾布、平阳侯[1]等兵至齐，击破三国兵，解齐围。已而复闻齐初与三国有谋，将欲移兵伐齐。齐孝王惧，乃饮药自杀。景帝闻之，以为齐首善，以迫劫有谋，非其罪也，乃立孝王太子寿为齐王，是为懿王，续齐后。而胶西、胶东、济南、菑川王咸诛灭，地入于汉。徙济北王王菑川。齐懿王立二十二年卒，子次景立，是为厉王。

①【索隐】按表是简侯曹奇。

齐厉王，其母曰纪太后。太后取其弟纪氏女为厉王后。王不爱纪氏女。太后欲其家重宠，[①]令其长女纪翁主[②]入王宫，正其后宫，毋令得近王，欲令爱纪氏女。王因与其姊翁主奸。

①【索隐】重，直龙反。谓欲世宠贵于王宫。　②【索隐】按：如淳云“诸王女云翁主。称其母姓，故谓之纪翁主”。

齐有宦者徐甲，入事汉皇太后。[①]皇太后有爱女曰修成君，修成君非刘氏，[②]太后怜之。修成君有女名娥，太后欲嫁之于诸侯，宦者甲乃请使齐，必令王上书请娥。皇太后喜，使甲之齐。是时齐人主父偃知甲之使齐以取后事，亦因谓甲：“即事成，幸言偃女愿得充王后宫。”甲既至齐，风以此事。纪太后大怒，曰：“王有后，后宫具备。且甲，齐贫人，急[③]乃为宦者，入事汉，无补益，乃欲乱吾王家。且主父偃何为者？乃欲以女充后宫。”徐甲大穷，还报皇太后曰：“王已愿尚娥，然有一害，恐如燕王。”燕王者，与其子昆弟奸，新坐以死，亡国，故以燕感太后。太后曰：“无复言嫁女齐事。”事浸浔(不得)闻于天子。主父偃由此亦与齐有郤。

①【索隐】谓王太后，武帝母也。　②【集解】张晏曰：“王太后前嫁金氏所生。”　③【集解】徐广曰：“一作及。”

主父偃方幸于天子，用事，因言："齐临菑十万户，市租千金，[①]人众殷富，巨于长安，此非天子亲弟爱子不得王此。今齐王于亲属益疏。"乃从容言："吕太后时齐欲反，吴、楚时孝王几为乱。今闻齐王与其姊乱。"于是天子乃拜主父偃为齐相，且正其事。主父偃既至齐，乃急治王后宫宦者为王通于姊翁主所者，令其辞证皆引王。王年少，惧大罪为吏所执诛，乃饮药自杀。绝无后。

①【索隐】市租谓所卖之物出(租)〔税〕，日得千金，言齐人众而且富也。

是时赵王惧主父偃一出废齐，恐其渐疏骨肉，乃上书言偃受金及轻重之短。[①]天子亦既囚偃。公孙弘言："齐王以忧死毋后，国入汉，非诛偃无以塞天下之望。"遂诛偃。

①【索隐】谓偃挟齐不娶女之恨，因言齐之短，为轻重之辞，谓言临菑富及吴、楚、孝王时事是也。

齐厉王立五年死，毋后，国入于汉。

齐悼惠王后尚有二国，城阳及菑川。菑川地比齐。天子怜齐，为悼惠王冢园在郡，割临菑东环悼惠王冢园邑尽以予菑川，以奉悼惠王祭祀。

城阳景王章，[①]齐悼惠王子，以朱虚侯与大臣共诛诸吕，而章身首先斩相国吕王产于未央宫。孝文帝既立，益封章二千户，赐金千斤。孝文二年，以齐之城阳郡立章为城阳王。立二年卒，子喜立，是为共王。

①【正义】年表云都莒也。

共王八年，徙王淮南。[①]四年，复还王城阳。凡三十三年卒，子(建)延立，是为顷王。

①【索隐】按：当孝文帝之十二年也。【正义】年表云都陈也。

顷王二十(八)〔六〕年卒，子义立，是为敬王。敬王九年卒，子武立，是为惠王。惠王十一年卒，子顺立，是为荒王。荒王四十六年卒，子恢立，[①]是为戴王。戴王八年卒，子景立，至建始三年，[②]十五岁，卒。

①【集解】徐广曰："甘露二年。"　②【正义】建始，成帝年号。从建始四年上至天汉四年，六十七矣，盖褚先生次之。

济北王兴居，[①]齐悼惠王子，以东牟侯助大臣诛诸吕，功少。及文帝从代来，兴居曰："请与太仆婴入清宫。"废少帝，共与大臣尊立孝文帝。

①【正义】都济州也。

孝文帝二年，以齐之济北郡立兴居为济北王，与城阳王俱立。立二年，反。始大臣诛吕氏时，朱虚侯功尤大，许尽以赵地王朱虚侯，尽以梁地王东牟侯。及孝文帝立，闻朱虚、东牟之初欲立齐王，故绌其功。及二年，王诸子，乃割齐二郡以王章、兴居。章、兴居自以失职夺功。章死,而兴居闻匈奴大入汉,汉多发兵,使丞相灌婴击之,文帝亲幸太原,以为天子自击胡,遂发兵反于济北。天子闻之,罢丞相及行兵,皆归长安。使棘蒲侯柴将军[①]击破虏济北王,王自杀,地入于汉,为郡。

①【集解】张晏曰:"柴武。"

后十(二)〔三〕年,文帝十六年,复以齐悼惠王子安都侯[①]志为济北王。十一年,吴、楚反时,志坚守,不与诸侯合谋。吴、楚已平,徙志王菑川。

①【索隐】《地理志》安都阙。【正义】安都故城在瀛州高阳县西南三十九里。

济南王辟光,[①]齐悼惠王子,以勒侯[②]孝文十六年为济南王。十一年,与吴、楚反。汉击破,杀辟光,以济南为郡,地入于汉。

①【正义】辟音壁。都济南郡。 ②【索隐】勒,《汉书》作"朸",皆音力。《地理志》县名,属平原也。

菑川王贤,[①]齐悼惠王子,以武城侯[②]文帝十六年为菑川王。十一年,与吴、楚反,汉击破,杀贤。

①【正义】年表云淄川王都剧。故城在青州寿光县西三十一里。
②【索隐】《地理志》县名，属平原。【正义】贝州县。

天子因徙济北王志王菑川。志亦齐悼惠王子，以安都侯王济北。菑川王反，毋后，乃徙济北王王菑川。凡立三十五年卒，谥为懿王。子建代立，是为靖王。二十年卒，子遗代立，是为顷王。三十六年卒，子终古立，是为思王。二十八年卒，子尚立，是为孝王。五年卒，子横立，至建始[1]三年，十一岁，卒。

①【正义】亦褚少孙次之。

胶西王印，[1]齐悼惠王子，以昌平侯[2]文帝十六年为胶西王。十一年，与吴、楚反。汉击破，杀印，地入于汉，为胶西郡。

①【正义】印，五郎反。年表云都高苑。《括地志》云："高苑故城在淄州长山县北四里。" ②【正义】《括地志》云："昌平故城在幽州东南六十里也。"

胶东王雄渠，[1]齐悼惠王子，以白石侯[2]文帝十六年为胶东王。十一年，与吴、楚反，汉击破，杀雄渠，地入于汉，为胶东郡。

①【正义】年表云都即墨。按：即墨故城在莱州胶东县南六十里。

②【索隐】《地理志》县名，属金城。【正义】白石古城在德州安德县北二十里。

太史公曰：诸侯大国无过齐悼惠王。以海内初定，子弟少，激秦之无尺土封，故大封同姓，以填万民之心。及后分裂，固其理也。

索隐述赞曰：汉矫秦制，树屏自强。表海大国，悉封齐王。吕后肆怒，乃献城阳。哀王嗣立，其力不量。朱虚仕汉，功大策长。东牟受赏，称乱贻殃。胶东、济北，雄渠、辟光。齐虽七国，忠孝者昌。

卷五十三

萧相国世家第二十三

萧相国何者，[①]沛丰人也。以文无害[②]为沛主吏掾。[③]

①【索隐】按：《春秋纬》"萧何感昴精而生，典狱制律"。　②【集解】《汉书音义》曰："文无害，有文无所枉害也。律有无害都吏，如今言公平吏。一曰，无害者如言'无比'，陈留间语也。"【索隐】按：裴注已列数家，今更引二说。应劭云"虽为文吏，而不刻害也"。韦昭云"为有文理，无伤害也"。　③【索隐】《汉书》云"何为主吏"。主吏，功曹也。又云"何为沛掾"，是何为功曹掾。

高祖为布衣时，何数以吏事护高祖。[①]高祖为亭长，常左右之。高祖以吏繇咸阳，吏皆送奉钱三，何独以五。[②]

①【索隐】《说文》云："护，救视也。"　②【集解】李奇曰："或三百，或五百也。"【索隐】奉音扶用反。谓资俸之。如字读，谓奉送之也。刘氏云："时钱有重者一当百，故有送钱三者。"

秦御史监郡者与从事，常辨之。[①]何乃给泗水卒史[②]事，第一。[③]秦御史欲入言征何，何固请，得毋行。

①【集解】张晏曰:“何与共事修辨明,何素有方略也。”苏林曰:“辟何与从事也。秦时无刺史,以御史监郡。”【索隐】按:何与御史从事常辨明,言称职也。 ②【集解】徐广曰:“沛县有泗水亭。又秦以沛为泗水郡。”骃按:文颖曰“何为泗水郡卒史”。【索隐】如淳按:律,郡卒史书佐各十人也。卒,祖忽反。 ③【索隐】按:谓课最居第一。

及高祖起为沛公,何常为丞督事。[①]沛公至咸阳,诸将皆争走[②]金帛财物之府分之,何独先入收秦丞相御史律令图书藏之。沛公为汉王,以何为丞相。项王与诸侯屠烧咸阳而去。汉王所以具知天下阸塞,户口多少,强弱之处,民所疾苦者,以何具得秦图书也。何进言韩信,汉王以信为大将军。语在《淮阴侯》事中。

①【索隐】谓高祖起沛,令何为丞,常监督庶事也。 ②【索隐】音奏。奏者,趋向之也。

汉王引兵东定三秦,何以丞相留收巴蜀,填抚谕告,使给军食。汉二年,汉王与诸侯击楚,何守关中,侍太子,治栎阳。为法令约束,立宗庙社稷宫室县邑,辄奏上,可,许以从事;即不及奏上,辄以便宜施行,上来以闻。[①]关中事:计户口转漕[②]给军。汉王数失军遁去,何常兴关中卒,辄补缺。上以此专属任何关中事。

①【集解】应劭曰:“上来还,乃以所为闻之。” ②【索隐】转,刘氏音张恋反。漕,水运也。

汉三年,汉王与项羽相距京、索之间,上数使使劳苦丞相。鲍生谓丞相曰:"王暴衣露盖,数使使劳苦君者,有疑君心也。为君计,莫若遣君子孙昆弟能胜兵者悉诣军所,上必益信君。"于是何从其计,汉王大悦。

汉五年,既杀项羽,定天下,论功行封。群臣争功,岁余功不决。高祖以萧何功最盛,封为酂侯,[①]所食邑多。功臣皆曰:"臣等身被坚执锐,多者百余战,少者数十合,攻城略地,大小各有差。今萧何未尝有汗马之劳,徒持文墨议论,不战,顾反居臣等上,何也?"高帝曰:"诸君知猎乎?"曰:"知之。""知猎狗乎?"曰:"知之。"高帝曰:"夫猎,追杀兽兔者狗也,而发踪指示兽处者人也。今诸君徒能得走兽耳,功狗也。至如萧何,发踪指示,功人也。且诸君独以身随我,多者两三人。今萧何举宗数十人皆随我,功不可忘也。"群臣皆莫敢言。

①【集解】文颖曰:"音赞。"瓒曰:"今南乡酂县也。孙检曰'有二县,音字多乱。其属沛郡者音嵯,属南阳者音赞'。按《茂陵书》,萧何国在南阳,宜呼赞。今多呼嵯,嵯旧字作鄌,今皆作酂,所由乱也。"【索隐】瓒曰今南乡酂县。顾氏云:"南乡,郡名也。《太康地理志》云'魏武帝建安中分南阳立南乡郡,晋武帝又曰顺阳郡也'。"

列侯毕已受封,及奏位次,皆曰:"平阳侯曹参身被七十创,攻城略地,功最多,宜第一。"上已桡[①]功臣,多封萧何,至位次未有以复难之,然心欲何第一。关内侯鄂君[②]进曰:"群臣议皆误。夫曹参虽有野战略地之功,此特一时之事。夫上与楚相距五岁，常失军亡众，逃身遁者数矣。然萧何常从关中遣军补其处，非上所诏令召，而数万众会上之乏绝者数矣。夫汉与楚相守荥阳数年，军无见粮，萧何转漕关中，给食不乏。陛下虽数亡山东，萧何常全关中以待陛下，此万世之功也。今虽亡曹参等百数，何缺于汉？汉得之不必待以全。奈何欲以一旦之功而加万世之功哉。萧何第一，曹参次之。”高祖曰：“善。”于是乃令萧何〔第一〕，赐带剑履上殿，入朝不趋。

①【集解】应劭曰：“桡，屈也。”【索隐】音女教反。　②【索隐】按《功臣表》，鄂君即鄂千秋，封安平侯。

上曰：“吾闻进贤受上赏。萧何功虽高，得鄂君乃益明。”于是因鄂君故所食关内侯邑封为安平侯。[①]是日，悉封何父子兄弟十余人，皆有食邑。乃益封何二千户，以帝尝繇咸阳时何送我独赢奉钱二也。[②]

①【集解】徐广曰：“以谒者从定诸侯有功，秩举萧何功，故因侯二千户。封九年卒。至玄孙但，坐与淮南王安通，弃市，国除。”【正义】《括地志》云：“泽州安平县，本汉安平县。”　②【索隐】谓人皆三，何独五，所以为赢二也。音盈。

汉十一年，陈豨反，高祖自将，至邯郸。未罢，淮阴侯谋反关中，吕后用萧何计，诛淮阴侯，语在《淮阴》事中，上已闻淮阴侯诛，使使拜丞相何为相国，益封五千户，令卒五百人一都尉为相国卫。诸君皆贺,召平独吊。召平者,故秦东陵侯。秦破,为布衣,贫,种瓜于长安城东,瓜美,故世俗谓之“东陵瓜”,从召平以为名也。召平谓相国曰:“祸自此始矣。上暴露于外而君守于中,非被矢石之事而益君封置卫者,以今者淮阴侯新反于中,疑君心矣。夫置卫卫君,非以宠君也。愿君让封勿受,悉以家私财佐军,则上心悦。”相国从其计,高帝乃大喜。

汉十二年秋,黥布反,上自将击之,数使使问相国何为。相国为上在军,乃拊循勉力百姓,悉以所有佐军,如陈豨时。客有说相国曰:“君灭族不久矣。夫君位为相国,功第一,可复加哉?然君初入关中,得百姓心,十余年矣,皆附君,常复孳孳得民和。上所为数问君者,畏君倾动关中。今君胡不多买田地,贱贳贷[①]以自污?上心乃安。”于是相国从其计,上乃大悦。

①【正义】贳音世,又食夜反,赊也。下天得反。

上罢布军归,民道遮行上书,言相国贱强买民田宅数千万。上至,相国谒。上笑曰:“夫相国乃利民!”[①]民所上书皆以与相国,曰:“君自谢民。”相国因为民请曰:“长安地狭,上林中多空地,弃,愿令民得入田,毋收稿为禽兽食。”[②]上大怒曰:“相国多受贾人财物,乃为请吾苑!”乃下相国廷尉,械系之。数日,王卫尉侍,[③]前问曰:“相国何大罪,陛下系之暴也?”上曰:“吾闻李斯相秦皇帝,有善归主,有恶自与。今相国多受贾竖金而为民请吾苑,以自媚于民,故系治之。”王卫尉曰:“夫职事苟有便于民而请之,真宰相事,陛下奈何乃疑相国受贾人钱乎!且陛下距楚数岁,陈豨、黥布反,陛下自将而往,当是时,相国守关中,摇足则关以西非陛下有也。相国不以此时为利,今乃利贾人之金乎?且秦以不闻其过亡天下,李斯之分过,[④]又何足法哉。陛下何疑宰相之浅也。”[⑤]高帝不怿。是日,使使持节赦出相国。相国年老,素恭谨,入,徒跣谢。高帝曰:“相国休矣。相国为民请苑,吾不许,我不过为桀、纣主,而相国为贤相。吾故系相国,欲令百姓闻吾过也。”

①【索隐】谓相国取人田宅以为己利,故云“乃利人”也。所以令相国自谢之。　②【索隐】苗子还种田人,留稿入官。　③【集解】如淳曰:“《百官公卿表》卫尉王氏,无名字。”　④【索隐】李斯归恶而自予,是分过。　⑤【集解】韦昭曰:“用意浅。”

何素不与曹参相能,及何病,孝惠自临视相国病,因问曰:“君即百岁后,谁可代君者?”对曰:“知臣莫如主。”孝惠曰:“曹参何如?”何顿首曰:“帝得之矣,臣死不恨矣!”

何置田宅必居穷处,为家不治垣屋。曰:“后世贤,师吾俭。不贤,毋为势家所夺。”

孝惠二年,相国何卒,[①]谥为文终侯。[②]

①【集解】《东观汉记》云:“萧何墓在长陵东司马门道北百步。”【正义】《括地志》云:“萧何墓在雍州咸阳县东北三十七里。”　②【集解】徐广曰:“《功臣表》萧何以客初起从也。”

后嗣以罪失侯者四世，绝，天子辄复求何后，封续酂侯，功臣莫得比焉。

太史公曰：萧相国何于秦时为刀笔吏，录录未有奇节。[①]及汉兴，依日月之末光，何谨守管籥，因民之疾(奉)〔秦〕法，顺流与之更始。淮阴、黥布等皆以诛灭，而何之勋烂焉。位冠群臣，声施后世，与闳夭、散宜生等争烈矣。

①【索隐】录音禄。

索隐述赞曰：萧何为吏，文而无害。及佐兴王，举宗从沛。关中既守，转输是赖。汉军屡疲，秦兵必会。约法可久，收图可大。指兽发踪，其功实最。政称画一，居乃非泰。继绝宠勤，式旌砺带。

卷五十四

曹参世家第二十四

平阳侯[①]曹参者，沛人也。[②]秦时为沛狱掾，而萧何为主吏，居县为豪吏矣。

①【正义】晋州城即平阳故城也。 ②【集解】张华曰："曹参字敬伯。"【索隐】《地理志》平阳县属河东。又按《春秋纬》及《博物志》，并云参字敬伯。【正义】按：沛，今徐州县也。

高祖为沛公而初起也，参以中涓从。[①]将击胡陵、方与，[②]攻秦监公军，[③]大破之。东下薛，击泗水守军薛郭西。复攻胡陵，取之。徙守方与。方与反为魏，击之。[④]丰反为魏，[⑤]攻之。赐爵七大夫。击秦司马尼[⑥]军砀东，破之，取砀、狐父、[⑦]祁善置。[⑧]又攻下邑以西，至虞，[⑨]击章邯车骑。攻爰戚[⑩]及亢父，[⑪]先登。迁为五大夫。北救东阿，[⑫]击章邯军，陷陈，追至濮阳。攻定陶，取临济。[⑬]南救雍丘，击李由军，破之，杀李由，虏秦候一人。秦将章邯破杀项梁也，沛公与项羽引而东。楚怀王以沛公为砀郡长，将砀郡兵。于是乃封参为执帛，[⑭]号曰建成君。[⑮]迁为戚公，[⑯]属砀郡。

①【集解】《汉书音义》曰："中涓如中谒者。"【索隐】涓音古玄反。

②【索隐】《地理志》二县皆属山阳郡。【正义】胡陵，县名，在方与之南。方音房，与音预，兖州县也。　③【集解】《汉书音义》曰："监，御史监郡者。公，名。秦一郡置守、尉、监三人。"【索隐】本纪泗川监名平，则平是名，公为相尊之称。　④【正义】曹参击方与。　⑤【索隐】时雍齿守丰，为魏反沛公。　⑥【正义】音夷。　⑦【集解】徐广曰："伍被曰'吴濞败于狐父'。"【索隐】《地理志》砀属梁国。狐父，地名，在梁、砀之间。徐氏引伍被云"吴濞败于狐父"，是吴与梁相拒而败处。【正义】《括地志》云："狐父亭在宋州砀山县东南三十里。"　⑧【集解】文颖曰："善置，置名也。"晋灼曰："祁音坻。孙检曰'汉谓驿曰置。善，名也'。"【索隐】按：司马彪《郡国志》穀熟有祁亭。刘氏音迟，又如字。善置，置名。【正义】《括地志》云："故祁城在宋州下邑县东北四十九里，汉祁城县也。"言取砀、狐父及祁县之善置。　⑨【索隐】《地理志》下邑、虞皆属梁国。【正义】宋州下邑县在州东百一十里。汉下邑城，今砀山县是。虞城县在州北五十里，古虞国，商均所封。　⑩【集解】徐广曰："宣帝时有爰戚侯。"【索隐】苏林云"县名，属山阳"。按《功臣表》，爰戚侯赵成。【正义】音寂。刘音七历反。今在兖州南，近亢父县。　⑪【索隐】《地理志》县名，属东平。【正义】《括地志》："亢父故城在兖州任城县南五十一里。"　⑫【索隐】时章邯围田荣于东阿。【正义】今济州东阿也。　⑬【正义】淄州高苑县西北二里有狄故城，安帝改曰临济。　⑭【集解】张晏曰："孤卿也。或曰楚官名。"　⑮【索隐】《地理志》建成县属沛郡。　⑯【索隐】谓迁参为戚令。【正义】即爰戚县也，是时属沛郡。

其后从攻东郡尉军，破之成武南。[①]击王离军成阳南，[②]复攻之杠里，大破之。追北，西至开封，击赵贲[③]军，破之，围赵贲开封城中。西击秦将杨熊军于曲遇，[④]破之，虏秦司马及御史各一人。迁为执珪。[⑤]从攻阳武，[⑥]下轘辕、缑氏，[⑦]绝河津，[⑧]还击赵贲军尸北，破之。[⑨]从南攻犨，与南阳守齮战阳城郭东,[10]陷陈,[11]取宛,虏齮,尽定南阳郡。从西攻武关、峣关,[12]取之。前攻秦军蓝田南,[13]又夜击其北,秦军大破,遂至咸阳,灭秦。

①【索隐】《地理志》成武县属山阳。 ②【索隐】《地理志》县名,在济阴。成,地名。周武王封弟季载于成,其后代迁于成之阳,故曰成阳。【正义】成阳故城,濮州雷泽县是。《史记》云武王封弟季载于成。其后迁于成之阳,故曰成阳也。 ③【索隐】音奔。 ④【集解】徐广曰:“在中牟。”【索隐】曲,丘禹反。遇,牛凶反。【正义】曲,丘羽反。遇,牛恭反。司马彪《郡国志》云“中牟有曲遇聚”。按:中牟,郑州县也。 ⑤【集解】张晏曰:“侯伯执珪以朝,位比之。”如淳曰:“《吕氏春秋》‘得伍员者位执珪’。古爵名。” ⑥【正义】《括地志》云:“阳武故城在郑州阳武县东北十八里,汉阳武县城也。” ⑦【索隐】《地理志》阳武、缑氏二县属河南。轘辕,道名,在缑氏南。【正义】缑氏,洛州县也。《括地志》云:“轘辕故关在洛州缑氏县东南四十里。《十三州志》云轘辕道凡十二曲,是险道。” ⑧【正义】津,济渡处。《括地志》云:“平阴故津在洛州洛阳县东北五十里。” ⑨【集解】徐广曰:“尸在偃师。”孟康曰:“尸乡北。”【正义】破赵贲军于尸乡之北也。《括地志》云:“尸乡亭在洛州偃师县,在洛州东南也。” ⑩【集解】应劭曰:“今赭阳。”【索隐】徐广云“阳城在南阳”,应劭云“今赭阳”。赭阳是南阳之县。 ⑪【正义】陷南阳守于阳城郭东也。 ⑫【正义】《括地志》云:“故武关在商州商洛县东九十里。蓝田关在雍州蓝田县东南九十里,即秦峣关也。” ⑬【正义】雍州蓝田县在州东南八十里,因蓝田山为名。

项羽至,以沛公为汉王。汉王封参为建成侯。从至汉中,[1]迁为将军。从还定三秦,初攻下辩、故道、[2]雍、斄。[3]击章平军于好畤南,[4]破之,围好畤,取壤乡。[5]击三秦军壤东及高栎，[⑥]破之。复围章平，章平出好畤走。因击赵贲、内史保军，破之。东取咸阳，更名曰新城。[⑦]参将兵守景陵[⑧]二十日，三秦使章平等攻参，参出击，大破之。赐食邑于宁秦。[⑨]参以将军引兵围章邯于废丘。[⑩]以中尉从汉王出临晋关。[⑪]至河内，下修武，[⑫]渡围津，[⑬]东击龙且、项他定陶，破之。东取砀、萧、彭城。[⑭]击项籍军，汉军大败走。参以中尉围取雍丘。王武反于〔外〕黄，[⑮]程处反于燕，[⑯]往击，尽破之。柱天侯反于衍氏，[⑰]又进破取衍氏。击羽婴于昆阳，追至叶。还攻武彊，[⑱]因至荥阳。参自汉中为将军中尉，从[⑲]击诸侯及项羽，败，还至荥阳，凡二岁。

①【正义】梁州本汉中郡。　②【索隐】《地理志》二县名，属武都。辩音皮苋反。【正义】《括地志》云："成州同谷县，本汉下辩道。"又云："凤州两当县，本汉故道县，在州西五十里。"　③【索隐】《地理志》二县名，属右扶风。斄音胎。【正义】斄作"邰"，音贻。《括地志》云："故雍县南七里。故斄城一名武功，县西南二十二里，古邰国也。"　④【正义】《括地志》云："好畤城在雍州好畤县东南十三里。"　⑤【集解】文颖曰："地名。"⑥【索隐】栎音历。按：文颖云"壤乡、高栎皆地名"。在右扶风，今其地阙。【正义】音历。皆村邑名。壤乡，今在雍州武功县东南二十余里高壤坊，是高栎近壤乡也。　⑦【索隐】按：《汉书》高帝元年咸阳名新城，武帝改名曰渭城。　⑧【集解】《汉书音义》曰："县名也。"　⑨【集解】苏林曰："今华阴。"　⑩【正义】周曰犬丘，秦更名废丘，汉更名槐里，今故城在雍州始平县东南十里。　⑪【正义】即蒲津关也，在临晋县。故言临晋关，今在同州也。　⑫【正义】今怀州获嘉县，古修武也。　⑬【集解】徐广曰："东郡白马有围津。"【索隐】顾氏按：《水经注》白马津有韦乡、韦津城。"围"与"韦"同，古今字变尔。【正义】《括地志》云："黎阳津一名白马

津，在滑州白马县北三十里。《帝王世纪》云‘白马县南有韦城，故豕韦国也’。《续汉书·郡国志》云‘白马县有韦城’。” ⑭【正义】徐州二县。 ⑮【集解】徐广曰：“内黄县有黄泽。” ⑯【集解】徐广曰：“东郡燕县。”骃案：《汉书音义》曰“皆汉将”。 ⑰【索隐】天柱侯不知其谁封。衍氏，魏邑。《地理志》云天柱在庐江潜县。 ⑱【集解】瓒曰：“武彊城在阳武。”【正义】《括地志》云：“武彊故城在郑州管城县东北三十一里。” ⑲【索隐】才用反。

高祖(三)〔二〕年，拜为假左丞相，入屯兵关中。月余，魏王豹反，以假左丞相别与韩信东攻魏将军孙遬[①]军东张，[②]大破之。因攻安邑，得魏将王襄。击魏王于曲阳，[③]追至武垣，[④]生得魏王豹。取平阳，[⑤]得魏王母妻子，尽定魏地，凡五十二城。赐食邑平阳。因从韩信击赵相国夏说军于邬东，[⑥]大破之，斩夏说。韩信与故常山王张耳引兵下井陉，击成安君，而令参还围赵别将戚将军于邬城中。戚将军出走，追斩之。乃引兵诣敖仓汉王之所。韩信已破赵，为相国，东击齐。参以右丞相属韩信，攻破齐历下军，遂取临菑。还定济北郡，攻著、漯阴、平原、鬲、卢。[⑦]已而从韩信击龙且军于上假密，[⑧]大破之，斩龙且，虏其将军周兰。定齐，凡得七十余县。得故齐王田广相田光，其守相许章，及故齐胶东将军田既。韩信为齐王，引兵诣陈，与汉王共破项羽，而参留平齐未服者。

①【索隐】音速。 ②【集解】徐广曰：“张者，地名。《功臣表》有张侯毛泽之。”骃按：苏林曰属河东。【正义】《括地志》云：“张阳故城一名东张城，在蒲州虞乡县西北四十里。” ③【正义】《括地志》云：“上曲阳，定

州恒阳县是。下曲阳在定州鼓城县西五里。” ④【集解】徐广曰:“河东有垣县。”【正义】《括地志》云:“武垣县,今瀛州城是。《地理志》云武垣县属涿郡也。” ⑤【正义】晋州城是。 ⑥【集解】徐广曰:“邬县在太原。音乌古反。”【索隐】《地理志》邬,太原县名。音乌古反。 ⑦【索隐】《地理志》著县属济南,卢县属泰山,漯阴、平原、鬲三县属平原。漯音吐答反。【正义】《括地志》云:“平原故城在德州平原县东南十里。故鬲城在德州安德县西北十五里。”卢县,今济州理县是也。 ⑧【集解】文颖曰:“或以为高密。”【索隐】《汉书》亦作“假密”。按:下定齐七十县,则上假密非高密,亦是齐地,今阙。

项籍已死,天下定,汉王为皇帝,韩信徙为楚王,齐为郡。参归汉相印。高帝以长子肥为齐王,而以参为齐相国。以高祖六年赐爵列侯,与诸侯剖符,世世勿绝。食邑平阳万六百三十户,号曰平阳侯,除前所食邑。

以齐相国击陈豨将张春军,破之。黥布反,参以齐相国从悼惠王将兵车骑十二万人,与高祖会击黥布军,大破之。南至蕲,还定竹邑、相、萧、留。①

①【索隐】《地理志》蕲、竹邑、相、萧四县属沛。韦昭云“留今属彭城”,则汉初亦属沛也。【正义】《括地志》云:“徐州符离县城,汉竹邑城也。李奇云‘今竹邑也’。故相城在符离县西北九十里。《舆地志》云‘宋共公自睢阳徙相子城,又还睢阳’。萧,徐州县也,古萧叔国城也。故留城在徐州沛县东南五十里,张良所封。”

参功:凡下二国,县一百二十二。得王二人,相三人,将军六人,大莫敖、①郡守、司马、候、御史各一人。

①【集解】《汉书音义》曰："楚之卿号。"

孝惠帝元年，除诸侯相国法，更以参为齐丞相。参之相齐，齐七十城。天下初定，悼惠王富于春秋，参尽召长老诸生，问所以安集百姓，如齐故(俗)诸儒以百数，言人人殊，参未知所定。闻胶西有盖公，善治黄、老言，使人厚币请之。既见盖公，盖公为言治道贵清静而民自定，推此类具言之。参于是避正堂，舍盖公焉。其治要用黄、老术，故相齐九年，齐国安集，大称贤相。

惠帝二年，萧何卒。参闻之，告舍人趣治行，"吾将入相"。居无何，使者果召参。参去，属其后相曰："以齐狱市为寄，慎勿扰也。"后相曰："治无大于此者乎?"参曰："不然。夫狱市者，所以并容也，今君扰之，奸人安所容也？吾是以先之。"①

①【集解】《汉书音义》曰："夫狱市兼受善恶，若穷极，奸人无所容窜；奸人无所容窜，久且为乱。秦人极刑而天下畔，孝武峻法而狱繁，此其效也。《老子》曰'我无为而民自化，我好静而民自正'。参欲以道化其本，不欲扰其末。"

参始微时，与萧何善。及为将相，有郤。至何且死，所推贤唯参。参代何为汉相国，举事无所变更，一遵萧何约束。

择郡国吏木诎于文辞，重厚长者，即召除为丞相史。吏之言文刻深，欲务声名者，辄斥去之。日夜饮醇酒。卿大夫已下吏及宾客见参不事事，①来者皆欲有言。至者，参辄饮以醇酒，间之，欲有所言，复饮之，醉而后去，终莫得开说，[②]以为常。

①【集解】如淳曰："不事丞相之事。" ②【集解】如淳曰："开谓有所启白。"

相舍后园近吏舍，吏舍日饮歌呼。从吏恶之，无如之何，乃请参游园中，闻吏醉歌呼，从吏幸相国召按之。乃反取酒张坐饮，亦歌呼与相应和。参见人之有细过，专掩匿覆盖之，府中无事。

参子窋[①]为中大夫。惠帝怪相国不治事，以为"岂少朕与"？[②]乃谓窋曰："若归，试私从容问而父曰：'高帝新弃群臣，帝富于春秋，君为相，日饮，无所请事，何以忧天下乎？'然无言吾告若也。"[③]窋既洗沐归，间侍，自从其所谏参。参怒，而笞窋二百，曰："趣入侍，天下事非若所当言也。"至朝时，惠帝让参曰："与窋胡治乎？[④]乃者我使谏君也。"参免冠谢曰："陛下自察圣武孰与高帝？"上曰："朕乃安敢望先帝乎！"曰："陛下观臣能孰与萧何贤？"上曰："君似不及也。"参曰："陛下言之是也。且高帝与萧何定天下，法令既明，今陛下垂拱，参等守职，遵而勿失，不亦可乎？"惠帝曰："善。君休矣。"

①【索隐】音张律反。 ②【索隐】少者不足之词，故胡亥亦云"丞相岂少我哉"。盖帝以丞相岂不是嫌少于我哉。小颜以为"我年少"，非也。③【索隐】谓惠帝语窋，无得言我告汝令谏汝父，当自云是己意也。

④【集解】如淳曰："犹言用窋为治。"【索隐】按：胡，何也，言语参"何为治窋"也。

参为汉相国，出入三年。卒，谥懿侯。子窋代侯。百姓歌之曰："萧何为法，顜若画一。[①]曹参代之，守而勿失。载其清净，民以宁一。"

①【集解】徐广曰："顜音古项反，一音较。"【索隐】顜，《汉书》作"讲"，画训直，又训明，言法明直若画一也。讲亦作"顜"。小颜云"讲，和也。画一，言其法整齐也"。

平阳侯窋，高后时为御史大夫。孝文帝立，免为侯。立二十九年卒，谥为静侯。子奇代侯，立七年卒，谥为简侯。子时代侯。时尚平阳公主，生子襄。时病疠，归国。立二十三年卒，谥夷侯。子襄代侯。襄尚卫长公主，生子宗。立十六年卒，谥为共侯。子宗代侯。征和二年中，宗坐太子死，国除。

太史公曰：曹相国参攻城野战之功所以能多若此者，以与淮阴侯俱。及信已灭，而列侯成功，唯独参擅其名。参为汉相国，清静极言合道。然百姓离秦之酷后，参与休息无为，故天下俱称其美矣。

索隐述赞曰：曹参初起，为沛豪吏。始从中涓，先围善置。执珪执帛，攻城略地。衍氏既诛，昆阳失位。北禽夏说，东讨田溉。剖符定封，功无与二。市狱勿扰，清净不事。尚主平阳，代享其利。

卷五十五

留侯世家第二十五

留侯[①]张良者，[②]其先韩人也。[③]大父开地，[④]相韩昭侯、宣惠王、襄哀王。父平，相釐王、悼惠王。[⑤]悼惠王二十三年，平卒。卒二十岁，秦灭韩。良年少，未宦事韩。韩破，良家僮三百人，弟死不葬，悉以家财求客刺秦王，为韩报仇，以大父、父五世相韩故。[⑥]

①《索隐》韦昭云“留，今属彭城”。按：良求封留，以始见高祖于留故也。【正义】《括地志》云：“故留城在徐州沛县东南五十五里。今城内有张良庙也。” ②【索隐】《汉书》云字子房。按：王符、皇甫谧并以良为韩之公族，姬姓也。秦索贼急，乃改姓名。而韩先有张去疾及张谴，恐非良之先代也。 ③【索隐】良既历代相韩，故知其先韩人。顾氏按：《后汉书》云“张良出于城父”，城父县属颍川也。【正义】《括地志》云：“城父在汝州郏城县东三十里，韩(里)〔地〕也。” ④【集解】应劭曰：“大父，祖父。开地，名。” ⑤【索隐】《韩系家》及《系本》并作桓惠王。 ⑥【索隐】谓大父及父相韩五王，故云五代。

良尝学礼淮阳。[①]东见仓海君。[②]得力士，为铁椎重百二十斤。秦皇帝东游，良与客狙[③]击秦皇帝博浪沙中，[④]误中副车。[⑤]秦皇帝大怒，大索天下，求贼甚急，为张良故也。良乃更名姓，亡匿下邳。

①【正义】今陈州也。　②【集解】如淳曰："秦郡县无仓海。或曰东夷君长。"【索隐】姚察以武帝时东夷秽君降，为仓海郡，或因以名，盖得其近耳。【正义】《汉书·武帝纪》云"〔元朔〕元年，东夷秽君南闾等降，为仓海郡，今貊秽国"，得之。太史公修史时已降为郡，自书之。《括地志》云："秽貊在高丽南，新罗北，东至大海西。"　③【集解】服虔曰："狙，伺候也。"应劭曰："狙，七预反，伺也。"徐广曰："伺候也，音千恕反。"【索隐】按：应劭云"狙，伺也"。一曰狙，伏伺也，音七豫反。谓狙之伺物，必伏而候之，故今云"狙候"是也。　④【索隐】服虔云"地在阳武南"。按：今浚仪西北四十里有博浪城。【正义】《晋地理记》云"郑阳武县有博浪沙"。按：今当官道也。　⑤【索隐】按：《汉官仪》天子属车三十六乘。属车即副车，而奉车郎御而从后。

良尝閒从容①步游下邳②圯上，③有一老父，衣褐，至良所，直堕其履圯下，④顾谓良曰："孺子，下取履！"良鄂然，欲殴之。⑤为其老，强忍，下取履。父曰："履我！"良业为取履，因长跪履之。⑥父以足受，笑而去。良殊大惊，随目之。父去里所，复还，⑦曰："孺子可教矣。后五日平明，与我会此。"良因怪之，跪曰："诺。"五日平明，良往。父已先在，怒曰："与老人期，后，何也？"去，曰："后五日早会。"五日鸡鸣，良往。父又先在，复怒曰："后，何也？"去，曰："后五日复早来。"五日，良夜未半往。有顷，父亦来，喜曰："当如是。"出一编书，⑧曰："读此则为王者师矣。后十年兴。十三年孺子见我济北，穀城山下黄石即我矣。"⑨遂去，无他言，不复见。旦日视其书，乃《太公兵法》也。⑩良因异之，常习诵读之。

①【索隐】尝训经也。閒，闲字也。从容，閒暇也。从容谓从任其容止，不矜庄也。　②【索隐】邳，被眉反。按：《地理志》下邳县属东海。又云邳在薛，后徙此。有上邳，故此云下邳。　③《集解》徐广曰："圯，桥也，东楚谓之圯。音怡。"【索隐】李奇云"下邳人谓桥为圯，音怡"。文颖曰"沂水上桥也"。应劭云"沂水之上也"。姚察见《史记》本有作土旁者，乃引今会稽东湖大桥名为灵圯。圯亦音夷，理或然也。　④【索隐】崔浩云"直，犹故也"，亦恐不然。直言正也，谓至良所正堕其履也。　⑤【集解】徐广曰："一云'良怒，欲骂之'。"【索隐】殴音乌后反。　⑥【索隐】业，犹本先也。谓良心先已为取履，故遂跪而覆之。　⑦【集解】徐广曰："一曰'为其老，强忍，下取履，因进之。父以足受，笑而去。良殊大惊。父去里所，复还'。"　⑧【集解】徐广曰："编，一作篇。"　⑨【正义】《括地志》云："穀城山一名黄山，在济州东阿县东。济州，故济北郡。孔文祥云'黄石公〔状〕，须眉皆白，(状)杖丹黎，履赤舄'。"　⑩【正义】《七录》云："《太公兵法》一秩三卷。太公，姜子牙，周文王师，封齐侯也。"

居下邳，为任侠。项伯常杀人，从良匿。

后十年，陈涉等起兵，良亦聚少年百余人。景驹自立为楚假王，在留。良欲往从之，道遇沛公。沛公将数千人，略地下邳西，遂属焉。沛公拜良为厩将。[①]良数以《太公兵法》说沛公，沛公善之，常用其策。良为他人言，皆不省。良曰："沛公殆天授。"[②]故遂从之，不去见景驹。

①【集解】《汉书音义》曰："官名。"　②【索隐】殆训近也。

及沛公之薛，见项梁。项梁立楚怀王。良乃说项梁曰："君已立楚后，而韩诸公子横阳君成贤，可立为王，益树党。"

项梁使良求韩成，立以为韩王。以良为韩申徒，[①]与韩王将千余人西略韩地，得数城，秦辄复取之，往来为游兵颍川。

①【集解】徐广曰："即司徒耳，但语音讹转，故字亦随改。"

沛公之从雒阳南出轘辕，良引兵从沛公，下韩十余城，击破杨熊军。沛公乃令韩王成留守阳翟，与良俱南，攻下宛，西入武关。沛公欲以兵二万人击秦峣下军，[①]良说曰："秦兵尚强，未可轻。臣闻其将屠者子，贾竖易动以利。愿沛公且留壁，使人先行，为五万人具食，[②]益为张旗帜[③]诸山上，为疑兵，令郦食其持重宝啖秦将。"秦将果畔，欲连和俱西袭咸阳，沛公欲听之。良曰："此独其将欲叛耳，恐士卒不从。不从必危，不如因其解[④]击之。"沛公乃引兵击秦军，大破之。(遂)〔逐〕北至蓝田，再战，秦兵竟败。遂至咸阳，秦王子婴降沛公。

①【集解】徐广曰："峣音尧。" ②【集解】徐广曰："五，一作百。" ③【索隐】音其试二音。 ④【索隐】谓卒将离心而懈怠。

沛公入秦宫，宫室帷帐狗马重宝妇女以千数，意欲留居之。樊哙谏沛公出舍，沛公不听。[①]良曰："夫秦为无道，故沛公得至此。夫为天下除残贼，宜缟素为资。[②]今始入秦，即安其乐，此所谓'助桀为虐'。且'忠言逆耳利于行，毒药苦口利于病'，[③]愿沛公听樊哙言。"沛公乃还军霸上。

①【集解】徐广曰："一本'哙谏曰："沛公欲有天下邪？将欲为富家翁邪？"沛公曰："吾欲有天下。"哙曰："今臣从入秦宫，所观宫室帷帐珠玉重宝钟鼓之饰，奇物不可胜极，入其后宫，美人妇女以千数，此皆秦所以亡天下也。愿沛公急还霸上，无留宫中。"沛公不听'。" ②【集解】晋灼曰："资，藉也。欲沛公反秦奢泰，服俭素以为藉也。" ③【索隐】见《孔子家语》。

项羽至鸿门下，欲击沛公，项伯乃夜驰入沛公军，私见张良，欲与俱去。良曰："臣为韩王送沛公，今事有急，亡去不义。"乃具以语沛公。沛公大惊，曰："为将奈何？"良曰："沛公诚欲背项羽邪？"沛公曰："鲰生[①]教我距关无内诸侯，秦地可尽王，故听之。"良曰："沛公自度能却项羽乎？"沛公默然良久，曰："固不能也。今为奈何？"良乃固邀项伯。项伯见沛公。沛公与饮为寿，结宾婚。令项伯具言沛公不敢背项羽，所以距关者，备他盗也。及见项羽后解，语在《项羽》事中。

①【集解】徐广曰："吕静曰鲰，鱼也，音此垢反。"【索隐】"鲰，谓小鱼也，音趋勾反"。臣瓒按：《楚汉春秋》鲰生本姓(解)〔鲰〕。

汉元年正月，沛公为汉王，王巴、蜀。汉王赐良金百镒，珠二斗，良具以献项伯。汉王亦因令良厚遗项伯，使请汉中地。[①]项王乃许之，遂得汉中地。汉王之国，良送至褒中，[②]遣良归韩。良因说汉王曰："王何不烧绝所过栈道，示天下无还心，以固项王意。"乃使良还。行，烧绝栈道。

①【集解】如淳曰:“本但与巴、蜀,故请汉中地。” ②【正义】《括地志》云:“褒谷在梁州褒城县北五十里南中山。昔秦欲伐蜀,路无由入,乃刻石为牛五头,置金于后,伪言此牛能屎金,以遗蜀。蜀侯贪,信之,乃令五丁共引牛,堑山堙谷,致之成都。秦遂寻道伐之,因号曰石牛道。《蜀赋》以石门在汉中之西,褒中之北是。”又云:“斜水源出褒城县西北衙岭山,与褒水同源而流派。《汉书·沟洫志》云褒水通沔,斜水通渭,皆以行船。”

良至韩,韩王成以良从汉王故,项王不遣成之国,从与俱东。良说项王曰:“汉王烧绝栈道,无还心矣。”乃以齐王田荣反书告项王。项王以此无西忧汉心,而发兵北击齐。

项王竟不肯遣韩王,乃以为侯,又杀之彭城。良亡,间行归汉王,汉王亦已还定三秦矣。复以良为成信侯,从东击楚。至彭城,汉败而还。至下邑,汉王下马踞鞍而问曰:“吾欲捐关以东等弃之,谁可与共功者?”良进曰:“九江王黥布,楚枭将,与项王有郄。彭越与齐王田荣反梁地,此两人可急使。而汉王之将独韩信可属大事,当一面。即欲捐之,捐之此三人,则楚可破也。”汉王乃遣随何说九江王布,而使人连彭越。及魏王豹反,使韩信将兵击之,因举燕、代、齐、赵。然卒破楚者,此三人力也。

张良多病,未尝特将也,常为画策臣,时时从汉王。

汉三年,项羽急围汉王荥阳,汉王恐忧,与郦食其谋桡楚权。食其曰:“昔汤伐桀,封其后于杞。武王伐纣,封其后于宋。今秦失德弃义,侵伐诸侯社稷,灭六国之后,使无立锥之地。陛下诚能复立六国后世,毕已受印,此其君臣百姓必皆戴陛下之德,莫不向风慕义,愿为臣妾。德义已行,陛下南向称霸，楚必敛衽而朝。”汉王曰：“善。趣刻印，先生因行佩之矣。”

食其未行，张良从外来谒。汉王方食，曰：“子房前！客有为我计桡楚权者。”具以郦生语告于子房，曰：“何如？”良曰：“谁为陛下画此计者？陛下事去矣。”汉王曰：“何哉？”张良对曰：“臣请藉前箸为大王筹之。”①曰：“昔者汤伐桀而封其后于杞者，度能制桀之死命也。今陛下能制项籍之死命乎？”曰：“未能也。”“其不可一也。武王伐纣封其后于宋者，度能得纣之头也。今陛下能得项籍之头乎？”曰：“未能也。”“其不可二也。武王入殷，表商容之闾，②释箕子之拘，③封比干之墓。今陛下能封圣人之墓，表贤者之闾，式智者之门乎？”曰：“未能也。”“其不可三也。发鉅桥之粟，散鹿台之钱，以赐贫穷。今陛下能散府库以赐贫穷乎？”曰“未能也。”“其不可四矣。殷事已毕，偃革为轩，④倒置干戈，覆以虎皮，以示天下不复用兵。今陛下能偃武行文，不复用兵乎？”曰：“未能也。”“其不可五矣。休马华山之阳，示以无所为。今陛下能休马无所用乎？”曰：“未能也。”“其不可六矣。放牛桃林之阴，⑤以示不复输积。今陛下能放牛不复输积乎？”曰：“未能也。”“其不可七矣。且天下游士离其亲戚，弃坟墓，去故旧，从陛下游者，徒欲日夜望咫尺之地。今复六国，立韩、魏、燕、赵、齐、楚之后，天下游士各归事其主，从其亲戚，反其故旧坟墓，陛下与谁取天下乎？其不可八矣。且夫楚唯无强，六国立者复桡而从之，⑥陛下焉得而臣之？诚用客之谋，陛下事去矣。”汉王辍食吐哺，骂曰：“竖儒，几败而公事!”[7]令趣销印。

①【集解】张晏曰:“求借所食之箸用指画也。或曰前世汤、武箸明之事,以筹度今时之不若也。” ②【索隐】按:崔浩云“表者,标榜其里门”。商容,纣时贤人也。《韩诗外传》曰“商容执羽籥冯于马徒,欲以化纣而不能,遂去,伏于太行山。武王欲以为三公,固辞而不受”。馀解在《商纪》。③【集解】徐广曰:“释,一作式。拘,一作囚。” ④【集解】如淳曰:“革者,革车也。轩者,赤黻乘轩也。偃武备而治礼乐也。”【索隐】苏林云:“革者,兵车也。轩者,朱轩皮轩也。谓废兵车而用乘车也。”《说文》云:“轩,曲周屏车。” ⑤【索隐】按:晋灼云“在弘农南门乡谷中”。应劭:《十三州记》“弘农有桃丘聚,古桃林也”。《山海经》云“夸父之山,北有桃林,广三百里”。 ⑥【集解】《汉书音义》曰:“唯当使楚无强,强则六国弱从之。”【索隐】按:荀悦《汉纪》说此事云“独可使楚无强,若强,则六国屈桡而从之”。又韦昭云“今无强楚者,言六国立必复屈桡从楚”。是二说之意同。⑦【索隐】高祖骂郦生为竖儒,谓此儒生竖子耳。几音祈。几者,殆近也。而公,高祖自谓也。《汉书》作“乃公”。

汉四年,韩信破齐而欲自立为齐王,汉王怒。张良说汉王,汉王使良授齐王信印,语在《淮阴》事中。其秋,汉王追楚至阳夏南,战不利而壁固陵,诸侯期不至。良说汉王,汉王用其计,诸侯皆至。语在《项籍》事中。

汉六年正月,封功臣。良未尝有战斗功,高帝曰:“运筹策帷帐中,决胜千里外,子房功也。自择齐三万户。”良曰:“始臣起下邳,与上会留,此天以臣授陛下。陛下用臣计,幸而时中,臣愿封留足矣,不敢当三万户。”乃封张良为留侯,与萧何等俱封。

(六年)上已封大功臣二十余人,其余日夜争功不决,未得行封。上在雒阳南宫,从復道[①]望见诸将往往相与坐沙中语。上曰:“此何语?”留侯曰:“陛下不知乎?此谋反耳。”上曰:“天下属安定,何故反乎?”留侯曰:“陛下起布衣,以此属取天下,今陛下为天子,而所封皆萧、曹故人所亲爱,而所诛者皆生平所仇怨。今军吏计功,以天下不足遍封,此属畏陛下不能尽封,恐又见疑平生[②]过失及诛,故即相聚谋反耳。”上乃忧曰:“为之奈何?”留侯曰:“上平生所憎,群臣所共知,谁最甚者?”上曰:“雍齿与我故,[③]数尝窘辱我。我欲杀之,为其功多,故不忍。”留侯曰:“今急先封雍齿以示群臣,群臣见雍齿封,则人人自坚矣。”于是上乃置酒,封雍齿为什方侯,[④]而急趣丞相、御史定功行封。群臣罢酒,皆喜曰:“雍齿尚为侯,我属无患矣。”

①【集解】如淳曰:“復音複。上下有道,故谓之復道。”韦昭曰:“阁道。” ②【集解】徐广曰:“多作生平。” ③【集解】《汉书音义》曰:“未起时有故怨。” ④【索隐】《地理志》县名,属广汉。什音十。【正义】《括地志》云:“雍齿城在益州什邡县南四十步。汉什邡县,汉初封雍齿为侯国。”

刘敬说高帝曰:“都关中。”上疑之。左右大臣皆山东人,多劝上都雒阳:“洛阳东有成皋,西有殽黾,背河,向伊、洛,其固亦足恃。”留侯曰:“洛阳虽有此固,其中小,不过数百里,田地薄,四面受敌,此非用武之国也。夫关中左殽、函,[①]右陇、蜀,[②]沃野千里,南有巴、蜀之饶,北有胡苑之利，[③]阻三面而守，独以一面东制诸侯。诸侯安定，河、渭漕挽天下，西给京师；诸侯有变，顺流而下，足以委输。此所谓金城千里，天府之国也，[④]刘敬说是也。”于是高帝即日驾，西都关中。[⑤]

①【正义】殽，二殽山也，在洛州永宁县西北二十八里。函谷关在陕州桃林县西南十二里。 ②【正义】陇山南连蜀之岷山，故云右陇、蜀也。 ③【索隐】崔浩云：“苑马牧外接胡地，马生于胡，故云胡苑之利。”【正义】《博物志》云“北有胡苑之塞”。按：上郡、北地之北与胡接，可以牧养禽兽，又多致胡马，故谓胡苑之利也。 ④【索隐】按：此言“谓”者，盖是依凭古语。金城言秦有四塞之国，如金城也。故《淮南子》云“虽有金城，非粟不守”。又苏秦说秦惠王云“秦地势形便，所谓天府”。是所凭也。 ⑤【索隐】按：《周礼》“二曰询国迁”，乃为大事。高祖即日西迁者，盖谓其日即定计耳，非即日遂行也。

留侯从入关。留侯性多病，即道引不食谷，[①]杜门不出岁余。

①【集解】《汉书音义》曰：“服辟谷之药，而静居行气。”

上欲废太子，立戚夫人子赵王如意。大臣多谏争，未能得坚决者也。吕后恐，不知所为。人或谓吕后曰：“留侯善画计策，上信用之。”吕后乃使建成侯吕泽劫留侯，曰：“君常为上谋臣，今上欲易太子，君安得高枕而卧乎？”留侯曰：“始上数在困急之中，幸用臣策。今天下安定，以爱欲易太子，骨肉之间，虽臣等百余人何益。”吕泽强要曰：“为我画计。”

留侯曰："此难以口舌争也。顾上有不能致者，天下有四人。[①]四人者年老矣，皆以为上慢侮人，故逃匿山中，义不为汉臣。然上高此四人。今公诚能无爱金玉璧帛，令太子为书，卑辞安车，因使辩士固请，宜来。来，以为客，时时从入朝，令上见之，则必异而问之。问之，上知此四人贤，则一助也。"于是吕后令吕泽使人奉太子书，卑辞厚礼，迎此四人。四人至，客建成侯所。

①【索隐】四人，四皓也，谓东园公、绮里季、夏黄公、角里先生。按：《陈留志》云"园公姓庾，字宣明，居园中，因以为号。夏黄公姓崔名广，字少通，齐人，隐居夏里修道，故号曰夏黄公。角里先生，河内轵人，太伯之后，姓周名术，字元道，京师号曰霸上先生，一曰角里先生"。又孔安国《秘记》作"禄里"。此皆王劭据崔氏、周氏系谱及陶元亮《四八目》而为此说。

汉十一年，黥布反，上病，欲使太子将，往击之。四人相谓曰："凡来者，将以存太子。太子将兵，事危矣。"乃说建成侯曰："太子将兵，有功则位不益太子。无功还，则从此受祸矣。且太子所与俱诸将，皆尝与上定天下枭将也，今使太子将之，此无异使羊将狼也，皆不肯为尽力，其无功必矣。臣闻'母爱者子抱'，[①]今戚夫人日夜侍御，赵王如意常抱居前，上曰'终不使不肖子居爱子之上'，明乎其代太子位必矣。君何不急请吕后承间为上泣言：'黥布，天下猛将也，善用兵，今诸将皆陛下故等夷，[②]乃令太子将此属，无异使羊将狼，莫肯为用，且使布闻之，则鼓行而西耳。[③]上虽病，强载辎车，卧而护之，诸将不敢不尽力。上虽苦，为妻子自强。'"于是吕泽立夜见吕后，吕后承间为上泣涕而言，如四人意。上曰："吾惟竖子固不足遣，而公自行耳。"于是上自将兵而东，群臣居守，皆送至灞上。留侯病，自强起，至曲邮，④见上曰："臣宜从，病甚。楚人剽疾，愿上无与楚人争锋。"因说上曰："令太子为将军，监关中兵。"上曰："子房虽病，强卧而傅太子。"是时叔孙通为太傅，留侯行少傅事。

①【索隐】此语出《韩子》。 ②【集解】徐广曰："夷，犹侪也。"【索隐】如淳云："等夷，言等辈。" ③【集解】晋灼曰："鼓行而西，言无所畏也。" ④【集解】司马彪曰："长安县东有曲邮聚。"【索隐】邮音尤。按：司马彪《汉书郡国志》长安有曲邮聚。今在新丰西，俗谓之邮头。《汉书旧仪》云"五里一邮，邮人居间，相去二里半"。按：邮乃今之候。

汉十二年，上从击破布军归，疾益甚，愈欲易太子。留侯谏，不听，因疾不视事。叔孙太傅称说引古今，以死争太子。上详许之，犹欲易之。又燕，置酒，太子侍。四人从太子，年皆八十有余，须眉皓白，衣冠甚伟。上怪之，问曰："彼何为者？"四人前对，各言名姓，曰东园公，角里先生，绮里季，夏黄公。上乃大惊，曰："吾求公数岁，公辟逃我，今公何自从吾儿游乎？"四人皆曰："陛下轻士善骂，臣等义不受辱，故恐而亡匿。窃闻太子为人仁孝，恭敬爱士，天下莫不延颈欲为太子死者，故臣等来耳。"上曰："烦公幸卒调护太子。"①

①【集解】如淳曰："调护，犹营护也。"

四人为寿已毕，趋去。上目送之，召戚夫人指示四人者曰："我欲易之，彼四人辅之，羽翼已成，难动矣。吕后真而主矣。"戚夫人泣，上曰："为我楚舞，吾为若楚歌。"歌曰："鸿鹄高飞，一举千里。羽翮已就，横绝四海。横绝四海，当可奈何！虽有矰缴，①尚安所施！"歌数阕，②戚夫人嘘唏流涕，上起去，罢酒。竟不易太子者，留侯本招此四人之力也。

①【集解】韦昭曰："缴，弋射也。其矢曰矰。"【索隐】马融注《周礼》云："矰者，缴系短矢谓之矰。"一说云矰，一弦，可以仰射高者，故云矰也。
②【索隐】音曲穴反，谓曲终也。《说文》曰："阕，事〔已闭门〕也。"

留侯从上击代，出奇计马邑下，①及立萧何相国，②所与上从容言天下事甚众，非天下所以存亡，故不著。留侯乃称曰："家世相韩，及韩灭，不爱万金之资，为韩报仇强秦，天下振动。今以三寸舌③为帝者师，封万户，位列侯，此布衣之极，于良足矣。愿弃人间事，欲从赤松子④游耳。"乃学辟⑤谷，道引轻身。⑥会高帝崩，吕后德留侯，乃强食之，曰："人生一世间，如白驹过隙，何至自苦如此乎！"留侯不得已，强听而食。

①【集解】徐广曰："一云'出奇计下马邑'。"　②【集解】《汉书音义》曰："何时未为相国，良劝高祖立之。"　③【索隐】《春秋纬》云："舌在口，长三寸，象斗玉衡。"　④【索隐】赤松子，神农时雨师，能入火自烧，昆仑山上随风雨上下也。　⑤【索隐】宾亦反。　⑥【集解】徐广曰："一云'乃学道引，欲轻举'也。"

后八年卒，谥为文成侯。子不疑代侯。[①]

①【集解】徐广曰："文成侯立十六年卒，子不疑代立。十年，坐与门大夫吉谋杀故楚内史，当死，赎为城旦，国除。"

子房始所见下邳圯上老父与《太公书》者，后十三年从高帝过济北，果见穀城山下黄石，取而葆祠之。[①]留侯死，并葬黄石(冢)。[②]每上冢伏腊，祠黄石。

①【集解】徐广曰："《史记》珍宝字皆作葆。" ②【正义】《括地志》云："汉张良墓在徐州沛县东六十五里，与留城相近也。"

留侯不疑，孝文帝五年坐不敬，国除。

太史公曰：学者多言无鬼神，然言有物。[①]至如留侯所见老父予书，亦可怪矣。[②]高祖离困者数矣，而留侯常有功力焉，岂可谓非天乎？上曰："夫运筹策帷帐之中，决胜千里外，吾不如子房。"余以为其人计魁梧奇伟，[③]至见其图，状貌如妇人好女。盖孔子曰："以貌取人，失之子羽。"[③]留侯亦云。

①【索隐】按：物谓精怪及药物也。 ②【索隐】按：《诗纬》云"风后，黄帝师，又化为老子，以书授张良"。亦异说耳。父后化为黄石。 ③【集解】应劭曰："魁梧，丘虚壮大之意。"【索隐】苏林云"梧音忤"。萧该云"今读为吾，非也"。小颜云"言其可惊悟于人。" ④【索隐】子羽，澹

台灭明字也。《仲尼弟子传》云“状貌甚恶”。又(家语)〔《韩子》〕云“子羽有君子之容,而行不称其貌”,与《史记》文(同也)〔相反〕。

索隐述赞曰:留侯倜傥,志怀愤惋。五代相韩,一朝归汉。进履宜假,运筹神算。横阳既立,申徒作扞。灞上扶危,固陵静乱。人称三杰,辩推八难。赤松愿游,白驹难绊。嗟彼雄略,曾非魁岸。

卷五十六

陈丞相世家第二十六

陈丞相平者，阳武户牖乡人也。[①]少时家贫，好读书，有田三十亩，独与兄伯居。伯常耕田，纵平使游学。平为人长〔大〕美色。人或谓陈平曰："贫何食而肥若是？"其嫂嫉平之不视家生产，曰："亦食糠覈耳。[②]有叔如此，不如无有。"伯闻之，逐其妇而弃之。

①【集解】徐广曰："阳武属魏地。户牖，今为东昏县，属陈留。"【索隐】徐广云"阳武属魏"，而《地理志》属河南郡，盖后阳武分属梁国耳。徐又云"户牖，今为东昏县，属陈留"，与《汉书·地理志》同。按：是秦时户牖乡属阳武，至汉以户牖为东昏县，隶陈留郡也。【正义】《陈留风俗传》云："东昏县，卫地，故阳武之户牖乡也。"《括地志》云："东昏故城在汴州陈留县东北九十里。" ②【集解】徐广曰："覈音核。"骃案：孟康曰"麦糠中不破者也"。晋灼曰"覈音纥，京师谓麄屑为纥头"。

及平长，可娶妻，富人莫肯与者，贫者平亦耻之。久之，户牖富人有张负，[①]张负女孙五嫁而夫辄死，人莫敢娶。平欲得之。邑中有丧，平贫，侍丧，以先往后罢为助。张负既见之丧所，独视伟平，平亦以故后去。负随平至其家，家乃负郭[②]穷巷，以獘席为门，然门外多有长者车辙。[③]张负归，谓其子仲曰："吾欲以女孙予陈平。"张仲曰："平贫不事事，一县中尽笑其所为，独奈何予女乎？"负曰："人固有好美如陈平而长贫贱者乎？"卒与女。为平贫，乃假贷币以聘，予酒肉之资以内妇。负诫其孙曰："毋以贫故，事人不谨。事兄伯如事父，事嫂如母。"[④]平既娶张氏女，赍用益饶，游道日广

①【索隐】按：负是妇人老宿之称，犹"武负"之类也。然此张负既称富人，或恐是丈夫尔。　②【索隐】高诱注《战国策》云"负背郭居也"。③【索隐】一作"轨"。按：言长者所乘安车，与载运之车轨辙或别。④【集解】兄伯已逐其妇，此嫂疑后娶也。

里中社，平为宰，[①]分肉食甚均。父老曰："善，陈孺子之为宰！"平曰："嗟乎，使平得宰天下，亦如是肉矣！"

①【索隐】其里名库上里。知者，据蔡邕《陈留东昏库上里社碑》云"惟斯库里，古阳武之牖乡"。陈平由此社宰，遂相高祖也。

陈涉起而王陈，使周市略定魏地，立魏咎为魏王，与秦军相攻于临济。陈平固已前谢其兄伯，[①]从少年往事魏王咎于临济。魏王以为太仆。说魏王不听，人或谗之，陈平亡去。

①【集解】《汉书音义》曰："谢语其兄往事魏。"

久之，项羽略地至河上，陈平往归之，从入破秦，赐平爵

卿。[①]项羽之东王彭城也，汉王还定三秦而东，殷王反楚。项羽乃以平为信武君，将魏王咎客在楚者以往，击降殷王而还。项王使项悍拜平为都尉，赐金二十溢。居无何，汉王攻下殷(王)。项王怒，将诛定殷者将吏。陈平惧诛，乃封其金与印，使使归项王，而平身间行杖剑亡。渡河，船人见其美丈夫独行，疑其亡将，要中当有金玉宝器，目之，欲杀平。平恐，乃解衣裸而佐刺船。船人知其无有，乃止。

①【集解】张晏曰："礼秩如卿，不治事。"

平遂至修武降汉，[①]因魏无知求见汉王，[②]汉王召入。是时万石君奋为汉王中涓，[③]受平谒，入见平。平等七人俱进，赐食。王曰："罢，就舍矣。"平曰："臣为事来，所言不可以过今日。"于是汉王与语而悦之，问曰："子之居楚何官？"曰："为都尉。"是日乃拜平为都尉，使为参乘，典护军。诸将尽讙，[④]曰："大王一日得楚之亡卒，未知其高下，而即与同载，反使监护军长者！"汉王闻之，愈益幸平。遂与东伐项王。至彭城，为楚所败。引而还，收散兵至荥阳，以平为亚将，属于韩王信，军广武。

①【集解】徐广曰："汉二年。" ②【索隐】《汉书》张敞与朱邑书云"陈平须魏倩而后进"，孟康云即无知也。 ③【集解】徐广曰："亦曰涓人。" ④【索隐】讙，哗也。音懽，又音喧。《汉书》作"皆怨"。

绛侯、灌婴等咸谗陈平曰："平虽美丈夫，如冠玉耳，其中未必有也。[1]臣闻平居家时，盗其嫂；事魏不容，亡归楚；归楚不中，又亡归汉。今日大王尊官之，令护军。臣闻平受诸将金，金多者得善处，金少者得恶处。平，反复乱臣也，愿王察之。"汉王疑之，召让魏无知。无知曰："臣所言者，能也。陛下所问者，行也。今有尾生、孝己之行[2]而无益于胜负之数，陛下何暇用之乎？楚、汉相距，臣进奇谋之士，顾其计诚足以利国家不耳。且盗嫂受金又何足疑乎？"汉王召让平曰："先生事魏不中，遂事楚而去，今又从吾游，信者固多心乎？"平曰："臣事魏王，魏王不能用臣说，故去事项王。项王不能信人，其所任爱，非诸项即妻之昆弟，虽有奇士不能用，平乃去楚。闻汉王之能用人，故归大王。臣裸身来，不受金无以为资。诚臣计画有可采者，(顾)〔愿〕大王用之；使无可用者，金具在，请封输官，得请骸骨。"汉王乃谢，厚赐，拜为护军中尉，尽护诸将。诸将乃不敢复言。

①【集解】《汉书音义》曰："饰冠以玉，光好外见，中非所有。"
②【集解】如淳曰："孝己，高宗之子，有孝行。"

其后，楚急攻，绝汉甬道，围汉王于荥阳城。久之，汉王患之，请割荥阳以西以和。项王不听。汉王谓陈平曰："天下纷纷，何时定乎？"陈平曰："项王为人，恭敬爱人，士之廉节好礼者多归之。至于行功爵邑，重之，士亦以此不附。今大王慢而少礼，士廉节者不来。然大王能饶人以爵邑，士之顽钝[1]嗜利无耻者亦多归汉。诚各去其两短，袭其两长，天下指麾则定矣。然大王恣侮人，不能得廉节之士。顾楚有可乱者，彼项王骨鲠之臣亚父、钟离眛、龙且、周殷之属，不过数人耳。大王诚能出捐数万斤金，行反间，间其君臣，以疑其心，项王为人意忌信谗，必内相诛。汉因举兵而攻之，破楚必矣。”汉王以为然，乃出黄金四万斤，与陈平，恣所为，不问其出入。

①【集解】如淳曰：“犹无廉隅。”

陈平既多以金纵反间于楚军，宣言诸将钟离眛等为项王将，功多矣，然而终不得裂地而王，欲与汉为一，以灭项氏而分王其地。项羽果意不信钟离眛等。项王既疑之，使使至汉。汉王为太牢具，举进。见楚使，即佯惊曰：“吾以为亚父使，乃项王使！”复持去，更以恶草具[①]进楚使。楚使归，具以报项王。项王果大疑亚父。亚父欲急攻下荥阳城，项王不信，不肯听。亚父闻项王疑之，乃怒曰：“天下事大定矣，君王自为之。愿请骸骨归！”归未至彭城，疽发背而死。陈平乃夜出女子二千人荥阳城东门，楚因击之，陈平乃与汉王从城西门夜出去。遂入关，收散兵复东。

①【集解】《汉书音义》曰：“草，粗也。”【索隐】《战国策》云“食冯煖以草具”。如淳云“藁草麄恶之具也”。

其明年，淮阴侯破齐，自立为齐王，使使言之汉王。汉王大怒而骂，陈平蹑汉王。[①]汉王亦悟，乃厚遇齐使，使张子房卒立信为齐王。封平以户牖乡。用其奇计策，卒灭楚。

常以护军中尉从定燕王臧荼。

①【集解】《汉书音义》曰："蹑谓蹑汉王足。"

汉六年，人有上书告楚王韩信反。高帝问诸将，诸将曰："亟发兵坑竖子耳。"高帝默然。问陈平，平固辞谢，曰："诸将云何？"上具告之。陈平曰："人之上书言信反，有知之者乎？"曰："未有。"曰："信知之乎？"曰："不知。"陈平曰："陛下精兵孰与楚？"上曰："不能过。"平曰："陛下将用兵有能过韩信者乎？"上曰："莫及也。"平曰："今兵不如楚精，而将不能及，而举兵攻之，是趣之战也，窃为陛下危之。"上曰："为之奈何？"平曰："古者天子巡狩，会诸侯。南方有云梦，陛下第出伪游云梦，①会诸侯于陈。陈，楚之西界，②信闻天子以好出游，其势必无事而郊迎谒。谒，而陛下因禽之，此特一力士之事耳。"高帝以为然，乃发使告诸侯会陈，"吾将南游云梦"。上因随以行。行未至陈，楚王信果郊迎道中。高帝豫具武士，见信至，即执缚之，载后车。信呼曰："天下已定，我固当烹！"高帝顾谓信曰："若毋声。而反，明矣！"武士反接之。③遂会诸侯于陈，尽定楚地。还至雒阳，赦信以为淮阴侯，而与功臣剖符定封。

①【索隐】苏林云"第，且也"。小颜云"但也"。　②【正义】陈，今陈州也。韩信都彭城，号楚王，故陈州为楚西界也。　③【集解】《汉书音义》曰："反缚两手。"

于是与平剖符，世世勿绝，为户牖侯。平辞曰："此非臣之功也。"上曰："吾用先生谋计，战胜克敌，非功而何？"平曰："非魏无知臣安得进？"上曰："若子可谓不背本矣。"乃复赏魏无知。其明年，以护军中尉从攻反者韩王信于代。卒至平城，为匈奴所围，七日不得食。高帝用陈平奇计，使单于阏氏，①围以得开。高帝既出，其计秘，世莫得闻。②

①【集解】苏林曰："阏氏音焉支，如汉皇后。" ②【集解】桓谭《新论》："或云：'陈平为高帝解平城之围，则言其事秘，世莫得而闻也。此以工妙踔善，故藏隐不传焉。子能权知斯事否？'吾应之曰：'此策乃反薄陋拙恶，故隐而不泄。高帝见围七日，而陈平往说阏氏，阏氏言于单于而出之，以是知其所用说之事矣。彼陈平必言汉有好丽美女，为道其容貌天下无有，今困急，已驰使归迎取，欲进与单于，单于见此人必大好爱之，爱之则阏氏日以远疏，不如及其未到，令汉得脱去，去，亦不持女来矣。阏氏妇女，有妒媚之性，必憎恶而事去之。此说简而要，及得其用，则欲使神怪，故隐匿不泄也。'刘子骏闻吾言，乃立称善焉。"按：《汉书音义》应劭说此事大旨与桓《论》略同，不知是应全取桓《论》，或别有所闻乎？今观桓《论》似本无说。

高帝南过曲逆，①上其城，望见其屋室甚大，曰："壮哉县。吾行天下，独见雒阳与是耳。"顾问御史曰："曲逆户口几何？"对曰："始秦时三万余户，间者兵数起，多亡匿，今见五千户。"于是乃诏御史，更以陈平为曲逆侯，尽食之，除前所食户牖。其后常以护军中尉从攻陈豨及黥布。凡六出奇计，辄益邑，凡六益封。奇计或颇秘，世莫能闻也。

①【集解】《地理志》县属中山也。【索隐】章帝丑其名，改云蒲阴也。

高帝从破布军还，病创，徐行至长安。燕王卢绾反，上使樊哙以相国将兵攻之。既行，人有短恶哙者。高帝怒曰："哙见吾病，乃冀我死也。"用陈平谋而召绛侯周勃受诏床下，曰："陈平亟驰传载勃代哙将，平至军中即斩哙头！"二人既受诏，驰传未至军，行计之曰："樊哙，帝之故人也，功多，且又乃吕后弟吕嬃之夫，有亲且贵，帝以忿怒故，欲斩之，则恐后悔。宁囚而致上，上自诛之。"未至军，为坛，以节召樊哙。哙受诏，即反接载槛车，传诣长安，而令绛侯勃代将，将兵定燕反县。

平行闻高帝崩，平恐吕太后及吕嬃谗怒，乃驰传先去。逢使者诏平与灌婴屯于荥阳。平受诏，立复驰至宫，哭甚哀，因奏事丧前。吕太后哀之，曰："君劳，出休矣。"平畏谗之就，因固请得宿卫中。太后乃以为郎中令，曰："傅教孝惠。"[①]是后吕嬃谗乃不得行。樊哙至，则赦复爵邑。

①【集解】如淳曰："傅相之傅也。"

孝惠帝六年，相国曹参卒，以安国侯王陵为右丞相，[①]陈平为左丞相。

①【集解】徐广曰："王陵以客从起丰，以厩将别守丰，上东，因从战，不利，奉孝惠、鲁元出睢水中，封为雍侯。高帝(八)〔六〕年，定食安国。二十一年卒，谥武侯。至玄孙，坐酎金，国除。"

王陵者，故沛人，始为县豪，高祖微时，兄事陵。陵少文,任气,好直言。及高祖起沛,入至咸阳,陵亦自聚党数千人,居南阳,不肯从沛公。及汉王之还攻项籍,陵乃以兵属汉。项羽取陵母置军中,陵使至,则东乡坐陵母,欲以招陵。陵母既私送使者,泣曰:“为老妾语陵,谨事汉王。汉王,长者也,无以老妾故,持二心。妾以死送使者。”遂伏剑而死。项王怒,烹陵母。陵卒从汉王定天下。以善雍齿,雍齿,高帝之仇,而陵本无意从高帝,以故晚封,为安国侯。

安国侯既为右丞相,二岁,孝惠帝崩。高后欲立诸吕为王,问王陵,王陵曰:“不可。”问陈平,陈平曰:“可。”吕太后怒,乃佯迁陵为帝太傅,实不用陵。陵怒,谢疾免,杜门竟不朝请,七年而卒。

陵之免丞相,吕太后乃徙平为右丞相,以辟阳侯审食其为左丞相。左丞相不治,常给事于中。[①]

①【集解】孟康曰:“不在治处,便止宫中也。”

食其亦沛人。汉王之败彭城,西,楚取太上皇、吕后为质,食其以舍人侍吕后。其后从破项籍为侯,幸于吕太后。及为相,居中,百官皆因决事。

吕媭常以前陈平为高帝谋执樊哙,数谗曰:“陈平为相非治事,日饮醇酒,戏妇女。”陈平闻,日益甚。吕太后闻之,私独喜。面质吕媭于陈平曰:“鄙语曰‘儿妇人口不可用’,顾君与我何如耳。无畏吕媭之谗也。”

吕太后立诸吕为王,陈平伪听之。及吕太后崩,平与太尉勃合谋，卒诛诸吕，立孝文皇帝，陈平本谋也。审食其免相。[①]

①【集解】徐广曰："审食其初以舍人起，侍吕后、孝惠帝于沛，又从在楚。封二十五年，文帝三年死，子平代。代二十二年，景帝三年，坐谋反，国除。一本云'食其免后三岁，为淮南王所杀。文帝令其子平嗣侯。菑川王反，辟阳近菑川，平降之，国除'。"

孝文帝立，以为太尉勃亲以兵诛吕氏，功多；陈平欲让勃尊位，乃谢病。孝文帝初立，怪平病，问之。平曰："高祖时，勃功不如臣平。及诛诸吕，臣功亦不如勃。愿以右丞相让勃。"于是孝文帝乃以绛侯勃为右丞相，位次第一；平徙为左丞相，位次第二。赐平金千斤，益封三千户。

居顷之，孝文皇帝既益明习国家事，朝而问右丞相勃曰："天下一岁决狱几何？"勃谢曰："不知。"问："天下一岁钱谷出入几何？"勃又谢不知，汗出沾背，愧不能对。于是上亦问左丞相平。平曰："有主者。"上曰："主者谓谁？"平曰："陛下即问决狱，责廷尉。问钱谷，责治粟内史。"上曰："苟各有主者，而君所主者何事也？"平谢曰："主臣。[①]陛下不知其驽下，使待罪宰相。宰相者，上佐天子理阴阳，顺四时，下育万物之宜，外镇抚四夷诸侯，内亲附百姓，使卿大夫各得任其职焉。"孝文帝乃称善。右丞相大惭，出而让陈平曰："君独不素教我对！"陈平笑曰："君居其位，不知其任邪？且陛下即问长安中盗贼数，[②]君欲强对邪？"于是绛侯自知其能不如平远矣。居顷之，绛侯谢病请免相，陈平专为一丞相。

①【集解】张晏曰："若今人谢曰'惶恐'也。马融《龙虎赋》曰'勇怯见之，莫不主臣'。"孟康曰："主臣，主群臣也，若今言人主也。"韦昭曰："言主臣道，不敢欺也。"【索隐】苏林与孟康同，既古人所未了，故并存两解。
②【集解】《汉书音义》曰："头数也。"

孝文帝二年，丞相陈平卒，谥为献侯。子共侯买代侯。二年卒，子简侯恢代侯。二十三年卒，子何代侯。二十三年，何坐略人妻，弃市，国除。

始陈平曰："我多阴谋，是道家之所禁。吾世即废，亦已矣，终不能复起，以吾多阴祸也。"然其后曾孙陈掌以卫氏亲贵戚，愿得续封陈氏，然终不得。①

①【集解】徐广曰："陈掌者，卫青之子婿。"

太史公曰：陈丞相平少时，本好黄帝、老子之术。方其割肉俎上之时，其意固已远矣。倾侧扰攘楚、魏之间，卒归高帝。常出奇计，救纷纠之难，振国家之患。及吕后时，事多故矣，然平竟自脱，定宗庙，以荣名终，称贤相，岂不善始善终哉。非知谋孰能当此者乎？

索隐述赞曰：曲逆穷巷，门多长者。宰肉先均，佐丧后罢。魏、楚更用，腹心难假。弃印封金，刺船露裸。间行归汉，委质麾下。荥阳计全，平城围解。推陵让勃，裒多益寡。应变合权，克定宗社。

卷五十七

绛侯周勃世家第二十七

绛侯周勃者，沛人也。其先卷人，[①]徙沛。勃以织薄曲为生，[②]常为人吹箫给丧事，[③]材官引强。[④]

①【集解】徐广曰："卷县在荥阳。"【索隐】韦昭云属河南，《地理志》亦然。然则后置荥阳郡，而卷隶焉。音丘玄反，《字林》音丘权反。【正义】《括地志》云："故卷城在郑州原武县西北七里。"《释例·地名》云："卷县所理垣雍城也。" ②【集解】苏林曰："薄，一名曲。《月令》曰'具曲植'。"【索隐】谓勃本以织蚕薄为生业也。韦昭云"北方谓薄为曲"。许慎注《淮南》云"曲，苇薄也"。郭璞注《方言》云"植，悬曲柱也"。音直吏反。 ③【集解】如淳曰："以乐丧家，若俳优。"瓒曰："吹箫以乐丧宾，若乐人也。"【索隐】《左传》"歌虞殡"，犹今挽歌类也。歌者或有箫管。 ④【集解】《汉书音义》曰："能引强弓官，如今挽强司马也。"【索隐】晋灼云"申屠嘉为材官蹶张"。

高祖之为沛公初起，勃以中涓从攻胡陵，下方与。方与反，与战，却適。攻丰。击秦军砀东。还军留及萧。复攻砀，破之。下下邑，先登。赐爵五大夫。攻蒙、虞，[①]取之。击章邯车骑，殿。[②]定魏地。攻爰戚、东缗，[③]以往至栗，[④]取之。攻啮桑，[⑤]先登。击秦军阿下，[⑥]破之。追至濮阳，下甄城。攻都关、[7]定陶，袭取宛朐，[8]得单父[9]令。夜袭取临济，攻张，[10]以前至卷，破之。击李由军雍丘下。攻开封，先至城下为多。[11]后章邯破杀项梁，沛公与项羽引兵东如砀。自初起沛还至砀，一岁二月。[12]楚怀王封沛公号安武侯，为砀郡长。沛公拜勃为虎贲令，[13]以令从沛公定魏地。攻东郡尉于城武，破之。击王离军，破之。攻长社，先登。攻颍阳、缑氏，[14]绝河津。[15]击赵贲军尸北。[16]南攻南阳守𬺈，破武关、峣关。破秦军于蓝田，至咸阳，灭秦。

①【索隐】二县名。《地理志》属梁国。　②【集解】服虔曰："略得殿兵也。"如淳曰："殿，不进也。"瓒曰："在军后曰殿。"孙检曰："一说上功曰最，下功曰殿，战功曰多。周勃事中有此三品，与诸将俱计功则曰殿最，独捷则曰多。多义见《周礼》。故此云'击章邯车骑，殿'，又云'先至城下为多'，又云'攻槐里、好畤，最'是也。"　③【集解】徐广曰："属山阳。"【索隐】小颜音昏，非也。《地理志》山阳有东缗县，音旻。然则户牖之为东缗，音昏是。属陈留者音昏，属山阳者音旻也。【正义】缗，眉贫反。《括地志》云："东缗故城，汉县也，在兖州金乡县界。"　④【正义】《括地志》云属沛郡也。　⑤【索隐】徐氏云在梁、彭城间。　⑥【索隐】谓东阿之下也。　⑦【索隐】《地理志》县名，属山阳。　⑧【正义】冤劬二音，今曹州县，在州西四十七里。　⑨【正义】善甫二音，宋州县也。⑩【集解】《汉书音义》曰："攻寿张。"【索隐】《地理志》东郡寿梁县，光武改曰寿张。　⑪【集解】文颖曰："勃士卒至者多。"如淳曰："《周礼》'战功曰多'。"　⑫【索隐】谓初起沛及还至砀，得一岁又更二月也。⑬【集解】徐广曰："一云'句盾令'。"【索隐】《汉书》云"襄贲令"。贲音肥，县名，属东海。徐广又云"句盾令"，所见本各别也。　⑭【正义】缑音勾。洛州县。　⑮【正义】即古平阴津，在洛州洛阳县东北五十里。⑯【索隐】贲音肥，人姓名也。尸即尸乡，今偃师也。北谓尸乡之北。

项羽至，以沛公为汉王。汉王赐勃爵为威武侯。[①]从入汉中，拜为将军。还定三秦，至秦，赐食邑怀德。[②]攻槐里、好畤，[③]最。[④]击赵贲、内史保于咸阳，最。北攻漆。[⑤]击章平、姚卬军。[⑥]西定汧。[⑦]还下郿、频阳。[⑧]围章邯废丘。[⑨]破西丞。[⑩]击盗巴军，破之。[⑪]攻上邽。[⑫]东守峣关。转击项籍。攻曲逆，最。还守敖仓，追项籍。籍已死，因东定楚地泗(川)〔水〕、东海郡，凡得二十二县。还守雒阳、栎阳，赐与颍(阳)〔阴〕侯共食钟离。[⑬]以将军从高帝击反者燕王臧荼，破之易下。[⑭]所将卒当驰道[⑮]为多。赐爵列侯，剖符世世勿绝。食绛[⑯]八千一百八十户，号绛侯。

①【索隐】或是封号，未必县名也。　②【正义】《括地志》云："怀德故城在同州朝邑县西南四十三里。"　③【索隐】《地理志》二县属右扶风。　④【集解】如淳曰："于将率之中功为最。"　⑤【索隐】《地理志》漆县在右扶风。【正义】今豳州新平县，古漆县也。　⑥【索隐】卬音五郎反，平下将。　⑦【正义】口肩反。今陇州汧源县，本汉汧县地也。⑧【索隐】《地理志》郿属右扶风，频阳属左冯翊也。【正义】郿音眉。《括地志》云："郿县故城在岐州郿县东北十五里，频阳故城在宜州土门县南三里。"今土门县并入同官县，属雍州，宜州废也。　⑨【索隐】《地理志》"槐里，周曰犬丘，懿王都之，秦更名废丘，高祖三年更名槐里"。而此云槐里者，据后而书之。又云废丘者，以章邯本都废丘而亡，亦据旧书之。⑩【集解】徐广曰："天水有西县。"【正义】《括地志》云："西县故城在秦州上邽县西南九十里，本汉西县地。"破西县丞。　⑪【集解】如淳曰："章邯将。"　⑫【正义】音圭。秦州县也。　⑬【索隐】《地理志》县名，属九江，古钟离子国。【正义】《括地志》云："颍(阳)〔阴〕故城在陈州南顿县西北。钟离故城在濠州钟离县东北五里。"　⑭【索隐】荼，如字读。易，水名，

因以为县，在涿郡。谓破荼军于易水之下，言近水也。【正义】《括地志》云："易县故城在幽州归义县东南十五里，燕桓侯所徙都临易是也。" ⑮【索隐】小颜以当高祖所行之道。或以驰道为秦之驰道，故《贾山传》云"秦为驰道，东穷燕、齐"也。 ⑯【正义】《括地志》云："绛邑城，汉绛县，在绛州曲沃县南二里。或以为秦之旧驰道也。"

以将军从高帝击反韩王信于代，降下霍人。①以前至武泉，②击胡骑，破之武泉北。转攻韩信军铜鞮，③破之。还，降太原六城。④击韩信胡骑晋阳下，破之，下晋阳。后击韩信军于硰石，⑤破之，追北八十里。还攻楼烦⑥三城，因击胡骑平城下，⑦所将卒当驰道为多。勃迁为太尉。

①【索隐】萧该云："《左传》'以偪阳子归纳诸霍人'，杜预云晋邑也。字或作靃。"【正义】霍音琐，又音苏寡反。颜师古云："音山寡反。"按："霍"字当作"葰"，《地理志》云葰人，县，属太原郡。《括地志》云："葰人故城在代州繁畤县界，汉葰人县也。"按：《樊哙列传》作"靃人"，其音亦同。 ②【集解】徐广曰："属云中。"【正义】《括地志》云："武泉故城在朔州北二百二十里。" ③【正义】《括地志》云："铜鞮故城在潞州铜鞮县东十五里，州西六十五里，在并州东南也。" ④【正义】并州县。从铜鞮还并，降六城也。 ⑤【集解】应劭曰："硰音沙。或曰地名。"【索隐】晋灼音赤座反。【正义】按：在楼烦县西北。 ⑥【正义】《地理志》云在雁门郡，《括地志》云在并州崞县界。 ⑦【正义】《地理志》云在雁门郡。《括地志》云："朔州定襄，本汉平城县。"

击陈豨，屠马邑。所将卒斩豨将军乘马絺。①击韩信、陈豨、赵利军于楼烦，破之。得豨将宋最、雁门守圂。②因转攻得云中守遬、[3]丞相箕肆、将勳。[4]定雁门郡十七县，云中郡十二县。因复击豨灵丘，[5]破之，斩豨，得豨丞相程纵、将军陈武、都尉高肆。定代郡九县。

①【集解】徐广曰："姓乘马。"【索隐】绨，名也。乘音始证反。②【索隐】圂，守之名，音胡困反。　③【索隐】音速。【正义】《括地志》云："云中故城在胜州榆林县东北四十里，秦云中郡。"　④【集解】徐广曰："箕，一作'奠'。勳，一作'专'，一作'转'。"【索隐】刘氏肆音如字，包恺音以四反。《汉书》"勳"亦作"博"字，并误耳。　⑤【索隐】《地理志》县名，属代郡。【正义】《括地志》云："灵丘故城在蔚州灵丘县东十里，汉县也。"

燕王卢绾反，勃以相国代樊哙将，击下蓟，得绾大将抵、丞相偃、守陉、[1]太尉弱、御史大夫施，屠浑都。[2]破绾军上兰，[3]复击破绾军沮阳。[4]追至长城，[5]定上谷十二县，右北平十六县，辽西、辽东二十九县，渔阳二十二县。最从高帝[6]得相国一人，丞相二人，将军、二千石各三人；别破军二，下城三，定郡五，县七十九，得丞相、大将各一人。

①【集解】张晏曰："卢绾郡守，陉其名。"　②【集解】徐广曰："在上谷。"【索隐】施，名也。屠，灭之也。《地理志》浑都县属上谷。一云，御史大夫姓施屠，名浑都。【正义】《括地志》云："幽州昌平县，本汉浑都县。"③【正义】《括地志》云"妫州怀戎县东北有马兰谿水"，恐是也。　④【集解】徐广曰："在上谷。"骃案：服虔曰沮音阻。【索隐】按：《地理志》沮阳县属上谷。【正义】《括地志》云："上谷郡故城在妫州怀戎县东北百二十里。燕上谷，秦因不改，汉为沮阳县。"　⑤【正义】即马邑长城，亦名燕长城，

在妫州北,今是。 ⑥【索隐】最,都凡也。谓总举其从高祖攻战克获之数也。

勃为人木强敦厚,高帝以为可属大事。勃不好文学,每召诸生说士,东向坐而责之:①"趣为我语。"其椎少文如此。②

①【集解】如淳曰:"勃自东乡坐,责诸生说士,不以宾主之礼。" ②【集解】瓒曰:"令直言,勿称经书也。"韦昭曰:"椎不桡曲,直至如椎。"【索隐】大颜云:"俗谓愚为钝椎,音直追反。"今按:椎如字读之。谓勃召说士东向而坐,责之云"趣为我语",其质朴之性,以斯推之,其少文皆如此。

勃既定燕而归,高祖已崩矣,以列侯事孝惠帝。孝惠帝六年,置太尉官,①以勃为太尉。十岁,高后崩。吕禄以赵王为汉上将军,吕产以吕王为汉相国,秉汉权,欲危刘氏。勃为太尉,不得入军门。陈平为丞相,不得任事。于是勃与平谋,卒诛诸吕而立孝文皇帝。其语在《吕后》、《孝文》事中。

①【集解】徐广曰:"《功臣表》及《将相表》皆高后四年始置太尉。"【正义】下云"以勃为太尉。十岁高后崩"。按:孝惠六年〔至〕高后八年崩,是十年耳。而《功臣表》及《将相表》云高后四年置太尉官,未详。

文帝既立,以勃为右丞相,赐金五千斤,食邑万户。居月余,人或说勃曰:"君既诛诸吕,立代王,威震天下,而君受厚赏,处尊位,以宠,久之即祸及身矣。"勃惧,亦自危,乃谢请归相印。上许之。岁余,丞相平卒,上复以勃为丞相。十余月，上曰："前日吾诏列侯就国，或未能行，丞相吾所重，其率先之。"乃免相就国。

岁余，每河东守尉行县至绛，绛侯勃自畏恐诛，常被甲，令家人持兵以见之。其后人有上书告勃欲反，①下廷尉。廷尉下其事长安，逮捕勃治之。勃恐，不知置辞。吏稍侵辱之。勃以千金与狱吏，狱吏乃书牍背示之，②曰"以公主为证"。公主者，孝文帝女也，勃太子胜之尚之，③故狱吏教引为证。勃之益封受赐，尽以予薄昭。及系急，薄昭为言薄太后，太后亦以为无反事。文帝朝，太后以冒絮提文帝，④曰："绛侯绾皇帝玺，⑤将兵于北军，不以此时反，今居一小县，顾欲反邪！"文帝既见绛侯狱辞，乃谢曰："吏(事)方验而出之。"于是使使持节赦绛侯，复爵邑。绛侯既出，曰："吾尝将百万军，然安知狱吏之贵乎！"

①【集解】徐广曰："文帝四年时。" ②【集解】李奇曰："吏所执簿。"韦昭曰："牍版。"【索隐】簿即牍也。故《魏志》"秦宓以簿击颊"，则亦简牍之类也。 ③【集解】韦昭曰："尚，奉也。不敢言娶。" ④【集解】徐广曰："提音弟。"骃案：应劭曰"陌额絮也"。如淳曰"太后恚怒，遭得左右物提之也"。晋灼曰"《巴蜀异物志》谓头上巾为冒絮"。【索隐】服虔云"纶絮也。提音弟，又音啼"，非也。萧该音底。提者，掷也，萧音为得。恚者，嗔也。遭者，逢也。谓太后嗔，乃逢冒絮，因以提帝。陌音"蛮貊"之"貊"。《方言》云"幪巾，南楚之间云'陌额'"也。 ⑤【集解】应劭曰："言勃诛诸吕，废少帝，手贯玺时尚不反，况今更有异乎？"

绛侯复就国。孝文帝十一年卒，谥为武侯。子胜之代侯。六岁，尚公主，不相中，①坐杀人，国除。绝一岁，文帝乃择绛侯勃子贤者河内守亚夫，封为条侯，[②]续绛侯后。

①【集解】如淳曰："犹言不相合当。"　②【集解】徐广曰："表皆作修字。"骃案：服虔曰"修音条"。【索隐】《地理志》条县属渤海郡。【正义】《括地志》云："故蓨城俗名南条城，在德州蓨县南十二里，汉县。"

条侯亚夫自未侯为河内守时，许负相之，[①]曰："君后三岁而侯。侯八岁为将相，持国秉，[②]贵重矣，于人臣无两。其后九岁而君饿死。"亚夫笑曰："臣之兄已代父侯矣，有如卒，子当代，亚夫何说侯乎？然既已贵如负言，又何说饿死？指示我。"许负指其口曰："有从理入口，[③]此饿死法也。"居三岁，其兄绛侯胜之有罪，孝文帝择绛侯子贤者，皆推亚夫，乃封亚夫为条侯，续绛侯后。

①【索隐】应劭云："负，河内温人，老妪也。"姚氏按：《楚汉春秋》高祖封负为鸣雌亭侯，是知妇人亦有封邑。　②【索隐】音柄。　③【索隐】从音子容反。从理，横理。

文帝之后六岁，匈奴大入边。乃以宗正刘礼为将军，军霸上。[①]祝兹侯徐厉为将军，军棘门。[②]以河内守亚夫为将军，军细柳，[③]以备胡。上自劳军。至霸上及棘门军，直驰入，将以下骑送迎。已而之细柳军，军士吏被甲，锐兵刃，彀弓弩，[④]持满。天子先驱至，不得入。先驱曰："天子且至！"军门都尉曰："将军令曰'军中闻将军令，不闻天子之诏'。"[⑤]居无何，上至，又不得入。于是上乃使使持节诏将军："吾欲人劳军。"亚夫乃传言开壁门。壁门士吏谓从属车骑曰："将军约，军中不得驱驰。"于是天子乃按辔徐行。至营，将军亚夫持兵揖曰："介胄之士不拜，请以军礼见。"⑥天子为动，改容式车。⑦使人称谢："皇帝敬劳将军。"成礼而去。既出军门，群臣皆惊。文帝曰："嗟乎，此真将军矣！曩者霸上、棘门军，若儿戏耳，其将固可袭而虏也。至于亚夫，可得而犯邪！"称善者久之。月余，三军皆罢。乃拜亚夫为中尉。⑧

①【正义】《庙记》云："霸陵即霸上。"按：霸陵城在雍州万年县东北二十五里。 ②【正义】孟康云："秦时宫也。"《括地志》云："棘门在渭北十余里，秦王门名也。" ③【正义】《括地志》云："细柳仓在雍州咸阳县西南二十里也。" ④【索隐】彀者，张也。 ⑤【索隐】《六韬》云："军中之事，不闻君命。" ⑥【集解】应劭曰："《礼》'介者不拜'。"【索隐】应劭云："《左传》'晋郤克三肃使者而退'，杜预注'肃，若今揎'。郑众注《周礼》'肃拜'云'但俯下手，今时揎是'。" ⑦【索隐】轼者，车前横木。若上有敬，则俯身而凭之。 ⑧【正义】《汉书·百官表》云："中尉，秦官，掌徼巡京师。武帝太初元年，更名执金吾。"应劭云："吾者，御也。掌执金吾以御非常。"颜师古云："金吾，鸟名，主辟不祥。天子出行，职主先导，以备非常，故执此鸟之象，因以名官也。"

孝文且崩时，诫太子曰："即有缓急，周亚夫真可任将兵。"文帝崩，拜亚夫为车骑将军。

孝景三年，吴、楚反。亚夫以中尉为太尉，①东击吴、楚。因自请上曰："楚兵剽轻，②难与争锋。愿以梁委之，③绝其粮道，乃可制。"上许之。

①【正义】《汉书·百官表》云:"太尉,秦官,掌武〔事〕。元狩四年置大将军大司马。"即今十二卫大将军及兵部尚书也。 ②【索隐】《汉书》亚夫至淮阳,问邓都尉,为画此计,亚夫从之。今此云"自请"者,盖此亦闻疑而传疑,汉史得其实也。剽音七妙反。轻读从去声。 ③【索隐】谓以梁委之于吴,使吴兵不得过也。亦有作餧音,亦通。

太尉既会兵荥阳,吴方攻梁,梁急,请救。太尉引兵东北走昌邑,深壁而守。梁日使使请太尉,太尉守便宜,不肯往。梁上书言景帝,景帝使使诏救梁。太尉不奉诏,坚壁不出,而使轻骑兵弓高侯等[①]绝吴、楚兵后食道。吴兵乏粮,饥,数欲挑战,终不出。夜,军中惊,内相攻击扰乱,至于太尉帐下。太尉终卧不起。顷之,复定。后吴奔壁东南陬,[②]太尉使备西北。已而其精兵果奔西北,不得入。吴兵既饿,乃引而去。太尉出精兵追击,大破之。吴王濞弃其军,而与壮士数千人亡走,保于江南丹徒。[③]汉兵因乘胜,遂尽虏之,降其兵,购吴王千金。月余,越人斩吴王头以告。[④]凡相攻守三月,而吴、楚破平。于是诸将乃以太尉计谋为是。由此梁孝王与太尉有郤。

①【索隐】韩穨当也。【正义】弓高,沧州县也。 ②【集解】如淳曰:"陬,隅也。"【索隐】音子侯反。 ③【索隐】《地理志》县属会稽。【正义】《括地志》云:"丹徒故城在润州丹徒县东南十八里,汉丹徒县也。《晋太康地志》云'吴王濞反,走丹徒,越人杀之于此城南'。《徐州记》云'秦使赭衣凿其地,因谓之丹徒。凿处今在故县西北六里。丹徒岘东南连亘,盘纡屈曲,有象龙形,故秦凿绝顶,阔百余步,又夹坑龙首,以毁其形。坑之所在,即今龙、月二湖,悉成田也'。" ④【正义】越人即丹徒人。越灭吴,

丹徒地属楚。秦灭楚后，置三十六郡，丹徒县属会稽郡，故以丹徒为越人也。

归，复置太尉官。五岁，迁为丞相，景帝甚重之。景帝废栗太子，丞相固争之，不得。景帝由此疏之。而梁孝王每朝，常与太后言条侯之短。

窦太后曰："皇后兄王信可侯也。"景帝让曰："始南皮、章武侯[①]先帝不侯，及臣即位乃侯之。信未得封也。"窦太后曰："人主各以时行耳。[②]自窦长君在时，竟不得侯，死后乃(封)其子彭祖顾得侯。[③]吾甚恨之。帝趣侯信也！"景帝曰："请得与丞相议之。"丞相议之，亚夫曰："高皇帝约'非刘氏不得王，非有功不得侯。不如约，天下共击之'。今信虽皇后兄，无功，侯之，非约也。"景帝默然而止。

①【集解】瓒曰："南皮，窦彭祖，太后兄子。章武侯，太后弟广国。" ②【索隐】谓人主各当其时而行事，不必一一相法也。【正义】人主作"人生"。 ③【索隐】许慎注《淮南子》云："顾，反也。"

其后匈奴王〔唯〕徐卢等五人降，景帝欲侯之以劝后。丞相亚夫曰："彼背其主降陛下，陛下侯之，则何以责人臣不守节者乎？"景帝曰："丞相议不可用。"乃悉封〔唯〕徐卢等为列侯。[①]亚夫因谢病。景帝中三年，以病免相。

①【索隐】《功臣表》唯徐卢封容城侯。

顷之，景帝居禁中，召条侯，赐食。独置大胾，[①]无切肉，又不置櫡。条侯心不平，顾谓尚席取櫡。[②]景帝视而笑曰："此不足君所乎？"[③]条侯免冠谢。上起，条侯因趋出。景帝以目送之，曰："此怏怏者非少主臣也！"

①【集解】韦昭曰："胾，大脔也。音侧吏反。"【索隐】脔音李转反。谓肉脔也。 ②【集解】应劭曰："尚席，主席者。"【索隐】顾氏按《舆服杂事》云"六尚，尚席，掌武帐帷幔也"。櫡音筯。《汉书》作"箸"。箸者，食所用也。留侯云"借前箸以筹之"。《礼》曰"羹之有菜者用梜"。梜亦箸之类，故郑玄云"今人谓箸为梜"是也。 ③【集解】孟康曰："设胾无筯者，此非不足满于君所乎？嫌恨之。"如淳曰："非故不足君之食具也，偶失之。"【索隐】言不设箸者，此盖非我意，于君有不足乎？故如淳云"非故不足君之食具，偶失之耳"。盖当然也，所以帝视而笑也。若本不为足，当别有辞，未必为之笑也。孟康、晋灼虽探古人之情，亦未必能得其实。顾氏亦同孟氏之说，又引魏武赐荀彧虚器，各记异说也。

居无何，条侯子为父买工官尚方[①]甲楯五百被[②]可以葬者。取庸苦之，不予钱。庸知其盗买县官器，[③]怒而上变告子，事连污条侯。[④]书既闻上，上下吏。吏簿责条侯，[⑤]条侯不对。景帝骂之曰："吾不用也。"[⑥]召诣廷尉。[⑦]廷尉责曰："君侯欲反邪？"亚夫曰："臣所买器，乃葬器也，何谓反邪？"吏曰："君侯纵不反地上，即欲反地下耳。"吏侵之益急。初，吏捕条侯，条侯欲自杀，夫人止之，以故不得死，遂入廷尉。因不食五日，呕血而死。国除。

①【集解】徐广曰："一作西。"【索隐】工官即尚方之工，所作物属尚方，

故云工官尚方。　②【集解】徐广曰："音披。"骃案：如淳曰"工官，官名也"。张晏曰"被，具也。五百具甲楯"。　③【索隐】县官谓天子也。所以谓国家为县官者，《夏(家)〔官〕》王畿内县即国都也。王者官天下，故曰县官也。　④【索隐】污音乌故反。　⑤【集解】如淳曰："簿问责其情。"　⑥【集解】孟康曰："不用汝对，欲杀之也。"如淳曰："恐狱吏畏其复用事，不敢折辱。"【索隐】孟康、如淳已备两解，大颜以孟说为得。而姚察又别一解，云"帝责此吏不得亚夫直辞，以为不足任用，故召亚夫别诣廷尉，使责问"。　⑦【正义】景帝见条侯不对簿，因责骂之曰："吾不任用汝也。"故召诣廷尉，使重推劾耳。馀说皆非也。

绝一岁，景帝乃更封绛侯勃他子坚为平曲侯，续绛侯后。十九年卒，谥为共侯。子建德代侯，十三年，为太子太傅。坐酎金不善，元鼎五年，有罪，国除。[①]

①【集解】徐广曰："诸列侯坐酎金失侯者，皆在元鼎五年，但此辞句如有颠倒。"【索隐】既云"坐酎金不善"，复云"元鼎五年有罪国除"，似重有罪，故云颠倒。而《汉书》云"为太子太傅，坐酎金免官。后有罪，国除"，其文又错也。按：表坐免官，至元鼎五年坐酎金又失侯，所以二史记之各有不同也。

条侯果饿死。死后，景帝乃封王信为盖侯。

太史公曰：绛侯周勃始为布衣时，鄙朴人也，才能不过凡庸。及从高祖定天下，在将相位，诸吕欲作乱，勃匡国家难，复之乎正。虽伊尹、周公，何以加哉。亚夫之用兵，持威重，执坚刃，穰苴曷有加焉！足己而不学，[①]守节不逊，[②]终以穷困。悲夫！

①【索隐】亚夫自以己之智谋足，而〔不〕虚己（不）学古人，所以不体权变，而动有违忤。　　②【索隐】守节谓争栗太子，不封王信、〔唯〕徐卢等。不逊谓顾尚席取箸，不对制狱是也。

索隐述赞曰：绛侯佐汉，质厚敦笃。始击砀东，亦围尸北。所攻必取，所讨咸克。陈豨伏诛，臧荼破国。事居送往，推功伏德。列侯还第，太尉下狱。继相条侯，绍封平曲。惜哉贤将，父子代辱。

卷五十八

梁孝王世家第二十八

梁孝王武者，孝文皇帝子也，而与孝景帝同母。母，窦太后也。

孝文帝凡四男：长子曰太子，是为孝景帝；次子武；次子参；次子胜。①孝文帝即位二年，以武为代王，②以参为太原王，③以胜为梁王。④二岁，徙代王为淮阳王。⑤以代尽与太原王，号曰代王。参立十七年，孝文后二年卒，谥为孝王。子登嗣立，是为代共王。立二十九年，元光二年卒。子义立，是为代王。十九年，汉广关，以常山为限，而徙代王王清河。⑥清河王徙以元鼎三年也。

①【正义】《汉书》"胜"作"揖"。又云"诸姬生代孝王参、梁怀王揖"。言诸姬者，众妾卑贱，史不书姓，故云诸姬也。　②【集解】徐广曰："都中都。"【正义】《括地志》云："中都故城在汾州平遥县西十二里。"　③【集解】徐广曰："都晋阳。"【正义】《括地志》云："并州太原地名大明城，即古晋阳城。智伯与韩、魏攻赵襄子于晋阳，即此城是也。"　④【集解】徐广曰："都睢阳。"【索隐】《汉书》梁王名揖，盖是矣。按：景帝子中山靖王名胜，是《史记》误耳。【正义】《括地志》云："宋州宋城县在州南二里外城中，本汉之睢阳县也。汉文帝封子武于大梁，以其卑湿，徙睢阳，故改曰梁也。"　⑤【集解】徐广曰："都陈。"【正义】即古陈国城也。　⑥【集

解】徐广曰："都清阳。"【正义】《括地志》云："清阳故城在贝州清阳县西北八里也。"

初，武为淮阳王十年，而梁王胜卒，谥为梁怀王。怀王最少子，爱幸异与他子。其明年，徙淮阳王武为梁王。梁王之初王梁，孝文帝之十二年也。梁王自初王通历已十一年矣。①

①【索隐】谓自文帝二年初封代，后徙淮阳，又徙梁，通数文帝二年至十二年徙梁为十一年也。

梁王十四年，入朝。十七年，十八年，比年入朝，留，其明年，乃之国。二十一年，入朝。二十二年，孝文帝崩。二十四年，入朝。二十五年，复入朝。是时上未置太子也。上与梁王燕饮，尝从容言曰："千秋万岁后传于王。"王辞谢。虽知非至言，然心内喜。太后亦然。

其春，吴、楚、齐、赵七国反。吴、楚先击梁棘壁，①杀数万人。梁孝王城守睢阳，而使韩安国、张羽等为大将军，以距吴、楚。吴、楚以梁为限，不敢过而西，与太尉亚夫等相距三月。吴、楚破，而梁所破杀虏略与汉中分。②明年，汉立太子。其后梁最亲，有功，又为大国，居天下膏腴地。地北界泰山，西至高阳，③四十余城，皆多大县。

①【集解】文颖曰："地名。"【索隐】按：《左传》宣公二年，宋华元战于大棘。杜预云在襄邑东南，盖即棘壁是也。【正义】《括地志》云："大棘故城

在宋州宁陵县西南七十里。” ②【集解】《汉书音义》曰:“梁所虏吴、楚之捷,略与汉等。” ③【集解】徐广曰:“在陈留圉县。”骃案:司马彪曰“圉有高阳亭”也。【索隐】圉县属陈留。高阳,乡名也。注引司马彪者,出《续汉书·郡国志》也。

孝王,窦太后少子也,爱之,赏赐不可胜道。于是孝王筑东苑,[①]方三百余里。[②]广睢阳城七十里。[③]大治宫室,为复道,自宫连属于平台三十余里。[④]得赐天子旌旗,出从千乘万骑。[⑤]东西驰猎,拟于天子。出言趩,入言警。[⑥]招延四方豪桀,自山以东游说之士莫不毕至。齐人羊胜、公孙诡、邹阳之属。公孙诡多奇邪计,[⑦]初见王,赐千金,官至中尉,梁号之曰公孙将军。梁多作兵器弩弓矛数十万,而府库金钱且百巨万,[⑧]珠玉宝器多于京师。

①【索隐】筑谓建也。《白虎通》云:“苑所以东者何?盖以东方生物故也。” ②【索隐】盖言其奢,非实辞。或者梁国封域之方。【正义】《括地志》云:“兔园在宋州宋城县东南十里。葛洪《西京杂记》云‘梁孝王苑中有落猨岩、栖龙岫、雁池、鹤洲、凫岛。诸宫观相连,奇果佳树,瑰禽异兽,靡不毕备’。俗人言梁孝王竹园也。” ③【索隐】苏林云:“广其径也。”《太康地理记》云:“城方十三里,梁孝王筑之。鼓倡节杵而后下和之者,称《睢阳曲》。今踵以为故,所以乐家有《睢阳曲》,盖采其遗音也。” ④【集解】徐广曰:“睢阳有平台里。”骃案:如淳曰“在梁东北,离宫所在也”。晋灼曰“或说在城中东北角”。【索隐】如淳云“在梁东北,离宫所在”者,按今城东二十里临新河,有故台址,不甚高,俗云平台,又一名修竹苑。《西京杂记》云“有落猿岩、凫洲、雁渚,连亘七十余里”是也。 ⑤【索隐】《汉官仪》曰:“天子法驾三十六乘,大驾八十一乘,皆备千乘万骑而出也。” ⑥【索

隐】《汉旧仪》云："皇帝辇动称警，出殿则传跸，止人清道。"言出入者，互文耳，入亦有跸。 ⑦【索隐】《周礼》"有奇邪之人"，郑玄云"奇邪，谲怪非常也。奇音纪宜反，邪音斜"也。 ⑧【索隐】如淳云："巨亦大，与大百万同也。"韦昭云："大百万，今万万。"

二十九年十月，梁孝王入朝。景帝使使持节乘舆驷马，[①]迎梁王于关下。既朝，上疏因留。以太后亲故，王入则侍景帝同辇，出则同车游猎，射禽兽上林中。梁之侍中、郎、谒者著籍引出入[②]天子殿门，与汉宦官无异。

①【集解】邓展曰："但将驷马往。"瓒曰："称乘舆驷马，则车马皆往，言不驾六马耳。天子副车驾驷马。" ②【正义】著，竹略反。籍谓名簿也，若今通引出入门也。

十一月，上废栗太子，窦太后心欲以孝王为后嗣。大臣及袁盎等有所关说于景帝，[①]窦太后义格，[②]亦遂不复言以梁王为嗣事由此。以事秘，世莫知。乃辞归国。

①【索隐】袁盎云"汉家法周道立子"，是有所关涉之说于帝也。一云关者，隔也。引事而关隔，其说不得行也。 ②【集解】如淳曰："歧阁不得下。"【索隐】张晏云"格，止也"。服虔云"格谓格阁不行"。苏林音阁。周成《杂字》"歧阁也"。《通俗文》云"高置立歧棚云歧阁"。《字林》音纪，又音诡也。

其夏四月，上立胶东王为太子。梁王怨袁盎及议臣，乃与羊胜、公孙诡之属阴使人刺杀袁盎及他议臣十余人。逐其贼，未得也。于是天子意梁王，[①]逐贼，果梁使之。乃遣使冠盖相望于道，覆按梁，捕公孙诡、羊胜。公孙诡、羊胜匿王后宫。使者责二千石急，梁相轩丘豹[②]及内史韩安国进谏王，王乃令胜、诡皆自杀，出之。上由此怨望于梁王。梁王恐，乃使韩安国因长公主谢罪太后，然后得释。

①【索隐】谓意疑梁刺之。　②【正义】姓轩丘，名豹也。

上怒稍解，因上书请朝。既至关，茅兰[①]说王，使乘布车，[②]从两骑入，匿于长公主园。汉使使迎王，王已入关，车骑尽居外，不知王处。太后泣曰："帝杀吾子!"景帝忧恐。于是梁王伏斧质于阙下，谢罪，然后太后、景帝大喜，相泣，复如故。悉召王从官入关。然景帝益疏王，不同车辇矣。

①【集解】《汉书音义》曰："茅兰，孝王臣。"　②【集解】张晏曰："布车，降服，自比丧人。"

三十五年冬，复朝。上疏欲留，上弗许。归国，意忽忽不乐。北猎良山，[①]有献牛，足出背上，[②]孝王恶之。六月中，病热，六日卒，谥曰孝王。[③]

①【索隐】《汉书》作"梁山"。《述征记》云"良山际清水"。今寿张县南有良山，服虔云是此山也。【正义】《括地志》云"梁山在郓州寿张县南三十五里"，即猎处也。　②【索隐】张晏云："足当处下，所以辅身也。今出背上，象孝王背朝以干上也。北者，阴也。又在梁山，明为梁也。牛者，丑

之畜，冲在六月。北方数六，故六月六日薨也。” ③【索隐】《述征记》："砀有梁孝王之冢。"

孝王慈孝，每闻太后病，口不能食，居不安寝，常欲留长安侍太后。太后亦爱之。及闻梁王薨，窦太后哭极哀，不食，曰："帝果杀吾子。"景帝哀惧，不知所为。与长公主计之，乃分梁为五国，[①]尽立孝王男五人为王，女五人皆食汤沐邑。于是奏之太后，太后乃悦，为帝加壹飡。

①【索隐】长子买，梁共王。子明，济川王。子彭离，济东王。子定，山阳王。子不识，济阴王。

梁孝王长子买为梁王，是为共王；子明为济川王；子彭离为济东王；子定为山阳王；子不识为济阴王。

孝王未死时，财以巨万计，不可胜数。及死，藏府余黄金尚四十余万斤，他财物称是。

梁共王三年，景帝崩。共王立七年卒，子襄立，是为平王。

梁平王襄[①]十四年，母曰陈太后。共王母曰李太后。李太后，亲平王之大母也。而平王之后姓任，曰任王后。任王后甚有宠于平王襄。初，孝王在时，有罍樽，[②]直千金。孝王诫后世，善保罍樽，无得以与人。任王后闻而欲得罍樽。平王大母李太后曰："先王有命，无得以罍樽与人。他物虽百巨万，犹自恣也。"任王后绝欲得之。平王襄直使人开府取罍樽，赐任王后。李太后大怒，汉使者来，欲自言，平王襄及任王后遮止，闭门，李太后与争门，措指，[③]遂不得见汉使者。李太后亦私与食官长及郎中尹霸等士通乱，[④]而王与任王后以此使人风止李太后，李太后内有淫行，亦已。后病薨。病时，任后未尝请病；薨，又不持丧。

①【索隐】《汉书》作“让”。　②【集解】郑德曰：“上盖刻为云雷象。”【索隐】应劭曰：“《诗》云‘酌彼金罍’。罍者，画云雷之象以金饰之。”　③【集解】晋灼曰：“许慎云‘措，置’。字借以为笮。”【索隐】措音迮，侧格反。《汉书·王陵传》“迫迮前队”，皆作此字。《说文》云“笮，迫也”。谓为门扇所笮。　④【正义】张先生旧本有“士”字，先生疑是衍字，又不敢除，故以朱大点其字中心。今按：食官长及郎中尹霸等是士人，太后与通乱，其义亦通矣。

元朔中，睢阳人类犴反者，[①]人有辱其父，而与淮阳太守客出同车。太守客出下车，类犴反杀其仇于车上而去。淮阳太守怒，以让梁二千石。二千石以下求反甚急，执反亲戚。反知国阴事，乃上变事，具告知王与大母争樽状。时丞相以下见知之，欲以伤梁长吏，其书闻天子。天子下吏验问，有之。公卿请废襄为庶人。天子曰：“李太后有淫行，而梁王襄无良师傅，故陷不义。”乃削梁八城，枭任王后首于市。梁余尚有十城。襄立三十九年卒，谥为平王。子无伤立为梁王也。

①【索隐】韦昭云“犴音岸”。按：类犴反，人姓名也。反字或作“友”。

济川王明者，梁孝王子，以桓邑侯[①]孝景中六年为济川王。七岁，坐射杀其中尉，汉有司请诛，天子弗忍诛，废明为庶人，迁房陵，地入于汉为郡。

①【索隐】《地理志》桓邑阙。

济东王彭离者，梁孝王子，以孝景中六年为济东王。二十九年，彭离骄悍，无人君礼，昏暮私与其奴、亡命少年数十人行剽杀人，取财物以为好。[①]所杀发觉者百余人，国皆知之，莫敢夜行。所杀者子上书言。汉有司请诛，上不忍，废以为庶人，迁上庸，地入于汉，为大河郡。

①【集解】如淳曰："以是为好喜之事。"

山阳哀王定者，梁孝王子，以孝景中六年为山阳王。九年卒，无子，国除，地入于汉，为山阳郡。

济阴哀王不识者，梁孝王子，以孝景中六年为济阴王。一岁卒，无子，国除，地入于汉，为济阴郡。

太史公曰：梁孝王虽以亲爱之故，王膏腴之地，然会汉家隆盛，百姓殷富，故能植其财货，广宫室，车服拟于天子。然亦僭矣。

褚先生曰：臣为郎时，闻之于宫殿中老郎吏好事者称道之也。窃以为令梁孝王怨望，欲为不善者，事从中生。今太后，女主也，以爱少子故，欲令梁王为太子。

大臣不时正言其不可状，阿意治小，私说意以受赏赐，非忠臣也。齐如魏其侯窦婴之正言也，[①]何以有后祸？景帝与王燕见，侍太后饮，景帝曰："千秋万岁之后传王。"太后喜悦。窦婴在前，据地言曰："汉法之约，传子嫡孙，今帝何以得传弟，擅乱高帝约乎！"于是景帝默然无声。太后意不悦。

①【索隐】窦婴、袁盎皆言如周家立子，不合立弟。

故成王与小弱弟立树下，取一桐叶以与之，曰："吾用封汝。"周公闻之，进见曰："天王封弟，甚善。"成王曰："吾直与戏耳。"周公曰："人主无过举，不当有戏言，言之必行之。"于是乃封小弟以应县。[①]是后成王没齿不敢有戏言，言必行之。《孝经》曰："非法不言，非道不行。"此圣人之法言也。今主上不宜出好言于梁王。梁王上有太后之重，骄蹇日久，数闻景帝好言，千秋万世之后传王，而实不行。

①【索隐】此说与《晋系家》不同，事与封叔虞同，彼云封唐，此云封应，应亦成王之弟，或别有所见，故不同。【正义】《括地志》云："故应城，故应乡也，在汝州鲁山县东四十里。"《吕氏春秋》云"成王戏削桐叶为圭，以封叔虞"，非应侯也。又《汲冢古文》云殷时已有应国，非成王所造也。

又诸侯王朝见天子，汉法凡当四见耳。始到，入小见。到正月朔旦，奉皮荐璧玉贺正月，法见。后三日，为王置酒，赐金钱财物。后二日，复入小见，辞去。凡留长安不过二十日。小见者，燕见于禁门内，饮于省中，非士人所得入也。今梁王西朝，因留，且半岁。入与人主同辇，出与同车。示风以大言而实不与，令出怨言，谋畔逆，乃随而忧之，不亦远乎。非大贤人，不知退让。今汉之仪法，朝见贺正月者，常一王与四侯俱朝见，十余岁一至。今梁王常比年入朝见，久留。鄙语曰"骄子不孝"，非恶言也。故诸侯王当为置良师傅，相忠言之士，如汲黯、韩长孺等，敢直言极谏，安得有患害。

盖闻梁王西入朝，谒窦太后，燕见，与景帝俱侍坐于太后前，语言私说。太后谓帝曰："吾闻殷道亲亲，周道尊尊，[①]其义一也。安车大驾，用梁孝王为寄。"景帝跪席举身曰："诺。"罢酒出，帝召袁盎诸大臣通经术者曰："太后言如是，何谓也？"皆对曰："太后意欲立梁王为帝太子。"帝问其状，袁盎等曰："殷道亲亲者，立弟。周道尊尊者，立子。殷道质，质者法天，亲其所亲，故立弟。周道文，文者法地，尊者敬也，敬其本始，故立长子。周道，太子死，立嫡孙。殷道，太子死，立其弟。"帝曰："于公何如？"皆对曰："方今汉家法周，周道不得立弟，当立子。故《春秋》所以非宋宣公。宋宣公死，不立子而与弟。弟受国死，复反之与兄之子。弟之子争之，以为我当代父后，即刺杀兄子。以故国乱，祸不绝。故《春秋》曰'君子大居正，宋之祸宣公为之'。臣请见太后白之。"袁盎等入见太后："太后言欲立梁王，梁王即终,欲谁立?"太后曰:"吾复立帝子。"袁盎等以宋宣公不立正,生祸,祸乱后五世不绝,小不忍害大义状报太后。太后乃解悦,即使梁王归就国。而梁王闻其义出于袁盎诸大臣所,怨望,使人来杀袁盎。袁盎顾之曰:"我所谓袁将军者也,公得毋误乎?"刺者曰:"是矣!"刺之,置其剑,剑著身。视其剑,新治。问长安中削厉工,工曰:"梁郎某子②来治此剑。"以此知而发觉之,发使者捕逐之。独梁王所欲杀大臣十余人,文吏穷本之,谋反端颇见。太后不食,日夜泣不止。景帝甚忧之,问公卿大臣,大臣以为遣经术吏往治之,乃可解。于是遣田叔、吕季主往治之。此二人皆通经术,知大礼。来还,至霸昌厩,③取火悉烧梁之反辞,但空手来对景帝。景帝曰:"何如?"对曰:"言梁王不知也。造为之者,独其幸臣羊胜、公孙诡之属为之耳。谨以伏诛死,梁王无恙也。"景帝喜悦,曰:"急趋谒太后。"太后闻之,立起坐湌,气平复。故曰,不通经术知古今之大礼,不可以为三公及左右近臣。少见之人,如从管中窥天也。

①【索隐】殷人尚质,亲亲,谓亲其弟而授之。周人尚文,尊尊,谓尊祖之正体。故立其子,尊其祖也。 ②【索隐】谓梁国之郎,是孝王官属。某子,史失其姓名也。 ③【正义】《括地志》云:"汉霸昌厩在雍州万年县东北三十八里。"

索隐述赞曰:文帝少子,徙封于梁。太后钟爱,广筑睢阳。旌旗警跸,势拟天王。功扞吴、楚,计丑孙、羊。窦婴正议,袁盎劫伤。汉穷梁狱,冠盖相望。祸成骄子,致此猖狂。虽分五国,卒亦不昌。

卷五十九

五宗世家第二十九

【索隐】景帝子十四人，一武帝，余十三人为王，《汉书》谓之“景十三王”。此名“五宗”者，十三人为王，其母五人，同母者为宗也。

孝景皇帝子凡十三人为王，而母五人，同母者为宗亲。栗姬子曰荣、德、阏于。①程姬子曰馀、非、端。贾夫人子曰彭祖、胜。唐姬子曰发。王夫人儿姁②子曰越、寄、乘、舜。

①【索隐】阏音遏。《汉书》无“于”字。　②【索隐】况羽反。儿姁，夫人名。王皇后之妹也。

河间献王德，①以孝景帝前二年用皇子为河间王。好儒学，被服造次必于儒者。山东诸儒多从之游。

①【索隐】《汉书》云“大行令奏：《谥法》曰聪明睿智曰献”。

二十六年卒，①子共王不害立。四年卒，子刚王基代立。十二年卒，子顷王授代立。②

①【集解】《汉名臣奏》：“杜业奏曰‘河间献王经术通明，积德累行，天

下雄俊众儒皆归之。孝武帝时，献王朝，被服造次必于仁义。问以五策，献王辄对无穷。孝武帝艴然难之，谓献王曰：“汤以七十里，文王百里，王其勉之。”王知其意，归即纵酒听乐，因以终’。”【索隐】注“问以五策”。按：《汉书》诏策问三十余事。“被服造次”。按：小颜云“被服，言常居处其中也。造次，谓所向所行皆法于儒者”。　②【索隐】《汉书》云授谥顷，音倾。

临江哀王阏于，以孝景帝前二年用皇子为临江王。三年卒，无后，国除为郡。

临江闵王荣，以孝景前四年为皇太子，四岁废，用故太子为临江王。

四年，坐侵庙壖垣①为宫，上征荣。荣行，祖于江陵北门。②既已上车，轴折车废。江陵父老流涕窃言曰：“吾王不反矣。”荣至，诣中尉府簿。中尉郅都责讯王，王恐，自杀。葬蓝田。燕数万衔士置冢上，百姓怜之。

①【索隐】服虔云“宫外之余地”。顾野王云“墙外行马内田”。音人椽反，又音软，又音奴乱反。壖垣，墙外之短垣也。　②【索隐】按：祖者行神，行而祭之，故曰祖也。《风俗通》云“共工氏之子曰修，好远游，故祀为祖神”。又崔浩云“黄帝之子累祖，好远游而死于道，因以为行神”，亦不知其何据。盖见其谓之祖，因以为累祖，非也。据《帝系》及本纪皆言累祖黄帝妃，无为行神之由也。又《聘礼》云“出祖释軷，祭酒脯”而已。按：今祭礼，以軷壤土为坛于道，则用黄羝或用狗，以其羝血衅左轮。【正义】《荆州图副》云：“汉临江闵王荣始都江陵城，坐侵庙壖地为宫，被征，出城北门而车轴折。父老共流涕曰：‘吾王不反矣！’既而为郅都所讯，惧而缢死。自此后北门存而不启，盖为荣不以道终也。”

荣最长，[①]死无后，国除，地入于汉，为南郡。

①【正义】颜师古云："荣实最长，而传居二王后者，以其从太子废后乃为王也。"

右三国本王皆栗姬之子也。

鲁共王馀，以孝景前二年用皇子为淮阳王。二年，吴、楚反破后，以孝景前三年徙为鲁王。好治宫室苑囿狗马。季年好音，不喜辞辩。为人吃。

二十六年卒，子光代为王。初好音舆马，晚节啬，[①]惟恐不足于财。

①【正义】晚节犹言末年时。啬，贪吝也。

江都易王非，[①]以孝景前二年用皇子为汝南王。吴、楚反时，非年十五，有材力，上书愿击吴。景帝赐非将军印，击吴。吴已破，二岁，徙为江都王，治吴故国，以军功赐天子旌旗。元光五年，匈奴大入汉为贼，非上书愿击匈奴，上不许。非好气力，治宫观，招四方豪桀，骄奢甚。

①【索隐】按：《谥法》"好更故旧曰易"。

立二十六年卒，子建立为王。七年自杀。淮南、衡山谋反时，建颇闻其谋。自以为国近淮南，恐一日发，为所并，即阴作兵器，而时佩其父所赐将军印，载天子旗以出。

易王死未葬，建有所悦易王宠美人淖姬，[①]夜使人迎与奸服舍中。及淮南事发，治党与颇及江都王建。建恐，因使人多持金钱，事绝其狱。而又信巫祝，使人祷祠妄言。建又尽与其姊弟奸。[②]事既闻，汉公卿请捕治建。天子不忍，使大臣即讯王。王服所犯，遂自杀。国除，地入于汉，为广陵郡。

①【索隐】淖音女教反。淖，姓也，齐有淖齿是也。又《汉书》云“建召易王所爱淖姬等十人，与奸服舍中”。　②【索隐】《汉书》云建女弟徵臣为盖侯子妇，以易王丧来归，建复与奸也。

胶西于王端，[①]以孝景前三年吴、楚七国反破后，端用皇子为胶西王。端为人贼戾，又阴痿，[②]一近妇人，病之数月。而有爱幸少年为郎。为郎者顷之与后宫乱，端禽灭之，及杀其子母。数犯上法，汉公卿数请诛端，天子为兄弟之故不忍，而端所为滋甚。有司再请削其国，去太半。端心愠，遂为无訾省。[③]府库坏漏，尽腐财物以巨万计，终不得收徙。令吏毋得收租赋。端皆去卫，[④]封其宫门，从一门出游。数变名姓，为布衣，之他郡国。

①【索隐】按：《广周书谥法》云“能优其德曰于”。　②【正义】委危反。不能御妇人。　③【集解】苏林曰：“为无所訾录，无所省录。”【正义】颜师古云：“訾，财也。省，视也。言不能视录资财。”　④【索隐】谓不置宿卫人。

相、二千石往者，奉汉法以治，端辄求其罪告之，无罪者诈药杀之。所以设诈究变，[1]强足以距谏，智足以饰非。相、二千石从王治，则汉绳以法。故胶西小国，而所杀伤二千石甚众。

①【索隐】究者，穷也。故郭璞云"究谓穷尽也"。

立四十七年，卒，竟无男代后，国除，地入于汉，为胶西郡。

右三国本王皆程姬之子也。

赵王彭祖，以孝景前二年用皇子为广川王。赵王遂反破后，彭祖王广川。四年，徙为赵王。十五年，孝景帝崩。彭祖为人巧佞卑谄，足恭而心刻深。[1]好法律，持诡辩以中人。[2]彭祖多内宠姬及子孙。相、二千石欲奉汉法以治，则害于王家。是以每相、二千石至，彭祖衣皂布衣，自行迎，除二千石舍，[3]多设疑事以作动之，得二千石失言，中忌讳，辄书之。二千石欲治者，则以此迫劫；不听，乃上书告，及污以奸利事。彭祖立五十余年，相、二千石无能满二岁，辄以罪去，大者死，小者刑，以故二千石莫敢治。而赵王擅权，使使即县为贾人榷会，[4]入多于国经租税。[5]以是赵王家多金钱，然所赐姬诸子，亦尽之矣。彭祖取故江都易王宠姬王建所盗与奸淖姬者为姬，甚爱之。

①【索隐】刻害深，无仁恩。　②【索隐】谓诡诳之辩，以中伤于人。③【索隐】谓彭祖自为二千石埽除其舍，以迎之也。　④【集解】韦昭

曰:“平会两家买卖之贾也。榷者,禁他家,独王家得为之。”【索隐】榷音角。独言榷,谓酤榷也。会音侩,古外反。谓为贾人专榷买卖之贾,侩以取利,若今之和市矣。韦昭则训榷为平,其注解为得。　⑤【索隐】经者,常也。谓王家人多于国家常纳之租税。

彭祖不好治宫室、禨祥,[1]好为吏事。上书愿督国中盗贼。常夜从走卒行徼[2]邯郸中。诸使过客以彭祖险陂,莫敢留邯郸。

①【集解】服虔曰:“求福也。”【索隐】按:《埤苍》云“禨,祆祥也”。《列子》云“荆人鬼,越人禨”。谓楚信鬼神而越信禨祥者也。　②【索隐】上下孟反,下工吊反。徼是郊外之路,谓巡徼而伺察境界。

其太子丹与其女及同产姊奸,与其客江充有郤。充告丹,丹以故废。赵更立太子。

中山靖王胜,以孝景前三年用皇子为中山王。十四年,孝景帝崩。胜为人乐酒[1]好内,有子枝属百二十余人。常与兄赵王相非,曰:“兄为王,专代吏治事。王者当日听音乐声色。”赵王亦非之,曰:“中山王徒日淫,不佐天子拊循百姓,何以称为藩臣!”

①【正义】乐,五教反。

立四十二年卒,[1]子哀王昌立。一年卒,子昆侈代为中山王。[②]

①【索隐】按：《汉书》建元三年，济川、中山王等来朝，闻乐而泣。天子问其故，王对以大臣内谗，肺腑日疏，其言甚雄壮，词切而理文。天子加亲亲之好。可谓汉之英藩矣。 ②【索隐】《汉书》昆侈谥康王，子顷王辅嗣，至孙国除也。

右二国本王皆贾夫人之子也。

长沙定王发，发之母唐姬，故程姬侍者。景帝召程姬，程姬有所辟，不愿进，[①]而饰侍者唐儿使夜进。上醉不知，以为程姬而幸之，遂有身。已乃觉非程姬也。及生子，因命曰发。以孝景前二年用皇子为长沙王。以其母微，无宠，故王卑湿贫国。[②]

①【索隐】姚氏按：《释名》云“天子诸侯群妾以次进御，有月事者止不御，更不口说，故以丹注面目旳旳为识，令女史见之”。王粲《神女赋》以为“脱袿裳，免簪笄，施玄旳，结羽钗”。旳即《释名》所云也。《说文》云“姅，女污也”。《汉律》云“见姅变，不得侍祠”。姅音半。 ②【集解】应劭曰：“景帝后二年，诸王来朝，有诏更前称寿歌舞。定王但张袖小举手。左右笑其拙，上怪问之，对曰：‘臣国小地狭，不足回旋。’帝以武陵、零陵、桂阳属焉。”

立二十七年卒，子康王庸立。二十八年，卒，子鲋鮈立[①]为长沙王。

①【集解】服虔曰：“鮈音拘。”

右一国本王唐姬之子也。

广川惠王越，以孝景中二年用皇子为广川王。

十二年卒，子齐立为王。[①]齐有幸臣桑距。已而有罪，欲诛距，距亡，王因禽其宗族。距怨王，乃上书告王齐与同产奸。自是之后，王齐数上书告言汉公卿及幸臣所忠等。[②]

①【索隐】《汉书》齐谥缪王。《谥法》“伤人蔽贤曰缪”。 ②【索隐】按：《汉书》“又告中尉蔡彭祖”。子去嗣，坐暴虐勃乱，国除也。【正义】所忠，姓名。

胶东康王寄，以孝景中二年用皇子为胶东王。二十八年卒。淮南王谋反时，寄微闻其事，私作楼车镞矢[①]战守备，候淮南之起。及吏治淮南之事，辞出之。[②]寄于上最亲，[③]意伤之，发病而死，不敢置后，于是上(问)〔闻〕。寄有长子者名贤，母无宠；少子名庆，母爱幸，寄常欲立之，为不次，因有过，遂无言。上怜之，乃以贤为胶东王奉康王嗣，而封庆于故衡山地，为六安王。

①【集解】应劭曰：“楼车，所以窥看敌国营垒之虚实也。”【索隐】《左传》云“登楼车以窥宋人”，谓看敌国营垒之虚实也。李巡注《尔雅》“金镞，以金为箭镝”。镞，《字林》音子木反。 ②【集解】如淳曰：“穷治其辞，出此事。” ③【集解】徐广曰：“其母武帝母妹。”【正义】寄母王夫人即王皇后之妹，于上为从母，故寄于诸兄弟最为亲爱也。

胶东王贤立十四年卒，谥为哀王。子庆为王。[①]

①【集解】徐广曰："他本亦作'庆'字，惟一本作'建'。不宜得与叔父同名，相承之误。"

六安王庆，以元狩二年用胶东康王子为六安王。

清河哀王乘，以孝景中三年用皇子为清河王。十二年卒，无后，国除，地入于汉，为清河郡。

常山宪王舜，以孝景中五年用皇子为常山王。舜最亲，景帝少子，骄怠多淫，数犯禁，上常宽释之。立三十二年卒，太子勃代立为王。

初，宪王舜有所不爱姬生长男棁。[①]棁以母无宠故，亦不得幸于王。王后脩生太子勃。王内多，所幸姬生子平、子商，王后希得幸。及宪王病甚，诸幸姬常侍病，故王后亦以妒媢[②]不常侍病，辄归舍。医进药，太子勃不自尝药，又不宿留侍病。及王薨，王后、太子乃至。宪王雅不以长子棁为人数，及薨，又不分与财物。郎或说太子、王后，令诸子与长子棁共分财物，太子、王后不听。太子代立，又不收恤棁。棁怨王后、太子。汉使者视宪王丧，棁自言宪王病时，王后、太子不侍，及薨，六日出舍，[③]太子勃私奸，饮酒，博戏，击筑，与女子载驰，环城过市，入牢视囚。天子遣大行骞[④]验王后及问王勃，请逮勃所与奸诸证左，王又匿之。吏求捕，勃大急，使人致击笞掠，擅出汉所疑囚者。有司请诛宪王后脩及王勃。上以脩素无行，使棁陷之罪，勃无良师傅，不忍诛。有司请废王后脩，徙王勃以家属处房陵，上许之。

①【集解】苏林曰:“音夺。”【索隐】邹氏一音之悦反。苏林音夺。许慎《说解字林》云“他活反,字从木也”。　②【索隐】媢音亡报反。邹氏本作“媚”。郭璞注《三苍》云“媢,丈夫妒也”。又云妒女为媢。　③【集解】如淳曰:“服舍也。”　④【索隐】按:谓是张骞。

勃王数月,迁于房陵,国绝。月余,天子为最亲,乃诏有司曰:“常山宪王早夭,后妾不和,适孽诬争,陷于不义以灭国,朕甚闵焉。其封宪王子平三万户,为真定王;封子商三万户,为泗水王。”①

①【正义】泗水,海州。

真定王平,元鼎四年用常山宪王子为真定王。

泗水思王商,以元鼎四年用常山宪王子为泗水王。十一年卒,子哀王安世立。十一年卒,无子。于是上怜泗水王绝,乃立安世弟贺为泗水王。

右四国本王皆王夫人儿姁子也。其后汉益封其支子为六安王、泗水王二国。凡儿姁子孙,于今为六王。

太史公曰:高祖时诸侯皆赋,①得自除内史以下,汉独为置丞相,黄金印。诸侯自除御史、廷尉正、博士,拟于天子。自吴、楚反后,五宗王世,汉为置二千石,去“丞相”曰“相”,银印。诸侯独得食租税,夺之权。其后诸侯贫者或乘牛车也。

①【集解】徐广曰:"国所出有皆入于王也。"

索隐述赞曰：景十三子，五宗亲睦。栗姬既废，临江折轴。阏于早薨，河间儒服。馀好宫苑，端事驰逐。江都有才，中山禔福。长沙地小，胶东造镞。仁贤者代，涬乱者族。儿姁四王，分封为六。

卷六十

三王世家第三十

“大司马臣去病[①]昧死再拜上疏皇帝陛下：陛下过听，使臣去病待罪行间。宜专边塞之思虑，暴骸中野无以报，乃敢惟他议以干用事者，诚见陛下忧劳天下，哀怜百姓以自忘，亏膳贬乐，损郎员。皇子赖天，能胜衣趋拜，至今无号位师傅官。陛下恭让不恤，群臣私望，不敢越职而言。臣窃不胜犬马心，昧死愿陛下诏有司，因盛夏吉时定皇子位。[②]唯陛下幸察。臣去病昧死再拜以闻皇帝陛下。”三月乙亥，御史臣光守尚书令奏未央宫。制曰：“下御史。”

①【索隐】姓霍。　②【索隐】按：《明堂月令》云“季夏月，可以封诸侯，立大官”是也。

六年三月戊申朔，乙亥，御史臣光，守尚书令丞非，[①]下御史书到，言：“丞相臣青翟、[②]御史大夫臣汤、[③]太常臣充、[④]大行令臣息、[⑤]太子少傅臣安[⑥]行宗正事昧死上言：大司马去病上疏曰：‘陛下过听，使臣去病待罪行间。宜专边塞之思虑，暴骸中野无以报，乃敢惟他议以干用事者，诚见陛下忧劳天下，哀怜百姓以自忘，亏膳贬乐，损郎员。皇子赖天，能胜衣趋拜，至今无号位师傅官。陛下恭让不恤，群臣私望，不敢越职而言。臣窃不胜犬马心，昧死愿陛下诏有司，因盛夏吉时定皇子位。唯愿陛下幸察。'制曰'下御史'。臣谨与中二千石、二千石臣贺等[7]议：古者裂地立国，并建诸侯以承天子，所以尊宗庙重社稷也。今臣去病上疏，不忘其职，因以宣恩，乃道天子卑让自贬以劳天下，虑皇子未有号位。臣青翟、臣汤等宜奉义遵职，愚憧而不逮事。方今盛夏吉时，臣青翟、臣汤等昧死请立皇子臣闳、[8]臣旦、臣胥为诸侯王。昧死请所立国名。"

①【索隐】按：奏状有尚书令官位，而史先阙其名耳。丞非者，或尚书左右丞，非其名也。 ②【索隐】庄青翟也。 ③【索隐】张汤。 ④【索隐】赵充。 ⑤【索隐】李息。 ⑥【索隐】任安也。 ⑦【正义】公孙贺。 ⑧【集解】徐广曰："一作闬。"

制曰："盖闻周封八百，姬姓并列，或子、男、附庸。《礼》'支子不祭'。云并建诸侯所以重社稷，朕无闻焉。且天非为君生民也。[1]朕之不德，海内未洽，乃以未教成者强君连城，即股肱何劝？[2]其更议以列侯家之。"

①【索隐】《左传》曰"天生蒸民，立君以司牧之"，是言生人为立君长司牧之耳，非天为君而生人也。 ②【集解】徐广曰："一作敦，一作勖，一作观也。"【索隐】谓皇子等并未习教义也。皇子未习教义，而强使为诸侯王，以君连城之人，则大臣何有所劝？

三月丙子，奏未央宫。“丞相臣青翟、御史大夫臣汤昧死言：臣谨与列侯臣婴齐、中二千石二千石臣贺、谏大夫博士臣安等议曰：伏闻周封八百，姬姓并列，奉承天子。康叔以祖考显，而伯禽以周公立，咸为建国诸侯，以相傅为辅。百官奉宪，各遵其职，而国统备矣。窃以为并建诸侯所以重社稷者，四海诸侯各以其职奉贡祭。支子不得奉祭宗祖，礼也。封建使守藩国，帝王所以扶德施化。陛下奉承天统，明开圣绪，尊贤显功，兴灭继绝。续萧文终之后于酂，[①]褒厉群臣平津侯等。[②]昭六亲之序，明天施之属，使诸侯王封君得推私恩分子弟户邑，锡号尊建百有余国。[③]而家皇子为列侯，则尊卑相逾，[④]列位失序，不可以垂统于万世。臣请立臣闳、[⑤]臣旦、[⑥]臣胥[⑦]为诸侯王。”三月丙子，奏未央宫。

①【索隐】萧何谥文终也。按：萧何初封沛之酂，音赞。后其子续封南阳之酂，音嵯。　②【索隐】公孙弘封平津侯。平津，高成之乡名。【正义】公孙弘所封平津乡，在沧州盐山南四十二里也。　③【索隐】谓武帝广推恩之诏，分王诸侯王子弟，故有百余国。　④【索隐】谓诸侯王子已为列侯，而今又家皇子为列侯，是尊卑相逾越矣。　⑤【索隐】齐王也，王夫人子。　⑥【索隐】燕王也。《汉书》云李姬之子。　⑦【索隐】广陵王也。

制曰：“康叔亲属有十而独尊者，褒有德也。周公祭天命郊，故鲁有白牡、骍刚之牲。[①]群公不毛，[②]贤不肖差也。‘高山仰之，景行向之’，朕甚慕焉。所以抑未成，家以列侯可。”

①【集解】《公羊传》曰："鲁祭周公，牲用白牡，鲁公用骍刚。"何休曰："白牡，殷牲也。骍刚，赤脊，周牲也。" ②【集解】何休曰："不毛，不纯色也。"

四月戊寅，奏未央宫。"丞相臣青翟、御史大夫臣汤昧死言：臣青翟等与列侯、吏二千石、谏大夫、博士臣庆等议：昧死奏请立皇子为诸侯王。制曰：'康叔亲属有十而独尊者，褒有德也。周公祭天命郊，故鲁有白牡、骍刚之牲。群公不毛，贤不肖差也。"高山仰之，景行向之"，朕甚慕焉。所以抑未成，家以列侯可。'臣青翟、臣汤、博士臣将行等伏闻康叔亲属有十，武王继体，周公辅成王，其八人皆以祖考之尊建为大国。康叔之年幼，周公在三公之位，而伯禽据国于鲁，盖爵命之时，未至成人。康叔后扞禄父之难，伯禽殄淮夷之乱。昔五帝异制，周爵五等，春秋三等，[①]皆因时而序尊卑。高皇帝拨乱世反诸正，[②]昭至德，定海内，封建诸侯，爵位二等。[③]皇子或在襁褓而立为诸侯王，奉承天子，为万世法则，不可易。陛下躬亲仁义，体行圣德，表里文武。显慈孝之行，广贤能之路。内褒有德，外讨强暴。极临北海，[④]西(凑)〔溱〕月氏，[⑤]匈奴、西域，举国奉师。舆械之费，不赋于民。虚御府之藏以赏元戎，[⑥]开禁仓以振贫穷，减戍卒之半。百蛮之君，靡不向风，承流称意。远方殊俗，重译而朝，泽及方外。故珍兽至，嘉谷兴，天应甚彰。今诸侯支子封至诸侯王，[⑦]〔而家皇子为列侯〕，[⑧]臣青翟、臣汤等窃伏孰计之，皆以为尊卑失序，使天下失望，不可。臣请立臣闳、臣旦、臣胥为诸侯王。"四月癸未，奏未央宫，留中不下。

①【集解】郑玄曰:“春秋变周之文,从殷之质,合伯、子、男以为一,则殷爵三等者,公、侯、伯也。” ②【索隐】《春秋公羊传》文。 ③【索隐】谓王与列侯。 ④【正义】《匈奴传》云霍去病伐匈奴,北临翰海。 ⑤【正义】溱音臻。氏音支。至月氏。月氏,西戎国名,在葱岭之西也。 ⑥【集解】《诗云》:“元戎十乘,以先启行。”韩婴《章句》曰:“元戎,大戎,谓兵车也。车有大戎十乘,谓车缦轮,马被甲,衡扼之上尽有剑戟,名曰陷军之车,所以冒突先启敌家之行伍也。”《毛传》曰:“夏后氏曰钩车,先正也。殷曰寅车,先疾也。周曰元戎,先良也。” ⑦【索隐】谓立胶东王子庆为六安王,常山王子平为真定王,子商为泗水王是也。 ⑧【索隐】时诸王称“国”,列侯称“家”也,故云“家皇子”为尊卑失序。

“丞相臣青翟、太仆臣贺、行御史大夫事太常臣充、太子少傅臣安行宗正事昧死言:臣青翟等前奏大司马臣去病上疏言,皇子未有号位,臣谨与御史大夫臣汤、中二千石、二千石、谏大夫、博士臣庆等昧死请立皇子臣闳等为诸侯王。陛下让文武,躬自切,及皇子未教。群臣之议,儒者称其术,或悖其心。陛下固辞弗许,家皇子为列侯。臣青翟等窃与列侯臣寿成[①]等二十七人议,皆曰以为尊卑失序。高皇帝建天下,为汉太祖,王子孙,广支辅。先帝法则弗改,所以宣至尊也。臣请令史官择吉日,具礼仪上,御史奏舆地图,[②]他皆如前故事。”制曰:“可。”

①【集解】徐广曰:“萧何之玄孙酂侯寿成,后为太常也。” ②【索隐】谓地为“舆”者,天地有覆载之德,故谓天为“盖”,谓地为“舆”,故地图称“舆地图”。疑自古有此名,非始汉也。

四月丙申，奏未央宫。“太仆臣贺行御史大夫事昧死言：太常臣充言卜入四月二十八日乙巳，可立诸侯王。臣昧死奏舆地图，请所立国名。礼仪别奏。臣昧死请。”

制曰：“立皇子闳为齐王，旦为燕王，胥为广陵王。”

四月丁酉，奏未央宫。六年①四月戊寅朔，癸卯，御史大夫汤下丞相，丞相下中二千石，二千石下郡太守、诸侯相，丞书从事下当用者。如律令。

①【集解】徐广曰：“一云元狩。”

“维六年四月乙巳，皇帝使御史大夫汤庙立子闳为齐王。曰：於戏，小子闳，①受兹青社。②朕承祖考，维稽古建尔国家，封于东土，世为汉藩辅。於戏念哉。恭朕之诏，惟命不于常。人之好德，克明显光。义之不图，俾君子怠。③悉尔心，允执其中，天禄永终。厥有愆不臧，乃凶于而国，害于尔躬。於戏，保国艾民，可不敬与。王其戒之。”④

①【索隐】此封齐王策文也。又按《武帝集》，此三王策皆武帝手制。於戏如言呜呼。戏音稀。　②【集解】张晏曰：“王者以五色土为太社，封四方诸侯，各以其方色土与之，苴以白茅，归以立社。”【索隐】蔡邕《独断》云：“皇子封为王，受天子太社之土，若封东方诸侯，则割青土，借以白茅，授之以立社，谓之‘茅土’。”齐在东方，故云青社。　③【索隐】谓若不图于义，则君子懈怠，无归附心。　④【集解】徐广曰：“立八年，无后，绝。”

右齐王策。

“维六年四月乙巳，皇帝使御史大夫汤庙立子旦为燕王。曰：於戏，小子旦，受兹玄社。朕承祖考，维稽古，①建尔国家，封于北土，世为汉藩辅。於戏！荤粥氏虐老兽心，②侵犯寇盗，加以奸巧边萌。③於戏，朕命将率徂征厥罪，万夫长，千夫长，三十有二君皆来，④降期奔师。⑤荤粥徙域，⑥北州以绥。⑦悉尔心，毋作怨，毋俷德，⑧毋乃废备。⑨非教士不得从征。⑩於戏，保国艾民，可不敬与。王其戒之。”⑪

①【索隐】褚先生解云：“维者，度也。稽者，当也。言当顺古道也。”魏高贵乡公云：“稽，同也。古，天也。谓尧能同天。” ②【索隐】按：《匈奴传》曰“其国贵壮贱老，壮者食肥美，老者食其余”，是虐老也。 ③【索隐】萌一作甿。韦昭云：“甿，民也。”《三仓》云：“边人云甿。” ④【集解】张晏曰：“时所获三十二帅也。” ⑤【集解】如淳曰：“偃其旗鼓而来降。”【索隐】汉书“君”作“帅”，“期”作“旗”。而服虔云以三十二军中之将，下旗去之也。如淳云即昆邪王偃旗鼓降时也。若如此意，则三十二君非军将，盖戎狄酋帅时有三十二君来降也。 ⑥【集解】张晏曰：“匈奴徙东也。” ⑦【集解】臣瓒曰：“绥，安也。” ⑧【集解】徐广曰：“俷，一作菲。”【索隐】苏林云：“菲，废也。本亦作俷，俷，败也。”孔文祥云：“菲，薄也。”《汉书》作“棐”。【正义】俷音符味反。 ⑨【索隐】褚先生解云：“言无乏武备，常备匈奴也。” ⑩【集解】张晏曰：“士不素习，不应召。”【索隐】韦昭云：“士非素教习，不得从军征发。故孔子曰‘不教人战，是谓弃之’正谓此也。”褚先生解云：“非习礼义，不得在其侧也。” ⑪【集解】徐广曰：“立三十年，自杀，国除。”

右燕王策。

“维六年四月乙巳，皇帝使御史大夫汤庙立子胥为广陵王。曰：於戏，小子胥，受兹赤社。朕承祖考，维稽古，建尔国家，封于南土，世为汉藩辅。古人有言曰：‘大江之南，①五湖之间，②其人轻心。杨州保疆，③三代要服，不及以政。’於戏，悉尔心，战战兢兢，乃惠乃顺，毋侗好轶，毋迩宵人，④维法维则。《书》云‘臣不作威，不作福’，靡有后羞。於戏，保国艾民，可不敬与。王其戒之。”⑤

①【正义】谓京口南至荆州以南也。　②【索隐】按：五湖者，具区、洮滆、彭蠡、青草、洞庭是也。或曰太湖五百里，故曰五湖也。　③【集解】徐广曰：“一作堰。”骃案：李奇曰“保，恃也”。　④【集解】应劭曰：“无好逸游之事，迩近小人。”张晏曰：“侗音同。”【索隐】褚先生解云：“无好轶乐驰骋戈猎。迩，近也。宵人，小人也。”邹氏宵音谡，谡亦小人也。或作“佞人”。　⑤【集解】徐广曰：“立六十四年，自杀。”

右广陵王策。

太史公曰：古人有言曰“爱之欲其富，亲之欲其贵”。故王者壃土建国，封立子弟，所以褒亲亲，序骨肉，尊先祖，贵支体，广同姓于天下也。是以形势强而王室安。自古至今，所由来久矣。非有异也，故弗论箸也。燕、齐之事，无足采者。然封立三王，天子恭让，群臣守义，文辞烂然，甚可观也，是以附之世家。

褚先生曰：臣幸得以文学为侍郎，好览观太史公之列传。传中称《三王世家》文辞可观，求其世家终不能得。窃从长老好故事者取其封策书，编列其事而传之,令后世得观贤主之指意。

盖闻孝武帝之时,同日而俱拜三子为王:封一子于齐,一子于广陵,一子于燕。各因子才力智能,及土地之刚柔,人民之轻重,为作策以申戒之。谓王:“世为汉藩辅,保国治民,可不敬与。王其戒之。”夫贤主所作,固非浅闻者所能知,非博闻强记君子者所不能究竟其意。至其次序分绝,文字之上下,简之参差长短,皆有意,人莫之能知。谨论次其真草诏书,编于左方,令览者自通其意而解说之。

王夫人者,赵人也,与卫夫人并幸武帝,而生子闳。闳且立为王时,其母病,武帝自临问之。曰:“子当为王,欲安所置之?”王夫人曰:“陛下在,妾又何等可言者。”帝曰:“虽然,意所欲,欲于何所王之?”王夫人曰:“愿置之雒阳。”武帝曰:“雒阳有武库敖仓,天下衝阸,汉国之大都也。先帝以来,无子王于雒阳者。去雒阳,余尽可。”王夫人不应。武帝曰:“关东之国无大于齐者。齐东负海而城郭大,古时独临菑中十万户,天下膏腴地莫盛于齐者矣。”王夫人以手击头,谢曰:“幸甚。”王夫人死而帝痛之,使使者拜之曰:“皇帝谨使使太中大夫明奉璧一,赐夫人为齐王太后。”子闳王齐,年少,无有子,立,不幸早死,国绝,为郡。天下称齐不宜王云。

所谓“受此土”者,诸侯王始封者必受土于天子之社,归立之以为国社,以岁时祠之。《春秋大传》曰:“天子之国有泰社。东方青，南方赤，西方白，北方黑，上方黄。”故将封于东方者取青土，封于南方者取赤土，封于西方者取白土，封于北方者取黑土，封于上方者取黄土。各取其色物，裹以白茅，封以为社。此始受封于天子者也。此之为主土。主土者，立社而奉之也。“朕承祖考”，祖者先也，考者父也。“维稽古”，维者度也，念也，稽者当也，当顺古之道也。

齐地多变诈，不习于礼义，故戒之曰“恭朕之诏，唯命不可为常。人之好德，能明显光。不图于义，使君子怠慢。悉若心，信执其中，天禄长终。有过不善，乃凶于而国，而害于若身”。齐王之国，左右维持以礼义，不幸中年早夭。然全身无过，如其策意。

传曰“青采出于蓝，而质青于蓝”者，教使然也。远哉贤主，昭然独见，诫齐王以慎内。诫燕王以无作怨，无俷德。[①]诫广陵王以慎外，无作威与福。

①【索隐】本亦作“肥”。案：上策云“作菲德”，下云“勿使王背德也”，则肥当音扶味反，亦音匪。

夫广陵在吴、越之地，其民精而轻，故诫之曰“江湖之间，其人轻心。杨州葆疆，三代之时，迫要使从中国俗服，不大及以政教，以意御之而已。无侗好佚，无迩宵人，维法是则。无长好佚乐驰骋弋猎淫康，而近小人。常念法度，则无羞辱矣”。三江、五湖有鱼盐之利，铜山之富，天下所仰。故诫之曰“臣不作福”者，勿使行财币，厚赏赐，以立声誉，为四方所归也。又曰“臣不作威”者，勿使因轻以背义也。

会孝武帝崩，孝昭帝初立，先朝广陵王胥，厚赏赐金钱财币，直三千余万，益地百里，邑万户。

会昭帝崩，宣帝初立，缘恩行义，以本始元年中，裂汉地，尽以封广陵王胥四子：一子为朝阳侯，[①]，一子为平曲侯，[②]一子为南利侯，[③]最爱少子弘，立以为高密王。[④]

①【正义】《括地志》云：“朝阳故城在邓州穰县南八十里。应劭云在朝水之阳也。” ②【正义】《地理志》云平曲县属东海郡。又云在瀛州文安县北七十里。 ③【正义】《括地志》云：“南利故城在豫州上蔡县东八十五里。” ④【正义】《括地志》云：“高密故城在密州高密县西南四十里。”

其后胥果作威福，通楚王使者。楚王宣言曰：“我先元王，高帝少弟也，封三十二城。今地邑益少，我欲与广陵王共发兵云。〔立〕广陵王为上，我复王楚三十二城，如元王时。”事发觉，公卿有司请行罚诛。天子以骨肉之故，不忍致法于胥，下诏书无治广陵王，独诛首恶楚王。传曰“蓬生麻中，不扶自直；[①]白沙在泥中，与之皆黑”者，土地教化使之然也。其后胥复祝诅谋反，自杀，国除。

①【索隐】已下并见《荀卿子》。

燕土墝埆，北迫匈奴，其人民勇而少虑，故诫之曰“荤粥氏无有孝行而禽兽心，以窃盗侵犯边民。朕诏将军往征其罪，万夫长，千夫长，三十有二君皆来，降旗奔师。荤粥徙域远处，北州以安矣”。“悉若心，无作怨”者，勿使从俗以怨望也。“无俷德”者，勿使(上)〔王〕背德也。“无废备”者，无乏武备，常备匈奴也。“非教士不得从征”者，言非习礼义不得在于侧也。

会武帝年老长，而太子不幸薨，未有所立，而旦使来上书，请身入宿卫于长安。孝武见其书，击地，怒曰：“生子当置之齐、鲁礼义之乡，乃置之燕、赵，果有争心，不让之端见矣。”于是使使即斩其使者于阙下。

会武帝崩，昭帝初立，旦果作怨而望大臣。自以长子当立，与齐王子刘泽等谋为叛逆，出言曰：“我安得弟在者！[1]今立者乃大将军子也。”欲发兵。事发觉，当诛。昭帝缘恩宽忍，抑案不扬。公卿使大臣请，遣宗正与太中大夫公户满意、御史二人，偕往使燕，[2]风喻之。到燕，各异日，更见责王。宗正者，主宗室诸刘属籍，先见王，为列陈道昭帝实武帝子状。侍御史乃复见王，责之以正法，问，“王欲发兵罪名明白，当坐之。汉家有正法，王犯纤介小罪过，即行法直断耳，安能宽王。”惊动以文法。王意益下，心恐。公户满意习于经术，最后见王，称引古今通义，国家大礼，文章尔雅。[3]谓王曰：“古者天子必内有异姓大夫，所以正骨肉也。外有同姓大夫，所以正异族也。[4]周公辅成王，诛其两弟，故治。武帝在时，尚能宽王。今昭帝始立，年幼，富于春秋，未临政，委任大臣。古者诛罚不阿亲戚，故天下治。方今大臣辅政，奉法直行，无敢所阿，恐不能宽王。王可自谨，无自令身死国灭，为天下笑。”于是燕王旦乃恐惧服罪，叩头谢过。大臣欲和合骨肉，难伤之以法。

①【索隐】案：昭帝，钩弋夫人所生，武帝崩时，年才七八岁耳。胥、旦早封在外，实合有疑。然武帝春秋高，惑于内宠，诛太子而立童孺，能不使胥、旦疑怨。亦由权臣辅政，贪立幼主之利，遂得钩弋子当阳。斯实父德不弘，遂令子道不顺。然犬各吠非其主，太中、宗正，人臣之职，亦当使燕喻之。　②【索隐】宗正，官名，必以宗室有德者为之，不知时何人。公户姓，满意名，为太中大夫。是使二人，又有侍御史二人，皆往使治(广陵)〔燕王〕也。　③【索隐】尔，近也。雅，正也。其书于“正”字义训为近，故云尔雅。相承云周公仆以教成王，又云子夏作之以解《诗》、《书》也。
④【索隐】按：内云有异姓大夫以正骨肉，盖错也。“内”合言“同姓”，宗正是也。“外”合言“异姓”，太中大夫是也。

其后旦复与左将军上官桀等谋反，宣言曰“我次太子，太子不在，我当立，大臣共抑我”云云。大将军光辅政，与公卿大臣议曰：“燕王旦不改过悔正，行恶不变。”于是修法直断，行罚诛。旦自杀，国除，如其策指。有司请诛旦妻子。孝昭以骨肉之亲，不忍致法，宽赦旦妻子，免为庶人。传曰“兰根与白芷，渐之滫中，[①]君子不近，庶人不服”者，所以渐然也。

①【集解】徐广曰：“滫者，淅米汁也。音先纠反。”【索隐】白芷，香草

也，音止，又音昌改反。渐，渍也。滫读如《礼》“滫溲”之“滫”，谓洗也，音思酒反。【正义】言虽香草，以米汁渍之，无复香气。君子不欲附近，庶人不服者，为渐渍然也。以旦谋叛，君子庶人皆不附近。

宣帝初立，推恩宣德，以本始元年中尽复封燕王旦两子：一子为安定侯；[①]立燕故太子建为广阳王，[②]以奉燕王祭祀。

①【正义】《汉表》在鉅鹿郡。　②【正义】《括地志》云："广阳故城今在幽州良乡县东北三十七里。"

索隐述赞曰：三王封世，旧史烂然。褚氏后补，册书存焉。去病建议，青翟上言。天子冲挹，志在急贤。太常具礼，请立齐、燕，闳国负海，旦社惟玄。宵人不迩，荤粥远边。明哉监戒，式防厥愆。

卷六十一

老子伯夷列传第一

【索隐】列传者，谓叙列人臣事迹，令可传于后世，故曰列传。【正义】其人行迹可序列，故云列传。【集解】监本老子与伯夷同传第一，庄子与韩非同传第三。索隐本伯夷第一，老子、庄子、韩非同传第三。索隐云二人教迹全乖，不宜同传。先贤已有成说，今者不可依循。宜令老子、尹喜、庄周同为传，其韩非可居商君传末。正义本老子、庄子、伯夷居列传之首。正义曰老子、庄子开元二十三年奉敕升为列传首，处夷、齐上。然汉武帝之时佛教未兴，道教已设，道则禁恶，咸致正理，制御邪人，未有佛教可导，故立老、庄于申、韩之上。今既佛、道齐妙，兴法乖流，理居列传之首。今依正义本。

老子者，①楚苦县厉乡曲仁里人也，②姓李氏，③名耳，字伯阳，谥曰聃，④周守藏室之史也。⑤

①【正义】《朱韬玉札》及《神仙传》云："老子，楚国苦县濑乡曲仁里人。姓李，名耳，字伯阳，一名重耳，外字聃。身长八尺八寸，黄色美眉，长耳大目，广额疏齿，方口厚唇，额有三五达理，日角月悬，鼻有双柱，耳有三门，足蹈二五，手把十文。周时人，李母八十一年而生。"又《玄妙内篇》云："李母怀胎八十一载，逍遥李树下，乃割左腋而生。"又云："玄妙玉女梦流星入口而有娠，七十二年而生老子。"又《上元经》云："李母昼夜见五色珠，大如弹丸，自天下，因吞之，即有娠。"张君相云："老子者是号，非名。老，考也。子，孳也。考教众理，达成圣孳，乃孳生万物，善化济物无遗也。" ②【集

解】《地理志》曰苦县属陈国。【索隐】按:《地理志》苦县属陈国者,误也。苦县本属陈,春秋时楚灭陈,而苦又属楚,故云楚苦县。至高帝十一年,立淮阳国,陈县、苦县皆属焉。裴氏所引不明,见苦县在陈县下,因云苦属陈。今检《地理志》,苦实属淮阳郡。苦音怙。【正义】按年表云淮阳国,景帝三年废。至天汉修史之时,楚节王纯都彭城,相近。疑苦此时属楚国,故太史公书之。《括地志》云:"苦县在亳州谷阳县界。有老子宅及庙,庙中有九井尚存,在今亳州真源县也。"厉音赖。《晋太康地记》云:"苦县城东有濑乡祠,老子所生地也。" ③【索隐】按:葛玄曰"李氏女所生,因母姓也"。又云"生而指李树,因以为姓"。 ④【索隐】按:许慎云"聃,耳曼也"。故名耳,字聃。今作字伯阳,非正也。然老子号伯阳父,此传不称。【正义】聃,耳漫无轮也。《神仙传》云:"外字曰聃。"按:字,号也。疑老子耳漫无轮,故世号曰聃。 ⑤【索隐】按:"藏室史,周藏书室之史也。"又《张苍传》"老子为柱下史",盖即藏室之柱下,因以为官名。【正义】藏,在浪反。

孔子适周,将问礼于老子。[①]老子曰:"子所言者,其人与骨皆已朽矣,独其言在耳。且君子得其时则驾,不得其时则蓬累而行。[②]吾闻之,良贾深藏若虚,君子盛德,容貌若愚。[③]去子之骄气与多欲,态色与淫志,[④]是皆无益于子之身。吾所以告子,若是而已。"孔子去,谓弟子曰:"鸟,吾知其能飞。鱼,吾知其能游。兽,吾知其能走。走者可以为罔,游者可以为纶,飞者可以为矰。至于龙吾不能知,其乘风云而上天。吾今日见老子,其犹龙邪。"

①【索隐】《大戴记》亦云然。 ②【索隐】刘氏云:"蓬累,犹扶持也。累音六水反。说者云头戴物,两手扶之而行,谓之蓬累也。"按:"蓬者,盖也。累者,随也。以言若得明君则驾车服冕,不遭时则自覆盖相携随而

去耳。”【正义】蓬，沙碛上转蓬也。累，转行貌也。言君子得明主则驾车而事，不遭时则若蓬转流移而行，可止则止也。蓬，其状若皤蒿，细叶，蔓生于沙漠中，风吹则根断，随风转移也。皤蒿，江东呼为斜蒿云。 ③【索隐】良贾谓善货卖之人。贾音古。深藏谓隐其宝货，不令人见，故云“若虚”。而君子之人，身有盛德，其容貌谦退有若愚鲁之人然。嵇康《高士传》亦载此语，文则小异，云“良贾深藏，外形若虚；君子盛德，容貌若不足”也。④【正义】恣态之容色与淫欲之志皆无益于夫子，须去除也。

老子修道德，其学以自隐无名为务。居周久之，见周之衰，乃遂去，至关，[①]关令尹喜曰：“子将隐矣，强为我著书。”[②]于是老子乃著书上下篇，言道德之意五千余言而去，莫知其所终。[③]

①【正义】《抱朴子》云：“老子西游，遇关令尹喜于散关，为喜著《道德经》一卷，谓之《老子》。”或以为函谷关。《括地志》云：“散关在岐州陈仓县东南五十二里。函谷关在陕州桃林县西南十二里。” ②【索隐】李尤《函谷关铭》云“尹喜要老子留作二篇”，而崔浩以尹喜又为散关令是也。【正义】强，其两反。为，于伪反。 ③【集解】《列仙传》曰：“关令尹喜者，周大夫也。善内学星宿，服精华，隐德行仁，时人莫知。老子西游，喜先见其气，知真人当过，候物色而迹之，果得老子。老子亦知其奇，为著书。与老子俱之流沙之西，服具胜实，莫知其所终。亦著书九篇，名《关令子》。”【索隐】《列仙传》是刘向所记。物色而迹之，谓视其气物有异色而寻迹之。又按：《列异传》“老子西游，关令尹喜望见有紫气浮关，而老子果乘青牛而过也”。

或曰：老莱子亦楚人也，[①]著书十五篇，言道家之用，与孔子同时云。盖老子百有六十余岁，或言二百余岁，[②]以其修道而养寿也。

①【正义】太史公疑老子或是老莱子，故书之。《列仙传》云："老莱子，楚人。当时世乱，逃世耕于蒙山之阳，莞葭为墙，蓬蒿为室，杖木为床，蓍艾为席，菹芰为食，垦山播种五谷。楚王至门迎之，遂去，至于江南而止。曰：'鸟兽之解毛可绩而衣，其遗粒足食也。'" ②【索隐】此前古好事者据《外传》，以老子生年至孔子时，故百六十岁。或言二百余岁者，即以周太史儋为老子，故二百余岁。【正义】盖，或，皆疑辞也。世不昀知，故言"盖"及"或"也。《玉清》云老子以周平王时见衰，于是去。《孔子世家》云孔子问礼于老子在周景王时，孔子盖年三十也，去平王十二王。此传云儋即老子也，秦献公与烈王同时，去平王二十一王。说者不一，不可知也。故葛仙公序云"老子体于自然，生乎大始之先，起乎无因，经历天地终始，不可称载"。

自孔子死之后百二十九年，①而史记周太史儋见秦献公曰："始秦与周合而离，离五百岁而复合，合七十岁而霸王者出焉。"②或曰儋即老子，或曰非也，世莫知其然否。老子，隐君子也。

①【集解】徐广曰："实百一十九年。" ②【索隐】按：《周》、《秦》二本纪并云"始周与秦国合而别，别五百载又合，合七十岁而霸王者出"。然与此传离合正反，寻其意义，亦并不违。

老子之子名宗，宗为魏将，封于段干。①宗子注，②注子宫，宫玄孙假，③假仕于汉孝文帝。而假之子解为胶西王卬太傅，因家于齐焉。

①【集解】此云封于段干，段干应是魏邑名也。而《魏世家》有段干木、段干子，《田完世家》有段干朋，疑此三人是姓段干也。本盖因邑为姓，《左传》所谓“邑亦如之”是也。《风俗通·氏姓注》云姓段，名干木，恐或失之矣。天下自别有段姓，何必段干木邪。　②【索隐】音铸。【正义】之树反。　③【索隐】音古雅反。【正义】作“瑕”，音霞。

世之学老子者则绌儒学，[①]儒学亦绌老子。“道不同不相为谋”，岂谓是邪？李耳无为自化，清静自正。[②]

①【索隐】按：绌音黜。黜，退而后之也。　②【索隐】此太史公因其行事，于当篇之末结以此言，亦是赞也。又云此是昔人所评老聃之德，故太史公于此引以记之。【正义】此都结老子之教也。言无所造为而自化，清净不挠而民自归正也。

庄子者，蒙人也，[①]名周。周尝为蒙漆园吏，[②]与梁惠王、齐宣王同时。其学无所不窥，然其要本归于老子之言。故其著书十余万言，大抵率寓言也。[③]作《渔父》、《盗跖》、《胠箧》，[④]以诋訿孔子之徒，[⑤]以明老子之术。《畏累虚》、《亢桑子》之属，皆空语无事实。[⑥]然善属书离辞，[⑦]指事类情，用剽剥儒、墨，[⑧]虽当世宿学不能自解免也。其言洸洋自恣以适己，[⑨]故自王公大人不能器之。

①【集解】《地理志》蒙县属梁国。【索隐】刘向《别录》云宋之蒙人也。【正义】郭缘生《述征记》云蒙县，庄周之本邑也。　②【正义】《括地志》云：“漆园故城在曹州冤句县北十七里。”此云庄周为漆园吏，即此。按：其城古属蒙县。　③【索隐】大抵，犹言大略。其书十余万言，率皆立主

客，使之相对语，故云“偶言”。又音寓，寓，寄也。故《别录》云“作人姓名，使相与语，是寄辞于其人，故《庄子》有《寓言篇》”。【正义】率音律。寓音遇。率，犹类也。寓，寄也。 ④【索隐】胠箧犹言开箧也。胠音祛。亦音去。箧音去劫反。【正义】胠音丘鱼反。箧音苦颊反。胠，开也。箧，箱类也。此《庄子》三篇名，皆诬毁自古圣君、贤臣、孔子之徒，营求名誉，咸以丧身，非抱素任真之道也。 ⑤【索隐】诋音邸。訿音紫。谓诋讦毁訾孔子也。 ⑥【索隐】按：《庄子》“畏累虚”，篇名也，即老聃弟子畏累。邹氏畏音于鬼反，累音垒。刘氏畏音乌罪反，累路罪反。郭象云“今东莱也”。亢音庚。亢桑子，王劭本作“庚桑”。司马彪云“庚桑，楚人姓名也”。【正义】《庄子》云：“庚桑楚者，老子弟子，北居畏累之山。”成璞云：“山在鲁，亦云在深州。”此篇寄庚桑楚以明至人之德，卫生之经，若槁木无情，死灰无心，祸福不至，恶有人灾。言《庄子》杂篇《庚桑楚》已下，皆空设言语，无有实事也。 ⑦【正义】属音烛。离辞，犹分析其辞句也。 ⑧【正义】剽，匹妙反。剽，犹攻击也。 ⑨【索隐】洸洋音汪羊二音，又音晃养。又作“痒”。【正义】洋音翔。己音纪。

楚威王闻庄周贤，①使使厚币迎之，许以为相。庄周笑谓楚使者曰：“千金，重利。卿相，尊位也。子独不见郊祭之牺牛乎？养食之数岁，衣以文绣，以入大庙。当是之时，虽欲为孤豚，岂可得乎？②子亟去，③无污我。④我宁游戏污渎⑤之中自快，无为有国者所羁，终身不仕，以快吾志焉。”⑥

①【正义】威王当周显王三十年。 ②【索隐】孤，小也，特也。愿为小豚不可得。【正义】不群也。豚，小猪。临宰时，愿为孤小豚不可得也。③【索隐】音棘。亟，犹急也。 ④【索隐】污音乌故反。 ⑤【索隐】音乌读。潢污之小渠也。 ⑥【正义】《庄子》云：“庄子钓于濮水之上，楚王使大夫往，曰：‘愿以境内累。’庄子持竿不顾，曰：‘吾闻楚有神龟，

死二千岁矣，巾笥藏之庙堂之上。此龟宁无为留骨而贵乎？宁生曳尾泥中乎？'大夫曰：'宁曳尾涂中。'庄子曰：'往矣，吾将曳尾于涂中。'"与此传不同也。

夫学者载籍极博，犹考信于六艺。《诗》、《书》虽缺，[①]然虞、夏之文可知也。[②]尧将逊位，让于虞舜，舜、禹之间，岳牧咸荐，乃试之于位，典职数十年，[③]功用既兴，然后授政。示天下重器，[④]王者大统，传天下若斯之难也。而说者曰尧让天下于许由，[⑤]许由不受，耻之逃隐。及夏之时，有卞随、务光者。此何以称焉？[⑥]太史公曰：余登箕山，[⑦]其上盖有许由冢云。孔子序列古之仁圣贤人，如吴太伯、伯夷之伦详矣。余以所闻由、光[⑧]义至高，[⑨]其文辞不少概见，何哉？[⑩]

①【索隐】按：《孔子系家》称古诗三千余篇，孔子删三百五篇为《诗》，今亡五篇。又《书纬》称孔子求得黄帝玄孙帝魁之书，迄秦穆公，凡三千三百三十篇，乃删以一百篇为《尚书》，十八篇为《中候》。今百篇之内见亡四十二篇，是《诗》、《书》又有缺亡者也。　②【索隐】按：《尚书》有《尧典》、《舜典》、《大禹谟》，备言虞、夏禅让之事，故云"虞、夏之文可知也"。③【正义】舜、禹皆典职事二十余年，然后践帝位。　④【索隐】言天下者是王者之重器，故《庄子》云"天下大器"是也。则大器亦谓之重器。⑤【正义】皇甫谧《高士传》云："许由字武仲，尧闻致天下而让焉，乃退而遁于中岳颍水之阳，箕山之下隐。尧又召为九州长，由不欲闻之，洗耳于颍水滨。时有巢父牵犊欲饮之，见由洗耳，问其故。对曰：'尧欲召我为九州长，恶闻其声，是故洗耳。'巢父曰：'子若处高岸深谷，人道不通，谁能见子？子故浮游，欲闻求其名誉。污吾犊口。'牵犊上流饮之。许由殁，葬此山，亦名许由山。"在洛州阳城县南十三里。　⑥【索隐】按："说者"谓诸子杂记

也。然尧让于许由,及夏时有卞随、务光等,殷汤让之天下,并不受而逃,事具庄周《让王》篇。【正义】经史唯称伯夷、叔齐,不及许由、卞随、务光者,不少概见,何以哉?故言"何以称焉",为不称说之也。 ⑦【索隐】盖杨恽、东方朔见其文称"余",而加"太史公曰"也。 ⑧【索隐】谓太史公闻庄周所说许由、务光等。 ⑨【索隐】谓尧让天下于许由,由遂逃箕山,洗耳于颍水;卞随自投于桐水;务光负石自沉于卢水,是义至高。 ⑩【索隐】按:概是梗概,谓略也。盖以由、光义至高,而《诗》、《书》之文辞遂不少梗概载见,何以如此哉?是太史公疑说者之言或非实也。【正义】概,古代反。

孔子曰:"伯夷、叔齐,不念旧恶,怨是用希。""求仁得仁,又何怨乎?"余悲伯夷之意,睹轶诗可异焉。[①]其传曰:

伯夷、叔齐,孤竹君之二子也。[②]父欲立叔齐,及父卒,叔齐让伯夷。伯夷曰:"父命也。"遂逃去。叔齐亦不肯立而逃之。国人立其中子。于是伯夷、叔齐闻西伯昌善养老,盍往归焉。[③]及至,西伯卒,武王载木主,号为文王,东伐纣。伯夷、叔齐叩马而谏曰:"父死不葬,爰及干戈,可谓孝乎?以臣弑君,可谓仁乎?"左右欲兵之。太公曰:"此义人也。"扶而去之。武王已平殷乱,天下宗周,而伯夷、叔齐耻之,义不食周粟,隐于首阳山,[④]采薇而食之。[⑤]及饿且死,作歌。其辞曰:"登彼西山兮,[⑥]采其薇矣。以暴易暴兮,不知其非矣。[⑦]神农、虞、夏忽焉没兮,我安适归矣?[⑧]于嗟徂兮,命之衰矣!"[⑨]遂饿死于首阳山。由此观之,怨耶非耶?[⑩]

①【索隐】谓悲其兄弟相让,又义不食周粟而饿死。睹音睹。轶音逸。

谓见逸诗之文，即下《采薇》之诗是也。不编入三百篇，故云逸诗也。可异焉者，按《论语》云“求仁得仁，又何怨乎”。今其诗云“我安适归矣，于嗟徂兮，命之衰矣”。是怨词也，故云可异焉。　②【索隐】按：“其传”盖《韩诗外传》及《吕氏春秋》也。其传云孤竹君，是殷汤三月丙寅日所封。相传至夷、齐之父，名初，字子朝。伯夷名允，字公信。叔齐名致，字公达。解者云夷，谥齐，也；伯，仲，又其长少之字。按：《地理志》孤竹城在辽西令支县。应劭云伯夷之国也。其君姓墨胎氏。【正义】本前注“丙寅”作“殷汤正月三日丙寅”。《括地志》云：“孤竹古城在卢龙县南十二里，殷时诸侯孤竹国也。”　③【索隐】刘氏云：“盍者，疑辞。盖谓其年老归就西伯也。”④【集解】马融曰：“首阳山在河东蒲阪华山之北，河曲之中。”【正义】曹大家注《幽通赋》云：“夷、齐饿于首阳山，在陇西首。”又戴延之《西征记》云：“洛阳东北首阳山有夷齐祠。”今在偃师县西北。又《孟子》云：“夷、齐避纣，居北海之滨。”首阳山，《说文》云首阳山在辽西。史传及诸书，夷、齐饿于首阳凡五所，各有案据，先后不详。《庄子》云：“伯夷、叔齐西至岐阳，见周武王伐殷，曰：‘吾闻古之士，遭治世不避其任，遇乱世不为苟存。今天下暗，周德衰，其并乎周以涂吾身也，不若避之以洁吾行。’二子北至于首阳之山，遂饥饿而死。”又下诗“登彼西山”，是今清源县首阳山，在岐阳西北，明即夷、齐饿死处也。　⑤【索隐】薇，蕨也。《尔雅》云：“蕨，鳖也。”【正义】陆玑《毛诗草木疏》云：“薇，山菜也。茎叶皆似小豆，蔓生，其味亦如小豆藿，可作羹，亦可生食也。”　⑥【索隐】西山即首阳山也。　⑦【索隐】以武王之暴臣易殷纣之暴主，而不自知其非矣。　⑧【索隐】言羲、农、虞、夏敦朴禅让之道，超忽久矣，终没矣。今逢此君臣争夺，故我安适归。⑨【索隐】于嗟，嗟叹之辞也。徂者，往也，死也。言己今日饿死，亦是运命衰薄，不遇大道之时，至幽忧而饿死。　⑩【索隐】太史公言己观此诗之情，似是有所怨耶？又疑其云非是怨耶？

或曰：“天道无亲，常与善人。”若伯夷、叔齐，可谓善人者非耶？[①]积仁洁行如此而饿死。且七十子之徒，仲尼独荐颜渊为好学。然回也屡空，糟糠不厌，[②]而卒早夭。天之报施善人，其何如哉？盗蹠日杀不辜，[③]肝人之肉，[④]暴戾恣睢，[⑤]聚党数千人横行天下，竟以寿终。[⑥]是遵何德哉？[⑦]此其尤大彰明较著者也。[⑧]若至近世，操行不轨，专犯忌讳，而终身逸乐，[⑨]富厚累世不绝。或择地而蹈之，[⑩]时然后出言，[⑪]行不由径，[⑫]非公正不发愤，而遇祸灾者，不可胜数也。[⑬]余甚或焉，傥所谓天道，是耶非耶？[⑭]

①【索隐】又自起论云若夷、齐之行如此，可谓善人者耶，又非善人者耶，亦疑也。 ②【索隐】厌，言饫也，谓不饫饱也。糟糠，贫者之所餐也，故曰"糟糠之妻"是也。然颜子箪食瓢饮，亦未见"糟糠"之文。 ③【索隐】"蹠"与"跖"同，并音之石反。按：盗蹠，柳下惠之弟，见《庄子》，为篇名。【正义】按：蹠者，黄帝时大盗之名。以柳下惠弟为天下大盗，故世放古，号之盗蹠。 ④【索隐】刘氏云"谓取人肉为生肝"，非也。《庄子》云"跖方休卒太山之阳，脍人肝而餔之"。 ⑤【索隐】暴戾谓凶暴而恶戾也。邹诞生恣音资，睢音千余反。刘氏恣音如字，睢音休季反。恣睢谓恣行为睢恶之貌也。【正义】睢，仰白目，怒貌也。言盗蹠凶暴，恶戾，恣性，怒白目也。 ⑥【集解】《皇览》曰："盗跖冢在河东大阳，临河曲，直弘农华阴县潼乡。"盗跖即柳下惠弟也。【索隐】直音如字。直者，当也。或音值，非也。潼音同。按：潼，水名，因为乡，今之潼津关是，亦为县。【正义】《括地志》云："盗跖冢在陕州河北县西二十里。河北县本汉大阳县也。又今齐州平陵县有盗跖冢，未详也。" ⑦【索隐】言盗蹠无道，横行天下，竟以寿终，是其人遵行何德而致此哉？ ⑧【索隐】较，明也。言伯夷有德而饿死，盗蹠暴戾而寿终，是贤不遇而恶道长，尤大著明之证。 ⑨【索隐】谓若鲁桓、楚灵、晋献、齐襄之比皆是。 ⑩【索隐】谓不仕暗君，不饮盗泉，褰足高山之顶，窜迹沧海之滨是也。【正义】谓北郭骆、鲍焦等是也。 ⑪【索隐】《论语》"夫子时然后言"。 ⑫【索隐】《论语》

澹台灭明之行。　⑬【索隐】谓人臣之节，非公正之事不感激发愤。或出忠言，或致身命，而卒遇祸灾者，不可胜数。谓龙逢、比干、屈平、伍胥之比。　⑭【索隐】太史公惑于不轨而逸乐，公正而遇灾害，为天道之非而又是耶？深惑之也。盖天道玄远，聪听暂遗，或穷通数会，不由行事，所以行善未必福，行恶未必祸，故先达皆犹昧之也。【正义】傥音他荡反。傥，未定之词也。为天道不敢旳言是非，故云傥也。

子曰“道不同不相为谋”，亦各从其志也。[①]故曰“富贵如可求，虽执鞭之士，吾亦为之。[②]如不可求，从吾所好”。[③]“岁寒，然后知松柏之后凋”。[④]举世混浊，清士乃见。[⑤]岂以其重若彼，其轻若此哉？[⑥]

①【正义】太史公引孔子之言证前事也。言天道人道不同，一任其运遇，亦各从其志意也。　②【集解】郑玄曰：“富贵不可求而得之，当修德以得之。若于道可求而得之者，虽执鞭贱职，我亦为之。”　③【集解】孔安国曰：“所好者古人之道。”　④【集解】何晏曰：“大寒之岁，众木皆死，然后松柏少凋伤；平岁众木亦有不死者，故须岁寒然后别之。喻凡人处治世，亦能自修整，与君子同，在浊世然后知君子之正不苟容也。”　⑤【索隐】《老子》曰“国家昏乱，始有忠臣”，是举代混浊，则士之清洁者乃彰见，故上文“岁寒然后知松柏之后雕”，先为此言张本也。【正义】言天下泯乱，清洁之士不挠，不苟合于盗跖也。　⑥【索隐】谓伯夷让德之重若彼，而采薇饿死之轻若此。又一解云，操行不轨，富厚累代，是其重若彼。公正发愤而遇祸灾，是其轻若此也。【正义】重谓盗跖等也。轻谓夷、齐、由、光等也。

“君子疾没世而名不称焉。”[①]贾子曰：[②]“贪夫徇财，[③]烈士徇名，夸者死权，[④]众庶冯生。”[⑤]“同明相照，[⑥]同类相求。”[⑦]“云从龙，风从虎，[⑧]圣人作而万物睹。”[⑨]伯夷、叔齐虽贤，得夫子而名益彰。[⑩]颜渊虽笃学，附骥尾而行益显。[⑪]岩穴之士，趣舍有时若此，类名堙灭而不称，悲夫！[⑫]闾巷之人，欲砥行立名者，[⑬]非附青云之士，恶能施于后世哉？

①【索隐】自此已下，虽论伯夷得夫子而名彰，颜回附骥尾而行著，盖亦欲微见己之著撰不已，亦是疾没世而名不称焉，故引贾子“贪夫徇财，烈士徇名”是也。又引“同明相照，同类相求”，“云从龙，风从虎”者，言物各以类相求。故太史公言己亦是操行廉直而不用于代，卒陷非罪，与伯夷相类，故寄此而发论也。【正义】君子疾没世后惧名堙灭而不称，若夷、齐、颜回洁行立名，后代称述，亦太史公欲渐见己立名著述之美也。　②【索隐】贾谊也。作《鹏鸟赋》云然，故太史公引而称之也。　③【正义】徇，才迅反。徇，求也。瓒云：“以身从物曰徇。”　④【索隐】言贪权势以矜夸者，至死不休，故云“死权”也。　⑤【索隐】冯者，恃也，音凭。言众庶之情，盖恃矜其生也。邹诞本作“每生”。每者，冒也，即贪冒之义。【正义】太史公引贾子譬作《史记》，若贪夫徇财，烈士徇名。夸者死权，众庶冯生，乃成其《史记》。　⑥【索隐】已下并《易·系辞》文也。　⑦【正义】天欲雨而柱础润，谓同德者相应。　⑧【集解】王肃曰：“龙举而景云属，虎啸而谷风兴。”张璠曰：“犹言龙从云，虎从风也。”　⑨【集解】马融曰：“作，起也。”【索隐】按：又引此句者，谓圣人起而居位，则万物之情皆得睹见，故己今日又得著书言世情之轻重也。【正义】此有识也。圣人有养生之德，万物有长育之情，故相感应也。此以上至“同明相照”是《周易·乾象辞》也。太史公引此等得感者，欲见述作之意，令万物有睹也。孔子殁后五百岁而己当之，故作《史记》，使万物见睹之也。《太史公序传》云：“先人有言：‘自周公卒五百岁而有孔子，孔子卒后至于今五百岁，有能绍名世，正《易传》，继《春秋》，本《诗》、《书》、《礼》、《乐》之际，意在斯乎！’小子何敢让焉。”作述《六经》云：“《易》著天地阴阳四时五行，故长于变。《礼》经纪人伦，故长于行。《书》记先王之事，故长于政。《诗》记山川溪谷禽兽草木牝牡雌雄，故

长于风。《乐》乐所以立，故长于和。《春秋》辨是非，故长于治人。是故《礼》以节人，《乐》以发和，《书》以道事，《诗》以达意，《易》以道化，《春秋》以道义。拨乱世反之正，莫近于《春秋》。”按：述作而万物睹见。　⑩【正义】伯夷、叔齐虽有贤行，得夫子称扬而名益彰著。万物虽有生养之性，得太史公作述而世事益睹见。　⑪【索隐】按：苍蝇附骥尾而致千里，以譬颜回因孔子而名彰。　⑫【正义】趣音趋。舍音捨。趣，向也。舍，废也。言隐处之士，时有附骥尾而名晓达；若堙灭不称数者，亦可悲痛。⑬【正义】砥音旨。砺行修德在乡闾者，若不托贵大之士，何得封侯爵赏而名留后代也？

索隐述赞曰：天道平分，与善徒云。贤而饿死，盗且聚群。吉凶倚伏，报施纠纷。子罕言命，得自前闻。嗟彼素士，不附青云。

卷六十二

管晏列传第二

管仲夷吾者，颍上人也。[①]少时常与鲍叔牙游，鲍叔知其贤。管仲贫困，常欺鲍叔，[②]鲍叔终善遇之，不以为言。已而鲍叔事齐公子小白，管仲事公子纠。及小白立，为桓公，公子纠死，管仲囚焉。鲍叔遂进管仲。[③]管仲既用，任政于齐，[④]齐桓公以霸，九合诸侯，一匡天下，管仲之谋也。

①【索隐】颍，水名。《地理志》颍水出阳城。汉有颍阳、临颍二县，今有颍上县。【正义】韦昭云："夷吾，姬姓之后，管严之子敬仲也。" ②【索隐】《吕氏春秋》："管仲与鲍叔同贾南门，及分财利，而管仲尝欺鲍叔，多自取。鲍叔知其有母而贫，不以为贪。" ③【正义】《齐世家》云："鲍叔牙曰：'君将治齐，则高傒与叔牙足矣。君且欲霸王，非管夷吾不可。夷吾所居国国重，不可失也。'于是桓公从之。"韦昭云："鲍叔，齐大夫，姒姓之后，鲍叔之子叔牙也。" ④【正义】《管子》云："相齐以九惠之教，一曰老，二曰慈，三曰孤，四曰疾，五曰独，六曰病，七曰通，八曰赈，九曰绝也。"

管仲曰："吾始困时，尝与鲍叔贾，[①]分财利多自与，鲍叔不以我为贪，知我贫也。吾尝为鲍叔谋事而更穷困，鲍叔不以我为愚，知时有利不利也。吾尝三仕三见逐于君，鲍叔不以我为不肖，知我不遭时也。吾尝三战三走，鲍叔不以我为怯，知我有老母也。公子纠败，召忽死之，吾幽囚受辱，鲍叔不以我为无耻，知我不羞小节而耻功名不显于天下也。生我者父母，知我者鲍子也。”

①【正义】音古。

鲍叔既进管仲，以身下之。子孙世禄于齐，有封邑者十余世，[①]常为名大夫。天下不多管仲之贤而多鲍叔能知人也。

①【索隐】《世本》云“庄仲山产敬仲夷吾，夷吾产武子鸣，鸣产桓子启方，启方产成子孺，孺产庄子卢，卢产悼子其夷，其夷产襄子武，武产景子耐涉，耐涉产微，凡十代”。

管仲既任政相齐，[①]以区区之齐在海滨，[②]通货积财，富国强兵，与俗同好恶。故其称曰：[③]“仓廪实而知礼节，衣食足而知荣辱，上服度则六亲固。[④]四维不张，国乃灭亡。[⑤]下令如流水之原，令顺民心。”故论卑而易行。[⑥]俗之所欲，因而予之。俗之所否，因而去之。

①【正义】《国语》云：“齐桓公使鲍叔为相，辞曰：‘臣之不若夷吾者五：宽和惠民，不若也；治国家不失其柄，不若也；忠惠可结于百姓，不若也；制礼义可法于四方，不若也；执枹鼓立于军门，使百姓皆加勇，不若也。’” ②【正义】齐国东滨海也。 ③【索隐】是夷吾著书所称《管子》者，其书有此言，今举其大略。 ④【正义】上之服御物有制度，则六亲坚固也。六亲谓外祖父母一，父母二，姊妹三，妻兄弟之子四，从母之子五，女之子六

也。王弼云“父、母、兄、弟、妻、子也”。 ⑤【集解】《管子》曰：“四维，一曰礼，二曰义，三曰廉，四曰耻。” ⑥【正义】言为政令卑下鲜少，而百姓易作行也。

其为政也，善因祸而为福，转败而为功。贵轻重，[①]慎权衡。[②]桓公实怒少姬，[③]南袭蔡，管仲因而伐楚，责包茅不入贡于周室。桓公实北征山戎，而管仲因而令燕修召公之政。于柯之会，[④]桓公欲背曹沫之约，[⑤]管仲因而言之，[⑥]诸侯由是归齐。故曰：“知与之为取，政之宝也。”[⑦]

①【索隐】轻重谓钱也。今《管子》有《轻重篇》。 ②【正义】轻重谓耻辱也，权衡谓得失也。有耻辱甚贵重之，有得失甚戒慎之。 ③【索隐】谓怒荡舟之姬，归而未绝，蔡人嫁之。 ④【正义】今齐州东阿也。 ⑤【索隐】沫音妹。《左传》作“曹刿”。【正义】沫，莫葛反。 ⑥【正义】以劫许之，归鲁侵地。 ⑦【索隐】《老子》曰“将欲取之，必固与之”，是知此为政之所宝也。

管仲富拟于公室，有三归、反坫，[①]齐人不以为侈。管仲卒，[②]齐国遵其政，常强于诸侯。后百余年而有晏子焉。

①【正义】三归，三姓女也。妇人谓嫁曰归。 ②【正义】《括地志》云：“管仲冢在青州临淄县南二十一里牛山之阿。《说苑》云‘齐桓公使管仲治国，管仲对曰：“贱不能临贵。”桓公以为上卿，而国不治，曰：“何故？”管仲对曰：“贫不能使富。”桓公赐之齐市租，而国不治。桓公曰：“何故？”对曰：“疏不能制近。”桓公立以为仲父，齐国大安，而遂霸天下’。孔子曰：‘管仲之贤而不得此三权者，亦不能使其君南面而称伯。’”

晏平仲婴者，莱之夷维人也。[①]事齐灵公、庄公、景公，[②]以节俭力行重于齐。既相齐，食不重肉，妾不衣帛。其在朝，君语及之，即危言。[③]语不及之，即危行。[④]国有道，即顺命。无道，即衡命。[⑤]以此三世显名于诸侯。

①【集解】刘向《别录》曰："莱者，今东莱地也。"【索隐】名婴，平谥，仲字。父桓子名弱也。【正义】晏氏《齐记》云齐城三百里有夷安，即晏平仲之邑。汉为夷安县，属高密国。应劭云故莱夷维邑。　②【索隐】按：系家及《系本》灵公名环，庄公名光，景公名杵臼。　③【正义】谓己谦让，非云功能。　④【正义】行，下孟反。谓君不知己，增修业行，畏责及也。⑤【正义】衡，秤也。谓国无道则制秤量之，可行即行。

越石父贤，在缧绁中。[①]晏子出，遭之涂，解左骖赎之，载归。弗谢，入闺。久之，越石父请绝。晏子戄然，[②]摄衣冠谢曰："婴虽不仁，免子于厄，何子求绝之速也？"石父曰："不然。吾闻君子诎于不知己而信于知己者。[③]方吾在缧绁中，彼不知我也。夫子既已感寤而赎我，是知己；知己而无礼，固不如在缧绁之中。"晏子于是延入为上客。

①【正义】缧音力追反。缧，黑索也。绁，系也。《晏子春秋》云："晏子之晋，至中牟，睹毙冠反裘负薪，息于途侧。晏子问曰：'何者？'对曰：'我石父也。苟免饥冻，为人臣仆。'晏子解左骖赎之，载与俱归。"按：与此文小异也。　②【正义】戄，床缚反。　③【索隐】信读曰申，古《周礼》皆然。申于知己谓以彼知我而我志获申。

晏子为齐相，出，其御之妻从门间而窥其夫。其夫为相御，拥大盖，策驷马，意气扬扬，甚自得也。既而归，其妻请去。夫问其故。妻曰："晏子长不满六尺，身相齐国，名显诸侯。今者妾观其出，志念深矣，常有以自下者。今子长八尺，乃为人仆御，然子之意自以为足，妾是以求去也。"其后夫自抑损。晏子怪而问之，御以实对。晏子荐以为大夫。①

①【正义】注《皇览》云："晏子冢在临淄城南菑水南桓公冢西北。"《括地志》云："齐桓公墓在青州临淄县东南二十三里鼎足上。"又云："齐晏婴冢在齐子城北门外。《晏子》云'吾生近市，死岂易吾志'。乃葬故宅后，人名曰清节里。"按：恐《皇览》误，乃管仲冢也。

太史公曰：吾读管氏《牧民》、《山高》、《乘马》、《轻重》、《九府》，①及《晏子春秋》，②详哉其言之也。既见其著书，欲观其行事，故次其传。至其书，世多有之，是以不论，论其轶事。③

①【集解】刘向《别录》曰："《九府》书民间无有。《山高》一名《形势》。"【索隐】皆管氏所著书篇名。九府，盖钱之府藏，其书论铸钱之轻重，故云《轻重》《九府》。馀如《别录》之说。【正义】《七略》云《管子》十八篇，在法家。　②【索隐】按：婴所著书名《晏子春秋》。今其书有七篇，故下云"其书世多有"也。【正义】《七略》云《晏子春秋》七篇，在儒家。　③【正义】轶音逸。

管仲，世所谓贤臣，然孔子小之。岂以为周道衰微，桓公既贤，而不勉之至王，乃称霸哉？①语曰"将顺其美，匡救其恶，故上下能相亲也"。②岂管仲之谓乎？

①【正义】言管仲世所谓贤臣，孔子所以小之者，盖以为周道衰，桓公贤主，管仲何不劝勉辅弼至于帝王，乃自称霸主哉？故孔子小之云。盖为前疑夫子小管仲为此。　②【正义】言管仲相齐，顺百姓之美，匡救国家之恶，令君臣百姓相亲者，是管之能也。

方晏子伏庄公尸哭之，成礼然后去，[①]岂所谓"见义不为无勇"者邪？至其谏说，犯君之颜，此所谓"进思尽忠，退思补过"者哉！假令晏子而在，余虽为之执鞭，所忻慕焉。[②]

①【索隐】《左传》崔杼弑庄公，晏婴入，枕庄公尸股而哭之，成礼而出，崔杼欲杀之是也。　②【索隐】太史公之羡慕仰企平仲之行，假令晏生在世，己虽与之为仆隶，为之执鞭，亦所忻慕。其好贤乐善如此。贤哉良史，可以示人臣之炯戒也。

索隐述赞曰：夷吾成霸，平仲称贤。粟乃实廪，豆不掩肩。转祸为福，危言获全。孔赖左衽，史忻执鞭。成礼而去，人望存焉。

卷六十三

申不害韩非列传第三

【集解】开元二十三年敕升老子、庄子为列传首，故申、韩为此卷。

申不害者，京人也，[①]故郑之贱臣。学术以干韩昭侯，[②]昭侯用为相。内修政教，外应诸侯，十五年。终申子之身，国治兵强，无侵韩者。[③]

①【索隐】申子名不害。按：《别录》云"京，今河南京县是也"。【正义】《括地志》云："京县故城在郑州荥阳县东南二十里，郑之京邑也。"
②【索隐】术即刑名法术。　③【索隐】王劭按：《纪年》"韩昭侯之世，兵寇屡交"，异乎此言。

申子之学本于黄、老而主刑名。著书二篇，号曰《申子》。[①]

①【集解】刘向《别录》曰："今民间所有上下二篇，中书六篇，皆合二篇，已备，过太史公所记。"【正义】阮孝绪《七略》云《申子》三卷也。

韩非者，[①]韩之诸公子也。喜刑名法术之学，[②]而其归本于黄、老。[③]非为人口吃，[④]不能道说，而善著书。与李斯俱事荀卿，[5]斯亦自以为不如非。

①【正义】阮孝绪《七略》云："《韩子》二十卷。"《韩世家》云："王安五年，非使秦。九年，虏王安，韩遂亡。" ②《新序》曰："申子之书人主当执术无刑，因循以督责臣下，其责深刻，故号曰'术'。商鞅所为书号曰'法'。皆曰'刑名'，故号曰'刑名法术之书'。"【索隐】著书三十余篇，号曰《韩子》。③【索隐】按：刘氏云"黄、老之法不尚繁华，清简无为，君臣自正。韩非之论诋驳浮淫，法制无私，而名实相称。故曰'归于黄、老'。"斯未为得其本旨。今按：《韩子》书有《解老》、《喻老》二篇，是大抵亦崇黄、老之学也。④【正义】音讫。 ⑤【正义】《孙卿子》二十二卷。名况，赵人，楚兰陵令。避汉宣帝讳，改姓孙也。

非见韩之削弱，数以书谏韩王，[1]韩王不能用。于是韩非疾治国不务修明其法制，执势以御其臣下，富国强兵而以求人任贤，反举浮淫之蠹而加之于功实之上。以为儒者用文乱法，而侠者以武犯禁。宽则宠名誉之人，急则用介胄之士。[2]今者所养非所用，[3]所用非所养。[4]悲廉直不容于邪枉之臣，[5]观往者得失之变，[6]故作《孤愤》、《五蠹》、《内外储》、《说林》、《说难》十余万言。[7]

①【索隐】韩王安也。 ②【正义】介，甲也。胄，兜鍪也。③【索隐】言非疾时君以禄养其臣者，乃皆安禄养交之臣，非勇悍忠鲠及折冲御侮之人也。 ④【索隐】言人主今临事任用，并非常所禄养之士，故难可尽其死力也。 ⑤【索隐】又悲奸邪谄谀之臣不容廉直之士。⑥【正义】韩非见王安不用忠良，今国消弱，故观往古有国之君，则得失之变异，而作《韩子》二十卷。 ⑦【索隐】此皆非所著书篇名也。《孤愤》，

愤孤直不容于时也。《五蠹》，蠹政之事有五也。《内外储》，按《韩子》有《内储》、《外储篇》：《内储》言明君执术以制臣下，利之在己，故曰"内"也；《外储》言明君观听臣下之言行，以断其赏罚，赏罚在彼，故曰"外"也。储畜二事，所谓明君也。《说林》者，广说诸事，其多若林，故曰"说林"也。今《韩子》有《说林》上下二篇。《说难》者，说前人行事与己不同而诘难之，故其书有《说难篇》。

然韩非知说之难，为《说难》书甚具，终死于秦，不能自脱。

《说难》曰：①

①【索隐】说音税。难音奴干反。言游说之道为难，故曰《说难》。其书词甚高，故特载之。然此篇亦与《韩子》微异，烦省小大不同。刘伯庄亦申其意，粗释其微文幽旨，故有刘说也。

凡说之难，非吾知之有以说之难也。①又非吾辩之难能明吾意之难也。②又非吾敢横失能尽之难也。③凡说之难，在知所说之心，可以吾说当之。④

①【正义】凡说难识情理，不当人主之心，恐犯逆鳞。说之难知，故言非吾知之有以说之乃为难。　②【正义】能分明吾意以说之，亦又未为难也，尚非甚难。　③【索隐】按：《韩子》"横失"作"横佚"。刘氏云："吾之所言，无横无失，陈辞发策，能尽说情，此虽是难，尚非难也。"【正义】横，扩孟反。又非吾敢有横失，词理能尽说己之情，此虽是难，尚非极难。
④【索隐】刘氏云："开说之难，正在于此也。"按：所说之心者，谓人君之心也。言以人臣疏末射尊重之意，贵贱隔绝，旨趣难知，自非高识，莫近几会，

故曰“说之难”也。乃须审明人主之意，必以我说合其情，故云“吾说当之”也。【正义】前者三说并未为难，凡说之难者，正在于此。言深辨知前人意，可以吾说当之，暗与前人心会，说则行，乃是难矣。

所说出于为名高者也，[①]而说之以厚利，则见下节而遇卑贱，必弃远矣。[②]所说出于厚利者也，而说之以名高，则见无心而远事情，必不收矣。[③]所说实为厚利而显为名高者也，[④]而说之以名高，则阳收其身而实疏之；若说之以厚利，则阴用其言而显弃其身。[⑤]此之不可不知也。

①【索隐】按：谓所说之主，中心本出欲立高名者也。故刘氏云“稽古羲、黄，祖述尧、舜”是也。　②【索隐】谓人主欲立高名，说臣乃陈厚利，是其见下节也。既不会高情，故遇卑贱必被远斥矣。　③【索隐】亦谓所说之君，出意本规厚利，而说臣乃陈名高之节，则是说者无心，远于我之事情，必不见用也。故刘氏云“若秦孝公志于强国，而商鞅说以帝王，故怒而不用”。　④【索隐】《韩子》“实”字作“隐”。按：显者，阳也。谓其君实为厚利，而详作欲为名高之节也。【正义】前人必欲厚利，诈慕名高，则阳收其说，实疏远之。　⑤【索隐】谓若下文云郑武公阴欲伐胡，而关其思极论深计，虽知说当，终遭显戮是也。【正义】前人好利厚，诈慕名高，说之以厚利，则阴用说者之言而显不收其身。说士不可不察。

夫事以密成，语以泄败。未必其身泄之也，而语及其所匿之事，[①]如是者身危。贵人有过端，而说者明言善议以推其恶者，则身危。[②]周泽未渥也而语极知，说行而有功则德亡，[③]说不行而有败则见疑，如是者身危。[④]

夫贵人得计而欲自以为功，说者与知焉，则身危。⑤彼显有所出事，乃自以为也故，说者与知焉，则身危。⑥强之以其所必不为，⑦止之以其所不能已者，身危。⑧故曰：与之论大人，则以为间己。⑨与之论细人，则以为粥权。⑩论其所爱，则以为借资。⑪论其所憎，则以为尝己。⑫径省其辞，则不知而屈之。⑬泛滥博文，则多而久之。⑭顺事陈意，则曰怯懦而不尽。⑮虑事广肆，则曰草野而倨侮。⑯此说之难，不可不知也。

①【正义】事多相类，语言或说其相类之事，前人觉悟，便成漏泄，故身危也。　②【正义】人主有过失之端绪，而引美善之议以推人主之恶，则身危。　③【索隐】按：谓人臣事上，其道未合，至周之恩未沾渥于下，而辄吐诚极言，其说有功则其德亦亡。亡，无也。《韩子》作"则见忘"，然"见忘"胜于"德亡"也。【正义】渥，沾濡也。人臣事君未满周至之恩泽，而说事当理，事行有功，君不以为恩德，故德亡。　④【索隐】又若说不行而有败则见疑，如是者身危。是恩意未深，辄评时政，不为所信，更致嫌疑，若下文所云邻父以墙坏有盗，却为见疑，即其类也。【正义】说事不行，或行有败坏，则必致危殆，若此者身危也。　⑤【正义】与音预。人主先得其计己功，说者知前发其踪迹，身必危亡。　⑥【索隐】谓人主明有所出事乃自以为功，而说者与知，是则以为间，故身危。【正义】人主明所出事，乃以有所营为，说者预知其计，而说者身亡危。　⑦【索隐】刘氏云："若项羽必欲衣锦东归，而说者强述关中，违旨忤情，自招诛灭也。"【正义】强，其两反。人主必不欲有为，而说者强令为之。　⑧【索隐】刘氏云："若汉景帝决废栗太子，而周亚夫强欲止之，竟不从其言，后遂下狱是也。"【正义】人主已营为，而说者强止之者，身危。　⑨【正义】间音纪苋反。说彼大人之短，以为窃己之事情，乃为刺讥间之。　⑩【索隐】按：《韩非子》"粥权"作"卖重"。谓荐彼细微之人，言堪大用，则疑其挟诈而卖我之权。【正义】

粥音育。刘伯庄云:"论则疑其挟诈卖己之权。" ⑪【正义】说人主爱行,人主以为借己之资籍也。 ⑫【正义】论说人主所憎恶,人主则以为尝试于己也。 ⑬【索隐】按:谓人主意在文华,而说者但径捷省略其辞,则以说者为无知而见屈辱也。【正义】省,山景反。 ⑭【索隐】按:谓人主志在简要,而说者务于浮辞泛滥,博涉文华,则君上嫌其多迂诞,文而无当。【正义】泛滥,浮辞也。博文,广言句也。言浮说广陈,必多词理,时乃永久,人主疲倦。 ⑮【正义】懦音乃乱反。说者陈言顺人主之意,则或怯懦而不尽事情也。 ⑯【正义】草野,犹鄙陋也。广陈言词,多有鄙陋,乃成倨傲侮慢。

凡说之务,在知饰所说之所敬,[①]而灭其所丑。[②]彼自知其计,则毋以其失穷之。[③]自勇其断,则毋以其敌怒之。[④]自多其力,则毋以其难概之。[⑤]规异事与同计,誉异人与同行者,则以饰之无伤也。[⑥]有与同失者,则明饰其无失也。[⑦]大忠无所拂(辞)〔悟〕,[⑧](悟)〔辞〕言无所击排,[⑨]乃后申其辩知焉。此所以亲近不疑,[⑩]知尽之难也。[⑪]得旷日弥久,[⑫]而周泽既渥,[⑬]深计而不疑,交争而不罪,乃明计利害以致其功,直指是非以饰其身,以此相持,此说之成也。[⑭]

①【索隐】所说谓所说之主也。饰其所敬者,说士当知人主之所敬,而时以言辞文饰之。 ②【索隐】丑,谓人主若有所避讳而丑之,游说者当灭其事端而不言也。 ③【正义】前人自知其失误,说士无以失误穷极之,乃为讪上也。 ④【索隐】谓人主自勇其断,说士无以己意而攻间之,是以卑下之谋自敌于上,以致谴怒也。【正义】断音端乱反。刘伯庄云:"贵人断甲为是,说者以乙破之,乙之理难同,怒以下敌上也。" ⑤【索

隐】概，犹格也。刘氏云："秦昭王决欲攻赵，白起苦说其难，遂己之心，拒格君上，故致杜邮之僇。"【正义】概，古代反。 ⑥【正义】刘伯庄云："贵人与甲同计，与乙同行者，说士陈言无伤甲乙也。" ⑦【索隐】按：上文言人主规事誉人，与某人同计同行，今说者之词不得伤于同计同行之人，仍可文饰其类也。又若人主与同失者，而说者则可以明饰其无失也。【正义】人主与甲同失，说者文饰甲之无失。 ⑧【索隐】拂音佛。言大忠之人，志在匡君于善，君初不从，则且退止，待君之说而又几谏，即不拂悟于君也。【正义】拂悟当为"咈忤"，古字假借耳。咈，违也。忤，逆也。 ⑨【索隐】谓大忠说谏之辞，本欲归于安人兴化，而无别有所击射排摈。按：《韩子》作"击摩"。 ⑩【正义】言大忠之事，拟安民兴化，事在匡弼。君初亦不击排，乃后周泽沾濡，君臣道合，乃敢辩智说焉。此所以亲近而不见疑，是知尽之难。 ⑪【集解】徐广曰："知，一作得。难，一作辞。"【索隐】谓人臣尽知事上之道难也。《韩子》作"得尽之辞"也。【正义】言说士知谈说之难也，为能尽此谈说之道，得当人主之心，君臣相合，乃是知尽之难也。 ⑫【索隐】谓君臣道合，旷日已久，是诚著于君也。 ⑬【索隐】谓君之渥泽周浃于臣，鱼水相须，盐梅相和也。 ⑭【正义】夫知尽之难，则君臣道合，故得旷日弥久。而周泽既渥，深计而君不疑，与君交争而不罪，而得明计国之利害以致其功，直指是非，任爵禄于身，以此君臣相执持，此说之成也。

伊尹为庖，[①]百里奚为虏，[②]皆所由干其上也。故此二子者，皆圣人也，犹不能无役身而涉世如此其污也，[③]则非能仕之所设也。[④]

①【正义】《殷本纪》云"乃为有莘氏媵臣，负鼎俎，以滋味说汤致王道"是也。 ②【正义】《晋世家》云袭灭虞公，及大夫百里以媵秦穆姬也。 ③【正义】污音乌故反。庖虏是污。 ④【索隐】《韩子》作"非能士之所

耻也”。

宋有富人，天雨墙坏。其子曰“不筑且有盗”，其邻人之父亦云，暮而果大亡其财，其家甚知其子而疑邻人之父。[①]昔者郑武公欲伐胡，[②]乃以其子妻之。因问群臣曰：“吾欲用兵，谁可伐者？”关其思曰：“胡可伐。”乃戮关其思，曰：“胡，兄弟之国也，子言伐之，何也？”胡君闻之，以郑为亲己而不备郑。郑人袭胡，取之。此二说者，其知皆当矣，[③]然而甚者为戮，薄者见疑。非知之难也，处知则难矣。

①【正义】其子邻父说皆当矣，而切见疑，非处知则难乎！　②【正义】《世本》云：“胡，归姓也。”《括地志》云：“胡城在豫州郾城县界。”
③【正义】当，当浪反。

昔者弥子瑕见爱于卫君。卫国之法，窃驾君车者罪至刖。既而弥子之母病，人闻，往夜告之，弥子矫驾君车而出。君闻之而贤之曰：“孝哉，为母之故而犯刖罪。”与君游果园，弥子食桃而甘，不尽而奉君。君曰：“爱我哉，忘其口而念我。”及弥子色衰而爱弛，得罪于君。君曰：“是尝矫驾吾车，又尝食我以其余桃。”故弥子之行未变于初也，前见贤而后获罪者，爱憎之至变也。故有爱于主，则知当而加亲；见憎于主，则罪当而加疏。故谏说之士不可不察爱憎之主而后说之矣。

夫龙之为虫也，[①]可扰狎而骑也。然其喉下有逆鳞径尺，人有婴之，则必杀人。人主亦有逆鳞，说之者能无婴人主之逆鳞，则几矣。[②]

①【正义】龙，虫类也。故言“龙之为虫”。 ②【索隐】几，庶也。谓庶几于善谏说。【正义】说者能不犯人主逆鳞，则庶几矣。

人或传其书至秦。秦王见《孤愤》、《五蠹》之书，曰：“嗟乎，寡人得见此人与之游，死不恨矣！”李斯曰：“此韩非之所著书也。”秦因急攻韩。韩王始不用非，及急，乃遣非使秦。秦王悦之，未信用。李斯、姚贾害之，毁之曰：“韩非，韩之诸公子也。今王欲并诸侯，非终为韩不为秦，此人之情也。今王不用，久留而归之，此自遗患也，不如以过法诛之。”秦王以为然，下吏治非。李斯使人遗非药，使自杀。韩非欲自陈，不得见。秦王后悔之，使人赦之，非已死矣。[①]

①【集解】《战国策》曰：“秦王封姚贾千户，以为上卿。韩非短之曰：‘贾，梁监门子，盗于梁，臣于赵而逐。取世监门子梁大盗赵逐臣与同社稷之计，非所以励群臣也。’王召贾问之，贾答云云，乃诛韩非也。”

申子、韩子皆著书，传于后世，学者多有。余独悲韩子为《说难》而不能自脱耳。

太史公曰：老子所贵道，虚无，因应变化于无为，故著书辞称微妙难识。庄子散道德，放论，要亦归之自然。申子卑卑，[①]施之于名实。韩子引绳墨，切事情，明是非，其极惨礉[2]少恩。皆原于道德之意,而老子深远矣。

①【集解】自勉励之意也。　②【集解】礉,胡革反。用法惨急而鞠礉深刻。

索隐述赞曰:伯阳立教,清净无为。道尊东鲁,迹窜西垂。庄蒙栩栩,申害卑卑。刑名有术,说难极知。悲彼周防,终亡李斯。

卷六十四

司马穰苴列传第四

司马穰苴者，[①]田完之苗裔也。齐景公时，晋伐阿、甄，[②]而燕侵河上，[③]齐师败绩。景公患之。晏婴乃荐田穰苴曰："穰苴虽田氏庶孽，然其人文能附众，武能威敌，愿君试之。"景公召穰苴，与语兵事，大悦之，以为将军，[④]将兵扞燕、晋之师。穰苴曰："臣素卑贱，君擢之闾伍之中，加之大夫之上，士卒未附，百姓不信，人微权轻，愿得君之宠臣，国之所尊，以监军，乃可。"于是景公许之，使庄贾往。穰苴既辞，与庄贾约曰："旦日日中会于军门。"[⑤]穰苴先驰至军，立表下漏[⑥]待贾。贾素骄贵，以为将己之军而己为监，[⑦]不甚急；亲戚左右送之，留饮。日中而贾不至。穰苴则仆表决漏，[⑧]入，行军勒兵，申明约束。约束既定，夕时，庄贾乃至。穰苴曰："何后期为？"贾谢曰："不佞大夫亲戚送之，故留。"穰苴曰："将受命之日则忘其家，临军约束则忘其亲，援枹[⑨]鼓之急则忘其身。今敌国深侵，邦内骚动，士卒暴露于境，君寝不安席，食不甘味，百姓之命皆悬于君，何谓相送乎！"召军正问曰："军法期而后至者云何？"对曰："当斩。"庄贾惧，使人驰报景公，请救。既往，未及反，于是遂斩庄贾以徇三军。三军之士皆振栗。久之，景公遣使者持节赦贾，驰入军中。穰苴曰："将在军，君令有所不受。"[10]问军正曰："军中不驰，今使者驰，云何？"正曰："当斩。"使者大惧。穰苴曰："君之使不可杀之。"乃斩其仆，车之左驸，马之左骖，[11]以徇三军。[12]遣使者还报，然后行。士卒次舍井灶饮食问疾医药，身自拊循之。悉取将军之资粮享士卒，身与士卒平分粮食，最比[13]其羸弱者。三日而后勒兵。病者皆求行，争奋出为之赴战。晋师闻之，为罢去。燕师闻之，度水而解。[14]于是追击之，遂取所亡封内故境而引兵归。未至国，释兵旅，解约束，誓盟而后入邑。景公与诸大夫郊迎，劳师成礼，然后反归寝。既见穰苴，尊为大司马。田氏日以益尊于齐。

①【索隐】穰苴，田氏之族，为大司马，故曰司马穰苴也。【正义】穰音若羊反。苴音子徐反。田穰苴为司马官，主兵。　②【索隐】阿、甄皆齐邑。《晋太康地记》曰"阿即东阿也"。《地理志》云甄城县属济阴。　③【正义】河上，黄河南岸地，即沧、德二州北界。　④【索隐】谓命之为将，以将军也。将音即匠反。遂以将军为官名。故《尸子》曰"十万之师，无将军则乱"。六国时有此官。　⑤【索隐】按：旦日谓明日。日中时期会于军门。　⑥【索隐】立表谓立木为表以视日景，下漏谓下滴漏以知刻数也。　⑦【正义】已音纪。监，甲暂反。　⑧【索隐】仆音赴。仆者，卧其表也。决漏谓决去壶中漏水。以贾失期，过日中故也。　⑨【索隐】援音袁，枹音孚。【正义】援，作"操"。枹音孚，谓鼓挺也。　⑩【集解】魏武帝曰："苟便于事，不拘君命。"　⑪【索隐】谓斩其使者之仆，及车之左驸。又斩其马之左骖，以御者在左故也。【正义】驸音附。刘伯庄云："驸者，箱外之立木，承重校者。"　⑫【正义】徇，行示也。　⑬【正义】比作卑，必耳反。　⑭【正义】度黄河水北去而解。

已而大夫鲍氏、高、国之属害之，谮于景公。景公退穰苴，苴发疾而死。田乞、田豹之徒[1]由此怨高、国等。其后及田常杀简公，尽灭高子、国子之族。至常曾孙和，因自立，为齐威王，[2]用兵行威，大放穰苴之法，[3]而诸侯朝齐。

①【索隐】田乞，田僖子。豹亦僖子之族也。　②【索隐】此文误也，当云田和自立，至其孙，因号为齐威王。故世家云田和自立，号太公，其孙因齐，号为威王。　③【正义】放，方往反。

齐威王使大夫追论古者《司马兵法》而附穰苴于其中，因号曰《司马穰苴兵法》。

太史公曰：余读《司马兵法》，闳廓深远，虽三代征伐，未能竟其义，如其文也，亦少褒矣。[1]若夫穰苴，区区为小国行师，何暇及《司马兵法》之揖让乎？世既多《司马兵法》，以故不论，著穰苴之列传焉。

①【索隐】谓《司马法》说行兵，揖让有三代之法，而齐区区小国，又当战国之时，故云“亦少褒矣”。

索隐述赞曰：燕侵河上，齐师败绩。婴荐穰苴，武能威敌。斩贾以徇，三军惊惕。我卒既强，彼寇退壁。法行《司马》，实赖宗戚。

卷六十五

孙子吴起列传第五

孙子武者，齐人也。[①]以兵法见于吴王阖庐。阖庐曰："子之十三篇，[②]吾尽观之矣，可以小试勒兵乎？"对曰："可。"阖庐曰："可试以妇人乎？"曰："可。"于是许之，出宫中美女，得百八十人。孙子分为二队，以王之宠姬二人各为队长，[③]皆令持戟。令之曰："汝知而心与左右手背乎？"妇人曰："知之。"孙子曰："前，则视心。左，视左手。右，视右手。后，即视背。"妇人曰："诺。"约束既布，乃设铁钺，即三令五申之。于是鼓之右，妇人大笑。孙子曰："约束不明，申令不熟，将之罪也。"复三令五申而鼓之左，妇人复大笑。孙子曰："约束不明，申令不熟，将之罪也。既已明而不如法者，吏士之罪也。"乃欲斩左右队长。吴王从台上观，见且斩爱姬，大骇。趣使使[④]下令曰："寡人已知将军能用兵矣。寡人非此二姬，食不甘味，愿勿斩也。"孙子曰："臣既已受命为将，将在军，君命有所不受。"遂斩队长二人以徇。用其次为队长，于是复鼓之。妇人左右前后跪起皆中规矩绳墨，无敢出声。于是孙子使使报王曰："兵既整齐，王可试下观之，唯王所欲用之，虽赴水火犹可也。"吴王曰："将军罢休就舍，寡人不愿下观。"孙子曰："王徒好其言，不能用其实。"于是阖庐知孙子能用兵，卒以为将。西破强楚，入郢，北威齐、晋，显名诸侯，孙子与有力焉。

①【正义】魏武帝云："孙子者，齐人。事于吴王阖闾，为吴将，作《兵法》十三篇。" ②【正义】《七录》云《孙子兵法》三卷。案：十三篇为上卷。又有中下二卷。 ③【索隐】队，徒对反。长，竹两反。 ④【索隐】趣音促，急也。使音色吏反。

孙武既死，[①]后百余岁有孙膑。膑生阿、鄄之间，膑亦孙武之后世子孙也。孙膑尝与庞涓[②]俱学兵法。庞涓既事魏，得为惠王将军，而自以为能不及孙膑，乃阴使召孙膑。膑至，庞涓恐其贤于己，疾之，则以法刑断其两足而黥之，欲隐勿见。

①【集解】《越绝书》曰："吴县巫门外大冢，孙武冢也，去县十里。"【索隐】《越绝书》云是子贡所著，恐非也。其书多记吴、越亡后土地，或后人所录。【正义】《七录》云《越绝》十六卷，或云伍子胥撰。 ②【索隐】膑，频忍反。庞，皮江反。涓，古玄反。

齐使者如梁，[①]孙膑以刑徒阴见，说齐使。齐使以为奇，窃载与之齐。齐将田忌善而客待之。忌数与齐诸公子驰逐重射。孙子见其马足不甚相远，马有上、中、下辈。于是孙子谓田忌曰："君弟重射，[②]臣能令君胜。"田忌信然之，与王及诸公子逐射千金。[③]及临质，[④]孙子曰："今以君之下驷与彼上驷，取君上驷与彼中驷，取君中驷与彼下驷。"既驰三辈毕，而田忌一不胜而再胜，卒得王千金。于是忌进孙子于威王。威王问兵法，遂以为师。

①【正义】今汴州。　②【索隐】弟，且也。重射谓好射也。　③【正义】射音石。随逐而射赌千金。　④【索隐】质，犹对也。将欲对射之时也。一云质谓堋，非也。

其后魏伐赵，赵急，请救于齐。齐威王欲将孙膑，膑辞谢曰："刑馀之人不可。"于是乃以田忌为将，而孙子为师，居辎车中，坐为计谋。田忌欲引兵之赵，孙子曰："夫解杂乱纷纠者[①]不控卷，[②]救斗者不搏撠，[③]批亢捣虚，[④]形格势禁，则自为解耳。[⑤]今梁、赵相攻，轻兵锐卒必竭于外，老弱罢于内。君不若引兵疾走大梁，据其街路，衝其方虚，彼必释赵而自救。是我一举解赵之围而收獘于魏也。"[⑥]田忌从之，魏果去邯郸，与齐战于桂陵，大破梁军。

①【索隐】按：谓事之杂乱纷纠也。　②【索隐】谓解杂乱纷纠者，当善以手解之，不可控卷而击之。卷即拳也。刘氏云"控，综。卷，缩"，非也。　③【索隐】音博戟。谓救斗者当善扚解之，无以手助相搏撠，则其怒益炽矣。按：撠，以手持撠刺人也。　④【索隐】批音白结反。亢音苦浪反。按：批者，相排批也。音白灭反。亢者，敌人相亢拒也。捣者，击也，衝也。虚者，空也。按：谓前人相亢，必须批之。彼兵若虚，则衝捣之。欲令击梁之虚也。此当是旧语，故孙子以言之也。　⑤【索隐】谓若批其相亢，击捣彼虚，则是事形相格而其势自禁止，则彼自为解兵也。
⑥【索隐】谓齐今引兵据大梁之衝，是衝其方虚之时，梁必释赵而自救，是一举释赵而弊魏。

后十五年，[1]魏与赵攻韩，韩告急于齐。齐使田忌将而往，直走大梁。魏将庞涓闻之，去韩而归，齐军既已过而西矣。孙子谓田忌曰："彼三晋之兵素悍勇而轻齐，齐号为怯，善战者因其势而利导之。兵法，百里而趣利者蹶上将，[2]五十里而趣利者军半至。使齐军入魏地为十万灶，明日为五万灶，又明日为三万灶。"庞涓行三日，大喜，曰："我固知齐军怯，入吾地三日，士卒亡者过半矣。"乃弃其步军，与其轻锐背日并行逐之。孙子度其行，暮当至马陵。马陵道狭，而旁多阻隘，可伏兵，乃斫大树白而书之曰"庞涓死于此树之下"。于是令齐军善射者万弩，夹道而伏，期曰"暮见火举而俱发"。庞涓果夜至斫木下，见白书，乃钻火烛之。读其书未毕，齐军万弩俱发，魏军大乱相失。庞涓自知智穷兵败，乃自刭，曰："遂成竖子之名！"[3]齐因乘胜尽破其军，虏魏太子申以归。孙膑以此名显天下，世传其兵法。

①【索隐】王劭按：《纪年》云"梁惠王十七年，齐田忌败梁于桂陵，至二十七年十二月，齐田盼败梁于马陵"，计相去无十五岁也。　②【集解】魏武帝曰："蹶，犹挫也。"【索隐】蹶音巨月反。刘氏云："蹶，犹毙也。"　③【索隐】竖子谓孙膑。

吴起者，卫人也，好用兵。尝学于曾子，事鲁君。齐人攻鲁，鲁欲将吴起，吴起取齐女为妻，而鲁疑之。吴起于是欲就名，遂杀其妻，以明不与齐也。鲁卒以为将。将而攻齐，大破之。

鲁人或恶吴起曰："起之为人，猜忍人也。其少时，家累千金，游仕不遂，遂破其家。乡党笑之，吴起杀其谤己者三十余人，而东出卫郭门。与其母诀，啮臂而盟曰：‘起不为卿相，不复入卫。’遂事曾子。居顷之，其母死，起终不归。曾子薄之，而与起绝。起乃之鲁，学兵法以事鲁君。鲁君疑之，起杀妻以求将。夫鲁小国，而有战胜之名，则诸侯图鲁矣。且鲁、卫兄弟之国也，而君用起，则是弃卫。”鲁君疑之，谢吴起。

吴起于是闻魏文侯贤，欲事之。文侯问李克曰：“吴起何如人哉？”李克曰：“起贪而好色，[①]然用兵司马穰苴不能过也。”于是魏文侯以为将，击秦，拔五城。

①【索隐】王劭云：“此李克言吴起贪。下文云‘魏文侯知起廉，尽能得士心’，又公叔之仆称起‘为人节廉’，岂前贪而后廉，何言之相反也？”今李克言起贪者，起本家累千金，破产求仕，非实贪也；盖言贪者，是贪荣名耳，故母死不赴，杀妻将鲁是也。或者起未委质于魏，犹有贪迹，及其见用，则尽廉能，亦何异乎陈平之为人也。

起之为将，与士卒最下者同衣食。卧不设席，行不骑乘，亲裹赢粮，与士卒分劳苦。卒有病疽者，起为吮之。[①]卒母闻而哭之。人曰：“子卒也，而将军自吮其疽，何哭为。”母曰：“非然也。往年吴公吮其父，其父战不旋踵，遂死于敌。吴公今又吮其子，妾不知其死所矣。是以哭之。”

①【索隐】吮音弋软反，又才软反。

文侯以吴起善用兵，廉平，尽能得士心，乃以为西河守，以拒秦、韩。

魏文侯既卒，起事其子武侯。武侯浮西河而下，中流，顾而谓吴起曰："美哉乎山河之固，此魏国之宝也。"起对曰："在德不在险。昔三苗氏左洞庭，右彭蠡，德义不修，禹灭之。夏桀之居，左河、济，右泰、华，伊阙在其南，羊肠在其北，[①]修政不仁，汤放之。殷纣之国，左孟门，[②]右太行，常山在其北，大河经其南，修政不德，武王杀之。由此观之，在德不在险。若君不修德，舟中之人尽为敌国也。"[③]武侯曰："善。"

①【集解】瓒曰："今河南城为直之。"皇甫谧曰："壶关有羊肠阪，在太原晋阳西北九十里。" ②【索隐】刘氏按：纣都朝歌，今孟山在其西。今言左，则东边别有孟门也。 ③【集解】《杨子法言》曰："美哉言乎！使起之用兵每若斯，则太公何以加诸！"

(即封)吴起为西河守，甚有声名。魏置相，相田文。[①]吴起不悦，谓田文曰："请与子论功，可乎？"田文曰："可。"起曰："将三军，使士卒乐死，敌国不敢谋，子孰与起？"文曰："不如子。"起曰："治百官，亲万民，实府库，子孰与起？"文曰："不如子。"起曰："守西河而秦兵不敢东向，韩、赵宾从，子孰与起？"文曰："不如子。"起曰："此三者，子皆出吾下，而位加吾上，何也？"文曰："主少国疑，大臣未附，百姓不信，方是之时，属之于子乎？属之于我乎？"起默然良久，曰："属之子矣。"文曰："此乃吾所以居子之上也。"吴起乃自知弗如田文。

①【索隐】《吕氏春秋》作"商文"。

田文既死,公叔为相,[①]尚魏公主,而害吴起。公叔之仆曰:"起易去也。"公叔曰:"奈何?"其仆曰:"吴起为人节廉而自喜名也。君因先与武侯言曰:'夫吴起贤人也,而侯之国小,又与强秦壤界,臣窃恐起之无留心也。'武侯即曰:'奈何?'君因谓武侯曰:'试延以公主,起有留心则必受之,无留心则必辞矣。以此卜之。'君因召吴起而与归,即令公主怒而轻君。吴起见公主之贱君也,则必辞。"于是吴起见公主之贱魏相,果辞魏武侯。武侯疑之而弗信也。吴起惧得罪,遂去,即之楚。

①【索隐】韩之公族。

楚悼王素闻起贤,至则相楚。明法审令,捐不急之官,废公族疏远者,以抚养战斗之士。要在强兵,破驰说之言从横者。于是南平百越;北并陈、蔡,却三晋;西伐秦。诸侯患楚之强。故楚之贵戚尽欲害吴起。及悼王死,宗室大臣作乱而攻吴起,吴起走之王尸而伏之。击起之徒因射刺吴起,并中悼王。[①]悼王既葬,太子立,[②]乃使令尹尽诛射吴起而并中王尸者。坐射起而夷宗死者七十余家。

①【索隐】《楚系家》悼王名疑也。　②【索隐】肃王臧也。

太史公曰：世俗所称师旅，皆道《孙子》十三篇，吴起《兵法》，世多有，故弗论，论其行事所施设者。语曰："能行之者未必能言，能言之者未必能行。"孙子筹策庞涓明矣，然不能早救患于被刑。吴起说武侯以形势不如德，然行之于楚，以刻暴少恩亡其躯。悲夫！

索隐述赞曰：《孙子兵法》，一十三篇。美人既斩，良将得焉。刖孙膑脚，筹策庞涓。吴起相魏，西河称贤。惨礉事楚，死后留权。

卷六十六

伍子胥列传第六

伍子胥者，楚人也，名员。员父曰伍奢。员兄曰伍尚。其先曰伍举，以直谏事楚庄王，①有显，故其后世有名于楚。

①【索隐】举直谏，见《左氏》、《楚世家》。

楚平王有太子名曰建，使伍奢为太傅，费无忌①为少傅。无忌不忠于太子建。平王使无忌为太子取妇于秦，秦女好，无忌驰归报平王曰："秦女绝美，王可自取，而更为太子取妇。"平王遂自取秦女而绝爱幸之，生子轸。更为太子取妇。

①【索隐】《左传》作"费无极"。

无忌既以秦女自媚于平王，因去太子而事平王。恐一旦平王卒而太子立，杀己，乃因谗太子建。建母，蔡女也，无宠于平王。平王稍益疏建，使建守城父，①备边兵。

①【集解】《地理志》颍川有城父县。【索隐】本陈邑，楚伐陈而有之。

顷之，无忌又日夜言太子短于王曰："太子以秦女之故，不能无怨望，愿王少自备也。自太子居城父，将兵，外交诸侯，且欲入为乱矣。"平王乃召其太傅伍奢考问之。伍奢知无忌谗太子于平王，因曰："王独奈何以谗贼小臣疏骨肉之亲乎？"无忌曰："王今不制，其事成矣。王且见禽。"于是平王怒，囚伍奢，而使城父司马奋扬[①]往杀太子。行未至，奋扬使人先告太子："太子急去，不然将诛。"太子建亡奔宋。

①【索隐】城父司马之姓名也。

无忌言于平王曰："伍奢有二子，皆贤，不诛且为楚忧。可以其父质而召之，不然且为楚患。"王使使谓伍奢曰："能致汝二子则生，不能则死。"伍奢曰："尚为人仁，呼必来。员为人刚戾忍诟，[①]能成大事，彼见来之并禽，其势必不来。"王不听，使人召二子曰："来，吾生汝父。不来，今杀奢也。"伍尚欲往，员曰："楚之召我兄弟，非欲以生我父也，恐有脱者后生患，故以父为质，诈召二子。二子到，则父子俱死。何益父之死？往而令仇不得报耳。不如奔他国，借力以雪父之耻，俱灭，无为也。"伍尚曰："我知往终不能全父命。然恨父召我以求生而不往，后不能雪耻，终为天下笑耳。"谓员："可去矣。汝能报杀父之仇，我将归死。"尚既就执，使者捕伍胥。伍胥贯弓[②]执矢向使者，使者不敢进，伍胥遂亡。闻太子建之在宋，往从之。奢闻子胥之亡也，曰："楚国君臣且苦兵矣。"伍尚至楚，楚并杀奢与尚也。

①【集解】音火候反。【索隐】邹氏作诟，骂也，音逅。　②【集解】贯，乌还反。【索隐】刘氏贯音弯，又音古患反。贯谓满张弓。

伍胥既至宋，宋有华氏之乱，[①]乃与太子建俱奔于郑。郑人甚善之。太子建又适晋，晋顷公曰："太子既善郑，郑信太子。太子能为我内应，而我攻其外，灭郑必矣。灭郑而封太子。"太子乃还郑。事未会，会自私欲杀其从者，从者知其谋，乃告之于郑。郑定公与子产诛杀太子建。建有子名胜。伍胥惧，乃与胜俱奔吴。到昭关，[②]昭关欲执之。伍胥遂与胜独身步走，几不得脱。追者在后。至江，江上有一渔父乘船，知伍胥之急，乃渡伍胥。伍胥既渡，解其剑曰："此剑直百金，以与父。"父曰："楚国之法，得伍胥者赐粟五万石，爵执珪，岂徒百金剑邪！"不受。伍胥未至吴而疾，止中道，乞食。[③]至于吴，吴王僚方用事，公子光为将。伍胥乃因公子光以求见吴王。

①【索隐】《春秋》昭二十年，宋华亥、向宁、华定与君争而出奔是也。②【索隐】其关在江西，乃吴、楚之境。　③【集解】张勃曰："子胥乞食处在丹阳溧阳县。"【索隐】张勃，晋人，吴鸿胪严之子，作《吴录》，故裴氏注引之。溧音栗，水名也。

久之，楚平王以其边邑钟离与吴边邑卑梁氏俱蚕，两女子争桑相攻，乃大怒，至于两国举兵相伐。吴使公子光伐楚，拔其钟离、居巢而归。[①]伍子胥说吴王僚曰："楚可破也。愿复遣公子光。"公子光谓吴王曰："彼伍胥父兄为戮于楚，而劝王伐楚者，欲以自报其仇耳。伐楚未可破也。”伍胥知公子光有内志，欲杀王而自立，未可说以外事，乃进专诸[②]于公子光，退而与太子建之子胜耕于野。

①【索隐】二邑，楚县也。钟离县在六安，古钟离子之国，《系本》谓之“终犁”，嬴姓之国。居巢亦国也。桀奔南巢，其国盖远。《尚书序》“巢伯来朝”，盖因居之于淮南楚地。 ②【索隐】《左传》谓“专设诸”。

五年而楚平王卒。初，平王所夺太子建秦女生子轸，及平王卒，轸竟立为后，是为昭王。吴王僚因楚丧，使二公子将兵往袭楚。楚发兵绝吴兵之后，不得归。吴国内空，而公子光乃令专诸袭刺吴王僚而自立，是为吴王阖庐。阖庐既立，得志，乃召伍员以为行人，而与谋国事。

楚诛其大臣郤宛、伯州犁，伯州犁之孙伯嚭亡奔吴，[①]吴亦以嚭为大夫。前王僚所遣二公子将兵伐楚者，[②]道绝不得归。后闻阖庐弑王僚自立，遂以其兵降楚，楚封之于舒。阖庐立三年，乃兴师与伍胥、伯嚭伐楚，拔舒，遂禽故吴反二将军。因欲至郢，将军孙武曰：“民劳，未可，且待之。”乃归。

①【集解】徐广曰：“伯州犁者，晋伯宗之子也。伯州犁之子曰郤宛，郤宛之子曰伯嚭。宛亦姓伯，又别氏郤。《楚世家》云杀郤宛，宛之宗姓伯氏子曰嚭。《吴世家》云楚诛伯州犁，其孙伯嚭奔吴也。” ②【索隐】公子烛庸及盖馀也。

四年，吴伐楚，取六与灊。[①]五年，伐越，败之。六年，楚昭王使公子囊瓦将兵伐吴。[②]吴使伍员迎击，大破楚军于豫章，[③]取楚之居巢。

①【集解】六，古国，皋陶之后所封。灊县有天柱山。　　②【集解】案：《左传》楚公子贞字子囊，其孙名瓦，字子常。此言公子，又兼称囊瓦，误也。　　③【集解】豫章在江南。【索隐】按：杜预云“昔豫章在江北，盖分后徙之于江南也”。

九年，吴王阖庐谓子胥、孙武曰：“始子言郢未可入，今果何如？”二子对曰：“楚将囊瓦贪，而唐、蔡皆怨之。王必欲大伐之，必先得唐、蔡乃可。”阖庐听之，悉兴师与唐、蔡伐楚，与楚夹汉水而陈。吴王之弟夫概[①]将兵请从，王不听，遂以其属五千人击楚将子常。[②]子常败走，奔郑。于是吴乘胜而前，五战，遂至郢。[③]己卯，楚昭王出奔。庚辰，吴王入郢。

①【索隐】古赍反。　　②【集解】子常，公孙瓦。　　③【集解】郢，楚都。【索隐】郢，楚都也。音以正反，又以井反。

昭王出亡，入云梦。盗击王，王走郧。[①]郧公弟怀曰：“平王杀我父，我杀其子，不亦可乎！”郧公恐其弟杀王，与王奔随。[②]吴兵围随，谓随人曰：“周之子孙在汉川者，楚尽灭之。”随人欲杀王，王子綦匿王，己自为王以当之。随人卜与王于吴，不吉，乃谢吴不与王。

①【集解】音云，国名。【索隐】走音奏。走，向也。郧，古之郧国。

②【正义】今有楚昭王故城，昭王奔随之处，宫之北城即是。

始伍员与申包胥为交，员之亡也，谓包胥曰："我必覆楚。"包胥曰："我必存之。"及吴兵入郢，伍子胥求昭王。既不得，乃掘楚平王墓，出其尸，鞭之三百，然后已。申包胥亡于山中，使人谓子胥曰："子之报仇，其以甚乎！吾闻之，人众者胜天，天定亦能破人。[①]今子故平王之臣，亲北面而事之，今至于僇死人，此岂其无天道之极乎！"伍子胥曰："为我谢申包胥曰，吾日暮途远，吾故倒行而逆施之。"[②]于是申包胥走秦告急，求救于秦。秦不许。包胥立于秦廷，昼夜哭，七日七夜不绝其声。秦哀公怜之，曰："楚虽无道，有臣若是，可无存乎。"乃遣车五百乘救楚击吴。六月，败吴兵于稷。[③]会吴王久留楚求昭王，而阖庐弟夫概乃亡归，自立为王。阖庐闻之，乃释楚而归，击其弟夫概。夫概败走，遂奔楚。楚昭王见吴有内乱，乃复入郢。封夫概于堂谿，[④]为堂谿氏。楚复与吴战，败吴，吴王乃归。

①【正义】申包胥言闻人众者虽一时凶暴胜天，及天降其凶，亦破于强暴之人。　②【索隐】倒音丁老反。施音如字。子胥言志在复仇，常恐且死，不遂本心，今幸而报，岂论道理乎！譬如人行，前途尚远，而日势已暮，其在颠倒疾行，逆理施事，何得责吾顺理乎！　③【集解】稷丘，地名，在郊外。【索隐】按：《左传》作"稷丘"。　④【集解】徐广曰："在慎县。"骃案：《地理志》汝南有吴房县。应劭曰"夫概奔楚，封于堂谿，本房子国，以封吴，故曰吴房"，然则不得在慎县也。【正义】案：今豫州吴房县在州西北九十里。

后二岁，阖庐使太子夫差将兵伐楚，取番。[1]楚惧吴复大来，乃去郢，徙于鄀。[2]当是时，吴以伍子胥、孙武之谋，西破强楚，北威齐、晋，南服越人。

①【集解】音普寒反，又音婆。【索隐】盖鄱阳也。　　②【集解】楚地，音若。【索隐】今阙。

其后四年，孔子相鲁。

后五年，伐越。越王句践迎击，败吴于姑苏，伤阖庐指，[1]军却。阖庐病创[2]将死，谓太子夫差曰："尔忘句践杀尔父乎？"夫差对曰："不敢忘。"是夕，阖庐死。夫差既立为王，以伯嚭为太宰，习战射。二年后伐越，败越于夫湫。[3]越王句践乃以余兵五千人栖于会稽之上，[4]使大夫种[5]厚币遗吴太宰嚭以请和，求委国为臣妾。吴王将许之。伍子胥谏曰："越王为人能辛苦。今王不灭，后必悔之。"吴王不听，用太宰嚭计，与越平。

①【正义】姑苏当作"槜李"，乃文误也。《左传》云"战槜李，伤将指，卒于陉"是也。解在《吴世家》。　　②【集解】楚良反。　　③【集解】音椒。【索隐】又如字。【正义】太湖中椒山也。解在《吴世家》。　　④【正义】土地名，在越州会稽县东南十二里。　　⑤【索隐】刘氏云"大夫姓，种名"，非也。按：今吴南有文种埭，则种姓文，为大夫官也。【正义】高诱云："大夫种，姓文氏，字子禽，楚之郢人。"

其后五年，而吴王闻齐景公死而大臣争宠，新君弱，乃兴师北伐齐。伍子胥谏曰："句践食不重味，吊死问疾，且欲有所用之也。此人不死，必为吴患。今吴之有越，犹人之有腹心疾也。而王不先越而乃务齐，不亦谬乎！"吴王不听，伐齐，大败齐师于艾陵，[①]遂威邹、鲁之君以归。[②]益疏子胥之谋。

①【正义】《括地志》云："艾山在兖州博城县南百六十里，本齐博邑。"
②【正义】邹君居兖州邹县。鲁，曲阜县。

其后四年，吴王将北伐齐，越王句践用子贡之谋，乃率其众以助吴，而重宝以献遗太宰嚭。太宰嚭既数受越赂，其爱信越殊甚，日夜为言于吴王。吴王信用嚭之计。伍子胥谏曰："夫越，腹心之病，今信其浮辞诈伪而贪齐。破齐，譬犹石田，无所用之。且《盘庚之诰》曰：'有颠越不恭，劓殄灭之，俾无遗育，无使易种于兹邑。'此商之所以兴。愿王释齐而先越；若不然，后将悔之无及。"而吴王不听，使子胥于齐。子胥临行，谓其子曰："吾数谏王，王不用，吾今见吴之亡矣。汝与吴俱亡，无益也。"乃属其子于齐鲍牧，而还报吴。

吴太宰嚭既与子胥有隙，因谗曰："子胥为人刚暴，少恩，猜贼，其怨望恐为深祸也。前日王欲伐齐，子胥以为不可，王卒伐之而有大功。子胥耻其计谋不用，乃反怨望。而今王又复伐齐，子胥专愎[①]强谏，沮[②]毁用事，徒幸吴之败以自胜其计谋耳。今王自行，悉国中武力以伐齐，而子胥谏不用，因辍谢，佯病不行。王不可不备，此起祸不难。且嚭使人微伺之，其使于齐也，乃属其子于齐之鲍氏。夫为人臣，内不得意，外倚诸侯，自以为先王之谋臣，今不见用，常鞅鞅怨望。愿王早图之。”吴王曰：“微子之言，吾亦疑之。”乃使使赐伍子胥属镂[3]之剑，曰：“子以此死。”伍子胥仰天叹曰：“嗟乎！谗臣嚭为乱矣，王乃反诛我。我令若父霸。自若未立时，诸公子争立，我以死争之于先王，几不得立。[4]若既得立，欲分吴国予我，我顾不敢望也。然今若听谀臣言以杀长者。”乃告其舍人曰：“必树吾墓上以梓，令可以为器；[5]而抉[6]吾眼县吴东门之上，[7]以观越寇之入灭吴也。”乃自刭死。吴王闻之大怒，乃取子胥尸盛以鸱夷革，[8]浮之江中。[9]吴人怜之，为立祠于江上，[10]因命曰胥山。[11]

①【索隐】皮逼反。　②【集解】自吕反。　③【集解】录于反。　④【正义】几音祈。　⑤【正义】器谓棺也，以吴必亡也。《左传》云：“树吾墓檟，檟可材也，吴其亡乎！”　⑥【索隐】乌穴反，抉亦决也。　⑦【正义】东门，鳍门，谓鲟门也，今名葑门。鳍音普姑反。鲟音覆浮反。越军开示浦，子胥涛荡罗城，开此门，有鳍鲟随涛入，故以名门。顾野王云“鳍鱼一名江豚，欲风则涌”也。　⑧【集解】应劭曰：“取马革为鸱夷。鸱夷，榼形。”【正义】盛音成。榼，古曷反。　⑨【集解】徐广曰：“鲁哀公十一年。”【正义】案：年表云吴王夫差十一年也。　⑩【正义】《吴地记》曰：“越军于苏州东南三十里三江口，又向下三里，临江北岸立坛，杀白马祭子胥，杯动酒尽，后因立庙于此江上。今其侧有浦名上坛浦。至晋会稽太守麋豹，移庙吴郭东门内道南，今庙见在。”　⑪【集解】张晏曰：“胥山在太湖边，去江不远百里，故云江上。”【正义】《吴地记》云：“胥山，太湖边胥湖东岸山，西临胥湖，山有古葬胥二王庙。”按：其庙不干子胥事，太史误矣，张注又非。

吴王既诛伍子胥，遂伐齐。齐鲍氏杀其君悼公而立阳生。吴王欲讨其贼，不胜而去。其后二年，吴王召鲁、卫之君会之橐皋。[①]其明年，因北大会诸侯于黄池，[②]以令周室。越王句践袭杀吴太子，[③]破吴兵。吴王闻之，乃归，使使厚币与越平。后九年，越王句践遂灭吴，杀王夫差；而诛太宰嚭，以不忠于其君，而外受重赂，与己比[④]周也。

①【索隐】音拓皋。杜预云："地名，在淮南逡遒县东南。"【正义】橐皋故县在庐州巢县西北五十六里。 ②【正义】在汴州封丘县南七里。 ③【索隐】《左传》太子名友。 ④【正义】纪鼻二音。

伍子胥初所与俱亡故楚太子建之子胜者，在于吴。吴王夫差之时，楚惠王欲召胜归楚。叶公[①]谏曰："胜好勇而阴求死士，殆有私乎！"惠王不听。遂召胜，使居楚之边邑鄢，[②]号为白公。[③]白公归楚三年而吴诛子胥。

①【正义】上式涉反。杜预云："子高，沈诸梁。" ②【集解】徐广曰："颍川鄢陵是。"【正义】鄢音偃。《括地志》云："故郾城在豫州郾城县南五里，与褒信白亭相近。" ③【集解】徐广曰："汝南褒信县有白亭。"【正义】《括地志》云："白亭在豫州褒信县南四十二里，又有白公故城。又许州扶沟县北四十五里北又有白亭也。"

白公胜既归楚，怨郑之杀其父，乃阴养死士求报郑。归楚五年，请伐郑，楚令尹子西许之。兵未发而晋伐郑，郑请救于楚。楚使子西往救，与盟而还。白公胜怒曰："非郑之仇,乃子西也。”胜自砺剑,人问曰:[①]“何以为?”胜曰:“欲以杀子西。”子西闻之,笑曰:“胜如卵耳,何能为也。”

①【索隐】《左传》作“子期之子平见曰‘王孙何自砺也’”。

其后四岁,白公胜与石乞袭杀楚令尹子西、司马子綦[①]于朝。石乞曰:“不杀王,不可。”乃劫(之)王如高府。[②]石乞从者屈固[③]负楚惠王亡走昭夫人之宫。[④]叶公闻白公为乱,率其国人攻白公。白公之徒败,亡走山中,自杀。[⑤]而虏石乞,而问白公尸处,不言将亨。石乞曰:“事成为卿,不成而亨,固其职也。”终不肯告其尸处。遂亨石乞,而求惠王复立之。

①【索隐】《左传》作“子期”也。　②【索隐】杜预云:“楚之别府。”　③【集解】徐广曰:“一作‘惠王从者屈固’。《楚世家》亦云‘王从者’。”【索隐】盖此本为得。而《左传》云“石乞尹门,圉公阳穴宫,负王以如昭夫人之宫”,则公阳是楚之大夫,王之从者也。　④【索隐】昭王夫人即惠王母,乃越女是也。　⑤【正义】《左传》云白公奔而缢。

太史公曰:怨毒之于人甚矣哉!王者尚不能行之于臣下,况同列乎!向令伍子胥从奢俱死,何异蝼蚁。弃小义,雪大耻,名垂于后世,悲夫,方子胥窘于江上,[①]道乞食,志岂尝须臾忘郢邪?故隐忍就功名,非烈丈夫孰能致此哉?白公如不自立为君者,其功谋亦不可胜道者哉。

①【索隐】窘音求殒反。

索隐述赞曰：谗人罔极，交乱四国。嗟彼伍氏，被兹凶慝。员独忍诟，志复冤毒。霸吴起师，伐楚逐北。鞭尸雪耻，抉眼弃德。

卷六十七

仲尼弟子列传第七

孔子曰"受业身通者七十有七人",[①]皆异能之士也。德行:颜渊、闵子骞、冉伯牛、仲弓。政事:冉有、季路。言语:宰我、子贡。[②]文学:子游、子夏。师也辟,[③]参也鲁,[④]柴也愚,[⑤]由也喭,[⑥]回也屡空。赐不受命而货殖焉,亿则屡中。[⑦]

①【索隐】《孔子家语》亦有七十七人,唯文翁孔庙图作七十二人。 ②【索隐】《论语》一曰德行,二曰言语,三曰政事,四曰文学。今此文政事在言语上,是其记有异也。 ③【集解】马融曰:"子张才过人,失于邪辟文过。"【正义】音癖。 ④【集解】孔安国曰:"鲁,钝也。曾子迟钝。" ⑤【集解】何晏曰:"愚直之愚。" ⑥【集解】郑玄曰:"子路之行,失于吸喭。"【索隐】《论语》先言柴,次参,次师,次由。今此传序之亦与《论语》不同,不得辄言其误也。【正义】吸音畔。 ⑦【集解】何晏曰:"言回庶几于圣道,虽数空匮而乐在其中。赐不受教命,唯财货是殖,亿度是非。盖美回所以励赐也。一曰屡犹每也,空犹虚中也。以圣人之善道,教数子之庶几,犹不至于知道者,各内有此害也。其于庶几每能虚中者唯回,怀道深远。不虚心不能知道。子贡无数子之病,然亦不知道者,虽不穷理而幸中,虽非天命而偶富,亦所以不虚心也。"

孔子之所严事:于周则老子。于卫,蘧伯玉。[①]于齐,晏平仲。[②]于楚,老莱子。[③]于郑,子产。于鲁,孟公绰。数称臧文仲、柳下惠、④铜鞮⑤伯华、介山子然，孔子皆后之，不并世。⑥

①【集解】外宽而内直，自娱于隐括之中，直己而不直人，汲汲于仁，以善自终，盖蘧伯玉之行。 ②【集解】君择臣而使之，臣择君而事之，有道顺命，无道衡命，盖晏平仲之行也。 ③【索隐】《大戴记》云："蹈忠而行信，终日言不在悔尤之内，国无道处贱不闷，贫而能乐，盖老莱子之行。" ④【集解】孝恭慈仁，允德图义，约货去怨，盖柳下惠之行。 ⑤【索隐】《地理志》县名，属上党。【正义】鞮，丁奚反。按：铜鞮，潞州县。 ⑥【集解】《大戴礼》曰："孔子云'国家有道，其言足以兴，国家无道，其默足以容，盖铜鞮伯华之所行。观于四方，不忘其亲，苟思其亲，不尽其乐，盖介山子然之行也'。"《说苑》曰："孔子叹曰'铜鞮伯华无死，天下有定矣'。"《晋太康地记》云："铜鞮，晋大夫羊舌赤之邑，世号赤曰铜鞮伯华。"【索隐】按：自臧文仲已下，孔子皆后之，不并世。其所严事，自老子及公绰已上，皆孔子同时人也。按：戴德撰《礼》，号曰《大戴礼》，合八十五篇，其四十七篇亡，见今存者有三十八篇。今裴氏所引在《卫将军篇》。孔子称祁奚对晋平公之辞，唯举铜鞮、介山二人之行耳。《家语》又云："不克不忌，不念旧怨，盖伯夷、叔齐之行。思天而敬人，服义而行信，盖赵文子之行。事君不爱其死，谋身不遗其友，盖随武子之行。"

颜回者，鲁人也，字子渊。少孔子三十岁。①

①【正义】少，戌妙反。

颜渊问仁，孔子曰："克己复礼，天下归仁焉。"①

①【集解】马融曰："克己，约身也。"孔安国曰："复，反也。身能反礼，

则为仁矣。”

孔子曰：“贤哉回也。[①]一箪食，[②]一瓢饮，在陋巷，人不堪其忧，回也不改其乐。”[③]“回也如愚。[④]退而省其私，亦足以发，回也不愚。”[⑤]“用之则行，舍之则藏，唯我与尔有是夫！”[⑥]

①【集解】卫瓘曰：“非大贤乐道，不能若此，故以称之。”【索隐】卫瓘字伯玉，晋太保，亦注《论语》，故裴引之。　②【集解】孔安国曰：“箪，笥也。”　③【集解】孔安国曰：“颜回乐道，虽箪食在陋巷，不改其所乐也。”　④【集解】孔安国曰：“于孔子之言，默而识之，如愚也。”　⑤【集解】孔安国曰：“察其退还与二三子说释道义，发明大体，知其不愚。”　⑥【集解】孔安国曰：“言可行则行，可止则止，唯我与颜回同也。”栾肇曰：“用己而后行，不假隐以自高，不屈道以要名，时人无知其实者，唯我与尔有是行。”【正义】肇字永初，高平人，晋尚书郎，作《论语疑释》十卷，《论语驳》二卷。

回年二十九，发尽白，早死。[①]孔子哭之恸，曰：“自吾有回，门人益亲。”[②]鲁哀公问：“弟子孰为好学？”孔子对曰：“有颜回者好学，不迁怒，不贰过。不幸短命死矣，今也则亡。”[③]

①【索隐】按：《家语》亦云“年二十九而发白，三十二而死”。王肃云“此久远之书，年数错误，未可详也。校其年，则颜回死时，孔子年六十一。然则伯鱼年五十先孔子卒时，孔子且七十也。今此为颜回先伯鱼死，而《论语》曰颜回死，颜路请子之车，孔子曰‘鲤也死，有棺而无椁’，或为设事之辞”。按：颜回死在伯鱼之前，故知以《论语》为设词。　②【集解】王肃曰：“颜回为孔子胥附之友，能使门人日亲孔子。”　③【集解】何晏曰：

“凡人任情，喜怒违理。颜回任道，怒不过分。迁者移也，怒当其理，不移易也。不贰过者，有不善未尝复行。”

闵损字子骞。[①]少孔子十五岁。

①【集解】郑玄曰：“《孔子弟子目录》云鲁人。”

孔子曰：“孝哉闵子骞。人不间于其父母昆弟之言。”[①]不仕大夫，不食污君之禄。[②]“如有复我者，[③]必在汶上矣。”[④]

①【集解】陈群曰：“言子骞上事父母，下顺兄弟，动静尽善，故人不得有非间之言。” ②【索隐】《论语》季氏使闵子骞为费宰，子骞曰“善为我辞焉”，是不仕大夫，不食污君之禄也。 ③【集解】孔安国曰：“复我者，重来召我。” ④【集解】孔安国曰：“去之汶水上，欲北如齐。”

冉耕字伯牛。[①]孔子以为有德行。

①【集解】郑玄曰鲁人。

伯牛有恶疾，孔子往问之，自牖执其手，[①]曰：“命也夫，斯人也而有斯疾，命也夫。”[②]

①【集解】包氏曰：“牛有恶疾，不欲见人，孔子从牖执其手。” ②【集解】包氏曰：“再言之者，痛之甚也。”

冉雍字仲弓。[①]

①【集解】郑玄曰："鲁人。"【索隐】《家语》云："伯牛之宗族，少孔子二十九岁。"

仲弓问政，孔子曰："出门如见大宾，使民如承大祭。[①]在邦无怨，在家无怨。"[②]

①【集解】孔安国曰："莫尚乎敬。" ②【集解】包氏曰："在邦为诸侯，在家为卿大夫。"

孔子以仲弓为有德行，曰："雍也可使南面。"[①]

①【集解】包氏曰："可使南面，言任诸侯之治。"

仲弓父，贱人。孔子曰："犁牛之子骍且角，虽欲勿用，山川其舍诸？"[①]

①【集解】何晏曰："犁，杂文。骍，赤色也，角者，角周正，中牺牲，虽欲以其所生犁而不用，山川宁肯舍之乎？言父虽不善，不害于子之美。"

冉求字子有，[①]少孔子二十九岁。为季氏宰。

①【集解】郑玄曰："鲁人。"

季康子问孔子曰："冉求仁乎？"曰："千室之邑，百乘之家，[①]求也可使治其赋。仁则吾不知也。"[②]复问："子路仁乎?”孔子对曰:“如求。”

①【集解】孔安国曰:“千室,卿大夫之邑。卿大夫称家。诸侯千乘,大夫故曰百乘。” ②【集解】孔安国曰:“赋,兵赋也。仁道至大,不可全名也。”

求问曰:“闻斯行诸?”[1]子曰:“行之。”子路问:“闻斯行诸?”子曰:“有父兄在,如之何其闻斯行之!”[2]子华怪之,“敢问问同而答异?”孔子曰:“求也退,故进之。由也兼人,故退之。”[3]

①【集解】包氏曰:“赈穷救乏之事也。” ②【集解】孔安国曰:“当白父兄,不可自专。” ③【集解】郑玄曰:“言冉有性谦退,子路务在胜尚人,各因其人之失而正之。”

仲由字子路,卞人也。[1]少孔子九岁。

①【集解】徐广曰:“《尸子》曰子路,卞之野人。”【索隐】《家语》一字季路,亦云是卞人也。

子路性鄙,好勇力,志伉直,冠雄鸡,佩豭豚,[1]陵暴孔子。孔子设礼稍诱子路,子路后儒服委质,[2]因门人请为弟子。

①【集解】冠以雄鸡,佩以豭豚。二物皆勇,子路好勇,故冠带之。 ②【索隐】按:服虔注《左氏》云“古者始事,必先书其名于策,委死之质于

君，然后为臣，示必死节于其君也”。

子路问政，孔子曰：“先之，劳之。”[①]请益。曰：“无倦。”[②]

①【集解】孔安国曰：“先导之以德，使民信之，然后劳之。《易》曰‘悦以使民，民忘其劳’。” ②【集解】孔安国曰：“子路嫌其少，故请益。曰‘无倦’者，行此上事无倦则可。”

子路问：“君子尚勇乎？”孔子曰：“义之为上。君子好勇而无义则乱，[①]小人好勇而无义则盗。”

①【集解】李充曰：“既称君子，不职为乱阶也。若君亲失道，国家昏乱，其于赴患致命而不知正顾义者，则亦陷乎为乱而受不义之责也。”【索隐】充字弘度，晋中书侍郎，亦作《论语解》。

子路有闻，未之能行，唯恐有闻。[①]

①【集解】孔安国曰：“前所闻未及行，故恐复有闻不得并行。”

孔子曰：“片言可以折狱者，其由也与！”[①]“由也好勇过我，无所取材。”[②]“若由也，不得其死然。”[③]“衣敝缊袍与衣狐貉者立而不耻者，[④]其由也欤！”“由也升堂矣，未入于室也。”[⑤]

①【集解】孔安国曰：“片，犹偏也。听讼必须两辞以定是非，偏信一言折狱者，唯子路可也。” ②【集解】栾肇曰：“适用曰材，好勇过我用，故

云'无所取'。"【索隐】按：肇字永初，晋尚书郎，作《论语义》也。 ③【集解】孔安国曰："不得以寿终也。" ④【集解】孔安国曰："缊，枲著也。" ⑤【集解】马融曰："升我堂矣，未入于室耳。"

季康子问："仲由仁乎？"孔子曰："千乘之国可使治其赋，不知其仁。"

子路喜从游，遇长沮、桀溺、荷蓧丈人。

子路为季氏宰，季孙问曰："子路可谓大臣欤？"孔子曰："可谓具臣矣。"[①]

①【集解】孔安国曰："言备臣数而已。"

子路为蒲大夫，[①]辞孔子。孔子曰："蒲多壮士，又难治。然吾语汝：恭以敬，可以执勇；[②]宽以正，可以比众；[③]恭正以静，可以报上。"

①【索隐】蒲，卫邑，子路为之宰。 ②【集解】言恭谨谦敬，勇猛不能害，故曰"执"也。 ③【集解】音鼻。言宽大清正，众必归近之。

初，卫灵公有宠姬曰南子。灵公太子蒉聩得过南子，惧诛出奔。及灵公卒而夫人欲立公子郢。郢不肯，曰："亡人太子之子辄在。"于是卫立辄为君，是为出公。出公立十二年，其父蒉聩居外，不得入。子路为卫大夫孔悝之邑宰。[①]蒉聩乃与孔悝作乱，谋入孔悝家，遂与其徒袭攻出公。出公奔鲁，而蒉聩入立，是为庄公。方孔悝作乱，[②]子路在外，闻之而驰往。遇子羔出卫城门，谓子路曰："出公去矣，而门已闭，子可还矣，毋空受其祸。"子路曰："食其食者不避其难。"子羔卒去。有使者入城，城门开，子路随而入。造蒉聩，蒉聩与孔悝登台。子路曰："君焉用孔悝？请得而杀之。"蒉聩弗听。于是子路欲燔台，蒉聩惧，乃下石乞、壶黡攻子路，击断子路之缨。子路曰："君子死而冠不免。"遂结缨而死。

①【索隐】按：服虔云"为孔悝之邑宰"。　②【索隐】按：《左传》蒯聩入孔悝家，悝母伯姬劫悝于厕，强与之盟而立蒯聩，非悝本心自作乱也。

孔子闻卫乱，曰："嗟乎，由死矣。"已而果死。故孔子曰："自吾得由，恶言不闻于耳。"[①]是时子贡为鲁使于齐。[②]

①【集解】王肃曰："子路为孔子侍卫，故侮慢之人不敢有恶言，是以恶言不闻于孔子耳。"　②【索隐】《左传》子贡为鲁使齐在哀十五年，盖此文错误也。聊亦记之。

宰予字子我。[①]利口辩辞。既受业，问："三年之丧不已久乎？君子三年不为礼，礼必坏；三年不为乐，乐必崩。旧谷既没，新谷既升，钻燧改火，期可已矣。"[②]子曰："于汝安乎？"曰："安。""汝安则为之。君子居丧，食旨不甘，闻乐不乐，故弗为也。"[③]宰我出，子曰："予之不仁也。子生三年然后免于父母之怀。[④]夫三年之丧，天下之通义也。"[⑤]

①【集解】郑玄曰鲁人。　②【集解】马融曰："《周书月令》有更火

之文。春取榆柳之火，夏取枣杏之火，季夏取桑柘之火，秋取柞楢之火，冬取槐檀之火。一年之中，钻火各异木，故曰‘改火’。” ③【集解】孔安国曰：“旨，美也。责其无仁于亲，故言‘汝安则为之’。” ④【集解】马融曰：“生未三岁，为父母所怀抱也。” ⑤【集解】孔安国曰：“自天子达于庶人。”

宰予昼寝。子曰：“朽木不可雕也，[①]粪土之墙不可圬也。”[②]

①【集解】包氏曰：“朽，腐也。雕，雕琢刻画。” ②【集解】王肃曰：“圬，墁也。二者喻虽施功犹不成也。”

宰我问五帝之德，子曰：“予非其人也。”[①]

①【集解】王肃曰：“言不足以明五帝之德也。”

宰我为临菑大夫，[①]与田常作乱，以夷其族，孔子耻之。[②]

①【索隐】谓仕齐。齐都临淄，故云“为临淄大夫”。 ②【索隐】《左氏传》无宰我与田常作乱之文，然有阚止字子我，而因争宠，遂为陈恒所杀。恐字与宰予相涉，因误云然。

端木赐，卫人，字子贡。少孔子三十一岁。

子贡利口巧辞，孔子常黜其辩。问曰：“汝与回也孰愈？”[①]对曰：“赐也何敢望回。回也闻一以知十，赐也闻一以知二。”

①【集解】孔安国曰：“愈，犹胜也。”

子贡既已受业，问曰：“赐何人也？”孔子曰：“汝器也。”[①]曰：“何器也？”曰：“瑚琏也。”[②]

①【集解】孔安国曰：“言汝器用之人。” ②【集解】包氏曰：“瑚琏，黍稷器。夏曰瑚，殷曰琏，周曰簠簋，宗庙之贵器。”

陈子禽问子贡曰：“仲尼焉学？”子贡曰：“文、武之道未坠于地，在人，贤者识其大者，不贤者识其小者，莫不有文、武之道。夫子焉不学，[①]而亦何常师之有！”[②]又问曰：“孔子适是国必闻其政。求之与？抑与之与？”[③]子贡曰：“夫子温良恭俭让以得之。夫子之求之也，其诸异乎人之求之也。”[④]

①【集解】孔安国曰：“文、武之道未坠落于地，贤与不贤各有所识，夫子无所不从学。” ②【集解】孔安国曰：“无所不从学，故无常师。” ③【集解】郑玄曰：“怪孔子所至之邦必与闻国政，求而得之邪？抑人君自愿与之为治者？” ④【集解】郑玄曰：“言夫子行此五德而得之，与人求之异，明人君自与之。”

子贡问曰：“富而无骄，贫而无谄，何如？”孔子曰：“可也。[①]不如贫而乐道，富而好礼。”[②]

①【集解】孔安国曰:“未足多也。” ②【集解】郑玄曰:“乐谓志于道,不以贫为忧苦也。”

田常欲作乱于齐,惮高、国、鲍、晏,故移其兵欲以伐鲁。孔子闻之,谓门弟子曰:“夫鲁,坟墓所处,父母之国,国危如此,二三子何为莫出?”子路请出,孔子止之。子张、子石[①]请行,孔子弗许。子贡请行,孔子许之。

①【索隐】公孙龙也。

遂行,至齐,说田常曰:“君之伐鲁过矣。夫鲁,难伐之国,其城薄以卑,其地狭以泄,[①]其君愚而不仁,大臣伪而无用,其士民又恶甲兵之事,此不可与战。君不如伐吴。夫吴,城高以厚,地广以深,甲坚以新,士选以饱,重器精兵尽在其中,又使明大夫守之,此易伐也。”田常忿然作色曰:“子之所难,人之所易;子之所易,人之所难。而以教常,何也?”子贡曰:“臣闻之,忧在内者攻强,忧在外者攻弱。今君忧在内。吾闻君三封而三不成者,大臣有不听者也。今君破鲁以广齐,战胜以骄主,破国以尊臣,[②]而君之功不与焉,则交日疏于主。是君上骄主心,下恣群臣,求以成大事,难矣。夫上骄则恣,臣骄则争,是君上与主有郤,下与大臣交争也。如此,则君之立于齐危矣。故曰不如伐吴。伐吴不胜,民人外死,大臣内空,是君上无强臣之敌,下无民人之过,孤主制齐者唯君也。”田常曰:“善。虽然,吾兵业已加鲁矣,去而之吴,大臣疑我,奈何?”子贡曰:“君按兵无伐,臣请往使吴王,令之救鲁而伐齐，君因以兵迎之。”田常许之，使子贡南见吴王。

①【索隐】《越绝书》其“泄”字作“浅”。 ②【集解】王肃曰：“鲍、晏等帅师，若破国则臣尊矣。”

说曰：“臣闻之，王者不绝世，霸者无强敌，千钧之重加铢两而移。今以万乘之齐而私千乘之鲁，与吴争强，窃为王危之。且夫救鲁，显名也；伐齐，大利也。以抚泗上诸侯，诛暴齐以服强晋，利莫大焉。名存亡鲁，实困强齐，智者不疑也。”吴王曰：“善。虽然，吾尝与越战，栖之会稽。越王苦身养士，有报我心。子待我伐越而听子。”子贡曰：“越之劲不过鲁，吴之强不过齐，王置齐而伐越，则齐已平鲁矣。且王方以存亡继绝为名，夫伐小越而畏强齐，非勇也。夫勇者不避难，仁者不穷约，智者不失时，王者不绝世，以立其义。今存越示诸侯以仁，救鲁伐齐，威加晋国，诸侯必相率而朝吴，霸业成矣。且王必恶越，[①]臣请东见越王，令出兵以从，此实空越，名从诸侯以伐也。”吴王大悦，乃使子贡之越。

①【索隐】恶，犹畏恶也。

越王除道郊迎，身御至舍而问曰：“此蛮夷之国，大夫何以俨然辱而临之？”子贡曰：“今者吾说吴王以救鲁伐齐，其志欲之而畏越，曰‘待我伐越乃可’。如此，破越必矣。且夫无报人之志而令人疑之，拙也；有报人之志，使人知之，殆也；事未发而先闻，危也。三者举事之大患。”句践顿首再拜曰：“孤尝不料力，乃与吴战，困于会稽，痛入于骨髓，日夜焦唇干舌，徒欲与吴王接踵而死，孤之愿也。”遂问子贡。子贡曰：“吴王为人猛暴，群臣不堪。国家敝以数战，士卒弗忍。百姓怨上，大臣内变。子胥以谏死，[①]太宰嚭用事，顺君之过以安其私，是残国之治也。今王诚发士卒佐之以徼[②]其志，[③]重宝以悦其心，卑辞以尊其礼，其伐齐必也。彼战不胜，王之福矣。战胜，必以兵临晋，臣请北见晋君，令共攻之，弱吴必矣。其锐兵尽于齐，重甲困于晋，而王制其敝，此灭吴必矣。”越王大悦，许诺。送子贡金百镒，剑一，良矛二。子贡不受，遂行。

①【索隐】王劭按：《家语》、《越绝书》并无此五字。是时子胥未死。
②【集解】结尧反。　③【集解】王肃曰：“激射其志。”

报吴王曰：“臣敬以大王之言告越王，越王大恐，曰：‘孤不幸，少失先人，内不自量，抵罪于吴，军败身辱，栖于会稽，国为虚莽，[①]赖大王之赐，使得奉俎豆而修祭祀，死不敢忘，何谋之敢虑！’”后五日，越使大夫种顿首言于吴王曰：“东海役臣孤句践使者臣种，敢修下吏问于左右。今窃闻大王将兴大义，诛强救弱，困暴齐而抚周室，请悉起境内士卒三千人，孤请自被坚执锐，以先受矢石。因越贱臣种奉先人藏器，甲二十领，铁屈卢之矛，[②]步光之剑，以贺军吏。”吴王大悦，以告子贡曰：“越王欲身从寡人伐齐，可乎？”子贡曰：“不可。夫空人之国，悉人之众，又从其君，不义。君受其币，许其师，而辞其君。”吴王许诺，乃谢越王。于是吴王乃遂发九郡兵伐齐。

①【集解】虚音墟。莽，莫朗反。【索隐】有本作“棘”，恐误也。 ②【索隐】铁音肤，谓斧也。刘氏云一本无此字。屈卢，矛名。

子贡因去之晋，谓晋君曰：“臣闻之，虑不先定不可以应卒，[①]兵不先辨不可以胜敌。今夫齐与吴将战，彼战而不胜，越乱之必矣；与齐战而胜，必以其兵临晋。”晋君大恐，曰：“为之奈何？”子贡曰：“修兵休卒以待之。”晋君许诺。

①【索隐】卒谓急卒也。言计虑不先定，不可以应卒有非常之事。

子贡去而之鲁。吴王果与齐人战于艾陵，[①]大破齐师，获七将军之兵而不归，果以兵临晋，与晋人相遇黄池[②]之上。吴、晋争强。晋人击之，大败吴师。越王闻之，涉江袭吴，去城七里而军。吴王闻之，去晋而归，与越战于五湖。三战不胜，城门不守，越遂围王宫，杀夫差而戮其相。[③]破吴三年，东向而霸。

①【索隐】《左传》在哀十一年。 ②【索隐】《左传》黄池之会在哀十三年。越入吴，吴与越平也。 ③【索隐】《左传》越灭吴在哀二十二年，则事并悬隔数年。盖此文欲终说其事，故其辞相连也。

故子贡一出，存鲁，乱齐，破吴，强晋而霸越。子贡一使，使势相破，十年之中，五国各有变。[①]

①【索隐】按：《左传》谓鲁、齐、晋、吴、越也，故云"子贡一出，存鲁，乱齐，破吴，强晋而霸越"。

子贡好废举，与时转货资。[①]喜扬人之美，不能匿人之过。常相鲁、卫，家累千金，卒终于齐。

①【集解】废举谓停贮也。与时谓逐时也。夫物贱则买而停贮，值贵即逐时转易，货卖取资利也。【索隐】《家语》"货"作"化"。王肃云："废举谓买贱卖贵也，转化谓随时转货以殖其资也。"刘氏云："废谓物贵而卖之，举谓物贱而收买之，转货谓转贵收贱也。"

言偃，吴人，[①]字子游。少孔子四十五岁。

①【索隐】《家语》云鲁人。按：偃仕鲁为武城宰耳。今吴郡有言偃冢，盖吴郡人为是也。

子游既已受业，为武城宰。[①]孔子过，闻弦歌之声。孔子莞尔而笑[②]曰："割鸡焉用牛刀？"[③]子游曰："昔者偃闻诸夫子曰，君子学道则爱人，小人学道则易使。"[④]孔子曰："二三子，[⑤]偃之言是也。前言戏之耳。"[⑥]孔子以为子游习于文学。

①【正义】《括地志》云："在兖州，即南城也。《舆地志》云南武城县，鲁武城邑，子游为宰者也，在泰山郡。"　②【集解】何晏曰："莞尔，小笑

貌。” ③【集解】孔安国曰:“言治小何须用大道。” ④【集解】孔安国曰:“道谓礼乐也。乐以和人,人和则易使。” ⑤【集解】孔安国曰:“从行者。” ⑥【集解】孔安国曰:“戏以治小而用大。”

卜商[①]字子夏。少孔子四十四岁。

①【集解】《家语》云卫人。郑玄曰温国卜商。【索隐】温国今河内温县,元属卫故。

子夏问:“‘巧笑倩兮,美目盼兮,素以为绚兮’,何谓也?”[①]子曰:“绘事后素。”[②]曰:“礼后乎?”[③]孔子曰:“商始可与言《诗》已矣。”[④]

①【集解】马融曰:“倩,笑貌。盼,动目貌。绚,文貌。此上二句在《卫风·硕人》之二章,其下一句逸诗。” ②【集解】郑玄曰:“绘,画文也。凡画绘先布众色,然后以素分布其间以成其文,喻美女虽有倩盼美质,亦须礼以成也。” ③【集解】何晏曰:“孔言缋事后素,子夏闻而解知以素喻礼,故曰‘礼后乎’。” ④【集解】包氏曰:“能发明我意,可与言《诗》矣。”

子贡问:“师与商孰贤?”子曰:“师也过,商也不及。”[①]“然则师愈与?”曰:“过犹不及。”

①【集解】孔安国曰:“言俱不得中。”

子谓子夏曰:“汝为君子儒,无为小人儒。”[①]

①【集解】何晏曰："君子之儒将以明道，小人为儒则矜其名。"

孔子既没，子夏居西河①教授，为魏文侯师。②其子死，哭之失明。

①【索隐】在河东郡之西界，盖近龙门。刘氏云："今同州河西县有子夏石室学堂在也。"【正义】西河郡，今汾州也。《尔雅》云："两河间曰冀州。"《礼记》云："自东河至于西河。"河东故号龙门河为西河，汉因为西河郡，汾州也，子夏所教处。《括地志》云："谒泉山一名隐泉山，在汾州隰城县北四十里。《注水经》云'其山崖壁五，崖半有一石室，去地五十丈，顶上平地十许顷。《随国集记》云此为子夏石室，退老西河居此'。有卜商神祠，今见在。" ②【索隐】子夏文学著于四科，序《诗》，传《易》。又孔子以《春秋》属商。又传《礼》，著在《礼志》。而此史并不论，空记《论语》小事，亦其疏也。【正义】文侯都安邑。孔子卒后，子夏教于西河之上，文侯师事之，咨问国政焉。

颛孙师，陈人，①字子张。少孔子四十八岁。

①【索隐】郑玄《目录》阳城人。阳城，县名，亦属陈郡也。

子张问干禄，①孔子曰："多闻阙疑，慎言其余，则寡尤。②多见阙殆，慎行其余，则寡悔。③言寡尤，行寡悔，禄在其中矣。"④

①【集解】郑玄曰："干，求也。禄，禄位也。" ②【集解】包氏曰："尤，过也。疑则阙之；其余不疑，犹慎言之，则少过。" ③【集解】包氏

曰:“殆,危也。所见危者,阙而不行,则少悔。” ④【集解】郑玄曰:“言行如此,虽不得禄,得禄之道。”

他日从在陈、蔡间,困,问行。孔子曰:“言忠信,行笃敬,虽蛮貊之国行也。言不忠信,行不笃敬,虽州里行乎哉。[①]立则见其参于前也,在舆则见其倚于衡,夫然后行。”[②]子张书诸绅。[③]

①【集解】郑玄曰:“二千五百家为州,五家为邻,五邻为里。行乎哉,言不可行。” ②【集解】包氏曰:“衡,軶也。言思念忠信,立则常想见,参然在前;在舆则若倚于车軶。” ③【集解】孔安国曰:“绅,大带也。”

子张问:“士何如斯可谓之达矣?”孔子曰:“何哉,尔所谓达者?”子张对曰:“在国必闻,在家必闻。”[①]孔子曰:“是闻也,非达也。夫达者,质直而好义,察言而观色,虑以下人,[②]在国及家必达。[③]夫闻也者,色取仁而行违,居之不疑,[④]在国及家必闻。”[⑤]

①【集解】郑玄曰:“言士之所在,皆能有名誉。” ②【集解】马融曰:“常有谦退之志,察言语,观颜色,知其所欲,其念虑常欲下于人。” ③【集解】马融曰:“谦尊而光,卑而不可逾。” ④【集解】马融曰:“此言佞人也。佞人假仁者之色,行之则违;安居其伪而不自疑。” ⑤【集解】马融曰:“佞人党多。”

曾参,南武城人,[①]字子舆。少孔子四十六岁。

①【索隐】按：武城属鲁。当时鲁更有北武城，故言南也。【正义】《括地志》云："南武城在兖州，子游为宰者。《地理志》云定襄有武城，清河有武城，故此云南武城也。"

孔子以为能通孝道，[①]故授之业。作《孝经》。死于鲁。

①【正义】《韩诗外传》云："曾子曰：'吾尝仕为吏，禄不过钟釜，尚犹欣欣而喜者，非以为多也，乐道养亲也。亲没之后，吾尝南游于越，得尊官，堂高九仞，榱提三尺，躯毂百乘，然犹北向而泣者，非为贱也，悲不见吾亲也。'"

澹台灭明，[①]武城人，[②]字子羽。少孔子三十九岁。

①【集解】包氏曰："澹台，姓。灭明，名。"【正义】《括地志》云："延津在滑州灵昌县东七里。《注水经》云：'黄河水至此为之延津。昔澹台子羽赍千金之璧渡河，阳侯波起，两蛟夹舟。子羽曰："吾可以义求，不可以威劫。"操剑斩蛟。蛟死，乃投璧于河，三投而辄跃出，乃毁璧而去，亦无怪意。'即此津也。"　②【正义】《括地志》云亦在兖州。

状貌甚恶。欲事孔子，孔子以为材薄。既已受业，退而修行，行不由径，非公事不见卿大夫。[①]

①【集解】包氏曰："言其公且方。"

南游至江，[①]从弟子三百人，设取予去就，名施乎诸侯。孔子闻之，曰："吾以言取人，失之宰予；以貌取人，失之子羽。”②

①【索隐】按：今吴国东南有澹台湖，即其遗迹所在也。 ②【索隐】《家语》“子羽有君子之容，而行不胜其貌。宰我有文雅之辞，而智不充其辩。”孔子曰“以容取人，则失之子羽；以言取人，则失之宰予”，今云“灭明状貌甚恶”，则以子羽形陋也。正与《家语》相反。【正义】按：澹子羽墓在兖州邹城县是也。

宓不齐字子贱。①少孔子四十九岁。②

①【集解】孔安国曰鲁人。【正义】《颜氏家训》云：“兖州永昌郡城，旧单父县地也。东门有子贱碑，汉世所立，乃云济南伏生即子贱之后，是‘虙’之与‘伏’古来通，字误为‘宓’，较可明矣。虙字从‘虍’，音呼；宓从‘宀’，音绵。下俱为‘必’，世传写误也。” ②【索隐】《家语》云“少孔子三十岁”。此云“四十九”，不同。

孔子谓：“子贱君子哉！鲁无君子，斯焉取斯？”①

①【集解】包氏曰：“如鲁无君子，子贱安得此行而学？”

子贱为单父宰，①反命于孔子，曰：“此国有贤不齐者五人，②教不齐所以治者。”孔子曰：“惜哉不齐所治者小，所治者大则庶几矣。”

①【正义】宋州县也。《说苑》云：“宓子贱理单父，弹琴，身不下堂，单父理。巫马期以星出，以星入，而单父亦理。巫马期问其故。宓子贱曰：

‘我之谓任人，子之谓任力。任力者劳，任人者逸。’” ②【索隐】《家语》云“不齐所父事者三人，所兄事者五人，所友者十一人”，与此不同。

原宪[①]字子思。

①【集解】郑玄曰鲁人。【索隐】《家语》云：“宋人。少孔子三十六岁。”

子思问耻。孔子曰：“国有道，谷。[①]国无道，谷，耻也。”[②]

①【集解】孔安国曰：“谷，禄也。邦有道，当食禄。” ②【集解】孔安国曰：“君无道而在其朝，食其禄，是耻辱也。”

子思曰：“克伐怨欲不行焉，可以为仁乎？”[①]孔子曰：“可以为难矣，仁则吾弗知也。”[②]

①【集解】马融曰：“克，好胜人也。伐，自伐其功。怨，忌也。欲，贪欲也。” ②【集解】包氏曰：“四者行之难，未足以为仁。”

孔子卒，原宪遂亡在草泽中。[①]子贡相卫，而结驷连骑，排藜藿入穷阎，过谢原宪。宪摄敝衣冠见子贡。子贡耻之，曰：“夫子岂病乎？”原宪曰：“吾闻之，无财者谓之贫，学道而不能行者谓之病。若宪，贫也，非病也。”子贡惭，不怿而去，终身耻其言之过也。

①【索隐】《家语》云：“隐居卫。”

公冶长，齐人，字子长。①

①【索隐】《家语》云："鲁人，名苌。"范宁云："字子芝。"

孔子曰："长可妻也，虽在累绁之中，①非其罪也。"以其子妻之。②

①【集解】孔安国曰："累，黑索也。绁，挛也。所以拘罪人。"
②【集解】张华曰："公冶长墓在城阳姑幕城东南五里所，墓极高。"

南宫括字子容。①

①【集解】孔安国曰："容，鲁人。"【索隐】《家语》作"南宫縚"。按：其人是孟僖子之子仲孙阅也，盖居南宫，因姓焉。

问孔子曰："羿善射，奡荡舟，①俱不得其死然。禹、稷躬稼而有天下？"孔子弗答。②容出，孔子曰："君子哉若人。上德哉若人。"③"国有道，不废；④国无道，免于刑戮。"三复"白珪之玷"，⑤以其兄之子妻之。

①【集解】孔安国曰："羿，有穷之君，篡夏后位，其徒寒浞杀之，因其室而生奡。奡多力，能陆地行舟，为夏后少康所杀。"【正义】羿音诣。荡，大浪反。　②【集解】马融曰："禹尽力于沟洫，稷播百谷，故曰'躬稼'也。禹及其身，稷及后世，皆王。括意欲以禹、稷比孔子，孔子谦，故不答。"
③【集解】孔安国曰："贱不义而贵有德，故曰君子。"　④【集解】孔安国曰："不废，言见用。"　⑤【集解】孔安国曰："《诗》云'白珪之玷，尚可磨

也。斯言之玷，不可为也’。南容读《诗》至此，三反之，是其心敬慎于言。”

公晳哀字季次。①

①【集解】《孔子家语》云齐人。【索隐】《家语》作“公晳克”。

孔子曰：“天下无行，多为家臣，仕于都。唯季次未尝仕。”①

①【索隐】《家语》云：“未尝屈节为人臣，故孔子特赏叹之。”亦见《游侠传》也。

曾蒧①字晳。②

①【集解】音点。 ②【集解】孔安国曰：“晳，曾参父。”

侍孔子，孔子曰：“言尔志。”蒧曰：“春服既成，冠者五六人，童子六七人，浴乎沂，风乎舞雩，咏而归。”①孔子喟尔叹曰：“吾与蒧也！”②

①【集解】徐广曰：“一作‘馈’。”骃案：包氏曰“暮春者，季春三月也。春服既成，衣单袷之时，我欲得冠者五六人，童子六七人，浴于沂水之上，风凉于舞雩之下，歌咏先王之道，归于夫子之门”。 ②【集解】周氏曰：“善蒧之独知时也。”

颜无繇①字路。路者，颜回父，②父子尝各异时事孔子。

①【集解】音遥。【正义】繇音由。　②【索隐】《家语》云“颜由字路，回之父也。孔子始教于阙里而受学焉。少孔子六岁”，故此传云“父子异时事孔子”，故《易》称“颜氏之子”也。

颜回死，颜路贫，请孔子车以葬。[①]孔子曰：“材不材，亦各言其子也。鲤也死，有棺而无椁，吾不徒行以为之椁，以吾从大夫之后，不可以徒行。”[②]

①【集解】孔安国曰：“卖以作椁。”　②【集解】孔安国曰：“鲤，孔子子伯鱼。孔子时为大夫，言从大夫之后，不可徒行，谦辞也。”

商瞿，[①]鲁人，字子木。少孔子二十九岁。

①【正义】具俱反。

孔子传《易》于瞿，瞿传楚人馯[①]臂子弘，[②]弘传江东人矫[③]子庸疵，[④]疵传燕人周子家竖，[⑤]竖传淳于人光子乘羽，[⑥]羽传齐人田子庄何，[⑦]何传东武人[⑧]王子中同，[⑨]同传菑川人杨何。[⑩]何元朔中以治《易》为汉中大夫。

①【集解】徐广曰：“音寒。”　②【正义】馯音汗。颜师古云：“馯，姓也。”《汉书》及《荀卿子》皆云字子弓，此作“弘”，盖误也。应劭云：“子弓，子夏门人。”　③【集解】音桥。　④【集解】自移反。【正义】《汉书》作“桥庇”，云鲁人。颜师古云桥庇字子庸。　⑤【正义】竖音时与反。周竖字子家，《汉书》作“周醜”也。　⑥【索隐】淳于，县名，在北海。光羽字子乘。【正义】光乘字羽。《括地志》云：“淳于，国〔名〕，在密州安丘县东

三十里，古之州国，周武王封淳于国。” ⑦【正义】《儒林传》云：“田何字子庄。” ⑧【集解】徐广曰：“属琅邪。” ⑨【正义】《括地志》云：“东武县今密州诸城县是也。”《汉〔书〕》作“王同字子仲”。 ⑩【正义】《汉书》云字叔元。按：商瞿至杨何凡八代。

高柴字子羔。[1]少孔子三十岁。

①【集解】郑玄曰卫人。【正义】《家语》云齐人。

子羔长不盈五尺，受业孔子，孔子以为愚。

子路使子羔为费郈宰，[1]孔子曰：“贼夫人之子。”[2]子路曰：“有民人焉，有社稷焉，何必读书然后为学。”[3]孔子曰：“是故恶夫佞者。”[4]

①【正义】《括地志》云：“郓州宿县二十三里郈亭。” ②【集解】包氏曰：“子羔学未孰习而使为政，所以贼害人。” ③【集解】孔安国曰：“言治人事神，于是而习，亦学也。” ④【集解】孔安国曰：“疾其以给应，遂己非而不知穷也。”

漆彫开字子开。[1]

①【集解】郑玄曰鲁人也。【正义】《家语》云：“蔡人，字子若，少孔子十一岁。习《尚书》，不乐仕。”

孔子使开仕，对曰：“吾斯之未能信。”[1]孔子悦。[2]

①【集解】孔安国曰:“仕进之道。未能信者,未能究习。” ②【集解】郑玄曰:“善其志道深。”

公伯缭字子周。[①]

①【集解】马融曰鲁人。【正义】《家语》有申缭子周。《古史考》云:“疑公伯僚是谗诉之人,孔子不责,而云命。非弟子之流也。”

周诉子路于季孙,子服景伯以告孔子,曰:“夫子固有惑志,[①]缭也吾力犹能肆诸市朝。”[②]孔子曰:“道之将行,命也;道之将废,命也。公伯缭其如命何!”

①【集解】孔安国曰:“季孙信谮,恚子路也。” ②【集解】郑玄曰:“吾势犹能辨子路之无罪于季孙,使人诛僚而肆之也。有罪既刑,陈其尸曰肆。”

司马耕字子牛。[①]

①【集解】孔安国曰宋人。

牛多言而躁。问仁于孔子,孔子曰:“仁者其言也讱。”[①]曰:“其言也讱,斯可谓之仁乎?”子曰:“为之难,言之得无讱乎!”[②]

①【集解】孔安国曰:“讱,难也。” ②【集解】孔安国曰:“行仁难,言仁亦不得不(难)〔讱〕也。”

问君子,子曰:“君子不忧不惧。”[①]曰:“不忧不惧,斯可谓之君子乎?”子曰:“内省不疚,夫何忧何惧!”[②]

①【集解】孔安国曰:“牛兄桓魋将为乱,牛自宋来学,常忧惧,故孔子解之也。” ②【集解】包氏曰:“疚,病。自省无罪恶,无可忧惧。”

樊须字子迟。[①]少孔子三十六岁。

①【集解】郑玄曰齐人。【正义】《家语》云鲁人。

樊迟请学稼,孔子曰:“吾不如老农。”请学圃,曰:“吾不如老圃。”[①]樊迟出,孔子曰:“小人哉樊须也。上好礼,则民莫敢不敬。上好义,则民莫敢不服。上好信,则民莫敢不用情。[②]夫如是,则四方之民襁负其子而至矣,焉用稼!”[③]

①【集解】马融曰:“树五谷曰稼,树菜蔬曰圃。” ②【集解】孔安国曰:“情,实也。言民化上各以实应。” ③【集解】包氏曰:“礼义与信足以成德,何用学稼以教民乎!负子之器曰襁。”

樊迟问仁,子曰:“爱人。”问智,曰:“知人。”

有若[①]少孔子〔四〕十三岁。[②]有若曰:“礼之用,和为贵,先王之道斯为美。小大由之,有所不行。知和而和,不以礼节之,亦不可行也。”[③]“信近于义,言可复也。[④]恭近于礼,远耻辱也。[⑤]因不失其亲,亦可宗也。”[⑥]

①【集解】郑玄曰鲁人。　②【正义】《家语》云"鲁人,字有,少孔子三十三岁",不同。　③【集解】马融曰:"人知礼贵和,而每事从和,不以礼为节,亦不可以行也。"　④【集解】何晏曰:"复,犹覆也。义不必信,信非义也。以其言可覆,故曰近义。"　⑤【集解】何晏曰:"恭不合礼,非礼也。以其能远耻辱,故曰近礼。"　⑥【集解】孔安国曰:"因,亲也。言所亲不失其亲,亦可宗敬。"

孔子既没,弟子思慕,有若状似孔子,弟子相与共立为师,师之如夫子时也。他日,弟子进问曰:"昔夫子当行,使弟子持雨具,已而果雨。弟子问曰:'夫子何以知之?'夫子曰:'《诗》不云乎?"月离于毕,俾滂沱矣。"[①]昨暮月不宿毕乎?'他日,月宿毕,竟不雨。商瞿年长无子,其母为取室。[②]孔子使之齐,瞿母请之。孔子曰:'无忧,瞿年四十后当有五丈夫子。'[③]已而果然。敢问夫子何以知此?"有若默然无以应。弟子起曰:"有子避之,此非子之座也!"

①【集解】《毛传》曰:"毕,噣也。月离阴星则雨。"　②【正义】《家语》云:"瞿年三十八无子,母欲更娶室。孔子曰:'瞿年过四十当有五丈夫子。'果然。"《中备》云:"鲁人商瞿使向齐国,瞿年四十,今后使行远路,畏虑,恐绝无子。夫子正月与瞿母筮,告曰:'后有五丈夫子。'子贡曰:'何以知?'子曰:'卦遇《大畜》,《艮》之二世。九二甲寅木为世,六五景子水为应。世生外象生象来爻生互内象,《艮》别子,应有五子,一子短命。''何以知短命?''他以故也。'"　③【集解】五男也。

公西赤字子华。[①]少孔子四十二岁。

①【集解】郑玄曰鲁人。

子华使于齐，冉有为其母请粟。孔子曰："与之釜。"[①]请益，曰："与之庾。"[②]冉子与之粟五秉。[③]孔子曰："赤之适齐也，乘肥马，衣轻裘。吾闻君子周急不继富。"[④]

①【集解】马融曰："六斗四升曰釜。" ②【集解】包氏曰："十六斗曰庾。" ③【集解】马融曰："十六斛曰秉，五秉合八十斛。" ④【集解】郑玄曰："非冉有与之太多。"

巫马施字子旗。[①]少孔子三十岁。

①【集解】郑玄曰鲁人。【正义】音其。

陈司败[①]问孔子曰："鲁昭公知礼乎？"孔子曰："知礼。"退而揖巫马旗曰："吾闻君子不党，君子亦党乎？鲁君娶吴女为夫人，命之为孟子。孟子姓姬，讳称同姓，故谓之孟子。鲁君而知礼，孰不知礼。"[②]施以告孔子，孔子曰："丘也幸，苟有过，人必知之。臣不可言君亲之恶，为讳者，礼也。"[③]

①【集解】孔安国曰："司败，官名。陈大夫也。" ②【集解】孔安国曰："相助匿非曰党。礼同姓不婚，而君娶之。当称'吴姬'，讳曰'孟子'。" ③【集解】孔安国曰："以司败之言告也。讳国恶，礼也。圣人之道弘，故受之为过也。"

梁鳣[①]字叔鱼。[②]少孔子二十九岁。

①【集解】一作“鲤”。　②【集解】《孔子家语》曰齐人。

颜幸字子柳。[①]少孔子四十六岁。[②]

①【集解】郑玄曰鲁人。　②【索隐】《家语》云“少三十六岁”。

冉孺字子鲁，[①]少孔子五十岁。

①【集解】一作“曾”。【索隐】《家语》曰鲁人。

曹卹字子循。少孔子五十岁。

伯虔字子析，[①]少孔子五十岁。

①【正义】《家语》云“子晳”。

公孙龙字子石。[①]少孔子五十三岁。

①【集解】郑玄曰楚人。【正义】《家语》云卫人，《孟子》云赵人，《庄子》云“坚白之谈”也。

自子石已右三十五人，显有年名及受业闻见于书传。其四十有二人，无年及不见书传者纪于左：[①]

①【索隐】《家语》此例唯有三十七人。其公良孺、秦商、颜亥、叔仲会四人，《家语》有事迹，《史记》阙。然自公伯辽、秦冉、鄡单三人，《家语》不

载，而别有琴牢、陈亢、县亶当此三人之数，皆互有也。如文翁图所记，又有林放、蘧伯玉、申枨、申堂，俱是后人以所见增益，于今殆不可考。

冉季字子产。[①]

①【集解】郑玄曰鲁人。【正义】《家语》云冉季字子产。

公祖句兹字子之。[①]

①【正义】句音钩。

秦祖字子南。[①]

①【集解】郑玄曰秦人。

漆雕哆[①]字子敛。[②]

①【集解】音赤者反。 ②【集解】郑玄曰鲁人。

颜高字子骄。[①]

①【正义】孔子在卫，南子招夫子为次乘过市，颜高为御。

漆雕徒父。

壤驷赤字子徒。[①]

①【集解】郑玄曰秦人。

商泽。[①]

①【集解】《家语》曰字子季。

石作蜀字子明。

任不齐字选。[①]

①【集解】郑玄曰楚人。

公良孺字子正。[①]

①【集解】郑玄曰："陈人，贤而有勇。"【正义】孔子周游，常以家车五乘从孔子。《孔子世家》亦云语在三十五人中，今在四十二人数，恐太史公误也。

后处字子里。[①]

①【集解】郑玄曰齐人。

秦冉字开。[①]

①【正义】《家语》无此人。王肃《家语》此等惟三十七人，其公良孺、秦商、颜亥、仲叔会四人，《家语》有事迹，而《史记》阙。公伯寮、秦冉、鄡单，《家语》不载，而别有琴牢、陈亢、县亶三人。

公夏首字乘。[①]

①【集解】郑玄曰鲁人。

奚容箴字子皙。[①]

①【正义】卫人。

公坚定字子中。[①]

①【集解】郑玄曰鲁人。或曰晋人。

颜祖字襄。[①]

①【正义】鲁人。

鄡[①]单[②]字子家。[③]

①【集解】苦尧反。　②【集解】音善。　③【集解】徐广曰："一云邬单。钜鹿有鄡县，太原有邬县。"

句井疆。[①]

①【集解】郑玄曰卫人。【正义】句作"钩"。

罕父黑字子索。[①]

①【集解】《家语》曰:“罕父黑字索。”

秦商字子丕。[①]

①【集解】郑玄曰楚人。【正义】《家语》云:“鲁人,字丕兹。”

申党字周。[①]

①【正义】鲁人。

颜之仆字叔。[①]

①【集解】郑玄曰鲁人。

荣旂字子祈。

县成字子祺。[①]

①【集解】郑玄曰鲁人。【正义】县音玄。

左人郢字行。[①]

①【集解】郑玄曰鲁人。

燕伋字思。

郑国字子徒。[1]

①【正义】《家语》云薛邦字徒,《史记》作"国"者,避高祖讳。"薛"字与"郑"字误耳。

秦非字子之。[1]

①【集解】郑玄曰鲁人。

施之常字子恒。

颜哙字子声。[1]

①【集解】郑玄曰鲁人。

步叔乘字子车。[1]

①【集解】郑玄曰齐人。

原亢籍。[1]

①【集解】《家语》曰:"名亢,字籍。"【正义】亢,作"亢",仁勇反。

乐欬字子声。[1]

①【正义】鲁人。

廉絜字庸。[①]

①【集解】郑玄曰卫人。

叔仲会字子期。[①]

①【集解】郑玄曰晋人。【索隐】《家语》"鲁人。少孔子五十四岁。与孔璇年相比,二孺子俱执笔迭侍于夫子,孟武伯见而放之"。

颜何字冉。[①]

①【集解】郑玄曰鲁人。【索隐】《家语》字称。

狄黑字皙。[①]

①【索隐】《家语》同。

邦巽字子敛。[①]

①【集解】郑玄曰鲁人。【索隐】《家语》"巽"作"选",字子敛。文翁图作"国选",盖亦避汉讳改之。刘氏作"邦巽",音圭,所见各异。

孔忠。[①]

①【集解】《家语》曰："忠字子蔑，孔子兄之子。"

公西舆如字子上。[①]

①【索隐】《家语》同。

公西葴字子上。[①]

①【集解】郑玄曰鲁人。【索隐】《家语》作"子尚"也。

太史公曰：学者多称七十子之徒，誉者或过其实，毁者或损其真，钧之未睹厥容貌，则论言弟子籍，出孔氏古文近是。余以弟子名姓文字悉取《论语》弟子问并次为篇，疑者阙焉。

索隐述赞曰：教兴阙里，道在郰乡。异能就列，秀士升堂。依仁游艺，合志同方。将师宫尹，俎豆琳瑯。惜哉不霸，空臣素王。

卷六十八

商君列传第八

商君者,[①]卫之诸庶孽公子也,名鞅,姓公孙氏,其祖本姬姓也。鞅少好刑名之学,事魏相公叔座[②]为中庶子。[③]公叔座知其贤,未及进。会座病,魏惠王亲往问病,[④]曰:“公叔病有如不可讳,将奈社稷何?”公叔曰:“座之中庶子[⑤]公孙鞅,年虽少,有奇才,愿王举国而听之。”王嘿然。王且去,座屏人言曰:“王即不听用鞅,必杀之,无令出境。”王许诺而去。公叔座召鞅谢曰:“今者王问可以为相者,我言若,王色不许我。我方先君后臣,因谓王即弗用鞅,当杀之。王许我。汝可疾去矣,且见禽。”鞅曰:“彼王不能用君之言任臣,又安能用君之言杀臣乎?”卒不去。惠王既去,而谓左右曰:“公叔病甚,悲乎,欲令寡人以国听公孙鞅也,岂不悖哉!”[⑥]

①【正义】秦封于商,故号商君。　②【索隐】公叔,氏。座,名也。座音在戈反。　③【索隐】官名也。魏已置之,非自秦也。《周礼·夏官》谓之“诸子”,《礼记·文王世子》谓之“庶子”,掌公族也。　④【索隐】即魏侯之子,名罃,后徙大梁而称梁也。　⑤【索隐】《战国策》云卫庶子也。　⑥【索隐】疾重而悖乱也。【正义】悖音背。

公叔既死,公孙鞅闻秦孝公下令国中求贤者,将修缪公之业，东复侵地，乃遂西入秦，因孝公宠臣景监[①]以求见孝公。孝公既见卫鞅，语事良久，孝公时时睡，弗听。罢而孝公怒景监曰："子之客妄人耳，安足用邪！"景监以让卫鞅。卫鞅曰："吾说公以帝道，其志不开悟矣。"后五日，复求见鞅。鞅复见孝公，益愈，然而未中旨。罢而孝公复让景监，景监亦让鞅。鞅曰："吾说公以王道而未入也。请复见鞅。"鞅复见孝公，孝公善之而未用也。罢而去。孝公谓景监曰："汝客善，可与语矣。"鞅曰："吾说公以霸道，其意欲用之矣。诚复见我，我知之矣。"卫鞅复见孝公。公与语，不自知膝之前于席也。语数日不厌。景监曰："子何以中吾君？吾君之欢甚也。"鞅曰："吾说君[②]以帝王之道比三代，[③]而君曰：'久远，吾不能待。且贤君者，各及其身显名天下，安能邑邑待数十百年以成帝王乎？'故吾以强国之术说君，君大悦之耳。然亦难以比德于殷、周矣。"

①【索隐】景姓，楚之族也。监音去声平声并通。　②【索隐】音税，下同。　③【正义】比，必寐反。说者以五帝三王之事比至孝公，以三代帝王之道方兴。孝公曰"太久远，吾不能"。

孝公既用卫鞅，鞅欲变法，恐天下议己。卫鞅曰："疑行无名，疑事无功。且夫有高人之行者，固见非于世；[①]有独知之虑者，必见敖于民。[②]愚者暗于成事，知者见于未萌。民不可与虑始而可与乐成。论至德者不和于俗，成大功者不谋于众。是以圣人苟可以强国，不法其故；[③]苟可以利民，不循其礼。"孝公曰："善。"甘龙曰：[④]"不然。圣人不易民而教，知者不变法而治。因民而教，不劳而成功；缘法而治者，吏习而民安之。”卫鞅曰：“龙之所言，世俗之言也。常人安于故俗，学者溺于所闻。以此两者居官守法可也，非所与论于法之外也。三代不同礼而王，五伯不同法而霸。智者作法，愚者制焉；贤者更礼，不肖者拘焉。”⑤杜挚曰：“利不百，不变法；功不十，不易器。法古无过，循礼无邪。”卫鞅曰：“治世不一道，便国不法古。故汤、武不循古而王，⑥夏、殷不易礼而亡。⑦反古者不可非，而循礼者不足多。”孝公曰：“善。”以卫鞅为左庶长，卒定变法之令。

①【索隐】《商君书》“非”作“负”。　②【索隐】《商君书》作“必见訾于人”也。【正义】敖，五到反。　③【索隐】言救弊为政之术，所为苟可以强国，则不必要须法于故事也。　④【索隐】孝公之臣，甘姓，龙名也。甘氏出春秋时甘昭公王子带之后。　⑤【索隐】言贤智之人作法更礼，而愚不肖者不明变通，而辄拘制不使之行，斯亦信然矣。　⑥【索隐】《商君书》作“修古”。　⑦【索隐】指殷纣、夏桀也。

令民为什伍，①而相牧司连坐。②不告奸者腰斩，告奸者与斩敌首同赏，③匿奸者与降敌同罚。④民有二男以上不分异者，倍其赋。⑤有军功者，各以率⑥受上爵；为私斗者，各以轻重被刑大小。僇力本业，耕织致粟帛多者复其身。事末利及怠而贫者，举以为收孥。⑦宗室非有军功论，不得为属籍。⑧明尊卑爵秩等级，各以差次名田宅，臣妾衣服以家次。⑨有功者显荣，无功者虽富无所芬华。

①【索隐】刘氏云："五家为保，十家相连。"【正义】或为十保，或为五保。　②【索隐】牧司谓相纠发也。一家有罪而九家连举发，若不纠举，则十家连坐。恐变令不行，故设重禁。　③【索隐】谓告奸一人则得爵一级，故云"与斩敌首同赏"也。　④【索隐】律，降敌者诛其身，没其家，今匿奸者，言当与之同罚也。　⑤【正义】民有二男不别为活者，一人出两课。　⑥【集解】音律。　⑦【索隐】末谓工商也。盖农桑为本，故上云"本业耕织"也。怠者，懈也。【周礼】谓之"疲民"。以言懈怠不事事之人而贫者，则纠举而收录其妻子，没为官奴婢，盖其法特又重于古制也。孥音怒。　⑧【索隐】谓宗室若无军功，则不得入属籍。谓除其籍，则虽无功不及爵秩也。　⑨【索隐】谓各随其家爵秩之班次，亦不使僭侈逾等。

令既具，未布，恐民之不信，已乃立三丈之木于国都市南门，募民有能徙置北门者予十金。民怪之，莫敢徙。复曰"能徙者予五十金"。有一人徙之，辄予五十金，以明不欺。卒下令。

令行于民期年，秦民之国都言初令[①]之不便者以千数。于是太子犯法。卫鞅曰："法之不行，自上犯之。"将法太子。太子，君嗣也，不可施刑，刑其傅公子虔，黥其师公孙贾。明日，秦人皆趋令。[②]行之十年，秦民大悦，道不拾遗，山无盗贼，家给人足。民勇于公战，怯于私斗，乡邑大治。秦民初言令不便者有来言令便者，卫鞅曰"此皆乱化之民也"，尽迁之于边城。其后民莫敢议令。

①【索隐】谓鞅新变之法令为"初令"。　②【索隐】趋音七逾反。趋者，向也，附也。

于是以鞅为大良造。[①]将兵围魏安邑，降之。居三年，作为筑冀阙宫庭于咸阳，[②]秦自雍徙都之。而令民父子兄弟同室内息者为禁。而集小(都)乡邑聚为县，置令、丞，凡三十一县。为田开阡陌封疆，[③]而赋税平。平斗桶[④]权衡丈尺。行之四年，公子虔复犯约，劓之，居五年，秦人富强，天子致胙[⑤]于孝公，诸侯毕贺。

①【索隐】即大上造也，秦之第十六爵名也。今云"良造"者，或后变其名耳。　②【索隐】冀阙即魏阙也。冀，记也。出列教令，当记于此门阙。　③【正义】南北曰阡，东西曰陌。按：谓驿塍也。疆音疆。封，聚土也；疆，界也：谓界上封记也。　④【集解】郑玄曰："音勇，今之斛也。"【索隐】音统，量器名也。　⑤【正义】音左故反。

其明年，齐败魏兵于马陵，虏其太子申，杀将军庞涓。其明年，卫鞅说孝公曰："秦之与魏，譬若人之有腹心疾，非魏并秦，秦即并魏。何者？魏居领阨之西，[①]都安邑，与秦界河而独擅山东之利。利则西侵秦，病则东收地。今以君之贤圣，国赖以盛。而魏往年大破于齐，诸侯畔之，可因此时伐魏。魏不支秦，必东徙。东徙，秦据河山之固，东乡以制诸侯，此帝王之业也。"孝公以为然，使卫鞅将而伐魏。魏使公子卬将而击之。军既相距，卫鞅遗魏将公子卬书曰："吾始与公子欢，今俱为两国将，不忍相攻，可与公子面相见，盟，乐饮而罢兵，以安秦、魏。"魏公子卬以为然。会盟已，饮，而卫鞅伏甲士而袭虏魏公子卬，因攻其军，尽破之以归秦。魏惠王兵数破于齐、秦，国内空，日以削，恐，乃使使割河西之地献于秦以和。而魏遂去安邑,徙都大梁。[2]梁惠王曰:"寡人恨不用公叔座之言也。"卫鞅既破魏还,秦封之於、商[3]十五邑,号为商君。

①【索隐】盖即安邑之东,山领险阨之地,即今蒲州之中条已东,连汾、晋之崄嶝也。阨,阻也。 ②【索隐】《纪年》曰"梁惠王二十九年,秦卫鞅伐梁西鄙",则徙大梁在惠王之二十九年也。【正义】从蒲州安邑徙汴州浚仪也。 ③【集解】徐广曰:"弘农商县也。"【索隐】於、商,二县名,在弘农。《纪年》云秦封商鞅在惠王三十年,与此文亦同。【正义】於、商在邓州内乡县东七里,古於邑也。商洛县在商州东八十九里,本商邑,周之商国。案:十五邑近此(三)〔二〕邑。

商君相秦十年,[1]宗室贵戚多怨望者。赵良见商君。商君曰:"鞅之得见也,从孟兰皋,[2]今鞅请得交,可乎?"赵良曰:"仆弗敢愿也。孔丘有言曰:'推贤而戴者进,聚不肖而王者退。'仆不肖,故不敢受命。仆闻之曰:'非其位而居之曰贪位,非其名而有之曰贪名。'仆听君之义,则恐仆贪位贪名也。故不敢闻命。"商君曰:"子不说吾治秦与?"[3]赵良曰:"反听之谓聪,内视之谓明,自胜之谓强。[4]虞舜有言曰:'自卑也尚矣。'君不若道虞舜之道,无为问仆矣。"商君曰:"始秦戎翟之教,父子无别,同室而居。今我更制其教,而为其男女之别,大筑冀阙,营如鲁、卫矣。子观我治秦也,孰与五羖大夫贤?"赵良曰:"千羊之皮,不如一狐之掖。千人之诺诺,不如一士之谔谔。武王谔谔以昌,殷纣墨墨以亡。[5]君若不非武王乎,则仆请终日正言而无诛,可乎?"商君曰:"语有之矣，貌言华也，至言实也，苦言药也，甘言疾也。夫子果肯终日正言，鞅之药也。鞅将事子，子又何辞焉！”赵良曰：“夫五羖大夫，荆之鄙人也。[6]闻秦缪公之贤而愿望见，行而无资，自粥于秦客，被褐食牛。期年，缪公知之，举之牛口之下，而加之百姓之上，秦国莫敢望焉。相秦六七年，而东伐郑，三置晋国之君，[7]一救荆国之祸。[8]发教封内，而巴人致贡。施德诸侯，而八戎来服。由余闻之，款关请见。[9]五羖大夫之相秦也，劳不坐乘，暑不张盖，行于国中，不从车乘，不操干戈，功名藏于府库，德行施于后世。五羖大夫死，秦国男女流涕，[10]童子不歌谣，舂者不相杵。[11]此五羖大夫之德也。今君之见秦王也，因嬖人景监以为主，非所以为名也。相秦不以百姓为事，而大筑冀阙，非所以为功也。刑黥太子之师傅，残伤民以骏刑，是积怨畜祸也。教之化民也深于命，[12]民之效上也捷于令。[13]今君又左建外易，[14]非所以为教也。君又南面而称寡人，日绳秦之贵公子。《诗》曰：‘相鼠有体，人而无礼；人而无礼，何不遄死。’以《诗》观之，非所以为寿也。公子虔杜门不出已八年矣，君又杀祝懽而黥公孙贾。《诗》曰：‘得人者兴，失人者崩。’此数事者，非所以得人也。君之出也，后车十数，从车载甲，多力而骈胁者为骖乘，持矛而操闟[15]戟者[16]旁车而趋。此一物不具，君固不出。《书》曰：‘恃德者昌，恃力者亡。’[17]君之危若朝露，尚将欲延年益寿乎？则何不归十五都，[18]灌园于鄙，劝秦王显岩穴之士，养老存孤，敬父兄，序有功，尊有德，可以少安。君尚将贪商、於之富，宠秦国之教，畜百姓之怨，秦王一旦捐宾客而不立朝，秦国之所以收君者，岂其微哉？⑲亡可翘足而待。”商君弗从。

①【索隐】《战国策》云孝公行商君法十八年而死，与此文不同者，案此直云相秦十年耳，而《战国策》乃云行商君法十八年，盖连其未作相之年说也。 ②【索隐】孟兰皋，人姓名也。言鞅前因兰皋得与赵良相见也。 ③【索隐】说音悦。与音予。 ④【索隐】谓守谦敬之人是为自胜，若是者乃为强。若争名得胜，此非强之道。 ⑤【正义】以殷纣比商君。 ⑥【正义】百里奚，南阳宛人。属楚，故云荆。 ⑦【索隐】谓立晋惠公、怀公、文公也。 ⑧【索隐】《十二诸侯年表》，穆公二十八年会晋，救楚，朝周。此云救荆，未详。 ⑨【集解】韦昭曰：“款，叩也。” ⑩【正义】音体。 ⑪【集解】郑玄曰：“相谓送杵声，以声音自劝也。” ⑫【索隐】刘氏云：“教谓商鞅之令也，命谓秦君之命也。言人畏鞅甚于秦君。” ⑬【索隐】上谓鞅之处分。令谓秦君之教令。 ⑭【索隐】左建谓以左道建立威权也。外易谓在外革易君命也。 ⑮【集解】所及反。 ⑯【集解】徐广曰：“一作寮。屈卢之劲矛，干将之雄戟。”【索隐】阘，亦作“鈒”，同所及反。邹诞音吐腊反。寮音辽。屈音九勿反。按：屈卢、干将并古良匠造矛戟者名。【正义】顾野王云：“铤也。”《方言》云：“矛，吴、扬、江、淮、南楚、五湖之间谓之铤。其柄谓之矜。”《释名》云：“戟，格也。旁有格。” ⑰【索隐】此是《周书》之言，孔子所删之余。 ⑱【索隐】卫鞅所封商、於二县以为国，其中凡有十五都，故赵良劝令归之。【正义】公孙鞅封商、於十五邑，故云“十五都”。 ⑲【索隐】谓鞅于秦无仁恩，故秦国之所以将收录鞅者其效甚明，故云“岂其微哉”。

后五月而秦孝公卒，太子立。公子虔之徒告商君欲反，发吏捕商君。商君亡至关下，欲舍客舍。客人不知其是商君也，曰：“商君之法，舍人无验者坐之。”商君喟然叹曰：“嗟乎，为法之蔽一至此哉！”去之魏。魏人怨其欺公子卬而破魏师，弗受。商君欲之他国。魏人曰：“商君，秦之贼。秦强而贼入魏，弗归，不可。”遂内秦。商君既复入秦，走商邑，①与其徒属发邑兵北出击郑。②秦发兵攻商君，杀之于郑黾池。③秦惠王车裂商君以徇，曰：“莫如商鞅反者！”遂灭商君之家。

①【索隐】走音奏。走，向也。　②【集解】徐广曰：“京兆郑县也。”【索隐】《地理志》京兆有郑县。《秦本纪》云“初县杜、郑”，按：其地是郑桓公友之所封。　③【集解】徐广曰：“黾，或作‘彭’。”【索隐】郑黾池者，时黾池属郑故也。而徐广云“黾或作彭”者，按《盐铁论》云“商君困于彭池”故也。黾音亡忍反。【正义】黾池去郑三百里，盖秦兵至郑破商邑兵，而商君东走至黾，乃擒杀之。

太史公曰：商君，其天资刻薄人也。①迹其欲干孝公以帝王术，挟持浮说，非其质矣。②且所因由嬖臣，及得用，刑公子虔，欺魏将卬，不师赵良之言，亦足发明商君之少恩矣。余尝读商君开塞耕战书，③与其人行事相类。卒受恶名于秦，有以也夫。④

①【索隐】谓天资其人为刻薄之行。刻谓用刑深刻；薄谓弃仁义，不悃诚也。　②【索隐】说音如字。浮说即虚说也。谓鞅得用，刑政深刻，又欺魏将，是其天资自有狙诈，则初为孝公论帝王之术，是浮说耳，非本性也。③【索隐】按《商君书》，开谓刑严峻则政化开，塞谓布恩赏则政化塞，其意本于严刑少恩。又为田开阡陌，及言斩敌首赐爵，是耕战书也。　④【集解】《新序》论曰：“秦孝公保崤、函之固，以广雍州之地，东并河西，北收上

郡，国富兵强，长雄诸侯，周室归籍，四方来贺，为战国霸君，秦遂以强，六世而并诸侯，亦皆商君之谋也。夫商君极身无二虑，尽公不顾私，使民内急耕织之业以富国，外重战伐之赏以劝戎士，法令必行，内不阿贵宠，外不偏疏远，是以令行而禁止，法出而奸息。故虽《书》云'无偏无党'，《诗》云'周道如砥，其直如矢'，《司马法》之励戎士，周后稷之劝农业，无以易此。此所以并诸侯也。故孙卿曰：'四世有胜，非幸也，数也。'然无信，诸侯畏而不亲。夫霸君若齐桓、晋文者，桓不倍柯之盟，文不负原之期，而诸侯畏其强而亲信之，存亡继绝，四方归之，此管仲、舅犯之谋也。今商君倍公子卬之旧恩，弃交魏之明信，诈取三军之众，故诸侯畏其强而不亲信也。藉使孝公遇齐桓、晋文，得诸侯之统将，合诸侯之君，驱天下之兵以伐秦，秦则亡矣。天下无桓文之君，故秦得以兼诸侯。卫鞅始自以为知霸王之德，原其事不谕也。昔周、召施善政，及其死也，后世思之，'蔽芾甘棠'之诗是也。尝舍于树下，后世思其德不忍伐其树，况害其身乎！管仲夺伯氏邑三百户，无怨言。今卫鞅内刻刀锯之刑，外深铁钺之诛，步过六尺者有罚，弃灰于道者被刑，一日临渭而论囚七百余人，渭水尽赤，号哭之声动于天地，畜怨积仇比于丘山，所逃莫之隐，所归莫之容，身死车裂，灭族无姓，其去霸王之佐亦远矣。然惠王杀之亦非也，可辅而用也。使卫鞅施宽平之法，加之以恩，申之以信，庶几霸者之佐哉！"【索隐】《新序》是刘歆所撰，其中论商君，故裴氏引之。藉音胙，字合作"胙"，误为"藉"耳。按：本纪"周归文、武胙于孝公者"是也。《说苑》云"秦法，弃灰于道者刑"，是其事也。

索隐述赞曰：卫鞅入秦，景监是因。王道不用，霸术见亲。政必改革，礼岂因循。既欺魏将，亦怨秦人。如何作法，逆旅不宾。

卷六十九

苏秦列传第九

苏秦者，东周洛阳人也。[①]东事师于齐，而习之于鬼谷先生。[②]

①【索隐】苏秦字季子，盖苏忿生之后，己姓也。谯周云："秦兄弟五人，秦最少。兄代，代弟厉及辟、鹄，并为游说之士。"此下云"秦弟代，代弟厉"。未详。【正义】《战国策》云："苏秦，洛阳乘轩里人也。"《艺文志》云《苏子》三十一篇，在纵横流。敬王以子朝之乱从王城东迁洛阳故城，乃号东周，以王城为西周。　②【集解】徐广曰："颍川阳城有鬼谷，盖是其人所居，因为号。"骃案："《风俗通义》曰'鬼谷先生，六国时从横家'。"【索隐】鬼谷，地名也。扶风池阳、颍川阳城并有鬼谷墟，盖是其人所居，因为号。又乐壹注《鬼谷子》书云"苏秦欲神秘其道，故假名鬼谷"。

出游数岁，大困而归。[①]兄弟嫂妹妻妾窃皆笑之，曰："周人之俗，治产业，力工商，逐什二以为务，今子释本而事口舌，困，不亦宜乎。"苏秦闻之而惭，自伤，乃闭室不出，出其书遍观[②]之。曰："夫士业已屈首受书，[③]而不能以取尊荣，虽多亦奚以为！"于是得周书《阴符》，伏而读之。期年，以出揣摩，[④]曰："此可以说当世之君矣。"求说周显王。显王左右素习知苏秦，皆少之，[⑤]弗信。

①【索隐】《战国策》此语在说秦王之后。 ②【索隐】音遍官。谓尽观览其书。 ③【索隐】谓士之立操。业者，素也，本也。言本已屈首低头，受书于师也。 ④【集解】《战国策》曰："乃发书，陈箧数十，得《太公阴符》之谋，伏而诵之，简练以为揣摩。读书欲睡，引锥自刺其股，血流至踵。曰：'安有说人主不能出其金玉锦绣，取卿相之尊者乎！'期年，揣摩成。"《鬼谷子》有《揣摩篇》也。【索隐】《战国策》云"得太公《阴符》之谋"，则阴符是太公之兵法也。揣音初委反，摩音姥何反。邹诞本作"揣摩"，靡读亦为摩。王劭云"《揣情》、《摩意》是《鬼谷》之二章名，非为一篇也"。高诱曰"揣，定也，摩，合也。定诸侯使仇其术，以成六国之从也"。江邃曰"揣人主之情，摩而近之"，其意当矣。 ⑤【索隐】谓王之左右素惯习知秦浮说，多不中当世，而以为苏秦智识浅，故云"少之"。刘氏云："少谓轻之也。"

乃西至秦。秦孝公卒。说惠王曰："秦四塞之国，被山带渭，东有关河，[①]西有汉中，南有巴、蜀，北有代、马，[②]此天府也。[③]以秦士民之众，兵法之教，可以吞天下，称帝而治。"秦王曰："毛羽未成，不可以高飞。文理未明，不可以并兼。"方诛商鞅，疾辩士，弗用。

①【正义】东有黄河，有函谷、蒲津、龙门、合河等关。南山及武关、峣关。西有大陇山及陇山关、大震、乌兰等关。北有黄河南塞。是四塞之国，被山带渭(又)〔以〕为界。地里。江谓岷江，〔西从〕渭州陇山之西南流入蜀，东至荆阳入海也。河谓黄河，从同州小积石山东北流，至胜州即南流，至华州又东北流，经魏、沧等州入海。各是万里已下。 ②【索隐】按：谓代郡马邑也。《地理志》代郡又有马城县。一云代马，谓代郡兼有胡马之利。 ③【索隐】按：《周礼·春官》有天府。郑玄曰："府，物所藏。言天，尊此所藏若天府然。"

乃东之赵。赵肃侯令其弟成为相，号奉阳君。奉阳君弗悦之。

去游燕，岁余而后得见。说燕文侯[①]曰："燕东有朝鲜、[②]辽东，北有林胡、楼烦，[③]西有云中、九原，[④]南有嘑沱、易水，[⑤]地方二千余里，带甲数十万，车六百乘，骑六千匹，粟支数年。[⑥]南有碣石、[⑦]雁门之饶，[⑧]北有枣栗之利，民虽不佃作而足于枣栗矣。此所谓天府者也。

①【索隐】说音税。燕文侯，史失名。　②【索隐】音，潮仙，水名。③【索隐】《地理志》楼烦属雁门郡。【正义】二胡国名，朔、岚已北。④【索隐】《地理志》云中、九原二郡名。秦曰九原，汉武帝改曰五原郡。【正义】二郡并在胜州也。云中郡城在榆林县东北四十里。九原郡城在榆林县西界。　⑤【集解】《周礼》曰："正北曰并州，其川嘑沱。"郑玄曰："嘑沱出卤城。"【索隐】滹沲，水名，并州之川也，音呼沱。又《地理志》卤城，县名，属代郡。滹沲河自县东至参谷，又东至文安入海也。【正义】嘑沱出代州繁畤县，东南流经五台山北，东南流过定州，流入海。易水出易州易县，东流过幽州归义县，东与呼沱河合也。　⑥【索隐】《战国策》"车七百乘，粟支十年"。　⑦【索隐】(战国策)碣石山在常山九门县。《地理志》大碣石山在右北平骊城县西南。　⑧【正义】雁门山在代，燕西门。

"夫安乐无事，不见覆军杀将，无过燕者。大王知其所以然乎？夫燕之所以不犯寇被甲兵者，以赵之为蔽其南也。秦、赵五战，秦再胜而赵三胜。秦、赵相毙，而王以全燕制其后，此燕之所以不犯寇也。且夫秦之攻燕也，逾云中、九原，过代、上谷，弥地数千里，虽得燕城，秦计固不能守也。秦之不能害燕亦明矣。今赵之攻燕也，发号出令，不至十日而数十万之军军于东垣矣。[1]渡呼沱，涉易水，不至四五日而距国都矣。故曰秦之攻燕也，战于千里之外；赵之攻燕也，战于百里之内。夫不忧百里之患而重千里之外，计无过于此者。是故愿大王与赵从亲，天下为一，则燕国必无患矣。”

①【索隐】《地理志》高帝改曰真定也。《正义》赵之东邑，在恒州真定县南八里，故常山城是也。

文侯曰：“子言则可，然吾国小，西迫强赵，[1]南近齐，[2]齐、赵强国也。子必欲合从以安燕，寡人请以国从。”

①【正义】贝、冀、燕、赵四州，七国时属赵，即燕西界。 ②【正义】河北博、沧、德三州，齐地北境，与燕相接，隔黄河。

于是资苏秦车马金帛以至赵。而奉阳君已死，即因说赵肃侯[1]曰：“天下卿相人臣及布衣之士，皆高贤君之行义，皆愿奉教陈忠于前之日久矣。[2]虽然，奉阳君妒而君不任事，是以宾客游士莫敢自尽于前者。今奉阳君捐馆舍，君乃今复与士民相亲也，臣故敢进其愚虑。

①【索隐】《世本》云肃侯名言。 ②【正义】奉，符用反。

“窃为君计者，莫若安民无事，且无庸有事于民也。安民之本，在于择交，择交而得则民安，择交而不得则民终身不安。请言外患：齐、秦为两敌而民不得安，倚秦攻齐而民不得安,倚齐攻秦而民不得安。故夫谋人之主,伐人之国,常苦出辞断绝人之交也。愿君慎勿出于口。请别白黑,所以异阴阳而已矣。[①]君诚能听臣,燕必致旃裘狗马之地,齐必致鱼盐之海,楚必致橘柚之园,韩、魏、中山皆可使致汤沐之奉,而贵戚父兄皆可以受封侯。夫割地包利,五伯之所以覆军禽将而求也;封侯贵戚,汤、武之所以放弑而争也。今君高拱而两有之,此臣之所以为君愿也。

①【索隐】《战国策》云"请屏左右,白言所以异阴阳",其说异此。然言别白黑者,苏秦言己今论赵国之利,必使分明,有如白黑分别,阴阳殊异也。

"今大王与秦,则秦必弱韩、魏。与齐,则齐必弱楚、魏。[①]魏弱则割河外,韩弱则效宜阳,宜阳效则上郡绝,[②]河外割则道不通,[③]楚弱则无援。此三策者,不可不孰计也。

①【正义】楚东淮、泗之上,与齐接境。　②【正义】宜阳即韩城也,在洛州西,韩大郡也。上郡在同州西北。言韩弱,与秦宜阳城,则上郡路绝矣。　③【正义】河外,同、华等地也。言魏弱,与秦河外地,则道路不通上郡矣。《华山记》云:"此山分秦、晋之境,晋之西鄙则曰阴晋,秦之东邑则曰宁秦。"

"夫秦下轵道,[①]则南阳危。[②]劫韩包周,[③]则赵氏自操兵。[④]据卫取淇卷,[⑤]则齐必入朝秦。秦欲已得乎山东,则必举兵而响赵矣。秦甲渡河逾漳,据番吾,[⑥]则兵必战于邯郸之下矣。此臣之所为君患也。

①【正义】轵音止。故亭在雍州万年县东北十六里苑中。 ②【正义】南阳,怀州河南也,七国时属韩。言秦兵下轵道,从东渭桥历北道过蒲津攻韩,即南阳危矣。 ③【正义】周都洛阳,秦若劫取韩南阳,是包裹周都也。赵邯郸危,故须起兵自守。 ④【索隐】《战国策》作“自销铄”。⑤【集解】丘权反。【索隐】《地理志》卷县属河南。《战国策》云“据卫取淇”。无“卷”字。【正义】卫地濮阳也。卷城在郑州武原县西北七里。言秦守卫得卷,则齐必来朝秦。 ⑥【集解】徐广曰:“常山有蒲吾县。”【索隐】按:徐氏所引,据《地理志》而知也。【正义】番音婆,又音蒲,又音盘。疑古番吾公邑也。《括地志》云:“蒲吾故城在镇州常山县东二十里。”漳水在潞州。言秦兵渡河,历南阳,入羊肠,经泽、潞,渡漳水,守蒲吾城,则与赵战于都城下矣。

“当今之时,山东之建国莫强于赵。赵地方二千余里,带甲数十万,车千乘,骑万匹,粟支数年。西有常山,[①]南有河漳,[②]东有清河,[③]北有燕国。[④]燕固弱国,不足畏也。秦之所害于天下者莫如赵,然而秦不敢举兵伐赵者,何也?畏韩、魏之议其后也。然则韩、魏,赵之南蔽也。秦之攻韩、魏也,无有名山大川之限,稍蚕食之,傅[⑤]国都而止。韩、魏不能支秦,必入臣于秦。秦无韩、魏之规,则祸必中于赵矣。此臣之所为君患也。

①【正义】在镇州西。 ②【正义】“河”字一作“清”,即漳河也,在潞州。《地理志》浊漳出长子鹿谷山,东至邺,入清漳。 ③【正义】清河,今贝州也。 ④【正义】然三家分晋,赵得晋阳,襄子又伐戎取代。既云“西有常山者”,赵都邯郸近北燕也。 ⑤【集解】音附。

“臣闻尧无三夫之分，舜无咫尺之地，以有天下。禹无百人之聚，以王诸侯。汤、武之士不过三千，车不过三百乘，卒不过三万，立为天子，诚得其道也。是故明主外料其敌之强弱，内度其士卒贤不肖，不待两军相当而胜败存亡之机固已形于胸中矣，岂揜于众人之言而以冥冥决事哉。

“臣窃以天下之地图案之，诸侯之地五倍于秦，料度诸侯之卒十倍于秦，六国为一，并力西向而攻秦，秦必破矣。今西面而事之，见臣于秦。夫破人之与破于人也，[①]臣人之与(见)臣于人也，[②]岂可同日而论哉！

①【正义】破人谓破前敌也。破于人为被前敌破。　　②【索隐】臣人谓己为彼臣也。臣于人者，谓我为主，使彼臣己也。【正义】臣人谓己得人为臣。臣于人谓己事他人。

“夫衡人者，[①]皆欲割诸侯之地以予秦。秦成，则高台榭，美宫室，听竽瑟之音，前有楼阙轩辕，[②]后有长姣[③]美人，国被秦患而不与其忧。是故夫衡人日夜务以秦权恐愒诸侯以求割地，[④]故愿大王孰计之也。

①【索隐】按：衡人即游说从横之士也。东西为横，南北为从。秦地形东西横长，故张仪相秦，为秦连横。【正义】衡音横。谓为秦人。②【索隐】《战国策》云“前有轩辕”。又《史记》俗本亦有作“轩冕”者，非本文也。　　③【索隐】音交。《说文》云：“姣，美也。”　　④【集解】愒音呼曷反。【索隐】恐，起拱反。愒，许曷反。谓相恐胁也。邹氏愒音憩，义疏。

“臣闻明主绝疑去谗，屏流言之迹，塞朋党之门，故尊主广地强兵之计臣得陈忠于前矣。故窃为大王计，莫如一韩、魏、齐、楚、燕、赵以从亲，以畔秦。令天下之将相会于洹水之上，[①]通质，[②]刳白马而盟。要约曰：‘秦攻楚，齐、魏各出锐师以佐之，韩绝其粮道，[③]赵涉河漳，[④]燕守常山之北。秦攻韩、魏，[⑤]则楚绝其后，[⑥]齐出锐师而佐之，赵涉河漳，燕守云中。秦攻齐，则楚绝其后，韩守城皋，[⑦]魏塞其道，[⑧]赵涉河漳、博关，[⑨]燕出锐师以佐之。秦攻燕，则赵守常山，楚军武关，齐涉渤海，[⑩]韩、魏皆出锐师以佐之。秦攻赵，则韩军宜阳，楚军武关，魏军河外，[⑪]齐涉清河，[⑫]燕出锐师以佐之。诸侯有不如约者，以五国之兵共伐之。’六国从亲以宾秦，[⑬]则秦甲必不敢出于函谷以害山东矣。如此，则霸王之业成矣。”

①【集解】徐广曰：“洹水出汲郡林虑县。” ②【索隐】音如字，又音踬。以言通其交质之情。 ③【索隐】谓拥兵于崤关之外，又守宜阳也。 ④【索隐】谓赵亦涉河漳而西，欲与韩相援，以阻秦军。 ⑤【正义】谓道蒲津之东攻之。 ⑥【索隐】谓出兵武关，以绝秦兵之后。 ⑦【正义】在洛州汜水县。 ⑧【索隐】其道即河内之道。《战国策》“其”作“午”。 ⑨【集解】徐广曰：“齐威王六年，晋伐齐到博陵。东郡有博平县。” ⑩【正义】齐从沧州渡河至瀛州。 ⑪【索隐】河外谓陕及曲沃等处也。【正义】谓同、华州。 ⑫【正义】齐从贝州过河而西。 ⑬【索隐】谓六国之军共为合从相亲，独以秦为宾而共伐之。

赵王曰：“寡人年少，立国日浅，未尝得闻社稷之长计也。今上客有意存天下，安诸侯，寡人敬以国从。”乃饰车百乘，黄金千镒，[①]白璧百双，锦绣千纯，[②]以约诸侯。

①【索隐】一镒一金也。郑玄云一镒二十四分之一，其说各异。
②【集解】纯，匹端名。《周礼》曰："纯帛不过五两。"【索隐】音淳。高诱注《战国策》音屯。屯，束也。又《礼·乡射》云"某贤于某若干纯"。纯，数也，音旋。

是时周天子致文、武之胙于秦惠王。惠王使犀首攻魏，禽将龙贾，取魏之雕阴，[①]且欲东兵。苏秦恐秦兵之至赵也，乃激怒张仪，入之于秦。

①【索隐】魏地也。刘氏曰"在龙门河之西北"。按：《地理志》雕阴属上郡。【正义】在鄜州洛交县北三十四里。

于是说韩宣惠王[①]曰："韩北有巩洛、成皋[②]之固，西有宜阳、商阪之塞，[③]东有宛、穰、[④]洧水，[⑤]南有陉山，[⑥]地方九百余里，带甲数十万，天下之强弓劲弩皆从韩出。溪子、[⑦]少府时力、距来者，[⑧]皆射六百步之外。韩卒超足而射，[⑨]百发不暇止，远者括蔽洞胸，近者镝弇心。韩卒之剑戟皆出于冥山、[⑩]棠谿、[⑪]墨阳、[⑫]合赙、[⑬]邓师、[⑭]宛冯、[⑮]龙渊、太阿，[⑯]皆陆断牛马，水截鹄雁，当敌则斩，坚甲铁幕，[⑰]革抉[⑱]吷芮，[⑲]无不毕具。以韩卒之勇，被坚甲，跖劲弩，带利剑，一人当百，不足言也。夫以韩之劲与大王之贤，乃西面事秦，交臂而服，羞社稷而为天下笑，无大于此者矣。是故愿大王孰计之。

①【索隐】《世本》韩宣王,昭侯之子也。　②【索隐】二邑本属东周,后为韩邑。《地理志》二县并属河南。　③【集解】徐广曰:"商,一作'常'。"【索隐】刘氏云"盖在商、洛之间,适秦楚之险塞"也。【正义】宜阳在洛州福昌县东十四里。商阪即商山也,在商洛县南一里,亦曰楚山,武关在焉。　④【集解】宛,於袁反。【索隐】《地理志》宛、穰二县名,并属南阳。　⑤【集解】洧,于鬼反。【索隐】水名,出南方。【正义】在新郑东西,流入颍。　⑥【集解】徐广曰:"召陵有陉亭。密县有陉山。"【正义】在新郑西南三十里。　⑦【集解】许慎云:"南方溪子蛮夷柘弩,皆善材。"【索隐】按:许慎注《淮南子》,以为南方谿子蛮出柘弩及竹弩。　⑧【集解】韩有谿子弩,又有少府所造二种之弩。案:时力者,谓作之得时,力倍于常,故名时力也。距来者,谓弩执劲利,足以距来敌也。【索隐】韩又有少府所造时力、距来二种之弩。其名并见《淮南子》。　⑨【索隐】超足谓超腾用势,盖起足蹋之而射也,故下云"跖劲弩"是也。【正义】超足,齐足也,夫欲放弩,皆坐,举足踏弩,两手引揍机,然始发之。　⑩【集解】徐广曰:"《庄子》云南行至郢,北面而不见冥山。"骃案:司马彪曰"冥山在朔州北"。【索隐】郭象云"冥山在乎太极"。李轨云"在韩国"。　⑪【集解】徐广曰:"汝南吴房有棠谿亭。"【正义】故城在豫州偃城县西八十里。《盐铁论》云"有棠谿之剑"是。　⑫【集解】《淮南子》曰:"墨阳之莫邪也。"　⑬【集解】音附。徐广曰:"一作'伯'。"【索隐】《战国策》作"合伯",《春秋后语》作"合相"。　⑭【索隐】邓国有工铸剑,因名邓师。　⑮【集解】徐广曰:"荥阳有冯池。"【索隐】宛人于冯池铸剑,故号宛冯。　⑯【集解】《吴越春秋》曰:"楚王召风胡子而告之曰:'寡人闻吴有干将,越有欧冶,寡人欲因子请此二人作剑,可乎?'风胡子曰:'可。'乃往见二人,作剑,一曰龙渊,二曰太阿。"【索隐】《太康地记》曰"汝南西平有龙泉水,可以淬刀剑,特坚利,故有龙泉之剑,楚之宝剑也。以特坚利,故有坚白之论云:'黄,所以为坚也;白,所以为利也。'齐辨之曰:'白,所以为不坚;黄,所以为不利也。'故天下之宝剑韩为众,一曰棠谿,二曰墨阳,三曰合伯,四曰邓师,五曰宛冯,六曰龙泉,七曰太阿,八曰莫邪,九曰干将也"。然干将、莫邪匠名也,

其剑皆出西平县，今有铁官令，别领户，是古铸剑之地。 ⑰【集解】徐广曰："阳城出铁。"【索隐】《战国策》云"当敌则斩坚甲盾鞮鍪铁幕"。邹诞幕一作"陌"。刘云："谓以铁为臂胫之衣。言其剑利，能斩之也。"
⑱【集解】徐广曰："一作决。"【索隐】谓以革为射决。决，射鞲也。
⑲【集解】吷音伐。【索隐】吷与"瞂"同，谓楯也。芮音如字，谓系楯之纷绶也。【正义】《方言》云："盾，自关东谓之瞂，关西谓之盾。"

"大王事秦，秦必求宜阳、成皋。今兹效之，[①]明年又复求割地。与则无地以给之，不与则弃前功而受后祸。且大王之地有尽而秦之求无已，以有尽之地而逆无已之求，此所谓市怨结祸者也，不战而地已削矣。臣闻鄙谚曰：'宁为鸡口，无为牛后。'[②]今西面交臂而臣事秦，何异于牛后乎？夫以大王之贤，挟强韩之兵，而有牛后之名，臣窃为大王羞之。"

①【索隐】按：郑玄注礼云"效，犹呈也，见也"。 ②【索隐】《战国策》云"宁为鸡尸，不为牛从"。延笃注云"尸，鸡中主也。从谓牛子也。言宁为鸡中之主，不为牛子之从后也"。【正义】鸡口虽小，犹进食；牛后虽大，乃出粪也。

于是韩王勃然作色，攘臂瞋目，按剑仰天太息[①]曰："寡人虽不肖，必不能事秦。今主君[②]诏以赵王之教，敬奉社稷以从。"

①【索隐】太息谓久蓄气而大吁也。 ②【索隐】指苏秦也。礼，卿大夫称主。今嘉苏子合从诸侯，褒而美之，故称曰主君。

又说魏襄王[①]曰："大王之地，南有鸿沟、[②]陈、汝南、许、郾、[③]昆阳、召陵、舞阳、新都、新郪，[④]东有淮、颍、[⑤]煮枣、[⑥]无胥，[⑦]西有长城之界，北有河外、[⑧]卷、衍、酸枣，[⑨]地方千里。地名虽小，然而田舍庐庑之数，曾无所刍牧。人民之众，车马之多，日夜行不绝，輷輷殷殷，[⑩]若有三军之众。臣窃量大王之国不下楚。然衡人怵王交强虎狼之秦以侵天下，[⑪]卒有秦患，[⑫]不顾其祸。夫挟强秦之势以内劫其主，罪无过此者。魏，天下之强国也；王，天下之贤王也。今乃有意西面而事秦，称东藩，筑帝宫，[⑬]受冠带，[⑭]祠春秋，[⑮]臣窃为大王耻之。

①【索隐】《世本》惠王子名嗣。　②【集解】徐广曰："在荥阳。"　③【集解】徐广曰："在颍川。於幰切。"【索隐】音偃，又於建反。《战国策》作"鄢"。按：《地理志》颍川有许、郾二县，又有鄢陵县，鄢、郾不同，必有一误。鄢音焉。【正义】陈、汝南，今汝州、豫州县也。　④【集解】《地理志》颍川有昆阳、舞阳县，汝南有新郪县，南阳有新都县。【索隐】《地理志》昆阳、舞阳属颍川，召陵、新郪属汝南。按：新郪即郪丘，章帝建初四年徙封殷后宋公于此，更名宋新都，属南阳。按：《战国策》直云新郪，无"新都"二字。【正义】召陵在豫州，舞阳在许州。　⑤【正义】淮阳、颍川二郡。　⑥【集解】徐广曰："在宛句。"【正义】在宛朐。按：宛朐，曹州县也。　⑦【索隐】按：其地阙。　⑧【正义】谓河南地。　⑨【集解】徐广曰："荥阳卷县有长城，经阳武到密。"衍，地名。【索隐】徐广云"荥阳卷县有长城"，盖据地险为说。【正义】卷在郑州原武县北七里。酸枣在滑州。衍，徐云地名。　⑩【正义】輷，麾宏反。殷音隐。　⑪【正义】衡音横。怵音恤。　⑫【正义】卒音匆忽反。　⑬【索隐】谓为秦筑宫，备其巡狩而舍之，故谓之"帝宫"。　⑭【索隐】谓冠带制度皆受秦法。　⑮【索隐】言春秋贡奉，以助秦祭祀。

“臣闻越王句践战敝卒三千人，禽夫差于干遂。[①]武王卒三千人，革车三百乘，制纣于牧野。[②]岂其士卒众哉，诚能奋其威也。今窃闻大王之卒，武士二十万，[③]苍头二十万，[④]奋击二十万，厮徒十万，[⑤]车六百乘，骑五千匹。此其过越王句践、武王远矣，今乃听于群臣之说而欲臣事秦。夫事秦必割地以效实，[⑥]故兵未用而国已亏矣。凡群臣之言事秦者，皆奸人，非忠臣也。夫为人臣，割其主之地以求外交，偷取一时之功而不顾其后，破公家而成私门，外挟强秦之势以内劫其主，以求割地，愿大王孰察之。

①【索隐】干遂，地名，不知所在。然按干是水旁之高地，故有“江干”“河干”是也。又左思《吴都赋》云“长干延属”，是干为江旁之地。遂者，道也。干有遂道，因为名也。【正义】在苏州吴县西北四十余里万安山西南一里太湖。夫差败于姑苏，禽于干遂，相去四十余里。　②【正义】今卫州城是也。周武王伐纣于牧野，筑之。　③【集解】《汉书·刑法志》曰：“魏氏武卒衣三属之甲，操十二石之弩，负矢五十，置戈其上，冠胄带剑，赢三日之粮，日中而趋百里，中试则复其户，利其田宅。”【索隐】衣音意。属音烛。按：三属谓甲衣也。覆膊，一也；甲裳，二也；胫衣，三也。甲之有裳，见《左传》。赢音盈。谓赍糗粮。中音竹仲反。谓其筋力能负重，所以得中试也。复音福。谓中试之人，国家当优复，赐之上田宅，故云“利其田宅”也。④【索隐】谓以青巾裹头，以异于众。荀卿“魏有苍头二十万”是也。⑤【索隐】厮音斯。谓厮养之卒。厮，养马之贱者，今起为之卒。【正义】厮音斯。谓炊烹供养杂役。　⑥【索隐】谓割地献秦，以效己之诚实。

“《周书》曰：‘绵绵不绝，蔓蔓奈何？豪牦不伐，将用斧柯。’前虑不定，后有大患，将奈之何？大王诚能听臣，六国从亲，专心并力壹意，则必无强秦之患。故敝邑赵王使臣效愚计，[①]奉明约，在大王之诏诏之。”

①【索隐】此“效”犹呈，见也。

魏王曰：“寡人不肖，未尝得闻明教。今主君以赵王之诏诏之，敬以国从。”

因东说齐宣王[①]曰：“齐南有泰山，东有琅邪，西有清河，[②]北有勃海，此所谓四塞之国也。齐地方二千余里，带甲数十万，粟如丘山。三军之良，五家之兵，[③]进如锋矢，[④]战如雷霆，解如风雨。即有军役，未尝背泰山，绝清河，涉勃海也。[⑤]临菑之中七万户，臣窃度之，不下户三男子，三七二十一万，不待发于远县，而临菑之卒固已二十一万矣。临菑甚富而实，其民无不吹竽鼓瑟，弹琴击筑，[⑥]斗鸡走狗，六博[⑦]蹋鞠[⑧]者。临菑之涂，车毂击，人肩摩，连衽成帷，举袂成幕，挥汗成雨，家殷人足，志高气扬。夫以大王之贤与齐之强，天下莫能当。今乃西面而事秦，臣窃为大王羞之。

①【索隐】《世本》名辟疆，威王之子也。 ②【正义】即贝州。 ③【索隐】按：高诱注《战国策》云“五家即五国也”。 ④【索隐】《战国策》作“疾如锥矢”。高诱曰“锥矢，小矢，喻径疾也”。《吕氏春秋》曰“所贵锥矢者，为应声而至”。【正义】齐军之进，若锋芒之刃，良弓之矢，用之有进而无退。 ⑤【正义】言临淄自足也。绝，涉，皆度也。勃海，沧州也。齐有军役，不用度河取二部。 ⑥【正义】筑似琴而大，头圆，五弦，击之不鼓。 ⑦【索隐】王逸注《楚词》云“博，著也。行六棋，故曰六博”。

⑧【集解】刘向《别录》曰："蹴鞠者，传言黄帝所作，或曰起战国之时。蹋鞠，兵势也，所以练武士，知有材也，皆因嬉戏而讲练之。"蹋，徒猎反。鞠，求六反。《索隐》上徒腊反，下居六反。《别录注》云："蹴踘，促六反。蹴亦蹋也。"崔豹云："起黄帝时，习兵之势也。"

"且夫韩、魏之所以重畏秦者，为与秦接境壤界也。兵出而相当，不出十日而战胜存亡之机决矣。韩、魏战而胜秦，则兵半折，四境不守。战而不胜，则国已危亡随其后。是故韩、魏之所以重与秦战，而轻为之臣也。今秦之攻齐则不然。背韩、魏之地，过卫阳晋之道，[1]径乎亢父之险，[2]车不得方轨，[3]骑不得比行，百人守险，千人不敢过也。秦虽欲深入，则狼顾，[4]恐韩、魏之议其后也。是故恫疑[5]虚猲，[6]骄矜而不敢进，[7]则秦之不能害齐亦明矣。

①【集解】徐广曰："魏哀王十六年，秦拔魏蒲坂、阳晋、封陵。"【索隐】阳晋，魏邑也。刘氏云"阳晋，地名，盖适齐之道，卫国之西南也"。【正义】言秦伐齐，背韩、魏地而与齐战。徐说阳晋非也，乃是晋阳耳。卫地曹、濮等州也。杜预云"曹，卫下邑也"。阳晋故城在曹州乘氏县西北三十七里。②【索隐】亢音刚，又苦浪反。《地理志》县名，属梁国。【正义】故县在兖州任城县南五十一里。　③【正义】言不得两车并行。　④【正义】狼性怯，走常还顾。　⑤【索隐】恫音通。恫，恐惧之心也。　⑥【集解】呼葛反。【索隐】猲，本一作"喝"，并呼葛反。高诱曰："虚猲，喘息惧貌也。"刘氏云："秦自疑惧，不敢进兵，虚作恐怯之词，以胁韩、魏也。"　⑦【正义】言秦虽至亢父，犹恐惧狼顾，虚作喝骂，骄溢矜夸，不敢进伐齐明矣。

"夫不深料秦之无奈齐何，而欲西面而事之，是群臣之计过也。今无臣事秦之名而有强国之实，臣是故愿大王少留意计之。”

齐王曰：“寡人不敏，僻远守海，穷道东境之国也，未尝得闻余教。今足下以赵王诏诏之，敬以国从。”

乃西南说楚威王[①]曰：“楚，天下之强国也；王，天下之贤王也。西有黔中、[②]巫郡，[③]东有夏州、[④]海阳，[⑤]南有洞庭、[⑥]苍梧，[⑦]北有陉塞、郇阳，[⑧]地方五千余里，带甲百万，车千乘，骑万匹，粟支十年。此霸王之资也。夫以楚之强与王之贤，天下莫能当也。今乃欲西面而事秦，则诸侯莫不西面而朝于章台之下矣。

①【索隐】威王名商，宣王之子。　②【集解】徐广曰：“今之武陵也。”【正义】今朗州，楚黔中郡，其故城在辰州西二十里，皆盘瓠后也。　③【集解】徐广曰：“巫郡者，南郡之西界。”【正义】巫郡，夔州巫山县是。　④【集解】徐广曰：“楚考烈王元年，秦取夏州。”骃案：《左传》“楚庄王伐陈，乡取一人焉以归，谓之夏州”。而注者不说夏州所在。车胤撰《桓温集》云：“夏口城上数里有洲，名夏州。”“东有夏州”谓此也。【索隐】裴骃据《左氏》及车胤说夏州，其文甚明，而刘伯庄以为夏州侯之本国，亦未为得。【正义】大江中州也。夏水口在荆州江陵县东南二十五里。　⑤【索隐】《地理志》海阳地阙。刘氏云“楚之东境”。　⑥【索隐】今之青草湖是也，在岳州界也。　⑦【索隐】地名。《地理志》有苍梧郡。【正义】苍梧山在道州南。　⑧【集解】徐广曰：“《春秋》曰‘遂伐楚，次于陉’。楚威王十一年，魏败楚陉山。析县有钧水，或者郇阳今之顺阳乎？一本‘北有汾、陉之塞’也。”【索隐】陉山在楚北境。郇音荀。北有郇阳，其地当在汝南、颍川之界。检《地理志》及《太康地记》，北境并无郇邑。郇邑在河东，晋地。计郇阳当是新阳，声相近字变耳。汝南有新阳县，应劭云“在新水之阳”，犹豳邑变为

栒，亦当然也。徐氏云“郇阳当是慎阳”，盖疏。【正义】陉山在郑州新郑县西南三十里。顺阳故城在郑州穰县西百四十里。

“秦之所害莫如楚，楚强则秦弱，秦强则楚弱，其势不两立。故为大王计，莫如从亲以孤秦。大王不从〔亲〕，秦必起两军，一军出武关，一军下黔中，则鄢、郢动矣。①

①【集解】徐广曰：“今南郡宜城。”【正义】鄢乡故城在襄州率道县南九里。安郢城在荆州江陵县东北六里。秦兵出武关，则临鄢矣。兵下黔中，则临郢矣。

“臣闻治之其未乱也，为之其未有也。患至而后忧之，则无及已。故愿大王早孰计之。

“大王诚能听臣，臣请令山东之国奉四时之献，以承大王之明诏，委社稷，奉宗庙，练士厉兵，在大王之所用之。大王诚能用臣之愚计，则韩、魏、齐、燕、赵、卫之妙音美人必充后宫，燕、代橐驼良马必实外厩。故从合则楚王，衡成则秦帝。今释霸王之业，而有事人之名，臣窃为大王不取也。

“夫秦，虎狼之国也，有吞天下之心。秦，天下之仇雠也。衡人皆欲割诸侯之地以事秦，此所谓养仇而奉雠者也。夫为人臣，割其主之地以外交强虎狼之秦，以侵天下，卒有秦患，不顾其祸。夫外挟强秦之威以内劫其主，以求割地，大逆不忠，无过此者。故从亲则诸侯割地以事楚，衡合则楚割地以事秦，此两策者相去远矣，二者大王何居焉？故敝邑赵王使臣效愚计，奉明约，在大王诏之。”

楚王曰："寡人之国西与秦接境，秦有举巴、蜀并汉中之心。秦，虎狼之国，不可亲也。而韩、魏迫于秦患，不可与深谋，与深谋恐反人以入于秦，故谋未发而国已危矣。寡人自料以楚当秦，不见胜也。内与群臣谋，不足恃也。寡人卧不安席，食不甘味，心摇摇然如县旌而无所终薄。[①]今主君欲一天下，收诸侯，存危国，寡人谨奉社稷以从。"于是六国从合而并力焉。苏秦为从约长，并相六国。

①【集解】白洛反。

北报赵王，乃行过雒阳，车骑辎重，诸侯各发使送之甚众，疑于王者。[①]周显王闻之恐惧，除道，使人郊劳。[②]苏秦之昆弟妻嫂侧目不敢仰视，俯伏侍取食。苏秦笑谓其嫂曰："何前倨而后恭也？"嫂委蛇蒲服，[③]以面掩地而谢曰："见季子位高金多也。"[④]苏秦喟然叹曰："此一人之身，富贵则亲戚畏惧之，贫贱则轻易之，况众人乎！且使我有雒阳负郭田二顷，[⑤]吾岂能佩六国相印乎！"于是散千金以赐宗族朋友。初，苏秦之燕，贷百钱为资，及得富贵，以百金偿之。遍报诸所尝见德者。其从者有一人独未得报，乃前自言。苏秦曰："我非忘子。子之与我至燕，再三欲去我易水之上，方是时，我困，故望子深，是以后子。子今亦得矣。"

①【索隐】疑作"拟"读。　②【集解】《仪礼》曰："宾至近郊，君使卿朝服用束帛劳。"　③【索隐】委蛇谓以面掩地而进，若蛇行也。蒲服即匍匐，并音蒲仆。　④【集解】谯周曰："苏秦字季子。"【索隐】按：其嫂

呼小叔为季子耳，未必即其字。允南即以为字，未之得也。 ⑤【索隐】负，背也，枕也。近城之地，沃润流泽，最为膏腴，故曰“负郭”。

苏秦既约六国从亲，归赵，赵肃侯封为武安君，乃投从约书于秦。[①]秦兵不敢窥函谷关十五年。

①【索隐】投当作设。今本并作“投”。言设者，谓宣布其从约六国之事以告于秦。若作“投”，甚为易解。

其后秦使犀首欺齐、魏，与共伐赵，欲败从约。齐、魏伐赵，赵王让苏秦。苏秦恐，请使燕，必报齐。苏秦去赵[①]而从约皆解。

①【集解】徐广曰：“自初说燕至此三年。”

秦惠王以其女为燕太子妇。是岁，文侯卒，太子立，是为燕易王。易王初立，齐宣王因燕丧伐燕，取十城。易王谓苏秦曰：“往日先生至燕，而先王资先生见赵，遂约六国从。今齐先伐赵，次至燕，以先生之故为天下笑，先生能为燕得侵地乎？”苏秦大惭，曰：“请为王取之。”

苏秦见齐王，再拜，俯而庆，仰而吊。[①]齐王曰：“是何庆吊相随之速也？”苏秦曰：“臣闻饥人所以饥而不食乌喙者，[②]为其愈充腹而与饿死同患也。[③]今燕虽弱小，即秦王之少婿也。大王利其十城而长与强秦为仇。今使弱燕为雁行而强秦敝其后，以招天下之精兵，是食乌喙之类也。”齐王愀然变色曰[④]："然则奈何?"苏秦曰："臣闻古之善制事者，转祸为福，因败为功。大王诚能听臣计，即归燕之十城。燕无故而得十城，必喜；秦王知以己之故而归燕之十城，亦必喜。此所谓弃仇雠而得石交者也。夫燕、秦俱事齐，则大王号令天下，莫敢不听。是王以虚辞附秦，以十城取天下。此霸王之业也。"王曰："善。"于是乃归燕之十城。

①【索隐】刘氏云："当时庆吊应有其词，但史家不录耳。" ②【集解】《本草经》曰："乌头，一名乌喙。"【索隐】音卓，又音许秽反。今之毒药乌头是。【正义】《广雅》云："苏奥，毒附子也。一岁为乌啄，三岁为附子，四岁为乌头，五岁为天雄。" ③【索隐】刘氏以愈犹暂，非也。按：谓饥人食乌头则愈益充腹，少时毒发而毙，亦与饥死同患也。毙音弊。 ④【索隐】愀音自酋反，又七小反。

人有毁苏秦者曰："左右卖国反覆之臣也，将作乱。"苏秦恐得罪，归，而燕王不复官也。苏秦见燕王曰："臣，东周之鄙人也，无有分寸之功，而王亲拜之于庙而礼之于廷。今臣为王却齐之兵而(攻)得十城，宜以益亲。今来而王不官臣者，人必有以不信伤臣于王者。臣之不信，王之福也。臣闻忠信者，所以自为也；进取者，所以为人也。且臣之说齐王，曾非欺之也。臣弃老母于东周，固去自为而行进取也。今有孝如曾参，廉如伯夷，信如尾生。得此三人者以事大王，何若?"王曰："足矣。"苏秦曰："孝如曾参，义不离其亲一宿于外，王又安能使之步行千里而事弱燕之危王哉？廉如伯夷，义不为孤竹君之嗣，不肯为武王臣，不受封侯而饿死首阳山下。有廉如此，王又安能使之步行千里而行进取于齐哉？信如尾生，与女子期于梁下，女子不来，水至不去，抱柱而死。有信如此，王又安能使之步行千里却齐之强兵哉？臣所谓以忠信得罪于上者也。”燕王曰：“若不忠信耳，岂有以忠信而得罪者乎？”苏秦曰：“不然。臣闻客有远为吏而其妻私于人者，其夫将来，其私者忧之，妻曰‘勿忧，吾已作药酒待之矣’。居三日，其夫果至，妻使妾举药酒进之。妾欲言酒之有药，则恐其逐主母也；欲勿言乎，则恐其杀主父也。于是乎佯僵而弃酒。[①]主父大怒，笞之五十。故妾一僵而覆酒，上存主父，下存主母，然而不免于笞，恶在乎忠信之无罪也夫？臣之过，不幸而类是乎！”燕王曰：“先生复就故官。”益厚遇之。

①【索隐】佯音羊。佯，诈也。僵，仆也，音姜。

易王母，文侯夫人也，与苏秦私通。燕王知之，而事之加厚。苏秦恐诛，乃说燕王曰：“臣居燕不能使燕重，而在齐则燕必重。”燕王曰：“唯先生之所为。”于是苏秦佯为得罪于燕而亡走齐，齐宣王以为客卿。[①]

①【集解】徐广曰：“燕易王之十年时。”

齐宣王卒，湣王即位，说湣王厚葬以明孝，高宫室大苑囿以明得意，欲破敝齐而为燕。燕易王卒，[①]燕哙立为王。其后齐大夫多与苏秦争宠者，而使人刺苏秦，不死，殊而走。[②]齐王使人求贼，不得。苏秦且死，乃谓齐王曰："臣即死，车裂臣于徇于市，曰'苏秦为燕作乱于齐'，如此则臣之贼必得矣。"于是如其言，而杀苏秦者果自出，齐王因而诛之。燕闻之曰："甚矣，齐之为苏生[③]报仇也！"

①【集解】徐广曰："易王十二年卒。" ②【集解】《风俗通义》称汉令"蛮夷戎狄有罪当殊"。殊者，死也，与诛同指。而此云"不死，殊而走"者，苏秦时虽不即死，然是死创，故云"殊"。 ③【集解】徐广曰："一作先。"

苏秦既死，其事大泄。齐后闻之，乃恨怒燕。燕甚恐。苏秦之弟曰代，代弟苏厉，见兄遂，亦皆学。及苏秦死，代乃求见燕王，欲袭故事。曰："臣，东周之鄙人也。窃闻大王义甚高，鄙人不敏，释锄耨而干大王。至于邯郸，所见者绌于所闻于东周，臣窃负其志。及至燕廷，观王之群臣下吏，王，天下之明王也。"燕王曰："子所谓明王者何如也？"对曰："臣闻明王务闻其过，不欲闻其善，臣请谒王之过。夫齐、赵者，燕之仇雠也；楚、魏者，燕之援国也。今王奉仇雠以伐援国，非所以利燕也。王自虑之，此则计过，无以闻者，非忠臣也。"王曰："夫齐者固寡人之仇，所欲伐也，直患国敝力不足也。子能以燕伐齐，则寡人举国委子。"对曰："凡天下战国七，燕处弱焉。独战则不能，有所附则无不重。南附楚，楚重；西附秦，秦重；中附韩、魏，韩、魏重。且苟所附之国重，此必使王重矣。[①]今夫齐，长主[②]而自用也。南攻楚五年，畜聚竭。西困秦三年，士卒罢敝。北与燕人战，覆三军，得二将。[③]然而以其余兵南面举五千乘之大宋，[④]而包十二诸侯。此其君欲得，其民力竭，恶足取乎！且臣闻之，数战则民劳，久师则兵敝矣。”燕王曰：“吾闻齐有清济、浊河[⑤]可以为固，长城、巨防[⑥]足以为塞，诚有之乎？”对曰：“天时不与，虽有清济、浊河，恶足以为固。民力罢敝，虽有长城、巨防，恶足以为塞。且异日济西不师，[⑦]所以备赵也。河北不师，[⑧]所以备燕也。今济西河北尽已役矣，封内敝矣。夫骄君必好利，而亡国之臣必贪于财。王诚能无羞宠子母弟以为质，[⑨]宝珠玉帛以事左右，彼将有德燕而轻亡宋，则齐可亡已。”燕王曰：“吾终以子受命于天矣。”燕乃使一子质于齐。而苏厉因燕质子而求见齐王。齐王怨苏秦，欲囚苏厉。燕质子为谢，已遂委质为齐臣。[⑩]

①【正义】言附诸国，诸国重燕而燕尊重。　②【索隐】按：谓齐王年长也。或作“齐强，故言长主”。　③【集解】徐广曰：“齐覆三军而燕失二将。”【索隐】《战国策》云“获二将”，亦谓燕之二将，是燕之失也。　④【正义】《齐表》云“齐湣王三十八年灭宋”，乃当赧王二十九年。此说乃燕哙之时，当周慎王之时，齐〔灭〕宋在前三十余年，恐文误矣。　⑤【正义】济、漯二水上承黄河，并淄、青之北流入海。黄河又一源从洛、魏二州界北流入海，亦齐西北界。　⑥【集解】徐广曰：“济北卢县有防门，又有长城东至海。”【正义】长城西头在济州平阴县界。《竹书纪年》云：“梁惠王二十年，齐闵王筑防以为长城。”《太山记》云：“太山西有长城，缘河经太山，余一千里，至琅邪台入海。”　⑦【正义】济州已西也。　⑧【正义】谓沧、博等州，在漯河之北。　⑨【正义】音致。　⑩【正义】质，真栗反。

燕相子之与苏代婚，而欲得燕权，乃使苏代侍质子于齐。齐使代报燕，燕王哙问曰：“齐王其霸乎？”曰：“不能。”曰：“何也？”曰：“不信其臣。”于是燕王专任子之，已而让位，燕大乱。齐伐燕，杀王哙、子之。[①]燕立昭王，而苏代、苏厉遂不敢入燕，皆终归齐，齐善待之。

①【集解】徐广曰：“是周赧王之元年时也。”

苏代过魏，魏为燕执代。齐使人谓魏王曰：“齐请以宋地封泾阳君，[①]秦必不受。秦非不利有齐而得宋地也，[②]不信齐王与苏子也。今齐、魏不和如此其甚，则齐不欺秦。秦信齐，齐、秦合，泾阳君有宋地，非魏之利也。故王不如东苏子，秦必疑齐而不信苏子矣。齐、秦不合，天下无变，伐齐之形成矣。”于是出苏代。代之宋，宋善待之。

①【正义】泾阳君，秦王弟，名悝也。泾阳，雍州县也。齐苏子告秦共伐宋以封泾阳君，然齐假设此策以救苏代。　②【正义】齐言秦相亲共伐宋，秦得宋地，又得齐事秦，不信齐及苏代，恐为不成也。

齐伐宋，宋急，苏代乃遗燕昭王书曰：[①]

①【正义】此书为宋说燕，令莫助齐、梁。

夫列在万乘而寄质子齐，[①]名卑而权轻。奉万乘助齐伐宋，民劳而实费。夫破宋，残楚淮北，肥大齐，仇强而国害。此三者皆国之大败也。然且王行之者，将以取信于齐也。齐加不信于王，而忌燕愈甚，是王之计过矣。夫以宋加之淮北，强万乘之国也，而齐并之，是益一齐也。[②]北夷方七百里，[③]加之以鲁、卫，强万乘之国也，而齐并之，是益二齐也。夫一齐之强，燕犹狼顾而不能支，今以三齐临燕，其祸必大矣。

①【正义】燕前有一子质于齐。　②【正义】更以淮北之地加于齐都，是强万乘之国而齐总并之，是益一齐。　③【索隐】谓山戎、北狄附齐者。【正义】齐桓公伐山戎、令支，斩孤竹而南归海滨，诸侯莫不来服。

虽然，智者举事，因祸为福，转败为功。齐紫，败素也，[①]而贾十倍。[②]越王句践栖于会稽，复残强吴而霸天下。此皆因祸为福，转败为功者也。

①【集解】徐广曰："取败素染以为紫。"【正义】齐君好紫，故齐俗尚之。取恶素帛染为紫，其价十倍贵于馀。喻齐虽有大名，而国中以困弊也。《韩子》云："齐桓公好服紫，一国尽服紫，当时十素不得一紫，公患之。管仲曰：'君欲止之，何不试勿衣也？'公谓左右曰：'恶紫臭。'公语三日，境内莫有衣紫者。"　②【索隐】按：谓紫色价贵于帛十倍，而本是败素。以喻齐虽有大名，而其国中困罷也。

今王若欲因祸为福，转败为功，则莫若挑霸齐而尊之，[①]使使盟于周室，焚秦符，[②]曰"其大上计，破秦；其次，必长宾之"。[③]秦挟宾以待破，秦王必患之。秦五世伐诸侯，今为齐下，秦王之志苟得穷齐，不惮以国为功。

然则王何不使辩士以此言说秦王曰："燕、赵破宋肥齐，尊之为之下者，燕、赵非利之也。燕、赵不利而势为之者，以不信秦王也。然则王何不使可信者接收燕、赵，令泾阳君、高陵君[4]先于燕、赵？秦有变，因以为质，则燕、赵信秦。秦为西帝，燕为北帝，赵为中帝，立三帝以令于天下。韩、魏不听则秦伐之，齐不听则燕、赵伐之，天下孰敢不听？天下服听，因驱韩、魏以伐齐，曰'必反宋地，归楚淮北'。反宋地，归楚淮北，燕、赵之所利也；并立三帝，燕、赵之所愿也。夫实得所利，尊得所愿，燕、赵弃齐如脱蹝矣。今不收燕、赵，齐霸必成。诸侯赞齐而王不从，是国伐也；诸侯赞齐而王从之，是名卑也。今收燕、赵，国安而名尊；不收燕、赵，国危而名卑。夫去尊安而取危卑，智者不为也。"秦王闻若说，必若刺心然。则王何不使辩士以此若言说秦？秦必取，齐必伐矣。

①【正义】挑，田鸟反，执持也。　②【正义】符，征兆也。　③【索隐】长音如字。宾为"摈"。【正义】大好上计策，破秦；次计，长摈弃关西。　④【集解】徐广曰冯翊高陵县。【索隐】二人，秦王母弟也。高陵君名显。泾阳君名悝。

夫取秦，厚交也；代齐，正利也。尊厚交，务正利，圣王之事也。

燕昭王善其书，曰："先人尝有德苏氏，子之之乱而苏氏去燕。燕欲报仇于齐，非苏氏莫可。"乃召苏代，复善待之，与谋伐齐。竟破齐，湣王出走。

久之，秦召燕王，燕王欲往，苏代约燕王曰："楚得枳[1]而国亡，[2]齐得宋而国亡，[3]齐、楚不得以有枳、宋而事秦者，何也？则有功者，秦之深仇也。秦取天下，非行义也，暴也。秦之行暴，正告天下。[4]

①【集解】徐广曰："巴郡有枳县。"【正义】枳，支是反，今涪州城。在秦，枳县在江南。　②【集解】徐广曰："燕昭王三十三年，秦拔楚鄢、西陵。"【正义】按：西陵在黄州。　③【正义】年表云齐湣王三十八年，灭宋。四十年，五国共击湣王，王走莒。　④【索隐】正告谓显然而告天下。

"告楚曰：'蜀地之甲，乘船浮于汶，[1]乘夏水[2]而下江，五日而至郢。汉中之甲，乘船出于巴，[3]乘夏水而下汉，四日而至五渚。[4]寡人积甲宛东下随，[5]智者不及谋，勇士不及怒，寡人如射隼矣。[6]王乃欲待天下之攻函谷，不亦远乎！'楚王为是故，十七年事秦。

①【集解】眉贫反。【索隐】即江所出之岷山。　②【索隐】夏音暇。谓夏潦之水盛长时也。　③【索隐】巴，水名，与汉水近。【正义】巴岭山在梁州南一百九十里。《周地志》云："南渡老子水，登巴岭山。南回(记)大江。此南是古巴国，因以名山。"　④【集解】《战国策》曰"秦与荆人战，大破荆，袭郢，取洞庭、五渚"。然则五渚在洞庭。【索隐】五渚，五处洲渚也。刘氏以为宛、邓之间，临汉水，不得在洞庭。或说五渚即五湖，与刘说不同。　⑤【索隐】宛县之东而下随邑。　⑥【索隐】《易》曰"射隼于高墉之上，获之，无不利"。秦王言我今伐楚，必当捷获也。【正义】隼若今

之鹘也。

“秦正告韩曰：‘我起乎少曲，[①]一日而断大行。[②]我起乎宜阳而触平阳，[③]二日而莫不尽繇。[④]我离两周而触郑，五日而国举。’[⑤]韩氏以为然，故事秦。

①【索隐】地名，近宜阳也。【正义】在怀州河阳县西北，解在《范睢传》。 ②【正义】太行山羊肠阪道，北过韩上党也。 ③【正义】宜阳、平阳皆韩大都也，隔河也。 ④【索隐】音摇。摇，动也。 ⑤【正义】离，历也。历二周而东触新郑州，韩国都拔矣。

“秦正告魏曰：‘我举安邑，塞女戟，[①]韩氏太原卷。[②]我下轵，道南阳，封冀，[③]包两周。[④]乘夏水，浮轻舟，强弩在前，锬[⑤]戈在后，决荥口，魏无大梁。[⑥]决白马之口，魏无外黄、济阳。[⑦]决宿胥之口，[⑧]魏无虚、顿丘。[⑨]陆攻则击河内，水攻则灭大梁。’魏氏以为然，故事秦。

①【索隐】女戟，地名，盖在太行山之西。 ②【索隐】刘氏卷音轨免反也。按：“举安邑，塞女戟，及至韩氏之韩国宜阳也。”太原者，魏地不至太原，亦无别名太原者，盖“太”衍字也。原当为“京”。京及卷皆属荥阳，是魏境。又下轵道是河内轵县，言“道”者，亦衍字。徐广云“霸陵有轵道亭”，非魏之境，其疏谬如此。【正义】卷，轨免反。刘伯庄云：“太原当为太行。卷犹断绝。” ③【集解】徐广曰：“霸陵有轵道亭，河东皮氏有冀亭也。”【索隐】按：魏之南阳即河内也。封，封陵也。冀，冀邑。皆在魏境，故徐广云“河东皮氏县有冀亭”。 ④【集解】徐广曰：“张仪曰‘下河东，取成皋’也。”【正义】两周，王城及巩。 ⑤【集解】徐广曰：“由冉反。”【正义】

刘伯庄云:“音四廉反,利也。” ⑥【索隐】荥泽之口与今汴河口通,其水深,可以灌大梁,故云“无大梁”也。 ⑦【索隐】白马河津在东郡,决其流以灌外黄及济阳。【正义】故黄城在曹州考城县东二十四里。济阳故城在曹州冤朐县西南三十五里。 ⑧【集解】徐广曰:“《纪年》云魏救山塞集胥口。”【索隐】《纪年》作“胥”,盖亦津之名,今其地不知所在。【正义】淇水出卫州淇县界之淇口,东至黎阳入河。《魏志》云:“武帝于清淇口东因宿胥故渎开白沟,道清淇二水入焉。” ⑨【集解】徐广曰:“秦始皇五年,取魏酸枣、燕、虚、长平。”【索隐】虚,邑名,地与酸枣相近。【正义】虚谓殷墟,今相州所理是。顿丘故城在魏州顿丘县东北二十里。《括地志》云:“二国地时属魏。”

“秦欲攻安邑,恐齐救之,则以宋委于齐。曰:‘宋王无道,为木人以(写)〔象〕寡人,射其面。寡人地绝兵远,不能攻也。王苟能破宋有之,寡人如自得之。’已得安邑,塞女戟,因以破宋为齐罪。[①]

①【索隐】秦令齐灭宋,仍以破宋为齐之罪名。

“秦欲攻韩,恐天下救之,则以齐委于天下。曰:‘齐王四与寡人约,四欺寡人,必率天下以攻寡人者三。有齐无秦,有秦无齐,必伐之,必亡之。’已得宜阳、少曲,致蔺、〔离〕石,因以破齐为天下罪。

“秦欲攻魏重楚,[①]则以南阳委于楚。曰:[②]‘寡人固与韩且绝矣。残均陵,塞鄳阸,[③]苟利于楚,寡人如自有之。’魏弃与国而合于秦,因以塞鄳阸为楚罪。

①【索隐】重，犹附也，尊也。【正义】畏楚救魏。②【正义】南阳邓州地，本韩地也。韩先事秦，今楚取南阳，故言“与韩且绝矣”。③【集解】鄳音盲。徐广曰：“鄳，江夏鄳县。均，一作‘灼’。”【索隐】均陵在南阳，盖今之均州。黾乐盲，县名，在江夏。【正义】均州故城在随州西南五十里，盖均陵也。又申州罗山县本汉鄳县。申州有平清关，盖古鄳县之阨塞。

“兵困于林中，[①]重燕、赵，以胶东委于燕，以济西委于赵。(赵)〔已〕得讲于魏，[②]至公子延，[③]因犀首属行[④]而攻赵。

①【集解】徐广曰：“河南苑陵有林乡。”②【索隐】讲，和也，解也。秦与魏和也。③【索隐】至当为“质”，谓以公子延为质也。④【索隐】犀首者，公孙衍也。本魏将，因之以属军行。行音胡郎反，谓连兵相续也。

“兵伤于谯石，而遇败于阳马，[①]而重魏，则以叶、蔡委于魏。已得讲于赵，则劫魏，〔魏〕不为割。困则使太后弟穰侯为和，嬴则兼欺舅与母。[②]

①【索隐】谯石、阳马并赵之地名，非县邑也。②【索隐】嬴，犹胜也。舅，穰侯魏冄也。母，太后也。

“适燕者[①]曰‘以胶东’，適赵者曰‘以济西’，适魏者曰‘以叶、蔡’，适楚者曰‘以塞鄳阨’，适齐者曰‘以宋’。此必令言如循环，用兵如刺蜚，母不能制，舅不能约。

①【索隐】適音宅。适者,责也。下同。

"龙贾之战,[①]岸门之战,[②]封陵之战,[③]高商之战,[④]赵庄之战,[⑤]秦之所杀三晋之民数百万,今其生者皆死秦之孤也。西河之外,上雒之地,三川晋国之祸,三晋之半,秦祸如此其大也。[⑥]而燕、赵之秦者,[⑦]皆以争事秦说其主,此臣之所大患也。"

①【集解】魏襄王五年,秦败我龙贾军。　②【集解】韩宣惠王十九年,秦大破我岸门。　③【集解】魏哀王十六年,秦败我封陵。　④【集解】此战事不见。　⑤【集解】赵肃侯二十二年,赵庄与秦战败,秦杀赵庄河西。　⑥【索隐】以言西河之外,上雒之地及三川晋国,皆是秦与魏战之处,秦兵祸败我三晋之半,是秦祸如此其大者乎。　⑦【索隐】燕、赵之人往秦者,谓游说之士也。

燕昭王不行。苏代复重于燕。

燕使约诸侯从亲如苏秦时,或从或不,而天下由此宗苏氏之从约。代、厉皆以寿死,名显诸侯。

太史公曰:苏秦兄弟三人,[①]皆游说诸侯以显名,其术长于权变。而苏秦被反间以死,天下共笑之,讳学其术。然世言苏秦多异,异时事有类之者皆附之苏秦。夫苏秦起闾阎,连六国从亲,此其智有过人者。吾故列其行事,次其时序,毋令独蒙恶声焉。

①【索隐】谯允南以为苏氏兄弟五人,更有苏辟、苏鹄,《典略》亦同其

说。盖按《苏氏谱》云然也。

索隐述赞曰：季子周人，师事鬼谷。揣摩既就，《阴符》伏读。合从离衡，佩印者六。天王除道，家人扶服。贤哉代、厉，继荣党族。

卷七十

张仪列传第十

张仪者，魏人也。①始尝与苏秦俱事鬼谷先生，学术，苏秦自以不及张仪。

①【集解】《吕氏春秋》曰："仪，魏氏余子。"【索隐】晋有大夫张老，又河东有张城，张氏为魏人必也。而《吕览》以为魏氏余子，则盖魏之支庶也。又《书略说》余子谓之季子也。【正义】《左传》晋有公族、余子、公行。杜预云："皆官卿之嫡为公族大夫。余子，嫡子之母弟也。公行，庶子掌公戎行也。"《艺文志》云《张子》十篇，在纵横流。

张仪已学而游说①诸侯。尝从楚相饮，已而楚相亡璧，门下意张仪，曰："仪贫无行，必此盗相君之璧。"共执张仪，掠笞数百，不服，醳②之。其妻曰："嘻！③子毋读书游说，安得此辱乎？"张仪谓其妻曰："视吾舌尚在不？"其妻笑曰："舌在也。"仪曰："足矣。"

①【索隐】音税。　②【集解】音释。【索隐】古释字。　③【索隐】音僖。郑玄曰："嘻，悲恨之声。"

苏秦已说赵王而得相约从亲，①然恐秦之攻诸侯，败约后负，念莫可使用于秦者，乃使人微感张仪曰："子始与苏秦善，今秦已当路，子何不往游，以求通子之愿？"张仪于是之赵，上谒求见苏秦。苏秦乃诫门下人不为通，又使不得去者数日。已而见之，坐之堂下，赐仆妾之食。因而数让之曰：[②]"以子之材能，乃自令困辱至此。吾宁不能言而富贵子，子不足收也。"谢去之。张仪之来也，自以为故人，求益，反见辱，怒，念诸侯莫可事，独秦能苦赵，乃遂入秦。

①【索隐】从音足容反。　②【索隐】按：谓数设词而让之。让亦责也。数音朔。

苏秦已而告其舍人曰："张仪，天下贤士，吾殆弗如也。今吾幸先用，而能用秦柄者，独张仪可耳。然贫，无因以进。吾恐其乐小利而不遂，故召辱之，以激其意。子为我阴奉之。"乃言赵王，发金币车马，使人微随张仪，与同宿舍，稍稍近就之，奉以车马金钱，所欲用，为取给，而弗告。张仪遂得以见秦惠王。惠王以为客卿，与谋伐诸侯。

苏秦之舍人乃辞去。张仪曰："赖子得显，方且报德，何故去也？"舍人曰："臣非知君，知君乃苏君。苏君忧秦伐赵败从约，以为非君莫能得秦柄，故感怒君，使臣阴奉给君资，尽苏君之计谋。今君已用，请归报。"张仪曰："嗟乎，此在吾术中而不悟，吾不及苏君明矣！吾又新用，安能谋赵乎？为吾谢苏君，苏君之时，仪何敢言。且苏君在，仪宁渠能乎！"[①]张仪既相秦，为文檄[②]告楚相曰："始吾从若饮，[③]我不盗而璧，若笞我。若善守汝国，我顾且盗而城！"

①【集解】渠音讵。【索隐】古字少，假借耳。　②【集解】徐广曰："一作'尺一之檄'。"【索隐】王劭按《春秋后语》云"丈二尺檄"。许慎云"檄，二尺书"。　③【索隐】若，汝也。下文而亦训汝。

苴、蜀相攻击，[①]各来告急于秦。秦惠王欲发兵以伐蜀，以为道险狭难至，而韩又来侵秦，秦惠王欲先伐韩，后伐蜀，恐不利，欲先伐蜀，恐韩袭秦之敝，犹豫未能决。司马错[②]与张仪争论于惠王之前，司马错欲伐蜀，张仪曰："不如伐韩。"王曰："请闻其说。"

①【集解】徐广曰："谯周曰益州'天苴'读为'包黎'之'包'，音与'巴'相近，以为今之巴郡。"【索隐】苴音巴。谓巴、蜀之夷自相攻击也。今字作"苴"者，按巴苴是草名，今论巴，遂误作"苴"也。或巴人、巴郡本因芭苴得名，所以其字遂以"苴"为"巴"也。注"益州天苴读为芭黎"，天苴即巴苴也。谯周，蜀人也，知"天苴"之音读为"芭黎"之"芭"。按：芭黎即织木葺为苇篱也，今江南亦谓苇篱曰芭篱也。【正义】《华阳国志》云："昔蜀王封其弟于汉中，号曰苴侯，因命之邑曰葭萌。苴侯与巴王为好，巴与蜀为仇，故蜀王怒，伐苴。苴奔巴，求救于秦。秦遣张仪从子午道伐蜀。〔蜀〕王自葭萌御之，败绩，走至武阳，为秦军所害。秦遂灭蜀，因取苴与巴焉。"《括地志》云："苴侯都葭萌，今利州益昌县五十里葭萌故城是。蜀侯都益州巴子城，在合州石镜县南五里，故垫江县也。巴子都江州，在都之北，又峡州界也。"
②【索隐】七各反，又音七故反。

仪曰："亲魏善楚，下兵三川，塞什谷之口，[①]当屯留之道，[②]魏绝南阳，[③]楚临南郑，[④]秦攻新城、[⑤]宜阳，[⑥]以临二周之郊，诛周王之罪，侵楚、魏之地。周自知不能救，九鼎宝器必出。据九鼎，案图籍，挟天子以令于天下，天下莫敢不听，此王业也。今夫蜀，西僻之国而戎翟之伦也，敝兵劳众不足以成名，得其地不足以为利。臣闻争名者于朝，争利者于市。今三川、周室，天下之朝市也，而王不争焉，顾争于戎翟，去王业远矣。”⑦

①【集解】徐广曰：“一作‘寻’，成皋巩县有寻口。”【索隐】寻什声相近，故其名惑也。《战国策》作“轘辕、缑氏之口”，亦其地相近也。什谷，地名。【正义】《括地志》云：“温泉水即寻，源出洛州巩县西南四十里。《注水经》云鄩城水出北山鄩溪。又有故鄩城，在巩县西南五十八里。”按：洛州缑氏县东南四十里，与鄩溪相近之地。 ②【正义】屯留，潞州县也。道即太行羊肠阪道也。 ③【正义】南阳，怀州也。是当屯留之道，令魏绝断坏羊肠、韩上党之路也。 ④【正义】是塞什谷之口也。令楚兵临郑南，塞轘辕鄩口，断韩南阳之兵也。 ⑤【索隐】新城当在河南伊阙之左右。 ⑥【正义】洛州福昌县也。 ⑦【索隐】王音于放反。

司马错曰：“不然。臣闻之，欲富国者务广其地，欲强兵者务富其民，欲王者务博其德，三资者备而王随之矣。今王地小民贫，故臣愿先从事于易。夫蜀，西僻之国也，而戎翟之长也，有桀、纣之乱。以秦攻之，譬如使豺狼逐群羊。得其地足以广国，取其财足以富民缮兵，①不伤众而彼已服焉。拔一国而天下不以为暴，利尽西海②而天下不以为贪，是我一举而名实附也，③而又有禁暴止乱之名。今攻韩，劫天子，恶名也，而未必利也，又有不义之名，而攻天下所不欲，危矣。臣请谒其故：④周，天下之宗室也；齐，韩之与国也。周自知失九鼎，韩自知亡三川，⑤将二国并力合谋，以因乎齐、赵而求解乎楚、魏，以鼎与楚，以地与魏，王弗能止也。此臣之所谓危也。不如伐蜀完。”

①【索隐】《战国策》“取”作“得”。【正义】缮音膳，同“饍”，具食也。②【索隐】西海谓蜀川也。海者珍藏所聚生，犹谓秦中为“陆海”然也。其实西亦有海所以云西海。【正义】海之言晦也，西夷晦昧无知，故言海也。言利尽西方羌戎。　③【索隐】名谓传其德也，实谓土地财宝也。④【索隐】谒者，告也，陈也。故，谓陈不宜伐之端由也。　⑤【正义】韩自知亡(二周)〔三川〕，故与周并力合谋也。

惠王曰：“善，寡人请听子。”卒起兵伐蜀，十月，取之，[①]遂定蜀，[②]贬蜀王更号为侯，而使陈庄相蜀。蜀既属秦，秦以益强，富厚，轻诸侯。

①【索隐】《六国年表》在惠王二十二年十月也。　②【正义】表云秦惠王后元年十月击灭之。

秦惠王十年，使公子华[①]与张仪围蒲阳，[②]降之。仪因言秦复与魏，而使公子繇质于魏。仪因说魏王曰：“秦王之遇魏甚厚，魏不可以无礼。”魏因入上郡、少梁，谢秦惠王。惠王乃以张仪为相，更名少梁曰夏阳。[③]

①【集解】徐广曰：“一作‘革’。”　②【索隐】魏之邑名。【正义】在隰州隰川县，蒲邑故城是也。　③【集解】徐广曰：“夏阳在梁山龙门。”【索隐】音下。夏，山名，亦曰大夏，禹所都。【正义】少梁城，同州韩城县南二十三里。夏阳城在县南二十里。梁山在县东南十九里。龙门山在县北

五十里。

仪相秦四岁，立惠王为王。[1]居一岁，为秦将，取陕。筑上郡塞。

①【正义】表云惠王之十三年，周显王之三十四年也。

其后二年，使与齐、楚之相会齧桑。东还而免相，相魏以为秦，欲令魏先事秦而诸侯效之。魏王不肯听仪。秦王怒，伐取魏之曲沃、平周，复阴厚张仪益甚。张仪惭，无以归报。留魏四岁而魏襄王卒，哀王立。张仪复说哀王，哀王不听。于是张仪阴令秦伐魏。魏与秦战，败。

明年，齐又来败魏于观津。[1]秦复欲攻魏，先败韩申差军，斩首八万，诸侯震恐。而张仪复说魏王曰："魏地方不至千里，卒不过三十万。地四平，诸侯四通辐凑，无名山大川之限。从郑至梁二百余里，车驰人走，不待力而至。梁南与楚境，西与韩境，北与赵境，东与齐境，卒戍四方，守亭鄣者不下十万。梁之地势，固战场也。梁南与楚而不与齐，则齐攻其东；东与齐而不与赵，则赵攻其北；不合于韩，则韩攻其西；不亲于楚，则楚攻其南：此所谓四分五裂之道也。

①【集解】观音贯。

"且夫诸侯之为从者，将以安社稷尊主强兵显名也。今从者一天下，约为昆弟，刑白马以盟洹水之上，[1]以相坚也。

而亲昆弟同父母，尚有争钱财，而欲恃诈伪反覆苏秦之余谋，其不可成亦明矣。

①【集解】洹音桓。

“大王不事秦，秦下兵攻河外，[①]据卷、衍、〔燕〕、酸枣，[②]劫卫取阳晋，[③]则赵不南，赵不南而梁不北，梁不北则从道绝，从道绝则大王之国欲毋危不可得也。秦折韩而攻梁，[④]韩怯于秦，秦、韩为一，梁之亡可立而须也。此臣之所为大王患也。

①【索隐】河之西，即曲沃、平周之邑也。【正义】河外即卷，衍、燕、酸枣。　②【集解】卷，丘权反。衍，以善反。【索隐】卷县在河南。衍，地名。【正义】卷、衍属郑州；燕，滑州胙城县；酸枣属滑州：皆黄河南岸地。　③【正义】故城在曹州乘氏县西北三十七里。　④【索隐】《战国策》“折”作“挟”也。

“为大王计，莫如事秦。事秦则楚、韩必不敢动。无楚、韩之患，则大王高枕而卧，[①]国必无忧矣。

①【正义】枕，针鸩反。

“且夫秦之所欲弱者莫如楚，而能弱楚者莫如梁。楚虽有富大之名而实空虚；其卒虽多，然而轻走易北，不能坚战。悉梁之兵南面而伐楚，胜之必矣。割楚而益梁，亏楚而适秦,嫁祸安国,此善事也。大王不听臣,秦下甲士而东伐,虽欲事秦,不可得矣。

“且夫从人多奋辞而少可信,说一诸侯而成封侯,是故天下之游谈士莫不日夜搤腕瞋目切齿以言从之便,以说人主。人主贤其辩而牵其说,岂得无眩哉。

“臣闻之,积羽沈舟,群轻折轴,众口铄金,积毁销骨,故愿大王审定计议,且赐骸骨辟魏。”

哀王于是乃背从约而因仪请成于秦。张仪归,复相秦。三岁而魏复背秦为从。秦攻魏,取曲沃。明年,魏复事秦。

秦欲伐齐,齐、楚从亲,于是张仪往相楚。楚怀王闻张仪来,虚上舍而自馆之。曰:“此僻陋之国,子何以教之?”仪说楚王曰:“大王诚能听臣,闭关绝约于齐,臣请献商、於之地六百里,[①]使秦女得为大王箕帚之妾,秦、楚娶妇嫁女,长为兄弟之国。此北弱齐而西益秦也,计无便此者。”楚王大悦而许之。群臣皆贺,陈轸独吊之。楚王怒曰:“寡人不兴师发兵得六百里地,群臣皆贺,子独吊,何也?”陈轸对曰:“不然,以臣观之,商、於之地不可得而齐、秦合,齐、秦合则患必至矣。”楚王曰:“有说乎?”陈轸对曰:“夫秦之所以重楚者,以其有齐也。今闭关绝约于齐,则楚孤。秦奚贪夫孤国,而与之商、於之地六百里?张仪至秦,必负王,是北绝齐交,西生患于秦也,而两国之兵必俱至。善为王计者,不若阴合而阳绝于齐,使人随张仪。苟与吾地,绝齐未晚也;不与吾地,阴合谋计也。”楚王曰:“愿陈子闭口毋复言,以待寡人得地。”乃以相印授张仪,厚赂之。于是遂闭关绝约于齐,使一将军随张仪。

①【索隐】刘氏云:“商即今之商州,有古商城;其西二百余里有古於城。”

张仪至秦,佯失绥堕车,[1]不朝三月。楚王闻之,曰:“仪以寡人绝齐未甚邪?”乃使勇士至宋,借宋之符,北骂齐王。齐王大怒,折节而下秦。秦、齐之交合,张仪乃朝,谓楚使者曰:“臣有奉邑六里,愿以献大王左右。”楚使者曰:“臣受令于王,以商、於之地六百里,不闻六里。”还报楚王,楚王大怒,发兵而攻秦。陈轸曰:“轸可发口言乎?攻之不如割地反以赂秦,与之并兵而攻齐,是我出地于秦,取偿于齐也,王国尚可存。”楚王不听,卒发兵而使将军屈匄击秦。秦、齐共攻楚,斩首八万,杀屈匄,遂取丹阳、[2]汉中之地。[3]楚又复益发兵而袭秦,至蓝田,大战,楚大败,于是楚割两城以与秦平。

①【正义】佯音羊。　②【集解】徐广曰:“在枝江。”　③【正义】今梁州也,在汉水北。

秦要楚欲得黔中地,[1]欲以武关外[2]易之。楚王曰:“不愿易地,愿得张仪而献黔中地。”秦王欲遣之,口弗忍言。张仪乃请行。惠王曰:“彼楚王怒子之负以商、於之地,是且甘心于子。”张仪曰:“秦强楚弱,臣善靳尚,尚得事楚夫人郑袖,袖所言皆从。且臣奉王之节使楚,楚何敢加诛。假令诛臣而为秦得黔中之地，臣之上愿。”遂使楚。楚怀王至则囚张仪，将杀之。靳尚谓郑袖曰：“子亦知子之贱于王乎？”郑袖曰：“何也？”靳尚曰：“秦王甚爱张仪而不欲出之，③今将以上庸之地六县④赂楚，以美人聘楚，以宫中善歌讴者为媵。楚王重地尊秦，秦女必贵而夫人斥矣。不若为言而出之。”于是郑袖日夜言怀王曰：“人臣各为其主用。今地未入秦，秦使张仪来，至重王。王未有礼而杀张仪，秦必大怒攻楚。妾请子母俱迁江南，毋为秦所鱼肉也。”怀王后悔，赦张仪，厚礼之如故。

①【正义】要音腰也。　②【正义】即商、於之地。　③【索隐】“不”字当作“必”。时张仪为楚所囚，故必欲出之也。【正义】秦王不欲出张仪使楚，若欲自行，今秦欲以上庸地及美人赎仪。　④【正义】今房州也。

张仪既出，未去，闻苏秦死，①乃说楚王曰：“秦地半天下，兵敌四国，被险带河，四塞以为固。虎贲之士百余万，车千乘，骑万匹，积粟如丘山。法令既明，士卒安难乐死，主明以严，将智以武，虽无出甲，席卷常山之险，必折天下之脊，②天下有后服者先亡。且夫为从者，无以异于驱群羊而攻猛虎，虎之与羊不格明矣。今王不与猛虎而与群羊，臣窃以为大王之计过也。

①【索隐】此时当秦惠王之后元十四年。　②【索隐】按：常山于天下在北，有若人之背脊也。【正义】古之帝王多都河北、河东故也。

“凡天下强国，非秦而楚，非楚而秦，两国交争，其势不两立。大王不与秦，秦下甲据宜阳，韩之上地不通。下河东，取成皋，韩必入臣，梁则从风而动。秦攻楚之西，韩、梁攻其北，社稷安得毋危？

“且夫从者聚群弱而攻至强，不料敌而轻战，国贫而数举兵，危亡之术也。臣闻之，兵不如者勿与挑战，①粟不如者勿与持久。夫从人饰辩虚辞，高主之节，言其利不言其害，卒有秦祸，②无及为已。是故愿大王之孰计之。

①【正义】挑，田鸟反。　②【正义】卒，匆匆反。

“秦西有巴、蜀，大船积粟，起于汶山，①浮江已下，至楚三千余里。舫船②载卒，一舫载五十人与三月之食，下水而浮，一日行三百余里，里数虽多，然而不费牛马之力，不至十日而距扞关。③扞关惊，则从境以东尽城守矣，黔中、巫郡非王之有。秦举甲出武关，南面而伐，则北地绝。④秦兵之攻楚也，危难在三月之内，而楚待诸侯之救，在半岁之外，此其势不相及也。夫(待)〔恃〕弱国之救，忘强秦之祸，此臣所以为大王患也。

①【正义】汶音泯。　②【索隐】枋船。枋音方，谓并两船也。　③【集解】徐广曰：“巴郡鱼复县有扞水关。”【索隐】扞关在楚之西界。复音伏。《地理志》巴郡有鱼复县。【正义】在硖州巴山县界。　④【正义】楚之北境断绝。

“大王尝与吴人战，五战而三胜，阵卒尽矣；偏守新城，[1]存民苦矣。臣闻功大者易危，而民敝者怨上。夫守易危之功而逆强秦之心，臣窃为大王危之。

①【索隐】偏，匹连反。此云“新城”，当在吴、楚之间。【正义】新攻得之城，未详所在。

“且夫秦之所以不出兵函谷十五年以攻齐、赵者，阴谋有合[1]天下之心。楚尝与秦构难，战于汉中，[2]楚人不胜，列侯执珪死者七十余人，遂亡汉中。楚王大怒，兴兵袭秦，战于蓝田。此所谓两虎相搏[3]者也。夫秦、楚相敝而韩、魏以全制其后，计无危于此者矣。愿大王孰计之。

①【集解】徐广曰：“一作吞。” ②【索隐】其地在秦南山之南，楚之西北，汉水之北，名曰汉中。 ③【集解】徐广曰：“或音戟。”

“秦下甲攻卫阳晋，必大关天下之匈。[1]大王悉起兵以攻宋，不至数月而宋可举，举宋而东指，则泗上十二诸侯[2]尽王之有也。

①【集解】徐广曰：“关，一作‘开’。”【索隐】以常山为天下脊，则此卫及阳晋当天下胸，盖其地是秦、晋、齐、楚之交道也。以言秦兵据阳晋，是大关天下胸，则他国不得动也。 ②【索隐】边近泗水之侧，当战国之时有十二诸侯，宋、鲁、邾、莒之比也。

“凡天下而以信约从亲相坚者苏秦，封武安君，相燕，即阴与燕王谋伐破齐而分其地；乃佯有罪出走入齐，齐王因受而相之。居二年而觉，齐王大怒，车裂苏秦于市。夫以一诈伪之苏秦，而欲经营天下，混一诸侯，[①]其不可成亦明矣。

①【索隐】混，本作“棍”，同胡本反。

“今秦与楚接境壤界，固形亲之国也。大王诚能听臣，臣请使秦太子入质于楚，楚太子入质于秦，请以秦女为大王箕帚之妾，效万室之都以为汤沐之邑，长为昆弟之国，终身无相攻伐。臣以为计无便于此者。”

于是楚王已得张仪而重出黔中地与秦，欲许之。屈原曰：“前大王见欺于张仪，张仪至，臣以为大王烹之。今纵弗忍杀之，又听其邪说，不可。”怀王曰：“许仪而得黔中；美利也。后而背之，不可。”故卒许张仪，与秦亲。

张仪去楚，因遂之韩，说韩王曰：“韩地险恶山居，五谷所生，非菽而麦，民之食大抵(饭)菽〔饭〕藿羹。一岁不收，民不餍糟糠。地不过九百里，无二岁之食。料大王之卒，悉之不过三十万，而厮徒负养[①]在其中矣。除守徼亭鄣塞，见卒不过二十万而已矣。秦带甲百余万，车千乘，骑万匹，虎贲之士跿跔科头[②]贯颐[③]奋戟者，[④]至不可胜计。秦马之良，戎兵之众，探前趹后[⑤]蹄间三寻[⑥]腾者，不可胜数。山东之士被甲蒙胄以会战，秦人捐甲徒裼[⑦]以趋敌，左挈人头，右挟生虏。夫秦卒与山东之卒，犹孟贲之与怯夫；以重力相压，犹乌获之与婴儿。夫战孟贲、乌获之士以攻不服之弱国，无异垂千钧之重于鸟卵之上，必无幸矣。

①【索隐】厮徒谓杂役之贱者。负养谓负檐以给养公家，亦贱人也。 ②【集解】跿跔音徒俱，跳跃也。又云偏举一足曰跿跔。科头谓不著兜鍪入敌。【索隐】跔又音劬。《战国策》作“虎挚之士”。 ③【索隐】谓两手捧颐而直入敌，言其勇也。 ④【集解】言执戟奋怒而入陈也。【索隐】又有执戟者奋怒而趋入阵也。 ⑤【索隐】谓马前足探向前，后足趹于后。趹音乌穴反。趹谓后足抉地，言马之走执疾也。 ⑥【索隐】七尺曰寻。言马走之疾，前后蹄间一掷而过三寻也。 ⑦【索隐】徒者，徒跣也。裼，袒也，谓袒而见肉也。

“夫群臣诸侯不料地之寡，而听从人之甘言好辞，比周以相饰也，皆奋曰‘听吾计可以强霸天下’。夫不顾社稷之长利而听须臾之说，诖误人主，无过此者。

“大王不事秦，秦下甲据宜阳，断韩之上地，东取成皋、荥阳，则鸿台之宫、桑林之苑[①]非王之有也。夫塞成皋，绝上地，则王之国分矣。先事秦则安，不事秦则危。夫造祸而求其福报，计浅而怨深，逆秦而顺楚，虽欲毋亡，不可得也。

①【集解】徐广曰：“桑，一作‘栗’。”【索隐】按：此皆韩之宫苑，亦见《战国策》。

“故为大王计，莫如为秦。[①]秦之所欲莫如弱楚，而能弱楚者莫如韩。非以韩能强于楚也，其地势然也。今王西面而事秦以攻楚，秦王必喜。夫攻楚以利其地，转祸而说秦，计无便于此者。”

①【集解】为，于伪反。

韩王听仪计。张仪归报，秦惠王封仪五邑，号曰武信君。使张仪东说齐湣王曰："天下强国无过齐者，大臣父兄殷众富乐。然而为大王计者，皆为一时之说，不顾百世之利。从人说大王者，必曰'齐西有强赵，南有韩与梁。齐，负海之国也，地广民众，兵强士勇，虽有百秦，将无奈齐何'。大王贤其说而不计其实。夫从人朋党比周，莫不以从为可。臣闻之，齐与鲁三战而鲁三胜，国以危，亡随其后，虽有战胜之名，而有亡国之实。是何也？齐大而鲁小也。今秦之与齐也，犹齐之与鲁也。秦、赵战于河、漳之上，再战而赵再胜秦；战于番吾①之下，再战又胜秦。四战之后，赵之亡卒数十万，邯郸仅存，虽有战胜之名而国已破矣。是何也？秦强而赵弱。

①【索隐】番音盘，又音婆，赵之邑也。

"今秦、楚嫁女娶妇，为昆弟之国。韩献宜阳，梁效河外，①赵入朝渑②池，割河间③以事秦。大王不事秦，秦驱韩、梁攻齐之南地，悉赵兵渡清河，指博关，④临菑、即墨非王之有也。国一日见攻，虽欲事秦，不可得也。是故愿大王孰计之也。"

①【索隐】河外，河之南邑，若曲沃、平周等也。【正义】谓同、华州地也。　②【集解】绵善反。　③【索隐】谓河、漳之间邑，暂割以事秦

耳。【正义】河间，瀛州县。　　④【正义】博关在博州。赵兵从贝州度黄河，指博关，则漯河南临淄、即墨危矣。

齐王曰："齐僻陋，隐居东海之上，未尝闻社稷之长利也。"乃许张仪。

张仪去，西说赵王曰："敝邑秦王使使臣效愚计于大王。大王收率天下以宾秦，秦兵不敢出函谷关十五年。大王之威行于山东，敝邑恐惧慑伏，缮甲厉兵，饰车骑，[①]习驰射，力田积粟，守四封之内，愁居慑处，不敢动摇，唯大王有意督过之也。[②]

①【正义】饰音敕。　　②【索隐】督者，正其事而责之，督过，是深责其过也。

"今以大王之力，举巴、蜀，并汉中，包两周，迁九鼎，守白马之津。秦虽僻远，然而心忿含怒之日久矣。今秦有敝甲凋兵，军于渑池，愿渡河逾漳，据番吾，会邯郸之下，愿以甲子合战，以正殷纣之事，敬使使臣先闻左右。

"凡大王之所信为从者恃苏秦。苏秦荧惑诸侯，以是为非，以非为是，欲反齐国，而自令车裂于市。夫天下之不可一亦明矣。今楚与秦为昆弟之国，而韩、梁称为东藩之臣，齐献鱼盐之地，此断赵之右臂也。夫断右臂而与人斗，失其党而孤居，求欲毋危，岂可得乎？

"今秦发三将军：其一军塞午道，[①]告齐使兴师渡清河，军于邯郸之东。一军军成皋，驱韩、梁军于河外。[②]一军军于渑池。约四国为一以攻赵，赵（服）〔破〕，必四分其地。是故不敢匿意隐情，先以闻于左右。臣窃为大王计，莫如与秦王遇于渑池，面相见而口相结，请案兵无攻。愿大王之定计。”

①【索隐】此午道当在赵之东，齐之西也。午道，地名也。郑玄云“一纵一横为午”，谓交道也。　②【正义】河外谓郑、滑州，北临河。

赵王曰：“先王之时，奉阳君专权擅势，蔽欺先王，独擅绾事，寡人居属师傅，不与国谋计。先王弃群臣，寡人年幼，奉祀之日新，心固窃疑焉，以为一从不事秦，非国之长利也。乃且愿变心易虑，割地谢前过以事秦。方将约车趋行，[1]适闻使者之明诏。”赵王许张仪，张仪乃去。

①【正义】趋音趣。

北之燕，说燕昭王曰：“大王之所亲莫如赵。昔赵襄子尝以其姊为代王妻，欲并代，约与代王遇于句注之塞。[1]乃令工人作为金斗，长其尾，[2]令可以击人。与代王饮，阴告厨人曰：‘即酒酣乐，进热啜，[3]反斗以击之。’[4]于是酒酣乐，进热啜，厨人进斟，因反斗以击代王，杀之，王脑涂地。其姊闻之，因摩笄以自刺，故至今有摩笄之山。[5]代王之亡，天下莫不闻。

①【正义】句注山在代州也。上音勾。　②【索隐】斗音主。凡方者为斗，若安长柄，则名为枓，音主。尾即斗之柄，其形若刀者是也。

③【索隐】音昌悦反。谓热而啜之，是羹也。于下云“厨人进斟”，斟谓羹汁，故因名汁曰斟。《左氏》“羊羹不斟”是也。 ④【正义】反即倒斗柄击也。 ⑤【集解】笄，妇人之首饰，如今象牙擿。【正义】笄，今簪也。摩笄山在蔚州飞狐县东北百五十里。

“夫赵王之狠戾无亲，大王之所明见，且以赵王为可亲乎？赵兴兵攻燕，再围燕都而劫大王，大王割十城以谢。今赵王已入朝渑池，效河间以事秦。今大王不事秦，秦下甲云中、九原，驱赵而攻燕，则易水、长城[①]非大王之有也。

①【正义】并在易州界。

“且今时赵之于秦犹郡县也，不敢妄举师以攻伐。今王事秦，秦王必喜，赵不敢妄动，是西有强秦之援，而南无齐、赵之患，是故愿大王孰计之。”

燕王曰：“寡人蛮夷僻处，虽大男子裁[①]如婴儿，言不足以采正计。今上客幸教之，请西面而事秦，献恒山之尾[②]五城。”燕王听仪。仪归报，未至咸阳而秦惠王卒，武王立。武王自为太子时不悦张仪，及即位，群臣多谗张仪曰：“无信，左右卖国以取容。秦必复用之，恐为天下笑。”诸侯闻张仪有却武王，皆畔衡，复合从。

①【集解】音在。 ②【索隐】尾，犹末也。谓献恒山之东五城以与秦。

秦武王元年，群臣日夜恶张仪未已，而齐让又至。张仪惧诛，乃因谓秦武王曰："仪有愚计，愿效之。"王曰："奈何？"对曰："为秦社稷计者，东方有大变，然后王可以多割得地也。今闻齐王甚憎仪，仪之所在，必兴师伐之。故仪愿乞其不肖之身之梁，齐必兴师而伐梁。梁、齐之兵连于城下而不能相去，王以其间伐韩，入三川，出兵函谷而毋伐，以临周，祭器必出。[①]挟天子，按图籍，此王业也。"秦王以为然，乃具革车三十乘，入仪之梁。齐果兴师伐之。梁哀王恐。张仪曰："王勿患也，请令罢齐兵。"乃使其舍人冯喜[②]之楚，借使之齐，谓齐王曰："王甚憎张仪；虽然，亦厚矣王之托仪于秦也！"齐王曰："寡人憎仪，仪之所在，必兴师伐之，何以托仪？"对曰："是乃王之托仪也。夫仪之出也，固与秦王约曰：'为王计者，东方有大变，然后王可以多割得地。今齐王甚憎仪，仪之所在，必兴师伐之。故仪愿乞其不肖之身之梁，齐必兴师伐之。齐、梁之兵连于城下而不能相去，王以其间伐韩，入三川，出兵函谷而无伐，以临周，祭器必出。挟天子，案图籍，此王业也。'秦王以为然，故具革车三十乘而入之梁也。今仪入梁，王果伐之，是王内罢国而外伐与国，[③]广邻敌以内自临，而信仪于秦王也。此臣之所谓'托仪'也。"齐王曰："善。"乃使解兵。

①【索隐】凡王者大祭祀必陈设文物轩车彝器等，因谓此等为祭器也。②【索隐】此与《战国策》同。旧本作"憙"，误也。③【索隐】谓齐之伐梁也。梁之与齐，先相许与约从为邻，故云与国也。

张仪相魏一岁，卒[①]于魏也。

①【索隐】年表张仪以安僖王十年卒。《纪年》云梁安僖王九年五月卒。

陈轸者，游说之士。与张仪俱事秦惠王，皆贵重，争宠。张仪恶陈轸于秦王曰："轸重币轻使秦、楚之间，将为国交也。今楚不加善于秦而善轸者，轸自为厚而为王薄也。且轸欲去秦而之楚，王胡不听乎？"王谓陈轸曰："吾闻子欲去秦之楚，有之乎？"轸曰："然。"王曰："仪之言果信矣。"轸曰："非独仪知之也，行道之士尽知之矣。昔子胥忠于其君而天下争以为臣，曾参孝于其亲而天下愿以为子。故卖仆妾不出闾巷而售者，良仆妾也；出妇嫁于乡曲者，良妇也。今轸不忠其君，楚亦何以轸为忠乎？忠且见弃，轸不之楚何归乎？"王以其言为然，遂善待之。

居秦期年，秦惠王终相张仪，而陈轸奔楚。楚未之重也，而使陈轸使于秦。过梁，欲见犀首。犀首谢弗见。轸曰："吾为事来，[①]公不见轸，轸将行，不得待异日。"犀首见之。陈轸曰："公何好饮也？"犀首曰："无事也。"曰："吾请令公厌事[②]可乎？"曰："奈何？"曰："田需[③]约诸侯从亲，楚王疑之，未信也。公谓于王曰：'臣与燕、赵之王有故，数使人来，曰"无事何不相见"，愿谒行于王。'王虽许公，公请毋多车，以车三十乘，可陈之于庭，明言之燕、赵。"燕、赵客闻之，驰车告其王，使人迎犀首。楚王闻之大怒，曰："田需与寡人约，而犀首之燕、赵，是欺我也。"怒而不听其事。齐闻犀首之北，使人以事委焉。犀首遂行，三国相事皆断于犀首。轸遂至秦。

①【索隐】轸语犀首，言我故来，欲有教汝之事，何不相见。 ②【索隐】厌一艳反。厌者，饱也，谓欲令其多事。 ③【索隐】需时为魏相也。

韩、魏相攻，期年不解。秦惠王欲救之，问于左右。左右或曰救之便，或曰勿救便，惠王未能为之决。陈轸适至秦，惠王曰："子去寡人之楚，亦思寡人不？"陈轸对曰："王闻夫越人庄舄乎？"王曰："不闻。"曰："越人庄舄仕楚执珪，有顷而病。楚王曰：'舄故越之鄙细人也，今仕楚执珪，贵富矣，亦思越不？'中谢[①]对曰：'凡人之思故，在其病也。彼思越则越声，不思越则楚声。'使人往听之，犹尚越声也。今臣虽弃逐之楚，岂能无秦声哉！"惠王曰："善。今韩、魏相攻，期年不解，或谓寡人救之便，或曰勿救便，[②]寡人不能决，愿子为子主计之余，[③]为寡人计之。"陈轸对曰："亦尝有以夫卞庄子[④]刺虎闻于王者乎？庄子欲刺虎，馆竖子止之，曰：'两虎方且食牛，食甘必争，争则必斗，斗则大者伤，小者死，从伤而刺之，一举必有双虎之名。'卞庄子以为然，立须之。有顷，两虎果斗，大者伤，小者死。庄子从伤者而刺之，一举果有双虎之功。今韩、魏相攻，期年不解，是必大国伤，小国亡，从伤而伐之，一举必有两实。此犹庄子刺虎之类也。臣主与王何异也。"[⑤]惠王曰："善。"卒弗救。大国果伤，小国亡，秦兴兵而伐，大克之。此陈轸之计也。

①【索隐】谓侍御之官也。　②【索隐】此张仪等计策。　③【索隐】子指陈轸也。子主谓楚王也。　④【索隐】《战国策》作馆庄子。馆谓逆旅舍其人字庄子者，或作“卞庄子”也。　⑤【索隐】臣主，谓轸之主楚王也。王，秦惠王。以言我主与王俱宜待韩、魏之毙而击之，亦无以异也。

犀首者，魏之阴晋人也，[①]名衍，姓公孙氏。与张仪不善。

①【集解】司马彪曰：“犀首，魏官名，若今虎牙将军。”

张仪为秦之魏，魏王相张仪。犀首弗利，故令人谓韩公叔曰：“张仪已合秦、魏矣，其言曰[①]‘魏攻南阳，秦攻三川’。魏王所以贵张子者，欲得韩地也。且韩之南阳已举矣，子何不少委焉以为衍功，则秦、魏之交可错矣。[②]然则魏必图秦而弃仪，收韩而相衍。”公叔以为便，因委之犀首以为功。果相魏。张仪去。[③]

①【正义】此张仪合秦魏之辞。　②【索隐】错音措。错，停止也。③【集解】徐广曰：“复相秦。”

义渠君朝于魏。犀首闻张仪复相秦，害之。犀首乃谓义渠君曰：“道远不得复过，[①]请谒事情。”[②]曰：“中国无事，[③]秦得烧掇焚杅[④]君之国；有事，[⑤]秦将轻使重币事君之国。”[⑥]其后五国伐秦。[⑦]会陈轸谓秦王曰：“义渠君者，蛮夷之贤君也，不如赂之以抚其志。”秦王曰：“善。”乃以文绣千纯，[8]妇女百人遗义渠君。义渠君致群臣而谋曰：“此公孙衍所谓邪？”[9]乃起兵袭秦，大败秦人李伯之下。[10]

①【索隐】音戈。言义渠道远，今日已后，不复得更过相见。　②【索隐】谓欲以秦之缓急告语之也。　③【索隐】按：谓山东诸侯齐、魏之大国等。【正义】中国谓关东六国。无事，不共攻秦。　④【集解】徐广曰：“一孤切。”【索隐】掇音都活反，谓焚烧而侵掠。焚杅音烦乌。焚揉而牵制也。《战国策》云“秦且烧焫君之国”，是说其事也。　⑤【索隐】谓山东诸国共伐秦也。　⑥【索隐】谓秦求亲义渠君也。【正义】有事谓六国攻秦。秦若被攻伐，则必轻使重币，事义渠之国，欲令相助。犀首此言，令义渠君勿援秦也。　⑦【索隐】按：表秦惠王后元七年，楚、魏、齐、韩、赵五国共攻秦，是其事也。　⑧【索隐】凡丝绵布帛等一段为一纯。纯音屯。　⑨【索隐】按：谓上文犀首云“(君之国)有事，秦将轻使重币事君之国”，故云“公孙衍之所谓”，因起兵袭秦以伤张仪也。　⑩【索隐】谓义渠破秦军于李伯之下，则李伯人名或邑号。《战国策》“伯”作“帛”。

张仪已卒之后，犀首入相秦。尝佩五国之相印，为约长。[1]

①【索隐】犀首后相五国，或从或横，常为约长。

太史公曰：三晋多权变之士，夫言从衡强秦者大抵皆三晋之人也。夫张仪之行事甚于苏秦，然世恶苏秦者，以其先死，而仪振暴[1]其短以扶其说，[2]成其衡道。[3]要之，此两人真倾危之士哉。

①【索隐】暴音步卜反。振谓振扬而暴露其短。 ②【索隐】扶谓说彼之非,成我之是,扶会己之说辞也。 ③【索隐】张仪说六国,使连衡而事秦,故云“成其衡道”。然山东地形从长,苏秦相六国,令从亲而宾秦也。关西地形衡长,张仪相六国,令破其从而连秦之衡,故苏为合从张为连横也。

索隐述赞曰:仪未遭时,频被困辱。及相秦惠,先韩后蜀。连衡齐、魏,倾危诳惑。陈轸挟权,犀首骋欲。如何三晋,继有斯德。

卷七十一

樗里子甘茂列传第十一

樗里子者，名疾，[①]秦惠王之弟也，与惠王异母。母，韩女也。樗里子滑稽多智，[②]秦人号曰“智囊”。

①【索隐】樗，木名也，音摅。高诱曰“其里有大樗树，故曰樗里”。然疾居渭南阴乡之樗里，故号曰樗里子。又按：《纪年》则谓之“楮里疾”。 ②【索隐】滑音骨。稽音鸡。邹诞解云“滑，乱也。稽，同也。谓辩捷之人，言非若是，言是若非，谓能乱同异也”。一云滑稽，酒器，可转注吐酒不已。以言俳优之人出口成章，词不穷竭，如滑稽之吐酒不已也。【正义】滑读为淈，水流自出。稽，计也。言其智计宣吐如泉，流出无尽，故杨雄《酒赋》云“鸱夷滑稽，腹大如壶”是也。颜师古云：“滑稽，转利之称也。滑，乱也。稽，碍也。其变无留也。”一说稽，考也，言其滑乱不可考较。

秦惠王八年，爵樗里子右更，[①]使将而伐曲沃，[②]尽出其人，[③]取其城，地入秦。秦惠王二十五年，使樗里子为将伐赵，虏赵将军庄豹，拔蔺。[④]明年，助魏章攻楚，败楚将屈丐，取汉中地。秦封樗里子，号为严君。[⑤]

①【索隐】右更，秦第十四爵名。 ②【正义】故城在陕州〔陕〕县西南三十二里也。 ③【索隐】年表云十一年拔魏曲沃，归其人。《秦本

纪》惠文王后元八年，五国共围秦，使庶长疾与战修鱼，斩首八万。十一年，樗里疾攻魏焦，降之。则焦与曲沃同在十一年明矣。而传云“八年拔之”，不同。王劭按：本纪、年表及此传，三处记秦伐国并不同，又与《纪年》不合，今殆不可参考也。 ④【正义】蔺县在石州。 ⑤【索隐】按：严君是爵邑之号，当是封之严道也。

秦惠王卒，太子武王立，逐张仪、魏章，而以樗里子、甘茂为左右丞相。秦使甘茂攻韩，拔宜阳。使樗里子以车百乘入周。周以卒迎之，意甚敬。楚王怒，让周，以其重秦客。游腾[1]为周说楚王曰：“智伯之伐仇犹，遗之广车，[2]因随之以兵，仇犹遂亡。何则？无备故也。齐桓公伐蔡，号曰诛楚，其实袭蔡。今秦，虎狼之国，使樗里子以车百乘入周，周以仇犹、蔡观焉，故使长戟居前，强弩在后，名曰卫疾，[3]而实囚之。且夫周岂能无忧其社稷哉？恐一旦亡国以忧大王。”楚王乃悦。

①【索隐】游，姓。腾，名也。 ②【集解】《战国策》曰：“智伯欲伐仇犹，遗之大钟，载以广车。”《周礼》曰：“广车之萃。”郑玄曰：“广车，横陈之车。”【索隐】《战国策》以“仇犹”为“厹由”。《韩子》作“仇由”。《地理志》临淮有厹犹县也。【正义】《括地志》云：“并州盂县外城俗名原仇山，亦名仇犹，夷狄之国也。《韩子》云‘智伯欲伐仇犹国，道险难不通，乃铸大钟遗之，载以广车。仇犹大悦，除涂内之。赤章曼支谏曰：“不可，此小所以事大，而今大以遗小，卒必随，不可。”不听，遂内之。曼支因断毂而驰。至十九日而仇犹亡也’。” ③【正义】防卫樗里子。

秦武王卒，昭王立，樗里子又益尊重。

昭王元年，樗里子将伐蒲。[①]蒲守恐，请胡衍。[②]胡衍为蒲谓樗里子曰："公之攻蒲，为秦乎？为魏乎？为魏则善矣，为秦则不为赖矣。[③]夫卫之所以为卫者，以蒲也。[④]今伐蒲入于魏，卫必折而从之。[⑤]魏亡西河之外[⑥]而无以取者，兵弱也。今并卫于魏，魏必强。魏强之日，西河之外必危矣。且秦王将观公之事，害秦而利魏，王必罪公。"樗里子曰："奈何？"胡衍曰："公释蒲勿攻，臣试为公入言之，以德卫君。"樗里子曰："善。"胡衍入蒲，谓其守曰："樗里子知蒲之病矣，其言曰必拔蒲。衍能令释蒲勿攻。"蒲守恐，因再拜曰："愿以请。"因效金三百斤，曰："秦兵苟退，请必言子于卫君，使子为南面。"故胡衍受金于蒲以自贵于卫。于是遂解蒲而去。还击皮氏，[⑦]皮氏未降，又去。

①【索隐】《纪年》云"楮里疾围蒲不克，而秦惠王薨"，事与此合。【正义】蒲故城在滑州匡城县北十五里，即子路作宰地。　②【索隐】人姓名也。　③【集解】赖，利也。　④【正义】蒲是卫国之鄣卫。　⑤【索隐】《战国策》云"今蒲入于秦，卫必折而入于魏"，与此文相反也。　⑥【正义】谓同、华等州。　⑦【正义】故城在绛州龙门县西百四十步，魏邑。

昭王七年，樗里子卒，葬于渭南章台之东。[①]曰："后百岁，是当有天子之宫夹我墓。"樗里子疾室在于昭王庙西渭南阴乡樗里，故俗谓之樗里子。至汉兴，长乐宫在其东，未央宫在其西，[②]武库正直其墓。[③]秦人谚曰："力则任鄙，智则樗里。"

①【索隐】按《黄图》,在汉长安故城西。 ②【正义】汉长乐宫在长安县西北十五里,未央在县西北十四里,皆在长安故城中。 ③【索隐】直如字读,直,犹当也。

甘茂者,下蔡人也。[①]事下蔡史举先生,[②]学百家之说。因张仪、樗里子而求见秦惠王。王见而悦之,使将,而佐魏章略定汉中地。

①【索隐】《地理志》下蔡县属汝南也。【正义】今颍州县,即州来国。 ②【索隐】《战国策》及《韩子》皆云史举,上蔡监门者。

惠王卒,武王立。张仪、魏章去,东之魏。蜀侯煇、相壮反,[①]秦使甘茂定蜀。还,而以甘茂为左丞相,以樗里子为右丞相。

①【索隐】煇音晖,又音胡昆反。秦之公子,封蜀也。《华阳国志》作"晖"。壮音侧状反。姓陈也。

秦武王三年,谓甘茂曰:"寡人欲容车通三川,以窥周室,而寡人死不朽矣。"甘茂曰:"请之魏,约以伐韩,而令向寿[①]辅行。"甘茂至,谓向寿曰:"子归,言之于王曰'魏听臣矣,然愿王勿伐'。事成,尽以为子功。"向寿归,以告王,王迎甘茂于息壤。[②]甘茂至,王问其故。对曰:"宜阳,大县也,上党、南阳积之久矣。[③]名曰县,其实郡也。今王背数险,[④]行千里攻之,难。昔曾参之处费,[⑤]鲁人有与曾参同姓名者杀人，人告其母曰‘曾参杀人’，其母织自若也。顷之，一人又告之曰‘曾参杀人’，其母尚织自若也。顷又一人告之曰‘曾参杀人’，其母投杼下机，逾墙而走。夫以曾参之贤与其母信之也，三人疑之，其母惧焉。今臣之贤不若曾参，王之信臣又不如曾参之母信曾参也，疑臣者非特三人，臣恐大王之投杼也。始张仪西并巴、蜀之地，北开西河之外，南取上庸，天下不以多张子而以贤先王。魏文侯令乐羊将而攻中山，三年而拔之。乐羊返而论功，文侯示之谤书一箧。乐羊再拜稽首曰：‘此非臣之功也，主君之力也。’今臣，羁旅之臣也。樗里子、公孙奭[⑥]二人者挟韩而议之，王必听之，是王欺魏王而臣受公仲侈[⑦]之怨也。”王曰：“寡人不听也，请与子盟。”卒使丞相甘茂将兵伐宜阳。五月而不拔，樗里子、公孙奭果争之。武王召甘茂，欲罢兵。甘茂曰：“息壤在彼。”[⑧]王曰：“有之。”因大悉起兵，使甘茂击之。斩首六万，遂拔宜阳。韩襄王使公仲侈入谢，与秦平。

①【正义】饷受二音，人姓名。　②【索隐】《山海经》、《启筮》云“昔伯鲧窃帝之息壤以堙洪水”，或是此也。【正义】秦邑。　③【索隐】上党、南阳并积贮日久。【正义】韩之北三郡积贮在河南宜阳县之日久矣。　④【索隐】数音率腴反。【正义】谓函谷及三崤、五谷。　⑤【集解】音秘。　⑥【索隐】《战国策》作“公孙衍”。【正义】音释。　⑦【集解】徐广曰：“一作冯。”　⑧【正义】甘茂归至息壤，与秦王盟，恐后樗里子、公孙奭伐韩，今二子果争之。武王召茂欲罢兵，故甘茂云息壤在彼邑也。

武王竟至周，而卒于周。其弟立，为昭王。[①]王母宣太后，楚女也。楚怀王怨前秦败楚于丹阳而韩不救，乃以兵围韩雍氏。[②]韩使公仲侈告急于秦。秦昭王新立，太后楚人，不肯救。公仲因甘茂，茂为韩言于秦昭王曰："公仲方有得秦救，故敢捍楚也。今雍氏围，秦师不下殽，公仲且仰首而不朝，公叔且以国南合于楚。楚、韩为一，魏氏不敢不听，然则伐秦之形成矣。不识坐而待伐孰与伐人之利？"秦王曰："善。"乃下师于殽以救韩。楚兵去。

①【索隐】《赵系家》昭王名稷。《系本》云名侧。　②【索隐】秦惠王二十六年，楚围雍氏，至昭王七年，又围雍氏，韩求救于秦，是再围也。刘氏云"此是前围雍氏，当赧王之七年"。《战国策》及《纪年》与此并不同。【正义】故城在洛州洛阳县东北二十里。

秦使向寿平宜阳，而使樗里子、甘茂伐魏皮氏。向寿者，宣太后外族也，而与昭王少相长，故任用。向寿如楚，[①]楚闻秦之贵向寿，而厚事向寿。向寿为秦守宜阳，将以伐韩。韩公仲使苏代谓向寿曰："禽困覆车。[②]公破韩，辱公仲，公仲收国复事秦，自以为必可以封。[③]今公与楚解口地，[④]封小令尹以杜阳。[⑤]秦、楚合，复攻韩，韩必亡。韩亡，公仲且躬率其私徒以阏[⑥]于秦。[⑦]愿公孰虑之也。"向寿曰："吾合秦、楚非以当韩也，子为寿谒之公仲，[⑧]曰秦、韩之交可合也。"苏代对曰："愿有谒于公。[⑨]人曰贵其所以贵者贵。王之爱习公也，不如公孙奭。其智能公也，不如甘茂。今二人者皆不得亲于秦事，而公独与王主断于国者何？彼有以失之也。[⑩]公孙奭党于韩，而甘茂党于魏，故王不信也。今秦、楚争强而公党于楚，是与公孙奭、甘茂同道也，公何以异之？[11]人皆言楚之善变也，而公必亡之，是自为责也。[12]公不如与王谋其变也，善韩以备楚，[13]如此则无患矣。韩氏必先以国从公孙奭而后委国于甘茂。韩，公之仇也。[14]今公言善韩以备楚，是外举不僻仇也。”向寿曰：“然，吾甚欲韩合。”对曰：“甘茂许公仲以武遂，[15]反宜阳之民，[16]今公徒收之，甚难。”[17]向寿曰：“然则奈何？武遂终不可得也？”对曰：“公奚不以秦为韩求颍川于楚？[18]此韩之寄地也。公求而得之，是令行于楚而以其地德韩也。公求而不得，是韩、楚之怨不解[19]而交走秦也。[20]秦、楚争强，而公徐过楚[21]以收韩，此利于秦。”[22]向寿曰：“奈何？”对曰：“此善事也。甘茂欲以魏取齐，公孙奭欲以韩取齐。今公取宜阳以为功，收楚、韩以安之，而诛齐、魏之罪，[23]是以公孙奭、甘茂无事也。”

①【集解】徐广曰：“如，一作‘和’。” ②【集解】譬禽兽得困急，犹能抵触倾覆人车。 ③【正义】公仲自以为必可得秦封。 ④【索隐】解口，秦地名，近韩，今将与楚也。【正义】上纪买反。公，向寿也。解口，犹开口得言。向寿于秦开口，则楚人必得封地也。 ⑤【索隐】又封楚之小令尹以杜阳。杜阳亦秦地，今以封楚令尹，是秦、楚相合也。 ⑥【集解】音乌曷反。 ⑦【正义】公仲恐韩亡，欲将私徒往宜阳阏向寿也。 ⑧【正义】子，苏代也。向寿恐，令苏代谒报公仲，云“秦、韩交可合”。 ⑨【正义】公，向寿也。言向寿亦党于楚，与公孙奭、甘茂党韩、魏同也。 ⑩【索隐】彼，言公孙奭及甘茂也。有以失之，谓不见委任，情有所失。【正义】言秦王虽爱习公孙奭、甘茂，秦事不亲委者，为党韩、魏也。今国事独与向寿主断者，不知寿党于楚以事秦王者，以失之也。 ⑪【正义】苏氏云：“向寿与公孙奭、甘茂皆有党，言无异也。”又一云改异党楚之意。

⑫【正义】楚善变改,不可信。若变改,向寿必亡败,是自为责。 ⑬【正义】令秦亲韩而备楚之变改,则向寿无患矣。 ⑭【正义】韩氏必先委二人,故韩为向寿之仇。 ⑮【集解】徐广曰:“秦昭王元年予韩武遂。” ⑯【正义】武遂,宜阳,本韩邑也,秦伐取之。今欲还韩,令其民得反归居之。 ⑰【正义】苏代言甘茂许公仲以武遂,又归宜阳之民,今向寿徒拟收之,甚难事也。 ⑱【正义】颍川,许州也。楚侵韩颍川,苏代令向寿以秦威重为韩就楚求索颍川,是亲向寿。 ⑲【集解】已买反。 ⑳【索隐】韩、楚怨不解,二国交走向秦也。 ㉑【集解】徐广曰:“过,一作适。” ㉒【正义】若二国皆事秦,公则渐说楚之过失以收韩,此利于秦也。 ㉓【正义】言公孙奭、甘茂皆欲以秦挟韩、魏而取齐,今向寿取宜阳为功,收楚、韩安以事秦,而责齐、魏之罪,是公孙奭、甘茂不得同合韩、魏于秦以伐齐也。

甘茂竟言秦昭王,以武遂复归之韩。[①]向寿、公孙奭争之,不能得。向寿、公孙奭由此怨,谗甘茂,茂惧,辍伐魏蒲阪,亡去。[②]樗里子与魏讲,罢兵。[③]

①【正义】年表云秦昭王元年予韩武遂也。 ②【集解】徐广曰:“昭王元年,击魏皮氏,未拔,去。” ③【索隐】邹氏云:“讲读曰媾。媾,犹和也。”

甘茂之亡秦奔齐,逢苏代。代为齐使于秦。甘茂曰:“臣得罪于秦,惧而遁逃,无所容迹。臣闻贫人女与富人女会绩,贫人女曰:‘我无以买烛,而子之烛光幸有余,子可分我余光,无损子明而得一斯便焉。’今臣困而君方使秦而当路矣。茂之妻子在焉,愿君以馀光振之。”苏代许诺。遂致使于秦。已,因说秦王曰:“甘茂,非常士也。其居于秦,累世重矣。自殽塞[①]及至鬼谷,[②]其地形险易皆明知之。彼以齐约韩、魏反以图秦,非秦之利也。”秦王曰:“然则奈何?”苏代曰:“王不若重其贽,厚其禄以迎之,使彼来则置之鬼谷,[③]终身勿出。”秦王曰:“善。”即赐之上卿,以相印迎之于齐。甘茂不往。苏代谓齐湣王曰:“夫甘茂,贤人也。今秦赐之上卿,以相印迎之。甘茂德王之赐,好为王臣,故辞而不往。今王何以礼之?”齐王曰:“善。”即位之上卿而处之。[④]秦因复甘茂之家以市于齐。[⑤]

①【正义】三殽在洛州永宁县西北。 ②【集解】徐广曰:“在阳城。” ③【正义】刘伯庄云:“此鬼谷,关内云阳,非阳城者也。”案:阳城鬼谷时属韩,秦不得言置之。 ④【索隐】处,犹留也。 ⑤【正义】复音福。

齐使甘茂于楚,楚怀王新与秦合婚而欢。[①]而秦闻甘茂在楚,使人谓楚王曰:“愿送甘茂于秦。”楚王问于范蜎[②]曰:“寡人欲置相于秦,孰可?”对曰:“臣不足以识之。”楚王曰:“寡人欲相甘茂,可乎?”对曰:“不可。夫史举,下蔡之监门也,大不为事君,小不为家室,以苟贱不廉闻于世,甘茂事之顺焉。故惠王之明,武王之察,张仪之辩,而甘茂事之,取十官而无罪。茂诚贤者也,然不可相于秦。夫秦之有贤相,非楚国之利也。且王前尝用召滑于越,[③]而内行章义之难,[④]越国乱,故楚南塞厉门[⑤]而郡江东。[⑥]计王之功所以能如此者,越国乱而楚治也。今王知用诸越而忘用诸秦,臣以王为巨过矣。然则王若欲置相于秦，则莫若向寿者可。夫向寿之于秦王，亲也，少与之同衣，长与之同车，以听事。王必相向寿于秦，则楚国之利也。”于是使使请秦相向寿于秦。秦卒相向寿。而甘茂竟不得复入秦，卒于魏。

①【集解】徐广曰：“昭王二年时迎妇于楚。” ②【集解】徐广曰：“一作蠉。”【索隐】音休缘反，又休软反。《战国策》一作“蝝”字。【正义】许缘反。 ③【集解】徐广曰：“滑，一作涓。” ④【集解】徐广曰：“一云‘内句章昧之难’。”【索隐】谓召滑内心猜诈，外则佯章恩义，而卒包藏祸心，构难于楚也。《战国策》云“纳章句之难”。 ⑤【集解】徐广曰：“一作濑湖。”【正义】刘伯庄云：“厉门，度岭南之要路。” ⑥【正义】吴、越之城皆为楚之都邑。

甘茂有孙曰甘罗。

甘罗者，甘茂孙也。茂既死后，甘罗年十二，事秦相文信侯吕不韦。[①]

①【索隐】《战国策》甘罗事吕不韦为庶子。

秦始皇帝使刚成君蔡泽于燕，三年而燕王喜使太子丹入质于秦。秦使张唐往相燕，欲与燕共伐赵以广河间之地。张唐谓文信侯曰：“臣尝为秦昭王伐赵，赵怨臣，曰：‘得唐者与百里之地。’今之燕必经赵，臣不可以行。”文信侯不快，未有以强也。甘罗曰：“君侯何不快之甚也？”文信侯曰：“吾令刚成君蔡泽事燕三年，燕太子丹已入质矣，吾自请张卿[①]相燕而不肯行。”甘罗曰：“臣请行之。”文信侯叱曰：“去！我身自请之而不肯，女焉能行之？”[②] 甘罗曰：“太项橐[③] 生七岁为孔子师。今臣生十二岁于兹矣，君其试臣，何遽叱乎？”于是甘罗见张卿曰：“卿之功孰与武安君？”卿曰：“武安君南挫强楚，北威燕、赵，战胜攻取，破城堕邑，不知其数，臣之功不如也。”甘罗曰：“应侯[④] 之用于秦也，孰与文信侯专？”张卿曰：“应侯不如文信侯专。”甘罗曰：“卿明知其不如文信侯专与？”曰：“知之。”甘罗曰：“应侯欲攻赵，武安君难之，去咸阳七里而立死于杜邮。今文信侯自请卿相燕而不肯行，臣不知卿所死处矣。”张唐曰：“请因孺子行。”令装治行。

①【索隐】即张唐也。卿，字也。 ②【正义】女音汝。焉，乙连反。 ③【索隐】音托。尊其道德，故云“太项橐”。 ④【索隐】应侯，范雎也。

行有日，甘罗谓文信侯曰：“借臣车五乘，请为张唐先报赵。”文信侯乃入言之于始皇曰：“昔甘茂之孙甘罗，年少耳，然名家之子孙，诸侯皆闻之。今者张唐欲称疾不肯行，甘罗说而行之。今愿先报赵，请许遣之。”始皇召见，使甘罗于赵。赵襄王郊迎甘罗。甘罗说赵王曰：“王闻燕太子丹入质秦欤？”曰：“闻之。”曰：“闻张唐相燕欤？”曰：“闻之。”“燕太子丹入秦者，燕不欺秦也。张唐相燕者，秦不欺燕也。燕、秦不相欺者，伐赵，危矣。燕、秦不相欺无异故，欲攻赵而广河间。王不如赍臣五城[①] 以广河间，请归燕太子，与强赵攻弱燕。”赵王立自割五城以广河间。秦归燕太子。赵攻燕，得上谷三十城，[②] 令秦有十一。[③]

①【索隐】齎音侧奚反，一音赍。并谓割五城与臣也。 ②【索隐】《战国策》云得三十六县。【正义】上谷，今妫州也，在幽州西北。 ③【索隐】谓以十一城与秦也。

甘罗还报秦，乃封甘罗以为上卿，复以始甘茂田宅赐之。

太史公曰：樗里子以骨肉重，固其理，而秦人称其智，故颇采焉。甘茂起下蔡闾阎，显名诸侯，重强齐、楚。[①]甘罗年少，然出一奇计，声称后世。虽非笃行之君子，然亦战国之策士也。方秦之强时，天下尤趋谋诈哉。

①【集解】徐广曰："恐或疑此当云'见重强齐'，误脱一字。"【正义】甘茂为强齐、楚所重。

索隐述赞曰：严君名疾，厥号"智囊"。既亲且重，称兵外攘。甘茂并相，初佐魏章。始推向寿，乃攻宜阳。甘罗妙岁，卒起张唐。

卷七十二

穰侯列传第十二

穰侯魏冉者，秦昭王母宣太后弟也。[①]其先楚人，姓芈氏。[②]

①【索隐】宣太后之异父长弟也，姓魏，名冉，封之穰。《地理志》穰县在南阳。宣太后者，惠王之妃，姓芈氏，曰芈八子也。　②【正义】芈，亡尔反。

秦武王卒，无子，立其弟为昭王。昭王母故号为芈八子，及昭王即位，芈八子号为宣太后。宣太后非武王母。武王母号曰惠文后，先武王死。[①]宣太后二弟：其异父长弟曰穰侯，姓魏氏，名冉；同父弟曰芈戎，为华阳君。[②]而昭王同母弟曰高陵君、[③]泾阳君。[④]而魏冉最贤，自惠王、武王时任职用事。武王卒，诸弟争立，唯魏冉力为能立昭王。昭王即位，以冉为将军，卫咸阳。诛季君之乱，[⑤]而逐武王后出之魏，昭王诸兄弟不善者皆灭之，威振秦国。昭王少，宣太后自治，任魏冉为政。

①【索隐】《秦本纪》云："昭王二年，庶长壮与大臣公子为逆，皆诛，及惠文后皆不得良死。"又按：《纪年》云"秦内乱，杀其太后及公子雍、公子壮"

是也。 ②【索隐】华阳，韩地，后属秦。芈戎后又号新城君。【正义】司马彪云："华阳，亭名，在洛州密县。"又故华城在郑州管城县南三十里，即此城。 ③【索隐】名显。 ④【索隐】名悝。 ⑤【集解】徐广曰："年表曰季君为乱，诛。本纪曰庶长壮与大臣公子谋反，伏诛。"【索隐】按：季君即公子壮，僭立而号曰季君。穰侯力能立昭王，为将军，卫咸阳，诛季君及惠文后，故本纪言"伏诛"。又云"及惠文后皆不得良死"，盖谓惠文后时党公子壮，欲立之，及壮诛而太后忧死，故云"不得良死"，亦史讳之也。又逐武王后出之魏，亦事势然也。

昭王七年，樗里子死，而使泾阳君质于齐。赵人楼缓来相秦，赵不利，乃使仇液[①]之秦，请以魏冉为秦相。仇液将行，其客宋公[②]谓液曰："秦不听公，楼缓必怨公。公不若谓楼缓曰'请为公毋急秦'。秦王见赵请相魏冉之不急，且不听公。公言而事不成，以德楼子；事成，魏冉故德公矣。"于是仇液从之。而秦果免楼缓而魏冉相秦。

①【索隐】《战国策》作"仇郝"，盖是一人而记别也。【正义】音亦，姓名。 ②【索隐】《战国策》作"宋交"。

欲诛吕礼，礼出奔齐。昭王十四年，魏冉举白起，使代向寿将而攻韩、魏，败之伊阙，斩首二十四万，虏魏将公孙喜。明年，又取楚之宛、叶。魏冉谢病免相，以客卿寿烛为相。其明年，烛免，复相冉，乃封魏冉于穰，复益封陶，[①]号曰穰侯。

①【集解】徐广曰："一作'阴'。"【索隐】陶即定陶也。徐广云作"阴"，

陶阴字本易惑也。王劭按：定陶见有魏冉冢，作“阴”，误也。

穰侯封四岁，为秦将攻魏。魏献河东方四百里。拔魏之河内，取城大小六十余。昭王十九年，秦称西帝，齐称东帝。月余，吕礼来，而齐、秦各复归帝为王。魏冉复相秦，六岁而免。免二岁，复相秦。四岁，而使白起拔楚之郢，秦置南郡。乃封白起为武安君。白起者，穰侯之所任举也，相善。于是穰侯之富，富于王室。

昭王三十二年，穰侯为相国，将兵攻魏，走芒卯，[①]入北宅，[②]遂围大梁。梁大夫须贾说穰侯曰："臣闻魏之长吏谓魏王曰：'昔梁惠王伐赵，战胜三梁，[③]拔邯郸。赵氏不割，而邯郸复归。齐人攻卫，拔故国，杀子良。[④]卫人不割，而故地复反。卫、赵之所以国全兵劲而地不并于诸侯者，以其能忍难而重出地也。宋、中山数伐割地，而国随以亡。臣以为卫、赵可法，而宋、中山可为戒也。秦，贪戾之国也，而毋亲。蚕食魏氏，又尽晋国，[⑤]战胜暴子，[⑥]割八县，地未毕入，兵复出矣。夫秦何厌之有哉。今又走芒卯，入北宅，此非敢攻梁也，且劫王以求多割地。王必勿听也。今王背楚、赵而讲秦，[⑦]楚、赵怒而去王，与王争事秦，秦必受之。秦挟楚、赵之兵以复攻梁，则国求无亡不可得也。愿王之必无讲也。王若欲讲，少割而有质；不然，必见欺。'[⑧]此臣之所闻于魏也，[⑨]愿君王之以是虑事也。《周书》曰'惟命不于常'，此言幸之不可数也。夫战胜暴子，割八县，此非兵力之精也，又非计之工也，天幸为多矣。今又走芒卯，入北宅，以攻大梁，是以天幸自为常也，智者不然。臣闻魏氏悉其百县胜甲以上成大梁，臣以为不下三十万。以三十万之众守梁七仞之城，[10]臣以为汤、武复生，不易攻也。夫轻背楚、赵之兵，陵七仞之城，战三十万之众，而志必举之，臣以为自天地始分以至于今，未尝有者也。攻而不拔，秦兵必罢，陶邑必亡，[11]则前功必弃矣。今魏氏方疑，可以少割收也。[12]愿君逮楚、赵之兵未至于梁，亟以少割收魏。魏方疑而得以少割为利，必欲之，则君得所欲矣。楚、赵怒于魏之先己也，必争事秦，从以此散，[13]而君后择焉。且君之得地岂必以兵哉。割晋国，秦兵不攻，而魏必效绛安邑。又为陶开两道，[14]几尽故宋，[15]卫必效单父。秦兵可全，而君制之，何索而不得，何为而不成！愿君熟虑之而无行危。"[16]穰侯曰："善"乃罢梁围。[17]

①【集解】上莫印反。下陌饱反。　②【集解】徐广曰："魏惠王五年，与韩会宅阳。"【正义】《竹书》云："宅阳，一名北宅。"《括地志》云："宅阳故城在郑州荥阳县西南十七里。"　③【集解】徐广曰："《田完世家》云魏伐赵，赵不利，战于南梁。"【索隐】三梁即南梁也。　④【索隐】卫之故国，盖楚丘也。下文"故地"，亦同谓楚丘也。《战国策》"卫"字皆作"燕"，"子良"作"子之"，恐非也。　⑤【索隐】河东、河西、河内并是魏地，即故晋国。今言秦蚕食魏氏，尽晋国之地也。　⑥【集解】徐广曰："韩将暴鸢。"　⑦【索隐】讲，和也。　⑧【索隐】谓与秦欲讲，少割地而求秦质子；恐不然必被秦欺也。　⑨【索隐】须贾说穰侯，言魏人谓梁王若少割地而求秦质，必是欺我，即闻魏见欺于秦也。　⑩【集解】《尔雅》曰："四尺谓之仞，倍仞谓之寻。"　⑪【索隐】"陶"一作"魏"。言秦前攻得魏之城邑，秦罢则亡而还于魏也。【正义】定陶近大梁，穰侯攻梁兵疲，定陶必为魏伐。　⑫【索隐】贾引魏人之说不许王讲于秦，是言魏氏方疑，可以少割地而收魏也。　⑬【索隐】楚、赵怒魏之与秦讲，皆争事秦，是东方

从国于是解散也。【正义】从，足松反。　⑭【索隐】穰侯封陶，魏效绛与安邑，是得河东地。言从秦适陶，开河西、河东之两道。【正义】穰故封定陶，故宋及单父是陶之南道也，魏之安邑及绛是陶北道。　⑮【索隐】上音祈。此时宋已灭，是秦将尽得宋地也。　⑯【索隐】言莫行围梁之危事。　⑰【正义】表云魏安釐王二年，秦军大梁城，韩来救，与秦温以和也。

明年，魏背秦，与齐从亲。秦使穰侯伐魏，斩首四万，走魏将暴鸢，得魏三县。穰侯益封。

明年，穰侯与白起客卿胡阳复攻赵、韩、魏，破芒卯于华阳下，斩首十万，取魏之卷、[①]蔡阳、长社，赵氏观津。且与赵观津，益赵以兵，伐齐。[②]齐襄王惧，使苏代为齐阴遗穰侯书曰："臣闻往来者言曰'秦将益赵甲四万以伐齐'，臣窃必之[③]敝邑之王曰[④]'秦王明而熟于计，穰侯智而习于事，必不益赵甲四万以伐齐'。是何也？夫三晋之相与也，秦之深仇也。百相背也，百相欺也，不为不信，不为无行。今破齐以肥赵。赵，秦之深仇，不利于秦。此一也。秦之谋者，必曰'破齐，弊晋、楚，[⑤]而后制晋、楚之胜'。夫齐，罢国也，以天下攻齐，如以千钧之弩决溃痈也，必死，安能弊晋、楚？此二也。秦少出兵，则晋、楚不信也；多出兵，则晋、楚为制于秦。齐恐，不走秦，必走晋、楚。此三也。秦割齐以啖晋、楚，晋、楚案之以兵，秦反受敌。此四也。是晋、楚以秦谋齐，以齐谋秦也，何晋、楚之智而秦、齐之愚？此五也。故得安邑以善事之，亦必无患矣。秦有安邑，韩氏必无上党矣。取天下之肠胃，与出兵而惧其不反也，孰利？臣故曰秦王明而熟于计，穰侯智而习于事，必不益赵甲四万以伐齐矣。"于是穰侯不行，引兵而归。

①【集解】丘权反。　②【索隐】既得观津，仍令赵伐齐，而秦又以兵益助赵也。　③【索隐】告齐王，言秦必定不益兵以助赵。【正义】臣，苏代也。必知秦与赵甲四万以伐齐。　④【正义】谓齐王也。　⑤【正义】今晋、楚伐齐，晋、楚之国亦罢败。

昭王三十六年，相国穰侯言客卿灶，欲伐齐取刚、寿，[①]以广其陶邑。于是魏人范睢自谓张禄先生，讥穰侯之伐齐，乃越三晋以攻齐也，以此时奸说秦昭王。昭王于是用范睢。范睢言宣太后专制，穰侯擅权于诸侯，泾阳君、高陵君之属太侈，富于王室。于是秦昭王悟，乃免相国，令泾阳之属皆出关，就封邑。穰侯出关，辎车千乘有余。

①【集解】徐广曰："济北有刚县。"【正义】故刚城在兖州龚丘县界。寿张，郓州县也。

穰侯卒于陶，而因葬焉。秦复收陶为郡。

太史公曰：穰侯，昭王亲舅也。而秦所以东益地，弱诸侯，尝称帝于天下，天下皆西向稽首者，穰侯之功也。及其贵极富溢，一夫开说，身折势夺而以忧死，况于羁旅之臣乎？

索隐述赞曰：穰侯智识，应变无方。内倚太后，外辅昭王。四登相位，再列封疆。摧齐挠楚，破魏围梁。一夫开说，忧愤而亡。

卷七十三

白起王翦列传第十三

白起者，郿人也。[①]善用兵，事秦昭王。昭王十三年，而白起为左庶长，将而击韩之新城。[②]是岁，穰侯相秦，举任鄙以为汉中守。其明年，白起为左更，攻韩、魏于伊阙，[③]斩首二十四万，又虏其将公孙喜，拔五城。起迁为国尉。[④]涉河取韩安邑以东，到乾[⑤]河。[⑥]明年，白起为大良造。攻魏，拔之，取城小大六十一。明年，起与客卿错攻垣城，[⑦]拔之。后五年，白起攻赵，拔光狼城。[⑧]后七年，白起攻楚，拔鄢、邓五城。[⑨]其明年，攻楚，拔郢，烧夷陵，[⑩]遂东至竟陵。[⑪]楚王亡去郢，东走徙陈。秦以郢为南郡。白起迁为武安君。武安君因取楚，定巫、黔中郡。昭王三十四年，白起攻魏，拔华阳，走芒卯，而虏三晋将，斩首十三万。与赵将贾偃战，沈其卒二万人于河中。昭王四十三年，白起攻韩陉城，[⑫]拔五城，斩首五万。四十四年，白起攻南阳太行道，绝之。[⑬]

①【正义】郿音眉，岐州县。　②【索隐】在河南也。【正义】今洛州伊阙。　③【正义】今洛州南十九里伊阙山，号曰龙门是。　④【正义】言太尉。　⑤【集解】徐广曰："音干。"　⑥【集解】郭璞曰："今河东闻喜县东北有乾河口，因名乾河里，但有故沟处，无复水也。"【索隐】魏以安邑入秦，然安邑以东至乾河皆韩故地，故云取韩安邑。　⑦【集解】徐

广曰："河东垣县。" ⑧【索隐】《地理志》不载光狼城，盖属赵国。【正义】光狼故城在泽州高平县西二十五里也。 ⑨【集解】徐广曰："昭王二十八年。"【正义】鄢、邓二邑在襄州。 ⑩【正义】夷陵，今峡州郭下县。 ⑪【正义】故城在郢州长寿县南百五十里，今复州亦是其地也。⑫【正义】陉庭故城在曲沃县西北二十里，在绛州东北三十五里也。⑬【集解】徐广曰："此南阳，河内修武是也。"【正义】案：南阳属韩，秦攻之，则韩太行羊肠道绝矣。

四十五年，伐韩之野王。[①]野王降秦，上党道绝。其守冯亭与民谋曰："郑道已绝，[②]韩必不可得为民。秦兵日进，韩不能应，不如以上党归赵。赵若受我，秦怒，必攻赵。赵被兵，必亲韩。韩、赵为一，则可以当秦。"因使人报赵。赵孝成王与平阳君、[③]平原君计之。平阳君曰："不如勿受。受之，祸大于所得。"平原君曰："无故得一郡，受之便。"赵受之，因封冯亭为华阳君。[④]

①【索隐】《地理志》野王县属河内，在太行东南。孟康曰"古邢国也"。②【集解】徐广曰："河南新郑，韩之国都是也。"【索隐】郑国即韩之都，在河南。秦伐野王，是上党归韩之道绝也。 ③【索隐】平阳君未详何人。④【正义】常山一名华阳，解在《赵世家》。

四十六年，秦攻韩缑氏、蔺，[①]拔之。

①【集解】徐广曰："属颍川。"【索隐】今其地阙。西河别有蔺县也。【正义】按：检诸地记，颍川无蔺。《括地志》云："洛州嵩县本夏之纶国也，在缑氏东南六十里。"《地理志》云："纶氏属颍川郡。"按：既攻缑氏、蔺，二邑

合相近，恐纶蔺声相似，字随音而转作“蔺”。

四十七年，秦使左庶长王龁[①]攻韩，取上党。上党民走赵。赵军长平，[②]以按据上党民。[③]四月，龁因攻赵。赵使廉颇将。赵军士卒犯秦斥兵，[④]秦斥兵斩赵裨将茄。[⑤]六月，陷赵军，取二鄣四尉。[⑥]七月，赵军筑垒壁而守之。秦又攻其垒，取二尉，败其阵，[⑦]夺西垒壁。[⑧]廉颇坚壁以待秦，秦数挑战，[⑨]赵兵不出。赵王数以为让。而秦相应侯又使人行千金于赵为反间，[⑩]曰：“秦之所恶，独畏马服子赵括将耳，廉颇易与，且降矣。”赵王既怒廉颇军多失亡，军数败，又反坚壁不敢战，而又闻秦反间之言，因使赵括代廉颇将以击秦。秦闻马服子将，乃阴使武安君白起为上将军，而王龁为尉裨将，令军中有敢泄武安君将者斩。赵括至，则出兵击秦军。秦军佯败而走，[⑪]张二奇兵以劫之。赵军逐胜，追造秦壁。[⑫]壁坚拒不得入，而秦奇兵二万五千人绝赵军后，又一军五千骑绝赵壁间，赵军分而为二，粮道绝。而秦出轻兵击之。赵战不利，因筑壁坚守，[⑬]以待救至。秦王闻赵食道绝，王自之河内，[⑭]赐民爵各一级，发年十五以上悉诣长平，[⑮]遮绝赵救及粮食。至九月，赵卒不得食四十六日，皆内阴相杀食。来攻秦垒，欲出。为四队，四五复之，不能出。其将军赵括出锐卒自搏战，秦军射杀赵括。括军败，卒四十万人降武安君。武安君计曰：“前秦已拔上党，上党民不乐为秦而归赵。赵卒反覆，非尽杀之，恐为乱。”乃挟诈而尽阬杀之，遗其小者二百四十人归赵。前后斩首虏四十五万人。赵人大震。

①【集解】音纥。 ②【集解】徐广曰:“在泫氏。”【索隐】《地理志》泫氏今在上党郡也。【正义】长平故城在泽州高平县西一里也。 ③【索隐】谓屯兵长平,以据援上党。 ④【索隐】谓犯秦之斥候兵也。 ⑤【索隐】音加,裨将名。 ⑥【索隐】鄣,堡城。尉,官也。【正义】《括地志》云:“赵鄣故城一名都尉城,今名赵东城,在泽州高平县西二十五里。又有故榖城。此二城即二鄣也。” ⑦【集解】徐广曰:“一作乘。” ⑧【正义】赵西垒在泽州高平县北六里是也。即廉颇坚壁以待秦,王龁夺赵西垒壁者。 ⑨【正义】数音朔。挑,田鸟反。 ⑩【正义】纪苋反。 ⑪【正义】佯音羊。 ⑫【正义】秦壁一名秦垒,今亦名秦长垒。 ⑬【正义】赵壁今名赵东垒,亦名赵东长垒,在泽州高平县北五里,即赵括筑壁自败处。 ⑭【正义】时已属秦,故发其兵。 ⑮【索隐】时已属秦,故发其兵。

四十八年十月,秦复定上党郡。[①]秦分军为二:王龁攻皮牢,[②]拔之;司马梗定太原。[③]韩、赵恐,使苏代厚币说秦相应侯曰:“武安君擒马服子乎?”曰:“然。”又曰:“即围邯郸乎?”曰:“然。”“赵亡则秦王王矣,武安君为三公。武安君所为秦战胜攻取者七十余城,南定鄢、郢、汉中,[④]北擒赵括之军,虽周、召、吕望之功不益于此矣。今赵亡,秦王王,则武安君必为三公,君能为之下乎?虽无欲为之下,固不得已矣。秦尝攻韩,围邢丘,[⑤]困上党,上党之民皆反为赵,天下不乐为秦民之日久矣。今亡赵,北地入燕,东地入齐,南地入韩、魏,则君之所得民亡几何人。[⑥]故不如因而割之,[⑦]无以为武安君功也。”于是应侯言于秦王曰:“秦兵劳,请许韩、赵之割地以和,且休士卒。”王听之,割韩垣雍、[⑧]赵六城以和。正月,皆罢兵。武安君闻之,由是与应侯有隙。

①【索隐】秦前攻赵已破上党，今回兵复定其郡，其余城犹属赵。 ②【正义】故城在绛州龙门县西一里。 ③【正义】太原，赵地，秦定取也。 ④【正义】鄢在襄州夷道县南九里。郢在荆州江陵县东六里。汉中，今梁州之地。 ⑤【集解】徐广曰："平皋有邢丘。"【正义】邢丘，今怀州武德县东南二十里平皋县城是也。 ⑥【集解】徐广曰："亡音无也。" ⑦【正义】因白起之攻，割取韩、赵之地。 ⑧【集解】徐广曰："卷县有垣雍城。"【正义】《释地名》云："卷县所理垣雍城。"按：今在郑州原武县西北七里也。

其九月，秦复发兵，使五大夫王陵攻赵邯郸。是时武安君病，不任行。[①]四十九年正月，陵攻邯郸，少利，秦益发兵佐陵。陵兵亡五校。武安君病愈，秦王欲使武安君代陵将。武安君言曰："邯郸实未易攻也。且诸侯救日至，彼诸侯怨秦之日久矣。今秦虽破长平军，而秦卒死者过半，国内空。远绝河山而争人国都，赵应其内，诸侯攻其外，破秦军必矣。不可。"秦王自命，不行；乃使应侯请之，武安君终辞不肯行，遂称病。

①【正义】任，入针反，堪也。

秦王使王龁代陵将，八九月围邯郸，不能拔。楚使春申君及魏公子将兵数十万攻秦军，秦军多失亡。武安君言曰："秦不听臣计，今如何矣！"秦王闻之，怒，强起武安君，[①]武安君遂称病笃。应侯请之，不起。于是免武安君为士伍，迁之阴密。[②]武安君病，未能行。居三月，诸侯攻秦军急，秦军数却，使者日至。秦王乃使人遣白起，不得留咸阳中。武安君既行，出咸阳西门十里，至杜邮。[③]秦昭王与应侯群臣议曰："白起之迁，其意尚怏怏不服，有余言。"秦王乃使使者赐之剑，自裁。武安君引剑将自刭，曰："我何罪于天而至此哉？"良久，曰："我固当死。长平之战，赵卒降者数十万人，我诈而尽阬之，是足以死。"遂自杀。武安君之死也，以秦昭王五十年十一月。死而非其罪，秦人怜之，乡邑皆祭祀焉。[④]

①【正义】强，其两反。　②【集解】徐广曰："属安定。"【正义】故城在泾州鹑觚县，城西即古阴密国，密康公国也。　③【索隐】按：故咸阳城在渭北。杜邮，今在咸阳城中。【正义】《说文》云"邮，境上行舍"，道路所经过。今咸阳县城，本秦之邮也，在雍州西北三十五里。　④【集解】何晏曰："白起之降赵卒，诈而阬其四十万，岂徒酷暴之谓乎！后亦难以重得志矣。向使众人皆豫知降之必死，则张虚卷犹可畏也，况于四十万被坚执锐哉！天下见降秦之将头颅似山，归秦之众骸积成丘，则后日之战，死当死耳，何众肯服，何城肯下乎？是为虽能裁四十万之命而适足以强天下之战，欲以要一朝之功而乃更坚诸侯之守，故兵进而自伐其势，军胜而还丧其计。何者？设使赵众复合，马服更生，则后日之战必非前日之对也，况今皆使天下为后日乎！其所以终不敢复加兵于邯郸者，非但忧平原君之补袒，患诸侯之捄至也，徒讳之而不言耳。若不悟而不讳，则毋所以远智也，可谓善战而拙胜。长平之事，秦民之十五以上者皆荷戟而向赵矣，秦王又亲自赐民爵于河内。夫以秦之强，而十五以上死伤过半者，此为破赵之功小，伤秦之败大，又何以称奇哉！若后之役成不豫其论者，则秦众多矣，降者可致也；必不可致者，本自当战杀，不当受降诈也。战杀虽难，降杀虽易，然降杀之为害，祸大于剧战也。"【索隐】卷音拳。袒音浊苋反，字亦作"绽"。捄音救。

王翦者，频阳东乡人也。[①]少而好兵，事秦始皇。始皇十一年，翦将攻赵阏与，[②]破之，拔九城。十八年，翦将攻赵。

岁余，遂拔赵，赵王降，尽定赵地为郡。明年，燕使荆轲为贼于秦，秦王使王翦攻燕。燕王喜走辽东，翦遂定燕蓟而还。[③]秦使翦子王贲击荆，[④]荆兵败。还击魏，魏王降，遂定魏地。

①【索隐】《地理志》频阳县属左冯翊，应劭曰"在频水之阳也"。【正义】故城在雍州东同官县界也。　②【正义】音预。　③【正义】蓟音计。　④【集解】徐广曰："秦讳'楚'，故云荆也。"【索隐】贲音奔。

秦始皇既灭三晋，走燕王，而数破荆师。秦将李信者，年少壮勇，尝以兵数千逐燕太子丹至于衍水中，卒破得丹，始皇以为贤勇。于是始皇问李信："吾欲攻取荆，于将军度用几何人而足？"李信曰："不过用二十万人。"始皇问王翦，王翦曰："非六十万人不可。"始皇曰："王将军老矣，何怯也！李将军果势壮勇，[①]其言是也。"遂使李信及蒙恬将二十万南伐荆。王翦言不用，因谢病，归老于频阳。李信攻平与，[②]蒙恬攻寝，[③]大破荆军。信又攻鄢郢，破之，于是引兵而西，与蒙恬会城父。[④]荆人因随之，三日三夜不顿舍，大破李信军，入两壁，杀七都尉，秦军走。

①【集解】徐广曰："势，一作(新)〔断〕。"　②【集解】音余。【正义】在预东北五十四里。　③【集解】徐广曰："今固始寝丘。"【索隐】固始，县，属淮阳。寝丘，地名也。　④【索隐】在汝南，即应乡。【正义】言引兵而会城父，则是汝州郏城县东父城者也。《括地志》云："汝州郏城县东四十里有父城故城，即服虔云城父楚北境者也。又许州(叶)〔华〕县东北四十五里亦有父城故城，即杜预云襄城城父县者也。此二城，父城之名耳，服虔城父是误也。《左传》及《注水经》云'楚大城城父，使太子建居之'。《十三

州志》云‘太子建所居城父，谓今亳州城父是也’。此三家之说，是城父之名。《地理志》云颍川父城县，沛郡城父县。据县属郡，其名自分。古先儒多惑，故使其名错乱。”

始皇闻之，大怒，自驰如频阳，见谢王翦曰：“寡人以不用将军计，李信果辱秦军。今闻荆兵日进而西，将军虽病，独忍弃寡人乎！”王翦谢曰：“老臣罢病悖乱，[1]唯大王更择贤将。”始皇谢曰：“已矣，将军勿复言！”王翦曰：“大王必不得已用臣，非六十万人不可。”始皇曰：“为听将军计耳。”于是王翦将兵六十万人，始皇自送至灞上。王翦行，请美田宅园池甚众。始皇曰：“将军行矣，何忧贫乎？”王翦曰：“为大王将，有功终不得封侯，故及大王之向臣，臣亦及时以请园池为子孙业耳。”始皇大笑。王翦既至关，使使还请善田者五辈。[2]或曰：“将军之乞贷，亦已甚矣。”王翦曰：“不然。夫秦王怚[3]而不信人。[4]今空秦国甲士而专委于我，[5]我不多请田宅为子孙业以自坚，顾令秦王坐而疑我邪？”

①【正义】罢音皮。悖音背。 ②【集解】徐广曰：“善，一作菑。”【索隐】谓使者五度请也。 ③【集解】音麄。 ④【集解】徐广曰：“怚，一作粗。” ⑤【集解】徐广曰：“专亦作抟，又作剸。”

王翦果代李信击荆。荆闻王翦益军而来，乃悉国中兵以拒秦。王翦至，坚壁而守之，不肯战。荆兵数出挑战，终不出。王翦日休士洗沐，而善饮食抚循之，亲与士卒同食。久之，王翦使人问军中戏乎？对曰：“方投石超距。”[1]于是王翦曰："士卒可用矣。"荆数挑战而秦不出，乃引而东。翦因举兵追之，令壮士击，大破荆军。至蕲南，[2]杀其将军项燕，荆兵遂败走。秦因乘胜略定荆地城邑。岁余，虏荆王负刍，竟平荆地为郡县。因南征百越之君。而王翦子王贲，与李信破定燕、齐地。

①【集解】徐广曰："超，一作拔。《汉书》云'甘延寿投石拔距，绝于等伦'。张晏曰'《范蠡兵法》飞石重十二斤，为机发行三百步。延寿有力，能以手投之。拔距，超距也'。"【索隐】超距，犹跳跃也。　②【正义】徐州县也。

秦始皇二十六年，尽并天下，王氏、蒙氏功为多，名施于后世。

秦二世之时，王翦及其子贲皆已死，而又灭蒙氏。陈胜之反秦，秦使王翦之孙王离击赵，围赵王及张耳巨鹿城。[1]或曰："王离，秦之名将也。今将强秦之兵，攻新造之赵，举之必矣。"客曰："不然。夫为将三世者必败。必败者何也？以其所杀伐多矣，其后受其不祥。今王离已三世将矣。"居无何，项羽救赵，击秦军，果虏王离，王离军遂降诸侯。

①【正义】今邢州平乡县城本秦巨鹿郡城也。

太史公曰：鄙语云："尺有所短，寸有所长。"白起料敌合变，出奇无穷，声震天下，然不能救患于应侯。王翦为秦将，夷六国，当是时，翦为宿将，始皇师之，然不能辅秦建德，固其根本，偷合取容，以至殁身。[①]及孙王离为项羽所虏，不亦宜乎。彼各有所短也。

①【集解】徐广曰："殁音没。"

索隐述赞曰：白起、王翦，俱善用兵。递为秦将，拔齐破荆。赵任马服，长平遂阬。楚陷李信，霸上卒行。贲、离继出，三代无名。

卷七十四

孟子荀卿列传第十四

【索隐】按：《序传》：《孟尝君》第十四，而此传为第十五，盖后人差降之矣。

太史公曰：余读《孟子书》，至梁惠王问“何以利吾国”，未尝不废书而叹也。曰：嗟乎，利诚乱之始也！夫子罕言利者，常防其原也。故曰“放于利而行，多怨”。自天子至于庶人，好利之弊何以异哉。

孟轲，驺人也。[①]受业子思之门人。[②]道既通，游事齐宣王，宣王不能用。适梁，梁惠王不果所言，则见以为迂远而阔于事情。当是之时，秦用商君，富国强兵。楚、魏用吴起，战胜弱敌。齐威王、宣王用孙子、田忌之徒，而诸侯东面朝齐。天下方务于合从连衡，以攻伐为贤，而孟轲乃述唐、虞、三代之德，是以所如者不合。退而与万章之徒[③]序《诗》、《书》，述仲尼之意，作《孟子》七篇。其后有驺子之属。

①【索隐】轲音苦何反，又苦贺反。邹，鲁地名。又云“邾”，邾人徙邹故也。【正义】轲字子舆，为齐卿。邹，兖州县。　②【索隐】王劭以“人”为衍字，则以轲亲受业孔伋之门也。今言“门人”者，乃受业于子思之弟子也。　③【索隐】《孟子》有万章、公明高等，盖并轲之门人也。万，姓。

章，名。

齐有三驺子。其前驺忌，以鼓琴干威王，因及国政，封为成侯而受相印，先孟子。

其次驺衍，后孟子。驺衍睹有国者益淫侈，不能尚德，若《大雅》整之于身，施及黎庶矣。乃深观阴阳消息而作怪迂之变，《终始》、《大圣》之篇十余万言。其语闳大不经，必先验小物，推而大之，至于无垠。先序今以上至黄帝，学者所共术，大并世盛衰，[①]因载其机祥度制，推而远之，至天地未生，窈冥不可考而原也。先列中国名山大川，通谷禽兽，水土所殖，物类所珍，因而推之，及海外人之所不能睹。称引天地剖判以来，五德转移，治各有宜，而符应若兹。以为儒者所谓中国者，於天下乃八十一分居其一分耳。[②]中国名曰赤县神州。赤县神州内自有九州，禹之序九州是也，不得为州数。中国外如赤县神州者九，乃所谓九州也。于是有裨海环之，[③]人民禽兽莫能相通者，如一区中者，乃为一州。如此者九，乃有大瀛海环其外，天地之际焉。其术皆此类也。然要其归，必止乎仁义节俭，君臣上下六亲之施始也滥耳。[④]王公大人初见其术，惧然顾化，[⑤]其后不能行之。

①【集解】并，蒲浪反。【索隐】言其大体随代盛衰，观时而说事。

②【索隐】桓宽、王充并以衍之所言迂怪虚妄，荧惑六国之君，因纳其异说，所谓“匹夫而荧惑诸侯”者也。

③【索隐】裨音脾。裨海，小海也。九州之外，更有大瀛海，故知此裨是小海也。且将有裨将，裨是小义也。

④【索隐】滥即滥觞，是江源之初始，故此文意以滥为初也。谓衍之术言君

臣上下六亲之际，行事之所施所始，皆可为后代之宗本，故云滥耳。 ⑤【索隐】惧音劬。谓衍之术皆动人心，见者莫不惧然驻想，又内心留顾而已化之，欲从其术也。化者，是易常闻而贵异术也。

是以驺子重于齐。适梁，惠王郊迎，执宾主之礼。适赵，平原君侧行襒席。[①]如燕，昭王拥彗先驱，[②]请列弟子之座而受业，筑碣石宫，[③]身亲往师之。作《主运》。[④]其游诸侯见尊礼如此，岂与仲尼菜色陈、蔡，孟轲困于齐、梁同乎哉。[⑤]故武王以仁义伐纣而王，伯夷饿不食周粟。卫灵公问陈，而孔子不答。梁惠王谋欲攻赵，孟轲称大王去邠。[⑥]此岂有意阿世俗苟合而已哉。持方枘欲内圜凿，其能入乎？[⑦]或曰，伊尹负鼎而勉汤以王，百里奚饭牛车下而缪公用霸，作先合，然后引之大道。驺衍其言虽不轨，傥亦有牛鼎之意乎？[⑧]

①【索隐】按：《字林》曰“襒音匹结反”。韦昭曰“敷蔑反”。张揖《三苍训诂》云“襒，拂也。谓侧而行，以衣襒席为敬，不敢正坐当宾主之礼也”。 ②【索隐】彗，帚也。谓为之扫地，以衣袂拥帚而却行，恐尘埃之及长者，所以为敬也。 ③【正义】碣石宫在幽州蓟县西三十里宁台之东。 ④【索隐】刘向《别录》云邹子书有《主运篇》。 ⑤【索隐】仲尼、孟子法先王之道，行仁义之化，且菜色困穷；而邹衍执诡怪荧惑诸侯，其见礼重如此，可为长太息哉。 ⑥【索隐】《孟子》“太王去邠”是轲对滕文公语，今云梁惠王谋攻赵，与《孟子》不同。 ⑦【索隐】方枘是笱也，圜凿是孔也。谓工人斫木，以方笱而内之圜孔，不可入也。故《楚词》云“以方枘而内圜凿者，吾固知其鉏铻而不入”也。谓战国之时，仲尼、孟轲以仁义干世主，犹方枘圜凿然也。 ⑧【索隐】《吕氏春秋》云“函牛之鼎不可以烹鸡”，

是其有牛鼎也，言衍之术迂大，倘若大用之，是有牛鼎之意。而谯周亦云“观太史公此论，是其爱奇之甚矣”。

自驺衍与齐之稷下先生，[①]如淳于髡、慎到、环渊、[②]接子、[③]田骈、[④]驺奭之徒，[⑤]各著书言治乱之事，以干世主，岂可胜道哉。

①【索隐】稷下，齐之城门也。或云稷下，山名。谓齐之学士集于稷门之下。 ②【索隐】刘向《别录》“环”作姓也。 ③【索隐】古著书人之称号也。 ④【索隐】步坚、步经反二音。 ⑤【正义】《慎子》十卷，在法家，则战国时处士。《接子》二篇。《田子》二十五篇，齐人，游稷下，号“天口”。接、田二人，道家。《驺奭》十二篇，阴阳家。

淳于髡，齐人也。博闻强记，学无所主。其谏说，慕晏婴之为人也，然而承意观色为务。客有见髡于梁惠王，惠王屏左右，独坐而再见之，终无言也。惠王怪之，以让客曰：“子之称淳于先生，管、晏不及，及见寡人，寡人未有得也。岂寡人不足为言邪？何故哉？”客以谓髡。髡曰：“固也。吾前见王，王志在驱逐。后复见王，王志在音声，吾是以默然。”客具以报王，王大骇，曰：“嗟乎，淳于先生诚圣人也！前淳于先生之来，人有献善马者，寡人未及视，会先生至。后先生之来，人有献讴者，未及试，亦会先生来。寡人虽屏人，然私心在彼，有之。”[①]后淳于髡见，壹语连三日三夜无倦。惠王欲以卿相位待之，髡因谢去。于是送以安车驾驷，束帛加璧，黄金百镒。终身不仕。

①【索隐】谓私心实在彼马与讴也。有之，谓我实有此二事也。

慎到，赵人。田骈、接子，齐人。环渊，楚人。皆学黄、老道德之术，因发明序其指意。故慎到著十二论，[①]环渊著上下篇，而田骈、接子皆有所论焉。

①【集解】徐广曰："今《慎子》，刘向所定，有四十一篇。"

驺奭者，齐诸驺子，亦颇采驺衍之术以纪文。

于是齐王嘉之，自如淳于髡以下，皆命曰列大夫，为开第康庄之衢，[①]高门大屋，尊宠之。览天下诸侯宾客，言齐能致天下贤士也。

①【集解】《尔雅》曰："四达谓之衢，五达谓之康，六达谓之庄。"

荀卿，赵人。[①]年五十始来游学于齐。驺衍之术迂大而闳辩；奭也文具难施；淳于髡久与处，时有得善言。故齐人颂曰："谈天衍，雕龙奭，炙毂[②]过髡。"[③]田骈之属皆已死。齐襄王时，[④]而荀卿最为老师。齐尚修列大夫之缺，而荀卿三为祭酒焉。[⑤]齐人或谗荀卿，荀卿乃适楚，而春申君以为兰陵令。[⑥]春申君死而荀卿废，因家兰陵。李斯尝为弟子，已而相秦。荀卿嫉浊世之政，亡国乱君相属，不遂大道而营于巫祝，信禨祥，鄙儒小拘，如庄周等又猾稽乱俗，于是推儒、墨、道德之行事兴坏，序列著数万言而卒。因葬兰陵。

①【索隐】名况。卿者，时人相尊而号为卿也。仕齐为祭酒，仕楚为兰陵令。后亦谓之孙卿子者，避汉宣帝之讳也。 ②【集解】徐广曰："一作乱謌。" ③【集解】刘向《别录》曰："驺衍之所言五德终始，天地广大，尽言天事，故曰'谈天'。驺奭修衍之文，饰若雕镂龙文，故曰'雕龙'。"《别录》曰"过"字作"锞"。锞者，车之盛膏器也。炙之虽尽，犹有余流者。言淳于髡智不尽如炙锞也。左思《齐都赋》注曰"言其多智难尽，如炙膏过之有润泽也"。【索隐】刘氏云"毂，衍字也"。今按：文称"炙毂过"，则过是器名，音如字读，谓盛脂之器名过。"过"与"锅"字相近，盖即脂器也。毂即车毂，过为润毂之物，则"毂"非衍字明矣。 ④【索隐】襄王名法章，湣王子，莒人所立者。 ⑤【索隐】礼食必祭先，饮酒亦然，必以席中之尊者一人当祭耳，后因以为官名，故吴王濞为刘氏祭酒是也。而卿三为祭酒者，谓荀卿出入前后三度处列大夫康庄之位，而皆为其所尊，故云"三为祭酒"。 ⑥【正义】兰陵，县，属东海郡，今沂州承县有兰陵山。

而赵亦有公孙龙①为坚白同异之辩，②剧子之言。③魏有李悝，尽地力之教。④楚有尸子、长卢。⑤阿之吁子焉。⑥自如孟子至于吁子，世多有其书，故不论其传云。

①【索隐】即仲尼弟子名也。此云赵人，《弟子传》作卫人，郑玄云楚人，各不能知其真也。又下文云"并孔子同时，或曰在其后"，所以知非别人也。 ②【集解】《晋太康地记》云："汝南西平县有龙渊水可用淬刀剑，特坚利，故有坚白之论，云'黄，所以为坚也；白，所以为利也'。或辩之曰'白，所以为不坚；黄，所以为不利'。"【正义】《艺文志》：《公孙龙子》十四篇，颜师古云即为坚白之辩。按《平原君传》，驺衍同时。《括地志》云"西平县，豫州西北百四十里，有龙渊水"也。 ③【集解】徐广曰："按应劭《氏姓注》直云'处子'也。"【索隐】按：著书之人姓剧氏而称子也，前史不记其名，故赵有剧孟及剧辛也。 ④【正义】《艺文志》："《李子》三十二篇。

李悝相魏文侯，富国强兵。” ⑤【集解】刘向《别录》曰：“楚有尸子，疑谓其在蜀。今按《尸子书》，晋人也，名佼，秦相卫鞅客也。卫鞅商君谋事画计，立法理民，未尝不与佼规之也。商君被刑，佼恐并诛，乃亡逃入蜀。自为造此二十篇书，凡六万余言。卒，因葬蜀。”【索隐】尸子名佼，音绞。长庐，未详。【正义】《长庐》九篇，楚人。 ⑥【集解】徐广曰：“阿者，今之东阿。”【索隐】吁音芈。《别录》作“芈子”，今“吁”亦如字。【正义】按：东齐州也。《艺文志》云“《吁子》十八篇，名婴，齐人，七十子之后”。颜师古云音弭。按：是齐人，阿又属齐，恐颜公误也。

盖墨翟，宋之大夫，善守御，为节用。[①]或曰并孔子时，或曰在其后。[②]

①【集解】《墨子》曰：“公输般为云梯之械成，将以攻宋。墨子闻之，至于郢，见公输般。墨子解带为城，以牒为械。公输般九设攻城之机变，墨子九距之。公输般之攻械尽，墨子之守固有余。公输般诎，而言曰：‘吾知所以距子矣，吾不言。’墨子亦曰：‘吾知子之所以距我者，吾不言。’楚王问其故。墨子曰：‘公输子之意不过欲杀臣，杀臣，宋莫能守，可攻也。然臣之弟子禽滑厘等三百人已持臣守国之器在宋城上而待楚寇矣，虽杀臣，不能绝也。’楚王曰：‘善哉，吾请无攻宋城矣！’”【索隐】注“为云梯之械”者，按梯者，构木瞰高也；云者，言其升高入云，故曰云梯。械者，器也。谓攻城之楼橹也。注“墨子解带为城”者，谓墨子为术，解身上革带以为城也。注“以牒为械”者，按牒者，小木札也；械者，楼橹等也。注“公输般之攻械尽”者，刘氏云“械谓飞梯、撞车、飞石车弩之具”。诎音丘勿反。谓般技已尽，墨守有余。禽滑厘者，墨子弟子之姓字也。厘音里。 ②【索隐】按：《别录》云“今按《墨子书》有文子，文子即子夏之弟子，问于墨子”。如此，则墨子者在七十子之后也。

索隐述赞曰：六国之末，战胜相雄。轲游齐、魏，其说不通。退而著述，称吾道穷。兰陵事楚，驺衍谈空。康庄虽列，莫见收功。

卷七十五

孟尝君列传第十五

孟尝君名文，姓田氏。文之父曰靖郭君田婴。田婴者，齐威王少子而齐宣王庶弟也。[①]田婴自威王时任职用事，与成侯邹忌及田忌将而救韩伐魏。成侯与田忌争宠，成侯卖田忌。田忌惧，袭齐之边邑，不胜，亡走。会威王卒，宣王立，知成侯卖田忌，乃复召田忌以为将。宣王二年，田忌与孙膑、田婴俱伐魏，败之马陵，虏魏太子申而杀魏将庞涓。[②]宣王七年，田婴使于韩、魏，韩、魏服于齐。婴与韩昭侯、魏惠王会齐宣王东阿南，[③]盟而去。[④]明年，复与梁惠王会甄。[⑤]是岁，梁惠王卒。宣王九年，田婴相齐。齐宣王与魏襄王会徐州而相王也。[⑥]楚威王闻之，怒田婴。明年，楚伐败齐师于徐州，而使人逐田婴。田婴使张丑说楚威王，威王乃止。田婴相齐十一年，宣王卒，湣王即位。即位三年，而封田婴于薛。[⑦]

①【索隐】《战国策》及诸书并无此言，盖诸田之别子也，故《战国策》每称“婴子”、“肦子”，高诱注云“田肦”、“田婴”，也。王劭又按：《战国策》云“齐貌辩谓宣王曰：‘王方为太子时，辩谓靖郭君，不若废太子，更立郊师。靖郭君不忍。’宣王太息曰：‘寡人少，殊不知。’”以此言之，婴非宣王弟明也。　②【索隐】《纪年》当梁惠王二十八年，至三十(一)〔六〕年改为后元

也。　③【正义】东阿，济州县也。　④【索隐】《纪年》当惠王之后元十一年。作“平阿”。又云“十三年会齐威王于鄄”，与此明年齐宣王与梁惠王会鄄文同。但齐之威、宣二王，文舛互并不同也。　⑤【集解】音绢。⑥【正义】《纪年》云梁惠王三十年，下邳迁于薛，改名徐州。　⑦【索隐】《纪年》以为梁惠王后元十三年四月，齐威王封田婴于薛。十月，齐城薛。十四年，薛子婴来朝。十五年，齐威王薨，婴初封彭城。皆与此文异也。【正义】薛故城在今徐州滕县南四十四里也。

初，田婴有子四十余人，其贱妾有子名文，文以五月五日生。婴告其母曰：“勿举也。”其母窃举生之。[①]及长，其母因兄弟而见其子文于田婴。田婴怒其母曰：“吾令若去此子，而敢生之，何也？”文顿首，因曰：“君所以不举五月子者，何故？”婴曰：“五月子者，长与户齐，将不利其父母。”[②]文曰：“人生受命于天乎？将受命于户邪？”婴默然。文曰：“必受命于天，君何忧焉。必受命于户，则可高其户耳，谁能至者！”婴曰：“子休矣。”

①【索隐】上“举”谓初诞而举之，下“举”谓浴而乳之。生谓长养之也。②【索隐】《风俗通》云“俗说五月五日生子，男害父，女害母”也。

久之，文承间问其父婴曰：“子之子为何？”曰：“为孙。”“孙之孙为何？”曰：“为玄孙。”“玄孙之孙为何？”曰：“不能知也。”[①]文曰：“君用事相齐，至今三王矣，齐不加广而君私家富累万金，门下不见一贤者。文闻将门必有将，相门必有相。今君后宫蹈绮縠而士不得(短)〔裋〕褐，[②]仆妾余粱肉而士不厌糟糠。今君又尚厚积余岁，欲以遗所不知何人，[③]而忘公家之事日损，文窃怪之。”于是婴乃礼文，使主家待宾客。宾客日进，名声闻于诸侯。诸侯皆使人请薛公田婴以文为太子，婴许之。婴卒，谥为靖郭君。[④]而文果代立于薛，是为孟尝君。

①【索隐】《尔雅》云“玄孙之子为来孙，来孙之子为昆孙，昆孙之子为仍孙，仍孙之子为云孙”。又有耳孙，亦是玄孙之子，不同也。 ②【索隐】(短)〔裋〕亦音竖。竖褐，谓褐衣而竖裁之，以其省而便事也。 ③【索隐】遗音唯季反。犹言不知欲遗与何人也。 ④【集解】《皇览》曰：“靖郭君冢在鲁国薛城中东南陬。”【索隐】谓死后别号之曰“靖郭”耳，则“靖郭”或封邑号，故汉齐王舅父驷钧封靖郭侯是也。陬音邹，亦音缎。陬者，城隅也。

孟尝君在薛，招致诸侯宾客及亡人有罪者，皆归孟尝君。孟尝君舍业厚遇之，[①]以故倾天下之士。食客数千人，无贵贱一与文等。孟尝君待客坐语，而屏风后常有侍史，主记君所与客语，问亲戚居处。客去，孟尝君已使使存问，献遗其亲戚。孟尝君曾待客夜食，有一人蔽火光。客怒，以饭不等，辍食辞去。孟尝君起，自持其饭比之。客惭，自刭。士以此多归孟尝君。孟尝君客无所择，皆善遇之。人人各自以为孟尝君亲己。

①【索隐】舍业者，舍弃其家产而厚事宾客也。刘氏云“舍音赦。谓为之筑舍立居业也”。

秦昭王闻其贤，乃先使泾阳君为质于齐，以求见孟尝君。孟尝君将入秦，宾客莫欲其行，谏，不听。苏代谓曰："今旦代从外来，见木禺人与土禺人相与语。[①]木偶人曰：'天雨，子将败矣。'土偶人曰：'我生于土，败则归土。今天雨，流子而行，未知所止息也。'今秦，虎狼之国也，而君欲往，如有不得还，君得无为土偶人所笑乎？"孟尝君乃止。

①【索隐】音偶。谓以土木为之偶，类于人也。苏代以土偶比泾阳君，木偶比孟尝君。

齐湣王二十五年，复卒使孟尝君入秦，昭王即以孟尝君为秦相。人或说秦昭王曰："孟尝君贤，而又齐族也，今相秦，必先齐而后秦，秦其危矣。"于是秦昭王乃止。囚孟尝君，谋欲杀之。孟尝君使人抵昭王幸姬求解。[①]幸姬曰："妾愿得君狐白裘。"[②]此时孟尝君有一狐白裘，直千金，天下无双，入秦献之昭王，更无他裘。孟尝君患之，遍问客，莫能对。最下坐有能为狗盗者，曰："臣能得狐白裘。"乃夜为狗，以入秦宫臧中，[③]取所献狐白裘至，以献秦王幸姬。幸姬为言昭王，昭王释孟尝君。孟尝君得出，即驰去，更封传，变名姓以出关。[④]夜半至函谷关。[⑤]秦昭王后悔出孟尝君，求之已去，即使人驰传逐之。孟尝君至关，关法鸡鸣而出客，孟尝君恐追至，客之居下坐者有能为鸡鸣，而鸡齐鸣，遂发传出。出如食顷，秦追果至关，已后。孟尝君出，乃还。始孟尝君列此二人于宾客，宾客尽羞之，及孟尝君有秦难，卒此二人拔之。自是之后，客皆服。

①【索隐】抵音丁礼反。按：抵谓触冒而求之也。 ②【集解】韦昭曰“以狐之白毛为裘。谓集狐腋之毛，言美而难得者”。 ③【正义】臧，在浪反。 ④【索隐】更，改也。改前封传而易姓名，不言是孟尝。封传，今之驿券也。 ⑤【正义】关在陕州桃林县西南十三里。

孟尝君过赵，赵平原君客之。赵人闻孟尝君贤，出观之，皆笑曰："始以薛公为魁然也，今视之，乃眇小丈夫耳。"孟尝君闻之，怒。客与俱者下，斫击杀数百人，遂灭一县以去。

齐湣王不自得，[①]以其遣孟尝君。孟尝君至，则以为齐相，任政。

①【索隐】得，一作德。是愍王遣孟尝君，自言己无德故也。

孟尝君怨秦，将以齐为韩、魏攻楚，因与韩、魏攻秦，[①]而借兵食于西周。苏代为西周谓曰：[②]"君以齐为韩、魏攻楚九年，取宛、叶以北以强韩、魏，[③]今复攻秦以益之。韩、魏南无楚忧，西无秦患，则齐危矣。韩、魏必轻齐畏秦，臣为君危之。君不如令敝邑深合于秦，而君无攻，又无借兵食。君临函谷而无攻，令敝邑以君之情谓秦昭王曰'薛公必不破秦以强韩、魏。其攻秦也，欲王之令楚王割东国以与齐，[④]而秦出楚怀王以为和'。君令敝邑以此惠秦，秦得无破而以东国自免也，秦必欲之。楚王得出，必德齐。齐得东国益强，而薛世世无患矣。秦不大弱，而处三晋之西，三晋必重齐。"薛公曰："善。"因令韩、魏贺秦，使三国无攻，而不借兵食于西周矣。是时，楚怀王入秦，秦留之，故欲必出之。秦不果出楚怀王。

①【集解】徐广曰："年表曰韩、魏、齐共击秦军于函谷。" ②【索隐】《战国策》作"韩庆为西周谓薛公"。 ③【正义】宛在邓州，叶在许州。二县以北旧属楚，二国共没以入韩、魏。 ④【正义】东国，齐、徐夷。

孟尝君相齐，其舍人魏子[①]为孟尝君收邑入，[②]三反而不致一入。孟尝君问之，对曰："有贤者，窃假与之，以故不致入。"孟尝君怒而退魏子。居数年，人或毁孟尝君于齐湣王曰："孟尝君将为乱。"及田甲劫湣王，湣王意疑孟尝君，孟尝君乃奔。[③]魏子所与粟贤者闻之，乃上书言孟尝君不作乱，请以身为盟，遂自刭宫门以明孟尝君。湣王乃惊，而踪迹验问，孟尝君果无反谋，乃复召孟尝君。孟尝君因谢病，归老于薛。湣王许之。

①【索隐】舍人官微，记姓而略其名，故云魏子。 ②【索隐】收谓收其国之租税。 ③【集解】徐广曰："湣王三十四年，田甲劫王，薛文走。"

其后，秦亡将吕礼相齐，欲困苏代。代乃谓孟尝君曰："周最于齐，至厚也，[①]而齐王逐之，而听亲弗[②]相吕礼者，欲取秦也。齐、秦合，则亲弗与吕礼重矣。有用，齐、秦必轻君。君不如急北兵，趋赵以和秦、魏，收周最以厚行，且反齐王之信，[③]又禁天下之变。[④]齐无秦，则天下集齐，亲弗必走，则齐王孰与为其国也!"于是孟尝君从其计,而吕礼嫉害于孟尝君。

①【正义】周最,周之公子。 ②【集解】亲弗,人姓名。【索隐】《战国策》作"祝弗",盖"祝"为得之。 ③【索隐】周最本厚于齐,今欲逐之而相秦之亡将。苏代谓孟尝君,令齐收周最以自厚其行,又且得反齐王之有信,以不逐周最也。 ④【索隐】变谓齐、秦合则亲弗、吕礼用,用则秦、齐轻孟尝也。

孟尝君惧,乃遗秦相穰侯魏冉书曰:"吾闻秦欲以吕礼收齐,齐,天下之强国也,子必轻矣。齐、秦相取以临三晋,吕礼必并相矣,是子通齐以重吕礼也。若齐免于天下之兵,其仇子必深矣。子不如劝秦王伐齐。齐破,吾请以所得封子。齐破,秦畏晋之强,秦必重子以取晋。晋国弊于齐而畏秦,晋必重子以取秦。是子破齐以为功,挟晋以为重。是子破齐定封,秦、晋交重子。若齐不破,吕礼复用,子必大穷。"于是穰侯言于秦昭王伐齐,而吕礼亡。后齐湣王灭宋,益骄,欲去孟尝君。孟尝君恐,乃如魏。魏昭王以为相,西合于秦、赵,与燕共伐破齐。齐湣王亡在莒,遂死焉。齐襄王立,而孟尝君中立于诸侯,无所属。齐襄王新立,畏孟尝君,与连和,复亲薛公。文卒,谥为孟尝君。[①]诸子争立,而齐、魏共灭薛。孟尝绝嗣无后也。

①【集解】《皇览》曰:"孟尝君冢在鲁国薛城中向门东。向门,出北边门也。"《诗》云"居常与许",郑玄曰:"'常'或作'尝',在薛之南。"孟尝邑于薛

城。【索隐】孟尝袭父封薛，而号曰孟尝君，此云谥，非也。孟，字也。尝，邑名。尝邑在薛之旁。【正义】《括地志》云："孟尝君墓在徐州滕县五十二里。卒在齐襄王之时也。"

初，冯驩[1]闻孟尝君好客，蹑蹻而见之。[2]孟尝君曰："先生远辱，何以教文也？"冯驩曰："闻君好士，以贫身归于君。"孟尝君置传舍十日，[3]孟尝君问传舍长曰："客何所为？"答曰："冯先生甚贫，犹有一剑耳，又蒯缑。[4]弹其剑而歌曰'长铗归来乎，食无鱼'。"孟尝君迁之幸舍，食有鱼矣。五日，又问传舍长。答曰："客复弹剑而歌曰'长铗归来乎，出无舆'。"孟尝君迁之代舍，出入乘舆车矣。五日，孟尝君复问传舍长。舍长答曰："先生又尝弹剑而歌曰'长铗归来乎，无以为家'。"孟尝君不悦。

①【集解】音欢。复作"暖"，音许袁反。　②【索隐】蹻音脚。字亦作"繑"，又作"屩"，亦作"䠀"。　③【索隐】传音逐缘反。按：传舍、幸舍及代舍，并当上、中、下三等之客所舍之名耳。　④【集解】蒯音苦怪反。茅之类，可为绳。言其剑把无物可装，以小绳缠之也。缑音侯，亦作"候"，谓把剑之处。【索隐】蒯，草名，音"蒯聩"之"蒯"。缑谓把剑之物。言其剑无物可装，但以蒯绳缠之，故云"蒯缑"也。

居期年，冯驩无所言。孟尝君时相齐，封万户于薛。其食客三千人，邑入不足以奉客，[1]使人出钱于薛。岁余不入，贷钱者多不能与其息，[2]客奉将不给。孟尝君忧之，问左右："何人可使收债于薛者？"传舍长曰："代舍客冯公形容状貌甚辩，长者，无他伎[3]能，宜可令收债。"孟尝君乃进冯驩而请之曰："宾客不知文不肖，幸临文者三千余人，邑入不足以奉宾客，故出息钱于薛。薛岁不入，民颇不与其息。今客食恐不给，愿先生责之。"冯驩曰："诺。"辞行，至薛，召取孟尝君钱者皆会，得息钱十万。乃多酿酒，买肥牛，召诸取钱者，能与息者皆来，不能与息者亦来，皆持取钱之券书合之。齐为会，日杀牛置酒。酒酣，乃持券如前合之，能与息者，与为期；贫不能与息者，取其券而烧之。曰："孟尝君所以贷钱者，为民之无者以为本业也；所以求息者，为无以奉客也。今富给者以要期，贫穷者燔券书以捐之。诸君强饮食。有君如此，岂可负哉！"坐者皆起，再拜。

①【正义】奉，符用反。 ②【索隐】与，犹还也。息，犹利也。
③【集解】亦作"技"。

孟尝君闻冯驩烧券书，怒而使使召驩。驩至，孟尝君曰："文食客三千人，故贷钱于薛。文奉邑少，[1]而民尚多不以时与其息，客食恐不足，故请先生收责之。闻先生得钱，即以多具牛酒而烧券书，何？"冯驩曰："然。不多具牛酒即不能毕会，无以知其有余不足。有余者，为要期。不足者，虽守而责之十年，息愈多，急，即以逃亡自捐之。若急，终无以偿，上则为君好利不爱士民，下则有离上抵负之名，非所以厉士民彰君声也。焚无用虚债之券，捐不可得之虚计，令薛民亲君而彰君之善声也，君有何疑焉！"孟尝君乃拊手而谢之。

①【索隐】言文之奉邑少，故令出息于薛。

齐王惑于秦、楚之毁，以为孟尝君名高其主而擅齐国之权，遂废孟尝君。诸客见孟尝君废，皆去。冯驩曰："借臣车一乘，可以入秦者，必令君重于国而奉邑益广，可乎？"孟尝君乃约车币而遣之。冯驩乃西说秦王曰："天下之游士冯轼结靷西入秦者，无不欲强秦而弱齐；冯轼结靷东入齐者，无不欲强齐而弱秦。此雄雌之国也，势不两立为雄，雄者得天下矣。"秦王跽而问之曰："何以使秦无为雌而可？"冯驩曰："王亦知齐之废孟尝君乎？"秦王曰："闻之。"冯驩曰："使齐重于天下者，孟尝君也。今齐王以毁废之，其心怨，必背齐；背齐入秦，则齐国之情，人事之诚，尽委之秦，齐地可得也，岂直为雄也！君急使使载币阴迎孟尝君，不可失时也。如有齐觉悟，复用孟尝君，则雌雄之所在未可知也。"秦王大悦，乃遣车十乘黄金百镒以迎孟尝君。冯驩辞以先行，至齐，说齐王曰："天下之游士冯轼结靷东入齐者，无不欲强齐而弱秦者；冯轼结靷西入秦者，无不欲强秦而弱齐者。夫秦、齐雄雌之国，秦强则齐弱矣，此势不两雄。今臣窃闻秦遣使车十乘载黄金百镒以迎孟尝君。孟尝君不西则已，西入相秦则天下归之，秦为雄而齐为雌，雌则临淄、即墨危矣。王何不先秦使之未到，复孟尝君，而益与之邑以谢之？孟尝君必喜而受之。秦虽强国，岂可以请人相而迎之哉！折秦之谋，而绝其霸强之略。"齐王曰："善。"乃使人至境候秦使。秦使车适入齐境，使还驰告之，王召孟尝君而复其相位，而与其故邑之地，又益以千户。秦之使者闻孟尝君复相齐，还车而去矣。

自齐王毁废孟尝君，诸客皆去。后召而复之，冯驩迎之。未到，孟尝君太息叹曰：“文常好客，遇客无所敢失，食客三千有余人，先生所知也。客见文一日废，皆背文而去，莫顾文者。今赖先生得复其位，客亦有何面目复见文乎？如复见文者，必唾其面而大辱之。”冯驩结辔下拜。孟尝君下车接之，曰：“先生为客谢乎？”冯驩曰：“非为客谢也，为君之言失。夫物有必至，事有固然，君知之乎？”孟尝君曰：“愚不知所谓也。”曰：“生者必有死，物之必至也；富贵多士，贫贱寡友，事之固然也。君独不见夫(朝)趣市〔朝〕者乎？[①] 明旦，侧肩争门而入；日暮之后，过市朝者掉臂而不顾。[②] 非好朝而恶暮，所期物忘其中。[③] 今君失位，宾客皆去，不足以怨士而徒绝宾客之路。愿君遇客如故。”孟尝君再拜曰：“敬从命矣。闻先生之言，敢不奉教焉。”

①【索隐】趣音娶。趣，向也。又音趍。 ②【索隐】过音光卧反。朝音潮。谓市之行位有如朝列，因言市朝云耳。 ③【索隐】期物谓入市心中所期之物利，故平明侧肩争门而入，至日暮，所期忘其中。忘者，无也。其中，市朝之中。言日暮物尽，故掉臂不顾也。

太史公曰：吾尝过薛，其俗闾里率多暴桀子弟，与邹、鲁殊。问其故，曰：“孟尝君招致天下任侠，奸人入薛中盖六万余家矣。”世之传孟尝君好客自喜，名不虚矣。

索隐述赞曰：靖郭之子，威王之孙。既强其国，实高其门。好客喜士，见重平原。鸡鸣狗盗，魏子、冯煖。如何承睫，薛县徒存。

卷七十六

平原君虞卿列传第十六

平原君赵胜者,[1]赵之诸公子也。[2]诸子中胜最贤,喜宾客,宾客盖至者数千人。平原君相赵惠文王及孝成王,三去相,三复位,封于东武城。[3]

①【正义】胜,式证反。　②【集解】徐广曰:"《魏公子传》曰赵惠文王弟。"　③【集解】徐广曰:"属清河。"【正义】今贝州武城县也。

平原君家楼临民家。民家有躄者,槃散[1]行汲。平原君美人居楼上,临见,大笑之。明日,躄者至平原君门,请曰:"臣闻君之喜士,士不远千里而至者,以君能贵士而贱妾也。臣不幸有罢癃之病,[2]而君之后宫临而笑臣,臣愿得笑臣者头。"平原君笑应曰:"诺。"躄者去,平原君笑曰:"观此竖子,乃欲以一笑之故杀吾美人,不亦甚乎。"终不杀。居岁余,宾客门下舍人稍稍引去者过半。平原君怪之,曰:"胜所以待诸君者未尝敢失礼,而去者何多也?"门下一人前对曰:"以君之不杀笑躄者,以君为爱色而贱士,士即去耳。"于是平原君乃斩笑躄者美人头,自造门进躄者,因谢焉。其后门下乃复稍稍来。是时齐有孟尝,魏有信陵,楚有春申,故争相倾以待士。[③]

①【集解】亦作"蹣"。【索隐】躄音壁。散音先寒反,亦作"蹣",音同。【正义】躄,跛也。 ②【集解】徐广曰:"癃音隆。癃,病也。"【索隐】罢音皮。癃音吕宫反。罢癃谓背疾,言腰曲而背隆高也。 ③【集解】徐广曰:"待,一作得。"

秦之围邯郸,[①]赵使平原君求救,合从于楚,约与食客门下有勇力文武备具者二十人偕。平原君曰:"使文能取胜,则善矣。文不能取胜,则歃血于华屋之下,必得定从而还。士不外索,取于食客门下足矣。"得十九人,余无可取者,无以满二十人。门下有毛遂者,前,自赞于平原君曰:"遂闻君将合从于楚,约与食客门下二十人偕,不外索。今少一人,愿君即以遂备员而行矣。"平原君曰:"先生处胜之门下几年于此矣?"毛遂曰:"三年于此矣。"平原君曰:"夫贤士之处世也,譬若锥之处囊中,其末立见。今先生处胜之门下三年于此矣,左右未有所称诵,胜未有所闻,是先生无所有也。先生不能,先生留。"毛遂曰:"臣乃今日请处囊中耳。使遂早得处囊中,乃颖脱而出,[②]非特其末见而已。"平原君竟与毛遂偕。十九人相与目笑之而未发也。[③]

①【正义】赵惠文王九年,秦昭王十五年。 ②【索隐】郑玄曰"颖,环也"。脱音吐活反。 ③【索隐】发,一作废。郑玄曰"皆目视而轻笑之,未能即废弃之也"。

毛遂比至楚，与十九人论议，十九人皆服。平原君与楚合从，言其利害，日出而言之，日中不决。十九人谓毛遂曰："先生上。"毛遂按剑历阶而上，谓平原君曰："从之利害，两言而决耳。今日出而言从，日中不决，何也？"楚王谓平原君曰："客何为者也？"平原君曰："是胜之舍人也。"楚王叱曰："胡不下！吾乃与而君言，汝何为者也！"毛遂按剑而前曰："王之所以叱遂者，以楚国之众也。今十步之内，王不得恃楚国之众也，王之命悬于遂手。吾君在前，叱者何也？且遂闻汤以七十里之地王天下，文王以百里之壤而臣诸侯，岂其士卒众多哉，诚能据其势而奋其威。今楚地方五千里，持戟百万，此霸王之资也。以楚之强，天下弗能当。白起，小竖子耳，率数万之众，兴师以与楚战，一战而举鄢郢，再战而烧夷陵，三战而辱王之先人。此百世之怨而赵之所羞，而王弗知恶焉。[①]合从者为楚，非为赵也。吾君在前，叱者何也？"楚王曰："唯唯，诚若先生之言，谨奉社稷而以从。"毛遂曰："从定乎？"楚王曰："定矣。"毛遂谓楚王之左右曰："取鸡狗马之血来。"[②]毛遂奉铜槃[③]而跪进之楚王曰："王当歃血而定从，次者吾君，次者遂。"遂定从于殿上。毛遂左手持槃血而右手招十九人曰："公相与歃此血于堂下。[④]公等录录，[⑤]所谓因人成事者也。"

①【正义】恶，乌故反。　②【索隐】盟之所用牲贵贱不同，天子用牛及马，诸侯用犬及豭，大夫已下用鸡。今此总言盟之用血，故云"取鸡狗马之血来"耳。　③【索隐】奉音捧。若《周礼》则用珠盘也。　④【索隐】唼音所甲反。（按：唼同歃）　⑤【集解】音禄。【索隐】音六。王劭云

“录，借字耳”。又《说文》云“录录，随从之貌”。

平原君已定从而归，归至于赵，曰：“胜不敢复相士。胜相士多者千人，寡者百数，自以为不失天下之士，今乃于毛先生而失之也。毛先生一至楚，而使赵重于九鼎大吕。[①]毛先生以三寸之舌，强于百万之师。胜不敢复相士。”遂以为上客。

①【索隐】九鼎大吕，国之宝器。言毛遂至楚，使赵重于九鼎大吕，谓为天子所重也。【正义】大吕，周庙大钟。

平原君既返赵，楚使春申君将兵赴救赵，魏信陵君亦矫夺晋鄙军往救赵，皆未至。秦急围邯郸，邯郸急，且降，平原君甚患之。邯郸传舍吏子李同[①]说平原君曰：“君不忧赵亡邪？”平原君曰：“赵亡则胜为虏，何为不忧乎？”李同曰：“邯郸之民，炊骨易子而食，可谓急矣，而君之后宫以百数，婢妾被绮縠，余粱肉，而民褐衣不完，糟糠不厌。民困兵尽，或剡木为矛矢，而君器物钟磬自若。使秦破赵，君安得有此？使赵得全，君何患无有？今君诚能令夫人以下编于士卒之间，分功而作，家之所有尽散以飨士，士方其危苦之时，易德耳。”[②]于是平原君从之，得敢死之士三千人。李同遂与三千人赴秦军，秦军为之却三十里。亦会楚、魏救至，秦兵遂罢，邯郸复存。李同战死，封其父为李侯。[③]

①【正义】名谈，太史公讳改也。　②【正义】言士方危苦之时，易

有恩德。　③【集解】徐广曰："河内成皋有李城。"【正义】怀州温县，本李城也，李同父所封。隋炀帝从故温城移县于此。

虞卿欲以信陵君之存邯郸为平原君请封。公孙龙闻之，夜驾见平原君曰："龙闻虞卿欲以信陵君之存邯郸为君请封，有之乎？"平原君曰："然。"龙曰："此甚不可。且王举君而相赵者，非以君之智能为赵国无有也。割东武城而封君者，非以君为有功也，而以国人无勋，乃以君为亲戚故也。君受相印不辞无能，割地不言无功者，亦自以为亲戚故也。今信陵君存邯郸而请封，是亲戚受城而国人计功也。[①]此甚不可。且虞卿操其两权，事成，操右券以责。[②]事不成，以虚名德君。君必勿听也。"平原君遂不听虞卿。

①【集解】徐广曰："一本'是亲戚受城而以国许人'。"　②【索隐】言虞卿论平原君取封事成，则操其右券以责其报德也。

平原君以赵孝成王十五年卒。[①]子孙代，后竟与赵俱亡。

①【索隐】《六国年表》及世家并云十四年卒，与此不同。

平原君厚待公孙龙。公孙龙善为坚白之辩，及邹衍过[①]赵言至道，乃绌公孙龙。[②]

①【索隐】过音戈。　②【集解】刘向《别录》曰："齐使邹衍过赵，平原君见公孙龙及其徒綦毋子之属，论'白马非马'之辩，以问邹子。邹子曰：

‘不可。彼天下之辩有五胜三至，而辞正为下。辩者，别殊类使不相害，序异端使不相乱，杼意通指，明其所谓，使人与知焉，不务相迷也。故胜者不失其所守，不胜者得其所求。若是，故辩可为也。及至烦文以相假，饰辞以相惇，巧譬以相移，引人声使不得及其意。如此，害大道。夫缴纷争言而竞后息，不能无害君子。’坐皆称善。”【索隐】杼音墅。杼者，舒也。缴音纠。谓缴绕纷乱，争言而竞后息，不能无害也。

虞卿者，游说之士也。蹑蹻檐簦[①]说赵孝成王。一见，赐黄金百镒，白璧一双。再见，为赵上卿，故号为虞卿。[②]

①【集解】徐广曰：“蹻，草履也。簦，长柄笠，音登。笠有柄者谓之簦。”【索隐】蹻音脚。　②【集解】谯周曰：“食邑于虞。”【索隐】赵之虞在河东大阳县，今之虞乡县是也。

秦、赵战于长平，赵不胜，亡一都尉。赵王召楼昌与虞卿曰：“军战不胜，尉复死，[①]寡人使束甲而趋之，何如？”楼昌曰：“无益也，不如发重使为媾。”[②]虞卿曰：“昌言媾者，以为不媾军必破也。而制媾者在秦。且王之论秦也，欲破赵之军乎，不邪？”王曰：“秦不遗余力矣，必且欲破赵军。”虞卿曰：“王听臣，发使出重宝以附楚、魏，楚、魏欲得王之重宝，必内吾使。赵使入楚、魏，秦必疑天下之合从，且必恐。如此，则媾乃可为也。”赵王不听，与平阳君为媾，发郑朱入秦。秦内之。赵王召虞卿曰：“寡人使平阳君为媾于秦，秦已内郑朱矣，卿以为奚如？”虞卿对曰：“王不得媾，军必破矣。天下贺战胜者皆在秦矣。郑朱，贵人也，入秦，秦王与应侯必显重以示天下。楚、魏以赵为媾，必不救王。秦知天下不救王，则媾不可得成也。”应侯果显郑朱以示天下贺战胜者，终不肯媾。长平大败，遂围邯郸，为天下笑。

①【集解】徐广曰：“复，一作系。” ②【集解】古后反。求和曰媾。【索隐】古候反。按：媾亦讲，讲亦和也。

秦既解邯郸围，而赵王入朝，使赵郝[①]约事于秦，割六县而媾。虞卿谓赵王曰：“秦之攻王也，倦而归乎？王以其力尚能进，爱王而弗攻乎？”王曰：“秦之攻我也，不遗余力矣，必以倦而归也。”虞卿曰：“秦以其力攻其所不能取，倦而归，王又以其力之所不能取以送之，是助秦自攻也。来年秦复攻王，王无救矣。”王以虞卿之言告赵郝。赵郝曰：“虞卿诚能尽秦力之所至乎？诚知秦力之所不能进，此弹丸之地弗予，令秦来年复攻王，王得无割其内而媾乎？”王曰：“请听子割矣，子能必使来年秦之不复攻我乎？”赵郝对曰：“此非臣之所敢任也。他日三晋之交于秦，相善也。今秦善韩、魏而攻王，王之所以事秦必不如韩、魏也。今臣为足下解负亲之攻，[②]开关通币，齐交韩、魏，至来年而王独取攻于秦，此王之所以事秦必在韩、魏之后也。此非臣之所敢任也。”

①【集解】音释。徐广曰：“一作赦。” ②【索隐】言为足下解其负檐，而亲自攻之也。

王以告虞卿。虞卿对曰：“郝言‘不媾，来年秦复攻王，王得无割其内而媾乎’。今媾，郝又以不能必秦之不复攻也。今虽割六城，何益。来年复攻，又割其力之所不能取而媾，此自尽之术也，不如无媾。秦虽善攻，不能取六县。赵虽不能守，终不失六城。秦倦而归，兵必罢。我以六城收天下以攻罢秦，是我失之于天下而取偿于秦也。吾国尚利，孰与坐而割地，自弱以强秦哉？今郝曰‘秦善韩、魏而攻赵者，必(以为韩魏不救赵也而王之军必孤有以)王之事秦不如韩、魏也’，是使王岁以六城事秦也，即坐而城尽。来年秦复求割地，王将与之乎？弗与，是弃前功而挑秦祸也；与之，则无地而给之。语曰‘强者善攻，弱者不能守’。今坐而听秦，秦兵不弊而多得地，是强秦而弱赵也。以益强之秦而割愈弱之赵，其计故不止矣。且王之地有尽而秦之求无已，以有尽之地而给无已之求，其势必无赵矣。”

赵王计未定，楼缓从秦来，赵王与楼缓计之，曰：“予秦地(何)如毋予，孰吉？”缓辞让曰：“此非臣之所能知也。”王曰：“虽然，试言公之私。”①楼缓对曰：“王亦闻夫公甫文伯母乎？②公甫文伯仕于鲁，病死，女子为自杀于房中者二人。其母闻之，弗哭也。其相室曰：③‘焉有子死而弗哭者乎？’其母曰：‘孔子，贤人也，逐于鲁，而是人不随也。今死而妇人为之自杀者二人，若是者必其于长者薄而于妇人厚也。’故从母言之，是为贤母；从妻言之，是必不免为妒妻。故其言一也，言者异则人心变矣。今臣新从秦来而言勿予，则非计也。言予之，恐王以臣为为秦也，故不敢对。使臣得为大王计，不如予之。”王曰：“诺。”

①【索隐】按：私谓私心也。　②【正义】季康子从祖母。文伯名歜，康子从父昆弟。　③【正义】谓傅姆之类也。

虞卿闻之，入见王曰："此饰说也，王眘[①]勿予！"楼缓闻之，往见王。王又以虞卿之言告楼缓。楼缓对曰："不然。虞卿得其一，不得其二。夫秦、赵构难而天下皆悦，何也？曰'吾且因强而乘弱矣'。今赵兵困于秦，天下之贺战胜者则必尽在于秦矣。故不如亟割地为和，以疑天下而慰秦之心。不然，天下将因秦之(强)怒，乘赵之弊，瓜分之。赵且亡，何秦之图乎？故曰虞卿得其一，不得其二。愿王以此决之，勿复计也。"

①【集解】徐广曰："音慎。"

虞卿闻之，往见王曰："危哉楼子之所以为秦者，是愈疑天下，而何慰秦之心哉？独不言其示天下弱乎？且臣言勿予者，非固勿予而已也。秦索六城于王，而王以六城赂齐。齐，秦之深仇也，得王之六城，并力西击秦，齐之听王，不待辞之毕也。则是王失之于齐而取偿于秦也。而齐、赵之深仇可以报矣，而示天下有能为也。王以此发声，兵未窥于境，臣见秦之重赂至赵而反媾于王也。从秦为媾，韩、魏闻之，必尽重王；重王，必出重宝以先于王。则是王一举而结三国之亲，而与秦易道也。"[①]赵王曰："善。"则使虞卿东见齐王，与之谋秦。虞卿未返，秦使者已在赵矣。楼缓闻之，亡去。赵于是封虞卿以一城。

①【正义】前取秦攻，今得赂，是易道也。易音亦。

居顷之，而魏请为从。赵孝成王召虞卿谋。过平原君，[①]平原君曰："愿卿之论从也。"虞卿入见王。王曰："魏请为从。"对曰："魏过。"[②]王曰："寡人固未之许。"对曰："王过。"王曰："魏请从，卿曰魏过，寡人未之许，又曰寡人过，然则从终不可乎？"对曰："臣闻小国之与大国从事也，有利则大国受其福，有败则小国受其祸。今魏以小国请其祸，而王以大国辞其福，臣故曰王过，魏亦过。窃以为从便。"王曰："善。"乃合魏为从。

①【索隐】过音戈。　②【集解】光卧反。

虞卿既以魏齐之故，不重万户侯卿相之印，与魏齐间行，卒去赵，困于梁。魏齐已死，不得意，乃著书，[①]上采《春秋》，下观近世，曰《节义》、《称号》、《揣摩》、《政谋》，凡八篇。以刺讥国家得失，世传之曰《虞氏春秋》。[②]

①【索隐】魏齐，魏相，与应侯有仇，秦求之急，乃抵虞卿。卿弃相印，乃与齐间行亡归梁，以托信陵君。信陵君疑未决，齐自杀。故虞卿失相，乃穷愁而著书也。　②【正义】《艺文志》云十五篇。

太史公曰：平原君，翩翩浊世之佳公子也，然未睹大体。鄙语曰"利令智昏"，平原君贪冯亭邪说，使赵陷长平兵四十余万众，邯郸几亡。[①]虞卿料事揣情，为赵画策，何其工也。及不忍魏齐，卒困于大梁，庸夫且知其不可，况贤人乎？然虞卿非穷愁，亦不能著书以自见于后世云。

①【集解】谯周曰："长平之陷，乃赵王信间易将之咎，何怨平原受冯亭哉？"

索隐述赞曰：翩翩公子，天下奇器。笑姬从戮，义士增气。兵解李同，盟定毛遂。虞卿蹑蹻，受赏料事。及困魏齐，著书见意。

卷七十七

信陵君列传第十七

魏公子无忌者，魏昭王少子而魏安釐王异母弟也。昭王薨，安釐王即位，封公子为信陵君。①是时范雎亡魏相秦，以怨魏齐故，秦兵围大梁，破魏华阳下军，走芒卯。魏王及公子患之。

①【索隐】《地理志》无信陵，或曰是乡邑名。

公子为人仁而下士，士无贤不肖皆谦而礼交之，不敢以其富贵骄士。士以此方数千里争往归之，致食客三千人。当是时，诸侯以公子贤，多客，不敢加兵谋魏十余年。

公子与魏王博，而北境传举烽①，言"赵寇至，且入界"。魏王释博，欲召大臣谋。公子止王曰："赵王田猎耳，非为寇也。"②复博如故。王恐，心不在博。居顷，复从北方来传言曰："赵王猎耳，非为寇也。"魏王大惊，曰："公子何以知之？"公子曰："臣之客有能探得赵王阴事者，赵王所为，客辄以报臣，臣以此知之。"是后魏王畏公子之贤能，不敢任公子以国政。

①【集解】文颖曰："作高木橹，橹上作桔槔，桔槔头兜零，以薪置其中，谓之烽。常低之，有寇即火然举之以相告。" ②【正义】为，于伪反。

魏有隐士曰侯嬴，[①]年七十，家贫，为大梁夷门监者。公子闻之，往请，欲厚遗之。不肯受，曰："臣修身洁行数十年，终不以监门困故而受公子财。"公子于是乃置酒大会宾客。坐定，公子从车骑，虚左，自迎夷门侯生。侯生摄弊衣冠，直上载公子上坐，不让，欲以观公子。公子执辔愈恭。侯生又谓公子曰："臣有客在市屠中，愿枉车骑过之。"公子引车入市，侯生下见其客朱亥，俾倪，[②]故久立与其客语，微察公子。公子颜色愈和。当是时，魏将相宗室宾客满堂，待公子举酒。市人皆观公子执辔。从骑皆窃骂侯生。侯生视公子色终不变，乃谢客就车。至家，公子引侯生坐上坐，偏赞宾客，[③]宾客皆惊。酒酣，公子起，为寿侯生前。侯生因谓公子曰："今日嬴之为公子亦足矣。[④]嬴乃夷门抱关者也，而公子亲枉车骑，自迎嬴于众人广坐之中，不宜有所过，今公子故过之。然嬴欲就公子之名，故久立公子车骑市中，过客以观公子，公子愈恭。市人皆以嬴为小人，而以公子为长者能下士也。"于是罢酒，侯生遂为上客。

①【索隐】音盈。又曹植音"嬴瘦"之"嬴"。 ②【索隐】俾音浦计反，倪音五计反。邹诞生俾音匹未反，倪音五弟反。【正义】不正视也。 ③【索隐】偏音遍。赞，告也。谓以侯生遍告宾客。 ④【集解】徐广曰："为，一作羞。"

侯生谓公子曰："臣所过屠者朱亥，此子贤者，世莫能知，故隐屠间耳。"公子往数请之，朱亥故不复谢，公子怪之。

魏安釐王二十年，秦昭王已破赵长平军，又进兵围邯郸。公子姊为赵惠文王弟平原君夫人，数遗魏王及公子书，请救于魏。魏王使将军晋鄙[①]将十万众救赵。秦王使使者告魏王曰："吾攻赵旦暮且下，而诸侯敢救者，已拔赵，必移兵先击之。"魏王恐，使人止晋鄙，留军壁邺，名为救赵，实持两端以观望。平原君使者冠盖相属于魏，让魏公子曰："胜所以自附为婚姻者，以公子之高义，为能急人之困。今邯郸旦暮降秦而魏救不至，安在公子能急人之困也。且公子纵轻胜，弃之降秦，独不怜公子姊邪？"公子患之，数请魏王，及宾客辩士说王万端。魏王畏秦，终不听公子。公子自度终不能得之于王，计不独生而令赵亡，乃请宾客，约车骑百余乘，欲以客往赴秦军，与赵俱死。

①【索隐】魏将姓名。

行过夷门，见侯生，具告所以欲死秦军状。辞决而行，侯生曰："公子勉之矣，老臣不能从。"公子行数里，心不快，曰："吾所以待侯生者备矣，天下莫不闻，今吾且死而侯生曾无一言半辞送我，我岂有所失哉？"复引车还，问侯生。侯生笑曰："臣固知公子之还也。"曰："公子喜士，名闻天下。今有难，无他端而欲赴秦军，譬若以肉投馁虎，何功之有哉？尚安事客？然公子遇臣厚，公子往而臣不送，以是知公子恨之复返也。"公子再拜，因问。侯生乃屏人间语，[①]曰："嬴闻晋鄙之兵符常在王卧内，而如姬最幸，出入王卧内，力能窃之。嬴闻如姬父为人所杀，如姬资之三年，[2]自王以下欲求报其父仇，莫能得。如姬为公子泣，公子使客斩其仇头，敬进如姬。如姬之欲为公子死，无所辞，顾未有路耳。公子诚一开口请如姬，如姬必许诺，则得虎符夺晋鄙军，北救赵而西却秦，此五霸之伐也。”公子从其计，请如姬。如姬果盗晋鄙兵符与公子。

①【索隐】閒音闲。谓静语也。　②【索隐】旧解资之三年谓服齐衰也。今案：资者，畜也。谓欲为父复仇之资畜于心已得三年矣。

公子行，侯生曰：“将在外，主令有所不受，以便国家。公子即合符，而晋鄙不授公子兵而复请之，事必危矣。臣客屠者朱亥可与俱，此人力士。晋鄙听，大善；不听，可使击之。”于是公子泣。侯生曰：“公子畏死邪？何泣也？”公子曰：“晋鄙嚄唶[1]宿将，往恐不听，必当杀之，是以泣耳，岂畏死哉？”于是公子请朱亥。朱亥笑曰：“臣乃市井鼓刀屠者，而公子亲数存之，所以不报谢者，以为小礼无所用，今公子有急，此乃臣效命之秋也。”遂与公子俱。公子过谢侯生。侯生曰：“臣宜从，老不能。请数公子行日，以至晋鄙军之日，北乡自刭，以送公子。”公子遂行。

①【集解】上音乌百反，下音庄白反。【索隐】嚄唶谓多词句也。【正义】《声类》云：“嚄，大笑。唶，大呼。”

至邺，矫魏王令代晋鄙。晋鄙合符，疑之，举手视公子曰："今吾拥十万之众，屯于境上，国之重任，今单车来代之，何如哉？"欲无听。朱亥袖四十斤铁椎，椎杀晋鄙，公子遂将晋鄙军。勒兵下令军中曰："父子俱在军中，父归。兄弟俱在军中，兄归。独子无兄弟，归养。"得选兵八万人，进兵击秦军。秦军解去，遂救邯郸，存赵。赵王及平原君自迎公子于界，平原君负韊矢[①]为公子先引。赵王再拜曰："自古贤人未有及公子者也。"当此之时，平原君不敢自比于人。公子与侯生决，至军，侯生果北乡自刭。

①【集解】吕忱曰："韊盛弩矢。"【索隐】韊音兰。谓以盛矢，如今之胡簏而短也。吕姓，忱名，作《字林》者。

魏王怒公子之盗其兵符，矫杀晋鄙，公子亦自知也。已却秦存赵，使将将其军归魏，而公子独与客留赵。赵孝成王德公子之矫夺晋鄙兵而存赵，乃与平原君计，以五城封公子。公子闻之，意骄矜而有自功之色。客有说公子曰："物有不可忘，或有不可不忘。夫人有德于公子，公子不可忘也。公子有德于人，愿公子忘之也。且矫魏王令，夺晋鄙兵以救赵，于赵则有功矣，于魏则未为忠臣也。公子乃自骄而功之，窃为公子不取也。"于是公子立自责，似若无所容者。赵王埽除自迎，执主人之礼，引公子就西阶。公子侧行辞让，从东阶上。[①]自言罪过，以负于魏，[②]无功于赵。赵王侍酒至暮，口不忍献五城，以公子退让也。公子竟留赵。赵王以鄗[③]为公子汤沐邑，魏亦复以信陵奉公子。公子留赵。

①【集解】《礼记》曰："主人就东阶，客就西阶。客若降等，则就主人之阶。"　②【索隐】负音佩。　③【索隐】音腰，赵邑名，属常山。

公子闻赵有处士毛公藏于博徒，薛公藏于卖浆家，[①]公子欲见两人，两人自匿不肯见公子。公子闻所在，乃间步往从此两人游，甚欢。平原君闻之，谓其夫人曰："始吾闻夫人弟公子天下无双，今吾闻之，乃妄从博徒卖浆者游，公子妄人耳。"夫人以告公子。公子乃谢夫人去，曰："始吾闻平原君贤，故负魏王而救赵，以称平原君。平原君之游，徒豪举耳，[②]不求士也。无忌自在大梁时，常闻此两人贤，至赵，恐不得见。以无忌从之游，尚恐其不我欲也，今平原君乃以为羞，其不足从游。"乃装为去。夫人具以语平原君。平原君乃免冠谢，固留公子。平原君门下闻之，半去平原君归公子，天下士复往归公子，公子倾平原君客。

①【集解】徐广曰："浆，或作'醪'。"【索隐】徐按《别录》云也。
②【索隐】谓豪者举之。举亦音据也。

公子留赵十年不归。秦闻公子在赵，日夜出兵东伐魏。魏王患之，使使往请公子。公子恐其怒之，乃诫门下："有敢为魏王使通者，死。"宾客皆背魏之赵，莫敢劝公子归。毛公、薛公[①]两人往见公子曰："公子所以重于赵，名闻诸侯者，徒以有魏也。今秦攻魏，魏急而公子不恤，使秦破大梁而夷先王之宗庙，公子当何面目立天下乎？"语未及卒，公子立变色，告车趣驾归救魏。

①【索隐】史失其名。

魏王见公子，相与泣，而以上将军印授公子，公子遂将。魏安釐王三十年，公子使使遍告诸侯。诸侯闻公子将，各遣将将兵救魏。公子率五国之兵破秦军于河外，走蒙骜。遂乘胜逐秦军至函谷关，抑秦兵，[①]秦兵不敢出。当是时，公子威振天下，诸侯之客进兵法，公子皆名之，[②]故世俗称《魏公子兵法》。[③]

①【索隐】抑音忆。谓以兵蹙之。　②【索隐】公子所得进兵法而必称其名，以言其恕也。　③【集解】刘歆《七略》有《魏公子兵法》二十一篇，《图》七卷。

秦王患之，乃行金万斤于魏，求晋鄙客，令毁公子于魏王曰："公子亡在外十年矣，今为魏将，诸侯将皆属，诸侯徒闻魏公子，不闻魏王。公子亦欲因此时定南面而王，诸侯畏公子之威，方欲共立之。"秦数使反间，伪贺公子得立为魏王未也。魏王日闻其毁，不能不信，后果使人代公子将。公子自知再以毁废，乃谢病不朝，与宾客为长夜饮，饮醇酒，多近妇女。日夜为乐饮者四岁，竟病酒而卒。其岁，魏安釐王亦薨。

秦闻公子死，使蒙骜攻魏，拔二十城，初置东郡。其后秦稍蚕食魏，十八岁而虏魏王，[①]屠大梁。

①【索隐】魏王名假。

高祖始微少时，数闻公子贤。及即天子位，每过大梁，常祠公子。高祖十二年，从击黥布还，为公子置守冢五家，世世岁以四时奉祠公子。

太史公曰：吾过大梁之墟，求问其所谓夷门。夷门者，城之东门也。天下诸公子亦有喜士者矣，然信陵君之接岩穴隐者，不耻下交，有以也。名冠诸侯，不虚耳。高祖每过之而令民奉祠不绝也。

索隐述赞曰：信陵下士，邻国相倾。以公子故，不敢加兵。颇知朱亥，尽礼侯嬴。遂却晋鄙，终辞赵城。毛、薛见重，万古希声。

卷七十八

春申君列传第十八

春申君者，楚人也，名歇，姓黄氏。游学博闻，事楚顷襄王。[①]顷襄王以歇为辩，使于秦。秦昭王使白起攻韩、魏，败之于华阳，禽魏将芒卯，韩、魏服而事秦。秦昭王方令白起与韩、魏共伐楚，未行，而楚使黄歇适至于秦，闻秦之计。当是之时，秦已前使白起攻楚，取巫、黔中之郡，拔鄢郢，东至竟陵，[②]楚顷襄王东徙治于陈县。[③]黄歇见楚怀王之为秦所诱而入朝，遂见欺，留死于秦。顷襄王，其子也，秦轻之，恐壹举兵而灭楚。歇乃上书说秦昭王曰：

①【索隐】名横，考烈王完之父。　②【正义】竟陵属江夏郡也。
③【正义】今陈州也。

天下莫强于秦、楚。今闻大王欲伐楚，此犹两虎相与斗。两虎相与斗而驽犬受其弊，[①]不如善楚。臣请言其说：臣闻物至则反，冬夏是也。[②]致至则危，[③]累棋是也。今大国之地，遍天下有其二垂，[④]此从生民已来，万乘之地未尝有也。先帝文王、庄王之身，三世不妄接地于齐，以绝从亲之要。[⑤]今王使盛桥守事于韩，[⑥]盛桥以其地入秦，是王不用甲，不信威，[⑦]而得百里之地。王可谓能矣。王又举甲而攻魏，杜大梁之门，举河内，拔燕、酸枣、虚、[⑧]桃，入邢，[⑨]魏之兵云翔而不敢救。王之功亦多矣。王休甲息众，二年而后复之；又并蒲、衍、首、垣，[⑩]以临仁、平丘，[⑪]黄、济阳婴城[⑫]而魏氏服；王又割濮磿之北，[⑬]注齐、秦之要，绝楚、赵之脊，[⑭]天下五合六聚而不敢救。王之威亦单矣。[⑮]

①【索隐】谓两虎斗乃受弊于驽犬。刘氏云受犹承也。　②【正义】至，极也，极则反也。冬至，阴之极。夏至，阳之极。　③【集解】徐广曰："致，或作安。"　④【正义】言极东西。　⑤【索隐】音腰。以言山东从，韩、魏是其腰。　⑥【索隐】秦使盛桥守事于韩，亦如楚使召滑相赵然也，并内行章义之难。　⑦【索隐】信音申。　⑧【集解】徐广曰："秦始皇五年，取酸枣、燕、虚。苏代曰'决宿胥之口，魏无虚、顿丘'。"　⑨【集解】徐广曰："燕县有桃城，平皋有邢丘。"【正义】邢丘在怀州武德县东南二十里。　⑩【集解】徐广曰："苏秦云'北有河外、卷、衍'。长垣县有蒲乡。"【索隐】此蒲在卫之长垣蒲乡也。衍在河南，与卷相近。首盖牛首，垣即长垣，非河东之垣也。垣音圆。　⑪【集解】徐广曰："属陈留。"【索隐】仁及平丘二县名。谓以兵临此二县，则黄及济阳等自婴城而守也。《地理志》平丘属陈留。仁，阙。　⑫【集解】徐广曰："苏代云'决白马之口，魏无黄、济阳'。"【正义】故黄城在曹州考城县东。济阳故城在曹州宛句县西南。婴城，未详。　⑬【集解】徐广曰："濮水北于巨野入济。"【索隐】地名，近濮。　⑭【正义】刘伯庄云："言秦得魏地，楚、赵之(绝)从〔绝〕。"　⑮【集解】徐广曰："单，亦作'殚'。"【索隐】按：单音丹。单，尽也。言王之威尽行也。

王若能持功守威，绌攻取之心而肥仁义之地，使无后患，三王不足四，五伯不足六也。王若负人徒之众，仗兵革之强，乘毁魏之威，而欲以力臣天下之主，臣恐其有后患也。《诗》曰“靡不有初，鲜克有终”。《易》曰“狐涉水，濡其尾”。[1]此言始之易，终之难也。何以知其然也？昔智氏见伐赵之利而不知榆次之祸，[2]吴见伐齐之便而不知干隧之败。[3]此二国者，非无大功也，没利于前而易患于后也。[4]吴之信越也，从而伐齐，[5]既胜齐人于艾陵，[6]还为越王禽三渚之浦。[7]智氏之信韩、魏也，从而伐赵，攻晋阳城，[8]胜有日矣，韩、魏叛之，杀智伯瑶于凿台之下。[9]今王妒楚之不毁也，而忘毁楚之强韩、魏也，臣为王虑而不取也。

①【正义】言狐惜其尾，每涉水，举尾不令湿，比至极困，则濡之。譬不可力臣之。　②【索隐】智伯败于榆次也。《地理志》属太原，有梗阳乡是也。【正义】榆次，并州县也。《注水经》云：“榆次县南洞涡水侧有凿台。”③【索隐】干隧，吴之败处，地名。干，水边也。隧，道路也。【正义】干隧，吴地名也。出万安山西南一里太湖，即吴王夫差自刭处，在苏州西北四十里。　④【索隐】谓智伯及吴王没伐赵及伐齐之利于前，而自易其患于后。后即榆次、干隧之难也。　⑤【索隐】从音绝用反。刘氏云：“从，犹领也。”　⑥【正义】艾山在兖州博县南六十里也。　⑦【集解】《战国策》曰“三江之浦”。【正义】《吴俗传》云：“越军得子胥梦，从东入伐吴，越王即从三江北岸立坛，杀白马祭子胥，杯动酒尽，乃开渠由三浦入，破吴王于姑苏，败干隧也。”　⑧【正义】并州城。　⑨【集解】徐广曰：“凿台在榆次。”

《诗》曰“大武远宅而不涉”。[1]从此观之，楚国，援也。邻国，敌也。《诗》云“趯趯毚兔，遇犬获之。[②]他人有心，余忖度之”。今王中道而信韩、魏之善王也，此正吴之信越也。臣闻之，敌不可假，时不可失。臣恐韩、魏卑辞除患而实欲欺大国也。[③]何则？王无重世之德[④]于韩、魏，而有累世之怨焉。夫韩、魏父子兄弟接踵而死于秦者将十世矣。本国残，社稷坏，宗庙毁。刳腹绝肠，折颈摺颐，[⑤]首身分离，暴骸骨于草泽，头颅僵仆，相望于境，父子老弱系脰束手为群虏者相及于路。鬼神孤伤，无所血食。人民不聊生，族类离散，流亡为仆妾者，盈满海内矣。故韩、魏之不亡，秦社稷之忧也，今王资之与攻楚，不亦过乎。

①【正义】言大军不远跋涉攻伐。　②【集解】韩婴《章句》曰：“趯趯，往来貌。获，得也。言趯趯之毚兔。谓狡兔数往来逃匿其迹，有时遇犬得之。”《毛传》曰：“毚兔，狡兔也。”郑玄曰：“遇犬，犬之驯者，谓田犬。”【索隐】趯，天历反。毚音谗。　③【索隐】大国谓秦也。　④【索隐】重世，犹累世也。　⑤【集解】徐广曰：“一作颠。”【索隐】摺音拉，颐音夷。

且王攻楚将恶出兵？[①]王将借路于仇雠之韩、魏乎？兵出之日而王忧其不返也，是王以兵资于仇雠之韩、魏也。王若不借路于仇雠之韩、魏，必攻随水右壤。[②]随水右壤，此皆广川大水，山林溪谷，不食之地也，王虽有之，不为得地。是王有毁楚之名而无得地之实也。

①【正义】恶音乌。　②【索隐】楚都陈，随水之右壤盖在随之西，

即今邓州之西，其地多山林者是。

且王攻楚之日，四国必悉起兵以应王。秦、楚之兵构而不离，魏氏将出而攻留、方与、铚、湖陵、砀、萧、相，故宋必尽。[①]齐人南面攻楚，泗上必举。[②]此皆平原四达，膏腴之地，而使独攻。[③]王破楚以肥韩、魏于中国而劲齐。韩、魏之强，足以校于秦。[④]齐南以泗水为境，东负海，北倚河，而无后患，天下之国莫强于齐、魏，齐、魏得地葆利而详事下吏，一年之后，为帝未能，其于禁王之为帝有余矣。[⑤]

①【正义】徐州西，宋州东，兖州南，并故宋地。 ②【正义】此时徐、泗属齐也。 ③【索隐】若秦、楚构兵不休，则魏尽故宋，齐取泗上，是使齐、魏独攻伐而得其利也。 ④【索隐】校音教。谓足以与秦为敌也。一云校者，报也，言力能报秦。 ⑤【索隐】言齐一年之后，未即能为帝，而能禁秦为帝有余力矣。然"禁"字作"楚"者，误也。

夫以王壤土之博，人徒之众，兵革之强，壹举事而树怨于楚，迟令[①]韩、魏归帝重于齐，是王失计也。[②]臣为王虑，莫若善楚。秦、楚合而为一以临韩，韩必敛手。王施以东山之险，带以曲河之利，韩必为关内之侯。若是而王以十万戍郑，梁氏寒心，许、鄢陵婴城，而上蔡、召陵不往来也，如此而魏亦关内侯矣。王壹善楚，而关内两万乘之主注地于齐，[③]齐右壤可拱手而取也。[④]王之地一经两海，[⑤]要约天下，是燕、赵无齐、楚，齐、楚无燕、赵也。然后危动燕、赵，直摇齐、楚，此四国者不待痛而服矣。

①【集解】徐广曰："迟，一作'还'。"【索隐】迟音值。值，犹乃也。令音力呈反。　②【索隐】韩、魏重齐，令归帝号，此秦之计失也。　③【索隐】注谓以兵裁之。　④【正义】右壤谓济州之南北也。　⑤【索隐】西海至东海皆是秦地。【正义】广言横度中国东西也。

昭王曰："善。"于是乃止白起而谢韩、魏。发使赂楚，约为与国。

黄歇受约归楚，楚使歇与太子完入质于秦，秦留之数年。楚顷襄王病，太子不得归。而楚太子与秦相应侯善，于是黄歇乃说应侯曰："相国诚善楚太子乎？"应侯曰："然。"歇曰："今楚王恐不起疾，秦不如归其太子。太子得立，其事秦必重而德相国无穷，是亲与国而得储万乘也。若不归，则咸阳一布衣耳。楚更立太子，必不事秦。夫失与国而绝万乘之和，非计也。愿相国孰虑之。"应侯以闻秦王。秦王曰："令楚太子之傅先往问楚王之疾，返而后图之。"黄歇为楚太子计曰："秦之留太子也，欲以求利也。今太子力未能有以利秦也，歇忧之甚。而阳文君子二人在中，王若卒大命，太子不在，阳文君子必立为后，太子不得奉宗庙矣。不如亡秦，与使者俱出；臣请止，以死当之。"楚太子因变衣服为楚使者御以出关，而黄歇守舍，常为谢病。度太子已远，秦不能追，歇乃自言秦昭王曰："楚太子已归，出远矣。歇当死，愿赐死。"昭王大怒，欲听其自杀也。应侯曰："歇为人臣，出身以徇其主，太子立，必用歇，故不如无罪而归之，以亲楚。”秦因遣黄歇。

歇至楚三月，楚顷襄王卒，[①]太子完立，是为考烈王。考烈王元年，以黄歇为相，封为春申君，[②]赐淮北地十二县。后十五岁，黄歇言之楚王曰：“淮北地边齐，其事急，请以为郡便。”因并献淮北十二县，请封于江东。考烈王许之。春申君因城故吴墟，[③]以自为都邑。

①【集解】徐广曰：“三十六年。”　②【正义】然四君封邑检皆不获，唯平原有地，又非赵境，并盖号谥，而孟尝是谥。　③【正义】墟音虚。(阖闾)今苏州也。〔阖闾〕于城内小城西北别筑城居之，今圮毁也。又大内北渎，四从五横，至今犹存。又改破楚门为昌门。

春申君既相楚，是时齐有孟尝君，赵有平原君，魏有信陵君，方争下士，招致宾客，以相倾夺，辅国持权。

春申君为楚相四年，秦破赵之长平军四十余万。五年，围邯郸。邯郸告急于楚，楚使春申君将兵往救之，秦兵亦去，春申君归。春申君相楚八年，为楚北伐灭鲁，[①]以荀卿为兰陵令。当是时，楚复强。

①【索隐】年表云八年取鲁，封鲁君于莒，十四年而灭也。

赵平原君使人于春申君，春申君舍之于上舍。赵使欲夸楚，为瑇瑁簪，刀剑室以珠玉饰之，请命春申君客。春申君客三千余人，其上客皆蹑珠履以见赵使，赵使大惭。

春申君相十四年，秦庄襄王立，以吕不韦为相，封为文信侯。取东周。

春申君相二十二年，诸侯患秦攻伐无已时，乃相与合从，西伐秦，[1]而楚王为从长，春申君用事。至函谷关，秦出兵攻，诸侯兵皆败走。楚考烈王以咎春申君，春申君以此益疏。

①【集解】徐广曰："始皇六年。"

客有观津人朱英，[1]谓春申君曰："人皆以楚为强而君用之弱，其于英不然。先君时善秦二十年而不攻楚，何也？秦逾黾隘之塞而攻楚，[2]不便。假道于两周，背韩、魏而攻楚，不可。今则不然，魏旦暮亡，不能爱许、鄢陵，其许魏割以与秦。秦兵去陈百六十里，[3]臣之所观者，见秦、楚之日斗也。"楚于是去陈徙寿春；而秦徙卫野王，作置东郡。[4]春申君由此就封于吴，行相事。

①【正义】观音馆。今魏州观城县也。　②【正义】黾隘之塞在甲州。黾音盲也。　③【集解】徐广曰："在许东南。"　④【正义】濮、滑州兼河北置东郡。濮州本卫都，而徙野王也。

楚考烈王无子，春申君患之，求妇人宜子者进之，甚众，卒无子。赵人李园持其女弟，欲进之楚王，闻其不宜子，恐久毋宠。李园求事春申君为舍人，已而谒归，故失期。还谒，春申君问之状，对曰："齐王使使求臣之女弟，与其使者饮，故失期。”春申君曰：“娉入乎？”对曰：“未也。”春申君曰：“可得见乎？”曰：“可。”于是李园乃进其女弟，即幸于春申君。知其有身，李园乃与其女弟谋。园女弟承间以说春申君曰：“楚王之贵幸君，虽兄弟不如也。今君相楚二十余年，而王无子，即百岁后将更立兄弟，则楚更立君后，亦各贵其故所亲，君又安得长有宠乎？非徒然也，君贵用事久，多失礼于王兄弟，兄弟诚立，祸且及身，何以保相印江东之封乎？今妾自知有身矣，而人莫知。妾幸君未久，诚以君之重而进妾于楚王，王必幸妾。妾赖天有子男，则是君之子为王也，楚国尽可得，孰与身临不测之罪乎？”春申君大然之，乃出李园女弟谨舍，而言之楚王。楚王召入幸之，遂生子男，立为太子，以李园女弟为王后。楚王贵李园，园用事。

李园既入其女弟，立为王后，子为太子。恐春申君语泄而益骄，阴养死士，欲杀春申君以灭口，而国人颇有知之者。

春申君相二十五年，楚考烈王病。朱英谓春申君曰：“世有毋望之福，①又有毋望之祸。②今君处毋望之世，③事毋望之主，④安可以无毋望之人乎？”⑤春申君曰：“何谓毋望之福？”曰：“君相楚二十余年矣，虽名相国，实楚王也。今楚王病，旦暮且卒，而君相少主，因而代立当国，如伊尹、周公，王长而反政，不即遂南面称孤而有楚国？此所谓毋望之福也。”春申君曰：“何谓毋望之祸？”曰：“李园不治国而君之仇也，⑥不为兵而养死士之日久矣，楚王卒，李园必先入据权而杀君以灭口。此所谓毋望之祸也。”春申君曰：“何谓毋望之人？”对曰：“君置臣郎中，楚王卒，李园必先入，臣为君杀李园。此所谓毋望之人也。”春申君曰：“足下置之。李园，弱人也，仆又善之，且又何至此！”朱英知言不用，恐祸及身，乃亡去。

①【正义】无望谓不望而忽至。　②【索隐】《周易》有《无妄》卦，其义殊也。　③【正义】谓生死无常。　④【正义】谓喜怒不节也。　⑤【正义】谓吉凶忽(为)〔焉〕。　⑥【索隐】言园是春申之仇也。《战国策》作“君之舅”，谓为王之舅，意异也。

后十七日，楚考烈王卒，李园果先入，伏死士于棘门之内。[①]春申君入棘门，园死士侠刺春申君，斩其头，投之棘门外。[②]于是遂使吏尽灭春申君之家。而李园女弟初幸春申君有身而入之王所生子者遂立，是为楚幽王。[③]

①【正义】寿州城门。　②【正义】楚考烈王二十五年，秦始皇九年。　③【索隐】按：楚捍有母弟犹，犹有庶兄负刍及昌平君，是楚君完非无子，而上文云考烈王无子，误也。

是岁也，秦始皇帝立九年矣。嫪毐亦为乱于秦，觉，夷其三族，而吕不韦废。

太史公曰：吾适楚，观春申君故城，宫室盛矣哉！初，春申君之说秦昭王，及出身遣楚太子归，何其智之明也。后制于李园，旄矣。[①]语曰：“当断不断，反受其乱。”春申君失朱英之谓邪？

①【集解】徐广曰:“旄音毫。”

索隐述赞曰:黄歇辩智,权略秦、楚。太子获归,身作宰辅。珠炫赵客,邑开吴土。烈王寡胤,李园献女。无妄成灾,朱英徒语。

卷七十九

范雎蔡泽列传第十九

范雎者，魏人也，字叔。游说诸侯，欲事魏王，家贫无以自资，乃先事魏中大夫[①]须贾。[②]

①【索隐】按：《汉书·百官表》中大夫，秦官。此魏有中大夫，盖古官也。 ②【索隐】须，姓。贾，名也。盖密须氏之后。

须贾为魏昭王[①]使于齐，范雎从。留数月，未得报。齐襄王[②]闻雎辩口，乃使人赐雎金十斤及牛酒，雎辞谢不敢受。须贾知之，大怒，以为雎持魏国阴事告齐，故得此馈，令雎受其牛酒，还其金。既归，心怒雎，以告魏相。魏相，魏之诸公子，曰魏齐。魏齐大怒，使舍人笞击雎，折胁摺齿。[③]雎佯死，即卷以箦，[④]置厕中。宾客饮者醉，更溺雎，[⑤]故僇辱以惩后，令无妄言者。雎从箦中谓守者曰："公能出我，我必厚谢公。"守者乃请出弃箦中死人。魏齐醉，曰："可矣。"范雎得出。后魏齐悔，复召求之。魏人郑安平闻之，乃遂操范雎亡，伏匿，更名姓曰张禄。

①【索隐】《系本》昭王名遬，襄王之子。 ②【索隐】名法章。 ③【索隐】摺音力答反。谓打折其胁而又拉折其齿也。 ④【索隐】箦

谓苇荻之薄也，用之以裹尸也。 ⑤【索隐】更音羹。溺即溲也。溺音年吊反。溲音所留反。【正义】溺，古“尿”字。

当此时，秦昭王使谒者王稽于魏。郑安平诈为卒[①]，侍王稽。王稽问：“魏有贤人可与俱西游者乎？”郑安平曰：“臣里中有张禄先生，欲见君，言天下事。其人有仇，不敢昼见。”王稽曰：“夜与俱来。”郑安平夜与张禄见王稽。语未究，王稽知范睢贤，谓曰：“先生待我于三亭之南。”[②]与私约而去。

①【正义】卒，祖律反。 ②【索隐】三亭，亭名，在魏境之边，道亭也，今无其处。一云魏之郊境，总有三亭，皆祖饯之处。如今与期三亭之南，盖送饯已毕，无人之处所也。【正义】《括地志》云：“三亭冈在汴州尉氏县西南三十七里。”按：三亭冈在山部中名也，盖“冈”字误为“南”。

王稽辞魏去，过载范睢入秦。至湖(关)，[①]望见车骑从西来。范睢曰：“彼来者为谁？”王稽曰：“秦相穰侯东行县邑。”范睢曰：“吾闻穰侯专秦权，恶内诸侯客，[②]此恐辱我，我宁且匿车中。”有顷，穰侯果至，劳王稽，因立车而语曰：“关东有何变？”曰：“无有。”又谓王稽曰：“谒君得无与诸侯客子俱来乎？无益，徒乱人国耳。”王稽曰：“不敢。”即别去。范睢曰：“吾闻穰侯智士也，其见事迟，乡者疑车中有人，忘索之。”[③]于是范睢下车走，曰：“此必悔之。”行十余里，果使骑还索车中，无客，乃已。王稽遂与范睢入咸阳。

①【索隐】《地理志》京兆有湖县，本名胡，武帝更名湖，即今湖城县也。【正义】今虢州湖城县也。　②【索隐】内音纳，亦如字。内，犹入也。③【索隐】索，搜也。先格反。

已报使，因言曰："魏有张禄先生，天下辩士也。曰'秦王之国危于累卵，[①]得臣则安。然不可以书传也'。臣故载来。"秦王弗信，使舍食草具。[②]待命岁余。

①【正义】《说苑》云"晋灵公造九层之台，费用千金，谓左右曰：'敢有谏者斩。'荀息闻之，上书求见。灵公张弩持矢见之。曰：'臣不敢谏也。臣能累十二博棋，加九鸡子其上。'公曰：'子为寡人作之。'荀息正颜色，定志意，以棋子置下，加九鸡子其上。左右惧慴息，灵公气息不续。公曰：'危哉，危哉！'荀息曰：'此殆不危也，复有危于此者。'公曰：'愿见之。'荀息曰：'九层之台三年不成，男不耕，女不织，国用空虚，邻国谋议将兴，社稷亡灭，君欲何望？'灵公曰：'寡人之过也乃至于此！'即坏九层台也。"　②【索隐】谓亦舍之，而食以下客之具。然草具谓麄食草莱之馔具也。

当是时，昭王已立三十六年。南拔楚之鄢郢，楚怀王幽死于秦。秦东破齐。湣王尝称帝，后去之。数困三晋。厌天下辩士，无所信。

穰侯，华阳君，[①]昭王母宣太后之弟也；而泾阳君、高陵君皆昭王同母弟也。穰侯相，三人者更将，有封邑，以太后故，私家富重于王室。及穰侯为秦将，且欲越韩、魏而伐齐纲寿，欲以广其陶封。范睢乃上书曰：

①【集解】徐广曰："华，一作'叶'。"【索隐】穰侯谓魏冄，宣太后之异父弟。穰，县，在南阳。华阳君，芈戎，宣太后之同父弟，亦号为新城君是也。

臣闻明主立政，[1]有功者不得不赏，有能者不得不官，劳大者其禄厚，功多者其爵尊，能治众者其官大。故无能者不敢当职焉，有能者亦不得蔽隐。使以臣之言为可，愿行而益利其道。以臣之言为不可，久留臣无为也。语曰："庸主赏所爱而罚所恶；明主则不然，赏必加于有功，而刑必断于有罪。"今臣之胸不足以当椹质，[2]而要不足以待斧钺，岂敢以疑事尝试于王哉！虽以臣为贱人而轻辱，独不重任臣者之无反复于王邪？

①【索隐】《战国策》"立"作"莅"。　②【索隐】椹音陟林反。椹者，莝椹也。质者，剉刃也。谓腰斩者为椹质也。

且臣闻周有砥砨，宋有结绿，梁有县藜，[1]楚有和朴，[2]此四宝者，土之所生，良工之所失也，而为天下名器。然则圣王之所弃者，独不足以厚国家乎？

①【集解】薛综曰："县藜一曰美玉。"　②【正义】县音玄。刘伯庄云珍玉朴也。

臣闻善厚家者取之于国，善厚国者取之于诸侯。天下有明主则诸侯不得擅厚者，何也？为其割荣也。[1]良医知病人之死生，而圣主明于成败之事，利则行之，害则舍之，疑则少尝之，虽舜、禹复生，弗能改已。语之至者，臣不敢载之于书，其浅者又不足听也。意者臣愚而不概[②]于王心邪？亡其言[③]臣者贱而不可用乎？自非然者，臣愿得少赐游观之间，望见颜色。一语无效，请伏斧质。

①【索隐】割荣即上之擅厚，谓擅权也。　②【集解】徐广曰："一作溉，音同。"【索隐】《战国策》"概"作"关"，谓关涉于于王心也。徐注"音同"，非也。　③【索隐】亡，犹轻蔑也。

于是秦昭王大悦，乃谢王稽，使以传车[①]召范睢。

①【集解】徐广曰："一云'使持车'。"【索隐】徐按《战国策》文也。

于是范睢乃得见于离宫，[①]佯为不知永巷而入其中。[②]王来而宦者怒，逐之，曰："王至！"范睢缪为曰："秦安得王？秦独有太后、穰侯耳。"欲以感怒昭王。昭王至，闻其与宦者争言，遂延迎，谢曰："寡人宜以身受命久矣，会义渠之事急，寡人旦暮自请太后；今义渠之事已，寡人乃得受命。窃闵然不敏，[③]敬执宾主之礼。"范睢辞让。是日观范睢之见者，群臣莫不洒然变色易容者。[④]

①【正义】长安故城本秦离宫，在雍州长安北十三里也。　②【正义】永巷，宫中狱也。　③【索隐】邹诞生本作"惽然"，音昏。又云一作"闵"，音敏。闵，犹昏暗也。　④【集解】徐广曰："洒，先典反。"【索隐】

郑玄曰:“洒然,肃敬之貌”。

秦王屏左右,宫中虚无人。秦王跽[1]而请曰:“先生何以幸教寡人?”范雎曰:“唯唯。”有间,秦王复跽而请曰:“先生何以幸教寡人?”范雎曰:“唯唯。”若是者三。秦王跽曰:“先生卒不幸教寡人邪?”范雎曰:“非敢然也。臣闻昔者吕尚之遇文王也,身为渔父而钓于渭滨耳。若是者,交疏也。已悦而立为太师,载与俱归者,其言深也。故文王遂收功于吕尚而卒王天下。向使文王疏吕尚而不与深言,是周无天子之德,而文、武无与成其王业也。今臣羁旅之臣也,交疏于王,而所愿陈者皆匡君之事,处人骨肉之间,愿效愚忠而未知王之心也。此所以王三问而不敢对者也。臣非有畏而不敢言也。臣知今日言之于前而明日伏诛于后,然臣不敢避也。大王信行臣之言,死不足以为臣患,亡不足以为臣忧,漆身为厉[2]被发为狂不足以为臣耻。且以五帝之圣焉而死,三王之仁焉而死,五伯之贤焉而死,乌获、任鄙之力焉而死,成荆、[3]孟贲、[4]王庆忌、[5]夏育[6]之勇焉而死。死者,人之所必不免也。处必然之势,可以少有补于秦,此臣之所大愿也,臣又何患哉!伍子胥橐载而出昭关,夜行昼伏,至于陵水,[7]无以糊其口,膝行蒲伏,稽首肉袒,鼓腹吹篪,[8]乞食于吴市,卒兴吴国,阖闾为伯。使臣得尽谋如伍子胥,加之以幽囚,终身不复见,是臣之说行也,臣又何忧?箕子、接舆漆身为厉,被发为狂,无益于主。假使臣得同行于箕子,可以有补于所贤之主,是臣之大荣也,臣有何耻?臣之所恐者,独恐臣死之后,天下见臣之尽忠而身死,因以是杜口裹足,莫肯向秦耳。足下上畏太后之严，下惑于奸臣之态，⑨居深宫之中，不离阿保之手，终身迷惑，无与昭奸。⑩大者宗庙灭覆，小者身以孤危，此臣之所恐耳。若夫穷辱之事，死亡之患，臣不敢畏也。臣死而秦治，是臣死贤于生。”秦王跽曰：“先生是何言也！夫秦国辟远，寡人愚不肖，先生乃幸辱至于此，是天以寡人慁先生⑪而存先王之宗庙也。寡人得受命于先生，是天所以幸先王，而不弃其孤也。先生奈何而言若是！事无小大，上及太后，下至大臣，愿先生悉以教寡人，无疑寡人也。”范雎拜，秦王亦拜。

①【索隐】音其纪反。跽者，长跪，两膝被地。　②【索隐】音赖，癞病也。言漆涂身，生疮如病癞。　③【集解】徐广曰：“一作羌。”④【集解】许慎曰：“成荆，古勇士。孟贲，卫人。”　⑤【集解】《吴越春秋》曰：“吴王僚子庆忌。”　⑥【集解】《汉书音义》曰：“或云夏育，卫人，力举千钧。”　⑦【索隐】刘氏云：“陵水即栗水也。”陵栗声相近，故惑也。⑧【集解】徐广曰：“一作箫。”　⑨【索隐】态谓奸臣谄诈之态也。⑩【正义】昭，明也。无与明其奸恶。　⑪【集解】徐广曰：“乱先生也，音溷。”【索隐】慁及注“溷”二字并音胡困反。慁，犹汩乱之意。

范雎曰：“大王之国，四塞以为固，北有甘泉、谷口，①南带泾、渭，右陇、蜀，左关、阪，奋击百万，战车千乘，利则出攻，不利则入守，此王者之地也。民怯于私斗而勇于公战，此王者之民也。王并此二者而有之。夫以秦卒之勇，车骑之众，以治诸侯，譬若驰韩卢而搏蹇兔也，②霸王之业可致也，而群臣莫当其位。至今闭关十五年，不敢窥兵于山东者，是穰侯为秦谋不忠，而大王之计有所失也。”秦王跽曰：“寡人愿闻失计。”

①【正义】《括地志》云：“甘泉山一名鼓原，俗名磨石岭，在雍州云阳县西北九十里。《关中记》云‘甘泉宫在甘泉山上，年代永久，无复甘泉之名，失其实也。宫北云有连山，土人为磨石岭’。《郊祀志》公孙卿言黄帝得仙寒门，寒门者，谷口也。按：九嵕山西谓之谷口，即古寒门也。在雍州醴泉县东北四十里。” ②【索隐】《战国策》云：“韩卢者，天下之壮犬也。”是韩呼卢为犬，谓驰韩卢而搏蹇兔，以喻秦强，言取诸侯之易也。

然左右多窃听者，范睢恐，未敢言内，先言外事，以观秦王之俯仰。因进曰：“夫穰侯越韩、魏而攻齐纲、寿，非计也。少出师则不足以伤齐，多出师则害于秦。臣意王之计，欲少出师而悉韩、魏之兵也，则不义矣。今见与国之不亲也，越人之国而攻，可乎？其于计疏矣。且昔齐湣王南攻楚，破军杀将，再辟地千里，[①]而齐尺寸之地无得焉者，岂不欲得地哉，形势不能有也。诸侯见齐之罢弊，君臣之不和也，兴兵而伐齐，大破之。士辱兵顿，皆咎其王，曰：‘谁为此计者乎？’王曰：‘文子为之。’[②]大臣作乱，文子出走。故齐所以大破者，以其伐楚而肥韩、魏也。此所谓借[③]贼兵而赍[④]盗粮者也。王不如远交而近攻，得寸则王之寸也，得尺亦王之尺也。今释此而远攻，不亦缪乎！且昔者中山之国地方五百里，赵独吞之，功成名立而利附焉，天下莫之能害也。今夫韩、魏，中国之处而天下之枢也，王其欲霸，必亲中国以为天下枢，以威楚、赵。楚强则附赵，赵强则附楚，楚、赵皆附，齐必惧矣。齐惧，必卑辞重币以事秦。齐附而韩、魏因可虏也。”昭王曰：“吾欲亲魏久矣，而魏多变之国也，寡人不能亲。请问亲魏奈何?”对曰：“王卑词重币以事之。不可，则割地而赂之。不可，因举兵而伐之。”王曰：“寡人敬闻命矣。”乃拜范雎为客卿，谋兵事。卒听范雎谋，使五大夫绾伐魏，拔怀。[5]后二岁，拔邢丘。

①【正义】辟，(尺)〔匹〕亦反。 ②【索隐】谓田文，即孟尝君也。犹《战国策》谓田肦、田婴为肦子、婴子然。 ③【索隐】借音子夜反。一作“籍”，音亦同。 ④【索隐】赍音侧奚反。言为盗赍粮也。 ⑤【集解】徐广曰：“昭王三十九年。”

客卿范雎复说昭王曰：“秦、韩之地形，相错如绣。秦之有韩也，譬如木之有蠹也，[1]人之有心腹之病也。天下无变则已，天下有变，其为秦患者孰大于韩乎？王不如收韩。”昭王曰：“吾固欲收韩，韩不听，为之奈何?”对曰：“韩安得无听乎？王下兵而攻荥阳，则巩、成皋之道不通；[2]北断太行之道，则上党之师不下。[3]王一兴兵而攻荥阳，则其国断而为三。[4]夫韩见必亡，安得不听乎？若韩听，而霸事因可虑矣。”王曰：“善。”且欲发使于韩。

①【正义】音妒，(石)〔蚀〕柱虫。 ②【正义】言宜阳、陕、虢之师不得下相救。 ③【正义】言泽、潞之师不得下太行相救。 ④【正义】新郑已南一，宜阳二，泽、潞三。

范雎日益亲，复说用数年矣，因请间说曰：[①]“臣居山东时，闻齐之有田文，不闻其有王也；闻秦之有太后、穰侯、华阳、高陵、泾阳，不闻其有王也。夫擅国之谓王，能利害之谓王，制杀生之威之谓王。今太后擅行不顾，穰侯出使不报，华阳、泾阳等击断无讳，[②]高陵进退不请。四贵备而国不危者，未之有也。为此四贵者下，乃所谓无王也。然则权安得不倾，令安得从王出乎？臣闻善治国者，乃内固其威而外重其权。穰侯使者操王之重，决制于诸侯，剖符于天下，政适[③]伐国，莫敢不听。战胜攻取则利归于陶，国弊御于诸侯；[④]战败则结怨于百姓，而祸归于社稷。诗曰‘木实繁者披其枝，[⑤]披其枝者伤其心；大其都者危其国，尊其臣者卑其主’。崔杼、淖齿管齐，[⑥]射王股，擢王筋，[⑦]县之于庙梁，宿昔而死。李兑管赵，囚主父于沙丘，[⑧]百日而饿死。今臣闻秦太后、穰侯用事，高陵、华阳、泾阳佐之，卒无秦王，此亦淖齿、李兑之类也。且夫三代所以亡国者，君专授政，纵酒驰骋弋猎，不听政事。其所授者，妒贤嫉能，御下蔽上，以成其私，不为主计，而主不觉悟，故失其国。今自有秩以上至诸大吏，下及王左右，无非相国之人者。见王独立于朝，臣窃为王恐，万世之后，有秦国者非王子孙也。”昭王闻之大惧，曰：“善。”于是废太后，逐穰侯、高陵、华阳、泾阳君于关外。秦王乃拜范雎为相。收穰侯之印，使归陶，因使县官给车牛以徙，千乘有余。到关，关阅其宝器，宝器珍怪多于王室。

①【正义】间音闲。　②【集解】讳，畏也。　③【集解】徐广曰：“音征敌。”　④【索隐】弊者，断也。御者，制也。言穰侯执权，以制御主

断于诸侯也。　⑤【正义】披音片被反。　⑥【索隐】淖，姓也，音泥教反，汉有淖姬是也。高诱曰“管，典也”。言二人典齐权而行弑逆也。【正义】淖齿，楚人，齐湣王臣。　⑦【索隐】言“射王股”，误也。崔杼射庄公之股，淖齿擢湣王之筋，是说二君事。　⑧【正义】沙丘台在邢州平乡县东北三十里。

秦封范雎以应，[①] 号为应侯。当是时，秦昭王四十一年也。

①【索隐】刘氏云“河东临晋县有应亭”，则秦地有应也。又案：本纪以应为太后养地，解者云“在颍川之应乡”，未知孰是。【正义】《括地志》云：“故应城，古应乡，在汝州鲁山县东四十里也。”

范雎既相秦，秦号曰张禄，而魏不知，以为范雎已死久矣。魏闻秦且东伐韩、魏，魏使须贾于秦。范雎闻之，为微行，敝衣间步之邸，[①] 见须贾。须贾见之而惊曰：“范叔固无恙乎！”范雎曰：“然。”须贾笑曰：“范叔有说于秦邪？”曰：“不也。雎前日得过于魏相，故亡逃至此，安敢说乎！”须贾曰：“今叔何事？”范雎曰：“臣为人庸赁。”须贾意哀之，留与坐饮食，曰：“范叔一寒如此哉！”乃取其一绨袍以赐之。[②] 须贾因问曰：“秦相张君，公知之乎？吾闻幸于王，天下之事皆决于相君。今吾事之去留在张君。孺子[③] 岂有客习于相君者哉？”范雎曰：“主人翁习知之。唯雎亦得谒，雎请为见君于张君。”须贾曰：“吾马病，车轴折，非大车驷马，吾固不出。”范雎曰：“愿为君借大车驷马于主人翁。”

①【正义】刘云“诸国客馆”。　②【索隐】绨，厚缯也，音啼，盖今之绝也。【正义】今之粗袍。　③【索隐】刘氏云：“盖谓睢为小子。”

范睢归取大车驷马，为须贾御之，入秦相府。府中望见，有识者皆避匿。须贾怪之。至相舍门，谓须贾曰：“待我，我为君先入通于相君。”须贾待门下，持车良久，问门下曰：“范叔不出，何也？”门下曰：“无范叔。”须贾曰：“向者与我载而入者。”门下曰：“乃吾相张君也。”须贾大惊，自知见卖，乃肉袒膝行，因门下人谢罪。于是范睢盛帷帐，侍者甚众，见之。须贾顿首言死罪，曰：“贾不意君能自致于青云之上，贾不敢复读天下之书，不敢复与天下之事。贾有汤镬之罪，请自屏于胡貉之地，唯君死生之！”范睢曰：“汝罪有几？”曰：“擢贾之发以续贾之罪，尚未足。”范睢曰：“汝罪有三耳。昔者楚昭王时而申包胥为楚却吴军，楚王封之以荆五千户，包胥辞不受，为丘墓之寄于荆也。今睢之先人丘墓亦在魏，公前以睢为有外心于齐而恶睢于魏齐，公之罪一也。当魏齐辱我于厕中，公不止，罪二也。更醉而溺我，公其何忍乎？罪三矣。然公之所以得无死者，以绨袍恋恋，有故人之意，故释公。”乃谢罢。入言之昭王，罢归须贾。

须贾辞于范睢，范睢大供具，尽请诸侯使，与坐堂上，食饮甚设。而坐须贾于堂下，置莝豆其前，令两黥徒夹而马食之。数曰：“为我告魏王，急持魏齐头来！不然者，我且屠大梁。”须贾归，以告魏齐。魏齐恐，亡走赵，匿平原君所。

范睢既相，王稽谓范睢曰：“事有不可知者三，有不可奈何者亦三。宫车一日晏驾，[1]是事之不可知者一也。君卒然捐馆舍，是事之不可知者二也。使臣卒然填沟壑，是事之不可知者三也。宫车一日晏驾，君虽恨于臣，无可奈何。君卒然捐馆舍，君虽恨于臣，亦无可奈何。使臣卒然填沟壑，君虽恨于臣，亦无可奈何。”范睢不怿，乃入言于王曰：“非王稽之忠，莫能内臣于函谷关；非大王之贤圣，莫能贵臣。今臣官至于相，爵在列侯，王稽之官尚止于谒者，非其内臣之意也。”昭王召王稽，拜为河东守，三岁不上计。[②]又任郑安平，昭王以为将军。范睢于是散家财物，尽以报所尝困厄者。一饭之德必偿，睚眦之怨必报。[③]

①【集解】应劭曰：“天子当晨起早作，如方崩殒，故称晏驾。”韦昭曰：“凡初崩为‘晏驾’者，臣子之心犹谓宫车当驾而晚出。” ②【集解】司马彪曰：“凡郡掌治民，进贤，劝功，决讼，检奸。常以春行所至县，劝民农桑，振救乏绝；秋冬遣无害吏案讯问诸囚，平其罪法，论课殿最；岁尽遣吏上计。” ③【索隐】睚音崖卖反，眦音士资反。睚眦谓相嗔怒而见齿也。

范睢相秦二年，秦昭王之四十二年，东伐韩少曲、[①]高平，拔之。[②]

①【集解】徐广曰：“苏代曰‘起少曲，一日而断大行’。”【索隐】刘氏以为盖在太行西南。 ②【正义】《括地志》云：“南韩王故城在怀州河阳县西北四十里。俗谓之韩王城，非也。春秋时周桓王以与郑。《纪年》云‘郑侯使辰归晋阳向，更名高平，拔之’。则少曲当与高平相近。”

秦昭王闻魏齐在平原君所，欲为范睢必报其仇，乃佯为好书遗平原君曰：“寡人闻君之高义，愿与君为布衣之友，君幸过寡人，寡人愿与君为十日之饮。”平原君畏秦，且以为然，而入秦见昭王。昭王与平原君饮数日，昭王谓平原君曰：“昔周文王得吕尚以为太公，齐桓公得管夷吾以为仲父，今范君亦寡人之叔父也。范君之仇在君之家，愿使人归取其头来。不然，吾不出君于关。”平原君曰：“贵而为交者，为贱也；富而为交者，为贫也。[①]夫魏齐者，胜之友也，在，固不出也，今又不在臣所。”昭王乃遗赵王书曰：“王之弟在秦，范君之仇魏齐在平原君之家。王使人疾持其头来；不然，吾举兵而伐赵，又不出王之弟于关。”赵孝成王乃发卒围平原君家，急，魏齐夜亡出，见赵相虞卿。虞卿度赵王终不可说，乃解其相印，与魏齐亡，间行，念诸侯莫可以急抵者，乃复走大梁，欲因信陵君以走楚。信陵君闻之，畏秦，犹豫未肯见，曰：“虞卿何如人也？”时侯嬴在旁，曰：“人固未易知，知人亦未易也。夫虞卿蹑屩檐簦，一见赵王，赐白璧一双，黄金百镒。再见，拜为上卿。三见，卒受相印，封万户侯。当此之时，天下争知之。夫魏齐穷困过虞卿，虞卿不敢重爵禄之尊，解相印，捐万户侯而间行。急士之穷而归公子，公子曰‘何如人’。人固不易知，知人亦未易也！”信陵君大惭，驾如野迎之。魏齐闻信陵君之初难见之，怒而自刭。赵王闻之，卒取其头予秦。秦昭王乃出平原君归赵。

①【索隐】上“为”音如字，下“为”音于伪反。以言富贵而结交情深者，为有贫贱之时，不可忘之也。

昭王四十三年，秦攻韩汾陉，[①]拔之，因城河上[②]广武。

①【索隐】陉音刑。陉盖在韩之西界，与汾相近也。【正义】按：陉庭故城在绛州曲沃县西北二十里汾水之阳。　②【索隐】刘氏云："此河上盖近河之地，本属韩，今秦得而城。"

后五年，昭王用应侯谋，纵反间卖赵，赵以其故，令马服子[①]代廉颇[②]将。秦大破赵于长平，遂围邯郸。已而与武安君白起有隙，言而杀之。[③]任郑安平，使击赵。郑安平为赵所困，急，以兵二万人降赵。应侯席稿请罪。秦之法，任人而所任不善者，各以其罪罪之。于是应侯罪当收三族。秦昭王恐伤应侯之意，乃下令国中："有敢言郑安平事者，以其罪罪之。"而加赐相国应侯食物日益厚，以顺适其意。后二岁，王稽为河东守，与诸侯通，坐法诛。[④]而应侯日益以不怿。

①【索隐】赵括之号也。虞喜《志林》云"马，兵之首也。号曰'马服'者，言能服马也"。　②【索隐】邹氏音匹波反。　③【集解】徐广曰："在五十年。"【索隐】徐据《秦本纪》及年表而知之也。　④【集解】徐广曰："五十二年。"

昭王临朝叹息，应侯进曰："臣闻'主忧臣辱，主辱臣死'。今大王中朝而忧，臣敢请其罪。"昭王曰："吾闻楚之铁剑利而倡优拙。[①]夫铁剑利则士勇，倡优拙则思虑远。夫以远思虑而御勇士，吾恐楚之图秦也。夫物不素具，不可以应卒，今武安君既死，而郑安平等畔，内无良将而外多敌国，吾是以忧。"欲以激励应侯。[②]应侯惧，不知所出。蔡泽闻之，往入秦也。

①【正义】论士能善卒不战。　②【索隐】激音击。

蔡泽者，燕人也。游学干[①]诸侯小大甚众，不遇。而从唐举相，[②]曰："吾闻先生相李兑，曰'百日之内持国秉'，[③]有之乎？"曰："有之。"曰："若臣者何如？"唐举孰视而笑曰："先生曷鼻，巨肩，[④]魋颜，蹙齃，[⑤]膝挛。[⑥]吾闻圣人不相，殆先生乎？"蔡泽知唐举戏之，乃曰："富贵吾所自有，吾所不知者寿也，愿闻之。"唐举曰："先生之寿，从今以往者四十三岁。"蔡泽笑谢而去，谓其御者曰："吾持粱刺齿肥，[⑦]跃马疾驱，怀黄金之印，结紫绶于要，揖让人主之前，食肉富贵，四十三年足矣。"去之赵，见逐。入韩、魏，遇夺釜鬲于涂。[⑧]闻应侯任郑安平、王稽皆负重罪于秦，应侯内惭，蔡泽乃西入秦。

①【正义】不待礼曰干。　②【集解】荀卿曰："梁有唐举。"【索隐】《荀卿书》作"唐莒"。　③【索隐】按：《左传》"国子实执齐秉"，服虔曰"秉，权柄也"。　④【集解】徐广曰："曷，一作偈。偈，一作仰。巨，一作渠。"【索隐】曷鼻谓鼻如蝎虫也；巨肩谓肩巨于项也：盖项低而肩竖。偈音其例反。　⑤【索隐】(上)魋音徒回反。魋颜谓颜貌魋回，若魋梧然也。齃音乌曷反。蹙齃谓鼻蹙眉。　⑥【集解】挛，两膝曲也。徐广曰："一作率。"【索隐】谓两膝又挛曲也。　⑦【集解】持粱，作饭也。刺齿二字当作"啮"，又作"龇"也。【索隐】持粱谓作粱米饭而持其器以食也。刺齿肥当为啮肥。啮肥谓食肥肉也。　⑧【集解】《尔雅》曰："款足者谓之鬲。"郭璞曰："鼎曲脚。"【索隐】釜音父。鬲音历。款者，空也。言其足中空也。而郭氏云"鼎曲脚"者，以款训曲，故云"曲脚"也。

将见昭王，使人宣言以感怒应侯曰："燕客蔡泽，天下雄俊弘辩智士也。彼一见秦王，秦王必困君而夺君之位。”应侯闻，曰：“五帝三代之事，百家之说，吾既知之，众口之辩，吾皆摧之，是恶能困我而夺我位乎？”使人召蔡泽。蔡泽入，则揖应侯。应侯固不快，及见之，又倨，应侯因让之曰：“子尝宣言欲代我相秦，宁有之乎？”对曰：“然。”应侯曰：“请闻其说。”蔡泽曰：“吁，君何见之晚也！夫四时之序，成功者去。夫人生百体坚强，手足便利，耳目聪明而心圣智，岂非士之愿与？”应侯曰：“然。”蔡泽曰：“质仁秉义，行道施德，得志于天下，天下怀乐敬爱而尊慕之，皆愿以为君王，岂不辩智之期与？”应侯曰：“然。”蔡泽复曰：“富贵显荣，成理万物，使各得其所；性命寿长，终其天年而不夭伤；天下继其统，守其业，传之无穷；名实纯粹，泽流千里，[①]世世称之而无绝，与天地终始：岂道德之符而圣人所谓吉祥善事者与？”应侯曰：“然。”

①【集解】徐广曰：“一本无此字。”

蔡泽曰：“若夫秦之商君，楚之吴起，越之大夫种，其卒然亦可愿与？”应侯知蔡泽之欲困己以说，[①]复谬曰：“何为不可？夫公孙鞅之事孝公也，极身无贰虑，尽公而不顾私。设刀锯以禁奸邪，信赏罚以致治。披腹心，示情素，蒙怨咎，欺旧友，夺魏公子卬，安秦社稷，利百姓，卒为秦禽将破敌，攘地千里。吴起之事悼王也，使私不得害公，谗不得蔽忠，言不取苟合，行不取苟容，不为危易行，行义不辟难，[②]然为霸主强国，不辞祸凶。大夫种之事越王也，主虽困辱，悉忠而不解，主虽绝亡，尽能而弗离，成功而弗矜，贵富而不骄怠。若此三子者，固义之至也，忠之节也。是故君子以义死难，视死如归。生而辱不如死而荣。士固有杀身以成名，唯义之所在，虽死无所恨。何为不可哉？”

①【集解】式绌反。　②【集解】徐广曰：“一云‘不困毁訾’。”

蔡泽曰：“主圣臣贤，天下之盛福也。君明臣直，国之福也。父慈子孝，夫信妻贞，家之福也。故比干忠而不能存殷，子胥智而不能完吴，申生孝而晋国乱。是皆有忠臣孝子，而国家灭乱者，何也？无明君贤父以听之，故天下以其君父为僇辱而怜其臣子。[①]今商君、吴起、大夫种之为人臣，是也。其君，非也。故世称三子致功而不见德，岂慕不遇世死乎？夫待死而后可以立忠成名，是微子不足仁，孔子不足圣，管仲不足大也。夫人之立功，岂不期于成全邪？身与名俱全者，上也。名可法而身死者，其次也。名在僇辱而身全者，下也。”于是应侯称善。

①【索隐】言以比干、子胥、申生皆以至忠孝而见诛放，故天下言为其君父之所僇而怜其臣子也。

蔡泽少得间，因曰：“夫商君、吴起、大夫种，其为人臣尽忠致功则可愿矣，闳夭事文王，周公辅成王也，岂不亦忠圣乎？以君臣论之，商君、吴起、大夫种其可愿孰与闳夭、周公哉？”应侯曰：“商君、吴起、大夫种弗若也。”蔡泽曰：“然则君之主慈仁任忠，惇厚旧故，其贤智与有道之士为胶漆，义不背功臣，孰与秦孝公、楚悼王、越王乎？”应侯曰：“未知何如也。”蔡泽曰：“今主亲忠臣，不过秦孝公、楚悼王、越王，君之设智，能为主安危修政，治乱强兵，批患折难，[①]广地殖谷，富国足家，强主，尊社稷，显宗庙，天下莫敢欺犯其主，主之威盖震海内，功彰万里之外，声名光辉传于千世，君孰与商君、吴起、大夫种？”应侯曰：“不若。”蔡泽曰：“今主之亲忠臣不忘旧故不若孝公、悼王、句践，而君之功绩爱信亲幸又不若商君、吴起、大夫种，然而君之禄位贵盛，私家之富过于三子，而身不退者，恐患之甚于三子，窃为君危之。语曰‘日中则移，月满则亏’。物盛则衰，天地之常数也。进退盈缩，与时变化，圣人之常道也。故‘国有道则仕，国无道则隐’。圣人曰‘飞龙在天，利见大人’。‘不义而富且贵，于我如浮云’。今君之怨已仇而德已报，意欲至矣，而无变计，窃为君不取也。且夫翠、鹄、犀、象，其处势非不远死也，而所以死者，惑于饵也。苏秦、智伯之智，非不足以辟辱远死也，而所以死者，惑于贪利不止也。是以圣人制礼节欲，取于民有度，使之以时，用之有止，故志不溢，行不骄，常与道俱而不失，故天下承而不绝。昔者齐桓公九合诸侯，一匡天下，至于葵丘之会，有骄矜之志，畔者九国。吴王夫差兵无敌于天下，勇强以轻诸侯，陵齐、晋，故遂以杀身亡国。夏育、太史噭[②]叱呼[③]骇三军，然而身死于庸夫。[④]此皆乘至盛而不返道理，不居卑退处俭约之患也。夫商君为秦孝公明法令，禁奸本，尊爵必赏，有罪必罚，平权衡，正度量，调轻重，决裂阡陌，以静生民之业而一其俗，劝民耕农利土，一室无二事，力田稸积，习战陈之事，是以兵动而地广，兵休而国富，故秦无敌于天下，立威诸侯，成秦国之业。功已成矣，而遂以车裂。楚地方数千里，持戟百万，白起率数万之师以与楚战，一战举鄢、郢以烧夷陵，再战南并蜀、汉。又越韩、魏而攻强赵，北阬马服，诛屠四十余万之众，尽之于长平之下，流血成川，沸声若雷，遂入围邯郸，使秦有帝业。楚、赵天下之强国而秦之仇敌也，自是之后，楚、赵皆慑伏不敢攻秦者，白起之势也。身所服者七十余城，功已成矣，而遂赐剑死于杜邮。吴起为楚悼王立法，卑减大臣之威重，罢无能，废无用，损不急之官，塞私门之请，一楚国之俗，禁游客之民，精耕战之士，南收杨越，北并陈、蔡，破横散从，使驰说之士无所开其口，禁朋党以励百姓，定楚国之政，兵震天下，威服诸侯。功已成矣，而卒枝解。大夫种为越王深谋远计，免会稽之危，以亡为存，因辱为荣，垦草入邑，[5]辟地殖谷，率四方之士，专上下之力，辅句践之贤，报夫差之仇，卒擒劲吴，令越成霸。功已彰而信矣，句践终负而杀之。此四子者，功成不去，祸至于此。此所谓信而不能诎，[6]往而不能返者也。范蠡知之，超然辟世，长为陶朱公。君独不观夫博者乎？或欲大投，或欲分功，[7]此皆君之所明知也。今君相秦，计不下席，谋不出廊庙，坐制诸侯，利施三川，以实宜阳，[8]决羊肠之险，塞太行之道，又斩范、中行之涂，六国不得合从，栈道千里，通于蜀、汉，使天下皆畏秦，秦之欲得矣，君之功极矣，此亦秦之分功之时也。如是而不退，则商君、白公、[9]吴起、大夫种是也。

吾闻之，'鉴于水者见面之容，鉴于人者知吉与凶'。《书》曰'成功之下，不可久处'。四子之祸，君何居焉？君何不以此时归相印，让贤者而授之，退而岩居川观，必有伯夷之廉，长为应侯，世世称孤，而有许由、延陵季子之让，乔松之寿，孰与以祸终哉？即君何居焉？忍不能自离，疑不能自决，必有四子之祸矣。《易》曰'亢龙有悔'，此言上而不能下，信而不能诎，往而不能自返者也。愿君孰计之！"应侯曰："善。吾闻'欲而不知(止)〔足〕，失其所以欲；有而不知(足)〔止〕，失其所以有'。先生幸教，睢敬受命。"于是乃延入坐，为上客。

①【索隐】批，白结反，又音丰鸡反。批患谓击而却之。折音之列反。 ②【索隐】二人勇者，夏育、贲育也。噭音皎。 ③【集解】徐广曰："呼，一作暗。"【正义】呼，火故反。 ④【索隐】按：高诱云"夏育为田搏所杀"。然太史噭未知为谁所杀，恐非齐襄王时太史也 ⑤【索隐】刘氏云："入，犹充也。谓招携离散，充满城邑也。" ⑥【索隐】信音申。诎音屈。谓志已展而不退。 ⑦【集解】班固《弈指》曰："博县于投，不必在行"骃谓投，投琼也。【索隐】言夫博弈，或欲大投其琼以致胜，或欲分功者，谓观其势弱，则投地而分功以远救也，事具《小尔雅》也。按：《方言》云"所以投博谓之枰"。音平，局也。 ⑧【正义】施，犹展也，言伐得三川之地。以实宜阳，言展开三川，实宜阳。 ⑨【集解】徐广曰："白起。"

后数日，入朝，言于秦昭王曰："客新有从山东来者日蔡泽，其人辩士，明于三王之事，五伯之业，世俗之变，足以寄秦国之政。臣之见人甚众，莫及，臣不如也。臣敢以闻。"秦昭王召见，与语，大悦之，拜为客卿。应侯因谢病请归相印。昭王强起应侯，应侯遂称病笃。范睢免相，昭王新悦蔡泽计画，遂拜为秦相，东收周室。

蔡泽相秦数月，人或恶之，惧诛，乃谢病归相印，号为纲成君。居秦十余年，事昭王、孝文王、庄襄王。卒事始皇帝，为秦使于燕，三年而燕使太子丹入质于秦。

太史公曰：韩子称“长袖善舞，多钱善贾”，信哉是言也！范雎、蔡泽世所谓一切辩士，然游说诸侯至白首无所遇者，非计策之拙，所为说力少也。及二人羁旅入秦，继踵取卿相，垂功于天下者，固强弱之势异也。然士亦有偶合，贤者多如此二子，不得尽意，岂可胜道哉！然二子不困厄，恶能激乎？①

①【索隐】二子，范雎、蔡泽也。雎厄于魏齐，折胁摺齿。泽困于赵，被逐弃鬲是也。恶音乌，激音击。

索隐述赞曰：应侯始困，托载而西。说行计立，贵平宠稽。倚秦市赵，卒报魏齐。纲成辩智，范雎招携。势利倾夺，一言成蹊。

卷八十

乐毅列传第二十

乐毅者，其先祖曰乐羊。乐羊为魏文侯将，伐取中山，① 魏文侯封乐羊以灵寿。② 乐羊死，葬于灵寿，其后子孙因家焉。中山复国，至赵武灵王时复灭中山，③ 而乐氏后有乐毅。

①【正义】今定州。　②【集解】徐广曰："属常山"【索隐】《地理志》常山有灵寿县，中山桓公所都之地。【正义】今镇州灵寿。　③【索隐】中山，魏虽灭之，尚不绝祀，故后更复国，至赵武灵王又灭之也。

乐毅贤，好兵，赵人举之。及武灵王有沙丘之乱，① 乃去赵适魏。闻燕昭王以子之之乱而齐大败燕，燕昭王怨齐，未尝一日而忘报齐也。燕国小，辟远，力不能制，于是屈身下士，先礼郭隗② 以招贤者。乐毅于是为魏昭王使于燕，燕王以客礼待之。乐毅辞让，遂委质为臣，燕昭王以为亚卿，久之。

①【集解】徐广曰："赵有沙丘宫，近巨鹿。"　②【正义】《说苑》云："燕昭王问于隗曰：'寡人地狭民寡，齐人取蓟八城，匈奴驱驰楼烦之下。以孤之不肖，得承宗庙，恐社稷危，存之有道乎？'隗曰：'帝者之臣，其名臣，其实师；王者之臣，其名臣，其实友；霸者之臣，其名臣，其实仆；危困国之臣，

其名臣，其实虏。今王将自东面目指气使以求臣，则厮役之才至矣；南面听朝，不失揖让之理以求臣，则人臣之才至矣；北面等礼，不乘之以势以求臣，则朋友之才至矣；西面逡巡以求臣，则师傅之才至矣。诚欲与王霸同道，隗请为天下之士开路。'于是常置隗为上客。"

当是时，齐湣王强，南败楚相唐眛[①]于重丘，[②]西摧三晋于观津，[③]遂与三晋击秦，助赵灭中山，破宋，广地千余里。与秦昭王争重为帝，已而复归之。诸侯皆欲背秦而服于齐。湣王自矜，百姓弗堪。于是燕昭王问伐齐之事。乐毅对曰："齐，霸国之余业也，地大人众，未易独攻也。王必欲伐之，莫如与赵及楚、魏。"于是使乐毅约赵惠文王，别使连楚、魏，令赵嗰[④]说秦以伐齐之利。诸侯害齐湣王之骄暴，皆争合从与燕伐齐。乐毅还报，燕昭王悉起兵，使乐毅为上将军，赵惠文王以相国印授乐毅。乐毅于是并护[⑤]赵、楚、韩、魏、燕之兵以伐齐，破之济西。诸侯兵罢归，而燕军乐毅独追，至于临菑。齐湣王之败济西，亡走，保于莒。乐毅独留徇齐，齐皆城守。乐毅攻入临菑，尽取齐宝财物祭器输之燕。燕昭王大悦，亲至济上劳军，行赏飨士，封乐毅于昌国，[⑥]号为昌国君。于是燕昭王收齐卤获以归，而使乐毅复以兵平齐城之不下者。

①【索隐】莫葛反。　②【索隐】《地理志》县名，属平原。【正义】在冀州城武县界。　③【索隐】《地理志》观津，县名，属信都，汉初属清河也。【正义】在冀州武邑县东南二十五里。　④【集解】徐广曰："嗰，进说之意。"【索隐】嗰音田滥反，字与"啗"同。　⑤【索隐】护谓总领之也。

⑥【集解】徐广曰："属齐。"【索隐】《地理志》县名，属齐郡。【正义】故昌城在淄州淄川县东北四十里也。

乐毅留徇齐五岁，下齐七十余城，皆为郡县以属燕，唯独莒、即墨未服。[①]会燕昭王死，子立为燕惠王。惠王自为太子时尝不快于乐毅，及即位，齐之田单闻之，乃纵反间于燕，曰："齐城不下者两城耳。然所以不早拔者，闻乐毅与燕新王有隙，欲连兵且留齐，南面而王齐。齐之所患，唯恐他将之来。"于是燕惠王固已疑乐毅，得齐反间，乃使骑劫[②]代将，而召乐毅。乐毅知燕惠王之不善代之，畏诛，遂西降赵。赵封乐毅于观津，号曰望诸君。[③]尊宠乐毅以警动于燕、齐。

①【正义】即墨今莱州。 ②【索隐】燕将姓名。 ③【索隐】望诸，泽名，在齐。盖赵有之，故号焉。《战国策》"望"作"蓝"也。

齐田单后与骑劫战，果设诈诳燕军，遂破骑劫于即墨下，而转战逐燕，北至河上，[①]尽复得齐城，而迎襄王于莒，入于临菑。

①【正义】沧、德二州之北河。

燕惠王后悔使骑劫代乐毅，以故破军亡将失齐；又恐乐毅之降赵，恐赵用乐毅而乘燕之弊以伐燕。燕惠王乃使人让乐毅，且谢之曰："先王举国而委将军，将军为燕破齐，报先王之仇，天下莫不震动，寡人岂敢一日而忘将军之功哉。

会先王弃群臣，寡人新即位，左右误寡人。寡人之使骑劫代将军，为将军久暴露于外，故召将军且休，计事。将军过听，以与寡人有隙，遂捐燕归赵。将军自为计则可矣，而亦何以报先王之所以遇将军之意乎？”乐毅报遗燕惠王书曰：

臣不佞，不能奉承王命，以顺左右之心，恐伤先王之明，有害足下之义，故遁逃走赵。今足下使人数之以罪，臣恐侍御者不察先王之所以畜幸臣之理，又不白臣之所以事先王之心，故敢以书对。

臣闻贤圣之君不以禄私亲，其功多者赏之，其能当者处之。故察能而授官者，成功之君也；论行而结交者，立名之士也。臣窃观先王之举也，见有高世主之心，[①]故假节于魏，以身得察于燕。先王过举，厕之宾客之中，立之群臣之上，不谋父兄，[②]以为亚卿。臣窃不自知，自以为奉令承教，可幸无罪，故受令而不辞。

①【正义】乐毅见燕昭王有自高尊世上人主之心，故假魏节使燕。
②【正义】杜预云：“父兄，同姓群臣也。”

先王命之曰：“我有积怨深怒于齐，不量轻弱，而欲以齐为事。”臣曰：“夫齐，霸国之余业而最胜之遗事也。练于兵甲，习于战攻。王若欲伐之，必与天下图之。与天下图之，莫若结于赵。且又淮北、宋地，楚、魏之所欲也，赵若许而约，四国攻之，齐可大破也。”先王以为然，具符节南使臣于赵。顾反命，起兵击齐。以天之道，先王之灵，河北之地随先王而举之济上。[①]济上之军受命击齐，大败齐人。轻卒锐兵，长驱至国。齐王遁而走莒，仅以身免；珠玉财宝车甲珍器尽收入于燕。齐器设于宁台，[②]大吕陈于元英，[③]故鼎反乎磿室，[④]蓟丘之植植于汶篁，[⑤]自五伯已来，功未有及先王者也。先王以为慊于志，[⑥]故裂地而封之，使得比小国诸侯。臣窃不自知，自以为奉命承教，可幸无罪，是以受命不辞。

①【正义】济上在济水之上。　②【索隐】燕台也。【正义】《括地志》云："燕元英、磿室二宫，皆燕宫，在幽州蓟县西四里宁台之下。"　③【索隐】大吕，齐钟名。元英，燕宫殿名也。　④【集解】徐广曰："磿，历也。"【索隐】燕鼎前输于齐，今反入于磿室。磿室亦宫名，《战国策》作"历室"也。【正义】《括地志》云："历室，燕宫名也。"高诱云："燕哙乱，齐伐燕，杀哙，得鼎，今反归燕故鼎。"　⑤【集解】徐广曰："竹田曰篁。谓燕之疆界移于齐之汶水。"【索隐】蓟丘，燕所都之地也。言燕之蓟丘所植，皆植齐王汶上之竹也。徐注非也。【正义】幽州蓟地西北隅有蓟丘。又汶水源出兖州博城县东北原山，西南入泲。　⑥【索隐】慊音苦簟反。亦作"嗛"。嗛者，常慊然而不惬其志也。

臣闻贤圣之君，功立而不废，故著于《春秋》，早知之士，名成而不毁，故称于后世。若先王之报怨雪耻，夷万乘之强国，收八百岁之蓄积，及至弃群臣之日，余教未衰，执政任事之臣，修法令，慎庶孽，施及乎萌隶，皆可以教后世。

臣闻之，善作者不必善成，善始者不必善终。昔伍子胥说听于阖闾，而吴王远迹至郢。夫差弗是也，赐之鸱夷而浮之江。吴王不寤先论之可以立功，故沈子胥而不悔；子胥不早见主之不同量，是以至于入江而不化。①

①【索隐】言子胥怨恨，故虽投江而神不化，犹为波涛之神也。

夫免身立功，以明先王之迹，臣之上计也。离毁辱之诽谤，①堕先王之名，②臣之所大恐也。临不测之罪，以幸为利，义之所不敢出也。③

①【索隐】诽音方味反。　②【索隐】堕音许规反。　③【索隐】谓既临不测之罪，以幸免为利，今我仍义先王之恩，虽身托外国，而心亦不敢出也。

臣闻古之君子，交绝不出恶声。①忠臣去国，不絜其名。②臣虽不佞，③数奉教于君子矣。④恐侍御者之亲左右之说，不察疏远之行，故敢献书以闻，唯君王之留意焉。⑤

①【正义】君子之人，交绝不说己长而谈彼短。　②【索隐】言忠臣去离本国，不自絜其名，云己无罪，故《礼》曰"大夫去其国，不说人以无罪"是也。【正义】言不絜己名行而咎于君，若箕子不忍言殷恶是也。　③【索隐】不佞，犹不才也。　④【索隐】"数"音朔。言我已数经奉教令于君子。君子即识礼之人。谓己在外，犹云己罪，不说王之有非，故下云"不察疏远之行"，斯亦忠臣之节。　⑤【集解】夏侯玄曰："观乐生遗燕惠王书，其殆庶乎知机合道，以礼始终者与！又其喻昭王曰：'伊尹放太甲而不疑，太甲受放而不怨，是存大业于至公而以天下为心者也。'夫欲极道

德之量，务以天下为心者，必致其主于盛隆，合其趣于先王，苟君臣同符，则大业定矣。于斯时也，乐生之志，千载一遇。夫千载一遇之世，亦将行千载一隆之道，岂其局迹当时，止于兼并而已哉！夫兼并者，非乐生之所屑；强燕而废道，又非乐生之所求。不屑苟利，心无近事，不求小成，斯意兼天下者也。则举齐之事，所以运其机而动四海也。夫讨齐以明燕王之义，此兵不兴于为利矣。围城而害不加于百姓，此仁心著于遐迩矣。举国不谋其功，除暴不以威力，此至德全于天下矣。迈全德以率列国，则几于汤、武之事矣。乐生方恢大纲以纵二城，收民明信以待其弊，将使即墨、莒人顾仇其上，愿释干戈赖我，犹亲善守之，智无所施之。然则求仁得仁，即墨大夫之义；仕穷则徙，微子适周之道。开弥广之路，以待田单之徒；长容善之风，以申齐士之志。使夫忠者遂节，勇者义著，昭之东海，属之华裔，我泽如春，民应如草，道光宇宙，贤智托心，邻国倾慕，四海延颈，思戴燕主，仰望风声，二城必从，则王业隆矣。虽淹留于两邑，乃致速于天下也。不幸之变，世所不图，败于垂成，时运固然。若乃逼之以威，劫之以兵，攻取之事，求欲速之功，使燕、齐之士流血于二城之下，奓杀伤之残以示四海之人，是纵暴易乱以成其私，邻国望之，其犹豺虎。既大堕称兵之义，而丧济溺之仁，且亏齐士之节，废廉善之风，掩宏通之度，弃王德之隆，虽二城几于可拔，霸王之事逝其远矣。然则燕虽兼齐，其与世主何以殊哉？其与邻国何以相倾？乐生岂不知拔二城之速了哉，顾城拔而业乖也。岂不虑不速之致变哉，顾业乖与变同。繇是观之，乐生之不屠二城，未可量也。”

于是燕王复以乐毅子乐间[①]为昌国君；而乐毅往来复通燕，燕、赵以为客卿。乐毅卒于赵。[②]

①【索隐】音纪闲反。　②【集解】张华曰：“望诸君冢在邯郸西数里。”

乐间居燕三十余年，燕王喜用其相栗腹之计，[①]欲攻赵，而问昌国君乐间。乐间曰："赵，四战之国也，[②]其民习兵，伐之不可。"燕王不听，遂伐赵。赵使廉颇击之，大破栗腹之军于鄗，擒栗腹、乐乘。乐乘者，乐间之宗也。于是乐间奔赵，赵遂围燕。燕重割地以与赵和，赵乃解而去。

①【索隐】栗，姓。腹，名也。汉有栗姬。　②【索隐】言赵数距四方之敌，故云"四战之国"。【正义】东邻燕、齐，西边秦、楼烦，南界韩、魏，北迫匈奴。

燕王恨不用乐间，乐间既在赵，乃遗乐间书曰："纣之时，箕子不用，犯谏不怠，以冀其听。商容不达，身只辱焉，以冀其变。及民志不入，狱囚自出，[①]然后二子退隐。故纣负桀暴之累，二子不失忠圣之名。何者？其忧患之尽矣。今寡人虽愚，不若纣之暴也；燕民虽乱，不若殷民之甚也。室有语，不相尽以告邻里。[②]二者，寡人不为君取也。"[③]

①【索隐】民志不入谓国乱而人离心向外，故云"不入"。又狱囚自出，是政乱而士师下为之守法也。　②【正义】言家室有忿争不决，必告邻里，今故以书相告也。　③【正义】二者，谓燕君未如纣，燕民未如殷民。复相告子反燕以疑君民之恶，是寡人不为君取之。

乐间、乐乘怨燕不听其计，二人卒留赵。赵封乐乘为武襄君。[①]

①【索隐】乐乘，乐毅之宗人也。

其明年，乐乘、廉颇为赵围燕，燕重礼以和，乃解。后五岁，赵孝成王卒。襄王使乐乘代廉颇。廉颇攻乐乘，乐乘走，廉颇亡入魏。其后十六年而秦灭赵。

其后二十余年，高帝过赵，问："乐毅有后世乎？"对曰："有乐叔。"高帝封之乐乡，[①]号曰华成君。华成君，乐毅之孙也。而乐氏之族有乐瑕公、乐臣公，[②]赵且为秦所灭，亡之齐高密。乐臣公善修黄帝、老子之言，显闻于齐，称贤师。

①【集解】徐广曰："在北新城。"【正义】《地理志》云信都有乐乡县。

②【集解】一作"巨公"。

太史公曰：始齐之蒯通及主父偃读乐毅之报燕王书，未尝不废书而泣也。乐臣公学黄帝、老子，其本师号曰河上丈人，不知其所出。河上丈人教安期生，安期生教毛翕公，毛翕公教乐瑕公，乐瑕公教乐臣公，[①]乐臣公教盖公。[②]盖公教于齐高密、胶西，为曹相国师。

①【索隐】本亦作"巨公"。　②【索隐】盖音古阖反。盖公，史不记名。

索隐述赞曰：昌国忠说，人臣所无。连兵五国，济西为墟。燕王受间，空闻报书。义士慷慨，明君轼闾。间、乘继将，芳规不渝。

卷八十一

廉颇蔺相如列传第二十一

廉颇者，赵之良将也。赵惠文王十六年，廉颇为赵将伐齐，大破之，取阳晋，[①]拜为上卿，以勇气闻于诸侯。蔺相如者，赵人也，为赵宦者令缪贤舍人。

①【索隐】阳晋，卫地，后属齐，今赵取之。司马彪《郡国志》曰今卫国阳晋城是也。有本作“晋阳”，非也。晋阳在太原，虽亦赵地，非齐所取也。【正义】故城在曹州乘氏县西北四十七里也。

赵惠文王时，得楚和氏璧。秦昭王闻之，使人遗赵王书，愿以十五城请易璧。赵王与大将军廉颇诸大臣谋：欲予秦，秦城恐不可得，徒见欺；欲勿予，即患秦兵之来。计未定，求人可使报秦者，未得。宦者令缪贤曰：“臣舍人蔺相如可使。”王问：“何以知之？”对曰：“臣尝有罪，窃计欲亡走燕，臣舍人相如止臣，曰：‘君何以知燕王？’臣语曰：‘臣尝从大王与燕王会境上，燕王私握臣手，曰“愿结友”。以此知之，故欲往。’相如谓臣曰：‘夫赵强而燕弱，而君幸于赵王，故燕王欲结于君。今君乃亡赵走燕，燕畏赵，其势必不敢留君，而束君归赵矣。君不如肉袒伏斧质请罪，则幸得脱矣。’臣从其计，大王亦幸赦臣。臣窃以为其人勇士，有智谋，宜可使。”于是王召见，问蔺相如曰：“秦王以十五城请易寡人之璧，可予不？”相如曰：“秦强而赵弱，不可不许。”王曰：“取吾璧，不予我城，奈何？”相如曰：“秦以城求璧而赵不许，曲在赵。赵予璧而秦不予赵城，曲在秦。均之二策，宁许以负秦曲。”王曰：“谁可使者？”相如曰：“王必无人，臣愿奉璧往使。城入赵而璧留秦；城不入，臣请完璧归赵。”赵王于是遂遣相如奉璧西入秦。

秦王坐章台见相如，相如奉璧奏秦王。秦王大喜，传以示美人及左右，左右皆呼万岁。相如视秦王无意偿赵城，及前曰：“璧有瑕，请指示王。”王授璧，相如因持璧却立，倚柱，怒发上冲冠，谓秦王曰：“大王欲得璧，使人发书至赵王，赵王悉召群臣议，皆曰‘秦贪，负其强，以空言求璧，偿城恐不可得’。议不欲予秦璧。臣以为布衣之交尚不相欺，况大国乎！且以一璧之故逆强秦之欢，不可。于是赵王乃斋戒五日，使臣奉璧，拜送书于庭。何者？严大国之威以修敬也。今臣至，大王见臣列观，礼节甚倨；得璧，传之美人，以戏弄臣。臣观大王无意偿赵王城邑，故臣复取璧。大王必欲急臣，臣头今与璧俱碎于柱矣！”相如持其璧睨柱，欲以击柱。秦王恐其破璧，乃辞谢固请，召有司案图，指从此以往十五都予赵。相如度秦王特以诈佯为予赵城，实不可得，乃谓秦王曰：“和氏璧，天下所共传宝也，赵王恐，不敢不献。赵王送璧时，斋戒五日，今大王亦宜斋戒五日，设九宾于廷，[①]臣乃敢上璧。”秦王度之，终不可强夺，遂许斋五日，舍相如广成传舍。[②]相如度秦王虽斋，决负约不偿城，乃使其从者衣褐，怀其璧，从径道亡，归璧于赵。

①【集解】韦昭曰："九宾则《周礼》九仪。"【索隐】《周礼》大行人别九宾，谓九服之宾客也。《列士传》云设九牢也。【正义】刘伯庄云："九宾者，周王备之礼，天子临轩，九服同会。秦、赵何得九宾？但亦陈设车辂文物耳。" ②【索隐】广成是传舍之名。传音张恋反。

秦王斋五日后，乃设九宾礼于廷，引赵使者蔺相如。相如至，谓秦王曰："秦自缪公以来二十余君，未尝有坚明约束者也。臣诚恐见欺于王而负赵，故令人持璧归，间至赵矣。且秦强而赵弱，大王遣一介之使至赵，赵立奉璧来。今以秦之强而先割十五都予赵，赵岂敢留璧而得罪于大王乎？臣知欺大王之罪当诛，臣请就汤镬，唯大王与群臣孰计议之。"秦王与群臣相视而嘻。[①]左右或欲引相如去，秦王因曰："今杀相如，终不能得璧也，而绝秦赵之欢，不如因而厚遇之，使归赵，赵王岂以一璧之故欺秦邪！"卒廷见相如，毕礼而归之。

①【索隐】音希。乃惊而怒之辞也。

相如既归，赵王以为贤大夫使不辱于诸侯，拜相如为上大夫。秦亦不以城予赵，赵亦终不予秦璧。其后秦伐赵，拔石城。[①]明年，复攻赵，杀二万人。

①【集解】徐广曰："惠文王十八年。"【索隐】刘氏云盖谓石邑也。【正义】故石城在相州林虑县南九十里也。

秦王使使者告赵王，欲与王为好会于西河外渑池。[①]赵王畏秦，欲毋行。廉颇、蔺相如计曰："王不行，示赵弱且怯也。"赵王遂行，相如从。廉颇送至境，与王诀曰："王行，度道里会遇之礼毕，还，不过三十日。三十日不还，则请立太子为王，以绝秦望。"王许之，遂与秦王会渑池。[②]秦王饮酒酣，曰："寡人窃闻赵王好音，请奏瑟。"赵王鼓瑟。秦御史前书曰"某年月日，秦王与赵王会饮，令赵王鼓瑟"。蔺相如前曰："赵王窃闻秦王善为秦声，请奏盆缻[③]秦王，以相娱乐。"秦王怒，不许。于是相如前进缻，因跪请秦王。秦王不肯击缻。相如曰："五步之内，相如请得以颈血溅大王矣！"[④]左右欲刃相如，相如张目叱之，左右皆靡。于是秦王不怿，为一击缻。相如顾召赵御史书曰"某年月日，秦王为赵王击缻"。秦之群臣曰："请以赵十五城为秦王寿"。蔺相如亦曰："请以秦之咸阳为赵王寿。"秦王竟酒，终不能加胜于赵。赵亦盛设兵以待秦，秦不敢动。

①【索隐】在西河之南，故云"外"。案：表在赵惠文王二十年。
②【集解】徐广曰："二十年。"　③【集解】《风俗通义》曰："缶者，瓦器，所以盛酒浆，秦人鼓之以节歌也。"【索隐】缻音缶。【正义】缻音缾。
④【正义】溅音赞。

既罢归国，以相如功大，拜为上卿，位在廉颇之右。[①]廉颇曰:“我为赵将,有攻城野战之大功,而蔺相如徒以口舌为劳,而位居我上,且相如素贱人,吾羞,不忍为之下。”宣言曰:“我见相如,必辱之。”相如闻,不肯与会。相如每朝时,常称病,不欲与廉颇争列。已而相如出,望见廉颇,相如引车避匿。于是舍人相与谏曰:“臣所以去亲戚而事君者,徒慕君之高义也。今君与廉颇同列,廉君宣恶言而君畏匿之,恐惧殊甚,且庸人尚羞之,况于将相乎!臣等不肖,请辞去。”蔺相如固止之,曰:“公之视廉将军孰与秦王?”曰:“不若也。”相如曰:“夫以秦王之威,而相如廷叱之,辱其群臣,相如虽驽,独畏廉将军哉?顾吾念之,强秦之所以不敢加兵于赵者,徒以吾两人在也。今两虎共斗,其势不俱生。吾所以为此者,以先国家之急而后私仇也。”廉颇闻之,肉袒负荆,②因宾客至蔺相如门谢罪。曰:“鄙贱之人,不知将军宽之至此也。”卒相与欢,为刎颈之交。③

①【索隐】王劭按:董勋《答礼》曰“职高者名录在上,于人为右;职卑者名录在下,于人为左,是以谓下迁为左。”【正义】秦、汉以前用右为上。
②【索隐】肉袒者,谓袒衣而露肉也。负荆者,荆,楚也,可以为鞭也。
③【索隐】崔浩云:“要齐生死而刎颈无悔也。”

是岁,廉颇东攻齐,破其一军。居二年,廉颇复伐齐幾,拔之。①后三年,廉颇攻魏之防陵、②安阳,拔之。后四年,蔺相如将而攻齐,至平邑而罢。③其明年,赵奢破秦军阏与下。

①【集解】徐广曰:“幾,邑名也。”案:《赵世家》惠文王二十三年,颇将

攻魏之幾邑，取之，而《齐世家》及年表无“伐齐幾，拔之”事，疑幾是邑名，而或属齐或属魏耳。田单在齐，不得至于拔也。【索隐】世家与此列传合。《战国策》云秦败阏与及攻魏幾。幾亦属魏。而裴骃云或属齐、属魏也。【正义】幾音祈。在相、潞之间。 ②【集解】徐广曰：“一作‘房子’。”【索隐】案：防陵在楚之西，属汉中郡。魏有房子，盖‘陵’字误也。【正义】城在相州安阳县南二十里，因防水为名。 ③【正义】故城在魏州昌乐县东北三十里。

赵奢者，赵之田部吏也。收租税而平原君家不肯出租，奢以法治之，杀平原君用事者九人。平原君怒，将杀奢。奢因说曰：“君于赵为贵公子，今纵君家而不奉公则法削，法削则国弱，国弱则诸侯加兵，诸侯加兵是无赵也，君安得有此富乎？以君之贵，奉公如法则上下平，上下平则国强，国强则赵固，而君为贵戚，岂轻于天下邪？”平原君以为贤，言之于王。王用之治国赋，国赋大平，民富而府库实。

秦伐韩，军于阏与。王召廉颇而问曰：“可救不？”对曰：“道远险狭，难救。”又召乐乘而问焉，乐乘对如廉颇言。又召问赵奢，奢对曰：“其道远险狭，譬之犹两鼠斗于穴中，将勇者胜。”王乃令赵奢将，救之。兵去邯郸三十里，而令军中曰：“有以军事谏者死。”秦军军武安西，[①]秦军鼓噪勒兵，武安屋瓦尽振。军中候有一人言急救武安，赵奢立斩之。坚壁，留二十八日不行，复益增垒。秦间来入，赵奢善食而遣之。间以报秦将，秦将大喜曰：“夫去国[②]三十里而军不行，乃增垒，阏与非赵地也。”赵奢既已遣秦间，乃卷甲而趋之，二日一夜至，令善射者去阏与五十里而军。军垒成，秦人闻之，悉甲而至。军士许历请以军事谏，赵奢曰："内之。"许历曰："秦人不意赵师至此，其来气盛，将军必厚集其阵以待之。不然，必败。"赵奢曰："请受令。"许历曰："请就铁质之诛。"赵奢曰："胥后令[③]邯郸。"许历复请谏，[④]曰："先据北山上者胜，[⑤]后至者败。"赵奢许诺，即发万人趋之。秦兵后至，争山不得上，赵奢纵兵击之，大破秦军。秦军解而走，遂解阏与之围而归。

①【集解】徐广曰："属魏郡，在邯郸西。" ②【正义】国谓邯郸，赵都也。 ③【索隐】案："胥""须"古人通用。今者"胥后令"，谓"胥"为"须"，须者，待也，待后令。谓许历之言更不拟诛之，故更待后令也。【正义】胥，犹须也。军去城都三十里而不行，未有计过险狭，恐人谏令急救武安，乃出此令。今垂战须得谋策，不用前令，故云"须后令"也。 ④【索隐】"邯郸"二字当为"欲战"，谓临战之时，许历复谏也。王粲诗云"许历为完士，一言犹败秦"，是言赵奢用其计，遂破秦军也。江遂曰"汉令称完而不髡曰耐，是完士未免从军也"。 ⑤【正义】阏与山在洺州武安县西南五十里，赵奢拒秦军于阏与，即此山也。案：《括地志》云"言拒秦军在此山"，疑其太近洺州。既去邯郸三十里而军，又云趋之二日一夜，至阏与五十里而军垒成，据今洺州去潞州三百里间而隔相州，恐潞州阏与聚城是所拒据处。

赵惠文王赐奢号为马服君，以许历为国尉。赵奢于是与廉颇、蔺相如同位。

后四年，赵惠文王卒，子孝成王立。七年，秦与赵兵相距长平，时赵奢已死，[①]而蔺相如病笃，赵使廉颇将攻秦，秦数败赵军，赵军固壁不战。秦数挑战，廉颇不肯。赵王信秦之间。秦之间言曰："秦之所恶，独畏马服君赵奢之子赵括为将耳。"赵王因以括为将，代廉颇。蔺相如曰："王以名使括，若胶柱而鼓瑟耳。括徒能读其父书传，不知合变也。"赵王不听，遂将之。

①【集解】张华曰："赵奢冢在邯郸界西山上，谓之马服山。"

赵括自少时学兵法，言兵事，以天下莫能当。尝与其父奢言兵事，奢不能难，然不谓善。括母问奢其故，奢曰："兵，死地也，而括易言之。使赵不将括即已，若必将之，破赵军者必括也。"及括将行，其母上书言于王曰："括不可使将。"王曰："何以？"对曰："始妾事其父，时为将，身所奉饭饮而进食者以十数，[①]所友者以百数，大王及宗室所赏赐者尽以予军吏士大夫，受命之日，不问家事。今括一旦为将，东向而朝，军吏无敢仰视之者，王所赐金帛，归藏于家，而日视便利田宅可买者买之。王以为何如其父？父子异心，愿王勿遣。"王曰："母置之，吾已决矣。"括母因曰："王终遣之，即有如不称，妾得无随坐乎？"王许诺。

①【正义】奉音捧。

赵括既代廉颇，悉更约束，易置军吏。秦将白起闻之，纵奇兵，佯败走，而绝其粮道，分断其军为二，士卒离心。四十余日，军饿，赵括出锐卒自博战，秦军射杀赵括。括军败，数十万之众遂降秦，秦悉坑之。赵前后所亡凡四十五万。明年，秦兵遂围邯郸，岁余，几不得脱。赖楚、魏诸侯来救，乃得解邯郸之围。赵王亦以括母先言，竟不诛也。

自邯郸围解五年，而燕用栗腹之谋，曰“赵壮者尽于长平，其孤未壮”，举兵击赵。赵使廉颇将，击，大破燕军于鄗，杀栗腹，遂围燕。燕割五城请和，乃听之。赵以尉文[1]封廉颇为信平君，[2]为假相国。

①【集解】徐广曰：“邑名也。” ②【索隐】信平，号也。除广云：“尉文，邑名。”按：《汉书》表有“尉文节侯，”云在南郡。盖尉，官也；文，名也。谓取尉文所食之邑复以封颇，而后号为信平君也。

廉颇之免长平归也，失势之时，故客尽去。及复用为将，客又复至。廉颇曰：“客退矣！”客曰：“吁，君何见之晚也？夫天下以市道交，君有势，我则从君，君无势则去，此固其理也，有何怨乎？”居六年，赵使廉颇伐魏之繁阳，[1]拔之。

①【集解】徐广曰：“属魏郡。”【正义】在相州内黄县东北也。

赵孝成王卒，子悼襄王立，使乐乘代廉颇。廉颇怒，攻乐乘，乐乘走。廉颇遂奔魏之大梁。其明年，赵乃以李牧为将而攻燕，拔武遂、方城。[1]

①【索隐】《地理志》武遂属河间国，方城属广阳也。【正义】武遂，易州遂城也。方城，幽州固安县南十里。

廉颇居梁久之，魏不能信用。赵以数困于秦兵，赵王思复得廉颇，廉颇亦思复用于赵。赵王使使者视廉颇尚可用否。廉颇之仇郭开多与使者金，令毁之。赵使者既见廉颇，廉颇为之一饭斗米，肉十斤，被甲上马，以示尚可用。赵使还报王曰："廉将军虽老，尚善饭，然与臣坐，顷之三遗矢矣。"[①]赵王以为老，遂不召。

①【索隐】谓数起便也。矢，一作"屎"。

楚闻廉颇在魏，阴使人迎之。廉颇一为楚将，无功，曰："我思用赵人。"廉颇卒死于寿春。[①]

①【正义】廉颇墓在寿州寿春县北四里。蔺相如墓在邯郸西南六里。

李牧者，赵之北边良将也。常居代雁门，[①]备匈奴。以便宜置吏，市租皆输入莫府，[②]为士卒费。日击数牛飨士，习射骑，谨烽火，多间谍，[③]厚遇战士。为约曰："匈奴即入盗，急入收保，有敢捕虏者斩。"匈奴每入，烽火谨，辄入收保，不敢战。如是数岁，亦不亡失。然匈奴以李牧为怯，虽赵边兵亦以为吾将怯。赵王让李牧，李牧如故。赵王怒，召之，使他人代将。

①【正义】今雁门县在代地，故云代雁门也。　②【集解】如淳曰："将军征行无常处，所在为治，故言'莫府'。莫，大也。"【索隐】如淳解"莫"为"大"，非也。崔浩云"古者出征为将帅，军还则罢，理无常处，以幕帟为府

署，故曰‘莫府’”。则“莫”当作“幕”，字之误也。 ③【索隐】上纪苋反，下音牒。

岁余，匈奴每来，出战。出战，数不利，失亡多，边不得田畜。[①]复请李牧。牧杜门不出，固称疾。赵王乃复强起使将兵。牧曰：“王必用臣，臣如前，乃敢奉令。”王许之。

①【正义】许六反。

李牧至，如故约。匈奴数岁无所得。终以为怯。边士日得赏赐而不用，皆愿一战。于是乃具选车得千三百乘，选骑得万三千匹，百金之士五万人，[①]彀者十万人，[②]悉勒习战。大纵畜牧，人民满野。匈奴小入，佯北不胜，以数千人委之。[③]单于闻之，大率众来入。李牧多为奇陈，张左右翼击之，大破杀匈奴十余万骑。灭襜褴，[④]破东胡，降林胡，单于奔走。其后十余岁，匈奴不敢近赵边城。

①【集解】《管子》曰：“能破敌擒将者赏百金。” ②【索隐】彀音古候反。彀谓能射也。 ③【索隐】委谓弃之，恣其杀略也。 ④【集解】襜，都甘反。褴，路谈反。徐广曰：“一作临。”骃又案：如淳曰“胡名也，在代北”。

赵悼襄王元年，廉颇既亡入魏，赵使李牧攻燕，拔武遂、方城。居二年，庞煖破燕军，[①]杀剧辛。[②]后七年，秦破杀赵将扈辄[③]于武遂城，[④]斩首十万。赵乃以李牧为大将军，击秦军于宜安，[⑤]大破秦军，走秦将桓齮。[⑥]封李牧为武安君。居三年，秦攻番吾，[⑦]李牧击破秦军，南距韩、魏。

①【索隐】按：爰即冯爰也。庞音皮江反。爰音况远反，亦音喧。②【索隐】本赵人，仕燕者。　③【索隐】扈，氏。辄，名。汉张耳时别有扈辄也。　④【索隐】刘氏云"武遂本韩地，在赵西，恐非《地理志》河间武遂也。"　⑤【正义】在桓州槁城县西南二十里。　⑥【索隐】音蚁。⑦【索隐】县名。《地理志》在常山。音婆，又音盘。【正义】在相州房山县东二十里也。

赵王迁七年，秦使王翦攻赵，赵使李牧、司马尚御之。秦多与赵王宠臣郭开金，为反间，言李牧、司马尚欲反。赵王乃使赵葱及齐将颜聚代李牧。李牧不受命，赵使人微捕得李牧，斩之。废司马尚。后三月，王翦因急击赵，大破杀赵葱，虏赵王迁及其将颜聚，遂灭赵。

太史公曰：知死必勇，非死者难也，处死者难。方蔺相如引璧睨柱，及叱秦王左右，势不过诛，然士或怯懦[①]而不敢发。相如一奋其气，威信敌国，[②]退而让颇，名重太山，其处智勇，可谓兼之矣。

①【集解】徐广曰："一作掘懦。"　②【索隐】信音伸。

索隐述赞曰：清飙凛凛，壮气熊熊。各竭诚义，递为雌雄。和璧聘返，渑池好通。负荆知惧，屈节推工。安边定策，颇、牧之功。

卷八十二

田单列传第二十二

田单者，[①]齐诸田疏属也。湣王时，单为临菑市掾，不见知。及燕使乐毅伐破齐，齐湣王出奔，已而保莒城。燕师长驱平齐，而田单走安平，[②]令其宗人尽断其车轴末[③]而傅铁笼。[④]已而燕军攻安平，城坏，齐人走，争涂，以輊折车败，[⑤]为燕所虏，唯田单宗人以铁笼故得脱，东保即墨。燕既尽降齐城，唯独莒、即墨不下。燕军闻齐王在莒，并兵攻之。淖齿[⑥]既杀湣王于莒，因坚守，距燕军，数年不下。燕引兵东围即墨，即墨大夫出与战，败死。城中相与推田单，曰："安平之战，田单宗人以铁笼得全，习兵。"立以为将军，以即墨距燕。

①【索隐】单音丹。　②【集解】徐广曰："今之东安平也，在青州临菑县东十九里。古纪之酅邑，齐改为安平，秦灭齐，改为东安平县，属齐郡，以定州有安平，故加'东'字。"【索隐】《地理志》东安平属淄川国。

③【索隐】断音都缓反。断其轴，恐长相拨也。以铁裹轴头，坚而易进也。

④【集解】徐广曰："傅音附。"【索隐】傅者截其轴与毂齐，以铁鍱附轴末，施辖于铁中以制毂也。又《方言》曰"车輊，齐谓之笼"。郭璞云"车轴也"。

⑤【集解】徐广曰："輊，车轴头也。音卫。"　⑥【集解】徐广曰："多作悼齿也。"

顷之，燕昭王卒，惠王立，与乐毅有隙。田单闻之，乃纵反间于燕，宣言曰："齐王已死，城之不拔者二耳。乐毅畏诛而不敢归，以伐齐为名，实欲连兵南面而王齐。齐人未附，故且缓攻即墨以待其事。齐人所惧，唯恐他将之来，即墨残矣。"燕王以为然，使骑劫代乐毅。

乐毅因归赵，燕人士卒忿。而田单乃令城中人食必祭其先祖于庭，飞鸟悉翔舞城中下食。燕人怪之。田单因宣言曰："神来下教我。"乃令城中人曰："当有神人为我师。"有一卒曰："臣可以为师乎？"因反走。田单乃起，引还，东向坐，师事之。卒曰："臣欺君，诚无能也。"田单曰："子勿言也！"因师之。每出约束，必称神师。乃宣言曰："吾唯惧燕军之劓所得齐卒，置之前行，①与我战，即墨败矣。"燕人闻之，如其言。城中人见齐诸降者尽劓，皆怒，坚守，唯恐见得。单又纵反间曰："吾惧燕人掘吾城外冢墓，僇先人，可为寒心。"燕军尽掘垄墓，烧死人。即墨人从城上望见，皆涕泣，俱欲出战，怒自十倍。

①【正义】胡郎反。

田单知士卒之可用，乃身操版插，①与士卒分功，妻妾编于行伍之间，尽散饮食飨士。令甲卒皆伏，使老弱女子乘城，遣使约降于燕，燕军皆呼万岁。田单又收民金，得千溢，令即墨富豪遗燕将，曰："即墨即降，愿无虏掠吾族家妻妾，令安堵。"燕将大喜，许之。燕军由此益懈。

①【索隐】操音七高反。插音初洽反。【正义】古之军行,常负版插也。

田单乃收城中得千余牛,为绛缯衣,画以五彩龙文,束兵刃于其角,而灌脂束苇于尾,烧其端。凿城数十穴,夜纵牛,壮士五千人随其后。牛尾热,怒而奔燕军,燕军夜大惊。牛尾炬火光明炫耀,燕军视之皆龙文,所触尽死伤。五千人因衔枚击之,而城中鼓噪从之,老弱皆击铜器为声,声动天地。燕军大骇,败走。齐人遂夷杀其将骑劫。燕军扰乱奔走,齐人追亡逐北,所过城邑皆畔燕而归田单,兵日益多,乘胜,燕日败亡,卒至河上,[①]而齐七十余城皆复为齐。乃迎襄王于莒,入临灾而听政。

①【索隐】齐之北界,近河东,盖齐旧地也。

襄王封田单,号曰安平君。[①]

①【索隐】单初起安平,故以为号。

太史公曰:兵以正合,以奇胜。[①]善之者,[②]出奇无穷。[③]奇正还相生,[④]如环之无端。[⑤]夫始如处女,[⑥]适人开户。[⑦]后如脱兔,适不及距。[⑧]其田单之谓邪。

①【集解】魏武帝曰:"先出合战为正,后出为奇也。正者当敌,奇兵击不备。"【集解】奇谓权诈也。注引魏武,盖亦军令也。 ②【索隐】兵不厌诈,故云"善之"。 ③【索隐】谓权变多也。 ④【正义】犹当合

也。言正兵当阵，张左右翼掩其不备，则奇正合败敌也。　⑤【索隐】言用兵之术，或用正法，或用奇计，使前敌不可测量，如寻环中不知端际也。⑥【索隐】言兵之始，如处女之软弱也。　⑦【集解】徐广曰："適音敌。"【索隐】若我如处女之弱，则敌人轻侮，开户不为备。【正义】敌人谓燕军也。言燕军被田单反间，易将及劓卒烧垄墓，而令齐卒甚怒，是敌人为单开门户也。　⑧【集解】魏武帝曰："如女示弱，脱兔往疾也。"【索隐】克捷之后，卷甲而趋，如兔之得脱而走疾也。敌不及距者，若脱兔忽过，而敌忘其所距也。

初，淖齿之杀湣王也，莒人求湣王子法章，得之太史嬓之家，[①]为人灌园。嬓女怜而善遇之。后法章私以情告女，女遂与通。及莒人共立法章为齐王，以莒距燕，而太史氏女遂为后，所谓"君王后"也。

①【正义】嬓音皎。

燕之初入齐，闻画邑人王蠋贤，[①]令军中曰"环画邑三十里无入"，以王蠋之故。已而使人谓蠋曰："齐人多高子之义，吾以子为将，封子万家。"蠋固谢。燕人曰："子不听，吾引三军而屠画邑。"王蠋曰："忠臣不事二君，贞女不更二夫。齐王不听吾谏，故退而耕于野。国既破亡，吾不能存。今又劫之以兵为君将，是助桀为暴也。与其生而无义，固不如烹。"遂经[②]其颈于树枝，自奋绝脰[③]而死。齐亡大夫闻之，曰："王蠋，布衣也，义不北面于燕，况在位食禄者乎！"乃相聚如莒，求诸子，立为襄王。

①【集解】刘熙曰："齐西南近邑。画音获。"【索隐】音胡卦反。蠋音触，亦音歜。【正义】《括地志》云："戟里城在临淄西北三十里，春秋时棘邑，又云澅邑。"蠋所居即此邑，因澅水为名也。　②【索隐】经，犹系也。③【索隐】何休云："脰，颈，齐语也。音豆。"

索隐述赞曰：军法以正，实尚奇兵。断轴自免，反间先行。群鸟惑众，五牛扬旌。卒破骑劫，皆复齐城。襄王嗣位，乃封安平。

卷八十三

鲁仲连邹阳列传第二十三

【索隐】鲁连、屈原当六国之时，贾谊、邹阳在文、景之日，事迹虽复相类，年代甚为乖绝。其邹阳不可上同鲁连，贾生亦不可下同屈原。宜抽鲁连同田单为传，其屈原与宋玉等为一传，其邹阳与枚乘、贾生等同传。

鲁仲连者，齐人也。好奇伟俶傥之画策，①而不肯仕宦任职，好持高节。游于赵。

①【索隐】按：《广雅》云"俶傥，卓异也。"【正义】俶，天历反。《鲁仲连子》云："齐辩士田巴，服狙丘，议稷下，毁五帝，罪三王，服五伯，离坚白，合同异，一日服千人。有徐劫者，其弟子曰鲁仲连，年十二，号'千里驹'，往请田巴曰：'臣闻堂上不奋，郊草不芸，白刃交前，不救流矢，急不暇缓也。今楚军南阳，赵伐高唐，燕人十万，聊城不去，国亡在旦夕，先生奈之何？若不能者，先生之言有似枭鸣，出城而人恶之。愿先生勿复言。'田巴曰：'谨闻命矣。'巴谓徐劫曰：'先生乃飞兔也，岂直千里驹！'巴终身不谈。"

赵孝成王时，而秦王使白起破赵长平之军前后四十余万，秦兵遂东围邯郸。赵王恐，诸侯之救兵莫敢击秦军。魏安釐王使将军晋鄙救赵，畏秦，止于荡阴不进。①魏王使客将军新垣衍②间入邯郸，因平原君谓赵王曰："秦所为急围赵者，前与齐湣王争强为帝，已而复归帝；今齐（湣王）已益弱，方今唯秦雄天下，此非必贪邯郸，其意欲复求为帝。赵诚发使尊秦昭王为帝，秦必喜，罢兵去。”平原君犹预未有所决。

①【集解】《地理志》河内有荡阴县。【正义】荡，天郎反，相州县。②【索隐】新垣，姓。衍，名也。为梁将。故汉有新垣平。

此时鲁仲连适游赵，会秦围赵，闻魏将欲令赵尊秦为帝，乃见平原君曰："事将奈何？”平原君曰："胜也何敢言事。前亡四十万之众于外，今又内围邯郸而不能去。魏王使客将军新垣衍令赵帝秦，[①]今其人在是。胜也何敢言事。”鲁仲连曰："吾始以君为天下之贤公子也，吾乃今然后知君非天下之贤公子也。梁客新垣衍安在？吾请为君责而归之。”平原君曰："胜请为绍介[②]而见之于先生。”平原君遂见新垣衍曰："东国有鲁仲连先生者，今其人在此，胜请为绍介，交之于将军。”新垣衍曰："吾闻鲁仲连先生，齐国之高士也。衍，人臣也，使事有职，吾不愿见鲁仲连先生。”平原君曰："胜既已泄之矣。”新垣衍许诺。

①【索隐】新垣衍欲令赵尊秦为帝。 ②【集解】郭璞曰："绍介，相佑助者。”【索隐】绍介，犹媒介也。且礼，宾至必因介以传辞。绍者，继也。介不一人，故《礼》云“介绍而传命”。

鲁连见新垣衍而无言。新垣衍曰："吾视居此围城之中者，皆有求于平原君者也。今吾观先生之玉貌，非有求于平原君者也,曷为久居此围城之中而不去?"鲁仲连曰:"世以鲍焦为无从颂而死者,皆非也。[①]众人不知,则为一身。[②]彼秦者,弃礼义而上首功之国也,[③]权使其士,虏使其民。[④]彼即肆然而为帝,过[⑤]而为政于天下,[⑥]则连有蹈东海而死耳,吾不忍为之民也。[⑦]所为见将军者,欲以助赵也。"

①【集解】鲍焦,周之介士也。见《庄子》。【索隐】从颂者,从容也。言世人见鲍焦之死,皆以为不能自宽容而取死,此言非也。【正义】《韩诗外传》云:"姓鲍,名焦,周时隐者也。饰行非世,廉洁而守,荷担采樵,拾橡充食,故无子胤,不臣天子,不友诸侯。子贡遇之,谓之曰:'吾闻非其政者不履其地,污其君者不受其利。今子履其地,食其利,其可乎?'鲍焦曰:'吾闻廉士重进而轻退,贤人易愧而轻死。'遂抱木立枯焉。"按:鲁仲连留赵不去者,非为一身。　②【索隐】言众人不识鲍焦之意,焦以耻居浊世而避之,非是自为一身而忧死。　③【集解】谯周曰:"秦用卫鞅计,制爵二十等,以战获首级者计而受爵。是以秦人每战胜,老弱妇人皆死,计功赏至万数。天下谓之'上首功之国',皆以恶之也。"【索隐】秦法,斩首多为上功。谓斩一人首赐爵一级,故谓秦为"首功之国"也。　④【索隐】言秦人以权诈使其战士,以怒虏使其人民。言无恩以恤下。　⑤【正义】至"过"字为绝句。肆然其志意也。言秦得肆志为帝,恐有烹醢纳筦,遍行天子之礼。过,失也。　⑥【索隐】谓以过恶而为政也。　⑦【正义】若赵、魏帝秦,得行政教于天下,鲁连蹈东海而溺死,不忍为秦百姓。

新垣衍曰:"先生助之将奈何?"鲁连曰:"吾将使梁及燕助之,齐、楚则固助之矣。"新垣衍曰:"燕则吾请以从矣。若乃梁者,则吾乃梁人也,先生恶能使梁助之?"鲁连曰:"梁未睹秦称帝之害故耳。使梁睹秦称帝之害,则必助赵矣。"

新垣衍曰："秦称帝之害何如？"鲁连曰："昔者齐威王尝为仁义矣，率天下诸侯而朝周。周贫且微，诸侯莫朝，而齐独朝之。居岁余，周烈王崩，[①]齐后往，周怒，赴于齐[②]曰：'天崩地坼，天子下席。[③]东藩之臣因齐后至，则斮。'[④]齐威王勃然怒曰：'叱嗟，而母婢也！'[⑤]卒为天下笑。故生则朝周，死则叱之，诚不忍其求也。彼天子固然，其无足怪。"

①【集解】徐广曰："烈王十年崩，威王之七年。"【正义】《周本纪》及年表云烈王七年崩，齐威王十年也，与徐不同。 ②【正义】郑玄云："赴，告也。"今文"赴"作"讣"。 ③【索隐】谓烈王太子安王骄也。下席，言其寝苫居庐也。 ④【集解】《公羊传》曰："欺三军者其法斮。"何休曰："斮，斩也。" ⑤【正义】骂烈王后也。

新垣衍曰："先生独不见夫仆乎？十人而从一人者，宁力不胜而智不若邪？畏之也。"[①]鲁仲连曰："呜呼，梁之比于秦若仆邪？"新垣衍曰："然。"鲁仲连曰："吾将使秦王烹醢梁王。"新垣衍怏然不悦，[②]曰："噫嘻，[③]亦太甚矣先生之言也！先生又恶能使秦王烹醢梁王？"鲁仲连曰："固也，吾将言之。昔者九侯、鄂侯、[④]文王，纣之三公也。九侯有子而好，献之于纣，纣以为恶，醢九侯。鄂侯争之强，辩之疾，故脯鄂侯。文王闻之，喟然而叹，故拘之牖里之库百日，[⑤]欲令之死。曷为与人俱称王，卒就脯醢之地？齐湣王之鲁，夷维子[⑥]为执策而从，谓鲁人曰：'子将何以待吾君？'鲁人曰：'吾将以十太牢待子之君。'夷维子曰：'子安取礼而来〔待〕吾君？彼吾君者，天子也。天子巡狩，诸侯辟舍，[⑦]纳筦籥，[⑧]摄衽抱机，[9]视膳于堂下，天子已食，乃退而听朝也。’鲁人投其籥，不果纳。[10]不得入于鲁，将之薛，[11]假途于邹。当是时，邹君死，湣王欲入吊，夷维子谓邹之孤曰：‘天子吊，主人必将倍殡棺，设北面于南方，然后天子南面吊也。’[12]邹之群臣曰：‘必若此，吾将伏剑而死。’固不敢入于邹。邹、鲁之臣，生则不得事养，死则不得赙襚，[13]然且欲行天子之礼于邹、鲁，邹、鲁之臣不果纳。[14]今秦万乘之国也，梁亦万乘之国也。俱据万乘之国，各有称王之名，睹其一战而胜，欲从而帝之，是使三晋之大臣不如邹、鲁之仆妾也。且秦无已而帝，则且变易诸侯之大臣。彼将夺其所不肖而与其所贤，夺其所憎而与其所爱。彼又将使其子女谗妾为诸侯妃姬，处梁之宫。梁王安得晏然而已乎？而将军又何以得故宠乎？”

①【索隐】言仆夫十人而从一人者，宁是力不胜，亦非智不如，正是畏惧其主耳。　②【正义】怏，于尚反。　③【索隐】上音依。噫者，不平之声。下音僖。嘻者，惊恨之叹也。　④【集解】徐广曰：“邺县有九侯城。九，一作鬼。鄂，一作邢。”【正义】九侯城在相州滏阳县西南五十里。　⑤【正义】相州荡阴县北九里有羑城。　⑥【索隐】按：维，东莱之邑，其居夷也，号夷维子。故晏子为莱之夷维人是也。【正义】密州高密县，古夷安城。应劭云“故莱夷维邑也”。盖因邑为姓。子者，男子之美号。又云子，爵也。　⑦【索隐】辟音避。避正寝。案：《礼》“天子适诸侯，必舍(于)〔其〕祖庙”。　⑧【索隐】音管药。　⑨【索隐】音纪。【正义】衽音而甚反。　⑩【索隐】谓闭外门不入齐君。【正义】籥即钥匙也。投钥匙于地。　⑪【正义】薛侯故城在徐州滕县界也。　⑫【索隐】倍音佩。谓主人不在殡东，将背其殡棺立西阶上，北面哭，是背也。天子乃于阼阶上，南面而吊之也。　⑬【正义】衣服曰襚，货财曰赙，皆助生送死之

礼。 ⑭【索隐】谓时君弱臣强，故邹、鲁君生时臣并不得尽事养，死亦不得行赙禭之礼。然齐欲行天子礼于邹、鲁，邹、鲁之臣皆不果纳之，是犹秉礼而存大体也。

于是新垣衍起，再拜谢曰："始以先生为庸人，吾乃今日知先生为天下之士也。吾请出，不敢复言帝秦。"秦将闻之，为却军五十里。适会魏公子无忌夺晋鄙军以救赵，击秦军，秦军遂引而去。

于是平原君欲封鲁连，鲁连辞让(使)者三，终不肯受。平原君乃置酒，酒酣起前，以千金为鲁连寿。鲁连笑曰："所谓贵于天下之士者，为人排患释难解纷乱而无取也。即有取者，是商贾之事也，而连不忍为也。"遂辞平原君而去，终身不复见。

某后二十余年，燕将攻下聊城，[①]聊城人或谗之燕，燕将惧诛，因保守聊城，不敢归。齐田单攻聊城岁余，[②]士卒多死而聊城不下。鲁连乃为书，约之矢以射城中，遗燕将。书曰：

①【正义】今博州县也。 ②【集解】徐广曰："案年表，田单攻聊城在长平后十余年也。"【索隐】徐广云年表以为田单攻聊城在长平后十余年耳，言"二十余年"，误也。

吾闻之，智者不背时而弃利，勇士不怯死而灭名，[①]忠臣不先身而后君。今公行一朝之忿，不顾燕王之无臣，非忠也。杀身亡聊城，而威不信于齐，非勇也。功败名灭，后世无称焉，非智也。三者世主不臣，说士不载，故智者不再计，勇士不怯死。今死生荣辱，贵贱尊卑，此时不再至，愿公详计而无与俗同。

①【索隐】怯死，犹避死也。

且楚攻齐之南阳，[①]魏攻平陆，[②]而齐无南面之心，以为亡南阳之害小，不如得济北之利大，[③]故定计审处之。今秦人下兵，魏不敢东面。衡秦之势成，[④]楚国之形危。齐弃南阳，[⑤]断右壤，[⑥]定济北，[⑦]计犹且为之也。且夫齐之必决于聊城，公勿再计。今楚、魏交退于齐，而燕救不至。[⑧]以全齐之兵，无天下之规，与聊城共据期年之敝，则臣见公之不能得也。且燕国大乱，君臣失计，上下迷惑，栗腹以十万之众五折于外，[⑨]以万乘之国被围于赵，壤削主困，为天下僇笑。国敝而祸多，民无所归心。今公又以敝聊之民距全齐之兵，是墨翟之守也。[⑩]食人炊骨，士无反外之心，是孙膑之兵也。[⑪]能见于天下。虽然，为公计者，不如全车甲以报于燕。车甲全而归燕，燕王必喜；身全而归于国，士民如见父母，交游攘臂而议于世，功业可明。上辅孤主以制群臣，下养百姓以资说士，[⑫]矫国更俗，[⑬]功名可立也。亡意亦捐燕弃世，东游于齐乎？[⑭]裂地定封，富比乎陶、卫，[⑮]世世称孤，与齐久存，又一计也。此两计者，显名厚实也，愿公详计而审处一焉。

①【索隐】即齐之淮北、泗上之地也。　②【索隐】平陆，邑名，在西界。【正义】兖州县也。　③【索隐】即聊城之地也。【正义】言齐无南面攻楚、魏之心，以为南阳、平陆之害小，不如聊城之利大，言必攻之。　④【索隐】此时秦与齐和，故云“衡秦之势成”也。　⑤【索隐】谓弃楚所攻之泗上也。　⑥【索隐】又断绝魏之所攻齐右壤之地平陆是也。言右壤断弃而不能救。　⑦【索隐】志在攻聊城而定济北也。　⑧【索隐】交者，俱也。前时楚攻南阳，魏攻平陆，今二国之兵俱退，而燕救又不至，是势危也。　⑨【集解】徐广曰：“此事去长平十年。”　⑩【正义】如墨翟守宋，却楚军。　⑪【正义】言孙膑能抚士卒，士卒无二心。　⑫【索隐】言既养百姓，又资说士，终拟强国也。刘氏云读“说士”为“锐士”，意虽便，不如依字也。　⑬【索隐】欲令燕将归燕，矫正国事，改更弊俗也。　⑭【索隐】亡音无。言若必无还燕意，则捐燕而东游于齐乎。　⑮【索隐】延笃注《战国策》云“陶，陶朱公也。卫，卫公子荆”，非也。王劭云“魏冉封陶，商君姓卫”。富比陶、卫，谓此云尔。

且吾闻之，规小节者不能成荣名，恶小耻者不能立大功。昔者管夷吾射桓公中其钩，篡也。遗公子纠不能死，怯也。[①]束缚桎梏，辱也。若此三行者，世主不臣而乡里不通。向使管子幽囚而不出，身死而不反于齐，则亦名不免为辱人贱行矣。臧获且羞与之同名矣，[②]况世俗乎。故管子不耻身在缧绁之中而耻天下之不治，不耻不死公子纠而耻威之不信于诸侯，故兼三行之过而为五霸首，[③]名高天下而光烛邻国。曹子[④]为鲁将，三战三北，而亡地五百里。乡使曹子计不反顾，议不还踵，刎颈而死，则亦名不免为败军禽将矣。曹子弃三北之耻，而退与鲁君计。桓公朝天下，会诸侯，曹子以一剑之任，枝桓公之心于坛坫之上，[5]颜色不变，辞气不悖，三战之所亡一朝而复之，天下震动，诸侯惊骇，威加吴、越。若此二士者，非不能成小廉而行小节也，以为杀身亡躯，绝世灭后，功名不立，非智也。故去感忿之怨，立终身之名。弃忿悁之节，[6]定累世之功。是以业与三王争流，而名与天壤相弊也。愿公择一而行之。

①【索隐】遗，弃也。谓弃子纠而事小白也。【正义】管仲傅子纠而鲁杀之，不能随子纠死，是怯懦畏死也。　②【集解】《方言》曰："荆、淮、海、岱、燕、齐之间骂奴曰臧，骂婢曰获。"　③【正义】按：齐桓最初得周襄王赐文、武胙、彤弓矢、大辂，故为五伯首也。　④【索隐】曹昧。⑤【索隐】枝，犹拟也。　⑥【正义】忿，敷粉反。悁，于缘反。

燕将见鲁连书，泣三日，犹豫不能自决。欲归燕，已有隙，恐诛。欲降齐，所杀虏于齐甚众，恐已降而后见辱。喟然叹曰："与人刃我，宁自刃。"乃自杀。聊城乱，田单遂屠聊城。归而言鲁连，欲爵之。鲁连逃隐于海上，曰："吾与富贵而诎于人，宁贫贱而轻世肆志焉。"[1]

①【索隐】肆，犹放也。

邹阳者，齐人也。游于梁，与故吴人庄忌夫子、[1]淮阴枚生[2]之徒交。上书而介于羊胜、公孙诡之间。[3]胜等嫉邹阳，恶之梁孝王。孝王怒，下之吏，将欲杀之。邹阳客游，以谗见禽，恐死而负累，[4]乃从狱中上书曰：

①【索隐】忌，会稽人，姓庄氏，字夫子。后避汉明帝讳，改姓曰严。 ②【索隐】名乘，字叔，其子皋，《汉书》并有传。盖以衔枚氏而得姓也。 ③【索隐】言邹阳上书自达，而游于二人之间，或往彼，或往此。介者，言有隔于其间，故杜预曰“介，犹间也”。 ④【正义】诸不以罪死为累。

臣闻“忠无不报，信不见疑”，臣常以为然，徒虚语耳。昔者荆轲慕燕丹之义，白虹贯日，太子畏之。[1]卫先生为秦画长平之事，太白蚀昴，而昭王疑之。[2]夫精变天地而信不喻两主，岂不哀哉。今臣尽忠竭诚，毕议愿知，[3]左右不明，[4]卒从吏讯，为世所疑，是使荆轲、卫先生复起，而燕、秦不悟也。愿大王孰察之。

①【集解】应劭曰：“燕太子丹质于秦，始皇遇之无礼，丹亡去，故厚养荆轲，令西刺秦王。精诚感天，白虹为之贯日也。”如淳曰：“白虹，兵象。日为君。”《烈士传》曰：“荆轲发后，太子自相气，见虹贯日不彻，曰：‘吾事不成矣。’后闻轲死，事不立，曰：‘吾知其然也。’”【索隐】又王劭云“轲将入秦，待其客未发，太子丹疑其畏惧，故曰畏之”，其解不如见虹贯日不彻也。《战国策》又云聂政刺韩傀，亦曰“白虹贯日”是也。 ②【集解】苏林曰：“白起为秦伐赵，破长平军，欲遂灭赵，遣卫先生说昭王益兵粮，乃为应侯所害，事用不成。其精诚上达于天，故太白为之蚀昴。昴，赵地分野。将有兵，故太白食昴。食，干历之也。”如淳曰：“太白乃天之将军也。”【索隐】如淳云：“太白主西方，秦在西，败赵之兆也。”又王充云：“夫言白虹贯日，太白食昴，实也。言荆轲之谋，卫先生之策，感动皇天而贯日食昴，虚也。” ③【集解】张晏曰：“尽其计议，愿王知之也。” ④【索隐】言左右之不明，不欲斥王。

昔卞和献宝，楚王刖之。[1]李斯竭忠，胡亥极刑。是以箕子佯狂，[②]接舆辟世，[③]恐遭此患也。愿大王孰察卞和、李斯之意，而后楚王、胡亥之听，[④]无使臣为箕子、接舆所笑。臣闻比干剖心，子胥鸱夷，[⑤]臣始不信，乃今知之。愿大王孰察，少加怜焉。

①【集解】应劭曰："卞和得玉璞，献之武王。武王示玉人，玉人曰'石也'。刖右足。武王没，复献文王，玉人复曰'石也'。刖其左足。至成王时，卞和抱璞哭于郊，乃使玉尹攻之，果得宝玉。"【索隐】楚人卞和得玉璞事见《国语》及《吕氏春秋》。案世家，楚武王名熊通。文王名赀，武王子也。成王，文王子也，名恽。　②【索隐】佯音阳。谓诈为狂也。司马彪曰"箕子名胥余"。　③【集解】张晏曰："楚贤人，佯狂避世也。"【索隐】按：《高士传》曰"楚人陆通，字接舆"是也。　④【索隐】谓以楚王、胡亥之听为谬，故后之而不用。后，犹下也。　⑤【索隐】韦昭云"以皮作鸱鸟形，名曰'鸱夷'。鸱夷，皮榼也。"服虔曰"用马革作囊也，以裹尸，投之于江"。

谚曰："有白头如新，[①]倾盖如故。"[②]何则？知与不知也。[③]故昔樊于期逃秦之燕，借荆轲首以奉丹之事。[④]王奢去齐之魏，临城自刭以却齐而存魏。[⑤]夫王奢、樊于期非新于齐、秦而故于燕、魏也，所以去二国死两君者，行合于志而慕义无穷也。是以苏秦不信于天下，而为燕尾生。[⑥]白圭战亡六城，为魏取中山。[⑦]何则？诚有以相知也。苏秦相燕，燕人恶之于王，王按剑而怒，食以駃騠。[⑧]白圭显于中山，中山人恶之魏文侯，文侯投之以夜光之璧。何则？两主二臣，剖心坼肝相信，岂移于浮辞哉。

①【索隐】服虔云“人不相知，才能交至白头，犹如新也”。　②【索隐】服虔云：“如吴札、郑侨也。”《家语》“孔子遇程子于途，倾盖而语”。又《志林》云“倾盖者，道行相遇，軿车对语，两盖相切，小欹之，故曰倾也”。③【集解】桓谭《新论》曰：“言内有以相知与否，不在新故也。”　④【索隐】借音子夜反。韦昭云：“谓于期逃秦之燕，以头与轲，使入秦以示信也。”⑤【集解】《汉书音义》曰：“王奢，齐人也，亡至魏。其后齐伐魏，奢登城谓齐将曰：‘今君之来，不过以奢之故也。夫义不苟生以为魏累。’遂自刭也。”⑥【索隐】服虔云：“苏秦于齐不出其信，于燕则出尾生之信。”韦昭云：“尾生守信而死者。”案：言苏秦于燕独守信如尾生，故云“为燕之尾生”也。⑦【集解】张晏曰：“白圭为中山将，亡六城，君欲杀之，亡入魏，文侯厚遇之，还拔中山。”【索隐】案：事见《战国策》及《吕氏春秋》也。　⑧【集解】《汉书音义》曰：“駃騠，骏马也，生七日而超其母。敬重苏秦，虽有谗谤，而更膳以珍奇之味。”【索隐】《字林》云“北狄之良马也，马父蠃母”。【正义】食音寺。駃騠音决蹄。北狄良马也。

故女无美恶，入宫见妒。士无贤不肖，入朝见嫉。昔者司马喜髌脚于宋，卒相中山。[①]范睢摺胁折齿于魏[②]，卒为应侯。此二人者，皆信必然之画，捐朋党之私，挟孤独之位，故不能自免于嫉妒之人也。是以申徒狄自沈于河，[③]徐衍负石入海。[④]不容于世，义不苟取比周于朝，以移主上之心。故百里奚乞食于路，缪公委之以政；宁戚饭牛车下，而桓公任之以国。[⑤]此二人者，岂借宦于朝，假誉于左右，然后二主用之哉？感于心，合于行，亲于胶漆，昆弟不能离，岂惑于众口哉？故偏听生奸，独任成乱。昔者鲁听季孙之说而逐孔子，[⑥]宋信子罕之计而囚墨翟。[⑦]夫以孔、墨之辩，不能自免于谗谀，而二国以危。何则？众口铄金，[⑧]积毁销骨也。[⑨]是以秦用戎人由余而霸中国，齐用越人蒙而强威、宣。[⑩]此二国，岂拘于俗，牵于世，系阿偏之辞哉？公听并观，垂名当世。[⑪]故意合则胡越为昆弟，由余、越人蒙是矣；不合，则骨肉出逐不收，朱、象、管、蔡是矣。今人主诚能用齐、秦之义，后宋、鲁之听，则五伯不足称，三王易为也。

①【集解】晋灼曰："司马喜三相中山。"苏林曰："六国时人，被此刑也。"【索隐】事见《战国策》及《吕氏春秋》。　②【索隐】案：《应侯传》作"折胁摺齿"是也。《说文》"拉，摧也"，音力答反。　③【集解】《汉书音义》曰："殷之末世人。"【索隐】《庄子》"申屠狄谏而不用，负石自投于河"。韦昭云"六国时人"。《汉书》云自沈于雍河，服虔曰雍州之河。又《新序》作"抱瓮自沈于河"，不同也。　④【集解】《列士传》曰："周之末世人。"⑤【集解】应劭曰："齐桓公夜出迎客，而宁戚疾击其牛角商歌曰：'南山矸，白石烂，生不遭尧与舜禅。短布单衣适至骭，从昏饭牛薄夜半，长夜曼曼何时旦？'公召与语，说之，以为大夫。"【索隐】事见《吕氏春秋》。商歌谓为商声而歌也，或云商旅人歌也，二说并通。矸音公弹反。矸者，白净貌也。顾野王音岸。禅音膳，如字读，协韵失之故也。《埤苍》云"骭，胫也"。《字林》音下谏反。　⑥【索隐】《论语》"齐人归女乐，季桓子受之，三日不朝，孔子行"也。　⑦【索隐】《左氏》，司城子罕姓乐名喜，乃宋之贤臣也。《汉书》作"子冉"。不知子冉是何人。文颖曰"子冉，子罕也"。《荀卿传》云"墨翟，孔子时人，或云在孔子后"。又襄二十九年《左传》"宋饥，子罕请出粟"。时孔子适八岁，则墨翟与子罕不得相辈，或以子冉为是。不知何如也。⑧【索隐】《国语》云"众心成城，众口铄金"。贾逵云"铄，消也。众口所恶，虽金亦为之消亡"。又《风俗通》云"或说有美金于此，众人或共诋讹，言其不纯金，卖者欲其必售，因取锻烧以见其真，是为众口铄金也。"　⑨【索

隐】大颜云："谗人积久谮毁，则父兄伯叔自相诛戮，骨肉为之消灭也。" ⑩【索隐】越人蒙未见所出。《汉书》作"子臧"。又张晏云"子臧，或是越人"。蒙，字也。 ⑪【索隐】小颜云："公听，言不私。并观，所见同也。"

是以圣王觉寤，捐子之之心，[1]而能不悦于田常之贤。[2]封比干之后，修孕妇之墓，[3]故功业复就于天下。何则？欲善无厌也。夫晋文公亲其仇，强霸诸侯；齐桓公用其仇，而一匡天下。[4]何则，慈仁殷勤，诚加于心，不可以虚辞借也。

①【集解】徐广曰："燕王让国于其大臣子之也。" ②【集解】应劭曰："田常事齐简公，简公悦之，而杀简公。使人君去此心，则国家安全也。" ③【集解】应劭曰："纣刳妊者，观其胎产也。"【索隐】案：封比干之后，后谓子也，不见其文。《尚书》封比干之墓，又惟云刳剔孕妇，则武王虽反商政，亦未必修孕妇之墓也。 ④【集解】谓晋寺人勃鞮、齐管仲也。

至夫秦用商鞅之法，东弱韩、魏，兵强天下，而卒车裂之。越用大夫种之谋，擒劲吴，霸中国，而卒诛其身。是以孙叔敖三去相而不悔，[1]于陵子仲辞三公为人灌园。[2]今人主诚能去骄傲之心，怀可报之意，披心腹，见情素，堕肝胆，施德厚，终与之穷达，无爱于士，则桀之狗可使吠尧，[3]而跖之客可使刺由。[4]况因万乘之权，假圣王之资乎？然则荆轲之湛七族，[5]要离之烧妻子，[6]岂足道哉。

①【索隐】三得相不喜，知其才之自得也。三去相不悔，知非己之罪也。　②【集解】《列士传》曰："楚于陵子仲，楚王欲以为相，而不许，为人灌园。"【索隐】《孟子》云陈仲子，齐陈氏之族。兄为齐卿，仲子以为不义，乃适楚，居于于陵，自谓于陵子仲。楚王聘以为相，子仲遂夫妻相与逃，为人灌园。《列士传》字子终者是也。　③【集解】韦昭曰："言恩厚无不使也。"【索隐】及下"跖之客可使刺由"，服虔云仲由也。应劭云许由也。④【集解】应劭曰："跖之客为其人使刺由。由，许由也。跖，盗跖也。"此并见《战国策》。　⑤【集解】应劭曰："荆轲为燕刺秦始皇，不成而死，其族坐之湛没。吴王阖闾欲杀王子庆忌，要离诈以罪亡，令吴王燔其妻子，要离走见庆忌，以剑刺之。"张晏曰："七族，上至曾祖，下至曾孙。"【索隐】湛音沈。七族，父之族，一也；姑之子，二也；姊妹之子，三也；女子之子，四也；母之族，五也；从子，六也；及妻父母凡七。　⑥【索隐】事见《吕氏春秋》。

臣闻明月之珠，夜光之璧，以暗投人于道路，人无不按剑相眄者。何则？无因而至前也。蟠木根柢，轮囷离诡，[①]而为万乘器者。何则？以左右先为之容也。[②]故无因至前，虽出随侯之珠，夜光之璧，犹结怨而不见德。故有人先谈，则以枯木朽株树功而不忘。今夫天下布衣穷居之士，身在贫贱，虽包尧、舜之术，[③]挟伊、管之辩，怀龙逢、比干之意，欲尽忠当世之君，而素无根柢之容，虽竭精思，欲开忠信，辅人主之治，则人主必有按剑相眄之迹，是使布衣不得为枯木朽株之资也。

①【索隐】孟康云："蟠结之木也。"晋灼云："槃柢，木根也。"　【集解】张晏曰："根柢，下本也。轮囷离诡，委曲槃戾也。"　②【索隐】左右先加雕刻，是为之容饰也。　③【索隐】言蒙被尧、舜之道也。

是以圣王制世御俗，独化于陶钧之上，[①]而不牵于卑乱之语，不夺于众多之口。故秦皇帝任中庶子蒙嘉之言，以信荆轲之说，而匕首窃发。[②]周文王猎泾、渭，载吕尚而归，以王天下。故秦信左右而杀，周用乌集而王。[③]何则？以其能越挛拘之语，驰域外之议，独观于昭旷之道也。

①【集解】《汉书音义》曰："陶家名模下圆转者为钧，以其能制器为大小，比之于天。"【索隐】张晏云："陶，冶。钧，范也。作器，下所转者名钧。"韦昭曰："陶，烧瓦之灶。钧，木长七尺，有弦，所以调为器具也。"崔浩云："以钧制器万殊，故如造化之运转裁成也。" ②【索隐】案：《通俗文》云"其头类匕，故曰匕首，短而便用也"。 ③【集解】《汉书音义》曰："太公望涂觏卒遇，共成王功，若乌鸟之暴集也。"【索隐】韦昭云"吕尚适周，如乌之集"也。

今人主沈于谄谀之辞，牵于帷裳之制，[①]使不羁之士与牛骥同皂，[②]此鲍焦所以忿于世而不留富贵之乐也。[③]

①【集解】《汉书音义》曰："言为左右便辟侍帷裳臣妾所见牵制。" ②【集解】《汉书音义》曰："食牛马器，以木作，如槽也。"【索隐】言骏足不可羁绊，以比喻逸才之人。应劭云"皂，枥也"。韦昭云："皂，养马之官，下士也"。养马之官，其衣皂也。又郭璞云"皂，养马器也"。【正义】颜云："不羁，言才识高远，不可羁系。皂，在早反。《方言》云'梁、宋、齐、楚、燕之间谓枥曰皂'。" ③【集解】如淳曰："《庄子》云鲍焦饰行非世，抱木而死。"【索隐】晋灼云："《列士传》鲍焦怨世不用己，采蔬于道。子贡难曰：'非其世

而采其蔬，此焦之有哉?'弃其蔬，乃立枯洛水之上。"案：此事见《庄子》及《说苑》、《韩诗外传》，小有不同也。

臣闻盛饰入朝者不以利污义，砥厉名号者不以欲伤行，故县名胜母[①]而曾子不入，[②]邑号朝歌而墨子回车。[③]今欲使天下寥廓之士，摄于威重之权，主于位势之贵，故回面[④]污行以事谄谀之人而求亲近于左右，则士伏死堀穴岩(岩)〔薮〕之中耳，[⑤]安肯有尽忠信而趋阙下者哉！

①【集解】《汉书》云里名胜母也。【正义】《盐铁论》皆云里名，《尸子》及此传云县名，未详也。　②【索隐】《淮南子》及《盐铁论》并云里名胜母，曾子不入，盖以名不顺故也。《尸子》以为孔子至胜母县，暮而不宿，其说不同。　③【集解】晋灼曰："朝歌者，不时也。"【正义】朝歌，今卫州县也。　④【索隐】杜预云："回，邪也。"　⑤【集解】《诗》云："节彼南山，维石岩岩。"

书奏梁孝王，孝王使人出之，卒为上客。

太史公曰：鲁连其指意虽不合大义，然余多其在布衣之位，荡然肆志，不诎于诸侯，谈说于当世，折卿相之权。邹阳辞虽不逊，然其比物连类，有足悲者，亦可谓抗直不桡矣，吾是以附之列传焉。

索隐述赞曰：鲁连达士，高才远致。释难解纷，辞禄肆志。齐将挫辩，燕军沮气。邹子遇谗，见诋狱吏。慷慨献说，时王所器。

卷八十四

屈原贾生列传第二十四

屈原者，名平，楚之同姓也。[①] 为楚怀王左徒。[②] 博闻强志，明于治乱，娴[③] 于辞令。入则与王图议国事，以出号令。出则接遇宾客，应对诸侯。王甚任之。

①【正义】屈、景、昭皆楚之族。王逸云："楚王始都是，生子瑕，受屈为卿，因以为氏。" ②【正义】盖今(在)左右拾遗之类。 ③【集解】《史记音隐》曰："音闲。"

上官大夫与之同列，争宠而心害其能。怀王使屈原造为宪令，屈平属草稿未定。[①] 上官大夫见而欲夺之，[②] 屈平不与，因谗之曰："王使屈平为令，众莫不知，每一令出，平伐其功，(曰)以为'非我莫能为'也。"王怒而疏屈平。

①【索隐】属音烛。草稿谓创制宪令之本。《汉书》作"草具"，崔浩谓发始造端也。 ②【正义】王逸云上官靳尚。

屈平疾王听之不聪也，谗谄之蔽明也，邪曲之害公也，方正之不容也，故忧愁幽思而作《离骚》。[①] 离骚者，犹离忧也。夫天者，人之始也。父母者，人之本也。人穷则反本，故劳苦倦极，未尝不呼天也。疾痛惨怛，[2]未尝不呼父母也。屈平正道直行，[3]竭忠尽智以事其君，谗人间之，可谓穷矣。信而见疑，忠而被谤，能无怨乎？屈平之作《离骚》，盖自怨生也。《国风》好色而不淫，《小雅》怨诽而不乱。[4]若《离骚》者，可谓兼之矣。上称帝喾，下道齐桓，中述汤、武，以刺世事。明道德之广崇，治乱之条贯，靡不毕见。其文约，其辞微，其志洁，其行廉，其称文小而其指极大，举类迩而见义远。其志洁，故其称物芳。其行廉，故死而不容。自疏濯淖[5]污泥[6]之中，蝉蜕于浊秽，[7]以浮游尘埃之外，不获世之滋垢，皭然[8]泥而不滓者也。[9]推此志也，虽与日月争光可也。[10]

①【索隐】音素刀反。又一音萧。应劭曰："离，遭也。骚，忧也。"又《离骚序》云："离，别也。骚，愁也。" ②【正义】上七感反，下丁达反。惨，毒也。怛，痛也。 ③【正义】寒孟反。 ④【正义】诽，方畏反。 ⑤【索隐】濯音浊，淖音闹。 ⑥【索隐】污音乌故反，泥音奴计反。 ⑦【正义】蜕音税，去皮也，又他卧反。 ⑧【集解】徐广曰："皭，疏净之貌。"【索隐】皭音自若反。徐广云"疏净之貌"。 ⑨【索隐】泥亦音涅，滓亦音淄，又并如字。 ⑩【正义】言屈平之仕浊世，去其污垢，在尘埃之外。推此志意，虽与日月争其光明，斯亦可矣。

屈平既绌，其后秦欲伐齐，齐与楚从亲，[1]惠王患之，乃令张仪详去秦，厚币委质事楚，曰："秦甚憎齐，齐与楚从亲，楚诚能绝齐，秦愿献商、于之地六百里。"楚怀王贪而信张仪，遂绝齐，使使如秦受地。张仪诈之曰："仪与王约六里，不闻六百里。”楚使怒去，归告怀王。怀王怒，大兴师伐秦。秦发兵击之，大破楚师于丹、淅，[②]斩首八万，虏楚将屈匄，[③]遂取楚之汉中地。[④]怀王乃悉发国中兵以深入击秦，战于蓝田。魏闻之，袭楚至邓。[⑤]楚兵惧，自秦归。而齐竟怒不救楚，楚大困。

①【正义】上足松反。　②【索隐】丹、淅，二水名也。谓于丹水之北，淅水之南。皆为县名，在弘农，所谓丹阳、淅是也。【正义】丹阳，今枝江故城。　③【索隐】屈，姓。匄，名，音盖。　④【索隐】徐广曰："楚怀王十六年，张仪来相。十七年，秦败屈丐。"【正义】梁州。　⑤【索隐】邓在汉水北，故邓侯城也。

明年，秦割汉中地与楚以和。楚王曰："不愿得地，愿得张仪而甘心焉。"张仪闻，乃曰："以一仪而当汉中地，臣请往如楚。"如楚，又因厚币用事者臣靳尚，而设诡辩于怀王之宠姬郑袖。怀王竟听郑袖，复释去张仪。是时屈平既疏，不复在位，使于齐，顾反，谏怀王曰："何不杀张仪？"怀王悔，追张仪不及。[①]其后诸侯共击楚，大破之，杀其将唐眛。[②]

①【索隐】《张仪传》无此语。　②【集解】徐广曰："二十八年败唐眛也。"【正义】眛，莫葛反。

时秦昭王与楚婚，欲与怀王会。怀王欲行，屈平曰："秦虎狼之国，不可信，不如毋行。"[①]怀王稚子子兰劝王行："奈何绝秦欢。"怀王卒行。入武关，秦伏兵绝其后，因留怀王，[②]

以求割地。怀王怒，不听。亡走赵，赵不内。复之秦，竟死于秦而归葬。

①【索隐】按："《楚世家》昭睢有此言，盖二人同谏王，故彼此各随录之也。" ②【集解】徐广曰："三十年入秦。"

长子顷襄王立，[①]以其弟子兰为令尹。楚人既咎子兰以劝怀王入秦而不反也。

①【索隐】名横。

屈平既嫉之，虽放流，睠顾楚国，系心怀王，不忘欲反，冀幸君之一悟，俗之一改也。其存君兴国而欲反覆之，一篇之中三致志焉。然终无可奈何，故不可以反，卒以此见怀王之终不悟也。人君无愚智贤不肖，[①]莫不欲求忠以自为，举贤以自佐，然亡国破家相随属，而圣君治国累世而不见者，其所谓忠者不忠，而所谓贤者不贤也。怀王以不知忠臣之分，故内惑于郑袖，外欺于张仪，疏屈平而信上官大夫、令尹子兰。兵挫地削，亡其六郡，身客死于秦，为天下笑。此不知人之祸也。《易》曰："井泄不食，[②]为我心恻，[③]可以汲。[④]王明，并受其福。"[⑤]王之不明，岂足福哉。[⑥]

①【索隐】此已下太史公伤怀王之不任贤，信谗而不能反国之论也。②【集解】向秀曰："泄者，浚治去泥浊也。"【索隐】向秀字子期，晋人，注《周易》。 ③【集解】张璠曰："可为恻然，伤道未行也。"【索隐】张璠亦晋

人,注《易》也。 ④【索隐】京房《易章句》言“我道可汲而用”。 ⑤【集解】《易象》曰:“求王明受福也。”【索隐】按:京房《章句》曰“上有明王,汲我道而用之,天下并受其福,故曰‘王明并受其福’也。” ⑥【集解】徐广曰:“一云不足福。”【正义】言楚王不明忠臣,岂足受福,故屈原怀沙自沈。

令尹子兰闻之大怒,卒使上官大夫短屈原于顷襄王,顷襄王怒而迁之。[①]

①【集解】《离骚序》曰:“迁于江南。”

屈原至于江滨,被发行吟泽畔。颜色憔悴,形容枯槁。渔父[①]见而问之曰:“子非三闾大夫欤?[②]何故而至此?”屈原曰:“举世混浊而我独清,众人皆醉而我独醒,是以见放。”渔父曰:“夫圣人者,不凝滞于物而能与世推移。举世混浊,何不随其流[③]而扬其波?众人皆醉,何不餔其糟而啜其醨?何故怀瑾握瑜[④]而自令见放为?”屈原曰:“吾闻之,新沐者必弹冠,新浴者必振衣,人又谁能以身之察察,[⑤]受物之汶汶者乎。[⑥]宁赴常流[⑦]而葬乎江鱼腹中耳,又安能以皓皓之白而蒙世俗之温蠖乎。”[⑧]

①【索隐】音甫。 ②【集解】《离骚序》曰:“三闾之职,掌王族三姓,曰昭、屈、景,序其谱属,率其贤良,以厉国士。” ③【索隐】按:《楚词》作“滑其泥也”。 ④【索隐】按:《楚词》此“怀瑾握瑜”作“深思高举”也。 ⑤【集解】王逸曰:“己静洁。” ⑥【集解】王逸曰:“蒙垢污。”【索隐】汶汶,音门门,犹昏暗不明也。 ⑦【索隐】常流,犹长流也。

⑧【索隐】蠖音乌廓反。温蠖，犹惛愦。《楚词》作“蒙世之尘埃哉”。

乃作《怀沙》之赋。[①]其辞曰：

①【索隐】《楚词·九怀》曰“怀沙砾以自沈”，此其义也。

陶陶孟夏兮，草木莽莽。[①]伤怀永哀兮，汩徂南土。[②]眴兮窈窈，[③]孔静幽墨。[④]冤结纡轸兮，离愍之长鞠。[⑤]抚情效志兮，俯诎以自抑。

①【集解】王逸曰：“陶陶，盛阳貌。莽莽，盛茂貌。”【索隐】音姥。【正义】莫古反。　②【集解】王逸曰：“汩，行貌。”【索隐】《方言》曰：“谓疾行也。”　③【集解】徐广曰：“眴，眩也。”【索隐】眴音舜。徐氏云：“眴音眩。窈音乌鸟反。”　④【集解】王逸曰：“孔，甚也。墨，无声也。”【正义】孔，甚。墨，无声。言江南山高泽深，视之眴。野甚清净，叹无人声。⑤【集解】王逸曰：“鞠，穷。纡，屈也。轸，痛也。愍，病也。”

刓方以为圜兮，常度未替，[①]易初本由兮，君子所鄙。[②]章画职墨兮，前度未改。[③]内直质重兮，大人所盛。[④]巧匠不斫兮，孰察其揆正？玄文幽处兮，矇谓之不章。[⑤]离娄微睇兮，瞽以为无明。[⑥]变白而为黑兮，倒上以为下。[⑦]凤凰在笯兮，[⑧]鸡雉翔舞。[⑨]同糅玉石兮，一概而相量。[⑩]夫党人之鄙妒兮，羌不知吾所臧。[⑪]

①【集解】王逸曰：“刓，削。度，法。替，废也。言人刓削方木，欲以为圆，其常法度尚未废也。”【索隐】刓音五官反。　②【集解】王逸曰：“由，

道也。"【正义】本,常也。鄙,耻也。言人遭世不道,变易初行,违离光道,君子所鄙。 ③【集解】王逸曰:"章,明也。度,法也。言工明于所画,念其绳墨,修前人之法,不易其道,则曲木直而恶木好。"【索隐】画,计画也。《楚词》"职"作"志"。志,念也。余如注所解。 ④【集解】王逸曰:"言人质性敦厚,心志正直,行无过失,则大人君子所盛美也。" ⑤【集解】王逸曰:"玄,黑也。矇,盲者也。《诗》云'矇瞍奏公'。章,明也。" ⑥【集解】王逸曰:"离娄,古明视者也。瞽,盲也。"【正义】睇,田帝反,眄也。 ⑦【索隐】音户。 ⑧【集解】徐广曰:"笯,一作郊。"骃案:王逸曰"笯,笼落也"。【索隐】笯音奴,又女加反。笼落谓藤萝之相笼络也。【正义】《应瑞图》云:"黄帝问天老曰:'凤鸟何如?'天老曰:'鸿前而麟后,蛇颈而鱼尾,龙文而龟身,燕鴿而鸡喙,首戴德,颈揭义,背负仁,心入信,翼俟顺,足履正,尾系武,小音金,大音鼓,延颈奋翼,五色备举。'" ⑨【索隐】《楚词》"雉"作"鹜"。 ⑩【集解】王逸曰:"忠佞不异。" ⑪【集解】王逸曰:"莫昭我之善意。"【索隐】按:王师叔云"羌,楚人语辞"。言卿何为也。【正义】羌音强。

任重载盛兮,陷滞而不济。①怀瑾握瑜兮,穷不得余所示。②邑犬群吠兮,吠所怪也。诽骏疑桀兮,固庸态也。③文质疏内兮,众不知吾之异采。④材朴委积兮,莫知余之所有。重仁袭义兮,⑤谨厚以为丰。重华不可牾兮,⑥孰知余之从容。古固有不并兮,岂知其故也?⑦汤、禹久远兮,邈不可慕也。惩违改忿兮,抑心而自强。离湣而不迁兮,愿志之有象。⑧进路北次兮,⑨日昧昧其将暮。含忧虞哀兮,⑩限之以大故。⑪

①【集解】王逸曰:"言己才力盛壮,可任用重载,而身陷没沈滞,不得

成其本志也。”　②【集解】王逸曰:“示,语也。”　③【集解】王逸曰:“千人才为俊,一国高为桀也。庸,厮贱之人也。”【索隐】《尹文子》云“千人曰俊,万人曰桀”。今乃诽俊疑杰,固是庸人之态也。　④【集解】徐广曰:“异,一作‘奥’。”骃案:王逸曰“采,文采也”。　⑤【集解】王逸曰:“重,累也。袭,及也。”　⑥【集解】王逸曰:“牾,逢也。”【索隐】《楚词》“牾”作“遻”,并吴故反。　⑦【索隐】《楚词》作“莫知其何故”。⑧【集解】王逸曰:“象,法也。”　⑨【正义】北次将就。　⑩【索隐】《楚词》作“舒忧娱哀”。娱音虞。娱者,乐也。　⑪【集解】王逸曰:“娱,乐也。大故谓死亡也。”

乱曰:[①]浩浩沅、湘兮,[②]分流汩兮。[③]修路幽拂兮,[④]道远忽兮。曾唫恒悲兮,永叹慨兮。世既莫吾知兮,人心不可谓兮。[⑤]怀情抱质兮,独无匹兮。伯乐既殁兮,骥将焉程兮?[⑥]人生禀命兮,各有所错兮。[⑦]定心广志,余何畏惧兮?[⑧]曾伤爰哀,永叹喟兮。[⑨]世溷不吾知,心不可谓兮。知死不可让兮,愿勿爱兮。明以告君子兮,吾将以为类兮。[⑩]

①【索隐】王师叔曰:“乱者,理也。所以发理辞指,撮总其要,而重理前意也。”　②【索隐】二水名。《地理志》湘水出零陵阳海山,北入江。沅即湘之后流也。【正义】《说文》云:“沅水出牂柯,东北流入江。湘水出零陵县阳海山,北入江。”按:二水皆经岳州而入大江也。　③【集解】王逸曰:“汩,流也。”　④【索隐】《楚词》作“幽蔽”也。　⑤【集解】王逸曰:“谓,犹说也。”【索隐】《楚词》无“曾唫”已下二十一字。　⑥【集解】王逸曰:“程,量也。”　⑦【集解】王逸曰:“错,安也。”　⑧【索隐】《楚词》“余”并作“余”。　⑨【集解】王逸曰:“喟,息也。”　⑩【集解】王逸曰:“类,法也。”【正义】按:类,例也。以为忠臣不事乱君之例。

于是怀石遂自(投)〔沈〕汨罗以死。[1]

①【集解】应劭曰:"汨水在罗,故曰汨罗也。"【索隐】《地理志》长沙有罗县,罗子之所徙。《荆州记》"罗县北带汨水"。汨音觅。【正义】故罗县城在岳州湘阴县东北六十里。春秋时罗子国,秦置长沙郡而为县也。按:县北有汨水及屈原庙。《续齐谐记》云:"屈原以五月五日投汨罗而死,楚人哀之,每于此日以竹筒贮米投水祭之。汉建武中,长沙区回白日忽见一人,自称三闾大夫。谓回曰:'闻君常见祭,甚善。但常年所遗,并为蛟龙所窃,今若有惠,可以练树叶塞上,以五色丝转缚之,此物蛟龙所惮。'回依其言。世人五月五日作粽,并带五色丝及练叶,皆汨罗之遗风。"

屈原既死之后,楚有宋玉、唐勒、景差[1]之徒者,皆好辞而以赋见称。然皆祖屈原之从容辞令,终莫敢直谏。其后楚日以削,数十年竟为秦所灭。

①【集解】徐广曰:"或作'庆'。"【索隐】按:《杨子法言》及《汉书·古今人表》皆作"景瑳",今作"差"是字省耳。以徐、裴、邹三家皆无音,是读如字也。

自屈原沈汨罗后百有余年,汉有贾生,为长沙王太傅,过湘水,投书以吊屈原。

贾生名谊,洛阳人也。年十八,以能诵诗属书闻于郡中。吴廷尉为河南守,闻其秀才,[1]召置门下,甚幸爱。孝文皇帝初立,闻河南守吴公[2]治平为天下第一,故与李斯同邑而常学事焉,乃征为廷尉。廷尉乃言贾生年少,颇通诸子百家之书。文帝召以为博士。

①【正义】颜云:“秀,美也。”应劭云:“避光武讳改茂才也。” ②【索隐】吴,姓。史失名,故称公。

是时贾生年二十余,最为少。每诏令议下,诸老先生不能言,贾生尽为之对,人人各如其意所欲出。诸生于是乃以为能不及也。孝文帝悦之,超迁,一岁中至太中大夫。

贾生以为汉兴至孝文二十余年,天下和洽,而固当改正朔,易服色,法制度,定官名,兴礼乐,乃悉草具其事仪法,色尚黄,数用五,[①]为官名,悉更秦之法。孝文帝初即位,谦让未遑也。诸律令所更定,及列侯悉就国,其说皆自贾生发之。于是天子议以为贾生任公卿之位。绛、灌、东阳侯、冯敬之属尽害之,[②]乃短贾生曰:“雒阳之人,年少初学,专欲擅权,纷乱诸事。”于是天子后亦疏之,不用其议,乃以贾生为长沙王太傅。[③]

①【正义】汉文帝时黄龙见成纪,故改为土也。 ②【正义】绛、灌,周勃、灌婴也。东阳侯,张相如。冯敬时为御史大夫。 ③【索隐】谊为傅是吴芮之玄孙差袭长沙王之时也,非景帝之子长沙王发也。

贾生既辞往行,闻长沙卑湿,自以寿不得长,又以谪去,[①]意不自得。及渡湘水,为赋以吊屈原。其辞曰:

①【集解】徐广曰:“谪,竹革反。”韦昭曰:“谪,谴也。”【索隐】《字林》

云:“丈尼反。”

共承嘉惠兮,[①]俟罪长沙。侧闻屈原兮,自沈汨罗。造托[②]湘流兮,敬吊先生。遭世罔极兮,乃陨厥身。呜呼哀哉,逢时不祥。鸾凤伏窜兮,[③]鸱枭翱翔。阘茸尊显兮,[④]谗谀得志。贤圣逆曳兮,方正倒植。[⑤]世谓伯夷贪兮,谓盗跖廉。[⑥]莫邪为顿兮,[⑦]铅刀为铦。[⑧]于嗟嚜嚜兮,生之无故。[⑨]斡弃周鼎兮宝康瓠,[⑩]腾驾罢牛兮骖蹇驴,[⑪]骥垂两耳兮服盐车。[⑫]章甫荐屦兮,[⑬]渐不可久。[⑭]嗟苦先生兮,独离此咎。[⑮]

①【集解】张晏曰:“恭,敬也。” ②【索隐】造音七到反。 ③【索隐】窜音七外反。 ④【索隐】阘音天腊反。茸音而陇反。应劭、胡广云“阘茸不才之人,无六翮翱翔之用而反尊贵”。《字林》曰“阘茸,不肖之人”。 ⑤【索隐】胡广云:“逆曳,不得顺随道而行也。倒植,贤不肖颠倒易位也。” ⑥【索隐】《汉书》作“随、夷溷兮跖、蹻廉”,一句皆兼两人。随,卞随。夷,伯夷。跖,盗跖。蹻,庄蹻也。 ⑦【集解】应劭曰:“莫邪,吴大夫也,作宝剑,因以冠名。”瓒曰:“许慎曰莫邪,大戟也。”【索隐】《吴越春秋》曰:“吴王使干将造剑二枚,一曰干将,二曰莫邪。”莫邪、干将,剑名也。顿,读为钝。 ⑧【集解】徐广曰:“思廉反。”骃案:《汉书音义》曰“铦谓利”。【索隐】铅者,锡也。铦,利也,音纤。言其暗惑也。 ⑨【集解】应劭曰:“嚜嚜,不自得意。”瓒曰:“生谓屈原也。” ⑩【集解】如淳曰:“斡,转也。《尔雅》曰‘康瓠谓之甈’,大瓠也。”应劭曰:“康,容也。斡音管。筦,转也。一曰康,空也。”【索隐】斡,音乌活反。甈音丘列反。李巡云“康谓大瓠也”。 ⑪【正义】罢音皮。 ⑫【索隐】《战国策》曰:“夫骥服盐车上太(山)〔行〕,中阪迁延,负辕不能上,伯乐下车哭之也。”

⑬【集解】应劭曰:“章甫,殷冠也。” ⑭【集解】刘向《别录》曰:“因以自谕自恨也。” ⑮【集解】应劭曰:“嗟,咨嗟。苦,劳苦。屈原遇此难也。”

讯曰:[①]已矣,国其莫我知,独堙郁兮[②]其谁语?凤漂漂其高逝[③]兮,夫固自缩而远去。袭九渊之神龙兮,[④]沕[⑤]深潜以自珍。[⑥]弥融爚[⑦]以隐处兮,[⑧]夫岂从蚁与蛭螾?[⑨]所贵圣人之神德兮,远浊世而自藏。使骐骥可得系羁兮,岂云异夫犬羊。[⑩]般纷纷其离此尤兮,[⑪]亦夫子之辜也。[⑫]瞝[⑬]九州而相君兮,何必怀此都也?凤凰翔于千仞之上兮,览德辉焉下之。[⑭]见细德之险(微)〔征〕兮,摇增翮[⑮]逝而去之。[⑯]彼寻常之污渎兮,[⑰]岂能容吞舟之鱼。横江湖之鳣鲟兮,[⑱]固将制于蚁蝼。[⑲]

①【集解】李奇曰:“讯,告也。”张晏曰:“讯,《离骚》下章乱辞也。”【索隐】讯,音信。刘伯庄音素对反。讯,犹宣也,重宣其意。周成、师古音碎也。 ②【索隐】《汉书》作“壹郁”,亦通。 ③【索隐】音逝。 ④【集解】邓展曰:“袭,重也。”或曰袭,覆也,犹言察也。【索隐】《庄子》曰“千金之珠必在九重之渊,而骊龙颔下”,故云“九渊之神龙”也。 ⑤【集解】徐广曰:“亡笔反。” ⑥【集解】徐广曰:“沕,潜藏也。” ⑦【集解】徐广曰:“一云‘偭蟂獭’。”【正义】顾野王云:“弥,远也。融,明也。爚,光也。”没深藏以自珍,弥远明光以隐处也。 ⑧【集解】徐广曰:“一本云‘弥蝎爚以隐处’也。”【索隐】案:徐所注,盖三本总不同也。苏林云“偭音面”。应劭云“偭,背也。蟂獭,水虫,害鱼者。以言背恶从善也”。郭璞注《尔雅》云“似凫,江东谓之鱼鸡”。 ⑨【集解】《汉书》“螘”字作“虾”。

韦昭曰:“虾,虾蟆也。蛭,水虫。螾,丘螾也。”【索隐】螘音蚁。《汉书》作“虾”。言偭然绝于蟂獭,况从虾与蛭螾也。蛭音质。螾音引。【正义】言宁投水合神龙,岂陆葬从蚁与蛭蚓。 ⑩【正义】使骐骥可得系缚羁绊,则与犬羊无异。责屈原不去浊世以藏隐。骐文如綦也。骥,千里马。 ⑪【集解】苏林曰:“般音盘。”孟康曰:“般音班。”或曰盘桓不去,纷纷构谗意也。【索隐】尤谓怨咎也。 ⑫【索隐】《汉书》“辜”作“故”。夫子谓屈原也。李奇曰:“亦夫子不如麟凤翔逝之故,罹此咎也。” ⑬【索隐】瞝,丑知反,谓历观也。《汉书》作“历九州”。 ⑭【索隐】言凤皇翔,见人君有德乃下。故《礼》曰“德辉动乎内”是也。 ⑮【集解】徐广曰:“一云‘遥增击’也。” ⑯【正义】摇,动也。增,加也。言见细德之人,又有险难微起,则合加动羽翮,远逝而去之。 ⑰【集解】应劭曰:“八尺曰寻,倍寻曰常。”【索隐】污,潢污;渎,小渠也。 ⑱【集解】如淳曰:“大鱼也。”瓒曰:“鳣鱼无鳞,口近腹下。” ⑲【索隐】《庄子》云庚桑楚谓弟子曰“吞舟之鱼,荡而失水,则蝼蚁能苦之”。《战国策》齐人说靖郭君亦同。案:以此喻小国暗主不容忠臣,而为谗贼小臣之所见害也。

贾生为长沙王太傅①三年,有鸮飞入贾生舍,止于坐隅。楚人命鸮曰“服”。②贾生既以谪居长沙,长沙卑湿,自以为寿不得长,伤悼之,乃为赋以自广。③其辞曰:

①【正义】汉文帝年表云吴芮之玄孙差袭长沙王也。傅为长沙靖王差之二年也。《括地志》云:“吴芮故城在潭州长沙县东南三百里。贾谊宅在县南三十步。《湘水记》云‘谊宅中有一井,谊所穿,极小而深,上敛下大,其状如壶。傍有一局脚石床,容一人坐,形流古制,相承云谊所坐’。”
②【集解】晋灼曰:“《异物志》有山鸮,体有文色,土俗因形名之曰服。不能远飞,行不出域。”【索隐】案:邓展云“似鹊而大”。《荆州记》云“巫县有鸟如雌鸡,其名为鸮,楚人谓之服”。《吴录》云“服,黑色,鸣自呼其名”。

③【索隐】案：姚氏云“广，犹宽也”。

单阏之岁兮，[①]四月孟夏，庚子日施兮，[②]服集予舍，止于坐隅，貌甚闲暇。异物来集兮，私怪其故，发书占之兮，筴言其度。[③]曰“野鸟入处兮，主人将去”。请问于服兮：[④]“予去何之？吉乎告我，凶言其灾。[⑤]淹数之度兮[⑥]，语予其期。”服乃叹息，举首奋翼，口不能言，请对以意。[⑦]

①【集解】徐广曰：“岁在卯曰单阏。文帝六年岁在丁卯。”【索隐】李巡云“单阏，起也，阳气推万物而起，故曰单阏”。孙炎本作“蝉焉”。蝉犹伸也。【正义】阏，乌葛反。　②【集解】徐广曰：“施，一作斜。”【索隐】施音移。施犹西斜也。《汉书》作“斜”。　③【索隐】《汉书》作“谶”。《说文》云“谶，验言也”。此作“筴”盖谶策之辞。【正义】发策数之书，占其度验。　④【索隐】于，於也。《汉书》本有作“子服”者，小颜云“子，加美辞也”。　⑤【正义】音灾。　⑥【集解】徐广曰：“数，速也。”
⑦【正义】协韵音忆。

万物变化兮，固无休息。斡流而迁兮，[①]或推而还。形气转续兮，变化而嬗。[②]沕穆无穷兮，[③]胡可胜言。祸兮福所倚，[④]福兮祸所伏。[⑤]忧喜聚门兮，吉凶同域。[⑥]彼吴强大兮，夫差以败。越栖会稽兮，句践霸世。斯游遂成兮，卒被五刑。[⑦]傅说胥靡兮，[⑧]乃相武丁。夫祸之与福兮，何异纠缪。[⑨]命不可说兮，孰知其极？水激则旱兮，矢激则远。[⑩]万物回薄兮，振荡相转。云蒸雨降兮，错缪相纷。大专槃物兮，[⑪]坱轧无垠。[⑫]天不可与虑兮，[13]道不可与谋。迟数有命兮，恶识其时。

①【索隐】斡音乌活反。斡，转也。　②【集解】服虔曰："嬗音如蝉，谓变蜕也。"或曰蝉蔓相连也。【索隐】韦昭云："而，如也。如蝉之蜕化也。"苏林云："嬗音蝉，谓其相传与也。"　③【索隐】《汉书》"无穷"作"无间"。沕音密，又音昧。沕穆，深微之貌。以言其理深微，不可尽言也。【正义】沕音勿。　④【正义】于牺反，依也。　⑤【索隐】此《老子》之言。然"祸"字古作"旤"。案：倚者，立身也。伏，下身也。以言祸福递来，犹如倚伏也。　⑥【正义】言祸福相因，吉凶不定。　⑦【集解】韦昭曰："斯，李斯也。"　⑧【集解】徐广曰："腐刑也。"【索隐】晋灼云："胥，相也。靡，随也。古者相随坐轻刑之名。"《墨子》云"傅说衣褐带索，傭筑于傅岩"。傅岩在河东太阳县。又夏靖书云"猗氏六十里黄河西岸吴阪下，便得隐穴，是说所潜身处也"。　⑨【集解】应劭曰："福祸相为表里，如纠纆绳索相附会也。"瓒曰："纠，绞也。纆，索也。"【索隐】韦昭云："纆，徽也。"又《通俗文》云："合绳曰纠。"《字林》云："纆三合绳也，音墨。"纠音九。　⑩【索隐】此乃《淮南子》及《鹖冠子》文也。彼作"水激则悍"。而《吕氏春秋》作"疾"，以言水激疾则去疾，不能浸润；矢激疾则去远也。《说文》"旱"与"悍"同音，以言水矢流飞，本以无碍为通利，今遇物触之，则激怒，更劲疾而远悍，犹人或因祸致福，倚伏无常也。　⑪【集解】《汉书》"专"字作"钧"。如淳曰："陶者作器于钧上，此以造化为大钧。"【索隐】《汉书》云"大钧播物"，此"专"读曰"钧"。槃犹转也，与播义同。虞喜《志林》云："大钧造化之神，钧陶万物，品授群形者也。"案：上《邹阳传》注云"陶家名模下圆转者为钧，言其能制器大小，以比之于天"。　⑫【集解】应劭曰："其气坱轧，非有限齐也。"坱音若。央轧音若乙。【索隐】案：无垠谓无有际畔也。《说文》云"垠，圻也"。郭璞注《方言》云"坱轧者，不测也"。王逸注《楚词》云"坱轧，云雾气昧也"。【正义】坱，乌郎反。轧，于(点)〔黠〕反。　⑬【索隐】与音预。

且夫天地为炉兮，造化为工。①阴阳为炭兮，万物为铜。②合散消息兮，安有常则。③千变万化兮，未始有极。④忽然为人兮，何足控抟。⑤化为异物兮，⑥又何足患。⑦小知自私兮，贱彼贵我。⑧通人大观兮，物无不可。⑨贪夫徇财兮，列士徇名。⑩夸者死权兮，⑪品庶冯生。⑫怵迫之徒兮，或趋西东。⑬大人不曲兮，⑭亿变齐同。拘士系俗兮，攌如囚拘。⑮至人遗物兮，⑯独与道俱。众人或或兮，好恶积意。⑰真人淡漠兮，⑱独与道息。释知遗形兮，超然自丧。⑲寥廓忽荒兮，与道翱翔。乘流则逝兮，得坻则止。⑳纵躯委命兮，不私与己。其生若浮兮，其死若休。㉑澹乎若深渊之静，氾乎若不系之舟。㉒不以生故自宝兮，㉓养空而游。㉔德人无累兮，㉕知命不忧。细故蔕薊兮，何足以疑。㉖

①【索隐】此《庄子》文。　②【索隐】既以陶冶喻造化，故以阴阳为炭，万物为铜也。　③【索隐】《庄子》云："人之生也，气之聚也，聚则为生，散则为死。"　④【索隐】《庄子》云："人之形千变万化，未始有极。"
⑤【集解】如淳曰："控，引也。控抟，玩弄爱生之意也。"【索隐】抟音徒端反。又本作"控揣"。揣音初委反，又音丁果反。揣者，量也。故晋灼云"或然为人，言此生甚轻耳，何足引物量度己年命之长短而爱惜乎"！
⑥【索隐】谓死而形化为鬼，是为异物也。　⑦【索隐】协音环。
⑧【索隐】《庄子》云"以物观之，自贵而相贱"也。　⑨【索隐】《庄子》云"物固有所然，物固有所可，无物不然，无物不可"。　⑩【集解】应劭曰："徇，营也。"瓒曰："以身从物曰徇。"【索隐】此语亦出《庄子》。　⑪【集解】应劭曰："夸，毗也。好营死于权利。"瓒曰："夸，泰也。《庄子》曰'权势不尤，则夸者不悲'也。"【索隐】言好夸毗者死于权利，是言贪权势以自矜夸

者，至死不休也。言势不甚用，则夸毗者可悲也。　⑫【集解】孟康曰："冯，贪也。"【索隐】《汉书》作"每生"，音谋在反。服虔云"每，念生也"。邹诞本亦作"每"，言唯念生而已。今此作"冯"，冯亦持念之意也。然案《方言》"每"字合从手旁，音谋改反。【正义】冯音凭。　⑬【集解】孟康曰："怵，为利所诱怵也。迫，迫贫贱，东西趋利也。"【索隐】《汉书》亦有作"私东"。应劭云："仕诸侯为私。时天子居长安，诸王悉在关东，群小怵然，内迫私家，乐仕诸侯，故云'怵迫私东'也。"李奇曰："'私'多作'西'者，言东西趋利也。"怵音黜。又怵者，诱也。　⑭【索隐】张机云："德无不包，灵府弘旷，故名'大人'也。"　⑮【集解】徐广曰："攌音华板反，又音脘。"【索隐】《说文》云"攌，大木栅也"。《汉书》作"傛"，音去陨反。　⑯【索隐】《庄子》云："古之至人先存诸己，后存诸人。"张机云："体尽于圣，德美之极，谓之至人。"　⑰【集解】李奇曰"或或，东西也。所好所恶，积之万亿也。"瓒曰："言众怀抱好恶，积之心意。"【正义】意，合韵音忆。　⑱【索隐】《庄子》云："古之真人，不知悦生，不知恶死，不以心捐道，不以人助天。"《吕氏春秋》曰："精气日新，邪气尽去，反其天年，谓之真人也。"　⑲【集解】服虔曰："绝圣弃知而忘其身也。"【索隐】遗形者，"形故可使如槁木"也。自丧者，谓"心若死灰"也。《庄周》云"今者吾丧我，汝知之乎"?
⑳【集解】徐广曰："坻，一作'坎'。"骃案：张晏曰"坻，水中小洲也"。【索隐】《汉书》"坻"作"坎"。按：《周易·坎》"九二，有险"，言君子见险则止。
㉑【索隐】《庄子》云"劳我以生，休我以死"也。　㉒【索隐】出《庄子》。
㉓【索隐】邓展云："自宝，自贵也。"　㉔【集解】《汉书音义》曰："如舟之空也。"【索隐】言体道之人，但养空性而心若浮舟也。　㉕【索隐】德人谓上德之人，心中无物累，是得道之士也。　㉖【集解】韦昭曰："蒉音士介反。"【索隐】葪音介。《汉书》作"介"。张楫云："遰介，鲠刺也。以言细微事故不足遰介我心，故云'何足以疑'也。"【正义】蒉，忍迈反。葪，加迈反。

后岁余，贾生征见。孝文帝方受釐，[①]坐宣室。[②]上因感鬼神事，而问鬼神之本。贾生因具道所以然之状。至夜半，文帝前席。既罢，曰："吾久不见贾生，自以为过之，今不及也。"居顷之，拜贾生为梁怀王太傅。[3]梁怀王，文帝之少子，爱，而好书，故令贾生傅之。

①【集解】徐广曰："祭祀福胙也。"骃案：如淳曰"汉唯祭天地五畤，皇帝不自行，祠还致福"。釐音僖。　　②【集解】苏林曰："未央前正室。"【索隐】《三辅故事》云："宣室在未央殿北。"应劭云："釐，祭余肉也。"
③【索隐】梁怀王名楫，文帝子。

文帝复封淮南厉王子四人皆为列侯。贾生谏，以为患之兴自此起矣。贾生数上疏，言诸侯或连数郡，非古之制，可稍削之。文帝不听。居数年，怀王骑，堕马而死，[1]无后。贾生自伤为傅无状，哭泣岁余，亦死。贾生之死时年三十三矣。及孝文崩，孝武皇帝立，举贾生之孙二人至郡守，而贾嘉最好学，世其家，与余通书。至孝昭时，列为九卿。

①【集解】徐广曰："文帝十一年。"

太史公曰：余读《离骚》、《天问》、《招魂》、《哀郢》，悲其志。适长沙，观屈原所自沈渊，[1]未尝不垂涕，想见其为人。及见贾生吊之，又怪屈原以彼其材，游诸侯，何国不容，而自令若是。读《鹏鸟赋》，同死生，轻去就，又爽[2]然自失矣。

①【索隐】按：《荆州记》云"长沙罗县，北带汨水。去县四十里是原自

沈处，北岸有庙也。”　　②【集解】徐广曰：“一本作爽。”

索隐述赞曰：屈平行正，以事怀王。瑾瑜比洁，日月争光。忠而见放，谗者益章。赋《骚》见志，怀沙自伤。百年之后，空悲吊湘。

卷八十五

吕不韦列传第二十五

吕不韦者，阳翟[①]大贾[②]人也。往来贩贱卖贵，[③]家累千金。

①【索隐】音狄，俗又音宅。《地理志》县名，属颍川。《战国策》以不韦为濮阳人，又记其事迹亦多与此传不同。班固虽云太史公采《战国策》，然为此传当别有所闻见，故不全依彼说。或者刘向定《战国策》时，以己异闻改彼书，遂令不与《史记》合之也。【正义】阳翟，今河南府县。　②【索隐】音古。郑玄注《周礼》云"行曰商，处曰贾"。　③【集解】徐广曰："一本云'阳翟大贾也，往来贱买贵卖'也。"【索隐】王劭卖音作育。案：育卖义同，今如字读。

秦昭王四十年，太子死。其四十二年，以其次子安国君[①]为太子。安国君有子二十余人。安国君有所甚爱姬，立以为正夫人，号曰华阳夫人。华阳夫人无子。安国君中男名子楚，[②]子楚母曰夏姬，毋爱。子楚为秦质[③]子于赵。秦数攻赵，赵不甚礼子楚。

①【索隐】名柱，后立，是为孝文王也。　②【索隐】即庄襄王也。《战国策》曰本名异人，后从赵还，不韦使以楚服见，王后悦之，曰"吾楚人也

而子字之”，乃变其名曰子楚。　　③【索隐】旧音致，今读依此。《穀梁传》曰“交质子不及二伯”。《左传》曰“信不由中，质无益也”。

子楚，秦诸庶孽孙，[①]质于诸侯，车乘进用[②]不饶，居处困，不得意。吕不韦贾邯郸，见而怜之，曰“此奇货可居”。[③]乃往见子楚，说曰：“吾能大子之门。”子楚笑曰：“且自大君之门，而乃大吾门！”吕不韦曰：“子不知也，吾门待子门而大。”子楚心知所谓，乃引与坐，深语。[④]吕不韦曰：“秦王老矣，安国君得为太子。窃闻安国君爱幸华阳夫人，华阳夫人无子，能立嫡嗣者独华阳夫人耳。今子兄弟二十余人，子又居中，不甚见幸，久质诸侯。即大王薨，安国君立为王，则子无几得与长子[⑤]及诸子旦暮在前者争为太子矣。”子楚曰：“然。为之奈何？”吕不韦曰：“子贫，客于此，非有以奉献于亲及结宾客也。不韦虽贫，请以千金为子西游，事安国君及华阳夫人，立子为嫡嗣。”子楚乃顿首曰：“必如君策，请得分秦国与君共之。”

①【索隐】《韩王信传》亦曰“韩信，襄王孽孙”。张晏曰“孺子曰孽子”。何休注《公羊》“孽，贱子也。以非嫡正，故曰孽”。　　②【索隐】下文云“以五百金为进用”，宜依小颜读为“賮”音才刃反。进者，财也，古字假借之也。　　③【集解】以子楚方财货也。【正义】《战国策》云：“濮阳人吕不韦贾邯郸，见秦质子异人，谓其父曰：‘耕田之利几倍？’曰：‘十倍。’‘珠玉之赢几倍？’曰：‘百倍。’‘立主定国之赢几倍？’曰：‘无数。’不韦曰：‘今力田疾作，不得煖衣饱食；今定国之君，泽可遗后世，愿往事之。’秦子异人质于赵，处于扇城，故往说之。乃说秦王后弟阳泉君曰：‘君之罪至死，君知之乎？君门下无不居高官尊位，太子门下无贵者，而骏马盈外厩，美女充后庭。王之

春秋高矣，一日山陵崩，太子用事，君危于累卵，而不寿于朝生。今有计可以使君富千万，宁于太山，必无危亡之患矣。'阳泉曰：'请闻其说。'不韦曰：'王年高矣，王后无子。子傒有承国之业，士仓又辅之。王一日山陵崩，子傒立，士仓用事，王后之门必生蓬蒿。子楚异人，贤材也，弃在于赵，无母，引领西望，欲一得归。王后诚请而立之，是异人无国有国，王后无子有子。'阳泉曰：'诺。'入说王后，为请于赵而归之。" ④【索隐】既解不韦所言之意，遂与密谋深语也。 ⑤【索隐】几音冀。几，望也。《左传》曰"日月以几"。《战国策》曰"子傒承国之业，又有母在中"。高诱注云"子傒，秦太子异人之异母兄弟也"。【正义】言子楚无望得为太子。

吕不韦乃以五百金与子楚，为进用，结宾客；而复以五百金买奇物玩好，自奉而西游秦，求见华阳夫人姊，而皆以其物献华阳夫人。因言子楚贤智，结诸侯宾客遍天下，常曰："楚也以夫人为天，日夜泣思太子及夫人。"夫人大喜。不韦因使其姊说夫人[①]曰："吾闻之，以色事人者，色衰而爱弛。今夫人事太子，甚爱而无子，不以此时早自结于诸子中贤孝者，举立以为嫡而子之，[②]夫在则重尊，夫百岁之后，所子者为王，终不失势，此所谓一言而万世之利也。不以繁华时树本，即色衰爱弛后，虽欲开一语，尚可得乎？今子楚贤，而自知中男也，次不得为嫡，其母又不得幸，自附夫人，夫人诚以此时拔以为嫡，夫人则竟世有宠于秦矣。"华阳夫人以为然，承太子间，从容[③]言子楚质于赵者绝贤，来往者皆称誉之。乃因涕泣曰："妾幸得充后宫，不幸无子，愿得子楚立以为嫡嗣，以托妾身。"安国君许之，乃与夫人刻玉符，约以为嫡嗣。安国君及夫人因厚馈遗子楚，而请吕不韦傅之，子楚以此名誉益盛于诸侯。

①【索隐】《战国策》作“说秦王后弟阳泉君”也。 ②【索隐】以此为一句。子谓养之为子也。然欲分“立以为嫡”作上句，而“子之夫在则尊重”作下句，意亦通。 ③【索隐】间音闲。从音七恭反。

吕不韦取邯郸诸姬绝好善舞[①]者与居，知有身。子楚从不韦饮，见而悦之，因起为寿，请之。吕不韦怒，念业已破家为子楚，欲以钓奇，[②]乃遂献其姬。姬自匿有身，至大期时，[③]生子政。子楚遂立姬为夫人。

①【索隐】言其姿容绝美而又善舞也。 ②【索隐】钓者，以取鱼喻也。奇即上云“此奇货可居”也。 ③【集解】徐广曰：“期，十二月也。”【索隐】谯周云“人十月生，此过二月，故云‘大期’”，盖当然也。既云自匿有娠，则生政固当逾常期也。

秦昭王五十年，使王龁围邯郸，急，赵欲杀子楚。子楚与吕不韦谋，行金六百斤予守者吏，得脱，亡赴秦军，遂以得归。赵欲杀子楚妻子，子楚夫人赵豪家女也，得匿，以故母子竟得活。秦昭王五十六年，薨，太子安国君立为王，华阳夫人为王后，子楚为太子。赵亦奉子楚夫人及子政归秦。

秦王立一年，薨，谥为孝文王。太子子楚代立，是为庄襄王。庄襄王所养母[①]华阳后为华阳太后，真母夏姬尊以为夏太后。庄襄王元年，以吕不韦为丞相，[②]封为文信侯，食河南洛阳[③]十万户。

①【索隐】刘氏本作“所生母”，“生”衍字也。今检诸本并无“生”字。
②【索隐】下文“尊为相国”。案：《百官表》曰“皆秦官，金印紫绶，掌承天子助理万饥。秦置左右，高帝置一，后又更名相国，哀帝时更名大司徒”。
③【索隐】《战国策》曰“食蓝田十二县”。而《秦本纪》庄襄王元年初置三川郡，《地理志》高祖更名河南。此秦代而曰“河南”者，《史记》后作，据汉郡而言之耳。

庄襄王即位三年，薨，太子政立为王，[①]尊吕不韦为相国，号称“仲父”。[②]秦王年少，太后时时窃私通吕不韦。不韦家僮万人。

①【集解】徐广曰：“时年十三。” ②【正义】仲，中也，次父也。盖效齐桓公以管仲为仲父。

当是时，魏有信陵君，[①]楚有春申君，赵有平原君，齐有孟尝君，[②]皆下士喜宾客以相倾。吕不韦以秦之强，羞不如，亦招致士，厚遇之，至食客三千人。是时诸侯多辩士，如荀卿之徒，著书布天下。吕不韦乃使其客人人著所闻，集论以为八览、六论、十二纪，二十余万言。[③]以为备天地万物古今之事，号曰《吕氏春秋》。布咸阳[④]市门，悬千金其上，延诸侯游士宾客有能增损一字者予千金。

①【正义】年表云秦昭王五十六年，平原君卒；始皇四年，信陵君死；始皇九年，李园杀春申君。孟尝君当秦昭王二十四年已后而卒，最早。
②【索隐】王劭云“孟尝、春申死已久”。据表及传，孟尝、平原死稍在前。信陵将五国兵攻秦河外，正当在庄襄王时，不韦已为相。又春申与不韦并

时，各相向十余年，不得言死之久矣。　③【索隐】八览者，《有始》、《孝行》、《慎大》、《先识》、《审分》、《审应》、《离俗》、《时君》也。六论者，《开春》、《慎行》、《贵直》、《不苟》、《以顺》、《士容》也。十二纪者，记十二月也，其书有《孟春》等纪。二十余万言，三十余卷也。　④【索隐】《地理志》右扶风渭城县，故咸阳，高帝更名新城，武帝更名渭城。案：咸训皆，其地在渭水之北，北阪之南，水北曰阳，山南亦曰阳，皆在二者之阳也。

始皇帝益壮，太后淫不止。吕不韦恐觉祸及己，乃私求大阴人嫪毐以为舍人，时纵倡乐，使毐以其阴关桐轮而行，[①]令太后闻之，以啗太后。太后闻，果欲私得之。吕不韦乃进嫪毐，诈令人以腐罪[②]告之。不韦又阴谓太后曰："可事诈腐，则得给事中。"太后乃阴厚赐主腐者吏，诈论之，拔其须眉为宦者，遂得侍太后。太后私与通，绝爱之。有身，太后恐人知之，诈卜当避时，徙宫居雍。[③]嫪毐常从，赏赐甚厚，事皆决于嫪毐。嫪毐家僮数千人，诸客求宦为嫪毐舍人千余人。

①【正义】以桐木为小车轮。　②【正义】腐音辅，谓宫刑胥靡也。③【正义】雍故城在岐雍县南七里，有秦都大郑宫。

始皇七年，庄襄王母夏太后薨。孝文王后曰华阳太后，与孝文王会葬寿陵。[①]夏太后子庄襄王葬芷阳，[②]故夏太后独别葬杜东，[③]曰"东望吾子，西望吾夫。后百年，旁当有万家邑"。[④]

①【正义】秦孝文王陵在雍州万年县东北二十五里。　②【索隐】芷音止。《地理志》京兆霸陵县故芷阳。案：在长安东也。【正义】秦庄襄陵在雍州新丰县西南三十五里。始皇在北，故俗亦谓之“见子陵”。
③【索隐】杜原之东也。【正义】夏太后陵在万年县东南二十五里。
④【索隐】宣帝元康元年起杜陵。《汉旧仪》武、昭、宣三陵皆三万户，计去此一百六十余年也。

始皇九年，有告嫪毐实非宦者，常与太后私乱，生子二人，皆匿之。与太后谋曰“王即薨，以子为后”。[①]于是秦王下吏治，具得情实，事连相国吕不韦。九月，夷嫪毐三族，杀太后所生两子，而遂迁太后于雍。[②]诸嫪毐舍人皆没其家而迁之蜀。[③]王欲诛相国，为其奉先王功大，及宾客辩士为游说者众，王不忍致法。

①【集解】《说苑》曰：“毐与侍中左右贵臣博弈饮酒，醉，争言而斗，瞋目大叱曰：‘吾乃皇帝假父也，窭人子何敢乃与我亢！’所与斗者走，行白始皇。”【索隐】刘氏窭音其矩反。今俗本多作“屡”字，盖相承错耳，不近词义。今按：《说苑》作“窭子”，言轻诸侍中，以为穷窭家之子也。　②【索隐】《说苑》云迁太后棫阳宫。《地理志》雍县有棫阳宫，秦昭王所起也。
③【索隐】家谓家产资物，并没入官，人口则迁之蜀也。

秦王十年十月，免相国吕不韦。及齐人茅焦说秦王，秦王乃迎太后于雍，归复咸阳，[①]而出文信侯就国河南。

①【集解】徐广曰：“入南宫。”

岁余，诸侯宾客使者相望于道，请文信侯。秦王恐其为变，乃赐文信侯书曰："君何功于秦？秦封君河南，食十万户。君何亲于秦？号称仲父。其与家属徙处蜀！"吕不韦自度稍侵，恐诛，乃饮酖而死。[①]秦王所加怒吕不韦、嫪毐皆已死，乃皆复归嫪毐舍人迁蜀者。

①【集解】徐广曰："十二年。"骃案：《皇览》曰"吕不韦冢在河南洛阳北邙道西大冢是也。民传言吕母冢。不韦妻先葬，故其冢名'吕母'也"。

始皇十九年，太后薨，谥为帝太后，[①]与庄襄王会葬茝阳。[②]

①【索隐】王劭云"秦不用谥法，此盖号耳"，其义亦当然也。始皇称皇帝之后，故其母号为帝太后，岂谓诔列生时之行乎！　②【集解】徐广曰："一作芷阳。"

太史公曰：不韦及嫪毐贵，封号文信侯。[①]人之告嫪毐，毐闻之。秦王验左右，未发。上之雍郊，毐恐祸起，乃与党谋，矫太后玺发卒以反蕲年宫。[②]发吏攻毐，毐败亡走，追斩之好畤，[③]遂灭其宗。而吕不韦由此绌矣。孔子之所谓"闻"者，其吕子乎？[④]

①【索隐】文信侯，不韦封也。嫪毐封长信侯。上文已言不韦封，此赞中言嫪毐得宠贵由不韦耳，合作"长信侯"。　②【正义】蕲年宫在岐州城西故城内。　③【索隐】《地理志》扶风有好畤县。　④【集解】《论

语》曰:“夫闻也者,色取仁而行违,居之不疑,在邦必闻,在家必闻。”马融曰:“此言佞人也。”

索隐述赞曰:不韦钓奇,委质子楚。华阳立嗣,邯郸献女。及封河南,乃号仲父。徙蜀惩谤,悬金作语。筹策既成,富贵斯取。

卷八十六

刺客列传第二十六

曹沫者，[①]鲁人也，以勇力事鲁庄公。庄公好力。曹沫为鲁将，与齐战，三败北。鲁庄公惧，乃献遂邑之地以和。[②]犹复以为将。

①【索隐】沫音亡葛反。《左传》、《穀梁》并作"曹刿"，然则沫宜音刿，沫刿声相近而字异耳。此作"曹沫"，事约《公羊》为说，然彼无其名，直云"曹子"而已。且《左传》鲁庄十年，战于长勺，用曹刿谋败齐，而无劫桓公之事。十三年盟于柯，《公羊》始论曹子。《穀梁》此年惟云"曹刿之盟，信齐侯也"，又记不具行事之时。 ②【索隐】《左传》"齐人灭遂"，杜预云"遂国在济北蛇丘县东北也"。【正义】故城在兖州龚丘县西北七十六里也。

齐桓公许与鲁会于柯而盟。[①]桓公与庄公既盟于坛上，曹沫执匕首劫齐桓公，[②]桓公左右莫敢动，而问曰："子将何欲？"[③]曹沫曰："齐强鲁弱，而大国侵鲁亦甚矣。今鲁城坏即压齐境，[④]君其图之。"桓公乃许尽归鲁之侵地。既已言，曹沫投其匕首，下坛，北面就群臣之位，颜色不变，辞令如故。桓公怒，欲倍其约。[⑤]管仲曰："不可。夫贪小利以自快，弃信于诸侯，失天下之援，不如与之。"于是桓公乃遂割鲁侵地，曹沫三战所亡地尽复予鲁。

①【索隐】杜预云："济北东阿，齐之柯邑，犹祝柯今为祝阿也。" ②【索隐】匕音比。刘氏云"短剑也"。《盐铁论》以为长尺八寸，其头类匕，故云"匕首"也。 ③【索隐】《公羊传》曰："管子进曰：'君何求？'"何休注云："桓公卒不能应，管仲进为言之也。" ④【索隐】齐、鲁邻接，今齐数侵鲁，鲁之城坏，即压近齐之境也。 ⑤【索隐】倍音佩。

其后百六十有七年而吴有专诸之事。[①]

①【索隐】"专"字亦作"剸"，音同。《左传》作"鱄设诸"。

专诸者，吴堂邑人也。[①]伍子胥之亡楚而如吴也，知专诸之能。伍子胥既见吴王僚，说以伐楚之利。吴公子光曰："彼伍员父兄皆死于楚而员言伐楚，欲自为报私仇也，非能为吴。"吴王乃止。伍子胥知公子光之欲杀吴王僚，乃曰："彼光将有内志，未可说以外事。"[②]乃进专诸于公子光。

①【索隐】《地理志》临淮有堂邑县。 ②【索隐】言其将有内难弑君之志，且对外事生文。《吴世家》曰"知光有他志"也。

光之父曰吴王诸樊。诸樊弟三人：次曰余祭，[①]次曰夷眛，[②]次曰季子札。诸樊知季子札贤而不立太子，以次传三弟，欲卒致国于季子札。诸樊既死，传余祭。余祭死，传夷眛。夷眛死，当传季子札，季子札逃不肯立，吴人乃立夷眛之子僚为王。公子光曰："使以兄弟次邪，季子当立。必以子乎，则光真嫡嗣，当立。"故尝阴养谋臣以求立。

①【索隐】祭音侧界反。 ②【索隐】亡葛反。《公羊》作“余末”。

光既得专诸，善客待之。九年而楚平王死。[①]春，吴王僚欲因楚丧，使其二弟公子盖余、属庸[②]将兵围楚之灊。[③]使延陵季子于晋，以观诸侯之变。楚发兵绝吴将盖余、属庸路，吴兵不得还。于是公子光谓专诸曰：“此时不可失，不求何获。且光真王嗣，当立，季子虽来，不吾废也。”专诸曰：“王僚可杀也。母老子弱，而两弟将兵伐楚，楚绝其后。方今吴外困于楚，而内空无骨鲠之臣，是无如我何。”[④]公子光顿首曰：“光之身，子之身也。”

①【索隐】《春秋》昭二十六年“楚子居卒”是也。《吴世家》云“十二年”，此云“九年”，并误。据表及《左传》合在僚之十一年也。 ②【索隐】属音烛。二子，僚之弟也。《左传》作掩余、属庸。掩盖义同，属烛字相乱耳。 ③【索隐】事在鲁昭二十七年。《地理志》庐江有灊县，天柱山在南。音潜。杜预《左传》注云“灊，楚邑，在庐江六县西南”。【正义】灊故城在寿州霍山县东二百步。 ④【索隐】《左传》直云“王可杀也，母老子弱，是无若我何”。则是专设诸度僚可杀，言其少援救，故云“无奈我何”。太史公采其意，且据上文，因复加以两弟将兵外困之辞。而服虔、杜预见《左氏》下文云“我尔身也”，“以其子为卿”，遂强解“是无如我何”犹言“我无若是，谓号诸欲以老弱托光”，义非允惬。王肃之说，亦依《史记》也。

四月丙子，[①]光伏甲士[②]于窟室中，[③]而具酒请王僚。王僚使兵陈自宫至光之家，门户阶陛左右，皆王僚之亲戚也。夹立侍，皆持长铍。[④]酒既酣，公子光佯为[⑤]足疾，入窟室中，使专诸置匕首鱼炙[⑥]之腹中而进之。既至王前，专诸擘鱼，因以匕首刺[7]王僚，王僚立死。左右亦杀专诸，王人扰乱。公子光出其伏甲以攻王僚之徒，尽灭之，遂自立为王，是为阖闾。阖闾乃封专诸之子以为上卿。

①【索隐】僚之十二年夏也，《吴系家》以为十三年，非也。《左氏》经传唯言“夏四月”，《公羊》、《穀梁》无其文。此与《吴系家》皆称“丙子”，当有所据，不知出何书。　②【索隐】《左传》曰“伏甲”士于窟室。下文云“出其伏甲以攻王”。　③【集解】徐广曰：“窟，一作空。”杜预谓掘地为室也。④【集解】音披。【索隐】兵器也。刘逵《吴都赋》注“铍，两刃小刀”。⑤【索隐】佯音阳，为如字。《左传》曰“光伪足疾”，此云“佯”，佯即伪也。或读“为”音伪，非也。岂佯伪重言耶？　⑥【集解】徐广曰：“炙，一作炮。”【正义】炙，者夜反。　⑦【索隐】刺音七赐反。

其后七十余年而晋有豫让之事。[1]

①【集解】徐广曰：“阖闾元年至三晋灭智伯六十二年。豫让一作襄。”

豫让者，晋人也，[1]故尝事范氏及中行氏，而无所知名。[2]去而事智伯，[3]智伯甚尊宠之。及智伯伐赵襄子，赵襄子与韩、魏合谋灭智伯，灭智伯之后而三分其地。赵襄子最怨智伯，[4]漆其头以为饮器。[5]豫让遁逃山中，曰：“嗟乎，士为知己者死，女为悦己者容。今智伯知我，我必为报仇而死，以报智伯，则吾魂魄不愧矣。”乃变名姓为刑人，入宫涂厕，中挟匕首，欲以刺襄子。襄子如厕，心动，执问涂厕之刑人，则豫让，内持刀兵，曰：“欲为智伯报仇。”左右欲诛之。襄子曰：“彼义人也，吾谨避之耳。且智伯亡无后，而其臣欲为报仇，此天下之贤人也。”卒醳去之。[⑥]

①【索隐】案：此传所说，皆约《战国策》文。　②【索隐】案：《左传》范氏谓昭子吉射也。自士会食邑于范，后因以邑为氏。中行氏，中行文子荀寅也。自荀林父将中行后，因以官为氏。　③【索隐】案：智伯，襄子荀瑶也。襄子，林父弟荀首之后。范、中行、智伯事已具《赵系家》。④【索隐】谓初以酒灌，后又率韩、魏水灌晋阳，城不没者三板，故怨深也。⑤【索隐】案：《大宛传》曰“匈奴破月氏王，以其头为饮器”。裴氏注彼引韦昭云“饮器，椑榼也”。晋灼曰“饮器，虎子也”。皆非。椑榼所以盛酒耳，非用饮者。晋氏以为亵器者，以《韩子》、《吕氏春秋》并云襄子漆智伯头为溲杅，故也。【正义】刘云：“酒器也，每宾会设之，示恨深也。”按：诸先儒说恐非。　⑥【索隐】卒，足律反。

居顷之，豫让又漆身为厉，[①]吞炭为哑，[②]使形状不可知，行乞于市。其妻不识也。行见其友，其友识之，曰：“汝非豫让邪？”曰：“我是也。”其友为泣曰：“以子之才，委质而臣事襄子，襄子必近幸子。近幸子，乃为所欲，[③]顾不易邪？[④]何乃残身苦形，欲以求报襄子，不亦难乎！”豫让曰：“既已委质臣事人，而求杀之，是怀二心以事其君也。且吾所为者[⑤]极难耳！然所以为此者，将以愧天下后世之为人臣怀二心以事其君者也。”[⑥]

①【集解】音赖。【索隐】赖，恶疮病也。凡漆有毒，近之多患疮肿，若赖病然，故豫让以漆涂身，令其若癞耳。然厉赖声相近，古多假“厉”为“赖”，今之“癞”字从“疒”，故楚有赖乡，亦作“厉”字，《战国策》亦作“厉”。②【索隐】哑音乌雅反。谓瘖病。《战国策》云：“漆身为厉，灭须去眉，以变

其容,为乞食人。其妻曰:‘状貌不似吾夫,何其音之甚相类也?’让遂吞炭以变其音也。” ③【索隐】谓因得杀襄子。 ④【索隐】顾,反也。耶,不定之辞。反不易耶,言其易也。 ⑤【索隐】刘氏云:“谓今为疠哑也。” ⑥【索隐】言宁为厉而自刑,不可求事襄子而行杀,则恐伤人臣之义而近贼,非忠也。

既去,顷之,襄子当出,豫让伏于所当过之桥下。[①]襄子至桥,马惊,襄子曰:“此必是豫让也。”使人问之,果豫让也。于是襄子乃数豫让曰:“子不尝事范、中行氏乎?智伯尽灭之,而子不为报仇,而反委质臣于智伯。智伯亦已死矣,而子独何以为之报仇之深也?”豫让曰:“臣事范、中行氏,范、中行氏皆众人遇我,我故众人报之。至于智伯,国士遇我,我故国士报之。”襄子喟然叹息而泣曰:“嗟乎豫子。子之为智伯,名既成矣,而寡人赦子,亦已足矣。子其自为计,寡人不复释子。”使兵围之。豫让曰:“臣闻明主不掩人之美,而忠臣有死名之义。前君已宽赦臣,天下莫不称君之贤。今日之事,臣固伏诛,然愿请君之衣而击之,焉以致报仇之意,则虽死不恨。非所敢望也,敢布腹心。”于是襄子大义之,乃使使持衣与豫让。豫让拔剑三跃而击之,[②]曰:“吾可以下报智伯矣。”遂伏剑自杀。死之日,赵国志士闻之,皆为涕泣。

①【正义】汾桥下架水,在并州晋阳县东一里。 ②【索隐】《战国策》曰:“衣尽出血。襄子回车,车轮未周而亡。”此不言衣出血者,太史公恐涉怪妄,故略之耳。

其后四十余年而轵有聂政之事。[①]

①【集解】自三晋灭智伯至杀侠累，五十七年。

聂政者，轵深井里人也。[①]杀人避仇，与母、姊如齐，以屠为事。

①【索隐】《地理志》河内有轵县。深井，轵县之里名也。【正义】在怀州济源县南三十里。

久之，濮阳严仲子[①]事韩哀侯，[②]与韩相侠累[③]有郤。[④]严仲子恐诛，亡去，游求人可以报侠累者。至齐，齐人或言聂政勇敢士也，避仇隐于屠者之间。严仲子至门请，数反，然后具酒自畅[⑤]聂政母前。酒酣，严仲子奉黄金百溢，前为聂政母寿。聂政惊怪其厚，固谢严仲子。严仲子固进，而聂政谢曰："臣幸有老母，家贫，客游以为狗屠，可以旦夕得甘毳[⑥]以养亲。亲供养备，不敢当仲子之赐。"严仲子辟人，因为聂政言曰："臣有仇，而行游诸侯众矣。然至齐，窃闻足下义甚高，故进百金者，将用为大人粗粝之费，[⑦]得以交足下之欢，岂敢以有求望邪。"聂政曰："臣所以降志辱身[⑧]居市井屠者，徒幸以养老母。老母在，政身未敢以许人也。"[⑨]严仲子固让，聂政竟不肯受也。然严仲子卒备宾主之礼而去。

①【索隐】高诱曰："严遂，字仲子。" ②【索隐】案：表聂政杀侠累在列侯三年。列侯生文侯，文侯生哀侯，凡更三代，哀侯六年为韩严所杀。

今言仲子事哀侯，恐非其实。且太史公闻疑传疑，闻信传信，事难旳据，欲使两存，故表、传各异也。　③【索隐】侠音古夹反，累音力追反。案：《战国策》侠累名傀也。　④【索隐】《战国策》云："韩傀相韩，严遂重于君，二人相害也。严遂举韩傀之过，韩傀叱之于朝，严遂拔剑趋之，以救解。"是有却之由也。　⑤【集解】徐广曰："一作赐。"【索隐】案：《战国策》作"觞"，近为得也。【正义】数，色吏反。　⑥【集解】此芮反。【索隐】邹氏音脆，二义相通也。　⑦【正义】粝犹粗米也，脱粟也。韦昭云："古者名男子为丈夫，尊妇妪为大人。《汉书·宣元六王传》'王遇大人益解，为大人乞骸去'。按大人，宪王外祖母。古诗云'三日断五匹，大人故言迟'是。"　⑧【索隐】言其心志与身本应高洁，今乃卑下其志，屈辱其身。《论语》孔子谓"柳下惠降志辱身"是也。　⑨【索隐】《礼记》曰："父母存，不许友以死。"

久之，聂政母死。既已葬，除服，聂政曰："嗟乎，政乃市井之人，[①]鼓刀以屠；而严仲子乃诸侯之卿相也，不远千里，枉车骑而交臣。臣之所以待之，至浅鲜矣，未有大功可以称者，而严仲子奉百金为亲寿，我虽不受，然是者徒深知政也。夫贤者以感忿睚眦之意而亲信穷僻之人，而政独安得嘿然而已乎！且前日要政，政徒以老母。老母今以天年终，政将为知己者用。"乃遂西至濮阳，见严仲子曰："前日所以不许仲子者，徒以亲在。今不幸而母以天年终。仲子所欲报仇者为谁？请得从事焉。"严仲子具告曰："臣之仇韩相侠累，侠累又韩君之季父也，宗族盛多，居处兵卫甚设，臣欲使人刺之，(众)终莫能就。今足下幸而不弃，请益其车骑壮士可为足下辅翼者。"聂政曰："韩之与卫，相去中间不甚远，[②]今杀人之相，相又国君之亲，此其势不可以多人，多人不能无生得失，[3]生得失则语泄，语泄是韩举国而与仲子为仇，[4]岂不殆哉!”遂谢车骑人徒，聂政乃辞独行。

①【正义】古者相聚汲水，有物便卖，因成市，故云“市井”。 ②【索隐】高诱曰：“韩都颍川阳翟，卫都东郡濮阳，故曰相去不甚远也。” ③【索隐】《战国策》作“无生情”，言所将人多，或生异情，故语泄。此云“生得”，言将多人往杀侠累后，又被生擒而事泄，亦两俱通也。 ④【集解】徐广曰：“一作‘难’。”【索隐】《战国策》谯周亦同。

杖剑至韩，韩相侠累方坐府上，持兵戟而卫侍者甚众。聂政直入，上阶刺杀侠累，[1]左右大乱。聂政大呼，所击杀者数十人，因自皮面决眼，[2]自屠出肠，遂以死。

①【集解】徐广曰：“韩烈侯三年三月，盗杀韩相侠累。侠累名傀。《战国策》曰‘有东孟之会’，又云‘聂政刺韩傀，兼中哀侯’。”【索隐】《战国策》曰：“政直入，上阶刺韩傀，傀走而抱哀侯，聂政刺之，兼中哀侯。”高诱曰：“东孟，地名也。” ②【索隐】皮面谓以刀割其面皮，欲令人不识。决眼谓出其眼睛。《战国策》作“抉眼”，此“决”亦通，音乌穴反。

韩取聂政尸暴于市，[1]购问莫知谁子。于是韩(购)县〔购〕之，有能言杀相侠累者予千金。久之莫知也。

①【正义】暴，蒲酷反。

政姊荣[1]闻人有刺杀韩相者，贼不得，国不知其名姓，暴其尸而悬之千金，乃于邑[2]曰：“其是吾弟与？嗟乎，严仲子知吾弟！”立起，如韩，之市，而死者果政也，伏尸哭极哀，曰：“是轵深井里所谓聂政者也。”市行者诸众人皆曰：“此人暴虐吾国相，王县购其名姓千金，夫人不闻与？何敢来识之也？”荣应之曰：“闻之。然政所以蒙污辱自弃于市贩之间者，为老母幸无恙，[③]妾未嫁也。亲既以天年下世，妾已嫁夫，严仲子乃察[④]举吾弟困污之中而交之，泽厚矣，可奈何！士固为知己者死，今乃以妾尚在之故，重自刑以绝从，[⑤]妾其奈何畏殁身之诛，终灭贤弟之名！”大惊韩市人。乃大呼天者三，卒于邑悲哀而死政之旁。

①【集解】一作“嫈”。【索隐】荣，其姊名也。《战国策》无“荣”字。　②【索隐】刘氏云：“烦冤愁苦。”　③【索隐】《尔雅》云“恙，忧也”。《楚词》云“还及君之无恙”。《风俗通》云“恙，病也。凡人相见及通书，皆云‘无恙’。”又《易传》云，上古之时，草居露宿。恙，啮虫也，善食人心，俗悉患之，故相劳云“无恙”。恙非病也。　④【索隐】案：察谓观察有志行乃举之。刘氏云察犹选也。　⑤【集解】徐广曰：“恐其姊从坐而死。”【索隐】重音持用反。重，犹复也。为人报仇死，乃以妾故复自刑其身，令人不识也。从音踪，古字少，假借无旁“足”，而徐氏以为从坐，非也。刘氏亦音足松反。【正义】重，直龙反。自刑作“刊”。《说文》云“刊，剟也”。按：重，犹爱惜也。本为严仲子报仇讫，爱惜其事，不令漏泄，以绝其踪迹。其姊妄云为己隐，误矣。

晋、楚、齐、卫闻之，皆曰：“非独政能也，乃其姊亦烈女也。向使政诚知其姊无濡忍之志，[①]不重暴骸之难，[②]必绝险千里以列其名，姊弟俱僇于韩市者，亦未必敢以身许严仲子也。严仲子亦可谓知人能得士矣！”

①【索隐】濡，润也。人性湿润则能含忍，故云“濡忍”也。若勇躁则必轻死也。 ②【索隐】重难并如字。重，犹惜也，言不惜暴骸之为难也。

其后二百二十余年秦有荆轲之事。①

①【集解】徐广曰：“聂政至荆轲百七十年尔。”【索隐】徐氏据《六国年表》而言，则谓此传率略而言二百余年，亦当时为不能细也。【正义】按：年表从始皇二十三年至韩景侯三百七十年，若至哀侯六年，六百四十三年。

荆轲者，卫人也。①其先乃齐人，徙于卫，卫人谓之庆卿。②而之燕，燕人谓之荆卿。

①【索隐】按：赞论称“公孙季功、董生为余道之”，则此传虽约《战国策》而亦别记异闻。 ②【索隐】轲先齐人，齐有庆氏，则或本姓庆。春秋庆封，其后改姓贺。此下亦至卫而改姓荆。荆庆声相近，故随在国而异其号耳。卿者，时人尊重之号，犹如相尊美亦称“子”然也。

荆卿好读书击剑，①以术说卫元君，卫元君不用。其后秦伐魏，置东郡，徙卫元君之支属于野王。②

①【集解】《吕氏剑技》曰：“持短入长，倏忽从横。” ②【正义】怀州河内县。

荆轲尝游过榆次，①与盖聂论剑，②盖聂怒而目之。荆轲出，人或言复召荆卿。盖聂曰：“曩者吾与论剑有不称者，吾目之；试往，是宜去，不敢留。”使使往之主人，荆卿则已驾而去榆次矣。使者还报，盖聂曰："固去也，吾曩者目摄之！"[3]

①【正义】并州县也。　②【索隐】盖音古腊反。盖，姓。聂，名。③【索隐】摄，犹整也。谓不称己意，因怒视以摄整之也。【正义】摄，犹视也。

荆轲游于邯郸，鲁句践与荆轲博，[1]争道，鲁句践怒而叱之，荆轲嘿而逃去，遂不复会。

①【索隐】鲁，姓。句践，名也。与越王同，或有意义。俗本"践"作"贱"，非也。

荆轲既至燕，爱燕之狗屠及善击筑者高渐离。[1]荆轲嗜酒，日与狗屠及高渐离饮于燕市，酒酣以往，高渐离击筑，荆轲和而歌于市中，相乐也，已而相泣，旁若无人者。荆轲虽游于酒人乎，[2]然其为人沈深好书；其所游诸侯，尽与其贤豪长者相结。其之燕，燕之处士田光先生亦善待之，知其非庸人也。

①【索隐】筑似琴，有弦，用竹击之，取以为名。渐音如字。【正义】音子廉反。　②【集解】徐广曰："饮酒之人。"

居顷之，会燕太子丹质秦亡归燕：燕太子丹者，故尝质于赵，而秦王政生于赵，其少时与丹欢。及政立为秦王，而丹质于秦。秦王之遇燕太子丹不善,故丹怨而亡归。归而求为报秦王者,国小,力不能。其后秦日出兵山东以伐齐、楚、三晋,稍蚕食诸侯,且至于燕,燕群臣皆恐祸之至。太子丹患之,问其傅鞠武。[①]武对曰:"秦地遍天下,威胁韩、魏、赵氏,北有甘泉、谷口之固,南有泾、渭之沃,擅巴、汉之饶,右陇、蜀之山,左关、殽之险,民众而士厉,兵革有余。意有所出,则长城之南,易水以北,[②]未有所定也。奈何以见陵之怨,欲批[③]其逆鳞哉。"丹曰:"然则何由?"对曰:"请入图之。"

①【索隐】鞠音曲,又如字,人姓名也。 ②【正义】以北谓燕国也。 ③【集解】批音白结反。【索隐】批谓触击之。

居有间,秦将樊於期得罪于秦王,亡之燕,太子受而舍之。鞠武谏曰:"不可。夫以秦王之暴而积怒于燕,足为寒心,[①]又况闻樊将军之所在乎?是谓'委肉当饿虎之蹊'也,祸必不振矣![②]虽有管、晏,不能为之谋也。愿太子疾遣樊将军入匈奴以灭口。请西约三晋,南连齐、楚,北购于单于,[③]其后乃可图也。"太子曰:"太傅之计,旷日弥久,心惛然,[④]恐不能须臾。且非独于此也,夫樊将军穷困于天下,归身于丹,丹终不以迫于强秦而弃所哀怜之交,置之匈奴,是固丹命卒之时也。愿太傅更虑之。"鞠武曰:"夫行危欲求安,造祸而求福,计浅而怨深,连结一人之后交,不顾国家之大害,此所谓'资怨而助祸'矣。夫以鸿毛燎于炉炭之上,必无事矣。且以鹛鸷之秦,行怨暴之怒,岂足道哉。燕有田光先生,其为人智深而勇沈,可与谋。"太子曰:"愿因太傅而得交于田先生，可乎？”鞠武曰：“敬诺。”出见田先生，道“太子愿图国事于先生也”。田光曰：“敬奉教。”乃造焉。

①【索隐】凡人寒甚则心战，恐惧亦战。今以惧譬寒，言可为心战。 ②【索隐】振，救也。言祸大而不可救也。 ③【索隐】《战国策》“购”作“讲”。讲，和也。今读购与“为燕媾”同，媾合也。《汉》《史》媾讲两字常杂，今欲北与匈奴连和也。《陈轸传》亦曰“西购于秦”也。 ④【正义】惛音昏。

太子逢迎，却行为导，跪而蔽席。[①]田光坐定，左右无人，太子避席而请曰：“燕、秦不两立，愿先生留意也。”田光曰：“臣闻骐骥盛壮之时，一日而驰千里。至其衰老，驽马先之。今太子闻光盛壮之时，不知臣精已消亡矣。虽然，光不敢以图国事，所善荆卿可使也。”[②]太子曰：“愿因先生得结交于荆卿，可乎？”田光曰：“敬诺。”即起，趋出。太子送至门，戒曰：“丹所报，先生所言者，国之大事也，愿先生勿泄也！”田光俛[③]而笑曰：“诺。”偻行见荆卿，曰：“光与子相善，燕国莫不知。今太子闻光壮盛之时，不知吾形已不逮也，幸而教之曰‘燕、秦不两立，愿先生留意也’。光窃不自外，言足下于太子也，愿足下过太子于宫。”荆轲曰：“谨奉教。”田光曰：“吾闻之，长者为行，不使人疑之。今太子告光曰‘所言者，国之大事也，愿先生勿泄’，是太子疑光也。夫为行而使人疑之，非节侠也。”欲自杀以激荆卿，曰：“愿足下急过太子，言光已死，明不言也。”因遂自刎而死。

①【集解】徐广曰："蔽，一作拨，一作拔。"【索隐】蔽音匹结反。蔽，犹拂也。 ②【正义】《燕丹子》云："田光答曰：'窃观太子客无可用者：夏扶血勇之人，怒而面赤；宋意脉勇之人，怒而面青；武阳骨勇之人，怒而面白。光所知荆轲，神勇之人，怒而色不变。'" ③【正义】俛音俯。

荆轲遂见太子，言田光已死，致光之言。太子再拜而跪，膝行流涕，有顷而后言曰："丹所以诫田先生毋言者，欲以成大事之谋也。今田先生以死明不言，岂丹之心哉！"荆轲坐定，太子避席顿首曰："田先生不知丹之不肖，使得至前，敢有所道，此天之所以哀燕而不弃其孤也。[①]今秦有贪利之心，而欲不可足也。非尽天下之地，臣海内之王者，其意不厌。今秦已虏韩王，尽纳其地。又举兵南伐楚，北临赵；王翦将数十万之众距漳、邺，而李信出太原、云中。赵不能支秦，必入臣，入臣则祸至燕。燕小弱，数困于兵，今计举国不足以当秦。诸侯服秦，莫敢合从。丹之私计愚，以为诚得天下之勇士使于秦，窥以重利。[②]秦王贪，[③]其势必得所愿矣。诚得劫秦王，使悉反诸侯侵地，若曹沫之与齐桓公，则大善矣；则不可，因而刺杀之。彼秦大将擅兵于外而内有乱，则君臣相疑，以其间诸侯得合从，其破秦必矣。此丹之上愿，而不知所委命，唯荆卿留意焉。"久之，荆轲曰："此国之大事也，臣驽下，恐不足任使。"太子前顿首，固请毋让，然后许诺。于是尊荆卿为上卿，舍上舍。太子日造门下，供太牢具，异物间进，车骑美女恣荆轲所欲，以顺适其意。[④]

①【索隐】案：无父称孤。时燕王尚在，而丹称孤者，或记者失辞，或诸

侯嫡子时亦僭称孤也。又刘向云“丹，燕王喜之太子”。　②【索隐】窥，示也。言以利诱之。　③【索隐】绝句。　④【索隐】《燕丹子》曰“轲与太子游东宫池，轲拾瓦投蛙，太子捧金丸进之。又共乘千里马，轲曰‘千里马肝美’，即杀马进肝。太子与樊将军置酒于华阳台，出美人能鼓琴，轲曰‘好手也’，断以玉盘盛之。轲曰‘太子遇轲甚厚’”是也。

久之，荆轲未有行意。秦将王翦破赵，虏赵王，尽收入其地，进兵北略地至燕南界。太子丹恐惧，乃请荆轲曰：“秦兵旦暮渡易水，则虽欲长侍足下，岂可得哉！”荆轲曰：“微太子言，臣愿谒之。今行而毋信，则秦未可亲也。夫樊将军，秦王购之金千斤，邑万家，诚得樊将军首与燕督亢之地图，[①]奉献秦王，秦王必说见臣，臣乃得有以报。”太子曰：“樊将军穷困来归丹，丹不忍以己之私而伤长者之意，愿足下更虑之！”

①【集解】徐广曰：“方城县有督亢亭。”骃案：刘向《别录》曰“督亢，膏腴之地”。【索隐】《地理志》广阳国有蓟县。司马彪《郡国志》曰“方城有督亢亭”。徐说是也。【正义】督亢坡在幽州范阳县江南十里。今固安县南有督亢陌，幽州南界。

荆轲知太子不忍，乃遂私见樊於期曰：“秦之遇将军可谓深矣，父母宗族皆为戮没。今闻购将军首金千斤，邑万家，将奈何？”於期仰天太息流涕曰：“於期每念之，常痛于骨髓，顾计不知所出耳！”荆轲曰：“今有一言可以解燕国之患，报将军之仇者，何如？”於期乃前曰：“为之奈何？”荆轲曰：“愿得将军之首以献秦王，秦王必喜而见臣，臣左手把其袖，右手揕其胸,①然则将军之仇报而燕见陵之愧除矣。将军岂有意乎?”樊於期偏袒扼捥②而进曰:“此臣之日夜切齿腐心也,③乃今得闻教!”遂自刭。太子闻之,驰往,伏尸而哭,极哀。既已不可奈何,乃遂盛樊於期首函封之。

①【集解】除广曰:“揕音张鸩切。一作‘抗’。”【索隐】揕谓以剑刺其胸也。抗音苦浪反,言抗拒也,其义非。 ②【集解】徐广曰:“一作‘捾’。”【索隐】扼音乌革反。捥音乌乱反。勇者奋厉,必先以左手扼右捥也。捥,古“腕”字。 ③【索隐】切齿,齿相磨切也。《尔雅》曰“治骨曰切”。腐音辅,亦烂也。犹今人事不可忍云“腐烂”然,皆奋怒之意。

于是太子豫求天下之利匕首,得赵人徐夫人匕首,①取之百金,使工以药焠之,②以试人,血濡缕,人无不立死者。③乃装为遣荆卿。燕国有勇士秦舞阳,年十三,杀人,人不敢忤视。④乃令秦舞阳为副。荆轲有所待,欲与俱;其人居远未来,而为治行。顷之,未发,太子迟之,疑其改悔,乃复请曰:“日已尽矣,荆卿岂有意哉?丹请得先遣秦舞阳。”荆轲怒,叱太子曰:“何太子之遣?往而不返者,竖子也!且提一匕首入不测之强秦,仆所以留者,待吾客与俱。今太子迟之,请辞决矣!”遂发。

①【集解】徐广曰:“徐,一作陈。”【索隐】徐,姓。夫人,名。谓男子也。 ②【索隐】焠,染也,音匆溃反。谓以毒药染剑锷也。 ③【集解】言以匕首试人,人血出,足以沾濡丝缕,便立死也。 ④【索隐】忤者,逆也,五故反。不敢逆视,言人畏之甚也。

太子及宾客知其事者，皆白衣冠以送之。至易水之上，[①]既祖，取道，高渐离击筑，荆轲和而歌，为变徵之声，[②]士皆垂泪涕泣。又前而为歌曰："风萧萧兮易水寒，壮士一去兮不复还！"复为羽声忼慨，士皆瞋目，发尽上指冠。于是荆轲就车而去，终已不顾。

①【正义】易州在幽州归义县界。 ②【正义】徵，知雉反。

遂至秦，持千金之资币物，厚遗秦王宠臣中庶子蒙嘉。嘉为先言于秦王曰："燕王诚振怖大王之威，不敢举兵以逆军吏，愿举国为内臣，比诸侯之列，给贡职如郡县，而得奉守先王之宗庙。恐惧不敢自陈，谨斩樊於期之头，及献燕督亢之地图，函封，燕王拜送于庭，使使以闻大王，唯大王命之。"秦王闻之，大喜，乃朝服，设九宾，[①]见燕使者咸阳宫。[②]荆轲奉樊於期头函，而秦舞阳奉地图匣，[③]以次进。至陛，秦舞阳色变振恐，群臣怪之。荆轲顾笑舞阳，前谢曰："北蕃蛮夷之鄙人，未尝见天子，故振慑。愿大王少假借之，使得毕使于前。"秦王谓轲曰："取舞阳所持地图。"轲既取图奏之，秦王发图，图穷而匕首见。因左手把秦王之袖，而右手持匕首揕之。未至身，秦王惊，自引而起，袖绝。拔剑，剑长，操其室。[④]时惶急，剑坚，故不可立拔。荆轲逐秦王，秦王环柱而走。群臣皆愕，卒起不意，尽失其度。而秦法，群臣侍殿上者不得持尺寸之兵；诸郎中[⑤]执兵皆陈殿下，非有诏召不得上。方急时，不及召下兵，以故荆轲乃逐秦王。而卒惶急，无以击轲，而以手共搏之。是时侍医夏无且[⑥]以其所奉药囊提荆轲也。[⑦]秦王方环柱走，卒惶急，不知所为，左右乃曰："王负剑！"[⑧]负剑，遂拔以击荆轲，断其左股。荆轲废，乃引其匕首以擿秦王，[⑨]不中，中桐柱。[⑩]秦王复击轲，轲被八创。轲自知事不就，倚柱而笑，箕踞以骂曰："事所以不成者，以欲生劫之，必得约契以报太子也。"[⑪]于是左右既前杀轲，秦王不怡者良久。已而论功，赏群臣及当坐者各有差，而赐夏无且黄金二百溢，曰："无且爱我，乃以药囊提荆轲也。"

①【正义】刘云："设文物大备，即谓九宾，不得以《周礼》九宾义为释。" ②【正义】《三辅黄图》云："秦始兼天下，都咸阳，因北陵营宫殿，则紫宫象帝宫，渭水贯都以象天汉，横桥南度以法牵牛也。" ③【索隐】匣音户甲反。匣亦函也。 ④【索隐】室谓鞘也。【正义】《燕丹子》云："左手揕其胸。秦王曰：'今日之事，从子计耳。乞听瑟而死。'召姬人鼓琴，琴声曰'罗縠单衣，可裂而绝；八尺屏风，可超而越；鹿卢之剑，可负而拔'。王于是奋袖超屏风走之。" ⑤【索隐】若今宿卫之官。 ⑥【索隐】且音即余反。 ⑦【正义】提，侄帝反。 ⑧【索隐】王劭曰："古者带剑上长，拔之不出室，欲王推之于背，令前短易拔，故云'王负剑'。" ⑨【索隐】擿与"掷"同，古字耳，音持益反。 ⑩【正义】《燕丹子》云："荆轲拔匕首掷秦王，决耳入铜柱，火出。" ⑪【集解】汉《盐铁论》曰："荆轲怀数年之谋而事不就者，尺八匕首不足恃也。秦王操于不意，列断贲、育者，介七尺之利也。"

于是秦王大怒，益发兵诣赵，诏王翦军以伐燕。十月而拔蓟城。燕王喜、太子丹等尽率其精兵东保于辽东。秦将李信追击燕王急，代王嘉乃遗燕王喜书曰："秦所以尤追燕急者，以太子丹故也。今王诚杀丹献之秦王，秦王必解，而社稷幸得血食。"其后李信追丹，丹匿衍水中，[①]燕王乃使使斩太子丹，欲献之秦。秦复进兵攻之。后五年，秦卒灭燕，虏燕王喜。

①【索隐】水名，在辽东。

其明年，秦并天下，立号为皇帝。于是秦逐太子丹、荆轲之客，皆亡。高渐离变名姓为人庸保，[①]匿作于宋子。[②]久之，作苦，闻其家堂上客击筑，傍偟不能去。每出言曰："彼有善有不善。"从者[③]以告其主，曰："彼庸乃知音，窃言是非。"家丈人召使前击筑，[④]一坐称善，赐酒。而高渐离念久隐畏约无穷时，[⑤]乃退，出其装匣中筑与其善衣，更容貌而前。举坐客皆惊，下与抗礼，以为上客。使击筑而歌，客无不流涕而去者。宋子传客之，[⑥]闻于秦始皇。秦始皇召见，人有识者，乃曰："高渐离也。"秦皇帝惜其善击筑，重赦之，乃矐其目。[⑦]使击筑，未尝不称善。稍益近之，高渐离乃以铅置筑中，[⑧]复进得近，举筑朴[⑨]秦皇帝，不中。于是遂诛高渐离，终身不复近诸侯之人。

①【索隐】《栾布传》曰"卖庸于齐，为酒家人"，《汉书》作"酒家保"。案：谓庸作于酒家，言可保信，故云"庸保"。《鹖冠子》曰"伊尹保酒"。
②【集解】徐广曰："县名也，今属巨鹿。"【索隐】徐注云"县名，属巨鹿"者，据《地理志》而知也。【正义】宋子故城在赵州平棘县北三十里。
③【索隐】谓主人家之左右也。　④【索隐】刘氏云："谓主人翁也。"又韦昭云："古者名男子为丈夫，尊妇妪为丈人。故《汉书·宣元六王传》所云

丈人，谓淮阳宪王外王母，即张博母也。故《古诗》曰‘三日断五匹，丈人故言迟’是也。” ⑤【索隐】约谓贫贱俭约。既为庸保，常畏人，故云“畏约”。所以《论语》云“不可以久处约”。 ⑥【集解】徐广曰：“互以为客。” ⑦【集解】矐音海各反。【索隐】一音角。说者云以马屎熏令失明。 ⑧【索隐】案：刘氏云“铅为挺著筑中，令重，以击人”。 ⑨【索隐】朴音普十反。朴，击也。

鲁句践已闻荆轲之刺秦王，私曰：“嗟乎，惜哉其不讲于刺剑之术也！[1]甚矣吾不知人也！曩者吾叱之，彼乃以我为非人也！”

①【索隐】案：不讲谓不论习之。

太史公曰：世言荆轲，其称太子丹之命，“天雨粟，马生角”也，[1]太过。又言荆轲伤秦王，皆非也。始公孙季功、董生与夏无且游，具知其事，为余道之如是。自曹沫至荆轲五人，此其义或成或不成，然其立意较然，[2]不欺其志，名垂后世，岂妄也哉！

①【索隐】《燕丹子》曰：“丹求归，秦王曰‘乌头白，马生角，乃许耳’。丹乃仰天叹，乌头即白，马亦生角。”《风俗通》及《论衡》皆有此说，仍云“厩门木乌生肉足”。 ②【索隐】较，明也。

索隐述赞曰：曹沫盟柯，返鲁侵地。专诸进炙，定吴篡位。彰弟哭市，报主涂厕。刎颈申冤，操袖行事。暴秦夺魄，懦夫增气。

卷八十七

李斯列传第二十七

李斯者，楚上蔡人也。① 年少时，为郡小吏，② 见吏舍厕中鼠食不洁，近人犬，数惊恐之。斯入仓，观仓中鼠，食积粟，居大庑之下，不见人犬之忧。于是李斯乃叹曰："人之贤不肖譬如鼠矣，在所自处耳！"

①【索隐】《地理志》汝南上蔡县，云"古蔡国，周武王弟叔度所封，至十八代平侯徙新蔡"。二蔡皆属汝南。后二代至昭侯，徙上蔡，属沛，六国时为楚地，故曰楚上蔡。　②【索隐】郡一作乡。刘氏云"掌乡文书"。

乃从荀卿学帝王之术。学已成，度楚王不足事，而六国皆弱，无可为建功者，欲西入秦。辞于荀卿曰："斯闻得时无怠，今万乘方争时，游者主事。① 今秦王欲吞天下，称帝而治，此布衣驰骛之时而游说者之秋也。② 处卑贱之位而计不为者，此禽鹿视肉，人面而能强行者耳。③ 故诟④ 莫大于卑贱，而悲莫甚于穷困。久处卑贱之位，困苦之地，非世⑤ 而恶利，自托于无为，此非士之情也。⑥ 故斯将西说秦王矣。"

①【索隐】言万乘争雄之时，游说者可以立功成名，当得典主事务也。刘氏云"游历诸侯，当觅强主以事之"，于文纡回，非也。　②【正义】言

秋时万物成熟，今争强时，亦说士成熟时。　③【索隐】禽鹿，犹禽兽也，言禽兽但知视肉而食之。《庄子》及《苏子》曰："人而不学，譬之视肉而食。"《杨子法言》曰："人而不学，如禽何异？"言不能游说取荣贵，即如禽兽，徒有人面而能强行耳。　④【正义】呼后反，耻辱也。　⑤【索隐】非者，讥也。所谓处士横议之时也。　⑥【正义】言讥世富贵，恶其荣利，自托于无为者，非士人之情，实力不能致此也。

至秦，会庄襄王卒，李斯乃求为秦相文信侯吕不韦舍人，不韦贤之，任以为郎。李斯因以得说，说秦王曰："胥人者，去其几也。[①] 成大功者，在因瑕衅而遂忍之。[②] 昔者秦穆公之霸，终不东并六国者，何也？诸侯尚众，周德未衰，故五伯迭兴，更尊周室。自秦孝公以来，周室卑微，诸侯相兼，关东为六国，秦之乘胜役诸侯，盖六世矣。[③] 今诸侯服秦，譬若郡县。夫以秦之强，大王之贤，由灶上骚除，[④] 足以灭诸侯，成帝业，为天下一统，此万世之一时也。今怠而不急就，诸侯复强，相聚约从，虽有黄帝之贤，不能并也。"秦王乃拜斯为长史，听其计，阴遣谋士赍持金玉以游说诸侯。诸侯名士可下以财者，厚遗结之；不肯者，利剑刺之。离其君臣之计，秦王乃使其良将随其后。秦王拜斯为客卿。

①【索隐】胥人，犹胥吏，小人也。去，犹失也。几者，动之微。以言君子见几而作，不俟终日；小人不识动微之会，故每失时也。刘氏解几为强，非也。【正义】胥，相也。几谓察也。言关东六国与秦相敌者，君臣机密，并有瑕衅，可成大功，而遂忍之也。　②【索隐】言因诸侯有瑕衅，则忍心而剪除，故我将说秦以并天下也。　③【正义】秦孝公，惠文王，武王，昭王，孝文王，庄襄王。　④【集解】徐广曰："骚音埽。"【索隐】言秦欲并天

下，若炊妇埽除灶上之不净，不足为难也。

会韩人郑国来间秦，以作注溉渠，[①]已而觉。秦宗室大臣皆言秦王曰："诸侯人来事秦者，大抵为其主游间于秦耳，请一切逐客。"[②]李斯议亦在逐中。斯乃上书曰：[③]

①【正义】郑国渠首起雍州云阳县西南二十五里，自中山西邸瓠口为渠，傍北山，东注洛，三百余里以溉田。又曰韩苦秦兵，而使水工郑国间秦作注溉渠，令费人工，不东伐也。 ②【索隐】一切，犹一例，言尽逐之也。言切者，譬若利刀之割，一运斤无不断者。解《汉书》者以一切为权时义，亦未为得也。 ③【正义】在始皇十年。

臣闻吏议逐客，窃以为过矣。昔缪公求士，西取由余于戎，东得百里奚于宛，[①]迎蹇叔于宋，[②]来丕豹、公孙支于晋。[③]此五子者，不产于秦，而缪公用之，并国二十，遂霸西戎。[④]孝公用商鞅之法，移风易俗，民以殷盛，国以富强，百姓乐用，诸侯亲服，获楚、魏之师，举地千里，至今治强。惠王用张仪之计，拔三川之地，西并巴、蜀，[⑤]北收上郡，[⑥]南取汉中，[⑦]包九夷，制鄢、郢，[⑧]东据成皋之险，[⑨]割膏腴之壤，遂散六国之从，使之西面事秦，功施到今。昭王得范睢，废穰侯，逐华阳，[⑩]强公室，杜私门，蚕食[⑪]诸侯，使秦成帝业。此四君者，皆以客之功。由此观之，客何负于秦哉！向使四君却客而不内，疏士而不用，是使国无富利之实而秦无强大之名也。

①【索隐】《秦本纪》云"晋献公以百里奚为秦穆公夫人媵于秦，奚亡走宛，楚鄙人执之"是也。【正义】《新序》云："百里奚，楚宛人，仕于虞，虞亡入秦，号五羖大夫也。"　②【索隐】《秦纪》又云"百里奚谓穆公曰：'臣不如臣友蹇叔，蹇叔贤而世莫知。'穆公厚币迎之，以为上大夫"。今云"于宋"，未详所出。【正义】《括地志》云："蹇叔，岐州人也。时游宋，故迎之于宋。"③【索隐】丕豹自晋奔秦，《左氏传》有明文。公孙支，所谓子桑也，是秦大夫，而云自晋来，亦未见所出。【正义】《括地志》云："公孙支，岐州人，游晋，后归秦。"　④【索隐】《秦本纪》穆公用由余谋，伐戎王，益国十二，开地千里，遂霸西戎。此都言五子之功，故云"并国二十"；或易为"十二"，误也。⑤【索隐】案：惠王时张仪为相，请伐韩，下兵三川以临二周。司马错请伐蜀，惠王从之，果灭蜀。仪死后，武王欲通车三川，令甘茂拔宜阳。今并云张仪者，以仪为秦相，虽错灭蜀，茂通三川，皆归功于相，又三川是仪先请伐故也。　⑥【正义】惠王十年，魏纳上郡十五县。　⑦【正义】惠王十三年，攻楚汉中，取地六百里。　⑧【索隐】九夷即属楚之夷也。《地理志》南郡江陵县云"故楚郢都"，又宜城县云"故鄢"也。【正义】夷谓并巴、蜀，收上郡，取汉中，伐义渠、丹犁是也。九夷本东夷九种，此言者，文体然也。　⑨【正义】河南府汜水县也。　⑩【集解】徐广曰："华，一作叶。"　⑪【索隐】高诱注《淮南子》云："蚕食，尽无余也。"

今陛下致昆山之玉，[①]有随、和之宝，[②]垂明月之珠，服太阿之剑，[③]乘纤离之马，[④]建翠凤之旗，树灵鼍之鼓。[⑤]此数宝者，秦不生一焉，而陛下悦之，何也？必秦国之所生然后可，则是夜光之璧不饰朝廷，犀象之器不为玩好，郑、卫之女不充后宫，而骏良駃騠[⑥]不实外厩，江南金锡不为用，西蜀丹青不为采。所以饰后宫充下陈[⑦]娱心意悦耳目者，必出于秦然后可，则是宛珠之簪，傅玑之珥，[⑧]阿缟之衣，锦绣之饰[⑨]不进于前，而随俗雅化[10]佳冶窈窕赵女不立于侧也。夫击瓮叩缶[11]弹筝搏髀，而歌呼呜呜快耳(目)者，真秦之声也。《郑》、《卫》、《桑间》、《昭》、《虞》、《武》、《象》者，[12]异国之乐也。今弃击瓮叩缶而就《郑》、《卫》，退弹筝而取《昭》、《虞》，若是者何也？快意当前，适观而已矣。今取人则不然。不问可否，不论曲直，非秦者去，为客者逐。然则是所重者在乎色乐珠玉，而所轻者在乎人民也。此非所以跨海内制诸侯之术也。

①【正义】昆冈在于阗国东北四百里，其冈出玉。　②【正义】《括地志》云："漬山一名昆山，一名断蛇丘，在随州随县北二十五里。《说苑》云'昔随侯行遇大蛇中断，疑其灵，使人以药封之，蛇乃能去，因号其处为断蛇丘。岁余，蛇衔明珠，径寸，绝白而有光，因号随珠'。"卞和璧，始皇以为传国玺也。　③【集解】见《苏秦传》。　④【集解】徐广曰："纤离，蒲梢，皆骏马名。"【索隐】徐氏据《孙卿子》而为说。　⑤【集解】郑玄注《月令》云："鼍皮可以冒鼓。"　⑥【索隐】駃音决，騠音提二音。《周书》曰"正北以駃騠为献"。《广雅》曰"马属也"。郭景纯注《上林赋》云"生三日而超其母也"。　⑦【索隐】下陈，犹后列也。晏子曰"有二女，愿得入身于下陈"是也。　⑧【索隐】宛音于阮反。傅音附。宛谓以珠宛转而装其簪。傅玑者，以玑傅著于珥。珥者，瑱也。玑是珠之不圆者。或云宛珠，随珠也。随在汉水之南，宛亦近汉，故云宛。傅玑者，女饰也，言女傅之珥，以玑为之，并非秦所有物也。　⑨【集解】徐广曰："齐之东阿县，缯帛所出。"　⑩【集解】徐广曰："随俗，一作'修使'。"【索隐】谓闲雅变化而能通俗也。　⑪【索隐】《说文》云："瓮，汲缾也。于贡反。缶，瓦器也，秦人鼓之以节乐。"瓴音甫有反。　⑫【集解】昭作韶。

臣闻地广者粟多，国大者人众，兵强则士勇。是以太山不让土壤，故能成其大。河海不择细流，故能就其深。王者不却众庶，故能明其德。[①]是以地无四方，民无异国，四时充美，鬼神降福，此五帝、三王之所以无敌也。今乃弃黔首以资敌国，[②]却宾客以业诸侯，使天下之士退而不敢西向，裹足不入秦，此所谓“借寇兵而赍盗粮”者也。[③]

①【索隐】《管子》云：“海不辞水，故能成其大；(泰)山不辞土石，故能成其高。”《文子》曰：“圣人不让负薪之言，以广其名。” ②【索隐】资，犹给也。 ③【索隐】借音积夜反。赍音子奚反。《说文》曰：“赍，持遗也。”赍或为“资”，义亦通。

夫物不产于秦，可宝者多。士不产于秦，而愿忠者众。今逐客以资敌国，损民以益仇，内自虚而外树怨于诸侯，求国无危，不可得也。

秦王乃除逐客之令，复李斯官，[①]卒用其计谋。官至廷尉。二十余年，竟并天下，尊主为皇帝，以斯为丞相。夷郡县城，销其兵刃，示不复用。使秦无尺土之封，不立子弟为王、功臣为诸侯者，使后无战攻之患。

①【集解】《新序》曰：“斯在逐中，道上上谏书，达始皇，始皇使人逐至骊邑，得还。”

始皇三十四年，置酒咸阳宫，博士仆射周青臣等颂称始皇威德。齐人淳于越进谏曰："臣闻之，殷周之王千余岁，封子弟功臣自为支辅。今陛下有海内，而子弟为匹夫，卒有田常、六卿之患，臣无辅弼，何以相救哉？事不师古而能长久者，非所闻也。今青臣等又面谀以重陛下过，[①]非忠臣也。"始皇下其议丞相。丞相谬其说，绌其辞，乃上书曰："古者天下散乱，莫能相一，是以诸侯并作，语皆道古以害今，饰虚言以乱实，人善其所私学，以非上所建立。今陛下并有天下，辨白黑[②]而定一尊；[③]而私学乃相与非法教之制，闻令下，即各以其私学议之，入则心非，出则巷议，非主以为名，异趣以为高，率群下以造谤。如此不禁，则主势降乎上，党与成乎下。禁之便。臣请诸有文学《诗》、《书》百家语者，蠲除去之。令到满三十日弗去，黥为城旦。所不去者，医药卜筮种树之书。若有欲学者，以吏为师。"始皇可其议，收去《诗》、《书》百家之语以愚百姓，使天下无以古非今。明法度，定律令，皆以始皇起。同文书。[④]治离宫别馆，周遍天下。明年，又巡狩，外攘四夷，斯皆有力焉。

①【索隐】重音逐用反。重者，再也。　②【索隐】刘氏云："前时国异政，家殊俗，人造私语，莫辨其真，今乃分别白黑也。"　③【索隐】谓始皇并六国，定天下，海内共尊立一帝，故云定一尊。　④【正义】六国制令不同，今令同之。

斯长男由为三川守，诸男皆尚秦公主，女悉嫁秦诸公子。三川守李由告归咸阳，李斯置酒于家，百官长皆前为寿，门廷车骑以千数。李斯喟然而叹曰："嗟乎！吾闻之荀卿曰‘物禁大盛’。夫斯乃上蔡布衣，闾巷之黔首，上不知其驽下，遂擢至此。当今人臣之位无居臣上者，可谓富贵极矣。物极则衰，吾未知所税驾也！”[①]

①【索隐】税驾，犹解驾，言休息也。李斯言已今日富贵已极，然未知向后吉凶止泊在何处也。

始皇三十七年十月，行出游会稽，并海上，北抵琅邪。[①]丞相斯、中车府令赵高兼行符玺令事，皆从。始皇有二十余子，长子扶苏以数直谏上，上使监兵上郡，[②]蒙恬为将。少子胡亥爱，请从，上许之，余子莫从。[③]

①【正义】今沂州。 ②【正义】上郡故城在绥州上县东南五十里。 ③【集解】辩士隐姓名，遗秦将章邯书曰“李斯为秦王死，废十七兄而立今王”也。然则二世是秦始皇第十八子。此书在《善文》中。

其年七月，始皇帝至沙丘，[①]病甚，令赵高为书赐公子扶苏曰：“以兵属蒙恬，与丧会咸阳而葬。”书已封，未授使者，始皇崩。书及玺皆在赵高所，独子胡亥、丞相李斯、赵高及幸宦者五六人知始皇崩，余群臣皆莫知也。李斯以为上在外崩，无真太子，故秘之。置始皇居辒辌车中，[②]百官奏事上食如故，宦者辄从辒辌车中可诸奏事。[③]

①【正义】沙丘台在邢州。 ②【集解】徐广曰：“一作辎车。” ③【集解】文颖曰：“辒辌车如今丧辒车也。”孟康曰：“如衣车，有窗牖，闭之

则温，开之则凉，故名之‘辒辌车’也。”如淳曰：“辒辌车，其形广大，有羽饰也。”

赵高因留所赐扶苏玺书，而谓公子胡亥曰：“上崩，无诏封王诸子而独赐长子书。长子至，即立为皇帝，而子无尺寸之地，为之奈何？”胡亥曰：“固也。吾闻之，明君知臣，明父知子，父捐命，不封诸子，何可言者！”赵高曰：“不然。方今天下之权，存亡在子与高及丞相耳，愿子图之。且夫臣人与见臣于人，制人与见制于人，岂可同日道哉！”胡亥曰：“废兄而立弟，是不义也。不奉父诏而畏死，是不孝也。能薄而材谫，[①]强因人之功，是不能也。三者逆德，天下不服，身殆倾危，社稷不血食。”高曰：“臣闻汤、武杀其主，天下称义焉，不为不忠。卫君杀其父，而卫国载其德，孔子著之，不为不孝。夫大行不小谨，盛德不辞让，乡曲各有宜而百官不同功。故顾小而忘大，后必有害。狐疑犹豫，后必有悔。断而敢行，鬼神避之，后有成功。愿子遂之。”胡亥喟然叹曰：“今大行未发，丧礼未终，岂宜以此事干丞相哉！”赵高曰：“时乎时乎，间不及谋！赢粮跃马，唯恐后时！”

①【集解】《史记音隐》宰显反。【索隐】刘氏音将浅反，则谫亦浅义。古人语自有重轻，所以文字有异。

胡亥既然高之言，高曰：“不与丞相谋，恐事不能成，臣请为子与丞相谋之。”高乃谓丞相斯曰：“上崩，赐长子书，与丧会咸阳而立为嗣。书未行，今上崩，未有知者也。所赐长子书及符玺皆在胡亥所，定太子在君侯与高之口耳。事将何如？”斯曰：“安得亡国之言！此非人臣所当议也！”高曰：“君侯自料能孰与蒙恬？功高孰与蒙恬？谋远不失孰与蒙恬？无怨于天下孰与蒙恬？长子旧而信之孰与蒙恬？”斯曰：“此五者皆不及蒙恬，而君责之何深也？”高曰：“高固内官之厮役也，幸得以刀笔之文进入秦宫，管事二十余年，未尝见秦免罢丞相功臣有封及二世者也，卒皆以诛亡。皇帝二十余子，皆君之所知。长子刚毅而武勇，信人而奋士，即位必用蒙恬为丞相，君侯终不怀通侯之印归于乡里，明矣。高受诏教习胡亥，使学以法事数年矣，未尝见过失。慈仁笃厚，轻财重士，辩于心而诎于口，尽礼敬士，秦之诸子未有及此者，可以为嗣。君计而定之。”斯曰：“君其反位！斯奉主之诏，听天之命，何虑之可定也？”高曰：“安可危也，危可安也。安危不定，何以贵圣？”斯曰：“斯，上蔡闾巷布衣也，上幸擢为丞相，封为通侯，子孙皆至尊位重禄者，故将以存亡安危属臣也。岂可负哉！夫忠臣不避死而庶几，[①]孝子不勤劳而见危，人臣各守其职而已矣。君其勿复言，将令斯得罪。”高曰：“盖闻圣人迁徙无常，就变而从时，见末而知本，观指而睹归。物固有之，安得常法哉！方今天下之权命悬于胡亥，高能得志焉。且夫从外制中谓之惑，从下制上谓之贼。故秋霜降者草花落，水摇动者万物作，[②]此必然之效也。君何见之晚？”斯曰：“吾闻晋易太子，[③]三世不安。齐桓兄弟争位，[④]身死为戮。纣杀亲戚，[⑤]不听谏者，国为丘墟，遂危社稷。三者逆天，宗庙不血食。斯其犹人哉，[⑥]安足为谋！”

高曰："上下合同，可以长久。中外若一，事无表里。君听臣之计，即长有封侯，世世称孤，必有乔松之寿，孔、墨之智。今释此而不从，祸及子孙，足以为寒心。善者因祸为福，君何处焉？"斯乃仰天而叹，垂泪太息曰："嗟乎，独遭乱世，既以不能死，安托命哉！"于是斯乃听高。高乃报胡亥曰："臣请奉太子之明命以报丞相，丞相斯敢不奉令！"

①【索隐】斯言忠臣之节，本不避死。言己今日亦庶几尽忠不避死也。 ②【索隐】水摇者，谓冰泮而水动也，是春时而万物皆生也。 ③【正义】谓废申生，立奚齐也。 ④【正义】谓小白与公子纠。 ⑤【正义】谓杀比干，囚箕子。 ⑥【索隐】言我今日犹是人，人道守顺，岂能为逆谋。故下云"安足与谋"。

于是乃相与谋，诈为受始皇诏丞相，立子胡亥为太子。更为书赐长子扶苏曰："朕巡天下，祷祠名山诸神以延寿命。今扶苏与将军蒙恬将师数十万以屯边，十有余年矣，不能进而前，士卒多秏，无尺寸之功，乃反数上书直言诽谤我所为，以不得罢归为太子，日夜怨望。扶苏为人子不孝，其赐剑以自裁。将军恬与扶苏居外，不匡正，宜知其谋。为人臣不忠，其赐死，以兵属裨将王离。"封其书以皇帝玺，遣胡亥客奉书赐扶苏于上郡。

使者至，发书，扶苏泣，入内舍，欲自杀。蒙恬止扶苏曰："陛下居外，未立太子，使臣将三十万众守边，公子为监，此天下重任也。今一使者来，即自杀，安知其非诈？请复请，复请而后死，未暮也。"使者数趣之。扶苏为人仁，谓蒙恬曰:“父而赐子死,尚安复请!”即自杀。蒙恬不肯死,使者即以属吏,系于阳周。①

①【集解】徐广曰:“属上郡。”【正义】阳周,宁州罗川县之邑也。

使者还报,胡亥、斯、高大喜。至咸阳,发丧,太子立为二世皇帝。以赵高为郎中令,常侍中用事。

二世燕居,乃召高与谋事,谓曰:“夫人生居世间也,譬犹骋六骥过决隙也。吾既已临天下矣,欲悉耳目之所好,穷心志之所乐,以安宗庙而乐万姓,长有天下,终吾年寿,其道可乎?”高曰:“此贤主之所能行也,而昏乱主之所禁也。臣请言之,不敢避斧钺之诛,愿陛下少留意焉。夫沙丘之谋,诸公子及大臣皆疑焉,而诸公子尽帝兄,大臣又先帝之所置也。今陛下初立,此其属意怏怏皆不服,恐为变。且蒙恬已死,蒙毅将兵居外,臣战战栗栗,唯恐不终。且陛下安得为此乐乎?”二世曰:“为之奈何?”赵高曰:“严法而刻刑,令有罪者相坐诛,至收族,灭大臣而远骨肉。贫者富之,贱者贵之。尽除去先帝之故臣,更置陛下之所亲信者近之。此则阴德归陛下,害除而奸谋塞,群臣莫不被润泽,蒙厚德,陛下则高枕肆志宠乐矣。计莫出于此。”二世然高之言,乃更为法律。于是群臣诸公子有罪,辄下高,令鞠治之。杀大臣蒙毅等,公子十二人僇死咸阳市,十公主矺死于杜,①财物入于县官,相连坐者不可胜数。

①【集解】《史记音隐》曰:“矺音贮格反。”【索隐】矺音宅,与“磔”同,古

今字异耳。磔谓裂其支体而杀之。

公子高欲奔，恐收族，乃上书曰："先帝无恙时，臣入则赐食，出则乘舆。御府之衣，臣得赐之。中厩之宝马，臣得赐之。臣当从死而不能，为人子不孝，为人臣不忠。不忠者无名以立于世，臣请从死，愿葬郦山之足。唯上幸哀怜之。"书上，胡亥大悦，召赵高而示之，曰："此可谓急乎？"赵高曰："人臣当忧死而不暇，何变之得谋！"胡亥可其书，赐钱十万以葬。

法令诛罚日益刻深，群臣人人自危，欲畔者众。又作阿房之宫，治直〔道〕、驰道，赋敛愈重，戍傜无已。于是楚戍卒陈胜、吴广等乃作乱，起于山东，杰俊相立，自置为侯王，叛秦，兵至鸿门而却。李斯数欲请间谏，二世不许。而二世责问李斯曰："吾有私议而有所闻于韩子也，曰'尧之有天下也，堂高三尺，采椽不斫，[①]茅茨不翦，虽逆旅之宿不勤于此矣。冬日鹿裘，夏日葛衣，粢粝之食，[②]藜藿之羹，饭土匦，[③]啜土铏，[④]虽监门之养不觳于此矣。[⑤]禹凿龙门，通大夏，疏九河，曲九防，[⑥]决渟水致之海，[⑦]而股无胈，[⑧]胫无毛，手足胼胝，面目黎黑，遂以死于外，葬于会稽，臣虏之劳不烈于此矣'。然则夫所贵于有天下者，岂欲苦形劳神，身处逆旅之宿，口食监门之养，手持臣虏之作哉？此不肖人之所勉也，非贤者之所务也。彼贤人之有天下也，专用天下适己而已矣，此所以贵于有天下也。夫所谓贤人者，必能安天下而治万民，今身且不能利，将恶能治天下哉！故吾愿赐志广欲，长享天下而无害，为之奈何？"李斯子由为三川守，群盗吴广等西略地，过去弗能禁。章邯以破逐广等兵，使者覆案三川相属，诮让斯居三公位，如何令盗如此。李斯恐惧，重爵禄，不知所出，乃阿二世意，欲求容，以书对曰：

①【集解】徐广曰："采，一名栎。一作柞。"【索隐】采，木名，即今之栎木也。　②【索隐】粢音资。粝音郎葛反。粢者，稷也。粝者，麄粟饭也。　③【集解】徐广曰："一作溜。"　④【集解】音刑。　⑤【集解】徐广曰："觳音学。觳，一作毂，推也。"【索隐】《尔雅》云"觳，尽也"。言监门下人饭犹不尽此。若徐氏云"一作毂"，则字宜作"较"。邹氏音角。⑥【正义】谓河之九曲，别为堤防。　⑦【集解】徐广曰："致，一作放。"⑧【集解】胈，肤毳皮。

夫贤主者，必且能全道而行督责之术者也。[1]督责之，则臣不敢不竭能以徇其主矣。此臣主之分定，上下之义明，则天下贤不肖莫敢不尽力竭任以徇其君矣。是故主独制于天下而无所制也。能穷乐之极矣，贤明之主也，可不察焉！

①【索隐】督者，察也。察其罪，责之以刑罚也。

故申子曰"有天下而不恣睢，[1]命之曰以天下为桎梏"者，[2]无他焉，不能督责，而顾以其身劳于天下之民，若尧、禹然，故谓之"桎梏"也。夫不能修申、韩之明术，行督责之道，专以天下自适也，而徒务苦形劳神，以身徇百姓，则是黔首之役，非畜天下者也，何足贵哉！夫以人徇己，则己贵而人贱。以己徇人，则己贱而人贵。故徇人者贱，而人所徇者贵，自古及今，未有不然者也。凡古之所为尊贤者，为其贵也。而所为恶不肖者，为其贱也。而尧、禹以身徇天下者也，因随而尊之，则亦失所为尊贤之心矣夫！可谓大缪矣。谓之为"桎梏"，不亦宜乎？不能督责之过也。

①【索隐】恣音资二反，睢音呼季反。恣睢，犹放纵也。谓肆情纵恣也。　②【正义】言有天下不能自纵恣督责，乃劳身于天下若尧、禹，即以天下为桎梏于身也。

故韩子曰"慈母有败子而严家无格虏"者，[①]何也？则能罚之加焉必也。故商君之法，刑弃灰于道者。[②]夫弃灰，薄罪也，而被刑，重罚也。彼唯明主为能深督轻罪。夫罪轻且督深，而况有重罪乎？故民不敢犯也。是故韩子曰"布帛寻常，庸人不释，[③]铄金百溢，盗跖不搏"者，[④]非庸人之心重，寻常之利深，而盗跖之欲浅也。又不以盗跖之行，为轻百镒之重也。搏必随手刑，则盗跖不搏百镒。而罚不必行也，则庸人不释寻常。是故城高五丈，而楼季不轻犯也。[⑤]泰山之高百仞，而跛牂牧其上。[⑥]夫楼季也而难五丈之限，岂跛牂也而易百仞之高哉？峭堑之势异也。[⑦]明主圣王之所以能久处尊位，长执重势，而独擅天下之利者，非有异道也，能独断而审督责，必深罚，故天下不敢犯也。今不务所以不犯，而事慈母之所以败子也，则亦不察于圣人之论矣。夫不能行圣人之术，则舍为天下役何事哉？可不哀邪！[⑧]

①【索隐】格，强扞也。虏，奴隶也。言严整之家本无格扞奴仆也。②【正义】弃灰于道者黥也。《韩子》云："殷之法，弃灰于衢者刑。子贡以为重，问之。仲尼曰：'灰弃于衢必燔，人必怒，怒则斗，斗则三族，虽刑之可也。'" ③【索隐】八尺曰寻，倍寻曰常，以言其少也。庸人弗释者，谓庸人见则取之而不释，以其罪轻，故下云"罚不必行，则庸人弗释寻常"是也。④【索隐】《尔雅》"铄，美也"。言百溢之美金在于地，虽有盗跖之行亦不取者，为其财多而罪重也，故下云"搏必随手刑，盗跖不搏"也。搏，犹攫也，取也。凡鸟翼击物曰搏，足取曰攫，故人取物亦谓之搏。 ⑤【集解】许慎曰："楼季，魏文侯之弟。"王孙子曰："楼季之兄也。" ⑥【集解】《诗》云："牂羊坟首。"《毛传》曰："牝曰牂。" ⑦【索隐】峭，峻也，高也，七笑反。堑音渐。以言峭峻则难登，故楼季难五丈之限；平堑则易涉，故跛牂牧于泰山也。 ⑧【索隐】舍，犹废也，止也。言为人主不能行圣人督责之术，则已废止，何为勤身苦心，为天下所役，是何哉？"可不哀邪"，言其非也。

且夫俭节仁义之人立于朝，则荒肆之乐辍矣。谏说论理之臣间于侧，则流漫之志诎矣。烈士死节之行显于世，则淫康之虞废矣。故明主能外此三者，而独操主术以制听从之臣，而修其明法，故身尊而势重也。凡贤主者，必将能拂世磨俗，[①]而废其所恶，立其所欲，故生则有尊重之势，死则有贤明之谥也。是以明君独断，故权不在臣也。然后能灭仁义之涂，掩驰说之口，困烈士之行，塞聪揜明，内独视听，故外不可倾以仁义烈士之行，而内不可夺以谏说忿争之辩。故能荦然独行恣睢之心而莫之敢逆。若此然后可谓能明申、韩之术，而修商君之法。法修术明而天下乱者，未之闻也。故曰“王道约而易操”也。唯明主为能行之。若此则谓督责之诚，则臣无邪，臣无邪则天下安，天下安则主严尊，主严尊则督责必，督责必则所求得，所求得则国家富，国家富则君乐丰。故督责之术设，则所欲无不得矣。群臣百姓救过不给，何变之敢图？若此则帝道备，而可谓能明君臣之术矣。虽申、韩复生，不能加也。

①【索隐】拂音扶弗反。磨音莫何反。拂世，盖言与世情乖戾。磨俗，言磨砺于俗使从己。

书奏，二世悦。于是行督责益严，税民深者为明吏。二世曰：“若此则可谓能督责矣。”刑者相半于道，而死人日成积于市。杀人众者为忠臣。二世曰：“若此则可谓能督责矣。”

初，赵高为郎中令，所杀及报私怨众多，恐大臣入朝奏事毁恶之，乃说二世曰：“天子所以贵者，但以闻声，群臣莫得见其面，故号曰‘朕’。且陛下富于春秋，未必尽通诸事，[①]今坐朝廷，谴举有不当者，则见短于大臣，非所以示神明于天下也。且陛下深拱禁中，与臣及侍中习法者待事，事来有以揆之。[②]如此则大臣不敢奏疑事，天下称圣主矣。”二世用其计，乃不坐朝廷见大臣，居禁中。赵高常侍中用事，事皆决于赵高。

①【集解】徐广曰："通，或宜作照。" ②【集解】徐广曰："揆，一作拨也。"

高闻李斯以为言，乃见丞相曰："关东群盗多，今上急益发繇治阿房宫，[1]聚狗马无用之物。臣欲谏，为位贱。此真君侯之事，君何不谏？"李斯曰："固也，吾欲言之久矣。今时上不坐朝廷，上居深宫，吾有所言者，不可传也，欲见无间。"赵高谓曰："君诚能谏，请为君候上间语君。"于是赵高待二世方燕乐，妇女居前，使人告丞相："上方间，可奏事。"丞相至宫门上谒，如此者三。二世怒曰："吾常多间日，丞相不来。吾方燕私，丞相辄来请事。丞相岂少我哉？且固我哉？"[2]赵高因曰："如此殆矣！夫沙丘之谋，丞相与焉。今陛下已立为帝，而丞相贵不益，此其意亦望裂地而王矣。且陛下不问臣，臣不敢言。丞相长男李由为三川守，楚盗陈胜等皆丞相傍县之子，以故楚盗公行，[3]过三川，城守不肯击。高闻其文书相往来，未得其审，故未敢以闻。且丞相居外，权重于陛下。"二世以为然。欲案丞相，恐其不审，乃使人案验三川守与盗通状。李斯闻之。

①【索隐】房音旁，一如字。 ②【索隐】谓以我幼故轻我也。云"固我"者，一云以我为短少，且固陋于我也，于义为疏。 ③【集解】徐广曰："公，一作讼，音松。"

是时二世在甘泉，方作觳抵优俳之观。[1]李斯不得见，因上书言赵高之短曰："臣闻之，臣疑其君，无不危国；妾疑其夫，无不危家。今有大臣于陛下擅利擅害，与陛下无异，此甚不便。昔者司城子罕相宋，身行刑罚，以威行之，期年遂劫其君。田常为简公臣，爵列无敌于国，私家之富与公家均，布惠施德，下得百姓，上得群臣，阴取齐国，杀宰予于庭，即弑简公于朝，遂有齐国。此天下所明知也。今高有邪佚之志，危反之行，如子罕相宋也。私家之富，若田氏之于齐也。兼行田常、子罕之逆道而劫陛下之威信，其志若韩玘为韩安相也。[②]陛下不图，臣恐其为变也。"二世曰："何哉？夫高，故宦人也，然不为安肆志，不以危易心，洁行修善，自使至此，以忠得进，以信守位，朕实贤之，而君疑之，何也？且朕少失先人，无所识知，不习治民，而君又老，恐与天下绝矣。朕非属赵君，当谁任哉？且赵君为人精廉强力，下知人情，上能适朕，君其勿疑。"李斯曰："不然。夫高，故贱人也，无识于理，贪欲无厌，求利不止，列势次主，求欲无穷，臣故曰殆。"二世已前信赵高，恐李斯杀之，乃私告赵高。高曰："丞相所患者独高，高已死，丞相即欲为田常所为。"于是二世曰："其以李斯属郎中令！"

①【集解】应劭曰："战国之时，稍增讲武之礼，以为戏乐，用相夸示，而秦更名曰角抵。角者，角材也。抵者，相抵触也。"文颖曰："案：秦名此乐为角抵，两两相当，角力，角伎蓺身御，故曰角抵也。"骃案：觳抵即角抵。

②【索隐】玘，亦作"起"，并音怡。韩大夫弑其君悼公者。然韩无悼公，或郑之嗣君。案表，韩玘事昭侯，昭侯已下四代至王安，其说非也。

赵高案治李斯。李斯拘执束缚，居囹圄中，仰天而叹曰："嗟乎，悲夫！不道之君，何可为计哉！昔者桀杀关龙逢，纣杀王子比干，吴王夫差杀伍子胥。此三臣者，岂不忠哉，然而不免于死，身死而所忠者非也。今吾智不及三子，而二世之无道过于桀、纣、夫差，吾以忠死，宜矣。且二世之治岂不乱哉。日者夷其兄弟而自立也，杀忠臣而贵贱人，作为阿房之宫，赋敛天下。吾非不谏也，而不吾听也。凡古圣王，饮食有节，车器有数，宫室有度，出令造事，加费而无益于民利者禁，故能长久治安。今行逆于昆弟，不顾其咎；侵杀忠臣，不思其殃。大为宫室，厚赋天下，不爱其费。三者已行，天下不听。今反者已有天下之半矣，而心尚未寤也，而以赵高为佐，吾必见寇至咸阳，麋鹿游于朝也。"

于是二世乃使高案丞相狱，治罪，责斯与子由谋反状，皆收捕宗族宾客。赵高治斯，榜掠千余，不胜痛，自诬服。斯所以不死者，自负其辩，有功，实无反心，幸得上书自陈，幸二世之寤而赦之。李斯乃从狱中上书曰："臣为丞相，治民三十余年矣。逮秦地之陕隘。先王之时秦地不过千里，兵数十万。臣尽薄材，谨奉法令，阴行谋臣，资之金玉，使游说诸侯，阴修甲兵，饰政教，官斗士，尊功臣，盛其爵禄，故终以胁韩弱魏，破燕、赵，夷齐、楚，卒兼六国，虏其王，立秦为天子。罪一矣。地非不广，又北逐胡、貉，南定百越，以见秦之强。罪二矣。尊大臣，盛其爵位，以固其亲。罪三矣。立社稷，修宗庙，以明主之贤。罪四矣。更克画，平斗斛度量，文章布之天下，以树秦之名。罪五矣。治驰道，兴游观，以见主之得意。罪六矣。缓刑罚，薄赋敛，以遂主得众之心，万民戴主,死而不忘。罪七矣。若斯之为臣者,罪足以死固久矣。上幸尽其能力,乃得至今,愿陛下察之!”书上,赵高使吏弃去不奏,曰:“囚安得上书!”

赵高使其客十余辈诈为御史、谒者、侍中,更往复讯斯。斯更以其实对,辄使人复榜之。后二世使人验斯,斯以为如前,终不敢更言,辞服。奏当上,二世喜曰:“微赵君,几为丞相所卖。”及二世所使案三川之守至,则项梁已击杀之。使者来,会丞相下吏,赵高皆妄为反辞。

二世二年七月,具斯五刑,论腰斩咸阳市。斯出狱,与其中子俱执,顾谓其中子曰:“吾欲与若复牵黄犬俱出上蔡东门逐狡兔,岂可得乎?”遂父子相哭,而夷三族。

李斯已死,二世拜赵高为中丞相,事无大小辄决于高。高自知权重,乃献鹿,谓之马。二世问左右:“此乃鹿也?”左右皆曰“马也”。二世惊,自以为惑,乃召太卜,令卦之。太卜曰:“陛下春秋郊祀,奉宗庙鬼神,斋戒不明,故至于此。可依盛德而明斋戒。”于是乃入上林斋戒。日游弋猎,有行人入上林中,二世自射杀之。赵高教其女婿咸阳令阎乐劾不知何人贼杀人移上林。高乃谏二世曰:“天子无故贼杀不辜人,此上帝之禁也,鬼神不享,天且降殃,当远避宫以禳之。”二世乃出居望夷之宫。

留三日,赵高诈诏卫士,令士皆素服持兵内乡,入告二世曰:“山东群盗兵大至!”二世上观而见之,恐惧,高即因劫令自杀。引玺而佩之,左右百官莫从;上殿,殿欲坏者三。

高自知天弗与,群臣弗许,乃召始皇弟,授之玺。①

①【集解】徐广曰:"一本曰'召始皇弟子婴,授之玺'。《秦本纪》云'子婴者,二世之兄子也'。"【索隐】刘氏云:"弟字误,当为孙。子婴,二世兄子。"

子婴即位,患之,乃称疾不听事,与宦者韩谈及其子谋杀高。高上谒,请病,因召入,令韩谈刺杀之,夷其三族。

子婴立三月,沛公兵从武关入,至咸阳,群臣百官皆畔,不敌。子婴与妻子自系其颈以组,降轵道旁。①沛公因以属吏。项王至而斩之。遂以亡天下。

①【正义】轵道在万年县东北十六里。

太史公曰:李斯以闾阎历诸侯,入事秦,因以瑕衅,以辅始皇,卒成帝业,斯为三公,可谓尊用矣。斯知六艺之归,不务明政以补主上之缺,持爵禄之重,阿顺苟合,严威酷刑听高邪说,废嫡立庶。诸侯已畔,斯乃欲谏争,不亦末乎。人皆以斯极忠而被五刑死,察其本,乃与俗议之异。不然,斯之功且与周、召列矣。

索隐述赞曰:鼠在所居,人固择地。斯效智力,功立名遂。置酒咸阳,人臣极位。一夫诳惑,变易神器。国丧身诛,本同末异。

卷八十八

蒙恬列传第二十八

蒙恬者，其先齐人也。恬大父蒙骜，[①]自齐事秦昭王，官至上卿。秦庄襄王元年，蒙骜为秦将，伐韩，取成皋、荥阳，作置三川郡。二年，蒙骜攻赵，取三十七城。始皇三年，蒙骜攻韩，取十三城。五年，蒙骜攻魏，取二十城，作置东郡。始皇七年，蒙骜卒。骜子曰武，武子曰恬。恬尝书狱典文学。[②]始皇二十三年，蒙武为秦裨将军，与王翦攻楚，大破之，杀项燕。二十四年，蒙武攻楚，虏楚王。蒙恬弟毅。

①【索隐】音敖。又邹氏音五到反。　②【索隐】谓恬尝学狱法，遂作狱官，典文学。

始皇二十六年，蒙恬因家世得为秦将，攻齐，大破之，拜为内史。秦已并天下，乃使蒙恬将三十万众北逐戎、狄，收河南。[①]筑长城，因地形，用制险塞，起临洮，[②]至辽东，[③]延袤万余里。于是渡河，据阳山，[④]逶蛇而北。暴师于外十余年，居上郡。是时蒙恬威振匈奴。始皇甚尊宠蒙氏，信任贤之。而亲近蒙毅，位至上卿，出则参乘，入则御前。恬任外事而毅常为内谋，名为忠信，故虽诸将相莫敢与之争焉。

①【正义】谓灵、胜等州。 ②【集解】徐广曰:“属陇西。” ③【正义】辽东郡在辽水东,始皇筑长城东至辽水,西南至海(之上)。 ④【集解】徐广曰:“五原西安阳县北有阴山。阴山在河南,阳山在河北。”

赵高者,诸赵疏远属也。赵高昆弟数人,皆生隐宫,[①]其母被刑僇,世世卑贱。秦王闻高强力,通于狱法,举以为中车府令。高即私事公子胡亥,喻之决狱。高有大罪,秦王令蒙毅法治之。毅不敢阿法,当高罪死,除其宦籍。帝以高之敦于事也,[②]赦之,复其官爵。

①【集解】徐广曰:“为宦者。”【索隐】刘氏云:“盖其父犯宫刑,妻子没为官奴婢,妻后野合所生子皆承赵姓,并宫之,故云‘兄弟生隐宫’。谓‘隐宫’者,宦之谓也。” ②【集解】徐广曰:“敦,一作敏。”

始皇欲游天下,道九原,[①]直抵甘泉,[②]乃使蒙恬通道,自九原抵甘泉,堑山堙谷,千八百里。道未就。

①【正义】九原郡,今胜州连谷县是。 ②【正义】宫在雍州。

始皇三十七年冬,行出游会稽,并海上,[①]北走琅邪。[②]道病,使蒙毅还祷山川,未反。

①【索隐】并音白浪反。 ②【索隐】走音奏。走,犹向也。邹氏音

趋，趋亦向义，于字则乖。

始皇至沙丘崩，秘之，群臣莫知。是时丞相李斯、少子胡亥、中车府令赵高常从。高雅得幸于胡亥，欲立之，又怨蒙毅法治之而不为己也，因有贼心，乃与丞相李斯、公子胡亥阴谋，立胡亥为太子。太子已立，遣使者以罪赐公子扶苏、蒙恬死。扶苏已死，蒙恬疑而复请之。使者以蒙恬属吏，更置。胡亥以李斯舍人为护军。使者还报，胡亥已闻扶苏死，即欲释蒙恬。赵高恐蒙氏复贵而用事，怨之。

毅还至，赵高因为胡亥忠计，欲以灭蒙氏，乃言曰："臣闻先帝欲举贤立太子久矣，而毅谏曰'不可'。若知贤而俞弗立，则是不忠而惑主也。[①]以臣愚意，不若诛之。"胡亥听而系蒙毅于代。[②]前已囚蒙恬于阳周。丧至咸阳，已葬，太子立为二世皇帝，而赵高亲近，日夜毁恶蒙氏，求其罪过，举劾之。

①【索隐】俞即逾也，音臾。谓知太子贤而逾久不立，是不忠也。

②【正义】今代州也。因祷山川至代而系之。

子婴进谏曰："臣闻故赵王迁杀其良臣李牧而用颜聚，燕王喜阴用荆轲之谋而背秦之约，齐王建杀其故世忠臣而用后胜之议。此三君者，皆各以变古者失其国而殃及其身。今蒙氏，秦之大臣谋士也，而主欲一旦弃去之，臣窃以为不可。臣闻轻虑者不可以治国，独智者不可以存君。[①]诛杀忠臣而立无节行之人，是内使群臣不相信而外使斗士之意离也，臣窃以为不可。”

①【集解】徐广曰：“一无此字。”

胡亥不听。而遣御史曲宫乘传之代，[①]令蒙毅曰：“先主欲立太子而卿难之。今丞相以卿为不忠，罪及其宗。朕不忍，乃赐卿死，亦甚幸矣。卿其图之！”毅对曰：“以臣不能得先主之意，则臣少宦，顺幸没世，可谓知意矣。[②]以臣不知太子之能，则太子独从，周旋天下，去诸公子绝远，臣无所疑矣。夫先主之举用太子，数年之积也，臣乃何言之敢谏，何虑之敢谋！非敢饰辞以避死也，为羞累先主之名，愿大夫为虑焉，使臣得死情实。且夫顺成全者，道之所贵也。刑杀者，道之所卒也。昔者秦穆公杀三良而死，罪百里奚而非其罪也，故立号曰‘缪’。昭襄王杀武安君白起。楚平王杀伍奢。吴王夫差杀伍子胥。此四君者，皆为大失，而天下非之，以其君为不明，以是籍于诸侯。[③]故曰‘用道治者不杀无罪，而罚不加于无辜’。唯大夫留心！”使者知胡亥之意，不听蒙毅之言，遂杀之。

①【索隐】曲，姓。宫，名。　②【索隐】蒙毅言己少事始皇，顺意因蒙幸，至始皇没世，可谓知上意也。　③【索隐】言其恶声狼籍，布于诸国。而刘氏曰“诸侯皆记其恶于史籍”，非也。

二世又遣使者之阳周，令蒙恬曰：“君之过多矣，而卿弟毅有大罪，法及内史。”恬曰：“自吾先人，及至子孙，积功信于秦三世矣。今臣将兵三十余万，身虽囚系，其势足以背畔，然自知必死而守义者，不敢辱先人之教，以不忘先主也。昔周成王初立，未离襁褓，周公旦负王以朝，卒定天下。及成王有病甚殆，公旦自揃其爪以沈于河，曰：'王未有识，是旦执事。有罪殃，旦受其不祥。'乃书而藏之记府，可谓信矣。及王能治国，有贼臣言：'周公旦欲为乱久矣，王若不备，必有大事。'王乃大怒，周公旦走而奔于楚。成王观于记府，得周公旦沈书，乃流涕曰：'孰谓周公旦欲为乱乎！'杀言之者而反周公旦。故《周书》曰'必参而伍之'。[①]今恬之宗，世无二心，而事卒如此，是必孽臣逆乱，[②]内陵之道也。夫成王失而复振则卒昌；桀杀关龙逢，纣杀王子比干而不悔，身死则国亡。臣故曰过可振而谏可觉也。[③]察于参伍，上圣之法也。凡臣之言，非以求免于咎也，将以谏而死，愿陛下为万民思从道也。"使者曰："臣受诏行法于将军. 不敢以将军言闻于上也。"蒙恬喟然太息曰："我何罪于天，无过而死乎？"良久，徐曰："恬罪固当死矣。起临洮属之辽东，城堑万余里，此其中不能无绝地脉哉？此乃恬之罪也。"乃吞药自杀。

①【索隐】参谓三卿，伍即五大夫。欲参伍更议。　②【集解】徐广曰："一作辞。"　③【索隐】此"故曰"者，必先志有此言，蒙恬引之以成说也，今不知出何书耳。振者，救也。然语亦倒，以言前人受谏可觉，则其过乃可救也。

太史公曰：吾适北边，自直道归，行观蒙恬所为秦筑长城亭障，堑山堙谷，通直道，固轻百姓力矣。夫秦之初灭诸侯，天下之心未定，痍伤者未瘳，而恬为名将，不以此时强谏，振百姓之急，养老存孤，务修众庶之和，而阿意兴功，此其兄弟遇诛，不亦宜乎？何乃罪地脉哉？

索隐述赞曰：蒙氏秦将，内史忠贤。长城首筑，万里安边。赵高矫制，扶苏死焉。绝地何罪？劳人是愆。呼天欲诉，三代良然。

卷八十九

张耳陈余列传第二十九

【索隐】张耳、吴芮，势侔楚、汉，位埒齐、韩；俱怀从沛之心，咸享誓河之业；爵在列侯之上，家传累代之基；长沙既曰令终，赵王亦谓善始，并可歹同世家焉。

张耳者，大梁人也。[①]其少时，及魏公子毋忌为客。张耳尝亡命[②]游外黄。[③]外黄富人女甚美，嫁庸奴，亡其夫，[④]去抵父客。[⑤]父客素知张耳，乃谓女曰："必欲求贤夫，从张耳。"女听，乃卒为请决，嫁之张耳。[⑥]张耳是时脱身游，女家厚奉给张耳，张耳以故致千里客。乃宦魏为外黄令。名由此益贤。

①【索隐】臣瓒云："今陈留大梁城是也。" ②【索隐】晋灼曰："命者，名也。谓脱名籍而逃。"崔浩曰："亡，无也。命，名也。逃匿则削除名籍，故以逃为亡命。" ③【索隐】《地理志》属陈留。 ④【集解】徐广曰："一云'其夫亡'也。" ⑤【集解】如淳曰："父时故宾客。"【索隐】如淳曰："抵，归也，音丁礼反。" ⑥【索隐】谓女请父客为决绝其夫，而嫁之张耳。

陈余者，亦大梁人也，好儒术，数游赵苦陉。[①]富人公乘氏以其女妻之，亦知陈余非庸人也。余年少，父事张耳，两人相与为刎颈交。②

①【集解】张晏曰:"苦陉,汉章帝改曰汉昌。"【索隐】《地理志》属中山。【正义】音邢。邢州唐昌县。　②【索隐】崔浩云:"言要齐生死,断颈无悔。"

秦之灭大梁也,张耳家外黄。高祖为布衣时,尝数从张耳游,客数月。秦灭魏数岁,已闻此两人魏之名士也,购求有得张耳千金,陈余五百金。张耳、陈余乃变名姓,俱之陈,为里监门①以自食。两人相对。里吏尝有过笞陈余,陈余欲起,张耳蹑之,②使受笞。吏去,张耳乃引陈余之桑下而数之曰:"始吾与公言何如?今见小辱而欲死一吏乎?"陈余然之。秦诏书购求两人,两人亦反用门者以令里中。③

①【集解】张晏曰:"监门,里正卫也。"　②【集解】徐广曰:"一作摄。"　③【索隐】案:门者即余、耳也。自以其名而号令里中,诈更别求也。

陈涉起蕲,至入陈,兵数万。张耳、陈余上谒陈涉。涉及左右生平数闻张耳、陈余贤,未尝见,见即大喜。

陈中豪杰父老乃说陈涉曰:"将军身被坚执锐,率士卒以诛暴秦,复立楚社稷,存亡继绝,功德宜为王。且夫监临天下诸将,不为王不可,愿将军立为楚王也。"陈涉问此两人,两人对曰:"夫秦为无道,破人国家,灭人社稷,绝人后世,罢百姓之力,尽百姓之财。将军瞋目张胆,出万死不顾一生之计，为天下除残也。今始至陈而王之，示天下私。愿将军毋王，急引兵而西，遣人立六国后，自为树党，为秦益敌也。敌多则力分，与众则兵强。如此野无交兵，县无守城，诛暴秦，据咸阳以令诸侯。诸侯亡而得立，以德服之，如此则帝业成矣。今独王陈，恐天下解也。”①陈涉不听，遂立为王。

①【正义】解，纪卖反。言天下诸侯见陈胜称王王陈，皆解堕不相从也。

陈余乃复说陈王曰：“大王举梁、楚而西，务在入关，未及收河北也。臣尝游赵，知其豪杰及地形，愿请奇兵北略赵地。”于是陈王以故所善陈人武臣为将军，邵骚为护军，以张耳、陈余为左右校尉，予卒三千人，北略赵地。

武臣等从白马渡河，①至诸县，说其豪杰曰：②“秦为乱政虐刑以残贼天下，数十年矣。北有长城之役，南有五岭之戍，③外内骚动，百姓罢敝，头会箕敛，④以供军费，财匮力尽，民不聊生。重之以苛法峻刑，使天下父子不相安。陈王奋臂为天下倡始，王楚之地，方二千里，莫不响应，家自为怒，人自为斗，各报其怨而攻其仇，县杀其令丞，郡杀其守尉。今已张大楚，王陈，使吴广、周文将卒百万西击秦。于此时而不成封侯之业者，非人豪也。诸君试相与计之。夫天下同心而苦秦久矣。因天下之力而攻无道之君，报父兄之怨而成割地有土之业，此士之一时也。”豪杰皆然其言。乃行收兵，得数万人，号武臣为武信君。下赵十城，余皆城守，莫肯下。

①【索隐】案：郦食其云“白马之津”，则白马是渡处，其地与黎阳对岸。 ②【集解】邓展曰：“至河北县说之。” ③【集解】《汉书音义》曰：“岭有王，因以为名，在交址界中也。”【索隐】裴氏《广州记》云大庾、始安、临贺、桂阳、揭阳，斯五岭。 ④【集解】《汉书音义》曰：“家家人头数出谷，以箕敛之。”

乃引兵东北击范阳。范阳人蒯通说范阳令曰：[①]“窃闻公之将死，故吊。虽然，贺公得通而生。”范阳令曰：“何以吊之？”对曰：“秦法重，足下为范阳令十年矣，杀人之父，孤人之子，断人之足，黥人之首，不可胜数。然而慈父孝子莫敢倳刃[②]公之腹中者，畏秦法耳。今天下大乱，秦法不施，然则慈父孝子且倳刃公之腹中以成其名，此臣之所以吊公也。今诸侯畔秦矣，武信君兵且至，而君坚守范阳，少年皆争杀君，下武信君。君急遣臣见武信君，可转祸为福，在今矣。”

①【集解】《汉书》曰“范阳令徐公”。 ②【集解】徐广曰：“倳音菑。”李奇曰：“东方人以物插地皆为倳”

范阳令乃使蒯通见武信君曰：“足下必将战胜然后略地，攻得然后下城，臣窃以为过矣。诚听臣之计，可不攻而降城，不战而略地，传檄而千里定，可乎？”武信君曰：“何谓也？”蒯通曰：“今范阳令宜整顿其士卒以守战者也，怯而畏死，贪而重富贵，故欲先天下降，畏君以为秦所置吏，诛杀如前十城也。然今范阳少年亦方杀其令，自以城距君。君何不赍臣侯印，拜范阳令，范阳令则以城下君，少年亦不敢杀其令。令范阳令乘朱轮华毂，使驱驰燕、赵郊。燕、赵郊见之，皆曰此范阳令，先下者也，即喜矣，燕、赵城可毋战而降也。此臣之所谓传檄而千里定者也。”武信君从其计，因使蒯通赐范阳令侯印。赵地闻之，不战以城下者三十余城。

至邯郸，张耳、陈余闻周章军入关，至戏却；①又闻诸将为陈王徇地，多以谗毁得罪诛，怨陈王不用其策不以为将而以为校尉。乃说武臣曰："陈王起蕲，至陈而王，非必立六国后。将军今以三千人下赵数十城，独介居河北，②不王无以填之。且陈王听谗，还报，恐不脱于祸。又不如立其兄弟；不，即立赵后。将军毋失时，时间不容息。”③武臣乃听之，遂立为赵王。以陈余为大将军，张耳为右丞相，邵骚为左丞相。

①【集解】苏林曰："戏，地名。却，兵退也。"【正义】戏音羲。出骊山。 ②【集解】晋灼曰："介音戛。"瓒曰："《方言》云介，特也。" ③【索隐】以言举事不可失时，时几之迅速，其间不容一喘息顷也。

使人报陈王，陈王大怒，欲尽族武臣等家，而发兵击赵。陈王相国房君谏曰："秦未亡而诛武臣等家，此又生一秦也。不如因而贺之，使急引兵西击秦。"陈王然之，从其计，徙系武臣等家宫中，封张耳子敖为成都君。

陈王使使者贺赵，令趣发兵西入关。张耳、陈余说武臣曰："王王赵，非楚意，特以计贺王。楚已灭秦，必加兵于赵。愿王毋西兵，北徇燕、代，南收河内以自广。赵南据大河，北有燕、代，楚虽胜秦，必不敢制赵。"赵王以为然，因不西兵，而使韩广略燕，李良略常山，张黡略上党。

韩广至燕，燕人因立广为燕王。①赵王乃与张耳、陈余北略地燕界。赵王间出，为燕军所得。燕将囚之，欲与分赵地半，乃归王。使者往，燕辄杀之以求地。张耳、陈余患之。有厮养卒谢其舍中曰：②"吾为公说燕，与赵王载归。"舍中皆笑曰："使者往十余辈，辄死，若何以能得王？"乃走燕壁。燕将见之，问燕将曰："知臣何欲？"燕将曰："若欲得赵王耳。"曰："君知张耳、陈余何如人也？"燕将曰："贤人也。"曰："知其志何欲？"曰："欲得其王耳。"赵养卒乃笑曰："君未知此两人所欲也。夫武臣、张耳、陈余杖马箠③下赵数十城，此亦各欲南面而王，岂欲为卿相终已邪？夫臣与主岂可同日而道哉，顾其势初定，未敢参分而王，且以少长先立武臣为王，以持赵心。今赵地已服，此两人亦欲分赵而王，时未可耳。今君乃囚赵王。此两人名为求赵王，实欲燕杀之，此两人分赵自立。夫以一赵尚易燕，况以两贤王左提右挈，而责杀王之罪，④灭燕易矣。"燕将以为然，乃归赵王，养卒为御而归。

①【集解】徐广曰："九月也。" ②【集解】如淳曰："厮，贱者也。《公羊传》曰'厮役扈养'。"韦昭曰："析薪为厮，炊烹为养。"晋灼曰："以辞相告曰谢也。"【索隐】谓其同舍中之人也。《汉书》作"舍人"。 ③【集解】张晏曰："言其不用兵革，驱策而已也。"【索隐】仗音丈。箠音之委反。

④【集解】徐广曰:“《平原君传》曰‘事成执右券以责’也,券契义同耳。”

李良已定常山,还报,赵王复使良略太原。至石邑,[①]秦兵塞井陉,未能前。秦将诈称二世使人遗李良书,不封,[②]曰:“良尝事我得显幸。良诚能反赵为秦,赦良罪,贵良。”良得书,疑不信。乃还之邯郸,益请兵。未至,道逢赵王姊出饮,从百余骑。李良望见,以为王,伏谒道旁。王姊醉,不知其将,使骑谢李良。李良素贵,起,惭其从官。从官有一人曰:“天下畔秦,能者先立。且赵王素出将军下,今女儿乃不为将军下车,请追杀之。”李良已得秦书,固欲反赵,未决,因此怒,遣人追杀王姊道中,乃遂将其兵袭邯郸。邯郸不知,竟杀武臣、邵骚。赵人多为张耳、陈余耳目者,以故得脱出。收其兵,得数万人。客有说张耳曰:“两君羁旅,而欲附赵,难;[③]独立赵后,[④]扶以义,可就功。”乃求得赵歇,[⑤]立为赵王,居信都。[⑥]李良进兵击陈余,陈余败李良,李良走归章邯。

①【索隐】《地理志》属常山。　②【集解】张晏曰:“欲其漏泄,君臣相疑。”　③【索隐】案:羁旅势弱,难以立功也。　④【索隐】谓独有立六国赵王之后,可以成功。　⑤【集解】徐广曰:“正月也。音乌辖反。”骃案:张晏曰“赵之苗裔”。　⑥【集解】徐广曰:“后项羽改曰襄国。”

章邯引兵至邯郸,皆徙其民河内,夷其城郭。张耳与赵王歇走入巨鹿城,王离围之。陈余北收常山兵,得数万人,军巨鹿北。章邯军巨鹿南棘原,筑甬道属河,饷王离。王离兵食多，急攻巨鹿。巨鹿城中食尽兵少，张耳数使人召前陈余，陈余自度兵少，不敌秦，不敢前。数月，张耳大怒，怨陈余，使张黡、陈泽[①]往让陈余曰："始吾与公为刎颈交，今王与耳旦暮且死，而公拥兵数万，不肯相救，安在其相为死。苟必信，胡不赴秦军俱死？且有十一二相全。"[②]陈余曰："吾度前终不能救赵，徒尽亡军。且余所以不俱死，欲为赵王、张君报秦。今必俱死，如以肉委饿虎，何益？"张黡、陈泽曰："事已急，要以俱死立信，安知后虑！"陈余曰："吾死顾以为无益。必如公言。"乃使五千人令张黡、陈泽先尝秦军，[③]至皆没。

①【正义】音释。　②【正义】十中冀一两胜秦。　③【索隐】崔浩云："尝，犹试。"

当是时，燕、齐、楚闻赵急，皆来救。张敖亦北收代兵，得万余人，来，皆壁余旁，未敢击秦。项羽兵数绝章邯甬道，王离军乏食，项羽悉引兵渡河，遂破章邯。[①]章邯引兵解，诸侯军乃敢击围巨鹿秦军，遂虏王离。涉间自杀。卒存巨鹿者，楚力也。

①【集解】徐广曰："三年十二月也。"

于是赵王歇、张耳乃得出巨鹿，谢诸侯。张耳与陈余相见，责让陈余以不肯救赵，及问张黡、陈泽所在。陈余怒曰："张黡、陈泽以必死责臣，臣使将五千人先尝秦军，皆没不出。”张耳不信，以为杀之，数问陈余。陈余怒曰：“不意君之望臣深也！[①] 岂以臣为重去将哉？”[②] 乃脱解印绶，推予张耳。张耳亦愕不受。陈余起如厕。客有说张耳曰：“臣闻‘天与不取，反受其咎’。[③] 今陈将军与君印，君不受，反天不祥。急取之！”张耳乃佩其印，收其麾下。而陈余还，亦望张耳不让，[④] 遂趋出。张耳遂收其兵。陈余独与麾下所善数百人之河上泽中渔猎。由此陈余、张耳遂有郤。

①【索隐】望，怨责也。 ②【索隐】案：重训难也。或云重，惜也。 ③【索隐】此辞出《国语》。 ④【正义】言陈余如厕还，亦怨望张耳不让其印。

赵王歇复居信都。张耳从项羽诸侯入关。汉元年二月，项羽立诸侯王，张耳雅游，[①] 人多为之言，项羽亦素数闻张耳贤，乃分赵立张耳为常山王，治信都。信都更名襄国。

①【集解】韦昭曰：“雅，素也。”【索隐】郑氏云“雅，故也”。韦昭云“雅，素也”。然素亦故也。故游，言惯游从，故多为人所称誉。

陈余客多说项羽曰：“陈余、张耳一体有功于赵。”项羽以陈余不从入关，闻其在南皮，[①] 即以南皮旁三县以封之，而徙赵王歇王代。[②]

①【索隐】《地理志》属勃海。【正义】故城在沧州南皮县北四里也。 ②【集解】徐广曰：“都代县。”

张耳之国，陈余愈益怒，曰："张耳与余功等也，今张耳王，余独侯，此项羽不平。"及齐王田荣畔楚，陈余乃使夏说说[①]田荣曰："项羽为天下宰不平，尽王诸将善地，徙故王王恶地，今赵王乃居代！愿王假臣兵，请以南皮为扞蔽。"田荣欲树党于赵以反楚，乃遣兵从陈余。陈余因悉三县兵袭常山王张耳。张耳败走，念诸侯无可归者，曰："汉王与我有旧故，[②]而项羽又强，立我，我欲之楚。"[③]甘公曰：[④]"汉王之入关，五星聚东井。东井者，秦分也。先至必霸。楚虽强，后必属汉。"故耳走汉。[⑤]汉王亦还定三秦，方围章邯废丘。张耳谒汉王，汉王厚遇之。

①【正义】上"说"音悦，下式锐反。　②【集解】张晏曰："汉王为布衣时，尝从张耳游。"　③【集解】张晏曰："羽既强盛，又为所立，是以狐疑莫知所往也。"　④【集解】文颖曰："善说星者甘氏也。"【索隐】《天官书》云齐甘公，《艺文志》云楚有甘公，齐楚不同。刘歆《七略》云"字逢，甘德"。《志林》云"甘公一名德"。　⑤【集解】徐广曰："二年十月也。"

陈余已败张耳，皆复收赵地，迎赵王于代，复为赵王。赵王德陈余，立以为代王。陈余为赵王弱，国初定，不之国，留傅赵王，而使夏说以相国守代。

汉二年，东击楚，使使告赵，欲与俱。陈余曰："汉杀张耳乃从。"于是汉王求人类张耳者斩之，持其头遗陈余。陈余乃遣兵助汉。汉之败于彭城西，陈余亦复觉张耳不死，即背汉。

汉三年，韩信已定魏地，遣张耳与韩信击破赵井陉，[①]斩陈余泜水上，[②]追杀赵王歇襄国。汉立张耳为赵王。[③]汉五年，张耳薨，谥为景王。子敖嗣立为赵王。高祖长女鲁元公主为赵王敖后。

①【集解】徐广曰："三年十月。" ②【集解】徐广曰："在常山。音迟，一音丁礼反。"【索隐】徐广音迟，苏林音只。晋灼音丁礼反，今俗呼此水则然。案：《地理志》音脂.则苏音为得。郭景纯注《山海经》云"泜水出常山中丘县"。【正义】在赵州赞皇县界。 ③【集解】徐广曰："四年十一月。"骃案：《汉书》"四年夏"。

汉七年，高祖从平城过赵，赵王朝夕袒韝蔽，[①]自上食，礼甚卑，有子婿礼。高祖箕踞[②]詈，甚慢易之。赵相贯高、赵午等年六十余，[③]故张耳客也。生平为气，乃怒曰："吾王孱王也！"[④]说王曰："夫天下豪杰并起，能者先立。今王事高祖甚恭，而高祖无礼，请为王杀之！"张敖啮其指[⑤]出血，曰："君何言之误。且先人亡国，赖高祖得复国，德流子孙，秋豪皆高祖力也。愿君无复出口。"贯高、赵午等十余人皆相谓曰："乃吾等非也。吾王长者，不背德。且吾等义不辱，今怨高祖辱我王，故欲杀之，何乃汙[⑥]王为乎？令事成归王，事败独身坐耳。"

①【集解】徐广曰："韝者，臂扞也。" ②【索隐】崔浩云："屈膝坐，其形如箕。" ③【集解】徐广曰："《田叔传》云'赵相赵午等数十人皆怒'，然则或宜言六十余人。" ④【集解】孟康曰："音如'潺湲'之'潺'。冀州人谓懦弱为孱。"韦昭曰："仁谨貌。"【索隐】案：服虔音钼闲反，弱小貌也。小颜音仕连反。 ⑤【索隐】案：小颜曰"啮指以表至诚，为其约

暂”。 ⑥【索隐】萧该音一故反。《说文》云:“汙,秽也。”

汉八年,上从东垣还,过赵,贯高等乃壁人柏人,[①]要之置厕。[②]上过欲宿,心动,问曰:“县名为何?”曰:“柏人。”“柏人者,迫于人也!”不宿而去。

①【索隐】谓于柏人县馆舍壁中著人,欲为变也。【正义】柏人故城在邢州柏人县西北十二里,即高祖宿处也。 ②【集解】韦昭曰:“为供置也。”【索隐】文颖云:“置人厕壁中,以伺高祖也。”张晏云:“凿壁空之,令人止中也。”今按:云“置厕”者,置人于复壁中,谓之置厕,厕者隐侧之处,因以为言也。亦音侧。

汉九年,贯高怨家知其谋,乃上变告之。于是上皆并逮捕赵王、贯高等。十余人皆争自刭,贯高独怒骂曰:“谁令公为之?今王实无谋,而并捕王;公等皆死,谁白王不反者!”乃槛车胶致,[①]与王诣长安。治张敖之罪。上乃诏赵群臣宾客有敢从王皆族。贯高与客孟舒等十余人,皆自髡钳,为王家奴,从来。贯高至,对狱,曰:“独吾属为之,王实不知。”吏治榜笞数千,刺剟,[②]身无可击者,终不复言。吕后数言张王以鲁元公主故,不宜有此。上怒曰:“使张敖据天下,岂少而女乎!”不听。廷尉以贯高事辞闻,上曰:“壮士!谁知者,以私问之。”[③]中大夫泄公曰:[④]“臣之邑子,素知之。此固赵国立名义不侵为然诺者也。”上使泄公持节问之箯舆前。[⑤]仰视曰:“泄公邪?”泄公劳苦如生平欢,与语,问张王果有计谋不。高曰:“人情宁不各爱其父母妻子乎?今吾三族皆以论死，岂以王易吾亲哉！顾为王实不反，独吾等为之。”具道本指所以为者王不知状。于是泄公入，具以报，上乃赦赵王。

①【正义】谓其车上著板，四周如槛形，胶密不得开，送致京师也。②【集解】徐广曰：“丁劣反。”【索隐】案：掇亦刺也，《汉书》作“刺爇”，张晏云“爇，灼也”。《说文》云“烧也”。应劭云“以铁刺之”。 ③【集解】瓒曰：“以私情相问。” ④【正义】泄，姓也。史有泄私。 ⑤【集解】徐广曰：“箯音鞭。”骃案：韦昭曰“舆如今舆床，人舆以行”。【索隐】服虔云：“音编，编竹木如今峻，可以粪除也。”何休注《公羊》：“笋音峻。笋者，竹箯，一名编，齐、鲁已北名为笋。”郭璞《三仓》注云：“箯舆，土器。”

上贤贯高为人能立然诺，使泄公具告之，曰：“张王已出。”因赦贯高。贯高喜曰：“吾王审出乎？”泄公曰：“然。”泄公曰：“上多足下，故赦足下。”贯高曰：“所以不死一身无余者，白张王不反也。今王已出，吾责已塞，死不恨矣。且人臣有篡杀之名，何面目复事上哉！纵上不杀我，我不愧于心乎？”乃仰绝肮，[①]遂死。当此之时，名闻天下。

①【集解】韦昭曰：“肮，咽也。”【索隐】苏林云：“肮，颈大脉也，俗所谓胡脉，下郎反。”萧该或音下浪反。

张敖已出，以尚鲁元公主故，封为宣平侯。[①]于是上贤张王诸客，以钳奴从张王入关，无不为诸侯相、郡守者。及孝惠、高后、文帝、孝景时，张王客子孙皆得为二千石。

①【索隐】韦昭曰：“尚，奉也。不敢言取。”崔浩云：“奉事公主。”小颜

云："尚，配也。《易》曰'得尚于中行'，王弼亦以尚为配。恐非其义。"

张敖，高后六年薨。[①]子偃为鲁元王。以母吕后女故，吕后封为鲁元王。[②]元王弱，兄弟少，乃封张敖他姬子二人：寿为乐昌侯，[③]侈为信都侯。高后崩，诸吕无道，大臣诛之，而废鲁元王及乐昌侯、信都侯。孝文帝即位，复封故鲁元王偃为南宫侯，续张氏。[④]

①【集解】《关中记》曰："张敖冢在安陵东。"【正义】鲁元公主墓在咸阳县西北二十五里，次东有张敖冢，与公主同域。又张耳墓在咸阳县东三十三里。　②【索隐】案：谓偃以其母号而封也。　③【集解】徐广曰："《汉纪·张酺传》曰张敖之子寿封乐昌侯，食细阳之池阳乡也。"　④【集解】张敖谥武侯。张偃之孙有罪绝。信都侯名侈，乐昌侯名寿。

太史公曰：张耳、陈余，世传所称贤者。其宾客厮役，莫非天下俊杰，所居国无不取卿相者。然张耳、陈余始居约时，[①]相然信以死，岂顾问哉。[②]及据国争权，卒相灭亡，何乡者相慕用之诚，后相背之戾也！岂非以利哉？[③]名誉虽高，宾客虽盛，所由殆与太伯、延陵季子异矣。

①【集解】《汉书音义》曰："在贫贱时也。"　②【索隐】按：葛洪《要用字苑》云"然，犹尔也"。谓相和同诺者何也。谓然诺相信，虽死不顾也。　③【索隐】有本作"私利交"，《汉书》作"势利交"，故《廉颇传》云"天下以市道交，君有势则从君，无势则去，此固其理"是也。

索隐述赞曰：张耳、陈余，天下豪俊。忘年羁旅，刎颈相信。耳围巨鹿，余兵不进。张既望深，陈乃去印。势利倾夺，隙末成衅。

卷九十

魏豹彭越列传第三十

魏豹者，故魏诸公子也。其兄魏咎，[①]故魏时封为宁陵君。[②]秦灭魏，迁咎为家人。陈胜之起王也，[③]咎往从之。陈王使魏人周市徇魏地，魏地已下，欲相与立周市为魏王。周市曰："天下昏乱，忠臣乃见。[④]今天下共畔秦，其义必立魏王后乃可。"齐、赵使车各五十乘，立周市为魏王。市辞不受，迎魏咎于陈。五反，陈王乃遣立咎为魏王。[⑤]

①【索隐】案：《彭越传》云"魏豹，魏王咎从弟，真魏后也"。 ②【索隐】案：晋灼云"宁陵，梁国县也，即今宁陵是"。 ③【正义】王，干放反。 ④【索隐】《老子》曰"国家昏乱有忠臣"，此取以为说也。 ⑤【集解】徐广曰："元年十二月也。"

章邯已破陈王，乃进兵击魏王过临济。[①]魏王乃使周市出请救于齐、楚。齐、楚遣项它、田巴[②]将兵随市救魏。章邯遂击破杀周市等军，围临济。咎为其民约降。约定，咎自烧杀。

①【正义】故城在淄州高苑县北二里，本汉县。 ②【索隐】案：项它，楚将。田巴，齐将也。【正义】它，徒多反。

魏豹亡走楚。[1]楚怀王予魏豹数千人，复徇魏地。项羽已破秦，降章邯。豹下魏二十余城。立豹为魏王。豹引精兵从项羽入关。汉元年，项羽封诸侯，欲有梁地，乃徙魏王豹于河东，都平阳，[2]为西魏王。

①【集解】徐广曰："二年六月。" ②【正义】今晋州。

汉王还定三秦，渡临晋，[1]魏王豹以国属焉，遂从击楚于彭城。汉败，还至荥阳，豹请归视亲病，至国，即绝河津畔汉。汉王闻魏豹反，方东忧楚，未及击，谓郦生曰："缓颊往说魏豹，能下之，吾以万户封若。"郦生说豹。豹谢曰："人生一世间，如白驹过隙耳。[2]今汉王慢而侮人，骂詈诸侯群臣如骂奴耳，非有上下礼节也，吾不忍复见也。"于是汉王遣韩信击虏豹于河东，[3]传诣荥阳，以豹国为郡。[4]汉王令豹守荥阳。楚围之急，周苛遂杀魏豹。

①【正义】临晋在同州朝邑县界。 ②【索隐】《庄子》云"无异骐骥之驰过隙"，则谓马也。小颜云"白驹谓日影也。隙，壁隙也"。以言速疾，若日影过壁隙也。 ③【集解】徐广曰："二年九月也。" ④【集解】《高祖本纪》曰："置三郡，河东、太原、上党。"

彭越者，昌邑人也，[1]字仲。常渔巨野泽中，为群盗。陈胜、项梁之起，少年或谓越曰："诸豪杰相立畔秦，仲可以来，亦效之。"彭越曰："两龙方斗，且待之。"

①【正义】汉武更山阳为昌邑国，有梁丘乡。梁丘故城在曹州城武县东北三十三里。

居岁余，泽间少年相聚百余人，往从彭越，曰："请仲为长。"越谢曰："臣不愿与诸君。"少年强请，乃许。与期旦日日出[①]会，后期者斩。旦日日出，十余人后，后者至日中。于是越谢曰："臣老，诸君强以为长。今期而多后，不可尽诛，诛最后者一人。"令校长斩之。皆笑曰："何至是？请后不敢。"于是越乃引一人斩之，设坛祭，乃令徒属。徒属皆大惊，畏越，莫敢仰视。乃行略地，收诸侯散卒，得千余人。

①【索隐】旦日谓明日之朝日出时也。

沛公之从砀北[①]击昌邑，彭越助之。昌邑未下，沛公引兵西。彭越亦将其众居巨野中，收魏散卒。项籍入关，王诸侯，还归，彭越众万余人毋所属。汉元年秋，齐王田荣畔项王，(汉)乃使人赐彭越将军印，使下济阴以击楚。楚命萧公角[②]将兵击越，越大破楚军。汉王二年春，与魏王豹及诸侯东击楚，彭越将其兵三万余人归汉于外黄。汉王曰："彭将军收魏地得十余城，欲急立魏后。今西魏王豹亦魏王咎从弟也，真魏后。"乃拜彭越为魏相国，擅将其兵，[③]略定梁地。

①【正义】砀音徒郎反。宋州砀山县。　②【正义】萧县令。楚县令称公；角，名。　③【索隐】擅，犹专也。

汉王之败彭城解而西也，彭越皆复亡其所下城，独将其兵北居河上。[①]汉王三年，彭越常往来为汉游兵，击楚，绝其后粮于梁地，汉四年冬，项王与汉王相距荥阳，彭越攻下睢阳、外黄十七城，[②]项王闻之，乃使曹咎守成皋，[③]自东收彭越所下城邑，皆复为楚。[④]越将其兵北走谷城。[⑤]汉五年秋，项王之南走阳夏，[⑥]彭越复下昌邑旁二十余城，得谷十余万斛，以给汉王食。

①【正义】滑州河上。 ②【正义】睢阳，宋州宋城也。外黄在汴州雍丘县东。 ③【正义】河南府汜水是。 ④【正义】为，于伪反。 ⑤【正义】在齐州东阿县东二十六里是。 ⑥【正义】夏，古雅反。陈州太康县也。

汉王败，使使召彭越并力击楚。越曰："魏地初定，尚畏楚，未可去。"汉王追楚，为项籍所败固陵。[①]乃谓留侯曰："诸侯兵不从，为之奈何？"留侯曰："齐王信之立，非君王之意，信亦不自坚。彭越本定梁地，功多，始君王以魏豹故，拜彭越为魏相国。今豹死毋后，且越亦欲王，而君王不早定。与此两国约：即胜楚，睢阳以北至谷城，[②]皆以王彭相国；从陈以东傅海，[③]与齐王信。齐王信家在楚.此其意欲复得故邑。君王能出捐此地许二人，二人今可致；即不能，事未可知也。"于是汉王乃发使使彭越，如留侯策。使者至，彭越乃悉引兵会垓下，[④]遂破楚。(五年)项籍已死。春，立彭越为梁王，都定陶。[⑤]

①【正义】固陵，地名，在陈州宛丘县西北三十二里。　②【正义】从宋州已北至郓州以西，曹、濮、汴、滑并与彭越。　③【集解】傅音附。【正义】从陈，颍州北以东，亳、泗、徐、淮北之地，东至海，并淮南、淮阴之邑，尽与韩信。韩信又先有故齐旧地也。　④【正义】在亳州也。⑤【正义】曹州。

六年，朝陈。九年，十年，皆来朝长安。

十年秋，陈豨反代地，高帝自往击，至邯郸，征兵梁王。梁王称病，使将将兵诣邯郸。高帝怒，使人让梁王。梁王恐，欲自往谢。其将扈辄曰："王始不往，见让而往，往则为禽矣。不如遂发兵反。"梁王不听，称病。梁王怒其太仆，欲斩之。太仆亡走汉，告梁王与扈辄谋反。于是上使使掩梁王，梁王不觉，捕梁王，囚之雒阳。有司治反形已具，[①]请论如法。上赦以为庶人，传处蜀青衣。[②]西至郑，[③]逢吕后从长安来，欲之洛阳，道见彭王。彭王为吕后泣涕，自言无罪，愿处故昌邑。吕后许诺，与俱东至洛阳。吕后白上曰："彭王壮士，今徙之蜀，此自遗患，[④]不如遂诛之。妾谨与俱来。"于是吕后乃令其舍人告彭越复谋反。廷尉王恬关奏请族之。上乃可，遂夷越宗族，国除。

①【集解】张晏曰："扈辄劝越反，不听，而云'反形已见'，有司非也。"瓒曰："扈辄劝越反，而越不诛辄，是反形已具。"　②【集解】文颖曰："青衣，县名，在蜀。"瓒曰："今汉嘉是也。"【索隐】苏林曰："县名，今为临邛。"瓒曰："今汉嘉是也。"　③【索隐】《地理志》郑属京兆。【正义】华州。④【正义】上唯季反。

太史公曰：魏豹、彭越虽故贱，然已席卷千里，[①]南面称孤，喋血[②]乘胜日有闻矣。怀畔逆之意，及败，不死而虏囚，身被刑戮，何哉？中材已上且羞其行，况王者乎！彼无异故，智略绝人，独患无身耳。得摄尺寸之柄，其云蒸龙变，欲有所会其度，以故幽囚而不辞云。

①【正义】言魏地阔千里，如席卷舒。 ②【集解】徐广曰："喋，一作啑。《韩传》亦有'喋血'语也。"【索隐】音牒。喋，犹践也。杀敌践血而行，《孝文纪》"喋血京师"是也。

索隐述赞曰：魏咎兄弟，因时而王。豹后属楚，其国遂亡。仲起昌邑，归汉外黄。往来声援，再续军粮。征兵不往，葅醢何伤。

卷九十一

黥布列传第三十一

黥布者，六人也，[①]姓英氏。[②]秦时为布衣。少年，有客相之曰："当刑而王。"及壮，坐法黥。布欣然笑曰："人相我当刑而王，几是乎？"[③]人有闻者，共俳笑之。[④]布已论输丽山，[⑤]丽山之徒数十万人，布皆与其徒长豪杰交通，乃率其曹偶，[⑥]亡之江中为群盗。

①【索隐】《地理志》庐江有六县。苏林曰："今为六安也。" ②【索隐】布本姓英。英，国名也，咎繇之后。布以少时有人相云"当刑而王"，故《汉杂事》云"布改姓黥，以厌当之"也。【正义】故六城在寿州安丰县西南百三十三里。按：黥布封淮南王，都六，即此城。又《春秋传》六与蓼，咎繇之后，或封于英、六，盖英后改为蓼也。 ③【集解】徐广曰："几，一作岂。"骃谓几，近也。【索隐】臣瓒音机。《楚汉春秋》作"岂是乎"，故徐广云一作"岂"。刘氏作"祈"，祈者语辞也，义亦通。 ④【索隐】谓众共以俳优辈笑之。 ⑤【正义】言布论决受黥竟，丽山作陵也。时会稽郡输身徒。 ⑥【索隐】曹，辈也。偶，类也。谓徒辈之类。

陈胜之起也，布乃见番君，与其众叛秦，聚兵数千人。番君以其女妻之。章邯之灭陈胜，破吕臣军，布乃引兵北击秦左右校，破之清波，引兵而东。闻项梁定江东会稽，[①]涉江而西。陈婴以项氏世为楚将，乃以兵属项梁，渡淮南，英布、蒲将军亦以兵属项梁。

①【正义】时会稽郡所理在吴阖闾城中。

项梁涉淮而西，击景驹、秦嘉等，布常冠军。项梁至薛，[①]闻陈王定死，乃立楚怀王。项梁号为武信君，英布为当阳君。[②]项梁败死定陶，怀王徙都彭城，诸将英布亦皆保聚彭城。当是时，秦急围赵，赵数使人请救。怀王使宋义为上将，范曾为末将，项籍为次将，英布、蒲将军皆为将军，悉属宋义，北救赵。及项籍杀宋义于河上，怀王因立籍为上将军，诸将皆属项籍。项籍使布先渡河击秦，布数有利，籍乃悉引兵涉河从之，遂破秦军，降章邯等。楚兵常胜，功冠诸侯，诸侯兵皆以服属楚者，以布数以少败众也。

①【正义】薛古城在徐州滕县界也。　②【正义】南郡当阳县也。

项籍之引兵西至新安，[①]又使布等夜击坑章邯秦卒二十余万人。至关，不得入，又使布等先从间道[②]破关下军，遂得入，至咸阳。布常为军锋。[③]项王封诸将，立布为九江王，都六。

①【正义】新安故城在河南府渑池县东二十二里。　②【索隐】邹氏云“间，犹闲也，谓私也”。今以间音纪苋反。间道即他道，犹若反间之义。　③【索隐】案：《汉书》作“楚军前簿”，簿者卤簿。

汉元年四月，诸侯皆罢戏下，各就国。项氏立怀王为义帝，徙都长沙，乃阴令九江王布等行击之。其八月，布使将击义帝，追杀之郴县。[①]

①【正义】郴，丑林反。今郴州有义帝冢及祠。

汉二年，齐王田荣畔楚，项王往击齐，征兵九江，九江王布称病不往，遣将将数千人行。汉之败楚彭城，布又称病不佐楚。项王由此怨布，数使使者诮让[①]召布，布愈恐，不敢往。项王方北忧齐、赵，西患汉，所与者独九江王，又多布材，欲亲用之，以故未击。

①【集解】《汉书音义》曰："诮，责也。"

汉三年，汉王击楚，大战彭城，不利，出梁地，至虞，[①]谓左右曰：[②]"如彼等者，无足与计天下事。"谒者随何进曰："不审陛下所谓。"汉王曰："孰能为我使淮南，今之发兵背楚，留项王于齐数月，我之取天下可以百全。"随何曰："臣请使之。"乃与二十人俱，使淮南。至，因太宰主之，[③]三日不得见。随何因说太宰曰："王之不见何，必以楚为强，以汉为弱，此臣之所以为使。使何得见，言之而是邪，是大王所欲闻也；言之而非邪，使何等二十人伏斧质淮南市，以明王背汉而与楚也。"太宰乃言之王，王见之。随何曰："汉王使臣敬进书大王御者，窃怪大王与楚何亲也。"淮南王曰："寡人北向而臣事之。"随何曰："大王与项王俱列为诸侯，北向而臣事之，必以楚为强，可以托国也。项王伐齐，身负板筑，[④]以为士卒先，大王宜悉淮南之众，身自将之，为楚军前锋，今乃发四千人以助楚。夫北面而臣事人者，固若是乎？夫汉王战于彭城，项王未出齐也，大王宜骚[⑤]淮南之兵渡淮，日夜会战彭城下，大王抚万人之众，无一人渡淮者，垂拱而观其孰胜。夫托国于人者，固若是乎？大王提空名以乡楚，而欲厚自托，臣窃为大王不取也。然而大王不背楚者，以汉为弱也。夫楚兵虽强，天下负之以不义之名，[⑥]以其背盟约而杀义帝也。然而楚王恃战胜自强，汉王收诸侯，还守成皋、荥阳，下蜀、汉之粟，深沟壁垒，分卒守徼乘塞，[⑦]楚人还兵，间以梁地，深入敌国八九百里，[⑧]欲战则不得，攻城则力不能，老弱转粮千里之外。楚兵至荥阳、成皋，汉坚守而不动，进则不得攻，退则不得解。故曰楚兵不足恃也。[⑨]使楚胜汉，则诸侯自危惧而相救。夫楚之强，适足以致天下之兵耳。故楚不如汉，其势易见也。今大王不与万全之汉而自托于危亡之楚，臣窃为大王惑之。臣非以淮南之兵足以亡楚也。夫大王发兵而背楚，项王必留。留数月，汉之取天下可以万全。臣请与大王提剑而归汉，汉王必裂地而封大王，又况淮南，淮南必大王有也。故汉王敬使使臣进愚计，愿大王之留意也。”淮南王曰：“请奉命。”阴许畔楚与汉，未敢泄也。

①【正义】今宋州虞城也。 ②【索隐】案：谓随何。 ③【集解】《汉书音义》曰：“淮南太宰作内主也。”韦昭曰：“主，舍也。”【索隐】太宰，掌膳食之官。 ④【集解】李奇曰：“板，墙板也。筑，杵也。” ⑤【集解】音埽。 ⑥【索隐】负，犹被也。以不义被其身。 ⑦【索

隐】徼谓边境亭鄣。以徼绕边陲，常守之也。乘者，登也，登塞垣而守之。⑧【集解】张晏曰："羽从齐还，当经梁地八九百里，乃得羽地。"【索隐】案：服虔曰"梁在楚、汉之中央"。　⑨【集解】徐广曰："恃，一作罢。言其已困，不足复苦也。"【索隐】案：《汉书》作"罢"，音皮。

楚使者在，[①]方急责英布发兵，舍传舍。随何直入，坐楚使者上坐，曰："九江王已归汉，楚何以得发兵？"布愕然。楚使者起。何因说布曰："事已构，[②]可遂杀楚使者，无使归，而疾走汉并力。"[③]布曰："如使者教，因起兵而击之耳。"于是杀使者，因起兵而攻楚。楚使项声、龙且攻淮南，项王留而攻下邑。[④]数月，龙且击淮南，破布军。布欲引兵走汉，恐楚王杀之，故间行与何俱归汉。

①【集解】文颖曰："在淮南王所。"　②【索隐】按：构训成也。③【索隐】走音奏，向也。　④【正义】宋州砀山县。

淮南王至，[①]上方踞床洗，召布入见，布(甚)大怒，悔来，欲自杀。出就舍，帐御饮食从官如汉王居，布又大喜过望。[②]于是乃使人入九江。楚已使项伯收九江兵，尽杀布妻子。布使者颇得故人幸臣，将众数千人归汉。汉益分布兵而与俱北，收兵至成皋。四年七月，立布为淮南王，与击项籍。

①【集解】徐广曰："三年十二月。"　②【正义】高祖以布先分为王，恐其自尊大，故峻礼令布折服；已而美其帷帐，厚其饮食，多其从官，以悦其心：权道也。

汉五年，布使人入九江，得数县。六年，布与刘贾入九江，诱大司马周殷，周殷反楚，遂举九江兵与汉击楚，破之垓下。

项籍死，天下定，上置酒。上折随何之功，谓何为腐儒，[①]为天下安用腐儒。随何跪曰："夫陛下引兵攻彭城，楚王未去齐也，陛下发步卒五万人，骑五千，能以取淮南乎？"上曰："不能。"随何曰："陛下使何与二十人使淮南，至，如陛下之意，是何之功贤于步卒五万人骑五千也。然而陛下谓何腐儒，为天下安用腐儒，何也？"上曰："吾方图子之功。"乃以随何为护军中尉。布遂剖符为淮南王，都六，九江、庐江、衡山、豫章郡皆属布。

①【索隐】腐音辅。谓之腐儒者，言如腐败之物不任用。

七年，朝陈。八年，朝雒阳。九年，朝长安。

十一年，高后诛淮阴侯，布因心恐。夏，汉诛梁王彭越，醢之，盛其醢遍赐诸侯。至淮南，淮南王方猎，见醢，因大恐，阴令人部聚兵，候伺旁郡警急。[①]

①【集解】张晏曰："欲有所会。"

布所幸姬疾，请就医，医家与中大夫贲赫[①]对门，姬数如医家，贲赫自以为侍中，乃厚馈遗，从姬饮医家。姬侍王，从容语次，誉赫长者也。王怒曰："汝安从知之？"具说状。王疑其与乱。赫恐，称病。王愈怒，欲捕赫。赫言变事，乘传诣长安。布使人追,不及。赫至,上变,言布谋反有端,可先未发诛也。上读其书,语萧相国。相国曰:"布不宜有此,恐仇怨妄诬之。请系赫,使人微[2]验淮南王。"淮南王布见赫以罪亡,上变,固已疑其言国阴事;汉使又来,颇有所验,遂族赫家,发兵反。反书闻,上乃赦贲赫,以为将军。

①【集解】徐广曰:"贲音肥。"【索隐】人姓也。　②【集解】一作"征。"

上召诸将问曰:"布反,为之奈何?"皆曰:"发兵击之,坑竖子耳,何能为乎!"汝阴侯滕公召故楚令尹问之。令尹曰:"是故当反。"滕公曰:"上裂地而王之,疏爵而贵之,[1]南面而立万乘之主,其反何也?"令尹曰:"往年杀彭越,前年杀韩信,[2]此三人者,同功一体之人也。自疑祸及身,故反耳。"滕公言之上曰:"臣客故楚令尹薛公者,其人有筹策之计,可问。"上乃召见问薛公。薛公对曰:"布反不足怪也。使布出于上计,山东非汉之有也。出于中计,胜败之数未可知也。出于下计,陛下安枕而卧矣。"上曰:"何谓上计?"令尹对曰:"东取吴,[3]西取楚,[4]并齐取鲁,传檄燕、赵,固守其所,山东非汉之有也。""何谓中计?""东取吴,西取楚,并韩取魏,据敖仓之粟,[5]塞成皋之口,胜败之数未可知也。""何谓下计?""东取吴,西取下蔡,[6]归重于越,身归长沙,[7]陛下安枕而卧,汉无事矣。"[8]上曰:"是计将安出?"令尹对曰:"出下计。"上曰:"何谓废上中计而出下计?"令尹曰:"布故丽山之徒也,自致万乘之主,此皆为身,不顾后为百姓万世虑者也,故曰出下计。”上曰：“善。”封薛公千户。[9]乃立皇子长为淮南王。上遂发兵自将东击布。

①【集解】《汉书音义》曰：“疏，分也。‘禹决江疏河’是也。”【索隐】《尚书》曰“列爵惟五，分土惟三”。按：裂地是对文，故知疏即分也。 ②【集解】张晏曰：“往年、前年同耳，使文相避也。” ③【正义】荆王刘贾都吴，苏州阖庐城也。 ④【正义】楚王刘交都徐州下邳。 ⑤【索隐】案：《太康地记》云“秦建敖仓于成皋”。又立“庾”，故亦云“敖庾”也。 ⑥【正义】古州来国。 ⑦【正义】今潭州。 ⑧【集解】桓谭《新论》曰：“世有围棋之戏，或言是兵法之类也。及为之上者，远棋疏张，置以会围，因而成多，得道之胜。中者，则务相绝遮要，以争便求利，故胜负狐疑，须计数而定。下者，则守边隅，趋作罫，以自生于小地，然亦必不如。”察薛公之言上计，云取吴、楚，并齐、鲁及燕、赵者，此广道地之谓。中计云取吴、楚，并韩、魏，塞成皋，据敖仓，此趋遮要争利者也。下计云取吴、下蔡，据长沙以临越，此守边隅，趋作罫者也。【索隐】罫音乌卦反。 ⑨【索隐】刘氏云：“薛公得封千户，盖关内侯也。”

布之初反，谓其将曰：“上老矣，厌兵，必不能来。使诸将，诸将独患淮阴、彭越，今皆已死，余不足畏也。”故遂反。果如薛公筹之，东击荆，荆王刘贾走死富陵。[1]尽劫其兵，渡淮击楚。楚发兵与战徐、僮间，[2]为三军，欲以相救为奇。或说楚将曰：“布善用兵，民素畏之。且兵法，诸侯战其地为散地。[3]今别为三，彼败吾一军，余皆走，安能相救！”不听。布果破其一军，其二军散走。

①【正义】故城在楚州盱眙县东北六十里。 ②【集解】如淳曰：

“地名也。”【索隐】案：《地理志》临淮有徐县、僮县。【正义】杜预云：“徐在下邳僮县东。”《括地志》云：“大徐城在泗州徐城县北四十里，古徐国也。” ③【集解】《汉书音义》曰：“谓散灭之地。”【正义】魏武帝注《孙子》曰：“卒恋土地，道近而易败散。”

遂西，与上兵遇蕲西会甀。[①]布兵精甚，上乃壁庸城，[②]望布军置陈如项籍军，上恶之。与布相望见，遥谓布曰：“何苦而反？”布曰：“欲为帝耳。”上怒骂之，遂大战。布军败走，渡淮，数止战，不利，与百余人走江南。布故与番君婚，以故长沙哀王[③]使人绐布，伪与亡，诱走越，故信而随之番阳。番阳人杀布兹乡[④]民田舍，遂灭黥布。[⑤]

①【索隐】上古外反，下持瑞反。韦昭云“蕲之乡名”。《汉书》作“甾”，应劭音保，非也。【正义】蕲音机。沛郡蕲城也。甀，逐瑞反。 ②【集解】邓展曰：“地名也。” ③【集解】徐广曰：“表云成王臣，吴芮之子也。”骃案：晋灼曰“芮之孙固”。或曰是成王，非哀王也，传误也。【索隐】“哀”字误也。是成王臣，吴芮之子也。 ④【索隐】番阳鄡县之乡。 ⑤【正义】英布冢在饶州鄱阳县北百五十二里十三步。

立皇子长为淮南王，封贲赫为期思侯，[①]诸将率多以功封者。[②]

①【正义】期思故城在光州固始县界。 ②【集解】《汉书》曰：“将率封者六人。”

太史公曰：英布者，其先岂《春秋》所见楚灭英、六，皋陶之后哉？身被刑法，何其拔兴[①]之暴也！项氏之所坑杀人以千万数，而布常为首虐。功冠诸侯，用此得王，亦不免于身为世大僇。祸之兴自爱姬殖，妒媢[②]生患，竟以灭国。

①【索隐】拔音白曷反，疾也。　②【集解】音冒。媢亦妒也。【索隐】《汉书·外戚传》亦云“或结宠妾妒媢之诛”。又《论衡》云“妒夫媢妇”，则媢是妒之别名。今原英布之诛为疑贲赫与其姬妃有乱，故至灭国，所以不得言妒媢是媚也。一云男妒曰媢。

索隐述赞曰：九江初筮，当刑而王。既免徒中，聚盗江上。再雄楚卒，频破秦将。病为羽疑，归受汉杖。贲赫见毁，卒致无妄。

中国史学要籍丛刊

〔汉〕司马迁 撰
〔南朝宋〕裴骃 集解
〔唐〕司马贞 索隐
〔唐〕张守节 正义

史記

四

上海古籍出版社

卷九十二

淮阴侯列传第三十二

淮阴侯韩信者，淮阴人也。[①]始为布衣时，贫无行，不得推择为吏，[②]又不能治生商贾，常从人寄食饮，人多厌之者。常数从其下乡[③]南昌亭长[④]寄食，数月，亭长妻患之，乃晨炊蓐食。[⑤]食时信往，不为具食。信亦知其意，怒，竟绝去。

①【正义】楚州淮阴县也。　②【集解】李奇曰："无善行可推举选择。"　③【集解】张晏曰："下乡，县，属淮阴也。"　④【索隐】案：《楚汉春秋》南昌作新昌亭长者，主亭之吏也。　⑤【集解】张晏曰："未起而床蓐中食。"

信钓于城下，[①]诸母漂，[②]有一母见信饥，饭信，竟漂数十日。信喜，谓漂母曰："吾必有以重报母。"母怒曰："大丈夫不能自食，[③]吾哀王孙而进食，[④]岂望报乎！"

①【正义】淮阴城北临淮水，昔信去下乡而钓于此。　②【集解】韦昭曰："以水击絮为漂，故曰漂母。"　③【正义】音寺。　④【集解】苏林曰："如言公子也。"【索隐】刘德曰："秦末多失国，言王孙、公子，尊之也。"张晏云"字王孙"，非也。

淮阴屠中少年有侮信者，曰："若虽长大，好带刀剑，中情怯耳。"众辱之曰："信能死，刺我；不能死，出我袴下。"① 于是信孰视之，俛出袴下，蒲伏。②一市人皆笑信，以为怯。

①【集解】徐广曰："袴，一作胯。胯，股也，音同。"又云《汉书》作"跨"，同耳。【索隐】袴，《汉书》作"胯"。胯，股也，音枯化反。然寻此文作"袴"，欲依字读，何为不通？袴下即胯下也，何必须要作"胯下"。 ②【正义】俛音俯。伏，蒲北反。

及项梁渡淮，信杖剑从之，居戏下，① 无所知名。项梁败，又属项羽，羽以为郎中。数以策干项羽，羽不用。汉王之入蜀，信亡楚归汉，未得知名，为连敖。②坐法当斩，其辈十三人皆已斩，次至信，信乃仰视，适见滕公，曰："上不欲就天下乎？何为斩壮士！"滕公奇其言，壮其貌，释而不斩。与语，大悦之。言于上，上拜以为治粟都尉，上未之奇也。

①【集解】徐广曰："戏，一作麾。" ②【集解】徐广曰："典客也。"【索隐】李奇云："楚官名。"张晏云："司马也。"

信数与萧何语，何奇之。至南郑，诸将行道亡者数十人，信度何等已数言上，上不我用，即亡。何闻信亡，不及以闻，自追之。人有言上曰："丞相何亡。"上大怒，如失左右手。居一二日，何来谒上，上且怒且喜，骂何曰："若亡，何也？"何曰："臣不敢亡也，臣追亡者。"上曰："若所追者谁？"何曰："韩信也。"上复骂曰："诸将亡者以十数，公无所追；追信，诈也。”何曰：“诸将易得耳。至如信者，国士无双。王必欲长王汉中，无所事信；[①]必欲争天下，非信无所与计事者。顾王策安所决耳。”王曰：“吾亦欲东耳，安能郁郁久居此乎？”何曰：“王计必欲东，能用信，信即留；不能用，信终亡耳。”王曰：“吾为公以为将。”何曰：“虽为将，信必不留。”王曰：“以为大将。”何曰：“幸甚。”于是王欲召信拜之。何曰：“王素慢无礼，今拜大将如呼小儿耳，此乃信所以去也。王必欲拜之，择良日，斋戒，设坛场，具礼，乃可耳。”王许之。诸将皆喜，人人各自以为得大将。至拜大将，乃韩信也，一军皆惊。

①【集解】文颖曰：“事，犹业也。”张晏曰：“无事用信。”

信拜礼毕，上坐。王曰：“丞相数言将军，将军何以教寡人计策？”信谢，因问王曰：“今东向争权天下，岂非项王邪？”汉王曰：“然。”曰：“大王自料勇悍仁强孰与项王？”汉王默然良久，曰：“不如也。”信再拜贺曰：“惟信亦为大王不如也。然臣尝事之，请言项王之为人也。项王喑噁[①]叱咤，[②]千人皆废，[③]然不能任属贤将，此特匹夫之勇耳。项王见人恭敬慈爱，言语呕呕，[④]人有疾病，涕泣分食饮，至使人有功当封爵者，印刓敝，忍不能予，[⑤]此所谓妇人之仁也。项王虽霸天下而臣诸侯，不居关中而都彭城。有背义帝之约，而以亲爱王，诸侯不平。诸侯之见项王迁逐义帝置江南，亦皆归逐其主而自王善地。项王所过无不残灭者，天下多怨，百姓不亲附，特劫于威强耳。名虽为霸，实失天下心。故曰其强易弱。今大王诚能反其道：任天下武勇，何所不诛。以天下城邑封功臣，何所不服。以义兵从思东归之士，何所不散。[6]且三秦王为秦将，将秦子弟数岁矣，所杀亡不可胜计，又欺其众降诸侯，至新安，项王诈坑秦降卒二十余万，唯独邯、欣、翳得脱，秦父兄怨此三人，痛入骨髓。今楚强以威王此三人，秦民莫爱也。大王之入武关，秋豪无所害，[7]除秦苛法，与秦民约，法三章耳，秦民无不欲得大王王秦者。于诸侯之约，大王当王关中，关中民咸知之。大王失职入汉中，秦民无不恨者。今大王举而东，三秦可传檄而定也。”[8]于是汉王大喜，自以为得信晚。遂听信计，部署诸将所击。

①【索隐】喑于金反，噁乌路反。喑哑，怀怒气。　②【索隐】“咤”字或作“吒”。叱昌栗反，咤卓嫁反。叱咤，发怒声。　③【集解】晋灼曰：“废，不收也。”【索隐】孟康曰：“废，伏也。”张晏曰：“废，偃也。”④【集解】音凶于反。【索隐】音吁。呕呕，犹区区也。《汉书》作“姁姁”。邓展曰：“姁姁，好也”。　⑤【集解】《汉书音义》曰：“不忍授。”⑥【索隐】刘氏云：“用东归之兵击东方之敌，此敌无不散败也。”　⑦【索隐】案：豪秋乃成。又王逸注《楚词》云“锐毛为豪，夏落秋生也”。⑧【索隐】案：《说文》云“檄，二尺书也”。此云“传檄”，谓为檄书以责所伐者。

八月，汉王举兵东出陈仓，[1]定三秦。汉二年，出关，[2]收魏、河南，韩、殷王皆降。合齐、赵共击楚。四月，至彭城，汉兵败散而还。信复收兵与汉王会荥阳，复击破楚京、索之间，以故楚兵卒不能西。

①【正义】汉王从关北出岐州陈仓县。　②【正义】出函谷关。

汉之败却彭城，[①]塞王欣、翟王翳亡汉降楚，齐、赵欲反汉与楚和。六月，魏王豹谒归视亲疾，至国，即绝河关[②]反汉，与楚约和。汉王使郦生说豹，不下。其八月，以信为左丞相，击魏。魏王盛兵蒲坂，塞临晋，[③]信乃益为疑兵，[④]陈船欲度临晋，[⑤]而伏兵从夏阳以木罂缻渡军，[⑥]袭安邑。[⑦]魏王豹惊，引兵迎信，信遂虏豹，[⑧]定魏为河东郡。[⑨]汉王遣张耳与信俱，引兵东，北击赵、代。后九月，破代兵，擒夏说阏与。[⑩]信之下魏破代，汉辄使人收其精兵，诣荥阳以距楚。

①【正义】兵败散彭城而却退。　②【索隐】今蒲津关。　③【索隐】塞音先得反。临晋，县名，在河东之东岸，对旧关也。　④【集解】《汉书音义》曰："益张旍旗，以疑敌者。"　⑤【索隐】刘氏云："陈船，地名，在旧关之西，今之朝邑。"非也。案：京兆有船司空县，不名"陈船"。陈船者，陈列船艘欲渡河也。　⑥【集解】徐广曰："缻，一作缶。"服虔曰："以木押缚罂缻以渡。"韦昭曰："以木为器如罂缻，以渡军。无船，且尚密也。"【正义】按：韩信诈陈列船艘于临晋，欲渡河，即此从夏阳木押罂缻渡军，袭安邑。临晋，同州东朝邑界。夏阳在同州北(渭)〔韩〕城界。　⑦【正义】安邑故城在绛州夏县东北十五里。　⑧【索隐】刘氏云"夏阳旧无船，豹不备之，而防临晋耳。今安邑被袭，故豹遂降也"。　⑨【正义】今安邑县故城。　⑩【集解】徐广曰："音余。"骃案：李奇曰"夏说，代相也"。【索隐】司马彪《郡国志》上党沾县有阏与聚。阏音曷，又音嫣。与音余，又音预。沾音他廉反。【正义】阏与聚城在潞州铜鞮县西北二十里。

信与张耳以兵数万，欲东下井陉击赵。[①]赵王、成安君陈余闻汉且袭之也，聚兵井陉口，[②]号称二十万。广武君李左车说成安君曰："闻汉将韩信涉西河，虏魏王，禽夏说，新喋血[③]阏与，今乃辅以张耳，议欲下赵，此乘胜而去国远斗，其锋不可当。臣闻千里馈粮，士有饥色，樵苏后爨，[④]师不宿饱。今井陉之道，车不得方轨，骑不得成列，行数百里，其势粮食必在其后。愿足下假臣奇兵三万人，从间道绝其辎重；足下深沟高垒，坚营勿与战。彼前不得斗，退不得还，吾奇兵绝其后，使野无所掠，不至十日，而两将之头可致于戏下。愿君留意臣之计。否，必为二子所禽矣。"成安君，儒者也，常称义兵不用诈谋奇计，曰："吾闻兵法十则围之，倍则战之。今韩信兵号数万，其实不过数千。能千里而袭我，亦已罢极。今如此避而不击，后有大者，何以加之！则诸侯谓吾怯，而轻来伐我。"不听广武君策，广武君策不用。

①【索隐】案：《地理志》常山石邑县，井陉山在西。又《穆天子传》云"至于陉山之隧，升于三道之磴"是也。 ②【正义】井陉故关在并州石艾县东十八里，即井陉口。 ③【索隐】喋，旧音歃，非也。案：《陈汤传》"喋血万里之外"，如淳云"杀人血流滂沱也"。韦昭音徒协反。 ④【集解】《汉书音义》曰："樵，取薪也。苏，取草也。"

韩信使人间视，知其不用，还报，则大喜，乃敢引兵遂下。[①]未至井陉口三十里，止舍。夜半传发，[②]选轻骑二千人，人持一赤帜，从间道萆山而望赵军，[③]诫曰："赵见我走，必空壁逐我，若疾入赵壁，拔赵帜，立汉赤帜。"令其裨将传飧，[4]曰："今日破赵会食！"[5]诸将皆莫信，佯应曰："诺。"谓军吏曰："赵已先据便地为壁，且彼未见吾大将旗鼓，未肯击前行，恐吾至阻险而还。"信乃使万人先行，出，背水陈。[6]赵军望见而大笑。平旦，信建大将之旗鼓，鼓行出井陉口，赵开壁击之，[7]大战良久。于是信、张耳佯弃鼓旗，走水上军。水上军开入之，复疾战。赵果空壁争汉鼓旗，逐韩信、张耳。韩信、张耳已入水上军，军皆殊死战，不可败。信所出奇兵二千骑，共候赵空壁逐利，则驰入赵壁，皆拔赵旗，立汉赤帜二千。赵军已不胜，不能得信等，欲还归壁，壁皆汉赤帜，而大惊，以为汉皆已得赵王将矣，兵遂乱，遁走，赵将虽斩之，不能禁也。于是汉兵夹击，大破虏赵军，斩成安君泜水上，擒赵王歇。

①【正义】引兵入井陉狭道，出赵。　②【集解】《汉书音义》曰："传令军中使发。"　③【集解】如淳曰："萆音蔽。依山自覆蔽。"【索隐】案：谓令从间道小路向前，望见陈余军营即住，仍须隐山自蔽，勿令赵军知也。蔽者，盖覆也。《楚汉春秋》作"卑山"，《汉书》作"箄山"，《说文》云"箄，蔽也，从竹卑声"。　④【集解】徐广曰："音餐也。"　⑤【集解】服虔曰："立驻传餐食也。"如淳曰："小饭曰餐。言破赵后乃当共饱食也。"　⑥【正义】緜蔓水，一名阜将，一名回星，自并州流入井陉界，即信背水阵陷之死地，即此水也。　⑦【正义】恒州鹿泉县，即六国时赵壁也。

信乃令军中毋杀广武君，有能生得者购千金。于是有缚广武君而致戏下者，信乃解其缚，东向坐，西向对，师事之。

诸将效首虏,[①](休)毕贺,因问信曰:“兵法右背山陵,前左水泽,今者将军令臣等反背水陈,曰破赵会食,臣等不服。然竟以胜,此何术也?”信曰:“此在兵法,顾诸君不察耳。兵法不曰‘陷之死地而后生,置之亡地而后存’? 且信非得素拊循士大夫也,此所谓‘驱市人而战之’,其势非置之死地,使人人自为战;今予之生地,皆走,宁尚可得而用之乎!”诸将皆服曰:“善。非臣所及也。”

①【索隐】如淳曰:“效,致也。”晋灼云:“效,数也。”郑玄注《礼》“效,犹呈见也”。

于是信问广武君曰:“仆欲北攻燕,东伐齐,何若而有功?”广武君辞谢曰:“臣闻败军之将,不可以言勇,亡国之大夫,不可以图存。今臣败亡之虏,何足以权大事乎!”信曰:“仆闻之,百里奚居虞而虞亡,在秦而秦霸,非愚于虞而智于秦也,用与不用,听与不听也。诚令成安君听足下计,若信者亦已为擒矣。以不用足下,故信得侍耳。”因固问曰:“仆委心归计,愿足下勿辞。”广武君曰:“臣闻智者千虑,必有一失。愚者千虑,必有一得。故曰‘狂夫之言,圣人择焉’。顾恐臣计未必足用,愿效愚忠。夫成安君有百战百胜之计,一旦而失之,军败鄗下,[①]身死泜上。今将军涉西河,[②]虏魏王,擒夏说阏与,一举而下井陉,不终朝破赵二十万众,诛成安君。名闻海内,威震天下,农夫莫不辍耕释耒,褕衣甘食,[③]倾耳以待命者。[④]若此,将军之所长也。然而众劳卒罢,其实难用。今将军欲举倦弊之兵,顿之燕坚城之下,欲战恐久力不能拔，情见势屈，旷日粮竭，而弱燕不服，齐必距境以自强也。燕、齐相持而不下，则刘、项之权未有所分也。若此者，将军所短也。臣愚，窃以为亦过矣。故善用兵者不以短击长，而以长击短。”韩信曰：“然则何由？”广武君对曰：“方今为将军计，莫如案甲休兵，镇赵抚其孤，百里之内，牛酒日至，以飨士大夫醳兵，[⑤]北首燕路，[⑥]而后遣辩士奉咫尺之书，[⑦]暴其所长于燕，[⑧]燕必不敢不听从。燕已从，使喧言者东告齐，齐必从风而服，虽有智者，亦不知为齐计矣。如是，则天下事皆可图也。兵固有先声而后实者，此之谓也。”韩信曰：“善。”从其策，发使使燕，燕从风而靡。乃遣使报汉，因请立张耳为赵王，以镇抚其国。汉王许之，乃立张耳为赵王。

①【集解】李奇曰：“鄗音臛。今高邑是。”　②【索隐】此之西河当冯翊也。【正义】即同州龙门河，从夏阳度者。　③【索隐】榆，邹氏音逾，美也。恐灭亡不久，故废止作业而事美衣甘食，一日偷苟且也，虑不图久故也。《汉书》作“靡衣媮食”也。　④【集解】如淳曰：“恐灭亡不久故也。”　⑤【集解】《魏都赋》曰：“肴醳顺时。”刘逵曰：“醳酒也。”【索隐】刘氏依刘逵音。醳酒谓以酒食养兵士也。案：《史记》古“释”字皆如此作，岂亦谓以酒食醳兵士，故字从酉乎？　⑥【正义】首音狩，向也。⑦【正义】咫(尺)，八寸。言其简牍〔或长咫，〕或长尺也。　⑧【正义】暴音仆。

楚数使奇兵渡河击赵，赵王耳、韩信往来救赵，因行定赵城邑，发兵诣汉。楚方急围汉王于荥阳，汉王南出，之宛、叶间，[①]得鲸布，走入成皋，楚又复急围之。六月，汉王出成皋，东渡河，独与滕公俱，从张耳军修武。至，宿传舍。晨自称汉使，驰入赵壁。张耳、韩信未起，即其卧内上夺其印符，以麾召诸将，易置之。信、耳起，乃知汉王来，大惊。汉王夺两人军，即令张耳备守赵地，拜韩信为相国，收赵兵未发者击齐。[②]

①【正义】宛在邓州。叶在许州。 ②【集解】文颖曰："谓赵人未尝见发者。"

信引兵东，未渡平原，[①]闻汉王使郦食其已说下齐，韩信欲止。范阳辩士蒯通说信曰："将军受诏击齐，而汉独发间使下齐，宁有诏止将军乎？何以得毋行也！且郦生一士，伏轼[②]掉三寸之舌，下齐七十余城，将军将数万众，岁余乃下赵五十余城，为将数岁，反不如一竖儒之功乎？"于是信然之，从其计，遂渡河。齐已听郦生，即留纵酒，罢备汉守御。信因袭齐历下军，[③]遂至临菑。齐王田广以郦生卖己，乃烹之，而走高密，使使之楚请救。韩信已定临菑，遂东追广至高密西。楚亦使龙且将，号称二十万，救齐。

①【正义】怀州有平原津。 ②【集解】韦昭曰："轼，今小车中隆起者。" ③【集解】徐广曰："济南历城县。"

齐王广、龙且并军与信战，未合。人或说龙且曰："汉兵远斗穷战，其锋不可当。齐、楚自居其地战，兵易败散。[①]不如深壁，令齐王使其信臣招所亡城，亡城闻其王在，楚来救，必反汉。汉兵二千里客居，齐城皆反之，其势无所得食，可无战而降也。”龙且曰：“吾平生知韩信为人，易与耳。且夫救齐不战而降之，吾何功？今战而胜之，齐之半可得，何为止！”遂战，与信夹潍水陈。[②]韩信乃夜令人为万余囊，满盛沙，壅水上流，引军半渡，击龙且，佯不胜，还走。龙且果喜曰：“固知信怯也。”遂追信渡水。信使人决壅囊，水大至。龙且军大半不得渡，即急击，杀龙且。龙且水东军散走，齐王广亡去。信遂追北至城阳，[③]皆虏楚卒。

①【正义】近其室家，怀顾望也。　②【集解】徐广曰：“出东莞而东北流，至北海都昌县入海。”【索隐】潍音维。《地理志》潍水出琅邪箕县东北，至都昌入海。徐所引盖据《水经》，与此小不同。　③【正义】城阳雷泽县是也，在濮州东南九十一里。

汉四年，遂皆降平齐。使人言汉王曰：“齐伪诈多变，反覆之国也，南边楚，不为假王以镇之，其势不定。愿为假王便。”当是时，楚方急围汉王于荥阳，韩信使者至，发书，[①]汉王大怒，骂曰：“吾困于此，旦暮望若来佐我，乃欲自立为王！”张良、陈平蹑汉王足，因附耳语曰：“汉方不利，宁能禁信之王乎？不如因而立，善遇之，使自为守。不然，变生。”汉王亦悟，因复骂曰：“大丈夫定诸侯，即为真王耳，何以假为！”乃遣张良往立信为齐王，[②]征其兵击楚。

①【集解】张晏曰：“发信使者所赍书。”　②【集解】徐广曰：“四年二月。”

楚已亡龙且，项王恐，使盱眙人武涉[①]往说齐王信曰：“天下共苦秦久矣，相与勠力击秦。秦已破，计功割地，分土而王之，以休士卒。今汉王复兴兵而东，侵人之分，夺人之地，已破三秦，引兵出关，收诸侯之兵以东击楚，其意非尽吞天下者不休，其不知厌足如是甚也。且汉王不可必，身居项王掌握中数矣，[②]项王怜而活之，然得脱，辄背约，复击项王，其不可亲信如此。今足下虽自以与汉王为厚交，为之尽力用兵，终为之所擒矣。足下所以得须臾至今者，以项王尚存也。当今二王之事，权在足下。足下右投则汉王胜，左投则项王胜。项王今日亡，则次取足下。足下与项王有故，何不反汉与楚连和，参分天下王之？今释此时，而自必于汉以击楚，且为智者固若此乎！”韩信谢曰：“臣事项王，官不过郎中，位不过执戟，[③]言不听，画不用，故背楚而归汉。汉王授我上将军印，予我数万众，解衣衣我，推食食我，言听计用，故吾得以至于此。夫人深亲信我，我背之不祥，虽死不易。幸为信谢项王！”

①【集解】张华曰：“武涉墓在盱眙城东十五里。” ②【正义】数，色庾反。 ③【集解】张晏曰：“郎中，宿卫执戟之人也。”

武涉已去，齐人蒯通知天下权在韩信，欲为奇策而感动之，以相人说韩信曰：“仆尝受相人之术。”韩信曰：“先生相人何如？”对曰：“贵贱在于骨法，忧喜在于容色，成败在于决断，以此参之，万不失一。”韩信曰：“善。先生相寡人何如？”对曰：“愿少间。”信曰：“左右去矣。”通曰：“相君之面，不过封侯，又危不安。相君之背，贵乃不可言。”[①] 韩信曰：“何谓也？”蒯通曰：“天下初发难也，俊雄豪杰建号壹呼，天下之士云合雾集，鱼鳞杂遝，熛至风起。当此之时，忧在亡秦而已。今楚、汉分争，使天下无罪之人肝胆涂地，父子暴骸骨于中野，不可胜数。楚人起彭城，转斗逐北，至于荥阳，乘利席卷，威震天下。然兵困于京、索之间，迫西山而不能进者，三年于此矣。汉王将数十万之众，距巩、雒，阻山河之险，一日数战，无尺寸之功，折北不救，[②] 败荥阳，伤成皋，[③] 遂走宛、叶之间，此所谓智勇俱困者也。夫锐气挫于险塞，而粮食竭于内府，百姓罢极怨望，容容无所倚。以臣料之，其势非天下之贤圣固不能息天下之祸。当今两主之命县于足下。足下为汉则汉胜，与楚则楚胜。臣愿披腹心，输肝胆，效愚计，恐足下不能用也。诚能听臣之计，莫若两利而俱存之，三分天下，鼎足而居，其势莫敢先动。夫以足下之贤圣，有甲兵之众，据强齐，从燕、赵，出空虚之地而制其后，因民之欲，西乡[④] 为百姓请命，[⑤] 则天下风走而响应矣，孰敢不听！割大弱强，以立诸侯，诸侯已立，天下服听而归德于齐。案齐之故，有胶、泗之地，怀诸侯以德，深拱揖让，则天下之君王相率而朝于齐矣。盖闻天与弗取，反受其咎；时至不行，反受其殃。愿足下孰虑之。”

①【集解】张晏曰：“背畔则大贵。” ②【集解】张晏曰：“折，衄败也。北，奔北。” ③【集解】张晏曰：“于成皋伤胸也。”臣瓒曰：“谓军折伤。” ④【正义】乡音向。齐国在东，故曰西向也。 ⑤【正义】止楚、汉之战斗，士卒不死亡，故云“请命”。

韩信曰："汉王遇我甚厚，载我以其车，衣我以其衣，食我以其食。吾闻之，乘人之车者载人之患，衣人之衣者怀人之忧，食人之食者死人之事，吾岂可以向利背义乎！"蒯生曰："足下自以为善汉王，欲建万世之业，臣窃以为误矣。始常山王、成安君为布衣时，相与为刎颈之交，后争张黡、陈泽之事，二人相怨。常山王背项王，奉项婴头而窜，逃归于汉王。汉王借兵而东下，杀成安君泜水之南，头足异处，卒为天下笑。此二人相与，天下至欢也。然而卒相擒者，何也？患生于多欲而人心难测也。今足下欲行忠信以交于汉王，必不能固于二君之相与也，而事多大于张黡、陈泽。故臣以为足下必汉王之不危己，亦误矣。大夫种，范蠡存亡越，霸句践，立功成名而身死亡。野兽已尽而猎狗烹。夫以交友言之，则不如张耳之与成安君者也；以忠信言之，则不过大夫种、范蠡之于句践也。此二人者，足以观矣。愿足下深虑之。且臣闻勇略震主者身危，而功盖天下者不赏。臣请言大王功略：足下涉西河，虏魏王，擒夏说，引兵下井陉，诛成安君，徇赵，胁燕，定齐，南摧楚人之兵二十万，东杀龙且，西向以报，此所谓功无二于天下，而略不世出者也。今足下戴震主之威，挟不赏之功，归楚，楚人不信；归汉，汉人震恐：足下欲持是安归乎？夫势在人臣之位而有震主之威，名高天下，窃为足下危之。"韩信谢曰："先生且休矣，吾将念之。"

后数日，蒯通复说曰："夫听者事之候也，计者事之机也，听过计失而能久安者，鲜矣。听不失一二者，不可乱以言；计不失本末者，不可纷以辞。夫随厮养之役者，失万乘之权；守儋石之禄者，[①]阙卿相之位。故知者决之断也，疑者事之害也，审豪氂之小计，遗天下之大数，智诚知之，决弗敢行者，百事之祸也。故曰‘猛虎之犹豫，不若蜂虿之致螫；[②]骐骥之跼躅，[③]不如驽马之安步。孟贲之狐疑，不如庸夫之必至也。虽有舜、禹之智，吟而不言，[④]不如瘖聋之指麾也’。此言贵能行之。夫功者难成而易败，时者难得而易失也。时乎时，不再来。愿足下详察之。”韩信犹豫不忍背汉，又自以为功多，汉终不夺我齐，遂谢蒯通。蒯通说不听，已佯狂为巫。[⑤]

①【集解】晋灼曰：“杨雄《方言》‘海岱之闲名罂为儋’。石，斗石也。”苏林曰：“齐人名小罂为儋。石，如今受鲐鱼石罂，不过一二石耳。一说，一儋与一斛之余。”【索隐】儋音都滥反。石，斗也。苏林解为近之。鲐音胎。

②【正义】音适。

③【集解】徐广曰：“跼，一作蹢也。”

④【索隐】吟，邹氏音拒荫反，又音琴。

⑤【集解】徐广曰：“一本‘遂不用蒯通，蒯通曰：“夫迫于细苛者，不可与图大事；拘于臣虏者，固无君王之意。”说不听，因去佯狂’也。”【索隐】案：《汉书》及《战国策》皆有此文。

汉王之困固陵，用张良计，召齐王信，遂将兵会垓下。项羽已破，高祖袭夺齐王军。[①]汉五年正月，徙齐王信为楚王，都下邳。

①【集解】徐广曰：“以齐为平原、千乘、东莱、齐郡。”

信至国，召所从食漂母，[①]赐千金。及下乡南昌亭长，赐百钱，曰："公，小人也，为德不卒。"召辱己之少年令出胯下者以为楚中尉。告诸将相曰："此壮士也。方辱我时，我宁不能杀之邪？杀之无名，故忍而就于此。"

①【集解】张华曰漂母冢在泗口南岸。

项王亡将钟离眜家在伊庐，[①]素与信善。项王死后，亡归信。汉王怨眜，闻其在楚，诏楚捕眜。信初之国，行县邑，陈兵出入。汉六年，人有上书告楚王信反。高帝以陈平计，天子巡狩会诸侯，南方有云梦，发使告诸侯会陈："吾将游云梦。"实欲袭信，信弗知。高祖且至楚，信欲发兵反，自度无罪，欲谒上，恐见擒。人或说信曰："斩眜谒上，上必喜，无患。"信见眜计事。眜曰："汉所以不击取楚，以眜在公所。若欲捕我以自媚于汉，吾今日死，公亦随手亡矣。"乃骂信曰："公非长者！"卒自刭。信持其首，谒高祖于陈。上令武士缚信，载后车。信曰："果若人言，'狡兔死，[②]良狗烹；高鸟尽，良弓藏；敌国破，谋臣亡。'天下已定，我固当烹！"上曰："人告公反。"遂械系信。至雒阳，赦信罪，以为淮阴侯。

①【集解】徐广曰："东海朐县有伊庐乡。"骃案：韦昭曰"今中庐县"。【索隐】徐注出司马彪《郡国志》。【正义】《括地志》云："中庐在义清县北二十里，本春秋时庐戎之国也，秦谓之伊庐，汉为中庐县。项羽之将钟离眜冢在焉。"韦昭及《括地志》云皆说之也。　②【集解】张晏曰："狡，犹猾。"【索隐】《吴越春秋》作"郊兔"。《战国策》曰"东郭逡，海内狡兔也"。

信知汉王畏恶其能，常称病不朝从。信由此日夜怨望，居常鞅鞅，羞与绛、灌等列。信尝过樊将军哙，哙跪拜送迎，言称臣，曰："大王乃肯临臣！"信出门，笑曰："生乃与哙等为伍！"上常从容与信言诸将能不，各有差。上问曰："如我能将几何？"信曰："陛下不过能将十万。"上曰："于君何如？"曰："臣多多而益善耳。"上笑曰："多多益善，何为为我禽？"信曰："陛下不能将兵，而善将将，此乃信之所以为陛下禽也。且陛下所谓天授，非人力也。"

陈豨拜为巨鹿守，[①]辞于淮阴侯。淮阴侯挈其手，辟左右与之步于庭，仰天叹曰："子可与言乎？欲与子有言也。"豨曰："唯将军令之。"淮阴侯曰："公所居，天下精兵处也。而公，陛下之信幸臣也。人言公之畔，陛下必不信。再至，陛下乃疑矣。三至，必怒而自将。吾为公从中起，天下可图也。"陈豨素知其能也，信之，曰："谨奉教！"汉十年，陈豨果反。上自将而往，信病不从。阴使人至豨所，曰："第举兵，吾从此助公。"信乃谋与家臣夜诈诏赦诸官徒奴，欲发以袭吕后、太子。部署已定，待豨报。其舍人[②]得罪于信，信囚，欲杀之。舍人弟上变，告信欲反状于吕后。吕后欲召，恐其党不就，乃与萧相国谋，诈令人从上所来，言豨已得死，列侯群臣皆贺。相国绐信曰："虽疾，强入贺。"信入，吕后使武士缚信，斩之长乐钟室。[③]信方斩，曰："吾悔不用蒯通之计，乃为儿女子所诈，岂非天哉！"遂夷信三族。

①【集解】徐广曰："表云为赵相国，将兵守代也。" ②【索隐】按：晋灼曰，《楚汉春秋》云谢公也。姚氏案《功臣表》云慎阳侯乐说，淮阴舍人，

告信反者。未知孰是。　③【正义】长乐宫悬钟之室。

高祖已从豨军来，至，见信死，且喜且怜之，问："信死亦何言？"吕后曰："信言恨不用蒯通计。"高祖曰："是齐辩士也。"乃诏齐捕蒯通。蒯通至，上曰："若教淮阴侯反乎？"对曰："然，臣固教之。竖子不用臣之策，故令自夷于此。如彼竖子用臣之计，陛下安得而夷之乎！"上怒曰："亨之。"通曰："嗟乎，冤哉亨也！"上曰："若教韩信反，何冤？"对曰："秦之纲绝而维弛，山东大扰，异姓并起，英俊乌集。秦失其鹿，[①]天下共逐之，于是高材疾足者先得焉。跖之狗吠尧，尧非不仁，狗因吠非其主。当是时，臣唯独知韩信，非知陛下也。且天下锐精持锋欲为陛下所为者甚众，顾力不能耳。又可尽亨之邪？"高帝曰："置之。"乃释通之罪。

①【集解】张晏曰："以鹿喻帝位也。"

太史公曰：吾如淮阴，淮阴人为余言，韩信虽为布衣时，其志与众异。其母死，贫无以葬，然乃行营高敞地，令其旁可置万家。余视其母冢，良然。假令韩信学道谦让，不伐己功，不矜其能，则庶几哉，于汉家勋可以比周、召、太公之徒，后世血食矣。不务出此，而天下已集，乃谋畔逆，夷灭宗族，不亦宜乎。

索隐述赞曰：君臣一体，自古所难。相国深荐，策拜登坛。沈沙决水，拔帜传餐。与汉汉重，归楚楚安。三分不议，伪游可叹。

卷九十三

韩王信卢绾列传第三十三

韩王信者,①故韩襄王孽孙也,②长八尺五寸。及项梁之立楚后怀王也,燕、齐、赵、魏皆已前王,唯韩无有后,故立韩诸公子横阳君成③为韩王,④欲以抚定韩故地。项梁败死定陶,成奔怀王。沛公引兵击阳城,⑤使张良以韩司徒⑥降下韩故地,得信,以为韩将,将其兵从沛公入武关。

①【集解】徐广曰:"一云信都。"【索隐】《楚汉春秋》云韩王信都,恐谬也。诸书不言有韩信都。案:韩王信初为韩司徒,后讹云"申徒",因误以为韩王名耳。　②【集解】张晏曰:"孺子为孽。"【索隐】何休注《公羊》以为"孽,贱子,犹树之有孽生也"。《汉书》晁错云"孽子悼惠王"是也。③【正义】故横城在宋州宋城县西南三十里。　④【集解】徐广曰:"二年六月也。都阳翟。"　⑤【正义】河南县也。　⑥【集解】徐广曰:"他本多作'申徒',申与司声相近,字由此错乱耳。今有申徒,云是司徒之后,言司声转为申。"

沛公立为汉王,韩信从入汉中,乃说汉王曰:"项王王诸将近地,而王独远居此,此左迁也。士卒皆山东人,跂而望归,①及其锋东向,②可以争天下。"汉王还定三秦,乃许信为韩王,先拜信为韩太尉,将兵略韩地。

①【索隐】跂音企，起踵也。【正义】跂音岐。 ②【集解】文颖曰："锋锐欲东向。"【索隐】郑氏云"锋，军中将士气锋"。韦昭曰"其气锋锐欲东也"。

项籍之封诸王皆就国，韩王成以不从无功，不遣就国，更以为列侯。[①]及闻汉遣韩信略韩地，乃令故项籍游吴时吴令郑昌[②]为韩王以距汉。汉二年，韩信略定韩十余城。汉王至河南，韩信急击韩王昌阳城。昌降，汉王乃立韩信为韩王，[③]常将韩兵从。三年，汉王出荥阳，韩王信、周苛等守荥阳。及楚败荥阳，信降楚，已而得亡，复归汉，汉复立以为韩王，竟从击破项籍，天下定。五年春，遂与剖符为韩王，王颍川。

①【集解】徐广曰："元年十一月，诛成。"骃案：《汉书》曰"封为穰侯"。【索隐】《地理志》穰县属南阳。 ②【正义】项籍在吴时，昌为吴县令。 ③【集解】徐广曰："二年十一月。"

明年春，[①]上以韩信材武，所王北近巩、洛，南迫宛、叶，东有淮阳，皆天下劲兵处，乃诏徙韩王信王太原以北，备御胡，都晋阳。信上书曰："国被边，[②]匈奴数入，晋阳[③]去塞远，请治马邑。"[④]上许之，信乃徙治马邑。秋，匈奴冒顿[⑤]大围信，信数使使胡求和解。汉发兵救之，疑信数间使，有二心，使人责让信。信恐诛，因与匈奴约共攻汉，反，以马邑降胡，击太原。

①【集解】徐广曰："即五年之二月。"骃案：《汉书》曰"六年春"。 ②【集解】李奇曰："被音'被马'〔之'被'〕也。" ③【正义】并州。 ④【正义】朔州。 ⑤【索隐】冒音墨，又音莫报反。

七年冬，上自往击，破信军铜鞮，[①]斩其将王喜。信亡走匈奴。(与)其将白土[②]人曼丘臣、王黄等立赵苗裔赵利为王，复收信败散兵，而与信及冒顿谋攻汉。匈奴使左右贤王将万余骑与王黄等屯广武以南，[③]至晋阳，与汉兵战，汉大破之，追至于离石，[④]后复破之。匈奴复聚兵楼烦[⑤]西北，汉令车骑击破匈奴。匈奴常败走，汉乘胜追北，闻冒顿居代(上)谷，[⑥]高皇帝居晋阳，使人视冒顿，还报曰"可击"。上遂至平城。[⑦]上出白登，[⑧]匈奴骑围上，上乃使人厚遗阏氏。[⑨]阏氏乃说冒顿曰："今得汉地，犹不能居，且两主不相戹。"居七日，胡骑稍引去。时天大雾，汉使人往来，胡不觉。护军中尉陈平言上曰："胡者全兵，[⑩]请令强弩傅两矢外向，[⑪]徐行出围。"入平城，汉救兵亦到，胡骑遂解去。汉亦罢兵归。韩信为匈奴将兵往来击边。

①【正义】潞州县。 ②【集解】张晏曰："白土，县名，属上郡。" ③【正义】广武故城在代州雁门县界也。 ④【正义】石州县。 ⑤【正义】雁门郡楼烦县。 ⑥【正义】今妫州。 ⑦【正义】朔州定襄县是也。 ⑧【集解】服虔曰："白登，台名，去平城七里。"如淳曰："平城旁之高地，若丘陵也。"【索隐】姚氏案：《北疆记》"桑乾河北有白登山，冒顿围汉高之所，今犹有垒壁"。 ⑨【正义】阏，于连反，又音燕。氏音支。单于嫡妻号，若皇后。 ⑩【集解】《汉书音义》曰："言唯弓矛，无杂仗也。" ⑪【索隐】傅音附。

汉十年，信令王黄等说误陈豨。十一年春，故韩王信复与胡骑入居参合，[①]距汉。汉使柴将军击之，[②]遗信书曰："陛下宽仁，诸侯虽有畔亡，而复归，辄复故位号，不诛也。大王所知。今王以败亡走胡，非有大罪，急自归！"韩王信报曰："陛下擢仆起闾巷，南面称孤，此仆之幸也。荥阳之事，仆不能死，囚于项籍，此一罪也。及寇攻马邑，仆不能坚守，以城降之，此二罪也。今反为寇将兵，与将军争一旦之命，此三罪也。夫种、蠡无一罪，身死亡；[③]今仆有三罪于陛下，而欲求活于世，此伍子胥所以偾于吴也。[④]今仆亡匿山谷间，旦暮乞贷蛮夷，仆之思归，如痿人不忘起，[⑤]盲者不忘视也，势不可耳。"遂战。柴将军屠参合，斩韩王信。

①【集解】苏林曰："代地也。"【正义】故城在朔州定襄县北。 ②【集解】邓展曰："柴奇也。"【索隐】应劭云柴武，邓展云柴奇；晋灼云奇，武之子。应劭说为得，此时奇未为将。 ③【集解】文颖曰："大夫种、范蠡也。" ④【索隐】苏林曰："偾音奋。"张晏曰："偾，僵仆也。"【正义】信知归汉必死，故引子胥以为辞。 ⑤【索隐】痿音耳谁反。旧音耳睡反，于义为疏。张揖云"痿不能行"，《哀帝纪》云"帝即位痿痹"是也。

信之入匈奴，与太子俱。及至颓当城，[①]生子，因名曰颓当。韩太子亦生子，命曰婴。至孝文十四年，颓当及婴率其众降汉。汉封颓当为弓高侯，[②]婴为襄城侯。[③]吴、楚军时，弓高侯功冠诸将。[④]传子至孙，孙无子，失侯。婴孙以不敬失侯。[⑤]颓当孽孙韩嫣，[⑥]贵幸，名富显于当世。其弟说，再封，数称将军，卒为案道侯。子代，[⑦]岁余坐法死。后岁余，说孙曾[⑧]拜为龙頟侯，续说后。[⑨]

①【集解】《汉书音义》曰："县名。"韦昭曰："在匈奴地。" ②【集解】《地理志》河间有弓高县也。【索隐】《汉书功臣表》属营陵。【正义】沧州县。 ③【索隐】案：服虔云"县名。《功臣表》属魏郡"。 ④【集解】徐广曰："谥曰壮。" ⑤【集解】徐广曰："表云婴子泽之，元朔四年不敬国除。" ⑥【集解】《汉书音义》曰："音鄢陵之鄢。"【索隐】音偃，又一言反，又休延反，并通。 ⑦【集解】徐广曰："名长君。" ⑧【集解】徐广曰："长君之子也。"【索隐】案《博物志》，字季君也。 ⑨【索隐】頟，五格反。又作"雒"，音洛。龙頟，县名。【正义】《史记》表《卫青传》及《汉书》表云韩说，元朔五年，从大将军有功，封龙额侯，以酎金坐免。元封元年，击东越有功，封桉道侯。征和二年，孙子曾复封为龙额侯。《汉书功臣表》云武后元年，说孙曾绍封龙额侯。《汉表》是也。

卢绾者，丰人也，与高祖同里。卢绾亲与高祖太上皇相爱，[①]及生男，高祖、卢绾同日生，里中持羊酒贺两家。及高祖、卢绾壮，俱学书，又相爱也。里中嘉两家亲相爱，生子同日，壮又相爱，复贺两家羊酒。高祖为布衣时，有吏事辟匿，卢绾常随出入上下。及高祖初起沛，卢绾以客从，入汉中为将军，常侍中。从东击项籍，以太尉常从，出入卧内，衣被饮食赏赐，群臣莫敢望，虽萧、曹等，特以事见礼，至其亲幸，莫及卢绾。绾封为长安侯。长安，故咸阳也。[②]

①【集解】如淳曰："亲谓父也。" ②【正义】秦咸阳在渭北，长安在渭南，萧何起未央宫处也。

汉五年冬，以破项籍，乃使卢绾别将，与刘贾击临江王共尉，[1]破之。七月还，从击燕王臧荼，臧荼降。高祖已定天下，诸侯非刘氏而王者七人。欲王卢绾，为群臣觖望。[2]及虏臧荼，乃下诏诸将相列侯，择群臣有功者以为燕王。群臣知上欲王卢绾，皆言曰："太尉长安侯卢绾常从平定天下，功最多，可王燕。"诏许之。汉五年八月，乃立卢绾为燕王。诸侯王得幸莫如燕王。

①【集解】李奇曰："共敖子。" ②【集解】如淳曰："觖首决别之决。望，犹怨也。"瓒曰："觖谓相觖而怨望也。"韦昭曰："觖，犹冀也。"【索隐】觖望，犹怨望也。又音企。韦昭音冀。

汉十一年秋，陈豨反代地，高祖如邯郸击豨兵，燕王绾亦击其东北。当是时，陈豨使王黄求救匈奴。燕王绾亦使其臣张胜于匈奴，言豨等军破。张胜至胡，故燕王臧荼子衍出亡在胡，见张胜曰："公所以重于燕者，以习胡事也。燕所以久存者，以诸侯数反，兵连不决也。今公为燕欲急灭豨等，豨等已尽，次亦至燕，公等亦且为虏矣。公何不令燕且缓陈豨而与胡和？事宽，得长王燕；即有汉急，可以安国。"张胜以为然，乃私令匈奴助豨等击燕。燕王绾疑张胜与胡反，上书请族张胜。胜还，具道所以为者。燕王寤，乃诈论它人，脱胜家属，使得为匈奴间，而阴使范齐之陈豨所，欲令久亡，[1]连兵勿决。

①【集解】晋灼曰："使陈豨久亡畔。"

汉十二年，东击黥布，豨常将兵居代，汉使樊哙击斩豨。其裨将降，言燕王绾使范齐通计谋于豨所。高祖使使召卢绾，绾称病。上又使辟阳侯审食其、御史大夫赵尧往迎燕王，因验问左右。绾愈恐，闭匿，谓其幸臣曰："非刘氏而王，独我与长沙耳。往年春，汉族淮阴，夏，诛彭越，皆吕后计。今上病，属任吕后。吕后妇人，专欲以事诛异姓王者及大功臣。"乃遂称病不行。其左右皆亡匿。语颇泄，辟阳侯闻之，归具报上，上益怒。又得匈奴降者，降者言张胜亡在匈奴，为燕使。于是上曰："卢绾果反矣。"使樊哙击燕。燕王绾悉将其宫人家属骑数千居长城下，候伺，幸上病愈，自入谢。四月，高祖崩，卢绾遂将其众亡入匈奴，匈奴以为东胡卢王。绾为蛮夷所侵夺，常思复归。居岁余，死胡中。

高后时，卢绾妻子亡降汉，会高后病，不能见，舍燕邸，为欲置酒见之。高后竟崩，不得见。卢绾妻亦病死。

孝景中六年，卢绾孙他之，① 以东胡王降，② 封为亚谷侯。③

①【正义】他，徒何反。　②【集解】如淳曰："为东胡王来降也。《汉纪》东胡，乌丸也。"　③【集解】徐广曰："亚，一作恶。"【正义】《汉表》在河内。

陈豨者，宛朐人也，① 不知始所以得从。及高祖七年冬，韩王信反，入匈奴，上至平城还，乃封豨为列侯，② 以赵相国将监赵、代边兵，边兵皆属焉。

①【索隐】《地理志》属济阴。下又云“梁人”，是褚先生之说异也。【正义】宛朐，曹州县也。太史公云“陈豨，梁人”。按：宛朐，六国时属梁。②【集解】徐广曰：“《功臣表》曰陈豨以特将将卒五百人，前元年从起宛朐，至霸上，为侯，以游击将军别定代，已破臧荼，封豨为阳夏侯。”

豨常告归过赵，赵相周昌见豨宾客随之者千余乘，邯郸官舍皆满。豨所以待宾客如布衣交，皆出客下。[1]豨还之代，周昌乃求入见。见上，具言豨宾客盛甚，擅兵于外数岁，恐有变。上乃令人覆案豨客居代者财物诸不法事，多连引豨。豨恐，阴令客通使王黄、曼丘臣所。[2]及高祖十年七月，太上皇崩，使人召豨，豨称病甚。九月，遂与王黄等反，自立为代王，劫略赵、代。

①【正义】言屈己礼之，不用富贵自尊大。　②【正义】二人韩王信将。

上闻，乃赦赵、代吏人为豨所诖误劫略者，皆赦之。上自往，至邯郸，喜曰：“豨不南据漳水，北守邯郸，知其无能为也。”赵相奏斩常山守、尉，曰：“常山二十五城，豨反，亡其二十城。”上问曰：“守、尉反乎？”对曰：“不反。”上曰：“是力不足也。”赦之，复以为常山守、尉。上问周昌曰：“赵亦有壮士可令将者乎？”对曰：“有四人。”四人谒，上谩骂曰：“竖子能为将乎？”四人惭伏。上封之各千户，以为将。左右谏曰：“从入蜀、汉，伐楚，功未遍行，今此何功而封？”上曰：“非若所知！陈豨反，邯郸以北皆豨有，吾以羽檄征天下兵，[1]未有至者，今唯独邯郸中兵耳。吾胡爱四千户封四人，以慰赵子弟！”皆曰：“善。”于是上曰：“陈豨将谁？”曰：“王黄、曼丘臣，皆故贾人。”上曰：“吾知之矣。”乃各以千金购黄、臣等。

①【集解】魏武帝《奏事》曰：“今边有小警，辄露檄插羽，飞羽檄之意也。”骃案：推其言，则以鸟羽插檄书，谓之羽檄，取其急速若飞鸟也。

十一年冬，汉兵击斩陈豨将侯敞、王黄于曲逆下，[①]破豨将张春于聊城，[②]斩首万余。太尉勃入定太原、代地。十二月，上自击东垣，东垣不下，卒骂上；东垣降，卒骂者斩之，不骂者黥之。更命东垣为真定。王黄、曼丘臣其麾下受购赏之，皆生得，以故陈豨军遂败。

①【正义】定州北平县东南十五里蒲阴故城是也。　②【正义】博州县。

上还至洛阳。上曰：“代居常山北，赵乃从山南有之，远。”乃立子恒为代王，[①]都中都，[②]代、雁门皆属代。

①【集解】徐广曰：“十一年正月。”　②【正义】中都故城在汾州平遥县西南十二里。

高祖十二年冬，樊哙军卒追斩豨于灵丘。[①]

①【正义】蔚州是。

太史公曰：韩信、卢绾非素积德累善之世，徼一时权变，以诈力成功，遭汉初定，故得列地，南面称孤。内见疑强大，外倚蛮貊以为援，是以日疏自危，事穷智困，卒赴匈奴，岂不哀哉。陈豨，梁人，其少时数称慕魏公子。及将军守边，招致宾客而下士，名声过实。周昌疑之，疵瑕颇起，惧祸及身，邪人进说，遂陷无道。于戏悲夫，夫计之生孰成败于人也深矣。

索隐述赞曰：韩襄遗孽，始从汉中。剖符南面，徒邑北通。颓当归国，龙雒有功。卢绾亲爱，群臣莫同。旧燕是王，东胡计穷。

卷九十四

田儋列传第三十四

田儋者，狄人也，[①]故齐王田氏族也。儋从弟田荣，荣弟田横，皆豪，宗强，能得人。[②]

①【集解】徐广曰："今乐安临济县也。"【正义】淄州高苑县西北北狄故县城。　②【索隐】儋子市，从弟荣，荣子广，荣弟横，各递为王。荣并王三齐。

陈涉之初起王楚也，使周市略定魏地，北至狄，狄城守。田儋佯为缚其奴，从少年之廷，欲谒杀奴。[①]见狄令，因击杀令，而召豪吏子弟曰："诸侯皆反秦自立，齐，古之建国，儋，田氏，当王。"遂自立为齐王，[②]发兵以击周市。周市军还去，田儋因率兵东略定齐地。

①【集解】服虔曰："古杀奴婢皆当告官。儋欲杀令，故诈缚奴而以谒也。"　②【集解】徐广曰："二世元年九月也。"

秦将章邯围魏王咎于临济，急。魏王请救于齐，齐王田儋将兵救魏。[①]章邯夜衔枚击，大破齐、魏军，杀田儋于临济下。儋弟田荣收儋余兵东走东阿。

①【集解】徐广曰:“二年六月。”

齐人闻王田儋死,乃立故齐王建之弟田假为齐王,田角为相,田间为将,以距诸侯。

田荣之走东阿,章邯追围之。项梁闻田荣之急,乃引兵击破章邯军东阿下。章邯走而西,项梁因追之。而田荣怒齐之立假,乃引兵归,击逐齐王假。假亡走楚。齐相角亡走赵;角弟田间前求救赵,因留不敢归。田荣乃立田儋子市为齐王,[①]荣相之,田横为将,平齐地。

①【集解】徐广曰:“二年八月。”

项梁既追章邯,章邯兵益盛,项梁使使告赵、齐,发兵共击章邯。田荣曰:“使楚杀田假,赵杀田角、田间,乃肯出兵。”楚怀王曰:“田假与国之王,穷而归我,杀之不义。”赵亦不杀田角、田间以市于齐。齐曰:“蝮螫手则斩手,螫足则斩足。何者?为害于身也。[①]今田假、田角、田间于楚、赵,非直手足戚也,[②]何故不杀?且秦复得志于天下,则龡龁用事者坟墓矣”。[③]楚、赵不听,齐亦怒,终不肯出兵。章邯果败杀项梁,破楚兵,楚兵东走,而章邯渡河围赵于鉅鹿。项羽往救赵,由此怨田荣。

①【集解】应劭曰:“蝮一名虺,螫人手足,则割去其肉,不然则致死。”【索隐】蝮音芳伏反。螫音臛,又音释。【正义】按:蝮,毒蛇,长二三丈,岭

南北有之。虺长一二尺，头腹皆一遍。《说文》云“虺博三寸，首大如擘”。擘，手大指也，音步历反。　②【集解】文颖曰：“言将亡身，非手足忧也。”瓒曰：“于楚、赵非手足之亲。”　③【集解】如淳曰：“齮龁，犹齚啮。”【索隐】齮音蚁。龁音纥。齮龁，侧齿龂也。【正义】按：秦重得志，非但辱身，坟墓亦发掘矣，若子胥鞭荆平王墓。一云坟墓，言死也。

项羽既存赵，降章邯等，西屠咸阳，灭秦而立侯王也，乃徙齐王田市更王胶东，治即墨。齐将田都从共救赵，因入关，故立都为齐王，治临淄。故齐王建孙田安，项羽方渡河救赵，田安下济北数城，引兵降项羽，项羽立田安为济北王，治博阳。田荣以负项梁不肯出兵助楚、赵攻秦，故不得王；赵将陈馀亦失职，不得王：二人俱怨项王。

项王既归，诸侯各就国，田荣使人将兵助陈馀，令反赵地，而荣亦发兵以距击田都，田都亡走楚。田荣留齐王市，无令之胶东。市之左右曰：“项王强暴，而王当之胶东，不就国，必危。”市惧，乃亡就国。田荣怒，追击杀齐王市于即墨，还攻杀济北王安。于是田荣乃自立为齐王，尽并三齐之地。①

①【索隐】田市王胶东，田都王齐，田安王济北。

项王闻之，大怒，乃北伐齐。齐王田荣兵败，走平原，①平原人杀荣。项王遂烧夷齐城郭，所过者尽屠之。②齐人相聚畔之。荣弟横，收齐散兵，得数万人，反击项羽于城阳。③而汉王率诸侯败楚，入彭城。项羽闻之，乃释齐而归，击汉于彭城，因连与汉战，相距荥阳。以故田横复得收齐城邑，[④]立田荣子广为齐王，而横相之，专国政，政无巨细皆断于相。

①【集解】徐广曰："三年正月。"【正义】平原，德州也。 ②【集解】徐广曰："立故王田假也。" ③【集解】徐广曰："假走楚，楚杀之。"【正义】城阳，濮州雷泽是。 ④【集解】徐广曰："四月。"

横定齐三年，汉王使郦生往说下齐王广及其相国横。横以为然，解其历下军。汉将韩信引兵且东击齐。齐初使华无伤、田解军于历下以距汉，汉使至，乃罢守战备，纵酒，且遣使与汉平。汉将韩信已平赵、燕，用蒯通计，度平原，袭破齐历下军，因入临淄。齐王广、相横怒，以郦生卖己，而烹郦生。齐王广东走高密，[①]相横走博(阳)，守相田光走城阳，将军田既军于胶东。楚使龙且救齐，齐王与合军高密。汉将韩信与曹参破杀龙且，[②]虏齐王广。汉将灌婴追得齐守相田光。至博(阳)，而横闻齐王死，自立为齐王，还击婴，婴败横之军于嬴下。[③]田横亡走梁，归彭越。彭越是时居梁地，中立，且为汉，且为楚。韩信已杀龙且，因令曹参进兵破杀田既于胶东，使灌婴破杀齐将田吸于千乘。[④]韩信遂平齐，乞自立为齐假王，[⑤]汉因而立之。

①【集解】徐广曰："高，一作假。" ②【集解】徐广曰："四年十一月。" ③【集解】晋灼曰："泰山嬴县也。"【正义】故嬴城在兖州博城县东北百里。 ④【正义】千乘故城在淄州高苑县北二十五里。 ⑤【集解】徐广曰："二月也。"

后岁余，汉灭项籍，汉王立为皇帝，以彭越为梁王。田横惧诛，而与其徒属五百余人入海，居岛中。[①]高帝闻之，以为田横兄弟本定齐，齐人贤者多附焉，今在海中不收，后恐为乱，乃使使赦田横罪而召之。田横因谢曰："臣烹陛下之使郦生，今闻其弟郦商为汉将而贤，臣恐惧，不敢奉诏，请为庶人，守海岛中。"使还报，高皇帝乃诏卫尉郦商曰："齐王田横即至，人马从者敢动摇者致族夷！"乃复使使持节具告以诏商状，曰："田横来，大者王，小者乃侯耳；不来，且举兵加诛焉。"田横乃与其客二人乘传诣洛阳。[②]

①【集解】韦昭曰："海中山曰岛。"【正义】按：海州东海县有岛山，去岸八十里。　②【集解】如淳曰："四马下足为乘传。"

未至三十里，至尸乡厩置，[①]横谢使者曰："人臣见天子当洗沐。"止留。谓其客曰："横始与汉王俱南面称孤，今汉王为天子，而横乃为亡虏而北面事之，其耻固已甚矣。且吾烹人之兄，与其弟并肩而事其主，纵彼畏天子之诏，不敢动我，我独不愧于心乎？且陛下所以欲见我者，不过欲一见吾面貌耳。今陛下在洛阳，今斩吾头，驰三十里间，形容尚未能败，犹可观也。"遂自刭，令客奉其头，[②]从使者驰奏之高帝。高帝曰："嗟乎，有以也夫！起自布衣，兄弟三人更王，岂不贤乎哉！"为之流涕，而拜其二客为都尉，发卒二千人，以王者礼葬田横。[③]

①【集解】应劭曰："尸乡在偃师。"瓒曰："厩置，置马以传驿也。"

②【正义】奉音捧。　　③【正义】齐田横墓在偃师西十五里。崔豹《古今注》云:"《薤露》、《蒿里》,送哀歌也,出田横门人。横自杀,门人伤之而作悲歌,言人命如薤上露。易晞灭。至李延年乃分为二曲,《薤露》送王公贵人,《蒿里》送士大夫庶人,使挽逝者歌之,俗呼为挽歌。"

既葬,二客穿其冢旁孔,皆自刭,下从之。高帝闻之,乃大惊,以田横之客皆贤。吾闻其余尚五百人在海中,使使召之。至则闻田横死,亦皆自杀。于是乃知田横兄弟能得士也。

太史公曰:甚矣蒯通之谋,乱齐骄淮阴,其卒亡此两人![①]蒯通者,善为长短说,[②]论战国之权变,为八十一首。[③]通善齐人安期生,安期生尝干项羽,项羽不能用其策。已而项羽欲封此两人,两人终不肯受,亡去。田横之高节,宾客慕义而从横死,岂非至贤!余因而列焉。无不善画者,莫能图,何哉?[④]

①【集解】韩信、田横。　　②【索隐】言欲令此事长,则长说之;欲令此事短,则短说之:故《战国策》亦名曰"短长书"是也。　　③【集解】《汉书》曰:"号为《隽永》。"永,一作"求"。【索隐】《隽永》,书名也。隽音松兖反。　　④【索隐】言天下非无善画之人,而不知图画田横及其党慕义死节之事,何故哉?叹画人不知画此也。

索隐述赞曰:秦、项之际,天下交兵。六国树党,自置豪英。田儋殒寇,立市相荣。楚封王假,齐破郦生。兄弟更王,海岛传声。

卷九十五

樊郦滕灌列传第三十五

舞阳侯[①]樊哙[②]者，沛人也。[③]以屠狗为事，[④]与高祖俱隐。

①【正义】舞阳在许州叶县东十里。　②【正义】音快，又吉外反。③【正义】沛，徐州县。　④【正义】时人食狗亦与羊豕同。故哙专屠以卖之。

初从高祖起丰，攻下沛。高祖为沛公，以哙为舍人。从攻胡陵、方与，[①]还守丰，击泗水监丰下，[②]破之。复东定沛，破泗水守薛西。[③]与司马尼[④]战砀东，[⑤]却敌，斩首十五级，赐爵国大夫。[⑥]常从，沛公击章邯军濮阳，攻城先登，斩首二十三级，赐爵列大夫。[⑦]复常从，从攻城阳，[⑧]先登。下户牖，[⑨]破李由军，斩首十六级，赐上间爵。[⑩]从攻围东郡守尉于成武，[⑪]却敌，斩首十四级，捕虏十一人，赐爵五大夫。从击秦军，出亳南。[⑫]河间守军于杠里，[⑬]破之。击破赵贲军开封[⑭]北，以却敌先登，斩侯一人，首六十八级，捕虏二十七人，赐爵卿。从攻破杨熊军于曲遇。[⑮]攻宛陵，[⑯]先登，斩首八级，捕虏四十四人，赐爵封号贤成君。[⑰]从攻长社、镮辕，[⑱]绝河津，[19]东攻秦军于尸，[20]南攻秦军于犨。[21]破南阳守齮于阳城。东攻宛城，先登。西至郦，[22]以却敌，斩首二十四级，捕虏四十人，赐重封。[23]攻武关，至霸上，斩都尉一人，首十级，捕虏百四十六人，降卒二千九百人。

①【正义】房预二音。 ②【索隐】案：监者，秦时御史监郡也。丰下，丰县之下也。【正义】泗水，郡名。 ③【索隐】谓破其守于薛县之西也。 ④【集解】张晏曰："秦司马。"【正义】秦将章邯司马尼。 ⑤【正义】砀，宋州县也。 ⑥【集解】文颖曰："即官大夫也。"【正义】爵第六级也。 ⑦【集解】文颖曰："即公大夫，爵第七。" ⑧【集解】徐广曰："年表二年七月，破秦军濮阳东，屠城阳也。"【正义】按：城阳近濮阳，而《汉书》作"阳城"，大错误。 ⑨【正义】户牖，汴州东陈留县东北九十一里东昏故城是。 ⑩【集解】孟康曰："不在二十爵中，如执圭、执帛比也。"如淳曰："间，或作'闻'。《吕氏春秋》曰'魏文侯东胜齐于长城，天子赏文侯以上间爵'。"【索隐】张晏云："得径上闻。"晋灼曰："名通于天子也。"如淳引《吕氏春秋》，证"上间"音"中间"之"间"。 ⑪【正义】曹州县。 ⑫【索隐】案：亳，汤所都，今河南偃师有汤亳是也。【正义】亳故城在宋州穀熟县西南四十里。 ⑬【正义】地名，近城阳。 ⑭【正义】汴州县。 ⑮【索隐】音龋颙，邑名也。【正义】曲，丘雨反。遇，牛恭反。郑州中牟县有曲遇聚。 ⑯【索隐】《地理志》属河南。【正义】宛陵故城在郑州新郑县东北三十八里。 ⑰【集解】徐广曰："时赐爵有执帛、执圭，又有赐爵封而加美名以为号也。又有功，则赐封列侯。"骃案：张晏曰"食禄比封君而无邑"。瓒曰"秦制，列侯乃有封爵也"。【索隐】小颜云："楚、汉之际，权设宠荣，假其位号，或得邑地，或空受爵，此例多矣。约以秦制，于义不通。" ⑱【正义】许州理县也。轘辕(门)〔关〕在缑氏县东南三十里。 ⑲【正义】古平阴津在河南府东北五十里也。 ⑳【正义】在偃师南。 ㉑【正义】在汝州鲁山县东南。 ㉒【正义】郦音掷。在邓州新城县西

北四十里。　㉓【集解】张晏曰："益禄也。"如淳曰："正爵名也。"瓒曰："增封也。"【索隐】张晏、臣瓒义亦近是。如淳非也。小颜以为重封者，兼二号，盖为得也。

项羽在戏下，欲攻沛公。沛公从百余骑因项伯面见项羽，谢无有闭关事。项羽既飨军士，中酒，[①]亚父谋欲杀沛公，令项庄拔剑舞坐中，欲击沛公，项伯常(肩)〔屏〕蔽之。时独沛公与张良得入坐，樊哙在营外，闻事急，乃持铁盾入到营。营卫止哙，哙直撞入，[②]立帐下。[③]项羽目之，问为谁。张良曰："沛公参乘樊哙。"项羽曰："壮士。"赐之卮酒彘肩。哙既饮酒，拔剑切肉食，尽之。项羽曰："能复饮乎？"哙曰："臣死且不辞，岂特卮酒乎！且沛公先入定咸阳，暴师霸上，以待大王。[④]大王今日至，听小人之言，与沛公有隙，臣恐天下解，[⑤]心疑大王也。"项羽默然。沛公如厕，麾樊哙去。既出，沛公留车骑，独骑一马，与樊哙等四人步从，从间道山下归走霸上军，而使张良谢项羽。项羽亦因遂已，无诛沛公之心矣。是日微樊哙奔入营诮让项羽，[⑥]沛公事几殆。[⑦]

①【集解】张晏曰："酒酣也。"　②【集解】《汉书音义》曰："音撞钟。"【正义】撞，直江反。　③【集解】徐广曰："一本作'立帷下，瞋目而视，眥皆血出'。"　④【正义】时羽未为王，史追书。　⑤【正义】纪买反。至此为绝句。　⑥【索隐】诮，责也。亦或作"谯"。　⑦【正义】几音祈。

明日，项羽入屠咸阳，立沛公为汉王。汉王赐哙爵为列侯，号临武侯。[①]迁为郎中，从入汉中。

①【正义】桂阳临武县。

还定三秦，别击西丞白水北，[①]雍轻车骑于雍南[②]，破之。从攻雍、斄[③]城，先登。击章平军好畤，[④]攻城，先登陷阵，斩县令丞各一人，首十一级，虏二十人，迁郎中骑将。从击秦车骑壤东，[⑤]却敌，迁为将军。攻赵贲，下郿、[⑥]槐里、柳中、[⑦]咸阳；灌废丘，最。[⑧]至栎阳，[⑨]赐食邑杜之樊乡。[⑩]从攻项籍，屠煮枣。[⑪]击破王武、程处军于外黄。攻邹、鲁、瑕丘、薛。[⑫]项羽败汉王于彭城，尽复取鲁、梁地。哙还至荥阳，益食平阴二千户，[⑬]以将军守广武。一岁，项羽引而东。从高祖击项籍，下阳夏，[⑭]虏楚周将军卒四千人。围项籍于陈，[⑮]大破之。屠胡陵。[⑯]

①【集解】徐广曰："陇西有西县。白水在武都。"骃案：如淳曰"皆地名也"。晋灼曰"白水，今广平魏县也。《地理志》无'西丞'，似秦将名"。【索隐】案：西谓陇西之西县。白水，水名，出武都，经西县东南流。言哙击西县之丞在白水之北耳，徐广等说皆非也。【正义】《括地志》云："白马水源出文州曲水县西南，会经孙山下。" ②【正义】上"雍"于拱反。 ③【集解】音胎。 ④【索隐】案：雍即扶风雍昌县。斄音台，即后稷所封，今之武功故斄城是。章平即章邯子也。 ⑤【索隐】小颜亦以为地名。【正义】壤乡在武功县东南二十里。 ⑥【正义】岐州县。 ⑦【索隐】按：柳中即细柳，地在长安西也。 ⑧【集解】李奇曰："以水灌废丘也。"张晏曰："最，功第一也。"晋灼曰："京辅治华阴，灌北也。"【索隐】灌谓以水灌废丘，城陷，其功最上也。李奇曰"废丘即槐里也。上有槐里，此又

言者，疑此是小槐里”，非也。按：文云“攻赵贲，下郿、槐里、柳中、咸阳”，总言所攻陷之邑。别言以水灌废丘，其功特最也。何者？初云槐里，称其新名，后言功最，是重举，不欲再见其文，故因旧称废丘也。 ⑨【正义】雍州县。 ⑩【索隐】案：杜陵有樊乡。《三秦记》曰“长安正南，山名秦岭，谷名子午，一名樊川，一名御宿”。樊乡即樊川也。 ⑪【索隐】检《地理志》无“煮枣”，晋说是。《功臣表》有煮枣侯，云清河有煮枣城。小颜以为“攻项籍，屠煮枣，合在河南，非清河之城明矣”。今案《续汉书·郡国志》，在济阴宛朐也。【正义】案：其时项羽未渡河北，冀州信都县东北五十里煮枣非矣。 ⑫【正义】邹，兖州县，在州东南六十二里。鲁，兖州曲阜县。瑕丘，兖州县。薛在徐州滕县界。 ⑬【正义】平阴故城在济阳东北五里。 ⑭【正义】夏音假。陈州太康县。 ⑮【正义】陈州。 ⑯【正义】在兖州南。

项籍既死，汉王为帝，以哙坚守战有功，益食八百户。从高帝攻反燕王臧荼，虏荼，定燕地。楚王韩信反，哙从至陈，取信，定楚。[①]更赐爵列侯，与诸侯剖符，世世勿绝，食舞阳，号为舞阳侯，除前所食。以将军从高祖攻反韩王信于代。自霍人以往[②]至云中，[③]与绛侯等共定之，益食千五百户。因击陈豨与曼丘臣军，[④]战襄国，[⑤]破柏人，[⑥]先登，降定清河、常山凡二十七县，残东垣，[⑦]迁为左丞相。破得綦毋卬、尹潘军于无终、广昌。[⑧]破豨别将胡人王黄军于代南，因击韩信军于参合。[⑨]军所将卒斩韩信，破豨胡骑横谷，[⑩]斩将军赵既，虏代丞相冯梁、守孙奋、大将王黄、将军、(太卜)太仆解福[⑪]等十人。与诸将共定代乡邑七十三。其后燕王卢绾反，哙以相国击卢绾，破其丞相抵蓟南，[⑫]定燕地，凡县十八，乡邑五十一。益食邑千三百户，定食舞阳五千四百户。从，斩首百七十六级,虏二百八十八人。别,破军七,下城五,定郡六,县五十二,得丞相一人,将军十二人,二千石已下至三百石十一人。

①【正义】徐州。 ②【正义】先累反,又苏果反,又山寡反。杜预云"霍人,晋邑也。'霍人'当作'葰',《地理志》云葰人县属太原郡"。《括地志》云:"葰人故城在代州繁畤县界也。" ③【正义】云中郡县,皆朔州善阳县北三百八十里定襄故城是也。 ④【集解】徐广曰:"曼,一作甯字。" ⑤【正义】邢州城。 ⑥【正义】邢州县。 ⑦【集解】张晏曰:"残,有所毁也。"瓒曰:"残谓多所杀伤也。《孟子》曰'贼义谓之残'。" ⑧【正义】在蔚州飞狐县北七里。 ⑨【正义】在朔州定襄县界。 ⑩【正义】谷音欲。盖在代。 ⑪【正义】人姓名。 ⑫【索隐】抵音丁礼反。抵训至。一云抵者,丞相之名。

哙以吕后女弟吕须为妇,生子伉,故其比诸将最亲。

先黥布反时,高祖尝病甚,恶见人,卧禁中,诏户者无得入群臣。群臣绛、灌等莫敢入。十余日,哙乃排闼直入,[①]大臣随之。上独枕一宦者卧。哙等见上流涕曰:"始陛下与臣等起丰、沛,定天下,何其壮也!今天下已定,又何惫也!且陛下病甚,大臣震恐,不见臣等计事,顾独与一宦者绝乎?且陛下独不见赵高之事乎?"高帝笑而起。

①【正义】闼,宫中小门。

其后卢绾反,高帝使哙以相国击燕。是时高帝病甚,人有恶哙党于吕氏,即上一日宫车晏驾,则哙欲以兵尽诛灭戚氏、赵王如意之属。高帝闻之大怒，乃使陈平载绛侯代将，而即军中斩哙。陈平畏吕后，执哙诣长安。至则高祖已崩，吕后释哙，使复爵邑。

孝惠六年，樊哙卒，谥为武侯。子伉代侯。而伉母吕须亦为临光侯，高后时用事专权，大臣尽畏之。伉代侯九岁，高后崩。大臣诛诸吕、吕须媭①属，因诛伉。舞阳侯中绝数月。孝文帝既立，乃复封哙他庶子市人为舞阳侯，复故爵邑。市人立二十九岁卒，谥为荒侯。子他广代侯。六岁，侯家舍人得罪他广，怨之，乃上书曰："荒侯市人病不能为人，②令其夫人与其弟乱而生他广，他广实非荒侯子，不当代后。"诏下吏。孝景中六年，他广夺侯为庶人，国除。③

①【索隐】媭音眷。　②【正义】言不能行人道。　③【索隐】案：《汉书》平帝元始二年，封哙玄孙之子章为舞阳侯，邑千户。

曲周侯①郦商者，高阳人。②陈胜起时，商聚少年东西略人，得数千。沛公略地至陈留，六月余，③商以将卒四千人属沛公于岐。④从攻长社，先登，赐爵封信成君。从沛公攻缑氏，绝河津，破秦军洛阳东。从攻下宛、穰，定十七县。别将攻旬关，⑤定汉中。

①【正义】故城在洺州曲周西南十五里。　②【索隐】郦音历。高阳，聚名，属陈留。【正义】雍(州)〔丘〕西南聚邑人也。　③【集解】徐广曰："《月表》曰二世元年九月，沛公起兵；二世三年二月，袭陈留，用郦食其

策。起兵至此十九月矣。《食其传》曰既说高帝已，乃言其弟商，使从沛公也。"【索隐】事与《郦生传》及年表小不同，盖史官意异也。【正义】徐注非也。言商先东西略得数千人，及沛公略地至陈留，商起兵，乃六月余得四千人，以将军从高祖也。 ④【索隐】此地名阙，盖在河南陈、郑之界。【正义】《高纪》云"郦食其说沛公袭陈留，乃以食其为广野君，郦商为将，将陈留兵，与偕攻开封"。《郦生传》云"沛公引兵随之，乃下陈留，为广阳君。言其弟郦商，使将数千人从沛公西南略地"。此传云"属沛公于岐，从攻长社"。案纪传此说，岐当与陈留、高阳相近也。 ⑤【集解】《汉书音义》曰："汉中旬阳县。音询。"【索隐】案：在汉中旬阳县，旬水上之关。

项羽灭秦，立沛公为汉王。汉王赐商爵信成君，以将军为陇西都尉。别将定北地、① 上郡。② 破雍将军焉氏，③ 周类军栒邑，④ 苏驵军于泥阳。⑤ 赐食邑武成六千户。⑥ 以陇西都尉从击项籍军五月，出鉅野，与钟离眛战，疾斗，受梁相国印，益食邑四千户。以梁相国将从击项羽二岁三月，攻胡陵。

①【正义】宁州。 ②【正义】鄜州。 ③【集解】音支。【索隐】焉音于然反，氏音支。县名，属安定。《汉书》云破章邯别将。【正义】县在泾州安定县东四十里。 ④【索隐】栒邑在豳州。《地理志》属右扶风。栒音荀。 ⑤【集解】徐广曰："驵，一作駔。"【索隐】北地县名。驵者，龙马也。【正义】故城在宁州罗川县北三十一里。泥谷水源出罗川县东北泥阳。源侧有泉，于泥中潜流二十余步而流入泥谷。又有泥阳湫，在县东北四十里。 ⑥【正义】县在华州郑县东十三里。

项羽既已死，汉王为帝。其秋，燕王臧荼反，商以将军从击荼，战龙脱，[①]先登陷阵，破荼军易下，[②]却敌，迁为右丞相，赐爵列侯，与诸侯剖符，世世勿绝，食邑涿五千户，[③]号曰涿侯。以右丞相别定上谷，[④]因攻代，受赵相国印。以右丞相赵相国别与绛侯等定代、雁门，得代丞相程纵、守相郭同、将军已下至六百石十九人。还，以将军为太上皇卫一岁七月。以右丞相击陈豨，残东垣。又以右丞相从高帝击黥布，攻其前拒，[⑤]陷两陈，得以破布军，更食曲周五千一百户，除前所食。凡别破军三，降定郡六，县七十三，得丞相、守相、大将各一人，小将二人，二千石已下至六百石十九人。

①【集解】徐广曰："在燕、赵之界。"骃案：《汉书音义》曰"地名"。【索隐】其地阙。　②【正义】易州易县。　③【正义】涿，幽州。　④【正义】妫州。　⑤【集解】徐广曰："一作和。"骃谓拒，方陈。拒音矩。【索隐】拒音巨，邹氏引《左传》有"左拒右拒"。徐云"一作和。和，军门也"。《汉书》作"前垣"，小颜以为攻其壁垒之前垣也。李奇以为"前锋坚蔽若垣墙"，非也。

商事孝惠、高后时，商病，不治。[①]其子寄，字况，[②]与吕禄善。及高后崩，大臣欲诛诸吕，吕禄为将军，军于北军，太尉勃不得入北军，于是乃使人劫郦商，令其子况绐吕禄，[③]吕禄信之，故与出游，而太尉勃乃得入据北军，遂诛诸吕。是岁商卒，谥为景侯。子寄代侯。天下称郦况卖交也。[④]

①【集解】文颖曰："不能治官事。"　②【索隐】郦寄字也。邹氏本作"兄"，亦音况。　③【索隐】绐，欺也，诈也。音待。　④【集解】班

固曰："夫卖交者，谓见利而忘义也。若寄父为功臣，而又执劫，虽摧吕禄以安社稷，谊存君亲可也。"

孝景前三年，吴、楚、齐、赵反，上以寄为将军，围赵城，十月不能下。得俞侯[①]栾布自平齐来，乃下赵城，灭赵，王自杀，除国。孝景中二年，寄欲取平原君为夫人，[②]景帝怒，下寄吏，有罪，夺侯。景帝乃以商他子坚封为缪侯，[③]续郦氏后。缪靖侯卒，子康侯遂成立。遂成卒，子怀侯世宗立。[④]世宗卒，子侯终根立，为太常，坐法，国除。

①【集解】俞音舒。【索隐】俞音歈，县名，又音输，在河东。　②【集解】苏林曰："景帝王皇后母臧儿也。"　③【集解】徐广曰："缪者，更封邑名。谥曰靖。"【索隐】缪音穆，邑也。谥曰靖侯。《汉书》无谥。　④【集解】徐广曰："世，一作他。"

汝阴侯[①]夏侯婴，沛人也。为沛厩司御。[②]每送使客还，过沛泗上亭，与高祖语，未尝不移日也。婴已而试补县吏，与高祖相爱。高祖戏而伤婴，人有告高祖。[③]高祖时为亭长，重坐伤人，[④]告故不伤婴，[⑤]婴证之。后狱覆，[⑥]婴坐高祖系岁余，掠笞数百，终以是脱高祖。

①【正义】汝阴即今阳城。　②【索隐】案：《楚汉春秋》云滕公为御也。　③【集解】韦昭曰："告，白也。白高祖伤人。"　④【集解】如淳曰："为吏伤人，其罪重也。"　⑤【集解】邓展曰："律有故乞鞫。高祖自告不伤人。"【索隐】案：《晋令》云"狱结竟，呼囚鞫语罪状，囚若称枉欲乞鞫者，许之也"。　⑥【索隐】案：韦昭曰"高帝自言不伤婴，婴证之，是狱辞

翻覆也”。

高祖之初与徒属欲攻沛也，婴时以县令史为高祖使。[①]上降沛一日，[②]高祖为沛公，赐婴爵七大夫，以为太仆。从攻胡陵，婴与萧何降泗水监平，[③]平以胡陵降，赐婴爵五大夫。从击秦军砀东，攻济阳，下户牖，破李由军雍丘下，以兵车趣攻战疾，赐爵执帛。常以太仆奉车从击章邯军东阿、濮阳下，以兵车趣攻战疾，破之，赐爵执珪。复常奉车从击赵贲军开封，杨熊军曲遇。婴从捕虏六十八人，降卒八百五十人，得印一匮。[④]因复常奉车从击秦军洛阳东，以兵车趣攻战疾，赐爵封转为滕公。[⑤]因复奉车从攻南阳，战于蓝田、芷阳，[⑥]以兵车趣攻战疾，至霸上。项羽至，灭秦，立沛公为汉王。汉王赐婴爵列侯，号昭平侯，复为太仆，从入蜀、汉。

①【正义】为，于伪反。使，所吏反。　②【正义】谓父老开城门迎高祖。　③【集解】张晏曰：“胡陵，平所止县，何尝给之，故与降也。”　④【索隐】案：《说文》云“匮，匣也”。谓得其时自相部署之印。　⑤【集解】徐广曰：“令也。”骃案：邓展曰“今沛郡公丘”。《汉书》曰婴为滕令奉车，故号滕公。【正义】滕即公丘故城是，在徐州滕县西南十五里。　⑥【索隐】芷音止，地名，今霸陵也，在京兆县。

还定三秦，从击项籍。至彭城，项羽大破汉军。汉王败，不利，驰去。见孝惠、鲁元，载之。汉王急，马罢，虏在后，常蹶[①]两儿欲弃之，婴常收，竟载之，徐行面雍树乃驰。[②]汉王怒，行欲斩婴者十余，卒得脱，而致孝惠、鲁元于丰。

①【索隐】蹶音厥，又音巨月反，一音居卫反。《汉书》作“跋”，音拨。②【集解】服虔曰：“高祖欲斩之，故婴围树走也。面，向树也。”应劭曰：“古者皆立乘，婴恐小儿坠，各置一面雍持之。树，立也。”苏林曰：“南（阳）〔方〕人谓抱小儿为‘雍树’。面者，大人以面首向临之，小儿抱大人颈似悬树也。”【索隐】苏林与晋灼皆同，今则无其言，或当时有此说。其应、服之说，盖疏也。

汉王既至荥阳，收散兵，复振，赐婴食祈阳。[①]复常奉车从击项籍，追至陈，卒定楚，至鲁，益食兹氏。[②]

①【集解】徐广曰：“祈，一作沂。”【索隐】盖乡名也。《汉书》作“沂”，楚无其县。　②【索隐】县名也。《地理志》属太原。

汉王立为帝。其秋，燕王臧荼反，婴以太仆从击荼。明年，从至陈，取楚王信。更食汝阴，剖符世世勿绝。以太仆从击代，至武泉、云中，[①]益食千户。因从击韩信军胡骑晋阳旁，大破之。追北至平城，为胡所围，七日不得通。高帝使使厚遗阏氏，冒顿开围一角。高帝出欲驰，婴固徐行，弩皆持满外向，卒得脱。益食婴细阳[②]千户。复以太仆从击胡骑句注北，大破之。以太仆击胡骑平城南，三陷陈，功为多，赐所夺邑五百户。[③]以太仆击陈豨、黥布军，陷陈却敌，益食千户，定食汝阴六千九百户，除前所食。

①【索隐】《地理志》武泉属云中。【正义】二县，在朔州善阳县界。②【索隐】《地理志》属汝南。　③【集解】《汉书音义》曰：“时有罪过夺邑者，以赐之。”

婴自上初起沛，常为太仆，竟高祖崩。以太仆事孝惠。孝惠帝及高后德婴之脱孝惠、鲁元于下邑之间也，[①]乃赐婴县北第第一，曰"近我"，以尊异之。孝惠帝崩，以太仆事高后。高后崩，代王之来，婴以太仆与东牟侯入清宫，废少帝，以天子法驾迎代王代邸，与大臣共立为孝文皇帝，复为太仆。八岁卒，谥为文侯。[②]子夷侯竈立，七年卒。子共侯赐立，三十一年卒。子侯颇尚平阳公主。立十九岁，元鼎二年，坐与父御婢奸罪，自杀，国除。

①【正义】宋州砀山县。 ②【索隐】案：姚氏云"《三辅故事》曰'滕文公墓在饮马桥东大道南，俗谓之马冢'。《博物志》曰'公卿送婴葬，至东都门外，马不行，踣地悲鸣，得石椁，有铭曰"佳城郁郁，三千年见白日，吁嗟滕公居此室"。乃葬之'"。

颍阴侯[①]灌婴者，睢阳贩缯者也。[②]高祖之为沛公，略地至雍丘下，章邯败杀项梁，而沛公还军于砀，婴初以中涓从击破东郡尉于成武及秦军于扛里，疾斗，赐爵七大夫。从攻秦军亳南、开封、曲遇，战疾力，[③]赐爵执帛，号宣陵君。从攻阳武以西至洛阳，破秦军尸北，北绝河津，南破南阳守𬺈阳城东，遂定南阳郡。西入武关，战于蓝田，疾力，至霸上，赐爵执珪，号昌文君。[④]

①【正义】今陈州南颍县西北十三里颍阴故城是。 ②【正义】睢阳，宋州宋城县。 ③【集解】服虔曰："疾攻之。" ④【索隐】亦称宣陵君，皆非爵士，加美号耳。

沛公立为汉王，拜婴为郎中，从入汉中，十月，拜为中谒者。从还定三秦，下栎阳，降塞王。还围章邯于废丘，未拔。从东出临晋关，击降殷王，定其地。击项羽将龙且、魏相项他军定陶南，疾战，破之。赐婴爵列侯，号昌文侯，食杜平乡。[①]

①【索隐】谓食杜县之平乡。

复以中谒者从降下砀，以至彭城。项羽击，大破汉王。汉王遁而西，婴从还，军于雍丘。王武、魏公申徒反，[①]从击破之。攻下黄，[②]西收兵，军于荥阳。楚骑来众，汉王乃择军中可为(车)骑将者，皆推故秦骑士重泉人[③]李必、骆甲[④]习骑兵，今为校尉，可为骑将。汉王欲拜之，必、甲曰："臣故秦民，恐军不信臣，臣愿得大王左右善骑者傅之。"[⑤]灌婴虽少，然数力战，乃拜灌婴为中大夫，令李必、骆甲为左右校尉，将郎中骑兵击楚骑于荥阳东，大破之。受诏别击楚军后，绝其饷道，起阳武至襄邑。击项羽之将项冠于鲁下，破之，所将卒斩右司马、骑将各一人。[⑥]击破柘公王武，[⑦]军于燕西，所将卒斩楼烦将五人，[⑧]连尹一人。[⑨]击王武别将桓婴白马下，破之，所将卒斩都尉一人。以骑渡河南，送汉王到洛阳，使北迎相国韩信军于邯郸。还至敖仓，婴迁为御史大夫。

①【集解】张晏曰："秦将，降为公，今反。"　②【正义】故城在曹州考城县东二十四里。　③【集解】徐广曰："重泉属冯翊。"【正义】故城在同州蒲城县东南四十五里。　④【索隐】必、甲，二人名也。姚氏案：《汉纪》桓帝延熹三年，追录高祖功臣李必后黄门丞李遂为晋阳关内侯也。

⑤【集解】如淳曰:“傅音附。犹言随从者。” ⑥【集解】张晏曰:“王右方之马,左亦如之。” ⑦【集解】徐广曰:“柘属陈。”【索隐】案:武,柘县令也。柘县属陈。【正义】柘属淮阳国。案:滑州胙城,本南燕国也。⑧【集解】李奇曰:“楼烦,县名。其人善骑射,故以名射士为‘楼烦’,取其美称,未必楼烦人也。”张晏曰:“楼烦,胡国名。” ⑨【集解】张晏曰:“大夫,楚官。”【索隐】案:《左传》“莫敖、连尹、宫厩尹”是。

三年,以列侯食邑杜平乡。以御史大夫受诏将郎中骑兵东属相国韩信,击破齐军于历下,所将卒虏车骑将军华毋伤及将吏四十六人。降下临菑,得齐守相田光。追齐相田横至嬴、博,破其骑,所将卒斩骑将一人,生得骑将四人。攻下嬴、博,破齐将军田吸于千乘,所将卒斩吸。东从韩信攻龙且、留公旋于高密,[①]卒斩龙且,[②]生得右司马、连尹各一人,楼烦将十人,身生得亚将周兰。

①【索隐】留,县。令称公,旋其名。高密,县名,在北海。《汉书》作“假密”。假密,地名,不知所在,未知孰是耳。【正义】留县在沛郡。公,其令。 ②【集解】文颖曰:“所将卒。”

齐地已定,韩信自立为齐王,使婴别将击楚将公杲于鲁北,破之。转南,破薛郡长,身虏骑将一人。攻(博)〔傅〕阳,前至下相以东南僮、取虑、徐。[①]度淮,尽降其城邑,至广陵。[②]项羽使项声、薛公、郯公复定淮北。婴度淮北,击破项声、郯公下邳,[③]斩薛公,下下邳,击破楚骑于平阳,[④]遂降彭城,虏柱国项佗,降留、薛、沛、酂、萧、相。攻苦、谯,[⑤]复得亚将周兰。与汉王会颐乡。[⑥]从击项籍军于陈下,破之,所将卒斩楼烦将二人,虏骑将八人。赐益食邑二千五百户。

①【索隐】取音秋。虑音闾。取又音趣。僮、徐是二县,取虑是一县名。 ②【集解】《汉书音义》曰:"住广陵以御敌。"【正义】谓从下相以东南,尽降城邑,乃至广陵,皆平定也。 ③【正义】郯音谈,东海县。 ④【索隐】小颜云"此平阳在东郡"。《地理志》太山有东平阳县。【正义】南平阳县城,今兖州邹县也,在兖州东南六十二里。案:邹县去徐州滕县界四十余里也。 ⑤【正义】户焦二音。 ⑥【集解】徐广曰:"苦县有颐乡。"【索隐】音以之反。

项籍败垓下去也,婴以御史大夫受诏将车骑别追项籍至东城,[①]破之。所将卒五人共斩项籍,皆赐爵列侯。降左右司马各一人,卒万二千人,尽得其军将吏。下东城、历阳。[②]渡江,破吴郡长吴下,[③]得吴守,遂定吴、豫章、会稽郡。还定淮北,凡五十二县。

①【正义】县在濠州定远县东南五十五里。 ②【正义】和州历阳县,即今州城是也。 ③【集解】如淳曰:"雄长之长也。"【索隐】下有郡守,此长即令也。如淳以为雄长,非也。【正义】今苏州也。案:如说非也。吴郡长即吴郡守也。一破吴郡长兵于吴城下而得吴郡守身也。

汉王立为皇帝,赐益婴邑三千户。其秋,以车骑将军从击破燕王臧荼。明年,从至陈,取楚王信。还,剖符,世世勿绝,食颍阴二千五百户,号曰颍阴侯。

以车骑将军从击反韩王信于代,至马邑,受诏别降楼烦以北六县,斩代左相,破胡骑于武泉北。[①]复从击韩信胡骑晋阳下，所将卒斩胡白题将一人。[②]受诏并将燕、赵、齐、梁、楚车骑，击破胡骑于硰石。[③]至平城，为胡所围，从还军东垣。

①【正义】县名，在朔州北二百二十里。　②【集解】服虔曰："胡名也。"　③【集解】服虔曰："硰音沙。"【索隐】刘氏音千卧反。

从击陈豨，受诏别攻豨丞相侯敞军曲逆下，破之，卒斩敞及特将五人，[①]降曲逆、卢奴、上曲阳、安国、安平。[②]攻下东垣。

①【集解】文颖曰："特一之特也。"　②【正义】卢奴，定州安喜县是。曲阳，定州曲阳县是。安平，定州安平县。

黥布反，以车骑将军先出，攻布别将于相，破之，斩亚将楼烦将三人。又进击破布上柱国军及大司马军。又进破布别将肥诛。[①]婴身生得左司马一人，所将卒斩其小将十人，追北至淮上。益食二千五百户。布已破，高帝归，定令婴食颍阴五千户，除前所食邑。凡从得二千石二人，别破军十六，降城四十六，定国一，郡二，县五十二，得将军二人，柱国、相国各一人，二千石十人。

①【集解】徐广曰："一作铢。"【索隐】案：《汉书》作"肥铢"。

婴自破布归，高帝崩，婴以列侯事孝惠帝及吕太后。太后崩，吕禄等以赵王自置为将军，军长安，为乱。齐哀王闻之，举兵西，且入诛不当为王者。上将军吕禄等闻之，乃遣婴为大将，将军往击之。婴行至荥阳，乃与绛侯等谋，因屯兵荥阳，风齐王以诛吕氏事，[①] 齐兵止不前。绛侯等既诛诸吕，齐王罢兵归，婴亦罢兵自荥阳归，与绛侯、陈平共立代王为孝文皇帝。孝文皇帝于是益封婴三千户，赐黄金千斤，拜为太尉。

①【正义】风，方凤反。

三岁，绛侯勃免相就国，婴为丞相，罢太尉官。是岁，匈奴大入北地、上郡，令丞相婴将骑八万五千往击匈奴。匈奴去，济北王反，诏乃罢婴之兵。后岁余，婴以丞相卒，谥曰懿侯。子平侯阿代侯。二十八年卒，子彊代侯。十三年，彊有罪，绝二岁。元光三年，天子封灌婴孙贤为临汝侯，续灌氏后，八岁，坐行赇有罪，国除。

太史公曰：吾适丰、沛，问其遗老，观故萧、曹、樊哙、滕公之家，及其素，异哉所闻！方其鼓刀屠狗卖缯之时，岂自知附骥之尾，垂名汉廷，德流子孙哉？余与他广通，为言高祖功臣之兴时若此云。[①]

①【索隐】案：他广，樊哙之孙，后失封。盖尝讶太史公序萧、曹、樊、滕之功悉具，则从他广而得其事，故备也。

索隐述赞曰：圣贤影响，云蒸龙变。屠狗贩缯，攻城野战。扶义西上，受封南面。郦况卖交，舞阳内援。滕、灌更王，奕叶繁衍。

卷九十六

张丞相列传第三十六

张丞相苍者，阳武人也。[①]好书律历。秦时为御史，主柱下方书。[②]有罪，亡归。及沛公略地过阳武，苍以客从攻南阳。苍坐法当斩，解衣伏质，[③]身长大，肥白如瓠，时王陵见而怪其美士，乃言沛公，赦勿斩。遂从西入武关，至咸阳。沛公立为汉王，入汉中，还定三秦。陈馀击走常山王张耳，耳归汉，汉乃以张苍为常山守。从淮阴侯击赵，苍得陈馀。赵地已平，汉王以苍为代相，备边寇。已而徙为赵相，相赵王耳。耳卒，相赵王敖。复徙相代王。燕王臧荼反，高祖往击之，苍以代相从攻臧荼有功，以六年中封为北平侯，食邑千二百户。

①【索隐】案：县名，属陈留。【正义】郑州阳武县也。　②【集解】如淳曰："方，版也，谓书事在版上者也。秦以上置柱下史，苍为御史，主其事。或曰四方文书。"【索隐】周、秦皆有柱下史，谓御史也。所掌及侍立恒在殿柱之下，故老聃为周柱下史。今苍在秦代亦居斯职。方书者，方板，谓小事书之于方也，或曰主四方文书也。姚氏以为下云"明习天下图书计籍，主郡上计"，则方为四方文书是也。　③【索隐】小颜云："质，椹也。"

迁为计相，[①]一月，更以列侯为主计四岁。[②]是时萧何为相国，而张苍乃自秦时为柱下史，明习天下图书计籍。苍又善用算律历，故令苍以列侯居相府，领主郡国上计者。黥布反亡，汉立皇子长为淮南王，而张苍相之。十四年，迁为御史大夫。

①【集解】文颖曰："能计，故号曰计相。" ②【集解】张晏曰："以列侯典校郡国簿书。"如淳曰："以其所主，因以为官号，与计相同。时所卒立，非久施也。"【索隐】谓改计相之名，更名主计也。此盖权时立号也。

周昌者，沛人也。其从兄曰周苛，秦时皆为泗水卒史。及高祖起沛，击破泗水守监，于是周昌、周苛自卒史从沛公，沛公以周昌为职志，[①]周苛为客。[②]从入关，破秦。沛公立为汉王，以周苛为御史大夫，周昌为中尉。

①【集解】徐广曰："主旗帜之属。"【索隐】官名也。职，主也。志，旗帜也。谓掌旗帜之官也。音昌志反。 ②【集解】张晏曰："为帐下宾客，不掌官。"

汉王四年，楚围汉王荥阳急，汉王遁出去，而使周苛守荥阳城。楚破荥阳城，欲令周苛将。苛骂曰："若趣降汉王！不然，今为虏矣！"项羽怒，烹周苛。[①]于是乃拜周昌为御史大夫。常从击破项籍。以六年中与萧、曹等俱封：封周昌为汾阴侯；周苛子周成以父死事，封为高景侯。[②]

①【集解】徐广曰："四年三月也。" ②【集解】徐广曰："九年封，封

三十九年，文帝后元四年谋反死，国除。”

昌为人强力，敢直言，自萧、曹等皆卑下之。昌尝燕时入奏事，[①]高帝方拥戚姬，昌还走，高帝逐得，骑周昌项，问曰：“我何如主也？”昌仰曰：“陛下即桀、纣之主也。”于是上笑之，然尤惮周昌。及帝欲废太子，而立戚姬子如意为太子，大臣固争之，莫能得；上以留侯策即止。而周昌廷争之强，上问其说，昌为人吃，又盛怒，曰：“臣口不能言，然臣期期知其不可。[②]陛下虽欲废太子，臣期期不奉诏。”上欣然而笑。既罢，吕后侧耳于东箱听，[③]见周昌，为跪谢曰：“微君，太子几废。”[④]

①【集解】《汉书音义》曰：“以上燕时入奏事。” ②【正义】昌以口吃，每语故重言期期也。 ③【集解】韦昭曰：“殿东堂也。”【索隐】小颜云：“正寝之东西室，皆号曰箱，言似箱箧之形。” ④【索隐】几，巨依反。

是后戚姬子如意为赵王，年十岁，高祖忧即万岁之后不全也。赵尧年少，为符玺御史。赵人方与公[①]谓御史大夫周昌曰：“君之史赵尧，年虽少，然奇才也，君必异之，是且代君之位。”周昌笑曰：“尧年少，刀笔吏耳，[②]何能至是乎！”居顷之，赵尧侍高祖。高祖独心不乐，悲歌，群臣不知上之所以然。赵尧进请问曰：“陛下所为不乐，非为赵王年少而戚夫人与吕后有郤邪？备万岁之后而赵王不能自全乎？”高祖曰：“然。吾私忧之，不知所出。”[③]尧曰：“陛下独宜为赵王置贵强相，及吕后、太子、群臣素所敬惮乃可。”高祖曰：“然。

吾念之欲如是，而群臣谁可者？”尧曰：“御史大夫周昌，其人坚忍质直，且自吕后、太子及大臣皆素敬惮之。独昌可。”高祖曰：“善。”于是乃召周昌，谓曰：“吾欲固烦公，公强为我相赵王。”[④]周昌泣曰：“臣初起从陛下，陛下独奈何中道而弃之于诸侯乎？”高祖曰：“吾极知其左迁，[⑤]然吾私忧赵王，念非公无可者。公不得已强行！”于是徙御史大夫周昌为赵相。

①【集解】孟康曰：“方与，县名。公，其号。”瓒曰：“方与县令也。” ②【正义】古用简牍，书有错谬，以刀削之，故号曰“刀笔吏”。 ③【索隐】谓不知其计所出也。 ④【正义】桓谭《新论》云：“使周相赵，不如使取吕后家女为妃，令戚夫人善事吕后，则如意无㲃也。” ⑤【索隐】按：《诸侯王表》有左官之律。韦昭以为“左，犹下也，禁不得下仕于诸侯王也”。然地道尊右，右贵左贱，故谓贬秩为“左迁”。他皆类此。

既行久之，高祖持御史大夫印弄之，曰：“谁可以为御史大夫者？”孰视赵尧，曰：“无以易尧。”遂拜赵尧为御史大夫。[①]尧亦前有军功食邑，及以御史大夫从击陈豨有功，封为江邑侯。[②]

①【集解】徐广曰：“十年也。” ②【集解】徐广曰：“十一年。”

高祖崩，吕太后使使召赵王，其相周昌令王称疾不行。使者三反，周昌固为不遣赵王。于是高后患之，乃使使召周昌。周昌至，谒高后，高后怒而骂周昌曰：“尔不知我之怨戚氏乎？而不遣赵王，何？”昌既征，高后使使召赵王，赵王果来。至长安月余，饮药而死。周昌因谢病不朝见，三岁而死。[①]

①【集解】徐广曰："谥悼也。"【索隐】《汉书》《列传》及表咸言周昌谥悼，韦昭云"或谥惠"，非也。《汉书》又曰"传子至孙意，有罪，国除。景帝复封昌孙左车为安阳侯，有罪，国除"。

后五岁，[①]高后闻御史大夫江邑侯赵尧高祖时定赵王如意之画，乃抵尧罪，[②]以广阿侯任敖为御史大夫。

①【正义】高后之年。　②【集解】徐广曰："吕后元年，国除。"

任敖者，故沛狱吏。高祖尝辟吏，[①]吏系吕后，遇之不谨。任敖素善高祖，怒，击伤主吕后吏。及高祖初起，敖以客从为御史，守丰二岁。高祖立为汉王，东击项籍，敖迁为上党守。陈豨反时，敖坚守，封为广阿侯，食千八百户。高后时为御史大夫。三岁免，[②]以平阳侯曹窋为御史大夫。高后崩，(不)与大臣共诛吕禄等。免，以淮南相张苍为御史大夫。

①【正义】辟音避。　②【集解】徐广曰："文帝二年，任敖卒，谥懿侯。曾孙越人，元鼎二年为太常，坐酒酸，国除。"骃案：《汉书》任敖孝文元年薨，徐误也。【索隐】此徐氏据《汉书》为说，而误云"二年"，裴骃又引《任安书》证，为得其实。【正义】按：《史记》书表云孝文二年卒，《汉表》又云封十九年卒，计高祖十一年封，到文帝二年则十九年矣。而《汉书》误，裴氏不考，乃云徐误，何其贰过也！

苍与绛侯等尊立代王为孝文皇帝。四年，丞相灌婴卒，张苍为丞相。

自汉兴至孝文二十余年，会天下初定，将相公卿皆军吏。张苍为计相时，绪正律历。[①]以高祖十月始至霸上，因故秦时本以十月为岁首，弗革。推五德之运，以为汉当水德之时，尚黑如故。[②]吹律调乐，入之音声，及以比定律令。[③]若百工，[④]天下作程品。至于为丞相，卒就之，故汉家言律历者，本之张苍。苍本好书，无所不观，无所不通，而尤善律历。[⑤]

①【集解】文颖曰："绪，寻也。或曰绪，业也。" ②【正义】姚察云："苍是秦人，犹用推五胜之法，以周赤乌为火，汉胜火以水也。" ③【集解】如淳曰："比谓五音清浊各有所比也。以定十二月律之法令于乐官，使长行之。"瓒曰："谓以比故取类，以定法律与条令也。"【正义】比音鼻，或音必履反，谓比方也。 ④【集解】如淳曰："若，顺也。百工为器物皆有尺寸斤两，皆使得宜，此之谓顺。"晋灼曰："若，预及之辞。"【索隐】按：晋灼说为得。 ⑤【集解】《汉书》曰："著书十八篇，言阴阳律历事。"

张苍德王陵。王陵者，安国侯也。及苍贵，常父事王陵。陵死后，苍为丞相，洗沐，常先朝陵夫人上食，然后敢归家。

苍为丞相十余年，鲁人公孙臣上书言汉土德时，其符有黄龙当见。诏下其议张苍，张苍以为非是，罢之。其后黄龙见成纪，于是文帝召公孙臣以为博士，草土德之历制度，更元年。张丞相由此自绌，谢病称老。苍任人为中候，[①]大为奸利，上以让苍，苍遂病免。苍为丞相十五岁而免。孝景前五年，苍卒，谥为文侯。子康代侯，八年卒。子类[②]代为侯，八年，坐临诸侯丧后就位不敬，国除。[③]

①【集解】张晏曰："所选保任者也。"瓒曰："中候，官名。" ②【集解】徐广曰："一作'颟'，音聩。" ③【索隐】案：《汉书》云传子至孙类有罪，国除，今此文康代，八年卒，子颟代侯，则颟即类，与《汉书》略同也。

初，张苍父长不满五尺，及生苍，苍长八尺余，为侯、丞相。苍子复长。[①]及孙类，长六尺余，坐法失侯。苍之免相后，老，口中无齿，食乳，女子为乳母。妻妾以百数，尝孕者不复幸。苍年百有余岁而卒。

①【集解】《汉书》云长八尺。

申屠丞相嘉者，梁人，以材官蹶张[①]从高帝击项籍，迁为队率。[②]从击黥布军，为都尉。孝惠时，为淮阳守。孝文帝元年，举故吏士二千石从高皇帝者，悉以为关内侯，食邑二十四人，而申屠嘉食邑五百户。张苍已为丞相，嘉迁为御史大夫。张苍免相，[③]孝文帝欲用皇后弟窦广国为丞相，曰："恐天下以吾私广国。"广国贤有行，故欲相之，念久之不可，而高帝时大臣又皆多死，馀见无可者，乃以御史大夫嘉为丞相，因故邑封为故安侯。[④]

①【集解】徐广曰："勇健有材力开张。"骃案：如淳曰"材官之多力，能脚蹋强弩张之，故曰蹶张。律有蹶张士"。【索隐】孟康云："主张强弩。"蹶

音其月反。《汉令》曰蹶张士百人也。 ②【索隐】所类反。 ③【集解】徐广曰:“后二年八月。” ④【正义】今易州界武阳城中东南隅故城是也。

嘉为人廉直,门不受私谒。是时太中大夫邓通方隆爱幸,赏赐累巨万。文帝尝燕饮通家,其宠如是。是时丞相入朝,而通居上傍,有怠慢之礼。丞相奏事毕,因言曰:“陛下爱幸臣,则富贵之。至于朝廷之礼,不可以不肃。”上曰:“君勿言,吾私之。”罢朝坐府中,嘉为檄召邓通诣丞相府,不来,且斩通。通恐,入言文帝。文帝曰:“汝第往,吾今使人召若。”通至丞相府,免冠,徒跣,顿首谢。嘉坐自如,故不为礼,责曰:“夫朝廷者,高皇帝之朝廷也。通小臣,戏殿上,大不敬,当斩。吏今行斩之!”[①]通顿首,首尽出血,不解。文帝度丞相已困通,使使者持节召通,而谢丞相曰:“此吾弄臣,君释之。”邓通既至,为文帝泣曰:“丞相几杀臣。”

①【集解】如淳曰:“嘉语其吏曰:‘今便行斩之。”’

嘉为丞相五岁,孝文帝崩,孝景帝即位。二年,晁错为内史,贵幸用事,诸法令多所请变更,议以谪罚侵削诸侯。而丞相嘉自绌所言不用,疾错。错为内史,门东出,不便,更穿一门南出。南出者,太上皇庙堧垣。[①]嘉闻之,欲因此以法错擅穿宗庙垣为门,奏请诛错。错客有语错,错恐,夜入宫上谒,自归景帝。[②]至朝,丞相奏请诛内史错。景帝曰:“错所穿非真庙垣,乃外堧垣,故他官居其中,[③]且又我使为之,错无罪。"罢朝，嘉谓长史曰："吾悔不先斩错，乃先请之，为错所卖。"至舍，因欧血而死。谥为节侯。子共侯蔑代，三年卒。子侯去病代，三十一年卒。[④]子侯臾代，六岁，坐为九江太守受故官送有罪，国除。

①【集解】服虔曰："宫外垣也。"如淳曰："堧音'畏愞'之'愞'。"【索隐】愞音乃唤反。韦昭音而缘反。又音软。　②【正义】自归帝首露。　③【索隐】《汉书》作"宂官"，谓散官。　④【集解】徐广曰："一本无此去病，而云共侯蔑三十三年，子臾改封靖安侯。"

自申屠嘉死之后，景帝时开封侯陶青、桃侯刘舍为丞相。[①]及今上时，柏至侯许昌、[②]平棘侯薛泽、[③]武彊侯庄青翟、[④]高陵侯赵周[⑤]等为丞相。皆以列侯继嗣，娖娖[⑥]廉谨，为丞相备员而已，无所能发明功名有著于当世者。

①【集解】徐广曰："陶青，高祖功臣陶舍之子也，谥夷。刘舍，本项氏亲也，赐姓刘氏。父襄佐高祖有功。舍谥哀侯。"　②【集解】徐广曰："高祖功臣许温之孙，谥哀侯。"　③【集解】徐广曰："高祖功臣广平侯薛欧之孙平棘节侯薛泽。"　④【集解】徐广曰："高祖功臣庄不识之孙。"　⑤【集解】徐广曰："周父夷吾为楚王戊太傅，谏争而死。"　⑥【集解】徐广曰："娖音七角反。一作'断'，一作'踀'。"【索隐】娖音侧角反。小颜云"持整之貌"。《汉书》作"踀"，踀音初角反。断音都乱反。义如《尚书》"断断猗无他技"。

太史公曰：张苍文学律历，为汉名相，而绌贾生、公孙臣等言正朔服色事而不遵，明用秦之《颛顼历》，何哉？[①]周昌，木强人也。[②]任敖以旧德用。[③]申屠嘉可谓刚毅守节矣，然无术学，殆与萧、曹、陈平异矣。

①【集解】张晏曰："不考经典，专用《颛顼历》，何哉？" ②【正义】言其质直掘强如木石焉。 ③【集解】张晏曰："谓伤辱吕后吏。"

孝武时丞相多甚，不记，莫录其行起居状略，且纪征和以来。

有车丞相，[①]长陵人也。卒而有韦丞相代。[②]韦丞相贤者，鲁人也。以读书术为吏，至大鸿胪。有相工相之，当至丞相。有男四人，使相工相之，至第二子，其名玄成。相工曰："此子贵，当封。"韦丞相言曰："我即为丞相，有长子，是安从得之？"后竟为丞相，病死，而长子有罪论，不得嗣，而立玄成。玄成时佯狂，不肯立，竟立之，有让国之名。后坐骑至庙，不敬，有诏夺爵一级，为关内侯，失列侯，得食其故国邑。韦丞相卒，有魏丞相代。

①【集解】名千秋。 ②【索隐】自车千秋已下，皆褚先生等所记。然《丞相传》都省略，《汉书》则备。

魏丞相相者，济阴人也。以文吏至丞相。其人好武，皆令诸吏带剑，带剑前奏事。或有不带剑者，当入奏事，至乃借剑而敢入奏事。其时京兆尹赵君，[①]丞相奏以免罪，使人执魏丞相，欲求脱罪而不听，复使人胁恐魏丞相，以夫人贼杀侍婢事而私独奏请验之，发吏卒至丞相舍，捕奴婢笞击问之，实不以兵刃杀也。而丞相司直繁君[②]奏京兆尹赵君迫胁丞相，诬以夫人贼杀婢，发吏卒围捕丞相舍，不道；又得擅屏骑士事，赵京兆坐要斩。又有使掾陈平等劾中尚书，疑以独擅劫事而坐之，大不敬，长史以下皆坐死，或下蚕室。而魏丞相竟以丞相病死。子嗣。后坐骑至庙，不敬，有诏夺爵一级，为关内侯，失列侯，得食其故国邑。魏丞相卒，以御史大夫邴吉代。

①【集解】名广汉。　②【索隐】繁，姓也，音婆。

邴丞相吉者，鲁国人也。以读书好法令至御史大夫。孝宣帝时，以有旧故，封为列侯，而因为丞相。明于事，有大智，后世称之。以丞相病死。子显嗣。后坐骑至庙，不敬，有诏夺爵一级，失列侯，得食故国邑。显为吏至太仆，坐官秏乱，身及子男有奸赃，免为庶人。

邴丞相卒，黄丞相代。长安中有善相工田文者，与韦丞相、魏丞相、邴丞相微贱时会于客家，田文言曰："今此三君者，皆丞相也。"其后三人竟更相代为丞相，何见之明也。

黄丞相霸者，淮阳人也。以读书为吏，至颍川太守。治颍川，以礼义条教喻告化之。犯法者，风晓令自杀。化大行，名声闻。孝宣帝下制曰："颍川太守霸，以宣布诏令治民，道不拾遗，男女异路，狱中无重囚。赐爵关内侯，黄金百斤。”征为京兆尹而至丞相，复以礼义为治。以丞相病死。子嗣，后为列侯。黄丞相卒，以御史大夫于定国代。于丞相已有廷尉传，在《张廷尉》语中。于丞相去，御史大夫韦玄成代。

韦丞相玄成者，即前韦丞相子也。代父，后失列侯。其人少时好读书，明于《诗》、《论语》。为吏至卫尉，徙为太子太傅。御史大夫薛君免，[①]为御史大夫。于丞相乞骸骨免，而为丞相，因封故邑为扶阳侯。数年，病死。孝元帝亲临丧，赐赏甚厚。子嗣后。其治容容随世俗浮沈，而见谓谄巧。而相工本谓之当为侯代父，而后失之。复自游宦而起，至丞相。父子俱为丞相，世间美之，岂不命哉！相工其先知之。韦丞相卒，御史大夫匡衡代。

①【集解】名广德也。

丞相匡衡者，东海人也。好读书，从博士受《诗》。家贫，衡佣作以给食饮。才下，数射策不中，至九，乃中丙科。其经以不中科故明习。补平原文学卒史。数年，郡不尊敬。御史征之，以补百石属荐为郎，而补博士，拜为太子少傅，而事孝元帝。孝元好《诗》，而迁为光禄勋，居殿中为师，授教左右，而县官坐其旁听，甚善之，日以尊贵。御史大夫郑弘坐事免，而匡君为御史大夫。岁余，韦丞相死，匡君代为丞相，封乐安侯。以十年之间，不出长安城门而至丞相，岂非遇时而命也哉！

太史公曰：深惟士之游宦所以至封侯者，微甚。[①]然多至御史大夫即去者。诸为大夫而丞相次也，其心冀幸丞相物故也。[②]或乃阴私相毁害，欲代之。然守之日久不得，或为之日少而得之，至于封侯，真命也夫！御史大夫郑君守之数年不得，匡君居之未满岁，而韦丞相死，即代之矣，岂可以智巧得哉！多有贤圣之才，困厄不得者众甚也。[③]

①【集解】徐广曰："微，一作征。" ②【集解】高堂隆答魏朝访曰："物，无也。故，事也。言无复所能于事。" ③【索隐】案：此论匡衡已来事，则后人所述也，或亦称"太史公"，其序述浅陋，一何诬也。

索隐述赞曰：张苍主计，天下作程。孙臣始绌，秦历尚行。御史亚相，相国阿衡。申屠面折，周子廷争。其他娖娖，无所发明。

卷九十七

郦生陆贾列传第三十七

郦生食其者，[1]陈留高阳人也。[2]好读书，家贫落魄，[3]无以为衣食业，为里监门吏。[4]然县中贤豪不敢役，县中皆谓之狂生。

①【正义】历异几三音也。　②【集解】徐广曰："今在圉县。"【索隐】案：高阳属陈留圉县。高阳，乡名也，故《耆旧传》云"食其，高阳乡人"。【正义】《陈留风俗传》云"高阳在雍丘西南"。《括地志》云"圉城在汴州雍丘县西南。食其墓在雍丘西南二十八里"。盖谓此也。　③【集解】应劭曰："落魄，志行衰恶之貌也。"晋灼曰："落薄，落托，义同也。"【索隐】案：郑氏云"魄音薄"。　④【正义】监音甲衫反。《战国策》云齐宣谓颜斶曰："夫监门闾里，士之贱也。"

及陈胜、项梁等起，诸将徇地过高阳者数十人，[1]郦生闻其将皆握龊[2]好苛礼[3]自用，不能听大度之言，郦生乃深自藏匿。后闻沛公将兵略地陈留郊，沛公麾下骑士适郦生里中子也，[4]沛公时时问邑中贤士豪俊。骑士归，郦生见谓之曰："吾闻沛公慢而易人，多大略，此真吾所愿从游，莫为我先。[5]若见沛公，谓曰'臣里中有郦生，年六十余，长八尺，人皆谓之狂生，生自谓我非狂生'。"骑士曰："沛公不好儒，诸客冠儒冠来者，沛公辄解其冠，溲溺[⑥]其中。与人言，常大骂。未可以儒生说也。”郦生曰：“弟言之。”骑士从容言如郦生所诫者。

①【正义】徇，略也。 ②【集解】应劭曰：“握齱，急促之貌。”【索隐】应劭曰齱音若“促”。邹氏音麄角反。韦昭云“握齱，小节也”。③【索隐】案：苛亦作“荷”。贾逵云“苛，烦也”。小颜云“苛，细也”。④【集解】服虔曰：“食其里中子适作沛公骑士。”【索隐】适音释。服虔、苏林皆云沛公骑士适是食其里中人也。案：言适近作骑士。 ⑤【索隐】案：先谓先容，言无人为我作绍介也。【正义】为，于伪反。 ⑥【索隐】溲所由反。溺乃吊反，亦如字。溲即溺也。

沛公至高阳传舍，[①]使人召郦生。郦生至，入谒，沛公方倨床使两女子洗足，[②]而见郦生。郦生入，则长揖不拜，曰：“足下欲助秦攻诸侯乎？且欲率诸侯破秦也？”沛公骂曰：“竖儒！[③]夫天下同苦秦久矣，故诸侯相率而攻秦，何谓助秦攻诸侯乎？”郦生曰：“必聚徒合义兵诛无道秦，不宜倨见长者。”于是沛公辍洗，起摄衣，[④]延郦生上坐，谢之。郦生因言六国从横时。沛公喜，赐郦生食，问曰：“计将安出？”郦生曰：“足下起纠合之众，[⑤]收散乱之兵，不满万人，欲以径入强秦，此所谓探虎口者也。夫陈留，天下之冲，四通五达之郊也，[⑥]今其城又多积粟。臣善其令，[⑦]请得使之，令下足下。[⑧]即不听，足下举兵攻之，臣为内应。”于是遣郦生行，沛公引兵随之，遂下陈留。号郦食其为广野君。

①【集解】徐广曰："二世三年二月。" ②【索隐】案：乐彦云"边床曰倨"。 ③【索隐】案：竖者，僮仆之称。沛公轻之，以比奴竖，故曰"竖儒"也。 ④【正义】摄，犹言敛著也。 ⑤【集解】一作"乌合"，一作"瓦合"。 ⑥【集解】如淳曰："四面中央，凡五达也。"瓒曰："四通五达，言无险阻也。" ⑦【正义】言食其与陈留县令相善也。 ⑧【正义】令力征反。下谓降之也。

郦生言其弟郦商，使将数千人从沛公西南略地。郦生常为说客，驰使诸侯。

汉三年秋，项羽击汉，拔荥阳，汉兵遁保巩、洛。楚人闻淮阴侯破赵，彭越数反梁地，则分兵救之。淮阴方东击齐，汉王数困荥阳、成皋，计欲捐成皋以东，屯巩、洛以拒楚。郦生因曰："臣闻知天之天者，王事可成；不知天之天者，王事不可成。王者以民人为天，[①]而民人以食为天。夫敖仓，天下转输久矣，臣闻其下乃有藏粟甚多。楚人拔荥阳，不坚守敖仓，乃引而东，令适卒[②]分守成皋，此乃天所以资汉也。方今楚易取而汉反却，自夺其便，[③]臣窃以为过矣。且两雄不俱立，楚、汉久相持不决，百姓骚动，海内摇荡，农夫释耒，工女[④]下机，天下之心未有所定也。愿足下急复进兵，收取荥阳，据敖仓之粟，[⑤]塞成皋之险，[⑥]杜大行之道，[⑦]距蜚狐之口，[⑧]守白马之津，以示诸侯效实形制之势，则天下知所归矣。方今燕，赵已定，唯齐未下。今田广据千里之齐，田间将二十万之众，军于历城，诸田宗强，负海阻河、济，南近楚，人多变诈，足下虽遣数十万师，未可以岁月破也。臣请得奉明诏说齐王，使为汉而称东藩。”上曰：“善。”

①【索隐】案：此语出《管子》。　②【索隐】适音直革反。案：《通俗文》云“罚罪云谪”，即所谓谪戍。又音陟革反。卒音租忽反。　③【索隐】以言不取敖仓，是汉却，自夺其便利。　④【索隐】谓女工工巧也。《汉书》作“红”，音工。　⑤【正义】敖仓在今郑州荥阳县西十有五里，石门之东，北临汴水，南带三皇山。秦时置仓于敖山上，故名敖仓。⑥【正义】即汜水县山。　⑦【集解】韦昭曰：“在河内野王北也。”⑧【集解】如淳曰：“上党壶关也。”骃案：蜚狐在代郡西南。【正义】案：蔚州飞狐县北百五十里有秦、汉故郡城，西南有山，俗号为飞狐口也。

乃从其画，复守敖仓，而使郦生说齐王曰：“王知天下之所归乎？”王曰：“不知也。”曰：“王知天下之所归，则齐国可得而有也；若不知天下之所归，即齐国未可得保也。”齐王曰：“天下何所归？”曰：“归汉。”曰：“先生何以言之？”曰：“汉王与项王戮力西面击秦，约先入咸阳者王之。汉王先入咸阳，项王负约不与而王之汉中。项王迁杀义帝，汉王闻之，起蜀、汉之兵击三秦，出关而责义帝之处，收天下之兵，立诸侯之后。降城即以侯其将，得赂即以分其士，与天下同其利，豪英贤才皆乐为之用。诸侯之兵四面而至，蜀、汉之粟方船而下。[①]项王有背约之名，杀义帝之负。于人之功无所记，于人之罪无所忘。战胜而不得其赏，拔城而不得其封。非项氏莫得用事。为人刻印，刓而不能授。[②]攻城得赂，积而不能赏。天下畔之，贤才怨之，而莫为之用。故天下之士归于汉王，可坐而策也。夫汉王发蜀、汉，定三秦；涉西河之外，援上党之兵；[3]下井陉，诛成安君；破北魏，[4]举三十二城：此蚩尤之兵也，非人之力也，天之福也。今已据敖仓之粟，塞成皋之险，守白马之津，杜大行之阪，距蜚狐之口，天下后服者先亡矣。王疾先下汉王，齐国社稷可得而保也；不下汉王，危亡可立而待也。”田广以为然，乃听郦生，罢历下兵守战备，与郦生日纵酒。

①【索隐】案：方船谓并舟也。《战国策》“方船积粟，循江而下”也。②【集解】孟康曰：“刓断无复廉锷也。”瓒曰：“项羽吝于爵赏，玩惜侯印，不能以封其人也。”【索隐】刓音五官反。案：郭象注《庄子》云“杌团无圭角”。《汉书》作“玩”，言玩惜不忍授人也。 ③【正义】援音爰。 ④【索隐】北魏谓魏豹。豹在河北故也。亦谓“西魏”，以大梁在河南故也。

淮阴侯闻郦生伏轼下齐七十余城，乃夜度兵平原袭齐。齐王田广闻汉兵至，以为郦生卖己，乃曰：“汝能止汉军，我活汝。不然，我将烹汝！”郦生曰：“举大事不细谨，盛德不辞让。而公不为若更言！”齐王遂烹郦生，引兵东走。

汉十二年，曲周侯郦商以丞相将兵击黥布有功。高祖举列侯功臣，思郦食其。郦食其子郦疥[1]数将兵，功未当侯，上以其父故，封疥为高梁侯。后更食武遂，嗣三世。元狩元年中，武遂侯平[2]坐诈诏衡山王取百斤金，当弃市，病死，国除也。

①【索隐】疥音界。后更封武遂三世。《地理志》武遂属河间。案：《汉书》作“武阳子遂”，衍字误也。 ②【正义】年表云“卒，子教嗣。卒，子

平嗣，元年有罪国除”。而《汉书》云“更食武阳，子遂嗣”，恐《汉书》误也。

陆贾者，楚人也。[①]以客从高祖定天下，名为有口辩士，居左右，常使诸侯。

①【索隐】案：《陈留风俗传》云“陆氏，春秋时陆浑国之后。晋侯伐之，故陆浑子奔楚。贾其后”。又《陆氏谱》云“齐宣公支子达食菜于陆乡，号曰陆侯。达生发，发生皋，适楚。贾其孙也”。

及高祖时，中国初定，尉他[①]平南越，因王之。高祖使陆贾赐尉他印为南越王。陆生至，尉他魋结[②]箕倨见陆生。陆生因进说他曰：“足下中国人，亲戚昆弟坟墓在真定。[③]今足下反天性，弃冠带，欲以区区之越与天子抗衡[④]为敌国，祸且及身矣。且夫秦失其政，诸侯豪杰并起，唯汉王先入关，据咸阳。项羽背约，自立为西楚霸王，诸侯皆属，可谓至强。然汉王起巴、蜀，鞭笞天下，劫略诸侯，遂诛项羽灭之。五年之间，海内平定，此非人力，天之所建也。天子闻君王王南越，不助天下诛暴逆，将相欲移兵而诛王，天子怜百姓新劳苦，故且休之，遣臣授君王印，剖符通使。君王宜郊迎，北面称臣，乃欲以新造未集之越，屈强于此。汉诚闻之，掘烧王先人冢，夷灭宗族，使一偏将将十万众临越，则越杀王降汉，如反覆手耳。”

①【索隐】赵他为南越尉，故曰“尉他”。他音驼。　②【集解】服虔曰：“魋音椎。今兵士椎头结。”【索隐】魋，直追反。结音计。谓为髻一撮似

椎而结之，故字从结。且案其“魋结”二字，依字读之亦通。谓夷人本被发左衽，今他同其风俗，但魋其发而结之也。 ③【索隐】赵地也。本名东垣，属常山。 ④【索隐】案：崔浩云“抗，对也。衡，车掟上横木也。抗衡，言两衡相对拒，率不相避下”也。

于是尉他乃蹶然[①]起坐，谢陆生曰：“居蛮夷中久，殊失礼义。”因问陆生曰：“我孰与萧何、曹参、韩信贤？”陆生曰：“王似贤。”复曰：“我孰与皇帝贤？”陆生曰：“皇帝起丰、沛，讨暴秦，诛强楚，为天下兴利除害，继五帝、三王之业，统理中国。中国之人以亿计，地方万里，居天下之膏腴，人众车轝，万物殷富，政由一家，自天地剖泮未始有也。今王众不过数十万，皆蛮夷，崎岖山海间，譬若汉一郡，王何乃比于汉！”尉他大笑曰：“吾不起中国，故王此。使我居中国，何渠不若汉？”[②]乃大悦陆生，留与饮数月。曰：“越中无足与语，至生来，令我日闻所不闻。”赐陆生橐中装[③]直千金，他送亦千金。[④]陆生卒拜尉他为南越王，令称臣奉汉约。归报，高祖大悦，拜贾为太中大夫。

①【索隐】苏林音厥。《礼记》“子夏蹶然而起”。《埤苍》云“蹶，起也”。 ②【集解】渠音讵。【索隐】《汉书》作“遽”字，小颜以为“有何迫促不如汉也”。 ③【集解】张晏曰：“珠玉之宝也。装，裹也。”【索隐】橐音托。案：如淳云以为明月珠之属也。又案：《诗传》曰“大曰橐，小曰囊”。《埤苍》云“有底曰囊，无底曰橐”。谓以宝物装裹以入囊橐也。 ④【集解】苏林曰：“非橐中物，故曰他送也。”

陆生时时前说称《诗》、《书》。高帝骂之曰：“乃公居马上而得之，安事《诗》、《书》！"陆生曰："居马上得之，宁可以马上治之乎？且汤、武逆取而以顺守之，文武并用，长久之术也。昔者吴王夫差、智伯极武而亡。秦任刑法不变，卒灭赵氏。[①]乡使秦已并天下，行仁义，法先圣，陛下安得而有之？"高帝不怿而有惭色，乃谓陆生曰："试为我著秦所以失天下，吾所以得之者何，及古成败之国。"陆生乃粗述存亡之征，凡著十二篇。每奏一篇，高帝未尝不称善，左右呼万岁，号其书曰《新语》。[②]

①【集解】赵氏，秦姓也。【索隐】案：韦昭云"秦伯益后，与赵同出非廉，造父有功，周缪王封之赵，由此一姓赵氏"。　②【正义】《七录》云"《新语》二卷，陆贾撰"也。

孝惠帝时，吕太后用事，欲王诸吕，畏大臣有口者，陆生自度不能争之，乃病免家居。以好畤田地善，[①]可以家焉。有五男，乃出所使越得橐中装卖千金，[②]分其子，子二百金，令为生产。陆生常安车驷马，从歌舞鼓琴瑟侍者十人，宝剑直百金，谓其子曰："与汝约：[③]过汝，汝给吾人马酒食，极欲，十日而更。所死家，得宝剑车骑侍从者。一岁中往来过他客，率不过[④]再三过，数见不鲜，[⑤]无久慁公为也。"[⑥]

①【正义】畤音止。雍州县也。　②【正义】汉制一金直千贯。
③【集解】徐广曰："汝，一作公。"　④【索隐】率音律。过音戈。
⑤【索隐】数见音朔现。谓时时来见汝也。不鲜，言必令鲜美作食，莫令见不鲜之物也。《汉书》作"数击鲜"，如淳云"新杀曰鲜"也。　⑥【集解】

韦昭曰："慁，污辱。"【索隐】慁，患也。公，贾自谓也。言汝诸子无久厌患公也。

吕太后时，王诸吕，诸吕擅权，欲劫少主，危刘氏。右丞相陈平患之，力不能争，恐祸及己，常燕居深念。陆生往请，[①]直入坐，而陈丞相方深念，[②]不时见陆生。陆生曰："何念之深也？"陈平曰："生揣我何念？"[③]陆生曰："足下位为上相，食三万户[④]侯，可谓极富贵无欲矣。然有忧念，不过患诸吕、少主耳。"陈平曰："然。为之奈何？"陆生曰："天下安，注意相；天下危，注意将。将相和调，则士务附；士务附，[⑤]天下虽有变，即权不分。为社稷计，在两君掌握耳。臣常欲谓太尉绛侯，绛侯与我戏，易吾言。君何不交欢太尉，深相结？"为陈平画吕氏数事。陈平用其计，乃以五百金为绛侯寿，厚其乐饮；太尉亦报如之。此两人深相结，则吕氏谋益衰。陈平乃以奴婢百人，车马五十乘，钱五百万，遗陆生为饮食费。陆生以此游汉廷公卿间，名声藉甚。[⑥]及诛诸吕，立孝文帝，陆生颇有力焉。孝文帝即位，欲使人之南越。陈丞相等乃言陆生为太中大夫，往使尉他，令尉他去黄屋称制，令比诸侯，皆如意旨。语在《南越》语中。陆生竟以寿终。

①【集解】《汉书音义》曰："请，若问起居。" ②【索隐】深念，深思之也。 ③【集解】孟康曰："揣，度也。"韦昭曰："揣音初委反。" ④【索隐】案：《陈平传》食户五千，以曲逆秦时有三万户，恐复业至此，故称也。 ⑤【集解】徐广曰："务，一作豫。" ⑥【集解】《汉书音义》曰：

“言狼籍甚盛。”

平原君朱建者，楚人也。故尝为淮南王黥布相，有罪去，后复事黥布。布欲反时，问平原君，平原君止之，布不听而听梁父侯，遂反。[①]汉已诛布，闻平原君谏，不与谋，[②]得不诛。语在《黥布》语中。[③]

①【索隐】梁父侯，史失名。如淳注《汉书》云“遂，布臣”，非也。臣瓒曰“布用梁父侯计遂反耳”，其说是也。　②【正义】与音预。　③【集解】《黥布列传》无此语。

平原君为人辩有口，刻廉刚直，家于长安。行不苟合，义不取容。辟阳侯行不正，得幸吕太后。时辟阳侯欲知平原君，平原君不肯见。及平原君母死，陆生素与平原君善，过之。平原君家贫，未有以发丧，[①]方假贷服具，陆生令平原君发丧。陆生往见辟阳侯，贺曰：“平原君母死。”辟阳侯曰：“平原君母死，何乃贺我乎？”陆贾曰：“前日君侯欲知平原君，平原君义不知君，以其母故。[②]今其母死，君诚厚送丧，则彼为君死矣。”辟阳侯乃奉百金往税。[③]列侯贵人以辟阳侯故，往税凡五百金。

①【索隐】案：刘氏云谓欲葬时，须启其殡宫，故云“发丧”也。
②【集解】张晏曰：“相知当同恤灾危，母在，故义不知君。”【索隐】案：崔浩云“建以母在，义不以身许人也”。　③【集解】韦昭曰：“衣服曰税。税当为‘襚’。”【索隐】案：《说文》“税，赠终服也”。襚音式芮反，亦音遂。

辟阳侯幸吕太后，人或毁辟阳侯于孝惠帝，孝惠帝大怒，下吏，欲诛之。吕太后惭，不可以言。大臣多害辟阳侯行，欲遂诛之。辟阳侯急，因使人欲见平原君。平原君辞曰："狱急，不敢见君。"乃求见孝惠幸臣闳籍孺，[①]说之曰："君所以得幸帝，天下莫不闻。今辟阳侯幸太后而下吏，道路皆言君谗，欲杀之。今日辟阳侯诛，旦日太后含怒，亦诛君。何不肉袒为辟阳侯言于帝？帝听君出辟阳侯，太后大欢。两主共幸君，君贵富益倍矣。"于是闳籍孺大恐，从其计，言帝，果出辟阳侯。辟阳侯之囚，欲见平原君，平原君不见辟阳侯，辟阳侯以为背己，大怒。及其成功出之，乃大惊。

①【索隐】案：《佞幸传》云高祖时有籍孺，孝惠时有闳孺。今总言"闳籍孺"，误也。

吕太后崩，大臣诛诸吕，辟阳侯于诸吕至深，[①]而卒不诛。计画所以全者，皆陆生、平原君之力也。

①【集解】如淳曰："辟阳侯与诸吕相亲信也，为罪宜诛者至深。"【索隐】如淳之说非也。案：小颜云直言辟阳侯与诸吕相知，情义至深重，得其理也。

孝文帝时，淮南厉王杀辟阳侯，以诸吕故。文帝闻其客平原君为计策，使吏捕欲治。闻吏至门，平原君欲自杀。诸子及吏皆曰："事未可知，何早自杀为？"平原君曰："我死祸绝，不及而身矣。”遂自刭。孝文帝闻而惜之，曰：“吾无意杀之。”乃召其子，拜为中大夫。[①]使匈奴，单于无礼，乃骂单于，遂死匈奴中。

①【索隐】案：下文所谓与太史公善者。

初，沛公引兵过陈留，郦生踵军门上谒曰：“高阳贱民郦食其，窃闻沛公暴露，将兵助楚讨不义，敬劳从者，愿得望见，口画天下便事。”使者入通，沛公方洗，问使者曰：“何如人也？”使者对曰：“状貌类大儒，衣儒衣，冠侧注。”[①]沛公曰：“为我谢之，言我方以天下为事，未暇见儒人也。”使者出谢曰：“沛公敬谢先生，方以天下为事，未暇见儒人也。”郦生瞋目案剑叱使者曰：“走！复入言沛公，吾高阳酒徒也，[②]非儒人也。”使者惧而失谒，跪拾谒，还走，复入报曰：“客，天下壮士也，叱臣，臣恐，至失谒。曰‘走！复入言，而公高阳酒徒也’。”沛公遽雪足杖矛曰：“延客入！”

①【集解】徐广曰：“侧注冠一名高山冠，齐王所服，以赐谒者。”
②【集解】徐广曰：“一本言‘而公高阳酒徒’。”

郦生入，揖沛公曰：“足下甚苦，暴衣露冠，将兵助楚讨不义，足下何不自喜也？臣愿以事见，而曰‘吾方以天下为事，未暇见儒人也’。夫足下欲兴天下之大事而成天下之大功，而以目皮相，恐失天下之能士。且吾度足下之智不如吾，勇又不如吾。若欲就天下而不相见，窃为足下失之。”沛公谢曰：“向者闻先生之容，今见先生之意矣。”乃延而坐之，问所以取天下者。郦生曰：“夫足下欲成大功，不如止陈留。陈留者，天下之据冲也，兵之会地也，积粟数千万石，城守甚坚。臣素善其令，愿为足下说之。不听臣，臣请为足下杀之，而下陈留。足下将陈留之众，据陈留之城，而食其积粟，招天下之从兵；从兵已成，足下横行天下，莫能有害足下者矣。”沛公曰：“敬闻命矣。”

于是郦生乃夜见陈留令，说之曰：“夫秦为无道而天下畔之，今足下与天下从则可以成大功。今独为亡秦婴城而坚守，臣窃为足下危之。”陈留令曰：“秦法至重也，不可以妄言，妄言者无类，吾不可以应。先生所以教臣者，非臣之意也，愿勿复道。”郦生留宿卧，夜半时斩陈留令首，逾城而下报沛公。沛公引兵攻城，县令首于长竿以示城上人，曰：“趣下，而令头已断矣。今后下者必先斩之！”于是陈留人见令已死，遂相率而下沛公。沛公舍陈留南城门上，因其库兵，食积粟，留出入三月，从兵以万数，遂入破秦。

太史公曰：世之传郦生书，多曰汉王已拔三秦，东击项籍而引军于巩、洛之间，郦生被儒衣往说汉王，乃非也。自沛公未入关，与项羽别而至高阳，得郦生兄弟。余读陆生《新语书》十二篇，固当世之辩士。至平原君子与余善，是以得具论之。

索隐述赞曰：广野大度，始官侧注。踵门长揖，深器重遇。说齐历下，趣鼎何惧。陆贾使越，尉他慑怖。相说国安，书成主悟。

卷九十八

傅靳蒯成列传第三十八

阳陵侯[①]傅宽，以魏五大夫骑将从，为舍人，起横阳。[②]从攻安阳、[③]杠里，击赵贲军于开封，及击杨熊曲遇、[④]阳武，[⑤]斩首十二级，赐爵卿。从至霸上。沛公立为汉王，汉王赐宽封号共德君。[⑥]从入汉中，迁为右骑将。从定三秦，赐食邑雕阴。[⑦]从击项籍，待怀，[⑧]赐爵通德侯。从击项冠、周兰、龙且，所将卒斩骑将一人敖下，[⑨]益食邑。

①【集解】《地理志》云冯翊阳陵县。　②【索隐】按：横阳，邑名，在韩。韩公子成初封横阳君，张良立为韩王也。【正义】《括地志》云："故横城在宋州宋城县西南三十里，按盖横阳也。"　③【正义】《后魏地形志》云："己氏有安阳城，隋改己氏为楚丘。"今宋州楚丘县西十里安阳故城是也。④【正义】曲，丘羽反。遇，牛恭反。司马彪《郡国志》云"中牟有曲遇聚"。按：郑州中牟县也。　⑤【正义】郑州县也。　⑥【索隐】谓美号耳，非地邑。共音恭。　⑦【集解】徐广曰："属上郡。"【索隐】案：孟康、徐广云县名也。【正义】鄜州洛交县三十里雕阴故城是也。　⑧【集解】服虔曰："待高帝于怀。"【索隐】小颜案《地理志》，怀属河内，今怀州也。⑨【集解】徐广曰："敖仓之下。"

属淮阴，[①]击破齐历下军，击田解。属相国参，残博，[②]

益食邑。因定齐地，剖符世世勿绝，封为阳陵侯，二千六百户，除前所食。为齐右丞相，备齐。[③]五岁为齐相国。[④]

①【索隐】张晏云："信时为将，云'淮阴'者，终言之也。" ②【索隐】博，太山县也。顾祕监云："属曹参，以残破博县也。" ③【集解】张晏曰："时田横未降，故设屯备。"【正义】按：为齐王韩信相。 ④【正义】为齐悼惠王刘肥相五岁也。

四月，击陈豨，属太尉勃，以相国代丞相哙击豨。一月，徙为代相国，将屯。[①]二岁，为代丞相，将屯。

①【集解】如淳曰："既为相国，有警则将卒而屯守也。"案：律谓勒兵而守曰屯。【索隐】如淳云："汉初诸王官属如汉朝，故代有丞相。"案：孔文祥云"边郡有屯兵，宽为代相国兼领屯兵，后因置将屯将军也"。

孝惠五年卒，谥为景侯。子顷侯精立，二十四年卒。子共侯则立，十二年卒。子侯偃立，三十一年，坐与淮南王谋反，死，国除。

信武侯靳歙，[①]以中涓从，起宛朐。[②]攻济阳。[③]破李由军。击秦军亳南、开封东北，斩骑(十)〔千〕人将一人，[④]首五十七级，捕虏七十三人，赐爵封号临平君。又战蓝田北，斩车司马二人，[⑤]骑长一人，[⑥]首二十八级，捕虏五十七人。至霸上。沛公立为汉王，赐歙爵建武侯，迁为骑都尉。

①【索隐】歙音翕。 ②【正义】上于元反，下求俱反。曹州县也。

③【正义】曹州宛朐县西南三十五里济阳故城。 ④【集解】徐广曰："将，一作侯。" ⑤【集解】张晏曰："主官车。" ⑥【集解】张晏曰："骑之长。"

从定三秦。别西击章平军于陇西，破之，定陇西六县，所将卒斩车司马、候各四人，骑长十二人。从东击楚，至彭城。汉军败还，保雍丘，去击反者王武等。略梁地，别将击邢说军[①]菑南，[②]破之，身得说都尉二人，司马、候十二人，降吏卒四千一百八十人。破楚军荥阳东。三年，赐食邑四千二百户。

①【集解】张晏曰："特起兵者也。说音悦。"【索隐】邢，姓。说，名。
②【集解】徐广曰："今曰考城。"【索隐】菑音灾。今为考城，属济阴也。

别之河内，击赵将贲郝军[①]朝歌，破之，所将卒得骑将二人，车马二百五十四。从攻安阳以东，至棘蒲，下七县。别攻破赵军，得其将司马二人，候四人，降吏卒二千四百人。从攻下邯郸。别下平阳，[②]身斩守相，所将卒斩兵守、郡守各一人，[③]降邺。从攻朝歌、邯郸，及别击破赵军，降邯郸郡六县。[④]还军敖仓，破项籍军成皋南，击绝楚饷道，起荥阳至襄邑。破项冠军鲁下。[⑤]略地东至缯、郯、下邳，[⑥]南至蕲、竹邑。[⑦]击项悍济阳下。还击项籍陈下，破之。别定江陵，降江陵柱国、大司马以下八人，身得江陵王，[⑧]生致之洛阳，因定南郡。从至陈，取楚王信，剖符世世勿绝，定食四千六百户，号信武侯。

①【集解】上音肥,下音释。【索隐】《汉书》作“赵贲军”。案:此在河北,非曹参、樊哙之所击也。 ②【集解】徐广曰:“邺有平阳城。”【正义】《括地志》云:“平阳故城在相州临漳县西二十五里。” ③【集解】孟康曰:“将兵郡守。” ④【集解】徐广曰:“邯郸,高帝改曰赵国。” ⑤【正义】鲁城之下,今兖州曲阜县也。 ⑥【索隐】案《地理志》,缯属东海。【正义】今缯城在沂州丞县。下邳,泗水县。郯县属海州。 ⑦【索隐】蕲、竹,二邑名。蕲在沛,音机。竹即竹邑。 ⑧【索隐】案:孔文祥云“共敖子共尉”。

以骑都尉从击代,攻韩信平城下,还军东垣。有功,迁为车骑将军,并将梁、赵、齐、燕、楚车骑,别击陈豨丞相敞,破之,[①]因降曲逆。从击黥布有功,益封定食五千三百户。凡斩首九十级,虏百三十二人;别破军十四,降城五十九,定郡、国各一,县二十三;得王、柱国各一人,二千石以下至五百石[②]三十九人。

①【索隐】小颜云侯敞。 ②【集解】徐广曰:“一本无此五字。”

高后五年,歙卒,谥为肃侯。子亭代侯。二十一年,坐事国人过律,[①]孝文后三年,夺侯,国除。

①【索隐】案:刘氏云“事,役使也。谓使人违律数多也”。

蒯成侯緤者,[①]沛人也,姓周氏。常为高祖参乘,以舍人从起沛。至霸上,西入蜀、汉,还定三秦,食邑池阳。[②]东绝甬道,从出度平阴,遇淮阴侯兵襄国,军乍利乍不利,终无离上心。[3]以緤为信武侯，食邑三千三百户。高祖十二年，以緤为蒯成侯，除前所食邑。

①【集解】服虔曰："蒯音'菅蒯'之'蒯'。"【索隐】姓周，名緤，音薛。蒯者，乡名。案：三苍云"蒯乡在城父县，音裴"。《汉书》作"鄘"，从崩，从邑。今书本并作"蒯"，音"菅蒯"之"蒯"，非也。苏林音簿催反。晋灼案《功臣表》，属长沙。崔浩音簿坏反。《楚汉春秋》作"凭成侯"，则裴凭声相近，此得其实也。【正义】《括地志》云："蒯亭在河南西十四里苑中。《舆地志》云蒯成县故陈仓县之故乡聚名也，周緤所封也。晋武帝咸宁四年，分陈仓立蒯成县，属始平郡也。" ②【正义】雍州泾阳县西北三里池阳故城是也。③【集解】徐广曰："蒯成侯，表云遇淮阴侯军襄国，楚、汉约分鸿沟，以緤为信武侯。战不利，不敢离上。"

上欲自击陈豨，蒯成侯泣曰："始秦攻破天下，未尝自行。今上常自行，是为无人可使者乎？"上以为"爱我"，赐入殿门不趋，杀人不死。至孝文五年，緤以寿终，谥为贞侯。[1]子昌代侯，有罪，国除。至孝景中二年，封緤子居代侯。[2]至元鼎三年，居为太常，有罪，国除。

①【正义】谥为尊侯。一作卓。 ②【集解】徐广曰："表云'孝景中元年，封緤子应为郸侯，谥康。中二年，侯居立'。沛郡有郓县。郓，一作郸。"【索隐】郸，苏林音多，属陈国。《地理志》云沛郡有郸县。案：此文云"子居"，表云"子应"，不同也。

太史公曰：阳陵侯傅宽、信武侯靳歙皆高爵，[1]从高祖起山东，攻项籍，诛杀名将，破军降城以十数，未尝困辱，此亦天授也。蒯成侯周緤操心坚正，[2]身不见疑，上欲有所之，未尝不垂涕，此[3]有伤心者然，可谓笃厚君子矣。

①【集解】徐广曰："一无'高'字。又一本'皆从高祖'。" ②【索隐】操音仓高反。 ③【集解】徐广曰："此，一作比。"

索隐述赞曰：阳陵、信武，结发从汉。动叶人谋，功实天赞。定齐破项，我军常冠。蒯成委质，夷险不乱。主上称忠，人臣扼腕。

卷九十九

刘敬叔孙通列传第三十九

刘敬[1]者，齐人也。汉五年，戍陇西，过洛阳，高帝在焉。娄敬脱挽辂，[2]衣其羊裘，见齐人虞将军曰："臣愿见上言便事。"虞将军欲与之鲜衣，[3]娄敬曰："臣衣帛，衣帛见；衣褐，衣褐见：终不敢易衣。"于是虞将军入言上。上召入见，赐食。

①【索隐】敬本姓娄，《汉书》作"娄敬"。　②【集解】苏林曰："一木横鹿车前，一人推之。"孟康曰："辂音胡格反。挽音晚。"【索隐】挽者，牵也。辂者，鹿车前横木，二人前挽，一人后推之。　③【索隐】上音仙。鲜衣，美服也。

已而问娄敬，娄敬说曰："陛下都洛阳，岂欲与周室比隆哉？"上曰："然。"娄敬曰："陛下取天下与周室异。周之先自后稷，尧封之邰，[1]积德累善十有余世。公刘避桀居豳。太王以狄伐故，去豳，杖马棰居岐，[2]国人争随之。及文王为西伯，断虞、芮之讼，始受命，吕望、伯夷自海滨来归之。[3]武王伐纣，不期而会孟津之上八百诸侯，皆曰可伐矣，遂灭殷。成王即位，周公之属傅相焉，乃营成周洛邑，[4]以此为天下之中也，诸侯四方纳贡职，道里均矣，有德则易以王，无德则易以亡。凡居此者，欲令周务以德致人，不欲依阻险，令后世骄奢以虐民也。及周之盛时，天下和洽，四夷向风，慕义怀德，附离[5]而并事天子，不屯一卒，不战一士，八夷大国之民莫不宾服，效其贡职。及周之衰也，分而为两，[6]天下莫朝，周不能制也。非其德薄也，而形势弱也。今陛下起丰、沛，收卒三千人，以之径往而卷蜀、汉，定三秦，与项羽战荥阳，争成皋之口，大战七十，小战四十，使天下之民肝脑涂地，父子暴骨中野，不可胜数，哭泣之声未绝，伤痍者未起，而欲比隆于成、康之时，臣窃以为不侔也。且夫秦地被山带河，四塞以为固，卒然有急，百万之众可具也。因秦之故，资甚美膏腴之地，此所谓天府[7]者也。陛下入关而都之，山东虽乱，秦之故地可全而有也。夫与人斗，不搤其亢，[8]拊其背，未能全其胜也。今陛下入关而都，案秦之故地，此亦搤天下之亢而拊其背也。"

①【正义】邰音胎。雍州武功县西南二十三里故斄城是也。《说文》云："邰，炎帝之后，姜姓所封国，弃外家也。"毛苌云："邰，姜嫄国，尧见天因邰而生后稷，故因封于邰也。" ②【集解】张晏曰："言马棰，示约。" ③【正义】吕望宅及庙在苏州海盐县西也。伯夷孤竹国在平州。皆滨东海也。 ④【正义】《括地志》云："故王城一名河南城，本郏鄏，周公所筑，在洛州河南县北九里苑中东北隅。《帝王纪》云武王伐纣，营洛邑而定鼎焉。"按此即营都城也。《书》云"乃营成周"。《括地志》云："洛阳故城在洛州洛阳城东二十六里，周公所筑，即成周城也。《尚书〔序〕》曰'成周既成，迁殷顽民'。《帝王世纪》云'居邶鄘之众'。"按：刘敬说周之美，岂言居顽民之所？以此而论，(汉书)〔《书序》〕非也。 ⑤【集解】《庄子》曰"附离不以胶漆"也。【索隐】案：谓使离者相附也。 ⑥【正义】《公羊传》云：

“东周者何？成周也。西周者何？王城也。”按：周自平王东迁，以下十二王皆都王城，至敬王乃迁都成周，王赧又居王城也。　⑦【索隐】案：《战国策》苏秦说惠王曰“大王之国，地势形便，此所谓天府”。高诱注云“府，聚也”。　⑧【集解】张晏曰：“亢，喉咙也。”【索隐】搤音厄。亢音胡朗反，一音胡刚反。苏林以为亢，颈大脉，俗所谓“胡脉”也。

高帝问群臣，群臣皆山东人，争言周王数百年，秦二世即亡，不如都周。上疑未能决。及留侯明言入关便，即日车驾西都关中。[①]

①【索隐】案：谓即日西都之计定也。

于是上曰：“本言都秦地者娄敬，‘娄’者乃‘刘’也。”赐姓刘氏，拜为郎中，号为奉春君。[①]

①【索隐】案：张晏云“春为岁之始，以其首谋都关中，故号奉春君”。

汉七年，韩王信反，高帝自往击之。至晋阳，闻信与匈奴欲共击汉，上大怒，使人使匈奴。匈奴匿其壮士肥牛马，但见老弱及羸畜。[①]使者十辈来，皆言匈奴可击。上使刘敬复往使匈奴，还报曰：“两国相击，此宜夸矜见所长。[②]今臣往，徒见羸瘠[③]老弱，此必欲见短，伏奇兵以争利。愚以为匈奴不可击也。”是时汉兵已逾句注，[④]二十余万兵已业行。上怒，骂刘敬曰：“齐虏！以口舌得官，今乃妄言沮吾军。”[⑤]械系敬广武。[⑥]遂往，至平城，匈奴果出奇兵围高帝白登，七日然后得解。高帝至广武，赦敬，曰："吾不用公言，以困平城。吾皆已斩前使十辈言可击者矣。"乃封敬二千户，为关内侯，号为建信侯。

①【正义】上力为反，下许又反。　②【集解】韦昭曰："夸，张。矜，大也。"　③【索隐】羸力为反。瘠音稷。瘠，瘦也。《汉书》作"胔"，音渍。胔，肉也，恐非。　④【正义】句注山在代州雁门县西北三十里。　⑤【索隐】沮音才叙反。《诗传》曰"沮，止也，坏也"。　⑥【索隐】《地理志》县名，属雁门。【正义】广武故县在句注山南也。

高帝罢平城归，韩王信亡入胡。当是时，冒顿为单于，兵强，控弦三十万，[①]数苦北边。上患之，问刘敬。刘敬曰："天下初定，士卒罢于兵，未可以武服也。冒顿杀父代立，妻群母，以力为威，未可以仁义说也。独可以计久远子孙为臣耳，然恐陛下不能为。"上曰："诚可，何为不能！顾为奈何？"刘敬对曰："陛下诚能以适长公主妻之，厚奉遗之，彼知汉适女送厚，蛮夷必慕以为阏氏，生子必为太子，代单于。何者？贪汉重币。陛下以岁时汉所余彼所鲜数问遗，因使辩士风谕以礼节。冒顿在，固为子婿；死，则外孙为单于。岂尝闻外孙敢与大父抗礼者哉？兵可无战以渐臣也。若陛下不能遣长公主，而令宗室及后宫诈称公主，彼亦知，不肯贵近，无益也。"高帝曰："善。"欲遣长公主。吕后日夜泣，曰："妾唯太子、一女，奈何弃之匈奴！"上竟不能遣长公主，而取家人子名为长公主，妻单于。使刘敬往结和亲约。

①【集解】应劭曰："控，引也。"

刘敬从匈奴来，因言"匈奴河南白羊、楼烦王，[①]去长安近者七百里，轻骑一日一夜可以至秦中。秦中新破，少民，地肥饶，可益实。夫诸侯初起时，非齐诸田，楚昭、屈、景莫能兴。今陛下虽都关中，实少人。北近胡寇，东有六国之族，宗强，一日有变，陛下亦未得高枕而卧也。臣愿陛下徙齐诸田，楚昭、屈、景，燕、赵、韩、魏后，及豪杰名家居关中。无事，可以备胡；诸侯有变，亦足率以东伐。此强本弱末之术也"。上曰："善。"乃使刘敬徙所言关中十余万口。[②]

①【集解】张晏云："白羊，匈奴国名。"【索隐】案：张晏云白羊，国名。二者并在河南。河南者，案在朔方之河南，旧并匈奴地也，今亦谓之新秦中。　②【索隐】案：小颜云"今高陵、栎阳诸田，华阴、好畤诸景，及三辅诸屈诸怀尚多，皆此时所徙也"。

叔孙通者，[①]薛人也。[②]秦时以文学征，待诏博士。数岁，陈胜起山东，使者以闻，二世召博士诸儒生问曰："楚戍卒攻蕲入陈，于公如何？"博士诸生三十余人前曰："人臣无将，将即反，罪死无赦。[③]愿陛下急发兵击之。"二世怒，作色。叔孙通前曰："诸生言皆非也。夫天下合为一家，毁郡县城，铄其兵，示天下不复用。且明主在其上，法令具于下，使人人奉职，四方辐辏，安敢有反者！此特群盗鼠窃狗盗耳，何足置之齿牙间。郡守尉今捕论，何足忧。"二世喜曰："善。"尽问诸生，诸生或言反，或言盗。于是二世令御史案诸生言反者下吏，非所宜言。诸言盗者皆罢之。乃赐叔孙通帛二十匹，衣一袭，[4]拜为博士。叔孙通已出宫，反舍，诸生曰："先生何言之谀也？"通曰："公不知也，我几不脱于虎口！"[5]乃亡去，之薛，薛已降楚矣。及项梁之薛，叔孙通从之。败于定陶，从怀王。怀王为义帝，徙长沙，叔孙通留事项王。汉二年，汉王从五诸侯入彭城，叔孙通降汉王。汉王败而西，因竟从汉。

①【集解】晋灼曰："《楚汉春秋》名何。" ②【索隐】薛，县名，属鲁国。 ③【集解】瓒曰："将谓逆乱也。《公羊传》曰'君亲无将，将而必诛'。" ④【索隐】案：《国语》谓之"一称"。贾逵案《礼记》"袍必有表不单，衣必有裳，谓之一称"。杜预云"衣单复具云称也"。 ⑤【正义】几音祈。

叔孙通儒服，汉王憎之。乃变其服，服短衣，楚制，[1]汉王喜。

①【索隐】案：孔文祥云"短衣便事，非儒者衣服。高祖楚人，故从其俗裁制"。

叔孙通之降汉，从儒生弟子百余人，然通无所言进，专言诸故群盗壮士进之。弟子皆窃骂曰："事先生数岁，幸得从降汉，今不能进臣等，专言大猾，[1]何也？"叔孙通闻之，乃谓曰："汉王方蒙矢石争天下，[2]诸生宁能斗乎？故先言斩将搴旗[3]之士。诸生且待我，我不忘矣。"汉王拜叔孙通为博士，号稷嗣君。[④]

①【索隐】案：《类集》云“大猾，猜狡也。音滑”。 ②【集解】《汉书音义》曰：“谓发石以投人。” ③【集解】张晏曰：“搴，卷也。”瓒曰：“拔取曰搴。《楚辞》曰‘朝搴阰之木兰’。”【索隐】搴音起焉反，又己勉反。案：《方言》云“南方取物云搴”。许慎云“搴，取也”。王逸云“阰，山名”。又案：《埤苍》云“山在楚，音毗”。 ④【集解】徐广曰：“盖言其德业足以继踪齐稷下之风流也。”骃案：《汉书音义》曰“稷嗣，邑名”。

汉五年，已并天下，诸侯共尊汉王为皇帝于定陶，叔孙通就其仪号。高帝悉去秦苛仪法，为简易。群臣饮酒争功，醉或妄呼，拔剑击柱，高帝患之。叔孙通知上益厌之也，说上曰：“夫儒者难与进取，可与守成。臣愿征鲁诸生，与臣弟子共起朝仪。”高帝曰：“得无难乎？”叔孙通曰：“五帝异乐，三王不同礼。礼者，因时世人情为之节文者也。故夏、殷、周之礼所因损益可知者，谓不相复也。臣愿颇采古礼与秦仪杂就之。”上曰：“可试为之，令易知，度吾所能行为之。”于是叔孙通使征鲁诸生三十余人。鲁有两生不肯行，曰：“公所事者且十主，皆面谀以得亲贵。今天下初定，死者未葬，伤者未起，又欲起礼乐。礼乐所由起，积德百年而后可兴也。吾不忍为公所为。公所为不合古，吾不行。公往矣，无污我！”叔孙通笑曰：“若真鄙儒也，不知时变。”遂与所征三十人西，及上左右为学者与其弟子百余人为绵蕞[①]野外。习之月余，叔孙通曰：“上可试观。”上既观，使行礼，曰：“吾能为此。”乃令群臣习肄，[②]会十月。

①【集解】徐广曰："表位标准。音子外反。"骃案：如淳曰"置设绵索，为习肄处。蕞谓以茅翦树地为纂位。《春秋传》曰'置茅蕝'也"。【索隐】韦昭云"引绳为绵，立表为蕞。音兹会反"。贾逵云"束茅以表位为蕝"。又《纂文》云"蕝，今之'纂'字。包恺音即悦反。又音纂"。　②【索隐】肄亦习也，音异。

汉七年，长乐宫成，诸侯群臣皆朝十月。[①]仪：先平明，谒者治礼，引以次入殿门，廷中陈车骑步卒卫宫，设兵张旗志。[②]传言"趋"。[③]殿下郎中侠陛，陛数百人。功臣列侯诸将军军吏以次陈西方，东向。文官丞相以下陈东方，西向。大行设九宾，胪传。[④]于是皇帝辇出房，[⑤]百官执职[⑥]传警，[⑦]引诸侯王以下至吏六百石以次奉贺。自诸侯王以下莫不振恐肃敬。至礼毕，复置法酒。[⑧]诸侍坐殿上皆伏抑首，[⑨]以尊卑次起上寿。觞九行，谒者言"罢酒"。御史执法举不如仪者辄引去。竟朝置酒，无敢欢哗失礼者。于是高帝曰："吾乃今日知为皇帝之贵也。"乃拜叔孙通为太常，赐金五百斤。

①【索隐】小颜云"汉以十月为正，故行朝岁之礼，史家追书十月也"。案：诸书并云十月为岁首，不言以十月为正月。《古今注》示云"群臣始朝十月"也。　②【集解】徐广曰："一作帜。"　③【索隐】案：小颜云"传声教入者皆令趋。趋，疾行致敬也"。　④【集解】《汉书音义》曰："传从上下为胪。"【索隐】苏林云"上传语告下为胪，下传语告上为句"。胪，犹行者矣。韦昭云"大行人掌宾客之礼，今谓之鸿胪也。九宾，则《周礼》九仪也，谓公、侯、伯、子、男、孤、卿、大夫、士也"。汉依此以为胪传，依次传令上也。向秀注《庄子》云"从上语下为胪"，音闾。句音九注反。　⑤【索隐】案：《舆服志》云"殷、周以辇载军器，职载刍豢，至秦始去其轮而舆为尊"也。

⑥【集解】徐广曰:“一作帜。” ⑦【索隐】职音帜。传警者,《汉仪》云“帝辇动,则左右侍帷幄者称警”是也。 ⑧【集解】文颖曰:“作酒令法也。”苏林曰:“常会,须天子中起更衣,然后入置酒矣。”【索隐】姚氏云“进止有礼也。古人饮酒不过三爵,君臣百拜,终日宴不为之乱也”。 ⑨【集解】如淳曰:“抑屈。”

叔孙通因进曰:“诸弟子儒生随臣久矣,与臣共为仪,愿陛下官之。”高帝悉以为郎。叔孙通出,皆以五百斤金赐诸生。诸生乃皆喜曰:“叔孙生诚圣人也,知当世之要务。”

汉九年,高帝徙叔孙通为太子太傅。汉十二年,高祖欲以赵王如意易太子,叔孙通谏上曰:“昔者晋献公以骊姬之故废太子,立奚齐,晋国乱者数十年,为天下笑。秦以不早定扶苏,令赵高得以诈立胡亥,自使灭祀,此陛下所亲见。今太子仁孝,天下皆闻之;吕后与陛下攻苦食啖,[①]其可背哉。陛下必欲废嫡而立少,臣愿先伏诛,以颈血污地。”[②]高帝曰:“公罢矣,吾直戏耳。”叔孙通曰:“太子天下本,本一摇天下振动,奈何以天下为戏!”高帝曰:“吾听公言。”及上置酒,见留侯所招客从太子入见,上乃遂无易太子志矣。

①【集解】徐广曰:“攻,犹今人言击也。啖,一作淡。”骃案:如淳曰“食无菜茹为啖”。【索隐】案:孔文祥云“与帝共攻冒苦难,俱食淡也”。案:《说文》云“淡,薄味也”。音唐敢反。 ②【索隐】《楚汉春秋》:“叔孙何云‘臣三谏不从,请以身当之’。抚剑将自杀。上离席云‘吾听子计,不易太子’。”

高帝崩，孝惠即位，乃谓叔孙生曰："先帝园陵寝庙，群臣莫(能)习。"徙为太常，定宗庙仪法。及稍定汉诸仪法，皆叔孙生为太常所论箸也。

孝惠帝为东朝长乐宫，[①]及间往，数跸[②]烦人，乃作复道，方筑武库南。[③]叔孙生奏事，因请间曰："陛下何自筑复道高寝，衣冠月出游高庙？高庙，汉太祖，奈何令后世子孙乘宗庙道上行哉？"[④]孝惠帝大惧，曰："急坏之。"叔孙生曰："人主无过举。[⑤]今已作，百姓皆知之，今坏此，则示有过举。愿陛下为原庙渭北，衣冠月出游之，益广多宗庙，大孝之本也。"上乃诏有司立原庙。原庙起，以复道故。

①【集解】《关中记》曰："长乐宫本秦之兴乐宫也，汉太后常居之。" ②【索隐】韦昭云："跸，止人行也。"长乐、未央宫东西相去稍远。间往谓非时也。中间往来，清道烦人也。 ③【集解】韦昭曰："阁道也。"如淳曰："作复道，方始筑武库南。" ④【集解】应劭曰："月出高帝衣冠，备法驾，名曰游衣冠。"如淳曰："《三辅黄图》高寝在高庙西，高祖衣冠藏在高寝。"月出游于高庙，其道值所作复道下，故言乘宗庙道上行。 ⑤【索隐】案：谓举动有过也。《左传》云"君举必书"。

孝惠帝曾春出游离宫，叔孙生曰："古者有春尝果，方今樱桃熟，可献，[①]愿陛下出，因取樱桃献宗庙。"上乃许之。诸果献由此兴。

①【索隐】案：《吕氏春秋》"仲春羞以含桃先荐寝庙。"高诱云"进含桃也。莺鸟所含，故曰含桃。"今之朱樱即是也。

太史公曰：语曰“千金之裘，非一狐之腋也。台榭之榱，非一木之枝也。三代之际，非一士之智也”。信哉，夫高祖起微细，定海内，谋计用兵，可谓尽之矣。然而刘敬脱挽辂一说，建万世之安，智岂可专邪！叔孙通希世度务制礼，进退与时变化，卒为汉家儒宗。“大直若诎，[①]道固委蛇”，[②]盖谓是乎？

①【索隐】音屈。　②【索隐】音移。

索隐述赞曰：厦借众干，裘非一狐。委辂献说，绵蕝陈书。皇帝始贵，车驾西都。既安太子，又和匈奴。奉春、稷嗣，其功可图。

卷一百

季布栾布列传第四十

季布者，楚人也。为气任侠，[①]有名于楚。项籍使将兵，数窘汉王。[②]及项羽灭，高祖购求布千金，敢有舍匿，罪及三族。季布匿濮阳周氏。周氏曰："汉购将军急，迹且至臣家，将军能听臣，臣敢献计。即不能，愿先自刭。"季布许之。乃髡钳季布，衣褐衣，置广柳车中，[③]并与其家僮数十人，之鲁朱家所卖之。朱家心知是季布，乃买而置之田。诫其子曰："田事听此奴，必与同食。"朱家乃乘轺车[④]之洛阳，见汝阴侯滕公。滕公留朱家饮数日。因谓滕公曰："季布何大罪，而上求之急也？"滕公曰："布数为项羽窘上，上怨之，故必欲得之。"朱家曰："君视季布何如人也？"曰："贤者也。"朱家曰："臣各为其主用，季布为项籍用，职耳。项氏臣可尽诛邪？今上始得天下，独以己之私怨求一人，何示天下之不广也！且以季布之贤而汉求之急如此，此不北走胡即南走越耳。夫忌壮士以资敌国，此伍子胥所以鞭荆平王之墓也。君何不从容为上言邪？"汝阴侯滕公心知朱家大侠，意季布匿其所，乃许曰："诺。"待间，果言如朱家指。上乃赦季布。当是时，诸公皆多季布能摧刚为柔，朱家亦以此名闻当世。季布召见，谢，上拜为郎中。

①【集解】孟康曰："信交道曰任。"如淳曰："相与信为任，同是非为侠。所谓'权行州里，力折公侯'者也。"或曰任，气力也；侠，俜也。【索隐】任，而禁反。侠音协。如淳说为近。俜音普丁反，其义难喻。 ②【集解】如淳曰："窘，困也。" ③【集解】服虔曰："东郡谓广辙车为'柳'。"邓展曰："皆棺饰也。载以丧车，欲人不知也。"李奇曰："大牛车也。车上覆为柳。"瓒曰："《茂陵书》中有广柳车，每县数百乘，是今运转大车是也。"【索隐】案：服虔、臣瓒所据，则是大车任载运者，通名广柳车，然则柳为车通名。邓展所说事义相协，最为通允。故《礼》曰"设柳翣，为使人勿恶也"。郑玄注《周礼》云"柳，聚也，诸饰所聚也"。则是丧车称柳，后人通谓车为柳也。
④【集解】徐广曰："马车也。"【索隐】案：谓轻车，一马车也。

孝惠时，为中郎将。单于尝为书嫚吕后，不逊，吕后大怒，召诸将议之。上将军樊哙曰："臣愿得十万众，横行匈奴中。"诸将皆阿吕后意，曰"然"。季布曰："樊哙可斩也！夫高帝将兵四十余万众，困于平城，今哙奈何以十万众横行匈奴中，面欺！且秦以事于胡，陈胜等起。于今创痍未瘳，哙又面谀，欲摇动天下。"是时殿上皆恐，太后罢朝，遂不复议击匈奴事。

季布为河东守，孝文时，人有言其贤者，孝文召，欲以为御史大夫。复有言其勇，使酒难近。[①]至，留邸一月，见罢。季布因进曰："臣无功窃宠，待罪河东。[②]陛下无故召臣，此人必有以臣欺陛下者，今臣至，无所受事，罢去，此人必有以毁臣者。夫陛下以一人之誉而召臣，一人之毁而去臣，臣恐天下有识闻之有以窥陛下也。"[③]上默然惭，良久曰："河东吾股肱郡，故特召君耳。"布辞，之官。

①【索隐】使音如字。近音其靳反。因酒纵性谓之使酒，即酗酒也。②【索隐】季布言己无功能，窃承恩宠，得待罪河东。其词典省而文之也。③【集解】韦昭曰："窥见陛下深浅也。"

楚人曹丘生，辩士，数招权顾金钱。[①]事贵人赵同等，[②]与窦长君善。季布闻之，寄书谏窦长君曰："吾闻曹丘生非长者，勿与通。"及曹丘生归，欲得书请季布。[③]窦长君曰："季将军不说足下，足下无往。"固请书，遂行。使人先发书，季布果大怒，待曹丘。曹丘至，即揖季布曰："楚人谚曰'得黄金百(斤)，不如得季布一诺'，足下何以得此声于梁、楚间哉？且仆楚人，足下亦楚人也。仆游扬足下之名于天下，顾不重邪？何足下距仆之深也！"季布乃大悦，引入，留数月，为上客，厚送之。季布名所以益闻者，曹丘扬之也。

①【集解】孟康曰："招，(来)〔求〕也。以金钱事权贵，而求得其形势以自炫耀也。"文颖曰："事权贵也。与通势，以其所有辜较，请托金钱以自顾。"【索隐】义如孟康、文颖所说。辜较音姑角。【正义】言曹丘生依倚贵人，用权势属请，数求他人。顾钱，赏金钱也。 ②【集解】徐广曰："《汉书》作'赵谈'，司马迁以其父名谈，故改之。" ③【集解】张晏曰："欲使窦长君为介于布，请见。"

季布弟季心，[①]气盖关中，遇人恭谨，为任侠，方数千里，士皆争为之死。尝杀人，亡之吴，从袁丝[②]匿。长事袁丝，弟畜灌夫、籍福之属。尝为中司马，[③]中尉郅都不敢不加礼。少年多时时窃籍[④]其名以行。当是时，季心以勇，布以诺，著闻关中。

①【集解】徐广曰："一作子。" ②【索隐】盎字丝。 ③【集解】如淳曰："中尉之司马。"【索隐】《汉书》作"中尉司马"。 ④【索隐】籍音子亦反。

季布母弟丁公，[①]为楚将。丁公为项羽逐窘高祖彭城西，短兵接，高祖急，顾丁公曰："两贤岂相厄哉！"于是丁公引兵而还，汉王遂解去。及项王灭，丁公谒见高祖。高祖以丁公徇军中，曰："丁公为项王臣不忠，使项王失天下者，乃丁公也。"遂斩丁公，曰："使后世为人臣者无效丁公！"

①【集解】晋灼曰："《楚汉春秋》云薛人，名固。"

栾布者，梁人也。始梁王彭越为家人时，[①]尝与布游。穷困，赁佣于齐，为酒人保。[②]数岁，彭越去之巨野中为盗，而布为人所略卖，为奴于燕。为其家主报仇，燕将臧荼举以为都尉。臧荼后为燕王，以布为将。及臧荼反，汉击燕，虏布。梁王彭越闻之，乃言上，请赎布以为梁大夫。

①【索隐】谓居家之人，无官职也。 ②【集解】《汉书音义》曰："酒家作保佣也。可保信，故谓之保。"

使于齐，未还，汉召彭越，责以谋反，夷三族。已而枭彭越头于洛阳下，诏曰："有敢收视者，辄捕之。"布从齐还，奏事彭越头下，祠而哭之。吏捕布以闻。上召布，骂曰："若与彭越反邪？吾禁人勿收，若独祠而哭之，与越反明矣。趣烹[1]之。”方提趣[2]汤，布顾曰：“愿一言而死。”上曰：“何言？”布曰：“方上之困于彭城，败荥阳、成皋间，项王所以遂不能西徙，以彭王居梁地，与汉合从苦楚也。当是之时，彭王一顾，与楚则汉破，与汉而楚破。且垓下之会，微彭王，项氏不亡。天下已定，彭王剖符受封，亦欲传之万世。今陛下一征兵于梁，彭王病不行，而陛下疑以为反，反形未见，以苛小[3]案诛灭之，臣恐功臣人人自危也。今彭王已死，臣生不如死，请就烹。”于是上乃释布罪，拜为都尉。

①【索隐】趣音促，烹音普盲反。谓疾令赴镬也。　②【集解】徐广曰：“一作走。”【索隐】提音啼，趣音趋。徐广云一作“走”，走亦趣向之也。③【集解】徐广曰：“小，一作峭。”

孝文时，为燕相，至将军。布乃称曰：“穷困不能辱身下志，非人也；富贵不能快意，非贤也。”于是尝有德者厚报之，有怨者必以法灭之。吴(军)〔楚〕反时，以军功封俞侯，[1]复为燕相。燕、齐之间皆为栾布立社，号曰栾公社。

①【集解】徐广曰：“击齐有功也。”

景帝中五年薨。子贲嗣，为太常，牺牲不如令，国除。

太史公曰：以项羽之气，而季布以勇显于楚，身履(典)军[1]搴旗者数矣，可谓壮士。然至被刑戮，为人奴而不死，何其下也！彼必自负其材，故受辱而不羞，欲有所用其未足也，故终为汉名将。贤者诚重其死。夫婢妾贱人感慨而自杀者，[2]非能勇也，其计画无复之耳。[3]栾布哭彭越，趣汤如归者，彼诚知所处，[4]不自重其死。虽往古烈士，何以加哉！

①【集解】徐广曰："屦，一作屡，一曰覆。"骃案：孟康曰"屡，履蹈之也"。瓒曰"屡，数也"。【索隐】按：徐氏云一作"覆"，按下云"搴旗"，则"覆军"为是，胜于"屡"之与"履"者也。　②【集解】徐广曰："或作概字，音义同。"　③【集解】徐广曰："复，一作冀。"　④【集解】如淳曰："非死者难，处死者难。"

索隐述赞曰：季布、季心，有声梁、楚。百金然诺，十万致距。出守河东，股肱是与。栾布哭越，犯禁见虏。赴鼎非冤，诚知所处。

卷一百一

袁盎晁错列传第四十一

袁盎[1]者，楚人也，字丝。父故为群盗，徙处安陵。高后时，盎尝为吕禄舍人。及孝文帝即位，盎兄哙任盎为中郎。[2]

①【索隐】音如《周礼》“盎齐”，乌浪反。 ②【集解】如淳曰：“盎为兄所保任，故得为中郎。”

绛侯为丞相，朝罢趋出，意得甚。上礼之恭，常自送之。[1]袁盎进曰：“陛下以丞相何如人？”上曰：“社稷臣。”盎曰：“绛侯所谓功臣，非社稷臣。社稷臣主在与在，[2]主亡与亡。[3]方吕后时，诸吕用事，擅相王，刘氏不绝如带。是时绛侯为太尉，主兵柄，弗能正。吕后崩，大臣相与共畔诸吕，太尉主兵，适会其成功，所谓功臣，非社稷臣。丞相如有骄主色。陛下谦让，臣主失礼，窃为陛下不取也。”后朝，上益庄，[4]丞相益畏。已而绛侯望袁盎曰：[5]“吾与而兄善，今儿廷毁我！”盎遂不谢。

①【集解】徐广曰：“自，一作目。” ②【集解】如淳曰：“人主在时，与共治在时之事。” ③【集解】如淳曰：“不以主亡而不行其政令。”【索隐】如淳说为得。 ④【索隐】庄，严也。 ⑤【正义】望，怨也。

及绛侯免相之国，国人上书告以为反，征系清室，[①]宗室诸公莫敢为言，唯袁盎明绛侯无罪。绛侯得释，盎颇有力。绛侯乃大与盎结交。

①【集解】《汉书》作"请室"。应劭曰："请室，请罪之室，若今钟下也。"如淳曰："请室，狱也，若古刑于甸师氏也。"

淮南厉王朝，杀辟阳侯，居处骄甚。袁盎谏曰："诸侯大骄必生患，可适削地。"上弗用。淮南王益横。及棘蒲侯柴武太子谋反事觉，治，连淮南王，淮南王征，上因迁之蜀，辒车传送。袁盎时为中郎将，乃谏曰："陛下素骄淮南王，弗稍禁，以至此，今又暴摧折之。淮南王为人刚，如有遇雾露行道死，陛下竟为以天下之大弗能容，有杀弟之名，奈何？"上弗听，遂行之。

淮南王至雍，病死，闻，上辍食，哭甚哀。盎入，顿首请罪。上曰："以不用公言至此。"盎曰："上自宽，此往事，岂可悔哉。且陛下有高世之行者三，此不足以毁名。"上曰："吾高世行三者何事？"盎曰："陛下居代时，太后尝病，三年，陛下不交睫，不解衣，汤药非陛下口所尝弗进。夫曾参以布衣犹难之，今陛下亲以王者修之，过曾参孝远矣。夫诸吕用事，大臣专制，然陛下从代乘六乘传驰不测之渊，[①]虽贲、育之勇[②]不及陛下。陛下至代邸，西向让天子位者再，南面让天子位者三。夫许由一让，而陛下五以天下让，过许由四矣。且陛下迁淮南王，欲以苦其志，使改过，有司卫不谨，故病死。"于是上乃解，曰："将奈何？"盎曰："淮南王有三子，唯在陛下耳。”于是文帝立其三子皆为王。盎由此名重朝廷。

①【集解】瓒曰：“大臣共诛诸吕，祸福尚未可知，故曰不测也。”
②【集解】孟康曰：“孟贲、夏育，皆古勇者也。”【索隐】《尸子》云“孟贲水行不避蛟龙，陆行不避虎兕”。《战国策》曰“夏育叱呼骇三军，身死庸夫”。高诱曰“育，卫人，为申繻所杀”。贲音奔。

袁盎常引大体忼慨。宦者赵同[①]以数幸，常害袁盎，袁盎患之。盎兄子种为常侍骑，[②]持节夹乘，说盎曰：[③]“君与斗，廷辱之，使其毁不用。”孝文帝出，赵同参乘，袁盎伏车前曰：“臣闻天子所与共六尺舆者，皆天下豪英。今汉虽乏人，陛下独奈何与刀锯馀人载！”于是上笑，下赵同。赵同泣下车。

①【集解】徐广曰：“《汉书》作谈字。” ②【索隐】《汉旧仪》云“持节夹乘舆车骑从者云常侍骑”。 ③【集解】徐广曰：“说，一作谋。”

文帝从霸陵上，欲西驰下峻阪。袁盎骑，并车擥辔。上曰：“将军怯邪？”盎曰：“臣闻千金之子坐不垂堂，[①]百金之子不骑衡，[②]圣主不乘危而侥幸。今陛下骋六骓，[③]驰下峻山，如有马惊车败，陛下纵自轻，奈高庙、太后何？”上乃止。

①【索隐】案：张揖云“恐檐瓦堕中人”。或云临堂边垂，恐堕坠也。
②【集解】徐广曰：“一作行。”骃案：服虔曰“自惜身，不骑衡”。如淳曰“骑，倚也。衡，楼殿边栏楯也”。韦昭曰“衡，车衡”。【索隐】张晏云“衡木行马也”。如淳云“骑音于岐反”。韦昭云“骑音倚”。按：诸家说如淳之为长。

案:《纂要》云“宫殿四面栏,纵者云槛,横者云循”是也。 ③【集解】如淳曰:“六马之疾若飞。”

上幸上林,皇后、慎夫人从。其在禁中,常同席坐。及坐,郎署长布席,[①]袁盎引却慎夫人坐。[②]慎夫人怒,不肯坐。上亦怒,起,入禁中。盎因前说曰:“臣闻尊卑有序则上下和。今陛下既已立后,慎夫人乃妾,妾主岂可与同坐哉!且陛下幸之,即厚赐之。陛下所以为慎夫人,适所以祸之。陛下独不见‘人彘’乎?”[③]于是上乃悦,召语慎夫人。慎夫人赐盎金五十斤。

①【正义】苏林云:“郎署,上林中直卫之署。” ②【集解】如淳曰:“盎时为中郎将,天子幸署,豫设供帐待之,故得却慎夫人坐。” ③【集解】张晏曰:“戚夫人。”

然袁盎亦以数直谏,不得久居中,调为陇西都尉。[①]仁爱士卒,士卒皆争为死。迁为齐相。徙为吴相,辞行,种谓盎曰:“吴王骄日久,国多奸。今苟欲劾治,彼不上书告君,即利剑刺君矣。南方卑湿,君能日饮,毋苛,时说王曰毋反而已。如此幸得脱。”盎用种之计,吴王厚遇盎。

①【集解】如淳曰:“调选。”

盎告归,道逢丞相申屠嘉,下车拜谒,丞相从车上谢袁盎。袁盎还,愧其吏,乃之丞相舍上谒,求见丞相。丞相良久而见之。盎因跪曰："愿请间。"丞相曰："使君所言公事，之曹与长史掾议，吾且奏之；即私邪，吾不受私语。"袁盎即跪说曰："君为丞相，自度孰与陈平、绛侯？"丞相曰："吾不如。"袁盎曰："善，君即自谓不如。夫陈平、绛侯辅翼高帝，定天下，为将相，而诛诸吕，存刘氏；君乃为材官蹶张，迁为队率，积功至淮阳守，非有奇计攻城野战之功。且陛下从代来，每朝，郎官上书疏，未尝不止辇受其言，言不可用置之，言可受采之，未尝不称善。何也？则欲以致天下贤士大夫。上日闻所不闻，明所不知，日益圣智；君今自闭钳天下之口而日益愚。夫以圣主责愚相，君受祸不久矣。"丞相乃再拜曰："嘉鄙野人，乃不知，将军幸教。"引入与坐，为上客。

盎素不好晁错，晁错所居坐，盎去；盎坐，错亦去：两人未尝同堂语。及孝文帝崩，孝景帝即位，晁错为御史大夫，使吏案袁盎受吴王财物，抵罪，诏赦以为庶人。

吴、楚反，闻，晁错谓丞史曰：[①]"夫袁盎多受吴王金钱，专为蔽匿，言不反。今果反，欲请治盎宜知计谋。"丞史曰："事未发，治之有绝。[②]今兵西向，治之何益！且袁盎不宜有谋。"[③]晁错犹与未决。人有告袁盎者，袁盎恐，夜见窦婴，为言吴所以反者，愿至上前口对状。窦婴入言上，上乃召袁盎入见。晁错在前，及盎请辟人赐间，错去，固恨甚。袁盎具言吴所以反状，以错故，独急斩错以谢吴，吴兵乃可罢。其语具在《吴事》中。使袁盎为太常，窦婴为大将军。两人素相与善。逮吴反，诸陵长者长安中贤大夫争附两人，车随者日数百乘。

①【集解】如淳曰:“《百官表》御史大夫有两丞。丞史,丞及史也。” ②【集解】如淳曰:“事未发之时治之,乃有所绝。”【索隐】案:谓有绝吴反心也。 ③【集解】如淳曰:“盎大臣,不宜有奸谋。”

及晁错已诛,袁盎以太常使吴。吴王欲使将,不肯。欲杀之,使一都尉以五百人围守盎军中。袁盎自其为吴相时,尝有从史,从史尝盗爱盎侍儿,[①]盎知之,弗泄,遇之如故。人有告从史,言“君知尔与侍者通”,乃亡归。袁盎驱自追之,遂以侍者赐之,复为从史。及袁盎使吴见守,从史适为守盎校尉司马,乃悉以其装赍置二石醇醪,会天寒,士卒饥渴,饮酒醉,西南陬卒皆卧,司马夜引袁盎起,曰:“君可以去矣,吴王期旦日斩君。”盎弗信,曰:“公何为者?”司马曰:“臣故为从史盗君侍儿者。”盎乃惊谢曰:“公幸有亲,[②]吾不足以累公。”司马曰:“君弟去,臣亦且亡,辟吾亲,[③]君何患!”乃以刀决张,[④]道[⑤]从醉卒(直)隧〔直〕出。司马与分背,袁盎解节毛怀之,[⑥]杖,步行七八里,明,见梁骑,骑驰去,[⑦]遂归报。

①【集解】文颖曰:“婢也。” ②【集解】文颖曰:“言汝有亲老。” ③【集解】如淳曰:“藏匿吾亲,不使遇害也。”【索隐】案:张晏云“辟,隐也。言自隐辟亲,不使遇祸也”。 ④【集解】音帐。【索隐】案:帐,军幕也。决之以出也。 ⑤【集解】如淳曰:“决开当所从亡者之道。” ⑥【集解】如淳曰:“不欲令人见也。” ⑦【集解】文颖曰:“梁骑击吴、楚者也。或曰得梁马驰去也。”

吴、楚已破,上更以元王子平陆侯礼为楚王,袁盎为楚相。尝上书有所言,不用。袁盎病免居家,与闾里浮沈,相随行，斗鸡走狗。洛阳剧孟尝过袁盎，盎善待之。安陵富人有谓盎曰："吾闻剧孟博徒，[①]将军何自通之？"盎曰："剧孟虽博徒，然母死，客送葬车千余乘，此亦有过人者。且缓急人所有。夫一旦有急叩门，不以亲为解，[②]不以存亡为辞，天下所望者，独季心、剧孟耳。今公常从数骑，[③]一旦有缓急，宁足恃乎！"骂富人，弗与通。诸公闻之，皆多袁盎。

①【集解】如淳曰："博荡之徒。"或曰博戏之徒。　②【集解】张晏曰："不语云'亲不听'也。"瓒曰："凡人之于赴难济危，多以有父母为解，而孟兼行之。"【索隐】案：谓不以亲为辞也。今此云解者，亦谓不以亲在而自解。　③【集解】徐广曰："常，一作详。"

袁盎虽家居，景帝时时使人问筹策。梁王欲求为嗣，袁盎进说，其后语塞。[①]梁王以此怨盎，曾使人刺盎。刺者至关中，问袁盎，诸君誉之皆不容口。乃见袁盎曰："臣受梁王金来刺君，君长者，不忍刺君。然后刺君者十余曹，[②]备之。"袁盎心不乐，家又多怪，乃之棓生[③]所问占。还，梁刺客后曹辈果遮刺杀盎安陵郭门外。

①【索隐】按邹氏云"塞"当作"露"，非也。案：以盎言不宜立弟之义，其后立梁王之语塞绝也。　②【集解】如淳曰："曹，辈也。"　③【集解】徐广曰："棓，一作服。"骃案：文颖曰"棓音陪。秦时贤士，善术者"。【索隐】韦昭云棓，姓也。

晁错[①]者，颍川人也。学申、商刑名于轵张恢先所，[②]与洛阳宋孟及刘礼同师。以文学为太常掌故。[③]

①【索隐】上音朝，下音厝，一如字读。案：朝氏出南阳，今西鄂晁氏，谓子朝之后也。 ②【集解】徐广曰："先即先生。"【索隐】轵县人张恢先生所学申、商之法。 ③【集解】应劭曰："掌故，百石吏，主故事。"【索隐】服虔云"百石卒吏"。《汉旧仪》云"太常博士弟子试射策，中甲科补郎，中乙科补掌故"也。

错为人陗直刻深。[①]孝文帝时，天下无治《尚书》者，独闻济南伏生故秦博士，治《尚书》，年九十余，老不可征，乃诏太常使人往受之。太常遣错受《尚书》伏生所。[②]还，因上便宜事，以《书》称说。诏以为太子舍人、门大夫、家令。[③]以其辩得幸太子，太子家号曰"智囊"。数上书孝文时，言削诸侯事，及法令可更定者。书数十上，孝文不听，然奇其材，迁为中大夫。当是时，太子善错计策，袁盎诸大功臣多不好错。

①【集解】韦昭曰："术岸高曰峭。"瓒曰："陗峻。"【索隐】案：韦昭注本无"术"字。或云术，道路也。峭，七笑反。 ②【正义】卫宏《诏定古文尚书序》云："征之，老不能行，遣太常掌故晁错往读之。年九十余，不能正言，言不可晓，使其女传言教错。齐人语多与颍川异，错所不知者凡十二三，略以其意属读而已也。" ③【集解】服虔曰："太子称家。"瓒曰："《茂陵书》太子家令秩八百石。"

景帝即位，以错为内史。错常数请间言事，辄听，宠幸倾九卿，[①]法令多所更定。丞相申屠嘉心弗便，力未有以伤。内史府居太上庙壖中，门东出，不便，错乃穿两门南出，凿庙壖垣。[②]丞相嘉闻，大怒，欲因此过为奏请诛错。错闻之，即夜请间，具为上言之。丞相奏事，因言错擅凿庙垣为门，请下廷尉诛。上曰："此非庙垣，乃壖中垣，不致于法。"丞相谢。罢朝，怒谓长史曰："吾当先斩以闻，乃先请，为儿所卖，固误。"丞相遂发病死。错以此愈贵。

①【集解】徐广曰："九，一作公。" ②【索隐】壖音乃乱反。谓墙外之短垣也。又音而缘反。【正义】上，人缘反。壖者，庙内垣外游地也。

迁为御史大夫，请诸侯之罪过，削其地，[①]收其枝郡。奏上，上令公卿列侯宗室集议，莫敢难，独窦婴争之，由此与错有郤。错所更令三十章，诸侯皆喧哗疾晁错。错父闻之，从颍川来，谓错曰："上初即位，公为政用事，侵削诸侯，别疏人骨肉，人口议[②]多怨公者，何也？"晁错曰："固，也。不如此，天子不尊，宗庙不安。"错父曰："刘氏安矣，而晁氏危矣，吾去公归矣。"遂饮药死，曰："吾不忍见祸及吾身。"死十余日，吴、楚七国果反，以诛错为名。及窦婴、袁盎进说，上令晁错衣朝衣斩东市。

①【集解】徐广曰："一云言景帝曰'诸侯或连数郡，非古之制，非久长策，不便，请削之'，上令公卿云云。" ②【集解】徐广曰："一作欢。"

晁错已死，谒者仆射邓公[①]为校尉，击吴、楚军为将。还，上书言军事，谒见上。上问曰："道军所来，[②]闻晁错死，吴、楚罢不？"邓公曰："吴王为反数十年矣，发怒削地，以诛错为名,其意非在错也。且臣恐天下之士噤口,[③]不敢复言也。”上曰:“何哉?”邓公曰:“夫晁错患诸侯强大不可制,故请削地以尊京师,万世之利也。计画始行,卒受大戮,内杜忠臣之口,外为诸侯报仇,臣窃为陛下不取也。”于是景帝默然良久,曰:“公言善,吾亦恨之。”乃拜邓公为城阳中尉。

①【正义】《汉书》作“邓先”。孔文祥云名先。　②【集解】如淳曰:“道路从吴军所来也。”瓒曰:“道,由也。”　③【索隐】噤音其锦反,又音其禁反。

邓公,成固人也,[①]多奇计。建元中,上招贤良,公卿言邓公,时邓公免,起家为九卿。一年,复谢病免归。其子章以修黄、老言显于诸公间。

①【正义】梁州成固县也。《括地志》云:“成固故城在梁州成固县东六里,汉城固城也。”

太史公曰:袁盎虽不好学,亦善傅会,仁心为质,引义忼慨。遭孝文初立,资适逢世。[①]时以变易,[②]及吴、楚一说,说虽行哉,然复不遂。好声矜贤,竟以名败。晁错为家令时,数言事不用;后擅权,多所变更。诸侯发难,不急匡救,欲报私仇,反以亡躯。语曰“变古乱常,不死则亡”,岂错等谓邪。

①【集解】张晏曰:"资,才也。适值其世,得骋其才。" ②【集解】张晏曰:"谓景帝立。"

索隐述赞曰:袁丝公直,亦多附会。揽辔见重,却席翳赖。朝错建策,屡陈利害。尊主卑臣,家危国泰。悲彼二子,名立身败。

卷一百二

张释之冯唐列传第四十二

张廷尉释之者，堵阳人也，[①]字季。有兄仲同居。以訾为骑郎，[②]事孝文帝，十岁不得调，无所知名。释之曰："久宦减仲之产，不遂。"欲自免归。中郎将袁盎知其贤，惜其去，乃请徙释之补谒者。[③]释之既朝毕，因前言便宜事。文帝曰："卑之，毋甚高论，令今可施行也。"[④]于是释之言秦、汉之间事，秦所以失而汉所以兴者久之。文帝称善，乃拜释之为谒者仆射。

①【索隐】韦昭堵音赭，又音如字，地名，属南阳。【正义】应劭曰："哀帝改为顺阳，水东南入蔡。"《括地志》云："顺阳故城在邓州穰县西三十里，楚之郇邑也。及《苏秦传》云'楚北有郇阳'，并谓此也。" ②【集解】苏林曰："顾钱若出谷也。"如淳曰："《汉仪注》訾五百万得为常侍郎。"【索隐】訾音子移反。《字苑》云"赀，积财也"。 ③【正义】《百官表》云"谒者，掌宾赞受事，员十七人，秩比六百石"也。 ④【索隐】案：卑，下也。欲令且卑下其志，无甚高谈论，但令依时事，无说古远也。

释之从行，登虎圈。[①]上问上林尉[②]诸禽兽簿，十余问，尉左右视，尽不能对。虎圈啬夫[③]从旁代尉对上所问禽兽簿甚悉，欲以观其能口对响应无穷者。文帝曰："吏不当若是邪？尉无赖！”[4]乃诏释之拜啬夫为上林令。释之久之前曰：“陛下以绛侯周勃何如人也？”上曰：“长者也。”又复问：“东阳侯张相如何如人也？”上复曰：“长者。”释之曰：“夫绛侯、东阳侯称为长者，此两人言事曾不能出口，岂敩此啬夫谍谍[5]利口捷给哉。且秦以任刀笔之吏，吏争以亟疾苛察相高，然其敝徒文具耳，[6]无恻隐之实。以故不闻其过，陵迟而至于二世，天下土崩。今陛下以啬夫口辩而超迁之，臣恐天下随风靡靡，争为口辩而无其实。且下之化上疾于景响，举错不可不审也。”文帝曰：“善。”乃止不拜啬夫。

①【正义】求远反。　②【索隐】《汉书》表上林有八丞十二尉。《百官志》尉秩三百石。　③【正义】掌虎圈。《百官表》有乡啬夫，此其类也。　④【集解】张晏曰：“才无可恃。”　⑤【集解】晋灼曰：“音牒。”【索隐】音牒。《汉书》作“喋喋”，多言也。　⑥【索隐】案：谓空具其文而无其实。

上就车，召释之参乘，徐行，问释之秦之敝。具以质言。[1]至宫，上拜释之为公车令。

①【集解】如淳曰：“质，诚也。”

顷之，太子与梁王共车入朝，不下司马门，[1]于是释之追止太子、梁王无得入殿门。遂劾不下公门不敬，奏之。薄太后闻之，文帝免冠谢曰：“教儿子不谨。”薄太后乃使使承诏赦太子、梁王，然后得入。文帝由是奇释之，拜为中大夫。

①【集解】如淳曰："宫卫令'诸出入殿门公车司马门，乘轺传者皆下，不如令，罚金四两'。"

顷之，至中郎将。从行至霸陵，居北临厕。[①]是时慎夫人从，上指示慎夫人新丰道，曰："此走邯郸道也。"[②]使慎夫人鼓瑟，上自倚瑟而歌，[③]意惨凄悲怀，顾谓群臣曰："嗟乎，以北山石为椁，[④]用纻絮[⑤]斫陈，蕠漆其间，[⑥]岂可动哉！"左右皆曰："善。"释之前进曰："使其中有可欲者，虽锢南山犹有郄。[⑦]使其中无可欲者，虽无石椁，又何戚焉！"文帝称善。其后拜释之为廷尉。

①【集解】李奇曰："霸陵北头厕近霸水，帝登其上，以远望也。"如淳曰："居高临垂边曰厕也。"苏林曰："厕，边侧也。"韦昭曰："高岸夹水为厕。"【索隐】刘氏厕音初吏反。包恺音侧，义亦两通。　②【集解】张晏曰："慎夫人，邯郸人也。"如淳曰："走音奏，趋也。"【索隐】案：走，犹向也。③【集解】《汉书音义》曰："声气依倚瑟也。《书》曰'声依永'。"【索隐】倚，于绮反。案：谓歌声合于瑟声，相依倚也。　④【正义】颜师古云："美石出京师北山，今宜州石是。"　⑤【索隐】纻音竹吕反，絮音息虑反。⑥【集解】徐广曰："斫，一作错。"骃案：《汉书音义》曰"斫絮，以漆著其间也"。【索隐】案：斫陈絮以漆著其间也。　⑦【集解】张晏曰："锢，铸也。帝北向，故云'北山'；回顾南向，故云'南山'。"【索隐】案：大颜云"北山青石肌理细密，堪为碑椁，至今犹然。故《秦本纪》作阿房或作郦山石椁是也。"故帝欲北山之石为椁，取其精牢。释之答言，但使薄葬，冢中无可贪，虽无石椁，有何忧焉。若使厚殉，冢中有物，虽并锢南山，犹为人所发掘也。言"南山"者，取其高厚之意，张晏殊失其旨也。

顷之，上行出中渭桥，[①]有一人从桥下走出，乘舆马惊。于是使骑捕，属之廷尉。释之治问。曰："县人来，[②]闻跸，匿桥下。久之，以为行已过，即出，见乘舆车骑，即走耳。"廷尉奏当，一人犯跸，当罚金。[③]文帝怒曰："此人亲惊吾马，吾马赖柔和，令他马，固不败伤我乎？而廷尉乃当之罚金！"释之曰："法者天子所与天下公共也。[④]今法如此而更重之，是法不信于民也。且方其时，上使立诛之则已。今既下廷尉，廷尉，天下之平也，一倾而天下用法皆为轻重，民安所措其手足？唯陛下察之。"良久，上曰："廷尉当是也。"

①【集解】张晏曰："在渭桥中路。"瓒曰："中渭桥两岸之中。"【索隐】张晏、臣瓒之说皆非也。案今渭桥有三所：一所在城西北咸阳路，曰西渭桥；一所在东北高陵道，曰东渭桥；其中渭桥在古城之北也。　②【集解】如淳曰："长安县人。"　③【集解】如淳曰："乙令'跸先至而犯者罚金四两'。跸，止行人。"【索隐】案：崔浩云"当谓处其罪也"。案：《百官志》云"廷尉掌平刑罚，奏当所应。郡国谳疑罪，皆处当以报之"也。　④【索隐】小颜云："公谓不私也。"

其后有人盗高庙坐前玉环，捕得，文帝怒，下廷尉治。释之案律盗宗庙服御物者为奏，奏当弃市。上大怒曰："人之无道，乃盗先帝庙器，吾属廷尉者，欲致族之，而君以法奏之，[①]非吾所以共承宗庙意也。"释之免冠顿首谢曰："法如是足也。[②]且罪等，[③]然以逆顺为差。今盗宗庙器而族之，有如万分之一，假令愚民取长陵一抔土，[④]陛下何以加其法乎？"久之，文帝与太后言之，乃许廷尉当。是时，中尉条侯周亚夫与梁相山都侯王恬开[5]见释之持议平，乃结为亲友。张廷尉由此天下称之。

①【索隐】案：以法者，谓依律以断也。　②【集解】徐广曰："足，一作止也。"　③【集解】如淳曰："俱死罪也，盗玉环不若盗长陵土之逆也。"　④【集解】张晏曰："不欲指言，故以取土譬也。"【索隐】杯音步侯反。案：《礼运》云"汙尊而抔饮"，郑氏云"抔，手掬之，字从手"。字本或作"盃"，言一勺一杯，两音并通。又音普回反。坯者，砖之未烧之名也。张晏云"不欲指言，故以取土譬"者，盖不欲言盗开长陵及说伤迫近先帝故也。⑤【集解】徐广曰："一作'间'。《汉书》作'启'。启者，景帝讳也，故或为'开'。"

后文帝崩，景帝立，释之恐，[1]称病。欲免去，惧大诛至。欲见谢，则未知何如。用王生计，卒见谢，景帝不过也。

①【索隐】景帝为太子时，与梁王入朝，不下司马门，释之曾奏劾，故恐也。

王生者，善为黄、老言，处士也。尝召居廷中，三公九卿尽会立，王生老人，曰"吾袜解"，[1]顾谓张廷尉："为我结袜。"[2]释之跪而结之。既已，人或谓王生曰："独奈何廷辱张廷尉，使跪结袜？"王生曰："吾老且贱，自度终无益于张廷尉。张廷尉方今天下名臣，吾故聊辱廷尉，使跪结袜，欲以重之。"诸公闻之，贤王生而重张廷尉。

①【正义】上万越反，下闲买反。　②【索隐】结音如字，又音计。

张廷尉事景帝岁余，为淮南王相，犹尚以前过也。久之，释之卒。其子曰张挚，字长公，官至大夫，免。以不能取容当世，故终身不仕。①

①【索隐】谓性公直，不能曲屈见容于当世，故至免官不仕也。

冯唐者，其大父赵人。父徙代。汉兴，徙安陵。唐以孝著，为中郎署长，①事文帝。文帝辇过，②问唐曰："父老何自为郎？③家安在？"唐具以实对。文帝曰："吾居代时，吾尚食监高祛数为我言赵将李齐之贤，战于巨鹿下。今吾每饭，意未尝不在巨鹿也。④父知之乎？"唐对曰："尚不如廉颇、李牧之为将也。"上曰："何以？"唐曰："臣大父在赵时，为官(卒)〔率〕将，⑤善李牧。臣父故为代相，善赵将李齐，知其为人也。"上既闻廉颇、李牧为人，良⑥说，而搏髀曰："嗟乎！吾独不得廉颇、李牧时为吾将，吾岂忧匈奴哉！"唐曰："主臣！⑦陛下虽得廉颇、李牧，弗能用也。"上怒，起入禁中。良久，召唐让曰："公奈何众辱我，独无间处乎？"唐谢曰："鄙人不知忌讳。"

①【集解】应劭曰："此云孝子郎也。"或曰以至孝闻。【索隐】案：谓为郎署之长也。　②【索隐】过音戈。谓文帝乘辇，会过郎署也。③【索隐】案：崔浩云"自，从也。帝询唐何从为郎"。又小颜云"年老矣，乃自为郎，怪之也"。　④【集解】张晏曰："每食念监所说李齐在巨鹿时。"⑤【集解】徐广曰："一云'官士将'。"骃案：晋灼曰"百人为彻行，亦皆师将也"。【索隐】案《国语》"阖闾卒百人为彻行，行头皆官师"。贾逵云"百人为

一队也。官师，队大夫也”。　⑥【集解】如淳曰：“良，善也。”　⑦【索隐】案：乐彦云“人臣进对前称‘主臣’，犹上书前云‘昧死’”。案：《志林》云“冯唐面折万乘，何言不惧”，主臣为惊怖，其言益著也。又魏武谓陈琳云“卿为本初檄，何乃言及上祖”，琳谢云“主臣”，益明主臣是惊怖也。解已见前篇。

当是之时，匈奴新大入朝那，① 杀北地② 都尉卬。③ 上以胡寇为意，乃卒复问唐曰：“公何以知吾不能用廉颇、李牧也？”唐对曰：“臣闻上古王者之遣将也，跪而推毂，曰：‘阃以内者，④ 寡人制之；阃以外者，将军制之。军功爵赏皆决于外，归而奏之。’此非虚言也。臣大父言，李牧为赵将居边，军市之租皆自用飨士，⑤ 赏赐决于外，不从中扰也。委任而责成功，故李牧乃得尽其智能，遣选车千三百乘，⑥ 彀骑万三千，⑦ 百金之士十万，⑧ 是以北逐单于，破东胡，⑨ 灭澹林，⑩ 西抑强秦，南支韩、魏。当是之时，赵几霸。⑪ 其后会赵王迁立，其母倡也。⑫ 王迁立，乃用郭开谗，卒诛李牧，⑬ 令颜聚代之。⑭ 是以兵破士北，为秦所擒灭。今臣窃闻魏尚为云中守，⑮ 其军市租尽以飨士卒，〔出〕私养钱，⑯ 五日一椎牛，⑰ 飨宾客军吏舍人，是以匈奴远避，不近云中之塞。虏曾一入，尚率车骑击之，所杀甚众。夫士卒尽家人子，⑱ 起田中从军，安知尺籍伍符。⑲ 终日力战，斩首捕虏，上功莫府，⑳ 一言不相应，㉑ 文吏以法绳之。其赏不行而吏奉法必用。臣愚，以为陛下法太明，赏太轻，罚太重。且云中守魏尚坐上功首虏差六级，陛下下之吏，削其爵，罚作之。由此言之，陛下虽得廉颇、李牧，弗能用也。㉒ 臣诚愚，触忌讳，死罪死罪！”文帝

悦。是日令冯唐持节赦魏尚，复以为云中守，而拜唐为车骑都尉，主中尉及郡国车士。㉓

①【索隐】上音朝遥反。下音乃何反，县名，属河西安定也。【正义】在原州百泉县西北十里，汉朝郍县是也。 ②【正义】北地郡，今宁州也。 ③【索隐】案：都尉姓孙。 ④【集解】韦昭曰："此郭门之阃也。门中橛曰阃。"【索隐】橛音其月反。【正义】阃音苦本反。谓门限也。 ⑤【索隐】案：谓军中立市，市有税。税即租也。 ⑥【索隐】案：《六韬》书有选车之法十。 ⑦【索隐】如淳云："彀音构。彀骑，张弓之骑也。" ⑧【集解】服虔曰："良士直百金也。"或曰直百金，言重。【索隐】晋灼云："百金喻其贵重也。"注云或者服、晋之说也。刘氏云："其功可赏百金者。"事见《管子》及《小尔雅》。 ⑨【索隐】崔浩云"乌丸之先也。国在匈奴之东，故云东胡"。 ⑩【集解】徐广曰："澹，一作襜。"【索隐】澹，丁甘反。一本作"檐槛"。 ⑪【索隐】几音祈。 ⑫【索隐】按：《列女传》云"邯郸之倡也"。【正义】赵幽王母，乐家之女也。 ⑬【索隐】按：开是赵之宠臣。《战国策》云秦多与开金，使为反间。 ⑭【索隐】聚音似喻反。《汉书》作"冣"。冣本齐将。【正义】绝庾反。 ⑮【集解】《汉书》曰："尚，槐里人也。"【正义】云中郡故城在胜州榆林县东北三十里。 ⑯【集解】服虔曰："私廪假钱。"【索隐】按：《汉书》"市肆租税之入为私奉养"，服虔曰"私廪假钱"是也。或云官所别廪给也。 ⑰【索隐】椎音直追反，击也。 ⑱【索隐】按：谓庶人之家子也。 ⑲【集解】如淳曰："《汉军法》曰吏卒斩首，以尺籍书下县移郡，令人故行，不行夺劳二岁。五符亦什伍之符，约节度也。"或曰以尺简书，故曰尺籍也。【索隐】按：尺籍者，谓书其斩首之功于一尺之板。伍符者，命军人伍伍相保，不容奸诈也。注"故行不行"，谓故命人行而身不自行，夺劳一岁也。"故"与"雇"同。 ⑳【索隐】按：莫训大也。又崔浩云"古者出征为将，治无常处，以幕为府舍，故云莫府"。"莫"当为"幕"，古字少耳。 ㉑【索隐】音乙陵反，谓数不同也。 ㉒【集解】班固称"杨子曰孝文帝亲诎帝尊以信亚夫之军，曷

为不能用颇、牧？彼将有激”。　㉓【集解】服虔曰：“车军之士。”

七年，景帝立，以唐为楚相，免。武帝立，求贤良，举冯唐。唐时年九十余，不能复为官，乃以唐子冯遂为郎。遂字王孙，亦奇士，与余善。

太史公曰：张季之言长者，守法不阿意；冯公之论将率，有味哉，有味哉。语曰“不知其人，视其友”。二君之所称诵，可著廊庙。《书》曰“不偏不党，王道荡荡；不党不偏，王道便便”。[①]张季、冯公近之矣。

①【集解】徐广曰：“一作辨。”

索隐述赞曰：张季未偶，见识袁盎。太子惧法，啬夫无状。惊马罚金，盗环悟上。冯公白首，味哉论将。因对李齐，收功魏尚。

卷一百三

万石张叔列传第四十三

万石君[①]名奋，其父赵人也，[②]姓石氏。赵亡，徙居温。[③]高祖东击项籍，过河内，时奋年十五，为小吏，侍高祖。高祖与语，爱其恭敬，问曰："若何有？"对曰："奋独有母，不幸失明。家贫。有姊，能鼓琴。"高祖曰："若能从我乎？"曰："愿尽力。"于是高祖召其姊为美人，以奋为中涓，[④]受书谒，徙其家长安中戚里，[⑤]以姊为美人故也。其官至孝文时，积功劳至大中大夫。无文学，恭谨无与比。

①【正义】以父及四子皆二千石，故号奋为万石君。　②【正义】洺州邯郸本赵国都。　③【正义】故温城在怀州温县三十里，汉县在也。④【正义】颜师古云："中涓，官名。居中而涓洁也。"如淳云："主通书谒出入命也。"　⑤【索隐】小颜云："于上有姻戚者皆居之，故名其里为戚里。"《长安记》戚里在城内。

文帝时，东阳侯张相如为太子太傅，免。选可为傅者，皆推奋，奋为太子太傅。及孝景即位，以为九卿；迫近，惮之，[①]徙奋为诸侯相。奋长子建，次子甲，次子乙，[②]次子庆，皆以驯行孝谨，[③]官皆至二千石。于是景帝曰："石君及四子皆二千石，人臣尊宠乃集其门。"号奋为万石君。

①【集解】张晏曰:"以其恭敬履度,故难之。" ②【集解】徐广曰:"一作仁。"【正义】颜师古云:"史失其名,故云甲乙耳,非其名也。" ③【集解】徐广曰:"驯,一作训。"【索隐】驯音巡。

孝景帝季年,万石君以上大夫禄归老于家,以岁时为朝臣。过宫门阙,万石君必下车趋,见路马必式焉。子孙为小吏,来归谒,万石君必朝服见之,不名。子孙有过失,不谯让,[①]为便坐,[②]对案不食。然后诸子相责,因长老肉袒固谢罪,改之,乃许。子孙胜冠者在侧,虽燕[③]居必冠,申申如也。僮仆䜣䜣如也,[④]唯谨。上时赐食于家,必稽首俯伏而食之,如在上前。其执丧,哀戚甚悼。子孙遵教,亦如之。万石君家以孝谨闻乎郡国,虽齐、鲁诸儒质行,皆自以为不及也。

①【索隐】谯才笑反。谯让,责让也。 ②【索隐】为音于伪反,便音婢绵反。盖谓为之不处正室,别坐他处,故曰便坐。坐音如座。便坐,非正坐处也。故王者所居有便殿、便房,义亦然也。音婢见反,亦通。 ③【索隐】燕谓间燕之时。燕,安也。 ④【集解】晋灼曰:"䜣,许慎曰古'欣'字。"韦昭曰:"声和貌。"

建元二年,郎中令[①]王臧以文学获罪。皇太后以为儒者文多质少,今万石君家不言而躬行,乃以长子建为郎中令,少子庆为内史。[②]

①【正义】《百官表》云郎中令,秦官,掌居宫殿门户。武帝太初元年更名光禄勋也。 ②【正义】《百官表》云内史,周官,秦因之,掌治京师。

景帝分置左内史。武帝太初元年，更名京兆尹，左内史名左冯翊也。

建老，白首，万石君尚无恙。建为郎中令，每五日洗沐归谒亲，[①]入子舍，[②]窃问侍者，取亲中裙厕牏，身自浣涤，[③]复与侍者，不敢令万石君知，以为常。建为郎中令，事有可言，屏人恣言，极切；至廷见，如不能言者。是以上乃亲尊礼之。

①【集解】文颖曰："郎五日一下。"【正义】孔文祥云："建为郎中令，即光禄勋，九卿之职也。直五日一下也。"按：五日一下直，洗沐。 ②【索隐】案：刘氏谓小房内，非正堂也。小颜以为诸子之舍，若今诸房也。③【集解】徐广曰："牏，筑垣短板也，音住。厕牏谓厕溷垣墙，建隐于其侧浣涤也。一读'牏'为'窦'，窦音豆。言建又自洗荡厕窦。厕窦，泻除秽恶之穴也。"吕静曰："槭窬，亵器也，音威豆。"骃案，苏林曰"牏音投。贾逵解《周官》，槭，虎子也。窬，行清也"。孟康曰"厕，行清；窬，行中受粪者也。东南人谓凿木空中如曹谓之窬"。晋灼曰"今世谓反闭小袖衫为'侯窬(厕)'，此最厕近身之衣也"。【索隐】案：亲谓父也。中裙，近身衣也。徐广云"牏，短板，以筑厕墙"，未知其义何从，恐非也。

万石君徙居陵里。[①]内史庆醉归，入外门不下车。万石君闻之，不食。庆恐，肉袒请罪，不许。举宗及兄建肉袒，万石君让曰："内史贵人，入闾里，里中长老皆走匿，而内史坐车中自如，固当。"乃谢罢庆。庆及诸子弟入里门，趋至家。

①【集解】徐广曰："陵，一作邻。"【索隐】小颜云；"陵里，里名，在茂陵，非长安之戚里也。"【正义】茂陵邑中里也。茂陵故城，汉茂陵县也，在雍州

始平县东北二十里。

万石君以元朔五年中卒。长子郎中令建哭泣哀思，扶杖乃能行。岁余，建亦死。诸子孙咸孝，然建最甚，甚于万石君。

建为郎中令，书奏事，事下。建读之，曰："误书！'马'者与尾当五，今乃四，不足一。[①]上谴死矣！"甚惶恐。其为谨慎，虽他皆如是。

①【集解】服虔曰："作'马'字下曲而五，建时上事书误作四。"【正义】颜师古云："'马'字下曲者尾，并四点为四足，凡五。"

万石君少子庆为太仆，御出，上问车中几马，庆以策数马毕，举手曰："六马。"庆于诸子中最为简易矣，[①]然犹如此。为齐相，举齐国皆慕其家行，不言而齐国大治，为立石相祠。

①【正义】《汉书》"庆为太仆，御出，上问车中几马，庆以策数马毕，举手曰'六马'"。按：庆于兄弟最为简易矣，然犹如此也。

元狩元年，上立太子，选群臣可为傅者，庆自沛守为太子太傅，七岁迁为御史大夫。

元鼎五年秋，丞相有罪，罢。[①]制诏御史："万石君先帝尊之，子孙孝，其以御史大夫庆为丞相，封为牧丘侯。"是时汉方南诛两越，东击朝鲜，北逐匈奴，西伐大宛，中国多事。天子巡狩海内，修上古神祠，封禅，兴礼乐。公家用少，桑弘羊等致利，王温舒之属峻法，儿宽等推文学，至九卿更进用事，事不关决于丞相，丞相醇谨而已。在位九岁，无能有所匡言。尝欲请治上近臣所忠、九卿(减)〔咸〕[②]宣罪，不能服，反受其过，赎罪。

①【集解】赵周坐酎金免。【索隐】案《汉书》而知也。　②【集解】服虔曰："音减损之减。"

元封四年中，关东流民二百万口，无名数者四十万，[①]公卿议欲请徙流民于边以适之。上以为丞相老谨，不能与其议，乃赐丞相告归，而案御史大夫以下议为请者。丞相惭不任职，乃上书曰："庆幸得待罪丞相，罢驽无以辅治，城郭仓库空虚，民多流亡，罪当伏斧质，上不忍致法。愿归丞相侯印，乞骸骨归，避贤者路。"天子曰："仓廪既空，民贫流亡，而君欲请徙之，摇荡不安，动危之，而辞位，君欲安归难乎？"[②]以书让庆，庆甚惭，遂复视事。

①【索隐】案：小颜云"无名数，若今之无户籍"。　②【索隐】难音乃弹反。言欲归于何人。

庆文深审谨，然无他大略，为百姓言。后三岁余，太初二年中，丞相庆卒，谥为恬侯。庆中子德，庆爱用之，上以德为嗣，代侯。后为太常，坐法当死，赎免为庶人。庆方为丞相，诸子孙为吏更至二千石者十三人。及庆死后，稍以罪去，孝谨益衰矣。

建陵侯[1]卫绾者，代大陵人也。[2]绾以戏车为郎，[3]事文帝，功次迁为中郎将，醇谨无他。孝景为太子时，召上左右饮，而绾称病不行。[4]文帝且崩时，属孝景曰："绾长者，善遇之。"及文帝崩，景帝立，岁余不噍呵[5]绾，绾日以谨力。

①【正义】《括地志》云："汉建陵县故城在沂州丞县界也。" ②【索隐】《地理志》县名，在代。【正义】《括地志》云："大陵县城在并州文水县北十三里。"按：代王耳时都中都，大陵属焉，故言代大陵人也。 ③【集解】应劭曰："能左右超乘也。"如淳曰："栎机辖之类。"【索隐】案今亦有弄车之戏也。栎音历，谓超踰之也。辖音卫，谓车轴头也。 ④【集解】张晏曰："恐文帝谓豫有二心以事太子。" ⑤【索隐】噍呵音谁何。犹借访也。一曰谯呵，责让也。不噍呵，言不嗔责绾也。

景帝幸上林，诏中郎将参乘，还而问曰："君知所以得参乘乎？"绾曰："臣从车士幸得以功次迁为中郎将，不自知也。"上问曰："吾为太子时召君，君不肯来，何也？"对曰："死罪，实病。"上赐之剑。绾曰："先帝赐臣剑凡六，剑不敢奉诏。"上曰："剑，人之所施易，[1]独至今乎？"绾曰："具在。"上使取六剑，剑尚盛，未尝服也。郎官有谴，常蒙其罪，不与他将争。有功，常让他将。上以为廉，忠实无他肠，[2]乃拜绾为河间王太傅。吴、楚反，诏绾为将，将河间兵击吴、楚有功，拜为中尉。三岁，以军功，孝景前六年中封绾为建陵侯。

①【集解】如淳曰："施读曰移。言剑者人之所好，故多数移易贸换之也。"【索隐】施音移，易音亦。 ②【索隐】小颜云："心肠之内无他恶也。"

其明年，上废太子，诛栗卿之属。①上以为绾长者，不忍，乃赐绾告归，而使郅都治捕栗氏。既已，上立胶东王为太子，召绾，拜为太子太傅。久之，迁为御史大夫。五岁，代桃侯舍②为丞相，朝奏事如职所奏。③然自初官以至丞相，终无可言。天子以为敦厚，可相少主，尊宠之，赏赐甚多。为丞相三岁，景帝崩，武帝立。建元年中，丞相以景帝疾时诸官囚多坐不辜者，而君不任职，免之。其后绾卒，子信代。坐酎金失侯。

①【集解】苏林曰："栗太子舅也。"如淳曰："栗氏亲属也，卿，其名也。"【索隐】栗姬之族也。【正义】颜师古云："太子废为临江王，故诛其外家亲属也。" ②【正义】故桃城在滑州胙城县东三十里，刘舍所封也。 ③【索隐】以言但守职分而已，不别有所奏议也。

塞侯①直不疑者，②南阳人也。为郎，事文帝。其同舍有告归，误持同舍郎金去，已而金主觉，妄意不疑，③不疑谢有之，买金偿。而告归者来而归金，而前郎亡金者大惭，以此称为长者。文帝称举，稍迁至太中大夫。④朝，廷见，人或毁曰："不疑状貌甚美，然独无奈其善盗⑤嫂何也！"不疑闻，曰："我乃无兄。"然终不自明也。

①【正义】上音先代反。古塞国，今陕州桃林县以西至潼关，皆桃林塞地也。 ②【索隐】案：塞，国名，今桃林之塞也。直，姓也。不疑，名也。与隽不疑同字。 ③【索隐】谓妄疑其盗取将也。 ④【集解】徐广曰："《汉书》云称为长者，稍迁至太中大夫，无'文帝称举'四字。" ⑤【索

隐】案：小颜云盗谓私之。

吴、楚反时，不疑以二千石将兵击之。景帝后元年，拜为御史大夫。天子修吴、楚时功，乃封不疑为塞侯。武帝建元年中，与丞相绾俱以过免。

不疑学《老子》言。其所临，为官如故，唯恐人知其为吏迹也。不好立名称，称为长者。不疑卒，子相如代。孙望，坐酎金失侯。[①]

①【索隐】《汉书》作彭祖，坐酎金，国除。

郎中令周文者，名仁，其先故任城人也。[①]以医见。景帝为太子时，拜为舍人，积功稍迁，孝文帝时至太中大夫。景帝初即位，拜仁为郎中令。

①【正义】任城，衮州县也。

仁为人阴重不泄，常衣敝补衣溺裤，[①]期为不洁清，[②]以是得幸。景帝入卧内，于后宫秘戏，[③]仁常在旁。至景帝崩，仁尚为郎中令，终无所言。上时问人，[④]仁曰："上自察之。"然亦无所毁。以此景帝再自幸其家。家徙阳陵。上所赐甚多，然常让，不敢受也。诸侯群臣赂遗，终无所受。

①【集解】服虔曰："质重不泄人之阴谋也。"张晏曰："阴重不泄，下湿，故溺裤，是以得比宦者，出入后宫。仁有子孙，先未得此病时所生。"韦昭

曰:“阴重,如今带下病泄利。”【索隐】案:其解二,亦各有理。小颜云“阴,密也,为性密重,不泄人言也。霍去病少言不泄,亦其类也”。其人又常衣弊补衣及溺裤,故为不洁清之服,是以得幸入卧内也。二者未知谁得其实。②【索隐】谓心中常期不洁之服,则“期”是“故”之意也。小颜亦同。【正义】清,清净。期,犹常也。言为不洁净,下湿,故得人卧内后宫,比宦者。③【索隐】谓后宫中戏剧,宜可秘也。　　④【正义】颜师古云:“问以他人之善恶也。”

武帝立,以为先帝臣,重之。仁乃病免,以二千石禄归老,子孙咸至大官矣。

御史大夫张叔者,名欧,[①]安丘侯说之庶子也。[②]孝文时以治刑名[③]言事太子。然欧虽治刑名家,[④]其人长者。景帝时尊重,常为九卿。至武帝元朔四年,韩安国免,诏拜欧为御史大夫。自欧为吏,未尝言案人,专以诚长者处官。官属以为长者,亦不敢大欺。上具狱事,有可却,却之;不可者,不得已,为涕泣面对而封之。其爱人如此。

①【集解】《史记音隐》曰:“欧,于友反。”【索隐】欧音乌后反。《汉书》作“欧”,孟康音驱也。　　②【集解】徐广曰:“张说起于方与县,从高祖以入汉也。”【索隐】说音悦。　　③【集解】韦昭曰:“有刑名之书,欲令名实相副也。”【索隐】案:刘向《别录》云“申子学号曰‘刑名’者,循名以责实,其尊君卑臣,崇上抑下,合于《六经》也”。说者云刑名家即太史公所说六家之二也。　　④【正义】刑,刑家也。名,名家也。在《太史公自(有)传》,言治刑法及名实也。

老病笃,请免。于是天子亦策罢,以上大夫禄归老于家。家于阳陵。子孙咸至大官矣。

太史公曰：仲尼有言曰“君子欲讷[①]于言而敏于行”，其万石、建陵、张叔之谓邪？是以其教不肃而成，不严而治。塞侯微巧，[②]而周文处谄，[③]君子讥之，为其近于佞也。然斯可谓笃行君子矣。

①【集解】徐广曰：“讷’字多作‘诎’，音同耳。古字假借。” ②【索隐】案：直不疑以吴、楚反时为二千石将，景帝封之，微巧也。【正义】不疑学《老子》，所临官，恐人知其为吏迹，不好立名称，称为长者，是微巧也。③【索隐】周文处谄者，谓为郎中令，阴重，得幸出入卧内也。故班固曰“石建之浣衣，周仁之垢污，君子讥之”是也。【正义】上时问人，仁曰“上自察之”；上所赐，常不受；又诸侯群臣赂遗，终无所受：此为处谄。故君子讥此二人，为其近于佞也。

索隐述赞曰：万石孝谨，自家形国。郎中数马，内史匍匐。绾无他肠，塞有阴德。刑名张欧，垂涕恤狱。敏行讷言，俱嗣芳躅。

卷一百四

田叔列传第四十四

田叔[1]者，赵陉城人[2]也。其先，齐田氏苗裔也。叔喜剑，学黄、老术于乐巨公[3]所。叔为人刻廉自喜，喜游诸公。[4]赵人举之赵相赵午，午言之赵王张敖所，赵王以为郎中。数岁，切直廉平，赵王贤之，未及迁。

①【索隐】案下文，字少卿。　②【索隐】陉音刑。按：县名，属中山。　③【索隐】本燕人，乐毅之后。【正义】乐，姓。巨公，名。④【正义】喜音许记反。诸公谓丈人行也。

会陈豨反代，[1]汉七年，高祖往诛之，过赵，赵王张敖自持案进食，礼恭甚，高祖箕踞骂之。是时赵相赵午等数十人皆怒，谓张王曰："王事上礼备矣，今遇王如是，臣等请为乱。"赵王啮指出血，曰："先人失国，微陛下，臣等当虫出。[2]公等奈何言若是！毋复出口矣！"于是贯高等曰："王长者，不背德。"卒私相与谋弑上。会事发觉，[3]汉下诏捕赵王及群臣反者。于是赵午等皆自杀，唯贯高就系。是时汉下诏书："赵有敢随王者罪三族。"唯孟舒、田叔等十余人赭衣自髡钳，称王家奴，随赵王敖至长安。贯高事明白，赵王敖得出，废为宣平侯，乃进言田叔等十余人。上尽召见，与语，汉廷臣毋能出其右者，上说，尽拜为郡守、诸侯相。叔为汉中守十余年，会高后崩，诸吕作乱，大臣诛之，立孝文帝。

①【集解】徐广曰："七年，韩王信反，高帝征之。十年，代相陈豨反。"
②【索隐】案：谓死而虫出也。《左传》"齐桓公死，未葬，虫流于户外"是也。
③【集解】徐广曰："九年十二月捕贯高等也。"

孝文帝既立，召田叔问之曰："公知天下长者乎？"对曰："臣何足以知之！"上曰："公，长者也，宜知之。"叔顿首曰："故云中守孟舒，长者也。"是时孟舒坐虏大入塞盗劫，云中尤甚，免。上曰："先帝置孟舒云中十余年矣，虏曾一入，孟舒不能坚守，毋故士卒战死者数百人。长者固杀人乎？公何以言孟舒为长者也？"叔叩头对曰："是乃孟舒所以为长者也。夫贯高等谋反，上下明诏，赵有敢随张王，罪三族。然孟舒自髡钳，随张王敖之所在，欲以身死之，岂自知为云中守哉。汉与楚相距，士卒罢敝。匈奴冒顿新服北夷，来为边害，孟舒知士卒罢敝，不忍出言，士争临城死敌，如子为父，弟为兄，以故死者数百人。孟舒岂故驱战之哉！是乃孟舒所以为长者也。"于是上曰："贤哉孟舒！"复召孟舒以为云中守。

后数岁，叔坐法失官。梁孝王使人杀故吴相袁盎，景帝召田叔案梁，具得其事，还报。景帝曰："梁有之乎？"叔对曰："死罪！有之。"上曰："其事安在？"田叔曰："上毋以梁事为也。”上曰：“何也?”曰：“今梁王不伏诛，是汉法不行也；如其伏法，而太后食不甘味，卧不安席，此忧在陛下也。”景帝大贤之，以为鲁相。

鲁相初到，民自言相，讼王取其财物百余人。田叔取其渠率二十人，各笞五十，余各搏二十，[1]怒之曰：“王非若主邪？何自敢言若主!”鲁王闻之大惭，发中府钱，[2]使相偿之。相曰：“王自夺之，使相偿之，是王为恶而相为善也。”相毋与偿之。于是王乃尽偿之。

①【索隐】搏音博。　②【正义】王之财物所藏也。

鲁王好猎，[1]相常从入苑中，[2]王辄休相就馆舍，相出，常暴[3]坐待王苑外。王数使人请相休，终不休，曰：“我王暴露苑中，我独何为就舍!”鲁王以故不大出游。

①【正义】鲁共王，景帝子，都兖州曲阜县故鲁城中。　②【正义】《括地志》云：“矍相圃在兖州曲阜县南三十里。”《礼记》云孔子射于矍相之圃，观者如堵。堵，墙也。　③【索隐】暴音步卜反。

数年，叔以官卒，鲁以百金祠，少子仁不受也，曰：“不以百金伤先人名。”

仁以壮健为卫将军[1]舍人，数从击匈奴。卫将军进言仁，仁为郎中。数岁，为二千石丞相长史，失官。其后使刺举三河。[2]上东巡，仁奏事有辞，上悦，拜为京辅都尉。[3]月余，上迁拜为司直。[④]数岁，坐太子事。[⑤]时左丞相自将兵，[⑥]令司直田仁主闭守城门，坐纵太子，下吏诛死。仁发兵，长陵令车千秋上变仁，仁族死。陉城今在中山国。[⑦]

①【集解】张晏曰："卫青也。" ②【正义】《百官表》云："监御史，秦官，掌监郡，汉省，丞相遣御史分刺州，不常置也。"案：三河，河南、河东、河内也。 ③【正义】《百官表》云："右扶风、左冯翊、京兆尹是为三辅。元鼎四年，置三辅都尉。"服虔云："皆治长安城中也。" ④【集解】《汉书·百官表》曰："武帝元狩五年，初置司直，秩比二千石，掌佐丞相举不法。"【正义】《百官表》云："武帝元狩五年，初置司直，秩比二千石，掌佐丞相举不法也。" ⑤【正义】谓戾太子。 ⑥【集解】徐广曰："刘屈氂时为丞相也。" ⑦【集解】徐广曰："陉城，县名也。"【正义】今定州也。

太史公曰：孔子称曰"居是国必闻其政"，田叔之谓乎！义不忘贤，明主之美以救过。仁与余善，余故并论之。

褚先生曰：臣为郎时，闻之曰田仁故与任安相善。任安，荥阳人也。少孤贫困，为人将车[①]之长安，留，求事为小吏，未有因缘也，因占著名数，家于武功。[②]武功，扶风西界小邑也，谷口蜀刬道近山。[③]安以为武功小邑，无豪，易高也，[④]安留，代人为求盗亭父。[⑤]后为亭长。[⑥]邑中人民俱出猎，任安常为人分麋鹿雉兔，部署老小当壮剧易处，众人皆喜，曰："无伤也，任少卿[⑦]分别平，有智略。"明日复合会，会者数百人。任少卿曰："某子甲何为不来乎？"诸人皆怪其见之疾也。其后除为三老，[⑧]

举为亲民，出为三百石长，[9]治民。坐上行出游共帐不办，斥免。

①【索隐】将车，犹御车也。　②【索隐】言卜占而自占著家口名数，隶于武功，犹今附籍然也。占音之艳反。　③【正义】《括地志》云："汉武功县在渭水南，今盩厔县西界也。骆谷间在雍州之盩厔县西南二十里，开骆谷道以通梁州也。"按：行谷有栈道也。　④【索隐】易音以豉反。言邑小无豪，易得高名也。　⑤【集解】郭璞曰："亭卒也。"【正义】安留武功，替人为求盗亭父也。应劭云："旧时亭有两卒，其一为亭父，掌关闭扫除；一为求盗，掌逐捕盗贼也。"　⑥【正义】《百官表》云："十里一亭，亭有长也。"　⑦【正义】少卿，安字。　⑧【正义】《百官表》云："十亭一乡，乡有三老一人，掌教化也。"　⑨【正义】《百官表》云："万户已上为令，秩千石至六百石；减万户为长，秩五百石至三百石。皆有丞、尉也。"

乃为卫将军舍人，与田仁会，俱为舍人，居门下，同心相爱。此二人家贫，无钱用以事将军家监，家监使养恶啮马。两人同床卧，仁窃言曰："不知人哉家监也！"任安曰："将军尚不知人，何乃家监也！"卫将军[1]从此两人过平阳主，主家令两人与骑奴同席而食，此二子拔刀列断席别坐。主家皆怪而恶之，莫敢呵。

①【正义】卫青也。

其后有诏募择卫将军舍人以为郎，将军取舍人中富给者，令具鞍马绛衣玉具剑，欲入奏之。会贤大夫少府赵禹来过卫将军，将军呼所举舍人以示赵禹。赵禹以次问之，十余人无一人习事有智略者。赵禹曰："吾闻之，将门之下必有将类。传曰'不知其君视其所使，不知其子视其所友'。今有诏举将军舍人者，欲以观将军而能得贤者文武之士也。今徒取富人子上之，又无智略，如木偶人衣之绮绣耳，将奈之何？"于是赵禹悉召卫将军舍人百余人，以次问之，得田仁、任安，曰："独此两人可耳，余无可用者。"卫将军见此两人贫，意不平。赵禹去，谓两人曰："各自具鞍马新绛衣。"两人对曰："家贫无用具也。"将军怒曰："今两君家自为贫，何为出此言？鞅鞅如有移[1]德于我者，何也？"将军不得已，上籍以闻。有诏召见卫将军舍人，此二人前见，诏问能略，相推第也。田仁对曰："提桴鼓立军门，使士大夫乐死战斗，仁不及任安。"任安对曰："夫决嫌疑，定是非，辩治官，使百姓无怨心，安不及仁也。"武帝大笑曰："善。"使任安护北军，使田仁护边田谷于河上。此两人立名天下。

①【集解】徐广曰："移，犹施。"

其后用任安为益州刺史，[1]以田仁为丞相长史。[2]

①【正义】《地理志》云武帝改曰梁州。《百官表》云："元封五年，初置部刺史，掌奉诏条察州，秩六百石，员十三。"按：若今采访按察六条也。

②【正义】《百官表》云："丞相有两长史，秩千石。"

田仁上书言："天下郡太守多为奸利，三河尤甚，臣请先刺举三河。三河太守皆内倚中贵人，与三公有亲属，无所畏惮，宜先正三河以警天下奸吏。"是时河南、河内太守皆御史大夫杜父兄子弟也，[①]河东太守石丞相子孙也。[②]是时石氏九人为二千石，方盛贵。田仁数上书言之。杜大夫及石氏使人谢，谓田少卿曰："吾非敢有语言也，愿少卿无相诬汙也。"仁已刺三河，三河太守皆下吏诛死。仁还奏事，武帝悦，以仁为能不畏强御，拜仁为丞相司直，威振天下。

①【集解】杜，杜周也。　　②【正义】谓石庆。

其后逢太子有兵事，丞相自将兵，使司直主城门。司直以为太子骨肉之亲，父子之间不甚欲近，去之诸陵过。是时武帝在甘泉，使御史大夫暴君[①]下责丞相"何为纵太子"，丞相对言"使司直部守城门而开太子"。上书以闻，请捕系司直。司直下吏，诛死。

①【集解】徐广曰："暴胜之为御史大夫。"

是时任安为北军使者护军，太子立车北军南门外，召任安，与节令发兵。安拜受节，入，闭门不出。武帝闻之，以为任安为佯邪，[①]不傅事，[②]何也？任安笞辱北军钱官小吏，小吏上书言之，以为受太子节，言"幸与我其鲜好者"。[③]书上闻，武帝曰："是老吏也，见兵事起，欲坐观成败，见胜者欲合从之，有两心。安有当死之罪甚众，吾常活之，今怀诈，有不忠之心。”下安吏，诛死。

①【集解】徐广曰：“佯，或作‘详’也。”【索隐】佯音羊。谓诈受节不发兵，不傅会太子也。　②【索隐】傅音附，谓不附会也。　③【索隐】鲜音仙。谓太子请其鲜好之兵甲也。

夫月满则亏，物盛则衰，天地之常也。知进而不知退，久乘富贵，祸积为祟。故范蠡之去越，辞不受官位，名传后世，万岁不忘，岂可及哉。后进者慎戒之。

索隐述赞曰：田叔长者，重义轻生。张王既雪，汉中是荣。孟舒见废，抗说相明。按梁以礼，相鲁得情。子仁坐事，刺举有声。

卷一百五

扁鹊仓公列传第四十五

【索隐】王劭云:"此医方,宜与《日者》、《龟策》相接,不合列于此,后人误之也。"【正义】此传是医方,合与《龟策》、《日者》相次。以淳于意孝文帝时医,奉诏问之,又为齐太仓令,故太史公以次述之。扁鹊乃春秋时良医,不可别序,故引为传首,太仓公次之也。

扁鹊者,①勃海郡郑人也,②姓秦氏,名越人。少时为人舍长。③舍客长桑君④过,⑤扁鹊独奇之,常谨遇之。长桑君亦知扁鹊非常人也。出入十余年,乃呼扁鹊私坐,间与语曰:⑥"我有禁方,年老,欲传与公,公毋泄。"扁鹊曰:"敬诺。"乃出其怀中药予扁鹊:"饮是以上池之水,三十日当知物矣。"⑦乃悉取其禁方书尽与扁鹊。忽然不见,殆非人也。扁鹊以其言饮药三十日,视见垣一方人。⑧以此视病,尽见五藏症结,⑨特以诊⑩脉为名耳。为医或在齐,⑪或在赵。在赵者名扁鹊。

①【正义】《黄帝八十一难序》云:"秦越人与轩辕时扁鹊相类,仍号之为扁鹊。又家于卢国,因命之曰卢医也。" ②【集解】徐广曰:"郑当为鄚。鄚,县名,今属河间。"【索隐】案:勃海无郑县,徐说是也。 ③【索隐】刘氏云:"守客馆之师。"【正义】长音丁丈反。 ④【索隐】隐者,盖

神人也。 ⑤【正义】过音戈。 ⑥【正义】间音闲。 ⑦【索隐】案：旧说云上池水谓水未至地，盖承取露及竹木上水，取之以和药，服之三十日，当见鬼物也。 ⑧【索隐】方，犹边也。言能隔墙见彼边之人，则眼通神也。 ⑨【正义】五藏谓心、肺、脾、肝、肾也。六府谓大小肠、胃、胆、膀胱、三焦也。王叔和《脉经》云："左手脉横，症在左；右手脉横，症在右。脉，头大者在上，头小者在下。两手脉，结上部者濡，结中部者缓，结三里者豆起。阳邪来见浮洪，阴邪来见沈细，水谷来见坚实。" ⑩【索隐】诊，邹氏音丈忍反，刘氏音陈忍反。司马彪云："诊，占也。" ⑪【正义】号卢医。今济州卢县。

当晋昭公时，[①]诸大夫强而公族弱，赵简子为大夫，专国事。简子疾，五日不知人，[②]大夫皆惧，于是召扁鹊。扁鹊入视病，出，董安于问扁鹊，扁鹊曰："血脉治也，[③]而何怪。昔秦穆公尝如此，七日而寤。寤之日，告公孙支与子舆[④]曰：'我之帝所甚乐。吾所以久者，适有所学也。[⑤]帝告我："晋国且大乱，五世不安。其后将霸，未老而死。霸者之子且令而国男女无别。"'公孙支书而藏之，秦策于是出。夫献公之乱，文公之霸，而襄公败秦师于淆而归纵淫，此子之所闻。今主君之病与之同，不出三日必间，间必有言也。"

①【索隐】案《左氏》，简子专国在定、顷二公之时，非当昭公之世。且《赵系家》叙此事亦在定公之初。 ②【索隐】案：《韩子》云"十日不知人"，所记异也。 ③【正义】下云"色废脉乱"，故形静如死状也。 ④【索隐】案：二子皆秦大夫。公孙支，子桑也。子舆未详。 ⑤【索隐】适音释。言我适来有所受教命，故云学也。

居二日半，简子寤，语诸大夫曰：“我之帝所甚乐，与百神游于钧天，广乐九奏万舞，不类三代之乐，其声动心。有一熊欲援我，帝命我射之，中熊，熊死。有罴来，我又射之，中罴，罴死。帝甚喜，赐我二笥，皆有副。吾见儿在帝侧，帝属我一翟犬，曰：‘及而子之壮也以赐之。’帝告我：‘晋国且世衰，七世而亡。[①]嬴姓将大败周人于范魁之西，[②]而亦不能有也。’”董安于受言，书而藏之。以扁鹊言告简子，简子赐扁鹊田四万亩。

①【正义】晋定公、出公、哀公、幽公、烈公、孝公、静公为七世。静公二年，为三晋所灭。据此及《赵世家》，简子疾在定公之十一年也。　②【正义】嬴，赵氏本姓也。周人谓卫也。晋亡之后，赵成侯三年，伐卫，取乡邑七十三是也。贾逵云“小阜曰魁”也。

其后扁鹊过虢。[①]虢太子[②]死，扁鹊至虢宫门下，问中庶子喜方者[③]曰：“太子何病，国中治穰过于众事？”中庶子曰：“太子病血气不时，交错而不得泄，暴发于外，则为中害。精神不能止邪气，邪气畜积而不得泄，是以阳缓而阴急，故暴蹶而死。”[④]扁鹊曰：“其死何如时？”曰：“鸡鸣至今。”曰：“收乎？”[⑤]曰：“未也，其死未能半日也。”“言臣齐勃海秦越人也，家在于郑，未尝得望精光侍谒于前也。闻太子不幸而死，臣能生之。”中庶子曰：“先生得无诞之乎？何以言太子可生也。臣闻上古之时，医有俞跗，[⑥]治病不以汤液醴洒，[⑦]镵石挢引，案扤毒熨，[⑧]一拨见病之应，因五藏之输，[⑨]乃割皮解肌，诀脉结筋，搦髓脑，揲荒[⑩]爪幕，[⑪]湔浣[⑫]肠胃，漱涤五藏，练精易形。先生之方能若是，则太子可生也。不能若是而欲生之，曾不可以告咳婴之儿。”终日，扁鹊仰天叹曰：“夫子之为方也，若以管窥天，以郄视文。越人之为方也，不待切脉⑬望色⑭听声⑮写形，⑯言病之所在。闻病之阳，论得其阴。闻病之阴，论得其阳。⑰病应见于大表，不出千里，决者至众，不可曲止也。⑱予以吾言为不诚，试入诊太子，当闻其耳鸣而鼻张，⑲循其两股以至于阴，当尚温也。”

①【正义】陕州城，古虢国。又陕州河北县东北下阳故城，古虢，即晋献公灭者。又洛州汜水县古东虢国。而未知扁鹊过何者，盖虢至此并灭也。　②【索隐】案：傅玄云“虢是晋献所灭，先此百二十余年，此时焉得有虢”，则此云“虢太子”，非也。然案虢后改称郭，春秋有郭公，盖郭之太子也。　③【索隐】喜音许既反。喜，好也，爱也。方，方技之人也。【正义】中庶子，古官号也。喜方，好方术，不书姓名也。　④【索隐】蹷音厥。【正义】《释名》云：“蹷，气从下蹷起上行，外及心胁也。”　⑤【集解】收谓棺敛。　⑥【索隐】音臾附。下又音趺。【正义】臾附二音。应劭云：“黄帝时将也。”　⑦【正义】上音礼，下山解反。　⑧【索隐】镵音士咸反，谓石针也。挢音九兆反，谓为按摩之法，夭挢引身，如熊顾鸟伸也。抏音玩，亦谓按摩而玩弄身体使调也。毒熨谓毒病之处以药物熨帖也。⑨【索隐】音束注反。【正义】《八十一难》云：“肺之原出于太渊，心之原出于太陵，肝之原出于太冲，脾之原出于太白，肾之原出于太溪，少阴之原出于兑骨，胆之原出于丘虚，胃之原出于冲阳，三焦之原出于阳池，膀胱之原出于京骨，大肠之原出于合谷，小肠之原出于腕骨。十二经皆以输为原也。”按：此五藏六府之输也。　⑩【集解】徐广曰：“揲音舌。”【索隐】搦音女角反。揲音舌。荒，膏荒也。　⑪【正义】以爪决其阑幕也。⑫【正义】上子钱反，下胡管反。　⑬【正义】《黄帝素问》云：“待切脉而知病。寸口六脉，三阴三阳，皆随春秋冬夏观其脉之变，则知病之逆顺也。”

杨玄操云："切，按也。" ⑭【正义】《素问》云："面色青，脉当弦急。面色赤，脉当浮而短。面色黑，脉当沈浮而滑也。" ⑮【正义】《素问》云："好哭者肺病，好歌者脾病，好妄言者心病，好呻吟者肾病，好叫呼者肝病也。" ⑯【正义】《素问》云："欲得温而不欲见人者藏家病，欲得寒而见人者府家病也。" ⑰【正义】《八十一难》云："阴病行阳，阳病行阴，故令幕在阴，俞在阳。"杨玄操云："(肠)〔腹〕为阴，五藏幕皆在腹，故云幕皆在阴。背为阳，五藏俞皆在背，故云俞皆在阳。内藏有病则出行于阳，阳俞在背也。外体有病则入行于阴，阴幕在腹也。"《针法》云："从阳引阴，从阴引阳也。" ⑱【索隐】止，语助也。不可委曲具言。【正义】言皆有应见，不可曲言病之止住所在也。 ⑲【正义】音涨。

中庶子闻扁鹊言，目眩然而不瞚，舌挢然而不下，乃以扁鹊言入报虢君。虢君闻之大惊，出见扁鹊于中阙，曰："窃闻高义之日久矣，然未尝得拜谒于前也。先生过小国，幸而举之，偏国寡臣[①]幸甚。有先生则活，无先生则弃捐填沟壑，长终而不得反。"言未卒，因嘘唏服臆，[②]魂精泄横，流涕长潸，[③]忽忽承映，[④]悲不能自止，容貌变更。扁鹊曰："若太子病，所谓'尸蹷'者也。夫以阳入阴中，动胃[⑤]缠[⑥]缘，[⑦]中经维络，[⑧]别下于三焦、膀胱，[⑨]是以阳脉下遂，[⑩]阴脉上争，[⑪]会气闭而不通，[⑫]阴上而阳内行，下内鼓而不起，上外绝而不为使，上有绝阳之络，下有破阴之纽，[⑬]破阴绝阳，(之)色(已)废[⑭]脉乱，故形静如死状。太子未死也。夫以阳入阴支兰藏者生，[⑮]以阴入阳支兰藏者死。凡此数事，皆五藏蹷中之时暴作也。良工取之，[⑯]拙者疑殆。"

①【索隐】谓虢君自谦，云已是偏远之国，寡小之臣也。 ②【索隐】

上音皮力皮，下音忆。 ③【集解】徐广曰："一云'言未卒，因涕泣交流，嘘唏不能自止'也。"【索隐】潸音山。长潸谓长垂泪也。 ④【索隐】音接。睞即睫也。承睞，言泪恒垂以承于睫也。 ⑤【正义】《八十一难》云："脉居阴部反阳脉见者，为阳入阴中，是阳乘阴也，脉虽时沈濇而短，此谓阳中伏阴也。脉居阳部而阴脉见者，是阴乘阳也，脉虽时沈滑而长，此谓阴中伏阳也。胃，水谷之海也。" ⑥【索隐】音直延反。 ⑦【正义】缠缘谓脉缠绕胃也。《素问》云"延缘落，络脉也"，恐非此义也。 ⑧【集解】徐广曰："维，一作结。"【正义】《八十一难》云："十二经脉，十五络脉，阳维阴维之脉也。" ⑨【正义】《八十一难》云："三焦者，水谷之道路，气之所终始也。上焦在心下，下鬲在胃上口也。中焦在胃中脘，不上不下也。下焦在脐下，当膀胱上口也。膀胱者，津液之府也，溺九升九合也。"言经络下于三焦及膀胱也。 ⑩【集解】徐广曰："一作队。" ⑪【正义】遂音直类反。《素问》云："阳脉下遂难反，阴脉上争如弦也。" ⑫【正义】《八十一难》云："府会太仓，藏会季胁，筋会阳陵泉，髓会绝骨，血会鬲俞，骨会大杼，脉会大渊，气会三焦，此谓八会也。" ⑬【正义】女九反。《素问》云："纽，赤脉也。" ⑭【集解】徐广曰："一作发。" ⑮【正义】《素问》云："支者顺节，兰者横节，阴支兰胆藏也。" ⑯【正义】《八十一难》云："知一为下工，知二为中工，知三为上工。上工者十全九，中工者十全八，下工者十全六。"吕广云："五藏一病辄有五，解一藏为下工，解三藏为中工，解五藏为上工也。"

扁鹊乃使弟子子阳[①]厉鍼砥石，[②]以取外三阳五会。[③]有间，太子苏。乃使子豹为五分之熨，以八减之齐[④]和煮之，以更[⑤]熨两胁下。太子起坐。更适阴阳，但服汤二旬而复故。故天下尽以扁鹊为能生死人。扁鹊曰："越人非能生死人也，此自当生者，越人能使之起耳。"

①【索隐】阳，扁鹊之弟子也。　②【索隐】鍼音针。厉谓磨也。砥音脂。　③【正义】《素问》云："手足各有三阴三阳：太阴，少阴，厥阴；太阳，少阳，阳明也。五会谓百会、胸会、听会、气会、臑会也。"　④【索隐】案：言五分之熨者，谓熨之令温暖之气入五分也。八减之齐者，谓药之齐和所减有八。并越人当时有此方也。　⑤【正义】格彭反。

扁鹊过齐，齐桓侯客之。[①]入朝见，曰："君有疾在腠理，不治将深。"桓侯曰："寡人无疾。"扁鹊出，桓侯谓左右曰："医之好利也，欲以不疾者为功。"后五日，扁鹊复见，曰："君有疾在血脉，不治恐深。"桓侯曰："寡人无疾。"扁鹊出，桓侯不悦。后五日，扁鹊复见，曰："君有疾在肠胃间，不治将深。"桓侯不应。扁鹊出，桓侯不悦。后五日，扁鹊复见，望见桓侯而退走。桓侯使人问其故。扁鹊曰："疾之居腠理也，汤熨之所及也；在血脉，针石之所及也；其在肠胃，酒醪之所及也；其在骨髓，虽司命无奈之何。今在骨髓，臣是以无请也。"后五日，桓侯体病，使人召扁鹊，扁鹊已逃去。桓侯遂死。

①【集解】案：傅玄曰："是时齐无桓侯。"骃谓是齐侯田和之子桓公午也。盖与赵简子颇亦相当。

使圣人预知微，能使良医得早从事，则疾可已，身可活也。人之所病，病疾多。[①]而医之所病，[②]病道少。故病有六不治：骄恣不论于理，一不治也。轻身重财，二不治也。衣食不能适，三不治也。阴阳并，藏气不定，四不治也。形羸不能服药，五不治也。信巫不信医，六不治也。有此一者，则重难治也。

①【正义】病厌患多也，言人厌患疾病多甚也。 ②【集解】徐广曰："所病，犹疗病也。"

扁鹊名闻天下。过邯郸，闻贵妇人，即为带下医。过雒阳，闻周人爱老人，即为耳目痹[①]医。来入咸阳，闻秦人爱小儿，即为小儿医。随俗为变。秦太医令李醯自知伎不如扁鹊也，使人刺杀之。至今天下言脉者，由扁鹊也。

①【索隐】音必二反。

太仓公者，齐太仓长，临菑人也，姓淳于氏，名意。[①]少而喜医方术。高后八年，更受师同郡元里公乘阳庆。[②]庆年七十余，无子，使意尽去其故方，更悉以禁方予之，传黄帝、扁鹊之脉书，五色诊病，[③]知人死生，决嫌疑，定可治，及药论，甚精。受之三年，为人治病，决死生多验。然左右行游诸侯，不以家为家，或不为人治病，病家多怨之者。

①【正义】《括地志》云："淳于国城在密州安丘县东北三十里，古之斟灌国也。《春秋》'州公如曹'，《传》云'冬，淳于公如曹'。《注水经》云'淳于县，故夏后氏之斟灌国也，周武王以封淳于公，号淳于国也'。" ②【正义】《百官表》云公乘，第八爵也。颜师古云："言其得乘公之车也。" ③【正义】《八十一难》云："五藏有色，皆见于面，亦当与寸口尺内相应也。"

其面色与相应，已见前也。

文帝四年中，人上书言意，以刑罪当传西之长安。[①]意有五女，随而泣。意怒，骂曰："生子不生男，缓急无可使者。"于是少女缇萦伤父之言，[②]乃随父西。上书曰："妾父为吏，齐中称其廉平，今坐法当刑。妾切痛死者不可复生而刑者不可复续，[③]虽欲改过自新，其道莫由，终不可得。妾愿入身为官婢，以赎父刑罪，使得改行自新也。"书闻，上悲其意，此岁中亦除肉刑法。[④]

①【索隐】传音竹恋反。传，乘传送之。　②【索隐】缇音啼。萦音纡营反。　③【集解】徐广曰："一作赎。"　④【集解】徐广曰："案年表孝文十二年除肉刑。"【正义】《汉书·刑法志》云"孝文帝即位十三年，除肉刑三"。孟康云："黥劓二，左右趾一，凡三也。"班固诗曰："三王德弥薄，惟后用肉刑。太仓令有罪，就递长安城。自恨身无子，困急独茕茕。小女痛父言，死者不可生。上书诣阙下，思古歌《鸡鸣》。忧心摧折裂，晨风扬激声。圣汉孝文帝，恻然感至情。百男何愦愦，不如一缇萦。"

意家居，诏召问所为治病死生验者几何人也，主名为谁。

诏问故太仓长臣意："方伎所长，及所能治病者？[①]有其书无有？皆安受学？受学几何岁？尝有所验，何县里人也？何病？医药已，其病之状皆何如？具悉而对。"臣意对曰：

①【集解】徐广曰："一作为，为亦治。"

自意少时，喜医药，医药方试之多不验者。至高后八年，[①]得见师临菑元里公乘阳庆。庆年七十余，意得见事之。谓意曰："尽去而方书，非是也。庆有古先道遗传黄帝、扁鹊之脉书，五色诊病，知人生死，决嫌疑，定可治，及药论书，甚精。我家给富，心爱公，欲尽以我禁方书悉教公。"臣意即曰："幸甚，非意之所敢望也。"臣意即避席再拜谒，受其脉书上下经、五色诊、奇咳[②]术、揆度阴阳外变、药论、石神、接阴阳禁书，受读解验之，可一年所。明岁即验之，有验，然尚未精也。要事之三年所，即尝已为人治，诊病决死生，有验，精良。今庆已死十年所，臣意年尽三年，年三十九岁也。

①【集解】徐广曰："意年三十六。" ②【集解】奇音羁。咳音该。【正义】《八十一难》云："奇经八脉者，有阳维，有阴维，有阳蹻，有阴蹻，有冲，有督，有任，有带之脉。凡此八者，皆不拘于经，故云奇经八脉也。"顾野王云："胲当宍也。"又云："胲指毛皮也。"《艺文志》有《五音奇胲用兵》二十六卷。许慎云："胲，军中约也。"

齐侍御史成自言病头痛，臣意诊其脉，告曰："君之病恶，不可言也。"即出，独告成弟昌曰："此病疽[①]也，内发于肠胃之间，后五日当䐜肿，[②]后八日呕脓[③]死。"成之病得之饮酒且内。成即如期死。所以知成之病者，臣意切其脉，得肝气。肝气浊[④]而静，[⑤]此内关之病也。[⑥]脉法曰"脉长而弦，不得代四时者，[⑦]其病主在于肝。和即经主病也，[⑧]代则络脉有过。"[⑨]经主病和者，其病得之筋髓里。其代绝而脉贲者，病得之酒且内。所以知其后五日而臃肿，八日呕脓死者，切其脉时，少阳初代。代者经病，病去过人，人则去。络脉主病，当其时，少阳初关一分，故中热而脓未发也，及五分，则至少阳之界，[10]及八日，则呕脓死，故上二分而脓发，至界而臃肿，尽泄而死。热上则熏阳明，烂流络，流络动则脉结发，脉结发则烂解，故络交。热气已上行，至头而动，故头痛。

①【集解】七如反。　②【正义】上于恭反，下之勇反。　③【正义】女东反。　④【集解】徐广曰："一作黾。"　⑤【集解】徐广曰："一作清。"　⑥【正义】《八十一难》云："关遂入尺为内关。"吕广云："脉从关至尺泽，名内关也。"　⑦【正义】王叔和《脉经》云："来数而中止，不能自还，因而复动者，名曰代。代者死。"《素问》曰："病在心，愈在夏，甚于冬。病在脾，愈在秋，甚于春。病在肺，愈在冬，甚于夏。病在肾，愈在春，甚于夏。病在肝，愈在夏，甚于秋也。"　⑧【正义】王叔和《脉经》云："脉长而弦，病于肝也。"《素问》云："得病于筋，肝之和也。"　⑨【正义】《素问》云："脉有不及，有太过，有经，有络。和即经主病，代则络有过也。"《八十一难》云："关之前者，阳之动也，脉当见九分而浮。过者法曰太过，减者法曰不及。遂上鱼际为溢，为外关内格，此阴乘之脉也。关以后者，阴之动也，脉当见一寸而沈。过者法曰太过，减者法曰不及。遂入尺为覆，为内关外格，此阳乘之脉也。故曰覆溢，是其真藏之脉，人不病而死也。"吕广云："过九分，出一寸，各名太过也。不及九分，至二分或四分五分，此太过。不满一寸，见八分或五分六分，此不及。"　⑩【集解】徐广曰："一作'分'。下章曰'肝与心相去五分，故曰五日尽，也。"【正义】王叔和《脉经》云："分别三门(镜)〔境〕界脉候所主，云从鱼际至高骨，却行一寸，其中名曰寸口；其骨自高从寸至尺，名曰尺泽，故曰尺。寸后尺前，名曰关。阳出阴入，以关为界，

阳出三分,故曰三阴三阳。阳生于尺,动于寸;阴生于寸,动于尺。寸主射上焦,出头及皮毛,竟手。关主射中焦,腹及于腰。尺主射下焦,少腹至足也。”

齐王中子诸婴儿小子病,召臣意诊切其脉,告曰:“气鬲病。病使人烦懑,食不下,时呕沫。病得之(少)〔心〕忧,数忔食饮。”[①]臣意即为之作下气汤以饮之,一日气下,二日能食,三日即病愈。所以知小子之病者,诊其脉,心气也,浊[②]躁而经也,此络阳病也。脉法曰“脉来数疾去难而不一者,病主在心”。周身热,脉盛者,为重阳。[③]重阳者,逿心主。[④]故烦懑食不下则络脉有过,络脉有过则血上出,血上出者死。此悲心所生也,病得之忧也。

①【索隐】忔音疑乙反。忔者,风痹忔然不得动也。 ②【集解】徐广曰:“一作黾,又作猛。” ③【索隐】上音直陇反。 ④【集解】徐广曰:“逿音唐。逿者,荡也。谓病荡心者,犹刺其心。”【索隐】逿,依字读。【正义】《八十一难》云:“手心主中宫,在中部。”杨玄操云:“手心主胞络也。自脐已上至带鬲为中焦也。”

齐郎中令循病,众医皆以为蹷,人中而刺之。臣意诊之,曰:“涌疝也,[①]令人不得前后溲。”[②]循曰:“不得前后溲三日矣。”臣意饮[③]以火齐汤,一饮得前〔后〕溲,再饮大溲,三饮而疾愈。病得之内。所以知循病者,切其脉时,右口气急,[④]脉无五藏气,右口[⑤]脉大而数。数者中下热而涌，左为下，右为上，皆无五藏应，故曰涌疝。中热，故溺赤也。[⑥]

①【索隐】上音勇。下音讪，所谏反。邹诞生疝音山也。　②【索隐】溲音所留反。前溲谓小便。后溲，大便也。　③【正义】于禁反。④【集解】徐广曰："右，一作有。"【正义】王叔和《脉经》云："右手寸口乃气口也。"　⑤【正义】谓右手寸口也。　⑥【正义】溺，徒吊反。

齐中御府长信病，臣意入诊其脉，告曰："热病气也。然暑汗，脉少衰，不死。"曰："此病得之当浴流水而寒甚，已则热。"信曰："唯，[①]然！往冬时，为王使于楚，至莒县[②]阳周水，而莒桥梁颇坏，信则揽[③]车辕未欲渡也，马惊，即堕，信身入水中，几死，吏即来救信，出之水中，衣尽濡，有间而身寒，已热如火，至今不可以见寒。"臣意即为之液汤火齐逐热，一饮汗尽，再饮热去，三饮病已。即使服药，出入二十日，身无病者。所以知信之病者，切其脉时，并阴。脉法曰"热病阴阳交者死"。切之不交，并阴。并阴者，脉顺清而愈，其热虽未尽，犹活也。肾气有时间浊，[④]在太阴脉口而希，是水气也。肾固主水，故以此知之。失治一时，即转为寒热。

①【正义】唯，惟癸反。　②【正义】莒，密州县。　③【正义】音牵。　④【集解】徐广曰："一作黾。"

齐王太后病，召臣意入诊脉，曰："风瘅客脬，[①]难于大小溲，溺赤。”臣意饮以火齐汤，一饮即前后溲，再饮病已，溺如故。病得之流汗出滫。[②]滫者，去衣而汗晞也。所以知齐王太后病者，臣意诊其脉，切其太阴之口，湿然风气也。脉法曰“沈之而大坚，[③]浮之而大紧者，[④]病主在肾”。肾切之而相反也，脉大而躁。大者，膀胱气也。躁者，中有热而溺赤。

①【索隐】瘅，病也，音亶。脬音普交反，字或作“胞”。【正义】瘅音单旱(也)〔反〕。脬亦作“胞”，膀胱也。言风瘅之病客居在膀胱。 ②【索隐】刘氏音巡。 ③【正义】沈，一作“深”。王叔和《脉经》云：“脉大而坚，病出于肾也。” ④【正义】紧音吉忍反。《素问》云：“脉短实而数，有似切绳，名曰紧也。”

齐章武里曹山跗病，[①]臣意诊其脉，曰：“肺消瘅也，加以寒热。”即告其人曰：“死，不治。适其共养，此不当医[②]治。”法曰“后三日而当狂，妄起行，欲走；后五日死”。即如期死。山跗病得之盛怒而以接内。所以知山跗之病者，臣意切其脉，肺气热也。脉法曰“不平不鼓，形弊”。[③]此五藏高之远数以经病也，故切之时不平而代。[④]不平者，血不居其处。代者，时参击并至，乍躁乍大也。此两络脉绝，故死不治。所以加寒热者，言其人尸夺。尸夺者，形弊。形弊者，不当关灸镵石及饮毒药也。臣意未往诊时，齐太医先诊山跗病，灸其足少阳脉口，而饮之半夏丸，病者即泄注，腹中虚；又灸其少阴脉，是坏肝刚绝深，如是重损病者气，以故加寒热。所以后三日而当狂者，肝一络连属结绝乳下阳明，[5]故络绝，开阳明脉，阳明脉伤，即当狂走。后五日死者，肝与心相去五分，故曰五日尽，尽即死矣。

①【索隐】跗，方符反。　②【索隐】适音释。共音恭。案：谓山跗家适近所持财物共养我，我不敢当，以言其人不堪疗也。　③【集解】【正义】王叔和《脉经》云："平谓春肝木王，其脉细而长；夏心火王，其脉洪大而散；六月脾土王，其脉大阿阿而缓；秋肺金王，其脉浮濇而短；冬肾水王，其脉沈而滑：名平脉也。"　④【正义】《素问》云："血气易处曰不平，脉候动不定曰代。"　⑤【正义】《素问》云："乳下阳明，胃络也。"

齐中尉潘满如病少腹痛，[1]臣意诊其脉，曰："遗积瘕也。"[2]臣意即谓齐太仆臣饶、内史臣繇曰："中尉不复自止于内，则三十日死。"后二十余日，溲血死。病得之酒且内。所以知潘满如病者，臣意切其脉深小弱，其卒然合[3]合也，是脾气也。[4]右脉口气至紧小，[5]见瘕气也。以次相乘，故三十日死。三阴俱抟者，[6]如法；不俱抟者，决在急期；一抟一代者，近也。故其三阴抟，溲血如前止。[7]

①【正义】少音式妙反。王叔和《脉经》云："脉急，疝瘕少腹痛也。"②【索隐】刘氏音加雅反，旧音遐，邹氏音嫁。【正义】《龙鱼河图》云："犬狗鱼鸟不熟食之，成瘕痛。"　③【集解】徐广曰："一云'来然合'。"④【正义】卒音葱忽反。卒，一本作"来"。《素问》云："疾病之生，生于五藏。五藏之合，合于六府。肝合气于胆，心合气于小肠，脾合气于胃，肺合气于大肠，肾合气于膀胱。三焦内主劳。"　⑤【正义】上音结忍反。

⑥【正义】如淳云："音徒端反。"《素问》云："左脉口曰少阴，少阴之前名厥阴，右脉口曰太阴，此三阴之脉也。" ⑦【集解】徐广曰："前，一作筋也。"

阳虚侯相赵章病，召臣意。众医皆以为寒中，臣意诊其脉曰："迵风。"[①]迵风者，饮食下嗌[②]而辄出不留。法曰"五日死"，而后十日乃死。病得之酒。所以知赵章之病者，臣意切其脉，脉来滑，是内风气也。饮食下嗌而辄出不留者，法五日死，皆为前分界法。[③]后十日乃死，所以过期者，其人嗜粥，故中藏实，中藏实故过期。师言曰"安谷者过期，不安谷者不及期"。

①【集解】迵音洞。言洞彻入四支。【索隐】下云"饮食下嗌辄出之"，是风疾洞彻五藏，故曰迵风。 ②【集解】音益，谓喉下也。 ③【正义】分，扶问反。

济北王病，召臣意诊其脉，曰："风蹷胸满。"即为药酒，尽三石，病已。得之汗出伏地。所以知济北王病者，臣意切其脉时，风气也，心脉浊。[①]病法"过入其阳，阳气尽而阴气入"。阴气入张，则寒气上而热气下，故胸满。汗出伏地者，切其脉，气阴。阴气者，病必入中，出及瀺水也。[②]

①【集解】徐广曰："一作黽。" ②【索隐】瀺音士咸反。【正义】顾野王云："手足液，身体汋。音常灼反。"

齐北宫司空命妇[①]出于[②]病，众医皆以为风入中，病主在肺，[③]刺其足少阳脉。臣意诊其脉，曰："病气疝，客于膀胱，难于前后溲，而溺赤。病见寒气则遗溺，使人腹肿。"出于病得之欲溺不得，因以接内。所以知出于病者，切其脉大而实，其来难，是蹶阴之动也。[④]脉来难者，疝气之客于膀胱也。腹之所以肿者，言蹶阴之络结小腹也。蹶阴有过则脉结动，动则腹肿。臣意即灸其足蹶阴之脉，左右各一所，即不遗溺而溲清，小腹痛止。即更为火齐汤以饮之，三日而疝气散，即愈。

①【集解】徐广曰："一作奴。奴盖女奴。" ②【正义】命妇名也。③【集解】徐广曰："一作肝。" ④【正义】邹〔云〕："厥阴之脉也。"

故济北王阿母[①]自言足热而懑，臣意告曰："热蹶也。"则刺其足心各三所，案之无出血，病旋已。[②]病得之饮酒大醉。

①【集解】徐广曰："济，一作'齐王'。"【索隐】案：是王之奶母也。【正义】服虔云："乳母也。"郑〔云〕："慈己者。" ②【索隐】言寻则已止也。【正义】谓旋转之间，病则已止也。

济北王召臣意诊脉诸女子侍者，至女子竖，竖无病。臣意告永巷长曰："竖伤脾，不可劳，法当春呕血死。"臣意言王曰："才人女子竖何能？"王曰："是好为方，多伎能，为所是案法新，[①]往年市之民所，四百七十万，曹偶四人。”[②]王曰：“得毋有病乎？”臣意对曰：“竖病重，在死法中。”王召视之，其颜色不变，以为不然，不卖诸侯所。至春，竖奉剑从王之厕，王去，竖后，王令人召之，即仆于厕，[③]呕血死。病得之流汗。流汗者，(同)法病内重，毛发而色泽，脉不衰，此亦(关)内〔关〕之病也。

①【集解】徐广曰：“所，一作取。”【索隐】谓于旧方技能生新意也。 ②【索隐】案：当今之四千七百贯也。曹偶，犹等辈也。 ③【索隐】仆音赴，又音步北反。

齐中大夫病龋齿，[①]臣意灸其左大阳明脉，即为苦参汤，日嗽三升，出入五六日，病已。得之风，及卧开口，食而不嗽。

①【正义】上丘羽反。《释名》云：“龋，朽也。虫啮之，缺朽也。”

菑川王美人怀子而不乳，[①]来召臣意。臣意往，饮以莨𦶛[②]药一撮，以酒饮之，旋乳。[③]臣意复诊其脉，而脉躁。躁者有余病，即饮以消石一齐，出血，血如豆比五六枚。[④]

①【索隐】乳音人喻反。乳，生也。 ②【正义】浪宕二音。 ③【索隐】旋乳者，言回旋即生也。 ④【索隐】比音必利反。

齐丞相舍人奴从朝入宫，臣意见之食闺门外，望其色有病气。臣意即告宦者平。平好为脉，学臣意所，臣意即示之舍人奴病，告之曰："此伤脾气也，当至春鬲塞不通，不能食饮，法至夏泄血死。"宦者平即往告相曰："君之舍人奴有病，病重，死期有日。"相君曰："卿何以知之？"曰："君朝时入宫，君之舍人奴尽食闺门外，平与仓公立，即示平曰，病如是者死。"相即召舍人(奴)而谓之曰："公奴有病不？"舍人曰："奴无病，身无痛者。"至春果病，至四月，泄血死。所以知奴病者，脾气周乘五藏，伤部而交，故伤脾之色也，望之杀然黄，[①]察之如死青之兹。众医不知，以为大虫，[②]不知伤脾。所以至春死病者，胃气黄，黄者土气也，土不胜木，故至春死。所以至夏死者，脉法曰"病重而脉顺清者曰内关"，内关之病，人不知其所痛，心急然无苦。若加以一病，死中春；一愈顺，及一时。其所以四月死者，诊其人时愈顺。愈顺者，人尚肥也。奴之病得之流汗数出，(灸)〔炙〕于火而以出见大风也。

①【集解】徐广曰："杀音苏葛反。"【正义】杀，苏亥反。　②【索隐】即蛕虫也。

菑川王病，召臣意诊脉，曰："蹶上[①]为重，头痛身热，使人烦懑。"[②]臣意即以寒水拊其头，[③]刺足阳明脉，左右各三所，病旋已。病得之沐发未干而卧。诊如前，所以蹶，头热至肩。

①【正义】时掌反。蹶，逆气上也。　②【正义】亡本反。非但有烦

也。 ③【索隐】拊音附，又音抚。

齐王黄姬兄黄长卿家有酒召客，召臣意。诸客坐，未上食。臣意望见王后弟宋建，告曰："君有病，往四五日，君要胁痛不可俯仰，[1]又不得小溲。不亟治，病即入濡肾。及其未舍五藏，急治之。病方今客肾濡，[2]此所谓'肾痹'也。"宋建曰："然，建故有要脊痛。往四五日，天雨，黄氏诸倩[3]见建家京下方石，[4]即弄之，建亦欲效之，效之不能起，即复置之。暮，要脊痛，不得溺，至今不愈。"建病得之好持重。所以知建病者，臣意见其色，太阳色干，肾部上及界要以下者枯四分所，故以往四五日知其发也。臣意即为柔汤使服之，十八日所而病愈。

①【正义】上音免。 ②【正义】濡，溺也。病方客在肾，欲溺，肾也。 ③【集解】徐广曰："倩者，女婿也。"骃案：《方言》曰"东齐之间，婿谓之倩"。郭璞曰"言可假倩也"。【正义】倩音七姓反。 ④【集解】徐广曰："京者，仓廪之属也。"

济北王侍者韩女病要背痛，寒热，众医皆以为寒热也。臣意诊脉，曰："内寒，月事不下也。"即窜以药，[1]旋下，病已。病得之欲男子而不可得也。所以知韩女之病者，诊其脉时，切之，肾脉也，啬而不属。啬而不属者，其来难，坚，故曰月不下。肝脉弦，出左口，故曰欲男子不可得也。

①【索隐】谓以熏熏之，故云。窜音七乱反。

临菑泛[①]里女子薄吾病甚，众医皆以为寒热笃，当死，不治。臣意诊其脉，曰："蛲瘕。"[②]蛲瘕为病，腹大，上肤黄粗，循之戚戚然。臣意饮以芫华一撮，即出蛲可数升，病已，三十日如故。病蛲得之于寒湿，寒湿气宛[③]笃不发，化为虫。臣意所以知薄吾病者，切其脉，循其尺，[④]其尺索刺粗，而毛美奉发，[⑤]是虫气也。其色泽者，中藏无邪气及重病。

①【索隐】泛音凡。　②【集解】徐广曰："蛲音饶。"【索隐】音饶穊，旧音绕遐。【正义】人腹中短虫。　③【集解】音郁。【索隐】又如字。④【正义】王叔和云："寸，关，尺。寸谓三分，尺谓八分。寸口在关上，尺在关下。寸、关、尺共有一寸九分也。"　⑤【集解】徐广曰："奉，一作奏，又作秦。"【索隐】循音巡。案：谓手循其尺索也。刺音七赐反。粗音七胡反。言循其尺索，刺人手而粗，是妇人之病也。徐氏云奉一作"奏"，非其义也。又云一作"秦"，秦谓蠑首，言发如蛴螬，事盖近也。

齐淳于司马病，臣意切其脉，告曰："当病迵风。迵风之状，饮食下嗌辄后之。[①]病得之饱食而疾走。"淳于司马曰："我之王家食马肝，食饱甚，见酒来，即走去，驱疾至舍，即泄数十出。"臣意告曰："为火齐米汁饮之，七八日而当愈。"时医秦信在旁，臣意去，信谓左右阁都尉[②]曰："意以淳于司马病为何？"曰："以为迵风，可治。"信即笑曰："是不知也。淳于司马病，法当后九日死。"

即后九日不死，其家复召臣意。臣意往问之，尽如意诊。臣即为一火齐米汁，使服之，七八日病已。所以知之者，诊其脉时，切之，尽如法。其病顺，故不死。

①【集解】徐广曰："如厕。"　②【索隐】案：阁者，姓也，为都尉。一云阁即宫阁，都尉掌之，故曰阁都尉也。

齐中郎破石病，臣意诊其脉，告曰："肺伤，不治，当后十日丁亥溲血死。"即后十一日，溲血而死。破石之病，得之堕马僵石上。所以知破石之病者，切其脉，得肺阴气，其来散，数道至而不一也。色又乘之。所以知其堕马者，切之得番阴脉。[1]番阴脉入虚里，乘肺脉。肺脉散者，固色变也乘之。所以不中期死者，师言曰"病者安谷即过期，不安谷则不及期"。其人嗜黍，黍主肺，故过期。所以溲血者，诊脉法曰"病养喜阴处者顺死，养喜阳处者逆死"。其人喜自静，不躁，又久安坐，伏几而寐，故血下泄。

①【索隐】番音芳袁反。

齐王侍医遂病，自练五石服之。臣意往过之，遂谓意曰："不肖有病，幸诊遂也。"臣意即诊之，告曰："公病中热。论曰'中热不溲者，不可服五石'。石之为药精悍，公服之不得数溲，亟勿服。色将发臃。"遂曰："扁鹊曰'阴石以治阴病，阳石以治阳病'。夫药石者有阴阳水火之齐，故中热，即为阴石柔齐治之。中寒，即为阳石刚齐治之。”臣意曰：“公所论远矣。扁鹊虽言若是，然必审诊，起度量，立规矩，称权衡，合①色脉表里有余不足顺逆之法，参其人动静与息相应，乃可以论。论曰‘阳疾处内，阴形应外者，不加悍药及镵石’。夫悍药入中，则邪气辟矣，②而宛气愈深。③诊法曰‘二阴应外，一阳接内者，不可以刚药’。刚药入则动阳，阴病益衰，阳病益箸，邪气流行，为重困于俞，④忿发为疽。”意告之后百余日，果为疽发乳上，入缺盆，⑤死。此谓论之大体也，必有经纪。拙工有一不习，文理阴阳失矣。

①【集解】徐广曰：“合，一作占。” ②【索隐】辟音必亦反，犹聚也。 ③【索隐】愈音庾。 ④【集解】徐广曰：“音始喻反。” ⑤【索隐】按：缺盆，人乳房上骨名也。

齐王故为阳虚侯时，①病甚，众医皆以为蹷。臣意诊脉，以为痹，根在右胁下，大如覆杯，令人喘，逆气不能食。臣意即以火齐粥且饮，六日气下。即令更服丸药，出入六日，病已。病得之内。诊之时不能识其经解，大识其病所在。

①【集解】徐广曰：“齐悼惠王子也，名将庐，以文帝十六年为齐王，即位十一年卒，谥孝王。”

臣意尝诊安阳武都里成开方，开方自言以为不病，臣意谓之病苦沓风，①三岁四支不能自用，使人喑，②喑即死。今闻其四支不能用，喑而未死也。病得之数饮酒以见大风气。所以知成开方病者，诊之，其脉法奇咳言曰“藏气相反者死”。[3]切之，得肾反肺，[4]法曰“三岁死”也。

①【索隐】沓音徒合反，风病之名也。　②【集解】徐广曰：“一作脊，音才亦反。”【索隐】喑者，失音也，读如音。又作“厝”。厝者，置也。言使人运置其手足也。　③【集解】徐广曰：“反，一作及。”　④【集解】徐广曰：“反，一作及。”

安陵阪里公乘项处病，[1]臣意诊脉，曰：“牡疝。”[2]牡疝在鬲下，上连肺。病得之内。臣意谓之：“慎毋为劳力事，为劳力事则必呕血死。”处后蹴[3]踘，[4]要蹷寒，汗出多，即呕血。臣意复诊之，曰：“当旦日日夕死。”[5]即死。病得之内。所以知项处病者，切其脉得番阳。[6]番阳入虚里，处旦日死。一番一络者，[7]牡疝也。

①【索隐】案：公乘，官名也。项，姓。处，名。故上云仓公之师，元里公乘阳庆，亦然也。　②【索隐】上音母，下音色谏反。　③【集解】徐广曰：“一作蹹。”　④【正义】上千六反，下九六反，谓打球也。⑤【索隐】案：旦日，明日也。言明日之夕死也。　⑥【索隐】脉病之名曰番阳者，以言阳脉之翻入虚里也。　⑦【集解】徐广曰：“络，一作结。”

臣意曰：他所诊期决死生及所治已病众多，久颇忘之，不能尽识，不敢以对。

问臣意："所诊治病，病名多同而诊异，或死或不死，何也？"对曰："病名多相类，不可知，故古圣人为之脉法，以起度量，立规矩，县权衡，案绳墨，调阴阳，别人之脉各名之，与天地相应，参合于人，故乃别百病以异之，有数者能异之，[①]无数者同之。然脉法不可胜验，诊疾人以度异之，乃可别同名，命病主在所居。今臣意所诊者，皆有诊籍。所以别之者，臣意所受师方适成，师死，以故表籍所诊，期决死生，观所失所得者合脉法，以故至今知之。"

①【索隐】数音色住反。谓术数之人乃可异其状也。

问臣意曰："所期病决死生，或不应期，何故？"对曰："此皆饮食喜怒不节，或不当饮药，或不当针灸，以故不中期死也。"

问臣意："意方能知病死生，论药用所宜，诸侯王大臣有尝问意者不？及文王病时，[①]不求意诊治，何故？"对曰："赵王、胶西王、济南王、吴王皆使人来召臣意，臣意不敢往。文王病时，臣意家贫，欲为人治病，诚恐吏以除拘臣意也，[②]故移名数左右，[③]不修家生，出行游国中，问善为方数者事之久矣，[④]见事数师，[⑤]悉受其要事，尽其方书意，及解论之。身居阳虚侯国，因事侯。侯入朝，臣意从之长安，以故得诊安陵项处等病也。"

①【集解】徐广曰："齐文王也，以文帝十五年卒。" ②【集解】徐广曰："时诸侯得自拜除吏。" ③【正义】以名籍属左右之人。 ④【索

隐】数音“术数”之“数”。 ⑤【正义】上色庾反。

问臣意:“知文王所以得病不起之状?”臣意对曰:“不见文王病,然窃闻文王病喘,头痛,目不明。臣意心论之,以为非病也。以为肥而蓄精,身体不得摇,骨肉不相任,故喘,不当医治。脉法曰‘年二十脉气当趋,年三十当疾步,年四十当安坐,年五十当安卧,年六十已上气当大董’。[①]文王年未满二十,方脉气之趋也而徐之,不应天道四时。后闻医灸之即笃,此论病之过也。臣意论之,以为神气争而邪气入,非年少所能复之也,以故死。所谓气者,当调饮食,择晏日,车步广志,以适筋骨肉血脉,以泻气。故年二十,是谓‘易贸’,[②]法不当砭灸,砭灸至气逐。”

①【集解】徐广曰:“董谓深藏之。一作堇。”【索隐】堇音谨。
②【集解】徐广曰:“一作贺,又作质。”

问臣意:“师庆安受之?闻于齐诸侯不?”对曰:“不知庆所师受。庆家富,善为医,不肯为人治病,当以此故不闻。庆又告臣意曰:‘慎毋令我子孙知若学我方也。’”

问臣意:“师庆何见于意而爱意,欲悉教意方?”对曰:“臣意不闻师庆为方善也。意所以知庆者,意少时好诸方事,臣意试其方,皆多验,精良。臣意闻菑川唐里公孙光善为古传方,[①]臣意即往谒之。得见事之,受方化阴阳及传语法,[②]臣意悉受书之。臣意欲尽受他精方,公孙光曰:‘吾方尽矣,不为爱公所。[③]吾身已衰,无所复事之。是吾年少所受妙方也，悉与公，毋以教人。’臣意曰：‘得见事侍公前，悉得禁方，幸甚。意死不敢妄传人。’居有间，公孙光间处，[④]臣意深论方，见言百世为之精也。师光喜曰：‘公必为国工。吾有所善者皆疏，同产处临菑，善为方，吾不若，其方甚奇，非世之所闻也。吾年中时，[⑤]尝欲受其方，杨中倩[⑥]不肯，曰“若非其人也”。胥与公往见之，[⑦]当知公喜方也。其人亦老矣，其家给富。’时者未往，会庆子男殷来献马，因师光奏马王所，意以故得与殷善。光又属意于殷曰：‘意好数，[⑧]公必谨遇之，其人圣儒。’[⑨]即为书以意属阳庆，以故知庆。臣意事庆谨，以故爱意也。”

①【索隐】谓好能传得古方也。【正义】谓全传写得古人之方书。
②【集解】徐广曰：“法，一作五。” ③【索隐】言于意所，不爱惜方术也。
④【正义】上音闲，下昌汝反。 ⑤【索隐】案：年中谓中年时也。中年亦壮年也，古人语自尔。 ⑥【索隐】倩音七见反，人姓名也。
⑦【集解】徐广曰：“胥，犹言须也。” ⑧【索隐】数，色句反。谓好术数也。 ⑨【索隐】言意儒德，慕圣人之道，故云圣儒也。

问臣意曰：“吏民尝有事学意方，及毕尽得意方不？何县里人？”对曰：“临菑人宋邑。[①]邑学，臣意教以五诊，[②]岁余。济北王遣太医高期、王禹[③]学，臣意教以经脉高下及奇络结，[④]当论俞[⑤]所居，及气当上下出入邪〔正〕逆顺，以宜镵石，定砭灸处，岁余。菑川王时遣太仓马长冯信正方，臣意教以案法逆顺，论药法，定五味及和齐汤法。高永侯家丞杜信，喜脉，来学，臣意教以上下经脉五诊，二岁余。临菑召里唐安来学，臣意教以五诊上下经脉，奇咳，四时应阴阳重，未成，除为齐王侍医。”

①【集解】徐广曰：“一作昆。” ②【正义】谓诊五藏之脉。 ③【集解】徐广曰：“一作龋。” ④【正义】《素问》云：“奇经八脉，往来舒时，一止而复来，名之曰结也。” ⑤【正义】式喻反。

问臣意：“诊病决死生，能全无失乎？”臣意对曰：“意治病人，必先切其脉，乃治之。败逆者不可治，其顺者乃治之。心不精脉，所期死生视可治，时时失之，臣意不能全也。”

太史公曰：女无美恶，居宫见妒；士无贤不肖，入朝见疑。故扁鹊以其伎见殃，仓公乃匿迹自隐而当刑。缇萦通尺牍，父得以后宁。故老子曰“美好者不祥之器”，岂谓扁鹊等邪？若仓公者，可谓近之矣。

索隐述赞曰：上池秘术，长桑所传。始候赵简，知梦钧天。言占虢嗣，尸蹷起焉。仓公赎罪，阳庆推贤。效验多状，式具于篇。

【正义】胃大一尺五寸，径五寸，长二尺六寸，横尺，受水谷三斗五升，其中常留谷二斗，水一斗五升。凡人食，入于口而聚于胃中，谷熟，传入小肠也。小肠大二寸半，径八分分之少半，长三丈二尺，受谷二斗四升，水六升三合合之大半。回肠(小)〔大〕肠，谓受谷而传入于大肠也。大四寸，径一寸半，长二丈二尺，受谷一斗，水七升半。广肠大八寸，径二寸半，长二尺八寸，受谷九升三合八分合之一。故肠胃凡长五丈八尺四寸，合受水谷八斗七升六合八分合之一，此肠胃长短受水谷之数也。《甲乙经》“肠胃凡长丈六尺四寸四分”，从口至肠而数之。此径从胃至肠而数之，故短也。肝重四斤四两，左三叶，右四叶，凡七叶，主藏魂。肝者，干也。于五行为木，其体状有枝干也。肝之神七人，老子名曰明堂宫，兰台府，从官三千六百人。又云肝神六：童子三，女子三也。心重十二两，中有七孔，三毛，盛精汁三合，主藏神。心，纤也，所识纤微也。其神九，太尉公名曰绛宫，太始、南极老人、员光之身，其从官三千六百人。又为帝王，身之王也。脾重二斤三两，扁广三寸，长五寸，有散膏半斤，主(里)〔裹〕血温五藏，主藏意。脾，裨也。在助气，主化谷。其神云光玉女子母，其从官三千六百人也。肺重三斤三两，六叶两耳，凡八叶，主藏魂魄。肺，孛也。言其气孛，故短也，郁也。其神八人，太和君名曰玉堂宫，尚书府。其从官三千六百人。又云肺神十四：童子七，女子七也。肾有两枚，重一斤一两，主藏志。肾，引也。肾属水，主引水气，灌注诸脉也。其神六人，司徒、司空、司命、司录、司隶校尉、廷尉卿也。胆在肝之短叶间，重三两三铢，盛精汁三合。胆，敢也。言人有胆气而能果敢也。其神五人，太一道君居紫房宫中，其从官三千六百人也。胃重二斤十四两，纡曲屈申，长二尺六寸，大一尺五寸，径五寸，盛谷二斗，水一斗五升。胃，围也。言围受食物也。其神十二人，五元之气，谏议大夫也。小肠重二斤十四两，长三丈二尺，广二寸半，径八分分之少半，回积十六曲，盛谷二斗四升，水六升三合合之大半。肠，畅也。言通畅胃气，牵去秽也。其神二人，元梁使者也。大肠重三斤十二两，长二丈一尺，广四寸，径一寸半，当齐，右回十六曲，盛谷一斗，水七升半。大肠即回肠也。其回曲，因以名之。其神二人，元梁使者也。膀胱重九两二铢，纵广九寸，盛溺九升九合。膀，横也。胱，广也。体短而又名胞。胞，虚空也，主以虚承水液。口广二寸半。唇至齿长九分。齿已后至会厌，深三寸半，大容五合也。舌重十两，长七寸，广二寸半。舌，泄也。言可舒泄言语也。咽门重十两，广二寸半，至胃长一尺六寸。咽，咽也。言咽物也。又谓之咽，主地气。胃为土，故云主地气也。喉咙重十二两，广二寸，长一尺二寸九节。喉咙，空虚也。言其中空虚，可以通气息焉。心，肺之系也，呼吸之道路。喉咙与咽并行，其实两异，而人多惑也。肛门重十二两，大八寸，径二寸太半，长二尺八寸，受谷九升三合八分合之一。肛，釭也。言其处似车釭，故曰釭门。即广肠之门，又名（瞋）〔膻肠〕也。

手三阳之脉，从手至头长五尺，五六合三丈。一手有三阳，两手为六阳，故云五六三丈。手三阴之脉，从手至胸中长三尺五寸，三六一丈八尺，五六三尺，合二丈一尺。两手各有三阴，合为六阴，故云三六一丈八尺也。足三阳之脉，从足至头长八尺，六八合四丈八尺。两足各有三阳，故曰六八四丈八尺也。足三阴之脉，从足至胸长六尺五寸，六六三丈六尺，五六三尺，合三丈九尺。两足各有三阴，故云六六三丈六尺也。按：足太阴、少阴皆至舌下，厥阴至于项上。今言至胸中者，盖据其相接之次者也。人两足跻脉，从足至目长七尺五寸，二七一丈四尺，二五一尺，合一丈五尺。督任脉各长四尺五寸，二四八尺，二五一尺，合九尺。凡脉长一十六丈二尺也，此所谓十二经脉长短之数也。督脉起于胲头，上于面，至口齿缝，计此不止长四尺五寸，当取其上极于风府而言之也。手足各十二脉，为二十四，并督任两跻四脉，都合二十八脉，以应二十八宿。凡长十六丈二尺，营卫行周此数，则一度也。寸口，脉之大会，手太阴之动也。太阴者，脉之会也。肺，诸藏主，盖主通阴阳，故十二经皆手太阴，所以决吉凶者。十二经有病，皆寸口，知其何经之动浮沈滑涩逆顺，知其死生之兆也。人一呼脉行三寸，一吸脉行三寸，呼吸定息，脉行六寸。十二经，十五络，二十七气，皆候于寸口，随呼吸上下。呼脉上行三寸，吸脉下行三寸，二十七气皆逐上下行，无有息时。人一日一夜凡一万三千五百息。脉行五十周于身，漏水下百刻。营卫行阳二十五度，行阴二十五度。度为一周也，故五十度复会于手太阴。寸口者，五藏六府之所终始，故法于寸口也。人一息行六寸，百息六丈，千息六十丈，一万三千五百息合为八百一十丈。阳脉出行二十五度，阴脉入行二十五度，阴阳出入行二十五度，阴阳呼吸覆行周毕度数也。脉行身毕，即水下百刻亦毕。谓一旦夜刻尽，天明，日出东方，脉还得寸口，当更始也。故寸口者，五藏六府之所终始也。

肺气通于鼻，鼻和则知臭香矣。肝气通于目，目和则知白黑矣。脾气通于口，口和则知谷味矣。心气通于舌，舌和则知五味矣。肾气通于耳，耳和则闻五音矣。五藏不和，则九窍不通；六府不和，则留为痈也。

卷一百六

吴王濞列传第四十六

【索隐】五宗之国，俱享大邦，虽复逆乱萌心，取污朝典，岂可谓非青社之国哉！然淮南犹有后不绝，衡山亦其罪盖轻。比三晋之分晋，方暴秦之灭周，可不优乎！安得出其王国，不上同五宗三王列于世家。其吴濞请与楚元王同为一篇，淮南宜与齐悼惠王为一篇。

吴王濞[①]者，高帝兄刘仲之子也。[②]高帝已定天下七年，立刘仲为代王。而匈奴攻代，刘仲不能坚守，弃国亡，间行[③]走洛阳，自归天子。天子为骨肉故，不忍致法，废以为郃阳侯。[④]高帝十一年秋，淮南王英布反，东并荆地，劫其国兵，西度淮，击楚，高帝自将往诛之。刘仲子沛侯濞年二十，有气力，以骑将从破布军蕲西会甀，[⑤]布走。荆王刘贾为布所杀，无后。上患吴、会稽轻悍，无壮王以填之，[⑥]诸子少，乃立濞于沛为吴王，[⑦]王三郡五十三城。已拜受印，高帝召濞相之，谓曰："若状有反相。"心独悔，业已拜，因拊其背，[⑧]告曰："汉后五十年东南有乱者，岂若邪？[⑨]然天下同姓为一家也，慎无反！"濞顿首曰："不敢。"

①【索隐】案：澎濞字也，音披位反。　②【集解】徐广曰："仲名喜。"　③【索隐】谓独行从他道逃走。间音纪闲反。　④【索隐】《地

理志》冯翊县名，在郃水之阳。音合。【正义】郃阳故城在同州河西县南三十里。　⑤【索隐】地名也。在蕲县之西。会音古兑反。甀音锤。
⑥【索隐】填音镇。　⑦【集解】徐广曰："十二年十月辛丑。"
⑧【索隐】拊音抚。　⑨【集解】徐广曰："汉元年至景帝三年反，五十有三年。"骃案：应劭曰"克期五十，占者所知。若秦始皇东巡以厌气，后刘项起东南，疑当如此耳"。如淳曰"度其贮积足用为难，又吴、楚世不宾服"。【索隐】案：应氏之意，以后五十年东南有乱，本是占气者所说，高祖素闻此说，自以前难未弭，恐后灾更生，故说此言，更以戒濞。如淳之说，亦合事理。

会孝惠、高后时，天下初定，郡国诸侯各务自拊循其民。吴有豫章郡铜山，[①]濞则招致天下亡命者(益)〔盗〕铸钱，煮海水为盐，以故无赋，国用富饶。[②]

①【集解】韦昭曰："今故鄣。"【索隐】案：鄣郡后改曰故鄣。或称"豫章"为衍字也。【正义】《括地志》云："秦兼天下，以为鄣郡，今湖州长城县西南八十里故章城是也。"铜山，今宣州及润州句容县有，并属章也。
②【集解】如淳曰："铸钱煮盐，收其利以足国用，故无赋于民。"【正义】按：既盗铸钱，何以收其利足国之用？吴国之民又何得无赋？如说非也。言吴国山既出铜，民多盗铸钱，及煮海水为盐，以山海之利不赋之，故言无赋也。其民无赋，国用乃富饶也。

孝文时，吴太子入见，[①]得侍皇太子饮博。吴太子师傅皆楚人，轻悍，又素骄，博，争道，不恭，皇太子引博局提吴太子，[②]杀之。于是遣其丧归葬。至吴，吴王愠[③]曰："天下同宗，死长安即葬长安，何必来葬为！"复遣丧之长安葬。吴王由此稍失藩臣之礼，称病不朝。京师知其以子故称病不朝，验问实不病，诸吴使来，辄系责治之。吴王恐，为谋滋甚。及后使人为秋请，[4]上复责问吴使者，使者对曰："王实不病，汉系治使者数辈，以故遂称病。且夫'察见渊中鱼，不祥'。[5]今王始诈病，及觉，见责急，愈益闭，恐上诛之，计乃无聊。唯上弃之而与更始。"于是天子乃赦吴使者归之，而赐吴王几杖，老，不朝。吴得释其罪，谋亦益解。然其居国以铜盐故，百姓无赋。[6]卒践更，辄与平贾。[7]岁时存问茂材，赏赐闾里。佗郡国吏欲来捕亡人者，讼共禁弗予。[8]如此者四十余年，[9]以故能使其众。

①【索隐】姚氏案：《楚汉春秋》云"吴太子名贤，字德明"。　②【索隐】提音啼，又音底，又音弟。　③【正义】于问反，怨也。　④【集解】应劭曰："冬当断狱，秋先请择其轻重也。"孟康曰："律，春曰朝，秋曰请，如古诸侯朝聘也。"如淳曰："濞不得行，使人代己致请礼也。"【索隐】音净。孟说是也。应劭所云断狱先请，不知何凭。如淳云代己致请，亦是臆说。且文云"使人为秋请"，谓使人为此秋请之礼也。　⑤【集解】张晏曰："喻人君不当见尽下之私。"【索隐】案：此语见《韩子》及《文子》。韦昭曰"知臣下阴私，使优患生变，为不祥。故当赦宥，使自新也"。　⑥【索隐】按：吴国有铸钱煮盐之利，故百姓不别徭赋也。　⑦【集解】《汉书音义》曰："以当为更卒，出钱三百文，谓之'过更'。自行为卒，谓之'践更'。吴王欲得民心，为卒者雇其庸，随时月与平贾，如汉桓、灵时有所兴作，以少府钱借民比也。"【索隐】案：汉律，卒更有三，践更、居更、过更也。此言践更辄与平贾者，谓为践更合自出钱，今王欲得人心，乃与平贾，官仇之也。【正义】践更，若今唱更、行更者也，言民自著卒。更有三品：有卒更，有践更，有过更。古者正卒无常人，皆当迭为之，是为卒更。贫者欲雇更钱者，次直

者出钱雇之,月二千,是为践更。天下人皆直戍边三月,亦各为更,律所谓繇戍也。虽丞相子亦在戍边之调,不可人人自行三月戍,又行者出钱三百入官,官给戍者,是为过更。此汉初因秦法而行之,后改为谪,乃戍边一岁。⑧【集解】徐广曰:"讼音松。"骃按:如淳曰"讼,公也"。【正义】讼音容。言其相容禁止不与也。 ⑨【正义】言四十余年者,太史公尽言吴王一代行事也。《汉书》作"三十余年",而班固见其语在孝文之代,乃减十年,是班固不晓其理也。

晁错为太子家令,得幸太子,数从容言吴过可削。数上书说孝文帝,文帝宽,不忍罚,以此吴日益横。及孝景帝即位,错为御史大夫,说上曰:"昔高帝初定天下,昆弟少,诸子弱,大封同姓,故王孽子悼惠王王齐七十余城,庶弟元王王楚四十余城,兄子濞王吴五十余城,封三庶孽,分天下半。今吴王前有太子之郄,诈称病不朝,于古法当诛,文帝弗忍,因赐几杖。德至厚,当改过自新。乃益骄溢,即山[①]铸钱,煮海水为盐,诱天下亡人,谋作乱。今削之亦反,不削之亦反。削之,其反亟,祸小。不削,反迟,祸大。"三年冬,楚王朝,晁错因言楚王戊往年为薄太后服,私奸服舍,[②]请诛之。诏赦,罚削东海郡。因削吴之豫章郡、会稽郡。及前二年赵王有罪,削其河间郡。[③]胶西王印以卖爵有奸,削其六县。

①【索隐】案:即山,山名。又即者,就也。 ②【集解】服虔曰:"服舍,在丧次,而私奸宫中也。" ③【索隐】案:《汉书》作"常山郡"也。

汉廷臣方议削吴。吴王濞恐削地无已,因以此发谋,欲举事。念诸侯无足与计谋者,闻胶西王勇,好气,喜兵,诸齐[①]皆惮畏，于是乃使中大夫应高诽[②]胶西王。无文书，口报曰："吴王不肖，有宿夕之忧，不敢自外，使喻其欢心。"王曰："何以教之？"高曰："今者主上兴于奸，饰于邪臣，好小善，听谗贼，擅变更律令，侵夺诸侯之地，征求滋多，诛罚良善，日以益甚。里语有之，'舐糠及米'。[③]吴与胶西，知名诸侯也，一时见察，恐不得安肆矣。吴王身有内病，不能朝请二十余年，尝患见疑，无以自白，今胁肩累足，犹惧不见释。窃闻大王以爵事有适，[④]所闻诸侯削地，罪不至此，此恐不得削地而已。"王曰："然，有之。子将奈何？"高曰："同恶相助，同好相留，同情相成，同欲相趋，同利相死。今吴王自以为与大王同忧，愿因时循理，弃躯以除患害于天下，亿亦可乎？"王瞿然骇曰：[⑤]"寡人何敢如是？今主上虽急，固有死耳，安得不戴？"高曰："御史大夫晁错，荧惑天子，侵夺诸侯，蔽忠塞贤，朝廷疾怨，诸侯皆有背畔之意，人事极矣。彗星出，蝗虫数起，此万世一时，而愁劳圣人之所以起也。[⑥]故吴王欲内以晁错为讨，外随大王后车，彷徉天下，所乡者降，所指者下，天下莫敢不服。大王诚幸而许之一言，则吴王率楚王略函谷关，守荥阳敖仓之粟，距汉兵。治次舍，须大王。大王有幸而临之，则天下可并，两主分割，不亦可乎？"王曰："善。"高归报吴王，吴王犹恐其不与，乃身自为使，使于胶西，面结之。

①【集解】韦昭曰："故为齐分为国者胶东、济北之属。"　②【索隐】音徒鸟反。　③【索隐】案：言舐糠尽则至米，谓削土尽则至灭国也。　④【正义】张革反。　⑤【索隐】刘氏瞿音九具反。又《说文》云"瞿，远

视貌”。音九缚反。 ⑥【索隐】案：所谓“殷忧以启明圣”也。

胶西群臣或闻王谋，谏曰：“承一帝，至乐也。今大王与吴西乡，弟令事成，两主分争，患乃始结。诸侯之地不足为汉郡什二，而为畔逆以忧太后，[①]非长策也。”王弗听。遂发使约齐、菑川、胶东、济南、济北，皆许诺，而曰“城阳景王有义，[②]攻诸吕，勿与，事定分之耳”。

①【集解】文颖曰：“王之太后也。” ②【集解】徐广曰：“尔时城阳恭王喜，景王之子。”

诸侯既新削罚，振恐，多怨晁错。及削吴会稽、豫章郡书至，则吴王先起兵，胶西正月丙午诛汉吏二千石以下，胶东、菑川、济南、楚、赵亦然，遂发兵西。齐王后悔，饮药自杀，畔约。济北王城坏未完，其郎中令劫守其王，不得发兵。胶西为渠率，胶东、菑川、济南共攻围临菑。赵王遂亦反，阴使匈奴与连兵。

七国之发也，吴王悉其士卒，下令国中曰：“寡人年六十二，[①]身自将。少子年十四，亦为士卒先。诸年上与寡人比，下与少子等者，皆发。”发二十余万人。南使闽越、东越，东越亦发兵从。

①【集解】徐广曰：“吴王封吴四十二年矣。”

孝景帝三年正月甲子，初起兵于广陵。[①]西涉淮，因并楚兵。发使遗诸侯书曰:“吴王刘濞敬问胶西王、胶东王、菑川王、济南王、赵王、楚王、淮南王、衡山王、庐江王、故长沙王子:[②]幸教寡人。以汉有贼臣,无功天下,侵夺诸侯地,使吏劾系讯治,以僇辱之为故,[③]不以诸侯人君礼遇刘氏骨肉,绝先帝功臣,进任奸宄,诖乱天下,[④]欲危社稷。陛下多病志失,不能省察。欲举兵诛之,谨闻教。敝国虽狭,地方三千里。人虽少,精兵可具五十万。寡人素事南越三十余年,其王君皆不辞分其卒以随寡人,又可得三十余万。寡人虽不肖,愿以身从诸王。越直[⑤]长沙者,[⑥]因王子定长沙以北,[⑦]西走蜀、汉中。[⑧]告越、[⑨]楚王、淮南三王,与寡人西面。[⑩]齐诸王与赵王定河间、河内,或入临晋关,[⑪]或与寡人会洛阳。燕王、赵王固与胡王有约,燕王北定代、云中,抟胡众[⑫]入萧关,[⑬]走长安,匡正天子,以安高庙。愿王勉之。楚元王子、淮南三王或不沐洗十余年,怨入骨髓,欲一有所出之久矣,寡人未得诸王之意,未敢听。今诸王苟能存亡继绝,振弱伐暴,以安刘氏,社稷之所愿也。敝国虽贫,寡人节衣食之用,积金钱,修兵革,聚谷食,夜以继日,三十余年矣。凡为此,愿诸王勉用之。能斩捕大将者,赐金五千斤,封万户。列将,三千斤,封五千户。裨将,二千斤,封二千户。二千石,千斤,封千户。千石,五百斤,封五百户,皆为列侯。其以军若城邑降者,卒万人,邑万户,如得大将。人户五千,如得列将。人户三千,如得裨将。人户千,如得二千石。其小吏皆以差次受爵金。佗封赐皆倍军法。[⑭]其有故爵邑者,更益勿因。愿诸王明以令士大夫,弗敢欺也。寡人金钱在天下者往往而有，非必取于吴，诸王日夜用之弗能尽。有当赐者告寡人，寡人且往遗之。敬以闻。”

①【集解】徐广曰：“荆王刘贾都吴，吴王移广陵也。” ②【集解】徐广曰：“吴芮之玄孙靖王著，以文帝七年卒，无嗣，国除。”骃案：如淳曰“吴芮后四世无子，国除。庶子二人为列侯，不得嗣王，志将不满，故诱与之反也。” ③【集解】《汉书音义》曰：“故，事也。”【正义】按：专以僇辱诸侯为事。 ④【正义】诖音挂。 ⑤【集解】音值。 ⑥【索隐】谓其境相接也。 ⑦【集解】如淳曰：“南越直长沙者，因王子定也。”【索隐】案：谓南越之地与长沙地相接。值者，因长沙王子以定长沙以北也。 ⑧【正义】走音奏，向也。王子，长沙王子也。南越之地对长沙之南者，其民因王子卒而镇定长沙以北，西向蜀及汉中，咸委王子定矣。 ⑨【集解】如淳曰：“告东越使定之。” ⑩【正义】越，东越也。又告东越、楚、淮南三王，与吴王共西面击之。三王谓淮南、衡山、庐江也。 ⑪【正义】今蒲津关。 ⑫【索隐】抟音专。专谓专统领胡兵也。 ⑬【正义】今名陇山关，在原州平凉县界。 ⑭【集解】服虔曰：“封赐倍汉之常法。”

七国反书闻天子，天子乃遣太尉条侯周亚夫将三十六将军，往击吴、楚。遣曲周侯郦寄击赵。将军栾布击齐。大将军窦婴屯荥阳，监齐、赵兵。

吴、楚反书闻，兵未发，窦婴未行，言故吴相袁盎。盎时家居，诏召入见。上方与晁错调兵笇军食，上问袁盎曰：“君尝为吴相，知吴臣田禄伯为人乎？今吴、楚反，于公何如？”曰：“不足忧也，今破矣。”上曰：“吴王即山铸钱，煮海水为盐，诱天下豪桀，白头举事。若此，其计不百全，岂发乎？何以言其无能为也?”袁盎对曰:“吴有铜盐利则有之,安得豪桀而诱之!诚令吴得豪桀,亦且辅王为义,不反矣。吴所诱皆无赖子弟,亡命铸钱奸人,故相率以反。”晁错曰:“袁盎策之善。”上问曰:“计安出?”盎对曰:“愿屏左右。”上屏人,独错在。盎曰:“臣所言,人臣不得知也。”乃屏错。错趋避东厢,恨甚。上卒问盎,盎对曰:“吴、楚相遗书,曰‘高帝王子弟各有分地,今贼臣晁错擅适过诸侯,[①]削夺之地’。故以反为名,西共诛晁错,复故地而罢。方今计独斩晁错,发使赦吴、楚七国,复其故削地,则兵可无血刃而俱罢。”于是上嘿然良久,曰:“顾诚何如,吾不爱一人以谢天下。”盎曰:“臣愚计无出此,愿上孰计之。”乃拜盎为太常,[②]吴王弟子德侯为宗正。[③]盎装治行。后十余日,上使中尉召错,绐载行东市。错衣朝衣斩东市。则遣袁盎奉宗庙,宗正辅亲戚,[④]使告吴如盎策。至吴,吴、楚兵已攻梁壁矣。宗正以亲故,先入见,谕吴王使拜受诏。吴王闻袁盎来,亦知其欲说己,笑而应曰:“我已为东帝,尚何谁拜?”不肯见盎而留之军中,欲劫使将。盎不肯,使人围守,且杀之,盎得夜出,步亡去,走梁军,遂归报。

①【索隐】适音直革反,又音宅。　②【正义】令盎为太常,以示奉宗庙之指意。　③【集解】徐广曰:“名通,其父名广。”骃案:《汉书》曰“吴王弟子德侯广为宗正”也。　④【正义】以亲戚之意辅汉训谕。

条侯将乘六乘传,[①]会兵荥阳。至洛阳,见剧孟,喜曰:“七国反,吾乘传至此,不自意全。[②]又以为诸侯已得剧孟,剧孟今无动。吾据荥阳，以东无足忧者。”至淮阳，问父绛侯故客邓都尉曰：“策安出？”客曰：“吴兵锐甚，难与争锋。楚兵轻，[3]不能久。方今为将军计，莫若引兵东北壁昌邑，以梁委吴，吴必尽锐攻之。将军深沟高垒，使轻兵绝淮泗口，塞吴饷道。彼吴、梁相敝而粮食竭，乃以全强制其罢极，破吴必矣。”条侯曰：“善。”从其策，遂坚壁昌邑南，[4]轻兵绝吴饷道。

①【正义】上音乘，下竹恋反。 ②【正义】言不自意洛阳得全，及见剧孟。 ③【正义】遣正反。 ④【正义】在曹州城武县东北四十二里也。

吴王之初发也，吴臣田禄伯为大将军。田禄伯曰：“兵屯聚而西，无佗奇道，难以就功。臣愿得五万人，别循江、淮而上，收淮南、长沙，入武关，与大王会，此亦一奇也。”吴王太子谏曰：“王以反为名，此兵难以借人，借人亦且反王，奈何？且擅兵而别，多佗利害，未可知也，[1]徒自损耳。”吴王即不许田禄伯。

①【集解】苏林曰：“禄伯傥将兵降汉，自为己利，于吴为生患也。”

吴少将桓将军说王曰：“吴多步兵，步兵利险；汉多车骑，车骑利平地。愿大王所过城邑不下，直弃去，疾西据洛阳武库，食敖仓粟，阻山河之险以令诸侯，虽毋入关，天下固已定矣。即大王徐行，留下城邑，汉军车骑至，驰入梁、楚之郊，事败矣。”吴王问诸老将，老将曰：“此少年推锋之计可耳，安知大虑乎！”于是王不用桓将军计。

吴王专并将其兵，未度淮，诸宾客皆得为将、校尉、候、司马，独周丘不得用。周丘者，下邳人，亡命吴，酤酒无行，吴王濞薄之，弗任。周丘上谒，说王曰：“臣以无能，不得待罪行间。臣非敢求有所将，愿得王一汉节，必有以报王。”王乃予之。周丘得节，夜驰入下邳。下邳时闻吴反，皆城守。至传舍，召令。令入户，使从者以罪斩令。遂召昆弟所善豪吏告曰：“吴反兵且至，至，屠下邳不过食顷。今先下，家室必完，能者封侯矣。”出乃相告，下邳皆下。周丘一夜得三万人，使人报吴王，遂将其兵北略城邑。比至城阳，[①]兵十余万，破城阳中尉军。闻吴王败走，自度无与共成功，即引兵归下邳。未至，疽发背死。

①【正义】《地理志》云城阳国，故齐，汉文帝二年别为国，属兖州。

二月中，吴王兵既破，败走，于是天子制诏将军曰：“盖闻为善者，天报之以福；为非者，天报之以殃。高皇帝亲表功德，建立诸侯，幽王、悼惠王绝无后，孝文皇帝哀怜加惠，王幽王子遂、悼惠王子卬等，令奉其先王宗庙，为汉藩国，德配天地，明并日月。吴王濞倍德反义，诱受天下亡命罪人，乱天下币，[①]称病不朝二十余年，有司数请濞罪，孝文皇帝宽之，欲其改行为善。今乃与楚王戊、赵王遂、胶西王卬、济南王辟光、菑川王贤、胶东王雄渠约从反，为逆无道，起兵以危宗庙，贼杀大臣及汉使者，迫劫万民，夭杀无罪，烧残民家，掘其丘冢，甚为暴虐。今卬等又重逆无道，烧宗庙，卤御物，[②]朕甚痛之。朕素服避正殿，将军其劝士大夫击反虏。击反虏者，深入多杀为功，斩首捕虏比三百石以上者皆杀之，无有所置。[③]敢有议诏及不如诏者，皆要斩。”

①【集解】如淳曰：“币，钱也。以私钱淆乱天下钱也。” ②【集解】如淳曰：“卤，抄掠也。宗庙在郡县之物，皆为御物。”【正义】颜师古曰：“御物，宗庙之服器也。” ③【正义】置，放释也。

初，吴王之度淮，与楚王遂西败棘壁，[①]乘胜前，锐甚。梁孝王恐，遣六将军击吴，又败梁两将，士卒皆还走梁。梁数使使报条侯求救，条侯不许。又使使恶条侯于上，上使人告条侯救梁，复守便宜不行。梁使韩安国及楚死事相弟张羽为将军，[②]乃得颇败吴兵。吴兵欲西，梁城守坚，不敢西，即走条侯军，会下邑。[③]欲战，条侯壁，不肯战。吴粮绝，卒饥，数挑战，遂夜奔条侯壁，惊东南。条侯使备西北，果从西北入。吴大败，士卒多饥死，乃畔散。于是吴王乃与其麾下壮士数千人夜亡去，度江走丹徒，保东越。[④]东越兵可万余人，乃使人收聚亡卒。汉使人以利啖东越，[⑤]东越即绐吴王，吴王出劳军，即使人鏦杀吴王，[⑥]盛其头，[⑦]驰传以闻。吴王子子华、子驹亡走闽越。吴王之弃其军亡也，军遂溃，往往稍降太尉、梁军。楚王戊军败，自杀。

①【正义】在宋州宁陵县西南七十里。 ②【集解】徐广曰：“楚相张尚谏王而死。”【正义】按：羽，尚弟也。 ③【集解】徐广曰：“属梁国。”【正义】宋州砀山县，本汉下邑县。 ④【正义】《东越传》云：“独东

瓯受汉之购，杀吴王。”丹徒，润州也。东瓯即东越也。东越将兵从吴在丹徒也。　⑤【集解】韦昭曰：“啖音徒览反。”　⑥【集解】孟康曰：“《方言》‘戟谓之鏦’。”【索隐】鏦音七江反。谓以戈刺杀之。邹氏又音舂。亦音“从容”之“从”，谓撞杀之也。　⑦【集解】《吴地记》曰：“吴王濞葬武进县南，地名相唐。”【索隐】张勃云“吴王濞葬丹徒县南，其地名相唐”。今注本云“武进县”，恐错也。【正义】《括地志》云：“汉吴王濞冢在润州丹徒县东练壁聚北，今入于江。《吴录》云丹徒有吴王冢，在县北，其处名为相唐。”

三王之围齐临菑也，三月不能下。汉兵至，胶西、胶东、菑川王各引兵归。胶西王乃祖跣，席稿，饮水，谢太后。王太子德曰：“汉兵远，臣观之已罢，可袭，愿收大王余兵击之，击之不胜，乃逃入海，未晚也。”王曰：“吾士卒皆已坏，不可发用。”弗听。汉将弓高侯穨当[①]遗王书曰：“奉诏诛不义，降者赦其罪，复故。不降者灭之。王何处，须以从事。”王肉袒叩头汉军壁，谒曰：“臣卬奉法不谨，惊骇百姓，乃苦将军远道至于穷国，敢请菹醢之罪。”弓高侯执金鼓见之，曰：“王苦军事，愿闻王发兵状。”王顿首膝行对曰：“今者，晁错天子用事臣，变更高皇帝法令，侵夺诸侯地。卬等以为不义，恐其败乱天下，七国发兵，且以诛错。今闻错已诛，卬等谨以罢兵归。”将军曰：“王苟以错不善，何不以闻？(及)〔乃〕未有诏虎符，擅发兵击义国。以此观之，意非欲诛错也。”乃出诏书为王读之。读之讫，曰：“王其自图。”王曰：“如卬等死有余罪。”遂自杀。太后、太子皆死。胶东、菑川、济南王皆死，[②]国除，纳于汉。郦将军围赵十月而下之，赵王自杀。济北王以劫故，得不诛，徙王菑川。

①【集解】徐广曰："姓韩。"　②【集解】徐广曰："一云自杀。"

初，吴王首反，并将楚兵，连齐、赵。正月起兵，三月皆破，独赵后下。复置元王少子平陆侯礼为楚王，续元王后。徙汝南王非王吴故地，为江都王。

太史公曰：吴王之王，由父省也。[①]能薄赋敛，使其众，以擅山海利。逆乱之萌，自其子兴。争技发难，[②]卒亡其本；亲越谋宗，竟以夷陨。晁错为国远虑，祸反近身。袁盎权说，初宠后辱。故古者诸侯地不过百里，山海不以封。"毋亲夷狄，以疏其属"，盖谓吴邪？"毋为权首，反受其咎"，岂盎、错邪？

①【集解】言濞之王吴，由父代王被省封郃阳侯。省音所幸反。【索隐】省音所景反。省者，减也。谓父仲从代王省封郃阳侯也。　②【索隐】谓与太子争博为争技也。

索隐述赞曰：吴、楚轻悍，王濞倍德。富因采山，衅成提局。骄矜携贰，连结七国。婴命始监，错诛未塞。天之悔祸，卒取奔北。

卷一百七

魏其武安侯列传第四十七

魏其侯窦婴者，孝文后从兄子也。父世观津人。[①]喜宾客。孝文时，婴为吴相，病免。孝景初即位，为詹事。[②]

①【索隐】案：《地理志》观津县属信都。以言其累叶在观津，故云"父世"也。【正义】观津城在冀州武邑县东南二十五里。　②【正义】《百官表》云"詹事，秦官，掌皇后、太子家"也。

梁孝王者，孝景弟也，其母窦太后爱之。梁孝王朝，因昆弟燕饮。是时上未立太子，酒酣，从容言曰："千秋之后传梁王。"太后欢。窦婴引卮酒进上，曰："天下者，高祖天下，父子相传，此汉之约也，上何以得擅传梁王！"太后由此憎窦婴。窦婴亦薄其官，因病免。太后除窦婴门籍，不得入朝请。[①]

①【集解】律，诸侯春朝天子曰朝，秋曰请。【正义】才性反。

孝景三年，吴、楚反，上察宗室诸窦[①]毋如窦婴贤，乃召婴。婴入见，固辞谢病不足任。太后亦惭。于是上曰："天下方有急，王孙宁可以让邪？"[②]乃拜婴为大将军，赐金千斤。

窦婴乃言袁盎、栾布诸名将贤士在家者进之。所赐金，陈之廊庑下，军吏过，辄令财取为用，[3]金无入家者。窦婴守荥阳，监齐、赵兵。[4]七国兵已尽破，封婴为魏其侯。诸游士宾客争归魏其侯。孝景时每朝议大事，条侯、魏其侯，诸列侯莫敢与亢礼。

①【索隐】案：谓宗室之中及诸窦之宗室也。又姚氏案：《酷吏传》“周阳由，其父赵兼，以淮南王舅侯周阳，故因改氏。由以宗室任为郎”。则似是与国有亲戚属籍者，亦得呼为宗室也。　②【集解】《汉书》曰：“窦婴字王孙。”　③【集解】苏林曰：“令自裁度取为用也。”　④【正义】监音甲衫反。《吴王濞传》云“窦婴屯荥阳，监齐赵兵”也。

孝景四年，立栗太子，[1]使魏其侯为太子傅。孝景七年，栗太子废，魏其数争不能得。魏其谢病，屏居蓝田南山之下数月，诸宾客辩士说之，莫能来。梁人高遂乃说魏其曰：“能富贵将军者，上也。能亲将军者，太后也。今将军傅太子，太子废而不能争。争不能得，又弗能死。自引谢病，拥赵女，屏间处[2]而不朝。相提而论，[3]是自明扬主上之过。有如两宫螫将军，[4]则妻子毋类矣。”[5]魏其侯然之，乃遂起，朝请如故。

①【正义】栗姬之子，后废之，故书母姓也。　②【正义】上音闲，下昌汝反。　③【集解】徐广曰：“提音徒抵反。”【索隐】提音弟，又音啼。相提，犹相抵也。论音路顿反。　④【集解】张晏曰：“两宫，太后、景帝也。螫，怒也。毒虫怒必螫人。又火各反。”【索隐】螫音释。谓怒也。《汉书》作“奭”，奭即螫也。【正义】两宫，太子、景帝也。　⑤【索隐】谓见诛

灭无遗类。

桃侯免相,[1]窦太后数言魏其侯。孝景帝曰:“太后岂以为臣有爱,[2]不相魏其?魏其者,沾沾[3]自喜耳,多易。[4]难以为相,持重。”遂不用,用建陵侯卫绾为丞相。

①【集解】服虔曰:“刘舍也。” ②【索隐】爱,犹惜也。 ③【集解】徐广曰:“沾,一作怗。又昌兼反,又当牒反。” ④【集解】张晏曰:“沾沾,言自整顿也。多易,多轻易之行也。或曰沾音幨也。”【索隐】小颜沾音他兼反。幨音尺占反。

武安侯田蚡[1]者,孝景后同母弟也,生长陵。魏其已为大将军后,方盛,蚡为诸郎,[2]未贵,往来侍酒魏其,跪起如子侄。及孝景晚节,[3]蚡益贵幸,为太中大夫。蚡辩有口,学《槃盂》诸书,[4]王太后贤之。[5]孝景崩,即日太子立,称制,所镇抚多有田蚡宾客计策。蚡弟田胜,皆以太后弟,孝景后三年[6]封蚡为武安侯,胜为周阳侯。[7]

①【索隐】蚡音扶粉反。如“蚡鼠”之“蚡”,音坟。 ②【集解】徐广曰:“一云诸卿。时人相号长老老者为诸公,年少者为诸卿,如今人相号为士大夫。” ③【索隐】按:谓晚年也。 ④【集解】应劭曰:“黄帝史孔甲所作铭也。凡二十六篇,书槃盂中,所为法戒。诸书,诸子文书也。”孟康曰:“孔甲《槃盂》二十六篇,杂家书,兼儒、墨、名、法。” ⑤【集解】徐广曰:“即蚡同母姊者。” ⑥【集解】徐广曰:“孝景后三年即是孝武初嗣位之年也。” ⑦【正义】绛州闻喜县东二十里周阳故城也。

武安侯新欲用事为相，卑下宾客，进名士家居者贵之，欲以倾魏其诸将相。建元元年，丞相绾病免，上议置丞相、太尉。籍福说武安侯曰："魏其贵久矣，天下士素归之。今将军初兴，未如魏其，即上以将军为丞相，必让魏其。魏其为丞相，将军必为太尉。太尉、丞相尊等耳，又有让贤名。"武安侯乃微言太后风上，于是乃以魏其侯为丞相，武安侯为太尉。籍福贺魏其侯，因吊曰："君侯资性喜善疾恶，方今善人誉君侯，故至丞相；然君侯且疾恶，恶人众，亦且毁君侯。君侯能兼容，则幸久；不能，今以毁去矣。"魏其不听。

魏其、武安俱好儒术，推毂赵绾为御史大夫，①王臧为郎中令。迎鲁申公，欲设明堂，令列侯就国，除关，②以礼为服制，③以兴太平。举适④诸窦宗室毋节行者，除其属籍。时诸外家为列侯，列侯多尚公主，皆不欲就国，以故毁日至窦太后。太后好黄、老之言，而魏其、武安、赵绾、王臧等务隆推儒术，贬道家言，是以窦太后滋不悦魏其等。及建元二年，御史大夫赵绾请无奏事东宫。⑤窦太后大怒，乃罢逐赵绾、王臧等，而免丞相、太尉，以柏至侯许昌为丞相，武强侯庄青翟为御史大夫。魏其、武安由此以侯家居。

①【索隐】案：推毂谓自卑下之，如为之推车毂也。　②【索隐】谓除关门之税也。　③【索隐】案：其时礼度逾侈，多不依古，令吉凶服制皆法于礼也。　④【索隐】适音直革反。　⑤【集解】韦昭曰："欲夺其政也。"

武安侯虽不任职，以王太后故，亲幸，数言事多效，天下吏士趋势利者，皆去魏其归武安。武安日益横。建元六年，窦太后崩，丞相昌、御史大夫青翟坐丧事不办，免。以武安侯蚡为丞相，以大司农韩安国为御史大夫。天下士郡诸侯愈益附武安。①

①【索隐】按：谓仕诸郡及仕诸侯王国者，犹言仕郡国也。

武安者，貌侵，①生贵甚。②又以为诸侯王多长，③上初即位，富于春秋，蚡以肺腑为京师相，④非痛折节以礼诎之，天下不肃。⑤当是时，丞相入奏事，坐语移日，所言皆听。荐人或起家至二千石，权移主上。上乃曰："君除吏已尽未？吾亦欲除吏。"尝请考工地益宅，⑥上怒曰："君何不遂取武库！"是后乃退。尝召客饮，坐其兄盖侯⑦南向，自坐东向，以为汉相尊，不可以兄故私桡。武安由此滋骄，治宅甲诸第。⑧田园极膏腴，而市买郡县器物相属于道。前堂罗钟鼓，立曲旃。⑨后房妇女以百数。诸侯奉金玉狗马玩好，不可胜数。

①【集解】韦昭曰："侵音寝，短小也。又云丑恶也，刻确也。音核。" ②【索隐】按：小颜云"生贵谓自尊高示贵宠"，其说疏也。按：生谓蚡自生尊贵之势特甚，故下云"又以诸侯王多长年，蚡以肺腑为相，非痛折节以礼屈之，则天下不肃"者也。 ③【集解】张晏曰："多长年。" ④【正义】颜师古曰："旧解云肺附，如肝肺之相附著也。一说肺，斫木札也，喻其轻薄附著大材。"按：颜此说并是疏谬。又改"腑"为"附"就其义，重谬矣。《八十一难》云："寸口者，脉之大会，手太阴之动脉也。"吕广云："太阴者，肺之脉也。肺为诸藏之主，通阴阳，故十二经脉皆会乎太阴，所以决吉凶者。十二经有病皆寸口，知其何经之动浮沈涩滑，春秋逆顺，知其死生。"顾野王云：

"肺腑，腹心也。"案：说田蚡为相，若人之肺，知阴阳逆顺，又为帝之腹心亲戚也。　⑤【索隐】案：痛，甚也。欲令士折节屈下于己，不然，天下不肃。或解以为蚡欲折节下士，非也。案：下文不让其兄盖侯，知或说为非也。　⑥【集解】《汉书百官表》曰少府有考工室。如淳曰："官名也。"⑦【集解】徐广曰："王后兄王信也。太山有盖县，乐安有益县也。"⑧【集解】徐广曰："为诸第之上也。"　⑨【集解】如淳曰："旃旗之名。通帛曰旃。曲旃，僭也。"苏林曰："礼，大夫立曲旃。曲旃，柄上曲也。"【索隐】《说文》云曲旃者，所以招士也。

魏其失窦太后，益疏不用，无势，诸客稍稍自引而怠傲，唯灌将军独不失故。魏其日默默不得志，而独厚遇灌将军。

灌将军夫者，颍阴人也。夫父张孟，尝为颍阴侯婴舍人，得幸，因进之至二千石，故蒙灌氏姓为灌孟。吴、楚反时，颍阴侯灌何为将军，①属太尉，请灌孟为校尉。夫以千人与父俱。②灌孟年老，颍阴侯强请之，郁郁不得意，故战常陷坚，遂死吴军中。军法，父子俱从军，有死事，得与丧归。灌夫不肯随丧归，奋曰：③"愿取吴王若将军头，以报父之仇。"于是灌夫被甲持戟，募军中壮士所善愿从者数十人。及出壁门，莫敢前。独二人及从奴十数骑驰入吴军，至吴将麾下，④所杀伤数十人。不得前，复驰还，走入汉壁，皆亡其奴，独与一骑归。夫身中大创十余，适有万金良药，故得无死。夫创少瘳，又复请将军曰："吾益知吴壁中曲折，请复往。"将军壮义之，恐亡夫，乃言太尉，太尉乃固止之。吴已破，灌夫以此名闻天下。

①【索隐】案：何是婴子,《汉书》作“婴”,误。 ②【集解】《汉书音义》曰“官主千人,如候司马”。 ③【集解】张晏曰：“自奋励也。” ④【正义】谓大将之旗。

颍阴侯言之上,上以夫为中郎将。数月,坐法去。后家居长安,长安中诸公莫弗称之。孝景时,至代相。孝景崩,今上初即位,以为淮阳天下交,劲兵处,故徙夫为淮阳太守。建元元年,入为太仆。二年,夫与长乐卫尉窦甫饮,轻重不得,[①]夫醉,搏甫。[②]甫,窦太后昆弟也。上恐太后诛夫,徙为燕相。数岁,坐法去官,家居长安。

①【集解】晋灼曰：“饮酒轻重不得其平也。” ②【索隐】搏音博,谓击也。

灌夫为人刚直使酒,不好面谀。贵戚诸有势在己之右,不欲加礼,必陵之;诸士在己之左,愈贫贱,尤益敬,与钧。稠人广众,荐宠下辈。士亦以此多之。夫不喜文学,好任侠,已然诺。[①]诸所与交通,无非豪杰大猾。家累数千万,食客日数十百人。陂池田园,宗族宾客为权利,横于颍川。颍川儿乃歌之曰：“颍水清,灌氏宁;颍水浊,灌氏族。”

①【索隐】已音以。谓已许诺,必使副其前言也。

灌夫家居虽富,然失势,卿相侍中宾客益衰。及魏其侯失势,亦欲倚灌夫引绳批根生平慕之后弃之者。[①]灌夫亦倚魏其而通列侯宗室为名高。两人相为引重,[2]其游如父子然。相得欢甚,无厌,恨相知晚也。

①【集解】苏林曰:“二人相倚,引绳直之,意批根宾客也。弃之者,不与交通。”孟康曰:“根,根括。引绳以持弹。”【索隐】案:刘氏云“二人相倚,事如合绳共相依引也”。批音步结反。批者,排也。《汉书》作排根。小颜根音痕,括音汨。谓人生平慕婴夫,后见其失职而颇慢如此者,共排退之,不复与交也。譬如相对挽绳而根括之也。持弹,案《汉书》本作“抨弹”,音普耕反。 ②【集解】张晏曰:“相荐达为声势。”

灌夫有服,过丞相。丞相从容曰:“吾欲与仲孺过魏其侯,[1]会仲孺有服。”[2]灌夫曰:“将军乃肯幸临况魏其侯,夫安敢以服为解。请语魏其侯帐具,将军旦日早临。”武安许诺。灌夫具语魏其侯如所谓武安侯。魏其与其夫人益市牛酒,夜洒扫,早帐具至旦。平明,令门下候伺。至日中,丞相不来。魏其谓灌夫曰:“丞相岂忘之哉?”灌夫不怿,曰:“夫以服请,宜往。”[3]乃驾,自往迎丞相。丞相特前戏许灌夫,殊无意往。及夫至门,丞相尚卧。于是夫入见,曰:“将军昨日幸许过魏其,魏其夫妻治具,自旦至今,未敢尝食。”武安鄂[4]谢曰:“吾昨日醉,忽忘与仲孺言。”乃驾往,又徐行,灌夫愈益怒。及饮酒酣,夫起舞属丞相,[5]丞相不起,夫从坐上语侵之。魏其乃扶灌夫去,谢丞相。丞相卒饮至夜,极欢而去。

①【集解】《汉书》曰:“灌夫字仲孺。” ②【索隐】案:服谓期功之服也。故应璩书曰“仲孺不辞同生之服”也。 ③【集解】徐广曰:“一云

'以服请,不宜往'。"【索隐】案:徐广云"以服请,不宜往",其说非也。正言夫请不以服为解,蚡不宜忘,故驾自往迎也。 ④【集解】徐广曰:"一作悟。" ⑤【索隐】属音之欲反。属,犹委也,付也。小颜云"若今之舞讫相劝也"。

丞相尝使籍福请魏其城南田。魏其大望曰:"老仆虽弃,将军虽贵,宁可以势夺乎!"不许。灌夫闻,怒,骂籍福。籍福恶两人有郄,乃谩自好谢丞相曰:"魏其老且死,易忍,且待之。"已而武安闻魏其、灌夫实怒不予田,亦怒曰:"魏其子尝杀人,蚡活之。蚡事魏其无所不可,何爱数顷田?且灌夫何与也?吾不敢复求田。"武安由此大怨灌夫、魏其。

元光四年春,[①]丞相言灌夫家在颍川,横甚,民苦之。请案。上曰:"此丞相事,何请。"灌夫亦持丞相阴事,为奸利,受淮南王金与语言。宾客居间,遂止,俱解。

①【集解】徐广曰:"疑此当是三年也。其说在后。"

夏,丞相取燕王女为夫人,[①]有太后诏,召列侯宗室皆往贺。魏其侯过灌夫,欲与俱。夫谢曰:"夫数以酒失得过丞相,丞相今者又与夫有郄。"魏其曰:"事已解。"强与俱。饮酒酣,武安起为寿,[②]坐皆避席伏。已魏其侯为寿,独故人避席耳,余半膝席。[③]灌夫不悦。起行酒,至武安,武安膝席曰:"不能满觞。"夫怒,因嘻笑曰:"将军贵人也,属之!"[④]时武安不肯。行酒次至临汝侯,[⑤]临汝侯方与程不识耳语,又不避席。夫无所发怒,乃骂临汝侯曰:"生平毁程不识不直一钱,今日长者为寿，乃效女儿呫嗫耳语。”[⑥]武安谓灌夫曰：“程、李俱东西宫卫尉，[⑦]今众辱程将军，仲孺独不为李将军地乎。”[⑧]灌夫曰：“今日斩头陷胸，[⑨]何知程、李乎。”坐乃起更衣，稍稍去。魏其侯去，麾灌夫出。武安遂怒曰：“此吾骄灌夫罪。”乃令骑留灌夫。灌夫欲出不得。籍福起为谢，案灌夫项令谢。夫愈怒，不肯谢。武安乃麾骑缚夫置传舍，召长史曰：“今日召宗室，有诏。”劾灌夫骂坐不敬，系居室。[⑩]遂按其前事，遣吏分曹逐捕诸灌氏支属，皆得弃市罪。魏其侯大愧，为资使宾客请，[⑪]莫能解。武安吏皆为耳目，诸灌氏皆亡匿，夫系，遂不得告言武安阴事。

①【索隐】案：蚡娶燕王刘泽子康王嘉之女也。　②【集解】如淳曰：“上酒为称寿，非大行酒。”　③【集解】苏林曰：“下席而膝半在席上。”如淳曰：“以膝跪席上也。”　④【集解】徐广曰：“属，一作毕。”【索隐】案：《汉书》作“毕”。毕，尽也。　⑤【集解】徐广曰：“灌婴孙，名贤也。”【索隐】案：《汉书》云临汝侯灌贤，则贤是婴之孙，临汝是改封也。⑥【集解】韦昭曰：“呫嗫，附耳小语声。”【索隐】女儿，犹云儿女也。《汉书》作“女曹儿”。曹，辈也，犹言儿女辈。呫，邹氏音蚩辄反。嗫音女辄反。⑦【集解】《汉书音义》曰：“李广为东宫，程不识为西宫。”　⑧【集解】如淳曰：“李将军，李广也。犹今人言为除地也。”【索隐】案：小颜云“言今既毁程，令李何地自安处也”。　⑨【索隐】韦昭云：“言不避死亡也。”《汉书》作“穴匈”。　⑩【集解】如淳曰：“《百官表》居室为保宫，今守宫也。”⑪【集解】如淳曰：“为出资费，使人为夫言。”

魏其锐身为救灌夫。夫人谏魏其曰：“灌将军得罪丞相，与太后家忤，宁可救邪？”魏其侯曰：“侯自我得之，自我捐之，无所恨。且终不令灌仲孺独死，婴独生。”乃匿其家，[①]窃出上书。立召入，具言灌夫醉饱事，不足诛。上然之，赐魏其食，曰：“东朝廷辩之。”[②]

①【集解】晋灼曰：“恐其夫人复谏止也。” ②【集解】如淳曰：“东朝，太后朝。”

魏其之东朝，盛推灌夫之善，言其醉饱得过，乃丞相以他事诬罪之。武安又盛毁灌夫所为横恣，罪逆不道。魏其度不可奈何，因言丞相短。武安曰：“天下幸而安乐无事，蚡得为肺腑，所好音乐狗马田宅。蚡所爱倡优巧匠之属，不如魏其、灌夫日夜招聚天下豪杰壮士与论议，腹诽而心谤，不仰视天而俯画地，[①]辟倪两宫间，[②]幸天下有变，而欲有大功。[③]臣乃不知魏其等所为。”于是上问朝臣：“两人孰是？”御史大夫韩安国曰：“魏其言灌夫父死事，身荷戟驰入不测之吴军，身被数十创，名冠三军，此天下壮士，非有大恶，争杯酒，不足引他过以诛也。魏其言是也。丞相亦言灌夫通奸猾，侵细民，家累巨万，横恣颍川，凌轹宗室，侵犯骨肉，此所谓‘枝大于本，胫大于股，不折必披’，[④]丞相言亦是。唯明主裁之。”主爵都尉汲黯是魏其。内史郑当时是魏其，后不敢坚对。余皆莫敢对。上怒内史曰：“公平生数言魏其、武安长短，今日廷论，局趣效辕下驹，[⑤]吾并斩若属矣。”即罢起入，上食太后。太后亦已使人候伺，是以告太后。太后怒，不食，曰：“今我在也，而人皆借吾弟，[⑥]令我百岁后，皆鱼肉之矣。且帝宁能为石人邪！[⑦]此特帝在，即录录，设百岁后，[⑧]是属宁有可信者乎？”上谢曰：“俱宗室外家，[⑨]故廷辩之。不然，此一狱吏所决耳。”是时郎中令石建为上分别言两人事。

①【集解】张晏曰：“视天，占三光也。画地，知分野所在也。画地谕欲作反事。” ②【集解】徐广曰：“辟音芳细反。倪音诣。”张晏曰：“占太后与帝吉凶之期。”【索隐】辟普系反。倪，五系反。《埤仓》云：“睥睨，邪视也。” ③【集解】张晏曰：“幸为反者，当得为大将立功也。”瓒曰：“天下有变谓天子崩，因变难之际得立大功。” ④【索隐】案：包恺音匹彼反。【正义】铺被反。披，分析也。 ⑤【集解】张晏曰：“俯头于车辕下，随母而已。”瓒曰：“小马在辕下。”【正义】应劭云：“驹马加著辕。局趣，纤小之貌。”按：应说为长也。 ⑥【索隐】案：晋灼云“借，蹈也。以言蹂借之”。 ⑦【索隐】谓帝不如石人得长存也。【正义】颜师古云：“言徒有人形耳，不知好恶。”按：今俗云人不辨事，骂云杌杌若木人也。 ⑧【索隐】案：设者，脱也。 ⑨【正义】婴，景帝从舅。蚡，太后同母弟。

武安已罢朝，出止车门，召韩御史大夫载，怒曰：“与长孺共一老秃翁，何为首鼠两端？”[①]韩御史良久谓丞相曰：“君何不自喜？[②]夫魏其毁君，君当免冠解印绶归，曰‘臣以肺腑幸得待罪，固非其任，魏其言皆是’。如此，上必多君有让，不废君。魏其必内愧，杜门齰舌自杀。[③]今人毁君，君亦毁人，譬如贾竖女子争言，何其无大体也。”武安谢罪曰：“争时急，不知出此。”

①【集解】《汉书音义》曰：“秃老翁，言婴无官位扳援也。首鼠，一前一却也。”【索隐】案：谓共治一老秃翁，指窦婴也。 ②【集解】苏林曰：

“何不自解释为喜乐邪?”【索隐】案:小颜云“何不自谦逊为可喜之事”。音许既反。　③【索隐】案:《说文》云“齰,齧也”。士白反。

于是上使御史簿责魏其所言灌夫,颇不仇,[①]欺谩。劾系都司空。[②]孝景时,魏其常受遗诏,曰“事有不便,以便宜论上”。及系,灌夫罪至族,事日急,诸公莫敢复明言于上。魏其乃使昆弟子上书言之,幸得复召见。书奏上,而案尚书大行无遗诏。[③]诏书独藏魏其家,家丞封。[④]乃劾魏其矫先帝诏,罪当弃市。五年十月,[⑤]悉论灌夫及家属。魏其良久乃闻,闻即恚,病痱,[⑥]不食欲死。或闻上无意杀魏其,魏其复食,治病,议定不死矣。乃有蜚语为恶言闻上,[⑦]故以十二月晦[⑧]论弃市渭城。[⑨]

①【正义】仇音市周反,对也。言簿责魏其所言灌夫实颍川事,故魏其不对为欺谩者也。　②【索隐】案:《百官表》云宗正属官,主诏狱也。【正义】如淳云:“律,司空主水及罪人。”　③【集解】如淳曰:“大行,主诸侯官也。”【索隐】案:尚书无此景帝崩时大行遗诏,乃魏其家臣印封之。如淳说非也。【正义】天子崩曰大行也。按:尚书之中,景帝崩时无遗诏赐魏其也。《百官表》云诸受尚书事也。　④【集解】《汉书音义》曰:“以家臣印封遗诏。”　⑤【集解】徐广曰:“疑非五年,亦非十月。”【索隐】徐氏云疑非者,案《武纪》四年三月蚡薨,窦婴死在前,今云五年,故疑非也。【正义】《汉书》云元光四年冬,魏其侯婴有罪弃市。春三月乙卯,丞相蚡薨。按:五年者,误也。　⑥【索隐】痱音肥,又音扶味反,风病也。⑦【集解】张晏曰:“蚡伪作飞扬诽谤之语。”　⑧【集解】徐广曰:“疑非十二月也。”骃案:张晏曰“月晦者,春垂至也”。【索隐】著日月者,见春垂至,恐遇赦赎也。　⑨【正义】故咸阳也。

其春，武安侯病，[1]专呼服谢罪。[2]使巫视鬼者视之，见魏其、灌夫共守，欲杀之。竟死。[3]子恬嗣。元朔三年，武安侯坐衣襜褕[4]入宫，不敬。[5]

①【正义】其春，即四年春也。元光四年十月，灌夫弃市。十二月末，魏其弃市。至三月乙卯，田蚡薨。则三人死同在一年明矣。汉以十月为岁首故也。《秦楚之际表》云〔十月〕，十一月，十二月，端月，二月，三月，至九为终。周建子为正月，十一月为正月，十二月为二月，正月为三月，二月为四月，至十月为岁终。汉初至武帝太初以前，并依秦法，以后改用夏正月，至今不改。然夫子作《春秋》依夏正。　②【集解】《汉书音义》曰："言蚡号呼谢服罪也。"　③【集解】徐广曰："蚡疾，见魏其、灌夫鬼杀之，则其(春)〔死〕共在一春内邪？《武帝本纪》'四年三月乙卯，田蚡薨'，婴死在蚡薨之前，何复云五年十二月邪？疑十二月当为二月也。"案《侯表》，蚡事武帝九年而卒，元光四年侯恬之元年，建元元年讫元光三年而九年。《大臣表》蚡以元光四年卒，亦云婴四年弃市，未详此正安在。然蚡薨在婴死后分明。④【正义】《尔雅》云"衣蔽前谓之襜"。郭璞云"蔽膝也"。《说文》、《字林》并谓之短衣。　⑤【集解】徐广曰："表云坐衣不敬，国除。"【索隐】襜，尺占反。褕音逾。谓非正朝衣，若妇人服也。

淮南王安谋反觉，治。王前朝，[1]武安侯为太尉，时迎王至霸上，谓王曰："上未有太子，大王最贤，高祖孙，即宫车晏驾，非大王立当谁哉！"淮南王大喜，厚遗金财物。上自魏其时不直武安，特为太后故耳。[2]及闻淮南王金事，上曰："使武安侯在者，族矣。"

①【集解】徐广曰："建元二年。"　②【索隐】案：武帝以魏其、灌夫

事为枉，于武安侯为不直，特为太后故耳。

太史公曰：魏其、武安皆以外戚重，灌夫用一时决策而名显。魏其之举以吴、楚，武安之贵在日月之际。然魏其诚不知时变，灌夫无术而不逊，两人相翼，乃成祸乱。武安负贵而好权，杯酒责望，陷彼两贤。呜呼哀哉！迁怒及人，命亦不延。众庶不载，竟被恶言。呜呼哀哉！祸所从来矣。

索隐述赞曰：窦婴、田蚡，势利相雄。咸倚外戚，或恃军功。灌夫自喜，引重其中。意气杯酒，辟倪两宫。事竟不直，冤哉二公。

卷一百八

韩长孺列传第四十八

御史大夫韩安国者，梁成安人也，[1]后徙睢阳。[2]尝受《韩子》、杂家说于驺田生所。[3]事梁孝王为中大夫。吴、楚反时，孝王使安国及张羽为将，扞[4]吴兵于东界。张羽力战，安国持重，以故吴不能过梁。吴、楚已破，安国、张羽名由此显。

①【集解】徐广曰："在汝颍之间也。"【索隐】《汉书·地理志》县名，属陈留。【正义】《括地志》云："成安故城在汝州梁县东二十三里。"《地理志》云成安属颍川郡。陈留郡又有成安县，亦属梁，未知孰是也。　②【正义】今宋州宋城。　③【索隐】案：安国学《韩子》及杂家说于驺县田生之所。　④【索隐】将音酱，扞音汗。

梁孝王，景帝母弟，窦太后爱之，令得自请置相、二千石，出入游戏，僭于天子。天子闻之，心弗善也。太后知帝不善，乃怒梁使者，弗见，案责王所为。韩安国为梁使，见大长公主[1]而泣曰："何梁王为人子之孝，为人臣之忠，而太后曾弗省也？[2]夫前日吴、楚、齐、赵七国反时，自关以东皆合从西向，惟梁最亲为艰难。梁王念太后、帝在中，[3]而诸侯扰乱，一言泣数行下，跪送臣等六人将兵击却吴、楚，吴、楚以故兵不敢西，而卒破亡，梁王之力也。今太后以小节苛礼[4]责望梁王。梁王父兄皆帝王，所见者大，故出称跸，入言警，车旗皆帝所赐也，即欲以侘鄙县，[5]驱驰国中，以夸诸侯，令天下尽知太后、帝爱之也。今梁使来，辄案责之。梁王恐，日夜涕泣思慕，不知所为。何梁王之为子孝，为臣忠，而太后弗恤也？"大长公主具以告太后，太后喜曰："为言之帝。"言之，帝心乃解，而免冠谢太后曰："兄弟不能相教，乃为太后遗忧。"悉见梁使，厚赐之。其后梁王益亲欢。太后、长公主更赐安国可直千余金。名由此显，结于汉。

①【集解】徐广曰："景帝姊。"【索隐】案：即馆陶公主。【正义】如淳云："景帝妹也。" ②【索隐】省音仙井反。省者，察也。 ③【正义】谓关中也。又云京师在天下之中。 ④【索隐】案：谓苛细小礼以责之。⑤【集解】徐广曰："侘，一作'绗'也。"骃案：侘音丑亚反，夸也。【索隐】《汉书》作"媠"，音火亚反。绗音寒孟反。

其后安国坐法抵罪，蒙[1]狱吏田甲辱安国。安国曰："死灰独不复然乎？"田甲曰："然即溺之。"居无何，梁内史缺，汉使使者拜安国为梁内史，起徒中为二千石。田甲亡走。安国曰："甲不就官，我灭而宗。"甲因肉袒谢。安国笑曰："可溺矣，公等足与治乎？"[2]卒善遇之。

①【集解】蒙，县名。【索隐】抵音丁礼反。蒙，县名，属梁国也。
②【索隐】案：谓不足与绳(持)〔治〕之。治音持也。

梁内史之缺也，孝王新得齐人公孙诡，悦之，欲请以为内史。窦太后闻，乃诏王以安国为内史。

公孙诡、羊胜说孝王求为帝太子及益地事，恐汉大臣不听，乃阴使人刺汉用事谋臣。及杀故吴相袁盎，景帝遂闻诡、胜等计画，乃遣使捕诡、胜，必得。汉使十辈至梁，相以下举国大索，月余不得。内史安国闻诡、胜匿孝王所，安国入见王而泣曰："主辱臣死。[①]大王无良臣，故事纷纷至此。今诡、胜不得，请辞赐死。"王曰："何至此？"安国泣数行下，曰："大王自度于皇帝，孰与太上皇之与高皇帝及皇帝之与临江王亲？"孝王曰："弗如也。"安国曰："夫太上、临江亲父子之间，然而高帝曰'提三尺剑取天下者朕也'，故太上皇终不得制事，居于栎阳。临江王，嫡长太子也，以一言过，废王临江；[②]用宫垣事，卒自杀中尉府。何者？治天下终不以私乱公。语曰：'虽有亲父，安知其不为虎？虽有亲兄，安知其不为狼？'今大王列在诸侯，悦[③]一邪臣浮说，犯上禁，桡明法。天子以太后故，不忍致法于王。太后日夜涕泣，幸大王自改，而大王终不觉寤。有如太后宫车即晏驾，大王尚谁攀乎？"语未卒，孝王泣数行下，谢安国曰："吾今出诡、胜。"诡、胜自杀。汉使还报，梁事皆得释，安国之力也。于是景帝、太后益重安国。孝王卒，共王即位，安国坐法失官，居家。

①【索隐】此语见《国语》。　②【集解】如淳曰："景帝尝属诸姬，太子母栗姬言不逊，由是废太子，栗姬忧死。"　③【索隐】悦，《汉书》作"怵"。《说文》云"怵，诱也"。

建元中，武安侯田蚡为汉太尉，亲贵用事，安国以五百金物遗蚡。蚡言安国太后，天子亦素闻其贤，即召以为北地都尉，迁为大司农。闽越、东越相攻，安国及大行王恢将。未至越，越杀其王降，汉兵亦罢。建元六年，武安侯为丞相，安国为御史大夫。

匈奴来请和亲，天子下议。大行王恢，燕人也，数为边吏，习知胡事。议曰："汉与匈奴和亲，率不过数岁即复背约。不如勿许，兴兵击之。"安国曰："千里而战，兵不获利。今匈奴负戎马之足，怀禽兽之心，迁徙鸟举，难得而制也。得其地不足以为广，有其众不足以为强，自上古不属为人。[①]汉数千里争利，则人马罢，虏以全制其敝。且强弩之极，矢不能穿鲁缟。[②]冲风之末，力不能漂鸿毛。非初不劲，末力衰也。击之不便，不如和亲。"群臣议者多附安国，于是上许和亲。

①【索隐】案：晋灼云"不内属于汉为人"。　②【集解】许慎曰："鲁之缟尤薄。"

其明年，则元光元年，雁门马邑豪聂翁壹[①]因大行王恢言上曰："匈奴初和亲，亲信边，可诱以利。"阴使聂翁壹为间，亡入匈奴，谓单于曰："吾能斩马邑令丞吏，以城降，财物可尽得。"单于爱信之，以为然，许聂翁壹。聂翁壹乃还，诈斩死罪囚，县其头马邑城，示单于使者为信。曰："马邑长吏已死，可急来。"于是单于穿塞将十余万骑，入武州塞。[②]

①【集解】张晏曰:“豪,犹帅也。”【索隐】聂,姓也;翁壹,名也。《汉书》云“聂壹”。　②【集解】徐广曰:“在雁门。”【索隐】崔浩云“今平城直西百里有武州城”是也。

当是时,汉伏兵车骑材官三十余万,匿马邑旁谷中。卫尉李广为骁骑将军,[①]太仆公孙贺为轻车将军,[②]大行王恢为将屯将军,[③]太中大夫李息为材官将军。[④]御史大夫韩安国为护军将军,诸将皆属护军。约单于入马邑而汉兵纵发。王恢、李息、李广别从代主击其辎重。[⑤]于是单于入汉长城武州塞。未至马邑百余里,行掠卤,徒见畜牧于野,不见一人。单于怪之,攻烽燧,得武州尉史。欲刺问尉史。尉史曰:“汉兵数十万伏马邑下。”单于顾谓左右曰:“几为汉所卖!”[⑥]乃引兵还。出塞,曰:“吾得尉史,乃天也。”命尉史为“天王”。塞下传言单于已引去。汉兵追至塞,度弗及,即罢。王恢等兵三万,闻单于不与汉合,度往击辎重,必与单于精兵战,汉兵势必败,则以便宜罢兵,皆无功。

①【集解】《汉书》曰:“北貉燕人来致骁骑。”应劭曰:“骁,健也。”张晏曰:“骁,勇也,若六博之枭矣。”　②【正义】司马《续汉书》云:“轻车,古之战车。”　③【正义】李奇云:“监主诸屯。”　④【正义】臣瓒云:“材官,骑射之官。”　⑤【正义】《释名》云:“辎,厕也。所载衣服杂厕其中。”⑥【正义】几音祈。

天子怒王恢不出击单于辎重,擅引兵罢也。恢曰:“始约虏入马邑城,兵与单于接,而臣击其辎重,可得利。今单于闻，不至而还，臣以三万人众不敌，提取辱耳。[①]臣固知还而斩，然得完陛下士三万人。”于是下恢廷尉。廷尉当恢逗桡，当斩。[②]恢私行千金丞相蚡。蚡不敢言上，而言于太后曰：“王恢首造马邑事，今不成而诛恢，是为匈奴报仇也。”上朝太后，太后以丞相言告上。上曰：“首为马邑事者，恢也，故发天下兵数十万，从其言，为此。且纵单于不可得，恢所部击其辎重，犹颇可得，以慰士大夫心。今不诛恢，无以谢天下。”于是恢闻之，乃自杀。

①【集解】徐广曰：“禔，一作只也。” ②【集解】《汉书音义》曰：“逗，曲行避敌也；桡，顾望。军法语也。”【索隐】案：如淳云：“军法行而逗留畏桡者，要斩。”逗音豆。又音住，住，逗留也。桡，屈弱也。

安国为人多大略，智足以当世取舍，而出于忠厚焉。[①]贪嗜于财。所推举皆廉士贤于己者也。于梁举壶遂、臧固、郅他，[②]皆天下名士，士亦以此称慕之，唯天子以为国器。安国为御史大夫四岁余，丞相田蚡死，安国行丞相事，奉引堕车蹇。[③]天子议置相，欲用安国，使使视之，蹇甚，乃更以平棘侯薛泽为丞相。安国病免数月，蹇愈，上复以安国为中尉。岁余，徙为卫尉。

①【索隐】案：出者，去也。言安国为人无忠厚之行。 ②【索隐】郅音质，他徒河反。谓三人姓名也，壶遂也，臧固也，郅他也。若《汉书》则云“至他”，言至于他处，亦举名士也。 ③【集解】如淳曰：“为天子导引而堕车，跛足。”

车骑将军卫青击匈奴,[①]出上谷,破胡茏城。[②]将军李广为匈奴所得,复失之;公孙敖大亡卒:皆当斩,赎为庶人。明年,匈奴大入边,杀辽西太守,及入雁门,所杀略数千人。车骑将军卫青击之,出雁门。卫尉安国为材官将军,屯于渔阳。[③]安国捕生虏,言匈奴远去。即上书言方田作时,请且罢军屯。罢军屯月余,匈奴大入上谷、渔阳。安国壁乃有七百余人,出与战,不胜,复入壁。匈奴虏略千余人及畜产而去。天子闻之,怒,使使责让安国。徙安国益东,屯右北平。[④]是时匈奴虏言当入东方。

①【集解】徐广曰:"元光六年也。" ②【集解】茏音龙。 ③【正义】幽州县。 ④【正义】幽州渔阳县东南七十七里北平城,即汉右北平也。

安国始为御史大夫及护军,后稍斥疏,下迁。而新幸壮将军卫青等有功,益贵。安国既疏远,默默也。将屯又为匈奴所欺,失亡多,甚自愧。幸得罢归,乃益东徙屯,意忽忽不乐。数月,病欧血死。安国以元朔二年中卒。

太史公曰:余与壶遂定律历,观韩长孺之义,壶遂之深中隐厚。[①]世之言梁多长者,不虚哉!壶遂官至詹事,天子方倚以为汉相,会遂卒。不然,壶遂之内廉行修,斯鞠躬君子也。

①【集解】徐广曰:"一云廉正忠厚。"

索隐述赞曰:安国忠厚,初为梁将。因事坐法,免徒起相。死灰更然,生虏失防。推贤见重,贿金贻谤。雪泣悟主,臣节可亮。

卷一百九

李将军列传第四十九

李将军广者，陇西成纪人也。[①]其先曰李信，秦时为将，逐得燕太子丹者也。故槐里，徙成纪。广家世世受射。[②]孝文帝十四年，匈奴大入萧关，而广以良家子[③]从军击胡，用善骑射，杀首虏多，为汉中郎。广从弟李蔡亦为郎，皆为武骑常侍，[④]秩八百石。尝从行，有所冲陷折关及格猛兽，而文帝曰："惜乎，子不遇时！如令子当高帝时，万户侯岂足道哉！"

①【正义】成纪，秦州县。　②【索隐】案：小颜云"世受射法"。③【索隐】案：如淳云"非医、巫、商贾、百工也"。　④【索隐】案：谓为郎而补武骑常侍。

及孝景初立，广为陇西都尉，徙为骑郎将。[①]吴、楚军时，广为骁骑都尉，从太尉亚夫击吴、楚军，取旗，显功名昌邑下。以梁王授广将军印，还，赏不行。[②]徙为上谷太守，匈奴日以合战。典属国公孙昆邪[③]为上泣曰："李广才气，天下无双，自负其能，数与虏敌战，恐亡之。"于是乃徙为上郡太守。后广转为边郡太守，徙上郡。尝为陇西、北地、雁门、代郡、云中太守，皆以力战为名。

①【集解】张晏曰："为武骑郎将。"【索隐】小颜云："为骑郎将谓主骑郎也。"　②【集解】文颖曰："广为汉将，私受梁印，故不以赏也。"　③【集解】昆音魂。【索隐】案：典属国，官名。公孙，姓也。昆邪，名。服虔云"中国人"。

匈奴大入上郡，天子使中贵人[①]从广勒习兵击匈奴。中贵人将骑数十纵，[②]见匈奴三人，与战。三人还射，[③]伤中贵人，杀其骑且尽。中贵人走广。广曰："是必射雕者也。"[④]广乃遂从百骑往驰三人。三人亡马步行，行数十里。广令其骑张左右翼，而广身自射彼三人者，杀其二人，生得一人，果匈奴射雕者也。已缚之上马，望匈奴有数千骑，见广，以为诱骑，皆惊，上山陈。广之百骑皆大恐，欲驰还走。广曰："吾去大军数十里，今如此以百骑走，匈奴追射我立尽。今我留，匈奴必以我为大军〔之〕诱(之)，必不敢击我。"广令诸骑曰："前！"前未到匈奴陈二里所，止，令曰："皆下马解鞍！"其骑曰："虏多且近，即有急，奈何？"广曰："彼虏以我为走，今皆解鞍以示不走，用坚其意。"于是胡骑遂不敢击。有白马将[⑤]出护其兵，李广上马与十余骑奔射杀胡白马将，而复还至其骑中，解鞍，令士皆纵马卧。是时会暮，胡兵终怪之，不敢击。夜半时，胡兵亦以为汉有伏军于旁欲夜取之，胡皆引兵而去。平旦，李广乃归其大军。大军不知广所之，故弗从。

①【集解】《汉书音义》曰："内官之幸贵者。"【索隐】案：董巴《舆服志》云"黄门丞至密近，使听察天下，谓之中贵人使者"。崔浩云"在中而贵幸，

非德望，故云中贵也”。　②【集解】徐广曰：“放纵驰骋。”　③【正义】射音石。还谓转也。　④【集解】文颖曰：“雕，鸟也，故使善射者射也。”【索隐】案：服虔云“雕，大鸷鸟也”。一名鹫。黑色，多子。可以其毛作矢羽。韦昭云“雕，一名鹗也”。　⑤【正义】其将乘白马，而出监护也。

居久之，孝景崩，武帝立，左右以为广名将也，于是广以上郡太守为未央卫尉，而程不识亦为长乐卫尉。程不识故与李广俱以边太守将军屯。及出击胡，而广行无部伍行陈，①就善水草屯，舍止，人人自便，②不击刁斗以自卫，③莫府④省约文书籍事，然亦远斥候，⑤未尝遇害。程不识正部曲行伍营陈，击刁斗，士吏治军簿至明，军不得休息，然亦未尝遇害。不识曰：“李广军极简易，然虏卒犯之，无以禁也。而其士卒亦佚乐，咸乐为之死。我军虽烦扰，然虏亦不得犯我。”是时汉边郡李广、程不识皆为名将，然匈奴畏李广之略，士卒亦多乐从李广而苦程不识。程不识孝景时以数直谏为太中大夫。为人廉，谨于文法。

①【索隐】案：《百官志》云“将军领军皆有部曲。大将军营五部，部校尉一人，部下有曲，曲有军候一人”也。　②【索隐】便音频面反。　③【集解】孟康曰：“以铜作鐎器，受一斗，昼炊饭食，夜击持行，名曰刁斗。”【索隐】刁音貂。案：荀悦云“刁斗，小铃，如宫中传夜铃也”。苏林云“形如铜，以铜作之，无缘，受一斗，故云刁斗”。铜即铃也。《埤仓》云“鐎，温器，有柄斗，似铫无缘。音焦”。　④【索隐】案：大颜云“凡将军谓之莫府者，盖兵门合施帷帐，故称(莫)〔幕〕府。古字通用，遂作‘莫’耳”。《小尔雅》训莫为大，非也。　⑤【索隐】案：许慎注《淮南子》云“斥，度也。候，视也，望也”。

后汉以马邑城诱单于，使大军伏马邑旁谷，而广为骁骑将军，领属护军将军。是时单于觉之，去，汉军皆无功。其后四岁，广以卫尉为将军，出雁门击匈奴。匈奴兵多，破败广军，生得广。单于素闻广贤，令曰："得李广必生致之。"胡骑得广，广时伤病，置广两马间，络而盛卧广。行十余里，广佯死，睨其旁有一胡儿骑善马，广暂腾而上胡儿马，因推堕儿，[①]取其弓，鞭马南驰数十里，复得其余军，因引而入塞。匈奴捕者骑数百追之，广行取胡儿弓，射杀追骑，以故得脱。于是至汉，汉下广吏。吏当广所失亡多，为虏所生得，当斩，赎为庶人。

①【集解】徐广曰："一云'抱儿鞭马南驰'也。"

顷之，家居数岁。广家与故颍阴侯孙[①]屏野居蓝田南山中射猎。尝夜从一骑出，从人田间饮。还至霸陵亭，霸陵尉[②]醉，呵止广。广骑曰："故李将军。"尉曰："今将军尚不得夜行，何乃故也！"止广宿亭下。居无何，匈奴入杀辽西太守，败韩将军，[③]韩将军后徙右北平。于是天子乃召拜广为右北平太守。广即请霸陵尉与俱，至军而斩之。

①【集解】(孙)灌婴之孙，名强。　②【索隐】案：《百官志》云"尉，大县二人，主盗贼。凡有贼发，则推索寻案之"也。　③【集解】苏林曰韩安国。

广居右北平，匈奴闻之，号曰"汉之飞将军"，避之数岁，不敢入右北平。

广出猎，见草中石，以为虎而射之，中石没镞，[①]视之石也。因复更射之，终不能复入石矣。广所居郡闻有虎，尝自射之。及居右北平射虎，虎腾伤广，广亦竟射杀之。

①【集解】徐广曰："一作没羽。"

广廉，得赏赐辄分其麾下，饮食与士共之。终广之身，为二千石四十余年，家无余财，终不言家产事。广为人长，猨臂，[①]其善射亦天性也，虽其子孙他人学者，莫能及广。广讷口少言，与人居则画地为军陈，射阔狭以饮。[②]专以射为戏，竟死。[③]广之将兵，乏绝之处，见水，士卒不尽饮，广不近水，士卒不尽食，广不尝食。宽缓不苛，士以此爱乐为用。其射，见敌急，非在数十步之内，度不中不发，发即应弦而倒。用此，其将兵数困辱，其射猛兽亦为所伤云。

①【集解】如淳曰："臂如猿，通肩。" ②【集解】如淳曰："射戏求疏密，持酒以饮不胜者。"【正义】饮音于禁反。 ③【索隐】谓终竟广身至死，以为恒也。

居顷之，石建卒，于是上召广代建为郎中令。元朔六年，广复为后将军，从大将军军出定襄，击匈奴。诸将多中首虏率，以功为侯者，[①]而广军无功。后二岁，广以郎中令将四千骑出右北平，博望侯张骞将万骑与广俱，异道。行可数百里，匈奴左贤王将四万骑围广，广军士皆恐，广乃使其子敢往驰之。敢独与数十骑驰，直贯胡骑，出其左右而还，告广曰："胡虏易与耳。"军士乃安。广为圜陈外向，胡急击之，矢下如雨。汉兵死者过半，汉矢且尽。广乃令士持满毋发，而广身自以大黄[②]射其裨将，杀数人，胡虏益解。会日暮，吏士皆无人色，而广意气自如，益治军。军中自是服其勇也。明日，复力战，而博望侯军亦至，匈奴军乃解去。汉军罢，弗能追。是时广军几没，罢归。汉法，博望侯留迟后期，当死，赎为庶人。广军功自如，无赏。

①【集解】如淳曰："中，犹充也。充本法得首若干封侯。" ②【集解】徐广曰："《南都赋》曰'黄间机张，善弩之名'。"骃案：郑德曰"黄肩弩，渊中黄朱之"。孟康曰"《太公六韬》曰'陷坚败强敌，用大黄连弩'"。韦昭曰"角弩色黄而体大也"。【索隐】案：大黄，黄间，弩名。韦昭说是也。

初，广之从弟李蔡与广俱事孝文帝。景帝时，蔡积功劳至二千石。孝武帝时，至代相。以元朔五年为轻车将军，从大将军击右贤王，有功中率，[①]封为乐安侯。元狩二年中，代公孙弘为丞相。蔡为人在下中，[②]名声出广下甚远，然广不得爵邑，官不过九卿，而蔡为列侯，位至三公。诸广之军吏及士卒或取封侯。广尝与望气王朔燕语，曰："自汉击匈奴而广未尝不在其中，而诸部校尉以下，才能不及中人，然以击胡军功取侯者数十人，而广不为后人，[③]然无尺寸之功以得封邑者，何也？岂吾相不当侯邪？且固命也？"朔曰："将军自念，岂尝有所恨乎？"广曰："吾尝为陇西守，羌尝反，吾诱而降，降者八百余人，吾诈而同日杀之。至今大恨独此耳。”朔曰：“祸莫大于杀已降，此乃将军所以不得侯者也。”

①【索隐】中音丁仲反。率音律，亦音双笔反。小颜云：“率谓军功封赏之科，著在法令，故云中率。” ②【索隐】案：以九品而论，在下之中，当第八。 ③【索隐】案：谓不在人后。

后二岁，大将军、骠骑将军大出击匈奴，广数自请行。天子以为老，弗许。良久乃许之，以为前将军。是岁，元狩四年也。

广既从大将军青击匈奴，既出塞，青捕虏知单于所居，乃自以精兵走之，而令广并于右将军军，①出东道。东道少回远，而大军行水草少，其势不屯行。②广自请曰：“臣部为前将军，今大将军乃徙令臣出东道，且臣结发而与匈奴战，今乃一得当单于，③臣愿居前，先死单于。”大将军青亦阴受上诫，以为李广老，数奇，④毋令当单于，恐不得所欲。而是时公孙敖新失侯，为中将军从大将军，大将军亦欲使敖与俱当单于，故徙前将军广。广时知之，固自辞于大将军。大将军不听，令长史封书与广之莫府，曰：“急诣部，如书。”⑤广不谢大将军而起行，意甚愠怒而就部，引兵与右将军食其⑥合军出东道。军亡导，或失道，⑦后大将军。大将军与单于接战，单于遁走，弗能得而还。南绝幕，⑧遇前将军、右将军。广已见大将军，还入军。大将军使长史持糒醪遗广，因问广、食其失道状，青欲上书报天子军曲折。⑨广未对，大将军使长史急责广之幕府对簿。广曰：“诸校尉无罪，乃我自失道。吾今自上簿。”

①【集解】徐广曰:"主爵赵食其为右将军。" ②【集解】张晏曰:"以水草少,不可群辈。" ③【索隐】案:广言自少时结发而与匈奴战,唯今者得与单于相当遇也。 ④【集解】如淳曰:"数为匈奴所败,奇为不偶也。"【索隐】案:服虔云"作事数不偶也"。音朔。小颜音所具反。奇,萧该音居宜反。 ⑤【正义】令广如其文牒,急引兵徙东道也。 ⑥【索隐】食其音异基。案:赵将军名也。或亦依字读。 ⑦【索隐】谓无人导引,军故失道也。 ⑧【正义】绝,度也。南归度沙幕。 ⑨【正义】言委曲而行回折,使军后大将军也。

至莫府,广谓其麾下曰:"广结发与匈奴大小七十余战,今幸从大将军出接单于兵,而大将军又徙广部行回远,而又迷失道,岂非天哉!且广年六十余矣,终不能复对刀笔之吏。"遂引刀自刭。广军士大夫一军皆哭。百姓闻之,知与不知,无老壮皆为垂涕。而右将军独下吏,当死,赎为庶人。

广子三人,曰当户、椒、敢,为郎。天子与韩嫣[1]戏,嫣少不逊,当户击嫣,嫣走。于是天子以为勇。当户早死,拜椒为代郡太守,皆先广死。当户有遗腹子名陵。广死军时,敢从骠骑将军。广死明年,李蔡以丞相坐侵孝景园壖地,[2]当下吏治,蔡亦自杀,不对狱,国除。李敢以校尉从骠骑将军击胡左贤王,力战,夺左贤王鼓旗,斩首多,赐爵关内侯,食邑二百户,代广为郎中令。顷之,怨大将军青之恨其父,[3]乃击伤大将军,大将军匿讳之。居无何,敢从上雍,[4]至甘泉宫猎。骠骑将军去病与青有亲,射杀敢。去病时方贵幸,上讳云鹿触杀之。居岁余,去病死。[5]而敢有女为太子中人,爱幸，敢男禹有宠于太子，然好利，李氏陵迟衰微矣。

①【索隐】嫣或音偃，又音许乾反。　②【索隐】壖音人绢反，又音乃段反，又音而宣反。案：壖地，神道之地也。《黄图》云“阳陵阙门西出，神道四通。茂陵神道广四十三丈”也。【正义】《汉书》云：“诏赐冢地阳陵，当得二十亩，蔡盗取三顷，颇卖得四十余万，又盗取神道外壖地一亩，葬其中。当下狱，自杀。”　③【索隐】小颜云：“令其父恨而死。”　④【索隐】刘氏音尚。大颜云“雍地形高，故云上”。　⑤【集解】徐广曰：“元狩六年。”

李陵既壮，选为建章监，监诸骑。善射，爱士卒。天子以为李氏世将，而使将八百骑。尝深入匈奴二千余里，过居延①视地形，无所见虏而还。拜为骑都尉，将丹阳楚人五千人，教射酒泉、张掖以屯卫胡。

①【集解】徐广曰：“属张掖。”【正义】《括地志》云：“居延海在甘州张掖县东北六十四里。《地理志》云‘居延泽古文以为流沙’。甘州在京西北二千四百六十里。”

数岁，天汉二年秋，贰师将军李广利将三万骑击匈奴右贤王于祁连天山，①而使陵将其射士步兵五千人出居延北可千余里，欲以分匈奴兵，毋令专走贰师也。陵既至期还，而单于以兵八万围击陵军。陵军五千人，兵矢既尽，士死者过半，而所杀伤匈奴亦万余人。且引且战，连斗八日，还未到居延百余里，匈奴遮狭绝道，陵食乏而救兵不到，虏急击招降陵。陵曰：“无面目报陛下。"遂降匈奴。其兵尽没,余亡散得归汉者四百余人。

①【集解】徐广曰:"出燉煌至天山。"【索隐】案:晋灼云"在西域,近蒲类"。又《西河旧事》云"白山冬夏有雪,匈奴谓之天山也"。【正义】《括地志》云:"祁连山在甘州张掖县西南二百里。天山一名白山,今名初罗漫山,在伊吾县北百二十里。伊州在京西北四千四百一十六里。"

单于既得陵,素闻其家声,及战又壮,乃以其女妻陵而贵之。汉闻,族陵母妻子。自是之后,李氏名败,而陇西之士居门下者皆用为耻焉。

太史公曰:《传》曰"其身正,不令而行;其身不正,虽令不从"。其李将军之谓也。余睹李将军悛悛[①]如鄙人,口不能道辞。及死之日,天下知与不知,皆为尽哀。彼其忠实心诚信于士大夫也?谚曰:"桃李不言,下自成蹊。"[②]此言虽小,可以谕大也。

①【索隐】悛音七旬反。《汉书》作"恂恂",音询。 ②【索隐】案:姚氏云"桃李本不能言,但以华实感物,故人不期而往,其下自成蹊径也。以喻广虽不能道辞,能有所感,而忠心信物故也"。

索隐述赞曰:猨臂善射,实负其庸。解鞍却敌,圆阵摧锋。边郡屡守,大军再从。失道见斥,数奇不封。惜哉名将,天下无双。

卷一百十

匈奴列传第五十

【正义】此卷或有本次《平津侯》后，第五十二。今第五十者，先生旧本如此，刘伯庄云亦然。若先诸传而次四夷，则《司马》、《汲郑》不合在后也。

匈奴，其先祖夏后氏之苗裔也，曰淳维。[①]唐、虞以上有山戎、[②]猃狁、荤粥，[③]居于北蛮，随畜牧而转移。其畜之所多则马、牛、羊，其奇畜则橐駞、[④]驴、骡、[⑤]駃騠、[⑥]騊駼、[⑦]驒騱。[⑧]逐水草迁徙，毋城郭常处耕田之业，然亦各有分地。[⑨]毋文书，以言语为约束。儿能骑羊，引弓射鸟鼠。少长[⑩]则射狐兔，用为食。士力能弯弓，尽为甲骑。其俗，宽则随畜，因射猎禽兽为生业，急则人习战攻以侵伐，其天性也。其长兵则弓矢，短兵则刀鋋。[⑪]利则进，不利则退，不羞遁走。苟利所在，不知礼义。自君王以下，咸食畜肉，衣其皮革，被旃裘。壮者食肥美，老者食其余。贵壮健，贱老弱。父死，妻其后母；兄弟死，皆取其妻妻之。其俗有名不讳，而无姓字。[⑫]

①【集解】《汉书音义》曰："匈奴始祖名。"【索隐】张晏曰"淳维以殷时奔北边"。又乐彦《括地谱》云"夏桀无道，汤放之鸣条，三年而死。其子獯粥妻桀之众妾，避居北野，随畜移徙，中国谓之匈奴"。其言夏后苗裔，或当

然也。故应劭《风俗通》云“殷时曰獯粥，改曰匈奴”。又晋灼云“尧时曰荤粥，周曰猃狁，秦曰匈奴”。韦昭云“汉曰匈奴，荤粥其别名”。则淳维是其始祖，盖与獯粥是一也。　②【正义】《左传》庄三十年“齐人伐山戎”，杜预云“山戎、北戎、无终三名也”。《括地志》云“幽州渔阳县，本北戎无终子国”。　③【集解】晋灼云：“尧时曰荤粥，周曰猃狁，秦曰匈奴。”　④【索隐】韦昭曰：“背肉似橐，故云橐也。”包恺音托佗。【正义】畜，许又反。　⑤【索隐】案：《古今注》云“驴牡马牝，生骡”。【正义】骡音力戈反。　⑥【集解】徐广曰：“北狄骏马。”【索隐】《说文》云“駃騠，马父骡子也”。《广异志》音决蹄也。《发蒙记》“刳其母腹而生”。《列女传》云“生七日超其母”。　⑦【集解】徐广曰：“似马而青。”【索隐】案：郭璞注《尔雅》云“騊駼马，青色，音淘涂”。又《字林》云野马。《山海经》云“北海内有兽，其状如马，其名騊駼”也。　⑧【集解】徐广曰：“音颠。巨虚之属。”【索隐】《说文》“野马属”。一云青骊白驔，文如鼍鱼。邹诞生本“奚”字作“騱”。　⑨【索隐】分音扶粪反。　⑩【索隐】少音式绍反，长音陟两反。少长谓年稍长。　⑪【集解】韦昭曰：“铤形似矛，铁柄。音时年反。”【索隐】音蝉。《埤苍》云“铤，小矛铁矜”。《古今字诂》云“穳，毛穳”也。　⑫【集解】《汉书》曰：“单于姓挛鞮氏。”【索隐】挛音六缘反。鞮音丁啼反。

夏道衰，而公刘失其稷官，①变于西戎，邑于豳。其后三百有余岁，戎狄攻大王亶父，②亶父亡走岐下，而豳人悉从亶父而邑焉，作周。③其后百有余岁，周西伯昌伐畎夷氏。④后十有余年，武王伐纣而营洛邑，复居于酆鄗，放逐戎夷泾、洛之北，⑤以时入贡，命曰“荒服”。其后二百有余年，周道衰，⑥而穆王伐犬戎，得四白狼四白鹿以归。自是之后，荒服不至。于是周遂作《甫刑》之辟。穆王之后二百有余年，周幽王用宠姬褒姒之故，与申侯有却。⑦申侯怒而与犬戎共攻杀周幽王于骊山之下，⑧遂取周之焦获，⑨而居于泾、渭之间，侵暴中国。秦襄公救周，于是周平王去酆鄗而东徙洛邑。当是之时，秦襄公伐戎至岐，始列为诸侯。[10]是后六十有五年，而山戎[11]越燕而伐齐，齐釐公与战于齐郊。[12]其后四十四年，而山戎伐燕。燕告急于齐，齐桓公北伐山戎，山戎走。其后二十有余年，而戎狄至洛邑，伐周襄王，襄王奔于郑之氾邑。[13]初，周襄王欲伐郑，故娶戎狄女为后，与戎狄兵共伐郑。已而黜狄后，狄后怨，而襄王后母曰惠后，有子子带，欲立之，于是惠后与狄后、子带为内应，开戎狄，戎狄以故得入，破逐周襄王，而立子带为天子。于是戎狄或居于陆浑，[14]东至于卫，侵盗暴虐中国。中国疾之，故诗人歌之曰"戎狄是应"，"薄伐猃狁，至于太原"，[15]"出舆彭彭，城彼朔方"。[16]周襄王既居外四年，乃使使告急于晋。晋文公初立，欲修霸业，乃兴师伐逐戎翟，诛子带，迎内周襄王，居于洛邑。

①【集解】徐广曰："后稷之曾孙。"【正义】《周本纪》云"不窋失其官"。此云公刘，未详也。　②【集解】徐广曰："公刘九世孙。"　③【索隐】按：谓始作周国也。　④【索隐】韦昭云："《春秋》以为犬戎。"按：畎音犬。大颜云"即昆夷也"。《山海经》云"黄帝生苗，苗生龙，龙生融，融生吾，吾生并明，并明生白，白生犬。犬有二壮，是为犬戎"。《说文》云"赤狄本犬种，字从犬"。又《山海经》云"有人面兽身，名曰犬夷"。贾逵云"犬夷，戎之别种也"。　⑤【索隐】晋灼曰："洛水在冯翊怀德县，东南入渭。"又案：《水经》云出上郡雕阴泰昌山，过华阴入渭，即漆沮水也。　⑥【索隐】案：《周纪》云"懿王时，王室衰，诗人作怨刺之诗"，不能复雅也。　⑦【正义】故申城在邓州南阳县北三十里，周宣王舅所封。　⑧【集解】韦昭曰："戎后来居此山，故号曰骊戎。"　⑨【正义】《括地志》云："焦获亦名瓠口，亦曰瓠中，在雍州泾阳县城北十数里。周有焦获也。"　⑩【正

义】今岐州。高诱云“秦襄公救周有功,受周故地酆鄗,列为诸侯”也。
⑪【索隐】服虔云:“山戎盖今鲜卑。”按:胡广云“鲜卑,东胡别种”。又应奉云“秦筑长城,徒役之士亡出塞外,依鲜卑山,因以为号”。 ⑫【集解】厘音僖,名诸儿也。 ⑬【索隐】苏林氾音凡。今颍川襄城是。
⑭【集解】徐广曰:“一为陆邑。”【索隐】《春秋左氏》“秦、晋迁陆浑之戎于伊川”。杜预以为“允姓之戎居陆浑,在秦、晋之间,二国诱而徙之伊川,遂从戎号,今陆浑县”是也。 ⑮【集解】《毛诗传》曰:“言逐出之而已。”
⑯【集解】《毛诗传》曰:“彭彭,四马貌。朔方,北方。”【正义】言猃狁既去,北方安静,乃筑城守之也。

当是之时,秦、晋为强国。晋文公攘戎翟,居于河西圁、洛之间,① 号曰赤翟、② 白翟。③ 秦穆公得由余,西戎八国服于秦,故自陇以西有绵诸、④ 绲戎、⑤ 翟、豲之戎,⑥ 岐、梁山、泾、漆之北有义渠、⑦ 大荔、⑧ 乌氏、⑨ 朐衍之戎。⑩ 而晋北有林胡、⑪ 楼烦之戎,⑫ 燕北有东胡、山戎。⑬ 各分散居溪谷,自有君长,往往而聚者百有余戎,然莫能相一。

①【集解】徐广曰:“圁在西河,音银。洛在上郡、冯翊间。”【索隐】《三苍》“圁”作“圜”。《地理志》云圜水出上郡白土县西,东流入河。韦昭云“圜当为‘圁’”。《续郡国志》及《太康地志》并作“圁”字也。【正义】《括地志》云:“白土故城在盐州白池东北三百九十里。”又云:“近延州、绥州、银州,本春秋时白狄所居,七国属魏,后入秦,秦置三十六郡。”洛,漆沮也。
②【索隐】案:《左氏传》云“晋师灭赤狄潞氏”。杜氏以“潞,赤狄之别种也,今上党潞县”。又《春秋地名》云“今曰赤涉胡”。 ③【索隐】《左氏》“晋师败狄于箕,郤缺获白翟子”。杜氏以为“白翟之别种,故西河郡有白部胡”。又《国语》云“桓公西征,攘白翟之地,遂至于西河”也。【正义】《括地志》云:“潞州本赤狄地。延、银、绥三州白翟地。”按:文言“圁、潞之间号赤

狄”,未详。　④【正义】《括地志》云:“绵诸城,秦州秦岭县北五十六里。汉绵诸道,属天水郡。”　⑤【正义】上音昆。字当作“混”。颜师古云:“混夷也。”韦昭云:“《春秋》以为犬戎。”　⑥【集解】徐广曰:“在天水。豲音丸。”【索隐】《地理志》天水豲道。应劭以“豲戎邑。音桓”。【正义】《括地志》云:“豲道故城在渭州襄武县东南三十七里。古之豲戎邑。汉豲道,属天水郡。”　⑦【索隐】韦昭云:“义渠本西戎国,有王,秦灭之。今在北地郡。”【正义】《括地志》云:“宁州、庆州,西戎,即刘拘邑城,时为义渠戎国,秦为北地郡也。”　⑧【集解】徐广曰:“后更名临晋,在冯翊。”【索隐】按:《秦本纪》厉共公伐大荔,取其王城,后更名临晋。故《地理志》云临晋故大荔国也。【正义】《括地志》云:“同州冯翊县及朝邑县,本汉临晋县地,古大荔戎国。今朝邑县东三十步故王城,即大荔王城。”荔,力计反。
⑨【集解】徐广曰:“在安定。”【正义】氏音支。《括地志》云:“乌氏故城在泾州安定县东三十里。周之故地,后入戎,秦惠王取之,置乌氏县也。”
⑩【集解】徐广曰:“在北地。朐音诩。”【索隐】案:《地理志》朐衍,县名,在北地。郑氏音吁。【正义】《括地志》云:“盐州,古戎狄居之,即朐衍戎之地,秦北地郡也。”　⑪【正义】《括地志》云:“朔州,春秋时北地也。如淳云即澹林也,为李牧灭。”【索隐】如淳云:“林胡即儋林,为李牧所灭也。”
⑫【索隐】《地理志》楼烦,县名,属雁门。应劭云“故楼烦胡地”。【正义】《括地志》云:“岚州,楼烦胡地也。”《风俗通》云故楼烦胡地也。　⑬【集解】《汉书音义》曰:“乌丸,或云鲜卑。”【索隐】服虔云:“东胡,乌丸之先,后为鲜卑。在匈奴东,故曰东胡。”案:《续汉书》曰“汉初,匈奴冒顿灭其国,余类保乌桓山,以为号。俗随水草,居无常处。桓以之名,乌号为姓。父子男女悉髡头为轻便也”。

自是之后百有余年,晋悼公使魏绛和戎翟,戎翟朝晋。后百有余年,赵襄子逾句注①而破并代以临胡貉。②其后既与韩、魏共灭智伯,分晋地而有之,则赵有代、句注之北,魏有河西、上郡，以与戎界边。其后义渠之戎筑城郭以自守，而秦稍蚕食，至于惠王，遂拔义渠二十五城。惠王击魏，魏尽入西河及上郡于秦。秦昭王时，义渠戎王与宣太后[3]乱，有二子。宣太后诈而杀义渠戎王于甘泉，遂起兵伐残义渠。于是秦有陇西、北地、上郡，筑长城以拒胡。而赵武灵王亦变俗胡服，习骑射，北破林胡、楼烦。筑长城，[4]自代并[5]阴山[6]下，至高阙为塞。[7]而置云中、雁门、代郡。其后燕有贤将秦开，为质于胡，胡甚信之。归而袭破走东胡，东胡却千余里。与荆轲刺秦王秦舞阳者，开之孙也。燕亦筑长城，自造阳[8]至襄平。[9]置上谷、渔阳、右北平、辽西、辽东郡以拒胡。当是之时，冠带战国七，而三国边于匈奴。[10]其后赵将李牧时，匈奴不敢入赵边。后秦灭六国，而始皇帝使蒙恬将十万之众北击胡，悉收河南地。因河为塞，[11]筑四十四县城临河，徙谪[12]戍以充之。而通直道，[13]自九原至云阳，[14]因边山险堑溪谷可缮者治之，起临洮至辽东万余里。[15]又度河据阳山北假中。[16]

①【集解】音钩，山名，在雁门。【索隐】服虔云："句音拘。"韦昭云："山名，在阴馆。"　②【索隐】案：貉即涉也。音亡格反。　③【集解】昭王母也。　④【正义】《括地志》云："赵武灵王长城在朔州善阳县北。案《水经》云白道长城北山上有长垣，若颓毁焉，沿溪互岭，东西无极，盖赵武灵王所筑也。"　⑤【集解】音傍，白浪反。　⑥【索隐】徐广云："五原西安阳县北有阴山。阴山在河南，阳山〔在河〕北。"【正义】《括地志》云："阴山在朔州北塞外突厥界。"　⑦【集解】徐广曰："在朔方。"【正义】《地理志》云朔方临戎县北有连山，险于长城，其山中断，两峰俱峻，土俗名为高阙

也。　⑧【集解】韦昭曰:“地名,在上谷。”【正义】按:上谷郡今妫州。　⑨【索隐】韦昭云:“今辽东所理也。”　⑩【索隐】案:三国,燕、赵、秦也。　⑪【索隐】案:《太康地记》“秦塞自五原北九百里,谓之造阳。东行终利贲山南,汉阳西也。”　⑫【集解】音丁革反。　⑬【索隐】苏林云:“去长安八千里,正南北相直道也。”　⑭【索隐】韦昭云:“九原,县名,属五原也。”【正义】《括地志》云:“胜州连谷县,本秦九原郡,汉武帝更名五原。云阳雍县,秦之林光宫,即汉之甘泉宫在焉。”又云:“秦故道在庆州华池县西四十五里子午山上。自九原至云阳,千八百里。”　⑮【索隐】韦昭云:“临洮,陇西县。”【正义】《括地志》云:“秦陇西郡临洮县,即今岷州城。本秦长城首,起岷州西十二里,延袤万余里,东入辽水。”　⑯【集解】北假,北方田官。主以田假与贫人,故云北假。【索隐】应劭云:“北假在北地阳山北。”韦昭云:“北假,地名。”【正义】《括地志》云:“汉五原郡河目县故城在北假中。北假,地名也,在河北,今属胜州银城县。《汉书·王莽传》云‘五原北假,膏壤殖谷’也。”

当是之时,东胡强而月氏盛。[①]匈奴单于[②]曰头曼,[③]头曼不胜秦,北徙。十余年而蒙恬死,诸侯畔秦,中国扰乱,诸秦所徙适戍边者皆复去,于是匈奴得宽,复稍度河南与中国界于故塞。

①【正义】氏音支。《括地志》云:“凉、甘、肃、延、沙等州地,本月氏国。”　②【集解】《汉书音义》曰:“单于者,广大之貌,言其象天单于然。”【索隐】案:单于姓挛鞮氏,其国称之曰“撑黎孤涂单于”。而匈奴谓天为“撑黎”,谓子为“孤涂”,单于者,广大之貌也。言其象天,故曰撑黎孤涂单于。又《玄晏春秋》云“士安读《汉书》,不详此言,有胡奴在侧,言之曰:‘此胡所谓天子。’与古书所说符会也”。　③【集解】韦昭曰:“音瞒。”【索隐】音莫官反。

单于有太子名冒顿。[①]后有所爱阏氏，[②]生少子，而单于欲废冒顿而立少子，乃使冒顿质于月氏。冒顿既质于月氏，而头曼急击月氏。月氏欲杀冒顿，冒顿盗其善马，骑之亡归。头曼以为壮，令将万骑。冒顿乃作为鸣镝，[③]习勒其骑射，令曰："鸣镝所射而不悉射者，斩之。"行猎鸟兽，有不射鸣镝所射者，辄斩之。已而冒顿以鸣镝自射其善马，左右或不敢射者，冒顿立斩不射善马者。居顷之，复以鸣镝自射其爱妻，左右或颇恐，不敢射，冒顿又复斩之。居顷之，冒顿出猎，以鸣镝射单于善马，左右皆射之。于是冒顿知其左右皆可用。从其父单于头曼猎，以鸣镝射头曼，其左右亦皆随鸣镝而射杀单于头曼，遂尽诛其后母与弟及大臣不听从者。冒顿自立为单于。

①【索隐】冒音墨，又如字。　②【索隐】阏氏旧音曷氏。匈奴皇后号也。习凿齿与燕王书曰："山下有红蓝，足下先知不？北方人探取其花染绯黄，挼取其上英鲜者作烟脂，妇人将用为颜色。吾少时再三过见烟脂，今日始视红蓝，后当为足下致其种。匈奴名妻作'阏氏'，言其可爱如烟肢也。阏音烟。想足下先亦不作此读《汉书》也。"　③【集解】《汉书音义》曰："镝，箭也，如今鸣箭也。"韦昭曰："矢镝飞则鸣。"【索隐】应劭云："髇箭也。"

冒顿既立，[①]是时东胡强盛，闻冒顿杀父自立，乃使使谓冒顿，欲得头曼时有千里马。冒顿问群臣，群臣皆曰："千里马，匈奴宝马也，勿与。"冒顿曰："奈何与人邻国而爱一马乎？"遂与之千里马。居顷之，东胡以为冒顿畏之，乃使使谓冒顿，欲得单于一阏氏。冒顿复问左右，左右皆怒曰："东胡无道，乃求阏氏！请击之。”冒顿曰：“奈何与人邻国爱一女子乎？”遂取所爱阏氏予东胡。东胡王愈益骄，西侵。与匈奴间，中有弃地，莫居，千余里，各居其边为瓯脱。[②]东胡使使谓冒顿曰：“匈奴所与我界瓯脱外弃地，匈奴非能至也，吾欲有之。”冒顿问群臣，群臣或曰：“此弃地，予之亦可，勿予亦可。”于是冒顿大怒曰：“地者，国之本也，奈何予之！”诸言予之者，皆斩之。冒顿上马，令国中有后者斩，遂东袭击东胡。东胡初轻冒顿，不为备。及冒顿以兵至，击，大破灭东胡王，而虏其民人及畜产。既归，西击走月氏，南并楼烦、白羊河南王。[③](侵燕代)悉复收秦所使蒙恬所夺匈奴地者，与汉关故河南塞，至朝那、肤施，[④]遂侵燕、代。是时汉兵与项羽相距，中国罢于兵革，以故冒顿得自强，控弦之士三十余万。

①【集解】徐广曰：“秦二世元年壬辰岁立。” ②【集解】韦昭曰：“界上屯守处。”【索隐】服虔云“作土室以伺汉人”。又《纂文》曰“瓯脱，土穴也”。又云是地名，故下云“生得瓯脱王”。瓯音一侯反。脱音同活反。【正义】按：境上斥候之室为瓯脱也。 ③【索隐】如淳云：“白羊王居河南。” ④【集解】徐广曰：“在上郡。”【正义】汉朝那故城在原州百泉县西七十里，属安定郡。肤施，县，〔因〕秦(因)不改，今延州肤施县是。

自淳维以至头曼千有余岁，时大时小，别散分离，尚矣，其世传不可得而次云。然至冒顿而匈奴最强大，尽服从北夷，而南与中国为敌国，其世传国官号乃可得而记云。置左右贤王，左右谷蠡王，[①]左右大将，左右大都尉，左右大当户，左右骨都侯。[②]匈奴谓贤曰“屠耆”，[③]故常以太子为左屠耆王。自如左右贤王以下至当户，大者万骑，小者数千，凡二十四长，立号曰“万骑”。诸大臣皆世官。呼衍氏、兰氏，④其后有须卜氏，⑤此三姓其贵种也。诸左方王将居东方，直上谷⑥以往者，东接秽貉、朝鲜。右方王将居西方，直上郡⑦以西，接月氏、氐、羌。⑧而单于之庭直代、云中。⑨各有分地，逐水草移徙。而左右贤王、左右谷蠡王最为大(国)，左右骨都侯辅政。诸二十四长亦各自置千长、百长、什长、⑩裨小王、相封、⑪都尉、当户、且渠之属。⑫

①【集解】服虔曰：“谷音鹿。蠡音离。”【索隐】蠡，又音黎。 ②【集解】骨都，异姓大臣。【索隐】裴氏所引，据《后汉书》。下呼延注亦然。 ③【集解】徐广曰：“屠，一作诸。” ④【正义】颜师古云：“呼衍，即今鲜卑姓呼延者也。兰姓今亦有之。” ⑤【集解】呼衍氏、须卜氏常与单于婚姻。须卜氏主狱讼。【正义】《后汉书》云：“呼衍氏、须卜氏常与单于婚姻。” ⑥【索隐】案：姚氏云“古字例以直为值。值者，当也”。【正义】上谷郡，今妫州也。言匈奴东方南出，直当妫州也。 ⑦【正义】上郡故城在泾州上县东南五十里。言匈奴西方南直当绥州也。 ⑧【索隐】案：《风俗通》云“氐，本西南夷种。《地理志》武都有白马氐”。又鱼豢《魏略》云“汉置武都郡，排其种人，分窜山谷，或号青氐，或号白氐”。《纂文》云“氐亦羊称”。《说文》云“羌，西方牧羊人”。《续汉书》云“羌，三苗姜姓之别，舜徙于三危，今河关之西南羌是也”。 ⑨【索隐】案：谓匈奴所都处为“庭”。乐彦云“单于无城郭，不知何以国之。穹庐前地若庭，故云庭”。【正义】代郡城，北狄代国，秦、汉代县城也，在蔚州羌胡县北百五十里。云中故城，赵云中城，秦云中郡，在胜州榆林县东北四十里。言匈奴之南直当代、云中也。 ⑩【索隐】案：《续汉书·(郡国)〔百官〕志》云“里有魁，又有什伍。里魁主一里百家，什主十家，伍长五家，以相检察”。故贾谊《过秦论》以为“俯起什百之中”是也。 ⑪【集解】徐广曰：“一作将。”

⑫【正义】且，子余反。颜师古云："今之沮渠姓，盖本因此官。"

岁正月，诸长小会单于庭，祠。五月，大会茏城，[①]祭其先、天地、鬼神。秋，马肥，大会蹛林，[②]课校人畜[③]计。其法，拔刃尺者死，坐盗者没入其家；有罪小者轧，[④]大者死。狱久者不过十日，一国之囚不过数人。而单于朝出营，拜日之始生，夕拜月。其坐，长左而北向。[⑤]日上戊己。其送死，有棺椁金银衣裘，而无封树丧服。[⑥]近幸臣妾从死者，多至数千百人。[⑦]举事而候星月，月盛壮则攻战，月亏则退兵。其攻战，斩首虏赐一卮酒，而所得卤获因以予之，得人以为奴婢。故其战，人人自为趣利，善为诱兵以冒敌。故其见敌则逐利，如鸟之集；其困败，则瓦解云散矣。战而扶舆死者，尽得死者家财。

①【索隐】《汉书》作"龙城"，亦作"茏"字。崔浩云"西方胡皆事龙神，故名大会处为龙城"。《后汉书》云"匈奴俗，岁有三龙祠，祭天神"。
②【集解】《汉书音义》曰："匈奴秋社八月中皆会祭处。蹛音带。"【索隐】郑氏云："蹛林，地名也。"晋灼云"李陵与苏武书云'相竞趋蹛林'"，则服虔说是也。又韦昭音多蓝反。姚氏案：《李牧传》"大破匈奴，灭襜褴"，此字与韦昭音颇同，然林褴声相近，或以"林"为"褴"也。【正义】颜师古云："蹛者，绕林木而祭也。鲜卑之俗，自古相传，秋祭无林木者，尚竖柳枝，众骑驰绕三周乃止，此其遗法也。" ③【正义】许又反。 ④【集解】《汉书音义》曰："刃刻其面。"【索隐】音乌八反。邓展云："轧，历也。"如淳云："挞，抶也。"《三苍》云："轧，辗也。"《说文》云："辗，轹也。"【正义】颜师古云："轧者谓辗轹其骨节，若今之厌踝者也。" ⑤【正义】其座北向，长者在左，以左为尊也。 ⑥【集解】张华曰："匈奴名冢曰逗落。" ⑦【正义】《汉

书》作“数十百人”。颜师古云:“或数十人,或百人。”

后北服浑庾、屈射、[1]丁零、[2]鬲昆、薪犁之国。[3]于是匈奴贵人大臣皆服,以冒顿单于为贤。

①【索隐】射音亦,又音石。　②【索隐】《魏略》云“丁零在康居北,去匈奴庭接习水七千里”。又云“匈奴北有浑窳国”。　③【正义】已上五国在匈奴北。

是时汉初定中国,徙韩王信于代,都马邑。匈奴大攻围马邑,韩王信降匈奴。匈奴得信,因引兵南逾句注,攻太原,至晋阳下。高帝自将兵往击之。会冬大寒雨雪,卒之堕指者十二三,于是冒顿佯败走,诱汉兵。汉兵逐击冒顿,冒顿匿其精兵,见其羸弱,于是汉悉兵,多步兵,三十二万,北逐之。高帝先至平城,[1]步兵未尽到,冒顿纵精兵四十万骑围高帝于白登,[2]七日,汉兵中外不得相救饷。匈奴骑,其西方尽白马,东方尽青駹马,[3]北方尽乌骊马,[4]南方尽骍马。[5]高帝乃使使间厚遗阏氏,阏氏乃谓冒顿曰:“两主不相困。今得汉地,而单于终非能居之也。且汉王亦有神,单于察之。”冒顿与韩王信之将王黄、赵利期,而黄、利兵又不来,疑其与汉有谋,亦取阏氏之言,乃解围之一角。于是高帝令士皆持满傅[6]矢外乡,从解角直出,竟与大军合,而冒顿遂引兵而去。汉亦引兵而罢,使刘敬结和亲之约。

①【集解】徐广曰:“在雁门。”　②【正义】白登台在白登山上,朔州

定襄县东三十里。定襄县,汉平城县也。　③【索隐】駹音武江反。案:青駹马,色青。【正义】郑玄云:“駹,不纯也。”《说文》云:“駹,面颡皆白。”《尔雅》云黑马面白也。　④【索隐】《说文》云:“骊,黑色。”　⑤【索隐】案:《诗传》云“赤黄曰骍”。　⑥【索隐】傅音附。

是后韩王信为匈奴将,及赵利、王黄等数背约,侵盗代、云中。居无几何,陈豨反,又与韩信合谋击代。汉使樊哙往击之,复拔代、雁门、云中郡县,不出塞。是时匈奴以汉将众往降,故冒顿常往来侵盗代地。于是汉患之,高帝乃使刘敬奉宗室女公主为单于阏氏,岁奉匈奴絮缯酒米食物各有数,约为昆弟以和亲,冒顿乃少止。后燕王卢绾反,率其党数千人降匈奴,往来苦上谷以东。

高祖崩,孝惠、吕太后时,汉初定,故匈奴以骄。冒顿乃为书遗高后,妄言。高后欲击之,[①]诸将曰:“以高帝贤武,然尚困于平城。”于是高后乃止,[②]复与匈奴和亲。

①【索隐】案:《汉书》云“高后时,冒顿寖骄,乃使使遗高后书曰:‘孤偾之君,生于沮泽之中,长于平野牛马之域,数至边境,愿游中国。陛下独立,孤偾独居,两主不乐,无以自娱,愿以所有,易其所无。’高后怒,欲击之。”
②【索隐】案《汉书》,季布谏,高后乃止。

至孝文帝初立,复修和亲之事。其三年五月,匈奴右贤王入居河南地,侵盗上郡葆塞蛮夷,杀略人民。于是孝文帝诏丞相灌婴发车骑八万五千,诣高奴,[①]击右贤王。右贤王走出塞。文帝幸太原。是时济北王反,文帝归,罢丞相击胡之兵。

①【正义】延州城本汉高奴县旧都。

其明年，单于遗汉书曰："天所立匈奴大单于敬问皇帝无恙。前时皇帝言和亲事，称书意，合欢。汉边吏侵侮右贤王，右贤王不请，听后义卢侯难氏[①]等计，与汉吏相距，绝二主之约，离兄弟之亲。皇帝让书再至，发使以书报，不来，汉使不至，汉以其故不和，邻国不附。今以小吏之败约故，罚右贤王，使之西求月氏击之。以天之福，吏卒良，马强力，以夷灭月氏，尽斩杀降下之。定楼兰、[②]乌孙、呼揭[③]及其旁二十六国，皆以为匈奴。[④]诸引弓之民，并为一家。北州已定，愿寝兵休士卒养马，除前事，复故约，以安边民，以应始古，使少者得成其长，老者安其处，世世平乐。未得皇帝之志也，故使郎中系雩浅[⑤]奉书请，献橐他一匹，骑马二匹，驾二驷。[⑥]皇帝即不欲匈奴近塞，则且诏吏民远舍。使者至，即遣之。"以六月中来至薪望之地。[⑦]书至，汉议击与和亲孰便。公卿皆曰："单于新破月氏，乘胜，不可击。且得匈奴地，泽卤，[⑧]非可居也。和亲甚便。"汉许之。

①【集解】徐广曰："音支。"【索隐】匈奴将名也。　②【集解】徐广曰："一云楼湟。"【正义】《汉书》云鄯善国名楼兰，去长安一千六百里也。③【集解】音桀。【索隐】又音丘列反。【正义】揭音桀，又其例反。二国皆在瓜州西北。乌孙，战国时居瓜州。　④【索隐】案：谓皆已入匈奴国也。　⑤【集解】雩音火胡反。【索隐】系，胡计反。雩，《汉书》作"虖"。

⑥【正义】颜师古云:“驾,可驾车也。二驷,八匹马也。” ⑦【集解】《汉书音义》曰:“塞下地名。”【索隐】服虔云:“汉界上塞下之地,今匈奴使至于此也。” ⑧【正义】上音息。

孝文皇帝前六年,汉遗匈奴书曰:“皇帝敬问匈奴大单于无恙。使郎中系雩浅遗朕书曰:‘右贤王不请,听后义卢侯难氏等计,绝二主之约,离兄弟之亲,汉以故不和,邻国不附。今以小吏败约,故罚右贤王使西击月氏,尽定之。愿寝兵休士卒养马,除前事,复故约,以安边民,使少者得成其长,老者安其处,世世平乐。’朕甚嘉之,此古圣主之意也。汉与匈奴约为兄弟,所以遗单于甚厚。背约离兄弟之亲者,常在匈奴。然右贤王事已在赦前,单于勿深诛。单于若称书意,明告诸吏,使无负约,有信,敬如单于书。使者言单于自将伐国有功,甚苦兵事。服绣袷绮衣、[①]绣袷长襦、[②]锦袷袍各一,比余一,[③]黄金饰具带一,[④]黄金胥纰一,[⑤]绣十匹,锦三十匹,赤绨、[⑥]绿缯各四十匹,使中大夫意、谒者令肩遗单于。”

①【索隐】案:小颜云“服者,天子所服也,以绣为表,绮为里”。以赐冒顿。《字林》云“袷衣无絮也。音公洽反”。 ②【集解】徐广曰:“一本无袷字。” ③【集解】徐广曰:“或作疏比也。”【索隐】案:《汉书》作“比疏一”。比音鼻。小颜云“辫发之饰也,以金为之”。《广雅》云“比,栉也”。《苍颉篇》云“靡者为比,麄者为梳”。苏林云,今亦谓之“梳”。 ④【集解】《汉书音义》曰:“要中大带。” ⑤【集解】徐广曰:“或作犀毗,而无一字。”【索隐】《汉书》见作“犀毗”。此作“胥”者,犀声相近,或误。张晏云“鲜卑郭落带,瑞兽名也,东胡好服之”。按:《战国策》云“赵武灵王赐周绍具带

黄金师比”。延笃云“胡革带钩也”。则此带钩亦名“师比”,则“胥”“犀”与“师”并相近,而说各异耳。班固与窦宪笺云“赐犀比金头带”是也。
⑥【正义】音啼。【索隐】案:《说文》云“绨,厚缯也”。

后顷之,冒顿死,子稽粥立,[1]号曰老上单于。

①【索隐】稽音鸡。粥音育。

老上稽粥单于初立,[1]孝文皇帝复遣宗室女公主为单于阏氏,使宦者燕人中行说[2]傅公主。说不欲行,汉强使之。说曰:“必我行也,为汉患者。”中行说既至,因降单于,单于甚亲幸之。

①【集解】徐广曰:“一云‘稽粥第二单于’,自后皆以弟别之。”
②【正义】行音胡郎反。中行,姓。说,名也。

初,匈奴好汉缯絮食物,中行说曰:“匈奴人众不能当汉之一郡,然所以强者,以衣食异,无仰于汉也。今单于变俗好汉物,汉物不过什二,则匈奴尽归于汉矣。[1]其得汉缯絮,以驰草棘中,衣袴皆裂敝,以示不如旃裘之完善也。得汉食物皆去之,以示不如湩酪[2]之便美也。”于是说教单于左右疏记,以计课其人众畜物。[3]

①【集解】韦昭曰:“言汉物十中之二入匈奴,匈奴则动心归汉矣。”
②【集解】湩,乳汁也。音都奉反。【索隐】《字林》云“湩音竹用反”。《穆天

子传》云“牛马之湩，臣莵人所具”。　③【正义】上许又反。

汉遗单于书，牍以尺一寸，辞曰“皇帝敬问匈奴大单于无恙”，所遗物及言语云云。中行说令单于遗汉书以尺二寸牍，及印封皆令广大长，倨傲其辞曰“天地所生日月所置匈奴大单于敬问汉皇帝无恙”，所以遗物言语亦云云。

汉使或言曰：“匈奴俗贱老。”中行说穷汉使曰：“而汉俗屯戍从军当发者，其老亲岂有不自脱温厚肥美以赍送饮食行戍乎？”汉使曰：“然。”中行说曰：“匈奴明以战攻为事，其老弱不能斗，故以其肥美饮食壮健者，盖以自为守卫，如此父子各得久相保，何以言匈奴轻老也？”汉使曰：“匈奴父子乃同穹庐而卧。[①]父死，妻其后母；兄弟死，尽取其妻妻之。无冠带之饰，阙庭之礼。”中行说曰：“匈奴之俗，人食畜肉，饮其汁，衣其皮；畜食草饮水，随时转移。故其急则人习骑射，宽则人乐无事，其约束轻，易行也。君臣简易，一国之政犹一身也。父子兄弟死，取其妻妻之，恶种姓之失也。故匈奴虽乱，必立宗种。今中国虽佯[②]不取其父兄之妻，亲属益疏则相杀，至乃易姓，皆从此类。且礼义之敝，上下交怨望，而室屋之极，生力必屈。[③]夫力耕桑以求衣食，筑城郭以自备，故其民急则不习战功，缓则罢于作业。嗟土室之人，顾无多辞，令喋喋[④]而占占，[⑤]冠固何当？”[⑥]

①【集解】《汉书音义》曰：“穹庐，旃帐。”　②【索隐】佯，《汉书》作“阳”，此亦音羊。　③【索隐】以言栋宇室屋之作，人尽极其力以营其生，至于气力屈竭也。屈音其勿反。　④【集解】音谍，利口也。

⑤【集解】昌占反，衣裳貌。　⑥【集解】言虽复著冠，固何当所益。【索隐】邓展曰："占，嗫耳语。"服虔曰："口舌喋喋。"如淳曰："言汝汉人多口居室中，固自宜著冠，且不足贵也。"小颜云："言汉人且当思念，无为喋喋占占耳。虽自谓著冠，何所当益也。"

自是之后，汉使欲辩论者，中行说辄曰："汉使无多言，顾汉所输匈奴缯絮米糵，令其量中，必善美而已矣，何以为言乎？且所给备善则已；不备，苦恶，[①]则候秋孰，以骑驰蹂而稼穑耳。"[②]日夜教单于候利害处。

①【集解】韦昭曰："苦，麤也。音若'靡盐'之'盐'。"　②【集解】徐广曰："蹂音而九反。"

汉孝文皇帝十四年，匈奴单于十四万骑入朝那、萧关，杀北地都尉卬，[①]虏人民畜产甚多，遂至彭阳。[②]使奇兵入烧回中宫，[③]候骑[④]至雍甘泉。[⑤]于是文帝以中尉周舍、郎中令张武为将军，发车千乘，骑十万，军长安旁以备胡寇。而拜昌侯卢卿[⑥]为上郡将军，宁侯魏遬为北地将军，隆虑侯周灶为陇西将军，东阳侯张相如为大将军，成侯董赤[⑦]为前将军，大发车骑往击胡。[⑧]单于留塞内月余乃去，汉逐出塞即还，不能有所杀。匈奴日已骄，岁入边，杀略人民畜产甚多，云中、辽东最甚，至代郡万余人。汉患之，乃使使遗匈奴书。单于亦使当户报谢，复言和亲事。

①【集解】徐广曰："姓孙。其子单，封为缾侯。白丁反。"【索隐】卬音

五郎反。　②【集解】徐广曰:“在安定。”【正义】“城”字误也。《括地志》云:“彭城故城在泾州临城县东二十里。”案:彭城在妫州,与北地郡甚远,明非彭城也。　③【索隐】服虔云“回中在北地,武帝作宫”。《始皇本纪》二十七年,“出鸡头山,过回中”。武帝元封四年,通回中道。【正义】《括地志》云:“秦回中宫在岐州雍县西四十里,即匈奴所烧者也。”　④【索隐】崔浩云:“候,逻骑。”　⑤【正义】《括地志》云:“云阳也。秦之林光宫,汉之甘泉,在雍州云阳西北八十里。秦始皇作甘泉宫,去长安三百里,望见长安。秦皇帝以来祭天圜丘处。”　⑥【索隐】案:表“卢”作“旅”,古今字耳。　⑦【正义】音赫。　⑧【集解】徐广曰:“内史栾布亦为将军。”

孝文帝后二年,使使遗匈奴书曰:“皇帝敬问匈奴大单于无恙。使当户且居[①]雕渠难、[②]郎中韩辽遗朕马二匹,已至,敬受。先帝制:长城以北,引弓之国,受命单于。长城以内,冠带之室,朕亦制之。使万民耕织射猎衣食,父子无离,臣主相安,俱无暴逆。今闻渫恶民贪降其进取之利,背义绝约,忘万民之命,离两主之欢,然其事已在前矣。书曰:‘二国已和亲,两主欢说,寝兵休卒养马,世世昌乐,阘然更始。’[③]朕甚嘉之。圣人者日新,改作更始,使老者得息,幼者得长,各保其首领而终其天年。朕与单于俱由此道,顺天恤民,世世相传,施之无穷,天下莫不咸便。汉与匈奴邻国之敌,匈奴处北地,寒,杀气早降,故诏吏遗单于秫糵金帛丝絮佗物岁有数。今天下大安,万民熙熙,朕与单于为之父母。朕追念前事,薄物细故,谋臣计失,皆不足以离兄弟之欢。朕闻天不颇覆,地不偏载。朕与单于皆捐往细故,俱蹈大道,堕坏前恶,以图长久,使两国之民若一家子。元元万民,下及鱼鳖,上及飞鸟,跂行喙息[④]蠕动之类,[⑤]莫不就安利而辟危殆。故来者不止，天之道也。俱去前事，朕释逃虏民，单于无言章尼等。[6]朕闻古之帝王，约分明而无食言。单于留志，天下大安，和亲之后，汉过不先。单于其察之。”

①【索隐】《汉书》作“且渠”，匈奴官号。 ②【索隐】乐彦云“当户、且渠各自一官。雕渠难为此官也”。【正义】雕渠难者，其姓名也。且，子余反。 ③【集解】徐广曰：“阚音揄，安定意也。” ④【索隐】案：跂音岐，又音企。言虫豸之类，或企踵而行，或以喙而息，皆得其安也。⑤【索隐】按：《三苍》云“蠕蠕，动貌，音软”。《淮南子》云“昆虫蠕动”也。⑥【索隐】案：文帝云我今日并释放彼国逃亡虏，遣之归本国，汝单于无得更以言词诉于章尼等，责其违逃也。

单于既约和亲，于是制诏御史曰：“匈奴大单于遗朕书，言和亲已定，亡人不足以益众广地，匈奴无入塞，汉无出塞，犯(令)〔今〕约者杀之，可以久亲，后无咎，俱便。朕已许之。其布告天下，使明知之。”

后四岁，老上稽粥单于死，子军臣立为单于。既立，[1]孝文皇帝复与匈奴和亲。而中行说复事之。

①【集解】徐广曰：“后元三年立。”

军臣单于立四岁，[1]匈奴复绝和亲，大入上郡、云中各三万骑，所杀略甚众而去。于是汉使三将军军屯北地，代屯句注，赵屯飞狐口，缘边亦各坚守以备胡寇。又置三将军，军长安西细柳、渭北棘门、霸上以备胡。胡骑入代句注边，烽火通于甘泉、长安。数月，汉兵至边，匈奴亦去远塞，汉兵亦罢。后岁余，孝文帝崩，孝景帝立，而赵王遂乃阴使人于匈奴。吴、楚反，欲与赵合谋入边。汉围破赵，匈奴亦止。自是之后，孝景帝复与匈奴和亲，通关市，给遗匈奴，遣公主，如故约。终孝景时，时小入盗边，无大寇。

①【集解】徐广曰："孝文后元七年崩，而二年答单于书，其间五年。而此云'后四年'，又'立四岁'，数不容尔也。孝文后六年冬，匈奴入上郡、云中也。"

武帝即位，明和亲约束，厚遇，通关市，饶给之。匈奴自单于以下皆亲汉，往来长城下。

汉使马邑下人聂翁壹[①]奸兰[②]出物[③]与匈奴交，[④]佯为卖马邑城以诱单于。单于信之，而贪马邑财物，乃以十万骑入武州塞。[⑤]汉伏兵三十余万马邑旁，御史大夫韩安国为护军，护四将军以伏单于。单于既入汉塞，未至马邑百余里，见畜布野而无人牧者，怪之，乃攻亭。是时雁门尉史[⑥]行徼，见寇，葆此亭，知汉兵谋，单于得，欲杀之，[⑦]尉史乃告单于汉兵所居。单于大惊曰："吾固疑之。"乃引兵还。出曰："吾得尉史，天也，天使若言。"以尉史为"天王"。汉兵约单于入马邑而纵，单于不至，以故汉兵无所得。汉将军王恢部出代击胡辎重，闻单于还，兵多，不敢出。汉以恢本造兵谋而不进，斩恢。[⑧]自是之后，匈奴绝和亲，攻当路塞，[⑨]往往入盗于汉边，不可胜数。然匈奴贪，尚乐关市，嗜汉财物，汉亦尚关市不绝以中之。⑩

①【索隐】《卫青传》唯称"聂壹"。顾氏云"壹,名也。老,故称翁",义或然也。　②【集解】奸音干。干兰,犯禁私出物也。　③【索隐】上音干。干兰谓犯禁私出物也。　④【集解】《汉书音义》曰:"私出塞与匈奴交市。"　⑤【索隐】苏林云在雁门也。　⑥【索隐】如淳云:"近塞郡皆置尉,百里一人,士史、尉史各二人也。"　⑦【集解】徐广曰:"一云'乃下,具告单于'。"　⑧【集解】《韩长孺传》曰:"恢自杀。"　⑨【索隐】苏林云:"直当道之塞。"　⑩【正义】如淳云:"得具以利中伤之。"

自马邑军后五年之秋,汉使四将军各万骑击胡关市下。将军卫青出上谷,至茏城,得胡首虏七百人。公孙贺出云中,无所得。公孙敖出代郡,为胡所败七千余人。李广出雁门,为胡所败,而匈奴生得广,广后得亡归。汉囚敖、广,敖、广赎为庶人。其冬,匈奴数入盗边,渔阳尤甚。汉使将军韩安国屯渔阳备胡。其明年秋,匈奴二万骑入汉,杀辽西太守,略二千余人。胡又入败渔阳太守军千余人,围汉将军安国,安国时千余骑亦且尽,会燕救至,匈奴乃去。匈奴又入雁门,杀略千余人。于是汉使将军卫青将三万骑出雁门,李息出代郡,击胡。得首虏数千人。其明年,卫青复出云中以西至陇西,击胡之楼烦、白羊王于河南,得胡首虏数千,牛羊百余万。于是汉遂取河南地,筑朔方,复缮故秦时蒙恬所为塞,因河为固。汉亦弃上谷之什辟县造阳地以予胡。①是岁,汉之元朔二年也。

①【集解】什音斗。《汉书音义》曰:“言县斗辟,(西)〔曲〕近胡。”【索隐】按:孟康云“县斗辟,(西)〔曲〕近胡”也。什音斗。辟音僻。造阳即斗辟县中地。【正义】按:曲幽辟县入匈奴界者造阳地弃与胡也。

其后冬,匈奴军臣单于死。军臣单于弟左谷蠡王伊稚斜[①]自立为单于,攻破军臣单于太子于单。[②]于单亡降汉,汉封于单为涉安侯,数月而死。

①【索隐】稚音持利反。斜音士嗟反,邹诞生音直牙反。盖稚斜,胡人语,近得其实。　②【索隐】单音丹。

伊稚斜单于既立,其夏,匈奴数万骑入杀代郡太守恭(及)〔友〕,略千余人。其秋,匈奴又入雁门,杀略千余人。其明年,匈奴又复入代郡、定襄、[①]上郡,各三万骑,杀略数千人。匈奴右贤王怨汉夺之河南地而筑朔方,数为寇,盗边,及入河南,侵扰朔方,杀略吏民甚众。

①【正义】《括地志》云:“定襄故城在朔州善阳县北三百八十里。《地理志》定襄郡,高帝置也。”

其明年春,汉以卫青为大将军,将六将军,十余万人,出朔方、高阙击胡。右贤王以为汉兵不能至,饮酒醉,汉兵出塞六七百里,夜围右贤王。右贤王大惊,脱身逃走,诸精骑往往随后去。汉得右贤王众男女万五千人,裨小王十余人。其秋,匈奴万骑入杀代郡都尉朱英,略千余人。

其明年春，汉复遣大将军卫青将六将军，兵十余万骑，乃再出定襄数百里击匈奴，得首虏前后凡万九千余级，而汉亦亡两将军，军三千余骑。[①]右将军建得以身脱，[②]而前将军翕侯赵信兵不利，降匈奴。赵信者，故胡小王，降汉，汉封为翕侯，以前将军与右将军并军分行，[③]独遇单于兵，故尽没。单于既得翕侯，以为自次王，[④]用其姊妻之，与谋汉。信教单于益北绝幕，[⑤]以诱罢汉兵，徼极而取之，[⑥]无近塞。单于从其计。其明年，胡骑万人入上谷，杀数百人。

①【集解】徐广曰："合有三千耳。" ②【正义】建，苏武父也。③【正义】与大军别行也。 ④【正义】自次者，尊重次于单于。⑤【集解】应劭曰："幕，沙幕，匈奴之南界。"瓒曰："沙土曰幕，直度曰绝。"⑥【索隐】罢音疲。徼，要也。谓要其疲极而取之。【正义】徼音古尧反。徼，要也。要汉兵疲极则取之，无近塞居止。

其明年春，汉使骠骑将军去病将万骑出陇西，过焉支山[①]千余里，击匈奴，得胡首虏(骑)万八千余级，破得休屠王祭天金人。[②]其夏，骠骑将军复与合骑侯数万骑出陇西、北地二千里，击匈奴。过居延，[③]攻祁连山，[④]得胡首虏三万余人，裨小王以下七十余人。是时匈奴亦来入代郡、雁门，杀略数百人。汉使博望侯及李将军广出右北平，击匈奴右贤王。右贤王围李将军，卒可四千人，且尽，杀虏亦过当。会博望侯军救至，李将军得脱。汉失亡数千人，合骑侯后骠骑将军期，及与博望侯皆当死，赎为庶人。

①【正义】焉音烟。《括地志》云:"焉支山一名删丹山,在甘州删丹县东南五十里。《西河故事》云'匈奴失祁连、焉支二山,乃歌曰:"亡我祁连山,使我六畜不蕃息。失我焉支山,使我妇女无颜色。"其慜惜乃如此'。"
②【集解】《汉书音义》曰:"匈奴祭天处本在云阳甘泉山下,秦夺其地,后徙之休屠王右地,故休屠有祭天金人,象祭天人也。"【索隐】韦昭云:"作金人以为祭天主。"崔浩云:"胡祭以金人为主,今浮图金人是也。"又《汉书音义》称孟说恐不然。案:得休屠金人,后置之于甘泉也。【正义】《括地志》云:"径路神祠在雍州云阳县西北九十里甘泉山下,本匈奴祭天处,秦夺其地,后徙休屠右地。"按:金人即今佛像,是其遗法,立以为祭天主也。
③【索隐】韦昭曰:"张掖县。" ④【索隐】《西河旧事》云"山在张掖、酒泉二界上,东西二百余里,南北百里,有松柏五木,美水草,冬温夏凉,宜畜牧养。匈奴失二山,乃歌云:'亡我祁连山,使我六畜不蕃息。失我燕支山,使我嫁妇无颜色'"。祁连一名天山,亦曰白山也。

其秋,单于怒浑邪王、休屠王居西方为汉所杀虏数万人,欲召诛之。浑邪王与休屠王恐,谋降汉,[1]汉使骠骑将军往迎之。浑邪王杀休屠王,并将其众降汉。凡四万余人,号十万。于是汉已得浑邪王,则陇西、北地、河西益少胡寇,徙关东贫民处所夺匈奴河南、新秦中[2]以实之,而减北地以西戍卒半。其明年,匈奴入右北平、定襄各数万骑,杀略千余人而去。

①【集解】徐广曰:"元狩二年也。" ②【索隐】如淳云"在长安以北,朔方以南"。《汉书·食货志》云"徙贫民充朔方以南新秦中"是也。【正义】服虔云:"地名,在北地,广六七百里,长安北,朔方南。《史记》以为秦始皇遣蒙恬斥逐北胡,得肥饶之地七百里,徙内郡人民皆往充实之,号曰新秦中也。"

其明年春，汉谋曰“翕侯信为单于计，居幕北，以为汉兵不能至”。乃粟马，发十万骑，(负)私〔负〕从。[①]马凡十四万匹，粮重不与焉。令大将军青、骠骑将军去病中分军，大将军出定襄，骠骑将军出代，咸约绝幕击匈奴。匈奴单于闻之，远其辎重，以精兵待于幕北。与汉大将军接战一日，会暮，大风起，汉兵纵左右翼围单于。单于自度战不能如汉兵，单于遂独身与壮骑数百溃汉围西北遁走。汉兵夜追不得。行斩捕匈奴首虏万九千级，北至阗颜山赵信城[②]而还。

①【正义】谓负担衣粮，私募从者，凡十四万匹。　②【集解】如淳曰："信前降匈奴，匈奴筑城居之。"

单于之遁走，其兵往往与汉兵相乱而随单于。单于久不与其大众相得，其右谷蠡王以为单于死，乃自立为单于。真单于复得其众，而右谷蠡王乃去其单于号，复为右谷蠡王。

汉骠骑将军之出代二千余里，与左贤王接战，汉兵得胡首虏凡七万余级，左贤王将皆遁走。骠骑封于狼居胥山，禅姑衍，临翰海[①]而还。是后匈奴远遁，而幕南无王庭。汉度河自朔方以西至令居，[②]往往通渠置田官，吏卒五六万人，稍蚕食，地接匈奴以北。[③]

①【集解】如淳曰："翰海，北海名。"【正义】按：翰海自一大海名，群鸟解羽伏乳于此，因名也。　②【集解】徐广曰："在金城。"【索隐】《地理志》云张掖令居县。姚氏令音连。小颜云音零。　③【正义】匈奴旧以

幕为王庭。今远徙幕北，更蚕食之，汉境连接匈奴旧地以北也。

初，汉两将军大出围单于，所杀虏八九万，而汉士卒物故[①]亦数万，汉马死者十余万。匈奴虽病，远去，而汉亦马少，无以复往。匈奴用赵信之计，遣使于汉，好辞请和亲。天子下其议，或言和亲，或言遂臣之。丞相长史任敞曰："匈奴新破，困，宜可使为外臣，朝请于边。"汉使任敞于单于。单于闻敞计，大怒，留之不遣。先是汉亦有所降匈奴使者，单于亦辄留汉使相当。汉方复收士马，会骠骑将军去病死，于是汉久不北击胡。

①【索隐】案：《释名》云"汉以来谓死为'物故'，物就朽故也"。又《魏台访议》高堂崇对曰"闻之先师：物，无也；故，事也。言无复所能于事者也"。

数岁，伊稚斜单于立十三年死，子乌维立为单于。是岁，汉元鼎三年也。乌维单于立，而汉天子始出巡郡县。其后汉方南诛两越，[①]不击匈奴，匈奴亦不侵入边。

①【正义】南越、东越。

乌维单于立三年，汉已灭南越，遣故太仆贺将万五千骑出九原二千余里，至浮苴井[①]而还，不见匈奴一人。汉又遣故从骠侯赵破奴万余骑出令居数千里，至匈(奴)河水[②]而还，亦不见匈奴一人。

①【索隐】苴音子余反。臣瓒云:“去九原二千里,见汉《舆地图》。”
②【索隐】臣瓒云:“(河)水名,去令居千里。”

是时天子巡边,至朔方,勒兵十八万骑以见武节,而使郭吉风告单于。郭吉既至匈奴,匈奴主客[①]问所使,郭吉礼卑言好,曰:“吾见单于而口言。”单于见吉,吉曰:“南越王头已悬于汉北阙。今单于(能)即〔能〕前与汉战,天子自将兵待边。单于即不能,即南面而臣于汉。何徒远走,亡匿于幕北寒苦无水草之地,毋为也。”语卒而单于大怒,立斩主客见者,而留郭吉不归,迁之北海上。[②]而单于终不肯为寇于汉边,休养息士马,习射猎,数使使于汉,好辞甘言求请和亲。

①【集解】韦昭曰:“主使来客官也。”【正义】官名,若鸿胪卿。
②【正义】北海即上海也,苏武亦迁也。

汉使王乌等窥匈奴。匈奴法,汉使非去节而以墨黥其面者不得入穹庐。王乌,北地人,习胡俗,去其节,黥面,得入穹庐。单于爱之,佯许甘言,为遣其太子入汉为质,[①]以求和亲。

①【正义】音致。

汉使杨信于匈奴。是时汉东拔秽貉、朝鲜以为郡,[①]而西置酒泉郡[②]以鬲绝胡与羌通之路。汉又西通月氏、大夏,[③]又以公主妻乌孙王,以分匈奴西方之援国。又北益广田至肱雷为塞，[④]而匈奴终不敢以为言。是岁，翕侯信死，汉用事者以匈奴为已弱，可臣从也。杨信为人刚直屈强，素非贵臣，单于不亲。单于欲召入，不肯去节，单于乃坐穹庐外见杨信。杨信既见单于，说曰："即欲和亲，以单于太子为质于汉。"单于曰："非故约。故约，汉常遣翁主，给缯絮食物有品，以和亲，而匈奴亦不扰边。今乃欲反古，令吾太子为质，无几矣。"[⑤]匈奴俗，见汉使非中贵人，其儒先，[⑥]以为欲说，折其辩。其少年，以为欲刺，折其气。每汉使入匈奴，匈奴辄报偿。汉留匈奴使，匈奴亦留汉使，必得当乃肯止。

①【正义】即玄菟、乐浪二郡。　②【正义】今肃州。　③【正义】《汉书·西域传》云："大月氏国去长安城万一千六百里，本居燉煌、祁连间，冒顿单于破月氏，而老上单于杀月氏王，以头为饮器，月氏乃远去，过大宛西，击大夏而臣之，都妫水北，为王庭也。"　④【集解】《汉书音义》曰："肱雷，地名，在乌孙北。"　⑤【正义】几音记。言反古无所冀望也。⑥【集解】先，先生也。《汉书》作"儒生"也。

杨信既归，汉使王乌，而单于复谄以甘言，欲多得汉财物，绐谓王乌曰："吾欲入汉见天子，面相约为兄弟。"王乌归报汉，汉为单于筑邸于长安。匈奴曰："非得汉贵人使，吾不与诚语。"匈奴使其贵人至汉，病，汉予药，欲愈之，不幸而死。而汉使路充国佩二千石印绶往使，因送其丧，厚葬直数千金，曰："此汉贵人也"。单于以为汉杀吾贵使者，乃留路充国不归。诸所言者，单于特空绐王乌，殊无意入汉及遣太子来质。于是匈奴数使奇兵侵犯边。汉乃拜郭昌为拔胡将军，及浞野侯[①]屯朔方以东，备胡。路充国留匈奴三岁，单于死。

①【集解】徐广曰："赵破奴。"

乌维单于立十岁而死，子乌师庐立为单于。[①]年少，号为儿单于。是岁元封六年也。自此之后，单于益西北，左方兵直云中，右方直酒泉、燉煌郡。[②]

①【集解】徐广曰："乌，一作詹。" ②【正义】《括地志》云："铁勒国，匈奴冒顿之后，在突厥国北。乐胜州经秦长城、太羹长路正北，经沙碛，十三日行至其国。"

儿单于立，汉使两使者，一吊单于，一吊右贤王，欲以乖其国。使者入匈奴，匈奴悉将致单于。单于怒而尽留汉使。汉使留匈奴者前后十余辈，而匈奴使来，汉亦辄留相当。是岁，汉使贰师将军广利西伐大宛，而令因杅[①]将军敖筑受降城。其冬，匈奴大雨雪，畜多饥寒死。儿单于年少，好杀伐，国人多不安。左大都尉欲杀单于，使人间告汉曰："我欲杀单于降汉，汉远，即兵来迎我，我即发。"初，汉闻此言，故筑受降城，犹以为远。

①【正义】音于。

其明年春，汉使浞野侯破奴将二万余骑出朔方西北二千余里，期至浚稽山[①]而还。浞野侯既至期而还，左大都尉欲发而觉，单于诛之，发左方兵击浞野。浞野侯行捕首虏得数千人。还，未至受降城四百里，匈奴兵八万骑围之。浞野侯夜自出求水，匈奴间捕，生得浞野侯，因急击其军。军中郭纵为护，维王为渠，[②]相与谋曰："及诸校尉畏亡将军而诛之，莫相劝归。"军遂没于匈奴。匈奴儿单于大喜，遂遣奇兵攻受降城。不能下，乃寇入边而去。其明年，单于欲自攻受降城，未至，病死。

①【索隐】应劭云："在武威县北。" ②【正义】为渠帅也。

儿单于立三岁而死。子年少，匈奴乃立其季父乌维单于弟右贤王呴[①]犁湖为单于。是岁太初三年也。

①【集解】音钩，又音吁。

呴犁湖单于立，汉使光禄徐自为出五原塞[①]数百里，远者千余里，筑城鄣列亭[②]至庐朐，[③]而使游击将军韩说、长平侯卫伉屯其旁，使强弩都尉路博德筑居延泽上。[④]

①【正义】即五原郡榆林塞也。在胜州榆林县四十里也。 ②【正义】顾胤云："鄣，山中小城。亭，候望所居也。" ③【集解】音衢，匈奴地名，又山名。【索隐】服虔云："匈奴地名。"张晏云："山名。"【正义】《括地志》云五原郡稒阳县北出石门鄣，得光禄城，又西北得支就城，又西北得头曼城，又西北得虖河城，又西北得宿虏城。按：即筑城鄣列亭至庐朐也。服

虔云："庐朐，匈奴地名也。"张晏云："山名也。" ④【正义】《括地志》云："汉居延县故城在甘州张掖县东北一千五百三十里，有汉遮虏鄣，强弩都尉路博德之所筑。李陵败，与士众期至遮虏鄣，即此也。长老传云鄣北百八十里，直居延之西北，是李陵战地也。"

其秋，匈奴大入定襄、云中，杀略数千人，败数二千石而去，行破坏光禄所筑城列亭鄣。又使右贤王入酒泉、张掖，略数千人。会任文[①]击救，尽复失所得而去。是岁，贰师将军破大宛，斩其王而还。匈奴欲遮之，不能至。其冬，欲攻受降城，会单于病死。

①【集解】《汉书音义》曰："汉将也。"

呴犁湖单于立一岁死。匈奴乃立其弟左大都尉且鞮侯为单于。[①]

①【索隐】且音子余反，鞮音低。

汉既诛大宛，威震外国。天子意欲遂困胡，乃下诏曰："高皇帝遗朕平城之忧，高后时单于书绝悖逆。昔齐襄公复九世之仇，《春秋》大之。"[①]是岁太初四年也。

①【集解】《公羊传》曰："九世犹可以复仇乎？曰虽百世可也。"

且鞮侯单于既立，尽归汉使之不降者。路充国等得归。单于初立，恐汉袭之，乃自谓："我儿子，安敢望汉天子。汉天子，我丈人行[①]也"。汉遣中郎将苏武厚币赂遗单于。单于益骄，礼甚倨，非汉所望也。其明年，浞野侯破奴得亡归汉。

①【正义】胡朗反。

其明年，汉使贰师将军广利以三万骑出酒泉，击右贤王于天山，[①]得胡首虏万余级而还。匈奴大围贰师将军，几不脱。汉兵物故什六七。汉复使因杅将军敖出西河，与强弩都尉会涿涂山，[②]毋所得。又使骑都尉李陵将步骑五千人，出居延北千余里，与单于会，合战，陵所杀伤万余人，兵及食尽，欲解归，匈奴围陵，陵降匈奴，其兵遂没，得还者四百人。单于乃贵陵，以其女妻之。

①【正义】在伊州。　②【集解】徐广曰："涂音邪"。【索隐】涿音卓。涂音以奢反。【正义】匈奴中山也。

后二岁，复使贰师将军将六万骑，步兵十万，出朔方。强弩都尉路博德将万余人，与贰师会。游击将军说将步骑三万人，出五原。因杅将军敖将万骑步兵三万人，出雁门。匈奴闻，悉远其累重于余吾水北，[①]而单于以十万骑待水南，与贰师将军接战。贰师乃解而引归，与单于连战十余日。贰师闻其家以巫蛊族灭，因并众降匈奴，[2]得来还千人一两人耳。游击说无所得。因杅敖与左贤王战，不利，引归。是岁[3]汉兵之出击匈奴者不得言功多少，功不得御。[4]有诏捕太医令随但，言贰师将军家室族灭，使广利得降匈奴。[5]

①【集解】徐广曰："余，一作斜，音邪。"【索隐】《山海经》云："北鲜之山，鲜水出焉，北流注余吾。"【正义】累，力为反。重，丈用反。 ②【集解】徐广曰："案《史记·将相年表》及《汉书》，征和二年，巫蛊始起。三年，广利与商丘成出击胡军，败，乃降。" ③【集解】徐广曰："天汉四年。"【正义】自此以下，上至贰师闻其家，非天汉四年事，似错误，人所知。 ④【正义】御音语。其功不得相御当也。 ⑤【索隐】《汉书》云："明年，且鞮死，长子狐鹿姑单于立。"张晏云："自狐鹿姑单于已下，皆刘向、褚先生所录，班彪又撰而次之，所以《汉书·匈奴传》有上下两卷。"

太史公曰：孔氏著《春秋》，隐、桓之间则章，至定、哀之际则微，[1]为其切当世之文而罔褒，忌讳之辞也。[2]世俗之言匈奴者，患其徼一时之权，[3]而务谄纳其说，[4]以便偏指，不参[5]彼己。将率[6]席中国广大，气奋，人主因以决策，是以建功不深。尧虽贤，兴事业不成，得禹而九州宁。[7]且欲兴圣统，唯在择任将相哉！唯在择任将相哉！

①【索隐】案：讳国恶，礼也。仲尼仕于定、哀，故其著《春秋》，不切论当世而微其词也。 ②【索隐】案：罔者，无也。谓其无实而褒之是也，忌讳当代故也。 ③【集解】徐广曰："徼音皎。"【索隐】徼音工尧反。言求一时权宠也。刘伯庄音叫，徐音皎，皆非也。 ④【索隐】音税。 ⑤【索隐】案：谓说者谋匈奴，皆患其直徼求一时权幸，但务谄进其说，以自

便其偏指，不参详终始利害也。　⑥【集解】《诗》云："彼己之子。"【索隐】彼己者，犹诗人讥词云"彼己之子"是也。将率则指樊哙、卫、霍等也。⑦【正义】言尧虽贤圣，不能独理，得禹而九州安宁。以刺武帝不能择贤将相，而务谄纳小人浮说，多伐匈奴，故坏齐民。故太史公引禹圣成其太平，以攻当代之罪。

索隐述赞曰：猃狁、薰粥，居于北边。既称夏裔，式憬周篇。颇随畜牧，屡扰尘烟。爰自冒顿，尤聚控弦。虽空帑藏，未尽中权。

卷一百十一

卫将军骠骑列传第五十一

大将军卫青者，平阳人也。[①]其父郑季，为吏，给事平阳侯家，与侯妾卫媪通，[②]生青。青同母兄卫长子，而姊卫子夫自平阳公主家得幸天子，[③]故冒姓为卫氏。字仲卿。长子更字长君。长君母号为卫媪。媪长女卫孺，[④]次女少儿，次女即子夫。后子夫男弟步广[⑤]皆冒卫氏。

①【正义】《汉书》云"其父郑季，河东平阳人，以县吏给事平阳侯之家"也。　②【索隐】卫，姓也。媪，妇人老少通称。《汉书》曰与主家僮卫媪通。案：即云家僮，故知非老。或者媪是年老之称，后追呼耳。然《外戚传》云"薄姬父与魏王宗女魏媪通"，则少亦称媪也。而小颜云"卫者，举其夫家姓也"。然案此云"侯妾卫媪"，则似无夫。下云"同母兄卫长子及姊卫子夫皆冒卫姓"，又似有夫耳。其所冒之姓为父与母，皆未明也。　③【集解】徐广曰："曹参曾孙平阳夷侯，时尚武帝姊平阳公主，生子襄。"【索隐】案：如淳云"本阳信长公主，为平阳侯所尚，故称平阳公主"。世家及《功臣表》"时"或作"畤"，《汉书》作"寿"，并文字残缺，故不同也。　④【索隐】《汉书》云"君孺"。　⑤【集解】徐广曰："步，一作'少'。"

青为侯家人，少时归其父，其父使牧羊。先母[①]之子皆奴畜之，不以为兄弟数。[②]青尝从入至甘泉居室，[③]有一钳徒[④]相青曰："贵人也，官至封侯。"青笑曰："人奴之生，得毋笞骂即足矣，安得封侯事乎！"

①【集解】服虔曰："先母，嫡妻也。青之嫡母。"【索隐】《汉书》作"民母"。顾氏云"郑季本妻编于民户之间，故曰民母"。今本亦或作"民母"也。 ②【索隐】音去声。 ③【正义】按：居室，署名，武帝改曰保宫。灌夫系居室是也。 ④【集解】张晏曰："甘泉中徒所居也。"

青壮，为侯家骑，从平阳主。建元二年春，青姊子夫得入宫幸上。皇后，堂邑大长公主女也，[①]无子，妒。大长公主闻卫子夫幸，有身，妒之，乃使人捕青。青时给事建章，[②]未知名。大长公主执囚青，欲杀之。其友骑郎公孙敖与壮士往篡取之，[③]以故得不死。上闻，乃召青为建章监，侍中，及同母昆弟贵，赏赐数日间累千金。孺为太仆公孙贺妻。少儿故与陈掌通，[④]上召贵掌。公孙敖由此益贵。子夫为夫人。青为太中大夫。

①【集解】徐广曰："堂邑安侯陈婴之孙夷侯午，尚景帝姊长公主，生子季须。元鼎元年，季须坐奸自杀。"【正义】文颖云："陈皇后，武帝姑女也。" ②【索隐】案：晋灼云"上林中宫名也"。 ③【索隐】篡，犹劫也，夺也。 ④【集解】徐广曰："陈平曾孙，名掌也。"

元光五年，青为车骑将军，击匈奴，出上谷；太仆公孙贺为轻车将军，出云中；太中大夫公孙敖为骑将军，出代郡。卫尉李广为骁骑将军，出雁门。军各万骑。青至茏城，斩首虏数百。骑将军敖亡七千骑;卫尉李广为虏所得,得脱归:皆当斩,赎为庶人。贺亦无功。

元朔元年春,卫夫人有男,[①]立为皇后。其秋,青为车骑将军,出雁门,三万骑击匈奴,斩首虏数千人。明年,匈奴入杀辽西太守,虏略渔阳二千余人,败韩将军军。汉令将军李息击之,出代;令车骑将军青出云中以西至高阙。[②]遂略河南地,至于陇西,捕首虏数千,畜数十万,走白羊、楼烦王。遂以河南地为朔方郡。[③]以三千八百户封青为长平侯。青校尉苏建有功,以千一百户封建为平陵侯。使建筑朔方城。[④]青校尉张次公有功,封为岸头侯。[⑤]天子曰:"匈奴逆天理,乱人伦,暴长虐老,以盗窃为务,行诈诸蛮夷,造谋藉兵,数为边害,[⑥]故兴师遣将,以征厥罪。《诗》不云乎,'薄伐猃狁,[⑦]至于太原','出车彭彭,城彼朔方'。[⑧]今车骑将军青度西河[⑨]至高阙,获首虏二千三百级,车辎畜产毕收为卤,已封为列侯,遂西定河南地,按榆溪旧塞,[⑩]绝梓领,梁北河,[⑪]讨蒲泥,破符离,[⑫]斩轻锐之卒,捕伏听者三千七十一级,[⑬]执讯获丑,[⑭]驱马牛羊百有余万,全甲兵而还,益封青三千户。"其明年,匈奴入杀代郡太守友,[⑮]入略雁门千余人。其明年,匈奴大入代、定襄、上郡,杀略汉数千人。

①【索隐】即卫太子据也。 ②【索隐】高阙,山名。小颜云"一曰塞名,在朔方之北"也。 ③【正义】今夏州也。 ④【正义】《括地志》云:"夏州朔方县北什贲故城是。"按:苏建筑,什贲之号盖出蕃语也。
⑤【索隐】案:晋灼云"河东皮氏县之亭名也"。【正义】服虔云:"乡名也。"
⑥【集解】张晏曰:"从蛮夷借兵钞边也。" ⑦【索隐】此《小雅·六月》

诗,美宣王北伐也。薄伐者,言逐出之也。　⑧【索隐】《小雅·出车》之诗也。　⑨【正义】即云中郡之西河,今胜州东河也。　⑩【集解】如淳曰:"案,行也。榆溪,旧塞名。"或曰按,寻也。【索隐】案:《水经》云"上郡之北有诸次水出焉,东经榆林塞为榆溪",是榆谷旧塞也。　⑪【集解】如淳曰:"绝,度也。为北河作桥梁。"【正义】《括地志》云:"梁北河在灵州界也。"　⑫【集解】晋灼曰:"二王号。"【索隐】崔浩云:"漠北塞名。"⑬【集解】张晏曰:"伏于隐处,听军虚实。"　⑭【正义】讯,问也。丑:众。言执其生口问之,知虏处,获得众类也。　⑮【集解】徐广曰:"友者,太守名也。姓共也。"

其明年,元朔之五年春,汉令车骑将军青将三万骑,出高阙。卫尉苏建为游击将军,左内史李沮[①]为强弩将军,太仆公孙贺为骑将军,代相李蔡为轻车将军,皆领属车骑将军,俱出朔方。大行李息、岸头侯张次公为将军,出右北平。咸击匈奴。匈奴右贤王当卫青等兵,以为汉兵不能至此,饮醉。汉兵夜至,围右贤王,右贤王惊,夜逃,独与其爱妾一人壮骑数百驰,溃围北去。汉轻骑校尉郭成等逐数百里,不及,得右贤裨王十余人,[②]众男女万五千余人,畜数千百万,于是引兵而还。至塞,天子使使者持大将军印,即军中拜车骑将军青为大将军,诸将皆以兵属大将军,大将军立号而归。[③]天子曰:"大将军青躬率戎士,师大捷,获匈奴王十有余人,益封青六千户。"而封青子伉为宜春侯,[④]青子不疑为阴安侯,青子登为发干侯。青固谢曰:"臣幸得待罪行间,赖陛下神灵,军大捷,皆诸校尉力战之功也。陛下幸已益封臣青。臣青子在襁褓中,[⑤]未有勤劳,上幸列地封为三侯,非臣待罪行间所以劝士力战之意也。伉等三人何敢受封!"天子曰："我非忘诸校尉功也，今固且图之。"乃诏御史曰："护军都尉公孙敖三从大将军击匈奴，常护军，傅校获王，[6]以千五百户封敖为合骑侯。[7]都尉韩说从大将军出窳浑，[8]至匈奴右贤王庭，为麾下搏战获王，[9]以千三百户封说为龙额侯。骑将军公孙贺从大将军获王，以千三百户封贺为南窌侯。[10]轻车将军李蔡再从大将军获王，以千六百户封蔡为乐安侯。校尉李朔，校尉赵不虞，校尉公孙戎奴，各三从大将军获王，以千三百户封朔为涉轵侯，以千三百户封不虞为随成侯，以千三百户封戎奴为从平侯。将军李沮、李息及校尉豆如意有功，赐爵关内侯，食邑各三百户。"其秋，匈奴入代，杀都尉朱英。

①【集解】文颖曰："音俎。" ②【索隐】贾逵云："裨，益也。"小颜云："裨王，小王也，若裨将然。音频移反。" ③【索隐】案：谓立大将军之号令而归也。 ④【正义】口浪反。 ⑤【正义】襁长尺二寸，阔八寸，以约小儿于背。褓，小儿被也。 ⑥【索隐】顾秘监云："傅，领也。五百人谓之校。"小颜云："傅音附。言敖总护诸军，每附部校，以致克捷而获王也。" ⑦【索隐】案：非邑地，因战功为号。谓以军合骠骑，故云"合骑"，若"冠军"、"从骠"然也。 ⑧【集解】徐广曰："窳浑在朔方，音庾。"【索隐】服虔云"窳浑，塞名"。《汉书》作"寘浑"，寘音田。 ⑨【索隐】搏音博。搏，击也。小颜同。今《史记》、《汉书》本多作"传"，传，犹转也。 ⑩【集解】徐广曰："窌宜作'奅'，音匹孝反。"【索隐】韦昭云县名。或作"窖"。《字林》云"大"下"卯"与"穴"下"卯"并音匹孝反。

其明年春，大将军青出定襄，合骑侯敖为中将军，太仆贺为左将军，翕侯赵信为前将军，卫尉苏建为右将军，郎中令李广为后将军，左内史李沮为强弩将军，咸属大将军，斩首数千级而还。月余，悉复出定襄击匈奴，斩首虏万余人。右将军建、前将军信并军三千余骑，独逢单于兵，与战一日余，汉兵且尽。前将军故胡人，降为翕侯，见急，匈奴诱之，遂将其余骑可八百，奔降单于。右将军苏建尽亡其军，独以身得亡去，自归大将军。大将军问其罪正闳、[1]长史安、[2]议郎周霸等：[3]"建当云何？"霸曰："自大将军出，未尝斩裨将。今建弃军，可斩以明将军之威。"闳、安曰："不然。兵法'小敌之坚，大敌之禽也'。今建以数千当单于数万，力战一日余，士尽，不敢有二心，自归。自归而斩之，是示后无反意也。不当斩。"大将军曰："青幸得以肺腑待罪行间，不患无威，而霸说我以明威，甚失臣意。且使臣职虽当斩将，以臣之尊宠而不敢自擅专诛于境外，而具归天子，天子自裁之，于是以见为人臣不敢专权，不亦可乎？"军吏皆曰"善"。遂囚建诣行在所。[4]入塞罢兵。

①【集解】张晏曰："正，军正也。闳，名也。" ②【正义】律，都军官长史一人也。 ③【集解】徐广曰："儒生。"【索隐】案：《郊祀志》议封禅有周霸，故知儒生也。 ④【集解】蔡邕曰："天子自谓所居曰'行在所'，言今虽在京师，行所至耳。巡狩天下，所奏事处皆为宫。在长安则曰奏长安宫，在泰山，则曰奉高宫，唯当时所在。"

是岁也，大将军姊子霍去病[1]年十八，幸，为天子侍中。善骑射，再从大将军，受诏与壮士，为剽姚[2]校尉，与轻勇骑八百直弃大军数百里赴利，斩捕首虏过当。[3]于是天子曰：

“剽姚校尉去病斩首虏二千二十八级，及相国、当户，斩单于大父行[④]籍若侯产，[⑤]生捕季父罗姑比，[⑥]再冠军，以千六百户封去病为冠军侯。上谷太守郝贤四从大将军，捕斩首虏二千余人，以千一百户封贤为众利侯。”是岁，失两将军军，亡翕侯，军功不多，故大将军不益封。右将军建至，天子不诛，赦其罪，赎为庶人。

①【集解】徐广曰：“姊即少儿也。” ②【索隐】服虔：“音飘摇。”大颜案《荀悦汉纪》作“票鹞”。票鹞，劲疾之貌也。票音频妙反，鹞音弋召反。③【索隐】案：小颜云“计其所将之人数，则捕首虏为多，过于所当也。一云汉军亡失者少，而杀获匈奴数多，故曰过当也”。 ④【索隐】行音胡浪反。谓籍若侯是匈奴祖之行第。《汉书》云“籍若侯产，产即大父之名”。⑤【集解】张晏曰：“籍若，胡侯。” ⑥【索隐】案：颜氏云“罗姑比，单于季父名”。小颜云“比，频也”。案：下文既云“再冠军”，无容更言频也。

大将军既还，赐千金。是时王夫人方幸于上，宁乘说大将军曰：“将军所以功未甚多，身食万户，三子皆为侯者，徒以皇后故也。今王夫人幸而宗族未富贵，愿将军奉所赐千金为王夫人亲寿。”大将军乃以五百金为寿。天子闻之，问大将军，大将军以实言，上乃拜宁乘为东海都尉。

张骞从大将军，以尝使大夏，[①]留匈奴中久，导军，知善水草处，军得以无饥渴，因前使绝国功，封骞博望侯。

①【正义】大夏国在大宛西。

冠军侯去病既侯三岁，元狩二年春，以冠军侯去病为骠骑将军，[①]将万骑出陇西，有功。天子曰："骠骑将军率戎士逾乌盭，[②]讨遬濮，[③]涉狐奴，[④]历五王国，辎重人众慑慴[⑤]者弗取，冀获单于子。[⑥]转战六日，过焉支山千有余里，合短兵，杀折兰王，斩卢胡王，[⑦]诛全甲，[⑧]执浑邪王子及相国、都尉，首虏八千余级，收休屠祭天金人，[⑨]益封去病二千户。"

①【集解】徐广曰："骠，一亦作'剽'。"【正义】《汉书》云霍去病征匈奴有绝幕之勋，始置骠骑将军，位在三司，品秩同大将军。《说文》云："骠，黄马鬣白色。一曰白髦尾。" ②【集解】《汉书音义》曰："音戾，山名也。" ③【索隐】遬音速。濮音卜。崔浩云"匈奴部落名"。案：下有"遬濮王"，则是国名也。 ④【集解】晋灼曰："水名也。" ⑤【集解】文颖曰："恐惧也。"【索隐】案：《说文》云"慑慴，失气也"。刘氏云"慑式涉反，慴之涉反"。 ⑥【集解】徐广曰："一作与。" ⑦【集解】张晏曰："折兰、卢胡，国名也。杀者，杀之而已。斩者，获其首。"【正义】颜师古云："折兰，匈奴中姓也。今鲜卑有是兰姓者，即其种。" ⑧【解】集徐广曰："全，一作金。"【正义】全甲谓足具不失落也。 ⑨【集解】如淳曰："祭天为主。"【索隐】案：张晏云"佛徒祠金人也。"屠音储。

其夏，骠骑将军与合骑侯敖俱出北地，异道。博望侯张骞、郎中令李广俱出右北平，异道。皆击匈奴。郎中令将四千骑先至，博望侯将万骑在后至。匈奴左贤王将数万骑围郎中令，郎中令与战二日，死者过半，所杀亦过当。博望侯至，匈奴兵引去。博望侯坐行留，当斩，赎为庶人。而骠骑将军出北地，已遂深入，与合骑侯失道，不相得，骠骑将军逾居延[①]至祁连山，捕首虏甚多。天子曰："骠骑将军逾居延，遂过小月氏，[②]攻祁连山，[③]得酋涂王，[④]以众降者二千五百人，斩首虏三万二百级，获五王，五王母，单于阏氏、王子五十九人，相国、将军、当户、都尉六十三人，师大率[⑤]减什三，[⑥]益封去病五千户。赐校尉从至小月氏爵左庶长。鹰击司马破奴再从骠骑将军斩遬濮[⑦]王，捕稽且王，[⑧]千骑将得王、王母各一人，[⑨]王子以下四十一人，捕虏三千三百三十人，前行捕虏千四百人，以千五百户封破奴为从骠侯。[⑩]校尉句王高不识，[⑪]从骠骑将军捕呼于屠王[⑫]王子以下十一人，捕虏千七百六十八人，以千一百户封不识为宜冠侯。[⑬]校尉仆多[⑭]有功，封为辉渠侯。"[⑮]合骑侯敖坐行留不与骠骑会，当斩，赎为庶人。诸宿将所将士马兵亦不如骠骑，骠骑所将常选，[⑯]然亦敢深入，常与壮骑先其大(将)军，军亦有天幸，未尝困绝也。然而诸宿将常坐留落不遇。[⑰]由此骠骑日以亲贵，比大将军。

①【集解】张晏曰："水名也。" ②【索隐】韦昭云："音支。"《西域传》："大月氏本居敦煌、祁连间，余众保南山，遂号小月氏。" ③【索隐】小颜云："即天山也。匈奴谓天〔为〕祁连。"案：《西河旧事》谓白山即天山，祁连恐非也。 ④【集解】张晏曰："胡王也。"【索隐】酋音才由反。涂音徒。《汉书》云"扬武乎觻得，得单于单桓、酋涂王"，此文省也。 ⑤【正义】率音律也。 ⑥【索隐】案：《汉书》作"减什七"。小颜云"破匈奴之师，十减其七。一云汉兵亡失之数，下皆类此"。案：一说为是也。 ⑦【正义】速卜二音。 ⑧【索隐】且音子余反。 ⑨【索隐】按：《汉书》云"右千骑将王"，然则此千骑将汉之将，属赵破奴，得匈奴五王及王母也。或云右千骑将即匈奴王之名。 ⑩【集解】张晏曰："从骠骑将军有功，因以为号。" ⑪【集解】徐广曰："句音鉤。匈奴以为号。"【索隐】

案：二人并匈奴人也。 ⑫【索隐】案：三字共为王号。 ⑬【正义】孔文祥云："从冠军将军战故。宜冠，从骠之类也。" ⑭【索隐】案：《汉百官表》作"仆朋"，疑多是误。 ⑮【索隐】辉音晖也。 ⑯【索隐】音宣变反。谓骠骑常选择取精兵。 ⑰【索隐】案：谓迟留零落，不遇合也。

其秋，单于怒浑邪王居西方数为汉所破，亡数万人，以骠骑之兵也。单于怒，欲召诛浑邪王。浑邪王与休屠王等谋欲降汉，使人先遣使向边境要遮汉人，令报天子要边。[①]是时大行李息将城河上，得浑邪王使，即驰传以闻。天子闻之，于是恐其以诈降而袭边，乃令骠骑将军将兵往迎之。骠骑既渡河，与浑邪王众相望。浑邪王裨将见汉军而多欲不降者，颇遁去。骠骑乃驰入与浑邪王相见，斩其欲亡者八千人，遂独遣浑邪王乘传先诣行在所，尽将其众渡河，降者数万，号称十万。既至长安，天子所以赏赐者数十巨万。封浑邪王万户，为漯阴侯。[②]封其裨王呼毒尼[③]为下摩侯，鹰庇为辉渠侯，[④]禽梨[⑤]为河綦侯，大当户铜离[⑥]为常乐侯。于是天子嘉骠骑之功曰："骠骑将军去病率师攻匈奴西域王浑邪，王及厥众萌咸相奔，率以军粮接食，并将控弦万有余人，诛獟駻，[⑦]获首虏八千余级，降异国之王三十二人，战士不离伤，十万之众咸怀集服，仍与之劳，爰及河塞，庶几无患，[⑧]幸既永绥矣。以千七百户益封骠骑将军。"减陇西、北地、上郡戍卒之半，以宽天下之繇。

①【索隐】案：谓先于边境要候汉人，言其欲降。 ②【索隐】漯音

他合反。案《地理志》，县名，在平原郡。 ③【集解】文颖曰："胡王名。" ④【集解】徐广曰："一云篇訾。"【索隐】《汉书》鹰作"雁"。庇音必二反，又音疋履反。案：《汉书·功臣表》云元狩二年以辉渠封仆朋，至三年又封鹰庇。其地俱属鲁阳，未详所以。【正义】辉渠，表作"顺梁"。 ⑤【集解】徐广曰："禽，一作鸟。"【索隐】案：表作"鸟梨"。 ⑥【集解】徐广曰："一作稠离也。"【索隐】徐广注与《汉书·功臣表》同。此文云"铜离"，文异也。 ⑦【集解】晋灼曰："獟音欺谯反。"【索隐】《说文》作"趬"，行疾貌。骔音胡旦反。 ⑧【正义】言匈奴右地浑邪王降，而塞外并河诸郡之民无忧患也。

居顷之，乃分徙降者边五郡故塞外，[1]而皆在河南，因其故俗，为属国。[2]其明年，匈奴入右北平、定襄，杀略汉千余人。

①【正义】五郡谓陇西、北地、上郡、朔方、云中，并是故塞外，又在北海西南。 ②【正义】以降来之民徙置五郡，各依本国之俗而属于汉，故言"属国"也。

其明年，天子与诸将议曰："翕侯赵信为单于画计，常以为汉兵不能度幕轻留，[1]今大发士卒，其势必得所欲。"是岁元狩四年也。

①【索隐】案：幕即沙漠，古字少耳。轻留者，谓匈奴以汉军不能至，故轻易留而不去也。

元狩四年春，上令大将军青、骠骑将军去病将各五万骑，步兵转者踵军数十万，[1]而敢力战深入之士皆属骠骑。骠骑始为出定襄，当单于。捕虏言单于东，乃更令骠骑出代郡，令大将军出定襄。郎中令为前将军，太仆为左将军，主爵赵食其为右将军，平阳侯襄为后将军，皆属大将军。兵即度幕，人马凡五万骑，与骠骑等成击匈奴单于。赵信为单于谋曰："汉兵既度幕，人马罢，匈奴可坐收虏耳。"乃悉远北其辎重，皆以精兵待幕北。而适值大将军军出塞千余里，见单于兵陈而待，于是大将军令武刚车[2]自环为营，而纵五千骑往当匈奴。匈奴亦纵可万骑。会日且入，大风起，沙砾击面，两军不相见，汉益纵左右翼绕单于。单于视汉兵多，而士马尚强，战而匈奴不利，薄暮，单于遂乘六骡，壮骑可数百，直冒汉围西北驰去。时已昏，汉、匈奴相纷挐，[3]杀伤大当。[4]汉军左校捕虏言单于未昏而去，汉军因发轻骑夜追之，大将军军因随其后。匈奴兵亦散走。迟明，[5]行二百余里，不得单于，颇捕斩首虏万余级，遂至寘颜山赵信城，[6]得匈奴积粟食军。军留一日而还，悉烧其城余粟以归。

①【正义】言转运之士及步兵接后又数十万人。　②【集解】《孙吴兵法》曰："有巾有盖，谓之武刚车也。"　③【正义】《三苍解诂》云："纷挐，相牵也。"　④【索隐】以言所杀伤大略相当。　⑤【集解】徐广曰："迟，一作黎。"【索隐】迟音值。迟者，待也。待天欲明也。《汉书》作"会明"。诸本多作"黎明"。邹氏云"黎，迟也"。然黎，黑也，候天将明而犹黑也。【正义】迟音值。　⑥【集解】徐广曰："寘音田。"

大将军之与单于会也，而前将军广、右将军食其军别从东道，或失道，后击单于。大将军引还过幕南，乃得前将军、右将军。大将军欲使使归报，令长史簿责前将军广，广自杀。右将军至，下吏，赎为庶人。大将军军入塞，凡斩捕首虏万九千级。是时匈奴众失单于十余日，右谷蠡[1]王闻之，自立为单于。单于后得其众，右王乃去单于之号。

①【索隐】谷音禄；蠡音梨，又音离。

骠骑将军亦将五万骑，车重与大将军军等，而无裨将，悉以李敢等为大校，当裨将，出代、右北平千余里，直左方兵，所斩捕功已多大将军。军既还，天子曰："骠骑将军去病率师，躬将所获荤粥之士，[1]约轻赍，绝大幕，涉获章渠，[2]以诛比车耆，[3]转击左大将，[4]斩获旗鼓，历涉离侯。[5]济弓闾，[6]获屯头王、[7]韩王等三人，[8]将军、相国、当户、都尉八十三人，封狼居胥山，禅于姑衍，[9]登临翰海。[10]执卤获丑七万有四百四十三级，师率减什三，取食于敌，逴[11]行殊远而粮不绝，以五千八百户益封骠骑将军。"右北平太守路博德属骠骑将军，会与城，[12]不失期，从至梼余[13]山，斩首捕虏二千七百级，以千六百户封博德为符离侯。北地都尉邢山[14]从骠骑将军获王，以千二百户封山为义阳侯。故归义因淳王复陆支、[15]楼专王[16]伊即靬[17]皆从骠骑将军有功，以千三百户封复陆支为壮侯，以千八百户封伊即靬为众利侯。从骠侯破奴、昌武侯安稽[18]从骠骑有功，益封各三百户。校尉敢[19]得旗鼓，为关内侯，食邑二百户。校尉自为[20]爵大庶长。军吏卒为官，赏赐甚多。而大将军不得益封，军吏卒皆无封侯者。

①【集解】徐广曰："粥，一作允。"骃案：应劭曰"所降士有材力者"。②【集解】徐广曰："获，一作护。"【索隐】小颜云："涉谓涉水也。章渠，单于之近臣，谓涉水而破获之。"《汉书》云"涉获单于章渠"也。　③【集解】晋灼曰："王号也。"【索隐】比音必耳反。　④【索隐】案：《汉书》名双。⑤【索隐】《汉书》作"度难侯"。小颜云"山名"。历，度也。　⑥【集解】晋灼曰："水名也。"【索隐】包恺弓音穹，亦如字读。　⑦【集解】《汉书音义》曰："胡王号也。"　⑧【集解】徐广曰："王，一作藉。"【索隐】李奇曰"皆匈奴王号"。　⑨【正义】积土为坛于山上，封以祭天也。祭地曰禅。⑩【集解】张晏曰："登海边山以望海也。"【索隐】按：崔浩云"北海名，群鸟之所解羽，故云翰海"。《广异志》云"在沙漠北"。　⑪【索隐】逴与"卓"同。卓，远也。　⑫【正义】上音余。　⑬【索隐】梼余音桃徒。⑭【集解】徐广曰："一作卫山。"　⑮【索隐】刘氏复音伏，小颜音芳福反。　⑯【索隐】《汉书》专作"刬"，并音专。小颜音之兖反也。⑰【索隐】軒音九言反。　⑱【集解】徐广曰："姓赵，故匈奴王。"⑲【索隐】敢，李广子也。　⑳【索隐】案：徐自为也。

两军之出塞，塞阅官及私马凡十四万匹，而复入塞者不满三万匹。乃益置大司马位，大将军、骠骑将军皆为大司马。[①]定令，令骠骑将军秩禄与大将军等。自是之后，大将军青日退，而骠骑日益贵。举大将军故人门下多去事骠骑，辄得官爵，唯任安不肯。

①【集解】如淳曰："大将军、骠骑将军皆有大司马之号也。"【索隐】案：如淳云"本无大司马，今新置耳"。案：前谓太尉，其官又省，今武帝始置此位，卫将军、霍骠骑皆加此官。

骠骑将军为人少言不泄，[①]有气敢任。[②]天子尝欲教之孙、吴兵法，对曰："顾方略何如耳，不至学古兵法。"天子为治第，令骠骑视之，对曰："匈奴未灭，无以家为也。"由此上益重爱之。然少而侍中，贵，不省士。其从军，天子为遣太官赍数十乘，既还，重车余弃粱肉，而士有饥者。其在塞外，卒乏粮，或不能自振，而骠骑尚穿域蹋鞠。③事多此类。大将军为人仁善退让，以和柔自媚于上，然天下未有称也。

①【索隐】案：孔文祥云"谓质重少言，胆气在中也。周仁'阴重不泄'，其行亦同也"。 ②【索隐】谓果敢任气也。 ③【集解】徐广曰："穿地为营域。"【索隐】穿域蹵鞠。鞠戏，以皮为之，中实以毛，蹵蹋为戏也。刘向《别录》云"蹴鞠，兵势，所以陈武事，知有材力也"。《三仓》云"鞠毛可蹴以为戏"，故云"鞠戏"。鞠音巨六反。【正义】按：《蹵鞠书》有《域说篇》，即今之打毬也。黄帝所作，起战国时。程武士，知其材力也，若讲武。

骠骑将军自四年军后三年，元狩六年而卒。天子悼之，发属国玄甲①军，陈自长安至茂陵，为冢象祁连山。②谥之，并武与广地曰景桓侯。③子嬗④代侯。嬗少，字子侯，上爱之，幸其壮而将之。居六岁，元封元年，嬗卒，谥哀侯。无子，绝，国除。

①【正义】属国即上分置边五郡者也。玄甲，铁甲也。 ②【索隐】案：崔浩云"去病破昆邪于此山，故令为冢象之以旌功也"。姚氏案：冢在茂陵东北，与卫青冢并。西者是青，东者是去病冢。上有竖石，前有石马相对，又有石人也。 ③【集解】苏林曰："景，武谥也。桓，广地谥也。"张晏曰："《谥法》'布义行刚曰景，辟士服远曰桓'。"【索隐】案：景、桓，两谥也。《谥法》"布义行刚曰景"，是武谥也；"辟土服远曰桓"，是广地之谥也。

以去病平生有武艺及广边地之功，故云“谥之并武与广地曰景桓”也。
④【索隐】音市战反。

自骠骑将军死后，大将军长子宜春侯伉坐法失侯。后五岁，伉弟二人，阴安侯不疑及发干侯登皆坐酎金失侯。失侯后二岁，冠军侯国除。其后四年，大将军青卒，[①]谥为烈侯。子伉代为长平侯。

①【集解】徐广曰：“元封五年。”

自大将军围单于之后，十四年而卒。竟不复击匈奴者，以汉马少，而方南诛两越，东伐朝鲜，击羌、西南夷，以故久不伐胡。大将军以其得尚平阳公主[①]故，长平侯伉代侯。六岁，坐法失侯。

①【正义】《汉书》云：“平阳侯曹寿有恶疾，就国，乃诏青尚平阳公主。”如淳云：“本阳信长公主，为平阳侯所尚，故称平阳公主云。”

左方两大将军及诸裨将名：

最[①]大将军青，凡七出击匈奴，斩捕首虏五万余级。一与单于战，收河南地，遂置朔方郡，再益封，凡万一千八百户。封三子为侯，侯千三百户。并之，万五千七百户。其校尉裨将以从大将军侯者九人。其裨将及校尉已为将者十四人。[②]为裨将者曰李广，自有传。无传者曰：

①【索隐】谓凡计也。 ②【索隐】案：《汉书》云“为特将者十五人”，盖通李广也。此李广一人自有传，若《汉书》则七人自有传，八人附见。七人谓李广、张骞、公孙贺、李蔡、曹襄、韩说、苏建也。

将军公孙贺。贺，义渠人，[①]其先胡种。贺父浑邪，景帝时为平曲侯，[②]坐法失侯。贺，武帝为太子时舍人。武帝立八岁，以太仆为轻车将军，军马邑。后四岁，以轻车将军出云中。后五岁，以骑将军从大将军有功，封为南窌侯。后一岁，以左将军再从大将军出定襄，无功。后四岁，以坐酎金失侯。后八岁，[③]以浮沮[④]将军出五原二千余里，无功。后八岁，[⑤]以太仆为丞相，封葛绎侯。贺七为将军，出击匈奴无大功，而再侯，为丞相。坐子敬声与阳石公主奸，[⑥]为巫蛊，族灭，无后。

①【正义】今庆州，本义渠戎国也。《地理志》云北义渠道也。
②【集解】徐广曰：“为陇西太守。” ③【集解】徐广曰：“元鼎六年。”
④【索隐】沮音子余反。 ⑤【集解】徐广曰：“太初二年。” ⑥【集解】徐广曰：“阳石，一云‘德邑’。”

将军李息，郁郅人。[①]事景帝。至武帝立八岁，为材官将军，军马邑。后六岁，为将军，出代。后三岁，为将军，从大将军出朔方，皆无功。凡三为将军，其后常为大行。

①【集解】服虔曰：“郅音窒。”【索隐】小颜音质。案：北地县名也。

【正义】之栗反。今庆州弘化县是。

将军公孙敖，义渠人。以郎事武帝。武帝立十二岁，为(骠)骑将军，出代，亡卒七千人，当斩，赎为庶人。后五岁，以校尉从大将军有功，封为合骑侯。后一岁，以中将军从大将军，再出定襄，无功。后二岁，以将军出北地，后骠骑期，当斩，赎为庶人。后二岁，以校尉从大将军，无功。后十四岁，以因杅[①]将军筑受降城。七岁，复以因杅将军再出击匈奴，至余吾，[②]亡士卒多，下吏，当斩，诈死，亡居民间五六岁。后发觉，复系。坐妻为巫蛊，族。凡四为将军，出击匈奴，一侯。

①【索隐】音于。　②【索隐】余音馀，又音徐。案：水名，在朔方。

将军李沮，[①]云中人。[②]事景帝。武帝立十七岁，以左内史为强弩将军。后一岁，复为强弩将军。

①【索隐】音"俎豆"之"俎"。　②【正义】今岚、胜州也。

将军李蔡，成纪人也。[①]事孝文帝、景帝、武帝。以轻车将军从大将军有功，封为乐安侯。已为丞相，坐法死。

①【正义】秦州县也。

将军张次公，河东人。以校尉从卫将军青有功，封为岸头侯。其后太后崩，为将军，军北军。后一岁，为将军，从大将军，再为将军，坐法失侯。次公父隆，轻车武射也。以善射，景帝幸近之也。

将军苏建，杜陵人。以校尉从卫将军青，有功，为平陵侯，以将军筑朔方。后四岁，为游击将军，从大将军出朔方。后一岁，以右将军再从大将军出定襄，亡翕侯，失军，当斩，赎为庶人。其后为代郡太守，卒，冢在大犹乡。

将军赵信，以匈奴相国降，为翕侯。武帝立十七岁，为前将军，与单于战，败，降匈奴。

将军张骞，以使通大夏，还，为校尉。从大将军有功，封为博望侯。后三岁，为将军，出右北平，失期，当斩，赎为庶人。其后使通乌孙，为大行而卒，冢在汉中。

将军赵食其，祋祤人也。①武帝立二十二岁，以主爵为右将军，从大将军出定襄，迷失道，当斩，赎为庶人。

①【索隐】县名，在冯翊。祋音都活反，又音丁外反。祤音诩。【正义】上都诲反。雍州同官县，本汉祋祤县也。

将军曹襄，以平阳侯为后将军，从大将军出定襄。襄，曹参孙也。

将军韩说，弓高侯庶孙也。以校尉从大将军有功，为龙额侯，坐酎金失侯。元鼎六年，以待诏为横海将军，击东越有功，为按道侯。以太初三年为游击将军，屯于五原外列城。为光禄勋，掘蛊太子宫，卫太子杀之。

将军郭昌，云中人也。以校尉从大将军。元封四年，以太中大夫为拔胡将军，屯朔方。还击昆明，毋功，夺印。

将军荀彘，太原广武人。以御见，[①]侍中，为校尉，数从大将军。以元封三年为左将军击朝鲜，毋功。以捕楼船将军坐法死。

①【正义】以善御求见也。

最骠骑将军去病，凡六出击匈奴，其四出以将军，[①]斩捕首虏十一万余级。及浑邪王以众降数万，遂开河西酒泉之地，[②]西方益少胡寇。四益封，凡万五千一百户。其校吏有功为侯者凡六人，而后为将军二人。

①【集解】徐广曰："再出以剽姚校尉也。" ②【正义】河谓陇右兰州之西河也。〔酒泉〕谓凉、肃等州。《汉书·西域传》云骠骑将军击破匈奴右地，置酒泉郡，后分置武威、张掖、燉煌等郡。

将军路博德，平州人。[①]以右北平太守从骠骑将军有功，为符离侯。骠骑死后，博德以卫尉为伏波将军，伐破南越，益封。其后坐法失侯。为强弩都尉，屯居延，卒。

①【正义】《汉书》云西河平州。按：西河郡今汾州。

将军赵破奴，故九原人。[①]尝亡入匈奴，已而归汉，为骠骑将军司马。出北地时有功，封为从骠侯。坐酎金失侯。后一岁，为匈河将军，攻胡至匈河水，无功。后二岁，[②]击虏楼兰王，复封为浞野侯。后六岁，[③]为浚稽将军，将二万骑击匈奴左贤王，左贤王与战，兵八万骑围破奴，破奴生为虏所得，遂没其军。居匈奴中十岁，复与其太子安国亡入汉。[④]后坐巫蛊，族。

①【正义】今胜州。 ②【集解】徐广曰："元封二年。" ③【集解】徐广曰："太初二年。" ④【集解】徐广曰："以太初二年入匈奴，天汉元年亡归，涉四年。"

自卫氏兴，大将军青首封，其后枝属为五侯。凡二十四岁而五侯尽夺，卫氏无为侯者。

太史公曰：苏建语余曰："吾尝责大将军至尊重，而天下之贤大夫毋称焉，[①]愿将军观古名将所招选择贤者，勉之哉。大将军谢曰：'自魏其、武安之厚宾客，天子常切齿。彼亲附士大夫，招贤绌不肖者，人主之柄也。人臣奉法遵职而已，何与[②]招士！'"骠骑亦放此意，其为将如此。

①【索隐】谓不为贤士大夫所称誉。 ②【索隐】与音预。

索隐述赞曰：君子豹变，贵贱何常。青本奴虏，忽升戎行。姊配皇极，身尚平阳。宠荣斯僭，取乱彝章。嫖姚继踵，再静边方。

卷一百十二

平津侯主父列传第五十二

丞相公孙弘者，齐菑川国薛县人也，[①]字季。少时为薛狱吏，有罪免。家贫，牧豕海上。年四十余，乃学《春秋》杂说。养后母孝谨。

①【索隐】案：薛县本属鲁。汉置菑川国，后割入齐也。【正义】表云菑川国，文帝分齐置，都剧。《括地志》云："故剧城在青州寿光县南三十一里。故薛城在徐州滕县界。《地理志》云薛县属鲁国。"按：薛与剧隔兖州及太山，未详。公孙弘墓又在青州北鲁县西二十里也。

建元元年，天子初即位，招贤良文学之士。是时弘年六十，征以贤良为博士。使匈奴，还报，不合上意，上怒，以为不能，弘乃病免归。

元光五年，有诏征文学，菑川国复推上公孙弘。弘让谢国人曰："臣已尝西应命，以不能罢归，愿更推选。"国人固推弘，弘至太常。太常令所征儒士各对策，百余人，弘第居下。策奏，天子擢弘对为第一。召入见，状貌甚丽，拜为博士。是时通西南夷道，置郡，巴、蜀民苦之，诏使弘视之。还奏事，盛毁西南夷无所用，上不听。

弘为人恢奇多闻，常称以为人主病不广大，人臣病不俭节。弘为布被，食不重肉。后母死，服丧三年。每朝会议，开陈其端，令人主自择，不肯面折庭争。于是天子察其行敦厚，辩论有余，习文法吏事，而又缘饰以儒术，[①]上大悦之。二岁中，[②]至左内史。弘奏事，有不可，不庭辩之。尝与主爵都尉汲黯请间，汲黯先发之，弘推其后，天子常悦，所言皆听，以此日益亲贵。尝与公卿约议，至上前，皆背其约以顺上旨。汲黯庭诘弘曰："齐人多诈而无情实，始与臣等建此议，今皆背之，不忠。"上问弘。弘谢曰："夫知臣者以臣为忠，不知臣者以臣为不忠。"上然弘言。左右幸臣每毁弘，上益厚遇之。

①【索隐】谓以儒术饰文法，如衣服之有领缘以为饰也。 ②【集解】徐广曰："一云一岁。"

元朔三年，张欧免，以弘为御史大夫。是时通西南夷，东置沧海，北筑朔方之郡。弘数谏，以为罢敝中国以奉无用之地，愿罢之。于是天子乃使朱买臣等难弘置朔方之便。发十策，弘不得一。[①]弘乃谢曰："山东鄙人，不知其便若是，愿罢西南夷、沧海而专奉朔方。"上乃许之。

①【集解】韦昭曰："以弘之才，非不能得一也，以为不可，不敢逆上耳。"

汲黯曰："弘位在三公，奉禄甚多，然为布被，此诈也。"上问弘。弘谢曰："有之。夫九卿与臣善者无过黯，然今日庭诘弘，诚中弘之病。夫以三公为布被，诚饰诈欲以钓名。且臣闻管仲相齐，有三归，侈拟于君，桓公以霸，亦上僭于君。晏婴相景公，食不重肉，妾不衣丝，齐国亦治，此下比于民。[①]今臣弘位为御史大夫，而为布被，自九卿以下至于小吏，无差，诚如汲黯言。且无汲黯忠，陛下安得闻此言。"天子以为谦让，愈益厚之。卒以弘为丞相，封平津侯。[②]

①【索隐】比音鼻。比者，近也。小颜音"比方"之"比"。　②【集解】徐广曰："《大臣表》曰元朔五年十一月乙丑，公孙弘为丞相。《功臣表》曰元朔(三)〔五〕年十一月乙丑，封平津侯。"骃案《汉书》，高成之平津乡也。【索隐】案：《汉书》曰"汉兴，皆以列侯为丞相，弘本无爵，乃诏封弘高成之平津乡六百五十户为平津侯。丞相封侯，自弘始也。"

弘为人意忌，外宽内深。[①]诸尝与弘有却者，虽佯与善，阴报其祸。杀主父偃，徙董仲舒于胶西，皆弘之力也。食一肉脱粟之饭。[②]故人所善宾客，仰衣食，弘奉禄皆以给之，家无所余。士亦以此贤之。

①【索隐】谓弘外宽内深，意多有忌害也。　②【索隐】案：一肉，言不兼味也。脱粟，才脱谷而已，言不精凿也。

淮南、衡山谋反，治党与方急。弘病甚，自以为无功而封，位至丞相，宜佐明主填抚国家，使人由臣子之道。今诸侯有畔逆之计，此皆宰相奉职不称，恐窃病死，[①]无以塞责。乃上书曰："臣闻天下之通道五，所以行之者三。[②]曰君臣，父子，兄弟，夫妇，长幼之序，此五者天下之通道也。智，仁，勇，此三者天下之通德，所以行之者也。故曰'力行近乎仁，好问近乎智，知耻近乎勇'。知此三者，则知所以自治；知所以自治，然后知所以治人。天下未有不能自治而能治人者也，此百世不易之道也。今陛下躬行大孝，鉴三王，建周道，兼文武，厉贤予禄，[3]量能授官。今臣弘罢驽之质，无汗马之劳，陛下过意擢臣弘卒伍之中，封为列侯，致位三公。臣弘行能不足以称，素有负薪之病，恐先狗马填沟壑，终无以报德塞责。愿归侯印，乞骸骨，避贤者路。"天子报曰："古者赏有功，褒有德，守成尚文，遭遇右武，[4]未有易此者也。朕宿昔庶几获承尊位，惧不能宁，惟所与共为治者，君宜知之。盖君子善善恶恶，(君宜知之)君若谨行，常在朕躬。君不幸罹霜露之病，何恙不已，[5]乃上书归侯，乞骸骨，是章朕之不德也。今事少闲，君其省思虑，一精神，辅以医药。"因赐告牛酒杂帛。居数月，病有瘳，视事。

①【索隐】案：人臣委质于君，死生由君。今若一朝病死，是窃死也。②【索隐】案：此语出《子思子》，今见《礼记·中庸》篇。 ③【集解】徐广曰："厉，一作广也。" ④【索隐】小颜云："右亦上也。言遭遇乱时则上武也。" ⑤【集解】《汉书音义》曰："何恙，喻小疾不以时愈。"【索隐】恙，忧也。言罹霜露寒凉之疾，轻，何忧于病不止。《礼》曰"疾止复初"也。

元狩二年，弘病，竟以丞相终。[1]子度嗣为平津侯。度为山阳太守十余岁，坐法失侯。[2]

①【集解】《汉书》曰:"年八十。"【索隐】案:弘凡为御史、丞相六岁,年八十终。　②【索隐】《汉书》云坐不遣巨野令史成诣公车,论为城旦。元始中诏复弘后为关内侯也。

主父偃者,齐临菑人也。学长短纵横之术,晚乃学《易》、《春秋》、百家言。游齐诸生间,莫能厚遇也。齐诸儒生相与排摈,不容于齐。家贫,假贷无所得,乃北游燕、赵、中山,皆莫能厚遇,为客甚困。孝武元光元年中,以为诸侯莫足游者,乃西入关见卫将军。卫将军数言上,上不召。资用乏,留久,诸公宾客多厌之,乃上书阙下。朝奏,暮召入见。所言九事,其八事为律令,一事谏伐匈奴。其辞曰:

臣闻明主不恶切谏以博观,忠臣不敢避重诛以直谏,是故事无遗策而功流万世。今臣不敢隐忠避死以效愚计,愿陛下幸赦而少察之。

《司马法》曰:"国虽大,好战必亡。天下虽平,忘战必危。"天下既平,天子大凯,[①]春搜秋狝,诸侯春振旅,秋治兵,所以不忘战也。[②]且夫怒者逆德也,兵者凶器也,争者末节也。古之人君一怒必伏尸流血,故圣王重行之。夫务战胜穷武事者,未有不悔者也。昔秦皇帝任战胜之威,蚕食天下,并吞战国,海内为一,功齐三代。务胜不休,欲攻匈奴,李斯谏曰:"不可。夫匈奴无城郭之居,委积之守,迁徙鸟举,难得而制也。轻兵深入,粮食必绝;踵粮以行,重不及事。得其地不足以为利也,遇其民不可役而守也。胜必杀之,非民父母也。靡敝[③]中国,快心匈奴,非长策也。"秦皇帝不听,遂使蒙恬将兵攻胡,辟地千里,以河为境。地固泽(鹹)

卤，[④]不生五谷。然后发天下丁男以守北河。暴兵露师十有余年，死者不可胜数，终不能逾河而北。是岂人众不足，兵革不备哉？其势不可也。又使天下蜚刍挽粟，[⑤]起于东、腄、[⑥]琅邪负海之郡，转输北河，率三十钟而致一石。男子疾耕不足于粮饷，女子纺绩不足于帷幕。百姓靡敝，孤寡老弱不能相养，道路死者相望，盖天下始畔秦也。

①【集解】应劭曰："大凯，周礼还师振旅之乐。" ②【集解】宋均曰："春秋少阳少阴，气弱未全，须人功而后用，士庶法之，教而后成，宗仁本义。天子诸侯必春秋讲武，简阅车徒，以顺时气，不忘战也。" ③【索隐】靡音縻。敝，犹凋敝也。 ④【集解】徐广曰："泽，一作斥。"瓒曰："其地多水泽，又有卤。" ⑤【集解】文颖曰："转刍谷就战是也。" ⑥【集解】徐广曰："腄在东莱，音缒。"【索隐】腄音逐瑞反，注音缒，其音同也。

及至高皇帝定天下，略地于边，闻匈奴聚于代谷之外而欲击之。御史成进谏曰："不可。夫匈奴之性，兽聚而鸟散，从之知搏影。今以陛下盛德攻匈奴，臣窃危之。"高帝不听，遂北至于代谷，果有平城之围。高皇帝盖悔之甚，乃使刘敬往结和亲之约，然后天下忘干戈之事。故兵法曰"兴师十万，日费千金"。夫秦常积众暴兵数十万人，虽有覆军杀将系虏单于之功，亦适足以结怨深仇，不足以偿天下之费。夫上虚府库，下敝百姓，甘心于外国，非完事也。夫匈奴难得而制，非一世也。行盗侵驱，所以为业也，天性固然。上及虞、夏、殷、周，固弗程督，禽兽畜之，不属为人。夫上不观虞、夏、殷、周之统，而下(修)〔循〕近世之失，此臣之所大忧，百姓之所疾苦也。且夫兵久则变生，事苦则虑易。乃使边境之民靡敝愁苦而有离心，将吏相疑而外市，[①]故尉佗、章邯得以成其私也。夫秦政之所以不行者，权分乎二子，此得失之效也。故《周书》曰“安危在出令，存亡在所用”。愿陛下详察之，少加意而熟虑焉。

①【集解】张晏曰：“与外国交求利己，若章邯之比。”

是时赵人徐乐、[①]齐人严安[②]俱上书言世务，各一事。徐乐曰：

①【索隐】乐音岳。　②【索隐】严本姓庄，避明帝讳，后并改姓“严”也。安及徐乐并拜郎中。乐后为中大夫。

臣闻天下之患在于土崩，不在于瓦解，古今一也。何谓土崩？秦之末世是也。陈涉无千乘之尊，尺土之地，身非王公大人名族之后，无乡曲之誉，非有孔、墨、曾子之贤，陶朱、猗顿之富也，然起穷巷，奋棘矜，[①]偏袒大呼而天下从风，此其故何也？由民困而主不恤，下怨而上不知(也)，俗已乱而政不修，此三者陈涉之所以为资也。是之谓土崩。故曰天下之患在于土崩。何谓瓦解？吴、楚、齐、赵之兵是也。七国谋为大逆，号皆称万乘之君，带甲数十万，威足以严其境内，财足以劝其士民，然不能西攘尺寸之地而身为禽于中原者，此其故何也？非权轻于匹夫而兵弱于陈涉也，当是之时，先帝之德泽未衰而安土乐俗之民众，故诸侯无境外之助。此之谓瓦解，故曰天下之患不在瓦解。由是观之，天下诚有土崩之势，虽布衣穷处之士或首恶而危海内，陈涉是也。况三晋之君或存乎！天下虽未有大治也，诚能无土崩之势，虽有强国劲兵不得旋踵而身为禽矣，吴、楚、齐、赵是也。况群臣百姓能为乱乎哉！此二体者，安危之明要也，贤主所留意而深察也。

①【集解】矜音勤。

间者关东五谷不登，年岁未复，民多穷困，重之以边境之事，推数循理而观之，则民且有不安其处者矣。不安故易动。易动者，土崩之势也。故贤主独观万化之原，明于安危之机，修之庙堂之上，而销未形之患。其要，期使天下无土崩之势而已矣。故虽有强国劲兵，陛下逐走兽，射飞鸟，弘游燕之囿，淫纵恣之观，极驰骋之乐，自若也。金石丝竹之声不绝于耳，帷帐之私俳优侏儒之笑不乏于前，而天下无宿忧。名何必汤、武，俗何必成、康！虽然，臣窃以为陛下天然之圣，宽仁之资，而诚以天下为务，则汤、武之名不难侔，而成、康之俗可复兴也。此二体者立，然后处尊安之实，扬名广誉于当世，亲天下而服四夷，余恩遗德为数世隆，南面负扆摄袂而揖王公，此陛下之所服也。臣闻图王不成，其敝足以安。安则陛下何求而不得，何为而不成，何征而不服乎哉！严安上书曰：

臣闻周有天下，其治三百余岁，成、康其隆也，刑错四十余年而不用。及其衰也，亦三百余岁，故五伯更起。五伯者，常佐天子兴利除害，诛暴禁邪，匡正海内，以尊天子。五伯既没，贤圣莫续，天子孤弱，号令不行。诸侯恣行，强陵弱，众暴寡，田常篡齐，六卿分晋，并为战国，此民之始苦也。于是强国务攻，弱国备守，合从连横，驰车击毂，介胄生虮虱，民无所告诉。

及至秦王，蚕食天下，并吞战国，称号曰皇帝，一海内之政，坏诸侯之城，销其兵，铸以为钟虡，[①]示不复用。元元黎民得免于战国，逢明天子，人人自以为更生。向使秦缓其刑罚，薄赋敛，省繇役，贵仁义，贱权利，上笃厚，[②]下智巧，[③]变风易俗，化于海内，则世世必安矣。秦不行是风而(修)〔循〕其故俗，为智巧权利者进，笃厚忠信者退；法严政峻，谄谀者众，日闻其美，意广心轶。欲肆威海外，乃使蒙恬将兵以北攻胡，辟地进境，戍于北河，蜚刍挽粟以随其后。又使尉(佗)屠睢[④]将楼船之士南攻百越，使监禄[⑤]凿渠运粮，深入越，越人遁逃。旷日持久，粮食绝乏，越人击之，秦兵大败。秦乃使尉佗将卒以戍越。当是时，秦祸北构于胡，南挂于越，宿兵无用之地，进而不得退。行十余年，丁男被甲，丁女转输，苦不聊生，自经于道树，死者相望。及秦皇帝崩，天下大叛。陈胜、吴广举陈，[⑥]武臣、张耳举赵，项梁举吴，田儋举齐，景驹举郢，周市举魏，韩广举燕，穷山通谷豪士并起，不可胜载也。然皆非公侯之后，非长官之吏也。无尺寸之势，起闾巷，杖棘矜，应时而皆动，不谋而俱起，不约而同会，壤长地进，[⑦]至于霸王，时教使然也。秦贵为天子，富有天下，灭世绝祀者，穷兵之祸也。故周失之弱，秦失之强，不变之患也。

①【索隐】虡音巨。邹氏本作"鐻"，音同。　②【索隐】上，犹尚也，贵也。　③【索隐】谓以智巧为下也。　④【索隐】案：尉，官也。他，赵他也，音徒何反。屠睢，人姓名。睢音虽。　⑤【集解】韦昭曰："监御史名禄也。"　⑥【索隐】谓胜、广举兵据陈。举音如字。或音据，恐疏也。下同。　⑦【集解】张晏曰："长，进益也。"

今欲招南夷，朝夜郎，降羌僰，[①]略涉州[②]建城邑，深入匈奴，燔其茏城，[③]议者美之。此人臣之利也，非天下之长策也。今中国无狗吠之惊，而外累于远方之备，靡敝国家，非所以子民也。行无穷之欲，甘心快意，结怨于匈奴，非所以安边也。祸结而不解，兵休而复起，近者愁苦，远者惊骇，非所以持久也。今天下锻甲砥剑，桥箭累弦，转输运粮，未见休时，此天下之所共忧也。夫兵久而变起，事烦而虑生。今外郡之地或几千里，列城数十，形束壤制，[④]旁胁诸侯，非公室之利也。上观齐、晋之所以亡者，公室卑削，六卿大盛也。下观秦之所以灭者，严法刻深，欲大无穷也。今郡守之权，非特六卿之重也。地几千里，非特闾巷之资也。甲兵器械，非特棘矜之用也。以遭万世之变，则不可称讳也。

①【索隐】僰，白北反，又皮逼反。 ②【集解】如淳曰：“东夷也。”【索隐】涉州，地名，即古涉貊国也。音纡废反。 ③【索隐】匈奴城名，音龙。燔音烦。燔，烧也。 ④【集解】服虔曰：“言所束在郡守，土壤足以专民制。”苏林曰：“言其土地形势足以束制其民也。”【索隐】案：谓地形及土壤皆束制在诸侯也。

书奏天子，天子召见三人，谓曰：“公等皆安在？何相见之晚也！”[1]于是上乃拜主父偃、徐乐、严安为郎中。〔偃〕数见，上疏言事，诏拜偃为谒者，迁(乐)为中大夫。一岁中四迁偃。

①【集解】徐广曰：“它《史记》本皆不见严安，此旁所纂者，皆取《汉书》耳。然《汉书》不宜乃容大异，或写《史记》相承阙脱也。”【索隐】纂音撰。

偃说上曰：“古者诸侯不过百里，强弱之形易制。今诸侯或连城数十，地方千里，缓则骄奢易为淫乱，急则阻其强而合从以逆京师。今以法割削之，则逆节萌起，前日晁错是也。今诸侯子弟或十数，而嫡嗣代立，余虽骨肉，无尺寸地封，则仁孝之道不宣。愿陛下令诸侯得推恩分子弟，以地侯之。彼人人喜得所愿，上以德施，实分其国，不削而稍弱矣。”于是上从其计。[1]又说上曰：“茂陵初立，天下豪杰并兼之家，乱众之民，皆可徙茂陵，内实京师，外销奸猾，此所谓不诛而害除。”上又从其计。

①【集解】徐广曰：“元朔二年，始令诸侯王分封子弟也。”

尊立卫皇后，及发燕王定国阴事，盖偃有功焉。大臣皆畏其口，赂遗累千金。人或说偃曰：“太横矣。”主父曰：“臣结发游学四十余年，身不得遂，亲不以为子，昆弟不收，宾客弃我，我阸日久矣。且丈夫生不五鼎食，死即五鼎烹耳。吾日暮途远，故倒行暴施之。”①

①【索隐】按：偃言吾日暮途远，恐赴前途不跌，故须倒行而逆施，乃可及耳。今此本作“暴”。暴者，言已困久得申，当须急暴行事以快意也。暴者，卒也，急也。

偃盛言朔方地肥饶，外阻河，蒙恬城之以逐匈奴，内省转输戍漕，广中国，灭胡之本也。上览其说，下公卿议，皆言不便。公孙弘曰：“秦时常发三十万众筑北河，终不可就，已而弃之。”主父偃盛言其便，上竟用主父计，立朔方郡。

元朔二年，主父言齐王内淫佚行僻，上拜主父为齐相。至齐，遍召昆弟宾客，散五百金予之，数之曰：“始吾贫时，昆弟不我衣食，宾客不我内门；今吾相齐，诸君迎我或千里。吾与诸君绝矣，毋复入偃之门！”乃使人以王与姊奸事动王，王以为终不得脱罪，恐效燕王论死，乃自杀。有司以闻。

主父始为布衣时，尝游燕、赵，及其贵，发燕事。赵王恐其为国患，欲上书言其阴事，为偃居中，不敢发。及为齐相，出关，即使人上书，告言主父偃受诸侯金，以故诸侯子弟多以得封者。及齐王自杀，上闻大怒，以为主父劫其王令自杀，乃征下吏治。主父服受诸侯金，实不劫王令自杀。上欲勿诛，是时公孙弘为御史大夫，乃言曰："齐王自杀无后，国除为郡，入汉，主父偃本首恶，陛下不诛主父偃，无以谢天下。"乃遂族主父偃。主父方贵幸时，宾客以千数，及其族死，无一人收者，唯独洨孔车[①]收葬之。天子后闻之，以为孔车长者也。

①【集解】徐广曰："孔车，洨人也。沛有洨县。"【索隐】洨，户交反。车，尺奢反。

太史公曰："公孙弘行义虽修，然亦遇时。汉兴八十余年矣，[①]上方向文学，招俊乂，以广儒墨，弘为举首。主父偃当路，诸公皆誉之，及名败身诛，士争言其恶。悲夫！"

①【集解】徐广曰："汉初至元朔二年八十年也。"

太皇太后诏大司徒大司空：[①]"盖闻治国之道，富民为始。富民之要，在于节俭。《孝经》曰'安上治民，莫善于礼'。'礼，与奢也宁俭'。昔者管仲相齐桓，霸诸侯，有九合一匡之功，而仲尼谓之不知礼，以其奢泰侈拟于君故也。夏禹卑宫室，恶衣服，后圣不循。由此言之，治之盛也，德优矣，莫高于俭。俭化俗民，则尊卑之序得，而骨肉之恩亲，争讼之原息。斯乃家给人足，刑错之本也欤？可不务哉！夫三公者，百寮之率，万民之表也。未有树直表而得曲影者也。孔子不云乎，‘子率而正，孰敢不正’。‘举善而教不能则劝’。维汉兴以来，股肱宰臣身行俭约，轻财重义，较然著明，[2]未有若故丞相平津侯公孙弘者也。位在丞相而为布被，脱粟之饭，不过一肉。故人所善宾客皆分奉禄以给之，无有所余。诚内自克约而外从制。汲黯诘之，乃闻于朝，此可谓减于制度[3]而可施行者也。德优则行，否则止，与内奢泰而外为诡服以钓虚誉者殊科。以病乞骸骨，孝武皇帝即制曰‘赏有功，褒有德，善善恶恶，君宜知之。其省思虑，存精神，辅以医药’。赐告治病，牛酒杂帛。居数月，有瘳，视事。至元狩二年，竟以善终于相位。夫知臣莫若君，此其效也。弘子度嗣爵，后为山阳太守，坐法失侯。夫表德章义，所以率俗厉化，圣王之制，不易之道也。其赐弘后子孙之次当为后者爵关内侯，食邑三百户，征诣公车，上名尚书，朕亲临拜焉。”

①【集解】徐广曰：“此诏是平帝元始中王元后诏，后人写此及班固所称，以续卷后。”【索隐】按广所云，则又非褚先生所录也。 ②【索隐】较音角。较，明也。 ③【集解】应劭曰：“礼，贵有常尊，衣服有常品。”

班固称曰：公孙弘、卜式、儿宽皆以鸿渐之翼困于燕雀，[1]远迹羊豕之间，[2]非遇其时，焉能致此位乎？是时汉兴六十余载，海内乂安，[3]府库充实，而四夷未宾，制度多阙，上方欲用文武，求之如弗及。始以蒲轮迎枚生，[4]见主父而叹息。[5]群臣慕向，异人并出。卜式试于刍牧，弘羊擢于贾竖，卫青奋于奴仆，日磾出于降虏，斯亦曩时版筑饭牛之朋矣。汉之得人，于兹为盛。儒雅则公孙弘、董仲舒、儿宽，笃行则石建、石庆，质直则汲黯、卜式，推贤则韩安国、郑当时，定令则赵禹、张汤，文章则司马迁、相如，滑稽则东方朔、枚皋，应对则严助、朱买臣，历数则唐都、落下闳，协律则李延年，运筹则桑弘羊，奉使则张骞、苏武，将帅则卫青、霍去病，受遗则霍光、金日磾。其余不可胜纪。是以兴造功业，制度遗文，后世莫及。孝宣承统，纂修洪业，亦讲论《六艺》，招选茂异，而萧望之、梁丘贺、夏侯胜、韦玄成、严彭祖、尹更始以儒术进，刘向、王褒以文章显。将相则张安世、赵充国、魏相、邴吉、于定国、杜延年，治民则黄霸、王成、龚遂、郑弘、邵信臣、韩延寿、尹翁归、赵广汉之属，皆有功迹见述于后。累其名臣，亦其次也。

①【集解】李奇曰："渐，进也。鸿一举而进千里者，羽翼之材也。弘等皆以大材，初为俗所薄，若燕雀不知鸿鹄之志也。"【索隐】按：谓公孙弘等未遇，为时所轻，若飞鸿之未渐，受困于燕雀也。　②【集解】韦昭曰："远迹谓耕牧在于远方。"【索隐】案：公孙弘牧豕，卜式牧羊也。　③【索隐】乂，理也。　④【索隐】案：谓枚乘也。汉始迎申公，亦以蒲轮。谓以蒲裹车轮，恐伤草木也。且蒲是草之美者，故《礼》有"蒲璧"，盖或画蒲于轮以为荣饰也。　⑤【索隐】案：上文严安等上书，上曰"公等安在，何相见之晚"者是也。

索隐述赞曰：平津巨儒，晚年始遇。外示宽俭，内怀嫉妒。宠备荣爵，身受肺腑。主父推恩，观时设度。生食五鼎，死非时蠹。

卷一百十三

南越尉佗列传第五十三

南越王[①]尉佗者，[②]真定人也，[③]姓赵氏。秦时已并天下，略定杨越，[④]置桂林、[⑤]南海、象郡，[⑥]以谪[⑦]徙民，与越杂处十三岁。[⑧]佗，秦时用为南海龙川令。[⑨]至二世时，南海尉[⑩]任嚣[⑪]病且死，召龙川令赵佗语曰："闻陈胜等作乱，秦为无道，天下苦之，项羽、刘季、陈胜、吴广等州郡各共兴军聚众，虎争天下，中国扰乱，未知所安，豪杰畔秦相立。南海僻远，吾恐盗兵侵地至此，吾欲兴兵绝新道，[⑫]自备，待诸侯变，会病甚。且番禺负山险，阻南海，东西数千里，颇有中国人相辅，此亦一州之主也，可以立国。郡中长吏无足与言者，故召公告之。"即被佗书，[⑬]行南海尉事。[⑭]嚣死，佗即移檄告横浦、[⑮]阳山、[⑯]湟溪[⑰]关曰："盗兵且至，急绝道聚兵自守！"因稍以法诛秦所置长吏，以其党为假守。[⑱]秦已破灭，佗即击并桂林、象郡，自立为南越武王。[⑲]高帝已定天下，为中国劳苦，故释佗弗诛。汉十一年，遣陆贾因立佗为南越王，与剖符通使，和集百越，毋为南边患害，与长沙接境。

①【正义】都广州南海县。　②【索隐】尉，官也；佗，名也；姓赵。他音徒河反。又《十三州记》云"大郡曰守，小郡曰尉"。　③【索隐】韦

昭曰："故郡名，后更为县，在常山。" ④【集解】张晏曰："杨州之南越也。"【索隐】案：《战国策》云吴起为楚收杨越。【正义】夏禹九州本属杨州，故云杨越。 ⑤【索隐】按：《地理志》武帝更名桂林曰郁林。⑥【索隐】《秦本纪》始皇三十三年略陆梁地，以为南海、桂林、象郡。《地理志》云"武帝更名日南"。 ⑦【索隐】谪直革反。 ⑧【集解】徐广曰："秦并天下，至二世元年十三年。并天下八岁，乃平越地，至二世元年六年耳。" ⑨【索隐】《地理志》县名，属南海也。【正义】颜师古云："龙川南海县也，即今之循州也。"裴氏《广州记》云："本博罗县之东乡，有龙穿地而出，即穴流东泉，因以为号也。" ⑩【集解】徐广曰："尔时未言都尉也。" ⑪【索隐】嚣音五刀反。 ⑫【索隐】案：苏林云"秦所通越道。" ⑬【集解】韦昭曰："被之以书。音光被之被。"【索隐】被音皮义反。 ⑭【索隐】服虔云："嚣诈作诏书，使为南海尉。" ⑮【索隐】案：《南康记》云"南野县大庾岭三十里至横浦，有秦时关，其下谓为'塞上'"。 ⑯【索隐】姚氏案：《地理志》云揭阳有阳山县。今此县上流百余里有骑田岭，当是阳山关。 ⑰【集解】徐广曰："在桂阳，通四会也。"【索隐】涅溪。邹氏、刘氏本并作"涅"，音年结反。《汉书》作"湟溪"，音皇。又(卫青传)〔南粤传〕云"出桂阳，下湟水"是也。而姚察云《史记》作"涅"，今本作"湟"，涅及湟不同，良由随见辄改故也。《水经》云含汇县南有汇浦关，未知孰是。然邹诞作"涅"，《汉书》作"湟"，盖近于古。 ⑱【索隐】案：谓佗立其所亲党为郡县之职或假守也。 ⑲【集解】韦昭曰："生以'武'为号，不稽于古也。"

高后时，有司请禁南越关市铁器。佗曰："高帝立我，通使物，今高后听谗臣，别异蛮夷，隔绝器物，此必长沙王计也，欲倚中国，击灭南越而并王之，自为功也。"于是佗乃自尊号为南越武帝，发兵攻长沙边邑，败数县而去焉。高后遣将军隆虑侯灶①往击之。会暑湿，士卒大疫，兵不能逾岭。②

岁余，高后崩，即罢兵。佗因此以兵威边，财物赂遗闽越、西瓯、骆，[3]役属焉，东西万余里。乃乘黄屋左纛，称制，与中国侔。

①【索隐】韦昭云："灶姓周。隆虑，县名，属河内。音林闾。"
②【索隐】案：即阳山岭也。 ③【集解】《汉书音义》曰："骆越也。"【索隐】姚氏案：《广州记》云"交趾有骆田，仰潮水上下，人食其田，名为骆侯。诸县自名为'骆将'，铜印青绶，即今之令长也。后蜀王子将兵讨骆侯，自称为安阳王，治封溪县。后南越王尉佗攻破安阳王，令二使典主交址、九真二郡人"。即瓯骆也。

及孝文帝元年，初镇抚天下，使告诸侯四夷从代来即位意，喻盛德焉。乃为佗亲冢在真定，置守邑，岁时奉祀。召其从昆弟，尊官厚赐宠之。诏丞相陈平等举可使南越者，平言好畤陆贾，先帝时习使南越。乃召贾以为太中大夫，往使。因让佗自立为帝，曾无一介之使报者。陆贾至南越，王甚恐，为书谢，称曰："蛮夷大长老夫臣佗，前日高后隔异南越，窃疑长沙王谗臣，又遥闻高后尽诛佗宗族，掘烧先人冢，以故自弃，犯长沙边境。且南方卑湿，蛮夷中间，其东闽越千人众号称王，其西瓯骆裸国[1]亦称王。老臣妄窃帝号，聊以自娱，岂敢以闻天王哉。"乃顿首谢，愿长为藩臣，奉贡职。于是乃下令国中曰："吾闻两雄不俱立，两贤不并世。皇帝，贤天子也。自今以后，去帝制黄屋左纛。"陆贾还报，孝文帝大说。遂至孝景时，称臣，使人朝请。然南越其居国窃如故号名，其使天子，称王朝命如诸侯。至建元四年卒。

①【索隐】裸国。音和寡反。裸，露形也。

佗孙胡为南越王。[1]此时闽越王郢兴兵击南越边邑，胡使人上书曰："两越俱为藩臣，毋得擅兴兵相攻击。今闽越兴兵侵臣，臣不敢兴兵，唯天子诏之。"于是天子多南越义，守职约，为兴师，遣两将军[2]往讨闽越。兵未逾岭，闽越王弟余善杀郢以降，于是罢兵。

①【集解】徐广曰："皇甫谧曰越王赵佗以建元四年卒，尔时汉兴七十年，佗盖百岁矣。"　②【索隐】王恢、韩安国。

天子使庄助往谕意南越王，胡顿首曰："天子乃为臣兴兵讨闽越，死无以报德。"遣太子婴齐入宿卫。谓助曰："国新被寇，使者行矣。胡方日夜装入见天子。"助去后，其大臣谏胡曰："汉兴兵诛郢，亦行以惊动南越。且先王昔言，事天子期无失礼，要之不可以悦好语入见。[1]入见则不得复归，亡国之势也。"于是胡称病，竟不入见。后十余岁，胡实病甚，太子婴齐请归。胡薨，谥为文王。

①【索隐】《汉书》"悦"作"怵"。韦昭云"诱怵好语"。

婴齐代立，即藏其先武帝玺。[1]婴齐其入宿卫在长安时，取邯郸樛氏女，[2]生子兴。[3]及即位，上书请立樛氏女为后，兴为嗣。汉数使使者风谕婴齐，婴齐尚乐擅杀生自恣，惧入见要用汉法，比内诸侯，固称病，遂不入见。遣子次公入宿卫。婴齐薨，谥为明王。

①【索隐】李奇云“藏其僭号之玺也”。 ②【索隐】樛，音纪虬反。樛姓出邯郸。 ③【集解】徐广曰：“一作‘典’。”

太子兴代立，其母为太后。太后自未为婴齐姬时，尝与霸陵人安国少季[①]通。及婴齐薨后，元鼎四年，汉使安国少季往谕王、王太后以入朝，比内诸侯；令辩士谏大夫终军等宣其辞，勇士魏臣等辅其缺，[②]卫尉路博德将兵屯桂阳，待使者。王年少，太后中国人也，尝与安国少季通，其使复私焉。国人颇知之，多不附太后。太后恐乱起，亦欲倚汉威，数劝王及群臣求内属。即因使者上书，请比内诸侯，三岁一朝，除边关。于是天子许之，赐其丞相吕嘉银印，及内史、中尉、大傅印，余得自置。除其故黥劓刑，用汉法，比内诸侯。使者皆留填抚之。王、王太后饬治行装重赍，为入朝具。

①【索隐】安国，姓也。少季名也。 ②【集解】徐广曰：“一作决。”

其相吕嘉年长矣，相三王，宗族官仕为长吏者七十余人，男尽尚王女，女尽嫁王子兄弟宗室，及苍梧秦王有连。[①]其居国中甚重，越人信之，多为耳目者，得众心愈于王。王之上书，数谏止，王弗听。有畔心，数称病不见汉使者。使者皆注意嘉，势未能诛。王、王太后亦恐嘉等先事发，乃置酒，介汉使者权，[②]谋诛嘉等。使者皆东向，太后南向，王北向，相嘉、大臣皆西向，侍坐饮。嘉弟为将，将卒居宫外。酒行，太后谓嘉曰："南越内属，国之利也，而相君苦不便者，何也?"以激怒使者。使者狐疑相杖，遂莫敢发。嘉见耳目非是，即起而出。太后怒，欲鏦嘉[③]以矛，王止太后。嘉遂出，分其弟兵就舍，[④]称病，不肯见王及使者。乃阴与大臣作乱。王素无意诛嘉，嘉知之，以故数月不发。太后有淫行，国人不附，欲独诛嘉等，力又不能。

①【集解】《汉书音义》曰："苍梧，越中王，自名为秦王。连，亲婚也。"【索隐】案：苍梧秦王，即下赵光是也，有连者，连姻也。赵与秦同姓，故称秦王。　②【集解】韦昭曰："恃使者为介胄也。"【索隐】《志林》云"介者因也，欲因使者权诛吕嘉"也。韦昭以介为恃。介者间也，以言间恃汉使者之权，意即得矣。然云恃为介胄，则非也。虞喜以介为因，亦有所由。案：介者，宾主所由也。　③【集解】韦昭曰："鏦，撞也。"【索隐】案：《字林》鏦音七凶反。又《吴王濞传》"鏦杀吴王"，与此同。　④【索隐】案：谓分取其兵也。《汉书》作"介"。介，被也，恃也。

天子闻嘉不听王，王、王太后弱孤不能制，使者怯无决。又以为王、王太后已附汉，独吕嘉为乱，不足以兴兵，欲使庄参以二千人往使。参曰："以好往，数人足矣；以武往，二千人无足以为也。"辞不可，天子罢参也。郏[①]壮士故济北相韩千秋奋曰："以区区之越，又有王、太后应，独相吕嘉为害，愿得勇士二百人，必斩嘉以报。"于是天子遣千秋[②]与王太后弟樛乐将二千人往，入越境。吕嘉等乃遂反，下令国中曰："王年少。太后，中国人也，又与使者乱，专欲内属，尽持先王宝器入献天子以自媚，多从人，行至长安，虏卖以为僮仆。取自脱一时之利，无顾赵氏社稷，为万世虑计之意。"乃与其弟将卒攻杀王、太后及汉使者。遣人告苍梧秦王及其诸郡县，立明王长男越妻子术阳侯[3]建德为王。而韩千秋兵入，破数小邑。其后越直开道给食，未至番禺四十里，越以兵击千秋等，遂灭之。使人函封汉使者节置塞上，[4]好为谩辞谢罪，发兵守要害处。于是天子曰："韩千秋虽无成功，亦军锋之冠。"封其子延年为成安侯。[5]樛乐，其姊为王太后，首愿属汉，封其子广德为龙亢侯。[6]乃下赦曰："天子微，诸侯力政，讥臣不讨贼。今吕嘉、建德等反，自立晏如，令罪人及江、淮以南[7]楼船十万师[8]往讨之。"

①【集解】徐广曰："县属颍川，音古洽反。"【正义】今汝州郏城县。 ②【集解】徐广曰："为校尉。" ③【集解】徐广曰："元鼎四年，以南越王兄越封高昌侯。"【索隐】案《功臣表》，术阳属下邳。 ④【索隐】案：《南康记》以为大庾名"塞上"也。 ⑤【索隐】案《功臣表》，成安属郏。 ⑥【索隐】案：龙亢属谯国。《汉书》作"龚侯"，服虔音邛，晋灼云古"龙"字。 ⑦【集解】徐广曰："淮，一作汇也。" ⑧【集解】应劭曰："时欲击越，非水不至，故作大船。船上施楼，故号曰'楼船'也。"

元鼎五年秋，卫尉路博德为伏波将军，出桂阳，下汇水。[1]主爵都尉杨仆为楼船将军，出豫章，下横浦。故归义越侯[2]二人为戈船、下厉将军，[3]出零陵，或下离水，[4]或抵苍梧。使驰义侯[5]因巴、蜀罪人，发夜郎兵，[6]下牂柯江，[7]咸会番禺。

①【集解】徐广曰："一作湟。"骃案：《地理志》曰桂阳有汇水，通四会。或作"淮"字。【索隐】刘氏云"汇当作'湟'"。《汉书》云"下湟水"。 ②【集解】张晏曰："故越人，降为侯。" ③【集解】徐广曰："厉，一作濑。"骃案：张晏曰"越人于水中负人船，又有蛟龙之害，故置戈于船下，因以为名也"。应劭曰"濑，水流涉上也"。瓒曰"《伍子胥书》有戈船，以载干戈，因谓之'戈船'也"。 ④【集解】徐广曰："在零陵，通广信。"【正义】《地理志》云零陵县有离水，东至广信入郁林，九百八十里。 ⑤【集解】徐广曰："越人也，名遗。" ⑥【正义】曲州、协州以南是夜郎国。 ⑦【正义】江出南徼外，东通四会，至番禺入海也。

元鼎六年冬，楼船将军将精卒先陷寻陕，[1]破石门，[2]得越船粟，因推而前，挫越锋，以数万人待伏波。伏波将军将罪人，道远，会期后，与楼船会乃有千余人，遂俱进。楼船居前，至番禺。建德、嘉皆城守。楼船自择便处，居东南面；伏波居西北面。会暮，楼船攻败越人，纵火烧城。越素闻伏波名，日暮，不知其兵多少。伏波乃为营，遣使者招降者，赐印，复纵令相招。楼船力攻烧敌，反驱而入伏波营中。犁旦，[3]城中皆降伏波。吕嘉、建德已夜与其属数百人亡入海，以船西去。伏波又因问所得降者贵人，以知吕嘉所之，遣人追之。以其故校尉司马苏弘得建德，封为海常侯；[4]越郎[5]都稽[6]得嘉，封为临蔡侯。[7]

①【索隐】姚氏云："寻陕在始兴西三百里，近连口也。" ②【索隐】

《广州记》"石门在番禺县北三十里。昔吕嘉拒汉,积石镇江,名曰石门。又俗云石门水名曰'贪泉',饮之则令人变。故吴隐之至石门,酌水饮,乃为之歌云也"。 ③【集解】徐广曰:"吕静云犁,结也,音力奚反。结,犹连及、逮至也。"《汉书》"犁旦"为"迟旦",谓待明也。【索隐】邹氏云"犁,一作'比',比音必至反"。然犁即比义,不烦更释。又解犁,黑也,天未明尚黑时也。《汉书》亦作"迟明"。迟音稚。迟,待也,亦犁之义也。 ④【集解】徐广曰:"在东莱。" ⑤【集解】徐广曰:"南越之郎官。" ⑥【集解】徐广曰:"表曰孙都。" ⑦【索隐】案:表属河内。

苍梧王赵光者,越王同姓,闻汉兵至,及越揭阳令定[1]自定属汉。越桂林监居翁[2]谕瓯骆属汉。[3]皆得为侯。[4]戈船、下厉将军兵及驰义侯所发夜郎兵未下,南越已平矣。遂为九郡。[5]伏波将军益封。楼船将军兵以陷坚为将梁侯。

①【集解】韦昭曰:"揭音其逝反。"【索隐】《地理志》揭阳县属南海。揭音桀。刘氏音求例反。定者,令之名也。案:《汉·功臣表》云"定揭阳令",意又别。 ②【集解】《汉书音义》曰:"桂林郡中监,姓居名翁也。" ③【索隐】案:《汉书》,瓯骆三十余万口降汉。 ④【索隐】案:《汉书》云"光闻汉兵至,降,封为随桃侯。揭阳令史定为安道侯,越将毕取为膫侯,桂林监居翁为湘城侯"。韦昭云"湘城属堵阳。随桃、安道、膫三县皆属南阳。膫音辽也"。 ⑤【集解】徐广曰:"儋耳,珠崖,南海,苍梧,九真,郁林,日南,合浦,交址。"【索隐】徐广皆据《汉书》为说。

自尉佗初王后,五世九十三岁而国亡焉。

太史公曰:尉佗之王,本由任嚣。遭汉初定,列为诸侯。隆虑离湿疫，佗得以益骄。瓯骆相攻，南越动摇。汉兵临境，婴齐入朝。其后亡国，征自樛女；吕嘉小忠，令佗无后。楼船从欲，怠傲失惑。伏波困穷，智虑愈殖，因祸为福。成败之转，譬若纠墨。

索隐述赞曰：中原鹿走，群雄莫制。汉事西驱，越权南裔。陆贾骋说，尉佗去帝。嫪后内朝，吕嘉狼戾。君臣不协，卒从剿绝。

卷一百十四

东越列传第五十四

闽越[①]王无诸及越东海王摇者，其先皆越王句践之后也，姓驺氏。[②]秦已并天下，皆废为君长，以其地为闽中郡。[③]及诸侯畔秦，无诸、摇率越归鄱阳令吴芮，所谓鄱君者也，从诸侯灭秦。当是之时，项籍主命，弗王，[④]以故不附楚。汉击项籍，无诸、摇率越人佐汉。汉五年，复立无诸为闽越王，王闽中故地，都东冶。孝惠三年，举高帝时越功，曰闽君摇功多，其民便附，乃立摇为东海王，[⑤]都东瓯，[⑥]世俗号为东瓯王。

①【集解】韦昭曰："闽音武巾反。东越之别名。"【索隐】案：《说文》云"闽，东越蛇种也"，故字从"虫"。闽音旻。　②【集解】徐广曰："驺，一作骆。"【索隐】徐广说是上云"欧骆"，此别云"闽"，不姓驺也。　③【集解】徐广曰："今建安侯官是。"【索隐】小颜以为即今之泉州建安也。【正义】今闽州又改为福也。　④【集解】《汉书音义》曰："主号令诸侯，不王无诸、摇等。"　⑤【集解】应劭曰："在吴郡东南滨海云。"　⑥【集解】徐广曰："今之永宁也。"【索隐】姚氏云："瓯，水名。"《永嘉记》："水出永宁山，行三十余里，去郡城五里入江。昔有东瓯王都城，有亭，积石为道，今犹在也。"

后数世，至孝景三年，吴王濞反，欲从闽越，闽越未肯行，独东瓯从吴。及吴破，东瓯受汉购，杀吴王丹徒，以故皆得不诛，归国。

吴王子子驹亡走闽越，怨东瓯杀其父，常劝闽越击东瓯。至建元三年，闽越发兵围东瓯。东瓯食尽，困，且降，乃使人告急天子。天子问太尉田蚡，蚡对曰："越人相攻击，固其常，又数反覆，不足以烦中国往救也。自秦时弃弗属。"于是中大夫庄助诘蚡曰："特患力弗能救，德弗能覆。诚能，何故弃之？且秦举咸阳而弃之，何乃越也！今小国以穷困来告急天子，天子弗振，彼当安所告诉？又何以子万国乎？"上曰："太尉未足与计。吾初即位，不欲出虎符发兵郡国。"乃遣庄助以节发兵会稽。会稽太守欲距不为发兵，助乃斩一司马，谕意指，遂发兵浮海救东瓯。未至，闽越引兵而去。东瓯请举国徙中国，乃悉举众来，处江、淮之间。①

①【集解】徐广曰："年表云东瓯王广武侯望，率其众四万余人来降，家庐江郡。"【索隐】徐广据年表而为说。

至建元六年，闽越击南越。南越守天子约，不敢擅发兵击而以闻。上遣大行王恢出豫章，大农韩安国出会稽，皆为将军。兵未逾岭，闽越王郢发兵距险。其弟余善乃与相、宗族谋曰："王以擅发兵击南越，不请，故天子兵来诛。今汉兵众强，今即幸胜之，后来益多，终灭国而止。今杀王以谢天子。天子听，罢兵，固一国完；不听，乃力战；不胜，即亡入海。"皆曰"善"。即鏦①杀王，使使奉其头致大行。大行曰：

“所为来者诛王。今王头至，谢罪，不战而耘，[②]利莫大焉。”乃以便宜案兵告大农军，而使使奉王头驰报天子。诏罢两将兵，曰：“郢等首恶，独无诸孙繇君丑[③]不与谋焉。”乃使郎中将立丑为越繇王，奉闽越先祭祀。

①【索隐】刘氏鏦音窗。鏦，撞也。　②【集解】徐广曰：“《汉书》作殒。耘义当取‘耘除’。或言耘音于粉反，此楚人声重耳。陨耘当同音，但字有假借，声有轻重。”　③【索隐】繇音摇，邑号。丑，名也。

余善已杀郢，威行于国，国民多属，窃自立为王。繇王不能矫其众持正。天子闻之，为余善不足复兴师，曰：“余善数与郢谋乱，而后首诛郢，师得不劳。”因立余善为东越王，与繇王并处。

至元鼎五年，南越反，东越王余善上书，请以卒八千人从楼船将军击吕嘉等。兵至揭扬，以海风波为解，不行，持两端，阴使南越。及汉破番禺，不至。是时楼船将军杨仆使使上书，愿便引兵击东越。上曰士卒劳倦，不许，罢兵，令诸校屯豫章梅领待命。[①]

①【集解】徐广曰：“在会稽界。”【索隐】徐说非也。今案：豫章三十里有梅岭，在洪崖山足，当古驿道。此文云“豫章梅岭”，知非会稽也。【正义】《括地志》云：“梅岭在虔化县东北百二十八里。”虔州汉亦属豫章郡，二所未详。

元鼎六年秋，余善闻楼船请诛之，汉兵临境，且往，乃遂反，发兵距汉道。号将军驺力等为“吞汉将军”，入白沙、武林、[1]梅岭，杀汉三校尉。是时汉使大农张成、故山州侯齿[2]将屯，弗敢击，却就便处，皆坐畏懦诛。

①【集解】徐广曰：“在豫章界”。【索隐】案：今豫章北二百里，接鄱阳界，地名白沙，有小水入湖，名曰白沙坑。东南八十里有武阳亭，亭东南三十里地名武林。此白沙、武林，今当闽越入京道。　②【集解】徐广曰：“成阳共王子。”

余善刻“武帝”玺自立，诈其民，为妄言。天子遣横海将军韩说出句章，[1]浮海从东方往；楼船将军杨仆出武林。中尉王温舒出梅岭。越侯为戈船、下濑将军，出若邪、[2]白沙。[3]元封元年冬，咸入东越。东越素发兵距险，使徇北将军守武林，败楼船军数校尉，杀长吏。楼船将军率钱唐辕终古[4]斩徇北将军，为御儿侯。[5]自兵未往。

①【索隐】郑氏句音勾，会稽县也。【正义】句章故城在越州鄮县西一百里，汉县。　②【索隐】案：姚氏云“地名，今阙”。　③【正义】越州有若耶山、若耶溪。“若”“如”一。预州有白沙山。盖从如此邪。白沙东故闽州。　④【正义】钱唐，杭州县。辕，姓。终古，名。　⑤【集解】《汉书音义》曰：“今吴南亭是也。”【正义】“御”字今作“语”。语儿乡在苏州嘉兴县南七十里，临官道也。

故越衍侯吴阳前在汉，汉使归谕余善，余善弗听。及横海将军先至，越衍侯吴阳以其邑七百人反，攻越军于汉阳。

从建成侯敖，[①]与其率，从繇王居股谋曰："余善首恶，劫守吾属。今汉兵至，众强，计杀余善，自归诸将，傥幸得脱。"乃遂俱杀余善，以其众降横海将军，故封繇王居股为东成侯，[②]万户。封建成侯敖为开陵侯。[③]封越衍侯吴阳为北石侯。封横海将军说为案道侯。封横海校尉福为缭荌侯。[④]福者，成阳共王子，故为海常侯，坐法失侯。旧从军无功，以宗室故侯。诸将皆无成功，莫封。东越将多军，[⑤]汉兵至，弃其军降，封为无锡侯。

①【集解】徐广曰："亦东越臣。" ②【索隐】韦昭曰："在九江。" ③【索隐】徐广云："敖，东越臣。"韦昭云："开陵属临淮。" ④【集解】《汉书音义》曰："音辽萦。"【索隐】服虔云："荌音荣，县名。"刘伯庄音纡营反。 ⑤【集解】《汉书音义》曰："多军，名也。"【索隐】韦昭云："多，姓。军，名也。"

于是天子曰东越狭多阻，闽越悍，数反覆，诏军吏皆将其民徙处江、淮间。东越地遂虚。

太史公曰：越虽蛮夷，其先岂尝有大功德于民哉，何其久也。历数代常为君王，句践一称伯。然余善至大逆，灭国迁众，其先苗裔繇王居股等犹尚封为万户侯，由此知越世世为公侯矣。盖禹之余烈也。

索隐述赞曰：句践之裔，是曰无诸。既席汉宠，实因秦余。驺、骆为姓，闽中是居。王摇之立，爰处东隅。后嗣不道，自相诛锄。

卷一百十五

朝鲜列传第五十五

【集解】张晏曰："朝鲜有湿水、洌水、汕水，三水合为洌水，疑乐浪、朝鲜取名于此也。"【索隐】案：朝音潮，直骄反。鲜音仙。以有汕水，故名也。汕一音讪。

朝鲜[①]王满者，故燕人也。[②]自始全燕时[③]尝略属真番、[④]朝鲜，[⑤]为置吏，筑鄣塞。秦灭燕，属辽东外徼。汉兴，为其远难守，复修辽东故塞，至浿水为界，[⑥]属燕。燕王卢绾反，入匈奴，满亡命，[⑦]聚党千余人，魋结蛮夷服而东走出塞，渡浿水，居秦故空地上下鄣，[⑧]稍役属真番、朝鲜蛮夷及故燕、齐亡命者王之，都王险。[⑨]

①【正义】潮仙二音。《括地志》云："高骊都平壤城，本汉乐浪郡王险城，又古云朝鲜地也。"　②【索隐】案《汉书》，满，燕人，姓卫，击破朝鲜而自王之。　③【索隐】始全燕时，谓六国燕方全盛之时。　④【集解】徐广曰："一作莫。辽东有番汗县。番音普寒反。"【索隐】徐氏云"辽东有番汗县"者，据《地理志》而知也。　⑤【索隐】如淳云："燕尝略二国以属己也。"应劭云："玄菟本真番国。"　⑥【集解】《汉书音义》曰："浿音傍沛反。"【正义】《地理志》云浿水出辽东塞外，西南至乐浪县西入海。浿普大反。　⑦【正义】命谓教令。　⑧【索隐】案：《地理志》乐浪有云鄣。　⑨【集解】徐广曰："昌黎有险渎县也。"【索隐】韦昭云"古邑名"。

应劭注"《地理志》辽东险渎县，朝鲜王旧都"。臣瓒云"王险城在乐浪郡浿水之东"也。

会孝惠、高后时天下初定，辽东太守即约满为外臣，保塞外蛮夷，无使盗边。诸蛮夷君长欲入见天子，勿得禁止。以闻，上许之，以故满得兵威财物侵降其旁小邑，真番、临屯①皆来服属，方数千里。②

①【索隐】东夷小国，后以为郡。 ②【正义】《括地志》云："朝鲜、高骊、貊、东沃沮五国之地，国东西千三百里，南北二千里，在京师东，东至大海四百里，北至营州界九百二十里，南至新罗国六百里，北至靺鞨国千四百里。"

传子至孙右渠，①所诱汉亡人滋多，又未尝入见。真番旁众国欲上书见天子，又拥阏不通。元封二年，汉使涉何诱谕②右渠，终不肯奉诏。何去至界上，临浿水，使御刺杀送何者③朝鲜裨王长，④即渡，驰入塞，⑤遂归报天子曰"杀朝鲜将"。上为其名美，⑥即不诘，拜何为辽东东部都尉。⑦朝鲜怨何，发兵袭攻杀何。

①【正义】其孙名也。 ②【索隐】"诱"一作"谯"。《说文》云："谯，让也。"谕，晓也。谯音才笑反。 ③【索隐】即送何之御也。 ④【正义】颜师古云："长者，裨王名也。送何至浿水，何因刺杀也。"按：裨王及将士长，恐颜非也。 ⑤【正义】入平州榆林关也。 ⑥【索隐】有杀将之美名。 ⑦【正义】《地理志》云辽东郡武次县，东部都尉所理也。

天子募罪人击朝鲜。其秋，遣楼船将军杨仆从齐浮渤海。兵五万人，左将军荀彘出辽东，讨右渠。右渠发兵距险。左将军卒正多率辽东兵先纵，败散，多还走，坐法斩。楼船将军将齐兵七千人先至王险。右渠城守，窥知楼船军少，即出城击楼船，楼船军败散走。将军杨仆失其众，遁山中十余日，稍求收散卒，复聚。左将军击朝鲜浿水西军，未能破，自前。

天子为两将未有利，乃使卫山因兵威往谕右渠。右渠见使者顿首谢："愿降，恐两将诈杀臣。今见信节，请服降。"遣太子入谢，献马五千匹，及馈军粮。人众万余，持兵，方渡浿水，使者及左将军疑其为变，谓太子已服降，宜命人毋持兵。太子亦疑使者左将军诈杀之，遂不渡浿水，复引归。山还报天子，天子诛山。左将军破浿水上军，乃前，至城下，围其西北。楼船亦往会，居城南。右渠遂坚守城，数月未能下。

左将军素侍中，幸，将燕代卒，悍，乘胜，军多骄。楼船将齐卒，入海，固已多败亡；其先与右渠战，困辱亡卒，卒皆恐，将心惭，其围右渠，常持和节。左将军急击之，朝鲜大臣乃阴间使人私约降楼船，往来言，尚未肯决。左将军数与楼船期战，楼船欲急就其约，不会；左将军亦使人求间郤降下朝鲜，朝鲜不肯，心附楼船：以故两将不相能。左将军心意楼船前有失军罪，今与朝鲜私善而又不降，疑其有反计，未敢发。天子曰将率不能，前(及)〔乃〕使卫山谕降右渠，右渠遣太子，山使不能刲决，与左将军计相误，卒沮约。今两将围城，又乖异，以故久不决。使济南太守公孙遂往(征)〔正〕之，有便宜得以从事。遂至，左将军曰："朝鲜当下久矣，不下者有状。"言楼船数朝不会，具以素所意告遂，曰："今如此不取，恐为大害，非独楼船，又且与朝鲜共灭吾军。"遂亦以为然，而以节召楼船将军入左将军营计事，即命左将军麾下执捕楼船将军，并其军，以报天子。天子诛遂。

左将军已并两军，即急击朝鲜。朝鲜相路人、相韩阴、尼溪相参、将军王唊[①]相与谋曰："始欲降楼船，楼船今执，独左将军并将，战益急，恐不能与，(战)王又不肯降。"阴、唊、路人皆亡降汉。路人道死。元封三年夏，尼溪相参乃使人杀朝鲜王右渠来降。王险城未下，故右渠之大臣成巳又反，复攻吏。左将军使右渠子长降、[②]相路人之子最[③]告谕其民，诛成巳，以故遂定朝鲜，为四郡。[④]封参为澅清侯，[⑤]阴为狄苴侯，[⑥]唊为平州侯[⑦]，长〔降〕为几侯。[⑧]最以父死颇有功，为温阳侯。[⑨]

①【集解】《汉书音义》曰："凡五人也。戎狄不知官纪，故皆称相。唊音颊。"【索隐】路人，渔阳县人。如淳云："相，其国宰相。路人，名也。唊音颊，一音协。" ②【集解】徐广曰："表云'长路'。《汉书》表云'长路'，音各。" ③【索隐】路人子也，名最。 ④【集解】真番、临屯、乐浪、玄菟也。 ⑤【集解】韦昭曰："属齐。"【索隐】顾氏澅音获。 ⑥【集解】韦昭曰："属勃海。"【索隐】荻音狄，苴音子余反。 ⑦【集解】韦昭曰："属梁父。" ⑧【集解】韦昭曰："属河东。"【索隐】几，县名。 ⑨【集解】韦昭曰："属齐。"

左将军征至，坐争功相嫉，乖计，弃市。楼船将军亦坐兵至洌口，[1]当待左将军，擅先纵，失亡多，当诛，赎为庶人。

①【索隐】苏林曰："县名。度海先得之。"

太史公曰：右渠负固，国以绝祀。涉何诬功，为兵发首。楼船将狭，[1]及难离咎。悔失番禺，乃反见疑。荀彘争劳，与遂皆诛。两军俱辱，将率莫侯矣。

①【集解】徐广曰："言其所将卒狭少。"

索隐述赞曰：卫满燕人，朝鲜是王。王险置都，路人作相。右渠首差，涉何调上。兆祸自斯，狐疑二将。山、遂伏法，纷纭无状。

卷一百十六

西南夷列传第五十六

西南夷[①]君长以什数，[②]夜郎最大。[③]其西靡莫[④]之属[⑤]以什数，滇最大。[⑥]自滇以北君长以什数，邛都最大。此皆魋结，[⑦]耕田，有邑聚。其外西自同师以东，[⑧]北至楪榆，[⑨]名为嶲、昆明，[⑩]皆编发，随畜迁徙，[⑪]毋常处，毋君长，地方可数千里。自嶲以东北，君长以什数，徙、筰都[⑫]最大；自筰以东北，君长以什数，冉駹最大。[⑬]其俗或土箸，或移徙，在蜀之西。自冉駹以东北，君长以什数，白马最大，[⑭]皆氐类也。此皆巴、蜀西南外蛮夷也。

①【正义】在蜀之南。　②【索隐】刘氏数音所具反。邹氏音所主反。　③【索隐】荀悦云："犍为属国也。"韦昭云："汉为县，属牂柯。"按：《后汉书》云"夜郎东接交址，其地在胡南，其君长本出于竹，以竹为姓也。"【正义】今泸州南大江南岸协州、曲州，本夜郎国。　④【索隐】靡莫，夷邑名，滇与同姓也。　⑤【正义】在蜀南以下及西也。靡非在姚州北，去京西南四千九百三十五里，即靡莫之夷。　⑥【集解】如淳曰："滇音颠。颠马出其国也。"【索隐】崔浩云："后为县，越嶲太守所理也。"【正义】昆州、郎州等本滇国，去京西五千三百七十里也。　⑦【索隐】魋，《汉书》作"椎"，音直追反。结音计。　⑧【集解】韦昭曰："邑名也。"【索隐】《汉书》作"桐师"。　⑨【集解】韦昭曰："在益州。楪音叶。"【索隐】韦

昭曰："益州县。楪音叶。"【正义】上音叶。楪泽在靡北百余里。汉楪榆县在泽西益都。靡非，本叶榆王属国也。　⑩【集解】徐广曰："永昌有嶲唐县。"【索隐】崔浩云："嶲、昆明二国名。"韦昭云："嶲，益州县。"【正义】嶲音髓。今澧州也。昆明，嶲州县，盖南接昆明之地，因名也。　⑪【正义】编，步典反。畜，许又反。皆嶲、昆明之俗也。　⑫【集解】徐广曰："徙在汉嘉。筰音昨，在越嶲。"【索隐】服虔云："徙、筰，二国名。"韦昭云："徙县属蜀。筰县在越嶲。"【正义】徙音斯。《括地志》云："筰州本西蜀徼外，曰猫羌嶲。《地理志》云徙县也。《华阳国志》雅州邛郲山本名邛筰山，故邛人、筰人界。"　⑬【索隐】案：应劭云"汶江郡本冉駹。音亡江反"。【正义】《括地志》云："蜀西徼外羌，茂州、冉州本冉駹国地也。《后汉书》云冉駹其山有六夷、七羌、九氐，各有部落也。"　⑭【索隐】案：夷邑名，即白马氐也。【正义】《括地志》云："陇右成州、武州皆白马氐，其豪族杨氏居成州仇池山上。"

始楚威王时，使将军庄蹻[①]将兵循江上，略巴、(蜀)黔中以西。庄蹻者，故楚庄王苗裔也。蹻至滇池，(地)方三百里，[②]旁平地，肥饶数千里，以兵威定属楚。欲归报，会秦击夺楚巴、黔中郡，道塞不通，因还，以其众王滇，变服，从其俗，以长之。秦时常頞[③]略通五尺道，[④]诸此国颇置吏焉。十余岁，秦灭。及汉兴，皆弃此国而开蜀故徼。巴、蜀民或窃出商贾，取其筰马、僰僮、[⑤]髦牛，以此巴、蜀殷富。

①【索隐】蹻音炬灼反。楚庄王弟，为盗者。【正义】其略反。郎州、昆州即庄蹻所王。　②【索隐】滇池方三百里。《地理志》益州滇池县，泽在西北。《后汉书》云："其池水源深广，而〔末〕更浅狭，有似倒流，故谓滇池。"【正义】《括地志》云："滇池泽在昆州晋宁县西南三十里。其水源深广而〔末〕更浅狭，有似倒流，故谓滇池。"　③【集解】音案。　④【索隐】

谓栈道广五尺。【正义】《括地志》云:“五尺道在郎州。颜师古云其处险阸,故道才广五尺。如淳云道广五尺。” ⑤【索隐】韦昭云:“僰属犍为,音蒲北反。”服虔云:“旧京师有僰婢。”【正义】今益州南戎州北临大江,古僰国。

建元六年,大行王恢击东越,东越杀王郢以报。恢因兵威使番阳[1]令唐蒙风指晓南越。南越食蒙蜀枸酱,[2]蒙问所从来,曰“道西北牂柯,[3]牂柯江广数里,出番禺城下”。蒙归至长安,问蜀贾人,贾人曰:“独蜀出枸酱,多持窃出市夜郎。夜郎者,临牂柯江,江广百余步,足以行船。南越以财物役属夜郎,西至同师,然亦不能臣使也。”蒙乃上书说上曰:“南越王黄屋左纛,地东西万余里,名为外臣,实一州主也。今以长沙、豫章往,水道多绝,难行。窃闻夜郎所有精兵,可得十余万,浮船牂柯江,出其不意,此制越一奇也。诚以汉之强,巴、蜀之饶,通夜郎道,为置吏,易甚。”上许之。乃拜蒙为郎中将,将千人,食重万余人,[4]从巴、蜀筰关入,遂见夜郎侯多同。蒙厚赐,喻以威德,约为置吏,使其子为令。夜郎旁小邑皆贪汉缯帛,以为汉道险,终不能有也,乃且听蒙约。还报,乃以为犍为郡。发巴、蜀卒治道,自僰道指牂柯江。[5]蜀人司马相如亦言西夷邛、筰可置郡。使相如以郎中将往喻,皆如南夷,为置一都尉,十余县,属蜀。

①【正义】番音婆。 ②【集解】徐广曰:“枸,一作蒟,音窭。”骃案:《汉书音义》曰“枸木似穀树,其叶如桑叶。用其叶作酱酢,美,蜀人以为珍味”。【索隐】蒟。案:晋灼音矩。刘德云“蒟树如桑,其椹长二三寸,味酢;

取其实以为酱，美”。小颜云“蒟者缘木而生，非树也。今蜀土家出蒟，实不长，二三寸，味辛似姜，不酢”。刘说非也。《广志》云“枸色黑，味辛，下气消谷”。窭音求羽反。　③【正义】崔浩云：“牂柯，系船杙也。”常氏《华阳国志》云：“楚顷襄王时，遣庄蹻伐夜郎，军至且兰，椓船于岸而步战。既灭夜郎，以且兰有椓船柯处，乃改其名为牂柯。”　④【索隐】案：食货辎重车也。音持用反。　⑤【索隐】崔浩云：“牂柯，系船杙也，以为地名。”道，犹从也。《地理志》夜郎又有豚水，东至南海四会入海，此牂柯江也。

当是时，巴、蜀四郡[①]通西南夷道，戍转相饷。数岁，道不通，士罢饿离湿，死者甚众。西南夷又数反，发兵兴击，耗费无功。上患之，使公孙弘往视问焉。还对，言其不便。及弘为御史大夫，是时方筑朔方以据河逐胡，弘因数言西南夷害，可且罢，专力事匈奴。上罢西夷，独置南夷夜郎两县一都尉，[②]稍令犍为自葆就。[③]

①【集解】徐广曰：“汉中、巴郡、广汉、蜀郡。”　②【集解】徐广曰：“元光六年，南夷始置邮亭。”　③【正义】令犍为自葆守，而渐修成其郡县也。

及元狩元年，博望侯张骞使大夏来，言居大夏时见蜀布、邛竹杖，[①]使问所从来，曰“从东南身毒国，[②]可数千里，得蜀贾人市”。或闻邛西可二千里有身毒国。骞因盛言大夏在汉西南，慕中国，患匈奴隔其道，诚通蜀，身毒国道便近，有利无害。于是天子乃令王然于、柏始昌、吕越人等，使间出西夷西，指求身毒国。至滇，滇王尝羌[③]乃留，为求道西十余辈。岁余，皆闭昆明，[④]莫能通身毒国。

①【集解】韦昭曰:“邛县之竹,属蜀。”瓒曰:“邛,山名。此竹节高实中,可作杖。” ②【集解】徐广曰:“字或作竺。《汉书》直云‘身毒’,《史记》一本作‘乾毒’。”骃案:《汉书音义》曰“一名‘天竺’,则浮屠胡是也”。【索隐】身音捐,毒音笃。小颜亦曰捐笃也。 ③【集解】徐广曰:“尝,一作赏。” ④【集解】如淳曰:“为昆明所闭道。”【正义】昆明在今嶲州南,昆县是也。

滇王与汉使者言曰:“汉孰与我大?”及夜郎侯亦然。以道不通故,各自以为一州主,不知汉广大。使者还,因盛言滇大国,足事亲附。天子注意焉。

及至南越反,上使驰义侯因犍为发南夷兵。且兰[①]君恐远行,旁国虏其老弱,乃与其众反,杀使者及犍为太守。汉乃发巴、蜀罪人尝击南越者八校尉击破之。会越已破,汉八校尉不下,即引兵还,行诛头兰。[②]头兰,常隔滇道者也。已平头兰,遂平南夷为牂柯郡。夜郎侯始倚南越,南越已灭,会还诛反者,夜郎遂入朝。上以为夜郎王。

①【索隐】上音子余反。小国名也。后为县,属牂柯。 ②【索隐】即且兰也。

南越破后,及汉诛且兰、邛君,并杀筰侯,冉駹皆振恐,请臣置吏。乃以邛都为越嶲郡,筰都为沈犂郡,冉駹为汶山郡,[①]广汉西白马为武都郡。

①【集解】应劭曰："今蜀郡岷江。"

上使王然于以越破及诛南夷兵威风喻滇王入朝。滇王者，其众数万人，其旁东北有劳浸、靡莫，[①]皆同姓相扶，未肯听。劳浸、靡莫数侵犯使者吏卒。元封二年，天子发巴、蜀兵击灭劳浸、靡莫，以兵临滇。滇王始首善，以故弗诛。滇王离难西南夷，举国降，请置吏入朝。于是以为益州郡，赐滇王王印，复长其民。

①【索隐】二国与滇王同姓。

西南夷君长以百数，独夜郎、滇受王印。滇小邑，最宠焉。

太史公曰：楚之先岂有天禄哉？在周为文王师，封楚。及周之衰，地称五千里。秦灭诸侯，唯楚苗裔尚有滇王。汉诛西南夷，国多灭矣，唯滇复为宠王。然南夷之端，见枸酱番禺，大夏杖邛竹。西夷后揃，[①]剽分二方，[②]卒为七郡。[③]

①【集解】《汉书音义》曰："音翦。"【索隐】揃谓被分割也。　②【索隐】剽音匹妙反。言西夷后被揃迫逐，遂剽居西南二方，各属郡县。剽亦分义。　③【集解】徐广曰："犍为、牂柯、越嶲、益州、武都、沈犁、汶山地也。"

索隐述赞曰：西南外徼，庄蹻首通。汉因大夏，乃命唐蒙。劳浸、靡莫，异俗殊风。夜郎最大，邛、筰称雄。及置郡县，万代推功。

卷一百十七

司马相如列传第五十七

司马相如者，蜀郡成都人也，字长卿。少时好读书，学击剑，[①]故其亲名之曰犬子。[②]相如既学，[③]慕蔺相如之为人，更名相如。以资为郎，事孝景帝，为武骑常侍，[④]非其好也。会景帝不好辞赋，是时梁孝王来朝，从游说之士齐人邹阳、淮阴枚乘、吴庄忌夫子[⑤]之徒，相如见而悦之，因病免，客游梁。梁孝王令与诸生同舍，相如得与诸生游士居数岁，乃著《子虚之赋》。

①【索隐】《吕氏春秋》剑伎云“持短入长，倏忽纵横之术也”。魏文《典论》云“余好击剑，善以短乘长”是也。　②【索隐】孟康云：“爱而字之也。”　③【索隐】案：秦密云“文翁遣相如受七经”。　④【索隐】张揖曰：“秩六百石，常侍从格猛兽。”　⑤【集解】徐广曰：“名忌，字夫子。”【索隐】案：《邹阳传》云枚先生、严夫子，则此夫子是美称，时人以为号尔。而徐广云字，为非。《汉书》作“严忌”者，案忌本姓庄，避明帝讳改姓严也。

会梁孝王卒，相如归，而家贫，无以自业。素与临邛令王吉相善，吉曰：“长卿久宦游不遂，而来过我。”于是相如往，舍都亭。[①]临邛令缪为恭敬，日往朝相如。相如初尚见之，后称病，使从者谢吉，吉愈益谨肃。临邛中多富人，而卓王孙家僮八百人，程郑亦数百人，二人乃相谓曰："令有贵客，为具召之。"并召令。令既至，卓氏客以百数。至日中，谒司马长卿，长卿谢病不能往，临邛令不敢尝食，自往迎相如。相如不得已，强往，一坐尽倾。酒酣，临邛令前奏琴曰："窃闻长卿好之，愿以自娱。"相如辞谢，为鼓一再行。[②]是时卓王孙有女文君新寡，好音，故相如缪与令相重，而以琴心挑之。[③]相如之临邛，从车骑，雍容閒雅甚都；[④]及饮卓氏，弄琴，文君窃从户窥之，心悦而好之，恐不得当也。既罢，相如乃使人重赐文君侍者通殷勤。文君夜亡奔相如，[⑤]相如乃与驰归成都。家居徒四壁立。[⑥]卓王孙大怒曰："女至不材，我不忍杀，不分一钱也。"人或谓王孙，王孙终不听。文君久之不乐，曰："长卿第俱如临邛，[⑦]从昆弟假贷犹足为生，何至自苦如此。"相如与俱之临邛，尽卖其车骑，买一酒舍酤酒，而令文君当炉。[⑧]相如身自著犊鼻裈，[⑨]与保庸杂作，[⑩]涤器于市中。[⑪]卓王孙闻而耻之，为杜门不出。昆弟诸公[⑫]更谓王孙曰："有一男两女，所不足者非财也。今文君已失身于司马长卿，长卿故倦游，[⑬]虽贫，其人材足依也，且又令客，独奈何相辱如此！"卓王孙不得已，分予文君僮百人，钱百万，及其嫁时衣被财物。文君乃与相如归成都，买田宅，为富人。

①【索隐】案：临邛郭下之亭也。　②【索隐】案：古乐府长歌行、短歌行，皆曲引也。此言"鼓一再行"，谓一两曲。　③【集解】郭璞曰："以琴中音挑动之。"【索隐】张揖云："挑，娆也。以琴中娆之。"挑音徒了反。娆音奴了反。其诗曰"凤兮凤兮归故乡，游遨四海求其皇，有一艳女在此堂，室迩人遐毒我肠，何由交接为鸳鸯"也。又曰"凤兮凤兮从皇栖，得托

子尾永为妃。交情通体必和谐，中夜相从别有谁”。　④【集解】韦昭曰：“閒，读曰‘闲’，甚得都邑之容也。”郭璞曰：“都，犹姣也。《诗》曰‘恂美且都’。”　⑤【索隐】郭璞云：“婚不以礼为(节)〔亡〕也。”　⑥【集解】郭璞曰：“言贫穷也。”【索隐】案：孔文祥云“徒，空也。家空无资储，但有四壁而已，云就此中以安立也”。　⑦【索隐】弟如临邛。文颖云：“第，且也。”郭璞云：“第，发语之急耳。如，往也。”　⑧【集解】韦昭曰：“炉，酒肆也。以土为堕，边高似炉。”　⑨【集解】韦昭曰：“今三尺布作形如犊鼻矣。称此者，言其无耻也。今铜印言犊纽，此其类矣。”　⑩【集解】《方言》曰：“保庸谓之甬，南方奴婢贱称也。”　⑪【集解】韦昭曰：“瓦器也。每食必涤溉者。”　⑫【集解】郭璞曰：“诸公，父行也。”　⑬【集解】郭璞曰：“厌游宦也。”

居久之，蜀人杨得意为狗监，[①]侍上。上读《子虚赋》而善之，曰：“朕独不得与此人同时哉！”得意曰：“臣邑人司马相如自言为此赋。”上惊，乃召问相如。相如曰：“有是。然此乃诸侯之事，未足观也。请为天子游猎赋，赋成奏之。”上许，令尚书给笔札。相如以“子虚”，虚言也，为楚称。[②]“乌有先生”者，[③]乌有此事也，为齐难。[④]“无是公”者，无是人也，明天子之义。[⑤]故空藉[⑥]此三人为辞，以推天子诸侯之苑囿。其卒章归之于节俭，因以风谏。奏之天子，天子大悦。其辞曰：

①【集解】郭璞曰：“主猎犬也。”　②【集解】郭璞曰：“称说楚之美。”　③【集解】徐广曰：“乌，一作恶。”　④【集解】郭璞曰：“诘难楚事也。”　⑤【集解】郭璞曰：“以为折中之谈也。”　⑥【索隐】藉音假借，与积同音。

楚使子虚使于齐，齐王悉发境内之士，备车骑之众，与使者出田。田罢，子虚过诧[①]乌有先生，而无是公在焉。坐定，乌有先生问曰："今日田乐乎？"子虚曰："乐。""获多乎？"曰："少。""然则何乐？"曰："仆乐齐王之欲夸仆以车骑之众，而仆对以云梦之事也。"曰："可得闻乎？"

①【集解】郭璞曰："诧，夸也。音托夏反。"【索隐】过音戈，诧音敕亚反。

子虚曰："可。王驾车千乘，选徒万骑，田于海滨。列卒满泽，罘罔弥山，[①]掩兔辚鹿，射麋脚麟。[②]骛于盐浦，割鲜染轮。[③]射中获多，矜而自功。顾谓仆曰：'楚亦有平原广泽游猎之地饶乐若此者乎？楚王之猎何与寡人？'[④]仆下车对曰：'臣，楚国之鄙人也，幸得宿卫十有余年，时从出游，游于后园，览于有无，然犹未能遍睹也，又恶足以言其外泽者乎！'齐王曰：'虽然，略以子之所闻见而言之。'

①【集解】郭璞曰："罘，罝也。音浮。"【正义】《说文》云"罘，兔罟也"。今幡车罟也。弥，竟也。　②【集解】徐广曰："辚音吝。"骃案：郭璞曰"脚，掎足。辚，车轹"。【索隐】脚麟，韦昭云"脚谓持其一脚也"。司马彪曰"脚，掎也"。《说文》云"掎，偏引一脚也"。　③【集解】郭璞曰："盐浦，海边地多盐卤。鲜，生肉也。染，擩也。音而沿反，又音而悦反。擩之于轮，盐而食之。骛，驰也。音务。"【索隐】染或为"淬"，与下文"脟割轮淬"

意同也。　④【集解】郭璞曰:“与,犹如也。”

“仆对曰:‘唯唯。臣闻楚有七泽,尝见其一,未睹其余也。臣之所见,盖特其小小者耳,[①]名曰云梦。[②]云梦者,方九百里,其中有山焉。其山则盘纡岪郁,隆崇嵂崒。岑岩参差,日月蔽亏。[③]交错纠纷,上干青云。罢池陂陁,下属江河。其土则丹青赭垩,[④]雌黄[⑤]白坿,[⑥]锡碧[⑦]金银,众色炫耀,照烂龙鳞。[⑧]其石则赤玉玫瑰,[⑨]琳瑉琨珸,[⑩]瑊玏玄厉,[⑪]瑌石武夫。[⑫]其东则有蕙圃[⑬]衡兰,芷若[⑭]射干,[⑮]穹穷[⑯]昌蒲,江离麋芜,诸蔗猼且。[⑰]其南则有平原广泽,登降陁靡,[⑱]案衍坛曼,[⑲]缘以大江,限以巫山。[⑳]其高燥则生葴菥苞荔,[㉑]薛莎青薠。[㉒]其卑湿[㉓]则生藏莨蒹葭,东蔷[㉔]雕胡,[㉕]莲藕觚芦,[㉖]奄闾轩芋,[㉗]众物居之,不可胜图。[㉘]其西则有涌泉清池,激水推移。外发芙蓉菱华,内隐巨石白沙。其中则有神龟蛟鼍,[㉙]瑇瑁[㉚]鳖鼋。其北则有阴林[㉛]巨树,楩柟豫章,[㉜]桂椒[㉝]木兰,[㉞]蘖离朱杨,[㉟]樝梸梬栗,[㊱]橘柚芬芳。[㊲]其上则有赤猨蠷蝚,[㊳]鹓鸰孔鸾,腾远射干。[㊴]其下则有白虎玄豹,蟃蜒貙豻,[㊵]兕象野犀,[㊶]穷奇獌狿。

①【索隐】郭璞云:“特,独也。”　②【索隐】褚诠音亡栋反,又音莫风反。裴骃云“孙叔敖激沮水作此泽”。张揖云“楚薮也,在南郡华容县”。郭璞曰“江夏安陆有云梦城,南郡枝江亦有云梦城。华容县又有巴丘湖,俗云即古云梦泽也”。则张揖云在华容者,指此湖也。今安陆东见有云梦城、云梦县,而枝江亦有者,盖县名远取此泽,故有城也。　③【集解】《汉书

音义》曰："高山壅蔽，日月亏缺半见。"【索隐】案：《汉书》注此卷多不题注者姓名，解者云是张揖，亦兼有余人也。　④【集解】徐广曰："一作瑕。"【索隐】张揖云："赭，赤土，出少室山。垩，白垩，本草云一名白墡也。"⑤【正义】《药对》曰："雌黄出武都山谷，与雄黄同山。"　⑥【集解】徐广曰："音符。"骃案：《汉书音义》曰"白坿，白石英也"。【索隐】白坿出鲁阳山。苏林音附。　⑦【正义】颜云："锡，青金也。碧谓玉之青白色者也。"⑧【集解】郭璞曰："如龙之鳞采。"　⑨【集解】郭璞曰："赤玉，赤瑾也。见《楚辞》。玫瑰，石珠也。"　⑩【集解】《汉书音义》曰："琳，球也。珉，石次玉者，琨珸，山名也，出善金，《尸子》曰'昆吾之金'者。"【索隐】琨珸，司马彪云"石之次玉"也。《河图》云"流州多积石，名昆吾石，炼之成铁，以作剑，光明昭如水精"。案：字或作"昆吾"也。　⑪【集解】徐广曰："瑊音古咸反，玏音勒，皆次玉者。"骃案：《汉书音义》曰"玄厉，黑石可用磨者"。⑫【集解】徐广曰："石似玉。"骃案：《汉书音义》曰"瓀石出雁门，武夫出长沙也"。　⑬【索隐】司马彪云："蕙，香草也。"《本草》云："薰草一名蕙。"《广志》云："蕙草绿叶紫茎，魏武帝以此烧香，今东下田有此草，茎叶似麻，其华正紫也。"　⑭【集解】《汉书音义》曰："衡，杜衡也。其状若葵，其臭如蘪芜。芷，白芷。若，杜若。"【索隐】张揖云："衡，杜衡，东下田有草生天帝之山。"案：《山海经》云"叶如葵，臭如蘪芜，可以走马"。《博物志》云"一名土杏，其根一似细辛，叶似葵"。故《药对》亦为似细辛是也。兰，张揖云"秋兰"。《本草》云"一名茝"。《埤苍》云"齐曰茝，晋曰虈。"《字林》曰"茝音昌亥反，又音昌里反。虈音火娇反"。《本草》又曰"杜若，一名杜衡"。今杜若叶似姜而有文理，茎叶皆有长毛。古今名号不同，故其所呼别也。⑮【索隐】《广雅》云"乌蓬，射干"。《本草》名乌扇。　⑯【索隐】芎藭。司马彪云："芎藭似藁本"。郭璞云："今历阳呼为江离。"《淮南子》云："夫乱人者，若芎藭之与槁本。"　⑰【集解】徐广曰："猼音匹沃反。"骃案：《汉书音义》曰"江离，香草。蘪芜，蕲芷也，似蛇床而香。诸蔗，甘柘也。猼且，蘘荷也"。【索隐】《吴录》曰"临海县海水中生江离，正青似乱发，即《离骚》所云者是也"。《广志》云"赤叶红华"，则与张勃所说又别。案：今芎藭苗曰江离，绿叶白华，又不同。樊光曰“藁本一名麋芜，根名蕲芷”。又《药对》以为麋芜一名江离，芎藭苗也。则芎藭、藁本、江离、蘪芜并相似，备是一物也。诸柘，张揖云“诸柘，甘柘也”。猼音普各反，且音子余反。《汉书》作“巴且”，文颖云“巴蕉也”。郭璞以为“蘘荷属”。未知孰是。 ⑱【集解】音移糜。 ⑲【索隐】司马彪云：“案衍，窳下。坛曼，平博也。”衍音弋战反。坛音徒旦反。 ⑳【集解】郭璞曰：“巫山今在建平巫县也。” ㉑【集解】徐广曰：“葴音针，马蓝也。菥，或曰草，生水中，华可食。荔音力诣反。草，似蒲。”骃案：《汉书音义》曰“苞，藨也”。【索隐】菥音斯。郭璞曰“葴，酸浆，江东名乌葴”。析，《汉书》作“斯”，孟康云“斯，禾，似燕麦”。《广志》云“凉州地生析草，皆如中国燕麦”是也。 ㉒【集解】徐广曰：“薛音先结反。”骃案：《汉书音义》曰“薛，赖蒿也。莎，镐侯也。青薠，似莎而大也。音烦”。 ㉓【索隐】庳音婢。庳，下也。 ㉔【集解】徐广曰：“乌桓国有蔷，似蓬草，实如葵子，十月熟。”骃案：《汉书音义》曰“藏，似薍而叶大。莨，莨尾草也。蒹，薕也。葭，芦也”。【索隐】藏莨，郭璞云“狼尾，似茅”。蒹葭音兼加。孟康云“蒹葭似芦也”。郭璞云“蒹，蔽也。似萑而细小，高数尺，江东人呼为蒹蒿”。又云“葭，芦也。似苇而细小，江东人呼为乌苬”。薍音五患反。蔽音敌。东蔷，《广志》云“子色青黑，河西语云‘贷我东蔷，偿我白粱’也”。 ㉕【索隐】雕胡。案谓菰米。 ㉖【集解】徐广曰：“生水中。”【索隐】郭璞云：“菰，蒋也。芦，苇也。” ㉗【集解】《汉书音义》曰：“奄闾，蒿也。轩芋，莸草也。”【索隐】郭璞云：“庵闾，蒿，子可疗病也。轩芋生水中，今杨州有也。” ㉘【集解】郭璞曰：“图，画也。” ㉙【正义】郭注《山海经》云：“蛟，似蛇而四脚，小头细颈，有白婴，大者教十围，卵生，子如一二斛瓮，吞人。鼍，似蜥蜴而大，身有甲，皮可以冒鼓。” ㉚【正义】似鯌鳙，甲有文，出南海，可以饰器物也。 ㉛【集解】郭璞曰：“林在山北阴地。” ㉜【集解】郭璞曰：“楩，杞也，似梓。枏，叶似桑。豫章，大木也，生七年乃可知也。”【正义】案：(温)《活人》云“豫，今之枕木也。章，今之樟木也。二木生至七年，枕樟乃可分别”。 ㉝【正义】郭璞云：“桂，似枇杷叶而大，白花，花而不著子，蘩生岩岭间，无杂木，冬夏常青。”案：今诸寺有桂树，叶若枇杷而小，光静，冬夏常青，其皮不中食，盖二色桂树。 ㉞【集解】骃案：郭璞曰“木兰，树、皮辛香可食”。【正义】《广雅》云：“似桂，皮辛可食，叶冬夏荣，常以冬华，其实如小(甘)柿，辛美，南人以为梅也。” ㉟【集解】徐广曰：“蘖音扶戾反。”《汉书音义》曰：“离，山梨。朱杨，赤杨也。”【索隐】朱杨，郭璞云“赤茎柳，生水边”，《尔雅》云柽河柳是也。 ㊱【集解】徐广曰：“樗音郢。”骃案：《汉书音义》曰“樗，樗枣也”。 ㊲【正义】小曰橘，大曰柚。树有刺，冬不凋，叶青，花白，子黄赤。二树相似，非橙也。 ㊳【集解】徐广曰：“音劬柔。”【正义】蠷音劬，蝚音柔，皆猿猴类。 ㊴【集解】郭璞曰：“鹓雏，凤属也。孔，孔雀；鸾，鸾鸟也。”《汉书音义》曰：“腾远，鸟名。射干，似狐，能缘木。”【索隐】孟康云“腾远，鸟名”，非也。司马彪云：“腾远，蛇也。”郭璞云：“腾蛇，龙属，能兴云雾。” ㊵【集解】郭璞曰：“蟃蜒，大兽，长百寻。貙，似狸而大。”《汉书音义》曰：“豻，胡地野犬，似狐而小也。”【索隐】应劭云豻音颜，韦昭一音岸。邹诞生音苦奸反，协音，是。 ㊶【正义】兕，状如水牛。象，大兽，长鼻，牙长一丈，俗呼为江猨。犀，头似猨，一角在额。《汉书》无此一句。

“‘于是乃使专诸之伦，手格此兽。楚王乃驾驯驳之驷，[①]乘雕玉之舆，靡鱼须之桡旃，[②]曳明月之珠旗，[③]建干将之雄戟，[④]左乌嗥之雕弓，[⑤]右夏服之劲箭。[⑥]阳子骖乘，纤阿为御。[⑦]案节未舒，[⑧]即陵狡兽，蹸邛邛，蹵距虚，[⑨]轶野马而轊騊駼，[⑩]乘遗风而射游骐。[⑪]儵眒凄浰，[⑫]雷动熛至，星流霆击，弓不虚发，中必决眦，[⑬]洞胸达腋，绝乎心系，获若雨兽，揜草蔽地。于是楚王乃弭节裴回，[⑭]翱翔容与，[⑮]览乎阴林，观壮士之暴怒，与猛兽之恐惧，徼𠝤受诎，[⑯]殚睹众物之变态。

①【集解】《汉书音义》曰："驯，扰也。驳，如马，白身，黑尾，一角，锯牙，食虎豹。扰而驾之，以当驷马也。" ②【集解】郭璞曰："以海鱼须为旒旌，言桡弱也。通帛为旃也。" ③【集解】《汉书音义》曰："以明月珠缀饰旗。" ④【集解】《汉书音义》曰："干将，韩王剑师。雄戟，胡中有鮔，干将所造也。"【索隐】应劭曰："干将，吴善冶者姓。"如淳曰："干将，铁所出。"晋灼曰："阖闾铸干将剑。"应劭说是。《方言》云："戟中小孑刺者，所谓雄戟也。"周处《风土记》云："戟为五兵雄也。"鮔音巨。案：《周礼》"冶氏为戈，胡三之"。注云"胡其孑"也。又《礼图》谓"戟支曲下为胡"也。⑤【索隐】张揖云：黄帝乘龙上仙，小臣不得上，挽持龙髯，髯拔，堕黄帝弓，群臣抱弓而号，故名乌号。见《封禅书》及《郊祀志》文。又《韩诗外传》云：弓工之妻曰"此弓大山南乌号之柘"。案：《淮南子》云"乌号，柘桑，其材坚劲，乌栖其上，将飞，枝劲复起，号呼其上。伐取其材为弓，因曰'乌号'"。《古史考》、《风俗通》皆同此说也。 ⑥【集解】徐广曰："韦昭云夏，夏羿也。矢室名曰服。"吕静曰："步叉谓之服也。"【索隐】案：夏羿，善射者。又服，箭之室，故云"夏服"。又夏后氏有良弓名"繁弱"，其矢亦良，即"繁弱箭服"也。 ⑦【集解】《汉书音义》曰："阳子，仙人陵阳子。纤阿，月御也。"韦昭曰："阳子，古贤也。"【索隐】张揖云："阳子，伯乐也。孙阳字伯乐，秦缪公臣，善御者也。"或曰纤阿，美女姣好貌。又乐彦曰："纤阿，山名，有女子处其岩，月历岩度，跃入月中，因名月御也。"郭璞云："纤阿，古之善御者。" ⑧【索隐】郭璞曰："言顿辔也。"司马彪云"案辔徐行得节，故曰案节，马足未展，故曰未舒"，亦为得也。 ⑨【集解】郭璞曰："邛邛，似马而色青。距虚即邛邛，变文互言之。《穆天子传》曰'邛邛距虚，日走五百里'也。" ⑩【集解】徐广曰："轊音锐。"骃案：郭璞曰"野马，如马而小。騊駼，似马。駼，车轴头"。【索隐】轊音卫。轊，车轴头也。谓车轴冲杀之。騊音陶。駼音涂。 ⑪【集解】《汉书音义》曰："遗风，千里马。《尔雅》曰巂，如马，一角。不角者，骐也。"【索隐】《吕氏春秋》云："遗风之乘。"《古今注》云："秦始皇马名。"韦昭云："骐如马，无角。"非麒麟之骐。巂音携。⑫【集解】徐广曰："凄音七见反。浰音力诣反。"骃案：《汉书音义》曰"皆疾

貌”。⑬【集解】韦昭曰：“在目所指，中必决于眼眦也。”⑭【集解】郭璞曰：“或云节，今之所杖信节也。”【索隐】司马彪云：“弭，犹低也。”⑮【索隐】郭璞曰：“言自得。”⑯【集解】徐广曰：“御音剧。”骃案：郭璞曰“御，疲极也。诎，尽也。言兽有倦游者，则徼而取之”。【索隐】司马彪云：“徼，遮也。𠋫，倦也。谓遮其倦者。”𠋫音剧。诎音屈。《说文》云：“𠋫，劳也。燕人谓劳为𠋫。”徼音古尧反。

“‘于是郑女曼姬，[①]被阿锡，[②]揄纻缟，[③]杂纤罗，垂雾縠。[④]襞积褰绉，纡徐委曲，郁桡溪谷。[⑤]衯衯裶裶，[⑥]扬袘恤削，[⑦]蜚纤垂髾。[⑧]扶与猗靡，[⑨]噏呷萃蔡，[⑩]下摩兰蕙，上拂羽盖，错翡翠之威蕤，[⑪]缪绕玉绥。[⑫]缥乎忽忽，若神仙之仿佛。[⑬]

①【集解】郭璞曰：“曼姬谓邓曼。姬，妇人之总称。”【正义】文颖云：“邓国出好女。曼者，其色理曼泽也。”如淳云：“郑女，夏姬也。曼姬，楚武王夫人邓曼。”②【集解】《汉书音义》曰：“阿，细缯也。锡，布也。”【正义】按：东阿出缯也。③【集解】徐广曰：“揄音臾。”【正义】揄，曳也。韦昭云：“纻之色若缟也。”颜云：“纻，织纻也。缟，鲜支也。”④【集解】郭璞曰：“言细如雾，垂以覆头。”⑤【集解】《汉书音义》曰：“襞积，简齰也。褰，缩也。绉，裁也。其绉中文理，茀郁迟曲，有似于溪谷也。”【索隐】小颜云“此说非也。襞积，今之裙襵，古谓之皮弁素积。”是也。苏林曰“褰绉，缩蹙之”也。绉音侧救反。齰音叉革反。裁音在代反。曲，《字林》音丘欲反。⑥【索隐】郭璞云：“衣长貌。”【正义】上芳云反，下方非反。⑦【集解】徐广曰：“袘音迤，衣袖也。”骃案：《汉书音义》曰“恤削，裁制貌也”。【索隐】张晏曰：“扬，举也。恤削，刻除貌也。”⑧【集解】徐广曰：“纤音芟。”骃案：郭璞云“纤，袿衣饰；髾，髻髾也”。⑨【集解】郭璞曰：“《淮南》所谓‘曾折摩地，扶与猗委’也。”【正义】舆音余。猗，于绮反。谓郑

女曼姬侍从王者，扶其车舆而猗靡。 ⑩【集解】《汉书音义》曰："噏呷，衣裳张起也。萃蔡，衣声也。"【索隐】韦昭云："呷音呼甲反。"郭璞曰"萃蔡，犹璀璨也"。【正义】呷，火甲反。萃音翠。蔡，千贿反。 ⑪【集解】徐广曰："错音措。或作'错粉翠蕤'。" ⑫【集解】郭璞曰："绥，所执以登车。"【正义】颜云："下摩兰蕙，谓垂髾也。上拂羽盖，谓飞襳也。玉绥，以玉饰绥也。"言飞襳垂髾，错杂翡翠之旌幡，或绕玉绥也。张揖云："翡翠大小一如雀，雄赤曰翡，雌青曰翠。"《博物志》云："翡身通黑，唯胸前背上翼后有赤毛。翠身通青黄，唯六翮上毛长寸余青。其飞则羽鸣翠翡翠翡然，因以为名也。" ⑬【正义】仿佛，言似神仙也。《战国策》云："郑之美女粉白黛黑而立于衢，不知者谓之神仙。"

"'于是乃相与獠于蕙圃，[①] 媻珊勃窣[②] 上金堤，揜翡翠，射鵕鸡，[③] 微矰出，纤缴施，[④] 弋白鹄，连驾鹅，[⑤] 双鸧下，玄鹤加。[⑥] 怠而后发，游于清池。浮文鹢，[⑦] 扬桂枻，[⑧] 张翠帷，建羽盖，罔瑇瑁，钓紫贝。[⑨] 摐金鼓，吹鸣籁，[⑩] 榜人歌，[⑪] 声流喝，[⑫] 水虫骇，波鸿沸，涌泉起，奔扬会，礧石相击，硠硠礚礚，若雷霆之声，闻乎数百里之外。

①【集解】郭璞曰："獠，猎也。音辽。"【索隐】《尔雅》云："宵猎曰獠。" ②【索隐】韦昭曰："盘姗，匍匐上下也。"猝音素忽反。 ③【集解】《汉书音义》曰："鵕鸃，鸟，似凤也。"【索隐】司马彪云："鵕鸃，山鸡也。"许慎云："鷩鸟也。"郭璞曰："似凤，有光彩，音浚宜。"李彤云："鵕鸃，神鸟，飞光竟天也。" ④【集解】徐广曰："缴音斫。" ⑤【集解】郭璞曰："野鹅也。驾音加。"【索隐】《尔雅》云："舒雁，鹅也。"【正义】鹄，水鸟也。驾鹅连谓兼护也。《抱朴子》云："千岁之鹄纯白，能登于木。" ⑥【集解】郭璞曰："《诗》云'弋言加之'是也。"【正义】司马彪云："鸧似雁而黑，亦呼为鸧括。

《韩诗外传》云胎生也。"《相鹤经》云："鹤寿二百六十岁则色纯黑。"案：弋双鸧既下，又加玄鹤之上也。　⑦【集解】《汉书音义》曰："鹢，水鸟也。画其象于船首。《淮南子》曰'龙舟鹢首，天子之乘也'。"　⑧【集解】徐广曰："音曳。"骃案：韦昭曰"枻，檝也"。　⑨【集解】郭璞曰："紫质黑文也。"【正义】《毛诗虫鱼疏》云："贝，水之介虫。大者蚢，音下郎反。小者为贝，其白质如玉，紫点为文，皆成行列。当大者径一尺，小者七八寸。今九真、交址以为杯盘实物也。"《货殖传》云"贝宝龟"是。　⑩【集解】《汉书音义》曰："㧐，撞也。籁，箫也。"　⑪【集解】郭璞曰："唱櫂歌也。榜，船也，音谤。"　⑫【集解】徐广曰："乌迈反。"

"'将息獠者，击灵鼓，[①]起烽燧，车案行，骑就队，缅乎淫淫，班乎裔裔。[②]于是楚王乃登阳云之台，[③]泊乎无为，澹乎自持，勺药之和具而后御之。[④]不若大王终日驰骋而不下舆，脟割轮淬，自以为娱。[⑤]臣窃观之，齐殆不如。'于是王默然无以应仆也。"

①【集解】郭璞曰："灵鼓，六面也。"　②【集解】郭璞曰："皆群行貌也。"　③【集解】徐广曰："宋玉云楚王游于阳云之台。"骃案：郭璞曰"在云梦之中"。　④【集解】郭璞曰："勺药，五味也。"　⑤【集解】徐广曰："淬，千内反。"骃案：郭璞曰"脟，膊。淬，染也。脟音脔也"。

乌有先生曰："是何言之过也。足下不远千里，来况齐国，[①]王悉发境内之士，而备车骑之众，以出田，乃欲戮力致获，以娱左右也，何名为夸哉！问楚地之有无者，愿闻大国之风烈，先生之余论也。今足下不称楚王之德厚，而盛推云梦以为高，奢言淫乐而显侈靡，窃为足下不取也。必若所言,固非楚国之美也。有而言之,是章君之恶。无而言之,是害足下之信。章君之恶而伤私义,二者无一可,而先生行之,必且轻于齐而累于楚矣。且齐东有巨海,[②]南有琅邪,[③]观乎成山,[④]射乎之罘,[⑤]浮勃澥,[⑥]游孟诸,[⑦]邪与肃慎为邻,[⑧]右以汤谷为界,[⑨]秋田乎青丘,[⑩]傍徨乎海外,吞若云梦者八九,其于胸中曾不蒂芥。[⑪]若乃俶傥瑰伟,异方殊类,珍怪鸟兽,万端鳞萃,充仞其中者,不可胜记,禹不能名,契不能计。[⑫]然在诸侯之位,不敢言游戏之乐,苑囿之大;先生[⑬]又见客,[⑭]是以王辞而不复,[⑮]何为无用应哉!"

①【集解】郭璞曰:"言有惠况也。" ②【索隐】"有"作"陼"。苏林云陼音渚。小洲曰陼。谓东有大海之陼也。 ③【集解】郭璞曰:"山名,在琅邪县界。"【正义】山名,在密州东南百三十里。琅邪台在山上。④【集解】徐广曰:"在东莱不夜县。" 【索隐】张揖云:"观,阙也。于山上筑宫阙。"郭璞云:"言在山下游观,音馆也。"【正义】《封禅书》云"成山斗入海",言上山观也。《括地志》云:"成山在莱州文登县东北百八十里也。"⑤【集解】《汉书音义》曰:"之罘山在牟平县。射猎其上也。"【正义】《括地志》云:"罘山在莱州文登县西北百九十里。"言射猎其上也。罘音浮。⑥【集解】《汉书音义》曰:"海别枝名也。"【索隐】案:《齐都赋》云"海傍曰勃,断水曰澥"也。 ⑦【集解】郭璞曰:"宋之薮泽名。"【正义】《周礼·职方氏》"青州薮曰望诸",郑玄云"望诸,孟潴也"。 ⑧【正义】邪谓东北接之。《括地志》云:"靺鞨国,古肃慎也,亦曰挹娄,在京东北八千四百里,南去扶余千五百里,东及北各抵大海也。" ⑨【正义】言右者,北向天子也。《海外经》云:"汤谷在黑齿北,上有扶桑木,水中十日所浴。"张揖云:"日所出也。"许慎云:"热如汤。" ⑩【正义】服虔云:"青丘国在海东

三百里。"郭璞云:"青丘,山名。上有田,亦有国,出九尾狐,在海外。" ⑪【索隐】张揖曰:"蔕芥,刺鲠也。"郭璞云:"言不觉有也。" ⑫【正义】禹为尧司空,辨九州土地山川草木禽兽。契为司徒,敷五教,主四方会计。言二人犹不能名计其数。 ⑬【索隐】先生指子虚也。 ⑭【索隐】如淳曰:"见宾客礼待故也。"李善曰:"言见先生是(宾)客(之)也。" ⑮【索隐】郭璞曰:"复,答也。"

无是公听然而笑[1]曰:"楚则失矣,齐亦未为得也。夫使诸侯纳贡者,非为财币,所以述职也。[2]封疆画界者,非为守御,所以禁淫也。[3]今齐列为东藩,而外私肃慎,捐国逾限,越海而田,其于义故未可也。且二君之论,不务明君臣之义而正诸侯之礼,徒事争游猎之乐,苑囿之大,欲以奢侈相胜,荒淫相越,此不可以扬名发誉,而适足以贬君自损也。且夫齐、楚之事又焉足道邪!君未睹夫巨丽也,独不闻天子之上林乎?

①【集解】郭璞曰:"听,笑貌也。"【索隐】听音断,又音牛隐反。 ②【集解】郭璞曰:"诸侯朝于天子曰述职,言述所职。见《孟子》。" ③【集解】郭璞曰:"禁绝淫放也。"

"左苍梧,右西极,[1]丹水更其南,[2]紫渊径其北。[3]终始霸浐,出入泾、渭。[4]酆鄗[5]潦潏[6],纡余委蛇,经营乎其内。荡荡兮八川分流,相背而异态。[7]东西南北,驰骛往来,出乎椒丘之阙,行乎洲淤之浦,[8]径乎桂林之中,[9]过乎泱莽之野。[10]汩乎浑流,顺阿而下,[11]赴隘陕之口。触穹石,激堆埼,[12]沸乎暴怒,汹涌滂濞,[13]滭浡滵汩，[14]滆测泌沛，[15]横流逆折，转腾潎洌，[16]澎濞沆瀣，[17]穹隆云挠，[18]蜿灗胶戾，[19]逾波趋浥，[20]莅莅下濑，[21]批𡾋衝壅，[22]奔扬滞沛，[23]临坻注壑，[24]瀺灂[25]賈坠，[26]湛湛[27]隐隐，砰磅訇磕，[28]潏潏淈淈，湁潗鼎沸，[29]驰波跳沫，[30]汩急漂疾，[31]悠远长怀，[32]寂漻无声，肆乎永归。然后灝溔潢漾，[33]安翔徐徊，翯乎滈滈，[34]东注大湖，[35]衍溢陂池。于是乎蛟龙赤螭，[36]䱭鰽螹离，[37]鰅鳙鰬魠，[38]禺禺魼鳎，[39]揵鳍[40]擢尾，振鳞奋翼，潜处于深岩。鱼鳖欢声，万物众伙，明月珠子，玓瓅江靡，[41]蜀石黄碝，[42]水玉磊砢，[43]磷磷烂烂，采色澔汗，丛积乎其中。鸿鹔鹄鸨，𫛭鹅鸀玛，[44]䴔䴖[45]鹮目，[46]烦鹜鷛𪈽，[47]䴋䴕鵁鸬，[48]群浮乎其上。汎淫泛滥，[49]随风澹淡，与波摇荡，掩薄草渚，[50]唼喋[51]菁藻，[52]咀嚼菱藕。

①【集解】郭璞曰："西极，邠国也。见《尔雅》。"【正义】文颖云："苍梧郡属交州，在长安东南，故言左。《尔雅》云西至于豳国为极。在长安西，故言右。"　②【集解】《汉书音义》曰："丹水出上洛冢领山。"　③【集解】郭璞曰："紫渊所未详。"【正义】《山海经》云："紫渊水出根耆之山，西流注河。"文颖云："西河谷罗县有紫泽，(其水紫色注亦紫)在县北，于长安为北。"　④【索隐】张揖云："灞出蓝田西北而入渭。浐亦出蓝田谷，北至霸陵入灞。灞、浐二水尽于苑中不出，故云终始也。泾、渭二水从苑外来，又出苑去也。泾水出安定泾阳县开头山，东至阳陵入渭。渭水出陇西首阳县鸟鼠同穴山，东北至华阴入河。"　⑤【索隐】丰镐。张揖云："丰水出鄠县南山丰谷，北入渭。镐水在昆明池北。"郭璞云："镐水，丰水下流也。"　⑥【集解】郭璞曰："皆水流貌，音决。"【索隐】应劭云："潦，流也。潏，涌出声也。"张揖云："又有潏水，出南山。"姚氏云："潦，或作'涝'也。涝水出鄠县，北注

渭。潏水出杜陵，今名沇水，自南山皇子陂西北流注昆明池入渭。"案：此下文"八川分流"，则从泾、渭、灞、浐、丰、镐、潦、潏为八。晋灼曰："从丹水下则有九，从灞以下则七。"案：今潏既是水名，除丹紫二川，自泾、渭以下适足八川，是经营乎其内也。又潘岳《关中记》曰"泾、渭、灞、浐、丰、镐、涝、潏，《上林赋》所谓'八川分流'"也。 ⑦【集解】郭璞曰："八川名在上。" ⑧【集解】郭璞曰："椒丘，丘名，言有岩阙也，见《楚辞》。淤亦洲名，蜀人云，见《方言》。"【索隐】服虔云："丘名，《楚词》曰'驰椒丘且焉止息'也。"案：两山俱起，象双阙。如淳云"丘多椒也"。 ⑨【集解】郭璞曰："桂林，林名也，见《南海经》也。" ⑩【集解】《汉书音义》曰："《山海经》所谓大荒之野。" ⑪【集解】郭璞曰："阿，大陵。" ⑫【集解】郭璞曰："穹隆，大石貌。堆，沙堆。埼，曲岸头，音祁。"【索隐】郭璞曰："堆，沙堆；埼，曲岸头也。" ⑬【集解】汹音许勇反。涌音勇。滂音浦横反。湃音浦拜反。【索隐】司马彪云："汹涌，跳起貌。澎湃，波相戾也。"涌，或作"容"。澎，或作"滂"。 ⑭【索隐】司马彪云："泮沸，盛貌。滵汩，去疾也。"【正义】毕渤密三音。汩，于笔反。 ⑮【集解】郭璞曰："逼侧笔栉四音。"【索隐】司马彪云："湢测，相迫也。泌沛，相楔也。" ⑯【索隐】苏林曰："流轻疾也。" ⑰【索隐】瀣，亦作"溉"。司马彪云："滂濞，水流声也。沆溉，徐流。"郭璞云："鼓怒郁鲠之貌也。"【正义】澎，普彭反。濞，普秘反。沆，胡郎反。溉，胡代反。 ⑱【索隐】穹崇云桡。服虔云："水急旋回，如云屈曲也。"郭璞云："水陇起回窳也。" ⑲【索隐】司马彪云："蜿灗，展转也。胶戾，邪屈也。"音婉善交戾四音也。【正义】蜿音婉。蝉音善。 ⑳【集解】徐广曰："乌狭反。"【索隐】司马彪云："踰波，后陵前也。趋浥，输于深泉也。" ㉑【索隐】司马彪云："莅莅，水声也。"音利。 ㉒【正义】批，白结反。巘，岩。司马彪云："批，反击也。壅，曲隈也。" ㉓【索隐】滞沛，郭璞云"水洒散貌"。滞音丑制反。 ㉔【正义】坻音迟。坻，水中沙微起出水者也。《尔雅》云"小沚曰坻"。壑，墟也。 ㉕【索隐】瀺音士湛反，灂音士卓反。《说文》云"水小声也"。 ㉖【正义】賈音陨。隧，直类反。 ㉗【集解】徐广曰："湛音沈。" ㉘【正义】砰，披萌反。

磅，蒲黄反。訇，呼宏反。礚，苦盖反。皆水流鼓怒之声也。 ㉙【集解】郭璞曰："湁音敕立反。潗音缉。"【索隐】郭璞云，皆水微转细涌貌。潏淈音决骨。《广雅》云"淈淈，决流也"。周成《杂字》云"湁潗，水沸之貌也"。 ㉚【集解】徐广曰："一云吸呷。" ㉛【索隐】湁，晋灼曰"华给反"，郭璞云"许立反"。汩湁，急转貌也。 ㉜【正义】放散貌也。 ㉝【正义】晃养二音。郭云"皆水无涯际也"。 ㉞【索隐】翯音鹤。滈音镐。《诗》曰"白鸟翯翯"。郭璞云"水白光貌"。翯音皛，滈音昊也。 ㉟【正义】太湖在苏州西南。 ㊱【正义】螭，丑知反。文颖云"龙子为螭"，张揖曰"雌龙也"，二说皆非。《广雅》云："有角曰虬，无角曰螭。"案：虬螭皆龙类而非龙。 ㊲【集解】徐广曰："螹音渐。"骃案：郭璞曰"䱴䲛，鮪也。"音亘瞢。螹离未闻。【正义】䱴，古邓反。䲛，末邓反。李奇云："周洛曰鮪，蜀曰䱴䲛。出巩山穴中，三月溯河上，能度龙门之限，则为龙矣。" ㊳【集解】徐广曰："鰅音娱匃反。皮有文，出乐浪。鱅音虔。魠音托，哆口鱼。"骃案：郭璞曰"鳙似鲢而黑"。《汉书音义》曰"鱅似鲤而大"也。 ㊴【集解】徐广曰："禺禺，鱼牛也。鱋，一作魼，音榻。魶音纳，一作鳎。"骃案：《汉书音义》曰"魼，比目鱼也。魶，鳀鱼"。 ㊵【正义】揵音乾。鳍音祁。揵，举也。鳍者，鱼背上鬣也。 ㊶【集解】郭璞曰："靡，崖也。"【索隐】应劭曰："靡，边也。明月珠子生于江中，其光耀乃照于江边。"张揖曰："靡，涯也。"郭璞曰："的皪，照也。" ㊷【集解】郭璞曰："硕石黄色也。" ㊸【集解】郭璞曰："水玉，水精也。" ㊹【集解】郭璞曰："鸕，鸕霜。鸀鳿，似鸭而大，长颈赤目，紫绀色也。"【索隐】鸨音保。郭璞云："鸨似雁，无后指。"《毛诗鸟兽疏》云："鸨似雁而虎文也。"【正义】鸀鳿，烛玉二音。郭云："似鸭而大，长颈赤目，紫绀色。辟水毒，生子在深谷涧中。若时有雨，鸣。雌者生子，善斗。江东呼为烛玉。" ㊺【正义】郭云："鵁鶄似凫而脚高，有毛冠，辟火灾。" ㊻【集解】徐广曰："鳿音环。"【索隐】鳿目。郭璞云未详。小颜云："荆、郢间有水鸟，大如鹭而短尾，其色红白，深目，目旁毛皆长而旋，此其旋目乎?"鳿音旋。《汉书》亦作"旋目"。 ㊼【集解】徐广曰："烦鹜，一作番鳙。鸕音容。"骃案：《汉书音义》曰"烦鹜，凫也。鸕䴔似鹜，灰色而鸡足”。【索隐】郭璞云：“烦鹜，鸭属。鹔渠，一名章渠也。” ㊽【集解】徐广曰：“䴋音斟。水鸟也。䴓音斯。䴔音火交反。”骃案：《汉书音义》曰“䴋䴓，苍黑色”。郭璞曰“䴔，鱼䴔也，脚近尾。鸬，鸬鹚也”。【索隐】张揖云“葴䴔似鱼虎而苍黑”。邹诞本作“䴓䴓”也。 ㊾【索隐】郭璞云：“皆鸟任风波自纵漂貌。”汎音冯。泛音芳剑反。《广雅》云：“汎汎，氾氾，群浮也。” ㊿【正义】掩，覆也。薄，依也。言或依草渚而游戏也。 (51)【正义】唼，疏甲反。喋，丈甲反。鸟食之声也。 (52)【集解】郭璞曰：“菁，水草。《吕氏春秋》曰‘太湖之菁’也。”【索隐】《左传》云‘蘋蘩蕴藻’。蕴即聚。”

于是乎崇山巃嵸，崔巍嵯峨，[①]深林巨木，崭岩嵾嵳，[②]九嵕、巀嶭，南山峨峨，[③]岩陁[④]甗锜，摧崣崛崎，[⑤]振溪通谷，[⑥]蹇产沟渎，[⑦]谽呀豁閜，[⑧]阜陵别岛，[⑨]崴磈嵔瘣，[⑩]丘虚崛礨，[⑪]隐辚郁𡾰，[⑫]登降施靡，[⑬]陂池貏豸，[⑭]沇溶淫鬻，[⑮]散涣夷陆，[⑯]亭皋千里，靡不被筑。[⑰]掩以绿蕙，[⑱]被以江离，糅以蘪芜，[⑲]杂以流夷。[⑳]尃结缕，[㉑]欑戾莎，[㉒]揭车衡兰，稿本射干，[㉓]茈姜[㉔]蘘荷，[㉕]葴橙若荪，[㉖]鲜枝黄砾，[㉗]蒋苎青薠，[㉘]布濩闳泽，延曼太原，丽靡广衍，应风披靡，吐芳扬烈，[㉙]郁郁斐斐，众香发越，肸蠁布写，晻暧苾勃。[㉚]

①【正义】巃，力孔反。嵸，子孔反。崔，在回反。巍，五回反。郭云：“皆峻貌。” ②【正义】崭音咸，又仕衔反。嵾音楚林反。嵳楚宜反。颜云：“崭岩，尖锐貌。嵾嵳，不齐也。” ③【集解】《汉书音义》曰：“九嵕山在左冯翊谷口县西。巀嶭山在池阳县北。”【正义】嵕，子公反。巀，才切反。嶭，五结反。 ④【集解】音遅。 ⑤【集解】郭璞曰：“陁，崖际。甗

音鱼晚反。锜音蚁。摧音作罪反。"【索隐】陁音豸。皆隆屈众折貌。崎音倚。崛音掘。　⑥【索隐】张揖云:"振,拔也。水注川曰溪,注溪曰谷。"郭璞曰:"振,犹洒也。"　⑦【集解】《汉书音义》曰:"蹇产,屈折也。"　⑧【集解】郭璞曰:"皆涧谷之形容也。谽音呼含反。呀音呼加反。豁音呼下反。"【索隐】司马彪云:"谽呀,大貌。豁闲,空虚也。"　⑨【正义】高平曰陆,大陆曰阜,大阜曰陵,水中山曰岛。　⑩【正义】崴,于鬼反。磈,鱼鬼反。嵔,乌罪反。瘣,胡罪反。皆高峻貌。　⑪【正义】虚音墟。崫,口忽反,又口罪反。礨,力罪反。皆堆垄不平貌。　⑫【正义】嵂音律。郭云:"皆其形势也。"　⑬【正义】郭云:"施靡,犹连延。"　⑭【集解】郭璞曰:"貏音衣被。豸音虫豸也。"【索隐】郭璞曰:"陂池,旁穨貌。陂音皮。貏音被。"　⑮【索隐】郭璞云:"游激淖衍貌。"【正义】溶音容。鬻音育。张云:"水流溪谷之间。"　⑯【索隐】司马彪曰:"夷,平地。广平曰陆。"　⑰【集解】郭璞曰:"言为亭候于皋隰,皆筑地令平,贾山所谓'隐以金椎'也。"　⑱【正义】张云:"绿,王蒭也。蕙,薰草也。"颜云:"绿蕙,言蕙草色绿耳,非王蒭也。"《尔雅》云菉一名王蒭。　⑲【正义】糅,女又反。　⑳【集解】《汉书音义》曰:"流夷,新夷也。"　㉑【集解】徐广曰:"専,古布字,一作怖。"骃案:《汉书音义》曰"结缕似白茅,蔓联而生,布种之者"。　㉒【集解】徐广曰:"草,可染紫。"　㉓【集解】徐广曰:"揭音桀。"骃案:郭璞曰"揭车,一名乞舆。稿本,稿茇;射干,十月生:皆香草"。【索隐】稿本,案桐君《药录》云"苗似穹穷也"。　㉔【索隐】张揖云:"子姜也。"案:《四人月令》云"生姜谓之茈姜,音紫"。　㉕【正义】蘘,人羊反。柯根旁生笋,若芙蓉,可以为菹,又治蛊毒也。　㉖【集解】郭璞曰:"葴,未详。橙,柚。若荪,香草也。"【索隐】姚氏以为此前后皆草,非橙柚也。《汉书》作"葴持"。小颜云:"葴,寒浆也。持当为'符',符,鬼目也。"案:今读者亦呼为登,谓金登草也。张揖云:"荪,香草。"姚氏云:"荪草似昌蒲而无脊也,生溪涧中。荪音孙。"　㉗【集解】郭璞曰:"皆未详。"【索隐】鲜支黄砾。张揖云:"皆草也,未详。"司马彪云:"鲜支,即今支子。"或云"鲜支亦香草也。"小颜云"黄砾,黄屑木",恐非也。　㉘【集解】徐广曰："苧音佇。"骃案：《汉书音义》曰"蒋，菰也。苧，三棱"。【索隐】蘋音烦。　㉙【集解】郭璞曰："香酷烈也。"　㉚【正义】晻暧，奄爱二音。皆芳香之盛也。《诗》云"苾苾芬芬"，气也。

"于是乎周览泛观，瞋盼轧沕，[①]芒芒恍忽，视之无端，察之无崖。日出东沼，入于西陂。[②]其南则隆冬生长，踊水躍波；兽则㺎旄貘犛，[③]沈牛麈麋，[④]赤首圜题，[⑤]穷奇象犀。[⑥]其北则盛夏含冻裂地，涉冰揭河；[⑦]兽则麒麟[⑧]角𧤗，[⑨]騊駼橐駞，蛩蛩驒騱，駃騠驴骡。[⑩]

①【集解】徐广曰："瞋音丑人反。盼，一作'缗'。"骃案：郭璞曰"皆不可分貌"。　②【索隐】张揖云："日朝出苑之东池，暮入于苑西陂中也。"　③【集解】徐广曰："㺎音容，兽类也。犛音狸，一音茅。"骃案：郭璞曰"旄，旄牛。貘似熊，庳脚锐头。犛牛，黑色，出西南徼外也"。【索隐】郭璞云："㺎，㺎牛，领有肉堆，音容。"案：今之犎牛也。张揖云"旄，旄牛，其状如牛而四节生毛。貘，白豹也，似熊，庳脚锐鬐，骨无髓，食铜铁。音陌。犛音狸，又音茅，或以为猫牛。犛牛黑色，出西南徼外，毛可为翲是也"。　④【集解】《汉书音义》曰："沈牛，水牛也。"【正义】麈似鹿而大。案：麋似水牛。　⑤【集解】郭璞曰："题，额也，所未详。"　⑥【集解】《汉书音义》曰："穷奇状如牛而蝟毛，其音如嗥狗，食人也。"【索隐】郭璞云："象，大兽，长鼻，牙长一丈。犀，头似猪，庳脚，一角在头也。"　⑦【集解】郭璞曰："言水漫冻不解，地坼裂也。揭，褰衣。"　⑧ 郭璞云："麒似麟而无角。"《毛诗疏》云："麟黄色，角端有肉。"京房《传》云："有五采，腹下黄色也。"　⑨【集解】郭璞曰："角𧤗，音端，似猪，角在鼻上，堪作弓。李陵尝以此弓十张遗苏武也。"【索隐】张揖云："角端似牛角，可以为弓。"　⑩【正义】騊駼，桃徒二音。橐音托。驼，徒河反。蛩音其恭反。驒騱，颠奚二音。駃騠音决啼。

“于是乎离宫别馆，弥山跨谷，[1]高廊四注，重坐曲阁，[2]华榱璧珰，[3]辇道纚属，步櫚周流，长途中宿。[4]夷嵏筑堂，累台增成，岩突洞房，[5]俛杳眇而无见，仰攀橑而扪天，奔星更于闺闼，宛虹拖于楯轩。[6]青虬蚴蟉于东箱，[7]象舆婉蝉于西清，[8]灵圄[9]燕于间观，偓佺[10]之伦暴于南荣，[11]醴泉涌于清室，通川过乎中庭。槃石裖崖，[12]嵚岩倚倾，嵯峨磼礏，[13]刻削峥嵘，[14]玫瑰碧琳，珊瑚丛生，[15]瑉玉旁唐，[16]玢豳文鳞，[17]赤瑕驳荦，[18]杂臿其间，[19]垂绥琬琰，和氏出焉。[20]

①【正义】弥，满也。跨，犹骑也。言宫馆满山，又跨溪谷也。②【集解】郭璞曰：“重坐，重轩也。曲阁，阁道曲也。” ③【索隐】韦昭曰：“裁玉为璧，以当榱头。”司马彪曰：“以璧为瓦之当也。” ④【集解】郭璞曰：“途，楼阁间陛道。中宿言长远也。” ⑤【集解】郭璞曰：“嵏，山名。平之以安堂其上。成亦重也。《周礼》曰‘为坛三成’。在岩穴底为室，潜通台上者。”【索隐】服虔云：“平嵏山以为堂。”张揖云：“重累而成之，故曰增成。突音一吊反，《释名》以为突，幽也。”《楚辞》云“冬有突厦夏屋寒”，王逸以为复室也。 ⑥【集解】徐广曰：“楯音食尹反。”【正义】拖音徒我反。颜云：“宛虹，屈曲之虹。拖谓中加于上也。楯，轩之阑板也。言室宇之高，故星虹得经加之。” ⑦【正义】蚴，一纠反。蟉，力纠反。⑧【集解】《汉书音义》曰：“山出象舆，瑞应车也。”郭璞曰：“西清，西箱清净地也。”【正义】婉蝉，宛善二音。颜云：“蚴蟉婉蝉，皆行动之貌也。”⑨【集解】郭璞曰：“灵圄，淳圄，仙人名也。”【索隐】张揖云：“众仙号。”《淮南子》云“骑飞龙，从淳圄”是也。 ⑩【集解】《汉书音义》曰：“偓佺，仙人名也。”【索隐】韦昭曰：“古仙人，姓偓。”《列仙传》云：“槐里采药父也，食松，形体生毛数寸，方眼，能行逮走马也。” ⑪【索隐】应劭云：“屋櫓两

头如翼也”。故郑玄云“荣,屋翼也”。《七诱》云“飞荣似鸟舒翼”是也。暴,偃卧日中也。 ⑫【集解】徐广曰:“裖音唇。”【索隐】如淳曰:“裖音振,盛多也。”李奇曰:“裖,整也,整顿池外之厓,音之忍反。” ⑬【集解】徐广曰:“峨,一作池。礁音杂。礏音五合反。”【索隐】礁礏,《埤苍》云“高貌也”。礁音士劫反,礏鱼揖反。又《字林》音礁,才币反。礏,五币反。⑭【正义】郭云:“言自然若雕刻也。” ⑮【正义】郭云:“珊瑚生水底石边,大者树高三尺余,枝格交错,无有叶。” ⑯【索隐】郭璞云:“旁唐言盘薄。” ⑰【集解】徐广曰:“瑸音彬。斒音班。” ⑱【索隐】《说文》云:“瑕,玉之小赤色。”张揖曰:“赤玉也。”司马彪曰:“驳荦,采点也。荦音洛角反。” ⑲【集解】徐广曰:“杂,一云插。臿,一云遝。” ⑳【集解】徐广曰:“垂绥,一作朝采。”骃案:郭璞曰“《汲冢竹书》曰‘桀伐岷山,得女二人,曰琬曰琰。桀爱二女,斫其名于苕华之玉’。苕是琬,华是琰也”。

“于是乎卢橘夏孰,[①]黄甘橙楱,[②]枇杷橪柿,[③]楟榛厚朴,[④]梬枣[⑤]杨梅,[⑥]樱桃[⑦]蒲陶,[⑧]隐夫郁棣,榙椤荔枝,[⑨]罗乎后宫,列乎北园。貤丘陵,[⑩]下平原,扬翠叶,杌紫茎,[⑪]发红华,秀朱荣,煌煌扈扈,照曜巨野。沙棠栎槠,[⑫]华氾檘栌,[⑬]留落胥余,仁频并闾,[⑭]欃檀木兰,豫章女贞,[⑮]长千仞,大连抱,夸条直畅,实叶葰茂,攒立丛倚,连卷累佹,崔错癹骫,[⑯]坑衡閜砢,[⑰]垂条扶于,落英幡纚,[⑱]纷容萧蔘,旖旎从风,[⑲]浏莅芔吸:[⑳]盖象金石之声,[㉑]管籥之音。[㉒]柴池茈虒,[㉓]旋环后宫,杂遝累辑,[㉔]被山缘谷,循阪下隰,视之无端,究之无穷。

①【集解】郭璞曰:“今蜀中有给客橙,似橘而非,若柚而芬香,冬夏华实相继,或如弹丸,或如拳,通岁食之,即卢橘也。”【索隐】应劭曰:“《伊尹

书》‘果之美者，箕山之东，青马之所，有卢橘，夏孰’。”晋灼曰：“此虽赋上林，博引异方珍奇，不系于一也。”案：《广州记》云“卢橘皮厚，大小如甘，酢多，九月结实，正赤，明年二月更青黑，夏孰”。《吴录》云“建安有橘，冬月树上覆裹，明年夏色变青黑，其味甚甘美”。卢即黑色是也。 ②【集解】徐广曰：“音凑，橘属。” ③【集解】徐广曰：“橪音而善反，果也。”【索隐】张揖曰：“橪，橪支，香草也。”韦昭曰：“橪音汝萧反。”郭璞云：“橪支，木也。橪音烟。”此说为近。《说文》曰：“橪，酸小枣也。”《淮南子》云：“伐橪枣以为矜。”音勤。 ④【集解】徐广曰：“楟音亭，山梨。”【索隐】司马彪曰：“上党谓之楟榡。”《齐都赋》云“楟榡熟”也。厚朴，药名也。 ⑤【集解】徐广曰：“梬音弋井反。梬枣似柿。” ⑥【索隐】张揖云：“其大小似谷子而有核，其味酢。出江南。”《荆杨异物志》：“其实外肉著核，熟时正赤，味甘酸。” ⑦【索隐】张揖曰：“一名含桃。”《吕氏春秋》“为莺鸟所含，故曰含桃”。《尔雅》谓之荆桃也。 ⑧【集解】郭璞曰：“蒲陶似燕薁，可作酒也。” ⑨【集解】徐广曰：“郁，一作‘薁’。楷音荅。”骃案：郭璞曰“郁，车下李也。棣，实似樱桃。楷樑似李。棣音逮。樑音沓。隐夫未闻”。【索隐】晋灼曰：“离支大如鸡子，皮粗，剥去皮，肌如鸡子中黄，其味甘多酢少。”《广异志》云：“树高五六丈，如桂树，绿叶，冬夏青茂，有华朱色。”荔字或作“离”，音力致反。 ⑩【集解】郭璞曰：“駞，犹延也，音施。” ⑪【集解】郭璞曰：“杌，摇也。” ⑫【集解】《汉书音义》曰：“沙棠似棠，黄华亦实，其味如李。《吕氏春秋》曰‘果之美者沙棠之实’。栎，果名。槠似樜，叶冬不落也。” ⑬【集解】徐广曰：“氾，一作‘枫’。”骃案：《汉书音义》曰：“华，木，皮可以为索也”。【索隐】《古今字林》云：“櫨，合桦之木。”郭璞云：“枫似白杨，叶圆而岐，有脂而香。犍为舍人曰‘枫为树厚叶弱茎，大风则鸣，故曰欇桝’。”桝枰即平仲木也。亦云火橐木。一云玉精，食其子得仙也。 ⑭【集解】徐广曰：“频，一作‘宾’。”骃案：郭璞曰“落，樓也。胥余似并闾。并闾，棕也，皮可作索。余未详”。【索隐】晋灼云：“留落，未详。”司马彪云：“胥邪，树高十寻，叶在其末。”《异物志》：“实大如瓠，系在颠，若挂物。实外有皮，中有核，如胡桃。核里有肤，厚半寸，如猪膏。里有汁斗余，清如水，味美于蜜。"孟康曰："仁频，椶也。"姚氏云："槟，一名椶，即仁频也。"《林邑记》云："树叶似甘蕉。"频音宾。　⑮【集解】《汉书音义》曰："欃檀，檀别名也。女贞，木，叶冬不落。"【索隐】欃音谗，檀别名也。《皇览》云"孔子墓后有欃檀树"也。《荆州记》云："宜都有乔木，丛生，名为女贞。"⑯【集解】古"委"字。　⑰【集解】徐广曰："癹音拔。"骃案：郭璞曰"骫音委。閜音恶可反。砢音鲁可反"。【索隐】郭璞云"崔错癹骫者，蟠戾相摎"也。坑衡閜砢者，"揭孽倾欹貌"也。　⑱【集解】郭璞曰："扶于，犹扶疏也。幡纚，偏幡也，音洒。"【索隐】张晏云："皆飞扬貌也。"纚音所绮反。⑲【索隐】张揖云："旖旎，犹阿那也。"　⑳【集解】徐广曰："莅音栗。"【索隐】郭璞云："皆林木鼓动之声。浏音留。莅如字。"卉，古卉字。吸音翕。　㉑【正义】金，钟。石，磬。　㉒【正义】《广雅》云："象篪，长一尺，围一寸，有六孔，无底。籥谓之笛，有七孔。"《说文》云："籥，三孔籁也。"㉓【集解】徐广曰："柴音差。虒音豸。"【索隐】张揖曰："柴池，参差也。茈虒，不齐也。柴音差。虒音恻氏反。"　㉔【集解】徐广曰："杂，一作'插'。"

"于是玄猨素雌，蜼玃飞鸓，①蛭蜩蠼蝚，②蜥胡豰蛫，③栖息乎其间。长啸哀鸣，翩幡互经，④夭蟜枝格，偃蹇杪颠。⑤于是乎隃绝梁，⑥腾殊榛，⑦捷垂条，⑧踔稀间，⑨牢落陆离，烂曼远迁。⑩

①【集解】徐广曰："蜼音于季反。"骃案：《汉书音义》曰"蜼似猕猴，仰鼻而长尾。玃似猕猴而大。飞鸓，飞鼠也。其状如兔而鼠首，以其頟飞也"。【索隐】郭璞曰："鸓，飞鼠也。毛紫赤色。飞且生，一名飞生。蜼音遗。鸓音诔。玄猿，猿之雄者黑色也。素雌，猿之雌者素色也。"玃音古约反。蜼今狖，尾端为两岐，天雨便以尾窒鼻两孔。郭璞云："玃色苍黑，能攫搏人，故云玃也。"　②【集解】徐广曰："蛭音质。"骃案：《汉书音义》曰

"《山海经》曰'不咸之山有飞蛭，四翼'。郭璞曰'蠼蝚似猕猴而黄。蜩未闻'"。【索隐】张揖云："蛭，虮也。蜩，蝉也。蠼蝚，猕猴也。"顾氏云："玃音涂卓反。《山海经》曰'皋涂山下有兽，似鹿，马足人首，四角，名为玃'。玃猱即此也。字作'玃'。郭璞云玃，非也。上已有蜼玃，此不应重见。又《神异经》云'西方深山有兽，毛色如猴，能缘高木，其名曰蜩'。《字林》玃音狄，蛭、蜩二兽名。" ③【集解】徐广曰："蜥音在廉反，似猿，黑身。縠音呼谷反。蛫音诡。"骃案：《汉书音义》曰"縠，白狐子也"。【索隐】张揖曰："蜥胡似猕猴，头上有髦，腰以后黑。"郭璞曰："縠似鼺而大，腰以后黄，一名黄腰，食猕猴。蛫未闻。"姚氏案：《山海经》"即山有兽，状如龟，白身赤首，其名曰蛫"。又《说文》云"蜥胡黑身，白腰若带，手有长白毛，似握板也"。 ④【正义】郭云："互经，互相经过。" ⑤【正义】夭音妖。蟜音矫。杪音弭沼反。郭云："皆猿猴在树共戏恣态也。夭蟜，频申也。" ⑥【正义】张云："绝梁，断桥也。"郭云："梁，厚石绝水也。" ⑦【正义】榛，仕斤反。(尔)《〔广〕雅》云"木丛生为榛"也。殊，异也。 ⑧【正义】捷音才业反。张云："捷持悬垂之条。" ⑨【集解】郭璞曰："踔，县蹢也，托钓反。" ⑩【正义】郭云："奔走崩腾状也。"颜云："言其聚散不常，杂乱移徙。"

"若此辈者，数千百处。嬉游往来，宫宿馆舍，庖厨不徙，后宫不移，[①]百官备具。

①【正义】《说文》云："庖，厨屋。"郑玄注《周礼》云："庖之言苞也。苞裹肉曰苞苴也。"后宫，内人也。言宫馆各自有。

"于是乎背秋涉冬，天子校猎。乘镂象，六玉虬，[①]拖蜺旌，[②]靡云旗，[③]前皮轩，后道游。[④]孙叔奉辔，卫公骖乘，[⑤]扈从横行，出乎四校之中。[⑥]鼓严簿，纵獠者，[⑦]江、河为陆，泰山为橹，[⑧]车骑雷起，隐天动地，先后陆离，离散别追，淫淫裔裔，缘陵流泽，云布雨施。

①【集解】徐广曰："以玉为饰。"骃案：郭璞曰"镂象山所出舆，言有雕镂。虬，龙属也。《韩子》曰'黄帝驾象车六交龙'是也"。 ②【正义】拖音徒可反。张云："析毛羽，染以五采，缀以缕为旌，有似虹霓气。" ③【正义】张云："画熊虎于旌似云气也。" ④【集解】郭璞曰："皮轩，革车也。或曰即《曲礼》'前有士师，则载虎皮'者也。道，道车；游，游车：皆见《周礼》也。" ⑤【集解】《汉书音义》曰："孙叔者，太仆公孙贺也。卫公者，卫青也。太仆御，大将军骖乘也。" ⑥【集解】郭璞曰："言跋扈纵恣，不安卤簿矣。"【索隐】晋灼曰："扈，大也。"文颖曰："凡五校，今言四者，一校随天子乘舆也。" ⑦【集解】《汉书音义》曰："鼓严，严鼓也。簿，卤簿也。"骃谓鼓严于林薄之中，然后纵獠也。 ⑧【集解】郭璞曰："橹，望楼也。因山谷遮禽兽为陆，音去车反。"

"生貔豹，[①]搏豺狼，[②]手熊罴，[③]足野羊，[④]蒙鹖苏，[⑤]绔白虎，[⑥]被豳文，[⑦]跨野马。[⑧]陵三嵕之危，[⑨]下碛历之坻；[⑩]径陖赴险，越壑厉水。推飞廉，[⑪]弄解豸，[⑫]格瑕蛤，鋋猛氏，[⑬]罥騕褭，射封豕。[⑭]箭不苟害，解脰陷脑；[⑮]弓不虚发，应声而倒。于是乎乘舆弥节裴回，翱翔往来，睨部曲之进退，览将率之变态。然后浸潭促节，[⑯]倏敻远去，[⑰]流离轻禽，蹴履狡兽，轊白鹿，捷狡兔，[⑱]轶赤电，遗光燿，[⑲]追怪物，出宇宙，[⑳]弯繁弱，[㉑]满白羽，[㉒]射游枭，栎蜚虡，[㉓]择肉后发，先中命处，弦矢分，艺殪仆。[㉔]

①【集解】郭璞曰："貔，执夷，虎属也，音毗。" ②【正义】搏，击也。

杜林云："豺似狛，白色。"《说文》云："狼爪。" ③【正义】张云："熊，犬身人足，黑色。罴大于熊，黄白色。皆能攀沿上高树。冬至入穴而蛰，始春而出也。" ④【集解】郭璞曰："野羊如羊，千斤。手足，谓拍蹴杀之。" ⑤【集解】徐广曰："苏，尾也。"【索隐】孟康曰："鹖尾也。苏，析羽也。"张揖曰："鹖似雉，斗死不却。"案：蒙谓覆而取之。鹖以苏为奇，故特言之以成文耳。鹖音曷。《决疑注》云"鸟尾为苏"也。 ⑥【集解】徐广曰："绔音袴。"骃案：郭璞曰"绔谓绊络之"。【索隐】张揖曰："著白虎文绔。" ⑦【集解】郭璞曰："著斑衣。"【索隐】《舆服志》云"虎贲骑被虎文单衣"，单衣即此斑文也。 ⑧【索隐】跨壄马。案：壄音野。跨，乘之也。 ⑨【集解】《汉书音义》曰："三嵏，三成之山。" ⑩【集解】郭璞曰："碛历，阪名也。"【正义】坻音迟。碛历，浅水中沙石也。坻，水中高处。言猎人下此也。 ⑪【集解】郭璞曰："飞廉，龙雀也，鸟身鹿头者。" ⑫【集解】《汉书音义》曰："解豸似鹿而一角。人君刑罚得中则生于朝廷，主触不直者。可得而弄也。" ⑬【集解】《汉书音义》曰："瑕蛤、猛氏皆兽名。"【索隐】晋灼曰："虾蛤阙。"郭璞曰："今蜀中有兽，状如熊而小，毛浅有光泽，名猛氏。"《说文》云"鋋，小矛也"，音蝉。 ⑭【集解】郭璞曰："骙褭，神马，日行万里。封豕，大猪。两音窈嬲。" ⑮【索隐】张揖云："脰，颈也。"陷音苦念反，亦依字读也。 ⑯【索隐】浸潭犹渐荐也。《汉书》作"浸淫"。或作"乘舆案节"也。 ⑰【集解】郭璞曰："敻音诩盛反。" ⑱【集解】徐广曰："轊音锐。一作惠也。"【正义】轊音卫。《抱朴子》云："白鹿寿千岁，满五百岁色纯白也。"《晋征祥记》云："白鹿色若霜，不与他鹿为群。" ⑲【集解】徐广曰："超陵赤电，电光不及，言去速也。" ⑳【正义】怪物，谓游枭飞虡也。张揖云："天地四方曰宇，往古来今曰宙。"许慎云："宙，舟舆所极也。"案：许说宙是也。 ㉑【正义】上乌繁反。文颖云："弯，牵也。繁弱，夏后氏良弓名。《左传》云'分鲁公以夏后之璜，封父之繁弱'。" ㉒【正义】文颖云："引弓尽箭镝为满。以白羽羽箭，故云白羽也。" ㉓【集解】郭璞曰："枭，枭羊也。似人，长唇，反踵，被发，食人。蜚虡，鹿头龙身，神兽。栎，梢也。" ㉔【集解】徐广曰："射准的曰艺。

仆音赴。”

“然后扬节而上浮，陵惊风，历骇飚，[①]乘虚无，与神俱，[②]𨔶玄鹤，[③]乱昆鸡，遒孔鸾，促鵔鸡，拂翳鸟，捎凤皇，[④]捷鸳雏，掩焦明。[⑤]

①【正义】飚音必遥反。《尔雅》云扶摇暴风，从下升上，故曰飚。②【正义】张揖云：“虚无寥廓，与天通灵，言其所乘气之高，故能出飞鸟之上而与神俱也。” ③【集解】徐广曰：“𨔶音躏。”【正义】𨔶音吝。鹤二百六十岁则浅黑色也。 ④【集解】《汉书音义》曰：“遒，秦由反。翳，乌鸡反。张云‘《山海经》云九疑之山有五采之鸟，名曰翳鸟’也。”【正义】捎，山交反。京房《易传》云：“凤皇，雁前麟后，鸡喙燕颔，蛇颈龟背，鱼尾骈翼，高丈二尺。”《东山经》云：“其状如鹤，五采，而首文曰经，翼文曰顺，背文曰义，膺文曰仁，股文曰信。是鸟自歌自舞，雄曰凤，雌曰皇。” ⑤【集解】焦明似凤。【索隐】张揖曰：“焦明似凤，西方鸟。”《乐叶图徵》曰：“焦明状似凤皇。”宋衷曰水鸟也。【正义】案：长喙，疏翼，员尾，非幽闲不集，非珍物不食。

“道尽涂殚，回车而还。招摇乎襄羊，[①]降集乎北纮，[②]率乎直指，晻乎反乡。蹷石(阙)〔关〕，历封峦，过鳷鹊，望露寒，[③]下棠梨，[④]息宜春，[⑤]西驰宣曲，濯鹢牛首，[⑥]登龙台，[⑦]掩细柳，[⑧]观士大夫之勤略，钧獠者之所得获。[⑨]观徒车之所𨔶轹，[⑩]乘骑之所蹂若，[⑪]人民之所蹈躤，与其穷极倦𠋫，[⑫]惊惮慴伏，不被创刃而死者，佗佗籍籍，填坑满谷，揜平弥泽。

①【索隐】郭璞曰:"襄羊,犹仿佯。" ②【集解】郭璞曰:"纮,维也。北方之纮曰委羽。" ③【集解】徐广曰:"雉音支。"骃案:《汉书音义》曰"皆甘泉宫左右观名也"。 ④【集解】《汉书音义》曰:"宫名也,在云阳县东南三十里。" ⑤【正义】《括地志》云:"宜春宫在雍州万年县西南三十里。" ⑥【集解】《汉书音义》曰:"宣曲,宫名,在昆明池西。牛首,池名,在上林苑西头。" ⑦【集解】《汉书音义》曰:"观名,在丰水西北近渭。" ⑧【正义】郭云:"观名,在昆明南柳市。" ⑨【集解】徐广曰:"钧,一作诊也。" ⑩【正义】辚,践也。轹,辗也。 ⑪【集解】徐广曰:"蹂音人久反。" ⑫【集解】徐广曰:"音剧。"

"于是乎游戏懈怠,置酒乎昊天之台,[①]张乐乎轇輵之宇。[②]撞千石之钟,立万石之巨;建翠华之旗,树灵鼍之鼓。[③]奏陶唐氏之舞,听葛天氏之歌,[④]千人唱,万人和,山陵为之震动,[⑤]川谷为之荡波。巴俞宋、蔡,淮南于遮,[⑥]文成颠歌,[⑦]族举递奏,[⑧]金鼓迭起,铿鎗铛䥫,洞心骇耳。[⑨]荆、吴、郑、卫之声,《韶》、《濩》、《武》、《象》之乐,阴淫案衍之音,鄢郢缤纷,《激楚》结风,[⑩]俳优侏儒,狄鞮之倡,[⑪]所以娱耳目而乐心意者,丽靡烂漫于前,[⑫]靡曼美色于后。[⑬]

①【索隐】张揖云:"台高上干皓天也。" ②【集解】徐广曰:"輵音葛。"【索隐】郭璞云:"言旷远深貌也。" ③【集解】郭璞曰:"木贯鼓中,加羽葆其上,所谓树鼓。" ④【集解】《汉书音义》曰:"葛天氏,古帝王号也。《吕氏春秋》曰'葛天氏之乐,三人操牛尾,投足以歌'。"【索隐】张揖曰:"葛天氏,三皇时君号也。《吕氏春秋》云'其乐三人持牛尾,投足以歌。八阕:一曰《载民》,二曰《玄(身)〔鸟〕》,三曰《遂草木》,四曰《奋五谷》,五曰《敬

天常》，六曰《建帝功》，七曰《依地德》，八曰《总禽兽之极》’。” ⑤【集解】徐广曰：“一作勋。” ⑥【集解】郭璞曰：“巴西阆中有俞水，獠人居其上，皆刚勇好舞，汉高募取以平三秦。后使乐府习之，因名《巴俞舞》也。”《汉书音义》曰：“《于遮》，歌曲名。”【索隐】张揖曰：“《礼乐记》曰‘宋音宴女溺志’。蔡人讴，员三人。《楚词》云‘吴谣蔡讴’。淮南鼓，员四人，《于遮曲》是其意也。” ⑦【集解】郭璞曰：“未闻也。”【索隐】文颖曰：“文成，辽西县名，其县人善歌。颠，益州颠县，其人能作西南夷歌。颠即滇也。” ⑧【集解】徐广曰：“举，一作居。” ⑨【集解】郭璞曰：“铛鼙，鼓音。” ⑩【集解】郭璞曰：“《激楚》，歌曲也。《列女传》曰‘听《激楚》之遗风’也。”【索隐】文颖曰：“激，冲激，急风也。结风，回风，回亦急风也。楚地风气既自漂疾，然歌乐者犹复依激结之急风以为节，其乐促迅哀切也。” ⑪【集解】徐广曰：“韦昭云狄鞮，地名，在河内，出善倡者。” ⑫【索隐】郭璞云：“言恣其观也。《列女传》曰‘桀造烂漫之乐’。” ⑬【索隐】张揖曰：“靡，细。曼，泽也。《韩子》‘曼服皓齿’也。”

“若夫青琴、宓妃之徒，[①]绝殊离俗，[②]姣冶娴都，[③]靓庄刻饬，便嬛绰约，[④]柔桡嫚嫚，[⑤]妩媚姌嫋。[⑥]抴独茧之褕袘，[⑦]眇阎易以戌削，[⑧]媥姺徶偈，[⑨]与世殊服。芬香沤郁，酷烈淑郁。皓齿粲烂，宜笑旳皪。[⑩]长眉连娟，微睇绵藐。[⑪]色授魂与，心愉于侧。[⑫]

①【集解】《汉书音义》曰：“皆古神女名。”【索隐】伏俨曰：“青琴，古神女也。”如淳曰：“宓妃，伏羲女，溺死洛水，遂为洛水之神。”宓音伏。
②【索隐】郭璞云“俗无双”也。 ③【索隐】郭璞云：“姣，好也。都，雅也。”《诗》云：“姣人嫽兮。”《方言》云：“自关而东，河、济之间，凡好或谓之姣。”音绞。《说文》曰：“娴，雅也。”或作“闲”。《汉书》本作“闲”。
④【集解】郭璞曰：“靓庄，粉白黛黑也。” ⑤【集解】徐广曰：“音娟。”

【索隐】郭璞曰:"柔桡嫚嫚,旨骨体耎弱长艳貌也。"《广雅》云:"嫚嫚,容也。"张揖曰:"嫚嫚,犹婉婉也。" ⑥【集解】徐广曰:"姌音乃冉反。嫋音弱。"【索隐】《埤苍》云:"妩媚,悦也。"《通俗文》云:"颊辅谓之妩媚。"郭璞云:"姌嫋,细弱也。"小颜曰:"细弱,总谓骨体也。" ⑦【集解】徐广曰:"抴音曳。襜褕。"【索隐】张揖云:"袣,袖也。"郭璞曰:"独茧,茧丝也。"《埤苍》云:"袣,衣长貌也。" ⑧【集解】徐广曰:"阎易,衣长貌。戌削,言如刻画作之。" ⑨【集解】郭璞曰:"衣服婆娑貌。"【正义】媥,白眠反。姺音先。徶音白结反。循音屑。 ⑩【索隐】郭璞曰:"鲜明貌也。"《楚词》曰:"美人晧齿〔嫮〕以姱。"又曰:"娥眉笑以旳皪。"皪音砾也。 ⑪【索隐】郭璞曰:"连娟,眉曲细也。绵藐,远视貌也。"娟音一全反。睇,大计反。藐音邈。 ⑫【索隐】张揖曰:"彼色来授我,我魂往与接也。"愉音逾,往也。愉,悦也。二义并通。

"于是酒中乐酣,天子芒然而思,似若有亡。曰:'嗟乎,此泰奢侈!朕以览听余闲,无事弃日,顺天道以杀伐,时休息于此,恐后世靡丽,遂往而不反,非所以为继嗣创业垂统也。'于是乃解酒罢猎,而命有司曰:'地可以垦辟,悉为农郊,以赡萌隶。陨墙填堑,使山泽之民得至焉。实陂池而勿禁,[①] 虚宫观而勿仞。[②] 发仓廪以振贫穷,补不足,恤鳏寡,存孤独。出德号,省刑罚,改制度,易服色,更正朔,与天下为始。'

①【正义】实,满也。言人满陂池,任采捕所取也。 ②【正义】仞音刃,亦满也。言离宫别馆勿令人居止,并废罢也。

"于是历吉日以齐戒,袭朝衣,乘法驾,建华旗,鸣玉鸾，游乎《六艺》之囿，[①]鹜乎仁义之涂，览观《春秋》之林，[②]射《狸首》，兼《驺虞》，[③]弋玄鹤，建干戚，载云罕，[④]揜群《雅》，[⑤]悲《伐檀》，[⑥]乐乐胥，[⑦]修容乎《礼》园，[⑧]翱翔乎《书》圃，[⑨]述《易》道，[⑩]放怪兽，[⑪]登明堂，坐清庙，[⑫]恣群臣，奏得失，四海之内，靡不受获。[⑬]于斯之时，天下大悦，向风而听，随流而化，喟然[⑭]兴道而迁义，刑错而不用，德隆乎三皇，功羡于五帝。[⑮]若此，故猎乃可喜也。

①【正义】《六艺》，云言田猎讫，则遍游《六艺》，而疾驱于仁义之道也。　②【集解】郭璞曰："《春秋》所以观成败，明善恶者。"　③【集解】《礼射义》曰："天子以《驺虞》为节，诸侯以《狸首》为节。《驺虞》者，乐官备也。《狸首》者，乐会时也。"　④【索隐】张揖云："罕，毕也。"文颖曰："即天毕，星名。前有九旒云罕之车。"案：说者以云罕为旌旗，非也。且案《中朝卤簿图》云"云罕驾驷"，不兼言九旒，罕车与九旒车别。　⑤【集解】《汉书音义》曰："《大雅》、《小雅》也。"【索隐】揜，捕也。张揖曰："《诗·小雅》之材七十四人，《大雅》之材三十一人，故曰群雅也。言云罕载之于车，以捕群雅之士。"　⑥【索隐】张揖曰："其诗刺贤者不遇明主。"　⑦【索隐】《毛诗》云"君子乐胥，受天之祜"。言王者乐得贤材之人，使之在位，故天与之福禄也。胥音先吕反。　⑧【正义】《礼》所以自修饰整威仪也。　⑨【正义】《尚书》所以明帝王君臣之道也。　⑩【正义】《易》所以洁静微妙，上辨二仪阴阳，中知人事，下明地理也。言田猎乃射讫，又历涉《六经》之要也。　⑪【正义】张揖云："苑中奇怪之兽，不复猎也。"　⑫【正义】明堂有五帝庙，故言"清庙"，王者朝诸侯之处。　⑬【正义】言天下之人无不受恩惠。　⑭【索隐】喟，《汉书》作"喟"，然，犹欻然也。音许贵反。　⑮【索隐】司马彪云："羡，溢也。"音怡战反。

"若夫终日暴露驰骋，劳神苦形，罢车马之用，抏士卒之精，[①]费府库之财，而无德厚之恩，务在独乐，不顾众庶，忘国家之政，而贪雉兔之获，则仁者不由也。从此观之，齐、楚之事，岂不哀哉。地方不过千里，而囿居九百，是草木不得垦辟，而民无所食也。夫以诸侯之细，而乐万乘之所侈，仆恐百姓之被其尤也。"

①【索隐】抚音五官反。

于是二子愀然[①]改容，超若自失，逡巡避席曰："鄙人固陋，不知忌讳，乃今日见教，谨闻命矣。"

①【索隐】郭璞云："变色貌。"音作酉反。

赋奏，天子以为郎。无是公言天子上林广大，山谷水泉万物，及子虚言楚云梦所有甚众，侈靡过其实，且非义理所尚，故删取其要，归正道而论之。[①]

①【索隐】大颜云："不取其夸奢靡丽之论，唯取终篇归于正道耳。"小颜云："删要，非谓削除其词，而说者谓此赋已经史家刊剟，失其意也。"

相如为郎数岁，会唐蒙使略通[①]夜郎西僰中，[②]发巴、蜀[③]吏卒千人，郡又多为发转漕万余人，用兴法[④]诛其渠帅，巴、蜀民大惊恐。上闻之，乃使相如责唐蒙，因喻告巴、蜀民以非上意。檄曰：

①【索隐】张揖曰："蒙，故鄱阳令，今为郎中，使行略取之。" ②【集解】徐广曰："羌之别种也。音扶逼反。"【索隐】文颖曰夜郎：僰中皆西〔南〕夷。后以为牂柯、犍为二郡。僰音步北反。 ③【索隐】案：巴、蜀，二郡名。 ④【集解】《汉书》曰"用军兴法"也。

告巴、蜀太守：蛮夷自擅，不讨之日久矣，时侵犯边境，劳士大夫。陛下即位，存抚天下，辑安中国。然后兴师出兵，北征匈奴，单于怖骇，交臂受事，诎膝请和。康居西域，重译请朝，稽首来享。移师东指，闽越相诛。右吊番禺，太子入朝。[①]南夷之君，西僰之长，常效贡职，不敢怠堕，延颈举踵，喁喁然[②]皆争归义，欲为臣妾，道里辽远，山川阻深，不能自致。夫不顺者已诛，而为善者未赏，故遣中郎将往宾之，[③]发巴、蜀士民各五百人，以奉币帛，卫使者不然，靡有兵革之事，战斗之患。今闻其乃发军兴制，[④]惊惧子弟，忧患长老，郡又擅为转粟运输，皆非陛下之意也。当行者或亡逃自贼杀，亦非人臣之节也。

①【索隐】文颖曰："番禺，南海郡理也。吊，至也。东伐闽越，后至番禺，故言右至也。"案：姚氏吊读如字。小颜云"两国相伐，汉发兵救之，令吊番禺，南越蒙天子德惠，故遣太子入朝，所以云吊尔，非训至也"。
②【正义】喁，五恭反，口向上也。 ③【索隐】贾逵云："宾，伏也。"
④【索隐】张揖曰："发军谓发三军之众也。兴制，谓起军法诛渠帅也。"案：唐蒙为使，而用军兴法制，故惊惧蜀人也。

夫边郡之士，闻烽举燧燔，[①]皆摄弓[②]而驰，荷兵而走，流汗相属，唯恐居后，触白刃，冒流矢，义不反顾，计不旋踵，人怀怒心，如报私仇。彼岂乐死恶生，非编列之民，而与巴、蜀异主哉？计深虑远，急国家之难，而乐尽人臣之道也。故有剖符之封，析珪[③]而爵，位为通侯，居列东第，[④]终则遗显号于后世，传土地于子孙，行事甚忠敬，居位甚安佚，名声施于无穷，功烈著而不灭。是以贤人君子，肝脑涂中原，膏液润野草而不辞也。今奉币役至南夷，即自贼杀，或亡逃抵诛，身死无名，谥为至愚，耻及父母，为天下笑。人之度量相越，岂不远哉！然此非独行者之罪也，父兄之教不先，子弟之率不谨也；寡廉鲜耻，而俗不长厚也。其被刑戮，不亦宜乎！

①【集解】《汉书音义》曰："烽如覆米箅，县著桔槔头，有寇则举之。燧，积薪，有寇则燔然之。"【索隐】《字林》云："箅，漉米薮也，音一六反。"又《纂要》云："箅，淅箕也。"熢，见敌则举。燧，有难则焚。熢主昼，燧主夜。　②【索隐】摄音奴颊反。　③【索隐】如淳曰："析，中分也。白藏天子，青在诸侯也。"　④【索隐】列甲第在帝城东，故云东第也。

陛下患使者有司之若彼，悼不肖愚民之如此，故遣信使晓喻百姓以发卒之事，因数之以不忠死亡之罪，让三老孝弟以不教诲之过。方今田时，重烦百姓，[①]已亲见近县，恐远所溪谷山泽之民不遍闻，檄到，亟下县道，[②]使咸知陛下之意，唯毋忽也。

①【索隐】重，犹难也。　②【集解】《汉书·百官表》曰："县有蛮夷

曰道。"【索隐】亟音纪力反。亟,急也。

相如还报。唐蒙已略通夜郎,因通西南夷道,发巴、蜀、广汉卒,作者数万人。治道二岁,道不成,士卒多物故,费以巨万计。①蜀民及汉用事者②多言其不便。是时邛、筰之君长③闻南夷与汉通,得赏赐多,多欲愿为内臣妾,请吏,比南夷。④天子问相如,相如曰:"邛、筰、冉、駹者近蜀,道亦易通,秦时尝通为郡县,至汉兴而罢。今诚复通,为置郡县,愈于南夷。"⑤天子以为然,乃拜相如为中郎将,⑥建节往使。副使王然于、壶充国、⑦吕越人驰四乘之传,因巴、蜀吏币物以赂西夷。至蜀,蜀太守以下郊迎,县令负弩矢先驱,⑧蜀人以为宠。⑨于是卓王孙、临邛诸公皆因门下献牛酒以交欢。卓王孙喟然而叹,自以得使女尚司马长卿晚,⑩而厚分与其女财,与男等同。司马长卿便略定西夷,邛,筰、冉、駹、斯榆⑪之君皆请为内臣。除边关,关益斥,⑫西至沬、若水,⑬南至牂柯为徼,⑭通零关道,⑮桥孙水⑯以通邛都。⑰还报天子,天子大悦。

①【索隐】案:巨万犹万万也。数有大小二法。张揖曰"算法万万为亿",是大数也。《鬻子》曰"十万为亿",是小数也。 ②【索隐】案:谓公卿所言也。 ③【索隐】文颖曰:"邛者,今为邛都县;筰者,今为定筰县:皆属越嶲郡。" ④【索隐】谓请置汉吏,与南夷为比例也。 ⑤【索隐】张揖曰:"愈,差也。"又云:"愈,犹胜也。"晋灼曰:"南夷谓犍为、牂柯也。西夷谓越嶲、益州。" ⑥【索隐】张揖曰:"秩四百石,五岁迁补大县令。" ⑦【索隐】案:《汉书·公卿表》太初元年为大鸿胪卿也。 ⑧【索隐】

案：亭吏名亭长，弩矢合是亭长负之；今县令自负矢，则亭长当负弩也。且负弩亦守宰无定，或随轻重耳。案：霍去病出击匈奴，河东太守郊迎负弩。又魏公子救赵击秦，秦军解去，平原君负韊矢迎公子于界上是也。

⑨【索隐】《华阳国志》云："蜀大城北十里有升仙桥，有送客观也。相如初入长安，题其门云'不乘赤车驷马，不过汝下'也。" ⑩【索隐】小颜云："尚，犹配也。"本或作"当"，盖后人改尔。 ⑪【索隐】郑氏斯，音曳。张揖云"斯俞，国也"。案：今斯读如字，《益部耆旧传》谓之"斯臾"。《华阳国志》邛都县有四部，斯臾一也。 ⑫【索隐】张揖曰："斥，广也。" ⑬【索隐】张揖曰："沫水出蜀广平徼外，与青衣水合也。若水出旄牛徼外，至僰道入江。"《华阳国志》汉嘉县有沫水。音妹，又音末。 ⑭【索隐】张揖曰："徼，塞也。以木栅水为蛮夷界。" ⑮【集解】徐广曰："越嶲有零关县。" ⑯【集解】韦昭曰："为孙水作桥。" ⑰【索隐】案：《华阳国志》云"相如卒开僰道通南夷，置越嶲郡。韩说开益州，唐蒙开牂柯，斩筰王首，置牂柯郡"也。

相如使时，蜀长老多言通西南夷不为用，唯大臣亦以为然。相如欲谏，业已建之，[①]不敢，乃著书，籍以蜀父老为辞，而己诘难之，以风天子，且因宣其使指，令百姓知天子之意。其辞曰：

①【索隐】案：业者，本也。谓本由相如立此事，故不敢更谏。

汉兴七十有八载，[①]德茂存乎六世，[②]威武纷纭，湛恩[③]汪濊，群生澍濡，洋溢乎方外。于是乃命使西征，随流而攘，[④]风之所被，罔不披靡。因朝冉从駹，定筰存邛，略斯榆，举苞满，[⑤]结轶[⑥]还辕，东向将报，至于蜀都。

①【集解】徐广曰:“元光六年也。” ②【正义】高祖、惠帝、高后、孝文、孝景、孝武。 ③【索隐】韦昭云:“湛音沈。” ④【索隐】攘,却也,汝羊反。 ⑤【索隐】服虔云:“夷种也。”“满”字或作“蒲”也。 ⑥【索隐】张揖云“结,屈也。”轨,车迹也。

耆老大夫荐绅先生之徒二十有七人,俨然造焉。辞毕,因进曰:“盖闻天子之于夷狄也,其义羁縻[1]勿绝而已。今罢三郡之士,通夜郎之涂,三年于兹,而功不竟,士卒劳倦,万民不赡,今又接以西夷,百姓力屈,恐不能卒业,此亦使者之累也,窃为左右患之。且夫邛、筰、西僰之与中国并也,历年兹多,不可记已。仁者不以德来,强者不以力并,意者其殆不可乎!今割齐民以附夷狄,弊所恃以事无用,鄙人固陋,不识所谓。”

①【索隐】案:羁,马络头也。縻,牛纼也。《汉官仪》“马云羁,牛云縻”。言制四夷如牛马之受羁縻也。

使者曰:“乌谓此邪?必若所云,则是蜀不变服而巴不化俗也。余尚恶闻若说?[1]然斯事体大,固非观者之所觏也。余之行急,其详不可得闻已,请为大夫粗陈其略。

①【索隐】张揖曰:“恶闻若曹之言也。”包恺音一故反。又音乌。乌者,安也。

“盖世必有非常之人，然后有非常之事。有非常之事，然后有非常之功。非常者，固常〔人〕之所异也。[①]故曰非常之原，黎民惧焉。[②]及臻厥成，天下晏如也。

①【索隐】案：常人见之以为异也。 ②【索隐】张揖曰：“非常之事，其本难知，众人惧也。”

“昔者鸿水浡出，泛滥衍溢，民人登降移徙，陭陁而不安。夏后氏戚之，乃堙鸿水，决江疏河，漉沈赡菑，[①]东归之于海，而天下永宁。当斯之勤，岂唯民哉。[②]心烦于虑而身亲其劳，躬胝无胈，肤不生毛。[③]故休烈显乎无穷，声称浃乎于兹。

①【集解】徐广曰：“漉，一作洒。”【索隐】漉音鹿。菑音灾。《汉书》作“澌沈澹灾”，解者云“澌作洒，洒，分也，音所宜反。澹，安也。沈，深也。澹音徒暂反”。 ②【索隐】案：谓非独人勤，禹亦亲其劳也。 ③【集解】徐广曰：“胝音竹移反。胈，踵也。一作腠，音凑，肤理也。胈音魃。”【索隐】张揖曰：“腠，一作‘戚’。躬，体也，戚，腠理也。”韦昭曰：“胈，其中小毛也。”胝音真尸反。《庄子》云“禹腓无胈，胫不生毛”。李颐云“胈，白肉也，音蒲末反”。

“且夫贤君之践位也。岂特委琐握踀，[①]拘文牵俗，循诵习传，当世取悦云尔哉！必将崇论闳议，创业垂统，为万世规。故驰骛乎兼容并包，而勤思乎参天贰地。[②]且《诗》不云乎：‘普天之下，莫非王土；率土之滨，莫非王臣。’[③]是以六合之内，八方之外，浸浔[④]衍溢，怀生之物有不浸润于泽者，贤君耻之。今封疆之内，冠带之伦，咸获嘉祉，靡有阙遗矣。而夷狄殊俗之国，辽绝异党之地，舟舆不通，人迹罕至，政教未加，流风犹微。内之则犯义侵礼于边境，外之则邪行横作，放弑其上。君臣易位，尊卑失序，父兄不辜，幼孤为奴，系累号泣，内向而怨，曰'盖闻中国有至仁焉，德洋而恩普，物靡不得其所，今独曷为遗己'。举踵思慕，若枯旱之望雨。盭夫为之垂涕，⑤况乎上圣，又恶能已？故北出师以讨强胡，南驰使以诮劲越。四面风德，二方之君⑥鳞集仰流，愿得受号者以亿计。故乃关沬、若，⑦徼牂柯，镂零山，梁孙原。创道德之涂，垂仁义之统。将博恩广施，远抚长驾，使疏逖不闭，⑧阻深暗昧⑨得耀乎光明，以偃甲兵于此，而息诛伐于彼。遐迩一体，中外提福，⑩不亦康乎？夫拯民于沈溺，奉至尊之休德，反衰世之陵迟，继周氏之绝业，斯乃天子之急务也。百姓虽劳，又恶可以已哉？

①【索隐】孔文祥云："委璅，细碎。握踀，局促也。" ②【索隐】案：天子比德于地，是贰地也。地与己并天为三，是参天也。故《礼》曰"天子与天地参"是也。 ③【集解】《毛诗传》曰："滨，涯也。" ④【索隐】浸淫。案：浸浔，犹渐浸。 ⑤【集解】徐广曰："盭音戾。"【索隐】张揖曰："很戾之夫也。"字或作"戾"。盭，古"戾"字。 ⑥【索隐】谓西夷邛、僰，南夷牂柯、夜郎也。 ⑦【集解】《汉书音义》曰："以沬、若水为关。" ⑧【索隐】逖，远。言其疏远者不被闭绝也。 ⑨【索隐】阻深，《汉书》作曶爽。《三苍》云："曶爽，早朝也。曶音昧。"案：《字林》又音忽也。

⑩【集解】徐广曰："提，一作'禔'，音支。"【索隐】《说文》云："禔，安也。"市支反。

"且夫王事固未有不始于忧勤，而终于佚乐者也。然则受命之符，合在于此矣。[①]方将增泰山之封，加梁父之事，鸣和鸾，扬乐颂，上咸五，下登三。[②]观者未睹指，听者未闻音，犹鹪明已翔乎寥廓，而罗者犹视乎薮泽。悲夫！"

①【索隐】张揖云："合在于忧勤佚乐之中也。"　②【集解】徐广曰："咸，一作函。"骃案：韦昭曰"咸同于五帝，登三王之上"。【索隐】李奇曰："五帝之德，汉比为减；三王之德，汉出其上：故云'减五登三'。"此说非也。虞憙《志林》云："相如欲减五帝之一，以汉盈之。然以汉为五帝之数，自然是登于三王之上也。"今本"减"或作"咸"，是与韦昭之说符也。

于是诸大夫芒然丧其所怀来而失厥所以进，喟然并称曰："允哉汉德，此鄙人之所愿闻也。百姓虽怠，请以身先之。"敞罔靡徙，[①]因迁延而辞避。

①【索隐】案：敞罔，失容也。靡徙，失正也。

其后人有上书言相如使时受金，失官。居岁余，复召为郎。

相如口吃而善著书。常有消渴疾。与卓氏婚，饶于财。

其进仕宦，未尝肯与公卿国家之事，称病闲居，不慕官爵。常从上至长杨猎，[①]是时天子方好自击熊彘，驰逐野兽，相如上疏谏之。其辞曰：

①【正义】《括地志》云："秦长杨宫在雍州盩厔县东南三里。上起以宫，内有长杨树，以为名。"

臣闻物有同类而殊能者，故力称乌获，[①]捷言庆忌，[②]勇期贲、育。[③]臣之愚，窃以为人诚有之，兽亦宜然。今陛下好陵阻险，射猛兽，卒然[④]遇轶材之兽，骇不存之地，[⑤]犯属车之清尘，[⑥]舆不及还辕，人不暇施巧，虽有乌获、逢蒙之伎，[⑦]力不得用，枯木朽株尽为害矣。是胡、越起于毂下，而羌、夷接轸也，岂不殆哉！虽万全无患，然本非天子之所宜近也。

①【索隐】张揖曰："秦武王力士，举龙文鼎者也。" ②【索隐】张揖曰："吴王僚之子。" ③【正义】贲音奔。孟贲，古之勇士，水行不避蛟龙，陆行不避豺狼，发怒吐气，声音动天。夏育，亦古之猛士也。 ④【索隐】《广雅》云："猝，暴也，音仓兀反。" ⑤【索隐】谓所不虑而猛兽骇发也。 ⑥【集解】蔡邕曰："古者诸侯贰车九乘，秦灭九国，兼其车服，故大驾属车八十一乘。" ⑦【集解】《吴越春秋》曰："羿传射于逢蒙。"【索隐】《孟子》云"逢蒙学射于羿，尽羿之道"是也。

且夫清道而后行，中路而后驰，犹时有衔橛之变，[①]而况涉乎蓬蒿，驰乎丘坟，前有利兽之乐而内无存变之意，其为祸也不亦难矣！夫轻万乘之重不以为安而乐，出于万有一危之涂以为娱，臣窃为陛下不取也。

①【集解】徐广曰："橛音巨月反。钩逆者谓之橛矣。"【索隐】张揖曰："衔，马勒衔也。橜，骈马口长衔也。"周迁《舆服志》云："钩逆上者为橜。橜在衔中，以铁为之，大如鸡子。"《盐铁论》云"无衔橜而御捍马"是也。

盖明者远见于未萌，而智者避危于无形。祸固多藏于隐微，而发于人之所忽者也。故鄙谚曰"家累千金（者），坐不垂堂"。[①]此言虽小，可以喻大。臣愿陛下之留意幸察。

①【索隐】张揖云："畏檐瓦堕中人。"乐彦云："垂，边也。近堂边恐其堕坠也，非谓畏檐瓦。"

上善之。还过宜春宫，[①]相如奏赋以哀二世行失也。其辞曰：

①【正义】《括地志》云："秦宜春宫在雍州万年县西南三十里。宜春苑在宫之东，杜之南。《始皇本纪》云葬二世杜南宜春苑中。"案：今宜春宫见二世陵，故作赋以哀也。

登陂陁[①]之长阪兮，坌入[②]曾宫之嵯峨。临曲江之隑州兮，[③]望南山之参差。岩岩深山之谾谾兮，[④]通谷𧮪兮谽谺。[⑤]汩淢噏[⑥]习以永逝兮，注平皋之广衍。观众树之蓊薆兮，览竹林之榛榛。东驰土山兮，北揭石濑。弥节容与兮，历吊二世。持身不谨兮，亡国失势。信谗不寤兮，宗庙灭绝。呜呼哀哉！操行之不得兮，坟墓芜秽而不修兮，魂无归而不食。复邈绝而不齐兮，弥久远而愈佅。精罔阆而飞扬兮，拾九天而永逝。呜呼哀哉！

①【索隐】陂音普何反。陁音徒何反。　②【集解】《汉书音义》曰："坌，并也。"【索隐】坌音步寸反。　③【集解】《汉书音义》曰："隑，长也。苑中有曲江之象，泉中有长洲也。"【索隐】隑音祈。隑即碕字，谓曲岸头也。有宫阁路，今又谓之曲江，在杜陵西北五里。又《三辅旧事》云"乐游原在西北"是也。　④【集解】徐广曰："谾音力工反。"【索隐】谾音苦江反。晋灼曰："音笼，古豅字。"萧该云："谾，或作豅，长大貌也。"　⑤【索隐】谽音呼含反。谺音呼加反。　⑥【索隐】汩音于笔反。淢音域，疾貌也。噏音许及反。《汉书》作"靸"，靸，轻举意也。

相如拜为孝文园令。[①]天子既美子虚之事，相如见上好仙道，因曰："上林之事未足美也，尚有靡者。臣尝为《大人赋》，[②]未就，请具而奏之。"相如以为列仙之传居山泽间，[③]形容甚臞，[④]此非帝王之仙意也，乃遂就《大人赋》。其辞曰：

①【索隐】《百官志》云"陵园令，六百石，掌案行扫除"也。　②【索隐】张揖曰："大人喻天子。"向秀云："圣人在位，谓之大人。"张华云："相如作《远游》之体，以大人赋之也。"　③【索隐】案：传者，谓相传以列仙居山泽间，音持全反。小颜及刘氏并作"儒"。儒，柔也，术士之称，非也。④【集解】徐广曰："臞，瘦也。"【索隐】韦昭曰："臞，瘠也。"《文子》云："尧臞瘦。"音巨俱反。

世有大人兮，在于中州。宅弥万里兮，曾不足以少留。悲世俗之迫隘兮，[①]朅轻举而远游。垂绛幡之素蜺兮，载云气而上浮。建格泽之长竿兮，总光耀之采旄。[②]垂旬始以为幓兮，抴彗星而为髾。[③]掉指桥以偃蹇兮，[④]又旖旎以招摇。揽欃枪以为旌兮，[⑤]靡屈虹而为绸。[⑥]红杳渺以眩湣兮，[⑦]猋风涌而云浮。驾应龙象舆之蠖略逶丽兮，骖赤螭青虬之蚴蟉蜿蜒。低卬夭蟜据以骄骜兮，[⑧]诎折隆穷蠼以连卷。[⑨]沛艾赳螑仡以佁儗兮，[⑩]放散畔岸骧以孱颜。[⑪]跮踱輵辖容以委丽兮，绸缪偃蹇怵㚟以梁倚。[⑫]纠蓼叫奡踏以艐路兮，[⑬]蔑蒙踊跃腾而狂趡。[⑭]莅飒卉翕熛至电过兮，焕然雾除，霍然云消。

①【索隐】如淳曰："武帝云'诚得如黄帝，去妻子如脱屣'，是悲世俗迫隘也。" ②【集解】《汉书音义》曰："格泽之气如炎火状，黄白色，起地上至天，以此气为竿。旄，葆也。总，系也。系光耀之气于长竿，以为葆者。" ③【集解】《汉书音义》曰："旬始气如雄鸡，县于葆下以为旒也。髾，燕尾也。抴彗星，缀著旒以为燕尾。" ④【集解】《汉书音义》曰："指桥，随风指靡。"【索隐】棹音徒吊反。指音居夭反。桥音矫。 ⑤【正义】《天官书》云："天欃长四丈，末锐。天枪长数丈，两头锐，其形类彗也。" ⑥【集解】《汉书音义》曰："绸，韬也。以断虹为旌杠之韬。"应劭曰："旌旗屈挠之貌。"【索隐】绸音筹，或音直留反。屈虹，断虹也。 ⑦【集解】《汉书音义》曰："旬始，屈虹，气色。红杳渺，眩湣，暗冥无光也。"【索隐】苏林曰："泫音炫。湣音麪。"晋灼曰："红，赤色貌。杳眇，深远。泫湣，混合也。"红，或作"虹"也。 ⑧【索隐】张揖曰："据，直项也。骄骜，纵恣也。"据音據。骄音居召反。骜音五到反。 ⑨【索隐】韦昭曰："蠼，龙之形貌也。"蠼音起碧反。连卷音辇卷。 ⑩【集解】《汉书音义》曰："赳螑，申颈低卬也。

佁儗，不前也。”【索隐】张揖曰：“赳螑，牙跳也。”赳音居幼反。螑音许救反。张揖曰：“仡，举头也。佁儗，不前也。”佁音敕吏反。儗音鱼吏反也。⑪【索隐】服虔曰：“马仰头，其口开，正孱颜也。”韦昭曰：“颜音吾板反。”《诗》云“两服上骧”，注云“骧，马”是也。 ⑫【集解】徐广曰：“跮踱，乍前乍却也。跮音丑栗反。踱音敕略反。輵，乌葛反。辖音曷。蜩，一作‘雕’。臭音他略反。”骃案：《汉书音义》曰“怵臭，走也。梁倚，相著也。”【索隐】张揖曰：“跮踱，疾行貌。輵磍，前却也。”輵辖，摇目吐舌也。跮音褚栗反。踱音褚略反。輵音乌葛反。磍音曷。蜩蟉偃蹇。蜩音徒吊反。缪音敕吊反。张揖曰：“偃蹇，却距也。”《广雅》曰：“偃蹇，夭矫之貌。”韦昭曰：“臭音敕略反。《相如传》云‘倏臭远去’，臭，视也。” ⑬【集解】徐广曰：“艐音介，至也。”【索隐】蓼音了。奡音五到反。小颜云：“叫奡，高举貌。”踏音徒答反。艐音届。《三仓》云：“踏，著地。”《孙炎》云：“艐，古界字也。”⑭【集解】《汉书音义》曰：“蔑蒙，飞扬也。趡，走。”

邪绝少阳而登太阴兮，①与真人乎相求。互折窈窕以右转兮，横厉飞泉以正东。②悉征灵圉而选之兮，部乘众神于瑶光。③使五帝先导兮，④反太一而后陵阳。⑤左玄冥而右含雷兮，⑥前陆离而后潏湟。⑦斯征北侨⑧而役羡门兮，⑨属岐伯使尚方。⑩祝融惊而跸御兮，⑪清雾气而后行。屯余车其万乘兮，綷云盖而树华旗。⑫使句芒其将行兮，⑬吾欲往乎南嬉。

①【集解】《汉书音义》曰：“少阳，东极；太阴，北极。邪度，东极而升北极者也。” ②【正义】厉，渡也。张云：“飞泉，谷也，在昆仑山西南。”③【集解】《汉书音义》曰：“摇光，北斗杓头第一星。” ④【正义】导，导引也。应云“五帝，五畤，帝太皓之属也。” ⑤【集解】《汉书音义》曰：“仙人陵阳子明也。”【正义】《天官书》云：“中官天极星，其一明者，太一常居

也。"《列仙传》云:"子明于沛铚县旋溪钓得白龙,放之,后白龙来迎子明去,止陵阳山上百余年,遂得仙也。" ⑥【集解】《汉书音义》曰:"含雷,黔嬴也,天上造化神名也。或曰水神。" ⑦【集解】《汉书音义》曰:"皆神名。" ⑧【集解】徐广曰:"燕人也,形解而仙也。"【索隐】应劭曰:"厮,役也。"张揖曰:"王子乔也。"《汉书·郊祀志》作"正伯侨",此当是别人,恐非王子乔也。 ⑨【正义】张云:"羡门,碣石山上仙人羡门高也。" ⑩【集解】徐广曰:"歧伯,黄帝臣。"骃案:《汉书音义》曰"尚,主也。岐伯,黄帝太医,属使主方药"。 ⑪【正义】张云:"祝融,南方炎帝之佐也。兽身人面,乘两龙,应火正也。火正祝融警跸清氛气也。" ⑫【索隐】绛音祖内反。如淳曰:"盖有五采也。" ⑬【正义】张云:"句芒,东方青帝之佐也。鸟身人面,乘两龙。"颜云:"将行,领从者也。"

历唐尧于崇山兮,过虞舜于九疑。[①]纷湛湛[②]其差错兮,杂遝胶葛[③]以方驰。骚扰冲苁[④]其相纷挐兮,滂濞泱轧洒以林离。钻罗列聚丛以茏茸兮,衍曼流烂坛以陆离。[⑤]径入雷室之砰磷郁律兮,洞出鬼谷之崫礨嵬磈。[⑥]遍览八纮而观四荒兮,朅渡九江而越五河。[⑦]经营炎火而浮弱水兮,[⑧]杭绝浮渚而涉流沙。[⑨]奄息总极氾滥水嬉兮,[⑩]使灵娲鼓瑟而舞冯夷。[⑪]时若薆薆将混浊兮,召屏翳[⑫]诛风伯[⑬]而刑雨师。[⑭]西望昆仑[⑮]之轧沕洸忽兮,直径驰乎三危。[⑯]排阊阖而入帝宫兮,[⑰]载玉女而与之归。[⑱]舒阆风而摇集兮,[⑲]亢乌腾而一止。[⑳]低回阴山翔以纡曲兮,[㉑]吾乃今目睹西王母暠然白首。[㉒]载胜而穴处兮,[㉓]亦幸有三足乌为之使。[㉔]必长生若此而不死兮,虽济万世不足以喜。

①【正义】张云:“崇山,狄山也。《海外经》云‘狄山,帝尧葬其阳’。九疑山,零陵营道县,舜所葬处。” ②【索隐】湛音徒感反。 ③【索隐】《广雅》云:“胶葛,驱驰也。” ④【索隐】冲音昌勇反,苁音下息宂反。 ⑤【集解】徐广曰:“坛音坦。” ⑥【集解】《汉书音义》曰:“鬼谷在北辰下,众鬼之所聚也。《楚辞》曰‘赘鬼谷于北辰’也。”【正义】崫,口骨反。礨音力罪反。嵬音乌回反。磈音回。张云:“崫礨嵬磈,不平也。” ⑦【正义】颜云:“五色之河也。《仙经》云紫、碧、绛、青、黄之河也。” ⑧【正义】姚丞云:“《大荒西经》云昆仑之丘,其外有炎火之山,投物辄然。”《括地志》云:“弱水有二原,俱出女国北阿傉达山,南流会于国北,又南历国北,东去一里,深丈余,阔六十步,非乘舟不可济,流入海。阿傉达山一名昆仑山,其山为天柱,在雍州西南一万五千三百七十里。”又云:“弱水在甘州张掖县南山下也。” ⑨【集解】《汉书音义》曰:“杭,船也。绝,渡也。浮渚,流沙中渚也。” ⑩【集解】《汉书音义》曰:“总极,葱领山也,在西域中也。” ⑪【集解】徐广曰:“娲,一作贻。”骃案:《汉书音义》曰“灵娲,女娲也。冯夷,河伯字也。《淮南子》曰‘冯夷得道,以潜大川’”。【正义】姓冯名夷,以庚日溺死。河常以庚日好溺死人。 ⑫【正义】应云:“屏翳,天神使也。”韦云:“雷师也。” ⑬【正义】张云:“风伯字飞廉。” ⑭【正义】沙州有雨师祠。 ⑮【正义】张云:“《海内经》云昆仑去中国五万里,天帝之下都也。其山广袤百里,高八万仞,增城九重,面九井,以玉为槛,旁有五门,开明兽守之。”《括地志》云:“昆仑在肃州酒泉县南八十里。《十六国春秋》后魏昭成帝建国十年,凉张骏酒泉太守马岌上言:‘酒泉南山即昆仑之体,周穆王见西王母,乐而忘归,即谓此山。有石室,王母堂,珠玑镂饰,焕若神宫。’又删丹西河名云弱水。《禹贡》昆仑在临羌之西,即此明矣。”《括地志》云:“又阿傉达山亦名建末达山,亦名昆仑山。恒河出其南吐师子口,经天竺入达山。妫水今名为浒海,出于昆仑西北隅吐马口,经安息、大夏国入西海。黄河出东北隅吐牛口,东北流经滥泽,潜出大积石山,至华山北,东入海。其三河去山入海各三万里。此谓大昆仑,肃州谓小昆仑也。《禹本纪》云‘河出昆仑二千五百余里,日月所相隐避为光明也’。” ⑯【集

解】三危，山名也。【正义】《括地志》云："三危山在沙州东南三十里。" ⑰【正义】韦昭云："阊阖，天门也。《淮南子》曰'西方曰西极之山，阊阖之门'。" ⑱【正义】张云："玉女，青要、乘弋等也。" ⑲【正义】张云："阆风在昆仑阊阖之中。《楚辞》云'登阆风而緤马'也。" ⑳【集解】《汉书音义》曰："亢然高飞，如乌之腾也。" ㉑【正义】张云："阴山在大昆仑西二千七百里。" ㉒【集解】徐广曰："皬音下沃反。"【索隐】皬音鹤。【正义】张云："西王母，其状如人，豹尾，虎齿，蓬鬓，皬然白首。石城金穴，居其中。" ㉓【集解】郭璞曰："胜，玉胜也。"【正义】颜云："胜（代），妇人首饰也，汉代谓之华胜也。" ㉔【正义】张云："三足乌，青乌也。主为西王母取食，在昆墟之北。"

回车朅来兮，绝道不周，[1]会食幽都。呼吸沆瀣〔兮〕飡朝霞（兮），噍咀芝英兮叽琼华。[2]嬐侵浔[3]而高纵兮，纷鸿涌而上厉。贯列缺之倒景兮，[4]涉丰隆之滂沛。[5]驰游道而修降兮，[6]骛遗雾而远逝。迫区中之隘陕兮，舒节出乎北垠。遗屯骑于玄阙兮，轶先驱于寒门。[7]下峥嵘而无地兮，上寥廓而无天。视眩眠而无见兮，听惝恍而无闻。乘虚无而上假兮，[8]超无友而独存。

①【集解】《汉书音义》曰："不周山在昆仑东南。" ②【集解】徐广曰："叽音祈，小食也。"骃案：韦昭曰"琼华，玉英"。 ③【集解】徐广曰："嬐音孅。"【索隐】《汉书》"嬐"作"僸"。僸，仰也，音襟。嬐音鱼锦反。 ④【集解】《汉书音义》曰："列缺，天闪也。倒景，日在下。" ⑤【正义】张云："丰崇，云师也。《淮南子》云'季春三月，丰崇乃出以将雨'。"案：丰崇将云雨，故云"滂沛"。 ⑥【正义】游，游车也。道，道车也。修，长也。降，下也。 ⑦【集解】《汉书音义》曰："玄阙，北极之山。寒门，天北门。" ⑧【集解】徐广曰："假音古下反，至也。"

相如既奏《大人之颂》，天子大悦，飘飘有凌云之气，似游天地之间意。

相如既病免，家居茂陵。天子曰："司马相如病甚，可往后悉取其书。若不然，后失之矣。"使所忠[①]往，而相如已死，家无书。问其妻，对曰："长卿固未尝有书也。时时著书，人又取去，即空居。长卿未死时，为一卷书，曰有使者来求书，奏之。无他书。"其遗札书言封禅事，奏所忠。忠奏其书，天子异之。其书曰：

①【正义】姓所，名忠也。《风俗通·姓氏》云："《汉书》有谏大夫所忠氏。"

伊上古之初肇，自昊穹兮生民，历撰[①]列辟，以迄于秦。率迩者踵武，[②]逖听者风声。[③]纷纶葳蕤，[④]堙灭而不称者，不可胜数也。续《昭》、《夏》，崇号谥，略可道者七十有二君。[⑤]罔若淑而不昌，畴逆失而能存？[⑥]

①【集解】徐广曰："撰，一作选。"【索隐】文颖曰："选，数也。" ②【集解】徐广曰："率，循也。迩，近也。武，迹也。循省近世之遗迹。"【索隐】言循览近代之事，则踵蹈者可知也。 ③【集解】徐广曰："逖，远也。听察远古之风声。"【索隐】风声，《风》《雅》之声。以言听远古之事，则著在《风》《雅》之声也。 ④【索隐】胡广曰："纷，乱也。纶，没也。威蕤，委顿也。"张揖云："乱貌。" ⑤【集解】《汉书音义》曰："昭，明也。夏，大也。德明大，相继封禅于泰山者七十有二人。"【索隐】见《韩诗外传》及《封禅书》也。 ⑥【集解】徐广曰："若，顺也。"骃案：韦昭曰"畴，谁也。言顺善必昌，逆失必亡"。

轩辕之前，遐哉邈乎，其详不可得闻也。五、三《六经》[①]载籍之传，维见可观也。《书》曰“元首明哉，股肱良哉”。因斯以谈，君莫盛于唐尧，臣莫贤于后稷。后稷创业于唐，公刘发迹于西戎，文王改制，爰周郅隆，[②]大行越成，[③]而后陵夷衰微，千载无声，[④]岂不善始善终哉。然无异端，慎所由于前，谨遗教于后耳。故轨迹夷易，易遵也；湛恩濛涌，易丰也。宪度著明，易则也。垂统理顺，易继也。是以业隆于繦褓而崇冠于二后。[⑤]揆厥所元，终都攸卒，[⑥]未有殊尤绝迹可考于今者也。然犹蹑梁父，登泰山，建显号，施尊名。大汉之德，逢涌原泉，[⑦]沕潏漫衍，旁魄四塞，云尃雾散，[⑧]上畅九垓，下泝八埏。[⑨]怀生之类霑濡浸润，协气横流，武节飘逝，迩陜游原，迥阔泳沫，[⑩]首恶湮没，闇昧昭晳，[⑪]昆虫凯泽，回首面内。[⑫]然后囿驺虞之珍群，徼麋鹿之怪兽，[⑬]導一茎六穗于庖，[⑭]牺双觡共抵之兽，[⑮]获周余珍收龟于岐，[⑯]招翠黄乘龙于沼。[⑰]鬼神接灵圉，宾于间馆。[⑱]奇物谲诡，俶傥穷变。钦哉，符瑞臻兹，犹以为薄，不敢道封禅。盖周跃鱼陨杭，休之以燎，[⑲]微夫斯之为符也，以登介丘，不亦恧乎。[⑳]进让之道，其何爽与？[㉑]

①【索隐】胡广云：“五，五帝也。三，三王也。六，《六经》也。”案：《六经》，《诗》、《书》、《礼》、《乐》、《易》、《春秋》也。　②【集解】徐广曰：“郅盖字误。皇甫谧曰‘王季宅程’，故《周书》曰‘维王季宅郢’。《孟子》称‘文王(生)〔卒〕于毕郢’。或者郅字宜为程乎？或为‘胵’，北地有郁郅县。胵，大也，音质。”骃案：《汉书音义》云“郅，至也”。【索隐】爰，于，及也。郅，大也。隆，盛也。樊光云“郅，可见之大也”。徐及皇甫之说皆非也。以言文

王改制，及周而大盛也。 ③【集解】《汉书音义》曰："行，道也。文王始开王业，改正朔，易服色，太平之道于是成矣。"【索隐】应邵云：大行，谓以言道德大行也。 ④【集解】徐广曰："周之王四海，千载之后声教乃绝。"骃案：韦昭曰"无恶声"。 ⑤【集解】《汉书音义》曰："繈褓谓成王也。二后谓文、武也。周公负成王致太平，功德冠于文、武者，道成法易故也。" ⑥【集解】《汉书音义》曰："都，于。卒，终也。" ⑦【集解】韦昭曰："汉德湋涌如泉原也。"【索隐】张揖曰："逢，遇也。喻其德盛若遇泉源之流也。"又作"峰"读。胡广曰："自此已下，论汉家之德也。" ⑧【集解】徐广曰："尃音布。" ⑨【集解】徐广曰："音衍。"骃案：《汉书音义》曰"畅，达。垓，重也。泝，流也。埏，若八埏，地之际也。言其德上达于九重之天，下流于地之八际也"。 ⑩【集解】《汉书音义》曰："迩，近。原，本也。迥，远；阔，广也。泳，浮也。恩德比之于水，近者游其原，远者浮其沫。" ⑪【集解】《汉书音义》曰："始为恶者皆湮灭。闇昧，喻夷狄皆化。" ⑫【集解】韦昭曰："面，向也。" ⑬【集解】《汉书音义》曰："徼，遮也。麋鹿得其奇怪者，谓获白麟也。" ⑭【集解】徐广曰："䆃，瑞禾也。"骃案：《汉书音义》曰"谓嘉禾之米，于庖厨以供祭祀"。【索隐】郑玄云："䆃，择也。"《说文》云："嘉禾一名䆃。"《字林》云："禾一茎六穗谓之䆃也。" ⑮【集解】徐广曰："抵音底。"骃案：《汉书音义》曰"牺，牲也。觡，角也。底，本也。武帝获白麟，两角共一本，因以为牲也"。 ⑯【集解】徐广曰："一作'放龟'。"骃案：《汉书音义》曰"馀珍，得周鼎也。岐，水名也"。 ⑰【集解】《汉书音义》曰："翠黄，乘黄也。龙翼马身，黄帝乘之而登仙。言见乘黄而招呼之。《礼乐志》曰'訾黄其何不来下'。余吾渥洼水中出神马，故曰乘龙于沼。"【索隐】服虔云"乘龙，四龙也"。翠黄，孟说是也。《周书》云"乘黄似狐，背上有两角"也。 ⑱【集解】徐广曰："言至德与神明通接，故灵圉为宾旅于间馆矣。"郭璞曰"灵圉，仙人名也。" ⑲【索隐】杭，舟也。胡广云："武王渡河，白鱼入于王舟，俯取以燎。陨，坠之于舟中也。" ⑳【集解】《汉书音义》曰："介，大。丘，山也。言周以白鱼为瑞，登太山封禅，不亦惭乎！" ㉑【集解】徐广曰："爽，差异也。"骃案：《汉书音义》曰“进，周也。让，汉也。言周未可封禅而封禅为进，汉可封禅而不封禅为让也”。【索隐】爽，犹差也。言汉进周让之道皆差也。

于是大司马进曰：“陛下仁育群生，义征不憓，[①]诸夏乐贡，百蛮执贽，德侔往初，功无与二，休烈浃洽，符瑞众变，期应绍至，不特创见。[②]意者泰山、梁父设坛场望幸，[③]盖号以况荣，[④]上帝垂恩储祉，将以荐成，[⑤]陛下谦让而弗发也。挈三神之欢，[⑥]缺王道之仪，群臣恧焉。或谓且天为质闇，珍符固不可辞。[⑦]若然辞之，是泰山靡记而梁父靡几也。[⑧]亦各并时而荣，咸济世而屈，[⑨]说者尚何称于后，[⑩]而云七十二君乎？夫修德以锡符，奉符以行事，不为进越。[⑪]故圣王弗替，而修礼地祇，谒款天神，[⑫]勒功中岳，以彰至尊，舒盛德，发号荣，受厚福，以浸黎民也。皇皇哉斯事！天下之壮观，王者之丕业，不可贬也。愿陛下全之。而后因杂荐绅先生之略术，使获燿日月之末光绝炎，以展采错事，[⑬]犹兼正列其义，校饬厥文，作《春秋》一艺，[⑭]将袭旧六为七，[⑮]摅之无穷，[⑯]俾万世得激清流，扬微波，飞英声，腾茂实。[⑰]前圣之所以永保鸿名而常为称首者用此，[⑱]宜命掌故悉奏其义而览焉。”[⑲]

①【集解】《汉书音义》曰：“大司马，上公也，故先进议。憓音惠，顺也。” ②【集解】徐广曰：“不但初显符瑞而已，盖将终以封禅之事。”【索隐】文颖曰：“不独一物，初创见也。”胡广云：“符瑞众多，应期相继而至也。” ③【索隐】设坛场望幸华。案：诸本或作“望华盖”。华盖，星名，在紫微太

帝之上。今言望圣帝之临幸也，义亦两通。而孟康、服虔注本皆云“望幸”下有“华”字，而挚虞《流别集》则唯云“望幸”，当是也，于义易通。直以后人见“幸”下有“盖”字，又“幸”字似“华”字，因疑惑，遂定“华”字，使误也。

④【集解】徐广曰：“以况受上天之荣为名号。”【索隐】文颖曰“盖，合也。言考合前代之君，揆其荣而相比况而为号也。”大颜云“盖，语辞也。言盖欲纪功立号，受天之况赐荣名也”。于义为惬。然其文云“盖”，词义典质，又上与“幸”字连文，致令有“华盖”之谬也。　⑤【集解】徐广曰：“以众瑞物初至封禅处，荐之上天，告成功也。”【索隐】荐，案《汉书》作“庆”，义亦通也。

⑥【集解】徐广曰：“挈，犹言垂也。”骃案：韦昭曰“挈，缺也。三神，上帝、泰山、梁父也”。【索隐】案：徐氏云“挈犹垂”，非也。应劭作“绝”，李奇、韦昭作“阙”，意亦不远。三神，如淳谓地祇、天神、山岳，与韦不同。　⑦【集解】《汉书音义》曰：“言天道质昧，以符瑞见意，不可辞让也。”　⑧【集解】《汉书音义》曰：“太山之上无所表记，梁父坛场无所庶几。”【索隐】案：几音冀。　⑨【集解】《汉书音义》曰：“屈，绝之也。言古帝王但作一时之荣，毕代而绝也。”【索隐】言自古封禅之帝王，是各并时而荣贵，咸有济世之勋。而屈者，谓言抑屈总不封禅，使说者尚何称述后代，而云“七十二君”乎？　⑩【集解】徐广曰：“若无封禅之遗迹，则荣尽于当时，至于历世之后，人何所述？”　⑪【索隐】文颖曰：“越，逾也。不为苟进逾礼也。”

⑫【集解】《汉书音义》曰：“款，诚也。谒告之报诚也。”　⑬【集解】徐广曰：“错音厝。”骃案：《汉书音义》曰“采，官也。使诸儒记功著业，得睹日月末光殊绝之用，以展其官职，设厝其事业者也”。　⑭【集解】徐广曰：“校，一作祓。祓，犹拂也，音废也。”骃案：《汉书音义》曰“《春秋》者，正天时，列人事，诸儒既得展事业，因兼正天时，列人事，叙述大义为一经”。

⑮【集解】韦昭曰：“今汉书增一，仍旧六为七也。”　⑯【集解】徐广曰：“摅，一作胪。胪，叙也。”【索隐】《广雅》云：“摅，张舒也。”　⑰【索隐】胡广曰：“飞扬英伟之声，腾驰茂盛之实也。”　⑱【索隐】案：谓用此封禅。

⑲【集解】《汉书音义》曰：“掌故，太史官属，主故事也。”

于是天子沛然改容，曰："愉乎，朕其试哉。"乃迁思回虑，总公卿之议，询封禅之事，诗大泽之博，广符瑞之富。[①]乃作颂曰：

①【集解】《汉书音义》曰："诗，歌咏功德也，下四章之颂也。大泽之博，谓'自我天覆，云之油油'。广符瑞之富，谓'斑斑之兽'以下三章，言符瑞广大富饶也。"

自我天覆，云之油油。[①]甘露时雨，厥壤可游。滋液渗漉，[②]何生不育。嘉谷六穗，我穑曷蓄。[③]

①【集解】《汉书音义》曰："油油，云行貌。《孟子》曰'油然作云，沛然下雨'。"　②【集解】徐广曰："渗音色荫反。"【索隐】案：《说文》云"渗漉，水下流之貌也"。　③【集解】徐广曰："何所畜邪？畜嘉谷。"

非唯雨之，又润泽之。非唯濡之，氾尊濩之，[①]万物熙熙，怀而慕思。名山显位，望君之来。[②]君乎君乎，侯不迈哉！[③]

①【集解】徐广曰："古布字作尃。"【索隐】胡广曰："氾，普也。言雨泽非偏于我，普遍布散，无所不濩之也。"　②【集解】韦昭曰："名山，大山也。显位，封禅也。"　③【索隐】小颜云：侯，何也。迈，行也。言君何不行封禅。

般般之兽，[①]乐我君囿。白质黑章，其仪可（嘉）〔喜〕。旼旼睦睦，君子之能。[②]盖闻其声，今观其来。厥涂靡踪，天瑞之徵。③兹亦于舜，虞氏以兴。④

①【索隐】案：般般，文彩之貌也，音班。胡广曰“谓驺虞也”。②【集解】徐广曰：“旼音旻，和貌也。能，一作态。”骃案：《汉书音义》曰“旻和穆敬，言和且敬，有似君子”。 ③【集解】徐广曰：“其所来路非有迹，盖自天降瑞，不行而至也。” ④【索隐】文颖曰：“舜百兽率舞，则驺虞亦在其中也。”

濯濯之麟，①游彼灵畤。②孟冬十月，君俎郊祀。驰我君舆，帝以享祉。三代之前，盖未尝有。

①【索隐】诗人云“麀鹿濯濯”，注云“濯濯，嬉游貌”也。 ②【集解】《汉书音义》曰：“武帝祠五畤，获白麟，故言游灵畤。”

宛宛黄龙，①兴德而升。采色炫燿，熿炳煇煌。②正阳显见，③觉寤黎烝。于传载之，云受命所乘。④

①【索隐】宛宛，胡广曰：“屈伸也。” ②【集解】徐广曰：“熿音晃。煇音魂。” ③【索隐】文颖曰：“阳，明也。谓南面受朝也。” ④【索隐】如淳云：“书传所载，揆其比类，以为汉土德，黄龙为之应，见之于成纪，故云受命所乘也。”

厥之有章，不必谆谆。①依类托寓，谕以封峦。②

①【集解】徐广曰：“谆，止纯反。告之丁宁。”骃案：《汉书音义》曰“天之所命，表以符瑞，章明其德，不必谆谆然有语言也”。 ②【集解】《汉

书音义》曰:“寓,寄也。峦,山也。言依事类托寄,以喻封禅者。”

披艺观之,天人之际已交,上下相发允答。圣王之德,兢兢翼翼也。故曰“兴必虑衰,安必思危”。是以汤、武至尊严,不失肃祇;舜在假典,[①]顾省厥遗,此之谓也。

①【集解】徐广曰:“假,大也。”

司马相如既卒[①]五岁,天子始祭后土。八年而遂先礼中岳,[②]封于太山,[③]至梁父禅肃然。[④]

①【集解】徐广曰:“元狩五年也。” ②【正义】嵩高也,在洛州阳城县西北二十二里。 ③【正义】在兖州博城县西北三十里。 ④【集解】徐广曰:“小山,在泰山下趾东北。”

相如他所著,若《遗平陵侯[①]书》、《与五公子相难》、《草木书》篇不采,采其尤著公卿者云。

①【集解】徐广曰:“苏建也。”

太史公曰:《春秋》推见至隐,[①]《易》本隐之以显,[②]《大雅》言王公大人而德逮黎庶,[③]《小雅》讥小己之得失,其流及上。[④]所以言虽外殊,其合德一也。相如虽多虚辞滥说,然其要归引之节俭,此与《诗》之风谏何异。杨雄以为靡丽之赋,劝百风一，犹驰骋郑、卫之声，曲终而奏雅，不已亏乎？余采其语可论者著于篇。

①【集解】韦昭曰："推见事至于隐讳，谓若晋文召天子，经言'狩河阳'之属。"【索隐】李奇曰："隐，犹微也。言其义彰而文微，若隐公见弑，而经不书，讳之"也。　②【集解】韦昭曰："《易》本隐微妙，出为人事乃显著也。"【索隐】虞喜《志林》曰："《春秋》以人事通天道，是推见以至隐也。《易》以天道接人事，是本隐以之明显也。"　③【集解】韦昭曰："先言王公大人之德，乃后及众庶也。"【索隐】张揖曰："谓文王、公刘在位，大人之德，下及众民者也。"　④【集解】韦昭曰："《小雅》之人志狭小，先道己之忧苦，其流乃及上政之得失者。"【索隐】张揖云："己，诗人自谓也。己小有得失，不得其所，作诗流言，以讽其上也。"故《礼纬》云："《小雅》讥己得失，及之于上也。"

索隐述赞曰：相如纵诞，窃赀卓氏。其学无方，其才足倚。《子虚》过吒，《上林》非侈。驷马还邛，百金献伎。惜哉封禅，遗文悼尔。

卷一百十八

淮南衡山列传第五十八

淮南厉王长者，高祖少子也。其母故赵王张敖美人。高祖八年，从东垣过赵，[①]赵王献之美人。厉王母得幸焉，有身。赵王敖弗敢内宫，为筑外宫而舍之。及贯高等谋反柏人事发觉，并逮治王，尽收捕王母兄弟美人，系之河内。厉王母亦系，告吏曰："得幸上，有身。"吏以闻上，上方怒赵王，未理厉王母。厉王母弟赵兼因辟阳侯言吕后，吕后妒，弗肯白，辟阳侯不强争。及厉王母已生厉王，恚，即自杀。吏奉厉王诣上，上悔，[②]令吕后母之，而葬厉王母真定。真定，厉王母之家在焉，父世县也。[③]

①【正义】赵，张耳所都，今邢州也。 ②【正义】悔不理厉王母。
③【索隐】案：《汉书》作"母家县"。谓父祖代居真定也。

高祖十一年(十)〔七〕月，淮南王黥布反，立子长为淮南王，王黥布故地，凡四郡。[①]上自将兵击灭布，厉王遂即位。厉王早失母，常附吕后，孝惠、吕后时以故得幸无患害，而常心怨辟阳侯，弗敢发。及孝文帝初即位，淮南王自以为最亲，骄蹇，数不奉法。上以亲故，常宽赦之。三年，入朝。甚横，从上入苑囿猎，与上同车，常谓上"大兄"。厉王有材力，力能扛鼎，乃往请辟阳侯。辟阳侯出见之，即自袖铁椎椎辟阳侯，[②]令从者魏敬刭之。[③]厉王乃驰走阙下，肉袒谢曰："臣母不当坐赵事，其时辟阳侯力能得之吕后，弗争，罪一也；赵王如意子母无罪，吕后杀之，辟阳侯弗争，罪二也；吕后王诸吕，欲以危刘氏，辟阳侯弗争，罪三也。臣谨为天下诛贼臣辟阳侯，报母之仇，谨伏阙下请罪。"孝文伤其志，为亲故，弗治，赦厉王。当是时，薄太后及太子诸大臣皆惮厉王，厉王以此归国益骄恣，不用汉法，出入称警跸，称制，自为法令，拟于天子。

①【集解】徐广曰："九江、庐江、衡山、豫章也。" ②【索隐】案：《汉书》作"褎金椎椎之"。案：信陵君使朱亥袖四十斤铁椎也。 ③【正义】刭，古鼎反。刭谓刺颈。

六年，令男子但等七十人与棘蒲侯柴武太子奇谋，以辇车[①]四十乘反谷口，[②]令人使闽越、匈奴。事觉，治之，使使召淮南王。淮南王至长安。

①【集解】徐广曰："大车驾马曰辇。音已足反。" ②【集解】《汉书音义》曰："谷口在长安北，故县也，处多险阻。"【正义】《括地志》云："谷口故城在雍州醴泉县东北四十里，汉谷口县也。"

"丞相臣张仓、典客臣冯敬、行御史大夫事宗正臣逸、廷尉臣贺、备盗贼中尉臣福昧死言：淮南王长废先帝法，不听天子诏，居处无度，为黄屋盖乘舆，出入拟于天子，擅为法令，不用汉法。及所置吏，以其郎中春为丞相，聚收汉诸侯人及有罪亡者匿与居，为治家室，赐其财物爵禄田宅，爵或至关内侯，奉以二千石，[①]所不当得，欲以有为。大夫但、[②]士五开章等七十人[③]与棘蒲侯太子奇谋反，[④]欲以危宗庙社稷。使开章阴告长，与谋使闽越及匈奴发其兵。开章之淮南见长，长数与坐语饮食，为家室娶妇，以二千石俸奉之。开章使人告但，已言之王。春使使报但等。吏觉知，使长安尉奇等往捕开章。长匿不予，与故中尉蕳忌[⑤]谋，杀以闭口。[⑥]为棺椁衣衾，葬之肥陵邑，[⑦]谩吏曰[⑧]'不知安在'。[⑨]又佯聚土，树表其上，曰'开章死，埋此下'。及长身自贼杀无罪者一人。令吏论杀无罪者六人。为亡命弃市罪诈捕命者以除罪。[⑩]擅罪人，罪人无告劾，系治城旦舂以上十四人。赦免罪人，死罪十八人，城旦舂以下五十八人。赐人爵关内侯以下九十四人。前日长病，陛下忧苦之，使使者赐书、枣脯。长不欲受赐，不肯见拜使者。南海民处庐江界中者反，淮南吏卒击之。陛下以淮南民贫苦，遣使者赐长帛五千匹，以赐吏卒劳苦者。长不欲受赐，谩言曰'无劳苦者'。南海民王织上书献璧皇帝，忌擅燔其书，不以闻。[⑪]吏请召治忌，长不遣，谩言曰'忌病'。春又请长，愿入见，长怒曰'汝欲离我自附汉'。长当弃市，臣请论如法。"

①【集解】如淳曰："赐亡畔来者如赐其国二千石也。"瓒曰："奉以二千石之秩禄。" ②【集解】张晏曰："大夫，姓也。上云'男子但'，明其姓大夫也。"瓒曰："官为大夫，名但者也。"【索隐】张揖曰大夫姓，非也。案：上

云“男子但”，此云“大夫但”及“士伍开章”，则知大夫是官也。　③【集解】如淳曰：“律‘有罪失官爵称士五’者也。开章，名。”　④【集解】徐广曰：“棘蒲侯柴武以文帝后元年卒，谥刚。嗣子谋反，不得置后，国除。”　⑤【索隐】蕑，姓也，音奸。《严助传》则作“间忌”，字音亦同。　⑥【正义】谋杀开章，以闭绝谋反之口也。　⑦【正义】《括地志》云：“肥陵故县在寿州安丰县东六十里，在故六城东北百余里。”　⑧【索隐】谩音慢。慢，诳也。　⑨【索隐】实葬肥陵，诳云不知处。按：肥陵，地名，在肥水之上。　⑩【集解】晋灼曰：“亡命者当弃市，而王藏之，诈捕不命者而言命，以脱命者之罪。”　⑪【集解】文颖曰：“忌，蕑忌。”

制曰：“朕不忍致法于王，其与列侯二千石议。”

“臣仓、臣敬、臣逸、臣福、臣贺昧死言：臣谨与列侯吏二千石臣婴等四十三人议，皆曰‘长不奉法度，不听天子诏，乃阴聚徒党及谋反者，厚养亡命，欲以有为’。臣等议论如法。”

制曰：“朕不忍致法于王，其赦长死罪，废勿王。”

“臣仓等昧死言：长有大死罪，陛下不忍致法，幸赦，废勿王。臣请处蜀郡严道邛邮，①遣其子母从居，②县为筑盖家室，皆廪食给薪菜盐豉炊食器席蓐。臣等昧死请，请布告天下。”

①【集解】徐广曰：“严道有邛僰九折阪，又有邮置。”骃案：张晏曰“严道，蜀郡县”。【索隐】按：县有蛮夷曰道。严道有邛莱山，有邮置，故曰“严道邛邮”也。　②【索隐】案：乐彦云“妾媵之有子者从去也”。

制曰：“计食长给肉日五斤，酒二斗。令故美人才人得幸者十人从居。他可。”[①]

①【索隐】按：谓他事可其制也。

尽诛所与谋者。于是乃遣淮南王，载以辎车，令县以次传。是时袁盎谏上曰：“上素骄淮南王，弗为置严傅相，以故至此。且淮南王为人刚，今暴摧折之，臣恐卒逢雾露病死，陛下为有杀弟之名，奈何！”上曰：“吾特苦之耳，今复之。”县传淮南王者皆不敢发车封。[①]淮南王乃谓侍者曰：“谁谓乃公勇者？[②]吾安能勇。吾以骄故不闻吾过至此。人生一世间，安能邑邑如此。”乃不食死。至雍，[③]雍令发封，以死闻。上哭甚悲，谓袁盎曰：“吾不听公言，卒亡淮南王。”盎曰：“不可奈何，愿陛下自宽。”上曰：“为之奈何？”盎曰：“独斩丞相、御史以谢天下乃可。”[④]上即令丞相、御史逮考诸县传送淮南王不发封馈侍者，皆弃市。乃以列侯葬淮南王于雍，守冢三十户。

①【集解】《汉书音义》曰：“槛车有槛封也。” ②【索隐】乃，汝也。汝公，淮南王自谓也。 ③【正义】今岐州雍县也。 ④【索隐】案：刘氏云“袁盎此言亦太过也”。

孝文八年，上怜淮南王，淮南王有子四人，皆七八岁，乃封子安为阜陵侯，子勃为安阳侯，子赐为阳周侯，子良为东成侯。

孝文十二年，民有作歌歌淮南厉王曰：“一尺布，尚可缝。一斗粟,尚可舂。兄弟二人不能相容。”[①]上闻之,乃叹曰:“尧、舜放逐骨肉,[②]周公杀管、蔡,天下称圣。何者?不以私害公。天下岂以我为贪淮南王地邪?”乃徙城阳王王淮南故地,[③]而追尊谥淮南王为厉王,[④]置园复如诸侯仪。

①【集解】《汉书音义》曰:“尺布斗粟犹尚不弃,况于兄弟而更相逐乎。”瓒曰:“一尺布尚可缝而共衣,一斗粟尚可舂而共食也,况以天下之广而不能相容。” ②【正义】《帝系》云尧,黄帝之后。舜,颛顼之后。四凶之内,有承黄帝、颛顼者,而尧、舜窜之,故放逐骨肉耳。四凶者,共工、三苗、伯鲧及驩兜,皆尧、舜之同姓,故云骨肉也。 ③【集解】徐广曰:“景王章之子。” ④【正义】《谥法》云:“暴慢无亲曰厉。”

孝文十六年,徙淮南王喜[①]复故城阳。上怜淮南厉王废法不轨,自使失国早死,乃立其三子:阜陵侯安为淮南王、安阳侯勃为衡山王,阳周侯赐为庐江王,皆复得厉王时地,参分之。东城侯良前薨,无后也。

①【索隐】故城阳景王之子也。

孝景三年,吴、楚七国反,吴使者至淮南,淮南王欲发兵应之。其相曰:“大王必欲发兵应吴,臣愿为将。”王乃属相兵。淮南相已将兵,因城守,不听王而为汉;汉亦使曲城侯[①]将兵救淮南:淮南以故得完。吴使者至庐江,庐江王弗应,而往来使越。吴使者至衡山,衡山王坚守无二心。孝景四年,吴、楚已破,衡山王朝,上以为贞信,乃劳苦之曰:“南方卑湿。”徙衡山王王济北，所以褒之。及薨，遂赐谥为贞王。庐江王边越，数使使相交，故徙为衡山王，王江北。淮南王如故。

①【集解】徐广曰："曲城侯姓虫名捷，其父名逢，高祖功臣。"

淮南王安为人好读书鼓琴，不喜弋猎狗马驰骋，亦欲以行阴德拊循百姓，流誉天下，时时怨望厉王死，时欲畔逆，未有因也。及建元二年，淮南王入朝。素善武安侯，武安侯时为太尉，乃逆王霸上，与王语曰："方今上无太子，大王亲高皇帝孙，[1]行仁义，天下莫不闻。即宫车一日晏驾，非大王当谁立者。"淮南王大喜，厚遗武安侯金财物。阴结宾客，[2]拊循百姓，为畔逆事。建元六年，彗星见，淮南王心怪之。或说王曰："先吴军起时，彗星出长数尺，然尚流血千里。今彗星长竟天，天下兵当大起。"王心以为上无太子，天下有变，诸侯并争，愈益治器械攻战具，积金钱赂遗郡国诸侯游士奇材。诸辨士为方略者，妄作妖言，谄谀王，王喜，多赐金钱，而谋反滋甚。

①【正义】《汉书》云："武帝以安属为诸(侯)〔父〕。" ②【索隐】《淮南要略》云安养士数千，高才者八人，苏非、李尚、左吴、田由、雷被、伍被、毛被、晋昌，号曰"八公"。

淮南王有女陵，慧，有口辩。王爱陵，常多予金钱，为中诇[1]长安，约结上左右。元朔三年，上赐淮南王几杖，不朝。

淮南王王后荼，王爱幸之。王后生太子迁，迁取王皇太后外孙修成君女为妃。[2]王谋为反具，畏太子妃知而内泄事，乃与太子谋，令诈弗爱，三月不同席。王乃佯为怒太子，闭太子使与妃同内三月，太子终不近妃。妃求去，王乃上书谢归去之。王后荼、太子迁及女陵得爱幸王，擅国权，侵夺民田宅，妄致系人。[3]

①【集解】徐广曰："诇，伺候采察之名也。音空政反。安平侯鄂千秋玄孙伯与淮南王女陵通而中绝，又遗淮南王书称臣尽力，故弃市。"【索隐】邓展曰："诇，捕也。"孟康曰："诇音侦。西方人以反间为侦。"刘氏及包恺并音丑政反。服虔云："侦，候也。" ②【集解】应劭曰："王太后先适金氏女也。" ③【集解】徐广曰："一云殴击。"

元朔五年，太子学用剑，自以为人莫及，闻郎中雷被巧，[1]乃召与戏。被一再辞让，[2]误中太子。太子怒，被恐。此时有欲从军者辄诣京师，被即愿奋击匈奴。太子迁数恶被于王，王使郎中令斥免，欲以禁后，[3]被遂亡至长安，上书自明。诏下其事廷尉、河南。[4]河南治，逮淮南太子，[5]王、王后计欲无遣太子，遂发兵反，计犹豫，十余日未定。会有诏，即讯太子。[6]当是时，淮南相怒寿春丞留太子逮不遣，[7]劾不敬。王以请相，相弗听。王使人上书告相，事下廷尉治。踪迹连王，王使人候伺汉公卿，公卿请逮捕治王。王恐事发，太子迁谋曰："汉使即逮王，王令人衣卫士衣，持戟居庭中，王旁有非是，则刺杀之，臣亦使人刺杀淮南中尉，乃举兵，未晚。"是时上不许公卿请，而遣汉中尉宏[8]即讯验王。王闻汉使来，即如太子谋计。汉中尉至，王视其颜色和，讯王以斥雷被事耳，王自度无何，[9]不发。中尉还，以闻。公卿治者曰："淮南王安拥阏奋击匈奴者雷被等，废格明诏，[10]当弃市。"诏弗许。公卿请废勿王，诏弗许。公卿请削五县，诏削二县。使中尉宏赦淮南王罪，罚以削地。中尉入淮南界，宣言赦王。王初闻汉公卿请诛之，未知得削地，闻汉使来，恐其捕之，乃与太子谋刺之如前计。及中尉至，即贺王，王以故不发。其后自伤曰："吾行仁义见削，甚耻之。"然淮南王削地之后，其为反谋益甚。诸使道从长安来，[11]为妄妖言，言上无男，汉不治，即喜。即言汉廷治，有男，王怒，以为妄言，非也。

①【索隐】案：巧者，谓言善用剑也。 ②【索隐】乐彦云："初一让，至二让，后遂不让，故云一再让而误中太子也。" ③【正义】言屏斥免郎中令官，而令后人不敢效也。 ④【正义】雷被告章下廷尉及河南共治之。 ⑤【正义】逮谓追赴河南也。 ⑥【索隐】案：乐彦云"即，就也。讯，问也。就淮南案之，不逮诣河南也"。 ⑦【集解】如淳曰："丞主刑狱囚徒，丞顺王意，不遣太子应逮书。" ⑧【索隐】案：《百官表》姓殷也。 ⑨【集解】如淳曰："无何罪。" ⑩【索隐】崔浩云："诏书募击匈奴，而雍遏应募者，汉律所谓废格。"案：如淳注《梁孝王传》云"歧阁不行也。音各"。 ⑪【索隐】如淳曰："道，犹言路。由长安来。"姚承云："道，或作从。"

王日夜与伍被、[1]左吴等案舆地图，[2]部署兵所从入。王曰："上无太子，宫车即晏驾，廷臣必征胶东王，不即常山王，[3]诸侯并争，吾可以无备乎。且吾高祖孙，亲行仁义，陛下遇我厚，吾能忍之。万世之后，吾宁能北面臣事竖子乎！”

①【集解】《汉书》曰：“伍被，楚人。或言其先伍子胥后。” ②【集解】苏林曰：“舆，犹尽载之意。”【索隐】《志林》云“舆地图汉家所画，非出远古也”。 ③【集解】徐广曰：“皆景帝子也。”

王坐东宫，召伍被与谋，曰：“将军上。”被怅然曰：“上宽赦大王，王复安得此亡国之语乎。臣闻子胥谏吴王，吴王不用，乃曰‘臣今见麋鹿游姑苏之台也’。今臣亦见宫中生荆棘，露沾衣也。”王怒，系伍被父母，囚之三月。复召曰：“将军许寡人乎？”被曰：“不，直来为大王画耳。臣闻聪者听于无声，明者见于未形，故圣人万举万全。昔文王一动而功显于千世，列为三代，此所谓因天心以动作者也，故海内不期而随。此千岁之可见者。夫百年之秦，近世之吴、楚，亦足以喻国家之存亡矣。臣不敢避子胥之诛，愿大王毋为吴王之听。昔秦绝先王之道，杀术士，燔《诗》、《书》，弃礼义，尚诈力，任刑罚，转负海之粟致之西河。当是之时，男子疾耕不足于糟糠，女子纺绩不足于盖形。遣蒙恬筑长城，东西数千里，暴兵露师常数十万，死者不可胜数，僵尸千里，流血顷亩，百姓力竭，欲为乱者十家而五。又使徐福入海求神异物，还为伪辞曰：‘臣见海中大神，言曰：“汝西皇之使邪。”臣答曰：“然。”“汝何求？”曰：“愿请延年益寿药。”神曰：“汝秦王之礼薄，得观而不得取。”即从臣东南至蓬莱山，见芝成宫阙，有使者铜色而龙形，光上照天。于是臣再拜问曰：“宜何资以献?"海神曰:"以令名男子若振女[①]与百工之事,即得之矣。"'秦皇帝大悦,遣振男女三千人,资之五谷种种百工而行。徐福得平原广泽,止王不来。[②]于是百姓悲痛相思,欲为乱者十家而六。又使尉佗逾五岭攻百越。尉佗知中国劳极,止王不来,使人上书,求女无夫家者三万人,以为士卒衣补。秦皇帝可其万五千人。于是百姓离心瓦解,欲为乱者十家而七。客谓高皇帝曰:'时可矣。'高皇帝曰:'待之,圣人当起东南。'间不一年,陈胜、吴广发矣。高皇始于丰、沛,一倡天下不期而响应者不可胜数也。此所谓蹈瑕候间,因秦之亡而动者也。百姓愿之,若旱之望雨,故起于行陈之中而立为天子,功高三王,德传无穷。今大王见高皇帝得天下之易也,独不观近世之吴、楚乎?夫吴王赐号为刘氏祭酒,[③]复不朝,王四郡之众,地方数千里,内铸消铜以为钱,东煮海水以为盐,上取江陵木以为船,一船之载当中国数十两车,国富民众。行珠玉金帛赂诸侯宗室大臣,独窦氏不与。计定谋成,举兵而西。破于大梁,败于狐父,[④]奔走而东,至于丹徒,越人擒之,身死绝祀,为天下笑。大以吴、越之众不能成功者何?诚逆天道而不知时也。方今大王之兵众不能十分吴、楚之一,天下安宁有万倍于吴、楚之时,愿大王从臣之计。大王不从臣之计,今见大王事必不成而语先泄也。臣闻微子过故国而悲,于是作《麦秀之歌》,是痛纣之不用王子比干也。故《孟子》曰'纣贵为天子,死曾不若匹夫'。是纣先自绝于天下久矣,非死之日而天下去之。今臣亦窃悲大王弃千乘之君,必且赐绝命之书,为群臣先,死于东宫也。”[⑤]于是(王)气怨结而不扬,涕满匡而横流,即起,历阶而去。

①【集解】徐广曰:“《西京赋》曰‘振子万童’。”骃案:薛综曰“振子,童男女”。　②【正义】《括地志》云:“亶州在东海中,秦始皇遣徐福将童男女,遂止此州。其后复有数洲万家,其上人有至会稽市易者。”阙文。　③【集解】应劭曰:“礼‘饮酒必祭,示有先也’,故称祭酒,尊也。”　④【集解】徐广曰:“在梁、碭之间。”　⑤【集解】如淳曰:“王时所居也。”

王有孽子不害,最长,王弗爱,王、王后、太子皆不以为子兄数。[①]不害有子建,材高有气,常怨望太子不省其父,[②]又怨时诸侯皆得分子弟为侯,而淮南独二子,一为太子,建父独不得为侯。建阴结交,欲告败太子,以其父代之。太子知之,数捕系而榜笞建。建具知太子之谋欲杀汉中尉,即使所善寿春庄芷[③]以元朔六年上书于天子曰:“毒药苦于口利于病,忠言逆于耳利于行。今淮南王孙建,材能高,淮南王王后荼、荼子太子迁常疾害建。建父不害无罪,擅数捕系,欲杀之。今建在,可征问,具知淮南阴事。”书闻,上以其事下廷尉,廷尉下河南治。

①【集解】如淳曰:“不以为子兄秩数。”　②【集解】服虔曰:“不省录著兄弟数中。”　③【索隐】《汉书》作“严正”。

是时故辟阳侯孙审卿善丞相公孙弘,怨淮南厉王杀其大父,乃深购淮南事于弘,弘乃疑淮南有畔逆计谋,深穷治其狱。河南治建，辞引淮南太子及党与。淮南王患之，欲发，问伍被曰："汉廷治乱？"伍被曰："天下治。"王意不悦，谓伍被曰："公何以言天下治也？"被曰："被窃观朝廷之政，君臣之义，父子之亲，夫妇之别，长幼之序，皆得其理，上之举错遵古之道，风俗纪纲未有所缺也。重装富贾，周流天下，道无不通，故交易之道行。南越宾服，羌、僰入献，东瓯入降，广长榆，[①]开朔方，匈奴折翅伤翼，失援不振。虽未及古太平之时，然犹为治也。"王怒，被谢死罪。王又谓被曰："山东即有兵，汉必使大将军将而制山东，公以为大将军何如人也？"被曰："被所善者黄义，从大将军击匈奴，还，告被曰：'大将军遇士大夫有礼，于士卒有恩，众皆乐为之用。骑上下山若飞，材干绝人。'被以为材能如此，数将习兵，未易当也。及谒者曹梁使长安来，言大将军号令明，当敌勇敢，常为士卒先。休舍，穿井未通，须士卒尽得水，乃敢饮。军罢，卒尽已渡河，乃渡。皇太后所赐金帛，尽以赐军吏。虽古名将弗过也。"王默然。

①【集解】如淳曰："广，谓拓大之也。长榆，塞名，王恢所谓树榆为塞。"

淮南王见建已征治，恐国阴事且觉，欲发，被又以为难，乃复问被曰："公以为吴兴兵是邪非也？"被曰："以为非也。吴王至富贵也，举事不当，身死丹徒，头足异处，子孙无遗[①]类。臣闻吴王悔之甚。愿王孰虑之，无为吴王之所悔。"王曰："男子之所死者一言耳。[②]且吴何知反，[③]汉将一日过成皋者四十余人。[4]今我令楼缓[5]先要成皋之口，[6]周被下颍川兵塞轘辕、伊阙之道，[7]陈定发南阳兵守武关。[8]河南太守独有雒阳耳，何足忧。然此北尚有临晋关、河东、上党与河内、赵国。人言曰'绝成皋之口，天下不通'。据三川之险，[9]招山东之兵，举事如此，公以为何如?"被曰："臣见其祸，未见其福也。"王曰："左吴、赵贤、朱骄如皆以为有福，什事九成，公独以为有祸无福，何也?"被曰："大王之群臣近幸素能使众者，皆前系诏狱，余无可用者。"王曰："陈胜、吴广无立锥之地，千人之聚，起于大泽，奋臂大呼而天下响应，西至于戏而兵百二十万。今吾国虽小，然而胜兵者可得十余万，非直適戍之众，钒凿[10]棘矜也，公何以言有祸无福?"被曰："往者秦为无道，残贼天下。兴万乘之驾，作阿房之宫，收太半之赋，发闾左之戍，[11]父不宁子，兄不便弟，政苛刑峻，天下熬然若焦，[12]民皆引领而望，倾耳而听，悲号仰天，叩心而怨上，故陈胜大呼，天下响应。当今陛下临制天下，一齐海内，泛爱蒸庶，布德施惠。口虽未言，声疾雷霆，令虽未出，化驰如神，心有所怀，威动万里，下之应上，犹影响也。而大将军材能不特章邯、杨熊也。大王以陈胜、吴广谕之，被以为过矣。"王曰："苟如公言，不可徼幸邪?"被曰："被有愚计。"王曰："奈何?"被曰："当今诸侯无异心，百姓无怨气。朔方之郡田地广，水草美，民徙者不足以实其地。臣之愚计，可伪为丞相御史请书，徙郡国豪桀任侠及有耐罪以上，[13]赦令除其罪，产五十万以上者，皆徙其家属朔方之郡，益发甲卒，急其会日。又伪为左右都司空上林中都官诏狱(逮)书，〔逮〕诸侯太子幸臣。[14]如此则民怨，诸侯惧，即使辩武[15]随而说之，倘可侥幸什得一乎？”王曰：“此可也。虽然，吾以为不至若此。”于是王乃令官奴入宫，作皇帝玺，丞相、御史、大将军、军吏、中二千石、都官令、丞印，及旁近郡太守、都尉印，汉使节法冠，[16]欲如伍被计。使人伪得罪而西，[17]事大将军、丞相。一日发兵，[18]使人即刺杀大将军青，而说丞相下之，如发蒙耳。[19]

①【集解】徐广曰：“一作嘸，音寂笑反。”　②【集解】徐广曰：“一本无此言字。”骃案：张晏曰“不成则死，一计耳”。瓒曰“或有一言之交，以死报之矣”。　③【集解】瓒曰：“言吴王不知举兵反。”【索隐】案：知，犹解也。　④【集解】如淳曰：“言吴不塞成皋口，而令汉将得出之。”⑤【集解】《汉书》直云“缓”，无“楼”字。楼缓乃六国时人，疑此后人所益也。李奇曰：“缓，似人姓名。”韦昭曰：“淮南臣名。”　⑥【正义】成皋故城在河南(渑)〔汜〕水县东南二里。　⑦【正义】轘辕故关在河南缑氏县南四十里。伊阙故关在河南县南十九里。　⑧【正义】故武关在商州商洛县东九十里。春秋时。阙文。　⑨【正义】即成皋关也。　⑩【集解】徐广曰：“大镰谓之剀，音五哀反。或是钒乎？”【索隐】刘氏钒音吾里反，凿音自洛反。又钒，邹音机。镰音廉　⑪【正义】闾左边不役之民，秦则役之也。　⑫【索隐】即消反。　⑬【集解】应劭曰：“轻罪不至于髡，完其形鬓，故曰耏。古‘耏’字从‘彡’，发肤之意。杜林以为法度之字皆从‘寸’，后改如是。耐音若能。”如淳曰：“律‘耐为司寇，耐为鬼薪、白粲’。耐犹任也。”苏林曰：“一岁为罚作，二岁刑已上为耐。耐，能任其罪。”⑭【集解】晋灼曰：“《百官表》宗正有左右都司空，上林有水司空，皆主囚徒官也。”　⑮【集解】徐广曰：“淮南人名士曰武。”　⑯【集解】蔡邕曰：“法冠，楚王冠也。秦灭楚，以其君冠赐御史。”【索隐】崔浩云：“一名獬廌冠。”　⑰【集解】苏林曰：“诈作罪人而西也。”　⑱【集解】如淳曰：

“发淮南兵也。”【索隐】崔浩云:“一日,犹一朝,卒然无定时也。” ⑲【集解】如淳曰:“以物蒙覆其头,而为发去,其人欲之耳。”韦昭曰:“如蒙巾,发之甚易。”

王欲发国中兵.恐其相、二千石不听。王乃与伍被谋,先杀相、二千石。伪失火宫中,相、二千石救火,至即杀之。计未决,又欲令人衣求盗衣,[①]持羽檄,从东方来,呼曰“南越兵入界”,欲因以发兵。乃使人至庐江、会稽为求盗,未发。王问伍被曰:“吾举兵西向,诸侯必有应我者。即无应,奈何?”被曰:“南收衡山以击庐江,有寻阳之船,守下雉之城,[②]结九江之浦,绝豫章之口,[③]强弩临江而守,以禁南郡之下,东收江都,会稽,[④]南通劲越,屈强江、淮间,犹可得延岁月之寿。”王曰:“善,无以易此。急则走越耳。”

①【集解】《汉书音义》曰:“卒衣也。” ②【集解】徐广曰:“在江夏。”骃案:苏林曰“下雉,县名”。【索隐】雉音徐尔反。案:县名,在江夏。③【正义】即彭蠡湖口,北流出大江者。 ④【正义】江都,扬州也。会稽,苏州也。

于是廷尉以王孙建辞连淮南王太子迁闻。上遣廷尉监因拜淮南中尉,逮捕太子。至淮南,淮南王闻,与太子谋召相、二千石,欲杀而发兵。召相,相至,内史以出为解。中尉曰:“臣受诏使,不得见王。”王念独杀相而内史、中尉不来,无益也,即罢相。王犹豫,计未决。太子念所坐者谋刺汉中尉,所与谋者已死,以为口绝,乃谓王曰:“群臣可用者皆前系，今无足与举事者。王以非时发，恐无功，臣愿会逮。”王亦偷欲休，[1]即许太子。太子即自刭，不殊。[2]伍被自诣吏，因告与淮南王谋反，反踪迹具如此。

①【集解】徐广曰：“偷，苟且也。”　②【集解】晋灼曰：“不殊，不死。”

吏因捕太子、王后，围王宫，尽求捕王所与谋反宾客在国中者，索得反具以闻。上下公卿治，所连引与淮南王谋反列侯二千石豪杰数千人，皆以罪轻重受诛。衡山王赐，淮南王弟也，当坐收，有司请逮捕衡山王。天子曰：“诸侯各以其国为本，不当相坐。与诸侯王列侯会肄丞相诸侯议。”[1]赵王彭祖、列侯臣让等四十三人议，皆曰：“淮南王安甚大逆无道，谋反明白，当伏诛。”胶西王臣端议曰：“淮南王安废法行邪，怀诈伪心，以乱天下，荧惑百姓，背畔宗庙，妄作妖言。《春秋》曰‘臣无将，将而诛’。安罪重于将，谋反形已定。臣端所见其书节印图及他逆无道事验明白，甚大逆无道，当伏其法。而论国吏二百石以上及比者，[2]宗室近幸臣不在法中者，不能相教，当皆免官削爵为士伍，毋得宦为吏。其非吏，他赎死金二斤八两。[3]以章臣安之罪，使天下明知臣子之道，毋敢复有邪僻背畔之意。”丞相弘、廷尉汤等以闻，天子使宗正以符节治王。未至，淮南王安自刭杀。[4]王后荼、太子迁诸所与谋反者皆族。天子以伍被雅辞多引汉之美，欲勿诛。廷尉汤曰：“被首为王画反谋，被罪无赦。”遂诛被。国除为九江郡。[5]

①【集解】徐广曰:“诣都座就丞相共议也。”【索隐】案:肄,习也,音异。　②【集解】徐广曰:“比吏而非真。”　③【集解】苏林曰:“非吏,故曰他。”　④【集解】徐广曰:“即位凡四十二年,元狩元年十月死。”⑤【集解】徐广曰:“又为六安国,以陈县为都。”

衡山王赐,王后乘舒[1]生子三人,长男爽为太子,次男孝,次女无采。又姬徐来生子男女四人,美人厥姬生子二人。衡山王、淮南王兄弟相责望礼节,间不相能。衡山王闻淮南王作为畔逆反具,亦心结宾客以应之,恐为所并。

①【正义】衡山王后名也。

元光六年,衡山王入朝,其谒者卫庆有方术,欲上书事天子,王怒,故劾庆死罪,强榜服之。衡山内史以为非是,却其狱。王使人上书告内史,内史治,言王不直。王又数侵夺人田,坏人冢以为田。有司请逮治衡山王。天子不许,为置吏二百石以上。[1]衡山王以此恚,与奚慈、张广昌谋,求能为兵法候星气者,日夜从容王密谋反事。[2]

①【集解】如淳曰:“《汉仪注》吏四百石以下,自调除国中。今王恶,天子皆为置之。”　②【集解】徐广曰:“密,豫作计校。”

王后乘舒死,立徐来为王后。厥姬俱幸。两人相妒,厥姬乃恶王后徐来于太子曰:“徐来使婢蛊道杀太子母。”太子心怨徐来。徐来兄至衡山,太子与饮,以刃刺伤王后兄。王后怨怒，数毁恶太子于王。太子女弟无采，嫁弃归，与奴奸，又与客奸。太子数让无采，无采怒，不与太子通。王后闻之，即善遇无采。无采及中兄孝少失母，附王后，王后以计爱之，与共毁太子，王以故数击笞太子。元朔四年中，人有贼伤王后假母者，[①]王疑太子使人伤之，笞太子。后王病，太子时称病不侍。孝、王后、无采恶太子："太子实不病，自言病，有喜色。"王大怒，欲废太子，立其弟孝。王后知王决废太子，又欲并废孝。王后有侍者，善舞，王幸之，王后欲令侍者与孝乱以污之，欲并废兄弟而立其子广代太子。太子爽知之，念后数恶己无已时，欲与乱以止其口。王后饮，太子前为寿，因据王后股，求与王后卧。王后怒，以告王。王乃召，欲缚而笞之。太子知王常欲废己立其弟孝，乃谓王曰："孝与王御者奸，无采与奴奸，王强食，请上书。"即背王去。王使人止之，莫能禁，乃自驾追捕太子。太子妄恶言，王械系太子宫中。孝日益亲幸。王奇孝材能，乃佩之王印，号曰将军，令居外宅，多给金钱，招致宾客。宾客来者，微知淮南、衡山有逆计，日夜从容劝之。王乃使孝客江都人救赫、[②]陈喜作𫐐车鍭矢，[③]刻天子玺，将相军吏印。王日夜求壮士如周丘等，数称引吴、楚反时计画，以约束。衡山王非敢效淮南王求即天子位，畏淮南起并其国，以为淮南已西，发兵定江、淮之间而有之，望如是。

①【集解】《汉书音义》曰："傅母属。" ②【索隐】救，《汉书》作"枚"。刘向《别录》云"《易》家有救氏注"也。 ③【集解】徐广曰："𫐐车，战车也，音扶萌反。"

元朔五年秋，衡山王当朝，(六年)过淮南，淮南王乃昆弟语，除前却，节束反具。衡山王即上书谢病，上赐书不朝。

元朔六年中，衡山王使人上书请废太子爽，立孝为太子。爽闻，即使所善白嬴[①]之长安上书，言孝作辒车镞矢，与王御者奸，欲以败孝。白嬴至长安，未及上书，吏捕嬴，以淮南事系。王闻爽使白嬴上书，恐言国阴事，即上书反告太子爽所为不道弃市罪事。事下沛郡治。元(朔七)〔狩元〕年冬，有司公卿下沛郡求捕所与淮南谋反者未得，得陈喜于衡山王子孝家。吏劾孝首匿喜。孝以为陈喜雅数与王计谋反，恐其发之，闻律先自告除其罪，又疑太子使白嬴上书发其事，即先自告，告所与谋反者救赫、陈喜等。廷尉治验，公卿请逮捕衡山王治之。天子曰："勿捕。"遣中尉安、[②]大行息[③]即问王，王具以情实对。吏皆围王宫而守之。中尉大行还，以闻，公卿请遣宗正、大行与沛郡杂治王。王闻，即自刭杀。孝先自告反，除其罪；坐与王御婢奸，弃市。王后徐来亦坐蛊杀前王后乘舒，及太子爽坐王告不孝，皆弃市。诸与衡山王谋反者皆族。国除为衡山郡。

①【索隐】音盈，人姓名也。　②【索隐】案：《汉书》表司马安也。　③【索隐】案：《汉书》表李息也。

太史公曰：《诗》之所谓"戎、狄是膺，荆、舒是惩"，信哉是言也。淮南、衡山亲为骨肉，疆土千里，列为诸侯，不务遵蕃臣职以承辅天子，而专挟邪僻之计，谋为畔逆，仍父子再亡国，各不终其身，为天下笑。此非独王过也，亦其俗薄，臣下渐靡使然也。夫荆楚僄勇轻悍，好作乱，乃自古记之矣。

索隐述赞曰：淮南多横，举事非正。天子宽仁，其过不更。辎车致祸，斗粟成咏。王安好学，女陵作词。兄弟不和，倾国殒命。

卷一百十九

循吏列传第五十九

【索隐】谓本法循理之吏也。

太史公曰：法令所以导民也，刑罚所以禁奸也。文武不备，良民惧然身修者，官未曾乱也。奉职循理，亦可以为治，何必威严哉！

孙叔敖者，[①]楚之处士也。虞丘相进之于楚庄王以自代也。三月为楚相，施教导民，上下和合，世俗盛美，政缓禁止，吏无奸邪，盗贼不起。秋冬则劝民山采，春夏以水，[②]各得其所便，民皆乐其生。

①【正义】《说苑》云："孙叔敖为令尹，一国吏民皆来贺。有一老父衣粗衣，冠白冠，后来，吊曰：'有身贵而骄人者，民亡之。位已高而擅权者，君恶之。禄已厚而不知足者，患处之。'叔敖再拜：'敬受命，愿闻余教。'父曰：'位已高而意益下，官益大而心益小，禄已厚而慎不取。君谨守此三者，足以治楚。'"　②【集解】徐广曰："乘多水时而出材竹。"

庄王以为币轻，更以小为大，百姓不便，皆去其业。市令言之相曰："市乱，民莫安其处，次行不定。"相曰："如此几何顷乎?”市令曰:“三月顷。”相曰:“罢,吾今令之复矣。”后五日,朝,相言之王曰:“前日更币,以为轻。今市令来言曰‘市乱,民莫安其处,次行之不定’。臣请遂令复如故。”王许之,下令三日而市复如故。

楚民俗好庳车,[①]王以为庳车不便马,欲下令使高之。相曰:“令数下,民不知所从,不可。王必欲高车,臣请教闾里使高其梱。[②]乘车者皆君子,君子不能数下车。”王许之。居半岁,民悉自高其车。此不教而民从其化,近者视而效之,远者四面望而法之。故三得相而不喜,知其材自得之也。三去相而不悔,知非己之罪也。[③]

①【索隐】庳,下也,音婢。 ②【索隐】梱,门限也。音口本反。 ③【集解】《皇览》曰:“孙叔敖冢在南郡江陵故城中白土里。民传孙叔敖曰‘葬我庐江陂,后当为万户邑’。去故楚都郢城北三十里所。或曰孙叔敖激沮水作云梦大泽之池也。”

子产者,郑之列大夫也。[①]郑昭君之时,以所爱徐挚为相,[②]国乱,上下不亲,父子不和。大宫子期言之君,以子产为相。[③]为相一年,竖子不戏狎,斑白不提挈,僮子不犁畔。二年,市不豫贾。[④]三年,门不夜关,[⑤]道不拾遗。四年,田器不归。五年,士无尺籍,[⑥]丧期不令而治。治郑二十六年而死,丁壮号哭,老人儿啼,曰:“子产去我死乎!民将安归?”[⑦]

①【索隐】按:有《管晏列传》其国侨、羊舌肸等,亦古之贤大夫,合著在管晏之下,不宜散入循吏之篇。 ②【索隐】案:《郑系家》云子产,郑成

公之少子。事简公、定公。封以六邑，子产受其半。子产不事昭君，亦无徐挚作相之事。抑别有所出，太史记异耳。　③【索隐】子期亦郑之公子也。《左传》、《国语》亦无其说。案：系家郑相子驷、子孔与子产同时，盖亦子期之兄弟也。　④【索隐】贾音价。谓临时评其贵贱，不豫定也。　⑤【集解】徐广曰："一作闭。"　⑥【正义】言士民无一尺方板之籍书。什伍，什伍相保也。　⑦【集解】《皇览》曰："子产冢在河南新郑，城外大冢是也。"【索隐】案：《左传》及系家云子产死，孔子泣曰"子产，古之遗爱也"。又《韩诗》称子产卒，郑人耕者辍耒，妇人捐其佩玦也。

公仪休者，鲁博士也。以高弟为鲁相。奉法循理，无所变更，百官自正。使食禄者不得与下民争利，受大者不得取小。

客有遗相鱼者，相不受。客曰："闻君嗜鱼，遗君鱼，何故不受也？"相曰："以嗜鱼，故不受也。今为相，能自给鱼。今受鱼而免，谁复给我鱼者？吾故不受也。"

食茹而美，拔其园葵而弃之。见其家织布好，而疾出其家妇，燔其机，云"欲令农士工女安所雠①其货乎"？

①【索隐】音售。

石奢者，楚昭王相也。坚直廉正，无所阿避。行县，道有杀人者，相追之，乃其父也。纵其父而还自系焉。使人言之王曰："杀人者，臣之父也。夫以父立政，不孝也；废法纵罪，非忠也：臣罪当死。"王曰："追而不及，不当伏罪，子其治事矣。"石奢曰："不私其父，非孝子也。不奉主法，非忠臣也。王赦其罪，上惠也。伏诛而死，臣职也。"遂不受令，自刎而死。

李离者，晋文公之理也。[1]过听杀人，自拘当死。文公曰："官有贵贱，罚有轻重。下吏有过，非子之罪也。"李离曰："臣居官为长，不与吏让位。受禄为多，不与下分利。今过听杀人，傅其罪下吏，非所闻也。"辞不受令。文公曰："子则自以为有罪，寡人亦有罪邪？"李离曰："理有法，失刑则刑，失死则死。公以臣能听微决疑，[2]故使为理。今过听杀人，罪当死。"遂不受令，伏剑而死。

①【正义】理，狱官也。 ②【索隐】言能听察微理，以决疑狱。故《周礼》司寇以五听察狱，词气色耳目也。又《尚书》曰"服念五六日，至于旬时"是也。

太史公曰：孙叔敖出一言，郢市复。子产病死，郑民号哭。公仪子见好布而家妇逐。石奢纵父而死，楚昭名立。李离过杀而伏剑，晋文以正国法。

索隐述赞曰：奉职循理，为政之先。恤人体国，良史述焉。叔孙、郑产，自昔称贤。拔葵一利，赦父非愆。李离伏剑，为法而然。

卷一百二十

汲郑列传第六十

汲黯字长孺，濮阳人也。其先有宠于古之卫君。①至黯七世，世为卿大夫。黯以父任，孝景时为太子洗马，以庄见惮。②孝景帝崩，太子即位，黯为谒者。东越相攻，上使黯往视之。不至，至吴而还，报曰："越人相攻，固其俗然，不足以辱天子之使。"河内失火，延烧千余家，上使黯往视之。还报曰："家人失火，屋比③延烧，不足忧也。臣过河南，河南贫人伤水旱万余家，或父子相食，臣谨以便宜，持节发河南仓粟以振贫民。臣请归节，伏矫制之罪。"上贤而释之，迁为荥阳令。黯耻为令，病归田里。上闻，乃召拜为中大夫。以数切谏，不得久留内，迁为东海太守。黯学黄、老之言，治官理民，好清静，择丞史而任之。④其治，责大指而已，不苛小。黯多病，卧闺阁内不出。岁余，东海大治。称之。上闻，召以为主爵都尉，列于九卿。治务在无为而已，弘大体，不拘文法。

①【集解】文颖曰："六国时，卫但称君。"　②【索隐】庄者，严也，谓严威也。自汉明帝讳庄，故已后"庄"皆云"严"。　③【索隐】比音鼻。④【集解】如淳曰："律，太守、都尉、诸侯内史史各一人，卒史书佐各十人。今总言'丞史'，或以为择郡丞及史使任之。郑当时为大农，推官属丞史，亦

是也。”

黯为人性倨，少礼，面折，不能容人之过。合己者善待人，不合己者不能忍见，士亦以此不附焉。然好学，游侠，任气节，内行修洁，好直谏，数犯主之颜色，常慕傅柏、袁盎之为人也。[①]善灌夫、郑当时及宗正刘弃。[②]亦以数直谏，不得久居位。

①【集解】应劭曰：“傅柏，梁人，为孝王将，素伉直。”【索隐】傅音付，人姓。柏，名。　②【集解】徐广曰：“一云名弃疾。”【索隐】《汉书》名弃疾。

当是时，太后弟武安侯蚡为丞相，中二千石来拜谒，蚡不为礼。然黯见蚡未尝拜，常揖之。天子方招文学儒者，上曰吾欲云云，[①]黯对曰：“陛下内多欲而外施仁义，奈何欲效唐、虞之治乎。”上默然，怒，变色而罢朝。公卿皆为黯惧。上退，谓左右曰：“甚矣，汲黯之戆也。”[②]群臣或数黯，黯曰：“天子置公卿辅弼之臣，宁令从谀承意，陷主于不义乎？且已在其位，纵爱身，奈辱朝廷何。”

①【集解】张晏曰：“所言欲施仁义也。”　②【索隐】戆，愚也。音陟降反。

黯多病，病且满三月，上常赐告者数，[①]终不愈。最后病，[②]庄助为请告。上曰：“汲黯何如人哉？”助曰：“使黯任职居官，无以逾人。[③]然至其辅少主，守城深坚，招之不来，麾之不去，虽自谓贲、育亦不能夺之矣。”上曰：“然。古有社稷之臣，至如黯，近之矣。”

①【集解】如淳曰：“杜钦所谓‘病满赐告诏恩’也。数者，非一也。或曰赐告，得去官归家；与告，居官不视事。”【索隐】数音所角反。 ②【集解】徐广曰：“最，一作其也。” ③【索隐】逾音庾。案：《汉书》作“瘉”，瘉，犹胜也。

大将军青侍中，上踞厕而视之。[①]丞相弘燕见，上或时不冠。至如黯见，上不冠不见也。上尝坐武帐中，[②]黯前奏事，上不冠，望见黯，避帐中，使人可其奏。其见敬礼如此。

①【集解】如淳曰：“厕音侧，谓床边，踞床视之。一云溷厕也。厕，床边侧。” ②【集解】应劭曰：“武帐，织成为武士象也。”孟康曰：“今御武帐，置兵兰五兵于帐中。”韦昭曰：“以武名之，示威。”

张汤方以更定律令为廷尉，黯数质责汤于上前，曰：“公为正卿，上不能褒先帝之功业，下不能抑天下之邪心，安国富民，使囹圄空虚，二者无一焉。非苦就行，放析就功，何乃取高皇帝约束纷更之为？[①]公以此无种矣。”黯时与汤论议，汤辩常在文深小苛，黯伉厉守高不能屈，忿发骂曰：“天下谓刀笔吏不可以为公卿，果然。必汤也，令天下重足而立，侧目而视矣！”

①【集解】如淳曰：“纷，乱也。”

是时，汉方征匈奴，招怀四夷。黯务少事，乘上闲，常言与胡和亲，无起兵。上方向儒术，尊公孙弘。及事益多，吏民巧弄。[①]上分别文法，汤等数奏决谳[②]以幸。而黯常毁儒，而触弘等徒怀诈饰智以阿人主取容，而刀笔吏专深文巧诋，[③]陷人于罪，使不得反其真，以胜为功。上愈益贵弘、汤，弘、汤深心疾黯，唯天子亦不悦也，欲诛之以事。弘为丞相，乃言上曰："右内史界部中多贵人宗室，难治，非素重臣不能任，请徙黯为右内史。"为右内史数岁，官事不废。

①【索隐】音路洞反。 ②【索隐】音鱼列反。 ③【索隐】音丁礼反。

大将军青既益尊，姊为皇后，然黯与亢礼。人或说黯曰："自天子欲群臣下大将军，大将军尊重益贵，君不可以不拜。"黯曰："夫以大将军有揖客，反不重邪？"大将军闻，愈贤黯，数请问国家朝廷所疑，遇黯过于平生。

淮南王谋反，惮黯，曰："好直谏，守节死义，难惑以非。至如说丞相弘，如发蒙振落耳。"

天子既数征匈奴有功，黯之言益不用。

始黯列为九卿，而公孙弘、张汤为小吏。及弘、汤稍益贵，与黯同位，黯又非毁弘、汤等。已而弘至丞相，封为侯。汤至御史大夫。故黯时丞相史皆与黯同列，或尊用过之。黯褊心，不能无少望，见上，前言曰："陛下用群臣如积薪耳，后来者居上。"上默然。有间黯罢，上曰："人果不可以无学，观黯之言也日益甚。"

居无何，匈奴浑邪王率众来降，汉发车二万乘。县官无钱，从民贳马。[①]民或匿马，马不具。上怒，欲斩长安令。黯曰："长安令无罪，独斩黯，民乃肯出马。且匈奴畔其主而降汉，汉徐以县次传之，何至令天下骚动，罢弊中国而以事夷狄之人乎。"上默然。及浑邪至，贾人与市者，坐当死者五百余人。黯请间，见高门，[②]曰："夫匈奴攻当路塞，绝和亲，中国兴兵诛之，死伤者不可胜计，而费以巨万百数。臣愚以为陛下得胡人，皆以为奴婢以赐从军死事者家。所卤获，因予之，以谢天下之苦，塞百姓之心。今纵不能，浑邪率数万之众来降，虚府库赏赐，发良民侍养，譬若奉骄子。愚民安知市买长安中物而文吏绳以为阑出财物于边关乎？[③]陛下纵不能得匈奴之资以谢天下，又以微文杀无知者五百余人，是所谓'庇其叶而伤其枝'者也，臣窃为陛下不取也。"上默然，不许，曰："吾久不闻汲黯之言，今又复妄发矣。"后数月，黯坐小法，会赦免官。于是黯隐于田园。

①【索隐】贳音时夜反。贳，赊也。邹氏音势。　②【集解】如淳曰："《黄图》未央宫中有高门殿。"　③【集解】应劭曰："阑，妄也。律，胡市，吏民不得持兵器出关。虽于京师市买，其法一也。"瓒曰："无符传出入为阑。"

居数年，会更五铢钱，[①]民多盗铸钱，楚地尤甚。上以为淮阳，楚地之郊，乃召拜黯为淮阳太守。黯伏谢不受印，诏数强予，然后奉诏。诏召见黯，黯为上泣曰："臣自以为填沟壑，不复见陛下，不意陛下复收用之。臣常有狗马病，力不能任郡事，臣愿为中郎，出入禁闼，补过拾遗，臣之愿也。”上曰：“君薄淮阳邪？吾今召君矣。[②]顾淮阳吏民不相得，吾徒得君之重，卧而治之。”黯既辞行，过大行李息，曰：“黯弃居郡，不得与朝廷议也。然御史大夫张汤智足以拒谏，诈足以饰非，务巧佞之语，辩数之辞，非肯正为天下言，专阿主意。主意所不欲，因而毁之。主意所欲，因而誉之。好兴事，舞文法，[③]内怀诈以御主心，外挟贼吏以为威重。公列九卿，不早言之，公与之俱受其僇矣。”息畏汤，终不敢言。黯居郡如故治，淮阳政清。后张汤果败，上闻黯与息言，抵息罪。令黯以诸侯相秩居淮阳。[④]七岁而卒。[⑤]

①【集解】徐广曰：“元狩五年行五铢钱。” ②【索隐】今，即今也。谓今日后即召君。 ③【集解】如淳曰：“舞，犹弄也。” ④【集解】如淳曰：“诸侯王相在郡守上，秩真二千百。律，真二千石俸月二万，二千石月万六千。” ⑤【集解】徐广曰：“元鼎五年。”

卒后，上以黯故，官其弟汲仁至九卿，子汲偃至诸侯相。黯姑姊子司马安亦少与黯为太子洗马。安文深巧善宦，官四至九卿，以河南太守卒。昆弟以安故，同时至二千石者十人。濮阳段宏[①]始事盖侯信，[②]信任宏，宏亦再至九卿。然卫人仕者皆严惮汲黯，出其下。

①【索隐】段客。案：《汉书》作“段宏”。 ②【集解】徐广曰：“太后兄王信。”

郑当时者，字庄，陈人也。其先郑君[1]尝为项籍将，籍死，已而属汉。高祖令诸故项籍臣名籍，郑君独不奉诏。诏尽拜名籍者为大夫，而逐郑君。郑君死孝文时。

①【集解】《汉书音义》曰："当时父。"

郑庄以任侠自喜，脱张羽于戹，[1]声闻梁、楚之间。孝景时，为太子舍人。每五日洗沐，常置驿马长安诸郊，[2]存诸故人，请谢宾客，夜以继日，至其明旦，常恐不遍。庄好黄、老之言，其慕长者如恐不见。年少官薄，然其游知交皆其大父行，天下有名之士也。武帝立，庄稍迁为鲁中尉、济南太守、江都相，至九卿为右内史。以武安侯、魏其时议，贬秩为詹事，迁为大农令。

①【集解】服虔曰："梁孝王之将，楚相之弟。" ②【集解】如淳曰："交道四通处也，请宾客便。"瓒曰："诸郊谓长安四面郊祀之处，闲静，可以请宾客。"【索隐】按：置即驿，马谓于置著马也。

庄为太吏，诫门下："客至，无贵贱无留门者。"执宾主之礼，以其贵下人。庄廉，又不治其产业，仰奉赐以给诸公。然其馈遗人，不过算器食。[1]每朝，候上之间，说未尝不言天下之长者。其推毂士及官属丞史，诚有味其言之也，常引以为贤于己。未尝名吏，与官属言，若恐伤之。闻人之善言，进之上，唯恐后。山东士诸公以此翕然称郑庄。

①【集解】徐广曰:“算音先管反,竹器。”【索隐】谓竹器,以言无铜漆也。《汉书》作“具器食”。

郑庄使视决河,自请治行五日。[1]上曰:“吾闻‘郑庄行,千里不赍粮’,请治行者何也?”然郑庄在朝,常趋和承意,不敢甚引当否。及晚节,汉征匈奴,招四夷,天下费多,财用益匮。庄任人宾客为大农僦人,[2]多逋负。司马安为淮阳太守,发其事,庄以此陷罪,赎为庶人。顷之,守长史。[3]上以为老,以庄为汝南太守。数岁,以官卒。

①【集解】如淳曰:“治行,谓庄严也。” ②【集解】徐广曰:“一作人。一云宾客为大衣僦人,僦人盖兴生财利,如今方宜矣。”骃案:晋灼曰“当时为大农,而任使其宾客辜较任僦也”。瓒曰“任人谓保任见举者”。【索隐】僦音即就反。辜较音姑角。谓当时作大农,任宾客僦人取庸直也。或者赁物以应官取庸,故下云“多逋负”也。“辜较”字亦作“酤榷”。榷者,独也。言国家独榷酤也。此云“辜较”,亦谓令宾客任人专其利,故云辜较也。 ③【集解】如淳曰:“丞相长史也。”

郑庄、汲黯始列为九卿,廉,内行修洁。此两人中废,家贫,宾客益落。[1]及居郡,卒后家无余资财。庄兄弟子孙以庄故,至二千石六七人焉。

①【索隐】落,零落,犹散落也。

太史公曰:夫以汲、郑之贤,有势则宾客十倍,无势则否,况众人乎。下邽[1]翟公有言,始翟公为廷尉,宾客阗门。

及废，门外可设雀罗。翟公复为廷尉，宾客欲往，翟公乃大署其门曰："一死一生，乃知交情。一贫一富，乃知交态。一贵一贱，交情乃见。"汲、郑亦云，悲夫！

①【集解】徐广曰："邽，一作邳。"【索隐】邽音圭，县名，属京兆。

索隐述赞曰：河南矫制，自古称贤。淮南卧理，天子伏焉。积薪兴叹，伉直愈坚。郑庄推士，天下翕然。交道势利，翟公怆旃。

卷一百二十一

儒林列传第六十一

【正义】姚承云:“儒谓博士,为儒雅之林,综理古文,宣明旧艺,咸劝儒者,以成王化者也。”

太史公曰:余读功令,[①]至于广厉学官之路,未尝不废书而叹也。曰:嗟乎,夫周室衰而《关雎》作,幽、厉微而礼乐坏,诸侯恣行,政由强国。故孔子闵王路废而邪道兴,于是论次《诗》、《书》,修起礼乐。适齐闻《韶》,三月不知肉味。自卫返鲁,然后乐正,《雅》、《颂》各得其所。[②]世以混浊莫能用,是以仲尼干七十余君[③]无所遇,曰“苟有用我者,期月而已矣”。西狩获麟,曰“吾道穷矣”。故因史记作《春秋》,以当王法,以辞微而指博,后世学者多录焉。[④]

①【索隐】案:谓学者课功著之于令,即今之学令是也。　②【正义】郑玄云:“鲁哀公十一年。是时道衰乐废,孔子还,修正之,故《雅》、《颂》各得其所也。”　③【索隐】后之记者失辞也。案《家语》等说,则孔子历聘诸国,莫能用,谓周、郑、齐、宋、曹、卫、陈、楚、杞、莒、匡等尔。纵历小国,亦无七十余君也。　④【集解】徐广曰:“录,一作缪。”

自孔子卒后,七十子之徒散游诸侯,大者为师傅卿相,[①]

小者友教士大夫，或隐而不见。故子路居卫，[2]子张居陈，[3]澹台子羽居楚，[4]子夏居西河，[5]子贡终于齐。[6]如田子方、段干木、吴起、禽滑釐之属，皆受业于子夏之伦，为王者师。是时独魏文侯好学。后陵迟以至于始皇，天下并争于战国，儒术既绌焉，然齐、鲁之(门)〔间〕，学者独不废也。于威、宣之际，孟子、荀卿之列，咸遵夫子之业而润色之，以学显于当世。

①【索隐】案：子夏为魏文侯师。子贡为齐、鲁聘吴、越，盖亦卿也。而宰予亦仕齐为卿。余则未闻。　②【集解】案：《仲尼弟子列传》子路死于卫，时孔子尚存也。　③【正义】今陈州。　④【正义】今苏州城南五里有澹台湖，湖北有澹台。　⑤【正义】今汾州。　⑥【正义】今青州。

及至秦之季世，焚《诗》、《书》，坑术士，[1]《六艺》从此缺焉。陈涉之王也，而鲁诸儒持孔氏之礼器往归陈王。于是孔甲为陈涉博士，[2]卒与涉俱死。陈涉起匹夫，驱瓦合谪戍，[3]旬月以王楚，不满半岁竟灭亡，其事至微浅，然而缙绅先生之徒负孔子礼器往委质为臣者，何也？以秦焚其业，积怨而发愤于陈王也。

①【正义】颜云："今新丰县温(阳)〔汤〕之处号愍儒乡。温(阳)〔汤〕西南三里有马谷，谷之西岸有坑，古相传以为秦坑儒处也。卫宏《诏定古文尚书序》云'秦既焚书，恐天下不从所改更法，而诸生到者拜为郎，前后七百人，乃密种瓜于骊山陵谷中温处，瓜实成，诏博士诸生说之，人言不同，乃令就视。为伏机，诸生贤儒皆至焉，方相难不决，因发机，从上填之以土，皆压，

终乃无声’也。” ②【集解】徐广曰:“孔子八世孙,名鲋字甲也。” ③【索隐】谪音丁革反。

及高皇帝诛项籍,举兵围鲁,鲁中诸儒尚讲诵习礼乐,弦歌之音不绝,岂非圣人之遗化,好礼乐之国哉?故孔子在陈,曰“归与归与。吾党之小子狂简,斐然成章,不知所以裁之”。夫齐、鲁之间于文学,自古以来,其天性也。故汉兴,然后诸儒始得修其经艺,讲习大射乡饮之礼。叔孙通作汉礼仪,因为太常,诸生弟子共定者,咸为选首,于是喟然叹兴于学。然尚有干戈,平定四海,[①]亦未暇遑庠序之事也。孝惠、吕后时,公卿皆武力有功之臣。孝文时颇征用,[②]然孝文帝本好刑名之言。及至孝景,不任儒者,而窦太后又好黄、老之术,故诸博士具官待问,未有进者。

①【正义】颜云:“陈豨、卢绾、韩信、黥布之徒相次反叛,征讨也。” ②【正义】言孝文稍用文学之士居位。

及今上即位,赵绾、王臧之属明儒学,而上亦向之,于是招方正贤良文学之士。自是之后,言《诗》于鲁则申培公,[①]于齐则辕固生,[②]于燕则韩太傅。[③]言《尚书》自济南伏生。[④]言《礼》自鲁高堂生。[⑤]言《易》自菑川田生。言《春秋》于齐、鲁自胡毋生,[⑥]于赵自董仲舒。及窦太后崩,武安侯田蚡为丞相,绌黄、老、刑名百家之言,延文学儒者数百人,而公孙弘以《春秋》白衣为天子三公,[⑦]封以平津侯。天下之学士靡然向风矣。

①【集解】徐广曰："一作'陪'。"韦昭曰："培，申公名，音扶尤反。"【索隐】邹氏音普来反也。　②【正义】申，辕，姓。培，固，名。公，生，其处号也。　③【索隐】韩婴也。为常山王太傅也。　④【索隐】按：张华云名胜，《汉纪》云字子贱。　⑤【索隐】谢承云"秦氏季代有鲁人高堂伯"，则"伯"是其字。云"生"者，自汉已来儒者皆号"生"，亦"先生"省字呼之耳。　⑥【索隐】毋音无。胡毋，姓也。字子都。　⑦【集解】徐广曰："一云'自齐为天子三公'。"

公孙弘为学官，悼道之郁滞，乃请曰："丞相御史言：[①]制曰'盖闻导民以礼，风之以乐。婚姻者，居室之大伦也。今礼废乐崩，朕甚愍焉。故详延天下方正博闻之士，咸登诸朝。其令礼官劝学，讲议洽闻兴礼，以为天下先。太常议，与博士弟子，崇乡里之化，以广贤材焉'。谨与太常臧、[②]博士平等议曰：闻三代之道，乡里有教，夏曰校，[③]殷曰序，[④]周曰庠。[⑤]其劝善也，显之朝廷。其惩恶也，加之刑罚。故教化之行也，建首善自京师始，由内及外。今陛下昭至德，开大明，配天地，本人伦，劝学修礼，崇化厉贤，以风四方，太平之原也。古者政教未洽，不备其礼，请因旧官而兴焉。为博士官置弟子五十人，复其身。太常择民年十八已上，仪状端正者，补博士弟子。郡国县道邑有好文学，敬长上，肃政教，顺乡里，出入不悖所闻者，令相长丞上属所二千石，[⑥]二千石谨察可者，当与计偕，诣太常，[⑦]得受业如弟子。一岁皆辄试，能通一艺以上，补文学掌故缺；其高弟可以为郎中者，太常籍奏。即有秀才异等，辄以名闻。其不事学若下材及不能通一艺，辄罢之，而请诸不称者罚。臣谨案诏书律令下者，明天人分际，通古今之义，文章尔雅，训辞深厚，[⑧]恩施甚美。小吏浅闻，不能究宣，无以明布谕下。治礼次治掌故，[⑨]以文学礼义为官，迁留滞。请选择其秩比二百石以上，及吏百石通一艺以上，补左右内史、[⑩]大行卒史。比百石已下，补郡太守卒史。皆各二人，边郡一人。先用诵多者，若不足，乃择掌故补中二千石属，文学掌故补郡属，[⑪]备员。请著功令。佗如律令。”制曰：“可。”自此以来，则公卿大夫士吏斌斌多文学之士矣。

①【正义】自此以下，皆弘奏请之辞。 ②【集解】《汉书·百官表》孔臧也。 ③【正义】校，教也。可教道艺也。 ④【正义】序，舒也。言舒礼教。 ⑤【正义】庠，详也。言详审经典。 ⑥【索隐】上音时两反。属音烛。属，委也。所二千石，谓于所部之郡守相也。 ⑦【索隐】计，计吏也。偕，俱也。谓令与计吏俱诣太常也。 ⑧【索隐】谓诏书文章雅正，训辞深厚也。 ⑨【集解】徐广曰：“一云‘次治礼学掌故’。” ⑩【正义】左右内史后改为左冯翊、右扶风。 ⑪【索隐】如淳云：“《汉仪》弟子射策，甲科百人补郎中，乙科二百人补太子舍人，皆秩比二百石；次郡国文学，秩百石也。”

申公者，鲁人也。高祖过鲁，申公以弟子从师入见[①]高祖于鲁南宫。[②]吕太后时，申公游学长安，与刘郢同师。[③]已而郢为楚王，令申公傅其太子戊。[④]戊不好学，疾申公。及王郢卒，戊立为楚王，胥靡申公。[⑤]申公耻之，归鲁，退居家教，终身不出门，复谢绝宾客，独王命召之乃往。[⑥]弟子自远方至受业者百余人。申公独以《诗》经为训以教，无传(疑)，疑者则阙不传。[⑦]

①【索隐】按：《汉书》云“申公少与楚元王俱事齐人浮丘伯，受《诗》”。②【正义】《括地志》云：“泮宫在兖州曲阜县西南二百里鲁城内宫之内。郑云泮之言半也，其制半于天子之璧雍。” ③【索隐】案：《汉书》云“吕太后时，浮丘伯在长安，申公与元王郢客俱卒学”也。郢即郢客。 ④【集解】徐广曰：“楚元王刘交以文帝元年薨，子夷王郢立，四岁薨，子戊立。郢以吕后二年封上邳侯，文帝元年立为楚王。” ⑤【集解】徐广曰：“腐刑。” ⑥【集解】徐广曰：“鲁恭王也。” ⑦【索隐】谓申公不作《诗》传，但教授，有疑则阙耳。

兰陵王臧既受《诗》，以事孝景帝为太子少傅，免去。今上初即位，臧乃上书宿卫上，累迁，一岁中为郎中令。及代赵绾亦尝受《诗》申公，绾为御史大夫。绾、臧请天子，欲立明堂以朝诸侯，不能就其事，乃言师申公。于是天子使使束帛加璧安车驷马迎申公，弟子二人乘轺传从。[①]至，见天子。天子问治乱之事，申公时已八十余，老，对曰：“为治者不在多言，顾力行何如耳。”是时天子方好文词，见申公对，默然。然已招致，则以为太中大夫，舍鲁邸，议明堂事。太皇窦太后好老子言，不悦儒术，得赵绾、王臧之过以让上，上因废明堂事，尽下赵绾、王臧吏，后皆自杀。申公亦疾免以归，数年卒。

①【集解】徐广曰：“马车。”

弟子为博士者十余人：孔安国至临淮太守，[①]周霸至胶西内史，夏宽至城阳内史，砀鲁赐至东海太守，兰陵缪生[②]至长沙内史，徐偃为胶西中尉，邹人阙门庆忌[③]为胶东内史。

其治官民皆有廉节，称其好学。学官弟子行虽不备，而至于大夫、郎中、掌故以百数。言《诗》虽殊，多本于申公。

①【集解】徐广曰："孔鲋之弟子襄为惠帝博士，迁为长沙太傅，生忠，忠生武及安国。安国为博士，临淮太守。" ②【索隐】缪音亡救反。缪氏出兰陵。一音穆。所谓穆生，为楚元王所礼也。 ③【集解】《汉书音义》曰："姓阙门，名庆忌。"

清河王太傅辕固生者，齐人也。以治《诗》，孝景时为博士。与黄生争论景帝前。黄生曰："汤、武非受命，乃弑也。"辕固生曰："不然。夫桀、纣虐乱，天下之心皆归汤、武，汤、武与天下之心而诛桀、纣，桀、纣之民不为之使而归汤、武，汤、武不得已而立，非受命为何？"黄生曰："冠虽敝，必加于首。履虽新，必关于足。何者，上下之分也。今桀、纣虽失道，然君上也。汤、武虽圣，臣下也。夫主有失行，臣下不能正言匡过以尊天子，反因过而诛之，代立践南面，非弑而何也？"辕固生曰："必若所云，是高帝代秦即天子之位，非邪？"于是景帝曰："食肉不食马肝，[①]不为不知味。言学者无言汤、武受命，不为愚。"遂罢。是后学者莫敢明受命放杀者。

①【正义】《论衡》云："气热而毒盛，故食马肝杀人。又盛夏马行多渴死，杀气为毒也。"

窦太后好《老子》书，召辕固生问《老子》书。固曰："此是家人言耳。"[①]太后怒曰："安得司空城旦书乎？"[②]乃使固入圈刺豕。景帝知太后怒而固直言无罪，乃假固利兵，下圈刺豕，正中其心，一刺，豕应手而倒。太后默然，无以复罪，罢之。居顷之，景帝以固为廉直，拜为清河王太傅。[③]久之，病免。

①【索隐】服虔云："如家人言也。"案：《老子道德篇》虽微妙难通，然近而观之，理国理身而已，故言此家人之言也。　②【集解】徐广曰："司空，主刑徒之官也。"骃案：《汉书音义》曰"道家以儒法为急，比之于律令"。③【集解】徐广曰："哀王乘也。"

今上初即位，复以贤良征固。诸谀儒多疾毁固，曰"固老"，罢归之。时固已九十余矣。固之征也，薛人公孙弘亦征，[①]侧目而视固。固曰："公孙子，务正学以言，无曲学以阿世！"自是之后，齐言《诗》皆本辕固生也。诸齐人以《诗》显贵，皆固之弟子也。

①【集解】徐广曰："薛县在菑川。"

韩生者，[①]燕人也。孝文帝时为博士，景帝时为常山王太傅。[②]韩生推《诗》之意而为《内外传》数万言，其语颇与齐、鲁间殊，然其归一也。淮南贲生[③]受之。自是之后，而燕、赵间言《诗》者由韩生。韩生孙商为今上博士。

①【集解】《汉书》曰："名婴。"　②【集解】徐广曰："宪王舜也。"③【索隐】贲音肥。

伏生者，[①]济南人也。故为秦博士。孝文帝时，欲求能治《尚书》者，天下无有，乃闻伏生能治，欲召之。是时伏生年九十余，老不能行，于是乃诏太常使掌故朝错往受之。秦时焚书，伏生壁藏之。其后兵大起，流亡，汉定，伏生求其书，亡数十篇，独得二十九篇，即以教于齐、鲁之间。学者由是颇能言《尚书》，诸山东大师无不涉《尚书》以教矣。

①【集解】张晏曰："伏生名胜，伏氏碑云。"

伏生教济南张生及欧阳生，[①]欧阳生教千乘儿宽。儿宽既通《尚书》，以文学应郡举，诣博士受业，受业孔安国。儿宽贫无资用，常为弟子都养，[②]及时时间行佣赁，以给衣食。行常带经，止息则诵习之。以试第次，补廷尉史。是时张汤方向学，以为奏谳掾，以古法议决疑大狱，而爱幸宽。宽为人温良，有廉智，自持，而善著书、书奏，敏于文，口不能发明也。汤以为长者，数称誉之。及汤为御史大夫，以儿宽为掾，荐之天子。天子见问，悦之。张汤死后六年，儿宽位至御史大夫。[③]九年而以官卒。宽在三公位，以和良承意从容得久，然无有所匡谏。于官，官属易之，不为尽力。张生亦为博士。而伏生孙以治《尚书》征，不能明也。

①【集解】汉书曰："字和伯，千乘人。"　②【索隐】谓倪宽家贫，为弟子造食也。何休注《公羊》"灼烹为养"。案：有厮养卒，厮掌马，养造食也。　③【集解】徐广曰："元(狩)〔封〕元年。"

自此之后，鲁周霸、孔安国，洛阳贾嘉，颇能言《尚书》事。孔氏有古文《尚书》，而安国以今文读之，因以起其家。逸《书》[①]得十余篇，盖《尚书》滋多于是矣。

①【索隐】案：孔臧与安国书云"旧《书》潜于壁室，欻尔复出，古训复申。唯闻《尚书》二十八篇取象二十八宿，(河)〔何〕图乃有百篇耶？知以今雠古，隶篆推科斗，以定五十余篇，并为之传也"。《艺文志》曰安国悉得其书，以考二十九篇，得多十六篇。起者，谓起发以出也。

诸学者多言《礼》，而鲁高堂生最本。《礼》固自孔子时而其经不具，及至秦焚书，书散亡益多，于今独有《士礼》，高堂生能言之。

而鲁徐生善为容。[①]孝文帝时，徐生以容为礼官大夫。传子至孙徐延、徐襄。襄，其天姿善为容，不能通《礼经》。延颇能，未善也。襄以容为汉礼官大夫，至广陵内史。延及徐氏弟子公户满意、[②]桓生、单次，[③]皆尝为汉礼官大夫。而瑕丘[④]萧奋以《礼》为淮阳太守。是后能言《礼》为容者，由徐氏焉。

①【索隐】《汉书》作"颂"，亦音容也。　②【索隐】公户，姓。满意，名也。案：邓展云二人姓字，非也。　③【索隐】单音善。单，姓。次，名也。　④【集解】徐广曰："属山阳也。"

自鲁商瞿受《易》孔子，[①]孔子卒，商瞿传《易》，六世至齐人田何，字子庄，[②]而汉兴。田何传东武人王同子仲，子仲传菑川人杨何。[③]何以《易》，元光元年征，官至中大夫。齐人即墨成以《易》至城阳相，广川人孟但以《易》为太子门大夫。鲁人周霸，莒人衡胡，[④]临菑人主父偃，皆以《易》至二千石。然要言《易》者本于杨何之家。

①【索隐】案：商姓，瞿名，字子木。瞿音劬。 ②【索隐】案：《汉书》云"商瞿授东鲁桥庇子庸，子庸授江东馯臂子弓，子弓授燕周丑子家，子家授东武孙虞子乘"，子乘授何，六代也。《仲尼弟子传》作"瞿传馯臂子弘，弘传江东人矫子庸疵，疵传燕人周子家竖，竖传淳于人光子乘羽，羽传齐人田子庄何"，与《汉书》不同。馯音寒，庇音必利反，疵音自移反。 ③【索隐】案：田何传东武王同，同传菑川杨何。 ④【集解】徐广曰："莒，一作吕。"

董仲舒，广川人也。以治《春秋》，孝景时为博士。下帷讲诵，弟子传以久次相受业，或莫见其面，盖三年董仲舒不观于舍园，其精如此。进退容止，非礼不行，学士皆师尊之。今上即位，为江都相。[①]以《春秋》灾异之变推阴阳所以错行，故求雨闭诸阳，纵诸阴，其止雨反是。行之一国，未尝不得所欲。中废为中大夫，居舍，著《灾异之记》。是时辽东高庙灾，主父偃疾之，取其书奏之天子。[②]天子召诸生示其书，有刺讥。董仲舒弟子吕步舒[③]不知其师书，以为下愚。于是下董仲舒吏，当死，诏赦之。于是董仲舒竟不敢复言灾异。

①【索隐】案：仲舒事易王。王，武帝兄。 ②【集解】徐广曰："建元六年。"【索隐】案：《汉书》以为辽东高庙及长陵园殿灾也。仲舒为《灾异记》，草而未奏，主父偃窃而奏之。 ③【集解】徐广曰："一作荼，亦音舒。"

董仲舒为人廉直。是时方外攘四夷，公孙弘治《春秋》不如董仲舒，而弘希世用事，位至公卿。董仲舒以弘为从谀。弘疾之，乃言上曰："独董仲舒可使相胶西王。"胶西王素闻董仲舒有行，亦善待之。董仲舒恐久获罪，疾免居家。至卒，终不治产业，以修学著书为事。故汉兴至于五世之间，唯董仲舒名为明于《春秋》，其传公羊氏也。

胡毋生，[①]齐人也。孝景时为博士，以老归教授。齐之言《春秋》者多受胡毋生，公孙弘亦颇受焉。

①【集解】《汉书》曰："字子都。"

瑕丘江生为穀梁《春秋》。自公孙弘得用，尝集比其义，卒用董仲舒。

仲舒弟子遂者：兰陵褚大，广川殷忠，[①]温吕步舒。褚大至梁相。步舒至长史，持节使决淮南狱，于诸侯擅专断，不报，以《春秋》之义正之，天子皆以为是。弟子通者，至于命大夫。为郎、谒者、掌故者以百数。而董仲舒子及孙皆以学至大官。

①【集解】徐广曰："殷，一作段，又作瑕也。"

索隐述赞曰：孔氏之衰，经书绪乱。言诸六学，始自炎汉。著令立官，四方扼腕。曲台坏壁，《书》、《礼》之冠。传《易》言《诗》，云蒸雾散。兴化致理，鸿猷克赞。

卷一百二十二

酷吏列传第六十二

孔子曰："导之以政，齐之以刑，民免而无耻。[1]导之以德，齐之以礼，有耻且格。"[2]老氏称："上德不德，是以有德。下德不失德，是以无德。法令滋章，盗贼多有。"太史公曰：信哉是言也。法令者治之具，而非制治清浊之源也。昔天下之网尝密矣，[3]然奸伪萌起，其极也，上下相遁，至于不振。当是之时，吏治若救火扬沸，[4]非武健严酷，恶能胜其任而愉快乎。言道德者，溺其职矣。故曰"听讼，吾犹人也，必也使无讼乎"。"下士闻道大笑之"。非虚言也。汉兴，破觚而为圜，[5]斫雕而为朴，[6]网漏于吞舟之鱼，而吏治烝烝，不至于奸，黎民艾安。由是观之，在彼不在此。[7]

①【集解】孔安国曰："免，苟免也。" ②【集解】何晏曰："格，正也。" ③【索隐】案：《盐铁论》云"秦法密于凝脂"。 ④【索隐】言本弊不除，则其末难止也。 ⑤【集解】《汉书音义》曰："觚，方。"【索隐】应劭云："觚，八棱有隅者。高祖反秦之政，破觚为圜，谓除其严法，约三章耳。" ⑥【索隐】应劭云："削琱为璞也。"晋灼云："凋，弊也。斲理凋弊之俗，使反质朴也。" ⑦【集解】韦昭曰："在道德，不在严酷。"

高后时，酷吏独有侯封，刻轹宗室，侵辱功臣。吕氏已败，遂(擒)〔夷〕侯封之家。孝景时，晁错以刻深颇用术辅其资，而七国之乱，发怒于错，错卒以被戮。其后有郅都、宁成之属。

郅都者，[①]杨人也，[②]以郎事孝文帝。孝景时，都为中郎将，敢直谏，面折大臣于朝。尝从入上林，贾姬[③]如厕，野彘卒入厕。上目都，都不行。上欲自持兵救贾姬，都伏上前曰："亡一姬复一姬进，天下所少宁贾姬等乎？陛下纵自轻，奈宗庙太后何！"上还，彘亦去。太后闻之，赐都金百斤，由此重郅都。

①【索隐】郅音质。　②【集解】徐广曰："属河东。"【索隐】《汉书》云"河东大阳人"。【正义】《括地志》云："故杨城本秦时杨国，汉杨县城也，今晋州洪洞县也。至隋为杨，唐初改为洪洞，以故洪洞镇为名也。秦及汉皆属河东郡。郅都墓在洪洞县东南二十里。"《汉书》云"郅都，河东大阳人"，班固失之甚也。大阳，今陕州河北县是，亦属河东郡也。　③【索隐】案：姬生赵王彭祖也。

济南瞯氏[①]宗人三百余家，豪猾，二千石莫能制，于是景帝乃拜都为济南太守。至则族灭瞯氏首恶，余皆股栗。[②]居岁余，郡中不拾遗。旁十余郡守畏都如大府。

①【集解】《汉书音义》曰："小儿痫病也。"【索隐】荀悦音闲，邹氏、刘氏音并同。　②【集解】徐广曰："髀脚战摇也。"

都为人勇，有气力，公廉，不发私书，问遗无所受，请寄无所听。常自称曰："已背亲而仕，身固当奉职死节官下，终不顾妻子矣。"

郅都迁为中尉。丞相条侯至贵倨也，而都揖丞相。是时民朴，畏罪自重，而都独先严酷，致行法不避贵戚，列侯宗室见都侧目而视，号曰"苍鹰"。

临江王征诣中尉府对簿，临江王欲得刀笔为书谢上，而都禁吏不予。魏其侯使人以间与临江王。临江王既为书谢上，因自杀。窦太后闻之，怒，以危法中都，[①]都免归家。孝景帝乃使使持节拜都为雁门太守，而便道之官，得以便宜从事。匈奴素闻郅都节，居边，为引兵去，竟郅都死不近雁门。匈奴至为偶人象郅都，[②]令骑驰射莫能中，见惮如此。匈奴患之。窦太后乃竟中都以汉法。景帝曰："都忠臣。"欲释之。窦太后曰："临江王独非忠臣邪？"于是遂斩郅都。

①【索隐】案：中，如字读。谓以法中伤之。 ②【索隐】《汉书》作"寓人象"。案：寓即偶也，谓刻木偶类人形也。一云寄人形于木也。

宁成者，[①]穰人也，[②]以郎谒者事景帝。好气，为人小吏，必陵其长吏。为人上，操下[③]如束湿薪，[④]滑贼任威。稍迁至济南都尉，[⑤]而郅都为守。始前数[⑥]都尉皆步入府，因吏谒守如县令，其畏郅都如此。及成往，直陵都出其上。都素闻其声，于是善遇，与结欢。久之，郅都死，后长安左右宗室多暴犯法，于是上召宁成为中尉。[⑦]其治效郅都，其廉弗如，然宗室豪杰皆人人惴恐。

①【集解】徐广曰："宁，一作甯。" ②【集解】徐广曰："属南阳。" ③【索隐】操音七刀反。操，执也。 ④【集解】徐广曰："一无此字。"骃案：韦昭曰"言急也"。 ⑤【正义】《百官表》云："(都)〔郡〕尉，秦官，掌佐守典武职甲卒，秩比二千石，有丞，秩皆六百石，景帝中二年更名都尉。"若周之司马。 ⑥【索隐】数音所注反。 ⑦【正义】《百官表》云："中尉，秦官，掌徼循京师，武帝太初元年更名执金吾。"颜云："金吾，鸟名也，主辟不祥。天子出行，职主先道，以御非常，故执此鸟之象，因以名官。"

武帝即位，徙为内史。外戚多毁成之短，抵罪髡钳。是时九卿罪死即死，少被刑，而成极刑，自以为不复收，于是解脱，[①]诈刻传出关归家。称曰："仕不至二千石，贾不至千万，安可比人乎？"乃贳贷[②]买陂田千余顷，假贫民，役使数千家。数年，会赦。致产数千金，为任侠，持吏长短，出从数十骑。其使民威重于郡守。

①【索隐】解音纪买反，脱音他活反。谓脱钳钛也。 ②【索隐】贳音食夜反。贳，赊也，又音势。贷音天得反。

周阳由者，其父赵兼以淮南王舅父侯周阳，故因姓周阳氏。[①]由以宗家任为郎，[②]事孝文及景帝。景帝时，由为郡守。武帝即位，吏治尚循谨甚，然由居二千石中，最为暴酷骄恣。所爱者，挠法活之。所憎者，曲法诛灭之。所居郡，必夷其豪。为守，视都尉如令。为都尉，必陵太守，夺之治。与汲黯俱为忮，[③]司马安之文恶，[④]俱在二千石列，同车未尝敢均茵伏。[⑤]

①【集解】徐广曰："侯五年，孝文六年国除。"【正义】周阳故城在绛州闻〔喜〕县东二十九里。 ②【索隐】案：与国家有外戚姻属，比于宗室，故曰"宗家"也。 ③【集解】《汉书音义》曰："坚忮也。" ④【集解】《汉书音义》曰："以文法伤害人。" ⑤【集解】徐广曰："《汉书》作'冯'。伏者，轼。"【索隐】案：均，等也。茵，车蓐也。言二人与由同载一车，尚不敢与之均茵轼也，谓下之也。冯音凭。

由后为河东都尉，时与其守胜屠公[①]争权，相告言罪。胜屠公当抵罪，义不受刑，自杀，而由弃市。

①【索隐】《风俗通》云："胜屠即申屠也。"

自宁成、周阳由之后，事益多，民巧法，大抵吏之治类多成、由等矣。

赵禹者，斄人。[①]以佐史补中都官，[②]用廉为令史，事太尉亚夫。亚夫为丞相，禹为丞相史，府中皆称其廉平。然亚夫弗任，曰："极知禹无害，然文深，[③]不可以居大府。"今上时，禹以刀笔吏积劳，稍迁为御史。上以为能，至太中大夫。与张汤论定诸律令，[④]作见知，吏传得相监司。用法益刻，盖自此始。

①【集解】徐广曰："属扶风，音台。"【正义】音胎。故斄城在雍武功县西南二十二里。古邰国，后稷所封，汉斄县也。 ②【正义】若京都府史。 ③【集解】《汉书音义》曰："禹持文法深刻。" ④【集解】徐广曰："论，一作'编'。"

张汤者，杜人也。[①]其父为长安丞，出，汤为儿守舍。还而鼠盗肉，其父怒，笞汤。汤掘窟得盗鼠及余肉，劾鼠掠治，传爰书，讯鞫论报，[②]并取鼠与肉，具狱磔堂下。[③]其父见之，视其文辞如老狱吏，大惊，遂使书狱。[④]父死后，汤为长安吏，久之。

①【集解】徐广曰："尔时未为陵。" ②【集解】苏林曰："谓传囚也。爰，易也。以此书易其辞处。鞫，穷也。"张晏曰："传，考证验也。爰书，自证不如此言，反受其罪，讯考三日复问之，知与前辞不同也。鞫，一吏为读状，论其报行也。"【索隐】韦昭云："爰，换也。古者重刑，嫌有爱恶，故移换狱书，使他官考实之，故曰'传爰书'也。" ③【集解】邓展曰："罪备具。" ④【集解】如淳曰："决狱之书，谓律令也。"

周阳侯始为诸卿时，[①]尝系长安，汤倾身为之。[②]及出为侯，大与汤交，遍见汤贵人。汤给事内史，为宁成掾，以汤为无害，言大府，调为茂陵尉，治方中。[③]

①【集解】徐广曰："田胜也。武帝母王太后之同母弟也。武帝始立而封为周阳侯。" ②【集解】韦昭曰："为之先后。" ③【集解】《汉书音义》曰："方中，陵上土作方也。汤主治之。"苏林曰："天子即位，豫作陵，讳之，故言'方中'。"如淳曰："大府，幕府也。茂陵尉，主作陵之尉也。"韦昭曰："太府，公府。"

武安侯为丞相，征汤为史，时荐言之天子，补御史，使案事。治陈皇后蛊狱，深竟党与。于是上以为能，稍迁至太中大夫。与赵禹共定诸律令，务在深文，拘守职之吏。[①]已而赵禹迁为中尉，徙为少府，而张汤为廷尉，两人交欢，而兄事禹。禹为人廉倨。为吏以来，舍毋食客。公卿相造请禹，禹终不报谢，务在绝知友宾客之请，孤立行一意而已。见文法辄取，亦不覆案，求官属阴罪。汤为人多诈，舞智以御人。[②]始为小吏，乾没，[③]与长安富贾田甲、鱼翁叔之属交私。[④]及列九卿，收接天下名士大夫，己心内虽不合，然阳浮慕之。

①【集解】苏林曰："拘刻于守职之吏。" ②【集解】韦昭曰："制御人。" ③【集解】徐广曰："随势沈浮也。"骃案：服虔曰"射成败也"。如淳曰"得利为乾，失利为没"。【正义】此二说非也。按：乾没谓无润及之而取他人也。又云阳浮慕为乾，心内不合为没也。 ④【集解】徐广曰："姓鱼也。"

是时上方向文学，汤决大狱，欲傅古义，[①]乃请博士弟子治《尚书》、《春秋》补廷尉史，亭疑法。[②]奏谳疑事，必豫先为上分别其原，上所是，受而著谳决法廷尉絜令，[③]扬主之明。奏事即谴，汤应谢，[④]向上意所便，必引正、监、掾史贤者，[⑤]曰："固为臣议，如上责臣，臣弗用，愚抵于此。"[⑥]罪常释。(闻)[⑦]〔间〕即奏事，上善之，曰："臣非知为此奏，乃正、监、掾史某为之。"其欲荐吏，扬人之善、蔽人之过如此。所治即上意所欲罪，予监史深祸者。即上意所欲释，与监史轻平者。所治即豪，必舞文巧诋。即下户羸弱，时口言，虽文致法，上财察。[⑧]于是往往释汤所言。[⑨]汤至于大吏，内行修也。通宾客饮食。于故人子弟为吏及贫昆弟，调护之尤厚。其造请诸公，不避寒暑。是以汤虽文深意忌不专平，然得此声誉。

而刻深吏多为爪牙用者，依于文学之士。丞相弘数称其美。及治淮南、衡山、江都反狱，皆穷根本。严助及伍被，上欲释之。汤争曰："伍被本画反谋，而助亲幸出入禁闼爪牙臣，乃交私诸侯如此，弗诛，后不可治。"于是上可论之。其治狱所排大臣自为功，多此类。于是汤益尊任，迁为御史大夫。⑩

①【索隐】傅音附。　②【集解】李奇曰："亭，平也。"【索隐】使之平疑事也。　③【集解】韦昭曰："在板絜。"【正义】按：谓律令也。古以板书之。言上所是，著之为正狱，以廷尉法令决平之，扬主之明监也。④【集解】徐广曰："应，一作权。"　⑤【正义】《百官表》云："廷尉，秦官。有正、左、右监，皆秩千石也。"按：上即责，汤应对谢之如上意，必引正、监等贤者本为臣建议如上意，臣不用，愚昧不从至此也。　⑥【集解】苏林曰："主坐不用诸掾语，故至于此。"　⑦【集解】徐广曰："诏，答闻也，如今制曰闻矣。"骃案：瓒曰"谓常见原"。　⑧【集解】李奇曰："先见上，口言之，欲与轻平也。"　⑨【集解】李奇曰："汤口所先言皆见原释。"⑩【集解】徐广曰："元狩二年。"

会浑邪等降，汉大兴兵伐匈奴，山东水旱，贫民流徙，皆仰给县官，县官空虚。于是丞上指，请造白金及五铢钱，笼天下盐铁，排富商大贾，出告缗令，①钼豪强并兼之家，舞文巧诋以辅法。汤每朝奏事，语国家用，日晏，天子忘食。丞相取充位，②天下事皆决于汤。百姓不安其生，骚动，县官所兴，未获其利，奸吏并侵渔，于是痛绳以罪。则自公卿以下，至于庶人，咸指汤。汤尝病，天子至自视病，其隆贵如此。

①【正义】缗音岷，钱贯也。武帝伐四夷，国用不足，故税民田宅船乘

畜产奴婢等，皆平作钱数，每千钱一算，出一等，贾人倍之；若隐不税，有告之，半与告人，余半入官，谓缗。出此令，用锄筑豪强兼并富商大贾之家也。一算，百二十文也。 ②【集解】徐广曰："时李蔡、庄青翟为丞相。"

匈奴来请和亲，群臣议上前。博士狄山曰："和亲便。"上问其便，山曰："兵者凶器，未易数动。高帝欲伐匈奴，大困平城，乃遂结和亲。孝惠、高后时，天下安乐。及孝文帝欲事匈奴，北边萧然苦兵矣。孝景时，吴、楚七国反，景帝往来两宫间，寒心者数月。吴、楚已破，竟景帝不言兵，天下富实。今自陛下举兵击匈奴，中国以空虚，边民大困贫。由此观之，不如和亲。"上问汤，汤曰："此愚儒，无知。"狄山曰："臣固愚忠，若御史大夫汤乃诈忠。若汤之治淮南、江都，以深文痛诋诸侯，别疏骨肉，使蕃臣不自安。臣固知汤之为诈忠。"于是上作色曰："吾使生居一郡，能无使虏入盗乎？"曰："不能。"曰："居一县？"对曰："不能。"复曰："居一障间？"[①]山自度辩穷且下吏，曰："能。"于是上遣山乘鄣。至月余，匈奴斩山头而去。自是以后，群臣震慑。

①【正义】障，谓塞上要险之处别筑城，置吏士守之，以捍寇盗也。

汤之客田甲，虽贾人，有贤操。始汤为小吏时，与钱通，[①]及汤为大吏，甲所以责汤行义过失，亦有烈士风。

①【集解】徐广曰："以利交。"

汤为御史大夫七岁，败。

河东人李文尝与汤有郤，已而为御史中丞，恚，数从中文书事有可以伤汤者，不能为地。汤有所爱史鲁谒居，知汤不平，使人上蜚变告文奸事，事下汤，汤治论杀文，而汤心知谒居为之。上问曰："言变事纵迹安起？"汤佯惊曰："此殆文故人怨之。"谒居病卧闾里主人，汤自往视疾，为谒居摩足。赵国以冶铸为业，王数讼铁官事，汤常排赵王。赵王求汤阴事。谒居尝案赵王，赵王怨之，并上书告："汤，大臣也，史谒居有病，汤至为摩足，疑与为大奸。"事下廷尉。谒居病死，事连其弟，弟系导官。[①]汤亦治他囚导官，见谒居弟，欲阴为之，而佯不省。谒居弟弗知，怨汤，使人上书告汤与谒居谋，共变告李文。事下减宣。宣尝与汤有郤，及得此事，穷竟其事，未奏也。会人有盗发孝文园瘗钱，[②]丞相青翟朝，与汤约俱谢，至前，汤念独丞相以四时行园，当谢，汤无与也，不谢。丞相谢，上使御史案其事。汤欲致其文丞相见知，[③]丞相患之。三长史皆害汤，欲陷之。

①【集解】如淳曰："太官之别也，主酒。" ②【集解】如淳曰："瘗埋钱于园陵以送死，" ③【集解】张晏曰："见知故纵，以其罪罪之。"

始长史朱买臣，会稽人也。[①]读《春秋》。庄助使人言买臣，买臣以《楚辞》与助俱幸，侍中，为太中大夫，用事。而汤乃为小吏，跪伏使买臣等前。已而汤为廷尉，治淮南狱，排挤庄助，买臣固心望。及汤为御史大夫，买臣以会稽守为主爵都尉，列于九卿。数年，坐法废，守长史，见汤，汤坐床上，丞史遇买臣弗为礼。买臣楚士,[②]深怨,常欲死之。王朝,齐人也,以术至右内史。边通,学长短,[③]刚暴强人也,官再至济南相。故皆居汤右,已而失官,守长史,诎体于汤。汤数行丞相事,知此三长史素贵,常凌折之。以故三长史合谋曰:“始汤约与君谢,已而卖君。今欲劾君以宗庙事,此欲代君耳。吾知汤阴事。”使吏捕案汤左田信等,[④]曰汤且欲奏请,信辄先知之,居物致富,与汤分之,及他奸事。事辞颇闻。上问汤曰:“吾所为,贾人辄先知之,益居其物,是类有以吾谋告之者。”汤不谢。汤又佯惊曰:“固宜有。”减宣亦奏谒居等事。天子果以汤怀诈面欺,使使八辈簿责汤。[⑤]汤具自道无此,不服。于是上使赵禹责汤。禹至,让汤曰:“君何不知分也。君所治夷灭者几何人矣?今人言君皆有状,天子重致君狱,欲令君自为计,何多以对簿为?”汤乃为书谢曰:“汤无尺寸功,起刀笔吏,陛下幸致为三公,无以塞责。然谋陷汤罪者,三长史也。”遂自杀。

①【正义】朱买臣,吴人也,此时苏州为会稽郡也。 ②【正义】周末越王句践灭吴,楚威王灭越,吴之地总属楚,故谓朱买臣为楚士。 ③【集解】《汉书音义》曰:“长短术兴于六国时。行长入短,其语隐谬,用相激怒。” ④【集解】《汉书音义》曰:“左,证左也。”【正义】言汤与田信为左道之交,故言“左田信等”。 ⑤【集解】苏林曰:“簿音主簿之簿,悉责也。”

汤死,家产直不过五百金,皆所得奉赐,无他业。昆弟诸子欲厚葬汤,汤母曰:“汤为天子大臣,被汙恶言而死,何厚葬乎！”载以牛车，有棺无椁。天子闻之，曰：“非此母不能生此子。”乃尽案诛三长史。丞相青翟自杀。出田信。上惜汤，稍迁其子安世。

赵禹中废，已而为廷尉。始条侯以为禹贼深，弗任。及禹为少府，比九卿。禹酷急，至晚节，事益多，吏务为严峻，而禹治加缓，而名为平。王温舒等后起，治酷于禹。禹以老，徙为燕相。数岁，乱悖有罪，免归。后汤十余年，以寿卒于家。

义纵者，河东人也。为少年时，尝与张次公俱攻剽[1]为群盗。纵有姊姁，[2]以医幸王太后。王太后问：“有子兄弟为官者乎？”姊曰：“有弟无行，不可。”太后乃告上，拜义姁弟纵为中郎，[3]补上党郡中令。[4]治敢行，少蕴藉，[5]县无逋事，举为第一。迁为长陵及长安令，直法行治，不避贵戚。以捕案太后外孙修成君子仲，[6]上以为能，迁为河内都尉。至则族灭其豪穰氏之属，河内道不拾遗。而张次公亦为郎，以勇悍从军，敢深入，有功，为岸头侯。[7]

①【集解】徐广曰：“剽音扶召反。”【索隐】《说文》云：“剽，刺也。”一云剽劫，又音敷妙反。 ②【索隐】李奇音吁，孟康音诩。 ③【集解】《汉书音义》曰：“姁音煦，纵姊名也。” ④【索隐】案：谓补上党郡中之令，史失其县名。 ⑤【集解】《汉书音义》曰：“敢行暴政而少蕴藉也。”【索隐】蕴音愠。藉音才夜反。张晏云：“为人无所避，故少所假借也。” ⑥【索隐】案：王太后之女号修成君，其子名仲。 ⑦【集解】徐广曰：“受封五年，与淮南王女淩奸及受财物，国除。”

宁成家居，上欲以为郡守。御史大夫弘曰："臣居山东为小吏时，宁成为济南都尉，其治如狼牧羊。成不可使治民。"上乃拜成为关都尉。岁余，关东吏隶郡国出入关者，[①]号曰"宁见乳虎，无值宁成之怒"。义纵自河内迁为南阳太守，闻宁成家居南阳，及纵至关，宁成侧行送迎，然纵气盛，弗为礼。至郡，遂案宁氏，尽破碎其家。成坐有罪，及孔、暴之属皆奔亡，[②]南阳吏民重足一迹。而平氏朱彊、杜衍、杜周为纵牙爪之吏，任用，迁为廷史。军数出定襄，定襄吏民乱败，于是徙纵为定襄太守。纵至，掩定襄狱中重罪轻系二百余人，及宾客昆弟私入相视亦二百余人。纵一捕鞠，曰"为死罪解脱"。[③]是日皆报杀四百余人。其后郡中不寒而栗，猾民佐吏为治。[④]

①【集解】《汉书音义》曰："隶，阅也。"　②【集解】徐广曰："孔、暴二姓，大族。"　③【集解】《汉书音义》曰："一切皆捕之也。律，诸囚徒私解脱桎梏钳赭，加罪一等；为人解脱，与同罪。纵鞫相赡饷者二百人为解脱死罪，尽杀也。"　④【索隐】案：谓豪猾之人干豫吏政，故云"佐吏为理"也。

是时赵禹、张汤以深刻为九卿矣，然其治尚宽，辅法而行，而纵以鹰击毛挚为治。[①]后会五铢钱白金起，民为奸，京师尤甚，乃以纵为右内史，王温舒为中尉。温舒至恶，其所为不先言纵，纵必以气凌之，败坏其功。其治，所诛杀甚多，然取为小治，奸益不胜，直指始出矣。吏之治以斩杀缚束为务，阎奉以恶用矣。纵廉，其治放郅都。上幸鼎湖，病久，已而卒起幸甘泉,[②]道多不治。上怒曰:“纵以我为不复行此道乎?”嗛之。[③]至冬,杨可方受告缗,[④]纵以为此乱民,部吏捕其为可使者。[⑤]天子闻,使杜式治,以为废格沮事,[⑥]弃纵市。后一岁,张汤亦死。

①【集解】徐广曰:“鸷鸟将击,必张羽毛也。” ②【索隐】卒音七忽反。 ③【集解】徐广曰:“嗛音衔。” ④【集解】韦昭曰:“人有告言不出缗者,可方受之。”【索隐】缗,钱贯也。汉氏有告缗令,杨可主之。谓缗钱出入有不出算钱者,令得告之也。 ⑤【索隐】谓求杨可之使。 ⑥【集解】《汉书音义》曰:“武帝使杨可主告缗,没入其财物,纵捕为可使者,此为废格诏书,沮已成之事。”【索隐】格音阁。

王温舒者,阳陵人也。[①]少时椎埋为奸。[②]已而试补县亭长,数废。为吏,以治狱至廷史。事张汤,迁为御史。督盗贼,杀伤甚多,稍迁至广平都尉。择郡中豪敢任吏十余人以为爪牙,皆把其阴重罪,而纵使督盗贼。快其意所欲得,此人虽有百罪,弗法。即有避,因其事夷之,亦灭宗。以其故齐、赵之郊盗贼不敢近广平,广平声为道不拾遗。上闻,迁为河内太守。

①【集解】徐广曰“属冯翊。” ②【集解】徐广曰:“椎杀人而埋之。或谓发冢。”

素居广平时,皆知河内豪奸之家,及往,九月而至。令郡具私马五十匹,为驿自河内至长安,部吏如居广平时方略，捕郡中豪猾，郡中豪猾相连坐千余家。上书请，大者至族，小者乃死，家尽没入偿臧。奏行不过二三日，得可事。论报，至流血十余里。河内皆怪其奏，以为神速。尽十二月，郡中毋声，毋敢夜行，野无犬吠之盗。其颇不得失，之旁郡国，黎来，[①]会春，温舒顿足叹曰："嗟乎，令冬月益展一月，足吾事矣！"其好杀伐行威不爱人如此。天子闻之，以为能，迁为中尉。其治复倣河内，徙诸名祸猾吏[②]与从事，河内则杨皆、麻戊，[③]关中杨赣、成信等。义纵为内史，惮未敢恣治。及纵死，张汤败后，徙为廷尉，而尹齐为中尉。

①【索隐】黎音犁。黎，比也。　②【集解】徐广曰："有残刻之名。"【索隐】案：《汉书》作"徒请召猜祸吏"。服虔曰"徒，但也。猜，恶也"。应劭曰"猜，疑也。取吏名为好猜疑人作祸败者而使之"。　③【集解】徐广曰："一云麻成。"

尹齐者，东郡茌平人，[①]以刀笔稍迁至御史。事张汤，张汤数称以为廉武，使督盗贼，所斩伐不避贵戚。迁为关内都尉，声甚于宁成。上以为能，迁为中尉，吏民益凋敝。尹齐木强少文，豪恶吏伏匿而善吏不能为治，以故事多废，抵罪。上复徙温舒为中尉，而杨仆以严酷为主爵都尉。

①【索隐】茌音仕疑反。

杨仆者，宜阳人也，以千夫为吏。[①]河南守案举以为能，迁为御史，使督盗贼关东。治倣尹齐，以为敢挚行。稍迁至主爵都尉，列九卿。天子以为能。南越反，拜为楼船将军，有功，封将梁侯。为荀彘所缚。[2]居久之，病死。

①【集解】《汉书音义》曰："千夫若五大夫。武帝军用不足，令民出钱谷为之。" ②【集解】徐广曰："受封四年，征朝鲜还，赎为庶人。"【索隐】案：《汉书》云"与左将军荀彘俱击朝鲜，为彘所缚。还，免为庶人，病死"。

而温舒复为中尉。为人少文，居廷惛惛[1]不辩，至于中尉则心开。督盗贼，素习关中俗，知豪恶吏，豪恶吏尽复为用，为方略。吏苛察，盗贼恶少年投缿[2]购告言奸，置伯格长[3]以牧司奸盗贼。温舒为人谄，善事有势者。即无势者，视之如奴。有势家，虽有奸如山，弗犯。无势者，贵戚必侵辱。舞文巧诋下户之猾，以焄大豪。[4]其治中尉如此。奸猾穷治，大抵尽靡烂狱中，行论无出者。其爪牙吏虎而冠。于是中尉部中中猾以下皆伏，有势者为游声誉，称治。治数岁，其吏多以权富。

①【索隐】音昏。 ②【集解】徐广曰："音项，器名也，如今之投书函中。"【索隐】缿，受投书之器，入不可出。《三仓》音胡江反。 ③【集解】徐广曰："一作落。古村落字亦作格。街陌屯落皆设督长也。"【索隐】伯音阡陌，格音村落。言阡陌村落皆置长也。 ④【集解】焄音熏。【索隐】案：熏，犹熏炙之。谓下户之中有奸猾之人，令案之，以熏逐大奸也。

温舒击东越还，[1]议有不中意者，坐小法抵罪免。是时天子方欲作通天台[2]而未有人，温舒请覆中尉脱卒，得数万人作。上悦，拜为少府。徙为右内史，治如其故，奸邪少禁。坐法失官。复为右辅，行中尉事，如故操。

①【集解】徐广曰："元鼎六年，出会稽破东越。" ②【正义】《汉书》元封三年。《三辅旧事》云："起甘泉通天台，高五十丈。"

岁余，会宛军发，[①]诏征豪吏，温舒匿其吏华成，及人有变告温舒受员骑钱，他奸利事，罪至族，自杀。其时两弟及两婚家亦各自坐他罪而族。光禄徐自为曰："悲夫，夫古有三族，而王温舒罪至同时而五族乎！"

①【集解】《汉书音义》曰："发兵伐大宛。"

温舒死，家直累千金。后数岁，尹齐亦以淮阳都尉病死，家直不满五十金。所诛灭淮阳甚多，及死，仇家欲烧其尸，尸亡去归葬。[①]

①【集解】徐广曰："尹齐死未及敛，恐怨家欲烧之，尸亦飞去。"

自温舒等以恶为治，而郡守、都尉、诸侯二千石欲为治者，其治大抵尽仿温舒，而吏民益轻犯法，盗贼滋起。南阳有梅免、白政，楚有殷中、[①]杜少，齐有徐勃，燕、赵之间有坚卢、范生之属。大群至数千人，擅自号，攻城邑，取库兵，释死罪，缚辱郡太守、都尉，杀二千石，为檄告县趣具食。小群(盗)以百数，掠卤乡里者，不可胜数也。于是天子始使御史中丞、丞相长史督之，犹弗能禁也。乃使光禄大夫范昆、诸辅都尉及故九卿张德等衣绣衣，持节，虎符发兵以兴击，斩首大部或至万余级，及以法诛通饮食，坐连诸郡，甚者数千人。数岁，乃颇得其渠率。散卒失亡，复聚党阻山川者，往往而群居，无可奈何。于是作“沈命法”，[②]曰群盗起不发觉，发觉而捕弗满品者，二千石以下至小吏主者皆死。其后小吏畏诛，虽有盗不敢发，恐不能得，坐课累府，府亦使其不言。故盗贼寖多，上下相为匿，以文辞避法焉。[③]

①【集解】徐中曰：“殷，一作假，人亦有姓假者也。” ②【集解】《汉书音义》曰：“沈，藏匿也。命，亡逃也。”【索隐】服虔云：“沈匿不发觉之法。”韦昭云：“沈，没也。” ③【集解】徐广曰：“诈为虚文，言无盗贼也。”

减宣者，杨人也，以佐史无害给事河东守府。卫将军青使买马河东，见宣无害，言上，征为大厩丞。[①]官事辨，稍迁至御史及中丞。使治主父偃及治淮南反狱，所以微文深诋，杀者甚众，称为敢决疑。数废数起，为御史及中丞者几二十岁。王温舒免中尉，而宣为左内史。其治米盐，事大小皆关其手，自部署县名曹实物，官吏令丞不得擅摇，痛以重法绳之。居官数年，一切郡中为小治辨，然独宣以小致大，能因力行之，难以为经。中废。为右扶风，坐怨成信，[②]信亡藏上林中，宣使郿令[③]格杀信，吏卒格信时，射中上林苑门，宣下吏诋罪，以为大逆，当族，自杀。而杜周任用。

①【正义】《百官表》云大仆属官有大厩，各五丞一尉也。 ②【集

解】《汉书》曰:“成信,宣吏。” ③【正义】郿令,今岐州岐县北,时属右扶风。

杜周者,[1]南阳杜衍人。[2]义纵为南阳守,以为爪牙,举为廷尉史。事张汤,汤数言其无害,至御史。使案边失亡,[3]所论杀甚众。奏事中上意,任用,与减宣相编,更为中丞十余岁。

①【正义】《杜氏谱》云字长孺。 ②【索隐】地名也。 ③【集解】文颖曰:“边卒多亡也。或曰郡县主守有所亡失也。”

其治与宣相放,然重迟,外宽,内深次骨。[1]宣为左内史,周为廷尉,其治大放张汤而善候伺。上所欲挤者,因而陷之。上所欲释者,久系待问而微见其冤状。客有让周曰:“君为天子决平,不循三尺法,[2]专以人主意指为狱。狱者固如是乎?”周曰:“三尺安出哉?前主所是著为律,后主所是疏为令,当时为是,何古之法乎!”

①【集解】李奇曰:“其用罪深刻至骨。”【索隐】次,至也。 ②【集解】《汉书音义》曰:“以三尺竹简书法律也。”

至周为廷尉,诏狱亦益多矣。二千石系者新故相因,不减百余人。郡吏大府举之廷尉,[1]一岁至千余章。章大者连逮证案数百,小者数十人。远者数千,近者数百里。会狱,吏因责如章告劾,不服,以笞掠定之。于是闻有逮皆亡匿。

狱久者至更数赦[2]十有余岁而相告言，大抵尽诋以不道[3]以上。廷尉及中都官诏狱逮至六七万人，吏所增加十万余人。

①【集解】如淳曰："郡吏，郡太守也。"孟康曰："举之廷尉，以章劾付廷尉治之。" ②【集解】张晏曰："诏书赦，或有不从此令。" ③【索隐】案：大抵，犹大都也。尽诋者，尽至也。

周中废，后为执金吾，逐盗，捕治桑弘羊、卫皇后昆弟子刻深，天子以为尽力无私，迁为御史大夫。[1]家两子，夹河为守。其治暴酷皆甚于王温舒等矣。杜周初征为廷史，有一马，且不全。及身久任事，至三公列，子孙尊官，家訾累数巨万矣。

①【集解】徐广曰："天汉三年为御史大夫，四岁，太始三年卒。"

太史公曰：自郅都、杜周十人者，此皆以酷烈为声。然郅都伉直，引是非，争天下大体。张汤以知阴阳，人主与俱上下，时数辩当否，国家赖其便。赵禹时据法守正。杜周从谀，以少言为重。自张汤死后，网密，多诋严，官事寖以秏废。九卿碌碌奉其官，救过不赡，何暇论绳墨之外乎。然此十人中，其廉者足以为仪表，其污者足以为戒，[1]方略教导，禁奸止邪，一切亦皆彬彬质有其文武焉。虽惨酷，斯称其位矣。至若蜀守冯当暴挫，广汉李贞擅磔人，东郡弥仆锯项，天水骆璧推咸，[2]河东褚广妄杀，京兆无忌、冯翊殷周蝮鸷，[3]水衡阎奉朴击卖请，何足数哉！何足数哉！

①【集解】徐广曰："一本无此四字。" ②【集解】徐广曰："一作成。"【索隐】推音直追反，下音减。"咸"一作"成"，是也。谓(推系)〔椎击〕之以成狱也。 ③【索隐】蝮音复，鸷音至，以言苛酷比之蝮毒焉。

索隐述赞曰：太上失德，法令滋起。破觚为圆，禁暴不止。奸伪斯炽，惨酷爰始。乳兽扬威，苍鹰侧视。舞文巧诋，怀生何恃。

卷一百二十三

大宛列传第六十三

【索隐】案：此传合在《西南夷》下，不宜在《酷吏》、《游侠》之间。斯盖并司马公之残缺，褚先生补之失也，幸不深尤焉。

大宛①之迹，②见自张骞。张骞，汉中人，③建元中为郎。是时天子问匈奴降者，皆言匈奴破月氏王，④以其头为饮器，⑤月氏遁逃而常怨仇匈奴，无与共击之。汉方欲事灭胡，闻此言，因欲通使。道必更匈奴中，⑥乃募能使者。骞以郎应募，使月氏，与堂邑氏(故)胡奴甘父⑦俱出陇西。经匈奴，⑧匈奴得之，传诣单于。单于留之，曰："月氏在吾北，汉何以得往使？吾欲使越，汉肯听我乎？"留骞十余岁，与妻，有子，然骞持汉节不失。

①【索隐】宛音菀，又于袁反。　②【正义】《汉书》云："大宛国去长安万二千五百五十里，东至都护治，西南至大月氏，南亦至大月氏，北至康居。"《括地志》云："率都沙(郍)〔那〕国亦名苏对沙(郍)〔那〕国，本汉大宛国。"

③【索隐】陈寿《益部耆旧传》云："骞，汉中成固人。"　④【正义】氏音支。凉、甘、肃、瓜、沙等州，本月氏国之地。《汉书》云"本居敦煌、祈连间"是也。　⑤【集解】韦昭曰："饮器，椑榼也。单于以月氏王头为饮器。"晋灼曰："饮器，虎子之属也。或曰饮酒器也。"【正义】《汉书·匈奴传》

云："元帝遣车骑都尉韩昌、光禄大夫张猛与匈奴盟，以老上单于所破月氏王头为饮器者，共饮血盟。" ⑥【索隐】更，经也。音羹。 ⑦【集解】《汉书音义》曰："堂邑氏，姓。胡奴甘父，字。"【索隐】案：谓堂邑县人家胡奴名甘父也。下云"堂邑父"者，盖后史家从省，唯称"堂邑父"而略"甘"字。甘，或其姓号也。 ⑧【索隐】谓道经匈奴。

居匈奴中，益宽，骞因与其属亡向月氏，西走数十日至大宛。大宛闻汉之饶财，欲通不得，见骞，喜，问曰："若欲何之？"骞曰："为汉使月氏，而为匈奴所闭道。今亡，唯王使人导送我。诚得至，反汉，汉之赂遗王财物不可胜言。"大宛以为然，遣骞，[①]为发导绎，抵康居，[②]康居传致大月氏。[③]大月氏王已为胡所杀，立其太子为王。[④]既臣大夏而居，[⑤]地肥饶，少寇，志安乐，又自以远汉，殊无报胡之心。骞从月氏至大夏，竟不能得月氏要领。[⑥]

①【索隐】谓大宛发遣骞西也。 ②【索隐】发道，谓发驿令人导引而至康居也。导音道。抵，至也。居音渠。【正义】抵，至也。居，其居反。《括地志》云："康居国在京西一万六百里。其西北可二千里有奄蔡，酒国也。" ③【正义】此大月氏在大宛西南，于妫水北为王庭。《汉书》云去长安万一千六百里。 ④【集解】徐广曰："一云夫人为王，夷狄亦或女主。"【索隐】案：《汉书·张骞传》云"立其夫人为王"也。 ⑤【索隐】"居"作"君"。谓月氏以大夏为臣，而为之作君也。【正义】既，尽也。大夏国在妫水南。 ⑥【集解】《汉书音义》曰："要领，要契。"【索隐】小颜以为要以要，领以领。凡持衣者，必执要与领，言骞不能得月氏意趣，无以持归于汉。刘氏云"不得其要害"，然颇是其意，于文字为疏者也。

留岁余，还，并南山，[①]欲从羌中归，[②]复为匈奴所得。留岁余，单于死，[③]左谷蠡王攻其太子自立，国内乱，骞与胡妻及堂邑父俱亡归汉。汉拜骞为太中大夫，堂邑父为奉使君。[④]

①【正义】并，白浪反。南山即连终南山，从京南东至华山过河，东北连延至海，即中条山也。从京南连接至葱岭万余里，故云“并南山”也。《西域传》云“其南山东出金城，与汉南山属焉”。　②【正义】《说文》云：“羌，西方牧羊人也。南方蛮、闽从虫，北方狄从犬，东方貊从豸，西方羌从羊。”　③【集解】徐广曰：“元朔三年。”　④【索隐】堂邑父之官号也。

骞为人强力，宽大信人，蛮夷爱之。堂邑父故胡人，善射，穷急射禽兽给食。初，骞行时百余人，去十三岁，唯二人得还。

骞身所至者大宛、大月氏、大夏、康居，而传闻其旁大国五六，具为天子言之。曰：

> 大宛在匈奴西南，在汉正西，去汉可万里。其俗土著，耕田，田稻麦。有蒲陶酒。多善马，[①]马汗血，其先天马子也。[②]有城郭屋室。其属邑大小七十余城，众可数十万。其兵弓矛骑射。其北则康居，西则大月氏，西南则大夏，东北则乌孙，东则扜罙、[③]于寘。[④]于寘之西，则水皆西流，注西海。其东水东流，注盐泽。[⑤]盐泽潜行地下，其南则河源出焉。[⑥]多玉石，河注中国。而楼兰、姑师[⑦]邑有城郭，临盐泽。盐泽去长安可五千里。匈奴右方居盐泽以东，至陇西长城，南接羌，鬲汉道焉。

①【索隐】案:《外国传》云“外国称天下有三众:中国人众、大秦宝众、月氏马众”。 ②【集解】《汉书音义》曰:“大宛国有高山,其上有马,不可得,因取五色母马置其下,与交,生驹汗血,因号曰天马子。” ③【集解】徐广曰:“《汉纪》曰拘弥国去于窴三百里。”【索隐】扜罙,国名也,音汙弥二音。《汉纪》谓荀悦所撰《汉纪》。拘音俱,弥即罙也,则拘弥与扜罙同是一名也。 ④【索隐】窴音田,又音殿。 ⑤【索隐】盐水也。《太康地记》云“河北得水为河,塞外得水为海”也。【正义】《汉书》云:“盐泽去玉门关三百余里,广袤三四百里。其水皆潜行地下,南出于积石山为中国河。”《括地志》云:“蒲昌海一名泑泽,一名盐泽,亦名辅日海,亦名穿兰,亦名临海,在沙州西南。玉门关在沙州寿昌县西六里。” ⑥【索隐】案:《汉书·西(南夷)〔域〕传》云“河有两源,一出葱岭山,一出于窴”。《山海经》云“河出昆仑东北隅”。郭璞云“河出昆仑,潜行地下,至葱岭山于窴国,复分流岐出,合而东注泑泽,已而复行积石,为中国河”。泑泽即盐泽也,一名蒲昌海。《西域传》云“于阗在南山下”,与郭璞注《山海经》不同。《广志》云“蒲昌海在蒲类海东”也。 ⑦【正义】二国名。姑师即车师也。

乌孙在大宛东北可二千里,行国,[①]随畜,与匈奴同俗。控弦者数万,敢战。故服匈奴,及盛,取其羁属,不肯往朝会焉。

①【集解】徐广曰:“不土著。”

康居在大宛西北可二千里,行国,与月氏大同俗。控弦者八九万人。与大宛邻国。国小,南羁事月氏,东羁事匈奴。

奄蔡[①]在康居西北可二千里,行国,与康居大同俗。

控弦者十余万。临大泽，无崖，盖乃北海云。

①【正义】《汉书解诂》云："奄蔡即阖苏也。"《魏略》云："西与大秦通，东南与康居接。其国多貂，畜牧水草，故时羁属康居也。"

大月氏[1]在大宛西可二三千里，居妫水北。其南则大夏，西则安息，北则康居。行国也，随畜移徙，与匈奴同俗。控弦者可一二十万。故时强，轻匈奴，及冒顿立，攻破月氏，至匈奴老上单于，杀月氏王，以其头为饮器。始月氏居敦煌、祁连间，[2]及为匈奴所败，乃远去，过宛，西击大夏而臣之，遂都妫水北，为王庭。其余小众不能去者，保南山羌，号小月氏。

①【正义】万震《南州志》云："在天竺北可七千里，地高燥而远。国王称'天子'，国中骑乘常数十万匹，城郭宫殿与大秦国同。人民赤白色，便习弓马。土地所出，及奇玮珍物，被服鲜好，天竺不及也。"康泰《外国传》云："外国称天下有三众：中国为人众，大秦为宝众，月氏为马众也。"

②【正义】初，月氏居敦煌以东，祁连山以西。敦煌郡今沙州。祁连山在甘州西南。

安息[1]在大月氏西可数千里。其俗土著，耕田，田稻麦，蒲陶酒。城邑如大宛。其属小大数百城，地方数千里，最为大国。临妫水，有市，民商贾用车及船，行旁国或数千里。以银为钱，钱如其王面，[2]王死辄更钱，效王面焉。画革旁行以为书记。[3]其西则条枝，北有奄蔡、黎轩。④

①【正义】《地理志》云："安息国京西万一千二百里。自西关西行三千四百里至阿蛮国，西行三千六百里至斯宾国，从斯宾南行度河，又西南行至于罗国九百六十里，安息西界极矣。自此南乘海乃通大秦国。"《汉书》云："北康居，东乌弋山离，西条枝。国临妫水。土著。以银为钱，如其王面，王死辄更钱，效王面焉。" ②【索隐】《汉书》云："文独为王面，幕为夫人面。"荀悦云："幕音漫，无文面也。"张晏云："钱之文面作人乘马，钱之幕作人面形。"韦昭云："幕，钱背也，音漫。"包恺音慢。 ③【集解】《汉书音义》曰："横行为书记。"【索隐】画音获。小颜云："革，皮之不柔者。"韦昭云："外夷书皆旁行，今南方林邑之徒，书皆旁行，不直下也。" ④【索隐】《汉书》作"犁靬"。《续汉书》一名"大秦"。按：三国并临西海，《后汉书》云"西海环其国，惟西北通陆道"。然汉使自乌弋以还，莫有至条枝者。【正义】上力奚反。下巨言反，又巨连反。《后汉书》云："大秦一名犁鞬，在西海之西，东西南北各数千里。有城四百余所。土多金银奇宝，有夜光璧、明月珠、骇鸡犀、火浣布、珊瑚、琥珀、琉璃、瑯玕、朱丹、青碧，珍怪之物，率出大秦。"康氏《外国传》云："其国城郭皆青水精为〔础〕，及五色水精为壁。人民多巧，能化银为金。国土市买皆金银钱。"万震《南州志》云："大家屋舍，以珊瑚为柱，琉璃为墙壁，水精为础舄。海中斯调(州)〔洲〕上有木，冬月往剥取其皮，绩以为布，极细，手巾齐数匹，与麻焦布无异，色小青黑，若垢污欲浣之，则入火中，便更精洁，世谓之火浣布。秦云定重参问门树皮也。"《括地志》云："火山国在扶风南东大湖海中。其国中山皆火，然火中有白鼠皮及树皮，绩为火浣布。《魏略》云大秦在安息、条支西大海之西，故俗谓之海西。从安息界乘船直载海西，遇风利时三月到，风迟或一二岁。其公私宫室为重屋，邮驿亭置如中国。从安息绕海北陆到其国，人民相属，十里一亭，三十里一置。无盗贼。其俗人长大平正，似中国人而胡服。宋膺《异物志》云秦之北附庸小邑，有羊羔自然生于土中，候其欲萌，筑墙绕之，恐兽所食。其脐与地连，割绝则死。击物惊之，乃惊鸣，脐遂绝，则逐水草为群。

又大秦金二枚，皆大如瓜，植之滋息无极，观之如用则真金也。"《括地志》云："小人国在大秦南，人才三尺。其耕稼之时，惧鹤所食，大秦卫助之。即焦侥国，其人穴居也。"

条枝[①]在安息西数千里？临西海。暑湿。耕田，田稻。有大鸟，卵如瓮。[②]人众甚多，往往有小君长，而安息役属之，以为外国。国善眩。[③]安息长老传闻条枝有弱水、西王母，而未尝见。[④]

①【索隐】《汉书》作犁靬。《续汉书》一名大秦，三国并临西海。《后汉书》云西海环其西，惟西北通陆道。然汉使自乌弋以还，莫有至条枝者。
②【正义】《汉书》云："条支出师子、犀牛、孔雀、大雀，其卵如瓮。和帝永元十三年，安息王满屈献师子、大鸟，世谓之'安息雀'。"《广志》云："鸟，鹀鹰身，蹄骆，色苍，举头八九尺，张翅丈余，食大麦，卵大如瓮。" ③【集解】应劭曰："眩，相诈惑。"【正义】颜云："今吞刀、吐火、殖瓜、种树、屠人、截马之术皆是也。" ④【索隐】《魏略》云："弱水在大秦西。"《玄中记》云："天下之弱者，有昆仑之弱水，鸿毛不能载也。"《山海经》云："玉山，西王母所居。"《穆天子传》云："天子觞西王母瑶池之上。"《括地图》云："昆仑弱水非乘龙不至。有三足神鸟，为王母取食也。"【正义】此弱水、西王母既是安息长老传闻而未曾见，《后汉书》云桓帝时大秦国王安敦遣使自日南徼外来献，或云其国西有弱水、流沙，近西王母处，几于日所入也。然先儒多引《大荒西经》云弱水云有二源，俱出女国北阿耨达山，南流会于女国东，去国一里，深丈余，阔六十步，非毛舟不可济，南流入海。阿耨达山即昆仑山也，与《大荒西经》合矣。然大秦国在西海中岛上，从安息西界过海，好风用三月乃到，弱水又在其国之西。昆仑山弱水流在女国北，出昆仑山南。女国在于寘国南二千七百里。于寘去京凡九千六百七十里。计大秦与大昆仑山相去几四五万里，非所论及，而前贤误矣。此皆据汉括地论之，犹恐未审，

然弱水二所说皆有也。

大夏在大宛西南二千余里妫水南。其俗土著，有城屋，与大宛同俗。无大(王)〔君〕长，往往城邑置小长。其兵弱，畏战。善贾市。及大月氏西徙，攻败之，皆臣畜大夏。大夏民多，可百余万。其都曰蓝市城，有市贩贾诸物。其东南有身毒国。①

①【集解】徐广曰："身，或作齕，又作讫。"【索隐】身音乾，毒音笃。孟康云："即天竺也，所谓浮图胡也。"【正义】一名身毒，在月氏东南数千里。俗与月氏同，而卑湿暑热。其国临大水，乘象以战。其民弱于月氏。修浮图道，不杀伐，遂以成俗。土有象、犀、瑇瑁、金、银、铁、锡、铅。西与大秦通，有大秦珍物。明帝梦金人长大，顶有光明，以问群臣。或曰："西方有神，名曰'佛'，其形长丈六尺而黄金色。"帝于是遣使天竺问佛道法，遂至中国，画形像焉。万震《南州志》云："地方三万里，佛道所出。其国王居城郭，殿皆雕文刻镂。街曲市里，各有行列。左右诸大国凡十六，皆共奉之，以天地之中也。"浮屠经云："临儿国王生隐屠太子。父曰屠头邪，母曰莫邪屠。身色黄，发如青丝，乳有青色，爪赤如铜。始莫邪梦白象而孕，及生，从母右胁出。生有发，堕地能行七步。"又云："太子生时，有二龙王夹左右吐水，一龙水暖，一龙水冷，遂成二池，今犹一冷一暖。初行七步处，琉璃上有太子脚迹见在。生处名祇洹精舍，在舍卫国南四里，是长者须达所起。又有阿输迦树，是夫人所攀生太子树也。"《括地志》云："沙祇大国即舍卫国也，在月氏南万里，即波斯匿王治处。此国共九十种。知身后事。城有祇树给孤园。"又云："天竺国有东、西、南、北、中央天竺国，国方三万里，去月氏七千里。大国隶属凡二十一。天竺在昆仑山南，大国也。治城临恒水。"又云："阿耨达山亦名建末达山，亦名昆仑山。水出，一名拔扈利水，一名恒伽河，即经称〔恒〕河者也。自昆仑山以南，多是平地而下湿。土肥良，多种稻，岁

四熟，留役驰马，米粒亦极大。”又云：“佛上忉利天，为母说法九十日。波斯匿王思欲见佛，即刻牛头旃檀象，置精舍内佛坐。此像是众像之始，后人所法也。佛上天青梯，今变为石，没入地，唯余十二蹬，蹬间二尺余。彼耆老言，梯入地尽，佛法灭。”又云：“王舍国，胡语曰罪悦祇国。其国灵鹫山，胡语曰耆阇崛山。山是青石，石头似鹫。鸟名耆阇，鹫也。崛，山石也。山周四十里，外周围水，佛于此坐禅，及诸阿难等俱在此坐。”又云：“小孤石，石上有石室者，佛坐其中，天帝释以四十二事问佛，佛一一以指画石，其迹尚存。又于山上起塔，佛昔将阿难在此上山四望，见福田疆畔，因制七条衣割截之法于此，今袈裟衣是也。”

骞曰：“臣在大夏时，见邛竹杖、蜀布。①问曰：‘安得此？’大夏国人曰：‘吾贾人往市之身毒。身毒在大夏东南可数千里。其俗土著，大与大夏同，而卑湿暑热云。其人民乘象以战。其国临大水焉。’②以骞度之，大夏去汉万二千里，居汉西南。今身毒国又居大夏东南数千里，有蜀物，此其去蜀不远矣。今使大夏，从羌中，险，羌人恶之。少北，则为匈奴所得。从蜀宜径，③又无寇。”天子既闻大宛及大夏、安息之属皆大国，多奇物，土著，颇与中国同业，而兵弱，贵汉财物。其北有大月氏、康居之属，兵强，可以赂遗设利朝也。且诚得而以义属之，则广地万里，重九译，④致殊俗，威德遍于四海。天子欣然，以骞言为然，乃令骞因蜀犍为⑤发间使，四道并出：出駹，出冉，⑥出徙，⑦出邛、僰，⑧皆各行一二千里。其北方闭氐、筰，⑨南方闭嶲、昆明。⑩昆明之属无君长，善寇盗，辄杀略汉使，终莫得通。然闻其西可千余里有乘象国，名曰滇越，⑪而蜀贾奸出物者或至焉，于是汉以求大夏道始通滇国。初，汉欲通西南夷，费多，道不通，罢之。及张骞言可以通大夏,乃复事西南夷。

①【正义】邛都邛山出此竹,因名“邛竹”。节高实中,或寄生,可为杖。布,土芦布。 ②【正义】大水,河也。 ③【集解】如淳曰:“径,疾也。或曰径,直。” ④【正义】言重重九遍译语而致。 ⑤【正义】犍,其连反。犍为郡今戎州也,在益州南一千余里。 ⑥【正义】茂州、向州等,冉、駹之地,在戎州西北也。 ⑦【集解】徐广曰:“属汉嘉。”【索隐】李奇云:“徙音斯。蜀郡有徙县也。” ⑧【正义】僰,蒲北反。徙在嘉州;邛,今邛州;僰,今雅州:皆在戎州西南也。 ⑨【集解】服虔曰:“皆夷名,汉使见闭于夷也。”【索隐】韦昭云:“筰县在越嶲,音昨。”案:南越破后杀筰侯,以筰都为沈黎郡,又有定筰县。【正义】氐,今成州及武等州也。筰,白狗羌也。皆在戎州西北也。 ⑩【正义】嶲州及南昆明夷也,皆在戎州西南。 ⑪【集解】徐广曰:“一作城。”【正义】昆、郎等州皆滇国也。其西南滇越、越嶲则通号越,细分而有嶲、滇等名也。

骞以校尉从大将军击匈奴,知水草处,军得以不乏,乃封骞为博望侯。[①]是岁元朔六年也。其明年,骞为卫尉,与李将军俱出右北平击匈奴。匈奴围李将军,军失亡多。而骞后期当斩,赎为庶人。是岁汉遣骠骑破匈奴西(城)〔域〕数万人,至祁连山。其明年,浑邪王率其民降汉,而金城、河西西并南山至盐泽空无匈奴。匈奴时有候者到,而希矣。其后二年,汉击走单于于幕北。

①【索隐】案:张骞封号耳,非地名。小颜云“取其能博广瞻望”也。寻武帝置博望苑,亦取斯义也。【正义】《地理志》南阳博望县。

是后天子数问骞大夏之属。骞既失侯，因言曰："臣居匈奴中，闻乌孙王号昆莫，昆莫之父，匈奴西边小国也。匈奴攻杀其父，[①]而昆莫生，弃于野。乌嗛肉蜚其上，[②]狼往乳之。单于怪以为神，而收长之。及壮，使将兵，数有功，单于复以其父之民予昆莫，令长守于西(城)〔域〕。昆莫收养其民，攻旁小邑，控弦数万，习攻战。单于死，昆莫乃率其众远徙，中立，不肯朝会匈奴。匈奴遣奇兵击，不胜，以为神而远之，因羁属之，不大攻。今单于新困于汉，而故浑邪地空无人。蛮夷俗贪汉财物，今诚以此时而厚币赂乌孙，招以益东，居故浑邪之地，与汉结昆弟，其势宜听，听则是断匈奴右臂也。既连乌孙，自其西大夏之属皆可招来而为外臣。"天子以为然，拜骞为中郎将，将三百人，马各二匹，牛羊以万数，赍金币帛直数千巨万，多持节副使，道可使，使遗之他旁国。

①【索隐】《汉书》，父名难兜靡，为大月氏所杀。　②【集解】徐广曰："读嗛与衔同。《酷吏传》'义纵不治道，上忿衔之'，《史记》亦作'嗛'字。"【索隐】嗛音衔。蜚亦"飞"字。

骞既至乌孙，乌孙王昆莫见汉使如单于礼，骞大惭，知蛮夷贪，乃曰："天子致赐，王不拜则还赐。"昆莫起拜赐，其他如故。骞谕使指曰："乌孙能东居浑邪地，则汉遣翁主为昆莫夫人。"乌孙国分，王老，而远汉，未知其大小，素服属匈奴日久矣，且又近之，其大臣皆畏胡，不欲移徙，王不能专制。骞不得其要领。昆莫有十余子，其中子曰大禄，强，善将众，将众别居万余骑。大禄兄为太子，太子有子曰岑娶，而太子早死。临死谓其父昆莫曰："必以岑娶为太子，无令他人代之。"昆莫哀而许之，卒以岑娶为太子。大禄怒其不得代太子也，乃收其诸昆弟，将其众畔，谋攻岑娶及昆莫。昆莫老，常恐大禄杀岑娶，予岑娶万余骑别居，而昆莫有万余骑自备，国众分为三，而其大总取羁属昆莫，昆莫亦以此不敢专约于骞。骞因分遣副使使大宛、康居、大月氏、大夏、安息、身毒、于寘、扜罙及诸旁国。乌孙发导译送骞还，骞与乌孙遣使数十人，马数十匹报谢，因令窥汉，知其广大。

骞还到，拜为大行，列于九卿。岁余，卒。

乌孙使既见汉人众富厚，归报其国，其国乃益重汉。其后岁余，骞所遣使通大夏之属者皆颇与其人俱来，[①]于是西北国始通于汉矣。然张骞凿空，[②]其后使往者皆称博望侯，以为质于外国，[③]外国由此信之。

①【集解】晋灼曰："其国人。" ②【集解】苏林曰："凿，开。空，通也。骞开通西域道。"【索隐】案：谓西域险阸，本无道路，今凿空而通之也。③【集解】如淳曰："质，诚信也。博望侯有诚信，故后使称其意以喻外国。"李奇曰："质，信也。"

自博望侯骞死后，匈奴闻汉通乌孙，怒，欲击之。及汉使乌孙，若[①]出其南，抵大宛、大月氏相属，乌孙乃恐，使使献马，愿得尚汉女翁主为昆弟。天子问群臣议计，皆曰"必先纳聘，然后乃遣女"。初，天子发书《易》，[②]云"神马当从西北来"。得乌孙马好，名曰"天马"。及得大宛汗血马，益壮，更名乌孙马曰“西极”，名大宛马曰“天马”云。而汉始筑令居以西，[3]初置酒泉郡以通西北国。因益发使抵安息、奄蔡、黎轩、条枝、身毒国。而天子好宛马，使者相望于道。诸使外国一辈大者数百，少者百余人，人所赍操大放博望侯时。其后益习而衰少焉。汉率一岁中使多者十余，少者五六辈，远者八九岁，近者数岁而反。

①【集解】徐广曰：“《汉书》作及，若意义亦及也。” ②【集解】《汉书音义》曰：“发《易》书以卜。” ③【集解】徐广曰：“属金城。”

是时汉既灭越，而蜀、西南夷皆震，请吏入朝。于是置益州、越嶲、牂柯、沈黎、汶山郡，欲地接以前通大夏。[1]乃遣使柏始昌、吕越人等岁十余辈，出此初郡[2]抵大夏，皆复闭昆明，为所杀，夺币财，终莫能通至大夏焉。于是汉发三辅罪人，因巴、蜀士数万人，遣两将军郭昌、卫广等往击昆明之遮汉使者，[3]斩首虏数万人而去。其后遣使，昆明复为寇，竟莫能得通。而北道酒泉抵大夏，使者既多，而外国益厌汉币，不贵其物。

①【集解】李奇曰：“欲地界相接至大夏。” ②【索隐】初郡，谓越嶲、汶山等郡也。谓之“初”者，后背叛而并废之也。 ③【集解】徐广曰：“元封二年。”

自博望侯开外国道以尊贵，其后从吏卒皆争上书言外国奇怪利害，求使。天子为其绝远，非人所乐往，听其言，予节，募吏民毋问所从来，为具备人众遣之，以广其道。来还不能毋侵盗币物，及使失指，天子为其习之，辄覆案致重罪，以激怒令赎，复求使。使端无穷，而轻犯法。其吏卒亦辄复盛推外国所有，言大者予节，言小者为副，故妄言无行之徒皆争效之。其使皆贫人子，私县官赍物，欲贱市以私其利外国。外国亦厌汉使人人有言轻重，[①]度汉兵远不能至，而禁其食物以苦汉使。汉使乏绝积怨，至相攻击。而楼兰、姑师小国耳，[②]当空道，攻劫汉使王恢等尤甚。[③]而匈奴奇兵时时遮击使西国者。使者争遍言外国灾害，皆有城邑，兵弱易击。于是天子以故遣从骠侯破奴将属国骑及郡兵数万，至匈河水，欲以击胡，胡皆去。其明年，击姑师，破奴与轻骑七百余先至，虏楼兰王，遂破姑师。因举兵威以困乌孙、大宛之属。还，封破奴为浞野侯。[④]王恢[⑤]数使，为楼兰所苦，言天子，天子发兵令恢佐破奴击破之，封恢为浩侯。[⑥]于是酒泉列亭鄣至玉门矣。[⑦]

①【集解】服虔曰："汉使言于外国，人人轻重不实。"如淳曰："外国人人自言数为汉使所侵易。" ②【集解】徐广曰："即车师。" ③【集解】徐广曰："恢，一作怪。" ④【集解】徐广曰："元封三年。" ⑤【集解】徐广曰："为中郎将。" ⑥【集解】徐广曰："捕得车师王，元封四年封浩侯。" ⑦【集解】韦昭曰："玉门关在龙勒界。"【索隐】韦昭云："玉门，县名，在酒泉。"【正义】《括地志》云："沙州龙勒山在县南百六十五里。玉门关在县西北百一十八里。"

乌孙以千匹马聘汉女，汉遣宗室女江都翁主[①]往妻乌孙，乌孙王昆莫以为右夫人。匈奴亦遣女妻昆莫，昆莫以为左夫人。昆莫曰："我老。"乃令其孙岑娶妻翁主。乌孙多马，其富人至有四五千匹马。

①【集解】《汉书》曰："江都王建女。"

初，汉使至安息，安息王令将二万骑迎于东界。东界去王都数千里。行比至，过数十城，人民相属甚多。汉使还，而后发使随汉使来观汉广大，以大鸟卵及黎轩善眩人[①]献于汉。及宛西小国驩潜、大益，宛东姑师、扜罙、苏薤之属，皆随汉使献见天子。天子大悦。

①【索隐】韦昭云："眩人，变化惑人也。"《魏略》云"犁靬多奇幻，口中吹火，自缚自解"。小颜亦以为今之吞刀、吐火、植瓜、种树、屠人、截马之术皆是也。

而汉使穷河源，河源出于寘，其山多玉石，采来，[①]天子案古图书，名河所出山曰昆仑云。

①【集解】瓒曰："汉使采取，将持来至汉。"

是时上方数巡狩海上，乃悉从外国客，大都多人则过之，散财帛以赏赐，厚具以饶给之，以览示汉富厚焉。于是大觳抵，出奇戏诸怪物，多聚观者，行赏赐，酒池肉林，令外国客遍观(名)〔各〕仓库府藏之积，见汉之广大，倾骇之。及加其眩者之工，而觳抵奇戏岁增变，甚盛益兴，自此始。

西北外国使，更来更去。宛以西，皆自以远，尚骄恣晏然，未可诎以礼羁縻而使也。自乌孙以西至安息，以近匈奴，匈奴困月氏也，匈奴使持单于一信，则国国传送食，不敢留苦；及至汉使，非出币帛不得食，不市畜不得骑用。所以然者，远汉，而汉多财物，故必市乃得所欲，然以畏匈奴于汉使焉。宛左右以蒲陶为酒，富人藏酒至万余石，久者数十岁不败。俗嗜酒，马嗜苜蓿。汉使取其实来，于是天子始种苜蓿、蒲陶肥饶地。及天马多，外国使来众，则离宫别观旁尽种蒲萄、苜蓿极望。自大宛以西至安息，国虽颇异言，然大同俗，相知言。其人皆深眼，多须髯，善市贾，争分铢。俗贵女子，女子所言而丈夫乃决正。其地皆无丝漆，不知铸钱器。[①]及汉使亡卒降，教铸作他兵器。得汉黄白金，辄以为器，不用为币。

①【集解】徐广曰："多作钱字，又或作铁字。"

而汉使者往既多，其少从率多进熟于天子，[①]言曰："宛有善马在贰师城，匿不肯与汉使。"天子既好宛马，闻之甘心，使壮士车令等持千金及金马以请宛王贰师城善马。宛国饶汉物，相与谋曰："汉去我远，而盐水中数败，[②]出其北有胡寇，出其南乏水草。又且往往而绝邑，乏食者多。汉使数百人为辈来，而常乏食，死者过半，是安能致大军乎？无奈我何。且贰师马，宛宝马也。"遂不肯予汉使。汉使怒，妄言，[③]椎金马而去。宛贵人怒曰："汉使至轻我！"遣汉使去，令其东边郁成遮攻杀汉使，取其财物。于是天子大怒。诸尝使宛姚定汉等言宛兵弱，诚以汉兵不过三千人，强弩射之，即尽虏破宛矣。天子已尝使浞野侯攻楼兰，以七百骑先至，虏其王，以定汉等言为然，而欲侯宠姬李氏，拜李广利为贰师将军，发属国六千骑，及郡国恶少年数万人，以往伐宛。期至贰师城取善马，故号"贰师将军"。赵始成为军正，故浩侯王恢使导军，④而李哆⑤为校尉，制军事。是岁太初元年也。而关东蝗大起，飞西至敦煌。

①【集解】《汉书音义》曰："少从，不如计也。或云从行之微者也。进熟，美语如成熟者也。" ②【集解】服虔曰："水名，道从外水中〔行〕。"如淳曰："道绝远，无谷草。"【正义】孔文祥云："盐，盐泽也。言水广远，或致风波，而数败也。"裴矩《西域记》云："在西州高昌县东，东南去瓜州一千三百里，并沙碛之地，水草难行，四面危，道路不可准记，行人唯以人畜骸骨及驰马粪为标验。以其地道路恶，人畜即不约行，曾有人于碛内时闻人唤声，不见形，亦有歌哭声，数失人，瞬息之间不知所在，由此数有死亡。盖魑魅魍魉也。" ③【集解】如淳曰："骂詈。" ④【集解】徐广曰："恢先受封，一年，坐使酒泉矫制，国除。" ⑤【索隐】哆音尺奢反，又尺者反。

贰师将军军既西过盐水，当道小国恐，各坚城守，不肯给食。攻之不能下。下者得食，不下者数日则去。比至郁成，士至者不过数千，皆饥罢。攻郁成，郁成大破之，所杀伤甚众。贰师将军与哆、始成等计："至郁成尚不能举，况至其王都乎？"引兵而还。往来二岁。还至敦煌，士不过什一二。使使上书言："道远多乏食，且士卒不患战，患饥。人少，不足以拔宛。愿且罢兵，益发而复往。"天子闻之，大怒，而使使遮玉门，曰军有敢入者辄斩之！贰师恐，因留敦煌。

其夏，汉亡浞野之兵二万余于匈奴。[①]公卿及议者皆愿罢击宛军，专力攻胡。天子已业诛宛，宛小国而不能下，则大夏之属轻汉，而宛善马绝不来，乌孙、仑头易苦汉使矣，[②]为外国笑。乃案言伐宛尤不便者邓光等，赦囚徒材官，益发恶少年及边骑，岁余而出敦煌者六万人，负私从者不与。牛十万，马三万余匹，驴骡橐它以万数。多赍粮，兵弩甚设，天下骚动，传相奉伐宛，凡五十余校尉。宛王城中无井，皆汲城外流水，于是乃遣水工徙其城下水空以空其城。[③]益发戍甲卒十八万酒泉、张掖北，置居延、休屠以卫酒泉，[④]而发天下七科谪，[⑤]及载糒给贰师。转车人徒相连属至敦煌。而拜习马者二人为执驱校尉，备破宛择取其善马云。

①【集解】徐广曰："太初二年，赵破奴为浚稽将军，二万骑击匈奴，不还也。"　②【集解】晋灼曰："易，轻。"　③【集解】徐广曰："空，一作穴。盖以水荡败其城也。言空者，令城中渴乏。"　④【集解】如淳曰："立二县以卫边也。或曰置二部都尉，以卫酒泉。"　⑤【正义】张晏云："吏有罪一，亡命二，赘婿三，贾人四，故有市籍五，父母有市籍六，大父母有籍七：凡七科。武帝天汉四年，发天下七科谪出朔方也。"

于是贰师后复行，兵多，而所至小国莫不迎，出食给军。至仑头，仑头不下，攻数日，屠之。自此而西，平行至宛城，汉兵到者三万人。宛兵迎击汉兵，汉兵射败之，宛走入葆乘其城。贰师兵欲行攻郁成，恐留行而令宛益生诈，乃先至宛，决其水源，移之，则宛固已忧困。围其城，攻之四十余日，其外城坏，虏宛贵人勇将煎靡。宛大恐，走入中城。宛贵人相与谋曰："汉所为攻宛，以王毋寡匿善马而杀汉使。今杀王毋寡而出善马，汉兵宜解。即不解，乃力战而死，未晚也。"宛贵人皆以为然，共杀其王毋寡，持其头遣贵人使贰师，约曰："汉毋攻我。我尽出善马，恣所取，而给汉军食。即不听，我尽杀善马，而康居之救且至。至，我居内，康居居外，与汉军战。汉军熟计之，何从?"是时康居候视汉兵，汉兵尚盛，不敢进。贰师与赵始成、李哆等计："闻宛城中新得秦人，知穿井，而其内食尚多。所为来，诛首恶者毋寡。毋寡头已至，如此而不许解兵，则坚守，而康居候汉罢而来救宛，破汉军必矣。"军吏皆以为然，许宛之约。宛乃出其善马，令汉自择之，而多出食食给汉军。汉军取其善马数十匹，中马以下牡牝三千余匹，而立宛贵人之故待遇汉使善者名昧蔡[①]以为宛王，与盟而罢兵。终不得入中城。乃罢而引归。

①【索隐】昧蔡，大宛将。昧音末，蔡音先葛反。

初，贰师起敦煌西，以为人多，道上国不能食，乃分为数军，从南北道。校尉王申生、故鸿胪壶充国等千余人，别到郁成。郁成城守，不肯给食其军。王申生去大军二百里，(侦)〔偵〕而轻之，责郁成。郁成食不肯出，窥知申生军日少，晨用三千人攻，戮杀申生等，军破，数人脱亡，走贰师。贰师令搜粟都尉上官桀往攻破郁成。郁成王亡走康居，桀追至康居。康居闻汉已破宛，乃出郁成王予桀，桀令四骑士缚守诣大将军。[①]四人相谓曰："郁成王汉国所毒，今生将去，卒失大事。"欲杀，莫敢先击。上邦骑士赵弟最少，拔剑击之，斩郁成王，赍头。弟、桀等逐及大将军。

①【集解】如淳曰："时多别将，故谓贰师为大将军。"

初，贰师后行，天子使使告乌孙，大发兵并力击宛。乌孙发二千骑往，持两端，不肯前。贰师将军之东，诸所过小国闻宛破，皆使其子弟从军入献，见天子，因以为质焉。贰师之伐宛也，而军正赵始成力战，功最多。及上官桀敢深入，李哆为谋计，军入玉门者万余人，军马千余匹。贰师后行，军非乏食，战死不能多，而将吏贪，多不爱士卒，侵牟之，以此物故众。天子为万里而伐宛，不录过，封广利为海西侯。又封身斩郁成王者骑士赵弟为新畤侯。军正赵始成为光禄大夫，上官桀为少府，李哆为上党太守。军官吏为九卿者三人，诸侯相、郡守、二千石者百余人，千石以下千余人。奋行者官过其望，[①]以谪过行者皆绌其劳。[②]士卒赐直四万金。伐宛再反，凡四岁而得罢焉。

①【集解】《汉书音义》曰："奋，迅。自乐入行者。" ②【集解】徐广曰："奋行者及以谪行者，虽俱有功劳，今行赏计其前有罪而减其赐，故曰'绌其劳'也。绌，抑退也。此本以谪行，故功劳不足重，所以绌降之，不得与奋行者齐赏之。"

汉已伐宛，立昧蔡为宛王而去。岁余，宛贵人以为昧蔡善谀，使我国遇屠，乃相与杀昧蔡，立毋寡昆弟曰蝉封为宛王，而遣其子入质于汉。汉因使使赂赐以镇抚之。而汉发使十余辈至宛西诸外国，求奇物，因风览以伐宛之威德。而敦煌置[①]酒泉都尉；[②]西至盐水，往往有亭。而仑头有田卒数百人，因置使者护田积粟，以给使外国者。

①【集解】徐广曰："一本无置字。" ②【集解】徐广曰："一云置都尉。又云敦煌有渊泉县，或者酒字当为渊字。"

太史公曰：《禹本纪》言："河出昆仑。昆仑其高二千五百余里，日月所相避隐为光明也。其上有醴泉、瑶池。"今自张骞使大夏之后也，穷河源，恶睹本纪所谓昆仑者乎？[①]故言九州山川，《尚书》近之矣。至《禹本纪》、《山海经》所有怪物，余不敢言之也。[②]

①【集解】邓展曰："汉以穷河源，于何见昆仑乎？《尚书》曰'导河积石'，是为河源出于积石，积石在金城河关，不言出于昆仑也。"【索隐】恶音乌。乌，于何也。睹，见也。言张骞穷河源，至大夏、于寘，于何而见昆仑为河所出？谓《禹本纪》及《山海经》为虚妄也。然案《山海经》"河出昆仑东北隅"。《西域传》云"南出积石山为中国河"。积石本非河之发源，犹《尚书》"导洛自熊耳"，然其实出于葱岭山，乃东经熊耳。今推此义，河亦然矣。则河源本昆仑而潜流至于阗，又东流至积石始入中国，则《山海经》及《禹贡》各互举耳。 ②【索隐】案：《汉书》作"所有放哉"。如淳云"放荡迂阔，言不可信也"。余不敢言者，亦谓《山海经》难可即信耳。而荀悦作"效"，失之矣。

索隐述赞曰：大宛之迹，元因博望。始究河源，旋窥海上。条枝西入，天马内向。葱岭无尘，盐池息浪。旷哉绝域，往往亭障。

卷一百二十四

游侠列传第六十四

【集解】荀悦曰："立气齐，作威福，结私交，以立强于世者，谓之游侠。"

韩子曰："儒以文乱法，[①]而侠以武犯禁。"二者皆讥，[②]而学士多称于世云。至如以术取宰相卿大夫，辅翼其世主，功名俱著于春秋，[③]固无可言者。及若季次、[④]原宪，闾巷人也，读书怀独行[⑤]君子之德，义不苟合当世，当世亦笑之。故季次、原宪终身空室蓬户，[⑥]褐衣疏食不厌。[⑦]死而已四百余年，而弟子志之不倦。今游侠，其行虽不轨于正义，然其言必信，其行必果，已诺必诚，不爱其躯，赴士之阸困，[⑧]既已存亡死生矣，而不矜其能，羞伐其德，盖亦有足多者焉。

①【正义】言文之蔽，小人以僿。谓细碎苛法乱政。　②【正义】讥，非言也。儒敝乱法，侠盛犯禁，二道皆非，而学士多称于世者，故太史公引《韩子》，欲陈游侠之美。　③【索隐】案：春秋谓国史也。以言人臣有功名则见记于其国之史，是俱著春秋者也。　④【集解】徐广曰："《仲尼弟子传》曰公晳哀字季次，未尝仕，孔子称之。"　⑤【索隐】行音下孟反。⑥【正义】《庄子》云"原宪处居环堵之室，蓬户不完。以桑为枢而瓮牖，上漏下湿，独坐而弦歌"也。　⑦【索隐】餍，饱也，于艳反。　⑧【索隐】阸音厄。

且缓急，人之所时有也。太史公曰：昔者虞舜窘于井廪，伊尹负于鼎俎，傅说匿于傅险，吕尚困于棘津，[①]夷吾桎梏，百里饭牛，仲尼畏匡，菜色陈、蔡。此皆学士所谓有道仁人也，犹然遭此菑，况以中材而涉乱世之末流乎？其遇害何可胜道哉。

①【集解】徐广曰："在广川。"【正义】《尉缭子》云太公望行年七十，卖食棘津云。古亦谓之石济津，故南津。

鄙人有言曰："何知仁义，已飨其利[①]者为有德。"故伯夷丑周，饿死首阳山，而文、武不以其故贬王。跖、蹻暴戾，其徒诵义无穷。由此观之，"窃钩者诛，[②]窃国者侯，侯之门，仁义存"，[③]非虚言也。

①【索隐】已音以。飨音享，受也。言已受其利则为有德，何知必仁义也。　②【索隐】以言小窃则为盗而受诛也。　③【索隐】言人臣委质于侯王门，则须存于仁义。若游侠(径挺)〔轻健〕，亦何必肯存仁义也。

今拘学或抱咫尺之义，久孤于世，[①]岂若卑论侪俗，与世沈浮而取荣名哉。而布衣之徒，设取予然诺，千里诵义，为死不顾世，此亦有所长，非苟而已也。故士穷窘而得委命，此岂非人之所谓贤豪间者邪？诚使乡曲之侠，予季次、原宪比权量力，效功于当世，不同日而论矣。要以功见言信，侠客之义又曷可少哉。

①【索隐】言拘学守义之士或抱咫尺纤微之事，遂久以当代，孤负我志，而不若卑论侪俗以取荣宠也。

古布衣之侠，靡得而闻已。近世延陵、[①]孟尝、春申、平原、信陵之徒，皆因王者亲属，藉于有土卿相之富厚，招天下贤者，显名诸侯，不可谓不贤者矣。比如顺风而呼，声非加疾，其势激也。至如闾巷之侠，修行砥名，声施[②]于天下，莫不称贤，是为难耳。然儒、墨皆排摈不载。自秦以前，匹夫之侠，湮灭不见，余甚恨之。以余所闻，汉兴有朱家、田仲、王公、剧孟、郭解之徒，虽时扞当世之文罔，[③]然其私义廉洁退让，有足称者。名不虚立，士不虚附。至如朋党宗强比周，设财役贫，豪暴侵凌孤弱，恣欲自快，游侠亦丑之。余悲世俗不察其意，而猥以朱家、郭解等令与暴豪之徒同类而共笑之也。

①【集解】徐广曰："代郡亦有延陵县。"骃案：《韩子》云"赵襄子召延陵生，令车骑先至晋阳"。襄子时赵已并代，可有延陵之号，但未详是此人非耳。　②【索隐】施音以豉反。　③【索隐】扞，即捍也。违扞当代之法网，谓犯于法禁也。

鲁朱家者，与高祖同时。鲁人皆以儒教，而朱家用侠闻。所藏活豪士以百数，其余庸人不可胜言。然终不伐其能，歆其德，诸所尝施，唯恐见之。振人不赡，先从贫贱始。家无余财，衣不完采，食不重味，乘不过軥牛。[①]专趋人之急，甚己之私。既阴脱季布将军之阸，[②]及布尊贵，终身不见也。

自关以东，莫不延颈愿交焉。

①【集解】徐广曰："音雏。"骃案：《汉书音义》曰"小牛"。【索隐】犓音古豆反。案：大牛当軶，小为犓牛。　②【索隐】案：季布为汉所购求，朱家以布髡钳为奴，载以广柳车而出之，及布尊贵终不见之，亦高介至义之士。然布竟亦不见报朱家之恩。

楚田仲以侠闻，喜剑，父事朱家，自以为行弗及。田仲已死，而洛阳有剧孟。周人以商贾为资，而剧孟以任侠显诸侯。吴、楚反时，条侯为太尉，乘传车将至河南，得剧孟，喜曰："吴、楚举大事而不求孟，吾知其无能为已矣。"天下骚动，宰相得之若得一敌国云。剧孟行大类朱家，而好博，[①]多少年之戏。然剧孟母死，自远方送丧盖千乘。及剧孟死，家无余十金之财。而符离人王孟亦以侠称江、淮之间。

①【索隐】好六博之戏也。

是时济南瞷氏、[①]陈周庸[②]亦以豪闻，景帝闻之，使使尽诛此属。其后代诸白、[③]梁韩无辟、[④]阳翟薛况、陕韩孺[⑤]纷纷复出焉。

①【索隐】瞷音间。案：为郅都所诛。　②【索隐】陈国人，姓周名庸。　③【索隐】代，代郡。人有白氏，豪侠非一，故言诸。　④【索隐】梁国人，韩姓，无辟名。辟音避。　⑤【集解】徐广曰："陕，疑当作郏字，颍川有郏县。《南越传》曰'郏壮士韩千秋'也。"【索隐】陕当为"郏"。陕音如冉反，郏音纪洽反。《汉书》作"寒孺"。

郭解，轵人也，[①]字翁伯，善相人者许负外孙也。解父以任侠，孝文时诛死。解为人短小精悍，不饮酒。少时阴贼，[②]慨不快意，身所杀甚众。以躯借交报仇，藏命[③]作奸剽攻，(不)休(及)〔乃〕铸钱掘冢，固不可胜数。适有天幸，窘急常得脱，若遇赦。及解年长，更折节为俭，以德报怨，厚施而薄望。然其自喜为侠[④]益甚。既已振人之命，不矜其功，其阴贼著于心，卒发于睚眦如故云。而少年慕其行，亦辄为报仇，不使知也。解姊子负解之势，[⑤]与人饮，使之嚼。[⑥]非其任，强必灌之。人怒，拔刀刺杀解姊子，亡去。解姊怒曰："以翁伯之义，人杀吾子，贼不得。"弃其尸于道，弗葬，欲以辱解。解使人微知贼处。贼窘自归，具以实告解。解曰："公杀之固当，吾儿不直。"遂去其贼，[⑦]罪其姊子，乃收而葬之。诸公闻之，皆多解之义，益附焉。

①【索隐】《汉书》云河内轵人也。　②【索隐】以内心忍害。　③【索隐】案：谓亡命也。　④【索隐】苏林云："言性喜为侠也。"　⑤【索隐】负，恃也。　⑥【集解】徐广曰："音子妙反，尽酒也。"　⑦【集解】徐广曰："遣使去。"

解出入，人皆避之。有一人独箕倨视之，解遣人问其名姓。客欲杀之。解曰："居邑屋至不见敬，是吾德不修也，彼何罪！"乃阴属尉史曰："是人，吾所急也，[①]至践更时脱之。"每至践更，数过，吏弗求。[②]怪之，问其故，乃解使脱之。箕踞者乃肉袒谢罪。少年闻之，愈益慕解之行。

①【索隐】案：谓吾心中所急，言情切急也。《汉书》作重。　②【集解】如淳曰："更有三品，有卒更，有践更，有过更。古有正卒无常人，皆当迭为，一月一更，是为卒更也。贫者欲得顾更钱者，次直者出钱顾之，月二千，是为践更也。《律说》卒更、践更者，居县中五月乃更也。后从《尉律》，卒践更一月休十一月也。"【索隐】数音朔，数频也，谓频免之也。又音色主反。

洛阳人有相仇者，邑中贤豪居间者以十数，[①]终不听。客乃见郭解。解夜见仇家，仇家曲听解。[②]解乃谓仇家曰："吾闻洛阳诸公在此间，多不听者。今子幸而听解，解奈何乃从他县夺人邑中贤大夫权乎。"乃夜去，不使人知，曰："且无用，[③](待我)待我去，令洛阳豪居其间，乃听之。"

①【索隐】色具反。　②【索隐】谓屈曲听解也。　③【索隐】《汉书》作"无庸"。苏林曰"且无便用吾言，待我去，令洛阳豪居其间也"。

解执恭敬，不敢乘车入其县廷。之旁郡国，为人请求事，事可出，出之。不可者，各厌其意，然后乃敢尝酒食。诸公以故严重之，争为用。邑中少年及旁近县贤豪，夜半过门常十余车，请得解客舍养之。[①]

①【索隐】如淳云："解多藏亡命者，故喜事年少与解同志者，知亡命者多归解，故多将车来，欲为解迎亡者而藏之。"

及徙豪富茂陵也，解家贫，不中訾，[①]吏恐，不敢不徙。卫将军为言："郭解家贫不中徙。"上曰："布衣权至使将军为言，此其家不贫。"解家遂徙。诸公送者出千余万。轵人杨季主子为县掾，举徙解。解兄子断杨掾头。由此杨氏与郭氏为仇。

①【索隐】案：资不满三百万已上为不中。

解入关，关中贤豪知与不知，闻其声，争交欢解。解为人短小，不饮酒，出未尝有骑。已又杀杨季主。杨季主家上书，人又杀之阙下。上闻，乃下吏捕解。解亡，置其母家室夏阳，[①]身至临晋。[②]临晋籍少公素不知解，解冒，因求出关。籍少公已出解，解转入太原，所过辄告主人家。吏逐之，迹至籍少公。少公自杀，口绝。久之，乃得解。穷治所犯，为解所杀，皆在赦前。轵有儒生侍使者坐，客誉郭解，生曰："郭解专以奸犯公法，何谓贤。"解客闻，杀此生，断其舌。吏以此责解，解实不知杀者。杀者亦竟绝，莫知为谁。吏奏解无罪。御史大夫公孙弘议曰："解布衣为任侠行权，以睚眦杀人，解虽弗知，此罪甚于解杀之。当大逆无道。"遂族郭解翁伯。

①【集解】徐广曰："属冯翊。"【正义】故城在同州韩城县南二十里，汉夏阳也。　②【正义】故城在同州冯翊县西南二里。

自是之后，为侠者极众，敖而无足数者。[①]然关中长安樊仲子，槐里赵王孙，长陵高公子，西河郭公仲，太原卤公孺，[②]临淮儿长卿，东阳田君孺，[③]虽为侠而逡逡有退让君子之风。至若北道姚氏，[④]西道诸杜，南道仇景，东道赵他、羽公子，[⑤]

南阳赵调之徒，此盗跖居民间者耳，曷足道哉。此乃向者朱家之羞也。

①【集解】徐广曰："敖，倨也。" ②【集解】徐广曰："雁门有卤城也。"【索隐】《汉书》作"鲁公孺"。鲁，姓也，与徐广之说不同。 ③【索隐】《汉书》作"陈君孺"。然陈田声相近，亦本同姓也。【正义】其东阳盖贝州历亭县者，为近齐故也。 ④【索隐】苏林云："道，犹方也。"如淳云："京师四出道也。" ⑤【索隐】旧解以赵他、羽公子为二人，今案：此姓赵，名他羽，字公子也。

太史公曰：吾视郭解，状貌不及中人，言语不足采者。然天下无贤与不肖，知与不知，皆慕其声，言侠者皆引以为名。谚曰："人貌荣名，岂有既乎。"[①]於戏，惜哉。

①【集解】徐广曰："人以颜状为貌者，则貌有衰落矣。唯用荣名为饰表，则称誉无极也。既，尽也。"

索隐述赞曰：游侠豪倨，藉藉有声。权行州里，力折公卿。朱家脱季，剧孟定倾。急人之难，免仇于更。伟哉翁伯，人貌荣名。

卷一百二十五

佞幸列传第六十五

谚曰："力田不如逢年，善仕不如遇合。"[①]固无虚言。非独女以色媚，而士宦亦有之。

①【集解】徐广曰："遇，一作偶。"

昔以色幸者多矣。至汉兴，高祖至暴抗也，[①]然籍孺以佞幸。孝惠时有闳孺。[②]此两人非有材能，徒以婉佞贵幸，与上卧起，公卿皆因关说。[③]故孝惠时郎侍中皆冠鵕鸡，贝带，[④]傅脂粉，[⑤]化闳、籍之属也。两人徙家安陵。[⑥]

①【索隐】伉音苦浪反。言暴猛伉直也。　②【正义】籍、闳，皆名也。孺，幼小也。　③【索隐】关，通也。谓公卿因之而通其词说。刘氏云"有所言说，皆关由之"。　④【集解】《汉书音义》曰："鵕鸡，鸟名。以毛羽饰冠，以贝饰带。"【索隐】许慎云："鵕鸡，鷩鸟也。"《淮南子》云："赵武灵王服贝带鵕鸡。"《汉官仪》云："秦破赵，以其冠赐侍中。"《三仓》云："鵕鸡，神鸟也，飞光映天者也。"　⑤【索隐】傅音付。　⑥【正义】惠帝陵邑。

孝文时中宠臣，士人则邓通，宦者则赵同、[①]北宫伯子。[②]北宫伯子以爱人长者。而赵同以星气幸，常为文帝参乘。邓通无伎能。

①【索隐】案：《汉书》作"赵谈"，此云"同"者，避太史公父名也。②【正义】颜云"姓北宫，名伯子"也。按：伯子，名。北宫之宦者也。

邓通，蜀郡南安人也，[①]以濯船[②]为黄头郎。[③]孝文帝梦欲上天，不能，有一黄头郎从后推之上天，顾见其衣裻[④]带后穿。觉[⑤]而之渐台，[⑥]以梦中阴自求推者郎，即见邓通，其衣后穿，梦中所见也。召问其名姓，姓邓氏，名通，文帝悦焉，[⑦]尊幸之日异。通亦愿谨，不好外交，虽赐洗沐，不欲出。于是文帝赏赐通巨万以十数，[⑧]官至上大夫。文帝时时如邓通家游戏。然邓通无他能，不能有所荐士，独自谨其身以媚上而已。上使善相者相通，曰"当贫饿死"。文帝曰："能富通者在我也。何谓贫乎？"于是赐邓通蜀严道铜山，[⑨]得自铸钱，"邓氏钱"[⑩]布天下。其富如此。

①【集解】徐广曰："后属犍为。" ②【索隐】濯音棹，迟教反。③【集解】徐广曰："著黄帽也。"骃案：《汉书音义》曰"善濯船池中也。一说能持擢行船也。土，水之母，故施黄旄于船头，因以名其郎曰黄头郎"。④【集解】徐广曰："一无此字。"【索隐】裻音笃。裻者，衫襦之横腰者。⑤【索隐】觉音教。 ⑥【正义】《括地志》云："渐台在长安故城中。《关中记》云未央宫西有苍池，池中有渐台，王莽死于此台。" ⑦【索隐】《汉书》云："上曰'邓，犹登也'，悦之。" ⑧【正义】言赐通巨万以至于十也。⑨【正义】《括地志》云："雅州荣经县北三里有铜山，即邓通得赐铜山铸钱者。"案：荣经即严道。 ⑩【正义】《钱谱》云："文字称两，同汉四铢文。"

文帝尝病痈，邓通常为帝唶吮之。[1]文帝不乐，从容问通曰："天下谁最爱我者乎？"通曰："宜莫如太子。"太子入问病，文帝使唶痈，唶痈而色难之。已而闻邓通常为帝唶吮之，心惭，由此怨通矣。及文帝崩，景帝立，邓通免，家居。居无何，人有告邓通盗出徼外铸钱。下吏验问，颇有之，遂竟案，尽没入邓通家，尚负债数巨万。长公主[2]赐邓通，吏辄随没入之，[3]一簪不得著身。于是长公主乃令假衣食。[4]竟不得名一钱，[5]寄死人家。

①【索隐】唶，仕格反。吮，仕兖反。　②【集解】韦昭曰："景帝姊也。"【索隐】案：即馆陶公主也。　③【索隐】谓长公主别有物赐通，吏辄没入以充赃也。　④【索隐】谓公主令人假与衣食。　⑤【索隐】始天下名"邓氏钱"，今皆没入，卒竟无一钱名之也。

孝景帝时，中无宠臣，然独郎中令周文仁，[1]仁宠最过庸，[2]乃不甚笃。

①【索隐】案：《汉书》称"周仁"，此上称"周文"，今兼"文仁"，恐后人加耳。案：仁字文。　②【索隐】案：庸，常也。言仁最被恩宠，过于常人，乃不甚笃，如韩嫣也。

今天子中宠臣，士人则韩王孙嫣，[1]宦者则李延年。

①【索隐】音偃，又音于建反。

嫣者，弓高侯[①]孽孙也。今上为胶东王时，嫣与上学书相爱。及上为太子，愈益亲嫣。嫣善骑射，善佞。上即位，欲事伐匈奴，而嫣先习胡兵，以故益尊贵，官至上大夫，赏赐拟于邓通。时嫣常与上卧起。江都王入朝，有诏得从入猎上林中。天子车驾跸道未行，而先使嫣乘副车，从数十百骑，骛驰视兽。江都王望见，以为天子，辟从者，伏谒道傍。嫣驱不见。既过，江都王怒，为皇太后泣曰："请得归国入宿卫，[②]比韩嫣。"太后由此嗛嫣。[③]嫣侍上，出入永巷不禁，以奸闻皇太后。皇太后怒，使使赐嫣死。上为谢，终不能得，嫣遂死。而案道侯韩说，[④]其弟也，亦佞幸。

①【集解】徐广曰："韩王信之子颓当也。"　②【索隐】谓还爵封于天子，而请入宿卫。　③【集解】徐广曰："嗛，读与衔同，《汉书》作衔字。"　④【索隐】说音悦。

李延年，中山人也。父母及身兄弟及女，皆故倡也。延年坐法腐，给事狗中。[①]而平阳公主言延年女弟善舞，上见，心悦之，及入永巷，而召贵延年。延年善歌，为变新声，而上方兴天地祠，欲造乐诗歌弦之。延年善承意，弦次初诗。[②]其女弟亦幸，有子男。延年佩二千石印，号协声律。与上卧起，甚贵幸，埒如韩嫣也。[③]久之，寖与中人乱，[④]出入骄恣。及其女弟李夫人卒后，爱弛，则禽诛延年昆弟也。

①【集解】徐广曰："主猎犬也。"【索隐】或犬监。　②【索隐】初诗，即所新造乐章。　③【集解】徐广曰："埒，等也。《蜀都赋》曰'卓、郑埒

名’。又云埒者，畴等之名。”　④【集解】徐广曰：“一云坐弟季与中人乱。”

自是之后，内宠嬖臣大底外戚之家，然不足数也。卫青、霍去病亦以外戚贵幸，然颇用材能自进。

太史公曰：甚哉，爱憎之时。弥子瑕[①]之行，足以观后人佞幸矣。虽百世可知也。

①【索隐】卫灵公之臣，事见《说苑》也。

索隐述赞曰：《传》称令色，《诗》刺巧言。冠鸡入侍，傅粉承恩。黄头赐蜀，宦者同轩。新声都尉，挟弹王孙。泣鱼窃驾，著自前论。

卷一百二十六

滑稽列传第六十六

【索隐】按：滑，乱也；稽，同也。言辨捷之人言非若是，说是若非，能乱同异也。《楚辞》云："将突梯滑稽，如脂如韦。"崔浩云："滑音骨。稽，流酒器也。转注吐酒，终日不已。言出口成章，词不穷竭，若滑稽之吐酒。故扬雄《酒赋》云'鸱夷滑稽，腹大如壶，尽日盛酒，人复藉沽'是也。"又姚察云："滑稽，犹俳谐也。滑读如字，稽音计也。以言谐语滑利，其知计疾出，故云滑稽"也。

孔子曰："六艺于治一也。①《礼》以节人，《乐》以发和，《书》以道事，《诗》以达意，《易》以神化，《春秋》以义。"

①【正义】言《六艺》之文虽异，《礼》节《乐》和，导民立政，天下平定，其归一揆。至于谈言微中，亦以解其纷乱，故治一也。

太史公曰：天道恢恢，岂不大哉。谈言微中，亦可以解纷。

淳于髡①者，齐之赘婿②也。长不满七尺，滑稽多辩，数使诸侯，未尝屈辱。齐威王之时喜隐，③好为淫乐长夜之饮，沈湎不治，委政卿大夫。百官荒乱，诸侯并侵，国且危亡，在于旦暮，左右莫敢谏。淳于髡说之以隐曰："国中有大鸟，止王之庭，三年不飞又不鸣，王知此鸟何也？”王曰：“此鸟不飞则已，一飞冲天。不鸣则已，一鸣惊人。”于是乃朝诸县令长七十二人，赏一人，诛一人，奋兵而出。诸侯振惊，皆还齐侵地。威行三十六年。语在《田完世家》中。

①【索隐】髡苦魂反。　②【索隐】赘婿，女之夫也，比于子，如人疣赘，是余剩之物也。　③【索隐】喜音许既反。喜，好也。喜隐谓好隐语。

威王八年，楚大发兵加齐。齐王使淳于髡之赵请救兵，赍金百斤，车马十驷。淳于髡仰天大笑，冠缨索绝。①王曰：“先生少之乎？”髡曰：“何敢。”王曰：“笑岂有说乎？”髡曰：“今者臣从东方来，见道傍有禳田者，②操一豚蹄，酒一盂，祝曰：‘瓯窭满篝，③污邪满车，④五谷蕃熟，穰穰满家。’臣见其所持者狭而所欲者奢，故笑之。”于是齐威王乃益赍黄金千溢，白璧十双，车马百驷。髡辞而行，至赵。赵王与之精兵十万，革车千乘。楚闻之，夜引兵而去。

①【索隐】案：索训尽，言冠缨尽绝也。孔衍《春秋后语》亦作“冠缨尽绝”也。　②【索隐】案：谓为田求福禳。　③【集解】徐广曰：“篝，笼也。”【索隐】案：瓯窭，犹杯楼也。窭音如娄，古字少耳。言丰年收掇易，可满篝笼耳。【正义】窭音楼。篝音沟，笼也。瓯楼谓高地狭小之区，得满篝笼也。　④【集解】司马彪曰：“污邪，下地田也。”【索隐】即下田之中有薪，可满车。【正义】污音乌。

威王大悦，置酒后宫，召髡赐之酒。问曰：“先生能饮几何而醉?”对曰:“臣饮一斗亦醉,一石亦醉。”威王曰:“先生饮一斗而醉,恶能饮一石哉。其说可得闻乎?”髡曰:“赐酒大王之前,执法在傍,御史在后,髡恐惧俯伏而饮,不过一斗径醉矣。若亲有严客,髡帣韝鞠䠊,[①]侍酒于前,时赐余沥,奉觞上寿,数起,饮不过二斗径醉矣。若朋友交游,久不相见,卒然相睹,欢然道故,私情相语,饮可五六斗径醉矣。若乃州闾之会,男女杂坐,行酒稽留,六博投壶,相引为曹,握手无罚,目眙不禁,[②]前有堕珥,后有遗簪,髡窃乐此,饮可八斗而醉二参。[③]日暮酒阑,合尊促坐,男女同席,履舄交错,杯盘狼藉,堂上烛灭,主人留髡而送客,[④]罗襦襟解,微闻芗泽,当此之时,髡心最欢,能饮一石。故曰酒极则乱,乐极则悲。万事尽然。”言不可极,极之而衰。以讽谏焉。齐王曰:“善。”乃罢长夜之饮,以髡为诸侯主客。[⑤]宗室置酒,髡尝在侧。

①【集解】徐广曰:“帣,收衣袠也。袠,袂也。韝,臂捍也,音沟。鞠,曲也。䠊音其纪反,又与跽同,谓小跪也。”【索隐】帣音卷,纪免反,谓收袖也。　②【集解】徐广曰:“眙,吐甑反,直视貌。”【索隐】眙音与“瞪”同,谓直视也,丑甑反,又音丑二反。　③【索隐】案:上云“五六斗径醉矣”,则此为乐亦甚,饮可八斗而未径醉,故云“窃乐”。二参,言十有二参醉也。④【集解】徐广曰:“一本云‘留髡坐,起送客’。”　⑤【正义】今鸿胪卿也。

其后百余年,楚有优孟。

优孟者,[①]故楚之乐人也。长八尺,多辩,常以谈笑讽谏。楚庄王之时，有所爱马，衣以文绣，置之华屋之下，席以露床，啖以枣脯。马病肥死，使群臣丧之，欲以棺椁大夫礼葬之。左右争之，以为不可。王下令曰："有敢以马谏者，罪至死。"优孟闻之，入殿门，仰天大哭。王惊而问其故。优孟曰："马者王之所爱也，以楚国堂堂之大，何求不得，而以大夫礼葬之，薄，请以人君礼葬之。"王曰："何如？"对曰："臣请以雕玉为棺，文梓为椁，楩枫豫章为题凑，[②]发甲卒为穿圹，老弱负土，齐、赵陪位于前，韩、魏翼卫其后，[③]庙食太牢，奉以万户之邑。诸侯闻之，皆知大王贱人而贵马也。"王曰："寡人之过一至此乎！为之奈何？"优孟曰："请为大王六畜葬之。以垅灶为椁，[④]铜历为棺，[⑤]赍以姜枣，[⑥]荐以木兰，祭以粮稻，衣以火光，葬之于人腹肠。"[⑦]于是王乃使以马属太官，无令天下久闻也。

①【索隐】优者，倡优也。孟，字也。优旃亦同，旃其字耳。优孟在楚，旃在秦也。 ②【集解】苏林曰："以木累棺外，木头皆内向，故曰题凑。"【正义】楩，频绵反。 ③【集解】楚庄王时，未有赵、韩、魏三国。【索隐】案：此辨说者之词，后人所增饰之矣。 ④【索隐】《皇览》亦说此事，以"垅灶"为"砻突"也。 ⑤【索隐】历即釜鬲也。 ⑥【索隐】古者食肉用姜枣，《礼内则》云"实枣于其腹中，屑桂与姜，以洒诸其上而盐之"也。 ⑦【索隐】《皇览》云："火送之箸端，葬之肠中。"

楚相孙叔敖知其贤人也，善待之。病且死，属其子曰："我死，汝必贫困。若往见优孟，言我孙叔敖之子也。"居数年，其子穷困负薪，逢优孟，与言曰："我，孙叔敖子也。父且死时，属我贫困往见优孟。”优孟曰：“若无远有所之。”[①]即为孙叔敖衣冠，抵掌谈语。[②]岁余，像孙叔敖，楚王及左右不能别也。庄王置酒，优孟前为寿。庄王大惊，以为孙叔敖复生也，欲以为相。优孟曰：“请归与妇计之，三日而为相。”庄王许之。三日后，优孟复来。王曰：“妇言谓何？”孟曰：“妇言慎无为，楚相不足为也。如孙叔敖之为楚相，尽忠为廉以治楚，楚王得以霸。今死，其子无立锥之地，贫困负薪以自饮食。必如孙叔敖，不如自杀。”因歌曰：“山居耕田苦，难以得食。起而为吏，身贪鄙者余财，不顾耻辱。身死家室富，又恐受赇枉法，为奸触大罪，身死而家灭。贪吏安可为也。念为廉吏，奉法守职，竟死不敢为非。廉吏安可为也！楚相孙叔敖持廉至死，方今妻子穷困负薪而食，不足为也！”于是庄王谢优孟，乃召孙叔敖子，封之寝丘[③]四百户，以奉其祀。后十世不绝。此知可以言时矣。

①【索隐】案：谓优孟语孙叔敖之子曰“汝无远有所之，适他境，恐王后求汝不得”者也。　②【集解】《战国策》曰：“苏秦说赵王华屋之下，抵掌而言。”张载曰：“谈说之容则也。”　③【集解】徐广曰：“在固始。”【正义】今光州固始县，本寝丘邑也。《吕氏春秋》云：“楚孙叔敖有功于国，疾将死，戒其子曰：‘王数欲封我，我辞不受。我死，必封汝。汝无受利地，荆、楚间有寝丘者，其为地不利，而前有妒谷，后有戾丘，其名恶，可长有也。’其子从之。楚功臣封二世而收，唯寝丘不夺也。”

其后二百余年，秦有优旃。

优旃者，秦倡侏儒也。善为笑言，然合于大道。秦始皇时，置酒而天雨，陛楯者皆沾寒。优旃见而哀之，谓之曰："汝欲休乎？"陛楯者皆曰："幸甚。"优旃曰："我即呼汝，汝疾应曰诺。"居有顷，殿上上寿呼万岁。优旃临槛[①]大呼曰："陛楯郎！"郎曰："诺。"优旃曰："汝虽长，何益，幸雨立。我虽短也，幸休居。"于是始皇使陛楯者得半相代。

①【正义】御览反。

始皇尝议欲大苑囿，东至函谷关，西至雍、陈仓。[①]优旃曰："善。多纵禽兽于其中，寇从东方来，令麋鹿触之足矣。"始皇以故辍止。

①【正义】今岐州雍县及陈仓县也。

二世立，又欲漆其城。优旃曰："善。主上虽无言，臣固将请之。漆城虽于百姓愁费，然佳哉。漆城荡荡，寇来不能上。即欲就之，易为漆耳，顾难为荫室。"于是二世笑之，以其故止。居无何，二世杀死，优旃归汉，数年而卒。

太史公曰：淳于髡仰天大笑，齐威王横行。优孟摇头而歌，负薪者以封。优旃临槛疾呼，陛楯得以半更。岂不亦伟哉。

褚先生曰：臣幸得以经术为郎，而好读外家传语。

窃不逊让，复作故事滑稽之语六章，编之于左。可以览观扬意，以示后世好事者读之，以游心骇耳，以附益上方太史公之三章。

武帝时有所幸倡郭舍人者，发言陈辞虽不合大道，然令人主和悦。武帝少时，东武侯母[①]常养帝，[②]帝壮时，号之曰“大乳母”。率一月再朝。朝奏入，有诏使幸臣马游卿以帛五十匹赐乳母，又奉饮糒飧养乳母。乳母上书曰：“某所有公田，愿得假倩之。”帝曰：“乳母欲得之乎？”以赐乳母。乳母所言，未尝不听。有诏得令乳母乘车行驰道中。当此之时，公卿大臣皆敬重乳母。乳母家子孙奴从者横暴长安中，当道掣顿人车马，夺人衣服。闻于中，不忍致之法。有司请徙乳母家室，处之于边。奏可。乳母当入至前，面见辞。乳母先见郭舍人，为下泣。舍人曰：“即入见辞去，疾步数还顾。”乳母如其言，谢去，疾步数还顾。郭舍人疾言骂之曰：“咄，老女子，何不疾行！陛下已壮矣，宁尚须汝乳而活邪？尚何还顾！”于是人主怜焉悲之，乃下诏止无徙乳母，罚谪谮之者。[③]

①【索隐】案：东武，县名。侯，乳母姓也。　②【正义】《高祖功臣表》云东武侯郭家，高祖六年封。子他，孝景六年弃市，国除。盖他母常养武帝。　③【索隐】谓武帝罚谪谮乳母之人也。

武帝时，齐人有东方生名朔，[①]以好古传书，爱经术，多所博观外家之语。[②]朔初入长安，至公车上书，[③]

凡用三千奏牍。公车令两人共持举其书,仅然能胜之。人主从上方读之,止,辄乙其处,读之二月乃尽。诏拜以为郎,常在侧侍中。数召至前谈语,人主未尝不悦也。时诏赐之食于前。饭已,尽怀其余肉持去,衣尽污。数赐缣帛,檐揭而去。徒用所赐钱帛,取少妇于长安中好女。率取妇一岁所者即弃去,更取妇。所赐钱财尽索之于女子。人主左右诸郎半呼之"狂人"。人主闻之,曰:"令朔在事无为是行者,若等安能及之哉!"朔任其子为郎,又为侍谒者,常持节出使。朔行殿中,郎谓之曰:"人皆以先生为狂。"朔曰:"如朔等,所谓避世于朝廷间者也。古之人,乃避世于深山中。"时坐席中,酒酣,据地歌曰:"陆沈于俗,④避世金马门。宫殿中可以避世全身,何必深山之中,蒿庐之下。"金马门者,宦〔者〕署门也,门傍有铜马,故谓之曰"金马门"。

①【索隐】仲长统云迁为《滑稽传》,序优旃事,不称东方朔,非也。朔之行事,岂直旃、孟之比哉。而桓谭亦以迁为是,又非也。【正义】《汉书》云:"平原厌次人也。"《舆地志》云:"厌次,宜是富平县之乡聚名也。"《括地志》云:"富平故城在仓州阳信县东南四十里,汉县也。" ②【索隐】案:东方朔亦多博观外家之语,则外家非止经史,即传记杂说之书。 ③【正义】《百官表》云卫尉属官有公车司马。《汉仪注》云:"公车司马掌殿司马门,夜徼宫,天下上事及阙下,凡所征召皆总领之。秩六百石。" ④【索隐】司马彪云:"谓无水而沈之。"

时会聚宫下博士诸先生与论议,共难之①曰:"苏秦、张仪一当万乘之主，而都卿相之位，泽及后世。今子大夫修先王之术，慕圣人之义，讽诵《诗》、《书》百家之言，不可胜数。著于竹帛，自以为海内无双，即可谓博闻辩智矣。然悉力尽忠以事圣帝，旷日持久，积数十年，官不过侍郎，位不过执戟，意者尚有遗行邪？其故何也?”东方生曰：“是固非子所能备也。彼一时也，此一时也，岂可同哉。夫张仪、苏秦之时，周室大坏，诸侯不朝，力政争权，相擒以兵，并为十二国，未有雌雄，得士者强，失士者亡，故说听行通，身处尊位，泽及后世，子孙长荣。今非然也。圣帝在上，德流天下，诸侯宾服，威振四夷，连四海之外以为席，安于覆盂，天下平均，合为一家，动发举事，犹如运之掌中。贤与不肖，何以异哉？方今以天下之大，士民之众，竭精驰说，并进辐凑者，不可胜数。悉力慕义，困于衣食，或失门户。使张仪、苏秦与仆并生于今之世，曾不能得掌故，安敢望常侍侍郎乎！传曰：‘天下无害菑，虽有圣人，无所施其才；上下和同，虽有贤者，无所立功。’故曰时异则事异。虽然，安可以不务修身乎?《诗》曰：‘鼓钟于宫，声闻于外。’‘鹤鸣九皋，声闻于天。’苟能修身，何患不荣！太公躬行仁义七十二年，逢文王，得行其说，封于齐，七百岁而不绝。此士之所以日夜孜孜，修学行道，不敢止也。今世之处士，时虽不用，崛然独立，块然独处，上观许由，下察接舆，策同范蠡，忠合子胥，天下和平，与义相扶，寡偶少徒，固其常也。子何疑于余哉！”于是诸先生默然无以应也。

①【索隐】与议论,共难之。案:谓朔设词对之,即下文答客难是也。

建章宫[①]后阁重栎[②]中有物出焉,其状似麋。以闻,武帝往临视之。问左右群臣习事通经术者,莫能知。诏东方朔视之。朔曰:"臣知之,愿赐美酒粱饭大飧臣,臣乃言。"诏曰:"可。"已飧,又曰:"某所有公田鱼池蒲苇数顷,陛下以赐臣,臣朔乃言。"诏曰:"可。"于是朔乃肯言,曰:"所谓驺牙[③]者也。远方当来归义,而驺牙先见。其齿前后若一,齐等无牙,故谓之驺牙。"其后一岁所,匈奴混邪王果将十万众来降汉。乃复赐东方生钱财甚多。

①【正义】在长安县西北二十里故城中。 ②【索隐】重音逐龙反,栎音历。重栎,栏楯之下有重栏处也。 ③【索隐】驺音邹。此朔以意自立名而偶中也。以有九牙齐等,故谓之驺牙,犹驺骑然也。

至老,朔且死时,谏曰:"《诗》云'营营青蝇,止于蕃。恺悌君子,无信谗言。谗言罔极,交乱四国'。愿陛下远巧佞,退谗言。"帝曰:"今顾东方朔多善言?"怪之。居无几何,朔果病死。传曰:"鸟之将死,其鸣也哀。人之将死,其言也善。"此之谓也。

武帝时,大将军卫青者,卫后兄也,[①]封为长平侯。

从军击匈奴，至余吾水上而还，斩首捕虏，有功来归，诏赐金千斤。将军出宫门，齐人东郭先生以方士待诏公车，当道遮卫将军车，拜谒曰："愿白事。"[②]将军止车前，东郭先生旁车言曰："王夫人新得幸于上，家贫。今将军得金千斤，诚以其半赐王夫人之亲，人主闻之必喜。此所谓奇策便计也。"卫将军谢之曰："先生幸告之以便计，请奉教。"于是卫将军乃以五百金为王夫人之亲寿。王夫人以闻武帝。帝曰："大将军不知为此。"问之安所受计策，对曰："受之待诏者东郭先生。"诏召东郭先生，拜以为郡都尉。东郭先生久待诏公车，贫困饥寒，衣敝，履不完。行雪中，履有上无下，足尽践地，道中人笑之。东郭先生应之曰："谁能履行雪中，令人视之，其上履也，其履下处乃似人足者乎？"及其拜为二千石，佩青祸[③]出宫门，行谢主人。故所以同官待诏者，等比祖道于都门外。荣华道路，立名当世。[④]此所谓衣褐怀宝者也。[⑤]当其贫困时，人莫省视；至其贵也，乃争附之。谚曰："相马失之瘦，相士失之贫。"其此之谓邪？

①【集解】徐广曰："《卫青传》曰子夫之弟也。" ②【集解】徐广曰："《卫青传》云宁乘说青而拜为东海都尉。" ③【集解】徐广曰："音瓜，一音螺，青绶。" ④【集解】徐广曰："东郭先生也。" ⑤【索隐】此指东郭先生也，言其身衣褐而怀宝玉也。

王夫人病甚，人主至自往问之曰："子当为王，欲安所置之？"对曰："愿居洛阳。"人主曰："不可。洛阳有武库、敖仓，当关口，天下咽喉。自先帝以来，传不为置王。然关东国莫大于齐，可以为齐王。”王夫人以手击头，呼“幸甚”。王夫人死，号曰“齐王太后薨”。

昔者，齐王使淳于髡献鹄于楚。[1]出邑门，道飞其鹄，徒揭空笼，造诈成辞，往见楚王曰：“齐王使臣来献鹄，过于水上，不忍鹄之渴，出而饮之，去我飞亡。吾欲刺腹绞颈而死，恐人之议吾王以鸟兽之故令士自伤杀也。鹄，毛物，多相类者，吾欲买而代之，是不信而欺吾王也。欲赴佗国奔亡，痛吾两主使不通。故来服过，叩头受罪大王。”楚王曰：“善，齐王有信士若此哉！”厚赐之，财倍鹄在也。

①【索隐】案：《韩诗外传》齐使人献鹄于楚，不言髡。又《说苑》云魏文侯使舍人无择献鹄于齐，皆略同而事异，殆相涉乱也。

武帝时，征北海太守[1]诣行在所。有文学卒史王先生者，自请与太守俱，“吾有益于君”，君许之。诸府掾功曹白云：“王先生嗜酒，多言少实，恐不可与俱。”太守曰：“先生意欲行，不可逆。”遂与俱。行至宫下，待诏宫府门。王先生徒怀钱沽酒，与卫卒仆射饮，日醉，不视其太守。太守入跪拜。王先生谓户郎曰：“幸为我呼吾君至门内遥语。”户郎为呼太守。太守来，望见王先生。王先生曰：“天子即问君何以治北海[2]令无盗贼，君对曰何哉？”对曰：“选择贤材，各任之以其能，赏异等，罚不肖。”王先生曰：“对如是，是自誉自伐功，不可也。愿君对言，非臣之力，尽陛下神灵威武所变化也。”太守曰：“诺。”召入，至于殿下，有诏问之曰：“何于治北海，令盗贼不起？”叩头对言：“非臣之力，尽陛下神灵威武之所变化也。”武帝大笑，曰：“於呼，安得长者之语而称之！安所受之？”对曰：“受之文学卒史。”帝曰：“今安在？”对曰：“在宫府门外。”有诏召拜王先生为水衡丞，以北海太守为水衡都尉。传曰：“美言可以市，尊行可以加人。君子相送以言，小人相送以财。”

①【索隐】《汉书》宣帝征渤海太守龚遂，非武帝时，此褚先生记谬耳。

②【正义】今青州。

魏文侯时，西门豹为邺令。[①]豹往到邺，会长老，问之民所疾苦。长老曰：“苦为河伯娶妇，[②]以故贫。”豹问其故，对曰：“邺三老、廷掾常岁赋敛百姓，收取其钱得数百万，用其二三十万为河伯娶妇，与祝巫共分其余钱持归。当其时，巫行视小家女好者，云是当为河伯妇，即娉取。洗沐之，为治新缯绮縠衣，间居斋戒。为治斋宫河上，张缇绛帷，[③]女居其中。为具牛酒饭食，(行)十余日。共粉饰之，如嫁女床席，令女居其上，浮之河中。始浮，行数十里乃没。其人家有好女者，恐大巫祝为河伯取之，以故多持女远逃亡。以故城中益空无人，又困贫，所从来久远矣。民人俗语曰‘即不为河伯娶妇，水来漂没，溺其人民’云。”西门豹曰：“至为河伯娶妇时，愿三老、[④]巫祝、父老送女河上，幸来告语之，吾亦往送女。”皆曰：“诺。”

①【正义】今相州县也。　②【正义】伯河，华阴潼乡人，姓冯氏，名夷。浴于河中而溺死，遂为河伯娶妇也。　③【正义】缇，他礼反。顾野王云：“黄赤色也。又音啼，厚缯也。”　④【正义】亭三老。

至其时，西门豹往会之河上。三老、官属、豪长者、里父老皆会，以人民往观之者三二千人。其巫，老女子也，已年七十。从弟子女十人所，皆衣缯单衣，立大巫后。西门豹曰：“呼河伯妇来，视其好丑。”即将女出帷中，来至前。豹视之，顾谓三老、巫祝、父老曰：“是女子不好，烦大巫妪为入报河伯，得更求好女，后日送之。”即使吏卒共抱大巫妪投之河中。有顷，曰：“巫妪何久也？弟子趣之。”复以弟子一人投河中。有顷，曰：“弟子何久也？复使一人趣之。”复投一弟子河中。凡投三弟子。西门豹曰：“巫妪弟子是女子也，不能白事，烦三老为入白之。”复投三老河中。西门豹簪笔磬折，[①]向河立待良久。长老、吏傍观者皆惊恐。西门豹顾曰：“巫妪、三老不来还，奈之何？”欲复使廷掾与豪长者一人入趣之。皆叩头，叩头且破，额血流地，色如死灰。西门豹曰：“诺，且留待之须臾。”须臾，豹曰：“廷掾起矣。状河伯留客之久，若皆罢去归矣。”邺吏民大惊恐，从是以后，不敢复言为河伯娶妇。

①【正义】簪笔，谓以毛装簪头，长五寸，插在冠前，谓之为笔，言插笔

备礼也。磬折，谓曲体揖之，若石磬之形曲折也。磬，一片黑石；凡十二片，树在虡上击之。其形皆中曲垂两头，言人腰侧似也。

西门豹即发民凿十二渠，引河水灌民田，[①]田皆溉。当其时，民治渠少烦苦，不欲也。豹曰："民可以乐成，不可与虑始。今父老子弟虽患苦我，然百岁后期令父老子孙思我言。"至今皆得水利，民人以给足富。十二渠经绝驰道，到汉之立，而长吏以为十二渠桥绝驰道，相比近，不可。欲合渠水，且至驰道合三渠为一桥。邺民人父老不肯听长吏，以为西门君所为也，贤君之法式不可更也。长吏终听置之。故西门豹为邺令，名闻天下，泽流后世，无绝已时，几可谓非贤大夫哉。

①【正义】《括地志》云："按：横渠首接漳水，盖西门豹、史起所凿之渠也。《沟洫志》云'魏文侯时，西门豹为邺令，有令名。至文侯曾孙襄王时，与群臣饮酒，王为群臣祝曰："令吾臣皆如西门豹之为人臣也。"史起进曰："魏氏之行田也以百亩，邺独二百亩，是田恶也。漳水在其傍，西门豹不知用，是不智也；知而不兴，是不仁也。仁智豹未之尽，何足法也！"于是史起为邺令，遂引漳水溉邺，以富魏之河内'。左思《魏都赋》云'西门溉其前，史起灌其后'也。"

传曰："子产治郑，民不能欺。子贱治单父，民不忍欺。西门豹治邺，民不敢欺。"三子之才能谁最贤哉？辨治者当能别之。[①]

①【集解】魏文帝问群臣："三不欺，于君德孰优？"太尉钟繇、司徒华

歆、司空王朗对曰："臣以为君任德，则臣感义而不忍欺；君任察，则臣畏觉而不能欺；君任刑，则臣畏罪而不敢欺。任德感义，与夫导德齐礼有耻且格等趋者也。任察畏罪，与夫导政齐刑免而无耻同归者也。孔子曰：'为政以德，譬如北辰，居其所而众星共之。'考以斯言，论以斯义，臣等以为不忍欺不能欺，优劣之县在于权衡，非徒低卬之差，乃钧铢之觉也。且前志称'仁者安仁，智者利仁，畏罪者强仁'。校其仁者，功则无以殊。核其为仁者，则不得不异。安仁者，性善者也。利仁者，力行者也。强仁者，不得已者也。三仁相比，则安仁优矣。《易》称'神而化之，使民宜之'。若君化使民然也。然则安仁之化与夫强仁之化，优劣亦不得不相县绝也。然则三臣之不欺虽同，所以不欺异矣。则纯以恩义崇不欺，与以威察成不欺，既不可同概而比量，又不得错综而易处。"【索隐】案：此三不欺自古传记先达共所称述，今褚先生因记西门豹而称之以成说也。《循吏传》记子产相郑，仁而且明，故人不能欺之也。子贱为政清净，唯弹琴，三年不下堂而化，是人见思，故不忍欺之。豹以威化御俗，故人不敢欺之。其德优劣，钟、华之评实为允当也。

索隐述赞曰：滑稽鸱夷，如脂如韦。敏捷之变，学不失词。淳于索绝，赵国兴师。楚优拒相，寝丘获祠。伟哉方朔，三章纪之。

卷一百二十七

日者列传第六十七

【集解】《墨子》曰："墨子北之齐，遇日者。日者曰：'帝以今日杀黑龙于北方，而先生之色黑，不可以北。'墨子不听，遂北，至淄水。墨子不遂而反焉。日者曰：'我谓先生不可以北。'"然则古人占候卜筮，通谓之"日者"。《墨子》亦云，非但《史记》也。【索隐】案：名卜筮曰"日者"以墨，所以卜筮占候时日通名"日者"故也。

自古受命而王，王者之兴何尝不以卜筮决于天命哉。其于周尤甚，及秦可见。代王之入，任于卜者。太卜之起，由汉兴而有。①

①【索隐】案：《周礼》有太卜之官。此云由汉兴者，谓汉自文帝卜大横之后，其卜官更兴盛焉。

司马季主者，楚人也。①卜于长安东市。

①【索隐】按：云楚人而太史公不序其系，盖楚相司马子期、子反后，芈姓也。季主见《列仙传》。

宋忠为中大夫，贾谊为博士，同日俱出洗沐，①相从论议,诵易先王圣人之道术,究遍人情,相视而叹。贾谊曰:"吾闻古之圣人,不居朝廷,必在卜医之中。今吾已见三公九卿朝士大夫,皆可知矣。试之卜数中以观采。"②二人即同舆而之市,游于卜肆中。天新雨,道少人,司马季主间坐,弟子三四人侍,方辩天地之道,日月之运,阴阳吉凶之本。二大夫再拜谒。司马季主视其状貌,如类有知者,即礼之,使弟子延之坐。坐定,司马季主复理前语,分别天地之终始,日月星辰之纪,差次仁义之际,列吉凶之符,语数千言,莫不顺理。

①【正义】汉官五日一假洗沐也。 ②【索隐】卜数,犹术数也。音所具反。刘氏云"数,筮也",亦通。筮必以《易》(用)大衍之数也。

宋忠、贾谊瞿然而悟,猎缨正襟危坐,①曰:"吾望先生之状,听先生之辞,小子窃观于世,未尝见也。今何居之卑,何行之污?"②

①【索隐】猎,揽也。揽其冠缨而正其衣襟,谓变而自饰也。危,一作"免",谓俯俛为敬。 ②【索隐】音乌故反。

司马季主捧腹大笑曰:"观大夫类有道术者,今何言之陋也,何辞之野也。今夫子所贤者何也?所高者谁也?今何以卑污长者?"

二君曰:"尊官厚禄,世之所高也,贤才处之。今所处非其地,故谓之卑。言不信,行不验,取不当,故谓之污。夫卜筮者，世俗之所贱简也。世皆言曰：‘夫卜者多言夸严以得人情，[①]虚高人禄命以说人志，擅言祸灾以伤人心，矫言鬼神以尽人财，厚求拜谢以私于己。’此吾之所耻，故谓之卑污也。”

①【索隐】谓卜者自矜夸而庄严，以得人情也。

司马季主曰：“公且安坐。公见夫被发童子乎？日月照之则行，不照则止，问之日月疵瑕吉凶，则不能理。由是观之，能知别贤与不肖者寡矣。

“贤之行也，直道以正谏，三谏不听则退。其誉人也不望其报，恶人也不顾其怨，以便国家利众为务。故官非其任不处也，禄非其功不受也。见人不正，虽贵不敬也。见人有污，虽尊不下也。得不为喜，去不为恨。非其罪也，虽累辱而不愧也。

“今公所谓贤者，皆可为羞矣。卑疵[①]而前，孅趋[②]而言。相引以势，相导以利。比周宾正，[③]以求尊誉，以受公奉。事私利，枉主法，猎农民。以官为威，以法为机，求利逆暴，譬无异于操白刃劫人者也。初试官时，倍力为巧诈，饰虚功执空文以诬主上，用居上为右。试官不让贤陈功，见伪增实，以无为有，以少为多，以求便势尊位。食饮驱驰，从姬歌儿，不顾于亲，犯法害民，虚公家。此夫为盗不操矛弧者也，攻而不用弦刃者也，欺父母未有罪而弑君未伐者也。何以为高贤才乎？

①【索隐】疵音资。　②【索隐】孅音纤。纤趋,犹足恭也。　③【集解】徐广曰:"客旅谓之宾,人求长官谓之正。"

"盗贼发不能禁,夷貊不服不能摄,奸邪起不能塞,官秏乱不能治,四时不和不能调,岁谷不孰不能适。[1]才贤不为,是不忠也。才不贤而托官位,利上奉,[2]妨贤者处,是窃位也。有人者进,有财者礼,是伪也。子独不见鸱枭之与凤皇翔乎?兰芷芎䓖弃于广野,蒿萧成林,使君子退而不显众,公等是也。

①【索隐】音释。适,犹调也。　②【索隐】奉音扶用反。

"述而不作,君子义也。今夫卜者,必法天地,象四时,顺于仁义,分策定卦,(按)〔旋〕式正棋,[1]然后言天地之利害,事之成败。昔先王之定国家,必先龟策日月,而后乃敢代。正时日,乃后入家。产子必先占吉凶,后乃有之。[2]自伏羲作《八卦》,周文王演三百八十四《爻》而天下治。越王句践放[3]文王《八卦》以破敌国,霸天下。由是言之,卜筮有何负哉。

①【集解】徐广曰:"式音栻。"【索隐】按:式即栻也。旋,转也。栻之形上圆象天,下方法地,用之则转天纲加地之辰,故云旋式。棋者,筮之状。正棋,盖谓卜以作卦也。　②【索隐】谓若卜之不祥,则式不收也。卜吉而后有,故云"有之"。　③【索隐】放音方往反。

“且夫卜筮者，扫除设坐，正其冠带，然后乃言事，此有礼也。言而鬼神或以飨，忠臣以事其上，孝子以养其亲，慈父以畜其子，此有德者也。而以义置数十百钱，病者或以愈，且死或以生，患或以免，事或以成，嫁子娶妇或以养生。此之为德，岂直数十百钱哉！此夫老子所谓‘上德不德，是以有德’。今夫卜筮者利大而谢少，老子之云岂异于是乎？

“庄子曰：‘君子内无饥寒之患，外无劫夺之忧，居上而敬，居下不为害，君子之道也。’今夫卜筮者之为业也，积之无委聚，藏之不用府库，徙之不用辎车，负装之不重，止而用之无尽索之时。持不尽索之物，游于无穷之世，虽庄氏之行未能增于是也，子何故而云不可卜哉？天不足西北，星辰西北移；地不足东南，以海为池；日中必移，月满必亏；先王之道，乍存乍亡。公责卜者言必信，不亦惑乎！

“公见夫谈士辩人乎？虑事定计，必是人也，然不能以一言说人主意，故言必称先王，语必道上古。虑事定计，饰先王之成功，语其败害，以恐喜人主之志，以求其欲。多言夸严，①莫大于此矣。然欲强国成功，尽忠于上，非此不立。今夫卜者，导惑教愚也。夫愚惑之人，岂能以一言而知之哉。言不厌多。

①【集解】徐广曰：“一作险。”

“故骐骥不能与罢驴为驷，而凤凰不与燕雀为群，而贤者亦不与不肖者同列。故君子处卑隐以辟众，自匿以辟伦，微见德顺以除群害，以明天性，助上养下，多其功利，不求尊誉。公之等喁喁者也，何知长者之道乎。”

宋忠、贾谊忽而自失，芒乎无色，[①]怅然噤[②]口不能言。于是摄衣而起，再拜而辞。行洋洋也，出市门，仅能自上车，伏轼低头，卒不能出气。

①【索隐】芒音莫郎反。　②【索隐】怅音畅。噤音禁。刘氏音其锦反。

居三日，宋忠见贾谊于殿门外，乃相引屏语相谓自叹曰：“道高益安，势高益危。居赫赫之势，失身且有日矣。夫卜而有不审，不见夺糈。[①]为人主计而不审，身无所处。[②]此相去远矣，犹天冠地屦也。此老子之所谓‘无名者万物之始’也。天地旷旷，物之熙熙，或安或危，莫知居之。我与若，何足预彼哉。彼久而愈安，虽曾氏之义[③]未有以异也。”

①【集解】徐广曰：“音所。”骃案：《离骚经》曰“怀椒糈而要之”，王逸云“糈，精米，所以享神”。【索隐】糈者，卜求神之米也。　②【索隐】言卜之不中，乃不见夺其糈米。若为人主计不审，则身无所处也。　③【集解】徐广曰：“曾，一作庄。”

久之，宋忠使匈奴，不至而还，抵罪。而贾谊为梁怀王傅，王堕马薨，谊不食，毒恨而死。此务华绝根者也。[①]

①【素隐】言宋忠、贾谊皆务华而丧其身，是绝其根本也。

太史公曰：古者卜人所以不载者，多不见于篇。及至司马季主，余志而著之。

褚先生曰：臣为郎时，游观长安中，见卜筮之贤大夫，观其起居行步，坐起自动，誓正其衣冠而当乡人也，有君子之风。见性好解妇来卜，对之颜色严振，未尝见齿而笑也。从古以来，贤者避世，有居止舞泽者，有居民间闭口不言，有隐居卜筮间以全身者。夫司马季主者，楚贤大夫，游学长安，通《易经》，术黄帝、老子，博闻远见。观其对二大夫贵人之谈言，称引古明王圣人道，固非浅闻小数之能。及卜筮立名声千里者，各往往而在。传曰："富为上，贵次之；既贵各各学一伎能立其身。"黄直，大夫也；陈君夫，妇人也，以相马立名天下。齐张仲、曲成侯以善击刺学用剑，立名天下。留长孺以相彘立名。荥阳褚氏以相牛立名。能以伎能立名者甚多，皆有高世绝人之风，何可胜言。故曰："非其地，树之不生。非其意，教之不成。"夫家之教子孙，当视其所以好，好含苟生活之道，因而成之。故曰："制宅命子，足以观士。子有处所，可谓贤人。"

臣为郎时，与太卜待诏为郎者同署，言曰："孝武帝时，聚会占家问之，某日可取妇乎？五行家曰可，堪舆家曰不可，建除家曰不吉，丛辰家曰大凶，历家曰小凶，天人家曰小吉，太一家曰大吉。辩讼不决，以状闻。制曰：'避诸死忌，以五行为主。'"人取于五行者也。

索隐述赞曰：日者之名，有自来矣。吉凶占候，著于《墨子》。齐、楚异法，书亡罕纪。后人斯继，季主独美。取免暴秦，此焉终否。

卷一百二十八

龟策列传第六十八

【索隐】《龟策传》有录无书，褚先生所补。其叙事烦芜陋略，无可取。【正义】《史记》至元、成间十篇有录无书，而褚少孙补《景》、《武纪》，《将相年表》，《礼书》、《乐书》、《律书》，《三王世家》，《蒯成侯》、《日者》、《龟策列传》。《日者》、《龟策》言辞最鄙陋，非太史公之本意也。

太史公曰：自古圣王将建国受命，兴动事业，何尝不宝卜筮以助善。唐、虞以上，不可记已。自三代之兴，各据祯祥。涂山之兆从而夏启世，飞燕之卜顺故殷兴，百谷之筮吉故周王。王者决定诸疑，参以卜筮，断以蓍龟，不易之道也。

蛮、夷、氐、羌虽无君臣之序，亦有决疑之卜。或以金石，或以草①木，国不同俗。然皆可以战伐攻击，推兵求胜，各信其神，以知来事。

①【集解】徐广曰："一作革。"

略闻夏、殷欲卜者，乃取蓍龟，已则弃去之，以为龟藏则不灵，蓍久则不神。至周室之卜官，常宝藏蓍龟。又其大小先后，各有所尚，要其归等耳。或以为圣王遭事无不定，决疑无不见，其设稽神求问之道者，以为后世衰微，愚不师智，人各自安，化分为百室，道散而无垠，故推归之至微，要洁于精神也。或以为昆虫之所长，圣人不能与争。其处吉凶、别然否，多中于人。至高祖时，因秦太卜官。天下始定，兵革未息。及孝惠享国日少，吕后女主，孝文、孝景因袭掌故，未遑讲试，虽父子畴官，世世相传，其精微深妙多所遗失。至今上即位，博开艺能之路，悉延百端之学，通一伎之士咸得自效，绝伦超奇者为右，无所阿私，数年之间，太卜大集。会上欲击匈奴，西攘大宛，[①]南收百越，卜筮至预见表象，先图其利。及猛将推锋执节，获胜于彼，而蓍龟时日亦有力于此。上尤加意，赏赐至或数千万。如丘子明之属，富溢贵宠，倾于朝廷。至以卜筮射蛊道，巫蛊时或颇中。素有眦睚不快，因公行诛，恣意所伤，以破族灭门者，不可胜数。百僚荡恐，皆曰龟策能言。后事觉奸穷，亦诛三族。

①【集解】徐广曰："攘，一作襄。襄，除也。"

夫揲策定数，[①]灼龟观兆，变化无穷，是以择贤而用占焉，可谓圣人重事者乎。周公卜三龟而武王有瘳，纣为暴虐而元龟不占。晋文将定襄王之位，卜得黄帝之兆，[②]卒受彤弓之命。献公贪骊姬之色，卜而兆有口象，其祸竟流五世。楚灵将背周室，卜而龟逆，[③]终被乾溪之败。兆应信诚于内，而时人明察见之于外，可不谓两合者哉。君子谓夫轻卜筮，无神明者，悖。背[④]人道，信祯祥者，鬼神不得其正。故《书》建稽疑，五谋而卜筮居其二，五占从其多，明有而不专之道也。

①【集解】徐广曰："揲音逢。一作达。"【索隐】揲谓两手执蓍分而扐之，故云揲策。　②【集解】《左传》曰遇黄帝战于阪泉之兆。　③【集解】《左传》曰："灵王卜，曰'余尚得天下'，不吉。投龟诟天而呼曰：'是区区者而不余畀，余必自取之。'"【索隐】诟音火候反。　④【索隐】悖音倍，背音佩。

余至江南，观其行事，问其长老，云龟千岁乃游莲叶之上，[①]蓍百茎共一根。[②]又其所生，兽无虎狼，草无毒螫。江傍家人常畜龟饮食之，以为能导引致气，有益于助衰养老，岂不信哉。

①【集解】徐广曰："莲，一作领。领与莲声相近，或假借字也。"
②【集解】徐广曰："刘向云，龟千岁而灵，蓍百年而一本生百茎。"

褚先生曰：臣以通经术，受业博士，治《春秋》，以高第为郎，幸得宿卫，出入宫殿中十有余年。窃好《太史公传》。太史公之传曰："三王不同龟，四夷各异卜，然各以决吉凶，略窥其要，故作《龟策列传》。"臣往来长安中，求《龟策列传》不能得，故之大卜官，问掌故文学长老习事者，写取龟策卜事，编于下方。

闻古五帝、三王发动举事，必先决蓍龟。传曰：[①]"下有伏灵，上有兔丝。上有捣蓍，[②]下有神龟。"所谓伏灵者，在兔丝之下，状似飞鸟之形。新雨已，天清静无风，以夜捎兔丝去之，即以篝烛此地，[③]烛之火灭，即记其处，以新布四丈环置之，明即掘取之，入四尺至七尺，得矣，过七尺不可得。伏灵者，千岁松根也，食之不死。闻蓍生满百茎者，其下必有神龟守之，其上常有青云覆之。传曰："天下和平，王道得，而蓍茎长丈，其丛生满百茎。"方今世取蓍者，不能中古法度，不能得满百茎长丈者，取八十茎已上、蓍长八尺，即难得也。人民好用卦者，取满六十茎已上、长满六尺者，即可用矣。记曰："能得名龟者，财物归之，家必大富至千万。"一曰北斗龟，二曰南辰龟，三曰五星龟，四曰八风龟，五曰二十八宿龟，六曰日月龟，七曰九州龟，八曰玉龟，凡八名龟。龟图各有文在腹下，文云云者，此某之龟也。略记其大指，不写其图。取此龟不必满尺二寸，民人得长七八寸，可宝矣。今夫珠玉宝器，虽有所深藏，必见其光，必出其神明，其此之谓乎。故玉处于山而木润，渊生珠而岸不枯者，④润泽之所加也。明月之珠出于江海，藏于蚌中，蚗龙伏之。⑤王者得之，长有天下，四夷宾服。能得百茎蓍，并得其下龟以卜者，百言百当，足以决吉凶。

①【索隐】此传即太卜所得古占龟之说也。 ②【索隐】擣音逐留反。擣蓍即蘘蓍。擣，古"稠"字。 ③【集解】徐广曰："篝，笼也。盖然火而笼罩其上也。音沟。《陈涉世家》曰'夜篝火'也。" ④【集解】徐广曰："一无不字。许氏说《淮南》以为滋润钟于明珠，致令岸枯也。" ⑤【集解】徐广曰："许氏说《淮南》云，蚗龙，龙属也。音决。"【索隐】蚗当为"蛟"。蚉音龙，注音决，误也。

神龟出于江水中，庐江郡常岁时生龟长尺二寸者二十枚输太卜官，太卜官因以吉日剔取其腹下甲，龟千岁乃满尺二寸。王者发军行将，必钻龟庙堂之上以决吉凶。今高庙中有龟室，藏内以为神宝。

传曰："取前足臑骨[①]穿佩之，取龟置室西北隅悬之，以入深山大林中，不惑。"臣为郎时，见《万毕·石朱方》，传曰："有神龟在江南嘉林中。[②]嘉林者，兽无虎狼，鸟无鸱枭，草无毒螫，野火不及，斧斤不至，是为嘉林。龟在其中，常巢于芳莲之上。左胁书文曰：'甲子重光，[③]得我者匹夫为人君，有土正，[④]诸侯得我为帝王。'求之于白蛇蟠杅[⑤]林中者，[⑥]斋戒以待，譺然[⑦]，状如有人来告之，因以醮酒佗发，[⑧]求之三宿而得。"由是观之，岂不伟哉。故龟可不敬与！

①【集解】徐广曰："臑音乃毛反。臑，臂。"【索隐】臑音乃高反。一音乃导反。　②【索隐】按：《万毕术》中有《石朱方》，方中说嘉林中，故云传曰。　③【集解】徐广曰："子，一作于。"　④【集解】徐广曰："正，长也。为有土之官长。"　⑤【集解】徐广曰："一孤反。"　⑥【索隐】按：林名白蛇蟠杅林，龟藏其中。杅音乌。谓白蛇尝蟠杅此林中也。⑦【索隐】譺音嶷。言求龟者斋戒以待，恒譺然也。　⑧【集解】徐广曰："佗，一作被。"【索隐】佗音徒我切，谓被发也。

南方老人用龟支床足，行二十余岁，老人死，移床，龟尚生不死。龟能行气导引。问者曰："龟至神若此，然太卜官得生龟，何为辄杀取其甲乎？"近世江上人有得名龟，畜置之，家因大富。与人议，欲遣去。人教杀之勿遣，遣之破人家。龟见梦曰："送我水中，无杀吾也。"其家终杀之。杀之后，身死，家不利。人民与君王者异道。人民得名龟，其状类不宜杀也。以往古故事言之，古明王圣主皆杀而用之。

宋元王时得龟，亦杀而用之。谨连其事于左方，令好事者观择其中焉。

宋元王二年，江使神龟使于河，至于泉阳，渔者豫且[①]举网得而囚之，置之笼中。夜半，龟来见梦于宋元王曰："我为江使于河，而幕网当吾路。泉阳豫且得我，我不能去。身在患中，莫可告语。王有德义，故来告诉。"元王惕然而悟。乃召博士卫平[②]而问之曰："今寡人梦见一丈夫，延颈而长头，衣玄绣之衣而乘辎车，来见梦于寡人曰：'我为江使于河，而幕网当吾路。泉阳豫且得我，我不能去。身在患中，莫可告语。王有德义，故来告诉。'是何物也？"卫平乃援式而起，[③]仰天而视月之光，观斗所指，定日处乡。规矩为辅，副以权衡。四维已定，八卦相望。视其吉凶，介虫先见。乃对元王曰："今昔壬子，[④]宿在牵牛。河水大会，鬼神相谋。汉正南北，[⑤]江、河固期，南风新至，江使先来。白云壅汉，万物尽留。斗柄指日，使者当囚。玄服而乘辎车，其名为龟。王急使人问而求之。"王曰："善。"

①【索隐】且音子余切。泉阳人，网元龟者。　②【索隐】宋元君之臣也。　③【集解】徐广曰："式音敕。"　④【索隐】今昔，犹昨夜也。

以今日言之，谓昨夜为今昔。　⑤【正义】汉，天河。

于是王乃使人驰而往问泉阳令，曰："渔者几何家？名谁为豫且？豫且得龟，见梦于王，王故使我求之。"泉阳令乃使吏案籍视图，水上渔者五十五家，上流之庐，名为豫且。泉阳令曰："诺。"乃与使者驰而问豫且曰："今昔汝渔何得？"豫且曰："夜半时举网得龟。"[①]使者曰："今龟安在？"曰："在笼中。"使者曰："王知子得龟，故使我求之。"豫且曰："诺。"即系龟而出之笼中，献使者。

①【集解】《庄子》曰得白龟圆五尺。

使者载行，出于泉阳之门。正昼无见，风雨晦冥。云盖其上，五采青黄；雷雨并起，风将而行。入于端门，见于东箱。身如流水，润泽有光。望见元王，延颈而前，三步而止，缩颈而却，复其故处。元王见而怪之，问卫平曰："龟见寡人，延颈而前，以何望也？缩颈而(复)〔却〕，是何当也？"卫平对曰："龟在患中，而终昔囚，王有德义，使人活之。今延颈而前，以当谢也，缩颈而却，欲亟去也。"元王曰："善哉，神至如此乎，不可久留。趣驾送龟，勿令失期。"

卫平对曰："龟者，是天下之宝也。先得此龟者为天子，且十言十当，十战十胜。生于深渊，长于黄土。知天之道，明于上古。游三千岁，不出其域。安平静正，动不用力。寿蔽天地，莫知其极。与物变化，四时变色。居而自匿,伏而不食。春仓夏黄,秋白冬黑。明于阴阳,审于刑德。先知利害,察于祸福。以言而当,以战而胜,王能宝之,诸侯尽服。王勿遣也,以安社稷。”

元王曰:“龟甚神灵,降于上天,陷于深渊。在患难中。以我为贤。德厚而忠信,故来告寡人。寡人若不遣也,是渔者也。渔者利其肉,寡人贪其力,下为不仁,上为无德。君臣无礼,何从有福? 寡人不忍,奈何勿遣!”

卫平对曰:“不然。臣闻盛德不报,重寄不归。天与不受,天夺之宝。今龟周流天下,还复其所,上至苍天,下薄泥涂。还遍九州,未尝愧辱,无所稽留。今至泉阳,渔者辱而囚之。王虽遣之,江、河必怒,务求报仇。自以为侵,因神与谋。淫雨不霁,水不可治。若为枯旱,风而扬埃,蝗虫暴生,百姓失时。王行仁义,其罚必来。此无佗故,其祟在龟。后虽悔之,岂有及哉。王勿遣也。”

元王慨然而叹曰:“夫逆人之使,绝人之谋,是不暴乎? 取人之有,以自为宝,是不强乎? 寡人闻之,暴得者必暴亡,强取者必后无功。桀、纣暴强,身死国亡。今我听子,是无仁义之名而有暴强之道。江、河为汤、武,我为桀、纣。未见其利,恐离其咎。寡人狐疑,安事此宝,趣驾送龟,勿令久留。”

卫平对曰:“不然,王其无患。天地之间,累石为山,高而不坏,地得为安。故云物或危而顾安,或轻而不可迁。人或忠信而不如诞谩，[1]或丑恶而宜大官，或美好佳丽而为众人患。非神圣人，莫能尽言。春秋冬夏，或暑或寒。寒暑不和，贼气相奸。同岁异节，其时使然。故令春生夏长，秋收冬藏。或为仁义，或为暴强。暴强有乡，仁义有时。万物尽然，不可胜治。大王听臣，臣请悉言之。天出五色，以辨白黑。地生五谷，以知善恶。人民莫知辨也，与禽兽相若。谷居而穴处，不知田作。天下祸乱，阴阳相错。匆匆疾疾，[2]通而不相择。妖孽数见，[3]传为单薄。圣人别其生，使无相获。禽兽有牝牡，置之山原；鸟有雌雄，布之林泽。有介之虫，置之溪谷。故牧人民，为之城郭，内经闾术，外为阡陌。夫妻男女，赋之田宅，列其室屋。为之图籍，别其名族。立官置吏，劝以爵禄。衣以桑麻，养以五谷。耕之耰之，[4]锄之耨之。[5]口得所嗜，目得所美，身受其利。以是观之，非强不至。故曰田者不强，囷仓不盈。[6]商贾不强，不得其赢。妇女不强，布帛不精。官御不强，其势不成。大将不强，卒不使令。侯王不强，没世无名。故云强者，事之始也，分之理也，物之纪也。所求于强，无不有也。王以为不然，王独不闻玉椟只雉，[7]出于昆山。明月之珠，出于四海。镌石拌蚌，[8]传卖于市。圣人得之，以为大宝。大宝所在，乃为天子。今王自以为暴，不如拌蚌于海也。自以为强，不过镌石于昆山也。取者无咎，宝者无患。今龟使来抵网，而遭渔者得之，见梦自言，是国之宝也，王何忧焉。”

①【集解】徐广曰:“诞,一作訑,音土和反。”【索隐】诞音田烂反;谩音漫,又并如字。 ②【集解】徐广曰:“一作病。” ③【正义】《说文》云“衣服歌谣草木之怪谓之妖,禽兽虫蝗之怪谓之孽”也。 ④【集解】徐广曰:“音忧。”【正义】耰,覆种也。《说文》云:“耰,摩田器。” ⑤【集解】徐广曰:“耨,除草也。” ⑥【正义】《说文》云:“圆者谓之囷,方者谓之廪。” ⑦【集解】徐广曰:“只,一作双。” ⑧【集解】徐广曰:“镌音子旋反。拌音判。”【索隐】判,割也。

元王曰:“不然。寡人闻之,谏者福也,谀者贼也。人主听谀,是愚惑也。虽然,祸不妄至,福不徒来。天地合气,以生百财。阴阳有分,不离四时,十有二月,日至为期。圣人彻焉,身乃无灾。明王用之,人莫敢欺。故云福之至也,人自生之。祸之至也,人自成之。祸与福同,刑与德双。圣人察之,以知吉凶。桀、纣之时,与天争功,拥遏鬼神,使不得通。是固已无道矣,谀臣有众。桀有谀臣,名曰赵梁。教为无道,劝以贪狼。系汤夏台,杀关龙逢。左右恐死,偷谀于傍。国危于累卵,皆曰无伤。称乐万岁,或曰未央。蔽其耳目,与之诈狂。汤卒伐桀,身死国亡。听其谀臣,身独受殃。《春秋》著之,至今不忘。纣有谀臣,名为左强。夸而目巧,教为象郎。[①]将至于天,又有玉床。犀玉之器,象箸而羹。[②]圣人剖其心,壮士斩其胻。[③]箕子恐死,被发佯狂。杀周太子历,[④]囚文王昌。投之石室,将以昔至明。阴兢活之,[⑤]与之俱亡。入于周地,得太公望。兴卒聚兵,与纣相攻。文王病死,载尸以行。太子发代将,号为武王。战于牧野，破之华山之阳。纣不胜败而还走，围之象郎。自杀宣室，[6]身死不葬。头悬车轸，四马曳行。寡人念其如此，肠如涫汤。[7]是人皆富有天下而贵至天子，然而大傲。欲无猒时，举事而喜高，贪狠而骄。不用忠信，听其谀臣，而为天下笑。今寡人之邦，居诸侯之间，曾不如秋毫。举事不当，又安亡逃。”

①【集解】《礼记》曰：“目巧之室。”郑玄曰：“但用目巧善意作室，不由法度。”许慎曰：“象牙郎。” ②【索隐】箸音持虑反，则箸即筯，为与羹连，则或非箸，樽也。《记》曰“羹之有菜者用梜”。梜者，筯也。 ③【集解】胻音衡，脚胫也。 ④【索隐】按：“杀周太子历”文在“囚文王昌”之上，则近是季历。季历不被纣诛，则其言近妄，无容周更别有太子名历也。 ⑤【集解】徐广曰：“兢，一作竞。”【索隐】阴，姓。兢，名。 ⑥【集解】徐广曰：“天子之居，名曰宣室。” ⑦【集解】徐广曰：“涫音馆。一作沸。”【索隐】涫，沸也。

卫平对曰：“不然。河虽神贤，不如昆仑之山。江之源理，不如四海，而人尚夺取其宝，诸侯争之，兵革为起。小国见亡，大国危殆，杀人父兄，虏人妻子，残国灭庙，以争此宝。战攻分争，是暴强也。故云取之以暴强而治以文理，无逆四时，必亲贤士；与阴阳化，鬼神为使。通于天地，与之为友。诸侯宾服，民众殷喜。邦家安宁，与世更始。汤、武行之，乃取天子。《春秋》著之，以为经纪。王不自称汤、武，而自比桀、纣。〔桀、纣〕为暴强也，固以为常。桀为瓦室，[1]纣为象郎。征丝灼之，[②]务以费(民)〔氓〕。赋敛无度，杀戮无方。杀人六畜，以韦为囊。囊盛其血，与人悬而射之，与天帝争强。逆乱四时，先百鬼尝。谏者辄死，谀者在傍。圣人伏匿，百姓莫行。天数枯旱，国多妖祥。螟虫岁生，五谷不成。民不安其处，鬼神不享。飘风日起，正昼晦冥。日月并蚀，灭息无光。列星奔乱，皆绝纪纲。以是观之，安得久长。虽无汤、武，时固当亡。故汤伐桀、武王克纣，其时使然。乃为天子，子孙续世。终身无咎，后世称之，至今不已。是皆当时而行，见事而强，乃能成其帝王。今龟，大宝也，为圣人使，传之贤(士)〔王〕。不用手足，雷电将之，风雨送之，流水行之。侯王有德，乃得当之。今王有德而当此宝，恐不敢受；王若遣之，宋必有咎。后虽悔之，亦无及已。"

①【集解】《世本》曰："昆吾作陶。"张华《博物记》亦云"桀作瓦"。盖是昆吾为桀作也。　②【索隐】按：灼，谓燔也。烧丝以当薪，务费人也。

元王大悦而喜。于是元王向日而谢，[①]再拜而受。择日斋戒，甲乙最良。乃刑白雉，及与骊羊。以血灌龟，于坛中央。以刀剥之，身全不伤。脯酒礼之，横其腹肠。荆支卜之，必制其创。[②]理达于理，文相错迎。使工占之，所言尽当。邦福重宝，[③]闻于傍乡。杀牛取革，被郑之桐。[④]草木毕分，化为甲兵。战胜攻取，莫如元王。元王之时，卫平相宋，宋国最强，龟之力也。

①【索隐】盖欲神之以谢天之质。向日者，天之光明著见者也。 ②【正义】音疮。 ③【集解】徐广曰："福音副，藏也。" ④【集解】徐广曰："牛革桐为鼓也。"

故云神至能见梦于元王，而不能自出渔者之笼。身能十言尽当，不能通使于河，还报于江。贤能令人战胜攻取，不能自解于刀锋，免剥刺之患。圣能先知亟见，而不能令卫平无言。言事百全，至身而挛；当时不利，又焉事贤。贤者有恒常，士有适然。是故明有所不见，听有所不闻。人虽贤，不能左画方，右画圆。日月之明，而时蔽于浮云。羿名善射，不如雄渠、蠭门。[①]禹名为辩智，而不能胜鬼神。地柱折，天故毋椽，又奈何责人于全？孔子闻之曰："神龟知吉凶，而骨直空枯。[②]日为德而君于天下，辱于三足之乌。月为刑而相佐，见食于虾蟆。猬辱于鹊，[③]腾蛇之神而殆于即且。[④]竹外有节理，中直空虚。松柏为百木长，而守门闾。日辰不全，故有孤虚。[⑤]黄金有疵，白玉有瑕。事有所疾，亦有所徐。物有所拘，亦有所据。罔有所数，亦有所疏。人有所贵，亦有所不如。何可而适乎？物安可全乎？天尚不全，故世为屋，不成三瓦而陈之，[⑥]以应之天。天下有阶，物不全[⑦]乃生也。"

①【集解】《新序》曰："楚雄渠子夜行，见伏石当道，以为虎而射之，应弦没羽。"《淮南子》曰："射者重以逢门子之巧。"刘歆《七略》有《蠭门射法》也。 ②【正义】凡龟其骨空中而枯也。直，语发声也，今河东亦然。

③【集解】郭璞曰："猬能制虎，见鹊仰地。"《淮南万毕》曰："鹊令猬反腹者，猬憎其意而心恶之也。" ④【集解】郭璞曰："腾蛇，龙属也。卿蛆，似蝗，大腹，食蛇脑也。"【正义】即，津日反。且，则余反。即吴公也，状如蚰蜒而大，黑色。 ⑤【集解】甲乙谓之日，子丑谓之辰。《六甲孤虚法》：甲子旬中无戌亥，戌亥即为孤，辰巳即为虚；甲戌旬中无申酉，申酉为孤，寅卯即为虚；甲申旬中无午未，午未为孤，子丑即为虚；甲午旬中无辰巳，辰巳为孤，戌亥即为虚；甲辰旬中无寅卯，寅卯为孤，申酉即为虚；甲寅句中无子丑，子丑为孤，午未即为虚。刘歆《七略》有《风后孤虚》二十卷。【正义】按：岁月日时孤虚，并得上法也。 ⑥【集解】徐广曰："一云为屋成，欠三瓦而栋之也。"【索隐】刘氏云："陈，犹居也。"注作"栋"，音都贡反。【正义】言为屋不成，欠三瓦以应天，犹陈列而居之。 ⑦【正义】言万物及日月天地皆不能全，喻龟之不全也。

褚先生曰：渔者举网而得神龟，龟自见梦宋元王，元王召博士卫平告以梦龟状，平运式，定日月，分衡度，视吉凶，占龟与物色同，平谏王留神龟以为国重宝，美矣。古者筮必称龟者，以其令名，所从来久矣。余述而为传。

三月　　二月　　正月①　　十二月　　十一月

中关内高外下②　　四月首仰③　　足开　　肣开④

首俛大⑤　　五月　　横吉　　首俛大⑥　　六月

七月　　八月　　九月　　十月

①【正义】言正月、二月、三月右转周环终十二月者，日月之龟，腹下十二黑点为十二月，若二十八宿龟也。 ②【正义】此等下至"首俛大"者，皆卜兆之状也。 ③【索隐】音鱼两反。【正义】谓兆首仰起。

④【索隐】音琴。肣谓兆足敛也。　⑤【索隐】俛音免，兆首伏也。　⑥【正义】俛音免，谓兆首伏而大。

卜禁曰：子亥戌不可以卜及杀龟。日中如食已卜。暮昏龟之徼也，[1]不可以卜。庚辛可以杀，及以钻之。常以月旦祓龟，[2]先以清水澡之，以卵祓之，[3]乃持龟而遂之，若常以为祖。[4]人若已卜不中，皆祓之以卵，东向立，灼以荆若刚木，土[5]卵指之者三，[6]持龟以卵周环之，祝曰："今日吉，谨以粱卵焍黄[7]被去玉灵之不祥。"玉灵必信以诚，知万事之情，辩兆皆可占。不信不诚，则烧玉灵，扬其灰，以征后龟。其卜必北向，龟甲必尺二寸。

①【索隐】徼音叫。谓徼绕不明也。　②【索隐】祓音废，又音拂。拂洗之以水，鸡卵摩之而咒。　③【正义】以常月朝清水洗之，以鸡卵摩而祝之。　④【集解】徐广曰："一作视。"【索隐】祖，法也。言以为常法。　⑤【集解】徐广曰："一作十一。"【索隐】按：古之灼龟，取生荆枝及生坚木烧之，斩断以灼龟。按："土"字合依刘氏说当连下句。　⑥【正义】言卜不中，以土为卵，三度指之，三周绕之，用厌不祥也。　⑦【索隐】粱，米也。卵，鸡子也。焍，灼龟木也，音"次第"之"第"。言烧荆枝更递而灼，故有焍名。一音梯，言灼之以渐，如有阶梯也。黄者，以黄绢裹粱卵以祓龟也。必以黄者，中之色，主土而信，故用鸡也。【正义】焍音题。焍，焦也。言以粱米鸡卵祓去龟之不祥，令灼之不焦不黄。若色焦及黄，卜之不中也。

卜先以造[1]灼钻，钻中已，又灼龟首，各三。又复灼所钻中曰正身，灼首曰正足，[2]各三。即以造三周龟，祝曰："假之玉灵夫子。[3]夫子玉灵，荆灼而心，令而先知。而上行于天，下行于渊，诸灵数箣，[4]莫如汝信。今日良日，行一良贞。[5]某欲卜某，即得而喜，不得而悔。即得，发向我身长大，手足收人皆上偶。不得，发向我身挫折，中外不相应，手足灭去。"

①【集解】徐广曰："音灶也。"【索隐】造谓烧荆之处。（物若木也） ②【集解】徐广曰："一作止。" ③【索隐】尊神龟而为之作号。 ④【集解】徐广曰："音策。"【索隐】数音，所具反；莿音近策，或莿是策之别名。此卜筮之书，其字亦无可核，他皆放此。 ⑤【集解】徐广曰："行，一作身。"

灵龟卜祝曰："假之灵龟，五巫五灵，不如神龟之灵，知人死，知人生。某身良贞，某欲求某物。即得也，头见足发，内外相应。即不得也，头仰足肣，内外自随。可得占。"

卜占病者祝曰："今某病困。死，首上开，内外交骇，身节折。不死，首仰足肣。"卜病者祟曰："今病有祟无呈，无祟有呈。兆有中祟有内，外祟有外。"

卜系者出不出。不出，横吉安。若出，足开首仰有外。

卜求财物，其所当得。得，首仰足开，内外相应。即不得，呈兆首仰足肣。

卜有卖若买臣妾马牛。得之，首仰足开，内外相应。不得，首仰足肣，呈兆若横吉安。

卜击盗聚若干人，在某所，今某将卒若干人，往击之。当胜，首仰足开身正，内自桥，外下。不胜，足肣首仰，身首[①]内下外高。

①【集解】徐广曰："一作简。"

卜求当行不行。行，首足开。不行，足肣首仰，若横吉安，安不行。

卜往击盗，当见不见。见，首仰足肣有外。不见，足开首仰。

卜往候盗，见不见。见，首仰足肣，肣胜有外。不见，足开首仰。

卜闻盗来不来。来，外高内下，足肣首仰。不来，足开首仰，若横吉安，期之自次。

卜迁徙去官不去。去，足开有肣外首仰。不去，自去，即足肣，呈兆若横吉安。

卜居官尚吉不。吉，呈兆身正，若横吉安。不吉，身节折，首仰足开。

卜居室家吉不吉。吉，呈兆身正，若横吉安。不吉，身节折，首仰足开。

卜岁中禾稼熟不熟。熟，首仰足开，内外自桥外自垂。不熟，足肣首仰有外。

卜岁中民疫不疫。疫，首仰足肣，身节有强外。不疫，身正首仰足开。

卜岁中有兵无兵。无兵，呈兆若横吉安。有兵，首仰足开，身作外强情。

卜见贵人吉不吉。吉，足开首仰，身正，内自桥。不吉，首仰，身节折，足肣有外，若无渔。

卜请谒于人得不得。得，首仰足开，内自桥。不得，首仰足肣有外。

卜追亡人当得不得。得，首仰足肣，内外相应。不得，首仰足开，若横吉安。

卜渔猎得不得。得，首仰足开，内外相应。不得，足肣首仰，若横吉安。

卜行遇盗不遇。遇，首仰足开，身节折，外高内下。不遇，呈兆。

卜天雨不雨。雨，首仰有外，外高内下。不雨，首仰足开，若横吉安。

卜天雨霁不霁。霁，呈兆足开首仰。不霁，横吉。

命曰横吉安。以占病，病甚者一日不死。不甚者卜日瘳，不死。系者重罪不出，轻罪环出。过一日不出，久毋伤也。求财物买臣妾马牛，一日环得。过一日不得。(不得)行者不行。来者环至。过食时不至，不来。击盗不行，行不遇。闻盗不来。徙官不徙。居官家室皆吉。岁稼不熟。民疾疫无疾。岁中无兵。见人行，不行不喜。请谒人不行不得。追亡人渔猎不得。行不遇盗。雨不雨，霁不霁。

命曰呈兆。病者不死。系者出。行者行。来者来。市买得。追亡人得，过一日不得。问行者不到。

命曰柱彻。卜病不死。系者出。行者行。来者来。(而)市买不得。忧者毋忧。追亡人不得。

命曰首仰足肣有内无外。占病,病甚不死。系者解。求财物买臣妾马牛不得。行者闻言不行。来者不来。闻盗不来。闻言不至。徙官闻言不徙。居官有忧。居家多灾。岁稼中熟。民疾疫多病。岁中有兵,闻言不开。见贵人吉。请谒不行,行不得善言。追亡人不得。渔猎不得。行不遇盗。雨不雨甚。霁不霁。故其莫字皆为首备。问之曰,备者仰也,故定以为仰。此私记也。

命曰首仰足肣有内无外。占病,病甚不死。系者不出。求财买臣妾不得。行者不行。来者不来。击盗不见。闻盗来,内自惊,不来。徙官不徙。居官家室吉。岁稼不熟。民疾疫有病甚。岁中无兵。见贵人吉。请谒追亡人不得。亡财物,财物不出得。渔猎不得。行不遇盗。雨不雨,霁不霁。凶。

命曰呈兆首仰足肣。以占病,不死。系者未出。求财物买臣妾马牛不得。行不行。来不来。击盗不相见。闻盗来不来。徙官不徙。居官久多忧。居家室不吉。岁稼不熟。民病疫。岁中毋兵。见贵人不吉。请谒不得。渔猎得少。行不遇盗。雨不雨,霁不霁。不吉。

命曰呈兆首仰足开。以占病,病笃死。系囚出。求财物买臣妾马牛不得。行者行。来者来。击盗不见盗。闻盗来不来。徙官徙。居官不久。居家室不吉。岁稼不熟。民疾疫有而少。岁中无兵。见贵人不见吉。请谒追亡人渔猎不得。行遇盗。雨不雨，霁小吉。

命曰首仰足肣。以占病，不死。系者久，毋伤也。求财物买臣妾马牛不得。行者不行。击盗不行。来者来。闻盗来。徙官闻言不徙。居家室不吉。岁稼不熟。民疾疫少。岁中毋兵。见贵人得见。请谒追亡人渔猎不得。行遇盗。雨不雨，霁不霁。吉。

命曰首仰足开有内。以占病者，死。系者出。求财物买臣妾马牛不得。行者行。来者来。击盗行不见盗。闻盗来不来。徙官徙。居官不久。居家室不吉。岁熟。民疾疫有而少。岁中毋兵。见贵人不吉。请谒追亡人渔猎不得。行不遇盗。雨霁，霁小吉，不霁吉。

命曰横吉内外自桥。以占病，卜日毋瘳死。系者毋罪出。求财物买臣妾马牛得。行者行。来者来。击盗合交等。闻盗来来。徙官徙。居家室吉。岁熟。民疫无疾。岁中无兵。见贵人请谒追亡人渔猎得。行遇盗。雨霁，雨霁大吉。

命曰横吉内外自吉。以占病，病者死。系不出。求财物买臣妾马牛追亡人渔猎不得。行者不来。击盗不相见。闻盗不来。徙官徙。居官有忧。居家室见贵人请谒不吉。岁稼不熟。民疾疫。岁中无兵。行不遇盗。雨不雨，霁不霁。不吉。

命曰渔人。以占病者，病者甚，不死。系者出。求财物买臣妾马牛击盗请谒追亡人渔猎得。行者行来。闻盗来不来。徙官不徙。居家室吉。岁稼不熟。民疾疫。岁中毋兵。见贵人吉。行不遇盗。雨不雨,霁不霁。吉。

命曰首仰足肣内高外下。以占病,病者甚,不死。系者不出。求财物买臣妾马牛追亡人渔猎得。行不行。来者来。击盗胜。徙官不徙。居官有忧,无伤也。居家室多忧病。岁大熟。民疾疫。岁中有兵不至。见贵人请谒不吉。行遇盗。雨不雨,霁不霁。吉。

命曰横吉上有仰下有柱。病久不死。系者不出。求财物买臣妾马牛追亡人渔猎不得。行不行。来不来。击盗不行,行不见。闻盗来不来。徙官不徙。居家室见贵人吉。岁大熟。民疾疫。岁中毋兵。行不遇盗。雨不雨,霁不霁。大吉。

命曰横吉榆仰。以占病,不死。系者不出。求财物买臣妾马牛至不得。行不行。来不来。击盗不行,行不见。闻盗来不来。徙官不徙。居官家室见贵人吉。岁熟。岁中有疾疫,毋兵。请谒追亡人不得。渔猎至不得。行不得。行不遇盗。雨霁不霁。小吉。

命曰横吉下有柱。以占病,病甚不环有瘳无死。系者出。求财物买臣妾马牛请谒追亡人渔猎不得。行来不来。击盗不合。闻盗来来。徙官居官吉,不久。居家室不吉。岁不熟。民毋疾疫。岁中毋兵。见贵人吉。行不遇盗。雨不雨。霁,小吉。

命曰载所。以占病，环有瘳无死。系者出。求财物买臣妾马牛请谒追亡人渔猎得。行者行。来者来。击盗相见不相合。闻盗来来。徙官徙。居家室忧。见贵人吉。岁熟。民毋疾疫。岁中毋兵。行不遇盗。雨不雨，霁霁。吉。

命曰根格。以占病者，不死。系久毋伤。求财物买臣妾马牛请谒追亡人渔猎不得。行不行。来不来。击盗盗行不合。闻盗不来。徙官不徙。居家室吉。岁稼中。民疾疫无死。见贵人不得见。行不遇盗。雨不雨。大吉。

命曰首仰足肣外高内下。卜有忧，无伤也。行者不来。病久死。求财物不得。见贵人者吉。

命曰外高内下。卜病不死，有祟。(而)市买不得。居官家室不吉。行者不行。来者不来。系者久毋伤。吉。

命曰头见足发有内外相应。以占病者，起。系者出。行者行。来者来。求财物得。吉。

命曰呈兆首仰足开。以占病，病甚死。系者出，有忧。求财物买臣妾马牛请谒追亡人渔猎不得。行不行。来不来。击盗不合。闻盗来来。徙官居官家室不吉。岁恶。民疾疫无死。岁中毋兵。见贵人不吉。行不遇盗。雨不雨，霁。不吉。

命曰呈兆首仰足开外高内下。以占病，不死，有外祟。击者出，有忧。求财物买臣妾马牛，相见不会。行行。来闻言不来。击盗胜。闻盗来不来。徙官居官家室见贵人不吉。岁中。民疾疫有兵。请谒追亡人渔猎不得。闻盗遇盗。雨不雨。霁。凶。

命曰首仰足肣身折内外相应。以占病,病甚不死。击者久不出。求财物买臣妾马牛渔猎不得。行不行。来不来。击盗有用胜。闻盗来来。徙官不徙。居官家室不吉。岁不孰。民疾疫。岁中。有兵不至。见贵人喜。请谒追亡人不得。遇盗凶。

命曰内格外垂。行者不行。来者不来。病者死。系者不出。求财物不得。见人不见。大吉。

命曰横吉内外相〔应〕自桥榆仰上柱(上柱足)足肣。以占病,病甚不死。系久,不抵罪。求财物买臣妾马牛请谒追亡人渔猎不得。行不行。来不来。居官家室见贵人吉。徙官不徙。岁不大熟。民疾疫有兵。有兵不会。行遇盗。闻言不见。雨不雨,霁霁。大吉。

命曰头仰足肣内外自随。卜忧病者甚,不死。居官不得居。行者行。来者不来。求财物不得。求人不得。吉。

命曰横吉下有柱。卜来者来。卜日即不至,未来。卜病者过一日毋瘳死。行者不行。求财物不得。系者出。

命曰横吉内外自举。以占病者,久不死。系者久不出。求财物得而少。行者不行。来者不来。见贵人见。吉。

命曰内高外下疾轻足发。求财物不得。行者行。病者有瘳。系者不出。来者来。见贵人不见。吉。

命曰外格。求财物不得。行者不行。来者不来。系者不出。不吉。病者死。求财物不得。见贵人见。吉。

命曰内自举外来正足发。〔行〕者行。来者来。求财物得。病者久不死。系者不出。见贵人见。吉。

此横吉上柱外内(内)自举足肣。以卜有求得。病不死。系者毋伤,未出。行不行。来不来。见人不见。百事尽吉。

此横吉上柱外内自举柱足以作。以卜有求得。病死环起。系留毋伤,环出。行不行。来不来。见人不见。百事吉。可以举兵。

此挺诈有外。以卜有求不得。病不死,数起。系祸罪。闻言毋伤。行不行。来不来。

此挺诈有内。以卜有求不得。病不死,数起。〔系〕留祸罪无伤(系)出。行不行。来者不来。见人不见。

此挺诈内外自举。以卜有求得。病不死,系毋罪。行行。来来。田贾市渔猎尽喜。

此狐狢。以卜有求不得。病死,难起。系留毋罪难出。可居宅。可娶妇嫁女。行不行。来不来。见人不见。有忧不忧。

此狐彻。以卜有求不得。病者死。系留有抵罪。行不行。来不来。见人不见。言语定。百事尽不吉。

此首俯足肣身节折。以卜有求不得。病者死。系留有罪。望行者不来。行行。来不来。见人不见。

此挺内外自垂。以卜有求不晦。病不死，难起。系留毋罪，难出。行不行。来不来。见人不见。不吉。

此横吉榆仰首俯。以卜有求难得。病难起，不死。系难出，毋伤也。可居家室，以娶妇嫁女。

此横吉上柱载正身节折内外自举。以卜病者，卜日不死，其一日乃死。

此横吉上柱足肣内自举外自垂。以卜病者，卜日不死，其一日乃死。

（为人病）首俯足诈有外无内。病者占龟未已，急死。卜轻失大，一日不死。

首仰足肣。以卜有求不得。以系有罪。人言语恐之毋伤。行不行。见人不见。

大论曰：①外者人也，内者自我也。外者女也，内者男也。首俛者忧。大者身也，小者枝也。大法，病者，足肣者生，足开者死。行者，足开至，足肣者不至。行者，足肣不行，足开行。有求，足开得，足肣者不得。系者，足肣不出，开出。其卜病也，足开而死者，内高而外下也。

①【索隐】按：褚先生所取太卜杂占卦体及命兆之辞，义芜，辞重沓，殆无足采，凡此六十七条别是也。

索隐述赞曰：三王异龟，五帝殊卜。或长或短，若瓦若玉。其记已亡，其繇后续。江使触网，见留宋国。神能托梦，不卫其足。

卷一百二十九

货殖列传第六十九

【索隐】《论语》云："赐不受命而货殖焉。"《广雅》云："殖，立也。"孔安国注《尚书》云："殖，生也。生资货财利也。"

《老子》曰："至治之极，邻国相望，[①]鸡狗之声相闻，民各甘其食，美其服，安其俗，乐其业，至老死不相往来。"必用此为务，輓近世涂民耳目，[②]则几无行矣。

①【正义】音亡。　②【索隐】輓音晚，古字通用。

太史公曰：夫神农以前，吾不知已。至若《诗》、《书》所述虞、夏以来，耳目欲极声色之好，口欲穷刍豢之味，身安逸乐，而心夸矜势能之荣。使俗之渐民久矣，虽户说以眇论，[①]终不能化。故善者因之，其次利道之，其次教诲之，其次整齐之，最下者与之争。

①【索隐】眇音妙，论如字。

夫山西饶材、竹、穀、纑、[①]旄、玉石，山东多鱼、盐、漆、丝、声色，江南出楠、梓、[②]姜、桂、金、锡、连、[③]丹沙、犀、玳瑁、珠玑、齿革，龙门、碣石[④]北多马、牛、羊、旃裘、筋角，铜、铁则千里往往山出棋置，[⑤]此其大较[⑥]也。皆中国人民所喜好，谣俗被服饮食奉生送死之具也。故待农而食之，虞而出之，工而成之，商而通之。此宁有政教发征期会哉？人各任其能，竭其力，以得所欲。故物贱之征贵，[⑦]贵之征贱，各劝其业，乐其事，若水之趋下，日夜无休时，不召而自来，不求而民出之。岂非道之所符，[⑧]而自然之验邪？

①【集解】徐广曰："纻属，可以为布。"【索隐】穀音谷雒反。穀，木名，皮可为纸，纑，山中纻，可以为布，音卢。纻音伫，今山间野纻，亦作"苎"。②【索隐】南子二音。　③【集解】徐广曰："音莲，铅之未炼者。"④【正义】龙门山在绛州龙门县。碣石山在平州卢龙县。　⑤【索隐】言如置棋子，往往有之。【正义】言出铜铁之山方千里，如围棋之置也。《管子》云："凡天下名山五千二百七十，出铜之山四百六十七，出铁之山三千六百有九。山上有赭，其下有铁。山上有铅，其下有银。山上有银，其下有丹。山上有磁石，其下有金也。"　⑥【索隐】较音角。大较，犹大略也。⑦【索隐】征者，求也。谓此处物贱，求彼贵卖之。　⑧【索隐】符，谓合于道也。

《周书》曰："农不出则乏其食，工不出则乏其事，商不出则三宝绝，虞不出则财匮少。"财匮少而山泽不辟[①]矣。此四者，民所衣食之原也。原大则饶，原小则鲜。上则富国，下则富家。贫富之道，莫之夺予，[②]而巧者有余，拙者不足。故太公望封于营丘，地潟卤，[③]人民寡，于是太公劝其女功，极技巧，通鱼盐，则人物归之，繦至而辐凑。故齐冠带衣履天下，海岱之间敛袂而往朝焉。[④]其后齐中衰，管子修之，设轻重九府，[⑤]则桓公以霸，九合诸侯，一匡天下。而管氏亦有三归，位在陪臣，富于列国之君。是以齐富强至于威、宣也。

①【索隐】辟音闢。辟，开也，通也。　②【索隐】予音与。言贫富自由，无予夺也。　③【集解】徐广曰："潟音昔。潟卤，咸地也。"　④【索隐】言齐既富饶，能冠带天下，丰厚被于他邦，故海岱之间敛衽而朝齐，言趋利者也。　⑤【正义】《管子》云"轻重"谓钱也。夫治民有轻重之法，周有大府、玉府、内府、外府、泉府、天府、职内、职金、职币，皆掌财币之官，故云九府也。

故曰："仓廪实而知礼节，衣食足而知荣辱。"礼生于有而废于无。故君子富，好行其德。小人富，以适其力。渊深而鱼生之，山深而兽往之，人富而仁义附焉。富者得势益彰，失势则客无所之，以而不乐。夷狄益甚。谚曰："千金之子，不死于市。"此非空言也。故曰："天下熙熙，皆为利来。天下壤壤，皆为利往。"夫千乘之王，万家之侯，百室之君，尚犹患贫，而况匹夫编户之民乎？

昔者越王句践困于会稽之上，乃用范蠡、计然。[①]计然曰："知斗则修备，时用则知物，[②]二者形则万货之情可得而观已。故岁在金，穰。水，毁。木，饥。火，旱。[③]旱则资舟，水则资车，[④]物之理也。六岁穰，六岁旱，十二岁一大饥。夫粜，二十病农，九十病末。[⑤]末病则财不出，农病则草不辟矣。上不过八十，下不减三十，则农末俱利，平粜齐物，关市不乏，治国之道也。积著[⑥]之理，务完物，无息币。[⑦]以物相贸，易腐败而食之货勿留，无敢居贵。论其有余不足，则知贵贱。贵上极则反贱，贱下极则反贵。贵出如粪土，贱取如珠玉。[8]财币欲其行如流水。”修之十年，国富，厚赂战士，士赴矢石，如渴得饮，遂报强吴，观兵中国，称号“五霸”。

①【集解】徐广曰：“计然者，范蠡之师也，名研，故谚曰‘研、桑心筭’。”骃案：《范子》曰“计然者，葵丘濮上人，姓辛氏，字文子，其先晋国亡公子也。尝南游于越，范蠡师事之”。【索隐】韦昭云计然，范蠡师也。蔡谟云蠡所著书名“计然”，盖非也。《吴越春秋》谓之“计倪”。《汉书·古今人表》计然列在第四，则“倪”之与“研”是一人，声相近而相乱耳。 ②【索隐】案：言知时所用之物。 ③【索隐】五行不说土者，土，穰也。 ④【索隐】《国语》大夫种曰“贾人旱资舟，水资车以待”也。 ⑤【索隐】言米贱则农人病也。故云“病农”。若米斗直九十，则商贾病，故云“病末”。末谓逐末，为商贾也。 ⑥【索隐】著音张吕反。 ⑦【索隐】久停息货物则无利。 ⑧【索隐】夫物极贵必贱，极贱必贵。贵出如粪土者，既极贵后，恐其必贱，故乘时出之如粪土。贱取如珠玉者，既极贱后，恐其必贵，故乘时取之如珠玉。此所以为货殖也。

范蠡既雪会稽之耻，乃喟然而叹曰：“计然之策七，越用其五而得意。既已施于国，吾欲用之家。”乃乘扁舟[1]浮于江湖，[2]变名易姓，适齐为鸱夷子皮，[3]之陶[4]为朱公。朱公以为陶天下之中，诸侯四通，货物所交易也。乃治产积居，与时逐[5]而不责于人。[6]故善治生者，能择人而任时。十九年之中三致千金，再分散与贫交疏昆弟。此所谓富好行其德者也。后年衰老而听子孙，子孙修业而息之，遂至巨万。[7]故言富者皆称陶朱公。

①【集解】《汉书音义》曰："特舟也。"【索隐】扁音篇，又音符殄反。《国语》云："范蠡乘轻舟。" ②【正义】《国语》云句践灭吴，及至五湖，范蠡辞于王曰："君王勉之，臣不复入国矣。"遂乘轻舟，以浮于五湖，莫知其所终极。 ③【索隐】大颜曰："若盛酒之鸱夷也，用之则多所容纳，不用则可卷而怀之，不忤于物也。"案：《韩子》云"鸱夷子皮事田成子，成子去齐之燕，子皮乃从之"。盖范蠡也。 ④【索隐】服虔云："今定陶也。"【正义】《括地志》云："即陶山，在齐州平（阳）〔陵〕县东三十五里陶山之阳也。今南五里犹有朱公冢。"又云："曹州济阳县东南三里有陶朱公冢，又云在南郡华容县西，未详也。" ⑤【集解】《汉书音义》曰："逐时而居货。"【索隐】韦昭云："随时逐利也。" ⑥【索隐】案：谓择人而与人不负之，故云不责于人也。 ⑦【集解】徐广曰："万万也。"

子赣既学于仲尼，退而仕于卫，废著[①]鬻财于曹、鲁之间，七十子之徒，赐最为饶益。原宪不厌糟糠，[②]匿于穷巷。子贡结驷连骑，束帛之币以聘享诸侯，所至，国君无不分庭与之抗礼。夫使孔子名布扬于天下者，子贡先后之也。此所谓得势而益彰者乎？

①【集解】徐广曰："《子赣传》云废居。著，犹居也。著读音如贮。"【索隐】《汉书》亦作"贮"，贮犹居也。《说文》云："贮，积也。" ②【索隐】餍，饱也。

白圭，周人也。当魏文侯时，李克[①]务尽地力，而白圭乐观时变，故人弃我取，人取我与。夫岁熟取谷，予之丝漆。茧出取帛絮，与之食。[②]太阴在卯，穰。[③]明岁衰恶。至午，旱。明岁美。至酉，穰。明岁衰恶。至子，大旱。明岁美，有水。至卯，积著率[④]岁倍。欲长钱，取下谷。长石斗，取上种。能薄饮食，忍嗜欲，节衣服，与用事僮仆同苦乐，趋时若猛兽挚鸟之发。故曰："吾治生产，犹伊尹、吕尚之谋，孙、吴用兵，商鞅行法是也。是故其智不足与权变，勇不足以决断，仁不能以取予，强不能有所守，虽欲学吾术，终不告之矣。"盖天下言治生祖白圭。白圭其有所试矣，能试有所长，非苟而已也。

①【索隐】案：《汉书·食货志》李悝为魏文侯作尽地力之教，国以富强。今此及《汉书》言"克"，皆误也。刘向《别录》则云"李悝"也。
②【索隐】食谓谷也。　③【正义】太阴，岁后二辰为太阴。　④【正义】贮律二音。

猗顿用盬盐起。[①]而邯郸郭纵以铁冶成业，与王者埒富。

①【集解】《孔丛子》曰："猗顿，鲁之穷士也。耕则常饥，桑则常寒。闻朱公富，往而问术焉。朱公告之曰：'子欲速富，当畜五牸。'于是乃适西河，大畜牛羊于猗氏之南，十年之间其息不可计，资拟王公，驰名天下。以兴富于猗氏，故曰猗顿。"【索隐】盬音古。案：《周礼》盐人云"共苦盐"，杜子春以为苦读如盬。盬谓出盐直用不炼也。一说云盬盐，河东大盐；散盐，东海煮水为盐也。【正义】案：猗氏，蒲州县也。河东盐池是畦盐。作"畦"，若种韭一畦。天雨下，池中咸淡得均，即畎池中水上畔中，深一尺许〔坑〕，以日暴之五六日则成，盐若白矾石，大小如双陆及(碁)〔棋〕，则呼为畦盐。或有花盐，缘黄河盐池有八九所，而盐州有乌池，犹出三色盐，有井盐、畦盐、花盐。其池中凿井深一二尺，去泥即到盐，掘取若至一丈，则著平石无盐矣。其色或白或青黑，名曰井盐。畦盐若河东者。花盐，池中有下随，而大

小成盐，其下方微空，上头随雨下池中，其滴高起若塔子形处曰花盐，亦曰即成盐焉。池中心有泉井，水淡，所作池人马尽汲此井。其盐四分入官，一分入百姓也。池中又凿得盐块，阔一尺余，高二尺，白色光明洞彻，年贡之也。

乌氏倮①畜牧，及众，②斥卖，求奇缯物，③间献遗戎王。④戎王什倍其偿，与之畜，⑤畜至用谷量马牛。⑥秦始皇帝令倮比封君，以时与列臣朝请。而巴（蜀）寡妇清，⑦其先得丹穴，⑧而擅其利数世，家亦不訾。⑨清，寡妇也，能守其业，用财自卫，不见侵犯。秦皇帝以为贞妇而客之，为筑女怀清台。夫倮鄙人牧长，清穷乡寡妇，礼抗万乘，名显天下，岂非以富邪。

①【集解】韦昭曰："乌氏，县名，属安定。倮，名也。"【索隐】《汉书》作"赢"。乌氏，姓。氏音支。倮，音鲁可反。【正义】县，古城在泾州安定县东四十里。倮，名也。 ②【索隐】谓畜牧及至众多之时。 ③【索隐】谓斥物卖之以求奇物也。 ④【集解】徐广曰："间，一作奸。不以公正谓之奸也。"【索隐】间献，犹私献也。 ⑤【索隐】谓戎王偿之牛羊十倍也。 ⑥【集解】韦昭曰："满谷则具不复数。"【索隐】谷音欲。 ⑦【索隐】《汉书》"巴寡妇清"。巴，寡妇之邑。清，其名。 ⑧【集解】徐广曰："涪陵出丹。"【正义】《括地志》云："寡妇清台山俗名贞女山，在涪州永安县东北七十里也。" ⑨【正义】音子儿反。言资财众多，不可訾量。一云清多以财饷遗四方，用卫其业，故财亦不多积聚。

汉兴，海内为一，开关梁，弛山泽之禁，是以富商大贾周流天下，交易之物莫不通，得其所欲，而徙豪杰诸侯强族于京师。

关中自汧、雍以东至河、华，膏壤沃野千里，自虞、夏之贡以为上田，而公刘适邠，大王、王季在岐，文王作丰，武王治镐，故其民犹有先王之遗风，好稼穑，殖五谷，地重，[①]重为邪。[②]及秦文、(孝)〔德〕、缪居雍，隙[③]陇、蜀之货物而多贾。[④]献(孝)公徙栎邑，[⑤]栎邑北却戎翟，东通三晋，亦多大贾。(武)〔孝〕、昭治咸阳，因以汉都，长安诸陵，四方辐凑并至而会，地小人众，故其民益玩巧而事末也。南则巴、蜀。巴、蜀亦沃野，地饶卮、[⑥]姜、丹沙、石、铜、铁、[⑦]竹、木之器。南御滇僰，僰僮。西近邛笮，笮马、旄牛。然四塞，栈道千里，无所不通，唯褒斜绾毂其口，[⑧]以所多易所鲜。[⑨]天水、陇西、北地、上郡与关中同俗，然西有羌中之利，北有戎翟之畜，畜牧为天下饶。然地亦穷险，唯京师要其道。[⑩]故关中之地，于天下三分之一，而人众不过什三，然量其富，什居其六。

①【索隐】言重耕稼也。　②【索隐】重音逐陇反。重者，难也。畏(言)〔罪〕不敢为奸邪。【正义】重并逐拱反。言关中地重厚，民亦重难不为邪恶。　③【集解】徐广曰："隙者，间孔也。地居陇、蜀之间要路，故曰隙。"【正义】雍，县。岐州雍县也。　④【索隐】贾音古。　⑤【集解】徐广曰："在冯翊。"【索隐】栎音药，即栎阳。　⑥【集解】徐广曰："音支。烟支也，紫赤色也。"　⑦【集解】徐广曰："邛都出铜，临邛出铁。"　⑧【集解】徐广曰："在汉中。"【索隐】言褒斜道狭，绾其道口，有若车毂之凑，故云"绾毂"也。　⑨【索隐】易音亦。鲜音尟。言以所多易其所少。　⑩【正义】要音腰。言要束其路也。

昔唐人都河东，[①]殷人都河内，[②]周人都河南。[③]夫三河在天下之中，若鼎足，王者所更居也，建国各数百千岁，土地小狭，民人众，都国诸侯所聚会，故其俗纤俭习事。杨、平阳陈[4]西贾秦、翟，[5]北贾种、代。[6]种、代，石北也，[7]地边胡，数被寇。人民矜懻忮，[8]好气，任侠为奸，不事农商。然迫近北夷，师旅亟往，中国委输时有奇羡。[9]其民羯羠不均，[10]自全晋之时固已患其僄悍，而武灵王益厉之，其谣俗犹有赵之风也。故杨、平阳陈掾其间，[11]得所欲。温、轵[12]西贾上党，[13]北贾赵、中山。[14]中山地薄人众，犹有沙丘纣淫地余民，[15]民俗懁急，[16]仰机利而食。丈夫相聚游戏，悲歌忼慨，起则相随椎剽，[17]休则掘冢作巧奸冶，[18]多美物，[19]为倡优。女子则鼓鸣瑟，跕屣，[20]游媚贵富，入后宫，遍诸侯。

①【集解】徐广曰："尧都晋阳也。"　②【正义】盘庚都殷墟，地属河内也。　③【正义】周自平王已下都洛阳。　④【索隐】杨，平阳，二邑名，在赵之西。"陈"盖衍字。以下有"杨平阳陈掾"，此因衍也。言二邑之人皆西贾于秦、翟，北贾于种、代。种、代在石邑之北也。　⑤【正义】贾音古。秦，关内也。翟，隰、石等州部落稽也。延、绥、银三州皆白翟所居。　⑥【正义】上之勇反。种在恒州石邑县北，盖蔚州也。代，今代州。　⑦【集解】徐广曰："石邑县也，在常山"。　⑧【集解】晋灼曰："懻音概。忮音坚忮。"瓒曰："懻音慨。今北土名强直为'懻中'也。"【索隐】懻音冀，忮音寘。　⑨【索隐】奇音羁，羡音羊战反。奇羡谓时有余衍也。　⑩【集解】徐广曰："羠音兕，一音囚几反，皆健羊名。"【索隐】羯音己纥反。羠音慈纪反。言其方人性若羊，揵捍而不均也。　⑪【索隐】掾音逐缘反。陈掾，犹经营驰逐也。　⑫【索隐】二县名，属河内。　⑬【正义】泽、潞等州也。　⑭【正义】洛州及定州。　⑮【集解】晋灼曰："言地薄人众，犹复有沙丘纣淫地余民，通系之于淫风而言也。"【正

义】沙丘在邢州也。 ⑯【集解】徐广曰:"懁,急也,音绢。一作'儇',一作'惠',音翾也。" ⑰【索隐】椎,即椎杀人而剽掠之。 ⑱【集解】徐广曰:"一作蛊。" ⑲【集解】徐广曰:"美,一作弄,一作推。" ⑳【集解】徐广曰:"跕音帖。"张晏曰:"跕,屣也。"瓒曰:"蹑跟为跕也。"【索隐】屣音所绮反。

然邯郸亦漳、河之间[①]一都会也。北通燕、涿,南有郑、卫。郑、卫俗与赵相类,然近梁、鲁,微重而矜节。[②]濮上之邑徙野王,[③]野王好气任侠,卫之风也。

①【正义】洺水本名漳水,邯郸在其地。 ②【集解】徐广曰:"矜,一作务。" ③【集解】徐广曰:"卫君角徙野王。"【正义】秦拔卫濮阳,徙其君于怀州野王。

夫燕亦勃、碣之间[①]一都会也。南通齐、赵,东北边胡。上谷至辽东,地踔远,[②]人民希,数被寇,大与赵、代俗相类,而民雕捍[③]少虑,有鱼盐枣栗之饶。北邻乌桓、[④]夫余,东绾秽貉、[⑤]朝鲜、真番之利。[⑥]

①【正义】勃海、碣石在西北。 ②【索隐】刘氏踔音卓,一音敕教反,亦远腾貌也。 ③【索隐】言如雕性之捷捍也。 ④【索隐】邻,一作临。临者,亦却背之义,他并类此。 ⑤【索隐】绾者,绾统其要津。则上云"临"者,谓却背之也。 ⑥【正义】番音潘。

洛阳东贾齐、鲁,南贾梁、楚。故泰山之阳则鲁,其阴则齐。

齐带山海，[①]膏壤千里，宜桑麻，人民多文彩布帛鱼盐。临菑亦海岱之间一都会也。其俗宽缓阔达，而足智，好议论，地重，难动摇，怯于众斗，勇于持刺，故多劫人者，大国之风也。其中具五民。[②]

①【集解】徐广曰：“《齐世家》曰齐自泰山属之琅邪，北被于海，膏壤二千里，其民阔达多匿智。” ②【集解】服虔曰：“士农商工贾也。”如淳曰：“游子乐其俗不复归，故有五方之民。”

而邹、鲁滨洙、泗，犹有周公遗风，俗好儒，备于礼，故其民龊龊。[①]颇有桑麻之业，无林泽之饶。地小人众，俭啬，畏罪远邪。及其衰，好贾趋利，甚于周人。

①【索隐】龊音侧角反，又音侧断反。

夫自鸿沟以东，[①]芒、砀以北，[②]属巨野，[③]此梁、宋也。[④]陶、[⑤]睢阳[⑥]亦一都会也。昔尧作(游)〔于〕成阳，[⑦]舜渔于雷泽，[⑧]汤止于亳。[⑨]其俗犹有先王遗风，重厚多君子，好稼穑，虽无山川之饶，能恶衣食，致其蓄藏。

①【集解】徐广曰：“在荥阳。” ②【集解】徐广曰：“今为临淮。” ③【正义】郓州巨野县(在)〔有〕巨野泽也。 ④【集解】徐广曰：“今陶之浚仪。”【正义】鸿沟以东，芒、砀以北至巨野，梁、宋二国之地。 ⑤【集解】徐广曰：“今之定陶。”【正义】今曹州。 ⑥【正义】今宋州宋地也。 ⑦【集解】如淳曰：“作，起也。成阳在定陶。” ⑧【集解】徐广曰：“在成阳。”【正义】泽在雷泽县西北也。 ⑨【集解】徐广曰：“今梁国薄县。”

【正义】宋州穀熟县西南四十五里南亳州故城是也。

越、楚则有三俗。[①]夫自淮北沛、陈、汝南、南郡，此西楚也。[②]其俗剽轻，易发怒，地薄，寡于积聚。江陵故郢都，[③]西通巫、巴，[④]东有云梦之饶。[⑤]陈在楚、夏之交，[⑥]通鱼盐之货，其民多贾。徐、僮、取虑，[⑦]则清刻，矜己诺。[⑧]

①【正义】越灭吴则有江、淮以北，楚灭越兼有吴、越之地，故言“越、楚”也。 ②【正义】沛，徐州沛县也。陈，今陈州也。汝，汝州也。南郡，今荆州也。言从沛郡西至荆州，并西楚也。 ③【正义】荆州江陵县故为郢，楚之都。 ④【正义】巫郡、巴郡在江陵之西也。 ⑤【集解】徐广曰：“在华容。” ⑥【正义】夏都计阳城。言陈南则楚，西及北则夏，故云“楚、夏之交”。 ⑦【集解】徐广曰：“皆在下邳。”【正义】取音秋，虑音闾。徐即徐城，故徐国也。僮、取虑二县并在下邳，今泗州。 ⑧【正义】上音纪。

彭城以东，东海、吴、广陵，此东楚也。[①]其俗类徐、僮。朐、缯以北，俗则齐。[②]浙江南则越。夫吴自阖庐、春申、王濞三人招致天下之喜游子弟，东有海盐之饶，章山之铜，三江、五湖之利，亦江东一都会也。

①【正义】彭城，徐州治县也。东海郡，今海州也。吴，苏州也。广陵，杨州也。言从徐州彭城历杨州至苏州，并东楚之地。 ②【正义】朐，其俱反。县在海州。故缯县在沂州之承县。言二县之北，风俗同于齐。

衡山、[①]九江、[②]江南、[③]豫章、[④]长沙，[⑤]是南楚也，其俗大类西楚。郢之后徙寿春，[⑥]亦一都会也。而合肥受南北潮，[⑦]皮革、鲍、木输会也。与闽中、于越杂俗，故南楚好辞，巧说少信。江南卑湿，丈夫早夭。多竹木。豫章出黄金，[⑧]长沙出连、锡。然堇堇[⑨]物之所有，取之不足以更费。[⑩]九疑、[⑪]苍梧以南至儋耳者，[⑫]与江南大同俗，而杨越多焉。番禺[⑬]亦其一都会也，珠玑、犀、玳瑁、果、布之凑。[⑭]

①【集解】徐广曰："都邾。邾，县，属江夏。"【正义】故邾城在(潭)〔黄〕州东南百二十里。　②【正义】九江，郡，都阴陵。阴陵故城在濠州定远县西六十五里。　③【集解】徐广曰："高帝所置。江南者，丹阳也，秦置为鄣郡，武帝改名丹阳。"【正义】案：徐说非。秦置鄣郡在湖州长城县西南八十里，鄣郡故城是也。汉改为丹阳郡，徙郡宛陵，今宣州地也。上言吴有章山之铜，明是东楚之地。此言大江之南豫章、长沙二郡，南楚之地耳。徐、裴以为江南丹阳郡属南楚，误之甚矣。　④【正义】今洪州也。⑤【正义】今潭州也。《十三州志》云"有万里沙祠，而西自湘州至东莱万里，故曰长沙也"。淮南衡山、九江二郡及江南豫章、长沙二郡，并为楚也。⑥【正义】楚考烈王二十二年，自陈徙都寿春，号之曰郢，故言"郢之徙寿春"也。　⑦【集解】徐广曰："在临淮。"【正义】合肥，县，庐州治也。言江、淮之潮，南北俱至庐州也。　⑧【集解】徐广曰："鄱阳有之。"【正义】《括地志》云："江州浔阳县有黄金山，山出金。"　⑨【正义】音谨。⑩【集解】应劭曰："堇，少也。更，偿也。言金少少耳，取之不足用顾费用也。"　⑪【集解】徐广曰："山在营道县南。"　⑫【正义】今儋州在海中。广州南去京七千余里。言岭南至儋耳之地，与江南大同俗，而杨州之南，越民多焉。　⑬【正义】潘虞二音。今广州。　⑭【集解】韦昭曰："果谓龙眼、离支之属。布，葛布。"

颍川、南阳，夏人之居也。[①]夏人政尚忠朴，犹有先王之遗风。颍川敦愿。秦末世，迁不轨之民于南阳。南阳西通武关、郧关，[2]东南受汉、江、淮。宛亦一都会也。俗杂好事，业多贾。其任侠，交通颍川，故至今谓之“夏人”。

①【集解】徐广曰：“禹居阳翟。”【正义】禹居阳城。颍川、南阳皆夏地也。　②【集解】徐广曰：“案汉中。亦作陨字。”【索隐】郧音云。【正义】武关在商州。《地理志》云宛西通武关，而无郧关。盖“郧”当为“徇”。徇水上有关，在金州洵阳县。徐案汉中，是也。徇，亦作“郇”，与郧相似也。

夫天下物所鲜所多，人民谣俗，山东食海盐，山西食盐卤，[1]领南、沙北[2]固往往出盐，大体如此矣。

①【正义】谓西方咸地也。坚且咸，即出石盐及池盐。　②【正义】谓池、汉之北也。

总之，楚、越之地，地广人希，饭稻羹鱼，或火耕而水耨，[1]果隋[2]蠃蛤，不待贾而足，[3]地埶饶食，无饥馑之患，以故呰窳[4]偷生，无积聚[5]而多贫。是故江、淮以南，无冻饿之人，亦无千金之家。沂、泗水以北，宜五谷桑麻六畜，地小人众，数被水旱之害，民好畜藏，故秦、夏、梁、鲁好农而重民。三河、宛、陈亦然，加以商贾。齐、赵设智巧，仰机利。燕、代田畜而事蚕。

①【集解】徐广曰：“乃遘反。除草也。”【正义】言风草下种，苗生大而草生小，以水灌之，则草死而苗无损也。耨，除草也。　②【集解】徐广

曰:"《地理志》作蓏。"【索隐】隋音徒火反。蓏音郎果反。【正义】隋,今为"穜",音同,上古少字也。羸,力和反。果穜犹穜叠包裹也,今楚、越之俗尚有"裹穜"之语。楚、越水乡,足螺龟鳖,民多采捕积聚,穜叠包裹,煮而食之。班固不晓"裹穜"之方言,修《太史公书》述《地志》,乃改云"果蓏羸蛤",非太史公意,班氏失之也。 ③【正义】贾音古。言楚、越地势饶食,不用他贾而自足,无饥馑之患。 ④【集解】徐广曰:"音紫。呰窳,苟且堕懒之谓也。"骃案:应劭曰"呰,弱也"。晋灼曰"窳,病也"。【索隐】窳音庾。【正义】案:食螺蛤等物,故多羸弱而足病也。《淮南子》云"古者民食羸蚘之肉,多疹毒之患"也。 ⑤【正义】言江、淮以南有水族,民多食物,朝夕取给以偷生而已。不为积聚,乃多贫也。

由此观之,贤人深谋于廊庙,论议朝廷,守信死节隐居岩穴之士设为名高者安归乎?归于富厚也。是以廉吏久,久更富,廉贾归富。[①]富者,人之情性,所不学而俱欲者也。故壮士在军,攻城先登,陷阵却敌,斩将搴旗,前蒙矢石,不避汤火之难者,为重赏使也。其在闾巷少年,攻剽椎埋,劫人作奸,掘冢铸币,任侠并兼,借交报仇,篡逐幽隐,不避法禁,走死地如骛者,[②]其实皆为财用耳。今夫赵女郑姬,设形容,揳鸣琴,揄长袂,蹑利屣,[③]目挑[④]心招,出不远千里,不择老少者,奔富厚也。游闲公子,饰冠剑,连车骑,亦为富贵容也。弋射渔猎,犯晨夜,冒霜雪,驰阬谷,不避猛兽之害,为得味也。博戏驰逐,斗鸡走狗,作色相矜,必争胜者,重失负也。医方诸食技术之人,焦神极能,为重糈也。吏士舞文弄法,刻章伪书,不避刀锯之诛者,没于赂遗也。农工商贾畜长,固求富益货也。此有知尽能索耳,终不余力而让财矣。

①【集解】归者，取利而不停货也。　②【集解】徐广曰："骛，一作流。"　③【集解】徐广曰："揄音臾。蹑，一作跕。跕音吐协反。屣音山耳反，舞屣也。"　④【正义】田鸟反。

谚曰："百里不贩樵，千里不贩籴。"居之一岁，种之以谷。十岁，树之以木。百岁，来之以德。德者，人物之谓也。今有无秩禄之奉，爵邑之入，而乐与之比者，命曰"素封"。[①]封者食租税，岁率[②]户二百。千户之君[③]则二十万，朝觐聘享出其中。庶民农工商贾，率亦岁万[④]息二千(户)，百万之家则二十万，而更傜租赋出其中。衣食之欲，恣所好美矣。故曰陆地牧马二百蹄，[⑤]牛蹄角千，[⑥]千足羊，泽中千足彘，[⑦]水居千石鱼陂，[⑧]山居千章之材。[⑨]安邑千树枣。燕、秦千树栗。蜀、汉、江陵千树橘。淮北、常山已南，河、济之间千树萩。陈、夏千亩漆。齐、鲁千亩桑麻。渭川千亩竹。及名国万家之城，带郭千亩亩钟之田，[⑩]若千亩卮茜，[⑪]千畦姜韭，[⑫]此其人皆与千户侯等。然是富给之资也，不窥市井，不行异邑，坐而待收，身有处士之义而取给焉。若至家贫亲老，妻子软弱，岁时无以祭祀进醵，[⑬]饮食被服不足以自通，如此不惭耻，则无所比矣。是以无财作力，少有斗智，[⑭]既饶争时，[⑮]此其大经也。今治生不待危身取给，则贤人勉焉。是故本富为上，末富次之，奸富最下。无岩处奇士之行，而长贫贱，好语仁义，亦足羞也。

①【索隐】谓无爵邑之人，禄秩之奉，则曰"素封"。素，空也。【正义】言不仕之人自有园田收养之给，其利比于封君，故曰"素封"也。　②【正

义】音律。 ③【索隐】户率二百，故千户二十万。 ④【索隐】息二千，故百万之家亦二十万。 ⑤【集解】《汉书音义》曰："五十四。"【索隐】案：马有四足，二百蹄有五十匹也。《汉书》则云"马蹄噭千"，所记各异。 ⑥【集解】《汉书音义》曰："百六十七头也。马贵而牛贱，以此为率。" ⑦【集解】韦昭曰："二百五十头。" ⑧【集解】徐广曰："鱼以斤两为计也。"【索隐】陂音诐。《汉书》作"皮"，音同。【正义】言陂泽养鱼，一岁收得千石鱼卖也。 ⑨【集解】徐广曰："一作'楸'。"骃案：韦昭曰"楸木所以为辕，音秋"。【索隐】《汉书》作"千章之萩"。服虔云："章，方也。"故孟康亦云："言任方章者千枚，谓章，大材也。"乐彦云："萩，梓木也，可以为辕者。" ⑩【集解】徐广曰："六斛四斗也。" ⑪【集解】徐广曰："卮音支，鲜支也。茜音倩，一名红蓝，其花染缯赤黄也。" ⑫【集解】徐广曰："千畦，二十五亩。"骃案：韦昭曰"畦，犹陇"。 ⑬【集解】徐广曰："会聚食。"【索隐】醵音渠略反。 ⑭【正义】言少有钱财，则斗智巧而求胜也。 ⑮【正义】既饶足钱财，乃逐时争利也。

凡编户之民，富相什则卑下之，伯则畏惮之，千则役，万则仆，物之理也。夫用贫求富农不如工，工不如商，刺绣文不如倚市门，此言末业，贫者之资也。通邑大都，酤一岁千酿，[①]醯酱千瓨，[②]浆千甔，[③]屠牛羊彘千皮，贩谷粜千钟，[④]薪稿千车，船长千丈，[⑤]木千章，[⑥]竹竿万个，[⑦]其轺车百乘，[⑧]牛车千两，[⑨]木器髹者千枚，[⑩]铜器千钧，[⑪]素木铁器若卮茜千石，[⑫]马蹄躈千，[⑬]牛千足，羊彘千双，僮手指千，[⑭]筋角丹沙千斤，其帛絮细布千钧，文采千匹，榻布皮革千石，[⑮]漆千斗，糵麹盐豉千苔，[⑯]鲐鮆[⑰]千斤，鲰千石，鲍千钧，[⑱]枣栗千石者三之，[⑲]狐貂[⑳]裘千皮，羔羊裘千石，旃席千具，佗果菜千钟，[㉑]子贷金钱千贯，节驵会，[㉒]贪贾三之，廉贾五之，[㉓]此亦比千乘之家，其大率也。㉔佗杂业不中什二，则非吾财也。㉕。

①【正义】酿千瓮。酤醯醋(云)〔也〕。洒酤。　②【集解】徐广曰："长颈罂。"【索隐】瓨音闲江反。　③【集解】徐广曰："大罂缶。"【索隐】音都甘反。《汉书》作"儋"。孟康曰"儋，石甖"。石甖受一石，故云儋石。一音都滥反。　④【集解】徐广曰："出谷也。粜音掉也。"　⑤【索隐】按：积数长千丈。　⑥【集解】《汉书音义》曰："洪洞方稿。章，材也。旧将作大匠掌材曰章曹掾。"【索隐】洪音胡孔反；洞音动。又并如字。
⑦【集解】徐广曰："古贺反。"【正义】《释名》云："竹曰个，木曰枚。"
⑧【集解】徐广曰："马车也。"【正义】轺音遥。《说文》云："轺，小车也。"
⑨【正义】车一乘为一两。《风俗通》云："箱辕及轮，两两而偶之，称两也。"
⑩【集解】徐广曰："髤音休，漆也。"【正义】颜云"以漆物谓之髤"。又音许昭反。今关东俗器物一再漆者谓之"稍漆"，即髤声之转耳。今关西俗云黑髤盘，朱〔髤盘〕，两义并通。　⑪【集解】徐广曰："三十斤。"　⑫【集解】徐广曰："百二十斤为石。"骃案：《汉书音义》曰"素木，素器也"。
⑬【集解】徐广曰："躈，苦吊反，马八髎，音料。"【索隐】《埤仓》云"尻骨谓八髎，一曰夜蹄"。小颜云"噭，口也。蹄与口共千，则为二百匹"。若顾胤则云"上文马二百蹄，与千户侯等，此蹄躈千，比千乘之家，不容亦二百。则躈谓九窍，通四〔蹄为十〕三而成一马，所谓'生之徒十有三'也。〔凡七十六匹马〕"。　⑭【集解】《汉书音义》曰："僮，奴婢也。古者无空手游日，皆有作务，作务须手指，故曰手指，以别马牛蹄角也。"　⑮【集解】徐广曰："榻音吐合反。"骃案：《汉书音义》曰"榻布，白叠也"。【正义】颜师古曰："粗厚之布也。其价贱，故与皮革同重耳，非白叠也。苔者，厚之貌也。"案：白叠，木绵所织，非中国有也。　⑯【集解】徐广曰："或作'台'，器名有瓵。孙叔然云瓵，瓦器，受斗六升合为瓵。音贻。"　⑰【集解】《汉书音义》曰："音如楚人言荠，鮆鱼与鲐鱼也。"【正义】鲐音台，又音贻。《说文》云"鲐，海鱼"也。鮆音齐礼反，刀鱼也。　⑱【集解】徐广曰："鲰音辄，(鲰)〔膊〕鱼也。"【索隐】鲰音辄，一音昨苟反。鲰，小鱼也。鲍音抱，步饱反，今

之鲰鱼也。䱞音铺博反。案：破鲍不相离谓之䱞，(皃)〔鱼〕渍云鲍。《声类》及《韵集》虽为此解，而“鲰生”之字见与此同。案：鲰者，小杂鱼也。【正义】鲰音族苟反，谓杂小鱼也。鲍，白也。然鲐鮆以斤论，鲍鲰以千钧论，乃其九倍多，故知鲐是大好者，鲰鲍是杂者也。徐云鲰，䱞鱼也。䱞，并各反。谓破开中头尾不相离为鲍，谓之䱞关者也，此亦大鱼为之也。 ⑲【正义】谓三千石也。言枣栗三千石乃与上物相等。 ⑳【正义】音雕。 ㉑【正义】钟，六斛四斗。果菜谓杂果菜，于山野采取之。 ㉒【集解】徐广曰：“驵音祖朗反，马侩也。”骃案：《汉书音义》曰“会亦是侩也。节，节物贵贱也。谓估侩其余利比千乘之家”。 ㉓【集解】《汉书音义》曰：“贪贾未当卖而卖，未可买而买，故得利少，而十得三。廉贾贵而卖，贱乃买，故十得五。” ㉔【正义】率音律。 ㉕【正义】言杂恶业，而不在什分中得二分之利者，非世之美财也。

请略道当世千里之中，贤人所以富者，令后世得以观择焉。

蜀卓氏之先，[①]赵人也，用铁冶富。秦破赵，迁卓氏。卓氏见虏略，独夫妻推辇，行诣迁处。诸迁虏少有余财，争与吏，求近处，处葭萌。[②]唯卓氏曰：“此地狭薄。吾闻汶山之下，[③]沃野，下有蹲鸱，[④]至死不饥。民工于市，易贾。”乃求远迁。致之临邛，大喜，即铁山鼓铸，运筹策，倾滇、蜀之民，[⑤]富至僮千人。田池射猎之乐，拟于人君。

①【集解】徐广曰：“卓，一作淖。” ②【集解】徐广曰：“属广汉。”【正义】葭萌，今利州县也。 ③【正义】汶音珉。 ④【集解】徐广曰：“古蹲字作踆。”骃案：《汉书音义》曰“水乡多鸱，其山下有沃野灌溉。一曰大芋”。【正义】蹲鸱，芋也。言邛州临邛县其地肥又沃，平野有大芋等

也。《华阳国志》云汶山郡都安县有大芋如蹲鸱也。　⑤【正义】滇，一作“沮”。《汉书》亦作“滇(池)〔蜀〕”。今益州郡有蜀州，亦因旧名及汉江为名。江在益州，南入导江，非汉中之汉江也。

程郑，山东迁虏也，亦冶铸，贾椎髻之民，富埒卓氏，俱居临邛。

宛孔氏之先，梁人也，用铁冶为业。秦伐魏，迁孔氏南阳。大鼓铸，规陂池，连车骑，游诸侯，因通商贾之利，有游闲公子之赐与名。[①]然其赢得过当，愈于纤啬，[②]家致富数千金，故南阳行贾尽法孔氏之雍容。

①【集解】韦昭曰：“优游闲暇也。”　②【正义】音色。啬，吝也。言孔氏连车骑，游于诸侯，以资给之，兼通商贾之利，乃得游闲公子交名。然其通计赢利，过于所资给饷遗之当，犹有交游公子雍容，而胜于悭悋也。

鲁人俗俭啬，而曹邴氏尤甚，以铁冶[①]起，富至巨万。然家自父兄子孙约，俛有拾，仰有取，贳贷行贾遍郡国。邹、鲁以其故多去文学而趋利者，以曹邴氏也。

①【集解】徐广曰：“鲁县出铁。”

齐俗贱奴虏，而刀閒[①]独爱贵之。桀黠奴，人之所患也，唯刀閒收取，使之逐渔盐商贾之利，或连车骑，交守相，然愈益任之。终得其力，起富数千万。故曰“宁爵毋刀”，[②]言其能使豪奴自饶而尽其力。

①【索隐】上音雕，姓也。閒，如字。【正义】刀，丁遥反，姓名。 ②【集解】《汉书音义》曰："奴自相谓曰：'宁欲免去作民有爵邪？将止为刀氏作奴乎？'毋，发声语助。"

周人既纤，[①]而师史[②]尤甚，转毂以百数，贾郡国，无所不至。洛阳街居在齐、秦、楚、赵之中，[③]贫人学事富家，相矜以久贾，[④]数过邑不入门，设任此等，故师史能致七千万。

①【集解】《汉书音义》曰："俭啬也。" ②【正义】师史，人姓名。 ③【正义】洛阳在齐、秦、楚、赵之中，其街巷贫人，学于富家，相矜以久贾诸国，皆数历里邑不入其门，故前云"洛阳东贾齐、鲁，南贾梁、楚"是也。 ④【集解】《汉书音义》曰："谓街巷居民无田地，皆相矜久贾在此诸国也。"

宣曲[①]任氏之先，为督道仓吏。[②]秦之败也，豪杰皆争取金玉，而任氏独窖仓粟。[③]楚、汉相距荥阳也，民不得耕种，米石至万，而豪杰金玉尽归任氏，任氏以此起富。富人争奢侈，而任氏折节为俭，力田畜。田畜人争取贱贾，[④]任氏独取贵善。[⑤]富者数世。然任公家约，非田畜所出弗衣食，公事不毕则身不得饮酒食肉。以此为闾里率，故富而主上重之。

①【集解】徐广曰："高祖功臣有宣曲侯。"【索隐】《上林赋》云"西驰宣曲"，当在京辅，今阙其地也。【正义】案：其地合在关内。张揖云"宣曲，宫名，在昆池西也"。 ②【集解】《汉书音义》曰："若今吏督租谷使上道输在所也。"韦昭曰："督道，秦时边县名。" ③【集解】徐广曰："窖音校，穿地以藏也。" ④【索隐】晋灼云："争取贱贾金玉也。"【正义】音价也。 ⑤【索隐】谓买物必取贵而善者，不争贱价也。

塞之斥也,[①]唯桥姚[②]已致马千匹,[③]牛倍之,羊万头,粟以万钟计。吴、楚七国兵起时,长安中列侯封君行从军旅,赍贷子钱,[④]子钱家以为侯邑国在关东,关东成败未决,莫肯与。唯无盐氏出捐千金贷,[⑤]其息什之。[⑥]三月,吴、楚平。一岁之中,则无盐氏之息什倍,用此富埒关中。

①【集解】《汉书音义》曰:"边塞主斥候卒也。唯此人能致富若此。"【索隐】孟说非也。案:斥,开也,《相如传》云"边塞益斥"是也。　②【正义】姓桥,名姚也。　③【索隐】言桥姚因斥塞而致此资。《风俗通》云:"马称匹者,俗说云相马及君子与人相匹,故云匹。或说马夜行目照前四丈,故云一匹。或说度马纵横适得一匹。"《韩诗外传》云:"孔子与颜回登山,望见一匹练,前有蓝,视之果马,马光景一匹长也。"　④【索隐】赍音子稽反。贷,假也,音吐得反。与人物云赍。《周礼》注"赍所给与"也。　⑤【索隐】贷音吐代反。　⑥【索隐】谓出一得十倍。

关中富商大贾,大抵尽诸田,田啬、田兰。韦家栗氏,安陵、杜杜氏,[①]亦巨万。

①【集解】徐广云:"安陵及杜,二县名,各有杜姓也。宣帝以杜为杜陵。"

此其章章尤异者也。[①]皆非有爵邑奉禄弄法犯奸而富,尽椎埋去就,与时俯仰,获其赢利,以末致财,用本守之,以武一切,用文持之,变化有概,故足术也。若至力农畜,工虞商贾,为权利以成富,大者倾郡,中者倾县,下者倾乡里者,不可胜数。

①【集解】徐广曰:“异,一作淑,又作较。”

夫纤啬筋力,治生之正道也,而富者必用奇胜。田农,掘业,[①]而秦扬以盖一州。[②]掘冢,奸事也,而曲叔以起。博戏,恶业也,而桓发[③]用(之)富。行贾,丈夫贱行也,而雍乐成以饶。贩脂,[④]辱处也,而雍伯千金。[⑤]卖浆,小业也,而张氏千万。洒削,[⑥]薄技也,而郅氏鼎食。胃脯,[⑦]简微耳,浊氏连骑。马医,浅方,张里击钟。此皆诚壹之所致。

①【集解】徐广曰:“古拙字亦作掘也。” ②【索隐】《汉书》作“甲一州”。服虔云:“富为州之中第一。” ③【索隐】《汉书》“桓”作“稽”。【正义】桓发,人姓名。 ④【正义】《说文》云“戴角者脂,无角者膏”也。 ⑤【集解】徐广曰:“雍,一作翁。”【索隐】雍,于恭反。《汉书》作“翁伯”也。 ⑥【集解】徐广曰:“洒,或作细。”骃案:《汉书音义》曰“治刀剑名”。【索隐】洒音先礼反,削刀者名。洒削,谓摩刀以水洒之。又《方言》云“剑削,关东谓之削,音肖”。亦依字读。 ⑦【索隐】晋灼云:“太官常以十月作沸汤燖羊胃,以末椒姜粉之讫,暴使燥,则谓之脯,故易售而致富也。”【正义】案,胃脯谓和五味而脯美,故易售。

由是观之,富无经业,则货无常主,能者辐凑,不肖者瓦解。千金之家比一都之君,巨万者乃与王者同乐。岂所谓“素封”者邪。非也?

索隐述赞曰:货殖之利,工商是营。废居善积,倚市邪赢。白圭富国,计然强兵。倮参朝请,女筑怀清。素封千户,卓、郑齐名。

卷一百三十

太史公自序第七十

昔在颛顼，命南正重以司天，北正黎以司地。①唐、虞之际，绍重黎之后，使复典之，至于夏、商，故重黎氏世序天地。其在周，程伯休甫其后也。②当周宣王时，失其守而为司马氏。③司马氏世典周史。④惠、襄之间，司马氏去周适晋。⑤晋中军随会奔秦，⑥而司马氏入少梁。⑦

①【索隐】张晏云“南方，阳也。火，水配也。水为阴，故命南正重司天，火正黎兼地职”。臣瓒以为重黎氏是司天地之官，司地者宜曰北正，古文作“北”字，非也。案：《国语》“黎为火正，以淳曜敦大，光照四海”，又《幽通赋》云“黎淳曜于高辛”，则“火正”为是也。　②【集解】应劭曰：“封为程国伯，休甫，字也。”【索隐】重司天而黎司地，是代序天地也。据《左氏》，重是少昊之子，黎乃颛顼之胤，二氏二正，所出各别，而史迁意欲合二氏为一，故总云“在周，程伯休甫其后”，非也。然(后)案〔后〕彪之序及干宝皆云司马氏，黎之后是也。今总称伯休甫是重黎之后者，凡言地即举天，称黎则兼重，自是相对之文，其实二官亦通职。然休甫则黎之后也，亦是太史公欲以史为己任，言先代天官，所以兼称重耳。【正义】《括地志》云：“安陵故城在雍州咸阳东二十一里，周之程邑也。”　③【正义】司马彪序云：“南正黎，后世为司马氏。”　④【索隐】司马，夏官卿，不掌国〔史〕，自是先代兼为史。卫宏云“司马氏，周史佚之后”，恐或有所据。　⑤【集解】张晏曰：“周惠王、襄王有子颓、叔带之难，故司马氏奔晋。”　⑥【索隐】《左

氏》,随会自晋奔秦,后乃奔魏,自魏还晋,故《汉书》云会奔秦、魏也。⑦【索隐】少梁,古梁国也,秦灭之,改曰少梁,后名夏阳也。【正义】案《春秋》,随会奔秦,其后自秦入魏而还晋也。随会为晋中军将。少梁,古梁国也,嬴姓,在同州韩城县南二十二里,是时属晋。

自司马氏去周适晋,分散,或在卫,或在赵,或在秦。其在卫者,相中山。[①]在赵者,[②]以传剑论显,[③]蒯聩[④]其后也。在秦者名错,与张仪争论,于是惠王使错将伐蜀,遂拔,因而守之。[⑤]错孙靳,[⑥]事武安君白起。而少梁更名曰夏阳。靳与武安君坑赵长平军,[⑦]还而与之俱赐死杜邮,[⑧]葬于华池。[⑨]靳孙昌,昌为秦主铁官,当始皇之时。蒯聩玄孙卬[⑩]为武信君将[⑪]而徇朝歌。诸侯之相王,王卬于殷。[⑫]汉之伐楚,卬归汉,以其地为河内郡。昌生无泽,[⑬]无泽为汉市长。无泽生喜,喜为五大夫,卒,皆葬高门。[⑭]喜生谈,谈为太史公。[⑮]

①【集解】徐广曰:"名喜也。" ②【正义】何法盛《晋书》及晋谯王司马无忌《司马氏系本》皆云名凯。 ③【集解】服虔曰:"世善传剑也。"苏林曰:"传手搏论而释之。"晋灼曰:"《史记》吴起赞曰'非信仁廉勇,不能传剑论兵书'也。"【索隐】服虔云:"善剑。"解所以称传也。苏林作"搏",论而知名也。 ④【正义】五怪反。如淳云:"《刺客传》之蒯聩也。" ⑤【集解】苏林曰:"郡守也。" ⑥【集解】徐广曰:"一作蕲。"【索隐】错音七各反,蕲音纪衅反。 ⑦【集解】文颖曰:"赵孝成时。" ⑧【索隐】邮音尤。李奇曰"地名,在咸阳西十里"。《三秦记》,其地后改为李里也。 ⑨【集解】晋灼曰:"地名,在鄠县。"【索隐】晋灼非也。案司马迁碑在夏阳西北四里。【正义】《括地志》云:"华池在同州韩城县西南七十里,

在夏阳故城西北四里。” ⑩【索隐】案：晋谯国司马无忌作《司马氏系本》，云蒯聩生昭豫，昭豫生宪，宪生卬也。 ⑪【集解】徐广曰：“《张耳传》云武臣自号武信君。” ⑫【索隐】《汉书》云项羽封卬为殷王。 ⑬【索隐】《汉书》作“毋择”，并音亦。 ⑭【集解】苏林曰：“长安北门也。”瓒曰：“长安城无高门。”【索隐】苏说非也。案迁碑，高门在夏阳西北，去华池三里。【正义】《括地志》云：“高门原俗名马门原，在同州韩城县西南十八里。汉司马迁墓在韩城县南二十二里。夏阳县故城东南有司马迁冢，在高门原上也。” ⑮【集解】如淳曰：“《汉仪注》太史公，武帝置，位在丞相上。天下计书先上太史公，副上丞相，序事如古《春秋》。迁死后，宣帝以其官为令，行太史公文书而已。”瓒曰：“《百官表》无太史公。《茂陵中书》司马谈以太史丞为太史令。”【索隐】“公”者，迁所著书尊其父云“公”也。然迁虽称述其父所作，其实亦迁之词，而如淳引卫宏《仪注》称“位在丞相上”，谬矣。案《百官表》又无其官。且修史之官，国家别有著撰，则令郡县所上图书皆先上之，而后人不晓，误以为在丞相上耳。【正义】虞喜《志林》云：“古者主天官者皆上公，自周至汉，其职转卑，然朝会坐位犹居公上。尊天之道，其官属仍以旧名尊而称也。”案：下文“太史公既掌天官，不治民，有子曰迁”，又云“卒三岁而迁为太史公”，又云“太史公遭李陵之祸”，又云“汝复为太史，则续吾祖矣”，观此文，虞喜说为长。乃书谈及迁为“太史公”者，皆迁自书之。《汉旧仪》云“太史公秩二千石，卒史皆秩二百石”。然瓒及韦昭、桓谭之说皆非也。以桓谭之说释在《武本纪》也。

太史公学天官于唐都，①受《易》于杨何，②习道论于黄子。③太史公仕于建元、元封之间，愍学者之不达其意而师悖，④乃论六家之要指曰：

①【正义】《天官书》云“星则唐都”也。 ②【集解】徐广曰：“菑川人。” ③【集解】徐广曰：“《儒林传》曰黄生，好黄、老之术。” ④【正

义】布内反。颜云:“悖,惑也。各习师书,惑于所见也。”

《易大传》:①“天下一致而百虑,同归而殊涂。”夫阴阳、儒、墨、名、法、道德,此务为治者也,直所从言之异路,有省不省耳。②尝窃观阴阳之术,大祥③而众忌讳,使人拘而多所畏。④然其序四时之大顺,不可失也。儒者博而寡要,劳而少功,是以其事难尽从。然其序君臣父子之礼,列夫妇长幼之别,不可易也。墨者⑤俭而难遵,是以其事不可遍循。⑥然其强本节用,不可废也。法家严而少恩。然其正君臣上下之分,不可改矣。名家使人俭而善失真。⑦然其正名实,不可不察也。道家使人精神专一,动合无形,赡足万物。⑧其为术也,因阴阳之大顺,采儒、墨之善,撮名、法之要,与时迁移,应物变化,立俗施事,无所不宜,指约而易操,事少而功多。儒者则不然。以为人主天下之仪表也,主倡而臣和,主先而臣随。如此则主劳而臣逸。至于大道之要,去健羡,⑨绌聪明,⑩释此而任术。夫神大用则竭,形大劳则敝。形神骚动,欲与天地长久,非所闻也。

①【正义】张晏云“谓《易·系辞》”。案:下二句是《系辞》文也。 ②【索隐】案:六家同归于正,然所从之道殊涂,学或有传习省察,或有不省之耳。 ③【集解】徐广曰:“一作详。”骃案:李奇曰“月令星官,是其枝叶也”。【索隐】《汉书》作“大详”,言我观阴阳之术大详。今此作“祥”,于义为疏。【正义】顾野王云:“祥,善也,吉凶之先见也。” ④【正义】言拘束于日时,令人有所忌畏也。 ⑤【正义】韦云:“墨翟之术也,尚俭,后有

随巢子传其术也。” ⑥【索隐】遍循，言难尽用也。 ⑦【索隐】刘向《别录》云：名家流出于礼官。古者名位不同，礼亦异数，孔子“必也正名乎”。案：名家知礼亦异数，是俭也，受命不受辞，或失其真也。 ⑧【索隐】赡音市艳反。《汉书》作“澹”，古今字异也。 ⑨【集解】如淳曰：“‘知雄守雌’，是去健也。‘不见可欲，使心不乱’，是去羡也。” ⑩【索隐】如淳云：“‘不尚贤’，‘绝圣弃智’也。”

夫阴阳四时、八位、十二度、二十四节[①]各有教令，顺之者昌，逆之者不死则亡。未必然也，故曰“使人拘而多畏”。夫春生夏长，秋收冬藏，此天道之大经也，弗顺则无以为天下纲纪，故曰：“四时之大顺，不可失也。”

①【集解】张晏曰：“八位，八卦位也。十二度，十二次也。二十四节，就中气也。各有禁忌，谓日月也。”

夫儒者以《六艺》为法。《六艺》经传以千万数，累世不能通其学，当年不能究其礼，故曰“博而寡要，劳而少功”。若夫列君臣父子之礼，序夫妇长幼之别，虽百家弗能易也。

墨者亦尚尧、舜道，言其德行曰：[①]“堂高三尺，土阶三等，茅茨不翦，[②]采椽不刮。[③]食土簋，[④]啜土刑，[⑤]粝粱之食，[⑥]藜藿之羹。[⑦]夏日葛衣，冬日鹿裘。”其送死，桐棺三寸，[⑧]举音不尽其哀。教丧礼，必以此为万民之率。使天下法若此，则尊卑无别也。夫世异时移，事业不必同，故曰“俭而难遵”。要曰强本节用，则人给家足之道也。此墨子之所长,虽百家弗能废也。

①【索隐】案:自此已下《韩子》之文,故称“曰”也。　②【正义】屋盖曰茨,以茅覆屋。　③【索隐】韦昭云:“采椽,栎榱也。”【正义】采取为椽,不刮削也。　④【集解】徐广曰:“一作熘。”骃案:服虔曰“土簋,用土作此器”。　⑤【正义】颜云:“簋,所以盛饭也。刑,所以盛羹也。土谓烧土为之,即瓦器也。”　⑥【集解】张晏曰:“一斛粟,七斗米,为粝。”瓒曰:“五斗粟,三斗米,为粝。音剌。”韦昭曰:“粝,䊪也。”【索隐】服虔云:“粝,粗米也。”《三苍》云:“粱,好粟也。”【正义】粝,粗米也,脱粟也。粱,粟也。谓食脱粟之粗饭也。　⑦【正义】藜,似藿而表赤。藿,豆叶也。⑧【正义】以桐木为棺,厚三寸也。

法家不别亲疏,不殊贵贱,一断于法,则亲亲尊尊之恩绝矣。[①]可以行一时之计,而不可长用也,故曰“严而少恩”。若尊主卑臣,明分职不得相逾越,虽百家弗能改也。

①【索隐】案:礼,亲亲父为首,尊尊君为首也。

名家苛察缴绕,[①]使人不得反其意,专决于名而失人情,故曰“使人俭而善失真”。若夫控名责实,参伍不失,[②]此不可不察也。

①【集解】服虔曰:“缴音近叫呼,谓烦也。”如淳曰:“缴绕,犹缠绕,不通大体也。”　②【集解】晋灼曰:“引名责实,参错交互,明知事情。”

道家无为，又曰无不为，[①]其实易行，[②]其辞难知。[③]其术以虚无为本，以因循为用。[④]无成势，无常形，故能究万物之情。不为物先，不为物后，[⑤]故能为万物主。有法无法，因时为业；[⑥]有度无度，因物与合。[⑦]故曰"圣人不朽，时变是守。[⑧]虚者道之常也，因者君之纲"也。[⑨]群臣并至，使各自明也。其实中其声者谓之端，实不中其声者谓之窾。[⑩]窾言不听，奸乃不生，贤不肖自分，白黑乃形。在所欲用耳，何事不成。乃合大道，混混冥冥。[⑪]光耀天下，复反无名。凡人所生者神也，所托者形也。神大用则竭，形大劳则敝，形神离则死。死者不可复生，离者不可复反，故圣人重之。由是观之，神者生之本也，形者生之具也。[⑫]不先定其神〔形〕，而曰"我有以治天下"，何由哉？

①【正义】无为者，守清净也。无不为者，生育万物也。　②【正义】各守其分，故易行也。　③【正义】幽深微妙，故难知也。　④【正义】任自然也。　⑤【集解】韦昭曰："因物为制。"　⑥【正义】因时之物，成法为业。　⑦【正义】因其万物之形成度与合也。　⑧【索隐】此出《鬼谷子》，迁引之以成其章，故称"故曰"也。【正义】言圣人教迹不朽灭者，顺时变化。　⑨【正义】言因百姓之心以教，唯执其纲而已。
⑩【集解】徐广曰："音款，空也。"骃案：李奇曰"声(别)〔则〕名也"。【索隐】款，空也。《申子》云"款言无成"是也。声者，名也。以言实不称名，则谓之空，空有声也。　⑪【正义】上胡本反。混混者，元气(神者)之貌也。
⑫【集解】韦昭曰："声气者，神也。枝体者，形也。"

太史公既掌天官，不治民。有子曰迁。

迁生龙门，[①]耕牧河山之阳。[②]年十岁则诵古文。[③]二十而南游江、淮，上会稽，探禹穴，[④]闚九疑，[⑤]浮于沅、湘。[⑥]北涉汶、泗，[⑦]讲业齐、鲁之都，观孔子之遗风，乡射邹、峄。戹困鄱、薛、[⑧]彭城，过梁、楚以归。于是迁仕为郎中，奉使西征巴、蜀以南，南略邛、笮、昆明，还报命。[⑨]

①【集解】徐广曰："在冯翊夏阳县。"骃案：苏林曰"禹所凿龙门也。"【正义】《括地志》云："龙门在同州韩城县北五十里。其山更黄河，夏禹所凿者也。龙门山在夏阳县，迁即汉夏阳县人也，至唐改曰韩城县。"　②【正义】河之北，山之南也。案：在龙门山南也。　③【索隐】案：迁及事伏生，是学诵《古文尚书》。刘氏以为《左传》、《国语》、《系本》等书，是亦名之古文也。　④【集解】张晏曰："禹巡狩至会稽而崩，因葬焉。上有孔穴，民间云禹入此穴。"【索隐】《越绝书》云："禹上茅山大会计，更名曰会稽。"张勃《吴录》云："本名苗山，一名覆釜，禹会诸侯计功，改曰会稽。"【正义】《括地志》云："石箐山一名玉笥山，又名宛委山，即会稽山一峰也，在会稽县东南十八里。《吴越春秋》云'禹案《黄帝中经》九山，东南天柱，号曰宛委，赤帝左阙之填，承以文玉，覆以盘石，其书金简青玉为字，编以白银，皆瑑其文。禹乃东巡，登衡山，血白马以祭。禹乃登山，仰天而笑，忽然而卧，梦见绣衣男子自称玄夷仓水使者，却倚覆釜之山，东顾谓禹曰："欲得我山神书者，齐于黄帝之岳，岩(岩)〔岳〕之下，三月季庚，登山发石。"禹乃登宛委之山，发石，乃得金简玉字，以水泉之脉。山中又有一穴，深不见底，谓之禹穴'。史迁云'上会稽，探禹穴'，即此穴也。"　⑤【索隐】《山海经》云："南方苍梧之丘，苍梧之泉，在营道南，其山九峰皆相似，故曰九疑。"张晏云："九疑舜葬，故窥之。"寻上探禹穴，盖以先圣所葬处有古册文，故探窥之，亦搜采远矣。【正义】九疑山在道州。　⑥【正义】沅水出郎州。湘水出道州北，东北入海。　⑦【正义】两水出兖州东北而南历鲁。　⑧【集解】徐广曰："峄音亦，县名，有山也。鄱音皮。邹、鄱、薛三县属鲁。"

【索隐】鄱本音蕃。案：田褒《鲁记》曰“灵帝末，有汝南陈子游为鲁相。子游，太尉陈蕃子也，国人讳而改焉”。若如其说，则“蕃”改“鄱”，鄱皮声相近，后渐讹耳。然《地理志》鲁国蕃县，应劭曰邾国也，音皮。【正义】邹，县名。峄，山名。峄山在邹县北二十二里，地近曲阜，于此行乡射之礼。《括地志》云：“徐州滕县，汉蕃县，音翻。汉末陈蕃子逸为鲁相，改音皮。田褒《鲁记》曰‘灵帝末，汝南陈子斿为鲁相，陈蕃子也，国人为讳而改焉’。”

⑨【集解】徐广曰：“元鼎六年，平西南夷，以为五郡。其明年，元封元年是也。”

是岁天子始建汉家之封，而太史公留滞周南，[①]不得与从事，[②]故发愤且卒。而子迁适使反，见父于河、洛之间。太史公执迁手而泣曰：“余先周室之太史也。自上世尝显功名于虞、夏，典天官事。后世中衰，绝于予乎？汝复为太史，则续吾祖矣。今天子接千岁之统，封泰山，而余不得从行，是命也夫，命也夫！余死，汝必为太史。为太史，无忘吾所欲论著矣。且夫孝始于事亲，中于事君，终于立身。扬名于后世，以显父母，此孝之大者。夫天下称诵周公，言其能论歌文、武之德，宣周、邵之风，达太王王季之思虑，爰及公刘，以尊后稷也。幽、厉之后，王道缺，礼乐衰，孔子修旧起废，论《诗》、《书》，作《春秋》，则学者至今则之。自获麟以来四百有余岁，[③]而诸侯相兼，史记放绝。今汉兴，海内一统，明主贤君忠臣死义之士，余为太史而弗论载，废天下之史文，余甚惧焉，汝其念哉。”迁俯首流涕曰：“小子不敏，请悉论先人所次旧闻，弗敢阙。”

①【集解】徐广曰："挚虞曰古之周南，今之洛阳。"【索隐】张晏云："自陕已东，皆周南之地也。"　②【正义】与音预。　③【集解】案：年表鲁哀公十四年获麟，至汉元封元年三百七十一年。

卒三岁而迁为太史令，[①]绌史记[②]石室金匮之书。[③]五年而当太初元年，[④]十一月甲子朔旦冬至，天历始改，建于明堂，诸神受纪。[⑤]

①【索隐】《博物志》："太史令茂陵显武里大夫司马迁，年二十八，三年六月乙卯除，六百石。"　②【集解】徐广曰："绌音抽。"【索隐】如淳云："抽彻旧书故事而次述之。"小颜云："绌谓缀集之也。"　③【索隐】案：石室、金匮皆国家藏书之处。　④【集解】李奇曰："迁为太史后五年，适当于武帝太初元年，此时述《史记》。"【正义】案：迁年四十二岁。　⑤【集解】徐广曰："《封禅序》曰'封禅则万灵罔不禋祀'。"骃案：韦昭曰"告于百神，与天下更始，著纪于是"。【索隐】虞喜《志林》云："改历于明堂，班之于诸侯。诸侯群神之主，故曰'诸神受纪'。"孟康云："句芒、祝融之属皆受瑞纪。"

太史公曰："先人有言：[①]'自周公卒五百岁而有孔子。孔子卒后至于今五百岁，[②]有能绍明世，正《易传》，继《春秋》，本《诗》、《书》、《礼》、《乐》之际？'意在斯乎。意在斯乎。小子何敢讓焉。"[③]

①【索隐】先人谓先代贤人也。【正义】太史公，司马迁也。先人，司马谈也。　②【索隐】按：《孟子》称尧、舜至汤五百余岁，汤至文王五百余岁，文王至孔子五百余岁。太史公此言略取于《孟子》，而杨雄、孙盛深所不

然，所谓多见不知量也。以为淳气育才，岂有常数，五百之期，何异一息。是以上皇相次，或以万龄为间，而唐尧、舜、禹比肩并列。降及周室，圣贤盈朝；孔子之没，千载莫嗣，安在于千年五百乎？具述作者，盖记注之志（士）耳，岂圣人之（论）〔伦〕哉。　③【索隐】《汉书》讓作“攘”。晋灼云：“此古‘讓’字，言己当述先人之成业，何敢自嫌值五百岁而讓之也。”

上大夫壶遂[①]曰：“昔孔子何为而作《春秋》哉？”太史公曰：“余闻董生曰：[②]‘周道衰废，孔子为鲁司寇，诸侯害之，大夫壅之。孔子知言之不用，道之不行也，是非[③]二百四十二年之中，以为天下仪表，贬天子，退诸侯，讨大夫，以达王事而已矣。’子曰：‘我欲载之空言，[④]不如见之于行事之深切著明也。’[⑤]夫《春秋》，上明三王之道，下辨人事之纪，别嫌疑，明是非，定犹豫，善善恶恶，[⑥]贤贤贱不肖，存亡国，继绝世，补敝起废，王道之大者也。《易》著天地阴阳四时五行，故长于变。《礼》经纪人伦，故长于行。《书》记先王之事，故长于政。《诗》记山川溪谷禽兽草木牝牡雌雄，故长于风。《乐》乐所以立，故长于和。《春秋》辩是非，故长于治人。是故《礼》以节人，《乐》以发和，《书》以道事，《诗》以达意，《易》以道化，《春秋》以道义。拨乱世反之正，莫近于《春秋》。《春秋》文成数万，[⑦]其指数千。万物之散聚皆在《春秋》。《春秋》之中，弑君三十六，亡国五十二，诸侯奔走不得保其社稷者不可胜数。察其所以，皆失其本已。[⑧]故《易》曰‘失之豪厘，差以千里’。[⑨]故曰‘臣弑君，子弑父，非一旦一夕之故也，其渐久矣’。故有国者不可以不知《春秋》，前有谗而弗见，后有贼而不知。为人臣者不可以不知《春秋》，守经事而不知其宜，遭变事而不知其权。为人君父而不通于《春秋》之义者，必蒙首恶之名。为人臣子而不通于《春秋》之义者，必陷篡弑之诛，死罪之名。其实皆以为善，为之不知其义，[⑩]被之空言而不敢辞。[⑪]夫不通礼义之旨，至于君不君，臣不臣，父不父，子不子。夫君不君则犯，[⑫]臣不臣则诛，父不父则无道，子不子则不孝。此四行者，天下之大过也。以天下之大过予之，则受而弗敢辞。故《春秋》者，礼义之大宗也。夫礼禁未然之前，法施已然之后；法之所为用者易见，而礼之所为禁者难知。”

①【索隐】案：遂为詹事，秩二千石，故位上大夫也。　②【集解】服虔曰：“仲舒也。”　③【索隐】案：是非谓褒贬诸侯之得失也。　④【索隐】案：孔子之言见《春秋纬》，太史公引之以成说也。空言谓褒贬是非也。空立此文，而乱臣贼子惧也。　⑤【索隐】孔子言我徒欲立空言，设褒贬，则不如附见于当时所因之事。人臣有僭侈篡逆，因就此笔削以褒贬，深切著明而书之，以为将来之诫也。　⑥【索隐】《公羊传》曰“善善及其子孙，恶恶止其身”也。　⑦【集解】张晏曰：“《春秋》万八千字，当言‘减’，而云‘成数’，字误也。”骃谓太史公此辞是述董生之言。董仲舒自治《公羊春秋》，《公羊经传》凡有四万四千余字，故云“文成数万”也。不得如张议，但论经万八千字，便谓之误。【索隐】案：张晏曰“《春秋》万八千字，此云‘文成数万’，字误也”。裴骃以迁述仲舒所论《公羊经传》，凡四万四千，故注非也。小颜云“史迁岂以《公羊传》为《春秋》乎”？《春秋经》一万八千，亦足称数万，非字之误。　⑧【索隐】案：弑君亡国及奔走者，皆是失仁义之道本耳。已者，语终之辞也。　⑨【集解】徐广曰：“一云‘差以毫厘’，一云‘缪以千里’。”骃案：今《易》无此语，《易纬》有之。　⑩【正义】其心实善，为之不知其义理，则陷于罪咎。　⑪【集解】张晏曰：“赵

盾不知讨贼，而不敢辞其罪也。”　⑫【正义】颜云：“为臣下所干犯也。一云违犯礼义。”

壶遂曰：“孔子之时，上无明君，下不得任用，故作《春秋》，垂空文以断礼义，当一王之法。今夫子上遇明天子，下得守职，万事既具，咸各序其宜，夫子所论，欲以何明？”

太史公曰：“唯唯，否否，[①]不然。余闻之先人曰：‘伏羲至纯厚，作《易・八卦》。尧、舜之盛，《尚书》载之，礼乐作焉。汤、武之隆，诗人歌之。《春秋》采善贬恶，推三代之德，褒周室，非独刺讥而已也。’汉兴以来，至明天子，获符瑞，封禅，改正朔，易服色，受命于穆清，[②]泽流罔极，海外殊俗，重译款塞，[③]请来献见者，不可胜道。臣下百官力诵圣德，犹不能宣尽其意。且士贤能而不用，有国者之耻。主上明圣而德不布闻，有司之过也。且余尝掌其官，废明圣盛德不载，灭功臣世家贤大夫之业不述，堕先人所言，罪莫大焉。余所谓述故事，整齐其世传，非所谓作也，而君比之于《春秋》，谬矣。”

①【集解】晋灼曰：“唯唯，谦应也。否否，不通者也。”　②【集解】如淳曰：“受天命清和之气。”【正义】于音乌。颜云：“于，叹辞也。穆，美也。言天子有美德而教化清也。”　③【集解】应劭曰：“款，叩也。皆叩塞门来服从也。”如淳曰：“款，宽也。请除守塞者，自保不为寇害。”【正义】重译，更译其言也。

于是论次其文。七年[①]而太史公遭李陵之祸，[②]幽于缧继。乃喟然而叹曰："是余之罪也夫。是余之罪也夫。身毁不用矣。"退而深惟曰："夫《诗》、《书》隐约者，[3]欲遂其志之思也。昔西伯拘羑里，[4]演《周易》；孔子戹陈、蔡，作《春秋》；屈原放逐，著《离骚》；左丘失明，厥有《国语》；孙子膑脚，而论兵法；不韦迁蜀，世传《吕览》；[5]韩非囚秦，《说难》、《孤愤》；《诗》三百篇，大抵贤圣发愤之所为作也。此人皆意有所郁结，不得通其道也，故述往事，思来者。"于是卒述陶唐以来，至于麟止，[6]自黄帝始。

①【集解】徐广曰："天汉三年。"【正义】案：从太初元年至天汉三年，乃七年也。　②【正义】太史公举李陵，李陵降也。　③【索隐】案：谓其意隐微而言约也。【正义】《诗》、《书》隐微而约省者，迁深惟欲依其隐约而成其志意也。　④【集解】徐广曰："在汤阴。"　⑤【正义】即《吕氏春秋》也。　⑥【集解】张晏曰："武帝获麟，迁以为述事之端。上纪黄帝，下至麟止，犹《春秋》止于获麟也。"【索隐】服虔云："武帝至雍获白麟，而铸金作麟足形，故云'麟止'。迁作《史记》止于此，犹《春秋》终于获麟然也。"《史记》以黄帝为首，而云"述陶唐者"，案《五帝本纪》赞云"五帝尚矣，然《尚书》载尧以来。百家言黄帝，其文不雅驯"，故述黄帝为本纪之首，而以《尚书》雅正，故称"起于陶唐"也。

维昔黄帝，法天则地，四圣遵序，[1]各成法度。唐尧逊位，虞舜不台。[2]厥美帝功，万世载之。作《五帝本纪》[3]第一。

①【集解】徐广曰："颛顼，帝喾，尧，舜。"　②【索隐】台音怡。悦也。或音胎，非也。　③【索隐】应劭云："有本则纪，有家则代，有年则

表，有名则传。”

维禹之功，九州攸同，光唐、虞际，德流苗裔。夏桀淫骄，乃放鸣条。作《夏本纪》第二。

维契[①]作商，爰及成汤。太甲居桐，德盛阿衡。武丁得说，乃称高宗。帝辛湛湎，诸侯不享。作《殷本纪》第三。

①【正义】音薛也。

维弃作稷，德盛西伯。武王牧野，实抚天下。幽、厉昏乱，既丧酆、镐。陵迟至赧，洛邑不祀。作《周本纪》第四。

维秦之先，伯翳佐禹。穆公思义，悼豪之旅。[①]以人为殉，诗歌《黄鸟》，昭、襄业帝。作《秦本纪》第五。

①【索隐】豪即“崤”之异音。旅，师旅也。【正义】穆公封崤山军旅之尸。

始皇既立，并兼六国，销锋铸鐻，[①]维偃干革，尊号称帝，矜武任力。二世受运，子婴降虏。作《始皇本纪》第六。

①【集解】徐广曰：“严安上书，销其兵铸以为钟鐻也。”【索隐】下音巨。鐻，钟也。

秦失其道，豪杰并扰。项梁业之，子羽接之。杀庆救赵，[①]诸侯立之。诛婴背怀，天下非之。作《项羽本纪》第七。

①【集解】徐广曰："宋义为上将，号庆子冠军。"

子羽暴虐，汉行功德。愤发蜀、汉，还定三秦。诛籍业帝，天下惟宁，改制易俗。作《高祖本纪》第八。

惠之早霣，[①]诸吕不台。[②]崇强禄、产，诸侯谋之。杀隐幽友，[③]大臣洞疑，[④]遂及宗祸。作《吕太后本纪》第九。

①【正义】音殒。　②【集解】徐广曰："无台辅之德也。一曰怡，怿也，不为百姓所说。"【索隐】案：此赞本韵，则怡怿为是也。　③【集解】徐广曰："赵隐王如意，赵幽王友。"　④【索隐】案：洞是洞达意，所共疑。

汉既初兴，继嗣不明，迎王践祚，天下归心。蠲除肉刑，开通关梁，广恩博施，厥称太宗。作《孝文本纪》第十。

诸侯骄恣，吴首为乱，京师行诛，七国伏辜，天下翕然，大安殷富。作《孝景本纪》第十一。

汉兴五世，隆在建元，外攘夷狄，内修法度，封禅，改正朔，易服色。作《今上本纪》第十二。

维三代尚矣，年纪不可考，盖取之谱牒旧闻，本于兹，于是略推，作《三代世表》第一。

幽、厉之后，周室衰微，诸侯专政，《春秋》有所不纪；而谱牒经略，五霸更盛衰，欲睹周世相先后之意，作《十二诸侯年表》第二。

春秋之后，陪臣秉政，强国相王。以至于秦，卒并诸夏，灭封地，擅其号。作《六国年表》第三。

秦既暴虐，楚人发难，项氏遂乱，汉乃扶义征伐。八年之间，天下三嬗，事繁变众，故详著《秦楚之际月表》第四。

汉兴已来，至于太初百年，诸侯废立分削，谱纪不明，有司靡踵，强弱之原云以世。[①]作《汉兴已来诸侯年表》第五。

①【集解】徐广曰："一作'云已'也。(天)《汉序〔传〕》曰'敞、义依霍，庶几云已'。"【索隐】踵，继也。"以"字当作"已"，"世"当作"也"，并误之耳。云、已、也，皆语助之辞。【正义】言汉兴已来百年，诸侯废立分削，谱纪不能明其嗣，有司无所踵继其后，乃云强弱之原云以世相代，(相)不能有所录纪也。

维高祖元功，辅臣股肱，剖符而爵，泽流苗裔，忘其昭穆，或杀身陨国。作《高祖功臣侯者年表》第六。

惠、景之间，维申功臣宗属爵邑，作《惠景间侯者年表》第七。

北讨强胡，南诛劲越，征伐夷蛮，武功爰列。作《建元以来侯者年表》第八。

诸侯既强，七国为从，子弟众多，无爵封邑，推恩行义，其势销弱，德归京师。作《王子侯者年表》第九。

国有贤相良将，民之师表也。维见汉兴以来将相名臣年表，贤者记其治，不贤者彰其事。作《汉兴以来将相名臣年表》第十。

维三代之礼，所损益各殊务，然要以近情性，通王道，故礼因人质为之节文，略协古今之变。作《礼书》第一。

乐者，所以移风易俗也。自《雅》、《颂》声兴，则已好《郑》、《卫》之音，《郑》、《卫》之音所从来久矣。人情之所感，远俗则怀。[①]比《乐书》以述来古，[②]作《乐书》第二。

①【集解】徐广曰："乐者所以感和人情。人情既感，则远方殊俗莫不怀柔向化也。" ②【索隐】来古即古来也。言比《乐书》以述自古已来乐之兴衰也。

非兵不强，[①]非德不昌，黄帝、汤、武以兴，[②]桀、纣、二世以崩，可不慎欤？《司马法》所从来尚矣，[③]太公、孙、吴、王子[④]能绍而明之，切近世，极人变。作《律书》第三。

①【索隐】案：此《律书》之赞而云"非兵不强"者，则此"律书"即"兵书"也。古者师出以律，则凡出军皆听律声，故云"闻(律)〔声〕效胜负，望敌知吉凶"也。 ②【索隐】黄帝有阪泉之师，汤、武有鸣条、牧野之战而克桀、纣。 ③【正义】古者师出以律，凡军出皆吹律听声。《律书》云"六律为万事根本，其于兵械尤所重。望敌知吉凶，闻声效胜负"。故云"《司马兵法》所从来尚矣"乎？ ④【集解】徐广曰："王子成甫。"

律居阴而治阳，历居阳而治阴，律历更相治，间不容翲忽。[①]五家之文怫异，[②]维太初之元论。[③]作《历书》第四。

①【索隐】案：忽者，总文之(征)〔微〕也。翲者，轻也。言律历穷阴阳之妙，其间不容轻忽也。言"翲"，恐衍字耳。【正义】翲，匹遥反，今音匹沼反。字当作"秒"。秒，禾芒表也。忽，一蚕口出丝也。言律历相治之间，不容此微细之物也。 ②【索隐】怫音悖，一音扶物反。怫亦悖也。案：言金木水火土五家之文，各相悖异不同也。【正义】五家谓黄帝、颛顼、夏、殷、周之历，其文相戾，乖异不同，维太初之元论历律为是，故《历书》自太初之

元论之也。　③【集解】徐广曰："论，一作编。"

星气之书，多杂机祥，不经。推其文，考其应，不殊。比集论其行事，验于轨度以次，作《天官书》第五。

受命而王，封禅之符罕[①]用，用则万灵罔不禋祀。追本诸神名山大川礼，作《封禅书》第六。

①【集解】徐广曰："一云答应。"

维禹浚川，九州攸宁。爰及宣防，决渎通沟。作《河渠书》第七。

维币之行，[①]以通农商；其极则玩巧，[②]并兼兹殖，争于机利，去本趋末。作《平准书》以观事变，第八。

①【索隐】币，钱也。　②【索隐】玩音五官反。巧音苦孝反。

太伯避历，江蛮是适；文、武攸兴，古公王迹。阖庐弑僚，宾服荆楚。夫差克齐，子胥鸱夷。信嚭亲越，吴国既灭。嘉伯之让，作《吴世家》第一。

申、吕肖矣，[①]尚父侧微，卒归西伯，文、武是师。功冠群公，缪权于幽。[②]番番黄发，[③]爰飨营丘。不背柯盟，桓公以昌，九合诸侯，霸功显彰。田阚争宠，姜姓解亡。[④]嘉父之谋，作《齐太公世家》第二。

①【集解】徐广曰："肖音痟。痟，犹衰微。"【索隐】徐广音训不知从出。

案：肖谓微弱而省少，所谓“申、吕虽衰”也。【正义】肖音痟。吕尚之祖封于申。申、吕后痟微，故尚父微贱也。　②【集解】徐广曰：“缪，错也，犹云缠结也。权智潜谋，幽昧不显，所谓太公阴谋。”【索隐】缪谓绸缪也，音亡又反。谓太公绸缪，为权谋于幽昧不明著也。【正义】缪音武彪反。言吕尚绸缪于幽权之策，谓《六韬》、《三略》、《阴符》、《七术》之属也。　③【集解】番音婆。毛苌云“番番，威勇武貌”也。案：黄发，言老人发白而更黄也。　④【集解】徐广曰：“阚，一云监。解，一作迁。”

依之违之，周公绥之。愤发文德，天下和之。辅翼成王，诸侯宗周。隐、桓之际，是独何哉？三桓争强，鲁乃不昌。嘉旦《金縢》，作《周公世家》第三。

武王克纣，天下未协而崩。成王既幼，管、蔡疑之，淮夷叛之，于是召公率德，安集王室，以宁东土。燕(易)〔哙〕之禅，[①]乃成祸乱。嘉《甘棠》之诗，作《燕世家》第四。

①【索隐】谓王哙禅其相子之，后卒危乱也。

管、蔡相武庚，将宁旧商。及旦摄政，二叔不飨。杀鲜放度，[①]周公为盟。大任十子，[②]周以宗强。嘉仲悔过，[③]作《管蔡世家》第五。

①【索隐】案：系家云管叔名鲜，蔡叔名度，霍叔名处也。　②【索隐】太任，文王妃。十子，伯邑考、武王、管、蔡、霍、鲁、卫、毛、聃、曹是也。　③【正义】蔡叔度之子蔡仲也。

王后不绝，舜、禹是说。维德休明，苗裔蒙烈。百世享祀，爰周陈杞，楚实灭之。齐田既起，舜何人哉？作《陈杞世家》第六。

收殷余民，叔封始邑，申以商乱，《酒材》是告，及朔之生，卫顷不宁。[①]南子恶蒯聩，子父易名。周德卑微，战国既强，卫以小弱，角独后亡。嘉彼《康诰》，作《卫世家》第七。

①【索隐】卫顷公也。

嗟箕子乎！嗟箕子乎！正言不用，乃反为奴。武庚既死，周封微子。襄公伤于泓，[①]君子孰称。景公谦德，荧惑退行。剔成暴虐，[②]宋乃灭亡。嘉微子问太师，作《宋世家》第八。

①【正义】泓，水名。《公羊传》云："宋与楚人期战于泓之阳，宋师大败，君子大其不鼓不成列，临大事而不忘礼，虽文王之战亦不过此也。"
②【集解】徐广曰："一云'偃'，宋剔成君生偃。"【索隐】剔音逷。

武王既崩，叔虞邑唐。君子讥名，[①]卒灭武公。骊姬之爱，乱者五世。重耳不得意，乃能成霸。六卿专权，[②]晋国以秏。嘉文公锡珪鬯，作《晋世家》第九。

①【正义】谓晋穆侯太子名仇，少子名成师也。　②【正义】智伯，范，中行，韩，魏，赵。

重黎业之，吴回接之。殷之季世，粥子牒之。周用熊绎，熊渠是续。庄王之贤，乃复国陈。[1]既赦郑伯，班师华元。怀王客死，兰咎屈原。好谀信谗，楚并于秦。嘉庄王之义，作《楚世家》第十。

①【正义】楚庄王都陈。

少康之子，实宾南海，[1]文身断发，鼋鳝[2]与处，既守封禺，[3]奉禹之祀。句践困彼，乃用种、蠡。嘉句践夷蛮能修其德，灭强吴以尊周室，作《越王句践》世家第十一。

①【正义】《吴越春秋》云："启使岁时祭禹于越，立宗庙南山之上，封少康庶子无余于越，使祠禹，至句践迁都山阴，立禹庙为始祖庙，越亡遂废也。"案：今禹庙在会稽山下。 ②【索隐】鼋音元。鳝音鼍。③【集解】徐广曰："封禺山在武康县南。"

桓公之东，太史是庸。及侵周禾，王人是议。祭仲要盟，郑久不昌。子产之仁，绍世称贤。三晋侵伐，郑纳于韩。嘉厉公纳惠王，作《郑世家》第十二。

维骥騄耳，乃章造父。赵夙事献，衰续厥绪。[1]佐文尊王，卒为晋辅。襄子困辱，乃擒智伯。主父生缚，饿死探爵。王迁辟淫，良将是斥。嘉鞅讨周乱，作《赵世家》第十三。

①【正义】衰，楚为反。

毕万爵魏，卜人知之。及绛戮干，戎翟和之。文侯慕义，子夏师之。惠王自矜，齐、秦攻之。既疑信陵，诸侯罢之。卒亡大梁，王假厮之。嘉武佐晋文申霸道，作《魏世家》第十四。

韩厥阴德，赵武攸兴。绍绝立废，晋人宗之。昭侯显列，申子庸之。疑非不信，秦人袭之。嘉厥辅晋匡周天子之赋，作《韩世家》第十五。

完子避难，适齐为援，阴施五世，齐人歌之。成子得政，田和为侯。王建动心，乃迁于共。嘉威、宣能拨浊世而独宗周，作《田敬仲完世家》第十六。

周室既衰，诸侯恣行。仲尼悼礼废乐崩，追修经术，以达王道，匡乱世反之于正，见其文辞，为天下制仪法，垂《六艺》之统纪于后世。作《孔子世家》第十七。

桀、纣失其道而汤、武作，周失其道而《春秋》作。[①]秦失其政，而陈涉发迹，诸侯作难，风起云蒸，卒亡秦族。天下之端，自涉发难。作《陈涉世家》第十八。

①【正义】周失其道，至秦之时，诸侯力事乎争强。

成皋之台，薄氏始基。诎意适代，厥崇诸窦。栗姬偾贵，王氏乃遂。陈后太骄，卒尊子夫。嘉夫德若斯，作《外戚世家》第十九。

汉既谲谋，擒信于陈；越、荆剽轻，乃封弟交为楚王，爰都彭城，以强淮、泗，为汉宗藩。戊溺于邪，礼复绍之。嘉游辅祖，[①]作《楚元王世家》第二十。

①【正义】游，楚王交字也。祖，高祖也。

维祖师旅，刘贾是与。为布所袭，丧其荆、吴。营陵激吕，乃王琅邪。怵午[1]信齐，往而不归，遂西入关，遭立孝文，获复王燕。天下未集，贾、泽以族，为汉藩辅。作《荆燕世家》第二十一。

①【正义】谓祝午也。

天下已平，亲属既寡。悼惠先壮，实镇东土。哀王擅兴，发怒诸吕，驷钧暴戾，京师弗许。厉之内淫，祸成主父。嘉肥股肱，作《齐悼惠王世家》第二十二。

楚人围我荥阳，相守三年。萧何填抚山西，[1]推计踵兵，给粮食不绝，使百姓爱汉，不乐为楚。作《萧相国世家》第二十三。

①【正义】谓华山之西也。

与信定魏，破赵拔齐，遂弱楚人。续何相国，不变不革，黎庶攸宁。嘉参不伐功矜能，作《曹相国世家》第二十四。

运筹帷幄之中，制胜于无形，子房计谋其事，无知名，无勇功，图难于易，为大于细。作《留侯世家》第二十五。

六奇既用，诸侯宾从于汉。吕氏之事，平为本谋，终安宗庙，定社稷。作《陈丞相世家》第二十六。

诸吕为从，谋弱京师，而勃反经合于权。吴、楚之兵，亚夫驻于昌邑，以厄齐、赵，而出委以梁。作《绛侯世家》第二十七。

七国叛逆，蕃屏京师，唯梁为扞。偩爱矜功，几获于祸。嘉其能距吴、楚，作《梁孝王世家》第二十八。

五宗既王，亲属洽和，诸侯大小为藩，爰得其宜，僭拟之事稍衰贬矣。作《五宗世家》第二十九。

三子之王，文辞可观。作《三王世家》第三十。

末世争利，维彼奔义。让国饿死，天下称之。作《伯夷列传》第一。

晏子俭矣，夷吾则奢。齐桓以霸，景公以治。作《管晏列传》第二。

李耳无为自化，清净自正。韩非揣事情，循势理。作《老子韩非列传》第三。

自古王者而有《司马法》，穰苴能申明之。作《司马穰苴列传》第四。

非信廉仁勇不能传兵论剑，与道同符，内可以治身，外可以应变，君子比德焉。作《孙子吴起列传》第五。

维建遇谗，爰及子奢，尚既匡父，伍员奔吴。作《伍子胥列传》第六。

孔氏述文，弟子兴业，咸为师傅，崇仁厉义。作《仲尼弟子列传》第七。

鞅去卫适秦，能明其术，强霸孝公，后世遵其法。作《商君列传》第八。

天下患衡秦毋餍，而苏子能存诸侯，约从以抑贪强。作

《苏秦列传》第九。

六国既从亲，而张仪能明其说，复散解诸侯。作《张仪列传》第十。

秦所以东攘[①]雄诸侯，樗里、甘茂之策。作《樗里甘茂列传》第十一。

①【集解】徐广曰："一作襄。"

苞河山，[①]围大梁，使诸侯敛手而事秦者，魏冉之功。作《穰侯列传》第十二。

①【集解】徐广曰："苞，一作施。"

南拔鄢、郢，北摧长平，遂围邯郸，武安为率。破荆灭赵，王翦之计。作《白起王翦列传》第十三。

猎儒、墨之遗文，明礼义之统纪，绝惠王利端，列往世兴衰。[①]作《孟子荀卿列传》第十四。

①【集解】徐广曰："一作坏。"

好客喜士，士归于薛，为齐扞楚、魏。作《孟尝君列传》第十五。

争冯亭以权，[①]如楚以救邯郸之围，使其君复称于诸侯。作《平原君虞卿列传》第十六。

①【集解】徐广曰："以，一作反。太史公讥平原曰'利令智昏'，故云争冯亭反权。"

能以富贵下贫贱，贤能诎于不肖，唯信陵君为能行之。作《魏公子列传》第十七。

以身徇君，遂脱强秦，使驰说之士南向走楚者，黄歇之义。作《春申君列传》第十八。

能忍诟于魏、齐，[①]而信威于强秦，推贤让位，二子有之。作《范雎蔡泽列传》第十九。

①【集解】徐广曰："诟音逅。"【索隐】诟，火候反。诟，辱也。

率行其谋，连五国兵，为弱燕报强齐之仇，雪其先君之耻。作《乐毅列传》第二十。

能信意强秦，而屈体廉子，用徇其君，俱重于诸侯。作《廉颇蔺相如列传》第二十一。

湣王既失临淄而奔莒，唯田单用即墨破走骑劫，遂存齐社稷。作《田单列传》第二十二。

能设诡说解患于围城，轻爵禄，乐肆志。作《鲁仲连邹阳列传》第二十三。

作辞以讽谏，连类以争义，《离骚》有之。作《屈原贾生列传》第二十四。

结子楚亲，使诸侯之士斐然争入事秦。作《吕不韦列传》第二十五。

曹子匕首，鲁获其田，齐明其信。豫让义不为二心。作

《刺客列传》第二十六。

能明其画，因时推秦，遂得意于海内，斯为谋首。作《李斯列传》第二十七。

为秦开地益众，北靡匈奴，据河为塞，因山为固，建榆中。作《蒙恬列传》第二十八。

填赵塞常山以广河内，弱楚权，明汉王之信于天下。作《张耳陈余列传》第二十九。

收西河、上党之兵，从至彭城。越之侵掠梁地以苦项羽。作《魏豹彭越列传》第三十。

以淮南叛楚归汉，汉用得大司马殷，卒破子羽于垓下。[①]作《黥布列传》第三十一。

①【集解】徐广曰："堤塘之名也。"

楚人迫我京索，而信拔魏、赵，定燕、齐，使汉三分天下有其二，以灭项籍。作《淮阴侯列传》第三十二。

楚、汉相距巩洛，而韩信为填颍川，卢绾绝籍粮饷。作《韩信卢绾列传》第三十三。

诸侯畔项王，唯齐连子羽城阳，汉得以间遂入彭城。作《田儋列传》第三十四。

攻城野战，获功归报，哙、商有力焉，非独鞭策，又与之脱难。作《樊郦列传》第三十五。

汉既初定，文理未明，苍为主计，整齐度量，序律历。作《张丞相列传》第三十六。

结言通使，约怀诸侯。诸侯咸亲，归汉为藩辅。作《郦生陆贾列传》第三十七。

欲详知秦、楚之事，维周緤常从高祖，平定诸侯。作《傅靳蒯成[1]列传》第三十八。

①【索隐】蒯音裴，其字从崩邑，又音浮。

徙强族，都关中，和约匈奴。明朝廷礼，次宗庙仪法。作《刘敬叔孙通列传》第三十九。

能摧刚作柔，卒为列臣。栾公不劫于势而倍死。作《季布栾布列传》第四十。

敢犯颜色以达主义，不顾其身，为国家树长画。作《袁盎朝错列传》第四十一。

守法不失大理，言古贤人，增主之明。作《张释之冯唐列传》第四十二。

敦厚慈孝，讷于言，敏于行，务在鞠躬，君子长者。作《万石张叔列传》第四十三。

守节切直，义足以言廉，行足以厉贤，任重权不可以非理挠。作《田叔列传》第四十四。

扁鹊言医，为方者宗，守数精明。后世(修)〔循〕序，弗能易也，而仓公可谓近之矣。作《扁鹊仓公列传》第四十五。

维仲之省，[1]厥濞王吴，遭汉初定，以填抚江、淮之间。作《吴王濞列传》第四十六。

①【集解】徐广曰："吴王之王由父省。"

吴、楚为乱，宗属唯婴贤而喜士，士向之，率师抗山东荥阳。作《魏其武安列传》第四十七。

智足以应近世之变，宽足用得人。作《韩长孺列传》第四十八。

勇于当敌，仁爱士卒，号令不烦，师徒向之。作《李将军列传》第四十九。

自三代以来，匈奴常为中国患害；欲知强弱之时，设备征讨，作《匈奴列传》第五十。

直曲塞，广河南，破祁连，通西国，靡北胡。作《卫将军骠骑列传》第五十一。

大臣宗室以侈靡相高，唯弘用节衣食为百吏先。作《平津侯列传》第五十二。

汉既平中国，而佗能集杨越以保南藩，纳贡职。作《南越列传》第五十三。

吴之叛逆，瓯人斩濞，[①] 葆守封禺[②] 为臣。作《东越列传》第五十四。

①【集解】徐广曰："今之永宁，是东瓯也。" ②【索隐】葆音保。言东瓯被越攻破之后，保封禺之山，今在武康县也。

燕丹散乱辽间，满收其亡民，厥聚海东，以集真藩，[①] 葆塞为外臣。作《朝鲜列传》第五十五。

①【集解】徐广曰："一作'莫'。藩音普寒反。"

唐蒙使略通夜郎，而邛、笮之君请为内臣受吏。作《西南夷列传》第五十六。

《子虚》之事，《大人》赋说，靡丽多夸，然其指风谏，归于无为。作《司马相如列传》第五十七。

黥布叛逆，子长国之，以填江、淮之南，安剽楚庶民。作《淮南衡山列传》第五十八。

奉法循理之吏，不伐功矜能，百姓无称，亦无过行。《作循吏列传》第五十九。

正衣冠立于朝廷，而群臣莫敢言浮说，长孺矜焉。好荐人，称长者，壮有溉。[1]作《汲郑列传》第六十。

①【集解】徐广曰："一作慨。"

自孔子卒，京师莫崇庠序，唯建元、元狩之间，文辞粲如也。作《儒林列传》第六十一。

民背本多巧，奸轨弄法，善人不能化，唯一切严削为能齐之。作《酷吏列传》第六十二。

汉既通使大夏，而西极远蛮，引领内向，欲观中国。作《大宛列传》第六十三。

救人于戹，振人不赡，仁者有乎。不既信，[1]不背言，义者有取焉。作《游侠列传》第六十四。

①【集解】徐广曰："一云'不慨信'。"

夫事人君能说主耳目，和主颜色，而获亲近，非独色爱，能亦各有所长。作《佞幸列传》第六十五。

不流世俗，不争势利，上下无所凝滞，人莫之害，以道之用。作《滑稽列传》第六十六。

齐、楚、秦、赵为日者，各有俗[1]所用。欲循[2]观其大旨，作《日者列传》第六十七。

①【索隐】案：《日者传》亡，"无以知诸国之俗"，今褚先生唯记司马季主之事也。　②【集解】徐广曰："一作总。"

三王不同龟，四夷各异卜，然各以决吉凶。略闚其要，作《龟策列传》[1]第六十八。

①【索隐】三王不同龟，四夷各异卜，其书既亡，无以知其异。今褚少孙唯取太卜占龟之杂说，词甚烦芜，不能裁剪，妄加穿凿，此篇不才之甚也。

布衣匹夫之人，不害于政，不妨百姓，取与以时而息财富，智者有采焉。作《货殖列传》第六十九。

维我汉继五帝末流，接三代(统)〔绝〕业。周道废，秦拨去古文，焚灭《诗》、《书》，故明堂石室金匮玉版[1]图籍散乱。于是汉兴，萧何次律令，韩信申军法，张苍为章程，[2]叔孙通定礼仪，则文学彬彬稍进，《诗》、《书》往往间出矣。自曹参荐盖公[3]言黄老，而贾生、晁错明申、商，公孙弘以儒显，百年之间，天下遗文古事靡不毕集太史公。太史公仍父子相续纂其职。曰："於戏！余维先人尝掌斯事，显于唐、虞，至于周，复典之，故司马氏世主天官。[4]至于余乎，钦念哉！钦念哉!”罔罗天下放失旧闻,[5]王迹所兴,原始察终,见盛观衰,论考之行事,略推三代,录秦、汉,上记轩辕,下至于兹,著十二本纪,既科条之矣。并时异世,年差不明,[6]作十表。礼乐损益,律历改易,兵权山川鬼神,[7]天人之际,承敝通变,作八书。二十八宿环北辰,三十辐共一毂,[8]运行无穷,辅拂股肱之臣配焉,忠信行道,以奉主上,作三十世家。扶义俶傥,不令己失时,[9]立功名于天下,作七十列传。凡百三十篇,五十二万六千五百字,为《太史公书》。[10]序略,以拾遗补艺,[11]成一家之言,厥协《六经》异传,[12]整齐百家杂语,[13]藏之名山,副在京师,[14]俟后世圣人君子。[15]第七十。[16]

①【集解】如淳曰:“刻玉版以为文字。” ②【集解】如淳曰:“章,历数之章术也。程者,权衡丈尺斛斗之平法也。”瓒曰:“《茂陵书》‘丞相为工用程数其中’,言百工用材多少之量及制度之程品者是也。” ③【索隐】盖,姓也,古盍反。 ④【索隐】案:此天官非《周礼》冢宰天官,乃谓知天文星历之事为天官。且迁实黎之后,而黎氏后亦总称重黎,以重本司天,故太史公代掌天官,盖天官统太史之职。言史是历代之职,恐非实事。然卫宏以为司马氏,周史佚之后,故太史谈云“予之先人,周之太史”,盖或得其实也。 ⑤【索隐】案:旧闻有遗失放逸者,网罗而考论之。 ⑥【索隐】案:并时则年历差殊,则亦略言,难以明辩,故作表。 ⑦【索隐】案:兵权,即《兵书》也。迁没之后,亡,褚少孙以《律书》补之,今《律书》亦略言兵也。山川,即《河渠书》也。鬼神,《封禅书》也,故云山川鬼神也。 ⑧【集解】《汉书音义》曰“象黄帝以下三十世家,《老子》言车三十辐,运行无穷,以象王者如此也”。【正义】颜云:“此说非也。言众星共绕北辰,诸辐咸归车,群臣尊辅天子也。” ⑨【索隐】己音纪。言扶义倜傥之士能立功名于当代,不后于时也。 ⑩【索隐】案:桓谭云“迁所著书成,以示东

方朔，朔皆署曰‘太史公’，则谓‘太史公’是朔称也。亦恐其说未实。盖迁自尊其父著述，称之曰‘公’。或云迁外孙杨恽所称，事或当尔也”。 ⑪【集解】李奇曰：“《六艺》也。”【索隐】《汉书》作“补阙”，此云“艺”，谓补六艺之阙也。 ⑫【索隐】迁言以所撰取协于《六经》异传诸家之说耳，谦不敢比经艺也。异传者，如子夏《易传》、毛公《诗》及韩婴《外传》、伏生《尚书大传》之流者也。 ⑬【正义】太史公撰《史记》，言其协于《六经》异文，整齐诸子百家杂说之语，谦不敢比经艺也。异传，谓如丘明《春秋外传》《国语》、子夏《易传》、毛公《诗传》、韩《诗外传》、伏生《尚书大传》之流也。 ⑭【索隐】言正本藏之书府，副本留京师也。《穆天子传》云“天子北征，至于群玉之山，河平无险，四彻中绳，先王所谓策府”。郭璞云“古帝王藏策之府”。则此谓藏之名山是也。 ⑮【索隐】此语出《公羊传》。言夫子制《春秋》以俟后圣君子，以君子之为亦有乐乎此也。 ⑯【集解】卫宏《汉书旧仪注》曰“司马迁作《景帝本纪》，极言其短及武帝过，武帝怒而削去之。后坐举李陵，陵降匈奴，故下迁蚕室。有怨言，下狱死”。

太史公曰：余述历黄帝以来至太初而讫，百三十篇。①

①【集解】骃案：《汉书音义》曰“十篇缺，有录无书”。张晏曰“迁没之后，亡《景纪》、《武纪》、《礼书》、《乐书》、《律书》、《汉兴已来将相年表》、《日者列传》、《三王世家》、《龟策列传》、《傅靳蒯列传》。〔元、成之间，褚先生补阙，作《武帝纪》，《三王世家》，《龟策》、《日者列传》〕，言辞鄙陋，非迁本意也”。【索隐】案：《景纪》取班书补之，《武纪》专取《封禅书》，《礼书》取荀卿《礼论》，《乐书》取《礼乐记》，《兵书》亡，不补，略述律而言兵，遂分历述以次之。《三王系家》空取其策文以续此篇，何率略且重，非当也。《日者》不能记诸国之同异，而论司马季主。《龟策》直太卜所得占龟兆杂说，而无笔削功，何芜鄙也。

索隐述赞曰：太史良才，实纂先德。周游历览，东西南北。事核词简，是称实录。报任投书，申李下狱。惜哉残缺，非才妄续。

史记集解序

裴骃[1]

班固有言曰：[2]“司马迁[3]据《左氏》、《国语》，[4]采《世本》、《战国策》，[5]述《楚汉春秋》，[6]接其后事，讫于天汉。[7]其言秦、汉详矣。至于采经摭传，[8]分散数家之事，甚多疏略，或有抵捂。[9]亦其所涉猎者广博，贯穿经传，驰骋古今上下数千载间，斯已勤矣。[10]又其是非颇谬于圣人，[11]论大道则先黄、老而后六经，[12]序游侠则退处士而进奸雄，[13]述货殖[14]则崇势利[15]而羞贫贱，此其所蔽也。[16]然自刘向、杨雄博极群书，皆称迁有良史之才，服其善序事理，辩而不华，质而不俚，[17]其文直，其事核，不虚美，不隐恶，故谓之实录。”骃以为固之所言，世称其当。[18]虽时有纰缪，[19]实勤成一家，[20]总其大较，[21]信命世之宏才也。[22]

①【索隐】骃字龙驹，河东闻喜人，宋中郎外兵参军。父松之，字世期，太中大夫。注《三国志》。《宋书》父子同传。【正义】裴骃采九经诸史并《汉书音义》及众书之目而解《史记》，故题《史记集解序》。序，绪也。孙炎云，谓端绪也。孔子作《易序卦》，子夏作《诗序》，序之义其来尚矣。　②【索隐】固撰《汉书》，作《司马迁传》，评其作《史记》所采之书，兼论其得失，故裴骃此序先引之为说也。案：固字孟坚，扶风人，后汉明帝时仕至中护军。祖稺，广川太守。父彪，徐令，续《太史公书》。　③【正义】字子长，左冯翊人也，汉武帝时为太史令，撰《史记》百三十篇。父谈，亦为太史令。
④【索隐】仲尼作《春秋经》，鲁史左丘明作《传》，合三十篇，故曰《左氏传》。《国语》亦丘明所撰。上起周穆王，下讫敬王。其诸侯之事，起鲁庄公迄春

秋末,凡二十一篇。 ⑤【索隐】刘向云:"《世本》,古史官明于古事者之所记也。录黄帝已来帝王诸侯及卿大夫系谥名号,凡十五篇也。"《战国策》,高诱云六国时纵横之说也,一曰《短长书》,亦曰《国事》,刘向撰为三十三篇,名曰《战国策》。案:此是班固取其后名而书之,非迁时已名《战国策》。 ⑥【索隐】汉太中大夫楚人陆贾所撰,记项氏与汉高祖初起及说惠、文间事。 ⑦【索隐】武帝年号。言太史公所记迄至武帝天汉之年也。 ⑧【索隐】案字书,摭,拾也,音之赤反。 ⑨【索隐】抵音丁礼反。梧音吾故反。抵者,触也。捂亦斜相抵触之名。案:今屋梁上斜柱是也。斜触谓之捂,下触谓之抵。抵捂,言其参差也。以言彼此二文同出一家,而自相乖舛。 ⑩【正义】言作《史记》采经传百家之事上下二千余年,此其甚勤于撰录也。 ⑪【索隐】圣人谓周公、孔子也。言周、孔之教皆宗儒尚德,今太史公乃先黄、老,崇势利,是谬于圣人。【正义】太史公《史记》各显六家之宗,黄、老、道家之宗,六经儒家之首,序游侠则退处士,述货殖则崇势利,处士贱贫,原宪非病。夫作史之体,务涉多时,有国之规,备陈臧否,天人地理咸使该通,而迁天纵之才,述作无滞,故异周、孔之道。班固诋之,裴骃引序,亦通人之蔽也。而固作《汉书》,与《史记》同者五十余卷,谨写《史记》,少加异者,不弱即劣,何更非剥《史记》,乃是后士妄非前贤。又《史记》五十二万六千五百言,叙二千四百一十三年事,《汉书》八十一万言,叙二百二十五年事。司马迁引父致意,班固父修而蔽之,优劣可知矣。 ⑫【正义】大道者,皆禀乎自然,不可称道也。道在天地之前,先天地生,不知其名,字之曰"道"。黄帝、老子遵崇斯道,故太史公论大道,须先黄、老而后六经。 ⑬【索隐】游侠,谓轻死重气,如荆轲、豫让之辈也。游,从也,行也。侠,挟也,持也。言能相从游行挟持之事。又曰,同是非曰侠。【正义】奸雄,奸猾雄豪之人。 ⑭【正义】殖,生也。言货物滋生也。 ⑮【正义】趋利之人。 ⑯【正义】此三者是司马迁不达理也。 ⑰【索隐】俚音里。刘德曰"俚即鄙也",崔浩云"世有鄙俚之语",则俚亦野也。谓词不鄙朴。 ⑱【正义】骃音因。当音丁浪反。裴骃以班固所论司马迁《史记》是非,世人称班固之言。 ⑲【索隐】纰音匹之反。纰，犹错也。亦作“紕”。字书云织者两丝同齿曰紕。缪亦与“谬”同。⑳【正义】虽有小纰缪，实编勒成一家之书矣。　㉑【索隐】较音角。较，犹略也，则大较犹言大略也。【正义】较犹明也。　㉒【索隐】案：《孟子》云“五百年生一贤，其间必有名世者”。赵岐曰“名世，次圣之才，物来能名”。此言命者名也，言贤人有名于世也。宏才，大才，谓史迁。

考较此书，文句不同，有多有少，莫辩其实，而世之惑者，定彼从此，是非相贸，真伪舛杂。①故中散大夫东莞徐广研核众本，为〔作〕《音义》，②具列异同，兼述训解，③粗有所发明，而殊恨省略。④聊以愚管，⑤增演徐氏。⑥采经传百家并先儒之说，⑦豫是有益，悉皆抄内。⑧删其游辞，取其要实，⑨或义在可疑，则数家兼列。⑩《汉书音义》称“臣瓒”者，莫知氏姓，⑪今直云“瓒曰”。又都无姓名者，但云“汉书音义”。⑫时见微意，有所裨补。⑬譬嘒星之继朝阳，⑭飞尘之集华岳。⑮以徐为本，⑯号曰《集解》。未详则阙，弗敢臆说。⑰人心不同，⑱闻见异辞，⑲班氏所谓“疏略抵捂”者，依违不悉辩也。⑳愧非胥臣之多闻，㉑子产之博物，㉒妄言末学，芜秽旧史，岂足以关诸畜德，庶贤无所用心而已。㉓

①【正义】贸音茂。舛音昌转反。言世之迷惑浅识之人，或定彼从此，本更相贸易，真伪杂乱，不能辩其是非。　②【正义】作《音义》十三卷，裴骃为注，散入百三十篇。　③【正义】徐作《音义》，具列异同之本，兼述训解释也。　④【索隐】殊，绝也。《左传》曰“斩其木不殊”，言绝恨其所撰大省略也。【正义】省音山景反。　⑤【索隐】案：东方朔云“以管窥天，以蠡测海”，皆喻小也。然此语本出《庄子》文，今云“愚管”者，是骃谦言己愚陋管见，所识不能远大也。　⑥【正义】演音羊善反。增，益也。

言裴骃更增益演徐氏之说。 ⑦【正义】采，取也。或取传说，采诸子百家，兼取先儒之义。先儒谓孔安国、郑玄、服虔、贾逵等是也。言百家，广其非一。 ⑧【正义】并采经传之说，有裨益《史记》，尽抄内其中。抄音楚交反。 ⑨【正义】删音师颜反。删，除也。去经传诸家浮游之辞，取其精要之实。 ⑩【正义】兼列数家之说不同，各有道理，致生疑惑，不敢偏弃，故皆兼列。 ⑪【索隐】案：即傅瓒，而刘孝标以为于瓒，非也。据何法盛《晋书》，于瓒以穆帝时为大将军，诛死，不言有注《汉书》之事。又其注《汉书》有引《禄秩令》及《茂陵书》，然彼二书亡于西晋，非于所见也。必知是傅瓒者，案：《穆天子传·目录》云傅瓒为校书郎，与荀勗同校定《穆天子传》，即当西晋之朝，在于之前，尚见《茂陵》等书。又称"臣"者，以其职典秘书故也。瓒音残岸反。 ⑫【正义】《汉书音义》中有全无姓名者，裴氏注《史记》直云"汉书音义"。案：大颜以为无名义，今有六卷，题云孟康，或云服虔，盖后所加，皆非其实，未详指归也。 ⑬【正义】见音贤见反。裨音卑，又音频移反。裨，益也。裴氏云时见己之微意，亦有所补益也。 ⑭【索隐】嘒，微小貌也。《诗》云："嘒彼小星，三五在东。"言众无名微小之星，各随三心五噣出在东方，亦能继朝阳之光。嘒音火慧反。朝阳，日也。嘒星继朝阳，喻己浅薄而注《史记》也。 ⑮【正义】西岳华山极高大。裴氏自喻才藻轻小，如飞尘之集华岳，亦能成其高大。《管子》云："海不辞水，故能成其大；山不辞土，故能成其高。"华音故化反，又如字。 ⑯【正义】徐广《音义》辨诸家异同，故以徐为本也。 ⑰【正义】有未详审之处则阙而不论，不敢以胸臆之中而妄解说也。 ⑱【正义】言人心既不同，所见亦殊别也。 ⑲【正义】耳闻目见，心意既乖，其辞所以各异也。 ⑳【索隐】裴氏言今或依违，不复更辩明之也。案：《周公世家叙传》曰"依之违之，周公绥之"。 ㉑【索隐】晋大夫臼季名曰胥臣。案：《国语》称晋文公使赵衰为卿，辞曰："栾枝贞慎，先轸有谋，胥臣多闻，皆可以为辅。"又胥臣对文公、黄帝二十五子及《屯豫》皆八等事，是多闻也。 ㉒【索隐】郑卿公孙侨字子产。案：《左氏传》子产聘晋，言晋侯之疾非实沈、台骀之祟，乃说饮食哀乐及内官不及同姓，则能生疾。晋侯闻子产之言，曰"博物君子也”。 ㉓【索隐】关，预也。畜德，谓积德多学之人也。裴氏谦言己今此《集解》岂足关预于积学多识之士乎！正是冀望圣贤，胜于饱食终日，无所用心，愈于《论语》“不有博弈者乎”之人耳。

史记索隐序

朝散大夫国子博士弘文馆学士河内司马贞

《史记》者，汉太史司马迁父子之所述也。迁自以承五百之运，继《春秋》而纂是史，其褒贬核实颇亚于丘明之书，于是上始轩辕，下讫天汉，作十二本纪、十表、八书、三十系家、七十列传，凡一百三十篇，始变《左氏》之体，而年载悠邈，简册阙遗，勒成一家，其勤至矣。又其属稿先据《左氏》、《国语》、《系本》、《战国策》、《楚汉春秋》及诸子百家之书，而后贯穿经传，驰骋古今，错综檃括，各使成一国一家之事，故其意难究详矣。比于班《书》，微为古质，故汉、晋名贤未知见重，所以魏文侯听古乐则唯恐卧，良有以也。

逮至晋末，有中散大夫东莞徐广始考异同，作《音义》十三卷。宋外兵参军裴骃又取经传训释作《集解》，合为八十卷。虽粗见微意，而未穷讨论。南齐轻车录事邹诞生亦作《音义》三卷，音则微殊，义乃更略。尔后其学中废。贞观中，谏议大夫崇贤馆学士刘伯庄达学宏才，钩深探赜，又作《音义》二十卷，比于徐、邹，音则具矣。残文错节，异旨微义，虽知独善，不见旁通，欲使后人从何准的。

贞谀闻陋识，颇事钻研，而家传是书，不敢失坠。初欲改更舛错，裨补疏遗，义有未通，兼重注述。然以此书残缺虽多，实为古史，忽加穿凿，难允物情。今止探求异闻，采摭典故，解其所未解，申其所未申者，释文演注，又重为述赞，凡三十卷，号曰《史记索隐》。虽未敢藏之书府，亦欲以贻厥孙谋云。

史记索隐后序

夫太史公纪事，上始轩辕，下讫天汉，虽博采古文及传记诸子，其间残阙盖多，或访搜异闻以成其说，然其人好奇而词省，故事核而文(征)〔微〕，是以后之学者多所未究。其班氏之书，成于后汉。彪既依迁而述，所以条流更明，且又兼采众贤，群理毕备，故其旨富，其词文，是以近代诸儒共所钻仰。其训诂盖亦多门，蔡谟集解之时已有二十四家之说，所以于文无所滞，于理无所遗。而太史公之书，既上序轩黄，中述战国，或得之于名山坏宅，或取之以旧俗风谣，故其残文断句难究详矣。

然古今为注解者绝省，音义亦希。始后汉延笃乃有《音义》一卷，又别有《章隐》五卷，不记作者何人，近代鲜有二家之本。宋中散大夫徐广作《音义》一十卷，唯记诸本异同，于义少有解释。又中兵郎裴骃，亦名家之子也，作《集解》注本，合为八十卷，见行于代。仍云亦有《音义》，前代久已散亡。南齐轻车录事邹诞生亦撰《音义》三卷，音则尚奇，义则罕说。隋秘书监柳顾言尤善此史。刘伯庄云，其先人曾从彼公受业，或音解随而记录，凡三十卷。隋季丧乱，遂失此书。伯庄以贞观之初，奉敕于弘文馆讲授，遂采邹、徐二说，兼记忆柳公音旨，遂作《音义》二十卷。音乃周备，义则更略，惜哉！古史微文遂由数贤秘宝，故其学殆绝。

前朝吏部侍郎许子儒亦作《注义》，不睹其书。崇文馆学士张嘉会独善此书，而无注义。贞少从张学，晚更研寻，初以残阙处多，兼鄙褚少孙诬谬，因愤发而补《史记》，遂兼注之，然其功殆半。乃自唯曰："千载古史，良难更然。"因退撰《音义》，重作赞述，盖欲以剖盘根之错节，遵北辕于司南也。凡为三十卷，号曰《史记索隐》云。

史记正义序

诸王侍读宣议郎守右清道率府长史张守节上

《史记》者，汉太史公司马迁作。迁生龙门，耕牧河山之阳，南游江、淮，讲学齐、鲁之郡，绍太史，继《春秋》，括文鲁史而包《左氏》、《国语》，采《世本》、《战国策》而摭《楚汉春秋》，贯紬经传，旁搜史子，上起轩辕，下暨天汉。作十二本纪，帝王兴废悉详；三十世家，君国存亡毕著；八书，赞阴阳礼乐；十表，定代系年封；七十列传，忠臣孝子之诚备矣。笔削冠于史籍，题目足以经邦。裴骃服其善序事理，辩而不华，质而不俚，其文直，其事核，不虚美，不隐恶，故谓之实录。自刘向、杨雄皆称良史之才。况坟典湮灭，简册阙遗，比之《春秋》，言辞古质，方之《两汉》，文省理幽。

守节涉学三十余年，六籍九流地里苍雅锐心观采，评《史》、《汉》诠众训释而作正义，郡国城邑委曲申明，古典幽微窃探其美，索理允惬，次旧书之旨，兼音解注，引致旁通，凡成三十卷，名曰《史记正义》。发挥膏肓之辞，思济沧溟之海，未敢侔诸秘府，冀训诂而齐流，庶贻厥子孙，世畴兹史。

于时岁次丙子，开元二十四年八月，杀青斯竟。

史记正义

诸王侍读宣议郎守右清道率府长史张守节上

论史例

古者帝王右史记言，左史记事，言为《尚书》，事为《春秋》。太史公兼之，故名曰《史记》。并采六家杂说以成一史，备论君臣父子夫妻长幼之序，天地山川国邑名号殊俗物类之品也。

太史公作《史记》，起黄帝、高阳、高辛、唐尧、虞舜、夏、殷、周、秦，讫于汉武帝天汉四年，合二千四百一十三年。作本纪十二，象岁十二月也。作表十，象天之刚柔十日，以记封建世代终始也。作书八，象一岁八节，以记天地日月山川礼乐也。作世家三十，象一月三十日，三十辐共一毂，以记世禄之家辅弼股肱之臣忠孝得失也。作列传七十，象一行七十二日，言七十者举全数也，余二日象闰余也，以记王侯将相英贤略立功名于天下，可序列也。合百三十篇，象一岁十二月及闰余也。而太史公作此五品，废一不可，以统理天地，劝奖箴诫，为后之楷模也。

论注例

《史记》文与《古文尚书》同者，则取孔安国注。若与伏生尚服虔、何休、贾逵、范宁等注。与《三礼》、《论语》、《孝经》同者，则取郑玄、马融、王肃之注。与《韩诗》同者，则取毛《传》、郑《笺》等释。与《周易》同者，则依王氏之注。与诸子诸史杂书及先儒解书同者，则用郑玄、王肃、马融所释。与《三传》同者，取杜元凯、释善者，而裴骃并引为注。又徐中散作音训，校集诸本异同，或义理可通者，称“一本云”“又一本云”，自是别记异文，裴氏亦引之为注。

论字例

《史》、《汉》文字相承已久，若“悦”字作“说”，“闲”字作“閒”，“智”字作“知”，“汝”字作“女”，“早”字作“蚤”，“後”字作“后”，“既”字作“溉”，“勑”字作“饬”，“制”字作“剬”，此之般流，缘古少字通共用之。《史》、《汉》本有此古字者，乃为好本。程邈变篆为隶，楷则有常，后代作文，随时改易。卫宏官书数体，吕忱或字多奇，钟、王等家以能为法，致令楷文改变，非复一端，咸著秘书，传之历代。又字体乖日久，其“黼黻”之字法从“黹”，丁履反。今之史本则有从“耑”，音端。《秦本纪》云“天子赐孝公黼黻”，邹诞生音甫弗，而邹氏之前史本已从“耑”矣。如此之类，并即依行，不可更改。若其“鼋鼍”从“龟”，“辞乱”从“舌”，“觉学”从“与”，“泰恭”从“小”，“匮匠”从“走”，“巢藻”从“果”，“耕籍”从“禾”，“席”下为“带”，“美”下为“火”，“裒”下为“衣”，“极”下为“点”，“析”旁著“片”，“恶”上安“西”，“餐”侧出“头”，“离”边作“禹”，此之等类例，直是讹字。“宠”敕勇反字为“寵”；“锡”字为“锡”音阳；以“支”章移反代“文”，问分反；将“无”混“无”。若兹之流，便成两失。

论音例

史文与传诸书同者，刘氏并依旧本为音。至如太史公改《五帝本纪》“便章百姓”“便程东作”“便程南譌”“便程西成”“便在伏物”，咸依见字读之。太史变《尚书》文者，义理特美，或训意改其古涩，何烦如刘氏依《尚书》旧音。斯例盖多，不可具录，著在《正义》，随文音之。君子宜详其理，庶明太史公之达学也。

然则先儒音字，比方为音。至魏秘书孙炎始作反音，又未甚切。今并依孙反音，以传后学。郑康成云：“其始书之也，仓卒无字，或以音类比方，假借为之，趣于近之而已。受之者非一邦之人，其乡同言异，字同音异，于兹遂生轻重讹谬矣。”然方言差别固自不同，河北、江南最为巨异，或失在浮清，或滞于重浊。今之取舍，冀除兹弊。

夫质有精粗，谓之“好恶”，并如字；心有爱憎，称为“好恶”，并去声。当体则为“名誉”，音预；情乖则曰“毁誉”，音余。自坏乎怪反；坏彻上音怪。自断徒缓反，自去离也；刀断端管反，以刀割令相去也。耶也奢反，未审之辞也；也亦且反，助句之语也。复音伏，又扶富反，重也。过古卧反，越度也。解核买反，自散也。间纪苋反，隟也。畜许又反；畜许六反，养也。先苏前反；仙屑然反。尤羽求反；侯胡沟反。治、持并音直之反。之止而反；脂、砥、祗并音旨夷反。惟、维、遗、唯并音以位反；怡、贻、颐、诒并音与之反；夷、寅、彝、姨并音以脂反。私息脂反；绥、虽、睢、荾并音息遗反；偲、司、伺、丝并音巨支反。卮、枝、祇、肢并音章移反；衹、歧并音巨支反。其、期、旗、棋、踑并音渠之反；祈、颀、旂、幾、畿并音渠希反。僖、熙、嬉、嘻并音许其反；希、晞、睎、稀并音虚几反。霏、妃、菲、骓并音芳非反；飞、非、扉并音匪肥反。尸、屍、蓍并音式脂反；诗书之反。巾居人反；斤、筋举欣反。篇、偏并音芳连反。穿详连反。里、李、裏并音良止反。至、贽并脂利反；志之吏反。利、涖并力至反；吏力置反。寺、嗣、饲并辞吏反；字、牸并疾置反；自疾二反。置、致、踬、鸷并陟利反。器去冀反；气去既反；亟去吏反。冀、穊几利反；既居未反。覆敷救反，又敷福反；副敷救反；富、鍑并府副反。若斯清浊，实亦难分；博学硕材，乃有甄异。此例极广，不可具言。庶后学士，幸留意焉。

音字例

文或相似，音或有异。一字单录，乃恐致疑。两字连文，检寻稍易。若音上字，言“上”别之。所音下字，乃复书“下”。有长句在，文中须音，则题其字。

发字例

古书字少，假借盖多。字或数音，观义点发，皆依平上去入。若发平声，每从寅起。又一字三四音者，同声异唤，一处共发，恐难辩别。故略举四十二字，如字初音者皆为正字，不须点发。畜许六反，养也。又许救反，六畜也。又他六反，聚也。从讼容反，随也。又纵容反，南北长也。又但容反，又子勇反，相劝也。又从用反，侍从也。又足用反，恣也。数色具反，历数、术数也。又色五反，次第也。又色角反，频也。传逐恋反，书传也。又逐全反，相付也。又张恋反，驿也。卒子律反，卒终也。又苍忽反，急也。尊忽反，兵人也。字体各别不辩，故发之也。辟君也，征也。又频亦反，罪也，开也。匹亦反，邪也。又匹豉反，谕也。又音避，隐也。又普觅反，辟历也。施书移反，张也。又式豉反，与也。又羊豉反，延也。间纪间反，隟也。又纪莫反，间也。又苋间反，静也。射蛇夜反，射也。又成亦反，音石。夏胡马反，禹号也。又胡嫁反，春夏也。又格雅反，阳夏县也。复符富反，重也。又音伏也。又音福，除役之也。重直拱反，尊也。直龙反，叠也。又直用反，累也。适圣石反，宽也，之也。又丁历反，大也。又张革反，责也。又音敌，当也。汜音祀，水在成皋。又音凡，邑名，在襄城。又孚剑反，为水，在定陶，高帝即位处也。又音夷，楚人呼上为汜桥。乐音岳，谓音乐也。又音洛，欢也。又音五教反，好也，情愿也。覆敷富反，盖也。又敷福反，再也。恐曲用反，疑也。又丘拱反，惧也。恶乌各反，粗也。又乌路反，憎也。又音乌，谓于何也。断端管反，有物割截也。又段缓反，自相分也。又端乱反，断疑事也。解佳买反，除结缚也。又核买反，散也。又佳債反，怠堕也。又核诈反，缝解。幾音机，庶幾也。又音祈，近也。又音记，亦冀望字也。又音纪，录也。过光卧反，度也，罪过也。又音戈，经过也，度前也。率所律反，平例也，率伏也，又音类也。又音刷，徐广云率即敛也。又音色类反，将帅也。屈丘勿反，曲也。又君勿反，姓也。又群勿反，尽也，强也。上时让反，位也。元在物之上。又时掌反，自下而上。王于方反，人主也。又于放反，霸王也，又盛也。长直良反，久也。又张丈反，长上也。藉才昔反，名籍也，又藉荐也。又租夜反，即借也。培勃回反，补也。又蒲内反，板也。胜音升，又式证反。难乃丹反，艰也。乃旦反，危包。使所里反，又所吏反。相息羊反，又息匠反。沈针甚反，又针禁反，又直今反，又沈禁反，厌没也。任入今反，又入禁反。棺音官，又古玩反，又古患反，敛之也。造曹早反，七到反，至也。妻七低反，切帝反。费非味反，用也。又音秘，邑也。扶味反，姓也。

谥法解

惟周公旦、太公望开嗣王业，建功于牧野，终将葬，乃制谥，遂叙谥法。谥者，行之迹；号者，功之表；古者有大功，则赐之善号以为称也。车服者，位之章也。是以大行受大名，细行受细名。行出于己，名生于人。名谓号谥。

民无能名：神。不名一善。

一德不懈：简。一不委曲。

靖民则法：皇。靖安。

平易不訾：简。不信訾毁。

德象天地：帝。同于天地。

尊贤贵义：恭。尊事贤人，宠贵义士。

仁义所往：王。民往归之。

敬事供上：恭。供奉也。

立志及众：公。志无私也。

尊贤敬让：恭。敬有德，让有功。

执应八方：侯。所执行八方应之。

既过能改：恭。言自知。

赏庆刑威：君。能行四者。

执事坚固：恭。守正不移。

从之成群：君。民从之。

爱民长弟：恭。顺长接弟。

扬善赋简：圣。所称得人，所善得实，所赋得简。

执礼御宾：恭。迎待宾也。

敬宾厚礼：圣。厚于礼。

芘亲之阙：恭。修德以益之。

照临四方：明。以明照之。

尊贤让善：恭。不专己善推于人。

谮诉不行：明。逆知之，故不行。

威仪悉备：钦。威则可畏，仪则可象。

经纬天地：文。成其道。

大虑静民：定。思树惠。

道德博闻：文。无不知。

纯行不爽：定。行一不伤。

学勤好问：文。不耻下问。

安民大虑：定。以虑安民。

慈惠爱民：文。惠以成政。

安民法古：定。不失旧意。

愍民惠礼：文。惠而有礼。

辟地有德：襄。取之以义。

赐民爵位：文。与同升。

甲胄有劳：襄。亟征伐。

绥柔士民：德。安民以居，安士以事。

小心畏忌：僖。思所当忌。

刚强直理：武。刚无欲，强不屈。怀忠恕，正曲直。

质渊受谏：釐。深故能爱。

谏争不威：德。不以威拒谏。

有罚而还：釐。知难而进。

威强敌德：武。与有德者敌。

温柔贤善：懿。性纯淑。

克定祸乱：武。以兵往，故能定。

心能制义：度。制事得宜。

刑民克服：武。法以正民，能使服。

聪明叡哲：献。有通知之聪。

夸志多穷：武。大志行兵，多所穷极。

知质有圣：献。有所通而无蔽。

安民立政：成。政以安定。

五宗安之：孝。五世之宗。

渊源流通：康。性无忌。

慈惠爱亲：孝。周爱族亲。

温柔好乐：康。好丰年，勤民事。

秉德不回：孝。顺于德而不违。

安乐抚民：康。无四方之虞。

协时肇厚：孝。协合肇始。

合民安乐：康。富而教之。

执心克庄：齐。能自严。

布德执义：穆。故穆穆。

资辅就共：齐。资补佐而共成。

中情见貌：穆。性公露。

甄心动惧：顷。甄精。

容仪恭美：昭。有仪可象，行恭可美。

敏以敬慎：顷。疾于所慎敬。

昭德有劳：昭。能劳谦。

柔德安众：靖。成众使安。

圣闻周达：昭。圣圣通合。

恭己鲜言：靖。恭己正身，少言而中。

治而无眚：平。无灾罪也。

宽乐令终：靖。性宽乐义，以善自终。

执事有制：平。不任意。

威德刚武：圉。御乱患。

布纲治纪：平。施之政事。

弥年寿考：胡。久也。

由义而济：景。用义而成。

保民耆艾：胡。六十曰耆，七十曰艾。

耆意大虑：景。耆，强也。

布义行刚：景。以刚行义。

追补前过：刚。劝善以补过。

清白守节：贞。行清白执志固。

猛以刚果：威。猛则少宽。果，敢行。

大虑克就：贞。能大虑非正而何。

猛以强果：威。强甚于刚。

不隐无屈：贞。坦然无私。

强义执正：威。问正言无邪。

辟土服远：桓。以武正定。

治典不杀：祁。秉常不衰。

克敬动民：桓。敬以使之。

大虑行节：孝。言成其节。

辟土兼国：桓。兼人故启土。

治民克尽：使。克尽无恩惠。

能思辩众：元。别之，使各有次。

好和不争：安。生而少断。

行义说民：元。民说其义。

道德纯一：思。道大而德一。

始建国都：元。非善之长，何以始之。

大省兆民：思。大亲民而不杀。

主义行德：元。以义为主，行德政。

外内思索：思。言求善。

圣善周闻：宣。闻，谓所闻善事也。

追悔前过：思。思而能改。

兵甲亟作：庄。以数征为严。

行见中外：悫。表里。

叡圉克服：庄。通边圉，使能服。

状古述今：誉。立言之称。

胜敌志强：庄。不挠，故胜。

昭功宁民：商。明有功者。

死于原野：庄。非严何以死难。

克杀秉政：夷。秉政不任贤。

屡征杀伐：庄。以严厘之。

安心好静：夷。不爽政。

武而不遂：庄。武功不成。

执义扬善：德。称人之善。

柔质慈民：惠。知其性。

慈仁短折：怀。短未六十，折未三十。

爱民好与：惠。与谓施。

述义不克：丁。不能成义。

夙夜警戒：敬。敬身思戒。

有功安民：烈。以武立功。

秉德尊业：烈。

合善典法：敬。非敬何以善之。

刚克为伐：翼。伐功也。

刚德克就：肃。成其敬使为终。

思虑深远：翼。小心翼翼。

执心决断：肃。言严果。

外内贞复：白。正而复，始终一。

不生其国：声。生于外家。

不勤成名：灵。任本性，不见贤思齐。

未家短折：伤。未家，未娶。

死而志成：灵。志事不忝命。

爱民好治：戴。好治民。

死见神能：灵。有鬼不为厉。

典礼不愆：戴。无过。

乱而不损：灵。不能以治损乱。

短折不成：殇。有知而夭殇。

好祭鬼怪：灵。渎鬼神不致远。

隐拂不成：隐。不以隐括改其性。

极知鬼神：灵。其智能聪彻。

不显尸国：隐。以间主国。

见美坚长：隐。美过其令。

杀戮无辜：厉。

官人应实：知。能官人。

愎佷遂过：刺。去谏曰愎，反是曰佷。

肆行劳祀：悼。放心劳于淫祀，言不修德。

不思忘爱：刺。忘其爱己者。

年中早夭：悼。年不称志。

早孤短折：哀。早未知人事。

恐惧从处：悼。从处，言险圮。

恭仁短折：哀。体恭质仁，功未施。

凶年无谷：荒。不务耕稼。

好变动民：躁。数移徙。

外内从乱：荒。家不治，官不治。

不悔前过：戾。知而不改。

好乐怠政：荒。淫于声乐，怠于政事。

怙威肆行：丑。肆意行威。

在国遭忧：愍。仍多大丧。

壅遏不通：幽。弱损不凌。

在国逢𩿲：愍。兵寇之事。

早孤铺位：幽。铺位即位而卒。

祸乱方作：愍。国无政，动长乱。

动祭乱常：幽。易神之班。

使民悲伤：愍。苛政贼害。

柔质爱谏：慧。以虚受人。

贞心大度：匡。心正而用察少。

名实不爽：质。不伤言相应。

德正应和：莫。正其德，应其和。

温良好乐：良。言其人可好可乐。

施勤无私：类。无私，唯义所在。

慈和遍服：顺。能使人皆服其慈和。

思虑果远：明。自任多，近于专。

博闻多能：宪。虽多能，不至于大道。

啬于赐与：爱。言贪悋。

满志多穷：惑。自足者必不惑。

危身奉上：忠。险不辞难。

思虑不爽：厚。不差所思而得。

克威捷行：魏。有威而敏行。

好内远礼：炀。朋淫于家，不奉礼。

克威惠礼：魏。虽威不逆礼。

去礼远众：炀。不率礼，不亲长。

教诲不倦：长。以道教之。

内外宾服：正。言以正服之。

肇敏行成：直。始疾行成，言不深。

彰义揜过：坚。明义以盖前过。

疏远继位：绍。非其弟过得之。

华言无实：夸。恢诞。

好廉自克：节。自胜其情欲。

逆天虐民：抗。背尊大而逆之。

好更改旧：易。变故改常。

名与实爽：缪。言名美而实伤。

爱民在刑：克。道之以政，齐之以法。

择善而从：比。比方善而从之。

除残去虐：汤。

隐，哀也。景，武也。施德为文。除恶为武。辟地为襄。服远为桓。刚克为僖。施而不成为宣。惠无内德为平。乱而不损为灵。由义而济为景。余皆象也。以其所为谥象其事行。和，会也。勤，劳也。遵，循也。爽，伤也。肇，始也。怙，恃也。享，祀也。胡，大也。秉，顺也。就，会也。锡，与也。典，常也。肆，放也。康，虚也。叡，圣也。惠，爱也。绥，安也。坚，长也。耆，强也。考，成也。周，至也。怀，思也。(武)〔式〕，法也。布，施也。敏，疾也，速也。载，事〔也〕。弥，(文)〔久也〕。

以前《周书·谥法》。周代君王并取作谥，故全写一篇，以传后学。

列国分野

《汉书·地理志》云："本秦京师为内史。"颜师古云："京师，天子所居畿内也。秦并天下，改立郡县，而京畿所统，时号内史，言其在内，以别于诸郡守也。"《百官表》云："内史，周官，秦因之，掌治京师。景帝二年，分置左内史、右内史。武帝太初元年，更名京兆尹，左内史名冯翊。主爵中尉，秦官，掌列侯。景帝六年，更名都尉，武帝太初元年，更名右扶风，治内史，与左冯翊、京兆尹，是为三辅也。"

秦地于天官东井、舆鬼之分野。其界自弘农故关以西，京兆、扶风、冯翊、北地、上郡、西河、安定、天水、陇西。南有巴、蜀、广汉、犍为、武都。西有金城、武威、张掖、酒泉、敦煌。又西南有牂柯、越嶲、益州。

魏地觜觿、参之分野。其界自高陵以东，尽河东、河内。南有陈留及汝南之召陵、㶏强、新汲、西华、长平，颍川之舞阳、郾陵，河南之开封、中牟、阳武、酸枣、卷。卷，去权反。

周地柳、七星、张之分野。今之河南洛阳、穀城、平阴、偃师、巩、缑氏。

韩地角、亢、氐之分野。韩分晋，得南阳郡及颍川之父城、定陵、襄城、颍阳、颍阴、长社、阳翟、郏。东接汝南，西接弘农，得新安、宜阳、郑，今河南之新郑及成皋、荥阳，颍川之崇高、阳城。

赵地昴、毕之分野。赵分晋得赵国，北有信都、真定、常山，又得涿郡之高阳莫州乡。东有广平、鉅鹿、清河、河间，又得渤海郡之东平舒、中邑、文安、束州、成平、章武，河以北也。南至浮水、繁阳、内黄、斥丘。西有太原、定襄、云中、五原、上党。

燕地尾、箕之分野。召公封于燕，后三十六世与六国俱称王。东有渔阳、右北平、辽西、辽东。西有上谷、代郡、雁门。南有涿郡之易、容城、范阳。北有新成、故安、涿县、良乡、新昌及渤海之安次，乐浪、玄菟亦宜属焉。

齐地虚、危之分野。东有菑川、东莱、瑯邪、高密、胶东。南有泰山、城阳。北有千乘、清河以南，渤海之高乐、高城、重合、阳信。西有济南、平原。

鲁地奎、娄之分野。东至东海。南有泗水，至淮得临淮之下相、睢陵、僮、取虑。

宋地房、心之分野。今之沛、梁、楚、山阳、济阴、东平及东郡之须昌、寿张，今之睢阳。

卫地营室、东壁之分野。今之东郡及魏郡之黎阳，河内之野王、朝歌。

楚地翼、轸之分野。今之南郡、江夏、零陵、桂阳、武陵、长沙及汉中、汝南郡，后陈、鲁属焉。

吴地斗、牛之分野。今之会稽、九江、丹阳、豫章、庐江、广陵、六安、临淮郡。

粤地牵牛、婺女之分野。今苍梧、郁林、合浦、交阯、九真、南海、日南。

以前是战国时诸国界域，及相侵伐，犬牙深入，然亦不能委细，故略记之，用知大略。

附录

补《史记》序

司马贞

太史公，古之良史也。家承二正之业，人当五百之运。兼以代为史官，亲掌图籍，慨《春秋》之绝笔，伤旧典之阙文，遂乃错综古今，囊括记录，本皇王之遗事，采人臣之故实，爰自黄帝，迄于汉武，历载悠邈，旧章罕补，渔猎则穷于百氏，笔削乃成于一家，父作子述，其勤至矣。然其叙劝褒贬，颇称折衷，后之作者，咸取则焉。

夫以首创者难为功，因循者易为力。自《左氏》之后，未有体例。而司马公补立纪传规模，别为书表题目，莫不本纪十二，象岁星之一周；八书有八篇，法天时之八节；十表放刚柔十日；三十世家，比月有三旬；七十列传，取悬车之暮齿。百三十篇，象闰余而成岁。其间礼乐刑政，君举必书，福善祸淫，用垂炯诫，事广而文局，词质而理畅，斯亦尽美矣。而有未尽善者，具如后论。虽意出当时，而义非经远。盖先史之未备，成后学之深疑。借如本纪叙五帝而阙三皇，世家载列国而有外戚，郕许春秋次国略而不书，张吴敌国蕃王抑而不载，并编录有阙，窃所未安。又列传所著有管、晏及老子、韩非。管、晏乃齐之贤卿，即如其例，则吴之延陵、郑之子产、晋之叔向、卫之史鱼，盛德不阙，何为盖阙。伯阳清虚为教，韩子峻刻制法，静躁不同，德刑斯舛。今宜柱史共漆园同传，公子与商君并列，可不善欤。其中远近乖张，词义踳驳，或篇章倒错，或赞论粗疏，盖由遭逢非罪，有所未暇，故十篇有录无书是也。然其网络古今，叙述惩劝，异《左氏》之微婉，有南史之典实，所以扬雄、班固等咸称其有良史之才，盖信乎其然也。后褚少孙亦颇加补缀，然犹未能周备。贞业谢颛门，人非博古，而家传是学，颇事讨论，思欲续成先志，润色旧史，辄黜陟升降，改定篇目。其有不备，并采诸典籍，以补阙遗。其百三十篇之赞，记非周悉，并更申而述之，附于众篇之末，虽曰狂简，必有可观。其所改更，具条于后。至如徐广唯略出音训，兼记异同，未能考核是非，解释文句。其裴骃实亦后进名家，博采群书，专取经传训释，以为集解，然则时有冗长。至于盘根错节，残缺纰缪，咸拱手而不言，斯未可谓通学也。今辄按古今，仍以裴为本，兼自见愚管，重为之注，号曰"小司马《史记》"。然前朝颜师古止注汉史，今并谓之"颜氏《汉书》"。贞虽位不逮颜公，既补史旧，兼下新意，亦何让焉。

三皇本纪

［唐］司马贞撰并注

太史公作《史记》，古今君臣，宜应上自开辟，下迄当代，以为一家之首尾。今缺三皇，而以五帝为首者，正以《大戴礼》有《五帝德》篇。又《帝系》皆叙自黄帝以下，故因以《五帝本纪》为首。其实三皇已还，载籍罕备。然君臣之始，教化之先，既论古史，不合全缺。近代皇甫谧作《帝王代纪》，徐整作《三五历》，皆论三皇已来事，斯亦近古之一证。今并采而集之，作《三皇本纪》，虽复浅近，聊补缺云。

太皞庖牺氏，风姓，代燧人氏继天而王。母曰华胥，履大人迹于雷泽，而生庖牺于成纪。蛇身人首，①有圣德。仰则观象于天，俯则观法于地，旁观鸟兽之文与地之宜。近取诸身，远取诸物。始画八卦，以通神明之德，以类万物之情。造书契以代结绳之政。于是始制嫁娶，以俪皮为礼。②结网罟以教佃渔，故曰宓牺氏。③养牺牲以庖厨，故曰庖牺。有龙瑞以龙纪官，号曰龙师。作三十五弦之瑟，木德王，注春令，故《易》称"帝出乎震"、《月令》孟春"其帝太皞"是也。④都于陈，东封太山。立一十一年崩。⑤其后裔，当春秋时有任、宿、须句、颛臾，皆风姓之胤也。

① 按，伏牺风姓出《国语》。其"华胥"以下出《帝王代纪》。然雷泽，泽名，即舜所渔之地，在济阴。成纪，亦地名，按天水有成纪县。　② 按，谯周《古史考》："伏牺制嫁娶，以俪皮为礼也。"　③ 按，事出《汉书·历志》。宓音伏。　④ 按，位在东方，象日之明，故称太皞。皞，明也。
⑤ 按，皇甫谧：伏牺葬南郡，或冢在山阴高平之西也。

女娲氏，亦风姓，蛇身人首，有神圣之德，代宓牺立，号曰女希氏。无革造，惟作笙簧，[1]故《易》不载，不承五运。一曰女娲亦木德王，盖宓牺之后已经数世，金木轮环，周而复始，特举女娲，以其功高而充三皇，故频木王也。当其末年也，诸侯有共工氏，任智刑以强霸而不王，以水乘木，乃与祝融战，不胜而怒，乃头触不周山崩，天柱折，地维缺。女娲乃炼五色石以补天，断鳌足以立四极，聚芦灰以止滔水，以济冀州。[2]于是地平天成，不改旧物。女娲氏没，神农氏作。[3]

① 按：《礼·明堂位》及《世本》皆云"女娲作簧"。 ② 按：其事出《淮南子》也。 ③ 按：三皇记者不同：谯周以燧人为皇；宋均以祝融为皇；而郑玄依《春秋纬》以女娲为皇，承伏牺；皇甫谧亦同。今依之为说也。

炎帝神农氏，姜姓。母曰女登，有娲氏之女，为少典妃，感神龙而生炎帝。人身牛首，长于姜水，因以为姓。[1]火德王，故曰炎帝。以火名官。斫木为耜，揉木为耒，耒耨之用，以教万人，始教耕，故号神农氏。于是作蜡祭，以赭鞭鞭草木，始尝百草，始有医药。又作五弦之瑟，教人日中为市，交易而退，各得其所，遂重八卦为六十四爻。初都陈，后居曲阜。[2]立一百二十年崩，葬长沙。

① 按《国语》：炎帝、黄帝皆少典之子，其母又皆有娲氏之女。据诸子及《古史考》，炎帝之后凡八代，五百余年。轩辕氏代之，岂炎帝、黄帝是昆弟而同母氏乎？皇甫谧以为，少典、有娲氏，诸侯国号。然则姜、姬二帝同出少典氏，皇帝之母又是神农母氏之后代女，所以同是有娲氏之女也。

② 按：今淮阳有神农井。又《左传》鲁有大庭氏之库是也。

神农本起烈山，故《左氏》称烈山氏之子曰柱，亦曰厉山氏。《礼》曰“厉山氏之有天下是也”。[①]神农纳奔水氏之女曰听诐为妃，生帝哀，哀生帝克，克生帝榆罔，凡八代，五百三十年，而轩辕氏兴焉。[②]其后有州、甫、甘、许、戏、露、齐、纪、怡、向、申、吕，皆姜姓之后，并为诸侯，或分四岳。当周室甫侯、申伯为王贤相，齐、许列为诸侯，霸于中国，盖圣人德泽广大，故其祚胤繁昌久长云。

① 按：郑玄云，厉山神农所起，亦曰有烈氏。皇甫谧曰：厉山，今随之厉乡也。　② 按：神农之后凡八代，事见《帝王代纪》及《古史考》。然古典亡矣。况谯、皇二氏皆前闻君子，《考》按古书而为此说，岂至今凿空乎？此纪亦据以为说，其易称神农氏没即榆罔，榆罔犹袭神农之号也。

一说三皇，谓天皇、地皇、人皇为三皇。既是开辟之初，君臣之始，图纬所载，不可全弃，故兼序之。天地初立，有天皇氏十二头，澹泊无所施为，而俗自化，木德王，岁起摄提，兄弟十二人，立各一万八千岁。[①]地皇十一头，火德王，姓十一人，兴于熊耳、龙门等山，亦各万八千岁。人皇九头，乘云车，驾六羽，出谷口，兄弟九人，分长九州，各立城邑，凡一百五十世，合四万五千六百年。[②]

① 盖天地初立，神人首出行化，故其年世长久也。然言十二头者，非为一人之身有十二头，盖古质比之鸟兽头数故也。　② 天皇已下，皆出《河

图》及《三五历》也。

自人皇已后，有五龙氏、燧人氏、夫庭氏、柏皇氏、中央氏、卷须氏、栗陆氏、骊连氏、赫胥氏、尊卢氏、浑沌氏、昊英氏、有巢氏、朱襄氏、葛天氏、阴康氏、无怀氏，斯盖三皇以来有天下者之号，[①]但载籍不纪，莫知姓王年代所都之处，而《韩诗》以为自古封太山、禅梁甫者万有余家，仲尼观之不能尽识。《管子》亦曰：古封太山七十二家，夷吾所识十有二焉。首有无怀氏，然则无怀之前，天皇已后，年纪悠邈，皇王何升而告。但古书亡矣，不可备论，岂得谓无帝王耶？故《春秋纬》称，自开辟至获麟，凡三百二十七万六千岁。分为十纪，凡世七万六百年。一曰九头纪，二曰五龙纪，三曰摄提纪，四曰合雒纪，五曰连通纪，六曰序命纪，七曰修飞纪，八曰回提纪，九曰禅通纪，十曰流讫纪。盖流讫当黄帝时，制九纪之间，是以录于此，补纪之也。

① 按：皇甫谧以为，大庭已下一十五君，皆袭庖牺之号，事不经见，难可依从。然按古封太山者，首有无怀氏，乃在太昊之前，岂得如谧所说。